Ländernotarkasse (Hrsg.)
Leipziger Kostenspiegel
Notarkosten
Sachverhalt · Rechnung · Erläuterung

Leipziger Kostenspiegel

Notarkosten
Sachverhalt · Rechnung · Erläuterung

Herausgegeben von der
Ländernotarkasse

Bearbeitet von den Mitarbeitern
der Kostenprüfungsabteilung

Peggy Eisenkolb
Leitende Notarmitarbeiterin/Notarfachwirtin

Grit Frohne
Leitende Notarmitarbeiterin/Notarfachwirtin

Torsten Klakow
Leitender Notarmitarbeiter/Notarfachwirt

Uwe Rau
Abteilungsleiter,
Leitender Notarmitarbeiter/Notarfachwirt

Roy Richter
Dipl.-Wirtschaftsjurist (FH),
Leitender Notarmitarbeiter/Notarfachwirt

Mike Schulz
Leitender Notarmitarbeiter/Notarfachwirt

Susen Wengemuth
Leitende Notarmitarbeiterin/Notarfachwirtin

Karsten Werner
Leitender Notarmitarbeiter/Notarfachwirt

sowie
Harald Wudy
Dipl.-Rpfl. (FH), wissenschaftlicher Leiter

2., völlig neu bearbeitete Auflage

2017

ottoschmidt

Zitierempfehlung:
Ländernotarkasse, Leipziger Kostenspiegel,
2. Aufl. 2017, Rz. ...

*Bibliografische Information
der Deutschen Nationalbibliothek*

Die Deutsche Nationalbibliothek verzeichnet diese Publikation in der Deutschen Nationalbibliografie; detaillierte bibliografische Daten sind im Internet über http://dnb.d-nb.de abrufbar.

Verlag Dr. Otto Schmidt KG
Gustav-Heinemann-Ufer 58, 50968 Köln
Tel. 02 21/9 37 38-01, Fax 02 21/9 37 38-943
info@otto-schmidt.de
www.otto-schmidt.de

ISBN 978-3-504-06764-9

©2017 by Verlag Dr. Otto Schmidt KG, Köln

Das Werk einschließlich aller seiner Teile ist urheberrechtlich geschützt. Jede Verwertung, die nicht ausdrücklich vom Urheberrechtsgesetz zugelassen ist, bedarf der vorherigen Zustimmung des Verlages. Das gilt insbesondere für Vervielfältigungen, Bearbeitungen, Übersetzungen, Mikroverfilmungen und die Einspeicherung und Verarbeitung in elektronischen Systemen.

Das verwendete Papier ist aus chlorfrei gebleichten Rohstoffen hergestellt, holz- und säurefrei, alterungsbeständig und umweltfreundlich.

Einbandgestaltung: Lichtenford, Mettmann
Satz: WMTP, Birkenau
Druck und Verarbeitung: Kösel, Krugzell
Printed in Germany

Vorwort

Im Vorwort zur 1. Auflage lesen Sie die – hoffentlich – nicht zu großspurige Formulierung: „In der zweiten Auflage werden wir es noch besser machen!" Sie, werter Leser, können nun selbst beurteilen, ob wir dem Anspruch gerecht geworden sind. Die 2. Auflage halten Sie in Händen.

Der Text musste weitgehend neu geschrieben werden. Nicht, weil wir in vielen Streitfragen unsere Meinung revidieren mussten, sondern vor allem, weil die Fälle jetzt nur noch nach „neuem" Recht gelöst werden. Dadurch haben wir Platz gewonnen und konnten weitere Sachverhalte in die Sammlung aufnehmen und teilweise unsere Lösung ausführlicher darstellen.

Wieder hat das Team der Autoren darauf verzichtet, dass die Namen der Bearbeiter der einzelnen Abschnitte dort ausdrücklich genannt werden. Es wurde viel und oft lange diskutiert. Die hier veröffentlichten Ergebnisse werden von allen Kostenprüfern der Ländernotarkasse getragen. Sie alle haben viel Herzblut in das Buch gesteckt. Es sind Frau Peggy Eisenkolb, Frau Grit Frohne, Herr Torsten Klakow, Herr Uwe Rau, Herr Roy Richter, Herr Mike Schulz, Frau Susen Wengemuth, Herr Karsten Werner und federführend der wissenschaftliche Leiter der Kostenabteilung, Herr Harald Wudy. Ihnen allen danke ich sehr.

Bitte „spiegeln" Sie uns auch diesmal die Tauglichkeit unserer Fälle und Lösungen für Ihren praktischen Bedarf.

Die Bearbeiter widmen das Buch dem Gedenken an den ehemaligen wissenschaftlichen Leiter der Prüfungsabteilung, Herrn Professor Friedrich Lappe (1927–2017).

Leipzig, im Mai 2017

Thomas Renner
Präsident der Ländernotarkasse

Inhaltsübersicht

	Seite
Vorwort	V

Teil 1
Einführung

I.	Rechtsquelle: Das Gerichts- und Notarkostengesetz (GNotKG)	6
II.	Das Kostenschuldverhältnis	29
III.	Vollzugs- und Betreuungstätigkeiten	70
IV.	Wichtige Einzelregelungen	71
V.	Die gerichtliche Überprüfung des Kostenanspruchs	75
VI.	Übergangsrecht	90

Teil 2
Grundstückskauf

I.	Überblick	109
II.	Standardkaufvertrag in den Varianten Direktzahlung und Hinterlegung	116
III.	Kaufvertrag mit Hinzurechnungsposten und Bebauung auf Rechnung des Erwerbers	125
IV.	Kaufvertrag und weitere Erklärungen mit demselben bzw. einem verschiedenen Gegenstand	150
V.	Ausgewählte Kaufvertragstypen	236
VI.	Angebot und Annahme	276
VII.	Bedingte Kaufverträge und Optionsrechte	304
VIII.	Kaufverträge mit Kaufpreis unter dem Verkehrswert	312
IX.	Änderungen oder Ergänzungen (Nachträge)	312
X.	Aufhebung	334
XI.	Auflassung (isoliert)	341
XII.	Besondere Regelungsgegenstände	353
XIII.	Tauschvertrag	376
XIV.	Spezielle Vollzugstätigkeit: Erstellen einer XML-Datei	385

Teil 3
Überlassungsverträge

I.	Überblick	393
II.	Überlassungsverträge ohne Gegenleistungen (Schenkungen)	415
III.	Überlassungsverträge mit Gegenleistungen	423
IV.	Zuwendungen in besonderen Gemeinschaftsverhältnissen	442

	Seite
V. Vertragsänderungen und -aufhebungen	444
VI. Rückabwicklungen und Verfügungsgeschäfte	446

Teil 4
Wohnungs- und Teileigentum

	Seite
I. Überblick	453
II. Begründung nach § 8 WEG	459
III. Begründung nach § 3 WEG	463
IV. Weitere verschiedene Beurkundungsgegenstände im Rahmen der Begründung	467
V. Nachträgliche dingliche Einigung	471
VI. Unterteilung von Wohnungs-/Teileigentum	472
VII. Zusammenlegung	473
VIII. Änderung der Teilungserklärung	473
IX. Aufhebung von Wohnungs- bzw. Teileigentum	476
X. Dauerwohn- und Dauernutzungsrecht	479
XI. Verkauf	480
XII. Weitere Tätigkeiten	487

Teil 5
Erbbaurecht

	Seite
I. Überblick	494
II. Erbbaurechtsbestellung	499
III. Nachträgliche dingliche Einigung	509
IV. Änderung eines Erbbaurechts	510
V. Aufhebung eines Erbbaurechts	514
VI. Verkauf eines Erbbaurechts	520
VII. Übertragung eines Erbbaurechts	523
VIII. Weitere Geschäfte	525

Teil 6
Grundpfandrechte und weitere Sicherungsgeschäfte

	Seite
I. Überblick	537
II. Bestellung durch Beurkundung oder Entwurf mit Unterschriftsbeglaubigung	542
III. Bestellung durch reine Unterschriftsbeglaubigung	560
IV. Legitimationsprüfung	562
V. Identitätserklärung nach Vermessung	562
VI. Pfanderstreckung	564
VII. Pfandfreigabe	568
VIII. Abtretung	569

		Seite
IX.	Klauselerteilung	572
X.	Rangänderung	578
XI.	Rangbescheinigung/Notarbestätigung	579
XII.	Änderung und/oder Ergänzung eines mitgebrachten Bestellungsentwurfs	580
XIII.	Teilung/Verteilung	583
XIV.	Änderungen	585
XV.	Vormerkung	589
XVI.	Verpfändung	590
XVII.	Nießbrauch	590
XVIII.	Brieferteilung durch den Notar	591
XIX.	Verzicht/Löschung	591
XX.	Zweckerklärung (Sicherungsvertrag)	594
XXI.	Weitere Sicherungsgeschäfte	595
XXII.	Aufgebotsverfahren	598

Teil 7
Dienstbarkeiten

I.	Überblick	605
II.	Dienstbarkeiten	610

Teil 8
Grundbucherklärungen und Grundbucheinsicht

I.	Überblick	655
II.	Grundstücksteilung, Grundstücksverbindung	659
III.	Nachbarschaftsrechte	661
IV.	Isolierte Grundbuchanträge zu Miteigentümervereinbarungen	663
V.	Löschungs-, Aufgabe- und Aufhebungserklärungen	666
VI.	Grundbuchberichtigungserklärungen	672
VII.	Pfanderstreckung, Pfandfreigabe, Rangänderung	682
VIII.	Vormerkung	682
IX.	Zeugnisse zum Nachweis der Auseinandersetzung eines Nachlasses (§§ 36, 37 GBO)	682
X.	Optionen (Ankaufsrechte, Vorkaufsrechte, Wiederkaufsrechte)	682
XI.	Isolierte Grundbucheinsicht, Grundbuchabdruck, Datei	682

Teil 9
Vorzeitige Beendigung des Beurkundungsverfahrens, Entwurf, Beratung

I.	Überblick	689
II.	Vorzeitige Beendigung des Beurkundungsverfahrens	700

		Seite
III.	Entwurf	713
IV.	Beratung	722

Teil 10
Vollmachten und Zustimmungen allgemein

I.	Überblick	734
II.	Vollmacht durch Beurkundung oder Entwurf mit Unterschriftsbeglaubigung für ein bestimmtes Geschäft	739
III.	Vollmacht durch Beurkundung oder Entwurf mit Unterschriftsbeglaubigung für Geschäfte allgemeiner Art	746
IV.	Vollmacht – reine Unterschriftsbeglaubigung	749
V.	Vollmachtsbestätigung durch Beurkundung oder Entwurf mit Unterschriftsbeglaubigung	750
VI.	Höchstwert einer Vollmacht	751
VII.	Widerruf einer Vollmacht	752
VIII.	Mehrheit von Vollmachten	753
IX.	Vollmacht und Auftragsverhältnis	754
X.	Zustimmung durch Beurkundung oder Entwurf mit Unterschriftsbeglaubigung	755
XI.	Zustimmung – reine Unterschriftsbeglaubigung	763
XII.	Höchstwert einer Zustimmung	764

Teil 11
Unterschriftsbeglaubigungen

I.	Überblick	767
II.	Unterschriftsbeglaubigungen unter bestimmte Erklärungen	771
III.	Mehrere getrennte Unterschriftsbeglaubigungen auswärts	782
IV.	Unterschriftsbeglaubigung unter mehrere Erklärungen	785
V.	Nachträgliche Unterschriftsbeglaubigung	792

Teil 12
Abschriftsbeglaubigungen

I.	Überblick	794
II.	Ausgewählte Abschriftsbeglaubigungen	797

Teil 13
Tatsachenbescheinigungen

I.	Überblick	808
II.	Ausgewählte Tatsachenbescheinigungen	812

Teil 14
Aufnahme von Wechsel- und Scheckprotesten

	Seite
I. Überblick	826
II. Aufnahme von Wechsel- und Scheckprotesten	829

Teil 15
Vermögensverzeichnisse

I. Überblick	832
II. Nachlassverzeichnisse	837
III. Sonstige Vermögensverzeichnisse	840
IV. Vorzeitige Beendigung des Verfahrens	842
V. Vermögensverzeichnis als Teil des Vertrages	844
VI. Siegelung	844

Teil 16
Verlosungen

I. Überblick	847
II. Verlosungen	850
III. Auslosungen	856
IV. Beurkundung des Verlosungsherganges	858
V. Vorzeitige Beendigung des Verfahrens	858

Teil 17
Eide und eidesstattliche Versicherungen

I. Überblick	861
II. Eidesstattliche Versicherungen gegenüber einer Behörde	867
III. Eidesstattliche Versicherung zur Erlangung eines Zeugnisses	867
IV. Eidesstattliche Versicherung zur Erlangung eines Erbscheins oder eines Europäischen Nachlasszeugnisses	871
V. Vorzeitige Beendigung des Verfahrens	871
VI. Prioritätsverhandlung	871
VII. Eide	871
VIII. Vernehmung von Zeugen und Sachverständigen	872

Teil 18
Beurkundungen im Kindschaftsrecht

I. Überblick	875
II. Beurkundungen von Erklärungen nicht miteinander verheirateter Eltern	878
III. Annahme als Kind	883

		Seite
IV.	Insemination	888
V.	Einbenennung gem. § 1618 BGB	896

Teil 19
Erbrechtliche Vorgänge

I.	Überblick	904
II.	Beurkundung eines Testaments	914
III.	Entwurf eines Testaments	924
IV.	Bestimmte Vollzugstätigkeiten	926
V.	Erbverträge und Ehe- und Erbverträge	926
VI.	Rückgabe eines Erbvertrags aus der notariellen Verwahrung	937
VII.	Stornierung von Verfügungen von Todes wegen (Aufhebung, Rücktritt, Widerruf)	938
VIII.	Erb- und Pflichtteilsverzichte	946
IX.	Erbausschlagung und Anfechtung	950
X.	Eidesstattliche Versicherung zur Erlangung eines Erbscheins	954
XI.	Erbauseinandersetzung	972
XII.	Erbschaftskauf	979
XIII.	Vermächtniserfüllung	981
XIV.	Erbrechtliche Auslegungsverträge	983
XV.	Nachlassverzeichnis	984

Teil 20
Eheverträge und Scheidungsvereinbarungen

I.	Überblick	991
II.	Gütertrennung	996
III.	Modifizierung der Zugewinngemeinschaft	1009
IV.	Gütergemeinschaft	1027
V.	Rechtswahl	1033
VI.	Ehevertrag und Verfügungen von Todes wegen	1040
VII.	Scheidungsvereinbarung	1047
VIII.	Eingetragene Lebenspartnerschaft	1067
IX.	Deutsch-französischer Wahlgüterstand	1068
X.	Nichteheliche Lebensgemeinschaft	1068

Teil 21
Gesellschaftsrecht

I.	Überblick	1090
II.	Kostenrechtlicher Wert von Beteiligungen und Anteilen an Gesellschaften anhand der Bilanz	1106
III.	Gesellschaft bürgerlichen Rechts (GbR)	1126

	Seite
IV. Einzelkaufmann	1129
V. Partnerschaftsgesellschaft	1134
VI. Offene Handelsgesellschaft	1139
VII. Kommanditgesellschaft	1153
VIII. Verein	1171
IX. Anmeldung zum Genossenschaftsregister	1179
X. Gesellschaft mit beschränkter Haftung	1182
XI. Aktiengesellschaft	1272
XII. Zweigniederlassungen	1292
XIII. Stiftungen	1296
XIV. Anmeldungen ohne wirtschaftliche Bedeutung	1298

Teil 22
Umwandlungsrecht mit Anmeldungen

I. Überblick	1306
II. Aktivwert von Gesellschaften nach kostenrechtlichen Gesichtspunkten	1316
III. Wert bestimmter Gesellschaftsanteile (§ 54 GNotKG)	1316
IV. Umwandlungsvorgänge	1316

Teil 23
Vorsorgeverfügungen

I. Überblick	1391
II. Vorsorgevollmacht durch Beurkundung oder Entwurf mit Unterschriftsbeglaubigung	1396
III. Vorsorgevollmacht – reine Unterschriftsbeglaubigung	1403
IV. Betreuungsverfügung	1404
V. Patientenverfügung	1407
VI. Betreuungs- und Patientenverfügung	1409
VII. Höchstwert einer Vorsorgevollmacht	1410
VIII. Widerruf einer Vorsorgevollmacht	1411
IX. Mehrheit von Vorsorgevollmachten/Gegenseitige Vorsorgevollmachten	1414
X. Vorsorgevollmacht mit Betreuungs- und Patientenverfügung	1415
XI. Vorsorgeurkunde für elektronische Zugangsberechtigung	1419

Teil 24
Vollstreckbarerklärungen

I. Überblick	1422
II. Vollstreckbarerklärungen	1424

Teil 25
Freiwillige Versteigerung von Grundstücken

		Seite
I.	Überblick	1435
II.	Verfahrensgebühr	1438
III.	Aufnahme einer Schätzung	1438
IV.	Abhaltung des Versteigerungstermins	1439
V.	Freiwillige Versteigerung durch einen privaten Auktionator	1441
VI.	Ausbietungsgarantie	1445

Teil 26
Tätigkeiten im Zusammenhang mit Schiffen

I.	Überblick	1448
II.	Anmeldungen zum Schiffs-/Schiffsbauwerkregister	1453
III.	Schiffshypothek	1456
IV.	Veräußerung eines Schiffs	1459

Teil 27
Auslagen

I.	Überblick	1463
II.	Fallbeispiele zu den Auslagen	1470
III.	Fallbeispiele zum elektronischen Rechtsverkehr (insbesondere Handelsregister)	1487
IV.	Fallbeispiele zum elektronischen Rechtsverkehr (Grundbuchamt)	1494

Teil 28
Zusatzgebühren

I.	Überblick	1505
II.	Beurkundungen zur Unzeit und/oder außerhalb der Geschäftsstelle	1508
III.	Tätigkeiten in fremder Sprache	1515

Stichwortverzeichnis 1519

Teil 1
Einführung

Inhaltsübersicht

I. **Rechtsquelle: Das Gerichts- und Notarkostengesetz (GNotKG)** . . 1.1
1. Nach dem GNotKG abrechenbare Amtstätigkeiten 1.1
2. Aufbau des GNotKG 1.2
   a) Anschluss an die übrigen Kostengesetze 1.2
   b) Notar- und Gerichtskosten in einem Gesetz 1.4
   c) Gliederung des Paragraphenteils 1.5
   d) Gliederung des Kostenverzeichnisses und Lesehinweise 1.6
      aa) Gliederungsebenen 1.6
      bb) Lesehinweise zum Kostenverzeichnis 1.7
         (1) Aufbau 1.7
         (2) Überschriften 1.8
         (3) Anmerkungen 1.9
3. Grundlegende Begriffe und ihre Bedeutung. 1.10
   a) Kosten 1.10
   b) Kostenschuldner. 1.11
   c) Gebühr 1.12
      aa) Strafbarkeit. 1.12
      bb) Wertgebühren 1.13
      cc) Dominierende Verfahrensgebühren 1.14
      dd) Geschlossener Gebührenkatalog. 1.15
      ee) Keine Verweisungen. . . . 1.16
      ff) Verwahrungstätigkeit . . 1.17
      gg) Rahmengebühren 1.18
      hh) Mindestgebühren 1.19
         (1) Allgemeine Mindestgebühr 1.19
         (2) Besondere Mindestgebühren 1.19a
      ii) Höchstgebühren 1.20
      jj) Festgebühren 1.21
      kk) Anknüpfungsgebühren . 1.22
   d) Geschäftswert 1.23
      aa) Legaldefinition 1.23
      bb) Bewertungs- und Geschäftswertvorschriften. 1.24
      cc) Allgemeiner Höchstwert 1.25
      dd) Mindestwerte. 1.26
      ee) Bestimmte Höchstwerte . 1.27
      ff) Festwerte 1.28
      gg) Gesetzlich angeordnete Teilwerte. 1.29
      hh) Hilfswert. 1.30
      ii) Geschäftswert im Kontext zu Steuer(werten) . . . 1.31
   e) Gebührentabelle. 1.32
   f) Auslagen. 1.33
   g) Verfahren 1.34
      aa) Ausgangsbestimmung . . . 1.34
      bb) Notarielle Verfahren. . . . 1.35
         (1) Beurkundungsverfahren . 1.36
         (2) Sonstige notarielle Verfahren 1.38
      cc) Umgang mit den neuen Begriffen 1.39
4. Grundlegende Bewertungsprinzipien 1.42
   a) Bruttoprinzip 1.42
   b) Hauptgegenstand und Nebengegenstände 1.45
   c) Austauschprinzip 1.46
   d) Wert des Rechtsverhältnisses 1.47
   e) Nutzungs- und Leistungsrechte 1.50
   f) Beurkundungsgegenstand: Einheit oder Mehrheit 1.51
      aa) Grundsatz 1.51
      bb) Mehrere Beurkundungsgegenstände 1.52
      cc) Derselbe Beurkundungsgegenstand 1.53
      dd) Berechnungsbeispiele. . . . 1.54

II. **Das Kostenschuldverhältnis**. . . 1.58
1. Rechtsnatur des Kostenschuldverhältnisses 1.58
2. Verbot der Gebührenvereinbarung 1.59
   a) Rechtsgrundlage: § 125 GNotKG 1.59
   b) Überwachung durch die Aufsichtsbehörde 1.60
   c) Pflicht zur Einforderung der Kosten. 1.61

d) Einzelfälle einer verbotenen
   Gebührenvereinbarung 1.62
e) Ausnahme: Der öffentlich-
   rechtliche Vertrag nach
   § 126 GNotKG 1.63
3. Belehrung über die anfallenden
   Kosten 1.64
   a) Grundsatz 1.64
   b) Ausnahmen 1.65
   c) Abgrenzung 1.66
4. Kostengläubiger 1.67
5. Kostenschuldner 1.69
   a) Allgemeine Grundsätze ... 1.69
      aa) Gesetzliche Bestim-
          mungen 1.69
      bb) Gesamtschuldner 1.70
      cc) Ausnahmsweise Teil-
          haftung 1.71
      dd) Ausnahmsweise Allein-
          haftung 1.72
   b) Die Haftungstatbestände
      im Einzelnen 1.73
      aa) Auftraggeberhaftung nach
          § 29 Nr. 1 GNotKG ... 1.73
      bb) Übernahmehaftung nach
          § 29 Nr. 2 GNotKG ... 1.74
      cc) Haftung für einen ande-
          ren nach § 29 Nr. 3
          GNotKG 1.75
      dd) Erklärungshaftung des
          Urkundsbeteiligten nach
          § 30 I GNotKG 1.76
      ee) Übernahmehaftung des
          Urkundsbeteiligten nach
          § 30 III GNotKG 1.77
      ff) Haftung nach § 31
          GNotKG 1.78
      gg) Beispiele 1.79
         (1) Sukzessive Beurkundung
             von Angebot und An-
             nahme 1.79
         (2) Handeln eines Vertreters 1.80
         (3) Haftung bei gescheiterter
             GmbH-Gründung ... 1.81a
6. Die Kostenberechnung:
   § 19 GNotKG 1.82
   a) Einforderung der Kosten
      durch formgerechte Kosten-
      berechnung 1.82
   b) Zitiergebot 1.84
   c) Folgen einer nicht formge-
      rechten Kostenberechnung . 1.85

d) Anforderungen an eine Kostenberechnung aus umsatz-
   steuerlicher Sicht 1.89
e) Rechtsbehelfsbelehrung 1.90
f) Muster einer ausführlichen
   Kostenberechnung nach
   § 19 GNotKG 1.93
g) Aufbewahrung der Kostenberechnung 1.94
7. Beitreibung der Kosten 1.95
   a) Titelprivileg des Notars 1.95
   b) Angemessene Frist zwischen
      einfacher und vollstreckbarer
      Rechnung 1.96
   c) Einzelheiten 1.97
   d) Muster einer Vollstreckungs-
      klausel 1.100
8. Fälligkeit 1.101
   a) Grundsatz und Bedeutung ... 1.101
   b) Beispiele 1.102
9. Vorschuss 1.106
10. (Verzugs-)Zinsen 1.107
    a) Zinsklausel in der Kosten-
       berechnung 1.108
    b) Fassung des Ausfertigungsver-
       merks bei Vollstreckung der
       Gesamtkosten und der Zinsen 1.109
11. Zurückbehaltungsrecht 1.110
12. Nachforderung, Verjährung,
    Verwirkung 1.111
    a) Nachforderung 1.111
    b) Verjährung 1.112
       aa) Rechtsgrundlage 1.112
       bb) Kein Erlöschen der
           Kostenforderung bei
           Verjährung 1.113
       cc) Wann verlängert sich die
           Verjährungsfrist auf drei-
           ßig Jahre? 1.114
       dd) Neubeginn- und Hem-
           mungstatbestände 1.116
          (1) Vorbemerkung 1.116
          (2) Zahlungsaufforderung ... 1.117
          (3) Stundung 1.118
          (4) Zwangsvollstreckungs-
              maßnahme 1.119
          (5) Anerkenntnis des Kosten-
              schuldners 1.120
          (6) Verhandlungen über den
              Kostenanspruch 1.123

(7) Hemmung durch Kostenprüfungsantrag des Kostenschuldners oder durch Zurückweisungsantrag des Notars	1.124
ee) Kleinbeträge	1.125
ff) Berufung auf Verjährung als unzulässige Rechtsausübung	1.126
gg) Beispiel	1.127
c) Verwirkung	1.128
13. Abtretung, Verpfändung; Kosteneinzug durch Dritte; Pfändung	1.129
a) Abtretung und Verpfändung	1.129
b) Kosteneinzug durch Dritte	1.130
c) Pfändung	1.131
14. Bewilligung von Gebührenhilfe	1.132
15. Gebührenfreiheit und Gebührenermäßigung	1.133
a) Völlige Gebührenfreiheit	1.133
aa) Vorbemerkung 2 II KV GNotKG	1.133
bb) Vorbemerkung 2 III KV GNotKG	1.134
b) Gebührenermäßigung nach § 91 GNotKG	1.136
aa) Voraussetzungen des § 91 I GNotKG	1.137
bb) Voraussetzungen des § 91 II GNotKG	1.139
cc) Erstreckung der Ermäßigung auf Dritte gem. § 91 III GNotKG	1.140
dd) Einschränkung der Ermäßigung gemäß § 91 IV GNotKG	1.141
ee) Ausgewählte Fallbeispiele	1.141
Fall 1: Die Gemeinde verkauft ein Grundstück an einen Privaten	1.141
Fall 2: Ein Privater verkauft ein Grundstück an eine Gemeinde	1.142
Fall 3: Erschließungsvertrag zwischen einer Gemeinde und einem Privaten	1.143
16. Nichterhebung von Kosten wegen unrichtiger Sachbehandlung	1.144
a) Hinderung des Kostenanspruchs	1.144
b) Evidenzformel der Rechtsprechung	1.145
c) Weitere Voraussetzungen für eine Kostenniederschlagung	1.146
d) Folgen einer unrichtigen Sachbehandlung	1.147
e) Zuständigkeit für die Niederschlagung der Kosten	1.149
f) Gerichtliche Überprüfung	1.150
g) Fallgruppen	1.151
III. Vollzugs- und Betreuungstätigkeiten	1.152
1. Vollzugsgebühr	1.152
2. Betreuungsgebühr	1.153
3. Treuhandgebühr	1.154
IV. Wichtige Einzelregelungen	1.155
1. Fiktion des identischen Amtsträgers	1.155
2. Mitwirkungspflicht der Kostenschuldner	1.156
3. Wechselseitige Auskunftspflichten für Notare und Gerichte	1.157
4. Verweisung auf für die Gerichte geltende Gebühren- und Geschäftswertvorschriften	1.158
5. Billigkeitsklauseln	1.159
6. Ermessen des Notars	1.160
a) Anwendungsbereich	1.160
b) Ermessenskriterien	1.161
c) Gerichtliche Überprüfung der Ermessensausübung des Notars	1.162
V. Die gerichtliche Überprüfung des Kostenanspruchs	1.163
1. Einführung	1.163
2. Erfordernis einer formell ordnungsgemäßen Kostenberechnung	1.165
3. Rechtsnatur des Kostenprüfungsverfahrens	1.166
4. Instanzenzug	1.167
a) Erster Rechtszug: Kostenprüfungsantrag beim Landgericht	1.167
b) Zweiter Rechtszug: Beschwerde	1.176
c) Dritter Rechtszug: Rechtsbeschwerde	1.184
d) Tabellarischer Überblick	1.191

5. Einwendungen 1.192
   a) Gesetzeswortlaut 1.192
   b) Beispiele 1.193
   c) Spezieller Einwand: Pflichtverletzung des Notars 1.194
6. Formulierungsvorschläge 1.201
   a) Einleitung des gerichtlichen Kostenprüfungsverfahrens durch Notar gemäß § 127 I S. 2 Alt. 2 GNotKG 1.201
   b) Formulierungsvorschlag für eine Antragserwiderung des Notars einschließlich Streitverkündung 1.202

VI. Übergangsrecht 1.204
1. Mehrere Übergangsvorschriften 1.204
2. Übergangsrecht zum 2. Kostenrechtsmodernisierungsgesetz (GNotKG) 1.205
3. Dauerübergangsvorschrift 1.206

Stichwortverzeichnis

Abrechenbare Amtstätigkeiten 1.1
Aktenverwahrer 1.155
Amtsnachfolger 1.155
Auseinandersetzungsverträge 1.48
Auskunftspflicht 1.157
Auslagen 1.3, 1.33, 1.101
Austauschprinzip 1.46
Beitreibung
– Frist 1.96
– Inkassokosten 1.99
– Mahnspesen 1.97
– Titelprivileg 1.95
– Zwangsvollstreckungskosten 1.98
Beurkundungsgegenstand
– Berechnungsbeispiele 1.54 ff.
– Definition 1.37
– Derselbe Beurkundungsgegenstand 1.51 ff.
– Verschiedene Beurkundungsgegenstände 1.37, 1.51 ff.
Beurkundungsverfahren 1.35 f.
Betreuung
– Fälligkeit 1.104
– Gebühr 1.153
– Kostenschuldner 1.76
– Wert 1.76
Bewertungsprinzipien
– Austauschprinzip 1.46
– Berechnungsbeispiele 1.54 ff.
– Bruttoprinzip 1.42 ff.
– Derselbe Beurkundungsgegenstand 1.51 ff.
– Grundsatz 1.42
– Hauptgegenstand 1.45
– Leistungsvereinigungsverträge 1.48
– Nebengegenstände 1.45

– Nutzungs- und Leistungsrechte 1.50
– Rechtsverhältnis 1.47 ff.
– Verschiedene Beurkundungsgegenstände 1.51 ff.
Bewertungsvorschriften 1.24
Billigkeitsklauseln 1.159
Ermessen
– Anwendungsbereich 1.160
– Kostenprüfungsverfahren 1.162
– Kriterien 1.161
– Zurückbehaltungsrecht 1.110
Fälligkeit
– Auslagen 1.101
– Beispiele 1.102 ff.
– Betreuungsgebühr 1.104
– Beurkundungsverfahrensgebühr 1.102
– Grundsatz 1.101
– Verwahrungsgebühr 1.105
– Vollzugsgebühr 1.103
Gebühr
– Anknüpfungsgebühren 1.22
– Festgebühren 1.21
– Gebührenkatalog 1.15
– Gebührenüberhebung 1.12
– Gebührenvereinbarung 1.59 ff.
– Höchstgebühren 1.20
– Mindestgebühren 1.19, 19a
– Nummernsystem 1.3
– Rahmengebühren 1.18, 1.172
– Tabelle 1.32
– Verfahrensgebühren 1.14
– Wertgebührensystem 1.13
Gebührenbefreiung 1.133 ff.
Gebührenermäßigung
– Beispiele 1.141 ff.
– Dritte 1.140

- Gebührenbegünstigte 1.137, 1.139
- Wirtschaftliches Unternehmen 1.138
Gebührenhilfe 1.132
Gebührenvereinbarung
- Einforderungspflicht 1.61
- Einzelfälle 1.62
- Öffentlich-rechtlicher Vertrag 1.63
- Rechtsgrundlage 1.59
Gerichtskostenverweis 1.158
Geschäftswert
- Bewertungsvorschriften 1.24
- Festwerte 1.28
- Hilfswert 1.30
- Höchstwerte 1.25, 1.27
- Legaldefinition 1.23
- Rechtsverhältnis 1.47
- Steuer 1.31
- Systematik 1.23 ff.
- Teilwerte 1.29
Gesetzesaufbau 1.2 ff.
Gesetzesgliederung 1.2 ff.
Hauptgegenstand 1.45
Kosten (als Nebengegenstand) 1.45
Kostenbelehrung 1.64 ff.
Kostenberechnung
- Aufbewahrung 1.94
- Beitreibung *(siehe dort)*
- Formfehler 1.85 ff., 1.165
- Gesetzesgrundlage 1.82
- Inkassokosten 1.98
- Kosteneinforderung 1.82
- Kostenprüfungsverfahren 1.88, 1.165
- Mahnspesen 1.97
- Muster 1.93
- Rechtsbehelfsbelehrung 1.90 ff.
- Titelprivileg 1.95
- Umsatzsteuer 1.89
- Verjährung 1.83, 1.86, 1.116
- Vollstreckbare 1.95, 1.100
- Zinsen 1.107 ff.
- Zitiergebot 1.84, 1.87
- Zwangsvollstreckungskosten 1.98
Kostenbeschwerde s. *Kostenprüfungsverfahren*
Kostendefinition 1.10
Kostenforderung
- Abtretung 1.129
- Inkasso 1.130

- Pfändung 1.131
- Verpfändung 1.129
Kostengläubiger
- Notar 1.67
- Notariatsverwalter 1.68
- Sozietät 1.67
Kostenprüfungsverfahren
- Abhilfeverfahren 1.177 f.
- Allgemein 1.163 ff.
- Amtspflichtverletzung 1.194 ff., 1.198 ff.
- Anhörung 1.171
- Antrag Landgericht 1.167 ff.
- Anwalt 1.169, 1.180, 1.187
- Anweisungsverfahren 1.175, 1.183, 1.190
- Beschwerde 1.176
- Einstweiliger Rechtsschutz 1.173, 1.181, 1.188
- Einwendungen 1.193 ff.
- Ermessen 1.160 ff.
- Form 1.169, 1.180, 1.187
- Formulierungsbeispiele 1.201 ff.
- Frist 1.168, 1.179, 1.187
- Gutachten 1.172
- Kosten 1.174 f. 1.189 f.
- Kostenberechnung 1.165
- Öffentlich-rechtlicher Vertrag 1.172
- Rahmengebühr 1.172
- Rechtsbeschwerde 1.184 ff.
- Rechtsnatur 1.166
- Sprungrechtsbeschwerde 1.185
- Streitverkündung 1.202 f.
- Überblick 1.191
- Unrichtige Sachbehandlung 1.195 f., 1.199
- Verjährung 1.115, 1.124
Kostenschuldner
- Alleinschuldner 1.72
- Allgemein 1.69 ff.
- Angebot und Annahme 1.79
- Auftraggeberhaftung 1.73
- Begriff 1.11
- Erklärungsschuldner 1.76
- Fremdhaftung 1.75
- Gesamtschuldner 1.70
- Gesetzesgrundlage 1.69
- GmbH-Gründung (gescheitert) 1.81a

- Mehrkosten 1.72
- Spezialhaftung 1.78
- Teilschuldner 1.71
- Übernahmehaftung 1.74
- Urkundsbeteiligte 1.76 f.
- Vertreter 1.80 f.
Kostenschuldverhältnis 1.58
Kostenverzeichnis
- Allgemein 1.2, 1.6, 1.7 ff.
- Anmerkungen 1.9
- Aufbau 1.7
- Gliederung 1.6
- Tabellenstruktur 1.7
- Überschriften 1.8
Leistungsvereinigungsverträge 1.48
Mitwirkungspflicht 1.156
Nachforderung 1.111
Nebengegenstände 1.45
Notar (derselbe/anderer) 1.155
Notariatsverwalter 1.68, 1.155
Notarielle Verfahren 1.34 ff.
Nutzungs- und Leistungsrechte 1.50
Öffentlich-rechtlicher Vertrag 1.63, 1.172
Paragrafenteil (Gliederung) 1.5
Prozesskostenhilfe 1.132
Rechtsquelle (Notarkosten) 1.1
Rechtsbehelfsbelehrung
- Kostenberechnung 1.90
- Formulierungsvorschlag 1.91
- Verstoß 1.92
Rechtsverhältnis 1.47 s. auch bei Beurkundungsgegenstand
Sozietät 1.67, 1.155
Tabellen 1.32
Treuhandtätigkeit
- Treuhandgebühr 1.154
- Wert 1.154
Übergangsrecht 1.204 ff.
Unrichtige Sachbehandlung
- Allgemein 1.144 ff.
- Definition 1.145
- Fallgruppen 1.151
- Folgen 1.144, 1.147

- Kostenprüfungsverfahren 1.150, 1.195 f., 1.199
- Nachbesserungsrecht 1.148
- Voraussetzungen 1.145 f.
- Wirkung 1.144, 1.147
- Zuständigkeit 1.149
Verfahren s. bei Notarielle Verfahren und bei Beurkundungsverfahren
Verjährung
- Allgemein 1.112 ff.
- Anerkenntnis 1.120
- Berechnungsbeispiel 1.127
- Dreißig Jahre 1.114 f.
- Kleinbeträge 1.125
- Kostenberechnung 1.83, 1.86, 1.116
- Kostenforderung 1.113
- Kostenprüfungsverfahren 1.115, 1.124
- Leistungsverweigerungsrecht 1.113
- Rechtsgrundlage 1.112
- Stundung 1.118
- Unzulässige Rechtsausübung 1.126
- Verhandlungen 1.123
- Wirkung 1.113
- Zahlungsaufforderung 1.117
- Zwangsvollstreckung 1.119
Verwahrungsgebühr 1.17, 1.105
Verwirkung 1.128
Vollstreckungsklausel
- Kostenberechnung 1.100
- Zinsen 1.109
Vollzug
- Fälligkeit 1.103
- Gebühr 1.152
- Kostenschuldner 1.76
- Wert 1.152
Vorschuss 1.106
Zinsen
- Kostenberechnung 1.93
- Vollstreckungsklausel 1.109
- Zinsanspruch 1.107 ff.
Zurückbehaltungsrecht 1.110

I. Rechtsquelle: Das Gerichts- und Notarkostengesetz (GNotKG)

1. Nach dem GNotKG abrechenbare Amtstätigkeiten

1.1 Soweit bundesrechtlich nichts anderes bestimmt ist, darf der Notar die **Kosten** für seine Amtstätigkeit nur nach dem **GNotKG** erheben (§ 1 I GNotKG). Bun-

I. Rechtsquelle: Das Gerichts- und Notarkostengesetz (GNotKG)

desrechtlich etwas **anderes** ist beispielsweise bestimmt für das notarielle Vermittlungsverfahren, dessen Kosten sich nach dem Sachenrechtsbereinigungsgesetz bestimmen (vgl. § 100 SachenRBerG). Soweit der Notar in **landesrechtlich** geregelten Verfahren und Geschäften der freiwilligen Gerichtsbarkeit tätig wird, bestimmen sich auch seine Gebühren nach Landesrecht (§ 1 V Nr. 1 GNotKG). Dazu gehört die Mitwirkung des Notars bei Abmarkungen.

Nicht zur Amtstätigkeit des Notars gehört eine – nicht genehmigungspflichtige – Nebentätigkeit i.S.d. § 8 IV BNotO als **Testamentsvollstrecker, Insolvenzverwalter, Schiedsrichter** oder **Betreuer** oder einer ähnlichen auf behördlicher oder gerichtlicher Anordnung beruhenden Stellung sowie eine wissenschaftliche, künstlerische oder Vortragstätigkeit. Entgelte für derartige Tätigkeiten sind keine Notarkosten i.S.d. § 1 I GNotKG und bestimmen sich daher nicht nach dem GNotKG.

Wird der Notar als **Mediator** oder **Schlichter** tätig, so greift § 126 GNotKG. Hierbei handelt es sich um eine Vergütung nach dem GNotKG, auch wenn sie frei vereinbar ist.

2. Aufbau des GNotKG

a) Anschluss an die übrigen Kostengesetze

Das GNotKG ist technisch auf dem Stand der übrigen Kostengesetze. Diese bestehen bereits seit dem 1. KostRMoG vom 5.5.2004 aus einem **Paragraphenteil und** einem sog. **Kostenverzeichnis**. Der Paragraphenteil ist auch im GNotKG der Mantel des Gesetzes, das Kostenverzeichnis dessen Anlage 1 (§ 3 II GNotKG). Der **Paragraphenteil** (auch Textteil) enthält die **allgemeinen Vorschriften**, etwa zur Fälligkeit, Kostenhaftung und zur Verjährung, vornehmlich aber die Wertvorschriften. Das **tabellarische Kostenverzeichnis** zählt die **Gebühren- und Auslagentatbestände abschließend** für die einzelnen Amtstätigkeiten auf. Dadurch soll sich die ganze Vielfalt notarieller Tätigkeit vollständig in dem Gesetz widerspiegeln.[1]

1.2

Die **Gebühren- und Auslagennummern** sind – als einzige aller Kostengesetze – **fünfstellig**, die übrigen Kostengesetze begnügen sich mit höchstens vierstelligen Ziffern.

1.3

b) Notar- und Gerichtskosten in einem Gesetz

Wegen des engen Sachzusammenhangs und wegen der Stellung der Notare als externe staatliche Funktionsträger im Bereich der vorsorgenden Rechtspflege, wurde mit dem GNotKG – wie schon mit der KostO – an einem **einheitlichen Kostengesetz** für Notare und Gerichte festgehalten.[2] Jedoch gibt es anders als noch in der KostO eine deutliche Trennung der Regelungen für Gerichte und Notare durch zwei eigenständige Kostenverzeichnisse sowie eigenständige allgemeine Vorschriften. Nur für beide Rechtspflegeorgane gleichermaßen geltende Bestimmungen sind vor die Klammer gezogen. So wird dem seit dem 1.1.1970

1.4

---

1 Begr. RegE, BT-Drs. 17/11471, S. 2.
2 Begr. RegE, BT-Drs. 17/11471, S. 133.

(Inkrafttreten des Beurkundungsgesetzes) bestehenden weitgehenden Beurkundungsmonopol der Notare nunmehr bereits im Aufbau des Gesetzes Rechnung getragen.

c) Gliederung des Paragraphenteils

1.5 Der Paragraphenteil, der **136 Vorschriften** umfasst, gliedert sich in die folgenden **vier Kapitel**:
- Kapitel 1: Vorschriften für Gerichte und Notare
- Kapitel 2: Gerichtskosten
- Kapitel 3: Notarkosten
- Kapitel 4: Schluss- und Übergangsvorschriften

Die **weiteren Untergliederungen** heißen **Abschnitt** und **Unterabschnitt**. Wir haben es also mit **drei Gliederungsebenen** zu tun.

Das **gemeinsame Kapitel 1** (Vorschriften für Gerichte und Notare, **§§ 1–54**) besteht aus den folgenden **7 Abschnitten**:
- Abschnitt 1: Allgemeine Vorschriften (§§ 1–7), wobei für den Notar nur gelten: **§§ 1, 3, 4, 6, 7**
- Abschnitt 2: Fälligkeit (§§ 8–10), wobei für den Notar nur **§ 10** gilt
- Abschnitt 3: Sicherstellung der Kosten (§§ 11–17), wobei für den Notar nur gelten: **§§ 11, 15, 16**
- Abschnitt 4: Kostenerhebung (§§ 18–21), wobei für den Notar nur die **§§ 19 und 21** gelten
- Abschnitt 5: Kostenhaftung (§§ 22–33), unterteilt in 3 Unterabschnitte, wobei für den Notar nur gelten:
  - Unterabschnitt 2: Notarkosten (**§§ 29–31**)
  - Unterabschnitt 3: Mehrere Kostenschuldner (§§ 32–33), wobei für den Notar nur **§ 32** gilt
- Abschnitt 6: Gebührenvorschriften (**§ 34**)
- Abschnitt 7: Wertvorschriften (**§§ 35–54**), unterteilt in folgende 3 Unterabschnitte:
  - Unterabschnitt 1: Allgemeine Wertvorschriften (**§§ 35–39**)
  - Unterabschnitt 2: Besondere Geschäftswertvorschriften (**§§ 40–45**)
  - Unterabschnitt 3: Bewertungsvorschriften (**§§ 46–54**)

Kapitel 3 (Notarkosten, **§§ 85–131**) besteht aus folgenden **6 Abschnitten**:
- Abschnitt 1: Allgemeine Vorschriften (**§§ 85–87**)
- Abschnitt 2: Kostenerhebung (**§§ 88–90**)
- Abschnitt 3: Gebührenvorschriften (**§§ 91–94**)
- Abschnitt 4: Wertvorschriften (**§§ 95–124**), unterteilt in folgende 4 Unterabschnitte:
  - Unterabschnitt 1: Allgemeine Wertvorschriften (**§§ 95, 96**)

- Unterabschnitt 2: Beurkundung (§§ 97–111)
- Unterabschnitt 3: Vollzugs- und Betreuungstätigkeiten (§§ 112, 113)
- Unterabschnitt 4: Sonstige notarielle Geschäfte (§§ 114–124)
- Abschnitt 5: Gebührenvereinbarung (§§ 125–126)
- Abschnitt 6: Gerichtliches Verfahren in Notarkostensachen (§§ 127–131)

Kapitel 4 (Schluss- und Übergangsvorschriften, §§ 132–136) ist nicht untergliedert.

Den Abschluss des Paragrafenteils bilden **zwei Anlagen**:

Anlage 1 (zu § 3 II) enthält das **Kostenverzeichnis** (siehe nachstehend unter d),

Anlage 2 (zu § 34 III) enthält die **Gebührentabellen A und B** für Geschäftswerte bis 3 Millionen Euro.

d) Gliederung des Kostenverzeichnisses und Lesehinweise

aa) Gliederungsebenen

Vier Gliederungsebenen gibt es hingegen beim **Kostenverzeichnis**. Sie heißen dort:

Teil, Hauptabschnitt, Abschnitt und Unterabschnitt.

In den insgesamt **drei Teilen** sind geregelt:
- Teil 1: **Gerichtsgebühren**
- Teil 2: **Notargebühren**
- Teil 3: **Auslagen**
  - Hauptabschnitt 1: Auslagen der Gerichte
  - Hauptabschnitt 2: Auslagen der Notare

Teil 2, also die **Notargebühren**, ist wie folgt gegliedert:
- **Hauptabschnitt 1: Beurkundungsverfahren**
  - Abschnitt 1: Verträge, bestimmte Erklärungen sowie Beschlüsse von Organen einer Vereinigung oder Stiftung
  - Abschnitt 2: Sonstige Erklärungen, Tatsachen und Vorgänge
  - Abschnitt 3: Vorzeitige Beendigung des Beurkundungsverfahrens
- **Hauptabschnitt 2: Vollzug eines Geschäfts und Betreuungstätigkeiten**
  - Abschnitt 1: Vollzug
    - Unterabschnitt 1: Vollzug eines Geschäfts
    - Unterabschnitt 2: Vollzug in besonderen Fällen
  - Abschnitt 2: Betreuungstätigkeiten
- **Hauptabschnitt 3: Sonstige notarielle Verfahren**
  - Abschnitt 1: Rückgabe eines Erbvertrags aus der notariellen Verwahrung
  - Abschnitt 2: Verlosung, Auslosung
  - Abschnitt 3: Eid, eidesstattliche Versicherung, Vernehmung von Zeugen und Sachverständigen

1.6

- Abschnitt 4: Wechsel- und Scheckprotest
- Abschnitt 5: Vermögensverzeichnis und Siegelung
- Abschnitt 6: Freiwillige Versteigerung von Grundstücken
- Abschnitt 7: Versteigerung von beweglichen Sachen und Rechten
- Abschnitt 8: Vorbereitung der Zwangsvollstreckung
- Abschnitt 9: Teilungssachen
- **Hauptabschnitt 4: Entwurf und Beratung**
  - Abschnitt 1: Entwurf
  - Abschnitt 2: Beratung
- **Hauptabschnitt 5: Sonstige Geschäfte**
  - Abschnitt 1: Beglaubigungen und sonstige Zeugnisse (§§ 39, 39a BeurkG)
  - Abschnitt 2: Andere Bescheinigungen und sonstige Geschäfte
  - Abschnitt 3: Verwahrung von Geld, Wertpapieren und Kostbarkeiten
- **Hauptabschnitt 6: Zusatzgebühren**

Dabei spiegelt sich die Gliederung des Gesetzes insoweit in den Gebühren- und Auslagenziffern, als jede Ziffer für die jeweilige Gliederungsebene steht.

Beispiel:

22110

2 = Teil 2

2 = Hauptabschnitt 2

1 = Abschnitt 1

1 = Unterabschnitt 1

0 = erste Gebührenziffer im Gebührenblock.

bb) Lesehinweise zum Kostenverzeichnis

(1) Aufbau

1.7 Das Kostenverzeichnis ist **tabellarisch aufgebaut** und enthält durchgehend **3 Spalten**. Diese sind für Gebühren und Auslagen unterschiedlich überschrieben.

Bei den **Gebühren** lauten die Spaltenüberschriften wie folgt:

Erste Spalte: „Nr.". Das ist die Nummer der Gebühr; sie muss vornehmlich in der Kostenberechnung angegeben werden (s. § 19 II Nr. 2).

Zweite Spalte: „Gebührentatbestand". Er heißt beispielsweise bei der Nr. 21100 „Beurkundungsverfahren". Eine kurze Bezeichnung des Gebührentatbestands soll in der Kostenberechnung enthalten sein (s. § 19 III Nr. 1).

Dritte Spalte: „Gebühr oder Satz der Gebühr nach § 34 GNotKG – Tabelle B". Aus der dritten Spalte erfährt man also den Gebührensatz, der – anders als in der KostO – in **Dezimalschreibweise** angegeben ist, also 0,5, 1,0, 2,0 usw. beträgt. Bei einigen Gebühren ist an dieser Stelle, d.h. in einer eigenen Zeile nach dem Gebührensatz, die für die Gebühr einschlägige **Mindestgebühr** angegeben. So heißt es beispielsweise bei der Gebühr Nr. 21100 in der dritten Spalte: „2,0 –

mindestens 120,00 Euro". Schließlich ist in der dritten Spalte noch die einschlägige Tabelle – es gibt ja zwei Tabellen A und B – angegeben. In Teil 2 des Kostenverzeichnisses, also bei den Notargebühren, ist in Spalte 3 regelmäßig auf **Tabelle B** verwiesen. Für die Gerichtsgebühren, die in Teil 1 geregelt sind, ist aufzupassen, denn dort kommen beide Tabellen zum Einsatz.

Bei den **Auslagen** (Teil 3) lauten die Spaltenüberschriften hingegen wie folgt:

Erste Spalte: „**Nr.**". Das ist die Nummer des Auslagentatbestandes; sie muss vornehmlich in der Kostenberechnung angegeben werden (s. § 19 II Nr. 2).

Zweite Spalte: „**Auslagentatbestand**". Er heißt beispielsweise bei der Nr. 32004 „Entgelte für Post- und Telekommunikationsdienstleistungen". Eine kurze Bezeichnung der Auslagen soll in der Kostenberechnung enthalten sein (s. § 19 III Nr. 1).

Dritte Spalte: „**Höhe**". Hier erfährt man meist sofort den Euro-Betrag, bei manchen Auslagenziffern heißt es aber auch „in voller Höhe".

(2) Überschriften

Der **Anwendungsbereich** der Beurkundungsverfahrensgebühren (Teil 2, Hauptabschnitt 1, Abschnitt 1 und 2) bestimmt sich nach den **Überschriften**.[1] Das ist zwar durchaus gewöhnungsbedürftig, jedoch alsbald unproblematisch. Demgemäß erfährt man aus Abschnitt 1, der mit „Verträge, bestimmte Erklärungen sowie Beschlüsse von Organen einer Vereinigung oder Stiftung" überschrieben ist, beispielsweise, dass darunter alle Verträge fallen, gleichgültig, ob schuldrechtliche, sachenrechtliche, familienrechtliche, erbrechtliche oder gesellschaftsrechtliche. In Vorbemerkung 2.1.1 ist klargestellt, dass in Abschnitt 1 auch die Gebühren für Vertragsangebote, Vertragsannahmen und gemeinschaftliche Testamente geregelt sind. Aus der Überschrift des Abschnittes 2 („Sonstige Erklärungen, Tatsachen und Vorgänge") erschließt sich insbesondere, dass darunter Erklärungen fallen, die nicht in Abschnitt 1 erfasst sind. Darüber hinaus fallen hierunter die Tatsachenbeurkundungen.

1.8

Nahezu jede Gliederungsebene wird durch eine sog. **Vorbemerkung** eingeleitet, die meist vor einem Block an Gebührenziffern steht. Die Vorbemerkung gilt zum einen in der Gliederungsebene, die sie einleitet. Zum anderen gilt sie aber auch für die im Rang nachstehenden Gliederungsebenen und deren Gebührenziffern.

Beispiel:

In Absatz 1 der Vorbemerkung 2 ist bestimmt, dass in den Fällen, in denen es für die Gebührenberechnung maßgeblich ist, dass ein bestimmter Notar eine Tätigkeit vorgenommen hat, diesem Notar der Aktenverwahrer gem. § 51 BNotO, der Notariatsverwalter gem. § 56 BNotO oder ein anderer Notar, mit dem der Notar am Ort seines Amtssitzes zur gemeinsamen Berufsausübung verbunden ist oder mit dem er dort gemeinsame Geschäftsräume unterhält, gleichsteht. Da die Vorbemerkung 2 Teil 2 (= Notargebühren) einleitet, ist sie zu allen folgenden Gebühren mitzulesen.

---
1 Begr. RegE, BT-Drs. 17/11471, S. 218.

An der Bezifferung der Vorbemerkung kann man – wie bei den Gebühren- und Auslagennummern – unmittelbar die Gliederungsebene erkennen. Aus Vorbemerkung 2.4.1 erschließt sich beispielsweise, dass sie sich auf Teil 2 („Notargebühren"), Hauptabschnitt 4 („Entwurf und Beratung"), Abschnitt 1 („Entwurf") bezieht. Sie folgt damit der Bezifferungssystematik der Gebühren (s. dazu bereits Rz. 1.6 a.E.).

(3) Anmerkungen

1.9 An einigen Stellen findet sich im unmittelbaren Anschluss an eine Gebühr oder Auslage, also noch vor der nächsten Gebühr oder Auslage, ein Text, der eine kleinere Schriftgröße aufweist als der Text der Gebühr oder Auslage. Hierbei handelt es sich um eine sog. **Anmerkung** zur vorstehenden Gebühr oder Auslage.

Beispiel:

Nach der Gebühr Nr. 21200 (Beurkundungsverfahren) findet sich folgender Text: „Unerheblich ist, ob eine Erklärung von einer oder von mehreren Personen abgegeben wird." Hierbei handelt es sich um eine Anmerkung zu Nr. 21200, die auch so ausgesprochen und zitiert wird.

3. Grundlegende Begriffe und ihre Bedeutung

a) Kosten

1.10 Die Tätigkeit des Notars löst für den Rechtssuchenden „Kosten" aus. Diese sind nicht etwa betriebswirtschaftlich zu verstehen, sondern es handelt sich nach der **Legaldefinition** des § 1 I GNotKG um **Gebühren und Auslagen**.

b) Kostenschuldner

1.11 Das ist der **Zahlungspflichtige**. Wie man Kostenschuldner wird, ist nachstehend unter Rz. 1.58 ff. ausgeführt.

c) Gebühr

aa) Strafbarkeit

1.12 Der Notar erhält für seine Tätigkeit Gebühren. Die vorsätzliche Erhebung zu hoher Gebühren ist strafbar, § 352 StGB.

bb) Wertgebühren

1.13 Das Gebührensystem des GNotKG basiert im Grundsatz auf dem Modell der **Wertgebühr** (§ 3 GNotKG). Die Gebührenhöhe hängt vom Geschäftswert ab (§ 34). Sie steigt mit zunehmendem Geschäftswert **degressiv**. D.h. der Gebührenbetrag wächst bei zunehmenden Werten nicht prozentual gleichmäßig (das wäre linear) oder prozentual zunehmend (das wäre progressiv) an. Anders als in der KostO sind die Gebühren nach dem Dezimalsystem aber stärker abgestuft.

I. Rechtsquelle: Das Gerichts- und Notarkostengesetz (GNotKG)

Das Wertgebührensystem des GNotKG beruht auf dem Prinzip der **Mischkalkulation**, in dem Vorgänge mit niedrigen Geschäftswerten regelmäßig nicht kostendeckende Gebühren auslösen und durch die Gebühren für Vorgänge mit hohen Geschäftswerten „quersubventioniert" werden. Die Wertgebühr ist dazu geeignet, den **Zielkonflikt** zwischen einer aufwandsbezogenen Tätigkeitsvergütung einerseits und dem Justiz- bzw. Urkundsgewährungsanspruch im Bereich der freiwilligen Gerichtsbarkeit andererseits unter Berücksichtigung der Bezahlbarkeit hochwertiger juristischer Arbeit auch bei geringer wirtschaftlicher Bedeutung der Angelegenheit Rechnung zu tragen.[1]

cc) Dominierende Verfahrensgebühren

Im GNotKG dominieren die Verfahrensgebühren. Kennzeichnend hierfür ist, dass ein Verfahren auch nur **eine pauschale Verfahrensgebühr** auslöst, § 93 I S. 1 GNotKG. Werden allerdings in einem **Beurkundungsverfahren ohne sachlichen Grund** mehrere Beurkundungsgegenstände zusammengefasst, so gilt das Beurkundungsverfahren hinsichtlich jedes dieser Beurkundungsgegenstände als **besonderes Verfahren** (§ 93 II S. 1 GNotKG). Mit anderen Worten: In diesem Fall kommt weder das Bewertungsprivileg desselben Beurkundungsgegenstandes noch das Degressionsprivileg durch Addition der Geschäftswerte zur Anwendung. Vielmehr werden die Gebühren so berechnet, als wenn die Beurkundungsgegenstände in verschiedenen Urkunden niedergelegt worden wären. Auch die Vollzugs- und Betreuungsgebühren werden in diesem Fall getrennt erhoben.

1.14

Ein sachlicher Grund ist insbesondere anzunehmen, wenn hinsichtlich jedes Beurkundungsgegenstands die gleichen Personen an dem Verfahren beteiligt sind oder der rechtliche Verknüpfungswille in der Urkunde zum Ausdruck kommt.

Verfahrensgebühren haben auch folgende **Konsequenz**: Wer einen Notar mit der Beurkundung beauftragt, hat ein Beurkundungsverfahren eingeleitet, das dem Verfahrensstadium adäquate Gebühren auslöst.

dd) Geschlossener Gebührenkatalog

Das Kostenverzeichnis enthält einen **geschlossenen Gebührenkatalog**. Ein Auffangtatbestand ist nicht vorgesehen. Damit soll sich der Rechtsuchende nach den Vorstellungen des Gesetzgebers darauf verlassen können, dass nur für die ausdrücklich genannten Tätigkeiten Gebühren erhoben werden.[2] Das heißt: Findet sich für eine bestimmte Notartätigkeit **keine Gebührenziffer** im Kostenverzeichnis, so bleibt sie **gebührenfrei**. Nur in den sehr engen Grenzen des **§ 126 GNotKG** ist eine Gebührenvereinbarung zulässig, nämlich durch den schriftlichen Abschluss eines sog. **öffentlich-rechtlichen Vertrags** zwischen Notar und Klient. Dieser Gebührenvertrag soll neben der Mediation und Schlichtung beispielsweise Anwendung finden auf die Verwahrung anderer Sachen als Wertpapiere und Kostbarkeiten und auf bestimmte Daueraufgaben, wie die Führung eines Aktienregisters oder die Führung vertraulicher Statistiken.[3] Gemäß

1.15

---
1 Ausführlich Leipziger Kommentar GNotKG/*Otto*, 2. Aufl. 2016, § 3 Rz. 33 ff.
2 Begr. RegE, BT-Drs. 17/11471, S. 137 re.Sp.
3 Begr. RegE, BT-Drs. 17/11471, zu § 126, S. 191.

§ 126 I S. 2 GNotKG ist ein Gebührenvertrag aber nur eröffnet, wenn es sich um eine notarielle Amtstätigkeit handelt, für die im GNotKG keine Gebühr bestimmt ist und die nicht mit einer anderen gebührenpflichtigen Tätigkeit zusammenhängt. Der Anwendungsbereich ist unter Berücksichtigung der Vorgabe des Gesetzgebers zu bestimmen, dass mit § 126 GNotKG gerade keine dem § 147 II KostO vergleichbare Auffangnorm geschaffen sein soll.[1] Die in dem öffentlich-rechtlichen Vertrag vereinbarte Gegenleistung (in Geld) unterliegt der gerichtlichen Überprüfung und Korrektur im Kostenprüfungsverfahren (§ 128 II S. 2).

ee) Keine Verweisungen

1.16 Eine Verweisung zwischen den Gebührentatbeständen findet grundsätzlich nicht statt. Das erleichtert die praktische Arbeit.

ff) Verwahrungstätigkeit

1.17 Für die Verwahrung von Geld, Wertpapieren und Kostbarkeiten fällt eine **Verwahrungsgebühr** an (s. Nrn. 25300, 25301 KV, § 124 GNotKG). Sie beträgt **1,0** und bestimmt sich – wie alle anderen Gebühren auch – nach der geschäftswertabhängigen **Gebührentabelle B** (§ 34 GNotKG). Allerdings gilt die Berechnung nach der Gebührentabelle (B) nur bei (Geschäfts-)Werten bis 13 Mio. Euro. Bei darüber hinausgehenden Beträgen beträgt die Verwahrungsgebühr 0,1 % des Auszahlungsbetrages.

gg) Rahmengebühren

1.18 Das Gebührensystem kennt **Rahmengebühren** (§ 92 GNotKG) für genau bestimmte Notargeschäfte. Hierbei handelt es sich um vorzeitig beendete Beurkundungsverfahren, wenn bereits eine Beratung oder eine Entwurfsfertigung stattgefunden hat (Nrn. 21301–21304 KV), bei Entwürfen außerhalb eines Beurkundungsverfahrens (Nrn. 24100–24102 KV) oder bei isolierten Beratungstätigkeiten (Nrn. 24200, 24201, 24203 KV). Des Weiteren bei Nr. 25203 KV und Nr. 25204 KV. In diesen Fällen sieht das Gesetz eine **Gebührenspanne** vor. Diese beträgt für den Entwurf eines Vertrages außerhalb eines Beurkundungsverfahrens 0,5 bis 2,0. Aus diesem Rahmen bestimmt der Notar die konkrete Gebühr für den Einzelfall unter Berücksichtigung des Umfangs der erbrachten Leistung nach **billigem Ermessen** (§ 92 I GNotKG). Aus dieser Gesetzesformulierung geht hervor, dass bei der Ausübung des Ermessens ausschließlich der Umfang der notariellen Tätigkeit zu berücksichtigen ist.[2] Hingegen spielt die Haftung bei der Bestimmung der zutreffenden Gebühr keine Rolle, weil der nach den allgemeinen Vorschriften zugrunde zu legende Geschäftswert bereits mittelbar die haftungsrechtlichen Aspekte einbezieht.[3] Anders als etwa in § 14 I RVG fließen auch die Bedeutung der Sache, die Einkommens- und Vermögensverhältnisse

---

1 Begr. RegE, BT-Drs. 17/11471, zu § 126, S. 191 f.
2 Begr. RegE, BT-Drs. 17/11471, zu § 92, S. 179.
3 Begr. RegE, BT-Drs. 17/11471, zu § 92, S. 179.

des Kostenschuldners nicht in die Bemessung ein, da diese Gesichtspunkte ebenfalls im jeweilgen Geschäftswert Berücksichtigung finden.[1] Der vom Notar gefundene Gebührensatz unterliegt der gerichtlichen Überprüfung und Korrektur im Kostenprüfungsverfahren (§ 128 II S. 1 GNotKG).

Zu beachten ist, dass bei den Gebühren für das Beurkundungsverfahren im Falle dessen vorzeitiger Beendigung und bei den Gebühren für die Fertigung eines Entwurfs für dessen vollständige Erstellung der **Höchstsatz** des Gebührenrahmens zu erheben ist (§ 92 II GNotKG).

Wenn eine Gebühr auf eine Rahmengebühr **anzurechnen** ist, wird die bei der nachfolgenden Tätigkeit ersparte Arbeit durch die Anrechnung berücksichtigt. Damit diese Ersparnis bei der Bemessung der Rahmengebühr nicht noch einmal gebührenmindernd wirkt,[2] bestimmt § 92 III GNotKG, dass bei der Bemessung der Gebühr auch die vorausgegangene Tätigkeit zu berücksichtigen ist.

hh) Mindestgebühren

(1) Allgemeine Mindestgebühr

Die allgemeine Mindestgebühr für Wertgebühren beträgt **15 Euro**, § 34 V GNotKG.

1.19

(2) Besondere Mindestgebühren

Das GNotKG enthält Mindestgebühren für **bestimmte Geschäfte**. Vornehmlich ist die **Beurkundungsverfahrensgebühr** und die **Entwurfsgebühr** mit einem Mindestbetrag belegt: **120 Euro** für Verträge, Vertragsangebote, Beschlüsse, Erbverträge und gemeinschaftliche Testamente; **60 Euro** für **einseitige Erklärungen**; **30 Euro** für **bestimmte einseitige Erklärungen**, wie insbesondere Grundbucherklärungen und Registeranmeldungen. Die reine **Unterschriftsbeglaubigung** ohne Entwurf löst eine 0,2 Gebühr aus, mindestens **20 Euro** (höchstens jedoch 70 Euro).

1.19a

Weitere Mindestgebühren finden sich in Nr. 25102 KV und in Nr. 25206 KV. Danach beträgt die Gebühr für die **Beglaubigung von Dokumenten** mindestens **10 Euro**. Die Gebühr für die **Gründungsprüfung** gemäß § 33 III AktG beträgt mindestens **1000 Euro**.

ii) Höchstgebühren

Das GNotKG sieht folgende Höchstgebühren vor:

1.20

– Nr. 22112: 50 Euro für einfache Vollzugstätigkeiten, wie etwa die Einholung behördlicher Genehmigungen (wobei die 50 Euro pro Vollzugstätigkeit anfallen)

---

[1] Begr. RegE, BT-Drs. 17/11471, zu § 92, S. 179.
[2] Zu dieser Vorstellung des Gesetzgebers s. Begr. RegE, BT-Drs. 17/11471, zu § 92, S. 179.

- Nr. 22113: 250 Euro für Fertigung, Änderung oder Ergänzung einer GmbH-Gesellschafterliste
- Nr. 22114 und Nr. 22125: 250 Euro für die Erzeugung von XML-Daten
- Nr. 25100: 70 Euro für die Beglaubigung einer Unterschrift oder eines Handzeichens (mindestens 20 Euro)
- Nr. 26000: Unzeittätigkeit: Gebühr in Höhe von 30 % der für das Verfahren oder das Geschäft zu erhebenden Gebühr, höchstens 30 Euro
- Nr. 26001: Fremdsprachentätigkeit: Gebühr in Höhe von 30 % der für das Beurkundungsverfahren, für eine Beglaubigung oder Bescheinigung zu erhebenden Gebühr, höchstens 5000 Euro
- Nr. 23902: Verweisung des Verfahrens über Teilungssachen vor Eintritt in die Verhandlung wegen Unzuständigkeit an einen anderen Notar: 1,5 Gebühr, höchstens 100 Euro.

jj) Festgebühren

1.21 Das GNotKG enthält folgende Festgebühren:
- Nr. 21300: 20 Euro für die vorzeitige Beendigung eines Beurkundungsverfahrens, wenn noch kein Entwurf gefertigt wurde und auch keine Beratung oder Beurkundungsverhandlung stattgefunden hat
- Nr. 22124: 20 Euro für die reine Übermittlung von Anträgen, Erklärungen oder Unterlagen an ein Gericht, eine Behörde oder einen Dritten oder die Stellung von Anträgen im Namen der Beteiligten. Voraussetzung ist, dass der Notar keine Gebühr für ein Beurkundungsverfahren oder für die Fertigung eines Entwurfs erhalten hat
- Nr. 23800: 60 Euro für das Verfahren über die Vollstreckbarerklärung eines Anwaltsvergleichs nach § 796a ZPO
- Nr. 23804: 20 Euro für das Verfahren über den Antrag auf Erteilung einer weiteren vollstreckbaren Ausfertigung (§ 797 III, § 733 ZPO)
- Nr. 23805: 20 Euro für das Verfahren über die Ausstellung einer Bestätigung nach § 1079 ZPO oder über die Ausstellung einer Bescheinigung nach § 1110 ZPO
- Nr. 23806: 240 Euro für das Verfahren über einen Antrag auf Vollstreckbarerklärung einer notariellen Urkunde nach § 55 III AVAG, nach § 35 III AUG oder nach § 3 IV IntErbRVG
- Nr. 23807: 90 Euro für die Beendigung des gesamten Verfahrens nach Nr. 23806
- Nr. 23808: 15 Euro für das Verfahren über die Ausstellung einer Bescheinigung nach § 57 AVAG oder § 27 IntErbRVG oder für die Ausstellung des Formblatts oder der Bescheinigung nach § 71 I AUG
- Nr. 25101: 20 Euro für die Unterschriftsbeglaubigung betreffend eine Eigentümerzustimmung nach § 27 GBO nebst damit verbundenem Löschungsantrag oder einen Verwalternachweis nach § 26 III WEG oder eine Erklärung nach dem Staatsschuldenbuchgesetz

- Nr. 25103: 20 Euro für die Sicherstellung der Zeit
- Nr. 25200: 15 Euro für die Erteilung einer Bescheinigung nach § 21 BNotO für jedes Registerblatt, dessen Einsicht zur Erteilung erforderlich ist
- Nr. 25207: 25 Euro für die Erwirkung der Apostille oder der Legalisation einschließlich der Beglaubigung durch den Präsidenten des Landgerichts
- Nr. 25208: 50 Euro für die Erwirkung der Legalisation, wenn weitere Beglaubigungen notwendig sind
- Nr. 25209: 15 Euro für die Einsicht in das Grundbuch, in öffentliche Register und Akten einschließlich der Mitteilung des Inhalts an den Beteiligten
- Nr. 25210: 10 Euro für die Erteilung eines Abdrucks aus einem Register oder aus dem Grundbuch
- Nr. 25211: 15 Euro für die Erteilung eines beglaubigten Abdrucks aus einem Register oder aus dem Grundbuch
- Nr. 25212: 5 Euro für die Erteilung einer unbeglaubigten Datei aus einem Register oder aus dem Grundbuch
- Nr. 25213: 10 Euro für die Erteilung einer beglaubigten Datei aus einem Register oder aus dem Grundbuch
- Nr. 25214: 15 Euro für die Erteilung einer Bescheinigung nach § 21 III BNotO
- Nr. 26003: 50 Euro für eine Tätigkeit außerhalb der Geschäftsstelle, die eine Verfügung von Todes wegen, eine Vorsorgevollmacht, eine Betreuungsverfügung oder eine Patientenverfügung betrifft.

kk) Anknüpfungsgebühren

Folgende Gebühren knüpfen **in Höhe eines bestimmten Prozentsatzes** an eine andere Gebühr an: 1.22

- Nr. 25205: Tätigkeit als zu einer Beurkundung zugezogener zweiter Notar: Gebühr in Höhe von 50 % der dem beurkundenden Notar zustehenden Gebühr für das Beurkundungsverfahren
- Nr. 26000: Unzeittätigkeit: Gebühr in Höhe von 30 % der für das Verfahren oder das Geschäft zu erhebenden Gebühr, höchstens 30 Euro
- Nr. 26001: Tätigkeit in fremder Sprache: Gebühr in Höhe von 30 % der für das Beurkundungsverfahren, für eine Beglaubigung oder Bescheinigung zu erhebenden Gebühr (höchstens 5000 Euro).

d) Geschäftswert

aa) Legaldefinition

Die Legaldefinition des Geschäftswerts findet sich in **§ 3 I GNotKG**: „Die Gebühren richten sich nach dem Wert, den der Gegenstand des Verfahrens oder des Geschäfts hat (Geschäftswert), soweit nichts anderes bestimmt ist." Nach ihm bestimmt sich die Gebühr, außer es handelt sich um eine wertunabhängige Gebühr (z.B. Nr. 25102 KV betreffend eine Dokumentenbeglaubigung) oder eine Festgebühr (s. Rz. 1.21). So ist das grundsätzlich in allen Kostengesetzen. Bei   1.23

den Gerichtskosten nach dem GKG spricht man vom „Streitwert", bei den Gerichtskosten nach dem FamGKG vom „Verfahrenswert", bei den Rechtsanwaltskosten vom „Gegenstandswert".

Auf die Schwierigkeit oder den Aufwand der Amtstätigkeit kommt es nicht an. Innerhalb des Wertgebührensystems erfolgt somit eine **Quersubventionierung**: Bei Geschäften mit geringen Geschäftswerten kann der Aufwand des Notars sogar über den Gebühren liegen; dafür erhält er bei hohen Geschäftswerten für dieselbe Amtstätigkeit höhere Gebühren.

bb) Bewertungs- und Geschäftswertvorschriften

1.24 Das GNotKG sieht eine Aufteilung in Bewertungs- und Geschäftswertvorschriften vor.

Während alle **Bewertungsvorschriften** (9 an der Zahl, nämlich die **§§ 46 bis 54 GNotKG**) grds. für **Notare und Gerichte** gelten, sind die **Geschäftswertvorschriften** entsprechend den unterschiedlichen Aufgaben für Gerichte und Notare weitgehend **getrennt geregelt**. Die **Bewertungsvorschriften** legen fest, wie sich der Wert von Sachen und Rechten bestimmt, auf sie ist zurückzugreifen, wenn der Wert einer Sache oder eines Rechts zur Bestimmung des Geschäftswerts heranzuziehen ist.[1] Diese Regelungen besagen jedoch noch nicht, wie sich der für eine bestimmte Gebühr maßgebliche Geschäftswert berechnet. Hierfür gelten die **allgemeinen und besonderen Geschäftswertvorschriften**. Die Trennung von Geschäftswert- und Bewertungsvorschriften ist in der Gesetzessprache dadurch umgesetzt, dass die Bewertungsvorschriften von dem „**Wert**" sprechen, während Geschäftswertvorschriften ausdrücklich den Begriff „**Geschäftswert**" verwenden.[2]

Zu beachten ist, dass die Geschäftswertbestimmung von der **allgemeinen Geschäftswertvorschrift** des **§ 36 GNotKG** ihren Ausgang nimmt.[3] Soweit es für den Einzelfall keine besondere Geschäftswertvorschrift gibt, bleibt es bei der Bestimmung des § 36 GNotKG. Die Vorschrift erhält damit eine Funktion, die der Bedeutung des § 3 ZPO in Streitverfahren entspricht. Gibt es für den Einzelfall eine besondere Geschäftswertvorschrift, ist diese maßgebend.

cc) Allgemeiner Höchstwert

1.25 Der allgemeine Höchstwert bei Tabelle B, die für den Notar ausschließlich anzuwenden ist, beträgt **60 Mio. Euro** (§ 35 II GNotKG). Er greift auch, wenn es sich um verschiedene Verfahrensgegenstände handelt, die nach § 35 I GNotKG zu addieren sind.

Der allgemeine Höchstwert gilt **nicht** bei **Verwahrungsgebühren** nach Nrn. 25300 und 25301 KV (Vorbem. 2.5.3 II KV). Darüber hinaus findet er keine Anwendung bei der **unsachgemäßen Zusammenfassung** von mehreren Beurkun-

---

1 Begr. RegE, BT-Drs. 17/11471, S. 138.
2 Begr. RegE, BT-Drs. 17/11471, S. 138.
3 Begr. RegE, BT-Drs. 17/11471, S. 138.

dungsgegenständen in einem **einzigen Verfahren** gem. § 93 II GNotKG. Schließlich gilt er nicht für den **öffentlich-rechtlichen Vertrag** nach § 126.

dd) Mindestwerte

Das GNotKG kennt **folgende Mindestgeschäftswerte**: 1.26
- § 105: 30 000 Euro für die Erstanmeldung einer Kapitalgesellschaft (§ 105 I S. 2); ausgenommen ist die Anmeldung einer nach Musterprotokoll gegründeten UG
- § 107 I S. 1: 30 000 Euro für die Beurkundung von Gesellschaftsverträgen und Satzungen sowie von Plänen und Verträgen nach dem Umwandlungsgesetz (höchstens 10 Millionen Euro). Ausgenommen ist die nach Musterprotokoll gegründete UG
- § 108 I S. 1: 30 000 Euro für Beschlüsse mit *unbestimmtem* Geldwert, die von Organen von Kapital-, Personenhandels- und Partnerschaftsgesellschaften sowie von Versicherungsvereinen auf Gegenseitigkeit, juristischen Personen i.S.v. § 33 HBG oder von Genossenschaften gefasst werden
- § 108 I S. 2: 30 000 Euro für Beschlüsse mit *bestimmtem* Geldwert, die von Organen von Kapital-, Personenhandels- und Partnerschaftsgesellschaften sowie von Versicherungsvereinen auf Gegenseitigkeit, juristischen Personen i.S.v. § 33 HBG oder von Genossenschaften gefasst werden.

ee) Bestimmte Höchstwerte

Folgende Höchstwerte sind zu beachten: 1.27
- § 36 II: 1 Million Euro für nichtvermögensrechtliche Angelegenheiten
- § 98 IV: 1 Million Euro für Vollmachten und Zustimmungen
- § 98 III S. 2: Bei einer allgemeinen Vollmacht darf der zu bestimmende Geschäftswert die Hälfte des Vermögens des Auftraggebers nicht übersteigen
- § 106: 1 Million Euro für Registeranmeldungen nach § 105
- § 107 I S. 1: 10 Millionen Euro für die Beurkundung von Gesellschaftsverträgen und Satzungen sowie von Plänen und Verträgen nach dem Umwandlungsgesetz (mindestens 30 000 Euro)
- § 107 II S. 1: 10 Millionen Euro für die Beurkundung von Verträgen zwischen verbundenen Unternehmen nach § 15 AktG über die Veräußerung oder über die Verpflichtung zur Veräußerung von Gesellschaftsanteilen und -beteiligungen an nicht überwiegend vermögensverwaltenden Gesellschaften
- § 108 V: 5 Millionen Euro für Beschlüsse von Gesellschafts-, Stiftungs- und Vereinsorganen sowie von ähnlichen Organen, auch wenn mehrere Beschlüsse mit verschiedenem Gegenstand in einem Beurkundungsverfahren zusammengefasst werden
- § 120: 5 Millionen Euro für die Beratung bei der Vorbereitung oder Durchführung einer Hauptversammlung oder einer Gesellschafterversammlung
- § 123: 10 Millionen Euro für eine Gründungsprüfung gem. § 33 III AktG. (Die Mindestgebühr beläuft sich gem. Nr. 25206 auf 1000 Euro).

ff) Festwerte

1.28 Das GNotKG kennt auch **feste Geschäftswerte**:
- § 101: 5000 Euro bei der Minderjährigenadoption
- § 105 I, III, IV, V: bestimmte Registeranmeldungen. Beispielsweise beträgt der Geschäftswert für die Erstanmeldung eines Kaufmanns 30 000 Euro, für die Erstanmeldung einer Genossenschaft 60 000 Euro. Ist eine Anmeldung nur deshalb erforderlich, weil sich eine Anschrift geändert hat, oder handelt es sich um eine ähnliche Anmeldung, die für das Unternehmen keine wirtschaftliche Bedeutung hat, so beträgt der Geschäftswert 5000 Euro
- § 108 IV: 30 000 Euro für die Beurkundung von Beschlüssen mit unbestimmtem Geldwert, die von Organen einer BGB-Gesellschaft gefasst werden
- § 52 VI S. 4: Der Wert eines durch Zeitablauf oder durch den Tod des Berechtigten erloschenen Rechts beträgt 0 Euro.

gg) Gesetzlich angeordnete Teilwerte

1.29 Das GNotKG sieht auch **prozentuale Teilwerte** vor:
- § 40 V: Testamentsvollstreckerzeugnis: 20 % des Bruttonachlasswerts
- § 49 II: Erbbaurecht: 80 % aus Grundstück und darauf errichtetem Bauwerk
- § 50: Bestimmte schuldrechtliche Verpflichtungen: 10 % bzw. 20 %
- § 51 I S. 2: Halber Wert für Vorkaufs- oder Wiederkaufsrecht (mit Billigkeitsklausel nach § 51 III)
- § 51 II: 30 % des von einer Verfügungsbeschränkung betroffenen Gegenstands (mit Billigkeitsklausel nach § 51 III)
- § 100 III: 30 % eines im Ehevertrag genau bestimmten zukünftigen Vermögenswerts
- § 104: 30 % bei Rechtswahl.

hh) Hilfswert

1.30 Bestehen in einer vermögensrechtlichen oder in einer nichtvermögensrechtlichen Angelegenheit **keine genügenden Anhaltspunkte** für eine Bestimmung des Werts, ist gem. § 36 III GNotKG von einem Geschäftswert von **5000 Euro** auszugehen. Der Gesetzeswortlaut bringt zum Ausdruck, dass es sich nicht um einen Regelwert handelt, der pauschal für alle nicht ausdrücklich geregelten Sachverhalte angewandt werden kann.[1] Vielmehr ist stets zunächst zu prüfen, ob der Geschäftswert nach den Kriterien der Absätze 1 und 2 des § 36 GNotKG bestimmbar ist.[2] Erst wenn hierfür keinerlei Anhaltspunkte erkennbar sind, kann auf den Hilfswert zurückgegriffen werden.[3] Man kann auch sagen, dass es sich bei § 36 II GNotKG um einen „Notwert" bzw. **„Auffanggeschäftswert"** handelt. Auch nach § 98 III S. 3 GNotKG ist für den Wert einer allgemeinen

---
1 Begr. RegE, BT-Drs. 17/11472, zu § 36, S. 164.
2 Begr. RegE, BT-Drs. 17/11472, zu § 36, S. 164 f.
3 Begr. RegE, BT-Drs. 17/11472, zu § 36, S. 165.

Vollmacht, wenn keine genügenden Anhaltspunkte bestehen, von einem Geschäftswert von 5000 Euro auszugehen.

ii) Geschäftswert im Kontext zu Steuer(werten)

An einigen Stellen setzt das GNotKG den Geschäftswert in Beziehung zu Bestimmungen des Steuerrechts. In § 46 III S. 1 Nr. 3 heißt es, dass bei der Bestimmung des Verkehrswerts eines Grundstücks auch für Zwecke der Steuererhebung festgesetzte Werte herangezogen werden können; dabei steht § 30 AO einer **Auskunft** des **Finanzamtes** nicht entgegen (§ 46 III S. 2). § 48 I und II sieht bei privilegiertem land- und forstwirtschaftlichem Grundbesitz den Ansatz des vierfacher Einheitswert bzw. des Ersatzwirtschaftswerts vor; zur Ermittlung des Werts und der Zusammensetzung des Nachlasses kann das Finanzamt Auskünfte erteilen (§ 40 VI).

1.31

e) Gebührentabelle

Das GNotKG enthält **zwei** Gebührentabellen: **Tabelle A** und **Tabelle B**. In der Überschrift der rechten Spalte des Kostenverzeichnisses ist kenntlich gemacht, welche Tabelle jeweils gilt. Für **Notargebühren** gilt ausschließlich **Tabelle B**. Die Gebührentabellen ergeben sich aus § 34 II GNotKG, für Geschäftswerte bis 3 Millionen Euro sind dem GNotKG die Gebührentabellen als Anlage 2 beigefügt (§ 34 III GNotKG).

1.32

Die Formulierung von § 34 II S. 1 GNotKG, wonach bei einem Geschäftswert bis 500 Euro nach Tabelle B eine Gebühr von 15 Euro entsteht, erfasst auch Fälle, in denen der Geschäftswert 0 Euro beträgt oder negativ ist.[1]

Mit der Tabelle werden auch mögliche Zweifel über die Auslegung des § 34 GNotKG beseitigt.[2]

f) Auslagen

Wie der Gebührenkatalog, so ist auch der **Auslagenkatalog geschlossen**, d.h., die Auslagentatbestände sind in Teil 3 Hauptabschnitt 2 des Kostenverzeichnisses in den Nummern 32000 bis 32015 abschließend geregelt. Beispielsweise gibt es wie für Rechtsanwälte (vgl. hierzu VV Nr. 7002 RVG) die Möglichkeit, Post- und Telekommunikationsentgelte wahlweise mit einer Pauschale abzurechnen (KV Nr. 32005 GNotKG).

1.33

g) Verfahren

aa) Ausgangsbestimmung

Nach der für Notare und Gerichte gleichermaßen geltenden Bestimmung des § 35 I GNotKG werden in demselben Verfahren die Werte **mehrerer Verfahrensgegenstände zusammengerechnet**, soweit nichts anderes bestimmt ist.

1.34

---

1 Begr. RegE, BT-Drs. 17/11471, zu § 34, S. 164.
2 Begr. RegE, BT-Drs. 17/11471, zu § 34, S. 164.

bb) Notarielle Verfahren

1.35 § 85 I definiert als notarielle Verfahren das **Beurkundungsverfahren** (Teil 2 Hauptabschnitt 1 KV) und die **sonstigen notariellen Verfahren** (Teil 2 Hauptabschnitt 3 KV).

(1) Beurkundungsverfahren

1.36 § 85 II definiert das Beurkundungsverfahren als Errichtung einer **Niederschrift** nach den §§ 8 ff. BeurkG und den §§ 36 ff. BeurkG.

1.37 § 86 I definiert sodann den **Beurkundungsgegenstand** als das Rechtsverhältnis, auf das sich die Erklärungen beziehen, bei Tatsachen die beurkundete Tatsache oder der beurkundete Vorgang.

§ 86 II legt schließlich als Grundsatz fest, dass mehrere Rechtsverhältnisse, Tatsachen oder Vorgänge **verschiedene Beurkundungsgegenstände** sind, soweit in § 109 nichts anderes bestimmt ist.

(2) Sonstige notarielle Verfahren

1.38 Bei den **sonstigen notariellen Verfahren** handelt es sich um **folgende**:
- Rückgabe eines Erbvertrags aus der notariellen Verwahrung (Nr. 23100 KV)
- Verlosung, Auslosung (Nr. 23200–23201 KV)
- Eid, eidesstattliche Versicherung, Vernehmung von Zeugen und Sachverständigen (Nr. 23300–23302 KV)
- Wechsel- und Scheckprotest (Nr. 23400–23401 KV)
- Vermögensverzeichnis und Siegelung (Nr. 23500–23503 KV)
- Freiwillige Versteigerung von Grundstücken (Nr. 23600–23603 KV)
- Versteigerung von beweglichen Sachen und Rechten (Nr. 23700–23701 KV)
- Vorbereitung der Zwangsvollstreckung (Nr. 23800–23808 KV)
- Teilungssachen (Nr. 23900–23903 KV).

cc) Umgang mit den neuen Begriffen

1.39 Wegen des rechtstechnischen und rechnerischen Umgangs mit den neuen Begriffen wird auf nachstehend Rz. 1.51 ff. verwiesen.

1.40–1.41 Nicht belegt.

4. Grundlegende Bewertungsprinzipien

a) Bruttoprinzip

1.42 § 38 GNotKG legt das sog. **Bruttoprinzip** fest. Es besagt, dass **Verbindlichkeiten**, die auf einer Sache oder auf einem Recht lasten, bei Ermittlung des Geschäftswerts **nicht abgezogen** werden, sofern nichts anderes bestimmt ist. Dies gilt auch für Verbindlichkeiten eines Nachlasses, einer sonstigen Vermögensmasse und im Fall einer Beteiligung an einer Personengesellschaft auch für deren Verbindlichkeiten. Folgende wichtige **Ausnahmen** sind zu beachten:

Bei **Eheverträgen** und **Verfügungen von Todes** werden zwar auch die Schulden abgezogen, jedoch darf dabei die **Hälfte des Vermögenswertes nicht unterschritten** werden (§ 100 I bzw. § 102 I).

Bei **Gesellschaftsanteilen** von nicht überwiegend vermögensverwaltenden **Kapitalgesellschaften** oder **Kommanditgesellschaften** bestimmt sich der Geschäftswert nach dem anteiligen Eigenkapital, wobei bei Grundstücken der Buchwert durch den Verkehrswert ersetzt wird. Bei Geschäftsanteilsveräußerungen innerhalb eines **Konzerns** beträgt der Geschäftswert allerdings höchstens 10 Millionen Euro, ausgenommen es handelt sich bei der Zielgesellschaft um eine überwiegend vermögensverwaltende Gesellschaft (§ 107 II). Handelt es sich bei den genannten Gesellschaften hingegen um überwiegend vermögensverwaltende oder handelt es sich um Gesellschaftsanteile eines **Komplementärs** oder eines **BGB-Gesellschafters**, so bleibt es in jedem Fall beim anteiligen Bruttowert. Schließlich finden sich in § 40, der den Geschäftswert für den **Erbschein**, für das **Europäische Nachlasszeugnis** sowie für weitere Zeugnisse regelt, spezielle Bestimmungen zum Schuldenabzug. Bei **Erklärungen** gegenüber und **Anträgen** zum **Nachlassgericht** bestimmt sich der Geschäftswert allerdings nach dem Wert des betroffenen Vermögens nach Abzug der Verbindlichkeiten zum Zeitpunkt der Beurkundung (§ 103).

1.43

1.44

b) Hauptgegenstand und Nebengegenstände

Maßgebend ist der **Hauptgegenstand** des Geschäfts, § 37 I. Soweit Früchte, Nutzungen, Zinsen, Vertragsstrafen, sonstige Nebengegenstände oder Kosten ohne den Hauptgegenstand betroffen sind, ist deren Wert maßgebend, soweit er den Wert des Hauptgegenstands nicht übersteigt (§ 37 II GNotKG). Sind die Kosten des Verfahrens ohne den Hauptgegenstand betroffen, ist der Betrag der Kosten maßgeblich, soweit er den Wert des Hauptgegenstands nicht übersteigt (§ 37 III GNotKG).

1.45

c) Austauschprinzip

Liegt ein Vertrag vor, bei dem Leistungen ausgetauscht werden, so regelt § 97 III GNotKG hierzu den allgemeinen Grundsatz: Bewertet wird lediglich die **höchste der ausgetauschten Leistungen**. Ein **Spezialfall** dieses Grundsatzes ist die Bewertungsvorschrift des § 47 GNotKG beim **Sachkauf**. Unter Austauschverträge i.S.d. § 97 III GNotKG fallen nicht nur gegenseitige Verträge i.S.d. §§ 320 ff. BGB, sondern alle Verträge, bei denen die Vertragsteile einander irgendwelche Zuwendungen machen bzw. versprechen.

1.46

d) Wert des Rechtsverhältnisses

Liegt kein Austauschvertrag vor, für den § 97 III GNotKG gilt, oder ein Vertrag, für den eine spezielle Geschäftswertvorschrift bestimmt ist (z.B. § 99 für Miet-, Pacht- und Dienstverträge oder § 100 für Eheverträge), so bestimmt sich der Ge-

1.47

schäftswert gem. § 97 I nach dem **Wert des Rechtsverhältnisses, das Beurkundungsgegenstand ist**. Auch der Wert einer einseitigen Erklärung, für die keine Spezialbestimmung existiert (so aber z.B. für eine Vollmacht nach § 98 GNotKG), bestimmt sich gem. § 97 I GNotKG nach dem Wert des beurkundeten Rechtsverhältnisses. Mithin wird der Geschäftswert durch den Wert des beurkundeten Rechtsverhältnisses geprägt. Auf das Interesse der Beteiligten an ihrer beurkundeten Erklärung kommt es somit nicht an. Da das GNotKG keinen eigenen Begriff des Rechtsverhältnisses i.S. des § 97 I GNotKG entwickelt, ist der des materiellen Rechts maßgebend.[1]

1.48 Unter § 97 I GNotKG fallen vor allem **Leistungsvereinigungsverträge** (wie **Gesellschaftsverträge**), wonach alle Leistungen der Gesellschafter addiert werden. Aber auch Verteilungsverträge (**Auseinandersetzungsverträge**) fallen unter diese Vorschrift.

1.49 Betrifft die Beurkundung die **Veränderung** eines Rechtsverhältnisses, so darf der Wert des von der Veränderung betroffenen Rechtsverhältnisses nicht überschritten werden, und zwar auch dann nicht, wenn es sich um mehrere Veränderungen desselben Rechtsverhältnisses handelt (§ 97 II GNotKG).

e) Nutzungs- und Leistungsrechte

1.50 **Wiederkehrende Nutzungen** oder **Leistungen** bestimmen sich nach § 52 GNotKG. Die maßgeblichen **Vervielfältiger** lauten:
- § 52 II: Rechte von bestimmter Dauer: Zeitraum der Dauer; höchstens 20 Jahre; bei auf Lebensdauer beschränkten Rechten höchstens Wert nach Lebensalter gem. IV
- § 52 III S. 1: Rechte von unbeschränkter Dauer: 20 Jahre
- § 52 III S. 2: Rechte von unbestimmter Dauer: 10 Jahre, soweit sich aus IV nichts anderes ergibt

Nach der **Hilfsvorschrift** des § 52 V wird der Jahreswert mit 5 % des Werts des betroffenen Gegenstands oder Teil des betroffenen Gegenstands angenommen, sofern nicht ein anderer Wert festgestellt werden kann.

Preisklauseln (Wertsicherungsklauseln) werden nicht berücksichtigt, § 52 VII GNotKG.

f) Beurkundungsgegenstand: Einheit oder Mehrheit

aa) Grundsatz

1.51 Gem. § 86 I GNotKG ist **Beurkundungsgegenstand** das **Rechtsverhältnis**, auf das sich die Erklärungen beziehen, bei Tatsachenbeurkundungen die beurkundete Tatsache oder der beurkundete Vorgang. **Mehrere Rechtsverhältnisse**, Tatsachen oder Vorgänge bilden **mehrere Beurkundungsgegenstände**, soweit in § 109 GNotKG nichts anderes bestimmt ist (§ 86 II GNotKG).

---

[1] BayObLG, Beschl. v. 2.4.1992 – BReg. 3 Z 197/91, MittBayNot 1992, 287 (289 li.Sp. 2. Abs.).

Zunächst ist also zu klären, ob die Erklärungen in der Niederschrift ein Rechtsverhältnis oder mehrere Rechtsverhältnisse bilden. Liegt nur ein einziges Rechtsverhältnis vor, so liegt zwingend auch nur ein einziger Beurkundungsgegenstand vor. Nur bei einer Mehrheit von Rechtsverhältnissen ist zu klären, ob diese auch eine Mehrheit von Beurkundungsgegenständen bilden oder lediglich einen einzigen Beurkundungsgegenstand. Die Mehrheit an Beurkundungsgegenständen nennt der Gesetzgeber verschiedene (§§ 86 II, 110 GNotKG) oder besondere (§ 111) Beurkundungsgegenstände, ohne dass dieser Begriffsvariation bei der Bewertungstechnik eine Bedeutung zukommt.

bb) Mehrere Beurkundungsgegenstände

Die **§§ 110 und 111 GNotKG** nennen spezielle Rechtsverhältnisse, bei denen verschiedene bzw. besondere Beurkundungsgegenstände vorliegen. Sind die zur Bewertung anstehenden Rechtsverhältnisse nicht in diesen beiden Vorschriften erfasst, so können sie dennoch nach der Grundsatzvorschrift des **§ 86 II** GNotKG verschiedene Beurkundungsgegenstände darstellen. 1.52

Liegen verschiedene bzw. besondere Beurkundungsgegenstände vor, so kommt es für die konkrete **Gebührenberechnung** darauf an, ob sie einen **identischen** Gebührensatz **oder unterschiedliche Gebührensätze** haben. Ist der Gebührensatz identisch, so sind die Geschäftswerte zu addieren (§ 35 I GNotKG). Die Gebühr wird sodann gem. § 93 I S. 1 GNotKG nur einmal nach der Wertesumme erhoben. Dabei kommt es nicht darauf an, welche Rechtsnatur die zusammentreffenden Erklärungen haben. So findet eine Zusammenrechnung beispielsweise auch bei rechtsgeschäftlichen Erklärungen und Beschlüssen statt. Sind die Gebührensätze hingegen unterschiedlich, so entstehen insoweit gesondert berechnete Gebühren, jedoch nicht mehr als die nach dem höchsten Gebührensatz berechnete Gebühr aus dem Gesamtbetrag der Werte (§ 94 I GNotKG). Es ist mit anderen Worten eine **Vergleichsberechnung** durchzuführen, wobei die für den Kostenschuldner günstigere (= billigere) maßgebend ist.

cc) Derselbe Beurkundungsgegenstand

Ob derselbe Beurkundungsgegenstand vorliegt, ergibt sich aus **§ 109 GNotKG**. § 109 I S. 4 enthält in den **Nummern 1 bis 4 Regelbeispiele**. In diesen Fällen bestimmt sich der Geschäftswert nur nach dem Wert des Rechtsverhältnisses, zu dessen **Erfüllung, Sicherung oder sonstiger Durchführung** die anderen Rechtsverhältnisse unmittelbar[1] dienen (§ 109 I S. 5 GNotKG). 1.53

In § 109 II S. 1 GNotKG sind **weitere Rechtsverhältnisse** aufgeführt, die derselbe Beurkundungsgegenstand sind. Der **Unterschied** zu den in § 109 I S. 4 genannten Regelbeispielen liegt in der **Geschäftswertbestimmung**. Denn in den Fällen des § 109 II S. 1 bestimmt sich der Geschäftswert nach dem höchsten in Betracht kommenden Wert (§ 109 II S. 2 GNotKG). Mit anderen Worten: Hier regiert anders als in § 109 I nicht das vorherrschende Rechtsverhältnis (Hauptgeschäft) den Geschäftswert, sondern ohne weitere rechtliche Qualifikation das hochwertigste.

---

1 Zu diesem Kriterium s. Leipziger Kommentar GNotKG/*Otto*, § 109 Rz. 14.

Lassen sich die zur Bewertung anstehenden Beurkundungsgegenstände weder unter § 109 I S. 4 Nr. 1 bis 4 noch unter § 109 II S. 1 Nr. 1 bis 4 subsumieren, so ist anhand der **abstrakt-generell** gehaltenen Bestimmung des **§ 109 I S. 1 bis 3** GNotKG zu prüfen, ob derselbe Beurkundungsgegenstand vorliegt. Nach § 109 I S. 1 liegt derselbe Beurkundungsgegenstand vor, wenn Rechtsverhältnisse zueinander in einem Abhängigkeitsverhältnis stehen und das eine Rechtsverhältnis unmittelbar dem Zweck des anderen Rechtsverhältnisses dient. Satz 2 bestimmt weiter, dass ein solches Abhängigkeitsverhältnis nur vorliegt, wenn das andere Rechtsverhältnis der Erfüllung, Sicherung oder sonstigen Durchführung des einen Rechtsverhältnisses dient. Dies gilt, so Satz 3, auch bei der Beurkundung von Erklärungen Dritter und von Erklärungen der Beteiligten zugunsten Dritter.

Kommt man danach zu dem Ergebnis, dass derselbe Beurkundungsgegenstand vorliegt, so bestimmt sich der Geschäftswert gemäß § 109 I S. 5 GNotKG nur nach dem Wert des Rechtsverhältnisses, zu dessen Erfüllung, Sicherung oder sonstiger Durchführung die anderen Rechtsverhältnisse dienen.

Liegt derselbe Beurkundungsgegenstand vor, so kommt es für die konkrete **Gebührenberechnung** darauf an, ob sie einen **identischen Gebührensatz** oder **unterschiedliche Gebührensätze** haben. Ist der Gebührensatz identisch, so ist gem. § 93 I S. 1 GNotKG nur eine Gebühr nach dem maßgebenden Wert des § 109 I S. 5 oder II S. 2 GNotK zu erheben. Liegen hingegen unterschiedliche Gebührensätze vor, so wird die Gebühr nach dem höchsten in Betracht kommenden Gebührensatz berechnet (§ 94 II S. 1 GNotKG). Sie beträgt jedoch nicht mehr als die Summe der Gebühren, die bei getrennter Beurkundung entstanden wären (§ 94 II S. 2 GNotKG). Es ist mit anderen Worten eine **Vergleichsberechnung** durchzuführen, wobei die für den Kostenschuldner günstigere (= billigere) maßgebend ist. Bei der Berechnung nach dem höchsten Gebührensatz ist entweder der Wert nach § 109 I S. 5 oder der nach § 109 II S. 2 GNotKG maßgeblich. Bei der Vergleichsberechnung mit getrennten Gebührensätzen sind hingegen die für die jeweilige Gebühr maßgeblichen Einzelgeschäftswerte anzusetzen.

dd) Berechnungsbeispiele

1.54 **Beispiel 1:**

Der Notar beurkundet einen **Grundstückskaufvertrag**. Dieser enthält u.a. Bestimmungen zur Haftung wegen Rechts- und Sachmängel, zum Besitzübergang, zur Vollstreckungsunterwerfung wegen der Kaufpreiszahlungspflicht des Käufers und der Besitzverschaffungspflicht des Verkäufers und eine Vollmacht des Verkäufers an den Käufer, das Grundstück zum Zwecke der Kaufpreisfinanzierung mit einer Grundschuld in Höhe des Kaufpreises von 100 000 Euro zu belasten. Schließlich enthält die Kaufurkunde noch die Auflassungserklärung. Welche Beurkundungsverfahrensgebühr(en) ist bzw. sind anzusetzen?

⮕ **Lösung:**

Die Bestimmungen zur Haftung wegen Rechts- und Sachmängel und zum Besitzübergang sind Inhalt des Kaufvertrages, bilden nicht etwa eigenständige Rechtsverhältnisse. Anders ist es zwar bei den beiden Vollstreckungsunterwerfungen, der Belastungsvollmacht und der Auflassung. Sie sind allesamt nicht Inhalt des Kaufvertrags, sondern bilden darüber hinausgehende Rechtsverhältnisse. Sie bilden jedoch mit dem Rechtsverhältnis Kaufvertrag denselben Beurkundungsgegenstand (§ 109 I S. 1 u. 2 für Kaufvertrag und Auflassung [Erfüllung]; § 109 I S. 4 Nr. 1c für Kaufvertrag und Belastungsvollmacht; § 109 I S. 4 Nr. 4 für Kaufvertrag und Zwangsvollstreckungsunterwerfungen). Gem. § 93 I S. 1 GNotKG wird nur eine einzige Gebühr erhoben. Diese bestimmt sich gem. § 94 II S. 1 GNotKG nach dem höchsten Gebührensatz, das ist der Kaufvertrag mit einer 2,0 Gebühr nach Nr. 21100 KV (die Auflassung löst eine 0,5 Gebühr nach Nr. 21101 Nr. 2 KV aus, die Belastungsvollmacht eine 1,0 Gebühr nach Nr. 21200 KV). Zudem gibt der Kaufvertrag als vorherrschendes Rechtsverhältnis (Hauptgeschäft) den Geschäftswert vor, § 109 I S. 5 GNotKG. Da der Kaufvertrag den Gebührensatz und den Geschäftswert vorgibt, erübrigt sich eine Vergleichsberechnung nach § 94 II S. 2 GNotKG.

Es ist somit lediglich eine 2,0 Beurkundungsverfahrensgebühr nach KV Nr. 21100 aus dem Kaufpreis (§ 47) in Höhe von 100 000 Euro anzusetzen. Sie beträgt 546,00 Euro.

Beispiel 2: 1.55

Der Notar beurkundet eine **Grundschuldbestellung** über einen Nennbetrag von 200 000 Euro ohne dingliche Zwangsvollstreckungsunterwerfung. Die Urkunde enthält neben den **grundbuchlichen Erklärungen** zur Grundschuldbestellung auch ein **abstraktes Schuldanerkenntnis** nebst **persönlicher Zwangsvollstreckungsunterwerfung** in Höhe von 100 000 Euro. Welche Beurkundungsverfahrensgebühr(en) ist bzw. sind anzusetzen?

⮕ **Lösung:**

Grundbuchliche Grundschuldbestellungserklärungen, abstraktes Schuldanerkenntnis und persönliche Zwangsvollstreckungsunterwerfung sind derselbe Beurkundungsgegenstand (§ 109 II S. 1 Nr. 3 für Grundschuldbestellungserklärungen und abstraktes Schuldanerkenntnis; § 109 I S. 4 Nr. 4 für abstraktes Schuldanerkenntnis und persönlicher Zwangsvollstreckungsunterwerfung). Da die Rechtsverhältnisse zum einen unterschiedliche Gebührensätze auslösen – die Grundschuldbestellung eine 0,5 Gebühr nach Nr. 21201 Nr. 4 KV, das abstrakte Schuldanerkenntnis und die Zwangsvollstreckungsunterwerfung eine 1,0 Gebühr nach KV Nr. 21200 –, zum anderen unterschiedliche Geschäftswerte haben, ist nach § 94 II folgende Vergleichsberechnung anzustellen:

1. Schritt (Höchste Gebühr nach dem höchsten Wert):

1,0 aus 200 000 Euro = 435,00 Euro.

2. Schritt (Getrennter Gebührenansatz):

a) Grundschuld: 0,5 aus 200 000 Euro =   217,50 Euro

b) Schuldanerkenntnis nebst ZwVU:
1,0 aus 100 000 Euro =   <u>273,00 Euro</u>
    490,50 Euro

3. Ergebnis:

Es bleibt bei der Berechnung nach Ziffer 1, weil sie günstiger (billiger) ist als der getrennte Gebührenansatz nach Ziffer 2.

1.56 **Beispiel 3:**

Der Notar beurkundet in einer Urkunde eine **Vorsorgevollmacht** mit einem angenommenen Geschäftswert von 100 000 Euro und eine **Patientenverfügung** mit einem angenommenen Geschäftswert von 5000 Euro. Welche Beurkundungsverfahrensgebühr(en) ist bzw. sind anzusetzen?

➲ Lösung:

Vorsorgevollmacht und Patientenverfügung sind verschiedene Beurkundungsgegenstände nach § 110 Nr. 3. Da für beide Beurkundungsgegenstände derselbe Gebührensatz anzuwenden ist, nämlich 1,0 nach Nr. 21200 KV, ist die Gebühr nur einmal aus der Wertesumme in Höhe von 105 000 Euro zu erheben (§§ 93 I S. 1, 35 I). Die Gebühr beträgt 273,00 Euro.

1.57 **Beispiel 4:**

Der Notar beurkundet einen **Grundstückskaufvertrag** mit einem Kaufpreis von 100 000 Euro. In der Kaufurkunde enthalten ist auch eine **Maklerklausel**, wonach der Käufer gegenüber dem (nicht anwesenden) Makler anerkennt, diesem eine Provision von 5000 Euro zu schulden. Welche Beurkundungsverfahrensgebühr(en) ist bzw. sind anzusetzen?

➲ Lösung:

Kaufvertrag und Maklerklausel in Gestalt eines Schuldanerkenntnisses des Käufers sind verschiedene Beurkundungsgegenstände nach § 86 II GNotKG. Da beide Beurkundungsgegenstände unterschiedliche Gebührensätze auslösen – der Kaufvertrag eine 2,0 Gebühr nach KV Nr. 21100, das abstrakte Schuldanerkenntnis eine 1,0 Gebühr nach Nr. 21200 KV mit einem Mindestbetrag von 60 Euro –, ist nach § 94 I GNotKG folgende Vergleichsberechnung anzustellen:

1. Schritt (Getrennter Gebührenansatz):

Kaufvertrag: 2,0 aus 100 000 Euro = 546,00 Euro
Maklerklausel: 1,0 aus 5000 Euro = 60,00 Euro (Mindestgebühr)
606,00 Euro.

2. Schritt (Höchste Gebühr aus Gesamtbetrag der Werte):

2,0 aus 105 000 Euro = 546,00 Euro.

3. Ergebnis:

Es bleibt bei der Berechnung nach Ziffer 2, weil sie günstiger (billiger) ist als der getrennte Gebührenansatz nach Ziffer 1.

II. Das Kostenschuldverhältnis

1. Rechtsnatur des Kostenschuldverhältnisses

Der Notar ist Organ der vorsorgenden Rechtspflege. Er ist unabhängiger Träger eines öffentlichen Amtes (§ 1 BNotO) – sein Vergütungsanspruch ist daher **öffentlich-rechtlicher Natur**.[1] Anders als zwischen dem Anwalt und seinen Mandanten, wird zwischen dem Notar und seinen Klienten **kein Vertrag** geschlossen. Der Notar wird vielmehr wie jede Behörde auf Antrag – auch Ansuchen oder Rogation genannt – tätig. Daran ändert es nichts, wenn des Öfteren von einem Auftrag an den Notar gesprochen wird (vgl. § 4 GNotKG).

1.58

2. Verbot der Gebührenvereinbarung

a) Rechtsgrundlage: § 125 GNotKG

Wegen ihres **öffentlich-rechtlichen** Charakters sind die Kosten des Notars gemäß § 125 GNotKG einer Vereinbarung grundsätzlich entzogen. Die Vorschrift statuiert nicht nur eine – ggfs. disziplinarisch sanktionierte – Amtspflicht des Notars, von **Kostenvereinbarungen** abzusehen, sondern begründet unmittelbar deren **Unwirksamkeit**.[2] Gleichwohl getroffene Kostenvereinbarungen, gleichgültig ob sie die Nichtinanspruchnahme eines Kostenschuldners oder die Kostenhöhe zum Gegenstand haben, befreien den Kostenschuldner mithin nicht von der Pflicht zur Zahlung und den Notar nicht von der Pflicht zur Erhebung genau der gesetzlich vorgeschriebenen Kosten.

1.59

b) Überwachung durch die Aufsichtsbehörde

Die ordnungsgemäße Kostenerhebung unterliegt der regelmäßigen Prüfung und Überwachung der Aufsichtsbehörde (§ 93 II Satz 3, III Satz 3, 4 BNotO). Dabei unterliegt der Prüfung der Aufsichtsbehörde neben dem **gesetzlichen Ansatz** der **Notarkosten** auch deren **Einziehung** bei dem Kostenschuldner.[3] Die Erhebung einer Gebühr für die Prüfung der Amtsführung von Notaren ist verfassungsrechtlich nicht zu beanstanden.[4]

1.60

c) Pflicht zur Einforderung der Kosten

Dem Notar ist nicht nur gem. § 125 GNotKG grundsätzlich **verboten**, eine **Vereinbarung** über die Höhe der **Kosten** zu treffen, er muss die gesetzlich angefallenen Kosten gem. § 17 I Satz 1 BNotO auch **tatsächlich erheben** und **durchsetzen**. Die Richtlinienempfehlungen der Bundesnotarkammer vom 29.1.1999,[5]

1.61

---

1 BGH, Urt. v. 13.7.1989 – III ZR 64/88, MDR 1989, 1083 = DNotZ 1990, 313 (314 vorl. Abs.).
2 Leipziger Kommentar GNotKG/*Renner*, § 125 Rz. 1 m.w.N.
3 BGH, Beschl. v. 3.11.2003 – NotZ 13/03, NotBZ 2004, 27.
4 BVerfG (2. Kammer des Ersten Senats), Beschl. v. 8.5.2008 – 1 BvR 645/08, NJW 2008, 2770.
5 DNotZ 1999, 258.

geändert durch Beschluss vom 4.4.2003,[1] bestimmen in Abschnitt VI Ziffer 3.1.: „Der Notar hat Gebühren in angemessener Zeit einzufordern und sie bei Nichtzahlung im Regelfall beizutreiben."

Angesichts des Fehlens einer ausdrücklichen Regelung über die Art und Weise der Durchsetzung der gesetzlich vorgeschriebenen Gebühren ist zwar dem Notar sowohl hinsichtlich des Zeitraums der Gebührenerhebung als auch des Ergreifens von Zwangsvollstreckungsmaßnahmen bei ausbleibender freiwilliger Erfüllung ein Beurteilungsspielraum einzuräumen, dem die Richtlinienempfehlungen der BNotK und die meist gleichlautenden Richtlinien der Landesnotarkammern mit dem Hinweis auf die „angemessene Frist" und die „im Regelfall" erfolgende Beitreibung bei Nichtzahlung Rechnung tragen.[2] Dagegen steht dem Notar kein Ermessen dahingehend zu, ob er Gebühren überhaupt erhebt oder deren gesetzlich vorgeschriebene Höhe ermäßigt.[3] Insoweit besteht die außerhalb der im Gesetz geregelten Ausnahmen uneingeschränkte Pflicht, die auch faktische Umgehungen ausschließt.[4] Welche Fristen für die Einforderung der Kosten nach § 19 GNotKG und ggfs. der zwangsweisen Beitreibung nach § 89 GNotKG angemessen sind, richtet sich nach den Umständen des Einzelfalls. Für den Regelfall wird eine Einforderung binnen Monatsfrist ab Fälligkeit befürwortet.[5] Mit einer Vereinnahmung bzw. weiteren Mahnung soll binnen drei Monaten zu rechnen sein, in komplizierten Fällen werden auch längere Zeiträume noch als angemessen angesehen.[6]

d) Einzelfälle einer verbotenen Gebührenvereinbarung

1.62
– Der Notar darf die Höhe seiner Gebühren insbesondere nicht an den **Erfolg** seiner Tätigkeit knüpfen.

– Aber auch der **Verzicht** auf die Inanspruchnahme eines mithaftenden **Gesamtschuldners** im Falle der Zahlungsunfähigkeit des „Erstschuldners" ist eine unzulässige Gebührenvereinbarung.[7]

– Des Weiteren berührt die **unterlassene Ausermittlung** des Geschäftswerts, insbesondere bei der Bestimmung des Wertes bei einer Immobilienschenkung, das Verbot des § 125 GNotKG.

– Sinn und Zweck dieser Bestimmung verbieten auch die Vornahme von **Umgehungsgeschäften**, die vom wirtschaftlichen Ergebnis her auf eine Gebührenvereinbarung hinaus laufen.[8] Das gilt insbesondere, wenn dem Notar von Beteiligten oder Dritten (Rechtsanwälten, Steuerberatern oder Wirtschafts-

---

[1] DNotZ 2003, 393.
[2] BGH, Urt. v. 24.11.2014 – Notst (Brfg) 1/14 Tz. 45, DNotZ 2015, 461.
[3] BGH, Urt. v. 24.11.2014 – Notst (Brfg) 1/14 Tz. 45, DNotZ 2015, 461.
[4] BGH, Urt. v. 24.11.2014 – Notst (Brfg) 1/14 Tz. 45, DNotZ 2015, 461.
[5] Diehn/*Diehn*, BNotO, § 17 Rz. 33, 34.
[6] Diehn/*Diehn*, BNotO, § 17 Rz. 33.
[7] OLG Frankfurt, Beschl. v. 16.2.1970 – 6 W 97/69, DNotZ 1970, 442.
[8] *Kersten/Bühling/Solveen*, Formularbuch und Praxis der Freiwilligen Gerichtsbarkeit, § 20 Rz. 4.

prüfern) gefertigte Urkundsentwürfe zur Beurkundung vorgelegt werden und an den beurkundenden Notar das Ansinnen herangetragen wird, die vorgelegten Entwürfe zu vergüten.[1] Die Gewährung von Honoraren für verwendbare Urkundsentwürfe kommt einer unzulässigen Teilung der Gebühren gleich.[2]

– Unwirksam ist im Bereich des Anwaltsnotariats auch eine Vereinbarung, wonach eine notarielle Amtstätigkeit kostenrechtlich als **Anwaltstätigkeit** behandelt werden soll.[3]

– Vereinbart ein Rechtsanwalt und Notar mit seinem Auftraggeber ein Gesamthonorar, das sowohl seine anwaltliche als auch seine Notartätigkeit abgelten soll, so ist die Vereinbarung unwirksam, soweit sie die Höhe der in ihr geregelten **Notarkosten** nicht in nachvollziehbarer Weise **gesondert** ausweist.[4]

– Gemäß § 17 I Satz 4 BNotO ist das Versprechen und Gewähren von Vorteilen im Zusammenhang mit einem Amtsgeschäft sowie jede **Beteiligung Dritter** an den Gebühren unzulässig. Streitig ist, ob unter dieses Gebührenteilungsverbot auch eine von Anwaltsnotaren mit den Rechtsanwälten ihrer Partnerschaft vereinbarte Regelung fällt, dass die Gebühren aus ihrer Notartätigkeit – pauschal unmittelbar und in vollem Umfange – der Partnerschaft zufließen, damit also auch den mit ihnen verbundenen Rechtsanwälten.[5]

e) Ausnahme: Der öffentlich-rechtliche Vertrag nach § 126 GNotKG

Für die Tätigkeit des Notars als **Mediator oder Schlichter** sowie für Amtstätigkeiten, für die im GNotKG keine Gebühr bestimmt ist und die nicht mit anderen gebührenpflichtigen Tätigkeiten zusammenhängen, lässt § 126 GNotKG als ausdrückliche und **einzige Ausnahme zu § 125 GNotKG** eine Gebührenvereinbarung durch öffentlich-rechtlichen Vertrag zu. Der Gesetzgeber hielt eine gesetzlich bestimmte feste Gebühr für derartige Tätigkeiten für zu starr.[6] Der Vertrag muss schriftlich abgefasst werden (§ 126 II GNotKG) und als Gegenleistung des Klienten eine Geldsumme bestimmen, die unter Berücksichtigung aller Umstände des Geschäfts, insbesondere des Umfangs und der Schwierigkeit, angemessen sein muss (§ 126 I S. 1 u. 3 GNotKG); sie darf jedoch niemals 0 betragen, eine unentgeltliche Tätigkeit scheidet nach dem Willen des Gesetzgebers aus.[7] Soweit der Vertrag zu den Auslagen nichts bestimmt, richten sich diese nach den Nrn. 32000 ff. KV (§ 126 I S. 4 GNotKG).

1.63

---

1 Vgl. Abschnitt VI Ziffer 3.2 Satz 2 Buchstabe c RichtlE BNotK (DNotZ 1999, 258; DNotZ 2003, 393; s. auch Praxishandbuch des Notariats, Nr. 41.
2 *Kersten/Bühling/Solveen*, Formularbuch und Praxis der Freiwilligen Gerichtsbarkeit, § 20 Rz. 4 unter Hinweis auf Rundschreiben Nr. 2/1996 des Präsidenten der Rheinischen Notarkammer vom 11.3.1996.
3 Arndt/Lerch/Sandkühler/*Sandkühler*, BNotO, § 17 Rz. 56 m.w.N.
4 BGH, Urt. v. 13.3.1986 – III ZR 114/84, MDR 1986, 917 = DNotZ 1986, 758.
5 Dafür: OLG Celle, Beschl. v. 30.5.2007 – Not 5/07, NJW 2007, 2929; dagegen: *Bohnenkamp*, BRAK-Mitt 2007, 235.
6 Vgl. Begr. RegE, BT-Drs. 17/11471, zu § 126, S. 191 f.
7 Begr. RegE, BT-Drs. 17/11471, zu § 126, S. 191.

Das vereinbarte Entgelt ist gem. § 126 III GNotKG mittels **formgerechter Kostenberechnung** nach § 19 GNotKG einzufordern und – soweit erforderlich – durch eine darüber erteilte vollstreckbare Ausfertigung (§ 89 GNotKG) beizutreiben. Wegen der Einzelheiten hierzu sei auf die Ausführungen unter Rz. 1.82 ff. verwiesen.

Die **Angemessenheit** des Entgelts kann der Klient im gerichtlichen Kostenprüfungsverfahren nach den §§ 127 ff. GNotKG überprüfen lassen. Dabei soll das Gericht ein Gutachten des Vorstands der Notarkammer bzw. im Tätigkeitsbereich der Notarkassen (vgl. § 113 BNotO) der zuständigen Kasse einholen, das kostenlos zu erstatten ist (§ 128 I S. 2 bis 4 GNotKG).[1] Stellt das Gericht eine nicht angemessene Gegenleistung fest, setzt es die angemessene fest (§ 128 II S. 2 GNotKG).

Nach dem ausdrücklich erklärten Willen des Gesetzgebers stellt § 126 GNotKG **keine Auffangbestimmung** nach Art des § 147 II KostO dar. Vielmehr ist eine Kostenvereinbarung durch öffentlich-rechtlichen Vertrag nur in den dort genannten abschließenden Ausnahmefällen zulässig.[2] Neben der in § 126 I S. 1 ausdrücklich genannten Mediation und Schlichtung nennt die Gesetzesbegründung als Beispiele für einer Vereinbarung zugängliche Amtstätigkeiten i.S. des § 126 I S. 2 GNotKG die Verwahrung anderer Sachen als Wertpapiere und Kostbarkeiten sowie bestimmte Dauertätigkeiten, wie die Führung eines Aktienregisters oder vertraulicher Statistiken.[3] Zu Abgrenzung, wann eine notarielle Tätigkeit, für die nach dem Kostenverzeichnis keine Gebühr bestimmt ist, einer Vereinbarung durch öffentlich-rechtlichen Vertrag zugänglich ist, wird man die Bestimmung in § 126 I S. 2 GNotKG zu folgender Faustformel ausformulieren können: Hängt eine notarielle Tätigkeit mit einer gebührenpflichtigen Tätigkeit zusammen, ist davon auszugehen, dass für sie keine gesonderte Gebühr anfällt.[4]

3. Belehrung über die anfallenden Kosten

a) Grundsatz

1.64 **Grundsätzlich** ist der Notar **nicht verpflichtet** über die Entstehung gesetzlich festgelegter Kosten **zu belehren**.[5] Dies gilt sowohl für die Kostenhaftung als auch für die Höhe der Kosten und rechtfertigt sich aus der Überlegung, dass der Notar für seine gesamte Tätigkeit die nach dem GNotKG anfallenden Kosten erheben muss (§ 1) und eine Vereinbarung über die Kosten unwirksam ist (§ 125). Da die Höhe der Gebühren also gesetzlich festgelegt ist, handelt es sich

---

1 Zu diesem Gutachten ausführlich *Wudy*, Festschrift 25 Jahre freiberufliches Notariat in Brandenburg, Mecklenburg-Vorpommern, Sachsen, Sachsen-Anhalt und Thüringen, 2015, S. 389 ff.; sowie Leipziger Kommentar GNotKG/*Wudy*, § 128 Rz. 16, 16a ff.
2 Begr. RegE, BT-Drs. 17/11471, zu § 126, S. 191.
3 Begr. RegE, BT-Drs. 17/11471, zu § 126, S. 191.
4 In diesem Sinne wohl auch Begr. RegE, BT-Drs. 17/11471, zu § 126, S. 191.
5 BGH, Beschl. v. 20.10.2009 – VIII ZB 13/08 Tz. 17, BGHZ 183, 28 = MDR 2010, 236 = DNotZ 2010, 230.

nicht um eine Rechtsfolge des beurkundeten Rechtsgeschäfts, und dass der Notar nicht kostenlos tätig wird, ist allgemein bekannt.[1]

b) Ausnahmen

Nur **ausnahmsweise** muss der Notar unter besonderen Umständen über die anfallenden Kosten **belehren**. Eine derartige Ausnahmebelehrung kann sich aus § 17 I BeurkG, aus § 24 I BNotO oder aus § 14 I S. 2 BNotO ergeben. Ein Verstoß gegen eine ausnahmsweise gebotene Belehrungspflicht stellt aber nur dann eine unrichtige Sachbehandlung nach § 21 GNotKG dar, wenn die Beteiligten bei richtiger Vorstellung über die Höhe der Kosten von der Vornahme des Geschäfts Abstand genommen hätten.[2]

1.65

Folgende **drei** – allgemeine – **Ausnahmebelehrungspflichten** sind anerkannt:[3]

aa) Wenn der Notar nach den **Kosten gefragt** wird, muss er sachlich zutreffend antworten.[4]

bb) Zweitens kann sich eine Belehrungspflicht aus dem allgemeinen Grundsatz ergeben, dass der Notar nicht nur zur richtigen, sondern auch zur **kostensparenden** und damit grundsätzlich zur billigsten **Sachbehandlung** verpflichtet ist. Danach muss der Notar grundsätzlich auf eine **überflüssige Beurkundung** hinweisen. Das gilt jedenfalls dann, wenn derjenige, der die Tätigkeit des Notars in Anspruch nehmen möchte, für diesen erkennbar davon ausgeht, dass die von ihm gewünschte notarielle Beurkundung gesetzlich vorgeschrieben ist, während in Wahrheit keine solche Beurkundungspflicht besteht. Anders verhält es sich jedoch, wenn dem Notar von einem sachkundigen Beteiligten ein Entwurf zur Beurkundung vorgelegt wird. Denn dem, der aufgrund besonderer Sachkunde selbst oder durch seinen Rechtsberater die zur Beurkundung begehrten Entwürfe fertigt und dies nicht dem Notar überlässt, ist die rechtliche Tragweite des Geschäfts offensichtlich bekannt.[5] Unter diesen Umständen ist von dem Beteiligten jedenfalls zu erwarten, dass er nicht nur die Kostenfolge, sondern auch die Formerfordernisse kennt oder wenigstens weiß, dass er sich insoweit erkundigen muss. In diesem Fall ist der Notar nicht verpflichtet, ohne entsprechende Nachfrage darüber zu belehren, dass die gewollte Beurkundung rechtlich nicht erforderlich ist und höhere Gebühren auslöst. Bestehen begründete Zweifel, ob ein Rechtsgeschäft der notariellen Beurkundung bedarf oder privatschrift-

---

1 Ganter/Hertel/Wöstmann/*Ganter*, Handbuch der Notarhaftung, 3. Aufl. 2014, Rz. 1143.
2 BayObLG, Beschl. v. 19.11.1979 – BReg. 3 Z 58/76, MittbayNot 1980, 38 = JurBüro 1980, 914; OLG Celle, Beschl. v. 25.4.1968 – 8 Wx 1/68, KostRsp. § 16 KostO Nr. 19.
3 S. hierzu und zu dem Folgenden: KG, Beschl. v. 21.10.2011 – 9 W 195/10, DNotZ 2012, 290 sowie OLG Dresden, Beschl. v. 12.9.2016 – 17 W 826-828/16, NotBZ 2017, 51 und OLG Düsseldorf, Beschl. v. 6.12.2001 – 10 W 108/01, RNotZ 2002, 60 = JurBüro 2002, 257.
4 Statt aller: OLG Köln, Beschl. v. 27.11.1998 – 2 Wx 52/98, MittRhNotK 1999, 29 = MittBayNot 1999, 399 = ZNotP 1999, 295.
5 BayObLG, Beschl. v. 12.10.2000 – 3Z BR 171/00, JurBüro 2001, 151 (153); OLG Köln, Beschl. v. 27.11.1998, MittRhNotK 1999, 29 (30); LG Düsseldorf, Beschl. v. 23.7.2003 – 19 T 73/93, JurBüro 2004, 98.

lich vorgenommen werden kann, darf sich der Notar für die Beurkundung entscheiden.[1] Derartige Zweifel bestehen in der Praxis häufig bei verbundenen Geschäften, wenn das eine der Beurkundung bedarf, das andere jedoch nicht. Zu weit geht es, den Notar für verpflichtet zu halten, einen Beteiligten darauf hinzuweisen, dass ein gemeinschaftliches Testament nicht der notariellen Beurkundung bedarf, sondern auch durch eigenhändige Abfassung errichtet werden kann.[2] Zwar ist der Notar dem kostengünstigsten Weg verpflichtet, jedoch ist anerkannt, dass dieser Grundsatz dort seine Grenze hat, wo der Notar sich selbst überflüssig machen würde.[3] Stehen mehrere verschiedene Gestaltungsmöglichkeiten zur Wahl, die zwar rechtlich gleich sicher und auch einigermaßen zweckmäßig, aber unterschiedlich teuer sind, so muss der Notar den billigsten Weg einschlagen bzw. über diesen aufklären.[4] Denn er muss darauf hinwirken, dass vermeidbare Kosten nicht anfallen. Dies gilt aber nur dann, wenn die Beteiligten dem Notar die Gestaltung der Urkunde überlassen haben. Wünschen sie ausdrücklich eine bestimmte Gestaltung, ist der Notar ohne entsprechende Nachfrage nicht zur Belehrung über einen weniger kostenträchtigen Weg verpflichtet. Des Weiteren ist zu beachten, dass der Notar bei der Beurteilung der Frage, ob eine alternative Gestaltungsmöglichkeit gleich sicher, sachdienlich und genauso üblich ist wie die von ihm bevorzugte, einen weiten Ermessensspielraum hat.[5] Der Notar muss lediglich auf einen kostengünstigeren Weg hinweisen, nicht aber auf ein anderes Ziel.[6] Bei gesellschaftsrechtlichen Vorgängen ist häufig unter Zuhilfenahme der Bilanz zu bewerten (vgl. § 54 GNotKG); dabei besteht für den Notar grundsätzlich keine Pflicht auf bilanzrechtliche Möglichkeiten hinzuweisen, die eine Kostenersparnis zur Folge hätten.[7] In keinem Fall kann dem Notar ein Vorwurf gemacht werden, wenn er aus Gründen der Sicherheit einen Weg wählt, der höhere Kosten verursacht;[8] denn die Abwägung, welchen Weg der Notar zu beschreiten hat, ob den sicheren Weg oder den billigeren Weg, fällt immer zugunsten des sichersten Weges aus, den der Notar grundsätzlich zu beschreiten hat, auch wenn damit höhere Kosten verbunden sind.[9]

---

1 Arndt/Lerch/Sandkühler/*Sandkühler*, BNotO, § 17 Rz. 41.
2 Wie hier LG Mühlhausen, Beschl. v. 17.3.2014 – 1 OH 16/12, n.v.; sowie *Fackelmann*, DNotZ 2012, 515; *Klein*, RNotZ 2012, 295; *Sarres/Roth*, NJW-Spezial 2012, 679; a.A. OLG Naumburg, Beschl. v. 2.1.2012 – 2 Wx 37/10, DNotZ 2012, 512.
3 OLG Hamm, Beschl. v. 23.3.1970 – 15 W 383, 384/69, DNotZ 1970, 548 (551); in diesem Sinne auch *Filzek*, KostO, § 16 Rz. 22.
4 Statt aller OLG Rostock, Beschl. v. 17.2.2003 – 1 W 136/02, NotBZ 2003, 243 = OLG-Report Rostock 2003, 200; OLG Frankfurt, Beschl. v. 7.1.2002 – 20 W 477/01, Juris.
5 OLG München, Beschl. v. 30.11.2005 – 32 Wx 122/05, NotBZ 2006, 103 = ZNotP 2006, 238; OLG Frankfurt, Beschl. v. 14.3.1977 – 20 W 995/76, DNotZ 1978, 118 (120).
6 OLG Rostock, Beschl. v. 17.2.2003 – 1 W 136/02, NotBZ 2003, 243 = OLG-Report Rostock 2003, 200.
7 BayObLG, Beschl. v. 23.4.1999 – 3Z BR 19/99, ZNotP 1999, 414 (415) = NJW-RR 1999, 1373 (1374).
8 OLG Frankfurt, Beschl. v. 14.3.1977 – 20 W 995/76, DNotZ 1978, 118 (120).
9 *Rohs/Heinemann*, Die Geschäftsführung der Notare, Rz. 95.

cc) Drittens muss der Notar über die Höhe der Kosten belehren, wenn er aufgrund **besonderer Umstände Anlass** zu der **Besorgnis** haben muss, einem **Beteiligten drohe Schaden**, weil dieser sich wegen mangelnder Rechtskenntnisse oder **fehlenden Wissens** über tatsächliche Umstände einer Gefährdung seiner Interessen nicht bewusst ist.[1] Dies ist etwa anerkannt, wenn der Kostenschuldner sich in einem für den Notar offensichtlich klar erkennbaren Irrtum über die Gebührenhöhe befindet.[2]

c) Abgrenzung

Die Belehrungspflicht aus § 17 BeurkG bezieht sich nur auf die **rechtliche Tragweite** des Geschäfts, nicht hingegen auf wirtschaftliche Folgen des beabsichtigten Geschäftes, weil diese keine Rechtsfolgen sind.[3] Wurde das Rechtsgeschäft von einem Beteiligten unter Zuhilfenahme eines Rechtsanwaltes entworfen, so kann der Notar davon ausgehen, dass es einer Belehrung über die anfallenden Notargebühren nicht bedarf; für eine Nichterhebung von Kosten wegen unrichtiger Sachbehandlung ist kein Raum.[4] Die Beweislast für eine unterlassene Belehrung liegt beim Kostenschuldner.

1.66

4. Kostengläubiger

Der nicht verbeamtete **Notar** ist **selbst** Gläubiger der Kostenforderung. Anders als beispielsweise bei einer Anwaltssozietät, steht die notarielle Kostenforderung nicht den soziierten Notaren gemeinschaftlich zu, sondern allein demjenigen Notar, der die verlangte Amtstätigkeit entfaltet hat.[5]

1.67

Der Notar verliert seine Gläubigerstellung auch dann nicht, wenn er vor Befriedigung aus dem Amt geschieden ist; im Falle eines gerichtlichen Kostenprüfungsverfahrens bleibt er weiterhin **Verfahrensbeteiligter**.[6]

Gemäß § 41 I Satz 1 BNotO versieht der **Notarvertreter** das Amt auf Kosten des Notars. Damit entstehen auch die Gebühren in der Person des vertretenen Notars, jedoch darf der Notarvertreter kraft seines Amtes nach Maßgabe seiner Amtspflichten über sie verfügen, sie also einziehen, stunden, verrechnen usw.[7]

Hingegen steht der Kostenanspruch im Falle einer **Notariatsverwaltung** (§ 56 BNotO) dem Notariatsverwalter zu, soweit die Kosten nach Übernahme der Ge-

1.68

---

1 Ganter/Hertel/Wöstmann/*Ganter*, Handbuch der Notarhaftung, Rz. 1145; OLG Celle, Beschl. v. 27.4.2004 – 8 W 145/04, OLG-Report Celle 2004, 430 (431).
2 S. nur OLG Zweibrücken, Beschl. v. 29.6.1988 – 3 W 52/88, JurBüro 1989, 661 = KostRsp. § 16 KostO Nr. 71.
3 KG, Beschl. v. 21.10.2011 – 9 W 195/10, DNotZ 2012, 290.
4 OLG Köln, Beschl. v. 27.11.1998 – 2 Wx 52/98, MittRhNotK 1999, 29 = MittBayNot 1999, 399 = ZNotP 1999, 295.
5 BayObLG, Beschl. v. 14.10.1980 – BReg. 3 Z 74/80; BayObLG v. 14.10.1980 – BReg.3 Z 74/80, MDR 1981, 238 = DNotZ 1981, 317; Schippel/Bracker/*Görk*, BNotO, § 9 Rz. 2.
6 BayObLG, Beschl. v. 30.6.1982 – 3 Z 114/80, JurBüro 1982, 1549 = MittBayNot 1982, 266; OLG Düsseldorf, Beschl. v. 10.11.1995 – 10 W 94/95, JurBüro 1996, 379 (380 re.Sp., 2. Abs.).
7 Arndt/Lerch/Sandkühler/*Lerch*, BNotO, § 41 Rz. 4.

schäfte durch ihn fällig werden (§ 58 II Satz 2 BNotO). Der Notariatsverwalter erteilt hierüber eine Kostenberechnung nach § 19 GNotKG. Bereits vom Amtsvorgänger als Vorschuss vereinnahmte Gebühren werden dem Kostenschuldner nicht erneut in Rechnung gestellt, wenn sie erst beim Notariatsverwalter fällig werden (§ 58 II S. 3 BNotO). Er zieht diese Beträge vielmehr vom Vorgänger ein. Ein Notariatsverwalter kann für Kostenforderungen, die dem ausgeschiedenen Notar oder dessen Rechtsnachfolger zustehen, eine vollstreckbare Ausfertigung der Kostenberechnung nach § 89 GNotKG erteilen (§ 58 III S. 1 BNotO). Lehnt er die Erteilung ab, so steht dem ausgeschiedenen Notar oder dessen Rechtsnachfolger gem. § 58 III S. 1 BNotO der Antrag nach § 127 GNotKG zu. War bereits die Kostenberechnung nach § 19 GNotKG noch nicht erteilt, so hat sie in diesen Fällen ebenfalls der Notariatsverwalter zu erteilen, da der ausgeschiedene Notar oder sein Rechtsnachfolger hierzu nicht befugt sind. Das Gleiche gilt auch für Kostennachberechnungen und abgeänderte Kostenberechnungen.

Die dem Notariatsverwalter zustehenden Kostenforderungen werden nach der Beendigung seines Amtes von der **Ländernotarkasse** im eigenen Namen eingezogen, wobei diese den neu bestellten oder wieder in sein Amt eingesetzten Notar damit beauftragen kann, die ausstehenden Forderungen auf ihre Kosten einzuziehen (§ 64 IV BNotO). Die Ländernotarkasse ist auch in dem Verfahren nach § 127, das sich auf eine Kostenforderung aus der Zeit der Verwaltung einer Notarstelle bezieht, nach Beendigung der Verwaltung Verfahrensbeteiligte.

5. Kostenschuldner

a) Allgemeine Grundsätze

aa) Gesetzliche Bestimmungen

1.69 Die **Kostenhaftung** für notarielle Gebühren und Auslagen entsteht **kraft Gesetzes** nach Maßgabe der **§§ 29–31 GNotKG**.

bb) Gesamtschuldner

1.70 Verwirklicht sich die Zahlungspflicht nach einer der genannten Vorschriften bei mehreren Personen, so haften diese gemäß § 32 I GNotKG als Gesamtschuldner. Aus ihnen kann der Notar grundsätzlich **beliebig**, d.h. nach bürgerlich-rechtlichen Grundsätzen (§ 421 Satz 1 BGB) **auswählen**, ohne an eine Reihenfolge oder das Innenverhältnis der Beteiligten gebunden zu sein; denn die für die Beitreibung der Gerichtskosten geltenden Rangbestimmungen des § 33 GNotKG, des § 31 II GKG, des § 26 II FamGKG oder des 8 I KostVfg gelten für den freien Gebührennotar nicht.[1] Eine von diesen Grundsätzen abweichende Beurteilung ist nur in krassen Ausnahmefällen, insbesondere bei Überschreitung der Grenzen der Arglist geboten.[2] Die Auswahlfreiheit des Notars stellt

---

1 Statt aller: OLG Hamm, Beschl. v. 4.6.2004 bzw. 9.6.2004 – 15 W 319/03, NotBZ 2005, 114 = FGPrax 2005, 42 = OLG-Report 2004, 399 (400 = JurBüro 2005, 41 (42).
2 OLG Düsseldorf, Beschl. v. 21.1.1986 – 10 W 179/85, DNotZ 1986, 763; BayObLG, Beschl. v. 6.2.1992 – BReg. 3 Z 179/91, DNotZ 1992, 591 (592); OLG Dresden, Beschl. v. 1.10.2002 – 15 W 0474/02, n.v.

kein Verwaltungsermessen dar, welches im Kostenprüfungsverfahren nach den §§ 127 ff. GNotKG zu überprüfen wäre.[1]

Für einen Kostengesamtschuldner, der den Notar befriedigt hat, aber im Innenverhältnis einen **Ausgleichsanspruch** gegen den anderen Kostengesamtschuldner hat, stellt sich die Frage, ob er diesen erst verklagen muss, um einen Vollstreckungstitel zu erhalten oder er sich – einfacher – vom Notar dessen vollstreckbare **Kostenberechnung** entsprechend § 727 ZPO **umschreiben** lassen kann, um dann unmittelbar und selbst daraus gegen den Erstschuldner vollstrecken zu können. Ausgangspunkt solcher Überlegungen ist § 426 II Satz 1 BGB, wonach die Forderung des Gläubigers, also hier des Notars, kraft Gesetzes auf den zahlenden Gesamtschuldner übergeht. Trotz dieses materiellrechtlichen Forderungsübergangs **verneint** die vollkommen **h.M. eine Titelumschreibung** auf den ausgleichsberechtigten Gesamtschuldner; dies gilt umso mehr, wenn es um die Umschreibung einer vollstreckbaren Kostenberechnung gehen soll.[2] Nur nebenbei sei noch angemerkt, dass der Notar dem Zweitschuldner auch auf andere Weise nicht „helfen" darf, indem er beispielsweise trotz Zahlung des Zweitschuldners die Kosten gegen den Erstschuldner vollstreckt und sie an den Zweitschuldner abführt. Denn der Notar macht sich gegenüber dem Kostenschuldner schadensersatzpflichtig, wenn er schuldhaft von einem Vollstreckungstitel Gebrauch macht, obwohl die titulierte Forderung nicht mehr oder nicht mehr in der titulierten Höhe besteht.[3]

cc) Ausnahmsweise Teilhaftung

Werden im Beurkundungsverfahren die Erklärungen mehrerer Beteiligter beurkundet und betreffen die Erklärungen **verschiedene Rechtsverhältnisse**, beschränkt sich die Haftung des Einzelnen auf die Kosten, die entstanden wären, wenn die übrigen Erklärungen nicht beurkundet worden wären (§ 30 II GNotKG). Durch die Verwendung des Begriffs „Rechtsverhältnisse" soll verdeutlicht werden, dass diese Einschränkung der Kostenhaftung auch zugunsten von Urkundsbeteiligten gilt, die am Hauptgeschäft nur **mittelbar beteiligt** sind, deren Erklärungen nach § 109 I GNotKG aber gegenstandsgleich mit dem Hauptgeschäft sind, insbesondere im Falle von Zustimmungserklärungen Dritter, beispielsweise des Ehegatten nach § 1365 BGB, des Wohnungseigentumsverwalters nach § 12 WEG oder des Grundstückseigentümers nach § 5 ErbbauRG.[4]

1.71

Beispiel zur Teilhaftung nach § 30 II GNotKG:
Eine Urkunde enthält die Grundstücksüberlassung von Vater an Sohn und des Weiteren die ehebedingte Zuwendung eines hälftigen Miteigentumsanteils des Sohnes an seine Ehefrau.

---

1 LG Mönchengladbach, Beschl. v. 27.4.2005 – 5 T 326/04, RNotZ 2006, 629; a.A. Korintenberg/Lappe/Bengel/Reimann/*Lappe*, KostO, § 5 Rz. 17.
2 Vgl. nur OLG Düsseldorf, Beschl. v. 24.1.2000 – 3 Wx 446/99, NJW-RR 2000, 37 = Rpfleger 2000, 281; *Heinemann*, MittBayNot 2004, 160; a.A. *Preisler*, Berliner Anwaltsblatt 2003, 379.
3 OLG Düsseldorf, Urt. v. 8.4.2008 – I-24 U 186/06, Juris.
4 Begr. RegE, BT-Drs. 17/11471, zu § 30, S. 162 f.

Bei einem Grundstückswert von 200 000 Euro haften:
- Vater für Beurkundungsgebühr nach KV Nr. 21100 aus 200 000 Euro
- Sohn für Beurkundungsgebühr nach KV Nr. 21100 aus 300 000 Euro
- Ehefrau für Beurkundungsgebühr nach KV Nr. 21100 aus 100 000 Euro

Insgesamt darf der Notar nicht mehr erheben als eine Beurkundungsgebühr nach KV Nr. 21100 aus 300 000 Euro (§§ 35 I, 86 II, 93 I S. 1 GNotKG). Die Ersparnis der Zusammenbeurkundung kann der Notar aber nach seinem Belieben dem einem oder dem anderen Kostenschuldner zukommen lassen oder sie verteilen.

dd) Ausnahmsweise Alleinhaftung

1.72 Sind durch besondere Anträge eines Beteiligten **Mehrkosten** entstanden, so fallen diese ihm allein zur Last (§ 32 II GNotKG).

b) Die Haftungstatbestände im Einzelnen
aa) Auftraggeberhaftung nach § 29 Nr. 1 GNotKG

1.73 Nach § 29 Nr. 1 GNotKG schuldet die Notarkosten, wer (dem Notar) den **Auftrag** erteilt **oder** den **Antrag** (an den Notar) gestellt hat. Der Unterscheidung zwischen Auftrag und Antrag kommt weder eine rechtsdogmatische noch eine praktische Bedeutung zu (vgl. 4 GNotKG).

Auftraggeber bzw. Antragsteller im Sinne dieser Vorschrift ist – vorbehaltlich einer Spezialbestimmung – **jeder, der** die **Tätigkeit** des Notars **in Anspruch nimmt**. Die Frage, ob dies der Fall ist, ist nach den Umständen des Einzelfalls zu beurteilen, wobei wesentlich darauf abzustellen ist, ob der Betreffende zu erkennen gegeben hat, dass der Notar in seinem Interesse ein bestimmtes Amtsgeschäft vornehmen solle.[1]

Eine **Vertretung** ist **zulässig**.[2] Ein Vertreter, der seine behauptete Vertretungsmacht nicht nachweisen kann – das gilt auch für den Makler –, haftet dem Notar nach den Grundsätzen der Vertretung ohne Vertretungsmacht, also in der Regel nach § 29 Nr. 1 GNotKG i.V.m. § 179 I BGB analog.[3] Etwas anderes gilt jedoch dann, wenn der Vertreter dem Notar seine fehlende Vertretungsmacht zur Auftragserteilung ausdrücklich offen gelegt hat (§ 179 III BGB analog).[4] Letzteres wird man immer dann annehmen müssen, wenn ein Notariatsangestellter vollmachtlos für einen Beteiligten auftritt.

---

1 S. nur BayObLG, Beschl. v. 23.3.2005 – 3Z BR 274/04, NotBZ 2005, 216 unter II 2c der Gründe, FGPrax 2005, 178 (179 unten, 180 oben = Rpfleger 2005, 488 (489 re.Sp., 2. Abs.).
2 Ausführlich Rohs/Wedewer/*Wudy*, GNotKG, Stand Dez. 2016, § 29 Rz. 38 ff.
3 KG, Beschl. v. 8.4.2003 – 1 W 67/01, ZNotP 2003, 357; LG Osnabrück, Beschl. v. 21.6.2002 – 5 T 461/01, RNotZ 2003, 575; LG Hannover, Beschl. v. 6.5.2002 – 15 T 2057/01, JurBüro 2003, 147; LG Kleve, Beschl. v. 4.1.2001 – 4 T 242/00, 320/00, 440/00, RNotZ 2002, 290.
4 OLG Frankfurt, Beschl. v. 4.7.2013 – 20 W 273/12, RNotZ 2013, 563.

II. Das Kostenschuldverhältnis

bb) Übernahmehaftung nach § 29 Nr. 2 GNotKG

Nach § 29 Nr. 2 GNotKG schuldet die Notarkosten, wer die Kostenschuld gegenüber dem Notar übernommen hat.

1.74

Die Kostenübernahme ist die **einseitige** (Verfahrens-)**Erklärung** eines Beteiligten oder eines Dritten, die Bezahlung der Kosten – ganz oder zu einem Teil – als Schuldner des Notars zu übernehmen.[1] Sie bedarf nicht der Annahme durch den Notar. Die Übernahmeerklärung ist unbedingt, unwiderruflich, unbefristet und unanfechtbar.[2]

Der Übernehmer muss **nicht** materiell oder formell **Beteiligter** der Notartätigkeit sein, deren Kosten er übernimmt.[3] Es kann sich vielmehr um einen beliebigen Dritten handeln, der dem Notar weder Motiv noch Rechtsgrund der Kostenübernahme angeben muss; dies ist auch bei den Gerichtskosten anerkannt.[4]

Die Kostenübernahmeerklärung kann **mündlich oder schriftlich** geschehen, auch durch Einschaltung eines Bevollmächtigten. Ist der Übernehmende Kaufmann, so ist mündlichen Erklärungen ohne weiteres ein Rechtsbindungswille zu unterstellen (arg. § 350 HGB). Da den Notar im Falle eines Bestreitens der Übernahme im Kostenprüfungsverfahren nach § 127 die Feststellungslast trifft, ist eine beweiskräftige Übernahmeerklärung zu empfehlen, z.B. per Schriftstück, E-Mail, Fax. Die Übernahme kann freilich auch in der Niederschrift über das beurkundete Rechtsgeschäft erklärt werden, wobei klar formuliert sein sollte, dass sie sich an den Notar, nicht etwa an den Vertragspartner richtet (s. aber auch § 30 III GNotKG).

An den **Inhalt** der Übernahmeerklärung sind keine zu hohen Anforderungen zu stellen, sie muss aber mit Deutlichkeit hervorheben, dass die Übernahme gegenüber dem Notar gewollt ist.[5] Zweifel hierüber sind entsprechend § 133 BGB zu klären.[6]

Des Weiteren erlaubt nur die Kostenübernahmeerklärung nach § 29 Nr. 3 GNotKG eine **Selbsttitulierung** nach §§ 19, 89 GNotKG; bei einer privatrechtlichen Schuldübernahme muss die Kostenforderung hingegen gerichtlich verfolgt werden.

Ein praktisches Bedürfnis an einer Übernahmeerklärung besteht beispielsweise, wenn der Gläubiger von seinem klammen Schuldner ein beurkundetes Schuldanerkenntnis mit Zwangsvollstreckungsunterwerfung begehrt. Auch bei einer Antragstellung durch einen vollmachtlosen Vertreter kann sich eine Kostenübernahme empfehlen.

---

1 Rohs/Wedewer/*Wudy*, GNotKG, Stand Dez. 2016, § 29 Rz. 52 m.w.N.
2 OLG Brandenburg, Beschl. v. 4.7.2007 – 13 Wx 5/07, NotBZ 2009, 28 = notar 2008, 32 (Anm. *Wudy*); OLG München, Beschl. v. 23.8.2007 – 32 Wx 126/07, ZNotP 2008, 135.
3 Rohs/Wedewer/*Wudy*, GNotKG, Stand Dez. 2016, § 29 Rz. 53; a.A. Leipziger Kommentar GNotKG/*Heit/Genske*, § 29 Rz. 13.
4 S. nur *Meyer*, GKG/FamGKG, § 29 GKG Rz. 15; Schneider/Volpert/Fölsch/*Schneider*, Gesamtes Kostenrecht, § 24 FamGKG Rz. 28.
5 BGH, Urt. v. 20.1.2005 – III ZR 278/04, NotBZ 2005, 104 = MDR 2005, 644 = NJW-RR 2005, 721 (722 li.Sp. unter bb).
6 Vgl. zusammenfassend OLG Brandenburg, Beschl. v. 4.7.2007 – 13 Wx 5/07, notar 2008, 32 (Anm. *Wudy*) = NotBZ 2009, 28.

Eine Kostenübernahmeerklärung könnte wie folgt **formuliert** werden:

„Der Unterzeichnete übernimmt hiermit gem. § 29 Nr. 2 GNotKG gegenüber dem Notar Dr. Gerhard Genau in Leipzig die Gebühr für die Beurkundung des Grundstückskaufvertrags, wie er am kommenden Montag, den ..., zwischen dem Unterzeichneten als Verkäufer, vollmachtlos vertreten durch Herrn Wilhelm Weiderer, und Herrn Andreas Anders als Käufer geschlossen werden soll. Dem Unterzeichneten ist bekannt, dass der Notar Dr. Genau auf der Grundlage dieser Gebührenübernahme gegen den Unterzeichneten ohne Einschaltung eines Gerichts vollstrecken kann."

cc) Haftung für einen anderen nach § 29 Nr. 3 GNotKG

1.75 Nach § 29 Nr. 3 GNotKG schuldet die Notarkosten, wer für die **Kostenschuld eines anderen kraft Gesetzes haftet**. Die Haftpflicht kann sowohl im bürgerlichen Recht als auch im öffentlichen Recht begründet sein.

Voraussetzung für die Haftungsschuld ist, dass bereits ein anderer für die Kosten haftet. Das kann eine natürliche oder eine juristische Person sein. Deren Haftung muss sich nach einem der Haftungstatbestände der §§ 29 Nr. 1, 2, 30 I, III oder § 32 eingetreten sein. Ohne diese Haupthaftung gibt es keine Haftung kraft Gesetzes nach § 29 Nr. 3.

Diese Einstandspflicht ist in aller Regel nur einschlägig, wenn sie ausdrücklich und eindeutig in einer **gesetzlichen Vorschrift** bestimmt ist, wie z.B. die Haftung der Gesellschafter für die Verbindlichkeiten der OHG nach § 128 HGB, **nicht** hingegen, wenn sich eine Einstandspflicht erst aus Haftungsinstituten herleitet, die in Rechtsprechung und Literatur entwickelt worden sind, beispielsweise der sog. **Durchgriffshaftung** auf einen GmbH-Gesellschafter für Verbindlichkeiten der GmbH.[1] **Nicht** unter § 29 Nr. 3 fällt auch die **Handelndenhaftung** des GmbH-Geschäftsführers nach § 11 II GmbHG, zumal es sich bei den Notarkosten um gesetzliche Verbindlichkeiten der (Vor-)GmbH handelt, wogegen die Handelndenhaftung nur rechtsgeschäftliche Verbindlichkeiten erfasst.

dd) Erklärungshaftung des Urkundsbeteiligten nach § 30 I GNotKG

1.76 Nach § 30 I GNotKG schuldet die Kosten des Beurkundungsverfahrens und die im Zusammenhang mit dem Beurkundungsverfahren anfallenden Kosten des Vollzugs und der Betreuungstätigkeiten **jeder, dessen Erklärung beurkundet** worden ist. Die verwendeten Begriffe sind nach den Legaldefinitionen und den Kategorisierungen des GNotKG anzuwenden. So sind Kosten gem. § 1 I Gebühren und Auslagen. Das Beurkundungsverfahren ist in § 85 II definiert, seine Gebühren finden sich in Teil 2 Hauptabschnitt 1 KV (Nr. 21100–21201 KV). Die Vollzugsgebühren sind in Teil 2 Hauptabschnitt 2 Abschnitt 1 KV (Nr. 22110–22114 KV) bestimmt, die Gebühren für Betreuungstätigkeiten finden sich in Teil 2 Hauptabschnitt 2 Abschnitt 2 KV (Nr. 22200 KV und Nr. 22201 KV).

---

1 KG, Beschl. v. 29.9.1997 – 25 W 4069/96, MDR 1998, 123 = NJW-RR 1998, 211 = JurBüro 1998, 600.

II. Das Kostenschuldverhältnis

ee) Übernahmehaftung des Urkundsbeteiligten nach § 30 III GNotKG

Gemäß § 30 III haftet **derjenige**, der **in** einer **notariellen Urkunde** die Kosten dieses Beurkundungsverfahrens, die im Zusammenhang mit dem Beurkundungsverfahren angefallenen Kosten des Vollzugs und der Betreuungstätigkeiten oder sämtliche genannten **Kosten übernommen** hat, insoweit auch gegenüber dem Notar. **Innenhaftung** und **Außenhaftung fallen** damit **zwingend zusammen**, d.h. der Vertragspartner, der die Kosten im Innenverhältnis übernommen hat, kann sich nicht durch eine Negativerklärung gegenüber dem Notar freizeichnen. Zumeist wird die Kostenhaftung nach § 30 III mit der Kostenhaftung nach § 30 I zusammenfallen.

1.77

Die **allgemeine Übernahmehaftung nach § 29 Nr. 2** behält auch **neben § 30 III** ihre Geltung. Sie kann insbesondere Bedeutung erlangen, wenn Kosten übernommen werden sollen, die nicht zu den in § 30 III genannten zählen. Wird beispielsweise die Annahme eines Vertragsangebots durch den Käufer, in der dieser die Kosten auch des Angebots des Verkäufers übernimmt, bei einem anderen Notar beurkundet als das Vertragsangebot, so ist in der Annahme jedenfalls dann eine Kostenübernahme gem. § 29 Nr. 2 gegenüber dem Angebotsnotar zu sehen, wenn diesem eine Ausfertigung der Annahmeurkunde mit Wissen und Wollen des Käufers übersandt wird.[1] Des Weiteren kann das ungewisse Schicksal des Vertrags eine gesonderte Übernahmeerklärung nach § 29 Nr. 2 empfehlenswert machen.[2]

ff) Haftung nach § 31 GNotKG

§ 31 GNotKG sieht folgende **drei Spezialhaftungstatbestände** vor:

1.78

– Nach Absatz 1 ist Schuldner der Kosten, die für die Beurkundung des **Zuschlags** bei der freiwilligen Versteigerung eines Grundstücks oder grundstücksgleichen Rechts anfallen, vorbehaltlich des § 29 Nr. 3 GNotKG nur der **Ersteher**. Gemeint ist nur die echte freiwillige Grundstücksversteigerung durch den Notar (§ 20 III S. 1 BNotO; § 15 BeurkG), also die Zuschlagsgebühr Nr. 23603 KV samt hierfür anfallender Auslagen. Nicht erfasst ist die Einbindung des Notars in eine Grundstücksauktion nach Art einer Bietervorauswahl. In diesem Fall liegt nämlich ein herkömmliches Beurkundungsverfahren nach Teil 2 Hauptabschnitt 1 KV vor; die Kostenhaftung hierfür ergibt sich aus § 30 und § 29 Nr. 1.

– Nach Absatz 2 haften für die Kosten, die durch die Errichtung eines **Nachlassinventars** und durch **Tätigkeiten zur Nachlasssicherung** entstehen, **nur** die **Erben**, und zwar nach den Vorschriften des BGB über Nachlassverbindlichkeiten. Der Erbe haftet stets, also auch dann, wenn er keinen Antrag bzw. Auftrag an den Notar nach § 29 Nr. 1 gestellt hat. Mehrere Erben haften als Gesamtschuldner nach § 32 I GNotKG bzw. § 2058 BGB. Eine Haftung anderer Personen scheidet grds. aus, vornehmlich diejenige des die Tätigkeit veranlassenden Nachlassgläubigers aus § 29 Nr. 1. Auch das Nachlassgericht, das den Notar gem. § 2003 I BGB mit der Aufnahme des Inventars beauftragt,

---
1 OLG Celle, Beschl. v. 9.9.1964 – 8 Wx 12/64, DNotZ 1965, 368.
2 S. näher Rohs/Wedewer/*Wudy*, GNotKG, Stand Dez. 2016, § 30 Rz. 112, 114.

41

wird nicht Kostenschuldner des Notars; der Erbe schuldet dem Nachlassgericht für die Beauftragung eines Notars gem. § 24 Nr. 4 eine Festgebühr nach Nr. 12412 KV in Höhe von 40 Euro.

– Absatz 3 bestimmt als Schuldner der Kosten der **Auseinandersetzung** eines **Nachlasses oder** des **Gesamtguts** nach Beendigung der ehelichen, lebenspartnerschaftlichen oder fortgesetzten Gütergemeinschaft die Anteilsberechtigten. Deren Kostenhaftung entfällt jedoch, soweit der Antrag zurückgenommen oder zurückgewiesen wurde. Die Vorschrift betrifft die Vermittlung von Nachlass- und Gesamtgutsauseinandersetzungen nach den §§ 363 ff. FamFG, für die seit dem 1.9.2013 gem. § 20 I S. 2 BNotO i.V.m. § 23a III GVG statt des Nachlassgerichts bundeseinheitlich der Notar zuständig ist. Nicht erfasst sind Auseinandersetzungen außerhalb eines Vermittlungsverfahrens, z.B. eine herkömmliche Erbauseinandersetzung, für deren Beurkundung eine Beurkundungsverfahrensgebühr nach Nr. 21100 KV anfällt, wofür die Vertragsteile nach § 30 haften.

gg) Beispiele

(1) Sukzessive Beurkundung von Angebot und Annahme

1.79 Grundsätzlich haften bei einer Sukzessivbeurkundung über Angebot und Annahme gemäß §§ 128, 152 BGB der Anbietende nach § 30 I GNotKG als **Erklärungsschuldner** für die Beurkundung seiner Angebotserklärung und der Annehmende für die Beurkundung seiner Annahmeerklärung. Es kommt jedoch eine **wechselseitige Erstreckung** der **(Mit-)Haft** nach Maßgabe der allgemeinen Haftungstatbestände **nach § 29** in Betracht, insbesondere aus Auftraggeberhaftung nach § 29 Nr. 1 oder aus Übernahmehaftung nach § 29 Nr. 2. Eine Übernahmehaftung aus § 30 III erscheint hingegen problematisch. Eine Auftraggeberhaftung liegt vor, wenn der Anbietende bzw. der Annehmende die Beurkundung der korrespondierenden Erklärung bei dem Notar beantragt.

(2) Handeln eines Vertreters

1.80 Ein Vertreter ist **kein Erklärungsschuldner** nach § 30 I GNotKG, denn er gibt seine Erklärungen namens des Vertretenen ab. Allerdings kommt er als Schuldner für den Auftrag oder Antrag auf Durchführung der Beurkundung nach § 29 Nr. 1 GNotKG in Betracht. Dabei kann man den Vertretenen als Auftraggeber bzw. Antragsteller in Anspruch nehmen, wenn ihm die Amtstätigkeit des Notars zuzurechnen ist, sei es, weil er selbst den Notar beauftragt hat, sei es, weil er den Vertreter dazu ermächtigt hat. Dabei ist es gleichgültig, wie sich das Schicksal des beurkundeten Rechtsgeschäfts entwickelt.

Hat jedoch der Vertretene den Notar nicht selbst mit dem Amtsgeschäft beauftragt, sondern hat dies allein der Vertreter – und zwar ausdrücklich im Namen des Vertretenen – getan, so ist wie folgt zu **unterscheiden**: Hat der Vertreter **mit Vertretungsmacht** gehandelt, so trifft die Haftung ausschließlich den Vertretenen. Hat der Vertreter jedoch **ohne Vertretungsmacht** gehandelt, so kommt es wiederum darauf an, ob er dem Notar dies offen zu erkennen gegeben hat; ist dies der Fall gewesen, so haftet weder der Vertretene noch der Vertreter (analog

§ 179 III Satz 1 BGB). Hat der Vertreter dem Notar hingegen die fehlende Vertretungsmacht nicht dargelegt, so haftet er entsprechend **§ 179 I BGB**.

Schließlich haftet der Vertreter auch dann ohne weiteres (und allein), wenn er das Amtsgeschäft **im eigenen Namen** bei dem Notar in Auftrag gegeben hat – was nur dann widersprüchlich erscheint, wenn man die **Rechtsgeschäftsebene** und die **Antragsebene** nicht auseinander hält: dem Notar gegenüber kann der Vertreter auf der Rechtsgeschäftsebene als Vertreter aufgetreten sein, während er die Vornahme des Amtsgeschäfts ohne ausdrückliche oder erkennbare Berufung auf den Vertretenen oder sogar im eigenen Namen begehrt haben kann; eine fehlende materielle Beteiligung an dem Rechtsgeschäft steht der Zulässigkeit einer solchen Zwitterhaltung nicht entgegen.

1.81

(3) Haftung bei gescheiterter GmbH-Gründung

Nach Eintragung der **GmbH** haftet nur diese (§ 13 II GmbHG). Kommt es hingegen **nicht zur Eintragung** der notariell gegründeten GmbH im Handelsregister, sondern bleibt diese im **Stadium** der **Vor-GmbH** stecken, so haften die Gesellschafter grds. neben der Vor-GmbH, und zwar ratarisch gegenüber der Vor-GmbH (sog. Verlustdeckungshaftung). Nur wenn lediglich ein Gesellschafter vorhanden ist, die Vorgesellschaft vermögenslos ist oder die Gesellschaft nur einen Gläubiger hat, wird die ratarische Innenhaftung zur unbeschränkten Außenhaftung gegenüber den Gläubigern. Bleibt es bei der Innenhaftung, so ist nicht der Notar Gläubiger, sondern die Vor-GmbH i.G.; der Notar ist darauf verwiesen, auf Grund einer vollstreckbaren Kostenberechnung gegen die Vor-GmbH i.G. deren Haftungsanspruch gegen die Gründungsgesellschafter zu pfänden. Nur im Falle einer Außenhaftung wird der Notar Gläubiger. Aber selbst für diesen Fall wird man nicht von einer gesetzlichen Haftung i.S.v. § 29 Nr. 3 ausgehen dürfen.[1]

1.81a

Bei einer gescheiterten GmbH-Gründung kommt zudem die **Haftung** der **Gründungsgesellschafter** aus den Grundsätzen zur sog. unechten Vorgesellschaft in Betracht. Eine solche liegt vor, wenn die Gründer einer GmbH nach Beurkundung der Satzung die Eintragungsabsicht endgültig aufgeben und die Eintragung auch nicht mehr weiter betreiben, obwohl sie das Unternehmen fortführen. Dann besteht nämlich in Wirklichkeit keine Vor-GmbH (mehr), sondern eine OHG, falls ein Handelsgewerbe betrieben wird, oder eine BGB-Gesellschaft; die Gründer haften den Gläubigern dann im Wege der Außenhaftung unmittelbar, unbeschränkt, persönlich und gesamtschuldnerisch auf das Ganze. In der Regel wird dem Notar eine eindeutige Schlussfolgerung auf eine unechte Vorgesellschaft nicht möglich sein. Die Prüfung dieser materiell nicht unproblematischen Frage wird man nicht von § 29 Nr. 3 umfasst ansehen können; denn diese Bestimmung fordert im Hinblick auf das Titelprivileg des Notars eindeutige Haftungsverhältnisse, die sich unmittelbar aus dem Gesetz ergeben.[2]

---

1 LG Chemnitz, Beschl. v. 20.9.2011 – 3 T 744/09, n.v.
2 Rohs/Wedewer/*Wudy*, GNotKG, Stand Dez. 2016, § 29 Rz. 73 (unter e).

6. Die Kostenberechnung: § 19 GNotKG

a) Einforderung der Kosten durch formgerechte Kostenberechnung

1.82 Auch wenn die Gebühren mit der Beendigung des Verfahrens oder Geschäfts und die Auslagen sofort nach ihrer Entstehung fällig werden, so dürfen sie doch gemäß § 19 I GNotKG nur auf Grund einer dem Kostenschuldner mitgeteilten, von dem Notar unterschriebenen Berechnung eingefordert werden. Die Kostenberechnung muss dabei nicht nur den in Anspruch genommenen **Zahlungspflichtigen** („Kostenschuldner") klar erkennen lassen, sondern auch den Notar als **Gläubiger**; Letzteres kann bei einer Sozietät ein Problem sein.[1] Die **Unterschrift** ist vom Notar bzw. Notarvertreter **eigenhändig** zu leisten, ein Faksimile genügt nicht.

1.83 Der Lauf der **Verjährungsfrist** ist nicht von der Mitteilung der Kostenberechnung abhängig (§ 19 I S. 2 GNotKG).

b) Zitiergebot

1.84 Aber nicht nur Gläubiger und Schuldner müssen aus der Kostenberechnung klar hervorgehen, auch der **Zahlungsanspruch** selbst muss **hinreichend aufgeschlüsselt** sein. Dem dienen § 19 II, III GNotKG. Dabei **differenziert** § 19 GNotKG zwischen **Angaben**, die in der Kostenberechnung enthalten sein **müssen** (II) und solchen, die in der Kostenberechnung enthalten sein **sollen** (III).

c) Folgen einer nicht formgerechten Kostenberechnung

1.85 Die Kostenberechnung ist nur **unwirksam**, wenn sie nicht den Vorschriften des § 19 I, II GNotKG entspricht (§ 19 IV GNotKG). Bei einem Verstoß gegen § 19 III GNotKG ist die Kostenberechnung lediglich bei einer gerichtlichen Kostenprüfung **aufhebbar**, wobei ein bereits eingetretener Neubeginn der Verjährung unberührt bleibt (§ 19 V GNotKG); der Kostenschuldner hat auch kein Leistungsverweigerungsrecht.[2]

Eine nach § 19 IV GNotKG unwirksame Kostenberechnung löst **keine Rechtsfolgen** aus. Auf den materiellen Kostenanspruch hat die Unwirksamkeit der Kostenberechnung – mit Ausnahme der verjährungsrechtlichen Implikationen – allerdings keinen Einfluss. Daher ist der Notar nicht daran gehindert, sich eine neue, formwirksame Kostenberechnung zu erteilen. Dabei erscheint es sinnvoll, wenn der Notar zugleich bestätigt, dass die alte Kostenberechnung unwirksam ist. Diese Bestätigung muss allerdings nicht in der neuen Kostenberechnung enthalten sein, sondern kann auch in einem gesonderten Schreiben des Notars zum Ausdruck gebracht werden.

---

[1] Siehe hierzu ausführlich vorstehend unter Rz. 1.67.
[2] Begr. RegE, BT-Drs. 17/11471, zu § 19, S. 157 f.

II. Das Kostenschuldverhältnis

Ist die Kostenberechnung unwirksam, so hat das folgende **Auswirkungen**:
- die Rechnung scheidet als Grundlage für die Einforderung der Kosten aus[1], der Kostenschuldner kann die Zahlung mithin trotz Fälligkeit der Kosten bis zur Mitteilung einer ordnungsgemäßen Kostenberechnung verweigern;
- die Rechnung bewirkt keinen Neubeginn der Verjährung nach § 6 III S. 2 Halbs. 1 Alt. 1 GNotKG, gleichgültig ob sie selbst als Zahlungsaufforderung fungiert oder sie einer solchen vorausgegangen ist;[2]
- eine Stundungsmitteilung des Notars bewirkt keinen Neubeginn der Verjährung nach § 6 III S. 2 Halbs. 1 Alt. 2 GNotKG;[3]
- eine anschließende Vollstreckungshandlung des Notars bewirkt keinen Neubeginn der Verjährung nach § 212 I Nr. 2 BGB;[4]
- die Aufrechnung durch den Notar sowie die Ausübung eines Zurückbehaltungsrechts an von ihm verwahrten Geldern ist gehindert.[5] Nicht gehindert ist jedoch die Entnahme der Verwahrungsgebühr nach Nr. 25300 KV, denn diese verlangt bereits keine Kostenberechnung;[6]
- die Ausschlussfrist für einen Kostenprüfungsantrag nach § 127 II S. 1 GNotKG wird nicht in Lauf gesetzt;[7]
- die Monatsfrist des § 90 I S. 2 GNotKG läuft zugunsten des Notars nicht an, was bedeutet, dass im Falle einer Rückzahlungsanordnung des Gerichts der Notar dem Kostenschuldner Schadensersatz wegen einer eingeleiteten Zwangsvollstreckung sowie Zinsen auch dann zu leisten hat, wenn der Kostenprüfungsantrag später als ein Monat seit der Zustellung der vollstreckbaren Kostenberechnung eingelegt worden ist.[8]

Offen ist, ob im Falle einer unwirksamen Kostenberechnung eine Hemmung der **Verjährung** analog § 204 I Nr. 1 BGB auch dann ausscheidet, wenn sie herbeigeführt wurde durch die Weiterreichung einer formlosen Einwendung des Kos-

1.86

---

[1] BGH, Beschl. v. 25.10.2005 – V ZB 121/05, MDR 2006, 475 (Tz. 14), NotBZ 2006, 16 (17).
[2] BayObLG, Beschl. v. 22.12.2003 – 3Z BR 226/03, OLG-Report 2004, 183 = MittBayNot 2004, 298; OLG Schleswig-Holstein, Beschl. v. 13.9.1995 – 9 W 108/95, DNotZ 1996, 474.
[3] BGH, Beschl. v. 25.10.2005 – V ZB 121/05, MDR 2006, 475 (Tz. 12, 14), NotBZ 2006, 16 (17).
[4] OLG Düsseldorf, Beschl. v. 28.9.2000 – 10 W 54/00, MDR 2001, 175 = RNotZ 2001, 174 = ZNotP 2001, 206.
[5] OLG Frankfurt, Beschl. v. 23.4.1998 – 20 W 139/95, OLG-Report 1998, 282 (283 li.Sp. letzter Abs., re.Sp. erster Absatz).
[6] OLG Celle, Beschl. v. 28.2.2013 – Not 12/12, Juris (Tz. 17).
[7] OLG Hamm, Beschl. v. 13.1.2003 – 15 W 479/02, OLG-Report 2003, 190 = ZNotP 2004, 166.
[8] OLG Hamm, Beschl. v. 26.8.1999 – 15 W 111/99, JurBüro 2000, 152 (154); SchlHOLG, Beschl. v. 27.7.1977 – 9 W 231/76, Juris.

tenschuldners ans Gericht durch den Notar gemäß § 127 I S. 2 Alt. 2 GNotKG[1] oder durch einen Zurückweisungsantrag durch den Notar[2].

1.87 **Unklar** ist schließlich, wie sich ein Verstoß gegen das Zitiergebot auf die **Wirksamkeit** von **Zwangsvollstreckungsmaßnahmen** des Notars auswirkt, beispielsweise auf eine zugunsten des Notars eingetragene Zwangssicherungshypothek.[3] Jedenfalls ist es dem Notar bei Kenntnis der Unwirksamkeit untersagt, eine bereits begonnene Zwangsvollstreckung fortzusetzen (vgl. §§ 775, 776 ZPO).

1.88 Der Kostenschuldner kann sich mit der **einzigen Einwendung**, die Kostenberechnung entspreche nicht dem **Formerfordernis** des § 19 II oder III GNotKG, an das Gericht nach § 127 I Satz 1 GNotKG wenden, ohne den Kostenanspruch als solchen angreifen zu müssen; denn ihn beschwert schon der äußere Fortbestand einer nicht ordnungsgemäßen Kostenberechnung; jedoch kann die Aufhebung einer Kostenberechnung allein wegen formeller Mängel eine **Rückzahlungsanordnung nicht** begründen.[4]

d) Anforderungen an eine Kostenberechnung aus umsatzsteuerlicher Sicht

1.89 Da der Notar Unternehmer i.S.d. § 2 I S. 1 UStG ist, hat er bei der Aufstellung der Kostenberechnung nicht nur den Anforderungen des § 19 GNotKG, sondern auch diejenigen des Umsatzsteuerrechts, namentlich § 14 IV UStG, zu berücksichtigen.

Die Kostenberechnung hat jedoch nicht nur den Vorgaben des § 19 GNotKG zu genügen, nach den Bestimmungen des Umsatzsteuergesetzes (§ 14 IV UStG) muss eine (Kostenbe-)Rechnung auch folgende Angaben enthalten:[5]

- den vollständigen **Namen** und die vollständige **Anschrift** des leistenden **Notars** und des **Kostenschuldners** (§ 14 IV Nr. 1 UStG),
- die dem Notar vom Finanzamt erteilte **Steuernummer** oder die ihm vom Bundesamt für Finanzen erteilte **Umsatzsteuer-Identifikationsnummer** (§ 14 IV Nr. 2 UStG),
- das **Ausstellungsdatum** der Kostenberechnung (§ 14 IV Nr. 3 UStG),
- eine fortlaufende Nummer mit einer oder mehreren Zahlenreihen, die zur Identifizierung der Rechnung vom Rechnungsaussteller einmalig vergeben wird (**Rechnungsnummer** – § 14 IV Nr. 4 UStG),
- Umfang und Art der **sonstigen Leistung** (§ 14 IV Nr. 5 UStG),
- den **Zeitpunkt** der (...) sonstigen **Leistung** (§ 14 IV Nr. 6 UStG),
- das nach Steuersätzen aufgeschlüsselte Entgelt für die sonstige Leistung (§ 14 IV Nr. 7 UStG),

---

1 Ausdrücklich für eine Verjährungsunterbrechung in diesem Fall: OLG Düsseldorf, Beschl. v. 22.1.2004 – I-10 W 107/03, RNotZ 2004, 592 = NJW-RR 2005, 509.
2 Nach dem OLG Schleswig-Holstein müssen nur die Grundvoraussetzungen des § 154 KostO erfüllt sein, dem Zitiergebot muss nicht in voller Strenge der Rechtsprechung genügt sein, Beschl. v. 13.9.1995 – 9 W 108/95, DNotZ 1996, 474.
3 Vgl. *Lappe*, NotBZ 2004, 187.
4 BayObLG, Beschl. v. 28.2.1964 – BReg. 2 Z 175/63, DNotZ 1964, 562.
5 S. hierzu auch *Sterzinger*, NJW 2009, 1127.

- den **anzuwendenden Steuersatz** sowie den auf das Entgelt entfallenden **Steuerbetrag** (§ 14 IV Nr. 9 UStG),
- in den Fällen des § 14b I Satz 5 UStG einen **Hinweis** auf die **Aufbewahrungspflicht** des Leistungsempfängers.

Ein Verstoß gegen die Vorgaben des Umsatzsteuergesetzes hat jedoch keine Auswirkungen auf die Wirksamkeit der Kostenberechnung i.S.v. § 19 IV, V GNotKG.[1]

e) Rechtsbehelfsbelehrung

Gem. **§ 7a GNotKG** hat **jede Kostenberechnung** des Notars eine Belehrung über den statthaften Rechtsbehelf sowie über die Stelle, bei der dieser Rechtsbehelf einzulegen ist, über deren Sitz und die einzuhaltende Form und Frist zu enthalten.   1.90

Der **statthafte Rechtsbehelf** ist der **Kostenprüfungsantrag nach § 127 GNotKG**. Ein vorgeschaltetes Widerspruchsverfahren bei dem Notar ist nicht vorgesehen.   1.91

Bei einem **Verstoß** gegen diese Rechtsbehelfsbelehrung, sei es dass sie unterbleibt, sei es dass sie inhaltlich fehlerhaft ist, hat dies nicht etwa die Unwirksamkeit der Kostenberechnung zur Folge. Auch steht ein Verstoß dem Beginn des Laufs der Rechtsbehelfsfrist nicht entgegen. Vielmehr ist dem Kostenschuldner lediglich der Antrag auf **Wiedereinsetzung** in den vorigen Stand nach § 17 II FamFG eröffnet, wobei ein Fehlen des Verschuldens vermutet wird.[2]   1.92

f) Muster einer ausführlichen Kostenberechnung nach § 19 GNotKG

Notar Dr. Eberhard Müller   1.93

Rechnungsnummer: [Kostenregister Nr. ...] *USt-IdNr.: ...*
(alternativ: Steuernummer)

Eheleute *[Datum/Adresse]*
Paul und Andrea Mustermann
[Adresse]

Kostenberechnung
(§ 19 GNotKG)

Beurkundung des Grundstückskaufvertrages der Eheleute Kaufmann/Eheleute Mustermann vom ... (UR-Nr. ... einschließlich Vollzug und Betreuung.

Sehr geehrte Frau Mustermann,
sehr geehrter Herr Mustermann,

für meine eingangs beschriebene Amtstätigkeit berechne ich Ihnen nachfolgend meine Kosten nach dem Gerichts- und Notarkostengesetz (GNotKG). Bei den angegebenen Nummern handelt es sich um die nach der Anlage 1 zum GNotKG (sog.

---

1 Vgl. BNotK, DNotZ 2002, 162.
2 KG, Beschl. v. 30.11.2012 – 9 W 47/12, NotBZ 2013, 28.

Kostenverzeichnis) einschlägigen Gebühren- bzw. Auslagen-Nummerierungen; dort findet sich auch der – hier nicht angegebene – Gebührensatz. Die Gebühren sind nach der Tabelle B gem. § 34 GNotKG berechnet.

- 21100 (Beurkundungsverfahren)   1070,00 Euro
- Geschäftswert 240 000 Euro
  (§§ 47 S. 1, 2, 50 Nr. 4, 97 Absatz 3),
- zusammengesetzt aus Kaufpreis von 180 000 Euro und Investitionsverpflichtung von 60 000 Euro
  (20 % aus 300 000 Euro)
- 22110, 22112 (Vollzugsgebühr für Einholung Negativbescheinigung BauGB)   50,00 Euro
- Geschäftswert 240 000 Euro (§ 112 Satz 1)
- 22200 (Betreuungsgebühr Nummern 2 und 3 der Anmerkung für Fälligkeitsmitteilung und Umschreibungsüberwachung)   267,50 Euro
- Geschäftswert 240 000 Euro (§ 113 I)
- 32001 (Dokumentenpauschale: 100 Seiten zu 0,15 Euro)   15,00 Euro
- 32005 (Telekommunikations- und Postpauschale)   20,00 Euro
- 32011 (Grundbuchabrufgebühren)   8,00 Euro
- Zwischensumme   1430,50 Euro
- 32014 Umsatzsteuer, 19 %   271,80 Euro
- 32015 Verauslagte Kosten für Negativbescheinigung gemäß § 28 des Baugesetzbuchs   20,00 Euro

Rechnungsbetrag   **1722,30 Euro**

Bitte überweisen Sie den Rechnungsbetrag unter Angabe der Rechnungsnummer auf eines der angegebenen Konten.

Den Rechnungsbetrag schulden Sie gem. §§ 32 I, 30 I GNotKG in voller Höhe als Gesamtschuldner; auf das zwischen Ihnen eventuell bestehende Innenverhältnis kommt es insoweit nicht an.

Aus einer Zahlungsverzögerung können Ihnen Rechtsnachteile entstehen. Ich weise Sie bereits jetzt darauf hin, dass Sie gem. § 88 des Gerichts- und Notarkostengesetzes verpflichtet sind, die vorstehend genannten Gebühren und Auslagen sowie die Umsatzsteuer, insgesamt also 1722,30 Euro, mit jährlich fünf Prozentpunkten über dem Basiszinssatz nach § 247 BGB zu verzinsen, wenn Ihnen darüber eine vollstreckbare Ausfertigung von dieser Kostenberechnung zugestellt wird; die Verzinsung beginnt einen Monat nach der Zustellung.

Hinweis: Diese Rechnung ist bis zum Ablauf des zweiten auf die Ausstellung der Rechnung folgenden Kalenderjahres aufzubewahren, da die abgerechnete Leistung im Zusammenhang mit einem Grundstück steht (§ 14b I Satz 5 Umsatzsteuergesetz).

Rechtsbehelfsbelehrung:

Diese Kostenberechnung kann durch einen Antrag auf gerichtliche Entscheidung nach § 127 GNotKG beim Landgericht ... (Anschrift des Landgerichts, in dessen Be-

II. Das Kostenschuldverhältnis

zirk der Notar seinen Amtssitz hat) angefochten worden. Der Antrag soll begründet werden und ist schriftlich oder zu Protokoll der Geschäftsstelle des Landgerichts einzulegen. Eine bestimmte Frist ist nicht vorgesehen. Der Antrag muss aber in der Regel bis zum Ablauf des Kalenderjahres, das auf das Jahr folgt, in dem Ihnen eine vollstreckbare Ausfertigung der Kostenberechnung zugestellt ist, gestellt werden. Der Antrag kann auch bei mir zur Weitergabe an das Landgericht eingereicht werden. Schließlich ist statt der Antragstellung zu Gericht auch eine formlose Beanstandung bei mir möglich.

Mit freundlichen Grüßen
Dr. Eberhard Müller
Notar

Bankverbindung

g) Aufbewahrung der Kostenberechnung

§ 19 VI GNotKG bestimmt, dass der Notar eine **Kopie** oder einen Ausdruck der Kostenberechnung **zu seinen Akten** zu nehmen oder die Berechnung elektronisch aufzubewahren hat. 1.94

„Akten" i.S. dieser Vorschrift ist nicht die Urkundensammlung, sondern bezieht sich auf neben der Urkunde durch den Notar geführte Unterlagen.

7. Beitreibung der Kosten

a) Titelprivileg des Notars

Muss der Notar seine Kosten zwangsweise beitreiben, benötigt er hierfür **keinen gerichtlichen Titel**. Vielmehr darf er sich selbst eine vollstreckbare Ausfertigung seiner Kostenberechnung erteilen und vollstreckt sodann nach den Vorschriften der ZPO (§ 89 GNotKG). Dabei gelten keine Besonderheiten. Die Zustellung einer Abschrift der vollstreckbaren Kostenberechnung besorgt der Gerichtsvollzieher nach Auftrag durch den Notar. Die Zwangsvollstreckung darf erst nach Ablauf von 2 Wochen nach Zustellung beginnen (§ 89 S. 1 HS 2 GNotKG i.V.m. § 798 ZPO). 1.95

b) Angemessene Frist zwischen einfacher und vollstreckbarer Rechnung

Zwischen der Kosteneinforderung durch einfache Kostenberechnung nach § 19 GNotKG und der Herstellung einer vollstreckbaren Ausfertigung nach § 89 GNotKG muss eine angemessene Frist verstreichen, um dem Kostenschuldner **rechtliches Gehör** zu gewähren.[1] 1.96

Aus dieser gesetzlichen Reihenfolge von Einfordern und Beitreibung kann aber nicht geschlossen werden, dass eine wirksame vollstreckbare Ausfertigung nach § 89 in jedem Fall einer vorab erteilten – einfachen – Kostenberechnung bedürfe. Fehlt es – ausnahmsweise – an einer einfachen Kostenberechnung, so wird sie

---
1 Vgl. OLG Hamm, Beschl. v. 7.12.1987 – 15 W 431/87, MDR 1988, 420 = DNotZ 1988, 458 = Rpfleger 1988, 206.

durch die Zustellung einer vollstreckbaren Ausfertigung ersetzt; der Notar kann also die allgemeinen Vollstreckungsvoraussetzungen: Titel, Klausel, Zustellung, uno actu durch Zustellung der vollstreckbaren Kostenberechnung erfüllen, d.h. eine vollstreckbare Ausfertigung ohne vorhergehende einfache Kostenberechnung ist nicht grundsätzlich unzulässig.[1]

c) Einzelheiten

1.97 **Mahnspesen** können weder in die Kostenberechnung noch in deren vollstreckbare Ausfertigung aufgenommen werden; für letztere können weder Gebühren noch Auslagen erhoben werden; sollte der Notar die Mahnspesen als notwendige Vollstreckungskosten geltend machen wollen, so könnten sie allenfalls durch das Vollstreckungsorgan berücksichtigt werden (§ 788 I ZPO).[2]

1.98 **Kosten der Zwangsvollstreckung** können nicht in die vollstreckbare Kostenberechnung aufgenommen werden.[3]

Inkassokosten können nicht umgelegt werden (näher s. Rz. 1.130).

1.99 Über jede Kostenberechnung ist eine eigenständige vollstreckbare Ausfertigung zu erteilen; die Erteilung einer einzigen vollstreckbaren Ausfertigung über mehrere Einzelkostenberechnungen ist unzulässig.[4]

d) Muster einer Vollstreckungsklausel

1.100 Soll die Kostenberechnung nach Rz. 1.93 vollstreckbar gestellt werden, so ist von der zu den Akten gefertigten Kopie – das Original der Kostenberechnung ist ja an den Kostenschuldner ergangen – eine Kopie zu fertigen und diese mit der Vollstreckungsklausel zu versehen, die wie folgt lauten könnte:

Vorstehende Kostenberechnung erteile ich mir, Notar Dr. Eberhard Müller, zum Zwecke der Zwangsvollstreckung gegen den Kostenschuldner, die Eheleute Paul und Andrea Mustermann [Adresse].

...
Notar   *(Siegel)*

8. Fälligkeit

a) Grundsatz und Bedeutung

1.101 Die **Gebühren** werden mit der **Beendigung** des Verfahrens oder des Geschäfts, die **Auslagen** und die Verwahrungsgebühren Nr. 25300 KV und Nr. 25301 KV so-

---

1 OLG Hamm, Beschl. v. 7.12.1987 – 15 W 431/87, MDR 1988, 420 = DNotZ 1988, 458 = Rpfleger 1988, 206; a.A. LG Hannover, Beschl. v. 26.7.2004 – 16 T 55/03, JurBüro 2004, 665.
2 BayObLG, Beschl. v. 30.6.1982 – BReg. 3 Z 114/80, MittBayNot 1982, 266 = JurBüro 1982, 1549 = BWNotZ 1982, 170.
3 LG Berlin, Beschl. v. 21.5.1982 – 82 AR 544/81, DNotZ 1983, 583.
4 OLG Celle, Beschl. v. 28.5.2009 – 2 W 131/09, NotBZ 2009, 413 = FGPrax 2009, 278 = JurBüro 2010, 149.

fort nach ihrer **Entstehung** fällig (§ 10 GNotKG). Die Gebühren werden auch dann fällig, wenn das Beurkundungsverfahren nach Vorbem. 2.1.3 I KV vorzeitig beendet ist.[1] Der Fälligkeitszeitpunkt ist zum einen von Bedeutung für den Geschäftswertansatz (§ 96 GNotKG), zum anderen für den Eintritt der Verjährung (§ 6 I S. 3 GNotKG).

b) Beispiele

- Die **Beurkundungsverfahrensgebühr** nach Nr. 21100 KV wird sofort nach Abschluss der Beurkundung, also nach der letzten Unterschrift, fällig; denn dann ist das Beurkundungsverfahren beendet. 1.102

- Die **Vollzugsgebühr** für ein Beurkundungsverfahren (Nr. 22110–22114 KV) oder außerhalb eines Beurkundungsverfahrens (Nr. 22120–22121) wird fällig mit der Beendigung des letzten Vollzugsgeschäfts nach Maßgabe des Katalogs in Vorbem. 2.2.1.1 KV. Die Vollzugsgebühr für die Vollzugstätigkeiten nach Nr. 22122, 22123 und 22124 KV wird nach Beendigung des einschlägigen speziellen Vollzugsgeschäfts fällig. 1.103

- Die **Betreuungsgebühr** nach Nr. 22200 KV wird fällig mit der Beendigung der letzten Betreuungstätigkeit, also in der Regel nicht vor Vorlage der Auflassung an das Grundbuchamt zur Eigentumsumschreibung. 1.104

- Die Gebühr Nr. 25300 KV für die **Verwahrung** von Geldbeträgen wird mit der Auszahlung jedes einzelnen Teilbetrages fällig, nicht etwa erst mit der Auszahlung des letzten Teilbetrages. Die Gebühr Nr. 25301 KV für die Entgegennahme von Wertpapieren und Kostbarkeiten zur Verwahrung wird hingegen bereits mit der Entgegennahme fällig. 1.105

9. Vorschuss

Der Notar muss die Fälligkeit nicht abwarten, vielmehr kann er seine Tätigkeit von der Zahlung eines zur Deckung der Kosten ausreichenden Vorschusses abhängig machen (§ 15 GNotKG). 1.106

Schon im Geltungsbereich der KostO war es einhellige Auffassung, dass die Nichterhebung eines Kostenvorschusses, zu dem der Notar nach § 8 KostO durchaus verpflichtet sein konnte, weder eine unrichtige Sachbehandlung noch eine Amtspflichtverletzung nach § 19 BNotO darstellt, da der Kostenvorschuss ausschließlich dem Kostensicherungsinteresse des Notars dient und nicht dem Schutz der Urkundsbeteiligten.[2] Dies gilt im neuen Recht umso mehr, als § 15 GNotKG – anders als § 8 KostO – eine Kannbestimmung darstellt, die dem Notar zwar das Recht gibt, einen **Kostenvorschuss** zu verlangen, ihm aber **keine** entsprechende **Pflicht** auferlegt. Will sich also ein Kostenschuldner dahin-

---
[1] Begr. RegE, BT-Drs. 17/11471, zu § 10, S. 156.
[2] KG, Beschl. v. 21.10.2011 – 9 W 195/10, ZNotP 2012, 277 (279); OLG Hamm, Beschl. v. 4. bzw. 9.6.2004 – 15 W 319/03, NotBZ 2005, 114 = FGPrax 2005, 42 = MittBayNot 2005, 171; Schleswig-Holsteinisches OLG, Beschl. v. 9.1.2002 – 9 W 2/02 = OLG-Report Schleswig 2002, 142; BayObLG, Beschl. v. 6.2.1992 – BReg. 3 Z 179/91 = DNotZ 1992, 591.

gehend absichern, dass er nicht als weiterer Gesamtschuldner in Anspruch genommen wird, so ist es ausschließlich an ihm in geeigneter Weise sicherzustellen, dass die Zahlung der Notarkosten durch den im Innenverhältnis Verpflichteten sichergestellt ist. Der Notar muss grundsätzlich keine Vorsorge für eine Kostensicherstellung eines Gesamtschuldners treffen.

Unter den Voraussetzungen des § 16 GNotKG darf die beantragte Handlung nicht von der Sicherstellung (Zurückbehaltungsrecht nach § 11 GNotKG) oder Zahlung der Kosten (Vorschuss nach § 15 GNotKG) abhängig gemacht werden.

10. (Verzugs-)Zinsen

1.107 Bei verzögerter Zahlung hat der Notar einen Zinsanspruch. Dieser ergibt sich aus **§ 88 GNotKG** und verdrängt die Verzugsvorschriften des BGB.

Der Zinsanspruch setzt voraus, dass dem Kostenschuldner eine vollstreckbare Ausfertigung der Kostenberechnung zugestellt ist, die Angaben über die Höhe der zu verzinsenden Forderung, den Verzinsungsbeginn und den Zinssatz enthält. Die Verzinsung beginnt einen Monat nach der Zustellung; der Zinssatz beträgt für das Jahr fünf Prozentpunkte über dem Basiszinssatz nach § 247 BGB.[1]

Formulierungsvorschläge[2]

a) Zinsklausel in der Kostenberechnung

1.108 Zur Fassung der Zinsklausel siehe die Musterkostenberechnung unter vorstehender Rz. 1.93.

b) Fassung des Ausfertigungsvermerks bei Vollstreckung der Gesamtkosten und der Zinsen

1.109 Sind sowohl alle Gebühren und Auslagen der Kostenberechnung fällig als auch die Zinsen daraus, so kann die Vollstreckungsklausel wie folgt lauten:

Die vorstehende Ausfertigung meiner Kostenberechnung erteile ich mir gem. § 89 GNotKG zum Zwecke der Zwangsvollstreckung gegen den Kostenschuldner.

..., den ...

..., Notar (Siegel)

oder aber ausführlicher:

Die vorstehende Ausfertigung meiner Kostenberechnung erteile ich mir gem. § 89 GNotKG zum Zwecke der Zwangsvollstreckung gegen den Kostenschuldner ... wegen der bezeichneten Gesamtforderung i.H.v. ... Euro nebst der weiterhin bezeichneten Zinsen daraus (ggf. zusätzlich: i.H.v. jährlich fünf Prozentpunkten über dem

---

1 Ausführlich zur Regelung der inhaltsgleichen Vorgängervorschrift des § 154a KostO siehe *Wudy*, ZNotP 2005, 340.
2 Siehe *Wudy*, ZNotP 2005, 340 (344 ff.).

Basiszinssatz nach § 247 BGB, beginnend einen Monat nach der Zustellung dieser vollstreckbaren Ausfertigung).

..., den ...

..., Notar   *(Siegel)*

11. Zurückbehaltungsrecht

§ 11 GNotKG gibt dem Notar bei offenen Kosten ein Zurückbehaltungsrecht eigener Art. Der Gesetzgeber verbindet mit ihm die Hoffnung, dass in vielen Fällen eine aufwändigere Beitreibung überflüssig werde.[1]   1.110

Nach § 11 S. 1 GNotKG kann der Notar Urkunden, Ausfertigungen, Ausdrucke und Kopien **nach billigem Ermessen zurückhalten**, bis die in der Angelegenheit entstandenen Kosten bezahlt sind. Hierdurch soll zum einen sichergestellt werden, dass sich das Zurückbehaltungsrecht nicht nur auf solche Urkunden erstreckt, die aus Anlass des Geschäfts eingereicht sind, sondern auch auf solche, die aus Anlass des Geschäfts erst angefertigt werden.[2] Zum anderen soll durch die ausdrückliche Nennung gerichtlicher Unterlagen verdeutlicht werden, dass Gegenstand des Zurückbehaltungsrechts sämtliche vom Gericht stammenden Schriftstücke sind, die Teil der staatlichen Leistung sind, für die die Kosten erhoben werden.[3]

§ 11 S. 2 GNotKG regelt neu das Verhältnis des Zurückbehaltungsrechts zur Vollzugspflicht nach § 53 BeurkG. Nach dieser Vorschrift ist der Notar grundsätzlich verpflichtet, Urkunden bei Vollzugsreife beim Registergericht oder Grundbuchamt einzureichen. § 11 S. 2 GNotKG ordnet an, dass die **Einreichungspflicht** nach § 53 BeurkG **vorrangig** sein soll. Nach Auffassung des Gesetzgebers ist der Notar durch die Möglichkeit, seine Tätigkeit von der Zahlung eines Vorschusses abhängig zu machen, ausreichend geschützt.[4] Dies erscheint zweifelhaft. Vielmehr steht zu befürchten, dass das Zurückbehaltungsrecht leer läuft.

Ausnahmen vom Zurückbehaltungsrecht sind im Rahmen der Ermessensausübung und unter Beachtung von § 16 GNotKG zu berücksichtigen.[5] Da die Ausübung des Zurückbehaltungsrechts billigem Ermessen entsprechen muss, wird sichergestellt, dass die Interessen der Parteien angemessen berücksichtigt werden.[6]

---

1 Begr. RegE, BT-Drs. 17/11471, zu § 11, S. 156.
2 Begr. RegE, BT-Drs. 17/11471, zu § 11, S. 156.
3 Begr. RegE, BT-Drs. 17/11471, zu § 11, S. 156.
4 Begr. RegE, BT-Drs. 17/11471, zu § 11, S. 156.
5 Begr. RegE, BT-Drs. 17/11471, zu § 11, S. 156.
6 Begr. RegE, BT-Drs. 17/11471, zu § 11, S. 156.

12. Nachforderung, Verjährung, Verwirkung

a) Nachforderung

1.111 Grundsätzlich ist der Notar, wenn er nachträglich erkennt, dass er die Kosten zu Gunsten des Kostenschuldners falsch angesetzt hat, **berechtigt und verpflichtet** die **Kostenberechnung** zu **ändern**, also die Kosten entweder zu erhöhen oder zu ermäßigen.[1]

Anders ist es jedoch, wenn in einer Kostensache eine rechtskräftige Entscheidung nach den §§ 127 ff. GNotKG ergangen ist. Wird die **Kostenberechnung** in einem gerichtlichen Kostenprüfungsverfahren **rechtskräftig bestätigt**, so erwächst zwar nicht sie als solche in materielle Rechtskraft, aber die durch sie dokumentierte Kostenforderung.[2] Dies **hindert** den Notar an einer **Nachbewertung** in derselben Angelegenheit. Dies gilt auch dann, wenn der Gegenstand der späteren Nachforderung unter Berücksichtigung der im Verfahren nach den §§ 127 ff. GNotKG gestellten Anträge bei formaler Betrachtung nicht Gegenstand des Verfahrens gewesen war.[3]

b) Verjährung

aa) Rechtsgrundlage

1.112 Die **Verjährung** der Notarkosten ist in **§ 6 I Satz 3 GNotKG** geregelt. Danach verjähren Ansprüche auf Zahlung von Notarkosten in **vier Jahren** nach Ablauf des Kalenderjahres, in dem die Kosten fällig geworden sind.

Ansprüche auf **Rückzahlung** von Notarkosten verjähren ebenfalls in **vier Jahren**, und zwar nach Ablauf des Kalenderjahres, in dem die Zahlung erfolgt ist (§ 6 II S. 1 GNotKG). Die Verjährung beginnt jedoch nicht vor dem jeweiligen in Absatz 1 bezeichneten Zeitpunkt (§ 6 II S. 2 GNotKG).

bb) Kein Erlöschen der Kostenforderung bei Verjährung

1.113 Zwar ist das Kostenschuldverhältnis zwischen Notar und Kostenschuldner nicht privat-rechtlicher, sondern öffentlich-rechtlicher Natur. Jedoch führt eine eingetretene Verjährung nicht zum Erlöschen des Kostenanspruchs, wie dies insbesondere im Steuerrecht der Fall ist (vgl. § 232 AO). Vielmehr gewährt sie dem Kostenschuldner lediglich ein **dauerndes Leistungsverweigerungsrecht** (§ 6 III Satz 1 GNotKG; § 214 I BGB).

---

1 OLG Düsseldorf, Beschl. v. 22.1.2004 – I-10 W 107/03, NJW-RR 2005, 509 (510) = OLG-Report 2004, 327 LS = RNotZ 2004, 592; KG, Beschl. v. 11.5.1993 – 1 W 5755/92, JurBüro 1994, 753 (755 li.Sp., 2. Abs.); OLG Stuttgart, Beschl. v. 6.6.1974 – 8 W 30/74, JurBüro 1974, 1166 = Rpfleger 1973, 332.
2 SchlHOLG, Beschl. v. 30.1.1981 – 9 W 209/80, JurBüro 1981, 916 (918).
3 KG, Beschl. v. 11.6.2002 – 1 W 507/01, KG-Report 2002, 281 = KG JurBüro 2002, 601 = ZNotP 2003, 118; OLG Düsseldorf, Beschl. v. 18.6.1996 – 10 W 54/96, MDR 1996, 1190 = JurBüro 1997, 154; SchlHOLG, Beschl. v. 22.12.1986 – 9 W 32/85, JurBüro 1987, 591 = DNotZ 1987, 383; *Kuntze*, DNotZ 1987, 385 (387).

Beruft sich der Kostenschuldner im Kostenprüfungsverfahren nach den §§ 127 ff. GNotKG auf die eingetretene Verjährung, führt dies zur Aufhebung der Kostenberechnung.

cc) Wann verlängert sich die Verjährungsfrist auf dreißig Jahre?

(1) Gemäß § 127 II S. 1 GNotKG können nach Ablauf des Kalenderjahres, das auf das Jahr folgt, in dem die vollstreckbare Ausfertigung der Kostenberechnung zugestellt ist, neue Anträge nach Absatz 1 nicht mehr gestellt werden. Fraglich ist, ob sich die vierjährige Verjährungsfrist des § 6 I S. 3 GNotKG in eine dreißigjährige gemäß § 197 I Nr. 3 (rechtskräftig festgestellte Ansprüche) bzw. Nr. 4 (Ansprüche aus vollstreckbaren Vergleichen oder vollstreckbaren Urkunden) umwandelt, wenn die **Antragsfrist des § 127 II S. 1 GNotKG abgelaufen** ist. Der **BGH** hat diese Frage im Geltungsbereich der **KostO verneint**.[1] Der BGH hat in dieser Entscheidung aber auf folgende Reaktionsmöglichkeiten des Notars hingewiesen: Zwar könne der Neubeginn der Verjährung durch Übersendung einer Zahlungsaufforderung oder einer vollstreckbaren Ausfertigung der Kostenberechnung (§ 17 III S. 2 KostO = § 6 III S. 2 GNotKG) nur einmal herbeigeführt werden. Der Notar könne einen weiteren Neubeginn der Verjährung aber dadurch herbeiführen, dass er in unverjährter Zeit eine Vollstreckungshandlung vornimmt oder beantragt (vgl. § 212 I Nr. 2 BGB).

1.114

(2) Unklar ist jedoch weiterhin – denn darüber hatte der BGH in dem unter (1) geschilderten Fall nicht zu entscheiden –, ob sich die vierjährige Verjährungsfrist gem. 6 III S. 1 Halbs. 1 GNotKG i.V.m. §§ 197 I Nr. 3 BGB dann auf dreißig Jahre verlängert, wenn die **Kostenberechnung** des Notars **im Kostenprüfungsverfahren** nach den §§ 127 GNotKG durch das Gericht **rechtskräftig bestätigt** oder durch eine anderweitige Kostenberechnung ersetzt wird. Mit der wohl überwiegenden Auffassung ist die **dreißigjährige Verjährung** in diesem Fall **zu bejahen**.[2]

1.115

dd) Neubeginn- und Hemmungstatbestände

(1) Vorbemerkung

Der Neubeginn oder die Hemmung der Verjährung war nach der KostO häufig davon abhängig, dass eine **formgerechte Kostenberechnung** nach § 154 KostO vorlag. Nach dem GNotKG ist zu **differenzieren**. § 19 I S. 2 GNotKG bestimmt, dass der Lauf der Verjährungsfrist nicht von der Mitteilung der Berechnung abhängig ist. Darüber hinaus bestimmt § 19 V GNotKG, dass bei der gerichtlichen Aufhebung einer Kostenberechnung wegen Verstoßes gegen den Soll-Inhalt nach § 19 III GNotKG ein bereits eingetretener Neubeginn der Verjährung unbe-

1.116

---

[1] BGH, Beschl. v. 7.7.2004 – V ZB 61/03, DNotZ 2005, 68 = NotBZ 2005, 75 = NJW-RR 2004, 1578.
[2] Rohs/Wedewer/*Waldner*, GNotKG, Dez. 2016, § 6 Rz. 25 a.E.; Fackelmann/Heinemann/*Fackelmann*, GNotKG, § 6 Rz. 15; Schippel/Bracker/*Schäfer*, BNotO, § 17 Rz. 23a; SchlHOLG, Beschl. v. 3.5.1983 – 9 W 44/83, DNotZ 1983, 578 = JurBüro 1983, 1082.

rührt bleibt. Im Umkehrschluss heißt das aber, dass dies nicht gilt, wenn die Kostenberechnung wegen Verstoßes gegen einen Muss-Inhalt nach § 19 II GNotKG aufgehoben wird.

(2) Zahlungsaufforderung

1.117 Die Aufforderung zur Zahlung, wozu in der Regel die Übermittlung der Kostenberechnung genügt, bewirkt den **Neubeginn** der **Verjährung** (§ 6 III S. 2 Alt. 1 GNotKG) – allerdings nur einmal. Sowohl weitere Zahlungserinnerungen und Mahnungen als auch die Zustellung einer vollstreckbaren Ausfertigung der Kostenberechnung können die Verjährung nicht ein weiteres Mal neu beginnen lassen; denn nach nahezu einhelliger Auffassung tritt der Verjährungsneubeginn durch Zahlungsaufforderung **nur einmal** ein.[1] Voraussetzung für einen Neubeginn der Verjährung ist jedoch anders als nach der KostO nicht mehr, dass die dem Kostenschuldner mitgeteilte Kostenberechnung den Erfordernissen des § 19 GNotKG entspricht. Vielmehr ist der Lauf der Verjährungsfrist nicht von der Mitteilung der Berechnung abhängig (§ 19 I S. 2 GNotKG).

(3) Stundung

1.118 Die **Verjährung** der Ansprüche auf Zahlung von Kosten **beginnt** auch durch eine dem Schuldner mitgeteilte Stundung **erneut**, § 6 III S. 2 Alt. 2 GNotKG.[2] Dies setzt anders als nach der KostO nicht mehr voraus, dass die dem Kostenschuldner mitgeteilte Kostenberechnung den Erfordernissen des § 19 GNotKG entspricht; vielmehr ist der Lauf der Verjährungsfrist nicht von der Mitteilung der Berechnung abhängig (§ 19 I S. 2 GNotKG).

(4) Zwangsvollstreckungsmaßnahme

1.119 Eine Zwangsvollstreckungsmaßnahme bewirkt gemäß § 6 III S. 1 Halbs. 1 GNotKG i.V.m. § 212 I Nr. 2 BGB einen **Neubeginn** der Verjährung.

(5) Anerkenntnis des Kostenschuldners

1.120 Ein Anerkenntnis der Kostenforderung durch den Kostenschuldner gegenüber dem Notar, beispielsweise durch Abschlagszahlung oder dergleichen, führt ebenfalls zum **Neubeginn** der Verjährung (§ 6 III S. 1 Halbs. 1 GNotKG i.V.m. § 212 I Nr. 1 BGB).

1.121 Anzumerken ist, dass der BGH für das verjährungsunterbrechende Anerkenntnis nach § 208 BGB a.F. entschieden hat, dass es hierzu keiner rechtsgeschäftlichen Willenserklärung, geschweige denn eines rechtsgeschäftlichen Anerkenntnisses bedürfe; vielmehr genüge jedes tatsächliche Verhalten dem Gläubiger

---

[1] OLG Frankfurt, Beschl. v. 6.6.1983 – 20 W 524/82, JurBüro 1983, 1245; OLG Celle, Beschl. v. 22.6.1976 – 8 Wx 11/75, DNotZ 1976, 759; Leipziger Kommentar GNotKG/ *Klingsch*, § 6 Rz. 11.
[2] Nach BGB führt die Stundung zur Hemmung, § 205 BGB.

gegenüber, aus dem sich das Bewusstsein des Schuldners von dem Bestehen des Anspruchs klar und unzweideutig ergebe; der Schuldner vermöge sein Wissen, zu etwas verpflichtet zu sein, dem Gläubiger ebenso gut auf irgendeine andere Weise schlüssig zum Ausdruck zu bringen, sofern nur die Umstände des Einzelfalles über die Bedeutung des betreffenden Verhaltens keinen Zweifel ließen.[1]

Ein nach Eintritt der Verjährung abgegebenes Anerkenntnis unterbricht die Verjährung nicht mehr, kann je nach Lage des Falles aber einen Verzicht auf die Verjährungseinrede beinhalten.[2]

(6) Verhandlungen über den Kostenanspruch

Sie bewirken eine **Hemmung** der Verjährung (§ 6 III S. 1 Halbs. 1 GNotKG i.V.m. § 203 BGB).[3]

Der Verhandlungsbegriff des § 203 BGB ist weit auszulegen. Danach reicht **praktisch jeder Meinungsaustausch** über die Grundlagen oder den rechtlichen Bestand eines Anspruchs aus, es sei denn, von Seiten des Schuldners wird sofort und eindeutig eine Verhandlung abgelehnt. Auch Korrespondenzen und Ermittlungen zum Geschäftswert, z.B. Anforderung von Bilanzen und dergleichen, zu deren Vorlage der Kostenschuldner verpflichtet ist, sollen eine Verhandlung darstellen.[4]

Der Notar hat auch die Möglichkeit, sich mit dem Zahlungspflichtigen darüber zu einigen, dass dieser bis zum rechtskräftigen Abschluss des gerichtlichen Kostenprüfungsverfahrens nach § 127 GNotKG auf die Einrede der **Verjährung verzichtet**.[5]

(7) Hemmung durch Kostenprüfungsantrag des Kostenschuldners oder durch Zurückweisungsantrag des Notars

Stellt der Kostenschuldner einen Kostenprüfungsantrag nach den §§ 127 ff. GNotKG bzw. der Notar einen Zurückweisungsantrag, so wird die **Verjährung** des Kostenanspruchs gemäß § 6 III S. 1 Halbs. 1 GNotKG i.V.m. § 204 I Nr. 1 BGB **gehemmt**.[6]

ee) Kleinbeträge

Bei Kostenbeträgen **unter 25 Euro** beginnt die Verjährung weder erneut noch wird sie oder ihr Ablauf gehemmt, § 6 III S. 3 GNotKG.

---

1 BGH, Urt. v. 6.4.1965 – V ZR 272/62, NJW 1965, 1430.
2 Bamberger/Roth/*Henrich*, BGB, § 212 Rz. 3 m.w.N.
3 Zutreffend Leipziger Kommentar GNotKG/*Klingsch*, § 6 Rz. 12.
4 *Filzek*, KostO, § 17 Rz. 5.
5 BeckOK KostR/*Schmidt-Räntsch*, § 130 GNotKG Rz. 28.
6 Korintenberg/*Otto*, GNotKG, § 6 Rz. 11; *Hartmann*, Kostengesetze, § 127 GNotKG Rz. 4; *Heinze*, NotBZ 2007, 119 (127); differenzierend jedoch BeckOK KostR/*Schmidt-Räntsch*, § 130 GNotKG Rz. 27.

ff) Berufung auf Verjährung als unzulässige Rechtsausübung

1.126 Es ist anerkannt, dass sich der Kostenschuldner aus dem Grundsatz von Treu und Glauben (§ 242 BGB) nicht auf die Verjährung einer notariellen Kostenforderung berufen kann, wenn er – auch unabsichtlich – durch sein Verhalten dem Notar Veranlassung gegeben hat, die Verjährungsfrist verstreichen zu lassen.[1] Die Bitte an den Notar, die Angelegenheit auf Wiedervorlage zu halten, reicht dafür jedoch nicht aus.[2]

gg) Beispiel

1.127 Der Notar fertigt am 17.4.2014 auftragsgemäß den Entwurf eines Grundstückskaufvertrags. Er erhebt dafür mit Kostenberechnung vom 9.5.2017, die dem Kostenschuldner am 10.5.2017 zugeht, eine 2,0 Gebühr nach KV Nr. 24100 i.V.m. Nr. 21100 i.V.m. § 92 II GNotKG. Am 3.2.2021 erteilt sich der Notar von seiner Kostenberechnung eine vollstreckbare Ausfertigung, die dem Kostenschuldner am 18.2.2021 durch den Gerichtsvollzieher zugestellt wird. Am 8.4.2021 beauftragt der Notar den Gerichtsvollzieher mit der Zwangsvollstreckung. Der Kostenschuldner wendet am 27.11.2022 Verjährung ein. Zu Recht?

Die Einrede der Verjährung ist unbegründet.

Die Verjährung von Notarkosten ist in § 6 GNotKG geregelt. Nach § 6 I S. 3 GNotKG beträgt die Verjährungsfrist vier Jahre, beginnend mit dem Ablauf des Kalenderjahres, in dem die Gebühr oder die Auslagenposition gem. § 10 GNotKG fällig geworden ist.

Die Entwurfsgebühr ist am 17.4.2014 fällig geworden. Demgemäß beginnt die Verjährungsfrist am 31.12.2014 und endet am 31.12.2018.

Die Verjährungsfrist beginnt jedoch neu. Da die Kostenberechnung vom 9.5.2017 dem Kostenschuldner erstmalig am 10.5.2017 zugeht, beginnt die Verjährung zu diesem Zeitpunkt gem. § 6 III S. 2 Alt. 1 GNotKG erneut und endet mit Ablauf des 10.5.2021.

Durch die Zustellung der vollstreckbaren Ausfertigung am 18.2.2021 läuft die Verjährung nicht neu an; denn die Kostenberechnung kann die Verjährung nur einmal unterbrechen.

Jedoch beginnt die Verjährung durch die Einleitung der Zwangsvollstreckung im Wege des Vollstreckungsauftrags an den Gerichtsvollzieher am 8.4.2021 erneut (§ 6 III S. 1 Halbs. 1 GNotKG i.V.m. § 212 I Nr. 2 BGB) und läuft damit nicht vor dem 8.4.2025 ab. Dieser weitere Neubeginn der Verjährung durch Vornahme oder Beantragung einer Vollstreckungshandlung neben dem Neubeginn durch Übersendung einer Zahlungsaufforderung oder einer vollstreckbaren Kostenberechnung ist zulässig; er wird dem Notar sogar vom BGH empfohlen.[3]

---

1 OLG Düsseldorf, Beschl. v. 28.9.2000 – 10 W 54/00, MDR 2001, 175 = RNotZ 2001, 174 = ZNotP 2001, 206; OLG Hamm, Beschl. v. 30.10.1961 – 14 W 75/61, Rpfleger 1962, 26; bestätigt durch den BGH im Beschl. v. 25.10.2005 – V ZB 121/05, MDR 2006, 475 unter Tz. 19, NJW 2006, 1138 (1140 = NotBZ 2006, 16 (17 unten, 18 oben).
2 OLG Köln, Beschl. v. 12.5.1986 – 2 Wx 17/86, juris.
3 BGH, Beschl. v. 7.7.2004 – V ZB 61/03, DNotZ 2003, 68 (71 unten, 72 oben) = NotBZ 2003, 75 (76 li.Sp. 2. Abs. a.E.).

c) Verwirkung

Der **Kostenanspruch** des Notars unterliegt **nicht** der **Verwirkung** nach § 242 BGB, er bleibt also auch dann bestehen, wenn der Notar ihn so lange nicht geltend gemacht hat, dass der Kostenschuldner annehmen konnte, der Anspruch habe überhaupt nicht bestanden oder werde doch wenigstens nicht mehr geltend gemacht.

1.128

13. Abtretung, Verpfändung; Kosteneinzug durch Dritte; Pfändung

a) Abtretung und Verpfändung

Wegen der hoheitlichen Natur der Kostenberechnung und der Verschwiegenheitspflicht des Notars (§ 18 BNotO), ist die Kostenforderung des Notars nur **bedingt abtretbar** und **verpfändbar**.[1] Bei einer Abtretung ist der Notar dem neuen Gläubiger auskunftspflichtig (§ 402 BGB), was sich jedoch nicht mit seiner Verschwiegenheitspflicht verträgt und demgemäß auch strafbewehrt ist (§ 203 StGB). Eine Abtretung mit Einwilligung aller in Betracht kommenden Kostenschuldner dürfte jedoch zulässig sein. Vor der Einwilligung ist jedoch eine Aufklärung entsprechend § 49b IV Satz 3 BRAO dahingehend erforderlich, dass der Notar dem Zessionar die zur Geltendmachung der Forderung nötige Auskunft erteilen und ihm die zum Beweis der Forderung dienenden Urkunden, soweit sie sich in seinem Besitz befinden, gem. § 402 BGB ausliefern muss.[2] Darüber hinaus ist dem Notar ein **Hinweis** an den Zessionar zu empfehlen, dass die Kostenforderung mit Vollzug der Abtretung ihre öffentlich-rechtliche Eigenschaft verliert und zu einer einfachen privatrechtlichen Forderung wird; damit entfallen in der Person des Zessionars die für den Notar bestehenden Beitreibungsprivilegien, insbesondere ist dem Zessionar die Möglichkeit eines sog. Feststellungsbescheids entsprechend § 251 III AO für den Fall versagt, dass der Forderung im Feststellungsverfahren nach §§ 174 ff. InsO widersprochen wird.

1.129

b) Kosteneinzug durch Dritte

Mit Rundschreiben Nr. 23/2001 vom 10.7.2001 hat die Bundesnotarkammer mitgeteilt, dass sich der Ausschuss für notarielles Berufsrecht in seiner Sitzung am 15.2.2001 mit der Zulässigkeit der Geltendmachung von notariellen Kostenforderungen durch Rechtsanwälte und Inkassounternehmen mit folgendem Ergebnis befasst hat: „Entsprechend der Auffassung des überwiegenden Teils der Landesjustizverwaltungen ist die Beauftragung eines **Rechtsanwalts** mit der Geltendmachung von notariellen Kostenforderungen **zulässig**, die Einschaltung eines **Inkassounternehmens** dagegen **nicht**. Neben rechtlichen Gesichtspunkten spricht für diese Abgrenzung gegenüber den Inkassounternehmen auch der berufspolitische Aspekt, in der Öffentlichkeit nicht mit unlauteren Methoden der Gebühreneintreibung in Verbindung gebracht zu werden."

1.130

---

[1] So auch Rohs/Wedewer/*Wudy*, GNotKG, Stand Dez. 2016, § 19 Rz. 86.
[2] A.A. Diehn/*Diehn*, BNotO, § 17 Rz. 37, der ein Factoring generell als nicht zulässig erachtet.

Jedoch könne der Notar die ihm durch die Beauftragung eines Rechtsanwaltes entstehenden Kosten vom Kostenschuldner nicht ersetzt verlangen; denn es handle sich dabei nicht um notwendige Kosten im Sinne des § 788 ZPO.[1]

c) Pfändung

1.131 Soweit die Kostenforderung nach den Ausführungen Rz. 1.129 nicht abtretbar ist, ist sie gem. § 851 I ZPO auch **nicht pfändbar**. Hält man eine Pfändung dennoch für wirksam, so muss der Kostenschuldner auf Grund der Pfändung an den Pfändungsgläubiger zahlen, dem Notar ist eine Einziehung der Kostenforderung untersagt (§ 829 I S. 1, 2 ZPO). Keinesfalls kann der Notar dem Pfändungsgläubiger eine vollstreckbare Ausfertigung der Kostenberechnung gem. § 89 GNotKG erteilen.[2]

14. Bewilligung von Gebührenhilfe

1.132 Gemäß **§ 17 II BNotO** hat der Notar einem Beteiligten, dem nach den Vorschriften der Zivilprozessordnung die Prozesskostenhilfe zu bewilligen wäre, seine Urkundstätigkeit in sinngemäßer Anwendung der Vorschriften der Zivilprozessordnung **vorläufig gebührenfrei oder** gegen Zahlung der Gebühren in **Monatsraten** zu gewähren.

Urkundstätigkeiten sind gem. der Legaldefinition des § 10a II BNotO die in §§ 20–22 BNotO aufgeführten Amtstätigkeiten. Das sind Beurkundungen und Beglaubigungen nach § 20 BNotO, sonstige Bescheinigungen nach § 21 BNotO sowie die Abnahme von Eiden und die Aufnahme eidesstattlicher Versicherungen nach § 22 BNotO. **Nicht erfasst** sind somit die **Verwahrungstätigkeit** nach § 23 BNotO (Gebühren Nr. 25300 f. KV GNotKG) und die **sonstige Betreuung** der Beteiligten auf dem Gebiet der vorsorgenden Rechtspflege gem. § 24 BNotO, insbesondere die Anfertigung isolierter **Urkundsentwürfe** (Nr. 24100 ff. KV GNotKG), der isolierten **Beratung** der Beteiligten (Nr. 24200 ff. KV GNotKG) und der Nebentätigkeiten, wie **Vollzug** (Nr. 22100 ff. KV GNotKG), **Betreuung** (Nr. 22200 KV GNotKG) und **Treuhandtätigkeit** (Nr. 22201 KV GNotKG). **Standesrechtlich** soll der Notar jedoch entsprechend § 17 II BNotO gegenüber einem Bedürftigen zur Übernahme von Amtstätigkeiten nach §§ 23, 24 BNotO als **nobile officium** verpflichtet sein, insbesondere zur Erteilung einer **Beratung** oder einer Auskunft.[3] Auslagen werden von der Gebührenhilfe nach § 17 II BNotO nicht erfasst.[4] Die Erteilung von einfachen und vollstreckbaren **Ausfertigungen** und von einfachen und beglaubigten **Abschriften** der in der Verwahrung eines Notars verbliebenen Urschriften notarieller Urkunden sowie die Herausgabe oder Ersetzung von solchen hängt jedoch so eng mit der Urkundstätigkeit zusammen, dass § 17 II BNotO anzuwenden ist.[5]

---

1 So auch *Hartmann*, Kostengesetze, § 89 GNotKG Rz. 8.
2 Rohs/Wedewer/*Wudy*, GNotKG, Stand Dez. 2016, § 19 Rz. 87.
3 BNotK, DNotZ 1976, 261; ebenso Eylmann/Vaasen/*Frenz*, BNotO/BeurkG, § 17 BNotO Rz. 14.
4 Leipziger Kommentar GNotKG/*Renner*, § 125 Rz. 41.
5 Leipziger Kommentar GNotKG/*Renner*, § 125 Rz. 41; Schippel/Bracker/*Schäfer*, BNotO, § 17 Rz. 34.

II. Das Kostenschuldverhältnis

Auszugehen ist also von den **§§ 114 ff. ZPO**.

Bei hohen Raten ist § 115 IV ZPO zu beachten, wonach Gebührenhilfe nicht bewilligt wird, wenn die Kosten der Urkundstätigkeit 4 Monatsraten nicht übersteigen. Gem. § 115 II Satz 4 ZPO sind höchstens 48 Monatsraten zu zahlen.

Über den Antrag auf Gebührenhilfe entscheidet der Notar selbst.

Voraussetzungen:

Der Antrag auf Gebührenhilfe muss vor Vornahme der Urkundstätigkeit gestellt werden. Nach Abschluss der Urkundstätigkeit kann nicht mehr um vorläufige Gebührenfreiheit oder um Ratenzahlung nachgesucht werden.

Nach § 114 ZPO ist Voraussetzung für die Gewährung vorläufiger Gebührenfreiheit oder von Ratenzahlung, dass der Antragsteller die Notargebühren nach seinen persönlichen und wirtschaftlichen Verhältnissen (Familienverhältnisse, Beruf, Vermögen, Einkommen und Lasten, § 117 II ZPO) nicht, nur zum Teil oder nur in Raten aufbringen kann.

Einzusetzendes Vermögen:

Das einzusetzende Vermögen ermittelt sich aus § 115 ZPO. Von dem Einkommen sind gem. § 115 I S. 3 Nr. 1a) ZPO insbesondere die Steuern und die Sozialversicherungsbeiträge abzuziehen, aber auch die mit der Erzielung des Einkommens verbundenen notwendigen Auslagen. Nach § 115 I S. 3 Nr. 3 ZPO sind auch die Kosten der Unterkunft und Heizung, soweit sie nicht in einem auffälligen Missverhältnis zu den Lebensverhältnissen des Antragstellers stehen, abzuziehen. Darüber hinaus bestehen folgende Freibeträge (Stand: § 115 I S. 3 ZPO i.V.m. PKHB 2017 v. 12.12.2016, BGBl. I, S. 2869):

- Antragsteller: 473,00 Euro
- Ehegatte: 473,00 Euro
- Erwerbstätigenbonus: 215,00 Euro
- Freibetrag unterhaltsberechtigtes Kind bis 6 Jahre: 272,00 Euro
- Freibetrag unterhaltsberechtigtes Kind 7–14 Jahre: 333,00 Euro
- Freibetrag unterhaltsberechtigtes Kind 15–18 Jahre: 359,00 Euro
- Freibetrag unterhaltsberechtigtes erwachsenes Kind: 377,00 Euro.

Berechnung der Ratenhöhe:

Die monatliche Gebührenhilfe-Rate ermittelt sich gem. § 115 II S. 1 ZPO wie folgt:

In einem ersten Schritt ist das einzusetzende Einkommen unter Berücksichtigung der nach § 115 I ZPO in Abzug zu bringenden Beträge zu ermitteln.

In einem zweiten Schritt ist das einzusetzende Einkommen zu halbieren.

In einem dritten Schritt ist das halbierte einzusetzende Einkommen auf volle Euro abzurunden.

15. Gebührenfreiheit und Gebührenermäßigung

a) Völlige Gebührenfreiheit

aa) Vorbemerkung 2 II KV GNotKG

1.133 Gemäß Vorbemerkung 2 II KV GNotKG, der § 143 I S. 2 KostO entspricht, sind bundes- oder landesrechtliche Vorschriften, die Gebühren- oder Auslagenbefreiung gewähren, nicht auf den Notar anzuwenden. Außer in den Fällen der Kostenerstattung zwischen den Trägern der Sozialhilfe gilt die in § 64 II Satz 3 Nr. 2 SGB X bestimmte Gebührenfreiheit auch für den Notar. Gebührenfrei sind demnach **Geschäfte und Verhandlungen**, die aus **Anlass** der Beantragung, Erbringung oder der Erstattung einer **Sozialleistung** erforderlich werden. Von Beurkundungs- und Beglaubigungskosten sind Urkunden befreit, die im Sozialhilferecht, im Recht der Grundsicherung für Arbeitsuchende, im Recht der Grundsicherung im Alter und bei Erwerbsminderung, im Kinder- und Jugendhilferecht sowie im Recht der Kriegsopferfürsorge aus Anlass der Beantragung, Erbringung oder Erstattung einer nach SGB XII, SGB II und SGB VIII oder dem Bundesversorgungsgesetz vorgesehenen Leistung benötigt werden. Die Gebührenbefreiung ist auch dem Erben des Sozialhilfeempfängers zu gewähren, der auf Ersatz der Kosten der Sozialhilfe in Anspruch genommen wird; Auslagenfreiheit besteht nicht.[1] Die Gebührenbefreiung entfällt für solche Leistungen, die nicht unmittelbar Hilfebedürftigen, sondern freien Trägern gewährt werden.[2] Die Gebührenbefreiung wirkt sich in der notariellen Praxis vor allem bei Grundschuldbestellungen zur Absicherung von Leistungen nach dem SGB XII oder nach dem Recht der Kriegsopferfürsorge aus, auch wenn es um die Löschungserklärungen für derartige Rechte geht.[3]

bb) Vorbemerkung 2 III KV GNotKG

1.134 Beurkundet der Notar Erklärungen über die **Anerkennung** der **Vaterschaft** oder Verpflichtungen zur Erfüllung von Unterhaltsansprüchen eines Kindes oder Verpflichtungen zur Erfüllung von Unterhaltsansprüchen von Vater oder Mutter aus Anlass der Geburt nach § 1615l BGB, so sind diese Beurkundungen gebührenfrei (Vorbemerkung 2 III Alt. 1 KV GNotKG; § 62 I BeurkG).

1.135 Des Weiteren ordnet Vorbemerkung 2 III Alt. 2 KV GNotKG an, dass die **Bezifferung dynamisierter Unterhaltstitel** zur **Zwangsvollstreckung im Ausland** gebührenfrei ist. Diese gebührenfreie Tätigkeit ist in § 245 FamFG geregelt. Die Anordnung der Gebührenbefreiung ist eigentlich überflüssig, da nach der Systematik des GNotKG des geschlossenen Gebührenkatalogs sowieso keine Gebühr für diese Tätigkeit bestimmt ist.

b) Gebührenermäßigung nach § 91 GNotKG

1.136 § 91 GNotKG sieht eine persönliche Gebührenbegünstigung vor.

---

[1] OLG Hamm, Beschl. v. 22.7.2003 – 15 W 58/03, FGPrax 2003, 286 = OLG-Report 2003, 392 = MittBayNot 2004, 146 = ZNotP 2004, 39.
[2] LG Gera, Beschl. v. 23.10.2001 – 5 T 628/98, NotBZ 2002, 188.
[3] Würzburger Notarhandbuch/*Tiedtke/Sikora*, Teil 1 Kap. 6 Rz. 404.

aa) Voraussetzungen des § 91 I GNotKG

Die Ermäßigung setzt voraus, dass der Kostenschuldner zu dem in § 91 I aufgeführten Begünstigtenkreis – **Kommunen und Kirchen** – gehört, eine zur Ermäßigung erfasste Gebühr einschlägig ist, bei Grundstücksgeschäften eine Weiterveräußerung an einen nicht begünstigten Dritten nicht beabsichtigt ist, und – schließlich – die Angelegenheit nicht das wirtschaftliche Unternehmen des Gebührenbegünstigten betrifft.

1.137

Dabei erweist sich oft das „**wirtschaftliche Unternehmen**" als das entscheidende Gebührenmerkmal. Das kostenrechtliche Schrifttum und die kostenrechtliche Rechtsprechung haben sich bei der Auslegung des „wirtschaftlichen Unternehmens" in dem zu § 91 GNotKG insoweit inhaltsgleichen § 144 KostO eng an dem überkommenen kommunalrechtlichen Begriffsverständnis orientiert, ohne sich jedoch der kritischen Stimmen zu vergegenwärtigen. Allerdings gestand die Rechtsprechung ein, dass allein die Formel, wonach Einrichtungen und Anlagen, die auch von einem Privatunternehmen mit der Absicht der Erzielung dauerhafter Einnahmen betrieben werden könnten und gelegentlich auch betrieben werden, dem Zweck der Einschränkung in § 91 I S. 1 GNotKG nicht in jeder Beziehung gerecht wird. Auf eine Einordnung als wirtschaftliches bzw. nichtwirtschaftliches Unternehmen gemäß den jeweiligen Vorschriften des Landeskommunalrechts sollte es hingegen nicht ankommen, denn das „wirtschaftliche Unternehmen" sei Teil einer bundesrechtlichen Regelung und könne daher nicht von Land zu Land unterschiedlich verstanden werden; die Landesgesetze ließen sich nur als Hilfe für eine bundeseinheitliche Auslegung verwenden.

1.138

Dementsprechend wollte das überwiegende Schrifttum zu § 144 KostO zumindest solche Einrichtungen den wirtschaftlichen Unternehmen zuordnen, die nach wirtschaftlichen Gesichtspunkten geführt werden, also mit **Gewinnerzielungsabsicht** und **privatwirtschaftlichem Management**, auch wenn sie im ursprünglichen Ansatz Funktionen der Daseinsvorsorge für die öffentliche Hand wahrnehmen.

Das OLG Naumburg hatte jedoch in zwei Entscheidungen neue Maßstäbe für die Beurteilung des wirtschaftlichen Unternehmens im Notarkostenrecht gesetzt. In dem ersten – viel beachteten – Judikat hatte es entschieden, dass die **Vermögensübertragung** zwischen **Abwasserzweckverbänden** deren wirtschaftliches Unternehmen betrifft.[1] Bei dem Begriff des wirtschaftlichen Unternehmens handle es sich um einen unbestimmten Rechtsbegriff, der, orientiert an Sinn und Zweck der Regelung, eng auszulegen sei. Gehe es weder um die konkrete Umsetzung des aus Art. 20 I und 28 I GG abzuleitenden Sozialstaatsprinzips noch um staatliche Für- und Vorsorge im Sinne reiner Gemeinnützigkeit, sondern um die Erreichung ökonomischer oder finanzieller Ziele mit Mitteln, wie sie auch in marktwirtschaftlichen Betrieben allgemein gebräuchlich sind, so handele es sich kostenrechtlich um wirtschaftliche Unternehmen.

---

1 OLG Naumburg, Beschl. v. 16.2.2007 – 6 Wx 7/06, NotBZ 2007, 220 m. Anm. *Wudy* = FGPrax 2008, 39 = JurBüro 2008, 155 = OLG-Report 2008, 317 = RNotZ 2007, 425.

In einer zweiten Entscheidung[1] hatte das OLG Naumburg diese Grundsätze am Fall des Betriebes eines **Zoologischen Gartens** durch eine **gemeinnützige GmbH** ausdrücklich bestätigt. Darüber hinaus hat es ausgeführt, dass es nicht darauf ankommt, ob solche Unternehmen vom Finanzamt als gemeinnützig anerkannt sind.

bb) Voraussetzungen des § 91 II GNotKG

1.139 Nach § 91 II GNotKG ist die Gebührenermäßigung des § 91 I GNotKG auch einer Körperschaft, Vereinigung oder Stiftung zu gewähren, die nachweislich ausschließlich und unmittelbar **mildtätige oder kirchliche Zwecke** im Sinne der Abgabenordnung verfolgt. Das GNotKG schränkt die Gebührenermäßigung somit auf die ausschließliche (§ 56 AO) und unmittelbare (§ 57 AO) Verfolgung mildtätiger Zwecke (§ 53 AO) oder (und) kirchlicher Zwecke (§ 54 AO) ein; die Verfolgung (auch) gemeinnütziger Zwecke (§ 52 AO) ist von der Privilegierung ausgenommen.[2]

cc) Erstreckung der Ermäßigung auf Dritte gem. § 91 III GNotKG

1.140 Gemäß § 91 III GNotKG erstreckt sich die Ermäßigung auf andere Beteiligte, die mit dem Begünstigten als Gesamtschuldner haften, nur insoweit, als sie von dem Begünstigten auf Grund gesetzlicher Vorschrift Erstattung verlangen können.

dd) Einschränkung der Ermäßigung gemäß § 91 IV GNotKG

Soweit die Haftung auf der Vorschrift des § 29 Nr. 3 GNotKG (gesetzliche Haftung für die Schuld eines anderen) beruht, kann sich der Begünstigte gegenüber dem Notar nicht auf die Gebührenermäßigung berufen.

ee) Ausgewählte Fallbeispiele

→ **Fall 1: Die Gemeinde verkauft ein Grundstück an einen Privaten**

1.141 Eine Gemeinde verkauft an einen Bauträger ein Grundstück zum Wert von 100 000 Euro. Wen kann der Notar für die Beurkundung des Kaufvertrages als Kostenschuldner in Anspruch nehmen und in welcher Höhe?

⊃ **Lösung:**

Da sowohl die Gemeinde als auch der Bauträger Kostenschuldner sind (§§ 30 I, 32 I), kann sich der Notar an beide halten.

Nimmt der Notar die Gemeinde in Anspruch, so hat er ihr die Gebührenermäßigung des § 91 I zu gewähren. Jedoch muss der Notar für den überschießenden Betrag den Bauträger in Anspruch nehmen.

---

[1] OLG Naumburg, Beschl. v. 4.2.2009 – 6 Wx 8/08, notar 2009, 171 m. Anm. *Wudy* = NotBZ 2009, 235 = OLG-Report 2009, 441.
[2] So zu § 144 II KostO: BGH, Beschl. v. 19.6.2013 – V ZB 130/12, MDR 2013, 1135 = Mitt-BayNot 2014, 91 = ZNotP 2013, 318 = NJW-RR 2014, 183 = FGPrax 2013, 226.

2,0 aus 100 000 Euro = 546 Euro.

Von der Gemeinde kann der Notar lediglich eine um 30 % ermäßigte Gebühr verlangen, also 382,20 Euro.

Den Restbetrag in Höhe von 163,80 Euro darf er hingegen nicht unerhoben lassen, vielmehr muss er diesen bei dem Bauträger erheben.

Nimmt der Notar den Bauträger in Anspruch, so steht diesem keine Gebührenermäßigung zu. Denn er gehört weder zu dem Begünstigtenkreis des § 91 I oder II noch steht ihm ein Ausgleichsanspruch gegen die Gemeinde als Verkäuferin zu. Denn die Kosten der Beurkundung hat nach der gesetzlichen Regelung des § 448 II BGB sowieso der Käufer zu tragen. Dabei bleibt es auch dann, wenn nach dem Kaufvertrag eine andere Kostenregelung vereinbart ist.

Im Ergebnis kommt der Notar bei dieser Fallgestaltung also immer auf die unermäßigten Kosten. Nur wenn der Bauträger als Kostenschuldner ausfallen sollte, beispielsweise wegen Insolvenz, bleibt es bei der ermäßigten Gebühr der Gemeinde.

→ **Fall 2: Ein Privater verkauft ein Grundstück an eine Gemeinde**

Genau umgekehrt zu Fall 1 verkauft nun ein **Bauträger** ein Grundstück zum Wert von 100 000 Euro an eine Gemeinde. Wen kann der Notar für die Beurkundung des Kaufvertrages als Kostenschuldner in Anspruch nehmen und in welcher Höhe?

1.142

⮕ **Lösung:**

Da sowohl die Gemeinde als auch der Bauträger Kostenschuldner sind (§§ 30 I, 32 I), kann sich der Notar an beide halten. Nimmt er die Gemeinde in Anspruch, so hat er ihr die Gebührenermäßigung des § 91 I zu gewähren. Nimmt der Notar den Bauträger in Anspruch, so steht auch diesem die Gebührenermäßigung gemäß § 91 III zu. Zwar gehört er nicht zu dem Begünstigtenkreis des § 91 I oder II. Jedoch steht ihm als Verkäufer gegen die Gemeinde als Käuferin ein Ausgleichsanspruch zu; denn diese hätte nach dem Gesetz die Kosten der Beurkundung zu tragen (vgl. § 448 II BGB). Dabei kommt es für die Anwendung des § 91 III nicht darauf an, dass die Regelung des § 448 II BGB dispositiv ist. Vielmehr bleibt es bei dem gefundenen Ergebnis auch dann, wenn nach dem Kaufvertrag eine andere Kostenregelung vereinbart ist.

Im Unterschied zu Fall 1 verbleibt es bei der ermäßigten Gebühr, gleichgültig, ob sich der Notar an die Gemeinde oder an den Bauträger hält.

→ **Fall 3: Erschließungsvertrag zwischen einer Gemeinde und einem Privaten**

Die Gemeinde und ein Bauträger lassen bei dem Notar einen Erschließungsvertrag zu einem Wert von 200 000 Euro beurkunden. Wen kann der Notar für die Beurkundung des Kaufvertrages als Kostenschuldner in Anspruch nehmen und in welcher Höhe?

1.143

⮕ **Lösung:**

2,0 aus 200 000 Euro = 870 Euro

Da sowohl die Gemeinde als auch der Bauträger Kostenschuldner sind (§§ 30 I, 32 I), kann sich der Notar an beide halten.

Nimmt der Notar die **Gemeinde** in Anspruch, so hat er ihr die Gebührenermäßigung des § 91 I zu gewähren, nämlich 40 %. Demgemäß darf er die Gemeinde nur auf 60 % aus 870 Euro, also auf **522 Euro** in Anspruch nehmen.

Die Differenz zwischen der unermäßigten Gebühr zu 870 Euro und der ermäßigten Gebühr zu 522 Euro beträgt 348 Euro. Nach § 91 III GNotKG i.V.m. § 426 BGB ist davon auszugehen, dass sich die Hälfte dieses Differenzbetrages, also 174 Euro auf den **Bauträger** erstreckt. Demgemäß schuldet auch der Bauträger nicht die unermäßigte Gebühr in Höhe von 870 Euro, sondern abzüglich 174 Euro, das sind im Ergebnis **696 Euro**.

Das heißt aber: Dem Notar stehen jedenfalls Kosten in Höhe von 696 Euro zu. Erhebt er die Beurkundungsgebühr alleine von dem Bauträger, so erhebt er sie von ihm in Höhe von 696 Euro. Erhebt er die Beurkundungsgebühr hingegen von der Gemeinde, so darf er von ihr nur 522 Euro fordern; den Restbetrag in Höhe von 174 Euro muss er dann vom Bauträger fordern. Auf diesem Restbetrag bleibt der Notar nur dann sitzen, wenn der Bauträger pleite ist.

Beachte: Eine andere Sache ist es, wie der Notar die Gebühren auf die beiden Vertragsteile in (freiwilliger) Befolgung deren vertraglichen Innenverhältnisses erhebt. Er kann beispielsweise wie folgt berechnen:

Hälftiger Anteil der Gemeinde an der Vertragsgebühr (= 435 Euro), ermäßigt um 40 % = 261 Euro

Hälftiger Anteil des Bauträgers an der Vertragsgebühr nicht ermäßigt = 435 Euro

Diese Quotelung auf die beiden Vertragsteile nach dem urkundlichen Innenverhältnis kann der Notar problemlos aufmachen, denn die Gemeinde haftet ihm auf einen Betrag von 522 Euro und der Bauträger auf einen Betrag von 696 Euro.

16. Nichterhebung von Kosten wegen unrichtiger Sachbehandlung

a) Hinderung des Kostenanspruchs

1.144 Die Einforderung der Kosten nach § 19 GNotKG und ihre Beitreibung nach § 89 GNotKG sind gehindert bzw. rechtswidrig, wenn dem Notar eine **unrichtige Sachbehandlung** nach **§ 21 I S. 1 GNotKG** unterlaufen ist.[1]

---

[1] S. dazu die alphabetischen Einzelfälle in Leipziger Kommentar GNotKG/*Wudy*, 2. Aufl. 2016, § 21 Rz. 46 ff.

b) Evidenzformel der Rechtsprechung

Eine unrichtige Sachbehandlung i.S.d. § 21 I S. 1 GNotKG liegt nach mittlerweile ganz überwiegender Auffassung nur vor, wenn dem Notar ein offen zutage tretender **Verstoß** gegen **eindeutige gesetzliche Normen** oder ein **offensichtliches Versehen** unterlaufen ist;[1] nicht dagegen bei einem Verstoß gegen irgendwelche Rechtspflichten[2] oder bei unrichtiger Beurteilung schwieriger, vom zuständigen Oberlandesgericht[3] oder höchstrichterlich[4] noch nicht abschließend entschiedener Rechtsfragen. Damit entspricht die Definition der unrichtigen Sachbehandlung, die zwar im Anwendungsbereich des § 16 I S. 1 KostO entwickelt wurde, aber ohne weiteres auf die Nachfolgevorschrift des § 21 I S. 1 übernommen werden kann, derjenigen, die der BGH bereits 1962 für Gerichtskosten nach § 21 I S. 1 GKG (damals § 7 GKG) entwickelt hatte.[5] Die darin liegende Beschränkung der Beurteilung auf eindeutige Sachverhalte soll das Kostenerhebungsverfahren von rechtlich oder tatsächlich zweifelhaften Fragen freihalten.[6] Die früher vereinzelt vertretene Auffassung, alles, „was nicht mehr richtig ist" stelle eine unrichtige Sachbehandlung dar,[7] wird heute, soweit ersichtlich, nirgends mehr vertreten.

1.145

Trotz der von ihr selbst ständig wiederholten Evidenzformel, lässt sich die Rechtsprechung häufig nicht von ihr leiten, sondern unterzieht die Beanstandung des Kostenschuldners einer eingängigen Überprüfung. Das erscheint schon unter dem Gesichtspunkt der Unabhängigkeit des Notars (§ 1 BNotO) nicht unbedenklich. Bei der Beurteilung einer unrichtigen Sachbehandlung von Gerichtskosten ist die Rechtsprechung bei weitem nicht so streng wie bei Notarkosten.[8]

c) Weitere Voraussetzungen für eine Kostenniederschlagung

Es wird übereinstimmend davon ausgegangen, dass eine Anwendung des § 21 I S. 1 GNotKG **weder** ein **Verschulden** voraussetzt **noch** ein **Mitverschulden** des Kostenschuldners hierbei beachtlich ist.[9] Auch ein Schadenseintritt ist grund-

1.146

---

1 Statt aller: OLG Hamm, Beschl. v. 8.11.2001 – 15 W 209/01, OLG-Report 2002, 101 (104 li. Sp. letzter Abs.; BayObLG, Beschl. v. 25.2.1985 – BReg. 3 Z 201/83 = MittBayNot 1985, 86 LS 1.
2 OLG Düsseldorf, Beschl. v. 12.10.2004 – I-10 W 52-54/04, JurBüro 2005, 318 = OLG-Report 2005, 388 LS; BayObLG, Beschl. v. 25.2.1985 – BReg. 3 Z 201/83, BayObLG v. 25.2.1985 – BReg.3 Z 201/83, DNotZ 1986, 107 (108).
3 KG, Beschl. v. 15.3.1999 – 25 W 2837/97, KG-Report 1999, 281.
4 OLG Düsseldorf, Beschl. v. 26.11.2015 – 10 W 120/15, RNotZ 2016, 129; OLG Stuttgart, Beschl. v. 24.9.1985 – 8 W 411/85, DNotZ 1986, 438.
5 BGH Beschl. v. 24.9.1962 – VII ZR 20/62, NJW 1962, 2107 = Rpfleger 1963, 152.
6 KG, Beschl. v. 25.5.2004 – 1 W 472/01, KG-Report 2004, 422 (424 re.Sp.).
7 OLG Zweibrücken, Beschl. v. 18.9.1973 – 3 W 71/73, NJW 1974, 507 [re.Sp., 2. u. 3. Abs.]; OLG Schleswig, Beschl. v. 17.2.1972 – 1 W 44/72, KostRsp. KostO § 16 Nr. 27; *Schneider*, JurBüro 1969, 533 und 1975, 869 (877).
8 Dies merkt auch Rohs/Wedewer/*Waldner*, GNotKG, Stand Dez. 2016, § 21 Rz. 4 kritisch an.
9 S. nur KG, Beschl. v. 15.3.1999 – 25 W 2837/97, KG-Report 1999, 281; OLG Zweibrücken, Beschl. v. 27.6.1986 – 3 W 104/86, JurBüro 1986, 1701.

sätzlich nicht erforderlich.[1] Wegen unrichtiger Behandlung der Sache entfallen die Kosten nur dann, wenn der mit der Amtshandlung bezweckte Erfolg gerade infolge der unrichtigen Sachbehandlung nicht eingetreten ist.[2] Das objektive Vorliegen einer unrichtigen Sachbehandlung allein genügt also nicht ohne weiteres für eine Nichterhebung der Kosten. Vielmehr ist weitere – ungeschriebene – Voraussetzung, dass die Kosten bei **unterstellter richtiger Behandlung** der Sache nicht entstanden wären.[3] Denn dem Kostenschuldner darf durch die unrichtige Sachbehandlung **kein kostenrechtlicher Vorteil** erwachsen.[4]

d) Folgen einer unrichtigen Sachbehandlung

1.147 Als **Folge** der unrichtigen Sachbehandlung werden diejenigen Kosten nicht erhoben, die bei richtiger Sachbehandlung nicht entstanden wären; dagegen sind Kosten, die auch bei richtiger Sachbehandlung entstanden wären, zu erheben; dadurch soll sichergestellt werden, dass die Beteiligten durch die unrichtige Sachbehandlung **keinen Vorteil** erlangen, sondern diejenigen Kosten zahlen, die auch bei richtiger Sachbehandlung entstanden wären.[5] Bei der nach § 21 GNotKG gebotenen **hypothetischen Betrachtung** sind anstelle der durch die unrichtige Sachbehandlung verursachten nur solche Kosten anzusetzen, deren Entstehung nach den rechtlichen und tatsächlichen Gegebenheiten unvermeidlich oder sicher zu erwarten war; ein Gestaltungsermessen des Notars kann in diesem Zusammenhang nicht berücksichtigt werden.[6]

1.148 Besteht die Möglichkeit einer **Nachbesserung** durch den Notar, so muss der Kostenschuldner ihm diese gewähren; in diesem Fall bleibt dann nur die Nachbeurkundung kostenfrei; nimmt der Kostenschuldner von einer Nachbeurkundung Abstand, so bleiben die Kosten der nichtigen Beurkundung dennoch nicht unerhoben.[7] Lehnt der Notar die Nachbesserung einer teilweise unwirksamen Vertragsregelung ab, obwohl der Kostenschuldner ihm dazu Gelegenheit gegeben hat, sind die für die Beurkundung entstandenen Gebühren insgesamt nicht zu erheben.[8]

---

1 KG, Beschl. v. 29.8.1975 – 1 W 1043/74, DNotZ 1976, 434 (435).
2 OLG Frankfurt, Beschl. v. 24.10.1960 – 6 W 247/60, Rpfleger 1961, 319 = KostRsp § 16 KostO Nr. 1.
3 BayObLG, Beschl. v. 12.10.2000 – 3 Z BR 171/00, JurBüro 2001, 151; OLG Düsseldorf, Beschl. v. 7.7.1977 – 10 W 90/76, KostRsp. § 16 KostO Nr. 45.
4 KG, Beschl. v. 18.12.2001 – 1 W 1712/00, MDR 2002, 690 = Rpfleger 2002, 356; BayObLG, Beschl. v. 12.10.2000 – 3 Z BR 171/00, JurBüro 2001, 151.
5 KG, Beschl. v. 18.12.2001 – 1 W 1712/00, MDR 2002, 690 = Rpfleger 2002, 356 re.Sp. 3. u. 4. Abs.
6 OLG Hamm, Beschl. v. 5.10.2010 – 15 Wx 156/09, MittBayNot 2011, 342 = RNotZ 2011, 258; ZNotP 2011, 158 = FGPrax 2011, 95.
7 KG, Beschl. v. 22.7.2005 – 9 W 60/05 (ausdrückliche Abweichung von KG DNotZ 1970, 437), OLG-Report 2005, 795 = JurBüro 2006, 93 = RNotZ 2005, 555 = MittBayNot 2006, 362.
8 OLG Hamm, Beschl. v. 27.4.2016 – 15 W 558/15, FGPrax 2016, 231.

e) Zuständigkeit für die Niederschlagung der Kosten

Begehrt der Kostenschuldner die Nichterhebung bzw. Niederschlagung der erhobenen Kosten wegen unrichtiger Sachbehandlung oder drängt sich für den Notar eine solche auch ohne ausdrückliche Beanstandung des Kostenschuldners auf, so prüft der **Notar** nach pflichtgemäßem Ermessen die Voraussetzungen selbständig. Dabei hat er die in Rede stehende Amtstätigkeit einer kritischen Kontrolle zu unterziehen, ggf. unter Veranstaltung geeigneter Ermittlungen i.S.d. § 26 FamFG. Kommt der Notar zu dem Ergebnis, dass eine unrichtige Sachbehandlung vorliegt, muss er die Kosten unerhoben lassen bzw. niederschlagen oder zurückzahlen. Freilich hat der Notar die Prüfung im Hinblick auf das Vereinbarungsverbot des § 125 GNotKG nach anerkannten und objektiven Kriterien durchzuführen.

1.149

f) Gerichtliche Überprüfung

Der Kostenschuldner kann den Vorwurf der unrichtigen Sachbehandlung im **Kostenprüfungsverfahren** nach den **§§ 127 ff. GNotKG** geltend machen.

1.150

g) Fallgruppen

Auf der Grundlage der vorstehend unter Rz. 1.145 dargestellten Definition der unrichtigen Sachbehandlung hat sich eine ausufernde Kasuistik entwickelt. Aus den entschiedenen Einzelfällen kann man folgenden **Grundsatz** herausschälen:

1.151

Der Notar muss die begehrte Amtstätigkeit so ausführen, dass der mit ihr verfolgte Zweck nach den Regeln der notariellen Kunst in rechtlich einwandfreier Weise so kostengünstig wie möglich erreicht wird.[1]

Folgende **Fallgruppen** können unterschieden werden:[2]

- Stehen zur Erreichung eines Ziels verschiedene, in gleicher Weise sichere und zweckmäßige Gestaltungsmöglichkeiten zur Verfügung, so ist der Notar gehalten, den günstigsten Weg zu wählen bzw. die Beteiligten darauf hinzuweisen, welcher der in Betracht kommenden Wege der kostengünstigste ist.[3]
- Der Aufwand höherer Kosten ist aber dann gerechtfertigt, wenn besondere Gründe (Sicherheit für den Kostenschuldner, Schnelligkeit der Erledigung) für einen anderen Weg als den kostensparenden sprechen.[4] Dabei ist dem pflichtgemäßen Ermessen des Notars ein weiter Spielraum einzuräumen.[5] Überlassen die Beteiligten dem Notar die Gestaltung hingegen nicht, sondern

---

1 Leipziger Kommentar GNotKG/*Wudy*, § 21 Rz. 44.
2 Leipziger Kommentar GNotKG/*Wudy*, § 21 Rz. 45 m.w.N.
3 OLG Frankfurt, Beschl. v. 7.1.2002 – 20 W 477/2001, Juris; BayObLG, Beschl. v. 27.9.2000 – 3Z BR 186/10, MittBayNot 2000, 575; OLG Köln, Beschl. v. 28.8.1996 – 2 Wx 37/95, MittRhNotK 1997, 325.
4 OLG Frankfurt, Beschl. v. 23.12.1977 – 20 W 793/77, DNotZ 1978, 748.
5 OLG Frankfurt, Beschl. v. 23.12.1977 – 20 W 793/77, DNotZ 1978, 748; OLG München, Beschl. v. 30.11.2005 – 32 Wx 122/05, NotBZ 2006, 103 = MittBayNot 2006, 357 = ZNotP 2006, 238.

wünschen ausdrücklich eine bestimmte Gestaltung der Urkunde, so ist der Notar ohne entsprechende Frage nicht zur Belehrung über einen weniger kostenträchtigen Weg verpflichtet.[1]

– Unnötige oder gar gänzlich überflüssige Kosten hat der Notar zu vermeiden. Kostentreibende Gestaltungen sind zu vermeiden. Nicht erforderliche Amtstätigkeiten sind zu unterlassen. Das gilt freilich nur, wenn die Beteiligten es nicht gerade so wollen. Andernfalls müssen sie über die Kosten aufgeklärt werden.

– Bewertungsprivilegien dürfen nicht unterlaufen werden. Mehrere Geschäfte müssen, soweit sachgerecht, in einer einzigen Urkunde niedergelegt werden, damit die Beteiligten in den Genuss des Bewertungsprivilegs nach § 109 bzw. nach den §§ 35 I, 86 II, 110, 111 kommen.

– Schließlich darf sich die materielle und formelle Urkundsgestaltung nicht zum Nachteil des Kostenschuldners auswirken. Diese Fallgruppe erfasst zum einen Fehler bei der Anwendung des materiellen und formellen Rechts, zum anderen Fehler bei der Errichtung der Urkunde nach dem einschlägigen Beurkundungs- und Dienstrecht.

III. Vollzugs- und Betreuungstätigkeiten

1. Vollzugsgebühr

1.152 Die **Vollzugstätigkeiten** sind in **Vorbem. 2.2.1.1 KV GNotKG** abschließend aufgezählt.

Die **Höhe** der **Vollzugsgebühr** hängt zum einen davon ab, ob der Vollzug anlässlich eines Beurkundungsverfahrens oder Entwurfs durch denselben Notar betrieben wird. Je nach Höhe der Gebühr für das vollzogene Geschäft beträgt sie entweder 0,5 (Nr. 22110 KV) oder 0,3 (Nr. 22111 KV); sie kann sich aber, wenn nur behördliche Genehmigungen und Vorkaufszeugnisse oder gerichtliche Entscheidungen oder Bescheinigungen anzufordern und zu prüfen sind, auf einen (niedrigeren) Betrag von 50 Euro pro angeforderter Genehmigung bzw. Vorkaufsrechtszeugnis reduzieren (Nr. 22112 KV GNotKG). Im anderen Fall der isolierten Vollzugstätigkeit einer Fremdurkunde beträgt die Vollzugsgebühr in Abhängigkeit von der Gebühr der Fremdurkunde entweder 1,0 (Nr. 22120 KV) oder 0,5 (Nr. 22121 KV); dabei entfällt das 50-Euro-Privileg für einfache Vollzugstätigkeiten. Beschränkt sich die Tätigkeit auf die Übermittlung von Anträgen, Erklärungen oder Unterlagen an ein Gericht, eine Behörde oder einen Dritten oder die Stellung von Anträgen im Namen der Beteiligten, so fällt für diese isolierte Vollzugstätigkeit lediglich eine Festgebühr von 20 Euro an (Nr. 22124 KV).

Die **Vollzugsgebühr** fällt in demselben notariellen Verfahren **nur einmal** an (§§ 93 I S. 1, 86 GNotKG). Dabei ist es grundsätzlich gleichgültig, wie viele Vollzugs- und Betreuungstätigkeiten der Notar erbringt.

Soweit es erforderlich ist, dass der Notar strukturierte Daten in Form der Extensible Markup Language (**XML**) oder in einem nach dem Stand der Technik ver-

---

[1] BayObLG, Beschl. v. 27.9.2000 – 3Z BR 186/00, MittBayNot 2000, 575.

gleichbaren Format für eine automatisierte Weiterbearbeitung bei Registergericht oder Grundbuchamt erzeugt, fällt hierfür eine *gesonderte* Vollzugsgebühr in Höhe von 0,3 bzw. 0,6 an, die auf 250 Euro beschränkt ist (Nr. 22114 und Nr. 22125 KV). Diese besondere Vollzugsgebühr fällt neben der allgemeinen Vollzugsgebühr an. Hierzu s. näher Teil 2 (Grundstückskauf).

Der Geschäftswert für den Vollzug ist der **Geschäftswert** des zugrunde liegenden Beurkundungsverfahrens, § 112 S. 1 GNotKG.[1] Liegt der zu vollziehenden Urkunde kein Beurkundungsverfahren zugrunde, ist der Geschäftswert derjenige Wert, der maßgeblich wäre, wenn diese Urkunde Gegenstand eines Beurkundungsverfahrens wäre (§ 112 S. 2 GNotKG).

2. Betreuungsgebühr

Wie die Vollzugstätigkeiten, so sind auch die Betreuungstätigkeiten **abschließend aufgezählt**, nämlich in **Nr. 22200 KV**. Der Gebührensatz beträgt **0,5**. Wie die Vollzugsgebühr, fällt auch die Betreuungsgebühr unabhängig von der Zahl der erbrachten Betreuungstätigkeiten in demselben notariellen Verfahren **nur einmal** an (§ 93 I S. 1 GNotKG).

1.153

Der **Geschäftswert** für die Betreuungsgebühr ist wie bei der Beurkundung zu bestimmen, **§ 113 I GNotKG**.

3. Treuhandgebühr

Für die **Beachtung** von **Treuhandauflagen** durch einen nicht unmittelbar an dem Beurkundungsverfahren Beteiligten, eine Urkunde oder Auszüge einer Urkunde nur unter bestimmten Bedingungen herauszugeben, fällt eine **Treuhandgebühr** nach **Nr. 22201 KV** in Höhe von **0,5 Gebühr** an; wobei die Gebühr für jeden Treuhandauftrag gesondert entsteht.

1.154

Die Treuhandgebühr fällt **neben** der Betreuungsgebühr nach Nr. 22200 KV GNotKG und auch neben der Vollzugsgebühr an.

Der **Geschäftswert** ist der Wert des Sicherungsinteresses, § 113 II GNotKG.

IV. Wichtige Einzelregelungen

1. Fiktion des identischen Amtsträgers

Vorbem. 2 I KV bestimmt den **Personenkreis**, der dem **Notar gleichzustellen** ist, wenn die Höhe des Gebührensatzes, bestimmte Anrechnungsbestimmungen oder sonstige kostenrechtliche Auswirkungen von einer Vortätigkeit desselben Notars abhängen. Es handelt sich dabei um den **Aktenverwahrer** gem. § 51 BNotO, den **Notariatsverwalter** gem. § 56 BNotO oder um einen anderen Notar, mit dem der Notar am Ort seines Amtssitzes zur **gemeinsamen Berufsausübung** verbunden ist oder mit dem er dort **gemeinsame Geschäftsräume** unterhält. Die Bestimmung bezweckt offensichtlich, die bei „gestreckten" Amtsgeschäften

1.155

---

[1] § 94 greift insoweit nicht, Leipziger Kommentar GNotKG/*Otto*, § 3 Rz. 29; sowie Leipziger Kommentar GNotKG/*Harder*, § 112 Rz. 11.

vorgesehenen Gebührenprivilegien an die Amtsstelle zu knüpfen. Auch sollen diese Gebührenprivilegien nicht durch Aufteilung der gestreckten Geschäfte auf mehrere Notare in einer Sozietät bzw. Bürogemeinschaft umgangen werden können.

Hat **beispielsweise** Notar N einen Grundstückskaufvertrag beurkundet, so ist eine später bei ihm beurkundete **Auflassung** gebührenprivilegiert mit einer 0,5 Gebühr nach Nr. 21101 Nr. 2 KV. Die Auflassung bei einem anderen Notar kostet hingegen eine 1,0 Gebühr nach Nr. 21102 Nr. 1. Beurkundet die Auflassung nicht Notar N, sondern dessen Aktenverwahrer, Notariatsverwalter oder Sozius, so wird das Gebührenmerkmal „derselbe Notar" in Nr. 21101 Nr. 2 in deren Person fingiert. Gleiches gilt bei **Entwürfen** oder **Beratungen**, wenn die Fertigung des Entwurfs oder die Beratung durch N erfolgt ist, und eine gem. Vorbem. 2.4.1 VI KV bzw. Anm. II zu Nr. 24200 KV angeordnete **Anrechnung** auf die Beurkundung, die durch den genannten Personenkreis erfolgt, vorzunehmen ist.

2. Mitwirkungspflicht der Kostenschuldner

1.156 Gemäß **§ 95** sind die Beteiligten nunmehr ausdrücklich verpflichtet, bei der **Wertermittlung mitzuwirken**. Dabei haben sie ihre Erklärungen über tatsächliche Umstände vollständig und wahrheitsgemäß abzugeben. Kommen sie ihrer Mitwirkungspflicht nicht nach, darf der Notar den Wert nach billigem Ermessen bestimmen.

3. Wechselseitige Auskunftspflichten für Notare und Gerichte

1.157 § 39 GNotKG ordnet eine **wechselseitige Auskunftspflicht** an, welcher Geschäftswert zugrunde gelegt wurde. Dabei unterscheidet die Vorschrift zwischen genereller Mitteilungspflicht und einer Mitteilungspflicht auf Ersuchen (I S. 2 und II S. 2).

4. Verweisung auf für die Gerichte geltende Gebühren- und Geschäftswertvorschriften

1.158 Die Systematik des GNotKG macht einen **Rückgriff auf Gerichtskostenvorschriften** überflüssig. Nur in § 36 IV S. 2 ist bestimmt, dass die für Gerichte geltenden Wertvorschriften entsprechend anzuwenden sind, wenn sich die Notargebühren nach den für Gerichte geltenden Vorschriften bestimmen. **Derzeit** besteht **kein Anwendungsbereich** für die Notare.[1]

5. Billigkeitsklauseln

1.159 Zu Billigkeitsklauseln greift der Gesetzgeber, wenn er dem Normanwender ein **Gerechtigkeitskorrektiv** an die Hand geben will. Auch im GNotKG finden sich welche.

So kann der Geschäftswert eines **Ankaufsrechts** oder eines **sonstigen Erwerbsrechts- oder Veräußerungsrechts** (voller Wert des Gegenstands), eines **Vorkaufs-**

---
[1] Leipziger Kommentar GNotKG/*Hüttinger*, § 36 Rz. 15a.

oder **Wiederkaufsrechts** (halber Wert des Gegenstands) sowie einer **Verfügungsbeschränkung** (30 % des Gegenstands) höher oder niedriger angesetzt werden, wenn der Ausgangswert nach den besonderen Umständen des Einzelfalls unbillig ist (§ 51 III GNotKG).

Ebenso kann der nach § 52 I–V GNotKG ermittelte Wert für **Nutzungs- und Leistungsrechte** unter Billigkeitserwägungen korrigiert werden (§ 52 VI S. 3 GNotKG). Dabei bestimmt der Gesetzgeber sogleich den Billigkeitsgrund: Der Geschäftswert ist niedriger anzunehmen, weil im Zeitpunkt des Geschäfts der Beginn des Rechts noch nicht feststeht oder das Recht in anderer Weise bedingt ist.

6. Ermessen des Notars

a) Anwendungsbereich

In **folgenden Bestimmungen** des GNotKG ist dem Notar ein „**billiges**" **Ermessen** eingeräumt: 1.160

- § 11 S. 1: Urkunden, Ausfertigungen, Ausdrucke und Kopien sowie gerichtliche Unterlagen können nach *billigem Ermessen* zurückbehalten werden, bis die in der Angelegenheit erwachsenen Kosten bezahlt sind.
- § 36 I: Soweit sich in einer vermögensrechtlichen Angelegenheit der Geschäftswert aus den Vorschriften dieses Gesetzes nicht ergibt und er auch sonst nicht feststeht, ist er nach *billigem Ermessen* zu bestimmen.
- § 36 II: Soweit sich in einer nichtvermögensrechtlichen Angelegenheit der Geschäftswert aus den Vorschriften dieses Gesetzes nicht ergibt, ist er unter Berücksichtigung aller Umstände des Einzelfalls, insbesondere des Umfangs und der Bedeutung der Sache und der Vermögens- und Einkommensverhältnisse der Beteiligten, nach *billigem Ermessen* zu bestimmen, jedoch nicht über 1 Million Euro.
- § 92 I: Bei Rahmengebühren bestimmt der Notar die Gebühr im Einzelfall unter Berücksichtigung des Umfangs der erbrachten Leistung nach *billigem Ermessen*.
- § 95 S. 3: Kommen die Beteiligten ihrer Mitwirkungspflicht nicht nach, ist der Wert nach *billigem Ermessen* zu bestimmen.
- § 98 III S. 1: Der Geschäftswert bei der Beurkundung einer allgemeinen Vollmacht ist nach *billigem Ermessen* zu bestimmen; dabei sind der Umfang der erteilten Vollmacht und das Vermögen des Vollmachtgebers angemessen zu berücksichtigen.

b) Ermessenskriterien

Das **billige Ermessen** ist kein beliebiges, sondern ein **pflichtgemäßes**. Es ist durch das Willkürverbot und das Verbot offenbarer Unbilligkeit begrenzt. Die konkreten Ermessenskriterien richten sich nach dem Sinn und Zweck der in Rede stehenden Vorschrift. 1.161

Für das **Zurückbehaltungsrecht** nach § 11 S. 1 kann auf die Ausführungen unter Rz. 1.110 verwiesen werden.

Bei den **Geschäftswertvorschriften** bestimmt sich das Ermessen unter Berücksichtigung der gesamten Umstände des konkreten Einzelfalles, wobei in erster Linie das Interesse des Auftraggebers an der Vornahme der Tätigkeit des Notars und die Auswirkungen der Tätigkeit des Notars auf die Beteiligten zu berücksichtigen sind, ferner auch der Arbeits- und Zeitaufwand und die Verantwortung des Notars. Ist die Tätigkeit des Notars als besonders schwierig und verantwortungsvoll anzusehen und hat sie für die Beteiligten erhebliche Bedeutung, so kann der Geschäftswert dem Wert des Rechtsverhältnisses nahe kommen. Andererseits wird bei einer ganz einfachen, mit keiner besonderen Verantwortung für den Notar verbundenen Tätigkeit, die für die Beteiligten keine nennenswerte Bedeutung hat, der Geschäftswert entsprechend niedriger anzusetzen sein. Das Haftungsrisiko des Notars wird man grundsätzlich nicht als Ermessenskriterium anerkennen können. Denn das GNotKG kennt – wie schon die KostO – keine Bewertung nach dem Risiko des Notars. Das Haftungsrisiko des Notars kann deshalb allenfalls einer von mehreren Faktoren bei der Ausübung des Ermessens sein, von denen die Festsetzung des Geschäftswertes insbesondere im Anwendungsbereich der allgemeinen Geschäftswertvorschrift des § 36 I abhängt. Es kann nur dann zu einer wesentlichen Erhöhung des im Übrigen angemessenen Geschäftswertes führen, wenn es aus besonderen Gründen im Einzelfall ungewöhnlich groß ist.

c) Gerichtliche Überprüfung der Ermessensausübung des Notars

1.162 Bei der erstinstanzlichen Kostenüberprüfung nach § 127 GNotKG kann das **Landgericht** die Ermessensausübung des Notars **nur eingeschränkt überprüfen**, nämlich darauf, ob der Notar von seinem Ermessen Gebrauch gemacht, alle wesentlichen Umstände beachtet und die Grenzen des ihm eingeräumten Ermessens eingehalten hat.[1] Wenn das Gericht einen solchen Ermessensfehler feststellt, ist es jedoch befugt, nach eigenem Ermessen über eine mögliche Abweichung von dem gesetzlichen Regelwert zu entscheiden.[2] Der Vorrang des Notarermessens wird durch diese – prozessökonomisch gebotene – Einschränkung nicht wesentlich beeinträchtigt; denn der Notar kann die beanstandete Kostenberechnung noch während des Beschwerdeverfahrens ändern und dabei auch eine ermessensfehlerfreie Wertbestimmung nachholen.[3] Das gilt sowohl für die erste Instanz vor dem Landgericht als auch für die zweite Instanz vor dem **Oberlandesgericht**; denn auch dieses ist wie das Landgericht Tatsacheninstanz (vgl. § 130 III S. 1 GNotKG i.V.m. § 65 III FamFG). Hingegen kann der **Bundesgerichtshof** als Rechtsbeschwerdegericht die Ermessensentscheidung des Oberlandesgerichts lediglich auf Rechtsfehler (vgl. § 130 III S. 1 GNotKG i.V.m. § 72 I FamFG), also wiederum nur darauf überprüfen, ob das Beschwerde-

---

1 So der BGH (im Anwendungsbereich der KostO), Beschl. v. 23.10.2008 – V ZB 89/08 (Rz. 10), NotBZ 2009, 60, 62 (Anm. *Wudy*).
2 So der BGH (im Anwendungsbereich der KostO), Beschl. v. 23.10.2008 – V ZB 89/08 (Rz. 11), NotBZ 2009, 60, 62 (Anm. *Wudy*).
3 So der BGH (im Anwendungsbereich der KostO), Beschl. v. 23.10.2008 – V ZB 89/08 (Rz. 11), NotBZ 2009, 60, 62 (Anm. *Wudy*).

gericht das eröffnete Ermessen ausgeübt, dessen Grenzen eingehalten und alle wesentlichen Umstände berücksichtigt hat.[1]

V. Die gerichtliche Überprüfung des Kostenanspruchs

1. Einführung

Wie jede hoheitliche Maßnahme muss auch eine notarielle Kostenberechnung durch eine übergeordnete Instanz überprüfbar sein. Die **§§ 127 ff. GNotKG** weisen die Entscheidung über Einwendungen gegen die Kostenberechnung des Notars einem besonders geregelten **Kostenprüfungsverfahren** der ordentlichen – **freiwilligen** – **Gerichtsbarkeit** zur ausschließlichen Zuständigkeit zu. Der ordentliche – streitige – Rechtsweg ist ausgeschlossen.

1.163

Das Kostenprüfungsverfahren ist nach allgemeiner Auffassung ein **abgeschlossenes Gerichtsverfahren** für alle Ansprüche, die das Verhältnis des Notars zum Kostenschuldner betreffen.[2]

1.164

2. Erfordernis einer formell ordnungsgemäßen Kostenberechnung

Unabdingbarer Ausgangspunkt für eine gerichtliche Überprüfung ist das Vorliegen einer **Kostenberechnung nach § 19 GNotKG**, die sowohl die Mussbestimmung des § 19 II GNotKG als auch die Soll-Bestimmung des § 19 III GNotKG beachtet. Dies ergibt sich jedenfalls aus der Vorschrift des § 19 V GNotKG. Das Gericht darf eine nicht formgerechte Kostenberechnung dennoch nicht ohne Sachentscheidung aufheben. Vielmehr ist es gehalten, den Notar auf die bestehenden **Formmängel hinzuweisen**[3] und ihm Gelegenheit zu geben, die Kostenberechnung noch im laufenden Verfahren zu berichtigen;[4] andernfalls leidet die Aufhebungsentscheidung des Landgerichts an einem Verfahrensmangel, der jedoch dadurch geheilt werden kann, dass der Notar im Verfahren der Beschwerde gegen die Entscheidung des Landgerichts die **formgerechte Kostenberechnung nachholt**.[5] Die Hinweispflicht des Landgerichts ist jedoch dann entbehrlich, wenn bereits der Landgerichtspräsident in seiner Stellungnahme nach § 128 I S. 1 auf den Formmangel hingewiesen hat und das Gericht dem Notar die Stel-

1.165

---

1 So der BGH (im Anwendungsbereich der KostO), Beschl. v. 23.10.2008 – V ZB 89/08 (Rz. 15), NotBZ 2009, 60, 62 (Anm. *Wudy*).
2 S. nur OLG München, Beschl. v. 5.7.2007 – 32 Wx 50/07, FGPrax 2007, 239 (re.Sp. unten).
3 BGH Beschl. v. 23.10.2008 – V ZB 89/08 Rz. 26, NotBZ 2009, 60 m. Anm. *Wudy* = notar 2009, 67 m. Anm. *Wudy*.
4 OLG München, Beschl. v. 3.11.2005 – 32 Wx 111/05, NotBZ 2006, 181 = MittBayNot 2006, 354; OLG Düsseldorf, Beschl. v. 28.9.2000 – 10 W 54/00, RNotZ 2001, 174 = ZNotP 2001, 206; OLG Brandenburg, Beschl. v. 11.12.1995 – 8 Wx 155/95, DNotZ 1997, 248 = KostRsp. KostO § 156 Nr. 201; OLG Hamm, Beschl. v. 9.11.1992 – 15 W 66/92, JurBüro 1993, 308 = MDR 1993, 809.
5 OLG Hamm, Beschl. v. 29.3.1994 – 15 W 383/93, MittBayNot 1994, 470 = DB 1994, 1129.

lungnahme zugeleitet hat, sodass der Notar die Kostenberechnung bis zur gerichtlichen Entscheidung noch abändern konnte.[1] Mit dem Zugang an die Verfahrensbeteiligten und der Mitteilung zur Gerichtsakte tritt die berichtigte Kostenberechnung automatisch an die Stelle der angefochtenen; denn der Verfahrensgegenstand ändert sich durch eine rein formell berichtigte Kostenberechnung nicht.[2]

Ein Verstoß gegen § 19 I–III GNotKG kann im Kostenprüfungsverfahren **nicht** etwa dadurch **geheilt** werden, dass die (Länder-)Notarkasse in ihrer Stellungnahme, die dem Kostenschuldner zugeleitet wurde, die einschlägigen Kostenvorschriften ordnungsgemäß wiedergibt, also quasi die fehlerhaften Angaben der Notarkostenberechnung zur Kenntnis des Kostenschuldners ergänzt.[3]

Sind Kosten ohne ordnungsgemäße Kostenberechnung **bezahlt** und wird wegen dieses Mangels die Kostenberechnung aufgehoben, so kann nicht wegen dieser Aufhebung die Rückforderung nach § 90 GNotKG erfolgen, wenn die Kosten materiell-rechtlich geschuldet sind, da der Kostenanspruch unabhängig von der Kostenberechnung nach § 19 GNotKG ist.[4]

Hat das Landgericht in einem Kostenprüfungsverfahren übersehen, dass die Kostenberechnung nicht den Erfordernissen des § 19 I–III entspricht, diese damit also eigentlich keine geeignete Grundlage für die gerichtliche Überprüfung war, so bleibt die **Entscheidung** des Landgerichts dennoch **wirksam**.[5] Die Entscheidung leidet dann zwar unter einem Verfahrensmangel, dieser kann aber durch die Erteilung einer neuen, nunmehr formgerechten Kostenberechnung auch noch im Verfahren der Beschwerde geheilt werden.[6]

Hebt das Landgericht die Kostenberechnung allein wegen deren formeller Mangelhaftigkeit auf, ist der Notar nicht gehindert, eine **neue** – formgültige – **Kostenberechnung** zu erteilen.[7] Der Notar kann die Kostenberechnung während eines darüber schwebenden Kostenprüfungsverfahrens bis zum Abschluss des Verfahrens **nicht nur formell ändern**, sondern **auch materiell**, d.h., er kann die

---

[1] OLG Hamm, Beschl. v. 9.11.1992 – 15 W 66/92, JurBüro 1993, 308 = MDR 1993, 809.
[2] S. nur OLG Hamm, Beschl. v. 29.3.1994 – 15 W 383/93, MittBayNot 1994, 470 (472).
[3] BayObLG, Beschl. v. 13.3.1984 – 3 Z 165/83 und 166/83, DNotZ 1984, 646 (648) = MittBayNot 1984, 100 = MittRhNotK 1985, 126 = JurBüro 1984, 914.
[4] OLG Frankfurt, Beschl. v. 6.12.2012 – 20 W 270/12, FGPrax 2013, 80 = NJW-RR 2013, 1084; OLG Hamm, Beschl. v. 26.8.1999 – 15 W 111/99, MittBayNot 2000, 59 (61) = JurBüro 2000, 152 (153); BayObLG, Beschl. v. 28.2.1964 – BReg. 2Z 175/63, DNotZ 1964, 562.
[5] OLG Hamm, Beschl. v. 11.9.1980 – 15 W 164/80, JurBüro 1981, 419; a.A. noch OLG München, Beschl. v. 16.4.1941, DNotZ 1941, 393.
[6] OLG Frankfurt, Beschl. v. 6.12.2012 – 20 W 270/12, FGPrax 2013, 80 = NJW-RR 2013, 1084; OLG Hamm, Beschl. v. 29.3.1994 – 15 W 383/93 (Rechtsprechungsänderung), MittBayNot 1994, 470; OLG Dresden, Beschl. v. 29.11.2005 – 3 W 1010/05, n.v.; OLG Dresden, Beschl. v. 24.5.2005 – 3 W 255/03, n.v.; OLG Hamm, Beschl. v. 5.2.2007 – 15 W 161/06, OLG-Report 2007, 572 = MittBayNot 2007, 427 = FGPrax 2007, 187 = ZNotP 2007, 399; OLG München, Beschl. v. 4.9.2007 – 32 Wx 104/07 unter III 1).
[7] Leipziger Kommentar GNotKG/*Wudy*, § 128 Rz. 28 m.w.N.

Kostenforderung **erhöhen** oder **ermäßigen**.[1] Macht der Notar von dieser Möglichkeit Gebrauch, so ist das bereits anhängige Verfahren – ohne Erledigung des alten Verfahrens[2] und ohne Erfordernis der Einleitung eines neuen Verfahrens – dann fortzuführen, wenn die ersetzende und die ursprüngliche Kostenberechnung denselben Verfahrensgegenstand haben.

Die Befugnis des Notars, die angefochtene Kostenberechnung zu ändern, endet mit dem Abschluss des Kostenprüfungsverfahrens. Streitig ist jedoch, ob dies mit dem Erlass der Entscheidung oder deren Rechtskraft der Fall ist;[3] jedenfalls wird die Änderungsbefugnis dann bis zur **Rechtskraft** der Entscheidung befürwortet, wenn der Notar entgegen § 128 I S. 1 vom Landgericht nicht angehört wurde.[4] Spätestens nach Rechtskraft ist dem Notar jedoch eine Nachforderung wegen der materiellen Rechtskraft verwehrt.[5]

3. Rechtsnatur des Kostenprüfungsverfahrens

Bei dem Kostenprüfungsverfahren handelt es sich um ein **echtes Streitverfahren** der **freiwilligen Gerichtsbarkeit**, in dem der Notar nicht die Stellung einer Instanz, sondern einer Partei hat.[6] Demgemäß stehen sich Notar und Kostenschuldner mit entgegengesetztem Interesse gegenüber.

1.166

4. Instanzenzug

a) Erster Rechtszug: Kostenprüfungsantrag beim Landgericht

Einwendungen gegen die Kostenberechnung sind in erster Instanz bei dem **Landgericht** einzulegen, in dessen Bezirk der Notar seinen **Amtssitz** hat (§ 127 I S. 1 GNotKG).

1.167

Für den Kostenprüfungsantrag besteht **keine Frist**, lediglich ist er verwirkt, wenn er nach Ablauf des Kalenderjahres, in dem die vollstreckbare Ausfertigung der Kostenberechnung zugestellt wurde, eingelegt wird (§ 127 II GNotKG).

1.168

Der Kostenprüfungsantrag ist **schriftlich oder zu Protokoll** der Geschäftsstelle des Landgerichts **ohne Anwaltszwang** einzulegen (§ 130 III S. 1 GNotKG i.V.m. §§ 25 I, 10 I FamFG). Antragsberechtigt ist der Kostenschuldner (§ 127 I S. 2 Alt. 1 GNotKG). Der Verfahrensantrag soll begründet werden (§ 130 III S. 3 GNotKG i.V.m. § 23 I FamFG). Zwar ist kein bestimmter Sachantrag erforderlich, dem An-

1.169

---

1 Vgl. nur BGH, Beschl. v. 23.10.2008 – V ZB 89/08, NotBZ 2009, 60 m. Anm. *Wudy* Tz. 11 = RNotZ 2009, 107 (109); Rohs/Wedewer/*P. Rohs*, GNotKG, Stand Dez. 2016, §§ 127–130 Rz. 16.
2 KG, Beschl. v. 2.6.1970 – 1 W 9404/69, DNotZ 1971, 116 = JurBüro 1970, 977 = Rpfleger 1971, 35 = KostRsp. KostO § 156 Nr. 71.
3 Für ein Änderungsverbot bereits ab Erlass der Entscheidung Rohs/Wedewer/*P. Rohs*, GNotKG, Stand Dez. 2016, §§ 127–130 Rz. 17.
4 Vgl. *Müller-Magdeburg*, Rechtsschutz gegen notarielles Handeln, 2005, Rz. 762 m.w.N.
5 *Müller-Magdeburg*, Rechtsschutz gegen notarielles Handeln, 2005, Rz. 762; siehe in diesem Zusammenhang auch ausführlich unter dem Stichwort: „Rechtskraft".
6 Preuß, DNotZ 2010, 265 (285); *Wudy*, NotBZ 2009, 250 (251).

tragsteller soll es aber im Rahmen seiner Mitwirkungspflicht zugemutet werden, sein **Rechtsschutzziel** in wenigen Sätzen darzulegen.

1.170 Auch der **Notar** ist **antragsberechtigt**, wenn der Kostenschuldner dem Notar gegenüber die Kostenberechnung beanstandet hat (§ 127 I S. 2 Alt. 2 GNotKG).

1.171 Das Gericht soll vor der Entscheidung die Beteiligten, die **vorgesetzte Dienstbehörde** des Notars und, im Tätigkeitsbereich der Notarkasse bzw. Ländernotarkasse (vgl. § 113 BNotO), auch die zuständige Kasse hören (§ 128 I S. 1 GNotKG).

1.172 Betrifft der Kostenprüfungsantrag die **Bestimmung** der **Rahmengebühr** durch den Notar nach § 92 I oder die Kostenberechnung aufgrund eines **öffentlich-rechtlichen Vertrags** nach § 126 GNotKG, soll das Gericht ein **Gutachten** des Vorstands der Notarkammer einholen, wobei im Zuständigkeitsbereich der Notarkasse bzw. der Ländernotarkasse (§ 113 BNotO) die zuständige Kasse an die Stelle der Notarkammer tritt (§ 128 I S. 3 GNotKG).[1] Das Gutachten ist kostenlos zu erstatten (§ 128 I S. 4 GNotKG).

1.173 Der Kostenprüfungsantrag hat grds. **keine aufschiebende Wirkung**; das LG kann jedoch durch seinen Vorsitzenden auf Antrag oder von Amts wegen aufschiebende Wirkung anordnen (§ 130 I GNotKG).

1.174 Das Verfahren ist **gebührenfrei**. Das ergibt sich zwar nicht direkt aus dem Gesetz, folgt aber daraus, dass sich im Kostenverzeichnis Teil 1 kein Gebührentatbestand findet.

1.175 Das Kostenprüfungsverfahren kann auch durch den Notar aufgrund **Anweisung** seiner **vorgesetzten Dienstbehörde** (Landgerichtspräsident) eingeleitet werden (§ 130 II S. 1 GNotKG). Die hierauf ergehende Entscheidung kann auch auf eine Erhöhung der Kostenberechnung lauten (§ 130 II S. 2 GNotKG). Gebühren und Auslagen werden in diesem Verfahren von dem Notar nicht erhoben (§ 130 II S. 3 GNotKG). **Außergerichtliche Kosten** anderer Beteiligter, die der Notar in diesem Verfahren zu tragen hätte, sind der **Landeskasse** aufzuerlegen (§ 130 II S. 3 GNotKG).

b) Zweiter Rechtszug: Beschwerde

1.176 Gegen die Entscheidung des Landgerichts findet ohne Rücksicht auf den Wert des Beschwerdegegenstands die **Beschwerde** statt (§ 129 I GNotKG).

1.177 Die Beschwerde ist **beim Landgericht** einzulegen (§ 130 III S. 1 GNotKG i.V.m. § 64 I FamFG). Dieses kann der Beschwerde **abhelfen**. Gegen die Abhilfeentscheidung kann der dadurch Beschwerte – das kann je nach Lage der Ausgangsentscheidung entweder der Kostenschuldner oder der Notar sein – seinerseits Beschwerde gegen die Abhilfeentscheidung einlegen.[2]

---

[1] Zu diesem Gutachten s. ausführlich *Wudy* in Festschrift 25 Jahre freiberufliches Notariat in Brandenburg, Mecklenburg-Vorpommern, Sachsen, Sachsen-Anhalt und Thüringen, 2015, S. 389 ff.; sowie Leipziger Kommentar GNotKG/*Wudy*, § 128 Rz. 16, 16a ff.
[2] S. nur Leipziger Kommentar GNotKG/*Wudy*, § 129 Rz. 7 m.w.N.

V. Die gerichtliche Überprüfung des Kostenanspruchs

Hilft das Landgericht der Beschwerde nicht ab, so legt es sie unverzüglich dem **Oberlandesgericht** zur Entscheidung vor (§ 130 III S. 1 GNotKG i.V.m. § 68 I Satz 1 FamFG i.V.m. § 119 I Nr. 2 GVG). 1.178

Die Beschwerde kann auf **neue Tatsachen und Beweismittel** gestützt werden (§ 130 III S. 1 GNotKG i.V.m. § 65 III FamFG). Sie ist innerhalb einer **Frist** von **einem Monat** ab schriftlicher Bekanntgabe des LG-Beschlusses einzulegen (§ 130 III S. 1 GNotKG i.V.m. § 63 I, III FamFG) – und zwar gemäß § 64 I FamFG **beim LG**. Wird die Beschwerde sogleich beim OLG eingereicht, so wahrt dies die Monatsfrist grundsätzlich nicht, ausgenommen, das OLG reicht die Beschwerdeschrift pflichtgemäß im normalen Geschäftsgang an das erstinstanzliche LG weiter und sie geht dort innerhalb der Monatsfrist ein.[1] 1.179

Die Beschwerde ist **schriftlich oder zu Protokoll** der Geschäftsstelle des LG **ohne Anwaltszwang** einzulegen (§ 130 III S. 1 GNotKG i.V.m. § 64 I, II, § 10 I FamFG). Ein bestimmter Sachantrag ist nicht erforderlich; jedoch soll die Beschwerde begründet werden (§ 130 III S. 1 GNotKG i.V.m. § 65 I FamFG). Eine **fehlende Begründung** führt zwar nicht zur Unzulässigkeit der Beschwerde, der Beschwerdeführer läuft aber Gefahr, dass die Beschwerde als unbegründet zurückgewiesen wird. 1.180

Die Beschwerde hat grds. **keine aufschiebende Wirkung**; das OLG kann jedoch durch seinen Vorsitzenden auf Antrag oder von Amts wegen die aufschiebende Wirkung anordnen (§ 130 I GNotKG). 1.181

Das Verfahren ist nicht gebührenfrei, vielmehr löst das Beschwerdeverfahren eine **Festgebühr** in Höhe von **90 Euro** aus (KV Nr. 19110 GNotKG). Endet das gesamte Verfahren **ohne Endentscheidung**, so ermäßigt sich die Gebühr auf **60 Euro** (KV Nr. 19111 GNotKG). 1.182

Die Beschwerde kann durch den Notar aufgrund **Anweisung** seiner **vorgesetzten Dienstbehörde** (Landgerichtspräsident) erhoben werden (§ 130 II S. 1 GNotKG). Die hierauf ergehende Entscheidung kann auch auf eine Erhöhung der Kostenberechnung lauten (§ 130 II S. 2 GNotKG). **Gebühren und Auslagen** werden in diesem Verfahren von dem Notar **nicht erhoben** (§ 130 II S. 3 GNotKG). **Außergerichtliche Kosten** anderer Beteiligter, die der Notar in diesem Verfahren zu tragen hätte, sind der **Landeskasse** aufzuerlegen (§ 130 II S. 4 GNotKG). 1.183

c) Dritter Rechtszug: Rechtsbeschwerde

Gegen die Entscheidung des Oberlandesgerichts findet die **Rechtsbeschwerde zum BGH** statt (§ 129 II GNotKG; § 133 GVG). 1.184

Streitig und gerichtlich noch vollkommen ungeklärt ist die Frage, ob die **Sprungrechtsbeschwerde** vom Landgericht zum BGH unter Überspringung der Beschwerde zum Oberlandesgericht statthaft ist. Eine Auffassung hält die Sprungrechtsbeschwerde im Hinblick auf die allgemeine Verweisungsvorschrift des 1.185

---
1 OLG Celle, Beschl. v. 24.2.2011 – 2 W 19/11 u. 20/11, Juris (dort unter Tz. 1).

§ 130 III S. 1 GNotKG für eröffnet.[1] Zur Begründung wird ausgeführt, der Gesetzgeber sei bestrebt gewesen, das Rechtsmittelverfahren in Notarkostensachen dem Modell der freiwilligen Gerichtsbarkeit für Beschwerden gegen eine Endentscheidung in der Hauptsache anzugleichen. Die Gegenauffassung hält – mit unterschiedlicher Begründung – die Sprungrechtsbeschwerde nicht für statthaft. Hierfür wird angeführt, die Vorschrift des § 129 II GNotKG, die bestimmt, dass gegen die Entscheidung des Oberlandesgerichts die Rechtsbeschwerde stattfindet, sei lex specialis zu § 75 FamFG.[2] Andere begründen dasselbe Ergebnis damit, dass die Sprungrechtsbeschwerde in den §§ 127 ff. GNotKG nicht ausdrücklich vorgesehen sei, weshalb im Hinblick auf das Gebot der Rechtsmittelklarheit von ihrer Unzulässigkeit auszugehen sei.[3]

1.186 Beim **BGH** findet eine **reine Rechtsfehlerkontrolle** statt (§ 130 III S. 1 GNotKG i.V.m. § 72 I FamFG).

1.187 Die Rechtsbeschwerde ist innerhalb einer Frist von **einem Monat** ab schriftlicher Bekanntgabe des OLG-Beschlusses einzulegen (§ 130 III S. 1 GNotKG i.V.m. § 71 I S. 2 FamFG). Erforderlich ist die Einreichung einer begründeten Beschwerdeschrift beim BGH (§ 130 III S. 1 GNotKG i.V.m. § 71 FamFG). Anwaltszwang besteht nur für den Kostenschuldner, nicht aber für den Notar (§ 130 III S. 2 GNotKG i.V.m. § 10 IV S. 1 FamFG).

1.188 Die Rechtsbeschwerde hat grds. **keine aufschiebende Wirkung**; der BGH kann jedoch durch seinen Vorsitzenden auf Antrag oder von Amts wegen die aufschiebende Wirkung anordnen (§ 130 I GNotKG).

1.189 Das Verfahren über die Rechtsbeschwerde löst eine **Festgebühr** in Höhe von **180 Euro** aus (Nr. 19120 GNotKG). Endet das gesamte Verfahren durch Zurücknahme der Rechtsbeschwerde, bevor die Schrift zur Begründung der Rechtsbeschwerde bei Gericht eingegangen ist, ermäßigt sich die Gebühr auf 60 Euro (Nr. 19121 GNotKG). Endet das gesamte Verfahren durch Zurücknahme der Rechtsbeschwerde oder des Antrags vor Ablauf des Tages, an dem die Endentscheidung der Geschäftsstelle übermittelt wird, ermäßigt sich die Gebühr, wenn nicht KV Nr. 19121 erfüllt ist, auf 90 Euro (Nr. 19122 GNotKG).

1.190 Die Rechtsbeschwerde kann auch durch den Notar aufgrund **Anweisung** seiner **vorgesetzten Dienstbehörde** (Landgerichtspräsident) erhoben werden (§ 130 II S. 1 GNotKG). Die hierauf ergehende Entscheidung kann auch auf eine Erhöhung der Kostenberechnung lauten (§ 130 II S. 2 GNotKG). **Gebühren und Auslagen** werden in diesem Verfahren von dem Notar **nicht erhoben** (§ 130 II S. 3 GNotKG). **Außergerichtliche Kosten** anderer Beteiligter, die der Notar in diesem Verfahren zu tragen hätte, sind der **Landeskasse** aufzuerlegen (§ 130 II S. 4 GNotKG).

---

1 Tiedtke/*Diehn*, ZNotP 2009, 385 (386 f.); *Leßniak*, MittBayNot 2009, 495 (496); *Maass*, ZNotP 2010, 333; BeckOK KostR/*Schmidt-Räntsch*, § 129 GNotKG Rz. 69; Bormann/Diehn/Sommerfeldt/*Neie*, GNotKG, § 129 Rz. 66; Schneider/Volpert/Fölsch/*Heinemann*, Gesamtes Kostenrecht, § 129 GNotKG Rz. 38.

2 *Wudy*, NotBZ 2010, 256 (257) und NotBZ 2009, 250 (254 ff.) und notar 2009, 328 (342/344); ebenso Würzburger Notarhandbuch/*Tiedtke/Sikora*, 2. Aufl. 2010, Teil 1 Kapitel 5 Rz. 166 (anders dagegen in der 4. Aufl. 2015, Teil 1 Kapitel 6 Rz. 186).

3 Rohs/Wedewer/*P. Rohs*, GNotKG, Stand Dez. 2016, §§ 127–130 Rz. 47; im Ergebnis ebenso LG Schwerin, Beschl. v. 30.9.2010 – 4 T 1/10, n.v.

d) Tabellarischer Überblick

Übersicht über das Kostenprüfungsverfahren nach den §§ 127 ff. GNotKG		
1. Instanz: Kostenprüfungsantrag zum Landgericht	**2. Instanz:** Beschwerde zum Oberlandesgericht	**3. Instanz:** Rechtsbeschwerde zum BGH
Einleitung des Verfahrens		
1. Möglichkeit: Antrag des Kostenschuldners an das LG, in dessen Bezirk der Notar seinen Amtssitz hat, auf Aufhebung oder Änderung (Ermäßigung) der Kostenberechnung (§ 127 I S. 1, 2 GNotKG). **2. Möglichkeit:** Das Kostenprüfungsverfahren ist durch den Notar einzuleiten, wenn er von seiner vorgesetzten Dienstbehörde (LG-Präsident) hierzu angewiesen wird (§ 130 II S. 1 GNotKG). Die hierauf ergehende Entscheidung kann auch auf eine Erhöhung der Kostenberechnung lauten (§ 130 II S. 2 GNotKG). **3. Möglichkeit:** Der Antrag auf Entscheidung des LG kann auch durch den Notar gestellt werden, wenn der Kostenschuldner Beanstandungen bei ihm vorgebracht hat (§ 127 I S. 2 Alt. 2 GNotKG).	**1. Möglichkeit:** Beschwerde gegen die Entscheidung des LG (§ 129 I GNotKG). **2. Möglichkeit:** Die Beschwerde ist durch den Notar zu erheben, wenn er von seiner vorgesetzten Dienstbehörde (LG-Präsident) hierzu angewiesen wird (§ 130 II S. 1 GNotKG). Die hierauf ergehende Entscheidung kann auch auf eine Erhöhung der Kostenberechnung lauten (§ 130 II S. 1 GNotKG). Die Beschwerde bedarf keines Mindestbeschwerdewerts und damit auch keiner Zulassung durch das LG (§ 129 I GNotKG). Die Beschwerde ist beim LG als Ausgangsgericht einzulegen, das der Beschwerde abhelfen kann (§ 130 III S. 1 GNotKG i.V.m. § 64 I, 2 FamFG). Gegen die Abhilfeentscheidung kann der dadurch Beschwerte seinerseits Beschwerde gegen die Abhilfeentscheidung einlegen. Hilft das Landgericht der Beschwerde nicht ab, so legt es sie unverzüglich dem OLG zur Entscheidung vor (§ 130 III S. 1 GNotKG i.V.m. § 68 I S. 1 FamFG i.V.m. § 119 I Nr. 2 GVG). Die Beschwerde kann auf neue Tatsachen und Beweismittel gestützt werden (§ 130 III S. 1 GNotKG i.V.m. § 65 III FamFG).	**1. Möglichkeit:** Rechtsbeschwerde gegen die Entscheidung des OLG zum BGH (§ 129 II GNotKG; § 133 GVG). **2. Möglichkeit:** Die Rechtsbeschwerde ist durch den Notar zu erheben, wenn er von seiner vorgesetzten Dienstbehörde (LG-Präsident) hierzu angewiesen wird (§ 130 II S. 1 GNotKG). Die hierauf ergehende Entscheidung kann auch auf eine Erhöhung der Kostenberechnung lauten (§ 130 II S. 1 GNotKG). Unklar ist, ob die Sprungrechtsbeschwerde nach § 75 FamFG vom LG zum BGH unter Überspringen der Beschwerde zum OLG statthaft ist. Beim BGH findet eine reine Rechtsfehlerkontrolle statt (§ 130 III S. 1 GNotKG i.V.m. § 72 I FamFG).

1.191

Übersicht über das Kostenprüfungsverfahren nach den §§ 127 ff. GNotKG		
1. Instanz: Kostenprüfungsantrag zum Landgericht	**2. Instanz:** Beschwerde zum Oberlandegericht	**3. Instanz:** Rechtsbeschwerde zum BGH
Form		
Schriftlich oder zu Protokoll der Geschäftsstelle des LG einzulegen (§ 130 III S. 1 GNotKG i.V.m. § 25 I FamFG). Der Verfahrensantrag soll begründet werden (§ 130 III S. 1 GNotKG i.V.m. § 23 I FamFG). Zwar ist kein bestimmter Sachantrag erforderlich, dem Antragsteller soll es aber im Rahmen seiner Mitwirkungspflicht zugemutet werden, sein Rechtsschutzziel in wenigen Sätzen darzulegen.	Schriftlich oder zu Protokoll der Geschäftsstelle des LG einzulegen (§ 130 III S. 1 GNotKG i.V.m. § 64 I, II FamFG). Die Beschwerde soll begründet werden; ein bestimmter Sachantrag ist nicht erforderlich (§ 130 III S. 1 GNotKG i.V.m. § 65 I FamFG). Eine fehlende Begründung führt zwar nicht zur Unzulässigkeit der Beschwerde, der Beschwerdeführer läuft aber Gefahr, dass die Beschwerde als unbegründet zurückgewiesen wird.	Erforderlich ist die Einreichung einer begründeten Beschwerdeschrift beim BGH (§ 130 III S. 1 GNotKG i.V.m. § 71 FamFG).
Frist		
Keine Frist, lediglich ist das Antragsrecht verwirkt, wenn Antrag erst nach Ablauf des Kalenderjahres eingelegt wird, in dem die vollstreckbare Ausfertigung der Kostenberechnung zugestellt wurde (§ 127 II GNotKG).	Monatsfrist ab schriftlicher Bekanntgabe des LG-Beschlusses einzulegen (§ 130 III S. 1 GNotKG i.V.m. § 63 I, III FamFG).	Monatsfrist ab schriftlicher Bekanntgabe des OLG-Beschlusses einzulegen (§ 130 III S. 1 GNotKG i.V.m. § 71 I S. 2 FamFG).
Anwalt		
Es besteht kein Anwaltszwang (§ 130 III S. 1 GNotKG i.V.m. § 10 I FamFG).	Es besteht kein Anwaltszwang (§ 130 III S. 1 GNotKG i.V.m. § 10 I FamFG).	Anwaltszwang besteht nur für den Kostenschuldner, nicht aber für den Notar (§ 130 III S. 2 GNotKG O i.V.m. § 10 IV S. 1 FamFG).
Einstweiliger Rechtsschutz		
Grds. keine aufschiebende Wirkung; das LG kann jedoch durch seinen Vorsitzenden auf Antrag oder von Amts wegen aufschiebende Wirkung anordnen (§ 130 II GNotKG).	Grds. keine aufschiebende Wirkung; das OLG kann jedoch durch seinen Vorsitzenden auf Antrag oder von Amts wegen die aufschiebende Wirkung anordnen (§ 130 II GNotKG).	Grds. keine aufschiebende Wirkung; der BGH kann jedoch durch seinen Vorsitzenden auf Antrag oder von Amts wegen die aufschiebende Wirkung anordnen (§ 130 II GNotKG).

V. Die gerichtliche Überprüfung des Kostenanspruchs

Übersicht über das Kostenprüfungsverfahren nach den §§ 127 ff. GNotKG		
1. Instanz: Kostenprüfungsantrag zum Landgericht	**2. Instanz:** Beschwerde zum Oberlandegericht	**3. Instanz:** Rechtsbeschwerde zum BGH
Verfahrenskosten		
Das Kostenprüfungsverfahren vor dem LG ist gebührenfrei.	Festgebühr in Höhe von 90 Euro (KV Nr. 19110 GNotKG). Endet das gesamte Verfahren ohne Endenscheidung, so ermäßigt sich die Gebühr auf 60 Euro (KV Nr. 19111 GNotKG).	Festgebühr in Höhe von 180 Euro (KV Nr. 19120 GNotKG). Endet das gesamte Verfahren durch Zurücknahme der Rechtsbeschwerde, bevor die Schrift zur Begründung der Rechtsbeschwerde bei Gericht eingegangen ist, ermäßigt sich die Gebühr auf 60 Euro (KV Nr. 19121 GNotKG). Endet das gesamte Verfahren durch Zurücknahme der Rechtsbeschwerde oder des Antrags vor Ablauf des Tages, an dem die Endentscheidung der Geschäftsstelle übermittelt wird, ermäßigt sich die Gebühr, wenn nicht KV Nr. 19121 erfüllt ist, auf 90 Euro (KV Nr. 19122 GNotKG).
Für den Fall, dass der Notar das (Beschwerde-)Verfahren auf Anweisung seiner vorgesetzten Dienstbehörde einleiten musste, gelten folgende Besonderheiten: Zum einen dürfen von dem Notar keine Auslagen erhoben werden (§ 130 II S. 3 GNotKG). Zum anderen sind außergerichtliche Kosten anderer Beteiligter, die der Notar in diesem Verfahren zu tragen hätte, der Landeskasse aufzuerlegen (§ 130 II S. 4 GNotKG).		

5. Einwendungen

a) Gesetzeswortlaut

Gemäß § 127 I S. 1 können mit dem **Antrag an das Landgericht** Einwendungen gegen die **Kostenberechnung** nach § 19, die **Verzinsungspflicht** nach § 88, die **Zahlungspflicht** und gegen die Erteilung der **Vollstreckungsklausel** nach § 89 geltend gemacht werden. Gemäß § 90 II i.V.m. § 127 I kann auch die Verpflichtung des Notars zur Rückzahlung und Verzinsung zu viel erhobener Kosten sowie eine Pflicht zum Ersatz eines Schadens aus voreiliger Zwangsvollstreckung geltend gemacht werden. Die Einwendungen können tatsächlicher oder rechtlicher Art sein.

1.192

b) Beispiele

1.193 **Beanstandet** werden können **insbesondere**:
- Grund und Höhe des Kostenansatzes
- Gebühren, insbesondere bei einer Rahmengebühr nach § 92 I GNotKG
- Angemessenheit des Entgelts aus einem öffentlich-rechtlichen Vertrag nach § 126 GNotKG
- Geschäftswert
- Auslagen (Anfall und Höhe)
- Umsatzsteuer (Anfall und Höhe)
- Zahlungspflicht als solche, also die Kostenhaftung nach den §§ 29 ff. GNotKG
- Vorschusskostenberechnung, indem die Berechtigung zur Abhängigmachung eines Amtsgeschäfts von einem Vorschuss nach § 15 GNotKG oder dessen Höhe bestritten wird
- Verzinsungspflicht, indem die Verpflichtung zur Zinszahlung nach § 88 GNotKG bestritten wird
- Formwirksamkeit der Kostenberechnung, indem geltend gemacht wird, dass die Kosten nicht mit einer ordnungsgemäßen Kostenberechnung nach § 19 GNotKG eingefordert wurden
- Ausübung des Zurückbehaltungsrechts an Urkunden nach § 11 GNotKG
- Rechtsbeständigkeit des Kostenanspruchs (Erfüllung, Erlass, mangelnde Fälligkeit, Stundung, Verjährung, Verwirkung). Insoweit wird die Vollstreckungsgegenklage nach § 767 ZPO verdrängt.[1]

c) Spezieller Einwand: Pflichtverletzung des Notars

1.194 Das GNotKG kennt als Gegennorm zum Kostenanspruch des Notars lediglich § 21 I S. 1 GNotKG, wonach Kosten, die bei richtiger Behandlung der Sache nicht entstanden wären, nicht erhoben werden. Daneben kann der Kostenschuldner unter den Voraussetzungen des § 19 I BNotO mit einem **Schadensersatzanspruch** gegen die Kostenforderung des Notars **aufrechnen**; die Kostenforderung erlischt in diesem Fall bis zur Höhe der Schadensersatzforderung (§ 389 BGB).

1.195 Die Rechtsprechung gesteht dem Kostenschuldner im Kostenprüfungsverfahren nach den §§ 127 GNotKG sowohl die Berufung auf eine **unrichtige Sachbehand-**

---

1 Das gerichtliche Kostenprüfungsverfahren nach den §§ 127 ff. GNotKG ist nach allgemeiner Auffassung lex specialis zu § 767 ZPO, s. nur OLG Frankfurt, Beschl. v. 2.6.2004 – 4 U 139/00, OLG-Report 2005, 280; OLG Düsseldorf, Urt. v. 28.5.2002 – 24 U 8/02, OLG-Report 2002, 415 = FamRZ 2002, 1580; OLG Oldenburg, Urt. v. 17.9.1996 – 5 U 82/96, MDR 1997, 394 = NJW-RR 1998, 72; Leipziger Kommentar GNotKG/*Wudy*, Stand Dez. 2016, § 127 Rz. 19; *Assenmacher/Mathias*, KostO, Stichwort „Notarkostenbeschwerde" unter Ziffer 1.1.

lung nach § 21 I S. 1 GNotKG[1] als auch die **Aufrechnung mit angeblichen Schadensersatzansprüchen** aus § 19 BNotO[2] zu.

In beiden Fällen, also auch im letztgenannten Fall der Aufrechnung mit einem angeblichen Amtshaftungsanspruch, tritt das Kostenprüfungsverfahren an die Stelle der Vollstreckungsgegenklage nach § 767 ZPO. Die ganz h.M. hält es dabei nicht nur für zulässig, die Aufrechnung mit einem Amtshaftungsanspruch im Kostenprüfungsverfahren zur Prüfung zu stellen, sie hält in diesem Falle den Kostenprüfungsantrag sogar für den allein statthaften Rechtsbehelf, d.h. das Verfahren nach den §§ 127 ff. GNotKG **verdrängt** sowohl die **Vollstreckungsgegenklage** nach § 767 ZPO als auch die Amtshaftungsklage nach § 19 BNotO; lediglich wegen der die Kostenforderung des Notars übersteigenden Amtshaftungsansprüche stehe es dem Kostenschuldner dann frei, unabhängig von dem Verfahren nach den §§ 127 ff. GNotKG die Amtshaftungsklage nach § 19 BNotO zu erheben.[3]

1.196

Allein für **Gegenforderungen**, die **nicht typisch** mit der Amtstätigkeit des Notars zusammenhängen, ist die Wirksamkeit der Aufrechnung des Kostenschuldners durch eine zivilprozessuale **Vollstreckungsgegenklage** zu klären.[4]

1.197

Macht ein Kostenschuldner im Kostenprüfungsverfahren nach den §§ 127 ff. GNotKG **pauschal geltend**, er schulde die vom Notar berechneten Kosten nicht, weil diesem bei der Beurkundung ein **Fehler** unterlaufen sei, so hat nach h.M. das Gericht zu prüfen, ob eine Nichterhebung von Kosten wegen unrichtiger Sachbehandlung oder eine Aufrechnung mit einem Schadensersatzanspruch wegen Amtspflichtverletzung in Betracht kommt.[5] Streitig ist aber, ob im Kostenprüfungsverfahren bereits bezahlte Kosten mit dem Einwand der Amtspflichtverletzung zurückgefordert werden können.[6]

1.198

---

1 OLG Stuttgart, Beschl. v. 2.3.1995 – 8 W 562/94, BWNotZ 1996, 17 = Justiz 1996, 20; OLG Zweibrücken, Beschl. v. 27.6.1986 – 3 W 104/86, JurBüro 1986, 1701; OLG Hamm, Beschl. v. 28.8.1978 – 15 W 408/77, DNotZ 1979, 57 [58] = Rpfleger 1979, 153.
2 Thüringer OLG, Beschl. v. 11.8.2016 – 7 W 295/14, n.v.; Beschl. v. 29.7.2003 – Not W 347/03, NotBZ 2003, 359; OLG Karlsruhe, Beschl. v. 3.3.2015 – 14 Wx 16/15, Juris (dort Tz. 32); OLG Frankfurt, Beschl. v. 11.4.2013 – 20 W 73/12, Juris; OLG München, Beschl. v. 6.6.2006 – 32 Wx 74/06, FGPrax 2006, 180 [182 li.Sp. unter III.3; BayObLG, Beschl. v. 21.6.2005 – 3Z BR 258/04, NotBZ 2005, 405 = FGPrax 2005, 229 [230 li.Sp.]; OLG Jena, Beschl. v. 29.7.2003 – Not W 347/03, NotBZ 2003, 359.
3 Aus der Rechtsprechung des BGH: Beschl. v. 30.1.1961 – III ZR 215/59, DNotZ 1961, 430; Beschl. v. 22.11.1966 – VI ZR 39/65, DNotZ 1967, 323; Beschl. v. 22.10.1987 – IX ZR 175/86, MDR 1988, 313 = DNotZ 1988, 379; aus der Literatur s. nur: Ganter/Hertel/Wöstmann/*Wöstmann*, Handbuch der Notarhaftung, Rz. 381; *Haug/Zimmermann*, Die Amtshaftung des Notars, Rz. 885 f.; *Schlüter/Knippenkötter*, Die Haftung des Notars, 2004, Rz. 757, 758.
4 KG, Beschl. v. 23.2.1973 – 1 W 1672/72, DNotZ 1973, 634 = JurBüro 1973, 539 = Rpfleger 1973, 264.
5 BayObLG, Beschl. v. 22.6.1989 – BReg. 3 Z 13/89, JurBüro 1989, 1707; KG, Beschl. v. 19.6.2003 – 1 W 270/02, JurBüro 2003, 652 [re.Sp., 2. Abs.] = KG-Report 2004, 39 [40 li.Sp., 1. Abs.]; ferner BayObLG, Beschl. v. 1.10.2004 – 3Z BR 129/04, NotBZ 2005, 37 = MDR 2005, 230 = MittBayNot 2005, 304).
6 Aufrechnung ausgeschlossen: OLG Koblenz, Beschl. v. 31.10.2002 – 1 W 634/02, NotBZ 2003, 362; Rohs/Wedewer/*P.Rohs*, GNotKG, Dez. 2016, §§ 127–130 Rz. 13; BeckOK

1.199 Bei einem **nur** auf **unrichtige Sachbehandlung** gestützten Einwand des Kostenschuldners ist jedoch ein Schadensersatzanspruch wegen Amtspflichtverletzung nicht zu prüfen.[1]

1.200 Wenn ein Kostenschuldner mit dem Einwand der Pflichtverletzung des Notars eine Materie in ein Verfahren der freiwilligen Gerichtsbarkeit verlagert, die, soweit das Bestehen von Schadensersatzansprüchen in Frage steht, grundsätzlich in das allgemeine Streitverfahren gehört, darf dies jedoch nicht dazu führen, dass sich der Kostenschuldner auf diese Weise den schärferen **Darlegungs-, Substantiierungs- und Beweisführungspflichten** des Zivilprozesses entzieht und sich der Amtsermittlungspflicht sowie der Möglichkeit des Freibeweises bedient (§ 130 III S. 1 GNotKG i.V.m. § 26 FamFG), ohne das Kostenrisiko tragen zu müssen, das ihn im Falle einer Schadensersatzklage gegen den Notar träfe (§ 91 ZPO im Gegensatz zur Gerichtsgebührenfreiheit im Kostenprüfungsverfahren nach § 127 GNotKG vor dem LG). Deshalb treffen ihn hinsichtlich solcher Gegenansprüche auch im Kostenprüfungsverfahren nach den §§ 127 ff. GNotKG **dem Zivilprozess vergleichbare Darlegungs- und Substantiierungspflichten**.[2]

6. Formulierungsvorschläge[3]

a) Einleitung des gerichtlichen Kostenprüfungsverfahrens durch Notar gemäß § 127 I S. 2 Alt. 2 GNotKG

1.201 *An das*

Landgericht ...

– Kostenkammer/Zivilkammer –

...

Antrag nach § 127 I Satz 2 Alt. 2 GNotKG

in der Notarkostensache betreffend die Kostenberechnung der Notarin ... vom ..., KostRegNr. ...

KostR/*Schmidt-Räntsch*, § 127 GNotKG Rz. 25. Aufrechnung zulässig: OLG Hamm, Beschl. v. 17.8.2012 – 15 W 383/11, FGPrax 2012, 267; Ganter/Hertel/Wöstmann/*Wöstmann*, Handbuch der Notarhaftung, 3. Aufl. 2014, Rz. 381; Arndt/Lerch/Sandkühler/*Sandkühler*, BNotO, 8. Aufl. 2016, § 17 Rz. 105.

1 BayObLG, Beschl. v. 22.6.1989 – BReg. 3 Z 13/89, BayObLG v. 22.6.1989 – BReg.3 Z 13/89, DNotZ 1990, 667 = JurBüro 1989, 1707 = EWiR 1989, 957 (Anm. *Reithmann*); OLG Hamm, Beschl. v. 28.8.1978 – 15 W 408/77, DNotZ 1979, 57 (58) = Rpfleger 1979, 153; OLG Hamm, Beschl. v. 11.1.1971 – 15 W 320/70, JurBüro 1971, 358 = KostRsp. KostO § 156 Nr. 75.

2 BayObLG, Beschl. v. 21.6.2005 – 3 Z BR 258/04, FGPrax 2005, 229 (231 li.Sp.; Beschl. v. 1.10.2004 – 3 Z BR 129/04; BayObLG v. 1.10.2004 – 3Z BR 129/04, NotBZ 2005, 37 = MDR 2005, 230 = MittBayNot 2005, 304; Thüringer OLG, Beschl. v. 11.8.2016 – 7 W 295/14, n.v.

3 Zum alten Recht s. ausführlich *Wudy*, NotBZ 2006, 69.

V. Die gerichtliche Überprüfung des Kostenanspruchs

Beteiligte:

1. ...

– Kostenschuldnerin und Antragstellerin –

2. Notarin ...

– Kostengläubigerin und Antragsgegnerin –

Ich, die Beteiligte zu 2), **beantrage** zu beschließen:

1. Der Beanstandungen der Kostenschuldnerin werden zurückgewiesen.
2. Die Kostenberechnung der Kostengläubigerin ..., vom ..., KostRegNr. ..., wird bestätigt.
3. Die gerichtlichen Auslagen fallen der Kostenschuldnerin zur Last.
4. Die außergerichtlichen Kosten der Kostenschuldnerin werden nicht erstattet.

Begründung:

I. Sachverhalt

Für meine Beurkundungs- und Betreuungstätigkeit in der Angelegenheit Kaufvertrag vom ... zwischen ... habe ich Frau ..., Str. ..., ... Ort gemäß § 30 I GNotKG als Kostenschuldnerin in Anspruch genommen. Die Kostenschuldnerin ist mit der Höhe der eingeforderten Kosten nicht einverstanden und verweigert trotz meiner umfangreichen Erläuterungen die Zahlung.

Ich sehe mich daher gezwungen, die Angelegenheit dem Landgericht gemäß § 127 I S. 2 Alt. 2 GNotKG zur Entscheidung vorzulegen. Die Kostenberechnung und der bisherige Schriftwechsel mit der Kostenschuldnerin sind diesem Antrag in Kopie beigeschlossen.

II. Rechtliche Würdigung

...

...

III. Sonstiges

1. Was die Formalitäten der Kostenberechnung angeht, so habe ich diese nochmals überprüft und für ausreichend empfunden. Sollte das Gericht jedoch anderer Auffassung sein und einen Verstoß gegen die Zitierbestimmungen nach § 19 II oder 3 GNotKG feststellen, so bitte ich, die Kostenberechnung nicht ohne Sachentscheidung aufzuheben, sondern mir die Mängel durch „Zwischenverfügung" mitzuteilen, damit ich die Kostenberechnung noch im laufenden Kostenprüfungsverfahren berichtigen kann (vgl. BGH, Beschl. v. 23.10.2008 – V ZB 89/08, NotBZ 2009, 60).
2. Ich habe die Kostenschuldnerin vor der gegenständlichen Vorlage darauf hingewiesen, dass sie bei einer gerichtlichen Überprüfung zwar kein Gerichtsgebührenrisiko trifft, sie jedoch durch die Weiterleitung ihrer bei mir formlos vorgetragenen Einwendungen zum Landgericht förmliche Antragstellerin wird und damit als Veranlassungsschuldnerin für entstehende gerichtliche Auslagen in Anspruch genommen werden kann.
3. Ich betreibe derzeit die Zwangsvollstreckung gegen die Kostenschuldnerin, die jedoch noch nicht zu meiner Befriedigung geführt hat. Hierzu bin ich trotz des

anhängigen Kostenprüfungsantrags berechtigt (§ 130 I S. 1 GNotKG).[1] *Die Zustellung der vollstreckbaren Ausfertigung meiner Kostenberechnung war bereits im Hinblick auf die Verzinsungsvorschrift des § 88 GNotKG erforderlich.*

Sollte die Kostenschuldnerin die aufschiebende Wirkung nach § 130 II S. 2 GNotKG nebst einstweiliger Einstellung der Zwangsvollstreckung beantragen, so bitte ich, dem nur gegen angemessene Sicherheitsleistung, die ich in das Ermessen des Gerichts stelle, stattzugeben. Denn es ist nicht auszuschließen, dass sich die Vermögensverhältnisse der Kostenschuldnerin bis zur Entscheidung erheblich verschlechtern.

4. *Damit das Gericht seiner Pflicht zur Anhörung aller Beteiligten nachkommen kann, teile ich mit, dass für meine streitgegenständliche Kostenforderung auch Herr/Frau ..., wohnhaft ..., als weiterer gesetzlicher Kostenschuldner nach § 30 I GNotKG haftet. Daneben sind keine weiten Kostenschuldner vorhanden.*

5. *Sollte das Gericht weitere Anträge, eine Änderung der gestellten Anträge oder weitere Ausführungen zur Sache für erforderlich oder zweckdienlich halten, so bitte ich um einen entsprechenden Hinweis.*

... Notarin

b) Formulierungsvorschlag für eine Antragserwiderung des Notars einschließlich Streitverkündung

1.202 Dem folgenden Formulierungsvorschlag für eine Antragserwiderung des Notars mit gleichzeitiger Streitverkündung liegt der folgende – alltägliche – Sachverhalt zugrunde: Der Antragsteller bestreitet, Kostenschuldner zu sein. Er habe dem Notar keinen Entwurfsauftrag erteilt; den handelnden Makler habe er dazu nicht bevollmächtigt.

An das

Landgericht ...

– Kostenkammer/Zivilkammer –

...

Antragserwiderung und Streitverkündungsschrift

In der Notarkostensache

des ...

– Kostenschuldner und Antragsteller –

gegen

mich, Notarin ...

– Kostengläubigerin und Antragsgegnerin –

---

[1] Freilich besteht die Gefahr einer Schadensersatzpflicht des Notars, wenn er die Vollstreckung betreibt, obwohl der Kostenschuldner den Kostenprüfungsantrag innerhalb eines Monats seit Zustellung der vollstreckbaren Kostenberechnung eingelegt hat (§ 90 I Satz 2 GNotKG). „Ungefährlich" ist es für den Notar jedoch, wenn die Vollstreckung erst einen Monat ab Zustellung der vollstreckbaren Kostenberechnung beginnt – zwei Wochen muss er wegen § 89 S. 1 Halbs. 2 GNotKG i.V.m. § 798 ZPO sowieso warten.

V. Die gerichtliche Überprüfung des Kostenanspruchs

Aktenzeichen: ...

nehme ich gemäß richterlicher Verfügung vom ...
wie folgt Stellung:

Der Antrag des Kostenschuldners ist zulässig, aber nicht begründet. Ich **beantrage** *daher:*

a) den Antrag des Kostenschuldners zurückzuweisen;

   hilfsweise für den Fall, dass nach Auffassung des Gerichts die Voraussetzungen für die abgerechnete 2,0 Entwurfsgebühr KV Nr. 24100 i.V.m. KV Nr. 21100 i.V.m. § 92 II GNotKG nicht erwiesen sind, die Kostenberechnung nicht vollständig aufzuheben, sondern diese im Hinblick auf die erfolgte umfangreiche Beratung auf eine 1,0 Beratungsgebühr nach KV Nr. 24200 i.V.m. § 92 I GNotKG nach einem Geschäftswert von ... Euro (= vereinbarter Kaufpreis) zu erkennen;

b) die gerichtlichen Auslagen dem Kostenschuldner zur Last zu legen;

c) die außergerichtlichen Kosten des Kostenschuldners diesem selbst und in Gänze zur Last zu legen;

falls einschlägig:

d) den Antrag des Kostenschuldners auf Anordnung der aufschiebenden Wirkung des Kostenprüfungsantrags nebst einstweilige Einstellung der Zwangsvollstreckung zurückzuweisen. Hilfsweise, dem Antrag nur gegen Anordnung einer Sicherheitsleistung, die ich in das Ermessen des Gerichts stelle, stattzugeben.

Gleichzeitig verkünde ich hiermit dem Makler ... (vollständiger Name und ladungsfähige Anschrift) gerichtlich den Streit mit der Aufforderung, dem Kostenprüfungsverfahren auf Seiten der Antragsgegnerin beizutreten.

Begründung:

I. Sachverhalt

...

II. Rechtliche Würdigung

1. ...

2. Der Streitverkündete war bei der Erteilung des Entwurfsauftrags an mich als bevollmächtigter Vertreter des Kostenschuldners tätig. Sollte er dabei als Vertreter ohne Vertretungsmacht gehandelt haben, was der Kostenschuldner auch einwendet, und ich im vorliegenden Rechtsstreit ganz oder teilweise unterliegen, so hätte ich gegen den Streitverkündeten einen (Schadensersatz-)Anspruch nach § 179 I BGB, § 29 Nr. 1 GNotKG. Daher ist die Streitverkündung zulässig; dies gilt auch für das Kostenprüfungsverfahren nach den §§ 127 ff. GNotKG (siehe nur OLG Frankfurt, Beschl. v. 8.3.2016 – 20 W 40/16, Juris; OLG Schleswig-Holstein, Beschl. v. 28.6.1995 – 9 W 74/95, DNotZ 1996, 398 = SchlHA 1995, 251; ferner – obiter dictum – KG, Beschl. v. 20.10.1997 – 25 W 7095/96, KG-Report 1998, 130, 132 re.Sp.).

Zur Unterrichtung des Streitverkündeten über den vorliegenden Rechtsstreit sind beigefügt:

– *die Antragsschrift des Kostenschuldners vom ...*
– *die Verfügung des Gerichts vom ...*

Ich bitte, dem Streitverkündeten ein Exemplar dieser Antragserwiderung nebst Streitverkündung zuzustellen und füge dazu ein zusätzliches beglaubigtes Exemplar bei.

III. Sonstiges

wie bei III. des vorstehenden Musters 1)

… Notarin

1.203 **Anmerkungen zur Streitverkündung:**
- Die obergerichtliche Rechtsprechung hält eine **Streitverkündung** – §§ 72 ff. ZPO – auch im Kostenprüfungsverfahren nach den §§ 127 ff. GNotKG für **zulässig**.[1] Mit Zustellung der Streitverkündung wird die Verjährung gegenüber dem Streitverkündeten gehemmt (§§ 6 III S. 1 Halbs. 1 GNotKG i.V.m. § 204 I Nr. 6 BGB).
- Die Streitverkündung in einem vorangegangenen Rechtsstreit entfaltet für die Anwendung von § 21 I S. 1 GNotKG keine Bindungswirkung. Denn die Interventionswirkung nach den §§ 74 I, 68 ZPO tritt nur ein, wenn die Streitverkündung gemäß § 72 I ZPO zulässig war. Das ist jedenfalls hinsichtlich des (öffentlich-rechtlichen) Anspruchs auf Kostenniederschlagung zu verneinen, weil es sich dabei nicht um einen Anspruch aus einem Alternativverhältnis gemäß § 72 I ZPO handelt.[2]
- Die Verfügung, durch die der Vorsitzende der Kammer die Zustellung der Streitverkündungsschrift im Kostenprüfungsverfahren ablehnt, ist nach § 130 III S. 1 GNotKG i.V.m. § 58 FamFG mit der Beschwerde anfechtbar.[3]

VI. Übergangsrecht

1. Mehrere Übergangsvorschriften

1.204 Das GNotKG enthält ein nicht ganz einfaches Übergangsrecht.

2. Übergangsrecht zum 2. Kostenrechtsmodernisierungsgesetz (GNotKG)

1.205 Geht es um **Kosten** für ein **notarielles Verfahren** (vgl. Teil 2 Hauptabschnitt 1 und 3 KV: Beurkundungsverfahren und sonstige notarielle Verfahren) oder für ein **notarielles Geschäft** (vgl. Teil 2 Hauptabschnitt 4 und 5 KV), so sind sie nach der KostO abzurechnen, wenn der **Auftrag** an den Notar vor dem Tag des Inkrafttretens des GNotKG erteilt worden ist (§ 136 I Nr. 4 GNotKG). Dies gilt auch für Vollzugs- und Betreuungstätigkeiten sowie für zu Vollzugszwecken gefertigte Entwürfe (§ 136 III GNotKG). Durch diesen **Gleichlauf von Hauptgeschäft** einerseits und von **Vollzugs- und Betreuungsgeschäft** anderseits soll vermieden werden, dass ein einheitlicher Vorgang, wie etwa die Beurkundung ei-

---
1 Siehe die Nachweise im Text des Musters.
2 KG, Beschl. v. 19.6.2003 – 1 W 270/02, KG-Report 2004, 39 (40 li.Sp. unten, re.Sp. oben) = JurBüro 2003, 652 (re.Sp. letzter Abs.).
3 OLG Frankfurt, Beschl. v. 8.3.2016 – 20 W 40/16, Juris (dort Tz. 6).

VI. Übergangsrecht

nes Kaufvertrags mit anschließendem Grundbuchvollzug, nach verschiedenen Kostengesetzen bewertet werden muss.[1]

Die genannten Grundsätze sind entsprechend anwendbar auf die Kosten nach § 100 I und 3 SachenRBerG in dessen bis zum Inkrafttreten des GNotKG geltenden Fassung (§ 136 V S. 1 Nr. 5 GNotKG).

In **allen übrigen Fällen** kommt es auf die **Fälligkeit** an; liegt sie vor dem Stichtag, findet die KostO Anwendung (§ 136 II GNotKG). Hierbei handelt es sich vor allem um formelles Kostenrecht, z.B. um die Anwendung des Zurückbehaltungsrechts nach § 10 KostO.

Soweit das GNotKG für bestimmte Gebühren eine **Anrechnung** vorsieht, namentlich bei der vorzeitigen Beendigung des Beurkundungsverfahrens (Vorbemerkung 2.1.3 II KV), bei dem isolierten Entwurf (Vorbemerkung 2.4.1 VI KV) oder bei der isolierten Beratung (Nr. 24200 Anm. II), sind auch nach der KostO für entsprechende Tätigkeiten entstandene Gebühren anzurechnen; dabei handelt es sich lediglich um Entwurfsgebühren gem. § 145 I S. 3 KostO.

Nach den genannten Anknüpfungsvoraussetzungen bestimmt sich **auch das Verfahren der gerichtlichen Überprüfung** (§§ 156–157a KostO einerseits, §§ 127–131 GNotKG andererseits). Nicht etwa finden § 136 I Nr. 1 Halbs. 1 und Nr. 2 GNotKG Anwendung. Denn der Gesetzgeber hat offenbar einen Anknüpfungsgleichlauf zwischen materiellen und verfahrensrechtlichen Kostenbestimmungen im Auge.[2]

3. Dauerübergangsvorschrift

Kosten für notarielle Verfahren oder Geschäfte werden nach bisherigem Recht erhoben, wenn der **Auftrag** an den Notar **vor dem Inkrafttreten einer Gesetzesänderung** erteilt worden ist (§ 134 II GNotKG). Nach diesem Zeitpunkt bestimmt sich **auch das Verfahren der gerichtlichen Überprüfung** (§§ 127–131 GNotKG). Nicht etwa findet § 134 I GNotKG Anwendung. Denn der Gesetzgeber hat offenbar wie bei der speziellen Übergangsvorschrift des § 136 GNotKG auch bei der Dauerübergangsvorschrift des § 134 GNotKG einen Anknüpfungsgleichlauf zwischen materiellen und verfahrensrechtlichen Kostenbestimmungen im Auge.[3]

1.206

---

[1] Begr. RegE, BT-Drs. 17/11471, zu § 136, S. 193.
[2] Vgl. Begr. RegE, BT-Drs. 17/11471, zu § 136, S. 193.
[3] Vgl. Begr. RegE, BT-Drs. 17/11471, zu § 136, S. 193.

Teil 2
Grundstückskauf

Inhaltsübersicht

I. Überblick 2.1
1. Zum Aufbau dieses Teils...... 2.1
2. Gebühr und Geschäftswert.... 2.2
   a) Gebühr 2.2
   b) Geschäftswert 2.3
      aa) Kaufpreis als Regel-
          bewertung........... 2.3
      bb) Hinzurechnung vorbe-
          haltener Nutzungen und
          weiterer Leistungen 2.4
      cc) Ausnahmsweise Bewer-
          tung nach dem höheren
          Grundstückswert 2.7
      dd) Bebauung auf Rechnung
          des Erwerbers/Wertver-
          änderungen........... 2.8
      ee) Bewertung weiterer in
          der Kaufurkunde ent-
          haltener Geschäfte 2.9
3. Vollzug 2.10
   a) Abgeltung durch Beur-
      kundungsgebühr.......... 2.10
   b) Einmalanfall der Gebühr ... 2.11
   c) Abschließender Katalog 2.12
   d) Paradigmenwechsel........ 2.27
   e) Elektronische Übermitt-
      lung – XML-Gebühr........ 2.33
   f) Geschäftswert............. 2.34
4. Betreuung 2.35
   a) Einmalanfall der Gebühr ... 2.35
   b) Abschließender Katalog 2.36
   c) Ehemals gebührenfreie Be-
      treuungstätigkeiten, die nun-
      mehr gebührenpflichtig sind 2.44
   d) Geschäftswert............. 2.45
5. Treuhandtätigkeit (Beachtung
   von Treuhandauflagen Dritter) 2.46
6. Gebührenfreie Nebengeschäfte 2.49
7. Ermäßigung der Gebühren nach
   § 91 GNotKG 2.50

**II. Standardkaufvertrag in den
Varianten Direktzahlung
und Hinterlegung** 2.51
1. Vorbemerkung: Bewertung
   von weiteren Erklärungen
   im Kaufvertrag.............. 2.51

2. Direktzahlungsmodell......... 2.55
   Fall 1: Kaufvertrag (Direktzah-
   lung) mit Überwachung des
   Leistungsaustausches (aus-
   zugsweise Ausfertigung) 2.55
   Fall 2: Kaufvertrag (Direktzah-
   lung) mit Überwachung des
   Leistungsaustausches (ausgesetzte Bewilligung) 2.60
   Fall 3: Kaufvertrag (Direktzahlung) mit Überwachung des
   Leistungsaustausches und
   Einholung von behördlichen
   Genehmigungen 2.66
   Fall 4: Kaufvertrag (Direktzahlung) mit Überwachung des
   Leistungsaustausches, Einholung von behördlichen sowie
   privatrechtlichen Genehmigungen und Einholung von
   Löschungsunterlagen 2.72
3. Anderkontenmodell........... 2.87
   a) Vorbemerkung zur Verwah-
      rungsgebühr............... 2.87
   b) Fallbeispiel................. 2.89
   Fall 5: Kaufvertrag (Kaufpreisverwahrung) mit Überwachung des Leistungsaustausches, Einholung von
   behördlichen Genehmigungen und Einholung von Löschungsunterlagen 2.89

**III. Kaufvertrag mit Hinzurech-
nungsposten und Bebauung auf
Rechnung des Erwerbers** 2.104
1. Vorbemerkung............... 2.104
2. Bestimmte schuldrechtliche
   Verpflichtungen als Werterhö-
   hungsfaktoren (§ 50).......... 2.107
3. Vorbehaltene Nutzungen des
   Verkäufers................... 2.117
   Fall 6: Kaufvertrag mit vorbehaltenem Wohnungsrecht
   des Verkäufers 2.117

Fall 7: Kaufvertrag mit vom Verkäufer nach Besitzübergang einbehaltener Miete 2.125

4. Leistungen des Käufers über die Kaufpreiszahlung hinaus .. 2.134

Fall 8: Kaufvertrag mit schuldrechtlichem Verfügungsverbot. 2.134

Fall 9: Kaufvertrag mit Selbstnutzungsverpflichtung 2.143

Fall 10: Kaufvertrag mit Bauverpflichtung Wohngebäude... 2.153

Fall 11: Kaufvertrag mit Bauverpflichtung gewerbliches Gebäude 2.164

Fall 12: Kaufvertrag mit Investitionsverpflichtung und Arbeitsplatzgarantie.......... 2.172

Fall 13: Kaufvertrag mit Übernahme der Vermessungskosten 2.186

Fall 14: Kaufvertrag mit Übernahme der Erschließungskosten 2.193

Fall 15: Kaufvertrag mit Abrissverpflichtung 2.202

Fall 16: Kaufvertrag mit bedingter Aufzahlungsverpflichtung 2.211

Fall 17: Kaufvertrag mit Mehrerlösklausel 2.219

5. Gebäude wurde auf Rechnung des Erwerbers errichtet 2.227
   a) Vorbemerkung: 2.227
   b) Fallbeispiel................ 2.228

   Fall 18: Kaufvertrag über ein Grundstück, das Gebäude wurde auf Rechnung des Erwerbers errichtet 2.228

IV. Kaufvertrag und weitere Erklärungen mit demselben bzw. einem verschiedenen Gegenstand................ 2.236

1. Vorbemerkungen............ 2.236
2. Inhalt des Vertrags 2.238
   a) Allgemeines............... 2.238
   b) Beispiele für unbewertete zusätzliche Kaufvertragsinhalte................... 2.239

3. Derselbe Beurkundungsgegenstand 2.251
   a) Bewertungsregeln........... 2.251
   b) Ausgewählte Fallbeispiele ... 2.254

   Fall 19: Kaufvertrag und Auflassung (Standardfall der Generalklausel des § 109 I S. 1–3, S. 5 GNotKG) 2.254

   Fall 20: Kaufvertrag und Übernahme einer durch ein Grundpfandrecht am Kaufgrundstück gesicherten Darlehensschuld in Anrechnung an den Kaufpreis....... 2.267

   Fall 21: Kaufvertrag und Löschungserklärungen des Verkäufers sowie des Gläubigers. 2.268

   Fall 22: Kaufvertrag und Belastungsvollmacht........ 2.279

   Fall 23: Kaufvertrag und Zwangsvollstreckungsunterwerfungen (Räumung).. 2.292

   Fall 24: Kaufvertrag und Abtretung der Eigentümergrundschuld des V an den K .. 2.304

   c) Weitere Beispiele für denselben Beurkundungsgegenstand 2.315

4. Verschiedener Beurkundungsgegenstand 2.327
   a) Bewertungsregeln........... 2.327
   b) Ausgewählte Fallbeispiele ... 2.332

   Fall 25: Kaufvertrag und Finanzierungserklärungen gegenüber Dritten (hier bzgl. Kaufpreiszahlung)....... 2.332

   Fall 26: Kaufvertrag und Grundschuldbestellung zur Finanzierung des Kaufpreises (Sicherungsgeschäft) 2.344

   Fall 27: Kaufvertrag und Übernahme einer nicht valutierenden Grundschuld für eigene Kreditzwecke mit Zwangsvollstreckungsunterwerfung gegenüber dem neuen Gläubiger 2.357

   Fall 28: Kaufvertrag und Bestellungserklärungen von subjektiv-dinglichen Rechten 2.370

Fall 29: Kaufvertrag und Verzicht auf Umsatzsteuerbefreiung 2.383

Fall 30: Kaufvertrag und Rechtswahl (hier nach Art. 15 II EGBGB) 2.395

Fall 31: Kaufvertrag und Ehevertrag 2.407

Fall 32: Kaufvertrag und Miteigentümervereinbarungen nach § 1010 BGB 2.418

Fall 33: Kaufvertrag und wechselseitige Vorkaufsrechte zwischen Verkäufer und Käufer 2.433

Fall 34: Kaufvertrag und wechselseitige Vorkaufsrechte der Käufer 2.445

Fall 35: Kaufvertrag und wechselseitige Ankaufsrechte zwischen Verkäufer und Käufer 2.456

Fall 36: Kaufvertrag und Mietvertrag 2.466

Fall 37: Kaufvertrag und Bauherstellungsvertrag (Werklieferungsvertrag)..... 2.476

Fall 38: Kaufvertrag unter Beteiligung einer bestehenden GbR (Erwerber) 2.486

Fall 39: Kaufvertrag mit Ergänzungen zum formfreien GbR-Vertrag 2.493

Fall 40: Kaufvertrag und GbR-Gründungsvertrag (rudimentärer Gesellschaftsvertrag) 2.503

Fall 41: Kaufvertrag und GbR-Gründungsvertrag (vollständiger Gesellschaftsvertrag) 2.519

Fall 42: Kaufvertrag und GbR-Gründungsvertrag (vollständiger Gesellschaftsvertrag) mit Belastungsvollmacht 2.529

Fall 43: Kaufvertrag und Vereinigungsantrag (§ 890 I BGB) des Kaufgrundstücks mit einem anderen Grundstück des Käufers 2.540

Fall 44: Kaufvertrag und Bestandteilszuschreibung (§ 890 II BGB) des Kaufgrundstücks zu einem anderen Grundstück des Käufers 2.551

Fall 45: Kaufvertrag (ohne Finanzierungsvollmacht) und Grundbuchberichtigungsantrag wegen Erbfolge 2.562

Fall 46: Kaufvertrag mit Finanzierungsvollmacht und Grundbuchberichtigungsantrag aufgrund Erbfolge 2.573

Fall 47: Kaufvertrag und mittelbare Schenkung........ 2.585

Fall 48: Kaufvertrag und Aufhebung des zwischen Verkäufer und Käufer bestehenden Mietvertrags 2.595

Fall 49: Kaufvertrag und Verpflichtung zwischen den Käufern zur Aufteilung des Kaufgrundstücks in WE/TE 2.604

Fall 50: Kaufvertrag und Löschungserklärungen des Verkäufers über ein Gesamtgrundpfandrecht, das nicht nur an dem Kaufgrundstück besteht 2.614

Fall 51: Kaufvertrag und Mietgarantie 2.625

Fall 52: Mehrere Kaufverträge bei vollständiger Beteiligtenidentität 2.635

Fall 53: Mehrere Kaufverträge bei nur teilweiser Beteiligtenidentität und mit Verknüpfungswillen 2.646

Fall 54: Mehrere Kaufverträge bei nur teilweiser Beteiligtenidentität und mit Verknüpfungswille (bei Überschreitung des allgemeinen Höchstwerts von 60 Mio. Euro) 2.658

Fall 55: Mehrere Kaufverträge bei nur teilweiser Beteiligtenidentität und ohne Verknüpfungswillen 2.671
   c) Weitere Beispiele für verschiedene Beurkundungsgegenstände 2.687
V. Ausgewählte Kaufvertragstypen 2.705
1. Kaufvertrag über ein Wohnungs- bzw. Teileigentum..... 2.705
2. Kaufvertrag über ein Erbbaurecht 2.706
3. Kaufvertrag über eine Teilfläche 2.707
  a) Vorbemerkung: 2.707
  b) Fallbeispiel................ 2.708
  Fall 56: Verkauf einer Teilfläche und Einräumung eines Vorkaufsrechtes am Restgrundstück 2.708
4. Mietkauf................... 2.718
  a) Vorbemerkung: 2.718
  b) Fallbeispiele............... 2.719
  Fall 57: Mietvertrag (unbestimmte Dauer) und Ankaufsrecht............. 2.719
5. Leasingkauf (sale and lease back)...................... 2.728
  Fall 58: Kaufvertrag mit Mietvertrag und Ankaufsrecht 2.728
6. Kauf vom Insolvenzverwalter . 2.740
7. Kauf zur Abwendung einer anhängigen Zwangsversteigerung 2.741
  Fall 59: Kauf zur Abwendung einer anhängigen Zwangsversteigerung 2.741
8. Kauf auf Leibrente 2.752
  Fall 60: Kauf auf Leibrente (wertgesichert)............. 2.752
9. Kaufvertrag nach dem SachenRBerG 2.764
  Fall 61: Kauf nach dem SachenRBerG mit weiteren Erklärungen 2.764
10. Kaufvertrag nach dem VerkFlBerG................. 2.779
  Fall 62: Angebot des Verkäufers nach dem VerkFlBerG 2.779

Fall 63: Annahme des Käufers nach dem VerkFlBerG 2.785
11. Kaufvertrag über ein Gebäudeeigentum.................. 2.795
  Fall 64: Kaufvertrag über Gebäudeeigentum nebst Komplettierung durch den Käufer 2.795
  Fall 65: Kaufvertrag über Gebäudeeigentum nebst Komplettierung durch den Verkäufer 2.808
12. Dreiseitige Vereinbarung nach Vorkaufsrechtsausübung....... 2.816
  Fall 66: Auflassung und weitere Erklärungen – Dreiseitiger Vertrag................ 2.816
13. Kauf vom Bauträger 2.828
14. Kettenkaufvertrag (A-B-C-Kauf) 2.829
15. Einheimischenmodell 2.830
  Fall 67: Kaufvertrag von der Gemeinde an einen Einheimischen..................... 2.830
16. Kaufvertrag im Anschluss an eine Grundstücksauktion 2.844
17. Kaufverträge nach dem AusglLeistG..................... 2.845
  Fall 68: Kaufvertrag nach § 3 VII S. 1 AusglLeistG (landwirtschaftliche Fläche) 2.845
  Fall 69: Kaufvertrag nach § 3 Abs. VIIa S. 3 AusglLeistG (landwirtschaftliche Fläche) 2.854
  Fall 70: Kaufvertrag nach dem AusglLeistG (Waldfläche) 2.864
18. Kaufvertrag unter Beteiligung eines Minderjährigen/Betreuten 2.874
  Fall 71: Kaufvertrag mit Doppelvollmacht 2.874
19. Kaufvertrag mit Stundung des Kaufpreises 2.882
  Fall 72: Kaufvertrag mit Stundung des Kaufpreises (Ratenzahlung)................ 2.882
VI. Angebot und Annahme 2.892
1. Vorbemerkungen.............. 2.892
  a) Angebot 2.893
  b) Annahme 2.894
  c) Beurkundungsgegenstände... 2.895
    aa) Derselbe Gegenstand 2.897

bb) Verschiedene Gegenstände 2.902
d) Besonderheiten bei der Vollzugsgebühr 2.906
2. Angebot geht vom Verkäufer aus 2.909
Fall 73: Angebot des Verkäufers 2.909
Fall 74: Angebot des Verkäufers an einen noch zu benennenden Dritten (ohne Selbsteintrittsrecht des Benennungsberechtigten) 2.911
Fall 75: Angebot des Verkäufers an einen noch zu benennenden Dritten (mit Selbsteintrittsrecht des Benennungsberechtigten) 2.915
Fall 76: Annahme des Käufers mit Zwangsvollstreckungsunterwerfung 2.919
Fall 77: Annahme des Käufers mit Zwangsvollstreckungsunterwerfung und Auflassung (derselbe Notar) 2.926
Fall 78: Annahme des Käufers mit Zwangsvollstreckungsunterwerfung und Auflassung (anderer Notar) 2.939
Fall 79: Annahme des Käufers unter Änderungen 2.953
Fall 80: Annahme des Käufers mit Änderungen des Angebots durch den Verkäufer 2.959
Fall 81: Annahme mit Benennung des Annahmeberechtigten 2.969
3. Angebot geht vom Käufer aus . 2.979
Fall 82: Angebot des Käufers .. 2.979
Fall 83: Annahme des Verkäufers und Auflassung (derselbe Notar) 2.986
Fall 84: Annahme des Verkäufers und Auflassung (anderer Notar) 2.995
Fall 85: Annahme des Verkäufers unter Änderungen 2.1005
Fall 86: Annahme des Verkäufers mit Änderungen durch den Käufer 2.1010

4. Angebotsvertrag 2.1019
Fall 87: Angebot des Verkäufers mit Vereinbarung eines Bindungsentgelts 2.1019
Fall 88: Angebot des Verkäufers mit Vereinbarung der Kostenübernahme 2.1027
5. Mehrheit von Angeboten (Alternative Angebote) 2.1033
Fall 89: Unbedingtes und bedingtes Verkäuferangebot 2.1033
Fall 90: Wechselseitige Angebote an demselben Vertragsgegenstand (Kreuzofferte) 2.1039
6. Änderung des Angebots vor Annahme 2.1047
Fall 91: Verlängerung der Angebotsfrist (Bindungsfrist) nach deren Ablauf, wenn das Angebot bereits erloschen ist . 2.1047
Fall 92: Verlängerung der Angebotsfrist (Bindungsfrist) nach deren Ablauf, wenn das Angebot selbst noch nicht erloschen ist 2.1050
Fall 93: Verlängerung der Angebotsfrist vor deren Ablauf .. 2.1053
VII. **Bedingte Kaufverträge und Optionsrechte** 2.1056
1. Vorbemerkungen 2.1056
a) Allgemeines 2.1056
b) Übersicht 2.1058
c) Keine Begünstigungen für spätere Kaufverträge 2.1059
2. Vorkaufsrecht 2.1060
Fall 94: Bestellung eines Vorkaufsrechts 2.1060
Fall 95: Mietvertrag und Vorkaufsrecht 2.1064
3. Ankaufsrecht (Call-Option) .. 2.1071
Fall 96: Ankaufsrecht in der Variante eines aufschiebend bedingten Kaufvertrags 2.1074
Fall 97: Ankaufsrecht in der Variante eines Angebots 2.1078
Fall 98: Ankaufsrecht in der Variante eines Vorvertrags ... 2.1082
4. Vorhand 2.1086

Fall 99: Angebotsvorhand .. 2.1086
5. Wiederkaufsrecht 2.1094
   Fall 100: Begründung eines Wiederkaufsrechts 2.1096
6. Verkaufsrecht (Put-Option).. 2.1104
   Fall 101: Begründung eines Wiederverkaufsrechts 2.1104

VIII. Kaufverträge mit Kaufpreis unter dem Verkehrswert 2.1111
1. Grundsatz 2.1111
2. Indizien 2.1113

IX. Änderungen oder Ergänzungen (Nachträge) 2.1115
1. Vorbemerkungen 2.1115
2. Überblick 2.1117
3. Änderungen und Ergänzungen zum Kaufvertrag 2.1118
   Fall 102: Kaufpreisänderung 2.1118
   Fall 103: Kaufpreisberichtigung 2.1123
   Fall 104: Änderung einzelner Vertragsbedingungen 2.1134
   Fall 105: Änderung des Kaufobjekts 2.1139
   Fall 106: Erweiterung des Kaufobjekts (Zusatzkauf) ... 2.1144
   Fall 107: Verkleinerung des Kaufobjekts (Teilaufhebung). 2.1155
   Fall 108: Auswechslung eines Vertragspartners durch Vertragsübernahme bzw. Vertragseintritt 2.1162
   Fall 109: Auswechslung eines Vertragspartners durch Aufhebung des ursprünglichen Kaufvertrags und Abschluss eines neuen Kaufvertrags 2.1167a
   Fall 110: Versehentliche Falschbezeichnung („falsa demonstratio")............ 2.1168
4. Messungsanerkennung als Nachtrag eigener Art zum Teilflächenkauf 2.1176
   Fall 111: Messungsanerkennung und Auflassung bei demselben Notar.......... 2.1176
   Fall 112: Messungsanerkennung und Auflassung bei einem anderen Notar 2.1181
   Fall 113: Messungsanerkennung (mit Kaufpreisreduzierung aufgrund eines Schätzfehlers) und Auflassung (derselbe Notar) 2.1186
   Fall 114: Messungsanerkennung (mit Kaufpreiserhöhung aufgrund eines Schätzfehlers) und Auflassung 2.1194
   Fall 115: Messungsanerkennung (mit Kaufpreiserhöhung wegen Zusatzkaufes) und Auflassung...................... 2.1204
   Fall 116: Messungsanerkennung mit zwischenzeitlicher Wertveränderung (Bebauung durch den Erwerber) 2.1214
   Fall 117: Identitätserklärung ... 2.1218
5. Einseitige Änderungserklärungen 2.1224
   Fall 118: Berichtigung des Anteils- bzw. Gemeinschaftsverhältnisses der Erwerber 2.1224
   Fall 119: Tod des Erwerbers vor Vollzug 2.1228

X. Aufhebung 2.1234
1. Vorbemerkungen............ 2.1234
   a) Allgemeines.............. 2.1234
   b) Übersichtstabelle 2.1237
2. Fallbeispiele 2.1238
   Fall 120: Aufhebung eines bereits teilerfüllten Kaufvertrages 2.1238
   Fall 121: Aufhebung eines noch nicht erfüllten Kaufvertrages 2.1245
   Fall 122: Aufhebung mit Ausgleichsvereinbarung 2.1252
   Fall 123: Aufhebung mit Räumungspflicht 2.1260
   Fall 124: Ausscheiden eines Vertragspartners durch Aufhebung nebst Neuabschluss.... 2.1267
   Fall 125: Austausch eines Vertragspartners durch Vertragsübernahme bzw. Vertragseintritt...................... 2.1275

XI. Auflassung (isoliert) 2.1276
  1. Vorbemerkungen............. 2.1276
    a) Allgemeines............... 2.1276
    b) Übersichtstabelle.......... 2.1281
  2. Fallbeispiele................. 2.1282
  Fall 126: Auflassung beurkundet durch den Notar des Kaufvertrags................ 2.1282
  Fall 127: Auflassung beurkundet durch anderen Notar als den des Kaufvertrags 2.1288
  Fall 128: Auflassung beurkundet durch den Sozius des Notars des Kaufvertrags....... 2.1293
  Fall 129: Auflassung als Vermächtniserfüllung (notarielles Testament)........... 2.1300
  Fall 130: Auflassung als Vermächtniserfüllung (privatschriftliches Testament) 2.1305
  Fall 131: Auflassung nach Prozessvergleich 2.1309
  Fall 132: Auflassung nach rechtskräftigem Urteil........ 2.1314
  Fall 133: Auflassung nach Ausübung eines gesetzlichen Vorkaufsrechts.............. 2.1319
  Fall 134: Auflassung nach Ausübung eines rechtsgeschäftlichen Vorkaufsrechts... 2.1324
  Fall 135: Auflassung nach Auslandsbeurkundung........ 2.1329
  Fall 136: Wiederholung der Auflassung wegen versehentlicher Falschbezeichnung („falsa demonstratio") 2.1334
  Fall 137: Bewilligung zur Auflassung (durch Notar in Eigenurkunde)............. 2.1335
  Fall 138: Auflassung durch den Insolvenzverwalter nebst „Genehmigung" des noch vom Insolvenzschuldner geschlossenen Kaufvertrages 2.1339
  Fall 139: Auflassung durch den Insolvenzverwalter ohne Genehmigung aufgrund Erfüllungswahl 2.1347

XII. Besondere Regelungsgegenstände 2.1353
  1. Vorbemerkung.............. 2.1353
  2. Schuldübernahme und Erfüllungsübernahme 2.1356
  Fall 140: Kaufvertrag und Übernahme eines am Kaufgrundstück lastenden Grundpfandrechts ohne Übernahme einer Forderung 2.1356
  Fall 141: Kaufvertrag und Übernahme einer durch ein Grundpfandrecht am Kaufgrundstück gesicherten Darlehensschuld............ 2.1359
  Fall 142: Kaufvertrag und Übernahme einer am Kaufgrundstück gesicherten Darlehensschuld samt Grundschuld 2.1369
  Fall 143: Kaufvertrag und Übernahme einer am Kaufgrundstück lastenden Grundschuld für eigene Kreditzwecke (ohne das zugrunde liegende Darlehen) 2.1381
  Fall 144: Kaufvertrag über einen Anteil am Grundstück mit Erfüllungsübernahme.... 2.1390
  Fall 145: Kaufvertrag über einen Anteil am Grundstück mit Erfüllungsübernahme und Schuldbeitritt.......... 2.1396
  3. Maklerklauseln 2.1407
  Fall 146: Grundstückskaufvertrag und Feststellungserklärung zum Maklervertrag .. 2.1408
  Fall 147: Grundstückskaufvertrag und Übernahme einer vom Verkäufer geschuldeten Maklerprovision durch den Käufer 2.1412
  Fall 148: Grundstückskaufvertrag mit Schuldanerkenntnis und Zwangsvollstreckungsunterwerfung gegenüber dem Makler.................... 2.1418

Fall 149: Grundstückskaufvertrag und Maklerklausel in
der Gestalt eines echten Vertrages zugunsten Dritter 2.1427

4. Gestaltungen zur löschbaren
Auflassungsvormerkung.... 2.1438

Fall 150: Gestaltung zur
löschbaren Auflassungsvormerkung im Kaufvertrag.... 2.1438

Fall 151: Gestaltung zur
löschbaren Eigentumsvor-
merkung in Form der Eigenurkunde................... 2.1446

Fall 152: Gestaltung zur
löschbaren Eigentumsvor-
merkung in Form der Erklärung durch bevollmächtigte
Notariatsangehörige........ 2.1460

XIII. **Tauschvertrag** 2.1479

1. Vorbemerkungen........... 2.1479
2. Ausgewählte Fallbeispiele .. 2.1480

Fall 153: Tauschvertrag unterschiedlich wertvoller
Grundstücke mit Tausch-
aufgabe 2.1480

Fall 154: Ringtausch 2.1495

Fall 155: Tausch mit dem
Bauträger (Grundstücks-
modell) 2.1504

Fall 156: Tausch mit dem
Bauträger (Stundungsmodell) . 2.1509

Fall 157: Tausch mit dem
Bauträger (Anteilsmodell).... 2.1517

XIV. **Spezielle Vollzugstätigkeit:
Erstellen einer XML-Datei** ... 2.1524

Fall 158: Kaufvertrag (vermessenes Grundstück) mit elektronischem Vollzug 2.1533

Fall 159: Nachtrag zum Messungskauf: nach Vermessung
(mit Kaufpreisreduzierung
aufgrund eines Schätzfehlers)
mit elektronischem Vollzug.. 2.1539

Fall 160: Erweiterung des
Kaufobjekts (Zusatzkauf) 2.1544

Stichwortverzeichnis

Abrisskosten 2.202, 2.205
Abtretung Eigentümergrundschuld 2.61, 2.304, 2.307
Anderkonto 2.87 ff.
– Notargebühren, Entnahme 2.87
Änderungen 2.1115 ff., *siehe auch* Nachtrag
Angebot 2.892 ff., 2.893
– alternative Berechtigte (aufschiebend bedingt) 2.902, 2.1033, 2.1039
– Änderung Bindungsfrist 2.1047, 2.1049, 2.1050, 2.1052
– Änderung nach Fristablauf 2.1047, 2.1050
– Änderung vor Ablauf 2.1053
– Angebotsvorhand 2.1086
– Ankaufsrecht 2.1078
– Benennung des Berechtigten 2.911, 2.914, 2.969, 2.973
– Benennung des Berechtigten (Selbstbenennung) 2.915, 2.918, 2.969, 2.973
– Bindungsentgelt 2.1019, 2.1022, 2.1025

– durch den Käufer 2.979, 2.982 f., 2.986, 2.989 f.
– durch den Verkäufer 2.779, 2.781, 2.909, 2.911, 2.915
– Gegenstandshäufung
 – derselbe Gegenstand 2.899, 2.900, 2.901
 – verschiedene Gegenstände 2.902, 2.903, 2.904
– Kostenübernahme 2.1027, 2.1032
– Löschungserklärungen 2.901
– Mehrheit von Angeboten 2.1033, 2.1039
– neues Angebot 2.953
– wechselseitig über denselben Gegenstand 2.903, 2.1039
Angebotsvertrag 2.1019, 2.1027
Angebotsvorhand 2.1086
Ankaufsrecht 2.1071, 2.1073
– Angebot 2.1078
– Angebotsvorhand 2.1086
– Auflassung 2.1328

- aufschiebend bedingter Kaufvertrag 2.1072, 2.1074
- Ausübung 2.1059
- Call-Option 2.1071, 2.1074
- Geschäftswert 2.1056, 2.1057
- Vereinbarung 2.719, 2.724
- Verkäuferangebot 2.1078
- Vorvertrag 2.1082
- wechselseitig Käufer – Käufer 2.445, 2.449 f.
- wechselseitig Käufer – Verkäufer 2.456, 2.459 f.

Annahme 2.892 ff., 2.894
- Änderungen vor Annahme 2.959, 2.962
- Auflassung 2.899, 2.926, 2.932, 2.939, 2.945, 2.986, 2.991, 2.995, 2.1000
- Benennung des Berechtigten 2.969, 2.973
- Gegenstandshäufung
  - derselbe Gegenstand 2.897, 2.898
  - verschiedene Gegenstände 2.902, 2.903, 2.904
- Käufer 2.785, 2.919, 2.926, 2.959
- Käufer mit Änderungen (neues Angebot) 2.953, 2.955
- Käufer mit Änderungen Verkäufer 2.959, 2.962 ff.
- Löschungserklärungen 2.901
- Unterwerfung Kaufpreis 2.900, 2.919, 2.926, 2.939
- Verkäufer 2.986, 2.995
- Verkäufer mit Änderungen durch Käufer 2.1010, 2.1013 ff.
- Verkäufer mit Änderungen durch Verkäufer (neues Angebot) 2.1005, 2.1007
- Verkäufer mit Änderungen vor Annahme (neues Angebot) 2.1005, 2.1007
- Vollzugsgebühr 2.906 ff.
  - Vollzug durch Annahmenotar 2.907
  - Vollzug jeweils teilweise Angebots und Annahmenotar 2.908
- Vorkaufsrecht, Auflassung nach Ausübung
  - gesetzliches VKR 2.1319, 2.1322
  - Verpflichtungsgeschäft beurkundet 2.1324, 2.1327
  - Verpflichtungsgeschäft nicht beurkundet 2.1324, 2.1327

Apostille 2.44
Arbeitsplatzgarantie 2.116, 2.172, 2.178
Aufgabe Gebäudeeigentum 2.764, 2.767, 2.770 f., 2.808, 2.811

Aufgabe Nutzungsrecht 2.764, 2.767, 2.770, 2.795, 2.798, 2.800
Aufhebung 2.1234, 2.1260, 2.1267
- Ausgleichsvereinbarung 2.1252, 2.1257
- Entschädigung 2.1252, 2.1257
- Gebäudeeigentum 2.808
- Geschäftswert 2.1234
- Mietvertrag 2.595
- Miteigentümergemeinschaft 2.418
- Neuabschluss Auswechslung Vertragspartner 2.1267, 2.1270 ff.
- Räumungspflicht 2.1260, 2.1264
- Teilaufhebung 2.1155, 2.1158
- Vertrag bereits teilerfüllt 2.1238, 2.1242
- Vertrag noch nicht (teil-)erfüllt 2.1245, 2.1249

Auflassung 2.1276
- Aktenverwahrer 2.1278
- anderer Notar 2.1277, 2.1288
- aufgrund rechtskräftigem Urteil 2.1314
- ausländische Urkunde 2.1329
- Ausübung Vorkaufsrecht 2.1319
- Bewilligung durch Notar 2.1335
- derselbe Notar 2.1278, 2.1282
- Eigenurkunde 2.1335
- im Kaufvertrag, grundsätzlich 2.254, 2.259, 2.261
- Insolvenzverwalter
  - mit Erfüllungswahl (Genehmigung) 2.1339, 2.1342, 2.1344
  - ohne Erfüllungswahl 2.1347
- isoliert 2.1276, 2.1282, 2.1288, 2.1293
- Notar in Bürogemeinschaft 2.1278, 2.1299
- Notariatsverwalter 2.1278
- Prozessvergleich 2.1309, 2.1312
- Sozius 2.1278, 2.1293, 2.1299
- Vermächtniserfüllung
  - notarielles Testament 2.1300, 2.1303
  - privatschr. Testament 2.1305, 2.1308

Auflassungsvormerkung (des Käufers)
- Eigenurkunde, Löschung Auflassungsvormerkung nach Rücktritt 2.1446, 2.1456
- löschbar 2.1438
- Löschungserklärung Auflassungsvormerkung aufgrund Vollmacht 2.1460, 2.1462, 2.1473
- Löschungserklärung Eigenurkunde 2.1446
- Löschungserklärung im Kaufvertrag 2.1438

– Löschungserklärung, „Schubladenlösung" 2.1444
– Löschungsvollmacht 2.1460, 2.1464, 2.1473
Aufzahlungsverpflichtung, bedingt 2.211, 2.214
Auktion
– Kauf nach 2.844
AusglLeistG 2.845
– landwirtschaftliche Nutzfläche 2.845, 2.848, 2.854, 2.857
– Rückauflassungsvormerkung 2.845, 2.854
– Rücktrittsrecht 2.845, 2.854
– Veräußerungsverbot gesetzlich 2.845, 2.849, 2.854, 2.859
– Waldfläche 2.864, 2.868
Austausch
– Kaufobjekt 2.1139
– Vertragspartner 2.1162
Bauträgervertrag 2.828, 2.1504, 2.1509, 2.1517
Bebauung
– Bebauung, Rechnung des Erwerbers 2.8, 2.106, 2.227, 2.228, 2.231
bedingter Kaufvertrag 2.1056
Belastungsvollmacht 2.52, 2.279, 2.282, 2.286
– beim Erwerb durch GbR 2.529, 2.532
– Untervollmacht 2.532
Benutzungsregelung 2.418, 2.422 f.
Beteiligungsverhältnis, Änderung 2.1224
Betreuungsgebühr 2.35 f.
– Auftrag 2.46
– Ausfertigungssperre 2.40, 2.55, 2.58 f.
– Betreuungsgebühr, Geschäftswert 2.45
– Betreuungstätigkeiten 2.36 ff.
– Eintragungsbewilligung, ausgesetzt 2.60, 2.64, 2.65
– Gebühr 2.35 f.
– Geschäftswert 2.48, 2.101
– Kaufpreisfälligkeitsmitteilung 2.39
– Löschungsunterlagen, Treuhand 2.46, 2.100
– Treuhandauflage 2.46, 2.100
– Treuhandauftrag, Überwachung 2.46, 2.80
– Treuhandgebühr 2.46
– Überwachung Leistungsaustausch 2.55
– Umschreibungsüberwachung 2.40, 2.55
Bewilligung zur Auflassung
– ausgesetzt 2.60, 2.65

– Eigenurkunde 2.1335, 2.1337
Call-Option 2.1071
– Ankaufsrecht 2.1074, 2.1056, 2.1058
Darlehen, Übernahme
– Anrechnung auf den Kaufpreis 2.1359, 2.1362 f.
– dinglich gesichert 2.1359, 2.1362
– Miteigentumsanteil (Innenverhältnis) 2.1390, 2.1393
– Schuldanerkenntnis 2.1359, 2.1373
– Schuldbeitritt 2.1396, 2.1400 f.
– Schuldnerwechsel 2.1359, 2.1372
– Verkäuferdarlehen 2.343
Darlehensschuld, Übernahme 2.1354 ff., 2.1396, 2.1400
Darlehensvertrag 2.332, 2.336
Dienstbarkeiten
– Stellplatzdienstbarkeit 2.696
Doppelvollmacht, Ausnutzung 2.874, 2.878
Dreiseitiger Vertrag 2.816 ff.
Echtheitsbestätigung 2.44
Ehevertrag 2.407, 2.410, 2.412
Eigentümergrundschuld
– Abtretung 2.61, 2.304, 2.307
– Löschungsbewilligung Verkäufer 2.325
Eigenurkunde (Bewilligung) 2.1335, 2.1456
Einheimischenmodell 2.830 ff.
Entschädigung, bei Aufhebung 2.1252, 2.1257
Ermäßigung (§ 91) 2.790
Erschließungskosten 2.193, 2.196 ff.
Erwerbsrecht 2.1056, 2.1058
– Angebotsvorhand 2.1086
– Auflassung nach Ausübung 2.1328
– Geschäftswert 2.1058
– Rückkauf 2.1104
Falschbezeichnung, Berichtigung 2.1168, 2.1172 f.
Finanzierungsvollmacht 2.52, 2.279, 2.282, 2.286
– beim Erwerb durch GbR 2.529, 2.532
– Untervollmacht 2.532
Gebäudeeigentum
– Aufgabe als Erfüllung 2.808, 2.811
– Aufgabe Gebäudeeigentum 2.764, 2.767, 2.770 f.
– Aufgabe Nutzungsrecht 2.764, 2.767, 2.770, 2.795, 2.798, 2.800
– Komplettierung 2.764, 2.808
– Kauf Grundstück 2.764

Gegenleistung 2.5
- Arbeitsplätze (Schaffung und Erhaltung) 2.116, 2.172, 2.178
- Bauverpflichtung 2.104
  - privates Wohngebäude (Einfamilienhaus) 2.109, 2.110, 2.153, 2.156
  - gewerbliche Bebauung 2.109, 2.111, 2.164, 2.167
- Hinzurechnungen 2.104 f.
- Investitionsverpflichtung 2.115, 2.116, 2.172, 2.176, 2.178
- Leibrente 2.752, 2.757
- Mehrerlösabführung 2.104, 2.211, 2.214
- Preisklausel 2.752, 2.758
- Reallast 2.752, 2.760, 2.761
- Verfügungsbeschränkung
  - dinglich 2.418, 2.422, 2.423
  - schuldrechtlich als Werterhöhung (weitere Leistung) 2.107, 2.134, 2.137
- weitere Leistungen 2.104
- Wertsicherungsklausel 2.752, 2.758
- *siehe auch Kaufpreis*

Gegenstandshäufung 2.9
- derselbe Beurkundungsgegenstand 2.9, 2.236, 2.237, 2.251, 2.315 ff.
  - Abschreibung, Grundbuch 2.321, 2.546, 2.557
  - Belastungsvollmacht 2.52, 2.279, 2.282, aber 2.286
  - Besitzverschaffung, Unterwerfung 2.292, 2.295, 2.296
  - Bürgschaftserklärung 2.319
  - Darlehen, Abtretung von Auszahlungsansprüchen 2.320
  - derselbe Gegenstand, weitere Beispiele 2.315 ff.
  - Eigentümergrundschuld, Abtretung 2.61, 2.304, 2.307
  - Eigentümergrundschuld, Löschungsbewilligung Verkäufer 2.325
  - Eintragung Ehepartner, Gütergemeinschaft 2.324
  - Erfüllungsgeschäft 2.254, 2.259
  - Grundschuld, Kaufpreissicherung 2.316
  - Hauptgegenstand 2.238
  - Herausteilung des Kaufgrundstücks 2.321
  - Hypothek, Kaufpreissicherung 2.316
  - Kaufpreissicherungshypothek 2.316
  - Löschungsantrag 2.268, 2.271, 2.272
  - Löschungsbewilligung, Gläubiger (Dritter) 2.268, 2.326
  - Löschungserklärungen, Gläubiger (Dritter) 2.268, 2.271
  - Löschungserklärungen, Verkäufer 2.268, 2.271
  - Löschungszustimmung 2.268, 2.271
  - Pfandfreigabe, Gläubiger 2.268, 2.271, 2.326
  - Räumung, Unterwerfung 2.292, 2.295, 2.296, 2.1263
  - Rückübertragungsverpflichtung 2.317
  - Verkäuferdarlehen 2.343
  - Vorkaufsrecht, Verzicht des Berechtigten für diesen Verkaufsfall 2.322
  - Zustimmung Dritter 2.318
  - Zustimmung nach § 5 ErbbauRG 2.318
  - Zustimmung nach § 12 WEG 2.318
  - Zustimmung nach § 1365 BGB 2.318
  - Zwangsvollstreckungsunterwerfung 2.254, 2.258, 2.292, 2.295
    - Kaufpreiszahlung 2.254, 2.258
    - Räumung 2.292, 2.295
- gegenstandsverschieden 2.9, 2.327 f.
  - Angebotsannahme Verkäufer mit Änderungen 2.690, 2.1005, 2.1010, 2.1013
  - Ankaufsrechte, wechselseitig (Verkäufer – Käufer) 2.456, 2.459 f.
  - Aufgabe Gebäudeeigentum 2.764, 2.767, 2.770 f.
  - Aufgabe Nutzungsrecht 2.764, 2.767, 2.770, 2.795, 2.798, 2.800
  - Aufteilungsverpflichtung, WEG 2.604, 2.609
  - Aufhebung Kaufvertrag 2.698, 2.1167a, 2.1266
  - Aufhebung Erbbaurecht 2.698
  - Aufhebung Teileigentum 2.698
  - Auswechslung Vertragspartner 2.699, 2.1167a, 2.1266
  - Bauherstellungsvertrag 2.476
  - Belastungsvollmacht nicht nur am Kaufobjekt 2.286
  - Benutzungsregelung 2.418, 2.422 f.
  - Bestandteilszuschreibung 2.551, 2.555
  - Darlehensvertrag mit Dritten, Kaufpreisfinanzierung 2.332, 2.336, 2.337
  - Ehevertrag 2.407, 2.410, 2.412
  - Erbbaurecht, Aufhebung 2.698
  - Erbengemeinschaft, Auseinandersetzung 2.702

- GbR, Änderung (Ergänzung) Gesellschaftsvertrag 2.493, 2.497, 2.498
- GbR, Gründungsvertrag rudimentär 2.503, 2.507, 2.508
- GbR, Gründungsvertrag vollständig 2.519, 2.523, 2.524, 2.529, 2.533, 2.535
- Grundbuchberichtigung Erbfolge, mit Finanzierungsvollmacht 2.573, 2.578
- Grundbuchberichtigung Erbfolge, ohne Finanzierungsvollmacht 2.562, 2.566
- Grunddienstbarkeit, Grundbuchantrag Wegerecht, Geh- und Fahrrecht 2.370, 2.373, 2.374
- Grundschuld, Übernahme einer nicht valutierten mit Unterwerfung 2.357, 2.360, 2.362
- Grundschuldbestellung, Kaufpreisfinanzierung 2.344, 2.349
- Kaufvertrag und Abtretung der Kaufpreisforderung 2.703
- Kaufvertrag und Pachtvertrag 2.694
- Kaufvertrag und Teilung nach § 3 WEG 2.700
- Kaufvertrag und Teilung nach § 8 WEG 2.700
- Leasing 2.728, 2.731, 2.732, 2.734
- Leasingvertrag 2.697, 2.728, 2.731, 2.732, 2.734
- Löschungserklärung Verkäufer, Gesamtrecht 2.614, 2.617, 2.619
- Maklerklausel, Schuldanerkenntnis 2.1418, 2.1421
- Maklerklausel, Vertrag zugunsten Dritter 2.701, 2.1427, 2.1430
- mehrere Kaufverträge 2.635, 2.646, 2.658, 2.671
- mehrere Kaufverträge, Beteiligtenidentität teilweise, kein Verknüpfungswille 2.671, 2.675, 2.677, 2.678, 2.686
- mehrere Kaufverträge, Beteiligtenidentität teilweise, kein Verknüpfungswille, Höchstwert 2.678
- mehrere Kaufverträge, Beteiligtenidentität teilweise, Verknüpfungswille 2.646, 2.650, 2.652, 2.653
- mehrere Kaufverträge, Beteiligtenidentität teilweise, Verknüpfungswille, Höchstwert 2.658, 2.664, 2.665, 2.666
- mehrere Kaufverträge, Beteiligtenidentität vollständig 2.635, 2.638, 2.640, 2.641
- mehrere Kaufverträge, mehrere Verfahren 2.671, 2.675, 2.677, 2.678
- Mehrheit von Angeboten 2.689, 2.1033, 2.1036, 2.1039, 2.1043 ff.
- Messungsanerkennung und Änderung wegen Schätzfehler 2.691, 2.692, 2.1186, 2.1194
  - Kaufpreiserhöhung 2.692, 2.1194
  - Kaufpreisreduzierung 2.691, 2.1186
- Messungsanerkennung und Zusatzkauf 2.693, 2.1204, 2.1209
- Messungsanerkennung, zwischenzeitliche Wertveränderung 2.1214
- Mietgarantie, selbständig 2.625, 2.627 ff.
- Mietkauf 2.695, 2.718, 2.719, 2.725
- Mietvertrag, Aufhebung 2.595, 2.599
- Mietvertrag, Beurkundung 2.466, 2.470, 2.471
- Mietvertrag, Wert 2.471, 2.725
- Miteigentümervereinbarung 2.418, 2.424 f.
- Pachtvertrag 2.694
- Rechtsverhältnisse, mehrere 2.236
- Rechtswahl 2.395, 2.398, 2.400
- Rückkaufsrecht, Auflassungsvormerkung 2.173
- Sale and lease back 2.728, 2.731
- Schenkung (Geld), mittelbar 2.585, 2.588
- Stellplatzdienstbarkeit 2.696
- subjektiv-dingliche Rechte 2.370, 2.373, 2.374; s. auch Grunddienstbarkeit, Grundbuchantrag Wegerecht, Geh- und Fahrrecht
- Teileigentum, Aufhebung 2.698
- Teileigentum, Verpflichtung zur Begründung 2.604, 2.608, 2.689
- Teilflächenkauf und Stellplatzdienstbarkeit 2.696
- Umsatzsteueroption 2.383, 2.388
- Vereinbarung Kostenübernahme 2.688, 2.1027, 2.1030, 2.1032
- Vereinigungsantrag 2.540, 2.543
- verschiedener Beurkundungsgegenstand 2.9, 2.236, 2.327
- Vorbehaltsgut 2.407, 2.409, 2.411, 2.412
- Vorkaufsrecht, Verzicht des Berechtigten für alle Verkaufsfälle 2.704

- Vorkaufsrechte, wechselseitig (Käufer – Käufer) 2.445, 2.449, 2.450
- Vorkaufsrechte, wechselseitig (Verkäufer – Käufer) 2.433, 2.437, 2.438
- Werkliefervertrag 2.476, 2.480
- Werksvertrag 2.476, 2.480
- Wohnungseigentum, Aufhebung 2.698

Gemeinschaftsverhältnis, Änderung 2.1224

Genehmigung
- Beteiligter, Entwurf 2.72, 2.80
- Beteiligter, UB unter „Vollzugsentwurf" 2.72, 2.78
- Betreuungsgericht 2.15
- Ehegatten 2.318
- Familiengericht 2.15
- Insolvenzverwalter 2.1339, 2.1344
- Nachlassgericht 2.15
- öffentlich-rechtlich 2.13
- Verwalter (WEG) 2.318

Gesamtrecht
- Freigabe 2.619
- Löschung 2.614, 2.619

Gesellschaft bürgerlichen Rechts (GbR, BGB-Gesellschaft)
- als Beteiligte 2.486, 2.489, 2.511
- Ergänzung Gesellschaftsvertrag 2.493, 2.497, 2.498, 2.512
- rudimentärer Vertrag 2.503, 2.507, 2.508, 2.512
- vollständiger Vertrag
  - Einlagen der Gesellschafter 2.513, 2.514, 2.519, 2.523, 2.524
  - Vermögen erst durch Gesellschaft erwirtschaftet 2.529, 2.533, 2.535

Grundbuchantrag
- Abschreibung 2.546, 2.557
- Berichtigung
  - Erbfolge 2.562, 2.566, 2.573, 2.578, 2.1228
  - Namen (z.B. Eheschließung, Firma) 2.580
- Grunddienstbarkeit, Wegerecht, Geh- und Fahrrecht 2.370, 2.373, 2.374
- Vereinigung 2.540, 2.543
- Zuschreibung 2.551, 2.555

Grundschuld
- dingliche Übernahme 2.1356, 2.1358
- Erfüllungsübernahme 2.1390, 2.1392, 2.1393

- Löschungserklärungen 2.741, 2.744, 2.745
- Pfandfreigabe 2.1480, 2.1483, 2.1487 ff.

Grundschuld, Übernahme
- abstraktes Schuldanerkenntnis 2.1359, 2.1373, 2.1381, 2.1384
- Bestellung im Kaufvertrag 2.344, 2.348 f.
- Bewilligung der Löschung, Gläubiger 2.268, 2.271, 2.275
- eigene Kreditzwecke 2.1381, 2.1384
- Löschung am Vertragsgegenstand 2.268, 2.271 f.
- Löschung an weiteren Grundstücken 2.275
- nicht valutierend 2.1356
- ohne Forderung, nur dinglich 2.1356
- Vollstreckungsunterwerfung 2.1381

Grundstückswert
- Verkehrswert 2.7, 2.1111 ff.

Hinzurechnung s. Kaufpreis

Identitätserklärung 2.1218
- Messungsanerkennung 2.1176, 2.1218

Insolvenzverwalter
- Erfüllungswahl 2.1339, 2.1342, 2.1344
- nur Auflassung wegen Vormerkung (§ 108 InsO) 2.740, 2.1347
- Zustimmung 2.1339, 2.1342, 2.1344
- Zwangsversteigerung, Abwendung 2.741

Investitionsverpflichtung s. Hinzurechnung, s. Kaufpreis

Kaufgegenstand
- Austausch 2.1139
- Erweiterung (Zukauf, Zusatzkauf) 2.1144
- Verringerung, Teilaufhebung 2.1155, 2.1158

Kaufpreis
- Berichtigung 2.1123, 2.1126, 2.1129
- Kaufpreis, allgemein 2.3, 2.4
- Kaufpreis geringer als Verkehrswert 2.1111
- Kaufpreis Vergleich der Leistungen 2.7, 2.741, 2.764, 2.779, 2.845, 2.854, 2.864, 2.1111
- Hinzurechnungen 2.4 ff., 2.104 f.
  - Abrisskosten 2.202, 2.205
  - Abrissverpflichtung 2.202, 2.205
  - Arbeitsplatzgarantie 2.116, 2.172, 2.178

- Aufzahlungsverpflichtung, bedingt 2.211, 2.214
- Bauverpflichtung 2.109
  - gewerblich 2.111, 2.113, 2.164, 2.167
  - privat genutzte Wohngebäude, Familienwohnheim 2.110, 2.112, 2.114, 2.153, 2.156, 2.830, 2.835
- Belastungsverbot 2.107, 2.134, 2.137
- Erschließungskosten 2.193, 2.196 ff.
- Hinzurechnung bestimmter schuldrechtlicher Verpflichtungen 2.107 ff.
- Investitionsverpflichtung 2.115, 2.116, 2.172, 2.176 f., 2.178
- Maklerkosten, (Zahlung an den Verkäufer) 2.1412, 2.1415
- Mehrerlösabführung 2.104, 2.211, 2.214
- Mehrerlösklausel 2.104, 2.211, 2.214
- Miete, einbehalten 2.125, 2.128
- Nachzahlungsverpflichtung, bedingt 2.211, 2.214
- Nutzungen 2.4, 2.104
- Preisklausel 2.752, 2.758
- Ratenzahlung 2.882, 2.885
- Selbstnutzungsverpflichtung 2.108, 2.143, 2.146, 2.830, 2.834, 2.835
- Stundung 2.882, 2.885
- Übernahme Erschließungskosten 2.193, 2.196 f.
- Verfügungsverbot 2.107, 2.143, 2.146
- Vermessungskosten, Übernahme 2.104, 2.186, 2.189
- Verpflichtungen, zusätzliche 2.5, 2.105, 2.107 ff.
- Wertsicherungsklausel 2.752, 2.758
- Wiederkaufsrecht 2.143, 2.147, 2.830, 2.833, 2.1095, 2.1099 f.
- Wohnrecht 2.117, 2.120
- Zahlungsverpflichtung, Übernahme 2.193, 2.197
- Reduzierung 2.1118
- Rückforderung 2.1122
Kaufvertrag, bedingt 2.1056 ff.
Kaufvertrag, Inhalte 2.239 ff.
- Bauvorbereitungsvollmacht 2.52, 2.248
- Benutzungsbeschränkungen, Übernahme 2.244
- Dauerlasten, nicht ablösbar, Übernahme 2.243
- Dauerschuldverhältnisse 2.241
- Dienstbarkeit, übernommen bzw. eingeräumt 2.239
- eingeräumte Rechte 2.239
- Erbbauzins, Übernahme 2.245
- Früchte 2.238
- Garantieversprechen, unselbständig 2.240
- GbR, bestehend (Rubrum) 2.486, 2.489
- Grundschuld, dingliche Übernahme 2.242
- Hausgeld, Übernahme 2.246
- Kaufpreiszahlung, Übernahme durch Dritten 2.250
- Maklerklausel, Feststellung 2.247, 2.1408, 2.1410
- Mietgarantie, unselbständig 2.240
- Mietvertrag, Übernahme 2.241
- Nachzahlungsverpflichtung 2.211, 2.214, 2.238
- Nutzungen 2.238
- übernommene Rechte 2.239
- Vertragsstrafe 2.238
- Vertragsübernahme, Eintritt 2.241
- Vorkaufsrecht, übernommen bzw. eingeräumt 2.239
- Vormerkung, übernommen bzw. eingeräumt 2.239
- Wiederkaufsrecht, übernommen bzw. eingeräumt 2.239
- Wohngeld, Übernahme 2.246
- Wohnungseigentum, Verpflichtung zur Teilung 2.604, 2.608, 2.609
- Zinsen 2.238
Kaufverträge, mehrere
- Beteiligtenidentität teilweise, kein Verknüpfungswille 2.671, 2.675, 2.677, 2.678, 2.686
- Beteiligtenidentität teilweise, kein Verknüpfungswille, Höchstwert 2.678
- Beteiligtenidentität teilweise, Verknüpfungswille 2.646, 2.650, 2.652, 2.653
- Beteiligtenidentität vollständig 2.635, 2.638, 2.640, 2.641, 2.1509, 2.1511 ff., 2.1517, 2.1519 ff.
- mehrere Verfahren 2.671, 2.675, 2.677, 2.678
Kaufvertrag und Rückkauf 2.1509, 2.1511 ff.
Kaufvertrag und Werkvertrag 2.476, 2.480, 2.1517, 2.1519 ff.
Kettenkaufvertrag 2.829
Leasingvertrag 2.728, 2.731, 2.734
Legalisation 2.44
Leibrente 2.752, 2.757
Maklerklausel 2.1407 ff.

- Erfüllungsübernahme 2.1412, 2.1415
- Feststellung 2.1408, 2.1410
- Schuldanerkenntnis 2.1418, 2.1421
- Vertrag zugunsten Dritter 2.701, 2.1427, 2.1430
- Vollstreckungsunterwerfung 2.1418, 2.1423

Mehrerlösklausel 2.219, 2.222

Messungsanerkennung 2.1176
- Anerkennung Vermessungsergebnis 2.1176, 2.1179
- Auflassung, anderer Notar 2.1181, 2.1185
- Auflassung, derselbe Notar 2.1176, 2.1180
- Identitätserklärung 2.1218, 2.1223
- Kaufpreiserhöhung Schätzfehler 2.1194, 2.1198
- Kaufpreiserhöhung Zukauf 2.1204, 2.1207, 2.1209
- Kaufpreisreduzierung Schätzfehler 2.1186, 2.1188
- Nachzahlung Vollstreckungsunterwerfung 2.1194, 2.1197
- Rückzahlung 2.1186, 2.1190
- Rückzahlung Vollstreckungsunterwerfung 2.1186, 2.1189
- Zukauf, Auflassung 2.1204, 2.1208 f., 2.1213
- zwischenzeitliche Wertveränderung 2.1214

Mietgarantie, selbständig 2.625, 2.627 ff.

Mietgarantie, unselbständig 2.240

Mietkauf 2.718
- bedingter Kaufvertrag, Ankaufsrecht 2.695, 2.718, 2.719, 2.725, 2.727

Mietvertrag
- Abschluss 2.719, 2.725
- befristet 2.727
- Mietvertrag, Aufhebung 2.595, 2.599
- Mietvertrag, Beurkundung 2.466, 2.470, 2.471, 2.719
- Mietvertrag, Wert 2.471, 2.725, 2.1064, 2.1068
- unbefristet, Ankaufsrecht, bedingter Kaufvertrag 2.719
- und Vorkaufsrecht 2.1064

Minderjähriger 2.874

Miteigentümervereinbarung 2.418, 2.424 f.
- Betreuter 2.874
- Doppelvollmacht (§§ 1828, 1829 BGB) 2.874, 2.878

Nachtrag 2.1115 ff.
- Änderung 2.1115
- Änderung Beteiligungsverhältnis der Käufer 2.1224
- Änderung, Falschbezeichnung (falsa demonstratio) 2.1168
- Aufhebung, teilweise 2.1155
- Auswechslung Vertragspartner 2.1162
- Ergänzung 2.1115 f.
- Kaufobjekt, Änderung 2.1139, 2.1141
- Kaufobjekt, Erweiterung 2.1144, 2.1146
- Kaufpreis, Änderung 2.1118, 2.1120, 2.1123 ff.
- Kaufpreisberichtigung, Erhöhung 2.1123 ff.
- Richtigstellung, Grundstücksbezeichnung 2.1186, 2.1172 ff.
- Teilaufhebung 2.1155, 2.1158
- Tod des Erwerbers vor Umschreibung 2.1228
- Verkleinerung Kaufobjekt, Teilaufhebung 2.1155, 2.1158
- Vertragsbestimmung 2.1134
- Vertragseintritt 2.1162, 2.1165
- Vertragsübernahme, Eintritt 2.1162, 2.1165
- Zusatzkauf 2.1144

Nebentätigkeiten
- Betreuungsgebühr 2.35 f.
- gebührenfreie 2.49
- Vollzugsgebühr 2.10 f.

Notaranderkonto
- Auszahlung 2.87
- Kaufpreiszahlung 2.89
- Treuhandauftrag 2.47, 2.101
- Verwahrgebühr 2.87, 2.102 f.
- Verwahrung 2.87

Nutzungsrecht, Aufgabe 2.770, 2.771, 2.795, 2.798, 2.800

Optionsvertrag
- Auflassung nach Ausübung 2.1328
- Ausübung 2.1059, 2.1328
- Call-Option 2.1071, 2.1074
- Put-Option 2.1104, 2.1108

Prozessvergleich, Auflassung 2.1309, 2.1312

Put-Option
- Rückkaufspflicht 2.1104, 2.1108
- Rückkaufsrecht 2.1096, 2.1099, 2.1100
- Verkaufsrecht 2.1104, 2.1108
- Wiederverkaufsrecht 2.1104, 2.1108

Ratenzahlung 2.882, 2.885

Räumung 2.292, 2.295, 2.1260, 2.1264

Reallast
- Leibrente 2.752, 2.757 ff.
Rechtsmittelverzicht 2.881
Rechtswahl 2.395, 2.398, 2.400
Richtigstellung 2.1168, 2.1173
Rückkauf 2.1509, 2.1511 ff.
Rückkaufsrecht 2.1096, 2.1099, 2.1100
- Auflassung nach Ausübung 2.1328
- Begründung 2.1104
- Geschäftswert 2.1108
Rückzahlungsverpflichtung 2.1186, 2.1190; s. auch Messungsanerkennung
SachenRBerG
- Aufgabe Gebäudeeigentum 2.764, 2.767, 2.770 f.
- Aufgabe Nutzungsrecht 2.764, 2.138
- Komplettierung 2.764
- Pfanderstreckung 2.764, 2.767, 2.772 f.
- Pfanderstreckung, Wertbestimmung 2.764, 2.767
Sale and lease back 2.728
Schenkung (Geld für Kaufpreis) 2.585, 2.558
Selbstnutzungsverpflichtung 2.108, 2.143, 2.146, 2.830, 2.834, 2.835
Stundung Kaufpreis 2.882, 2.885
Subjektiv-dingliche Rechte 2.370, 2.373, 2.374; siehe auch Grunddienstbarkeit, Grundbuchantrag Wegerecht, Geh- und Fahrrecht
Tausch
- Anteilsmodell 2.1517
- Bauträger 2.1509, 2.1517
- Grundstücksmodell 2.1504
- Ringtausch 2.1495, 2.1497
- Stundungsmodell 2.1509
- Tauschaufgabe 2.1480, 2.1484
- Werkvertrag 2.1517, 2.1521
Teilaufhebung 2.1155, 2.1158
Teileigentum
- Aufhebung 2.698
- Verkauf 2.705
- Verpflichtung zur Begründung 2.604, 2.609
Teilflächenkauf
- mit Auflassung 2.708
- siehe auch Messungsanerkennung
- Vorkaufsrecht am Restgrundstück 2.708, 2.712 f.
Treuhandgebühr 2.47, 2.89, 2.100
Übertragungsverpflichtung 2.1082

Umsatzsteueroption
- Verzicht auf Befreiung 2.383, 2.388, 2.390
Veräußerungsrecht
- Ausübung 2.1059, 2.1328
- Geschäftswert 2.1056 f.
- Put-Option 2.1104, 2.1108
Verfügungsverbot s. Hinzurechnung, s. Kaufpreis
Verfügungsverbot, schuldrechtlich 2.830
Vergleich, gerichtlich, siehe auch Auflassung 2.1309, 2.1312
Vergünstigung
- gesetzlich (sachlich) 2.768
- personenbezogen 2.850, 2.860
Verkäuferdarlehen 2.343
Verkaufsrecht s. Veräußerungsrecht
Verkehrswert 2.7, 2.1111
VerkFlBerG
- Annahme Käufer, Auflassung 2.785, 2.789
- Angebot Verkäufer 2.779, 2.782
- Wertbestimmung 2.779, 2.782, 2.788
Vermächtniserfüllung s. auch Auflassung
- not. Testament 2.1300, 2.1303
- privatschr. Testament 2.1305, 2.1308
Vermessungskosten s. Hinzurechnung, s. Kaufpreis
Vertrag, dreiseitig 2.816 ff.
Vertragseintritt 2.1162 ff.
Vertragspartner, Auswechslung 2.1162 ff.
Vertragsstrafe 2.180
Vertragsübernahme 2.1162 ff.
Vollzugsentwurf (Genehmigung) 2.74, 2.80
Vollzug, elektronisch 2.1524 ff.; s. auch XML-Datei
Vollzugsgebühr 2.12 ff.
- Anforderung Änderung eingetragener Rechte 2.19
- Anforderung Freigabeerklärung MaBV 2.20
- Anforderung Löschungsunterlagen 2.19
- Besonderheiten (Aufspaltung: Angebot, Annahme) 2.906 ff.
- Einholung Gläubigerzustimmung, Pfandhaftentlassung 2.18
- Einholung Gläubigerzustimmung, Schuldnerwechsel 2.18
- Erledigung Beschwerdeverfahren 2.10

- Erledigung von Beanstandungen 2.10
- Gebühr 2.10 f., 2.906 f., 2.11 ff.
- Genehmigung, behördlich 2.13, 2.70
- Genehmigung Beteiligter 2.16, 2.28
- Genehmigung Betreuungsgericht 2.15
- Genehmigung Familiengericht 2.15
- Genehmigung Kommunalaufsicht 2.13
- Genehmigung nach GrdstVG 2.13
- Genehmigung nach GVO 2.13, 2.70
- Genehmigung Nachlassgericht 2.15
- Genehmigung, öffentlich-rechtlich 2.13, 2.70
- Genehmigung, rechtsgeschäftlich 2.16
- Genehmigung vollmachtlos vertretener, Einholung 2.16, 2.28
- Geschäftswert 2.34
- Katalog 2.12 ff.
- Löschungsunterlagen, Einholung 2.19
- Negativattest nach § 28 BauGB 2.13, 2.70
- Stellen von Anträgen 2.10
- Übermittlung von Anträgen 2.10
- Vorkaufsrechtsverzicht öffentlich-rechtlich, Einholung 2.13, 2.29
- Vorkaufsrechtsverzicht privat, Einholung 2.17, 2.28
- Vorkaufsrechtszeugnis 2.13, 2.70
- XML-Datei, Erstellung der 2.1524 ff.; *s. auch XML-Datei*
- Zustimmung Vertreter, Einholung 2.16, 2.28

Vorkaufsrecht
- am Restgrundstück (Teilflächenkauf) 2.708, 2.712 f.
- Auflassung *s. auch Auflassung*
- Ausübung 2.1065
- Ausübung, Rückabwicklung 2.816, 2.818
- Ausübung und Anpassungsvereinbarungen 2.816, 2.818
- Bestellung 2.1060, 2.1062
- Einräumung 2.1060, 2.1062
- Geschäftswert 2.1057, 2.1062
- Löschung Belastungen nach Ausübung 2.816, 2.818
- Löschung Vormerkung nach Ausübung 2.816, 2.818

- und Mietvertag 2.1064, 2.1069
- Vorkaufsrechte, wechselseitig (Käufer – Käufer) 2.445, 2.449, 2.450
- Vorkaufsrechte, wechselseitig (Verkäufer – Käufer) 2.433, 2.437, 2.438

Vorvertrag 2.1059
Waldflächen 2.864, 2.868
Werkliefervertrag 2.476, 2.480
Werkvertrag 2.476, 2.480, 2.1517, 2.1519 ff.
Wiederkaufsrecht 2.1094 f.
- als Sicherungsgeschäft 2.833
- Auflassung 2.1328
- Ausübung 2.1059, 2.1057
- Begründung 2.1096, 2.1104
- Geschäftswert 2.1057, 2.1095, 2.1100, 2.1108
- Hinzurechnung *s. auch Kaufpreis*

Wohnungseigentum
- Verkauf 2.705
- Verpflichtung zur Aufteilung 2.604, 2.609
- Verpflichtung zur Übertragung 2.1082

XML-Datei
- allgemein 2.1524 ff.
- getrennte Antragstellung 2.1528, 2.1533, 2.1536, 2.1538
- Nachträge 2.1530, 2.1539, 2.1541
- Zukauf 2.1544, 2.1546

Zusatzkauf, Zukauf 2.1144
Zustimmung
- Beteiligte *s. auch Vollzug*
- Zustimmung Dritter 2.318
- Zustimmung Ehegatten nach § 1365 BGB 2.318
- Zustimmung Grundstückseigentümer nach § 5 ErbbauRG 2.318
- Zustimmung Verwalter nach § 12 WEG 2.318
- *siehe auch Genehmigung*

Zwangsvollstreckungsunterwerfung
- Darlehensvertrag 2.332, 2.336
- Kaufpreiszahlung 2.254, 2.258
- Räumung 2.292, 2.295
- Übernahme ohne Verbindlichkeit 2.357, 2.360, 2.365, 2.1381, 2.1384
- übernommene Verbindlichkeiten 2.1359, 2.1363, 2.1369, 2.1373

I. Überblick

1. Zum Aufbau dieses Teils

Die notarielle Praxis arbeitet mit Ganztexten (Methodenlehre: Vertragstypen) und Bausteinen (Methodenlehre: Regelungstypen). Gerade anhand der zahlreichen Varianten eines „Grundstückskaufs" – etwa Kauf eines Altbaugrundstücks, eines Bauplatzes, eines land- oder forstwirtschaftlichen Grundstücks, mit Bauverpflichtung (Bauträgerkauf), eines Gewerbebetriebs, einer Teilfläche, aus der Zwangsversteigerung, vom Insolvenzverwalter – kann man aber feststellen, dass die Bewertung nach jedem dieser Vertragstypen zu einer Vielzahl von Wiederholungen führen würde – allein deshalb, weil sich viele der Vertragstypen kostenrechtlich nicht unterscheiden. Auch viele Bausteine für einzelne Vertragsklauseln, wie z.B. zum Besitzübergang, zur Haftung für Rechts- und Sachmängel etc., beeinflussen die Bewertung nicht. Die nachfolgende Darstellung unternimmt den Versuch, sowohl der Vertragstypenlehre als auch den kostenrechtlich gebotenen Unterscheidungsmerkmalen gerecht zu werden.

2.1

2. Gebühr und Geschäftswert

a) Gebühr

Für die Beurkundung eines Grundstückskaufvertrages fällt eine **2,0 Gebühr nach Nr. 21100 KV GNotKG** an. Sie beträgt **mindestens 120,00 Euro**. Dieser Gebührenwert wird bereits bei einem Geschäftswert von 7000,00 Euro überschritten.

2.2

b) Geschäftswert

aa) Kaufpreis als Regelbewertung

Nach § 47 S. 1 GNotKG wird im Zusammenhang mit dem Kauf der Wert der Sache durch den Kaufpreis bestimmt. Gemeint ist dessen **Nennbetrag**.

2.3

Obwohl der Wortlaut der Vorschrift auf den „Kauf von Sachen" als dem häufigsten Geschäft des gewöhnlichen Geschäftsverkehrs abstellt, ist sie auch auf **kaufähnliche Überlassungsverträge** anzuwenden, soweit es sich dabei um einen Austausch gegen Geld handelt.

bb) Hinzurechnung vorbehaltener Nutzungen und weiterer Leistungen

Häufig spiegelt der geschuldete **Barkaufpreis** nicht den Wert des Kaufgegenstandes, ist er nur Teil des vom Käufer zu erbringenden wirtschaftlichen Entgelts. Um einerseits den Verkehrswert der Kaufsache, andererseits den wirtschaftlichen Kaufpreis einzufangen, bestimmt daher § 47 S. 2 GNotKG, dass dem Kaufpreis der Wert der **vorbehaltenen Nutzungen** und der vom Käufer übernommenen oder ihm sonst **infolge der Veräußerung obliegenden Leistungen** hinzugerechnet wird. Dabei versteht es sich von selbst, dass eine **Hinzurechnung** derartiger **Nutzungen** oder **Leistungen** zum Kaufpreis dann nicht in Betracht kommt, wenn deren Wert auf den vereinbarten Kaufpreis angerechnet wurde und nur der dann verbleibende Kaufpreisrest bar gezahlt werden soll. Für wichtige und häufig vor-

2.4

kommende **Hinzurechnungsposten**, wie beispielsweise die Bauverpflichtung, finden sich in § 50 GNotKG spezielle Regelungen (s. Rz. 2.107 ff.).

2.5 Nach diesem Gesetzeszweck gilt § 47 S. 2 GNotKG nicht für jede zusätzliche Leistung, die ein Käufer übernimmt, sondern nur für solche, die neben dem Kaufpreis ein zusätzliches Entgelt für die Übertragung der Kaufsache darstellen, also dem Verkäufer wirtschaftlich zugutekommen; **zusätzliche Verpflichtungen** sind folglich nur zu berücksichtigen, wenn ersichtlich ist, dass der Kaufpreis allein den **Verkehrswert** des Grundstücks nicht abdeckt, sondern wegen der zusätzlichen Leistungen des Käufers hinter diesem zurückbleibt, wenn also nur beides zusammen als die dem Grundstückswert gemäße **Gegenleistung** angesehen werden kann, die nach § 47 S. 1 GNotKG den Vertragswert bildet. Umgekehrt gewendet: „Leistungen", die der Käufer nur im eigenen Interesse oder zu Gunsten Dritter übernimmt, sind jedenfalls dann nicht hinzuzurechnen, wenn der **Verkäufer** an ihnen kein **Interesse** hat und sie ihm auch nicht objektiv zugutekommen. Derartige Vereinbarungen stellen dann im Verhältnis zum Kauf ggf. eigenständige Erklärungen dar.

2.6 **§ 50 GNotKG** enthält Regelungen zur Bewertung bestimmter schuldrechtlicher Verpflichtungen, die häufig in Grundstückskaufverträgen als weitere Leistungen vereinbart werden. Der Wert dieser Leistungen ist ohne eine spezielle Regelung schwer zu bestimmen. Ausführlich wird ihre Bewertung in den Rz. 2.105 ff. behandelt.

cc) Ausnahmsweise Bewertung nach dem höheren Grundstückswert

2.7 Ist der nach § 47 S. 1 und 2 GNotKG errechnete Kaufpreis niedriger als der **Verkehrswert**, so ist dieser maßgebend; er bestimmt sich nach **§ 46 GNotKG**. Um dem **Vereinfachungszweck** des § 47 S. 1 und 2 GNotKG Rechnung zu tragen, ist der Wert der Sache aber nur dann festzustellen, wenn deutlich zutage tritt, dass in dem nach § 96 GNotKG maßgebenden Zeitpunkt der Kaufpreis nicht annähernd so hoch ist wie der sich bei Anwendung des § 46 GNotKG ergebende Wert. Zu den Grundsätzen der Wertermittlung und den dafür zur Verfügung stehenden Instrumenten s. Rz. 2.1111 ff. (auch Rz. 3.9 ff.).

dd) Bebauung auf Rechnung des Erwerbers/Wertveränderungen

2.8 Wurde ein aufstehendes Gebäude auf Kosten des Käufers errichtet oder saniert, so werden diese Kosten nicht zugunsten des Käufers vom Verkehrswert abgezogen.

War das Grundstück zum **Zeitpunkt der Beurkundung** unbebaut und erfolgt die Erklärung der Auflassung erst nach einer vom Käufer durchgeführten Bebauung in einer gesonderten Urkunde – typisch beim Verkauf von unvermessenen Teilflächen – so ist für die Auflassung nicht der Kaufpreis, sondern der die Bebauung einschließende Verkehrswert maßgeblich.[1]

---

[1] OLG Saarbrücken, Beschl. v. 25.6.2014 – 5 W 32/14, NotBZ 2014, 391 = MDR 2014, 1311.

I. Überblick

ee) Bewertung weiterer in der Kaufurkunde enthaltener Geschäfte

Enthält eine notarielle Urkunde neben dem Kaufgeschäft weitere Erklärungen, so ist zu prüfen, ob es sich um **denselben Beurkundungsgegenstand** nach der Ausnahmevorschrift des § 109 I GNotKG oder um **verschiedene Beurkundungsgegenstände** nach der **Grundsatznorm des § 86 II** (ggf. i.V.m. § 110 Nr. 2 und § 111 Nr. 4) GNotKG handelt.

2.9

3. Vollzug

a) Abgeltung durch Beurkundungsgebühr

Die **Gebühr für das Beurkundungsverfahren** entsteht gemäß Vorbem. 2.1 I KV GNotKG für die Vorbereitung und Durchführung der Beurkundung in Form einer Niederschrift nach § 8 oder § 36 BeurkG einschließlich der Beschaffung der Information. Gemäß Vorbem. 2.1 II KV GNotKG sind – im Anwendungsbereich des hier interessierenden Grundstückskaufvertrages – **auch abgegolten**:

2.10

1. die Übermittlung von Anträgen und Erklärungen an ein Gericht oder eine Behörde
2. die Stellung von Anträgen an ein Gericht oder eine Behörde
3. die Erledigung von Beanstandungen einschließlich des Beschwerdeverfahrens

b) Einmalanfall der Gebühr

Die Vollzugsgebühr nach Nr. 22110 KV GNotKG wird in jedem Beurkundungsverfahren gem. § 93 I S. 1 GNotKG nur einmal erhoben.

2.11

c) Abschließender Katalog

Die 0,5 Vollzugsgebühr nach Nr. 22110 KV GNotKG fällt nur für die in der Vorbem. 2.2.1.1 I KV GNotKG zu dieser Gebühr **abschließend aufgezählten Tätigkeiten** an. Diese Aufzählung grenzt die Vollzugsgebühr zur Betreuungsgebühr ab und bestimmt deren Anwendungsbereich. Andere Tätigkeiten, die nicht unter diese Vorschrift subsumiert werden können, sind nicht Vollzug i.S. des Gesetzes und lösen keine solche Gebühr aus.

2.12

Die Vollzugsgebühr entsteht demnach für die

– Anforderung und Prüfung einer Erklärung oder Bescheinigung nach öffentlich-rechtlichen Vorschriften, mit Ausnahme der Unbedenklichkeitsbescheinigung des Finanzamts (Nr. 1),

2.13

– Anforderung und Prüfung einer anderen als der in Nummer 4 genannten gerichtlichen Entscheidung oder Bescheinigung, dies gilt auch für die Ermittlung des Inhalts eines ausländischen Registers (Nr. 2),

2.14

– Anforderung und Prüfung einer Entscheidung des Familien-, Betreuungs- oder Nachlassgerichts einschließlich aller Tätigkeiten des Notars gemäß den §§ 1828 und 1829 BGB im Namen der Beteiligten sowie die Erteilung einer Be-

2.15

scheinigung über die Wirksamkeit oder Unwirksamkeit des Rechtsgeschäfts (Nr. 4),

2.16 – Anforderung und Prüfung einer Vollmachtsbestätigung oder einer privatrechtlichen Zustimmungserklärung (Nr. 5),

2.17 – Anforderung und Prüfung einer Erklärung über die Ausübung oder Nichtausübung eines privatrechtlichen Vorkaufs- oder Wiederkaufsrechts (Nr. 7),

2.18 – Anforderung und Prüfung einer Erklärung über die Zustimmung zu einer Schuldübernahme oder einer Entlassung aus der Haftung (Nr. 8),

2.19 – Anforderung und Prüfung einer Erklärung oder sonstigen Urkunde zur Verfügung über ein Recht an einem Grundstück oder einem grundstücksgleichen Recht sowie zur Löschung oder Inhaltsänderung einer sonstigen Eintragung im Grundbuch oder in einem Register oder Anforderung und Prüfung einer Erklärung, inwieweit ein Grundpfandrecht eine Verbindlichkeit sichert (Nr. 9),

2.20 – Anforderung und Prüfung einer Verpflichtungserklärung betreffend eine in Nummer 9 genannte Verfügung oder einer Erklärung über die Nichtausübung eines Rechts (Nr. 10); hierzu sei die Freigabeverpflichtung nach § 3 S. 1 Nr. 3 MaBV genannt,

2.21 – über die in den Nummern 1 und 2 genannten Tätigkeiten hinausgehende Tätigkeit für die Beteiligten gegenüber der Behörde, dem Gericht oder der Körperschaft oder Anstalt des öffentlichen Rechts (Nr. 11); hierzu sei die Anmeldung der Eigentumsvormerkung beim Versteigerungsgericht nach § 9 Nr. 2 ZVG (bei einem Kaufvertrag zur Abwendung der Zwangsversteigerung) genannt.

2.22 Die Vollzugsgebühr entsteht auch, wenn die Tätigkeit vor der Beurkundung vorgenommen wird (Vorbem. 2.2.1.1 II KV GNotKG).

2.23 Teil 2 Hauptabschnitt 2 Abschnitt 1 Unterabschnitt 1 KV gilt nur für solche Urkunden, die von dem vollziehenden Notar gemäß § 8 oder § 36 BeurkG aufgenommen worden sind. Entsprechendes gilt, wenn der Notar den Entwurf der zu vollziehenden Urkunde gefertigt hat, er also für den Inhalt der Urkunde Verantwortung trägt.

2.24 Hat der Notar für das zu vollziehende Geschäft keine Gebühr für das Beurkundungsverfahren oder für die Fertigung des Entwurfes erhalten, wird dem erhöhten Einarbeitungsaufwand und Haftungsrisiko durch höhere Gebührensätze für die Vollzugstätigkeiten Rechnung getragen. Ferner ist eine Deckelung bei bestimmten Vollzugstätigkeiten hier nicht vorgesehen (Teil 2 Hauptabschnitt 2 Abschnitt 1 Unterabschnitt 2: „Vollzug in besonderen Fällen"). Handelt es sich bei dem mit dem Vollzug befassten Notar um den Sozius, einen in Bürogemeinschaft verbundenen Notar oder den Notariatsverwalter oder Aktenverwahrer des Notars, der die Beurkundungsgebühr erhalten hat, wird ihm dies zugerechnet (Vorbemerkung 2 I KV).

2.25 Entfaltet der Notar lediglich Tätigkeiten nach Nr. 1 oder Nr. 2 des Katalogs aus Vorbem. 2.2.1.1 I GNotKG, so wird nach Nr. 22112 KV GNotKG nicht mehr als

I. Überblick

50 Euro pro angeforderter Genehmigung bzw. Vorkaufsrechtszeugnis erhoben. Dabei ist darauf zu achten, dass in diesen Fällen Nr. 22112 KV GNotKG die Nr. 22110 KV GNotKG nicht ersetzt: Insgesamt darf der Betrag der 0,5 Gebühr aus dem Wert des Verfahrens nicht überschritten werden.[1]

Nicht erfasst sind familien-, betreuungs- oder nachlassgerichtliche Genehmigungen, für die unter Vorbem. 2.2.1.1 I S. 2 Nr. 4 KV GNotKG ein Sondertatbestand geschaffen wurde. 2.26

d) Paradigmenwechsel

Ein Paradigmenwechsel hat insofern stattgefunden, als folgende Tätigkeiten des Notars, die nach der KostO Betreuungstätigkeiten i.S.v. § 147 II KostO waren, nunmehr Vollzugstätigkeiten sind: 2.27

– Die Einholung der Genehmigung vollmachtloser Vertreter, sofern diese Tätigkeit nicht bereits i.R. der KostO richtigerweise unter die Vollzugstätigkeit subsumiert wurde (Vorbem. 2.2.1.1 I S. 2 Nr. 5 KV GNotKG). 2.28

– Die Einholung öffentlich-rechtlicher oder privater Vorkaufsverzichtserklärungen nunmehr ohne Unterscheidung, ob sie grundbuchsperrend sind (Vorbem. 2.2.1.1 I S. 2 Nr. 1 und 7 KV GNotKG).[2] 2.29

– Die Einholung einer Zustimmung zu Schuldübernahme (Vorbem. 2.2.1.1 I S. 2 Nr. 8 KV GNotKG). 2.30

– Die Ausübung einer Doppelvollmacht (Vorbem. 2.2.1.1 I S. 2 Nr. 4 KV GNotKG). Daneben fällt keine Gebühr nach Nr. 25204 KV GNotKG für die Eigenurkunde an (Vorbem. 2.2 II KV GNotKG).[3] 2.31

Weiter ist zu beachten, dass nicht mehr die Tätigkeit abstrakt unter den Vollzugsbegriff subsumiert wird, sondern den im Katalog aufgeführten Begriffen zugeordnet werden muss. 2.32

e) Elektronische Übermittlung – XML-Gebühr

Erzeugt der Notar eine für die Datenübermittlung an ein Register erforderliche XML-Datei, so erhebt er hierfür eine weitere Vollzugsgebühr nach Nr. 22114 KV (ausführlich Rz. 2.1524 ff.). 2.33

f) Geschäftswert

Den Geschäftswert für die Vollzugsgebühr regelt § 112 GNotKG. Danach ist der Geschäftswert für den Vollzug der Geschäftswert des zugrunde liegenden Beurkundungsverfahrens. Eine Teilwertbildung findet in keinem Fall mehr statt, und zwar auch dann nicht, wenn ein Beurkundungsverfahren mehrere Rechtsverhältnisse beinhaltet, von denen nur eines vollzugsbedürftig ist. Anders als früher wird 2.34

---

[1] NotBZ 2013, 427 ff. Zur Zuordnung von Genehmigungen, Bescheinigungen und Unterlagen zu Nr. 1 bzw. 2 der Vorbemerkung 2.2.1.1 KV.
[2] Leipziger Kommentar GNotKG/*Harder*, Vorbem. 2.2.1.1 KV Rz. 23.
[3] Begründung RegE, BT-Drs. 17/11471, S. 222.

Zubehör jetzt miterfasst. Der einheitliche Verfahrenswert gilt für Vollzug und Betreuung auch dann, wenn die Beurkundungsgebühr (wegen § 94) getrennt berechnet wird.[1]

4. Betreuung

a) Einmalanfall der Gebühr

2.35 Die Betreuungsgebühr nach Nr. 22200 KV GNotKG entsteht gem. § 93 I S. 1 GNotKG in jedem Beurkundungsverfahren nur einmal.
Der Gebührensatz beträgt 0,5.

b) Abschließender Katalog

2.36 Die **Betreuungstätigkeiten** sind **abschließend aufgezählt** in den Nummern 1 bis 7 der Anm. zu Nr. 22200 KV GNotKG. Diese Aufzählung grenzt die Betreuungsgebühr zur Vollzugsgebühr ab und bestimmt deren Anwendungsbereich. Andere Tätigkeiten, die nicht unter diese Vorschrift subsumiert werden können, sind nicht Betreuung i.S. des Gesetzes und lösen keine solche Gebühr aus.

2.37 Die Betreuungsgebühr entsteht demnach bei dem hier interessierenden Grundstückskaufvertrag für die

2.38 – Erteilung einer Bescheinigung über den Eintritt der Wirksamkeit von Verträgen, Erklärungen und Beschlüssen (Nr. 1),

2.39 – Prüfung und Mitteilung des Vorliegens von Fälligkeitsvoraussetzungen einer Leistung oder Teilleistung (Nr. 2),

2.40 – Beachtung einer Auflage eines an dem Beurkundungsverfahren Beteiligten im Rahmen eines Treuhandauftrags, eine Urkunde oder Auszüge einer Urkunde nur unter bestimmten Bedingungen herauszugeben, wenn die Herausgabe nicht lediglich davon abhängt, dass ein Beteiligter der Herausgabe zustimmt, oder die Erklärung der Bewilligung nach § 19 der Grundbuchordnung aufgrund einer Vollmacht, wenn diese nur unter bestimmten Bedingungen abgegeben werden soll (Nr. 3),

2.41 – Prüfung und Beachtung der Auszahlungsvoraussetzungen von verwahrtem Geld und der Ablieferungsvoraussetzungen von verwahrten Wertpapieren und Kostbarkeiten (Nr. 4),

2.42 – Anzeige oder Anmeldung einer Tatsache, insbesondere einer Abtretung oder Verpfändung, an einen nicht an dem Beurkundungsverfahren Beteiligten zur Erzielung einer Rechtsfolge, wenn sich die Tätigkeit des Notars nicht darauf beschränkt, dem nicht am Beurkundungsverfahren Beteiligten die Urkunde oder eine Kopie oder eine Ausfertigung der Urkunde zu übermitteln (Nr. 5).

2.43 Anm. Nr. 6 und 7 zu Nr. 22200 KV GNotKG sind beim Grundstückskaufvertrag nicht einschlägig.

---

1 Leipziger Kommentar GNotKG/*Harder*, § 112 Rz. 11.

c) Ehemals gebührenfreie Betreuungstätigkeiten, die nunmehr gebührenpflichtig sind

Für die Erwirkung der **Apostille** oder der **Legalisation** einschließlich der Zwischenbeglaubigung durch den Präsidenten des Landgerichts erhält der Notar nunmehr eine Festgebühr von 25 Euro, Nr. 25207 KV GNotKG (§ 147 IV Nr. 4 KostO). Sind zusätzlich noch weitere Beglaubigungen, beispielsweise durch das Bundesverwaltungsamt, einzuholen, erhält der Notar eine Festgebühr von 50 Euro, Nr. 25208 KV GNotKG. Die Gebühr fällt nur an, wenn der Notar mit der Einholung der erforderlichen Echtheitsbestätigung beauftragt wird. Es bleibt dem Beteiligten unbenommen, die erforderliche Echtheitsbestätigung selbst einzuholen.

2.44

d) Geschäftswert

Der Geschäftswert für die **Betreuungsgebühr** ist **wie bei der Beurkundung** zu bestimmen, § 113 I GNotKG.[1]

2.45

5. Treuhandtätigkeit (Beachtung von Treuhandauflagen Dritter)

Eine **Betreuungstätigkeit** i.S. des § 24 I S. 1 BNotO stellt auch die **Überwachung von Treuhandauflagen Dritter** dar, insbesondere von Ablösegläubigern, die dem Notar Löschungsunterlagen mit Verwendungsauflagen erteilen. Der Gesetzgeber sieht in dieser Treuhandtätigkeit eine weitere Betreuungstätigkeit. Er hat sich aber bewusst dafür entschieden, diese nicht in den Katalog nach Nr. 22200 KV GNotKG aufzunehmen. Mit Nr. 22201 KV GNotKG ordnet er für die Beachtung von Treuhandauflagen durch einen **nicht unmittelbar** an dem Beurkundungsverfahren **Beteiligten**, eine Urkunde oder Auszüge einer Urkunde nur unter bestimmten Bedingungen herauszugeben, eine 0,5 Gebühr an. Diese Gebühr unterliegt nicht dem Prinzip der Einmalerhebung aus § 93 I GNotKG. Sie entsteht **für jeden Treuhandauftrag gesondert**.

2.46

Die Treuhandgebühr fällt **neben** der Betreuungsgebühr nach Nr. 22200 KV GNotKG und auch **neben** der Vollzugsgebühr an. Zu beachten ist, dass nach dem Wortlaut von Satz 1 der Anmerkung zu Nr. 22201 KV GNotKG ein **Treuhandauftrag eines Finanzierungsgläubigers** an den Notar, dass dieser über das auf das Notaranderkonto überwiesene Geld erst bei Sicherstellung der ranggerechten Eintragung der Finanzierungsgrundschuld verfügen darf, **vom Gebührentatbestand nicht erfasst** wird.

2.47

Der Geschäftswert ist der Wert des **Sicherungsinteresses**, § 113 II GNotKG. Hierbei sind auch Tageszinsen zu berücksichtigen.[2]

2.48

---

1 § 94 bleibt im Rahmen der §§ 112, 113 unbeachtet, vgl. Leipziger Kommentar GNotKG/*Harder*, § 112 Rz. 11; Leipziger Kommentar GNotKG/*Otto*, § 3 Rz. 29.
2 Begründung RegE, BT-Drs. 17/11471, zu § 113, S. 190.

6. Gebührenfreie Nebengeschäfte

2.49 Durch die Regelungstechnik des abgeschlossenen Gebührenkatalogs ergibt sich ohne weiteres, dass notarielle Tätigkeiten, die sich nicht in einem Gebührentatbestand widerspiegeln, gebührenfrei bleiben. In der Vorbemerkung 2.1 KV GNotKG werden klarstellende Ausführungen zum Abgeltungsbereich der Gebühr für das Beurkundungsverfahren und für weitere Tätigkeiten, z.B. Übermittlung und Stellung von Anträgen an ein Gericht, gemacht. Hierauf sei an dieser Stelle nur hingewiesen.

7. Ermäßigung der Gebühren nach § 91 GNotKG

2.50 Die Gebühren nach Teil 2 Hauptabschnitt 1 oder 4 sind zu ermäßigen, wenn ein nach § 91 GNotKG Begünstigter gesetzlicher Kostenschuldner der Urkunde ist und auch die sonstigen Voraussetzungen erfüllt sind. Die Gebühren für Betreuung und Vollzug sind hiervon nicht erfasst.

II. Standardkaufvertrag in den Varianten Direktzahlung und Hinterlegung

1. Vorbemerkung: Bewertung von weiteren Erklärungen im Kaufvertrag

2.51 Der Kaufvertrag enthält neben den kaufvertragsrechtlichen Verpflichtungserklärungen regelmäßig weitere Erklärungen, die kostenrechtlich unterschiedlich zu bewerten sind. Grundlegend ist Folgendes zu unterscheiden:

2.52 Zahlreiche **im Kaufvertrag enthaltene Regelungen** z.B. zum Besitzübergang, die Auflassung, eine **Belastungsvollmacht** (auf den Zweck und die Höhe kommt es dabei nicht an), eine **Bauvorbereitungsvollmacht** oder die **Löschungszustimmung nebst** deren **Antrag** bezüglich wegzufertigender Grundpfandrechte – um nur einige Beispiele zu nennen – sind **Inhalt des Vertrages** oder betreffen **denselben Beurkundungsgegenstand** nach § 109 Abs. 1 GNotKG zum Kauf.

2.53 Dazu gehört auch die regelmäßig enthaltene **Auflassungsvormerkung**, wobei an dieser Stelle auf die Geschäftswertvorschrift des § 45 III GNotKG hingewiesen sei. Zu erheben ist in diesen Fällen nur eine 2,0 Gebühr nach Nr. 21100 KV GNotKG, mind. 120 Euro, nach dem Wert des Kaufvertrages (§ 86 I GNotKG bzw. bei **demselben Gegenstand** gem. § 109 I GNotKG). Zu den nicht gesondert bewerteten Erklärungen s. unten Abschnitt VI, 4.2b (Rz. 2.239 ff.) und zu Erklärungen mit demselben Gegenstand s. Abschnitt VI, 4.3 (Rz. 2.251, 2.315).

2.54 Wegen der Erklärungen im Kaufvertrag, die im Gegensatz dazu aufgrund ihres **verschiedenen Beurkundungsgegenstandes** kostenrechtlich zu einem gesonderten Bewertungsansatz führen, wird auf die Ausführungen in Teil 2 Abschnitt IV. Nr. 4 ff. (Rz. 2.327 ff.) verwiesen.

2. Direktzahlungsmodell

→ **Fall 1: Kaufvertrag (Direktzahlung) mit Überwachung des Leistungsaustausches (auszugsweise Ausfertigung)**

A. Sachverhalt

Der Notar beurkundet einen **Kaufvertrag** über ein Grundstück mit Auflassung zu einem Kaufpreis von 200 000 Euro. Er übernimmt die **Fälligkeitsmitteilung** hinsichtlich der Kaufpreiszahlung und die **Umschreibungsüberwachung** in der Form der Ausfertigungssperre. 2.55

B. Rechnung

Pos.	Gebührentatbestände	Geschäfts-wert	KV-Nr.	Satz	Betrag
(1)	Beurkundungsverfahren (§§ 47, 97 III)	200 000	21100	2,0	870,00
(2)	Betreuung (Nr. 22200 Anm. Nr. 2 bzw. 3 KV; § 113 I) (Überwachung und Mitteilung Kaufpreisfälligkeit, Umschreibungsüberwachung)	200 000	22200 Anm. Nr. 2, 3	0,5	217,50

2.56

C. Erläuterungen

Pos. (1): 2.57

Der Geschäftswert wird gem. § 47 S. 1 durch den Kaufpreis bestimmt. Ein Vergleich mit dem Verkehrswert des Grundstücks nach § 47 S. 3 ist nur dann erforderlich, wenn Anhaltspunkte für einen höheren Wert vorliegen. Der Sachverhalt enthält hierfür keine Anhaltspunkte.

Pos. (2): 2.58

Die Überwachung und Mitteilung der Kaufpreisfälligkeit und die Umschreibungsüberwachung (Ausfertigungssperre) gehören gemäß Nr. 22200 Anm. Nr. 2 KV bzw. Anm. Nr. 3 KV zu den Betreuungstätigkeiten. Der Geschäftswert bestimmt sich gem. § 113 I nach dem Wert für das Beurkundungsverfahren.

Diese Gebühr fällt in jedem Verfahren nur einmal an, unabhängig von der Anzahl der vorzunehmenden Tätigkeiten; § 93 I S. 1. 2.59

→ **Fall 2: Kaufvertrag (Direktzahlung) mit Überwachung des Leistungsaustausches (ausgesetzte Bewilligung)**

A. Sachverhalt

Der Notar beurkundet einen **Kaufvertrag** über ein Grundstück mit Auflassung zu einem Kaufpreis von 200 000 Euro. Er übernimmt die **Fälligkeitsmitteilung** hinsichtlich der Kaufpreiszahlung. Hinsichtlich der Eigentumsumschreibung wird nur die Einigung erklärt. **Antrag und Bewilligung werden ausgesetzt.** Der 2.60

Notar wird bevollmächtigt, diese Erklärungen nach erfolgter Kaufpreiszahlung auf Anweisung beider Parteien in Form einer Eigenurkunde abzugeben.

B. Rechnung

2.61

Pos.	Gebührentatbestände	Geschäfts-wert	KV-Nr.	Satz	Betrag
(1)	Beurkundungsverfahren (§§ 47, 97 III)	200 000	21100	2,0	870,00
(2)	Betreuung (§ 113 I) (Überwachung und Mitteilung Kaufpreisfälligkeit; Erklärung der Bewilligung nach erfolgten Kaufpreiszahlung)	200 000	22200 Anm. Nr. 2 Nr. 3 Alt. 2	0,5	217,50

C. Erläuterungen

2.62 **Pos. (1):**
Der Geschäftswert wird durch den Kaufpreis bestimmt. Ein Vergleich mit dem Verkehrswert des Grundstücks nach § 47 S. 3 ist nur dann erforderlich, wenn Anhaltspunkte für einen höheren Wert vorliegen.

2.63 **Pos. (2):**
Die Überwachung und Mitteilung der Kaufpreisfälligkeit gehört gemäß Nr. 22200 Anm. Nr. 2 KV zu den Betreuungstätigkeiten.

2.64 Die Umschreibungsüberwachung durch den Notar erfolgt hier in der Form der **ausgesetzten Eintragungsbewilligung**, d.h., der Notar erklärt die Bewilligung erst dann, wenn Nachweis der erfolgten Kaufpreiszahlung erfolgt aufgrund der Ermächtigung durch **Eigenurkunde**.

2.65 Die Erklärung der Bewilligung mittels Eigenurkunde ist eine Betreuungstätigkeit nach § 22200 Anm. Nr. 3 Alt. 2 KV; hierfür fällt gem. Anmerkung zu Nr. 25204 KV neben der Gebühr Nr. 22200 KV nicht noch eine Gebühr für die Eigenurkunde an (vergleiche Rz. 2.1335 ff.).

Der Geschäftswert bestimmt sich gem. § 113 I nach dem Wert für das Beurkundungsverfahren.

→ **Fall 3: Kaufvertrag (Direktzahlung) mit Überwachung des Leistungsaustausches und Einholung von behördlichen Genehmigungen**

A. Sachverhalt

2.66 Der Notar beurkundet einen Grundstückskaufvertrag mit Auflassung zu einem Kaufpreis von 200 000 Euro. Er übernimmt die Fälligkeitsmitteilung und die **Umschreibungsüberwachung** in der Form der **Ausfertigungssperre**. Des Weiteren holt er das **Negativattest** der Gemeinde nach **§ 28 BauGB** und die **Genehmigung nach der GVO** ein.

II. Standardkaufvertrag in den Varianten Direktzahlung und Hinterlegung

B. Rechnung

Pos.	Gebührentatbestände	Geschäfts-wert	KV-Nr.	Satz	Betrag
(1)	Beurkundungsverfahren (§§ 47, 97 III)	200 000	21100	2,0	870,00
(2)	Vollzug (Vorbem. 2.2.1.1 I Nr. 1; § 112) (Einholung Negativattest nach § 28 BauGB, Genehmigung nach GVO)	200 000	22110, 22112	0,5	~~217,50~~ 2 × 50,00 = 100,00
(3)	Betreuung (§ 113 I) (Überwachung und Mitteilung Kaufpreisfälligkeit, Umschreibungsüberwachung)	200 000	22200 Anm. Nr. 2, 3	0,5	217,50

2.67

C. Erläuterungen

Pos. (1): 2.68

Der Geschäftswert wird durch den Kaufpreis bestimmt. Ein Vergleich mit dem Verkehrswert des Grundstücks nach § 47 S. 3 ist nur dann erforderlich, wenn Anhaltspunkte für einen höheren Wert vorliegen. Der Sachverhalt enthält hierfür keine Anhaltspunkte.

Pos. (2): 2.69

Die **Vollzugsgebühr beträgt grundsätzlich** 0,5 nach Nr. 22110 KV. Der Geschäftswert bestimmt sich gem. § 112 nach dem Wert des Beurkundungsverfahrens.

Handelt es sich aber ausschließlich um die Einholung öffentlich-rechtlicher Genehmigungen, so ist diese Gebühr gem. Nr. 22112 KV auf 50 Euro pro einzuholender Genehmigung **beschränkt**. Nach dem Sachverhalt sind das **Negativattest der Gemeinde nach § 28 BauGB** sowie die **Genehmigung nach GVO** einzuholen. Beide Tätigkeiten gehören zum Vollzug nach Vorbemerkung 2.2.1.1 I S. 2 Nr. 1 KV. Insgesamt sind nach dem Sachverhalt also 100 Euro (2 × 50 Euro) zu erheben, denn die 0,5 Gebühr nach Nr. 22110 KV GNotKG aus 200 000 Euro ist höher (217,50 Euro).

2.70

Die Vollzugsgebühr fällt nach § 93 I S. 1 nur einmal an, unabhängig von der Anzahl der vorzunehmenden Tätigkeiten.

Bezüglich der Bewertung des elektronischen Vollzugs wird auf Rz. 2.1525 ff. verwiesen.

Pos. (3): 2.71

Die Überwachung und Mitteilung der Kaufpreisfälligkeit und die Umschreibungsüberwachung (Ausfertigungssperre) gehören gemäß Nr. 22200 Anm. Nr. 2 bzw. Anm. Nr. 3 KV zu den Betreuungstätigkeiten. Der Geschäftswert bestimmt sich gem. § 113 I nach dem Wert für das Beurkundungsverfahren.

Diese Gebühr fällt in jedem Verfahren nur einmal an, unabhängig von der Anzahl der vorzunehmenden Tätigkeiten, § 93 I S. 1.

→ **Fall 4: Kaufvertrag (Direktzahlung) mit Überwachung des Leistungsaustausches, Einholung von behördlichen sowie privatrechtlichen Genehmigungen und Einholung von Löschungsunterlagen**

A. Sachverhalt

2.72 Der Notar beurkundet einen Grundstückskaufvertrag mit Auflassung zu einem Kaufpreis von 200 000 Euro. Er übernimmt die Fälligkeitsmitteilung und die **Umschreibungsüberwachung** in der Form der **Ausfertigungssperre**.

2.73 Des Weiteren holt er das **Negativattest** der Gemeinde nach **§ 28 BauGB** und die **Genehmigung nach der GVO** ein. Darüber hinaus holt er die **Grundschuldlöschungsbewilligung** der Ablösebank des Verkäufers i.H.v. 80 000 Euro ein, die ihm **mit** der **Auflage** erteilt wird, darüber nur bei Zahlung der **Restvaluta** von 40 000 Euro verfügen zu dürfen.

2.74 Schließlich holt der Notar noch die **Genehmigung des vollmachtlos vertretenen Käuferteils** unter Fertigung eines **Entwurfs** ein.

B. Rechnung

2.75

Pos.	Gebührentatbestände	Geschäftswert	KV-Nr.	Satz	Betrag
(1)	Beurkundungsverfahren (§§ 47, 97 III)	200 000	21100	2,0	870,00
(2)	Vollzug (Vorbem. 2.2.1.1 I Nr. 1, 5; § 112) (nach Nr. 1: Einholung Negativattest nach § 28 BauGB, Genehmigung nach GVO; nach Nr. 5: Einholung der rechtsgeschäftlichen Genehmigung des vertretenen Vertragsteils mit Entwurfsfertigung)	200 000	22110	0,5	217,50
(3)	Betreuung (§ 113 I) (Überwachung und Mitteilung Kaufpreisfälligkeit, Umschreibungsüberwachung)	200 000	22200 Anm. Nr. 2, 3	0,5	217,50
(4)	Überwachung Treuhandauflage (§ 113 II)	40 000	22201	0,5	72,50

C. Erläuterungen

2.76 **Pos. (1):**

Der Geschäftswert wird durch den Kaufpreis bestimmt. Ein Vergleich mit dem Verkehrswert des Grundstücks nach § 47 S. 3 ist nur dann erforderlich, wenn Anhaltspunkte für einen höheren Wert vorliegen. Der Sachverhalt enthält hierfür keine Anhaltspunkte.

II. Standardkaufvertrag in den Varianten Direktzahlung und Hinterlegung

Pos. (2): 2.77
Die **Vollzugsgebühr beträgt grundsätzlich** 0,5 nach Nr. 22110 KV. Der Geschäftswert bestimmt sich gem. § 112 nach dem Wert des Beurkundungsverfahrens.

Das Einholen und Prüfungen des **Negativattestes** der Gemeinde nach **§ 28 BauGB** sowie der **Genehmigung** nach **GVO** sind beides Vollzugstätigkeiten nach Vorbemerkung 2.2.1.1 I S. 2 Nr. 1 KV. 2.78

Das **Anfordern und Prüfen einer privatrechtlichen Zustimmungserklärung** ist eine Vollzugstätigkeit nach Vorbemerkung 2.2.1.1 I S. 2 Nr. 5 KV. 2.79

Die **Fertigung des Entwurfs** der Genehmigung des Vertretenen steht im Zusammenhang mit der Einholung und Prüfung dieser Genehmigung. Nach Vorbem. 2.2 II KV i.V.m. Vorbem. 2.4.1 I S. 2 KV fällt dafür keine weitere Gebühr an, **wenn**, wie vorliegend, bei **demselben Notar bereits** eine Vollzugsgebühr entstanden ist. 2.80

Da die Vollzugsgebühr nach § 93 I S. 1 insgesamt nur einmal anfällt, ist **die volle 0,5 Gebühr zu erheben**.

Bezüglich der Bewertung des elektronischen Vollzugs wird auf Rz. 2.1524 ff. verwiesen.

Bemerkung: 2.81
Beglaubigt der Notar, der den Entwurf wegen Vorbem. 2.2 II KV i.V.m. Vorbem. 2.4.1 I S. 2 KV nicht abrechnen kann, **die Unterschrift unter seinem Entwurf**, so erhebt er **dafür** eine **Beglaubigungsgebühr** nach Nr. 25100 KV. Vorbem. 2.4.1 II KV steht dem nicht entgegen.[1] Ausführlich s. Rz. 11.26.

Pos. (3): 2.82
Die Überwachung und Mitteilung der Kaufpreisfälligkeit und die Umschreibungsüberwachung (Ausfertigungssperre) gehören gemäß Nr. 22200 Anm. Nr. 2 bzw. Anm. Nr. 3 KV zu den **Betreuungstätigkeiten**. Der Geschäftswert bestimmt sich gem. § 113 I nach dem Wert für das Beurkundungsverfahren.

Die **Betreuungsgebühr** fällt in jedem Verfahren nur einmal an, unabhängig von der Anzahl der vorzunehmenden Tätigkeiten, § 93 I S. 1.

Pos. (4): 2.83
Die Überwachung der Auflage der Gläubigerin, die diese mit der Übersendung der Löschungsbewilligung verbunden hat (Treuhandauflage), stellt eine Tätigkeit dar, die weder eine Vollzugsgebühr noch eine Betreuungsgebühr nach Nr. 22200 KV auslöst. Das GNotKG sieht hierfür in Nr. 22201 KV eine eigenständige (Treuhand-)Gebühr mit einem Gebührensatz von 0,5 vor.

Der Geschäftswert richtet sich gem. § 113 II nach dem Sicherungsinteresse. Dieses entspricht im Regelfall dem Betrag, den die Gläubigerin an Ablöse fordern kann. Werden Tageszinsen ausgewiesen, so sind diese hinzuzurechnen. 2.84

---

[1] OLG Hamm, Beschl. v. 16.7.2015 – 15 W 152/15, ZNotP 2015, 277 = FGPrax 2015, 276.

2.85 **Bemerkung:**
Sind mehrere Grundpfandrechte wegzufertigen, und liegt zu verschiedenen Rechten **jeweils eine Treuhandauflage vor**, so entsteht die **Treuhandgebühr für jeden Auftrag separat**. Dies gilt **auch** dann, **wenn** es sich um **dieselbe Gläubigerin** handelt.

2.86 Wird zu mehreren Grundpfandrechten **eines Gläubigers insgesamt nur ein Treuhandauftrag** erteilt, **so** handelt es sich **lediglich um eine Betreuungstätigkeit**. Zu erheben ist **nur eine Treuhandgebühr, berechnet aus dem Gesamtablösebetrag**.

3. Anderkontenmodell

a) Vorbemerkung zur Verwahrungsgebühr

2.87 Für die **Verwahrung** von Geldbeträgen gemäß § 54a ff. BeurkG entsteht nach Nr. 25300 KV GNotKG je Auszahlung eine **1,0 Gebühr**, die **der Notar bei der Auszahlung direkt entnehmen kann** (Anmerkung zu Nr. 25300 KV GNotKG). Bei dieser Entnahme handelt es sich um keine eigenständige Auszahlung, sondern um eine Aufteilung des entnommenen Betrages, sodass hier nur eine Verwahrgebühr aus dem Gesamtbetrag dieser Auszahlung zu erheben ist.

2.88 Bei der Verwahrgebühr handelt es sich um eine aus dem jeweiligen Auszahlungsbetrag bestimmte **Wertgebühr** (§ 124 GNotKG), die mindestens 15 Euro (§ 34 V GNotKG) beträgt. Sie unterliegt nicht der allgemeinen Höchstwertvorschrift des § 35 II GNotKG. Bei Beträgen von mehr als 13 Mio. Euro teilt sich die Berechnung: bis 13 Mio. Euro wird eine 1,0 Gebühr, **für den diesen Betrag überschießenden Teil** wird eine Gebühr i.H.v. **0,1 % des Auszahlungsbetrages** erhoben. Die **Summe** beider Beträge wird dem Kostenschuldner als (eine) Verwahrungsgebühr **in Rechnung gestellt.**

Betreuungsgebühr und Treuhandgebühr können daneben gesondert anfallen (Vorbem. 2.5.3 I KV GNotKG).

b) Fallbeispiel

→ **Fall 5: Kaufvertrag (Kaufpreisverwahrung) mit Überwachung des Leistungsaustausches, Einholung von behördlichen Genehmigungen und Einholung von Löschungsunterlagen**

A. Sachverhalt

2.89 Der Notar beurkundet einen Grundstückskaufvertrag mit Auflassung. Der Kaufpreis (200 000 Euro) soll wegen eines sofortigen Besitzübergangs über **Notaranderkonto** abgewickelt werden. Der Notar übernimmt die **Fälligkeitsmitteilung** bzw. Einzahlungsmitteilung und die **Umschreibungsüberwachung** in der Form der Ausfertigungssperre. Des Weiteren holt er das **Negativattest** der Gemeinde nach § 28 BauGB und die **Genehmigung** nach der **GVO** sowie die **Grundschuldlöschungsbewilligung** der Ablösebank des Verkäufers i.H.v. **80 000 Euro** ein, die ihm mit der **Auflage** erteilt wird, darüber nur bei Zahlung der **Restvaluta von 40 000 Euro** nebst **Zinsen** (5 %) verfügen zu dürfen. Der Kaufpreis soll finanziert

II. Standardkaufvertrag in den Varianten Direktzahlung und Hinterlegung

werden. Die **Finanzierungsbank** des Käufers überweist den Kaufpreis auf das Notaranderkonto mit der **Treuhandauflage**, dass über das Geld erst verfügt werden darf, wenn die Eintragung der Finanzierungsgrundschuld zu 250 000 Euro sichergestellt ist. Schließlich holt der Notar noch die Genehmigung des **vollmachtlos vertretenen Käuferteils** ein. Der Notar **zahlt** den Kaufpreis bei Auszahlungsreife in **zwei Beträgen** aus, nämlich **40 000 Euro zuzüglich Zinsen** an den **Ablösegläubiger** und den **Restbetrag** an den **Verkäufer**.

B. Rechnung

2.90

Pos.	Gebührentatbestände	Geschäfts-wert	KV-Nr.	Satz	Betrag
(1)	Beurkundungsverfahren (§§ 47, 97 III)	200 000	21100	2,0	870,00
(2)	Vollzug (Vorbem. 2.2.1.1 I Nr. 1; 5 § 112) (nach Nr. 1: Einholung Negativattest nach § 28 BauGB, Genehmigung nach GVO; nach Nr. 9: Einholung der Grundschuldlöschungsbewilligung; nach Nr. 5: Einholung der rechtsgeschäftlichen Genehmigung des vertretenen Vertragsteils)	200 000	22110	0,5	217,50
(3)	Betreuung (§ 113 I) (Überwachung und Mitteilung Kaufpreisfälligkeit, Umschreibungsüberwachung sowie Prüfung und Beachtung der Auszahlungsvoraussetzungen)	200 000	22200 Anm. Nr. 2, 3, 4	0,5	217,50
(4)	Überwachung Treuhandauflage (§ 113 II)	42 000	22201	0,5	77,50
(5)	Verwahrgebühr (§ 124) Verwahrgebühr (§ 124)	42 000 158 000	25300 25300	1,0 1,0	155,00 381,00

C. Erläuterungen

Pos. (1):

2.91

Der Geschäftswert wird durch den Kaufpreis bestimmt. Ein Vergleich mit dem Verkehrswert des Grundstücks nach § 47 S. 3 ist nur dann erforderlich, wenn Anhaltspunkte für einen höheren Wert vorliegen. Der Sachverhalt enthält hierfür keine Anhaltspunkte.

Pos. (2):

2.92

Die **Vollzugsgebühr beträgt grundsätzlich** 0,5 nach Nr. 22110 KV. Der Geschäftswert bestimmt sich gem. § 112 nach dem Wert des Beurkundungsverfahrens.

2.93 Das **Anfordern und Prüfen einer Löschungsbewilligung** ist nach Vorbemerkung 2.2.1.1 I S. 2 Nr. 9 KV eine Vollzugstätigkeit. Sie ist nicht nach Nr. 22112 KV auf 50 Euro beschränkt.

2.94 Das **Anfordern und Prüfen einer privatrechtlichen Zustimmungserklärung** ist nach Vorbemerkung 2.2.1.1 I S. 2 Nr. 5 KV ebenfalls eine Vollzugstätigkeit. Auch sie ist nicht nach Nr. 22112 auf 50 Euro beschränkt.

2.95 Für die **Fertigung des Entwurfs** der Genehmigung fällt gem. Vorbem. 2.2 II KV i.V.m. Vorbem. 2.4.1 I S. 2 KV GNotKG keine Gebühr an, wenn, wie vorliegend, bei demselben Notar bereits für eine Tätigkeit eine Vollzugsgebühr entstanden ist. Dies ist im Sachverhalt einschlägig.

Da die Vollzugsgebühr nach § 93 I S. 1 insgesamt nur einmal anfällt, ist **nach dem Sachverhalt die volle 0,5 Gebühr** nach Nr. 22110 KV **zu erheben**.

Bezüglich der Bewertung des elektronischen Vollzugs wird auf Rz. 2.1524 ff. verwiesen.

2.96 **Bemerkung:**

Beglaubigt der Notar, der den Entwurf wegen Vorbem. 2.2 II KV i.V.m. Vorbem. 2.4.1 I S. 2 KV GNotKG nicht abrechnen kann, **die Unterschrift unter seinem Entwurf**, so erhebt er dafür eine Beglaubigungsgebühr nach Nr. 25100 KV GNotKG. Vorbem. 2.4.1 II KV GNotKG steht dem nicht entgegen.[1] (Ausführlich s. Rz. 11.26)

2.97 **Pos. (3):**

Die Überwachung und Mitteilung der Kaufpreisfälligkeit und die Umschreibungsüberwachung (Ausfertigungssperre) gehören gemäß Nr. 22200 Anm. Nr. 2 KV bzw. Anm. Nr. 3 KV zu den **Betreuungstätigkeiten**.

2.98 Auch die Prüfung und Beachtung der Auszahlungsvoraussetzungen für das auf dem Notaranderkonto verwahrte Geld ist eine Betreuungstätigkeit, Nr. 22200 Anm. Nr. 4 KV.

2.99 Der Geschäftswert bestimmt sich gem. § 113 I nach dem Wert für das Beurkundungsverfahren.

Die **Betreuungsgebühr** fällt in jedem Verfahren nur einmal an, unabhängig von der Anzahl der vorzunehmenden Tätigkeiten, § 93 I S. 1.

2.100 **Pos. (4):**

Die **Überwachung** der **Auflage** der **Gläubigerin**, die diese mit der Übersendung der Löschungsbewilligung verbunden hat (**Treuhandauflage**), stellt eine weitere Betreuungstätigkeit dar, die weder eine Vollzugs- noch eine Betreuungsgebühr auslöst. Das GNotKG sieht hier in Nr. 22201 KV eine eigenständige (Treuhand-)Gebühr mit einem Gebührensatz von 0,5 vor.

Der Geschäftswert richtet sich gem. § 113 II nach dem **Sicherungsinteresse**. Dieses entspricht im Regelfall dem Betrag, den die Gläubigerin aus dem Schuldverhältnis noch an Ablöse fordern kann. Das schließt neben dem restlichen Schuldbetrag die **aufgelaufenen Zinsen (einschließlich Tageszinsen)** mit ein.

---

1 OLG Hamm, Beschl. v. 16.7.2015 – 15 W 152/15, ZNotP 2015, 277 = FGPrax 2015, 276.

Die Überwachung der ranggerechten Eintragung der Finanzierungsgrundschuld ist ein gebührenfreies Nebengeschäft. 2.101

Pos. (5): 2.102
Der Geschäftswert der Verwahrgebühr richtet sich gem. § 124 jeweils nach der Höhe des ausgezahlten Betrages. Zu erheben ist hier eine 1,0 Gebühr nach Nr. 25300 KV.

Die Verwahrgebühr entsteht für jede Auszahlung gesondert. Da es sich bei der Verwahrgebühr nicht um eine Verfahrensgebühr nach Hauptabschnitt 1 KV, sondern um die Gebühr eines sonstigen Geschäftes nach Hauptabschnitt 5 KV handelt, werden die Gebühren nebeneinander erhoben. Eine Addition der Geschäftswerte gem. § 35 I erfolgt nicht. 2.103

III. Kaufvertrag mit Hinzurechnungsposten und Bebauung auf Rechnung des Erwerbers

1. Vorbemerkung

Dieser Abschnitt befasst sich mit den Grundstückskaufverträgen, bei denen neben dem zu zahlenden Kaufpreis **weitere Nutzungen oder Leistungen** des Käufers vereinbart werden, die als sogenannte **Hinzurechnungsposten** nach § 47 GNotKG zu berücksichtigen sind, da sie einen Vermögensvorteil für den Verkäufer darstellen. Dies kann beispielsweise eine **Bauverpflichtung** sein, die sich unterschiedlich auf die Errichtung eines Wohngebäudes oder eines gewerblichen Gebäudes beziehen kann und entsprechend in § 50 Nr. 3a) bzw. b) GNotKG neu geregelt wurden. Davon zu unterscheiden ist die nach § 50 Nr. 4 GNotKG zu bewertende **Investitionsverpflichtung**, bei der es sich allerdings nicht nur um die Errichtung eines gewerblichen Bauwerks handeln darf. Aber auch die Verpflichtung zur Abführung eines möglichen **Mehrerlöses** oder zur Übernahme von **Vermessungskosten** oder fälligen **Erschließungskosten** sind Hinzurechnungsposten zum Kaufpreis. Werden bei den dazu vereinbarten Vertragsregelungen bedingte Leistungen oder Verpflichtungen begründet, so fließen diese mit einem Teilwert im Rahmen des § 36 I GNotKG in die Bewertung ein, z.B. Mehrerlösabführung in Höhe eines Prozentsatzes aus dem Kaufpreis. Übernommene Vermessungskosten oder fällige Erschließungskosten hingegen werden mit ihrer tatsächlichen Höhe in Ansatz gebracht, ggf. sind sie zu schätzen. 2.104

Als **Hinzurechnungsposten** gelten aber nicht immer nur Leistungen, die seitens des Käufers erbracht werden. Auch **Nutzungen, die sich der Verkäufer vorbehält**, zählen dazu. Als Beispiel kann hier der Vorbehalt eines Nießbrauchs- oder Weiterbenutzungsrechts von Räumen genannt werden. Auch diese werden nach § 47 GNotKG zum nominellen Kaufpreis addiert. 2.105

Vom Käufer vor dem Kauf aber in Ansehung des Erwerbs erbrachte Investitionen sind nicht wertmindernd zu berücksichtigen. Das führt dazu, dass insbesondere beim Kauf von unvermessenen Grundstücken bei der später zu erklärenden Auflassung **zwischenzeitlich erfolgte Bebauungen** in den Geschäftswert 2.106

einfließen[1]. Selbiges gilt auch, wenn die Auflassung ausgesetzt wird und zwischen der Beurkundung des Vertrages und der Erklärung der Auflassung Wertveränderungen am Grundstück eingetreten sind.

2. Bestimmte schuldrechtliche Verpflichtungen als Werterhöhungsfaktoren (§ 50)

§ 50 Nr. 1 GNotKG

2.107 Wird die **Verfügungsbefugnis** über eine Sache oder ein Recht **eingeschränkt**, so bilden 10 % des Verkehrswertes dieser Sache bzw. dieses Rechtes den Wert der Erklärung.

§ 50 Nr. 2 GNotKG

2.108 Wird die **Nutzung einer Sache eingeschränkt**, so bilden 20 % des Verkehrswertes der Sache den Wert der Erklärung.

§ 50 Nr. 3 GNotKG

2.109 Hier ist die Bewertung von **Bauverpflichtungen** geregelt. Dabei wird zwischen **gewerblicher** und **privater** Bebauung **unterschieden**. Diese Unterscheidung knüpft nach der Gesetzesbegründung an die in dieser Frage zur KostO ergangene Rechtsprechung an. Sie zeichnet insbesondere die Auffassung des BGH nach. Zur Abgrenzung kann und muss diese Rechtsprechung auch weiterhin beachtet werden.

2.110 **Nr. 3a)** bestimmt für die Verpflichtung zu Errichtung von **Wohngebäuden** einen Betrag i.H.v. **20 % des Verkehrswertes des unbebauten Grundstücks** zum Wert der Erklärung.

2.111 **Nr. 3b)** bestimmt für die Verpflichtung zur Errichtung **gewerblich genutzter Bauwerke** einen Betrag i.H.v. **20 % der voraussichtlichen Baukosten** zum Wert der Erklärung.

2.112 Die Abgrenzung ist dort klar, wo entweder selbstgenutzte **Familienwohnheime** (**Nr. 3a**) oder reine **Gewerbeeinheiten** (**Nr. 3b**) errichtet werden.

2.113 Unproblematisch dürfte auch die Zuordnung von solchen **Wohngebäuden** sein, die **zur gewerblichen Vermietung bestimmt** sind. Hier ist unabhängig vom Wortlaut des Gesetzes Nr. 3a nicht einschlägig. Dies ergibt sich aus der von der bisherigen Rechtsprechung vorgezeichneten Unterscheidung. Dabei kommt es nicht darauf an, ob einzelne „Familienwohnheime" oder Wohnungen in Mehrparteienhäusern vermietet werden sollen.

2.114 Problematischer wird es bei **gemischter Bebauung**. Hier ist auf die **überwiegende (beabsichtigte) Nutzung abzustellen**. So wird die Produktionsstätte mit „Hausmeisterwohnung" ein gewerbliches Bauwerk (Nr. 3b) bleiben. Bei einer kleinen Einliegerwohnung oder einem Arbeitszimmer im Familienwohnheim wird auch weiter von einer privaten Nutzung (Nr. 3a) auszugehen sein.

---

[1] OLG Saarbrücken, Beschl. v. 25.6.2014 – 5 W 32/14, NotBZ 2014, 391 = MDR 2014, 1311.

III. Kaufvertrag mit Hinzurechnungsposten

§ 50 Nr. 4 GNotKG

Hier ist die Bewertung von **Verpflichtungen zur Investition** in den Vertragsgegenstand geregelt. Als Wert wird ein Betrag i.H.v. 20 % des Investitionsvolumens bestimmt. Regelmäßig richtet sich die Verpflichtung auf Investitionen in ein Grundstück zur Errichtung, bzw. der Sanierung oder Erweiterung von Produktionsstätten. In Abgrenzung zur reinen gewerblichen Bauverpflichtung (Nr. 3b) werden hier aber auch die Investitionen in Produktionsanlagen und Mobiliar usw. erfasst.

2.115

Auch die **Verpflichtung** zur Schaffung und/oder Erhaltung von **Arbeitsplätzen** unterfällt Nr. 4 (ausführlich vgl. Rz. 2.172).

2.116

3. Vorbehaltene Nutzungen des Verkäufers

→ **Fall 6: Kaufvertrag mit vorbehaltenem Wohnungsrecht des Verkäufers**

A. Sachverhalt

Der Notar beurkundet einen Grundstückskaufvertrag über ein Grundstück mit Auflassung zu einem Kaufpreis von 150 000 Euro. Der Verkäufer (81 Jahre alt), der mit dem Käufer (40 Jahre alt) nicht verwandt ist, **behält sich ein lebenslanges unbeschränktes Wohnungsrecht am Vertragsobjekt vor**, wonach er unter Ausschluss des Eigentümers dauerhaft das gesamte Obergeschoss des Hauses nutzen kann. Der Wert des Wohnungsrechts für den Berechtigten beträgt 500 Euro monatlich. Verkäufer und Käufer bewilligen und beantragen die **Eintragung** eines entsprechenden Wohnungsrechts (beschränkt-persönliche Dienstbarkeit) in das **Grundbuch**.

2.117

Des Weiteren holt der Notar das **Negativattest** der Gemeinde nach **§ 28 BauGB** und die **Genehmigung nach der GVO** ein. Er übernimmt außerdem die **Fälligkeitsmitteilung** hinsichtlich der Kaufpreiszahlung und die **Umschreibungsüberwachung** in der Form der Ausfertigungssperre.

B. Rechnung

Pos.	Gebührentatbestände	Geschäftswert	KV-Nr.	Satz	Betrag
(1)	Beurkundungsverfahren (§§ 47 S. 1, 2, 52 I, IV, 97 III): – Kaufpreis: 150 000 – Nutzungsvorbehalt: 30 000	180 000	21100	2,0	816,00
(2)	Vollzug (Vorbem. 2.2.1.1 I Nr. 1; § 112) (Einholung Negativattest nach § 28 BauGB, Genehmigung nach GVO)	180 000	22110, 22112	0,5	204,00 2 × 50,00 = 100,00
(3)	Betreuung (§ 113 I) (Überwachung und Mitteilung Kaufpreisfälligkeit, Umschreibungsüberwachung)	180 000	22200 Anm. Nr. 2, 3	0,5	204,00

2.118

C. Erläuterungen

2.119 **Pos. (1):**

Der Geschäftswert wird durch den Kaufpreis bestimmt. Zu diesem werden alle weiteren Leistungen des Käufers, die dieser in Ansehung des Erwerbs erbringen muss, addiert. Vorliegend wird vereinbart, dass der Käufer auch das Wohnungsrecht, das sich der Verkäufer vorbehält, dulden muss. Diese vorbehaltene Nutzung des Verkäufers ist gem. § 47 S. 2 Alt. 1 dem Kaufpreis hinzuzurechnen.

2.120 Das **Wohnungsrecht** ist eine wiederkehrende Leistung. Die Ausübung wird auf die Lebenszeit des (81jährigen) Berechtigten beschränkt. Der Geschäftswert bestimmt sich nach § 52 IV, wonach der **Wert** der Dienstbarkeit in den ersten 5 Jahren maßgeblich ist. Somit beträgt der Wert des Wohnungsrechts hier 30 000 Euro (500 Euro × 12 Monate × 5 Jahre).

2.121 Der Geschäftswert des Kaufvertrags bestimmt sich somit auf insgesamt 180 000 Euro (150 000 Euro Kaufpreis + 30 000 Euro Wohnungsrecht).

2.122 **Pos. (2):**

Die **Vollzugsgebühr beträgt grundsätzlich** 0,5 nach Nr. 22110 KV. Der Geschäftswert bestimmt sich gem. § 112 nach dem Wert des Beurkundungsverfahrens.

2.123 Handelt es sich aber ausschließlich um die Einholung öffentlich-rechtlicher Genehmigungen, so ist diese Gebühr gem. Nr. 22112 KV auf 50 Euro pro einzuholender Genehmigung **beschränkt**. Nach dem Sachverhalt sind das **Negativattest** der Gemeinde **nach § 28 BauGB** sowie die **Genehmigung nach GVO** einzuholen. Beide Tätigkeiten gehören zum Vollzug nach Vorbemerkung 2.2.1.1 I S. 2 Nr. 1 KV. Insgesamt sind nach dem Sachverhalt also 100 Euro (2 × 50 Euro) zu erheben, denn die 0,5 Gebühr nach Nr. 22110 KV GNotKG aus 180 000 Euro (= 204,00 Euro) ist höher.

Die Vollzugsgebühr fällt nach § 93 I S. 1 nur einmal an, unabhängig von der Anzahl der vorzunehmenden Tätigkeiten.

Bezüglich der Bewertung des elektronischen Vollzugs wird auf Rz. 2.1524 ff. verwiesen.

2.124 **Pos. (3):**

Die Überwachung und Mitteilung der Kaufpreisfälligkeit und die Umschreibungsüberwachung (Ausfertigungssperre) gehören gemäß Nr. 22200 Anm. Nr. 2 bzw. Anm. Nr. 3 KV zu den **Betreuungstätigkeiten**. Der Geschäftswert bestimmt sich gem. § 113 I nach dem Wert für das Beurkundungsverfahren.

Die **Betreuungsgebühr** fällt in jedem Verfahren nur einmal an, unabhängig von der Anzahl der vorzunehmenden Tätigkeiten, § 93 I S. 1.

III. Kaufvertrag mit Hinzurechnungsposten

→ **Fall 7: Kaufvertrag mit vom Verkäufer nach Besitzübergang einbehaltener Miete**

A. Sachverhalt

Der Notar beurkundet einen Grundstückskaufvertrag über ein Grundstück mit Auflassung zu einem **Kaufpreis von 250 000 Euro**. Vereinbart wird auch die **Einbehaltung der Miete nach Besitzübergang** i.H.v. jährlich 1000 Euro für die Dauer von 10 Jahren.

Des Weiteren holt der Notar das **Negativattest** der Gemeinde nach § 28 BauGB und die **Genehmigung nach der GVO** ein. Er übernimmt außerdem die **Fälligkeitsmitteilung** hinsichtlich der Kaufpreiszahlung und die **Umschreibungsüberwachung** in der Form der Ausfertigungssperre.

2.125

B. Rechnung

2.126

Pos.	Gebührentatbestände	Geschäftswert	KV-Nr.	Satz	Betrag
(1)	Beurkundungsverfahren (§§ 47, 97 III): – Kaufpreis: 250 000 – Nutzungsvorbehalt: 10 000	260 000	21100	2,0	1070,00
(2)	Vollzug (Vorbem. 2.2.1.1 I Nr. 1; § 112) (Einholung Negativattest nach § 28 BauGB, Genehmigung nach GVO)	260 000	22110, 22112	0,5	~~267,50~~ 2 × 50,00 = 100,00
(3)	Betreuung (§ 113 I) (Überwachung und Mitteilung Kaufpreisfälligkeit, Umschreibungsüberwachung)	260 000	22200 Anm. Nr. 2, 3	0,5	267,50

C. Erläuterungen

Pos. (1):

2.127

Der Geschäftswert wird gem. §§ 97 III, 47 S. 1 durch den Kaufpreis bestimmt. Zu diesem wird gem. § 47 S. 2 die vom Verkäufer einbehaltene Miete hinzugerechnet.

Bei der vom Verkäufer **einbehaltenen Miete** handelt es sich um eine wiederkehrende Leistung i.S.v. § 52. Maßgebend ist der auf die Dauer des Rechts entfallende Wert. Nach § 52 I und II beträgt er 10 000 Euro (1000 Euro × 10 Jahre).

2.128

Da Gegenstand der Erklärung nicht der Mietvertrag selbst ist, es sich nicht um das Verhältnis Mieter – Vermieter, sondern dasjenige zwischen Verkäufer und Käufer handelt, ist hier § 99 I nicht einschlägig.

2.129

Der Wert des Kaufvertrags beträgt somit insgesamt 260 000 Euro (250 000 Euro Kaufpreis zuzüglich 10 000 Euro einbehaltener Miete).

2.130

2.131 Pos. (2):

Die **Vollzugsgebühr beträgt grundsätzlich** 0,5 nach Nr. 22110 KV. Der Geschäftswert bestimmt sich gem. § 112 nach dem Wert des Beurkundungsverfahrens.

2.132 Handelt es sich aber ausschließlich um die Einholung öffentlich-rechtlicher Genehmigungen, so ist diese Gebühr gem. Nr. 22112 KV auf 50 Euro pro einzuholender Genehmigung **beschränkt**. Nach dem Sachverhalt sind das **Negativattest der Gemeinde nach § 28 BauGB** sowie die **Genehmigung nach GVO** einzuholen. Beide Tätigkeiten gehören zum Vollzug nach Vorbemerkung 2.2.1.1 I S. 2 Nr. 1 KV. Insgesamt sind nach dem Sachverhalt also 100 Euro (2 × 50 Euro) zu erheben, denn die 0,5 Gebühr nach Nr. 22110 KV GNotKG aus 260 000 Euro (= 267,50 Euro) ist höher.

Die Vollzugsgebühr fällt nach § 93 I S. 1 nur einmal an, unabhängig von der Anzahl der vorzunehmenden Tätigkeiten.

Bezüglich der Bewertung des elektronischen Vollzugs wird auf Rz. 2.1524 ff. verwiesen.

2.133 Pos. (3):

Die Überwachung und Mitteilung der Kaufpreisfälligkeit und die Umschreibungsüberwachung (Ausfertigungssperre) gehören gemäß Nr. 22200 Anm. Nr. 2 bzw. Anm. Nr. 3 KV zu den Betreuungstätigkeiten. Der Geschäftswert bestimmt sich gem. § 113 I nach dem Wert für das Beurkundungsverfahren. Diese Gebühr fällt in jedem Verfahren nur einmal an, unabhängig von der Anzahl der vorzunehmenden Tätigkeiten, § 93 I S. 1.

4. Leistungen des Käufers über die Kaufpreiszahlung hinaus

→ **Fall 8: Kaufvertrag mit schuldrechtlichem Verfügungsverbot**

A. Sachverhalt

2.134 Der Notar beurkundet einen Grundstückskaufvertrag über ein Grundstück mit Auflassung zu einem **Kaufpreis von 200 000 Euro** (= Verkehrswert). Vereinbart wird auch ein **schuldrechtliches Verfügungsverbot (Veräußerungs- und Belastungsverbot)** des Käufers gegenüber dem Verkäufer.

Des Weiteren holt der Notar das **Negativattest** der Gemeinde nach **§ 28 BauGB** und die **Genehmigung nach der GVO** ein. Er übernimmt außerdem die **Fälligkeitsmitteilung** hinsichtlich der Kaufpreiszahlung und die **Umschreibungsüberwachung** in der Form der Ausfertigungssperre.

III. Kaufvertrag mit Hinzurechnungsposten

B. Rechnung

2.135

Pos.	Gebührentatbestände	Geschäftswert	KV-Nr.	Satz	Betrag
(1)	Beurkundungsverfahren (§§ 47, 97 III, 50 Nr. 1): – Kaufpreis: 200 000 – Veräußerungs- und Belastungsverbot: 20 000	220 000	21100	2,0	970,00
(2)	Vollzug (Vorbem. 2.2.1.1 I Nr. 1; § 112) (Einholung Negativattest nach § 28 BauGB, Genehmigung nach GVO)	220 000	22110, 22112	0,5	~~242,50~~ 2 × 50,00 = 100,00
(3)	Betreuung (§ 113 I) (Überwachung und Mitteilung Kaufpreisfälligkeit, Umschreibungsüberwachung)	220 000	22200 Anm. Nr. 2, 3	0,5	242,50

C. Erläuterungen

Pos. (1):

2.136

Der Geschäftswert wird gem. § 47 S. 1 durch den Kaufpreis bestimmt. Zu diesem werden gem. § 47 S. 2 alle weiteren Leistungen des Käufers, die dieser in Ansehung des Erwerbs erbringen muss, addiert. Vorliegend ist dies das Verfügungsverbot (**Veräußerungs- und Belastungsverbot**).

Das **Verfügungsverbot** ist eine schuldrechtliche Verpflichtung i.S. von § 50 Nr. 1. Als Wert sind 10 % des Verkehrswertes des betroffenen Gegenstandes, hier des Grundstücks, maßgeblich. Er beträgt hier 20 000 Euro.

2.137

Bemerkungen:

2.138

Ein **Rückübertragungsrecht** für den Verkäufer, welches dieser bei Verletzung der Verpflichtung ausüben kann, dient der Sicherung von Vertragsbestimmungen. Es betrifft daher denselben Gegenstand gemäß § 109 I S. 1–3, 5.[1] Eine gesonderte Bewertung kommt nicht in Betracht (Rz. 2.143, 2.147).

Eine – hier nicht einschlägige – dingliche Verfügungsbeschränkung ist nach § 51 II mit 30 % des betroffenen Gegenstandes zu bewerten (Rz. 2.418 ff.).

2.139

Pos. (2):

2.140

Die **Vollzugsgebühr beträgt grundsätzlich** 0,5 nach Nr. 22110 KV. Der Geschäftswert bestimmt sich gem. § 112 nach dem Wert des Beurkundungsverfahrens.

Handelt es sich aber ausschließlich um die Einholung öffentlich-rechtlicher Genehmigungen, so ist diese Gebühr gem. Nr. 22112 KV auf 50 Euro pro einzuholender Genehmigung **beschränkt**. Nach dem Sachverhalt sind das **Negativattest**

2.141

---
1 Begr.RegE, BT-Drs. 17/11471, zu § 50, S. 17.

der Gemeinde **nach § 28 BauGB** sowie die **Genehmigung nach GVO** einzuholen. Beide Tätigkeiten gehören zum Vollzug nach Vorbemerkung 2.2.1.1 I S. 2 Nr. 1 KV. Insgesamt sind nach dem Sachverhalt also 100 Euro (2 × 50 Euro) zu erheben, denn die 0,5 Gebühr nach Nr. 22110 KV GNotKG aus 220 000 Euro (= 242,50 Euro) ist höher.

Die Vollzugsgebühr fällt nach § 93 I S. 1 nur einmal an, unabhängig von der Anzahl der vorzunehmenden Tätigkeiten.

Bezüglich der Bewertung des elektronischen Vollzugs wird auf Rz. 2.1524 ff. verwiesen.

2.142 **Pos. (3):**

Die Überwachung und Mitteilung der Kaufpreisfälligkeit und die Umschreibungsüberwachung (Ausfertigungssperre) gehören gemäß Nr. 22200 Anm. Nr. 2 KV bzw. Anm. Nr. 3 KV zu den Betreuungstätigkeiten. Der Geschäftswert bestimmt sich gem. § 113 I nach dem Wert für das Beurkundungsverfahren.

Diese Gebühr fällt in jedem Verfahren nur einmal an, unabhängig von der Anzahl der vorzunehmenden Tätigkeiten, § 93 I S. 1.

→ Fall 9: Kaufvertrag mit Selbstnutzungsverpflichtung

A. Sachverhalt

2.143 Der Notar beurkundet einen **Grundstückskaufvertrag** über ein Grundstück mit Auflassung zu einem Kaufpreis von 120 000 Euro (= Verkehrswert). Verkäufer ist die Gemeinde. Das Grundstück ist bereits **mit einem Wohngebäude bebaut**. Der **Käufer verpflichtet sich** für die nächsten 10 Jahre, das aufstehende Wohngebäude **selbst zu bewohnen** oder nur durch Familienangehörige bewohnen zu lassen. Für den Fall der Nichterfüllung der Verpflichtung wird der Gemeinde ein **Wiederkaufsrecht** eingeräumt, dass durch eine **Vormerkung** im Grundbuch gesichert wird.

Des Weiteren holt der Notar das **Negativattest** der Gemeinde nach **§ 28 BauGB** und die **Genehmigung nach der GVO** ein. Er übernimmt außerdem die **Fälligkeitsmitteilung** hinsichtlich der Kaufpreiszahlung und die **Umschreibungsüberwachung** in der Form der Ausfertigungssperre.

B. Rechnung

2.144

Pos.	Gebührentatbestände	Geschäftswert	KV-Nr.	Satz	Betrag
(1)	Beurkundungsverfahren (§§ 47, 97 III, 50 Nr. 1, 109 I S. 1–2, 94): – Kaufpreis: 120 000 – Selbstnutzungsverpflichtung: 24 000	144 000	21100	2,0	708,00

III. Kaufvertrag mit Hinzurechnungsposten

Pos.	Gebührentatbestände	Geschäfts-wert	KV-Nr.	Satz	Betrag
(2)	Vollzug (Vorbem. 2.2.1.1 I Nr. 1; § 112) (Einholung Negativattest nach § 28 BauGB, Genehmigung nach GVO)	144 000	22110, 22112	0,5	~~177,00~~ 2 × 50,00 = 100,00
(3)	Betreuung (§ 113 I) (Überwachung und Mitteilung Kaufpreisfälligkeit, Umschreibungsüberwachung)	144 000	22200 Anm. Nr. 2, 3	0,5	177,00

C. Erläuterungen

Pos. (1): 2.145
Der Wert des Grundstückskaufvertrages bestimmt sich gem. § 47 S. 1 nach dem Kaufpreis, dem gem. § 47 S. 2 der Wert einer vom Käufer übernommenen weiteren Leistung (schuldrechtliche Nutzungseinschränkung: hier Selbstnutzungsverpflichtung) hinzuzurechnen ist.

Die **Selbstnutzungsverpflichtung** ist eine **schuldrechtliche** Verpflichtung im Sinne von **§ 50 Nr. 2** Als Wert sind 20 % des Verkehrswertes des betroffenen Gegenstandes, hier des Grundstücks, maßgeblich. Er beträgt hier 24 000 Euro. 2.146

Das **Rückkaufsrecht** für den Verkäufer, welches dieser bei Verletzung der Verpflichtung ausüben kann, dient der Sicherung von Vertragsbestimmungen. Es betrifft daher denselben Gegenstand gemäß § 109 I S. 1–2, 5.[1] Die darauf gerichtete Vormerkung dient der sachenrechtlichen Sicherung des Rückkaufsrechts. Eine gesonderte Bewertung kommt in beiden Fällen nicht in Betracht. 2.147

Bemerkungen: 2.148
Der Wert eines **nicht im Zusammenhang mit einem Kaufvertrag** vereinbarten Wiederkaufsrechtes **bestimmt sich nach § 51 I S. 2** bzw. für die Vormerkung nach §§ 45 III i.V.m. 51 I S. 2. Danach ist die Hälfte des Grundstückswertes anzusetzen.

Wäre das Grundstück unbebaut, bestünde aber auch eine Bauverpflichtung, so würde sich der Wert der schuldrechtlichen Verpflichtung nach § 50 Nr. 2 nur aus 20 % des unbebauten Grundstücks bestimmen. 2.149

Pos. (2): 2.150
Die **Vollzugsgebühr** beträgt grundsätzlich 0,5 nach Nr. 22110 KV. Der Geschäftswert bestimmt sich gem. § 112 nach dem Wert des Beurkundungsverfahrens.

Handelt es sich aber ausschließlich um die Einholung öffentlich-rechtlicher Genehmigungen, so ist diese Gebühr gem. Nr. 22112 KV auf 50 Euro pro einzuholender Genehmigung **beschränkt**. Nach dem Sachverhalt sind das **Negativattest der Gemeinde nach § 28 BauGB** sowie die **Genehmigung nach GVO** einzuho- 2.151

---
1 Begründung RegE, BT-Drs. 17/11471, 170.

len. Beide Tätigkeiten gehören zum Vollzug nach Vorbemerkung 2.2.1.1 I S. 2 Nr. 1 KV. Insgesamt sind nach dem Sachverhalt also 100 Euro (2 × 50 Euro) zu erheben, denn die 0,5 Gebühr nach Nr. 22110 KV GNotKG aus 144 000 Euro (= 177,00 Euro) ist höher.

Die Vollzugsgebühr fällt nach § 93 I S. 1 nur einmal an, unabhängig von der Anzahl der vorzunehmenden Tätigkeiten.

Bezüglich der Bewertung des elektronischen Vollzugs wird auf Rz. 2.1524 ff. verwiesen.

2.152 **Pos. (3):**
Die Überwachung und Mitteilung der Kaufpreisfälligkeit und die Umschreibungsüberwachung (Ausfertigungssperre) gehören gemäß Nr. 22200 Anm. bzw. Anm. Nr. 3 KV zu den Betreuungstätigkeiten. Der Geschäftswert bestimmt sich gem. § 113 I nach dem Wert für das Beurkundungsverfahren.

Diese Gebühr fällt in jedem Verfahren nur einmal an, unabhängig von der Anzahl der vorzunehmenden Tätigkeiten, § 93 I S. 1.

→ **Fall 10: Kaufvertrag mit Bauverpflichtung Wohngebäude**

A. Sachverhalt

2.153 Der Notar beurkundet einen Kaufvertrag über ein Baugrundstück mit Auflassung zu einem Kaufpreis von 50 000 Euro. Verkäufer ist die Gemeinde. Der Käufer verpflichtet sich, innerhalb der nächsten 3 Jahre ein **Wohngebäude (Einfamilienhaus) zu errichten**. Die Baukosten betragen nach Angaben 200 000 Euro. Die Gemeinde behält sich im Fall der nicht fristgerechten Erfüllung der Bauverpflichtung durch den Käufer ein **Rückkaufsrecht** vor. Der Rückkaufspreis entspricht dem heutigen Kaufpreis. Zur Sicherung des Rückkaufsrechtes bewilligen und beantragen die Beteiligten die Eintragung einer **Rückauflassungsvormerkung**.

Des Weiteren holt der Notar das **Negativattest** der Gemeinde nach **§ 28 BauGB** und die **Genehmigung nach der GVO** ein. Er übernimmt außerdem die **Fälligkeitsmitteilung** hinsichtlich der Kaufpreiszahlung und die **Umschreibungsüberwachung** in der Form der Ausfertigungssperre.

B. Rechnung

2.154

Pos.	Gebührentatbestände	Geschäftswert	KV-Nr.	Satz	Betrag
(1)	Beurkundungsverfahren (§§ 47, 97 III, 50 Nr. 3a, 109 I 1–2, 94): – Kaufpreis: 50 000 – Bauverpflichtung: 10 000	60 000	21100	2,0	384,00
(2)	Vollzug (Vorbem. 2.2.1.1 I Nr. 1; § 112) (Einholung Negativattest nach § 28 BauGB, Genehmigung nach GVO)	60 000	22110	0,5	96,00

III. Kaufvertrag mit Hinzurechnungsposten

Pos.	Gebührentatbestände	Geschäftswert	KV-Nr.	Satz	Betrag
(3)	Betreuung (§ 113 I) (Überwachung und Mitteilung Kaufpreisfälligkeit, Umschreibungsüberwachung)	60 000	22200 Anm. Nr. 2, 3	0,5	96,00

C. Erläuterungen

Pos. (1): 2.155
Der Wert des Grundstückskaufvertrages bestimmt sich gem. § 47 S. 1 nach dem Kaufpreis, dem gem. § 47 S. 2 der Wert einer vom Käufer übernommenen weiteren Leistung (hier **Bauverpflichtung**) hinzuzurechnen ist:

Die Verpflichtung zur Errichtung eines selbstgenutzten Familienwohnheims ist eine **schuldrechtliche** Verpflichtung im Sinne von **§ 50 Nr. 3a**. Als Geschäftswert sind 20 % des Verkehrswertes des betroffenen Grundstücks maßgeblich. Er beträgt hier 10 000 Euro. 2.156

Das **Rückkaufsrecht** für den Verkäufer, welches dieser bei Verletzung der Verpflichtung ausüben kann, dient der Sicherung von Vertragsbestimmungen. Es betrifft daher denselben Gegenstand gemäß § 109 I S. 1–2, 5.[1] Die darauf gerichtete Vormerkung dient der der sachenrechtlichen Sicherung des Rückkaufsrechts. Eine gesonderte Bewertung kommt in beiden Fällen nicht in Betracht. Müsste man das Rückkaufsrecht als eine Art Vertragsstrafe qualifizieren, würde es wegen § 37 GNotKG ebenfalls keine weitere Gebühr auslösen. 2.157

Bemerkung: 2.158
Zur Bewertung einer gewerblichen Bauverpflichtung s. Rz. 2.164, 2.167.

Der Wert eines **nicht im Zusammenhang mit einem Kaufvertrag** vereinbarten Rückkaufsrechtes in der Gestalt eines Vorkaufs- oder Wiederkaufsrechtes **bestimmt sich nach § 51 I S. 2**. Danach ist die Hälfte des Grundstückswertes anzusetzen. 2.159

Pos. (2): 2.160
Die **Vollzugsgebühr beträgt grundsätzlich** 0,5 nach Nr. 22110 KV. Der Geschäftswert bestimmt sich gem. § 112 nach dem Wert des Beurkundungsverfahrens.

Das Einholen und Prüfungen des **Negativattestes** der Gemeinde nach § 28 BauGB sowie der Genehmigung nach **GVO** sind beides Vollzugstätigkeiten nach Vorbemerkung 2.2.1.1 I S. 2 Nr. 1 KV. 2.161

Da die 0,5 Vollzugsgebühr nach Nr. 22110 KV aus 60 000 Euro lediglich 96,00 Euro beträgt, also hinter der Beschränkung auf 100,00 Euro gem. Nr. 22112 KV zurückbleibt, kommt die Beschränkung nicht zum Tragen.[2] 2.162

---
1 Begründung RegE, BT-Drs. 17/11471, 170.
2 Siehe auch Rz. 2.25.

Die Vollzugsgebühr fällt nach § 93 I S. 1 nur einmal an, unabhängig von der Anzahl der vorzunehmenden Tätigkeiten.

Bezüglich der Bewertung des elektronischen Vollzugs wird auf Rz. 2.1524 ff. verwiesen.

2.163 **Pos. (3):**

Die Überwachung und Mitteilung der Kaufpreisfälligkeit und die Umschreibungsüberwachung (Ausfertigungssperre) gehören gemäß Nr. 22200 Anm. Nr. 2 KV bzw. Anm. Nr. 3 KV zu den Betreuungstätigkeiten. Der Geschäftswert bestimmt sich gem. § 113 I nach dem Wert für das Beurkundungsverfahren.

Diese Gebühr fällt in jedem Verfahren nur einmal an, unabhängig von der Anzahl der vorzunehmenden Tätigkeiten; § 93 I S. 1.

→ **Fall 11: Kaufvertrag mit Bauverpflichtung gewerbliches Gebäude**

A. Sachverhalt

2.164 Der Notar beurkundet einen Kaufvertrag über ein Gewerbegrundstück mit Auflassung zu einem Kaufpreis von 50 000 Euro. Verkäufer ist die Stadt. Der **Käufer verpflichtet sich**, innerhalb von 2 Jahren **ein gewerbliches Gebäude** (Tischlerei) **zu errichten** und diese betriebsfertig herzustellen. Die voraussichtlichen Baukosten betragen nach Angaben **500 000 Euro**. Sofern der Käufer seine Verpflichtungen nicht fristgerecht erfüllt, hat er eine **Vertragsstrafe** i.H.v. 20 % der Baukosten an den Verkäufer zu zahlen.

Des Weiteren holt der Notar das **Negativattest** der Gemeinde nach **§ 28 BauGB** und die **Genehmigung nach der GVO** ein. Er übernimmt außerdem die **Fälligkeitsmitteilung** hinsichtlich der Kaufpreiszahlung und die **Umschreibungsüberwachung** in der Form der Ausfertigungssperre.

B. Rechnung

2.165

Pos.	Gebührentatbestände	Geschäftswert	KV-Nr.	Satz	Betrag
(1)	Beurkundungsverfahren (§§ 47 S. 1, 2, 97 III, 50 Nr. 3b): – Kaufpreis: 50 000 – Bauverpflichtung: 100 000	150 000	21100	2,0	708,00
(2)	Vollzug (Vorbem. 2.2.1.1 I Nr. 1; § 112) (Einholung Negativattest nach § 28 BauGB, Genehmigung nach GVO)	150 000	22110, 22112	0,5	~~177,00~~ 2 × 50,00 = 100,00
(3)	Betreuung (§ 113 I) (Überwachung und Mitteilung Kaufpreisfälligkeit, Umschreibungsüberwachung)	150 000	22200 Anm. Nr. 2, 3	0,5	177,00

C. Erläuterungen

Pos. (1): 2.166

Der Wert des Grundstückskaufvertrages bestimmt sich gem. § 47 S. 1 nach dem Kaufpreis, dem gem. § 47 S. 2 der Wert einer vom Käufer übernommenen weiteren Leistung (hier **gewerbliche Bauverpflichtung**) hinzuzurechnen ist.

Der Wert einer **schuldrechtlichen Verpflichtung zur Errichtung eines gewerblichen Gebäudes** beträgt nach **§ 50 Nr. 3b)** 20 % der voraussichtlichen Baukosten (hier 20 % aus 500 000 Euro = 100 000 Euro). 2.167

Vertragsstrafen stellen **keinen** eigenen **Hinzurechnungsposten** dar und wirken sich auch nicht auf die Wertbestimmung der weiteren Leistungen aus. Sie bleiben nach § 37 I unberücksichtigt. 2.168

Pos. (2): 2.169

Die **Vollzugsgebühr** beträgt **grundsätzlich** 0,5 nach Nr. 22110 KV. Der Geschäftswert bestimmt sich gem. § 112 nach dem Wert des Beurkundungsverfahrens.

Handelt es sich aber ausschließlich um die Einholung öffentlich-rechtlicher Genehmigungen, so ist diese Gebühr gem. Nr. 22112 KV auf 50 Euro pro einzuholender Genehmigung **beschränkt**. Nach dem Sachverhalt sind das **Negativattest der Gemeinde nach § 28 BauGB** sowie die **Genehmigung nach GVO** einzuholen. Beide Tätigkeiten gehören zum Vollzug nach Vorbemerkung 2.2.1.1 I S. 2 Nr. 1 KV. Insgesamt sind nach dem Sachverhalt also 100 Euro (2 × 50 Euro) zu erheben, denn die 0,5 Gebühr nach Nr. 22110 KV GNotKG aus 150 000 Euro (= 177,00 Euro) ist höher. 2.170

Die Vollzugsgebühr fällt nach § 93 I S. 1 nur einmal an, unabhängig von der Anzahl der vorzunehmenden Tätigkeiten.

Bezüglich der Bewertung des elektronischen Vollzugs wird auf Rz. 2.1524 ff. verwiesen.

Pos. (3): 2.171

Die Überwachung und Mitteilung der Kaufpreisfälligkeit und die Umschreibungsüberwachung (Ausfertigungssperre) gehören gemäß Nr. 22200 Anm. Nr. 2 KV bzw. Anm. Nr. 3 KV zu den Betreuungstätigkeiten. Der Geschäftswert bestimmt sich gem. § 113 I nach dem Wert für das Beurkundungsverfahren.

Diese Gebühr fällt in jedem Verfahren nur einmal an, unabhängig von der Anzahl der vorzunehmenden Tätigkeiten; § 93 I S. 1.

→ **Fall 12: Kaufvertrag mit Investitionsverpflichtung und Arbeitsplatzgarantie**

A. Sachverhalt

Der Notar beurkundet einen **Kaufvertrag** über ein Grundstück zu einem Kaufpreis von 500 000 Euro, welches mit einer dreistöckigen Produktionshalle bebaut ist. Der **Käufer verpflichtet sich**, in diesen Standort **2 Mio. Euro zu investieren** und zusätzlich auf die Dauer von 2 Jahren **50 Vollzeitarbeitsplätze** (Bruttogehalt 2.172

inkl. Sozialversicherungsbeiträge 2500 Euro pro Arbeitsplatz) zu **schaffen und zu erhalten**.

2.173 Sofern der Käufer seine Investitionsverpflichtung nicht erfüllt, hat er an den Verkäufer eine Vertragsstrafe i.H.v. 10 % der Investitionssumme zu zahlen. Der Verkäufer behält sich außerdem für den Fall der Nichterfüllung ein **Rückkaufsrecht** vor. Zur Sicherung des Rückkaufsrechtes wird die Eintragung einer **Rückauflassungsvormerkung** bewilligt und beantragt.

Des Weiteren holt der Notar das **Negativattest** der Gemeinde nach § 28 BauGB und die **Genehmigung nach der GVO** ein. Er übernimmt außerdem die **Fälligkeitsmitteilung** hinsichtlich der Kaufpreiszahlung und die **Umschreibungsüberwachung** in der Form der Ausfertigungssperre.

B. Rechnung

2.174

Pos.	Gebührentatbestände	Geschäftswert	KV-Nr.	Satz	Betrag
(1)	Beurkundungsverfahren (§§ 47 S. 1, 2, 97 III, 50 Nr. 4: – Kaufpreis: 500 000 – Investitionsverpflichtung: 400 000 – Arbeitsplatzgarantie: 600 000	1 500 000	21100	2,0	5070,00
(2)	Vollzug (Vorbem. 2.2.1.1 I Nr. 1; § 112) (Einholung Negativattest nach § 28 BauGB, Genehmigung nach GVO)	1 500 000	22110, 22112	0,5	~~1267,50~~ 2 × 50,00 = 100,00
(3)	Betreuung (§ 113 I) (Überwachung und Mitteilung Kaufpreisfälligkeit, Umschreibungsüberwachung)	1 500 000	22200 Anm. Nr. 2, 3	0,5	1267,50

C. Erläuterungen

2.175 **Pos. (1):**

Der Wert des Grundstückskaufvertrages bestimmt sich gem. § 47 S. 1 nach dem Kaufpreis, dem gem. § 47 S. 2 der Wert der vom Käufer übernommenen weiteren Leistungen (hier **Investitionsverpflichtung und Arbeitsplatzgarantie**) hinzuzurechnen ist.

2.176 Die schuldrechtliche Verpflichtung, in den Vertragsgegenstand einen bestimmten Betrag zu investieren (**Investitionsverpflichtung**) ist als eine selbständige Leistung des Käufers dem Kaufpreis nach § 47 S. 2 hinzuzurechnen. Dies gilt auch dann, wenn die Investitionsvereinbarung nicht einklagbar wäre.

2.177 Gemäß **§ 50 Nr. 4** beträgt der Wert 20 % der Investitionssumme (hier 20 % aus 2 Mio. Euro = 400 000 Euro).

III. Kaufvertrag mit Hinzurechnungsposten

Die schuldrechtliche Verpflichtung zur **Schaffung und Erhaltung von Arbeitsplätzen** ist **ebenfalls** eine **Investitionsverpflichtung** und damit als weitere Leistung des Käufers dem Kaufpreis hinzuzurechnen.[1] Den Geschäftswert gemäß **§ 50 Nr. 4 bilden** 20 % der Investitionssumme, damit der voraussichtlichen Aufwendungen, die der Käufer für diese Verpflichtung aufzubringen hat (hier 2.500 Euro × 24 Monate × 50 garantierte Arbeitsplätze = 3 000 000 Euro, davon 20 % = 600 000 Euro).

2.178

Der Wert der Leistung des Käufers setzt sich daher wie folgt zusammen:

2.179

a) Kaufpreis 500 000 Euro

b) Investitionsverpflichtung 400 000 Euro

c) Arbeitsplatzgarantie 600 000 Euro

Vertragsstrafen stellen **keinen** eigenen **Hinzurechnungsposten** dar und wirken sich auch nicht auf die Wertbestimmung der weiteren Leistungen aus. Sie bleiben nach § 37 I unberücksichtigt.

2.180

Das **Rückkaufsrecht** für den Verkäufer, welches dieser bei Verletzung der Verpflichtung ausüben kann, dient der Sicherung von Vertragsbestimmungen. Es betrifft daher denselben Gegenstand gemäß § 109 I S. 1–3, 5.[2] Die darauf gerichtete Vormerkung dient der Sicherung des Sicherungsrechtes. Eine gesonderte Bewertung kommt in beiden Fällen nicht in Betracht. Müsste man das Rückkaufsrecht als eine Art Vertragsstrafe qualifizieren, würde es wegen § 37 GNotKG ebenfalls keine weitere Gebühr auslösen.

2.181

Bemerkungen:
Der Wert eines nicht im Zusammenhang mit eine Kaufvertrag vereinbarten Wiederkaufsrechtes bestimmt sich nach § 51 I S. 2 bzw. für die Vormerkung nach §§ 45 III i.V.m. 51 I S. 2. Danach ist die Hälfte des Grundstückswertes anzusetzen.

2.182

Pos. (2):
Die **Vollzugsgebühr beträgt grundsätzlich** 0,5 nach Nr. 22110 KV. Der Geschäftswert bestimmt sich gem. § 112 nach dem Wert des Beurkundungsverfahrens.

2.183

Handelt es sich aber ausschließlich um die Einholung öffentlich-rechtlicher Genehmigungen, so ist diese Gebühr gem. Nr. 22112 KV auf 50 Euro pro einzuholender Genehmigung **beschränkt**. Nach dem Sachverhalt sind das **Negativattest der Gemeinde nach § 28 BauGB** sowie die **Genehmigung nach GVO** einzuholen. Beide Tätigkeiten gehören zum Vollzug nach Vorbemerkung 2.2.1.1 I S. 2 Nr. 1 KV. Insgesamt sind nach dem Sachverhalt also 100 Euro (2 × 50 Euro) zu erheben, denn die 0,5 Gebühr nach Nr. 22110 KV GNotKG aus 1 500 000 Euro (= 1267,50 Euro) ist höher.

2.184

Die Vollzugsgebühr fällt nach § 93 I S. 1 nur einmal an, unabhängig von der Anzahl der vorzunehmenden Tätigkeiten.

Bezüglich der Bewertung des elektronischen Vollzugs wird auf Rz. 2.1524 ff. verwiesen.

---
1 LG Cottbus, Beschl. v. 14.9.2015 – 7 OH 14/14, NotBZ 2016, 154.
2 Begründung RegE, BT-Drs. 17/11471, 170.

2.185 **Pos. (3):**

Die Überwachung und Mitteilung der Kaufpreisfälligkeit und die Umschreibungsüberwachung (Ausfertigungssperre) gehören gemäß Nr. 22200 Anm. Nr. 2 bzw. Anm. Nr. 3 KV zu den Betreuungstätigkeiten. Der Geschäftswert bestimmt sich gem. § 113 I nach dem Wert für das Beurkundungsverfahren.

Diese Gebühr fällt in jedem Verfahren nur einmal an, unabhängig von der Anzahl der vorzunehmenden Tätigkeiten; § 93 I S. 1.

→ **Fall 13: Kaufvertrag mit Übernahme der Vermessungskosten**

A. Sachverhalt

2.186 Der Notar beurkundet einen **Kaufvertrag über ein Grundstück** mit Auflassung zu einem Kaufpreis von 100 000 Euro. Der Käufer erklärt die **Übernahme der Kosten** der **Vermessung**, die der Verkäufer in Auftrag gegeben hat. Diese betragen nach Angaben 3000 Euro.

Des Weiteren holt der Notar das **Negativattest** der Gemeinde nach **§ 28 BauGB** und die **Genehmigung nach der GVO** ein. Er übernimmt außerdem die **Fälligkeitsmitteilung** hinsichtlich der Kaufpreiszahlung und die **Umschreibungsüberwachung** in der Form der Ausfertigungssperre.

B. Rechnung

2.187

Pos.	Gebührentatbestände	Geschäftswert	KV-Nr.	Satz	Betrag
(1)	Beurkundungsverfahren (§§ 47, 97 III, I): – Kaufpreis: 100 000 – Übernahme Vermessungskosten: 3000	103 000	21100	2,0	546,00
(2)	Vollzug (Vorbem. 2.2.1.1 I Nr. 1; § 112) (Einholung Negativattest nach § 28 BauGB, Genehmigung nach GVO)	103 000	22110, 22112	0,5	~~136,50~~ 2 × 50,00 = 100,00
(3)	Betreuung (§ 113 I) (Überwachung und Mitteilung Kaufpreisfälligkeit, Umschreibungsüberwachung)	103 000	22200 Anm. Nr. 2, 3	0,5	136,50

C. Erläuterungen

2.188 **Pos. (1):**

Der Geschäftswert wird gem. § 47 S. 1 durch den Kaufpreis bestimmt Zu diesem werden gem. § 47 S. 2 alle weiteren Leistungen des Käufers, die dieser in Ansehung des Erwerbs erbringen muss, hier die **übernommenen Vermessungskosten**, addiert.

III. Kaufvertrag mit Hinzurechnungsposten

Die **Übernahme der Vermessungskosten**, die gesetzlich nach § 448 I BGB als Kosten der Übergabe dem Verkäufer zur Last fallen, stellt eine weitere Leistung des Käufers dar, die dem Kaufpreis hinzuzurechnen ist. Die Höhe der Vermessungskosten ist im Rahmen der §§ 97 I, 36 I zu schätzen, sofern keine ausreichenden Anhaltspunkte vorliegen. Hier betragen diese nach Angaben 3000 Euro.

Pos. (2):

Die **Vollzugsgebühr beträgt grundsätzlich** 0,5 nach Nr. 22110 KV. Der Geschäftswert bestimmt sich gem. § 112 nach dem Wert des Beurkundungsverfahrens.

Handelt es sich aber ausschließlich um die Einholung öffentlich-rechtlicher Genehmigungen, so ist diese Gebühr gem. Nr. 22112 KV auf 50 Euro pro einzuholender Genehmigung **beschränkt**. Nach dem Sachverhalt sind das **Negativattest** der Gemeinde **nach § 28 BauGB** sowie die **Genehmigung nach GVO** einzuholen. Beide Tätigkeiten gehören zum Vollzug nach Vorbemerkung 2.2.1.1 I S. 2 Nr. 1 KV. Insgesamt sind nach dem Sachverhalt also 100 Euro (2 × 50 Euro) zu erheben, denn die 0,5 Gebühr nach Nr. 22110 KV GNotKG aus 103 000 Euro (= 136,50 Euro) ist höher.

Die Vollzugsgebühr fällt nach § 93 I S. 1 nur einmal an, unabhängig von der Anzahl der vorzunehmenden Tätigkeiten.

Bezüglich der Bewertung des elektronischen Vollzugs wird auf Rz. 2.1524 ff. verwiesen.

Pos. (3):

Die Überwachung und Mitteilung der Kaufpreisfälligkeit und die Umschreibungsüberwachung (Ausfertigungssperre) gehören gemäß Nr. 22200 Anm. Nr. 2 KV bzw. Anm. Nr. 3 KV zu den Betreuungstätigkeiten. Der Geschäftswert bestimmt sich gem. § 113 I nach dem Wert für das Beurkundungsverfahren.

Diese Gebühr fällt in jedem Verfahren nur einmal an, unabhängig von der Anzahl der vorzunehmenden Tätigkeiten, § 93 I S. 1.

→ **Fall 14: Kaufvertrag mit Übernahme der Erschließungskosten**

A. Sachverhalt

Der Notar beurkundet einen **Kaufvertrag über ein Grundstück** mit Auflassung zu einem Kaufpreis von 100 000 Euro. Der **Käufer übernimmt schuldbefreiend die bereits bestehende Zahlungsverpflichtung des Verkäufers bezüglich der Erschließungskosten** nach dem BauGB (nebst sonstige Anliegerbeiträge und Anschlusskosten). Diese betragen nach Angaben insgesamt 20 000 Euro.

Des Weiteren holt der Notar das **Negativattest der Gemeinde nach § 28 BauGB** und die **Genehmigung nach der GVO** ein. Er übernimmt außerdem die **Fälligkeitsmitteilung** hinsichtlich der Kaufpreiszahlung und die **Umschreibungsüberwachung** in der Form der Ausfertigungssperre.

B. Rechnung

Pos.	Gebührentatbestände	Geschäfts-wert	KV-Nr.	Satz	Betrag
(1)	Beurkundungsverfahren (§§ 47, 97 I, III): – Kaufpreis: 100 000 – Übernahme Erschließungskosten: 20 000	120 000	21100	2,0	600,00
(2)	Vollzug (Vorbem. 2.2.1.1 I Nr. 1; § 112) (Einholung Negativattest nach § 28 BauGB, Genehmigung nach GVO)	120 000	22110, 22112	0,5	~~150,00~~ 2 × 50,00 = 100,00
(3)	Betreuung (§ 113 I) (Überwachung und Mitteilung Kaufpreisfälligkeit, Umschreibungsüberwachung)	120 000	22200 Anm. Nr. 2, 3	0,5	150,00

C. Erläuterungen

2.195 **Pos. (1):**

Der Geschäftswert wird gem. § 47 S. 1 durch den Kaufpreis bestimmt. Zu diesem werden alle weiteren Leistungen des Käufers, die dieser in Ansehung des Erwerbs erbringen muss, hier die **übernommenen Erschließungskosten**, addiert, § 47 S. 2.

2.196 Bei der kostenrechtlichen Betrachtung von schuldrechtlichen Vereinbarungen über Erschließungskosten kommt es entscheidend darauf an, ob diese zum Zeitpunkt **bereits fällig gestellt waren oder nicht**.

2.197 **Wurden sie bereits fällig gestellt**, besteht also eine konkrete Zahlungspflicht des Verkäufers, so stellt die schuldbefreiende Übernahme der Erschließungskosten eine weitere Leistung des Käufers dar, die dem Kaufpreis **hinzuzurechnen** ist. Der Geschäftswert bestimmt sich nach der vollen Höhe der übernommenen Erschließungskosten, § 97 I.

2.198 **Anders** verhält es sich, **wenn** erklärt wird, dass **künftig fällig werdende** Erschließungskosten durch den Erwerber zu tragen sind. Da diese unabhängig vom Zeitpunkt ihrer Entstehung beim Eigentümer erhoben werden,[1] sind sie dann keine weitere Leistung und nicht dem Kaufpreis hinzuzurechnen.

2.199 **Pos. (2):**

Die **Vollzugsgebühr beträgt grundsätzlich** 0,5 nach Nr. 22110 KV. Der Geschäftswert bestimmt sich gem. § 112 nach dem Wert des Beurkundungsverfahrens.

2.200 Handelt es sich aber ausschließlich um die Einholung öffentlich-rechtlicher Genehmigungen, so ist diese Gebühr gem. Nr. 22112 KV auf 50 Euro pro einzuho-

---

1 PrüfungsabteilungNotBZ 2007, 16.

lender Genehmigung **beschränkt**. Nach dem Sachverhalt sind das **Negativattest** der Gemeinde **nach § 28 BauGB** sowie die **Genehmigung nach GVO** einzuholen. Beide Tätigkeiten gehören zum Vollzug nach Vorbemerkung 2.2.1.1 I S. 2 Nr. 1 KV. Insgesamt sind nach dem Sachverhalt also 100 Euro (2 × 50 Euro) zu erheben, denn die 0,5 Gebühr nach Nr. 22110 KV GNotKG aus 120 000 Euro (= 150,00 Euro) ist höher.

Die Vollzugsgebühr fällt nach § 93 I S. 1 nur einmal an, unabhängig von der Anzahl der vorzunehmenden Tätigkeiten.

Bezüglich der Bewertung des elektronischen Vollzugs wird auf Rz. 2.1524 ff. verwiesen.

Pos. (3): 2.201

Die Überwachung und Mitteilung der Kaufpreisfälligkeit und die Umschreibungsüberwachung (Ausfertigungssperre) gehören gemäß Nr. 22200 Anm. Nr. 2 KV bzw. Anm. Nr. 22200 Nr. 3 KV zu den Betreuungstätigkeiten. Der Geschäftswert bestimmt sich gem. § 113 I nach dem Wert für das Beurkundungsverfahren.

Diese Gebühr fällt in jedem Verfahren nur einmal an, unabhängig von der Anzahl der vorzunehmenden Tätigkeiten, § 93 I S. 1.

→ **Fall 15: Kaufvertrag mit Abrissverpflichtung**

A. Sachverhalt

Der Notar beurkundet einen Kaufvertrag über ein mit einem abrissreifen Gebäude bebautes Grundstück mit Auflassung zu einem Kaufpreis von 1 Euro. **Der Käufer verpflichtet sich, neben der Zahlung des Kaufpreises das Gebäude abzureißen.** Die **Abrisskosten** werden mit 30 000 Euro angegeben. Der Grundstücksverkehrswert liegt unter diesem Wert. 2.202

Des Weiteren holt der Notar das **Negativattest** der Gemeinde nach **§ 28 BauGB** und die **Genehmigung nach der GVO** ein. Er übernimmt außerdem die **Fälligkeitsmitteilung** hinsichtlich der Kaufpreiszahlung und die **Umschreibungsüberwachung** in der Form der Ausfertigungssperre.

B. Rechnung

Pos.	Gebührentatbestände	Geschäftswert	KV-Nr.	Satz	Betrag
(1)	Beurkundungsverfahren (§§ 47, 97 III, I): – Kaufpreis: 1,0 – Abrissverpflichtung: 30 000	30 001	21100	2,0	270,00
(2)	Vollzug (Vorbem. 2.2.1.1 I Nr. 1; § 112) (Einholung Negativattest nach § 28 BauGB, Genehmigung nach GVO)	30 001	22110	0,5	67,50

2.203

143

Pos.	Gebührentatbestände	Geschäfts-wert	KV-Nr.	Satz	Betrag
(3)	Betreuung (§ 113 I) (Überwachung und Mitteilung Kaufpreisfälligkeit, Umschreibungsüberwachung)	30 001	22200 Anm. Nr. 2, 3	0,5	67,50

C. Erläuterungen

2.204 **Pos. (1):**

Der Geschäftswert wird gem. § 47 S. 1 durch den Kaufpreis bestimmt. Zu diesem werden alle weiteren Leistungen des Käufers, die dieser in Ansehung des Erwerbs erbringen muss, hier die Abrissverpflichtung, addiert, § 47 S. 2.

2.205 Die **Abrissverpflichtung** stellt eine **selbständige Leistung** des Käufers neben der Verpflichtung zur Zahlung des Kaufpreises dar. Da der Verkehrswert des Grundstücks nach § 46 I hier hinter dem Wert der Leistungen des Käufers zurückbleibt, bildet die Summe der Leistungen des Käufers (Kaufpreis zzgl. Abrissverpflichtung) den Geschäftswert. Die Höhe der Abrissverpflichtung bestimmt sich gem. § 97 I in der Regel nach dem **Betrag der Aufwendungen** des Käufers (**Abrisskosten**). Ist die Höhe nicht angegeben, so ist sie gem. § 36 I zu schätzen.

2.206 **Bemerkung:**

Ist der Verkehrswert des Grundstücks höher als die Leistungen des Käufers (Kaufpreis + Abrisskosten), so ist gemäß § 47 Satz 3 der Verkehrswert als Geschäftswert maßgebend.

2.207 **Pos. (2):**

Die **Vollzugsgebühr beträgt grundsätzlich** 0,5 nach Nr. 22110 KV. Der Geschäftswert bestimmt sich gem. § 112 nach dem Wert des Beurkundungsverfahrens.

2.208 Handelt es sich aber um die Einholung öffentlich-rechtlicher Genehmigungen, so **beschränkt** sie sich gem. Nr. 22112 KV auf 50 Euro pro einzuholender Genehmigung. Im Sachverhalt sind das **Negativattest** der Gemeinde **nach § 28 BauGB** sowie die **Genehmigung nach GVO** einzuholen. Beide Tätigkeiten gehören zum Vollzug nach Vorbemerkung 2.2.1.1 I S. 2 Nr. 1 KV.

2.209 Da die 0,5 Vollzugsgebühr nach Nr. 22110 KV aus 30 001 Euro lediglich 67,50 Euro beträgt, also hinter der Beschränkung auf 100,00 Euro gem. Nr. 22112 KV zurückbleibt, kommt die Beschränkung nicht zum Tragen.[1]

Die Vollzugsgebühr fällt nach § 93 I S. 1 nur einmal an, unabhängig von der Anzahl der vorzunehmenden Tätigkeiten.

Bezüglich der Bewertung des elektronischen Vollzugs wird auf Rz. 2.1524 ff. verwiesen.

---

[1] Siehe auch Rz. 2.25.

III. Kaufvertrag mit Hinzurechnungsposten

Pos. (3): 2.210

Die Überwachung und Mitteilung der Kaufpreisfälligkeit und die Umschreibungsüberwachung (Ausfertigungssperre) gehören gemäß Nr. 22200 Anm. Nr. 2 bzw. Anm. Nr. 3 KV zu den Betreuungstätigkeiten. Der Geschäftswert bestimmt sich gem. § 113 I nach dem Wert für das Beurkundungsverfahren.

Diese Gebühr fällt in jedem Verfahren nur einmal an, unabhängig von der Anzahl der vorzunehmenden Tätigkeiten, § 93 I S. 1.

→ **Fall 16: Kaufvertrag mit bedingter Aufzahlungsverpflichtung**

A. Sachverhalt

Der Notar beurkundet einen **Kaufvertrag** über ein bebautes Grundstück mit Auflassung zu einem Kaufpreis von 300 000 Euro. Der Käufer verpflichtet sich neben der Zahlung des Kaufpreises i.H.v. 300 000 Euro zu einer **Nachzahlung i.H.v. 10 % des Kaufpreises** (somit 30 000 Euro), **falls** durch den Bebauungsplan eine höhere bauliche Ausnutzung möglich ist, namentlich durch eine höhere Geschossflächenzahl. 2.211

Des Weiteren holt der Notar das **Negativattest** der Gemeinde nach **§ 28 BauGB** und die **Genehmigung nach der GVO** ein. Er übernimmt außerdem die **Fälligkeitsmitteilung** hinsichtlich der Kaufpreiszahlung und die **Umschreibungsüberwachung** in der Form der Ausfertigungssperre.

B. Rechnung

Pos.	Gebührentatbestände	Geschäftswert	KV-Nr.	Satz	Betrag
(1)	Beurkundungsverfahren (§§ 47, 97 III, 36 I): – Kaufpreis: 300 000 – Nachzahlungsverpflichtung: 6000	306 000	21100	2,0	1270,00
(2)	Vollzug (Vorbem. 2.2.1.1 I Nr. 1; § 112) (Einholung Negativattest nach § 28 BauGB, Genehmigung nach GVO)	306 000	22110, 22112	0,5	~~317,50~~ 2 × 50,00 = 100,00
(3)	Betreuung (§ 113 I) (Überwachung und Mitteilung Kaufpreisfälligkeit, Umschreibungsüberwachung)	306 000	22200 Anm. Nr. 2, 3	0,5	317,50

2.212

C. Erläuterungen

Pos. (1): 2.213

Der Geschäftswert wird gem. § 47 S. 1 durch den Kaufpreis bestimmt. Zu diesem werden alle weiteren Leistungen des Käufers, die dieser in Ansehung des Erwerbs erbringen muss, hier die bedingte **Nachzahlungsverpflichtung**, addiert, § 47 S. 2.

2.214 Die **bedingte Aufzahlungsverpflichtung** stellt eine **selbständige Leistung des Käufers** neben der Verpflichtung zur Zahlung des Kaufpreises dar. Unter Berücksichtigung der Wahrscheinlichkeit des Eintritts der Verpflichtung ist im Rahmen des § 36 I ein **Schätzwert** (10–30 %) in Ansatz zu bringen. Ausgangspunkt ist dabei nicht der Kaufpreis, sondern der Nachzahlungsbetrag.

2.215 Der Geschäftswert setzt sich im Sachverhalt wie folgt zusammen:

a) Kaufpreis 300 000 Euro

b) Aufzahlungsverpflichtung 6000 Euro (20 % aus dem Nachzahlungsbetrag)

Summe: 306 000 Euro

2.216 Pos. (2):

Die **Vollzugsgebühr beträgt grundsätzlich** 0,5 nach Nr. 22110 KV. Der Geschäftswert bestimmt sich gem. § 112 nach dem Wert des Beurkundungsverfahrens.

2.217 Handelt es sich aber ausschließlich um die Einholung öffentlich-rechtlicher Genehmigungen, so ist diese Gebühr gem. Nr. 22112 KV auf 50 Euro pro einzuholender Genehmigung **beschränkt**. Nach dem Sachverhalt sind das **Negativattest der Gemeinde nach § 28 BauGB** sowie die **Genehmigung nach GVO** einzuholen. Beide Tätigkeiten gehören zum Vollzug nach Vorbemerkung 2.2.1.1 I S. 2 Nr. 1 KV. Insgesamt sind nach dem Sachverhalt also 100 Euro (2 × 50 Euro) zu erheben, denn die 0,5 Gebühr nach Nr. 22110 KV GNotKG aus 306 000 Euro (= 317,50 Euro) ist höher.

Die Vollzugsgebühr fällt nach § 93 I S. 1 nur einmal an, unabhängig von der Anzahl der vorzunehmenden Tätigkeiten.

Bezüglich der Bewertung des elektronischen Vollzugs wird auf Rz. 2.1524 ff. verwiesen.

2.218 Pos. (3):

Die Überwachung und Mitteilung der Kaufpreisfälligkeit und die Umschreibungsüberwachung (Ausfertigungssperre) gehören gemäß Nr. 22200 Anm. Nr. 2 bzw. Anm. Nr. 3 KV zu den Betreuungstätigkeiten. Der Geschäftswert bestimmt sich gem. § 113 I nach dem Wert für das Beurkundungsverfahren.

Diese Gebühr fällt in jedem Verfahren nur einmal an, unabhängig von der Anzahl der vorzunehmenden Tätigkeiten, § 93 I S. 1.

→ **Fall 17: Kaufvertrag mit Mehrerlösklausel**

A. Sachverhalt

2.219 Der Notar beurkundet einen **Kaufvertrag** über ein Grundstück mit Auflassung zu einem Kaufpreis von 90 000 Euro. **Sollte der Käufer** das Kaufgrundstück innerhalb von 10 Jahren ab heute **weiterveräußern**, so verpflichtet er sich, einen eventuellen **Mehrerlös** an den Verkäufer zu zahlen. Die Höhe des zu zahlenden Mehrerlöses bestimmt sich dabei nach der Differenz zwischen dem heute vereinbarten Kaufpreis und dem mit einem Dritten bei Weiterveräußerung vereinbarten Kaufpreis.

Des Weiteren holt der Notar das **Negativattest** der Gemeinde nach § 28 BauGB und die **Genehmigung nach der GVO** ein. Er übernimmt außerdem die **Fälligkeitsmitteilung** hinsichtlich der Kaufpreiszahlung und die **Umschreibungsüberwachung** in der Form der Ausfertigungssperre.

B. Rechnung

Pos.	Gebührentatbestände	Geschäftswert	KV-Nr.	Satz	Betrag
(1)	Beurkundungsverfahren (§§ 47, 97 III, 36 I): – Kaufpreis: 90 000 – Mehrerlösklausel: 9000	99 000	21100	2,0	546,00
(2)	Vollzug (Vorbem. 2.2.1.1 I Nr. 1; § 112) (Einholung Negativattest nach § 28 BauGB, Genehmigung nach GVO)	99 000	22110, 22112	0,5	~~136,50~~ 2 × 50,00 = 100,00
(3)	Betreuung (§ 113 I) (Überwachung und Mitteilung Kaufpreisfälligkeit, Umschreibungsüberwachung)	99 000	22200 Anm. Nr. 2, 3	0,5	136,50

2.220

C. Erläuterungen

Pos. (1):

2.221

Der Geschäftswert wird gem. § 47 S. 1 durch den Kaufpreis bestimmt. Zu diesem werden alle weiteren Leistungen des Käufers, die dieser in Ansehung des Erwerbs erbringen muss, hier die Verpflichtung zur Mehrerlösabführung (**Mehrerlösklausel**), addiert, § 47 S. 2.

Die **Mehrerlösklausel** stellt eine **selbständige bedingte Verpflichtung des Käufers** neben der Zahlung des Kaufpreises dar. Mangels anderer Anhaltspunkte und unter Berücksichtigung der Wahrscheinlichkeit des Eintritts der Verpflichtung ist im Rahmen des § 36 I ein Teilwert (10–30 %) aus dem vereinbarten Kaufpreis in Ansatz zu bringen, (hier 10 % aus 90 000 Euro).

2.222

Der Geschäftswert setzt sich im Sachverhalt wie folgt zusammen:

2.223

a) Kaufpreis 90 000 Euro

b) Mehrerlösklausel 9000 Euro (10 % aus dem heutigen Kaufpreis)

Summe: 99 000 Euro

Pos. (2):

2.224

Die **Vollzugsgebühr beträgt grundsätzlich** 0,5 nach Nr. 22110 KV. Der Geschäftswert bestimmt sich gem. § 112 nach dem Wert des Beurkundungsverfahrens.

Handelt es sich aber ausschließlich um die Einholung öffentlich-rechtlicher Genehmigungen, so ist diese Gebühr gem. Nr. 22112 KV auf 50 Euro pro einzuho-

2.225

lender Genehmigung **beschränkt**. Nach dem Sachverhalt sind das **Negativattest** der Gemeinde **nach § 28 BauGB** sowie die **Genehmigung nach GVO** einzuholen. Beide Tätigkeiten gehören zum Vollzug nach Vorbemerkung 2.2.1.1 I S. 2 Nr. 1 KV. Insgesamt sind nach dem Sachverhalt also 100 Euro (2 × 50 Euro) zu erheben, denn die 0,5 Gebühr nach Nr. 22110 KV GNotKG aus 99 000 Euro (= 136,50 Euro) ist höher.

Die Vollzugsgebühr fällt nach § 93 I S. 1 nur einmal an, unabhängig von der Anzahl der vorzunehmenden Tätigkeiten.

Bezüglich der Bewertung des elektronischen Vollzugs wird auf Rz. 2.1524 ff. verwiesen.

2.226 **Pos. (3):**

Die Überwachung und Mitteilung der Kaufpreisfälligkeit und die Umschreibungsüberwachung (Ausfertigungssperre) gehören gemäß Nr. 22200 Anm. Nr. 2 bzw. Anm. Nr. 3 KV zu den Betreuungstätigkeiten. Der Geschäftswert bestimmt sich gem. § 113 I nach dem Wert für das Beurkundungsverfahren.

Diese Gebühr fällt in jedem Verfahren nur einmal an, unabhängig von der Anzahl der vorzunehmenden Tätigkeiten, § 93 I S. 1.

5. Gebäude wurde auf Rechnung des Erwerbers errichtet

a) Vorbemerkung:

2.227 Die Vorschrift des § 20 I S. 2 Halbs. 2 KostO, wonach beim Kauf eines Grundstücks eine für Rechnung des Erwerbers vorgenommene Bebauung bei der Ermittlung des Wertes außer Betracht bleibt, wurde ins neue Recht nicht übernommen. Demnach bildet nach dem GNotKG der Verkehrswert des Grundstücks (also Grundstück zzgl. Gebäudewert) den Geschäftswert. Grundsätzlich ist zwar nach § 46 GNotKG vom Kaufpreis auszugehen, der durchzuführende Vergleich mit dem Verkehrswert besteht aber weiterhin, sodass der Verkehrswert dann den Geschäftswert bildet, wenn er höher ist (§ 47 S. 3 GNotKG).

b) Fallbeispiel

→ **Fall 18: Kaufvertrag über ein Grundstück, das Gebäude wurde auf Rechnung des Erwerbers errichtet**

A. Sachverhalt

2.228 Der Notar beurkundet einen Grundstückskaufvertrag über ein Grundstück mit Auflassung zu einem Kaufpreis von 50 000 Euro. Das aufstehende Gebäude (Wert: 10 000 Euro) wurde vor 3 Jahren **auf Rechnung des Erwerbers** errichtet, sodass der Grundstücksverkehrswert insgesamt 60 000 Euro beträgt.

Des Weiteren holt der Notar das **Negativattest** der Gemeinde nach **§ 28 BauGB** und die **Genehmigung nach der GVO** ein. Er übernimmt außerdem die **Fälligkeitsmitteilung** hinsichtlich der Kaufpreiszahlung und die **Umschreibungsüberwachung** in der Form der Ausfertigungssperre.

B. Rechnung

Pos.	Gebührentatbestände	Geschäfts-wert	KV-Nr.	Satz	Betrag
(1)	Beurkundungsverfahren (§§ 47, 97 III)	60 000	21100	2,0	384,00
(2)	Vollzug (Vorbem. 2.2.1.1 I Nr. 1; § 112) (Einholung Negativattest nach § 28 BauGB, Genehmigung nach GVO)	60 000	22110	0,5	96,00
(3)	Betreuung (§ 113 I) (Überwachung und Mitteilung Kaufpreisfälligkeit, Umschreibungsüberwachung)	60 000	22200 Anm. Nr. 2, 3	0,5	96,00

2.229

C. Erläuterungen

Pos. (1):

2.230

Der Geschäftswert wird durch den Kaufpreis bestimmt, § 47 S. 1. Ein Vergleich mit dem Verkehrswert des Grundstücks nach § 47 S. 3 ist nur dann erforderlich, wenn Anhaltspunkte für einen höheren Wert vorliegen.

Vorliegend folgt der Kaufpreis i.H.v. 50 000 Euro offensichtlich dem Wert des unbebauten Grundstücks, er bleibt also hinter dem Verkehrswert des Grundstücks i.H.v. 60 000 Euro, das auch die aufstehenden Gebäude als dessen wesentliche Bestandteile (§ 94 BGB) erfasst, zurück. Der **Geschäftswert des Kaufvertrags** (nebst Auflassung) beträgt daher gem. §§ 47 S. 3, 97 III 60 000 Euro. **Unbeachtlich** ist, dass der **Käufer** die **Errichtung** des **Bauwerks** selbst finanziert hat.

2.231

Pos. (2):

2.232

Die **Vollzugsgebühr beträgt grundsätzlich** 0,5 nach Nr. 22110 KV. Der Geschäftswert bestimmt sich gem. § 112 nach dem Wert des Beurkundungsverfahrens.

Handelt es sich aber um die Einholung öffentlich-rechtlicher Genehmigungen, so **beschränkt** sie sich gem. Nr. 22112 KV auf 50 Euro pro einzuholender Genehmigung. Im Sachverhalt sind das **Negativattest** der Gemeinde **nach § 28 BauGB** sowie die **Genehmigung nach GVO** einzuholen. Beide Tätigkeiten gehören zum Vollzug nach Vorbemerkung 2.2.1.1 I S. 2 Nr. 1 KV.

2.233

Da die 0,5 Vollzugsgebühr nach Nr. 22110 KV aus 60 000 Euro lediglich 96,00 Euro beträgt, also hinter der Beschränkung auf 100,00 Euro gem. Nr. 22112 KV zurückbleibt, kommt die Beschränkung nicht zum Tragen.[1]

2.234

Die Vollzugsgebühr fällt nach § 93 I S. 1 nur einmal an, unabhängig von der Anzahl der vorzunehmenden Tätigkeiten.

Bezüglich der Bewertung des elektronischen Vollzugs wird auf Rz. 2.1524 ff. verwiesen.

---
1 Siehe auch Rz. 2.25.

2.235 **Pos. (3):**

Die Überwachung und Mitteilung der Kaufpreisfälligkeit und die Umschreibungsüberwachung (Ausfertigungssperre) gehören gemäß Nr. 22200 Anm. Nr. 2 bzw. Anm. Nr. 3 KV zu den Betreuungstätigkeiten. Der Geschäftswert bestimmt sich gem. § 113 I nach dem Wert für das Beurkundungsverfahren.

Diese Gebühr fällt in jedem Verfahren nur einmal an, unabhängig von der Anzahl der vorzunehmenden Tätigkeiten, § 93 I S. 1.

IV. Kaufvertrag und weitere Erklärungen mit demselben bzw. einem verschiedenen Gegenstand

1. Vorbemerkungen

2.236 In **§ 86 II GNotKG** ist geregelt, dass mehrere Rechtsverhältnisse, Tatsachen oder Vorgänge verschiedene Beurkundungsgegenstände sind, soweit in **§ 109 GNotKG** (derselbe Beurkundungsgegenstand) nichts anderes bestimmt ist. Außerdem bestimmt **§ 110 Nr. 2 GNotKG** ausdrücklich, dass ein Veräußerungsvertrag und a) Erklärungen zur Finanzierung der Gegenleistung gegenüber Dritten, b) Erklärungen zur Bestellung subjektiv-dinglicher Rechte sowie c) ein Verzicht auf Steuerbefreiungen gem. § 9 III S. 2 UStG verschiedene Beurkundungsgegenstände haben. Nach **§ 111 Nr. 2 GNotKG** soll ein Ehevertrag und nach Nr. 4 eine Rechtswahl nach dem internationalen Privatrecht stets als besonderer Beurkundungsgegenstand gelten. Es handelt sich bei §§ 110, 111 um Ausnahmen von § 109. Sie können systematisch nur relevant werden, wenn ein Eingreifen dieser Bestimmung infrage kommt. Ist schon das nicht der Fall, gilt Gegenstandsverschiedenheit nach § 86 II.

2.237 Nach dem Grundsatz des § 93 I GNotKG ist die Gebühr in demselben notariellen Verfahren jeweils nur einmal zu erheben. Sind jedoch mehrere Beurkundungsgegenstände ohne sachlichen Grund (der Verknüpfungswillen beschränkt sich objektiv besehen auf die Kostenersparnis) in einem Verfahren zusammengefasst, gilt gemäß § 93 II GNotKG das Beurkundungsverfahren hinsichtlich jedes dieser Beurkundungsgegenstände als besonderes Verfahren. Gem. § 35 I GNotKG sind in demselben Verfahren und in demselben Rechtszug die Werte mehrerer Verfahrensgegenstände zusammenzurechnen, soweit nichts anderes bestimmt ist (wie bspw. in § 94 GNotKG). Der Höchstwert ist in jedem Fall bei 60 000 000 Euro erreicht (§ 35 II GNotKG).

2. Inhalt des Vertrags

a) Allgemeines

2.238 Bewertet wird grundsätzlich nur der Hauptgegenstand, **nicht aber Früchte, Nutzungen, Zinsen, Vertragsstrafen oder Kosten**, § 37 GNotKG. Eine echte Vertragsstrafe ist demnach kostenrechtlich unbeachtlich, anders dagegen eine Nachzahlungsverpflichtung.

b) Beispiele für unbewertete zusätzliche Kaufvertragsinhalte

- Vom Käufer übernommene bzw. dem Käufer eingeräumte Rechte, insbesondere **Dienstbarkeiten**, **Vorkaufsrechte**, **Wiederkaufsrechte**, **Vormerkungen**, etc. (bei entsprechender Gestaltung). 2.239

- **Unselbständige Garantieversprechen**. Hierzuzählt auch eine **Mietgarantie** des Verkäufers, falls sie mit dem Kaufpreis abgegolten sein soll. Wird sie allerdings gesondert vergütet, so ist sie zusätzlich zum Kaufpreis anzusetzen. 2.240

- **Vertragsübernahmen**, wie z.B. Eintritt in zu dem Kaufobjekt bestehende **Miet-** oder **Pachtverträge** gem. § 566 I BGB, Eintritt in **Arbeitsverträge** gem. § 613a BGB oder sonstige **Dauerschuldverhältnisse**. 2.241

- **Dingliche Übernahme** einer **nicht valutierenden Grundschuld** durch den Käufer ohne Abgabe von persönlichen Erklärungen wie **Schuldbekenntnis** und **Zwangsvollstreckungsunterwerfung**. 2.242

- Übernahme **nicht ablösbarer Dauerlasten** vom Käufer, wie z.B. bei einer bestehenden Belastung des Grundstücks mit einem Erbbaurecht. 2.243

- Bestehende **Benutzungsbeschränkungen**, wie z.B. ein Gewerbeausübungsverbot. 2.244

- Wird ein Erbbaurecht verkauft, geht die **Verpflichtung zur Zahlung des Erbbauzinses** auf den Käufer über. Eine Hinzurechnung – auch für die Zwangsvollstreckungsunterwerfung hinsichtlich des Erbbauzinses – findet nicht statt (s. Rz. 5.100, 5.102). 2.245

- Kauf einer Eigentumswohnung und **Übernahme der Zahlung des Wohngeldes/Hausgeldes** durch den Käufer mit Zwangsvollstreckungsunterwerfung (s. Rz. 4.104). 2.246

- Kauf und deklaratorische Feststellung der Beteiligten, dass die **Maklercourtage** gem. Maklervertrag geschuldet wird. 2.247

- Kaufvertrag und **Bauvorbereitungsvollmacht**. 2.248

- Kaufvertrag und Übernahme der Verpflichtungen aus einem mit dem Verkäufer bestehenden Mietvertrag (**Übernahme Mietvertrag**). 2.249

- Kauf und **Übernahme der Kaufpreiszahlung durch einen Dritten** (nicht aber Mitbeurkundung von Erklärungen zum Rechtsverhältnis zwischen dem Käufer und dem Dritten). 2.250

3. Derselbe Beurkundungsgegenstand

a) Bewertungsregeln

Gem. § 109 I GNotKG liegt derselbe Beurkundungsgegenstand vor, wenn Rechtsverhältnisse zueinander in einem **Abhängigkeitsverhältnis** stehen. Dies ist **nur dann** der Fall, **wenn** ein Rechtsverhältnis der **Erfüllung**, **Sicherung** oder **sonstigen Durchführung** des anderen Rechtsverhältnisses dient. Werden Erklärungen **Dritter** oder gegenüber Dritten mit im Kaufvertrag beurkundet, so können auch diese zum Hauptgeschäft in einem solchen Abhängigkeitsverhältnis stehen, 2.251

§ 109 I S. 3 GNotKG. Typisch für Erklärungen Dritter sind hier Löschungsbewilligungen für eingetragene Rechte (§ 109 I S. 4 Nr. 1b).

2.252 Der **Geschäftswert** bestimmt sich nach dem Wert des Rechtsverhältnisses, zu dessen Erfüllung, Sicherung oder sonstigen Durchführung die anderen Rechtsgeschäfte dienen (**Hauptgeschäft**); § 109 I S. 5 GNotKG.

2.253 Sind für die einzelnen Beurkundungsgegenstände oder Teile davon verschiedene Gebührensätze anzuwenden, wird die Gebühr nach dem höchsten in Betracht kommenden Gebührensatz berechnet. Sie beträgt jedoch nicht mehr als die Summe der Gebühren, die bei getrennter Beurkundung entstanden wären, § 94 II GNotKG.

b) Ausgewählte Fallbeispiele

→ **Fall 19: Kaufvertrag und Auflassung (Standardfall der Generalklausel des § 109 I S. 1–3, S. 5 GNotKG)**

A. Sachverhalt

2.254 Der Notar beurkundet einen Grundstückskaufvertrag mit **Auflassung**. Der Kaufpreis beträgt 80 000 Euro. Hinsichtlich der Kaufpreiszahlung erklärt der Käufer die sofortige **Zwangsvollstreckungsunterwerfung**. Die Urkunde enthält neben der Auflassung u.a. die erforderlichen **Grundbucherklärungen**. Außerdem wird für den Käufer eine **Auflassungsvormerkung** zur Eintragung bewilligt und beantragt; die diesbezüglichen Löschungserklärungen werden gleichzeitig abgegeben.

Des Weiteren holt der Notar das **Negativattest** der Gemeinde nach **§ 28 BauGB** und die **Genehmigung nach der GVO** ein. Er übernimmt außerdem die **Fälligkeitsmitteilung** hinsichtlich der Kaufpreiszahlung und die **Umschreibungsüberwachung** in der Form der Ausfertigungssperre.

B. Rechnung

2.255

Pos.	Gebührentatbestände	Geschäftswert	KV-Nr.	Satz	Betrag
(1)	Beurkundungsverfahren (§§ 47, 97 III, 93 I, 94 II, 109 I)	80 000	21100	2,0	438,00
	Kaufvertrag (§ 47)	80 000	21100	2,0	
	Unterwerfung bzgl. Kaufpreis (§§ 97 I, 47)	~~80 000~~	~~21200~~	~~1,0~~	
	Auflassung (§ 47)	~~80 000~~	~~21101 Nr. 2~~	~~0,5~~	
	Grundbucherklärungen zur Auflassung (§ 47)	~~80 000~~	~~21201 Nr. 4~~	~~0,5~~	
	Auflassungsvormerkung (§§ 45 I, 47)	~~80 000~~	~~21201 Nr. 4~~	~~0,5~~	
	Löschung der Auflassungsvormerkung (§§ 45 I, 47)	~~80 000~~	~~21201 Nr. 4~~	~~0,5~~	

IV. Derselbe bzw. verschiedene Gegenstände

Pos.	Gebührentatbestände	Geschäfts-wert	KV-Nr.	Satz	Betrag
(2)	Vollzug (Vorbem. 2.2.1.1 I Nr. 1; § 112) (Einholung Negativattest nach § 28 BauGB, Genehmigung nach GVO)	80 000	22110, 22112	0,5	~~109,50~~ 2 × 50,00 = 100,00
(3)	Betreuung (§ 113 I) (Überwachung und Mitteilung Kaufpreisfälligkeit, Umschreibungsüberwachung)	80 000	22200 Anm. Nr. 2, 3	0,5	109,50

C. Erläuterungen

Pos. (1): 2.256

Die Urkunde enthält mehrere Rechtsverhältnisse i.S.d. § 86 I: **Kaufvertrag, Zwangsvollstreckungsunterwerfung** wegen des Kaufpreises, **Auflassung, Grundbucherklärungen zur Auflassung** sowie zur **Eintragung einer Auflassungsvormerkung** bzw. deren **Löschung**. Nach § 86 II sind mehrere Rechtsverhältnisse auch verschiedene Beurkundungsgegenstände, soweit in § 109 nichts anderes bestimmt ist.

Da die in Rede stehenden Rechtsverhältnisse keine ausdrücklich verschiedenen Beurkundungsgegenstände nach den §§ 110, 111 sind, sind sie an § 109 zu messen. Das Hauptgeschäft ist nach § 109 I. S. 1–2 der **Grundstückskaufvertrag**.

Danach ist für jede der weiteren Erklärungen zu prüfen, in welcher Beziehung 2.257 jede einzelne der weiteren Erklärungen zum Hauptgeschäft steht.

Die Unterwerfung unter die sofortige **Zwangsvollstreckung wegen des Kaufprei-** 2.258 **ses** dient der Sicherung des Verkäufers i.S.v. § 109 I S. 2, S. 4 Nr. 4 hinsichtlich der im Kaufvertrag begründeten Zahlungspflichten des Käufers.

Als Geschäftswert ist der Unterwerfungsbetrag (ohne Zinsen), hier also der Kaufpreis, maßgeblich.

Die Erklärung der **Auflassung** ist die dingliche Erfüllung des Kaufvertrags (= 2.259 Verpflichtungsgeschäft) i.S.v. § 109 I S. 2. Die dazu erforderlichen Grundbucherklärungen dienen der dinglichen Durchführung i.S.v. § 109 I S. 2.

Der Geschäftswert folgt dem Wert des zu erfüllenden Verpflichtungsgeschäftes. Er entspricht hier also dem Kaufpreis.

Die Erklärungen zur **Eintragung der Auflassungsvormerkung** (Antrag und Be- 2.260 willigung) dienen im Hinblick auf die Zug-um-Zug Erfüllung des Kaufvertrages der Sicherung des Käufers i.S.v. § 109 I S. 2. Die **Löschung dieser Vormerkung** nach dem Wegfall des Sicherungsgrundes hat keine eigenständige Bedeutung und hier ebenfalls denselben Gegenstand.

Der Geschäftswert entspricht dem Wert des zu sichernden Anspruchs. Er wird vorliegend durch den Kaufpreis bestimmt.

2.261 Im Ergebnis stehen hier alle weiteren Erklärungen zum Hauptgeschäft in einem **Abhängigkeitsverhältnis** i.S.v. § 109 I.

2.262 Der Geschäftswert des Grundstückskaufvertrages wird durch den Kaufpreis bestimmt, § 47 S. 1. Ein Vergleich mit dem Verkehrswert des Grundstücks nach § 47 S. 3 ist nur dann erforderlich, wenn Anhaltspunkte für einen höheren Wert vorliegen. Der Sachverhalt enthält hierfür keine Anhaltspunkte.

Das Hauptgeschäft gibt gem. § 109 I S. 5 den Geschäftswert vor.

2.263 Im Sachverhalt lösen alle weiteren Erklärungen einen geringeren Gebührensatz als das Hauptgeschäft aus. Eine gesonderte Bewertung gem. § 94 II S. 2 kommt hier nicht in Betracht.

2.264 **Pos. (2):**

Die **Vollzugsgebühr beträgt grundsätzlich** 0,5 nach Nr. 22110 KV. Der Geschäftswert bestimmt sich gem. § 112 nach dem Wert des Beurkundungsverfahrens.

2.265 Handelt es sich aber um die Einholung öffentlich-rechtlicher Genehmigungen, so **beschränkt** sie sich gem. Nr. 22112 KV auf 50 Euro pro einzuholender Genehmigung. Im Sachverhalt sind das **Negativattest** der Gemeinde **nach § 28 BauGB** sowie die **Genehmigung nach GVO** einzuholen. Beide Tätigkeiten gehören zum Vollzug nach Vorbemerkung 2.2.1.1 I S. 2 Nr. 1 KV. Insgesamt sind nach dem Sachverhalt also 100 Euro (2 × 50 Euro) zu erheben, denn die 0,5 Gebühr nach Nr. 22110 KV GNotKG aus 80 000 Euro (= 109,50 Euro) ist höher.

Die Vollzugsgebühr fällt nach § 93 I S. 1 nur einmal an, unabhängig von der Anzahl der vorzunehmenden Tätigkeiten.

Bezüglich der Bewertung des elektronischen Vollzugs wird auf Rz. 2.1524 ff. verwiesen.

2.266 **Pos. (3):**

Die Überwachung und Mitteilung der Kaufpreisfälligkeit und die Umschreibungsüberwachung (Ausfertigungssperre) gehören gemäß Nr. 22200 Anm. Nr. 2 bzw. Anm. Nr. 3 KV zu den Betreuungstätigkeiten. Der Geschäftswert bestimmt sich gem. § 113 I nach dem Wert für das Beurkundungsverfahren.

Diese Gebühr fällt in jedem Verfahren nur einmal an, unabhängig von der Anzahl der vorzunehmenden Tätigkeiten; § 93 I S. 1.

→ **Fall 20: Kaufvertrag und Übernahme einer durch ein Grundpfandrecht am Kaufgrundstück gesicherten Darlehensschuld in Anrechnung an den Kaufpreis**

2.267 Siehe hierzu Rz. 2.1359.

IV. Derselbe bzw. verschiedene Gegenstände

→ **Fall 21: Kaufvertrag und Löschungserklärungen des Verkäufers sowie des Gläubigers**

A. Sachverhalt

Der Notar beurkundet einen **Grundstückskaufvertrag**. Der Käufer zahlt einen Kaufpreis von 120 000 Euro, welcher dem Verkehrswert entspricht. An dem Vertragsgegenstand lastet eine Grundschuld im Nennbetrag von 140 000 Euro, die nicht mehr valutiert. Der **Verkäufer stimmt** der **Löschung** der **eingetragenen Grundschuld** gem. **§ 27 GBO zu** und beantragt diese. In gleicher Urkunde **bewilligt der Gläubiger** die **Löschung** der **Grundschuld**.

Des Weiteren holt der Notar das **Negativattest** der Gemeinde nach **§ 28 BauGB** und die **Genehmigung nach der GVO** ein. Er übernimmt außerdem die **Fälligkeitsmitteilung** hinsichtlich der Kaufpreiszahlung und die **Umschreibungsüberwachung** in der Form der Ausfertigungssperre.

2.268

B. Rechnung

2.269

Pos.	Gebührentatbestände	Geschäftswert	KV-Nr.	Satz	Betrag
(1)	Beurkundungsverfahren (§§ 47, 97 III, 93 I, 94 II, 109 I)	120 000	21100	2,0	600,00
	Kaufvertrag (§ 47)	120 000	21100	2,0	
	Antrag zur Löschung der Grundschuld (§ 53 I)	~~140 000~~	~~21201 Nr. 4~~	~~0,5~~	
	Bewilligung Löschung der Grundschuld (§ 53 I)	~~140 000~~	~~21201 Nr. 4~~	~~0,5~~	
(2)	Vollzug (Vorbem. 2.2.1.1 I Nr. 1; § 112)	120 000	22110, 22112	0,5	~~150,00~~
	(Einholung Negativattest nach § 28 BauGB, Genehmigung nach GVO)				2 × 50,00 = 100,00
(3)	Betreuung (§ 113 I) (Überwachung und Mitteilung Kaufpreisfälligkeit, Umschreibungsüberwachung)	120 000	22200 Anm. Nr. 2, 3	0,5	150,00

C. Erläuterungen

Pos. (1):

2.270

Die Urkunde enthält mehrere Rechtsverhältnisse i.S.d. § 86 I: Kaufvertrag, Grundbucherklärungen zur Löschung einer Grundschuld. Nach § 86 II sind mehrere Rechtsverhältnisse auch verschiedene Beurkundungsgegenstände, soweit in § 109 nichts anderes bestimmt ist.

Da die in Rede stehenden Rechtsverhältnisse keine ausdrücklich verschiedenen Beurkundungsgegenstände nach den §§ 110, 111 sind, sind sie an § 109 zu messen.

Das Hauptgeschäft ist nach § 109 I S. 1–2, 4 Nr. 1b) der Grundstückskaufvertrag.

2.271 Die **Löschung des Grundpfandrechtes am Kaufgegenstand** ist eine (abdingbare) Pflicht des Verkäufers aus § 433 I S. 2 BGB. Seine darauf gerichteten Erklärungen (**Zustimmung und Antrag sowie Bewilligung**) dienen damit der Erfüllung i.S.v. § 109 I S. 1–3, S. 4 Nr. 1b). Nach Satz 3 sind auch ausdrücklich Erklärungen Dritter derselbe Gegenstand.

2.272 Der **Geschäftswert eines Löschungsantrages** wie auch der der Löschungsbewilligung wird vom Wert (= Nennbetrag) des zu löschenden Rechts bestimmt. Da diese Erklärungen aber hier nach § 109 I S. 1–3, 4 Nr. 1b) in einem Abhängigkeitsverhältnis zum Kaufvertrag stehen, gibt dessen Wert nach § 109 I S. 5 den Geschäftswert der Urkunde vor.

2.273 Der Geschäftswert des Grundstückskaufvertrages wird durch den Kaufpreis bestimmt, § 47 S. 1. Ein Vergleich mit dem Verkehrswert des Grundstücks nach § 47 S. 3 ist nur dann erforderlich, wenn Anhaltspunkte für einen höheren Wert vorliegen.

2.274 Im Sachverhalt lösen alle weiteren Erklärungen einen geringeren Gebührensatz als das Hauptgeschäft aus. Eine gesonderte Bewertung gem. § 94 II S. 2 kommt hier nicht in Betracht.

2.275 **Bemerkung:**

Beziehen sich die **Löschungserklärungen** auf **Gesamtrechte**, die auch auf Grundstücke oder Grundstücksteilen, die **nicht Vertragsgegenstand** sind, lasten, so sind diese Erklärungen insgesamt, d.h. mit dem vollen Betrag **gegenstandsverschieden** nach § 86 II.

2.276 **Pos. (2):**

Die **Vollzugsgebühr beträgt grundsätzlich** 0,5 nach Nr. 22110 KV. Der Geschäftswert bestimmt sich gem. § 112 nach dem Wert des Beurkundungsverfahrens.

2.277 Handelt es sich aber ausschließlich um die Einholung öffentlich-rechtlicher Genehmigungen, so ist diese Gebühr gem. Nr. 22112 KV auf 50 Euro pro einzuholender Genehmigung **beschränkt**. Nach dem Sachverhalt sind das **Negativattest** der Gemeinde **nach § 28 BauGB** sowie die **Genehmigung nach GVO** einzuholen. Beide Tätigkeiten gehören zum Vollzug nach Vorbemerkung 2.2.1.1 I S. 2 Nr. 1 KV. Insgesamt sind nach dem Sachverhalt also 100 Euro (2 × 50 Euro) zu erheben, denn die 0,5 Gebühr nach Nr. 22110 KV GNotKG aus 120 000 Euro (= 150,00 Euro) ist höher.

Die Vollzugsgebühr fällt nach § 93 I S. 1 nur einmal an, unabhängig von der Anzahl der vorzunehmenden Tätigkeiten.

Bezüglich der Bewertung des elektronischen Vollzugs wird auf Rz. 2.1524 ff. verwiesen.

2.278 **Pos. (3):**

Die **Überwachung und Mitteilung der Kaufpreisfälligkeit** und die **Umschreibungsüberwachung** (Ausfertigungssperre) gehören gemäß Nr. 22200 Anm. Nr. 2

IV. Derselbe bzw. verschiedene Gegenstände

bzw. Anm. Nr. 3 KV zu den Betreuungstätigkeiten. Der Geschäftswert bestimmt sich gem. § 113 I nach dem Wert für das Beurkundungsverfahren.

Diese Gebühr fällt in jedem Verfahren nur einmal an, unabhängig von der Anzahl der vorzunehmenden Tätigkeiten; § 93 I S. 1.

→ **Fall 22: Kaufvertrag und Belastungsvollmacht**

A. Sachverhalt

Der Notar beurkundet einen **Grundstückskaufvertrag**. Der Käufer zahlt einen Kaufpreis von 350 000 Euro. Für die **Finanzierung des Kaufpreises** sowie für weitere Investitionen erteilt der Verkäufer dem Käufer zur vorzeitigen Belastung des Vertragsobjektes eine **Belastungsvollmacht** i.H.v. 800 000 Euro.

Des Weiteren holt der Notar das **Negativattest** der Gemeinde nach **§ 28 BauGB** und die **Genehmigung nach der GVO** ein. Er übernimmt außerdem die **Fälligkeitsmitteilung** hinsichtlich der Kaufpreiszahlung und die **Umschreibungsüberwachung** in der Form der Ausfertigungssperre.

B. Rechnung

Pos.	Gebührentatbestände	Geschäftswert	KV-Nr.	Satz	Betrag
(1)	Beurkundungsverfahren (§§ 47, 97 III, 93 I, 94 II, 109 I)	350 000	21100	2,0	1370,00
	Kaufvertrag (§ 47)	350 000	21100	2,0	
	Belastungsvollmacht (§§ 98 I, 53 I)	~~400 000~~	~~21200~~	~~1,0~~	
(2)	Vollzug (Vorbem. 2.2.1.1 I Nr. 1; § 112)	350 000	22110, 22112	0,5	~~342,50~~
	(Einholung Negativattest nach § 28 BauGB, Genehmigung nach GVO)				2 × 50,00 = 100,00
(3)	Betreuung (§ 113 I) (Überwachung und Mitteilung Kaufpreisfälligkeit, Umschreibungsüberwachung)	350 000	22200 Anm. Nr. 2, 3	0,5	342,50

C. Erläuterungen

Pos. (1):

Die Urkunde enthält mehrere Rechtsverhältnisse i.S.d. § 86 I: Kaufvertrag und Belastungsvollmacht. Nach § 86 II sind mehrere Rechtsverhältnisse auch verschiedene Beurkundungsgegenstände, soweit in § 109 nichts anderes bestimmt ist.

Da die in Rede stehenden Rechtsverhältnisse keine ausdrücklich verschiedene Beurkundungsgegenstände nach den §§ 110, 111 sind, sind sie an § 109 zu messen.

Das Hauptgeschäft ist nach § 109 I S. 1–2, 4 Nr. 1c) der Grundstückskaufvertrag.

2.282 Die **Vollmacht** für den Erwerber, das Grundstück bereits vor Eigentumsumschreibung mit Grundpfandrechten zu eigenen Kreditzwecke zu belasten, dient nach **§ 109 I S. 1–2, 4 Nr. 1c)** der Erfüllung des Kaufvertrages. Sie ist damit derselbe Gegenstand.

2.283 Der **Geschäftswert der Vollmacht** richtet sich nach § 98 I und beträgt danach den halben Wert der Erklärung, auf die sich die Vollmacht bezieht, nach dem Sachverhalt also 400 000 Euro. Für sich genommen würde sie eine 1,0 Gebühr nach Nr. 21200 KV auslösen.

2.284 Der Geschäftswert des Grundstückskaufvertrages wird durch den Kaufpreis bestimmt, § 47 S. 1. Ein Vergleich mit dem Verkehrswert des Grundstücks nach § 47 S. 3 ist nur dann erforderlich, wenn Anhaltspunkte für einen höheren Wert vorliegen.

2.285 Die Belastungsvollmacht löst einen geringeren Gebührensatz als das Hauptgeschäft aus. Eine **gesonderte Bewertung** gem. **§ 94 II S. 2** kommt hier **nicht in Betracht**.

2.286 **Bemerkungen:**

Für die Bewertung der in einem Grundstückskaufvertrag abgegebenen Belastungsvollmacht ist es **unerheblich, ob** sie in **bestimmter oder unbestimmter Höhe** abgegeben wird.

2.287 Weiter ist es **ohne Bedeutung**, zu welchem **Zweck** das unter Ausnutzung der Vollmacht zu besichernde Darlehen aufgenommen wird. Das Gesetz zeichnet damit die höchstrichterliche Rechtsprechung nach,[1] wonach diese Vollmacht im Rahmen der Zug-um-Zug-Erfüllung geschuldete Eigentumsverschaffung wirtschaftlich vorgezogen wird. Für die Einordnung als derselbe Gegenstand ist der Zweck der Ausnutzung unerheblich. Damit fällt sie auch dann unter § 109 I, wenn damit weder Kaufpreis noch Investitionen in den Vertragsgegenstand, sondern gänzlich andere Ausgaben besichert werden sollen.

2.288 Erfasst sie aber **nicht ausschließlich den Kaufgegenstand**, ist sie **insgesamt gegenstandsverschieden** nach § 86 II.

2.289 **Pos. (2):**

Die **Vollzugsgebühr** beträgt grundsätzlich 0,5 nach Nr. 22110 KV. Der Geschäftswert bestimmt sich gem. § 112 nach dem Wert des Beurkundungsverfahrens.

2.290 Handelt es sich aber ausschließlich um die Einholung öffentlich-rechtlicher Genehmigungen, so ist diese Gebühr gem. Nr. 22112 KV auf 50 Euro pro einzuholender Genehmigung **beschränkt**. Nach dem Sachverhalt sind das **Negativattest der Gemeinde nach § 28 BauGB** sowie die **Genehmigung nach GVO** einzuholen. Beide Tätigkeiten gehören zum Vollzug nach Vorbemerkung 2.2.1.1 I S. 2

---

[1] BGH Beschl. v. 9.2.2006 – V ZB 152/05, MDR 2006, 1015 = DNotZ 2006, 713; sowie Beschl. v. 23.3.2006 – V ZB 156/05, NotBZ 2006, 201.

IV. Derselbe bzw. verschiedene Gegenstände

Nr. 1 KV. Insgesamt sind nach dem Sachverhalt also 100 Euro (2 × 50 Euro) zu erheben, denn die 0,5 Gebühr nach Nr. 22110 KV GNotKG aus 350 000 Euro (= 342,50 Euro) ist höher.

Die Vollzugsgebühr fällt nach § 93 I S. 1 nur einmal an, unabhängig von der Anzahl der vorzunehmenden Tätigkeiten.

Bezüglich der Bewertung des elektronischen Vollzugs wird auf Rz. 2.1524 ff. verwiesen.

Pos. (3): 2.291

Die Überwachung und Mitteilung der Kaufpreisfälligkeit und die Umschreibungsüberwachung (Ausfertigungssperre) gehören gemäß Nr. 22200 Anm. Nr. 2 bzw. Anm. Nr. 3 KV zu den Betreuungstätigkeiten. Der Geschäftswert bestimmt sich gem. § 113 I nach dem Wert für das Beurkundungsverfahren.

Diese Gebühr fällt in jedem Verfahren nur einmal an, unabhängig von der Anzahl der vorzunehmenden Tätigkeiten; § 93 I S. 1.

→ Fall 23: Kaufvertrag und Zwangsvollstreckungsunterwerfungen (Räumung)

A. Sachverhalt

Verkauft wird ein bebautes Grundstück zum Kaufpreis von 30 000 Euro, welches vom Verkäufer und seiner Ehefrau bewohnt wird. Auf der Käuferseite wird vornehmlich wegen der Zahlung des Kaufpreises und auf der Verkäuferseite vornehmlich wegen der **Besitzverschaffung, Herausgabe und Räumung** die sofortige **Zwangsvollstreckungsunterwerfung** erklärt. Außerdem enthält die Urkunde die **Verpflichtung zur Räumung und dazu die Zwangsvollstreckungsunterwerfung der Ehefrau des Verkäufers**, die weder Eigentümerin noch Verkäuferin ist. 2.292

Des Weiteren holt der Notar das **Negativattest** der Gemeinde nach **§ 28 BauGB** und die **Genehmigung nach der GVO** ein. Er übernimmt außerdem die **Fälligkeitsmitteilung** hinsichtlich der Kaufpreiszahlung und die **Umschreibungsüberwachung** in der Form der Ausfertigungssperre.

B. Rechnung

2.293

Pos.	Gebührentatbestände	Geschäftswert	KV-Nr.	Satz	Betrag
(1)	Beurkundungsverfahren (§§ 47, 97 III, 93 I, 94 II, 109 I)	30 000	21100	2,0	250,00
	Kaufvertrag (§ 47)	30 000	21100	2,0	
	Zwangsvollstreckungsunterwerfung wegen der Kaufpreiszahlung (§§ 97 I, 47)	~~30 000~~	~~21200~~	~~1,0~~	
	Zwangsvollstreckungsunterwerfung wegen Räumung und Herausgabe des Grundstücks (§§ 97 I, 36 I)	~~6000~~	~~21200~~	~~1,0~~	

Pos.	Gebührentatbestände	Geschäftswert	KV-Nr.	Satz	Betrag
(2)	Vollzug (Vorbem. 2.2.1.1 I Nr. 1; § 112) (Einholung Negativattest nach § 28 BauGB, Genehmigung nach GVO)	30 000	22110	0,5	62,50
(3)	Betreuung (§ 113 I) (Überwachung und Mitteilung Kaufpreisfälligkeit, Umschreibungsüberwachung)	30 000	22200 Anm. Nr. 2, 3	0,5	62,50

C. Erläuterungen

2.294 **Pos. (1):**

Die Urkunde enthält mehrere Rechtsverhältnisse i.S.d. § 86 I: Kaufvertrag, Zwangsvollstreckungsunterwerfung wegen des Kaufpreises und Zwangsvollstreckungsunterwerfung wegen der **Räumungspflicht**. Nach § 86 II sind mehrere Rechtsverhältnisse auch verschiedene Beurkundungsgegenstände, soweit in § 109 nichts anderes bestimmt ist.

Da die in Rede stehenden Rechtsverhältnisse keine ausdrücklich verschiedene Beurkundungsgegenstände nach den §§ 110, 111 sind, sind sie an § 109 zu messen.

Das Hauptgeschäft ist nach § 109 I S. 1–3 der Grundstückskaufvertrag.

2.295 Die **Räumungspflicht** des Verkäufers sowie die (atypische) **Mitverpflichtung** der Ehefrau dient der unmittelbaren Erfüllung der aus § 433 I BGB resultierenden Eigentumsverschaffungspflicht des Verkäufers. Alle darauf gerichteten Erklärungen sind Erfüllung i.S.v. § 109 I S. 2. Dies gilt auch für die zur Erleichterung der Durchsetzung der im Vertrag enthaltenen **diesbezüglichen Zwangsvollstreckungsunterwerfungen**. Dass die Ehefrau dabei Dritte, also nicht unmittelbar am Vertrag beteiligt ist, hindert nach § 109 I S. 3 diese Einordnung nicht.

2.296 Für die **Bewertung der Räumungsverpflichtung** enthält das GNotKG keine spezielle Vorschrift. Es muss daher auf §§ 97 I, 36 I zurückgegriffen werden. Ob als Basiswert dabei der Grundstückswert herangezogen und davon ein Teilwert angesetzt wird (in der Rechnung werden 20 % vorgeschlagen), oder die Bewertung wie im Falle der ohne Bezug zu einem Kaufvertrag beurkundeten Verpflichtung der Jahreswert der (fiktiven) Kaltmiete herangezogen wird, hat auf die Falllösung keine Auswirkung.

2.297 Da diese Erklärungen nach § 109 I S. 1–3, in einem Abhängigkeitsverhältnis zum Grundstückskaufvertrag stehen, gibt dessen Wert nach § 109 I S. 5 den Geschäftswert der Urkunde vor.

2.298 Der Geschäftswert des Grundstückskaufvertrags wird durch den Kaufpreis bestimmt, § 47 S. 1. Ein Vergleich mit dem Verkehrswert des Grundstücks nach § 47 S. 3 ist nur dann erforderlich, wenn Anhaltspunkte für einen höheren Wert vorliegen. Zu erheben ist eine 2,0 Gebühr nach Nr. 21100 KV.

Im Sachverhalt lösen alle weiteren Erklärungen einen geringeren Gebührensatz als das Hauptgeschäft aus. Eine gesonderte Bewertung gem. § 94 II S. 2 kommt hier nicht in Betracht. 2.299

Pos. (2): 2.300

Die **Vollzugsgebühr beträgt grundsätzlich** 0,5 nach Nr. 22110 KV. Der Geschäftswert bestimmt sich gem. § 112 nach dem Wert des Beurkundungsverfahrens.

Handelt es sich aber um die Einholung öffentlich-rechtlicher Genehmigungen, so **beschränkt** sie sich gem. Nr. 22112 KV auf 50 Euro pro einzuholender Genehmigung. Im Sachverhalt sind das **Negativattest** der Gemeinde **nach § 28 BauGB** sowie die **Genehmigung nach GVO** einzuholen. Beide Tätigkeiten gehören zum Vollzug nach Vorbemerkung 2.2.1.1 I S. 2 Nr. 1 KV. 2.301

Da die 0,5 Vollzugsgebühr nach Nr. 22110 KV aus 30 000 Euro lediglich 62,50 Euro beträgt, also hinter der Beschränkung auf 100,00 Euro gem. Nr. 22112 KV zurückbleibt, kommt die Beschränkung nicht zum Tragen.[1] 2.302

Bezüglich der Bewertung des elektronischen Vollzugs wird auf Rz. 2.1524 ff. verwiesen.

Pos. (3): 2.303

Die Überwachung und Mitteilung der Kaufpreisfälligkeit und die Umschreibungsüberwachung (Ausfertigungssperre) gehören gemäß Nr. 22200 Anm. Nr. 2 bzw. Anm. Nr. 3 KV zu den Betreuungstätigkeiten. Der Geschäftswert bestimmt sich gem. § 113 I nach dem Wert für das Beurkundungsverfahren.

Diese Gebühr fällt in jedem Verfahren nur einmal an, unabhängig von der Anzahl der vorzunehmenden Tätigkeiten; § 93 I S. 1.

→ **Fall 24: Kaufvertrag und Abtretung der Eigentümergrundschuld des V an den K**

A. Sachverhalt

Beurkundet wird ein Grundstückskaufvertrag. Der Käufer zahlt einen Kaufpreis von 120 000 Euro. Im Grundbuch ist eine **Eigentümerbuchgrundschuld** im Nennbetrag von 140 000 Euro eingetragen, die nicht zur Löschung gebracht werden soll, sondern gleichzeitig **vom Verkäufer an den Käufer zur Kaufpreisfinanzierung abgetreten** wird. 2.304

---

1 Siehe auch Rz. 2.25.

B. Rechnung

2.305

Pos.	Gebührentatbestände	Geschäfts-wert	KV-Nr.	Satz	Betrag
(1)	Beurkundungsverfahren (§§ 47, 53 I 97 III, 93 I, 94 II, 109 I)	120 000	21100	2,0	600,00
	Kaufvertrag (§ 47)	120 000	21100	2,0	
	Abtretung der Eigentümergrundschuld vom Verkäufer an den Käufer (§ 53 I)	~~140 000~~	~~21201 Nr. 4~~	~~0,5~~	
(2)	Vollzug (Vorbem. 2.2.1.1 I Nr. 1; § 112) (Einholung Negativattest nach § 28 BauGB, Genehmigung nach GVO)	120 000	22110, 22112	0,5	~~150,00~~ 2 × 50,00 = 100,00
(3)	Betreuung (§ 113 I) (Überwachung und Mitteilung Kaufpreisfälligkeit, Umschreibungsüberwachung)	120 000	22200 Anm. Nr. 2, 3	0,5	150,00

C. Erläuterungen

2.306 **Pos. (1):**

Die Urkunde enthält mehrere Rechtsverhältnisse i.S.d. § 86 I: Kaufvertrag und **Abtretung der Eigentümergrundschuld** an den Käufer. Nach § 86 II sind mehrere Rechtsverhältnisse auch verschiedene Beurkundungsgegenstände, soweit in § 109 nichts anderes bestimmt ist.

Da die in Rede stehenden Rechtsverhältnisse keine ausdrücklich verschiedene Beurkundungsgegenstände nach den §§ 110, 111 sind, sind sie an § 109 zu messen.

Das Hauptgeschäft ist nach § 109 I S. 1–2 der Grundstückskaufvertrag.

2.307 Die **Abtretung der Eigentümergrundschuld** vom Verkäufer an den Käufer dient der Erfüllung der Pflicht aus § 433 I BGB, den Kaufgegenstand frei von Rechten Dritter zu übertragen. Ohne diese Abtretung würde mit der Eintragung der Auflassung aus dem Eigentümerrecht ein Fremdrecht, und zwar zugunsten des Verkäufers, werden. Die Abtretung ist als Teil der Vertragserfüllung derselbe Gegenstand i.S.v. § 109 I S. 2. Bei diesem Ergebnis bleibt es auch dann, wenn die Abtretung zu anderen Zwecken als der Kaufpreisfinanzierung erfolgt.

2.308 Der **Geschäftswert der Abtretung** entspricht dem Nennbetrag des betroffenen Rechts, § 53 I. Für sich genommen würde sie eine 0,5 Gebühr nach Nr. 21201 Nr. 4 KV auslösen.

2.309 Da diese Erklärungen aber hier nach § 109 I S. 1–2 in einem Abhängigkeitsverhältnis zum Grundstückskaufvertrag stehen, gibt dessen Wert nach § 109 I S. 5 den Geschäftswert der Urkunde vor.

2.310 Der Geschäftswert des Grundstückskaufvertrages wird durch den Kaufpreis (= 120 000 Euro) bestimmt, § 47 S. 1. Ein Vergleich mit dem Verkehrswert des

IV. Derselbe bzw. verschiedene Gegenstände

Grundstücks nach § 47 S. 3 ist nur dann erforderlich, wenn Anhaltspunkte für einen höheren Wert vorliegen.

Im Sachverhalt unterliegen die weiteren Erklärungen einem geringeren Gebührensatz als das Hauptgeschäft. Eine gesonderte Bewertung gem. § 94 II S. 2 kommt hier nicht in Betracht. 2.311

Pos. (2): 2.312
Die **Vollzugsgebühr beträgt grundsätzlich** 0,5 nach Nr. 22110 KV. Der Geschäftswert bestimmt sich gem. § 112 nach dem Wert des Beurkundungsverfahrens.

Handelt es sich aber ausschließlich um die Einholung öffentlich-rechtlicher Genehmigungen, so ist diese Gebühr gem. Nr. 22112 KV auf 50 Euro pro einzuholender Genehmigung **beschränkt**. Nach dem Sachverhalt sind das **Negativattest der Gemeinde nach § 28 BauGB** sowie die **Genehmigung nach GVO** einzuholen. Beide Tätigkeiten gehören zum Vollzug nach Vorbemerkung 2.2.1.1 I S. 2 Nr. 1 KV. Insgesamt sind nach dem Sachverhalt also 100 Euro (2 × 50 Euro) zu erheben, denn die 0,5 Gebühr nach Nr. 22110 KV GNotKG aus 120 000 Euro (= 150,00 Euro) ist höher. 2.313

Die Vollzugsgebühr fällt nach § 93 I S. 1 nur einmal an, unabhängig von der Anzahl der vorzunehmenden Tätigkeiten.

Bezüglich der Bewertung des elektronischen Vollzugs wird auf Rz. 2.1524 ff. verwiesen.

Pos. (3): 2.314
Die Überwachung und Mitteilung der Kaufpreisfälligkeit und die Umschreibungsüberwachung (Ausfertigungssperre) gehören gemäß Nr. 22200 Anm. Nr. 2 bzw. Anm. Nr. 3 KV zu den Betreuungstätigkeiten. Der Geschäftswert bestimmt sich gem. § 113 I nach dem Wert für das Beurkundungsverfahren.

Diese Gebühr fällt in jedem Verfahren nur einmal an, unabhängig von der Anzahl der vorzunehmenden Tätigkeiten; § 93 I S. 1.

c) Weitere Beispiele für denselben Beurkundungsgegenstand

Denselben Beurkundungsgegenstand nach der Generalklausel des § 109 I S. 1–3 GNotKG haben (wobei sich der Geschäftswert gem. § 109 I S. 5 GNotKG nur nach dem Wert des Kaufvertrags richtet): 2.315

– Kaufvertrag und **Grundpfandrecht für den Verkäufer (Hypothek, Grundschuld, Kaufpreissicherungshypothek) zur Sicherung des (Rest-)Kaufpreises** (auch an anderen Grundstücken). 2.316

– Kaufvertrag mit **Rückübertragungsverpflichtungen** und diese sichernde Rückübertragungsrechte, wie beispielsweise Rückauflassungsvormerkungen, Vorkaufsrechte oder Wiederkaufsrechte. Eine **schuldrechtliche Verfügungsbeschränkung** des Käufers ist jedoch in der Regel als weitere Leistung zum Kaufpreis hinzuzurechnen; ihr Geschäftswert beträgt gem. § 50 Nr. 1 GNotKG 10 % des Verkehrswerts der Sache. 2.317

2.318 – Kaufvertrag und **Zustimmung Dritter** (z.B. nach § 1365 BGB, § 12 WEG, § 5 ErbbauRG); § 109 I S. 3 GNotKG.

2.319 – Kaufvertrag und **Bürgschaftserklärung**; § 109 I S. 2, 3 GNotKG (Sicherungsgeschäft). Ebenso Kauf und andere Sicherungserklärungen eines Dritten gegenüber dem Verkäufer.

2.320 – Kaufvertrag und **Abtretung der Darlehensauszahlungsansprüche** des Käufers an den Verkäufer bzw. an dessen Kreditgeber; § 109 I S. 2 GNotKG (Sicherungsgeschäft).

2.321 – Kaufvertrag und **Erklärungen zur (Heraus-)Teilung des Kaufgrundstücks**; § 109 I S. 2 GNotKG (Durchführungsgeschäft), Rz. 2.546.

2.322 – Kaufvertrag und **Verzicht** auf Ausübung eines Vorkaufsrechts für diesen **Verkaufsfall**; § 109 I S. 3 GNotKG (Durchführungsgeschäft).

2.323 – Kaufvertrag und **Auflassungsvormerkung zugunsten Dritter**, wenn von vornherein auf Übereignung an einen noch zu bestimmenden Dritten (§ 328 BGB) gekauft wird.

2.324 – Kauf und Antrag des Käufers, gleichzeitig seinen mit ihm in Gütergemeinschaft lebenden Ehepartner ins Grundbuch einzutragen (**Eintragung des in Gütergemeinschaft lebenden Ehepartners** = Grundbuchberichtigungsantrag; § 109 I S. 2 GNotKG = Durchführungsgeschäft).

2.325 – **Löschungsbewilligung des Verkäufers bei einer Eigentümergrundschuld** im Kaufvertrag; § 109 I S. 4 Nr. 1b GNotKG.

2.326 – Kaufvertrag und **Löschungsbewilligung des Gläubigers, soweit den Kaufgegenstand betreffend**; ebenso Pfandfreigabeerklärung des Gläubigers (§ 109 I).

4. Verschiedener Beurkundungsgegenstand

a) Bewertungsregeln

2.327 Nach § 86 II GNotKG sind mehrere, in derselben Urkunde enthaltene, Rechtsverhältnisse, Tatsachen oder Vorgänge **verschiedene Beurkundungsgegenstände**. Ausnahmen sind ausschließlich in § 109 GNotKG geregelt. Die §§ 110 und 111 GNotKG weisen bestimmten Rechtsverhältnissen oder Erklärungen einen verschiedenen Beurkundungsgegenstand zu.

2.328 Gem. § 35 I GNotKG werden in demselben Verfahren die Werte mehrerer Verfahrensgegenstände zusammengerechnet, wenn gleiche Gebührensätze zu erheben sind.

2.329 Sind für die einzelnen Beurkundungsgegenstände oder Teile davon verschiedene Gebührensätze anzuwenden, entstehen insoweit gesondert berechnete Gebühren, jedoch nicht mehr als die nach dem höchsten Gebührensatz berechnete Gebühr aus dem Gesamtbetrag der Werte, § 94 I GNotKG. Bei der gesonderten Berechnung sollen dabei alle Geschäfte addiert werden, die dem gleichen Gebührensatz unterliegen. Dies ergibt sich aus der Verwendung des Wortes „insoweit".[1]

---
[1] Begründung RegE, BT-Drs. 17/11471, 180.

IV. Derselbe bzw. verschiedene Gegenstände

Regelmäßig treffen Erklärungen, die derselbe Gegenstand sind, mit verschiedenen Beurkundungsgegenständen im Grundstückskaufvertrag zusammen. In diesen Fällen muss jede einzelne der weiteren Erklärungen in ihrem Verhältnis zum Hauptgeschäft betrachtet werden. Das Verhältnis der weiteren Erklärungen untereinander spielt keine Rolle. 2.330

In der Praxis werden dabei zunächst die Erklärungen mit demselben Gegenstand „herausgenommen". Da sie den Gebührensatz des Hauptgeschäfts nicht übersteigen, lösen sie hier nie nach § 94 II eine weitere Gebühr aus. Danach erfolgt die Betrachtung der gegenstandsverschiedenen Erklärungen. 2.331

b) Ausgewählte Fallbeispiele

→ **Fall 25: Kaufvertrag und Finanzierungserklärungen gegenüber Dritten (hier bzgl. Kaufpreiszahlung)**

A. Sachverhalt

Verkauft wird ein Grundstück zum Kaufpreis von 380 000 Euro. Die Zahlung des Kaufpreises erfolgt durch einen Dritten, der dem Käufer diesbezüglich ein Darlehen in Höhe des Kaufpreises gewährt. Die entsprechenden Erklärungen (**Darlehensvertrag mit Zwangsvollstreckungsunterwerfung**) zwischen Käufer und Drittem sind in der Kaufurkunde enthalten. Der Dritte ist bei der Beurkundung beteiligt. 2.332

Des Weiteren holt der Notar das **Negativattest** der Gemeinde nach **§ 28 BauGB** und die **Genehmigung nach der GVO** ein. Er übernimmt außerdem die **Fälligkeitsmitteilung** hinsichtlich der Kaufpreiszahlung und die **Umschreibungsüberwachung** in der Form der Ausfertigungssperre.

B. Rechnung

Pos.	Gebührentatbestände	Geschäftswert	KV-Nr.	Satz	Betrag
(1)	Beurkundungsverfahren (§§ 47, 97 III, 86 II, 35 I, 93 I, 110 Nr. 2a)	760 000	21100	2,0	2830,00
	Kaufvertrag (§ 47)	380 000	21100	2,0	
	Darlehensvertrag mit Zwangsvollstreckungsunterwerfung (§ 97 I)	380 000	21100	2,0	
(2)	Vollzug (Vorbem. 2.2.1.1 I Nr. 1; § 112)	760 000	22110, 22112	0,5	707,50
	(Einholung Negativattest nach § 28 BauGB, Genehmigung nach GVO)				2 × 50,00 = 100,00
(3)	Betreuung (§ 113 I) (Überwachung und Mitteilung Kaufpreisfälligkeit, Umschreibungsüberwachung)	760 000	22200 Anm. Nr. 2, 3	0,5	707,50

2.333

C. Erläuterungen

2.334 **Pos. (1):**

Die Urkunde enthält mehrere Rechtsverhältnisse i.S.d. § 86 I: Kaufvertrag und Darlehensvertrag mit Zwangsvollstreckungsunterwerfung. Nach § 86 II sind mehrere Rechtsverhältnisse auch verschiedene Beurkundungsgegenstände, soweit in § 109 nichts anderes bestimmt ist.

Das Hauptgeschäft ist nach § 109 I S. 1–2 der Grundstückskaufvertrag.

2.335 Der Geschäftswert des Grundstückskaufvertrages wird durch den Kaufpreis bestimmt, § 47 S. 1. Ein Vergleich mit dem Verkehrswert des Grundstücks nach § 47 S. 3 ist nur dann erforderlich, wenn Anhaltspunkte für einen höheren Wert vorliegen. Zu erheben ist ein 2,0 Gebühr nach Nr. 21100 KV.

2.336 Der **Darlehensvertrag und die Zwangsvollstreckungsunterwerfung** des Käufers (= Darlehensnehmer) werden zur Beschaffung der für die Kaufpreiszahlung benötigten Zahlungsmittel gegenüber dem Darlehnsgeber (also einem Dritten) erklärt. In § 110 Nr. 2a) wird ausdrücklich bestimmt, dass zwischen einem Veräußerungsvertrag und den Erklärungen zur Finanzierung der Gegenleistung gegenüber Dritten verschiedene Beurkundungsgegenstände vorliegen.

2.337 Der **Darlehensvertrag** ist als **eigener Gegenstand** zu betrachten und zu bewerten. Sein Geschäftswert richtet sich gem. § 97 III in aller Regel nach dem auszureichenden Darlehensbetrag, da der nach § 52 II S. 2 auf höchstens 20 Jahre kapitalisierte Zins den Nennbetrag des Darlehens nicht überschreitet. Zu erheben ist eine 2,0 Gebühr nach Nr. 21100 KV. Die **Zwangsvollstreckungsunterwerfung ist zum Darlehensvertrag** derselbe Beurkundungsgegenstand nach § 109 I S. 4 Nr. 4. Selbst wenn das Darlehen durch ein abstraktes Schuldanerkenntnis flankiert wird, handelt es sich hierbei um denselben Beurkundungsgegenstand nach § 109 I S. 1–2 (**Sicherungsgeschäft**).

2.338 Beim Zusammentreffen von verschiedenen Beurkundungsgegenständen, die denselben Gebührensatz auslösen, ist nach § 35 I die Gebühr ohne weiteres aus der Summe der Werte zu erheben.

2.339 **Pos. (2):**

Die **Vollzugsgebühr beträgt grundsätzlich** 0,5 nach Nr. 22110 KV. Der Geschäftswert bestimmt sich gem. § 112 nach dem Wert des Beurkundungsverfahrens. Das gilt auch dann, wenn die Urkunde verschiedene Beurkundungsgegenstände enthält, und nicht für alle eine Vollzugstätigkeit erforderlich ist.

2.340 Handelt es sich aber um die Einholung öffentlich-rechtlicher Genehmigungen, so **beschränkt** sie sich gem. Nr. 22112 KV auf 50 Euro pro einzuholender Genehmigung. Im Sachverhalt sind das **Negativattest** der Gemeinde **nach § 28 BauGB** sowie die **Genehmigung nach GVO** einzuholen. Beide Tätigkeiten gehören zum Vollzug nach Vorbemerkung 2.2.1.1 I S. 2 Nr. 1 KV. Insgesamt sind nach dem Sachverhalt also 100 Euro (2 × 50 Euro) zu erheben, denn die 0,5 Gebühr nach Nr. 22110 KV aus 760 000 Euro (= 707,50 Euro) ist höher.

Die Vollzugsgebühr fällt nach § 93 I S. 1 nur einmal an, unabhängig von der Anzahl der vorzunehmenden Tätigkeiten.

Bezüglich der Bewertung des elektronischen Vollzugs wird auf Rz. 2.1524 ff. verwiesen.

Bemerkung: 2.341

Lösen die einzelnen Erklärungen unterschiedliche Gebührensätze aus, so richtet sich der Gebührensatz der Vollzugsgebühr – zur „Auswahl" stehen 0,5 nach Nr. 22110 KV und 0,3 nach Nr. 22111 KV – nach dem höchsten Gebührensatz.

Pos. (3): 2.342

Die Überwachung und Mitteilung der Kaufpreisfälligkeit und die Umschreibungsüberwachung (Ausfertigungssperre) gehören gemäß Nr. 22200 Anm. Nr. 2 bzw. Anm. Nr. 3 KV zu den Betreuungstätigkeiten. Der Geschäftswert bestimmt sich gem. § 113 I nach dem Wert für das Beurkundungsverfahren. Das gilt auch dann, wenn die Urkunde verschiedene Verfahrensgegenstände enthält, und nicht für alle eine Betreuungstätigkeit erforderlich ist.

Diese Gebühr fällt in jedem Verfahren nur einmal an, unabhängig von der Anzahl der vorzunehmenden Tätigkeiten; § 93 I S. 1.

D. Exkurs (Verkäuferdarlehen)

Enthält die Urkunde neben dem Kaufvertrag eine Modifizierung der Kaufpreiszahlung in Form eines Darlehensvertrages zwischen Verkäufer und Käufer nebst Bestellung einer dinglichen Sicherung (Grundschuld) zugunsten des Verkäufers, so ist hierfür § 110 Nr. 2a) nicht einschlägig, da die zur Finanzierung des Kaufpreises erforderlichen Erklärungen nicht einem Dritten gegenüber abgegeben werden. Da auch kein Fall des § 111 vorliegt, ist zu prüfen, ob die Erklärungen gem. § 109 I einen Gegenstand bilden. Dazu muss ein Abhängigkeitsverhältnis i.S.v. § 109 I S. 1–2 vorliegen. Dies ist der Fall, wenn der Darlehensvertrag nebst Grundpfandrecht der Erfüllung, Sicherung oder Durchführung des Kaufvertrags dient. Dies wird man, wie unstreitig bei der isolierten Restkaufpreishypothek, annehmen können. 2.343

→ **Fall 26: Kaufvertrag und Grundschuldbestellung zur Finanzierung des Kaufpreises (Sicherungsgeschäft)**

A. Sachverhalt

Verkauft wird ein Grundstück zum Kaufpreis von 200 000 Euro. Zur angestrebten Finanzierung des Kaufpreises durch ein deutsches Kreditinstitut bestellt der Käufer **in derselben Urkunde** eine **Grundschuld** in Höhe des Kaufpreises und unterwirft sich gegenüber dem Gläubiger hinsichtlich des Nennbetrages der Zwangsvollstreckung in sein gesamtes Vermögen. Die **Grundschuldbestellung** enthält zudem die dinglichen Unterwerfungserklärungen des noch als Eigentümer eingetragenen Verkäufers. 2.344

Des Weiteren holt der Notar das **Negativattest** der Gemeinde nach **§ 28 BauGB** und die **Genehmigung nach der GVO** ein. Er übernimmt außerdem die **Fälligkeitsmitteilung** hinsichtlich der Kaufpreiszahlung und die **Umschreibungsüberwachung** in der Form der Ausfertigungssperre.

B. Rechnung

2.345

Pos.	Gebührentatbestände	Geschäfts-wert	KV-Nr.	Satz	Betrag
(1)	Beurkundungsverfahren (§§ 47, 97 III, 86 II, 35 I, 93 I, 110 Nr. 2a))	~~400 000~~	~~21100~~	2,0	~~1570,00~~
	Kaufvertrag (§ 47)	200 000	21100	2,0	870,00
	Grundschuldbestellung mit Zwangsvollstreckungsunterwerfung (§ 53 I)	200 000	21200	1,0	435,00
(2)	Vollzug (Vorbem. 2.2.1.1 I Nr. 1; § 112) (Einholung Negativattest nach § 28 BauGB, Genehmigung nach GVO)	400 000	22110, 22112	0,5	~~392,50~~ 2 × 50,00 = 100,00
(3)	Betreuung (§ 113 I) (Überwachung und Mitteilung Kaufpreisfälligkeit, Umschreibungsüberwachung)	400 000	22200 Anm. Nr. 2, 3	0,5	392,50

C. Erläuterungen

2.346 **Pos. (1):**

Der Geschäftswert wird durch den Kaufpreis bestimmt, § 47 S. 1. Ein Vergleich mit dem Verkehrswert des Grundstücks nach § 47 S. 3 ist nur dann erforderlich, wenn Anhaltspunkte für einen höheren Wert vorliegen. Der Sachverhalt enthält hierfür keine Anhaltspunkte.

2.347 Die Urkunde enthält mehrere Rechtsverhältnisse i.S.d. § 86 I: **Kaufvertrag**, und **Grundschuldbestellung** einschließlich Zwangsvollstreckungsunterwerfung zugunsten des finanzierenden Kreditinstitutes. Nach § 86 II sind mehrere Rechtsverhältnisse auch verschiedene Beurkundungsgegenstände, soweit in § 109 nichts anderes bestimmt ist.

2.348 Die in Rede stehenden Rechtsverhältnisse sind **ausdrücklich verschiedene Beurkundungsgegenstände** nach § 110 Nr. 2a).

2.349 Die **Grundschuldbestellung** ist somit als **eigener Gegenstand** zu betrachten und zu bewerten. Ihr **Geschäftswert** richtet sich gem. § 53 I nach dem Nennbetrag des einzutragenden Rechts. Zinsen und Nebenleistungen spielen keine Rolle (§ 37 I). Zu erheben ist eine 1,0 Gebühr nach Nr. 21200 KV.

2.350 Beim Zusammentreffen von gegenstandsverschiedenen Erklärungen ist nach § 35 I die Gebühr grundsätzlich aus der Summe der Werte zu erheben, es sei denn das GNotKG bestimmt etwas anderes. Eine solche andere Bestimmung enthält § 94 I für den Fall, dass die einzelnen Gegenstände jeweils einen verschiedenen Gebührensatz auslösen. Im Sachverhalt entsteht für die Beurkundung des Kaufvertrages eine 2,0 Gebühr nach Nr. 21100 KV, für die Grundschuldbestellung hingegen eine 1,0 Gebühr nach Nr. 21200 KV. In diesem Fall sind die Gebühren einzeln zu erheben, wobei insgesamt nicht mehr erhoben

IV. Derselbe bzw. verschiedene Gegenstände

werden darf, als die nach dem höchsten Gebührensatz berechnete Gebühr aus der Summe aller Werte.

Vorliegend ist die Summe der Einzelgebühren niedriger und damit maßgebend. 2.351

Bemerkung: 2.352

In der Regel werden Kaufvertrag und Grundschuldbestellung in getrennten Urkunden niedergelegt, sodass schon deshalb eine gesonderte Gebührenabrechnung erfolgt, vgl. § 85 II. Beispiele der vorliegenden Art der Zusammenbeurkundung von Kaufvertrag und Grundschuldbestellung sind stets an § 93 II zu messen.

Pos. (2): 2.353

Die **Vollzugsgebühr beträgt grundsätzlich** 0,5 nach Nr. 22110 KV. Der Geschäftswert bestimmt sich gem. § 112 nach dem Wert des Beurkundungsverfahrens. Das gilt auch dann, wenn die Urkunde verschiedene Verfahrensgegenstände enthält, und nicht für alle eine Vollzugstätigkeit erforderlich ist.

Enthält die Urkunde mehrere Verfahrensgegenstände, so ist die Vollzugsgebühr 2.354 aus der Summe der Werte zu erheben. Lösen die einzelnen Erklärungen unterschiedliche Gebührensätze aus, so richtet sich der Gebührensatz der Vollzugsgebühr nach dem höchsten Gebührensatz.[1]

Handelt es sich aber ausschließlich um die Einholung öffentlich-rechtlicher Genehmigungen, so ist diese Gebühr gem. Nr. 22112 KV auf 50 Euro pro einzuholender Genehmigung **beschränkt**. Nach dem Sachverhalt sind das **Negativattest der Gemeinde nach § 28 BauGB** sowie die **Genehmigung nach GVO** einzuholen. Beide Tätigkeiten gehören zum Vollzug nach Vorbemerkung 2.2.1.1 I S. 2 Nr. 1 KV. Insgesamt sind nach dem Sachverhalt also 100 Euro (2 × 50 Euro) zu erheben, denn die 0,5 Gebühr nach Nr. 22110 KV GNotKG aus 400 000 Euro (= 392,50 Euro) ist höher. 2.355

Die Vollzugsgebühr fällt nach § 93 I S. 1 nur einmal an, unabhängig von der Anzahl der vorzunehmenden Tätigkeiten.

Bezüglich der Bewertung des elektronischen Vollzugs wird auf Rz. 2.1524 ff. verwiesen.

Pos. (3): 2.356

Die Überwachung und Mitteilung der Kaufpreisfälligkeit und die Umschreibungsüberwachung (Ausfertigungssperre) gehören gemäß Nr. 22200 Anm. Nr. 2 bzw. Anm. Nr. 3 KV zu den Betreuungstätigkeiten. Der Geschäftswert bestimmt sich gem. § 113 I nach dem Wert für das Beurkundungsverfahren. Das gilt auch dann, wenn die Urkunde verschiedene Verfahrensgegenstände enthält, und nicht für alle eine Betreuungstätigkeit erforderlich ist.

Diese Gebühr fällt in jedem Verfahren nur einmal an, unabhängig von der Anzahl der vorzunehmenden Tätigkeiten; § 93 I S. 1.

---

[1] LG Düsseldorf, Beschl. v. 2.3.2015 – 19 T 227/14, NotBZ 2015, 358.

→ **Fall 27: Kaufvertrag und Übernahme einer nicht valutierenden Grundschuld für eigene Kreditzwecke mit Zwangsvollstreckungsunterwerfung gegenüber dem neuen Gläubiger**

A. Sachverhalt

2.357 Beurkundet wird ein Grundstückskaufvertrag. Der Käufer zahlt einen Kaufpreis von 300 000 Euro und **übernimmt** die im Grundbuch **eingetragene Grundschuld** im Nennbetrag von 150 000 Euro, welche **nicht mehr valutiert, für eigene Kreditzwecke** (Finanzierung des Kaufpreises). Hinsichtlich des Grundschuldnennbetrages unterwirft sich der Käufer gegenüber der Bank der **persönlichen Zwangsvollstreckung**.

Des Weiteren holt der Notar das **Negativattest** der Gemeinde nach **§ 28 BauGB** und die **Genehmigung nach der GVO** ein. Er übernimmt außerdem die **Fälligkeitsmitteilung** hinsichtlich der Kaufpreiszahlung und die **Umschreibungsüberwachung** in der Form der Ausfertigungssperre.

B. Rechnung

2.358

Pos.	Gebührentatbestände	Geschäftswert	KV-Nr.	Satz	Betrag
(1)	Beurkundungsverfahren (§§ 47, 97 III, 86 II, 35 I, 93 I, 94 I, 110 Nr. 2a))	~~450 000~~	~~21100~~	2,0	~~1770,00~~
	Kaufvertrag (§ 47)	300 000	21100	2,0	1270,00
	Zwangsvollstreckungsunterwerfung (§ 97 I)	150 000	21200	1,0	345,00
(2)	Vollzug (Vorbem. 2.2.1.1 I Nr. 1; § 112) (Einholung Negativattest nach § 28 BauGB, Genehmigung nach GVO)	450 000	22110, 22112	0,5	~~442,50~~ 2 × 50,00 = 100,00
(3)	Betreuung (§ 113 I) (Überwachung und Mitteilung Kaufpreisfälligkeit, Umschreibungsüberwachung)	450 000	22200 Anm. Nr. 2, 3	0,5	442,50

C. Erläuterungen

2.359 **Pos. (1):**

Die Urkunde enthält mehrere Rechtsverhältnisse i.S.d. § 86 I: **Kaufvertrag** und **Zwangsvollstreckungsunterwerfung** bezüglich des übernommenen Grundpfandrechtes zugunsten des finanzierenden Kreditinstitutes. Nach § 86 II sind mehrere Rechtsverhältnisse auch verschiedene Beurkundungsgegenstände, soweit in § 109 nichts anderes bestimmt ist.

2.360 Die in Rede stehenden Rechtsverhältnisse sind **ausdrücklich verschiedene Beurkundungsgegenstände** nach **§ 110 Nr. 2a**).

IV. Derselbe bzw. verschiedene Gegenstände

Der Geschäftswert des Grundstückskaufvertrages wird durch den Kaufpreis bestimmt, § 47 S. 1. Ein Vergleich mit dem Verkehrswert des Grundstücks nach § 47 S. 3 ist nur dann erforderlich, wenn Anhaltspunkte für einen höheren Wert vorliegen. 2.361

Der **Geschäftswert der Unterwerfungserklärung** richtet sich gem. § 97 I nach dem **Schuldbetrag**. Zu erheben ist eine 1,0 Gebühr nach Nr. 21200 KV. 2.362

Beim Zusammentreffen von verschiedenen Beurkundungsgegenständen ist nach § 35 I die Gebühr grundsätzlich aus der Summe der Werte zu erheben, es sei denn, das GNotKG bestimmt etwas anderes. Eine andere Bestimmung enthält § 94 I für den Fall, dass die einzelnen Gegenstände jeweils einen verschiedenen Gebührensatz auslösen. Im Sachverhalt entsteht für die Beurkundung des Kaufvertrages eine 2,0 Gebühr nach Nr. 21100 KV, für die Zwangsvollstreckungsunterwerfung hingegen eine 1,0 Gebühr nach Nr. 21200 KV. In diesem Fall sind die Gebühren einzeln zu erheben, wobei insgesamt nicht mehr erhoben werden darf, als die nach dem höchsten Gebührensatz berechnete Gebühr aus der Summe aller Werte. 2.363

Vorliegend ist die Summe der Einzelgebühren niedriger und damit maßgebend. 2.364

Bemerkung: 2.365
Verwendet der Erwerber die übernommene Grundschuld nicht zur Besicherung der Finanzierung des Kaufpreises, so ist § 110 Nr. 2a) nicht einschlägig. Hier gilt § 86 II.

Pos. (2): 2.366
Die **Vollzugsgebühr beträgt grundsätzlich** 0,5 nach Nr. 22110 KV. Der Geschäftswert bestimmt sich gem. § 112 nach dem Wert des Beurkundungsverfahrens. Das gilt auch dann, wenn die Urkunde verschiedene Verfahrensgegenstände enthält, und nicht für alle eine Vollzugstätigkeit erforderlich ist.

Enthält die Urkunde mehrere Verfahrensgegenstände, so ist die Vollzugsgebühr aus der Summe der Werte zu erheben. Lösen die einzelnen Erklärungen unterschiedliche Gebührensätze aus, so richtet sich der Gebührensatz der Vollzugsgebühr nach dem höchsten infrage kommenden Gebührensatz.[1] 2.367

Handelt es sich aber ausschließlich um die Einholung öffentlich-rechtlicher Genehmigungen, so ist diese Gebühr gem. Nr. 22112 KV auf 50 Euro pro einzuholender Genehmigung **beschränkt**. Nach dem Sachverhalt sind das **Negativattest der Gemeinde nach § 28 BauGB** sowie die **Genehmigung nach GVO** einzuholen. Beide Tätigkeiten gehören zum Vollzug nach Vorbemerkung 2.2.1.1 I S. 2 Nr. 1 KV. Insgesamt sind nach dem Sachverhalt also 100 Euro (2 × 50 Euro) zu erheben, denn die 0,5 Gebühr nach Nr. 22110 KV GNotKG aus 450 000 Euro (= 442,50 Euro) ist höher. 2.368

Die Vollzugsgebühr fällt nach § 93 I S. 1 nur einmal an, unabhängig von der Anzahl der vorzunehmenden Tätigkeiten.

Bezüglich der Bewertung des elektronischen Vollzugs wird auf Rz. 2.1524 ff. verwiesen.

---
1 LG Düsseldorf, Beschl. v. 2.3.2015 – 19 T 227/14, NotBZ 2015, 358.

2.369 **Pos. (3):**
Die Überwachung und Mitteilung der Kaufpreisfälligkeit und die Umschreibungsüberwachung (Ausfertigungssperre) gehören gemäß Nr. 22200 Anm. Nr. 2 bzw. Anm. Nr. 3 KV zu den Betreuungstätigkeiten. Der Geschäftswert bestimmt sich gem. § 113 I nach dem Wert für das Beurkundungsverfahren. Das gilt auch dann, wenn die Urkunde verschiedene Verfahrensgegenstände enthält, und nicht für alle eine Betreuungstätigkeit erforderlich ist.

Diese Gebühr fällt in jedem Verfahren nur einmal an, unabhängig von der Anzahl der vorzunehmenden Tätigkeiten; § 93 I S. 1.

→ **Fall 28: Kaufvertrag und Bestellungserklärungen von subjektiv-dinglichen Rechten**

A. Sachverhalt

2.370 Der Notar beurkundet einen **Grundstückskaufvertrag**. Für den Verkauf des Grundstücks zahlt der Käufer einen Kaufpreis von 50 000 Euro. Zusätzlich räumt der Käufer dem Verkäufer, welcher Eigentümer des Nachbargrundstückes bleibt, ein unbeschränktes **Geh- und Fahrtrecht** in Form einer **Grunddienstbarkeit** dergestalt ein, dass dieser den am westlichen Rand seines Grundstücks befindlichen 3 m breiten Weg begehen und befahren kann. Der Jahreswert beträgt 100 Euro. Er **bewilligt und beantragt die Eintragung der Dienstbarkeit.**

Des Weiteren holt der Notar das **Negativattest** der Gemeinde nach **§ 28 BauGB** und die **Genehmigung nach der GVO** ein. Er übernimmt außerdem die **Fälligkeitsmitteilung** hinsichtlich der Kaufpreiszahlung und die **Umschreibungsüberwachung** in der Form der Ausfertigungssperre.

B. Rechnung

2.371

Pos.	Gebührentatbestände	Geschäftswert	KV-Nr.	Satz	Betrag
(1)	Beurkundungsverfahren (§§ 47, 97 III, 86 II, 35 I, 93 I, 94 I, 110 Nr. 2b))	54 000	21100	2,0	384,00
	Kaufvertrag (§ 47)	52 000	21100	2,0	384,00
	Grundbucherklärungen zum Geh- und Fahrtrecht (§ 52)	2000	21201 Nr. 4	0,5	30,00
(2)	Vollzug (Vorbem. 2.2.1.1 I Nr. 1; § 112) (Einholung Negativattest nach § 28 BauGB, Genehmigung nach GVO)	54 000	22110	0,5	96,00
(3)	Betreuung (§ 113 I) (Überwachung und Mitteilung Kaufpreisfälligkeit, Umschreibungsüberwachung)	54 000	22200 Anm. Nr. 2, 3	0,5	96,00

C. Erläuterungen

Pos. (1):

Der Geschäftswert des Kaufvertrags wird gem. § 47 S. 1 durch den Kaufpreis bestimmt, es sei denn, der Verkehrswert nach § 46 ist höher, § 47 S. 3. Verpflichtet sich der Käufer neben der Zahlung des Kaufpreis in Ansehung des Erwerbs zu weiteren Leistungen, so sind diese dem Kaufpreis hinzuzurechnen, § 47 S. 2.

Die Urkunde enthält neben dem Kaufvertrag die Grundbucherklärung zur Eintragung des Geh- und Fahrrechtes als **Grunddienstbarkeit**.

Die Grundbucherklärungen dienen zwar der Sicherung eines Teils der vereinbarten Gegenleistung aus dem Kaufvertrag i.S.d. § 109 I S. 1–2. In **§ 110 Nr. 2b)** wird aber bestimmt, dass zwischen einem Veräußerungsvertrag und den „Erklärungen zur Bestellung subjektiv-dinglicher Rechte" **verschiedene Beurkundungsgegenstände** vorliegen. Die **Grundbucherklärungen** sind somit als **eigener Gegenstand** zu betrachten und zu bewerten. Ihr Geschäftswert richtet sich nach § 52 I, II. Zu erheben ist eine 0,5 Gebühr nach Nr. 21201 Nr. 4 KV.

Beim Zusammentreffen von verschiedenen Beurkundungsgegenständen ist nach § 35 I die Gebühr grundsätzlich aus der Summe der Werte zu erheben, es sei denn, das GNotKG bestimmt etwas anderes. Eine andere Bestimmung enthält § 94 I für den Fall, dass die einzelnen Gegenstände jeweils einen verschiedenen Gebührensatz auslösen. Im Sachverhalt entsteht für die Beurkundung des Kaufvertrages eine 2,0 Gebühr nach Nr. 21100 KV, für die Grundbucherklärungen hingegen eine 0,5 Gebühr nach Nr. 21201 Nr. 4 KV. In diesem Fall sind die Gebühren einzeln zu erheben, wobei insgesamt nicht mehr erhoben werden darf. als die nach dem höchsten Gebührensatz berechnete Gebühr aus der Summe aller Werte; Letzteres ist vorliegend einschlägig.

Bemerkung:

Für die Vergleichsberechnung nach § 94 I ist immer die Mindestgebühr zu beachten, die bei der 0,5 Gebühr nach Nr. 21201 Nr. 4 KV 30,00 Euro beträgt.

Pos. (2):

Die **Vollzugsgebühr beträgt grundsätzlich** 0,5 nach Nr. 22110 KV. Der Geschäftswert bestimmt sich gem. § 112 nach dem Wert des Beurkundungsverfahrens. Das gilt auch dann, wenn die Urkunde verschiedene Verfahrensgegenstände enthält, und nicht für alle eine Vollzugtätigkeit erforderlich ist.

Enthält die Urkunde mehrere Verfahrensgegenstände, so ist die Vollzugsgebühr 1 aus der Summe der Werte zu erheben. Lösen die einzelnen Erklärungen unterschiedliche Gebührensätze aus, so richtet sich der Gebührensatz der Vollzugsgebühr nach dem höchsten Gebührensatz.[1]

Handelt es sich aber um die Einholung öffentlich-rechtlicher Genehmigungen, so **beschränkt** sie sich gem. Nr. 22112 KV auf 50 Euro pro einzuholender Genehmigung. Im Sachverhalt sind das **Negativattest** der Gemeinde **nach § 28 BauGB**

---
[1] LG Düsseldorf, Beschl. v. 2.3.2015 – 19 T 227/14, NotBZ 2015, 358.

sowie die **Genehmigung nach GVO** einzuholen. Beide Tätigkeiten gehören zum Vollzug nach Vorbemerkung 2.2.1.1 I S. 2 Nr. 1 KV.

2.380 Da die 0,5 Vollzugsgebühr nach Nr. 22110 KV aus 54 000 Euro lediglich 96,00 Euro beträgt, also hinter der Beschränkung auf 100,00 Euro (2 × 50 Euro) gem. Nr. 22112 KV zurückbleibt, kommt die Beschränkung nicht zum Tragen.[1]

Die Vollzugsgebühr fällt nach § 93 I S. 1 nur einmal an, unabhängig von der Anzahl der vorzunehmenden Tätigkeiten.

Bezüglich der Bewertung des elektronischen Vollzugs wird auf Rz. 2.1524 ff. verwiesen.

2.381 **Pos. (3):**
Die Überwachung und Mitteilung der Kaufpreisfälligkeit und die Umschreibungsüberwachung (Ausfertigungssperre) gehören gemäß Nr. 22200 Anm. Nr. 2 KV bzw. Anm. Nr. 3 KV zu den Betreuungstätigkeiten. Der Geschäftswert bestimmt sich gem. § 113 I nach dem Wert für das Beurkundungsverfahren.

2.382 Enthält die Urkunde mehrere Verfahrensgegenstände, so ist die Betreuungsgebühr aus der Summe der Werte zu erheben, auch wenn nicht für alle Verfahrensgegenstände eine Betreuungstätigkeit erforderlich ist.

Diese Gebühr fällt in jedem Verfahren nur einmal an, unabhängig von der Anzahl der vorzunehmenden Tätigkeiten; § 93 I S. 1.

→ **Fall 29: Kaufvertrag und Verzicht auf Umsatzsteuerbefreiung**

A. Sachverhalt

2.383 Beurkundet wird ein **Grundstückskaufvertrag**. Der Käufer zahlt einen Kaufpreis von 300 000 Euro. Die Urkunde enthält den Verzicht auf die Steuerbefreiung gemäß § 9 I UStG (**Umsatzsteueroption**).

Des Weiteren holt der Notar das **Negativattest** der Gemeinde nach **§ 28 BauGB** und die **Genehmigung nach der GVO** ein. Er übernimmt außerdem die **Fälligkeitsmitteilung** hinsichtlich der Kaufpreiszahlung und die **Umschreibungsüberwachung** in der Form der Ausfertigungssperre.

B. Rechnung

2.384

Pos.	Gebührentatbestände	Geschäftswert	KV-Nr.	Satz	Betrag
(1)	Beurkundungsverfahren (§§ 47, 97 III, 86 II, 35 I, 93 I, 94 I, 110 Nr. 2c))	~~357 000~~	~~21100~~	~~2,0~~	~~1470,00~~
	Kaufvertrag (§ 47)	300 000	21100	2,0	1270,00
	Umsatzsteueroption (§ 97 I)	57 000	21200	1,0	192,00

---

1 Siehe auch Rz. 2.25.

IV. Derselbe bzw. verschiedene Gegenstände

Pos.	Gebührentatbestände	Geschäftswert	KV-Nr.	Satz	Betrag
(2)	Vollzug (Vorbem. 2.2.1.1 I Nr. 1; § 112) (Einholung Negativattest nach § 28 BauGB, Genehmigung nach GVO)	357 000	22110, 22112	0,5	~~367,50~~ 2 × 50,00 = 100,00
(3)	Betreuung (§ 113 I) (Überwachung und Mitteilung Kaufpreisfälligkeit, Umschreibungsüberwachung)	357 000	22200 Anm. Nr. 2, 3	0,5	367,50

C. Erläuterungen

Pos. (1): 2.385

Der Geschäftswert wird durch den Kaufpreis bestimmt; § 47 S. 1. Ein Vergleich mit dem Verkehrswert des Grundstücks nach § 47 S. 3 ist nur dann erforderlich, wenn Anhaltspunkte für einen höheren Wert vorliegen. Der Sachverhalt enthält hierfür keine Anhaltspunkte.

Die Urkunde enthält mehrere Rechtsverhältnisse i.S.d. § 86 I: **Kaufvertrag** und 2.386 **Umsatzsteueroption**. Nach § 86 II sind mehrere Rechtsverhältnisse auch verschiedene Beurkundungsgegenstände, soweit in § 109 nichts anderes bestimmt ist.

Die in Rede stehenden Rechtsverhältnisse sind ausdrücklich verschiedene Beur- 2.387 kundungsgegenstände nach § 110 Nr. 2c).

Die **Umsatzsteueroption** ist somit als eigener Gegenstand zu betrachten und zu 2.388 bewerten. Ihr **Geschäftswert** richtet sich gem. § 97 I nach der auf den Kaufpreis zu zahlenden Umsatzsteuer (derzeit 19 % aus 300 000 Euro = 57 000 Euro).

Beim Zusammentreffen von verschiedenen Beurkundungsgegenständen ist nach 2.389 § 35 I die Gebühr grundsätzlich aus der Summe der Werte zu erheben, es sei denn, das GNotKG bestimmt etwas anderes. Eine andere Bestimmung enthält § 94 I für den Fall, dass die einzelnen Gegenstände jeweils einen verschiedenen Gebührensatz auslösen. Im Sachverhalt entsteht für die Beurkundung des Kaufvertrages eine 2,0 Gebühr nach Nr. 21100 KV, für die Umsatzsteueroption hingegen eine 1,0 Gebühr nach Nr. 21200 KV. In diesem Fall sind die Gebühren einzeln zu erheben, wobei insgesamt nicht mehr erhoben werden darf, als die nach dem höchsten Gebührensatz berechnete Gebühr aus der Summe aller Werte. Vorliegend sind die Einzelgebühren maßgeblich.

Bemerkung: 2.390

Eine Möglichkeit für eine Befreiung von der Umsatzsteuer besteht nur beim Erwerb von Grundstücken. Es kann daher auch nur hier zum Verzicht optiert werden. Für mitverkauftes Inventar besteht keine Möglichkeit der Umsatzsteueroption. Hier ist die Umsatzsteuer stets Bestandteil des Kaufpreises.

2.391 **Pos. (2):**

Die **Vollzugsgebühr beträgt grundsätzlich** 0,5 nach Nr. 22110 KV. Der Geschäftswert bestimmt sich gem. § 112 nach dem Wert des Beurkundungsverfahrens. Das gilt auch dann, wenn die Urkunde verschiedene Verfahrensgegenstände enthält, und nicht für alle eine Vollzugstätigkeit erforderlich ist.

2.392 Handelt es sich aber ausschließlich um die Einholung öffentlich-rechtlicher Genehmigungen, so ist diese Gebühr gem. Nr. 22112 KV auf 50 Euro pro einzuholender Genehmigung **beschränkt**. Nach dem Sachverhalt sind das **Negativattest** der Gemeinde **nach § 28 BauGB** sowie die **Genehmigung nach GVO** einzuholen. Beide Tätigkeiten gehören zum Vollzug nach Vorbemerkung 2.2.1.1 I S. 2 Nr. 1 KV. Insgesamt sind nach dem Sachverhalt also 100 Euro (2 × 50 Euro) zu erheben, denn die 0,5 Gebühr nach Nr. 22110 KV GNotKG aus 357 000 Euro (= 367,50 Euro) ist höher.

2.393 Enthält die Urkunde mehrere Verfahrensgegenstände, so ist die Vollzugsgebühr aus der Summe der Werte zu erheben. Lösen die einzelnen Erklärungen unterschiedliche Gebührensätze aus, so richtet sich der Gebührensatz der Vollzugsgebühr nach dem höchsten Gebührensatz.[1]

Die Vollzugsgebühr fällt nach § 93 I S. 1 nur einmal an, unabhängig von der Anzahl der vorzunehmenden Tätigkeiten.

Bezüglich der Bewertung des elektronischen Vollzugs wird auf Rz. 2.1524 ff. verwiesen.

2.394 **Pos. (3):**

Die Überwachung und Mitteilung der Kaufpreisfälligkeit und die Umschreibungsüberwachung (Ausfertigungssperre) gehören gemäß Nr. 22200 Anm. Nr. 2 bzw. Anm. Nr. 3 KV zu den Betreuungstätigkeiten. Der Geschäftswert bestimmt sich gem. § 113 I nach dem Wert für das Beurkundungsverfahren.

Diese Gebühr fällt in jedem Verfahren nur einmal an, unabhängig von der Anzahl der vorzunehmenden Tätigkeiten; § 93 I S. 1.

→ **Fall 30: Kaufvertrag und Rechtswahl (hier nach Art. 15 II EGBGB)**

A. Sachverhalt

2.395 Maria und Luigi sind italienische Staatsbürger. Sie haben in Potsdam die Ehe geschlossen. Einen Ehevertrag gibt es bisher nicht. Der gewöhnliche Aufenthalt befindet sich in der Bundesrepublik Deutschland. Luigi kauft nunmehr ein Grundstück in Potsdam zum Kaufpreis von 100 000 Euro. Auch wenn davon auszugehen ist, dass Maria und Luigi im gesetzlichen Güterstand der Zugewinngemeinschaft leben, wählen sie in der Kaufurkunde rein vorsorglich für die allgemeinen und güterrechtlichen Wirkungen ihrer Ehe das Recht der Bundesrepublik Deutschland (**Rechtswahl nach Art. 15 II EGBGB**). Das Vermögen der Eheleute (ohne Grundstück) stellt sich wie folgt dar:

Maria:

---

1 LG Düsseldorf, Beschl. v. 2.3.2015 – 19 T 227/14, NotBZ 2015, 358.

- Vermögenswerte = 120 000 Euro
- Verbindlichkeiten = 80 000 Euro

Luigi:
- Vermögenswerte = 60 000 Euro
- Verbindlichkeiten = 40 000 Euro

Des Weiteren holt der Notar das **Negativattest** der Gemeinde nach **§ 28 BauGB** und die **Genehmigung nach der GVO** ein. Er übernimmt außerdem die **Fälligkeitsmitteilung** hinsichtlich der Kaufpreiszahlung und die **Umschreibungsüberwachung** in der Form der Ausfertigungssperre.

B. Rechnung

Pos.	Gebührentatbestände	Geschäfts-wert	KV-Nr.	Satz	Betrag
(1)	Beurkundungsverfahren (§§ 47, 97 III, 93 I, 100 I Nr. 1, 104 I, 86 II, 35 I, 111 Nr. 4)	127 000	21100	2,0	654,00
	Kaufvertrag (§ 47)	100 000	21100	2,0	
	Rechtswahl (§§ 104 I, 100 I Nr. 1)	27 000	21100	2,0	
(2)	Vollzug (Vorbem. 2.2.1.1 I Nr. 1; § 112)	127 000	22110, 22112	0,5	~~163,50~~
	(Einholung Negativattest nach § 28 BauGB, Genehmigung nach GVO)				2 × 50,00 = 100,00
(3)	Betreuung (§ 113 I) (Überwachung und Mitteilung Kaufpreisfälligkeit, Umschreibungsüberwachung)	127 000	22200 Anm. Nr. 2, 3	0,5	163,50

2.396

C. Erläuterungen

Pos. (1):

Die Urkunde enthält mehrere Rechtsverhältnisse i.S.d. § 86 I: **Kaufvertrag** und **Rechtswahl**. Nach § 86 II sind mehrere Rechtsverhältnisse auch verschiedene Beurkundungsgegenstände, soweit in § 109 nichts anderes bestimmt ist.

2.397

In **§ 111 Nr. 4** wird **ausdrücklich bestimmt**, dass es sich bei der **Rechtswahl** stets um einen besonderen, also vom Kaufvertrag **verschiedenen Gegenstand** handelt.

2.398

Der Geschäftswert wird durch den Kaufpreis bestimmt, § 47 S. 1. Ein Vergleich mit dem Verkehrswert des Grundstücks nach § 47 S. 3 ist nur dann erforderlich, wenn Anhaltspunkte für einen höheren Wert vorliegen. Der Sachverhalt enthält hierfür keine Anhaltspunkte.

2.399

Der **Geschäftswert der Rechtswahl** richtet sich nach dem Vermögen der Eheleute. Dieses wird nach § 100 bestimmt. Danach sind Aktiva und Passiva beider Eheleute für jeden Partner getrennt zu betrachten, wobei Verbindlichkeiten je-

2.400

weils nur bis zur Hälfte der Aktiva abgezogen werden. Das hier erworbene Grundstück wird voll als gegenwärtiges Vermögen betrachtet; § 100 III ist nicht einschlägig.

Ehemann:

Aktiva 60 000 Euro – Passiva 40 000 Euro = 20 000 Euro,

aber

½ Aktiva = 30 000 Euro = Wert nach § 100.

Ehefrau:

Aktiva 120 000 Euro – Passiva 80 000 Euro = 40 000 Euro,

aber

½ Aktiva = 60 000 Euro = Wert nach § 100.

Der kostenrechtliche Wert des ehelichen Vermögens beträgt hier 90 000 Euro.

2.401 Nach § 104 I sind davon 30 % als Wert der Rechtswahl maßgeblich. Zu erheben ist eine 2,0 Gebühr nach Nr. 21100 KV.

2.402 Beim Zusammentreffen von verschiedenen Beurkundungsgegenständen, die denselben Gebührensatz auslösen, ist nach § 35 I die Gebühr aus der Summe der Werte zu erheben.

2.403 **Bemerkung:**

Die gleichen Bewertungsgrundsätze gelten gem. § 104 I bei einer im Kaufvertrag mitbeurkundeten **Rechtswahl nach Art. 14 EGBGB**.

2.404 **Pos. (2):**

Die **Vollzugsgebühr beträgt grundsätzlich** 0,5 nach Nr. 22110 KV. Der Geschäftswert bestimmt sich gem. § 112 nach dem Wert des Beurkundungsverfahrens. Das gilt auch dann, wenn die Urkunde verschiedene Verfahrensgegenstände enthält, und nicht für alle eine Vollzugstätigkeit erforderlich ist.

2.405 Handelt es sich aber ausschließlich um die Einholung öffentlich-rechtlicher Genehmigungen, so ist diese Gebühr gem. Nr. 22112 KV auf 50 Euro pro einzuholender Genehmigung **beschränkt**. Nach dem Sachverhalt sind das **Negativattest** der Gemeinde **nach § 28 BauGB** sowie die **Genehmigung nach GVO** einzuholen. Beide Tätigkeiten gehören zum Vollzug nach Vorbemerkung 2.2.1.1 I S. 2 Nr. 1 KV. Insgesamt sind nach dem Sachverhalt also 100 Euro (2 × 50 Euro) zu erheben, denn die 0,5 Gebühr nach Nr. 22110 KV GNotKG aus 127 000 Euro (= 163,50 Euro) ist höher.

Die Vollzugsgebühr fällt nach § 93 I S. 1 nur einmal an, unabhängig von der Anzahl der vorzunehmenden Tätigkeiten.

Bezüglich der Bewertung des elektronischen Vollzugs wird auf Rz. 2.1524 ff. verwiesen.

2.406 **Pos. (3):**

Die Überwachung und Mitteilung der Kaufpreisfälligkeit und die Umschreibungsüberwachung (Ausfertigungssperre) gehören gemäß Nr. 22200 Anm. Nr. 2 bzw. Anm. Nr. 3 KV zu den Betreuungstätigkeiten. Der Geschäftswert bestimmt sich gem. § 113 I nach dem Wert für das Beurkundungsverfahren. Das gilt auch dann, wenn die Urkunde verschiedene Verfahrensgegenstände enthält, und nicht für alle eine Betreuungstätigkeit erforderlich ist.

Diese Gebühr fällt in jedem Verfahren nur einmal an, unabhängig von der Anzahl der vorzunehmenden Tätigkeiten; § 93 I S. 1.

→ **Fall 31: Kaufvertrag und Ehevertrag**

A. Sachverhalt

Der in Gütergemeinschaft lebende Ehemann kauft ein Grundstück zu einem Kaufpreis von 80 000 Euro. In der Kaufurkunde vereinbart er mit seiner Frau (**Nachtrag zum bestehenden Ehevertrag**), dass das Kaufgrundstück zu seinem **Vorbehaltsgut** gehören soll.

Zum Vermögen der Ehegatten ist festzustellen:

Ehemann:
– Vermögenswerte = 120 000 Euro
– Verbindlichkeiten = 80 000 Euro

Ehefrau:
– Vermögenswerte = 60 000 Euro
– Verbindlichkeiten = 40 000 Euro

Des Weiteren holt der Notar das **Negativattest** der Gemeinde nach **§ 28 BauGB** und die **Genehmigung nach der GVO** ein. Er übernimmt außerdem die **Fälligkeitsmitteilung** hinsichtlich der Kaufpreiszahlung und die **Umschreibungsüberwachung** in der Form der Ausfertigungssperre.

2.407

B. Rechnung

2.408

Pos.	Gebührentatbestände	Geschäftswert	KV-Nr.	Satz	Betrag
(1)	Beurkundungsverfahren (§§ 47, 97 III, 93 I, 100 I Nr. 1, II, 86 II, 35 I, 111 Nr. 2)	160 000	21100	2,0	762,00
	Kaufvertrag (§ 47)	80 000	21100	2,0	
	Ehevertrag (Vorbehaltsgut; §§ 104 I, 100 I Nr. 1, II)	80 000	21100	2,0	
(2)	Vollzug (Vorbem. 2.2.1.1 I Nr. 1; § 112) (Einholung Negativattest nach § 28 BauGB, Genehmigung nach GVO)	160 000	22110, 22112	0,5	~~190,50~~ 2 × 50,00 = 100,00
(3)	Betreuung (§ 113 I) (Überwachung und Mitteilung Kaufpreisfälligkeit, Umschreibungsüberwachung)	160 000	22200 Anm. Nr. 2, 3	0,5	190,50

C. Erläuterungen

2.409 **Pos. (1):**
Die Urkunde enthält mehrere Rechtsverhältnisse i.S.d. § 86 I: **Kaufvertrag** und **Ehevertrag**. Nach § 86 II sind mehrere Rechtsverhältnisse auch verschiedene Beurkundungsgegenstände, soweit in § 109 nichts anderes bestimmt ist.

2.410 In **§ 111 Nr. 2** wird **ausdrücklich bestimmt**, dass es sich bei einem **Ehevertrag** stets um einen besonderen, also vom Kaufvertrag **verschiedenen Gegenstand** handelt.

2.411 Der Geschäftswert des Grundstückskaufvertrages wird durch den Kaufpreis bestimmt, § 47 S. 1. Ein Vergleich mit dem Verkehrswert des Grundstücks nach § 47 S. 3 ist nur dann erforderlich, wenn Anhaltspunkte für einen höheren Wert vorliegen. Dies ist vorliegend nicht der Fall.

2.412 Der **Geschäftswert des Ehevertrages** richtet sich grundsätzlich nach dem Vermögen der Eheleute. Dieses wird nach § 100 bestimmt. Danach sind Aktiva und Passiva (Verbindlichkeiten) beider Eheleute für jeden Partner getrennt zu betrachten, wobei Verbindlichkeiten jeweils nur bis zur Hälfte der Aktiva abgezogen werden:

Ehemann:

Aktiva 60 000 Euro − Passiva 40 000 Euro = 20 000 Euro,

aber

½ Aktiva = 30 000 Euro = Wert nach § 100 I.

Ehefrau:

Aktiva 120 000 Euro − Passiva 80 000 Euro = 40 000 Euro,

aber

½ Aktiva = 60 000 Euro = Wert nach § 100 I.

Der kostenrechtliche Wert des ehelichen Vermögens beträgt hier 90 000 Euro.

2.413 Da aber nicht der Güterstand geändert, sondern die Vereinbarung **nur für einen Teil des Vermögens getroffen** wird, ist nach **§ 100 II** der Wert der Erklärung auf den Wert des betroffenen Vermögensteils (hier des Grundstücks) begrenzt. **Er beträgt somit 80 000 Euro.** Zu erheben ist eine 2,0 Gebühr nach Nr. 21100 KV.

2.414 Beim Zusammentreffen von verschiedenen Beurkundungsgegenständen, die denselben Gebührensatz auslösen, ist nach § 35 I die Gebühr aus der Summe der Werte zu erheben.

2.415 **Pos. (2):**
Die **Vollzugsgebühr beträgt grundsätzlich** 0,5 nach Nr. 22110 KV. Der Geschäftswert bestimmt sich gem. § 112 nach dem Wert des Beurkundungsverfahrens. Das gilt auch dann, wenn die Urkunde verschiedene Verfahrensgegenstände enthält, und nicht für alle eine Vollzugstätigkeit erforderlich ist.

2.416 Handelt es sich aber ausschließlich um die Einholung öffentlich-rechtlicher Genehmigungen, so ist diese Gebühr gem. Nr. 22112 KV auf 50 Euro pro einzuholender Genehmigung **beschränkt**. Nach dem Sachverhalt sind das **Negativattest** der

Gemeinde **nach § 28 BauGB** sowie die **Genehmigung nach GVO** einzuholen. Beide Tätigkeiten gehören zum Vollzug nach Vorbemerkung 2.2.1.1 I S. 2 Nr. 1 KV. Insgesamt sind nach dem Sachverhalt also 100 Euro (2 × 50 Euro) zu erheben, denn die 0,5 Gebühr nach Nr. 22110 KV GNotKG aus 160 000 Euro (= 190,50 Euro) ist höher.

Die Vollzugsgebühr fällt nach § 93 I S. 1 nur einmal an, unabhängig von der Anzahl der vorzunehmenden Tätigkeiten.

Bezüglich der Bewertung des elektronischen Vollzugs wird auf Rz. 2.1524 ff. verwiesen.

Pos. (3): 2.417

Die Überwachung und Mitteilung der Kaufpreisfälligkeit und die Umschreibungsüberwachung (Ausfertigungssperre) gehören gemäß Nr. 22200 Anm. Nr. 2 bzw. Anm. Nr. 3 KV zu den Betreuungstätigkeiten. Der Geschäftswert bestimmt sich gem. § 113 I nach dem Wert für das Beurkundungsverfahren. Das gilt auch dann, wenn die Urkunde verschiedene Verfahrensgegenstände enthält, und nicht für alle eine Betreuungstätigkeit erforderlich ist.

Diese Gebühr fällt in jedem Verfahren nur einmal an, unabhängig von der Anzahl der vorzunehmenden Tätigkeiten; § 93 I S. 1.

→ **Fall 32: Kaufvertrag und Miteigentümervereinbarungen nach § 1010 BGB**

A. Sachverhalt

Der Notar beurkundet einen Grundstückskaufvertrag. Käufer sind A, B und C, die zu gleichen Teilen erwerben. Der Kaufpreis beträgt 300 000 Euro. In gleicher Urkunde vereinbaren A, B und C neben Benutzungsregelungen, dass die Aufhebung der Miteigentümergemeinschaft ausgeschlossen ist. Diese **Benutzungsregelungen und Miteigentümervereinbarung** soll gem. § 1010 I BGB als Belastung der einzelnen Miteigentumsanteile im Grundbuch eingetragen werden. 2.418

Des Weiteren holt der Notar das **Negativattest** der Gemeinde nach **§ 28 BauGB** und die **Genehmigung nach der GVO** ein. Er übernimmt außerdem die **Fälligkeitsmitteilung** hinsichtlich der Kaufpreiszahlung und die **Umschreibungsüberwachung** in der Form der Ausfertigungssperre.

B. Rechnung

2.419

Pos.	Gebührentatbestände	Geschäftswert	KV-Nr.	Satz	Betrag
(1)	Beurkundungsverfahren (§§ 47, 97 III, 51 II, 86 II, 35 I, 93 I)	480 000	21100	2,0	1870,00
	Kaufvertrag (§ 47)	300 000	21100	2,0	
	Benutzungsregelung (§ 51 II)	90 000	21100	2,0	
	Miteigentümervereinbarung (§ 51 II)	90 000	21100	2,0	

Pos.	Gebührentatbestände	Geschäfts-wert	KV-Nr.	Satz	Betrag
(2)	Vollzug (Vorbem. 2.2.1.1 I Nr. 1; § 112) (Einholung Negativattest nach § 28 BauGB, Genehmigung nach GVO)	480 000	22110, 22112	0,5	~~467,50~~ 2 × 50,00 = 100,00
(3)	Betreuung (§ 113 I) (Überwachung und Mitteilung Kaufpreisfälligkeit, Umschreibungsüberwachung)	480 000	22200 Anm. Nr. 2, 3	0,5	467,50

C. Erläuterungen

2.420 **Pos. (1):**

Die Urkunde enthält mehrere Rechtsverhältnisse i.S.d. § 86 I: Kaufvertrag und zwei **Verfügungsbeschränkungen (Benutzungsregelung, Miteigentümervereinbarung)**. Nach § 86 II sind mehrere Rechtsverhältnisse auch verschiedene Beurkundungsgegenstände, soweit in § 109 nichts anderes bestimmt ist.

Da die in Rede stehenden Rechtsverhältnisse keine ausdrücklich verschiedenen Beurkundungsgegenstände nach den §§ 110, 111 sind, sind sie an § 109 zu messen.

2.421 Der Geschäftswert wird durch den Kaufpreis bestimmt; § 47 S. 1. Ein Vergleich mit dem Verkehrswert des Grundstücks nach § 47 S. 3 ist nur dann erforderlich, wenn Anhaltspunkte für einen höheren Wert vorliegen. Der Sachverhalt enthält hierfür keine Anhaltspunkte.

2.422 Die zwischen den Miteigentümern vereinbarte **Benutzungsregelung** i.S.v. § 1010 BGB stellt eine Verfügungsbeschränkung dar, denn die Miteigentümer schränken sich gegenseitig in der Nutzung des Grundstücks bzw. von Grundstücksteilen ein. Diese Vereinbarung steht zum Kaufvertrag nicht in einem Abhängigkeitsverhältnis i.S.v. § 109 I, denn sie dient nicht der Sicherung, Erfüllung oder sonstigen Durchführung des Vertrages. Dass der Kauf die Voraussetzung für die Eigentümerstellung und damit für die Vereinbarung schafft, führt nicht zu einem Abhängigkeitsverhältnis im Sinne dieser Norm. Benutzungsregelung und Kaufvertrag sind damit nach § 86 II gegenstandsverschieden.

2.423 Als Geschäftswert sind 30 % vom Wert des Grundstückstücks maßgeblich, § 51 II. Zu erheben ist eine 2,0 Gebühr nach Nr. 21100 KV.

2.424 Die zwischen den Eigentümern getroffene **Miteigentümervereinbarung** i.S.v. § 1010 BGB stellt eine Verfügungsbeschränkung i.S.v. § 51 dar. Diese Vereinbarung steht zum Kaufvertrag nicht in einem Abhängigkeitsverhältnis i.S.v. § 109 I, denn sie dient nicht der Sicherung, Erfüllung oder sonstigen Durchführung des Vertrages. Dass der Kauf die Voraussetzung für die Eigentümerstellung und damit für die Vereinbarung schafft, führt nicht zu einem Abhängigkeitsverhältnis im Sinne dieser Norm. Miteigentümervereinbarung und Kaufvertrag sind damit nach § 86 II gegenstandsverschieden.

IV. Derselbe bzw. verschiedene Gegenstände

Als Geschäftswert sind 30 % vom Wert des Grundstückstücks maßgeblich; § 51 II. Zu erheben ist eine 2,0 Gebühr nach Nr. 21100 KV. 2.425

Auch zwischen der Benutzungsregelung und der Miteigentümervereinbarung ist kein Abhängigkeitsverhältnis i.S.v. § 109 I zu erkennen. 2.426

Damit haben vorliegend alle Erklärungen einen verschiedenen Gegenstand nach § 86 II. 2.427

Beim Zusammentreffen von gegenstandsverschiedenen Erklärungen, die denselben Gebührensatz auslösen, ist nach § 35 I die Gebühr aus der Summe der Werte zu erheben, 2.428

Bemerkung: 2.429
Der Wert einer Verfügungsbeschränkung kann gem. § 51 III abweichend von dem Verkehrswert höher oder niedriger angesetzt werden, wenn dies nach den besonderen Umständen des Einzelfalls als billig erscheint. Im Sachverhalt ergeben sich dafür keine Anhaltspunkte.

Pos. (2): 2.430
Die **Vollzugsgebühr beträgt grundsätzlich** 0,5 nach Nr. 22110 KV. Der Geschäftswert bestimmt sich gem. § 112 nach dem Wert des Beurkundungsverfahrens. Das gilt auch dann, wenn die Urkunde verschiedene Verfahrensgegenstände enthält, und nicht für alle eine Vollzugstätigkeit erforderlich ist.

Handelt es sich aber ausschließlich um die Einholung öffentlich-rechtlicher Genehmigungen, so ist diese Gebühr gem. Nr. 22112 KV auf 50 Euro pro einzuholender Genehmigung **beschränkt**. Nach dem Sachverhalt sind das **Negativattest der Gemeinde nach § 28 BauGB** sowie die **Genehmigung nach GVO** einzuholen. Beide Tätigkeiten gehören zum Vollzug nach Vorbemerkung 2.2.1.1 I S. 2 Nr. 1 KV. Insgesamt sind nach dem Sachverhalt also 100 Euro (2 × 50 Euro) zu erheben, denn die 0,5 Gebühr nach Nr. 22110 KV GNotKG aus 480 000 Euro (= 467,50 Euro) ist höher. 2.431

Die Vollzugsgebühr fällt nach § 93 I S. 1 nur einmal an, unabhängig von der Anzahl der vorzunehmenden Tätigkeiten.

Bezüglich der Bewertung des elektronischen Vollzugs wird auf Rz. 2.1524 ff. verwiesen.

Pos. (3): 2.432
Die Überwachung und Mitteilung der Kaufpreisfälligkeit und die Umschreibungsüberwachung (Ausfertigungssperre) gehören gemäß Nr. 22200 Anm. Nr. 2 KV bzw. Nr. 22200 Anm. Nr. 3 KV zu den Betreuungstätigkeiten. Der Geschäftswert bestimmt sich gem. § 113 I nach dem Wert für das Beurkundungsverfahren. Das gilt auch dann, wenn die Urkunde verschiedene Verfahrensgegenstände enthält, und nicht für alle eine Betreuungstätigkeit erforderlich ist.

Diese Gebühr fällt in jedem Verfahren nur einmal an, unabhängig von der Anzahl der vorzunehmenden Tätigkeiten; § 93 I S. 1.

→ **Fall 33: Kaufvertrag und wechselseitige Vorkaufsrechte zwischen Verkäufer und Käufer**

A. Sachverhalt

2.433 Der Verkäufer verkauft eine noch zu vermessende Teilfläche seines Grundstückes zu einem Kaufpreis von 250 000 Euro. Die nicht veräußerte, beim Verkäufer verbleibende Fläche hat einen Verkehrswert von 200 000 Euro. In gleicher Urkunde räumen sich **Verkäufer und Käufer gegenseitige Vorkaufsrechte** für alle Verkaufsfälle ein.

Des Weiteren holt der Notar das **Negativattest** der Gemeinde nach § 28 BauGB und die **Genehmigung nach der GVO** ein. Er übernimmt außerdem die **Fälligkeitsmitteilung** hinsichtlich der Kaufpreiszahlung und die **Umschreibungsüberwachung** in der Form der Ausfertigungssperre.

B. Rechnung

2.434

Pos.	Gebührentatbestände	Geschäftswert	KV-Nr.	Satz	Betrag
(1)	Beurkundungsverfahren (§§ 47, 46, 51 I S. 2, 97 III, 86 II, 35 I, 93 I)	375 000	21100	2,0	1470,00
	Kaufvertrag (§ 47)	250 000	21100	2,0	
	gegenseitige Vorkaufsrechte (§ 51 I S. 2)	125 000	21100	2,0	
(2)	Vollzug (Vorbem. 2.2.1.1 I Nr. 1; § 112) (Einholung Negativattest nach § 28 BauGB, Genehmigung nach GVO)	375 000	22110, 22112	0,5	367,50 2 × 50,00 = 100,00
(3)	Betreuung (§ 113 I) (Überwachung und Mitteilung Kaufpreisfälligkeit, Umschreibungsüberwachung)	375 000	22200 Anm. Nr. 2, 3	0,5	367,50

C. Erläuterungen

2.435 **Pos. (1):**

Die Urkunde enthält mehrere Rechtsverhältnisse i.S.d. § 86 I: **Kaufvertrag** und Vereinbarung über die gegenseitige Bestellung von **Vorkaufsrechten zwischen Verkäufer und Käufer**. Nach § 86 II sind mehrere Rechtsverhältnisse auch verschiedene Beurkundungsgegenstände, soweit in § 109 nichts anderes bestimmt ist.

Da die in Rede stehenden Rechtsverhältnisse keine ausdrücklich verschiedenen Beurkundungsgegenstände nach den §§ 110, 111 sind, sind sie an § 109 zu messen.

2.436 Der Geschäftswert des Kaufvertrages wird durch den Kaufpreis bestimmt, § 47 S. 1. Ein Vergleich mit dem Verkehrswert des Grundstücks nach § 47 S. 3 ist nur dann erforderlich, wenn Anhaltspunkte für einen höheren Wert vorliegen. Der Sachverhalt enthält hierfür keine Anhaltspunkte.

Die zwischen Verkäufer und Käufer vereinbarten **Vorkaufsrechte** dienen nicht der Erfüllung, Sicherung oder sonstigen Durchführung des Kaufvertrages. Sie sind auch keine Vertragsbedingungen und damit auch nicht Inhalt des Kaufvertrages. Ein Abhängigkeitsverhältnis i.S.v. § 109 I liegt nicht vor. Dass der Kauf die Voraussetzung für die Eigentümerstellung des Käufers und damit für die Vereinbarung der Vorkaufsrechte schafft, führt nicht zu einem Abhängigkeitsverhältnis im Sinne dieser Norm. Der Kaufvertrag und die Vorkaufsrechte sind zueinander **gegenstandsverschieden**. 2.437

Die **Vorkaufsrechte werden gegenseitig**, also im **Austausch**, eingeräumt. Die Leistungen beider Vertragspartner sind nach § 97 III miteinander zu vergleichen. Den **Wert** eines Vorkaufsrechtes bildet nach § 51 I S. 2 der halbe Wert des betroffenen Grundstücks. Damit beträgt im Sachverhalt der Wert des vom Verkäufer eingeräumte Vorkaufsrechtes 100 000 Euro, der des vom Käufer eingeräumten Rechtes 125 000 Euro. Letzterer Wert ist höher und damit als Geschäftswert maßgeblich. 2.438

Damit haben vorliegend alle Erklärungen einen verschiedenen Gegenstand. 2.439

Da alle Beurkundungsgegenstände vertraglich vereinbart sind – auch das Vorkaufsrecht nicht etwa lediglich eine Grundbucherklärung darstellt –, fällt eine 2,0 Gebühr nach Nr. 21100 KV an, die gem. § 93 I S. 1 nur einmal zu erheben ist, und zwar aus der Wertesumme (§ 35 I). 2.440

Bemerkung: 2.441
Der Wert eines Vorkaufsrechtes kann gem. **§ 51 III** abweichend von dem Verkehrswert höher oder niedriger angesetzt werden, wenn dies nach den besonderen Umständen des Einzelfalls als billig erscheint. Im Sachverhalt ergeben sich dafür keine Anhaltspunkte.

Pos. (2): 2.442
Die **Vollzugsgebühr beträgt grundsätzlich** 0,5 nach Nr. 22110 KV. Der Geschäftswert bestimmt sich gem. § 112 nach dem Wert des Beurkundungsverfahrens. Das gilt auch dann, wenn die Urkunde verschiedene Verfahrensgegenstände enthält, und nicht für alle eine Vollzugstätigkeit erforderlich ist.

Handelt es sich aber ausschließlich um die Einholung öffentlich-rechtlicher Genehmigungen, so ist diese Gebühr gem. Nr. 22112 KV auf 50 Euro pro einzuholender Genehmigung **beschränkt**. Nach dem Sachverhalt sind das **Negativattest der Gemeinde nach § 28 BauGB** sowie die **Genehmigung nach GVO** einzuholen. Beide Tätigkeiten gehören zum Vollzug nach Vorbemerkung 2.2.1.1 I S. 2 Nr. 1 KV. Insgesamt sind nach dem Sachverhalt also 100 Euro (2 × 50 Euro) zu erheben, denn die 0,5 Gebühr nach Nr. 22110 KV GNotKG aus 375 000 Euro (= 367,50 Euro) ist höher. 2.443

Die Vollzugsgebühr fällt nach § 93 I S. 1 nur einmal an, unabhängig von der Anzahl der vorzunehmenden Tätigkeiten.

Bezüglich der Bewertung des elektronischen Vollzugs wird auf Rz. 2.1524 ff. verwiesen.

2.444 **Pos. (3):**
Die Überwachung und Mitteilung der Kaufpreisfälligkeit und die Umschreibungsüberwachung (Ausfertigungssperre) gehören gemäß Nr. 22200 Anm. Nr. 2 KV bzw. Nr. 22200 Anm. Nr. 3 KV zu den Betreuungstätigkeiten. Der Geschäftswert bestimmt sich gem. § 113 I nach dem Wert für das Beurkundungsverfahren. Das gilt auch dann, wenn die Urkunde verschiedene Verfahrensgegenstände enthält, und nicht für alle eine Betreuungstätigkeit erforderlich ist.

Diese Gebühr fällt in jedem Verfahren nur einmal an, unabhängig von der Anzahl der vorzunehmenden Tätigkeiten; § 93 I S. 1.

→ **Fall 34: Kaufvertrag und wechselseitige Vorkaufsrechte der Käufer**

A. Sachverhalt

2.445 Der Verkäufer verkauft an die Käufer A und B in Miteigentum von je ½ ein Grundstück zu einem Kaufpreis von 200 000 Euro. In derselben Urkunde räumen sich **die Käufer gegenseitig Vorkaufsrechte** an den erworbenen Miteigentumsanteilen für alle Verkaufsfälle ein.

Des Weiteren holt der Notar das **Negativattest** der Gemeinde nach **§ 28 BauGB** und die **Genehmigung nach der GVO** ein. Er übernimmt außerdem die **Fälligkeitsmitteilung** hinsichtlich der Kaufpreiszahlung und die **Umschreibungsüberwachung** in der Form der Ausfertigungssperre.

B. Rechnung

2.446

Pos.	Gebührentatbestände	Geschäftswert	KV-Nr.	Satz	Betrag
(1)	Beurkundungsverfahren (§§ 47, 46, 51 I S. 2, 97 III, 86 II, 35 I, 93 I)	250 000	21100	2,0	1070,00
	Kaufvertrag (§ 47)	200 000	21100	2,0	
	Gegenseitige Vorkaufsrechte (§ 51 I S. 2)	50 000	21100	2,0	
(2)	Vollzug (Vorbem. 2.2.1.1 I Nr. 1; § 112)	250 000	22110, 22112	0,5	267,50
	(Einholung Negativattest nach § 28 BauGB, Genehmigung nach GVO)				2 × 50,00 = 100,00
(3)	Betreuung (§ 113 I) (Überwachung und Mitteilung Kaufpreisfälligkeit, Umschreibungsüberwachung)	250 000	22200 Anm. Nr. 2, 3	0,5	267,50

C. Erläuterungen

2.447 **Pos. (1):**
Die Urkunde enthält mehrere Rechtsverhältnisse i.S.d. § 86 I: **Kaufvertrag** und Vereinbarung über die gegenseitige Bestellung von **Vorkaufsrechten zwischen**

IV. Derselbe bzw. verschiedene Gegenstände

den **Käufern**. Nach § 86 II sind mehrere Rechtsverhältnisse auch verschiedene Beurkundungsgegenstände, soweit in § 109 nichts anderes bestimmt ist.

Da die in Rede stehenden Rechtsverhältnisse keine ausdrücklich verschiedenen Beurkundungsgegenstände nach den §§ 110, 111 sind, sind sie an § 109 zu messen.

Der Geschäftswert wird durch den Kaufpreis bestimmt, § 47 S. 1. Ein Vergleich mit dem Verkehrswert des Grundstücks nach § 47 S. 3 ist nur dann erforderlich, wenn Anhaltspunkte für einen höheren Wert vorliegen. Der Sachverhalt enthält hierfür keine Anhaltspunkte. 2.448

Die zwischen den **Käufern** vereinbarten **Vorkaufsrechte** dienen nicht der Erfüllung, Sicherung oder sonstigen Durchführung des Kaufvertrages. Sie sind auch keine Vertragsbedingungen und damit auch nicht Inhalt des Kaufvertrages. Ein Abhängigkeitsverhältnis i.S.v. § 109 I liegt nicht vor. Dass der Kauf die Voraussetzung für die Eigentümerstellung der Käufer und damit für die Vereinbarung der Vorkaufsrechte schafft, führt nicht zu einem Abhängigkeitsverhältnis im Sinne dieser Norm. Der Kaufvertrag und die Vorkaufsrechte sind zueinander **gegenstandsverschieden**. 2.449

Die **Vorkaufsrechte werden gegenseitig**, also im **Austausch**, eingeräumt. Die Leistungen beider Vertragspartner sind nach § 97 III miteinander zu vergleichen. Den **Wert** eines Vorkaufsrechtes bildet nach § 51 I S. 2 der halbe Wert des Miteigentumsanteils. Er beträgt im Sachverhalt jeweils 50 000 Euro. Die Vorkaufsrechte sind hier gleichwertig. Zu erheben ist eine 2,0 Gebühr nach Nr. 21100 KV.
Damit haben vorliegend alle Erklärungen einen verschiedenen Gegenstand. 2.450

Da alle Beurkundungsgegenstände vertraglich vereinbart sind – auch die Vorkaufsrechte nicht etwa lediglich eine Grundbucherklärung darstellen –, fällt eine 2,0 Gebühr nach Nr. 21100 KV an, die gem. § 93 I S. 1 nur einmal zu erheben ist, und zwar aus der Wertesumme (§ 35 I). 2.451

Bemerkung: 2.452

Der Wert eines Vorkaufsrechtes kann gem. **§ 51 III** abweichend von dem Verkehrswert höher oder niedriger angesetzt werden, wenn dies nach den besonderen Umständen des Einzelfalls als billig erscheint. Im Sachverhalt ergeben sich dafür keine Anhaltspunkte.

Pos. (2): 2.453

Die **Vollzugsgebühr beträgt grundsätzlich** 0,5 nach Nr. 22110 KV. Der Geschäftswert bestimmt sich gem. § 112 nach dem Wert des Beurkundungsverfahrens. Das gilt auch dann, wenn die Urkunde verschiedene Verfahrensgegenstände enthält, und nicht für alle eine Vollzugstätigkeit erforderlich ist.

Handelt es sich aber ausschließlich um die Einholung öffentlich-rechtlicher Genehmigungen, so ist diese Gebühr gem. Nr. 22112 KV auf 50 Euro pro einzuholender Genehmigung **beschränkt**. Nach dem Sachverhalt sind das **Negativattest** der Gemeinde **nach § 28 BauGB** sowie die **Genehmigung nach GVO** einzuholen. Beide Tätigkeiten gehören zum Vollzug nach Vorbemerkung 2.2.1.1 I S. 2 Nr. 1 KV. Insgesamt sind nach dem Sachverhalt also 100 Euro (2 × 50 Euro) zu 2.454

erheben, denn die 0,5 Gebühr nach Nr. 22110 KV GNotKG aus 250 000 Euro (= 267,50 Euro) ist höher.

Die Vollzugsgebühr fällt unabhängig von der Anzahl der Tätigkeiten nur einmal an, § 93 I S. 1.

Bezüglich der Bewertung des elektronischen Vollzugs wird auf Rz. 2.1524 ff. verwiesen.

2.455 **Pos. (3):**

Die Überwachung und Mitteilung der Kaufpreisfälligkeit und die Umschreibungsüberwachung (Ausfertigungssperre) gehören gemäß Nr. 22200 Anm. Nr. 2 KV bzw. Nr. 22200 Anm. Nr. 3 KV zu den Betreuungstätigkeiten. Der Geschäftswert bestimmt sich gem. § 113 I nach dem Wert für das Beurkundungsverfahren. Das gilt auch dann, wenn die Urkunde verschiedene Verfahrensgegenstände enthält, und nicht für alle eine Betreuungstätigkeit erforderlich ist.

Diese Gebühr fällt in jedem Verfahren nur einmal an, unabhängig von der Anzahl der vorzunehmenden Tätigkeiten; § 93 I S. 1.

→ **Fall 35: Kaufvertrag und wechselseitige Ankaufsrechte zwischen Verkäufer und Käufer**

A. Sachverhalt

2.456 Der Verkäufer verkauft einen **halben Miteigentumsanteil seines Grundstückes** an den Käufer zu einem Kaufpreis von 80 000 Euro. In derselben Urkunde räumen sich **Verkäufer und Käufer** wechselseitig das nicht veräußerliche und nicht vererbliche Recht ein, den Miteigentumsanteil des jeweils anderen **am vertragsgegenständlichen Grundstück** entgeltlich zu dem jetzigen Verkehrswert von 80 000 Euro zu erwerben (**wechselseitiges Ankaufsrecht**). Die Bedingungen der Ausübung des Ankaufsrechts sowie die Vertragsinhalte nach Ausübung des Ankaufsrechts (u.a. Fälligkeit) werden festgelegt.

Des Weiteren holt der Notar das **Negativattest** der Gemeinde nach **§ 28 BauGB** und die **Genehmigung nach der GVO** ein. Er übernimmt außerdem die **Fälligkeitsmitteilung** hinsichtlich der Kaufpreiszahlung und die **Umschreibungsüberwachung** in der Form der Ausfertigungssperre.

B. Rechnung

Pos.	Gebührentatbestände	Geschäftswert	KV-Nr.	Satz	Betrag
(1)	Beurkundungsverfahren (§§ 47, 46, 51 I S. 1, 97 III, 86 II, 35 I, 93 I)	160 000	21100	2,0	762,00
	Kaufvertrag (§ 47)	80 000	21100	2,0	
	Ankaufsrecht (§ 51 I S. 1)	80 000	21100	2,0	

IV. Derselbe bzw. verschiedene Gegenstände

Pos.	Gebührentatbestände	Geschäftswert	KV-Nr.	Satz	Betrag
(2)	Vollzug (Vorbem. 2.2.1.1 I Nr. 1; § 112) (Einholung Negativattest nach § 28 BauGB, Genehmigung nach GVO)	160 000	22110, 22112	0,5	~~190,50~~ 2 × 50,00 = 100,00
(3)	Betreuung (§ 113 I) (Überwachung und Mitteilung Kaufpreisfälligkeit, Umschreibungsüberwachung)	160 000	22200 Anm. Nr. 2, 3	0,5	190,50

C. Erläuterungen

Pos. (1): 2.457

Die Urkunde enthält mehrere Rechtsverhältnisse i.S.d. § 86 I: Kaufvertrag und Vereinbarung über die gegenseitige Bestellung von **Ankaufsrechten**. Nach § 86 II sind mehrere Rechtsverhältnisse auch verschiedene Beurkundungsgegenstände, soweit in § 109 nichts anderes bestimmt ist.

Da die in Rede stehenden Rechtsverhältnisse keine ausdrücklich verschiedenen Beurkundungsgegenstände nach den §§ 110, 111 sind, sind sie an § 109 zu messen.

Das Hauptgeschäft ist nach § 109 I S. 1–2 der Grundstückskaufvertrag.

Der Geschäftswert des Grundstückskaufvertrages wird durch den Kaufpreis bestimmt, § 47 S. 1. Ein Vergleich mit dem Verkehrswert des Grundstücks nach § 47 S. 3 ist nur dann erforderlich, wenn Anhaltspunkte für einen höheren Wert vorliegen. Der Sachverhalt enthält hierfür keine Anhaltspunkte. 2.458

Die zwischen Verkäufer und Käufer vereinbarten **Ankaufsrechte** dienen nicht der Erfüllung, Sicherung oder sonstigen Durchführung des Kaufvertrages. Sie sind auch keine Vertragsbedingungen und damit auch nicht Inhalt des Kaufvertrages. Ein **Abhängigkeitsverhältnis** i.S.v. § 109 I S. 1–2 **liegt nicht vor**. Dass der Kauf die Voraussetzung für die Eigentümerstellung des Käufers und damit für die Vereinbarung der Ankaufsrechte schafft, führt nicht zu einem Abhängigkeitsverhältnis im Sinne dieser Norm. 2.459

Die **Ankaufsrechte werden gegenseitig**, also im **Austausch**, eingeräumt. Die Leistungen beider Vertragspartner sind nach **§ 97 III** miteinander zu vergleichen. Den Wert eines Ankaufsrechts bildet nach § 51 I S. 1 der volle Wert des betroffenen Grundstücks. Er beträgt im Sachverhalt jeweils 80 000 Euro. 2.460

Damit haben vorliegend alle Erklärungen einen **verschiedenen Gegenstand**. Zu erheben ist eine 2,0 Gebühr nach Nr. 21100 KV.

Beim Zusammentreffen von gegenstandsverschiedenen Erklärungen, die denselben Gebührensatz auslösen, ist nach § 35 I die Gebühr aus der Summe der Werte zu erheben, 2.461

2.462 **Bemerkung:**

Der Wert des Ankaufsrechtes kann gem. § 51 III abweichend von dem Verkehrswert höher oder niedriger angesetzt werden, wenn dies nach den besonderen Umständen des Einzelfalls als billig erscheint. Im Sachverhalt ergeben sich dafür keine Anhaltspunkte.

2.463 **Pos. (2):**

Die **Vollzugsgebühr** beträgt grundsätzlich 0,5 nach Nr. 22110 KV. Der Geschäftswert bestimmt sich gem. § 112 nach dem Wert des Beurkundungsverfahrens. Das gilt auch dann, wenn die Urkunde verschiedene Verfahrensgegenstände enthält, und nicht für alle eine Vollzugstätigkeit erforderlich ist.

2.464 Handelt es sich aber ausschließlich um die Einholung öffentlich-rechtlicher Genehmigungen, so ist diese Gebühr gem. Nr. 22112 KV auf 50 Euro pro einzuholender Genehmigung **beschränkt**. Nach dem Sachverhalt sind das **Negativattest** der Gemeinde **nach § 28 BauGB** sowie die **Genehmigung nach GVO** einzuholen. Beide Tätigkeiten gehören zum Vollzug nach Vorbemerkung 2.2.1.1 I S. 2 Nr. 1 KV. Insgesamt sind nach dem Sachverhalt also 100 Euro (2 × 50 Euro) zu erheben, denn die 0,5 Gebühr nach Nr. 22110 KV GNotKG aus 160 000 Euro (= 190,50 Euro) ist höher.

Die Vollzugsgebühr fällt nach § 93 I S. 1 nur einmal an, unabhängig von der Anzahl der vorzunehmenden Tätigkeiten.

Bezüglich der Bewertung des elektronischen Vollzugs wird auf Rz. 2.1524 ff. verwiesen.

2.465 **Pos. (3):**

Die Überwachung und Mitteilung der Kaufpreisfälligkeit und die Umschreibungsüberwachung (Ausfertigungssperre) gehören gemäß Nr. 22200 Anm. Nr. 2 KV bzw. Nr. 22200 Anm. Nr. 3 KV zu den Betreuungstätigkeiten. Der Geschäftswert bestimmt sich gem. § 113 I nach dem Wert für das Beurkundungsverfahren. Das gilt auch dann, wenn die Urkunde verschiedene Verfahrensgegenstände enthält, und nicht für alle eine Betreuungstätigkeit erforderlich ist.

Diese Gebühr fällt in jedem Verfahren nur einmal an, unabhängig von der Anzahl der vorzunehmenden Tätigkeiten, § 93 I S. 1.

→ **Fall 36: Kaufvertrag und Mietvertrag**

A. **Sachverhalt**

2.466 Der Käufer kauft ein Grundstück zu einem Kaufpreis von 100 000 Euro. Das **Vertragsgrundstück** wird vom Verkäufer bewohnt, was auch künftig so bleiben soll. Diesbezüglich schließen Verkäufer und Käufer in derselben Urkunde mit Wirkung ab Nutzungsübergang auf unbestimmte Zeit einen **Mietvertrag** über den gesamten Vertragsbesitz. Der monatliche Mietzins wird mit 800 Euro vereinbart.

Des Weiteren holt der Notar das **Negativattest** der Gemeinde nach **§ 28 BauGB** und die **Genehmigung nach der GVO** ein. Er übernimmt außerdem die **Fällig-**

IV. Derselbe bzw. verschiedene Gegenstände

keitsmitteilung hinsichtlich der Kaufpreiszahlung und die **Umschreibungsüberwachung** in der Form der Ausfertigungssperre.

B. Rechnung

2.467

Pos.	Gebührentatbestände	Geschäftswert	KV-Nr.	Satz	Betrag
(1)	Beurkundungsverfahren (§§ 47, 99 I, 97 III, 86 II, 35 I, 93 I)	148 000	21100	2,0	708,00
	Kaufvertrag (§ 47)	100 000	21100	2,0	
	Mietvertrag (§ 99 I S. 1)	48 000	21100	2,0	
(2)	Vollzug (Vorbem. 2.2.1.1 I Nr. 1; § 112) (Einholung Negativattest nach § 28 BauGB, Genehmigung nach GVO)	148 000	22110, 22112	0,5	~~177,00~~ 2 × 50,00 = 100,00
(3)	Betreuung (§ 113 I) (Überwachung und Mitteilung Kaufpreisfälligkeit, Umschreibungsüberwachung)	148 000	22200 Anm. Nr. 2, 3	0,5	177,00

C. Erläuterungen

Pos. (1): 2.468

Die Urkunde enthält mehrere Rechtsverhältnisse i.S.d. § 86 I: Kaufvertrag und **Mietvertrag**. Nach § 86 II sind mehrere Rechtsverhältnisse auch verschiedene Beurkundungsgegenstände, soweit in § 109 nichts anderes bestimmt ist.

Da die in Rede stehenden Rechtsverhältnisse keine ausdrücklich verschiedenen Beurkundungsgegenstände nach den §§ 110, 111 sind, sind sie an § 109 zu messen.

Der Geschäftswert des Grundstückskaufvertrages wird durch den Kaufpreis bestimmt, § 47 S. 1. Ein Vergleich mit dem Verkehrswert des Grundstücks nach § 47 S. 3 ist nur dann erforderlich, wenn Anhaltspunkte für einen höheren Wert vorliegen. 2.469

Der zwischen Verkäufer und Käufer vereinbarte **Mietvertrag** dient nicht der Erfüllung, Sicherung oder sonstigen Durchführung des Kaufvertrages. Er ist auch keine Vertragsbedingung und damit auch nicht Inhalt des Kaufvertrages. Ein Abhängigkeitsverhältnis i.S.v. § 109 I liegt nicht vor. Dass der Kauf die Voraussetzung für die Eigentümerstellung des Käufers und damit für den Abschluss des Mietvertrages schafft, führt nicht zu einem Abhängigkeitsverhältnis im Sinne dieser Norm. Damit haben vorliegend alle Erklärungen einen **verschiedenen Gegenstand**. 2.470

Für den **Wert eines Mietvertrages**, der auf unbestimmte Zeit geschlossen wird, ist nach § 99 I S. 2 der Wert aller in den ersten 5 Jahren zu erbringenden Leistungen maßgeblich. Er beträgt vorliegend 48 000 Euro (800 Euro × 12 Monate × 2.471

5 Jahre; zur Bewertung von Mietverträgen vgl. Rz. 2.715, 2.718). Zu erheben ist eine 2,0 Gebühr nach Nr. 21100 KV.

2.472 Beim Zusammentreffen von gegenstandsverschiedenen Erklärungen, die denselben Gebührensatz auslösen, ist nach § 35 I die Gebühr aus der Summe der Werte zu erheben.

2.473 **Pos. (2):**

Die **Vollzugsgebühr beträgt grundsätzlich** 0,5 nach Nr. 22110 KV. Der Geschäftswert bestimmt sich gem. § 112 nach dem Wert des Beurkundungsverfahrens. Das gilt auch dann, wenn die Urkunde verschiedene Verfahrensgegenstände enthält, und nicht für alle eine Vollzugstätigkeit erforderlich ist.

2.474 Handelt es sich aber ausschließlich um die Einholung öffentlich-rechtlicher Genehmigungen, so ist diese Gebühr gem. Nr. 22112 KV auf 50 Euro pro einzuholender Genehmigung **beschränkt**. Nach dem Sachverhalt sind das **Negativattest** der Gemeinde **nach § 28 BauGB** sowie die **Genehmigung nach GVO** einzuholen. Beide Tätigkeiten gehören zum Vollzug nach Vorbemerkung 2.2.1.1 I S. 2 Nr. 1 KV. Insgesamt sind nach dem Sachverhalt also 100 Euro (2 × 50 Euro) zu erheben, denn die 0,5 Gebühr nach Nr. 22110 KV GNotKG aus 148 000 Euro (= 177,00 Euro) ist höher.

Die Vollzugsgebühr fällt nach § 93 I S. 1 nur einmal an, unabhängig von der Anzahl der vorzunehmenden Tätigkeiten.

Bezüglich der Bewertung des elektronischen Vollzugs wird auf Rz. 2.1524 ff. verwiesen.

2.475 **Pos. (3):**

Die Überwachung und Mitteilung der Kaufpreisfälligkeit und die Umschreibungsüberwachung (Ausfertigungssperre) gehören gemäß Nr. 22200 Anm. Nr. 2 KV bzw. Nr. 22200 Anm. Nr. 3 KV zu den Betreuungstätigkeiten. Der Geschäftswert bestimmt sich gem. § 113 I nach dem Wert für das Beurkundungsverfahren. Das gilt auch dann, wenn die Urkunde verschiedene Verfahrensgegenstände enthält, und nicht für alle eine Betreuungstätigkeit erforderlich ist.

Diese Gebühr fällt in jedem Verfahren nur einmal an, unabhängig von der Anzahl der vorzunehmenden Tätigkeiten; § 93 I S. 1.

→ Fall 37: Kaufvertrag und Bauherstellungsvertrag (Werklieferungsvertrag)

A. Sachverhalt

2.476 A verkauft ein Grundstück an B. Der Kaufpreis für das Grundstück beträgt 45 000 Euro. In einem gesonderten Teil der Urkunde verpflichtet sich D gegenüber B, auf dem Grundstück ein **Gebäude** gemäß beigefügter Baubeschreibung und beigefügten Bauplänen schlüsselfertig **zu errichten**. Für die gesamten **Bauleistungen** ist ein Festpreis von 300 000 Euro vereinbart.

Des Weiteren holt der Notar das **Negativattest** der Gemeinde nach **§ 28 BauGB** und die **Genehmigung nach der GVO** ein. Er übernimmt außerdem die **Fälligkeitsmitteilung** hinsichtlich der Kaufpreiszahlung und die **Umschreibungsüberwachung** in der Form der Ausfertigungssperre.

B. Rechnung

Pos.	Gebührentatbestände	Geschäftswert	KV-Nr.	Satz	Betrag
(1)	Beurkundungsverfahren (§§ 47, 97 III, 86 II, 35 I, 93 I)	345 000	21100	2,0	1370,00
	Kaufvertrag (§ 47)	45 000	21100	2,0	
	Werkvertrag (§ 97 III)	300 000	21100	2,0	
(2)	Vollzug (Vorbem. 2.2.1.1 I Nr. 1; § 112) (Einholung Negativattest nach § 28 BauGB, Genehmigung nach GVO)	345 000	22110, 22112	0,5	~~342,50~~ 2 × 50,00 = 100,00
(3)	Betreuung (§ 113 I) (Überwachung und Mitteilung Kaufpreisfälligkeit, Umschreibungsüberwachung)	345 000	22200 Anm. Nr. 2, 3	0,5	342,50

2.477

C. Erläuterungen

Pos. (1): 2.478

Die Urkunde enthält mehrere Rechtsverhältnisse i.S.d. § 86 I: **Kaufvertrag** und **Werkvertrag**. Nach § 86 II sind mehrere Rechtsverhältnisse auch verschiedene Beurkundungsgegenstände, soweit in § 109 nichts anderes bestimmt ist.

Da die in Rede stehenden Rechtsverhältnisse keine ausdrücklich verschiedenen Beurkundungsgegenstände nach den §§ 110, 111 sind, sind sie an § 109 zu messen.

Der Geschäftswert des Grundstückskaufvertrages wird durch den Kaufpreis bestimmt, § 47 S. 1. Ein Vergleich mit dem Verkehrswert des Grundstücks nach § 47 S. 3 ist nur dann erforderlich, wenn Anhaltspunkte für einen höheren Wert vorliegen; das ist vorliegend nicht der Fall. 2.479

Der zwischen einem Dritten und dem Käufer vereinbarte **Werkvertrag** dient nicht der Erfüllung, Sicherung oder sonstigen Durchführung des Kaufvertrages. Er ist auch keine Vertragsbedingung und damit auch nicht Inhalt des Kaufvertrages. Ein Abhängigkeitsverhältnis i.S.v. § 109 I liegt nicht vor. Dass der Kauf die Voraussetzung für die Eigentümerstellung und damit für die Leistung des Bauwerks an den Käufer schafft, führt nicht zu einem Abhängigkeitsverhältnis i.S. dieser Norm. Damit haben vorliegend alle Erklärungen einen **verschiedenen Gegenstand**. 2.480

Der **Werkvertrag** löst eine 2,0 Gebühr nach Nr. 21100 KV aus. Der **Geschäftswert** richtet sich nach dem vereinbarten Preis für die Errichtung, § 97 III. 2.481

Beim Zusammentreffen von gegenstandsverschiedenen Erklärungen, die denselben Gebührensatz auslösen, ist nach § 35 I die Gebühr aus der Summe der Werte zu erheben. 2.482

Teil 2 Grundstückskauf

2.483 **Pos. (2):**

Die **Vollzugsgebühr beträgt grundsätzlich** 0,5 nach Nr. 22110 KV. Der Geschäftswert bestimmt sich gem. § 112 nach dem Wert des Beurkundungsverfahrens. Das gilt auch dann, wenn die Urkunde verschiedene Verfahrensgegenstände enthält, und nicht für alle eine Vollzugstätigkeit erforderlich ist.

2.484 Handelt es sich aber ausschließlich um die Einholung öffentlich-rechtlicher Genehmigungen, so ist diese Gebühr gem. Nr. 22112 KV auf 50 Euro pro einzuholender Genehmigung **beschränkt**. Nach dem Sachverhalt sind das **Negativattest** der Gemeinde **nach § 28 BauGB** sowie die **Genehmigung nach GVO** einzuholen. Beide Tätigkeiten gehören zum Vollzug nach Vorbemerkung 2.2.1.1 I S. 2 Nr. 1 KV. Insgesamt sind nach dem Sachverhalt also 100 Euro (2 × 50 Euro) zu erheben, denn die 0,5 Gebühr nach Nr. 22110 KV GNotKG aus 345 000 Euro (= 342,50 Euro) ist höher.

Die Vollzugsgebühr fällt nach § 93 I S. 1 nur einmal an, unabhängig von der Anzahl der vorzunehmenden Tätigkeiten.

Bezüglich der Bewertung des elektronischen Vollzugs wird auf Rz. 2.1524 ff. verwiesen.

2.485 **Pos. (3):**

Die Überwachung und Mitteilung der Kaufpreisfälligkeit und die Umschreibungsüberwachung (Ausfertigungssperre) gehören gemäß Nr. 22200 Anm. Nr. 2 KV bzw. Nr. 22200 Anm. Nr. 3 KV zu den Betreuungstätigkeiten. Der Geschäftswert bestimmt sich gem. § 113 I nach dem Wert für das Beurkundungsverfahren. Das gilt auch dann, wenn die Urkunde verschiedene Verfahrensgegenstände enthält, und nicht für alle eine Betreuungstätigkeit erforderlich ist.

Diese Gebühr fällt in jedem Verfahren nur einmal an, unabhängig von der Anzahl der vorzunehmenden Tätigkeiten, § 93 I S. 1.

→ **Fall 38: Kaufvertrag unter Beteiligung einer bestehenden GbR (Erwerber)**

A. Sachverhalt

2.486 A verkauft an die **bestehende** BC-**GbR** mit den Gesellschaftern B und C ein Grundstück zum Kaufpreis von 500 000 Euro. Neben der Benennung der GbR und der Gesellschafter erklären die für die GbR Handelnden im Urkundseingang, dass sie deren alleinige Gesellschafter sind.

Des Weiteren holt der Notar das **Negativattest** der Gemeinde nach **§ 28 BauGB** und die **Genehmigung nach der GVO** ein. Er übernimmt außerdem die **Fälligkeitsmitteilung** hinsichtlich der Kaufpreiszahlung und die **Umschreibungsüberwachung** in der Form der Ausfertigungssperre.

IV. Derselbe bzw. verschiedene Gegenstände

B. Rechnung

2.487

Pos.	Gebührentatbestände	Geschäfts-wert	KV-Nr.	Satz	Betrag
(1)	Beurkundungsverfahren (§§ 47, 97 III)	500 000	21100	2,0	1870,00
(2)	Vollzug (Vorbem. 2.2.1.1 I Nr. 1; § 112) (Einholung Negativattest nach § 28 BauGB, Genehmigung nach GVO)	500 000	22110, 22112	0,5	~~467,50~~ 2 × 50,00 = 100,00
(3)	Betreuung (§ 113 I) (Überwachung und Mitteilung Kaufpreisfälligkeit, Umschreibungsüberwachung)	500 000	22200 Nr. 2, 3	0,5	467,50

C. Erläuterungen

Pos. (1):

2.488

Der Geschäftswert wird durch den Kaufpreis bestimmt, § 47 S. 1. Ein Vergleich mit dem Verkehrswert des Grundstücks nach § 47 S. 3 ist nur dann erforderlich, wenn Anhaltspunkte für einen höheren Wert vorliegen. Der Sachverhalt enthält hierfür keine Anhaltspunkte.

Bemerkung:

2.489

Die im Urkundseingang enthaltenen Erklärungen zur GbR sind gem. § 47 II GBO für den Nachweis der Existenz der GbR erforderlich. Sie stellen **keinen eigenen Gegenstand** dar.

Pos. (2):

2.490

Die **Vollzugsgebühr beträgt grundsätzlich** 0,5 nach Nr. 22110 KV. Der Geschäftswert bestimmt sich gem. § 112 nach dem Wert des Beurkundungsverfahrens.

Handelt es sich aber ausschließlich um die Einholung öffentlich-rechtlicher Genehmigungen, so ist diese Gebühr gem. Nr. 22112 KV auf 50 Euro pro einzuholender Genehmigung **beschränkt**. Nach dem Sachverhalt sind das **Negativattest der Gemeinde nach § 28 BauGB** sowie die **Genehmigung nach GVO** einzuholen. Beide Tätigkeiten gehören zum Vollzug nach Vorbemerkung 2.2.1.1 I S. 2 Nr. 1 KV. Insgesamt sind nach dem Sachverhalt also 100 Euro (2 × 50 Euro) zu erheben, denn die 0,5 Gebühr nach Nr. 22110 KV GNotKG aus 500 000 Euro (= 467,50 Euro) ist höher.

2.491

Die Vollzugsgebühr fällt nach § 93 I S. 1 nur einmal an, unabhängig von der Anzahl der vorzunehmenden Tätigkeiten.

Bezüglich der Bewertung des elektronischen Vollzugs wird auf Rz. 2.1524 ff. verwiesen.

2.492 Pos. (3):

Die Überwachung und Mitteilung der Kaufpreisfälligkeit und die Umschreibungsüberwachung (Ausfertigungssperre) gehören gemäß Nr. 22200 Anm. Nr. 2 KV bzw. Nr. 22200 Anm. Nr. 3 KV zu den Betreuungstätigkeiten. Der Geschäftswert bestimmt sich gem. § 113 I nach dem Wert für das Beurkundungsverfahren.

Diese Gebühr fällt in jedem Verfahren nur einmal an, unabhängig von der Anzahl der vorzunehmenden Tätigkeiten, § 93 I S. 1.

→ **Fall 39: Kaufvertrag mit Ergänzungen zum formfreien GbR-Vertrag**

A. Sachverhalt

2.493 A verkauft an die **BC-GbR** mit den Gesellschaftern B und C ein Grundstück zum Kaufpreis von 500 000 Euro. In derselben Urkunde wird zu der bereits bestehenden BC-GbR von den Gesellschaftern **ergänzend** erklärt, dass für die **Gesellschaft die Bestimmungen der §§ 705 ff. BGB gelten und die Gesellschaft beim Versterben eines Gesellschafters mit dessen Erben** oder dem in der Verfügung von Todes wegen bezeichneten Rechtsnachfolger **fortgesetzt** wird. Ein schriftlicher bzw. notariell beurkundeter Vertrag besteht nicht. Die BC-GbR verfügte bislang über kein nennenswertes Vermögen. Eine Verpflichtung zum Erwerb des Grundstücks bestand bei der Gründung nicht.

Des Weiteren holt der Notar das **Negativattest** der Gemeinde nach **§ 28 BauGB** und die **Genehmigung nach der GVO** ein. Er übernimmt außerdem die **Fälligkeitsmitteilung** hinsichtlich der Kaufpreiszahlung und die **Umschreibungsüberwachung** in der Form der Ausfertigungssperre.

B. Rechnung

2.494

Pos.	Gebührentatbestände	Geschäftswert	KV-Nr.	Satz	Betrag
(1)	Beurkundungsverfahren (§§ 47, 97, 86 II, 35 I, 93 I)	550 000	21100	2,0	2030,00
	Kaufvertrag (§ 47)	500 000	21100	2,0	
	Änderung GbR-Vertrag (§ 97 I)	50 000	21100	2,0	
(2)	Vollzug (Vorbem. 2.2.1.1 I Nr. 1; § 112) (Einholung Negativattest nach § 28 BauGB, Genehmigung nach GVO)	550 000	22110, 22112	0,5	~~507,50~~ 2 × 50,00 = 100,00
(3)	Betreuung (§ 113 I) (Überwachung und Mitteilung Kaufpreisfälligkeit, Umschreibungsüberwachung)	550 000	22200 Anm. Nr. 2, 3	0,5	507,50

IV. Derselbe bzw. verschiedene Gegenstände

C. Erläuterungen

Pos. (1): 2.495

Die Urkunde enthält mehrere Rechtsverhältnisse i.S.d. § 86 I: **Kaufvertrag und Änderung eines formfrei geschlossenen Gesellschaftsvertrages**. Nach § 86 II sind mehrere Rechtsverhältnisse auch verschiedene Beurkundungsgegenstände, soweit in § 109 nichts anderes bestimmt ist.

Da die in Rede stehenden Rechtsverhältnisse keine ausdrücklich verschiedenen Beurkundungsgegenstände nach den §§ 110, 111 sind, sind sie an § 109 zu messen.

Der Geschäftswert des Grundstückskaufvertrages wird durch den Kaufpreis bestimmt, § 47 S. 1. Ein Vergleich mit dem Verkehrswert des Grundstücks nach § 47 S. 3 ist nur dann erforderlich, wenn Anhaltspunkte für einen höheren Wert vorliegen. Der Sachverhalt enthält hierfür keine Anhaltspunkte. 2.496

Die **Änderung des GbR-Vertrages** durch die Käufer dient nicht der Erfüllung, Sicherung oder sonstigen Durchführung des Kaufvertrages. Er ist auch keine Vertragsbedingung und damit auch nicht Inhalt des Kaufvertrages. Ein Abhängigkeitsverhältnis i.S.v. § 109 I liegt nicht vor. Damit haben vorliegend alle Erklärungen einen **verschiedenen Gegenstand**. 2.497

Der **Geschäftswert der Änderung des Gesellschaftsvertrages** richtet gem. § 97 I nach dem Wert der Änderungen. Eine vollständige Beurkundung des GbR-Vertrages liegt nicht vor. Ein konkreter Wert ergibt sich aus dem Sachverhalt nicht. Er ist er nach **§ 36 I** zu bestimmen. 2.498

Da sich die Ergänzung des Gesellschaftsvertrages auf den Erwerb des Grundstücks bezieht, bzw. sie aus diesem Anlass vorgenommen wird, wird ein **Teilwert** von 10 % **aus dem Grundstückswert** vorgeschlagen.

Zu erheben ist eine 2,0 Gebühr nach Nr. 21100 KV.

Beim Zusammentreffen von verschiedenen Beurkundungsgegenständen, die denselben Gebührensatz auslösen, ist nach § 35 I die Gebühr aus der Summe der Werte zu erheben. 2.499

Pos. (2): 2.500

Die **Vollzugsgebühr beträgt grundsätzlich** 0,5 nach Nr. 22110 KV. Der Geschäftswert bestimmt sich gem. § 112 nach dem Wert des Beurkundungsverfahrens. Das gilt auch dann, wenn die Urkunde verschiedene Verfahrensgegenstände enthält, und nicht für alle eine Vollzugstätigkeit erforderlich ist.

Handelt es sich aber ausschließlich um die Einholung öffentlich-rechtlicher Genehmigungen, so ist diese Gebühr gem. Nr. 22112 KV auf 50 Euro pro einzuholender Genehmigung **beschränkt**. Nach dem Sachverhalt sind das **Negativattest** der Gemeinde **nach § 28 BauGB** sowie die **Genehmigung nach GVO** einzuholen. Beide Tätigkeiten gehören zum Vollzug nach Vorbemerkung 2.2.1.1 I S. 2 Nr. 1 KV. Insgesamt sind nach dem Sachverhalt also 100 Euro (2 × 50 Euro) zu erheben, denn die 0,5 Gebühr nach Nr. 22110 KV GNotKG aus 550 000 Euro (= 507,50 Euro) ist höher. 2.501

Die Vollzugsgebühr fällt nach § 93 I S. 1 nur einmal an, unabhängig von der Anzahl der vorzunehmenden Tätigkeiten.

Bezüglich der Bewertung des elektronischen Vollzugs wird auf Rz. 2.1524 ff. verwiesen.

2.502 **Pos. (3):**

Die Überwachung und Mitteilung der Kaufpreisfälligkeit und die Umschreibungsüberwachung (Ausfertigungssperre) gehören gemäß Nr. 22200 Anm. Nr. 2 KV bzw. Nr. 22200 Anm. Nr. 3 KV zu den Betreuungstätigkeiten. Der Geschäftswert bestimmt sich gem. § 113 I nach dem Wert für das Beurkundungsverfahren. Das gilt auch dann, wenn die Urkunde verschiedene Verfahrensgegenstände enthält, und nicht für alle eine Betreuungstätigkeit erforderlich ist.

Diese Gebühr fällt in jedem Verfahren nur einmal an, unabhängig von der Anzahl der vorzunehmenden Tätigkeiten; § 93 I S. 1.

→ **Fall 40: Kaufvertrag und GbR-Gründungsvertrag (rudimentärer Gesellschaftsvertrag)**

A. Sachverhalt

2.503 A verkauft an die BC-GbR, bestehend aus den Gesellschaftern B und C, ein Grundstück zum Kaufpreis von 500 000 Euro. Die **GbR** besteht noch nicht. Die **Gründung** bedarf der Beurkundung, weil sich die Gesellschafter zum Erwerb des Grundstücks verpflichtet haben (§ 311b I BGB). Hierzu erklären B und C, die BC-GbR zu gründen, an der beide zu gleichen Teilen beteiligt sind. Beim Versterben eines Gesellschafters wird die Gesellschaft mit dessen Erben oder dem in der Verfügung von Todes wegen bezeichneten Rechtsnachfolger fortgesetzt. Im Übrigen gelten die Bestimmungen der §§ 705 ff. BGB. Weitere Ausführungen enthält der Gesellschaftsvertrag nicht (**rudimentärer Gesellschaftsvertrag**).

Des Weiteren holt der Notar das **Negativattest** der Gemeinde nach § 28 BauGB und die **Genehmigung nach der GVO** ein. Er übernimmt außerdem die **Fälligkeitsmitteilung** hinsichtlich der Kaufpreiszahlung und die **Umschreibungsüberwachung** in der Form der Ausfertigungssperre.

B. Rechnung

2.504

Pos.	Gebührentatbestände	Geschäftswert	KV-Nr.	Satz	Betrag
(1)	Beurkundungsverfahren (§§ 47, 97, 86 II, 35 I, 93 I)	600 000	21100	2,0	2190,00
	Kaufvertrag (§ 47)	500 000	21100	2,0	
	GbR-Vertrag (§ 97 I)	100 000	21100	2,0	
(2)	Vollzug (Vorbem. 2.2.1.1 I Nr. 1; § 112) (Einholung Negativattest nach § 28 BauGB, Genehmigung nach GVO)	600 000	22110, 22112	0,5	~~547,50~~ 2 × 50,00 = 100,00

IV. Derselbe bzw. verschiedene Gegenstände

Pos.	Gebührentatbestände	Geschäftswert	KV-Nr.	Satz	Betrag
(3)	Betreuung (§ 113 I) (Überwachung und Mitteilung Kaufpreisfälligkeit, Umschreibungsüberwachung)	600 000	22200 Anm. Nr. 2, 3	0,5	547,50

C. Erläuterungen

Pos. (1): 2.505
Die Urkunde enthält mehrere Rechtsverhältnisse i.S.d. § 86 I: **Kaufvertrag** und Beurkundung der **Grundzüge eines GbR-Vertrages**. Nach § 86 II sind mehrere Rechtsverhältnisse auch verschiedene Beurkundungsgegenstände, soweit in § 109 nichts anderes bestimmt ist.

Da die in Rede stehenden Rechtsverhältnisse keine ausdrücklich verschiedenen Beurkundungsgegenstände nach den §§ 110, 111 sind, sind sie an § 109 zu messen.

Der Geschäftswert des Grundstückskaufvertrages wird durch den Kaufpreis bestimmt, § 47 S. 1. Ein Vergleich mit dem Verkehrswert des Grundstücks nach § 47 S. 3 ist nur dann erforderlich, wenn Anhaltspunkte für einen höheren Wert vorliegen. 2.506

Die **Erklärungen zur Errichtung der GbR** durch die Käufer dienen nicht der Erfüllung, Sicherung oder sonstigen Durchführung des Kaufvertrages. Er ist auch keine Vertragsbedingungen und damit auch nicht Inhalt des Kaufvertrages. Ein Abhängigkeitsverhältnis i.S.v. § 109 I liegt nicht vor. Damit haben vorliegend alle Erklärungen einen **verschiedenen Gegenstand**. 2.507

Der **Geschäftswert des Gesellschaftsvertrages** richtet gem. § 97 I nach dem Wert der hierzu erfolgten Beurkundung. Eine vollständige Beurkundung des Gesellschaftsvertrages liegt nicht vor. Der Geschäftswert des nicht vollständigen Gesellschaftsvertrages bestimmt sich gem. § 36 I nach einem Teilwert aus den Leistungen bzw. Verpflichtungen aller Gesellschafter zum Zeitpunkt der Beurkundung. Da der Gesellschaftsvertrag im Zusammenhang mit dem Grundstückserwerb geschlossen bzw. beurkundet wurde, erscheint ein **Teilwert aus dem Grundstückswert** angemessen (hier vorgeschlagen 20 %. 2.508

Zu erheben ist eine 2,0 Gebühr nach Nr. 21100 KV.

Beim Zusammentreffen von verschiedenen Beurkundungsgegenständen, die denselben Gebührensatz auslösen, ist nach § 35 I die Gebühr aus der Summe der Werte zu erheben. 2.509

Bemerkungen: 2.510
Für den Gesellschaftsvertrag kommen, je nach Ausgestaltung, unterschiedliche Wertansätze in Betracht:

– Ein Wertansatz erfolgt nicht, wenn die Erwerber sich lediglich zu ihrer Beteiligung an der GbR (§ 722 I BGB) erklären. 2.511

2.512 – Der Ansatz eines Teilwertes kommt insbesondere in Betracht, wenn die Gesellschafter – wie hier – nur einzelne Regelungen des Gesellschaftsvertrages hinsichtlich des erworbenen Grundstücks mit beurkunden lassen; inhaltliche Ausgestaltung und Regelungsumfang bestimmen dabei die Höhe des Teilwertes.

2.513 – Der volle Wert kann allerdings durchaus bereits erreicht werden, wenn der mitbeurkundete Gesellschaftsvertrag über die einzelnen grundstücksbezogenen Regelungen hinaus umfassend alle wesentlichen Elemente erfasst.

2.514 – Der volle Wert ist in der Regel anzusetzen, wenn sich die Gesellschafter zur Leistung von Einlagen verpflichten, die der GbR den Erwerb des Grundstücks ermöglichen (insb. bei späterem Kauf) oder wenn sich die Gesellschafter gegenseitig verpflichten, das (geschenkte) Grundstück in die Gesellschaft einzubringen.

2.515 – In allen Fällen findet § 107 I S. 1 Anwendung: Kein Teilwert darf den Mindestwert von 30 000 Euro unterschreiten; der Höchstwert beträgt 10 Mio. Euro.

2.516 **Pos. (2):**

Die **Vollzugsgebühr beträgt grundsätzlich** 0,5 nach Nr. 22110 KV. Der Geschäftswert bestimmt sich gem. § 112 nach dem Wert des Beurkundungsverfahrens. Das gilt auch dann, wenn die Urkunde verschiedene Verfahrensgegenstände enthält, und nicht für alle eine Vollzugstätigkeit erforderlich ist.

2.517 Handelt es sich aber ausschließlich um die Einholung öffentlich-rechtlicher Genehmigungen, so ist diese Gebühr gem. Nr. 22112 KV auf 50 Euro pro einzuholender Genehmigung **beschränkt**. Nach dem Sachverhalt sind das **Negativattest** der Gemeinde **nach § 28 BauGB** sowie die **Genehmigung nach GVO** einzuholen. Beide Tätigkeiten gehören zum Vollzug nach Vorbemerkung 2.2.1.1 I S. 2 Nr. 1 KV. Insgesamt sind nach dem Sachverhalt also 100 Euro (2 × 50 Euro) zu erheben, denn die 0,5 Gebühr nach Nr. 22110 KV GNotKG aus 600 000 Euro (= 547,50 Euro) ist höher.

Die Vollzugsgebühr fällt nach § 93 I S. 1 nur einmal an, unabhängig von der Anzahl der vorzunehmenden Tätigkeiten.

Bezüglich der Bewertung des elektronischen Vollzugs wird auf Rz. 2.1524 ff. verwiesen.

2.518 **Pos. (3):**

Die Überwachung und Mitteilung der Kaufpreisfälligkeit und die Umschreibungsüberwachung (Ausfertigungssperre) gehören gemäß Nr. 22200 Anm. Nr. 2 KV bzw. Nr. 22200 Anm. Nr. 3 KV zu den Betreuungstätigkeiten. Der Geschäftswert bestimmt sich gem. § 113 I nach dem Wert für das Beurkundungsverfahren. Das gilt auch dann, wenn die Urkunde verschiedene Verfahrensgegenstände enthält, und nicht für alle eine Betreuungstätigkeit erforderlich ist.

Diese Gebühr fällt in jedem Verfahren nur einmal an, unabhängig von der Anzahl der vorzunehmenden Tätigkeiten; § 93 I S. 1.

IV. Derselbe bzw. verschiedene Gegenstände

→ **Fall 41: Kaufvertrag und GbR-Gründungsvertrag (vollständiger Gesellschaftsvertrag)**

A. Sachverhalt

A verkauft an die BC-GbR, bestehend aus den Gesellschaftern B und C, ein Grundstück zum Kaufpreis von 500 000 Euro.

Die **GbR** besteht noch nicht und wird aufgrund des Beurkundungserfordernisses (§ 311b I BGB) in gleicher Urkunde **gegründet**. Der als Anlage mitverlesene Gesellschaftsvertrag enthält ausführliche Regelungen zur GbR (**vollständiger Gesellschaftsvertrag**). In § 2 des Gesellschaftsvertrages ist bestimmt, dass die Gesellschafter ihre Einlagen dadurch erbringen, dass der Gesellschaft das Eigentum an dem Kaufgrundstück verschafft wird bzw. dieser Grundbesitz durch die Gesellschaft erworben wird. Über den Erwerb und die Finanzierung dieses Erwerbs hinausgehend sind weitere Beiträge der Gesellschafter nicht geschuldet.

Des Weiteren holt der Notar das **Negativattest** der Gemeinde nach **§ 28 BauGB** und die **Genehmigung nach der GVO** ein. Er übernimmt außerdem die **Fälligkeitsmitteilung** hinsichtlich der Kaufpreiszahlung und die **Umschreibungsüberwachung** in der Form der Ausfertigungssperre.

2.519

B. Rechnung

2.520

Pos.	Gebührentatbestände	Geschäftswert	KV-Nr.	Satz	Betrag
(1)	Beurkundungsverfahren (§§ 47, 97, 86 II, 35 I, 93 I)	1 000 000	21100	2,0	3470,00
	Kaufvertrag (§ 47)	500 000	21100	2,0	
	GbR-Vertrag (§ 97 I)	500 000	21100	2,0	
(2)	Vollzug (Vorbem. 2.2.1.1 I Nr. 1; § 112) (Einholung Negativattest nach § 28 BauGB, Genehmigung nach GVO)	1 000 000	22110, 22112	0,5	867,50 2 × 50,00 = 100,00
(3)	Betreuung (§ 113 I) (Überwachung und Mitteilung Kaufpreisfälligkeit, Umschreibungsüberwachung)	1 000 000	22200 Anm. Nr. 2, 3	0,5	867,50

C. Erläuterungen

Pos. (1):

2.521

Die Urkunde enthält mehrere Rechtsverhältnisse i.S.d. § 86 I: Kaufvertrag und Beurkundung des GbR-Vertrages. Nach § 86 II sind mehrere Rechtsverhältnisse auch verschiedene Beurkundungsgegenstände, soweit in § 109 nichts anderes bestimmt ist.

Da die in Rede stehenden Rechtsverhältnisse keine ausdrücklich verschiedenen Beurkundungsgegenstände nach den §§ 110, 111 sind, sind sie an § 109 zu messen.

2.522 Der Geschäftswert des Grundstückskaufvertrages wird durch den Kaufpreis bestimmt, § 47 S. 1. Ein Vergleich mit dem Verkehrswert des Grundstücks nach § 47 S. 3 ist nur dann erforderlich, wenn Anhaltspunkte für einen höheren Wert vorliegen; das ist vorliegend nicht der Fall.

2.523 Die **Beurkundung des GbR-Vertrages durch die Käufer** dient nicht der Erfüllung, Sicherung oder sonstigen Durchführung des Kaufvertrages. Ein Abhängigkeitsverhältnis i.S.v. § 109 I liegt nicht vor. Er ist auch keine Vertragsbedingung und damit auch nicht Inhalt des Kaufvertrages, sondern **gegenstandsverschieden**.

2.524 Der **Geschäftswert** richtet gem. § 97 I nach dem Wert der Erklärungen. Es liegt eine vollständige Beurkundung des Gesellschaftsvertrages vor. Maßgeblich ist der **Wert der Einlageverpflichtungen** aller Gesellschafter. Da die Gründungsgesellschafter nach dem Gesellschaftsvertrag die Pflicht zum Grundstückserwerb trifft, wie wenn der Grundbesitz sogleich durch die Gesellschafter in die Gesellschaft eingebracht worden wäre, ist der Wert des Grundbesitzes, also der Kaufpreis, maßgeblich. Denn bei der Einbringung einer Sache ist unstreitig, dass diese ohne Schuldenabzug für den Geschäftswert des Gesellschaftsvertrages maßgeblich ist.

Zu erheben ist eine 2,0 Gebühr nach Nr. 21100 KV.

2.525 Vorliegend haben alle Erklärungen einen verschiedenen Gegenstand. Beim Zusammentreffen von gegenstandsverschiedenen Erklärungen, die denselben Gebührensatz auslösen, ist nach § 35 I die Gebühr aus der Summe der Werte zu erheben.

2.526 Pos. (2):

Die **Vollzugsgebühr beträgt grundsätzlich** 0,5 nach Nr. 22110 KV. Der Geschäftswert bestimmt sich gem. § 112 nach dem Wert des Beurkundungsverfahrens. Das gilt auch dann, wenn die Urkunde verschiedene Verfahrensgegenstände enthält, und nicht für alle eine Vollzugstätigkeit erforderlich ist.

2.527 Handelt es sich aber ausschließlich um die Einholung öffentlich-rechtlicher Genehmigungen, so ist diese Gebühr gem. Nr. 22112 KV auf 50 Euro pro einzuholender Genehmigung **beschränkt**. Nach dem Sachverhalt sind das **Negativattest** der Gemeinde **nach § 28 BauGB** sowie die **Genehmigung nach GVO** einzuholen. Beide Tätigkeiten gehören zum Vollzug nach Vorbemerkung 2.2.1.1 I S. 2 Nr. 1 KV. Insgesamt sind nach dem Sachverhalt also 100 Euro (2 × 50 Euro) zu erheben, denn die 0,5 Gebühr nach Nr. 22110 KV GNotKG aus 1 000 000 Euro (= 867,50 Euro) ist höher.

Die Vollzugsgebühr fällt nach § 93 I S. 1 nur einmal an, unabhängig von der Anzahl der vorzunehmenden Tätigkeiten.

Bezüglich der Bewertung des elektronischen Vollzugs wird auf Rz. 2.1524 ff. verwiesen.

2.528 Pos. (3):

Die Überwachung und Mitteilung der Kaufpreisfälligkeit und die Umschreibungsüberwachung (Ausfertigungssperre) gehören gemäß Nr. 22200 Anm. Nr. 2 bzw. Anm. Nr. 3 KV zu den Betreuungstätigkeiten. Der Geschäftswert bestimmt sich gem. § 113 I nach dem Wert für das Beurkundungsverfahren. Das gilt auch

IV. Derselbe bzw. verschiedene Gegenstände

dann, wenn die Urkunde verschiedene Verfahrensgegenstände enthält, und nicht für alle eine Betreuungstätigkeit erforderlich ist.

Diese Gebühr fällt in jedem Verfahren nur einmal an, unabhängig von der Anzahl der vorzunehmenden Tätigkeiten; § 93 I S. 1.

→ Fall 42: Kaufvertrag und GbR-Gründungsvertrag (vollständiger Gesellschaftsvertrag) mit Belastungsvollmacht

A. Sachverhalt

A verkauft an die BC-GbR, bestehend aus den Gesellschaftern B und C, ein Grundstück zum Kaufpreis von 500 000 Euro. Zur Erleichterung der Finanzierung erteilt der Verkäufer der GbR die Vollmacht, den Vertragsgegenstand bereits vor Eigentumsumschreibung in beliebiger Höhe mit Grundpfandrechten zu belasten (**Belastungsvollmacht**). Der Sicherungszweck wird dahingehend eingeschränkt, dass die Darlehensvaluta zunächst nur zur Zahlung des Kaufpreises ausgereicht werden dürfen.

Die **GbR** besteht noch nicht und wird aufgrund des Beurkundungserfordernisses (§ 311b I BGB) in gleicher Urkunde **gegründet**. Der als Anlage mitverlesene Gesellschaftsvertrag enthält ausführliche Regelungen zur GbR (**vollständiger Gesellschaftsvertrag**). Weitere Einlageverpflichtungen werden im Gesellschaftsvertrag nicht vereinbart.

Des Weiteren holt der Notar das **Negativattest** der Gemeinde nach **§ 28 BauGB** und die **Genehmigung nach der GVO** ein. Er übernimmt außerdem die **Fälligkeitsmitteilung** hinsichtlich der Kaufpreiszahlung und die **Umschreibungsüberwachung** in der Form der Ausfertigungssperre.

B. Rechnung

Pos.	Gebührentatbestände	Geschäfts-wert	KV-Nr.	Satz	Betrag
(1)	Beurkundungsverfahren (§§ 47, 97, 86 II, 35 I, 93 I, 94 II 1, 109 I)	530 000	21100	2,0	2030,00
	Kaufvertrag (§ 47)	500 000	21100	2,0	
	GbR-Vertrag (§ 97 I)	30 000	21100	2,0	
	Belastungsvollmacht (§ 98)	~~1 000 000~~	~~21200~~	~~1,0~~	
(2)	Vollzug (Vorbem. 2.2.1.1 I Nr. 1; § 112) (Einholung Negativattest nach § 28 BauGB, Genehmigung nach GVO)	530 000	22110, 22112	0,5	~~507,50~~ 2 × 50,00 = 100,00
(3)	Betreuung (§ 113 I) (Überwachung und Mitteilung Kaufpreisfälligkeit, Umschreibungsüberwachung)	530 000	22200 Anm. Nr. 2, 3	0,5	507,50

C. Erläuterungen

2.531 **Pos. (1):**

Die Urkunde enthält mehrere Rechtsverhältnisse i.S.d. § 86 I: Kaufvertrag, Belastungsvollmacht und Beurkundung eines vollständigen GbR-Vertrages. Nach § 86 II sind mehrere Rechtsverhältnisse auch verschiedene Beurkundungsgegenstände, soweit in § 109 nichts anderes bestimmt ist.

Da die in Rede stehenden Rechtsverhältnisse keine ausdrücklich verschiedenen Beurkundungsgegenstände nach den §§ 110, 111 sind, sind sie an § 109 zu messen.

Das Hauptgeschäft ist nach § 109 I S. 1–2 der Grundstückskaufvertrag.

2.532 Die **Vollmacht** für den Erwerber, das Grundstück bereits vor Eigentumsumschreibung mit Grundpfandrechten zu eigenen Kreditzwecke **zu belasten**, dient nach § 109 I S. 1–2, 4 Nr. 1c) der Erfüllung des Kaufvertrages. Sie ist damit **derselbe Gegenstand**. Dies gilt **auch** dann, wenn die Belastungsvollmacht über eine **Untervollmacht** an die Gesellschafter weitergegeben worden wäre. Zwar handelt es sich in diesem Fall nicht um eine dem *Käufer* erteilte Vollmacht i.S.d. § 109 I S. 4 Nr. 1c), jedoch fiele sie unter die allgemeine Bestimmung des § 109 I S. 1–3; denn sie dient der Durchführung des Kaufvertrags. Diese Auslegung ist schon deshalb sachgerecht, weil wegen der Unsicherheiten beim Erwerb durch eine BGB-Gesellschaft nicht nur eine Belastungsvollmacht an die BGB-Gesellschaft als solche, sondern auch an deren Gesellschafter empfohlen wird; andernfalls wäre beim Erwerb durch eine BGB-Gesellschaft die Belastungsvollmacht stets als verschiedener Beurkundungsgegenstand nach § 86 II zusätzlich zu bewerten.

2.533 Die **Beurkundung des GbR-Vertrages** durch die Käufer dient nicht der Erfüllung, Sicherung oder sonstigen Durchführung des Kaufvertrages. Er ist auch keine Vertragsbedingung und damit auch nicht Inhalt des Kaufvertrages. Ein Abhängigkeitsverhältnis i.S.v. § 109 I liegt nicht vor. Kaufvertrag und Gesellschaftsvertrag haben somit jeweils einen **verschiedenen Gegenstand**.

2.534 Der Geschäftswert des Grundstückskaufvertrages wird durch den Kaufpreis bestimmt, § 47 S. 1. Ein Vergleich mit dem Verkehrswert des Grundstücks nach § 47 S. 3 ist nur dann erforderlich, wenn Anhaltspunkte für einen höheren Wert vorliegen; dies ist vorliegend nicht der Fall.

2.535 Der **Geschäftswert des Gesellschaftsvertrages** richtet sich gem. § 97 I nach dem Wert der Erklärungen. Es liegt eine vollständige Beurkundung des Gesellschaftsvertrages vor. **Mangels Einlageverpflichtungen** greift hier der **Mindestwert** von 30 000 Euro gem. § 107 I S. 1. Das Grundstück kann nicht herangezogen werden, da dieses erst durch die Gesellschaft erworben wird und – im Unterschied zu dem vorangegangenen Fall (41) – der Kaufpreis nicht aus Einlagen der Gesellschafter erbracht wird, sondern in Form der Rückzahlung des Darlehens durch die Gesellschaft erwirtschaftet werden muss.

Zu erheben ist eine 2,0 Gebühr nach Nr. 21100 KV.

IV. Derselbe bzw. verschiedene Gegenstände

Beim Zusammentreffen von gegenstandsverschiedenen Erklärungen, die denselben Gebührensatz auslösen, ist nach § 35 I die Gebühr aus der Summe der Werte zu erheben.

2.536

Pos. (2):

2.537

Die **Vollzugsgebühr beträgt grundsätzlich** 0,5 nach Nr. 22110 KV. Der Geschäftswert bestimmt sich gem. § 112 nach dem Wert des Beurkundungsverfahrens. Das gilt auch dann, wenn die Urkunde verschiedene Verfahrensgegenstände enthält, und nicht für alle eine Vollzugstätigkeit erforderlich ist.

Handelt es sich aber ausschließlich um die Einholung öffentlich-rechtlicher Genehmigungen, so ist diese Gebühr gem. Nr. 22112 KV auf 50 Euro pro einzuholender Genehmigung **beschränkt**. Nach dem Sachverhalt sind das **Negativattest** der Gemeinde **nach § 28 BauGB** sowie die **Genehmigung nach GVO** einzuholen. Beide Tätigkeiten gehören zum Vollzug nach Vorbemerkung 2.2.1.1 I S. 2 Nr. 1 KV. Insgesamt sind nach dem Sachverhalt also 100 Euro (2 × 50 Euro) zu erheben, denn die 0,5 Gebühr nach Nr. 22110 KV GNotKG aus 530 000 Euro (= 547,50 Euro) ist höher.

2.538

Die Vollzugsgebühr fällt nach § 93 I S. 1 nur einmal an, unabhängig von der Anzahl der vorzunehmenden Tätigkeiten.

Bezüglich der Bewertung des elektronischen Vollzugs wird auf Rz. 2.1524 ff. verwiesen.

Pos. (3):

2.539

Die Überwachung und Mitteilung der Kaufpreisfälligkeit und die Umschreibungsüberwachung (Ausfertigungssperre) gehören gemäß Nr. 22200 Anm. Nr. 2 bzw. Anm. Nr. 3 KV zu den Betreuungstätigkeiten. Der Geschäftswert bestimmt sich gem. § 113 I nach dem Wert für das Beurkundungsverfahren. Das gilt auch dann, wenn die Urkunde verschiedene Verfahrensgegenstände enthält, und nicht für alle eine Betreuungstätigkeit erforderlich ist.

Diese Gebühr fällt in jedem Verfahren nur einmal an, unabhängig von der Anzahl der vorzunehmenden Tätigkeiten, § 93 I S. 1.

→ **Fall 43: Kaufvertrag und Vereinigungsantrag (§ 890 I BGB) des Kaufgrundstücks mit einem anderen Grundstück des Käufers**

A. Sachverhalt

Zu dem in seinem Eigentum befindlichen Grundstück (Verkehrswert 70 000 Euro) kauft A ein **weiteres** angrenzendes **Grundstück** zu einem Kaufpreis von 30 000 Euro. In gleicher Urkunde stellt er den Antrag auf **Vereinigung** der beiden Grundstücke (§ 890 I BGB) gegenüber dem Grundbuchamt.

2.540

Des Weiteren holt der Notar das **Negativattest** der Gemeinde nach **§ 28 BauGB** und die **Genehmigung nach der GVO** ein. Er übernimmt außerdem die **Fälligkeitsmitteilung** hinsichtlich der Kaufpreiszahlung und die **Umschreibungsüberwachung** in der Form der Ausfertigungssperre.

B. Rechnung

2.541

Pos.	Gebührentatbestände	Geschäfts-wert	KV-Nr.	Satz	Betrag
(1)	Beurkundungsverfahren (§§ 47, 97 III, 36 I 86 II, 35 I, 93 I, 94 I)	50 000	21100	2,0	330,00
	Kaufvertrag (§ 47)	~~30 000~~	~~21100~~	~~2,0~~	~~250,00~~
	Vereinigungsantrag (§ 36 I)	~~20 000~~	~~21201 Nr. 4~~	~~0,5~~	~~53,50~~
(2)	Vollzug (Vorbem. 2.2.1.1 I Nr. 1; § 112) (Einholung Negativattest nach § 28 BauGB, Genehmigung nach GVO)	50 000	22110	0,5	82,50
(3)	Betreuung (§ 113 I) (Überwachung und Mitteilung Kaufpreisfälligkeit, Umschreibungsüberwachung)	50 000	22200 Anm. Nr. 2, 3	0,5	82,50

C. Erläuterungen

2.542 **Pos. (1):**

Die Urkunde enthält mehrere Rechtsverhältnisse i.S.d. § 86 I: **Kaufvertrag** und Grundbucherklärung (**Grundstücksvereinigungsantrag**). Nach § 86 II sind mehrere Rechtsverhältnisse auch verschiedene Beurkundungsgegenstände, soweit in § 109 nichts anderes bestimmt ist.

Da die in Rede stehenden Rechtsverhältnisse keine ausdrücklich verschiedenen Beurkundungsgegenstände nach den §§ 110, 111 sind, sind sie an § 109 zu messen.

2.543 Der **Vereinigungsantrag** dient nicht der Sicherung, Erfüllung oder sonstigen Durchführung des Grundstückskaufvertrages. Zwar ist der Antrag erst mit Vollzug des Kaufvertrages möglich, ein Abhängigkeitsverhältnis i.S.v. § 109 I begründet dies aber nicht. Der Vereinigungsantrag ist somit als **eigener Gegenstand** zu betrachten und zu bewerten. Sein Geschäftswert richtet sich nach §§ 36 I, 46. Maßgeblich ist ein **Teilwert aus dem Wert der beiden betroffenen Grundstücke**. Vorgeschlagen werden hier 20 %. Zu erheben ist eine 0,5 Gebühr nach Nr. 21201 Nr. 4 KV.

2.544 Der Geschäftswert des Grundstückskaufvertrages wird durch den Kaufpreis bestimmt, § 47 S. 1. Ein Vergleich mit dem Verkehrswert des Grundstücks nach § 47 S. 3 ist nur dann erforderlich, wenn Anhaltspunkte für einen höheren Wert vorliegen; dies ist vorliegend nicht der Fall.

2.545 Beim Zusammentreffen von verschiedenen Beurkundungsgegenständen ist nach § 35 I die Gebühr grundsätzlich aus der Summe der Werte zu erheben, es sei denn, das GNotKG bestimmt etwas anderes. Eine andere Bestimmung enthält § 94 I für den Fall, dass die einzelnen Gegenstände jeweils einen verschiedenen Gebührensatz auslösen. Vorliegend entsteht für die Beurkundung des Kaufvertrages eine 2,0 Gebühr nach Nr. 21100 KV, für die Grundbucherklärungen hingegen eine 0,5 Gebühr nach Nr. 21201 Nr. 4 KV. In diesem Fall sind die Gebühren einzeln zu erheben, wobei insgesamt nicht mehr erhoben werden darf, als die nach dem höchsten Gebührensatz berechnete Gebühr aus der Summe aller Werte; Letzteres ist vorliegend einschlägig.

Bemerkung: 2.546

Bei der **Veräußerung eines Grundstücksteils**, gleichgültig ob insoweit eine Vermessung erforderlich ist oder – bei selbstständigen Flurstücken unter einer laufenden Nummer im Bestandsverzeichnis – eine Grundstücksteilung durch Abschreibung des Kaufgrundstücks auf ein anderes Grundbuchblatt oder durch Vortrag unter einer eigenständigen Nummer im Bestandsverzeichnis noch im Verkäufergrundbuch erfolgt, ist zwingend ein **Herausteilungsantrag** erforderlich (vgl. § 7 I GBO); dieser kann im Kaufvertrag ausdrücklich oder konkludent enthalten sein. In jedem Fall handelt sich um **denselben Beurkundungsgegenstand** nach § 109 I S. 1–2 („sonstige Durchführungserklärung").[1]

Pos. (2): 2.547

Die **Vollzugsgebühr beträgt grundsätzlich** 0,5 nach Nr. 22110 KV. Der Geschäftswert bestimmt sich gem. § 112 nach dem Wert des Beurkundungsverfahrens. Das gilt auch dann, wenn die Urkunde verschiedene Verfahrensgegenstände enthält, und nicht für alle eine Vollzugstätigkeit erforderlich ist.

Handelt es sich aber um die Einholung öffentlich-rechtlicher Genehmigungen, 2.548
so **beschränkt** sie sich gem. Nr. 22112 KV auf 50 Euro pro einzuholender Genehmigung. Im Sachverhalt sind das **Negativattest** der Gemeinde **nach § 28 BauGB** sowie die **Genehmigung nach GVO** einzuholen. Beide Tätigkeiten gehören zum Vollzug nach Vorbemerkung 2.2.1.1 I S. 2 Nr. 1 KV.

Da die 0,5 Vollzugsgebühr nach Nr. 22110 KV aus 50 000 Euro lediglich 82,50 Euro beträgt, also hinter der Beschränkung auf 100,00 Euro (2 × 50 Euro) gem. Nr. 22112 KV zurückbleibt, kommt die Beschränkung nicht zum Tragen.[2]
Die Vollzugsgebühr fällt nach § 93 I S. 1 nur einmal an, unabhängig von der Anzahl der vorzunehmenden Tätigkeiten.

Enthält die Urkunde mehrere Verfahrensgegenstände, so ist die Vollzugsgebühr 2.549
aus der Summe der Werte zu erheben. Lösen die einzelnen Erklärungen unterschiedliche Gebührensätze aus, so richtet sich der Gebührensatz der Vollzugsgebühr nach dem höchsten Gebührensatz.[3]
Bezüglich der Bewertung des elektronischen Vollzugs wird auf Rz. 2.1524 ff. verwiesen.

Pos. (3): 2.550

Die Überwachung und Mitteilung der Kaufpreisfälligkeit und die Umschreibungsüberwachung (Ausfertigungssperre) gehören gemäß Nr. 22200 Anm. Nr. 2 bzw. Anm. 3 KV zu den Betreuungstätigkeiten. Der Geschäftswert bestimmt

---
1 Zur Bewertung eines separaten Teilungsantrages siehe Rz. 8.25 (Fall 1).
2 Siehe auch Rz. 2.25.
3 LG Düsseldorf, Beschl. v. 2.3.2015 – 19 T 227/14, NotBZ 2015, 358.

sich gem. § 113 I nach dem Wert für das Beurkundungsverfahren. Das gilt auch dann, wenn die Urkunde verschiedene Verfahrensgegenstände enthält, und nicht für alle eine Betreuungstätigkeit erforderlich ist.

Diese Gebühr fällt in jedem Verfahren nur einmal an, unabhängig von der Anzahl der vorzunehmenden Tätigkeiten; § 93 I S. 1.

→ **Fall 44: Kaufvertrag und Bestandteilszuschreibung (§ 890 II BGB) des Kaufgrundstücks zu einem anderen Grundstück des Käufers**

A. Sachverhalt

2.551 Zu dem in seinem Eigentum befindlichen Grundstück (Verkehrswert 70 000 Euro) kauft A ein **weiteres** angrenzendes **Grundstück** zu einem Kaufpreis von 80 000 Euro. In gleicher Urkunde stellt er gegenüber dem Grundbuchamt den Antrag, das neu erworbene Grundstück dem bereits in seinem befindlichen Grundstück **als Bestandteil zuzuschreiben (§ 890 II BGB)**.

Des Weiteren holt der Notar das **Negativattest** der Gemeinde nach **§ 28 BauGB** und die **Genehmigung nach der GVO** ein. Er übernimmt außerdem die **Fälligkeitsmitteilung** hinsichtlich der Kaufpreiszahlung und die **Umschreibungsüberwachung** in der Form der Ausfertigungssperre.

B. Rechnung

2.552

Pos.	Gebührentatbestände	Geschäftswert	KV-Nr.	Satz	Betrag
(1)	Beurkundungsverfahren (§§ 47, 97 III, 36 I 86 II, 35 I, 93 I, 94 I)	~~110 000~~	~~21100~~	~~2,0~~	~~546,00~~
	Kaufvertrag (§ 47)	80 000	21100	2,0	438,00
	Antrag auf Bestandteilszuschreibung (§ 36 I)	30 000	21201 Nr. 4	0,5	62,50
(2)	Vollzug (Vorbem. 2.2.1.1 I Nr. 1; § 112) (Einholung Negativattest nach § 28 BauGB, Genehmigung nach GVO)	110 000	22110, 22112	0,5	~~136,50~~ 2 × 50,00 = 100,00
(3)	Betreuung (§ 113 I) (Überwachung und Mitteilung Kaufpreisfälligkeit, Umschreibungsüberwachung)	110 000	22200 Anm. Nr. 2, 3	0,5	136,50

C. Erläuterungen

2.553 **Pos. (1):**

Die Urkunde enthält mehrere Rechtsverhältnisse i.S.d. § 86 I: Kaufvertrag und Grundbucherklärung (Antrag auf **Bestandteilszuschreibung**). Nach § 86 II sind mehrere Rechtsverhältnisse auch verschiedene Beurkundungsgegenstände, soweit in § 109 nichts anderes bestimmt ist.

IV. Derselbe bzw. verschiedene Gegenstände

Da die in Rede stehenden Rechtsverhältnisse keine ausdrücklich verschiedenen Beurkundungsgegenstände nach den §§ 110, 111 sind, sind sie an § 109 zu messen.

Der Geschäftswert des Grundstückskaufvertrages wird durch den Kaufpreis bestimmt, § 47 S. 1. Ein Vergleich mit dem Verkehrswert des Grundstücks nach § 47 S. 3 ist nur dann erforderlich, wenn Anhaltspunkte für einen höheren Wert vorliegen; dies ist vorliegend nicht der Fall.

2.554

Der **Zuschreibungsantrag** dient nicht der Sicherung, Erfüllung oder sonstigen Durchführung des Grundstückskaufvertrages. Zwar ist der Antrag erst mit Vollzug des Kaufvertrages möglich, ein Abhängigkeitsverhältnis i.S.v. § 109 I begründet dies aber nicht. Der Zuschreibungsantrag ist somit als **eigener Gegenstand** zu betrachten und zu bewerten. Sein **Geschäftswert** richtet sich nach § 36 I i.V.m. § 46. Maßgeblich ist ein Teilwert aus dem Verkehrswert der beiden Grundstücke. Vorgeschlagen werden hier 20 %.

2.555

Beim Zusammentreffen von gegenstandsverschiedenen Erklärungen ist nach § 35 I die Gebühr grundsätzlich aus der Summe der Werte zu erheben, es sei denn, das GNotKG bestimmt etwas anderes. Eine andere Bestimmung enthält § 94 I für den Fall, dass die einzelnen Gegenstände jeweils einen verschiedenen Gebührensatz auslösen. Im Sachverhalt entsteht für die Beurkundung des Kaufvertrages eine 2,0 Gebühr nach Nr. 21100 KV, für die Grundbucherklärungen hingegen eine 0,5 Gebühr nach Nr. 21201 Nr. 4 KV. In diesem Fall sind die Gebühren einzeln zu erheben, wobei insgesamt nicht mehr erhoben werden darf, als die nach dem höchsten Gebührensatz berechnete Gebühr aus der Summe aller Werte; Letzteres ist vorliegend einschlägig.

2.556

Bemerkung:

2.557

Wird ein als Bestandteil eines anderen Grundstücks gebuchtes **Flurstück** zum **Zwecke der Veräußerung abgeschrieben**, so besteht zur Übertragung ein Abhängigkeitsverhältnis i.S.v. **§ 109 I S. 1–2**. S. dazu auch näher die Bemerkung zum vorstehenden Fall 43 Rz. 2.546.

Pos. (2):

2.558

Die **Vollzugsgebühr beträgt grundsätzlich** 0,5 nach Nr. 22110 KV. Der Geschäftswert bestimmt sich gem. § 112 nach dem Wert des Beurkundungsverfahrens. Das gilt auch dann, wenn die Urkunde verschiedene Verfahrensgegenstände enthält, und nicht für alle eine Vollzugstätigkeit erforderlich ist.

Handelt es sich aber ausschließlich um die Einholung öffentlich-rechtlicher Genehmigungen, so ist diese Gebühr gem. Nr. 22112 KV auf 50 Euro pro einzuholender Genehmigung **beschränkt**. Nach dem Sachverhalt sind das **Negativattest** der Gemeinde **nach § 28 BauGB** sowie die **Genehmigung nach GVO** einzuholen. Beide Tätigkeiten gehören zum Vollzug nach Vorbemerkung 2.2.1.1 I S. 2 Nr. 1 KV. Insgesamt sind nach dem Sachverhalt also 100 Euro (2 × 50 Euro) zu erheben, denn die 0,5 Gebühr nach Nr. 22110 KV GNotKG aus 110 000 Euro (= 136,50 Euro) ist höher.

2.559

Die Vollzugsgebühr fällt nach § 93 I S. 1 nur einmal an, unabhängig von der Anzahl der vorzunehmenden Tätigkeiten.

2.560 Enthält die Urkunde mehrere Verfahrensgegenstände, so ist die Vollzugsgebühr aus der Summe der Werte zu erheben. Lösen die einzelnen Erklärungen unterschiedliche Gebührensätze aus, so richtet sich der Gebührensatz der Vollzugsgebühr nach dem höchsten Gebührensatz.[1]

Bezüglich der Bewertung des elektronischen Vollzugs wird auf Rz. 2.1524 ff. verwiesen.

2.561 **Pos. (3):**

Die Überwachung und Mitteilung der Kaufpreisfälligkeit und die Umschreibungsüberwachung (Ausfertigungssperre) gehören gemäß Nr. 22200 Anm. Nr. 2 KV bzw. Nr. 22200 Anm. Nr. 3 KV zu den Betreuungstätigkeiten. Der Geschäftswert bestimmt sich gem. § 113 I nach dem Wert für das Beurkundungsverfahren. Das gilt auch dann, wenn die Urkunde verschiedene Verfahrensgegenstände enthält, und nicht für alle eine Betreuungstätigkeit erforderlich ist.

Diese Gebühr fällt in jedem Verfahren nur einmal an, unabhängig von der Anzahl der vorzunehmenden Tätigkeiten, § 93 I S. 1.

→ **Fall 45: Kaufvertrag (ohne Finanzierungsvollmacht) und Grundbuchberichtigungsantrag wegen Erbfolge**

A. Sachverhalt

2.562 A und B sind zu gleichen Teilen eingetragene Eigentümer eines Grundstücks, welches an C zu einem Kaufpreis von 50 000 Euro an C verkauft wird. A ist **verstorben** und wurde von B beerbt. In der Kaufurkunde beantragt B die **Berichtigung des Grundbuchs aufgrund der Erbfolge** dahingehend, dass er als Alleineigentümer im Grundbuch eingetragen wird. Für die Bezahlung des Kaufpreises benötigt der Käufer keine Fremdfinanzierung und damit auch keine Belastungsvollmacht.

Des Weiteren holt der Notar das **Negativattest** der Gemeinde nach § 28 BauGB und die **Genehmigung nach der GVO** ein. Er übernimmt außerdem die **Fälligkeitsmitteilung** hinsichtlich der Kaufpreiszahlung und die **Umschreibungsüberwachung** in der Form der Ausfertigungssperre.

B. Rechnung

2.563

Pos.	Gebührentatbestände	Geschäftswert	KV-Nr.	Satz	Betrag
(1)	Beurkundungsverfahren (§§ 47, 97 I, III, 46 I 86 II, 35 I, 93 I, 94 I)	~~75 000~~	~~21100~~	~~2,0~~	~~438,00~~
	Kaufvertrag (§ 47)	50 000	21100	2,0	330,00
	Grundbuchberichtigungserklärung (§§ 97 I, 46 I)	25 000	21201 Nr. 4	0,5	57,50

---

1 LG Düsseldorf, Beschl. v. 2.3.2015 – 19 T 227/14, NotBZ 2015, 358.

IV. Derselbe bzw. verschiedene Gegenstände

Pos.	Gebührentatbestände	Geschäftswert	KV-Nr.	Satz	Betrag
(2)	Vollzug (Vorbem. 2.2.1.1 I Nr. 1; § 112) (Einholung Negativattest nach § 28 BauGB, Genehmigung nach GVO)	75 000	22110, 22112	0,5	~~109,50~~ 2 × 50,00 = 100,00
(3)	Betreuung (§ 113 I) (Überwachung und Mitteilung Kaufpreisfälligkeit, Umschreibungsüberwachung)	75 000	22200 Anm. Nr. 2, 3	0,5	109,50

C. Erläuterungen

Pos. (1): 2.564

Die Urkunde enthält mehrere Rechtsverhältnisse i.S.d. § 86 I: **Kaufvertrag** und Grundbucherklärung (Antrag auf **Grundbuchberichtigung** aufgrund **Erbfolge**). Nach § 86 II sind mehrere Rechtsverhältnisse auch verschiedene Beurkundungsgegenstände, soweit in § 109 nichts anderes bestimmt ist.

Da die in Rede stehenden Rechtsverhältnisse keine ausdrücklich verschiedenen Beurkundungsgegenstände nach den §§ 110, 111 sind, sind sie an § 109 zu messen.

Der Geschäftswert des Grundstückskaufvertrages wird durch den Kaufpreis bestimmt, § 47 S. 1. Ein Vergleich mit dem Verkehrswert des Grundstücks nach § 47 S. 3 ist nur dann erforderlich, wenn Anhaltspunkte für einen höheren Wert vorliegen; dies ist vorliegend nicht der Fall. 2.565

Der **Grundbuchberichtigungsantrag** dient nicht der Sicherung, Erfüllung oder sonstigen Durchführung des Grundstückskaufvertrages. Zwar ist grundsätzlich die Voreintragung des Berechtigten für den Verkauf erforderlich, § 39 GBO. Das Berichtigungsgebot (§ 82 GBO) besteht aber unabhängig von einer Veräußerungsabsicht. Auch wenn im Sachverhalt nach § 40 GBO auf eine Voreintragung verzichtet werden kann, begründet dies **kein Abhängigkeitsverhältnis** i.S.v. § 109 I. Der Berichtigungsantrag ist somit als **eigener Gegenstand** zu betrachten und zu bewerten.[1] Sein **Geschäftswert** richtet sich nach § 46. Maßgeblich ist der **Verkehrswert des betroffenen Grundstücks**, hier bezogen auf den zu berichtigenden Miteigentumsanteil. 2.566

Beim Zusammentreffen von gegenstandsverschiedenen Erklärungen ist nach § 35 I die Gebühr grundsätzlich aus der Summe der Werte zu erheben, es sei denn, das GNotKG bestimmt etwas anderes. Eine andere Bestimmung enthält § 94 I für den Fall, dass die einzelnen Gegenstände jeweils einen verschiedenen Gebührensatz auslösen. Im Sachverhalt entsteht für die Beurkundung des Kaufvertrages eine 2,0 Gebühr nach Nr. 21100 KV, für die Grundbucherklärungen hingegen eine 0,5 Gebühr nach Nr. 21201 Nr. 4 KV. In diesem Fall sind die Gebühren einzeln zu erheben, wobei insgesamt nicht mehr erhoben werden darf 2.567

---
1 Prüfungsabteilung NotBZ 2016, 337, LG Magdeburg, Beschl. v. 11.11.2016 – 10 OH 38/16 (unveröffentlicht).

als die nach dem höchsten Gebührensatz berechnete Gebühr aus der Summe aller Werte; Letzteres ist vorliegend einschlägig.

2.568 **Bemerkung:**
Wird die Berichtigung aufgrund Erbfolge noch an weiteren Grundstücken beantragt, so ist als Geschäftswert der Verkehrswert aller Grundstücke maßgeblich.

2.569 **Pos. (2):**
Die **Vollzugsgebühr beträgt grundsätzlich** 0,5 nach Nr. 22110 KV. Der Geschäftswert bestimmt sich gem. § 112 nach dem Wert des Beurkundungsverfahrens. Das gilt auch dann, wenn die Urkunde verschiedene Verfahrensgegenstände enthält, und nicht für alle eine Vollzugstätigkeit erforderlich ist.

2.570 Handelt es sich aber ausschließlich um die Einholung öffentlich-rechtlicher Genehmigungen, so ist diese Gebühr gem. Nr. 22112 KV auf 50 Euro pro einzuholender Genehmigung **beschränkt**. Nach dem Sachverhalt sind das **Negativattest der Gemeinde nach § 28 BauGB** sowie die **Genehmigung nach GVO** einzuholen. Beide Tätigkeiten gehören zum Vollzug nach Vorbemerkung 2.2.1.1 I S. 2 Nr. 1 KV. Insgesamt sind nach dem Sachverhalt also 100 Euro (2 × 50 Euro) zu erheben, denn die 0,5 Gebühr nach Nr. 22110 KV GNotKG aus 75 000 Euro (= 109,50 Euro) ist höher.

Die Vollzugsgebühr fällt nach § 93 I S. 1 nur einmal an, unabhängig von der Anzahl der vorzunehmenden Tätigkeiten.

2.571 Enthält die Urkunde mehrere Verfahrensgegenstände, so ist die Vollzugsgebühr aus der Summe der Werte zu erheben. Lösen die einzelnen Erklärungen unterschiedliche Gebührensätze aus, so richtet sich der Gebührensatz der Vollzugsgebühr nach dem höchsten Gebührensatz.[1]

Bezüglich der Bewertung des elektronischen Vollzugs wird auf Rz. 2.1524 ff. verwiesen.

2.572 **Pos. (3):**
Die Überwachung und Mitteilung der Kaufpreisfälligkeit und die Umschreibungsüberwachung (Ausfertigungssperre) gehören gemäß Nr. 22200 Anm. Nr. 2 bzw. Anm. Nr. 3 KV zu den Betreuungstätigkeiten. Der Geschäftswert bestimmt sich gem. § 113 I nach dem Wert für das Beurkundungsverfahren. Das gilt auch dann, wenn die Urkunde verschiedene Verfahrensgegenstände enthält, und nicht für alle eine Betreuungstätigkeit erforderlich ist.

Diese Gebühr fällt in jedem Verfahren nur einmal an, unabhängig von der Anzahl der vorzunehmenden Tätigkeiten; § 93 I S. 1.

→ **Fall 46: Kaufvertrag mit Finanzierungsvollmacht und Grundbuchberichtigungsantrag aufgrund Erbfolge**

A. Sachverhalt

2.573 A und B sind zu gleichen Teilen eingetragene Eigentümer eines Grundstücks, welches an C zu einem Kaufpreis von 50 000 Euro **verkauft** wird. A ist **verstor-**

---
1 LG Düsseldorf, Beschl. v. 2.3.2015 – 19 T 227/14, NotBZ 2015, 358.

ben und wurde von B beerbt. In der Kaufurkunde beantragt B die **Berichtigung des Grundbuchs** dahingehend, dass er als Alleineigentümer im Grundbuch eingetragen wird. Der Kaufpreis wird fremdfinanziert. Entsprechend wird in der Urkunde eine **Belastungsvollmacht** aufgenommen, dass der Käufer C das Vertragsobjekt bereits vor Eigentumsumschreibung mit Grundpfandrechten bis zur Höhe des Kaufpreises belasten darf.

Des Weiteren holt der Notar das **Negativattest** der Gemeinde nach § 28 BauGB und die **Genehmigung nach der GVO** ein. Er übernimmt außerdem die **Fälligkeitsmitteilung** hinsichtlich der Kaufpreiszahlung und die **Umschreibungsüberwachung** in der Form der Ausfertigungssperre.

B. Rechnung

2.574

Pos.	Gebührentatbestände	Geschäfts-wert	KV-Nr.	Satz	Betrag
(1)	Beurkundungsverfahren (§§ 47, 97 I, III, 46 I 86 II, 35 I, 93 I, 94 I)	~~75 000~~	~~21100~~	~~2,0~~	~~438,00~~
	Kaufvertrag (§ 47)	50 000	21100	2,0	330,00
	Grundbuchberichtigungserklärung (§§ 97 I, 46 I)	25 000	21201 Nr. 4	0,5	57,50
	Belastungsvollmacht (§ 98)	~~25 000~~	~~21200~~	~~1,0~~	
(2)	Vollzug (Vorbem. 2.2.1.1 I Nr. 1; § 112) (Einholung Negativattest nach § 28 BauGB, Genehmigung nach GVO)	75 000	22110, 22112	0,5	~~109,50~~ 2 × 50,00 = 100,00
(3)	Betreuung (§ 113 I) (Überwachung und Mitteilung Kaufpreisfälligkeit, Umschreibungsüberwachung)	75 000	22200, Anm. Nr. 2, 3	0,5	109,50

C. Erläuterungen

Pos. (1): 2.575

Der Geschäftswert wird durch den Kaufpreis bestimmt, § 47 S. 1. Ein Vergleich mit dem Verkehrswert des Grundstücks nach § 47 S. 3 ist nur dann erforderlich, wenn Anhaltspunkte für einen höheren Wert vorliegen. Der Sachverhalt enthält hierfür keine Anhaltspunkte.

Die Urkunde enthält mehrere Rechtsverhältnisse i.S.d. § 86 I: **Kaufvertrag, Belastungsvollmacht** und Grundbucherklärung (Antrag auf **Grundbuchberichtigung** aufgrund **Erbfolge**). Nach § 86 II sind mehrere Rechtsverhältnisse auch verschiedene Beurkundungsgegenstände, soweit in § 109 nichts anderes bestimmt ist. 2.576

Da die in Rede stehenden Rechtsverhältnisse keine ausdrücklich verschiedenen Beurkundungsgegenstände nach den §§ 110, 111 sind, sind sie an § 109 zu messen.

Das Hauptgeschäft ist nach § 109 I S. 1–2 der Grundstückskaufvertrag.

2.577 Die **Vollmacht** für den Erwerber, das Grundstück bereits vor Eigentumsumschreibung mit Grundpfandrechten zu eigenen Kreditzwecke zu **belasten**, dient nach § 109 I S. 1–2, 4 Nr. 1c) der Erfüllung des Kaufvertrages. Sie ist damit **derselbe Gegenstand**.

2.578 Der **Grundbuchberichtigungsantrag** dient nicht der Sicherung, Erfüllung oder sonstigen Durchführung des Grundstückskaufvertrages. Zwar ist grundsätzlich die Voreintragung des Berechtigten für den Verkauf erforderlich, § 39 GBO. Das Berichtigungsgebot besteht aber unabhängig von einer Veräußerungsabsicht. Auch wenn im Sachverhalt nach § 40 GBO auf eine Voreintragung verzichtet werden kann, begründet dies **kein Abhängigkeitsverhältnis** i.S.v. § 109 I. Der Berichtigungsantrag ist somit als **eigener Gegenstand** zu betrachten und zu bewerten.[1] Sein **Geschäftswert** richtet sich nach § 46 I. Maßgeblich ist der **Verkehrswert des betroffenen Grundstücks, hier** bezogen auf den **zu berichtigenden Miteigentumsanteil**.

2.579 Beim Zusammentreffen von verschiedenen Beurkundungsgegenständen ist nach § 35 I die Gebühr grundsätzlich aus der Summe der Werte zu erheben, es sei denn, das GNotKG bestimmt etwas anderes. Eine andere Bestimmung enthält § 94 I für den Fall, dass die einzelnen Gegenstände jeweils einen verschiedenen Gebührensatz auslösen. Im Sachverhalt entsteht für die Beurkundung des Kaufvertrages eine 2,0 Gebühr nach Nr. 21100 KV, für die Grundbucherklärungen hingegen eine 0,5 Gebühr nach Nr. 21201 Nr. 4 KV. In diesem Fall sind die Gebühren einzeln zu erheben, wobei insgesamt nicht mehr erhoben werden darf als die nach dem höchsten Gebührensatz berechnete Gebühr aus der Summe aller Werte; Letzteres ist vorliegend einschlägig.

2.580 **Bemerkung:**

Wird die Berichtigung aufgrund Erbfolge noch an weitern Grundstücken beantragt, so ist als Geschäftswert der Verkehrswert aller Grundstücke maßgeblich.

2.581 **Pos. (2):**

Die **Vollzugsgebühr beträgt grundsätzlich** 0,5 nach Nr. 22110 KV. Der Geschäftswert bestimmt sich gem. § 112 nach dem Wert des Beurkundungsverfahrens. Das gilt auch dann, wenn die Urkunde verschiedene Verfahrensgegenstände enthält, und nicht für alle eine Vollzugstätigkeit erforderlich ist.

2.582 Handelt es sich aber ausschließlich um die Einholung öffentlich-rechtlicher Genehmigungen, so ist diese Gebühr gem. Nr. 22112 KV auf 50 Euro pro einzuholender Genehmigung **beschränkt**. Nach dem Sachverhalt sind das **Negativattest** der Gemeinde **nach § 28 BauGB** sowie die **Genehmigung nach GVO** einzuholen. Beide Tätigkeiten gehören zum Vollzug nach Vorbemerkung 2.2.1.1 I S. 2 Nr. 1 KV. Insgesamt sind nach dem Sachverhalt also 100 Euro (2 × 50 Euro) zu erheben, denn die 0,5 Gebühr nach Nr. 22110 KV GNotKG aus 75 000 Euro (= 109,50 Euro) ist höher.

---

[1] Prüfungsabteilung NotBZ 2016, 337, LG Magdeburg, Beschl. v. 11.11.2016 – 10 OH 38/16 (unveröffentlicht).

Die Vollzugsgebühr fällt nach § 93 I S. 1 nur einmal an, unabhängig von der Anzahl der vorzunehmenden Tätigkeiten.

Enthält die Urkunde mehrere Verfahrensgegenstände, so ist die Vollzugsgebühr aus der Summe der Werte zu erheben. Lösen die einzelnen Erklärungen unterschiedliche Gebührensätze aus, so richtet sich der Gebührensatz der Vollzugsgebühr nach dem höchsten Gebührensatz.[1]

2.583

Bezüglich der Bewertung des elektronischen Vollzugs wird auf Rz. 2.1524 ff. verwiesen.

Pos. (3):

2.584

Die Überwachung und Mitteilung der Kaufpreisfälligkeit und die Umschreibungsüberwachung (Ausfertigungssperre) gehören gemäß Nr. 22200 Anm. Nr. 2 bzw. Anm. Nr. 3 KV zu den Betreuungstätigkeiten. Der Geschäftswert bestimmt sich gem. § 113 I nach dem Wert für das Beurkundungsverfahren. Das gilt auch dann, wenn die Urkunde verschiedene Verfahrensgegenstände enthält, und nicht für alle eine Betreuungstätigkeit erforderlich ist.

Diese Gebühr fällt in jedem Verfahren nur einmal an, unabhängig von der Anzahl der vorzunehmenden Tätigkeiten; § 93 I S. 1.

→ **Fall 47: Kaufvertrag und mittelbare Schenkung**

A. Sachverhalt

Beurkundet wird ein **Grundstückskaufvertrag** zum Kaufpreis von 200 000 Euro. Die Eltern des Käufers (Vater 54, Mutter 51 Jahre alt) erklären in der Kaufurkunde, diesem einen **Betrag in Höhe des Kaufpreises zu schenken**. Diese Schenkung erfolgt unter der Auflage, dass der geschenkte Betrag zum Erwerb des Vertragsgegenstandes verwendet wird. Der Käufer und dessen Eltern sind sich einig, dass Gegenstand der Schenkung nicht das Geld, sondern der vertragsgegenständliche Grundbesitz ist (**mittelbare Grundstücksschenkung**).

2.585

Die Eltern des Käufers erhalten am Vertragsobjekt ein lebenslängliches nicht übertragbares **Nießbrauchsrecht**. Die Eintragung des **Nießbrauchs** wird bewilligt und beantragt. Weiterhin erhalten die Eltern des Käufers ein **bedingtes Erwerbsrecht**, zu dessen Sicherung die Eintragung einer Auflassungsvormerkung bewilligt und beantragt wird.

Des Weiteren holt der Notar das **Negativattest** der Gemeinde nach **§ 28 BauGB** und die **Genehmigung nach der GVO** ein. Er übernimmt außerdem die **Fälligkeitsmitteilung** hinsichtlich der Kaufpreiszahlung und die **Umschreibungsüberwachung** in der Form der Ausfertigungssperre.

---

1 LG Düsseldorf, Beschl. v. 2.3.2015 – 19 T 227/14, NotBZ 2015, 358.

B. Rechnung

2.586

Pos.	Gebührentatbestände	Geschäfts-wert	KV-Nr.	Satz	Betrag
(1)	Beurkundungsverfahren (§§ 47, 97 III, 46 I, 52 IV, 51 I S. 1, III, 86 II, 35 I, 93 I, 94 I)	500 000	21100	2,0	1870,00
	Kaufvertrag (§ 47)	200 000	21100	2,0	
	Schenkung (§§ 97 III, 52 IV, V, 51 I S. 1, III, 86 II, 35 I)	300 000	21100	2,0	
(2)	Vollzug (Vorbem. 2.2.1.1 I Nr. 1; § 112)	500 000	22110, 22112	0,5	467,50
	(Einholung Negativattest nach § 28 BauGB, Genehmigung nach GVO)				2 × 50,00 = 100,00
(3)	Betreuung (§ 113 I) (Überwachung und Mitteilung Kaufpreisfälligkeit, Umschreibungsüberwachung)	500 000	22200 Anm. Nr. 2, 3	0,5	467,50

C. Erläuterungen

2.587 **Pos. (1):**

Die Urkunde enthält mehrere Rechtsverhältnisse i.S.d. § 86 I: **Kaufvertrag** und Vereinbarung über **Schenkung des Geldes** (Kaufpreis), weiter ein Übertragungsrecht nebst Auflassungsvormerkung. Nach § 86 II sind mehrere Rechtsverhältnisse auch verschiedene Beurkundungsgegenstände, soweit in § 109 nichts anderes bestimmt ist.

Da die in Rede stehenden Rechtsverhältnisse keine ausdrücklich verschiedenen Beurkundungsgegenstände nach den §§ 110, 111 sind, sind sie an § 109 zu messen.

2.588 Die (mittelbare) **Schenkung** der Eltern dient nicht der Sicherung, Durchführung oder Erfüllung des **Kaufvertrages**. Der Kauf dient nicht unmittelbar der Sicherung, Durchführung oder Erfüllung des Schenkungsvertrages. In beiden Richtungen **fehlt** somit das erforderliche **Abhängigkeitsverhältnis** i.S.v. § 109 I S. 1, 2. Dass die Erfüllung der Verpflichtungen der Käufer aus dem Kaufvertrag ohne die Schenkung des Geldes nicht erfüllt werden können, stellt zwar einen Zusammenhang der Erklärungen dar, führt aber nicht zu besagter Abhängigkeit. Diese Erklärungen sind **zueinander gegenstandsverschieden**.

2.589 Der Geschäftswert des Kaufvertrages wird durch den Kaufpreis bestimmt, § 47 S. 1. Ein Vergleich mit dem Verkehrswert des Grundstücks nach § 47 S. 3 ist nur dann erforderlich, wenn Anhaltspunkte für einen höheren Wert vorliegen. Der Sachverhalt enthält hierfür keine Anhaltspunkte.

2.590 Als **Geschäftswert der Schenkung** ist gem. **§ 97 III** der höhere Wert im Vergleich des geschenkten **Geldbetrages** (200 000 Euro) zur Gegenleistung maßgebend. Die Gegenleistung des Erwerbers setzt sich zusammen aus dem Wert des Nieß-

IV. Derselbe bzw. verschiedene Gegenstände

brauchs und dem Erwerbsrecht. Der Wert des Nießbrauchs bestimmt sich, sofern keine Anhaltspunkte für den Jahreswert vorliegen, nach § 52 IV, 5 (= 5 % vom Grundstückswert × 10 Jahre = 100 000 Euro). Der Wert des Erwerbsrechts bestimmt sich nach § 51 I. Er beträgt hier 200 000 Euro. Die Auflassungsvormerkung dient der Sicherung des Erwerbsrechtes und steht damit zu diesem in einem Abhängigkeitsverhältnis i.S.v. 109 I.

Beim Zusammentreffen von verschiedenen Beurkundungsgegenständen die denselben Gebührensatz auslösen – hier jeweils 2,0 nach Nr. 21100 KV – ist nach § 35 I i.V.m. § 93 I S. 1 die Gebühr nur einmal aus der Summe der Werte zu erheben. 2.591

Pos. (2): 2.592

Die **Vollzugsgebühr beträgt grundsätzlich** 0,5 nach Nr. 22110 KV. Der Geschäftswert bestimmt sich gem. § 112 nach dem Wert des Beurkundungsverfahrens. Das gilt auch dann, wenn die Urkunde verschiedene Verfahrensgegenstände enthält, und nicht für alle eine Vollzugstätigkeit erforderlich ist.

Handelt es sich aber ausschließlich um die Einholung öffentlich-rechtlicher Genehmigungen, so ist diese Gebühr gem. Nr. 22112 KV auf 50 Euro pro einzuholender Genehmigung **beschränkt**. Nach dem Sachverhalt sind das **Negativattest** der Gemeinde **nach § 28 BauGB** sowie die **Genehmigung nach GVO** einzuholen. Beide Tätigkeiten gehören zum Vollzug nach Vorbemerkung 2.2.1.1 I S. 2 Nr. 1 KV. Insgesamt sind nach dem Sachverhalt also 100 Euro (2 × 50 Euro) zu erheben, denn die 0,5 Gebühr nach Nr. 22110 KV GNotKG aus 500 000 Euro (= 467,50 Euro) ist höher. 2.593

Die Vollzugsgebühr fällt nach § 93 I S. 1 nur einmal an, unabhängig von der Anzahl der vorzunehmenden Tätigkeiten.

Bezüglich der Bewertung des elektronischen Vollzugs wird auf Rz. 2.1524 ff. verwiesen.

Pos. (3): 2.594

Die Überwachung und Mitteilung der Kaufpreisfälligkeit und die Umschreibungsüberwachung (Ausfertigungssperre) gehören gemäß Nr. 22200 Anm. Nr. 2 bzw. Anm. Nr. 3 KV zu den Betreuungstätigkeiten. Der Geschäftswert bestimmt sich gem. § 113 I nach dem Wert für das Beurkundungsverfahren. Das gilt auch dann, wenn die Urkunde verschiedene Verfahrensgegenstände enthält, und nicht für alle eine Betreuungstätigkeit erforderlich ist.

Diese Gebühr fällt in jedem Verfahren nur einmal an, unabhängig von der Anzahl der vorzunehmenden Tätigkeiten, § 93 I S. 1.

→ **Fall 48: Kaufvertrag und Aufhebung des zwischen Verkäufer und Käufer bestehenden Mietvertrags**

A. Sachverhalt

B kauft von A ein Grundstück zu einem Kaufpreis von 100 000 Euro. Das Vertragsgrundstück wurde bisher durch B gemietet. Der hierüber existierende, auf unbestimmte Zeit geschlossene Mietvertrag wird in gleicher Urkunde auf den 2.595

Zeitpunkt der Kaufpreiszahlung aufgehoben. Der monatliche Mietzins betrug 800 Euro.

Des Weiteren holt der Notar das **Negativattest** der Gemeinde nach **§ 28 BauGB** und die **Genehmigung nach der GVO** ein. Er übernimmt außerdem die **Fälligkeitsmitteilung** hinsichtlich der Kaufpreiszahlung und die **Umschreibungsüberwachung** in der Form der Ausfertigungssperre.

B. Rechnung

2.596

Pos.	Gebührentatbestände	Geschäftswert	KV-Nr.	Satz	Betrag
(1)	Beurkundungsverfahren (§§ 47, 97 III, 46 I, 52 IV, IV, 51 I S. 1, 3, 86 II, 35 I, 93 I, 94 I)	102 400	21100	2,0	546,00
	Kaufvertrag (§ 47)	~~100 000~~	21100	2,0	546,00
	Aufhebung Mietvertrag (§ 99 I 1)	~~2400~~	~~21102 Nr. 2~~	~~1,0~~	~~60,00~~
(2)	Vollzug (Vorbem. 2.2.1.1 I Nr. 1; § 112) (Einholung Negativattest nach § 28 BauGB, Genehmigung nach GVO)	102 400	22110, 22112	0,5	~~136,50~~ 2 × 50,00 = 100,00
(3)	Betreuung (§ 113 I) (Überwachung und Mitteilung Kaufpreisfälligkeit, Umschreibungsüberwachung)	102 400	22200 Anm. Nr. 2, 3	0,5	136,50

C. Erläuterungen

2.597 **Pos. (1):**

Die Urkunde enthält mehrere Rechtsverhältnisse i.S.d. § 86 I: **Kaufvertrag** und **Aufhebung des Mietvertrages**. Nach § 86 II sind mehrere Rechtsverhältnisse auch verschiedene Beurkundungsgegenstände, soweit in § 109 nichts anderes bestimmt ist.

Da die in Rede stehenden Rechtsverhältnisse keine ausdrücklich verschiedenen Beurkundungsgegenstände nach den §§ 110, 111 sind, sind sie an § 109 zu messen. Danach ergibt sich, dass Kaufvertrag und Aufhebungsvertrag wechselseitig nicht der Erfüllung, Sicherung oder sonstigen Durchführung dienen. Demgemäß sind sie **verschiedene Beurkundungsgegenstände** nach § 86 II.

2.598 Der Geschäftswert des Grundstückskaufvertrags wird gem. § 47 S. 1 grundsätzlich durch den Kaufpreis bestimmt, es sei denn, der Verkehrswert nach § 46 ist höher, § 47 S. 3; hierfür liegen keine Anhaltspunkte vor. Es fällt eine 2,0 Gebühr nach Nr. 21100 KV an.

2.599 Der Geschäftswert für die Aufhebung des Mietvertrages bestimmt sich nach § 99 I S. 1. Da die Vertragspflichten mit Eigentumsumschreibung auf den Käufer wegen Zusammenfalls von Vermieter- und Mieterstellung in einer Person (sog. Konfusion) erlöschen, kann für die Aufhebung dieser Zeitraum als höchste Rest-

IV. Derselbe bzw. verschiedene Gegenstände

laufzeit des Mietvertrages angenommen werden. Diese wird vorliegend auf 3 Monate geschätzt. Demgemäß berechnet sich der Geschäftswert auf 2400 Euro (800 Euro × 3 Monate). Es fällt eine 1,0 Gebühr nach Nr. 21102 Nr. 2 KV an, die mindestens 60,00 Euro beträgt.

Da Kaufvertrag und Aufhebungsvertrag unterschiedlichen Gebührensätzen unterliegen, ist eine Vergleichsberechnung nach § 94 I durchzuführen. Diese ergibt, dass die Erhebung der höchsten Gebühr (2,0) aus dem zusammengerechneten Wert von 102 400 Euro günstiger ist als die Erhebung getrennter Gebühren. 2.600

Pos. (2): 2.601
Die **Vollzugsgebühr beträgt grundsätzlich** 0,5 nach Nr. 22110 KV. Der Geschäftswert bestimmt sich gem. § 112 nach dem Wert des Beurkundungsverfahrens. Das gilt auch dann, wenn die Urkunde verschiedene Verfahrensgegenstände enthält, und nicht für alle eine Vollzugstätigkeit erforderlich ist.

Handelt es sich aber ausschließlich um die Einholung öffentlich-rechtlicher Genehmigungen, so ist diese Gebühr gem. Nr. 22112 KV auf 50 Euro pro einzuholender Genehmigung **beschränkt**. Nach dem Sachverhalt sind das **Negativattest** der Gemeinde **nach § 28 BauGB** sowie die **Genehmigung nach GVO** einzuholen. Beide Tätigkeiten gehören zum Vollzug nach Vorbemerkung 2.2.1.1 I S. 2 Nr. 1 KV. Insgesamt sind nach dem Sachverhalt also 100 Euro (2 × 50 Euro) zu erheben, denn die 0,5 Gebühr nach Nr. 22110 KV GNotKG aus 102 400 Euro (= 136,50 Euro) ist höher. 2.602

Die Vollzugsgebühr fällt nach § 93 I S. 1 nur einmal an, unabhängig von der Anzahl der vorzunehmenden Tätigkeiten.

Bezüglich der Bewertung des elektronischen Vollzugs wird auf Rz. 2.1524 ff. verwiesen.

Pos. (3): 2.603
Die Überwachung und Mitteilung der Kaufpreisfälligkeit und die Umschreibungsüberwachung (Ausfertigungssperre) gehören gemäß Nr. 22200 Anm. Nr. 2 bzw. Anm. Nr. 3 KV zu den Betreuungstätigkeiten. Der Geschäftswert bestimmt sich gem. § 113 I nach dem Wert für das Beurkundungsverfahren. Das gilt auch dann, wenn die Urkunde verschiedene Verfahrensgegenstände enthält, und nicht für alle eine Betreuungstätigkeit erforderlich ist.

Diese Gebühr fällt in jedem Verfahren nur einmal an, unabhängig von der Anzahl der vorzunehmenden Tätigkeiten; § 93 I S. 1.

→ **Fall 49: Kaufvertrag und Verpflichtung zwischen den Käufern zur Aufteilung des Kaufgrundstücks in WE/TE**

A. Sachverhalt

A und B kaufen ein Grundstück zum Kaufpreis von 80 000 Euro. In derselben Urkunde **verpflichten sich die Käufer untereinander** zur **Aufteilung in Wohnungs- und Teileigentum,** sobald die **Abgeschlossenheitsbescheinigung** vorliegt. Das Grundstück soll wie folgt nach § 3 WEG geteilt werden: Der ½ Miteigentumsanteil des A wird mit dem Sondereigentum an den Geschäftsräumen im 2.604

Erdgeschoss verbunden, der ½ Miteigentumsanteil des B wird mit dem Sondereigentum an der Wohnung in der ersten Etage verbunden. Die voraussichtlichen Baukosten belaufen sich auf 400 000 Euro.

Des Weiteren holt der Notar das **Negativattest** der Gemeinde nach **§ 28 BauGB** und die **Genehmigung nach der GVO** ein. Er übernimmt außerdem die **Fälligkeitsmitteilung** hinsichtlich der Kaufpreiszahlung und die **Umschreibungsüberwachung** in der Form der Ausfertigungssperre.

B. Rechnung

2.605

Pos.	Gebührentatbestände	Geschäfts-wert	KV-Nr.	Satz	Betrag
(1)	Beurkundungsverfahren (§§ 47, 97 III, 42 I, 46 I, 52 IV, IV, 51 I S. 1, 3, 86 II, 35 I, 93 I, 94 I)	560 000	21100	2,0	2190,00
	Kaufvertrag (§ 47)	80 000	21100	2,0	
	Verpflichtung zur Aufteilung nach WEG (§§ 42 I, 46)	480 000	21100	2,0	
(2)	Vollzug (Vorbem. 2.2.1.1 I Nr. 1; § 112) (Einholung Negativattest nach § 28 BauGB, Genehmigung nach GVO)	560 000	22110, 22112	0,5	~~547,50~~ 2 × 50,00 = 100,00
(3)	Betreuung (§ 113 I) (Überwachung und Mitteilung Kaufpreisfälligkeit, Umschreibungsüberwachung)	560 000	22200 Anm. Nr. 2, 3	0,5	547,50

C. Erläuterungen

2.606 **Pos. (1):**

Die Urkunde enthält mehrere Rechtsverhältnisse i.S.d. § 86 I: **Kaufvertrag** und **Verpflichtung** zur **Begründung** von **Wohnungs- und Teileigentum** am Kaufgegenstand. Nach § 86 II sind mehrere Rechtsverhältnisse auch verschiedene Beurkundungsgegenstände, soweit in § 109 nichts anderes bestimmt ist.

Da die in Rede stehenden Rechtsverhältnisse keine ausdrücklich verschiedenen Beurkundungsgegenstände nach den §§ 110, 111 sind, sind sie an § 109 zu messen.

2.607 Der Geschäftswert des Kaufvertrages wird durch den Kaufpreis bestimmt, § 47 S. 1. Ein Vergleich mit dem Verkehrswert des Grundstücks nach § 47 S. 3 ist nur dann erforderlich, wenn Anhaltspunkte für einen höheren Wert vorliegen. Der Sachverhalt enthält hierfür keine Anhaltspunkte.

2.608 Der **Kauf** (Verschaffung der Eigentümerstellung) dient aber nicht der Erfüllung, Sicherung oder Durchführung der **Verpflichtung** zur **Teilung**. Umgekehrt dient die Verpflichtung zur Teilung auch nicht der Erfüllung, Sicherung oder Durchführung des Kaufvertrages. In beiden Richtungen fehlt somit das erforderliche Abhängigkeitsverhältnis i.S.v. § 109 I S. 1, 2. Dass die Verpflichtung zur Auftei-

IV. Derselbe bzw. verschiedene Gegenstände

lung nur erfüllbar ist, wenn die Verpflichteten (= Käufer) auch Eigentümer sind, führt nicht zu besagter Abhängigkeit. Die Erklärungen sind **zueinander gegenstandsverschieden**, § 86 II.

Die **Verpflichtung** zur Begründung von Wohnungs- und Teileigentum ist in gleicher Weise **zu bewerten, wie die Begründung** selbst. Maßgebend ist der Wert des bebauten Grundstücks. Ist das Grundstück noch nicht bebaut, ist dem Grundstückswert der Wert des zu errichtenden Bauwerks (**Baukosten**) hinzuzurechnen, § 42 I.

2.609

Beim Zusammentreffen von verschiedenen Beurkundungsgegenständen, die denselben Gebührensatz auslösen – hier 2,0 Gebühr nach Nr. 21100 KV – ist nach § 35 I die Gebühr aus der Summe der Werte zu erheben.

2.610

Pos. (2):

2.611

Die **Vollzugsgebühr beträgt grundsätzlich** 0,5 nach Nr. 22110 KV. Der Geschäftswert bestimmt sich gem. § 112 nach dem Wert des Beurkundungsverfahrens. Das gilt auch dann, wenn die Urkunde verschiedene Verfahrensgegenstände enthält, und nicht für alle eine Vollzugstätigkeit erforderlich ist.

Handelt es sich aber ausschließlich um die Einholung öffentlich-rechtlicher Genehmigungen, so ist diese Gebühr gem. Nr. 22112 KV auf 50 Euro pro einzuholender Genehmigung **beschränkt**. Nach dem Sachverhalt sind das **Negativattest** der Gemeinde **nach § 28 BauGB** sowie die **Genehmigung nach GVO** einzuholen. Beide Tätigkeiten gehören zum Vollzug nach Vorbemerkung 2.2.1.1 I S. 2 Nr. 1 KV. Insgesamt sind nach dem Sachverhalt also 100 Euro (2 × 50 Euro) zu erheben, denn die 0,5 Gebühr nach Nr. 22110 KV GNotKG aus 560 000 Euro (= 547,50 Euro) ist höher.

2.612

Die Vollzugsgebühr fällt nach § 93 I S. 1 nur einmal an, unabhängig von der Anzahl der vorzunehmenden Tätigkeiten.

Bezüglich der Bewertung des elektronischen Vollzugs wird auf Rz. 2.1524 ff. verwiesen.

Pos. (3):

2.613

Die Überwachung und Mitteilung der Kaufpreisfälligkeit und die Umschreibungsüberwachung (Ausfertigungssperre) gehören gemäß Nr. 22200 Anm. Nr. 2 bzw. Anm. Nr. 3 KV zu den Betreuungstätigkeiten. Der Geschäftswert bestimmt sich gem. § 113 I nach dem Wert für das Beurkundungsverfahren. Das gilt auch dann, wenn die Urkunde verschiedene Verfahrensgegenstände enthält, und nicht für alle eine Betreuungstätigkeit erforderlich ist.

Diese Gebühr fällt in jedem Verfahren nur einmal an, unabhängig von der Anzahl der vorzunehmenden Tätigkeiten, § 93 I S. 1.

→ **Fall 50: Kaufvertrag und Löschungserklärungen des Verkäufers über ein Gesamtgrundpfandrecht, das nicht nur an dem Kaufgrundstück besteht**

A. Sachverhalt

2.614 Beurkundet wird ein Grundstückskaufvertrag zu einem Kaufpreis von 60 000 Euro. Das Grundstück sichert eine **Gesamtgrundschuld** i.H.v. 200 000 Euro, die ursprünglich auf vier Grundstücken lastete. Der Verkehrswert für jedes Grundstück beträgt 60 000 Euro. Eines der vier Grundstücke wurde bereits aus der Mithaft entlassen. Das Grundpfandrecht soll nunmehr **insgesamt zur Löschung** gebracht werden, sodass die entsprechenden **Löschungserklärungen** für die drei noch in der Mithaft stehenden Grundstücke (incl. Kaufgegenstand) **vom Verkäufer abgegeben** werden.

Des Weiteren holt der Notar das **Negativattest** der Gemeinde nach **§ 28 BauGB** und die **Genehmigung nach der GVO** ein. Er übernimmt außerdem die **Fälligkeitsmitteilung** hinsichtlich der Kaufpreiszahlung und die **Umschreibungsüberwachung** in der Form der Ausfertigungssperre.

B. Rechnung

2.615

Pos.	Gebührentatbestände	Geschäfts-wert	KV-Nr.	Satz	Betrag
(1)	Beurkundungsverfahren (§§ 47, 97 III, 44 I, 46 I, S. 2 53 I, 109 I, 93 I, 94 I)	~~240 000~~	~~21100~~	~~2,0~~	~~1070,00~~
	Kaufvertrag (§ 47)	60 000	21100	2,0	384,00
	Löschung Gesamtgrundschuld (§§ 44 I S. 2, 46 I, 53 I)	180 000	21201 Nr. 4	0,5	204,00
(2)	Vollzug (Vorbem. 2.2.1.1 I Nr. 1; § 112) (Einholung Negativattest nach § 28 BauGB, Genehmigung nach GVO)	240 000	22110, 22112	0,5	~~267,50~~ 2 × 50,00 = 100,00
(3)	Betreuung (§ 113 I) (Überwachung und Mitteilung Kaufpreisfälligkeit, Umschreibungsüberwachung)	240 000	22200 Anm. Nr. 2, 3	0,5	267,50

C. Erläuterungen

2.616 **Pos. (1):**

Die Urkunde enthält mehrere Rechtsverhältnisse i.S.d. § 86 I: **Kaufvertrag** und **Löschungserklärung** des Verkäufers über ein nicht nur am Vertragsgegenstand lastenden Gesamtrechtes. Nach § 86 II sind mehrere Rechtsverhältnisse auch verschiedene Beurkundungsgegenstände, soweit in § 109 nichts anderes bestimmt ist.

IV. Derselbe bzw. verschiedene Gegenstände

Da die in Rede stehenden Rechtsverhältnisse keine ausdrücklich verschiedenen Beurkundungsgegenstände nach den §§ 110, 111 sind, sind sie an § 109 zu messen.

Dienen die Löschungserklärungen **ausschließlich** der Löschung von Pfandrechten am Vertragsgegenstand, so liegt ein Abhängigkeitsverhältnis i.S.v. § 109 I, S. 1, 2, 4 Nr. 1b) und damit **derselbe Gegenstand** vor. 2.617

Im Sachverhalt handelt es sich aber um ein sich auch auf **andere Grundstücke** beziehendes Gesamtrecht. Damit ist der **Anwendungsbereich von § 109 I, S. 1, 2, 4 Nr. 1b) überschritten**, denn eine Teilidentität genügt nicht. Die auf die Löschung gerichteten Erklärungen haben zum Kaufvertrag hier einen verschiedenen Beurkundungsgegenstand.

Der Geschäftswert des Grundstückskaufvertrages wird durch den Kaufpreis bestimmt, § 47 S. 1. Ein Vergleich mit dem Verkehrswert des Grundstücks nach § 47 S. 3 ist nur dann erforderlich, wenn Anhaltspunkte für einen höheren Wert vorliegen; das ist vorliegend nicht der Fall. 2.618

Der **Wert der Löschung** eines Grundpfandrechts richtet sich **grundsätzlich** gem. § 53 I nach dem Nennbetrag des Rechts. Im Sachverhalt handelt es sich um ein Gesamtrecht, wobei bereits ein Grundstück aus der **Mithaft** entlassen wurde. Nach § 44 I S. 2 wird die Löschung des Rechts an den übrigen Grundstücken nicht nach den Vorschriften über die Löschung, sondern über die Entlassung aus der Mithaft bewertet. Danach ist der Nennbetrag von 200 000,00 Euro mit dem Wert aller betroffenen Grundstücke (3 × 60 000,00 Euro = 180 000,00 Euro) zu vergleichen. Der niedrigere Betrag, also hier der Wert der Summe der Grundstücke, bildet den Wert der Erklärung. 2.619

Beim Zusammentreffen von verschiedenen Beurkundungsgegenständen ist nach § 35 I die Gebühr grundsätzlich aus der Summe der Werte zu erheben, es sei denn, das GNotKG bestimmt etwas anderes. Eine andere Bestimmung enthält § 94 I für den Fall, dass die einzelnen Gegenstände jeweils einen verschiedenen Gebührensatz auslösen. Im Sachverhalt entsteht für die Beurkundung des Kaufvertrages eine 2,0 Gebühr nach Nr. 21100 KV, für die Grundbucherklärung hingegen eine 0,5 Gebühr nach Nr. 21201 Nr. 4 KV. In diesem Fall sind die Gebühren einzeln zu erheben, wobei insgesamt nicht mehr erhoben werden darf als die nach dem höchsten Gebührensatz berechnete Gebühr aus der Summe aller Werte; Letzteres ist vorliegend der Fall. 2.620

Pos. (2): 2.621
Die **Vollzugsgebühr beträgt grundsätzlich** 0,5 nach Nr. 22110 KV. Der Geschäftswert bestimmt sich gem. § 112 nach dem Wert des Beurkundungsverfahrens. Das gilt auch dann, wenn die Urkunde verschiedene Verfahrensgegenstände enthält, und nicht für alle eine Vollzugstätigkeit erforderlich ist.

Enthält die Urkunde mehrere Verfahrensgegenstände, so ist die Vollzugsgebühr aus der Summe der Werte zu erheben. Lösen die einzelnen Erklärungen unterschiedliche Gebührensätze aus, so richtet sich der Gebührensatz der Vollzugsgebühr nach dem höchsten Gebührensatz.[1] 2.622

---
1 LG Düsseldorf, Beschl. v. 2.3.2015 – 19 T 227/14, NotBZ 2015, 358.

2.623 Handelt es sich aber ausschließlich um die Einholung öffentlich-rechtlicher Genehmigungen, so ist diese Gebühr gem. Nr. 22112 KV auf 50 Euro pro einzuholender Genehmigung **beschränkt**. Nach dem Sachverhalt sind das **Negativattest** der Gemeinde **nach § 28 BauGB** sowie die **Genehmigung nach GVO** einzuholen. Beide Tätigkeiten gehören zum Vollzug nach Vorbemerkung 2.2.1.1 I S. 2 Nr. 1 KV. Insgesamt sind nach dem Sachverhalt also 100 Euro (2 × 50 Euro) zu erheben, denn die 0,5 Gebühr nach Nr. 22110 KV GNotKG aus 240 000 Euro (= 267,50 Euro) ist höher.

Die Vollzugsgebühr fällt nach § 93 I S. 1 nur einmal an, unabhängig von der Anzahl der vorzunehmenden Tätigkeiten.

Bezüglich der Bewertung des elektronischen Vollzugs wird auf Rz. 2.1524 ff. verwiesen.

2.624 Pos. (3):

Die Überwachung und Mitteilung der Kaufpreisfälligkeit und die Umschreibungsüberwachung (Ausfertigungssperre) gehören gemäß Nr. 22200 Anm. Nr. 2 bzw. Anm. Nr. 3 KV zu den Betreuungstätigkeiten. Der Geschäftswert bestimmt sich gem. § 113 I nach dem Wert für das Beurkundungsverfahren. Das gilt auch dann, wenn die Urkunde verschiedene Verfahrensgegenstände enthält, und nicht für alle eine Betreuungstätigkeit erforderlich ist.

Diese Gebühr fällt in jedem Verfahren nur einmal an, unabhängig von der Anzahl der vorzunehmenden Tätigkeiten, § 93 I S. 1.

→ **Fall 51: Kaufvertrag und Mietgarantie**

A. Sachverhalt

2.625 Verkauft wird ein Grundstück zum Kaufpreis von 200 000 Euro. Die vier Wohnungen des auf dem Grundstück befindlichen Wohnhauses sind vermietet. Der **Verkäufer garantiert** dem Käufer die **Vermietung** des Vertragsobjektes für die nächsten 4 Jahre zu einer monatlichen Miete von 800 Euro pro Wohnung; hierfür hat der Käufer zusätzlich zum Kaufpreis eine Vergütung i.H.v. 5000 Euro zu zahlen.

Des Weiteren holt der Notar das **Negativattest** der Gemeinde nach **§ 28 BauGB** und die **Genehmigung nach der GVO** ein. Er übernimmt außerdem die **Fälligkeitsmitteilung** hinsichtlich der Kaufpreiszahlung und die **Umschreibungsüberwachung** in der Form der Ausfertigungssperre.

B. Rechnung

2.626

Pos.	Gebührentatbestände	Geschäftswert	KV-Nr.	Satz	Betrag
(1)	Beurkundungsverfahren (§§ 47, 97 III, 46 I, 36 I, 86 II, 35 I, 93 I)	205 000	21100	2,0	970,00
	Kaufvertrag (§ 47)	200 000	21100	2,0	
	Mietgarantie (§ 97 III, I)	5000	21100	2,0	

IV. Derselbe bzw. verschiedene Gegenstände

Pos.	Gebührentatbestände	Geschäftswert	KV-Nr.	Satz	Betrag
(2)	Vollzug (Vorbem. 2.2.1.1 I Nr. 1; § 112) (Einholung Negativattest nach § 28 BauGB, Genehmigung nach GVO)	205 000	22110, 22112	0,5	~~242,50~~ 2 × 50,00 = 100,00
(3)	Betreuung (§ 113 I) (Überwachung und Mitteilung Kaufpreisfälligkeit, Umschreibungsüberwachung)	205 000	22200 Anm. Nr. 2, 3	0,5	242,50

C. Erläuterungen

Pos. (1): 2.627

Der **Geschäftswert** einer **Mietgarantie** bestimmt sich nach deren Inhalt. Wird für sie eine Vergütung vereinbart, so wird man diese gem. § 97 III ansetzen dürfen. Ansonsten ist gem. § 97 I i.V.m. § 53 II (Bürgschaft) bzw. § 99 I (Miete) bzw. § 36 I (Schätzung) anwendbar. Ist die Mietgarantie Teil eines Bauträgervertrages, so ist davon auszugehen, dass der vereinbarte Kaufpreis auch die Mitgarantie abdeckt, selbst wenn dies nicht ausdrücklich erklärt ist, d.h. die Mietgarantie bleibt letztlich außer Ansatz. Da die Mietgarantie vorliegend gesondert vergütet wird, ist die Vergütung maßgeblich.

Die **Vereinbarung** über die **Mietgarantie** stellt hier einen **eigenständigen Vertrag** 2.628 dar. Zum Kaufvertrag liegt **kein Abhängigkeitsverhältnis** i.s.v. § 109 I vor, da sie nicht der Erfüllung, Sicherung oder sonstigen Durchführung des Kaufvertrages dient. Allein die Absicht, das Grundstück nur bei gesicherter Vermietung zu kaufen, reicht für ein solches Abhängigkeitsverhältnis nicht aus.

Es handelt sich bei dieser Garantie auch nicht um inhaltlich dem Kaufvertrag 2.629 zuzuordnende Vertragsbestimmung.

Der Geschäftswert des Kaufvertrages wird durch den Kaufpreis bestimmt, § 47 2.630 S. 1. Ein Vergleich mit dem Verkehrswert des Grundstücks nach § 47 S. 3 ist nur dann erforderlich, wenn Anhaltspunkte für einen höheren Wert vorliegen; dies ist vorliegend nicht der Fall.

Da Kaufvertrag und Mietgarantie eine 2,0 Gebühr nach Nr. 21100 KV auslösen, 2.631 wird die Gebühr einmal nach dem zusammengerechneten Wert erhoben, §§ 35 I, 93 I S. 1.

Pos. (2): 2.632

Die **Vollzugsgebühr beträgt grundsätzlich** 0,5 nach Nr. 22110 KV. Der Geschäftswert bestimmt sich gem. § 112 nach dem Wert des Beurkundungsverfahrens. Das gilt auch dann, wenn die Urkunde verschiedene Verfahrensgegenstände enthält, und nicht für alle eine Vollzugstätigkeit erforderlich ist.

Handelt es sich aber ausschließlich um die Einholung öffentlich-rechtlicher Ge- 2.633 nehmigungen, so ist diese Gebühr gem. Nr. 22112 KV auf 50 Euro pro einzuholender Genehmigung **beschränkt**. Nach dem Sachverhalt sind das **Negativattest**

der Gemeinde **nach § 28 BauGB** sowie die **Genehmigung nach GVO** einzuholen. Beide Tätigkeiten gehören zum Vollzug nach Vorbemerkung 2.2.1.1 I S. 2 Nr. 1 KV. Insgesamt sind nach dem Sachverhalt also 100 Euro (2 × 50 Euro) zu erheben, denn die 0,5 Gebühr nach Nr. 22110 KV GNotKG aus 205 000 Euro (= 242,50 Euro) ist höher.

Die Vollzugsgebühr fällt nach § 93 I S. 1 nur einmal an, unabhängig von der Anzahl der vorzunehmenden Tätigkeiten.

Bezüglich der Bewertung des elektronischen Vollzugs wird auf Rz. 2.1524 ff. verwiesen.

2.634 **Pos. (3):**

Die Überwachung und Mitteilung der Kaufpreisfälligkeit und die Umschreibungsüberwachung (Ausfertigungssperre) gehören gemäß Nr. 22200 Anm. Nr. 2 bzw. Anm. Nr. 3 KV zu den Betreuungstätigkeiten. Der Geschäftswert bestimmt sich gem. § 113 I nach dem Wert für das Beurkundungsverfahren. Das gilt auch dann, wenn die Urkunde verschiedene Verfahrensgegenstände enthält, und nicht für alle eine Betreuungstätigkeit erforderlich ist.

Diese Gebühr fällt in jedem Verfahren nur einmal an, unabhängig von der Anzahl der vorzunehmenden Tätigkeiten, § 93 I S. 1.

→ **Fall 52: Mehrere Kaufverträge bei vollständiger Beteiligtenidentität**

A. Sachverhalt

2.635 Der Verkäufer verkauft an den Käufer die Grundstücke 1, 2 und 3 (**mehrere Kaufverträge bei vollständiger Beteiligtenidentität**). Das Grundstück 1 wird zu einem Kaufpreis von 20 000 Euro, das Grundstück 2 zu einem Kaufpreis von 50 000 Euro und das Grundstück 3 zu einem Kaufpreis von 40 000 Euro verkauft.

Des Weiteren holt der Notar das **Negativattest** der Gemeinde nach **§ 28 BauGB** und die **Genehmigung nach der GVO** ein. Er übernimmt außerdem die **Fälligkeitsmitteilung** hinsichtlich der Kaufpreiszahlung und die **Umschreibungsüberwachung** in der Form der Ausfertigungssperre. Alle Tätigkeiten werden für jeden Kauf getrennt ausgeführt.

B. Rechnung

2.636

Pos.	Gebührentatbestände	Geschäftswert	KV-Nr.	Satz	Betrag
(1)	Beurkundungsverfahren (§§ 47, 97 III, 46 I, 86 II, 35 I, 93 I)	110 000	21100	2,0	546,00
	Kaufvertrag 1 (§ 47)	20 000	21100	2,0	
	Kaufvertrag 2 (§ 47)	50 000	21100	2,0	
	Kaufvertrag 3 (§ 47)	40 000	21100	2,0	
(2)	Vollzug (Vorbem. 2.2.1.1 I Nr. 1; § 112) (Einholung Negativattest nach § 28 BauGB, Genehmigung nach GVO)	110 000	22110	0,5	136,50

IV. Derselbe bzw. verschiedene Gegenstände

Pos.	Gebührentatbestände	Geschäftswert	KV-Nr.	Satz	Betrag
(3)	Betreuung (§ 113 I) (Überwachung und Mitteilung Kaufpreisfälligkeit, Umschreibungsüberwachung)	110 000	22200 Anm. Nr. 2, 3	0,5	136,50

C. Erläuterungen

Pos. (1): 2.637
Die Urkunde enthält mehrere Rechtsverhältnisse i.S.d. § 86 I: **drei selbstständige Kaufverträge** mit vollständiger Beteiligtenidentität. Nach § 86 II sind mehrere Rechtsverhältnisse auch verschiedene Beurkundungsgegenstände, soweit in § 109 nichts anderes bestimmt ist.

Da die in Rede stehenden Rechtsverhältnisse keine ausdrücklich verschiedenen Beurkundungsgegenstände nach den §§ 110, 111 sind, sind sie an § 109 zu messen.

Die Urkunde enthält 3 selbstständige Kaufverträge. Keiner dient der Erfüllung, Sicherung oder sonstigen Durchführung eines anderen. **Abhängigkeitsverhältnisse** i.S.v. § 109 I S. 1–2 **bestehen nicht**. 2.638

Der Geschäftswert eines jeden der drei Grundstückskaufverträge wird durch den Kaufpreis bestimmt, § 47 S. 1. Ein Vergleich mit dem Verkehrswert des Grundstücks nach § 47 S. 3 ist nur dann erforderlich, wenn Anhaltspunkte für einen höheren Wert vorliegen; dies ist vorliegend nicht der Fall. 2.639

Es stellt sich weiter die Frage, ob ein **sachlicher Grund** für die Aufnahme dieser drei Verträge in eine Urkunde vorliegt oder in Ermangelung eines solchen hier § 93 II greift und jeder Vertrag ein eigenständiges Beurkundungsverfahren darstellt. In diesem Fall wäre jedes Verfahren gesondert zu berechnen, die Gebühren getrennt für den jeweiligen Vertrag zu erheben. 2.640

Aufgrund der Beteiligung jeweils derselben Personen auf jeweils derselben Seite der Verträge ist nach § 93 II S. 2 ein sachlicher Grund der Zusammenrechnung **zu bejahen**. Es liegt damit insgesamt nur **ein Beurkundungsverfahren mit verschiedenen Beurkundungsgegenständen** nach § 86 II vor. 2.641

Beim Zusammentreffen von verschiedenen Beurkundungsgenständen, die denselben Gebührensatz auslösen – hier 2,0 nach Nr. 21100 KV – ist nach § 35 I die Gebühr aus der Summe der Werte zu erheben.

Pos. (2): 2.642
Die **Vollzugsgebühr beträgt grundsätzlich** 0,5 nach Nr. 22110 KV. Der Geschäftswert bestimmt sich gem. § 112 nach dem Wert des Beurkundungsverfahrens. Das gilt auch dann, wenn die Urkunde verschiedene Verfahrensgegenstände enthält, und nicht für alle eine Vollzugstätigkeit erforderlich ist.

Handelt es sich aber ausschließlich um die Einholung öffentlich-rechtlicher Genehmigungen, so ist diese Gebühr gem. Nr. 22112 KV auf 50 Euro pro einzuholender Genehmigung **beschränkt**. Nach dem Sachverhalt sind das **Negativattest** 2.643

der Gemeinde **nach § 28 BauGB** sowie die **Genehmigung nach GVO** einzuholen. Beide Tätigkeiten gehören zum Vollzug nach Vorbemerkung 2.2.1.1 I S. 2 Nr. 1 KV. Sie fallen hier allerdings für jeden Vertrag gesondert an, sodass insgesamt 6 solcher Unterlagen (3 × Vorkaufsrecht, 3 × GVO) eingeholt werden müssen.

2.644 Da die 0,5 Vollzugsgebühr nach Nr. 22110 KV aus 110 000 Euro lediglich 136,50 Euro beträgt, also hinter der Beschränkung auf 300,00 Euro (6 × 50 Euro) gem. Nr. 22112 KV zurückbleibt, kommt die Beschränkung nicht zum Tragen.[1]

Die Vollzugsgebühr fällt nach § 93 I S. 1 nur einmal an, unabhängig von der Anzahl der vorzunehmenden Tätigkeiten.

Bezüglich der Bewertung des elektronischen Vollzugs wird auf Rz. 2.1524 ff. verwiesen.

2.645 **Pos. (3):**

Die Überwachung und Mitteilung der Kaufpreisfälligkeit und die Umschreibungsüberwachung (Ausfertigungssperre) gehören gemäß Nr. 22200 Anm. Nr. 2 bzw. Anm. Nr. 3 KV zu den Betreuungstätigkeiten. Der Geschäftswert bestimmt sich gem. § 113 I nach dem Wert für das Beurkundungsverfahren.

Diese Gebühr fällt in jedem Verfahren nur einmal an, unabhängig von der Anzahl der vorzunehmenden Tätigkeiten, § 93 I S. 1.

→ **Fall 53: Mehrere Kaufverträge bei nur teilweiser Beteiligtenidentität und mit Verknüpfungswillen**

A. Sachverhalt

2.646 Der Verkäufer V verkauft an Käufer A das Grundstück 1 und an Käufer B das Grundstück 2 (**mehrere Kaufverträge bei teilweiser Beteiligtenidentität**) mit dem Verknüpfungswillen, dass beide dasselbe Schicksal teilen. Die Grundstücksübertragungen stehen und fallen miteinander. Das Grundstück 1 hat einen Kaufpreis von 40 000 Euro, das Grundstück 2 hat einen Kaufpreis von 60 000 Euro.

Des Weiteren holt der Notar das **Negativattest** der Gemeinde nach **§ 28 BauGB** und die **Genehmigung nach der GVO** ein. Die Genehmigung nach GVO wird nur für den Vertrag über das Grundstück 1 benötigt und eingeholt.

Er übernimmt außerdem jeweils die **Fälligkeitsmitteilung** hinsichtlich der Kaufpreiszahlung und die **Umschreibungsüberwachung** in der Form der Ausfertigungssperre.

B. Rechnung

2.647

Pos.	Gebührentatbestände	Geschäftswert	KV-Nr.	Satz	Betrag
(1)	Beurkundungsverfahren (§§ 47, 97 III, 46 I, 86 II, 35 I, 93 I)	100 000	21100	2,0	546,00
	Kaufvertrag 1 (§ 47)	40 000	21100	2,0	
	Kaufvertrag 2 (§ 47)	60 000	21100	2,0	

---

1 Siehe auch Rz. 2.25.

IV. Derselbe bzw. verschiedene Gegenstände

Pos.	Gebührentatbestände	Geschäftswert	KV-Nr.	Satz	Betrag
(2)	Vollzug Vertrag 1 (Vorbem. 2.2.1.1 I Nr. 1; § 112) (Einholung Negativattest nach § 28 BauGB, Genehmigung nach GVO)	100 000	22110	0,5	136,50
(3)	Betreuung (§ 113 I) (Überwachung und Mitteilung Kaufpreisfälligkeit, Umschreibungsüberwachung)	100 000	22200 Anm. Nr. 2, 3	0,5	136,50

Bemerkung: 2.648
Zu beachten ist, dass zwar der Verkäufer gem. § 30 I auf die vollen Kosten haftet, jeder Käufer gem. § 30 II jedoch nur für seinen Kaufvertrag. Wird für jeden Käufer eine gesonderte Kostenberechnung erstellt, so ist zudem zu berücksichtigen, dass insgesamt nicht mehr an Gebühren anfallen darf, als nach der vorstehenden Kostenberechnung.

C. Erläuterungen

Pos. (1): 2.649
Die Urkunde enthält mehrere Rechtsverhältnisse i.S.d. § 86 I: **zwei selbstständige Kaufverträge**, bei denen die Beteiligten nur teilweise identisch sind. Nach § 86 II sind mehrere Rechtsverhältnisse auch verschiedene Beurkundungsgegenstände, soweit in § 109 nichts anderes bestimmt ist.

Da die in Rede stehenden Rechtsverhältnisse keine ausdrücklich verschiedenen Beurkundungsgegenstände nach den §§ 110, 111 sind, sind sie an § 109 zu messen.

Die Urkunde enthält 2 selbstständige Kaufverträge. Keiner dient der Erfüllung, 2.650
Sicherung oder sonstigen Durchführung eines anderen. **Abhängigkeitsverhältnisse i.S.v. § 109 I bestehen nicht**. Allein die Vereinbarung, dass jeder Vertrag mit dem anderen Vertrag stehen und fallen soll, reicht für eine solche Abhängigkeit nicht aus.

Der Geschäftswert jedes der beiden Grundstückskaufverträge wird grundsätz- 2.651
lich durch den Kaufpreis bestimmt, § 47 S. 1. Ein Vergleich mit dem Verkehrswert des Grundstücks nach § 47 S. 3 ist nur dann erforderlich, wenn Anhaltspunkte für einen höheren Wert vorliegen; dies ist vorliegend nicht der Fall.

Es stellt sich weiter die Frage, ob ein **sachlicher Grund** für die Aufnahme der 2.652
beiden Verträge in eine Urkunde vorliegt oder in Ermangelung eines solchen hier § 93 II greift und jeder Vertrag ein eigenständiges Beurkundungsverfahren darstellt. Im letzteren Fall wäre jedes Verfahren gesondert zu berechnen, alle Gebühren (auch für Betreuung und Vollzug) getrennt für den jeweiligen Vertrag zu erheben.

Aufgrund des Verknüpfungswillens der Beteiligten ist nach § 93 II S. 2 ein sachli- 2.653
cher Grund der Zusammenrechnung **zu bejahen**. Es liegt damit insgesamt nur **ein**

Beurkundungsverfahren mit verschiedenen Beurkundungsgegenständen nach § 86 II vor.

Beim Zusammentreffen von verschiedenen Beurkundungsgegenständen die denselben Gebührensatz auslösen – hier 2,0 nach Nr. 21100 KV – ist nach § 35 I die Gebühr grundsätzlich aus der Summe der Werte zu erheben.

2.654 **Pos. (2):**

Die **Vollzugsgebühr beträgt grundsätzlich** 0,5 nach Nr. 22110 KV. Der Geschäftswert bestimmt sich gem. § 112 nach dem Wert des Beurkundungsverfahrens. Das gilt auch dann, wenn die Urkunde verschiedene Verfahrensgegenstände enthält, und nicht für alle eine Vollzugstätigkeit erforderlich ist.

2.655 Handelt es sich aber ausschließlich um die Einholung öffentlich-rechtlicher Genehmigungen, so ist diese Gebühr gem. Nr. 22112 KV auf 50 Euro pro einzuholender Genehmigung **beschränkt**. Nach dem Sachverhalt sind das **Negativattest** der Gemeinde **nach § 28 BauGB** sowie die **Genehmigung nach GVO** einzuholen. Beide Tätigkeiten gehören zum Vollzug nach Vorbemerkung 2.2.1.1 I S. 2 Nr. 1 KV. Sie fallen hier allerdings für jeden Vertrag gesondert an, sodass insgesamt 3 solcher Unterlagen (2 × Vorkaufsrecht, 1 × GVO) eingeholt werden müssen.

2.656 Da die 0,5 Vollzugsgebühr nach Nr. 22110 KV aus 100 000 Euro lediglich 136,50 Euro beträgt, also hinter der Beschränkung auf 150,00 Euro (3 × 50 Euro) gem. Nr. 22112 KV zurückbleibt, kommt die Beschränkung nicht zum Tragen.[1]

Die Vollzugsgebühr fällt nach § 93 I S. 1 nur einmal an, unabhängig von der Anzahl der vorzunehmenden Tätigkeiten.

Bezüglich der Bewertung des elektronischen Vollzugs wird auf Rz. 2.1524 ff. verwiesen.

2.657 **Pos. (3):**

Die Überwachung und Mitteilung der Kaufpreisfälligkeit und die Umschreibungsüberwachung (Ausfertigungssperre) gehören gemäß Nr. 22200 Anm. Nr. 2 bzw. Anm. Nr. 3 KV zu den Betreuungstätigkeiten. Der Geschäftswert bestimmt sich gem. § 113 I nach dem Wert für das Beurkundungsverfahren.

Diese Gebühr fällt in jedem Verfahren nur einmal an, unabhängig von der Anzahl der vorzunehmenden Tätigkeiten, § 93 I S. 1.

→ **Fall 54: Mehrere Kaufverträge bei nur teilweiser Beteiligtenidentität und mit Verknüpfungswille (bei Überschreitung des allgemeinen Höchstwerts von 60 Mio. Euro)**

A. Sachverhalt

2.658 Der Verkäufer V verkauft an Käufer A das Grundstück 1 und an Käufer B das Grundstück 2 (**mehrere Kaufverträge bei teilweiser Beteiligtenidentität**) mit dem Verknüpfungswillen, dass die Schicksale der beiden Kaufverträge unmittelbar zusammenhängen. Damit stehen und fallen die beiden Verträge miteinan-

---

[1] Siehe auch Rz. 2.25.

IV. Derselbe bzw. verschiedene Gegenstände

der. Das Grundstück 1 hat einen Kaufpreis von 40 000 000 Euro, das Grundstück 2 hat einen Kaufpreis von 45 000 000 Euro.

Des Weiteren holt der Notar für jeden Vertrag das **Negativattest** der Gemeinde nach **§ 28 BauGB** und die **Genehmigung nach der GVO** ein. Er übernimmt außerdem jeweils die **Fälligkeitsmitteilung** hinsichtlich der Kaufpreiszahlung und die **Umschreibungsüberwachung** in der Form der Ausfertigungssperre.

B. Rechnung

Pos.	Gebührentatbestände	Geschäftswert	KV-Nr.	Satz	Betrag
(1)	Beurkundungsverfahren (§§ 47, 97 III, 46 I, 86 II, 35 I, II, 93 I)	60 000 000 (Höchstwert)	21100	2,0	53 170,00
	Kaufvertrag 1 (§ 47)	40 000 000	21100	2,0	
	Kaufvertrag 2 (§ 47)	45 000 000	21100	2,0	
(2)	Vollzug (Vorbem. 2.2.1.1 I Nr. 1; § 112) (Einholung Negativattest nach § 28 BauGB, Genehmigung nach GVO)	60 000 000 (Höchstwert)	22110, 22112	0,5	~~13 292,50~~ 4 × 50,00 = 200,00
(3)	Betreuung (§ 113 I) (Überwachung und Mitteilung Kaufpreisfälligkeit, Umschreibungsüberwachung)	60 000 000 (Höchstwert)	22200 Anm. Nr. 2, 3	0,5	13 292,50

2.659

Bemerkung:

Zu beachten ist, dass zwar der Verkäufer gem. § 30 I auf die vollen Kosten haftet, jeder Käufer gem. § 30 II jedoch nur für seinen Kaufvertrag. Wird für jeden Käufer eine gesonderte Kostenberechnung erstellt, so ist zudem zu berücksichtigen, dass insgesamt nicht mehr an Gebühren anfallen darf, als nach der vorstehenden Kostenberechnung.

2.660

C. Erläuterungen

Pos. (1):

Die Urkunde enthält mehrere Rechtsverhältnisse i.S.d. § 86 I: **zwei selbstständige Kaufverträge**, bei denen die Beteiligten nur teilweise identisch sind. Nach § 86 II sind mehrere Rechtsverhältnisse auch verschiedene Beurkundungsgegenstände, soweit in § 109 nichts anderes bestimmt ist.

2.661

Da die in Rede stehenden Rechtsverhältnisse keine ausdrücklich verschiedenen Beurkundungsgegenstände nach den §§ 110, 111 sind, sind sie an § 109 zu messen.

Die Urkunde enthält zwei selbstständige Kaufverträge. Keiner dient der Erfüllung, Sicherung oder sonstigen Durchführung eines anderen. **Abhängigkeitsverhältnisse** i.s.v. **§ 109 I bestehen nicht**. Allein die Vereinbarung, dass jeder Vertrag

2.662

mit dem anderen Vertrag stehen und fallen soll, reicht für eine solche Abhängigkeit nicht aus.

2.663 Der Geschäftswert jedes der beiden Grundstückskaufverträge wird grundsätzlich durch den Kaufpreis bestimmt, § 47 S. 1. Ein Vergleich mit dem Verkehrswert des Grundstücks nach § 47 S. 3 ist nur dann erforderlich, wenn Anhaltspunkte für einen höheren Wert vorliegen; dies ist vorliegend nicht der Fall.

2.664 Es stellt sich weiter die Frage, ob ein **sachlicher Grund** für die Aufnahme der beiden Verträge in eine Urkunde vorliegt oder in Ermangelung eines solchen hier § 93 II greift und jeder Vertrag ein eigenständiges Beurkundungsverfahren darstellt. Im letzteren Fall wäre jedes Verfahren gesondert zu berechnen, alle Gebühren (auch für Betreuung und Vollzug) getrennt für den jeweiligen Vertrag zu erheben.

2.665 Aufgrund des Verknüpfungswillens der Beteiligten ist nach § 93 II S. 2 ein sachlicher Grund der Zusammenrechnung **zu bejahen**. Es liegt damit insgesamt nur **ein Beurkundungsverfahren mit verschiedenen Beurkundungsgegenständen** vor.

2.666 Beim Zusammentreffen von gegenstandsverschiedenen Erklärungen die denselben Gebührensatz auslösen – hier 2,0 nach Nr. 21100 KV – ist nach § 35 I die Gebühr grundsätzlich aus der Summe der Werte zu erheben. Der **Höchstwert von 60 000 000 Euro** nach § 35 II darf dabei nicht überschritten werden.

2.667 **Pos. (2):**

Die **Vollzugsgebühr beträgt grundsätzlich** 0,5 nach Nr. 22110 KV. Der Geschäftswert bestimmt sich gem. § 112 nach dem Wert des Beurkundungsverfahrens.

2.668 Handelt es sich aber ausschließlich um die Einholung öffentlich-rechtlicher Genehmigungen, so ist diese Gebühr gem. Nr. 22112 KV auf 50 Euro pro einzuholender Genehmigung **beschränkt**. Nach dem Sachverhalt sind das **Negativattest der Gemeinde nach § 28 BauGB** sowie die **Genehmigung nach GVO** einzuholen. Beide Tätigkeiten gehören zum Vollzug nach Vorbemerkung 2.2.1.1 I S. 2 Nr. 1 KV. Insgesamt sind nach dem Sachverhalt also 200 Euro (4 × 50 Euro) zu erheben, denn die 0,5 Gebühr nach Nr. 22110 KV GNotKG aus 60 000 000 Euro (= 13 292,50 Euro) ist höher.

Die Vollzugsgebühr fällt nach § 93 I S. 1 nur einmal an, unabhängig von der Anzahl der vorzunehmenden Tätigkeiten.

Bezüglich der Bewertung des elektronischen Vollzugs wird auf Rz. 2.1524 ff. verwiesen.

2.669 **Pos. (3):**

Die Überwachung und Mitteilung der Kaufpreisfälligkeit und die Umschreibungsüberwachung (Ausfertigungssperre) gehören gemäß Nr. 22200 Anm. Nr. 2 bzw. Anm. Nr. 3 KV zu den Betreuungstätigkeiten. Der Geschäftswert bestimmt sich gem. § 113 I nach dem Wert für das Beurkundungsverfahren.

2.670 Diese Gebühr fällt in jedem Verfahren nur einmal an, unabhängig von der Anzahl der vorzunehmenden Tätigkeiten, § 93 I S. 1.

IV. Derselbe bzw. verschiedene Gegenstände

→ **Fall 55: Mehrere Kaufverträge bei nur teilweiser Beteiligtenidentität und ohne Verknüpfungswillen**

A. Sachverhalt

Der Verkäufer V verkauft an Käufer A das Grundstück 1 und an Käufer B das Grundstück 2 (**mehrere Kaufverträge bei teilweiser Beteiligtenidentität**). Beide Verträge sollen unabhängig voneinander vollzogen werden. Sollte einer der beiden Verträge aus welchen Gründen auch immer nicht zur Durchführung gelangen oder rückabgewickelt werden, soll der jeweils andere dennoch unverändert durchgeführt werden. Die Verträge stehen und fallen nicht miteinander. Das Grundstück 1 hat einen Kaufpreis von 80 000 Euro, das Grundstück 2 hat einen Kaufpreis von 170 000 Euro.

2.671

Des Weiteren holt der Notar ein:

- für den Vertrag 1 das **Negativattest** der Gemeinde nach **§ 28 BauGB**, die **Genehmigung nach der GVO** und die Genehmigung nach dem **Grundstücksverkehrsgesetz**,
- für den Vertrag 2 das **Negativattest** der Gemeinde nach **§ 28 BauGB**.

Er übernimmt außerdem jeweils die **Fälligkeitsmitteilung** hinsichtlich der Kaufpreiszahlung und die **Umschreibungsüberwachung** in der Form der Ausfertigungssperre.

B. Rechnung

Pos.	Gebührentatbestände	Geschäftswert	KV-Nr.	Satz	Betrag
(1)	Beurkundungsverfahren Kaufvertrag 1 (§§ 47, 97 III, 46 I, 93 II)	80 000	21100	2,0	438,00
	Beurkundungsverfahren Kaufvertrag 2 (§§ 47, 97 III, 46 I, 93 II)	170 000	21100	2,0	762,00
(2)	Vollzug Kaufvertrag 1 (Vorbem. 2.2.1.1 I Nr. 1; § 112) (Einholung Negativattest nach § 28 BauGB, Genehmigung nach GVO, Genehmigung nach GrdstVG)	80 000	22110	0,5	109,50
	Vollzug Kaufvertrag 2 (Vorbem. 2.2.1.1 I Nr. 1; § 112) (Einholung Negativattest nach § 28 BauGB)	170 000	22110, 22112	0,5	~~190,50~~ 50,00
(3)	Betreuung Kaufvertrag 1 (§ 113 I) (Überwachung und Mitteilung Kaufpreisfälligkeit, Umschreibungsüberwachung)	80 000	22200 Anm. Nr. 2, 3	0,5	109,50
	Betreuung Kaufvertrag 2 (§ 113 I) (Überwachung und Mitteilung Kaufpreisfälligkeit, Umschreibungsüberwachung)	170 000	22200 Anm. Nr. 2, 3	0,5	190,50

2.672

2.673 Bemerkung:

Zu beachten ist, dass zwar der Verkäufer gem. § 30 I für die Kosten jedes Kaufvertrags haftet, jeder Käufer gem. § 30 II jedoch nur für seinen Kaufvertrag. In der Regel wird für jeden Käufer eine getrennte Kostenberechnung erteilt werden.

C. Erläuterungen

2.674 Pos. (1):

Die Urkunde enthält mehrere Rechtsverhältnisse i.S.d. § 86 I: **zwei selbstständige Kaufverträge**, bei denen die Beteiligten nur teilweise identisch sind. Nach § 86 II sind mehrere Rechtsverhältnisse auch verschiedene Beurkundungsgegenstände, soweit in § 109 nichts anderes bestimmt ist.

Da die in Rede stehenden Rechtsverhältnisse keine ausdrücklich verschiedenen Beurkundungsgegenstände nach den §§ 110, 111 sind, sind sie an § 109 zu messen.

2.675 Die Urkunde enthält 2 selbstständige Kaufverträge. Keiner dient der Erfüllung, Sicherung oder sonstigen Durchführung eines anderen. **Abhängigkeitsverhältnisse i.S.v. § 109 I bestehen also nicht.**

2.676 Der Geschäftswert jedes der beiden Grundstückskaufverträge wird grundsätzlich durch den Kaufpreis bestimmt, § 47 S. 1. Ein Vergleich mit dem Verkehrswert des Grundstücks nach § 47 S. 3 ist nur dann erforderlich, wenn Anhaltspunkte für einen höheren Wert vorliegen; dies ist vorliegend nicht der Fall.

2.677 Es stellt sich weiter die Frage, ob ein **sachlicher Grund** für die Aufnahme der beiden Verträge in eine Urkunde vorliegt. Da die Verträge in keiner Weise miteinander verbunden sind, **liegt ein solcher Grund nicht vor.** Nach § 93 II liegen hier **zwei selbständige Beurkundungsverfahren** vor.

2.678 Jeder Vertrag ist **für sich zu bewerten**: § 86 II ist nicht einschlägig. Es handelt sich nicht um mehrere Gegenstände eines Verfahrens. Damit findet auch § 35 I keine Anwendung: Die Gebühren sind nicht aus der Summe der Werte, sondern getrennt voneinander zu erheben.

2.679 Pos. (2):

Die Vollzugsgebühr Nr. 22110 KV bzw. Nr. 22112 KV fällt in jedem Verfahren nur einmal an, unabhängig von der Anzahl der vorzunehmenden Tätigkeiten, § 93 I. Da hier **zwei selbstständige Beurkundungsverfahren** vorliegen, ist diese Gebühr **für jedes Verfahren gem. § 93 I S. 1 getrennt zu erheben.**

2.680 Kaufvertrag 1:

Die **Vollzugsgebühr beträgt grundsätzlich** 0,5 nach Nr. 22110 KV. Der Geschäftswert bestimmt sich gem. § 112 nach dem Wert des Beurkundungsverfahrens.

2.681 Handelt es sich aber ausschließlich um die Einholung öffentlich-rechtlicher Genehmigungen, so ist diese Gebühr gem. Nr. 22112 KV auf 50 Euro pro einzuholender Genehmigung **beschränkt**. Nach dem Sachverhalt sind das **Negativattest der Gemeinde nach § 28 BauGB**, die **Genehmigung nach GVO** sowie die **Geneh-**

IV. Derselbe bzw. verschiedene Gegenstände

migung nach dem **Grundstücksverkehrsgesetz** einzuholen. Alle drei Tätigkeiten gehören zum Vollzug nach Vorbemerkung 2.2.1.1 I S. 2 Nr. 1 KV.

Da die 0,5 Vollzugsgebühr nach Nr. 22110 KV aus 80 000 Euro lediglich 109,50 Euro beträgt, also hinter der Beschränkung auf 150,00 Euro (3 × 50 Euro) gem. Nr. 22112 KV zurückbleibt, kommt die Beschränkung nicht zum Tragen.[1] Die Vollzugsgebühr fällt nach § 93 I S. 1 nur einmal an, unabhängig von der Anzahl der vorzunehmenden Tätigkeiten.   2.682

Bezüglich der Bewertung des elektronischen Vollzugs wird auf Rz. 2.1524 ff. verwiesen.

Kaufvertrag 2:   2.683

Die **Vollzugsgebühr beträgt grundsätzlich** 0,5 nach Nr. 22110 KV. Der Geschäftswert bestimmt sich gem. § 112 nach dem Wert des Beurkundungsverfahrens.

Handelt es sich aber ausschließlich um die Einholung öffentlich-rechtlicher Genehmigungen, so ist diese Gebühr gem. Nr. 22112 KV auf 50 Euro pro einzuholender Genehmigung **beschränkt**. Nach dem Sachverhalt ist nur das **Negativattest** der Gemeinde **nach § 28 BauGB** einzuholen. Diese Tätigkeit gehört zum Vollzug nach Vorbemerkung 2.2.1.1 I S. 2 Nr. 1 KV. Insgesamt sind nach dem Sachverhalt also 50 Euro zu erheben, denn die 0,5 Gebühr nach Nr. 22110 KV GNotKG aus 170 000 Euro (= 190,50 Euro) ist höher.   2.684

Die Vollzugsgebühr fällt nach § 93 I S. 1 nur einmal an, unabhängig von der Anzahl der vorzunehmenden Tätigkeiten.

Bezüglich der Bewertung des elektronischen Vollzugs wird auf Rz. 2.1524 ff. verwiesen.

Pos. (3):   2.685

Die Überwachung und Mitteilung der Kaufpreisfälligkeit und die Umschreibungsüberwachung (Ausfertigungssperre) gehören gemäß Nr. 22200 Anm. Nr. 2 bzw. Anm. Nr. 3 KV zu den Betreuungstätigkeiten. Der Geschäftswert bestimmt sich gem. § 113 I nach dem Wert **für das Beurkundungsverfahren.**

Da hier **zwei selbstständige Beurkundungsverfahren** vorliegen, ist diese Gebühr gem. § 93 II S. 1 **für jedes Verfahren getrennt zu erheben**.   2.686

c) Weitere Beispiele für verschiedene Beurkundungsgegenstände

Einen zum Grundstückskaufvertrag verschiedenen Beurkundungsgegenstand nach § 86 II GNotKG haben des Weiteren: 2.687

– Angebot des Verkäufers mit Vereinbarung der Kostenübernahme (Rz. 2.1027 ff.).   2.688

– Mehrheit von Angeboten (Rz. 2.1033 ff.).   2.689

– Annahme des Verkäufers mit Änderungen (Rz. 2.1005, 2.1010).   2.690

---
1 Siehe auch Rz. 2.25.

2.691 – Messungsanerkennung (mit Kaufpreisreduzierung wegen Schätzungsfehlers) und Auflassung (Rz. 2.1186).

2.692 – Messungsanerkennung (mit Kaufpreiserhöhung wegen Schätzungsfehlers) und Auflassung (Rz. 2.1194).

2.693 – Messungsanerkennung (mit Kaufpreiserhöhung wegen Zusatzkaufes) und Auflassung (Rz. 2.1204).

2.694 – **Pachtvertrag** für den Verkäufer oder einen Dritten

2.695 – **Mietkauf** (Rz. 2.718 ff.)

2.696 – Teilflächenkauf und Bestellung einer **Stellplatzdienstbarkeit** an der beim Verkäufer verbleibenden Restfläche **zusätzlich zum Kaufpreis**.

– Teilflächenkauf und Bestellung einer **Stellplatzdienstbarkeit** an der beim Verkäufer verbleibenden Restfläche, wobei für die Dienstbarkeit **kein separater Betrag** ausgewiesen ist.

– Teilflächenkauf und Bestellung einer **Stellplatzdienstbarkeit** für den Verkäufer an der dem Käufer verkauften Restfläche.

2.697 – Kaufvertrag und **Leasingvertrag**, gilt auch für **Sale-and-lease-back** (Rz. 2.728).

2.698 – Kaufvertrag und **Aufhebung** alter Kaufvertrag (Rz. 2.1267).

– Verkauf des Erbbaugrundstücks und **Aufhebung** des Erbbaurechts.

– **Aufhebung** eines Wohnungs- oder Teileigentums im Kaufvertrag.

2.699 – **Auswechslung** eines Vertragspartners durch Aufhebung des ursprünglichen Kaufvertrags und Abschluss eines neuen Kaufvertrages (Rz. 2.1167).

2.700 – Grundstückskauf und **Begründung** von Wohnungs- oder Teileigentum.

– Kaufvertrag über einen Miteigentumsanteil am Grundstück und **Begründung** von Wohnungs- und Teileigentum nach § 3 WEG.

2.701 – Kaufvertrag und Maklerklausel als Vertrag zugunsten Dritter (Rz. 2.1427).

2.702 – Verkauf eines Grundstücks durch die **Erbengemeinschaft** und ausdrücklich geregelte Auseinandersetzung der Erbengemeinschaft am Kaufpreis.

2.703 – Kaufvertrag und **Abtretung** der Kaufpreisforderung durch den Verkäufer, außer die Abtretung dient der Lastenfreistellung des Vertragsgegenstandes.

2.704 – Kauf und **Verzicht** des Vorkaufsberechtigten auf das ihm für alle Verkaufsfälle zustehende **Vorkaufsrecht** (also nicht auf den einen Verkauf beschränkt). Diese Erklärung sichert nicht nur die Erfüllung des Kaufvertrags, sondern geht darüber hinaus. Teilidentität der Gegenstände reicht aber nicht für die Anwendung des § 109 I.

V. Ausgewählte Kaufvertragstypen

1. Kaufvertrag über ein Wohnungs- bzw. Teileigentum

2.705 Hierzu wird auf Rz. 4.102, 4.109 verwiesen.

V. Ausgewählte Kaufvertragstypen

2. Kaufvertrag über ein Erbbaurecht

Hierzu wird auf Rz. 5.100, 5.102 verwiesen.   2.706

3. Kaufvertrag über eine Teilfläche

a) Vorbemerkung:

Bei diesem Vertragstyp fällt in der Regel ein Nachtrag an, zumeist in der Form einer Messungsanerkennung und Auflassung, wenigstens als sog. Identitätserklärung. Für diese Erklärungen wird auf die nachstehenden Rz. 2.1218 ff. verwiesen.   2.707

b) Fallbeispiel

→ **Fall 56: Verkauf einer Teilfläche und Einräumung eines Vorkaufsrechtes am Restgrundstück**

A. Sachverhalt

A veräußert an B eine **Teilfläche** von 500 qm aus dem Flurstück X mit einer Gesamtgröße von 1100 qm zum Kaufpreis von 100 Euro/qm. Die Auflassung wird erklärt. **An dem Restgrundstück** (600 qm) räumt der Verkäufer dem Käufer ein Vorkaufsrecht für alle Verkaufsfälle ein. Das Vorkaufsrecht wird zur Eintragung in das Grundbuch bewilligt und beantragt.   2.708

Ausfertigungen und beglaubigte Abschriften der Urkunde sind bis zur vollständigen Zahlung des Kaufpreises nur auszugsweise ohne Auflassung herauszugeben. Der Notar wird beauftragt, den Beteiligten die **Fälligkeit des Kaufpreises** (nach Eintragung der Auflassungsvormerkung, Lastenfreistellung und Vorlage der Genehmigung nach der GVO sowie des Negativattestes der Gemeinde nach § 28 BauGB) mitzuteilen. Auftragsgemäß holt der Notar die **Genehmigung nach der GVO** sowie das **Negativattest** der Gemeinde nach **§ 28 BauGB** ein.

B. Rechnung

Pos.	Gebührentatbestände	Geschäftswert	KV-Nr.	Satz	Betrag
(1)	Beurkundungsverfahren (§§ 47, 97 III, 46 I, 86 II, 35 I, 93 I)	80 000	21100	2,0	438,00
	Kaufvertrag (§ 47)	50 000	21100	2,0	
	Vorkaufsrecht (§§ 51 I S. 2, 46)	30 000	21100	2,0	
(2)	Vollzug (Vorbem. 2.2.1.1 I Nr. 1; § 112) (Einholung Negativattest nach § 28 BauGB, Genehmigung nach GVO)	80 000	22110, 22112	0,5	~~109,50~~ 2 × 50,00 = 100,00
(3)	Betreuung (§ 113 I) (Überwachung und Mitteilung Kaufpreisfälligkeit, Umschreibungsüberwachung)	80 000	22200 Anm. Nr. 2, 3	0,5	109,50

2.709

C. Erläuterungen

2.710 **Pos. (1):**

Die Urkunde enthält mehrere Rechtsverhältnisse i.S.d. § 86 I: **Kaufvertrag** über ein unvermessenes Teilgrundstück und **Vorkaufsrecht am Restgrundstück**. Nach § 86 II sind mehrere Rechtsverhältnisse auch verschiedene Beurkundungsgegenstände, soweit in § 109 nichts anderes bestimmt ist.

Da die in Rede stehenden Rechtsverhältnisse keine ausdrücklich verschiedenen Beurkundungsgegenstände nach den §§ 110, 111 sind, sind sie an § 109 zu messen.

Das Hauptgeschäft ist nach § 109 I S. 1–2 der Grundstückskaufvertrag.

2.711 Der Geschäftswert des Grundstückskaufvertrages wird durch den Kaufpreis bestimmt, § 47 S. 1. Ein Vergleich mit dem Verkehrswert des Grundstücks nach § 47 S. 3 ist nur dann erforderlich, wenn Anhaltspunkte für einen höheren Wert vorliegen; dies ist vorliegend nicht der Fall.

2.712 Die **Vereinbarung** über die Einräumung eines **Vorkaufsrechtes** an dem nicht verkauften Grundstücksteil dient nicht der Erfüllung, Sicherung oder sonstigen Durchführung des Kaufvertrages. Beide Verträge sind in Ermangelung eines Abhängigkeitsverhältnisses i.S.v. § 109 I S. 1–2 **verschiedene Beurkundungsgegenstände**.

2.713 Der **Wert eines Vorkaufsrechts** bestimmt sich nach dem halben Wert der Sache (§ 51 I S. 2), also des Grundstücks. Eine Abweichung von diesem Wert ist nicht möglich, auch wenn dem Vorkaufsrecht eine geringere Bedeutung zugesprochen wird. Insbesondere kann eine Bewertung nach der Wahrscheinlichkeit der Ausübung unterbleiben. Nur in außergewöhnlich gelagerten Fällen kann eine Korrektur augenscheinlich unbilliger Ergebnisse erfolgen (§ 51 III).[1] Anhaltspunkte hierfür ergeben sich aber aus dem Sachverhalt nicht.

2.714 Beim Zusammentreffen von verschiedenen Beurkundungsgegenständen, die denselben Gebührensatz auslösen – hier 2,0 nach Nr. 21100 KV, denn auch das Vorkaufrecht ist vertraglich eingeräumt, löst also nicht etwa nur eine 0,5 Gebühr nach Nr. 21201 Nr. 4 KV aus –, ist nach § 35 I die Gebühr aus der Summe der Werte zu erheben.

2.715 **Pos. (2):**

Die **Vollzugsgebühr beträgt grundsätzlich** 0,5 nach Nr. 22110 KV. Der Geschäftswert bestimmt sich gem. § 112 nach dem Wert des Beurkundungsverfahrens. Das gilt auch dann, wenn die Urkunde verschiedene Verfahrensgegenstände enthält, und nicht für alle eine Vollzugstätigkeit erforderlich ist.

2.716 Handelt es sich aber ausschließlich um die Einholung öffentlich-rechtlicher Genehmigungen, so ist diese Gebühr gem. Nr. 22112 KV auf 50 Euro pro einzuholender Genehmigung **beschränkt**. Nach dem Sachverhalt sind das **Negativattest** der Gemeinde **nach § 28 BauGB** sowie die **Genehmigung nach GVO** einzuholen. Beide Tätigkeiten gehören zum Vollzug nach Vorbemerkung 2.2.1.1 I S. 2 Nr. 1 KV. Insgesamt sind nach dem Sachverhalt also 100 Euro (2 × 50 Euro) zu erheben,

---

1 Begründung RegE, BT-Drs. 17/11471, 171.

denn die 0,5 Gebühr nach Nr. 22110 KV GNotKG aus 80 000 Euro (= 109,50 Euro) ist höher.

Die Vollzugsgebühr fällt nach § 93 I S. 1 nur einmal an, unabhängig von der Anzahl der vorzunehmenden Tätigkeiten.

Bezüglich der Bewertung des elektronischen Vollzugs wird auf Rz. 2.1524 ff. verwiesen.

Pos. (3):

Die Überwachung und Mitteilung der Kaufpreisfälligkeit und die Umschreibungsüberwachung (Ausfertigungssperre) gehören gemäß Nr. 22200 Anm. Nr. 2 bzw. Anm. Nr. 3 KV zu den Betreuungstätigkeiten. Der Geschäftswert bestimmt sich gem. § 113 I nach dem Wert für das Beurkundungsverfahren. Das gilt auch dann, wenn die Urkunde verschiedene Verfahrensgegenstände enthält, und nicht für alle eine Betreuungstätigkeit erforderlich ist.

Diese Gebühr fällt in jedem Verfahren nur einmal an, unabhängig von der Anzahl der vorzunehmenden Tätigkeiten, § 93 I S. 1.

2.717

4. Mietkauf

a) Vorbemerkung:

Bei einem **Mietkauf** erfolgt der **Ankauf** des Grundstücks typischerweise in Form eines **bedingten Kaufvertrages** oder eines **Ankaufsrechts**. Sowohl der bedingte Kaufvertrag als auch das Ankaufsrecht sind zum Mietvertrag verschiedene Beurkundungsgegenstände i.S.v. § 86 II GNotKG.

Die **Wertbestimmung** für den Mietvertrag erfolgt nach § 99 I GNotKG. Hierbei ist zu unterscheiden, ob es sich um einen Mietvertrag mit **bestimmter Dauer** (Summe aller Leistungen des Mieters während der gesamten Vertragszeit) oder mit **unbestimmter Dauer** (Summe der Leistungen in **den ersten 5 Jahren**) handelt. Ist die Auflösung erst zu einem späteren **Zeitpunkt** zulässig, so ist dieser maßgebend. **In keinem Fall** darf der Geschäftswert den auf die ersten **20 Jahre** entfallenden Wert **übersteigen**.

2.718

b) Fallbeispiele

→ **Fall 57: Mietvertrag (unbestimmte Dauer) und Ankaufsrecht**

A. Sachverhalt

A und B schließen einen **unbefristeten Mietvertrag**. Mietgegenstand ist ein Einfamilienhaus mit Garten. Die monatliche Miete beträgt 1000 Euro zzgl. der Nebenkosten i.H.v. 200 Euro. Die Vertragsparteien vereinbaren, dass **B zum Ankauf des Mietgegenstandes berechtigt** ist. Die Ausgestaltung des Ankaufsrechts erfolgt in Form eines bedingten Kaufvertrages. Das Zustandekommen des Kaufvertrages hängt lediglich von der Erklärung des Mieters ab.

Der **Kaufpreis beträgt 200 000 Euro**. Eine Anrechnung der bereits gezahlten Mieten auf den Kaufpreis soll erfolgen. Die Eintragung einer **Vormerkung** zur Siche-

2.719

rung des Anspruchs auf Ankauf wird zur Eintragung in das Grundbuch wird bewilligt und beantragt.

B. Rechnung

2.720

Pos.	Gebührentatbestände	Geschäftswert	KV-Nr.	Satz	Betrag
	Beurkundungsverfahren (§§ 47, 97 III, 46 I, 51 I, 99 I S. 2, 86 II, 35 I, 93 I)	272 000	21100	2,0	1170,00
	Ankaufsrecht (§§ 47, 51 I)	200 000	21100	2,0	
	Mietvertrag (§ 99 I S. 2)	72 000	21100	2,0	

C. Erläuterungen

2.721 Die Urkunde enthält mehrere Rechtsverhältnisse i.S.d. § 86 I: **Mietvertrag** und **Ankaufsrecht**. Nach § 86 II sind mehrere Rechtsverhältnisse auch verschiedene Beurkundungsgegenstände, soweit in § 109 nichts anderes bestimmt ist.

Da die in Rede stehenden Rechtsverhältnisse keine ausdrücklich verschiedenen Beurkundungsgegenstände nach den §§ 110, 111 sind, sind sie an § 109 zu messen.

2.722 Beide Verträge betreffen dasselbe Grundstück und werden zwischen denselben Beteiligten vereinbart. Dieser Zusammenhang stellt jedoch **kein Abhängigkeitsverhältnis** i.S.v. § 109 I dar, da keine dieser Erklärungen der Sicherung, Erfüllung oder sonstigen Durchführung der jeweils anderen dient.

2.723 Die **Auflassungsvormerkung** dient der **Sicherung** des **Ankaufsrechtes**. Sie löst nach § 109 I GNotKG keine weitere Gebühr aus. Auf das Verhältnis zum Mietvertrag kommt es hier nicht an.

2.724 Der **Wert eines Ankaufsrechts** bestimmt sich nach dem Wert des betroffenen Gegenstandes (§ 51 I S. 1 GNotKG). Ein Abweichen von diesem Wert ist nach dem GNotKG nicht möglich. Ist Wert jedoch nach den besonderen Umständen des Einzelfalls unbillig, kann ein niedriger Wert angenommen werden (§ 51 III GNotKG). Im Sachverhalt sind keine solchen Umstände erkennbar.

2.725 Es wird ein **Mietvertrag** mit unbestimmter Dauer geschlossen. Der **Geschäftswert** bestimmt sich grundsätzlich gem. § 99 I S. 2 nach den Leistungen des Mieters innerhalb **der ersten fünf Jahre**. Zu den Leistungen des Mieters gehören auch die Zahlungen der Nebenkosten 1000 Euro Miete + 200 Euro Nebenkosten = 1200 Euro × 12 × 5 = 72 000 Euro).

2.726 Beide Verträge lösen eine 2,0 Gebühr nach Nr. 21100 KV GNotKG aus. Beim Zusammentreffen von verschiedenen Beurkundungsgegenständen, die denselben Gebührensatz auslösen, ist nach § 35 I die Gebühr aus der Summe der Werte zu erheben.

Wird der Antrag auf Eintragung der Auflassungsvormerkung elektronisch gestellt, so ist die Gebühr für die Erstellung der **XML**-Datei nach Nr. 22114 KV bereits **hier zu erheben**. Bezüglich der Bewertung wird auf Rz. 2.1524 ff. verwiesen.

D. Exkurs

Der **Wert eines Mietvertrages mit bestimmter Dauer** richtet sich gem. § 99 I S. 1 nach den Leistungen des Mieters innerhalb der gesamten Mietzeit. Bei verschiedenen Zahlungen sind nur die höchsten Leistungen maßgebend. Der Wert ist jedoch auf die Summe der in den ersten zwanzig Jahren zu erbringenden Leistungen begrenzt.

2.727

Kann der Mietvertrag zu einem früheren Zeitpunkt gekündigt werden, bestimmt die kürzere Laufzeit den Multiplikator. Kann der Mietvertrag jederzeit gekündigt werden, handelt es sich um einen Mietvertrag von unbestimmter Dauer.

5. Leasingkauf (sale and lease back)

→ **Fall 58: Kaufvertrag mit Mietvertrag und Ankaufsrecht**

A. Sachverhalt

Der Verkäufer **verkauft** an die Leasinggesellschaft ein Grundstück, welches mit einem Bürohaus bebaut ist zum Kaufpreis von 40 Mio. Euro. Gleichzeitig schließen die Vertragsbeteiligten einen **Leasingvertrag** zum Zwecke der Nutzung des Grundstücks. Die **Leasingrate** beträgt monatlich 250 000 Euro zzgl. der gesetzlichen **Umsatzsteuer** i.H.v. 47 500 Euro. Der Leasingvertrag hat eine **Dauer von 20 Jahren**. Nach Ablauf der Leasingzeit ist der **Leasingnehmer berechtigt**, das Grundstück zum Kaufpreis von 15 Mio. Euro **anzukaufen**. Die Eintragung einer **Vormerkung** zur Sicherung des Anspruchs auf Ankauf wird ins Grundbuch bewilligt und beantragt. Sämtliche Regelungen sind in einer einzigen Urkunde aufgenommen worden.

2.728

Der Notar wird beauftragt, den Beteiligten die **Fälligkeit des Kaufpreises** (nach Eintragung der Auflassungsvormerkung, Lastenfreistellung und Vorlage der Genehmigung nach der GVO sowie des Negativattestes der Gemeinde nach § 28 BauGB) mitzuteilen. Ausfertigungen und beglaubigte Abschriften der Urkunde sind bis zur vollständigen Zahlung des Kaufpreises nur auszugsweise herauszugeben. Auftragsgemäß holt der Notar die **Genehmigung nach der GVO** sowie das **Negativattest** der Gemeinde nach **§ 28 BauGB** ein.

B. Rechnung

Pos.	Gebührentatbestände	Geschäftswert	KV-Nr.	Satz	Betrag
(1)	Beurkundungsverfahren (§§ 47, 97 III, 46 I, 99 I, 52 II, 86 II, 35 I, II, 93 I)	60 000 000 (Höchstwert)	21100	2,0	53 170,00
	Kaufvertrag (§ 47)	40 000 000	21100	2,0	
	Leasingvertrag (§§ 97 III, 52 II, 99 I)	71 400 000	21100	2,0	
	Ankaufsrecht (§ 47, 51 I S. 1)	15 000 000	21100	2,0	

2.729

Pos.	Gebührentatbestände	Geschäfts-wert	KV-Nr.	Satz	Betrag
(2)	Vollzug (Vorbem. 2.2.1.1 I Nr. 1; § 112) (Einholung Negativattest nach § 28 BauGB, Genehmigung nach GVO)	60 000 000 (Höchst-wert)	22110, 22112	0,5	13 292,50 2 × 50,00 = 100,00
(3)	Betreuung (§ 113 I) (Überwachung und Mitteilung Kaufpreisfälligkeit, Umschrei-bungsüberwachung)	60 000 000 (Höchst-wert)	22200 Anm. Nr. 2, 3	0,5	13 292,50

C. Erläuterungen

2.730 **Pos. (1):**

Die Urkunde enthält mehrere Rechtsverhältnisse i.S.d. § 86 I: **Kaufvertrag, Leasingvertrag** und **Ankaufsrecht**. Nach § 86 II sind mehrere Rechtsverhältnisse auch verschiedene Beurkundungsgegenstände, soweit in § 109 nichts anderes bestimmt ist.

Da die in Rede stehenden Rechtsverhältnisse keine ausdrücklich verschiedenen Beurkundungsgegenstände nach den §§ 110, 111 sind, sind sie an § 109 zu messen.

2.731 Alle Verträge betreffen dasselbe Grundstück und werden zwischen denselben Beteiligten vereinbart. Das Eigentum wurde einer Leasinggesellschaft übertragen. Die Gesellschaft schließt mit dem Verkäufer (= Leasingnehmer) einen Leasingvertrag über das betroffene Grundstück. Gleichzeitig wird dem Leasingnehmer das Recht eingeräumt, den Vertragsgegenstand nach Ablauf der Leasingdauer zu erwerben (Sale-and-lease-back-Verfahren). Ein **sachlicher Zusammenhang liegt** vor, demgemäß handelt es sich **nicht um mehrere Verfahren** i.S.v. § 93 II handelt.

2.732 Da keine der drei Erklärungen i.S.v. § 109 I S. 1–2 der Sicherung, Erfüllung oder sonstigen Durchführung einer anderen dient, handelt es sich jeweils um einen **verschiedenen Gegenstand**.

2.733 Der Geschäftswert des Grundstückskaufvertrages wird durch den Kaufpreis bestimmt, § 47 S. 1. Ein Vergleich mit dem Verkehrswert des Grundstücks nach § 47 S. 3 ist nur dann erforderlich, wenn Anhaltspunkte für einen höheren Wert vorliegen; dies ist vorliegend nicht der Fall.

2.734 Bei der **Wertbestimmung des Leasingvertrages** ist zu beachten, dass alle Leistungen des Leasingnehmers (so z.B. Umsatzsteuer, Nebenkosten) in die Wertbestimmung einfließen. Der Wert bestimmt sich gem. §§ 52 II bzw. 99 I S. 1 nach den Leistungen des Leasingnehmers innerhalb der gesamten Leasingzeit, höchstens jedoch nach dem zwanzigfachen Betrag der einjährigen Leistung in den ersten Jahren (250 000 Euro zzgl. Umsatzsteuer 47 500 Euro × 12 Monate × 20 Jahre = 71 400 000 Euro).

V. Ausgewählte Kaufvertragstypen

Der **Wert** eines **Ankaufsrechts** bestimmt sich nach dem Wert des betroffenen Gegenstandes (§ 51 I S. 1). Ein Abweichen von diesem Wert ist nach dem GNotKG nicht möglich. Ist Wert jedoch nach den besonderen Umständen des Einzelfalls unbillig, kann ein niedriger Wert angenommen werden (§ 51 III). Im Sachverhalt sind keine solchen Umstände erkennbar. 2.735

Alle drei Erklärungen lösen eine 2,0 Gebühr nach Nr. 21100 KV aus. Beim Zusammentreffen von verschiedenen Beurkundungsgegenständen, die denselben Gebührensatz auslösen, ist nach § 35 I die Gebühr nur einmal (§ 93 I S. 1) aus der Summe der Werte zu erheben. Durch die Addition der Werte wird der Höchstwert nach § 35 II von 60 000,00 Euro erreicht. Damit wird dieser Betrag und nicht die Summe der Einzelwerte als Geschäftswert in der Kostenberechnung ausgewiesen. 2.736

Pos. (2): 2.737

Die **Vollzugsgebühr beträgt grundsätzlich** 0,5 nach Nr. 22110 KV. Der Geschäftswert bestimmt sich gem. § 112 nach dem Wert des Beurkundungsverfahrens. Das gilt auch dann, wenn die Urkunde verschiedene Verfahrensgegenstände enthält, und nicht für alle eine Vollzugstätigkeit erforderlich ist.

Handelt es sich aber ausschließlich um die Einholung öffentlich-rechtlicher Genehmigungen, so ist diese Gebühr gem. Nr. 22112 KV auf 50 Euro pro einzuholender Genehmigung **beschränkt**. Nach dem Sachverhalt sind das **Negativattest der Gemeinde nach § 28 BauGB** sowie die **Genehmigung nach GVO** einzuholen. Beide Tätigkeiten gehören zum Vollzug nach Vorbemerkung 2.2.1.1 I S. 2 Nr. 1 KV. Insgesamt sind nach dem Sachverhalt also 100 Euro (2 × 50 Euro) zu erheben, denn die 0,5 Gebühr nach Nr. 22110 KV GNotKG aus 60 000 000 Euro (= 13 292,50 Euro) ist höher. 2.738

Die Vollzugsgebühr fällt nach § 93 I S. 1 nur einmal an, unabhängig von der Anzahl der vorzunehmenden Tätigkeiten.

Bezüglich der Bewertung des elektronischen Vollzugs wird auf Rz. 2.1524 ff. verwiesen.

Pos. (3): 2.739

Die Überwachung und Mitteilung der Kaufpreisfälligkeit und die Umschreibungsüberwachung (Ausfertigungssperre) gehören gemäß Nr. 22200 Anm. Nr. 2 bzw. Anm. Nr. 3 KV zu den Betreuungstätigkeiten. Der Geschäftswert bestimmt sich gem. § 113 I nach dem Wert für das Beurkundungsverfahren. Das gilt auch dann, wenn die Urkunde verschiedene Verfahrensgegenstände enthält, und nicht für alle eine Betreuungstätigkeit erforderlich ist.

Diese Gebühr fällt in jedem Verfahren nur einmal an, unabhängig von der Anzahl der vorzunehmenden Tätigkeiten; § 93 I S. 1.

6. Kauf vom Insolvenzverwalter

Es bestehen **keine Bewertungsbesonderheiten**. Lediglich kommt es zum Ansatz des Verkehrswertes des Kaufgrundstücks, wenn der Kaufpreis offensichtlich dahinter zurückbleibt. 2.740

In den Fällen, in denen der Kaufvertrag noch von dem nachmaligen Insolvenzschuldner geschlossen worden ist, ist häufig die Auflassung von dem Insolvenzverwalter zu erklären. Zu der Konstellation, dass der Insolvenzverwalter die Auflassung und zugleich eine Erfüllungswahl nach den §§ 103, 106 InsO erklärt, sei auf Rz. 2.1339 ff. verwiesen.

7. Kauf zur Abwendung einer anhängigen Zwangsversteigerung

→ **Fall 59: Kauf zur Abwendung einer anhängigen Zwangsversteigerung**

A. Sachverhalt

2.741 Beurkundet wurde die **Veräußerung** eines **Grundstücks** zur **Abwendung** einer **anhängigen Zwangsversteigerung**. Der Kaufpreis beträgt 200 000 Euro. Nach den vorliegenden aktuellen Gutachten hat der Vertragsgegenstand einen Verkehrswert von 280 000 Euro. Im Grundbuch ist in Abt. III eine **Grundschuld** zum Nennbetrag von 300 000 Euro, die derzeit in Höhe des Kaufpreises valutiert. Verkäufer und Käufer beantragen die **Löschung des Rechts** und stimmen ihr im Hinblick auf § 27 GBO zu.

Der Notar wird beauftragt, die Löschungsbewilligung beim Gläubiger **einzuholen**. Er hat hierbei den **Treuhandauftrag des Gläubigers**, die Löschungsbewilligung erst zu verwerten, nachdem der Ablösebetrag i.H.v. 200 000 Euro gezahlt worden ist. Er meldet auftragsgemäß die Auflassungsvormerkung i.S.v. **§ 9 Nr. 2 ZVG** beim Vollstreckungsgericht an.

Des Weiteren holt der Notar das **Negativattest** der Gemeinde nach § 28 BauGB und die **Genehmigung nach der GVO** ein. Er übernimmt außerdem die **Fälligkeitsmitteilung** hinsichtlich der Kaufpreiszahlung und die **Umschreibungsüberwachung** in der Form der Ausfertigungssperre.

B. Rechnung

2.742

Pos.	Gebührentatbestände	Geschäftswert	KV-Nr.	Satz	Betrag
(1)	Beurkundungsverfahren (§§ 47, 46, 97 III, 109 I, 93 I, 94 II 1)	280 000	21100	2,0	1170,00
	Grundstückskaufvertrag (§§ 47, 46)	280 000	21100	2,0	
	Löschungsantrag (§ 53 I)	~~300 000~~	~~21201 Nr. 4~~	~~0,5~~	
(2)	Vollzug (Vorbem. 2.2.1.1 I Nr. 1; 9, § 112) (Einholung Negativattest nach § 28 BauGB, Genehmigung nach GVO, Löschungsunterlagen)	280 000	22110	0,5	292,50

Pos.	Gebührentatbestände	Geschäfts-wert	KV-Nr.	Satz	Betrag
(3)	Betreuung (§ 113 I) (Überwachung und Mitteilung Kaufpreisfälligkeit, Umschreibungsüberwachung, Anmeldung Vollstreckungsgericht)	280 000	22200 Anm. Nr. 2, 3, 5	0,5	292,50
(4)	Treuhandauftrag (§ 113 II)	200 000	22201	0,5	217,50

C. Erläuterungen

Pos. (1): 2.743

Die Urkunde enthält mehrere Rechtsverhältnisse i.S.d. § 86 I: **Kaufvertrag** und **Löschungsbewilligung**. Nach § 86 II sind mehrere Rechtsverhältnisse auch verschiedene Beurkundungsgegenstände, soweit in § 109 nichts anderes bestimmt ist.

Da die in Rede stehenden Rechtsverhältnisse keine ausdrücklich verschiedenen Beurkundungsgegenstände nach den §§ 110, 111 sind, sind sie an § 109 zu messen.

Das Hauptgeschäft ist nach § 109 I S. 1–2, 4 Nr. 1b) der Grundstückskaufvertrag.

Die **Löschung des Grundpfandrechtes** am Kaufgegenstand ist eine (abdingbare) Pflicht des Verkäufers aus § 433 I S. 2 BGB. Seine darauf gerichteten Erklärungen (Zustimmung sowie Bewilligung) **dienen** damit der **Erfüllung** i.S.v. § 109 I S. 1–2, S. 4 Nr. 1b). 2.744

Der **Geschäftswert der Löschungsbewilligung** wird vom Wert (= Nennbetrag) des zu löschenden Rechts bestimmt, § 53 I. Da diese Erklärungen aber hier nach § 109 I S. 1–3, 4 Nr. 1b) in einem Abhängigkeitsverhältnis zum Kaufvertrag steht, gibt dessen Wert nach § 109 I S. 5 den Geschäftswert der Urkunde vor. Auch dessen Gebühr nach Nr. 21100 KV ist gem. § 94 II S. 1 maßgebend. Die Löschungsbewilligung löst nämlich einen geringeren Gebührensatz als der Kaufvertrag aus; eine Vergleichsberechnung gem. § 94 II S. 2 ist daher nicht erforderlich. 2.745

Der Geschäftswert des Grundstückskaufvertrages wird durch den Kaufpreis bestimmt, § 47 S. 1. Ein Vergleich mit dem Verkehrswert des Grundstücks nach § 47 S. 3 ist nur dann erforderlich, wenn Anhaltspunkte für einen höheren Wert vorliegen; dies ist vorliegend nicht der Fall. 2.746

Pos. (2): 2.747

Die **Vollzugsgebühr beträgt grundsätzlich** 0,5 nach Nr. 22110 KV. Der Geschäftswert bestimmt sich gem. § 112 nach dem Wert des Beurkundungsverfahrens. Das gilt auch dann, wenn die Urkunde verschiedene Verfahrensgegenstände enthält, und nicht für alle eine Vollzugstätigkeit erforderlich ist.

Vollzugstätigkeiten sind hier die Einholung der Genehmigung nach der GVO sowie die Einholung des Negativattestes der Gemeinde nach § 28 BauGB, Vorbem. 2.2.1.1 I S. 2 Nr. 1 KV. Weiter löst auch die Einholung der Löschungsbewil- 2.748

ligung die Vollzugsgebühr aus, Vorbem. 2.2.1.1 I S. 2 Nr. 9 KV. Zu erheben ist eine 0,5 Gebühr nach Nr. 22110 KV.

Diese Gebühr fällt in jedem Verfahren nur einmal an, unabhängig von der Anzahl der vorzunehmenden Tätigkeiten, § 93 I S. 1.

2.749 **Pos. (3):**

Die Überwachung und Mitteilung der Kaufpreisfälligkeit und die Umschreibungsüberwachung (Ausfertigungssperre) gehören gemäß Nr. 22200 Anm. Nr. 2 bzw. Anm. Nr. 3 KV zu den Betreuungstätigkeiten. Die Anzeige der Eintragung der Vormerkung an das Vollstreckungsgericht ebenfalls, sie fällt unter Nr. 22200 Anm. Nr. 5 KV.[1] Der Geschäftswert bestimmt sich gem. § 113 I nach dem Wert für das Beurkundungsverfahren. Das gilt auch dann, wenn die Urkunde verschiedene Verfahrensgegenstände enthält, und nicht für alle eine Betreuungstätigkeit erforderlich ist.

Diese Gebühr fällt in jedem Verfahren nur einmal an, unabhängig von der Anzahl der vorzunehmenden Tätigkeiten, § 93 I S. 1.

Bezüglich der Bewertung des elektronischen Vollzugs wird auf Rz. 2.1524 ff. verwiesen.

2.750 **Pos. (4):**

Die **Überwachung** der **Auflage** der **Gläubigerin**, die diese mit der Übersendung der Löschungsbewilligung verbunden hat (**Treuhandauflage**), stellt eine weitere Betreuungstätigkeit dar, die weder eine Vollzugs- noch eine Betreuungsgebühr auslöst. Das GNotKG sieht hier in Nr. 22201 KV eine eigenständige (Treuhand-)Gebühr mit einem Gebührensatz von 0,5 vor.

2.751 Der Geschäftswert richtet sich gem. § 113 II nach dem **Sicherungsinteresse**. Dieses entspricht im Regelfall dem Betrag, denn die Gläubigerin aus dem Schuldverhältnis noch an Ablöse fordern kann.[2]

8. Kauf auf Leibrente

→ **Fall 60: Kauf auf Leibrente (wertgesichert)**

A. Sachverhalt

2.752 A (48 Jahre, verwitwet) verkauft an B und C sein **Einfamilienhaus**. **Anstelle** eines **Kaufpreises** wird die Zahlung einer wertgesicherten **Leibrente** (echte **Wertsicherungsklausel**) i.H.v. monatlich 680 Euro vereinbart. Zum Zwecke der Sicherung wird die Eintragung einer **Reallast** bewilligt und beantragt. Sollte A jedoch **innerhalb** von 10 Jahren **versterben**, sind B und C verpflichtet, unter Anrechnung der bereits gezahlten monatlichen Renten einen Betrag i.H.v. **81 600 Euro an die Erben** des A zu **zahlen**.

Der Notar wird beauftragt, die **Genehmigung nach der GVO** und das **Negativattest** der Gemeinde nach **§ 28 BauGB** einzuholen.

---

1 Vgl. Leipziger Kommentar GNotKG/*Harder*, Nr. 22200 KV Rz. 46.
2 Ausführlich zur Treuhandgebühr siehe Rz. 2.46 ff.

B. Rechnung

Pos.	Gebührentatbestände	Geschäfts-wert	KV-Nr.	Satz	Betrag
(1)	Beurkundungsverfahren (§§ 47, 46, 97 III, 109 I)	122 400	21100	2,0	600,00
	Grundstückskaufvertag (§§ 47, 46)	122 400	21100	2,0	
	Grundbucherklärung Reallast (§ 52)	122 400	~~21201 Nr. 4~~	~~0,5~~	
(2)	Vollzug (Vorbem. 2.2.1.1 I Nr. 1; § 112) (Einholung Negativattest nach § 28 BauGB, Genehmigung nach GVO)	122 400	~~22110~~ 22112	0,5	~~150,00~~ 2 × 50,00 = 100,00

2.753

C. Erläuterungen

Pos. (1): 2.754

Die Urkunde enthält mehrere Rechtsverhältnisse i.S.d. § 86 I: **Kaufvertrag** und **Reallast**. Nach § 86 II sind mehrere Rechtsverhältnisse auch verschiedene Beurkundungsgegenstände, soweit in § 109 nichts anderes bestimmt ist.

Da die in Rede stehenden Rechtsverhältnisse keine ausdrücklich verschiedenen Beurkundungsgegenstände nach den §§ 110, 111 sind, sind sie an § 109 zu messen.

Das Hauptgeschäft ist nach § 109 I S. 1–2 der Grundstückskaufvertrag. Die **Reallast** wird zur **Sicherung** des in Form einer **Leibrente** zu zahlenden **Kaufpreises** bestellt. Sie dient damit der **Erfüllung** des Vertrages i.S.v. § 109 I S. 1–2.

2.755

Der Geschäftswert eines Grundstückskaufvertrages wird grundsätzlich durch den Kaufpreis bestimmt, es sei denn, der Verkehrswert nach § 46 ist höher, § 47 S. 3; hierfür liegen keine Anhaltspunkte vor.

2.756

Vorliegend wird der Kaufpreis nicht in einem Betrag bestimmt: Es wird die Zahlung einer **Leibrente**, bezogen auf die Lebenszeit des Verkäufers, vereinbart. Hierbei handelt es sich um eine **wiederkehrende Leistung**. Nach **§ 52 IV** ist der Jahreswert dieses Rechts (680 Euro × 12 = 8160 Euro) mit dem durch das Lebensalter des Verkäufers bei Beurkundung vorgegebenen Vervielfältiger zu berechnen. Der Vervielfältiger beträgt hier 15, wonach der kostenrechtliche Wert der Leibrente 122 400 Euro (8160 Euro × 15) beträgt.

2.757

Obgleich der monatliche Betrag der Entwicklung der Löhne und Preise angeglichen werden soll und damit während der Laufzeit in der Höhe steigen wird (echte **Wertsicherungsklausel**), ordnet § 52 VII an, dass diese Erhöhungsklausel bei der Berechnung des Geschäftswertes **unberücksichtigt bleibt**.

2.758

Im Sachverhalt wird eine **Mindestzahlung** von 81 600 Euro vereinbart. Diese bleibt im Betrag hinter dem Wert nach § 52 IV zurück und erhöht den Geschäftswert hier nicht.

2.759

2.760 Der Wert der Reallast folgt dem Wert der damit gesicherten Zahlung. Er entspricht im Sachverhalt dem Wert des Kaufvertrages.

2.761 Die Erklärungen zur **Eintragung der Reallast** lösen einen geringeren Gebührensatz als das Hauptgeschäft aus (0,5 Gebühr nach Nr. 21201 Nr. 4 KV). Nach § 94 II S. 1 ist damit nur eine 2,0 Gebühr nach Nr. 21100 KV zu erheben. Eine gesonderte Bewertung gem. § 94 II S. 2 kommt hier nicht in Betracht.

2.762 **Pos. (2):**
Die **Vollzugsgebühr beträgt grundsätzlich** 0,5 nach Nr. 22110 KV. Der Geschäftswert bestimmt sich gem. § 112 nach dem Wert des Beurkundungsverfahrens.

2.763 Handelt es sich aber ausschließlich um die Einholung öffentlich-rechtlicher Genehmigungen, so ist diese Gebühr gem. Nr. 22112 KV auf 50 Euro pro einzuholender Genehmigung **beschränkt**. Nach dem Sachverhalt sind das **Negativattest** der Gemeinde **nach § 28 BauGB** sowie die **Genehmigung nach GVO** einzuholen. Beide Tätigkeiten gehören zum Vollzug nach Vorbemerkung 2.2.1.1 I S. 2 Nr. 1 KV. Insgesamt sind nach dem Sachverhalt also 100 Euro (2 × 50 Euro) zu erheben, denn die 0,5 Gebühr nach Nr. 22110 KV GNotKG aus 122 400 Euro (= 150,00 Euro) ist höher.

Die Vollzugsgebühr fällt nach § 93 I S. 1 nur einmal an, unabhängig von der Anzahl der vorzunehmenden Tätigkeiten.

Bezüglich der Bewertung des elektronischen Vollzugs wird auf Rz. 2.1524 ff. verwiesen.

9. Kaufvertrag nach dem SachenRBerG

→ **Fall 61: Kauf nach dem SachenRBerG mit weiteren Erklärungen**

A. Sachverhalt

2.764 A und B sind **Eigentümer** eines **Einfamilienhauses**, für welches ein Gebäudegrundbuch besteht. In Abt. III des Gebäudegrundbuchs ist eine vollstreckbare **Grundschuld** zu 200 000 Euro eingetragen. Die Eigentümer des Gebäudes **erwerben** nunmehr das **Grundstück**, auf dem das Gebäude steht, von der Gemeinde zum Kaufpreis von 50 000 Euro nach den Vorgaben des SachenRBerG. Der Kaufpreis beträgt nach den Vorgaben des SachenRBerG 50 % des tatsächlichen Verkehrswertes.

Zum Zwecke der Komplettierung von Gebäude und Grund und Boden erklären A und B:
– die **Pfanderstreckung** der eingetragenen Grundschuld zum Nennbetrag von 200 000 Euro nebst dinglicher Zwangsvollstreckung **auf** das erworbene **Grundstück**,
– die **Aufgabe** des selbständigen **Gebäudeeigentums**.

Der Wert des Gebäudeeigentums beträgt 240 000 Euro.

Der Notar wird beauftragt, den Beteiligten die **Fälligkeit** des Kaufpreises mitzuteilen. Ausfertigungen und beglaubigte Abschriften der Urkunde sind bis zur vollständigen Zahlung des Kaufpreises nur auszugsweise herauszugeben und die **Genehmigung** nach der **GVO** und **Kommunalaufsicht** einzuholen.

B. Rechnung

Pos.	Gebührentatbestände	Geschäfts-wert	KV-Nr.	Satz	Betrag
(1)	Beurkundungsverfahren (§§ 47, 44 I, 46, 53 I 97 I, III, 109 I, 35 I, 93 I, 94)	~~230 000~~	~~21100~~	~~2,0~~	~~970,00~~
	Grundstückskaufvertag (§§ 47, 46)	50 000	21100	2,0	330,00
	Pfanderstreckung (§§ 44 I, 46, 53 I)	100 000	21200	1,0	
	Aufgabe Nutzungsrecht (§§ 97, 36 I)	80 000	21200	1,0	
		180 000	21200	1,0	408,00
(2)	Vollzug (Vorbem. 2.2.1.1 I Nr. 1; § 112)	230 000	22110, 22112	0,5	~~242,50~~
	(Einholung Genehmigung der Kommunalaufsicht, Genehmigung nach GVO)				2 × 50,00 = 100,00
(3)	Betreuung (§ 113 I) (Überwachung und Mitteilung Kaufpreisfälligkeit, Umschreibungsüberwachung)	230 000	22200 Anm. Nr. 2, 3	0,5	242,50

2.765

C. Erläuterungen

Pos. (1):

Die Urkunde enthält mehrere Rechtsverhältnisse i.S.d. § 86 I: **Kaufvertrag, Pfanderstreckung** und **Aufgabe des Nutzungsrechtes**. Nach § 86 II sind mehrere Rechtsverhältnisse auch verschiedene Beurkundungsgegenstände, soweit in § 109 nichts anderes bestimmt ist.

Da die in Rede stehenden Rechtsverhältnisse keine ausdrücklich verschiedenen Beurkundungsgegenstände nach den §§ 110, 111 sind, sind sie an § 109 zu messen.

Die **Aufgabe des Nutzungsrechtes** sowie die **Pfanderstreckung** der Grundschuld auf den Kaufgegenstand dienen nicht der Durchführung, Sicherung oder Erfüllung des Kaufvertrages. Auch zwischen der Pfanderstreckung und der Aufgabeerklärung besteht kein solcher Zusammenhang. Zwar ist die Aufgabe des Nutzungsrechtes erst nach Lastenfreistellung oder, wie vorliegend, der Herstellung gleicher Belastungen möglich. ist. Dieser Zusammenhang stellt aber **kein Abhängigkeitsverhältnis** i.S.v. § 109 I S. 1–2 dar. Alle Rechtsverhältnisse sind somit zueinander **gegenstandsverschieden**.

Der **Wert des Grundstückskaufvertrages** richtet sich grundsätzlich nach dem **Kaufpreis**, es sei denn, der Verkehrswert des Grundstücks ist höher (§ 47). Vorliegend schreibt § 68 Sachenrechtsbereinigungsgesetz einen Kaufpreis i.H.v. 50 % des Verkehrswertes vor. Anders als beim Verkauf nach dem Ausgleichsleistungs-

2.766

2.767

2.768

gesetz (vgl. Rz. 2.845 ff., 2.854 ff.), handelt es sich hier **nicht** um ein **frei am Markt handelbares Grundstück**: Als Kaufinteressent kommt nur der Gebäudeeigentümer infrage. Weiter besteht die Zielstellung der Vorschrift in der Überführung der unter DDR-Recht begründeten Eigentumsverhältnisse in die Rechtsinstitute des BGB. Daneben bleibt der **Wert des Gebäudes außer Ansatz**, denn dieses ist bis zur Löschung des Nutzungsrechts nicht wesentlicher Bestandteil des Grundstücks.

2.769 Im vorliegenden Fall ist nach § 68 SachRBerG als Geschäftswert der auf die Hälfte des Verkehrswertes des unbebauten Grundstücks festgeschriebene Kaufpreis maßgeblich. Der Verweis auf den (bekannten) höheren **Verkehrswert ist nicht einschlägig**.

2.770 Der **Geschäftswert** der **Aufgabe des Nutzungsrechtes** bestimmt sich nach § 36 I, wobei wertmindernd zu berücksichtigen ist, dass das Gebäudeeigentum nicht begründet wird, sondern bereits besteht. Angemessen erscheint daher ein **Bruchteil des Gebäudewertes** nach § 46 I. Vorgeschlagen wird ein Drittel des Gebäudewertes, wobei dieser Gebäudewert-Prozentsatz im Einzelfall höher oder niedriger sein kann. Der halbe Grundstückswert sollte nicht unterschritten werden.

2.771 Die Aufgabeerklärung löst ein 1,0 Gebühr nach Nr. 21200 KV aus.

2.772 Der **Geschäftswert der Pfanderstreckung** richtet sich nach Vergleich zwischen dem Nennbetrag des Grundpfandrechts mit dem Verkehrswert des Grundstücks, wobei der geringere Wert, hier Wert des Grundstücks maßgebend ist, § 44 I S. 1. Grundlage des Wertvergleichs ist dabei nicht der begünstigte Kaufpreis, sondern der volle Verkehrswert des Grundstücks i.S.v. § 46 I.

2.773 Da das Grundstück auch der Zwangsvollstreckung unterworfen wird, ist eine 1,0 Gebühr nach Nr. 21200 KV zu erheben.

2.774 Beim Zusammentreffen von verschiedenen Beurkundungsgegenständen ist nach § 35 I die Gebühr grundsätzlich aus der Summe der Werte zu erheben, es sei denn, das GNotKG bestimmt etwas anderes. Eine andere Bestimmung enthält § 94 I für den Fall, dass die einzelnen Gegenstände jeweils einen verschiedenen Gebührensatz auslösen. Im Sachverhalt entsteht für die Beurkundung des Kaufvertrages eine 2,0 Gebühr nach Nr. 21100 KV, für die anderen Erklärungen hingegen jeweils eine 1,0 Gebühr nach Nr. 21200 KV. In diesem Fall sind die Gebühren einzeln zu erheben, wobei die 1,0 Gebühr aus der Summe der Werte der diesen Satz auslösenden Erklärungen erhoben wird (also Pfanderstreckung und Aufgabeerklärung). Insgesamt darf nicht mehr erhoben werden, als die nach dem höchsten Gebührensatz berechnete Gebühr aus der Summe aller Werte.

Der Vergleich ergibt, dass die 1,0 Gebühr (aus 180 000 Euro) neben der 2,0 Gebühr (aus 50 000 Euro) zu erheben ist.

2.775 **Pos. (2):**

Die **Vollzugsgebühr beträgt grundsätzlich** 0,5 nach Nr. 22110 KV. Der Geschäftswert bestimmt sich gem. § 112 nach dem Wert des Beurkundungsverfahrens. Das gilt auch dann, wenn die Urkunde verschiedene Verfahrensgegenstände enthält, und nicht für alle eine Vollzugstätigkeit erforderlich ist.

2.776 Enthält die Urkunde mehrere Verfahrensgegenstände, so ist die Vollzugsgebühr aus der Summe der Werte zu erheben. Lösen die einzelnen Erklärungen unterschiedliche Gebührensätze aus, so richtet sich der Gebührensatz der Vollzugsgebühr nach dem höchsten Gebührensatz.¹

Handelt es sich aber ausschließlich um die Einholung öffentlich-rechtlicher Genehmigungen, so ist diese Gebühr gem. Nr. 22112 KV auf 50 Euro pro einzuholender Genehmigung **beschränkt**. Nach dem Sachverhalt sind die Genehmigung der **Kommunalaufsicht** sowie die **Genehmigung nach GVO** einzuholen. Beide Tätigkeiten gehören zum Vollzug nach Vorbemerkung 2.2.1.1 I S. 2 Nr. 1 KV. Insgesamt sind nach dem Sachverhalt also 100 Euro (2 × 50 Euro) zu erheben, denn die 0,5 Gebühr nach Nr. 22110 KV GNotKG aus 230 000 Euro (= 242,50 Euro) ist höher.

2.777

Die Vollzugsgebühr fällt nach § 93 I S. 1 nur einmal an, unabhängig von der Anzahl der vorzunehmenden Tätigkeiten.

Bezüglich der Bewertung des elektronischen Vollzugs wird auf Rz. 2.1524 ff. verwiesen.

Pos. (3):

2.778

Die Überwachung und Mitteilung der Kaufpreisfälligkeit und die Umschreibungsüberwachung (Ausfertigungssperre) gehören gemäß Nr. 22200 Anm. Nr. 2 bzw. Anm. Nr. 3 KV zu den Betreuungstätigkeiten. Der Geschäftswert bestimmt sich gem. § 113 I nach dem Wert für das Beurkundungsverfahren. Das gilt auch dann, wenn die Urkunde verschiedene Verfahrensgegenstände enthält, und nicht für alle eine Betreuungstätigkeit erforderlich ist.

Diese Gebühr fällt in jedem Verfahren nur einmal an, unabhängig von der Anzahl der vorzunehmenden Tätigkeiten, § 93 I S. 1.

10. Kaufvertrag nach dem VerkFlBerG

→ **Fall 62: Angebot des Verkäufers nach dem VerkFlBerG**

A. Sachverhalt

Der **Verkäufer bietet** der **Stadt**, vertreten durch das Straßenbauamt, den Abschluss eines Grundstückskaufvertrages, der inhaltlich den Vorgaben des **Verkehrsflächenbereinigungsgesetzes** (VerkFlBerG) entspricht, an. Vertragsgegenstand ist ein Grundstück mit der Größe von 500 qm, welches zum Kaufpreis von 2 Euro/qm angeboten wird. Die Ermittlung des Kaufpreises erfolgt nach § 5 I VerkFlBerG („tatsächlicher Verkehrswert" des Grundstücks 10 Euro/qm). Die **Stadt** wird **bevollmächtigt**, die **Auflassung zu erklären**.

2.779

B. Rechnung

Pos.	Gebührentatbestand	Geschäftswert	KV-Nr.	Satz	Betrag
(1)	Beurkundungsverfahren (§§ 47, 97 III)	1000	21100	2,0	120,00 Mindestgebühr

2.780

---

1 LG Düsseldorf, Beschl. v. 2.3.2015 – 19 T 227/14, NotBZ 2015, 358.

C. Erläuterungen

2.781 **Pos. (1):**

Der Wert eines Angebotes zum Abschluss eines Grundstückskaufvertrages bestimmt sich gem. § 47 S. 1 grundsätzlich nach dem Kaufpreis. Er entspricht dann dem Verkehrswert des Grundstücks, wenn dieser über dem Kaufpreis liegt, § 47 S. 3.

2.782 Die Veräußerung nach dem Verkehrsflächenbereinigungsgesetz setzt voraus, dass Gegenstand der Veräußerung ein im Privateigentum stehendes Grundstück in den neuen Bundesländern ist, das zwischen dem 9.5.1945 und dem 3.10.1990 für die Erfüllung von Verwaltungsaufgaben tatsächlich in Anspruch genommen wurde, einer Verwaltungsaufgabe noch dient und Verkehrsfläche im Sinne des VerkFlBerG ist oder vor dem 3.10.1990 für die Erfüllung einer sonstigen Verwaltungsaufgabe mit einem Gebäude oder einer sonstigen baulichen Anlage bebaut worden ist. **Für derartige Grundstücke gibt es keinen Markt**, sodass ein Verkehrswert im herkömmlichen Sinne nicht bestimmt werden kann. Der Wert (= **Kaufpreis**) wird daher **ausschließlich durch das Gesetz bestimmt**.

2.783 Zu erheben ist eine 2,0 Gebühr nach Nr. 21100 KV, deren Mindestbetrag 120 Euro beträgt.

D. Anmerkung

2.784 Werden solche Flächen nicht auf der Grundlage des VerkFlBerG veräußert, wird insbesondere der Kaufpreis frei verhandelt, so richtet sich der Geschäftswert nach §§ 46, 47, d.h. ist der Kaufpreis niedriger als der Verkehrswert, so bildet der Verkehrswert den Geschäftswert.

→ **Fall 63: Annahme des Käufers nach dem VerkFlBerG**

A. Sachverhalt

2.785 Die **Stadt nimmt** das vorstehende Angebot (Fall 62, Rz. 2.779) **an** und erklärt die **Auflassung** (beides in einer Urkunde). Die Beurkundung findet bei dem Notar statt, der auch das Angebot beurkundet hat.

Der Notar wird beauftragt, die **Fälligkeit** des Kaufpreises mitzuteilen und Ausfertigungen oder beglaubigte Abschriften mit Auflassung erst herauszugeben, nach dem die **Zahlung** des Kaufpreises **nachgewiesen** worden ist. Des Weiteren soll der Notar die Genehmigung nach der **GVO** einholen.

B. Rechnung

Pos.	Gebührentatbestände	Geschäfts-wert	KV-Nr.	Satz	Betrag
(1)	Beurkundungsverfahren (§§ 47, 97 III, 109 I, 93 I)	1000	21101 Nr. 1	0,5	30,00 (Mindest-gebühr)
	Annahme	1000	21101 Nr. 1	0,5	
	Auflassung	1000	~~21101 Nr. 2~~	0,5	
(2)	Vollzug (Vorbem. 2.2.1.1 I Nr. 1; § 112) (Einholung Genehmigung nach GVO)	1000	22110	0,5	15,00 (Allgemeine Mindest-gebühr)
(3)	Betreuung (§ 113 I) (Überwachung und Mitteilung Kaufpreisfälligkeit, Umschreibungsüber-wachung)	1000	22200 Anm. Nr. 2, 3	0,5	15,00 (Allgemeine Mindest-gebühr)

C. Erläuterungen

Pos. (1):

Der Wert einer Annahme eines Angebotes zum Abschluss eines Grundstückskaufvertrages bestimmt sich grundsätzlich nach dem Kaufpreis. Er entspricht dann dem Verkehrswert des Grundstücks, wenn dieser über dem Kaufpreis liegt.

Die Veräußerung nach Verkehrsflächenbereinigungsgesetz setzt voraus, dass Gegenstand der Veräußerung ein im Privateigentum stehendes Grundstück in den neuen Bundesländern ist, das zwischen dem 9.5.1945 und dem 3.10.1990 für die Erfüllung von Verwaltungsaufgaben tatsächlich in Anspruch genommen wurde, einer Verwaltungsaufgabe noch dient und Verkehrsfläche im Sinne des VerkFlBerG ist oder vor dem 3.10.1990 für die Erfüllung einer sonstigen Verwaltungsaufgabe mit einem Gebäude oder einer sonstigen baulichen Anlage bebaut worden ist. **Für derartige Grundstücke gibt es keinen Markt**, sodass ein Verkehrswert im herkömmlichen Sinne nicht bestimmt werden kann. Der **Wert** wird daher **ausschließlich nach dem Gesetz bestimmt**.

Die Annahme löst eine 0,5 Gebühr nach Nr. 21101 Nr. 1 KV, die Auflassung eine 0,5 Gebühr nach Nr. 21101 Nr. 2 KV aus. Da Annahme und Auflassung demselben Gebührensatz unterliegen und zudem derselbe Beurkundungsgegenstand nach § 109 I S. 1–2, 5 sind, da die Auflassung der Erfüllung der Annahme dient, bleibt die Auflassung letztlich unbewertet.

Bemerkungen:

1. **Ermäßigung**: Da der Erwerb durch die Stadt erfolgt – sie also gesetzlich die Kosten zu tragen hat – und es sich nicht um deren wirtschaftliches Unternehmen handelt, ist die Beurkundungsgebühr nach **§ 91 I Nr. 1** zu ermäßigen.

Im konkreten Fall greift die Ermäßigung jedoch nicht, da der Geschäftswert unter 25 000 Euro liegt.

2.791 2. **Begünstigte Gebühr**: Zwar betrifft die Auflassung denselben Beurkundungsgegenstand wie die Annahme, jedoch kann die Auflassung auch die 1,0 Gebühr nach **Nr. 21102 Nr. 1 KV** auslösen, wenn das zugrunde liegende Rechtsgeschäft **von einem anderen Notar beurkundet worden ist**. Für die Unterscheidung, ob derselbe oder ein anderer Notar anzunehmen ist, ist zudem Vorbem. 2 I KV zu beachten.

2.792 Pos. (2):

Bei der Bestimmung der zutreffenden Vollzugsgebühr nach Nr. 22110 KV (0,5) bzw. Nr. 22111 KV (0,3) ist zu unterscheiden: Fällt für das zugrunde liegende Beurkundungsverfahren eine Beurkundungsgebühr von weniger als 2,0 an, ist Nr. 22111 KV einschlägig; in allen anderen Fällen ist Nr. 22110 KV maßgebend. Da sich die Vollzugstätigkeiten des Annahmenotars nicht auf die Annahmeurkunde als solche beschränkten, sondern den Kaufvertrag als Ganzen betrafen, wie er sich aus Angebot und Annahme zusammensetzt, ist Nr. 22110 KV einschlägig. Diese Interpretation entspricht dem Willen des Gesetzgebers[1].

2.793 Besteht die Vollzugstätigkeit, wie hier, aus Einholung öffentlich-rechtlicher Genehmigungen, so **beschränkt** sich die Vollzugsgebühr gem. Nr. 22112 auf 50 Euro pro einzuholender Genehmigung. Im Sachverhalt ist die **Genehmigung nach GVO** einzuholen. Diese Tätigkeit gehört zum Vollzug nach Vorbemerkung 2.2.1.1 I S. 2 Nr. 1 KV.

Da die 0,5 Vollzugsgebühr nach Nr. 22110 KV aus 1000 Euro lediglich 15,00 Euro (allgemeine Mindestgebühr nach § 34 V) beträgt, also hinter der Beschränkung auf 50,00 Euro gem. Nr. 22112 KV zurückbleibt, kommt die Beschränkung nicht zum Tragen.[2]

Die Vollzugsgebühr fällt nach § 93 I S. 1 nur einmal an, unabhängig von der Anzahl der vorzunehmenden Tätigkeiten.

Bezüglich der Bewertung des elektronischen Vollzugs wird auf Rz. 2.1524 ff. verwiesen.

2.794 Pos. (3):

Die Überwachung und Mitteilung der Kaufpreisfälligkeit und die Umschreibungsüberwachung (Ausfertigungssperre) gehören gemäß Nr. 22200 Anm. Nr. 2 bzw. Anm. Nr. 3 KV zu den Betreuungstätigkeiten. Der Geschäftswert bestimmt sich gem. § 113 I nach dem Wert für das Beurkundungsverfahren; zu erheben ist die allgemeine Mindestgebühr i.H.v. 15,00 Euro gem. § 34 V.

Diese Gebühr fällt in jedem Verfahren nur einmal an, unabhängig von der Anzahl der vorzunehmenden Tätigkeiten; § 93 I S. 1.

---

1 S. BegrRegE, BT-Drs. 17/11471, 222.
2 Siehe auch Rz. 2.25.

11. Kaufvertrag über ein Gebäudeeigentum

→ **Fall 64: Kaufvertrag über Gebäudeeigentum nebst Komplettierung durch den Käufer**

A. Sachverhalt

A ist Eigentümer eines Grundstücks. In Abt. II des Grundbuchs ist ein **Nutzungsrecht** für den **Gebäudeeigentümer** eingetragen. Für dieses Gebäude besteht ein **gesondertes Gebäudeeigentum** des B. **A erwirbt das Gebäude** von B zum Kaufpreis von 240 000 Euro. In Abt. III des Grundstücksgrundbuchs ist eine Grundschuld zu 600 000 Euro eingetragen, die derzeit keine Verbindlichkeiten sichert. A beantragt die Löschung der Grundschuld und stimmt dieser im Hinblick auf § 27 GBO zu.

Der Erwerber A erklärt die **Aufgabe des selbständigen Gebäudeeigentums**.

Der Notar wird beauftragt,
– die Genehmigung nach der **GVO** einzuholen,
– die Löschungsbewilligung beim Gläubiger unter Übersendung eines Entwurfs einzuholen,
– die Fälligkeit des Kaufpreises mitzuteilen und
– Ausfertigungen oder beglaubigte Abschriften mit Auflassung erst herauszugeben, nach dem die Zahlung des Kaufpreises nachgewiesen worden ist.

2.795

B. Rechnung

2.796

Pos.	Gebührentatbestände	Geschäftswert	KV-Nr.	Satz	Betrag
(1)	Beurkundungsverfahren (§§ 47, 97 III, 86 II, 94 I)	~~920 000~~	~~21100~~	~~2,0~~	~~3310,00~~
	Kaufvertrag (§ 47)	240 000	21100	2,0	1070,00
	Löschungszustimmung und Antrag (§ 53 I)	600 000	21201 Nr. 4	0,5	547,50
	Aufgabe Gebäudeeigentum (§§ 49 I, 46 I, 36 I (⅓ Gebäudewert))	80 000	21200	1,0	219,00
(2)	Vollzug (Vorbem. 2.2.1.1 I Nr. 1, 9; § 112) (Einholung Genehmigung nach GVO, Einholung Löschungsbewilligung)	920 000	22110	0,5	827,50
(3)	Betreuung (§ 113 I) (Überwachung und Mitteilung Kaufpreisfälligkeit, Umschreibungsüberwachung)	920 000	22200 Anm. Nr. 2, 3	0,5	827,50

C. Erläuterungen

2.797 **Pos. (1):**

Die Urkunde enthält mehrere Rechtsverhältnisse i.S.d. § 86 I: **Kaufvertrag** über das Gebäude, **Löschungserklärungen** zum Grundpfandrecht am Grundstück und **Aufgabe des Nutzungsrechtes** am Grundstück. Nach § 86 II sind mehrere Rechtsverhältnisse auch verschiedene Beurkundungsgegenstände, soweit in § 109 nichts anderes bestimmt ist.

Da die in Rede stehenden Rechtsverhältnisse keine ausdrücklich verschiedenen Beurkundungsgegenstände nach den §§ 110, 111 sind, sind sie an § 109 zu messen.

2.798 Die **Aufgabe des Nutzungsrechtes** wird vom Erwerber als neuen (Gebäude-)Eigentümer auf den Zeitpunkt des vollzogenen Erwerbs des Gebäudes erklärt. Sie dient damit nicht der Erfüllung, Sicherung oder sonstigen Durchführung des Gebäudekaufvertrages.

2.799 Die **Löschung des Pfandrechts** erfolgt am Grundstück. Das Grundstück ist nicht Gegenstand des Kaufvertrages. Die Lastenfreistellung steht mit dem Kauf in keinem Zusammenhang, denn die entsprechenden Erklärungen werden erst vom **Erwerber als neuen Eigentümer abgegeben**. Insbesondere liegt kein Fall des § 109 I S. 4 Nr. 1 b) vor.

2.800 Zwischen der **Aufgabe des Nutzungsrechtes** und den **Löschungserklärungen** besteht **kein Abhängigkeitsverhältnis** i.S.v. § 109 I S. 1–2. Zwar kann die Aufgabeerklärung erst abgegeben werden, wenn Gebäude und Grundstück lastenfrei sind (oder beide mit denselben Rechten belastet sind), womit die Löschung eine Voraussetzung darstellt. Sie dient aber nicht unmittelbar der Erfüllung, Sicherung oder sonstigen Durchführung der Aufgabeerklärung.

2.801 Der Geschäftswert des Grundstückskaufvertrages wird durch den Kaufpreis bestimmt, § 47 S. 1. Ein Vergleich mit dem Verkehrswert des Grundstücks nach § 47 S. 3 ist nur dann erforderlich, wenn Anhaltspunkte für einen höheren Wert vorliegen; dies ist vorliegend nicht der Fall. Zu erheben ist eine 2,0 Gebühr nach Nr. 21100 KV.

2.802 Der **Geschäftswert** der **Aufgabe des Nutzungsrechtes** bestimmt sich nach § 36 I, wobei wertmindernd zu berücksichtigen ist, dass das Gebäudeeigentum nicht begründet wird, sondern bereits besteht. Angemessen erscheint daher ein **Bruchteil des Gebäudewertes** nach § 46 I. Vorgeschlagen wird ein Drittel des Gebäudewertes, wobei dieser Gebäudewert-Prozentsatz im Einzelfall höher oder niedriger sein kann. Der halbe Grundstückswert sollte nicht unterschritten werden. Zu erheben ist ein 1,0 Gebühr nach Nr. 21200 KV.

2.803 Als **Geschäftswert der Löschungszustimmung** ist der **Nennbetrag** des zu löschenden Rechts maßgeblich, § 53 I. Zu erheben ist eine 0,5 Gebühr nach Nr. 21201 Nr. 4 KV.

2.804 Beim Zusammentreffen von verschiedenen Beurkundungsgegenständen ist nach § 35 I die Gebühr grundsätzlich aus der Summe der Werte zu erheben, es sei denn, das GNotKG bestimmt etwas anderes. Eine andere Bestimmung enthält § 94 I für den Fall, dass die einzelnen Gegenstände jeweils einen verschiedenen Gebührensatz auslösen. Insgesamt darf nicht mehr erhoben werden, als die nach dem höchsten Gebührensatz berechnete Gebühr aus der Summe aller Werte. Vorliegend ist der Ansatz der Einzelgebühren maßgeblich, denn die 2,0 Gebühr (= 3310,00 Euro) aus der Summe der Werte (240 000 Euro + 600 000 Euro + 80 000 Euro = 920 000 Euro) ist höher als die Summe der Einzelgebühren.

Pos. (2): 2.805
Die **Vollzugsgebühr beträgt grundsätzlich** 0,5 nach Nr. 22110 KV. Der Geschäftswert bestimmt sich gem. § 112 nach dem Wert des Beurkundungsverfahrens. Das gilt auch dann, wenn die Urkunde verschiedene Verfahrensgegenstände enthält, und nicht für alle eine Vollzugstätigkeit erforderlich ist.

Enthält die Urkunde mehrere Verfahrensgegenstände, so ist die Vollzugsgebühr 2.806 aus der Summe der Werte zu erheben. Lösen die einzelnen Erklärungen unterschiedliche Gebührensätze aus, so richtet sich der Gebührensatz der Vollzugsgebühr nach dem höchsten Gebührensatz.[1]

Die Vollzugsgebühr fällt nach § 93 I S. 1 nur einmal an, unabhängig von der Anzahl der vorzunehmenden Tätigkeiten.

Bezüglich der Bewertung des elektronischen Vollzugs wird auf Rz. 2.1524 ff. verwiesen.

Pos. (3): 2.807
Die Überwachung und Mitteilung der Kaufpreisfälligkeit und die Umschreibungsüberwachung (Ausfertigungssperre) gehören gemäß Nr. 22200 Anm. Nr. 2 bzw. Anm. Nr. 3 KV zu den Betreuungstätigkeiten. Der Geschäftswert bestimmt sich gem. § 113 I nach dem Wert für das Beurkundungsverfahren. Das gilt auch dann, wenn die Urkunde verschiedene Verfahrensgegenstände enthält, und nicht für alle eine Betreuungstätigkeit erforderlich ist.

Diese Gebühr fällt in jedem Verfahren nur einmal an, unabhängig von der Anzahl der vorzunehmenden Tätigkeiten, § 93 I S. 1.

→ Fall 65: Kaufvertrag über Gebäudeeigentum nebst Komplettierung durch den Verkäufer

A. Sachverhalt

A ist Eigentümer eines Grundstücks. In Abt. II des Grundbuchs ist ein Nut- 2.808 zungsrecht für den **Gebäudeeigentümer** eingetragen. Für dieses Gebäude besteht ein gesondertes Gebäudeeigentum (**Gebäudegrundbuch**). B ist Eigentümer des Gebäudes. Beide Grundbücher sind in Abteilung III lastenfrei. Im Gebäudegrundbuch sind auch in Abteilung II keine Belastungen eingetragen. A kauft von B das Gebäude zum Kaufpreis von 60 000 Euro. Zur Sicherung des A wird die Eintragung einer Auflassungsvormerkung bewilligt und beantragt.

Da nach der Vereinigung von Grundstück und Gebäude in einer Hand nicht mehr allein verfügt werden kann, und einer Aufhebung des Gebäudeeigentums keine Eintragungen in Abteilung II und III der Grundbücher entgegenstehen, wird vereinbart, dass **in Erfüllung des Anspruchs auf Eigentumsverschaffung**

---
1 LG Düsseldorf, Beschl. v. 2.3.2015 – 19 T 227/14, NotBZ 2015, 358.

am Gebäude der B das **Nutzungsrecht aufgibt**. Die Urkunde enthält die erforderliche Erklärung gegenüber dem Grundbuchamt. Die Löschung der Vormerkung wird entsprechend bewilligt und beantragt.

Der Notar wird beauftragt, den **Kaufpreis fällig** zu stellen, sowie die **Aufgabeerklärung** zum Nutzungsrecht und die Erklärungen zur Löschung der Auflassungsvormerkung **erst dann** dem Grundbuchamt **vorzulegen, wenn** ihm die vollständige **Zahlung des Kaufpreises nachgewiesen** wurde.

Weiter soll der Notar die Genehmigung nach der GVO einholen.

B. Rechnung

2.809

Pos.	Gebührentatbestände	Geschäftswert	KV-Nr.	Satz	Betrag
(1)	Beurkundungsverfahren (§§ 47, 97 III, 109 I, 93 I, 94 I)	60 000	21100	2,0	384,00
	Kaufvertrag (§ 47)	60 000	21100	2,0	
	Aufgabe Gebäudeeigentum (§§ 49 I, 46 I, 36 I ⅓ Gebäudewert)	~~20 000~~	~~21200~~	~~1,0~~	
(2)	Vollzug (Vorbem. 2.2.1.1 I Nr. 1; § 112) (Einholung Genehmigung nach GVO)	60 000	22110, 22112	0,5	~~96,00~~ 50,00
(3)	Betreuung (§ 113 I) (Überwachung und Mitteilung Kaufpreisfälligkeit, Umschreibungsüberwachung)	60 000	22200 Anm. Nr. 2, 3	0,5	96,00

C. Erläuterungen

2.810 **Pos. (1):**

Die Urkunde enthält mehrere Rechtsverhältnisse i.S.d. § 86 I: **Kaufvertrag** über Gebäudeeigentum und **Aufgabe** des **Gebäudeeigentums** (Nutzungsrecht am Grundstück) durch den Verkäufer. Nach § 86 II sind mehrere Rechtsverhältnisse auch verschiedene Beurkundungsgegenstände, soweit in § 109 nichts anderes bestimmt ist.

Da die in Rede stehenden Rechtsverhältnisse keine ausdrücklich verschiedenen Beurkundungsgegenstände nach den §§ 110, 111 sind, sind sie an § 109 zu messen.

2.811 Das Hauptgeschäft ist nach § 109 I S. 1–2 der Kaufvertrag. Die **Aufgabe** des Gebäudeeigentums erfolgt in **Erfüllung der Verpflichtung zur Verschaffung des Eigentums**, § 109 I. S. 1–2.

2.812 Der Geschäftswert des Grundstückskaufvertrages wird durch den Kaufpreis bestimmt, § 47 S. 1. Ein Vergleich mit dem Verkehrswert des Grundstücks nach § 47 S. 3 ist nur dann erforderlich, wenn Anhaltspunkte für einen höheren Wert vorliegen; dies ist vorliegend nicht der Fall. Nach § 109 I S. 5 gibt der Kaufvertrag den Geschäftswert der Urkunde vor.

V. Ausgewählte Kaufvertragstypen

Pos. (2): 2.813

Die **Vollzugsgebühr beträgt grundsätzlich** 0,5 nach Nr. 22110 KV. Der Geschäftswert bestimmt sich gem. § 112 nach dem Wert des Beurkundungsverfahrens. Das gilt auch dann, wenn die Urkunde verschiedene Verfahrensgegenstände enthält, und nicht für alle eine Vollzugstätigkeit erforderlich ist.

Handelt es sich aber ausschließlich um die Einholung öffentlich-rechtlicher Genehmigungen, so ist diese Gebühr gem. Nr. 22112 KV auf 50 Euro pro einzuholender Genehmigung **beschränkt**. Nach dem Sachverhalt ist die **Genehmigung nach GVO** einzuholen. diese Tätigkeit gehört zum Vollzug nach Vorbemerkung 2.2.1.1 I S. 2 Nr. 1 KV. Insgesamt sind nach dem Sachverhalt also 50 Euro zu erheben, denn die 0,5 Gebühr nach Nr. 22110 KV GNotKG aus 60 000 Euro (= 96,00 Euro) ist höher. 2.814

Bezüglich der Bewertung des elektronischen Vollzugs wird auf Rz. 2.1524 ff. verwiesen.

Pos. (3): 2.815

Die Überwachung und Mitteilung der Kaufpreisfälligkeit und die Umschreibungsüberwachung (Ausfertigungssperre) gehören gemäß Nr. 22200 Anm. Nr. 2 bzw. Anm. Nr. 3 KV zu den Betreuungstätigkeiten. Der Geschäftswert bestimmt sich gem. § 113 I nach dem Wert für das Beurkundungsverfahren. Das gilt auch dann, wenn die Urkunde verschiedene Verfahrensgegenstände enthält, und nicht für alle eine Betreuungstätigkeit erforderlich ist.

Diese Gebühr fällt in jedem Verfahren nur einmal an, unabhängig von der Anzahl der vorzunehmenden Tätigkeiten, § 93 I S. 1.

12. Dreiseitige Vereinbarung nach Vorkaufsrechtsausübung

→ **Fall 66: Auflassung und weitere Erklärungen – Dreiseitiger Vertrag**

A. Sachverhalt

Beurkundet wurde einst die Veräußerung eines Grundstücks von A an B zum Kaufpreis von 200 000 Euro. Der Vertragsgegenstand ist mit einem Vorkaufsrecht zugunsten des C belastet. Der Vorkaufsberechtigte C hat daraufhin sein **Vorkaufsrecht ausgeübt**. Im Grundbuch sind bereits die Auflassungsvormerkung für B und eine von B bestellte **Finanzierungsgrundschuld** i.H.v. 300 000 Euro eingetragen. Die Fälligkeit des Kaufpreises ist noch nicht eingetreten. Im Rahmen einer dreiseitigen Vereinbarung unter Mitwirkung von A, B und C werden die erforderlichen Erklärungen zur **Rückabwicklung des Erstverkaufs** und zur **Anpassung** der aufgrund der Ausübung des Vorkaufsrechts entstandenen Änderungen abgegeben. Dabei erklärt der Verkäufer A gegenüber dem Erstkäufer B den vorbehaltenen **Rücktritt** vom Erstkaufvertrag. Erstkäufer B erklärt die **Annahme des Rücktritts**. 2.816

Erstkäufer B bewilligt die **Löschung seiner Auflassungsvormerkung**. Von dieser darf der Notar erst Gebrauch machen, wenn der B bestätigt hat, dass ihm die im Zusammenhang mit dem Kaufvertrag entstandenen Kosten vom Verkäufer A erstattet worden sind und die Eigentumsumschreibung auf den Vorkäufer C beantragt werden kann. Alle Beteiligten beantragen die Löschung der Grundschuld zu 300 000 Euro und stimmen dieser gem. § 27 GBO zu.

Auch die **Löschungsbewilligung** der Finanzierungsgrundschuld liegt dem Notar **zu treuen Händen** vor. Sie wurde ihm **von der Gläubigerin** mit der **Auflage** erteilt, hiervon erst Gebrauch zu machen, wenn der Bank die entstandenen Kosten i.H.v. 2000 Euro gezahlt worden sind.

Verkäufer A und der Vorkäufer C passen den gem. § 464 II BGB zustande gekommenen schuldrechtlichen **Kaufvertrag an**. Die Eintragung einer **Vormerkung** zur Sicherung des Anspruchs auf Eigentumsverschaffung zugunsten des Vorkäufers C wird bewilligt und beantragt. Gleichzeitig unterwirft sich der Vorkäufer C wegen der eingegangenen Zahlungsverpflichtungen aus dem Kaufvertrag der sofortigen **Zwangsvollstreckung**. Die **Auflassung** wird erklärt. Für die **Finanzierung des Kaufpreises** sowie für weitere Investitionen erteilt der Verkäufer dem Käufer zur vorzeitigen Belastung des Vertragsobjektes eine **Belastungsvollmacht** i.H.v. 400 000 Euro.

Auftragsgemäß holt der Notar die Genehmigung nach der **GVO** und das **Negativattest** der Gemeinde nach § 28 BauGB ein. Weiterhin soll der Notar die Fälligkeit des Kaufpreises mitteilen und Ausfertigungen mit Auflassung erst herausgeben, nach dem die Zahlung des Kaufpreises nachgewiesen worden ist.

B. Rechnung

2.817

Pos.	Gebührentatbestände	Geschäftswert	KV-Nr.	Satz	Betrag
(1)	Beurkundungsverfahren (§§ 47, 97 III, 109 I, 86 II, 93 I, 94)	~~400 000~~	~~21100~~	~~2,0~~	~~1570~~
	Rücktritt des Verkäufers A (§ 47)	200 000	21200	1,0	435,00
	Löschung der Auflassungsvormerkung für den Erstkäufer B (§§ 45 I, 47)	~~200 000~~	~~21201~~ Nr. 4	~~0,5~~	
	Löschungserklärung Grundschuld (§ 53 I)	~~300 000~~	~~21201~~ Nr. 4	~~0,5~~	
	Anpassungsvereinbarung (§ 47)	200 000	21100	2,0	870,00
	Auflassung	~~200 000~~	~~21201~~ Nr. 2	~~0,5~~	
	Auflassungsvormerkung	~~200 000~~	~~21201~~ Nr. 4	~~0,5~~	
	Zwangsvollstreckungsunterwerfung wegen des Kaufpreises	~~200 000~~	~~21200~~	~~1,0~~	
	Belastungsvollmacht	~~400 000~~	~~21200~~	~~1,0~~	

V. Ausgewählte Kaufvertragstypen

Pos.	Gebührentatbestände	Geschäfts-wert	KV-Nr.	Satz	Betrag
(2)	Vollzug (Vorbem. 2.2.1.1 I Nr. 1, § 112) (Einholung Negativattest nach § 28 BauGB, Einholung Genehmigung nach GVO)	400 000	22110, 22112	0,5	~~392,50~~ 2 × 50,00 = 100,00
(3)	Betreuung (§ 113 I) (Überwachung und Mitteilung Kaufpreisfälligkeit, Umschreibungsüberwachung, Überwachung Löschung Auflassungsvormerkung aus Erstvertrag)	400 000	22200 Anm. Nr. 2, 3	0,5	392,50
(4)	Treuhandauftrag für Löschungsbewilligung Finanzierungsgrundschuld Erstvertrag (§ 113 II)	2000	22201	0,5	15,00 (Allgemeine Mindestgebühr)

C. Erläuterungen

Pos. (1): 2.818

Die Urkunde enthält mehrere Rechtsverhältnisse i.S.d. § 86 I: **Rücktritt** vom Erstvertrag, **Löschung** der **Auflassungsvormerkung** zum ersten Vertrag, **Löschung** der **Finanzierungsgrundschuld** zum ersten Vertrag, sowie **Anpassungsvereinbarung (hier: neuer Vertrag), Auflassung, Auflassungsvormerkung, Zwangsvollstreckungsunterwerfung** wegen des Kaufpreises, **Belastungsvollmacht** zum neuen Vertrag. Nach § 86 II sind mehrere Rechtsverhältnisse auch verschiedene Beurkundungsgegenstände, soweit in § 109 nichts anderes bestimmt ist.

Da die in Rede stehenden Rechtsverhältnisse keine ausdrücklich verschiedenen Beurkundungsgegenstände nach den §§ 110, 111 sind, sind sie an § 109 zu messen.

Die **Löschungserklärungen** zur **Auflassungsvormerkung** und zur **Finanzierungsgrundschuld** aus dem Erstvertrag dienen der **Durchführung** (Erfüllung der Pflicht zur lastenfreien Eigentumsverschaffung) der Anpassungsvereinbarung (= neuer Vertrag) nach **§ 109 I S. 1–3**. Sie sind aber auch Bestandteil der sich aus dem Rücktritt ergebenden Rückabwicklungsverpflichtung.

Der Wert der Anpassungsvereinbarung gibt somit insoweit den Geschäftswert vor, § 109 I S. 5. Der **Rücktritt** vom Erstvertrag dient hingegen nicht der Erfüllung, Sicherung oder Durchführung der Anpassungsvereinbarung als solcher, ist damit dazu ein **verschiedener Beurkundungsgegenstand** nach § 86 II.

2.819 Mit der **Ausübung des Vorkaufsrechtes** kommt ein Vertrag gleichen Inhalts zwischen dem Verkäufer und dem Vorkaufsberechtigten zustande. Dieser genügt hier aber inhaltlich nicht den geänderten Anforderungen. Auch wenn Vertragsgegenstand und Kaufpreis übernommen werden, sind die weiteren Veränderungen insbesondere im Hinblick auf Finanzierung, Besitzüberbang und Gewährleistung so gravierend, dass **vorliegend eine Neubeurkundung** des Vertrages gewählt wurde. Zu diesem Vertrag sind die **Auflassung**, die **Zwangsvollstreckungsunterwerfung** wegen des Kaufpreises, die Erklärungen zur **Auflassungsvormerkung** und die **Belastungsvollmacht** derselbe Beurkundungsgegenstand i.S.v. § 109 I S. 1–2 (ausführlich hinsichtlich der Geschäftswerte und Gebührensätze siehe Fall 19, Rz. 2.254, 2.257 ff., sowie Fall 22, Rz. 2.279, 2.282 f.).

Der **Geschäftswert** dieser **Anpassungsvereinbarung** (= neuer Kaufvertrag) richtet sich gemäß §§ 97, 47 nach dem Kaufpreis. Es fällt eine 2,0 Gebühr nach Nr. 21100 KV an. Da die Anpassungsvereinbarung im Verhältnis zu den anderen, denselben Beurkundungsgegenstand betreffenden Erklärungen gemäß § 109 I S. 5 sowohl den Geschäftswert als gemäß § 94 II S. 1 auch den Gebührensatz vorgibt, kommt es auf diese Erklärungen nicht mehr an. Für sich betrachtet lösen die Löschungsklärungen jeweils eine 0,5 Gebühr nach Nr. 21201 Nr. 4 KV aus, die Vormerkung aus dem Wert des Erstvertrages (§§ 45 III, 47), die Grundschuld aus dem Wert nach deren Nennbetrag (§ 53 I).

2.820 Der **Geschäftswert der Rücktrittserklärung** richtet sich nach dem Wert des Erstvertrages (= Kaufpreis), §§ 97 I, 47, die Gebühr beträgt 1,0 nach Nr. 21200 KV.

2.821 Beim Zusammentreffen von verschiedenen Beurkundungsgenständen ist nach § 35 I die Gebühr grundsätzlich aus der Summe der Werte zu erheben, es sei denn, das GNotKG bestimmt etwas anderes. Eine andere Bestimmung enthält § 94 I für den Fall, dass die einzelnen Gegenstände jeweils einen verschiedenen Gebührensatz auslösen. Das ist vorliegend der Fall, denn die Anpassungsvereinbarung löst eine 2,0 Gebühr nach Nr. 21100 KV aus, der Rücktritt hingegen eine 1,0 Gebühr nach Nr. 21200 KV. Insgesamt darf jedoch nicht mehr erhoben werden, als die nach dem höchsten Gebührensatz berechnete Gebühr aus der Summe aller Werte. Vorliegend ist die Summe der Einzelgebühren niedriger als der Betrag der 2,0 Gebühr aus der Summe der beiden Geschäftswerte. Der **getrennte Ansatz** der Gebühren ist daher **maßgeblich**.

2.822 **Pos. (2):**

Die **Vollzugsgebühr beträgt grundsätzlich** 0,5 nach Nr. 22110 KV. Der Geschäftswert bestimmt sich gem. § 112 nach dem Wert des Beurkundungsverfahrens. Das gilt auch dann, wenn die Urkunde verschiedene Verfahrensgegenstände enthält, und nicht für alle eine Vollzugstätigkeit erforderlich ist.

2.823 Handelt es sich aber ausschließlich um die Einholung öffentlich-rechtlicher Genehmigungen, so ist diese Gebühr gem. Nr. 22112 KV auf 50 Euro pro einzuholender Genehmigung **beschränkt**. Nach dem Sachverhalt sind das **Negativattest** der Gemeinde **nach § 28 BauGB** sowie die **Genehmigung nach GVO** einzuholen. Beide Tätigkeiten gehören zum Vollzug nach Vorbemerkung 2.2.1.1 I S. 2 Nr. 1 KV. Insgesamt sind nach dem Sachverhalt also 100 Euro (2 × 50 Euro) zu erheben, denn die 0,5 Gebühr nach Nr. 22110 KV GNotKG aus 400 000 Euro (= 392,50 Euro) ist höher.

Die Vollzugsgebühr fällt nach § 93 I S. 1 nur einmal an, unabhängig von der Anzahl der vorzunehmenden Tätigkeiten.

Bezüglich der Bewertung des elektronischen Vollzugs wird auf Rz. 2.1524 ff. verwiesen.

Pos. (3): 2.824

Die Überwachung und Mitteilung der Kaufpreisfälligkeit und die Umschreibungsüberwachung (Ausfertigungssperre) gehören gemäß Nr. 22200 Anm. Nr. 2 KV bzw. Anm. Nr. 3 KV zu den Betreuungstätigkeiten. Auch die Überwachung der Löschungsbewilligung des Urkundsbeteiligten Erstkäufers betreffend dessen Auflassungsvormerkung aus dem Erstverkauf ist eine Betreuungstätigkeit nach Nr. 22200, und zwar nach Anm. Nr. 3. Da es sich hierbei um die Überwachungsauflage eines Urkundsbeteiligten und nicht eines Dritten handelt, scheidet eine Treuhandgebühr nach Nr. 22201 KV aus.

Der Geschäftswert bestimmt sich gem. § 113 I nach dem Wert für das Beurkundungsverfahren. Das gilt auch dann, wenn die Urkunde verschiedene Verfahrensgegenstände enthält, und nicht für alle eine Betreuungstätigkeit erforderlich ist.

Diese Gebühr fällt in jedem Verfahren nur einmal an, unabhängig von der Anzahl der vorzunehmenden Tätigkeiten; § 93 I S. 1.

Pos. (4): 2.825

Die **Überwachung** der **Auflage** der **Gläubigerin** der Finanzierungsgrundschuld aus dem Erstvertrag, die diese mit der Übersendung der Löschungsbewilligung verbunden hat (**Treuhandauflage**), stellt eine weitere Betreuungstätigkeit dar, die weder eine Vollzugs- noch eine Betreuungsgebühr auslöst. Das GNotKG sieht hier in Nr. 22201 KV eine **eigenständige** (Treuhand-)**Gebühr** mit einem Gebührensatz von 0,5 vor.

Der **Geschäftswert** richtet sich gem. § 113 II nach dem **Sicherungsinteresse**. Da die Gläubigerin die Verwendung der Löschungsbewilligung von der Zahlung ihrer Kosten i.H.v. 2000 Euro abhängig gemacht hat, bestimmt dieser Betrag das Sicherungsinteresse. 2.826

D. Exkurs

Übt die Gemeinde ein gesetzliches Vorkaufsrecht aus, so kommt der Vertrag kraft Gesetzes zustande. Beurkundet werden muss nur die Auflassung. Zur Bewertung s. Fall 133, Rz. 2.1319 ff.) 2.827

13. Kauf vom Bauträger

Es bestehen **keine Bewertungsbesonderheiten**. Jedoch ist nunmehr aufgrund der Regelung in § 112 GNotKG der Streit, ob als Wertansatz für den **Vollzug** der **Gesamtkaufpreis** angenommen werden darf oder nur der auf das Grundstück entfallende Kaufpreisteil, im Sinne der erstgenannten Auffassung obsolet. 2.828

Besonderheiten bestehen jedoch beim **Tausch mit dem Bauträger** (hierzu Rz. 2.1504 ff., 2.1509 ff.).

14. Kettenkaufvertrag (A-B-C-Kauf)

2.829 Unter Kettenkaufvertrag versteht man gemeinhin den Verkauf von A an B und den Weiterverkauf von B an C in **gesonderten Urkunden**. Es bestehen keine Bewertungsbesonderheiten. Die komplexen Kautelen sowie die Abtretung der Vormerkung im Kaufvertrag B-C werden nicht gesondert bewertet. Sie sind entweder Inhalt des Vertrags oder haben denselben Beurkundungsgegenstand. Anders wäre es nur bei (atypischer) Mitwirkung des Erstverkäufers A auch in der Kaufverhandlung zwischen B und C.

15. Einheimischenmodell

→ **Fall 67: Kaufvertrag von der Gemeinde an einen Einheimischen**

A. Sachverhalt

2.830 Die **Gemeinde verkauft** an ortsansässige Eheleute ein **Grundstück** zum Zwecke der **Bebauung mit einem Einfamilienhaus** zum Kaufpreis von 50 000 Euro. Die Eheleute **verpflichten** sich, das Grundstück mit einem Einfamilienhaus zu bebauen und dieses **selbst zu bewohnen**. Sollte der Käufer seine Verpflichtung nicht innerhalb von 3 Jahren erfüllen, behält sich die Gemeinde ein **Wiederkaufsrecht** vor. Des Weiteren **verpflichten** sich die Käufer, den Grundbesitz nicht **ohne Zustimmung** der Gemeinde zu veräußern. Auch für diesen Fall behält sich die **Gemeinde** ein **Wiederkaufsrecht** vor. Die Baukosten für das Einfamilienhaus werden mit 200 000 Euro angegeben.

Der Verkehrswert des Grundstücks wurde von der Gemeinde mit 70 000 Euro angegeben.

Der Kaufpreis ist fällig, sobald die Genehmigung der Kommunalaufsicht vorliegt und die Auflassungsvormerkung im Grundbuch eingetragen ist. Der Notar wird von den Beteiligten **beauftragt**, die **Fälligkeit der Kaufpreiszahlung mitzuteilen**. Weiter soll der Notar Ausfertigungen oder beglaubigte Abschriften mit **Auflassung erst herausgeben**, nachdem die **Zahlung des Kaufpreises nachgewiesen** worden ist. Auftragsgemäß holt der Notar die **Genehmigung der Kommunalaufsicht** ein.

B. Rechnung

Pos.	Gebührentatbestände	Geschäfts-wert	KV-Nr.	Satz	Betrag	2.831
(1)	Beurkundungsverfahren (§§ 47, 97 III, 109 I)	85 000	21100	2,0	492,00	
	Kaufvertrag (§ 47 S. 1–2)	85 000	21100	2,0		
	– Kaufpreis 50 000					
	– Bauverpflichtung Wohngebäude 14 000 (§ 50 Nr. 3a)					
	– Selbstnutzungsverpflichtung 14 000 (§ 50 Nr. 2)					
	– schuldrechtliches Verfügungs-verbot 7000 § 50 Nr. 1)					
	Wiederkaufsrecht der Gemeinde (§ 51 I S. 2)	~~42 500~~	~~21100~~	~~2,0~~		
(2)	Vollzug (Vorbem. 2.2.1.1 I Nr. 1, § 112) (Einholung Genehmigung der Kommunalaufsicht)	85 000	22110, 22112	0,5	~~123,00~~ 50,00	
(3)	Betreuung (§ 113 I) (Überwachung und Mitteilung Kaufpreisfälligkeit, Umschrei-bungsüberwachung)	85 000	22200 Anm. Nr. 2, 3	0,5	123,00	

C. Erläuterungen

Pos. (1): 2.832

Die Urkunde enthält mehrere Rechtsverhältnisse i.S.d. § 86 I: **Kaufvertrag** und **Wiederkaufsrecht**. Nach § 86 II sind mehrere Rechtsverhältnisse auch verschiedene Beurkundungsgegenstände, soweit in § 109 nichts anderes bestimmt ist.

Da die in Rede stehenden Rechtsverhältnisse keine ausdrücklich verschiedenen Beurkundungsgegenstände nach den §§ 110, 111 sind, sind sie an § 109 zu messen.

Das Hauptgeschäft ist nach § 109 I S. 1–2 der Grundstückskaufvertrag.

Das **Wiederkaufsrecht** der Gemeinde, das – wie hier – bei Verletzung der Verpflichtungen des Käufers ausgeübt werden kann, ist als **Sicherungsgeschäft** derselbe Gegenstand i.s.v. **§ 109 I S. 1–2**. 2.833

Der Wert des Grundstückskaufvertrages bestimmt sich nach dem **Kaufpreis** (§ 47 S. 1), dem die Werte der vom Käufer **übernommenen weiteren Leistungen hinzuzurechnen** sind (§ 47 S. 2). Solche weiteren Leistungen sind **hier** die **Verpflichtung zur privaten Wohnbebauung**, die **Selbstnutzungsverpflichtung** und das **schuldrechtliche Verfügungsverbot**. 2.834

Die **Verpflichtung zur Errichtung es selbstgenutzten Familienwohnheims** ist eine schuldrechtliche Verpflichtung i.S.v. **§ 50 Nr. 3a**. Als Geschäftswert sind 2.835

20 % des Verkehrswertes des betroffenen Grundstücks maßgeblich. Er beträgt hier 14 000 Euro.

2.836 Die **Selbstnutzungsverpflichtung** ist eine schuldrechtliche Verpflichtung i.S.v. **§ 50 Nr. 2** Als Wert sind 20 % des Verkehrswertes des betroffenen Gegenstandes, hier des Grundstücks, maßgeblich. Er beträgt hier 14 000 Euro.

2.837 Das **Verfügungsverbot** ist eine schuldrechtliche Verpflichtung i.S.v. **§ 50 Nr. 1**. Als Wert sind 10 % des Verkehrswertes des betroffenen Gegenstandes, hier des Grundstücks, maßgeblich. Er beträgt hier 7000 Euro.

Insgesamt beträgt damit der Wert der Leistung des Käufers nach § 47 S. 1–2 85 000 Euro. Zu erheben ist eine 2,0 Gebühr.

2.838 Als Geschäftswert des Wiederkaufsrechtes ist der halbe Grundstückswert maßgeblich, § 51 I S. 2. Zu erheben ist eine 2,0 Gebühr.

2.839 Da das Wiederkaufsrecht aber hier nach § 109 I S. 1–2 in einem Abhängigkeitsverhältnis zum Grundstückskaufvertrag steht, gibt dessen Wert nach § 109 I S. 5 den Geschäftswert der Urkunde vor.

2.840 **Anmerkung:**
Wird ein Wiederkaufsrecht für den Fall eingeräumt, dass der Käufer den Kaufgegenstand nicht innerhalb bestimmter Frist bebaut, so handelt es sich faktisch um eine sog. **„stillschweigende Bauverpflichtung"**. Sie stellt eine weitere Leistung des Käufers dar; § 47 S. 2. Ihr Geschäftswert bestimmt sich nach § 51 I S. 2.

2.841 **Pos. (2):**
Die **Vollzugsgebühr beträgt grundsätzlich** 0,5 nach Nr. 22110 KV. Der Geschäftswert bestimmt sich gem. § 112 nach dem Wert des Beurkundungsverfahrens.

2.842 Handelt es sich aber um die Einholung öffentlich-rechtlicher Genehmigungen, so **beschränkt** sie sich gem. Nr. 22112 auf 50 Euro pro einzuholender Genehmigung. Im Sachverhalt ist die **Genehmigung der Kommunalaufsicht** einzuholen. Diese Tätigkeit gehört zum Vollzug nach Vorbemerkung 2.2.1.1 I S. 2 Nr. 1 KV. Insgesamt sind nach dem Sachverhalt also 50 Euro zu erheben, denn die 0,5 Gebühr nach Nr. 22110 KV GNotKG aus 85 000 Euro (= 123,00 Euro) ist höher.

Bezüglich der Bewertung des elektronischen Vollzugs wird auf Rz. 2.1524 ff. verwiesen.

2.843 **Pos. (3):**
Die Überwachung und Mitteilung der Kaufpreisfälligkeit und die Umschreibungsüberwachung (Ausfertigungssperre) gehören gemäß Nr. 22200 Anm. Nr. 2 bzw. Anm. Nr. 3 KV zu den Betreuungstätigkeiten. Der Geschäftswert bestimmt sich gem. § 113 I nach dem Wert für das Beurkundungsverfahren.

Diese Gebühr fällt in jedem Verfahren nur einmal an, unabhängig von der Anzahl der vorzunehmenden Tätigkeiten; § 93 I S. 1.

16. Kaufvertrag im Anschluss an eine Grundstücksauktion

2.844 Hierzu wird auf Fall 7 (Teil 25, Rz. 25.40) verwiesen.

17. Kaufverträge nach dem AusglLeistG

→ **Fall 68: Kaufvertrag nach § 3 VII S. 1 AusglLeistG (landwirtschaftliche Fläche)**

A. Sachverhalt

Die BVVG veräußert eine **landwirtschaftliche Nutzfläche** zum Kaufpreis von 65 000 Euro. Der Kaufpreis wurde nach den Vorschriften des **Ausgleichsleistungsgesetzes** bestimmt. Gem. **§ 3 VII Satz 1 AusglLeistG** ist der Wertansatz für landwirtschaftliche Flächen der Verkehrswert, von dem ein Abschlag i.H.v. 35 v.H. vorgenommen wird. 2.845

Die Vertragsparteien stellen fest, dass der Verkaufsgegenstand dem in **§ 3 X S. 1 AusglLeistG** enthaltenen **Veräußerungsverbot** unterliegt. Der Käufer ist des Weiteren verpflichtet, während der Dauer des gesetzlichen Veräußerungsverbotes jede anderweitige Verfügung über den Kaufgegenstand ohne Zustimmung der Verkäuferin zu unterlassen (**Verfügungsverbot**). Verstößt der Käufer gegen die Verpflichtungen, so ist die Verkäuferin zum **Rücktritt** berechtigt. Zur Sicherung der Ansprüche wird die Eintragung einer **Rückauflassungsvormerkung** zugunsten der Verkäuferin beantragt.

Der **Kaufpreis** ist zu einem **festen Termin zur Zahlung fällig**. Ausfertigungen und beglaubigte Abschriften der Urkunde sind **bis zur vollständigen Zahlung des Kaufpreises** nur auszugsweise herauszugeben. Der Notar wird beauftragt, die **Genehmigung nach der GVO** einzuholen.

B. Rechnung

Pos.	Gebührentatbestände	Geschäftswert	KV-Nr.	Satz	Betrag
(1)	Beurkundungsverfahren (§§ 47, 46 97)	100 000	21100	2,0	546,00
(2)	Vollzug (Vorbem. 2.2.1.1 I Nr. 1, § 112) (Einholung Genehmigung nach GVO)	100 000	22110, 22112	0,5	~~136,50~~ 50,00
(3)	Betreuung (§ 113 I) (Umschreibungsüberwachung)	100 000	22200 Anm. Nr. 3	0,5	136,50

2.846

C. Erläuterungen

Pos. (1):

Der Geschäftswert wird durch den Kaufpreis bestimmt, § 47 S. 1. Ein Vergleich mit dem Verkehrswert des Grundstücks nach § 47 S. 3 ist nur dann erforderlich, wenn Anhaltspunkte für einen höheren Wert vorliegen. Solche sind hier ersichtlich. 2.847

Bei Kaufverträgen, die auf der Rechtsgrundlage des Ausgleichsleistungsgesetzes geschlossen werden, kann **grundsätzlich** von einem **vergünstigten, subventio-** 2.848

nierten Erwerb ausgegangen werden, denn die Vertragsteile bilden den **Kaufpreis**, indem von dem festgestellten Verkehrswert für die begünstigten Flächen in Einklang mit den gesetzlichen Vorgaben (hier nach § 3 VII Satz 1 AusglLeistG) ein **Abschlag vom Verkehrswert** des Grundstücks i.H.v. 35 %) vorgenommen wird. Damit ist der **Verkehrswert** nach § 46 durch „Rückrechnung" des Abschlags **bestimmbar.** Er liegt dann über dem Kaufpreis und ist somit **als Geschäftswert maßgeblich.**

2.849 Die weiteren Leistungen (**Veräußerungsverbot** und **Verfügungsverbot**) erhöhen nach § 47 S. 2 die Leistung des Käufers. In der Summe bleiben sie aber in der Regel hinter dem Verkehrswert zurück.[1]

Zu erheben ist ein 2,0 Gebühr nach Nr. 21100 KV.

2.850 **Anmerkung:**

Anders als bei Verträgen nach dem **Sachenrechtsbereinigungsgesetz** (vgl. Rz. 2.764 ff.) handelt es sich hier um Grundstücke, die grundsätzlich frei handelbar sind. Lediglich solche Käufer, die gesetzlich bestimmte Voraussetzungen erfüllen, erhalten eine **personenbezogene Vergünstigung**. Derartige Vergünstigungen wirken sich nicht auf das Notarkostenrecht aus.

2.851 **Pos. (2):**

Die **Vollzugsgebühr beträgt grundsätzlich** 0,5 nach Nr. 22110 KV. Der Geschäftswert bestimmt sich gem. § 112 nach dem Wert des Beurkundungsverfahrens.

2.852 Handelt es sich aber um die Einholung einer öffentlich-rechtlicher Genehmigungen, so **beschränkt** sie sich gem. Nr. 22112 auf 50 Euro pro einzuholender Genehmigung. Im Sachverhalt ist die **Genehmigung nach der GVO** einzuholen. Diese Tätigkeit gehört zum Vollzug nach Vorbemerkung 2.2.1.1 I S. 2 Nr. 1 KV. Insgesamt sind nach dem Sachverhalt also 50 Euro zu erheben, denn die 0,5 Gebühr nach Nr. 22110 KV GNotKG aus 100 000 Euro (= 136,50 Euro) ist höher.

Bezüglich der Bewertung des elektronischen Vollzugs wird auf Rz. 2.1524 ff. verwiesen.

2.853 **Pos. (3):**

Die Umschreibungsüberwachung (Ausfertigungssperre) gehört gemäß Nr. 22200 Anm. Nr. 3 KV zu den Betreuungstätigkeiten. Der Geschäftswert bestimmt sich gem. § 113 I nach dem Wert für das Beurkundungsverfahren.

→ **Fall 69: Kaufvertrag nach § 3 Abs. VIIa S. 3 AusglLeistG (landwirtschaftliche Fläche)**

A. Sachverhalt

2.854 Die BVVG veräußert eine **landwirtschaftliche Nutzfläche** zum Kaufpreis von 66 000 Euro. Der Kaufpreis wurde nach **§ 3 VIIa Satz 1 AusglLeistG** bestimmt. Auf diesen ist nach dieser Vorschrift ein (Zins-)Aufschlag von 650 Euro zu leisten, der hier bereits im Zahlbetrag enthalten ist.

---

1 Ausführlich dazu *Mohnhaupt/Richter*, NotBZ 2014, 134, 135.

Die Vertragsparteien stellen fest, dass der Verkaufsgegenstand dem in **§ 3 X S. 1 AusglLeistG** enthaltenen **Veräußerungsverbot** unterliegt. Der Käufer ist des Weiteren verpflichtet, während der Dauer des gesetzlichen Veräußerungsverbotes jede anderweitige Verfügung über den Kaufgegenstand ohne Zustimmung der Verkäuferin zu unterlassen (**Verfügungsverbot**). Verstößt der Käufer gegen die Verpflichtungen, so ist die Verkäuferin zum **Rücktritt** berechtigt. Zur Sicherung der Ansprüche wird die Eintragung einer **Rückauflassungsvormerkung** zugunsten der Verkäuferin beantragt.

Der **Kaufpreis** ist zu einem **festen Termin zur Zahlung fällig**. Ausfertigungen und beglaubigte Abschriften der Urkunde sind **bis zur vollständigen Zahlung des Kaufpreises** nur auszugsweise herauszugeben. Der Notar wird beauftragt, die **Genehmigung nach dem Grundstücksverkehrsgesetz** einzuholen.

B. Rechnung

2.855

Pos.	Gebührentatbestände	Geschäfts-wert	KV-Nr.	Satz	Betrag
(1)	Beurkundungsverfahren (§§ 47, 46 97)	264 000	21100	2,0	1170,00
(2)	Vollzug (Vorbem. 2.2.1.1 I Nr. 1, § 112) (Einholung Genehmigung nach GrdstVG)	264 000	22110, 22112	0,5	~~292,50~~ 50,00
(3)	Betreuung (§ 113 I) (Umschreibungsüberwachung)	264 000	22200 Anm. Nr. 3	~~0,5~~	292,50

C. Erläuterungen

Pos. (1):

Der Geschäftswert wird durch den Kaufpreis bestimmt; § 47 S. 1. Ein Vergleich mit dem Verkehrswert des Grundstücks nach § 47 S. 3 ist nur dann erforderlich, wenn Anhaltspunkte für einen höheren Wert vorliegen. Solche sind hier ersichtlich.

2.856

Bei Kaufverträgen, die auf der Rechtsgrundlage des Ausgleichsleistungsgesetzes geschlossen werden, kann **grundsätzlich** von einem vergünstigten, **subventionierten Erwerb** ausgegangen werden, denn die Vertragsteile bilden den Kaufpreis, indem von dem festgestellten Verkehrswert für die begünstigten Flächen in Einklang mit den gesetzlichen Vorgaben (hier nach § 3 VIIa Satz 3 AusglLeistG) ein **Abschlag vom Verkehrswert** des Grundstücks i.H.v. 35 % vorgenommen wird. Damit ist der **Verkehrswert** nach § 46 durch „Rückrechnung" des Abschlags **bestimmbar**. Er liegt auch über dem Kaufpreis und ist somit **als Geschäftswert maßgeblich**.

2.857

Anders als im Fall 68 (Rz. 2.845 ff.) ist hier der **Bezugswert der Kaufpreisbildung** nicht der Verkehrswert des Grundstücks zum Zeitpunkt der Beurkundung. Maßgeblich ist **der 2004 festgestellte und im Bundesanzeiger vom 21.7.2004**[1]

2.858

---

1 Bekanntmachung im Bundesanzeiger Nr. 143/2004 v. 21.7.2004 in der Beilage 134a.

bekannt gemachte Wert. Nach § 96 GNotKG, der auf den Wert zum Zeitpunkt der Beurkundung abstellt, ist die zwischenzeitliche Wertveränderung zu berücksichtigen. Ohne genaue Verkehrswertfeststellung auf diesen Zeitpunkt muss der Wert **nach § 36 I GNotKG geschätzt** werden. In der **Praxis** haben Vergleichswerte ergeben, dass der **4fache Kaufpreis von 2004** (also Verkehrswert abzüglich 35 %) etwa dem Verkehrswert von 2014 entspricht.[1] Dieser Vervielfältiger kann regional abweichen. Ein Vergleich mit gleichartigen Verkäufen zum Verkehrswert ist meist hilfreich. Für den vorliegenden Fall wird der 4fache Betrag des auf 2004 bezogenen Kaufpreises angenommen (66 000 Euro × 4 = 264 000 Euro).

2.859 Die weiteren Leistungen (Veräußerungsverbot und Verfügungsverbot) erhöhen nach § 47 S. 2 GNotKG die Leistung des Käufers. In der Summe bleiben sie aber hinter dem Verkehrswert zurück.[2]

Zu erheben ist ein 2,0 Gebühr nach Nr. 21100 KV.

2.860 **Anmerkung:**
Anders als bei Verträgen nach dem **Sachenrechtsbereinigungsgesetz** (vgl. Rz. 2.764 ff.) handelt es sich hier um **Grundstücke**, die **grundsätzlich frei handelbar** sind. Lediglich solche Käufer, die gesetzlich bestimmte Voraussetzungen erfüllen, erhalten eine **personenbezogene Vergünstigung**. Derartige Vergünstigungen wirken sich nicht auf das Notarkostenrecht aus.

2.861 **Pos. (2):**
Die **Vollzugsgebühr beträgt grundsätzlich** 0,5 nach Nr. 22110 KV. Der Geschäftswert bestimmt sich gem. § 112 nach dem Wert des Beurkundungsverfahrens.

2.862 Handelt es sich aber um die Einholung einer öffentlich-rechtlichen Genehmigungen, so **beschränkt** sie sich gem. Nr. 22112 auf 50 Euro pro einzuholender Genehmigung. Im Sachverhalt ist die **Genehmigung nach dem Grundstücksverkehrsgesetz** einzuholen. Diese Tätigkeit gehört zum Vollzug nach Vorbemerkung 2.2.1.1 I S. 2 Nr. 1 KV. Insgesamt sind nach dem Sachverhalt also 50 Euro zu erheben, denn die 0,5 Gebühr nach Nr. 22110 KV GNotKG aus 264 000 Euro (= 292,50 Euro) ist höher.

Bezüglich der Bewertung des elektronischen Vollzugs wird auf Rz. 2.1524 ff. verwiesen.

2.863 **Pos. (3):**
Die Umschreibungsüberwachung (Ausfertigungssperre) gehört gemäß Nr. 22200 Anm. Nr. 2 bzw. Anm. Nr. 3 KV zu den Betreuungstätigkeiten. Der Geschäftswert bestimmt sich gem. § 113 I nach dem Wert für das Beurkundungsverfahren.

---

1 Ausführlich dazu *Mohnhaupt/Richter*, NotBZ 2014, 134, 136.
2 Ausführlich dazu *Mohnhaupt/Richter*, NotBZ 2014, 134, 135.

→ **Fall 70: Kaufvertrag nach dem AusglLeistG (Waldfläche)**

A. Sachverhalt

Die BVVG veräußert **Waldflächen mit einem Anteil hiebsreifer Bestände von weniger als 10 %** zum Kaufpreis von 90 000 Euro. Der Kaufpreis wurde nach den Vorschriften des **Ausgleichsleistungsgesetzes** bestimmt. Nach § 3 VII S. 4 AusglLeistG ist für Waldflächen mit einem Anteil hiebsreifer Bestände von weniger als 10 % der Wertansatz auf der Grundlage des dreifachen Ersatzeinheitswertes zum Einheitswert 1935 nach den §§ 1–7 der 10. Verordnung zur Durchführung des Feststellungsgesetzes unter Beachtung des gegenwärtigen Waldzustandes zu ermitteln.

2.864

Die Vertragsparteien stellten fest, dass der Verkaufsgegenstand dem in § 3 I0 S. 1 AusglLeistG enthaltenen Veräußerungsverbot unterliegt. Der Käufer ist des Weiteren verpflichtet, während der Dauer des gesetzlichen Veräußerungsverbotes jede anderweitige **Verfügung** über den Kaufgegenstand **ohne Zustimmung** der Verkäuferin **zu unterlassen**. Verstößt der Käufer gegen die Verpflichtungen, so ist die Verkäuferin **zum Rücktritt berechtigt**. Zur Sicherung der Ansprüche wird die Eintragung einer Rückauflassungsvormerkung zugunsten der Verkäuferin beantragt.

Der Kaufpreis ist zu einem festen Termin zur Zahlung fällig. **Ausfertigungen und beglaubigte Abschriften** der Urkunde sind bis **zur vollständigen Zahlung des Kaufpreises nur auszugsweise** herauszugeben. Der Notar wird beauftragt, die Genehmigung nach der **GVO einzuholen**.

B. Rechnung

Pos.	Gebührentatbestände	Geschäftswert	KV-Nr.	Satz	Betrag
(1)	Beurkundungsverfahren (§§ 47, 46 97)	300 000	21100	2,0	1270,00
(2)	Vollzug (Vorbem. 2.2.1.1 I Nr. 1; § 112) (Einholung Genehmigung nach GVO)	300 000	22110, 22112	0,5	~~317,50~~ 50,00
(3)	Betreuung (§ 113 I) (Umschreibungsüberwachung)	300 000	22200 Anm. Nr. 3	0,5	317,50

2.865

C. Erläuterungen

Pos. (1):

2.866

Der Geschäftswert wird durch den Kaufpreis bestimmt, § 47 S. 1. Ein Vergleich mit dem Verkehrswert des Grundstücks nach § 47 S. 3 ist nur dann erforderlich, wenn Anhaltspunkte für einen höheren Wert vorliegen. Solche sind hier ersichtlich.

Bei Kaufverträgen, die auf der Rechtsgrundlage des Ausgleichsleistungsgesetzes geschlossen werden, kann grundsätzlich von einem vergünstigten, subventio-

2.867

nierten Erwerb ausgegangen werden, denn die Vertragsteile bilden den Kaufpreis für die begünstigten Flächen in Einklang mit den gesetzlichen Vorgaben. Nach § 47 S. 3 ist beim Kauf von Grundstücken der Verkehrswert maßgebend, soweit er den Kaufpreis, wie hier, übersteigt.

2.868 Bei Waldflächen ist zwischen hiebsreifen Beständen bis 10 % und solchen über 10 % zu unterscheiden. Im erstgenannten Fall kann der Kaufpreis auf den Einheitswert zurückgeführt werden, indem er durch 3 dividiert wird (arg. § 3 VII Satz 4 AusglLeistG). Das Ergebnis wird sodann mit dem Faktor 10 multipliziert. Erfahrungsgemäß beträgt der Verkehrswert eines Grundstücks das Vielfache seines Einheitswertes; der Faktor 10 liegt hierbei an der Untergrenze. Bei hiebsreifen Beständen über 10 % kann der Kaufpreis als dem Verkehrswert entsprechend akzeptiert werden (arg. § 3 VII Satz 8 AusglLeistG).

2.869 Die weiteren Leistungen (Veräußerungsverbot und Verfügungsverbot) erhöhen nach § 47 S. 2 die Leistung des Käufers. In der Summe bleiben sie aber hinter dem Verkehrswert zurück.[1]

2.870 **Anmerkung:**

Anders als bei Verträgen nach dem **Sachenrechtsbereinigungsgesetz** (vgl. Rz. 2.764 ff.) handelt es sich hier um Grundstücke, die grundsätzlich frei handelbar sind. Lediglich Käufer, die gesetzlich bestimmte Voraussetzungen erfüllen, erhalten eine **personenbezogene Vergünstigung**. Derartige Vergünstigungen wirken sich nicht auf das Notarkostenrecht aus.

2.871 **Pos. (2):**

Die **Vollzugsgebühr beträgt grundsätzlich** 0,5 nach Nr. 22110 KV. Der Geschäftswert bestimmt sich gem. § 112 nach dem Wert des Beurkundungsverfahrens.

2.872 Handelt es sich aber um die Einholung einer öffentlich-rechtlichen Genehmigungen, so **beschränkt** sie sich gem. Nr. 22112 KV auf 50 Euro pro einzuholender Genehmigung. Im Sachverhalt ist die **Genehmigung nach der GVO** einzuholen. Diese Tätigkeit gehört zum Vollzug nach Vorbemerkung 2.2.1.1 I S. 2 Nr. 1 KV. Insgesamt sind nach dem Sachverhalt also 50 Euro zu erheben, denn die 0,5 Gebühr nach Nr. 22110 KV GNotKG aus 300 000 Euro (= 317,50 Euro) ist höher.

Bezüglich der Bewertung des elektronischen Vollzugs wird auf Rz. 2.1524 ff. verwiesen.

2.873 **Pos. (3):**

Die Umschreibungsüberwachung (Ausfertigungssperre) gehört gemäß Nr. 22200 Anm. Nr. 2 bzw. Anm. Nr. 3 KV zu den Betreuungstätigkeiten. Der Geschäftswert bestimmt sich gem. § 113 I nach dem Wert für das Beurkundungsverfahren.

---

1 Ausführlich dazu *Mohnhaupt/Richter*, NotBZ 2014, 134, 135.

18. Kaufvertrag unter Beteiligung eines Minderjährigen/Betreuten

→ **Fall 71: Kaufvertrag mit Doppelvollmacht**

A. Sachverhalt

Die **minderjährige Tochter**, vertreten durch ihre Eltern, **verkauft** ihr Grundstück zum Kaufpreis von 200 000 Euro. Der Notar wird beauftragt, die familiengerichtliche Genehmigung einzuholen, den Beteiligten mitzuteilen und die Mitteilung für diese entgegenzunehmen (**Doppelvollmacht** §§ 1828, 1829 BGB).

Der Notar wird den Beteiligten die **Fälligkeit der Kaufpreiszahlung mitteilen**. Weiter soll der Notar Ausfertigungen oder beglaubigte **Abschriften mit Auflassung erst herausgeben**, nachdem die **Zahlung des Kaufpreises nachgewiesen** worden ist. Auftragsgemäß **holt der Notar die Genehmigung des Familiengerichts** ein, **übt die Doppelvollmacht aus** und fertigt eine Bescheinigung über die so gewonnene Wirksamkeit des Kaufvertrages, die er der Urkunde beiheftet.

2.874

B. Rechnung

Pos.	Gebührentatbestände	Geschäftswert	KV-Nr.	Satz	Betrag
(1)	Beurkundungsverfahren (§§ 47, 46 97)	200 000	21100	2,0	870,00
(2)	Vollzug (Vorbem. 2.2.1.1 I Nr. 2 § 112) (Einholung familiengerichtliche Genehmigung)	200 000	22110, 22112	0,5	217,50
(3)	Betreuung (§ 113 I) (Überwachung und Mitteilung Kaufpreisfälligkeit, Umschreibungsüberwachung)	200 000	22200 Anm. Nr. 2, 3	0,5	217,50

2.875

C. Erläuterungen

Pos. (1):

Der Geschäftswert wird durch den Kaufpreis bestimmt, § 47 S. 1. Ein Vergleich mit dem Verkehrswert des Grundstücks nach § 47 S. 3 ist nur dann erforderlich, wenn Anhaltspunkte für einen höheren Wert vorliegen; dies ist vorliegend nicht der Fall. Zu erheben ist ein 2,0 Gebühr nach Nr. 21100 KV.

2.876

Pos. (2):

Die **Vollzugsgebühr beträgt grundsätzlich** 0,5 nach Nr. 22110 KV. Der Geschäftswert bestimmt sich gem. § 112 nach dem Wert des Beurkundungsverfahrens.

2.877

Die **Einholung** der familiengerichtlichen **Genehmigung** und die **Ausübung der Doppelvollmacht** (§§ 1828, 1829 BGB) einschließlich der Erteilung der Bescheinigung des Notars ist eine Vollzugstätigkeit nach Vorbem. 2.2.1.1 I S. 2 Nr. 4 KV. Mit dieser Vollzugsgebühr ist nicht nur die Anforderung und Prüfung der fa-

2.878

miliengerichtlichen Genehmigung abgegolten, sondern auch die **Entgegennahme** der Genehmigung und das **Gebrauchmachen** von der Genehmigung namens der Eltern sowie der **Empfang** namens des Vertragspartners sowie die **Eigenurkunde** über die namens der Beteiligten ausgeübte Tätigkeit. Das heißt, es fällt für die Eigenurkunde keine zusätzliche Gebühr nach Nr. 25204 KV an. Auch keine Bescheinigungsgebühr nach Nr. 25104 KV.

Bezüglich der Bewertung des elektronischen Vollzugs wird auf Rz. 2.1524 ff. verwiesen.

2.879 **Pos. (3):**

Die Überwachung und Mitteilung der Kaufpreisfälligkeit und die Umschreibungsüberwachung (Ausfertigungssperre) gehören gemäß Nr. 22200 Anm. Nr. 2 bzw. Anm. Nr. 3 KV zu den Betreuungstätigkeiten. Der Geschäftswert bestimmt sich gem. § 113 I nach dem Wert für das Beurkundungsverfahren.

Diese Gebühr fällt in jedem Verfahren **nur einmal** an, unabhängig von der Anzahl der vorzunehmenden Tätigkeiten, § 93 I S. 1.

2.880 **Anmerkungen:**

Diese Bewertung findet auch Anwendung, wenn eine Entscheidung des **Betreuungsgerichtes** oder des **Nachlassgerichtes** eingeholt wird und der Notar entsprechende Aufträge erhält. Sind mehrere solcher Entscheidungen erforderlich, entsteht die Vollzugsgebühr dennoch nur einmal, § 93 I S. 1.

2.881 Für die Erklärung eines **Rechtsmittelverzichts** durch den Notar namens und in Vollmacht der Verfahrensbeteiligten einschließlich deren Übermittlung an das Gericht enthält das Gesetz **keinen Gebührentatbestand**.

19. Kaufvertrag mit Stundung des Kaufpreises

→ **Fall 72: Kaufvertrag mit Stundung des Kaufpreises (Ratenzahlung)**

A. Sachverhalt

2.882 Verkauft wird ein **Grundstück** zum Kaufpreis von 200 000 Euro. Ein **Teilkaufpreis** i.H.v. 150 000 Euro ist zur Zahlung **fällig**, sobald das Negativattest der Gemeinde nach § 28 BauGB vorliegt und die Auflassungsvormerkung im Grundbuch eingetragen ist. Der **Restbetrag** i.H.v. 50 000 Euro wird in der Weise **gestundet**, dass der Käufer monatlich einen Betrag 1500 Euro nebst 5 % jährlichen Zinsen zahlt. Die erste Rate ist 4 Wochen nach der Eintragung des Käufers als Eigentümer zur Zahlung fällig. Die Eintragung einer **Sicherungshypothek** zum Nennbetrag von 50 000 Euro nebst jährlichen Zinsen wird bewilligt und beantragt.

Der **Notar** wird **beauftragt**, die **Fälligkeit** des Teilkaufpreises i.H.v. 150 000 Euro mitzuteilen und **Ausfertigungen mit Auflassung erst herauszugeben**, nach dem die **Zahlung** des **Teilkaufpreises nachgewiesen** worden ist und die Sicherungshypothek im Grundbuch eingetragen ist. Auftragsgemäß holt der Notar das **Negativattest der Gemeinde** nach § 28 BauGB ein.

B. Rechnung

Pos.	Gebührentatbestände	Geschäfts-wert	KV-Nr.	Satz	Betrag
(1)	Beurkundungsverfahren (§§ 47, 46 97)	200 000	21100	2,0	870,00
(2)	Vollzug (Vorbem. 2.2.1.1 I Nr. 1, § 112) (Einholung Negativattest nach § 28 BauGB)	200 000	22110, 22112	0,5	~~217,50~~ 50,00
(3)	Betreuung (§ 113 I) (Überwachung und Mitteilung Kaufpreisfälligkeit, Umschreibungsüberwachung)	200 000	22200 Anm. Nr. 2, 3	0,5	217,50

2.883

C. Erläuterungen

Pos. (1):

Die Urkunde enthält mehrere Rechtsverhältnisse i.S.d. § 86 I: Kaufvertrag und Sicherungshypothek. Nach § 86 II sind mehrere Rechtsverhältnisse auch verschiedene Beurkundungsgegenstände, soweit in § 109 nichts anderes bestimmt ist.

2.884

Da die in Rede stehenden Rechtsverhältnisse keine ausdrücklich verschiedenen Beurkundungsgegenstände nach den §§ 110, 111 sind, sind sie an § 109 zu messen.

Das Hauptgeschäft ist nach § 109 I S. 1–2 der Grundstückskaufvertrag.

Die **Vereinbarungen** über die **Stundung** des Kaufpreises ist als Bestimmung der Zahlungsweise eine **Vertragsbedingung**, die durch die Eintragung einer **Sicherungshypothek** akzessorisch gesichert werden soll. Die zur Eintragung der **Sicherungshypothek** erforderlichen Erklärungen dienen der **Sicherung der Kaufpreiszahlung** und sind demnach **derselbe Beurkundungsgegenstand** i.S.v. § 109 I S. 1–2. Sie werden **nicht gegenüber einem Dritten** abgegeben, womit sie **nicht unter § 110 Nr. 2a)** fallen.

2.885

Die **Stundungszinsen** sind nicht Gegenstand einer eigenen Erklärung, bleiben also gem. § 37 I unberücksichtigt.

2.886

Der Geschäftswert des **Grundstückskaufvertrages** wird durch den Kaufpreis bestimmt, § 47 S. 1. Ein Vergleich mit dem Verkehrswert des Grundstücks nach § 47 S. 3 ist nur dann erforderlich, wenn Anhaltspunkte für einen höheren Wert vorliegen. Zu erheben ist eine 2,0 Gebühr nach Nr. 21100 KV.

2.887

Geschäftswert der Sicherungshypothek ist nach § 53 I der Kaufpreis (= Nennbetrag der Schuld). Die Erklärungen zur Eintragung im Grundbuch lösen eine 0,5 Gebühr nach Nr. 21201 Nr. 4 KV aus. Insofern das Grundstück dinglich der Zwangsvollstreckung unterworfen wird eine 1,0 Gebühr nach Nr. 21200 KV ausgelöst. Die persönliche Unterwerfung ist in diesem Zusammenhang unbeachtlich, denn sie erfolgt bereits wegen des Kaufpreises.

2.888

Insgesamt kommt diese **Gebühr nicht zu Ansatz**, da nach § 109 I S. 5 das Hauptgeschäft den Wert des Verfahrens vorgibt und hier auch den höchsten Gebührensatz auslöst, § 94 II S. 1.

2.889 **Pos. (2):**

Die **Vollzugsgebühr beträgt grundsätzlich** 0,5 nach Nr. 22110 KV. Der Geschäftswert bestimmt sich gem. § 112 nach dem Wert des Beurkundungsverfahrens.

2.890 Handelt es sich aber um die Einholung einer öffentlich-rechtlichen Genehmigung, so **beschränkt** sie sich gem. Nr. 22112 KV auf 50 Euro pro einzuholender Genehmigung. Im Sachverhalt ist das Negativattest der Gemeinde nach **§ 28 BauGB** einzuholen. Diese Tätigkeit gehört zum **Vollzug nach Vorbemerkung 2.2.1.1 I S. 2 Nr. 1 KV**. Insgesamt sind nach dem Sachverhalt also 50 Euro zu erheben, denn die 0,5 Gebühr nach Nr. 22110 KV GNotKG aus 200 000 Euro (= 217,50 Euro) ist höher.

Bezüglich der Bewertung des elektronischen Vollzugs wird auf Rz. 2.1524 ff. verwiesen.

2.891 **Pos. (3):**

Die Überwachung und Mitteilung der **Kaufpreisfälligkeit** und die **Umschreibungsüberwachung** (Ausfertigungssperre) gehören gemäß Nr. 22200 Anm. Nr. 2 bzw. Anm. Nr. 3 KV zu den **Betreuungstätigkeiten**. Der Geschäftswert bestimmt sich gem. § 113 I nach dem Wert für das Beurkundungsverfahren.

Diese Gebühr fällt in jedem Verfahren **nur einmal** an, unabhängig von der Anzahl der vorzunehmenden Tätigkeiten; § 93 I S. 1.

VI. Angebot und Annahme

1. Vorbemerkungen

2.892 Die beurkundungstechnischen Besonderheiten bei der Aufspaltung eines Vertrages in Angebot und Annahme wirken sich auf die Ermittlung des Geschäftswertes für das angebotene Rechtsgeschäft im Allgemeinen nicht aus, weshalb im Besonderen für den Grundstückskauf auf die übrigen Ausführungen dieses Teils, speziell auf die Abschnitte II bis IV, verwiesen werden kann. Hinsichtlich der Gebühren gilt Folgendes:

Gebühr für die Beurkundung	
a) des Angebotes	a) Nr. 21100 KV (2,0), mindestens 120 Euro
b) der Annahme zu einem beurkundetem Angebot	b) Nr. 21101 Nr. 1 KV (0,5), mindestens 30 Euro
c) der Annahme zu einem nicht beurkundetem Angebot	c) Nr. 21101 Nr. 1 KV (0,5), mindestens 30 Euro
d) eines Angebotsvertrages	d) Nr. 21100 KV (2,0), mindestens 120 Euro

VI. Angebot und Annahme

a) Angebot

Ein Antrag auf Abschluss eines Vertrags (vgl. § 145 BGB) fällt unter Teil 1 Hauptabschnitt 1 Abschnitt 1 des Kostenverzeichnisses, wie sich sowohl aus Vorbem. 2.1.1 Nr. 1 Alt. 1 KV als auch aus Vorbem. 2.1.2 I KV ergibt. Da das Angebot in den Modifizierungstatbeständen Nr. 21101 KV und Nr. 21102 KV nicht aufgeführt ist, fällt es unter den Grundtatbestand Nr. 21100 KV, löst also eine 2,0 Gebühr aus. 2.893

b) Annahme

Gemäß der Vorbemerkungen 2.1.1 Nr. 1 sowie 2.1.2 I KV GNotKG ist für die Annahme eines Antrags auf Abschluss eines Vertrags nach Nr. 21101 Nr. 1 KV GNotKG eine 0,5 Gebühr zu erheben. 2.894

c) Beurkundungsgegenstände

Dabei spielt es keine Rolle, ob die Annahme von dem Angebotsnotar oder einem anderen Notar beurkundet wird. 2.895

Wie bei der Wertermittlung gibt es auch hinsichtlich der Beurkundungsgegenstände keine Unterschiede zur Bewertung des angebotenen Rechtsgeschäfts. Einige Besonderheiten gibt es wegen der Aufspaltung in Angebot und Annahme für die jeweilige Urkunde dennoch: 2.896

aa) Derselbe Gegenstand

– Angebot auf Benennung und Angebot an den vom Benennungsberechtigten benannten Angebotsempfänger. 2.897

– Angebot und vertragliche Übernahme von Beurkundungs- und Durchführungskosten. 2.898

– Annahme und Auflassung[1]. 2.899

– Annahme und Zwangsvollstreckungsunterwerfung wegen des Kaufpreises[2]. 2.900

– Angebot bzw. Annahme mit Löschungserklärungen 2.901

bb) Verschiedene Gegenstände

– Angebot an eine Person und für den Fall, dass diese nicht annimmt, aufschiebend bedingt an eine andere Person (Rz. 2.1033 ff., 2.1039 ff.). 2.902

– wechselseitige Angebote über denselben Vertragsgegenstand. 2.903

– Angebot und vertragliches Bindungsentgelt (Rz. 2.1019 ff.). 2.904

– Annahme und Benennung des Angebotsempfängers (Rz. 2.969 ff.). 2.905

---

1 Skeptisch Leipziger Kommentar GNotKG/*Otto*, § 109 Rz. 47.
2 Vgl. Leipziger Kommentar GNotKG/*Otto*, § 109 Rz. 32.

d) Besonderheiten bei der Vollzugsgebühr

2.906 Bei **zusammengesetzten Beurkundungsverfahren** kommt es auf die Summe der zugrunde liegenden Gebührensätze an: Ist diese gleich oder größer als 2,0, gelangt Nr. 22110 KV GNotKG zur Anwendung.[1]

2.907 Vollzieht der **Annahmenotar** den Kaufvertrag, so bestimmt sich die Vollzugsgebühr ebenfalls nach Nr. 22110 KV GNotKG. Zwar beträgt die Gebühr für die Beurkundung der Annahme nur 0,5 (Nr. 21101 Nr. 1 KV GNotKG), das dem Vollzug zugrundeliegende Beurkundungsverfahren ist aber ein Grundstückskaufvertrag, dessen Gebühr grundsätzlich 2,0 (Nr. 21100 KV GNotKG), bei der Aufspaltung in Angebot und Annahme gar 2,5 beträgt.

2.908 Wird der Vollzug des Angebots teilweise vom **Angebotsnotar**, teilweise vom Annahmenotar betrieben, fällt die Vollzugsgebühr demnach zweimal i.H.v. von 0,5 nach Nr. 22110 KV GNotKG an, denn Nr. 22111 KV GNotKG mit der 0,3 Gebühr kommt nicht zur Anwendung.

Um dieses für den Kostenschuldner nachteilige Ergebnis zu vermeiden, sollte der Vollzug bei einem Notar konzentriert werden.[2]

2. Angebot geht vom Verkäufer aus

→ **Fall 73: Angebot des Verkäufers**

A. Sachverhalt

2.909 V bietet dem K den **Abschluss eines Kaufvertrages** über ein bebautes Grundstück **an**, dessen Kaufpreis 220 000 Euro betragen soll.

B. Rechnung

2.910

Pos.	Gebührentatbestand	Geschäftswert	KV-Nr.	Satz	Betrag
	Beurkundungsverfahren (§§ 47, 46, 97 III)	220 000	21100	2,0	970,00

C. Erläuterungen

Der **Geschäftswert des Angebotes** richtet sich **nach dem Wert des angebotenen Vertrages**. Vorliegend wird der Abschluss eines Grundstückskaufvertrages angeboten. Der Geschäftswert wird durch den Kaufpreis bestimmt, **§ 47 S. 1**.

Zu erheben ist ein 2,0 Gebühr nach Nr. 21100 KV.

---

[1] Begründung RegE, BT-Drs. 17/11471, zu Nr. 22110 KV, S. 222; a.A. Leipziger Kommentar GNotKG/*Harder*, Nr. 22110–22114 KV Rz. 4; ders. NotBZ 2015, 321, 324 f.
[2] Begründung RegE, BT-Drs. 17/11471, zu Nr. 22110 KV, S. 222.

→ **Fall 74: Angebot des Verkäufers an einen noch zu benennenden Dritten
(ohne Selbsteintrittsrecht des Benennungsberechtigten)**

A. Sachverhalt

V bietet den **Abschluss eines Kaufvertrages** über ein bebautes Grundstück **an**, dessen Kaufpreis 310 000 Euro betragen soll. **Zur Annahme** des Angebotes ist ein **von B zu benennender Dritter berechtigt. B selbst** wird von der Möglichkeit der Annahme **ausdrücklich ausgeschlossen**.

2.911

B. Rechnung

Pos.	Gebührentatbestand	Geschäfts-wert	KV-Nr.	Satz	Betrag
	Beurkundungsverfahren (§§ 47, 46, 97 III)	310 000	21100	2,0	1270,00

2.912

C. Erläuterungen

Der **Geschäftswert des Angebotes** richtet sich **nach dem Wert des angebotenen Vertrages**. Vorliegend wird der Abschluss eines Grundstückskaufvertrages angeboten. Der Geschäftswert wird durch den **Kaufpreis** bestimmt, **§ 47 S. 1**.

2.913

Kann der **Benennungsberechtigte, wie hier, nicht selbst annehmen**, liegt mangels Angebotsempfängers noch **kein wirksames Angebot** vor, **sondern** ein **Vorvertrag**, wonach sich der Anbietende zur Veräußerung an den später Benannten verpflichtet und der Benennungsberechtigte bevollmächtigt wird, das Angebot an die Person des letztendlichen Angebotsempfängers zu vervollständigen.[1] Kostenrechtlich spielt es keine Rolle, ob von einem Vorvertrag oder von einem Angebot auszugehen ist: Zum einen bestimmt sich die Gebühr in beiden Fällen nach Nr. 21100 KV. Zum anderen ist auch der Geschäftswert ist der volle Wert des Kaufvertrages (§§ 47, 46 bzw. 51 I S. 1). Das **Benennungsrecht** ist **Inhalt des Vorvertrags**.

2.914

Zur Bewertung der Annahme mit Benennung des Annahmeberechtigten s. Rz. 2.969 ff.

Zu erheben ist eine 2,0 Gebühr nach Nr. 21100 KV.

→ **Fall 75: Angebot des Verkäufers an einen noch zu benennenden Dritten
(mit Selbsteintrittsrecht des Benennungsberechtigten)**

A. Sachverhalt

V unterbreitet dem B das **Angebot** auf Abschluss eines **Grundstückskaufvertrags** (Kaufpreis 310 000 Euro). **B ist berechtigt**, das Angebot selbst **anzunehmen, darf aber auch** einen Dritten als **Angebotsempfänger benennen**.

2.915

---
1 *Krauß*, Immobilienkaufverträge in der Praxis, Rz. 3382.

B. Rechnung

2.916

Pos.	Gebührentatbestand	Geschäfts-wert	KV-Nr.	Satz	Betrag
	Beurkundungsverfahren (§§ 47, 46, 97 III)	310 000	21100	2,0	1270,00

C. Erläuterungen

2.917 Der **Geschäftswert des Angebotes** richtet sich **nach dem Wert des angebotenen Vertrages**. Vorliegend wird der Abschluss eines Grundstückskaufvertrages angeboten. Der Geschäftswert wird durch den **Kaufpreis** bestimmt; § 47 S. 1.

2.918 **Darf** der **Benennungsberechtigte** das **Angebot** selbst **annehmen**, liegt ein echtes, weil bereits **vollständiges, Vertragsangebot** vor. Das Benennungsrecht gibt dem Angebotsempfänger aber das Recht, das ihm unterbreitete Angebot an einen Dritten abzutreten.[1] Das **Benennungsrecht** ist **Inhalt des Angebots** (Recht zur Abtretung).

Zur Bewertung der Annahme mit Benennung des Annahmeberechtigten s. Rz. 2.969 ff.

→ **Fall 76: Annahme des Käufers mit Zwangsvollstreckungsunterwerfung**

A. Sachverhalt

2.919 K nimmt das **Angebot** des V **an** und **unterwirft** sich wegen der Kaufpreisforderung i.H.v. 170 000 Euro gegenüber dem V der sofortigen **Zwangsvollstreckung**.

B. Rechnung

2.920

Pos.	Gebührentatbestand	Geschäfts-wert	KV-Nr.	Satz	Betrag
	Beurkundungsverfahren (§§ 47, 46, 97, 109 I, 93 I, 94 II)	170 000	21200	1,0	381,00
	Annahme (§ 47)	170 000	~~21101 Nr. 1~~	~~0,5~~	
	Vollstreckungsunterwerfung (§ 97 I)	170 000	21200	1,0	

C. Erläuterungen

2.921 Die Urkunde enthält mehrere Rechtsverhältnisse i.S.d. § 86 I: **Annahme** des Angebotes und **Zwangsvollstreckungsunterwerfung** wegen der Kaufpreiszahlung. Nach § 86 II sind mehrere Rechtsverhältnisse auch verschiedene Beurkundungsgegenstände, soweit in § 109 nichts anderes bestimmt ist.

Da die in Rede stehenden Rechtsverhältnisse keine ausdrücklich verschiedenen Beurkundungsgegenstände nach den §§ 110, 111 sind, sind sie an § 109 zu messen.

---

1 *Krauß*, Immobilienkaufverträge in der Praxis, Rz. 3382.

VI. Angebot und Annahme

Die **Annahme** ist **Teil des** aufgespaltenen **Vertrages**. Der Vertrag bildet das Hauptgeschäft. Die Zwangsvollstreckungsunterwerfung wegen der Zahlung des Kaufpreises dient der Durchsetzung des Anspruchs des Verkäufers, mithin der Sicherung bzw. Erfüllung des Vertrages. Sie ist derselbe Gegenstand i.S.v. § 109 I S. 1–2, S. 4 Nr. 4.[1]

2.922

Der **Geschäftswert der Annahme** richtet sich nach dem Wert des anzunehmenden Angebotes, hier des Grundstückskaufvertrages; die Annahme löst eine 0,5 Gebühr nach Nr. 21101 Nr. 1 KV aus.

2.923

Der **Geschäftswert der Vollstreckungsunterwerfung** richtet sich nach § 97 I. Maßgeblich ist der Unterwerfungsbetrag, hier der Kaufpreis. Zu erheben ist eine 1,0 Gebühr nach Nr. 21200 KV.

2.924

Nach § 109 I S. 5 gibt das Hauptgeschäft den Geschäftswert vor. Gem. § 94 II S. 1 wird die Gebühr nach dem höchsten infrage kommenden Gebührensatz (hier: 1,0) erhoben. Wegen des identischen Geschäftswertes für die Zwangsvollstreckungsunterwerfung und die Annahme ist eine ansonsten erforderliche Vergleichsberechnung nach § 94 II S. 2 nicht erforderlich.

2.925

→ **Fall 77: Annahme des Käufers mit Zwangsvollstreckungsunterwerfung und Auflassung (derselbe Notar)**

A. Sachverhalt

K nimmt das **Angebot** des V **an** und **unterwirft sich wegen der Kaufpreisforderung** i.H.v. 170 000 Euro gegenüber dem V **der sofortigen Zwangsvollstreckung**. Gleichzeitig erklärt er unter Ausnutzung der ihm in der Angebotsurkunde erteilten Vollmacht die **Auflassung**.

2.926

Die Beurkundung wird von dem **Notar** vorgenommen, der **bereits das Angebot beurkundet** hat.

Des Weiteren holt der Notar das **Negativattest** der Gemeinde nach **§ 28 BauGB** und die **Genehmigung nach der GVO** ein. Er übernimmt außerdem die **Fälligkeitsmitteilung** hinsichtlich der Kaufpreiszahlung und die **Umschreibungsüberwachung** in der Form der Ausfertigungssperre.

B. Rechnung

Pos.	Gebührentatbestände	Geschäftswert	KV-Nr.	Satz	Betrag
(1)	Beurkundungsverfahren (§§ 47, 97 III, 109 I, 93 I, 94 II)	170 000	21200	1,0	381,00
	Annahme (§ 47)	170 000	~~21101 Nr. 1~~	~~0,5~~	
	Auflassung (§ 47)	170 000	~~21101 Nr. 2~~	~~0,5~~	
	Vollstreckungsunterwerfung (§ 97 I)	170 000	21200	1,0	

2.927

---

1 Nur im Ergebnis ebenso Leipziger Kommentar GNotKG/*Otto*, § 109 Rz. 32.

Pos.	Gebührentatbestände	Geschäftswert	KV-Nr.	Satz	Betrag
(2)	Vollzug (Vorbem. 2.2.1.1 I Nr. 1; § 112) (Einholung Negativattest nach § 28 BauGB, Genehmigung nach GVO)	170 000	22110, 22112	0,5	~~190,50~~ 2 × 50,00 = 100,00
(3)	Betreuung (§ 113 I) (Überwachung und Mitteilung Kaufpreisfälligkeit, Umschreibungsüberwachung)	170 000	22200 Anm. Nr. 2, 3	0,5	190,50

C. Erläuterung

2.928 **Pos. (1):**

Die Urkunde enthält mehrere Rechtsverhältnisse i.S.d. § 86 I: **Annahme** des Angebotes, **Auflassung** und **Zwangsvollstreckungsunterwerfung** wegen der Kaufpreiszahlung. Nach § 86 II sind mehrere Rechtsverhältnisse auch verschiedene Beurkundungsgegenstände, soweit in § 109 nichts anderes bestimmt ist.

Da die in Rede stehenden Rechtsverhältnisse keine ausdrücklich verschiedenen Beurkundungsgegenstände nach den §§ 110, 111 sind, sind sie an § 109 zu messen.

2.929 Die **Annahme** ist **Teil des** aufgespaltenen **Vertrages**. Der Vertrag bildet das Hauptgeschäft. Die **Auflassung** ist die dingliche **Erfüllung** der Übereignungsverpflichtung aus dem Kaufvertrag. Sie ist **derselbe Gegenstand** i.S.v. § 109 I S. 1–2.

2.930 Die **Zwangsvollstreckungsunterwerfung** wegen der Zahlung des Kaufpreises dient der Durchsetzung des Anspruchs des Verkäufers, mithin der **Sicherung bzw. Erfüllung** des Vertrages. Sie ist **derselbe Gegenstand** i.S.v. § 109 I S. 1–2.

2.931 Der **Geschäftswert** der **Annahme** richtet sich nach dem Wert des anzunehmenden Angebotes, hier des Grundstückskaufvertrages. Zu erheben ist eine 0,5 Gebühr nach Nr. 21101 Nr. 1 KV.

2.932 Der **Geschäftswert** der **Auflassung** richtet sich nach dem Wert des Kaufvertrages, § 47. Da der Notar bereits die 2,0 Gebühr nach Nr. 21100 KV für die Beurkundung des Angebotes erhalten hat, ist hier eine 0,5 Gebühr nach Nr. 21101 Nr. 2 KV zu erheben.

2.933 Der **Geschäftswert** der **Vollstreckungsunterwerfung** richtet sich nach § 97 I. Maßgeblich ist der Unterwerfungsbetrag, hier der Kaufpreis. Zu erheben ist ein 1,0 Gebühr nach Nr. 21200 KV.

Wegen §§ 93 I S. 1, 94 II S. 1 wird insgesamt nur eine 1,0 Gebühr aus dem Kaufpreis erhoben. Eine Vergleichsberechnung nach § 94 II S. 2 ist wegen des identischen Geschäftswertes aller Rechtsverhältnisse nicht erforderlich.

VI. Angebot und Annahme

Anmerkung:

Bezüglicher der Bewertung für den Fall, dass ein anderer Notar das Angebot beurkundet hat, s. Rz. 2.939 ff. Für die Beurteilung, ob derselbe Notar oder ein **anderer Notar** beurkundet hat, ist zudem Vorbem. 2 I KV zu beachten.

2.934

Pos. (2):

2.935

Die **Vollzugsgebühr beträgt grundsätzlich** 0,5 nach Nr. 22110 KV. Der Geschäftswert bestimmt sich gem. § 112 nach dem Wert des Beurkundungsverfahrens. Vorliegend vervollständigt die Annahme den Kaufvertrag. Der **Gebührensatz** der Vollzugsgebühr **richtet** sich daher nach der für das zu vollziehende Geschäft zu erhebenden Gebühr. Für den **Kaufvertrag** ist eine 2,0 Gebühr zu erheben. Der Gebührensatz der Vollzugsgebühr beträgt daher vorliegend 0,5 nach Nr. 22110 KV; Nr. 22111 KV ist nicht einschlägig.[1]

Handelt es sich aber ausschließlich um die Einholung öffentlich-rechtlicher Genehmigungen, so ist diese Gebühr gem. Nr. 22112 KV auf 50 Euro pro einzuholender Genehmigung **beschränkt**. Nach dem Sachverhalt sind das **Negativattest** der Gemeinde **nach § 28 BauGB** sowie die **Genehmigung nach GVO** einzuholen. Beide Tätigkeiten gehören zum Vollzug nach Vorbemerkung 2.2.1.1 I S. 2 Nr. 1 KV. Insgesamt sind nach dem Sachverhalt also 100 Euro (2 × 50 Euro) zu erheben, denn die 0,5 Gebühr nach Nr. 22110 KV GNotKG aus 170 000 Euro (= 190,50 Euro) ist höher.

2.936

Die Vollzugsgebühr fällt nach § 93 I S. 1 nur einmal an, unabhängig von der Anzahl der vorzunehmenden Tätigkeiten.

Bezüglich der Bewertung des elektronischen Vollzugs wird auf Rz. 2.1524 ff. verwiesen.

Anmerkung:

2.937

Wird der Vollzug des Angebots teilweise vom Angebotsnotar, teilweise vom Annahmenotar betrieben, fällt die Vollzugsgebühr zweimal i.H.v. 0,5 an.[2]

Pos. (3):

2.938

Die Überwachung und Mitteilung der Kaufpreisfälligkeit und die Umschreibungsüberwachung (Ausfertigungssperre) gehören gemäß Nr. 22200 Anm. Nr. 2 bzw. Anm. Nr. 3 KV zu den Betreuungstätigkeiten. Der Geschäftswert bestimmt sich gem. § 113 I nach dem Wert für das Beurkundungsverfahren.

Die **Betreuungsgebühr** fällt in jedem Verfahren nur einmal an, unabhängig von der Anzahl der vorzunehmenden Tätigkeiten, § 93 I S. 1.

→ **Fall 78: Annahme des Käufers mit Zwangsvollstreckungsunterwerfung und Auflassung (anderer Notar)**

A. Sachverhalt

K nimmt das **Angebot** des V **an** und **unterwirft sich wegen der Kaufpreisforderung** i.H.v. 170 000 Euro gegenüber dem V **der sofortigen Zwangsvollstreckung**.

2.939

---
[1] Begründung RegE, BT-Drs. 17/11471, zu Nr. 22110 KV, S. 222.
[2] Begründung RegE, BT-Drs. 17/11471, zu Nr. 22110 KV, S. 222.

Gleichzeitig erklärt er unter Ausnutzung der ihm in der Angebotsurkunde erteilten Vollmacht die **Auflassung**.

Die Beurkundung wird **nicht** von dem **Notar** vorgenommen, der **bereits** das **Angebot beurkundet** hat.

Des Weiteren holt der Notar der Annahme das **Negativattest** der Gemeinde nach **§ 28 BauGB** und die **Genehmigung nach der GVO** ein. Er übernimmt außerdem die **Fälligkeitsmitteilung** hinsichtlich der Kaufpreiszahlung und die **Umschreibungsüberwachung** in der Form der Ausfertigungssperre.

B. Rechnung

2.940

Pos.	Gebührentatbestände	Geschäfts-wert	KV-Nr.	Satz	Betrag
(1)	Beurkundungsverfahren (§§ 47, 97 III, 109 I, 94 II)	170 000	21200	1,0	381,00
	Annahme (§ 47)	170 000	~~21101 Nr. 1~~	~~0,5~~	
	Auflassung (§ 47)	~~170 000~~	~~21102 Nr. 1~~	~~1,0~~	
	Vollstreckungsunterwerfung (§ 97 I)	~~170 000~~	21200	1,0	
(2)	Vollzug (Vorbem. 2.2.1.1 I Nr. 1; § 112) (Einholung Negativattest nach § 28 BauGB, Genehmigung nach GVO)	170 000	22110, 22112	0,5	~~190,50~~ 2 × 50,00 = 100,00
(3)	Betreuung (§ 113 I) (Überwachung und Mitteilung Kaufpreisfälligkeit, Umschreibungsüberwachung)	170 000	22200 Anm. Nr. 2, 3	0,5	190,50

C. Erläuterung

2.941 **Pos. (1):**

Die Urkunde enthält mehrere Rechtsverhältnisse i.S.d. § 86 I: **Annahme** des Angebotes, **Auflassung** und **Zwangsvollstreckungsunterwerfung** wegen der Kaufpreiszahlung. Nach § 86 II sind mehrere Rechtsverhältnisse auch verschiedene Beurkundungsgegenstände, soweit in § 109 nichts anderes bestimmt ist.

Da die in Rede stehenden Rechtsverhältnisse keine ausdrücklich verschiedenen Beurkundungsgegenstände nach den §§ 110, 111 sind, sind sie an § 109 zu messen.

2.942 Die **Annahme** ist **Teil** des aufgespaltenen **Vertrages**. Der Vertrag bildet das Hauptgeschäft. Die **Auflassung** ist die dingliche Erfüllung der Übereignungsverpflichtung aus dem Kaufvertrag. Sie ist **derselbe Gegenstand** i.S.v. § 109 I S. 1–2.

2.943 Die **Zwangsvollstreckungsunterwerfung** wegen der Zahlung des Kaufpreises dient der Durchsetzung des Anspruchs des Verkäufers, mithin der **Sicherung bzw. Erfüllung** des Vertrages. Sie ist **derselbe Gegenstand** i.S.v. § 109 I S. 1–2.

VI. Angebot und Annahme

Der **Geschäftswert** der **Annahme** richtet sich nach dem Wert des anzunehmenden Angebotes, hier des Grundstückskaufvertrages. Zu erheben ist eine 0,5 Gebühr nach Nr. 21101 Nr. 1 KV. 2.944

Der **Geschäftswert** der **Auflassung** richtet sich nach dem Wert des Kaufvertrages, § 47. Da der Notar **nicht bereits die 2,0 Gebühr** nach Nr. 21100 KV für die Beurkundung des Angebotes erhalten hat, ist hier eine 1,0 Gebühr nach Nr. 21102 Nr. 1 KV zu erheben. 2.945

Der **Geschäftswert** der **Vollstreckungsunterwerfung** richtet sich nach § 97 I. Maßgeblich ist der Unterwerfungsbetrag, hier der Kaufpreis. Zu erheben ist eine 1,0 Gebühr nach Nr. 21200 KV. 2.946

Wegen §§ 93 I S. 1, 94 II S. 1 wird insgesamt nur eine 1,0 Gebühr aus dem Kaufpreis erhoben. Eine Vergleichsberechnung nach § 94 II S. 2 ist wegen des identischen Geschäftswertes aller Rechtsverhältnisse nicht erforderlich. 2.947

Anmerkung: 2.948
Bezüglich der Bewertung für den Fall, dass derselbe Notar, der das Angebot beurkundet hat, auch die Annahme beurkundet, s. Rz. 2.926 ff. Für die Beurteilung, ob derselbe Notar oder ein anderer Notar beurkundet hat, ist zudem Vorbem. 2 I KV zu beachten.

Pos. (2): 2.949
Die **Vollzugsgebühr beträgt grundsätzlich** 0,5 nach Nr. 22110 KV. Der Geschäftswert bestimmt sich gem. § 112 nach dem Wert des Beurkundungsverfahrens. Vorliegend vervollständigt die Annahme den Kaufvertrag. Der **Gebührensatz** der Vollzugsgebühr **richtet** sich daher nach der für das zu vollziehende Geschäft zu erhebenden Gebühr. Für den Kaufvertrag ist eine 2,0 Gebühr zu erheben. Der Gebührensatz der Vollzugsgebühr beträgt daher vorliegend 0,5 nach Nr. 22110 KV; **Nr. 22111 KV ist nicht einschlägig.**[1]

Handelt es sich aber ausschließlich um die Einholung öffentlich-rechtlicher Genehmigungen, so ist diese Gebühr gem. Nr. 22112 KV auf 50 Euro pro einzuholender Genehmigung **beschränkt**. Nach dem Sachverhalt sind das **Negativattest der Gemeinde nach § 28 BauGB** sowie die **Genehmigung nach GVO** einzuholen. Beide Tätigkeiten gehören zum Vollzug nach Vorbemerkung 2.2.1.1 I S. 2 Nr. 1 KV. Insgesamt sind nach dem Sachverhalt also 100 Euro (2 × 50 Euro) zu erheben, denn die 0,5 Gebühr nach Nr. 22110 KV GNotKG aus 170 000 Euro (= 190,50 Euro) ist höher. 2.950

Die Vollzugsgebühr fällt nach § 93 I S. 1 nur einmal an, unabhängig von der Anzahl der vorzunehmenden Tätigkeiten.

Bezüglich der Bewertung des elektronischen Vollzugs wird auf Rz. 2.1524 ff. verwiesen.

Anmerkung: 2.951
Wird der Vollzug des Angebots teilweise vom Angebotsnotar, teilweise vom Annahmenotar betrieben, fällt die Vollzugsgebühr zweimal i.H.v. 0,5 an.[2]

---
[1] Begründung RegE, BT-Drs. 17/11471, zu Nr. 22110 KV, S. 222.
[2] Begründung RegE, BT-Drs. 17/11471, zu Nr. 22110 KV, S. 222.

2.952 **Pos. (3):**

Die Überwachung und Mitteilung der Kaufpreisfälligkeit und die Umschreibungsüberwachung (Ausfertigungssperre) gehören gemäß Nr. 22200 Anm. Nr. 2 bzw. Anm. Nr. 3 KV zu den **Betreuungstätigkeiten**. Der Geschäftswert bestimmt sich gem. § 113 I nach dem Wert für das Beurkundungsverfahren.

Die **Betreuungsgebühr** fällt in jedem Verfahren nur einmal an, unabhängig von der Anzahl der vorzunehmenden Tätigkeiten, § 93 I S. 1.

→ **Fall 79: Annahme des Käufers unter Änderungen**

A. Sachverhalt

2.953 **K nimmt** das ihm zuvor von V unterbreitete **Angebot mit der Maßgabe an, dass** der **Kaufpreis nicht** schon unmittelbar **nach** der Eintragung der **Auflassungsvormerkung** fällig wird, dafür aber der **Besitz erst nach** der **Zahlung** des **Kaufpreises** übergeht. Wegen der Kaufpreisforderung i.H.v. 180 000 Euro **unterwirft** er **sich** gegenüber dem V der sofortigen **Zwangsvollstreckung**.

B. Rechnung

2.954

Pos.	Gebührentatbestände	Geschäftswert	KV-Nr.	Satz	Betrag
	Beurkundungsverfahren (§§ 47, 46, 97, 109 I, 93 I, 94 II)	180 000	21100	2,0	816,00
	Angebotsänderung nebst Annahme (§ 47)	180 000	21100	2,0	
	Vollstreckungsunterwerfung (§ 97)	180 000	~~21200~~	~~1,0~~	

C. Erläuterungen

2.955 Das Zustandekommen eines Vertrages ist von übereinstimmenden Willenserklärungen der Vertragsparteien abhängig. Ein Angebot kann daher von dem Angebotsempfänger auch nur so angenommen werden, wie es ihm vom Anbieter übermittelt zuging. **Erweiterungen, Einschränkungen oder sonstige Änderungen**, die der Angebotsempfänger bei der Annahme einseitig vornimmt, gelten stets als Ablehnung, verbunden mit einem **neuen Angebot**, § 150 II BGB.

2.956 Die Annahme unter Änderungen löst daher eine 2,0 Gebühr nach Nr. 21100 KV aus. Der Geschäftswert bestimmt sich nach dem Kaufpreis.

2.957 Die **Unterwerfungserklärung** dient der Sicherung bzw. der Erfüllung des Kaufs. Sie und das (neue) Angebot sind **derselbe Gegenstand** i.S. des § 109 I S. 1–3, 5. Da beide aus dem Kaufpreis zu berechnen sind, entsteht für die Unterwerfungserklärung wegen des aus Nr. 21200 KV folgenden geringeren Gebührensatzes keine weitere Gebühr; § 94 II.

2.958 **Bemerkung:**

Es bedarf noch der Annahme des Verkäufers; diese löst eine weitere 0,5 Gebühr nach Nr. 21101 Nr. 1 KV aus.

VI. Angebot und Annahme

→ **Fall 80: Annahme des Käufers mit Änderungen des Angebots durch den Verkäufer**

A. Sachverhalt

Der bei der Beurkundung anwesende **V ändert sein** zuvor abgegebenes **Angebot** hinsichtlich der Modalitäten zur Fälligkeit des Kaufpreises. K stimmt der Änderung zu und **nimmt** das Angebot des V **an**. Wegen der Kaufpreisforderung i.H.v. 130 000 Euro **unterwirft er sich** gegenüber dem V der sofortigen **Zwangsvollstreckung**. Die **Auflassung** wird **erklärt**.

Die Beurkundung nimmt der Notar vor, der zuvor das Angebot beurkundet hatte.

2.959

B. Rechnung

2.960

Pos.	Gebührentatbestände	Geschäfts-wert	KV-Nr.	Satz	Betrag
	Beurkundungsverfahren (§§ 47, 46, 97, 109 I, 93 I, 94 II)	~~156 000~~	~~21100~~	~~2,0~~	~~762,00~~
	Angebotsänderung (§ 47)	26 000	21100	2,0	250,00
	Annahme (§ 47)	130 000	~~21101 Nr. 1~~	~~0,5~~	
	Auflassung (§ 47)	130 000	~~21101 Nr. 2~~	~~0,5~~	
	Vollstreckungsunterwerfung (§ 97)	130 000	21200	1,0	327,00

C. Erläuterungen

Die Urkunde enthält mehrere Rechtsverhältnisse i.S.d. § 86 I: **Änderung** des Angebotes, **Annahme** des Angebotes, **Auflassung** und **Zwangsvollstreckungsunterwerfung** wegen der Kaufpreiszahlung. Nach § 86 II sind mehrere Rechtsverhältnisse auch verschiedene Beurkundungsgegenstände, soweit in § 109 nichts anderes bestimmt ist.

2.961

Da die in Rede stehenden Rechtsverhältnisse keine ausdrücklich verschiedenen Beurkundungsgegenstände nach den §§ 110, 111 sind, sind sie an § 109 zu messen.

Grundsätzlich lösen Angebot und Annahme in einer einzigen Urkunde immer eine 2,0 Vertragsgebühr nach Nr. 21100 KV aus, nicht etwa eine 2,0 Gebühr nach Nr. 21100 KV für das Angebot und eine 0,5 Gebühr nach Nr. 21101 Nr. 1 KV für die Annahme. Denn die Aufspaltung in Angebot und Annahme zieht nur dann die separaten Gebühren nach sich, wenn es sich um eine Sukzessivbeurkundung nach §§ 128, 152 BGB handelt. Vorliegend ist die Sukzessivbeurkundung durch die Änderung des Angebots und die Annahme in einer gemeinsamen Urkunde aber gerade nicht obsolet geworden, denn der Angebotsurkunde kommt weiterhin Bedeutung zu, sie wurde nur in der gemeinsamen Urkunde modifiziert – und zwar einseitig durch den Anbietenden, nicht etwa vertraglich; freilich fällt auch diese einseitige Änderung des Angebots unter Nr. 21100 KV.

2.962

2.963 Die **Änderung** des Angebotes ist der Annahme „**vorgelagert**". Sie dient aber nicht der Erfüllung, Sicherung oder sonstigen Durchführung der Annahme bzw. des Vertrages i.S.v. § 109 I S. 1–3. Es bleibt also bei § 86 II – **verschiedene Beurkundungsgegenstände**.

2.964 Der **Geschäftswert** der **Änderung** richtet sich nach deren Wert. Da nur Teile des Angebotes geändert werden, ist der Wert nach § 36 I zu bestimmen. Vorliegend werden 20 % des Kaufpreises (§ 47) vorgeschlagen. Zu erheben ist eine 2,0 Gebühr nach Nr. 21100 KV.

2.965 Die **Annahme** löst eine 0,5 Gebühr nach Nr. 21101 Nr. 1 KV aus. Die **Auflassung** ist dazu das **Erfüllungsgeschäft**, die **Zwangsvollstreckungsunterwerfung** das **Sicherungsgeschäft** (§ 109 I S. 1–2). Die Gebühr der Auflassung beträgt 0,5 nach Nr. 21101 Nr. 2 KV, die Gebühr der Zwangsvollstreckungsunterwerfung 1,0 nach Nr. 21200 KV.

2.966 Annahme, Auflassung und Zwangsvollstreckungsunterwerfung lösen insgesamt gem. §§ 93 I S. 1, 94 II S. 1 eine 1,0 Gebühr aus. Als Geschäftswert ist der Wert der Annahme als Hauptgeschäft maßgeblich, § 109 I S. 5; das ist der Kaufpreis (ausführlich s. Rz. 2.254 ff.). Einer Vergleichsberechnung nach § 94 II S. 2 bedarf es wegen des identischen Geschäftswertes aller drei Rechtsverhältnisse nicht.

2.967 Da es sich bei der Änderung des Angebots einerseits und der Annahme (nebst Zwangsvollstreckungsunterwerfung und Auflassung) andererseits um verschiedene Beurkundungsgegenstände mit unterschiedlichen Gebührensätzen handelt, ist gem. § 94 I eine Vergleichsberechnung vorzunehmen. Diese ergibt, dass eine getrennte Gebührenerhebung maßgeblich ist.

D. Exkurs

2.968 Nimmt ein **anderer Notar** die im Sachverhalt beschriebene Beurkundung vor, so entsteht für die Auflassung anstelle der 0,5 Gebühr nach Nr. 21101 Nr. 2 KV eine 1,0 Gebühr nach Nr. 21102 Nr. 1 KV. Am Ergebnis der unter B dargestellten Rechnung ändert sich dadurch aber nichts, da bereits die Zwangsvollvollstreckungsunterwerfung mit 1,0 den höchsten Gebührensatz vorgibt.

Für die Beurteilung, ob derselbe Notar oder ein anderer Notar beurkundet hat, ist zudem Vorbem. 2 I KV zu beachten.

→ **Fall 81: Annahme mit Benennung des Annahmeberechtigten**

A. Sachverhalt

2.969 Der aus dem Vertragsangebot des V zur Benennung des Angebotsempfängers ermächtigte **B benennt** den K als den Annahmeberechtigten. **K nimmt in derselben Urkunde** das **Angebot** des V **an** und **unterwirft** sich wegen der Kaufpreisforderung i.H.v. 170 000 Euro gegenüber dem V der sofortigen **Zwangsvollstreckung**. Gleichzeitig erklärt er unter Ausnutzung der in der Angebotsurkunde erteilten Vollmacht die **Auflassung**.

Die Beurkundung nimmt ein anderer Notar als der Angebotsnotar vor.

VI. Angebot und Annahme

Des Weiteren holt der Annahmenotar das **Negativattest** der Gemeinde nach § 28 BauGB und die **Genehmigung nach der GVO** ein. Er übernimmt außerdem die **Fälligkeitsmitteilung** hinsichtlich der Kaufpreiszahlung und die **Umschreibungsüberwachung** in der Form der Ausfertigungssperre.

B. Rechnung

2.970

Pos.	Gebührentatbestände	Geschäftswert	KV-Nr.	Satz	Betrag
(1)	Beurkundungsverfahren (§§ 47, 97 I, III, 109 I, 35 I, 93 I, 94 II)	221 000	21200	1,0	485,00
	Benennung (§ 36 I)	51 000	21200	1,0	
	Annahme (§ 47)	170 000	~~21101~~ Nr. 1	~~0,5~~	
	Auflassung (§ 47)	~~170 000~~	21102 Nr. 1	1,0	
	Vollstreckungsunterwerfung (§ 97 I)	~~170 000~~	21200	1,0	
(2)	Vollzug (Vorbem. 2.2.1.1 I Nr. 1; § 112) (Einholung Negativattest nach § 28 BauGB, Genehmigung nach GVO)	221 000	22110, 22112	0,5	~~242,50~~ 2 × 50,00 = 100,00
(3)	Betreuung (§ 113 I) (Überwachung und Mitteilung Kaufpreisfälligkeit, Umschreibungsüberwachung)	221 000	22200 Anm. Nr. 2, 3	0,5	242,50

C. Erläuterungen

Pos. (1):

2.971

Die Urkunde enthält mehrere Rechtsverhältnisse i.S.d. § 86 I: **Benennung, Annahme** des Angebotes, **Auflassung** und **Zwangsvollstreckungsunterwerfung** wegen der Kaufpreiszahlung. Nach § 86 II sind mehrere Rechtsverhältnisse auch verschiedene Beurkundungsgegenstände, soweit in § 109 nichts anderes bestimmt ist.

Da die in Rede stehenden Rechtsverhältnisse keine ausdrücklich verschiedenen Beurkundungsgegenstände nach den §§ 110, 111 sind, sind sie an § 109 zu messen.

Die **Annahme** (0,5 Gebühr nach Nr. 21101 Nr. 1 KV; Geschäftswert Kaufpreis) ist **Teil** des aufgespaltenen **Vertrages**. Der Vertrag bildet das Hauptgeschäft. Die **Auflassung** (1,0 Gebühr nach Nr. 21102 Nr. 1; Geschäftswert Kaufpreis) ist die dingliche **Erfüllung** der Übereignungsverpflichtung aus dem Kaufvertrag. Sie ist **derselbe Gegenstand** i.S.v. § 109 I S. 1–2.

2.972

Die **Zwangsvollstreckungsunterwerfung** wegen der Zahlung des Kaufpreises (1,0 Gebühr nach Nr. 21200; Geschäftswert Kaufpreis) dient der Durchsetzung des Anspruchs des Verkäufers, mithin der **Sicherung** des Vertrages. Sie ist der **derselbe Gegenstand** i.S.v. § 109 I S. 1–2, 4 Nr. 4.

2.973

Wegen §§ 109 I S. 1–2, 5, 94 II S. 1, 93 I S. 1 entsteht nur eine 1,0 Gebühr aus dem Kaufpreis.

Die **Benennung** ist der Annahme „**vorgelagert**". Sie dient aber nicht der Erfüllung, Sicherung oder sonstigen Durchführung der Annahme bzw. des Vertrages i.S.v. § 109 I S. 1–3. Es bleibt hier bei § 86 II – **verschiedene Beurkundungsgegenstände**. Der Geschäftswert ist nach § 36 I zu bestimmen. Vorliegend werden 30 % des Kaufpreises (§ 47) vorgeschlagen. Zu erheben ist eine 1,0 Gebühr nach Nr. 21200 KV.

Beim Zusammentreffen von verschiedenen Beurkundungsgegenständen, die denselben Gebührensatz auslösen, ist nach § 35 I die Gebühr aus der Summe der Werte zu erheben.

2.974 **Pos. (2):**

Die **Vollzugsgebühr beträgt grundsätzlich** 0,5 nach Nr. 22110 KV. Der Geschäftswert bestimmt sich gem. § 112 nach dem Wert des Beurkundungsverfahrens. Vorliegend **vervollständigt** die Annahme den **Kaufvertrag**. Der **Gebührensatz** der Vollzugsgebühr **richtet** sich daher nach der für das zu vollziehende Geschäft zu erhebenden Gebühr. Für den **Kaufvertrag** ist eine 2,0 Gebühren zu erheben. Der Gebührensatz der Vollzugsgebühr beträgt daher vorliegend 0,5 nach Nr. 22110 KV; Nr. 22111 KV ist nicht einschlägig.[1]

2.975 Handelt es sich aber ausschließlich um die Einholung öffentlich-rechtlicher Genehmigungen, so ist diese Gebühr gem. Nr. 22112 KV auf 50 Euro pro einzuholender Genehmigung **beschränkt**. Nach dem Sachverhalt sind das Negativattest der Gemeinde nach § 28 BauGB sowie die Genehmigung nach GVO einzuholen. Beide Tätigkeiten gehören zum Vollzug nach Vorbemerkung 2.2.1.1 I S. 2 Nr. 1 KV. Insgesamt sind nach dem Sachverhalt also 100 Euro (2 × 50 Euro) zu erheben, denn die 0,5 Gebühr nach Nr. 22110 KV GNotKG aus 221 000 Euro (= 242,50 Euro) ist höher.

Die Vollzugsgebühr fällt nach § 93 I S. 1 nur einmal an, unabhängig von der Anzahl der vorzunehmenden Tätigkeiten.

Bezüglich der Bewertung des elektronischen Vollzugs wird auf Rz. 2.1524 ff. verwiesen.

2.976 **Bemerkung:**

Wird der **Vollzug** des Angebots **teilweise** vom **Angebotsnotar**, teilweise vom **Annahmenotar** betrieben, fällt die Vollzugsgebühr zweimal i.H.v. 0,5 an.[2]

2.977 **Pos. (3):**

Die Überwachung und Mitteilung der Kaufpreisfälligkeit und die Umschreibungsüberwachung (Ausfertigungssperre) gehören gemäß Nr. 22200 Anm. Nr. 2 bzw. Anm. Nr. 3 KV zu den **Betreuungstätigkeiten**. Der Geschäftswert bestimmt sich gem. § 113 I nach dem Wert für das Beurkundungsverfahren. Das gilt auch dann, wenn die Urkunde verschiedene Verfahrensgegenstände enthält, und nicht für alle eine Betreuungstätigkeit erforderlich ist.

---

1 Begründung RegE, BT-Drs. 17/11471, zu Nr. 22110 KV, S. 222.
2 Begründung RegE, BT-Drs. 17/11471, zu Nr. 22110 KV, S. 222.

VI. Angebot und Annahme

Die **Betreuungsgebühr** fällt in jedem Verfahren nur einmal an, unabhängig von der Anzahl der vorzunehmenden Tätigkeiten; § 93 I S. 1.

D. Exkurs

Nimmt der Notar, der auch das Angebot beurkundet hat, die im Sachverhalt beschriebene **Beurkundung vor**, so entsteht für die **Auflassung anstelle der 1,0 Gebühr nach Nr. 21102 Nr. 1 KV** lediglich eine 0,5 Gebühr nach Nr. 21101 Nr. 2 KV. **Am Ergebnis** der unter B. dargestellten Rechnung **ändert** sich dadurch aber nichts, da der gem. § 94 I. S. 1 maßgebende höchste Gebührensatz von 1,0 in diesem Fall durch die Zwangsvollstreckungsunterwerfung bestimmt wird.

2.978

Für die Beurteilung, ob derselbe Notar oder ein anderer Notar beurkundet hat, ist zudem Vorbem. 2 I KV zu beachten.

3. Angebot geht vom Käufer aus

→ **Fall 82: Angebot des Käufers**

A. Sachverhalt

K bietet dem V den Abschluss eines Kaufvertrages über ein bebautes Grundstück an, dessen Kaufpreis 180 000 Euro betragen soll. Wegen der Kaufpreisforderung unterwirft er sich für den Fall der Angebotsannahme gegenüber dem V der sofortigen Zwangsvollstreckung.

2.979

B. Rechnung

Pos.	Gebührentatbestand	Geschäftswert	KV-Nr.	Satz	Betrag
	Beurkundungsverfahren (§§ 47, 46 97, 109 I S. 1–2, 4 Nr. 4, 93 I, 94 II 1)	180 000	21100	2,0	816,00
	Angebot	180 000	21100	2,0	
	Zwangsvollstreckungsunterwerfung	~~180 000~~	~~21200~~	~~1,0~~	

2.980

C. Erläuterungen

Die Urkunde enthält mehrere Rechtsverhältnisse i.S.d. § 86 I: **Angebot** eines Grundstückskaufvertrages und **Zwangsvollstreckungsunterwerfung** wegen der Kaufpreiszahlung Nach § 86 II sind mehrere Rechtsverhältnisse auch verschiedene Beurkundungsgegenstände, soweit in § 109 nichts anderes bestimmt ist.

2.981

Da die in Rede stehenden Rechtsverhältnisse keine ausdrücklich verschiedenen Beurkundungsgegenstände nach den §§ 110, 111 sind, sind sie an § 109 zu messen.

Das **Angebot** ist **Teil** des aufgespaltenen **Vertrages**. Der Vertrag bildet das Hauptgeschäft. Die **Zwangsvollstreckungsunterwerfung** wegen der Zahlung des Kaufpreises dient der Durchsetzung des Anspruchs des Verkäufers, mithin der **Sicherung bzw. Erfüllung** des Vertrages. Sie ist der **derselbe Gegenstand** i.S.v. § 109 I S. 1–2, 4 Nr. 4.

2.982

2.983 Der **Geschäftswert des Angebotes** richtet sich **nach dem Wert des angebotenen Vertrages**. Vorliegend wird der Abschluss eines Grundstückskaufvertrages angeboten. Der Geschäftswert wird durch den Kaufpreis bestimmt, § 47 S. 1. Zu erheben ist ein 2,0 Gebühr nach Nr. 21100 KV.

2.984 Der **Wert** der **Zwangsvollstreckungsunterwerfung** richtet sich hier gem. § 97 I nach dem Unterwerfungsbetrag (also dem Kaufpreis) und löst eine 1,0 Gebühr nach Nr. 21200 KV aus.

2.985 Da das Angebot den höchsten Gebührensatz aufweist und zudem den Geschäftswert vorgibt, ist insgesamt nur eine 2,0 Gebühr aus 180 000 Euro zu erheben (§§ 93 I S. 1, 94 II S. 1, 109 I S. 5).

→ **Fall 83: Annahme des Verkäufers und Auflassung (derselbe Notar)**

A. Sachverhalt

2.986 V **nimmt** das **Angebot** des K **an**, erklärt unter Ausnutzung der ihm in der Angebotsurkunde erteilten Vollmacht die **Auflassung** und bewilligt und beantragt die Eintragung einer entsprechenden Vormerkung für K in das Grundbuch.

Der **Notar**, der **auch schon das Angebot beurkundet** hatte und die für den Vollzug erforderlichen Unterlagen beantragt hat, soll nun die **Fälligkeit des Kaufpreises mitteilen** und die **Auflassung** bei den zu erteilenden Ausfertigungen/begl. Abschriften solange **zurückhalten, bis** der **Kaufpreis** i.H.v. 180 000 Euro nach Mitteilung des Verkäufers **vollständig bezahlt** ist (Umschreibungsüberwachung).

B. Rechnung

2.987

Pos.	Gebührentatbestände	Geschäfts- wert	KV-Nr.	Satz	Betrag
(1)	Beurkundungsverfahren (§§ 47, 97 III, 109 I)	180 000	21101 Nr. 1	0,5	204,00
	Annahme (§ 47)	180 000	21101 Nr. 1	0,5	
	Auflassung (§ 47)	~~180 000~~	21101 Nr. 2	0,5	
(2)	Betreuung (§ 113 I) (Überwachung und Mitteilung Kaufpreisfälligkeit, Umschreibungsüberwachung)	180 000	22200 Anm. Nr. 2, 3	0,5	204,00

C. Erläuterungen

2.988 **Pos. (1):**

Die Urkunde enthält mehrere Rechtsverhältnisse i.S.d. § 86 I: **Annahme** des Angebotes und die **Auflassung**. Nach § 86 II sind mehrere Rechtsverhältnisse auch verschiedene Beurkundungsgegenstände, soweit in § 109 nichts anderes bestimmt ist.

VI. Angebot und Annahme

Da die in Rede stehenden Rechtsverhältnisse keine ausdrücklich verschiedenen Beurkundungsgegenstände nach den §§ 110, 111 sind, sind sie an § 109 zu messen.

Die **Annahme** ist **Teil** des **aufgespaltenen Vertrages**. Der Vertrag bildet das Hauptgeschäft. Die Auflassung ist die dingliche Erfüllung des Anspruchs der Käufer. Sie ist **derselbe Gegenstand** i.S.v. § 109 I S. 1–2. 2.989

Der **Geschäftswert** der **Annahme** richtet sich nach dem Wert des anzunehmenden Angebotes, hier des Grundstückskaufvertrages, § 47. Zu erheben ist eine 0,5 Gebühr nach Nr. 21101 Nr. 1 KV. 2.990

Der **Geschäftswert** der **Auflassung** richtet sich nach § 47. Maßgeblich ist der Kaufpreis. Zu erheben ist eine 0,5 Gebühr nach Nr. 21101 Nr. 2 KV, da der beurkundende Notar bereits die 2,0 Gebühr nach Nr. 21100 KV für die Beurkundung des Angebotes erhalten hat. 2.991

Wegen §§ 109 I S. 1–2, 5, 93 I S. 1, 94 II S. 1 wird nur eine 0,5 Gebühr aus dem Kaufpreis erhoben. 2.992

Bemerkung: 2.993
Für die Beurteilung, ob derselbe Notar oder ein anderer Notar beurkundet hat, ist zudem Vorbem. 2 I KV zu beachten.

Pos. (2): 2.994
Die Überwachung und Mitteilung der Kaufpreisfälligkeit und die Umschreibungsüberwachung (Ausfertigungssperre) gehören gemäß Nr. 22200 Anm. Nr. 2 bzw. Anm. Nr. 3 KV zu den **Betreuungstätigkeiten**. Der Geschäftswert bestimmt sich gem. § 113 I nach dem Wert für das Beurkundungsverfahren.

Die **Betreuungsgebühr** fällt in jedem Verfahren nur einmal an, unabhängig von der Anzahl der vorzunehmenden Tätigkeiten, § 93 I S. 1.

→ **Fall 84: Annahme des Verkäufers und Auflassung (anderer Notar)**

A. Sachverhalt

V nimmt das **Angebot** des K **an**, erklärt unter Ausnutzung der ihm in der Angebotsurkunde erteilten Vollmacht die **Auflassung** und bewilligt und beantragt die Eintragung einer entsprechenden Vormerkung für K in das Grundbuch. 2.995

Der **Notar hat nicht das Angebot beurkundet.** Er erhält den Auftrag zum Vollzug des Kaufvertrages. Hierzu holt er das **Negativattest** der Gemeinde nach **§ 28 BauGB** und die **Genehmigung nach der GVO** ein. Er übernimmt außerdem die **Fälligkeitsmitteilung** hinsichtlich der Kaufpreiszahlung und die **Umschreibungsüberwachung** in der Form der Ausfertigungssperre.

B. Rechnung

Pos.	Gebührentatbestände	Geschäftswert	KV-Nr.	Satz	Betrag
(1)	Beurkundungsverfahren (§§ 47, 97 III, 109 I, 94 II)	180 000	21102 Nr. 1	1,0	408,00
	Annahme (§ 47)	180 000	~~21101 Nr. 1~~	~~0,5~~	
	Auflassung (§ 47)	~~180 000~~	21102 Nr. 1	1,0	
(2)	Vollzug (Vorbem. 2.2.1.1 I Nr. 1; § 112)	180 000	22110, 22112	0,5	~~204,00~~
	(Einholung Negativattest nach § 28 BauGB, Genehmigung nach GVO)				2 × 50,00 = 100,00
(3)	Betreuung (§ 113 I) (Überwachung und Mitteilung Kaufpreisfälligkeit, Umschreibungsüberwachung)	180 000	22200 Anm. Nr. 2, 3	0,5	204,00

C. Erläuterungen

2.997 **Pos. (1):**

Die Urkunde enthält mehrere Rechtsverhältnisse i.S.d. § 86 I: **Annahme** des Angebotes und die **Auflassung**. Nach § 86 II sind mehrere Rechtsverhältnisse auch verschiedene Beurkundungsgegenstände, soweit in § 109 nichts anderes bestimmt ist.

Da die in Rede stehenden Rechtsverhältnisse keine ausdrücklich verschiedenen Beurkundungsgegenstände nach den §§ 110, 111 sind, sind sie an § 109 zu messen.

2.998 Die **Annahme** ist **Teil** des aufgespaltenen **Vertrages**. Der Vertrag bildet das Hauptgeschäft. Die **Auflassung** ist die dingliche **Erfüllung** des Anspruchs der Käufer. Sie ist **derselbe Gegenstand** i.S.v. § 109 I S. 1–2.

2.999 Der **Geschäftswert** der **Annahme** richtet sich nach dem Wert des anzunehmenden Angebotes, hier des Grundstückskaufvertrages; § 47. Zu erheben ist eine 0,5 Gebühr nach Nr. 21101 Nr. 1 KV.

2.1000 Der **Geschäftswert** der **Auflassung** richtet sich nach § 47. Maßgeblich ist der Kaufpreis. Zu erheben ist eine 1,0 Gebühr nach Nr. 21102 Nr. 1 KV, da der beurkundende Notar keine 2,0 Gebühr nach Nr. 21100 KV für die Beurkundung des Angebotes erhalten hat.

2.1001 Da die Auflassung den höchsten Gebührensatz aufweist und die Annahme den Geschäftswert vorgibt, ist insgesamt nur eine 1,0 Gebühr aus 180 000 Euro zu erheben (§§ 93 I S. 1, 94 II S. 1, 109 I S. 5).

VI. Angebot und Annahme

Pos. (2):

Die **Vollzugsgebühr beträgt grundsätzlich** 0,5 nach Nr. 22110 KV. Der Geschäftswert bestimmt sich gem. § 112 nach dem Wert des Beurkundungsverfahrens. Vorliegend vervollständigt die Annahme den Kaufvertrag. Der **Gebührensatz** der Vollzugsgebühr **richtet** sich daher nach der für das zu vollziehende Geschäfts zu erhebenden Gebühr. Für den **Kaufvertrag** ist eine 2,0 Gebühr zu erheben. Der Gebührensatz der Vollzugsgebühr beträgt daher vorliegend 0,5 nach Nr. 22110 KV; Nr. 22111 KV ist nicht einschlägig.[1]

Handelt es sich aber ausschließlich um die Einholung öffentlich-rechtlicher Genehmigungen, so ist diese Gebühr gem. Nr. 22112 KV auf 50 Euro pro einzuholender Genehmigung **beschränkt**. Nach dem Sachverhalt sind das **Negativattest** der Gemeinde **nach § 28 BauGB** sowie die **Genehmigung nach GVO** einzuholen. Beide Tätigkeiten gehören zum Vollzug nach Vorbemerkung 2.2.1.1 I S. 2 Nr. 1 KV. Insgesamt sind nach dem Sachverhalt also 100 Euro (2 × 50 Euro) zu erheben, denn die 0,5 Gebühr nach Nr. 22110 KV GNotKG aus 180 000 Euro (= 204,50 Euro) ist höher.

Die Vollzugsgebühr fällt nach § 93 I S. 1 nur einmal an, unabhängig von der Anzahl der vorzunehmenden Tätigkeiten.

Bezüglich der Bewertung des elektronischen Vollzugs wird auf Rz. 2.1524 ff. verwiesen.

Pos. (3):

Die Überwachung und Mitteilung der Kaufpreisfälligkeit und die Umschreibungsüberwachung (Ausfertigungssperre) gehören gemäß Nr. 22200 Anm. Nr. 2 bzw. Anm. Nr. 3 KV zu den **Betreuungstätigkeiten**. Der Geschäftswert bestimmt sich gem. § 113 I nach dem Wert für das Beurkundungsverfahren.

Die **Betreuungsgebühr** fällt in jedem Verfahren nur einmal an, unabhängig von der Anzahl der vorzunehmenden Tätigkeiten, § 93 I S. 1.

→ **Fall 85: Annahme des Verkäufers unter Änderungen**

A. Sachverhalt

V nimmt das ihm zuvor von K unterbreitete Angebot mit der Maßgabe an, dass der Kaufpreis für das mitverkaufte Inventar um 5000 Euro auf 155 000 Euro erhöht wird.

B. Rechnung

Pos.	Gebührentatbestände	Geschäftswert	KV-Nr.	Satz	Betrag
	Beurkundungsverfahren (§§ 47, 46, 97)	155 000	21100	2,0	708,00

---

[1] Begründung RegE, BT-Drs. 17/11471, zu Nr. 22110 KV, S. 222.

C. Erläuterungen

2.1007 Das Zustandekommen eines Vertrages ist von übereinstimmenden Willenserklärungen der Vertragsparteien abhängig. Ein Angebot kann daher von dem Angebotsempfänger auch nur so angenommen werden, wie es ihm vom Anbieter übermittelt zuging. Erweiterungen, Einschränkungen oder sonstige Änderungen, die der Angebotsempfänger bei der Annahme einseitig vornimmt, gelten stets als Ablehnung, verbunden mit einem neuen Angebot, § 150 II BGB.

2.1008 Die **geänderte Annahme** (= neues Angebot) löst daher eine 2,0 Gebühr nach Nr. 21100 KV aus. Der Geschäftswert für das Beurkundungsverfahren entspricht dem neuen Kaufpreis, §§ 97 III, 47 S. 1.

2.1009 **Bemerkung:**

Es bedarf noch der **Annahme des Käufers**; diese löst eine weitere 0,5 Gebühr nach Nr. 21101 Nr. 1 KV aus.

→ **Fall 86: Annahme des Verkäufers mit Änderungen durch den Käufer**

A. Sachverhalt

2.1010 Der bei der Beurkundung anwesende K ändert sein zuvor abgegebenes Angebot dahingehend, dass der Kaufpreis für das mitverkaufte Inventar um 5000 Euro auf 155 000 Euro erhöht wird. Wegen der Kaufpreisdifferenz unterwirft er sich gegenüber dem V der Zwangsvollstreckung. V stimmt der Änderung zu und nimmt das Angebot des K an. Die Auflassung wird erklärt.

Die Beurkundung nimmt der Notar vor, der zuvor das Angebot beurkundet hatte.

B. Rechnung

2.1011

Pos.	Gebührentatbestände	Geschäftswert	KV-Nr.	Satz	Betrag
	Beurkundungsverfahren (§§ 47, 46, 97, 93 I, 94 II S. 1)	~~160 000~~	~~21100~~	~~2,0~~	~~762,00~~
	Änderung des Angebots (§ 97, 47)	5000	21100	2,0	120,00
	Zwangsvollstreckungsunterwerfung (§ 97)	~~5000~~	~~21200~~	~~1,0~~	(Mindestgebühr)
	Annahme (§ 47)	155 000	21101 Nr. 1	0,5	177,00
	Auflassung (§ 47)	~~155 000~~	~~21101 Nr. 2~~	~~0,5~~	

C. Erläuterungen

2.1012 Die Urkunde enthält mehrere Rechtsverhältnisse i.S.d. § 86 I: **Angebotsänderung** und **Unterwerfungserklärung** sowie **Annahme** und **Auflassung**. Nach § 86 II sind mehrere Rechtsverhältnisse auch verschiedene Beurkundungsgegenstände, soweit in § 109 nichts anderes bestimmt ist.

VI. Angebot und Annahme

Da die in Rede stehenden Rechtsverhältnisse keine ausdrücklich verschiedenen Beurkundungsgegenstände nach den §§ 110, 111 sind, sind sie an § 109 zu messen.

Grundsätzlich lösen Angebot und Annahme in einer einzigen Urkunde immer eine 2,0 Vertragsgebühr nach Nr. 21100 KV aus, nicht etwa eine 2,0 Gebühr nach Nr. 21100 KV für das Angebot und eine 0,5 Gebühr nach Nr. 21101 Nr. 1 KV für die Annahme. Denn die Aufspaltung in Angebot und Annahme zieht nur dann die separaten Gebühren nach sich, wenn es sich um eine Sukzessivbeurkundung nach §§ 128, 152 BGB handelt. Vorliegend ist die Sukzessivbeurkundung durch die Änderung des Angebots und die Annahme in einer gemeinsamen Urkunde aber gerade nicht obsolet geworden, denn der Angebotsurkunde kommt weiterhin Bedeutung zu, sie wurde nur in der gemeinsamen Urkunde modifiziert – und zwar einseitig durch den Anbietenden, nicht etwa vertraglich; freilich fällt auch diese einseitige Änderung des Angebots unter Nr. 21100 KV. 2.1013

Die **Änderung** des Angebotes ist der Annahme **„vorgelagert"**. Sie dient aber nicht der Erfüllung, Sicherung oder sonstigen Durchführung der Annahme bzw. des Vertrages i.S.v. § 109 I S. 1–3. Es bleibt also bei § 86 II – **verschiedene Beurkundungsgegenstände**. 2.1014

Der **Geschäftswert** der **Änderung** richtet sich nach deren Wert. Das ist vorliegend die Kaufpreisdifferenz i.H.v. 5000 Euro. Die Änderung des Angebots löst eine 2,0 Gebühr nach Nr. 21100 KV aus, mindestens 120 Euro. Die geänderte **Zwangsvollstreckungsunterwerfung** ist zu dem geänderten Angebot **derselbe Beurkundungsgegenstand** nach § 109 I S. 1–2. Die Gebühr der Zwangsvollstreckungsunterwerfung beträgt 1,0 nach Nr. 21200 KV. 2.1015

Die Annahme löst eine 0,5 Gebühr nach Nr. 21101 Nr. 1 KV aus. Die Auflassung ist dazu das Erfüllungsgeschäft nach § 109 I S. 1–2. Die Gebühr der Auflassung beträgt 0,5 nach Nr. 21101 Nr. 2 KV. 2.1016

Geändertes Angebot und Zwangsvollstreckungsunterwerfung als ein eigenständiger Beurkundungsgegenstand mit einem maßgeblichen Gebührensatz von 1,0 und einem Geschäftswert von 5000 Euro einerseits und Annahme und Auflassung als ein weiterer eigenständiger Beurkundungsgegenstand mit einem Gebührensatz von 0,5 und einem Geschäftswert von 155 000 Euro andererseits sind zwar verschiedene Beurkundungsgegenstände nach § 86 II, wegen des unterschiedlichen Gebührensatzes jedoch einer Vergleichsberechnung nach § 94 I zu unterziehen. Diese ergibt, dass die gesonderte Gebührenerhebung für den Kostenschuldner günstiger ist. 2.1017

D. Exkurs

Nimmt ein anderer Notar die im Sachverhalt beschriebene Beurkundung vor, so entsteht für die Auflassung anstelle der 0,5 Gebühr nach Nr. 21101 Nr. 2 KV eine 1,0 Gebühr nach Nr. 21102 Nr. 1 KV. Die Berechnung würde sich dergestalt ändern, dass neben der Gebühr Nr. 21100 aus 5000 Euro i.H.v. 120,00 Euro statt einer 0,5 Gebühr aus 155 000 Euro i.H.v. 177,50 Euro eine 1,0 Gebühr aus 155 000 Euro i.H.v. 354,00 Euro entstehen würde. 2.1018

Für die Beurteilung, ob derselbe Notar oder ein anderer Notar beurkundet hat, ist zudem Vorbem. 2 I KV zu beachten.

4. Angebotsvertrag

→ **Fall 87: Angebot des Verkäufers mit Vereinbarung eines Bindungsentgelts**

A. Sachverhalt

2.1019 V bietet K den Abschluss eines Kaufvertrages über ein bebautes Grundstück an, dessen Kaufpreis 160 000 Euro betragen soll. V hält sich 6 Monate an das Angebot gebunden. K, bei der Beurkundung mit anwesend, gibt hierzu keine Erklärungen ab. Er verpflichtet sich jedoch gegenüber dem V zur Zahlung eines **Bindungsentgeltes** i.H.v. 8000 Euro, welches dem V auch dann zusteht, wenn K das Angebot innerhalb der Frist nicht annimmt. Eine Anrechnung auf den Kaufpreis für den Fall der Annahme ist nicht vereinbart. Wegen seiner Zahlungsverpflichtung hinsichtlich des Bindungsentgelts unterwirft sich K gegenüber dem V der Zwangsvollstreckung.

B. Rechnung

2.1020

Pos.	Gebührentatbestände	Geschäfts-wert	KV-Nr.	Satz	Betrag
	Beurkundungsverfahren (§§ 47, 46, 97, 86 II, 35 I, 109 I, 93 I)	168 000	21100	2,0	762,00
	Angebot (§ 47)	160 000	21100	2,0	
	Bindungsentgelt (§§ 36 I, 97 I)	8000	21100	2,0	
	Vollstreckungsunterwerfung wegen des Bindungsentgeltes (§§ 36 I, 97 I)	8000	21200	1,0	

C. Erläuterungen

2.1021 Die Urkunde enthält mehrere Rechtsverhältnisse i.S. des § 86 I: **Angebot** eines Grundstückskaufvertrages, **Vereinbarung** eines **Bindungsentgeltes** und **Unterwerfung** unter die sofortige Zwangsvollstreckung wegen dieses Entgeltes. Nach § 86 II sind mehrere Rechtsverhältnisse auch verschiedene Beurkundungsgegenstände, soweit in § 109 nichts anderes bestimmt ist.

Da die in Rede stehenden Rechtsverhältnisse keine ausdrücklich verschiedenen Beurkundungsgegenstände nach den §§ 110, 111 sind, sind sie an § 109 zu messen.

2.1022 **Angebot und Bindungsentgelt** stehen **nicht** in einem **Abhängigkeitsverhältnis** i.S. des § 109 I, denn keine Erklärung dient der Sicherung, Erfüllung oder sonstigen Durchführung der anderen. Sie betreffen **verschiedene Beurkundungsgegenstände**, § 86 II.

2.1023 Anders verhält es sich bei der **Unterwerfung** des K, denn diese wird **wegen** seiner **Zahlungspflicht** bezüglich des Bindungsentgeltes erklärt. Sie dient damit der Sicherung und steht so in einem Abhängigkeitsverhältnis und sind derselbe Gegenstand i.S.v. § 109 I S. 1–2, S. 4 Nr. 4.

VI. Angebot und Annahme

Der **Wert** des **Angebotes** richtet sich nach dem Wert des angebotenen Vertrages. Vorliegend ist der vorgesehene Kaufpreis maßgeblich, § 47. Zu erheben ist eine 2,0 Gebühr nach Nr. 21100 KV.

2.1024

Als **Wert** der Vereinbarung über das **Bindungsentgelt** ist der zu zahlende Betrag maßgeblich, § 97 I. Zu erheben ist eine 2,0 Gebühr nach Nr. 21100 KV.

2.1025

Beim Zusammentreffen von verschiedenen Beurkundungsgegenständen, die denselben Gebührensatz auslösen, ist nach § 35 I die Gebühr aus der Summe der Werte zu erheben.

2.1026

→ **Fall 88: Angebot des Verkäufers mit Vereinbarung der Kostenübernahme**

A. Sachverhalt

V bietet K den Abschluss eines Kaufvertrages über ein bebautes Grundstück an, dessen Kaufpreis 120 000 Euro betragen soll. K, bei der Beurkundung mit anwesend, gibt hierzu keine Erklärungen ab. Er verpflichtet sich jedoch in der Urkunde gegenüber dem V zur **Übernahme sämtlicher Kosten**, die diesem durch die Beurkundung des Angebotes bei Notar und Grundbuchamt (und dort auch für den Fall der Nichtannahme) entstehen.

2.1027

B. Rechnung

Pos.	Gebührentatbestände	Geschäftswert	KV-Nr.	Satz	Betrag
	Beurkundungsverfahren (§§ 47, 46, 97, 86 II, 35 I, 93 I)	122 000	21100	2,0	600,00
	Angebot (§ 47)	120 000	21100	2,0	
	Kostenübernahmevereinbarung (§§ 36 I, 97 I)	2000	21100	2,0	

2.1028

C. Erläuterungen

Die Urkunde enthält mehrere Rechtsverhältnisse i.S. des § 86 I: **Angebot** eins Grundstückskaufvertrag und die **Vereinbarung** über die **Kostenübernahme**. Nach § 86 II sind mehrere Rechtsverhältnisse auch verschiedene Beurkundungsgegenstände, soweit in § 109 nichts anderes bestimmt ist.

2.1029

Da die in Rede stehenden Rechtsverhältnisse keine ausdrücklich verschiedenen Beurkundungsgegenstände nach den §§ 110, 111 sind, sind sie an § 109 zu messen.

Angebot und **Kostenübernahme** stehen **nicht** in einem **Abhängigkeitsverhältnis** i.S. des § 109 I, denn keine Erklärung dient der Sicherung, Erfüllung oder sonstigen Durchführung der anderen. Sie betreffen **verschiedene Beurkundungsgegenstände**, § 86 II.

2.1030

Der **Wert** des **Angebotes** richtet sich nach dem Wert des angebotenen Vertrages. Vorliegend ist der vorgesehene Kaufpreis maßgeblich, § 47. Zu erheben ist eine 2,0 Gebühr nach Nr. 21100 KV.

2.1031

2.1032 Der **Geschäftswert** der **Kostenübernahmevereinbarung** richtet sich nach den zu erwartenden Kosten. Stehen diese, wie vorliegend, nicht fest, sind sie in dem zu erwartenden Rahmen zu schätzen, §§ 36 I, 97 I.

Beim Zusammentreffen von verschiedenen Beurkundungsgegenständen, die denselben Gebührensatz auslösen, ist nach § 35 I die Gebühr aus der Summe der Werte zu erheben.

5. Mehrheit von Angeboten (Alternative Angebote)

→ **Fall 89: Unbedingtes und bedingtes Verkäuferangebot**

A. Sachverhalt

2.1033 Der Grundstückseigentümer **V bietet** dem **K 1** in Teil I der Urkunde den Kauf seines Grundstücks an. **In Teil II der Urkunde** bietet V **dem K 2** den Kauf desselben Grundstücks unter der Bedingung **an**, dass K 1 das Kaufangebot aus Teil I der Urkunde nicht annehmen sollte. Der Kaufpreis soll 95 000 Euro betragen.

B. Rechnung

2.1034

Pos.	Gebührentatbestände	Geschäftswert	KV-Nr.	Satz	Betrag
	Beurkundungsverfahren (§§ 47, 97, 86 II, 35 I, 93 I)	190 000	21100	2,0	870,00
	Angebot an K 1 (§ 47)	95 000	21100	2,0	
	Angebot an K 2 (§ 47)	95 000	21100	2,0	

C. Erläuterungen

2.1035 Die Urkunde enthält mehrere Rechtsverhältnisse i.S.d. § 86 I: **Angebot an K 1** und **Angebot an K 2**. Nach § 86 II sind mehrere Rechtsverhältnisse auch verschiedene Beurkundungsgegenstände, soweit in § 109 nichts anderes bestimmt ist.

Da die in Rede stehenden Rechtsverhältnisse keine ausdrücklich verschiedenen Beurkundungsgegenstände nach den §§ 110, 111 sind, sind sie an § 109 zu messen.

2.1036 Keines der beiden Angebote dient der Erfüllung, Sicherung oder sonstigen Durchführung des jeweils anderen. Es besteht zwischen ihnen **kein Abhängigkeitsverhältnis** i.S.v. § 109 I S. 1–3. Sie betreffen **verschiedene Gegenstände**, § 86 II. Aufgrund des **Verknüpfungswillens** ist nach § 93 II S. 2 ein sachlicher Grund der Zusammenrechnung **zu bejahen**. Es liegt damit insgesamt auch nur **ein Beurkundungsverfahren** vor.

2.1037 Der **Wert** jedes der beiden **Angebote** richtet sich nach dem Wert des angebotenen Vertrages. Vorliegend ist der vorgesehene **Kaufpreis** maßgeblich, § 47. Zu erheben ist jeweils eine 2,0 Gebühr nach Nr. 21100 KV.

2.1038 Beim Zusammentreffen von verschiedenen Beurkundungsgegenständen, die denselben Gebührensatz auslösen, ist nach § 35 I die Gebühr aus der Summe der Werte zu erheben.

→ **Fall 90: Wechselseitige Angebote an demselben Vertragsgegenstand (Kreuzofferte)**

A. Sachverhalt

Die Vertragsbeteiligten V und K wollen derzeit noch keinen rechtswirksamen Vertrag schließen. Allerdings **wünschen** sie aber insoweit eine **Bindung**, dass mit einseitiger Annahmeerklärung eines Beteiligten ein solcher Vertrag zustande kommen kann. Der Grundstückseigentümer V **bietet dem K** daher befristet den **Verkauf** seines Grundstücks für 67 000 Euro **an**. In derselben Urkunde unterbreitet K dem V ein **inhaltsgleiches Kaufangebot**.

2.1039

B. Rechnung

Pos.	Gebührentatbestände	Geschäfts-wert	KV-Nr.	Satz	Betrag
	Beurkundungsverfahren (§§ 47, 97, 86 II, 35 I)	134 000	21100	2,0	654,00
	Angebot V an K (§ 47)	67 000	21100	2,0	
	Angebot K an V (§ 47)	67 000	21100	2,0	

2.1040

C. Erläuterungen

Die Urkunde enthält mehrere Rechtsverhältnisse i.S.d. § 86 I: **Verkaufsangebot** und **Kaufangebot** an ein und demselben Grundstück. Nach § 86 II sind mehrere Rechtsverhältnisse auch verschiedene Beurkundungsgegenstände, soweit in § 109 nichts anderes bestimmt ist.

2.1041

Da die in Rede stehenden Rechtsverhältnisse keine ausdrücklich verschiedenen Beurkundungsgegenstände nach den §§ 110, 111 sind, sind sie an § 109 zu messen.

2.1042

Es handelt sich um zwei Angebote im materiellrechtlichen Sinne. Aber auch kostenrechtlich liegen zwei Angebote vor, nicht etwa ein Austauschvertrag nach § 97 III. Vielmehr sind beide Angebote in der Weise auflösend bedingt, dass sie erlöschen, wenn das jeweils erste Angebot angenommen wird.

2.1043

Keines der beiden Angebote dient somit der Erfüllung, Sicherung oder sonstigen Durchführung des jeweils anderen. Es besteht zwischen ihnen **kein Abhängigkeitsverhältnis** i.S.v. § 109 I S. 1–3. Sie betreffen **verschiedene Gegenstände**, § 86 II. Aufgrund des **Verknüpfungswillens** ist nach § 93 II S. 2 ein sachlicher Grund der Zusammenrechnung **zu bejahen**. Es liegt damit insgesamt auch nur **ein Beurkundungsverfahren** vor.

2.1044

Der Wert jedes der beiden Angebote richtet sich nach dem Wert des angebotenen Vertrages. Vorliegend ist der vorgesehene Kaufpreis maßgeblich, § 47. Zu erheben ist jeweils eine 2,0 Gebühr nach Nr. 21100 KV.

2.1045

Beim Zusammentreffen von verschiedenen Beurkundungsgegenständen, die denselben Gebührensatz auslösen, ist nach § 35 I die Gebühr aus der Summe der Werte zu erheben.

2.1046

6. Änderung des Angebots vor Annahme

→ **Fall 91: Verlängerung der Angebotsfrist (Bindungsfrist) nach deren Ablauf, wenn das Angebot bereits erloschen ist**

A. Sachverhalt

2.1047 Mit der zuvor beurkundeten **Angebotsurkunde** hat V ein Angebot unterbreitet, welches K bis zum 31.12. desselben Jahres annehmen kann. Mit dem Verstreichen dieser Bindungsfrist sollte das Angebot erlöschen (§ 146 BGB).

Am 15.1. des Folgejahres lässt V eine **Änderung des Angebots** dahingehend beurkunden, dass die Annahme noch bis zum 1.4. möglich ist. Der Kaufpreis bleibt mit 77 000 Euro unverändert.

B. Rechnung

2.1048

Pos.	Gebührentatbestände	Geschäfts-wert	KV-Nr.	Satz	Betrag
	Beurkundungsverfahren (§§ 47, 97)	77 000	21100	2,0	438,00

C. Erläuterungen

2.1049 Ein Angebot kann nur solange einseitig durch den Anbieter geändert werden, wie es noch nicht angenommen oder durch Ablauf der Bindungsfrist erloschen ist. Fraglich ist, was gilt, wenn das Angebot nach Fristablauf verlängert wird. Ist das Angebot, wie im vorliegenden Fall, so ausgestaltet, dass es bei dem gesetzlichen Regelfall des § 146 BGB bleibt, dass also nach Ablauf der **Bindungsfrist das Angebot erlischt**, so stellt eine **spätere Verlängerung der Bindungsfrist** in Wahrheit **ein neues Angebot** dar. Eine derartige Fristverlängerung ist daher mit dem **vollen Geschäftswert** gem. § 97 III i.V.m. § 47 zu bewerten, also in der Regel mit dem Kaufpreis. Zu erheben ist eine 2,0 Gebühr nach Nr. 21100 KV.

→ **Fall 92: Verlängerung der Angebotsfrist (Bindungsfrist) nach deren Ablauf, wenn das Angebot selbst noch nicht erloschen ist**

A. Sachverhalt

2.1050 Mit der zuvor beurkundeten Angebotsurkunde hat V ein Angebot unterbreitet, welches K bis zum 31.12. desselben Jahres annehmen kann. Mit dem Verstreichen dieser Bindungsfrist war der V nicht mehr daran gebunden. Es sollte aber weitergelten, bis V es dem K gegenüber ausdrücklich widerruft.

Am 15.1. des Folgejahres lässt V eine Änderung des Angebots dahingehend beurkunden, dass die Bindungswirkung bis zum 30.12. des laufenden Jahres verlängert wird. Der Kaufpreis bleibt mit 77 000 Euro unverändert.

B. Rechnung

Pos.	Gebührentatbestände	Geschäfts-wert	KV-Nr.	Satz	Betrag
	Beurkundungsverfahren (§§ 36 I, 47, 97)	15 400	21100	2,0	182,00

2.1051

C. Erläuterungen

Ein Angebot kann grundsätzlich nur solange einseitig durch den Anbieter geändert werden, wie es noch nicht angenommen oder durch Ablauf der Bindungsfrist erloschen ist. Fraglich ist, was gilt, wenn das Angebot nach Fristablauf verlängert wird. Erlischt das Angebot, wie im vorliegenden Fall, mit Ablauf der Bindungsfrist nicht, besteht es vielmehr bis zum Widerruf des Anbietenden fort, so ist zu bewerten wie bei der Verlängerung der Angebotsfrist vor deren Ablauf; d.h. es ist nicht der volle Wert des Angebots anzunehmen, sondern lediglich ein Teilwert gemäß §§ 97 I, II, 36 I, 47.[1] Vorgeschlagen werden 20 % des Kaufreises. Zu erheben ist eine 2,0 Gebühr nach Nr. 21100 KV.

2.1052

→ **Fall 93: Verlängerung der Angebotsfrist vor deren Ablauf**

A. Sachverhalt

Mit der zuvor beurkundeten Angebotsurkunde hat V ein Angebot unterbreitet, welches K bis zum 31.12. annehmen kann. Am 15.12. lässt V eine Änderung des Angebots dahingehend beurkunden, dass die Annahme bis zum 31.1. des Folgejahres möglich ist. Der Kaufpreis bleibt mit 77 000 Euro unverändert.

2.1053

B. Rechnung

Pos.	Gebührentatbestände	Geschäfts-wert	KV-Nr.	Satz	Betrag
	Beurkundungsverfahren (§§ 36 I, 47, 97)	15 400	21100	2,0	182,00

2.1054

C. Erläuterungen

Das Angebot ist noch nicht erloschen. Es kann noch geändert werden. Die **Befristung** für die Möglichkeit der Annahme ist **Inhalt** der Änderung. Da sie keinen bestimmten **Wert** hat, findet § 36 I Anwendung. Vorgeschlagen wird hier ein **Teilwert** von 20 % aus dem Wert des Angebotes (= Kaufpreis gem. § 47). Zu erheben ist eine 2,0 Gebühr nach Nr. 21100 KV.

2.1055

---

[1] LG Schwerin, Beschl. v. 4.11.2014 – 4 T 1/14, NotBZ 2015, 117.

VII. Bedingte Kaufverträge und Optionsrechte

1. Vorbemerkungen

a) Allgemeines

2.1056 Die Bewertung **bedingter Verträge** unterscheidet sich nicht von der Bewertung unbedingt abgeschlossener Verträge. Insbesondere für **Ankaufsrechte** und **sonstige Erwerbs-** oder **Veräußerungsrechte** bestimmt § 51 I S. 1 den vollen Wert des Gegenstands, auf den sich das Recht bezieht (§ 51 I S. 1 GNotKG). Bei den Vor- und Wiederkaufsrechten ist hingegen lediglich der halbe Wert anzusetzen (§ 51 I S. 2 GNotKG).

2.1057 Anzumerken ist, dass es sich bei § 51 I GNotKG um einen Regelwert handelt. Die Annahme eines höheren oder geringeren Wertes ist möglich, wenn das Ergebnis nach den besonderen Umständen des Einzelfalls unbillig ist, § 51 III GNotKG.

b) Übersicht

2.1058

Gebühr für die Beurkundung	
a) eines Angebotes	a) Nr. 21100 KV (2,0), mindestens 120 Euro
b) eines Vertrages	b) Nr. 21100 KV (2,0), mindestens 120 Euro
Geschäftswert	
a) eines Vor- oder Wiederkaufsrechts	a) §§ 51 I S. 2, 46 (Der Wert des Rechts entspricht dem halben Wert des Gegenstands, auf den es sich bezieht. Die Annahme eines höheren oder geringeren Wertes ist nur möglich, wenn das Ergebnis nach den besonderen Umständen des Einzelfalls unbillig ist, § 51 III)
b) sonstiger Erwerbs- oder Veräußerungsrechte (Ankaufsrechte, Angebotsvorhand)	b) §§ 51 I S. 1, 47, 46 (Der Wert des Rechts entspricht dem Wert des Gegenstands, auf den es sich bezieht. Die Annahme eines höheren oder geringeren Wertes ist nur möglich, wenn das Ergebnis nach den besonderen Umständen des Einzelfalls unbillig ist, § 51 III)

c) Keine Begünstigungen für spätere Kaufverträge

Für **Grundstückskaufverträge**, die später **unter Ausübung** von Vor- oder Wiederkaufs-, sowie Ankaufs- und Optionsrechten geschlossen werden, sind keine Begünstigungen vorgesehen. 2.1059

Etwas anderes gilt, wenn lediglich die Auflassung zu erklären ist. Diesbezüglich wird auf die Ausführungen im Exkurs zur Beurkundung der Auflassung nach Ausübung eines Vorkaufsrecht (Rz. 2.1328) verwiesen.

2. Vorkaufsrecht

→ **Fall 94: Bestellung eines Vorkaufsrechts**

A. Sachverhalt

B sieht längerfristig Bedarf an dem Ausbau seiner Betriebsstätte und will sich hierfür das derzeit von E **gepachtete Nachbargrundstück** sichern. E räumt dem Pächter B daher ein **Vorkaufsrecht** an seinem Grundstück für alle Verkaufsfälle ein. Der Verkehrswert des Grundstücks beträgt 80 000 Euro. 2.1060

B. Rechnung

Pos.	Gebührentatbestand	Geschäftswert	KV-Nr.	Satz	Betrag
	Beurkundungsverfahren (§§ 51 I S. 2, 46, 97)	40 000	21100	2,0	290,00

2.1061

C. Erläuterungen

Der Wert eines Vorkaufsrechts ist mit 50 % des Wertes des belasteten Gegenstands normiert, § 51 I S. 2. Ein Abweichen wäre nur möglich, wenn der Wert nach den besonderen Umständen des Einzelfalls unbillig erscheint, § 51 III. Dafür gibt es aber im Sachverhalt keine Anhaltspunkte. 2.1062

Zu erheben ist eine 2,0 Gebühr nach Nr. 21100 KV. 2.1063

→ **Fall 95: Mietvertrag und Vorkaufsrecht**

A. Sachverhalt

V vermietet auf unbestimmte Dauer seine Eigentumswohnung an M für 850 Euro. In der Miete ist eine Nebenkostenvorauszahlung i.H.v. 150 Euro enthalten. Weil M längerfristig auch den Erwerb einer selbstgenutzten Wohnung beabsichtigt, räumt ihm V ein **Vorkaufsrecht** für alle Verkaufsfälle an seiner Eigentumswohnung ein. Beide Verträge werden beurkundet. Der Verkehrswert der Eigentumswohnung beträgt 190 000 Euro. 2.1064

B. Rechnung

2.1065

Pos.	Gebührentatbestände	Geschäfts-wert	KV-Nr.	Satz	Betrag
	Beurkundungsverfahren (§§ 99 I, 51 I S. 2, 46, 97, 86 II, 35 I, 93 I)	146 000	21100	2,0	708,00
	Mietvertrag (§ 99 I)	51 000	21100	2,0	
	Vorkaufsrecht (§§ 51 I S. 2, 46)	95 000	21100	2,0	

C. Erläuterungen

2.1066 Die Urkunde enthält mehrere Rechtsverhältnisse i.S.d. § 86 I: **Mietvertrag** und Vereinbarung über die Einräumung eines **Vorkaufsrechtes** an dem Mietobjekt. Nach § 86 II sind mehrere Rechtsverhältnisse auch verschiedene Beurkundungsgegenstände, soweit in § 109 nichts anderes bestimmt ist.

Da die in Rede stehenden Rechtsverhältnisse keine ausdrücklich verschiedenen Beurkundungsgegenstände nach den §§ 110, 111 sind, sind sie an § 109 zu messen.

2.1067 Keine der beiden Erklärungen dient der Erfüllung, Sicherung oder sonstigen Durchführung der jeweils anderen. Es besteht zwischen ihnen **kein Abhängigkeitsverhältnis** i.S.v. § 109 I S. 1–3. Sie betreffen **verschiedene Gegenstände**, § 86 II.

2.1068 Der **Wert** eines **Mietvertrages** richtet sich nach § 99 I. Wird der Vertrag, wie vorliegend, auf unbestimmte Dauer geschlossen, so entspricht der Geschäftswert dem fünffachen Jahreswert der Bruttomiete (850 Euro × 12 Monate × 5 Jahre = 51 000 Euro). Zu erheben ist eine 2,0 Gebühr nach Nr. 21100 KV.

2.1069 Der **Wert** eines **Vorkaufsrechts** ist mit 50 % des Wertes des belasteten Gegenstands normiert. Ein Abweichen wäre nur möglich, wenn der Wert nach den besonderen Umständen des Einzelfalls unbillig erscheint, § 51 III. Dafür gibt es aber im Sachverhalt keine Anhaltspunkte. Zu erheben ist eine 2,0 Gebühr nach Nr. 21100 KV.

2.1070 Beim Zusammentreffen von verschiedenen Beurkundungsgegenständen, die denselben Gebührensatz auslösen, ist nach § 35 I die Gebühr aus der Summe der Werte zu erheben.

3. Ankaufsrecht (Call-Option)

2.1071 Das im BGB nicht typisierte Ankaufsrecht ermöglicht dem Berechtigten den Erwerb vom Eigentümer beim Eintritt zuvor festgelegter Bedingungen, ggf. sogar dann, wenn der Berechtigte lediglich durch seine Erklärung den Ankaufsfall auslöst.

VII. Bedingte Kaufverträge und Optionsrechte

In der Praxis wird das Ankaufsrecht wie folgt gestaltet:[1] 2.1072
- durch einen **aufschiebend bedingt** geschlossenen **Kaufvertrag** (auch als **Option** bezeichnet, wenn das Zustandekommen des Vertrages von weiteren Bedingungen unabhängig nur durch das Verlangen des Käufers erfolgt),
- durch ein **Verkäuferangebot,**
- durch einen **Vorvertrag**.

Gesetzliche Regelungen zum Ankauf finden sich im Sachenrechtsbereinigungsgesetz (Rz. 2.764 ff., 2.779 ff. und im Verkehrsflächenbereinigungsgesetz (Rz. 2.785 ff.). 2.1073

→ **Fall 96: Ankaufsrecht in der Variante eines aufschiebend bedingten Kaufvertrags**

A. Sachverhalt

E **räumt** seiner geschiedenen Ehefrau K ein **Ankaufsrecht** an seinem **Grundstück** ein für den Fall, dass er ohne ihre Zustimmung über das Grundstück verfügt. Der Kaufpreis soll dem zum Zeitpunkt der Ausübung festzustellenden Verkehrswert, der gegenwärtig 55 000 Euro beträgt, entsprechen. **Sämtliche Übertragungsbedingungen** des Vertrages, der für den Fall der Ausübungserklärung zustande kommt, werden **mit beurkundet**. 2.1074

B. Rechnung

Pos.	Gebührentatbestand	Geschäftswert	KV-Nr.	Satz	Betrag
	Beurkundungsverfahren (§§ 51 I S. 2, 46, 97)	55 000	21100	2,0	384,00

2.1075

C. Erläuterungen

Der **Wert** des **Ankaufsrechts** entspricht dem Verkehrswert des Grundstücks (§§ 51 I S. 1 i.V.m. § 46). Ein Abweichen wäre nur möglich, wenn der Wert nach den besonderen Umständen des Einzelfalls gem. § 51 III unbillig ist, was vorliegend nicht der Fall ist. 2.1076

Zu erheben ist eine 2,0 Gebühr nach Nr. 21100 KV. 2.1077

→ **Fall 97: Ankaufsrecht in der Variante eines Angebots**

A. Sachverhalt

E **bietet** dem K den Abschluss eines **Kaufvertrages über** ein **bebautes Grundstück an**, dessen Kaufpreis 220 000 Euro betragen soll. K ist zur Annahme berechtigt wenn feststeht, dass für das Objekt eine Teilungsgenehmigung erteilt werden kann. 2.1078

---

1 Zu den Gestaltungen *Wagner*, NotBZ 2000, 69 ff.

B. Rechnung

2.1079

Pos.	Gebührentatbestand	Geschäfts-wert	KV-Nr.	Satz	Betrag
	Beurkundungsverfahren (§§ 51 I S. 2, 46, 97)	220 000	21100	2,0	970,00

C. Erläuterungen

2.1080 Der **Wert** des **Ankaufsrechts** entspricht dem Kaufpreis (§§ 51 I S. 1, 46, 47). Ein Abweichen wäre gem. § 51 III nur möglich, wenn der Wert nach den besonderen Umständen des Einzelfalls ist, was vorliegend nicht der Fall ist.

2.1081 Zu erheben ist eine 2,0 Gebühr nach Nr. 21100 KV.

→ **Fall 98: Ankaufsrecht in der Variante eines Vorvertrags**

A. Sachverhalt

2.1082 E **verpflichtet** sich gegenüber dem K **zur Übertragung einer Eigentumswohnung**, deren Lage, Zuschnitt und Ausstattungsmerkmale in etwa feststehen, die sich jedoch **in einem noch zu errichtenden Gebäude** befinden wird. Der Kaufpreis soll 90 000 Euro betragen.

B. Rechnung

2.1083

Pos.	Gebührentatbestand	Geschäfts-wert	KV-Nr.	Satz	Betrag
	Beurkundungsverfahren (§§ 51 I S. 2, 46, 97)	90 000	21100	2,0	492,00

C. Erläuterungen

2.1084 Der Wert des Ankaufsrechts entspricht dem Kaufpreis (§§ 51 I S. 1, 46, 47). Ein Abweichen wäre nur möglich, wenn der Wert gem. § 51 III nach den besonderen Umständen des Einzelfalls unbillig ist, was hier nicht der Fall ist.

2.1085 Zu erheben ist eine 2,0 Gebühr nach Nr. 21100 KV.

4. Vorhand

→ **Fall 99: Angebotsvorhand**

A. Sachverhalt

2.1086 E verpflichtet sich gegenüber dem K, sein Grundstück im Falle eines beabsichtigten Verkaufs vorab dem K zum Kauf anzutragen. Dabei hat das Angebot zu denselben Konditionen zu erfolgen, zu denen das Grundstück dem Dritten verkauft werden soll. Der Kaufpreis soll mindestens 250 000 Euro betragen. E bewilligt dem K sogleich eine Auflassungsvormerkung.

B. Rechnung

Pos.	Gebührentatbestände	Geschäfts-wert	KV-Nr.	Satz	Betrag
	Beurkundungsverfahren (§§ 51 I S. 1, 47 46, 97, 109 I, 93 I, 94 II)	250 000	21100	2,0	1070,00
	Angebotsvorhand (§§ 51 I S. 1, 47)	250 000	21100	2,0	
	Auflassungsvormerkung (§§ 45 III, 47, 46)	~~250 000~~	~~21201~~ Nr. 4	~~0,5~~	

2.1087

C. Erläuterungen

Die Urkunde enthält mehrere Rechtsverhältnisse i.S.d. § 86 I: **Angebotsvorhand** und **Auflassungsvormerkung**. Nach § 86 II sind mehrere Rechtsverhältnisse auch verschiedene Beurkundungsgegenstände, soweit in § 109 nichts anderes bestimmt ist.

2.1088

Da die in Rede stehenden Rechtsverhältnisse keine ausdrücklich verschiedenen Beurkundungsgegenstände nach den §§ 110, 111 sind, sind sie an § 109 zu messen.

Das Hauptgeschäft ist nach § 109 I S. 1–2 die Angebotsvorhand.

2.1089

Die **Vormerkung** dient zur **Sicherung** der aus der Angebotsvorhand folgenden bedingten Ansprüche. Sie steht damit zur Angebotsvorhand in einem **Abhängigkeitsverhältnis** i.S.d. § 109 I S. 1–3 GNotKG und ist **derselbe Gegenstand**.

2.1090

Die **Angebotsvorhand**, die einem schuldrechtlich begründeten Vorkaufsrecht ähnelt, fällt unter die in § 51 I S. 1 genannten sonstigen **Erwerbsrechte**. Der **Wert** für das Beurkundungsverfahren entspricht daher dem Kaufpreis, wenn für das Grundstück kein höherer Wert festgestellt werden kann. Zu erheben ist eine 2,0 Gebühr nach Nr. 21100 KV.

2.1091

Der **Wert** der **Auflassungsvormerkung** bestimmt sich nach dem Wert des vorgemerkten Rechts, hier also nach dem Kaufpreis, §§ 45 III, 47. Die Bewilligung der Eintragung löst eine 0,5 Gebühr nach Nr. 21201 Nr. 4 KV aus.

2.1092

Wegen §§ 109 I S. 1–2, S. 5, 93 I S. 1, 94 II S. 1 wird nur eine 2,0 Gebühr aus dem Wert der Angebotsvorhand erhoben.

2.1093

5. Wiederkaufsrecht

Wiederkaufsrechte (§ 456 f. BGB) werden in der Praxis zumeist zusammen mit dem Kaufvertrag beurkundet, etwa dann, wenn der Verkäufer an der Durchführung einer bestimmten und zeitnahen Bebauung des Grundstücks durch den Käufer interessiert ist.

2.1094

Über das Wiederkaufsrecht kann aber auch eine nachträgliche Vereinbarung getroffen werden, etwa als Ergänzung zu einem Kaufvertrag.[1] Der Geschäftswert bestimmt sich nach § 51 I S. 2.

2.1095

---

[1] *Kesseler* in Münchener Vertragshandbuch, Bd. 6, Bürgerliches Recht II, VIII. 26 Anm. 3 (S. 535).

→ **Fall 100: Begründung eines Wiederkaufsrechts**

A. Sachverhalt

2.1096 In einem **Nachtrag** räumt der **Käufer** dem Verkäufer an dem von ihm gekauften Grundstück ein **Wiederkaufsrecht ein**. Der Kaufpreis betrug 280 000 Euro. K bewilligt dem V eine **Auflassungsvormerkung**.

B. Rechnung

2.1097

Pos.	Gebührentatbestände	Geschäftswert	KV-Nr.	Satz	Betrag
	Beurkundungsverfahren (§§ 51 I S. 2, 47 46, 97, 109 I)	140 000	21100	2,0	654,00
	Wiederkaufsrecht (§§ 51 I S. 2, 47)	140 000	21100	2,0	
	Auflassungsvormerkung (§§ 45 III, 47, 46)	~~140 000~~	~~21201 Nr. 4~~	~~0,5~~	

C. Erläuterung

2.1098 Die Urkunde enthält mehrere Rechtsverhältnisse i.S.d. § 86 I: **Wiederkaufsrecht** und **Auflassungsvormerkung**. Nach § 86 II sind mehrere Rechtsverhältnisse auch verschiedene Beurkundungsgegenstände, soweit in § 109 nichts anderes bestimmt ist.

Da die in Rede stehenden Rechtsverhältnisse keine ausdrücklich verschiedenen Beurkundungsgegenstände nach den §§ 110, 111 sind, sind sie an § 109 zu messen.

2.1099 Die **Vormerkung** dient zur **Sicherung** der aus dem **Wiederkaufsrecht** folgenden bedingten Ansprüche. Sie steht damit zum Wiederkaufsrecht in einem **Abhängigkeitsverhältnis** i.S.d. § 109 I S. 1–2 GNotKG und ist **derselbe Gegenstand**.

2.1100 Der **Wert** des **Wiederkaufsrechtes** richtet sich nach § 51 I S. 2. Danach ist der halbe Wert des Grundstücks (= halber Kaufpreis) maßgeblich. Dieses Ergebnis ist nicht unbillig, sodass ein Abweichen von diesem Wert nach § 51 III nicht erforderlich ist.

2.1101 Zu erheben ist eine 2,0 Gebühr nach Nr. 21100 KV.

2.1102 Der **Wert** der **Auflassungsvormerkung** bestimmt sich nach dem Wert des vorgemerkten Rechts, hier also nach dem Kaufpreis, §§ 45 III, 47, 51 I S. 2. Die Bewilligung der Eintragung löst eine 0,5 Gebühr nach Nr. 21201 Nr. 4 KV aus.

2.1103 Wegen §§ 109 I S. 1–2, -S. 5, 93 I S. 1, 94 II S. 1 wird nur eine 2,0 Gebühr aus dem Wert des Wiederkaufsrechts erhoben.

6. Verkaufsrecht (Put-Option)

→ **Fall 101: Begründung eines Wiederverkaufsrechts**

A. Sachverhalt

V verpflichtet sich gegenüber dem E zum **Rückkauf** des vor zwei Jahren an diesen verkauften Grundstücks zu denselben Konditionen **für den Fall, dass** der von ihm andernorts geplante Bau eines Gewerbebetriebes für ihn nur auf dem Nachbargrundstück des E möglich ist. Der Kaufpreis hatte damals 120 000 Euro betragen. V bewilligt zugunsten des E die Eintragung einer Auflassungsvormerkung.

2.1104

B. Rechnung

Pos.	Gebührentatbestände	Geschäfts-wert	KV-Nr.	Satz	Betrag
	Beurkundungsverfahren (§§ 51 I S. 1, 47 46, 97, 109 I)	120 000	21100	2,0	600,00
	Rückkaufsrecht (§§ 51 I S. 1, 47)	120 000	21100	2,0	
	Auflassungsvormerkung (§§ 45 III, 47, 46, 51 I S. 1)	~~120 000~~	~~21201 Nr. 4~~	~~0,5~~	

2.1105

C. Erläuterungen

Die Urkunde enthält mehrere Rechtsverhältnisse i.S.d. § 86 I: **Rückkaufsrecht** und **Auflassungsvormerkung**. Nach § 86 II sind mehrere Rechtsverhältnisse auch verschiedene Beurkundungsgegenstände, soweit in § 109 nichts anderes bestimmt ist.

2.1106

Da die in Rede stehenden Rechtsverhältnisse keine ausdrücklich verschiedenen Beurkundungsgegenstände nach den §§ 110, 111 sind, sind sie an § 109 zu messen.

Die **Vormerkung** dient der **Sicherung** der aus dem **Rückkaufsrecht** folgenden bedingten Ansprüche. Sie steht damit zum Rückkauf (= Hauptgeschäft) in einem **Abhängigkeitsverhältnis** i.S. des § 109 I S. 1–2 GNotKG und ist **derselbe Gegenstand**.

2.1107

Der **Wert** des **Rückkaufsrechts** als ein sonstiges Erwerbsrecht richtet sich nach § 51 I S. 1. Danach ist der Wert des Grundstücks (= Kaufpreis) maßgeblich. Dieses Ergebnis ist nicht unbillig, sodass ein Abweichen von diesem Wert nach § 51 III nicht erforderlich ist.
Zu erheben ist eine 2,0 Gebühr nach Nr. 21100 KV.

2.1108

Der **Wert** der **Auflassungsvormerkung** bestimmt sich nach dem Wert des vorgemerkten Rechts, hier also nach dem Kaufpreis, §§ 45 III, 47, 51 I S. 1. Die Bewilligung der Eintragung löst eine 0,5 Gebühr nach Nr. 21201 Nr. 4 KV aus.

2.1109

Wegen §§ 109 I S. 1–2, S. 5, 93 I S. 1, 94 II S. 1 wird nur eine 2,0 Gebühr aus dem Wert des Rückkaufsrechts erhoben.

2.1110

VIII. Kaufverträge mit Kaufpreis unter dem Verkehrswert

1. Grundsatz

2.1111 Nach § 47 Satz 1 GNotKG ist bei dem Kauf von Sachen der Kaufpreis maßgebend. Ist der Kaufpreis (nebst Hinzurechnungsposten) niedriger als der Verkehrswert, ist dieser maßgebend, § 47 Satz 3 GNotKG. Nach dem Gesetzeswortlaut ist demnach jeweils ein **Vergleich** zwischen dem **Kaufpreis** und dem **Verkehrswert** des Grundstücks, der nach § 46 GNotKG ermittelt wird, anzustellen, und es ist der höhere Wert als Geschäftswert zugrunde zu legen. Da jedoch der Kaufpreis im Allgemeinen dem Wert der gekauften Sache gleichkommen wird, soll für den Normalfall die Bestimmung des Geschäftswerts dadurch vereinfacht werden, dass der Wert der verkauften Sache nicht eigens festgestellt werden muss.

2.1112 Um diesem **Vereinfachungszweck** Rechnung zu tragen, ist der **Verkehrswert nur festzustellen, wenn** deutlich zutage tritt, dass in dem nach § 96 GNotKG maßgebenden Zeitpunkt (in der Regel der Abschluss der Beurkundung) der Kaufpreis nicht annähernd so hoch ist wie der sich bei Anwendung des § 46 GNotKG ergebende Wert.

2. Indizien

2.1113 In folgenden Fällen liegt eine **Veräußerung unter Wert** nahe, die eine Verkehrswertermittlung i.S.v. § 26 FamFG angezeigt erscheinen lassen:

a) Ein-Euro-Kauf

b) Kaufvertrag zwischen Angehörigen

c) Notverkauf (z.B. Kauf aus der Zwangsversteigerung oder Kauf vom Insolvenzverwalter, s. hierzu unter Abschnitt V.6 und 7)

d) Einheimischenmodell (s. hierzu unter Abschnitt V.15)

e) Kauf nach dem AusglLeistG (s. hierzu unter Abschnitt V.17)

2.1114 Einzelne Möglichkeiten der Wertermittlung werden beim Thema Überlassungsverträge in Rz. 3.9 ff. vorgestellt.

IX. Änderungen oder Ergänzungen (Nachträge)

1. Vorbemerkungen

2.1115 Kennzeichnend für Änderungen vorgehender Urkunden ist, dass das ursprüngliche **Rechtsgeschäft in seinem Kern erhalten** bleibt. Der Geschäftswert richtet sich gem. § 97 I GNotKG nach dem Wert der Veränderung(en). Dabei darf der Wert des von der Veränderung betroffenen Rechtsverhältnisses nicht überschritten werden, § 97 II GNotKG. Ergibt sich aus der Urkunde kein zahlenmäßig bestimmter Wert der Änderung(en), so ist gem. § 36 I GNotKG der Wert nach billigem Ermessen zu bestimmen.

2.1116 Änderungs- und/oder Ergänzungserklärungen sind nicht privilegiert. Es handelt sich bei der nachträglichen Beurkundung um ein **neues Verfahren**, wofür die für die Beurkundung bestimmte Gebühr zu erheben ist. Betrifft die Nachtragsurkunde einen Grundstückskaufvertrag, so fällt eine 2,0 Gebühr nach Nr. 21100 KV an.

2. Überblick

Im Überblick ergeben sich folgende Gebühren:

Gebühr für die Beurkundung	
a) einer Änderung eines Grundstückskaufvertrags	a) Nr. 21100 KV (2,0), mindestens 120 Euro
b) eines neuen Grundstückskaufvertrags	b) Nr. 21100 KV (2,0), mindestens 120 Euro
c) einer Aufhebung	c) Nr. 21102 Nr. 2 KV (1,0), mindestens 60 Euro
d) einer Auflassung nebst Messungsanerkennung desselben Notars	d) Nr. 21101 Nr. 2 KV (0,5), mindestens 30 Euro
e) einer Auflassung nebst Messungsanerkennung eines anderen Notars	e) Nr. 21102 Nr. 1 KV (1,0), mindestens 60 Euro
Geschäftswert	
a) eines Grundstückskaufvertrags	a) § 47
b) einer Änderung	b) § 97 I und 2, 36 I (Wert nach billigem Ermessen)

3. Änderungen und Ergänzungen zum Kaufvertrag

→ Fall 102: Kaufpreisänderung

A. Sachverhalt

V hat mit der Vorurkunde an K ein Grundstück verkauft. Der Kaufpreis betrug damals 250 000 Euro. In einer **Nachtragsurkunde reduzieren** die Beteiligten den **Kaufpreis um 50 000 Euro** auf 200 000 Euro. Der Kaufpreis war bislang nicht fällig.

B. Rechnung

Pos.	Gebührentatbestand	Geschäftswert	KV-Nr.	Satz	Betrag
	Beurkundungsverfahren (§ 97 I, II)	50 000	21100	2,0	330,00

C. Erläuterungen

Bei einer Herabsetzung oder Erhöhung des Kaufpreises bestimmt sich der Geschäftswert gem. § 97 I, II nach dem Differenzbetrag.

Zu erheben ist ein 2,0 Gebühr nach Nr. 21100 KV.

D. Exkurs

2.1122 Sofern der Kaufpreis bereits vollständig gezahlt war, ist es zweckmäßig, hinsichtlich der **Rückforderung** eine **Zwangsvollstreckungsunterwerfung** des Verkäufers zugunsten des Käufers in den Nachtrag aufzunehmen. Diese Erklärung dient dann der Durchsetzung (= Sicherung) der Rückzahlungsvereinbarung. Es liegt dann ein **Abhängigkeitsverhältnis** i.S.v. § 109 I S. 1–2, 4 Nr. 4 und damit **derselbe Gegenstand** vor. Da der Gebührensatz für die Zwangsvollstreckungsunterwerfung (1,0 nach Nr. 21200 KV) hinter dem Gebührensatz für die Änderungsvereinbarung zurückbleibt (vgl. § 94 II S. 1) und zudem der Geschäftswert identisch ist, bleibt die Zwangsvollstreckungsunterwerfung unbewertet.

→ **Fall 103: Kaufpreisberichtigung**

A. Sachverhalt

2.1123 V hat mit der **Vorurkunde** an K ein Grundstück verkauft. Der **Kaufpreis** betrug damals **250 000 Euro**. Nunmehr ändern die Beteiligten den **Kaufpreis auf 310 000 Euro**. Wie **nachträglich** bekannt wurde, war der **Wert des Grundstücks zum Zeitpunkt der Beurkundung höher** (z.B. bei Kalkulationsirrtum). Der Kaufpreis wurde hier den realen Gegebenheiten angepasst, wobei sich der Käufer der sofortigen Zwangsvollstreckung wegen des höheren Kaufpreises unterwirft.

Der Notar war beauftragt, den **Kaufpreis fällig zu stellen**, die Umschreibung **erst nach der** Bestätigung der vollständigen **Kaufpreiszahlung** dem Grundbuchamt zur **Umschreibung** vorzulegen. Weiter war er beauftragt, das **Negativattest** der Gemeinde **nach § 28 BauGB** einzuholen.

B. Rechnung 1 – Nachbewertung der Vorurkunde

2.1124

Pos.	Gebührentatbestände	Geschäftswert	KV-Nr.	Satz	Betrag
(1)	Beurkundungsverfahren (§§ 47, 46, 97, 109 I, 93 I, 94 II)	310 000	21100	2,0	1270,00
(2)	Vollzug (Vorbem. 2.2.1.1 I Nr. 1, § 112) (Einholung Negativattest nach § 28 BauGB)	310 000	22110, 22112	0,5	~~317,50~~ 50,00
(3)	Betreuung (§ 113 I) (Überwachung und Mitteilung Kaufpreisfälligkeit, Umschreibungsüberwachung)	310 000	22200 Anm. Nr. 2, 3	0,5	317,50
	Gesamt: Davon bereits gezahlt: **Noch zu zahlen:**				1637,50 − 1387,50 **250,00**

IX. Änderungen oder Ergänzungen (Nachträge)

Bemerkung:

Der bereits erhaltende Betrag ergibt sich aus der ursprünglichen Rechnung:

1070,00 Euro	(2,0 Gebühr nach Nr. 21100 KV aus 250 000 Euro)
50,00 Euro	(Beschränkte Vollzugsgebühr nach Nr. 22112 KV)
267,50 Euro	(0,5 Gebühr nach Nr. 22200 KV aus 250 000 Euro)

1387,50 Euro

C. Erläuterungen zu Rechnung 1

Pos. (1):

Bei der Beurkundung dieser Änderungsvereinbarungen handelt es sich zwar formal um einen Nachtrag. Tatsächlich hätte aber der höhere Wert bereits bei der Kostenberechnung für die Beurkundung des Kaufvertrages zugrunde gelegt werden müssen. Diese **Kostenberechnung** ist nun **ausnahmsweise** zu **berichtigen**.

Pos. (2) und (3):

Die **Notwendigkeit** der **Berichtigung** ergibt sich **auch** für die **Vollzugs- und Betreuungsgebühren**, auch wenn sich dies vorliegend für die Vollzugsgebühr wegen ihrer Beschränkung auf 50,00 Euro hier nicht auswirkt.

D. Rechnung 2 – Bewertung der Nachtragsurkunde

Pos.	Gebührentatbestand	Geschäfts-wert	KV-Nr.	Satz	Betrag
	Beurkundungsverfahren (§ 97 I, II)	60 000	21100	2,0	384,00

E. Erläuterungen zu Rechnung 2

Neben der Nachbewertung der Vorurkunde entsteht **auch** eine 2,0 Gebühr nach Nr. 21100 KV für den **Nachtrag**, denn eine Änderungsurkunde wurde erforderlich. Als Geschäftswert ist der Wert der Änderung maßgeblich, § 97 I, II. Bei einer Herabsetzung oder Erhöhung des Kaufpreises bestimmt sich der Geschäftswert nach dem Differenzbetrag also dem Betrag der Erhöhung des Kaufpreises.

Diese Gebühr kann nicht mit der oben beschriebenen Gebühr nach § 35 I „zusammengefasst" werden, da es sich um **zwei verschiedene Beurkundungsverfahren** i.S.d. § 85 II handelt. Zum einen erfolgt eine notwendige Nachbewertung des Kaufvertrages, zum anderen die Bewertung eines neuen Verfahrens (der Nachtragsurkunde).

Da hier die Nachtragsurkunde keine neuen Vollzugs- und Betreuungstätigkeiten auslöst, fallen entsprechende Gebühren hier nicht an.

Anmerkungen:

Die neue **Unterwerfungserklärung** über den Betrag von 60 000 Euro wird nicht gesondert bewertet, da sie als **Sicherungsgeschäft denselben Beurkundungsgegenstand** betrifft (§ 109 I S. 1–2, 5).

Bemerkung:

2.1133 Sollten für die Nachtragsurkunde Genehmigungen einzuholen sein oder Überwachungstätigkeiten ausgeführt werden müssen, so kann hierfür erneut eine Vollzugs- bzw. Betreuungsgebühr erhoben werden, denn der Nachtrag ist ein neues Verfahren, sodass § 93 I S. 1 nicht entgegensteht.

→ **Fall 104: Änderung einzelner Vertragsbedingungen**

A. Sachverhalt

2.1134 V hat mit der Vorurkunde an K ein Grundstück zu einem Kaufpreis von 250 000 Euro verkauft. In einer Nachtragsurkunde ändern die Beteiligten Folgendes:

a) der Besitz geht nicht erst mit Kaufpreiszahlung, sondern bereits heute (Tag der Beurkundung des Nachtrages) über,

b) das Grundstück wird nicht mehr „besenrein" übergeben, sondern so wie es K heute besichtigt hat.

B. Rechnung

2.1135

Pos.	Gebührentatbestand	Geschäftswert	KV-Nr.	Satz	Betrag
	Beurkundungsverfahren (§§ 36 I, 47 97)	50 000	21100	2,0	330,00

C. Erläuterungen

2.1136 Der **Geschäftswert** richtet sich nach dem **Wert** der **Änderung**, § 97 I. Ein betragsmäßiger Wert ergibt sich nicht aus der Urkunde. Der Geschäftswert ist nach billigem Ermessen zu schätzen (§ 36 I), da die gewünschten Änderungen vermögensrechtliche Angelegenheiten betreffen. Vorgeschlagen wird jeweils ein angemessener Teilwert (hier: 20 %) des Wertes des zu ändernden Kaufvertrages.

2.1137 Gem. § 97 II darf der Wert der Vorurkunde nicht überschritten werden.

2.1138 Zu erheben ist ein 2,0 Gebühr nach Nr. 21100 KV.

→ **Fall 105: Änderung des Kaufobjekts**

A. Sachverhalt

2.1139 V hat mit der Vorurkunde eine Eigentumswohnung nebst Stellplatz Nr. 3 zum Kaufpreis von 200 000 Euro an K verkauft. Die Beteiligten erklären nun, dass statt Stellplatz Nr. 3 der Stellplatz Nr. 1 verkauft wird. Sie erklären diesbezüglich die Auflassung neu. Der Kaufpreis des Stellplatzes Nr. 1 beträgt 2000 Euro.

IX. Änderungen oder Ergänzungen (Nachträge)

B. Rechnung

Pos.	Gebührentatbestand	Geschäfts-wert	KV-Nr.	Satz	Betrag
	Beurkundungsverfahren (§§ 47, 97)	2000	21100	2,0	120,00

2.1140

C. Erläuterungen

Bei **Austausch** des **Vertragsgegenstandes** liegt **kostenrechtlich** ein **neuer Vertrag** vor, keine Änderung des ursprünglichen Kaufs. Zu erheben ist eine 2,0 Gebühr nach Nr. 21100 KV aus dem Kaufpreis, § 47.

2.1141

Die Auflassung wird nicht gesondert bewertet, da sie derselbe Beurkundungsgegenstand i.S.v § 109 I S. 1–3, 5 ist (dazu s. ausführlich Rz. 2.254 ff.).

2.1142

Bemerkung:

Sollte ein solcher Nachtrag für den geänderten Gegenstand das neuerliche Einholen von Genehmigungen und Unterlagen erfordern oder erneute Überwachungstätigkeiten des Notars auslösen, so kann für diese Urkunde auch eine Vollzugs- und/oder Betreuungsgebühr entstehen, denn es handelt sich um ein neues Verfahren, d.h. § 93 I S. 1 steht nicht entgegen.

2.1143

→ **Fall 106: Erweiterung des Kaufobjekts (Zusatzkauf)**

A. Sachverhalt

V hat mit der **Vorurkunde** die **Flurstücke 61/1 und 57/3** zum Kaufpreis von 200 000 Euro an K verkauft. Die Auflassung ist erklärt. **Später stellte sich heraus**, dass K **auch** das **Flurstück 61/2**, das ebenfalls im Eigentum des V steht, für sein Vorhaben benötigt. Der **Kaufpreis** bezog sich jedoch **nur** auf die beiden **in der Vorurkunde genannten Grundstücke**. Die Beteiligten erklären **nun**, dass auch das **Flurstück 61/2 verkauft** wird. Sie erklären dazu die **Auflassung**. Der **Kaufpreis** beträgt **50 000 Euro**.

2.1144

Der Notar wird beauftragt, die notwendigen behördlichen Genehmigungen (**Vorkaufsrechtsverzicht nach BauGB**, Genehmigung nach **GrdstVG**) einzuholen. Er soll die **Kaufpreisfälligkeit mitteilen** und bis zur Kaufpreiszahlung nur auszugsweise Kopien herausgeben (**Umschreibungssperre**).

B. Rechnung

Pos.	Gebührentatbestände	Geschäfts-wert	KV-Nr.	Satz	Betrag
(1)	Beurkundungsverfahren (§§ 47, 46, 97)	50 000	21100	2,0	330,00

2.1145

Pos.	Gebührentatbestände	Geschäfts-wert	KV-Nr.	Satz	Betrag
(2)	Vollzug (Vorbem. 2.2.1.1 I Nr. 1; 9, § 112) (Einholung Negativattest nach § 28 BauGB, Genehmigung nach GrdstVG)	50 000	22110	0,5	82,50
(3)	Betreuung (§ 113 I) (Überwachung und Mitteilung Kaufpreisfälligkeit, Umschreibungsüberwachung)	50 000	22200 Anm. Nr. 2, 3	0,5	82,50

C. Erläuterungen

2.1146 **Pos. (1):**

Es handelt sich **nicht** um eine **Modifizierung** des bestehenden Vertrages, sondern um eine **Vertragserweiterung** (Zusatzkauf), da das betreffende Flurstück nicht vom ursprünglichen Vertragswillen erfasst war. Beurkundet wurde ein **neuer Vertrag**, dessen Bestimmungen aufgrund Verweisung aus dem vorherigen Vertrag übernommen wurden.

2.1147 Der Geschäftswert wird durch den Kaufpreis bestimmt, § 47 S. 1. Ein Vergleich mit dem Verkehrswert des Grundstücks nach § 47 S. 3 ist nur dann erforderlich, wenn Anhaltspunkte für einen höheren Wert vorliegen; dies ist vorliegend nicht der Fall.

2.1148 Zu erheben ist ein 2,0 Gebühr nach Nr. 21100 KV.

2.1149 **Pos. (2):**

Die **Vollzugsgebühr beträgt grundsätzlich** 0,5 nach Nr. 22110 KV. Der Geschäftswert bestimmt sich gem. § 112 nach dem Wert des Beurkundungsverfahrens.

2.1150 Handelt es sich aber um die Einholung öffentlich-rechtlicher Genehmigungen, so **beschränkt** sie sich gem. Nr. 22112 KV auf 50 Euro pro einzuholender Genehmigung. Im Sachverhalt sind das **Negativattest der Gemeinde nach § 28 BauGB** sowie die **Genehmigung nach GrdstVG** einzuholen. Beide Tätigkeiten gehören zum Vollzug nach Vorbemerkung 2.2.1.1 I S. 2 Nr. 1 KV.

2.1151 Da die 0,5 Vollzugsgebühr nach Nr. 22110 KV aus 50 000 Euro lediglich 82,50 Euro beträgt, also hinter der Beschränkung auf 100,00 Euro (2 × 50 Euro) gem. Nr. 22112 KV zurückbleibt, kommt die Beschränkung nicht zum Tragen.[1]

2.1152 Die Vollzugsgebühr fällt nach § 93 I S. 1 nur einmal an, unabhängig von der Anzahl der vorzunehmenden Tätigkeiten.

Bezüglich der Bewertung des elektronischen Vollzugs wird auf Rz. 2.1524 ff. verwiesen.

---

1 Siehe auch Rz. 2.25.

IX. Änderungen oder Ergänzungen (Nachträge)

Pos. (3):
Die Überwachung und Mitteilung der Kaufpreisfälligkeit und die Umschreibungsüberwachung (Ausfertigungssperre) gehören gemäß Nr. 22200 Anm. Nr. 2 bzw. Anm. Nr. 3 KV zu den **Betreuungstätigkeiten**.

2.1153

Der Geschäftswert bestimmt sich gem. § 113 I nach dem Wert für das Beurkundungsverfahren.

2.1154

Die **Betreuungsgebühr** fällt in jedem Verfahren nur einmal an, unabhängig von der Anzahl der vorzunehmenden Tätigkeiten, § 93 I S. 1.

→ **Fall 107: Verkleinerung des Kaufobjekts (Teilaufhebung)**

A. Sachverhalt

V hat mit der **Vorurkunde** die **Flurstücke 77/1 und 77/2** zum Kaufpreis von insgesamt 240 000 Euro an K verkauft. Die **Auflassung** wurde erklärt, die Eintragung einer **Vormerkung** beim Grundbuchamt beantragt.

2.1155

Die Beteiligten sind sich **darüber einig**, dass das **Flurstück 77/2** nicht mehr mit verkauft werden soll. Sie **heben** den Kaufvertrag diesbezüglich **auf** und **reduzieren** den **Kaufpreis** um **70 000 Euro**. Die **Löschung der Auflassungsvormerkung** an diesem Flurstück wird bewilligt und beantragt.

B. Rechnung

Pos.	Gebührentatbestände	Geschäftswert	KV-Nr.	Satz	Betrag
	Beurkundungsverfahren (§§ 47, 97, 109 I, 93 I, 94 II)	70 000	21100	2,0	438,00
	Teilaufhebung/Änderung (§ 47)	70 000	21100	2,0	
	Löschung Auflassungsvormerkung (§§ 45 III, 47, 46)	~~70 000~~	~~21201 Nr. 4~~	~~0,5~~	

2.1156

C. Erläuterungen

Die Urkunde enthält mehrere Rechtsverhältnisse i.S.d. § 86 I: **Teilaufhebung** bzw. **Änderung** der Vorurkunde und **Löschung** der Auflassungsvormerkung. Nach § 86 II sind mehrere Rechtsverhältnisse auch verschiedene Beurkundungsgegenstände, soweit in § 109 nichts anderes bestimmt ist.

2.1157

Da die in Rede stehenden Rechtsverhältnisse keine ausdrücklich verschiedenen Beurkundungsgegenstände nach den §§ 110, 111 sind, sind sie an § 109 zu messen.

Die **Vorurkunde** wird **teilweise aufgehoben**, der Kaufpreis wird entsprechend reduziert. **Kostenrechtlich** handelt es sich um eine **Vertragsänderung**, die eine 2,0 Gebühr nach Nr. 21100 KV auslöst, und **nicht** um eine **Aufhebung** im Sinne von Nr. 21102 Nr. 2 KV. Diese Vorschrift findet nur auf eine vollständige Aufhebung des Rechtsgeschäfts Anwendung. Als **Geschäftswert** ist der **Betrag** maßgeblich, um den der Kaufpreis **reduziert** wird, §§ 47, 97.

2.1158

2.1159 Die **Löschungserklärungen** bezüglicher der Auflassungsvormerkung dienen der **Lastenfreistellung** des vom Vertrag mit dieser Änderung ausgenommenen Grundstücks und damit der **Durchführung** vertraglicher Verpflichtungen. Zwischen den Löschungserklärungen und der Änderungsvereinbarung als Hauptgeschäft besteht ein **Abhängigkeitsverhältnis** i.S.v. § 109 I S. 1–3. Sie sind **derselbe Gegenstand**. Der Geschäftswert folgt dem Wert des erloschenen Anspruchs, § 45 III.

2.1160 Wegen §§ 109 I S. 1–2, S. 5, 93 I S. 1, 94 II S. 1 wird nur eine 2,0 Gebühr aus dem Wert der Änderungsvereinbarung erhoben.

Bemerkung:

2.1161 Wäre der Kaufvertrag bereits im Grundbuch vollzogen, würde der Rückkauf des Flurstücks als neuer Grundstückskaufvertrag zu bewerten sein.

→ **Fall 108: Auswechslung eines Vertragspartners durch Vertragsübernahme bzw. Vertragseintritt**

A. Sachverhalt

2.1162 V hat mit der **Vorurkunde** ein **Grundstück** zum Kaufpreis von 200 000 Euro **an K verkauft**. Mit einer **Nachtragsurkunde** wird dieser Vertrag **vor Grundbuchvollzug** in der Weise **geändert**, dass **nunmehr die K-GmbH**, deren alleiniger Gesellschafter der K ist, das Grundstück **erwirbt**. Die **Auflassung** wurde diesbezüglich neu erklärt. Die K-GmbH unterwirft sich wegen des Kaufpreises der **Zwangsvollstreckung** in ihr gesamtes Vermögen.

B. Rechnung

2.1163

Pos.	Gebührentatbestände	Geschäftswert	KV-Nr.	Satz	Betrag
	Beurkundungsverfahren (§§ 47, 97, 109 I, 93 I, 94 II)	200 000	21100	2,0	870,00
	Änderungsvertrag (§§ 47, 97)	200 000	21100	2,0	
	Auflassung (§ 47)	~~200 000~~	~~21101 Nr. 2~~	~~0,5~~	
	Zwangsvollstreckungsunterwerfung (§ 36 I, 97 I)	~~200 000~~	~~21200~~	~~1,0~~	

C. Erläuterungen

2.1164 Die Urkunde enthält mehrere Rechtsverhältnisse i.S.d. § 86 I: **Änderung** der Vorurkunde hinsichtlich des Käufers, **Auflassung** und **Zwangsvollstreckungsunterwerfung des neuen Käufers**. Nach § 86 II sind mehrere Rechtsverhältnisse auch verschiedene Beurkundungsgegenstände, soweit in § 109 nichts anderes bestimmt ist.

Da die in Rede stehenden Rechtsverhältnisse keine ausdrücklich verschiedenen Beurkundungsgegenstände nach den §§ 110, 111 sind, sind sie an § 109 zu messen.

IX. Änderungen oder Ergänzungen (Nachträge)

Hauptgeschäft ist die Änderung der Vorurkunde. Die **Auflassung** ist die dingliche **Erfüllung** der Vertragsverpflichtung, die **Zwangsvollstreckungsunterwerfung** dient der **Sicherung** bzw. Erfüllung des Kaufvertrages. Sie stehen zu zum Vertrag in einem **Abhängigkeitsverhältnis** i.S.v. § 109 I S. 1–2 und sind damit **derselbe Gegenstand**.

2.1165

Zu erheben ist eine 2,0 Gebühr aus dem Wert des Hauptgeschäfts, (§§ 93 I S. 1, 94 II S. 1, 109 I S. 5). (ausführlich vergleiche Rz. 2.254 ff.).

2.1166

Bemerkungen:

Die Nachtragsurkunde stellt ein neues Verfahren dar, § 85 II. Werden durch eine solche Änderung neue Vollzugs- bzw. Betreuungstätigkeiten ausgelöst, so sind die dafür vorgesehenen Gebühren zu erheben.

2.1167

→ **Fall 109: Auswechslung eines Vertragspartners durch Aufhebung des ursprünglichen Kaufvertrags und Abschluss eines neuen Kaufvertrags**

Siehe hierzu Rz. 2.1267 ff. (Fall 124).

2.1167a

→ **Fall 110: Versehentliche Falschbezeichnung („falsa demonstratio")**

A. Sachverhalt

V hat mit der **Vorurkunde** die im **Erdgeschoss links** liegende **Eigentumswohnung** zu einem Kaufpreis von 80 000 Euro an K verkauft und aufgelassen. Die **Wohnung** wurde mit **Nr. 2** bezeichnet. Die **Vertragsteile meinten jedoch** die im Erdgeschoss links liegende **Wohnung**, die sowohl im Aufteilungsplan als auch im Grundbuch mit **Nr. 1** bezeichnet ist. Vor Grundbuchvollzug **stellen** die Vertragsteile in einer Nachtragsurkunde des Kaufvertragsnotars fest, dass **richtig von Anfang an Wohnung Nr. 1** verkauft und aufgelassen **sein sollte**.

2.1168

B. Rechnung

Pos.	Gebührentatbestände	Geschäfts-wert	KV-Nr.	Satz	Betrag
	Beurkundungsverfahren (§§ 36 I, 47 46, 97, 109 I, 93 I, 94 II)	8000	21100	2,0	126,00
	Vertragsänderung (§§ 36 I, 47, 97 II)	8000	21100	2,0	
	Auflassung (§§ 36 I, 47)	~~8000~~	~~21101~~ ~~Nr. 2~~	~~0,5~~	

2.1169

C. Erläuterungen

Die Urkunde enthält mehrere Rechtsverhältnisse i.S.d. § 86 I: **Richtigstellungsvereinbarung und Auflassung**. Nach § 86 II sind mehrere Rechtsverhältnisse auch verschiedene Beurkundungsgegenstände, soweit in § 109 nichts anderes bestimmt ist.

2.1170

2.1171 Da die in Rede stehenden Rechtsverhältnisse keine ausdrücklich verschiedenen Beurkundungsgegenstände nach den §§ 110, 111 sind, sind sie an § 109 zu messen.

2.1172 Das Hauptgeschäft ist vorliegend die **Richtigstellungsvereinbarung**. Die **wiederholte Auflassung** hat dazu **denselben Beurkundungsgegenstand** i.S.v. § 109 I S. 1–2.

2.1173 Der **Wert** der **Richtigstellungsvereinbarung** richtet sich nach dem Umfang der Änderung. Für die erfolgte Richtigstellung enthält die Urkunde keinen Wert. Er ist nach § 36 I zu schätzen. Es wird ein Teilwert von 10 % aus dem Wert des geänderten Vertrages (= Kaufpreis) vorgeschlagen. Zu erheben ist eine 2,0 Gebühr nach Nr. 21100 KV.

2.1174 Der **Wert** der wiederholten **Auflassung** bestimmt sich wie der Wert der Richtigstellungsvereinbarung auf 8000 Euro. Da das Hauptgeschäft bereits den höchsten Gebührensatz auslöst (s. § 94 II S. 1) und die Geschäftswerte identisch sind, bleibt die wiederholte Auflassung unbewertet.

Bemerkung:

2.1175 Die Nachtragsurkunde stellt ein neues Verfahren dar, § 85 II. Werden durch eine solche Änderung neue Vollzugs- bzw. Betreuungstätigkeiten ausgelöst, so sind die dafür vorgesehenen Gebühren zu erheben.

4. Messungsanerkennung als Nachtrag eigener Art zum Teilflächenkauf

→ **Fall 111: Messungsanerkennung und Auflassung bei demselben Notar**

A. Sachverhalt

2.1176 In der Vorurkunde hat V an K ein Grundstück zu einem **Festkaufpreis** von 70 000 Euro verkauft. Kaufgegenstand war ein **unvermessenes Teilstück** mit einer Größe von 700 qm. Das Flurstück wurde **zwischenzeitlich vermessen** und katasteramtlich fortgeschrieben und hat auch danach die Größe von 700 qm. In einer **Nachtragsurkunde** des **Notars X**, der **auch den Kaufvertrag beurkundet** hat, **erkennen** V und K nunmehr das amtliche **Vermessungsergebnis an** und erklären die **Auflassung**.

B. Rechnung

2.1177

Pos.	Gebührentatbestand	Geschäfts-wert	KV-Nr.	Satz	Betrag
	Messungsanerkennung mit Auflassung (§§ 47, 97)	70 000	21101 Nr. 2	0,5	109,50

C. Erläuterungen

2.1178 Der **Geschäftswert** der **Auflassung** folgt dem Wert des schuldrechtlichen Grundgeschäftes, also dem Kaufvertrag. Der Geschäftswert wird durch den Kaufpreis bestimmt, § 47

IX. Änderungen oder Ergänzungen (Nachträge)

Die **Messungsanerkennung** dient hier allein der Bezeichnung des Grundbesitzes und stellt **keine eigenständige materiell-rechtliche Erklärung** dar.[1] Damit stellt sie der BGH einer grundbuchrechtlichen Identitätserklärung gleich. Für sie kann jedoch keine Grundbuchgebühr nach Nr. 21201 Nr. 4 KV erhoben werden, wenn zugleich die Auflassung erklärt ist.

2.1179

Da der Notar bereits für den schuldrechtlichen Vertrag die 2,0 Gebühr nach Nr. 21100 KV erhalten hat, ist hier für die Auflassung eine 0,5 Gebühr nach Nr. 21101 Nr. 2 zu erheben.

2.1180

→ **Fall 112: Messungsanerkennung und Auflassung bei einem anderen Notar**

A. Sachverhalt

In der Vorurkunde hat V an K ein Grundstück zu einem **Festkaufpreis** von 70 000 Euro verkauft. Kaufgegenstand war ein **unvermessenes Teilstück** mit einer Größe von 700 qm. Das Flurstück wurde **zwischenzeitlich vermessen** und katasteramtlich fortgeschrieben und hat auch danach die Größe von 700 qm. In einer **Nachtragsurkunde** des **Notars** X, der **nicht** den **Kaufvertrag beurkundet** hat, **erkennen** V und K nunmehr das amtliche **Vermessungsergebnis an** und erklären die **Auflassung**.

2.1181

B. Rechnung

Pos.	Gebührentatbestand	Geschäfts-wert	KV-Nr.	Satz	Betrag
	Messungsanerkennung mit Auflassung (§§ 47, 97)	70 000	21102 Nr. 1	1,0	219,00

2.1182

C. Erläuterungen

Der **Geschäftswert** der **Auflassung** folgt dem Wert des schuldrechtlichen Grundgeschäftes, also dem Kaufvertrag. Der Geschäftswert wird durch den Kaufpreis bestimmt, § 47.

2.1183

Die **Messungsanerkennung** dient hier allein der Bezeichnung des Grundbesitzes und stellt **keine eigenständige materiell-rechtliche Erklärung** dar.[2] Damit stellt sie der BGH einer grundbuchrechtlichen Identitätserklärung gleich. Für sie kann jedoch keine Grundbuchgebühr nach Nr. 21201 Nr. 4 KV erhoben werden, wenn zugleich die Auflassung erklärt ist.

2.1184

Da der Notar nicht bereits für den schuldrechtlichen Vertrag die 2,0 Gebühren nach Nr. 21100 KV erhalten hat (**anderer Notar**), ist hier für die Auflassung eine 1,0 Gebühr nach Nr. 21102 Nr. 1 zu erheben.

2.1185

---

1 BGH, Beschl. v. 1.10.2015 – V ZB 181/14, MDR 2015, 1413 = DNotZ 2016, 115 = Mitt-BayNot 2016, 131 = NotBZ 2016, 107 = FGPrax 2016, 1 = ZfIR 2016, 101.
2 BGH, Beschl. v. 1.10.2015 – V ZB 181/14, MDR 2015, 1413 = DNotZ 2016, 115 = Mitt-BayNot 2016, 131 = NotBZ 2016, 107 = FGPrax 2016, 1 = ZfIR 2016, 101.

→ **Fall 113: Messungsanerkennung (mit Kaufpreisreduzierung aufgrund eines Schätzfehlers) und Auflassung (derselbe Notar)**

A. Sachverhalt

2.1186 V hat mit der **Vorurkunde** ein **unvermessenes Grundstück** in Größe von ca. 800 qm an K verkauft. Der **Kaufpreis** betrug **vorläufig** 80 000 Euro. Für den Fall, dass das Messungsergebnis von der in der Urkunde bestimmten Größe für das herauszumessende Teilstück abweicht, wurde vereinbart, dass die **Flächendifferenz** mit 100 Euro je qm **auszugleichen** ist. Die Auflassung sollte nach dem Vorliegen des amtlichen Messungsergebnisses beurkundet werden.

In der **Nachtragsurkunde** erkennen V und K das amtliche Vermessungsergebnis an. Aufgrund der Vermessung hat sich die Größe der **Fläche** um 95 qm **verkleinert**. Der **Kaufpreis** wird entsprechend den Bestimmungen der Vorurkunde **angepasst**. Er beträgt nun 70 500 Euro. 80 000 Euro wurden bereits gezahlt. Wegen der überzahlten Summe von 9500 Euro verpflichtet sich V zur **Rückzahlung** und unterwirft sich diesbezüglich der sofortigen **Zwangsvollstreckung**.

In **derselben Nachtragsurkunde** erklären die Beteiligten auch die **Auflassung**. Weitere schuldrechtliche oder dingliche Erklärungen werden nicht abgegeben. Die Beurkundung nimmt der **Notar** vor, der **auch den Grundstückskaufvertrag beurkundet** hat.

B. Rechnung

2.1187

Pos.	Gebührentatbestände	Geschäfts-wert	KV-Nr.	Satz	Betrag
	Beurkundungsverfahren (§§ 47 46, 97, 109 I, 93 I, 94 II)	80 000	21100	2,0	438,00
	Messungsanerkennung mit Auflassung (§§ 47, 97)	70 500	21101 Nr. 2	0,5	109,50
	Rückzahlungsverpflichtung (§§ 47, 97)	9500	21100	2,0	150,00
	Zwangsvollstreckungsunterwerfung (§ 97)	9500	21200	1,0	

C. Erläuterungen

2.1188 Die Urkunde enthält mehrere Rechtsverhältnisse i.S.d. § 86 I: **Vertragliche Rückzahlungsverpflichtung, Zwangsvollstreckungsunterwerfung, Messungsanerkennung, Auflassung**. Nach § 86 II sind mehrere Rechtsverhältnisse auch verschiedene Beurkundungsgegenstände, soweit in § 109 nichts anderes bestimmt ist.

Da die in Rede stehenden Rechtsverhältnisse keine ausdrücklich verschiedenen Beurkundungsgegenstände nach den §§ 110, 111 sind, sind sie an § 109 zu messen.

2.1189 Die **Unterwerfungserklärung** des Verkäufers unter die Zwangsvollstreckung dient der **Sicherung** der **Rückzahlungsverpflichtung** nach § 109 I S. 1–2, ist also **derselbe Beurkundungsgegenstand**.

Der **Wert** der **Rückzahlungsvereinbarung** gibt nach § 109 I S. 5 den Wert vor. Er bemisst sich gem. § 97 I nach der **Kaufpreisdifferenz** i.H.v. 9500 Euro. Die Rückzahlungsvereinbarung löst eine 2,0 Gebühr nach Nr. 21100 KV, die Unterwerfung eine 1,0 Gebühr nach Nr. 21200 KV aus. Wegen § 94 II S. 1 ist hier nur die 2,0 Gebühr zu erheben. 2.1190

Die **Auflassung** dient der dinglichen Erfüllung der Vorurkunde (Kaufvertrag). Die **Änderungsvereinbarung** folgt aus dem in der Vorurkunde begründeten Anspruch auf Anpassung des Kaufpreises. Beide Erklärungen verbindet der Kaufvertrag. Untereinander besteht **kein Abhängigkeitsverhältnis**. Da der Vertrag als verbindendes Element nicht Gegenstand des Verfahrens ist, sind diese beiden Erklärungen zueinander **gegenstandsverschieden**, § 86 II. 2.1191

Der **Wert** der **Auflassung** folgt dem Wert des aufzulassenden Gegenstandes (= **Kaufpreis nach Änderung**, § 47). Da der Notar bereits die 2,0 Gebühr nach Nr. 21100 VK für die Beurkundung des Kaufvertrages erhalten hat, löst die Auflassung hier eine 0,5 Gebühr nach Nr. 21101 Nr. 2 KV aus. Die **Messungsanerkennung** dient hier allein der Bezeichnung des Grundbesitzes und stellt **keine eigenständige materiell-rechtliche Erklärung** dar.[1] Damit stellt sie der BGH einer grundbuchrechtlichen Identitätserklärung gleich. Für sie kann jedoch keine Grundbuchgebühr nach Nr. 21201 Nr. 4 KV erhoben werden, wenn zugleich die Auflassung erklärt ist. 2.1192

Da die **Rückzahlungsvereinbarung** nebst Zwangsvollstreckungsunterwerfung einerseits und die **Auflassung** mit Messungsanerkennung andererseits **verschiedene Beurkundungsgegenstände** nach § 86 II sind, die verschiedene Gebührensätze auslösen, ist eine **Vergleichsberechnung** nach § 94 I durchzuführen. Diese ergibt, dass Einzelgebühren zu erheben sind, denn die 2,0 Gebühr i.H.v. 438,00 Euro aus der Summe der Werte (= 80 000 Euro) wäre teurer.

D. Exkurs

Wird der Nachtrag von einem **anderen Notar** beurkundet, so löst die Auflassung eine 1,0 Gebühr nach Nr. 21102 Nr. 1 KV aus. Bei dem anderen Notar darf es sich um keinen mit dem Notar verbundenen Kollegen i.S.d. Vorbem. 2 I KV handeln. In diesem Fall bliebe es bei der 0,5 Gebühr nach Nr. 21101 Nr. 2 KV. 2.1193

→ Fall 114: Messungsanerkennung (mit Kaufpreiserhöhung aufgrund eines Schätzfehlers) und Auflassung

A. Sachverhalt

V hat mit der **Vorurkunde** ein **unvermessenes Grundstück** an K verkauft. Die **Größe** der verkauften Teilfläche **beträgt** ca. 830 qm. Der Kaufpreis betrug vorläufig 80 000 Euro. Er wurde bereits vollständig bezahlt. Für den Fall, dass das Messungsergebnis von der in der Urkunde bestimmten Größe des herauszumessenden Teilstücks abweicht, wird vereinbart, dass die **Flächendifferenz** mit 100 Euro 2.1194

---

[1] BGH, Beschl. v. 1.10.2015 – V ZB 181/14, MDR 2015, 1413 = DNotZ 2016, 115 = Mitt-BayNot 2016, 131 = NotBZ 2016, 107 = FGPrax 2016, 1 = ZfIR 2016, 101.

je qm **auszugleichen** ist. Die **Auflassung** sollte **nach dem Vorliegen** des amtlichen **Messungsergebnisses** beurkundet werden.

In einer **Nachtragsurkunde erkennen** V und K das amtliche **Vermessungsergebnis an**. Aufgrund der Vermessung hat sich die Größe der **Fläche** um 135 qm **vergrößert**. Der **Kaufpreis** wird entsprechend den Bestimmungen der Vorurkunde **angepasst**. Er beträgt nun insgesamt 93 500 Euro. 80 000 Euro wurden bereits gezahlt. K verpflichtet sich zur **Nachzahlung** von 13 500 Euro und unterwirft sich diesbezüglich der sofortigen **Zwangsvollstreckung**.

In derselben Nachtragsurkunde erklären die Beteiligten auch die **Auflassung** und bewilligen und beantragen die Eintragung der Rechtsänderung im Grundbuch. Weitere schuldrechtliche oder dingliche Erklärungen werden nicht abgegeben. Die Beurkundung nimmt der **Notar** vor, der **auch den Grundstückskaufvertrag beurkundet** hat.

Der **Notar** wird **beauftragt**, die Urkunde erst dann dem Grundbuchamt zur Eintragung der Eigentumsumschreibung vorzulegen, nachdem ihm die vollständige Zahlung der Kaufpreisdifferenz nachgewiesen wurde (**Umschreibungsüberwachung**).

B. Rechnung

2.1195

Pos.	Gebührentatbestände	Geschäftswert	KV-Nr.	Satz	Betrag
(1)	Beurkundungsverfahren (§§ 47 46, 97, 109 I, 93 I, 94 II)	~~107 000~~	~~21100~~	~~2,0~~	~~546,00~~
	Messungsanerkennung mit Auflassung (§ 47)	93 500	21101 Nr. 2	0,5	123,00
	Nachzahlungsverpflichtung (§§ 47, 97)	13 500	21100	2,0	182,00
	Zwangsvollstreckungsunterwerfung (§ 97)	~~13 500~~	~~21200~~	~~1,0~~	
(2)	Betreuung (§ 113 I) (Umschreibungsüberwachung)	107 000	22200 Nr. 3	0,5	136,50

C. Erläuterungen

2.1196 Pos. (1):

Die Urkunde enthält mehrere Rechtsverhältnisse i.S.d. § 86 I: **Nachzahlungsverpflichtung, Zwangsvollstreckungsunterwerfung** des Käufers, **Messungsanerkenntnis und Auflassung**. Nach § 86 II sind mehrere Rechtsverhältnisse auch verschiedene Beurkundungsgegenstände, soweit in § 109 nichts anderes bestimmt ist.

Da die in Rede stehenden Rechtsverhältnisse keine ausdrücklich verschiedenen Beurkundungsgegenstände nach den §§ 110, 111 sind, sind sie an § 109 zu messen.

IX. Änderungen oder Ergänzungen (Nachträge)

Die **Unterwerfungserklärung** des Käufers unter die Zwangsvollstreckung dient der **Sicherung** der Nachzahlungsverpflichtung nach § 109 I S. 1–2, 4 Nr. 4, ist also **derselbe Beurkundungsgegenstand**. 2.1197

Der **Wert** der **Nachzahlungsverpflichtung** gibt nach § 109 I S. 5 den Wert der Erklärung vor. Er bemisst sich gem. § 97 I nach der **Kaufpreisdifferenz** i.H.v. 13 500 Euro. Die Nachzahlungsverpflichtung löst eine 2,0 Gebühr nach Nr. 21100 KV, die Unterwerfung eine 1,0 Gebühr nach Nr. 21200 KV aus. Wegen § 94 II S. 1 ist hier nur die 2,0 Gebühr zu erheben. 2.1198

Die **Auflassung** dient der dinglichen Erfüllung der Vorurkunde (Kaufvertrag). Die **Änderungsvereinbarung** folgt aus dem in der Vorurkunde begründeten Anspruch auf Anpassung des Kaufpreises. Beide Erklärungen verbindet der Kaufvertrag. Untereinander besteht **kein Abhängigkeitsverhältnis**. Da der Vertrag als verbindendes Element nicht Gegenstand des Verfahrens ist, sind diese beiden Erklärungen zueinander **gegenstandsverschieden**. 2.1199

Der **Wert** der **Auflassung** folgt dem Wert des aufzulassenden Gegenstandes (= **Kaufpreis nach Änderung**, § 47). Da der Notar bereits die 2,0 Gebühr nach Nr. 21100 VK für die Beurkundung des Kaufvertrages erhalten hat, löst die Auflassung hier eine 0,5 Gebühr nach Nr. 21101 Nr. 2 KV aus. Die **Messungsanerkennung** dient hier allein der Bezeichnung des Grundbesitzes und stellt **keine eigenständige materiell-rechtliche Erklärung** dar.[1] Damit stellt sie der BGH einer grundbuchrechtlichen Identitätserklärung gleich. Für sie kann jedoch keine Grundbuchgebühr nach Nr. 21201 Nr. 4 KV erhoben werden, wenn zugleich die Auflassung erklärt ist. 2.1200

Da die Nachzahlungsvereinbarung nebst Zwangsvollstreckungsunterwerfung einerseits und die Auflassung mit Messungsanerkennung andererseits verschiedene Beurkundungsgegenstände nach § 86 II sind, die verschiedene Gebührensätze auslösen, ist eine **Vergleichsberechnung** nach § 94 I durchzuführen. Diese ergibt, dass Einzelgebühren zu erheben sind, denn die 2,0 Gebühr i.H.v. 546,00 Euro aus der Summe der Werte (= 107 000 Euro) wäre teurer. 2.1201

Pos. (2): 2.1202
Die **Umschreibungsüberwachung** (Ausfertigungssperre) gehört gemäß Nr. 22200 Anm. Nr. 3 KV zu den **Betreuungstätigkeiten**. Der Geschäftswert bestimmt sich gem. § 113 I nach dem Wert für das Beurkundungsverfahren. Das gilt auch dann, wenn die Urkunde verschiedene Verfahrensgegenstände enthält, und nicht für alle eine Betreuungstätigkeit erforderlich ist.

Diese Gebühr fällt in jedem Verfahren **nur einmal** an, unabhängig von der Anzahl der vorzunehmenden Tätigkeiten; § 93 I S. 1.

D. Exkurs

Wird der Nachtrag von einem anderen Notar beurkundet, so löst die Auflassung eine 1,0 Gebühr nach Nr. 21102 Nr. 1 KV aus. Bei dem anderen Notar darf es sich 2.1203

---

[1] BGH, Beschl. v. 1.10.2015 – V ZB 181/14, MDR 2015, 1413 = DNotZ 2016, 115 = MittBayNot 2016, 131 = NotBZ 2016, 107 = FGPrax 2016, 1 = ZfIR 2016, 101.

um keinen mit dem Notar verbundenen Kollegen i.S.d. Vorbem. 2 I KV handeln. In diesem Fall bliebe es bei der 0,5 Gebühr nach Nr. 21102 Nr. 2 KV.

→ **Fall 115: Messungsanerkennung (mit Kaufpreiserhöhung wegen Zusatzkaufes) und Auflassung**

A. Sachverhalt

2.1204 V hat mit der **Vorurkunde** ein unvermessenes **Grundstück an K verkauft**. Die Größe der verkauften **Teilfläche** beträgt ca. 830 qm. Der **Kaufpreis** betrug **vorläufig** 80 000 Euro. Für den Fall, dass das Messungsergebnis von der in der Urkunde bestimmten Größe des herauszumessenden Teilstücks abweicht, wird vereinbart, dass die Flächendifferenz mit 100 Euro je qm auszugleichen ist. Die Auflassung sollte nach dem Vorliegen des amtlichen Messungsergebnisses beurkundet werden.

Das amtliche **Vermessungsergebnis** weist das **Grundstück um 135 qm größer** aus als vereinbart. V und K **erkennen** daraufhin in einer Nachtragsurkunde die **Vermessung an**, wobei die **vergrößerte Fläche als weiterer Kaufgegenstand vereinbart** wird. Der **Gesamtkaufpreis** wird auf 93 500 Euro veranschlagt. 80 000 Euro wurden bereits gezahlt. **K verpflichtet** sich zur **Aufzahlung** von 13 500 Euro und unterwirft sich **diesbezüglich** der sofortigen **Zwangsvollstreckung**.

Sodann erklären die Beteiligten in derselben Urkunde die **Auflassung** über die Gesamtfläche von 965 qm und bewilligen und beantragen die Eintragung der Rechtsänderung im Grundbuch. Weitere schuldrechtliche oder dingliche Erklärungen werden nicht abgegeben. Die Beurkundung nimmt der **Notar** vor, der **auch** den **Grundstückskaufvertrag beurkundet hat**.

Der **Notar** wird **beauftragt**, hinsichtlich des Zusatzkaufs die behördlichen Genehmigungen (**Vorkaufsrechtsverzicht nach BauGB, Genehmigung nach GrdstVG**) einzuholen und bei deren Vorliegen eine **Fälligkeitsmitteilung** des Erhöhungsbetrages zu veranlassen. Darüber hinaus soll er die Auflassung erst dann dem Grundbuchamt zur Eintragung der Eigentumsumschreibung vorzulegen, nachdem ihm die Zahlung des Erhöhungsbetrages nachgewiesen wurde (**Umschreibungsüberwachung**).

B. Rechnung

2.1205

Pos.	Gebührentatbestände	Geschäftswert	KV-Nr.	Satz	Betrag
(1)	Beurkundungsverfahren (§§ 47 46, 97, 109 I, 93 I, 94)	93 500	21100	2,0	492,00
	Zusatzkauf (§ 47)	13 500	21100	2,0	182,00
	Auflassung Zusatzkauf (§ 47)	13 500	21101 Nr. 2	0,5	
	Zwangsvollstreckungsunterwerfung zu Zusatzkauf (§ 97 I)	13 500	21200	1,0	
	Messungsanerkennung mit Auflassung zu Altkauf Vorurkunde (§§ 47, 97)	80 000	21101 Nr. 2	0,5	109,50

IX. Änderungen oder Ergänzungen (Nachträge)

Pos.	Gebührentatbestände	Geschäfts-wert	KV-Nr.	Satz	Betrag
(2)	Vollzug (Vorbem. 2.2.1.1 I Nr. 1; § 112) (Einholung Negativattest nach § 28 BauGB und Genehmigung nach dem GrdstVG)	93 500	22110, 22112	0,5	~~123,00~~ 100,00 (2 × 50)
(3)	Betreuung (§ 113 I) (Fälligkeitsmitteilung, Umschrei-bungsüberwachung)	93 500	22200 Anm. Nr. 2,3	0,5	123,00

C. Erläuterungen

Pos. (1): 2.1206

Die Urkunde enthält mehrere Rechtsverhältnisse i.S.d. § 86 I: **Zusatzkauf** vergrößerte Fläche, **Auflassung** der zugekauften Fläche, **Zwangsvollstreckungsunterwerfung** wegen Aufzahlungsbetrag für Zusatzfläche und **Messungsanerkennung** mit **Auflassung** zum Altkauf betreffend die Vorurkunde. Nach § 86 II sind mehrere Rechtsverhältnisse auch verschiedene Beurkundungsgegenstände, soweit in § 109 nichts anderes bestimmt ist.

Da die in Rede stehenden Rechtsverhältnisse keine ausdrücklich verschiedenen Beurkundungsgegenstände nach den §§ 110, 111 sind, sind sie an § 109 zu messen.

Der ursprüngliche Vertragswille erstreckte sich nur auf die alte Fläche von 830 qm. Bei dem **Hinzuerwerb** der 135 qm liegt **keine Änderung** vor, sondern ein Zusatzkauf (**Neukauf**). Hierfür fällt eine 2,0 Gebühr nach Nr. 21100 KV aus dem **Wert** des erhöhten **Kaufpreises** i.H.v. 13 500 Euro (§§ 97, 47 S. 1) an. Die hierüber erklärte **Auflassung** (0,5 Gebühr nach Nr. 21101 Nr. 2 KV aus 13 500 Euro) steht als **dingliche Erfüllung** dazu in einem Abhängigkeitsverhältnis i.S.v. § 109 I S. 1–2 und ist **derselbe Beurkundungsgegenstand**. **Selbiges** gilt für die **Zwangsvollstreckungsunterwerfung** wegen des Aufpreises (1,0 Gebühr nach Nr. 21200 KV aus 13 500 Euro).

2.1207

Der Zusatzkauf ist das Hauptgeschäft, löst gem. § 94 II S. 1 die höchste Gebühr aus und bestimmt zudem gem. § 109 I S. 5 den Geschäftswert.

Für die **Messungsanerkennung nebst Auflassung** betreffend den Altkauf aus der Vorurkunde fällt eine 0,5 Gebühr nach Nr. 21101 Nr. 2 KV an (nicht etwa eine 1,0 Gebühr nach Nr. 21102 Nr. 1 KV, da der Notar bereits eine 2,0 Gebühr für die Vorurkunde erhalten hat). Der **Geschäftswert** bestimmt sich gem. § 47 S. 1 nach dem **Wert** des **Altkaufs** (alter Kaufpreis) i.H.v. 80 000 Euro. Die **Messungsanerkennung** dient hier allein der Bezeichnung des Grundbesitzes und stellt **keine eigenständige materiell-rechtliche Erklärung** dar.[1] Damit stellt sie der BGH einer grundbuchrechtlichen Identitätserklärung gleich. Für sie kann jedoch keine Grundbuchgebühr nach Nr. 21201 Nr. 4 KV erhoben werden, wenn zugleich die Auflassung erklärt ist.

2.1208

---

[1] BGH, Beschl. v. 1.10.2015 – V ZB 181/14, MDR 2015, 1413 = DNotZ 2016, 115 = Mitt-BayNot 2016, 131 = NotBZ 2016, 107 = FGPrax 2016, 1 = ZfIR 2016, 101.

2.1209 Da der **Zusatzkauf** nebst Auflassung der Zusatzfläche und Vollstreckungsunterwerfung wegen des Aufpreises einerseits und die **Auflassung mit Messungsanerkennung** betreffend den **Altkauf** andererseits **verschiedene Beurkundungsgegenstände** nach § 86 II sind, die verschiedene Gebührensätze auslösen, ist eine **Vergleichsberechnung** nach § 94 I durchzuführen. Diese ergibt, dass Einzelgebühren zu erheben sind, denn die 2,0 Gebühr aus der Wertsumme (93 500 Euro) wäre teurer (492,00 Euro).

2.1210 **Pos. (2):**

Die **Vollzugsgebühr beträgt grundsätzlich** 0,5 nach Nr. 22110 KV. Der Geschäftswert bestimmt sich gem. § 112 nach dem Wert des Beurkundungsverfahrens.

2.1211 Handelt es sich aber ausschließlich um die Einholung öffentlich-rechtlicher Genehmigungen, so **beschränkt** sie sich gem. Nr. 22112 KV auf 50 Euro pro einzuholender Genehmigung. Im Sachverhalt sind auf für die Zusatzkauffläche das **Negativattest** der Gemeinde **nach § 28 BauGB** sowie die **Genehmigung nach GrdstVG** einzuholen. Beide Tätigkeiten gehören zum Vollzug nach Vorbemerkung 2.2.1.1 I S. 2 Nr. 1 KV. Vollzugsurkunde ist die Nachtragsurkunde, nicht etwa die Vorurkunde. Insgesamt sind nach dem Sachverhalt also 100 Euro (2 × 50 Euro) zu erheben, denn die 0,5 Gebühr nach Nr. 22110 KV GNotKG aus 93 500 Euro (= 123,50 Euro) ist höher.

Die Vollzugsgebühr fällt nach § 93 I S. 1 nur einmal an, unabhängig von der Anzahl der vorzunehmenden Tätigkeiten.

Bezüglich der Bewertung des elektronischen Vollzugs wird auf Rz. 2.1524 ff. verwiesen.

2.1212 **Pos. (3):**

Die **Fälligkeitsmitteilung** und die **Umschreibungsüberwachung** (Ausfertigungssperre) gehören gemäß Nr. 22200 Anm. Nr. 2 und 3 KV zu den **Betreuungstätigkeiten**. Der Geschäftswert bestimmt sich gem. § 113 I nach dem Wert für das Beurkundungsverfahren. Das gilt auch dann, wenn die Urkunde verschiedene Verfahrensgegenstände enthält, und nicht für alle eine Betreuungstätigkeit erforderlich ist. Bezugsurkunde ist in beiden Fällen die Nachtragsurkunde, nicht etwa die Vorurkunde.

D. Exkurs

2.1213 Wird die Beurkundung von einem **anderen Notar** vorgenommen, so löst die Auflassung eine 1,0 Gebühr nach Nr. 21102 Nr. 1 KV aus. Bei dem anderen Notar darf es sich um keinen mit dem Notar verbundenen Kollegen i.S.d. Vorbem. 2 I KV handeln. In diesem Fall bliebe es bei der 0,5 Gebühr nach Nr. 21101 Nr. 2 KV.

→ **Fall 116: Messungsanerkennung mit zwischenzeitlicher Wertveränderung (Bebauung durch den Erwerber)**

A. Sachverhalt

2.1214 In der Vorurkunde hat V an K ein Grundstück zu einem **Festkaufpreis** von 50 000 Euro verkauft. Kaufgegenstand war ein **unvermessenes Teilstück** mit ei-

IX. Änderungen oder Ergänzungen (Nachträge)

ner Größe von 700 qm. Das Flurstück wurde **zwischenzeitlich vermessen** und katasteramtlich fortgeschrieben und hat auch danach die Größe von 700 qm. In einer **Nachtragsurkunde** des **Notars X**, der **bereits** den **Kaufvertrag beurkundet** hat, **erkennen** V und K nunmehr das amtliche **Vermessungsergebnis an** und erklären die **Auflassung**.

Auf dem Grundstück wurde zwischenzeitlich vom K ein Fertighaus im Wert von 150 000 Euro errichtet.

B. Rechnung

Pos.	Gebührentatbestand	Geschäftswert	KV-Nr.	Satz	Betrag
	Messungsanerkennung mit Auflassung (§§ 47, 46, 97)	200 000	21101 Nr. 2	0,5	217,50

2.1215

C. Erläuterungen

Der **Geschäftswert** der **Auflassung** folgt dem Wert des schuldrechtlichen Grundgeschäftes, also dem **Kaufvertrag**. Der Geschäftswert wird grundsätzlich durch den Kaufpreis bestimmt (§ 47 S. 1) es sei denn, der Verkehrswert des Grundstücks ist höher (§ 47 S. 3). Nach § 96 ist für die Wertbestimmung der **Zeitpunkt der Fälligkeit** maßgeblich. Die Gebühr für die Beurkundung der Auflassung ist gem. § 10 mit **Beendigung des Verfahrens** fällig. Nach § 85 II ist dies hier der Abschluss der **Beurkundung der Auflassung**. Vorliegend ist zwischen der Beurkundung des Kaufvertrages und der Beurkundung der Auflassung eine **Wertveränderung** des Grundstücks eingetreten. Die Kosten der Errichtung des Bauwerks **gehen in den Verkehrswert** des Grundstücks und damit in den Geschäftswert der **Auflassung ein**.[1]

Da der Notar bereits für den schuldrechtlichen Vertrag die 2,0 Gebühr nach Nr. 21100 KV erhalten hat, ist hier für die Auflassung eine 0,5 Gebühr nach Nr. 21101 Nr. 2 zu erheben.

2.1216

Die **Messungsanerkennung** dient hier allein der Bezeichnung des Grundbesitzes und und stellt **keine eigenständige materiell-rechtliche Erklärung** dar.[2] Damit stellt sie der BGH einer grundbuchrechtlichen Identitätserklärung gleich. Für sie kann jedoch keine Grundbuchgebühr nach Nr. 21201 Nr. 4 KV erhoben werden, wenn zugleich die Auflassung erklärt ist.

2.1217

→ **Fall 117: Identitätserklärung**

A. Sachverhalt

V hat in der Vorurkunde ein unvermessenes Teilstück in Größe von 1700 qm an K verkauft. Die technische Vermessung war bereits erfolgt, die katasteramtliche

2.1218

---
1 OLG Saarbrücken, Beschl. v. 25.6.2014 – 5 W 32/14, NotBZ 2014, 391 = MDR 2014, 1311.
2 BGH, Beschl. v. 1.10.2015 – V ZB 181/14, MDR 2015, 1413 = DNotZ 2016, 115 = Mitt-BayNot 2016, 131 = NotBZ 2016, 107 = FGPrax 2016, 1 = ZfIR 2016, 101.

Fortschreibung stand noch aus. Der Kaufpreis ist ein Festpreis und beträgt 170 000 Euro. Die Auflassung wurde bereits erklärt. Der **Notar** erhielt den **Auftrag**, nach dem Vorliegen des amtlichen Messungsergebnisses die **grundbuchliche Bezeichnung** des neuen Flurstücks **festzustellen**. Der Notar führt weder Vollzugs- noch Betreuungstätigkeiten aus.

Nunmehr stellt der Notar nach dem Vorliegen der katasteramtlichen Fortschreibung die Identität des Vertragsgegenstandes (nach Maßgabe des § 28 S. 1 GBO) in einer Eigenurkunde fest.

B. Rechnung

2.1219

Pos.	Gebührentatbestand	Geschäftswert	KV-Nr.	Satz	Betrag
	Beurkundungsverfahren (§§ 36 I, 47, 97, 119 I)	34 000	25204, 24102, 21201 Nr. 4	0,5	67,50

C. Erläuterungen

2.1220 Der **Geschäftswert** ist nach **billigem Ermessen** zu schätzen (§ 36 I i.V.m. §§ 47, 97, 119 I), da die gewünschten Änderungen vermögensrechtliche Angelegenheiten betreffen. Vorgeschlagen wird hier ein **Teilwert** von 20 % des Kaufpreises.

2.1221 Zu erheben ist eine **Rahmen-Gebühr** nach Nr. 25204 i.V.m. Nrn. 24102, 21201 Nr. 4 KV. Wegen § 92 II ist hier der höchste Gebührensatz von 0,5 anzusetzen.

Bemerkung:

2.1222 Ob der Notar für die Identitätserklärung auch dann eine Gebühr nach Nr. 25204 KV abrechnen darf, wenn er anlässlich des Teilflächenkaufvertrags bereits eine Betreuungsgebühr nach Nr. 22200 KV bzw. eine Vollzugsgebühr nach Nr. 22110 ff. KV erhalten hat, ist nach dem Wortlaut der Anm. zu Nr. 25204 nicht eindeutig.

2.1223 Nach der hier in der Vorauflage vertretenen Auffassung wird die Gebühr Nr. 25204 KV bereits dann ausgeschlossen, wenn der Notar im Zusammenhang mit einem bestimmten Beurkundungsverfahren eine Betreuungstätigkeit nach Nr. 22200 KV oder eine Vollzugstätigkeit nach Nr. 22110 ff. KV entfaltet hat, ohne dass sich die Eigenurkunde konkret auf die Betreuungs- oder Vollzugstätigkeit beziehen muss. Eine erste OLG-Stimme fasst die Anm. enger. Sie schließt danach die Gebühr nach KV Nr. 25204 nur aus, wenn die Errichtung der Eigenurkunde selbst den Tatbestand einer Betreuungs- oder Vollzugsgebühr erfüllt. Wir schließen uns dem OLG an.[1]

---

1 OLG Dresden, Beschluss v. 21.11.2016 – 17 W 1084/16. Anders noch LG Leipzig, Beschl. v. 26.9.2016 – 02 OH 20/16.

IX. Änderungen oder Ergänzungen (Nachträge)

5. Einseitige Änderungserklärungen

→ **Fall 118: Berichtigung des Anteils- bzw. Gemeinschaftsverhältnisses der Erwerber**

A. Sachverhalt

V hat sein Grundstück an die Eheleute M und F als Berechtigte zu je ½ verkauft und aufgelassen. Der Kaufpreis betrug 100 000 Euro. Einige Tage später stellt der Notar fest, dass M und F in Gütergemeinschaft leben. Er bittet sie zu einer Nachtragsbeurkundung, in der sie erklären, in Gütergemeinschaft zu leben und das Kaufgrundstück in diesem **Beteiligungsverhältnis** erwerben zu wollen; hierzu beantragen und bewilligen sie die Eintragung der Berichtigung im Grundbuch.

2.1224

B. Rechnung

Pos.	Gebührentatbestand	Geschäfts-wert	KV-Nr.	Satz	Betrag
	Beurkundung Berichtigungs-erklärung (§§ 36 I, 46, 97)	20 000	21201 Nr. 4	0,5	53,50

2.1225

C. Erläuterungen

Für die Änderung des Gemeinschaftsverhältnisses wird ein Berichtigungsantrag der Erwerber für ausreichend erachtet. Als **Geschäftswert** ist ein **Teilwert** aus dem Wert des Grundstücks maßgeblich. Vorgeschlagen werden hier 20 % des Grundstückswertes (hier = Kaufpreis).

2.1226

Zu erheben ist ein 0,5 Gebühr nach Nr. 21201 Nr. 4 KV.

2.1227

→ **Fall 119: Tod des Erwerbers vor Vollzug**

A. Sachverhalt

V hat an K ein Grundstück zu einem Kaufpreis von 100 000 Euro verkauft. Der Kaufpreis ist bereits bezahlt. Kurz vor der Eigentumsumschreibung stirbt der Erwerber. Er wird von seiner Ehefrau E allein beerbt.

2.1228

E beantragt unter Überreichung der entsprechenden Erbnachweise zur Urkunde des Notars, sie aus der erklärten Auflassung als neue Eigentümerin im Grundbuch einzutragen.

2.1229

B. Rechnung

Pos.	Gebührentatbestand	Geschäfts-wert	KV-Nr.	Satz	Betrag
	Beurkundung Berichtigungsantrag (§§ 46, 97 I)	100 000	21201 Nr. 4	0,5	136,50

2.1230

C. Erläuterungen

2.1231 Für die Eintragung des Erben des Erwerbers aus der von diesem noch entgegengenommenen Auflassung reicht ein **Berichtigungsantrag** aus.

2.1232 Zu erheben ist eine 0,5 Gebühr nach Nr. 21201 Nr. 4 KV. Als Geschäftswert ist nach § 97 I i.V.m. § 46 der volle Wert des Berichtigungsantrags maßgeblich.

Bemerkung:

2.1233 Dieser Antrag bedarf nicht der Form des § 29 GBO. Entwirft der Notar diesen Antrag (nur), so ist er genau so teuer wie die Beurkundung (s. Nr. 24102 i.V.m. Nr. 21201 Nr. 4 i.V.m. § 92 II i.V.m. § 119 I).

X. Aufhebung

1. Vorbemerkungen

a) Allgemeines

2.1234 Für die Beurkundung der Aufhebung eines Vertrages ist eine 1,0 Gebühr gemäß Nr. 21102 Nr. 2 KV GNotKG zu erheben (Mindestgebühr 60 Euro).

2.1235 Dabei ist zu beachten, dass nur die vollständige Aufhebung eines Vertrages unter diese Vorschrift fällt. Teilaufhebungen hingegen stellen kostenrechtlich Änderungsverträge dar, die unter Nr. 21100 KV fallen.

2.1236 Der **Geschäftswert** des Aufhebungsvertrages über ein Grundstück folgt in der Regel dem Wert des ursprünglichen Kaufvertrages. **Zwischenzeitliche Wertveränderungen** sind jedoch zu **berücksichtigen**.

b) Übersichtstabelle

2.1237

Gebühr für die Beurkundung der Aufhebung eines Grundstückskaufvertrages	
a) Wiederaufhebung eines noch von keiner Seite erfüllten Vertrages	Nr. 21102 Nr. 2 KV (1,0), mindestens 60 Euro
b) Wiederaufhebung eines (teil-)erfüllten Vertrages	Nr. 21102 Nr. 2 KV (1,0), mindestens 60 Euro
c) Teilaufhebung	Nr. 21100 (2,0), mindestens 120 Euro
Geschäftswert	§§ 97, 47, 46

2. Fallbeispiele

→ **Fall 120: Aufhebung eines bereits teilerfüllten Kaufvertrages**

A. Sachverhalt

Der Grundstückseigentümer A verkaufte sein Grundstück an den Käufer B zu einem Kaufpreis von 120 000 Euro. Die **Auflassung war** bereits **erklärt**. Den fälligen Kaufpreis hat B bis heute nicht gezahlt und wird ihn aufgrund unvorhergesehener Umstände auch nicht mehr beschaffen können. A und B sind sich über die **Aufhebung** des Kaufvertrages einig und bewilligen und beantragen die Löschung der für B eingetragenen Auflassungsvormerkung im Grundbuch. Ansprüche aus dem aufgehobenen Kaufvertrag werden von keinem Vertragsteil geltend gemacht.

2.1238

B. Rechnung

Pos.	Gebührentatbestand	Geschäftswert	KV-Nr.	Satz	Betrag
	Beurkundungsverfahren (§§ 47, 97, 109 I, 93 I, 94 II)	120 000	21102 Nr. 2	1,0	300,00
	Aufhebungsvertrag (§ 47)	~~120 000~~	~~21102 Nr. 2~~	~~1,0~~	
	Löschung der Auflassungsvormerkung (§§ 45 III, 47)	~~120 000~~	~~21201 Nr. 4~~	~~0,5~~	

2.1239

C. Erläuterungen

Die Urkunde enthält mehrere Rechtsverhältnisse i.S.d. § 86 I: **Aufhebungsvertrag** und **Löschung** der **Auflassungsvormerkung**. Nach § 86 II sind mehrere Rechtsverhältnisse auch verschiedene Beurkundungsgegenstände, soweit in § 109 nichts anderes bestimmt ist.

2.1240

Da die in Rede stehenden Rechtsverhältnisse keine ausdrücklich verschiedenen Beurkundungsgegenstände nach den §§ 110, 111 sind, sind sie an § 109 zu messen.

Aus der Vertragsaufhebung folgt die Pflicht zur Rückabwicklung. Hierzu sind auch alle zugunsten des Käufers am Vertragsgegenstand eingetragenen Rechte zur Löschung zu bringen. Die Löschung der **Auflassungsvormerkung** dient damit der **Erfüllung** der **Aufhebungsvereinbarung** i.S.v. **§ 109 I S. 1–2**. Ihr Geschäftswert bestimmt sich nach dem Wert des gesicherten Rechts, nämlich dem Kaufpreis, §§ 45 III, § 47. Sie löst eine 0,5 Gebühr nach Nr. 21201 Nr. 4 KV aus.

2.1241

Der Aufhebungsvertrag wirkt dem ursprünglichen Kaufvertrag, d.h. den dort ausgetauschten Leistungsversprechen, entgegen. Daher geht man zur Bestimmung seines **Geschäftswerts** grundsätzlich auch von dem **höheren** dieser **Leistungsversprechen** – in der Regel dem Kaufpreis – aus.

2.1242

Zu erheben ist eine 1,0 Gebühr nach Nr. 21102 Nr. 2 KV.

2.1243

Bemerkung:

2.1244 Es wird bei Vertragsaufhebung kostenrechtlich nicht zwischen nichterfüllten und teilerfüllten Verträgen unterschieden.
Wegen §§ 109 I S. 1–2, S. 5, 93 I S. 1, 94 II S. 1 wird nur eine 1,0 Gebühr aus dem Kaufpreis erhoben.

→ **Fall 121: Aufhebung eines noch nicht erfüllten Kaufvertrages**

A. Sachverhalt

2.1245 Der Grundstückseigentümer A verkaufte sein Grundstück an den Käufer B zu einem Kaufpreis von 150 000 Euro. Die **Auflassung** war **noch nicht erklärt**. Den fälligen Kaufpreis hat B bis heute nicht gezahlt, da sich im Nachhinein Mängel am Kaufobjekt gezeigt haben, die bei der Besichtigung so nicht zu erkennen waren. A und B sind sich über die **Aufhebung** des Kaufvertrages einig und bewilligen und beantragen die Löschung der für B eingetragenen Auflassungsvormerkung im Grundbuch. Ansprüche aus dem aufgehobenen Kaufvertrag werden von keinem Vertragsteil geltend gemacht.

B. Rechnung

2.1246

Pos.	Gebührentatbestand	Geschäfts-wert	KV-Nr.	Satz	Betrag
	Beurkundungsverfahren (§§ 47, 97, 109 I, 93 I, 94 II)	150 000	21102 Nr. 2	1,0	354,00
	Aufhebungsvertrag (§ 47)	~~150 000~~	~~21102 Nr. 2~~	~~1,0~~	
	Löschung der Auflassungs-vormerkung (§§ 45 III, 47)	~~150 000~~	~~21201 Nr. 4~~	~~0,5~~	

C. Erläuterungen

2.1247 Die Urkunde enthält mehrere Rechtsverhältnisse i.S.d. § 86 I: **Aufhebungsvertrag** und **Löschung** der **Auflassungsvormerkung**. Nach § 86 II sind mehrere Rechtsverhältnisse auch verschiedene Beurkundungsgegenstände, soweit in § 109 nichts anderes bestimmt ist.

Da die in Rede stehenden Rechtsverhältnisse keine ausdrücklich verschiedenen Beurkundungsgegenstände nach den §§ 110, 111 sind, sind sie an § 109 zu messen.

2.1248 Aus der Vertragsaufhebung folgt die Pflicht zur Rückabwicklung. Hierzu sind auch alle zugunsten des Käufers am Vertragsgegenstand eingetragenen Rechte zur Löschung zu bringen. Die **Löschung** der **Auflassungsvormerkung** dient damit der **Erfüllung** der **Aufhebungsvereinbarung** i.S.v. **§ 109 I S. 1–2**. Ihr Geschäftswert bestimmt sich nach dem Wert des gesicherten Rechts, nämlich dem Kaufpreis, §§ 45 III, § 47. Sie löst eine 0,5 Gebühr nach Nr. 21201 Nr. 4 KV aus.

2.1249 Der Aufhebungsvertrag wirkt dem ursprünglichen Kaufvertrag, d.h. den dort ausgetauschten Leistungsversprechen, entgegen. Daher geht man zur Bestimmung seines **Geschäftswerts** grundsätzlich auch von dem **höheren** dieser **Leistungsversprechen** – in der Regel dem Kaufpreis – aus. Zu erheben ist eine 1,0 Gebühr nach Nr. 21102 Nr. 2 KV.

Wegen §§ 109 I S. 1–2, S. 5, 93 I S. 1, 94 II S. 1 wird nur eine 1,0 Gebühr aus dem Kaufpreis erhoben.

Bemerkung:

Es wird bei Vertragsaufhebung kostenrechtlich nicht zwischen nichterfüllten und teilerfüllten Verträgen unterschieden.

→ **Fall 122: Aufhebung mit Ausgleichsvereinbarung**

A. Sachverhalt

Der Grundstückseigentümer A verkaufte sein Grundstück an den Käufer B zu einem Kaufpreis von 100 000 Euro. Die **Auflassung** war **noch nicht erklärt**. Den fälligen Kaufpreis hat B bis heute nicht gezahlt und wird ihn aufgrund unvorhergesehener Umstände auch nicht mehr beschaffen können. A und B sind sich über die **Aufhebung** des Kaufvertrages einig und bewilligen und beantragen die Löschung der für B eingetragenen Auflassungsvormerkung im Grundbuch. Zum Ausgleich von Nachteilen des A verpflichtet sich B zur **Zahlung einer Entschädigung** i.H.v. 3000 Euro und unterwirft sich wegen dieser Zahlungsverpflichtung der sofortigen Zwangsvollstreckungsunterwerfung. Weitergehende Ansprüche können von keinem Vertragsteil geltend gemacht werden.

B. Rechnung

Pos.	Gebührentatbestände	Geschäftswert	KV-Nr.	Satz	Betrag
	Beurkundungsverfahren (§ 47, 46, 45 III, 97, 109 I, 86 II)	~~103 000~~	~~21100~~	~~2,0~~	~~546,00~~
	Kaufvertragsaufhebung (§ 47)	100 000	21102 Nr. 2	1,0	273,00
	Löschung der Auflassungsvormerkung (§§ 45 III, 47)	~~100 000~~	~~21201 Nr. 4~~	~~0,5~~	
	Entschädigungsvereinbarung (§ 36 I)	3000	21100	2,0	120,00 (Mindestgebühr)
	Zwangsvollstreckungsunterwerfung (§ 97 I)	~~3000~~	~~21201~~	~~1,0~~	

C. Erläuterungen

Die Urkunde enthält mehrere Rechtsverhältnisse i.S.d. § 86 I: **Aufhebungsvertrag und Löschung der Auflassungsvormerkung sowie Entschädigungsvereinbarung mit Zwangsvollstreckungsunterwerfung des Käufers**. Nach § 86 II sind mehrere Rechtsverhältnisse auch verschiedene Beurkundungsgegenstände, soweit in § 109 nichts anderes bestimmt ist.

Da die in Rede stehenden Rechtsverhältnisse keine ausdrücklich verschiedenen Beurkundungsgegenstände nach den §§ 110, 111 sind, sind sie an § 109 zu messen.

2.1255 Aus der Vertragsaufhebung folgt die Pflicht zur Rückabwicklung. Hierzu sind auch alle zugunsten des Käufers am Vertragsgegenstand eingetragenen Rechte zur Löschung zu bringen. Die **Löschung** der **Auflassungsvormerkung** dient damit der **Erfüllung** der **Aufhebungsvereinbarung** i.S.v. **§ 109 I S. 1–2.** Ihr Geschäftswert bestimmt sich nach dem Wert des gesicherten Rechts und entspricht hier dem Kaufpreis, §§ 45 III, § 47. Sie löst eine 0,5 Gebühr nach Nr. 21201 Nr. 4 KV aus.

2.1256 Der **Aufhebungsvertrag** wirkt dem ursprünglichen Kaufvertrag, d.h. den dort ausgetauschten Leistungsversprechen, entgegen. Daher geht man zur Bestimmung seines **Geschäftswerts** nach § 97 grundsätzlich auch von dem **höheren** dieser **Leistungsversprechen** – in der Regel dem Kaufpreis – aus. Zu erheben ist eine 1,0 Gebühr nach Nr. 21102 Nr. 2 KV.

2.1257 Für die **Entschädigungsvereinbarung** ist eine 2,0 Gebühr nach Nr. 21100 KV zu erheben. Ihr **Geschäftswert** bestimmt sich gem. § 97 I nach dem **Entschädigungsbetrag** i.H.v. hier 3000 Euro. Die **Zwangsvollstreckungsunterwerfung** dient der **Durchsetzung** des hier begründeten Entschädigungsanspruchs. Sie hat zur Entschädigungsregelung **denselben Gegenstand** i.S.v. § 109 I S. 1–2, S. 4 Nr. 4. Wegen ihres geringeren Gebührensatzes von 1,0 nach Nr. 21200 KV bleibt sie im Ergebnis ohne kostenrechtliche Auswirkung; denn sowohl der Gebührensatz als auch der Geschäftswert richten sich nach der Entschädigungsvereinbarung als Hauptgeschäft (§ 109 I S. 5, 94 II S. 1).

2.1258 Die **Kaufvertragsaufhebung** nebst Löschung der Auflassungsvormerkung einerseits und die **Entschädigungsvereinbarung** nebst Zwangsvollstreckungsunterwerfung andererseits sind **verschiedene Beurkundungsgegenstände** gemäß § 86 II, denn es besteht kein unmittelbares Abhängigkeitsverhältnis.[1] Da die 2,0 Gebühr i.H.v. 546,00 Euro aus der Summe der Geschäftswerte (103 000 Euro) teurer ist, ist die getrennte Berechnung maßgeblich (§ 94 I).

Bemerkung:

2.1259 Es wird kostenrechtlich nicht zwischen nichterfüllten und teilerfüllten Verträgen bei Vertragsaufhebung unterschieden.

→ **Fall 123: Aufhebung mit Räumungspflicht**

A. Sachverhalt

2.1260 Der Grundstückseigentümer A **verkaufte** sein **Grundstück** an B zu einem Kaufpreis von 100 000 Euro. Der **Besitzübergang** ist bereits **erfolgt**. **Nunmehr** soll der Vertrag aus den in der Urkunde genannten Gründen nicht mehr vollzogen werden. A und B sind sich über die **Aufhebung des Kaufvertrages** einig und bewilligen und beantragen die **Löschung** der für B eingetragenen **Vormerkung** im

---

1 So nun auch Leipziger Kommentar GNotKG/*Otto*, § 86 Rz. 8.

X. Aufhebung

Grundbuch. B verpflichtet sich, das Grundstück innerhalb der nächsten 2 Monate zu **räumen** und unterwirft sich diesbezüglich der sofortigen **Zwangsvollstreckung**.

B. Rechnung

Pos.	Gebührentatbestand	Geschäftswert	KV-Nr.	Satz	Betrag
	Beurkundungsverfahren (§§ 47, 97, 109 I)	150 000	21102 Nr. 2	1,0	354,00
	Kaufvertragsaufhebung Aufhebung (§ 47)	150 000	21102 Nr. 2	1,0	
	Zwangsvollstreckungsunterwerfung wegen Räumung des Grundstücks (§§ 97 I, 36 I)	~~30 000~~	~~21200~~	~~1,0~~	
	Löschung der Auflassungsvormerkung (§§ 45 III, 47)	~~150 000~~	~~21201 Nr. 4~~	~~0,5~~	

2.1261

Die Urkunde enthält mehrere Rechtsverhältnisse i.S.d. § 86 I: **Aufhebungsvertrag** und **Löschung** der **Auflassungsvormerkung** sowie zur **Räumung** nebst **Zwangsvollstreckungsunterwerfung**. Nach § 86 II sind mehrere Rechtsverhältnisse auch verschiedene Beurkundungsgegenstände, soweit in § 109 nichts anderes bestimmt ist.

2.1262

Da die in Rede stehenden Rechtsverhältnisse keine ausdrücklich verschiedenen Beurkundungsgegenstände nach den §§ 110, 111 sind, sind sie an § 109 zu messen.

Der Aufhebungsvertrag wirkt dem ursprünglichen Kaufvertrag, d.h. den dort ausgetauschten Leistungsversprechen, entgegen. Daher geht man zur Bestimmung seines Geschäftswerts grundsätzlich auch von dem höheren dieser Leistungsversprechen – in der Regel dem Kaufpreis – aus. Zu erheben ist eine 1,0 Gebühr nach Nr. 21102 Nr. 2 KV.

Aus der **Vertragsaufhebung** folgt die Pflicht zur Rückabwicklung. Hierzu sind auch alle zugunsten des Käufers am Vertragsgegenstand eingetragenen Rechte zur Löschung zu bringen. Die **Löschung** der **Auflassungsvormerkung** dient damit der **Erfüllung** der Aufhebungsvereinbarung i.s.v. § 109 I S. 1–2. Ihr Geschäftswert bestimmt sich nach dem Wert des gesicherten Rechts und entspricht hier dem Kaufpreis, §§ 45 III, § 47. Sie löst eine 0,5 Gebühr nach Nr. 21201 Nr. 4 KV aus.

2.1263

Dem Käufer ist der Besitz am Vertragsgegenstand zu schaffen, also das Grundstück zu räumen. **Räumungsverpflichtung** und diesbezügliche **Zwangsvollstreckungsunterwerfung** dienen der **Erfüllung** der Aufhebungsvereinbarung und sind derselbe Gegenstand i.S.v. § 109 I S. 1–2.

2.1264

Für die **Bewertung der Räumungsverpflichtung** enthält das GNotKG keine spezielle Vorschrift. Es muss daher auf §§ 97 I, 36 I zurückgegriffen werden. Ob als Basiswert dabei der Grundstückswert herangezogen und davon ein Teilwert angesetzt wird (in der Rechnung werden 20 % vorgeschlagen), oder die Bewertung wie im Falle der ohne Bezug zu einem Kaufvertrag beurkundeten Verpflichtung

339

der Jahreswert der (fiktiven) Kaltmiete herangezogen wird, hat auf die Falllösung keine Auswirkung.

2.1265 Wegen §§ 109 I S. 1–2, S. 5, 93 I S. 1, 94 II S. 1 wird nur eine 1,0 Gebühr aus dem Kaufpreis erhoben.

Bemerkung:

2.1266 Es wird bei Vertragsaufhebung kostenrechtlich nicht zwischen nichterfüllten und teilerfüllten Verträgen unterschieden.

→ **Fall 124: Ausscheiden eines Vertragspartners durch Aufhebung nebst Neuabschluss**

A. Sachverhalt

2.1267 V hat mit der **Vorurkunde** ein **Grundstück** zum Kaufpreis von 200 000 Euro an K1 und K2 **zum Miteigentum von je ein Halb verkauft** und aufgelassen. **Nunmehr** wird der den K2 betreffende Kaufvertragsteil **aufgehoben** (Teil A der Urkunde).

In gleicher Urkunde wird ein **Kaufvertrag** zwischen V und K1 **über** das ganze **Grundstück (Alleineigentum)** geschlossen und die Auflassung erklärt (Teil B der Urkunde).

B. Rechnung

2.1268

Pos.	Gebührentatbestände	Geschäftswert	KV-Nr.	Satz	Betrag
	Beurkundungsverfahren (§§ 47 46, 97, 86 II, 93 I, 94 II)	~~200 000~~	~~21100~~	~~2,0~~	~~870,00~~
	Aufhebungsvereinbarung (§ 47)	100 000	21102 Nr. 2	1,0	273,00
	Kaufvertrag (§ 47)	100 000	21100	2,0	546,00

C. Erläuterungen

2.1269 Die Urkunde enthält mehrere Rechtsverhältnisse i.S.d. § 86 I: **Aufhebungsvereinbarung** und **Kaufvertrag**. Nach § 86 II sind mehrere Rechtsverhältnisse auch verschiedene Beurkundungsgegenstände, soweit in § 109 nichts anderes bestimmt ist.

Da die in Rede stehenden Rechtsverhältnisse keine ausdrücklich verschiedenen Beurkundungsgegenstände nach den §§ 110, 111 sind, sind sie an § 109 zu messen.

2.1270 Die **Aufhebung** und der **Neuabschluss** sind **verschiedene Beurkundungsgegenstände** gemäß § 86 II, denn **keine** der beiden Erklärungen dient der **Sicherung, Erfüllung oder sonstigen Durchführung** der andern i.S.v. § 109 I S. 1–3.

2.1271 Der **Aufhebungsvertrag** wirkt dem ursprünglichen Kaufvertrag, d.h. den dort ausgetauschten Leistungsversprechen, entgegen. Daher geht man zur Bestimmung seines **Geschäftswerts** grundsätzlich auch von dem **höheren** dieser **Leistungsversprechen** – in der Regel dem Kaufpreis – aus. Da die Aufhebung nur den Käufer K2 betrifft, kann nicht der volle, sondern nur der halbe Kaufpreis angesetzt werden. Daraus ist eine 1,0 Gebühr nach Nr. 21102 Nr. 2 KV zu erheben.

Der **Geschäftswert** des **Grundstückskaufvertrages** wird durch den **Kaufpreis** bestimmt, § 47 S. 1. Die Auflassung hat denselben Beurkundungsgegenstand wie der Grundstückskaufvertrag i.S.v. § 109 I S. 1–2 und löst daher keine weitere Gebühr aus. 2.1272

Der nach § 94 I durchzuführende **Vergleich** zwischen der Summe der Einzelgebühren (819 Euro) und der Gebühr nach dem höchsten Gebührensatz aus der Summe der Werte (2,0 aus 200 000 Euro = 870 Euro) führt zum getrennten Ansatz. 2.1273

Bemerkung:

Es wird kostenrechtlich nicht zwischen nichterfüllten und teilerfüllten Verträgen bei Vertragsaufhebung unterschieden. 2.1274

➔ **Fall 125: Austausch eines Vertragspartners durch Vertragsübernahme bzw. Vertragseintritt**

Siehe hierzu Rz. 2.1162 ff. (Fall 108). 2.1275

XI. Auflassung (isoliert)

1. Vorbemerkungen

a) Allgemeines

Bei der Bewertung einer **isolierten Auflassungserklärung** zu einem Grundstückskaufvertrag wird unterschieden, ob **derselbe Notar**, der auch den Kaufvertrag beurkundet hat, die Auflassung beurkundet hat oder ein anderer. Im erstgenannten Fall fällt eine 0,5 Gebühr nach Nr. 21101 Nr. 2 KV GNotKG an, da der Notar bereits eine Gebühr nach Nr. 21100 KV GNotKG für die Beurkundung des Grundstückskaufvertrages erhoben hat. Die Gebühr beträgt mindestens 30 Euro. 2.1276

Beurkundet jedoch ein **anderer Notar** die Auflassung, kann keine Gebühr nach Nr. 21101 Nr. 2 KV GNotKG erhoben werden, weil der die Auflassung beurkundende Notar keine Gebühr für das zugrunde liegende Rechtsgeschäft – den Grundstückskaufvertrag – abgerechnet hat. Deshalb löst diese Tätigkeit eine 1,0 Gebühr nach Nr. 21102 Nr. 1 KV GNotKG aus, sie beträgt mindestens 60 Euro. 2.1277

Handelt es sich bei dem anderen Notar um den **Sozius** des Kaufvertragsnotars oder den mit diesem in **Bürogemeinschaft** verbundenen Notar bzw. um den **Notariatsverwalter** oder **Aktenverwahrer**, so bleibt es wiederum bei der 0,5 Gebühr nach Nr. 21101 Nr. 2 KV GNotKG (s. Vorbem. 2 I KV GNotKG). 2.1278

Wurde das schuldrechtliche Geschäft nicht beurkundet (z. B. bei Ausübung eines **gesetzlichen Vorkaufsrechtes** der Gemeinde, vgl. Fall 133, Rz. 2.1319 ff.), 2.1279 oder erfolgte die Beurkundung im **Ausland** (vgl. Fall 135, Rz. 2.1329 ff.), so entsteht eine 2,0 Gebühr nach Nr. 21100 KV.

2.1280 Für die Beurkundung der Auflassung zur **Erfüllung einer letztwilligen Verfügung** findet Nr. 21101 Nr. 2 ausdrücklich keine Anwendung; Nr. 21101 II KV.

b) Übersichtstabelle

2.1281 Im Überblick ergeben sich folgende Gebühren:

Gebühr für die Beurkundung der Auflassung	
a) einer Auflassung durch denselben Notar (Sozius, Bürogemeinschaft, Aktenverwalter, Notariatsverwalter)	a) Nr. 21101 Nr. 2 KV (0,5), mindestens 30 Euro
b) einer Auflassung durch einen anderen Notar	b) Nr. 21102 Nr. 1 KV (1,0), mindestens 60 Euro
c) Beurkundung aufgrund Ausübung eines gesetzlichen Vorkaufsrechtes	c) Nr. 21100 KV (2,0), mindestens 120 Euro
d) Beurkundung aufgrund eines im Ausland beurkundeten Verpflichtungsgeschäftes	d) Nr. 21100 KV (2,0), mindestens 120 Euro
e) Beurkundung aufgrund eines rechtskräftigen Urteils	e) Nr. 21200 KV (1,0), mindestens 60 Euro
f) Beurkundung aufgrund eines Prozessvergleiches	f) Nr. 21102 Nr. 1 KV (1,0), mindestens 60 Euro
g) Beurkundung in Erfüllung einer notariellen letztwilligen Verfügung	g) Nr. 21102 Nr. 2 KV (1,0), mindestens 60 Euro
h) Beurkundung in Erfüllung einer privatschriftlichen letztwilligen Verfügung	h) Nr. 21100 KV (2,0), mindestens 120 Euro
Geschäftswert	§ 47 § 46

2. Fallbeispiele

→ **Fall 126: Auflassung beurkundet durch den Notar des Kaufvertrags**

A. Sachverhalt

2.1282 V hat mit der Vorurkunde des Notars X ein Grundstück zu einem Kaufpreis von 70 000 Euro an K verkauft. In der Urkunde waren alle schuldrechtlichen und dinglichen Erklärungen enthalten mit Ausnahme der Auflassung. Diese sollte nach Kaufpreiszahlung erklärt werden. Der Kaufpreis wurde zwischenzeitlich bezahlt. Die Beteiligten **erklären** nunmehr zur Urkunde des Notars X die **Auflassung**.

XI. Auflassung (isoliert)

B. Rechnung

Pos.	Gebührentatbestand	Geschäftswert	KV-Nr.	Satz	Betrag
	Auflassung (§§ 47, 97)	70 000	21101 Nr. 2	0,5	109,50

2.1283

C. Erläuterungen

Der Geschäftswert der Auflassung folgt dem Wert des schuldrechtlichen Grundgeschäftes, hier des Kaufvertrages. Der Geschäftswert wird vorliegend durch den Kaufpreis bestimmt, § 47 S. 1.

2.1284

Ein Vergleich mit dem Verkehrswert des Grundstücks nach § 47 S. 3 ist nur dann erforderlich, wenn Anhaltspunkte für einen höheren Wert vorliegen.

2.1285

Die Auflassung löst als zweiseitige Erklärung grundsätzlich eine 2,0 Gebühr nach Nr. 21100 KV aus. Ausnahmen sind unter Nr. 21101 Nr. 2 und 21102 Nr. 1 KV geregelt. Voraussetzung ist in beiden Fällen, dass das **zugrundeliegende Schuldverhältnis beurkundet** ist.

2.1286

Zu erheben ist ein 0,5 Gebühr nach Nr. 21101 Nr. 2 KV, da das zugrunde liegende Rechtsgeschäft (Kaufvertrag) bereits beurkundet ist und der Notar bereits eine 2,0 Gebühr nach Nr. 21100 KV dafür erhoben hat.

2.1287

→ **Fall 127: Auflassung beurkundet durch anderen Notar als den des Kaufvertrags**

A. Sachverhalt

V hat mit der Vorurkunde des Notars X ein Grundstück zu einem Kaufpreis von 70 000 Euro an K verkauft. In der Urkunde waren alle schuldrechtlichen und dinglichen Erklärungen enthalten mit Ausnahme der Auflassung. Diese sollte nach Kaufpreiszahlung erklärt werden. Der Kaufpreis wurde zwischenzeitlich bezahlt. Die Beteiligten erklären nunmehr zur Urkunde des Notars Y die Auflassung.

2.1288

B. Rechnung

Pos.	Gebührentatbestand	Geschäftswert	KV-Nr.	Satz	Betrag
	Auflassung (§§ 47, 97)	70 000	21102 Nr. 1	1,0	219,00

2.1289

C. Erläuterungen

Der Geschäftswert der Auflassung folgt dem Wert des schuldrechtlichen Grundgeschäftes, hier des Kaufvertrages. Der Geschäftswert wird durch den Kaufpreis bestimmt, § 47 S. 1. Ein Vergleich mit dem Verkehrswert des Grundstücks nach § 47 S. 3 ist nur dann erforderlich, wenn Anhaltspunkte für einen höheren Wert vorliegen.

2.1290

2.1291 Die Auflassung löst als zweiseitige Erklärung grundsätzlich eine 2,0 Gebühr nach Nr. 21100 KV aus. Ausnahmen sind unter Nr. 21101 Nr. 2 und 21102 Nr. 1 KV geregelt. Voraussetzung ist in beiden Fällen, dass das zugrundeliegende Schuldverhältnis beurkundet ist.

2.1292 Zu erheben ist ein 1,0 Gebühr nach Nr. 21102 Nr. 1 KV, da das zugrunde liegende Rechtsgeschäft (Kaufvertrag) bereits beurkundet ist und der Notar nicht bereits eine 2,0 Gebühr nach Nr. 21100 KV dafür erhalten hat.

→ **Fall 128: Auflassung beurkundet durch den Sozius des Notars des Kaufvertrags**

A. Sachverhalt

2.1293 V hat mit der Vorurkunde des Notars X ein Grundstück zu einem Kaufpreis von 70 000 Euro an K verkauft. In der Urkunde waren alle schuldrechtlichen und dinglichen Erklärungen enthalten mit Ausnahme der Auflassung. Diese sollte nach Kaufpreiszahlung erklärt werden. Der Kaufpreis wurde zwischenzeitlich bezahlt. Die Beteiligten erklären nunmehr zur Urkunde des Notars Y die Auflassung. Notar Y ist mit Notar X in Sozietät verbunden.

B. Rechnung

2.1294

Pos.	Gebührentatbestand	Geschäfts-wert	KV-Nr.	Satz	Betrag
	Auflassung (§§ 47, 97)	70 000	21101 Nr. 2	0,5	109,50

C. Erläuterungen

2.1295 Der Geschäftswert der Auflassung folgt dem Wert des schuldrechtlichen Grundgeschäftes, hier des Kaufvertrages. Der Geschäftswert wird hier durch den Kaufpreis bestimmt, § 47 S. 1.

2.1296 Ein Vergleich mit dem Verkehrswert des Grundstücks nach § 47 S. 3 ist nur dann erforderlich, wenn Anhaltspunkte für einen höheren Wert vorliegen.

2.1297 Die Auflassung löst als zweiseitige Erklärung grundsätzlich eine 2,0 Gebühr nach Nr. 21100 KV aus. Ausnahmen sind unter Nr. 21101 Nr. 2 und 21102 Nr. 1 KV geregelt. Voraussetzung ist in beiden Fällen, dass das **zugrundeliegende Schuldverhältnis beurkundet** ist.

2.1298 Vorliegend ist eine 0,5 Gebühr nach Nr. 21101 Nr. 2 KV i.V.m. Vorbem. 2 I KV zu erheben, da das zugrunde liegende Schuldverhältnis (Kaufvertrag) durch den **Sozius** des Auflassungsnotars beurkundet wurde und der Sozius bereits eine 2,0 Gebühr nach Nr. 21100 KV erhoben hat.

Anmerkung:

2.1299 Der **Sozius** des Notars steht diesem kostenrechtlich gleich. Dasselbe gilt gem. Vorbem. 2 I KV, wenn der **Notariatsverwalter** oder **Aktenverwahrer** des Notars

XI. Auflassung (isoliert)

des Grundgeschäfts bzw. der mit diesem **in Bürogemeinschaft verbundene Notar** die Auflassung beurkundet.

→ Fall 129: Auflassung als Vermächtniserfüllung (notarielles Testament)

A. Sachverhalt

A und B erscheinen vor dem Notar und legen ein **notarielles Testament** des E nebst **Eröffnungsprotokoll** vor, in dem E den A als seinen **Alleinerben** eingesetzt hat.

Zugunsten des B hat er folgendes **Vermächtnis** ausgesetzt: B erhält das **Grundstück** mit dem Verkehrswert von 70 000 Euro. A und B erklären nunmehr die **Auflassung** zu notarieller Urkunde.

B. Rechnung

Pos.	Gebührentatbestand	Geschäftswert	KV-Nr.	Satz	Betrag
	Auflassung (§§ 46, 97)	70 000	21102 Nr. 1	1,0	219,00

C. Erläuterungen

Die Auflassung löst als zweiseitige Erklärung grundsätzlich eine 2,0 Gebühr nach Nr. 21100 KV aus. Ausnahmen sind unter Nr. 21101 Nr. 2 und 21102 Nr. 1 KV geregelt. Voraussetzung ist in beiden Fällen, dass das zugrundeliegende Schuldverhältnis beurkundet ist.

Eine **letztwillige Verfügung gilt nicht als zugrunde liegendes Rechtsgeschäft** i.S.v. Nr. 21101 Nr. 2 KV (Anm. I zu Nr. 21101 KV. Zu erheben ist eine 1,0 Gebühr nach Nr. 21102 Nr. 1 KV. Damit ist es unerheblich, ob derselbe Notar die letztwillige Verfügung beurkundet und bereits die Gebühr nach Nr. 21100 KV erhalten hat oder nicht.

Als Geschäftswert ist hier der Grundstückswert gem. §§ 97 I, 46 maßgeblich.

Bemerkung:

Enthält die Urkunde weitere Vereinbarungen zwischen Erben und Vermächtnisnehmer, so findet Nr. 21102 Nr. 1 KV keine Anwendung. Zu erheben ist dann eine 2,0 Gebühr nach Nr. 21100 KV.

→ Fall 130: Auflassung als Vermächtniserfüllung (privatschriftliches Testament)

A. Sachverhalt

A und B erscheinen vor dem Notar und legen ein **privatschriftliches Testament** des E nebst Eröffnungsprotokoll vor, in dem E den A als seinen **Alleinerben** eingesetzt hat.

Zugunsten des B hat er folgendes **Vermächtnis** ausgesetzt: B erhält das **Grundstück** mit dem Verkehrswert von 70 000 Euro. A und B erklären nunmehr die **Auflassung** zu notarieller Urkunde.

B. Rechnung

2.1306

Pos.	Gebührentatbestand	Geschäftswert	KV-Nr.	Satz	Betrag
	Auflassung (§§ 46, 97)	70 000	21100	2,0	438,00

C. Erläuterungen

2.1307 Die Auflassung löst als zweiseitige Erklärung grundsätzlich eine 2,0 Gebühr nach Nr. 21100 KV aus. Ausnahmen sind unter Nr. 21101 Nr. 2 und 21102 Nr. 1 KV geregelt. Voraussetzung ist in beiden Fällen, dass das zugrundeliegende Schuldverhältnis beurkundet ist.

2.1308 Da vorliegend das **zugrunde liegende Rechtsgeschäft nicht beurkundet** ist, kann die Auflassung nicht der Nr. 21101 Nr. 2 KV bzw. Nr. 21102 Nr. 1 KV unterfallen. Es bleibt bei der 2,0 Gebühr. Als Geschäftswert ist hier der Wert des zu übertragenden Grundstücks maßgeblich, §§ 46, 97 I.

→ **Fall 131: Auflassung nach Prozessvergleich**

A. Sachverhalt

2.1309 Vor dem Notar erscheinen V und K und übergeben ihm einen rechtskräftigen **Prozessvergleich**, wonach sich V **verpflichtet**, dem K **lastenfreies Eigentum** an dem näher bezeichneten **Grundstück** Flurstück 100 zu verschaffen. Der Notar beurkundet daraufhin die **Auflassung** des Grundstücks von V an K sowie die dazugehörigen Grundbucherklärungen. Der Verkehrswert des Grundstücks beträgt 70 000 Euro.

B. Rechnung

2.1310

Pos.	Gebührentatbestand	Geschäftswert	KV-Nr.	Satz	Betrag
	Auflassung (§§ 46, 97)	70 000	21102 Nr. 1	1,0	219,00

C. Erläuterungen

2.1311 Die Auflassung löst als zweiseitige Erklärung grundsätzlich eine 2,0 Gebühr nach Nr. 21100 KV aus. Ausnahmen sind unter Nr. 21101 Nr. 2 und 21102 Nr. 1 KV geregelt. Voraussetzung ist in beiden Fällen, dass das zugrundeliegende Schuldverhältnis notariell beurkundet ist.

2.1312 Für den gerichtlichen Vergleich hat der Notar keine Gebühr nach Nr. 21100 KV erhalten, da ein solcher **Vergleich nicht beurkundet** wird. Die Voraussetzung für eine 0,5 Gebühr nach Nr. 21101 Nr. 2 KV ist nicht erfüllt.

XI. Auflassung (isoliert)

Eine **gerichtlicher Vergleich** stellt ein **Verpflichtungsgeschäft** dar (vgl. § 311b I S. 1 i.V.m. § 127a BGB). Er steht der notariellen Beurkundung i.S.v. Nr. 21102 Nr. 1 KV gleich.

Zu erheben ist also eine 1,0 Gebühr nach Nr. 21102 Nr. 1 KV.

→ **Fall 132: Auflassung nach rechtskräftigem Urteil**

A. Sachverhalt

Vor dem Notar erscheint der K und übergibt dem Notar die Ausfertigung eines **rechtskräftigen Urteils**, wonach der **Eigentümer** des **Grundstücks** Flurstück 100 der Gemarkung Leipzig Blatt 11200 verurteilt ist, dem K dieses Grundstück **aufzulassen** und die Eigentumsumschreibung auf K zu bewilligen.

Der Notar **beurkundet** daraufhin die **Erklärung des K**, wonach dieser unter Bezugnahme auf das genannte Urteil die **Auflassung entgegennimmt** und die **Eigentumsumschreibung auf sich beantragt**. Der Verkehrswert des Grundstücks beträgt 70 000 Euro.

B. Rechnung

Pos.	Gebührentatbestand	Geschäftswert	KV-Nr.	Satz	Betrag
	Auflassung (§§ 46, 97)	70 000	21200	1,0	219,00

C. Erläuterungen

Ein Urteil ist, anders als ein gerichtlicher Vergleich, ein staatlicher Hoheitsakt, kein Rechtsgeschäft. Daher fällt weder eine Auflassungsgebühr nach Nr. 21101 Nr. 2 KV noch nach Nr. 21102 Nr. 1 KV an. Für die **einseitige Entgegennahme** der Auflassung durch den Berechtigten aus dem Urteil ist eine 1,0 Gebühr nach Nr. 21200 KV zu erheben. Da die **Auflassungserklärung des Verurteilten** gem. § 894 ZPO **durch das Urteil ersetzt** wird, muss nur noch die Auflassungserklärung des anderen Teils beurkundet werden. Demgemäß scheidet eine 2,0 Gebühr nach Nr. 21100 KV aus.

Der Geschäftswert der **Auflassung** richtet sich nach dem **Wert** des Grundstücks, § 46.

Die Grundbucherklärungen zur Eintragung als Eigentümer sind zur Auflassung derselbe Gegenstand i.S.v. § 109 I S. 1–2. Da sie eine 0,5 Gebühr nach Nr. 21201 Nr. 4 KV auslösten und nach § 109 I S. 5 dem Wert der Auflassung folgen, wird hier nur die 1,0 Gebühr erhoben (§§ 93 I S. 1, 94 II S. 1).

Bemerkung:

Der zur Übertragung verurteilte Eigentümer ist mangels Beteiligung an der Beurkundung nicht Kostenschuldner der Auflassung.

→ **Fall 133: Auflassung nach Ausübung eines gesetzlichen Vorkaufsrechts**

A. Sachverhalt

2.1319 V hat in der **Vorurkunde** ein **Grundstück** an K **verkauft**. Der Kaufpreis beträgt 70 000 Euro. Die **Auflassung** wurde bereits **erklärt**. Zwei Tage später **übt die Gemeinde**, in der das Kaufobjekt liegt, ihr **Vorkaufsrecht nach § 28 BauGB aus**. Eine Vormerkung zugunsten des Käufers wurde noch nicht im Grundbuch eingetragen. **Nunmehr** erklären **V und** die **Gemeinde** die **Auflassung** zu notarieller Urkunde.

B. Rechnung

2.1320

Pos.	Gebührentatbestand	Geschäftswert	KV-Nr.	Satz	Betrag
	Beurkundungsverfahren (§§ 46, 97)	70 000	21100	2,0	438,00

C. Erläuterungen

2.1321 Die Auflassung löst als zweiseitige Erklärung grundsätzlich eine 2,0 Gebühr nach Nr. 21100 KV aus. Ausnahmen sind unter Nr. 21101 Nr. 2 und 21102 Nr. 1 KV geregelt. Voraussetzung ist in beiden Fällen, dass das zugrundeliegende Schuldverhältnis beurkundet ist.

2.1322 Der Kaufvertrag zwischen V und der Gemeinde als **zugrunde liegendes Rechtsgeschäft entsteht kraft Gesetzes**. Es bedarf keiner Beurkundung. Daher ist die Voraussetzung für die Gebühr sowohl nach Nr. 21101 Nr. 2 KV, als auch nach Nr. 21102 Nr. 1 KV nicht gegeben, sodass es bei der Gebühr Nr. 21100 KV bleibt.

2.1323 Hinweis:

Zur Bewertung eines in der Regel interessengerechten dreiseitigen Vertrages nach Ausübung des Vorkaufsrechts s. Rz. 2.816 ff. (Fall 66).

→ **Fall 134: Auflassung nach Ausübung eines rechtsgeschäftlichen Vorkaufsrechts**

A. Sachverhalt

2.1324 V hat in der **Vorurkunde** ein **Grundstück** an K **verkauft**, das in Abt. II des Grundbuchs mit einem Vorkaufsrecht des D belastet war. Der Kaufpreis betrug 70 000 Euro. Zwei Wochen nach Beurkundung übte D sein Vorkaufsrecht aus. Das Vorkaufsrecht war seinerzeit bei dem Notar X beurkundet worden. **Nunmehr** erklären **V und D** die **Auflassung** vor dem Notar X.

B. Rechnung

2.1325

Pos.	Gebührentatbestand	Geschäftswert	KV-Nr.	Satz	Betrag
	Auflassung (§§ 46, 97)	70 000	21101 Nr. 2	0,5	109,50

C. Erläuterungen

Die Auflassung löst als zweiseitige Erklärung grundsätzlich eine 2,0 Gebühr nach Nr. 21100 KV aus. Ausnahmen sind unter Nr. 21101 Nr. 2 KV und Nr. 21102 Nr. 1 KV geregelt. Voraussetzung ist in beiden Fällen, dass das zugrundeliegende Schuldverhältnis beurkundet ist.

2.1326

Handelt es sich, wie hier, nicht um ein gesetzliches Vorkaufsrecht, bei dem für die Auflassung mangels Beurkundung des Verpflichtungsgeschäfts eine 2,0 Gebühr nach Nr. 21100 KV entsteht (s. den vorangegangen Fall), sondern um ein rechtsgeschäftlich bestelltes Vorkaufsrecht, so kommt es darauf an, ob dieses beurkundet worden ist. Zwar fehlt es auch in diesem Fall – wie beim gesetzlichen Vorkaufsrecht – an einem unmittelbaren Übereignungsanspruch des Vorkaufsberechtigten aus dem beurkundeten Kaufvertrag. Jedoch liegt dem beurkundeten rechtsgeschäftlichen Vorkaufsrecht eine beurkundete Vereinbarung zwischen dem Vorkaufsverpflichteten und dem Vorkaufsberechtigten zugrunde, die nach dem Willen der Beteiligten die Rechtsgrundlage für einen möglichen zukünftigen Übereignungsanspruch sein sollte, selbst wenn sich auch in diesem Fall der klagbare Anspruch des Vorkaufsberechtigten letztlich aus dem nicht beurkundeten Kaufvertrag zwischen dem Vorkaufsverpflichteten und dem Vorkaufsberechtigten ergibt. Hatte der **Notar** also, wie hier, **bereits das Vorkaufsrecht beurkundet**, so erhält er für die **Auflassung nur eine 0,5 Gebühr** nach Nr. 21101 Nr. 2 KV. Fallen der Notar des Vorkaufsrechts und der Auflassung auseinander, so erhält der Auflassungsnotar eine 1,0 Gebühr nach Nr. 21102 Nr. 1 KV. Wurde das rechtsgeschäftliche **Vorkaufsrecht nicht beurkundet**, z.B. nur unterschriftsbeglaubigt, so fällt für die **Auflassung** mangels Beurkundung des Verpflichtungsgeschäfts eine **2,0 Gebühr** nach Nr. 21100 KV an.

2.1327

Der Geschäftswert bestimmt sich gem. §§ 97 I, 46 nach dem Verkehrswert des aufgelassenen Grundstücks.

Exkurs:

1) Die vorstehenden Ausführungen können auch auf die Ausübung von Ankaufs- und Wiederkaufsrechten übertragen werden, unter der Voraussetzung, dass ebenfalls nur die Auflassung zu erklären ist.

2) Werden neben der Auflassung weitere Erklärungen abgegeben, die das beurkundete Rechtsverhältnis abändern so sind diese grundsätzlich gegenstandsverschieden, Handelt es sich dabei aber inhaltlich um eine Neubeurkundung des zugrundeliegenden Rechtsverhältnisses, so sind die Ausführungen zu Fall 66, Rz. 2.816, 2.819 zu beachten.

2.1328

→ **Fall 135: Auflassung nach Auslandsbeurkundung**

A. Sachverhalt

Der Schweizer Notar Y hat vor 6 Monaten einen Grundstückskaufvertrag beurkundet, in dem V an K ein in Deutschland belegenes Grundstück zu einem Kaufpreis von 70 000 Euro verkauft hat. Der Kaufvertrag enthielt alle Vereinbarungen mit Ausnahme der Auflassung. Diese sollte nach Kaufpreiszahlung erklärt werden. Nunmehr beurkundet der deutsche Notar X die Auflassung.

2.1329

B. Rechnung

2.1330

Pos.	Gebührentatbestand	Geschäfts-wert	KV-Nr.	Satz	Betrag
	Beurkundungsverfahren (§§ 46, 97)	70 000	21100	2,0	438,00

C. Erläuterungen

2.1331 Die Auflassung löst als zweiseitige Erklärung grundsätzlich eine 2,0 Gebühr nach Nr. 21100 KV aus. Ausnahmen sind unter Nr. 21101 Nr. 2 und 21102 Nr. 1 KV geregelt. Voraussetzung ist in beiden Fällen, dass das zugrundeliegende Schuldverhältnis **nach deutschem Recht** notariell beurkundet ist.

2.1332 Erfolgte die Beurkundung vor einer ausländischen zuständigen Stelle (nicht vor einem deutschen Konsularbeamten!), so liegt diese Voraussetzung u.E. nicht vor, womit es bei der 2,0 Gebühr nach Nr. 21100 KV bleibt.

Bemerkung:

2.1333 Betreibt der Notar den Vollzug einer solchen Urkunde, so berechnet sich die Gebühr nach Nr. 22110 ff. KV. Es liegt kein „Vollzug in besonderen Fällen" vor, womit Nr. 22120 ff. KV nicht einschlägig ist.

➙ Fall 136: Wiederholung der Auflassung wegen versehentlicher Falschbezeichnung („falsa demonstratio")

2.1334 Siehe hierzu Rz. 2.1168 ff. (Fall 110).

➙ Fall 137: Bewilligung zur Auflassung (durch Notar in Eigenurkunde)

A. Sachverhalt

2.1335 V hat in der **Vorurkunde** ein Grundstück an K verkauft. Der Wert der Kaufurkunde beträgt 170 000 Euro. Die **Auflassung** wurde bereits **erklärt**, jedoch ohne Bewilligung. Der **Notar** erhielt den Auftrag und die Vollmacht, nach Nachweis der Kaufpreiszahlung die **Bewilligung zu erklären**.

Nach Bestätigung des Verkäufers, dass er den Kaufpreis erhalten hat, **erklärt** der **Notar** die **Bewilligung** der Eigentumsumschreibung in einer Eigenurkunde.

B. Rechnung

2.1336

Pos.	Gebührentatbestand	Geschäfts-wert	KV-Nr.	Satz	Betrag
	Bewilligung der Eigentums-umschreibung durch Notar in Eigenurkunde (§§ 113 I, 47)	170 000	25204 24102 21201 Nr. 4	0,5	190,50

C. Erläuterungen

Die Gebühr für die Eigenurkunde wird in aller Regel bereits anlässlich der Abrechnung des Kaufvertrags erhoben. Siehe dazu vorstehend Fall 2, Rz. 2.64 f.

Die **Bewilligung in Eigenurkunde** ist eine **Betreuungstätigkeit** nach Nr. 22200 Anm. Nr. 3, Alt. 2 KV. Die Betreuungsgebühr fällt **nur einmal** an (§ 93 I S. 1). Wurde sie bereits für die Fälligkeitsmitteilung abgerechnet (vgl. Nr. 22200 Anm. Nr. 2 KV), fällt neben der Betreuungsgebühr keine Gebühr für eine Eigenurkunde an (s. Anm. zu Nr. 25204 KV).

2.1337

Stellt diese Bewilligung jedoch die einzige Betreuungstätigkeit dar, und wurde die Betreuungsgebühr noch nicht im Wege des Vorschusses in Rechnung gestellt, auch nicht bei der Abrechnung des Kaufvertrags, so ist sie nach Erstellung der Eigenurkunde zu gesonderter Rechnung zu erheben.

2.1338

→ **Fall 138: Auflassung durch den Insolvenzverwalter nebst „Genehmigung" des noch vom Insolvenzschuldner geschlossenen Kaufvertrages**

A. Sachverhalt

V hat in der **Vorurkunde** ein **Grundstück** an K **verkauft**. Der Kaufpreis beträgt 70 000 Euro. Eine Woche **später** wird gegen V ein **Insolvenzverfahren eröffnet**. Nunmehr erklären **Insolvenzverwalter** und **K** die **Auflassung** zu notarieller Urkunde. Der **Insolvenzverwalter wählt** die **Erfüllung** und **genehmigt** den geschlossenen **Kaufvertrag** i.S.d §§ 103, 106 InsO. Der **Notar** hat bereits den **Kaufvertrag beurkundet**.

2.1339

B. Rechnung

Pos.	Gebührentatbestände	Geschäftswert	KV-Nr.	Satz	Betrag
	Beurkundungsverfahren (§§ 51 I S. 1, 47 46, 97, 109 I)	140 000	21200	1,0	327,00
	Auflassung (§ 47)	~~70 000~~	~~21101 Nr. 2~~	~~0,5~~	~~109,50~~
	Genehmigung Insolvenzverwalter (§ 97 I)	~~70 000~~	~~21200~~	~~1,0~~	~~219,00~~

2.1340

C. Erläuterungen

Die Urkunde enthält mehrere Rechtsverhältnisse i.S.d. § 86 I: **Genehmigung des Insolvenzverwalters und Auflassung**. Nach § 86 II sind mehrere Rechtsverhältnisse auch verschiedene Beurkundungsgegenstände, soweit in § 109 nichts anderes bestimmt ist.

2.1341

Da die in Rede stehenden Rechtsverhältnisse keine ausdrücklich verschiedenen Beurkundungsgegenstände nach den §§ 110, 111 sind, sind sie an § 109 zu messen.

2.1342 Die Erklärung über die **Erfüllungswahl** des Insolvenzverwalters bezieht sich auf den Kaufvertrag (Vorurkunde), dient damit **nicht der Erfüllung, Sicherung oder Durchführung** der Nachtragsurkunde (Auflassung) i.S.v. § 109 I, S. 1–2. Die Auflassung dient nicht der **Erfüllung, Sicherung oder Durchführung** der Erfüllungswahl i.S.v. § 109 I, S. 1–2. Damit **bleibt** es beim Grundsatz des § 86 II, beide Erklärungen betreffen **verschiedene Gegenstände**.

2.1343 Der Geschäftswert der **Auflassung** folgt dem **Wert** des schuldrechtlichen Grundgeschäftes. Dieser wird hier durch den **Kaufpreis** bestimmt, § 47 S. 1. Ein Vergleich mit dem Verkehrswert des Grundstücks nach § 47 S. 3 ist nur dann erforderlich, wenn Anhaltspunkte für einen höheren Wert vorliegen. Der Sachverhalt enthält hierfür keine Anhaltspunkte. Zu erheben ist eine 0,5 Gebühr nach Nr. 21101 Nr. 2 KV.

2.1344 Die **Erfüllungswahl** des Insolvenzverwalters (Genehmigung) ist **keine Zustimmung i.S.v. § 98 II**. Es werden keine im Namen des Insolvenzverwalters abgegebenen Erklärungen genehmigt. Die Erfüllungswahl nach den §§ 103, 106 InsO ist eine **eigenständige materiell-rechtliche Erklärung**. Ihr Wert bestimmt sich nach §§ 97 I, 47. Maßgeblich ist der **volle Wert des Kaufvertrags**. Sie löst eine 1,0 Gebühr nach Nr. 21200 KV aus.

2.1345 Beim Zusammentreffen von verschiedenen Beurkundungsgegenständen ist nach § 35 I die Gebühr grundsätzlich aus der Summe der Werte zu erheben, es sei denn, das GNotKG bestimmt etwas anderes. Eine andere Bestimmung enthält § 94 I für den Fall, dass die einzelnen Gegenstände jeweils einen verschiedenen Gebührensatz auslösen.

Im Sachverhalt entsteht für die Beurkundung der Auflassung eine 0,5 Gebühr nach Nr. 21101 Nr. 2 KV, für die Erfüllungswahl eine 1,0 Gebühr nach Nr. 21200 KV. In diesem Fall ist die 1,0 Gebühr aus der Summe der Werte zu erheben, da die Summe der Einzelgebühren höher ist.

Bemerkung:

2.1346 Nimmt die Beurkundung ein **anderer Notar** i.S.v. Vorbem. 2 I KV vor, so entsteht für die Auflassung eine 1,0 Gebühr nach Nr. 21102 Nr. 1 KV. An dem Ergebnis ändert sich jedoch nichts, da bei gleichen Gebührensätzen die Gebühr gem. § 35 I ohne Gebührenvergleich aus der Wertesumme erhoben wird.

→ **Fall 139: Auflassung durch den Insolvenzverwalter ohne Genehmigung aufgrund Erfüllungswahl**

A. Sachverhalt

2.1347 V hat in der **Vorurkunde** ein **Grundstück** an K **verkauft**. Der Kaufpreis beträgt 70 000 Euro. Eine **Auflassungsvormerkung** wurde im Grundbuch **eingetragen**. **Zwischenzeitlich** wurde **gegen** V ein **Insolvenzverfahren eröffnet**. Der Insolvenzverwalter hat **nicht** die Erfüllung des Vertrages nach **§ 103 InsO** gewählt.

Nunmehr erklären **Insolvenzverwalter** und K im Hinblick auf § 106 InsO **die Auflassung**.

Der **Notar** hat bereits den **Kaufvertrag beurkundet**.

B. Rechnung

Pos.	Gebührentatbestand	Geschäfts-wert	KV-Nr.	Satz	Betrag
	Beurkundungsverfahren (§§ 47, 97)	70 000	21101 Nr. 2	0,5	109,50

2.1348

C. Erläuterungen

Anders als im vorangegangenen Fall, erklärt der Insolvenzverwalter hier **nur** die **Auflassung**, wozu er im Hinblick auf die eingetragene Vormerkung gem. § 106 InsO verpflichtet ist.

2.1349

Darin allein liegt **keine Erfüllungswahl** nach § 103 InsO. Demgemäß kann vorliegend nur die reine Auflassung bewertet werden. Zu erheben ist eine 0,5 Gebühr nach Nr. 21101 Nr. 2 KV.

2.1350

Der Geschäftswert der **Auflassung** folgt dem **Wert** des schuldrechtlichen Grundgeschäftes. Dieser wird hierdurch den **Kaufpreis** bestimmt, § 47 S. 1.

2.1351

Bemerkung:

Nimmt die Beurkundung ein **anderer Notar** i.S.v. Vorbem. 2 I KV vor, so entsteht für die Auflassung eine 1,0 Gebühr nach Nr. 21102 Nr. 1 KV.

2.1352

XII. Besondere Regelungsgegenstände

1. Vorbemerkung

An dieser Stelle sollen Regelungsgegenstände erörtert werden, die sich unter einem festen Begriff etabliert haben, kostenrechtlich aber je nach konkreter Ausgestaltung unterschiedlich zu behandeln sind.

2.1353

So kann es vorkommen, beispielsweise bei Maklerklauseln, dass sie gänzlich unbewertet bleiben, als Hinzurechnungsposten zu behandeln sind oder einen zum Kaufvertrag verschiedenen Beurkundungsgegenstand darstellen. Die Übernahme der durch Grundschuld gesicherten Darlehensschuld ist nach § 109 I S. 4 Nr. 1a) GNotKG derselbe Beurkundungsgegenstand.

2.1354

Allerdings werden die erforderlichen Erklärungen gegenüber dem Kreditgeber als ein zum Kaufvertrag verschiedener Beurkundungsgegenstand eingestuft, § 110 Nr. 2a).

2.1355

2. Schuldübernahme und Erfüllungsübernahme

→ **Fall 140: Kaufvertrag und Übernahme eines am Kaufgrundstück lastenden Grundpfandrechts ohne Übernahme einer Forderung**

A. Sachverhalt

Der Grundstückseigentümer A verkauft sein Grundstück an den Käufer B zu einem Kaufpreis von 100 000 Euro. Die in Abteilung III lfd. Nr. 1 eingetragene,

2.1356

nicht valutierende Grundschuld im Nennbetrag von 500 000 Euro wird vom Käufer B dinglich übernommen (**ohne abstraktes Schuldanerkenntnis und ohne Zwangsvollstreckungsunterwerfung**).

B. Rechnung

2.1357

Pos.	Gebührentatbestand	Geschäftswert	KV-Nr.	Satz	Betrag
	Beurkundungsverfahren (§§ 46, 97)	100 000	21100	2,0	546,00

C. Erläuterungen

Der Kaufvertrag löst eine 2,0 Gebühr nach Nr. 21100 KV aus dem Kaufpreis (§ 47 S. 1) aus.

2.1358 Die rein **dingliche Übernahme** der Grundschuld ist kein Fall des § 109 I S. 4 Nr. 1a), vielmehr ist sie **Inhalt des Kaufvertrages** und bleibt daher ohne Ansatz. Auch liegt kein Fall des § 110 Nr. 2a) vor.

→ **Fall 141: Kaufvertrag und Übernahme einer durch ein Grundpfandrecht am Kaufgrundstück gesicherten Darlehensschuld**

A. Sachverhalt

2.1359 Der Grundstückseigentümer A **verkauft** sein **Grundstück** an den Käufer B zu einem Kaufpreis von 50 000 Euro. Die in Abteilung III lfd. Nr. 1 für den Darlehensgeber des A (Bank C) eingetragene **Grundschuld** im Nennbetrag von 50 000 Euro sowie das hierdurch gesicherte **Darlehen** (derzeit mit 50 000 Euro valutierend) werden vom Käufer B **in Anrechnung auf den Kaufpreis schuldbefreiend** übernommen. B **erkennt an**, der Bank C einen Betrag von 50 000 Euro nebst Grundschuldzinsen zu schulden und **unterwirft** sich sowohl **persönlich** als auch dinglich (aus der Grundschuld) der **Zwangsvollstreckung**.

Der Notar wird beauftragt, die Genehmigung zur Schuldübernahme sowie das **Negativattest** der Gemeinde nach **§ 28 BauGB** einzuholen. Er übernimmt des Weiteren die **Umschreibungsüberwachung** in der Form der Ausfertigungssperre.

B. Rechnung

2.1360

Pos.	Gebührentatbestände	Geschäftswert	KV-Nr.	Satz	Betrag
(1)	Beurkundungsverfahren (§§ 47, 97 III, 110 Nr. 2a, 35 I, 93 I, 94 II, 109 I)	~~100 000~~	~~21100~~	~~2,0~~	~~546,00~~
	Kaufvertrag mit Schuldübernahme (§ 47)	50 000	21100	2,0	330,00
	Schuldanerkenntnis mit Zwangsvollstreckungsunterwerfung gegenüber Gläubigerin (§ 97 I)	50 000	21200	1,0	165,00

XII. Besondere Regelungsgegenstände

Pos.	Gebührentatbestände	Geschäftswert	KV-Nr.	Satz	Betrag
(2)	Vollzug (Vorbem. 2.2.1.1 I Nr. 1, 8 § 112) (Einholung Negativattest nach § 28 BauGB, Genehmigung der Schuldübernahme)	100 000	22110	0,5	136,50
(3)	Betreuung (§ 113 I) (Umschreibungsüberwachung)	100 000	22200 Anm. Nr. 3	0,5	136,50

C. Erläuterungen

Pos. (1): 2.1361
Die Urkunde enthält mehrere Rechtsverhältnisse i.S.d. § 86 I: **Kaufvertrag, Schuldübernahme gegenüber dem Verkäufer, Schuldanerkenntnis und Zwangsvollstreckungsunterwerfung wegen der Finanzierung gegenüber der Gläubigerin.** Nach § 86 II sind mehrere Rechtsverhältnisse auch verschiedene Beurkundungsgegenstände, soweit in § 109 nichts anderes bestimmt ist.

Die Erklärungen zur **Schuldübernahme** gegenüber dem Verkäufer sind **derselbe Gegenstand** zum Hauptgeschäft (**Grundstückskaufvertrag**), § 109 I S. 4 Nr. 1a). 2.1362

§ 110 Nr. 2 a) ordnet an, dass die **zur Finanzierung der Gegenleistung gegenüber Dritten abgegebenen** Erklärungen **stets gegenstandsverschieden** zum Hauptgeschäft (hier dem Grundstückskaufvertrag) sind. Die **Gläubigerin** ist Dritte im Sinne dieser Vorschrift. Schuldanerkenntnis und Zwangsvollstreckungsunterwerfung gegenüber der Bank sind Erklärungen, die zur **Finanzierung der Gegenleistung** aus dem Kaufvertrag dienen. Daher ist § 110 Nr. 2a erfüllt. **Untereinander** sind Schuldanerkenntnis und Zwangsvollstreckungsunterwerfung derselbe Beurkundungsgegenstand nach § 109 I S. 4 Nr. 4, so dass hierfür insgesamt nur eine 1,0 aus 50 000 Euro anfällt (§§ 93 I S. 1, 94 II S. 1, 109 I S. 5). 2.1363

Beim Zusammentreffen von verschiedenen Beurkundungsgegenständen ist nach § 35 I die Gebühr grundsätzlich aus der Summe der Werte zu erheben, es sei denn, das GNotKG bestimmt etwas anderes. Eine andere Bestimmung enthält § 94 I für den Fall, dass die einzelnen Gegenstände jeweils einen verschiedenen Gebührensatz auslösen. 2.1364

Im Sachverhalt entsteht für die Beurkundung des Kaufvertrages eine 2,0 Gebühr nach Nr. 21100 KV, für das Schuldanerkenntnis nebst Zwangsvollstreckungsunterwerfung hingegen eine 1,0 Gebühr nach Nr. 21200 KV. Hier sind die Einzelgebühren zu erheben, denn die 2,0 Gebühr aus der Summe der Werte ist höher. 2.1365

2.1366 **Pos. (2):**

Die **Vollzugsgebühr beträgt grundsätzlich** 0,5 nach Nr. 22110 KV. Der Geschäftswert bestimmt sich gem. § 112 nach dem Wert des Beurkundungsverfahrens.

Handelt es sich aber ausschließlich um die Einholung öffentlich-rechtlicher Genehmigungen, so ist diese Gebühr gem. Nr. 22112 KV auf 50 Euro pro einzuholender Genehmigung **beschränkt**. Nach dem Sachverhalt ist das **Negativattest** der Gemeinde **nach § 28 BauGB** einzuholen. Diese Tätigkeit gehört zum Vollzug nach Vorbemerkung 2.2.1.1 I S. 2 Nr. 1 KV.

2.1367 Das **Anfordern und Prüfen der Genehmigung** der Gläubigerin zur **Schuldübernahme** ist Vollzug nach Vorbemerkung 2.2.1.1 I S. 2 Nr. 8 KV. Die Beschränkung nach Nr. 22112 KV greift hier daher nicht.

Die Vollzugsgebühr fällt nach § 93 I S. 1 nur einmal an, unabhängig von der Anzahl der vorzunehmenden Tätigkeiten.

Bezüglich der Bewertung des elektronischen Vollzugs wird auf Rz. 2.1524 ff. verwiesen.

2.1368 **Pos. (3):**

Die **Umschreibungsüberwachung** (Ausfertigungssperre) gehört gemäß Nr. 22200 Nr. 3 KV zu den Betreuungstätigkeiten. Der Geschäftswert bestimmt sich gem. § 113 I nach dem Wert für das Beurkundungsverfahren.

→ **Fall 142: Kaufvertrag und Übernahme einer am Kaufgrundstück gesicherten Darlehensschuld samt Grundschuld**

A. Sachverhalt

2.1369 Der Grundstückseigentümer A **verkauft** sein **Grundstück** an den Käufer B zu einem Kaufpreis von 100 000 Euro. Die in **Abteilung III lfd. Nr. 1** für den Darlehensgeber des A (Bank C) eingetragene **Grundschuld** im **Nennbetrag** von **300 000 Euro** sowie das hierdurch gesicherte Darlehen (derzeit **mit 50 000 Euro valutierend**) werden vom Käufer B in **Anrechnung auf den Kaufpreis schuldbefreiend übernommen**.

In Höhe des **Nominalbetrages** der Grundschuld gibt B ein **abstraktes Schuldanerkenntnis** zugunsten der Bank C ab und **unterwirft sich** sowohl wegen des Schuldanerkenntnisses als auch der Grundschuld der sofortigen **Zwangsvollstreckung**.

Der Notar wird beauftragt, die **Genehmigung** zur **Schuldübernahme**, das Negativattest der Gemeinde nach **§ 28 BauGB** sowie die **Genehmigung** nach dem **GrdstVG** einzuholen. Er übernimmt die **Fälligstellung** des **Kaufpreises** sowie die **Umschreibungsüberwachung** in der Form der Ausfertigungssperre.

XII. Besondere Regelungsgegenstände

B. Rechnung

2.1370

Pos.	Gebührentatbestände	Geschäfts-wert	KV-Nr.	Satz	Betrag
(1)	Beurkundungsverfahren (§§ 47, 97, 110 Nr. 2a, 93 I, 94 II, 109 I)	~~400 000~~	~~21100~~	2,0	~~1570,00~~
	Kaufvertrag (§ 47)	100 000	21100	2,0	546,00
	Schuldanerkenntnis (§§ 97 I, 36 I)	300 000	21200	1,0	635,00
	Zwangsvollstreckungsunterwerfung (§§ 97 I, 36 I)	~~300 000~~	~~21200~~	~~1,0~~	
(2)	Vollzug (Vorbem. 2.2.1.1 I Nr. 1; 8 § 112) (Einholung Negativattest nach § 28 BauGB, Genehmigung nach dem GrdstVG, Genehmigung der Schuldübernahme)	400 000	22110	0,5	392,50
(3)	Betreuung (§ 113 I) (Überwachung und Mitteilung Kaufpreisfälligkeit, Umschreibungsüberwachung)	400 000	22200 Anm. Nr. 2, 3	0,5	392,50

C. Erläuterungen

Pos. (1): 2.1371
Die Urkunde enthält mehrere Rechtsverhältnisse i.S.d. § 86 I: **Kaufvertrag, Schuldübernahme gegenüber dem Verkäufer, Schuldanerkenntnis und Zwangsvollstreckungsunterwerfung wegen der Finanzierung gegenüber der Gläubigerin.** Nach § 86 II sind mehrere Rechtsverhältnisse auch verschiedene Beurkundungsgegenstände, soweit in § 109 nichts anderes bestimmt ist.

Die Erklärungen zur **Schuldübernahme** gegenüber dem Verkäufer sind **derselbe Gegenstand** zum Hauptgeschäft (**Grundstückskaufvertrag**), § 109 I S. 4 Nr. 1a). 2.1372

§ 110 Nr. 2 a) ordnet an, dass die **zur Finanzierung der Gegenleistung gegenüber Dritten abgegebenen** Erklärungen **stets gegenstandsverschieden** zum Hauptgeschäft (hier dem Grundstückskaufvertrag) sind. Die **Gläubigerin** ist Dritte im Sinne dieser Vorschrift. Schuldanerkenntnis und **Zwangsvollstreckungsunterwerfung** gegenüber der Bank sind Erklärungen, die zur **Finanzierung der Gegenleistung** aus dem Kaufvertrag dienen. Daher ist § 110 Nr. 2a erfüllt. **Untereinander** sind **Schuldanerkenntnis** und Zwangsvollstreckungsunterwerfung **derselbe Beurkundungsgegenstand** nach § 109 I S. 4 Nr. 4, so dass hierfür insgesamt nur eine 1,0 aus 300 000 Euro anfällt (§§ 93 I S. 1, 94 II S. 1, 109 I S. 5). 2.1373

Der Geschäftswert des Grundstückskaufvertrages wird durch den Kaufpreis bestimmt, § 47 S. 1. Die Schuldübernahme erfolgt in Anrechnung auf den Kaufpreis. Sie erhöht daher die Leistung des Käufers nicht. 2.1374

Beim Zusammentreffen von verschiedenen Beurkundungsgegenständen ist nach § 35 I die Gebühr grundsätzlich aus der Summe der Werte zu erheben, es 2.1375 sei denn, das GNotKG bestimmt etwas anderes. Eine andere Bestimmung enthält § 94 I für den Fall, dass die einzelnen Gegenstände jeweils einen verschiedenen Gebührensatz auslösen.

2.1376 Im Sachverhalt entsteht für die Beurkundung des Kaufvertrages eine 2,0 Gebühr nach Nr. 21100 KV, für das Schuldanerkenntnis nebst Zwangsvollstreckungsunterwerfung hingegen eine 1,0 Gebühr nach Nr. 21200 KV. Hier sind die Einzelgebühren zu erheben, denn die 2,0 Gebühr aus der Summe der Werte ist höher.

2.1377 **Pos. (2):**

Die **Vollzugsgebühr beträgt grundsätzlich** 0,5 nach Nr. 22110 KV. Der Geschäftswert bestimmt sich gem. § 112 nach dem Wert des Beurkundungsverfahrens.

2.1378 Handelt es sich aber ausschließlich um die Einholung öffentlich-rechtlicher Genehmigungen, so ist diese Gebühr gem. Nr. 22112 KV auf 50 Euro pro einzuholender Genehmigung **beschränkt**. Nach dem Sachverhalt sind das **Negativattest der Gemeinde nach § 28 BauGB** sowie die **Genehmigung nach dem GrdstVG** einzuholen. Beide Tätigkeiten gehören zum Vollzug nach Vorbemerkung 2.2.1.1 I S. 2 Nr. 1 KV.

2.1379 Das **Anfordern und Prüfen der Genehmigung** der Gläubigerin zur **Schuldübernahme** ist Vollzug nach Vorbemerkung 2.2.1.1 I S. 2 Nr. 8 KV. Die Beschränkung nach Nr. 22112 KV greift hier daher nicht.

Die Vollzugsgebühr fällt nach § 93 I S. 1 nur einmal an, unabhängig von der Anzahl der vorzunehmenden Tätigkeiten.

Bezüglich der Bewertung des elektronischen Vollzugs wird auf Rz. 2.1524 ff. verwiesen.

2.1380 **Pos. (3):**

Die Überwachung und Mitteilung der Kaufpreisfälligkeit und die Umschreibungsüberwachung (Ausfertigungssperre) gehören gemäß Nr. 22200 Anm. Nr. 2 bzw. Anm. Nr. 3 KV zu den Betreuungstätigkeiten. Der Geschäftswert bestimmt sich gem. § 113 I nach dem Wert für das Beurkundungsverfahren. Das gilt auch dann, wenn die Urkunde verschiedene Verfahrensgegenstände enthält, und nicht für alle eine Betreuungstätigkeit erforderlich ist.

Die Betreuungsgebühr fällt nach § 93 I S. 1 nur einmal an, unabhängig von der Anzahl der vorzunehmenden Tätigkeiten.

→ **Fall 143: Kaufvertrag und Übernahme einer am Kaufgrundstück lastenden Grundschuld für eigene Kreditzwecke (ohne das zugrunde liegende Darlehen)**

A. Sachverhalt

2.1381 Der Grundstückseigentümer A **verkauft** ein **Grundstück** an den **Käufer B** zu einem Kaufpreis von 100 000 Euro. Die in **Abteilung III lfd. Nr. 1** für den Darlehensgeber des A (Bank C) eingetragene **Grundschuld im Nennbetrag von**

80 000 Euro wird vom **Käufer B ohne** das zugrundeliegende **Darlehen übernommen**.

Die **Grundschuld soll** ein **Darlehen** des B, das er von der Bank D **zur Finanzierung des Kaufpreises erhält**, sichern. Zu diesem Zweck wird die Grundschuld von der Bank C an die Bank D (in einer separaten Urkunde) abgetreten.

Der **Käufer** gibt in Höhe des **Nominalbetrages** der Grundschuld gegenüber der Bank D ein abstraktes **Schuldanerkenntnis** ab und unterwirft sich sowohl persönlich als auch dinglich der sofortigen **Zwangsvollstreckung**.

Der **Notar** wird **beauftragt**, das Negativattest der Gemeinde nach § 28 BauGB sowie die **Genehmigung** nach **der GVO** einzuholen. Er übernimmt die **Fälligstellung** des **Kaufpreises** sowie die **Umschreibungsüberwachung** in der Form der Ausfertigungssperre.

B. Rechnung

Pos.	Gebührentatbestände	Geschäftswert	KV-Nr.	Satz	Betrag
(1)	Beurkundungsverfahren (§§ 47, 97, 110 Nr. 2a, 109 I, 93 I, 94 II)	~~180 000~~	~~21100~~	~~2,0~~	~~816,00~~
	Kaufvertrag (§ 47)	100 000	21100	2,0	546,00
	Schuldanerkenntnis (§§ 97 I, 36 I)	80 000	21200	1,0	219,00
	Zwangsvollstreckungsunterwerfung (§§ 97 I, 36 I)	~~80 000~~	~~21200~~	~~1,0~~	
(2)	Vollzug (Vorbem. 2.2.1.1 I Nr. 1; § 112)	180 000	22110, 22112	0,5	~~204,00~~
	(Einholung Negativattest nach § 28 BauGB, Genehmigung nach GVO)				2 × 50,00 = 100,00
(3)	Betreuung (§ 113 I) (Überwachung und Mitteilung Kaufpreisfälligkeit, Umschreibungsüberwachung)	180 000	22200 Anm. Nr. 2, 3	0,5	204,00

C. Erläuterung

Pos. (1):

Die Urkunde enthält **mehrere Erklärungen: Kaufvertrag, Schuldanerkenntnis und Zwangsvollstreckungsunterwerfung** wegen der Finanzierung gegenüber der Gläubigerin. Es stellt sich daher die Frage, ob es sich kostenrechtlich um einen oder mehrere Gegenstände handelt.

Der Kaufvertrag löst eine 2,0 Gebühr aus dem Kaufpreis (§ 47 S. 1) aus. Die dingliche Grundschuldübernahme ist Inhalt des Kaufvertrags; eine Darlehensübernahme wurde nicht erklärt, so dass § 109 I S. 4 Nr. 1a) nicht einschlägig ist.

Schuldanerkenntnis und **Zwangsvollstreckungsunterwerfung** gegenüber der Bank sind Erklärungen, die zur **Finanzierung der Gegenleistung** aus dem Kaufvertrag dienen. Daher ist § 110 Nr. 2a erfüllt, d.h. es handelt sich um einen vom Kaufvertrag **verschiedenen Beurkundungsgegenstand**. **Untereinander** sind

Schuldanerkenntnis und **Zwangsvollstreckungsunterwerfung** derselbe Beurkundungsgegenstand nach § 109 I S. 4 Nr. 4, so dass hierfür insgesamt nur eine 1,0 aus 80 000 Euro anfällt (§§ 93 I S. 1, 94 II S. 1, 109 I S. 5).

2.1385 Beim Zusammentreffen von verschiedenen Beurkundungsgegenständen, die denselben Gebührensatz auslösen, ist nach § 35 I die Gebühr aus der Summe der Werte zu erheben, es sei denn, das GNotKG bestimmt etwas anderes. Eine andere Bestimmung enthält § 94 I für den Fall, dass die einzelnen Gegenstände jeweils einen verschiedenen Gebührensatz auslösen.

2.1386 Im Sachverhalt entsteht für die Beurkundung des Kaufvertrages eine 2,0 Gebühr nach Nr. 21100 KV, für das Schuldanerkenntnis nebst Zwangsvollstreckungsunterwerfung hingegen eine 1,0 Gebühr nach Nr. 21200 KV. Hier sind die Einzelgebühren zu erheben, denn die 2,0 Gebühr aus der Summe der Werte ist höher.

2.1387 **Pos. (2):**

Die **Vollzugsgebühr beträgt grundsätzlich** 0,5 nach Nr. 22110 KV. Der Geschäftswert bestimmt sich gem. § 112 nach dem Wert des Beurkundungsverfahrens.

2.1388 Handelt es sich aber ausschließlich um die Einholung öffentlich-rechtlicher Genehmigungen, so ist diese Gebühr gem. Nr. 22112 KV auf 50 Euro pro einzuholender Genehmigung **beschränkt**. Nach dem Sachverhalt sind das **Negativattest** der Gemeinde **nach § 28 BauGB** sowie die **Genehmigung nach GVO** einzuholen. Beide Tätigkeiten gehören zum Vollzug nach Vorbemerkung 2.2.1.1 I S. 2 Nr. 1 KV. Insgesamt sind nach dem Sachverhalt also 100 Euro (2 × 50 Euro) zu erheben, denn die 0,5 Gebühr nach Nr. 22110 KV GNotKG aus 180 000 Euro (= 217,50 Euro) ist höher.

Die Vollzugsgebühr fällt nach § 93 I S. 1 nur einmal an, unabhängig von der Anzahl der vorzunehmenden Tätigkeiten.

Bezüglich der Bewertung des elektronischen Vollzugs wird auf Rz. 2.1524 ff. verwiesen.

2.1389 **Pos. (3):**

Die Überwachung und Mitteilung der Kaufpreisfälligkeit und die Umschreibungsüberwachung (Ausfertigungssperre) gehören gemäß Nr. 22200 Anm. Nr. 2 bzw. Anm. Nr. 3 KV zu den Betreuungstätigkeiten. Der Geschäftswert bestimmt sich gem. § 113 I nach dem Wert für das Beurkundungsverfahren. Das gilt auch dann, wenn die Urkunde verschiedene Verfahrensgegenstände enthält, und nicht für alle eine Betreuungstätigkeit erforderlich ist.

Die Betreuungsgebühr fällt nach § 93 I S. 1 nur einmal an, unabhängig von der Anzahl der vorzunehmenden Tätigkeiten.

→ **Fall 144: Kaufvertrag über einen Anteil am Grundstück mit Erfüllungsübernahme**

A. Sachverhalt

Die **Ehegatten** A und B sind **Miteigentümer** zu **je ½** an dem mit dem Familienwohnheim bebauten Grundstück (Verkehrswert: 100 000 Euro). **A verkauft** seinen ½ Miteigentumsanteil **an B**, sodass B künftig **Alleineigentümer** des Grundstückes ist. Das Grundstück ist mit einer **Grundschuld** i.H.v. 100 000 Euro belastet, die eine **Forderung** in **gleicher Höhe** sichert. Mit dem zugrundeliegenden Darlehen wurden Anschaffung und Ausbau des Hauses finanziert. **Statt** der Zahlung eines **Kaufpreises** in Höhe des **hälftigen Grundstückswertes übernimmt** B die **Darlehensverbindlichkeit**, für die A und B als Gesamtschuldner haften, dergestalt, dass B den A von jeglichen Zahlungsverpflichtungen gegenüber dem Gläubiger **im Innenverhältnis** freistellt (**Erfüllungsübernahme**).

2.1390

B. Rechnung

Pos.	Gebührentatbestände	Geschäfts-wert	KV-Nr.	Satz	Betrag
	Kaufvertrag (§§ 47, 46, 97)	50 000	21100	2,0	330,00

2.1391

C. Erläuterungen

Der Geschäftswert des Grundstückskaufvertrages wird durch den Kaufpreis bestimmt, § 47 S. 1. Vorliegend wird anstelle der Zahlung des vereinbarten Kaufpreises im Innenverhältnis eine Schuld in gleicher Höhe erfüllungshalber übernommen. Die Schuldübernahme ist daher Gegenleistung und kein weiteres Rechtsverhältnis. Verpflichtet sich ein **Gesamtschuldner**, den anderen Gesamtschuldner von jeglicher Haftung freizustellen, ist auf das **Innenverhältnis** abzustellen (vgl. § 426 I S. 1 BGB). Der Geschäftswert beläuft sich daher auf 50 000 Euro.

2.1392

Der Kaufvertrag löst eine 2,0 Gebühr nach Nr. 21100 KV aus.

Bemerkungen:

Im Falle eines gemeinsam erworbenen bzw. errichteten Familienwohnheims wird **im Innenverhältnis von einer den Anteilen entsprechenden Mitverpflichtung**, also gegenseitigen Erstattungsansprüchen in dieser Höhe, ausgegangen (Grundsatz). Danach ist bei vollständiger Inanspruchnahme eines Ehepartners der andere zu ein halb ausgleichspflichtig.[1] Von dieser Ausgleichspflicht wird der Verkäufer freigestellt.

2.1393

Abweichend von dieser Halbteilung **können** die **Ausgleichsansprüche unterschiedlich hoch sein**. Sie können von 0 bis 100 % reichen. Wollen sich die Beteiligten darauf berufen, so obliegt ihnen die **glaubhafte Darlegung** der konkreten Ansprüche.[2] Ein einfaches Behaupten genügt nicht; § 95.

2.1394

---

1 Palandt/*Grüneberg*, § 426 Rz. 8 ff.
2 Palandt/*Grüneberg*, § 426 Rz. 8 ff.

2.1395 Insoweit die Vertragsbeteiligten nicht im Außenverhältnis bereits Gesamtschuldner sind, sind im Regelfall weitere Erklärungen gegenüber dem Gläubiger erforderlich; s. hierzu Fall 142, Rz. 2.1369 ff.

→ **Fall 145: Kaufvertrag über einen Anteil am Grundstück mit Erfüllungsübernahme und Schuldbeitritt**

A. Sachverhalt

2.1396 Die **Ehegatten** M und F sind **Miteigentümer** zu je ½ an dem mit dem Familienwohnheim bebauten Grundstück (Verkehrswert: 100 000 Euro). Das Grundstück ist in **Abteilung III** des Grundbuchs unter **lfd. Nr. 1** mit einer **Grundschuld** i.H.v. 100 000 Euro belastet, die eine **Forderung** in **gleicher Höhe** sichert. Mit dem zugrundeliegenden Darlehen wurden Anschaffung und Ausbau des Hauses finanziert.

M verkauft seinen ½ Miteigentumsanteil **an C**, den neuen Partner von F, sodass F und **C** künftig **Miteigentümer je zu** ½ des Grundstückes sind.

Statt der Zahlung eines **Kaufpreises** in Höhe des hälftigen Grundstückswertes **übernimmt** C die **Darlehensverbindlichkeit**, für die M und F als Gesamtschuldner haften, dergestalt, dass C den M von jeglichen Zahlungsverpflichtungen gegenüber dem Gläubiger **im Innenverhältnis** freistellt (**Erfüllungsübernahme**). Wegen der Übernahme dieser Verbindlichkeiten unterwirft sich C gegenüber M der sofortigen **Zwangsvollstreckung**.

Weiter tritt C auch im **Außenverhältnis** dem Schuldverhältnis aus dem Darlehensvertrag bei. Er **erkennt an, der Gläubigerin den Darlehensbetrag zu schulden** und unterwirft sich wegen des Nennbetrages der Grundschuld der sofortigen **Zwangsvollstreckung** in sein Vermögen. Der M soll im Gegenzug aus dem Schuldverhältnis entlassen werden.

B. Rechnung

2.1397

Pos.	Gebührentatbestände	Geschäfts-wert	KV-Nr.	Satz	Betrag
	Beurkundungsverfahren (§§ 47, 46, 97, 109 I, 110 Nr. 2a, 93 I, 94)	~~150 000~~	~~21100~~	~~2,0~~	~~708,00~~
	Kaufvertrag (§§ 97 III, 47)	50 000	21100	2,0	330,00
	Zwangsvollstreckungsunterwerfung gegenüber Verkäufer (§§ 97 I)	~~50 000~~	~~21200~~	~~1,0~~	
	Schuldanerkenntnis gegenüber Gläubiger (§ 97 I)	100 000	21200	1,0	273,00
	Zwangsvollstreckungsunterwerfung gegenüber Gläubiger (§ 97 I)	~~100 000~~	~~21200~~	~~1,0~~	

C. Erläuterungen

2.1398 Die Urkunde enthält mehrere Rechtsverhältnisse i.S.d. § 86 I: **Kaufvertrag, Zwangsvollstreckungsunterwerfung gegenüber dem Verkäufer, Schuldanerkenntnis und Zwangsvollstreckungsunterwerfung gegenüber der Gläubigerin.**

XII. Besondere Regelungsgegenstände

Nach § 86 II sind mehrere Rechtsverhältnisse auch verschiedene Beurkundungsgegenstände, soweit in § 109 nichts anderes bestimmt ist.

Der Geschäftswert des Grundstückskaufvertrages wird durch den Kaufpreis bestimmt, § 47 S. 1. Vorliegend wird anstelle der Zahlung des vereinbarten Kaufpreises im Innenverhältnis eine Schuld in gleicher Höhe erfüllungshalber übernommen. Die **Erfüllungsübernahme** ist daher **Gegenleistung**. Selbst wenn man sie unter § 109 I S. 4 Nr. 1a) einordnen müsste, bliebe sie unbewertet. 2.1399

Die **Zwangsvollstreckungsunterwerfung gegenüber dem Verkäufer** dient der Erfüllung des Kaufvertrages i.S.v. § 109 I-2, S. 4 Nr. 4 und ist damit zu diesem **derselbe Gegenstand**. 2.1400

Der Wert des Schuldanerkenntnisses gegenüber der Gläubigerin richtet sich gem. § 97 I nach dem **vollen Schuldbetrag**, denn C tritt als **Gesamtschuldner** dem Darlehensvertrag **bei**. Die Gläubigerin ist damit in der Lage, den vollen Betrag von C zu verlangen. Diesem Wert folgt auch der Wert der Zwangsvollstreckungsunterwerfung gem. § 97 I. Zu erheben ist ein 1,0 Gebühr nach Nr. 21200 KV aus 100 000 Euro. 2.1401

Das **Schuldanerkenntnis** gegenüber der Gläubigerin schafft einen **Anspruch**, die **Zwangsvollstreckungsunterwerfung** den **Titel dazu**. Wegen § 109 I S. 1–2, 4 Nr. 4 sind diese beiden Erklärungen **derselbe Gegenstand**. 2.1402

Schuldanerkenntnis und Zwangsvollstreckungsunterwerfung gegenüber der Bank sind Erklärungen, die zur Finanzierung der Gegenleistung aus dem Kaufvertrag dienen. Daher ist § 110 Nr. 2a erfüllt, d.h. es handelt sich um einen vom Kaufvertrag verschiedenen Beurkundungsgegenstand. 2.1403

Beim Zusammentreffen von verschiedenen Beurkundungsgegenständen, die denselben Gebührensatz auslösen, ist nach § 35 I die Gebühr aus der Summe der Werte zu erheben. es sei denn, das GNotKG bestimmt etwas anderes. Eine andere Bestimmung enthält § 94 I für den Fall, dass die einzelnen Gegenstände jeweils einen verschiedenen Gebührensatz auslösen. 2.1404

Im Sachverhalt entsteht für die Beurkundung des Kaufvertrages eine 2,0 Gebühr nach Nr. 21100 KV, für das Schuldanerkenntnis nebst Zwangsvollstreckungsunterwerfung gegenüber der Gläubigerin eine 1,0 Gebühr nach Nr. 21200 KV. In diesem Fall sind die Gebühren einzeln zu erheben, denn die 2,0 Gebühr aus der Summe der Werte ist höher. 2.1405

Bemerkung:

Insoweit die Vertragsbeteiligten im Außenverhältnis bereits Gesamtschuldner sind, s. Fall 141, Rz. 2.1359 ff. 2.1406

3. Maklerklauseln

Für die nachfolgenden Fälle wird ohne weiteres davon ausgegangen, dass die beurkundeten Maklerklauseln sowohl nach ihrer Gestaltung als auch unter berufsrechtlichen Aspekten unbedenklich sind. 2.1407

→ **Fall 146: Grundstückskaufvertrag und Feststellungserklärung zum Maklervertrag**

A. Sachverhalt

2.1408 Der Grundstückseigentümer A **verkauft** an B sein **Grundstück** zum Kaufpreis von 130 000 Euro. Der Käufer/Verkäufer erklärt rein deklaratorisch, dass der beurkundete **Vertrag durch Vermittlung des Maklers X zustande** kam. Nach Angabe des Käufers/Verkäufers hat er bereits an einem bestimmten Tag vor dem Kaufvertrag einen Maklervertrag mit dem Makler abgeschlossen.

B. Rechnung

2.1409

Pos.	Gebührentatbestand	Geschäfts-wert	KV-Nr.	Satz	Betrag
	Beurkundungsverfahren (§§ 46, 47, 97 III)	130 000	21100	2,0	654,00

C. Erklärungen

Der Kaufvertrag löst eine 2,0 Gebühr nach Nr. 21100 KV aus dem Kaufpreis (§ 47 S. 1) aus.

2.1410 Hinsichtlich der **Maklerklausel** wird lediglich ausgesagt, dass der Käufer/Verkäufer den Makler beauftragt hat. Damit wird nur auf eine bereits getroffene Vereinbarungen mit dem Makler hingewiesen Es handelt sich um eine reine **Feststellungserklärung**. Das Schuldverhältnis ist bereits mit dem Maklervertrag begründet worden. Auch der Hinweis auf die Zahlungspflicht des Käufers/Verkäufers hat keinen eigenen wirtschaftlichen Wert. Eine Mitbeurkundung ist **kostenrechtlich nicht relevant**.

Bemerkung:

2.1411 Es kommt hier nicht darauf an, wer den Makler beauftragt hat.

→ **Fall 147: Grundstückskaufvertrag und Übernahme einer vom Verkäufer geschuldeten Maklerprovision durch den Käufer**

A. Sachverhalt

2.1412 Der Grundstückseigentümer A **verkauft** an den Käufer B sein **Grundstück** zum Kaufpreis von 150 000 Euro. Der Verkäufer erklärt, dass der Vertrag durch **Vermittlung** des **Maklers X** zustande kam.

Der **Verkäufer** hatte den **Makler** beauftragt und **schuldet** eine **Maklercourtage** i.H.v. 5 % des Kaufpreises (inkl. Umsatzsteuer). Der **Käufer verpflichtet sich**, diesen **Betrag zusätzlich** zum Kaufpreis **an den Verkäufer zu zahlen**.

Der **Makler** erlangt hierdurch **keinen eigenen Anspruch**. Der Anspruch des Verkäufers entsteht nur insoweit, als ein berechtigter Anspruch des Maklers aus dem mit dem Verkäufer abgeschlossenen Maklervertrag einredefrei besteht.

B. Rechnung

Pos.	Gebührentatbestand	Geschäfts-wert	KV-Nr.	Satz	Betrag
	Beurkundungsverfahren (§§ 47, 46, 97) – Kaufpreis: 150 000 (§ 47 S. 1) – Maklercourtage: 7500 (§ 47 S. 2)	157 500	21100	2,0	762,00

2.1413

C. Erläuterungen

Der Geschäftswert wird durch den Kaufpreis bestimmt, § 47 S. 1. Verpflichtet sich der Käufer daneben zu **weiteren Leistungen**, so sind diese **zum Kaufpreis hinzuzurechnen**, § 47 S. 2.

2.1414

Vorliegend verpflichtet sich der Käufer, die beim Verkäufer entstandene **Maklercourtage** i.H.v. 7500 Euro (inkl. Umsatzsteuer) an diesen zu zahlen. Eine Anrechnung auf den Kaufpreis erfolgt nicht. Es handelt sich um eine **weitere Leistung** des Käufers i.S.v. § 47 S. 2.

2.1415

Bemerkungen:

Zahlt der Käufer **im Auftrag des Verkäufers** den Betrag direkt **an den Makler**, ändert sich an der Bewertung nichts. Auch in diesem Fall erlangt der Makler **keinen eigenen Zahlungsanspruch** gegen den Käufer.

2.1416

Erfolgt die Zahlung in Anrechnung auf den Kaufpreis, so wird der Betrag nicht dem Kaufpreis hinzugerechnet.

2.1417

→ **Fall 148: Grundstückskaufvertrag mit Schuldanerkenntnis und Zwangsvollstreckungsunterwerfung gegenüber dem Makler**

A. Sachverhalt

Der Grundstückseigentümer A verkauft an den Käufer B sein Grundstück zum Kaufpreis von 140 000 Euro. Der Käufer (oder der Verkäufer) erklärt, dass der beurkundete Vertrag durch Vermittlung des Maklers X zustande kam. Der Käufer (alternativ der Verkäufer) **erkennt an**, **dem Makler** einen Betrag i.H.v. 5 % aus dem Kaufpreis **zu schulden**. Der Käufer (oder der Verkäufer) **unterwirft sich** wegen der vorstehenden Zahlungsverpflichtung gegenüber dem Makler der **Zwangsvollstreckung** aus dieser Urkunde in sein gesamtes Vermögen.

2.1418

B. Rechnung

2.1419

Pos.	Gebührentatbestände	Geschäfts-wert	KV-Nr.	Satz	Betrag
	Beurkundungsverfahren (§§ 47 46, 97, 109 I, 35 I, 93 I, 94)	147 000	21100	2,0	708,00
	Kaufvertrag (§ 47)	~~140 000~~	~~21100~~	~~2,0~~	~~654,00~~
	Schuldanerkenntnis und Zwangsvollstreckungsunterwerfung (§§ 47, 46, 36 I 97)	~~7000~~	~~21200~~	~~1,0~~	~~60,00~~ ~~(Mindestgebühr)~~ ~~57,00~~

C. Erläuterungen

2.1420 Die Urkunde enthält mehrere Rechtsverhältnisse i.S.d. § 86 I: Kaufvertrag **und Schuldanerkenntnis sowie Zwangsvollstreckungsunterwerfung gegenüber dem Makler** des Verkäufers. Nach § 86 II sind mehrere Rechtsverhältnisse auch verschiedene Beurkundungsgegenstände, soweit in § 109 nichts anderes bestimmt ist.

Da die in Rede stehenden Rechtsverhältnisse keine ausdrücklich verschiedenen Beurkundungsgegenstände nach den §§ 110, 111 sind, sind sie an § 109 zu messen.

Das Hauptgeschäft ist nach § 109 I S. 1–3 der Grundstückskaufvertrag.

2.1421 Der **Zahlungsanspruch des Maklers** ergibt sich aus dem (nun erfüllten) Maklervertrag. Auch wenn der Maklervertrag schlussendlich die Beurkundung des Kaufvertrages zum Ziel hatte, dienen Schuldanerkenntnis und Maklerklausel zur Erfüllung der Zahlungspflicht aus dem Maklervertrag **nicht** der **Erfüllung, Sicherung** oder sonstigen **Durchführung** des Grundstückskaufvertrages (= Hauptgeschäft) i.S.v. § 109 I S. 1–3. Sie haben einen **verschiedenen Beurkundungsgegenstand** nach § 86 II.

2.1422 Der Geschäftswert des Grundstückskaufvertrages wird durch den Kaufpreis bestimmt, § 47 S. 1. Zu erheben ist eine 2,0 Gebühr nach Nr. 21100 KV.

2.1423 Das **Schuldanerkenntnis** und die **Zwangsvollstreckungsunterwerfung** gegenüber dem Makler sind nach § 109 I S. 4 Nr. 4 **derselbe Beurkundungsgegenstand**. Der **Geschäftswert** richtet sich nach dem geschuldeten **Betrag**, § 97 I. Erhoben wird insgesamt eine 1,0 Gebühr nach Nr. 21200 KV.

2.1424 Beim Zusammentreffen von verschiedenen Beurkundungsgegenständen ist nach § 35 I die Gebühr grundsätzlich aus der Summe der Werte zu erheben, es sei denn, das GNotKG bestimmt etwas anderes. Eine andere Bestimmung enthält § 94 I für den Fall, dass die einzelnen Gegenstände jeweils einen verschiedenen Gebührensatz auslösen.

2.1425 Im Sachverhalt entsteht für die Beurkundung des Kaufvertrages eine 2,0 Gebühr nach Nr. 21100 KV, für die Erklärungen gegenüber dem Makler eine 1,0 Gebühr nach Nr. 21200 KV (hierbei ist die Mindestgebühr i.H.v. 60 Euro zu beachten).

Es ist eine 2,0 Gebühr aus der Summe der Werte zu erheben, denn die Summe der Einzelgebühren ist höher.

Zur Alternative: Verkäufer gibt Erklärungen gegenüber Makler ab: 2.1426

Das Ergebnis bleibt unverändert, wenn die Erklärungen gegenüber dem Makler statt vom Käufer vom Verkäufer abgegeben werden.

→ **Fall 149: Grundstückskaufvertrag und Maklerklausel in der Gestalt eines echten Vertrages zugunsten Dritter**

A. Sachverhalt

Der Grundstückseigentümer A verkauft an den Käufer B sein Grundstück zum Kaufpreis von 150 000 Euro. 2.1427

Die Beteiligten erklären übereinstimmend, dass der beurkundete Vertrag durch Vermittlung des Maklers X zustande kam.

Der **Käufer erkennt** – ohne seine Verpflichtungen aus dem Maklervertrag zu erweitern oder auf Einreden zu verzichten – **an**, dem Makler eine Provision i.H.v. 5 % aus dem Kaufpreis in der Weise **zu schulden**, dass durch diese Verpflichtung des Käufers gegenüber dem Verkäufer ein **eigenes Forderungsrecht des Maklers begründet** wird (§ 328 BGB). Eine Übernahme von Verpflichtungen des Verkäufers soll hierin aber nicht liegen.

Des Weiteren holt der Notar das **Negativattest** der Gemeinde nach **§ 28 BauGB** und die **Genehmigung nach der GVO** ein. Er übernimmt außerdem die **Fälligkeitsmitteilung** hinsichtlich der Kaufpreiszahlung und die **Umschreibungsüberwachung** in der Form der Ausfertigungssperre.

B. Rechnung

Pos.	Gebührentatbestände	Geschäftswert	KV-Nr.	Satz	Betrag
(1)	Beurkundungsverfahren (§§ 47, 97, 86 II, 35 I, 93 I)	157 500	21100	2,0	762,00
	Kaufvertrag (§ 47)	150 000	21100	2,0	
	Vertrag zugunsten des Maklers (§ 97 I)	7500	21100	2,0	
(2)	Vollzug (Vorbem. 2.2.1.1 I Nr. 1; § 112) (Einholung Negativattest nach § 28 BauGB, Genehmigung nach GVO)	157 000	22110, 22112	0,5	~~190,50~~ 2 × 50,00 = 100,00
(3)	Betreuung (§ 113 I) (Überwachung und Mitteilung Kaufpreisfälligkeit, Umschreibungsüberwachung)	157 000	22200 Anm. Nr. 2, 3	0,5	190,50

2.1428

C. Erläuterungen

Pos. (1):

2.1429 Die Urkunde enthält mehrere Rechtsverhältnisse i.S.d. § 86 I: Kaufvertrag und einen Vertrag zugunsten eines Dritten (dem Makler). Nach § 86 II sind mehrere Rechtsverhältnisse auch verschiedene Beurkundungsgegenstände, soweit in § 109 nichts anderes bestimmt ist.

Da die in Rede stehenden Rechtsverhältnisse keine ausdrücklich verschiedenen Beurkundungsgegenstände nach den §§ 110, 111 sind, sind sie an § 109 zu messen.

2.1430 Mit der als **echter Vertrag zugunsten eines Dritten** gestalteten Vereinbarung zwischen den Beteiligten wird zugunsten des Maklers ein Zahlungsanspruch begründet. Hierbei handelt es sich um ein **anderes Rechtsverhältnis**. Eine **Abhängigkeit** zum Kaufvertrag i.S.v. § 109 I S. 1–3 ist **nicht gegeben**. Kaufvertrag und Vertrag zugunsten des Maklers sind somit **verschiedene Beurkundungsgegenstände**.

2.1431 Der Geschäftswert des Grundstückskaufvertrages wird durch den Kaufpreis bestimmt, § 47 S. 1. Zu erheben ist eine 2,0 Gebühr nach Nr. 21100 KV.

2.1432 Als **Geschäftswert** des **Vertrags zugunsten des Maklers** ist der zu **zahlende Betrag**, hier 7500 Euro, maßgeblich, § 97 I. Auch dieser Vertrag löst eine 2,0 Gebühr nach Nr. 21100 KV aus.

2.1433 Enthält eine Urkunde mehrere Verfahrensgegenstände die denselben Gebührensatz auslösen, so ist die Gebühr gem. § 35 I aus der Summe der Werte zu erheben.

2.1434 **Pos. (2):**

Die **Vollzugsgebühr beträgt grundsätzlich** 0,5 nach Nr. 22110 KV. Der Geschäftswert bestimmt sich gem. § 112 nach dem Wert des Beurkundungsverfahrens. Das gilt auch dann, wenn die Urkunde verschiedene Verfahrensgegenstände enthält, und nicht für alle eine Vollzugstätigkeit erforderlich ist.

2.1435 Handelt es sich aber ausschließlich um die Einholung öffentlich-rechtlicher Genehmigungen, so ist diese Gebühr gem. Nr. 22112 KV auf 50 Euro pro einzuholender Genehmigung **beschränkt**. Nach dem Sachverhalt sind das **Negativattest** der Gemeinde **nach § 28 BauGB** sowie die **Genehmigung nach GVO** einzuholen. Beide Tätigkeiten gehören zum Vollzug nach Vorbemerkung 2.2.1.1 I S. 2 Nr. 1 KV. Insgesamt sind nach dem Sachverhalt also 100 Euro (2 × 50 Euro) zu erheben, denn die 0,5 Gebühr nach Nr. 22110 KV GNotKG aus 157 000 Euro (= 190,50 Euro) ist höher.

Die Vollzugsgebühr fällt nach § 93 I S. 1 nur einmal an, unabhängig von der Anzahl der vorzunehmenden Tätigkeiten.

Bezüglich der Bewertung des elektronischen Vollzugs wird auf Rz. 2.1524 ff. verwiesen.

2.1436 **Pos. (3):**

Die Überwachung und Mitteilung der Kaufpreisfälligkeit und die Umschreibungsüberwachung (Ausfertigungssperre) gehören gemäß Nr. 22200 Anm. Nr. 2 bzw. Anm. Nr. 3 KV zu den Betreuungstätigkeiten.

XII. Besondere Regelungsgegenstände

Der Geschäftswert bestimmt sich gem. § 113 I nach dem Wert für das Beurkundungsverfahren. Das gilt auch dann, wenn die Urkunde verschiedene Verfahrensgegenstände enthält, und nicht für alle eine Betreuungstätigkeit erforderlich ist. 2.1437

Diese Gebühr fällt in jedem Verfahren nur einmal an, unabhängig von der Anzahl der vorzunehmenden Tätigkeiten, § 93 I S. 1.

4. Gestaltungen zur löschbaren Auflassungsvormerkung

→ **Fall 150: Gestaltung zur löschbaren Auflassungsvormerkung im Kaufvertrag**

A. Sachverhalt

Der Grundstückseigentümer A **verkauft** sein **Grundstück** an den Käufer B zu einem Kaufpreis von 80 000 Euro. Die Auflassung wird erklärt und die Eintragung einer Auflassungsvormerkung zugunsten von B bewilligt und beantragt. **Für den Fall der Rückabwicklung** des Kaufvertrages **bewilligt B bereits jetzt die Löschung** der zu seinen Gunsten eingetragenen **Auflassungsvormerkung**. Der **Notar** soll die **Löschungsbewilligung treuhänderisch** nach den Verwendungsabreden der Vertragsteile **überwachen**, wobei er von der Kaufurkunde lediglich Ausfertigungen und beglaubigte Abschriften ohne die Löschungsbewilligung erteilt (**Ausfertigungssperre**). 2.1438

Des Weiteren holt der Notar das **Negativattest** der Gemeinde nach **§ 28 BauGB** und die **Genehmigung nach der GVO** ein. Er übernimmt außerdem die **Fälligkeitsmitteilung** hinsichtlich der Kaufpreiszahlung und die **Umschreibungsüberwachung** in der Form der **Ausfertigungssperre**.

B. Rechnung

Pos.	Gebührentatbestände	Geschäftswert	KV-Nr.	Satz	Betrag	2.1439
(1)	Beurkundungsverfahren (§§ 47, 97, 93 I, 94 II, 109 I)	80 000	21100	2,0	438,00	
	Kaufvertrag (§ 47 S. 1)	80 000	21100	2,0		
	Löschungsbewilligung Auflassungsvormerkung (§§ 45 III, 47 S. 1)	80 000	21201 Nr. 4	0,5		
(2)	Vollzug (Vorbem. 2.2.1.1 I Nr. 1; § 112) (Einholung Negativattest nach § 28 BauGB, Genehmigung nach GVO)	80 000	22110, 22112	0,5	109,50 2 × 50,00 = 100,00	
(3)	Betreuung (§ 113 I) (Überwachung und Mitteilung Kaufpreisfälligkeit, Umschreibungsüberwachung, Überwachung der löschbaren Auflassungsvormerkung)	80 000	22200 Anm. Nr. 2, 3	0,5	109,50	

C. Erläuterungen

2.1440 **Pos. (1):**

Der Kaufvertrag löste eine 2,0 Gebühr nach Nr. 21100 KV aus.

Der Geschäftswert wird durch den Kaufpreis bestimmt, § 47 S. 1. Ein Vergleich mit dem Verkehrswert des Grundstücks nach § 47 S. 3 ist nur dann erforderlich, wenn Anhaltspunkte für einen höheren Wert vorliegen. Der Sachverhalt enthält hierfür keine Anhaltspunkte.

Die **Löschungsbewilligung** des Käufers hinsichtlich seiner **Auflassungsvormerkung** ist zum Kaufvertrag **derselbe Beurkundungsgegenstand** nach § 109 I S. 1–2. Sie löst keine eigene Gebühr aus, da der Kaufvertrag bereits die höchste Gebühr auslöst und auch den Geschäftswert vorgibt (§§ 93 I S. 1, 94 II S. 1, 109 I S. 5).

2.1441 **Pos. (2):**

Die **Vollzugsgebühr beträgt grundsätzlich** 0,5 nach Nr. 22110 KV. Der Geschäftswert bestimmt sich gem. § 112 nach dem Wert des Beurkundungsverfahrens.

2.1442 Handelt es sich aber ausschließlich um die Einholung öffentlich-rechtlicher Genehmigungen, so ist diese Gebühr gem. Nr. 22112 KV auf 50 Euro pro einzuholender Genehmigung **beschränkt**. Nach dem Sachverhalt sind das **Negativattest** der Gemeinde **nach § 28 BauGB** sowie die **Genehmigung nach GVO** einzuholen. Beide Tätigkeiten gehören zum Vollzug nach Vorbemerkung 2.2.1.1 I S. 2 Nr. 1 KV. Insgesamt sind nach dem Sachverhalt also 100 Euro (2 × 50 Euro) zu erheben, denn die 0,5 Gebühr nach Nr. 22110 KV GNotKG aus 80 000 Euro (= 109,50 Euro) ist höher.

Die Vollzugsgebühr fällt nach § 93 I S. 1 nur einmal an, unabhängig von der Anzahl der vorzunehmenden Tätigkeiten.

Bezüglich der Bewertung des elektronischen Vollzugs wird auf Rz. 2.1524 ff. verwiesen.

2.1443 **Pos. (3):**

Die Überwachung und Mitteilung der Kaufpreisfälligkeit, die Umschreibungsüberwachung (Ausfertigungssperre) und die Überwachung der Löschungsbewilligung zur Auflassungsvormerkung (Ausfertigungssperre) gehören gemäß Nr. 22200 Anm. Nr. 2 bzw. Anm. Nr. 3 KV zu den Betreuungstätigkeiten. Der Geschäftswert bestimmt sich gem. § 113 I nach dem Wert für das Beurkundungsverfahren.

Diese Gebühr fällt in jedem Verfahren nur einmal an, unabhängig von der Anzahl der vorzunehmenden Tätigkeiten, § 93 I S. 1.

D. Exkurs

2.1444 Zur KostO hat der BGH[1] entschieden, dass die Fertigung und Aufbewahrung der Löschungsbewilligung zur Auflassungsvormerkung (sog. Schubladenlöschungsbewilligung) für den Fall der Rückabwicklung des Vertrages eine falsche Sachbe-

---

1 BGH, Beschl. v. 26.7.2013 – V ZB 288/11, MittBayNot 2013, 78 = MDR 2012, 1255 = ZNotP 2012, 398.

handlung darstellt. Sie stelle unter mehreren rechtlich gleich sicheren Regelungsalternativen diejenige dar, die zusätzliche Kosten auslöst. Nach GNotKG entsteht aber gem. § 93 I S. 1 nur noch eine einzige Betreuungsgebühr, unabhängig von der Anzahl der auszuführenden Tätigkeiten. Damit dürfte dieser Variante dann nichts entgegen stehen, wenn noch weitere Betreuungstätigkeiten anfallen, was bei Grundstückskaufverträgen regelmäßig der Fall ist (z.B. Kaufpreisfälligkeitsmitteilung und Umschreibungsüberwachung). Hier löst eine weitere Tätigkeit keine weitere Gebühr aus.

Für den Fall, dass der Notar nicht die „Schubladenlösung" wählt, sondern sich oder seine Angestellten zur Abgabe dieser Erklärung bevollmächtigen lässt, s. Fälle 151, Rz. 2.1446 ff. bzw. 152, Rz. 2.1460 ff. 2.1445

→ **Fall 151: Gestaltung zur löschbaren Eigentumsvormerkung in Form der Eigenurkunde**

A. Sachverhalt

Der Grundstückseigentümer A **verkauft** sein **Grundstück** an den Käufer B zu einem Kaufpreis von 80 000 Euro. Die **Auflassung** wird erklärt und die Eintragung einer **Eigentumsvormerkung** zugunsten von B **bewilligt** und **beantragt**. Für den **Fall** der **Rückabwicklung** des Kaufvertrages erteilt B dem **Notar** eine **Vollmacht** zur **Löschung** der eingetragenen **Vormerkung**. 2.1446

Des Weiteren holt der Notar das **Negativattest** der Gemeinde nach **§ 28 BauGB** und die **Genehmigung nach der GVO** ein. Er übernimmt außerdem die **Fälligkeitsmitteilung** hinsichtlich der Kaufpreiszahlung und die **Umschreibungsüberwachung** in der Form der **Ausfertigungssperre**.

Ein Jahr später **erklärt** der **Notar nach** erfolgtem **Rücktritt** des Verkäufers die **Löschung** der für B eingetragenen **Eigentumsvormerkung** in einer **Eigenurkunde**.

B. Rechnung

Pos.	Gebührentatbestände	Geschäftswert	KV-Nr.	Satz	Betrag
(1)	Beurkundungsverfahren (§§ 47, 97 III, 98 I, 109 I, 93 I, 94 II)	80 000	21100	2,0	438,00
	Kaufvertrag (§ 47)	80 000	21100	2,0	
	Vollmacht zur Löschung der Vormerkung (§§ 98 I)	40 000	21200	1,0	
(2)	Vollzug (Vorbem. 2.2.1.1 I Nr. 1; § 112) (Einholung Negativattest nach § 28 BauGB, Genehmigung nach GVO)	80 000	22110, 22112	0,5	109,50 $2 \times 50,00$ $= 100,00$
(3)	Betreuung (§ 113 I) (Überwachung und Mitteilung Kaufpreisfälligkeit, Umschreibungsüberwachung,)	80 000	22200 Anm. Nr. 2, 3	0,5	109,50

2.1447

C. Erläuterungen

2.1448 **Pos. (1):**

Die Urkunde enthält mehrere Rechtsverhältnisse i.S.d. § 86 I: Kaufvertrag und **Vollmacht an den Notar zur Löschung der Vormerkung** des Käufers. Nach § 86 II sind mehrere Rechtsverhältnisse auch verschiedene Beurkundungsgegenstände, soweit in § 109 nichts anderes bestimmt ist.

Da die in Rede stehenden Rechtsverhältnisse keine ausdrücklich verschiedenen Beurkundungsgegenstände nach den §§ 110, 111 sind, sind sie an § 109 zu messen.

Das Hauptgeschäft ist nach § 109 I S. 1–2 der Grundstückskaufvertrag.

2.1449 Die **Löschungsvollmacht** wird erteilt, um **für** den Fall der **Rückabwicklung** des Vertrages die Löschung der Vormerkung zu erleichtern. In diesem Fall hat sie zum Grundstückskaufvertrag **denselben Beurkundungsgegenstand** i.S.v. § 109 I S. 1–2.

2.1450 Der Geschäftswert des Grundstückskaufvertrages wird durch den Kaufpreis bestimmt, § 47 S. 1. Zu erheben ist eine 2,0 Gebühr nach Nr. 21100 KV.

2.1451 Als **Geschäftswert der Vollmacht** ist nach **§ 98 I** der halbe Wert des für die Beurkundung des Rechts bestimmten Wertes, zu dessen Vorname sie ermächtigt, maßgeblich. Dieser richtet sich bei der Löschung einer Auflassungsvormerkung nach dem Wert des Grundstücks; §§ 45 III Hs. 1, 47, 46. Er **entspricht dem (halben) Kaufpreis**. Der Gebührensatz beträgt 1,0 nach Nr. 21200 KV.

2.1452 Wegen §§ 109 I S. 1–2, S. 5, 94 II wird nur eine 2,0 Gebühr aus dem Kaufpreis erhoben.

2.1453 **Pos. (2):**

Die **Vollzugsgebühr beträgt grundsätzlich** 0,5 nach Nr. 22110 KV. Der Geschäftswert bestimmt sich gem. § 112 nach dem Wert des Beurkundungsverfahrens.

2.1454 Handelt es sich aber ausschließlich um die Einholung öffentlich-rechtlicher Genehmigungen, so ist diese Gebühr gem. Nr. 22112 KV auf 50 Euro pro einzuholender Genehmigung **beschränkt**. Nach dem Sachverhalt sind das **Negativattest** der Gemeinde **nach § 28 BauGB** sowie die **Genehmigung nach GVO** einzuholen. Beide Tätigkeiten gehören zum Vollzug nach Vorbemerkung 2.2.1.1 I S. 2 Nr. 1 KV. Insgesamt sind nach dem Sachverhalt also 100 Euro (2 × 50 Euro) zu erheben, denn die 0,5 Gebühr nach Nr. 22110 KV GNotKG aus 80 000 Euro (= 109,50 Euro) ist höher.

Die Vollzugsgebühr fällt nach § 93 I S. 1 nur einmal an, unabhängig von der Anzahl der vorzunehmenden Tätigkeiten.

Bezüglich der Bewertung des elektronischen Vollzugs wird auf Rz. 2.1524 ff. verwiesen.

XII. Besondere Regelungsgegenstände

Pos. (3): 2.1455
Die Überwachung und Mitteilung der Kaufpreisfälligkeit und die Umschreibungsüberwachung (Ausfertigungssperre) gehören gemäß Nr. 22200 Anm. Nr. 2 bzw. Anm. Nr. 3 KV zu den Betreuungstätigkeiten.

Bewilligung der Löschung durch den Notar (Eigenurkunde)

Ausgesetzte Bewilligungen, die durch den Notar in **Eigenurkunde** nachgeholt werden, fallen unter Nr. 22200 Nr. 3 Alt. 2 KV. Sie können auch dann nicht als Eigenurkunde nach Nr. 25204 KV abgerechnet werden, wenn sie mit erheblicher zeitlicher Distanz zum Kaufvertrag erfolgen, denn die **Betreuungsgebühr** Nr. 22200 KV kann gem. § 93 I S. 1 **nur einmal anfallen** – was bereits anlässlich des Kaufvertrages wegen der Kaufpreisfälligkeitsüberwachung und Umschreibungsüberwachung (s. Anm. Nr. 2 und 3 zu Nr. 22200 KV) geschehen ist (vgl. auch Anmerkung zu Nr. 25204 KV). 2.1456

Der Geschäftswert bestimmt sich gem. § 113 I nach dem Wert für das Beurkundungsverfahren.

D. Exkurs 2.1457

Für den Fall, dass die Löschungsbewilligung bereits im Kaufvertrag erteilt und vom Notar treuhänderisch verwahrt wird, wird auf Fall 150, Rz. 2.1438 verwiesen. 2.1458

Für den Fall, dass nicht der Notar bevollmächtigt wurde, sondern die Vollmacht dessen Angestellten erteilt wurde, wird auf Fall 152, Rz. 2.1460 verwiesen. 2.1459

→ **Fall 152: Gestaltung zur löschbaren Eigentumsvormerkung in Form der Erklärung durch bevollmächtigte Notariatsangehörige**

A. Sachverhalt

a) Grundstückskaufvertrag

Der Grundstückseigentümer A **verkauft** sein **Grundstück** an den Käufer B zu einem Kaufpreis von 80 000 Euro. Die **Auflassung** wird **erklärt** und die Eintragung einer **Eigentumsvormerkung** zugunsten von B **bewilligt** und **beantragt**. Für den **Fall** der **Rückabwicklung** des Kaufvertrages erteilt B den **Angestellten des Notars** eine **Vollmacht** zur **Löschung** der eingetragenen **Vormerkung**. 2.1460

Des Weiteren holt der Notar das **Negativattest** der Gemeinde nach **§ 28 BauGB** und die **Genehmigung nach der GVO** ein. Er übernimmt außerdem die **Fälligkeitsmitteilung** hinsichtlich der Kaufpreiszahlung und die **Umschreibungsüberwachung** in der Form der **Ausfertigungssperre**.

b) Bewilligung der Löschung

Ein Jahr später **bewilligt** ein bevollmächtigter **Angestellter** des Notars **nach** erfolgtem **Rücktritt** des Verkäufers die **Löschung** der für B eingetragenen **Eigentumsvormerkung**. Der Notar entwirft die Erklärung und beglaubigt die Unterschrift darunter.

B. Rechnung

2.1461 a) für den Grundstückskaufvertrag

Pos.	Gebührentatbestände	Geschäftswert	KV-Nr.	Satz	Betrag
(1)	Beurkundungsverfahren (§§ 47, 97 III, 98 I, 109 I)	80 000	21100	2,0	438,00
	Kaufvertrag (§ 47)	80 000	21100	2,0	
	Vollmacht zur Löschung der Vormerkung (§§ 98 I)	~~40 000~~	~~21200~~	~~1,0~~	
(2)	Vollzug (Vorbem. 2.2.1.1 I Nr. 1; § 112)	80 000	22110, 22112	0,5	~~109,50~~
	(Einholung Negativattest nach § 28 BauGB, Genehmigung nach GVO)				2 × 50,00 = 100,00
(3)	Betreuung (§ 113 I) (Überwachung und Mitteilung Kaufpreisfälligkeit, Umschreibungsüberwachung)	80 000	22200 Anm. Nr. 2, 3	0,5	109,50

2.1462 b) für die Bewilligung der Löschung der Vormerkung (Entwurf und UB)

Pos.	Gebührentatbestand	Geschäftswert	KV-Nr.	Satz	Betrag
(4)	Entwurf Löschungsbewilligung (§§ 119 I, 45 III, 46, 47)	80 000	24102 21201 Nr. 4	0,5	109,50

C. Erläuterungen

Pos. (1):

2.1463 Die Urkunde enthält mehrere Rechtsverhältnisse i.S.d. § 86 I: Kaufvertrag und **Vollmacht an die Notariatsangehörigen zur Löschung der Vormerkung** des Käufers. Nach § 86 II sind mehrere Rechtsverhältnisse auch verschiedene Beurkundungsgegenstände, soweit in § 109 nichts anderes bestimmt ist.

Da die in Rede stehenden Rechtsverhältnisse keine ausdrücklich verschiedenen Beurkundungsgegenstände nach den §§ 110, 111 sind, sind sie an § 109 zu messen.

Das Hauptgeschäft ist nach § 109 I S. 1–2 der Grundstückskaufvertrag.

2.1464 Die **Löschungsvollmacht** wird erteilt, um für den Fall der **Rückabwicklung** des Vertrages die Löschung der Vormerkung zu erleichtern. In diesem Fall hat sie zum Grundstückskaufvertrag **denselben Beurkundungsgegenstand** i.S.v. § 109 I S. 1–2.

2.1465 Der Geschäftswert des Grundstückskaufvertrages wird durch den Kaufpreis bestimmt, § 47 S. 1. Zu erheben ist eine 2,0 Gebühr nach Nr. 21100 KV.

Als **Geschäftswert der Vollmacht** ist nach **§ 98 I** der halbe Wert des für die Beurkundung des Rechts bestimmten Wertes, zu dessen Vorname sie ermächtigt, maßgeblich. 2.1466

Dieser richtet sich bei der Löschung einer Auflassungsvormerkung nach dem Wert des Grundstücks; §§ 45 III Hs. 1, 46, 47. Er **entspricht dem (halben) Kaufpreis**. Der Gebührensatz beträgt 1,0 nach Nr. 21200 KV. 2.1467

Wegen §§ 109 I S. 1–2, S. 5, 94 II wird nur eine 2,0 Gebühr aus dem Kaufpreis erhoben. 2.1468

Pos. (2): 2.1469
Die **Vollzugsgebühr beträgt grundsätzlich** 0,5 nach Nr. 22110 KV. Der Geschäftswert bestimmt sich gem. § 112 nach dem Wert des Beurkundungsverfahrens.

Handelt es sich aber ausschließlich um die Einholung öffentlich-rechtlicher Genehmigungen, so ist diese Gebühr gem. Nr. 22112 KV auf 50 Euro pro einzuholender Genehmigung **beschränkt**. Nach dem Sachverhalt sind das **Negativattest der Gemeinde nach § 28 BauGB** sowie die **Genehmigung nach GVO** einzuholen. 2.1470

Beide Tätigkeiten gehören zum Vollzug nach Vorbemerkung 2.2.1.1 I S. 2 Nr. 1 KV. Insgesamt sind nach dem Sachverhalt also 100 Euro (2 × 50 Euro) zu erheben, denn die 0,5 Gebühr nach Nr. 22110 KV GNotKG aus 80 000 Euro (= 109,50 Euro) ist höher. 2.1471

Die Vollzugsgebühr fällt nach § 93 I S. 1 nur einmal an, unabhängig von der Anzahl der vorzunehmenden Tätigkeiten.

Bezüglich der Bewertung des elektronischen Vollzugs wird auf Rz. 2.1524 ff. verwiesen.

Pos. (3): 2.1472
Die Überwachung und Mitteilung der Kaufpreisfälligkeit und die Umschreibungsüberwachung (Ausfertigungssperre) gehören gemäß Nr. 22200 Anm. Nr. 2 bzw. Anm. Nr. 3 KV zu den Betreuungstätigkeiten. Der Geschäftswert bestimmt sich gem. § 113 I nach dem Wert für das Beurkundungsverfahren.

Diese Gebühr fällt in jedem Verfahren nur einmal an, unabhängig von der Anzahl der vorzunehmenden Tätigkeiten, § 93 I S. 1.

Pos. (4) – Bewilligung Löschung Auflassungsvormerkung (Entwurf und UB): 2.1473
Wird die Löschungsvollmacht nicht dem Notar, sondern einem Dritten (bspw. dem Notariatsangestellten) erteilt, fällt für die spätere Löschungsbewilligung eine 0,5 Gebühr nach Nr. 21201 Nr. 4 KV an (bei reiner Entwurfsfertigung mit Unterschriftsbeglaubigung i.V.m. Nr. 24102 KV i.V.m. § 92 II).

D. Exkurs

Für den Fall, dass die Löschungsbewilligung **bereits im Kaufvertrag** erteilt und vom Notar treuhänderisch verwahrt wird, wird auf Fall 150, Rz. 2.1438 ff. verwiesen. 2.1474

2.1475 Für den Fall, dass der Notar bevollmächtigt wurde, diese Erklärung in einer **Eigenurkunde** abzugeben, wird auf Fall 151, Rz. 2.1446 ff. verwiesen.

2.1476 Zur KostO hat der BGH[1] entschieden, dass die Fertigung und Aufbewahrung zur Löschungsbewilligung für die Auflassungsvormerkung für den Fall der Rückabwicklung des Vertrages eine falsche Sachbehandlung darstellt. Sie stelle unter mehreren rechtlich gleich sicheren Regelungsalternativen diejenige dar, die zusätzliche Kosten auslöst.

2.1477 Nach GNotKG entsteht aber nur noch eine Betreuungsgebühr, unabhängig von der Anzahl der auszuführenden Tätigkeiten. Damit dürfte dieser Variante dann nichts entgegen stehen, wenn noch weitere Betreuungstätigkeiten anfallen, was bei Grundstückskaufverträgen regelmäßig der Fall ist (z.B. Kaufpreisfälligkeitsmitteilung und Umschreibungsüberwachung). Hier löst eine weitere Tätigkeit keine weitere Gebühr aus.

2.1478 Etwas anderes gilt, wenn für die Erklärung der Löschungsbewilligung durch bevollmächtigte Dritte erfolgt. Bei dieser Gestaltung fällt immer eine gesonderte Gebühr an, gleichgültig ob die Löschungsbewilligung beurkundet, vom Notar entworfen oder nur unterschriftsbeglaubigt wird. Ob für den Kaufvertrag bereits eine Betreuungsgebühr erhoben wurde, ist dabei unerheblich. Damit ist diese Variante stets teurer als die Bevollmächtigung des Notars.

XIII. Tauschvertrag

1. Vorbemerkungen

2.1479 Für Tauschverträge über Grundstücke gelten im Grunde dieselben Bewertungsregeln wie beim Grundstückskaufvertrag, nur dass die zu gewährende Gegenleistung nicht in Geld, sondern in der Übertragung einer anderen Sache besteht. Als Geschäftswertvorschrift greift daher nicht die Spezialvorschrift des § 47 GNotKG, sondern die allgemeine Wertvorschrift des § 97 III GNotKG.

2. Ausgewählte Fallbeispiele

→ **Fall 153: Tauschvertrag unterschiedlich wertvoller Grundstücke mit Tauschaufgabe**

A. Sachverhalt

2.1480 Der Grundstückseigentümer A überträgt sein Grundstück (Wert: 10 000 Euro) im Wege des Tausches an B. Im Gegenzug erhält A ein Grundstück (Wert: 8000 Euro) von B und zum Wertausgleich eine **Tauschaufgabe** i.H.v. 2000 Euro. **Wegen** dieser **Zahlungsverpflichtung** unterwirft sich B der sofortigen **Zwangsvollstreckung**.

Das **Grundstück** des **A** ist in Abteilung III mit einer vollstreckbaren **Gesamtgrundschuld** im Nennbetrag von 100 000 Euro belastet. Es soll **lastenfrei** auf B

---

[1] BGH, Beschl. v. 26.7.2013 – V ZB 288/11, MittBayNot 2013, 78 = MDR 2012, 1255 = ZNotP 2012, 398.

übertragen werden. **Gleichzeitig** soll das **neu erworbene Grundstück** von B für die **Gesamtgrundschuld haften**.

Die erforderlichen Erklärungen zur Pfandentlassung und Pfanderstreckung nebst dinglicher Zwangsvollstreckungsunterwerfung werden abgegeben.

Der Notar wird beauftragt, die erforderliche **Genehmigung** nach dem **GrdstVG** für das Grundstück A und die **Pfandentlassungserklärung** der Gläubigerin einzuholen. Er übernimmt des Weiteren in Bezug auf die Zahlung der Tauschaufgabe die **Umschreibungsüberwachung** in der Form der **Ausfertigungssperre**.

B. Rechnung

Pos.	Gebührentatbestände	Geschäftswert	KV-Nr.	Satz	Betrag
(1)	Beurkundungsverfahren (§§ 46, 97 I, III, 86 II, 109 I, 93 I, 94)	18 000	21100	2,0	198,00
	Tauschvertrag (§ 46)	10 000	21100	~~2,0~~	~~150,00~~
	Pfandentlassung (§ 44 I)	~~10 000~~	~~21201 Nr. 4~~	~~0,5~~	
	Pfanderstreckung (§ 44 I)	8000	~~21201 Nr. 4~~	~~0,5~~	
	dingliche Zwangsvollstreckungsunterwerfung des erworbenen Grundstücks (§ 97 I)	~~8000~~	21200	1,0	~~63,00~~
(2)	Vollzug (Vorbem. 2.2.1.1 I Nr. 1, 9; § 112) (Einholung Genehmigung nach GrdstVG sowie der Pfandentlassungserklärung der Gläubigerin)	18 000	22110	0,5	49,50
(3)	Betreuung (§ 113 I) (Umschreibungsüberwachung)	18 000	22200 Anm. Nr. 3	0,5	49,50

2.1481

C. Erläuterungen

Pos. (1):

Die Urkunde enthält mehrere Rechtsverhältnisse i.S.d. § 86 I: **Tauschvertrag, Pfandentlassung, Pfanderstreckung und dingliche Zwangsvollstreckungsunterwerfung**. Nach § 86 II sind mehrere Rechtsverhältnisse auch verschiedene Beurkundungsgegenstände, soweit in § 109 nichts anderes bestimmt ist.

Da die in Rede stehenden Rechtsverhältnisse keine ausdrücklich verschiedenen Beurkundungsgegenstände nach den §§ 110, 111 sind, sind sie an § 109 zu messen.

Das Hauptgeschäft ist nach § 109 I S. 1–2 der Tauschvertrag. Die **Pfandentlassungserklärung** hat dazu **denselben Beurkundungsgegenstand** nach § 109 I S. 4 Nr. 1b); denn diese Vorschrift erfasst nicht nur die Eigentümerzustimmung

2.1482

2.1483

nach § 27 GBO nebst Löschungsantrag, sondern erst recht den Antrag auf Pfandentlassung, der keiner Eigentümerzustimmung nach § 27 GBO bedarf.

2.1484 Der **Wert** des **Tauschvertrages** richtet sich gem. § 97 III nach der höheren Austauschleistung. Vorliegend werden Grundstücke ausgetauscht. Der Wert eines Grundstücks bestimmt sich nach § 46. Er wird hier mit 10 000 Euro (Grundstück von A) bzw. 8000 Euro (Grundstück von B) beziffert. Auf die Übertragung des Grundstücks im Wert von 8000 Euro zahlt der Veräußerer 2000 Euro als Wertausgleich. Damit sind die **Leistungen gleichwertig**. Der Geschäftswert beträgt damit 10 000 Euro.

2.1485 Der **Wert** der **Pfandentlassung** ist der geringere Betrag im **Vergleich** zwischen dem Wert des freigegebenen Grundstücks (10 000 Euro) und dem Nennbetrag des Rechts (100 000 Euro), § 44 I. Die Pfandentlassung löst eine 0,5 Gebühr nach Nr. 21201 Nr. 4 KV aus.

Wegen §§ 109 I S. 1–2, S. 5, 93 I S. 1, 94 II wird für Tausch und Pfandentlassung nur eine 2,0 Gebühr aus dem Wert des Tauschvertrages erhoben.

2.1486 Die Erklärungen zur **Pfanderstreckung** betreffen das Rechtsverhältnis zwischen Grundstückseigentümer und Gläubigerin. Sie dienen hier **nicht** der **Erfüllung**, **Sicherung** oder sonstigen **Durchführung** des Tauschvertrages (= Hauptgeschäft) und sind daher zu diesem ein **verschiedener Beurkundungsgegenstand**.

2.1487 Die **Pfanderstreckung** unterstellung des von A erworbenen Grundstücks (Grundbucherklärungen) und die **dingliche Unterwerfung** dieses Grundstücks wegen des Grundschuldnennbetrages sind **derselbe Gegenstand** i.S.v. § 109 I S. 1–3.

2.1488 Als **Wert** der **Pfanderstreckung** ist der geringere Betrag im Vergleich zwischen dem Wert des betroffenen Grundstücks (8000 Euro) und dem **Nennbetrag** des Pfandrechts (100 000 Euro) maßgeblich, § 44 I. Sie löst eine 0,5 Gebühr nach Nr. 21201 Nr. 4 KV aus.

2.1489 Der **Wert** der dinglichen **Zwangsvollstreckungsunterwerfung** richtet sich nach § 97 I. Maßgeblich ist der **Nennbetrag** des Rechts. Da aber vorliegend die Grundbucherklärung das Hauptgeschäft darstellt, gibt sie den Wert der Erklärung vor, § 109 I S. 5 (8000 Euro). Die Vollstreckungsunterwerfung löst eine 1,0 Gebühr nach Nr. 21200 KV aus.

2.1490 Demgemäß ist für Pfandunterstellung und Vollstreckungsunterwerfung wegen §§ 93 I S. 1, 94 II, 109 I S. 5 eine 1,0 Gebühr aus 8000 Euro zu erheben.

2.1491 Da Tauschvertrag nebst Pfandentlassungserklärung einerseits und Pfanderstreckung nebst Zwangsvollstreckungserklärung andererseits verschiedene Beurkundungsgegenstände nach § 86 II sind, die unterschiedliche Gebührensätze auslösen, ist eine **Vergleichsberechnung** nach § 94 I durchzuführen. Diese ergibt, dass der Ansatz getrennter Gebühren teurer ist, daher eine 2,0 Gebühr aus der Summe der Werte.

XIII. Tauschvertrag

Pos. (2):   2.1492

Vorliegend sind zwei Vollzugstätigkeiten einschlägig: Die Anforderung und Prüfung der Genehmigung nach dem GrdstVG nach Vorbem. 2.2.1.1 I S. 2 Nr. 9 KV und die Anforderung und Prüfung der Pfandentlassungserklärung nach Vorbem. 2.2.1.1 I S. 2 Nr. 9 KV. Hierfür fällt gem. § 93 I S. 1 eine einzige Vollzugsgebühr nach Nr. 22110 KV an.

Der Geschäftswert bestimmt sich gem. § 112 nach dem Wert des Beurkundungsverfahrens.

Bezüglich der Bewertung des elektronischen Vollzugs wird auf Rz. 2.1524 ff. verwiesen.

Bemerkung:

Hätte der Notar die Pfandentlassungserklärung nicht nur eingeholt, sondern   2.1493
auch einen **Entwurf** hierüber gefertigt, so wäre dennoch nur die Vollzugsgebühr entstanden, nicht etwa noch eine zusätzliche Entwurfsgebühr (s. Vorbem. 2.2 II KV).

Pos. (3):   2.1494

Die Umschreibungsüberwachung (Ausfertigungssperre) gehört gemäß Nr. 22200 Anm. Nr. 3 KV zu den Betreuungstätigkeiten. Der Geschäftswert bestimmt sich gem. § 113 I nach dem Wert für das Beurkundungsverfahren. Das gilt auch dann, wenn die Urkunde verschiedene Verfahrensgegenstände enthält, und nicht für alle eine Betreungstätigkeit erforderlich ist.

Diese Gebühr fällt in jedem Verfahren nur einmal an, unabhängig von der Anzahl der vorzunehmenden Tätigkeiten, § 93 I S. 1.

→ **Fall 154: Ringtausch**

A. Sachverhalt

Der Grundstückseigentümer A überträgt sein Grundstück X (Wert: 10 000 Euro)   2.1495
an B, dieser überträgt sein Grundstück Y (Wert: 10 000 Euro) an C und dieser wiederum überträgt sein Grundstück Z (Wert: 8000 Euro) an A (**Ringtausch**). Zum Wertausgleich erhält A von C eine **Tauschaufgabe** i.H.v. 2000 Euro. Wegen dieser Zahlungsverpflichtung unterwirft sich C der sofortigen Zwangsvollstreckung.

Der Notar erhält den Auftrag, die Urkunde erst dann dem Grundbuchamt zum Vollzug der Eigentumsumschreibungen vorzulegen, wenn der Wertausgleich gezahlt wurde (Umschreibungsüberwachung durch Ausfertigungssperre).

Für die Übertragung von A an B ist die Genehmigung nach der GVO, für die Übertragung von C an A eine Genehmigung nach GrdstVG erforderlich. Der Notar wird mit der Einholung dieser Unterlagen beauftragt.

B. Rechnung

2.1496

Pos.	Gebührentatbestände	Geschäfts-wert	KV-Nr.	Satz	Betrag
(1)	Beurkundungsverfahren (§§ 47, 97, 109 I, 93 I, 94 II)	10 000	21100	2,0	150,00
	Tauschvertrag (§ 97 III)	10 000	21100	2,0	
	Zwangsvollstreckungsunterwerfung (§ 97 I)	~~2000~~	~~21200~~	~~1,0~~	
(2)	Vollzug (Vorbem. 2.2.1.1 I Nr. 1; § 112) (Einholung Genehmigung nach GrdstVG, Genehmigung nach GVO)	10 000	22110	0,5	37,50
(3)	Betreuung (§ 113 I) (Umschreibungsüberwachung)	10 000	22200 Anm. Nr. 3	0,5	37,50

C. Erläuterungen

Pos. (1):

2.1497 Der **Ringtausch** wird als *ein* Rechtsverhältnis angesehen. Als **Geschäftswert** ist nur der Wert der Leistungen *eines Teils* anzunehmen, wobei bei unterschiedlichen Werten der **höchste** maßgebend ist. Der Wert der Grundstücke bestimmt sich jeweils nach § 46. Bei C kommt die Zahlung der 2000 Euro Tauschaufgabe hinzu.

2.1498 Zu erheben ist ein 2,0 Gebühr nach Nr. 21100 KV.

2.1499 Die Zwangsvollstreckungsunterwerfung wegen der Tauschaufgabe i.H.v. 2000 Euro ist Sicherungsgeschäft zum Kaufvertrag und bleibt daher im Ergebnis ohne Auswirkung (§§ 109 I S. 4 Nr. 4, S. 5, 93 I S. 1, 94 II).

2.1500 **Pos. (2):**

Die **Vollzugsgebühr beträgt grundsätzlich** 0,5 nach Nr. 22110 KV. Der Geschäftswert bestimmt sich gem. § 112 nach dem Wert des Beurkundungsverfahrens.

2.1501 Handelt es sich aber um die Einholung öffentlich-rechtlicher Genehmigungen, so **beschränkt** sie sich gem. Nr. 22112 KV auf 50 Euro pro einzuholender Genehmigung. Im Sachverhalt sind das eine **Genehmigung nach GrdstVG** sowie eine **Genehmigung nach GVO** einzuholen. Beide Tätigkeiten gehören zum Vollzug nach Vorbemerkung 2.2.1.1 I S. 2 Nr. 1 KV.

2.1502 Da die 0,5 Vollzugsgebühr nach Nr. 22110 KV aus 10 000 Euro lediglich 37,50 Euro beträgt, also hinter der Beschränkung auf 100,00 Euro gem. Nr. 22112 KV zurückbleibt, kommt die Beschränkung nicht zum Tragen.[1]

Die Vollzugsgebühr fällt nach § 93 I S. 1 nur einmal an, unabhängig von der Anzahl der vorzunehmenden Tätigkeiten.

---
1 Siehe auch Rz. 2.12.

XIII. Tauschvertrag

Bezüglich der Bewertung des elektronischen Vollzugs wird auf Rz. 2.1524 ff. verwiesen.

Pos. (3): 2.1503
Die Umschreibungsüberwachung (Ausfertigungssperre) gehört gemäß Nr. 22200 Anm. Nr. 3 KV zu den Betreuungstätigkeiten. Der Geschäftswert bestimmt sich gem. § 113 I nach dem Wert für das Beurkundungsverfahren.

Diese Gebühr fällt in jedem Verfahren nur einmal an, unabhängig von der Anzahl der vorzunehmenden Tätigkeiten, § 93 I S. 1.

→ **Fall 155: Tausch mit dem Bauträger (Grundstücksmodell)**

A. Sachverhalt

Der Grundstückseigentümer A überträgt sein Grundstück (Wert: 300 000 Euro) im Wege des **Tausches** an den **Bauträger** B. Im Gegenzug erhält A von B zwei bestimmte, auf dem Grundstück noch zu errichtende Eigentumswohnungen. Es wird weder ein Aufgeld an A noch eine Barleistung an B geschuldet, da der Wert des Grundstücks dem Wert der beiden Wohnungen entspricht. 2.1504

Des Weiteren holt der Notar das **Negativattest** der Gemeinde nach **§ 28 BauGB** und die **Genehmigung nach der GVO** ein.

B. Rechnung

Pos.	Gebührentatbestand	Geschäfts-wert	KV-Nr.	Satz	Betrag
(1)	Beurkundungsverfahren (§§ 47, 97)	300 000	21100	2,0	1270,00
(2)	Vollzug (Vorbem. 2.2.1.1 I Nr. 1; § 112) (Einholung Negativattest nach § 28 BauGB, Genehmigung nach GVO)	300 000	22110, 22112	~~0,5~~	~~317,50~~ 2 × 50,00 = 100,00

2.1505

C. Erläuterungen

Pos. (1):

Der **Geschäftswert** des **Tauschvertrages** richtet sich gem. § 97 III nach der Leistung mit dem höheren Wert. Vorliegend wird ein Grundstück gegen zwei Wohneinheiten (WEG) getauscht. Der Wert der Leistungen bestimmt sich in beiden Fällen nach § 46 (§ 42 I ist nur bei der Begründung von Wohnungseigentum einschlägig). Er wird jeweils mit 300 000 Euro beziffert. 2.1506

Zu erheben ist eine 2,0 Gebühr nach Nr. 21100 KV.

Pos. (2): 2.1507
Die **Vollzugsgebühr beträgt grundsätzlich** 0,5 nach Nr. 22110 KV. Der Geschäftswert bestimmt sich gem. § 112 nach dem Wert des Beurkundungsverfahrens.

Handelt es sich aber ausschließlich um die Einholung öffentlich-rechtlicher Genehmigungen, so ist diese Gebühr gem. Nr. 22112 KV auf 50 Euro pro einzuholender Genehmigung **beschränkt**. Nach dem Sachverhalt sind das **Negativattest** 2.1508

der Gemeinde **nach § 28 BauGB** sowie die **Genehmigung nach GVO** einzuholen. Beide Tätigkeiten gehören zum Vollzug nach Vorbemerkung 2.2.1.1 I S. 2 Nr. 1 KV. Insgesamt sind nach dem Sachverhalt also 100 Euro (2 × 50 Euro) zu erheben, denn die 0,5 Gebühr nach Nr. 22110 KV GNotKG aus 300 000 Euro (= 317,50 Euro) ist höher.

Die Vollzugsgebühr fällt nach § 93 I S. 1 nur einmal an, unabhängig von der Anzahl der vorzunehmenden Tätigkeiten.

Bezüglich der Bewertung des elektronischen Vollzugs wird auf Rz. 2.1524 ff. verwiesen.

→ **Fall 156: Tausch mit dem Bauträger (Stundungsmodell)**

A. Sachverhalt

2.1509 In Teil I der Urkunde **verkauft** der Grundstückseigentümer A sein Grundstück (Verkehrswert: 200 000 Euro) an den Bauträger B. B beabsichtigt, das Grundstück zu parzellieren und darauf Reihenhäuser zu errichten. In Teil II der Urkunde **verkauft** B sodann eine Parzelle des ursprünglichen Grundstücks zurück an den A, verbunden mit der Verpflichtung, darauf ein Reihenhaus zu errichten (Verkehrswert Grundstück und Haus: 350 000 Euro).

Der Kaufpreis aus dem Kaufvertrag in Teil I wird dem B gestundet und jeweils mit Fälligwerden der Raten durch Herstellung des Reihenhauses gemäß dem Bauträgervertrag in Teil II bei B verrechnet.

Des Weiteren holt der Notar für den Teil I der Urkunde die **Genehmigung nach der GVO** und für beide Teile das **Negativattest** der Gemeinde nach **§ 28 BauGB** und ein.

B. Rechnung

2.1510

Pos.	Gebührentatbestände	Geschäfts-wert	KV-Nr.	Satz	Betrag
(1)	Beurkundungsverfahren (§§ 47, 46, 86 II, 97, 35 I) Kaufvertrag über das unbebaute Grundstück (§ 47) Kaufvertrag mit Bauverpflichtung (Bauträgervertrag) (§ 47)	550 000 200 000 350 000	21100 21100 21100	2,0 2,0 2,0	2030,00
(2)	Vollzug (Vorbem. 2.2.1.1 I Nr. 1; § 112) (Einholung Negativattest nach § 28 BauGB, Genehmigung nach GVO)	550 000	22110, 22112	0,5	~~507,50~~ 3 × 50,00 = 150,00

C. Erläuterungen

Pos. (1):

2.1511 Die Urkunde enthält mehrere Rechtsverhältnisse i.S.d. § 86 I: **Grundstückskaufvertrag (unbebaut)** A an B und **Grundstückskaufvertrag (bebaut)** B an A.

XIII. Tauschvertrag

Nach § 86 II sind mehrere Rechtsverhältnisse auch verschiedene Beurkundungsgegenstände, soweit in § 109 nichts anderes bestimmt ist.

Da die in Rede stehenden Rechtsverhältnisse keine ausdrücklich verschiedenen Beurkundungsgegenstände nach den §§ 110, 111 sind, sind sie an § 109 zu messen.

Obwohl es sich um zwei separate gegenläufige Kaufverträge handelt, liegt kein Fall des § 97 III vor. Vielmehr handelt es sich um **zwei separate Verträge**. Aufgrund des Verknüpfungswillen und der Personenidentität liegt ein **sachlicher Grund** für die Aufnahme in eine Urkunde vor. Es handelt sich um **ein Beurkundungsverfahren**; § 93 II S. 2. 2.1512

Auch wenn ein bestimmter Zusammenhang zwischen den Erklärungen besteht, insbesondere im Hinblick auf die Stundung und Verrechnung des Kaufpreises aus dem Teil I der Urkunde, handelt es sich dabei **nicht um ein Abhängigkeitsverhältnis** i.S.v. § 109 I S. 1–2. Die Verträge sind demnach zueinander **verschiedene Beurkundungsgegenstände** nach § 86 II. 2.1513

Der Wert bestimmt sich jeweils nach dem Kaufpreis, § 47 S. 1 (200 000 Euro bzw. 350 000 Euro). Zu erheben ist jeweils ein 2,0 Gebühr nach Nr. 21100 KV. Wegen §§ 93 I. S. 1, 35 I wird diese Gebühr nur einmal aus der Summe der Geschäftswerte erhoben. 2.1514

Pos. (2): 2.1515
Die **Vollzugsgebühr beträgt grundsätzlich** 0,5 nach Nr. 22110 KV. Der Geschäftswert bestimmt sich gem. § 112 nach dem Wert des Beurkundungsverfahrens.

Handelt es sich aber ausschließlich um die Einholung öffentlich-rechtlicher Genehmigungen, so ist diese Gebühr gem. Nr. 22112 KV auf 50 Euro pro einzuholender Genehmigung **beschränkt**. Nach dem Sachverhalt sind zwei **Negativatteste der Gemeinde nach § 28 BauGB** sowie eine **Genehmigung nach GVO** einzuholen. Diese Tätigkeiten gehören zum Vollzug nach Vorbemerkung 2.2.1.1 I S. 2 Nr. 1 KV. Insgesamt sind nach dem Sachverhalt also 150 Euro (3 × 50 Euro) zu erheben, denn die 0,5 Gebühr nach Nr. 22110 KV GNotKG aus 550 000 Euro (= 507,50 Euro) ist höher. 2.1516

Die Vollzugsgebühr fällt nach § 93 I S. 1 nur einmal an, unabhängig von der Anzahl der vorzunehmenden Tätigkeiten.

Bezüglich der Bewertung des elektronischen Vollzugs wird auf Rz. 2.1524 ff. verwiesen.

→ **Fall 157: Tausch mit dem Bauträger (Anteilsmodell)**

A. Sachverhalt

Der Grundstückseigentümer A verkauft aus seinem Grundstück eine **Teilfläche** an den Bauträger B zu einem **Kaufpreis** von 400 000 Euro. B hingegen **verpflichtet** sich zur **Bebauung des Restgrundstücks** des A. Als **Werklohn** wird ein Betrag von 300 000 Euro vereinbart. Der Kaufpreisanspruch des A wird mit dem **Werklohnanspruch** des B **verrechnet**. 2.1517

Der Notar wird beauftragt, das Negativattest der Gemeinde nach § 28 BauGB sowie die erforderliche Genehmigung nach dem GrdstVG einzuholen.

B. Rechnung

2.1518

Pos.	Gebührentatbestände	Geschäftswert	KV-Nr.	Satz	Betrag
(1)	Beurkundungsverfahren (§§ 47, 97 III, 86 II, 35 I)	700 000	21100	2,0	2510,00
	Kaufvertrag (§ 47)	400 000	21100	2,0	
	Werkvertrag (§§ 97 III)	300 000	21100	2,0	
(2)	Vollzug (Vorbem. 2.2.1.1 I Nr. 1; § 112) (Einholung Negativattest nach § 28 BauGB, Genehmigung nach dem GrdstVG)	700 000	22110, 22112	0,5	627,50 2 × 50,00 = 100,00

C. Erläuterungen

Pos. (1):

2.1519 Die Urkunde enthält mehrere Rechtsverhältnisse i.S.d. § 86 I: **Kaufvertrag** und **Werkvertrag**. Nach § 86 II sind mehrere Rechtsverhältnisse auch verschiedene Beurkundungsgegenstände, soweit in § 109 nichts anderes bestimmt ist.

Da die in Rede stehenden Rechtsverhältnisse keine ausdrücklich verschiedenen Beurkundungsgegenstände nach den §§ 110, 111 sind, sind sie an § 109 zu messen.

Obwohl es sich um zwei separate gegenläufige Verträge handelt, liegt kein Austausch von Leistungen i.S.v. § 97 III vor.

2.1520 Auch wenn ein bestimmter Zusammenhang zwischen den beiden Verträgen besteht (§ 94 II S. 2), insbesondere im Hinblick auf die Verrechnungsabrede, handelt es sich dabei **nicht um ein Abhängigkeitsverhältnis** i.S.v. § 109 I S. 1–2. Die Verträge sind demnach **verschiedene Beurkundungsgegenstände** nach § 86 II.

2.1521 Der **Wert** des Grundstückskaufvertrages bestimmt sich nach dem Kaufpreis (§§ 97 III, 47 S. 1), der des **Werkvertrages** nach der Bebauungsverpflichtung (§ 97 III). Zu erheben ist jeweils ein 2,0 Gebühr nach Nr. 21100 KV. Wegen §§ 93 I S. 1, 35 I wird diese Gebühr nur einmal aus der Summe der Geschäftswerte erhoben.

2.1522 **Pos. (2):**

Die **Vollzugsgebühr beträgt grundsätzlich** 0,5 nach Nr. 22110 KV. Der Geschäftswert bestimmt sich gem. § 112 nach dem Wert des Beurkundungsverfahrens.

2.1523 Handelt es sich aber ausschließlich um die Einholung öffentlich-rechtlicher Genehmigungen, so ist diese Gebühr gem. Nr. 22112 KV auf 50 Euro pro einzuholender Genehmigung **beschränkt**. Nach dem Sachverhalt sind das **Negativattest** der Gemeinde **nach § 28 BauGB** sowie die **Genehmigung nach dem GrdstVG** einzuholen. Beide Tätigkeiten gehören zum Vollzug nach Vorbemerkung 2.2.1.1 I

S. 2 Nr. 1 KV. Insgesamt sind nach dem Sachverhalt also 100 Euro (2 × 50 Euro) zu erheben, denn die 0,5 Gebühr nach Nr. 22110 KV GNotKG aus 700 000 Euro (= 627,50 Euro) ist höher.

Die Vollzugsgebühr fällt nach § 93 I S. 1 nur einmal an, unabhängig von der Anzahl der vorzunehmenden Tätigkeiten.

Bezüglich der Bewertung des elektronischen Vollzugs wird auf Rz. 2.1524 ff. verwiesen.

XIV. Spezielle Vollzugstätigkeit: Erstellen einer XML-Datei

In vielen Bundesländern ist das Verfahren zur elektronischen Antragstellung beim Grundbuchamt im Einsatz oder in Vorbereitung. Gegenwärtig wird hierfür eine Datei in einem bestimmten Format, die sog. „XML-Datei" benötigt, wobei diese Abkürzung für Extensible Markup Language steht. Im Gegensatz zu anderen Daten sind XML-Daten selbsterklärend und selbstdefinierend. Die Struktur der Daten ist in den Daten selbst hinterlegt. Sie sind universell. Eine spezielle Anwendung zum Erzeugen bzw. Auslesen und Verarbeiten ist nicht erforderlich.

2.1524

Diese Eigenschaften machen es einfach, darin enthaltene Informationen in beliebige Anwendungen zu übertragen und in diesen zu verarbeiten, nicht nur zu lesen. Wenn das Gesetz von einem „nach dem Stand der Technik vergleichbaren Format" spricht (Nr. 22114, 22125 KV GNotKG), so schließt es künftige Entwicklungen ähnlicher Standards ein. Die XML-Codierung ist in ihrer Form als Auskoppelung aus dem SGXML-Standard (Standard Generalized Markup Language – ISO 8879) gegenwärtig einzigartig.

2.1525

Im Verfahren der elektronischen Antragstellung wird aus den für die Eintragung relevanten Daten eine XML-Datei erzeugt und dem Grundbuchamt übersandt. Das Ziel besteht in der Vereinfachung der Übernahme dieser Daten in das elektronisch geführte Grundbuch. Die Erzeugung einer solchen Datei ist also in den Fällen, in denen eine Antragstellung ausschließlich in Papierform erfolgt, nicht erforderlich.

2.1526

Die **Erstellung** einer erforderlichen XML-Datei ist eine **weitere Vollzugstätigkeit**, die nicht mit der Vollzugsgebühr nach Nr. 22110 KV GNotKG abgegolten ist. Wird sie **zum** Zwecke des **Vollzugs eines Vertrages** angefertigt, entsteht hierfür eine **0,3 Gebühr** nach **Nr. 22114 KV GNotKG**. Der Geschäftswert richtet sich gem. § 112 GNotKG nach dem Wert des Beurkundungsverfahrens. Sie ist im **Betrag auf 250,00 Euro begrenzt**. Eines Auftrags der Beteiligten zur Erstellung der Datei bedarf es dabei nicht, Vorbem. 2.2 I KV GNotKG.

2.1527

Diese Gebühr entsteht für **jedes Verfahren nur einmal**, § 93 I GNotKG. Das gilt auch dann, wenn Anträge aus der Urkunde zeitlich getrennt dem Grundbuchamt vorgelegt werden (z.B. Grundbuchberichtigung, Eintragung der Auflassung, Löschung der Vorbelastungen, Eintragung der Auflassung und Löschung der Vormerkung).

2.1528

2.1529 Auch wenn einzelne Textpassagen erst später dem Grundbuchamt übersandt werden und dazu eine neue XML-Dateien erforderlich ist (auszugsweise Ausfertigungen), entsteht dafür keine weitere Gebühr.

2.1530 Als **Beurkundungsverfahren** gilt die **Errichtung der Niederschrift**, § 85 II GNotKG. Damit ist **jede Urkunde** ein **eigenes Verfahren**, auch eine Nachtragsurkunde. Enthält sie Grundbuchanträge, so entsteht die Gebühr nach Nr. 22114 KV GNotKG jeweils gesondert. Als Standardfall ist hier der Verkauf eines unvermessenen Grundstücks mit der Erklärung der Auflassung nach dem vorliegen des Messungsergebnisses zu nennen.

2.1531 Das gilt **auch** dann, **wenn Vertrag und Nachtrag gleichzeitig eingereicht** werden **und** ggf. **nur eine Datei erstellt** wird.

2.1532 Findet auf den Nachtrag wegen unrichtiger Sachbehandlung § 21 I S. 1 GNotKG Anwendung, so ist auch die Gebühr für die Erstellung der XML-Datei davon erfasst. Sie wird dann nicht erhoben.

→ **Fall 158: Kaufvertrag (vermessenes Grundstück) mit elektronischem Vollzug**

A. Sachverhalt

2.1533 Der Notar beurkundet einen Grundstückskaufvertrag mit **Auflassung** zu einem Kaufpreis von 200 000 Euro. Zur Sicherung des Käufers wird die Eintragung einer **Auflassungsvormerkung bewilligt und beantragt**. Er übernimmt die **Fälligkeitsmitteilung** und die **Umschreibungsüberwachung** in der Form der **Ausfertigungssperre**. Des Weiteren holt er das **Negativattest** der Gemeinde nach **§ 28 BauGB** und die **Genehmigung nach der GVO** ein.

Der Notar reicht die Urkunde in elektronischer Form beim Grundbuchamt ein. Dazu fertigt er die erforderliche **XML-Datei**.

Dabei stellt er **zunächst nur den Antrag auf Eintragung der Auflassungsvormerkung**.

Zu einem **späteren Zeitpunkt** stellt er den **Antrag** auf Eintragung der **Auflassung** sowie den Antrag auf **Löschung der Auflassungsvormerkung**.

B. Rechnung

2.1534

Pos.	Gebührentatbestände	Geschäftswert	KV-Nr.	Satz	Betrag
(1)	Beurkundungsverfahren (§§ 47, 97 III)	200 000	21100	2,0	870,00
(2)	Vollzug (Vorbem. 2.2.1.1 I Nr. 1; § 112) (Einholung Negativattest nach § 28 BauGB, Genehmigung nach GVO)	200 000	22110, 22112	0,5	~~217,50~~ 2 × 50,00 = 100,00

Pos.	Gebührentatbestände	Geschäfts-wert	KV-Nr.	Satz	Betrag
(3)	Betreuung (§ 113 I) (Überwachung und Mitteilung Kaufpreisfälligkeit, Umschreibungsüberwachung)	200 000	22200 Anm. Nr. 2, 3	0,5	217,50
(4)	Erstellung der XML-Datei (§ 112)	200 000	22114	0,3	130,50

C. Erläuterungen

Pos. (1–3): 2.1535

Zur Bewertung der Positionen (1) bis (3) s. Fall 3, Rz. 2.66 ff.

Pos. (4): 2.1536

Bei der **Erstellung** der **XML-Datei** handelt es sich um eine **weitere Vollzugstätigkeit**, die nicht von der allgemeinen Vollzugsgebühr (hier: einschlägig Nr. 22110 KV bzw. Nr. 22112 KV) erfasst ist. Hierfür entsteht kraft ausdrücklicher gesetzlicher Anordnung eine **gesonderte** 0,3 **Gebühr** nach Nr. 22114 KV; sie beträgt höchstens 250 Euro.

Der Geschäftswert folgt gem. § 112 dem Wert des Beurkundungsverfahrens. 2.1537

Aus der Urkunde werden erkennbar **Anträge zeitlich getrennt gestellt**. Aufgrund 2.1538
der Ausfertigungssperre wird zunächst nur eine auszugsweise Ausfertigung mir dem Antrag auf Eintragung der Auflassungsvormerkung übersandt. Mit dem Antrag auf Eintragung der Auflassung sowie dem Antrag auf Löschung der Auflassungsvormerkung wird die vollständige Urkunde übersandt. Die Gebühr für die **XML-Datei** entsteht wegen § 93 I S. 1 jedoch **nur einmal**.

→ **Fall 159: Nachtrag zum Messungskauf: nach Vermessung (mit Kaufpreisreduzierung aufgrund eines Schätzfehlers) mit elektronischem Vollzug**

A. Sachverhalt

V hat mit der **Vorurkunde** ein **unvermessenes Grundstück** in Größe von ca. 2.1539
800 qm an K verkauft. Der **Kaufpreis** betrug **vorläufig** 80 000 Euro. Für den Fall, dass das Messungsergebnis von der in der Urkunde bestimmten Größe für das herauszumessende Teilstück abweicht, wurde vereinbart, dass die **Flächendifferenz** mit 100 Euro je qm **auszugleichen** ist. Die Auflassung sollte nach dem Vorliegen des amtlichen Messungsergebnisses beurkundet werden.

In der **Nachtragsurkunde** erkennen V und K das amtliche Vermessungsergebnis an. Aufgrund der Vermessung hat sich die Größe der **Fläche** um 95 qm **verkleinert**. Der **Kaufpreis** wird entsprechend den Bestimmungen der Vorurkunde **angepasst**. Er beträgt nun 70 500 Euro. 80 000 Euro wurden bereits gezahlt. Wegen der überzahlten Summe von 9500 Euro verpflichtet sich V zur **Rückzahlung** und unterwirft sich diesbezüglich der sofortigen **Zwangsvollstreckung**.

In **derselben Nachtragsurkunde** erklären die Beteiligten auch die **Auflassung**. Weitere schuldrechtliche oder dingliche Erklärungen werden nicht abgegeben. Die Beurkundung nimmt der **Notar** vor, der **auch den Grundstückskaufvertrag beurkundet** hat.

Der Notar reicht die Urkunde **in elektronischer Form** beim Grundbuchamt ein. Dazu fertigt er die erforderliche **XML-Datei**.

B. Rechnung

2.1540

Pos.	Gebührentatbestände	Geschäftswert	KV-Nr.	Satz	Betrag
(1)	Beurkundungsverfahren (§§ 47, 46, 97, 109 I, 93 I, 94 II)	80 000	21100	2,0	438,00
	Messungsanerkennung mit Auflassung (§§ 47, 97)	70 500	21101 Nr. 2	0,5	109,50
	Rückzahlungsverpflichtung (§§ 47, 97)	9500	21100	2,0	150,00
	Zwangsvollstreckungsunterwerfung (§ 97)	9500	21200	1,0	
(2)	Erstellung der XML-Datei (§ 112)	80 000	22114	0,3	65,70

C. Erläuterungen

Pos. (1):

Erläuterungen siehe Fall 113, Rz. 2.1186 ff.

2.1541 **Pos. (2):**

Bei der **Erstellung** der **XML-Datei** handelt es sich um eine **weitere Vollzugstätigkeit**, die nicht von der allgemeinen Vollzugsgebühr erfasst ist. Hierfür entsteht kraft ausdrücklicher gesetzlicher Anordnung eine **gesonderte 0,3 Gebühr** nach Nr. 22114 KV, die auf 250 Euro beschränkt ist.

2.1542 Der **Geschäftswert** folgt gem. § 112 dem **Wert des Beurkundungsverfahrens**. Liegen, wie hier, mehrere verschiedene Beurkundungsgegenstände vor, so sind diese zu **addieren**.

Bemerkung:

2.1543 Dass hier bereits für den Kaufvertrag eine XML-Datei erstellt und dafür eine Gebühr nach Nr. 22114 KV erhoben wurde, hindert das Ansetzen dieser Gebühr für die **Nachtragsurkunde** nicht. Es handelt sich um ein **neues Beurkundungsverfahren** (§§ 85 II, 93 I S. 1). Die Gebühr entsteht für **jedes Verfahren gesondert**.

→ **Fall 160: Erweiterung des Kaufobjekts (Zusatzkauf)**

A. Sachverhalt

2.1544 V hat mit der **Vorurkunde** die **Flurstücke 61/1 und 57/3** zum Kaufpreis von 200 000 Euro an K verkauft. Der Kaufpreis war noch nicht fällig. Die Auflassung ist erklärt. **Später stellte sich heraus**, dass K **auch** das **Flurstück 61/2**, das ebenfalls im Eigentum des V steht, für sein Vorhaben benötigt. Der **Kaufpreis** bezog sich jedoch **nur** auf die beiden **in der Vorurkunde genannten Grundstücke**. Die Beteiligten erklären **nun**, dass auch das **Flurstück 61/2 verkauft** wird. Sie erklären dazu die **Auflassung**. Der **Kaufpreis** beträgt 50 000 Euro.

Der Notar wird beauftragt, die notwendigen behördlichen Genehmigungen (**Vorkaufsrechtsverzicht nach BauGB**, Genehmigung nach **GrdstVG**) einzuholen. Er soll die **Kaufpreisfälligkeit mitteilen** und bis zur Kaufpreiszahlung nur auszugsweise Kopien herausgeben (**Umschreibungssperre**).

Die Kaufpreise aus beiden Verträgen werden zusammen fällig und in einem Schritt gezahlt. Danach werden beide Urkunden gemeinsam dem Grundbuchamt zur Eintragung der Auflassung vorgelegt.

B. Rechnung

Pos.	Gebührentatbestände	Geschäftswert	KV-Nr.	Satz	Betrag
(1)	Beurkundungsverfahren (§§ 47, 46, 97)	50 000	21100	2,0	330,00
(2)	Vollzug (Vorbem. 2.2.1.1 I Nr. 1; 9, § 112) (Einholung Negativattest nach § 28 BauGB, Genehmigung nach GrdstVG)	50 000	22110	0,5	82,50
(3)	Betreuung (§ 113 I) (Überwachung und Mitteilung Kaufpreisfälligkeit, Umschreibungsüberwachung)	50 000	22200 Anm. Nr. 2, 3	0,5	82,50
(4)	Erstellung der XML-Datei (§ 112)	50 000	22114	0,3	49,50

2.1545

C. Erläuterungen

Pos. (1–3):

Zur Bewertung der Positionen (1) bis (3) s. Fall 106, Rz. 2.1144 ff.

Pos. (4):

Bei der **Erstellung** der **XML-Datei** handelt es sich um eine **weitere Vollzugstätigkeit**, die nicht von der allgemeinen Vollzugsgebühr (hier: einschlägig Nr. 22110 KV) erfasst ist. Hierfür entsteht kraft ausdrücklicher gesetzlicher Anordnung eine **gesonderte 0,3 Gebühr** nach Nr. 22114 KV, die auf 250 Euro beschränkt ist.

Der Geschäftswert folgt gem. § 112 dem Wert des Beurkundungsverfahrens.

Dass diese Urkunde **gemeinsam mit der Vorkurkunde eingereicht** wird, und ggf. nur eine Datei erstellt wird, führt nicht zum Wegfall dieser Gebühr. Sie fällt **für jede Urkunde getrennt** an (§§ 85 II, 93 I S. 1), denn die Errichtung der Nachtragsurkunde ist ein neues Verfahren.

2.1546

2.1547

2.1548

Teil 3
Überlassungsverträge

Inhaltsübersicht

I. Überblick	3.1
1. Einführung	3.1
a) Allgemeines	3.1
b) Übersichtstabelle	3.4
2. Gebühr	3.5
3. Geschäftswert	3.6
a) Allgemeines	3.6
aa) Übertragungsvertrag ohne Gegenleistung	3.7
bb) Entgeltliche und teilentgeltliche Übertragung	3.8
b) Bewertungen auf Seiten des Übergebers	3.9
aa) Ermittlung des Grundstückswertes nach § 46 GNotKG	3.9
bb) Bewertungsmethoden für Grundstücke	3.12
(1) Vorhandenes Verkehrswertgutachten und vorgehende Verkäufe	3.13
(2) Bodenrichtwerte	3.14
(3) Neubauwert aus dem Brandversicherungswert	3.15
(a) Probleme mit den Faktoren Versicherungswert und Baukostenindex im Bewertungsalltag	3.16
(b) Relevanz des berechneten Wiederaufbauwertes	3.18
(c) Berechnungsbeispiele	3.21
(4) Preisindex für Wohngebäude mit Beispiel	3.23
cc) Sonstige Gegenstände bei den Zuwendungen	3.26
c) Bewertungen auf Seiten des Übernehmers	3.42
aa) Einmalig zu erbringende Leistungen	3.42
bb) Wiederkehrende Nutzungen und Leistungen	3.58
d) Pflichtteilsverzicht des weichenden Erben	3.71
aa) Verzicht auf Erb-, Pflichtteils- und Pflichtteilsergänzungsansprüche am gesamten Vermögen des Übergebers	3.72
bb) Verzicht auf Pflichtteils- und Pflichtteilsergänzungsansprüche beschränkt auf den übertragenen Gegenstand	3.74
4. Derselbe Beurkundungsgegenstand/Verschiedene Beurkundungsgegenstände	3.79
5. Vollzugs-, Betreuungs- und Treuhandtätigkeiten	3.98
a) Allgemeines	3.98
b) Zu den Vollzugstätigkeiten gehören beispielhaft	3.99
c) Zu den Betreuungstätigkeiten gehören beispielhaft	3.102
d) Treuhandtätigkeiten	3.104
II. Überlassungsverträge ohne Gegenleistungen (Schenkungen)	3.108
Fall 1: Grundstücksschenkung mit Pflichtteilsanrechnung	3.108
Fall 2: Grundstücksschenkung und Belastungsvollmacht	3.112
Fall 3: Grundstücksschenkung mit Übernahme einer nicht valutierten Grundschuld	3.117
Fall 4: Grundstücksschenkung und Löschung einer nicht zu übernehmenden Grundschuld	3.122
Fall 5: Mittelbare Grundstücksschenkung	3.129
Fall 6: Schenkung eines bebauten Grundstücks (Bebauung auf Rechnung des Erwerbers)	3.137
Fall 7: Grundstücksschenkung an den Abkömmling und gleich darauf an dessen Ehegatten (Kettenschenkung)	3.140

Fall 8: Grundstücksschenkung und Gründung einer GbR 3.145

III. Überlassungsverträge mit Gegenleistungen 3.152

Fall 9: Überlassung eines Stadthauses unter Nießbrauchsvorbehalt und mit Verfügungsverbot 3.152

Fall 10: Überlassung mit Vereinbarung einer dauernden Last (Sukzessivrecht), Mietvertrag und Wiederkaufsrecht 3.157

Fall 11: Überlassung (als Ausstattung) mit Pflichtteilsverzicht durch den Erwerber 3.167

Fall 12: Überlassung mit Gegenleistungen des Erwerbers (Schuldübernahme, Gewährung eines Wohnungsrechts) und Pflichtteilsverzicht sowie Pflichtteilsergänzungsverzicht durch den weichenden Erben .. 3.171

Fall 13: Überlassung mit Gegenleistungen des Erwerbers (Schuldübernahme, Gewährung eines Wohnungsrechts) und Pflichtteilsverzicht durch den weichenden Erben nebst Ausgleichszahlung 3.184

Fall 14: Übergabe eines einzelkaufmännischen Gewerbebetriebs 3.196

Fall 15: Übergabe eines landwirtschaftlichen Betriebes 3.207

Fall 16: Vorweggenommene Erbfolge durch gesellschaftsrechtliche Regelungen (Familiengesellschaft, -pool) 3.220

IV. Zuwendungen in besonderen Gemeinschaftsverhältnissen .. 3.226

Fall 17: Unbenannte Zuwendung eines Miteigentumsanteils 3.226

Fall 18: Unbenannte Zuwendung eines Miteigentumsanteils und Schuldbeitritt............. 3.232

V. Vertragsänderungen und -aufhebungen 3.238

Fall 19: Änderung einer wiederkehrenden Leistung 3.238

Fall 20: Vereinbarung einer Veräußerungs- und Belastungsbeschränkung................. 3.242

Fall 21: Aufhebung eines von keiner Seite erfüllten Überlassungsvertrages 3.246

Fall 22: Aufhebung eines bereits teilerfüllten Überlassungsvertrages 3.249

VI. Rückabwicklungen und Verfügungsgeschäfte 3.253

Fall 23: Rückübertragung infolge Ausübung eines vom Übergeber vorbehaltenen Wiederkaufsrechtes (Beurkundung der Auflassung durch Urkundsnotar der Überlassung) 3.253

Fall 24: Rückübertragung infolge Ausübung eines vom Übergeber vorbehaltenen Wiederkaufsrechtes (Beurkundung der Auflassung und weiterer Erklärungen durch den Urkundsnotar der Überlassung)........................ 3.257

Fall 25: Rückübertragung infolge Ausübung eines vom Übergeber vorbehaltenen Wiederkaufsrechtes (Beurkundung der Auflassung durch Fremdnotar) 3.266

Stichwortverzeichnis

Aktenverwahrer 3.256, 3.262, 3.269
Änderung
– Leibrente, Anpassung 3.67, 3.253 ff.
– Veräußerungs- und Belastungsbeschränkung, Nachtrag 3.242 ff.

Aufhebung
– eines von keiner Seite erfüllten Vertrages 3.246 ff.
Auflassung
– aufgrund Wiederkauf 3.266 ff.

- isoliert, Rückübertragung 3.253 ff.
- Rückauflassung und Anpassung der Übertragungsmodalitäten 3.257 ff.

Ausfertigungssperre 3.102, 3.129 ff., 3.257 ff.
Bebauung auf Rechnung des Erwerbers 3.137 ff.
Betreuungsgebühr
- Beispielfälle 3.102, 3.129 ff., 3.207 ff., 3.257 ff.
- Übersicht, einzelne Tätigkeiten 3.102

Betreuungstätigkeit, -gebühr
- Wert- und Gebührenvorschriften 3.102

Einheitswert
- bei landwirtschaftlichem Betrieb 3.29 f., 3.207 ff.

Einholung
- Genehmigung der Schuldübernahme 3.99, 3.171 ff., 3.207 ff.
- GrdstVG 3.171 ff., 3.207 ff.
- GVO 3.171 ff., 3.207 ff.
- Löschungsbewilligung 3.171 ff., 3.122 ff.
- steuerliche Unbedenklichkeitsbescheinigung 3.129 ff.
- Vorkaufsrechtsverzicht der Gemeinde 3.129 ff.

Ersatzwirtschaftswert 3.38, 3.207 ff.
Fälligkeitsmitteilung 3.102, 3.129 ff.
Gegenstandsgleichheit s. *Gegenstandshäufung*
Gegenstandshäufung
- derselbe Beurkundungsgegenstand 3.79 ff.
  - Auflassung und Löschung der Vormerkung 3.253 ff.
  - Belastungsvollmacht 3.83, 3.112 ff.
  - Erb- oder Pflichtteilsverzichtsvertrag mit dem Übernehmer 3.55, 3.167 ff.
  - Löschungserklärungen der Vertragsbeteiligten 3.81 f., 3.122 ff., 3.253 ff.
  - Löschungserklärungen Dritter 3.82
  - Vollstreckungsunterwerfung wegen Gegenleistungen 3.84, 3.238 ff.
  - Vormerkung für Rückübertragungsverpflichtung 3.226 ff., 3.242 ff.
  - Zustimmungserklärungen Dritter 3.80, 3.108 ff.
- verschiedener Beurkundungsgegenstand 3.86 ff.
  - Ausgestaltung eines Rückübertragungsverhältnisses 3.97, 3.257 ff.

- Gesellschaftsgründung 3.88 f., 3.145 ff., 3.220 ff.
- Kaufvertrag und Schenkung des Kaufpreises 3.87, 3.129 ff.
- Löschungserklärungen 3.92 f.
- mehrere Schenkungen (Kettenschenkung) 3.87, 3.140 ff.
- Mietvertrag 3.90, 3.157 ff.
- Pflichtteilsverzicht des weichenden Erben, gegenständlich beschränkter Verzicht 3.94, 3.171 ff.
- Rückauflassung 3.97, 3.257 ff.
- Schuldanerkenntnis und Vollstreckungsunterwerfung gegenüber Finanzierungsgläubiger 3.95 f., 3.117 ff., 3.157 ff., 3.171 ff., 3.232 ff.

Gegenstandsverschiedenheit s. *Gegenstandshäufung*
Gewerbebetrieb
- wegen Bilanz 3.27, 3.196 ff.

Grundschuldübernahme
- nicht valutierend, für eigene Kreditzwecke 3.117 ff.
- Schuldanerkenntnis und Vollstreckungsunterwerfung s. *verschiedener Beurkundungsgegenstand*

Grundstückswert
- Baukostenindex 3.17
- Bebauung
- Bebauung auf Rechnung des Erwerbers 3.137 ff.
- Berechnung anhand Brandversicherung
  - Beispiel Reihenhaus und Eigentumswohnung 3.21, 3.22
- Berechnung anhand Preisindex
  - Beispiel Eigentumswohnung 3.24
- Bewertungsmethoden 3.12 ff.
- Bodenrichtwerte 3.14
- Brandversicherungswert 3.14 f.
- Ermittlung Versicherungswert 3.106 f.
- Gutachten 3.13
- Preisindex für Wohngebäude 3.23 f.
- Wertermittlungsvorschrift (GNotKG) 3.9 f.
- Wiederaufbauwert 3.18 f.

landwirtschaftlicher Betrieb 3.28 ff., 3.78, 3.207 ff.
Leibgeding 3.207 ff.
Löschungserklärung
- bei isolierter Auflassung, Rückübertragung 3.253 ff.

Mietvertrag 3.157 ff.

Nebentätigkeiten 3.3, 3.98 ff.; s. Vollzugs-, Betreuungs- oder Treuhandtätigkeiten
Notar
– derselbe (Begriff im GNotKG) 3.253 ff.
Notariatsverwalter 3.253 ff.
Pflichtteilsanrechnung 3.108 ff.
Pflichtteilsergänzungsverzicht
– gegen Abfindung 3.184 ff., 3.207 ff.
Pflichtteilsverzicht
– des Übernehmers 3.157 ff., 3.171 ff.
– gegenständlich beschränkt 3.171 ff., 3.196 ff.
Rückauflassung s. Auflassung
Schenkung
– Beispielfälle 3.108 ff.
– Kettenschenkung 3.140 ff.
– unbenannte, ehebedingte Zuwendung 3.226 ff.
– und Gesellschaftsgründung 3.145 ff.
– und Kaufvertrag 3.129 ff.
– Wert- und Gebührenvorschriften 3.4, 3.5, 3.7
Schuldanerkenntnis s. Gegenstandshäufung
Schuldbeitritt 3.232 ff.; s. auch Gegenleistung
Sozietät 3.253 ff.
Sukzessivrechte 3.59, 3.157 ff.
Treuhandtätigkeit, -gebühr
– Übersicht, einzelne Tätigkeiten 3.104
– Wert- und Gebührenvorschriften 3.104 f.
Überlassung
– Gegenleistungen
 – Abstandszahlung an Geschwister 3.52, 3.184 ff., 3.207 ff.
 – Belastungsverbot 3.50, 3.152 ff., 3.207 ff.
 – Beerdigung, Grabpflege 3.54
 – Erlösauskehr, Mehrerlös 3.53, 3.207 ff.
 – Erlöschen eines Rechts 3.60
 – Leibgeding 3.58, 3.207 ff.

– Leibrente 3.58, 3.63, 3.67, 3.157 ff., 3.196 ff.
– mehrere Berechtigte 3.59
– Nießbrauch 3.58, 3.68, 3.152 ff., 3.220 ff.
– Pflichtteilsverzichtsvertrag mit dem Übernehmer 3.55, 3.167 ff., 3.171 ff., 3.207 ff.
– Schuldbeitritt 3.47, 3.232 ff.
– Schuldübernahme 3.46, 3.157 ff., 3.171 ff.
– Taschengeld 3.58, 3.67, 3.207 ff.
– Veräußerungsverbot 3.50, 3.152 ff., 3.207 ff.
– Verköstigung 3.58, 3.70, 3.207 ff.
– Vormerkungen 3.43
– Wart und Pflege 3.58, 3.69, 3.207 ff.
– Wertsicherung 3.62
– Wohnungsrecht 3.58, 3.66, 3.59, 3.171 ff.
– unentgeltlich s. Schenkung
– Wert- und Gebührenvorschriften 3.4, 3.8
Umschreibungsüberwachung 3.102, 3.129 ff., 3.257 ff.
Verkehrswert s. Grundstückswert
Vollstreckungsunterwerfung s. Gegenstandshäufung
Vollzugstätigkeit, -gebühr
– Beispielfälle 3.129 ff., 3.207 ff.
– Extensible Markup Language (XML) 3.100
– Übersicht, einzelne Tätigkeiten 3.99
– Wert- und Gebührenvorschriften 3.101
Wertermittlung
– Formular Hilfestellung 3.107
– Grundstücke 3.9 ff.; s. auch Grundstückswert
Wiederkaufsrecht 3.157 ff.
Zuwendung
– ehebedingte, unbenannte 3.226 ff.
– von Anteilen bei Gesellschaftsgründung 3.220 ff.

I. Überblick

1. Einführung

a) Allgemeines

Der **Überlassungsvertrag** im kostenrechtlichen Sinne ist ein Austauschvertrag, dessen Geschäftswert sich aus dem Vergleich zwischen den Leistungsverspre- 3.1

chen des Übergebers mit denen des Übernehmers ergibt; der höhere Wert bestimmt den Geschäftswert, § 97 III GNotKG. Soweit mehrere verschiedene Leistungen durch eine Vertragsseite zu erbringen sind, stellen diese regelmäßig nicht mehrere Beurkundungsgegenstände i.S.d. § 86 II GNotKG dar, sondern werden zu einem Betrag addiert.

3.2 In den Fällen, in denen eine Grundstücksübertragung unentgeltlich erfolgt (**Schenkung**), beschränkt sich die Bewertung auf die Ermittlung des Grundstücksverkehrswertes, §§ 97 I, 46 GNotKG.

3.3 Neben der Beurkundung des Vertrages kann der Notar im Interesse der Beteiligten auch Nebentätigkeiten übernehmen, die katalogartig den Vollzugs-, Betreuungs- oder Treuhandtätigkeiten zugeordnet werden, vgl. Vorbemerkung 2.2.1.1, Nr. 22200 und Nr. 22201 KV GNotKG sowie Rz. 3.98 ff.

b) Übersichtstabelle

3.4 Die grundlegenden Bewertungsvorschriften lauten:

Gebühr für die Beurkundung	
a) des Vertrags	a) Nr. 21100 KV (2,0), mindestens 120 Euro
b) der Auflassung, wenn das zugrundeliegende Rechtsgeschäft	
aa) durch denselben Notar	aa) Nr. 21101 Nr. 2 KV (0,5), mindestens 30 Euro
bb) durch einen anderen Notar	bb) Nr. 21102 Nr. 1 KV (1,0), mindestens 60 Euro
bereits beurkundet wurde	
Geschäftswert	
a) Grundstücksschenkung, unentgeltliche (Rück-)Übertragung	a) §§ 97 I, 46 I (Wert des Grundstücks)
b) Überlassung mit Gegenleistungen	b) § 97 III (höhere Leistung)

2. Gebühr

3.5 Für die Beurkundung eines Schenkungs- oder eines Überlassungsvertrages wird eine 2,0 Gebühr nach Nr. 21100 KV GNotKG fällig. Sie beträgt mindestens 120 Euro, was praktisch Geschäfte unter 7000 Euro grundsätzlich abgilt.

I. Überblick

3. Geschäftswert
a) Allgemeines

Aus kostenrechtlicher Sicht kann man dieses Themengebiet in Übertragungsverträge ohne Gegenleistung und (teil-)entgeltliche Übertragungsverträge gliedern.   3.6

aa) Übertragungsvertrag ohne Gegenleistung

Aus der vollständigen Unentgeltlichkeit der Grundstücksschenkung durch den Schenkgeber folgt, dass kostenrechtlich lediglich dessen Leistung, also der **Wert des Grundstücks**, ermittelt werden muss. Hilfestellungen für die Wertermittlung finden sich unter den Rz. 3.12 ff.   3.7

bb) Entgeltliche und teilentgeltliche Übertragung

Typisch für die Überlassung ist die nicht vorhandene kaufmännische Abwägung von Leistung und Gegenleistung, zumal eine Vielzahl der dann tatsächlich erbrachten Leistungen des Übernehmers von der Lebensdauer der Übergeber abhängen. Eine vereinfachende Bewertungsvorschrift, wie etwa die für eine Sache bei Kauf, kennt das GNotKG daher für die Überlassung nicht. Zur Berechnung des Geschäftswertes sind die Übergeberleistungen (folgend Rz. 3.9 ff.) und die Leistungsversprechen des Übernehmers (unten Rz. 3.42 ff.) jeweils zu addieren, um den höheren Wert der Leistungen einer Vertragsseite feststellen zu können, § 97 III GNotKG. Da sich die Übernehmerleistungen je nach Vertragszweck und den Umständen verschieden zusammensetzen, sei zur Erläuterung auf die einzelnen Fälle Rz. 3.108 ff. verwiesen. Wichtig ist, dass deren Ansatz nicht mit einem **wirtschaftlichen**, sondern mit einem **kostenrechtlichen Wert** erfolgt, dem eine Bedeutung lediglich für die Vergütung der Notartätigkeit zukommt.   3.8

b) Bewertungen auf Seiten des Übergebers
aa) Ermittlung des Grundstückswertes nach § 46 GNotKG

Nach der Legaldefinition des Verkehrswerts in § 46 I GNotKG wird der Wert einer Sache durch den Preis bestimmt, der im gewöhnlichen Geschäftsverkehr nach der Beschaffenheit der Sache unter Berücksichtigung aller den Preis beeinflussenden Umstände bei einer Veräußerung zu erzielen wäre. Mit der gewählten Formulierung greift der Gesetzgeber auf ein allgemeines Verständnis des **Verkehrswertes** zurück, das so auf bewegliche und unbewegliche Sachen gleichermaßen anwendbar ist. Entspricht der erzielte oder im Vertrag vereinbarte Preis nicht dem gewöhnlichen, so steht der Verkehrswert demnach auch nicht fest. In diesen Fällen und bei den hier behandelten Überlassungen ist er gem. § 46 II GNotKG zu bestimmen: 3.9

1. nach dem **Inhalt** des Geschäfts,
2. nach den **Angaben** der Beteiligten,
3. anhand von sonstigen amtlich bekannten Tatsachen oder Vergleichswerten aufgrund einer **amtlichen Auskunft** oder
4. anhand **offenkundiger** Tatsachen.

3.10 Ergänzend hierzu, also ohne dass damit ein Vorrang geschaffen werden soll, nennt der Gesetzgeber in § 46 III GNotKG spezielle Kriterien für die Bestimmung des Verkehrswerts von Grundstücken, indem der Notar auch

1. im Grundbuch eingetragene **Belastungen,**
2. aus den **Grundakten** ersichtliche Tatsachen oder **Vergleichswerte** oder
3. für Zwecke der Steuererhebung festgesetzte Werte

für die Bewertung heranziehen kann. Im Fall der Nummer 3 steht § 30 der Abgabenordnung (Steuergeheimnis) einer Auskunft des Finanzamts nicht entgegen, so dass auch ein verstärkter **Rückgriff auf Steuerwerte** möglich sein soll.[1]

3.11 Vergleicht man insbesondere die letztgenannten Bewertungskriterien mit denjenigen der Immobilienwertermittlungsverordnung so wird deutlich, dass der Verkehrswert im GNotKG ein **Begriff eigener Art** ist, der lediglich dem Zweck der Gebührenberechnung dient. So ist es folgerichtig, hierfür sowohl einen unverhältnismäßig hohen Eigenaufwand vermeiden zu wollen, als auch aus Gründen der Unverhältnismäßigkeit eine Beweisaufnahme zur Feststellung des Verkehrswertes zu verbieten, § 46 IV GNotKG. Einen gewissen Widerspruch bedeutet es, dass die amtliche Begründung trotz Hinweis auf die abschließende Regelung in § 46 II und III eine **Schätzung** nach § 36 I GNotKG zulässt.[2]

bb) Bewertungsmethoden für Grundstücke

3.12 Können die Beteiligten keine oder nur unzureichende Angaben zum Verkehrswert machen, versucht man diesen in der Praxis hauptsächlich nach folgendem Schema zu bestimmen:

(1) Vorhandenes Verkehrswertgutachten und vorgehende Verkäufe

3.13 Ein vorliegendes Wertgutachten stellt sich weniger als Methode denn als glücklicher Umstand dar, denn der Notar darf selbst zwar keines in Auftrag geben, er darf es aber verwenden, wenn es bereits vorhanden ist. Das gleiche gilt für Kaufpreise aus Verträgen, die in zeitlicher Nähe des nun zu bewertenden Geschäfts liegen. Diese können z.B. aus der Grundakte ersichtlich sein.

Die aus den Urkunden hervorgehenden Werte können ohne weiteres in die Kostenberechnung aufgenommen werden, da sie das zu bewertende Grundstück unmittelbar betreffen. Ein Kaufpreis, der weiter in der Vergangenheit erzielt wurde, ist ebenfalls nicht nutzlos. Bei großem zeitlichen Abstand zwischen dem Kauf und der nun anzustellenden Bewertung bietet sich das Verfahren nach dem Baupreisindex an, s. Rz. 3.23.

(2) Bodenrichtwerte

3.14 Der Bodenrichtwertsammlung des **Gutachterausschusses** (§ 196 BauGB) bedient sich auch das Vergleichsverfahren nach der Immobilienwertermittlungsverordnung (ImmoWertV, dort §§ 10 I, 16). Im Unterschied zu einem vorhandenen Ver-

---

1 Begründung RegE zu § 46, BT-Drs. 17/11471, S. 168 li.Sp.
2 Begründung RegE zu § 46, BT-Drs. 17/11471, S. 168 li.Sp. a.E.

kehrswertgutachten spiegelt der Bodenrichtwert den durchschnittlichen Kaufpreis der umliegenden Grundstücke und gibt somit nur **mittelbar** Auskunft über den möglichen Wert des betroffenen Grundstücks. Ausgehend von dem Durchschnittswert sind daher werterhöhende bzw. – verringernde Merkmale zu beachten, die speziell auf das zu bewertende Grundstück zutreffen. In der notariellen Bewertungspraxis ist das für ein Verkehrswertgutachten notwendige Fachwissen zwar nicht vorhanden, dennoch ist die Verfahrensweise zur Wertermittlung grundsätzlich anerkannt. Die Rechtsprechung ersetzt das fehlende Wissen durch einen Abschlag von 25 % von dem mitgeteilten oder abgelesenen Richtwert, wodurch man einen unbedenklichen Mindestwert für den Boden erhält.[1] Ergibt sich in Regionen mit regem Grundstücksverkehr aus der höheren Datenmenge anhand der Bodenrichtwertkarte ein differenzierteres Bild, kann der Abschlag geringer gewählt werden. Entsprechende Bodenrichtwertrecherchen ermöglichen bereits einzelne Bundesländer kostenfrei als Internet-Angebot[2].

(3) Neubauwert aus dem Brandversicherungswert

Die Feuerversicherung zum gleitenden Neuwert garantiert dem Versicherten den Wiederaufbau des versicherten Gebäudes bei einem völligen Abbrand durch Zahlung einer Geldsumme, die den Wiederherstellungskosten zum Zeitpunkt des Schadeneintritts entspricht. Versichert ist somit der **Sachwert**, was sich wie folgt darstellen lässt:

3.15

Wiederaufbauwert (Euro) = Versicherungswert × Baukostenindex

(a) Probleme mit den Faktoren Versicherungswert und Baukostenindex im Bewertungsalltag

– Versicherungswert = Stammversicherungssumme 1914

3.16

Gleichzeitig mit dem Wegfall des Versicherungsmonopols für die Brandkassen im Jahr 1994[3] entfiel auch die Feuerversicherungspflicht. Es spricht also nicht zwingend für eine Verweigerung der Mitwirkung bei der Wertermittlung, wenn die Beteiligten auf Nachfrage keine Versicherungspolice vorlegen (können). In jedem Fall wird den Beteiligten jedoch die Bauweise des Gebäudes insoweit bekannt sein, dass sie auch schon im Vorgespräch zur Beurkundung **vier einfache Angaben** (s. Hilfestellung, Rz. 3.106 f.) hierzu machen können. Mit diesen Angaben lässt sich der **Versicherungswert 1914** dann ohne weiteres berechnen.

---

1 BayObLG, Beschl. v. 13.9.1972 – 3 Z 40/71, Rpfleger 1972, 464; KG, Beschl. v. 9.10.1973 – 1 W 507/72, DNotZ 1974, 486.
2 Beispielhaft für den Freistaat Sachsen: URL: http://www.boris.sachsen.de/468.htm, Stand: 22.3.2017 oder für den Freistaat Thüringen: URL: http://www.thueringen.de/th9/tlvermgeo/geoinformation/bodenmanagement/boris_th/, Stand: 22.3.2017.
3 Durchführung des Art. 3 der Richtlinie 92/49/EWG des Rates der Europäischen Union v. 18.6.1992 zur Koordinierung der Rechts- und Verwaltungsvorschriften für die Direktversicherung.

Entsprechende Eingabemöglichkeiten halten z.B. die Versicherungsmakler auf ihren Websites bereit.[1]

3.17 – Baukostenindex

An Stelle des Baukostenindex wird vom Gesamtverband der Deutschen Versicherungswirtschaft (GDV) zum Zweck der Prämienberechnung ein **gleitender Neuwertfaktor** (**Richtzahl**) errechnet und an die Mitgliedsunternehmen weitergegeben. Da die Richtzahl letztlich aber nur eine Empfehlung darstellt, kann sie bei den einzelnen Sachversicherern durchaus abweichen. Für das Jahr 2017 (Werte sind jeweils gültig ab 1.10. des Vorjahres) wurde von der Bayerischen Landesbrandversicherung AG (als Konzernunternehmen der Versicherungskammer Bayern) ein Faktor von 17,3 für Gebäude mitgeteilt, bei der Debeka Allgemeine Versicherung AG beträgt dieser für denselben Zeitraum 17,6. Branchenweit kann er wohl mit 17,39 angegeben werden.[2]

Trotz der Unterschiede bei den einzelnen Versicherern liegt die Richtzahl stets über dem Baukostenindex des Statistischen Bundesamtes, was so zu einem überhöhten Geschäftswert führen würde. Eine Begründung für die gegenüber dem Baukostenindex höhere Richtzahl sah das BayObLG in dem unter Umständen größeren Aufwand für den Versicherer im Entschädigungsfall.[3]

(b) Relevanz des berechneten Wiederaufbauwertes

3.18 Die Berechnung des Neubauwerts entspricht einem **(vereinfachten) Sachwertverfahren**. Letzteres kann den Verkehrswert abbilden, muss es aber nicht. Erscheinen Vergleichs- oder Ertragswertverfahren geeigneter, ist diesen der Vorzug zu geben, § 8 I S. 2 ImmoWertV.

3.19 Wie bei den Bodenrichtwerten fehlt auch hier dem Notar das Fachwissen für eine gutachterliche Einschätzung von Notwendigkeit und Umfang einer Anpassung an den Markt, die Rechtsprechung trägt dem auch hier mit einem **allgemeinen Abschlag** von 10 % Rechnung. Da aber die gegenüber dem Baukostenindex höhere Richtzahl für die Berechnung herangezogen wird, wird ein **weiterer Abschlag** von 10 %, insgesamt also 20 %, für erforderlich gehalten.[4] Ferner ist bei dem zu bewertenden Gebäude auch die technische Wertminderung bei fortschreitender Nutzungsdauer zu berücksichtigen. Eine dem **Alter entsprechende Abschreibung** erfolgte dabei bis 30. Juni 2012 nicht linear (Alterswertminderung nach Ross[5]); die seit dem 1. Juli 2010 geltende Immobilienwertermittlungsverordnung (ImmoWertV) sieht nun für den Regelfall eine lineare Wertminderung vor, § 23 ImmoWertV. Im Unterschied zu einem Verkehrswertgutachten soll bei der

---

[1] Z.B. hier: URL: https://www.maklerinfo.biz/neu/mods/static/info/versicherungswert 1914.php5, Stand: 22.3.2017.
[2] Quelle: URL: http://de.wikipedia.org/wiki/Gleitender_Neuwertfaktor, Stand: 22.3.2017.
[3] BayObLG, Beschl. v. 9.4.1976 – 3 Z 54/74, Rpfleger 1976, 375.
[4] BayObLG, Beschl. v. 9.4.1976 – 3 Z 54/74, Rpfleger 1976, 375.
[5] Vgl. Anlage 8a (Gebäude i.w.S.) und 8b (Eigentumswohnungen) sowie Anlage 8 der Richtlinien für die Ermittlung der Verkehrswerte (Marktwerte) von Grundstücken (Wertermittlungsrichtlinien – WertR 2006).

I. Überblick

kostenrechtlichen Bewertung eines Gebäudes ein **Restwert von 30 %** nicht unterschritten werden, wenn eine Nutzung noch gegeben ist.

Umgekehrt wirkt eine **umfassende Sanierung** des Gebäudes **wertsteigernd**, weil zumindest Teile davon auf einen technisch neueren Stand gebracht werden und so die Restnutzungsdauer des Gebäudes verlängert wird. Allgemeine Hinweise, wie sich diese Verjüngung des Gebäudealters in der Kostenpraxis umsetzen lässt, werden unter der Rz. 3.106 f. gegeben.

Sämtliche vorstehend genannte Faktoren (Richtzahl, Abschläge und Restwert) sowie die Währungsumstellungen berücksichtigt eine Tabelle, die jeweils nach Änderung des **Baukostenindex** durch die Bayerische Landesbrandversicherung AG und Bekanntgabe durch das Bayerische Staatsministerium der Justiz in der MittBayNot[1] veröffentlicht und auf die in der Bewertungspraxis bei Gericht und Notar allgemein zurückgegriffen wird. Darüber hinaus sind jedoch auch **wertmindernde Umstände**, die von den Beteiligten vorgebracht werden, angemessen zu berücksichtigen. Dazu zählen insbesondere Baumängel und -schäden sowie bislang unterbliebene Instandhaltungen, s. Rz. 3.19.

3.20

Dass die Rechtsprechung eine Wertermittlung nach dem Brandversicherungswert wie bisher auch im Rahmen des § 46 GNotKG akzeptiert, zeigt sich in einer ersten Entscheidung des OLG München[2].

(c) Berechnungsbeispiele

– Reihenhaus (berechnet auf das Jahr 2017)

3.21

Die Beteiligten bewohnen ein 2002 gebautes Reihenwohnhaus, welches auf einem 560 m² großen Grundstück steht. Die Versicherungsurkunde weist eine Stammversicherungssumme 1914 von 16 000 M aus. Die Bodenrichtwerte werden in dem Gebiet mit 100 Euro/m² angegeben.

Gebäude:

Stammversicherungssumme 1914 = 16 000 M
Richtzahl (s. Rz. 3.17, 3.20) bei Gebäudealter von 15 Jahren = 11,764
Gebäudewert (Euro) = 16 000 M × 11,764 = 188 224 Euro

Grundstückswert:

Wert je m² = 100 Euro abzgl. 25 % (vgl. hierzu Rz. 3.14) = 75 Euro
Bodenwert = 75 Euro/m² × 560 m² = 42 000 Euro

Verkehrswert:

Gebäudewert + Bodenwert = 188 224 Euro + 42 000 Euro = 230 224 Euro

– Eigentumswohnung (berechnet auf das Jahr 2017)

3.22

Die Beteiligten bewohnen eine Eigentumswohnung. Das 1994 errichtete Gebäude befindet sich auf einem 1200 m² großen Grundstück. Mit dem Sondereigentum ist ein 10/100 Miteigentumsanteil an dem Grundstück verbunden. Die Versicherungsurkunde weist eine Stammversicherungssumme 1914 von 13 000 M aus. Die Bodenrichtwerte werden in dem Gebiet mit 210 Euro/m² angegeben.

---

[1] Zuletzt: MittBayNot 2017, 102.
[2] OLG München, Beschl. v. 3.5.2016 – 34 Wx 7/16, notar 2016, 259.

Gebäudewert für die Eigentumswohnung:
Stammversicherungssumme 1914 = 13 000 M
Richtzahl (s. Rz. 3.17, 3.20) bei Gebäudealter von 23 Jahren = 11,902
Gebäudewert (Euro) = 13 000 M × 11,902 = 154 726 Euro

Grundstückswert:
Wert je m² = 210 Euro abzgl. 25 % (vgl. hierzu Rz. 3.14) = 157,50 Euro
Bodenwert = 157,50 Euro/m² × 1200 m² × 10/100 = 18 900 Euro

Verkehrswert:
Gebäudewert + Bodenwert = 154 726 Euro + 18 900 Euro = 173 626 Euro

(4) Preisindex für Wohngebäude mit Beispiel

3.23 Die Berechnung des **Gebäudeneubauwerts** nach einem Preisindex unterscheidet sich nicht grundsätzlich von der Berechnung nach dem Brandversicherungswert, denn auch hier werden lediglich die **Herstellungskosten** zu einem bestimmten Zeitpunkt mit 100 % angenommen, um sie dann mittels der statistisch belegten Steigerung (bzw. Senkung) der Baukosten (und damit des Indexwertes) auf einen anderen Zeitpunkt umzurechnen. Der Vorteil der Preisindizes für die Bauwirtschaft, die das Statistische Bundesamt in der Fachserie 17 Reihe 4 quartalsweise[1] publiziert, liegt in dem mit dem Jahr 2010 zeitlich deutlich näher an der kostenrechtlichen Bewertung liegenden Basisjahr (2010 = 100 %).

Im Übrigen gelten die Ausführungen unter der Rz. 3.18 f. entsprechend. Abweichend ist der allgemeine Abschlag mit nur 10 % anzunehmen.[2]

3.24 **Beispiel für die Wertermittlung einer Eigentumswohnung**
Errichtung der Wohnanlage: 1969
Kaufpreis der Wohnung 1978: 140 000 DM
Baupreisindex 1978: 49,9 (Basisjahr 2005)
Baupreisindex zum Bewertungszeitpunkt 2008: 114 (Basisjahr 2005)
Bewertung: 140 000 DM × 114/49,9 = 319 839,67 DM = 163 531,42 Euro.

Die altersbedingte technische Wertminderung wird durch einen Abschlag nachgebildet (s. Anlage 8a WertR 2006). Danach ist für das im Jahr 1969 erstellte Gebäude bei einer üblichen Gesamtnutzungsdauer von 100 Jahren und einer Restnutzungsdauer im Jahre 2008 von noch 61 Jahren ein Abschlag von 27 % vorzunehmen.

163 531,42 Euro − 44 153,48 Euro = 119 377,93 Euro.

Von diesem Wert ist schließlich ein Sicherheitsabschlag von 10 % vorzunehmen, weil in den Indexzahlen keine Abschläge enthalten sind.

Es ergibt sich somit ein anzunehmender Verkehrswert der Wohnung von:

119 377,93 Euro − 11 937,79 Euro ≈ 107 440 Euro

---

[1] Zahlen zum Stand November 2016: URL: https://www.destatis.de/DE/Publikationen/Thematisch/Preise/Baupreise/BauwirtschaftPreise2170400163244.pdf, dort Seiten 19 und 20, Stand: 18.3.2017.
[2] BayObLG, Beschl. v. 9.4.1976 – 3 Z 54/74, Rpfleger 1976, 375.

I. Überblick

Dem Berechnungsbeispiel liegt eine Entscheidung des OLG Düsseldorf[1] aus dem Jahr 2010 zugrunde, woraus zweierlei folgt: zum einen bringt die Entscheidung eine **Erleichterung** bei der Geschäftswertermittlung für den Notar mit sich. Allerdings kann man sie nicht ohne Kritik in die Praxis übernehmen, denn es liegt auf der Hand, dass der im (ehemaligen) Kaufpreis enthaltene Bodenwertanteil nicht mit der Teuerung der Baukosten an der Wertsteigerung teilnimmt. Für den meist geringen Wertanteil des Grundstücks bei einer Eigentumswohnung mag diese Unschärfe hinnehmbar sein, bei einem freistehenden Haus können die Unterschiede durchaus bedeutsam sein. Zum anderen bezieht sich die Berechnung auf eine andere Gesetzeslage. Für eine heutige Anwendung ist auf den linearen Altersabschlag nach § 23 ImmoWertV umzustellen. Danach wäre für das im Jahr 1969 erstellte Gebäude (übliche Gesamtnutzungsdauer 70 Jahre[2]) und einer Restnutzungsdauer von noch 22 Jahren im Jahre 2017 ein Altersabschlag[3] von 68 % und danach der Sicherheitsabschlag (oben Rz. 3.19) in Höhe von 10 % vorzunehmen.

3.25

cc) Sonstige Gegenstände bei den Zuwendungen

Andere, in der notariellen Praxis häufig aufzufindende Gegenstände der Überlassung bzw. Zuwendung, für deren Bewertung auf die jeweilige Randziffer verwiesen wird, sind:

3.26

– Gesellschaftsanteile
  – Anteil an einer GbR oder OHG, Rz. 21.96, 21.119 f., 21.223 ff.
  – Kommanditanteil, Rz. 21.80 ff., 21.98 f., 21.289 ff.
  – Geschäftsanteil an einer GmbH, Rz. 21.80 ff., 21.800 ff.

– einzelkaufmännische Betriebe

3.27

Die Übergabe eines Betriebes erfolgt als Sachgesamtheit (gem. der Bilanz und/oder einer Vermögensaufstellung, mit allen Aktiven und Passiven); dennoch bildet er keine Vermögensmasse. Übergeben im materiellen wie auch im kostenrechtlichen Sinne werden Einzelgegenstände, deren kostenrechtliche Werte zum Betriebswert zu addieren sind. Ein Schuldenabzug ist nicht vorzunehmen, § 38 GNotKG. Wegen einzelner Bilanzposten wird auf Rz. 21.97 verwiesen.

– land- und forstwirtschaftliche Betriebe

3.28

Für die kostenrechtliche Bewertung eines Landwirtschaftsbetriebs gilt das Kostenprivileg des § 48 I GNotKG, wenn

– mit der Zuwendung die Fortführung des Betriebs durch den Erwerber selbst beabsichtigt ist und

---

[1] OLG Düsseldorf, Beschl. v. 27.7.2010 – 10 W 34/10, JurBüro 2010, 595.
[2] Anlage 22 (zu § 185 III Satz 3, § 190 II Satz 2) BewG, In der Fassung der Bekanntmachung vom 1.2.1991 (BGBl. I S. 230) zuletzt geändert durch Gesetz v. 4.11.2016 (BGBl. I S. 2460) m.W.v. 1.7.2016 (rückwirkend).
[3] Alterswertminderung in % = (Gesamtnutzungsdauer – Restnutzungsdauer) / Gesamtnutzungsdauer × 100, Nummer 4.3 III der Richtlinie zur Ermittlung des Sachwerts (Sachwertrichtlinie – SW-RL) v. 5.9.2012, BAnz. AT 18.10.2012.

– dieser unmittelbar nach Vollzug der Übergabe oder Zuwendung einen nicht nur unwesentlichen Teil der Existenzgrundlage des zukünftigen Inhabers bildet.

3.29 Der **Begriff** des land- und forstwirtschaftlichen Vermögens **nach § 33 BewG erfasst**

„… alle Wirtschaftsgüter, die einem Betrieb der Land- und Forstwirtschaft dauernd zu dienen bestimmt sind. Betrieb der Land- und Forstwirtschaft ist die wirtschaftliche Einheit des land- und forstwirtschaftlichen Vermögens. Zu den Wirtschaftsgütern, die einem Betrieb der Land- und Forstwirtschaft dauernd zu dienen bestimmt sind, gehören insbesondere der Grund und Boden, die Wohn- und Wirtschaftsgebäude, die stehenden Betriebsmittel und ein normaler Bestand an umlaufenden Betriebsmitteln; als normaler Bestand gilt ein solcher, der zur gesicherten Fortführung des Betriebes erforderlich ist."

3.30 Betrachtet man einen als Wirtschaftseinheit real existierenden Betrieb näher so wird schnell deutlich, dass § 33 BewG nur eine Teilmenge dessen darstellt oder, positiv gewendet: § 33 BewG erfasst nicht alle Güter, die die Bilanz des Betriebs (enthalten z.B. in den zumeist vorliegenden BMEL-Jahresabschlüssen) aufzeigt. Da sie aber zu den mit überlassenen Gegenständen gehören sind sie auch auf der Übergeberseite neben dem Betriebswert nach § 48 GNotKG hinzuzurechnen. Zu den **nicht erfassten** Gütern gehören:

3.31 – sämtliche Zahlungsmittel, Geldforderungen, Geschäftsguthaben und Wertpapiere (§ 33 III Nr. 1 BewG)[1]. Bei den Finanzanlagen (vgl. § 266 II HGB, Gliederungspunkte A III und B III der Bilanz) kommen Kapitalanteilsrechte an anderen Unternehmen, Ausleihungen und festverzinsliche Wertpapiere in Betracht. Bei den Geldforderungen handelt es sich nicht nur um Umsatzerlöse aus der Geschäftstätigkeit, hier werden auch Subventionsansprüche oder solche aus Versicherungsleistungen verbucht. Die Bewertungen erfolgen mit dem Nennbetrag (Geldforderungen) oder dem Kurswert (Wertpapiere und Beteiligungen).

3.32 – Geldschulden (§ 33 III Nr. 2 BewG). Die Geldschulden ergeben sich insbesondere durch aufgenommene Finanzierungsdarlehen. Für die Bewertung der Übergeberleistung sind sie wegen § 38 GNotKG unbeachtlich; Bedeutung erlangen sie aber bei einem Verzicht des weichenden Erben auf dessen Ergänzungsanspruch, s. unten Rz. 3.71 ff.

3.33 – über den normalen Bestand hinausgehende Bestände (Überbestände) an umlaufenden Betriebsmitteln (§ 33 III Nr. 3 BewG). Eine Einschätzung ob ein Mehrbestand vorhanden ist, kann dem Notar wohl nicht abverlangt werden; eine Auskunft des Kostenschuldners oder des Steuerberaters genügt daher, § 95 S. 1, 2 GNotKG. Im Regelfall kann man von einem normalen Bestand ausgehen, wenn der aktuelle Bilanzwert in etwa dem Durchschnitt der vergangenen 5 Jahre entspricht.

3.34 – Tierbestände oder Zweige des Tierbestands und die hiermit zusammenhängenden Wirtschaftsgüter (z.B. Gebäude und abgrenzbare Gebäudeteile mit den dazugehörenden Flächen, Betriebsmittel), wenn die Tiere weder nach § 51 oder § 51a BewG zur landwirtschaftlichen Nutzung noch nach § 62

---

[1] Leipziger Kommentar GNotKG/*Heinze*, § 48 Rz. 12.

I. Überblick

BewG zur sonstigen land- und forstwirtschaftlichen Nutzung gehören (§ 33 III Nr. 4 BewG).[1] Die kostenrechtliche Abgrenzung zwischen landwirtschaftlicher (begünstigter) und gewerblicher (nicht begünstigter) Tierhaltung folgt der steuerrechtlichen; maßgebend ist das Verhältnis zwischen der landwirtschaftlich genutzten Fläche und den Vieheinheiten (§ 51 BewG i.V.m. Anlage 1 BewG (Umrechnungsschlüssel)).

§ 48 I GNotKG verweist grundsätzlich auf das Bewertungsgesetz und verknüpft dies mit Merkmalen, die der BGH zum Landgut (§ 2312 BGB, Privilegierung des Landguts mit dem Ertragswert bei der Pflichtteilsberechnung) herausgebildet hat. Beide Vorschriften dienen mit ihrer jeweiligen Privilegierung im Übrigen auch der gleichen Zielsetzung, nämlich dem öffentlichen Interesse an der Erhaltung eines leistungsfähigen landwirtschaftlichen Betriebes in der Hand einer vom Gesetz begünstigten Person.[2]   3.35

Unter dem Landgut, dem eine Begriffsbestimmung ebenso fehlt wie der Hofstelle, versteht der BGH „... eine Besitzung ..., die eine zum selbstständigen Betrieb der Land- oder Forstwirtschaft ... geeignete und bestimmte Wirtschaftseinheit darstellt und mit den nötigen Wohn- und Wirtschaftsgebäuden versehen ist. Sie muss eine gewisse Größe erreichen und für den Inhaber eine selbständige Nahrungsquelle darstellen ... Der Betrieb kann auch nebenberuflich geführt werden, wenn er nur zu einem erheblichen Teil zum Lebensunterhalt seines Inhabers beiträgt."[3]

Die Übergaben **stillgelegter Betriebe** werden nicht von § 48 GNotKG erfasst, da sie **nicht unmittelbar fortführbar** sind und so auch nicht unmittelbar nach Vollzug der Übergabe einen Teil der Existenzgrundlage des Inhabers sichern können.   3.36

Verwirklicht wird das Kostenprivileg durch die Übernahme des für den Betrieb zuletzt festgestellten **Einheitswertes**, der für die Kostenberechnung mit dem vierfachen Betrag auf der Übergeberseite angerechnet wird, § 48 I S. 1 GNotKG.   3.37

Im **Beitrittsgebiet** (Art. 3 EVertr) tritt der (einfache) **Ersatzwirtschaftswert** an die Stelle des 4fachen Einheitswertes. Problematisch ist der Ersatzwirtschaftswert insoweit, wie dieser abweichend von § 33 II BewG **nicht die Wohngebäude** einschließlich des dazu gehörenden Grund und Bodens ausweist und dass er auch Flächen erfassen kann, die nicht im Eigentum des Übergebers stehen (i.d.R. **Pachtflächen**, § 125 II BewG).   3.38

Ersteres Problem lässt sich mit der Vorlage des **Einheitswertbescheids** lösen, indem der darin ausgewiesene Einheitswert mit dem 4fachen Betrag zum Ersatzwirtschaftswert hinzugerechnet wird. Dem Problem der Pachtflächen kann man nur durch eine Schätzung begegnen, indem man den Ersatzwirtschaftswert um den Wert der betroffenen Flächen mindert. Wie hoch der Anteil der Pachtflächen ist, ergibt sich aus der Differenz zwischen der übertragenen Grundstücksfläche (aufgelassene Grundstücke) und denjenigen Flächen, die aus der

---

1 Leipziger Kommentar GNotKG/*Heinze*, § 48 Rz. 12.
2 BGH, Urt. v. 22.10.1986 – IVa ZR 143/85, MDR 1987, 389 = NJW 1987, 1260.
3 BGH, Urt. v. 4.5.1964 – III ZR 159/63, NJW 1964, 1414, 1416 und Urt. v. 11.3.1992 – IV ZR 62/91, NJW-RR 1992, 770 (re. Sp.).

Zerlegung des Grundsteuermessbetrages (Anlage zum **Grundsteuermessbescheid**) hervorgehen.

3.39 Unschädlich für die Begünstigung ist es, wenn der Betrieb in Teilen sukzessive, d.h. mit einem zeitlichen Abstand oder zunächst unter einem Nießbrauchsvorbehalt, übergeben wird (sog. **gleitende Übergabe**[1]). Allerdings muss feststehen, dass der Erwerber später Inhaber des gesamten Betriebs werden soll; die Erwerbsabsicht muss also von vorn herein gegeben sein.

3.40 § 48 GNotKG gewährt die **Begünstigung**, anders als § 2312 BGB, bei dem nur ein Erbe allein Übernehmer sein kann, auch bei dem Übergang auf **mehrere natürliche Personen** (zum Bruchteil). Dagegen sind die Möglichkeiten der gleitenden Übergabe (Rz. 3.39) eher eingeschränkt. Während es § 2312 BGB auch dann beim Bewertungsprivileg belässt, wenn die Übertragung zunächst auf eine **Eltern-Kind-Gesellschaft** erfolgt, bei der der Übergang des Anwesens in das Allein- bzw. Bruchteilseigentum rechtlich vorbereitet ist,[2] gilt das nicht für den § 48 GNotKG. Nach der insoweit eindeutigen Gesetzesbegründung[3] würde diese Zwischenstufe der unmittelbaren Nachfolge vom bisherigen Eigentümer auf den Erwerber als Bewirtschafter entgegenstehen.

Eine Begünstigung von Übergaben, die auf eine zwischen den Erwerbern gebildete **Gesellschaft** zielt, ist daher gänzlich **ausgeschlossen**.

3.41 Im Zusammenhang mit der Übergabe einer land- oder forstwirtschaftlichen Besitzung mit Hofstelle sei noch darauf hingewiesen, dass hierfür für die Belegenheitsländer Hamburg, Niedersachsen, Nordrhein-Westfalen und Schleswig-Holstein die **Höfeordnung** (HöfeO) zu beachten ist.[4]

c) Bewertungen auf Seiten des Übernehmers

aa) Einmalig zu erbringende Leistungen

3.42 Unter dieser Rubrik werden Leistungen des Übernehmers angesprochen, die dieser einmalig entweder Zug-um-Zug mit der Eigentumsumschreibung oder nach dem Wegfall bzw. dem Eintreten bestimmter Bedingungen zu erbringen hat. Dem sei Folgendes vorangestellt:

3.43 Eine **Vormerkung**, die zur dinglichen Sicherung eines Leistungsversprechens zur Eintragung in das Grundbuch bewilligt und beantragt wird, dient der Sicherung des Geschäfts, § 109 I S. 1–2 GNotKG. Ein gesonderter Gebührenansatz erfolgt nicht, da ihr Wert wegen § 109 I S. 5 GNotKG gleich hoch und der Gebührensatz nicht höher ist (§ 94 II GNotKG).

3.44 Das gilt auch für die **Unterwerfungserklärungen** des Übernehmers, die die jeweils gegenüber dem Übergeber begründeten Zahlungsverpflichtungen sichern; sie betreffen denselben Beurkundungsgegenstand i.S.d. § 109 I S. 4 Nr. 4 GNotKG.

---

1 Begründung RegE. zu § 48, BT-Drucks. 17/11471, S. 169 li. Sp.
2 *Weber* in BWNotZ 1992, 14 zu § 2312 BGB.
3 Begründung RegE. zu § 48, BT-Drucks. 17/11471, S. 169 li. Sp.
4 Hierzu ausführlich *Raude*, Der Hofübergabevertrag in der notariellen Praxis, RNotZ 2016, 69.

I. Überblick

Die in den Überlassungsverträgen typischerweise formulierten einzelnen Leistungsversprechen unterliegen folgenden Bewertungsgrundsätzen: 3.45

Der Wert der **Schuldübernahme**, unabhängig davon, ob diese vom Gläubiger genehmigt wird oder der Übergeber nur im Innenverhältnis freizustellen ist, entspricht dem effektiv geschuldeten Betrag, § 97 I GNotKG. 3.46

Übernimmt der Erwerber die Schuld nicht in Gänze, sondern **tritt** dem **Schuldverhältnis** des Übergebers zu seinem Gläubiger nur **bei** (Beispiel: Zuwendung eines Miteigentumsanteils gegen anteilige Schuldübernahme), dann bestimmt sich der Wert nach dem im Innenverhältnis geschuldeten Betrag, den der Übernehmer dem Übergeber im Fall seiner Inanspruchnahme durch den Gläubiger zu erstatten hätte; im Zweifelsfall findet § 426 I BGB Anwendung. 3.47

Das gleiche gilt bei der **Freistellung** des Übergebers eines Vermögensanteils, wenn dieser aus einer **Gesamtschuld** entlassen werden soll. 3.48

Die **Unterwerfung** des Übernehmers unter die sofortige **Zwangsvollstreckung** in sein Vermögen **gegenüber dem Gläubiger** wegen des geschuldeten Betrages oder wegen des Nennbetrags der Grundschuld betrifft stets einen verschiedenen Gegenstand i.S.d. § 110 Nr. 2a GNotKG. 3.49

Für ein schuldrechtlich wirkendes **Veräußerungs- und Belastungsverbot** hat der Gesetzgeber einen festen Wert von 10 % des von der Beschränkung betroffenen Gegenstandswertes vorgesehen, § 50 Nr. 1 GNotKG. Die Vereinbarung darüber ist Gegenstand der Bewertung, die im Falle der Zuwiderhandlung ausgelöste (bedingte) Verpflichtung zur **Rückübertragung** des Grundstücks bleibt dagegen unbewertet, § 109 I S. 1, 2 GNotKG. 3.50
Soweit ein land- oder forstwirtschaftlicher Betrieb betroffen ist (s. Rz. 3.28 ff.), ist der nach § 48 I GNotKG begünstigte Wert für die Berechnung maßgebend.

Geht der **Rückübertragungsverpflichtung** der Eintritt einer anderen Bedingung voraus (Insolvenz, Zugehörigkeit zu einer Sekte, Ableben des Übernehmers o.ä.), bestimmt sich der Wert nach § 51 I GNotKG. Da dies in der Regel zu unbilligen Ergebnissen führt, ist eine Berichtigung des Wertes auf 10–30 % des betroffenen Grundstückswertes gemäß § 51 III GNotKG nicht zu beanstanden. 3.51

Die **Abstandszahlung** an einen Pflichtteilsberechtigten ist mit dem jeweiligen Betrag anzusetzen, § 97 I GNotKG, hierzu auch Rz. 3.73. 3.52

Die Verpflichtung des Übernehmers zur **Auskehr** eines anteiligen **Erlöses** für den Fall, dass dieser den Vertragsgegenstand ganz oder teilweise veräußert, entspricht einer bedingten **Auf- oder Nachzahlungsverpflichtung**. Der Bedingung wird durch einen Teilwert gem. § 36 I GNotKG in Höhe von etwa 10 % des Wertes des Gegenstandes Rechnung getragen. 3.53
Ausgangswert für die Bewertung ist stets der Verkehrswert, auch wenn ein land- oder forstwirtschaftlicher Betrieb betroffen ist; § 48 GNotKG findet insoweit keine Anwendung.

Anfallende **Beerdigungs- und Grabpflegekosten** sind nach § 36 I GNotKG zu schätzen. 2010 kostete in Deutschland eine Bestattung (ohne Grabpflege) durchschnittlich 7000 Euro, wobei die Höhe wesentlich durch die Art der Bestattung 3.54

(Feuer- oder Erdbestattung) und die Friedhofsgebühren beeinflusst wird. Ein Wertansatz von etwa 10 000 Euro dürfte nicht zu beanstanden sein.

Das billige Ermessen bei der Bestimmung des Wertes hat auch auf die örtliche Sitte für ein standesgemäßes Begräbnis und für die Pflege und des Schmuck des Grabes abzustellen.

3.55 **Pflichtteilsverzicht**

Überlassungsvertrag und Erb- oder Pflichtteilsverzichtsvertrag des **Übergebers mit dem Übernehmer** stehen in einem Austauschverhältnis nach § 97 III GNotKG; selbst bei zivilrechtlicher Betrachtungsweise würden zwei rechtssystematisch selbstständige Verträge, die nach dem Parteiwillen in gegenseitiger Abhängigkeit stehen, als einheitlicher Austauschvertrag bezeichnet werden können (zu § 39 II KostO: OLG Hamm, Beschl. v. 6.11.1970 – 15 W 49/70, MittBayNot 1971, 104, 105).

Hingegen sind Überlassungsvertrag und Pflichtteilsverzicht des **Übergebers mit den weichenden Erben** verschiedene Beurkundungsgegenstände nach § 86 II GNotKG (zu § 44 II KostO: BGH, Beschl. v. 18.4.2013 – V ZB 77/12, MDR 2013, 879 = MittBayNot 2013, 416 = ZNotP 2013, 198 = FGPrax 2013, 184 = JurBüro 2013, 596). Ein mit einer Abfindung verbundener Pflichtteilsverzicht stellt einen Austauschvertrag nach § 97 III GNotKG zwischen dem Übergeber und den weichenden Erben dar; dies gilt grundsätzlich auch dann, wenn die weichenden Erben (Kinder des Übergebers bzw. Geschwister des Übernehmers) den Abfindungsbetrag direkt vom Übernehmer erhalten sollen (BGH, a.a.O.).

3.56 Der Wert des **Pflichtteilsverzichtes** wird wie ein entsprechender Bruchteilswert am Nachlass des Erblassers behandelt (§ 102 IV S. 2 GNotKG) und entspricht der Hälfte des Wertes des **Erbverzichts** (§ 2303 I BGB). Bei der Berechnung des **Erblasservermögens** werden seine **Verbindlichkeiten nur bis zur Hälfte** des Aktivvermögens berücksichtigt; § 102 IV S. 1, I S. 2.

3.57 Für die Bewertung kann auch der Zeitpunkt, auf den der Verzicht abgegeben wird, von erheblicher Bedeutung sein, denn maßgeblich sind die dann beim Erblasser vorherrschenden Vermögensverhältnisse.[1] Keine Probleme bereiten daher isolierte Erb- und Pflichtteilsverzichtsverträge, bei denen lediglich das Vermögen des Erblassers zum Zeitpunkt der Errichtung der Niederschrift über den Verzichtsvertrag zu ermitteln ist.

Bei der Überlassung verändert sich das Vermögen des Erblassers aber um diejenigen Gegenstände, die dem Erwerber zugewandt worden sind und auch um die vom Erwerber schuldbefreiend übernommenen Verbindlichkeiten. Das Vermögen des Erblassers i.S.d. § 102 I, IV GNotKG ist dann ohne diese Posten zu berechnen; das gilt jedenfalls dann, wenn Überlassungsvertrag und Verzicht in einem Abhängigkeitsverhältnis zueinander stehen.

---

[1] Begründung RegE. zu § 102, BT-Drucks. 17/11471, S. 183 li. Sp.

I. Überblick

bb) Wiederkehrende Nutzungen und Leistungen

Unter dieser Rubrik werden Leistungen des Übernehmers angesprochen, die dieser fortlaufend oder mit einer periodisch wiederkehrenden Fälligkeit zu erbringen hat. 3.58

§ 52 GNotKG bewertet die wiederkehrenden **Nutzungen und Leistungen** nach dem Wert, den das Recht für den Berechtigten hat; deren **Jahreswert** ist mit einem dafür vorgesehenen Vervielfältiger zu kapitalisieren. Soweit es im Bereich der Überlassungsverträge zumeist um die Versorgung des Übergebers geht, knüpfen die insgesamt vier **Kapitalisierungsstufen** (1 Faktor je Stufe) an das jeweilige **Lebensalter** des Berechtigten an, § 52 II S. 3, IV GNotKG.

Wird ein Recht für **mehrere Berechtigte** nacheinander (zumeist auflösend und aufschiebend bedingt mit dem Tod des Erstberechtigten) bestellt, kann es sich um ein einziges Recht handeln (**Sukzessivberechtigung**). Zweifelsfrei ist das immer dann der Fall, wenn darauf in der Eintragungsbewilligung hingewiesen wird. 3.59

Die Bewertung entspricht dann derjenigen bei einer Gesamtberechtigung nach § 428 BGB, weshalb bei der Vervielfachung des Jahreswertes nur auf den jüngeren Berechtigten ankommt, § 52 IV S. 2 Nr. 1 GNotKG.

Erlischt ein Recht für Gesamtberechtigte dagegen mit dem Tod des zuerst Sterbenden, ist das Lebensalter des älteren Berechtigten maßgebend, § 52 IV S. 2 Nr. 2 GNotKG. 3.60

Vorstehendes gilt so auch für die **Veränderungen** dieser Rechte, wie etwa eine spätere Anpassung auf Verlangen eines Berechtigten oder des Übernehmers an veränderte wirtschaftliche Verhältnisse (§ 239 FamFG entspr.) aufgrund einer echten Wertsicherungsklausel. Maßgebend ist aber nicht der geänderte (neue) Jahreswert des Rechts, sondern die Differenz zum vorherigen, also die Veränderung selbst, § 97 II GNotKG. 3.61

Wertsicherungsklauseln, die bei der Einräumung des Rechts selbst vereinbart werden, sind kostenrechtlich allerdings unbeachtlich, § 52 VII GNotKG. 3.62

Dienstbarkeiten und **Reallasten**, die zur Absicherung der wiederkehrenden Leistungen bestellt und deren Eintragung in das Grundbuch oft auch zusammenfassend als „Leibgeding" bewilligt und beantragt werden, dienen der Sicherung des Geschäfts, § 109 I S. 1–2 GNotKG. Ein gesonderter Gebührenansatz erfolgt nicht, da ihr Wert wegen § 109 I S. 5 GNotKG gleich hoch und der Gebührensatz nicht höher ist (§ 94 II GNotKG). 3.63

§ 52 GNotKG gilt auch für die **Löschungserklärungen** zu diesen Rechten. Eine Besonderheit sieht § 52 GNotKG in Abs. 6 S. 4 vor: Der Wert beträgt 0 Euro, wenn das Recht durch den Tod des Berechtigten (oder durch Zeitablauf) erloschen ist. 3.64

In einem isolierten Verfahren löst eine diesbezügliche Löschungserklärung die Mindestgebühr bei Anwendung von Nr. 21201 Nr. 4 KV GNotKG (0,5, mind. 30 Euro) aus, zusammen mit anderen Verfahrensgegenständen erhöht sie den Wert nicht und ist damit praktisch kostenfrei.

3.65 Die beschriebenen Nutzungen bzw. Leistungen können sich beispielsweise beziehen auf:

3.66 – Wohnungs- und Mitbenutzungsrecht
Können die Beteiligten keinen Wert nennen, kann der monatliche Wohnwert auch nach dem von der Gemeinde veröffentlichten Mietspiegel bestimmt werden. Ist der Erwerber daneben auch zur Übernahme sämtlicher Wohnnebenkosten (Heizung, Elektroenergie, Wasser, Abwasser etc.) verpflichtet, sind diese hinzuzurechnen.

3.67 – Taschengeld/Leibrente

3.68 – Nießbrauch
Sind anderer Anhaltspunkte bzw. Angaben der Beteiligten nicht zu erlangen, ergibt sich hier ein typischer Anwendungsbereich für § 52 V GNotKG, wobei der Jahreswert mit 5 % des Gegenstandswertes (zumeist der Verkehrswert eines Grundstücks) bestimmt wird.

3.69 – Wart und Pflege
Aus Gründen der Definition des geschuldeten Leistungsumfangs orientieren sich die Verpflichtungen des Übernehmers inhaltlich an dem Leistungskatalog in der jeweiligen Pflegestufe nach § 15 SGB XI. Für die Bewertung erscheint es daher sachgerecht, das in der jeweiligen Pflegestufe gezahlte Pflegegeld (§ 37 SGB XI) heranzuziehen. Wegen des mit der Pflege verbundenen Aufwands wird es sich meist um Leistungen in der Pflegestufe I (244 Euro[1]/Monat) handeln, seltener um solche in der Pflegestufe II (458 Euro[2]/Monat).

Ab welchem Zeitpunkt oder ob der Übernehmer später überhaupt eine Pflegeleistung erbringen muss, ist im Bewertungszeitpunkt jedenfalls dann ungewiss, wenn der Übergeber noch für sich selbst sorgt und keiner Pflegehandlung bedarf. Neben der Kapitalisierung des jeweiligen Jahreswertes für die versprochenen Leistungen mit dem von dem Alter des Übergebers abhängenden Faktor gem. § 52 IV GNotKG ist in diesen Fällen ein Abschlag gem. § 52 VI S. 1 und 3 GNotKG vorzunehmen.

3.69a An die Stelle der Pflegestufen I–III treten ab dem 1.1.2017[3] die Pflegegrade 1–5. Die Zuordnung zu dem einzelnen Pflegegrad erfolgt nunmehr anhand eines Punktsystems, welches die Schwere der Beeinträchtigungen der Selbständigkeit oder der Fähigkeiten der pflegebedürftigen Person bewertet, wohingegen bisher bei den Pflegestufen der zeitliche Aufwand im Mittelpunkt stand.

Die Bewertung der Wart und Pflege nach den neuen Kriterien wird sich an der künftigen Vertragsgestaltung in diesem Bereich messen, für die die Literatur, soweit ersichtlich, noch keine Mustertexte vorhält. Unabhängig von dieser Entwicklung bietet zumindest die Überleitungsvorschrift in § 140 II SGB XI einen ersten Anhaltspunkt, nachdem die bisherige Pflegestufe I bzw. II dem Pflege-

---

1 Bis 31.12.2016.
2 Bis 31.12.2016.
3 § 15 SGB XI in der ab dem 1.1.2017 geltenden Fassung, zuletzt geändert durch Artikel 1 des Dritten Gesetzes zur Stärkung der pflegerischen Versorgung und zur Änderung weiterer Vorschriften (Drittes Pflegestärkungsgesetz – PSG III), BGBl. I 2016, 3191.

grad 2 bzw. 3 entspricht; die höhere Pflegestufe III war für die Überlassungsverträge bedeutungslos.

Bei der Pflege bedürftiger Personen im eigenen Haus wird bei Zugrundelegung des Pflegegrades 2 eine Pflegegeld in Höhe von 316 Euro, bei dem Pflegegrad 3 in Höhe von 545 Euro gewährt, § 37 I Nr. 1, 2 SGB XI.

Den Berechnungsbeispielen hier im Teil 3 liegen noch die bis zum 31.12.2016 geltenden Verhältnisse zugrunde.

– Verpflegung, Kostgewähr 3.70

Ist der Übernehmer auf eigene Kosten verpflichtet, die Eltern auf Lebenszeit zu verpflegen, wenn diesen die Zubereitung der Mahlzeiten selbst nicht mehr möglich ist, kann auf die Sachbezugswerte Sozialversicherungsentgeltverordnung (SvEV) zurückgegriffen werden.

Nach § 2 SvEV[1] entspricht der Wert der als Sachbezug zur Verfügung zu stellenden drei Mahlzeiten täglich einem monatlichem Betrag von 241 Euro, die sich in 51 bzw. je 95 Euro für Frühstück bzw. Mittag/Abendessen aufgliedert.

Ob der Übernehmer für sein Versprechen einstehen muss ist hier ebenso ungewiss wie bei einer Pflegeverpflichtung (vgl. vorstehend Rz. 3.64). Ein Abschlag vom Wert ist dem folgend auch hier geboten.

d) Pflichtteilsverzicht des weichenden Erben

Der Verzichtvertrag zwischen Übergeber und dem weichenden Erben auf dessen Pflichtteils- oder Pflichtteilsergänzungsansprüche (sog. gegenständlich beschränkter Verzicht) unterfällt weder dem Leistungskatalog des Übergebers noch dem des Übernehmers, sondern stellt einen eigenen, vom Gegenstand der Überlassung verschiedenen Gegenstand i.S.d. § 86 II GNotKG dar,[2] s. dazu auch Rz. 3.94. 3.71

Die Behandlung an dieser Stelle folgt dem engen wirtschaftlichen Zusammenhang mit der Überlassung und der Tatsache, dass der Übernehmer oft als der zum Ausgleich Verpflichtete in den Vertrag involviert ist.

Je nach Ausrichtung des Überlassungsvertrages kann man die Verzichte in solche am gesamten Nachlass des Übergebers und in die auf den Gegenstand der Übertragung beschränkten unterscheiden.

aa) Verzicht auf Erb-, Pflichtteils- und Pflichtteilsergänzungsansprüche am gesamten Vermögen des Übergebers

Die Bewertung des jeweiligen Verzichts erfolgt grundsätzlich wie bei dem des Übernehmers auch, s. dazu Rz. 3.56 f. Anders als beim Übernehmerverzicht wirken sich die im Überlassungsvertrag übertragenen Gegenstände und übernommenen Verbindlichkeiten aber nicht auf das Vermögen des Erblassers i.S.d. § 102 I 3.72

---

1 In der ab 1.1.2017 geltenden Fassung, zuletzt geändert durch Artikel 1 der neunten Verordnung zur Änderung der Sozialversicherungsentgeltverordnung v. 21.11.2016 (BGBl. I 2016, 2637).
2 BGH, Beschl. v. 18.4.2013 – V ZB 77/12, MDR 2013, 879 – (zu § 44 II KostO), ZNotP 2013, 198, ZfIR 2013, 528, MittBayNot 2013, 416.

S. 1–2 (i.V.m. § 102 IV) GNotKG aus; berechnet wird stets das Vermögen des Übergebers zum Zeitpunkt der Niederschrift (§ 96 GNotKG).

3.73 Wird der weichende Erbe für seinen Verzicht mit einem Abstandsgeld abgefunden, dessen Betrag höher ist als der berechnete Erb-, Pflichtteils- oder Pflichtteilsergänzungsanspruch, bestimmt dieses gem. § 97 III GNotKG den Wert des Verzichtsvertrages.

bb) Verzicht auf Pflichtteils- und Pflichtteilsergänzungsansprüche beschränkt auf den übertragenen Gegenstand

3.74 Der Geschäftswert des **gegenständlich beschränkten Pflichtteilsverzichts** bestimmt sich entsprechend § 102 IV i.V.m. III i.V.m. II S. 1,2 GNotKG.[1] Diese Bewertung deckt sich auch mit den tragenden Grundsätzen des materiellen Pflichtteilsrechts: Der gesetzlich nicht ausdrücklich als solcher geregelte sogenannte gegenständlich beschränkte Pflichtteilsverzicht ist in seinem Kern ein Verzicht auf den potentiellen Pflichtteilsergänzungsanspruch gemäß § 2325 BGB wegen einer „Schenkung" i.S. dieser Vorschrift. Dieser Anspruch kann aber von vornherein nur insoweit entstehen, als es sich bei der Zuwendung um eine „Schenkung" im Sinne des § 2325 BGB handelt, d.h. soweit die Zuwendung unentgeltlich ist. Mit anderen Worten: Gegenleistungen des Erwerbers vermindern im Rahmen des § 2325 BGB den unentgeltlichen Teil der Zuwendung und beeinflussen damit unmittelbar die Höhe des potentiellen Pflichtteilsergänzungsanspruchs. Und dieser potentielle Pflichtteilsergänzungsanspruch und nicht etwa der zugewandte Gegenstand selbst, d.h. in der Regel ein Grundstück, ist Gegenstand des gegenständlich beschränkten Pflichtteilsverzichts.

3.75 Bezieht sich der gegenständlich beschränkte Pflichtteilsverzicht im Rahmen einer Grundstücksüberlassung also beispielsweise auf ein Grundstück mit einem Verkehrswert von 200 000 Euro und hat der Grundstückserwerber als Gegenleistung für die Grundstücksüberlassung Rechte und Verbindlichkeiten in Höhe von 150 000 Euro zu übernehmen, und beträgt die Pflichtteilsquote ¼, so berechnet sich der gegenständlich beschränkte Pflichtteilsverzicht wie folgt:

200 000 Euro – 150 000 Euro = 50 000 Euro. Die Hälfte des Grundstückswerts in Höhe von 100 000 Euro darf jedoch nicht unterschritten werden. Daraus ein Viertel ergibt einen Geschäftswert von 25 000 Euro.

3.76 Beim **isolierten gegenständlich beschränkten Pflichtteilsverzicht** werden die auf dem Grundstück lastenden Grundpfandrechte, soweit sie valutieren, abgezogen (selbst wenn sie nicht ausdrücklich übernommen worden sind); jedoch beschränkt auf den halben Verkehrswert des Grundstücks.

3.77 Ist jedoch für den Verzicht ein höherer **Abfindungsbetrag** als der berechnete Erb-, Pflichtteils- oder Pflichtteilsergänzungsanspruch vereinbart, bestimmt die Abfindung den Geschäftswert (§ 97 III GNotKG).

3.78 **Land- und forstwirtschaftliche Betriebe** werden im Rahmen der Berechnung eines Verzichts nur mit dem nach § 48 I GNotKG begünstigten Wert angesetzt. Da Verbindlichkeiten den Wert der Zuwendung mindern und daher abzuziehen

---

1 Leipziger Kommentar GNotKG/*Zimmer*, § 102 Rz. 25.

sind, würde das auch für die in der Bilanz des Betriebes zum Nominalbetrag verbuchten Verbindlichkeiten gelten; ein Ansatz zu diesem Wert bei der Berechnung des Vermögens nach § 102 I GNotKG führt letztlich zu einem unbilligen Ergebnis. Richtig ist daher der Ansatz nur mit einem Wert, der dem Verhältnis zwischen Ersatzwirtschaftswert und Aktivvermögen entspricht.

Beispiel:
Der Ersatzwirtschaftswert eines Betriebes ist mit **200 000 Euro** festgestellt. Die Bilanz weist ein Aktivvermögen von **800 000 Euro** und Verbindlichkeiten von **400 000 Euro** aus.
Das Verhältnis zwischen Ersatzwirtschaftswert und Aktivvermögen beträgt hier 1:4, so dass die Verbindlichkeiten nur mit 100 000 Euro (= ¼) angesetzt werden.

4. Derselbe Beurkundungsgegenstand/Verschiedene Beurkundungsgegenstände

Derselbe Beurkundungsgegenstand liegt bei Überlassungs- und Schenkungsverträgen vor bei 3.79

– Zustimmungserklärungen Dritter zum Vertrag (z.B. die des Ehegatten wegen § 1365 BGB) 3.80

– Löschungszustimmung und -antrag bezüglich eines nur am Vertragsgegenstand eingetragenen Rechts 3.81

– Löschungsbewilligung (auch Dritter) bezüglich eines nur am Vertragsgegenstand eingetragenen Rechts 3.82

– Vertrag und Belastungsvollmacht 3.83

– Vollstreckungsunterwerfung wegen des Anspruchs, den der Übernehmer als Gegenleistung zu erbringen hat 3.84

– Vormerkungen und Reallasten zur Sicherung der gegenüber dem Übergeber begründeten Verpflichtungen 3.85

Verschiedene Beurkundungsgegenstände liegen vor bei 3.86

– Mehreren Schenkungs- und Überlassungsverträgen, z.B. im Fall aufeinanderfolgender Schenkungen (Kettenschenkung) oder Kaufpreisschenkung und Kaufvertrag 3.87

– Schenkung und Gründung einer Personengesellschaft 3.88

– Gesellschaftsgründung und Zuwendung von Gesellschaftsanteilen 3.89

– Überlassungs- und Mietvertrag 3.90

– Überlassungsvertrag und Vereinbarungen unter mehreren Erwerbern (Rz. 2.418, 2.445) 3.91

– Löschungsantrag bezüglich eines auch am Vertragsgegenstand eingetragenen Gesamtrechts, soweit dieser nicht nur der Freigabe dient, sondern sich auf das Recht im Ganzen bezieht 3.92

3.93 – Löschungsbewilligung (auch Dritter) bezüglich eines auch am Vertragsgegenstand eingetragenen Gesamtrechts, soweit dieser nicht nur der Freigabe dient, sondern sich auf das Recht im Ganzen bezieht

3.94 – Überlassungsvertrag und Verzicht des weichenden Erben auf sein Pflichtteilsrecht oder seinen Ergänzungsanspruch bei gegenständlich beschränktem Verzicht

3.95 – Schuldanerkenntnis und Unterwerfungserklärung gegenüber dem Gläubiger wegen der Übernahme eines nicht valutierten Grundpfandrechts

3.96 – Schuldanerkenntnis und Unterwerfungserklärung gegenüber dem Gläubiger im Zusammenhang mit der Schuldübernahme oder dem Schuldbeitritt bei einem valutierten Grundpfandrecht

3.97 – Rückauflassung aufgrund eines in einem vorgehenden Beurkundungsverfahren begründeten Anspruchs und konkrete Ausgestaltung des Rückübertragungsverhältnisses (z.B. Fälligkeitsregelungen bei zurück zu gewährenden Leistungen)

5. Vollzugs-, Betreuungs- und Treuhandtätigkeiten

a) Allgemeines

3.98 Die Vollzugs-, Betreuungs- und Treuhandtätigkeiten, die katalogisiert und insgesamt abschließend geregelt sind, gleichen denen bei den Grundstückskaufverträgen. Auf die dortigen Ausführungen in Rz. 2.10 ff. und Rz. 2.1524 ff. sei daher verwiesen.

b) Zu den Vollzugstätigkeiten gehören beispielhaft

3.99 das Anfordern und Prüfen (Einholen):

- behördlicher Genehmigungen (z.B. die nach der GVO und dem GrdstVG) gem. Vorbem. 2.2.1.1 I S. 2 Nr. 1 KV GNotKG
- einer Entscheidung des Familiengerichts gem. Vorbem. 2.2.1.1 I S. 2 Nr. 4 KV GNotKG
- von Vollmachtsbestätigungen oder privatrechtlicher Zustimmungserklärungen gem. Vorbem. 2.2.1.1 I S. 2 Nr. 5 KV GNotKG
- einer Erklärung über die Zustimmung zu einer Schuldübernahme oder einer Entlassung aus der Haftung gem. Vorbem. 2.2.1.1 I S. 2 Nr. 8 KV GNotKG
- von Löschungserklärungen zu eingetragenen Rechten an den von den Vereinbarungen betroffenen Grundstücken gem. Vorbem. 2.2.1.1 I S. 2 Nr. 9 KV GNotKG

Den vorstehenden Beispielen ist gemein, dass die Vollzugsgebühr unabhängig von der Zahl der erbrachten Vollzugstätigkeiten nur **einmal** (§§ 93 I S. 1, 86 GNotKG) anfällt und dabei grundsätzlich 0,5 (Nr. 22110 KV GNotKG) beträgt. Beschränkt sich die Tätigkeit darauf, behördliche Genehmigungen und/oder Vorkaufszeugnisse anzufordern und zu prüfen, ist die Gebühr jedoch auf einen (niedrigeren) Betrag von 50 Euro je angeforderter Genehmigung bzw. Vorkaufsrechtszeugnis zu reduzieren, Nr. 22112 KV GNotKG. Die Summe dieser Einzelgebühren ist solange maßgebend, wie die 0,5 Gebühr nach Nr. 22110 KV GNotKG nicht überschritten wird.

Der **Auftrag** für eine Tätigkeit nach **Vorbem. 2.2 I Hs. 1 KV** muss nicht ausdrücklich, sondern kann **formlos** und konkludent durch schlüssiges Verhalten erfolgen.[1]

Ist es daneben erforderlich, dass der Notar strukturierte Daten in Form der Extensible Markup Language (XML) oder in einem nach dem Stand der Technik vergleichbaren Format für eine **automatisierte Weiterbearbeitung** beim Grundbuchamt erzeugt, fällt hierfür eine **gesonderte Vollzugsgebühr** in Höhe von 0,3 an, die auf 250 Euro beschränkt ist, Nr. 22114 KV GNotKG.

3.100

Der **Geschäftswert** bestimmt sich wie bei dem zugrundeliegenden Beurkundungsverfahren, § 112 S. 1 GNotKG. Das gilt sowohl für die reguläre Vollzugsgebühr Nr. 22110 KV GNotKG als auch für die gesonderte Vollzugsgebühr Nr. 22114 KV GNotKG.

3.101

c) Zu den Betreuungstätigkeiten gehören beispielhaft

– der Auftrag an den Notar, die **Fälligkeitsvoraussetzungen** von Leistungen oder Teilleistungen im Zusammenhang mit Auszahlungen bestehender Ansprüche zu prüfen und mitzuteilen, Nr. 22200 Anm. Nr. 2 KV GNotKG

3.102

– der Auftrag an den Notar, die **Umschreibung** des Grundstücks zu **überwachen**, Nr. 22200 Anm. Nr. 3 KV GNotKG

Die Betreuungsgebühr von 0,5 bei vorstehenden Tätigkeiten entsteht in jedem Beurkundungsverfahren gem. § 93 I GNotKG nur einmal; Gebührenhäufungen finden also nicht statt.

Der **Geschäftswert** bestimmt sich wie bei dem zugrundeliegenden Beurkundungsverfahren, § 113 I GNotKG.

3.103

d) Treuhandtätigkeiten

Eine Betreuungstätigkeit i.S.d. § 24 I S. 1 BNotO stellt auch die Überwachung von Treuhandauflagen Dritter dar, insbesondere von Ablösegläubigern, die dem Notar Löschungsunterlagen mit Verwendungsauflagen erteilen. Nach der KostO war streitig, ob hierfür § 146 I S. 1 oder § 147 II KostO einschlägig ist. Diese Unsicherheit besteht nicht mehr. Vielmehr ordnet Nr. 22201 KV GNotKG für die Beachtung von Treuhandauflagen durch einen **nicht unmittelbar** an dem Beurkundungsverfahren **Beteiligten**, eine Urkunde oder Auszüge einer Urkunde nur unter bestimmten Bedingungen herauszugeben, eine 0,5 Gebühr an; wobei die Gebühr für **jeden Treuhandauftrag gesondert** entsteht.

3.104

Die Treuhandgebühr fällt **neben** der Betreuungsgebühr nach Nr. 22200 KV GNotKG und auch neben der Vollzugsgebühr an.

Der **Geschäftswert** ist der Wert des Sicherungsinteresses, § 113 II GNotKG.

3.105

---

1 LG Düsseldorf, Beschl. v. 9.9.2014 – 19 T 199/13, NotBZ 2015, 114.

Hilfestellung zur Ermittlung des Versicherungseinheitswerts 1914 für Wohngebäude

3.106 Zum Gebrauch des Formulars:

Schon bei der Vorbesprechung zum Überlassungsvertrag können die Gebäudewerte festgestellt bzw. deren spätere Berechnung sichergestellt werden. Das geschieht wie folgt:

zu 1

Der erste Schritt bestimmt, wie der Brandversicherungswert (1914) festgestellt wird.

a) Liegt eine Brandversicherungsurkunde vor, wird der Wert direkt aus dieser in das Formular übernommen; Aufzeichnungen zu Gebäudetyp, Ausstattung, Wohnfläche und Carport (Form. Ziffer 1–4) sind dann nicht erforderlich.

b) Liegt eine Brandversicherungsurkunde nicht vor, sind zunächst die unter den Ziffern 1–4 ersichtlichen Angaben aufzunehmen, die später in einen online-Rechner übertragen werden müssen, s. Rz. 3.16.

Der aus der Versicherungsurkunde ersichtliche Betrag bzw. das Ergebnis der Eingabe in den online-Rechner, wird in die rechte Spalte übertragen.

zu 2

Für die Berechnung des Wiederherstellungswertes ist das Gebäudealter zu bestimmen. Seitens der Beteiligten ist in dieser Rubrik nur das Baujahr anzugeben, was in die mittlere Spalte übernommen wird. Dem konkreten Gebäudewert ist aber das technische Gebäudealter zugrunde zu legen. Auf diesen bzw. den umgekehrten Wert (nämlich die Restnutzungsdauer) haben die Faktoren unter 3 und 4 direkten Einfluss.

zu 3

Sanierungen, Modernisierungen und auch Umbauten (Veränderungen im Grundriss) wirken werterhöhend. Sie werden jedoch nicht über einen prozentualen Zuschlag zum Geschäftswert eingefangen, sondern über eine fiktive Verjüngung des Gebäudealters bzw. eine Verlängerung der Restnutzungsdauer. Eine Orientierungsmöglichkeit für die Einschätzung der verlängerten Restnutzungsdauer bietet die Anlage 4 SW-RL[1]. Das jüngere Gebäudealter ist maßgebend für den Gebäudewert.

zu 4

Der Altersabschlag nach § 23 ImmoWertV unterstellt laufende Instandhaltungsmaßnahmen im gewöhnlichen Umfang; bestehende Bauschäden, ausstehende Sanierungen u.a.m. verringern den Wert der Immobilie daher unplanmäßig über den linearen Altersabschlag hinaus. Eine solche Wertminderung lässt sich mit einem Abschlag auf den nach den vorstehenden Schritten ermittelten Gebäudewert nachbilden.

---

[1] Richtlinie zur Ermittlung des Sachwerts (Sachwertrichtlinie – SW-RL) v. 5.9.2012, BAnz. AT 18.10.2012.

II. Überlassungsverträge ohne Gegenleistungen (Schenkungen)

Ermittlung des Versicherungseinheitswerts 1914 für das Wohngebäude   3.107

1 Der Wert beträgt   ☐ lt. Versicherungsurkunde   ... **Mark**
                       ☐ gem. der Berechnung aus den
                          Punkten 1 bis 4 (unten)

2 Gebäudealter: ... (Baujahr)   ... (Bewertung)

3 durchgeführte Sanierungen (je Umfang und Jahr angeben):
                                             Verjüngung auf Baujahr: ...

4 Wertminderungen:
(Bauschäden, ausstehende Sanierungen, unzeitgemäßer Zuschnitt u.a.m.):
                                             Abschlag dafür: ... %

1. Gebäudetyp: Anzahl der Vollgeschosse (ohne Keller oder Dach):
                     mit einem – nicht – ausgebauten Flach-/Walm-Dach   ...
                     Kellergeschoss: ja/nein

2. Ausstattung
☐ Naturschieferdach/Kupferdach
☐ Außenwände aus Naturstein, Keramik- oder Kunststeinverkleidung, Handstrichklinker
☐ Decken oder Wände mit Stuckarbeiten, Edelholzverkleidungen
☐ Fußböden aus Naturstein, mit Parkett oder Teppich in hoher Qualität
☐ Leichtmetallfenster/Holzsprossenfenster
☐ Edelholztüren
☐ Hochwertige Sanitäreinrichtungen
☐ Wärmepumpen, Solaranlagen, Fußboden- oder Deckenheizung
☐ PVC-Böden auf Estrich
☐ Einfaches Fensterglas
☐ Kein Bad und keine Dusche
☐ Ofenheizung

3. Wohnfläche insgesamt (ohne Kellerräume):   ... qm
4. Anzahl der Garagen/Carports: ... Stück

II. Überlassungsverträge ohne Gegenleistungen (Schenkungen)

→ Fall 1: Grundstücksschenkung mit Pflichtteilsanrechnung

A. Sachverhalt

A **schenkt** sein Grundstück unter **Zustimmung** (gem. § 1365 BGB) seiner Ehefrau   3.108
an seinen Sohn, der sich den Wert des übertragenen Grundstücks (220 000 Euro)
auf sein **Pflichtteilsrecht** nach A anrechnen lassen muss.

B. Rechnung

3.109

Pos.	Gebührentatbestände	Geschäfts-wert	KV-Nr.	Satz	Betrag
	Beurkundungsverfahren (§§ 97 I, 46 I)	220 000	21100	2,0	970,00
	a) Grundstücksschenkung (§§ 97 I, 46 I)	220 000	21100	2,0	
	b) Zustimmung der Ehefrau (§ 98 I)	~~110 000~~	~~21200~~	~~1,0~~	

C. Erläuterungen

3.110 Der **Geschäftswert** des **Schenkungsvertrages** entspricht dem Verkehrswert des Grundstückes, der mit den Angaben des Schenkers angenommen wird, § 46 I, 2 Nr. 2. Die Anrechnungsbestimmung durch den Schenkgeber auf das **Pflichtteilsrecht** des Beschenkten beeinflusst den Wert nicht, insbesondere stellt sie auch keine Gegenleistung des Beschenkten dar.

3.111 Bei den Erklärungen a) und b) handelt es sich um denselben Beurkundungsgegenstand nach § 109 I S. 1–3. Der **Geschäftswert** für das **Beurkundungsverfahren** richtet sich gem. § 109 I S. 5 nach dem vorherrschenden Rechtsverhältnis; das ist der Schenkungsvertrag (220 000 Euro). Gem. § 94 II S. 1 bestimmt sich die Gebühr nach dem höchsten in Betracht kommenden Gebührensatz; diesen gibt der **Schenkungsvertrag** mit 2,0 Gebühren nach Nr. 21100 KV vor, während die **Zustimmungserklärung** der Ehefrau lediglich die 1,0 Gebühr (Nr. 21200 KV) aus der Hälfte des Wertes des Schenkungsvertrages auslöst, § 98 I.

→ **Fall 2: Grundstücksschenkung und Belastungsvollmacht**

A. Sachverhalt

3.112 A schenkt ihr Grundstück (Wert: 100 000 Euro) ihrem Sohn und erteilt ihm auch eine Vollmacht zur Belastung des Vertragsgegenstandes mit Grundpfandrechten bis zu einem Nennbetrag von 300 000 Euro samt beliebigen Nebenleistungen.

B. Rechnung

3.113

Pos.	Gebührentatbestände	Geschäfts-wert	KV-Nr.	Satz	Betrag
	Beurkundungsverfahren (§§ 97 I, 46; 109 I)	100 000	21100	2,0	546,00
	a) Grundstücksschenkung (§§ 97 I, 46)	100 000	21100	2,0	
	b) Belastungsvollmacht (§ 98 I)	~~150 000~~	~~21200~~	~~1,0~~	

C. Erläuterungen

Der **Geschäftswert** des **Schenkungsvertrages** entspricht dem **Verkehrswert** des Grundstückes, der mit den Angaben des Schenkers angenommen wird, § 46 I, 2 Nr. 2.

3.114

Bei den Erklärungen a) und b) handelt es sich um denselben Beurkundungsgegenstand nach § 109 I S. 1–3. Der **Geschäftswert** für das **Beurkundungsverfahren** richtet sich gem. § 109 I S. 5 nach dem vorherrschenden Rechtsverhältnis; das ist der Schenkungsvertrag (100 000 Euro). Gem. § 94 II S. 1 bestimmt sich die Gebühr nach dem höchsten in Betracht kommenden Gebührensatz; diesen gibt der **Schenkungsvertrag** mit 2,0 Gebühren nach Nr. 21100 KV vor, während die **Belastungsvollmacht** lediglich die 1,0 Gebühr (Nr. 21200 KV) auslöst.

3.115

Der **Wert** einer **Vollmacht** entspricht dem halben Wert desjenigen Rechtsgeschäfts, zu dessen Abschluss sie dient, § 98 I. Das gilt auch dann, wenn die Vollmacht zur Durchführung eines anderen Rechtsverhältnisses erteilt wird. Allerdings ist dabei auf § 109 I S. 5 zu achten, der den Geschäftswert auf den desjenigen Rechtsverhältnisses beschränkt, zu dessen Durchführung die Vollmacht erteilt worden ist.

3.116

Für eine **Belastungsvollmacht** sieht § 109 I S. 4 Nr. 1c das speziell nur für ihre Zusammenbeurkundung mit einem Kaufvertrag vor, so dass diese Vorschrift keine unmittelbare Anwendung findet. Die Beurkundung zusammen mit einem Schenkungs- oder Überlassungsvertrag unterfällt jedoch der Generalklausel des § 109 I S. 1–3, so dass der Wert der Vollmacht hier gem. durch den Wert der Schenkung bzw. Überlassung bestimmt wird.

→ **Fall 3: Grundstücksschenkung mit Übernahme einer nicht valutierten Grundschuld**

A. Sachverhalt

A ist Eigentümer eines Grundstücks, welches er dem B schenkt. Das Grundstück ist mit einer Grundschuld in Höhe von 150 000 Euro belastet, die gegenwärtig keine Verbindlichkeiten mehr sichert. B übernimmt die Grundschuld für eigene Kreditzwecke dinglich, erkennt gegenüber dem Gläubiger an, ihm einen Betrag in Höhe des Nennbetrages der Grundschuld zu schulden und unterwirft sich sowohl dinglich als auch persönlich der sofortigen Zwangsvollstreckung. Der Wert des Grundstücks wird mit 250 000 Euro angegeben.

3.117

B. Rechnung

3.118

Pos.	Gebührentatbestände	Geschäfts-wert	KV-Nr.	Satz	Betrag
	Beurkundungsverfahren (§§ 86 II, 94 I)	~~400 000~~	~~21100~~	~~2,0~~	~~1570,00~~
	a) Schenkungsvertrag (§§ 97 I, 46 I)	250 000	21100	2,0	1070,00
	b) Schuldanerkenntnis nebst ZwVU (§ 97 I)	150 000	21200	1,0	354,00

C. Erläuterungen

3.119 Der **Geschäftswert** des **Schenkungsvertrages** bestimmt sich nur nach dem **Verkehrswert** des Grundstücks, denn die lediglich dingliche Übernahme einer am Grundstück eingetragenen Belastung stellt keine Gegenleistung durch den Beschenkten dar. Der Verkehrswert ergibt sich aus den Angaben des Schenkers, § 46 I, 2 Nr. 2.

3.120 **Schuldanerkenntnis** und **Unterwerfungserklärungen** gegenüber dem Gläubiger des Grundpfandrechts dienen nicht der Erfüllung oder Durchführung der Schenkung i.S. des § 109 I S. 1–3. Untereinander betreffen sie zwar denselben Gegenstand (§ 109 I S. 4 Nr. 4), im Verhältnis zur Schenkung jedoch nicht.

Der Wert folgt dem Unterwerfungsbetrag ohne Zinsen.

3.121 Schenkungsvertrag und Schuldanerkenntnis/Unterwerfungserklärung betreffen verschiedene Gegenstände i.S. des § 86 II; § 110 Nr. 2a ist dagegen nicht einschlägig, da Schuldanerkenntnis/Unterwerfungserklärung nicht der Finanzierung einer Gegenleistung dienen.

Grundsätzlich sind die Werte mehrerer Beurkundungsgegenstände zu addieren, §§ 35 I, 85 I, 86. Sind für die Beurkundungsgegenstände jedoch unterschiedliche Gebührensätze maßgebend, so ist die Gebühr für den jeweiligen Beurkundungsgegenstand gesondert zu erheben, wenn dies in der Summe für den Schuldner günstiger ist, § 94 I. Das ist in dem konkreten Beispiel für den getrennten Gebührenansatz der Fall; der Ansatz von 2,0 Gebühren (Nr. 21100 KV) aus 400 000 Euro wäre teurer.

→ **Fall 4: Grundstücksschenkung und Löschung einer nicht zu übernehmenden Grundschuld**

A. Sachverhalt

3.122 A ist Eigentümerin eines **Grundstücks** (Wert: 250 000 Euro), welches sie dem B **schenkt**. Das Grundstück ist mit einer **Grundschuld** in Höhe von 350 000 Euro belastet, deren **Löschung** durch die Eigentümerin zugestimmt und beantragt wird.

Der Notar wird mit der **Einholung** der **Löschungsbewilligung** bei dem Gläubiger beauftragt.

B. Rechnung

3.123

Pos.	Gebührentatbestände	Geschäftswert	KV-Nr.	Satz	Betrag
(1)	Beurkundungsverfahren (§§ 97 I, 46 I)	250 000	21100	2,0	1070,00
	a) Grundstücksschenkung (§§ 97 I, 46 I)	250 000	21100	2,0	
	b) Löschungserklärungen (§§ 97 I, 53 I)	~~350 000~~	~~21201 Nr. 4~~	~~0,5~~	

II. Überlassungsverträge ohne Gegenleistungen (Schenkungen)

Pos.	Gebührentatbestände	Geschäfts-wert	KV-Nr.	Satz	Betrag
(2)	Vollzug (Vorbem. 2.2.1.1 I 2 Nr. 9 KV, § 112) (Einholung der Löschungs-bewilligung)	250 000	22110	0,5	267,50

C. Erläuterungen

Pos. (1): 3.124

Der **Geschäftswert** des **Schenkungsvertrages** entspricht dem **Verkehrswert** des Grundstückes, der mit den Angaben des Schenkers angenommen wird, § 46 I, 2 Nr. 2.

Grundsätzlich entspricht der Wert der **Löschungserklärungen** dem Nennbetrag des Grundpfandrechts, § 53 I. Das gilt auch dann, wenn die Löschungserklärung zur Durchführung eines anderen Rechtsverhältnisses (hier: Lastenfreistellung) abgegeben wird. 3.125

Eine spezielle Vorschrift sieht das GNotKG nur bei der Zusammenbeurkundung der Löschungserklärungen mit einem Kaufvertrag vor (§ 109 I S. 4 Nr. 1b), wofür sich hier kein unmittelbarer Anwendungsbereich eröffnet. Die Beurkundung zusammen mit einem Schenkungs- oder Überlassungsvertrag unterfällt jedoch der Generalklausel des § 109 I S. 1–3, wobei § 109 I S. 5 den Geschäftswert auf den desjenigen Rechtsverhältnisses beschränkt, zu dessen Durchführung die Löschungserklärung dient.

Derselbe Gegenstand liegt auch vor bei Löschungserklärungen zu anderen Belastungen in Abt. II und III des Grundbuchs, solange sie ausschließlich am Vertragsgegenstand lasten. 3.126

Pos. (2): 3.127

Die Einholung der Löschungsbewilligung bei der Grundschuldgläubigerin stellt eine **Vollzugstätigkeit** nach **Vorbem. 2.2.1.1 I S. 2 Nr. 9 KV** dar, die eine 0,5 Gebühr nach Nr. 22110 KV auslöst.

Der **Geschäftswert** bestimmt sich gem. § 112 S. 1 wie bei der Beurkundung. 3.128

→ Fall 5: Mittelbare Grundstücksschenkung

A. Sachverhalt

A verkauft sein Grundstück an B zum Preis von 310 000 Euro. C, der Vater von B, schenkt ihm einen gleichhohen Geldbetrag mit der Auflage, diesen für die Begleichung des Kaufpreises zu verwenden. Schenkung und Kauf werden in derselben Urkunde niedergelegt. Das Grundstück ist mit einer Grundschuld in Höhe von 280 000 Euro belastet, deren Löschung zugestimmt und beantragt wird. Der Notar wird mit der Einholung der Löschungsbewilligung des Gläubigers, der steuerlichen Unbedenklichkeitsbescheinigung und des Vorkaufsrechtsverzichts durch die Gemeinde beauftragt. Ferner hat er die Fälligkeit des Kaufprei- 3.129

ses mitzuteilen und die Auflassung bei den zu erteilenden Ausfertigungen/begl. Abschriften solange zurückzuhalten, bis der Kaufpreis gezahlt ist (Umschreibungsüberwachung).

B. Rechnung

3.130

Pos.	Gebührentatbestände	Geschäftswert	KV-Nr.	Satz	Betrag
(1)	Beurkundungsverfahren (§§ 35 I, 86 II)	620 000	21100	2,0	2350,00
	a) Grundstückskaufvertrag (§§ 97 III, 47)	310 000	21100	2,0	
	b) Löschungserklärungen (§§ 97 I, 53 I)	~~280 000~~	~~21201 Nr. 4~~	~~0,5~~	
	c) Schenkung (§ 97 I)	310 000	21100	2,0	
(2)	Vollzug (Vorbem. 2.2.1.1 I 2 Nrn. 1, 9 KV, § 112) (Einholung der Löschungsbewilligung und der Vorkaufsrechtsverzichtserklärung)	620 000	22110	0,5	587,50
(3)	Betreuung (Nr. 22200 Anm. Nrn. 2, 3 KV, § 113 I) (Mitteilung der Kaufpreisfälligkeit und Umschreibungsüberwachung)	620 000	22200	0,5	587,50

C. Erläuterungen

3.131 **Pos. (1):**

Der Geschäftswert für das Beurkundungsverfahren setzt sich zusammen aus dem **Wert des Schenkungsvertrages und dem des Kaufes** als verschiedene Beurkundungsgegenstände, deren gleich hohe Werte zu addieren sind (§§ 86 II, 35 I).

3.132 Die Löschungszustimmung, deren Antrag und der Kauf sind derselbe Beurkundungsgegenstand (§ 109 I S. 4 Nr. 1b) mit der Folge, dass sich der Geschäftswert gem. § 109 I S. 5 nur aus dem Wert des Kaufvertrages bestimmt, d.h., die **Löschungserklärungen** bleiben unbewertet.

3.133 **Pos. (2):**

Der Geschäftswert der Vollzugsgebühr Nr. 22110 KV bestimmt sich nach dem Wert des Beurkundungsverfahrens, § 112.

3.134 Sowohl die Einholung der Löschungsbewilligung als auch die der Vorkaufsrechtsverzichtserklärung sind Vollzugstätigkeiten gem. Vorbemerkung 2.2.1.1 I S. 2 Nr. 9 bzw. 1 KV. Die Gebühr fällt jedoch nur einmal an, § 93 I S. 1.

Für die Einholung der Vorkaufsrechtsverzichtserklärung allein würde höchstens eine Gebühr von 50 Euro anfallen (Nr. 22112 KV).

Pos. (3): 3.135

Der Geschäftswert der Betreuungsgebühr Nr. 22200 KV bestimmt sich nach dem Wert des Beurkundungsverfahrens, § 113 I.

Sowohl die Mitteilung der Kaufpreisfälligkeit als auch die Umschreibungsüberwachung sind Betreuungstätigkeiten gem. Nr. 22200 Anm. Nr. 2 bzw. 3 KV. Die Gebühr fällt jedoch nur einmal an, § 93 I S. 1. 3.136

→ **Fall 6: Schenkung eines bebauten Grundstücks (Bebauung auf Rechnung des Erwerbers)**

A. Sachverhalt

A ist Eigentümerin eines Grundstücks, dessen Wert sie mit etwa 50 000 Euro angeben kann. Sie schenkt das Grundstück an B, der das Grundstück schon längere Zeit mit Blick auf die bereits fest vorgesehene Schenkung nutzt und dort ein Wohnhaus errichtet hat. Den Wert der Bebauung schätzt B auf 170 000 Euro. 3.137

B. Rechnung

Pos.	Gebührentatbestand	Geschäftswert	KV-Nr.	Satz	Betrag
	Beurkundungsverfahren (§§ 97 I, 46 I)	220 000	21100	2,0	970,00

3.138

C. Erläuterungen

Der Geschäftswert für das Beurkundungsverfahren entspricht dem Verkehrswert des Grundstückes im bürgerlich-rechtlichen Sinn. Ein Abzug der Baukosten findet nicht statt.[1] 3.139

→ **Fall 7: Grundstücksschenkung an den Abkömmling und gleich darauf an dessen Ehegatten (Kettenschenkung)**

A. Sachverhalt

Die Eheleute A schenken ihrer Tochter B ein mit einem Einfamilienwohnhaus bebautes Grundstück. Die Tochter B überträgt in derselben Urkunde ½ Miteigentumsanteil an diesem Grundstück ihrem Ehemann C. Der Wert des Grundstücks wird mit 250 000 Euro angegeben. 3.140

---

1 OLG Saarbrücken, Beschl. v. 25.6.2014 – 5 W 32/14, NotBZ 2014, 391 = ZNotP 2014, 319 = DNotZ 2015, 594.

B. Rechnung

3.141

Pos.	Gebührentatbestände	Geschäftswert	KV-Nr.	Satz	Betrag
	Beurkundungsverfahren (§§ 35 I, 86 II)	375 000	21100	2,0	1470,00
	a) Grundstücksschenkung (§§ 97 I, 46 I)	250 000	21100	2,0	
	b) Schenkung ½ MitEA (§§ 97 I, 46 I)	125 000	21100	2,0	

C. Erläuterungen

3.142 a) Der Wert für die Beurkundung der Schenkung an die Tochter entspricht dem Verkehrswert des Grundstückes, da eine Gegenleistung nicht geschuldet ist.

3.143 b) Die Überlassung des ½ Miteigentumsanteils an den Ehemann C betrifft einen von der Grundstücksschenkung verschiedenen Gegenstand i.S. des § 86 II. Der Wert ist entsprechend des Anteils am Gesamtwert des Grundstücks zu bestimmen.

3.144 Der Geschäftswert des Beurkundungsverfahrens entspricht der Summe der Werte für beide Schenkungen (a und b); § 35 I.

→ **Fall 8: Grundstücksschenkung und Gründung einer GbR**

A. Sachverhalt

3.145 A ist Eigentümerin eines mit einem Mietwohnhaus bebauten Grundstücks, welches sie ihren Söhnen B und C mit der Auflage schenkt, dass diese es in einer GbR weiter bewirtschaften. B und C gründen in derselben Urkunde eine GbR, auf die das Grundstück aufgelassen wird.
Der Wert des Grundstücks wird mit 850 000 Euro angegeben.

B. Rechnung

3.146

Pos.	Gebührentatbestände	Geschäftswert	KV-Nr.	Satz	Betrag
	Beurkundungsverfahren (§§ 35 I, 86 II)	1 700 000	21100	2,0	5710,00
	a) Grundstücksschenkung (§§ 97 I, 46 I)	850 000	21100	2,0	
	b) Gesellschaftsgründung (§§ 97 I, 46 I)	850 000	21100	2,0	

C. Erläuterungen

3.147 a) Der Wert für die Beurkundung der Schenkung entspricht dem Verkehrswert des Grundstücks, da eine Gegenleistung nicht geschuldet ist.

b) Der Wert eines **Gründungsvertrages** entspricht der Summe aller Leistungen, 3.148
die die Gesellschafter in die Gesellschaft einzubringen versprechen. In dem vorliegenden Fall besteht nur die Verpflichtung zur Einbringung des Grundstücks.

Für den **Gesellschaftsvertrag** kommen, je nach Ausgestaltung, **unterschiedliche** 3.149
Wertansätze in Betracht:

1) **Kein Wertansatz** erfolgt, wenn die Erwerber sich lediglich zu ihrer Beteiligung an der GbR (§ 722 I BGB) erklären.
2) Der Ansatz eines **Teilwert**es kommt in Betracht, wenn die Gesellschafter nur einzelne Regelungen des Gesellschaftsvertrages hinsichtlich des erworbenen Grundstücks mit beurkunden lassen; inhaltliche Ausgestaltung und Regelungsumfang bestimmen dabei die Höhe des Teilwertes.
3) Der **volle Wert kann** somit auch dann schon erreicht werden, wenn der mit beurkundete Gesellschaftsvertrag über die einzelnen grundstücksbezogenen Regelungen hinaus umfassend alle wesentlichen Elemente erfasst.
4) Der **volle Wert** ist **immer** anzusetzen, wenn sich die Gesellschafter zur Leistung von Einlagen verpflichten, die der GbR den Erwerb des Grundstücks ermöglichen (insb. bei späterem Kauf) oder wenn sich die Gesellschafter gegenseitig verpflichten, das (geschenkte) Grundstück in die Gesellschaft einzubringen.

In den Fällen 2–4 ist jeweils der Mindestwert des § 107 I (30 000 Euro) zu beachten. 3.150

Die Gründung der GbR betrifft als Vertrag zwischen den Beschenkten einen 3.151
von der Grundstücksschenkung verschiedenen Gegenstand i.S.d. § 86 II. Das gilt auch dann, wenn die Schenkung unter der Auflage erfolgt, das Grundstück in eine Gesellschaft einzubringen. Der Geschäftswert des Beurkundungsverfahrens entspricht der Summe der Werte für den Schenkungs- und für den Gesellschaftsvertrag; § 35 I.

III. Überlassungsverträge mit Gegenleistungen

→ **Fall 9: Überlassung eines Stadthauses unter Nießbrauchsvorbehalt und mit Verfügungsverbot**

A. Sachverhalt

A (49 Jahre) überlässt seinen Söhnen B und C ein mit einem Mietwohnhaus bebautes Grundstück (Wert: 500 000 Euro). 3.152

A behält sich an dem Vertragsgegenstand ein umfassendes Nießbrauchsrecht gesetzlichen Inhalts vor (Jahreswert: 40 000 Euro); darüber hinaus trägt er auch die außerordentlichen Lasten (Wartung und Instandhaltung, Verkehrssicherungspflichten etc.) sowie die Tilgung eines mit einer Grundschuld (250 000 Euro) gesicherten Darlehens, dessen Restschuld 120 000 Euro beträgt.

B und C sind gegenüber A zur Rückübertragung verpflichtet, wenn sie den Vertragsgegenstand ohne dessen Zustimmung belasten oder veräußern und wenn dieser daraufhin die Rückübertragung verlangt.

B. Rechnung

3.153

Pos.	Gebührentatbestand	Geschäftswert	KV-Nr.	Satz	Betrag
	Beurkundungsverfahren (§§ 97 III, 46 I, 52 I 1–4, 36 I)	650 000	21100	2,0	2350,00

C. Erläuterungen

3.154 Der Geschäftswert bestimmt sich nach dem höheren Leistungsversprechen eines der Vertragspartner, § 97 III. Zu vergleichen sind:

– für den Übergeber:
Grundstücksverkehrswert, § 46 II Nr. 2   500 000 Euro
– für den Übernehmer:
Nießbrauchsrecht (15facher Jahreswert, Rz. 3.58, 3.68), § 52 IV   600 000 Euro
Veräußerungs- und Belastungsverbot, § 50 Nr. 1   50 000 Euro

3.155 Für eine Veräußerungs- und Belastungsbeschränkung hat der Gesetzgeber einen festen Wert von 10 % des von der Beschränkung betroffenen Gegenstandswertes vorgesehen, § 50 Nr. 1. Die Vereinbarung darüber ist Gegenstand der Bewertung, die im Falle der Zuwiderhandlung ausgelöste (bedingte) Verpflichtung zur Rückübertragung bleibt unbewertet, § 109 I S. 1, 2 GNotKG.

3.156 Die Fortzahlung laufender Lasten und der Tilgungsleistungen mindern lediglich den Nießbrauchswert auf den angegebenen Betrag, stellen aber keine Leistung des Übergebers im kostenrechtlichen Sinne dar.

→ **Fall 10: Überlassung mit Vereinbarung einer dauernden Last (Sukzessivrecht), Mietvertrag und Wiederkaufsrecht**

A. Sachverhalt

3.157 A (64 Jahre) überlässt mit Zustimmung seiner Ehefrau B (61 Jahre) seiner Tochter C das von ihnen teils selbst bewohnte Wohnhausgrundstück (Wert: 330 000 Euro). Die Restschuld eines Darlehens, welches durch eine Grundschuld (160 000 Euro) gesichert wird, beträgt 45 000 Euro. C hat folgende Gegenleistungen zu erbringen:

a) 800 Euro monatliche **Leibrente auf Lebenszeit** an A, die B bei seinem Ableben in der zuletzt gezahlten Höhe weiter zu zahlen ist (Sukzessivrecht). Die Rente ist durch eine echte Wertsicherungsklausel wertgesichert.

b) **Übernahme** der **Darlehensverbindlichkeiten schuldbefreiend** für A samt der zu ihrer Sicherung eingetragenen Grundschuld, weshalb sich C gegenüber dem Grundschuldgläubiger in Höhe des Nennbetrages der sofortigen **Zwangsvollstreckung** in ihr Vermögen unterwirft.

c) **Wiederkaufsrecht (§ 456 BGB)** für A im Fall des Versterbens von C vor ihm oder dem länger lebenden Elternteil oder für den Fall, dass sich die Vermögensverhältnisse der Tochter verschlechtern. Im Fall der Ausübung sind die auf die Leibrente erhaltenen Zahlungen gegen Rückauflassung des Grundstücks zu erstatten.

d) **Mietvertrag** zwischen C einerseits sowie A und B andererseits über die von ihnen gegenwärtig bewohnten Räume auf Lebenszeit. Der monatliche Mietzins von 650 Euro beinhaltet eine Nebenkostenvorauszahlung in Höhe von 120 Euro.

B. Rechnung

3.158

Pos.	Gebührentatbestände	Geschäftswert	KV-Nr.	Satz	Betrag
	Beurkundungsverfahren (§§ 86 II, 94 I)	~~529 000~~	~~21100~~	~~2,0~~	~~2030,00~~
	a) Überlassungsvertrag (§ 97 III, 46, 52 IV)	330 000	21100	2,0	
	b) Mietvertrag (§ 99 I)	39 000	21100	2,0	
		369 000	21100	2,0	1470,00
	c) Schuldanerkenntnis (§ 97 I)	160 000	21200	1,0	381,00

C. Erläuterungen

a) Der Geschäftswert bestimmt sich nach dem höheren Leistungsversprechen eines der Vertragspartner, § 97 III. Zu vergleichen sind: 3.159

– für den Übergeber:
Grundstücksverkehrswert, § 46 II Nr. 2   330 000 Euro

– für den Übernehmer:
Leibrente (10facher Jahreswert, Rz. 3.58 f., 3.67), § 52 IV   96 000 Euro
Schuldübernahme (Rz. 3.46 f.), § 97 I   45 000 Euro

b) Der **Mietvertrag** ist nach § 99 I zu bewerten, wobei hier wegen der unbestimmten Dauer, der 5fache Jahreswert zugrunde gelegt wird. Grundlage der Kapitalisierung bildet die vereinbarte Miete, die nicht um die Vorauszahlung der Nebenkosten zu mindern ist. Zu berechnen ist: 650 Euro × 12 Monate × 5 = 39 000 Euro. 3.160

Gegenstandshäufung 3.161

Überlassungs- und **Mietvertrag** betreffen verschiedene Beurkundungsgegenstände i.S. des § 86 II. 3.162

c) **Schuldanerkenntnis** und **Unterwerfungserklärung** gegenüber dem Gläubiger des Grundpfandrechts dienen nicht der Erfüllung oder Durchführung i.S.d. § 109 I S. 1–3 der Verträge. Untereinander haben sie zwar denselben Gegenstand (§ 109 I S. 4 Nr. 4), im Verhältnis zur Überlassung betreffen sie jedoch einen verschiedenen Beurkundungsgegenstand (§ 110 Nr. 2a), ebenso zum Mietvertrag (§ 86 II). 3.163

3.164 Werden im Zusammenhang mit der Überlassung wegen der Rückzahlungsverpflichtung bezgl. der Leibrente Reallasten nebst Vormerkung eingeräumt, gehört das zum Inhalt des Vertrages (**Wiederkaufsrecht**, oben Sachverhalt c).

3.165 Unterwerfungserklärungen des Übernehmers, die die gegenüber dem Übergeber jeweils begründeten Zahlungsverpflichtungen sichern, betreffen insoweit denselben Beurkundungsgegenstand i.S.d. § 109 I S. 4 Nr. 4.

3.166 Grundsätzlich sind die Werte mehrerer Verfahrensgegenstände zu addieren, § 35 I. Sind für die Beurkundungsgegenstände jedoch unterschiedliche Gebührensätze maßgebend, so ist die Gebühr für den jeweiligen Beurkundungsgegenstand gesondert zu erheben, wenn dies für den Schuldner günstiger ist, § 94 I. Das ist hier gegenüber 2,0 (Nr. 21100 KV, mind. 120 Euro) aus 529 000 Euro der Fall (oben gestrichen).

→ **Fall 11: Überlassung (als Ausstattung) mit Pflichtteilsverzicht durch den Erwerber**

A. Sachverhalt

3.167 A, Witwe und Mutter von B und C, überlässt dem B ein unbelastetes Grundstück als Ausstattung gem. § 1624 BGB (Wert: 140 000 Euro). B verzichtet mit Wirkung für sich und seine Abkömmlinge auf sämtliche Pflichtteilsrechte, die ihm nach dem Tod der A zustehen.

Neben dem Grundstück verfügt A über ein **weiteres Vermögen** von 840 000 Euro, ihre Verbindlichkeiten belaufen sich auf 520 000 Euro.

B. Rechnung

3.168

Pos.	Gebührentatbestand	Geschäftswert	KV-Nr.	Satz	Betrag
	Beurkundungsverfahren (§§ 97 I, III, 46 I, 102 I, IV)	140 000	21100	2,0	654,00

C. Erläuterungen

3.169 Der Geschäftswert bestimmt sich nach dem höheren Leistungsversprechen eines der Vertragspartner, § 97 III. Zu vergleichen sind:

– für den Übergeber:

Grundstücksverkehrswert, § 46 II Nr. 2   140 000 Euro

Die Bestimmung als Ausstattung seitens des Übergebers beeinflusst den Wert nicht, sie beschreibt lediglich eine besondere Form der Unterhaltsgewährung.

– für den Übernehmer:

Pflichtteilsverzicht (Rz. 3.55 ff.), §§ 102 I S. 1,2, IV   105 000 Euro

III. Überlassungsverträge mit Gegenleistungen

Der Pflichtteilsverzicht berechnet sich in folgenden Schritten: 3.170

aa) Bildung des Vermögenswertes
verbleibendes Vermögen   840 000 Euro
bb) Abzug der Verbindlichkeiten
abzgl. Verbindlichkeiten   – 520 000 Euro
Wert nach § 102 I   320 000 Euro
mind. aa/2   **420 000 Euro**
cc) Pflichtteilsquote (¼) von 420 000 Euro   **105 000 Euro**

Anmerkung zu aa: Eingang in diese Position findet nur das **weitere Vermögen** der A i.S.d. geschilderten Sachverhalts. Das an B überlassene Grundstück wird nicht hinzugerechnet.

→ **Fall 12: Überlassung mit Gegenleistungen des Erwerbers (Schuldübernahme, Gewährung eines Wohnungsrechts) und Pflichtteilsverzicht sowie Pflichtteilsergänzungsverzicht durch den weichenden Erben**

A. Sachverhalt

Die verwitwete A (66 Jahre) überlässt ihrem Sohn B ein Wohnhausgrundstück (Wert: 200 000 Euro), welches mit einer Grundschuld in Höhe von 180 000 Euro belastet ist. Als Gegenleistung schuldet B 3.171

– die **Übernahme** einer **Zahlungsverpflichtung** (100 000 Euro) aus dem durch die Grundschuld gesicherten Darlehensvertrag im Wege der Erfüllungsübernahme, weshalb er sich in Höhe des Nennbetrags des Grundpfandrechts gegenüber dem Gläubiger der sofortigen Zwangsvollstreckung unterwirft,
– ein lebenslanges **Wohnungsrecht** (Jahreswert 4800 Euro) und
– den **Verzicht** auf sämtliche **Pflichtteilsrechte**, die ihm und seinen Abkömmlingen nach dem Tod der Übergeberin zustehen

Der anwesende Bruder C verzichtet hinsichtlich des überlassenen Grundstücks auf mögliche **Pflichtteilsergänzungsansprüche**.

Neben dem Grundstück verfügt A über ein **weiteres Vermögen** von 90 000 Euro, ihre Verbindlichkeiten belaufen sich auf insgesamt 150 000 Euro (die von B zu übernehmenden 100 000 Euro sind in diesem Betrag enthalten).

Der Notar wird mit der **Einholung** der Genehmigung für die **Schuldübernahme** bei dem Gläubiger beauftragt.

B. Rechnung

3.172

Pos.	Gebührentatbestände	Geschäfts-wert	KV-Nr.	Satz	Betrag
(1)	Beurkundungsverfahren (§§ 86 II, 94 I)	~~405 000~~	~~21100~~	~~2,0~~	~~1570,00~~
	a) Überlassungsvertrag (§§ 97 III, 46, 52 IV)	200 000	21100	2,0	
	b) Pflichtteilsergänzungs-verzichtsvertrag (§§ 102 IV, III, I 1–2)	25 000	21100	2,0	
		225 000	21100	2,0	970,00
	c) Schuldanerkenntnis (§ 97 I)	180 000	21200	1,0	408,00
(2)	Vollzug (Vorbem. 2.2.1.1 I 2 Nr. 8 KV, § 112) (Einholung der Schuldübernahme-genehmigung)	405 000	22110	0,5	392,50

C. Erläuterungen

3.173 **Pos. (1):**

a) Der Geschäftswert bestimmt sich nach dem höheren Leistungsversprechen eines der Vertragspartner, § 97 III. Zu vergleichen sind:

– für den Übergeber:

Grundstücksverkehrswert, § 46 II Nr. 2   200 000 Euro

– für den Übernehmer:

Schuldübernahme, § 97 I   100 000 Euro

Wohnungsrecht (10facher Jahreswert, Rz. 3.58, 3.66), § 52 IV   48 000 Euro

Pflichtteilsverzicht (Rz. 3.55 f.), §§ 102 I, 4   11 250 Euro

3.174 Der Wert des **Pflichtteilsverzichtes** des **Übernehmers** wird in folgenden Schritten berechnet:

aa) Bildung des Vermögenswertes

verbleibendes Vermögen   90 000 Euro

bb) Abzug der Verbindlichkeiten

abzgl. Verbindlichkeiten   – 50 000 Euro

Wert nach § 102 I   40 000 Euro

aber mind. aa/2   **45 000 Euro**

cc) Pflichtteilsquote (¼) aus 45 000 Euro   **11 250 Euro**

Anmerkungen:

zu aa) Eingang in diese Position findet nur das **weitere Vermögen** der A i.S.d. geschilderten Sachverhalts. Das an B überlassene Grundstück wird nicht hinzugerechnet.

zu bb) Das Vermögen, bezüglich dessen der B seinen Verzicht erklärt, ist das **weitere Vermögen** der Übergeberin A i.S.d. geschilderten Sachverhalts, mithin das ihr nach dem Vollzug der Überlassung verbleibende Vermögen. Da das Grundstück bei dem Vermögen der Übergeberin A nicht berücksichtigt wird, sind auch die darauf lastenden Verbindlichkeiten nicht bei dem ihr verbleibenden Vermögen abzuziehen; demgemäß verbleibt es bei einem Abzug in Höhe von 50 000 Euro (150 000 Euro Gesamtverbindlichkeiten – 100 000 Euro Verbindlichkeiten auf dem Grundstück).

b) Der Wert des **Verzichtes auf einen Pflichtteilsergänzungsanspruch** des **weichenden Erben** wird in folgenden Schritten berechnet: 3.175

aa) betroffener Vermögenswert	
Wert des Grundstücks	200 000 Euro
bb) Abzug der Gegenleistungen des Übernehmers	
Schuldübernahme	– 100 000 Euro
das A gewährte Wohnungsrecht	– 48 000 Euro
Wert nach § 102 I	52 000 Euro
mind. aa)/2	**100 000 Euro**
cc) Pflichtteilsquote (¼) aus 100 000 Euro	**25 000 Euro**

Zu den einzelnen Berechnungsschritten s. Rz. 3.74 ff.

Anmerkung: Maßgebend für den Wert des Verzichts ist entsprechend § 102 IV i.V.m. III i.V.m. I S. 1,2 der Grundstückswert abzüglich der Gegenleistungen des Übernehmers für die Überlassung des Grundstücks; zu den Gegenleistungen gehört allerdings nicht dessen Pflichtteilsverzicht.

c) Der Wert folgt dem Betrag, wegen dessen das Schuldanerkenntnis erfolgt bzw. wegen dessen sich unterworfen wird. 3.176

Gegenstandshäufung 3.177

Überlassungs- und **Verzichtsvertrag** auf die Pflichtteilsergänzung betreffen verschiedene Beurkundungsgegenstände i.S.d. § 86 II. 3.178

Schuldanerkenntnis und **Unterwerfungserklärung** gegenüber dem Gläubiger des Grundpfandrechts dienen nicht der Erfüllung oder Durchführung i.S.d. § 109 I S. 1–3 der Verträge. Untereinander haben sie zwar denselben Gegenstand (§ 109 I S. 4 Nr. 4), im Verhältnis zur Überlassung betreffen sie jedoch einen verschiedenen Beurkundungsgegenstand (§ 110 Nr. 2a), ebenso zum Verzichtsvertrag (§ 86 II). 3.179

3.180 Grundsätzlich sind die Werte mehrerer Verfahrensgegenstände zu addieren, § 35 I. Sind für die Beurkundungsgegenstände jedoch unterschiedliche Gebührensätze maßgebend, so ist die Gebühr für den jeweiligen Beurkundungsgegenstand gesondert zu erheben, wenn dies für den Schuldner günstiger ist, § 94 I. Das ist hier gegenüber 2,0 (Nr. 21100 KV, mind. 120 Euro) aus 405 000 Euro der Fall (oben gestrichen).

3.181 **Pos. (2):**

3.182 Gemäß Vorbemerkung 2.2.1.1 I S. 2 Nr. 8 KV gehört die Tätigkeit zum **Vollzug des Geschäfts**.

3.183 Der Geschäftswert bestimmt sich nach dem Wert der Beurkundung (200 000 Euro (Überlassungsvertrag) + 25 000 Euro (Verzichtsvertrag) + 180 000 Euro (Schuldanerkenntnis/Unterwerfung)). Maßgebend ist die Wertsumme der einzelnen Beurkundungsgegenstände (§ 35 I) und zwar unabhängig davon, ob wegen der Vergleichsberechnung (§ 94) für die Verfahrensgebühr ein getrennter Ansatz zu wählen war.

→ **Fall 13: Überlassung mit Gegenleistungen des Erwerbers (Schuldübernahme, Gewährung eines Wohnungsrechts) und Pflichtteilsverzicht durch den weichenden Erben nebst Ausgleichszahlung**

A. Sachverhalt

3.184 Die verwitwete A (66 Jahre) überlässt ihrem Sohn B ein Wohnhausgrundstück (Wert: 200 000 Euro), welches mit einer Grundschuld in Höhe von 180 000 Euro belastet ist. Als Gegenleistung schuldet B

– die **Übernahme** einer **Zahlungsverpflichtung** (100 000 Euro) aus dem durch die Grundschuld gesicherten Darlehensvertrag im Wege der Erfüllungsübernahme, weshalb er sich in Höhe des Nennbetrags des Grundpfandrechts gegenüber dem Gläubiger der sofortigen Zwangsvollstreckung unterwirft,

– ein lebenslanges **Wohnungsrecht** (Jahreswert 4800 Euro) und

– **Zahlung** von 60 000 Euro an den Bruder C

C erklärt sich gegenüber seiner Mutter hinsichtlich seines **Pflichtteilsrechts** als abgefunden und **verzichtet** auf die Geltendmachung derartiger Ansprüche.

Neben dem Grundstück verfügt A über ein **weiteres Vermögen** von 90 000 Euro, ihre Verbindlichkeiten belaufen sich auf insgesamt 150 000 Euro.

Der Notar wird mit der **Einholung** der Genehmigung für die **Schuldübernahme** bei dem Gläubiger beauftragt.

III. Überlassungsverträge mit Gegenleistungen

B. Rechnung

Pos.	Gebührentatbestände	Geschäfts-wert	KV-Nr.	Satz	Betrag
(1)	Beurkundungsverfahren (§§ 86 II, 94 I)	~~448 000~~	~~21100~~	~~2,0~~	~~1870,0~~
	a) Überlassungsvertrag (§§ 97 III, 46, 52 IV)	208 000	21100	2,0	
	b) Pflichtteilsverzichtsvertrag (§ 102 IV)	60 000	21100	2,0	
		268 000	21100	2,0	1170,00
	c) Schuldanerkenntnis (§ 97 I)	180 000	21200	1,0	408,00
(2)	Vollzug (Vorbem. 2.2.1.1 I 2 Nr. 8 KV, § 112) (Einholung der Schuldübernahmegenehmigung)	448 000	22110	0,5	442,50

3.185

C. Erläuterungen

Pos. (1): 3.186
a) Der Geschäftswert bestimmt sich nach dem höheren Leistungsversprechen eines der Vertragspartner, § 97 III. Zu vergleichen sind:
– für den Übergeber:
Grundstücksverkehrswert, § 46 II Nr. 2   200 000 Euro
– für den Übernehmer:
Schuldübernahme, § 97 I   100 000 Euro
Wohnungsrecht (10facher Jahreswert, Rz. 3.58, 3.66), § 52 IV   48 000 Euro
Abstandszahlung (Rz. 3.52), § 97 I   <u>60 000 Euro</u>
    208 000 Euro

Der Geschäftswert für den Überlassungsvertrag beträgt 208 000 Euro.

b) Der Wert des **Verzichtes auf einen Pflichtteilsanspruch** des **weichenden Erben** wird in folgenden Schritten berechnet: 3.187

aa) Bildung des Vermögenswertes
verbleibendes Vermögen   90 000 Euro
zzgl. Grundstückswert   200 000 Euro
bb) Abzug der Verbindlichkeiten
abzgl. Verbindlichkeiten   <u>– 150 000 Euro</u>
Wert nach § 102 I   140 000 Euro
mind. aa/2   **145 000 Euro**

cc)	Pflichtteilsquote (¼) aus 145 000 Euro	36 250 Euro
dd)	Abstandszahlung	60 000 Euro
ee)	Wert des Verzichts (**höherer** Wert)	**60 000 Euro**

Zu den einzelnen Berechnungsschritten s.a. Rz. 3.72 f.

Anmerkungen:

zu aa) Maßgebend ist das **Vermögen** der Übergeberin A unter Berücksichtigung des dem B überlassenen Grundstücks; dieses wird dem weiteren Vermögen der Übergeberin A i.S.d. Sachverhalts hinzugerechnet.

zu cc bis ee) Der Pflichtteilsverzicht (einschließlich des Pflichtteilsergänzungsverzichts) des weichenden Erben C wird nach § 102 IV i.V.m. I S. 1, 2 bewertet. Da C gegen eine Abstandszahlung verzichtet, liegt kostenrechtlich ein Austauschvertrag nach § 97 III vor. Anzusetzen ist daher entweder der Wert des Pflichtteilsverzichts oder, wenn höher, der Betrag der Abstandszahlung; Letzteres ist vorliegend der Fall.

3.188 c) Der Wert folgt dem Betrag, wegen dessen das Schuldanerkenntnis erfolgt bzw. wegen dessen sich unterworfen wird.

3.189 **Gegenstandshäufung**

3.190 **Überlassungs-** und **Verzichtsvertrag** betreffen verschiedene Beurkundungsgegenstände i.S.d. § 86 II.

3.191 **Schuldanerkenntnis** und **Unterwerfungserklärung** gegenüber dem Gläubiger des Grundpfandrechts dienen nicht der Erfüllung oder Durchführung i.S. des § 109 I S. 1–3 der Verträge. Untereinander haben sie zwar denselben Gegenstand (§ 109 I S. 4 Nr. 4), im Verhältnis zur Überlassung betreffen sie jedoch einen verschiedenen Beurkundungsgegenstand (§ 110 Nr. 2a), ebenso zum Verzichtsvertrag (§ 86 II).

3.192 Grundsätzlich sind die Werte mehrerer Verfahrensgegenstände zu addieren, § 35 I. Sind für die Beurkundungsgegenstände jedoch unterschiedliche Gebührensätze maßgebend, so ist die Gebühr für den jeweiligen Beurkundungsgegenstand gesondert zu erheben, wenn dies für den Schuldner günstiger ist, § 94 I. Das ist hier gegenüber 2,0 (Nr. 21100 KV, mind. 120 Euro) aus 448 000 Euro der Fall (oben gestrichen).

3.193 **Pos. (2):**

3.194 Gemäß Vorbemerkung 2.2.1.1 I S. 2 Nr. 8 KV gehört die Tätigkeit zum **Vollzug** des Geschäfts.

3.195 Der Geschäftswert bestimmt sich nach dem Wert der Beurkundung (208 000 Euro (Überlassungsvertrag) + 60 000 Euro (Verzichtsvertrag) + 180 000 Euro (Schuldanerkenntnis/Unterwerfung)). Maßgebend ist die Wertsumme der einzelnen Beurkundungsgegenstände (§ 35 I) und zwar unabhängig davon, ob wegen der Vergleichsberechnung (§ 94) für die Verfahrensgebühr ein getrennter Ansatz zu wählen war.

III. Überlassungsverträge mit Gegenleistungen

→ **Fall 14: Übergabe eines einzelkaufmännischen Gewerbebetriebs**

A. Sachverhalt

Der Inhaber eines Einzelunternehmens überlässt seinen Betrieb mit allen Aktiven und Passiven sowie das neben dem Betrieb errichtete Wohnhaus im Wege der vorweggenommenen Erbfolge seinem Sohn. Es werden folgende Angaben gemacht:

Betrieb:

– Aktiva (vorläufige Bestandsaufnahme) 565 000 Euro

In den Aktiva ist das Betriebsgrundstück samt -gebäude mit einem Buchwert in Höhe von 130 000 Euro enthalten. Nach den Angaben des Inhabers hat das Grundstück aber einen Verkehrswert in Höhe von 250 000 Euro.

– Verbindlichkeiten 237 000 Euro

Grundstücksteil mit Wohnhaus: 300 000 Euro (Verkehrswert)

Das Grundstück ist mit einer Grundschuld (280 000 Euro) belastet, die Restschuld aus dem Darlehen beträgt 165 000 Euro. Als Gegenleistung für die Überlassung übernimmt der Sohn

– alle Rechte und Pflichten aus betrieblichen Vertragsverhältnissen einschl. der Dauerschuldverhältnisse (wie Miet-, Wartungs-, Versicherungs- und Versorgungsverträge)

– die Arbeitsverhältnisse (§ 613a BGB)

– **schuldbefreiend** die im Betrieb entstandenen Verbindlichkeiten insb. die des durch die Grundschuld gesicherten Darlehens

– die Versorgung des Übergebers durch

  – **Wohnungsrecht** für die Eltern (Vater 62, Mutter 52 Jahre alt) als Gesamtberechtigte mit einem Jahreswert von 4500 Euro.

  – **Leibrente** für die Eltern als Gesamtberechtigte auf Lebensdauer in Höhe von monatlich 3700 Euro (wertgesichert)

Der Sohn **unterwirft** sich in Höhe des **Grundschuldnennbetrages** gegenüber dem Gläubiger der sofortigen Zwangsvollstreckung.

Die **Ehegattin** des Übergebers stimmt der Überlassung gem. § 1365 BGB zu. Mit Blick auf ihr gesetzliches Pflichtteilsrecht erklärt sie, mit einer früheren Geldschenkung abgefunden zu sein; vorsorglich **verzichtet** sie gegenüber dem Übergeber auf ihr gesetzliches **Pflichtteilsrecht gegenständlich beschränkt** in der Weise, dass der Vertragsgegenstand für die Berechnung ihres Pflichtteilsanspruchs unbeachtlich ist.

Der Notar wird mit der **Einholung der Zustimmung** des Gläubigers der Grundschuld zur Schuldübernahme beauftragt.

B. Rechnung

3.197

Pos.	Gebührentatbestände	Geschäfts-wert	KV-Nr.	Satz	Betrag
(1)	Beurkundungsverfahren (§§ 86 II, 94 I)	~~1 388 125~~	~~21100~~	~~2,0~~	~~4750,00~~
	a) Überlassungsvertrag (§§ 97 I, III, 46, 52 IV)	985 000	21100	2,0	
	b) Pflichtteilsergänzungs-verzichtsvertrag (§§ 102 IV, III, I 1–2)	123 125	21100	2,0	
		1 108 125	21100	2,0	3950,00
	c) Schuldanerkenntnis (§ 97 I)	280 000	21200	1,0	585,00
(2)	Vollzug (Vorbem. 2.2.1.1 I 2 Nr. 8 KV, § 112) (Einholung der Schuldübernahme-genehmigung)	1 388 125	22110	0,5	1187,50

C. Erläuterungen

3.198 **Pos. (1):**

a) Der Geschäftswert bestimmt sich nach dem höheren Leistungsversprechen eines der Vertragspartner, § 97 III. Zu vergleichen sind:

– für den Übergeber:

Betrieb (Rz. 3.27), Aktiva (einschl. Grundstück zum Buchwert)	565 000 Euro
abzgl. Buchwert des Grundstücks	130 000 Euro
zzgl. Verkehrswert des Grundstücks	<u>250 000 Euro</u>
Betrieb gesamt	685 000 Euro
– Grundstücksverkehrswert (Wohnhaus), § 46 II Nr. 2	<u>300 000 Euro</u>
gesamt	985 000 Euro

Der Wert des Betriebes entspricht der Summe der einzelnen Vermögensgegenstände. Für die Bewertung des einzelnen Vermögensgegenstands gehen die im GNotKG vorgesehenen Bestimmungen anderen Bewertungstechniken vor. Demgemäß ist hier der steuerliche Ansatz des Betriebsgrundstücks (Buchwert, 130 000 Euro) durch den Ansatz des Grundstücks mit dessen Verkehrswert (§ 46, 250 000 Euro) zu ersetzen. Ein Schuldenabzug findet gem. § 38 S. 1 nicht statt, § 54 findet keine Anwendung.

– für den Übernehmer:

Schuldübernahme, § 97 I	237 000 Euro
Wohnungsrecht (10facher Jahreswert, Rz. 3.58 f., 3.66), § 52 IV	45 000 Euro
Leibrente (10facher Jahreswert, Rz. 3.58 f., 3.67), § 52 IV	<u>444 000 Euro</u>
gesamt	726 000 Euro

b) Der Wert des **Pflichtteilsergänzungsverzichts** der weichenden Erbin wird in folgenden Schritten berechnet: 3.199

aa) betroffene Vermögenswerte

Betrieb (wie Rz. 3.198)	685 000 Euro
Wohngrundstücksteil	300 000 Euro
	985 000 Euro

bb) Abzug der Gegenleistungen des Übernehmers

Schuldübernahme	– 237 000 Euro
Wohnungsrecht	– 45 000 Euro
Leibrente	– 444 000 Euro
	– 726 000 Euro
Wert nach § 102 I	259 000 Euro
mind. aa)/2	**492 500 Euro**

cc) Pflichtteilsquote (¼*) aus 100 000 Euro **123 125 Euro**

* im Güterstand der Zugewinngemeinschaft

Zu den einzelnen Berechnungsschritten s. Rz. 3.74 ff.

Anmerkung: Maßgebend für den Wert des Verzichts ist entsprechend § 102 IV i.V.m. III i.V.m. I S. 1,2 der Wert des Einzelunternehmens (985 000 Euro) abzüglich der Gegenleistungen des Übernehmers für die Überlassung des Einzelunternehmens (726 000 Euro); der Mindestwert in Höhe des halben Wertes des Einzelunternehmens darf dabei aber nicht unterschritten werden.

c) Der Wert entspricht dem Betrag des Schuldanerkenntnisses bzw. Unterwerfung. 3.200

Gegenstandshäufung 3.201

Überlassungs- und **Verzichtsvertrag** auf die Pflichtteilsergänzung betreffen verschiedene Beurkundungsgegenstände i.S.d. § 86 II. 3.202

Schuldanerkenntnis und **Unterwerfungserklärung** gegenüber dem Gläubiger des Grundpfandrechts dienen nicht der Erfüllung oder Durchführung i.S. des § 109 I S. 1–3 der Verträge. Untereinander haben sie zwar denselben Gegenstand (§ 109 I S. 4 Nr. 4), im Verhältnis zur Überlassung betreffen sie jedoch einen verschiedenen Beurkundungsgegenstand (§ 110 Nr. 2a), ebenso zum Verzichtsvertrag (§ 86 II). 3.203

Grundsätzlich sind die Werte mehrerer Verfahrensgegenstände zu addieren, § 35 I. Sind für die Beurkundungsgegenstände jedoch unterschiedliche Gebührensätze maßgebend, so ist die Gebühr für den jeweiligen Beurkundungsgegenstand gesondert zu erheben, wenn dies für den Schuldner günstiger ist, § 94 I. Das ist hier gegenüber 2,0 (Nr. 21100 KV, mind. 120 Euro) aus 1 388 125 Euro der Fall (oben gestrichen). 3.204

3.205 **Pos. (2):**

Gemäß Vorbemerkung 2.2.1.1 I S. 2 Nr. 8 KV gehört die Tätigkeit zum **Vollzug des Geschäfts.**

3.206 Der Geschäftswert bestimmt sich nach dem Wert der Beurkundung (985 000 Euro (Überlassung) + 280 000 Euro (Schuldanerkenntnis/Unterwerfung) + 123 125 Euro (Verzichtsvertrag)). Maßgebend ist die Wertsumme der einzelnen Beurkundungsgegenstände (§ 35 I) und zwar unabhängig davon, ob wegen der Vergleichsberechnung (§ 94) für die Verfahrensgebühr ein getrennter Ansatz zu wählen war.

→ **Fall 15: Übergabe eines landwirtschaftlichen Betriebes**

A. Sachverhalt

3.207 A überträgt seinen landwirtschaftlichen Betrieb (Hofstelle samt lebendem und totem Inventar, Maschinen, Vorräten und Rechten) sowie das von ihm dort errichtete Wohnhaus im Wege der vorweggenommenen Erbfolge seinem Sohn B, der den Betrieb fortführt. Mit der Übergabe wird er für seine bisher geleistete Tätigkeit auf dem Hof abgefunden. Die Grundstücke sind mit einer Gesamtgrundschuld in Höhe von 230 000 Euro belastet, die gegenwärtig noch Verbindlichkeiten von 65 000 Euro sichert.

Für die Überlassung schuldet B:

- die **Übernahme** der **Zahlungsverpflichtung** aus dem durch die Grundschuld gesicherten Darlehensvertrag, weshalb er sich in Höhe des Nennbetrags des Grundpfandrechts gegenüber dem Gläubiger der sofortigen Zwangsvollstreckung unterwirft,
- ein **Wohnungs- und Mitbenutzungsrecht** für die Eltern (Wert: 250 Euro/Monat), das dem Überlebenden in vollem Umfang allein zusteht; B trägt auch die Wohnnebenkosten (einschl. Heizung, Elektroenergie, Wasser/Abwasser) von etwa 150 Euro/Monat
- ein **Taschengeld** von 250 Euro/Monat; stirbt ein Elternteil, besteht die Zahlungspflicht in Höhe von 150 Euro fort
- soweit die Eltern nicht mehr selbst dazu in der Lage sind:
  - hauswirtschaftliche und **Pflegeleistungen**, wenn nach einer hausärztlichen Beurteilung ein Aufwand von durchschnittlich insgesamt 90 Minuten am Tag nicht überschritten wird (Pflegestufe I, § 15 SBG XI),
  - die **Verpflegung** einschl. der Zubereitung der Mahlzeiten
- ein standesgemäßes **Begräbnis** nebst Pflege und Schmuck des Grabes entsprechend der örtlichen Sitte
- eine **Abstandszahlung** (70 000 Euro) an den Bruder C als weichenden Erben
- eine bedingte **Auszahlung** an C in Höhe von 50 % des **Nettoerlöses** falls B den Vertragsgegenstand ganz oder teilweise innerhalb der nächsten zehn Jahre veräußert
- die **Rückübertragung** falls B den Vertragsgegenstand ganz oder teilweise ohne Zustimmung des A veräußert oder belastet

III. Überlassungsverträge mit Gegenleistungen

Die Eltern des B sind im Güterstand der Zugewinngemeinschaft verheiratet. Die vorstehenden Rechte werden ihnen, soweit sie ihrer Versorgung im Alter dienen, als Gesamtberechtigte nach § 428 BGB auf deren Lebenszeit eingeräumt. Die Berechtigten sind 62 (A) bzw. 52 Jahre alt.

B verzichtet mit Blick auf die Überlassung auf seine **Pflichtteilsansprüche** am Nachlass des Übergebers und erklärt sich diesbezüglich als abgefunden. Der anwesende Bruder C verzichtet hinsichtlich des überlassenen Betriebs auf mögliche **Pflichtteilsergänzungsansprüche**.

Der Landwirtschaftbetrieb bewirtschaftet etwa 600 ha. Nach Mitteilung des Steuerberaters ergeben sich für den Monatsabschluss Aktiva in Höhe von 1,44 Mio. Euro denen Verbindlichkeiten in Höhe von 960 000 Euro gegenüberstehen.

Der Ersatzwirtschaftswert des Landwirtschaftsbetriebes wurde durch das Finanzamt mit 360 000 Euro ermittelt. Der Verkehrswert (einschließlich der Wohngebäude) wird mit etwa 1 Mio. Euro beziffert. Für das Wohngrundstück liegt ein Einheitswertbescheid über 18 000 DM vor. **Weiteres Vermögen** des Übergebers ist **nicht vorhanden**.

Der Notar wird mit der **Einholung** der Zustimmung des Gläubigers zur **Schuldübernahme**, der **Genehmigung** nach der GVO und dem GrdstVG beauftragt.

B. Rechnung

Pos.	Gebührentatbestände	Geschäftswert	KV-Nr.	Satz	Betrag
(1)	Beurkundungsverfahren (§§ 86 II, 94 I)	~~696 813~~	~~21100~~	~~2,0~~	~~2510,00~~
	a) Überlassungsvertrag (§§ 97 I, III, 46, 48, 52 IV)	396 813	21100	2,0	
	b) Pflichtteilsergänzungsverzichtsvertrag (§§ 102 IV, III, I 1–2)	70 000	21100	2,0	
		466 813	21100	2,0	1770,00
	c) Schuldanerkenntnis (§ 97 I)	230 000	21200	1,0	485,00
(2)	Vollzug (Vorbem. 2.2.1.1 I 2 Nrn. 1, 8 KV, § 112) (Einholung der Genehmigungen nach der GVO und dem GrdstVG sowie der Schuldübernahmegenehmigung)	696 813	22110	0,5	627,50

3.208

C. Erläuterungen

Pos. (1):

a) Der Geschäftswert bestimmt sich nach dem höheren Leistungsversprechen eines der Vertragspartner, § 97 III. Zu vergleichen sind:

3.209

– für den Übergeber:

Landwirtschaftsbetrieb (Rz. 3.28 ff., 3.38), Ersatzwirtschaftswert, § 48 I S. 4	360 000 Euro
Wohnhaus (Rz. 3.38), vierfacher Einheitswert, § 48 I S. 1	36 813 Euro
	396 813 Euro

3.210 – für den Übernehmer:

Schuldübernahme, § 97 I	65 000 Euro
Wohnungsrecht (10facher Jahreswert, Rz. 3.58 f., 3.66), § 52 IV	48 000 Euro
Taschengeld (10facher Jahreswert, Rz. 3.58 ff., 3.67), § 52 IV	30 000 Euro
Wart und Pflege (30 % des 10fachen Jahreswerts, Rz. 3.58 f., 3.69), §§ 52 IV, 36 I	17 568 Euro
Verköstigung (30 % des 10fachen Jahreswerts, Rz. 3.58 f., 3.70), §§ 52 IV, 36 I	16 992 Euro
Beerdigungskosten, Grabpflege, § 36 I	5 000 Euro
Abstandszahlung an C, § 97 I	70 000 Euro
Erlösauskehr bei Veräußerung, § 36 I	100 000 Euro
Veräußerung oder Belastungsverbot, §§ 48 I, 50 Nr. 1	40 681 Euro
Pflichtteilsverzicht (Rz. 3.55 ff.), § 102 IV S. 2	0 Euro
	393 241 Euro

Anmerkung zum Pflichtteilsverzicht des Übernehmers (letzte Position): Eingang in diesen Punkt findet nur das **weitere Vermögen** des Übergebers, welches nach dem geschilderten Sachverhalt 0 Euro beträgt. Die an B überlassenen Vermögensgegenstände werden nicht hinzugerechnet.

3.211 b) Betrieb und Wohnhaus werden im Rahmen der Berechnung des **Pflichtteilsergänzungsanspruchs** nur mit dem nach § 48 I begünstigten Wert angesetzt, die Verbindlichkeiten mit ¼ ihres Betrages (240 000 Euro, Rz. 3.78). Letzteres ergibt sich aus dem Verhältnis zwischen Aktiva und Ersatzwirtschaftswert von hier 4:1 (1 440 000 Euro/360 000 Euro).

3.212 Berechnet wird dann wie folgt:

aa) betroffene Vermögenswerte wie Rz. 3.209	396 813 Euro
bb) Abzüge	
Übernehmerleistungen wie Rz. 3.210	– 393 241 Euro
Verbindlichkeiten wie Rz. 3.211 (s.a. Anmerkung)	– 175 000 Euro
Wert nach § 102 I	– 171 428 Euro
mind. aa)/2	**198 406,50 Euro**

cc)	Pflichtteilsquote (⅛) aus 198 406,50 Euro	24 801 Euro
dd)	Abstandszahlung	70 000 Euro
ee)	Wert des Verzichts (**höherer** Wert)	**70 000 Euro**

Zu den einzelnen Berechnungsschritten s. Rz. 3.74 ff.

Anmerkungen:

zu bb) Maßgebend für den Wert des Verzichts sind entsprechend § 102 IV i.V.m. III i.V.m. I S. 1,2 die Werte des Betriebs (360 000 Euro) und des Wohnhauses (36 813 Euro) abzüglich der betrieblichen Verbindlichkeiten und der Gegenleistungen des Übernehmers für die Überlassung (gesamt 568 241 Euro); der Mindestwert in Höhe des halben Wertes der übertragenen Vermögensgegenstände darf dabei aber nicht unterschritten werden.

Der sich aus der Rz. 3.211 ergebende Betrag in Höhe von 240 000 Euro beinhaltet auch den vom Übernehmer zur weiteren Tilgung übernommenen Darlehensrest in Höhe von 65 000 Euro. Da dieser Betrag auch schon in der Rz. 3.210 enthalten ist, war er hier abzuziehen, um eine doppelte Berücksichtigung zu vermeiden.

zu cc bis ee) Der Pflichtteilsverzicht (einschließlich des Pflichtteilsergänzungsverzichts) des weichenden Erben C wird nach § 102 IV i.V.m. I S. 1, 2 bewertet. Da C gegen eine Abstandszahlung verzichtet, liegt kostenrechtlich ein Austauschvertrag nach § 97 III vor. Anzusetzen ist daher entweder der Wert des Pflichtteilsverzichts oder, wenn höher, der Betrag der Abstandszahlung; Letzteres ist vorliegend der Fall.

c) Der Wert folgt dem Betrag, wegen dessen das Schuldanerkenntnis erfolgt bzw. wegen dessen sich unterworfen wird. 3.213

Gegenstandshäufung 3.214

Überlassungs- und **Verzichtsvertrag** auf die Pflichtteilsergänzung betreffen verschiedene Beurkundungsgegenstände i.S.d. § 86 II. 3.215

Schuldanerkenntnis und **Unterwerfungserklärung** gegenüber dem Gläubiger des Grundpfandrechts dienen nicht der Erfüllung oder Durchführung i.S.d. § 109 I S. 1–3 der Verträge. Untereinander haben sie zwar denselben Gegenstand (§ 109 I S. 4 Nr. 4), im Verhältnis zur Überlassung betreffen sie jedoch einen verschiedenen Beurkundungsgegenstand (§ 110 Nr. 2a), ebenso zum Verzichtsvertrag (§ 86 II). 3.216

Grundsätzlich sind die Werte mehrerer Verfahrensgegenstände zu addieren, § 35 I. Sind für die Beurkundungsgegenstände jedoch unterschiedliche Gebührensätze maßgebend, so ist die Gebühr für den jeweiligen Beurkundungsgegenstand gesondert zu erheben, wenn dies für den Schuldner günstiger ist, § 94 I. Das ist hier gegenüber 2,0 (Nr. 21100 KV, mind. 120 Euro) aus 696 813 Euro der Fall (oben gestrichen). 3.217

Pos. (2): 3.218
Gemäß Vorbemerkung 2.2.1.1 I S. 2 Nr. 1 und 8 KV gehören die Tätigkeiten zum **Vollzug** des Geschäfts. Die Gebühr fällt jedoch nur einmal an, § 93 I S. 1.

3.219 Der Geschäftswert bestimmt sich nach dem Wert der Beurkundung (396 813 Euro (Überlassungsvertrag) + 230 000 Euro (Schuldanerkenntnis/Unterwerfung) + 70 000 Euro (Verzichtsvertrag)). Maßgebend ist die Wertsumme der einzelnen Beurkundungsgegenstände (§ 35 I) und zwar unabhängig davon, ob wegen der Vergleichsberechnung (§ 94) für die Verfahrensgebühr ein getrennter Ansatz zu wählen war.

→ **Fall 16: Vorweggenommene Erbfolge durch gesellschaftsrechtliche Regelungen (Familiengesellschaft, -pool)**

A. Sachverhalt

3.220 Die Eheleute M und F sowie deren Kinder S und T **errichten** eine **Gesellschaft** bürgerlichen Rechts, an der sie zu gleichen Anteilen beteiligt sind. F überträgt ihr Grundstück (Wert: 700 000 Euro) auf die GbR im Sinne einer Beitragsleistung zur Förderung des Gesellschaftszwecks und lässt es dieser auf. Die übrigen Gesellschafter haben keine wirtschaftlichen Beiträge zu leisten.

Ihre **Anteile** am anfänglichen Gesellschaftsvermögen erhalten M im Wege einer ehebedingten Zuwendung und S und T im Wege der vorweggenommenen Erbfolge **unentgeltlich zugewandt**.

S und T haben sich die Übertragung im Umfang der jeweiligen Berechtigung am Gesellschaftsvermögen auf ihren Pflichtteil nach F anrechnen zu lassen und auf deren einseitiges Verlangen bei Eintritt der gesetzlichen Erbfolge mit den Erben zur Ausgleichung zu bringen.

F behält sich an dem eingebrachten Grundstück den **Nießbrauch** vor, außerdem wendet sie M den Nießbrauch zu, aufschiebend bedingt durch ihr Vorversterben und auflösend bedingt für den Fall des Getrenntlebens. Beide Nießbrauchsrechte werden zur Eintragung im Grundbuch bewilligt, wobei vorerst nur der Eintragungsantrag für F gestellt ist. Des Weiteren behält sich F das Recht vor, die Rückübertragung des Grundstücks von der GbR zu verlangen, wenn sich die GbR auflöst oder ein gesetzlicher oder gesellschaftsvertraglicher Grund dafür vorliegt, dass ein Gesellschafter aus der GbR ausscheidet oder ausgeschlossen werden kann. Zur Sicherung dieses bedingten **Rückforderungsrechts** wird die Eintragung einer durch den Tod von F befristeten Eigentumsvormerkung bewilligt und beantragt. M stimmt der Grundstückseinbringung im Hinblick auf § 1365 BGB zu. Die am Grundstück eingetragene Grundschuld (250 000 Euro) sichert noch Verbindlichkeiten in Höhe von 200 000 Euro.

III. Überlassungsverträge mit Gegenleistungen

B. Rechnung

Pos.	Gebührentatbestände	Geschäftswert	KV-Nr.	Satz	Betrag
	Beurkundungsverfahren (§§ 35 I, 86 II)	1 225 000	21100	2,0	4270,00
a)	Gesellschaftsgründung (§§ 97 I, 46 I, 107 I)	700 000	21100	2,0	
b)	Zuwendungsvertrag (§§ 97 I, 46 I)	175 000	21100	2,0	
c)	Zuwendungsvertrag (§§ 97 I, 46 I)	175 000	21100	2,0	
d)	Zuwendungsvertrag (§§ 97 I, 46 I)	175 000	21100	2,0	

3.221

C. Erläuterungen

a) Der Geschäftswert für die **Gründung der GbR** bestimmt sich nach der Summe der eingebrachten Leistungen. Vorliegend ist der Verkehrswert des eingebrachten Grundstücks ohne Schuldenabzug in Höhe von 700 000 Euro maßgebend. Die Grundstückseinbringung, namentlich die Auflassung, ist als Erfüllungsgeschäft gem. § 109 I S. 4 Nr. 2 gegenstandsgleich zum Gesellschaftsvertrag, löst also keine gesonderte Gebühr aus.

3.222

Der für F vorbehaltene und der dem M bedingt zugewendete **Nießbrauch** sind nicht gesondert zu bewerten. Sie sind zum einen – im kostenrechtlichen Sinn – Gegenleistung für die Grundstückseinbringung bzw. für die Anteilsübertragung, zum anderen aber auch Inhalt dieser Verträge. Gleiches gilt für das bedingte **Rückforderungsrecht**; die es sichernde Eigentumsvormerkung ist gegenstandsgleich. Inhalt der Zuwendungsverträge betreffend S und T ist auch die Anrechnungsbestimmung auf deren Pflichtteilsansprüche, weshalb sich die Anrechnungsbestimmung nicht werterhöhend auswirkt.

3.223

Für die Gründung der GbR sind gem. § 107 I S. 1 sowohl ein Mindest- als auch ein Höchstwert zu beachten (30 000 bzw. 10 Mio. Euro).

b–d) Es liegen insgesamt drei zueinander gegenstandsverschiedene **Anteilszuwendungen** vor, jede davon hat einen Wert von 175 000 Euro (¼ aus 700 000 Euro); der zusammengerechnete Wert beträgt also 525 000 Euro.

3.224

Die Gründung der GbR und die Anteilszuwendungen betreffen verschiedene Gegenstände i.S.d. § 86 II. Da sie als vertragliche Erklärungen demselben Gebührensatz unterliegen, sind die Geschäftswerte ohne weiteres zu addieren, § 35 I.

3.225

IV. Zuwendungen in besonderen Gemeinschaftsverhältnissen

→ **Fall 17: Unbenannte Zuwendung eines Miteigentumsanteils**

A. Sachverhalt

3.226 A ist Eigentümer eines unbelasteten Grundstücks. Im Wege der ehebedingten Zuwendung überträgt er einen ½ Miteigentumsanteil an seine Ehefrau.

Für den Fall der Ehescheidung behält sich A das Recht vor, den Miteigentumsanteil zurück zu verlangen. Die bedingte Rückübertragungsverpflichtung wird durch eine Vormerkung gesichert. Der Wert des übertragenen Miteigentumsanteiles wird mit etwa 125 000 Euro angegeben.

B. Rechnung

3.227

Pos.	Gebührentatbestand	Geschäftswert	KV-Nr.	Satz	Betrag
	Beurkundungsverfahren (§§ 97 III, 36 I, 46 I)	125 000	21100	2,0	600,00

C. Erläuterungen

3.228 Die ehebedingte Zuwendung wird nicht der Schenkung zugeordnet. Allerdings ist der Geschäftswert nur dann nach § 97 III zu bestimmen, wenn eine Gegenleistung im Vertrag vereinbart worden ist. Andernfalls richtet sich der Wert wie auch bei der Schenkung nur nach dem Grundstücksverkehrswert, § 97 I.

3.229 Die (beurkundete) Gegenleistung der Ehefrau besteht hier lediglich in der bedingten Rückübertragungsverpflichtung. Der Bedingung wird durch einen Wertabschlag gem. § 36 I Rechnung getragen, wobei der Ansatz regelmäßig mit 10–30 % des Wertes übertragenen Gegenstands erfolgt.

3.230 Da die Übernehmerleistung hinter dem Wert des Miteigentumsanteiles zurückbleibt, bildet dieser den Geschäftswert für das Beurkundungsverfahren.

3.231 Die für die bedingte Rückübertragungsverpflichtung einzutragende Vormerkung dient der Sicherung des Geschäfts. Ein gesonderter Gebührenansatz erfolgt gem. § 109 I S. 1, 2 nicht, da ihr Wert hinter der Übertragung zurückbleibt bzw. wegen § 109 I S. 5 gleich hoch und der Gebührensatz nicht höher ist (§ 94 II).

→ **Fall 18: Unbenannte Zuwendung eines Miteigentumsanteils und Schuldbeitritt**

A. Sachverhalt

3.232 A überträgt im Wege der ehebedingten Zuwendung einen ½ Miteigentumsanteil des Wohngrundstücks an ihren Ehemann. A hat das Grundstück vor der Eheschließung erworben und den Kaufpreis teilweise durch ein Darlehen in Höhe von 180 000 Euro finanziert, für das in gleicher Höhe eine Grundschuld eingetragen wurde. Der Ehemann wird künftig die gegenüber der Gläubigerin noch in Höhe von 160 000 Euro bestehende Verbindlichkeit **hälftig** zur Zahlung über-

IV. Zuwendungen in besonderen Gemeinschaftsverhältnissen

nehmen und **tritt** dem **Schuldverhältnis** insoweit als Gesamtschuldner **bei**. Er erkennt an, der Gläubigerin einen Betrag in Höhe des Nennbetrags des Grundpfandrechts zu schulden und unterwirft sich diesbezüglich der sofortigen Zwangsvollstreckung.

Der Wert des übertragenen Miteigentumsanteiles wird mit etwa 125 000 Euro angegeben.

B. Rechnung

Pos.	Gebührentatbestände	Geschäfts-wert	KV-Nr.	Satz	Betrag
	Beurkundungsverfahren (§§ 35 I, 86 II)	~~305 000~~	~~21100~~	~~2,0~~	~~1270,00~~
	a) Zuwendungsvertrag (§§ 97 III, 46 I)	125 000	21100	2,0	600,00
	b) Schuldanerkenntnis (§ 97 I)	180 000	21200	1,0	408,00

3.233

C. Erläuterungen

a) Der Wert für die Beurkundung des Zuwendungsvertrages entspricht dem wertmäßig höheren Leistungsversprechen eines der Vertragspartner, wobei der Vergleich hier zwischen dem Verkehrswert des Miteigentumsanteils und dem **Schuldbeitritt** stattfindet. Dieser ist wegen der Wirkung nur im **Innenverhältnis** in Höhe der Hälfte des effektiv geschuldeten Betrags anzusetzen, § 97 I.

Der Wert des Grundstücks wird durch die Angaben der Beteiligten hinreichend belegt.

3.234

b) Der **Schuldbeitritt** wirkt im **Außenverhältnis** wie eine **Schuldübernahme**. Deren Wert folgt dem Betrag, wegen dessen das Schuldanerkenntnis erfolgt bzw. wegen dessen sich unterworfen wird.

3.235

Schuldanerkenntnis und Unterwerfungserklärung gegenüber dem Gläubiger des Grundpfandrechts dienen nicht der Erfüllung oder Durchführung i.S.d. § 109 I S. 1–3 des Überlassungsvertrages. Untereinander haben sie zwar denselben Gegenstand (§ 109 I S. 4 Nr. 4), im Verhältnis zur Überlassung betreffen sie jedoch einen verschiedenen Beurkundungsgegenstand (§ 110 Nr. 2a).

3.236

Grundsätzlich sind die Werte mehrerer Verfahrensgegenstände zu addieren, § 35 I. Sind für die Beurkundungsgegenstände jedoch unterschiedliche Gebührensätze maßgebend, so ist die Gebühr für den jeweiligen Beurkundungsgegenstand gesondert zu erheben, wenn dies für den Schuldner günstiger ist, § 94 I. Das ist hier gegenüber 2,0 (Nr. 21100 KV, mind. 120 Euro) aus 305 000 Euro der Fall.

3.237

V. Vertragsänderungen und -aufhebungen

→ **Fall 19: Änderung einer wiederkehrenden Leistung**

A. Sachverhalt

3.238 A hatte im Alter von 52 Jahren dem Sohn B sein Einzelunternehmen gegen Zahlung einer monatlichen Leibrente in Höhe von 3700 Euro übertragen. Die Rente ist auf sein Verlangen an veränderte wirtschaftliche Verhältnisse anzupassen.

5 Jahre später verlangt A von B die Erhöhung der vereinbaren Leibrente um monatlich 200 Euro. B hat dem zugestimmt.

Der Notar beurkundet die Änderungen einschließlich der Unterwerfung des B wegen seiner weiteren Zahlungsverpflichtungen.

B. Rechnung

3.239

Pos.	Gebührentatbestand	Geschäftswert	KV-Nr.	Satz	Betrag
	Beurkundungsverfahren (§§ 97 II, 52 IV)	24 000	21100	2,0	230,00

C. Erläuterungen

3.240 Zur Leibrente allgemein: Rz. 3.58 f., 3.61, 3.67, hier: 10facher Jahreswert der Differenz (200 Euro × 12 Monate × 10 Jahre = 24 000 Euro).

3.241 Die Unterwerfungserklärung sichert die Zahlungsverpflichtung und betrifft damit denselben Beurkundungsgegenstand i.S.d. § 109 I S. 4 Nr. 4.

→ **Fall 20: Vereinbarung einer Veräußerungs- und Belastungsbeschränkung**

A. Sachverhalt

3.242 A hatte seinem Sohn ein Grundstück (Wert: 220 000 Euro) geschenkt. Die Beteiligten vereinbaren im Nachhinein, dass der Übernehmer zur Rückübertragung verpflichtet sein soll, wenn er das Grundstück ohne Zustimmung des Übergebers veräußert oder belastet. Zur Sicherung der bedingten Verpflichtung des Übernehmers wird eine Vormerkung zur Eintragung im Grundbuch bewilligt und beantragt.

B. Rechnung

3.243

Pos.	Gebührentatbestände	Geschäftswert	KV-Nr.	Satz	Betrag
	Beurkundungsverfahren (§§ 97 II, 46 I, 36 I)	22 000	21100	2,0	214,00

C. Erläuterungen

Für eine Veräußerungs- und Belastungsbeschränkung hat der Gesetzgeber einen festen Wert von 10 % des von der Beschränkung betroffenen Gegenstandswertes vorgesehen, § 50 Nr. 1. Die Vereinbarung darüber ist Gegenstand der Bewertung, die im Falle der Zuwiderhandlung ausgelöste (bedingte) Verpflichtung zur Rückübertragung bleibt unbewertet, § 109 I S. 1, 2 GNotKG.

3.244

Eintragungsbewilligung und -antrag für die Vormerkung dienen unmittelbar der Sicherung der Verpflichtung. Sie betreffen daher denselben Beurkundungsgegenstand i.S.d. § 109 I S. 1–2, 5. Eine gesonderte Bewertung kommt daher nicht in Betracht.

3.245

→ **Fall 21: Aufhebung eines von keiner Seite erfüllten Überlassungsvertrages**

A. Sachverhalt

A hatte ihrem Sohn ein mit einem sanierungsbedürftigen Wohnhaus bebautes Grundstück (Wert: 140 000 Euro) überlassen, welches sie noch selbst bewohnt. Die Umschreibung des Eigentums ist im Grundbuch noch nicht vollzogen.

3.246

Die Beteiligten heben den Vertrag nun vollständig auf.

B. Rechnung

Pos.	Gebührentatbestand	Geschäfts-wert	KV-Nr.	Satz	Betrag
	Beurkundungsverfahren (§§ 97 I, 46 I)	140 000	21102 Nr. 2	1,0	327,00

3.247

C. Erläuterungen

Der Geschäftswert für das Beurkundungsverfahren entspricht dem Verkehrswert des Grundstückes.

3.248

→ **Fall 22: Aufhebung eines bereits teilerfüllten Überlassungsvertrages**

A. Sachverhalt

A hatte seinem Sohn ein mit einem sanierungsbedürftigen Wohnhaus bebautes Grundstück (Wert: 140 000 Euro) überlassen und war kurz nach der Beurkundung ausgezogen. Nachdem der Übernehmer zwar noch nicht im Grundbuch als Eigentümer eingetragen ist, aber bereits mit Teilsanierungen begonnen hat, heben die Beteiligten den Vertrag wieder auf. Der nur geringe Sanierungsumfang hat den Wert des Grundstücks nicht beeinflusst.

3.249

B. Rechnung

3.250

Pos.	Gebührentatbestände	Geschäfts-wert	KV-Nr.	Satz	Betrag
	Beurkundungsverfahren (§§ 97 I, 46 I)	140 000	21102 Nr. 2	1,0	327,00

C. Erläuterungen

3.251 Der Geschäftswert für das Beurkundungsverfahren entspricht dem Verkehrswert des Grundstückes.

3.252 Der Aufhebungsvertrag ist hinsichtlich des Gebührensatzes nach Nr. 21102 Nr. 2 KV begünstigt. Darüber hinaus gehende Vereinbarungen, beispielsweise solche über die Rückgewähr von (Teil-)Leistungen, können denselben oder einen verschiedenen Beurkundungsgegenstand betreffen und demzufolge gem. § 94 I bzw. II zu einer Wert- oder Gebührenerhöhung führen.

VI. Rückabwicklungen und Verfügungsgeschäfte

→ **Fall 23: Rückübertragung infolge Ausübung eines vom Übergeber vorbehaltenen Wiederkaufsrechtes (Beurkundung der Auflassung durch Urkundsnotar der Überlassung)**

A. Sachverhalt

3.253 A hatte seiner Tochter das mit seiner Ehefrau selbst genutzte Wohnhaus überlassen und sich im Falle des Vorversterbens der Tochter oder wenn sich deren Vermögensverhältnisse verschlechtern, ein Wiederkaufsrecht (§ 456 BGB) vorbehalten.

A hatte die **Rückübertragung** des Grundstücks außerhalb der Urkunde bereits verlangt, nachdem die Tochter die für A übernommenen Zahlungsverpflichtungen für ein Darlehen nicht mehr nachkommen konnte. Aufgrund der finanziellen Notlage der Tochter hat A bereits die Rückzahlung der wegen der Überlassung erhaltenen **monatlichen Leibrente** vorgenommen, wozu er bei Rückauflassung des Grundstücks im Fall des Wiederkaufs Zug um Zug auch verpflichtet gewesen wäre.

Der Notar, der auch den Überlassungsvertrag beurkundet hatte, beurkundet nun die **Auflassung** und die **Löschungserklärungen** zu den im Rahmen der Überlassung zugunsten des Übergebers eingetragenen Sicherungsrechten. Der Wert des Grundstücks wird mit 330 000 Euro angegeben.

B. Rechnung

3.254

Pos.	Gebührentatbestand	Geschäfts-wert	KV-Nr.	Satz	Betrag
	Beurkundungsverfahren (§§ 97 I, 46 I)	330 000	21101 Nr. 2	0,5	342,50

C. Erläuterungen

Der Wert der Auflassung folgt dem Verkehrswert des Grundstücks. Die Löschungserklärungen (Anträge und Bewilligungen) sichern die lastenfreie Rückübertragung des Grundstücks und betreffen daher denselben Beurkundungsgegenstand i.S.d. § 109 I S. 1, 2 und 5.

3.255

Die Gebühr für die Auflassung ist mit der 0,5 Gebühr begünstigt, da die Beurkundung von dem Urkundsnotar des Überlassungsvertrages vorgenommen wird.

3.256

Ihm werden der Aktenverwahrer (§ 51 BNotO), der Notariatsverwalter (§ 56 BNotO) oder ein anderer Notar, mit dem der Notar am Ort seines Amtssitzes zur gemeinsamen Berufsausübung verbunden ist oder mit dem er dort gemeinsame Geschäftsräume unterhält, gleichgestellt, Vorbem. 2 I KV.

→ **Fall 24: Rückübertragung infolge Ausübung eines vom Übergeber vorbehaltenen Wiederkaufsrechtes (Beurkundung der Auflassung und weiterer Erklärungen durch den Urkundsnotar der Überlassung)**

A. Sachverhalt

Ausgangsfall ist der Fall 23; abweichend davon stellen die Beteiligten fest, dass die Leibrente für insgesamt 22 Monate gezahlt worden war und mithin ein Betrag von 17 600 Euro zur Rückzahlung Zug um Zug mit der Rückauflassung fällig wäre.

3.257

Der Notar beurkundet nun die Auflassung nebst den Löschungserklärungen sowie vertragliche Regelungen zu einer abweichenden Fälligkeit der Rückzahlung.

Die Beteiligten weisen den Notar an, bis zur Mitteilung der Tochter (Rückübertragende) über die erfolgte Zahlung keine Ausfertigungen oder begl. Abschriften zu erteilen, die die Auflassung bzw. Löschungserklärungen enthalten.

B. Rechnung

Pos.	Gebührentatbestände	Geschäftswert	KV-Nr.	Satz	Betrag
(1)	Beurkundungsverfahren (§§ 86 II, 94 I)	~~333 520~~	~~21100~~	~~2,0~~	~~1270,00~~
	a) Auflassung (§§ 97 I, 46 I)	330 000	21101 Nr. 2	0,5	342,50
	b) Fälligkeitsvereinbarung (§§ 97 I, 36 I)	3520	21100	2,0	120,00
(2)	Betreuung (Nr. 22200 Anm. Nr. 3 KV, § 113 I) (Umschreibungsüberwachung)	333 520	22200	0,5	342,50

3.258

C. Erläuterungen

3.259 **Pos. (1):**

a) Der Wert der Auflassung folgt dem Verkehrswert des Grundstücks. Die Löschungserklärungen (Anträge und Bewilligungen) sichern die lastenfreie Rückübertragung des Grundstücks und betreffen daher denselben Beurkundungsgegenstand i.S.d. § 109 I S. 1, 2 und 5 wie die Auflassung.

3.260 b) Während sich der Betrag der Rückzahlung und die Verpflichtung hierzu unmittelbar aus dem durch die Erklärung ausgelösten Wiederkauf ergeben, stellen die abweichenden Regelungen zur Fälligkeit des Rückzahlungsbetrages eine Änderung des bestehenden Rechtsverhältnisses dar.

Da die Fälligkeitsregelung nur einen Teilaspekt der Rückzahlung betrifft, dessen Wert betragsmäßig nicht bestimmt ist, findet § 36 I Anwendung.

3.261 Die Auflassung dient der Erfüllung des durch die Ausübungserklärung aufschiebend bedingten Wiederkaufs aus dem vorangegangenen Beurkundungsverfahren. Die Vereinbarungen zur Änderungen der Fälligkeit sind daher als verschiedene Gegenstände i.S.d. § 86 II zu verstehen.

3.262 Die Gebühr für die Auflassung ist mit der 0,5 Gebühr begünstigt, da die Beurkundung von dem Urkundsnotar des Überlassungsvertrages vorgenommen wird.

Ihm werden der Aktenverwahrer (§ 51 BNotO), der Notariatsverwalter (§ 56 BNotO) oder ein anderer Notar, mit dem der Notar am Ort seines Amtssitzes zur gemeinsamen Berufsausübung verbunden ist oder mit dem er dort gemeinsame Geschäftsräume unterhält, gleichgestellt, Vorbem. 2 I KV.

3.263 Wegen der unterschiedlichen Gebührensätze sind die Gebühren jeweils gesondert zu berechnen, es sei denn, die Anwendung des höchsten Gebührensatzes auf die Geschäftswertsumme wäre günstiger, § 94 I. Das ist bei 2,0 Gebühren (Nr. 21100 KV, mind. 120 Euro) aus 333 520 Euro nicht der Fall.

3.264 **Pos. (2):**

Die Beachtung der Anweisung der Beteiligten gehört zu den Betreuungstätigkeiten gem. Nr. 22200 Anm. Nr. 3 KV.

3.265 Der Geschäftswert ergibt sich aus der Summe der Beurkundungsgegenstände, auch wenn die Gebühren für das Beurkundungsverfahren getrennt aus den Werten der Beurkundungsgegenstände zu erheben sind, § 113 I.

→ **Fall 25: Rückübertragung infolge Ausübung eines vom Übergeber vorbehaltenen Wiederkaufsrechtes (Beurkundung der Auflassung durch Fremdnotar)**

A. Sachverhalt

3.266 Ausgangsfall ist der Fall 23; die Auflassung beurkundet ein Notar, der weder den Überlassungsvertrag beurkundete, noch Sozius/Bürogemeinschaftspartner oder Notariatsverwalter/Amtsnachfolger dieses Notars ist.

VI. Rückabwicklungen und Verfügungsgeschäfte

B. Rechnung

3.267

Pos.	Gebührentatbestände	Geschäfts-wert	KV-Nr.	Satz	Betrag
(1)	Beurkundungsverfahren (§§ 97 I, 46 I)	330 000	21102 Nr. 1	1,0	685,00

C. Erläuterungen

Der Wert der Auflassung folgt dem Verkehrswert des Grundstücks. Die Löschungserklärungen (Anträge und Bewilligungen) sichern die lastenfreie Rückübertragung des Grundstücks und betreffen daher denselben Beurkundungsgegenstand i.S.d. § 109 I S. 1, 2 und 5 wie die Auflassung.

3.268

Die Gebühr für die Auflassung ist mit 1,0 begünstigt, da das Verpflichtungsgeschäft bereits beurkundet ist. Eine weitere Begünstigung scheidet aus, da die Beurkundung weder von dem Urkundsnotar des Überlassungsvertrages noch von einem ihm (kostenrechtlich) gleichgestellten Aktenverwahrer (§ 51 BNotO), Notariatsverwalter (§ 56 BNotO) oder Sozius, vorgenommen wird, Vorbemerkung 2 I KV.

3.269

Teil 4
Wohnungs- und Teileigentum

Inhaltsübersicht

I. Überblick 4.1
1. Einführung 4.1
2. Übersichtstabellen 4.3
3. Gebühr 4.7
4. Geschäftswert 4.8
5. Derselbe Beurkundungsgegenstand/Verschiedene Beurkundungsgegenstände 4.9
6. Vollzugs-, Betreuungs- und Treuhandtätigkeiten 4.15
7. Gebührenfreie (Neben-) Geschäfte 4.16
8. Unrichtige Sachbehandlung... 4.18
9. Gebührenermäßigung 4.19
10. Besonderheiten/Sonstiges 4.20

II. Begründung nach § 8 WEG 4.23
Fall 1: Begründung nach § 8 WEG – Standardfall 4.23
Fall 2: Aufteilung eines Erbbaurechts in Wohnungserbbaurechte 4.27
Fall 3: Begründung nach § 8 WEG mit Einräumung von Vorkaufsrechten 4.30

III. Begründung nach § 3 WEG 4.34
Fall 4: Begründung nach § 3 WEG – Standardfall 4.34
Fall 5: Begründung nach § 3 WEG mit Einräumung von Vorkaufsrechten 4.38
Fall 6: Verpflichtung zur Begründung von Wohnungs- bzw. Teileigentum 4.42
Fall 7: Begründung nach § 3 WEG nach vorausgegangener Verpflichtung.............. 4.45

IV. Weitere verschiedene Beurkundungsgegenstände im Rahmen der Begründung 4.49
Fall 8: Begründung nach § 3 WEG mit vorheriger Anpassung der Miteigentumsanteile...... 4.49

Fall 9: Begründung nach § 3 WEG und Verpflichtung zur Realteilung 4.53
Fall 10: Begründung nach § 8 WEG und Übertragung ... 4.56

V. Nachträgliche dingliche Einigung 4.60
Fall 11: Einigung über die Einräumung des Wohnungseigentums 4.60

VI. Unterteilung von Wohnungs-/Teileigentum 4.64
Fall 12: Unterteilung von Wohnungs- bzw. Teileigentum 4.64

VII. Zusammenlegung 4.68
Fall 13: Zusammenlegung von Wohnungs- bzw. Teileigentum 4.68

VIII. Änderung der Teilungserklärung.................. 4.71
Fall 14: Punktuelle Änderung der Gemeinschaftsordnung... 4.71
Fall 15: Neufassung der Gemeinschaftsordnung......... 4.74
Fall 16: Umwandlung von Teileigentum in Wohnungseigentum (und umgekehrt) ... 4.77

IX. Aufhebung von Wohnungs- bzw. Teileigentum 4.81
Fall 17: Aufhebung von Wohnungs- bzw. Teileigentum durch die Miteigentümer 4.81
Fall 18: Aufhebung von Wohnungs- bzw. Teileigentum durch die Miteigentümer noch vor Bebauung 4.85
Fall 19: Aufhebung von Wohnungs- bzw. Teileigentum durch den Alleineigentümer . 4.89

Fall 20: Aufhebung von Wohnungs- bzw. Teileigentum und Realteilung 4.92

Fall 21: Aufhebung von Wohnungs- bzw. Teileigentum und Realteilung, wobei die Verpflichtung hierzu bereits besteht................... 4.95

X. Dauerwohn- und Dauernutzungsrecht 4.98

Fall 22: Dauerwohnrecht ... 4.98

XI. Verkauf 4.102

Fall 23: Verkauf von Wohnungs- bzw. Teileigentum... 4.102

Fall 24: Verkauf eines Sondernutzungsrechts an einen anderen Wohnungseigentümer... 4.109

Fall 25: Verkauf aller Eigentumswohnungen einer Wohnanlage, Nachverpfändung und Aufhebung des Wohnungseigentums................. 4.113

Fall 26: Kellertausch 4.116

Fall 27: Herauslösung eines Grundstücks aus einer Mehrhausanlage 4.119

XII. Weitere Tätigkeiten 4.123

Fall 28: Ermittlung der Miteigentumsanteile 4.123

Fall 29: Beurkundung von Beschlüssen der Wohnungseigentümerversammlung, Verwalterbestellung 4.126

Fall 30: Nachweis der Verwaltereigenschaft gemäß § 26 III WEG 4.130

Fall 31: Beurkundung von Beschlüssen der Wohnungseigentümerversammlung, Aufhebung der Verfügungsbeschränkung gemäß § 12 IV WEG 4.134

Fall 32: Verwalterzustimmung nach § 12 WEG zum Verkauf von Wohnungseigentum 4.139

Fall 33: Separate Baubeschreibung für den Verkauf von noch zu errichtenden Wohnungseigentum 4.140

Stichwortverzeichnis

Änderung
– Gemeinschaftsordnung, Neufassung 4.74
– Gemeinschaftsordnung, punktuelle Änderung 4.71
– Übersichtstabelle 4.4
– Umwandlung von Teileigentum in Wohnungseigentum (und umgekehrt) 4.77
Aufhebung
– durch den Alleineigentümer 4.89
– durch die Miteigentümer 4.81, 4.85
– Sondereigentum 4.121
– Übersichtstabelle 4.5
– und Realteilung 4.92
– und Realteilung, wobei Verpflichtung hierzu besteht 4.95
– Verfügungsbeschränkung gem. § 12 IV WEG 4.134
– Grundbuchkosten 4.138

– Unterschriftsbeglaubigung unter Aufhebungsbeschluss 4.137
– vertraglich 4.81
– vor Bebauung 4.85
– vor Eintragung im Grundbuch 4.84, 4.88
Auslagen
– Dokumente größer als DIN A3 4.20
– Farbkopien 4.21
– später beantragte Dokumente 4.22
Baubeschreibung
– in der Teilungserklärung 4.14, 4.143
– separate Beurkundung 4.140
Begründung nach § 3 WEG
– mit Vorkaufsrechten 4.38, 4.49
– nach vorausgegangener Verpflichtung 4.45
– Standardfall 4.34
– Übersichtstabelle 4.3
– Verpflichtung zur Begründung 4.42

451

Begründung nach § 8 WEG
– Aufteilung in Wohnungserbbaurechte 4.27
– mit Vorkaufsrechten 4.30
– reine Grundbucherklärungen 4.7
– Standardfall 4.23
– Übersichtstabelle 4.3
– und Übertragung 4.56
– Unterschriftsbeglaubigung 4.7
– Unterteilung von Wohnungs-/Teileigentum 4.64
– Vereinigungsantrag nach § 890 BGB 4.13, 4.32
Beschlüsse der Wohnungseigentümerversammlung
– Aufhebung der Veräußerungsbeschränkung 4.134
– Verwalterbestellung 4.126
Betreuungstätigkeiten
– Kaufpreisfälligkeit/Umschreibungsüberwachung 4.106
– Bestätigung des Verwalters bzgl. Zahlung Hausgeld/Wohngeld 4.108
– Überblick 4.15
Beurkundungsgegenstand, derselbe
– Baubeschreibung 4.14
– Gemeinschaftsordnung 4.10, 4.25
– Herauslösung Grundstück und Teilungsantrag, Pfanderstreckung-/freigabe 4.119
– Kauf und Zuweisung Sondernutzungsrecht 4.13
– Kauf und Zwangsvollstreckungsunterwerfung bzgl. Hausgeld/Wohngeld 4.13, 4.104
– Überblick 4.9 ff.
– Veräußerung und Zustimmung des Verwalters nach § 12 WEG 4.13, 4.139
– Vereinigungsantrag nach § 890 BGB 4.13, 4.32
Beurkundungsgegenstände, verschiedene
– Anpassung der Miteigentumsanteile 4.49
– Aufhebung Sondereigentum und Übertragung 4.119
– Aufhebung und Neubegründung 4.11
– Aufhebung und Realteilung 4.11, 4.92, 4.95
– Baubeschreibung 4.14, 4.143
– Begründung und Übertragung 4.56
– Begründung und Verteilung Grundschuld 4.40

– Beschluss Aufhebung Verfügungsbeschränkung und Löschungsantrag 4.134
– Kauf und Aufhebung 4.113
– Kauf und Begründung 4.11
– Überblick 4.9 ff.
– Veräußerung 4.11
– Verpflichtung zur Realteilung 4.11, 4.53
– Verwalterbestellung 4.12, 4.129
– Vorkaufsrechte 4.11, 4.30, 4.38, 4.49
Bewertungsvorschriften
– Übersichtstabellen 4.3 ff.
Dauerwohn- und Dauernutzungsrecht
– Einräumung 4.98
Ermittlung der Miteigentumsanteile 4.123
Gemeinschaftsordnung 4.10, 4.25, 4.71, 4.74, 4.77
Herauslösung eines Grundstücks 4.119
Kellertausch 4.116
Nachträgliche Einigung
– anderer Notar 4.63
– Einigung über die Einräumung 4.60
Nachweis der Verwaltereigenschaft 4.130
Teileigentum 4.2
Treuhandtätigkeiten
– Überblick 4.15
Überblick
– Baukosten, Baunebenkosten 4.8
– Besonderheiten/Sonstiges 4.20
– Derselbe Beurkundungsgegenstand 4.9 f., 4.13 f.
– ein Beurkundungsgegenstand 4.10
– Einführung 4.1
– Gebühr 4.7
– Gebührenmäßigung 4.19
– Gebührenfreie (Neben-)Geschäfte 4.16
– Geschäftswert 4.8
– künftige Bebauung, Wert des zu errichtenden Bauwerks 4.8
– Übersichtstabellen 4.3 ff.
– Unrichtige Sachbehandlung 4.18
– Verschiedene Beurkundungsgegenstände 4.9, 4.11, 4.14
– Vollzugs-, Betreuungs- und Treuhandtätigkeiten 4.15
Umwandlung von Teileigentum in Wohnungseigentum (und umgekehrt) 4.77
Unrichtige Sachbehandlung
– Begründung und Übertragung 4.59
– Überblick 4.18

Unterteilung von Wohnungseigentum
- analog § 8 WEG 4.64
Verkauf eines Sondernutzungsrechts 4.109
Verkauf von Wohnungs-/Teileigentum 4.102, 4.113
- aller Eigentumswohnungen einer Wohnanlage 4.113
- Aufhebung Wohnungseigentum 4.115
- Nachverpfändung 4.115
- Übersichtstabelle 4.6
- Zuweisung Sondernutzungsrecht 4.13
- Zwangsvollstreckungsunterwerfung Wohngeld 4.13, 4.104
Verwalterbestellung
- Beschluss 4.126
- in Begründungsurkunde 4.12, 4.129
- in Gemeinschaftsordnung 4.12, 4.129
- Nachweis der Verwaltereigenschaft 4.130
Vollzug
- Einholung Abgeschlossenheitsbescheinigung 4.15, 4.26, 4.37, 4.67, 4.80, 4.101
- Einholung Genehmigung des vollmachtlos Vertretenen 4.52
- Einholung Genehmigung nach § 22 BauGB 4.33, 4.41

- Einholung Gläubigerzustimmung 4.41, 4.112
- Einholung Pfandfreigabeerklärung 4.122
- Einholung Verwalterbestätigung bezgl. Zahlung Hausgeld/Wohngeld 4.108
- Einholung Verwalterzustimmung 4.105
- Einholung Vorkaufsrechtsanfrage Mieter 4.105
- Entwurf Verwalterzustimmung 4.107, 4.139
- in besonderen Fällen 4.17
- Überblick 4.15
Weitere Tätigkeiten
- Baubeschreibung 4.140
- Beschluss Aufhebung der Beschränkung § 12 IV WEG 4.134
- Beschluss Verwalterbestellung 4.126
- Ermittlung der Miteigentumsanteile 4.123
- Nachweis der Verwaltereigenschaft 4.130
- Verwalterzustimmung 4.139
Wohnungserbbaurecht
- Aufteilung 4.27
Zusammenlegung/Vereinigung von Wohnungseigentum 4.68

I. Überblick

1. Einführung

In diesem Abschnitt wird die Begründung von Wohnungseigentum gemäß § 3 und § 8 WEG sowie dessen Aufhebung behandelt. Es werden aber auch einzelne Änderungen zur Teilungserklärung nebst Gemeinschaftsordnung sowie Geschäfte angesprochen, die mit dem Wohnungseigentum im Zusammenhang stehen. 4.1

Soweit im Folgenden von „Wohnungseigentum" die Rede ist, soll auch „Teileigentum" erfasst sein. 4.2

2. Übersichtstabellen

4.3 Die maßgeblichen Bewertungsvorschriften bei der **Begründung von Wohnungseigentum** lauten:

Gebühr bei vertraglicher Einräumung von Sondereigentum nach § 3 WEG	Nr. 21100 KV (2,0), mindestens 120 Euro
Gebühr bei Teilung durch den Eigentümer nach § 8 WEG (einschließlich Festlegung der Gemeinschaftsordnung) a) Beurkundung b) Entwurf mit Unterschriftsbeglaubigung c) reine Unterschriftsbeglaubigung	a) Nr. 21200 KV (1,0), mindestens 60 Euro b) Nrn. 24101, 21200 KV (0,3–1,0, hier: 1,0 wegen § 92 II), mindestens 60 Euro c) Nr. 25100 (0,2), mindestens 20 Euro, höchstens 70 Euro
Geschäftswert	§§ 97 I, 42 I, 46 (der Wert des bebauten Grundstücks; ist das Grundstück noch nicht bebaut, ist der Wert des zu errichtenden Bauwerks hinzuzurechnen)

4.4 Die maßgeblichen Bewertungsvorschriften bei der **Änderung von Wohnungseigentum** lauten:

Gebühr bei Änderung von Wohnungs-/Teileigentum	Nr. 21100 KV (2,0), mindestens 120 Euro
Geschäftswert	Maßgebend ist der Wert der Änderung. Hat die Änderung keinen bestimmbaren Wert, ist ein Teilwert nach billigem Ermessen vom Wert nach § 42 I (Grundstückswert mit Bauwerk/zu errichtenden Bauwerk) anzunehmen, § 36 I.

4.5 Die maßgeblichen Bewertungsvorschriften bei der **Aufhebung von Wohnungseigentum** lauten:

Gebühr bei Aufhebung von Wohnungseigentum a) vertragliche Aufhebung b) Aufhebung durch Alleineigentümer	a) Nr. 21100 KV (2,0), mindestens 120 Euro b) Nr. 21201 Nr. 4 KV (0,5), mindestens 30 Euro
Geschäftswert	a) und b) §§ 97 I, 42 I, 46 (maßgebend ist der Wert des bebauten Grundstücks)

I. Überblick

Die maßgeblichen Bewertungsvorschriften bei der **Veräußerung von Wohnungseigentum** lauten: 4.6

Gebühr bei Veräußerung von Wohnungseigentum a) Verkauf von Wohnungseigentum b) unentgeltliche Übertragung von Wohnungseigentum	a) und b) Nr. 21100 KV (2,0), mindestens 120 Euro
Geschäftswert	a) §§ 97 III, 47, 46 I (Maßgebend ist der Kaufpreis, es sei denn, der Verkehrswert des Wohnungseigentums ist höher.) b) §§ 97 I, 46 I (Maßgebend ist der Verkehrswert des Wohnungseigentums.)

3. Gebühr

Nach Nr. 21100 KV GNotKG wird für die Beurkundung einer Teilungserklärung nach § 3 WEG (vertragliche Einräumung) eine **2,0 Gebühr** erhoben, wobei die Mindestgebühr 120 Euro beträgt. Für die Beurkundung einer Teilungserklärung nach § 8 WEG (Teilung durch den Eigentümer einschließlich der Festlegung der Gemeinschaftsordnung) wird eine **1,0 Gebühr** nach Nr. 21200 KV GNotKG erhoben. Die Mindestgebühr beträgt 60 Euro. Enthält die Teilungserklärung nach § 8 WEG lediglich **Grundbucherklärungen**, also keine Gemeinschaftsordnung, ist eine **0,5 Gebühr** nach Nr. 21201 Nr. 4 KV GNotKG zu erheben. Die Mindestgebühr beträgt 30 Euro. Bei der Fertigung eines Entwurfes ist eine Rahmengebühr nach Nrn. 24100, 24101 oder 24102 KV GNotKG zu erheben, je nachdem, welche Gebühr für das Beurkundungsverfahren anzunehmen wäre. Die vollständige Erstellung des Entwurfes löst nach § 92 II GNotKG die Höchstgebühr aus.[1] Bei **bloßer Beglaubigung** einer Unterschrift unter einer solchen Erklärung fällt eine **0,2 Gebühr** nach Nr. 25100 KV GNotKG an (mindestens 20 Euro, höchstens 70 Euro).[2]

4.7

4. Geschäftswert

Gemäß § 42 I GNotKG ist der Geschäftswert bei der Begründung von Wohnungs- oder Teileigentum und bei Geschäften, die die Aufhebung oder das Erlöschen von Sondereigentum betreffen, mit dem vollen **Wert des bebauten Grundstücks** anzunehmen.[3] Ist das Grundstück noch nicht bebaut, ist dem Grundstückswert der Wert des zu errichtenden **Bauwerks hinzuzurechnen**, § 42 I S. 2 GNotKG. Die reinen Baukosten stellen hierbei einen unbedenklichen Mindestwert für das zu errichtende Bauwerk dar. Das bedeutet, dass von den Baukosten die Baunebenkos-

4.8

---

1 Zur Rahmengebühr gemäß § 92 GNotKG s. Rz. 1.18.
2 Zu den Kosten beim Notar und Grundbuchamt in Wohnungseigentumssachen s. a. *Böhringer*, BWNotZ 2016, 75 ff.
3 Begründung RegE, BT-Drs. 17/11471, zu § 42, S. 166.

ten abzuziehen sind.¹ Zu den abzugsfähigen Baunebenkosten zählen (soweit bekannt) Maklerprovision, Notar- und Grundbuchgebühren, Vermessungskosten, Grunderwerbsteuer, Finanzierungsnebenkosten, Kosten für Baustelleneinrichtung. Nicht abzugsfähig sind jedoch Baunebenkosten, die unmittelbar in den Grundstücks- bzw. Gebäudewert einfließen, wie z.B. Erschließungskosten und Architektenhonorare.

Bei diesem Mindestwert verbleibt es jedoch nicht zwingend. Der Wert des zu errichtenden Bauwerks kann sich auch aus anderen Anhaltspunkten ergeben, etwa aus der Hochrechnung der (beabsichtigten) Kaufpreise.² Ebenso können vergleichbare Objekte Anhaltspunkte zum Wert des zu errichtenden Bauwerks liefern. Auch einschlägige Internetportale bieten heutzutage hierzu verwertbare Vergleichswerte³ zu Eigentumswohnungen bzw. den entsprechenden Quadratmeterpreisen in unmittelbarer Nähe zum Vertragsobjekt.

In diesem Zusammenhang erscheint es auch im Hinblick auf § 125 GNotKG zulässig, die Kostenberechnung zunächst auszusetzen oder eine vorläufige Kostenberechnung zu erstellen. Nach einer angemessenen Zeit (von nicht mehr als 6 Monaten⁴) ist dann unter Einbeziehung aller Anhaltspunkte eine abschließende Kostenberechnung zu erstellen.

5. Derselbe Beurkundungsgegenstand/Verschiedene Beurkundungsgegenstände

4.9 Anordnungen speziell zu Erklärungen nach dem Wohnungseigentumsgesetz enthalten die §§ 109–111 GNotKG nicht. Es greift der Grundsatz des § 86 II GNotKG, wonach beim Vorliegen mehrerer Rechtsverhältnisse verschiedene Beurkundungsgegenstände anzunehmen sind. Nur wenn ein unmittelbares Abhängigkeitsverhältnis eines Beurkundungsgegenstandes von einem anderen festgestellt werden kann, gelten die Gegenstände als derselbe nach § 109 I. S. 1–3 GNotKG.

4.10 **Derselbe Beurkundungsgegenstand** ist jedenfalls die dingliche **Aufteilung** bzw. Vereinbarung von Wohnungseigentum nach § 3 und § 8 WEG und die Festlegung der **Gemeinschaftsordnung** als Inhalt des Sondereigentums.

4.11 **Verschiedene Beurkundungsgegenstände nach § 86 II GNotKG** sind bspw.:
- Begründung und Einräumung gegenseitiger Vorkaufsrechte an dem neu gebildeten Wohnungs-/Teileigentum,
- Begründung und Veräußerung eines neu gebildeten Wohnungs-/Teileigentums,
- Begründung von Wohnungs-/Teileigentum und vertragliche Verpflichtung zur Realteilung,

---

1 HK-GNotKG/*Greipl*, § 42, Rz. 6, 11, ebenso Korintenberg/*Sikora*, § 42 Rz. 22.
2 BayObLG v. 26.6.1996 – 3Z BR 59/96, NJW-RR 1997, 1224 = MDR 1996, 1075 = Rpfleger 1997, 42 = MittBayNot 1997, 117), wobei in diesem Fall bereits 40 % der Wohnungseinheiten verkauft waren; ebenso OLG München, OLG München v. 26.6.2015 – 34 Wx 182/15, ZNotP 2015, 357 = Rpfleger 2015, 731 = RNotZ 2015, 601 (LS).
3 OLG Naumburg v. 22.12.2015 – 5 W 70/15, NotBZ 2016, 192, zum Gegenstandswert einer Beratung zu einem Grundstückskaufvertrag.
4 Leipziger Kommentar GNotKG/*Renner*, § 125 Rz. 64.

- Kauf eines Grundstücks und Begründung von Wohnungs-/Teileigentum,
- Aufhebung von Wohnungs-/Teileigentum und Auseinandersetzung im Wege der Realteilung,
- Aufhebung von Wohnungs-/Teileigentum und Neubegründung von Wohnungs-/Teileigentum.

Verschiedene Beurkundungsgegenstände nach § 110 Nr. 1 GNotKG sind die **Begründung** von Wohnungseigentum und die eigenständige **Verwalterbestellung** in der Aufteilungsurkunde, denn die Verwalterbestellung erfolgt durch (vorweggenommenen) **Mehrheitsbeschluss** der Wohnungseigentümer bzw. des aufteilenden Alleineigentümers. Erfolgt die Verwalterbestellung allerdings innerhalb der **Gemeinschaftsordnung**, so liegt kein eigenständiger Beschluss vor und bleibt damit unbewertet. Bei der Verwalterbestellung in der Gemeinschaftsordnung verhält es sich wie bei der Geschäftsführerbestellung in der Satzung, gleichgültig ob echter oder unechter Satzungsbestandteil. 4.12

Derselbe Beurkundungsgegenstand im Sinne des § 109 I S. 1–3 GNotKG ist bspw. anzunehmen für: 4.13
- Begründung und Mitbeurkundung des erforderlichen **Vereinigungsantrages** nach § 890 BGB,
- Veräußerungsvertrag und **Zustimmung des Verwalters** nach § 12 WEG,
- Kauf einer Eigentumswohnung und **Zwangsvollstreckungsunterwerfung** des Käufers hinsichtlich des übernommenen **Wohngeldes,**
- Kauf einer Eigentumswohnung und **Zuweisung** des bereits bei der Begründung des Wohnungseigentums vereinbarten aufschiebend bedingten **Sondernutzungsrechts** (meist durch den Bauträger).

Fraglich ist die Beurteilung der **Baubeschreibung.** Nach der Systematik des GNotKG (§§ 109, 86 II GNotKG) dient die Baubeschreibung nicht der Erfüllung, Sicherung oder Durchführung der Aufteilungserklärungen. Auch konkretisiert die Baubeschreibung nicht etwa die Eigentumssphären, Sondereigentum und Gemeinschaftseigentum, ist also nicht Inhalt der dinglichen Aufteilung. Denn das WEG verlangt keine verbale Beschreibung, sondern nur die Pläne (§ 7 IV S. 1 Nr. 1 WEG). Vielmehr dient die Baubeschreibung nur als vorweggenommene **Bezugsurkunde** nach § 13a BeurkG für die Veräußerung der gebildeten Wohnungs- bzw. Teileigentumseinheiten. Folgt man dem, so ist die Baubeschreibung als **verschiedener Beurkundungsgegenstand** zu bewerten (1,0 Gebühr nach Nr. 21200 KV GNotKG aus einem Teilwert der veranschlagten Baukosten gemäß § 36 I GNotKG; s. hierzu Fall 33 Rz. 4.140).[1] 4.14

6. Vollzugs-, Betreuungs- und Treuhandtätigkeiten

Betreibt der Notar bei der Begründung von Wohnungs- oder Teileigentum auftragsgemäß den **Vollzug**, erhält er hierfür eine 0,5 Gebühr gemäß Nr. 22110 KV GNotKG (Teilung nach § 3 WEG), bzw. eine 0,3 Gebühr gemäß Nr. 22111 KV 4.15

---

[1] Ebenso *Diehn*, Notarkostenberechnungen, Rz. 604; a.A. Leipziger Kommentar GNotKG/*Deecke*, § 42 Rz. 5; *Böhringer*, BWNotZ 2016, 77.

GNotKG (Teilung nach § 8 WEG), wobei die verminderte Vollzugsgebühr gemäß Nr. 22112 KV GNotKG zu beachten ist. Typische Vollzugstätigkeiten sind bspw. die **Einholung der Abgeschlossenheitsbescheinigung** oder in Gebieten mit Fremdenverkehrsfunktionen die **Genehmigung gemäß § 22 BauGB**.

Bei der Begründung nach § 3 WEG kann für **Betreuungstätigkeiten** die Betreuungsgebühr gemäß Nr. 22200 KV GNotKG und für die **Beachtung von Treuhandauflagen** die Treuhandgebühr gemäß Nr. 22201 KV GNotKG anfallen.

7. Gebührenfreie (Neben-)Geschäfte

4.16 Erhält der Notar eine Gebühr für das Beurkundungsverfahren (Vorbem. 2.1 KV GNotKG), so sind folgende Tätigkeiten bereits abgegolten:
- Übermittlung von Anträgen und Erklärungen an ein Gericht oder eine Behörde,
- die Stellung von Anträgen an ein Gericht oder eine Behörde,
- Erledigung von Beanstandungen einschließlich des Beschwerdeverfahrens.

4.17 Erhält der Notar keine Gebühr für ein Beurkundungsverfahren oder für die Fertigung eines Entwurfs, so handelt es sich aus kostenrechtlicher Sicht um einen Vollzug in besonderen Fällen (Vorbem. 2.2.1.2 KV GNotKG), der gesonderte Gebühren auslöst.

8. Unrichtige Sachbehandlung

4.18 Für die **Aufteilung** eines Grundstücks einer Miteigentümergemeinschaft in Wohn- und/oder Teileigentum mit der Zuordnung des Sondereigentums auf die einzelnen Miteigentümer stehen **mehrere Gestaltungsmöglichkeiten** zur Auswahl. Das Herstellen der gewünschten Beteiligungsverhältnisse kann erfolgen durch Übertragung von Miteigentumsanteilen und der Aufteilung nach § 3 WEG oder durch die Teilung nach § 8 WEG und dem Tausch von Miteigentumsanteilen am entstandenen Sondereigentum. Der Notar hat neben der rechtlichen Absicherung der Beteiligten sowie dem von ihnen gewünschten auch den kostengünstigeren Weg zu berücksichtigen.

9. Gebührenermäßigung

4.19 In der Regel wird die Gebührenermäßigung nach **§ 91 GNotKG** keine Rolle spielen. Sofern jedoch einer der in Abs. 1 genannten Kostenschuldner eine Begründung von Wohnungs- oder Teileigentum beurkunden lässt, ermäßigen sich die Gebühren entsprechend, denn die Teilung in Wohnungs- und/oder Teileigentum fällt in die Vermögensverwaltung, so dass es auf eine spätere Weiterveräußerungsabsicht i.S.v. § 91 I S. 3 GNotKG nicht ankommt. Die Beurkundung der Teilungserklärung betrifft auch kein wirtschaftliches Unternehmen des Begünstigten i.S.d. Abs. 1, solange damit keine fortgesetzte und planmäßige Teilnahme am Wirtschaftsleben verfolgt wird.[1] Bei den in Abs. 2 genannten Kosten-

---

1 BayObLG, Beschluss v. 7.5.1997 – 3Z BR 25/97, MittbayNot 1997, 314 = ZNotP 1997, 39 = JurBüro 1997, 546 (wobei die Entscheidung zu § 144 I KostO auf § 91 GNotKG übertragbar ist).

10. Besonderheiten/Sonstiges

Mit Nr. 32003 KV GNotKG wurde eine Auslagenregelung für die Fertigung von **Dokumenten** in einer **Größe** von **mehr als DIN A3** geschaffen. Für die in der Praxis insbesondere in Wohnungseigentumsangelegenheiten vorkommenden Fälle ist eine pauschalierte Regelung nicht sachgerecht. Die wenigsten Notariate verfügen über die technischen Möglichkeiten, Kopien in dieser Größe herzustellen. Der Notar hat nunmehr die Möglichkeit, die Kosten, die durch eine Herstellung solcher Kopien entstehen, in voller Höhe geltend zu machen oder wahlweise eine Pauschale von 3,00 Euro (Nr. 32003 KV GNotKG) je Seite in Ansatz zu bringen. Tatbestandsmäßig ist der Anfall dieser Auslagen auf die Fälle beschränkt, in denen bei kleinerem Format die Dokumentenpauschale nach Nr. 32000 KV oder nach Nr. 32001 KV GNotKG entstehen würde[1] (s. hierzu auch Fall 4 Rz. 27.40).

4.20

Für **Farbkopien** bis zur Größe von DIN A3 erhält der Notar je Seite 0,30 Euro (Nr. 32001 KV), in einer Größe von mehr als DIN A3 kann er gemäß Nr. 32003 KV die Kosten in voller Höhe geltend machen oder wahlweise eine Pauschale von 6,00 Euro je Seite in Ansatz bringen.

4.21

Bei später beantragten Ausfertigungen, Kopien und Ausdrucken (die Fertigung ist also der eigentliche Gegenstand des notariellen Geschäfts) ist die höhere Dokumentenpauschale gemäß Nr. 32000 KV zu beachten.

4.22

II. Begründung nach § 8 WEG

→ **Fall 1: Begründung nach § 8 WEG – Standardfall**

A. Sachverhalt

A teilt das in seinem Eigentum befindliche unbebaute Grundstück in **Wohnungs- und Teileigentum** auf. Das Grundstück soll mit einem Wohn- und Geschäftshaus bebaut werden, wobei ½ Miteigentumsanteil mit dem Sondereigentum an den Geschäftsräumen im Erdgeschoss, ¼ Miteigentumsanteil mit dem Sondereigentum an der Wohnung Nr. 1 in der 1. Etage und ¼ Miteigentumsanteil mit dem Sondereigentum an der Wohnung Nr. 2 im Dachgeschoss verbunden wird. Die **Gemeinschaftsordnung** wird festgelegt.

4.23

Der Notar wird mit dem **Vollzug** (Einholung der Abgeschlossenheitsbescheinigung) beauftragt.

Der Grundstückswert beträgt 80 000 Euro, die Baukosten belaufen sich auf 450 000 Euro, wovon 50 000 Euro auf die Baunebenkosten entfallen (Finanzierungskosten, behördliche Genehmigungen).

---

[1] Begründung RegE, BT-Drs. 17/11471, zu Nr. 32000 bis 32003 KV, S. 237.

Teil 4 Wohnungs- und Teileigentum

B. Rechnung

4.24

Pos.	Gebührentatbestände	Geschäfts-wert	KV-Nr.	Satz	Betrag
(1)	Beurkundungsverfahren (§§ 42 I, 46, 97 I) Teilungserklärung nach § 8 WEG	480 000	21200	1,0	935,00
(2)	Vollzug, Einholung der Abgeschlossenheitsbescheinigung (Vorbem. 2.2.1.1 I 2 Nr. 1 KV; § 112)	480 000	22111, 22112	0,3	50,00

C. Erläuterungen

4.25 **Pos. (1):**

Als **Geschäftswert** ist der **volle Grundstückswert mit Bebauung** maßgebend. Bei unbebauten Grundstücken ist der Wert des zu errichtenden Bauwerks dem Grundstückswert hinzuzurechnen, wobei die reinen Baukosten einen unstreitigen Mindestwert bilden (zum Wert der vorgesehenen Bebauung s.a. Rz. 4.8).

Die **Beurkundung der Teilungserklärung mit Gemeinschaftsordnung** löst als einseitige Erklärung eine 1,0 Gebühr gemäß Nr. 21200 KV aus. Es bleibt nicht bei einer 0,5 Gebühr gemäß Nr. 21201 Nr. 4 KV für die reine dingliche Aufteilung nach § 8 WEG, vielmehr wird die 1,0 Gebühr durch die Gemeinschaftsordnung bestimmt.

4.26 **Pos. (2):**

Der Geschäftswert bestimmt sich gemäß § 112 nach dem Wert des Beurkundungsverfahrens.

Die **Einholung der Abgeschlossenheitsbescheinigung** ist eine Vollzugstätigkeit nach Vorbem. 2.2.1.1 I S. 2 Nr. 1 KV. Die Gebühr ist hier gemäß Nr. 22112 KV auf 50 Euro beschränkt, weil sie niedriger als die 0,3 Gebühr gemäß Nr. 22111 KV ist.

→ **Fall 2: Aufteilung eines Erbbaurechts in Wohnungserbbaurechte**

A. Sachverhalt

4.27 Der Erbbauberechtigte teilt das Erbbaurecht in zwei **Wohnungserbbaurechte** auf, wobei ½ Miteigentumsanteil mit dem Sondereigentum an der im Aufteilungsplan mit Nr. 1 bezeichneten Wohnung (Doppelhaushälfte 1) und ½ Miteigentumsanteil mit dem Sondereigentum an der im Aufteilungsplan mit Nr. 2 bezeichneten Wohnung (Doppelhaushälfte 2) verbunden wird. Die Gemeinschaftsordnung wird festgestellt.

Der Grundstückseigentümer und der Erbbauberechtigte vereinbaren die **Verteilung** des wertgesicherten **Erbbauzinses** von jährlich 2000 Euro, so dass an jedem Wohnungserbbaurecht ein Erbbauzins von jährlich 1000 Euro lastet.

II. Begründung nach § 8 WEG

Der Grundstückswert beträgt 60 000 Euro und der Wert der Bebauung beträgt 300 000 Euro (150 000 Euro je Doppelhaushälfte). Das Erbbaurecht hat noch eine Dauer von 97 Jahren.

B. Rechnung

Pos.	Gebührentatbestände	Geschäftswert	KV-Nr.	Satz	Betrag
	Beurkundungsverfahren (§ 86 II, 94 I)	~~328 000~~	~~21100~~	~~2,0~~	~~1370,00~~
	a) Teilungserklärung nach § 8 WEG (§§ 42 I, 49 II, 97 I)	288 000	21200	1,0	585,00
	b) Verteilung Erbbauzins (§§ 52 II, 97 I)	40 000	21100	2,0	290,00

4.28

C. Erläuterungen

a) Für die Aufteilung des Erbbaurechts in **Wohnungserbbaurechte** ist als **Geschäftswert** der **Wert des Erbbaurechts** anzunehmen. Der Wert des Erbbaurechts bestimmt sich nach § 49 II (80 %iger Grundstückswert einschließlich Bebauung).

4.29

b) Für die **Verteilung** des **Erbbauzinses** ist als Geschäftswert der **kapitalisierte Erbbauzins** anzunehmen (2000 Euro × 20 = 40 000 Euro). Die Wertsicherung ist nicht zu berücksichtigen; § 52 VII.

Die **Aufteilung** des Erbbaurechts in Wohnungserbbaurechte und die **Verteilung** des Erbbauzinses sind **verschiedene Beurkundungsgegenstände** gemäß § 86 II. Ihre Werte werden nicht gemäß § 35 I addiert. Vielmehr werden gemäß § 94 I gesonderte Gebühren erhoben, denn die Erhebung der höchsten Gebühr aus dem zusammengerechneten Wert wäre teurer.

→ **Fall 3: Begründung nach § 8 WEG mit Einräumung von Vorkaufsrechten**

A. Sachverhalt

A ist Eigentümer zweier nebeneinander liegender unbebauter Grundstücke. Er bewilligt und beantragt, diese beiden Grundstücke im Wege der **Vereinigung** wegen der anstehenden **Begründung von Wohnungseigentum** (vgl. § 1 IV WEG) als ein Grundstück in das Grundbuch einzutragen. Anschließend teilt er dieses Grundstück in Wohnungs- und Teileigentum auf. Das Grundstück soll mit einem Wohn- und Geschäftshaus bebaut werden, wobei ½ Miteigentumsanteil mit dem Sondereigentum an den Geschäftsräumen im Erdgeschoss, ¼ Miteigentumsanteil mit dem Sondereigentum an der Wohnung Nr. 1 in der 1. Etage und ¼ Miteigentumsanteil mit dem Sondereigentum an der Wohnung Nr. 2 im Dachgeschoss verbunden wird. Die **Gemeinschaftsordnung** wird festgelegt. Der teilende Eigentümer bestellt sich an den Wohnungen Nr. 1 und Nr. 2 je ein **Vorkaufsrecht** für alle Verkaufsfälle.

4.30

Der Notar wird mit dem **Vollzug** (Einholung der Genehmigung nach § 22 BauGB) beauftragt.

Der Wert beider Grundstücke beträgt insgesamt 80 000 Euro, die reinen Baukosten belaufen sich auf 400 000 Euro. Die Wohnungen haben einen Wert von jeweils 120 000 Euro.

B. Rechnung

4.31

Pos.	Gebührentatbestände	Geschäftswert	KV-Nr.	Satz	Betrag
(1)	Beurkundungsverfahren (§§ 86 II, 94, 109 I 1–3)	~~600 000~~	~~21200~~	~~1,0~~	~~1095,00~~
	a) Vereinigungsantrag (§§ 36 I, 46, 97 I)	~~16 000~~	~~21201 Nr. 4~~	~~0,5~~	
	b) Teilungserklärung nach § 8 WEG (§§ 42 I, 46, 97 I)	480 000	21200	1,0	935,00
	c) Einräumung von Vorkaufsrechten (§§ 51 I S. 2, 46, 97 I)	120 000	21201 Nr. 4	0,5	150,00
(2)	Vollzug, Einholung der Genehmigung nach § 22 BauGB (Vorbem. 2.2.1.1 I 2 Nr. 1 KV; § 112)	600 000	22111, 22112	0,3	50,00

C. Erläuterungen

4.32 **Pos. (1):**

a) Für den **Vereinigungsantrag** ist ein angemessener Teilwert von 20–30 % vom Wert der betroffenen Grundstücke anzunehmen (hier 20 %).

b) Für die Beurkundung der **Teilungserklärung** ist der **Grundstückswert mit Bebauung** maßgebend. Bei unbebauten Grundstücken ist der Wert des zu errichtenden Bauwerks dem Grundstückswert hinzuzurechnen, wobei die reinen Baukosten herangezogen werden können (zum Wert der vorgesehenen Bebauung s. auch Rz. 4.8).

c) Als Geschäftswert für das **Vorkaufsrecht** ist immer der **halbe Wert** der einzelnen Wohnung anzunehmen. Die einzelnen Vorkaufsrechte sind zueinander verschiedene Beurkundungsgegenstände gemäß § 86 II.

Eine Abweichung vom hälftigen Verkehrswert kommt nur im Einzelfall bei außergewöhnlichen Umständen in Betracht. Eine Bewertung nach der Wahrscheinlichkeit der Ausübung hat zu unterbleiben.[1]

Die **Vereinigung** nach § 890 BGB und die **Teilungserklärung** betreffen **denselben Beurkundungsgegenstand** gemäß § 109 I S. 1–3, wobei die Vereinigung als Durchführungserklärung nicht gesondert zu bewerten ist.

Die **Teilungserklärung** und die Einräumung der **Vorkaufsrechte** sind **verschiedene Beurkundungsgegenstände** gemäß § 86 II. Ihre Werte werden nicht gemäß § 35 I addiert. Vielmehr werden gemäß § 94 I gesonderte Gebühren erhoben, denn die Erhebung der höchsten Gebühr aus dem zusammengerechneten Wert wäre teurer.

---

[1] Begründung RegE, BT-Drs. 17/11471, zu § 51, S. 171.

Pos. (2): 4.33

Die Einholung der Genehmigung nach § 22 BauGB ist eine Vollzugstätigkeit nach Vorbem. 2.2.1.1 I S. 2 Nr. 1 KV.

Der Geschäftswert bestimmt sich gemäß § 112 nach dem Wert des Beurkundungsverfahrens. Liegen, wie hier, verschiedene Beurkundungsgegenstände vor, so bestimmt sich der Geschäftswert nach dem **Gesamtwert** (600 000 Euro).

Die Gebühr ist hier gemäß Nr. 22112 KV auf 50 Euro beschränkt, weil sie niedriger als die 0,3 Gebühr gemäß Nr. 22111 KV ist.

III. Begründung nach § 3 WEG

→ **Fall 4: Begründung nach § 3 WEG – Standardfall**

A. Sachverhalt

A und B sind Eigentümer zu je ½ Miteigentumsanteil an einem unbebauten Grundstück. Das Grundstück wird wie folgt nach **§ 3 WEG geteilt:** Der ½ Miteigentumsanteil des A wird mit dem Sondereigentum an den Geschäftsräumen im Erdgeschoss verbunden, der ½ Miteigentumsanteil des B wird mit dem Sondereigentum an der Wohnung in der 1. Etage verbunden. Die **Gemeinschaftsordnung** wird festgelegt. 4.34

Der Notar wird mit dem **Vollzug** (Einholung der Abgeschlossenheitsbescheinigung) beauftragt.

Der Grundstückswert beträgt 80 000 Euro, die reinen Baukosten belaufen sich auf 400 000 Euro.

B. Rechnung

Pos.	Gebührentatbestände	Geschäftswert	KV-Nr.	Satz	Betrag
(1)	Beurkundungsverfahren (§§ 42 I, 46, 97 I) Teilungserklärung nach § 3 WEG	480 000	21100	2,0	1870,00
(2)	Vollzug, Einholung der Abgeschlossenheitsbescheinigung (Vorbem. 2.2.1.1 I 2 Nr. 1 KV; § 112)	480 000	22110, 22112	0,5	50,00

4.35

C. Erläuterungen

Pos. (1): 4.36

Für die Beurkundung der **Teilungserklärung** ist als Geschäftswert der **volle Grundstückswert mit Bebauung** maßgebend. Bei unbebauten Grundstücken ist der Wert des zu errichtenden Bauwerks dem Grundstückswert hinzuzurechnen, wobei die reinen Baukosten herangezogen werden können (zum Wert der vorgesehenen Bebauung s.a. Rz. 4.8).

Die Beurkundung der **Teilungserklärung nach § 3 WEG** löst als zweiseitige Erklärung eine **2,0 Gebühr** gemäß Nr. 21100 KV aus.

4.37 **Pos. (2):**

Der Geschäftswert bestimmt sich gemäß § 112 nach dem Wert des Beurkundungsverfahrens.

Die **Einholung der Abgeschlossenheitsbescheinigung** ist eine Vollzugstätigkeit nach Vorbem. 2.2.1.1 I S. 2 Nr. 1 KV. Die Gebühr ist hier gemäß Nr. 22112 KV auf 50 Euro beschränkt, weil sie niedriger als die 0,5 Gebühr gemäß Nr. 22110 KV ist.

→ **Fall 5: Begründung nach § 3 WEG mit Einräumung von Vorkaufsrechten**

A. Sachverhalt

4.38 A und B sind Eigentümer zu je ½ Miteigentumsanteil an einem bebauten Grundstück. Das Grundstück wird wie folgt nach **§ 3 WEG geteilt:** Der ½ Miteigentumsanteil des A wird mit dem Sondereigentum an den Geschäftsräumen im Erdgeschoss verbunden, der ½ Miteigentumsanteil des B wird mit dem Sondereigentum an der Wohnung in der 1. Etage verbunden. Die **Gemeinschaftsordnung** wird festgelegt.

A und B räumen sich **wechselseitige Vorkaufsrechte** für alle Verkaufsfälle an dem neu gebildeten Wohn- bzw. Teileigentum ein.

Die in Abt. III eingetragene **Grundschuld** in Höhe von 400 000 Euro soll in der Weise **verteilt** werden, dass am Teileigentum eine Grundschuld in Höhe von 220 000 Euro und am Wohnungseigentum eine Grundschuld in Höhe von 180 000 Euro lastet. Die Eigentümer beantragen, die Verteilung in das Grundbuch einzutragen.

Der Notar wird mit dem **Vollzug** (Einholung der Genehmigung nach § 22 BauGB und der Gläubigererklärung zur Verteilung der Grundschuld) beauftragt.

Der Grundstückswert beträgt 480 000 Euro. Der Wert des Teileigentums beträgt 260 000 Euro und der Wert des Wohnungseigentums 220 000 Euro.

B. Rechnung

4.39

Pos.	Gebührentatbestände	Geschäfts-wert	KV-Nr.	Satz	Betrag
(1)	Beurkundungsverfahren (§ 86 II, 94 I)	~~1 010 000~~	~~21100~~	~~2,0~~	~~3630,00~~
	a) Teilungserklärung nach § 3 WEG (§§ 42 I, 46, 97 I)	480 000	21100	2,0	
	b) Einräumung von Vorkaufsrechten (§§ 97 III, 51 I S. 2, 46)	130 000	21100	2,0	
		610 000	21100	2,0	2350,00
	c) Antrag auf Verteilung der Grundschuld (§§ 53 I, 97 I)	400 000	21201 Nr. 4	0,5	392,50

III. Begründung nach § 3 WEG

Pos.	Gebührentatbestände	Geschäftswert	KV-Nr.	Satz	Betrag
(2)	Vollzug, Einholung der Genehmigung nach § 22 BauGB und Gläubigererklärung (Vorbem. 2.2.1.1 I 2 Nr. 1 u. 9 KV; § 112)	1 010 000	22110	0,5	907,50

C. Erläuterungen

Pos. (1): 4.40

a) Für die Beurkundung der **Teilungserklärung** ist als Geschäftswert der **Grundstückswert mit Bebauung** maßgebend.

b) Als Geschäftswert für das **Vorkaufsrecht** ist gemäß § 51 I S. 2 der **halbe Wert** der einzelnen Wohnung maßgebend. Gemäß § 97 III (Austausch) ist nur der Wert eines Vorkaufsrechts anzunehmen; sind die Werte der Vorkaufsrechte, wie hier, verschieden, ist der höhere maßgebend.

c) Für den Antrag auf **Verteilung** eines Grundpfandrechtes ist der **volle Wert** des verteilten Grundpfandrechts anzunehmen.

Die **Teilungserklärung**, die Einräumung der **Vorkaufsrechte** und der Antrag auf **Verteilung** der Grundschuld sind **verschiedene Beurkundungsgegenstände** gemäß § 86 II. Es werden gemäß § 94 I gesonderte Gebühren erhoben, denn die Erhebung der höchsten Gebühr aus dem zusammengerechneten Wert wäre teurer.

Pos. (2): 4.41

Die Einholung der **Genehmigung nach § 22 BauGB** ist eine Vollzugstätigkeit nach Vorbem. 2.2.1.1 I S. 2 Nr. 1 KV, die Einholung der **Gläubigererklärung** ist eine Vollzugstätigkeit gemäß Vorbem. 2.2.1.1 I S. 2 Nr. 9 KV. Die Vollzugsgebühr fällt aber nur einmal an (§ 93 I S. 1).

Der Geschäftswert bestimmt sich gemäß § 112 nach dem Wert des Beurkundungsverfahrens. Liegen, wie hier, verschiedene Beurkundungsgegenstände vor, so bestimmt sich der Geschäftswert nach dem **Gesamtwert** (1 010 000 Euro).

→ **Fall 6: Verpflichtung zur Begründung von Wohnungs- bzw. Teileigentum**

A. Sachverhalt

A und B **verpflichten** sich nach vorausgehendem Grundstückskauf **zur Aufteilung** in Wohnungs- bzw. Teileigentum sobald die Abgeschlossenheitsbescheinigung vorliegt. Das Grundstück soll wie folgt nach **§ 3 WEG geteilt:** Der ½ Miteigentumsanteil des A wird mit dem Sondereigentum an den Geschäftsräumen im Erdgeschoss verbunden, der ½ Miteigentumsanteil des B wird mit dem Sondereigentum an der Wohnung in der 1. Etage verbunden. 4.42

Der Grundstückswert beträgt 80 000 Euro, die reinen Baukosten belaufen sich auf 400 000 Euro.

B. Rechnung

4.43

Pos.	Gebührentatbestand	Geschäfts-wert	KV-Nr.	Satz	Betrag
	Beurkundungsverfahren (§§ 42 I, 46, 97 I) Verpflichtung zur Begründung von Wohnungs- und Teileigentum nach § 3 WEG	480 000	21100	2,0	1870,00

C. Erläuterungen

4.44 Die **Verpflichtung** zur Begründung von Wohnungs- bzw. Teileigentum ist in gleicher Weise zu bewerten, wie die Begründung selbst. Gleiches gilt für Veräußerungs- oder Erwerbsoptionen, § 51 I S. 1.

Als Geschäftswert ist der **Grundstückswert mit Bebauung** maßgebend. Bei unbebauten Grundstücken ist der Wert des zu errichtenden Bauwerks dem Grundstückswert hinzuzurechnen, wobei die reinen Baukosten herangezogen werden können (zum Wert der vorgesehenen Bebauung s.a. Rz. 4.8).

→ **Fall 7: Begründung nach § 3 WEG nach vorausgegangener Verpflichtung**

A. Sachverhalt

4.45 B als **Käufer** eines ½ Miteigentumsanteils **verpflichtete** sich in einer vorausgegangenen Urkunde des beurkundenden Notars gegenüber A, dem Verkäufer und Miteigentümer, zur **Aufteilung** in Wohnungs- bzw. Teileigentum, sobald die Aufteilungspläne und die Abgeschlossenheitsbescheinigung vorliegen. Das Grundstück wird nunmehr wie folgt nach **§ 3 WEG geteilt:** Der ½ Miteigentumsanteil des A wird mit dem Sondereigentum an den Geschäftsräumen im Erdgeschoss und der ½ Miteigentumsanteil des B wird mit dem Sondereigentum an der Wohnung in der 1. Etage verbunden.

Der Grundstückswert beträgt 480 000 Euro (inkl. Bebauung).

B. Rechnung

4.46

Pos.	Gebührentatbestand	Geschäfts-wert	KV-Nr.	Satz	Betrag
	Beurkundungsverfahren (§§ 42 I, 46, 97 I) Teilungserklärung nach § 3 WEG	480 000	21100	2,0	1870,00

C. Erläuterungen

4.47 Für die Beurkundung der **Teilungserklärung** ist als Geschäftswert der **Grundstückswert mit Bebauung** maßgebend.

Die vertragliche **Einräumung von Wohnungseigentum nach § 3 WEG** löst eine 2,0 Gebühr gemäß Nr. 21100 KV aus. Da vorliegend nicht nur die dingliche Einigung, sondern die Teilungserklärung selbst beurkundet wird, scheidet eine Gebührenbegünstigung gemäß Nr. 21101 Nr. 2 KV (wie auch Nr. 21102 Nr. 1 KV) aus.

D. Anmerkung

Die Vergünstigung des § 38 I KostO wurde ins GNotKG nicht übernommen. Damit erübrigen sich auch bisherige Streitfragen zu dessen Anwendung.

4.48

IV. Weitere verschiedene Beurkundungsgegenstände im Rahmen der Begründung

→ **Fall 8: Begründung nach § 3 WEG mit vorheriger Anpassung der Miteigentumsanteile**

A. Sachverhalt

A und B sind Miteigentümer zu ¾ und ¼ Miteigentumsanteil an einem unbebauten Grundstück. A **überträgt** an B einen **Miteigentumsanteil** von ¼, so dass A und B Miteigentümer zu je ½ am Grundstück werden. B zahlt an A einen finanziellen Ausgleich (Kaufpreis) in Höhe von 20 000 Euro.

4.49

In derselben Urkunde wird das Grundstück in Wohnungs- und Teileigentum wie folgt nach **§ 3 WEG** geteilt: Der ½ Miteigentumsanteil des A wird mit dem Sondereigentum an den Geschäftsräumen im Erdgeschoss verbunden, der ½ Miteigentumsanteil des B wird mit dem Sondereigentum an der Wohnung in der 1. Etage verbunden. Die **Gemeinschaftsordnung** wird festgelegt.

A und B räumen sich **wechselseitige Vorkaufsrechte** für alle Verkaufsfälle an dem neu gebildeten Wohn- bzw. Teileigentum ein.

Der Notar wird beauftragt, die **Genehmigung** des vollmachtlos vertretenen B (ohne Entwurfsfertigung) einzuholen.

Der reine Grundstückswert wird mit 80 000 Euro, der Wert des Teileigentums mit 260 000 Euro und der Wert des Wohnungseigentums mit 220 000 Euro angegeben.

B. Rechnung

Pos.	Gebührentatbestände	Geschäftswert	KV-Nr.	Satz	Betrag
(1)	Beurkundungsverfahren (§§ 35 I, 86 II)	630 000	21100	2,0	2350,00
	a) Übertragung ¼ Miteigentumsanteil (§§ 47, 46, 97 III)	20 000	21100	2,0	
	b) Teilungserklärung nach § 3 WEG (§§ 42 I, 46, 97 I)	480 000	21100	2,0	
	c) Einräumung von Vorkaufsrechten (§§ 51 I S. 2, 46, 97 III)	130 000	21100	2,0	

4.50

Pos.	Gebührentatbestände	Geschäfts-wert	KV-Nr.	Satz	Betrag
(2)	Vollzug, Einholung der Genehmigungserklärung (Vorbem. 2.2.1.1 I 2 Nr. 5; § 112)	630 000	22110	0,5	587,50

C. Erläuterungen

4.51 **Pos. (1):**

a) Für den **Übertragungsvertrag** ist als Geschäftswert gemäß § 47 der **Kaufpreis** anzunehmen, der hier dem anteiligen Grundstückswert gemäß § 46 entspricht.

b) Für die **Teilungserklärung** ist der **volle Grundstückswert** maßgebend. Bei unbebauten Grundstücken ist der Wert des zu errichtenden Bauwerks dem Grundstückswert hinzuzurechnen, wobei die reinen Baukosten herangezogen werden können (zum Wert der vorgesehenen Bebauung s.a. Rz. 4.8).

c) Als Geschäftswert für das **Vorkaufsrecht** ist gemäß § 51 I S. 2 der **halbe Wert** der einzelnen Wohnung/des einzelnen Teileigentums maßgebend. Gemäß § 97 III (Austausch) ist nur der Wert eines Vorkaufsrechts anzunehmen; sind die Werte der Vorkaufsrechte, wie hier, verschieden, ist der höhere maßgebend.

Da der **Übertragungsvertrag**, die **Teilungserklärung** und die **Vorkaufsrechte verschiedene Beurkundungsgegenstände** gemäß § 86 II sind, sind deren Werte zu addieren (§ 35 I) und es ist aus der Wertsumme eine 2,0 Gebühr nach Nr. 21100 KV zu erheben (§ 93 I S. 1).

4.52 **Pos. (2):**

Die **Einholung der Genehmigung** des vollmachtlos Vertretenen ist **Vollzugstätigkeit** nach Vorbem. 2.2.1.1 I S. 2 Nr. 5 KV. Auch wenn der Notar die Genehmigung mit einen von ihm gefertigten Entwurf einholt, verbleibt es bei der Vollzugsgebühr; Vorbem. 2.2 II KV und Vorbem. 2.4.1 I S. 2 KV. Die erste Beglaubigung ist dann allerdings nicht mehr gebührenfrei, da kein Entwurf nach Teil 2, Hauptabschnitt 4 KV abgerechnet wurde. Die Vorbem. 2.4.1 II KV ist in diesem Fall nicht einschlägig.[1]

Der Geschäftswert bestimmt sich gemäß § 112 nach dem Wert des Beurkundungsverfahrens. Liegen, wie hier, verschiedene Beurkundungsgegenstände vor, so bestimmt sich der Geschäftswert nach dem **Gesamtwert** (630 000 Euro).

→ **Fall 9: Begründung nach § 3 WEG und Verpflichtung zur Realteilung**

A. Sachverhalt

4.53 A und B sind Eigentümer zu je ½ Miteigentumsanteil an einem unbebauten Grundstück. Das Grundstück wird wie folgt nach **§ 3 WEG** geteilt: Der ½ Mit-

---

[1] OLG Hamm v. 16.7.2015 – 15 W 152/15, ZNotP 2015, 277 = FGPrax 2015, 276; *Prüf-Abt. der Ländernotarkasse*, NotBZ 2015, 256; NotBZ 2013, 427 f.

IV. Weitere verschiedene Beurkundungsgegenstände im Rahmen der Begründung

eigentumsanteil des A wird mit dem Sondereigentum an der Doppelhaushälfte links und der ½ Miteigentumsanteil des B wird mit dem Sondereigentum an der Doppelhaushälfte rechts verbunden. Die **Gemeinschaftsordnung** wird festgelegt. A und B verpflichten sind nach erfolgter Vermessung zur **Realteilung** und damit zur **Aufhebung** der **Wohnungseigentümergemeinschaft**.

Der Grundstückswert beträgt 80 000 Euro, die reinen Baukosten belaufen sich auf 400 000 Euro.

B. Rechnung

Pos.	Gebührentatbestände	Geschäftswert	KV-Nr.	Satz	Betrag
	Beurkundungsverfahren (§§ 35 I, 86 II)	1 440 000	21100	2,0	4910,00
	a) Teilungserklärung nach § 3 WEG (§§ 42 I, 46, 97 I)	480 000	21100	2,0	
	b) Verpflichtung zur Aufhebung des Wohnungseigentums (§§ 42 I, 46, 97 I)	480 000	21100	2,0	
	c) Verpflichtung zur Realteilung (§§ 46, 97 I)	480 000	21100	2,0	

4.54

C. Erläuterungen

a) Für die Beurkundung der **Teilungserklärung** ist der **Grundstückswert mit Bebauung** maßgebend. Erfolgt erst noch die Bebauung, können die reinen Baukosten herangezogen werden (zum Wert der vorgesehenen Bebauung s.a. Rz. 4.8).

b) Für die Verpflichtung zur **Aufhebung** des Wohnungseigentums ist ebenso der **Grundstückswert mit künftiger Bebauung** anzunehmen.

c) Die Verpflichtung zur **Realteilung** ist mit dem **Grundstückswert einschließlich der künftigen Bebauung** zu bewerten. Die Vergünstigung des § 20 I S. 2 Hs. 2 KostO (Bebauung auf Rechnung des Erwerbers) wurde ins neue Recht nicht übernommen.

4.55

Da die **Teilungserklärung**, die Verpflichtung zur **Aufhebung** des Wohnungseigentums und die Verpflichtung zur **Realteilung verschiedene Beurkundungsgegenstände** gemäß § 86 II sind, sind deren Werte zu addieren (§ 35 I). Aus der Wertsumme ist eine 2,0 Gebühr nach Nr. 21100 KV zu erheben (§ 93 I S. 1).

→ **Fall 10: Begründung nach § 8 WEG und Übertragung**

A. Sachverhalt

A und B sind Eigentümer zu je ½ Miteigentumsanteil an einem mit einem Einfamilienhaus bebauten Grundstück. C, der Sohn von A und B, möchte für eigene Wohnzwecke auf seine Kosten einen Anbau errichten.

4.56

Zu diesem Zweck teilen die Eltern das Grundstück in **Wohnungseigentum gemäß § 8 WEG** auf und **übertragen** den neu gebildeten ½ **Miteigentumsanteil**, verbunden mit dem Sondereigentum am neu zu errichtenden Anbau, an den Sohn. Dieser verpflichtet sich, den Anbau entsprechend den Vorgaben aus der Teilungserklärung zu errichten.

Der Grundstückswert ohne Anbau beträgt 150 000 Euro, wobei 100 000 Euro auf das Einfamilienhaus und 50 000 Euro auf den Grund und Boden entfallen. Die reinen Baukosten für den Anbau belaufen sich auf 150 000 Euro.

B. Rechnung

4.57

Pos.	Gebührentatbestände	Geschäftswert	KV-Nr.	Satz	Betrag
	Beurkundungsverfahren (§§ 86 II, 94 I)	~~325 000~~	~~21100~~	~~2,0~~	~~1370,00~~
	a) Teilungserklärung nach § 8 WEG (§§ 42 I, 46, 97 I)	300 000	21200	1,0	635,00
	b) Übertragung des Wohnungseigentums (§ 46, 97 III)	25 000	21100	2,0	230,00

C. Erläuterungen

4.58 a) Für die Beurkundung der **Teilungserklärung** ist der **Grundstückswert mit Bebauung** maßgebend. Der Wert des noch zu errichtenden Gebäudes (Gebäudeteils, Anbaus) ist gemäß § 42 I S. 2 ebenso zu berücksichtigen (zum Wert der vorgesehenen Bebauung s.a. Rz. 4.8).

b) Für den **Übertragungsvertrag** ist als Geschäftswert der Wert des Wohnungseigentums anzunehmen. Da das Sondereigentum noch nicht existiert, beschränkt sich der Wert der Übertragung auf den **anteiligen Bodenwert** (hier: ½ Miteigentumsanteil). Die **Bauverpflichtung** ist im Rahmen der Gegenleistung gemäß § 97 III zu berücksichtigen, wobei sich diese nach § 50 Nr. 3a bestimmt (20 % vom Verkehrswert des unbebauten Grundstücksanteils). Die Erwerberleistung bleibt hier jedoch im Wert hinter der Veräußererleistung zurück.

Die **Teilungserklärung** und die **Übertragung** sind **verschiedene Beurkundungsgegenstände** gemäß § 86 II. Es werden gemäß § 94 I gesonderte Gebühren erhoben, denn die Erhebung der höchsten Gebühr aus dem zusammengerechneten Wert wäre teurer.

D. Exkurs

4.59 Um das gewünschte Ziel zu erreichen, gibt es eine weitere Gestaltungsmöglichkeit, nämlich zunächst die Übertragung des Miteigentumsanteils und die anschließende Begründung von Wohnungseigentum nach § 3 WEG. Zur Bewertung kann auf den vorstehenden Fall 8 Rz. 4.49, verwiesen werden. Diese Gestaltungsalternative ist jedoch i.d.R. teurer. Bei unterschiedlichen Gestaltungsmöglichkeiten mit unterschiedlichen Kosten sind die Beteiligten darüber zu belehren, es sei denn, es wird ausdrücklich eine bestimmte Gestaltung gewünscht.[1]

V. Nachträgliche dingliche Einigung

→ **Fall 11:** Einigung über die Einräumung des Wohnungseigentums

A. Sachverhalt

Die Miteigentümer A und B hatten in einer vorausgegangenen Urkunde des Notars N die Aufteilung in Wohnungs- bzw. Teileigentum vorgenommen. Nunmehr erklären A und B zu gesonderter Urkunde des Notars N die **Einigung über die Einräumung des Sondereigentums** gemäß § 4 II WEG und geben die erforderlichen Grundbucherklärungen ab.

Der Grundstückswert beträgt 480 000 Euro (inkl. Bebauung).

B. Rechnung

Pos.	Gebührentatbestand	Geschäftswert	KV-Nr.	Satz	Betrag
	Beurkundungsverfahren (§§ 109 I 1–3) Dingliche Einigung über Einräumung von Sondereigentum nach § 3 WEG nebst Eintragungsbewilligung und -antrag (§§ 42 I, 46, 97 I)	480 000	21101 Nr. 2	0,5	467,50

C. Erläuterungen

Für die Beurkundung der dinglichen **Einigung** über die Einräumung von Sondereigentum ist der **Grundstückswert mit Bebauung** maßgebend.

Wurde die vorausgegangene Aufteilung durch denselben Notar beurkundet, ist eine 0,5 Gebühr gemäß Nr. 21101 Nr. 2 KV zu erheben (vgl. hierzu auch Vorbem. 2 I KV).

Die **Grundbucherklärungen** (Eintragungsbewilligung und Eintragungsantrag) werden im Ergebnis nicht gesondert bewertet; sie sind **derselbe Beurkundungsgegenstand** und haben denselben Geschäftswert (§ 109 I S. 1–3, S. 5). Ein Gebührenvergleich nach § 94 II findet wegen des identischen Geschäftswertes nicht statt.

D. Anmerkung

Eine 1,0 Gebühr gemäß Nr. 21102 Nr. 1 KV ist hingegen zu erheben, wenn ein anderer Notar das Verpflichtungsgeschäft beurkundet hat.

---

1 S.a. Rz. 4.18, Unrichtige Sachbehandlung.

VI. Unterteilung von Wohnungs-/Teileigentum

→ **Fall 12: Unterteilung von Wohnungs- bzw. Teileigentum**

A. Sachverhalt

4.64 A ist Eigentümer eines ½ Miteigentumsanteils, verbunden mit dem Sondereigentum an der Wohnung Nr. 1 in der 1. Etage. Der Eigentümer **unterteilt** das Wohnungseigentum analog § 8 WEG in der Weise, dass ¼ Miteigentumsanteil mit dem Sondereigentum an der Wohnung Nr. 1 in der ersten Etage links und ¼ Miteigentumsanteil mit dem Sondereigentum an der Wohnung Nr. 3 in der 1. Etage rechts verbunden wird. Der Aufteilungsplan wird entsprechend geändert und die Eintragung bewilligt und beantragt.

Der Notar wird mit dem **Vollzug** (Einholung der Abgeschlossenheitsbescheinigung) beauftragt.

Der Verkehrswert der Wohnung Nr. 1 alt bzw. der neuen Wohnungen Nr. 1 neu und 3 beträgt 240 000 Euro.

B. Rechnung

4.65

Pos.	Gebührentatbestände	Geschäftswert	KV-Nr.	Satz	Betrag
(1)	Beurkundungsverfahren (§ 109 I 1–3) Unterteilung analog § 8 WEG nebst Eintragungsbewilligung und -antrag (§§ 42 I, 46, 97 I)	240 000	21201 Nr. 4	0,5	267,50
(2)	Vollzug, Einholung der Abgeschlossenheitsbescheinigung (Vorbem. 2.2.1.1 I 2 Nr. 1 KV; § 112)	240 000	22111, 22112	0,3	50,00

C. Erläuterungen

4.66 **Pos. (1)**:

Als Geschäftswert für die Unterteilung ist der Wert der neu entstandenen Wohnungen Nr. 1 und 3 anzunehmen.

Da es sich bei der Unterteilung analog § 8 WEG um eine reine Grundbucherklärung handelt, ist eine 0,5 Gebühr gemäß Nr. 21201 Nr. 4 KV zu erheben.

Die **Grundbucherklärungen** (Eintragungsbewilligung und Eintragungsantrag) werden im Ergebnis nicht gesondert bewertet; sie sind **derselbe Beurkundungsgegenstand** und haben denselben Geschäftswert (§ 109 I S. 1–3, S. 5). Ein Gebührenvergleich nach § 94 II findet wegen des identischen Geschäftswertes nicht statt.

4.67 **Pos. (2)**:

Der Geschäftswert für den **Vollzug** bestimmt sich gemäß § 112 nach dem Wert des Beurkundungsverfahrens.

Die **Einholung der Abgeschlossenheitsbescheinigung** ist eine Vollzugstätigkeit nach Vorbem. 2.2.1.1 I S. 2 Nr. 1 KV. Die Gebühr ist hier gemäß Nr. 22112 KV auf 50 Euro beschränkt, weil sie niedriger als die 0,3 Gebühr gemäß Nr. 22111 KV ist.

VII. Zusammenlegung

➙ **Fall 13: Zusammenlegung von Wohnungs- bzw. Teileigentum**

A. Sachverhalt

A ist Eigentümer eines ¼ Miteigentumsanteils, verbunden mit dem Sondereigentum an der Wohnung Nr. 1 in der 1. Etage links und eines ¼ Miteigentumsanteils verbunden mit dem Sondereigentum an der Wohnung Nr. 2 in der 1. Etage rechts. Der Eigentümer legt beide Wohnungen zu einer Wohnung zusammen. A wird Eigentümer eines ½ Miteigentumsanteils, verbunden mit dem Sondereigentum an der Wohnung Nr. 1 neu in der ersten Etage. Der Verkehrswert der Wohnung beträgt 240 000 Euro.

4.68

B. Rechnung

Pos.	Gebührentatbestand	Geschäftswert	KV-Nr.	Satz	Betrag
	Beurkundungsverfahren (§§ 36 I, 46, 97 I) Beurkundung der Zusammenlegung/Vereinigung	48 000	21201 Nr. 4	0,5	82,50

4.69

C. Erläuterungen

Für die **Zusammenlegung/Vereinigung** ist als Geschäftswert ein Teilwert von 20–30 % vom Wert der betroffenen Wohnungen anzunehmen (hier: 20 %).

4.70

Da es sich bei der Zusammenlegung/Vereinigung um eine reine **Grundbucherklärung** handelt, ist eine 0,5 Gebühr gemäß Nr. 21201 Nr. 4 KV zu erheben.

VIII. Änderung der Teilungserklärung

➙ **Fall 14: Punktuelle Änderung der Gemeinschaftsordnung**

A. Sachverhalt

Die Wohnungseigentümergemeinschaft, bestehend aus A, B und C, ändert § 8 der **Gemeinschaftsordnung** (Verteilung der Lasten und Kosten). Der Wert der Wohnanlage beträgt 300 000 Euro.

4.71

B. Rechnung

4.72

Pos.	Gebührentatbestand	Geschäfts-wert	KV-Nr.	Satz	Betrag
	Beurkundungsverfahren (§§ 36 I, 46 I, 97 I) Beurkundung der Änderung der Gemeinschaftsordnung	30 000	21100	2,0	250,00

C. Erläuterungen

4.73 Der Wert der **Änderung** ist gemäß § 36 I mit einem Teilwert vom Wert der Wohnanlage anzunehmen (hier: 10 %), wobei der Wert des von der Veränderung betroffenen Rechtsverhältnisses gemäß § 97 II nicht überschritten werden darf.

Da es sich bei der **Änderung einer Teilungserklärung** um eine vertragliche Vereinbarung der Wohnungseigentümer handelt, ist eine 2,0 Gebühr gemäß Nr. 21100 KV zu erheben.

→ **Fall 15: Neufassung der Gemeinschaftsordnung**

A. Sachverhalt

4.74 Die Wohnungseigentümergemeinschaft, bestehend aus A, B und C, fasst die **Gemeinschaftsordnung** vollständig neu.
Der Wert der Wohnanlage beträgt 300 000 Euro.

B. Rechnung

4.75

Pos.	Gebührentatbestand	Geschäfts-wert	KV-Nr.	Satz	Betrag
	Beurkundungsverfahren (§§ 36 I, 46 I, 97 I) Beurkundung der Neufassung der Gemeinschaftsordnung	150 000	21100	2,0	708,00

C. Erläuterungen

4.76 Der Wert der **Änderung** ist gemäß § 36 I mit einem Teilwert vom Wert der Wohnanlage anzunehmen (hier: 50 %), wobei der Wert des von der Veränderung betroffenen Rechtsverhältnisses gemäß § 97 II nicht überschritten werden darf.

Bei der **Änderung einer Teilungserklärung** handelt es sich um eine vertragliche Vereinbarung der Wohnungseigentümer, die eine 2,0 Gebühr gemäß Nr. 21100 KV auslöst.

VIII. Änderung der Teilungserklärung

→ **Fall 16: Umwandlung von Teileigentum in Wohnungseigentum (und umgekehrt)**

A. Sachverhalt

Das im Erdgeschoss gelegene Teileigentum (Büroräume) soll in eine Wohnung **umgewandelt** werden. Die Wohnungs- und Teileigentümer ändern entsprechend den in der **Gemeinschaftsordnung** festgelegten Gebrauch.
Der Notar wird mit dem **Vollzug** (Einholung der Abgeschlossenheitsbescheinigung) beauftragt.
Der Wert der Teileigentumseinheit beträgt 100 000 Euro.

4.77

B. Rechnung

Pos.	Gebührentatbestände	Geschäftswert	KV-Nr.	Satz	Betrag
(1)	Beurkundungsverfahren (§§ 36 I, 46 I, 97 I) Beurkundung der Umwandlung von Teil- in Wohnungseigentum	50 000	21100	2,0	330,00
(2)	Vollzug, Einholung der Abgeschlossenheitsbescheinigung (Vorbem. 2.2.1.1 I 2 Nr. 1 KV; § 112)	50 000	22110, 22112	0,5	50,00

4.78

C. Erläuterungen

Pos. (1):

4.79

Der Wert der **Änderung** ist gemäß § 36 I mit einem Teilwert vom Wert des betroffenen Teileigentums anzunehmen (hier: 50 %), wobei der Wert des von der Veränderung betroffenen Rechtsverhältnisses gemäß § 97 II nicht überschritten werden darf.

Bei der **Änderung einer Teilungserklärung/Gemeinschaftsordnung** handelt es sich um eine vertragliche Vereinbarung der Wohnungseigentümer[1], die eine 2,0 Gebühr gemäß Nr. 21100 KV auslöst.

Ist der Wohnungs- bzw. Teileigentümer noch Inhaber aller Sondereigentumseinheiten, liegt eine einseitige Erklärung vor, die eine 1,0 Gebühr gemäß Nr. 21200 KV auslöst.

Pos. (2):

4.80

Der Geschäftswert für den **Vollzug** bestimmt sich gemäß § 112 nach dem Wert des Beurkundungsverfahrens.
Die **Einholung der Abgeschlossenheitsbescheinigung** ist eine Vollzugstätigkeit nach Vorbem. 2.2.1.1 I S. 2 Nr. 1 KV. Die Gebühr ist hier gemäß Nr. 22112 KV auf 50 Euro beschränkt, weil sie niedriger als die 0,5 Gebühr gemäß Nr. 22110 KV ist.

---

1 *Böttcher*, RpflStud. 2014, 118.

IX. Aufhebung von Wohnungs- bzw. Teileigentum

→ **Fall 17: Aufhebung von Wohnungs- bzw. Teileigentum durch die Miteigentümer**

A. Sachverhalt

4.81 A ist Eigentümer eines ½ Miteigentumsanteils, verbunden mit dem Sondereigentum an der Wohnung Nr. 1 im Erdgeschoss, B ist Eigentümer eines ½ Miteigentumsanteils, verbunden mit dem Sondereigentum an der Wohnung Nr. 2 in der 1. Etage. A und B **heben** die **Wohnungseigentümergemeinschaft** bzw. das bestehende Sondereigentum **auf.**

Der Wert der Wohnanlage beträgt 300 000 Euro.

B. Rechnung

4.82

Pos.	Gebührentatbestand	Geschäfts-wert	KV-Nr.	Satz	Betrag
	Beurkundungsverfahren (§§ 42 I, 46 I, 97 I) Beurkundung der Aufhebung von Wohnungseigentum	300 000	21100	2,0	1270,00

C. Erläuterungen

4.83 Der Verkehrswert der Wohnanlage zum Zeitpunkt der **Aufhebung** bildet den Geschäftswert.

Die Aufhebung des Wohnungseigentums ist nicht etwa die Aufhebung eines Vertrages i.S.v. Nr. 21102 Nr. 2 KV.

D. Anmerkung

4.84 Wird ein nicht im Grundbuch vollzogenes Wohnungseigentum aufgehoben, so handelt es sich nur um die Aufhebung der Einigung im Sinne der §§ 3 und 4 WEG, so dass die Aufhebung eines Vertrages nach Nr. 21102 Nr. 2 KV vorliegt.

→ **Fall 18: Aufhebung von Wohnungs- bzw. Teileigentum durch die Miteigentümer noch vor Bebauung**

A. Sachverhalt

4.85 A ist Eigentümer eines ½ Miteigentumsanteils, verbunden mit dem Sondereigentum an der Wohnung Nr. 1 im Erdgeschoss und B ist Eigentümer eines ½ Miteigentumsanteils, verbunden mit dem Sondereigentum an der Wohnung Nr. 2 in der 1. Etage. A und B **heben** die **Wohnungseigentümergemeinschaft** noch **vor der Errichtung des Gebäudes** wieder **auf.**

Der Grundstückswert beträgt 50 000 Euro, die Baukosten waren mit 250 000 Euro veranschlagt.

IX. Aufhebung von Wohnungs- bzw. Teileigentum

B. Rechnung

Pos.	Gebührentatbestand	Geschäftswert	KV-Nr.	Satz	Betrag
	Beurkundungsverfahren (§§ 42 I, 46 I, 97 I) Beurkundung der Aufhebung von Wohnungseigentum	50 000	21100	2,0	330,00

4.86

C. Erläuterungen

Als Geschäftswert ist der Verkehrswert zum Zeitpunkt der **Aufhebung** anzunehmen. Der Wert des **vorgesehenen Bauwerks** bleibt unberücksichtigt.[1] Das widerspricht auch nicht etwa § 42 I S. 2, denn der Wert des zu errichtenden Bauwerks ist zum Zeitpunkt der Aufhebung (§ 96) null Euro.

Die **Aufhebung des Wohnungseigentums** ist nicht etwa Aufhebung eines Vertrages i.S.v. Nr. 21102 Nr. 2 KV.

4.87

D. Anmerkung

Wird ein nicht im Grundbuch vollzogenes Wohnungseigentum aufgehoben, so handelt es sich nur um die Aufhebung der Einigung i.S.d. §§ 3 und 4 WEG, so dass die Aufhebung eines Vertrages nach Nr. 21102 Nr. 2 KV vorliegt.

4.88

→ **Fall 19: Aufhebung von Wohnungs- bzw. Teileigentum durch den Alleineigentümer**

A. Sachverhalt

A ist Eigentümer eines ½ Miteigentumsanteils, verbunden mit dem Sondereigentum an der Wohnung Nr. 1 im Erdgeschoss und Eigentümer eines ½ Miteigentumsanteils, verbunden mit dem Sondereigentum an der Wohnung Nr. 2 in der 1. Etage. A, als alleiniger Eigentümer der Wohnanlage, bewilligt und beantragt die **Aufhebung des Wohnungseigentums.**
Der Wert der Wohnanlage beträgt 300 000 Euro.

4.89

B. Rechnung

Pos.	Gebührentatbestand	Geschäftswert	KV-Nr.	Satz	Betrag
	Beurkundungsverfahren (§§ 42 I, 46 I, 97 I) Beurkundung der Aufhebung von Wohnungseigentum	300 000	21201 Nr. 4	0,5	317,50

4.90

---

1 Leipziger Kommentar GNotKG/*Deeck*, § 42 Rz. 13.

C. Erläuterungen

4.91 Als Geschäftswert ist der Verkehrswert zum Zeitpunkt der **Aufhebung** anzunehmen.

Da es sich um die Aufhebung durch den Alleineigentümer handelt, liegt eine reine **Grundbucherklärung** vor, nicht etwa die Aufhebung eines Vertrages nach Nr. 21102 Nr. 2 KV.

→ **Fall 20: Aufhebung von Wohnungs- bzw. Teileigentum und Realteilung**

A. Sachverhalt

4.92 A ist Eigentümer eines ½ Miteigentumsanteils, verbunden mit dem Sondereigentum an der Doppelhaushälfte links. B ist Eigentümer eines ½ Miteigentumsanteils, verbunden mit dem Sondereigentum an der Doppelhaushälfte rechts. Das Flurstück mit dem aufstehenden Wohnungseigentum wurde vermessen in die Flurstücke 1/1 und 1/2. A und B **heben** die **Wohnungseigentümergemeinschaft** bzw. das bestehende Sondereigentum **auf** und setzen sich im Wege der **Realteilung** in der Weise auseinander, dass A das Flurstück Nr. 1/1 mit der aufstehenden Doppelhaushälfte links und B das Flurstück Nr. 1/2 mit der aufstehenden Doppelhaushälfte rechts erhält.

Der Wert der beiden Doppelhaushälften beträgt 300 000 Euro.

B. Rechnung

4.93

Pos.	Gebührentatbestände	Geschäftswert	KV-Nr.	Satz	Betrag
	Beurkundungsverfahren (§§ 35 I, 86 II)	600 000	21100	2,0	2190,00
	a) Aufhebung von Wohnungseigentum (§§ 42 I, 46 I, 97 I)	300 000	21100	2,0	
	b) Realteilung (§ 46 I, 97 I)	300 000	21100	2,0	

C. Erläuterungen

4.94 a), b) Für die **Aufhebung des Wohnungseigentums** und die **Realteilung** ist als Geschäftswert jeweils der Verkehrswert zum Zeitpunkt der Beurkundung anzunehmen.

Da die **Aufhebung von Wohnungseigentum** und die **Realteilung verschiedene Beurkundungsgegenstände** gemäß § 86 II sind, sind deren Werte zu addieren (§ 35 I). Aus der Wertsumme ist eine 2,0 Gebühr nach Nr. 21100 KV zu erheben (§ 93 I S. 1). Die Aufhebung des Wohnungseigentums ist nicht etwa Aufhebung eines Vertrages i.S.v. Nr. 21102 Nr. 2 KV.

→ **Fall 21: Aufhebung von Wohnungs- bzw. Teileigentum und Realteilung, wobei die Verpflichtung hierzu bereits besteht**

A. Sachverhalt

Die alleinigen Wohnungseigentümer A und B hatten sich bereits bei der Begründung des Wohnungseigentums zur **Aufhebung der Wohnungseigentümergemeinschaft** und zur **Realteilung** verpflichtet, wenn die Vermessung des Grundstücks durchgeführt ist. Nunmehr heben sie nach erfolgter Vermessung das bestehende Wohnungseigentum auf und setzen sich im Wege der Realteilung dergestalt auseinander, dass sie die Grundstücke wechselseitig auflassen.

Der Wert der Wohnanlage beträgt 300 000 Euro, davon entfallen 60 000 Euro auf den Grund und Boden.

4.95

B. Rechnung

Pos.	Gebührentatbestände	Geschäftswert	KV-Nr.	Satz	Betrag
	Beurkundungsverfahren (§§ 86 II, 94 I)	~~600 000~~	~~21100~~	~~2,0~~	~~2190,00~~
	a) Aufhebung von Wohnungseigentum (§§ 42 I, 46 I, 97 I)	300 000	21100	2,0	1270,00
	b) Realteilung (§§ 46 I, 97 I)	300 000	21101 Nr. 2	0,5	317,50

4.96

C. Erläuterungen

a), b) Für die **Aufhebung des Wohnungseigentums** und die **Realteilung** ist als Geschäftswert jeweils der Verkehrswert zum Zeitpunkt der Beurkundung anzunehmen.

4.97

Die **Aufhebung von Wohnungseigentum** und die **Realteilung** sind **verschiedene Beurkundungsgegenstände** gemäß § 86 II. Es werden gemäß § 94 I gesonderte Gebühren erhoben, denn die Erhebung der höchsten Gebühr aus dem zusammengerechneten Wert wäre teurer.

b) Die begünstigte 0,5 Gebühr nach Nr. 21101 Nr. 2 KV bei der **Realteilung** setzt voraus, das derselbe Notar das zugrunde liegende Verpflichtungsgeschäft beurkundet hat (vgl. hierzu auch Vorbem. 2 I KV). Andernfalls fällt eine 1,0 Gebühr nach Nr. 21102 Nr. 1 KV an.

X. Dauerwohn- und Dauernutzungsrecht

→ **Fall 22: Dauerwohnrecht**

A. Sachverhalt

Der Grundstückseigentümer A räumt dem dies annehmenden B ein **Dauerwohnrecht** gem. § 31 ff. WEG ein. Das Dauerwohnrecht wird auf die Dauer von

4.98

50 Jahren bestellt. Der Berechtigte zahlt hierfür ein monatliches Nutzungsentgelt in Höhe von 200 Euro. Die Wohnung hat einen Wert von 80 000 Euro.

Der Notar wird mit dem **Vollzug** (Einholung der Abgeschlossenheitsbescheinigung) beauftragt.

B. Rechnung

4.99

Pos.	Gebührentatbestände	Geschäftswert	KV-Nr.	Satz	Betrag
(1)	Beurkundungsverfahren (§§ 52 II, 97 I) Beurkundung des Dauerwohnrechts	48 000	21100	2,0	330,00
(2)	Vollzug, Einholung der Abgeschlossenheitsbescheinigung (Vorbem. 2.2.1.1 I 2 Nr. 1 KV; § 112)	48 000	22110, 22112	0,5	50,00

C. Erläuterungen

4.100 **Pos. (1):**

Als Geschäftswert ist gemäß § 52 II der auf die Dauer des Rechts entfallende Wert anzunehmen. Der Wert ist jedoch durch den auf die ersten 20 Jahre entfallenden Wert beschränkt (200 Euro × 12 × 20 = 48 000 Euro). Bei diesem Ergebnis bliebe es auch dann, wenn man in der Einräumung des Dauerwohnrechts gegen wiederkehrendes Entgelt einen Mietvertrag sehen müsste, § 99 I.

4.101 **Pos. (2):**

Der Geschäftswert für den **Vollzug** bestimmt sich gemäß § 112 nach dem Wert des Beurkundungsverfahrens.

Die **Einholung der Abgeschlossenheitsbescheinigung** ist eine Vollzugstätigkeit nach Vorbem. 2.2.1.1 I S. 2 Nr. 1 KV. Die Gebühr ist hier gemäß Nr. 22112 KV auf 50 Euro beschränkt, weil sie niedriger als die 0,5 Gebühr gemäß Nr. 22110 KV ist.

XI. Verkauf

→ **Fall 23: Verkauf von Wohnungs- bzw. Teileigentum**

A. Sachverhalt

4.102 V ist Eigentümer einer Eigentumswohnung im Erdgeschoss einer Wohnanlage (Wohnung Nr. 1). V **verkauft** das Wohnungseigentum (Wohnung Nr. 1) an K zu einem Kaufpreis von 150 000 Euro.

Aufgrund der Verpflichtung in der **Gemeinschaftsordnung** übernimmt K die monatlichen **Beitragsvorschüsse** (**Hausgeld** oder auch **Wohngeld** genannt) und unterwirft sich diesbezüglich der **sofortigen Zwangsvollstreckung** in sein gesamtes Vermögen. Nach dem gebilligten Wirtschaftsplan beträgt der monatliche Beitragsvorschuss derzeit 250 Euro.

XI. Verkauf

Der Notar wird mit dem **Vollzug** (Einholung der Verwalterzustimmung nach § 12 WEG und der Vorkaufsrechtsanfrage an den vorkaufsberechtigten Mieter nach § 577 BGB) beauftragt. Ferner hat er die Fälligkeit des Kaufpreises mitzuteilen und die Auflassung bei den zu erteilenden Ausfertigungen/begl. Abschriften solange zurückzuhalten, bis der Kaufpreis gezahlt ist (Umschreibungsüberwachung).

B. Rechnung

4.103

Pos.	Gebührentatbestände	Geschäftswert	KV-Nr.	Satz	Betrag
(1)	Beurkundungsverfahren (§§ 109 I)				
	a) Beurkundung des Kaufvertrages (§ 47, 97 I)	150 000	21100	2,0	708,00
	b) Zwangsvollstreckungsunterwerfung bzgl. der mtl. Beitragsvorschüsse (§ 97 I)	~~30 000~~	~~21200~~	~~1,0~~	~~125,00~~
(2)	Vollzug, Einholung der Verwalterzustimmung, Vorkaufsrechtsanfrage (Vorbem. 2.2.1.1 I S. 2 Nr. 5, 7; § 112)	150 000	22110	0,5	177,00
(3)	Betreuung (Nr. 22200 Anm. Nrn. 2, 3 KV, § 113 I) (Mitteilung der Kaufpreisfälligkeit und Umschreibungsüberwachung)	150 000	22200	0,5	177,00

C. Erläuterungen

Pos. (1): 4.104

a) Für den **Kaufvertrag** ist als Geschäftswert gemäß § 47 der Kaufpreis anzunehmen, der i.d.R. dem Grundstückswert gemäß § 46 entspricht.

b) Gemäß § 97 I ist für die **Zwangsvollstreckungsunterwerfung** der Schuldbetrag als Geschäftswert anzunehmen. Aufgrund der unbestimmten Dauer ist der Wert gemäß § 52 III der auf die ersten zehn Jahre entfallenden Wert beschränkt (250 Euro × 12 × 10 = 30 000 Euro).

Der **Kaufvertrag** und die **Zwangsvollstreckungsunterwerfung** bezüglich der monatlichen Beitragsvorschüsse betreffen denselben **Beurkundungsgegenstand** gemäß § 109 I S. 1–3, wobei die Zwangsvollstreckungsunterwerfung als Durchführungserklärung nicht gesondert zu bewerten ist.

Pos. (2): 4.105

Der Geschäftswert für den **Vollzug** bestimmt sich gemäß § 112 nach dem Wert des Beurkundungsverfahrens.

Die **Einholung der Verwalterzustimmung** ist Vollzugstätigkeit gemäß Vorbem. 2.2.1.1 I S. 2 Nr. 5 KV, die **Vorkaufsrechtsanfrage** ist Vollzugstätigkeit gemäß Vorbem. 2.2.1.1 I S. 2 Nr. 7 KV. Die Vollzugsgebühr fällt aber nur einmal an (§ 93 I S. 1).

4.106 **Pos. (3):**
Der Geschäftswert für die Betreuungsgebühr bestimmt sich nach dem Wert des Beurkundungsverfahrens, § 113 I.
Sowohl die Mitteilung der Kaufpreisfälligkeit als auch die Umschreibungsüberwachung sind Betreuungstätigkeiten gem. Nr. 22200 Nr. 2 bzw. 3 KV. Die Gebühr fällt jedoch nur einmal an, § 93 I S. 1.

D. Anmerkungen

4.107 Wird der Notar mit der Fertigung des **Entwurfs einer Verwalterzustimmung** beauftragt, fällt hierfür neben der Vollzugsgebühr keine Entwurfsgebühr an, Vorbem. 2.2 II. Die spätere Beglaubigung ist dann allerdings nicht mehr gebührenfrei, da kein Entwurf nach Teil 2, Hauptabschnitt 4 KV abgerechnet wurde. Die Vorbem. 2.4.1 II KV ist in diesem Fall nicht einschlägig.[1]

4.108 Wird die Kaufpreisfälligkeit von der **Bestätigung des Verwalters** abhängig gemacht, dass das **Hausgeld/Wohngeld** durch den Verkäufer vollständig **gezahlt** wurde, erhält der Notar für die auftragsgemäße Überwachung eine Betreuungsgebühr nach Nr. 22200 Anm. Nr. 2 KV. Die Betreuungsgebühr fällt in demselben Beurkundungsverfahren allerdings nur einmal an; § 93 I S. 1.

Die auftragsgemäße **Einholung dieser Verwalterbestätigung** stellt eine gebührenfreie Nebentätigkeit des Notars dar, da diese nicht im Vollzugskatalog der Vorbem. 2.2.1.1 I S. 2 KV enthalten ist. Die Vorbem. 2.2.1.1 I S. 2 Nr. 5 KV ist insoweit nicht einschlägig.

→ **Fall 24: Verkauf eines Sondernutzungsrechts an einen anderen Wohnungseigentümer**

A. Sachverhalt

4.109 Der Wohnungseigentümer V ist Inhaber eines Sondernutzungsrechts an einem PKW-Stellplatz. V verkauft das Sondernutzungsrecht an den Wohnungseigentümer K zu einem Kaufpreis von 10 000 Euro. Die Änderung im Grundbuch wird bewilligt und beantragt.

Das Wohnungseigentum des V ist belastet mit einer Grundschuld in Höhe von 100 000 Euro zugunsten der S-Bank. Der Notar wird mit dem Vollzug (Einholung der Gläubigerzustimmung) beauftragt.

---

[1] OLG Hamm v. 16.7.2015 – 15 W 152/15, ZNotP 2015, 277 = FGPrax 2015, 276; *Prüf-Abt. der Ländernotarkasse*, NotBZ 2015, 256; NotBZ 2013, 427 f.

XI. Verkauf

B. Rechnung

4.110

Pos.	Gebührentatbestände	Geschäfts-wert	KV-Nr.	Satz	Betrag
(1)	Beurkundungsverfahren (§§ 47, 97 III) Beurkundung des Kaufvertrages	10 000	21100	2,0	150,00
(2)	Vollzug, Einholung der Gläubiger-zustimmung (Vorbem. 2.2.1.1 I 2 Nr. 9; § 112)	10 000	22110	0,5	37,50

C. Erläuterungen

Pos. (1): 4.111

Für den **Kaufvertrag** ist als Geschäftswert der Kaufpreis gemäß § 47 maßgebend.

Pos. (2): 4.112

Der Geschäftswert für den **Vollzug** bestimmt sich gemäß § 112 nach dem Wert des Beurkundungsverfahrens. Die **Einholung der Gläubigerzustimmung** ist Vollzugstätigkeit gemäß Vorbem. 2.2.1.1 I S. 2 Nr. 9 KV.

Wird der Notar mit der Fertigung des Entwurfs der Gläubigerzustimmung beauftragt, fällt hierfür neben der Vollzugsgebühr keine Entwurfsgebühr an, Vorbem. 2.2 II.

→ **Fall 25: Verkauf aller Eigentumswohnungen einer Wohnanlage, Nachverpfändung und Aufhebung des Wohnungseigentums**

A. Sachverhalt

A ist Eigentümer eines ½ Miteigentumsanteils, verbunden mit dem Sondereigentum an der Doppelhaushälfte links. B ist Eigentümer eines ½ Miteigentumsanteils verbunden mit dem Sondereigentum an der Doppelhaushälfte rechts. A und B **verkaufen** ihr **Wohnungseigentum** an C zu einem Kaufpreis von je 150 000 Euro. Das Wohnungseigentum des A ist noch mit einer Grundschuld in Höhe von 120 000 Euro (derzeit mit 100 000 Euro valutierend) für den Darlehensgeber des A (Bank X) belastet, das Wohnungseigentum des B ist lastenfrei. C erbringt den Kaufpreis z.T. durch **Schuldübernahme**. In Höhe des Nominalbetrages der Grundschuld gibt C ein abstraktes **Schuldanerkenntnis** zugunsten der Bank X ab und unterwirft sich sowohl wegen des Schuldanerkenntnisses als auch der Grundschuld der **persönlichen Zwangsvollstreckung**. 4.113

Des Weiteren wird durch C, als künftiger Alleineigentümer, die vollstreckbare Grundschuld in Höhe von 120 000 Euro (lastend auf dem Wohnungseigentum des A) auf das Wohnungseigentum des B **pfanderstreckt** und das **Wohnungseigentum aufgehoben**.

B. Rechnung

4.114

Pos.	Gebührentatbestände	Geschäftswert	KV-Nr.	Satz	Betrag
	Beurkundungsverfahren (§§ 86 II, 110 Nr. 2a, 94 I)	~~840 000~~	~~21100~~	~~2,0~~	~~2990,00~~
a)	Kaufvertrag zwischen A und C (§§ 47, 97 I)	150 000	21100	2,0	
b)	Schuldanerkenntnis nebst Zwangsvollstreckungsunterwerfung (§ 97 I)	120 000	21200	1,0	
c)	Kaufvertrag zwischen B und C (§§ 47, 97 I)	150 000	21100	2,0	
d)	Nachverpfändung (Pfandunterstellung, Nachverhaftung) (§§ 44 I S. 1, 53 I, 97 I)	120 000	21200	1,0	
	a), c):	300 000	21100	2,0	1270,00
	b), d):	240 000	21200	1,0	535,00
e)	Aufhebung von Wohnungseigentum (§§ 42 I, 46 I, 97 I)	300 000	21201 Nr. 4	0,5	317,50

C. Erläuterungen

4.115 a) Für den **Kaufvertrag** ist als Geschäftswert der Kaufpreis gemäß § 47 maßgebend. Der Kaufvertrag und die **Übernahme** der durch **Grundschuld** gesicherten Darlehensschuld sind **derselbe Beurkundungsgegenstand** nach § 109 I S. 4 Nr. 1a).

b) Der Schuldbetrag bildet den Geschäftswert. Das **Schuldanerkenntnis** und die **Zwangsvollstreckungsunterwerfung** sind nach § 109 I S. 4 Nr. 4 **derselbe Beurkundungsgegenstand.**

c) Für den **Kaufvertrag** ist als Geschäftswert der Kaufpreis gemäß § 47 maßgebend.

d) Maßgebend ist der Grundschuldnennbetrag, da dieser im Vergleich zum Wert des Wohnungseigentums geringer ist.

e) Für die **Aufhebung des Wohnungseigentums** ist als Geschäftswert der Verkehrswert zum Zeitpunkt der Aufhebung anzunehmen.

Die Erklärungen zu a) und b) sind verschiedene Beurkundungsgegenstände gemäß § 110 Nr. 2a). Im Übrigen sind die Erklärungen verschiedene Beurkundungsgegenstände gemäß § 86 II. Ihre Werte werden nicht gemäß § 35 I addiert. Vielmehr werden gemäß § 94 I gesonderte Gebühren erhoben, denn die Erhebung der höchsten Gebühr aus dem zusammengerechneten Wert wäre teurer.

XI. Verkauf

→ **Fall 26: Kellertausch**

A. Sachverhalt

A ist Eigentümer eines ¼ Miteigentumsanteils, verbunden mit dem Sondereigentum an der Wohnung Nr. 1 in der 1. Etage links nebst Abstellraum im Kellergeschoss. B ist Eigentümer eines ¼ Miteigentumsanteils, verbunden mit dem Sondereigentum an der Wohnung Nr. 2 in der 1. Etage rechts nebst Abstellraum im Kellergeschoss. A und B **tauschen** die Abstellräume im Kellergeschoss und bewilligen und beantragen, den Eigentumsübergang in das Grundbuch einzutragen. Die Abstellräume sind gleichwertig, so dass keine Tauschaufgabe zu leisten ist.

4.116

Der Verkehrswert jedes Abstellraums wird mit 3000 Euro angegeben.

B. Rechnung

Pos.	Gebührentatbestand	Geschäftswert	KV-Nr.	Satz	Betrag
	Beurkundungsverfahren (§§ 46 I, 97 III) Beurkundung Kellertausch	3000	21100	2,0	120,00

4.117

C. Erläuterungen

Gemäß § 97 III ist nur der Wert eines Abstellraumes anzunehmen; sind die Werte der Abstellräume verschieden, ist der höhere maßgebend.

4.118

Der Tauschvertrag löst eine 2,0 Gebühr gemäß Nr. 21100 KV aus.

→ **Fall 27: Herauslösung eines Grundstücks aus einer Mehrhausanlage**

A. Sachverhalt

A ist Eigentümer eines 200/1000 Miteigentumsanteils, verbunden mit dem Sondereigentum am Haus Nr. 1. Das Haus Nr. 1 soll aus der Wohnungseigentümergemeinschaft **herausgelöst** werden, so dass die Wohnungseigentümergemeinschaft nur noch an den übrigen Häusern Nrn. 2–6 fortbesteht. Um dieses Ziel zu erreichen, werden folgende Erklärungen abgegeben:[1]

4.119

Die Wohnungseigentümer der Wohnungseigentümergemeinschaft vereinbaren die **Aufhebung des Sondereigentums** am Haus Nr. 1. Der **Miteigentumsanteil** von 200/1000 wird auf die verbleibenden Eigentümer **verteilt** und die **Belastungen** auf die zugebuchten Anteile im Wege der **Zuschreibung** erstreckt. Die **Gemeinschaftsordnung** wird entsprechend angepasst.

Das **herausgemessene Flurstück** 3/2 (bebaut mit dem Haus Nr. 1) wird auf A zum Alleineigentum lastenfrei **übertragen**. In diesem Zusammenhang wird beantragt, dieses Flurstück als selbständiges Grundstück **abzuteilen.**

---

1 Gutachten des DNotI v. 5.12.2008, Nr. 90118 DNotI-Report 2016, 133 ff.

Der Notar wird mit dem **Vollzug** (Einholung der erforderlichen Pfandfreigabeerklärungen) beauftragt.

Der Verkehrswert des abzutrennenden Hausgrundstücks beträgt 200 000 Euro.

B. Rechnung

4.120

Pos.	Gebührentatbestände	Geschäftswert	KV-Nr.	Satz	Betrag
(1)	Beurkundungsverfahren (§§ 35 I, 86 II)	400 000	21100	2,0	1570,00
	a) Aufhebung des Sondereigentums (§§ 42 I, 46, 97 I)	200 000	21100	2,0	
	b) Wechselseitige Übertragung von Miteigentumsanteilen und Hausgrundstück (§§ 46, 97 III)	200 000	21100	2,0	
(2)	Vollzug, Einholung der Pfandfreigabeerklärungen (Vorbem. 2.2.1.1 I 2 Nr. 9; § 112)	400 000	22110	0,5	392,50

C. Erläuterungen

4.121 **Pos. (1):**

a) Der Geschäftswert für die **Aufhebung des Sondereigentums** ist gemäß § 42 I der Wert des bebauten Grundstücks(teil). Die **Anpassung der Gemeinschaftsordnung** ist als Durchführungserklärung im Sinne von § 109 I S. 1–3 nicht gesondert zu bewerten.

b) Der Geschäftswert der einzelnen **Übertragung** bestimmt sich nach dem Verkehrswert des Grundstücks gemäß § 46 I. Da die Übertragungen im Austausch erfolgen, kommt § 97 III zur Anwendung. Die beiden Tauschleistungen sind gleichwertig.

Die Erklärungen zu a) und b) sind **verschiedene Beurkundungsgegenstände** gemäß § 86 II. Deren Werte sind zu addieren (§ 35 I) und es ist aus der Wertsumme eine 2,0 Gebühr nach Nr. 21100 KV zu erheben (§ 93 I S. 1).

Der **Teilungsantrag, die Pfänderstreckung- und -freigabeerklärungen** sind als Durchführungserklärungen im Sinne von § 109 I S. 1–3 nicht gesondert zu bewerten.

4.122 **Pos. (2):**

Der Geschäftswert für den **Vollzug** bestimmt sich gemäß § 112 nach dem Wert des Beurkundungsverfahrens. Liegen, wie hier, verschiedene Beurkundungsgegenstände vor, so bestimmt sich der Geschäftswert nach dem **Gesamtwert** (400 000 Euro).

Die Einholung der Pfandfreigabeerklärungen ist Vollzugstätigkeit gemäß Vorbem. 2.2.1.1 I S. 2 Nr. 9 KV.

Wird der Notar mit der Fertigung des Entwurfs der Pfandfreigabeerklärungen beauftragt, fällt hierfür neben der Vollzugsgebühr keine Entwurfsgebühr an, Vorbem. 2.2 II.

XII. Weitere Tätigkeiten

→ **Fall 28: Ermittlung der Miteigentumsanteile**

A. Sachverhalt

Der Notar wird im Vorfeld einer Wohnungseigentumsbegründung mit der **Berechnung der Miteigentumsanteile** nach den Wohnflächen beauftragt. Der Wert der Wohnungsanlage wird mit 300 000 Euro angegeben.

4.123

B. Rechnung

– Keine Gebühr

4.124

C. Erläuterungen

Das Gesetz bestimmt für diese Tätigkeit **keine Gebühr.** Es handelt es sich nicht um eine Vollzugs- oder Betreuungstätigkeit i.S.d. Nrn. 22110 ff. bzw. 22200 f. KV. Auch kann keine Beratungs- oder Entwurfsgebühr abgerechnet werden, weil die Erstellung unmittelbar der Beurkundung dient. Aus diesem Grund scheidet auch ein öffentlich-rechtlicher Vertrag nach § 126 aus.

4.125

→ **Fall 29: Beurkundung von Beschlüssen der Wohnungseigentümerversammlung, Verwalterbestellung**

A. Sachverhalt

Der Notar wird mit der Protokollierung einer **Versammlung der Wohnungseigentümer** (§ 23 WEG) beauftragt. In der Versammlung erfolgt lediglich die **Verwalterbestellung.** Es handelt sich um ein Wohnhaus mit 10 Wohneinheiten.

4.126

B. Rechnung

Pos.	Gebührentatbestand	Geschäftswert	KV-Nr.	Satz	Betrag
	Beurkundungsverfahren, Protokollierung der Eigentümerversammlung (§ 36 I)	4000	21100	2,0	120,00

4.127

C. Erläuterungen

Für die **Beschlüsse einer Wohnungseigentümerversammlung** existiert keine Spezialbestimmung, insbesondere ist § 108 I nicht einschlägig (allerdings die Wertbeschränkung des § 108 V in Höhe von 5 Mio. Euro). Daher bleibt es bei der allgemeinen Geschäftswertvorschrift des § 36 I. Der Bewertungsgrundsatz aus der BGH-Entscheidung[1] zur KostO kann auf das GNotKG übertragen werden (400 Euro × 10 Einheiten).

4.128

---

[1] BGH v. 23.10.2008 – V ZB 89/08, NotBZ 2009, 60 ff. = notar 2009, 67 = DNotZ 2009, 315.

D. Anmerkung

4.129 Erfolgt die **Verwalterbestellung** unmittelbar in der Begründungsurkunde, ist dieser **Beschluss** ein **verschiedener Beurkundungsgegenstand** gemäß § 110 Nr. 1, der eine 2,0 Gebühr nach Nr. 21100 KV auslöst.

Erfolgt die Verwalterbestellung in der **Gemeinschaftsordnung**, so liegt kein Beschluss vor.

→ **Fall 30: Nachweis der Verwaltereigenschaft gemäß § 26 III WEG**

A. Sachverhalt

4.130 Der Notar beglaubigt die Unterschriften des **Verwalters** und des **Verwaltungsbeirates** unter dem Protokoll über die Bestellung des Verwalters. Es handelt sich um ein Wohnhaus mit 10 Wohneinheiten.

B. Rechnung

4.131

Pos.	Gebührentatbestand	Geschäftswert	KV-Nr.	Satz	Betrag
	Unterschriftsbeglaubigung unter einer Verwalterbestellung		25101 Nr. 3		20,00

C. Erläuterungen

4.132 Bei der Gebühr gemäß Nr. 25101 Nr. 3 handelt es sich um eine **Festgebühr**.

D. Anmerkung

4.133 Enthält das Protokoll der Wohnungseigentümerversammlung noch weitere Beschlüsse, sind diese nicht zu berücksichtigen, wenn ausdrücklich nur eine Beglaubigung bezüglich der Verwalterwahl gewünscht wurde.[1]

→ **Fall 31: Beurkundung von Beschlüssen der Wohnungseigentümerversammlung, Aufhebung der Verfügungsbeschränkung gemäß § 12 IV WEG**

A. Sachverhalt

4.134 Der Notar wird mit der Protokollierung einer **Versammlung der Wohnungseigentümer** (§ 23 WEG) beauftragt. In der Versammlung beschließen die Wohnungseigentümer, dass die in der Teilungserklärung enthaltene **Veräußerungsbeschränkung** aufgehoben wird.

Gleichzeitig wird die Löschung der Verfügungsbeschränkung im Grundbuch beantragt.

Es handelt sich um ein Wohnhaus mit 10 Wohneinheiten. Der Wert der Wohnanlage wird mit 500 000 Euro angegeben.

---

[1] Leipziger Kommentar GNotKG/*Wudy*, § 21 Rz. 135, unter Bezugnahme auf OLG Hamm, Beschl. v. 4.7.1983 – 15 W 161/83, MittBayNot 1983, 254 f.

B. Rechnung

Pos.	Gebührentatbestände	Geschäftswert	KV-Nr.	Satz	Betrag
	Beurkundungsverfahren (§§ 110 Nr. 1, 94 I)	~~300 000~~	~~21100~~	2,0	~~1270,00~~
	a) Protokollierung der Eigentümerversammlung (§§ 51 II, 46 I, 36 I)	150 000	21100	2,0	708,00
	b) Löschungsantrag (§§ 51 II, 46 I, 97 I)	150 000	21201 Nr. 4	0,5	177,00

4.135

C. Erläuterungen

Für die Beschlüsse einer Wohnungseigentümerversammlung existiert keine Spezialbestimmung, insbesondere ist § 108 I nicht einschlägig (allerdings die Wertbeschränkung des § 108 V in Höhe von 5 Mio. Euro). Daher bleibt es bei der Wertvorschrift des § 51 II (30 % vom Wert der Wohnanlage), die auch für den Löschungsantrag Anwendung findet.

4.136

Der **Beschluss** und der **Löschungsantrag** sind **verschiedene Beurkundungsgegenstände** gemäß § 110 Nr. 1. Es werden gemäß § 94 I gesonderte Gebühren erhoben, denn die Erhebung der höchsten Gebühr aus dem zusammengerechneten Wert wäre teurer.

D. Anmerkungen

Beglaubigt der Notar lediglich die Unterschrift(en) unter dem Aufhebungsbeschluss der Wohnungseigentümergemeinschaft nebst Löschungsantrag, erhält er hierfür eine 0,2 Gebühr nach Nr. 25100 KV (mind. 20 Euro und höchstens 70 Euro). Der Geschäftswert bestimmt sich wie bei entsprechender Beurkundung; § 121. Die 0,2 Gebühr gemäß Nr. 25100 KV ist dann aus der Wertesumme (300 000 Euro) zu berechnen.

4.137

Die **Eintragung im Grundbuch** kann bei großen Gemeinschaften mit hohen Kosten verbunden sein. Für die Eintragung fallen gemäß Nr. 14160 Nr. 5 KV 50 Euro je Sondereigentumseinheit an.[1] Ein Zurück allein im Wege der Beschlussfassung gibt es nicht.

4.138

→ **Fall 32: Verwalterzustimmung nach § 12 WEG zum Verkauf von Wohnungseigentum**

S. hierzu Fall 27 Rz. 10.114.

4.139

---

[1] OLG München v. 17.7.2015 – 34 Wx 137/15 Kost, ZfIR 2015, 622 = NJW-Spezial 2015, 642 = NJW-RR 2016, 332 f.

→ **Fall 33: Separate Baubeschreibung für den Verkauf von noch zu errichtenden Wohnungseigentum**

A. Sachverhalt

4.140 Der Notar beurkundet für das noch zu errichtende Wohnungseigentum (2 Doppelhaushälften) die **Baubeschreibung**. Die Teilungserklärung nebst Gemeinschaftsordnung wurde in separater Urkunde beurkundet.

Der Wert des Grundstücks beträgt 100 000 Euro, die reinen Baukosten belaufen sich auf insgesamt 400 000 Euro.

B. Rechnung

4.141

Pos.	Gebührentatbestand	Geschäftswert	KV-Nr.	Satz	Betrag
	Beurkundungsverfahren, Protokollierung der Baubeschreibung (§ 36 I)	80 000	21200	1,0	219,00

C. Erläuterungen

4.142 Den Geschäftswert für die **Baubeschreibung** bildet gemäß § 36 I ein Teilwert aus den veranschlagten Baukosten (hier: 20 %).

D. Anmerkung

4.143 Erfolgt die Beurkundung zusammen mit der Teilungserklärung, ist diese nicht Inhalt der dinglichen Aufteilung. Das WEG verlangt keine verbale Beschreibung, sondern nur die Pläne (§ 7 IV S. 1 Nr. 1 WEG). Die **Baubeschreibung** ist dann als **verschiedener Beurkundungsgegenstand** zu bewerten (vgl. vorstehend Rz. 4.14).

Teil 5
Erbbaurecht

Inhaltsübersicht

I. Überblick 5.1	*Fall 11:* Einigung über die Bestellung eines Erbbaurechts, wobei die vorausgegangene Verpflichtung derselbe Notar beurkundet hat 5.59
1. Einführung 5.1	
2. Übersichtstabellen 5.2	
3. Gebühr 5.7	
4. Geschäftswert 5.8	
5. Derselbe Beurkundungsgegenstand/Verschiedene Beurkundungsgegenstände 5.11	*Fall 12:* Einigung über die Bestellung eines Erbbaurechts, wobei die vorausgegangene Verpflichtung ein anderer Notar beurkundet hat 5.62
6. Vollzugs-, Betreuungs- und Treuhandtätigkeiten 5.15	
7. Gebührenfreie (Neben-) Geschäfte 5.17	**IV. Änderung eines Erbbaurechts** .. 5.65
	Fall 13: Teilung eines Erbbaurechts 5.65
8. Unrichtige Sachbehandlung ... 5.19	*Fall 14:* Verlängerung eines Erbbaurechts vor Zeitablauf 5.68
9. Gebührenermäßigung 5.20	
II. Erbbaurechtsbestellung 5.23	*Fall 15:* Verlängerung eines Erbbaurechts nach Zeitablauf (Neubestellung) 5.71
Fall 1: Erbbaurechtsbestellung 5.23	
Fall 2: Erbbaurechtsbestellung an einer Grundstücksteilfläche 5.27	*Fall 16:* Erstreckung eines Erbbaurechts auf ein weiteres Grundstück 5.74
Fall 3: Erbbaurechtsbestellung mit Kapitalbetrag für Gebäude und Preisklausel (Wertsicherungsklausel) 5.31	
	V. Aufhebung eines Erbbaurechts . 5.78
Fall 4: Erbbaurechtsbestellung mit Zahlung eines festen Kapitalbetrages 5.35	*Fall 17:* Vertragliche Aufhebung eines Erbbaurechts 5.78
Fall 5: Erbbaurechtsbestellung mit Bebauung auf Rechnung des Erbbauberechtigten 5.39	*Fall 18:* Aufgabe eines Eigentümererbbaurechts (Erbbauberechtigter und Grundstückseigentümer in einer Person) 5.83
Fall 6: Erbbaurechtsbestellung mit gegenseitigen Vorkaufsrechten 5.43	*Fall 19:* Grundstückskaufvertrag und Aufgabe des damit entstandenen Eigentümererbbaurechts . 5.86
Fall 7: Eigentümererbbaurechtsbestellung 5.46	*Fall 20:* Löschung eines Erbbaurechts nach dessen Zeitablauf .. 5.90
Fall 8: Eigentümererbbaurechtsbestellung mit Vorkaufsrechten 5.50	*Fall 21:* Löschung eines Erbbaurechts nach dessen Zeitablauf, wobei ehemaliger Erbbauberechtigter und Grundstückseigentümer zusammenfallen 5.94
Fall 9: Untererbbaurechtsbestellung 5.53	
Fall 10: Verpflichtung über die Bestellung eines Erbbaurechts . 5.56	**VI. Verkauf eines Erbbaurechts** 5.98
III. Nachträgliche dingliche Einigung 5.59	*Fall 22:* Kaufvertrag über ein Erbbaurecht 5.98

Fall 23: Kaufvertrag über ein Erbbaurecht sowie Einholung von Veräußerungszustimmung und Nichtausübungserklärung mit Entwurfsfertigung 5.104

VII. **Übertragung eines Erbbaurechts** 5.110

Fall 24: Übertragung eines Erbbaurechts 5.110

Fall 25: Übertragung eines Erbbaurechts nach Ausübung des Heimfallrechts 5.115

VIII. **Weitere Geschäfte** 5.119

Fall 26: Zustimmung zur Belastung des Erbbaurechts . 5.119

Fall 27: Aufteilung eines Erbbaurechts in Wohnungserbbaurechte (Teilung nach § 3 WEG) 5.122

Fall 28: Aufteilung eines Erbbaurechts in Wohnungserbbaurechte (Teilung nach § 8 WEG) 5.126

Fall 29: Stillhalteerklärung/ Liegenbelassungserklärung des erbbauzinsberechtigten Eigentümers, der den Vorrang behält 5.127

Fall 30: Erbbaurechtliche Ergänzungserklärung aufgrund Erbbauzinserhöhung 5.130

Fall 31: Umschreibung der Vollstreckungsklausel 5.133

Stichwortverzeichnis

Änderung
– Erstreckung auf weiteres Grundstück 5.74
– Teilung eines Erbbaurechts 5.65
– Übersichtstabelle 5.3
– Verlängerung nach Zeitablauf 5.71
– Verlängerung vor Zeitablauf 5.68
Aufhebung
– Aufgabe Eigentümererbbaurecht 5.83
– Übersichtstabelle 5.4
– vertraglich 5.78
Bebauung
– auf Rechnung des Erbbauberechtigten 5.10, 5.39
Belastungszustimmung
– nebst Rangrücktritt 5.119
Bestellung, einseitig
– Eigentümererbbaurecht 5.46
– Eigentümererbbaurecht mit Vorkaufsrechten 5.50
– Übersichtstabelle 5.2
Bestellung, vertraglich 5.23
– Bebauung auf Rechnung des Erbbauberechtigten 5.39
– fester Kapitalbetrag 5.35
– Kapitalbetrag für Gebäude 5.31
– mit gegenseitigen Vorkaufsrechten 5.43
– Preisklausel/Wertsicherungsklausel 5.31
– Teilfläche 5.10, 5.27
– Untererbbaurecht 5.53
– Verpflichtung über Bestellung 5.56

Betreuungstätigkeiten
– Überblick 5.15
Beurkundungsgegenstand, derselbe
– Veräußerung und Übernahme Erbbauzins nebst Zwangsvollstreckungsunterwerfung 5.14
– Zustimmung zur Veräußerung 5.14
Beurkundungsgegenstände, verschiedene
– Begründung Wohnungserbbaurecht 5.13
– Einräumung Vorkaufsrecht 5.13, 5.43, 5.50
– Kauf und Löschung Erbbaurecht 5.13, 5.86
– Überblick 5.11
– Verteilung Erbbauzins 5.13, 5.65, 5.122
Bewertungsvorschriften
– Übersichtstabellen 5.2 ff.
Eigentümererbbaurecht
– Aufgabe durch Grundbucherklärung 5.83, 5.103
– Bestellung 5.46
– Bestellung mit Vorkaufsrechten 5.50
Ein Beurkundungsgegenstand
– gesetzlicher und vertragsmäßiger Inhalt 5.12
Einigung, dingliche
– nachträgliche (anderer Notar) 5.62
– nachträgliche (gleicher Notar) 5.59
Entwurf
– Nichtausübungserklärung 5.107, 5.109
– Veräußerungszustimmung 5.107, 5.109

492

Erbbauzins
- Erhöhung 5.68, 5.130
- Kapitalisierung 5.9
- Zusammenfassung 5.74
- Verteilung 5.65, 5.122
Erstreckung
- auf weiteres Grundstück 5.74
Gebühr
- Überblick 5.7
Gebührenermäßigung
- Überblick 5.20 ff.
Genehmigung
- vollmachtlos Vertretener 5.34
Geschäftswert
- Formblatt 5.136
- Überblick 5.8 ff.
Gläubigerzustimmung
- Einholung 5.77
Grundbucherklärung
- Aufgabe Eigentümererbbaurecht 5.83
- Löschung nach Zeitablauf 5.90
Liegenbelassungserklärung
- des erbbauzinsberechtigten Eigentümers 5.127
Löschung nach Zeitablauf
- Entschädigungsregelungen 5.93, 5.97
- Grundbucherklärung 5.90, 5.94
- Übersichtstabelle 5.5
Nachverpfändung
- Erbbaurecht 5.39
Nebengeschäfte
- gebührenfreie 5.17
- gesonderte Gebühren 5.18
Neubestellung
- Verlängerung nach Zeitablauf 5.71
Nichtausübungserklärung
- zum Vorkaufsrecht 5.98, 5.109
Pfandfreigabe
- Erbbaugrundstück 5.39
Preisklausel
- Wertsicherungsklausel 5.9, 5.33
Rangrücktritt
- bei Belastungszustimmung 5.121
- Einholung Erklärung 5.42
Stillhalteerklärung
- des erbbauzinsberechtigten Eigentümers 5.127
Treuhandtätigkeiten
- Überblick 5.16
Überblick
- derselbe Beurkundungsgegenstand 5.14
- ein Beurkundungsgegenstand 5.12
- Einführung 5.1

- Gebühr 5.7
- Gebührenermäßigung 5.20 f.
- Gebührenfreie (Neben-)Geschäfte 5.17 f.
- Geschäftswert 5.8
- Übersichtstabellen 5.2 ff.
- Unrichtige Sachbehandlung 5.19
- Verschiedene Beurkundungsgegenstände 5.11, 5.13
- Vollzugs-, Betreuungs- und Treuhandtätigkeiten 5.15 f.
Übertragung
- Erbbaurecht 5.110
- nach Ausübung Heimfallrecht 5.115
- Überblick 5.6
- Zwangsvollstreckungsunterwerfung hinsichtlich Erbbauzins 5.114
Umschreibung der Vollstreckungsklausel 5.133
Unrichtige Sachbehandlung
- Überblick 5.19
Untererbbaurecht
- Bestellung 5.53
Verkauf
- Aufhebung Eigentümererbbaurecht 5.103
- Erbbaurecht 5.98, 5.104
- Überblick 5.6
- Zwangsvollstreckungsunterwerfung hinsichtlich Erbbauzins 5.14, 5.102
Verlängerung
- nach Zeitablauf 5.71
- vor Zeitablauf 5.68
Verpflichtung
- Bestellung Erbbaurecht 5.56
Verteilung
- Erbbauzins 5.65, 5.122
Vollzug
- in besonderen Fällen 5.18
Vollzugstätigkeiten
- Einholung Genehmigung des vollmachtlos Vertretenen 5.28
- Einholung Gläubigerzustimmung 5.77
- Einholung GVO-Genehmigung 5.26, 5.30, 5.38, 5.42
- Einholung Nichtausübungserklärung zum Vorkaufsrecht 5.101, 5.107
- Einholung Pfandfreigabeerklärung 5.42
- Einholung Rangrücktrittserklärung 5.42
- Einholung Zustimmung Grundstückseigentümer 5.101
- Überblick 5.15

Vorkaufsrecht
– Löschung   5.80, 5.85
– Nichtausübungserklärung   5.101
Wert des Erbbaurechts
– Überblick   5.8, 5.10
Wohnungserbbaurecht
– Teilung nach § 3 WEG   5.122
– Teilung nach § 8 WEG   5.126

Zeitablauf
– Antrag zur Löschung des Erbbaurechts   5.90
– Überblick   5.5
Zustimmung
– Belastung nebst Rangrücktritt   5.121
– Veräußerung   5.14, 5.101, 5.107

I. Überblick

1. Einführung

5.1 Das Erbbaurecht gibt dem Berechtigten das veräußerliche und vererbliche Recht, auf oder unter der Grundstücksoberfläche ein mit dem Erdboden verbundenes Bauwerk zu haben. Es verschafft ihm im Ausübungsbereich zugleich das Eigentum am Bauwerk, ohne dass er Eigentümer des Grundstücks sein muss. Als grundstücksgleiches Recht wird es grundsätzlich wie ein Grundstück behandelt. Typische Erbbaurechtsausgeber sind Kommunen und Kirchen.

2. Übersichtstabellen

5.2 Die maßgeblichen Bewertungsvorschriften bei der **Erbbaurechtsbestellung** lauten:

Gebühr bei Erbbaurechtsbestellung	
a) vertragliche Bestellung	Nr. 21100 KV (2,0), mindestens 120 Euro
b) einseitige Bestellung (Eigentümererbbaurecht mit schuldrechtlichen Erklärungen)	Nr. 21200 KV (1,0), mindestens 60 Euro
c) Entwurf mit Unterschriftsbeglaubigung (Eigentümererbbaurecht, reine Grundbucherklärungen)	Nrn. 24102, 21201 Nr. 4 KV (0,3–0,5, hier: 0,5 wegen § 92 II), mindestens 30 Euro
d) reine Unterschriftsbeglaubigung	Nr. 25100 (0,2), mindestens 20 Euro, höchstens 70 Euro
Geschäftswert	§ 43 (Ist ein Erbbauzins vereinbart, ist Geschäftswert der nach § 52 kapitalisierte Erbbauzins, wobei der Wert durch den auf die ersten 20 Jahre entfallenden Erbbauzins beschränkt ist. Ist der nach § 49 II errechnete Wert des Erbbaurechts höher, so ist dieser maßgebend. Der Wert des Erbbaurechts ist hiernach mit 80 % der Summe aus den Werten des belasteten Grundstücks und darauf errichteter Bauwerke anzunehmen, sofern die Ausübung des Rechts auf eine Teilfläche beschränkt ist, sind 80 % vom Wert dieser Teilfläche zugrunde zu legen.)

I. Überblick

Die maßgeblichen Bewertungsvorschriften bei der **Änderung eines Erbbaurechts** lauten: 5.3

Gebühr bei Änderung eines Erbbaurechts	Nr. 21100 KV (2,0), mindestens 120 Euro
Geschäftswert	Maßgebend ist der Wert der Änderung. Hat die Änderung keinen bestimmbaren Wert, ist ein Teilwert nach billigem Ermessen vom Wert des Erbbaurechts (80 % der Summe aus den Werten des belasteten Grundstücks und darauf errichteter Bauwerke) anzunehmen, § 36 I.

Die maßgeblichen Bewertungsvorschriften bei der **Aufhebung eines Erbbaurechts** lauten: 5.4

Gebühr bei Aufhebung eines Erbbaurechts a) vertragliche Aufhebung b) Aufgabe eines Eigentümererbbaurechts	a) Nr. 21100 KV (2,0), mindestens 120 Euro b) Nr. 21201 Nr. 4 KV (0,5), mindestens 30 Euro
Geschäftswert	a) und b) §§ 97 I, 49 II (Maßgebend ist der Wert des Erbbaurechts = 80 % der Summe aus den Werten des belasteten Grundstücks und darauf errichteter Bauwerke.)

Die maßgeblichen Bewertungsvorschriften bei der **Löschung eines Erbbaurechts nach dessen Zeitablauf** lauten: 5.5

Gebühr bei Löschung eines Erbbaurechts nach dessen Zeitablauf	Nr. 21201 Nr. 4 KV (0,5), mindestens 30 Euro
Geschäftswert	Maßgebend ist ein Teilwert nach billigem Ermessen vom Wert des Erbbaurechts gemäß § 49 II (80 % der Summe aus den Werten des belasteten Grundstücks und darauf errichteter Bauwerke), § 36 I; Vorschlag 10–20 %.

5.6 Die maßgeblichen Bewertungsvorschriften bei der **Veräußerung eines Erbbaurechts** lauten:

Gebühr bei Veräußerung eines Erbbaurechts a) **Verkauf eines Erbbaurechts** b) **unentgeltliche Übertragung eines Erbbaurechts**	a) und b) Nr. 21100 KV (2,0), mindestens 120 Euro
Geschäftswert	a) §§ 47, 49 II, 97 III (Maßgebend ist der Kaufpreis, es sei denn, der Wert des Erbbaurechts ist höher.) b) §§ 49 II, 97 I (Maßgebend ist der Wert des Erbbaurechts = 80 % der Summe aus den Werten des belasteten Grundstücks und darauf errichteter Bauwerke.

3. Gebühr

5.7 Nach Nr. 21100 KV GNotKG wird für die **Bestellung eines Erbbaurechts** eine 2,0 Gebühr erhoben. Die Mindestgebühr beträgt 120 Euro. Bei der Fertigung eines solchen **Entwurfes** ist die Rahmengebühr nach Nr. 24100 KV GNotKG zu erheben. Die vollständige Erstellung des Entwurfes löst nach § 92 II GNotKG die Höchstgebühr aus, also eine 2,0 Gebühr.

Bei der Bestellung eines **Eigentümererbbaurechts** wird eine 1,0 Gebühr nach Nr. 21200 KV GNotKG erhoben, wenn die Erklärungen über die reinen Grundbucherklärungen hinausgehen. Die Mindestgebühr beträgt hier 60 Euro. Andernfalls ist die begünstigte 0,5 Gebühr gemäß Nr. 21201 Nr. 4 KV GNotKG zu erheben (bei entsprechender Entwurfsfertigung Nrn. 24102, 21201 Nr. 4 KV). Die Mindestgebühr beträgt 30 Euro.

4. Geschäftswert

5.8 § 43 GNotKG bestimmt als **Wertvorschrift** den Geschäftswert bei der **Bestellung** eines Erbbaurechts, wenn als Entgelt ein Erbbauzins vereinbart wurde. Sie führt zu einem **Vergleich** des nach § 52 GNotKG kapitalisierten Erbbauzinses mit dem **Wert des Erbbaurechts** nach § 49 II GNotKG (**Bewertungsvorschriften**), der höhere Wert ist maßgeblich. Wird kein Erbbauzins als Entgelt vereinbart, bleibt es bei dem nach § 49 II GNotKG bestimmten Wert des Erbbaurechts (§ 97 I GNotKG). Er gilt auch z.B. bei einer Aufhebung des Rechts.

Für die **Veräußerung** eines Erbbaurechts gilt die (für Geschäfte des Notars) allgemeine Wertvorschrift für Austauschverträge (§ 97 III GNotKG). Es sind also der Wert des Erbbaurechts nach § 49 II GNotKG und die Gegenleistung zu vergleichen.

5.9 Die **Kapitalisierung** des **Erbbauzinses** auf die Dauer eines **befristeten Erbbaurechts** ist nach § 52 II GNotKG durch den auf die ersten 20 Jahre entfallenden

Erbbauzins beschränkt. Im Interesse einer einfachen Bewertung bleiben nach § 52 VII GNotKG Preisklauseln[1] bei der Bewertung unberücksichtigt.

Ein **Formblatt zur Geschäftswertermittlung** einer Erbbaurechtsbestellung s. Rz. 5.136.

Der Wert des **Erbbaurechts** ist nach § 49 II GNotKG mit 80 % der Summe aus den Werten des belasteten Grundstücks und darauf errichteter Bauwerke anzusetzen. Sofern die **Ausübung** des Rechts auf eine **Teilfläche** beschränkt ist, sind 80 % vom Wert dieser Teilfläche zugrunde zu legen. Auf dem belasteten Grundstück befindliche Bauwerke sind stets bei der Wertermittlung zu berücksichtigen. Das vom Erbbauberechtigten noch zu errichtende Bauwerk findet hierbei jedoch keine Berücksichtigung. Ein Vergleich mit dem kapitalisierten Erbbauzins ist nur bei der Erbbaurechtsbestellung vorzunehmen (§ 43 GNotKG).[2]

5.10

5. Derselbe Beurkundungsgegenstand/Verschiedene Beurkundungsgegenstände

Es gilt im Ausgangspunkt § 86 II GNotKG, wonach **beim Vorliegen mehrerer Rechtsverhältnisse** verschiedene Beurkundungsgegenstände anzunehmen sind.

5.11

Die Bestellung eines Erbbaurechts (gesetzlicher Inhalt, § 1 ErbbauRG) und die Mitbeurkundung von Vereinbarungen des Grundstückseigentümers und des Erbbauberechtigten (**vertragsmäßiger Inhalt, § 2 ErbbauRG**) über:

5.12

– die Errichtung, Instandhaltung und Verwendung des Bauwerkes;
– die Versicherung des Bauwerkes und seinen Wiederaufbau im Falle der Zerstörung;
– die Tragung der öffentlichen und privatrechtlichen Lasten und Abgaben;
– eine Verpflichtung des Erbbauberechtigten zur Übertragung des Erbbaurechts beim Eintreten bestimmter Voraussetzungen auf den Grundstückseigentümer (Heimfall);
– eine Verpflichtung des Erbbauberechtigten zur Zahlung von Vertragsstrafen;
– die Einräumung eines Vorrechts für den Erbbauberechtigten auf Erneuerung des Erbbaurechts nach dessen Ablauf;
– eine Verpflichtung des Grundstückseigentümers, das Grundstück an den jeweiligen Erbbauberechtigten zu verkaufen

stellen **einen Beurkundungsgegenstand** dar. Es handelt sich hier um Erklärungen innerhalb eines einheitlichen Gegenstands, so dass die Anwendung des § 86 II GNotKG nicht eröffnet ist (ohne dass es auf die Anordnungen des § 109 GNotKG ankäme).

Verschiedene Beurkundungsgegenstände gemäß § 86 II GNotKG sind insbesondere:

5.13

– Erbbaurechtsbestellung und Einräumung eines Vorkaufsrechts am Erbbaurecht;

---

[1] § 4 Preisklauselgesetz v. 7.9.2007, BGBl. I 2007, 2246.
[2] Begründung RegE, BT-Drs. 17/11471, zu § 49, S. 170.

- Verpflichtung des Grundstückseigentümers, das Grundstück an den jeweiligen Erbbauberechtigten zu verkaufen (aber nur, wenn das Ankaufsrecht, das zwar nach § 2 Nr. 7 ErbbauRG als Inhalt des Erbbaurechts vereinbart ist, zugleich schuldrechtliche Abreden enthält und durch eine eigenständige Vormerkung abgesichert wird[1]);
- Erbbaurechtsbestellung und Begründung von Wohnungserbbaurechten;
- Teilung des Erbbaurechts in Wohnungserbbaurechte und Verteilung des Erbbauzinses;
- Kauf des Erbbaugrundstücks durch den Erbbauberechtigten und die Löschung des Erbbaurechts;
- Aufhebung des Erbbaurechts und Löschung des Vorkaufsrechts am Erbbaugrundstück.

5.14 **Derselbe Beurkundungsgegenstand** i.S.d. § 109 I S. 1–3 GNotKG ist insbesondere anzunehmen für:
- **Veräußerung** eines Erbbaurechts und **Zustimmung** des Grundstückseigentümers; das gilt auch, wenn der Grundstückseigentümer in der Veräußerungsurkunde den **Verzicht** auf sein **Vorkaufsrecht** erklärt (die Konstellation entspricht Fall 22 [Rz. 5.98] bzw. Fall 23 [Rz. 5.104]).
- Kauf eines Erbbaurechts und Übernahme des Erbbauzinses nebst Zwangsvollstreckungsunterwerfung.

6. Vollzugs-, Betreuungs- und Treuhandtätigkeiten

5.15 Betreibt der Notar auftragsgemäß den **Vollzug**, erhält er hierfür eine 0,5 Gebühr gemäß Nr. 22110 KV GNotKG, bzw. eine 0,3 Gebühr gemäß Nr. 22111 KV GNotKG, wenn die Gebühr weniger als 2,0 beträgt. Die verminderte Vollzugsgebühr gemäß Nr. 22112 KV GNotKG ist zu beachten. Als **Geschäftswert** ist gemäß § 112 GNotKG der Geschäftswert des zugrunde liegenden Beurkundungsverfahrens anzunehmen.

5.16 Für Betreuungstätigkeiten, z.B. Fälligkeitsmitteilung und Umschreibungsüberwachung bei der Veräußerung eines Erbbaurechts erhält der Notar eine 0,5 Betreuungsgebühr nach Nr. 22200 KV GNotKG aus dem Wert des zugrunde liegenden Beurkundungsverfahrens (§ 113 GNotKG). Für die **Überwachung von Treuhandauflagen** eines Dritten erhält der Notar eine 0,5 Gebühr gemäß Nr. 22201 KV GNotKG. Die Gebühr entsteht für jeden Treuhandauftrag gesondert. Als **Geschäftswert** ist der Wert des Sicherungsinteresses anzunehmen, § 113 II GNotKG.

7. Gebührenfreie (Neben-)Geschäfte

5.17 Erhält der Notar eine Gebühr für das Beurkundungsverfahren (Vorbem. 2.1 KV GNotKG), so sind folgende Tätigkeiten bereits abgegolten:

---

1 LG Leipzig, Beschl. v. 5.1.2016 – 02 OH 24/15, 02 OH 28/15.

– Übermittlung von Anträgen und Erklärungen an ein Gericht oder eine Behörde,
– die Stellung von Anträgen an ein Gericht oder eine Behörde,
– Erledigung von Beanstandungen einschließlich des Beschwerdeverfahrens.

Erhält der Notar keine Gebühr für ein Beurkundungsverfahren oder für die Fertigung eines Entwurfs, so handelt es sich aus kostenrechtlicher Sicht um einen Vollzug in besonderen Fällen (Vorbem. 2.2.1.2 KV GNotKG), der gesonderte Gebühren auslöst. 5.18

8. Unrichtige Sachbehandlung

Gemessen an den allgemeinen Grundsätzen (Rz. 1.144 ff.) bestehen keine Besonderheiten. 5.19

9. Gebührenermäßigung

Bei Beteiligung eines in § 91 I und II GNotKG genannten Kostenschuldners kann eine Ermäßigung der Beurkundungs- oder Entwurfsgebühr in Betracht kommen. Die Grundsätze des § 144 KostO sind uneingeschränkt auf § 91 GNotKG übertragbar. 5.20

Bei der Bestellung eines Erbbaurechts durch einen Begünstigten zugunsten eines Nichtbegünstigten steht Letzterem die Ermäßigung nur zu, wenn dieser von dem Begünstigten aufgrund gesetzlicher Vorschrift Erstattung verlangen kann, § 91 III GNotKG. Entsprechend wird bei der unentgeltlichen Bestellung § 426 BGB (= teilweiser Gebührenermäßigungsanspruch) und bei einer entgeltlichen Bestellung § 448 II BGB (= kein Ermäßigungsanspruch) angewandt.[1] 5.21

Erwirbt ein begünstigter Gebührenschuldner Grundstücke, um daran Erbbaurechte zugunsten Bauwilliger zu bestellen, führt dies nicht zum Wegfall der Gebührenermäßigung für das Erwerbsgeschäft, da dies keinen Fall der Weiterveräußerung darstellt. Wenn den Erbbauberechtigten dann jedoch ein Erwerbsrecht in Bezug auf das Grundstück eingeräumt wird, entfällt die Privilegierung, unabhängig davon, ob oder wann es ausgeübt wird. Dies gilt auch dann, wenn bestimmt ist, dass das Erwerbsrecht erst nach Ablauf einer gewissen Zeit ausgeübt werden kann.[2] 5.22

II. Erbbaurechtsbestellung

→ Fall 1: Erbbaurechtsbestellung

A. Sachverhalt

A räumt B ein **Erbbaurecht** für die Dauer von 80 Jahren ein. B verpflichtet sich, auf dem Erbbaugrundstück ein Wohngebäude zu errichten. Der jährliche **Erb-** 5.23

---
1 S.a. Rz. 1.136 ff.
2 Leipziger Kommentar GNotKG/*Heinze*, § 91 Rz. 34.

bauzins beträgt 2000 Euro. Die Baukosten belaufen sich auf 200 000 Euro. Der Grundstückswert beträgt 60 000 Euro. Der Notar wird mit dem **Vollzug** (Einholung der Genehmigung nach der Grundstücksverkehrsordnung) beauftragt.

B. Rechnung

5.24

Pos.	Gebührentatbestände	Geschäfts-wert	KV-Nr.	Satz	Betrag
(1)	Beurkundungsverfahren (§§ 43, 49 II, 52 II) Erbbaurechtsbestellung	48 000	21100	2,0	330,00
(2)	Vollzug, Einholung der GVO-Genehmigung (Vorbem. 2.2.1.1 I 2 Nr. 1 KV; § 112)	48 000	22110, 22112	0,5	50,00

C. Erläuterungen

5.25 **Pos. (1):**

Der 80 %ige Grundstückswert bildet im Vergleich mit dem kapitalisierten Erbbauzins (hier: 2000 Euro × 20) den höheren Wert und ist damit als Geschäftswert anzunehmen, § 43.

Das **Bauwerk** wird nur berücksichtigt, wenn es zum Zeitpunkt der Erbbaurechtsbestellung bereits errichtet ist. Die Baukosten bleiben ebenso unberücksichtigt.

Bemerkung: Bei unterschiedlich hohem Erbbauzins ist auf die ersten 20 Jahre abzustellen; § 52 II S. 2.

Die **vertragliche Einräumung** des Erbbaurechts löst eine 2,0 Gebühr gemäß Nr. 21100 KV aus.

5.26 **Pos. (2):**

Der Geschäftswert bestimmt sich gemäß § 112 nach dem Wert des Beurkundungsverfahrens.

Die Einholung der GVO-Genehmigung ist eine Vollzugstätigkeit nach Vorbem. 2.2.1.1 I S. 2 Nr. 1 KV. Die Gebühr ist hier gemäß Nr. 22112 KV auf 50 Euro beschränkt, weil sie niedriger als die 0,5 Gebühr in Höhe von 82,50 Euro ist.

→ **Fall 2: Erbbaurechtsbestellung an einer Grundstücksteilfläche**

A. Sachverhalt

5.27 A räumt B ein **Erbbaurecht** für die Dauer von 99 Jahren ein. Das Erbbaugrundstück hat eine Größe von 10 000 qm und ist mit einem Wohngebäude bebaut. Die Ausübung des Erbbaurechts ist beschränkt auf eine genau bestimmte **Teilfläche** von 1000 qm. Der jährliche **Erbbauzins** beträgt 13 000 Euro. Der Wert des Gesamtgrundstücks beträgt 500 000 Euro, auf die Teilfläche entfällt ein Wert von 100 000 Euro und auf das Wohngebäude entfällt ein Wert von 160 000 Euro.

II. Erbbaurechtsbestellung

Der Notar wird mit dem **Vollzug** (Einholung der Genehmigung nach der Grundstücksverkehrsordnung) beauftragt.

B. Rechnung

Pos.	Gebührentatbestände	Geschäftswert	KV-Nr.	Satz	Betrag
(1)	Beurkundungsverfahren (§§ 43, 49 II, 52 II) Erbbaurechtsbestellung	260 000	21100	2,0	1070,00
(2)	Vollzug, Einholung der GVO-Genehmigung (Vorbem. 2.2.1.1 I 2 Nr. 1 KV; § 112)	260 000	22110, 22112	0,5	50,00

5.28

C. Erläuterungen

Pos. (1):

Der kapitalisierte Erbbauzins (13 000 Euro × 20) bildet im Vergleich mit dem 80 %igen Grundstückswert (das ist hier lediglich die Teilfläche gemäß § 49 II Hs. 2; 100 000 Euro + 160 000 Euro = 260 000 Euro, davon 80 % = 208 000 Euro) den höheren Wert und ist damit als Geschäftswert anzunehmen, § 43.

5.29

Pos. (2):

Der Geschäftswert bestimmt sich gemäß § 112 nach dem Wert des Beurkundungsverfahrens.

Die Einholung der GVO-Genehmigung ist eine Vollzugstätigkeit nach Vorbem. 2.2.1.1 I S. 2 Nr. 1 KV. Die Gebühr ist hier gemäß Nr. 22112 KV auf 50 Euro beschränkt, weil sie niedriger als die 0,5 Gebühr in Höhe von 267,50 Euro ist.

5.30

→ **Fall 3: Erbbaurechtsbestellung mit Kapitalbetrag für Gebäude und Preisklausel (Wertsicherungsklausel)**

A. Sachverhalt

A räumt B ein **Erbbaurecht** für die Dauer von 80 Jahren ein. Das Erbbaugrundstück ist mit einem Wohngebäude bebaut. Der jährliche Erbbauzins beträgt für das Erbbaugrundstück 2000 Euro und wird durch eine **Preisklausel** wertgesichert. Für das Wohngebäude zahlt der Erbbauberechtigte einen **Kaufpreis** von 200 000 Euro. Der Grundstückswert einschließlich Wohngebäude beträgt 260 000 Euro.

5.31

Der Notar wird beauftragt, die **Genehmigung** des vollmachtlos vertretenen B (ohne Entwurfsfertigung) einzuholen.

B. Rechnung

5.32

Pos.	Gebührentatbestände	Geschäfts-wert	KV-Nr.	Satz	Betrag
(1)	Beurkundungsverfahren (§§ 43, 49 II, 52 II, VII) Erbbaurechtsbestellung	240 000	21100	2,0	1070,00
(2)	Vollzug, Einholung der Genehmigung des vollmachtlos Vertretenen (Vorbem. 2.2.1.1 I 2 Nr. 5 KV; § 112)	240 000	22110	0,5	267,50

C. Erläuterungen

5.33 **Pos. (1):**

Die Summe aus dem kapitalisierten Erbbauzins (2000 Euro × 20) und Kaufpreis (200 000 Euro) bildet im Vergleich mit dem 80 %igen Grundstückswert (208 000 Euro) den höheren Wert und ist damit als Geschäftswert anzunehmen, § 43. Die Preisklausel findet gemäß § 52 VII keine Berücksichtigung.

5.34 **Pos. (2):**

Der Geschäftswert bestimmt sich gemäß § 112 nach dem Wert des Beurkundungsverfahrens.

Die Einholung der Genehmigung des vollmachtlos Vertretenen ist Vollzugstätigkeit nach Vorbem. 2.2.1.1 I S. 2 Nr. 5 KV.

Wird der Notar auch mit der Fertigung des **Genehmigungsentwurfes** beauftragt, fällt neben der Vollzugsgebühr keine Entwurfsgebühr an, Vorbem. 2.2 II KV. Die erste Beglaubigung ist dann allerdings nicht mehr gebührenfrei, da kein Entwurf nach Teil 2, Hauptabschnitt 4 KV abgerechnet wurde; Vorbem. 2.4.1 II KV ist in diesem Fall nicht einschlägig.[1]

→ **Fall 4: Erbbaurechtsbestellung mit Zahlung eines festen Kapitalbetrages**

A. Sachverhalt

5.35 A räumt der B-GmbH ein **Erbbaurecht** für die Dauer von 30 Jahren ein. Die B-GmbH wird dieses Grundstück mit einer Werkhalle bebauen. Die Erbbauberechtigte zahlt dem Grundstückseigentümer einen einmaligen, mit der Eintragung des Erbbaurechts fälligen **festen Betrag** in Höhe von 200 000 Euro. Die Baukosten belaufen sich auf 500 000 Euro. Der Grundstückswert beträgt 120 000 Euro.

Der Notar wird mit dem **Vollzug** (Einholung der Genehmigung nach der Grundstücksverkehrsordnung) beauftragt.

---

[1] OLG Hamm, ZNotP 2015, 277 = FGPrax 2015, 276; ebenso bereits *PrüfAbt. der Ländernotarkasse*, NotBZ 2013, 428; NotBZ 2015, 256.

B. Rechnung

Pos.	Gebührentatbestände	Geschäfts-wert	KV-Nr.	Satz	Betrag
(1)	Beurkundungsverfahren (§§ 43, 49 II) Erbbaurechtsbestellung	200 000	21100	2,0	870,00
(2)	Vollzug, Einholung der GVO-Genehmigung (Vorbem. 2.2.1.1 I 2 Nr. 1 KV; § 112)	200 000	22110, 22112	0,5	50,00

5.36

C. Erläuterungen

Pos. (1): 5.37

Der feste Betrag bildet im Vergleich mit dem 80 %igen Grundstückswert (80 % von 120 000 Euro = 96 000 Euro) den höheren Wert und ist damit als Geschäftswert anzunehmen.

Pos. (2): 5.38

Der Geschäftswert bestimmt sich gemäß § 112 nach dem Wert des Beurkundungsverfahrens.

Die Einholung der GVO-Genehmigung ist eine Vollzugstätigkeit nach Vorbem. 2.2.1.1 I S. 2 Nr. 1 KV. Die Gebühr ist hier gemäß Nr. 22112 KV auf 50 Euro beschränkt, weil sie niedriger als die 0,5 Gebühr in Höhe von 217,50 Euro ist.

→ **Fall 5: Erbbaurechtsbestellung mit Bebauung auf Rechnung des Erbbauberechtigten**

A. Sachverhalt

A räumt B ein **Erbbaurecht** für die Dauer von 99 Jahren ein. B (Sohn des A) hat auf dem Erbbaugrundstück bereits ein **Wohngebäude** errichtet. Zum Zeitpunkt der Errichtung des Wohngebäudes stand bereits fest, dass B hieran ein Erbbaurecht erhalten soll. Der jährliche **Erbbauzins** beträgt 2000 Euro. Die Baukosten beliefen sich auf 200 000 Euro, wofür B ein Darlehen aufgenommen hat. Das Darlehen ist durch eine vollstreckbare Grundschuld in gleicher Höhe gesichert. Die Grundschuld soll nur noch auf dem Erbbaurecht lasten. Hierzu werden die notwendigen Schritte beantragt: **Rangrücktritt** der Grundschuld hinter das einzutragende Erbbaurecht, **Nachverpfändung** des Erbbaurechts und **Pfandfreigabe** des Erbbaugrundstücks. Der Grundstückswert beträgt 60 000 Euro.

5.39

Der Notar wird beauftragt, die notwendige Rangrücktritts- und Pfandfreigabeerklärung der Grundpfandrechtsgläubigerin (ohne Entwurf) und die erforderliche Genehmigung nach der Grundstücksverkehrsordnung einzuholen.

B. Rechnung

5.40

Pos.	Gebührentatbestände	Geschäftswert	KV-Nr.	Satz	Betrag
(1)	Beurkundungsverfahren (§§ 86 II, 94 I)	~~468 000~~	~~21100~~	~~2,0~~	~~1770,00~~
	a) Erbbaurechtsbestellung (§§ 43, 49 II, 52 II)	208 000	21100	2,0	970,00
	b) Nachverpfändung des Erbbaurechts (§§ 44 I, II, 53 I)	200 000	21200	1,0	435,00
	c) Pfandfreigabe des Erbbaugrundstücks (§§ 44 I, 53 I)	60 000	21201 Nr. 4	0,5	96,00
(2)	Vollzug, a) Einholung GVO-Genehmigung b) Einholung Rangrücktrittserklärung c) Einholung Pfandfreigabeerklärung (Vorbem. 2.2.1.1 I 2 Nr. 1 u. 9 KV; § 112)	468 000	22110	0,5	442,50

C. Erläuterungen

5.41 **Pos. (1):**

a) Der 80 %ige Grundstückswert (mit Bebauung) bildet im Vergleich mit dem kapitalisierten Erbbauzins (2000 Euro × 20) den höheren Wert und ist damit als Geschäftswert anzunehmen, § 43. Auf dem belasteten Grundstück befindliche **Bauwerke** sind stets bei der Wertermittlung zu berücksichtigen.

b) Maßgebend ist der Grundschuldnennbetrag, da dieser geringer ist, als der Wert des Erbbaurechts.

c) Maßgebend ist der Wert des Grundstücks, da dieser geringer ist, als der Grundschuldnennbetrag.

Die drei Erklärungen sind **verschiedene Beurkundungsgegenstände** gemäß § 86 II. Ihre Werte werden nicht gemäß § 35 I addiert. Vielmehr werden gemäß § 94 I gesonderte Gebühren erhoben, denn die Erhebung der höchsten Gebühr aus dem zusammengerechneten Wert wäre teurer. Der Rangrücktritt löst keine gesonderte Gebühr aus (§ 109 I, S. 4 Nr. 3, S. 5).

5.42 **Pos. (2):**

Der Geschäftswert bestimmt sich gem. § 112 nach dem zusammengerechneten Wert (hier: 468 000 Euro), obwohl nicht nur eine, sondern drei Beurkundungsgebühren anfallen.[1]

Die Einholung der Rangrücktritts-/Pfandfreigabeerklärung ist Vollzugstätigkeit gemäß Vorbem. 2.2.1.1 I S. 2 Nr. 9 KV, die Einholung der GVO-Genehmigung

---

[1] LG Düsseldorf, RNotZ 2015, 666.

II. Erbbaurechtsbestellung

ist ebenfalls Vollzugstätigkeit gemäß Vorbem. 2.2.1.1 I S. 2 Nr. 1 KV. Die Vollzugsgebühr fällt aber nur einmal an (§ 93 I S. 1).

→ Fall 6: Erbbaurechtsbestellung mit gegenseitigen Vorkaufsrechten

A. Sachverhalt

A räumt B ein **Erbbaurecht** für die Dauer von 99 Jahren ein. B verpflichtet sich, auf dem Erbbaugrundstück ein Wohngebäude zu errichten. Der jährliche **Erbbauzins** beträgt 2000 Euro. Die Baukosten belaufen sich auf 200 000 Euro. Der Grundstückswert beträgt 60 000 Euro.

5.43

Der Eigentümer und der Inhaber des Erbbaurechts räumen sich **gegenseitige Vorkaufsrechte** für alle Verkaufsfälle ein.

B. Rechnung

5.44

Pos.	Gebührentatbestände	Geschäfts-wert	KV-Nr.	Satz	Betrag
	Beurkundungsverfahren (§§ 35 I, 86 II)	152 000	21100	2,0	708,00
	a) Erbbaurechtsbestellung (§§ 43, 49 II, 52 II)	48 000	21100	2,0	
	b) Vorkaufsrecht am Erbbaurecht (§§ 51 I, 49 II)	104 000	21100	2,0	

C. Erläuterungen

a) Der 80 %ige Grundstückswert bildet im Vergleich mit dem kapitalisierten Erbbauzins (2000 Euro × 20) den höheren Wert und ist damit als Geschäftswert anzunehmen, § 43.

5.45

b) Für das **Vorkaufsrecht am Erbbaurecht** ist als Geschäftswert gem. § 51 I S. 2 der hälftige Wert des Erbbaurechtes anzunehmen. Der Wert des Erbbaurechts bestimmt sich nach dem 80 %igen Grundstückswert einschließlich der (vorgesehenen) Bebauung.[1] Es ist also wie folgt zu rechnen: 80 % aus (Grundstück zu 60 000 Euro + Baukosten zu 200 000 Euro = 260 000 Euro) = 208 000 Euro : 2 = 104 000 Euro.

Das **Vorkaufsrecht am Erbbaugrundstück** bleibt unbewertet, da es als Inhalt des Erbbaurechts angesehen wird.

Da die **Erbbaurechtsbestellung** und die Einräumung des **Vorkaufsrechts am Erbbaurecht verschiedene Beurkundungsgegenstände** gemäß § 86 II sind, sind deren Werte zu addieren (§ 35 I) und es ist aus der Wertsumme eine 2,0 Gebühr nach Nr. 21100 KV zu erheben (§ 93 I, S. 1).

---

[1] LG Leipzig, Beschl. v. 5.1.2016 – 02 OH 24/15, 02 OH 28/15.

→ **Fall 7: Eigentümererbbaurechtsbestellung**

A. Sachverhalt

5.46 A räumt für sich selbst ein **Erbbaurecht** für die Dauer von 99 Jahren ein. Für die Einräumung des Erbbaurechts hat der Erbbauberechtigte einen jährlichen **Erbbauzins** in Höhe von 2200 Euro zu zahlen. Der Erbbauberechtigte unterwirft sich wegen der eingegangenen Verpflichtung zur Zahlung des Erbbauzinses der **sofortigen Zwangsvollstreckung** in sein gesamtes Vermögen.
Der Grundstückswert beträgt 60 000 Euro.

B. Rechnung

5.47

Pos.	Gebührentatbestände	Geschäftswert	KV-Nr.	Satz	Betrag
	Beurkundungsverfahren Eigentümererbbaurechtsbestellung (§§ 43, 49 II, 52 II)	48 000	21200	1,0	165,00

C. Erläuterungen

5.48 Der 80 %ige Grundstückswert bildet im Vergleich mit dem kapitalisierten Erbbauzins (2200 Euro × 20) den höheren Wert und ist damit als Geschäftswert anzunehmen, § 43. Der Begriff des Entgelts in § 43 S. 1 erfordert nicht etwa eine vertragliche Bestellung, sondern gilt auch für den Erbbauzins in Form einer einseitig bestellten Reallast.

Bemerkung: Bei unterschiedlich hohem Erbbauzins ist auf die ersten 20 Jahre abzustellen; § 52 II S. 2.

Die einseitige Einräumung des Erbbaurechts löst wegen der Zwangsvollstreckungsunterwerfung eine 1,0 Gebühr gemäß Nr. 21200 KV aus.

D. Anmerkung

5.49 Gehen die Erklärungen nicht über die reinen Grundbucherklärungen hinaus, ist die begünstigte 0,5 Gebühr gemäß Nr. 21201 Nr. 4 KV zu erheben.

→ **Fall 8: Eigentümererbbaurechtsbestellung mit Vorkaufsrechten**

A. Sachverhalt

5.50 A räumt für sich selbst ein **Erbbaurecht** für die Dauer von 99 Jahren ein. Für die Einräumung des Erbbaurechts hat der Erbbauberechtigte einen jährlichen **Erbbauzins** in Höhe von 4400 Euro zu zahlen. Der Erbbauberechtigte unterwirft sich wegen der eingegangenen Verpflichtung zur Zahlung des Erbbauzinses der **sofortigen Zwangsvollstreckung** in sein gesamtes Vermögen.

Dem Inhaber des Erbbaurechts und dem jeweiligen Eigentümer des Erbbaugrundstücks wird ein **gegenseitiges Vorkaufsrecht** für alle Verkaufsfälle eingeräumt.

II. Erbbaurechtsbestellung

Der Grundstückswert beträgt 100 000 Euro, der Wert der vorgesehenen Bebauung beträgt 300 000 Euro.

B. Rechnung

Pos.	Gebührentatbestände	Geschäftswert	KV-Nr.	Satz	Betrag
	Beurkundungsverfahren (§§ 86 II, 94 I)	~~248 000~~	~~21200~~	~~1,0~~	~~535,00~~
	a) Eigentümererbbaurechtsbestellung (§§ 43, 49 II, 52 II)	88 000	21200	1,0	246,00
	b) Vorkaufsrecht am Erbbaurecht (§§ 51 I, 49 II)	160 000	21201 Nr. 4	0,5	190,50

5.51

C. Erläuterungen

a) Der kapitalisierte Erbbauzins (4400 Euro × 20) bildet im Vergleich mit dem 80 %igen Grundstückswert den höheren Wert und ist damit als Geschäftswert anzunehmen, § 43. Der Begriff des Entgelts in § 43 S. 1 erfordert nicht etwa eine vertragliche Bestellung, sondern gilt auch für den Erbbauzins in Form einer einseitig bestellten Reallast.

5.52

Bemerkung: Bei unterschiedlich hohem Erbbauzins ist auf die ersten 20 Jahre abzustellen; § 52 II S. 2.

b) Für das **Vorkaufsrecht am Erbbaurecht** ist als Geschäftswert gem. § 51 I S. 2 der hälftige Wert des Erbbaurechtes anzunehmen. Der Wert des Erbbaurechts bestimmt sich nach dem 80 %igen Grundstückswert einschließlich der (vorgesehenen) Bebauung.[1] Es ist also wie folgt zu rechnen: 80 % aus (Grundstück zu 100 000 Euro + Baukosten zu 300 000 Euro = 400 000 Euro) = 320 000 Euro : 2 = 160 000 Euro.

Das **Vorkaufsrecht am Erbbaugrundstück** bleibt unbewertet, da es als Inhalt des Erbbaurechts angesehen wird.

Die beiden Erklärungen sind **verschiedene Beurkundungsgegenstände** gemäß § 86 II. Ihre Werte werden nicht gemäß § 35 I addiert. Vielmehr werden gemäß § 94 I gesonderte Gebühren erhoben, denn die Erhebung der höchsten Gebühr aus dem zusammengerechneten Wert wäre teurer.

→ **Fall 9: Untererbbaurechtsbestellung**

A. Sachverhalt

Der Erbbauberechtigte räumt B an seinem **Erbbaurecht** (Obererbbaurecht) ein **Untererbbaurecht** für die Dauer von 50 Jahren ein. Der jährliche **Erbbauzins** beträgt 5000 Euro. Gleichzeitig erklärt der Grundstückseigentümer den **Rangrücktritt** zu seinen Rechten am Obererbbaurecht (Erbbauzinsreallast, Vorkaufsrecht) hinter das Untererbbaurecht.

5.53

---

1 LG Leipzig, Beschl. v. 5.1.2016 – 02 OH 24/15, 02 OH 28/15.

Der Grundstückswert beträgt 30 000 Euro und der Wert der aufstehenden Bebauung 120 000 Euro.

B. Rechnung

5.54

Pos.	Gebührentatbestände	Geschäfts-wert	KV-Nr.	Satz	Betrag
	Beurkundungsverfahren	100 000	21100	2,0	546,00
	a) Untererbbaurechtsbestellung (§§ 43, 49 II, 52 II)				
	b) Rangrücktritt Erbbauzinsreallast (§§ 45 I, 49 II, 52 II)	~~96 000~~	~~21201 Nr. 4~~	~~0,5~~	~~136,50~~
	c) Rangrücktritt Vorkaufsrecht (§§ 45 I, 49 II, 51 I S 2)	~~60 000~~	~~21201 Nr. 4~~	~~0,5~~	~~96,00~~

C. Erläuterungen

5.55 a) Der kapitalisierte Erbbauzins (5000 Euro × 20) bildet im Vergleich mit dem 80 %igen Wert des Obererbbaurechts (Wert nach § 49 II = 80 % von 150 000 Euro = 120 000 Euro und davon 80 % = 96 000 Euro) den höheren Wert und ist damit als Geschäftswert anzunehmen, § 43.

Die vertragliche Einräumung des **Untererbbaurechts** löst eine 2,0 Gebühr gemäß Nr. 21100 KV aus.

Bemerkung: Bei unterschiedlich hohem Erbbauzins ist auf die ersten 20 Jahre abzustellen; § 52 II S. 2.

b), c) Der **Rangrücktritt** löst keine gesonderte Gebühr aus (§ 109 I, S. 4 Nr. 3, S. 5).

→ Fall 10: Verpflichtung über die Bestellung eines Erbbaurechts

A. Sachverhalt

5.56 A verpflichtet sich, B ein **Erbbaurecht** für die Dauer von 99 Jahren einzuräumen. B verpflichtet sich, auf dem Erbbaugrundstück ein Wohngebäude zu errichten, wenn hierfür die erforderliche Baugenehmigung vorliegt. Die **dingliche Einigung** wird erst nach Vorliegen der Baugenehmigung erklärt.

Der jährliche Erbbauzins beträgt 2000 Euro. Die Baukosten belaufen sich auf 200 000 Euro. Der Grundstückswert beträgt 60 000 Euro.

B. Rechnung

5.57

Pos.	Gebührentatbestände	Geschäfts-wert	KV-Nr.	Satz	Betrag
	Beurkundungsverfahren Verpflichtung über die Bestellung eines Erbbaurechts (§§ 43, 49 II, 52 II)	48 000	21100	2,0	330,00

C. Erläuterungen

Der 80 %ige Grundstückswert bildet im Vergleich mit dem kapitalisierten Erbbauzins (2000 Euro × 20) den höheren Wert und ist damit als Geschäftswert anzunehmen, § 43.

Die **Verpflichtung zur Bestellung** eines **Erbbaurechts** ist in gleicher Weise zu bewerten, wie die Begründung selbst.

5.58

III. Nachträgliche dingliche Einigung

→ **Fall 11:** Einigung über die Bestellung eines Erbbaurechts, wobei die vorausgegangene Verpflichtung derselbe Notar beurkundet hat

A. Sachverhalt

A und B verpflichteten sich in einer vorausgegangenen Urkunde des Notars N zur Bestellung eines **Erbbaurechts** für die Dauer von 99 Jahren, sobald die Baugenehmigung vorliegt. Nach Vorliegen der Baugenehmigung erklären A und B zu gesonderter Urkunde des Notars N die **dingliche Einigung** über die Bestellung des Erbbaurechts und geben die erforderlichen **Grundbucherklärungen** ab.

Der jährliche Erbbauzins beträgt 2000 Euro. Die Baukosten belaufen sich auf 200 000 Euro. Der Grundstückswert beträgt 60 000 Euro.

5.59

B. Rechnung

Pos.	Gebührentatbestände	Geschäftswert	KV-Nr.	Satz	Betrag
	Beurkundungsverfahren Dingliche Einigung über die Bestellung eines Erbbaurechts (§§ 43, 49 II, 52 II)	48 000	21101 Nr. 2	0,5	82,50

5.60

C. Erläuterungen

Der 80 %ige Grundstückswert bildet im Vergleich mit dem kapitalisierten Erbbauzins (2000 Euro × 20) den höheren Wert und ist damit als Geschäftswert anzunehmen, § 43. Die voraussichtlichen Baukosten spielen keine Rolle.

Bemerkung: Bei unterschiedlich hohem Erbbauzins ist auf die ersten 20 Jahre abzustellen; vgl. § 52 II S. 2.

Da **derselbe Notar** bereits das zugrundeliegende Verpflichtungsgeschäft beurkundet hat, fällt für die **dingliche Einigung** die begünstigte 0,5 Gebühr gemäß Nr. 21101 Nr. 2 KV an. Die **Grundbucherklärungen** (Eintragungsbewilligung und Eintragungsantrag) werden nicht gesondert bewertet, § 109 I S. 1–3.

Zum Notar der vorausgehenden Urkunde ist stets Vorbem. 2 I KV zu beachten.

5.61

→ Fall 12: Einigung über die Bestellung eines Erbbaurechts, wobei die vorausgegangene Verpflichtung ein anderer Notar beurkundet hat

A. Sachverhalt

5.62 A und B verpflichteten sich in einer vorausgegangenen Urkunde des Notars X zur Bestellung eines **Erbbaurechts** für die Dauer von 99 Jahren, sobald die Baugenehmigung vorliegt. Nach Vorliegen der Baugenehmigung erklären nunmehr A und B die **dingliche Einigung** über die Bestellung des Erbbaurechts vor Notar Y und geben die erforderlichen **Grundbucherklärungen** ab.

Der jährliche Erbbauzins beträgt 2000 Euro. Die Baukosten belaufen sich auf 200 000 Euro. Der Grundstückswert beträgt 60 000 Euro.

B. Rechnung

5.63

Pos.	Gebührentatbestände	Geschäftswert	KV-Nr.	Satz	Betrag
	Beurkundungsverfahren Dingliche Einigung über die Bestellung eines Erbbaurechts (§§ 43, 49 II, 52 II)	48 000	21102 Nr. 1	1,0	165,00

C. Erläuterungen

5.64 Der 80 %ige Grundstückswert bildet im Vergleich mit dem kapitalisierten Erbbauzins (2000 Euro × 20) den höheren Wert und ist damit als Geschäftswert anzunehmen, § 43. Die voraussichtlichen Baukosten spielen keine Rolle.

Bemerkung: Bei unterschiedlich hohem Erbbauzins ist auf die ersten 20 Jahre abzustellen; § 52 II S. 2.

Da ein **anderer Notar** das zugrundeliegende Verpflichtungsgeschäft beurkundet hat, fällt für die **dingliche Einigung** eine 1,0 Gebühr gemäß Nr. 21102 Nr. 1 KV an. Die **Grundbucherklärungen** (Eintragungsbewilligung und Eintragungsantrag) werden nicht gesondert bewertet, § 109 I S. 1–3.

Zum Notar der vorausgehenden Urkunde ist stets Vorbem. 2 I KV zu beachten.

IV. Änderung eines Erbbaurechts

→ Fall 13: Teilung eines Erbbaurechts

A. Sachverhalt

5.65 Der Grundstückseigentümer A und der Erbbauberechtigte B vereinbaren die **Teilung** des **Erbbaurechts** nach Vermessung des Grundstücks in der Weise, dass an den beiden neu gebildeten Grundstücken jeweils ein Erbbaurecht bestehen soll. Der jährliche wertgesicherte **Erbbauzins** von 2000 Euro wird **verteilt**, so dass an jedem Erbbaurecht ein Erbbauzins von jährlich 1000 Euro lastet.

IV. Änderung eines Erbbaurechts

Der Grundstückswert beträgt 60 000 Euro und der Wert der Bebauung beträgt 200 000 Euro (100 000 Euro je Doppelhaushälfte). Das Erbbaurecht hat noch eine Dauer von 50 Jahren.

B. Rechnung

Pos.	Gebührentatbestände	Geschäftswert	KV-Nr.	Satz	Betrag
	Beurkundungsverfahren (§§ 35 I, 86 II)	81 600	21100	2,0	492,00
	a) Teilung des Erbbaurechts (§§ 36 I, 49 II, 97 I)	41 600	21100	2,0	
	b) Verteilung des Erbbauzinses (§§ 36 I, 52 II, 97 I)	40 000	21100	2,0	

C. Erläuterungen

a) Für die **Teilung des Erbbaurechts** ist als Geschäftswert ein Teilwert vom Wert des Erbbaurechts gemäß § 49 II (80 %iger Grundstückswert einschließlich Bebauung = 208 000 Euro) anzunehmen. Hier wurde ein Teilwert von 20 % angenommen (20 % von 208 000 Euro). Obwohl eine Erbbaurechtsteilung sachenrechtlich lediglich eine einseitige Aufgabeerklärung des bisherigen Erbbaurechts durch den Erbbauberechtigten gem. § 875 BGB nebst Zustimmung des Grundstückseigentümers nach § 26 ErbbauRG voraussetzt, führt das hierüber eingegangene Verpflichtungsgeschäft der Beteiligten zu einer 2,0 Gebühr nach Nr. 21100 KV. Werden nur die sachenrechtlichen Erklärungen beurkundet, so fällt jedoch lediglich eine 1,0 Gebühr nach Nr. 21200 KV an. Beschränkt sich die Beurkundung auf die rein grundbuchmäßigen Erklärungen, so kann nur eine 0,5 Gebühr nach Nr. 21201 Nr. 4 KV erhoben werden.

b) Für die **Verteilung des Erbbauzinses** ist als Geschäftswert der kapitalisierte Erbbauzins anzunehmen (2000 Euro × 20). Die Wertsicherung ist nicht zu berücksichtigen, § 52 VII. Was die Gebühr angeht, so gelten die Ausführungen zu a) entsprechend.

Da die **Teilung des Erbbaurechts** und die **Verteilung des Erbbauzinses** verschiedene Beurkundungsgegenstände gemäß § 86 II sind, sind deren Werte zu addieren (§ 35 I) und es ist aus der Wertsumme eine 2,0 Gebühr nach Nr. 21100 KV zu erheben (§ 93 I, S. 1).

→ **Fall 14: Verlängerung eines Erbbaurechts vor Zeitablauf**

A. Sachverhalt

Ein Jahr **vor Zeitablauf** des Erbbaurechts vereinbaren der Grundstückseigentümer und der Erbbauberechtigte die **Verlängerung des Erbbaurechts** um weitere 50 Jahre. Der jährliche **Erbbauzins** wird von 2000 Euro auf 2200 Euro erhöht. Der Grundstückswert beträgt 20 000 Euro und der Wert der aufstehenden Bebauung beträgt 60 000 Euro.

B. Rechnung

5.69

Pos.	Gebührentatbestände	Geschäfts-wert	KV-Nr.	Satz	Betrag
	Beurkundungsverfahren (§§ 35 I, 86 II)	44 000	21100	2,0	310,00
	a) Verlängerung des Erbbaurechts (§ 52 II, 97 I)	40 000	21100	2,0	
	b) Erbbauzinserhöhung (§ 52 II, 97 I)	4000	21100	2,0	

C. Erläuterungen

5.70 a) Für die **Verlängerung des Erbbaurechts** ist als Geschäftswert der kapitalisierte Erbbauzins anzunehmen (2000 Euro × 20).

b) Für **die Erhöhung des Erbbauzinses** ist als Geschäftswert der kapitalisierte Erhöhungsbetrag anzunehmen (200 Euro × 20).

Die Werte der einzelnen Änderungen sind zusammenzurechnen. Dabei handelt es sich nicht um eine wirkliche Addition der Werte mehrerer Beurkundungsgegenstände i.S.v. §§ 86 II, 35 I; vielmehr liegt bei mehreren Veränderungen ein einheitliches Rechtsverhältnis (also nur ein einziger Beurkundungsgegenstand i.S.d. § 86 I) vor. Freilich ist jeder Änderungsposition, soweit möglich, ein eigener Wert zuzuordnen. Die mehreren Änderungen übersteigen auch nicht den Wert des betroffenen Rechtsverhältnisses, wie es § 97 II vorschreibt. Das betroffene Erbbaurecht hat entsprechend der Bewertungsvorschrift § 49 II hier einen Wert von 64 000 Euro (80 %iger Grundstückswert einschließlich Bebauung). Das auf dem belasteten Grundstück befindliche **Bauwerk** ist bei der Wertermittlung stets mit zu berücksichtigen.

Der Wertevergleich gemäß § 43 ist nicht vorzunehmen, da die Vorschrift nur bei der Neubestellung eines Erbbaurechts Anwendung findet.

Was die Gebühr angeht, so fällt eine 2,0 Gebühr nach Nr. 21100 KV an, wenn für die materiell erforderliche Inhaltsänderung des Erbbaurechts (§ 11 I ErbbauRG i.V.m. §§ 877, 873 BGB) die Erklärungen sowohl des Grundstückseigentümers als auch des Erbbauberechtigten beurkundet werden. Die Gebühr Nr. 21100 KV fällt auch dann an, wenn die zu bewertende Urkunde das schuldrechtliche Grundgeschäft der Beteiligten regelt. Werden nur die grundbuchlichen Erklärungen beurkundet, so kann nur eine 0,5 Gebühr nach Nr. 21201 Nr. 4 KV erhoben werden.

→ **Fall 15: Verlängerung eines Erbbaurechts nach Zeitablauf (Neubestellung)**

A. Sachverhalt

5.71 **Nach Zeitablauf** des Erbbaurechts vereinbaren der Grundstückseigentümer und der Erbbauberechtigte die **Verlängerung des Erbbaurechts** um weitere 50 Jahre. Der Erbbauzins wird von 2000 Euro auf 2200 Euro erhöht.

IV. Änderung eines Erbbaurechts

Der Grundstückswert beträgt 20 000 Euro und der Wert der aufstehenden Bebauung beträgt 60 000 Euro.

B. Rechnung

Pos.	Gebührentatbestände	Geschäftswert	KV-Nr.	Satz	Betrag
	Beurkundungsverfahren Erbbaurechtsbestellung (Neubestellung) (§§ 43, 49 II, 52 II)	64 000	21100	2,0	384,00

5.72

C. Erläuterungen

Bei der **Verlängerung eines Erbbaurechts nach Zeitablauf** handelt es sich um eine **Neubestellung**, da das zu verlängernde Erbbaurecht bereits erloschen ist. Entsprechend ist der Wertevergleich gemäß § 43 vorzunehmen.

5.73

Der 80 %ige Grundstückswert einschließlich Bebauung bildet im Vergleich mit dem kapitalisierten Erbbauzins (2200 Euro × 20) den höheren Wert und ist damit als Geschäftswert anzunehmen, § 43.

Bemerkung: Bei unterschiedlich hohem Erbbauzins ist auf die ersten 20 Jahre abzustellen; § 52 II S. 2.

→ **Fall 16: Erstreckung eines Erbbaurechts auf ein weiteres Grundstück**

A. Sachverhalt

Das dem Erbbauberechtigten bestellte **Erbbaurecht** wird auf ein weiteres Grundstück **erstreckt**. Der Erbbauberechtigte unterstellt das an dem weiteren Grundstück neu bestellte Erbbaurecht allen Belastungen, die an dem bereits eingetragenen Erbbaurecht in Abteilung II und III des Erbbaugrundbuchs eingetragen sind, in dem bestehenden Rangverhältnis als weiteres Pfand. Hinsichtlich der in Abteilung III eingetragenen Grundschuld unterwirft sich der Erbbauberechtigte der dinglichen Zwangsvollstreckung. Der Erbbauzins für das neue Flurstück beträgt 2000 Euro jährlich. Im Wege der **Inhaltsänderung** vereinbaren Grundstückseigentümer und Erbbauberechtigter, dass künftig nur noch ein **einheitlicher Erbbauzins** von 4000 Euro jährlich gezahlt werden soll. Deshalb wird vereinbart, dass die Erbbauzinsen von je 2000 Euro zu einem einheitlichen **Erbbauzins zusammengefasst** werden sollen, sobald die erforderliche Zustimmungserklärung des dinglich Berechtigten dazu beigebracht worden ist, dass auch der weitere Erbbauzins von 2000 Euro Rang vor dem zu dessen Gunsten eingetragenen Recht erhält. Das Erbbaurecht hat noch eine Laufzeit von 80 Jahren.

5.74

Der Notar wird beauftragt, die Gläubigerzustimmung einzuholen. Das hinzukommende Grundstück hat einen Wert von 30 000 Euro.

B. Rechnung

5.75

Pos.	Gebührentatbestände	Geschäftswert	KV-Nr.	Satz	Betrag
(1)	Beurkundungsverfahren Erstreckung des Erbbaurechts (§§ 43, 49 II, 52 II)	40 000	21100	2,0	290,00
(2)	Vollzug, Einholung der Gläubigerzustimmung (Vorbem. 2.2.1.1 I 2 Nr. 9 KV; § 112)	40 000	22110	0,5	72,50

C. Erläuterungen

5.76 **Pos. (1):**

Der kapitalisierte Erbbauzins (2000 Euro × 20) bildet im Vergleich mit dem 80 %igen Grundstückswert (80 % von 30 000 Euro = 24 000 Euro) den höheren Wert und ist damit als Geschäftswert anzunehmen, § 43.

Alle **Erklärungen zur Inhaltsänderung**, Pfandunterstellung, Zwangsvollstreckungsunterwerfung sind **derselbe Beurkundungsgegenstand** nach § 109 I, 2.

5.77 **Pos. (2):**

Der Geschäftswert bestimmt sich gemäß § 112 nach dem Wert des Beurkundungsverfahrens.

Die Einholung der Gläubigerzustimmung ist Vollzugstätigkeit nach Vorbem. 2.2.1.1 I S. 2 Nr. 9 KV.

Wird der Notar auch mit der Fertigung des Entwurfs beauftragt, fällt neben der Vollzugsgebühr keine Entwurfsgebühr an, Vorbem. 2.2 II KV.

V. Aufhebung eines Erbbaurechts

→ **Fall 17: Vertragliche Aufhebung eines Erbbaurechts**

A. Sachverhalt

5.78 Der Grundstückseigentümer A und der Erbbauberechtigte B **heben** das bestehende **Erbbaurecht auf**. B erhält für das aufstehende Gebäude von A eine **Entschädigung** in Höhe von 100 000 Euro (Gebäudewert). Alle bestehenden **Belastungen**, insbesondere der Erbbauzins und das Vorkaufsrecht zugunsten des Grundstückseigentümers am Erbbaurecht, sowie das Erbbaurecht und das Vorkaufsrecht zugunsten des Erbbauberechtigten am Erbbaugrundstück, werden zur **Löschung** bewilligt und beantragt.

Der Wert des Grund und Bodens beträgt 50 000 Euro.

V. Aufhebung eines Erbbaurechts

B. Rechnung

Pos.	Gebührentatbestände	Geschäfts-wert	KV-Nr.	Satz	Betrag
	~~Beurkundungsverfahren (§§ 86 II, 94 I)~~	~~145 000~~	~~21100~~	~~2,0~~	~~708,00~~
	a) Aufhebung des Erbbaurechts (§§ 49 II)	120 000	21100	2,0	600,00
	b) Löschung des Vorkaufsrechts am Erbbaugrundstück (§ 51 I)	25 000	21201 Nr. 4	0,5	57,50

5.79

C. Erläuterungen

a) Der **Wert des Erbbaurechtes** bestimmt sich nach dem 80 %igen Grundstückswert einschließlich Bebauung gemäß § 49 II (80 % von 150 000 Euro = 120 000 Euro).

b) Alle am Erbbaurecht bestehenden Belastungen werden mit der Löschung des Erbbaurechts beseitigt; für diese erfolgt keine gesonderte Bewertung. Die Löschungserklärung zum **Vorkaufsrecht am Erbbaugrundstück** ist dagegen noch erforderlich. Der Geschäftswert ist mit dem hälftigen Grundstückswert nach § 51 I anzunehmen.[1] Die Löschungserklärung selbst löst eine 0,5 Gebühr gemäß Nr. 21201 Nr. 4 KV aus.

Die beiden Erklärungen sind **verschiedene Beurkundungsgegenstände** gemäß § 86 II. Ihre Werte werden nicht gemäß § 35 I addiert. Vielmehr werden gemäß § 94 I gesonderte Gebühren erhoben, denn die Erhebung der höchsten Gebühr aus dem zusammengerechneten Wert wäre teurer (2,0 aus 145 000 Euro = 708,00 Euro).

5.80

D. Anmerkung

Die Aufhebung des Erbbaurechts ist kein Fall der Aufhebung eines Vertrages i.S. von Nr. 21102 Nr. 2 KV. Dieser würde nur auf den noch nicht im Grundbuch vollzogenen Bestellungsvertrag anwendbar sein.

5.81

Die Bewertungsgrundsätze gelten ebenso für eine Teilaufhebung eines Erbbaurechts. Ausgangswert ist hier nur der betroffene Grundstücksteil, an dem das Erbbaurecht aufgehoben werden soll.

5.82

→ Fall 18: Aufgabe eines Eigentümererbbaurechts (Erbbauberechtigter und Grundstückseigentümer in einer Person)

A. Sachverhalt

A ist Erbbauberechtigter und Grundstückseigentümer (**Eigentümererbbaurecht**). Er bewilligt und beantragt die **Löschung des Erbbaurechts** und alle in diesem Zusammenhang bestehenden **Belastungen**, insbesondere die Löschung des Erbbauzins und des Vorkaufsrechts zugunsten des Grundstückseigentümers am

5.83

---

[1] Leipziger Kommentar GNotKG/*Zapf*, § 51 Rz. 14, 30; a.A. Korintenberg/*Schwarz*, § 51 Rz. 17.

Erbbaurecht und die Löschung des Vorkaufsrechts zugunsten des Erbbauberechtigten am Erbbaugrundstück.

Der Wert des Grund und Bodens beträgt 50 000 Euro und der Wert des Gebäudes beträgt 100 000 Euro.

B. Rechnung

5.84

Pos.	Gebührentatbestände	Geschäftswert	KV-Nr.	Satz	Betrag
	Beurkundungsverfahren (§§ 35 I, 86 II)	145 000	21201 Nr. 4	0,5	177,00
	a) Aufgabe des Eigentümererbbaurechts (§§ 49 II)	120 000	21201 Nr. 4	0,5	
	b) Löschung des Vorkaufsrechts am Erbbaugrundstück (§§ 51 I)	25 000	21201 Nr. 4	0,5	

C. Erläuterungen

5.85 a) Der **Wert des Erbbaurechtes** bestimmt sich nach dem 80 %igen Grundstückswert einschließlich Bebauung gemäß § 49 II (80 % von 150 000 Euro = 120 000 Euro).

b) Alle am Erbbaurecht bestehenden Belastungen werden mit der Löschung des Erbbaurechts beseitigt; für diese erfolgt keine gesonderte Bewertung. Die **Löschungserklärung zum Vorkaufsrecht am Erbbaugrundstück** ist dagegen noch erforderlich. Der Geschäftswert ist mit dem hälftigen Grundstückswert nach § 51 I anzunehmen.[1]

Die Löschungserklärungen selbst lösen eine 0,5 Gebühr gemäß Nr. 21201 Nr. 4 KV aus.

Da die beiden Erklärungen **verschiedene Beurkundungsgegenstände** gemäß § 86 II sind, sind deren Werte zu addieren (§ 35 I) und es ist aus der Wertsumme eine 0,5 Gebühr nach Nr. 21201 Nr. 4 KV zu erheben (§ 93 I, S. 1).

→ **Fall 19: Grundstückskaufvertrag und Aufgabe des damit entstandenen Eigentümererbbaurechts**

A. Sachverhalt

5.86 Der Erbbauberechtigte **erwirbt** vom Grundstückseigentümer das **Erbbaugrundstück** zu einem Kaufpreis von 50 000 Euro.

In gleicher Urkunde bewilligt und beantragt der Erbbauberechtigte die **Löschung des Erbbaurechts** und alle in diesem Zusammenhang bestehenden **Belastungen**, insbesondere die Löschung des Erbbauzinses und des Vorkaufsrechts zugunsten des Grundstückseigentümers am Erbbaurecht und die Löschung des Vorkaufsrechts zugunsten des Erbbauberechtigten am Erbbaugrundstück. Der Wert des Gebäudes beträgt 100 000 Euro.

---

1 Leipziger Kommentar GNotKG/*Zapf*, § 51 Rz. 14, 30; a.A. Korintenberg/*Schwarz*, § 51 Rz. 17.

V. Aufhebung eines Erbbaurechts

B. Rechnung

Pos.	Gebührentatbestände	Geschäftswert	KV-Nr.	Satz	Betrag
	Beurkundungsverfahren (§§ 35 I, 86 II, 94 I)				
	a) Grundstückskaufvertrag (§§ 97 III, 46, 47)	50 000	21100	2,0	330,00
	b) Aufgabe des Eigentümererbbaurechts (§§ 49 II)	120 000	21201 Nr. 4	0,5	
	c) Löschung des Vorkaufsrechts am Erbbaugrundstück (§§ 51 I)	25 000	21201 Nr. 4	0,5	
		145 000	21201 Nr. 4	0,5	177,00

5.87

C. Erläuterungen

a) Der Kaufpreis bildet gemäß § 47 den **Geschäftswert** des Grundstückskaufvertrages. Die vom Erbbauberechtigten vorgenommene **Bebauung** ist nicht über §§ 97 III, 46 zu berücksichtigen, denn hierfür wurde das Erbbaurecht als grundstücksgleiches Recht begründet.

Der Grundstückskaufvertrag löst eine 2,0 Gebühr gemäß Nr. 21100 KV aus.

b) Der **Wert des Erbbaurechtes** bestimmt sich nach dem 80 %igen Grundstückswert einschließlich Bebauung (80 % von 150 000 Euro = 120 000 Euro).

c) Alle am Erbbaurecht bestehenden Belastungen werden mit der Löschung des Erbbaurechts beseitigt; für diese erfolgt keine gesonderte Bewertung. Die Löschungserklärung zum **Vorkaufsrecht am Erbbaugrundstück** ist dagegen noch erforderlich. Der Geschäftswert ist mit dem hälftigen Grundstückswert nach § 51 I anzunehmen.

Die Löschungserklärungen selbst lösen eine 0,5 Gebühr gemäß Nr. 21201 Nr. 4 KV aus.

Da die Erklärungen **verschiedene Beurkundungsgegenstände** gemäß § 86 II sind, sind die Werte mit dem gleichen Gebührensatz zu addieren (§ 35 I). Im Übrigen erfolgt der getrennte Ansatz, da eine 2,0 Gebühr aus der Wertsumme teurer ist (§ 94 I).

5.88

D. Exkurs

Gleiches gilt für den **Erwerb des Erbbaurechts** durch den Grundstückseigentümer und die anschließende **Aufgabe** des dadurch entstandenen **Eigentümererbbaurechts.** Für den Erwerb des Erbbaurechts ist lediglich die Geschäftswertvorschrift des § 49 II anzuwenden.

5.89

→ **Fall 20: Löschung eines Erbbaurechts nach dessen Zeitablauf**

A. Sachverhalt

5.90 Das Erbbaurecht ist durch **Zeitablauf erloschen.** Der Erbbauberechtigte bewilligt[1] und der Grundstückseigentümer beantragt die **Löschung des Erbbaurechts.** Eine **Entschädigungsforderung** nach § 27 I S. 2, II ErbbauRG wurde ausgeschlossen.

Der Wert des Grund und Bodens beträgt 50 000 Euro und der Wert des Gebäudes beträgt 100 000 Euro.

B. Rechnung

5.91

Pos.	Gebührentatbestände	Geschäfts-wert	KV-Nr.	Satz	Betrag
	Beurkundungsverfahren Bewilligung und Antrag zur Löschung des Erbbaurechts (§§ 36 I, 49 II)	24 000	21201 Nr. 4	0,5	57,50

C. Erläuterungen

5.92 Als Geschäftswert ist ein Teilwert gemäß § 36 I vom Wert des Erbbaurechts gemäß § 49 II (80 %iger Grundstückswert einschließlich Bebauung = 120 000 Euro) anzunehmen. Ein Teilwert von 10–20 % erscheint angemessen (hier: 20 % angenommen).

D. Anmerkung

5.93 Wenn Entschädigungsregelungen getroffen werden, dann handelt es sich um vertragliche Erklärungen i.S.d. Nr. 21100 KV. Daneben stehen die Grundbucherklärungen zur Aufhebung des Erbbaurechts nach Nr. 21201 Nr. 4 KV. Es handelt sich um verschiedene Beurkundungsgegenstände nach § 86 II; die Vergleichsberechnung erfolgt nach § 94 I.

→ **Fall 21: Löschung eines Erbbaurechts nach dessen Zeitablauf, wobei ehemaliger Erbbauberechtigter und Grundstückseigentümer zusammenfallen**

A. Sachverhalt

5.94 Der damalige Erbbauberechtigte hatte vor 8 Jahren das mit einem Erbbaurecht belastete Grundstück zum Kaufpreis von 50 000 Euro erworben. Von der Aufgabe des Erbbaurechts wurde zum damaligen Zeitpunkt abgesehen. Das Erbbaurecht ist in Abt. III des Grundbuchs unter laufender Nr. 1 mit einer Grundschuld zu 100 000 Euro belastet. In Abt. II des Erbbaurechtgrundbuchs ist für

---

[1] Auf das (zunehmend und wohl zu Recht) bestrittene Erfordernis einer solchen Bewilligung ist hier nicht einzugehen. Vgl. dazu etwa Bauer/v. Oefele/*Maaß*, GO, 3. Aufl. 2012, AT VI Rz. 189–192.

den Grundstückseigentümer des Erbbaugrundstücks ein Vorkaufsrecht für alle Verkaufsfälle eingetragen; in Abt. II des Erbbaugrundstückgrundbuchs ist wiederum für den Erbbauberechtigten ein Vorkaufsrecht für alle Verkaufsfälle eingetragen.

Zwischenzeitlich ist das **Erbbaurecht** seit 4 Jahren **abgelaufen.** Der Eigentümer **beantragt** unter Überreichung der Löschungsbewilligung der Grundschuld III/1 die **Berichtigung des Grundbuchs**, was die Löschung der Vorkaufsrechte und der Grundschuld einschließt.

Der Wert des Grund und Bodens beträgt 50 000 Euro und der Wert des Gebäudes beträgt 100 000 Euro.

B. Rechnung

Pos.	Gebührentatbestände	Geschäftswert	KV-Nr.	Satz	Betrag
	Beurkundungsverfahren (§§ 35 I, 86 II)	29 000	21201 Nr. 4	0,5	62,50
	a) Berichtigungsbewilligung und Antrag zur Löschung des Erbbaurechts (§§ 36 I, 49 II)	24 000	21201 Nr. 4	0,5	
	b) Löschung des Vorkaufsrechts am Erbbaugrundstück (§ 51 I, III)	5 000	21201 Nr. 4	0,5	

5.95

C. Erläuterungen

a) Als Geschäftswert für **die Berichtigungsbewilligung** ist ein Teilwert gemäß § 36 I vom Wert des Erbbaurechts gemäß § 49 II (80 %iger Grundstückswert einschließlich Bebauung = 120 000 Euro) anzunehmen. Ein Teilwert von 10–20 % erscheint angemessen (hier: 20 % angenommen).

5.96

b) Alle am Erbbaurecht bestehenden Belastungen werden mit der Löschung des Erbbaurechts beseitigt; für diese erfolgt keine gesonderte Bewertung. Die **Löschungserklärung** zum **Vorkaufsrecht am Erbbaugrundstück** ist dagegen noch erforderlich. Der Geschäftswert ist grundsätzlich mit dem hälftigen Grundstückswert nach § 51 I anzunehmen, wobei hier eine Herabsetzung nach § 51 III angemessen sein dürfte (hier: 10 % angenommen; s.a. Rz. 8.93)[1]

Die **Löschungserklärungen** selbst lösen eine 0,5 Gebühr gemäß Nr. 21201 Nr. 4 KV aus.

Da die beiden Erklärungen **verschiedene Beurkundungsgegenstände** gemäß § 86 II sind, sind deren Werte zu addieren (§ 35 I). Aus der Wertsumme ist eine 0,5 Gebühr nach Nr. 21201 Nr. 4 KV zu erheben (§ 93 I S. 1).

---

[1] Leipziger Kommentar GNotKG/*Zapf*, § 51 Rz. 14, 30.

D. Anmerkung

5.97 Das Bestehen eines **Entschädigungsanspruchs** nach § 27 I S. 2, II ErbbauRG ist ausgeschlossen, da der Berechtigte des Entschädigungsanspruchs und der Eigentümer des Grundstücks zusammenfallen[1].

VI. Verkauf eines Erbbaurechts

→ **Fall 22: Kaufvertrag über ein Erbbaurecht**

A. Sachverhalt

5.98 Der Erbbauberechtigte B **verkauft** sein Erbbaurecht an C. Der Kaufpreis beträgt 150 000 Euro, der zugleich dem Verkehrswert entspricht. C **übernimmt** anstelle des B den **Erbbauzins** von jährlich 1000 Euro und das am Erbbaurecht lastende **Vorkaufsrecht** zugunsten des Grundstückseigentümers A. Der Grundstückswert einschließlich Bebauung beträgt 180 000 Euro.

Der Notar wird mit der Einholung der Nichtausübungserklärung zum Vorkaufsrecht und der Einholung der Zustimmung des Grundstückseigentümers gem. § 5 ErbbauRG beauftragt.

B. Rechnung

5.99

Pos.	Gebührentatbestände	Geschäftswert	KV-Nr.	Satz	Betrag
(1)	Beurkundungsverfahren Kaufvertrag (§§ 97 III, 49 I, II, 47)	150 000	21100	2,0	708,00
(2)	Vollzug, a) Einholung der Zustimmung des Grundstückseigentümers b) Einholung der Nichtausübungserklärung zum Vorkaufsrecht (Vorbem. 2.2.1.1 I 2 Nr. 5 u. 7 KV; § 112)	150 000	22110	0,5	177,00

C. Erläuterungen

5.100 Pos. (1):

Bei der **entgeltlichen Veräußerung** eines **Erbbaurechts** bestimmt sich der Geschäftswert nach dem höheren Wert im Vergleich zwischen Veräußerer- und Erwerberleistung; § 97 III. Der Wert der Veräußererleistung bestimmt sich nach dem Wert des Erbbaurechts gemäß § 49 II (80 % des bebauten Grundstücks; hier = 144 000 Euro); diese Vorschrift ist eine Bewertungsvorschrift und keine Geschäftswertvorschrift. Der Wert der Käuferleistung ist der Kaufpreis, der sich

---

[1] *PrüfAbt. der Ländernotarkasse*, NotBZ 2013, 104 f.

VI. Verkauf eines Erbbaurechts

gemäß § 49 I i.V.m. § 47 S. 1 bestimmt. Anhaltspunkte für einen Verkauf unter dem Verkehrswert liegen nicht vor.

Die **Übernahme** des **Erbbauzinses** und des **Vorkaufsrechts** wird nicht zusätzlich bewertet.

Pos. (2): 5.101

Der Geschäftswert bestimmt sich gemäß § 112 nach dem Wert des Beurkundungsverfahrens.

Die Einholung der Zustimmung des Grundstückseigentümers ist Vollzugstätigkeit gemäß Vorbem. 2.2.1.1 I S. 2 Nr. 5 KV, die Einholung der Nichtausübungserklärung zum Vorkaufsrecht ist ebenfalls Vollzugstätigkeit gemäß Vorbem. 2.2.1.1 I S. 2 Nr. 7 KV. Die Vollzugsgebühr fällt aber nur einmal an (§ 93 I S. 1).

D. Anmerkungen

Auch eine **Zwangsvollstreckungsunterwerfung** hinsichtlich des übernommenen Erbbauzinses ist als **Durchführungserklärung** im Sinne von § 109 I S. 1, 2 nicht gesondert zu bewerten. 5.102

Ist der Erbbauberechtigte zugleich Grundstückseigentümer und veräußert dieser das Grundstück in seiner Gesamtheit (Grundstück nebst aufstehender Bebauung), so ist die Aufhebung des Eigentümererbbaurechts bzw. die Löschungserklärung gesondert zu bewerten; § 86 II. 5.103

→ **Fall 23: Kaufvertrag über ein Erbbaurecht sowie Einholung von Veräußerungszustimmung und Nichtausübungserklärung mit Entwurfsfertigung**

A. Sachverhalt

Der Erbbauberechtigte B **verkauft** sein Erbbaurecht an Käufer C. Der Kaufpreis beträgt 150 000 Euro, der zugleich dem Verkehrswert entspricht. C **übernimmt** anstelle des B den **Erbbauzins** von jährlich 1000 Euro und das am Erbbaurecht lastende **Vorkaufsrecht** zugunsten des Grundstückseigentümers A. Der Grundstückswert einschließlich Bebauung beträgt 250 000 Euro. 5.104

Der Notar wird mit der Einholung der **Nichtausübungserklärung zum Vorkaufsrecht** und der Einholung der **Zustimmung des Grundstückseigentümers** gem. § 5 ErbbauRG beauftragt. Für beide Erklärungen fertigt der Notar auftragsgemäß einen **Entwurf**.

B. Rechnung

5.105

Pos.	Gebührentatbestände	Geschäftswert	KV-Nr.	Satz	Betrag
(1)	Beurkundungsverfahren Kaufvertrag (§§ 97 III, 49 I, II, 47)	200 000	21100	2,0	870,00

Pos.	Gebührentatbestände	Geschäfts-wert	KV-Nr.	Satz	Betrag
(2)	Vollzug, a) Einholung der Zustimmung des Grundstückseigentümers b) Einholung der Nichtausübungs-erklärung zum Vorkaufsrecht (Vorbem. 2.2.1.1 I 2 Nr. 5 u. 7 KV; § 112)	200 000	22110	0,5	217,50

C. Erläuterungen

5.106 **Pos. (1):**

Bei der **entgeltlichen Veräußerung** eines **Erbbaurechts** bestimmt sich der Geschäftswert nach dem höheren Wert im Vergleich zwischen Veräußerer- und Erwerberleistung; § 97 III. Der Wert der Veräußererleistung bestimmt sich nach dem Wert des Erbbaurechts gemäß § 49 II[1] (80 % des bebauten Grundstücks; hier = 200 000 Euro); diese Vorschrift ist eine Bewertungsvorschrift und keine Geschäftswertvorschrift. Der Wert der Käuferleistung ist der Kaufpreis, der sich gemäß § 49 I i.V.m. § 47 S. 1 bestimmt. Anhaltspunkte für einen Verkauf unter dem Verkehrswert liegen nicht vor.

Die **Übernahme des Erbbauzinses** und des **Vorkaufsrechts** wird nicht zusätzlich bewertet.

5.107 **Pos. (2):**

Der Geschäftswert bestimmt sich gemäß § 112 nach dem Wert des Beurkundungsverfahrens.

Die Einholung der Zustimmung des Grundstückseigentümers ist Vollzugstätigkeit gemäß Vorbem. 2.2.1.1 I S. 2 Nr. 5 KV, die Einholung der Nichtausübungserklärung zum Vorkaufsrecht ist ebenfalls Vollzugstätigkeit gemäß Vorbem. 2.2.1.1 I S. 2 Nr. 7 KV. Die Vollzugsgebühr fällt aber nur einmal an (§ 93 I S. 1).

Für die auftragsgemäße Fertigung des Entwurfes fällt neben der Vollzugsgebühr keine Entwurfsgebühr an, Vorbem. 2.2 II KV.

Die erste Beglaubigung ist dann allerdings nicht mehr gebührenfrei, da kein Entwurf nach Teil 2, Hauptabschnitt 4 KV abgerechnet wurde. Die Vorbem. 2.4.1 II KV ist in diesem Fall nicht einschlägig.[2]

---

[1] OLG Celle v. 27.1.2015 – 2 W 20/15, NotBZ 2015, 150.
[2] OLG Hamm, ZNotP 2015, 277 = FGPrax 2015, 276; ebenso bereits *PrüfAbt. der Ländernotarkasse*, NotBZ 2013, 428, NotBZ 2015, 256.

D. Anmerkung

Auch eine **Zwangsvollstreckungsunterwerfung** hinsichtlich des übernommenen Erbbauzinses ist als **Durchführungserklärung** im Sinne von § 109 I S. 1, 2 nicht gesondert zu bewerten.

5.108

E. Exkurs

Isoliert betrachtet, wäre a) der **Entwurf** für die **Zustimmung** des Grundstückseigentümers gem. § 5 ErbbauRG und b) die **Nichtausübungserklärung zum Vorkaufsrecht** wie folgt abzurechnen:

5.109

a) 100 000 Euro (§§ 119 I, 98 I, 47: hälftiger Wert des Kaufvertrages)

b) 20 000 Euro (§§ 119 I, 36 I, 47)

Für den Entwurf der Nichtausübungserklärung ist als Geschäftswert ein Teilwert vom Wert des Kaufvertrages anzunehmen; hier mit 10 % angenommen.

Gebühr:

a), b): 1,0 (Nrn. 24101, 21200 KV: 0,3–1,0, hier 1,0 wegen § 92 II, mind. 60 Euro) aus 120 000 Euro = 300,00 Euro.

Da die beiden Erklärungen **verschiedene Beurkundungsgegenstände** gemäß §§ 119 I, 86 II sind, sind deren Werte zu addieren (§ 35 I). Aus der Wertsumme ist eine 1,0 Gebühr nach Nrn. 24101, 21200 KV zu erheben (§ 93 I S. 1). Die erste Beglaubigung ist gebührenfrei; Vorbem. 2.4.1 II KV.

VII. Übertragung eines Erbbaurechts

→ **Fall 24: Übertragung eines Erbbaurechts**

A. Sachverhalt

A **überträgt unentgeltlich** an B sein **Erbbaurecht** an einem 1500 qm großen Grundstück mit aufstehendem Mietshaus im Wert von 800 000 Euro. Die Restlaufzeit des Erbbaurechts beträgt 20 Jahre. A schuldet dem Grundstückseigentümer als Erbbauberechtigter einen jährlichen **Erbbauzins** von 20 000 Euro, welcher künftig von B **übernommen** wird.

5.110

Der Notar wird mit der **Einholung der Zustimmung** des Grundstückseigentümers gem. § 5 ErbbauRG beauftragt.

Der Verkehrswert des Grund und Bodens beträgt 450 000 Euro (300 Euro/qm).

B. Rechnung

5.111

Pos.	Gebührentatbestände	Geschäfts-wert	KV-Nr.	Satz	Betrag
(1)	Beurkundungsverfahren Übertragungsvertrag (§§ 97 I, 49 II)	1 000 000	21100	2,0	3470,00

Pos.	Gebührentatbestände	Geschäftswert	KV-Nr.	Satz	Betrag
(2)	Vollzug, Einholung der Zustimmung des Grundstückseigentümers (Vorbem. 2.2.1.1 I 2 Nr. 5 KV; § 112)	1 000 000	22110	0,5	867,50

C. Erläuterungen

5.112 **Pos. (1):**

Der **Wert des Erbbaurechtes** bestimmt sich gemäß § 49 II nach dem 80 %igen Grundstückswert einschließlich des darauf errichteten Bauwerks (80 % von 1.25 Mio. Euro = 1 Mio. Euro); diese Vorschrift ist eine Bewertungsvorschrift und keine Geschäftswertvorschrift.

Die **Übernahme** des **Erbbauzinses** wird nicht zusätzlich bewertet.

5.113 **Pos. (2):**

Der Geschäftswert bestimmt sich gemäß § 112 nach dem Wert des Beurkundungsverfahrens.

Die Einholung der Zustimmung des Grundstückseigentümers ist Vollzugstätigkeit gemäß Vorbem. 2.2.1.1 I S. 2 Nr. 5 KV.

Fertigt der Notar auftragsgemäß den Entwurf, fällt neben der Vollzugsgebühr keine Entwurfsgebühr an, Vorbem. 2.2 II KV. Zur isolierten Abrechnung des Entwurfes s. vorstehend Rz. 5.109.

D. Anmerkung

5.114 Auch eine **Zwangsvollstreckungsunterwerfung** hinsichtlich des übernommenen Erbbauzinses ist als **Durchführungserklärung** im Sinne von § 109 I S. 1, 2 nicht gesondert zu bewerten.

→ **Fall 25: Übertragung eines Erbbaurechts nach Ausübung des Heimfallrechts**

A. Sachverhalt

5.115 Der Grundstückseigentümer A hatte von seinem **Heimfallrecht** gegenüber dem Erbbauberechtigten B aufgrund ausstehender Erbbauzinsen Gebrauch gemacht. Eine Vergütung für das Erbbaurecht (§ 32 ErbbauRG) war ausgeschlossen. B **überträgt** nunmehr unentgeltlich an A sein **Erbbaurecht**. Schuldrechtliche Vereinbarungen werden nicht getroffen. Den Erbbaurechtsvertrag hatte der **Amtsvorgänger** des beurkundenden Notars beurkundet, dessen Akten er auch verwahrt.

Der Verkehrswert des Grund und Bodens beträgt 10 000 Euro, der Wert der Bebauung (Garage) beträgt 5000 Euro.

B. Rechnung

Pos.	Gebührentatbestände	Geschäfts-wert	KV-Nr.	Satz	Betrag
	Beurkundungsverfahren Übertragungsvertrag (§§ 97 I, 49 II)	12 000	21101 Nr. 2	0,5	41,50

5.116

C. Erläuterungen

Der **Wert des Erbbaurechtes** bestimmt sich gemäß § 49 II nach dem 80 %igen Grundstückswert einschließlich des darauf errichteten Bauwerks (80 % von 15 000 Euro = 12 000 Euro).

5.117

Da **derselbe Notar** i.S.v. Vorbem. 2 I KV bereits das zugrundeliegende Verpflichtungsgeschäft beurkundet hat, fällt die begünstigte 0,5 Gebühr gemäß Nr. 21101 Nr. 2 KV an.

D. Anmerkung

Sofern die Bestellungsurkunde mit Heimfallregelung ein **anderer Notar** (i.S.v. Vorbem. 2 I KV) beurkundet hat, fällt eine 1,0 Gebühr gemäß Nr. 21102 Nr. 1 KV an.

5.118

VIII. Weitere Geschäfte

→ **Fall 26: Zustimmung zur Belastung des Erbbaurechts**

A. Sachverhalt

Der Grundstückseigentümer A erteilt seine **Zustimmung zur Belastung** des noch mindestens 20 Jahre laufenden Erbbaurechts (§ 5 II ErbbauRG) mit einer Grundschuld in Höhe von 100 000 Euro und **räumt** gleichzeitig dieser Grundschuld den **Vorrang vor** dem mit 200 Euro monatlich eingetragenen **Erbbauzins** ein. Es handelt sich um einen wertgesicherten Erbbauzins, der bei einer Preisindexsteigerung um mehr als 5 % in einem 5-Jahreszeitraum entsprechend erhöht werden soll. Der Rechtslage bis 30.9.1994 entsprechend ist die Preisanpassung nicht Inhalt des Erbbauzinses, sondern als Anspruch ausgestaltet und durch Vormerkung gesichert. Auch hinsichtlich dieser **Vormerkung tritt** der Eigentümer **zurück.**

5.119

Der Notar fertigt den Entwurf der Urkunde und beglaubigt die Unterschrift des Grundstückseigentümers.

B. Rechnung

5.120

Pos.	Gebührentatbestände	Geschäftswert	KV-Nr.	Satz	Betrag
	Entwurf nebst Unterschriftsbeglaubigung (§§ 119, 86 II, 94 I)	~~98 555~~	~~24101, 21200~~	~~1,0~~	~~273,00~~
	a) Belastungszustimmung (§§ 119 I, 98 I, 53 I, 92 II)	50 000	24101, 21200	1,0	165,00
	b) Rangrücktritt Erbbauzinsreallast (§§ 119 I, 52 II, 53 I, 45, 92 II)	48 000	24102, 21201 Nr. 4	0,5	
	c) Rangrücktritt Vormerkung (§§ 119 I, 53 I, 45, 92 II)	555	24102, 21201 Nr. 4	0,5	
		b), c): 48 555		0,5	82,50

C. Erläuterungen

5.121 a) Für die **Zustimmung zur Belastung** ist als Geschäftswert gemäß §§ 119 I, 98 I, 53 I der hälftige Grundschuldnennbetrag anzunehmen.

Nicht etwa findet § 51 II Anwendung, denn diese Vorschrift ist nur einschlägig, wenn die Verfügungsbeschränkung selbst Gegenstand des Geschäfts ist. Hier wird allerdings nur auf der Rechtsgrundlage der Verfügungsbeschränkung nach § 5 ErbbauRG zugestimmt. Demgemäß bleibt es bei § 98.

b) Für den **Rangrücktritt der Erbbauzinsreallast** ist nach §§ 119 I, 45 I ein Wertvergleich zwischen dem vor- und zurücktretenden Recht anzustellen. Es greift der geringere Wert in Gegenüberstellung des vortretenden Rechts (Grundschuldbetrag = 100 000 Euro; § 53 I) mit der Summe des kapitalisierten Werts des Erbbauzinses (200 × 12 × 20 = 48 000 Euro; § 52 II).

c) Für den **Rangrücktritt der Erhöhungsvormerkung** gilt § 45 III. Maßgeblich ist der nach § 36 I geschätzte Wert (maximales Erhöhungsvolumen und zwar bezogen allein auf die nominale Änderung der Reallast in einem 20-Jahreszeitraum). Auf § 52 VII kommt es nicht an, denn es handelt sich hier nicht um die Bewertung der Erbbauzinsreallast.[1] Ein Bedingungsabschlag erfolgt nicht, auch § 51 I S. 2 kommt hier nicht zur Anwendung.[2]

Die drei Erklärungen sind **verschiedene Beurkundungsgegenstände** gemäß § 86 II.[3] Ihre Werte werden nicht gemäß § 35 I addiert. Vielmehr werden gemäß § 94 I nur die Werte mit gleichen Gebührensätzen addiert und im Übrigen gesonderte Gebühren erhoben, denn die Erhebung der höchsten Gebühr aus dem zusammengerechneten Werten wäre teurer.

---

1 *PrüfAbt. der Ländernotarkasse*, NotBZ 2014, 247, 287.
2 Leipziger Kommentar GNotKG/*Zimmer*, § 45 Rz. 9 ff.
3 *PrüfAbt. der Ländernotarkasse*, NotBZ 2014, 247.

Die Unterschriftsbeglaubigung löst keine zusätzliche Gebühr aus, Vorbem. 2.4.1 II KV.

→ Fall 27: Aufteilung eines Erbbaurechts in Wohnungserbbaurechte (Teilung nach § 3 WEG)

A. Sachverhalt

Die Erbbauberechtigten B und C **teilen** das Erbbaurecht in zwei **Wohnungserbbaurechte** auf und zwar in der Weise, dass B das Sondereigentum an der im Aufteilungsplan mit Nr. 1 bezeichneten Wohnung (Doppelhaushälfte 1) und C das Sondereigentum an der im Aufteilungsplan mit Nr. 2 bezeichneten Wohnung (Doppelhaushälfte 2) erhält.

5.122

Der Grundstückseigentümer A und die Erbbauberechtigten B und C vereinbaren die **Verteilung** des wertgesicherten **Erbbauzinses** von jährlich 2000 Euro, so dass an jedem Wohnungserbbaurecht ein Erbbauzins von jährlich 1000 Euro lastet.

Der Grundstückswert beträgt 60 000 Euro und der Wert der Bebauung beträgt 200 000 Euro (100 000 Euro je Doppelhaushälfte). Das Erbbaurecht hat noch eine Dauer von 50 Jahren.

B. Rechnung

Pos.	Gebührentatbestände	Geschäfts-wert	KV-Nr.	Satz	Betrag
	Beurkundungsverfahren (§§ 35 I, 86 II)	248 000	21100	2,0	1070,00
	a) Aufteilung in Wohnungserbbaurechte (§§ 42 I, II, 49 II)	208 000	21100	2,0	
	b) Verteilung des Erbbauzinses (§ 52 II)	40 000	21100	2,0	

5.123

C. Erläuterungen

a) Für die **Aufteilung** des Erbbaurechts in **Wohnungserbbaurechte** ist als Geschäftswert der Wert des Erbbaurechts anzunehmen. Der Wert des Erbbaurechts bestimmt sich gemäß § 49 II nach dem 80 %igen Grundstückswert einschließlich Bebauung (80 % von 260 000 Euro = 208 000 Euro).

5.124

b) Für die **Verteilung des Erbbauzinses** ist als Geschäftswert der kapitalisierte Erbbauzins anzunehmen (2000 Euro × 20). Die Wertsicherung ist nicht zu berücksichtigen, § 52 VII.

Da die Aufteilung des Erbbaurechts in Wohnungserbbaurechte und die Verteilung des Erbbauzinses **verschiedene Beurkundungsgegenstände** gemäß § 86 II sind, sind deren Werte zu addieren (§ 35 I). Aus der Wertsumme ist eine 2,0 Gebühr nach Nr. 21100 KV zu erheben (§ 93 I, S. 1).

D. Anmerkung

5.125 Erfolgt die Verteilung des Erbbauzinses lediglich in Form einer **reinen Grundbucherklärung**, löst diese die begünstigte 0,5 Gebühr gemäß Nr. 21201 Nr. 4 KV aus.[1] In diesem Fall ist die Vergleichsberechnung gemäß § 94 I zu beachten.

→ **Fall 28: Aufteilung eines Erbbaurechts in Wohnungserbbaurechte (Teilung nach § 8 WEG)**

5.126 Zur Bewertung der Aufteilung eines Erbbaurechts in Wohnungserbbaurechte nach § 8 WEG wird auf die Ausführungen bei Rz. 4.25 verwiesen.

→ **Fall 29: Stillhalteerklärung/Liegenbelassungserklärung des erbbauzinsberechtigten Eigentümers, der den Vorrang behält**

A. Sachverhalt

5.127 Der Grundstückseigentümer verpflichtet sich gegenüber einem nachrangigen Grundpfandrechtsgläubiger für den Fall der Zwangsversteigerung des Erbbaurechts

1. aus dem Vorkaufsrecht am Erbbaurecht keinen Wertersatz zu verlangen und auf Erlöszuteilung zu verzichten;
2. den Erbbauzins hinsichtlich der künftig fällig werdenden Raten des Erbbauzinses zugunsten des Erstehers stehen zu lassen und hierzu einem entsprechenden Antrag des Gläubigers nach § 59 ZVG zuzustimmen;
3. im Fall der Veräußerung des Erbbaugrundstücks die vorstehenden Erklärungen seinen Rechtsnachfolgern mit der Weiterübertragungspflicht aufzuerlegen.

Der Nominalbetrag des neu bestellten Grundpfandrechts beträgt 100 000 Euro.

B. Rechnung

5.128

Pos.	Gebührentatbestände	Geschäftswert	KV-Nr.	Satz	Betrag
	Beurkundungsverfahren Beurkundung der Stillhalteerklärung (§§ 36 I, 53 I, 97 I)	20 000	21200	1,0	107,00

C. Erläuterungen

5.129 Für die **Stillhalteerklärung** ist als Geschäftswert ein Teilwert von 10–30 % des Grundschuldnennbetrages anzunehmen; § 36 I. Hier wurde ein Teilwert von 20 % angenommen.

---

1 *Lappe*, NotBZ 2000, 188.

→ **Fall 30: Erbbaurechtliche Ergänzungserklärung aufgrund Erbbauzinserhöhung**

A. Sachverhalt

Der **Erbbauzins** hat sich aufgrund mehrerer Erhöhungsverlangen der Grundstückseigentümerin von 1000 Euro jährlich auf 1400 Euro **erhöht**. Dieser ist in vier gleichen Raten zu überweisen. Für den Fall der verspäteten Zahlung ist eine Vertragsstrafe in Höhe von mtl. 1 v.H. des rückständigen Betrages zu zahlen.

Der Erbbauberechtigte **unterwirft** sich wegen der Verpflichtung auf Zahlung des jährlichen Erbbauzinses in Höhe von derzeit 1400 Euro und der Vertragsstrafe wegen verspäteter Zahlung der **sofortigen Zwangsvollstreckungsunterwerfung** in sein gesamtes Vermögen.

Es wird bewilligt und beantragt die **Eintragung** einer weiteren **Erbbauzinsreallast** in Höhe von 400 Euro jährlich unter Ausnutzung des durch Vormerkung vorbehaltenen Ranges im Gleichrang mit der bereits eingetragenen Erbbauzinsreallast von 1000 Euro bei gleichzeitiger **Zusammenfassung** beider Beträge **zu einer Erbbauzinsreallast** von nunmehr insgesamt 1400 Euro jährlich.

Das Erbbaurecht hat noch eine Laufzeit von 80 Jahren.

5.130

B. Rechnung

Pos.	Gebührentatbestände	Geschäftswert	KV-Nr.	Satz	Betrag
	Beurkundungsverfahren (§§ 86 II, 94 I)	16 000	21200	1,0	91,00
	a) Zwangsvollstreckungsunterwerfung (§§ 97 I, 52 II)	8000	21200	1,0	63,00
	b) Grundbuchantrag (§§ 97 I, 52 II)	8000	21201 Nr. 4	0,5	31,50

5.131

C. Erläuterungen

Die Erhöhung selbst folgt aus der vereinbarten Wertsicherungsklausel gemäß dem Erbbaurechtsvertrag. Beurkundungsgegenstand ist lediglich die **Zwangsvollstreckungsunterwerfung**, für die eine 1,0 Gebühr gemäß Nr. 21200 KV anfällt und der Grundbuchantrag hinsichtlich der Eintragung der Erbbauzinsreallast, der eine 0,5 Gebühr gemäß Nr. 21201 Nr. 4 KV auslöst.

Der Geschäftswert bestimmt sich gemäß §§ 97 I, 52 II. Auch wenn die Zwangsvollstreckungsunterwerfung den neuen Erbbauzins von insgesamt 1400 Euro umfasst, ist lediglich auf den Differenzbetrag abzustellen, da dieser Betrag die Änderung ausmacht (400 Euro × 20). Die **Vertragsstrafe** bleibt gemäß § 37 I unberücksichtigt.

5.132

Die **Zwangsvollstreckungsunterwerfung** und der **Grundbuchantrag zur Eintragung der Erbbauzinsreallast** sind **verschiedene Beurkundungsgegenstände** gemäß § 86 II GNotKG. Der Antrag auf **Zusammenfassung** der einzelnen Reallasten zu einer Erbbauzinsreallast ist hierbei nicht gesondert zu bewerten, da ein einheitlicher Grundbuchantrag vorliegt. Aufgrund der unterschiedlichen Gebührensätze ist die Vergleichsberechnung gemäß § 94 I GNotKG vorzunehmen. Die Berechnung nach dem höchsten Gebührensatz aus dem Gesamtbetrag der Werte ist für den Kostenschuldner günstiger und damit maßgebend.[1]

→ Fall 31: Umschreibung der Vollstreckungsklausel

A. Sachverhalt

5.133 Der Erbbauberechtigte ist in die Insolvenz geraten. Dieser hat einen jährlichen Erbbauzins in Höhe von 10 000 Euro an den Grundstückseigentümer zu zahlen. Der Notar schreibt auftragsgemäß die **Vollstreckungsklausel gegen den Insolvenzverwalter** um.

B. Rechnung

5.134

Pos.	Gebührentatbestände	Geschäfts-wert	KV-Nr.	Satz	Betrag
	Sonstiges Verfahren Umschreibung Vollstreckungsklausel (§§ 118, 52 II)	200 000	23803	0,5	217,50

C. Erläuterungen

5.135 Es handelt sich um eine Rechtsnachfolgeklausel i.S.d. § 727 ZPO. Der Geschäftswert bemisst sich nach den Ansprüchen, die Gegenstand der vollstreckbaren Ausfertigung sein sollen, § 118. Die Ansprüche richten sich hier auf die Zahlung eines jährlich wiederkehrenden Erbbauzinses in Höhe von 10 000 Euro, der wegen der Restlaufzeit des Erbbaurechts mit dem Faktor 20 multipliziert den Geschäftswert in Höhe von 200 000 Euro ergibt, § 52 II S. 1, 2.

---

1 *PrüfAbt. der Ländernotarkasse*, NotBZ 2016, 215.

Formblatt zur Geschäftswertermittlung einer Erbbaurechtsbestellung 5.136

1. Bestellung des Erbbaurechts (§ 43 GNotKG)

Leistung des Grundstückseigentümers

80 %iger Grundstücksverkehrswert (§ 49 II GNotKG)

....

oder

Leistung des Erbbauberechtigten

kapitalisierter Erbbauzins (§ 52 II GNotKG)

.... Euro/Jahr × .... Jahre
(höchstens der auf die ersten 20 Jahre entfallende Erbbauzins)

....

die höhere Leistung bildet den Geschäftswert: ....

2. Verschiedener Beurkundungsgegenstand (§ 86 II GNotKG)

Bestellung des Vorkaufsrechts am Erbbaurecht (§ 51 I GNotKG)

80 %iger Grundstücksverkehrswert (§ 49 II GNotKG)
einschließlich der (vorgesehenen) Bebauung

....

davon 50 % nach § 51 I GNotKG: ....

**Summe aus 1. und 2.
gemäß § 35 I GNotKG:** ....

Teil 6
Grundpfandrechte und weitere Sicherungsgeschäfte

Inhaltsübersicht

I. Überblick 6.1
1. Einführung 6.1
2. Übersichtstabelle 6.2
3. Gebühr 6.3
4. Geschäftswert 6.11
5. Derselbe Beurkundungsgegenstand/Verschiedene Beurkundungsgegenstände 6.12
6. Vollzugs-, Betreuungs- und Treuhandtätigkeiten 6.18
7. Gebührenfreie (Neben-) Geschäfte 6.23
8. Unrichtige Sachbehandlung ... 6.24

II. Bestellung durch Beurkundung oder Entwurf mit Unterschriftsbeglaubigung 6.25

Fall 1: Grundschuld ohne Zwangsvollstreckungsunterwerfung 6.25

Fall 2: Grundschuld ohne Zwangsvollstreckungsunterwerfung, aber mit (weiteren) Grundbucherklärungen und Nebentätigkeiten 6.28

Fall 3: Grundschuld ohne Zwangsvollstreckungsunterwerfung, aber mit Einschränkung der Zweckerklärung und Abtretung der Rückgewähransprüche 6.33

Fall 4: Grundschuld mit Zwangsvollstreckungsunterwerfung und Einholung einer Genehmigungserklärung eines Vertretenen 6.37

Fall 5: Grundschuld mit Zwangsvollstreckungsunterwerfung nebst (weiteren) Grundbucherklärungen, Wirksamkeitsvermerk und Nebentätigkeiten 6.41

Fall 6: Grundschuld mit Zwangsvollstreckungsunterwerfung nebst Einschränkung der Zweckerklärung, Abtretung der Rückgewähransprüche, Abtretung der Auszahlungsansprüche an den Grundstücksverkäufer und Nebentätigkeiten des Notars 6.45

Fall 7: Grundschuld mit Zwangsvollstreckungsunterwerfung und Löschungserklärung nebst Treuhandauflagen (Überwachungstätigkeit) 6.51

Fall 8: Grundschuld mit Schuldanerkenntnis und Zwangsvollstreckungsunterwerfung wegen eines (zuletzt zu zahlenden) Teilbetrags 6.55

Fall 9: Grundschuld mit Zwangsvollstreckungsunterwerfung und Verpfändung der Ansprüche auf Eigentumsverschaffung 6.58

Fall 10: Grundschuld mit Zwangsvollstreckungsunterwerfung und mit vertraglicher Verpfändung der Ansprüche auf Eigentumsverschaffung und des Anwartschaftsrechts 6.62

Fall 11: Grundschuld mit Zwangsvollstreckungsunterwerfung und Dienstbarkeitsbestellung 6.66

Fall 12: Eigentümergrundschuld 6.70

Fall 13: Rentenschuld 6.73

Fall 14: Grundschuldbestellung an einer Teilfläche 6.76

Fall 15: Grundschuldbestellung mit Treuhändersperrvermerk (§§ 72, 66 VAG) 6.81

III. Bestellung durch reine Unterschriftsbeglaubigung 6.84

Fall 16: Grundschuldbestellung durch reine Unterschriftsbeglaubigung nebst Nebentätigkeiten 6.84

IV. Legitimationsprüfung 6.89

Fall 17: Grundschuldbestellung mit Legitimationsprüfung 6.89

V. Identitätserklärung nach Vermessung 6.93

Fall 18: Identitätserklärung des Eigentümers gem. § 28 GBO................. 6.93

Fall 19: Identitätserklärung gem. § 28 GBO durch den Notar 6.96

VI. Pfänderstreckung 6.99

Fall 20: Pfänderstreckung... 6.99

Fall 21: Pfänderstreckung (mehrere Grundstücke) 6.102

Fall 22: Grundstücksvereinigung mit Pfänderstreckung, Zwangsvollstreckungsunterwerfung und Rangregulierung 6.105

Fall 23: Pfänderstreckung zu vollstreckbarer und nicht vollstreckbarer Grundschuld 6.109

VII. Pfandfreigabe 6.112

Fall 24: Pfandfreigabe 6.112

Fall 25: Löschung einer Globalgrundschuld nach Pfandfreigabeerklärungen ... 6.115

VIII. Abtretung 6.118

Fall 26: Abtretung Buchgrundschuld 6.118

Fall 27: Abtretung Briefgrundschuld 6.121

Fall 28: Abtretung Buchgrundschuld und Haftungsübernahme 6.124

Fall 29: Abtretung Hypothek 6.127

IX. Klauselerteilung 6.131

Fall 30: Klauselumschreibung wegen Rechtsnachfolge nach § 727 ZPO................. 6.131

Fall 31: Klauselumschreibung wegen Rechtsnachfolge nach § 727 ZPO, begrenzt auf Teilbetrag..................... 6.135

Fall 32: Klauselumschreibung wegen Namensberichtigung.. 6.139

Fall 33: Klauselumschreibung bei Finanzierungsgrundpfandrechten 6.142

Fall 34: Klauselumschreibung bei mehreren Urkunden 6.145

Fall 35: Weitere vollstreckbare Ausfertigung und Umschreibung auf den Rechtsnachfolger 6.148

Fall 36: Vollzug einer Fremdurkunde nebst Klauselumschreibung 6.151

Fall 37: Klauselumschreibung aufgrund der Prüfung zweier Rechtsnachfolgen 6.155

Fall 38: Vollstreckbare Ausfertigung bei Kündigung einer Sicherungsgrundschuld 6.158

Fall 39: Weitere vollstreckbare Ausfertigung 6.161

X. Rangänderung 6.164

Fall 40: Gleichrangeinräumung 6.164

Fall 41: Rangrücktritt 6.167

XI. Rangbescheinigung/Notarbestätigung 6.170

Fall 42: Rangbescheinigung (Notarbestätigung) 6.170

XII. Änderung und/oder Ergänzung eines mitgebrachten Bestellungsentwurfs 6.173

Fall 43: Änderung des Fremdentwurfs zu Verjährung der Rückgewähransprüche 6.173

Fall 44: Ergänzung des Fremdentwurfs um Pfandbeschrieb . 6.176

Fall 45: Ergänzung des Fremdentwurfs um die eingeschränkte Zweckerklärung 6.180

XIII. Teilung/Verteilung.......... 6.184

Fall 46: Teilung einer Grundschuld 6.184

Fall 47: Teilung einer Grundschuld und Abtretung 6.187

Fall 48: Verteilung einer Gesamthypothek 6.190

XIV. **Änderungen** 6.193

Fall 49: Erhöhung der Zinsen nebst entsprechender Erweiterung der Zwangsvollstreckungsunterwerfung 6.193

Fall 50: Änderung der Zahlungsmodalitäten 6.196

Fall 51: Umwandlung Buchrecht in Briefrecht 6.199

Fall 52: Umwandlung Briefrecht in Buchrecht 6.202

Fall 53: Umwandlung Hypothek in Grundschuld 6.205

Fall 54: Forderungsauswechslung bei einer Verkehrshypothek 6.208

Fall 55: Nachträgliche Bestimmung eines Abtretungsverbotes 6.211

XV. **Vormerkung** 6.214

Fall 56: Vormerkung für eine Hypothek 6.214

XVI. **Verpfändung** 6.217

Fall 57: Verpfändung einer Grundschuld 6.217

XVII. **Nießbrauch** 6.220

Fall 58: Nießbrauch an einer Hypothek 6.220

XVIII. **Brieferteilung durch den Notar** 6.223

Fall 59: Erstellung eines Teilbriefes durch den Notar anlässlich Teilabtretung einer Briefgrundschuld 6.223

XIX. **Verzicht/Löschung** 6.226

Fall 60: Verzicht des Gläubigers auf Grundschuld 6.226

Fall 61: Löschungsbewilligung des Gläubigers nebst Eigentümerzustimmung 6.229

Fall 62: Unterschriftsbeglaubigung zu Löschungsbewilligung nach Auswärtstermin bei der Gläubigerbank 6.232

Fall 63: Löschungsfähige Quittung 6.235

XX. **Zweckerklärung (Sicherungsvertrag)** 6.238

Fall 64: Separate Zweckerklärung 6.238

XXI. **Weitere Sicherungsgeschäfte** . 6.241

Fall 65: Separates Schuldanerkenntnis 6.241

Fall 66: Lohn- und Gehaltsabtretung (Unterschriftsbeglaubigung ohne Entwurf).. 6.244

Fall 67: Sicherungsübereignung (Unterschriftsbeglaubigung ohne Entwurf) 6.247

Fall 68: Selbstschuldnerische Bürgschaft mit Vollstreckungsunterwerfung 6.251

Fall 69: Ausbietungsgarantieversprechen 6.255

XXII. **Aufgebotsverfahren** 6.256

Fall 70: Antrag auf Aufgebot eines Grundschuldgläubigers nebst eidesstattlicher Versicherung 6.256

Fall 71: Antrag auf Kraftloserklärung eines Grundschuldbriefes nebst eidesstattlicher Versicherung 6.259

Stichwortverzeichnis

Abtretung
– Auszahlungsansprüche 6.35, 6.47 f.
– Grundschuld
    – Briefrecht 6.123, 6.225
    – Buchrecht 6.120, 6.189
    – Teilabtretung 6.189, 6.225
– Grundschuld (Vollzug einer Fremdurkunde) 6.153
– Hypothek 6.129
– künftige Rentenansprüche 6.246
– Lohn, Gehalt 6.246
– Rückgewähransprüche 6.35, 6.47, 6.179

Änderungen
- Fremdentwurf 6.173 ff.
  - eingeschränkte Zweckerklärung 6.182
  - Ergänzung Pfandbeschrieb 6.178
  - Verjährung der Rückgewähransprüche 6.175
- Grundpfandrecht
  - Abtretungsverbot 6.213
  - Änderung der Zahlungsmodalitäten 6.198
  - Erhöhung der Zinsen 6.195
  - Forderungsauswechslung 6.210
  - Teilung 6.186
  - Teilung mit Abtretung 6.189
  - Umwandlung Briefrecht/Buchrecht 6.204
  - Umwandlung Buchrecht/Briefrecht 6.201
  - Umwandlung Hypothek/Grundschuld 6.207
  - Verteilung Gesamthypothek 6.192
  - Zahlungsmodalitäten 6.198
Aufgebotsverfahren
- Antrag auf Aufgebot (Grundschuldgläubiger) 6.258
- Antrag auf Kraftloserklärung (Grundschuldbrief) 6.261
Ausbietung (Garantieversprechen) 6.255
Ausfertigung (weitere vollstreckbare) 6.150, 6.163
Ausfertigungsentgegennahme (Betreuungsgebühr) 6.32, 6.49
Auswärtstermin (Unterschriftsbeglaubigung) 6.234
Betreuungsgebühr s. Nebentätigkeiten
Briefausschlussaufhebung (Umwandlung Buchrecht/Briefrecht) 6.201
Brieferteilung (Erstellung Teilbrief) 6.225
Bürgschaft 6.253
Dienstbarkeit (Mietzinsbindung) 6.69
Eidesstattliche Versicherung (Aufgebotsverfahren) 6.258
Eigentümergrundschuld 6.72
Eigentümerzustimmung zur Löschung eines Grundpfandrechts 6.231
Entwurf (Änderung/Ergänzung) 6.173 ff.
Forderung
- Auswechselung 6.210
Fremdentwurf
- Änderungen 6.173 ff.
  - eingeschränkte Zweckerklärung 6.182

  - Ergänzung Pfandbeschrieb 6.178
  - Verjährung der Rückgewähransprüche 6.175
Fremdurkunde
- Vollzugstätigkeit nebst Klauselumschreibung 6.153
Gebühr 6.3 ff.
Gegenstand
- derselbe
  - Rangrücktritt 6.30, 6.43
  - Schulderklärungen 6.16
  - Wirksamkeitsvermerk 6.15, 6.43
  - Zwangsvollstreckungsunterwerfung 6.37 ff., 6.105 f.
- gegenstandsverschieden
  - Dienstbarkeit 6.68
  - Löschungszustimmung 6.30, 6.47
Gehaltsabtretung 6.246
Genehmigung
- behördliche 6.21, 6.31, 6.44, 6.87
- rechtsgeschäftliche 6.21, 6.40
Gesamtgrundschuld (Globalgrundschuld) 6.117
Gesamthypothek (Verteilung) 6.192
Geschäftswert 6.11
Grundbucherklärungen
- Löschungserklärung
  - Bewilligung 6.231
  - Zustimmung 6.30, 6.47, 6.53, 6.231
- Löschungsquittung 6.237
- Löschungsvormerkung 6.15, 6.30
- Teilung 6.184 ff.
- Verteilung 6.192
Identitätserklärung 6.93 ff.
Klauselumschreibung/Klauselerteilung 6.131 ff.
- Kündigung einer Sicherungsgrundschuld 6.160
- Namensberichtigung 6.141
- weitere vollstreckbare Ausfertigung 6.163
- Rechtsnachfolge
  - Eigentümer 6.157
  - Finanzierungsgrundpfandrechten 6.144
  - Gläubiger 6.150, 6.157
  - mehrere Rechtsnachfolgen 6.157
  - mehrere Urkunden 6.147
  - nach § 727 ZPO 6.133
  - Teilbetrag 6.137
  - Vollzug einer Fremdurkunde 6.153
  - weitere vollstreckbare Ausfertigung 6.150, 6.163

Kraftloserklärung Grundschuldbrief
  (Aufgebotsverfahren) 6.261
Legitimationsprüfung 6.92
Lohnabtretung 6.246
Löschungsbewilligung 6.50, 6.51, 6.231
Löschungserklärung (Antrag) 6.47, 6.53,
  6.231
Löschungsquittung 6.235
Löschungsvormerkung 6.15, 6.30
Löschungszustimmung 6.47, 6.53, 6.231
Nebenleistungen (Zinsen) 6.11
Nebentätigkeiten
– Betreuungstätigkeit
  – Anzeige der eingeschränkten Zweck-
    erklärung 6.22, 6.36, 6.49, 6.183
  – Anzeige der Verpfändung 6.22, 6.61,
    6.65
  – Entgegennahme der Ausfertigung
    6.22, 6.32, 6.50
– gebührenfrei 6.23
– Treuhandgebühr
  – Annahme Treuhandauftrag 6.54
Nießbrauch an Hypothek 6.222
Notarbestätigung 6.172
Pfanderstreckung
– nicht vollstreckbare Grundschuld
  6.101 ff.
– Teilbetrag nicht vollstreckbar 6.111
– Teilbetrag vollstreckbar 6.45
– Vereinigung 6.108
– vollstreckbare Grundschuld 6.107
Pfandfreigabe
– allgemein 6.112 ff.
– Globalgrundschuld 6.117
Quittung 6.237
Rangbescheinigung s. Notarbestätigung
Rangerklärungen
– Gleichrangeinräumung 6.166
– Rangrücktritt 6.15, 6.30, 6.43 f., 6.169
– Vorrangeinräumung 6.169
Rangregulierung 6.108
Rentenschuld 6.75
Rückgewähransprüche 6.35, 6.47, 6.175,
  6.179
Schuldanerkenntnis 6.47, 6.126, 6.243
Sicherungsgeschäfte 6.238 ff., 6.241 ff.
Sicherungsübereignung 6.249 f.

Tatsachenbescheinigung 6.92
Teilabtretung 6.189, 6.223 ff.
Teilbetrag
– Klauselumschreibung 6.137 f.
– zuletzt zu zahlender 6.57
Teilung 6.184 ff.
– Grundpfandrecht nebst Abtretung
  6.189
Teilunterwerfung 6.57
Treuhandauftrag 6.18, 6.54
Treuhändersperrvermerk 6.83
Überwachungstätigkeit 6.54
Umwandlung
– Grundpfandrecht
  – Briefrecht/Buchrecht 6.204
  – Buchrecht/Briefrecht 6.201
  – Hypothek/Grundschuld 6.207
Unrichtige Sachbehandlung 6.24, 6.35,
  6.48
Unterschriftsbeglaubigung
– mit Entwurf 6.27
– ohne Entwurf 6.86, 6.234
Verpfändung
– Anwartschaftsrecht 6.64
– Anzeige 6.61, 6.65
– Eigentumsverschaffungsanspruch 6.60,
  6.64
– Grundschuld 6.219
Verteilung einer Gesamthypothek 6.192
Verzicht des Gläubigers auf Grundschuld
  6.228
Vollstreckungsklausel s. auch Klausel-
  umschreibung
– weitere 6.163
Vollstreckungsunterwerfung 6.37 ff.,
  6.105 ff.
Vollzugsgebühr 6.28 ff., 6.87, 6.153
Vormerkung (Hypothek) 6.214
Wirksamkeitsvermerk 6.15, 6.43
Zahlungsmodalität 6.198
Zinsänderung 6.195
Zinsen 6.11
Zustimmung (rechtsgeschäftlich) 6.40
Zwangsvollstreckungsunterwerfung
  6.37 ff., 6.105 f.
Zweckerklärung 6.35 f., 6.47, 6.49,
  6.182 f., 6.240

I. Überblick

1. Einführung

Hypotheken und Grundschulden werden in aller Regel gleich bewertet. Da aber die Grundschulden in der Praxis vorherrschen, sind auch die nachfolgenden Beispielsfälle vornehmlich an ihnen gebildet. Wo Hypotheken abweichend bewertet werden, ist dies an eigenen Fällen dargestellt.

6.1

2. Übersichtstabelle

6.2

Die maßgeblichen Bewertungsvorschriften lauten:	
a) Beurkundung	a) Nr. 21201 Nr. 4 KV GNotKG (0,5), mindestens 30 Euro
b) Entwurf mit Unterschriftsbeglaubigung	b) Nrn. 24102, 21201 Nr. 4 KV GNotKG (0,3–0,5, hier: 0,5 wegen § 92 II), mindestens 30 Euro
c) Reine Unterschriftsbeglaubigung	c) Nr. 25100 KV GNotKG (0,2), mindestens 20 Euro, höchstens 70 Euro
Gebühr bei Zwangsvollstreckungsunterwerfung oder/und materiell-rechtlichen Erklärungen	Nr. 21200 KV GNotKG (1,0), mindestens 60 Euro
Geschäftswert	§§ 97 I, 53 I GNotKG (Nennbetrag der Schuld)

3. Gebühr

Nach Nr. 21200 KV GNotKG wird für die **Beurkundung einseitiger Erklärungen** eine 1,0 Gebühr erhoben, wobei es ohne Belang ist, ob die Erklärungen einen rechtsgeschäftlichen oder nur einen tatsächlichen Inhalt haben.[1] Die Mindestgebühr beträgt 60 Euro. Handelt es sich bei den beurkundeten Erklärungen um **grundbuchverfahrensrechtliche Eintragungs-** oder Löschungserklärungen, nämlich Anträge nach § 13 GBO, Bewilligungen nach § 19 GBO oder Zustimmungen nach § 27 GBO, so fällt gemäß Nr. 21201 Nr. 4 KV GNotKG nur eine 0,5 Gebühr an, die mindestens 30 Euro beträgt.

6.3

Demgemäß besteht Einigkeit darüber, dass bei der Beurkundung einer Grundschuldbestellung, die **lediglich** die **formellen Grundbucherklärungen** enthält, eine 0,5 Gebühr anfällt, wobei die Mitbeurkundung weiterer rechtsgeschäftlicher Erklärungen eine 1,0 Gebühr auslösen kann.

6.4

Einigkeit besteht auch darüber, dass die Beurkundung der „**klassischen Bausteine**" einer **Grundschuldbestellungsurkunde**, nämlich der dinglichen Zwangsvollstreckungsunterwerfung nach § 794 I Nr. 5 i.V.m. § 800 ZPO, eines abstrak-

6.5

---

1 BGH, Beschl. v. 8.12.2005 – V ZB 144/05, MDR 2006, 956 = NotBZ 2006, 141 = DNotZ 2006, 382.

ten Schuldversprechens bzw. Schuldanerkenntnisses nach §§ 780, 781 BGB, der persönlichen Zwangsvollstreckungsunterwerfung nach § 794 I Nr. 5 ZPO zum Schuldversprechen, der Erklärung des Grundschuldbestellers zum Sicherungsvertrag – auch Zweckerklärung oder Zweckbestimmung genannt – und der Abtretung der Rückgewähransprüche, die gegen Gläubiger vorrangiger oder gleichrangiger Grundschulden bestehen, als schuldrechtliche bzw. prozessuale **Erklärungen** je **eine 1,0 Gebühr** auslöst. Sie fällt freilich, da alle diese Erklärungen denselben Beurkundungsgegenstand bilden, nur einmal an, §§ 109 I S. 4 Nr. 4 und II S. 1 Nr. 3 i.V.m. §§ 94 II, 93 I S. 1, 86 I, 85 I GNotKG.

6.6 Problematischer ist es, wenn es um Erklärungen geht, die zwar über rein grundbuchrechtliche Erklärungen **hinausreichen**, die aber nicht zu den vorbezeichneten klassischen Grundschuldbausteinen gehören (s. hierzu sogleich Rz. 6.7–6.10).

6.7 Was die **dingliche Einigung** nach § 873 I BGB angeht, so wird sie in der Praxis fast nie beurkundet, zum einen, weil sie formlos möglich ist, zum anderen, weil die Beurkundung der Grundschuldbestellung in aller Regel nur unter Beteiligung des Grundstückseigentümers, nicht hingegen des Grundschuldgläubigers erfolgt. Der praktisch „einseitigen" Grundschuldbestellung ist es auch geschuldet, dass herkömmlich für die „eigentlich" vertraglichen Erklärungen zum Schuldanerkenntnis, zur Zweckerklärung und zur Abtretung der Rückgewähransprüche keine 2,0 Angebotsgebühr nach Nr. 21100 KV GNotKG erhoben wird. Werden ausnahmsweise Bestandteile der dinglichen Einigung mit beurkundet, was grundsätzlich zu einer Gebühr nach Nr. 21200 oder Nr. 21100 KV GNotKG bzw. zum Angebot führen würde, so sollen derartige materiell-rechtliche Erklärungen als bloße „Erläuterungen" oder **„historische Erwähnungen"** kostenrechtlich unbeachtlich sein. Sofern ein entgegenstehender Wille der Beteiligten nicht eindeutig ist, wird in diesen Fällen angenommen, dass die materiell-rechtlichen Erklärungen nicht zum Zwecke der Beurkundung, sondern nur zur Begründung von Eintragungsbewilligung oder -antrag abgegeben worden sind.

6.8 Ansonsten gilt auch der Grundsatz, dass in eine bloße Bewilligung aufgenommene Erklärungen, die nicht zum Inhalt des Grundpfandrechts gehören, sondern der Gestaltung des dem Grundpfandrecht zugrunde liegenden Schuldverhältnisses dienen, durch die Gebühr der Nr. 21201 Nr. 4 KV GNotKG **nicht mehr gedeckt** sind.

6.9 Die in der Literatur zur Konkretisierung dieses Grundsatzes gegebenen Beispiele helfen freilich wegen ihrer Evidenz für die Einordnung „grenzwertiger" Erklärungen nicht weiter. Eine **Ausnahme** bildet das Beispiel des Briefverzichts gemäß § 1160 BGB; diese Erklärung soll als reine Grundbucherklärung bewertet werden, die darin steckende zusätzliche materiell-rechtliche Erklärung nur erläuternd im Sinne der Ausführungen Rz. 6.7 sein.

6.10 Der genannten Auffassung ist grundsätzlich zuzustimmen. Ihr ist hinzuzufügen, dass jedenfalls Erklärungen, denen neben ihrem formellen auch ein materieller Gehalt zukommen kann, kostenrechtlich dann als **reine Verfahrenserklärungen** im Sinne der Nr. 21201 Nr. 4 KV GNotKG zu bewerten sind, wenn sie den Inhalt eines Rechts, namentlich einer Grundschuld, festlegen. Denn insbesondere die Eintragungsbewilligung zu einem dinglichen Recht erschöpft sich nicht in der bloßen Bewilligungserklärung, die Eintragung des Rechts zu gestatten. Sie enthält darüber hinaus den Inhalt des Rechts. Bei einer Grundschuldbestellung kommen neben dem zwingenden Inhalt der Eintragungsbewilligung, wie Gläubiger (§ 15 GBV), Grundschuldsumme nebst Zinsen und sonstigen Nebenleistungen (§ 28 S. 2 GBO), Grundstück (§ 28 S. 1 GBO), als fakultativer Inhalt vor allem in Betracht: Zahlungsbestimmungen als nähere Bezeichnung der Grundschuld oder der Nebenleistungen (auch Zahlungsort i.S.d. § 1194 BGB), Kündigungsbestimmungen i.S.d. § 1193 II BGB, Abtretungsausschluss nach § 399 BGB, Bestimmung des Briefausschlusses i.S.d. § 1116 II S. 1 BGB bei Buchgrundschulden, Bestimmungen zum Verzicht auf Vorlage von Brief und Abtretungsurkunden i.S.d. § 1160 BGB, Bedingungen und Befristungen sowie Rangbestimmungen.

4. Geschäftswert

Der Geschäftswert eines Grundpfandrechts bestimmt sich gemäß § 53 I S. 1 GNotKG nach seinem **Nennbetrag**, gleichgültig ob es sich um die Erstbestellung, eine Abtretung oder die Löschung handelt. Zinsen, eine einmalige Nebenleistung, etc. bleiben gemäß der allgemeinen Bewertungsregel des § 37 II GNotKG unberücksichtigt.   6.11

5. Derselbe Beurkundungsgegenstand/Verschiedene Beurkundungsgegenstände

Auch im Rahmen der Bestellung eines Grundpfandrechtes werden regelmäßig weitere Erklärungen in die Urkunde aufgenommen, so dass zu überprüfen ist, ob es sich hierbei um **denselben** (§ 109 GNotKG), einen **verschiedenen** (§ 86 II GNotKG) oder einen **besonderen** Beurkundungsgegenstand (§ 111 GNotKG) handelt.   6.12

Zunächst gilt der **Grundsatz**, dass mehrere Rechtsverhältnisse, Tatsachen oder Vorgänge **verschiedene** Beurkundungsgegenstände sind, soweit in § 109 GNotKG nichts anderes bestimmt ist (§ 86 II GNotKG).   6.13

Konkrete Regelungen über **denselben** Beurkundungsgegenstand sind in § 109 I S. 4 Nr. 3 und II S. 1 Nr. 3 GNotKG aufgenommen worden. Dies schließt jedoch nicht aus, dass auch andere Erklärungen denselben Beurkundungsgegenstand im Sinne von § 109 I GNotKG betreffen können, so z.B. die Zustimmung nach § 1365 BGB.   6.14

Zu den typischen weiteren Erklärungen im Rahmen der Grundschuldbestellung gehören z.B.:

– **Rangrücktrittserklärungen/Wirksamkeitsvermerk/Löschungsvormerkung**   6.15

Werden in die Urkunde über die Bestellung eines Grundpfandrechts Rangänderungserklärungen aufgenommen, die zur Verschaffung des beabsichtigten Rangs erforderlich sind, so liegt derselbe Gegenstand im Sinne von § 109 I S. 4 Nr. 3 GNotKG vor. In diesem Fall bestimmt sich der Geschäftswert nur nach dem Wert des Grundpfandrechts, so dass die Rangrücktrittserklärung nicht gesondert bewertet wird § 109 I S. 5 GNotKG), denn die Rücktrittserklärung würde keinen höheren Gebührensatz auslösen (§ 94 II GNotKG). Gleiches gilt für den Fall der Eintragung eines Wirksamkeitsvermerks oder einer Löschungsvormerkung (§ 45 II GNotKG).

6.16 – **Schulderklärungen**

Derselbe Gegenstand im Sinne von § 109 II S. 1 Nr. 3 GNotKG liegt vor, wenn die Urkunde über die Bestellung der Grundschuld neben den formellen Grundbucherklärungen auch Schulderklärungen bis zur Höhe des Nennbetrages des Grundpfandrechts enthält. In diesen Fällen bestimmt sich der Geschäftswert nach dem höchsten in Betracht kommenden Wert (§ 109 II S. 2 GNotKG).

6.17 – **Löschungserklärungen**

Löschungserklärungen sind stets gegenstandsverschieden nach § 86 II GNotKG. Allerdings muss bei verschiedenen Gebührensätzen, wie sie bei der Bestellung eines Grundpfandrechts anfallen können, ein Vergleich nach § 94 I GNotKG durchgeführt werden. Bei gleichen Gebührensätzen ist die Gebühr nur einmal aus den zusammengerechneten Werten zu erheben (§§ 93 I S. 1, 35 I GNotKG).

6. Vollzugs-, Betreuungs- und Treuhandtätigkeiten

6.18 Die **Vollzugs-** und die **Betreuungsgebühren** nach Nrn. 22110 ff. bzw. 22200 KV GNotKG werden in demselben Verfahren jeweils nur **einmal** erhoben (§ 93 I S. 1 GNotKG). Der Ansatz der **Treuhandgebühr** Nr. 22201 KV GNotKG ist **mehrfach** möglich.

6.19 Der Geschäftswert für den Vollzug bestimmt sich nach dem Wert des zugrundeliegenden Beurkundungsverfahrens (§ 112 GNotKG). Liegt der zu vollziehenden Urkunde kein Beurkundungsverfahren zugrunde, ist der Geschäftswert derjenige **Wert**, der maßgeblich wäre, wenn diese Urkunde Gegenstand eines **Beurkundungsverfahrens** wäre.

6.20 Auch der Geschäftswert für die Betreuungsgebühr ist wie bei der Beurkundung zu bestimmen (§ 113 I GNotKG). Maßgebend ist also der Wert des zugrundeliegenden Beurkundungsverfahrens. Der Geschäftswert für die Treuhandgebühr ist der Wert des **Sicherungsinteresses** (§ 113 II GNotKG).

6.21 Zu den typischen **Vollzugtätigkeiten** bei der Bestellung von Grundpfandrechten gehören:

– Einholung von Löschungs- und Rangrücktrittserklärungen (Vorbemerkung 2.2.1.1 I S. 1 Nr. 9 KV GNotKG)

– Auftragsgemäßes Anfordern von behördlichen und rechtsgeschäftlichen Genehmigungen (Vorbemerkung 2.2.1.1 I S. 1 Nr. 1, 5 KV GNotKG)

Für die Erstellung des **Entwurfs** einer Löschungs-, Rangrücktritts- oder Zustimmungserklärung fällt **neben** der **Vollzugsgebühr keine** gesonderte **Entwurfsgebühr** an (Vorbem. 2.2 II KV i.V.m. Vorbem. 2.4.1 I S. 2 KV).

6.22 Zu den typischen **Betreuungstätigkeiten** bei der Bestellung von Grundpfandrechten gehören:

– Anzeige der eingeschränkten Zweckerklärung, wie sie sich z.B. aus einem Kaufvertrag ergeben kann (Nr. 22200 Anm. Nr. 5 KV GNotKG)

I. Überblick

– Anzeige der Verpfändung (Nr. 22200 Anm. Nr. 5 KV GNotKG)
– Entgegennahme der Ausfertigung gem. § 873 II BGB für den Gläubiger (Nr. 22200 Anm. Nr. 7 KV GNotKG)

7. Gebührenfreie (Neben-)Geschäfte

Erhält der Notar eine Gebühr für das Beurkundungsverfahren (Vorbemerkung 2.1 KV GNotKG), so sind folgende Tätigkeiten bereits **abgegolten**: 6.23

– Übermittlung von Anträgen und Erklärungen an ein Gericht oder eine Behörde
– die Stellung von Anträgen an ein Gericht oder eine Behörde
– Erledigung von Beanstandungen einschließlich des Beschwerdeverfahrens

Erhält der Notar keine Gebühr für ein Beurkundungsverfahren oder für die Fertigung eines Entwurfs, so handelt es sich aus kostenrechtlicher Sicht um einen Vollzug in besonderen Fällen (Vorbemerkung 2.2.1.2 KV GNotKG), der gesonderte Gebühren auslöst.

8. Unrichtige Sachbehandlung

Eine unrichtige Sachbehandlung im Sinne von § 21 I S. 1 GNotKG kann vorliegen, wenn: 6.24

– die Abtretung der Auszahlungsansprüche in die Grundschuldbestellung aufgenommen wird, da sie an dieser Stelle einen verschiedenen Beurkundungsgegenstand hat. Sachgerecht ist es, die Abtretung der Auszahlungsansprüche im Grundstückskaufvertrag aufzunehmen, da hier derselbe Beurkundungsgegenstand vorliegt (siehe Rz. 6.33 ff., 6.45 ff.),
– die Rangrücktrittserklärungen zu Gunsten des neu bestellten Rechts in getrennten Urkunden aufgenommen werden. Häufig folgt einer Grundschuldbestellung der Rangrücktritt des Berechtigten eines im Grundbuch eingetragenen Rechts zu Gunsten des neu bestellten Rechts. Die gemeinsame Beurkundung von Grundpfandrechten und Rangänderungserklärungen ist für den Kostenschuldner wegen § 109 I S. 4 Nr. 3 GNotKG der gebührengünstigste Weg bei gleicher (rechtlicher) Sicherheit, da sich die Erklärungen auf das neu bestellte Recht beziehen (derselbe Beurkundungsgegenstand). Es kann dann kein gesonderter Ansatz erfolgen.

Sofern keine sachlichen Gründe für eine Aufnahme in getrennten Urkunden bestehen, liegt eine unrichtige Sachbehandlung vor. Der Notar hat andernfalls auf die entstehenden Mehrkosten hinzuweisen.

II. Bestellung durch Beurkundung oder Entwurf mit Unterschriftsbeglaubigung

→ **Fall 1: Grundschuld ohne Zwangsvollstreckungsunterwerfung**

A. Sachverhalt

6.25 Der Notar entwirft die Grundbucherklärungen für eine Grundschuldbestellung über 100 000 Euro und beglaubigt die Unterschrift des Eigentümers.

B. Rechnung

6.26

Pos.	Gebührentatbestand	Geschäfts-wert	KV-Nr.	Satz	Betrag
	Entwurf einer Grundschuldbestellung (§§ 119 I, 97 I, 53 I S. 1)	100 000	24102, 21201 Nr. 4	0,5	136,50

C. Erläuterungen

6.27 Der Geschäftswert ist der Nennbetrag des Grundpfandrechts (§§ 119 I, 97 I, 53 I S. 1). Für den Entwurf ist gem. Nrn. 24102, 21201 Nr. 4 KV die Rahmengebühr 0,3–0,5, mind. 30 Euro zu erheben. Da der Entwurf vollständig gefertigt wurde, ist die höchste Rahmengebühr zu erheben (§ 92 II). Die Unterschriftsbeglaubigung löst keine zusätzliche Gebühr aus, Vorbem. 2.4.1 II KV.

→ **Fall 2: Grundschuld ohne Zwangsvollstreckungsunterwerfung, aber mit (weiteren) Grundbucherklärungen und Nebentätigkeiten**

A. Sachverhalt

6.28 Der Eigentümer lässt die Bestellung einer **nicht vollstreckbaren** Grundschuld im Nennbetrag von 300 000 Euro beurkunden. Das von der Eintragung betroffene Grundstück ist mit Grundschulden zu 100 000 Euro und 400 000 Euro belastet. Zur ranggerechten Eintragung beantragt der Eigentümer in derselben Urkunde die **Löschung** der Grundschuld zu 100 000 Euro und den **Rangrücktritt** der Grundschuld zu 400 000 Euro sowie die Eintragung einer **Löschungsvormerkung** nach § 1179 BGB. Das Grundstück liegt im Sanierungsgebiet. Der Notar wird beauftragt, die Rangrücktrittsbewilligung unter Übersendung eines Entwurfs, die Löschungsbewilligung ohne Übersendung eines Entwurfs und die Genehmigung nach § 144 BauGB einzuholen.

Des Weiteren beauftragt der Gläubiger den Notar, die Ausfertigung der Grundschuld für ihn entgegenzunehmen (§ 873 II BGB).

II. Bestellung durch Beurkundung oder Entwurf mit Unterschriftsbeglaubigung

B. Rechnung

Pos.	Gebührentatbestände	Geschäfts-wert	KV-Nr.	Satz	Betrag
(1)	Beurkundungsverfahren (§§ 109 I S. 4 Nr. 3, 94 II, 93 I S. 1, 86 II)				
	a) Grundschuldbestellung (§§ 97 I, 53 I)	300 000	21201 Nr. 4	0,5	
	b) Löschungsantrag (§ 97 I, 53 I)	100 000	21201 Nr. 4	0,5	
	c) Rangrücktritt (§ 45 I)	~~300 000~~	21201 Nr. 4	0,5	
	d) Löschungsvormerkung (§ 45 II)	~~300 000~~	21201 Nr. 4	0,5	
		400 000	21201 Nr. 4	0,5	392,50
(2)	Vollzug	400 000	22111	0,3	235,50
	Einholung der Rangrücktrittsbewilligung mit Entwurf, Einholung der Löschungsbewilligung ohne Entwurf sowie Einholung der sanierungs-rechtlichen Genehmigung nach § 144 BauGB (Vorbem. 2.2.1.1 I I Nr. 9, 1, § 112)				
(3)	Betreuung Entgegennahme der Ausfertigung nach § 873 II BGB (§ 113 I)	400 000	Nr. 22200 Anm. Nr. 7	0,5	392,50

C. Erläuterungen

Pos. (1):

Der Wert für die Bestellung der Grundschuld bestimmt sich nach dem Nennbetrag des Grundpfandrechts (§§ 97 I, 53 I); der Wert für die Löschung bestimmt sich ebenfalls nach dem Nennbetrag des zu löschenden Grundpfandrechts.

Die **Löschungszustimmung** und die **Grundschuldbestellung** haben **verschiedene** Beurkundungsgegenstände nach § 86 II. Da beide Erklärungen denselben Gebührensatz (0,5 Gebühr nach Nr. 21201 Nr. 4 KV) auslösen, sind die Werte nach § 35 I zu addieren.

Die Zustimmung zum **Rangrücktritt** und der Antrag auf Eintragung der Löschungsvormerkung bleiben **unbewertet** nach §§ 109 I S. 4 Nr. 3.

Pos. (2):

Für die **Einholung der Grundbucherklärungen** (Löschung, Rangrücktritt) sowie die Einholung der **behördlichen Genehmigung** nach § 144 BauGB fällt die **Vollzugsgebühr** nach Nr. 22111 KV an (0,3 Gebühr). Der Geschäftswert bestimmt sich gem. § 112 wie bei der Beurkundung.

Für die Erstellung des Entwurfs der Rangrücktrittserklärung fällt neben der Vollzugsgebühr keine gesonderte Entwurfsgebühr an (Vorbem. 2.2 II KV i.V.m. Vorbem. 2.4.1 I S. 2 KV). Würde sich die Vollzugstätigkeit des Notars lediglich auf das Einholen der Genehmigung nach § 144 BauGB beschränken, wäre die Gebühr nach Nr. 22112 KV auf 50 Euro beschränkt.

6.32 **Pos. (3):**

Die auftragsgemäße **Entgegennahme** der Ausfertigung nach § 873 II BGB löst die **Betreuungsgebühr** nach Nr. 2200 Nr. 7 KV aus. Der Geschäftswert bestimmt sich gem. § 113 I wie bei der Beurkundung.

→ **Fall 3: Grundschuld ohne Zwangsvollstreckungsunterwerfung, aber mit Einschränkung der Zweckerklärung und Abtretung der Rückgewähransprüche**

A. Sachverhalt

6.33 Beurkundet wird eine **nicht vollstreckbare** Grundschuld im Nennbetrag von 200 000 Euro (nur formelle Grundbucherklärungen). Der Eigentümer tritt die **Rückgewähransprüche** hinsichtlich der bestehenden und künftigen vor- und gleichrangiger Grundpfandrechte an die Gläubigerin ab. Im Grundbuch sind in Abteilung III Grundschulden in Höhe von insgesamt 300 000 Euro eingetragen. Darüber hinaus enthält die Bestellungsurkunde zur Sicherung des Eigentümers eine **Einschränkung der Zweckerklärung** nach Maßgabe des Kaufvertrages (Kaufpreis 100 000 Euro). Vor Weitergabe der Grundschuldurkunde an die Bank holt der Notar auftragsgemäß das Einverständnis der Bank zur Einschränkung der Zweckerklärung ein.

B. Rechnung

6.34

Pos.	Gebührentatbestände	Geschäftswert	KV-Nr.	Satz	Betrag
(1)	Beurkundungsverfahren (§§ 109 I S. 1–3, 94)	200 000	21200	1,0	435,00
	a) Grundschuldbestellung – Grundbucherklärungen (§§ 97 I, 53 I)	200 000	~~21201 Nr. 4~~	~~0,5~~	
	b) Abtretung Rückgewähransprüche (§§ 97 I, 53 I)	200 000	21200	1,0	
	c) Einschränkung Zweckerklärung (§ 97 I)	~~100 000~~	21200	1,0	
(2)	Betreuung (§ 113 I) (Anzeige der Einschränkungen der Zweckerklärung an Grundschuldgläubigerin)	200 000	22200 Nr. 5	0,5	217,50

C. Erläuterungen

Pos. (1): 6.35

Bei den Erklärungen **a)-c)** handelt es sich um **denselben Beurkundungsgegenstand** nach § 109 I S. 1–3. Der Geschäftswert richtet sich gem. § 109 I S. 5 nach dem vorherrschenden Rechtsverhältnis; das ist die Grundschuldbestellung (200 000 Euro). Gem. **§ 94 II S. 1** bestimmt sich die **Gebühr** nach dem **höchsten** in Betracht kommenden **Gebührensatz**; diesen geben die Abtretung der Rückgewähransprüche zu b) und die Einschränkung der Zweckerklärung zu c) mit jeweils **1,0** (einseitige Erklärung nach **Nr. 21200 KV**) vor; denn die Grundschuldbestellung in Form von Grundbucherklärungen löst lediglich eine 0,5 Gebühr nach Nr. 21201 Nr. 4 KV aus.

Was den **Geschäftswert** für die Einschränkung der **Zweckerklärung** angeht, so bestimmt er sich gem. § 97 I nach dem **Kaufpreis** (100 000 Euro), höchstens dem Nennbetrag der Grundschuld (200 000 Euro). Der **Geschäftswert** für die **Abtretung der Rückgewähransprüche** richtet sich gem. §§ 97 I, 53 I S. 1 nach dem Wert der **vor- oder nachrangigen Grundpfandrechte**; der **Wert** des neu **bestellten Grundpfandrechts** (200 000 Euro) darf jedoch gem. § 53 II nicht überschritten werden, denn die Abtretung dient allein der Sicherung der Interessen des neuen Gläubigers.

Sind keine vor- oder nachrangigen Grundpfandrechte eingetragen, so kann der Geschäftswert mit 5000 Euro angenommen werden (§§ 36 I, III).

Soweit in die Bestellungsurkunde auch die **Abtretung der Darlehensauszahlungsansprüche** des Käufers (als zukünftigem Grundstückseigentümer) an den Verkäufer bzw. dessen Ablösegläubiger aufgenommen wird, wird dies von der Rechtsprechung als **unrichtige Sachbehandlung** nach **§ 21 I S. 1** angesehen, wenn der Notar die Beteiligten nicht darauf hinweist, dass die Abtretung kostengünstiger im Kaufvertrag erklärt werden könnte.[1]

Pos. (2): 6.36

Die Anzeige der **Einschränkung** der **Zweckerklärung** bzw. des Sicherungsvertrages an die (künftige) Grundschuldgläubigerin stellt eine **Betreuungstätigkeit** nach **Nr. 22200 Anm. Nr. 5 KV** dar, die eine 0,5 Gebühr auslöst.[2] Hierfür reicht es aus, wenn der Notar der Gläubigerin die Einschränkung anzeigt und diese von der Gläubigerin dadurch angenommen wird, dass sie nicht widerspricht; die konkludente Annahme des Angebots auf Abänderung der seitens der Gläubigerin formularmäßig vorgesehenen Zweckerklärung liegt darin, dass die Gläubigerin die Grundschuldurkunde behält.[3] Der **Auftrag** für diese Anzeigetätigkeit nach **Vorbem. 2.2 I Hs. 1 KV** muss nicht ausdrücklich, sondern kann **formlos** und konkludent durch schlüssiges Verhalten erfolgen.[4]

---

1 Zu § 16 KostO: OLG Köln, Beschl. v. 2.10.1992 – 2 Wx 14/92, JurBüro 1993, 100; Beschl. v. 25.5.1988 – 2 Wx 29/87, MittRhNotK 1989, 87 = Rpfleger 1989, 129 = JurBüro 1989, 105.
2 LG Düsseldorf, Beschl. v. 9.9.2014 – 19 T 199/13, NotBZ 2015, 114.
3 LG Düsseldorf, Beschl. v. 9.9.2014 – 19 T 199/13, NotBZ 2015, 114.
4 LG Düsseldorf, Beschl. v. 9.9.2014 – 19 T 199/13, NotBZ 2015, 114.

Der Geschäftswert bestimmt sich gem. § 113 I wie bei der Beurkundung. Liegen, wie hier, verschiedene Beurkundungsgegenstände vor, so bestimmt sich der Geschäftswert nach dem Gesamtwert (300 000 Euro); es wird nicht etwa nur der Nominalbetrag der Grundschuld zugrunde gelegt.[1]

→ **Fall 4: Grundschuld mit Zwangsvollstreckungsunterwerfung und Einholung einer Genehmigungserklärung eines Vertretenen**

A. Sachverhalt

6.37 Der Eigentümer, eine GmbH, lässt die Bestellung einer **vollstreckbaren** Grundschuld im Sinne von § 800 ZPO im Nennbetrag von 200 000 Euro beurkunden. Dem Gläubiger gegenüber erkennt der Eigentümer an, einen Betrag in Höhe des Grundschuldnennbetrages zu schulden und unterwirft sich diesbezüglich der persönlichen Zwangsvollstreckung.

Die GmbH wird durch zwei Geschäftsführer gemeinschaftlich vertreten. Da nur ein Geschäftsführer zur Beurkundung anwesend war, holt der Notar die **Genehmigung** des anderen Geschäftsführers ohne Übersendung eines Entwurfs ein.

B. Rechnung

6.38

Pos.	Gebührentatbestände	Geschäftswert	KV-Nr.	Satz	Betrag
(1)	Beurkundungsverfahren (§§ 109 I S. 1–3, 5 Nr. 4, 94 II, 93 I S. 1, 85 I)	200 000	21200	1,0	435.00
	a) Grundschuld (§ 97 I, § 53 I)	200 000	~~21201 Nr. 4~~	~~0,5~~	
	b) Persönliches Schuldanerkenntnis (§ 97 I)	200 000	21200	1,0	
	c) Zwangsvollstreckungsunterwerfungen (§ 97 I)	200 000	21200	1,0	
(2)	Vollzug Einholung der Genehmigungserklärung ohne Entwurf (Vorbem. 2.2.1.1 I I S. 1 Nr. 5, § 112)	200 000	22111	0,3	130,50

C. Erläuterungen

6.39 **Pos. (1):**

Der Wert für die Bestellung der Grundschuld bestimmt sich nach dem Nennbetrag des Grundpfandrechts (§§ 97 I, 53 I). Die **Grundschuld** und die **Zwangsvollstreckungsunterwerfung** einschließlich des **Schuldanerkenntnisses** betreffen **denselben** Beurkundungsgegenstand gem. §§ 109 I S. 1–3, S. 4 Nr. 4, II S. 1 Nr. 3. Zu erheben ist gem. § 94 II die höchste Gebühr 1,0 (Nr. 21200 KV) aus dem Nennbetrag des Grundpfandrechts (§ 109 I S. 5, II S. 2).

---

[1] H.M., s. nur *Harder*, NotBZ 2015, 321.

II. Bestellung durch Beurkundung oder Entwurf mit Unterschriftsbeglaubigung

Pos. (2): 6.40

Die Einholung der **Genehmigungserklärung** ohne Übersendung eines Entwurfs löst die 0,3 Vollzugsgebühr aus (Nr. 22111 KV). Der Geschäftswert bestimmt sich gem. § 112 wie bei der Beurkundung. Würde der Notar auftragsgemäß den Entwurf der Genehmigungserklärung fertigen, fällt neben der Vollzugsgebühr **keine gesonderte Entwurfsgebühr** an (Vorbem. 2.2 II KV i.V.m. Vorbem. 2.4.1 I S. 2 KV).

→ **Fall 5: Grundschuld mit Zwangsvollstreckungsunterwerfung nebst (weiteren) Grundbucherklärungen, Wirksamkeitsvermerk und Nebentätigkeiten**

A. Sachverhalt

Der derzeitige und der künftige Eigentümer bestellen eine **vollstreckbare** 6.41 Grundschuld (Finanzierungsgrundschuld) i.S.v. § 800 ZPO im Nennbetrag von 200 000 Euro. Der zukünftige Eigentümer erkennt dem Gläubiger an, einen Betrag in Höhe des Grundschuldnennbetrages zu schulden und unterwirft sich diesbezüglich der persönlichen Zwangsvollstreckung. Im Grundbuch ist in Abt. II eine Vormerkung zur Sicherung des Anspruchs auf Eigentumsverschaffung zu Gunsten des künftigen Eigentümers eingetragen. Das von der Eintragung betroffene Grundstück ist mit einer Grundschuld zu 100 000 Euro für eine Privatperson belastet. Die Grundschuldbesteller beantragen

– den **Rangrücktritt** der Grundschuld zu 100 000 Euro zu Gunsten des neu bestellten Rechts,
– die Eintragung eines **Wirksamkeitsvermerks** bei der Vormerkung zur Sicherung des Anspruchs auf Eigentumsverschaffung.

Das Grundstück liegt im Sanierungsgebiet. Der Notar wird beauftragt, die Rangrücktrittsbewilligung unter Übersendung eines Entwurfs und die Genehmigung nach § 144 BauGB einzuholen.

B. Rechnung

Pos.	Gebührentatbestände	Geschäfts-wert	KV-Nr.	Satz	Betrag	6.42
(1)	Beurkundungsverfahren (§§ 109 I S. 4 Nr. 3, 94 II, 93 I S. 1, 85 I)	200 000	21200	1,0	435,00	
	a) Grundschuldbestellung mit Schuldanerkenntnis und Zwangsvollstreckungsunterwerfung (§§ 97 I, 53 I)	200 000	21200	1,0		
	b) Rangrücktritt (§ 45 I)	~~200 000~~	~~21201 Nr. 4~~	~~0,5~~		
	c) Wirksamkeitsvermerk (§§ 109 I S. 4 Nr. 3)	~~200 000~~	~~21201 Nr. 4~~	~~0,5~~		

Pos.	Gebührentatbestände	Geschäfts-wert	KV-Nr.	Satz	Betrag
(2)	Vollzug Einholung der Rangrücktrittsbewilligung mit Entwurf sowie Einholung sanierungsrechtliche Genehmigung nach § 144 BauGB (Vorbem. 2.2.1.1 I Nr. 9, 1, § 112)	200 000	22111	0,3	130,50

C. Erläuterungen

6.43 **Pos. (1):**

Der Wert für die Bestellung der Grundschuld bestimmt sich nach dem Nennbetrag des Grundpfandrechts (§§ 97 I, 53 I). Die **Grundschuld und die Zwangsvollstreckungsunterwerfung einschließlich des Schuldanerkenntnisses** betreffen **denselben** Beurkundungsgegenstand gem. §§ 109 I S. 1–3, S. 4 Nr. 4, II S. 1 Nr. 3. Zwangsvollstreckungsunterwerfung und Schuldanerkenntnis lösen eine 1,0 Gebühr nach Nr. 21200 KV aus. Da die Gebühr für die Bestellung der Grundschuld (0,5 nach Nr. 21201 Nr. 4 KV) geringer ist, bleibt es bei der 1,0 Gebühr (§ 94 II).

Die Zustimmung zum **Rangrücktritt** und der Antrag auf Eintragung des **Wirksamkeitsvermerks** bleiben **unbewertet** nach §§ 109 I S. 4 Nr. 3.

6.44 **Pos. (2):**

Für die **Einholung der Rangrücktrittserklärung** mit Entwurf sowie der **Genehmigung nach § 144 BauGB** fällt die **Vollzugsgebühr** nach Nr. 22111 an (0,3 Gebühr). Der Geschäftswert bestimmt sich gem. § 112 wie bei der Beurkundung. Für die Erstellung des Entwurfs der Rangrücktrittserklärung fällt neben der Vollzugsgebühr keine gesonderte Entwurfsgebühr an (Vorbem. 2.2 II KV i.V.m. Vorbem. 2.4.1 I S. 2 KV). Würde sich die Vollzugstätigkeit des Notars lediglich auf das Einholen der Genehmigung nach § 144 BauGB beschränken, wäre die Gebühr nach Nr. 22112 KV auf 50 Euro beschränkt.

→ **Fall 6: Grundschuld mit Zwangsvollstreckungsunterwerfung nebst Einschränkung der Zweckerklärung, Abtretung der Rückgewähransprüche, Abtretung der Auszahlungsansprüche an den Grundstücksverkäufer und Nebentätigkeiten des Notars**

A. Sachverhalt

6.45 Der Notar beurkundet die Bestellung einer **Finanzierungsgrundschuld** für die Bank in Höhe von 300 000 Euro durch den Käufer K in Vollmacht für den Eigentümer E und zugleich im eigenen Namen. Am Pfandgrundstück sind derzeit fünf Grundschulden eingetragen: III/1 zu 400 000 Euro, III/2 zu 500 000 Euro, III/3 zu 600 000, III/4 zu 700 000 Euro und III/5 zu 800 000 Euro. Die Grundschulden III/1 und 2 sollen **im Rang zurücktreten**, III/3 und 4 sollen hingegen **gelöscht** werden. III/5 soll im bisherigen Rang bestehen bleiben.

II. Bestellung durch Beurkundung oder Entwurf mit Unterschriftsbeglaubigung

Die Bestellungsurkunde enthält außer Eintragungsbewilligung und Eintragungsantrag die **dingliche Zwangsvollstreckungsunterwerfung** und ein abstraktes **Schuldanerkenntnis** des K in Höhe des Grundschuldnennbetrages mit persönlicher Zwangsvollstreckungsunterwerfung. Darüber hinaus enthält die Bestellungsurkunde zur Sicherung des Eigentümers eine **Einschränkung der Zweckerklärung** nach Maßgabe des Kaufvertrages (Kaufpreis 300 000 Euro) und die **Abtretung** der Darlehensauszahlungsansprüche in Höhe von 300 000 Euro an ihn.

Des Weiteren enthält die Urkunde die **Zustimmung** des Eigentümers zum **Rangrücktritt** der Grundschulden III/1 und 2 und zur **Löschung** der Grundschulden III/3 und 4.

Hinsichtlich der Grundschuld III/5 werden die **Rückgewähransprüche** an die Bank abgetreten.

Der Notar wird beauftragt, für die Bank eine Ausfertigung der Bestellungsurkunde zum Zwecke der sofortigen Herbeiführung der Bindungswirkung nach § 873 II BGB entgegenzunehmen. Des Weiteren soll er einholen: die sanierungsrechtliche Genehmigung, die Rangrücktrittsbewilligung der III/1 ohne Entwurf, die Rangrücktrittsbewilligung der III/2 mit Entwurf, die Löschungsbewilligung der III/3 ohne Entwurf und die Löschungsbewilligung der III/4 mit Entwurf.

Vor Weitergabe der Grundschuldurkunde an die Bank holt der Notar auftragsgemäß das Einverständnis der Bank zur Einschränkung der Zweckerklärung ein.

B. Rechnung

6.46

Pos.	Gebührentatbestände	Geschäfts-wert	KV-Nr.	Satz	Betrag
(1)	Beurkundungsverfahren (§§ 109 I S. 4 Nr. 3, 94 II, 93 I S. 1, 35 I, 85 I).	~~1 900 000~~	~~21200~~	~~1,0~~	~~3175,00~~
	a) Grundschuldbestellung mit Schuldanerkenntnis und Zwangsvollstreckungsunterwerfung (§§ 97 I, 53 I)	300 000	21200	1,0	
	b) Abtretung Auszahlungsansprüche (§ 97 I)	300 000	21200	1,0	
	c) Abtretung Rückgewähransprüche (§§ 97 I, 53 I)	~~300 000~~	21200	1,0	
	d) Einschränkung Zweckerklärung (§ 97 I)	~~300 000~~			
		600 000	21200	1,0	1095,00
	e) Löschung der Grundschulden (§§ 97 I, 53 I)	1 300 000	21201 Nr. 4	0,5	1107,50

Pos.	Gebührentatbestände	Geschäftswert	KV-Nr.	Satz	Betrag
(2)	Betreuung Entgegennahme der Ausfertigung und Einholung Einverständnis der Grundschuldgläubigerin zur Einschränkung der Zweckerklärung (Anzeige der eingeschränkten Zweckerklärung, §§ 113 I)	1 900 000	22000 Anm. Nr. 5, 7	0,5	1587,50
(3)	Vollzug Einholung der Grundbucherklärung mit Entwurf sowie Einholung der sanierungsrechtlichen Genehmigung (Vorbem. 2.2.1.1 I Nr. 9, 1, § 112)	1 900 000	22111	0,3	952,50

C. Erläuterungen

6.47 Pos. (1):

Der Wert der Grundschuldbestellung, des abstrakten Schuldanerkenntnisses, der beiden Zwangsvollstreckungsunterwerfungen, der eingeschränkten Zweckerklärung und der Abtretung der Rückgewähransprüche beträgt jeweils 300 000 Euro (auch die Abtretung der Rückgewähransprüche bzgl. III/5 beträgt nicht etwa 800 000 Euro). **Alle diese Erklärungen** sind **derselbe** Beurkundungsgegenstand nach §§ 109 I S. 1–3, S. 4 Nr. 4, II S. 1 Nr. 3.

Die Zustimmung zum **Rangrücktritt** von III/1 und 2 bleibt ebenfalls **unbewertet** nach § 109 I S. 4 Nr. 3.

Jedoch ist die **Abtretung der Darlehensauszahlungsansprüche** zur Sicherung der Kaufpreiszahlung ein **verschiedener** Beurkundungsgegenstand nach § 86 II und damit dem Grundschuldbetrag hinzuzurechnen nach § 35 I. Der Geschäftswert ist beschränkt auf den Kaufpreis (§ 97 I).

Da die Grundschuld mit **Zwangsvollstreckungsunterwerfung** und die **Abtretung der Auszahlungsansprüche** jeweils die 1,0 Gebühr nach Nr. 21200 KV auslösen, müssen die Werte addiert werden.

Die **Löschungszustimmungen** zu III/3 und 4 und die Grundschuldbestellung sind **verschiedene** Beurkundungsgegenstände nach § 86 II. Zu erheben ist die 0,5 Gebühr nach Nr. 21201 Nr. 4 KV nach dem gemäß § 35 I zusammengerechneten Wert. Folgender Gebührenvergleich ist nach § 94 I durchzuführen:

1,0 aus 600 000 Euro = 1095,00 Euro

0,5 aus 1 300 000 Euro = 1107,50 Euro

1,0 aus 1 900 000 Euro = 3175,00 Euro

Damit bleibt es bei der gesonderten Gebührenerhebung, denn die Erhebung der höchsten Gebühr aus dem zusammengerechneten Wert ist teurer.

II. Bestellung durch Beurkundung oder Entwurf mit Unterschriftsbeglaubigung

Was die Abtretung der **Auszahlungsansprüche** angeht, so ist hier unterstellt, dass sie auf ausdrücklichen Wunsch der Beteiligten in der Grundschuldurkunde erfolgen sollte. Konnte sie hingegen unproblematisch auch im Kaufvertrag aufgenommen werden, wo sie unbewertet geblieben wäre, weil sie mit dem Kaufvertrag denselben Beurkundungsgegenstand gebildet hätte, so darf sie als **unrichtige Sachbehandlung** nach § 21 I S. 1 nicht bewertet werden.

6.48

Pos. (2):

6.49

Beide Tätigkeiten erfüllen die Voraussetzungen für den Ansatz einer Betreuungsgebühr nach Nr. 22200 Nr. 5, 7 KV. Die Gebühr fällt wegen § 93 I S. 1 jedoch nur einmal an. Der Geschäftswert bestimmt sich gem. § 113 I wie bei der Beurkundung.

Pos. (3):

6.50

Für die Erstellung der Entwürfe der **Rangrücktritts- und Löschungsbewilligung** fallen neben der **Vollzugsgebühr** keine gesonderten Entwurfsgebühren an (Vorbem. 2.2 II KV i.V.m. Vorbem. 2.4.1 I S. 2 KV). Der Geschäftswert bestimmt sich gem. § 112 wie bei der Beurkundung. Würde sich die Vollzugstätigkeit des Notars lediglich auf das Einholen der Genehmigung nach § 144 BauGB beschränken, wäre die Gebühr nach Nr. 22112 KV auf 50 Euro beschränkt.

➔ Fall 7: Grundschuld mit Zwangsvollstreckungsunterwerfung und Löschungserklärung nebst Treuhandauflagen (Überwachungstätigkeit)

A. Sachverhalt

Der Eigentümer bestellt eine Grundschuld im Nennbetrag von 200 000 Euro. Dem Gläubiger erkennt er an, einen Betrag in Höhe des Grundschuldnennbetrages zu schulden und unterwirft sich diesbezüglich der **persönlichen Zwangsvollstreckung**. Daneben erklärt er die Zwangsvollstreckungsunterwerfung gem. § 800 ZPO in Höhe des Grundschuldnennbetrages.

6.51

Im Grundbuch ist eine Grundschuld im Nennbetrag von 100 000 Euro eingetragen. Die neu bestellte Grundschuld soll die erste Rangstelle erhalten. Der Eigentümer beantragt die **Löschung** des Rechts (Zustimmung).

Die Bank übersendet dem Notar die Löschungsbewilligung zu **treuen Händen**. Von dieser darf erst nach Zahlung des Ablösebetrages in Höhe von 70 000 Euro Gebrauch gemacht werden.

B. Rechnung

6.52

Pos.	Gebührentatbestände	Geschäfts-wert	KV-Nr.	Satz	Betrag
(1)	Beurkundungsverfahren (§§ 86 II, 94 II, 93 I S. 1, 85 I).	~~300 000~~	~~21200~~	~~1,0~~	~~635,00~~
	a) Grundschuldbestellung mit Schuldanerkenntnis und Zwangs-vollstreckungsunterwerfung (§§ 97 I, 53 I)	200 000	21200	1,0	435,00
	b) Löschung der Grundschuld (§ 53 I)	100 000	21201 Nr. 4	0,5	136,50
(2)	Treuhandgebühr Beachtung Treuhandauflage für zu löschende Grundschuld (§ 113 II)	70 000	22201	0,5	109,50

C. Erläuterungen

6.53 **Pos. (1):**

Grundschuld, abstraktes Schuldanerkenntnis sowie dingliche und persönliche Zwangsvollstreckungsunterwerfung sind **derselbe** Beurkundungsgegenstand nach § 109 I S. 1–3, S. 4 Nr. 4, II S. 1 Nr. 3. Der Löschungsantrag nebst Zustimmung und die Grundschuldbestellung sind verschiedene Beurkundungsgegenstände nach § 86 II. Wegen der unterschiedlichen Gebührensätze ist gem. § 94 II folgender Gebührenvergleich durchzuführen:

1,0 aus 200 000 Euro = 435,00 Euro
0,5 aus 100 000 Euro = 163,50 Euro
_____
1,0 aus 300 000 Euro = 635,00 Euro

Damit bleibt es bei der gesonderten Gebührenerhebung; denn die Erhebung der höchsten Gebühr aus dem zusammengerechneten Wert ist teurer.

6.54 **Pos. (2):**

Die Beachtung der **Treuhandauflage** der zu löschenden Grundschuld zu 100 000 Euro löst die **Treuhandgebühr** aus (Nr. 22201 KV). Der Geschäftswert ist gem. § 113 II der Wert des Sicherungsinteresses (hier Ablösebetrag in Höhe von 70 000 Euro).

→ **Fall 8: Grundschuld mit Schuldanerkenntnis und Zwangsvollstreckungsunterwerfung wegen eines (zuletzt zu zahlenden) Teilbetrags**

A. Sachverhalt

6.55 Der Eigentümer bestellt eine **Grundschuld** im Nennbetrag von 200 000 Euro. Dem Gläubiger **erkennt er an**, einen Betrag in Höhe von 50 000 Euro **zu schulden** und unterwirft sich diesbezüglich der persönlichen Zwangsvollstreckung.

II. Bestellung durch Beurkundung oder Entwurf mit Unterschriftsbeglaubigung

Daneben erklärt er die **Zwangsvollstreckungsunterwerfung** gem. § 800 ZPO wegen eines **zuletzt zu zahlenden Teilbetrages** in Höhe von 50 000 Euro.

B. Rechnung

6.56

Pos.	Gebührentatbestände	Geschäftswert	KV-Nr.	Satz	Betrag
	Beurkundungsverfahren (§§ 86 II, 94 II, 93 I S. 1, 85 I)	~~200 000~~	~~21200~~	~~1,0~~	~~435,00~~
	a) Grundschuld (§§ 97 I, 53 I)	200 000	21201 Nr. 4	0,5	217,50
	b) Schuldanerkenntnis mit Zwangsvollstreckungsunterwerfung (§§ 97 I)	50 000	21200	1,0	165,00

C. Erläuterungen

Die Grundschuld, das Schuldanerkenntnis und die Zwangsvollstreckung(en) betreffen **denselben** Beurkundungsgegenstand gem. § 109 I S. 1–3, S. 4 Nr. 4, II S. 1 Nr. 3. Der Geschäftswert bestimmt sich gem. § 109 I S. 5 bzw. II S. 2. Da die Grundschuldbestellung eine 0,5 Gebühr nach Nr. 21201 Nr. 4 KV aus 200 000 Euro auslöst und das Schuldanerkenntnis mit Zwangsvollstreckungsunterwerfung eine 1,0 Gebühr nach Nr. 21200 KV aus 50 000 Euro auslöst, ist ein Gebührenvergleich nach § 94 II durchzuführen:

6.57

0,5 aus 200 000 Euro = 217,50 Euro

1,0 aus 50 000 Euro = 165,00 Euro

1,0 aus 200 000 Euro = 435,00 Euro

Die getrennte Bewertung ist für den Kostenschuldner günstiger und somit maßgebend.

→ **Fall 9: Grundschuld mit Zwangsvollstreckungsunterwerfung und Verpfändung der Ansprüche auf Eigentumsverschaffung**

A. Sachverhalt

K hat eine noch zu vermessende Teilfläche zum Kaufpreis von 50 000 Euro erworben.

6.58

Der künftige Eigentümer bestellt eine **vollstreckbare** Grundschuld gem. § 800 ZPO im Nennbetrag von 200 000 Euro. Der Grundschuldgläubigerin erkennt er an, einen Betrag in Höhe von 200 000 Euro zu schulden und unterwirft sich diesbezüglich der persönlichen Zwangsvollstreckung.

Da die Grundschuld derzeit nicht eintragungsfähig ist, **verpfändet** K seine Ansprüche auf Eigentumsverschaffung an der Teilfläche an die Grundschuldgläubigerin zur Sicherung der Ansprüche aus dem Darlehensvertrag bis zur Höhe des Grundschuldnennbetrages. Ausdrücklich **ausgenommen** von der Verpfändung ist das **Anwartschaftsrecht** auf Eigentumsverschaffung. Die Verpfändung wird zur Eintragung in das Grundbuch bewilligt und beantragt. Der Notar wird beauftragt, die Verpfändung dem Verkäufer anzuzeigen.

B. Rechnung

6.59

Pos.	Gebührentatbestände	Geschäftswert	KV-Nr.	Satz	Betrag
(1)	Beurkundungsverfahren (§§ 86 II, 94 II, 93 I S. 1, 85 I). a) Grundschuldbestellung mit Schuldanerkenntnis und Zwangsvollstreckungsunterwerfung (§§ 97 I, 53 I) b) Verpfändung (§§ 97 I, 53 II)	200 000 200 000 ~~50 000~~	21200 21200 21200	1,0 1,0 1,0	435,00
(2)	Betreuung Anzeige der Verpfändung (§ 113 I)	200 000	22200 Anm. Nr. 5	0,5	217,50

C. Erläuterungen

6.60 **Pos. (1):**

Grundschuld, Schuldanerkenntnis, Zwangsvollstreckungsunterwerfungen und Verpfändung[1] betreffen **denselben** Beurkundungsgegenstand gem. §§ 109 I S. 1–3, S. 4 Nr. 4, II Nr. 3. Der Wert der Grundschuld bestimmt sich nach dem Nennbetrag des Grundpfandrechts (§ 53 I); der Wert der Verpfändung richtet sich nach dem Wert der Forderung (§ 53 II). Ist der Wert des Pfandgegenstandes geringer, bestimmt dieser den Wert. Im Ergebnis ist die 1,0 Gebühr (Nr. 21200 KV) aus dem Nennbetrag des Grundpfandrechts zu erheben (§ 109 I S. 5, II S. 2).

6.61 **Pos. (2):**

Die **Anzeige** der Verpfändung löst die **Betreuungsgebühr** aus (Nr. 22200 Anm. Nr. 5). Der Geschäftswert bestimmt sich gem. § 113 I wie bei der Beurkundung.

→ **Fall 10: Grundschuld mit Zwangsvollstreckungsunterwerfung und mit vertraglicher Verpfändung der Ansprüche auf Eigentumsverschaffung und des Anwartschaftsrechts**

A. Sachverhalt

6.62 K hat eine noch zu vermessende Teilfläche zum Kaufpreis von 50 000 Euro erworben.

Der künftige Eigentümer bestellt eine **vollstreckbare** Grundschuld im Sinne von § 800 ZPO im Nennbetrag von 200 000 Euro. Dem mit **anwesenden Gläubi-**

---

[1] Für die Verpfändung ist dies hingegen streitig. Hierfür wird von der Gegenmeinung ein verschiedener Beurkundungsgegenstand angenommen (*Otto* in Leipziger Gerichts- & Notarkosten-Kommentar, § 109 Rz. 45: Grundschuld und Verpfändung des Eigentumsverschaffungsanspruchs stehen nebeneinander und sichern den Kaufpreisanspruch, der aber außerhalb der Grundschuldbestellungsurkunde begründet wurde).

II. Bestellung durch Beurkundung oder Entwurf mit Unterschriftsbeglaubigung

ger erkennt er an, einen Betrag in Höhe von 200 000 Euro zu schulden und unterwirft sich diesbezüglich der persönlichen Zwangsvollstreckung.

Da die Grundschuld derzeit nicht eintragungsfähig ist, verpfändet K seine Ansprüche auf Eigentumsverschaffung an der Teilfläche **einschließlich des entstandenen Anwartschaftsrechts** zur Sicherung der Ansprüche aus dem Darlehensvertrag bis zur Höhe des Grundschuldnennbetrages. Die Verpfändung wird zur Eintragung in das Grundbuch bewilligt und beantragt.

Der Notar wird beauftragt, die Verpfändung dem Verkäufer anzuzeigen.

B. Rechnung

6.63

Pos.	Gebührentatbestände	Geschäfts-wert	KV-Nr.	Satz	Betrag
(1)	Beurkundungsverfahren (§§ 86 II, 94 II, 93 I S. 1, 85 I).	~~200 000~~	~~21100~~	~~2,0~~	~~870,00~~
	a) Grundschuldbestellung mit Schuldanerkenntnis und Zwangsvollstreckungsunterwerfung (§§ 97 I, 53 I)	200 000	21200	1,0	435,00
	b) Verpfändung (§§ 97 I, 53 II)	50 000	21100	2,0	330,00
(2)	Betreuung Anzeige der Verpfändung (§ 113 I)	200 000	22200 Anm. Nr. 5	0,5	217,50

C. Erläuterungen

Pos. (1):

6.64

Grundschuld, Schuldanerkenntnis, Zwangsvollstreckungsunterwerfungen und Verpfändung[1] betreffen **denselben** Beurkundungsgegenstand gem. §§ 109 I S. 1–3, S. 4 Nr. 4, II S. 1 Nr. 3.

Der Wert der Grundschuld bestimmt sich nach dem Nennbetrag des Grundpfandrechts (§ 53 I); der Wert der Verpfändung richtet sich nach dem Wert der Forderung (§ 53 II). Ist der Wert des Pfandgegenstandes geringer, bestimmt dieser den Wert.

Wegen der unterschiedlichen Gebührensätze (Grundschuldbestellung: 0,5 nach Nr. 21201 Nr. 4 KV aus 200 000 Euro; Schuldanerkenntnis und Zwangsvollstreckungsunterwerfungen: 1,0 nach Nr. 21200 KV aus 200 000 Euro; Verpfändungsvertrag: 2,0 nach Nr. 21100 KV aus 50 000 Euro) ist folgender Gebührenvergleich anzustellen:

---

[1] Für die Verpfändung ist dies hingegen streitig. Hierfür wird von der Gegenmeinung ein verschiedener Beurkundungsgegenstand angenommen (*Otto* in Leipziger Gerichts- & Notarkosten-Kommentar, § 109 Rz. 45: Grundschuld und Verpfändung des Eigentumsverschaffungsanspruchs stehen nebeneinander und sichern den Kaufpreisanspruch, der aber außerhalb der Grundschuldbestellungsurkunde begründet wurde).

1,0 aus 200 000 Euro = 435,00 Euro
2,0 aus 50 000 Euro = 330,00 Euro
2,0 aus 200 000 Euro = 870,00 Euro

Da die getrennte Bewertung günstiger ist, ist sie maßgebend.

6.65 **Pos. (2):**

Die **Anzeige** der Verpfändung löst die **Betreuungsgebühr** aus (Nr. 22200 Anm. Nr. 5 KV). Der Geschäftswert bestimmt sich gem. § 113 I wie bei der Beurkundung.

→ **Fall 11: Grundschuld mit Zwangsvollstreckungsunterwerfung und Dienstbarkeitsbestellung**

A. Sachverhalt

6.66 Beurkundet wird eine **vollstreckbare** Grundschuld i.S.v. § 800 ZPO im Nennbetrag von 1 Mio. Euro. Der Eigentümer bestellt folgende **beschränkte persönlichen Dienstbarkeiten**:

- für die A-Bank des Inhalts, dass für einen Zeitraum von 15 Jahren die geförderten Wohnungen bei Neuvermietung nur an Personen vermietet werden, deren Gesamteinkommen die nach § 25 des Zweiten Wohnungsbaugesetzes maßgebliche Einkommensgrenze um nicht mehr als 60 v.H. übersteigt und freiwerdende geförderte Wohnungen nur den von der für die Erteilung von Wohnungsberechtigungsscheinen zuständigen Stelle benannten Wohnungssuchenden überlassen werden (Belegungsbindung),

- für die Stadt des Inhalts, dass der Stadt für einen Zeitraum von 15 Jahren nach Abschluss der investiven Maßnahme für 1 Wohnung des Pfandobjekts – jeweils für 1 Wohnung pro Gebäude mit mehr als 10 Wohnungen – ein Besetzungsrecht für Personen mit besonderen Zugangsschwierigkeiten zum Wohnungsmarkt, deren Gesamteinkommen die nach § 25 des Zweiten Wohnungsbaugesetzes maßgebliche Einkommensgrenze um nicht mehr als 60 v.H. überschreitet, zusteht (Besetzungsrecht).

II. Bestellung durch Beurkundung oder Entwurf mit Unterschriftsbeglaubigung

B. Rechnung

Pos.	Gebührentatbestände	Geschäfts-wert	KV-Nr.	Satz	Betrag
	Beurkundungsverfahren (§§ 86 II, 94 II, 93 I S. 1, 85 I, § 35 I)	~~1 600 000~~	~~21200~~	~~1,0~~	~~2695,00~~
	a) Grundschuldbestellung mit Schuldanerkenntnis und Zwangsvollstreckungsunterwerfung (§§ 97 I, 53 I)	1 000 000	21200	1,0	1735,00
	b) Dienstbarkeit für die Bank (§ 36 I)	300 000	21201 Nr. 4	0,5	
	c) Dienstbarkeit für die Stadt (§ 36 I)	300 000	21201 Nr. 4	0,5	
		600 000	21201 Nr. 4	0,5	547,50

6.67

C. Erläuterungen

a) Die Grundschuld, das Schuldanerkenntnis und die Zwangsvollstreckungsunterwerfungen (1,0 Gebühr nach Nr. 21200 KV) betreffen **denselben** Beurkundungsgegenstand gem. §§ 109 I S. 1–3, S. 4 Nr. 4, II Nr. 3. Der Wert der Grundschuld bestimmt sich nach dem Nennbetrag des Grundpfandrechts (§§ 97 I, 53 I). Schuldanerkenntnis und Zwangsvollstreckungsunterwerfungen folgen diesem Wert.

6.68

b) Der Geschäftswert der Dienstbarkeiten (0,5 Gebühr nach Nr. 21201 Nr. 4 KV) bestimmt sich nach § 36 I. Vorgeschlagen werden jeweils 30 % vom Nennbetrag des Grundpfandrechts. Die Dienstbarkeiten – auch untereinander – und die Grundschuld nebst Schuldanerkenntnis und Zwangsvollstreckungsunterwerfungen haben **verschiedene** Beurkundungsgegenstände nach § 86 II.

6.69

Da unterschiedliche Gebührensätze zur Anwendung gelangen, ist folgende Vergleichsberechnung nach § 94 I durchzuführen:

1,0 aus 1 000 000 Euro = 1735,00 Euro
0,5 aus 600 000 Euro =   547,50 Euro

1,0 aus 1 600 000 Euro = 2695,00 Euro

Da die getrennte Bewertung für den Kostenschuldner günstiger ist, ist sie maßgebend.

→ **Fall 12: Eigentümergrundschuld**

A. Sachverhalt

Beurkundet wird die Bestellung einer nach § 800 ZPO **vollstreckbaren** Eigentümergrundschuld mit Brief im Nennbetrag von 200 000 Euro.

6.70

B. Rechnung

6.71

Pos.	Gebührentatbestände	Geschäfts-wert	KV-Nr.	Satz	Betrag
	Beurkundungsverfahren (§§ 86 II, 94 II, 93 I S. 1, 85 I)	200 000	21200	1,0	435,00
	a) Grundschuldbestellung (§§ 97 I, 53 I)	200 000	~~21201 Nr. 4~~	~~0,5~~	
	b) Zwangsvollstreckungsunterwerfung (§ 97 I)	200 000	21200	1,0	

C. Erläuterungen

6.72 Der Wert für die Bestellung der Eigentümergrundschuld bestimmt sich nach dem Nennbetrag des Grundpfandrechts (§ 53 I). Die Grundschuld (0,5 Gebühr nach Nr. 21201 Nr. 4 KV) und die Zwangsvollstreckungserklärung (1,0 Gebühr nach Nr. 21200) betreffen **denselben** Beurkundungsgegenstand gem. §§ 109 I S. 1–3, S. 4 Nr. 4.

Zu erheben ist die höchste Gebühr (1,0) aus dem Nennbetrag des Grundpfandrechts (§ 94 II).

→ **Fall 13: Rentenschuld**

A. Sachverhalt

6.73 Der Notar fertigt den Entwurf der Bestellung einer **Rentenschuld** von jährlich 10 000 Euro und mit 200 000 Euro ablösbar.

B. Rechnung

6.74

Pos.	Gebührentatbestand	Geschäfts-wert	KV-Nr.	Satz	Betrag
	Entwurf einer Rentenschuld (§§ 119 I, 97 I, 53 I S. 2)	200 000	24102, 21201 Nr. 4	0,5	217,50

C. Erläuterungen

6.75 Der Wert einer **Rentenschuld** ist der Nennbetrag der Ablösesumme (§ 53 I S. 2). Für den Entwurf ist gem. Nrn. 24102, 21201 Nr. 4 KV die Rahmengebühr 0,3–0,5, mind. 30 Euro zu erheben. Da der Entwurf vollständig gefertigt wurde, ist die höchste Rahmengebühr zu erheben (§ 92 II). Die Unterschriftsbeglaubigung löst **keine** zusätzliche Gebühr aus, Vorbem. 2.4.1 II KV.

II. Bestellung durch Beurkundung oder Entwurf mit Unterschriftsbeglaubigung

→ **Fall 14: Grundschuldbestellung an einer Teilfläche**

A. Sachverhalt

Beurkundet wird eine **vollstreckbare Finanzierungsgrundschuld** über 100 000 Euro. Der Belastungsgegenstand ist eine **Grundstücksteilfläche**. Zunächst soll jedoch das gesamte Grundstück belastet und nach Vermessung der nichtverkaufte Grundstücksteil aus der Mithaft entlassen werden. Folgende Aufträge werden dem Notar erteilt:

6.76

- Einholung der **Verpflichtungserklärung** der Bank zur **Pfandfreigabe**,
- Einholung der **Pfandfreigabeerklärung** nach Vermessung bei der Bank und
- Zurückbehaltung der Grundschuldurkunde bis zum Eingang der Verpflichtungserklärung der Bank.

B. Rechnung

6.77

Pos.	Gebührentatbestände	Geschäfts-wert	KV-Nr.	Satz	Betrag
(1)	Beurkundungsverfahren Grundschuldbestellung mit Zwangsvollstreckungsunterwerfung (§§ 53 I, 97 I)	200 000	21200	1,0	435,00
(2)	Vollzug Einholung der Verpflichtungserklärung sowie Einholung der Pfandfreigabeerklärung Genehmigung (Vorbem. 2.2.1.1 I Nr. 9, 10, § 112)	200 000	22111	0,3	130,50
(2)	Betreuung Zurückbehaltung der Ausfertigung (§ 113 I)	200 000	22200 Anm. Nr. 3	0,5	217,50

C. Erläuterungen

Pos. (1): Der Wert der Grundschuld bestimmt sich nach dem Nennbetrag des Grundpfandrechts (§ 53 I). Die Grundschuld (0,5 Gebühr nach Nr. 21201 Nr. 4 KV) und die Zwangsvollstreckungserklärung (1,0 Gebühr nach Nr. 21200) betreffen **denselben** Beurkundungsgegenstand gem. §§ 109 I S. 1–3, S. 4 Nr. 4. Zu erheben ist die höchste Gebühr (1,0) aus dem Nennbetrag des Grundpfandrechts (§ 94 II).

6.78

Pos. (2): Für die Einholung der Verpflichtungserklärung und die Einholung der Pfandfreigabeerklärung erhält der Notar eine 0,3 Vollzugsgebühr nach Nr. 22111 KV. Der **Geschäftswert** bestimmt sich gem. § 112 wie bei der Beurkundung. Häufig wird man jedoch vor dem Problem stehen, ob sich diese Vollzugstätigkeit nicht vielmehr auf den Nachtrag zum Kaufvertrag (Messungsanerkennung) bezieht.

6.79

Pos. (3): Die **Zurückbehaltung der Ausfertigung** für das Grundbuchamt löst eine **Betreuungsgebühr** nach Nr. 22200 Anm. Nr. 3 KV aus. Der Geschäftswert bestimmt sich gem. § 113 I wie bei der Beurkundung.

6.80

→ **Fall 15: Grundschuldbestellung mit Treuhändersperrvermerk (§§ 129, 125 VAG)**

A. Sachverhalt

6.81 Beurkundet wird eine **vollstreckbare Grundschuld** im Sinne von § 800 ZPO im Nennbetrag von 200 000 Euro. Bei der Gläubigerin handelt es sich um ein Versicherungsunternehmen. Die Grundschuld ist für das Sicherungsvermögen der Gläubigerin gem. § 125 VAG bestimmt; es soll daher in das Grundbuch **ein Sperrvermerk** eingetragen werden, dass die Gläubigerin über die Grundschuld nur mit Zustimmung ihres nach § 129 I VAG bestellten Treuhänders oder seines Stellvertreters verfügen darf.[1]

B. Rechnung

6.82

Pos.	Gebührentatbestände	Geschäftswert	KV-Nr.	Satz	Betrag
	Beurkundungsverfahren Grundschuldbestellung mit Zwangsvollstreckungsunterwerfung (§§ 53 I, 97 I)	200 000	21200	1,0	435,00

C. Erläuterungen

6.83 Der Geschäftswert bestimmt sich nach dem Nennbetrag des Grundpfandrechts (§§ 97 I, 53 I). Aufgrund der Zwangsvollstreckungsunterwerfung ist die 1,0 Gebühr nach Nr. 21200 KV zu erheben. Der Treuhändersperrvermerk ist Inhalt der Bestellung des Grundpfandrechts und somit nicht gesondert zu bewerten.

III. Bestellung durch reine Unterschriftsbeglaubigung

→ **Fall 16: Grundschuldbestellung durch reine Unterschriftsbeglaubigung nebst Nebentätigkeiten**

A. Sachverhalt

6.84 Dem Notar wird ein **vollständig ausgefülltes** Grundschuldformular vorgelegt. Bestellt wird eine Grundschuld im Nennbetrag von 1 Mio. Euro. Das Grundstück liegt im Sanierungsgebiet.

Der Notar wird beauftragt, die Genehmigung nach **§ 144 BauGB** einzuholen und den Grundbuchvollzug der **Unterschriftsbeglaubigung** durchzuführen.

Von der Urkunde (4 Seiten einschließlich Beglaubigungsvermerk) werden 2 beglaubigte Abschriften beantragt.

---

[1] Versicherungsaufsichtsgesetz (VAG) i.d.F v. 1.4.2015 (BGBl. I S. 434) in Kraft seit 1.1.2016. In der alten Fassung des Gesetzes war das Sicherungsvermögen in § 66 (nun § 125) und die Sicherstellung des Sicherungsvermögens durch Zustimmung des Treuhändlers in § 70 (nun § 129) geregelt.

III. Bestellung durch reine Unterschriftsbeglaubigung

B. Rechnung

6.85

Pos.	Gebührentatbestände	Geschäftswert	KV-Nr.	Satz	Betrag
(1)	Unterschriftsbeglaubigung (§§ 121, 97 I, 53 I S. 1)	1 000 000	25100	0,2	70,00
(2)	Vollzug Einholung sanierungsrechtliche Genehmigung (§ 112)	1 000 000	22121	0,5	867,50
(3)	Beglaubigungsgebühr (1 Abschrift = Mindestgebühr in Höhe von 10,00 Euro)		25102		10,00
(4)	Beglaubigungsgebühr (1 Abschrift = Mindestgebühr in Höhe von 10,00 Euro)		25102		10,00

C. Erläuterungen

Pos. (1):

6.86

Der Geschäftswert einer Unterschriftsbeglaubigung bestimmt sich nach den für die Beurkundung der Erklärung geltenden Vorschriften (§ 121), so dass der Nennbetrag des Grundpfandrechts den Geschäftswert bildet (§ 53 I i.V.m. § 97 I). Zu erheben ist die 0,2 Gebühr (Nr. 25100 KV mind. 20 Euro – höchstens 70 Euro).

Pos. (2):

6.87

Für die Einholung der **sanierungsrechtlichen Genehmigung** erhält der Notar die Vollzugsgebühr nach Nr. 22121. Der Geschäftswert bestimmt sich gem. § 112 S. 2 wie bei einer Beurkundung.

Bemerkung:

Beschränkt sich die Tätigkeit des Notars auf die bloße Einreichung der Grundschuldurkunde beim Grundbuchamt, so fällt lediglich die Festgebühr Nr. 22124 KV in Höhe von 20 Euro an.

Pos. (3) und (4):

6.88

Für die Beglaubigung der unterschriftsbeglaubigten Grundschuldurkunde ist eine Beglaubigungsgebühr nach Nr. 25102 KV zu erheben, da es sich nicht um eine beglaubigte Abschrift einer vom Notar aufgenommenen oder entworfenen Urkunde handelt (s. II Nr. 1 der Anm. zu Nr. 25102 KV). Da zwei beglaubigte Abschriften zu fertigen waren, fällt die Gebühr zweimal an.

IV. Legitimationsprüfung

→ **Fall 17: Grundschuldbestellung mit Legitimationsprüfung**

A. Sachverhalt

6.89 Die Eigentümer A und B bestellen eine **vollstreckbare** Grundschuld im Nennbetrag von 200 000 Euro. Bei der Gläubigerin handelt es sich um eine Direktbank, so dass der Notar mit der **Legitimationsprüfung** der Darlehensnehmer nach dem Geldwäschegesetz beauftragt wird. Eine entsprechende Tatsachenbescheinigung im Sinne des Beurkundungsgesetzes wird vom Notar gefertigt.

B. Rechnung

6.90

Pos.	Gebührentatbestände	Geschäftswert	KV-Nr.	Satz	Betrag
(1)	Beurkundungsverfahren Grundschuldbestellung mit Zwangsvollstreckungsunterwerfung (§ 53 I, 97 I)	200 000	21200	1,0	435,00
(2)	Tatsachenbescheinigung für A (§ 36 II, III)	5000	25104	1,0	45,00
(3)	Tatsachenbescheinigung für B (§ 36 II, III)	5000	25104	1,0	45,00

C. Erläuterungen

6.91 **Pos. (1):**

Der Wert für die Bestellung der Grundschuld bestimmt sich nach dem Nennbetrag des Grundpfandrechts (§ 53 I). Die Grundschuld (0,5 Gebühr Nr. 21201 Nr. 4) und die Zwangsvollstreckungserklärung (1,0 Gebühr Nr. 21200 KV) betreffen **denselben** Beurkundungsgegenstand gem. §§ 109 I S. 1–3, S. 4 Nr. 4. Zu erheben ist die höchste Gebühr (1,0) aus dem Nennbetrag des Grundpfandrechts (§ 94 II).

6.92 **Pos. (2) und (3):**

Der Geschäftswert für die **Tatsachenbescheinigung** bestimmt sich nach § 36 II und III. Zu erheben ist die 1,0 Gebühr nach Nr. 25104 KV. Da es sich um zwei **Bescheinigungen** handelt, fällt die Gebühr zweimal an; eine **Addition der Werte** für die Bescheinigungen ist nicht möglich, da § 35 I mangels Vorliegens eines Beurkundungsverfahrens (es handelt sich um ein notarielles Geschäft) **keine Anwendung** findet.

V. Identitätserklärung nach Vermessung

→ **Fall 18: Identitätserklärung des Eigentümers gem. § 28 GBO**

A. Sachverhalt

6.93 Der Eigentümer erklärt die **Identität** des Belastungsgegenstandes zu einer Grundschuld in Höhe von 200 000 Euro.

V. Identitätserklärung nach Vermessung

B. Rechnung

Pos.	Gebührentatbestand	Geschäfts-wert	KV-Nr.	Satz	Betrag
	Beurkundungsverfahren Identitätserklärung (§ 36 I)	60 000	21201 Nr. 4	0,5	96,00

6.94

C. Erläuterungen

Für die **Identitätserklärung** fällt eine 0,5 Gebühr nach Nr. 21201 Nr. 4 KV an, da lediglich die formellen Grundbucherklärungen um die Grundstücksbezeichnung i.S.d. § 28 S. 1 GBO ergänzt werden. Der Geschäftswert bestimmt sich nach § 36 I (Teilwert in Höhe von 10–30 % vom Nennbetrag des Grundpfandrechts). Auch eine nach § 800 ZPO vollstreckbare Grundschuld führt nicht ohne weiteres dazu, dass eine 1,0 Gebühr nach Nr. 21200 KV anfällt; dies ist vielmehr nur dann der Fall, wenn die Unterwerfungserklärung wiederholt wird bzw. werden muss, weil keine wirkliche Identität zwischen dem unvermessenen und dem vermessenen Grundstück besteht. In diesem Fall fällt eine 1,0 Gebühr nach Nr. 21200 KV nach dem vollen Wert der Grundschuld an.

6.95

→ **Fall 19: Identitätserklärung gem. § 28 GBO durch den Notar**

A. Sachverhalt

Der Notar erklärt aufgrund Vollmacht die **Identität** des Belastungsgegenstandes zu einer Grundschuld in Höhe von 200 000 Euro.

6.96

B. Rechnung

Pos.	Gebührentatbestand	Geschäfts-wert	KV-Nr.	Satz	Betrag
	Identitätserklärung in Form einer Eigenurkunde (§ 36 I)	60 000	25204	0,5	96,00

6.97

C. Erläuterungen

Für die **Identitätserklärung** in Form einer Eigenurkunde (Erklärung durch den Notar) fällt eine 0,5 Gebühr nach Nrn. 25204, 21201 Nr. 4 KV i.V.m. § 92 II an, da lediglich die formellen Grundbucherklärungen um die Grundstücksbezeichnung i.S.d. § 28 S. 1 GBO ergänzt werden. Der Geschäftswert bestimmt sich nach § 36 I (Teilwert in Höhe von 10–30 % vom Nennbetrag des Grundpfandrechts). Auch eine nach § 800 ZPO vollstreckbare Grundschuld führt nicht ohne weiteres dazu, dass eine 1,0 Gebühr nach Nr. 21200 KV anfällt; dies ist vielmehr nur dann der Fall, wenn die Unterwerfungserklärung wiederholt wird bzw. werden muss, weil keine wirkliche Identität zwischen dem unvermessenen und dem vermessenen Grundstück besteht. In diesem Fall fällt eine 1,0 Gebühr nach Nr. 21200 KV nach dem vollen Wert der Grundschuld an. Die Wiederholung der Zwangsvollstreckungsunterwerfung kann jedoch nicht mittels Eigenurkunde durch den Notar erfolgen; vielmehr muss dies durch die Beteilig-

6.98

ten selbst bzw. bevollmächtigte Notariatsmitarbeiter (soweit standesrechtlich zulässig) geschehen.

VI. Pfanderstreckung

→ **Fall 20: Pfanderstreckung**

A. Sachverhalt

6.99 Der (nicht vollstreckbaren) Grundschuld im Nennbetrag von 500 000 Euro wird ein Grundstück zum Verkehrswert von 250 000 Euro **pfandunterstellt**. Der Notar fertigt den Entwurf der Pfandunterstellung.

B. Rechnung

6.100

Pos.	Gebührentatbestand	Geschäfts-wert	KV-Nr.	Satz	Betrag
	Entwurf einer Pfandunterstellung (§§ 119 I, 97 I, 44 I S. 1, 46 I, 53 I)	250 000	24102, 21201 Nr. 4	0,5	267,50

C. Erläuterungen

6.101 Der Wert einer **Pfandunterstellung** bestimmt sich nach dem Wert des betroffenen Grundstücks, wenn dieser geringer ist als der Nennbetrag des Grundpfandrechts (§ 44 I S. 1). Für den Entwurf ist gem. Nrn. 24102, 21201 Nr. 4 KV die Rahmengebühr 0,3–0,5, mind. 30 Euro zu erheben. Da der Entwurf vollständig gefertigt wurde, ist die höchste Rahmengebühr zu erheben (§ 92 II).

Bemerkung:

Würde es sich um eine nach § 800 ZPO vollstreckbare Grundschuld handeln, sodass die Pfanderstreckung im Hinblick auf die Ausdehnung der Vollstreckungsunterwerfung beurkundet werden müsste, so würde eine 1,0 Gebühr nach Nr. 21200 KV anfallen. Die Geschäftswertbestimmung bliebe hingegen unverändert.

→ **Fall 21: Pfanderstreckung (mehrere Grundstücke)**

A. Sachverhalt

6.102 Den Grundschulden im Nennbetrag von 500 000 Euro und 300 000 Euro werden Grundstücke zum Verkehrswert von 250 000 Euro und 150 000 Euro **pfandunterstellt**. Der Notar fertigt den Entwurf der Pfandunterstellung.

VI. Pfanderstreckung

B. Rechnung

Pos.	Gebührentatbestände	Geschäfts-wert	KV-Nr.	Satz	Betrag
	Entwurf (§ 119 I, 35 I, 86 II)	700 000	24102, 21201 Nr. 4	0,5	627,50
	a) Pfandunterstellung Grundschuld zu 500 000 (§§ 97 I, 44 I S. 1, 46 I, 53 I)	400 000			
	b) Pfandunterstellung Grundschuld zu 300 000 (§§ 97 I, 44 I S. 1, 46 I, 53 I)	300 000			

6.103

C. Erläuterungen

Der Wert einer Pfandunterstellung bestimmt sich nach dem Wert des betroffenen Grundstücks, wenn dieser geringer ist als der Nennbetrag des Grundpfandrechts (§ 44 I S. 1). Werden ein oder mehrere Grundstücke mehreren Grundpfandrechten pfandunterstellt, so ist der Vergleich mit der Summe der Grundstücksverkehrswerte und jedem Grundpfandrecht gesondert durchzuführen. Die Pfandunterstellungen sind **verschiedene** Beurkundungsgegenstände gem. § 86 II. Wegen des identischen Gebührensatzes werden die Werte addiert, § 35 I.

6.104

Grundstücke   Grundschulden
400 000 Euro   <   500 000 Euro
400 000 Euro   >   **300 000 Euro**
Geschäftswert nach Vergleichsberechnung = 700 000 Euro

Für den Entwurf ist gem. Nrn. 24102, 21201 Nr. 4 KV die Rahmengebühr 0,3–0,5, mind. 30 Euro zu erheben. Da der Entwurf vollständig gefertigt wurde, ist die höchste Rahmengebühr zu erheben (§ 92 II).

Bemerkung:
Würde es sich um nach § 800 ZPO vollstreckbare Grundschulden handeln, sodass die Pfanderstreckung im Hinblick auf die Ausdehnung der Vollstreckungsunterwerfung beurkundet werden müsste, so würde eine 1,0 Gebühr nach Nr. 21200 KV anfallen. Die Geschäftswertbestimmung bliebe hingegen unverändert.

→ **Fall 22: Grundstücksvereinigung mit Pfanderstreckung, Zwangsvollstreckungsunterwerfung und Rangregulierung**

A. Sachverhalt

Das Grundstück X (Verkehrswert: 325 000 Euro) ist in Abt. III des Grundbuchs mit einer Grundschuld zu 500 000 Euro belastet; das Grundstück Y (Verkehrswert: 350 000 Euro) ist in Abt. III des Grundbuchs mit einer Grundschuld zu 300 000 Euro belastet. Der Eigentümer bewilligt und beantragt, die **Vereinigung** beider Grundstücke sowie die wechselseitige **Pfanderstreckung** beider

6.105

Grundpfandrechte jeweils auch auf den neu hinzukommenden Grundstücksteil. Den Rang bestimmt der Eigentümer dahingehend, dass die Grundschuld zu 500 000 Euro die erste Rangstelle erhalten und die Grundschuld zu 300 000 Euro im Rang danach eingetragen werden soll. Der Eigentümer erklärt die **Zwangsvollstreckungsunterwerfung** gem. § 800 ZPO für den pfandunterstellten Grundbesitz.

B. Rechnung

6.106

Pos.	Gebührentatbestände	Geschäftswert	KV-Nr.	Satz	Betrag
	Beurkundungsverfahren (§§ 86 II, 94 II, 93 I S. 1, 85 I, 35 I)	~~785 000~~	~~21200~~	~~1,0~~	~~1415,00~~
a)	Pfandunterstellung Grundstück X mit Zwangsvollstreckungsunterwerfung (§§ 97 I, 44 I S. 1, 46 I, 53 I)	300 000	21200	1,0	
b)	Pfandunterstellung Grundstück Y mit Zwangsvollstreckungsunterwerfung (§§ 97 I, 44 I S. 1, 46 I, 53 I)	350 000	21200	1,0	
		650 000	21200	1,0	1175,00
c)	Grundstücksvereinigung (§ 36 I)	135 000	21201 Nr. 4	0,5	163,50

C. Erläuterungen

6.107 – **Pfandunterstellungen:**

Der Wert einer Pfandunterstellung bestimmt sich nach dem Wert des betroffenen Grundstücks, wenn dieser geringer ist als der Nennbetrag des Grundpfandrechts (§ 44 I S. 1). Werden mehrere Grundstücke pfandunterstellt, so ist der Vergleich mit der Summe der Grundstücksverkehrswerte und jedem Grundpfandrecht gesondert durchzuführen. Die Pfandunterstellungen betreffen verschiedene Beurkundungsgegenstände gem. 86 II; die Werte sind gem. § 35 I zu addieren.

6.108 – **Grundstücksvereinigung**

Der Wert der Grundstücksvereinigung bestimmt sich nach § 36 I (10–20 % vom Verkehrswert beider Grundstücke).

Die Pfandunterstellung und die Zwangsvollstreckungsunterwerfung betreffen **denselben** Beurkundungsgegenstand gem. §§ 109 I S. 1–3, S. 4 Nr. 4; die Pfandunterstellungen einerseits und die Grundstücksvereinigung andererseits haben hingegen **verschiedene** Beurkundungsgegenstände gem. § 86 II; die Rangregulierung betrifft denselben Beurkundungsgegenstand gem. § 109 I S. 4 Nr. 3.

Die bloße **Pfandunterstellung** und die **Grundstücksvereinigung** lösen die 0,5 Gebühr (21201 Nr. 4 KV) aus. Für die Unterwerfungserklärung ist die 1,0 Gebühr nach Nr. 21200 KV zu erheben.

VI. Pfanderstreckung

Wegen der unterschiedlichen Gebührensätze ist gem. § 94 I folgende Vergleichsberechnung durchzuführen:

1,0 aus 650 000 Euro =	1175,00 Euro
0,5 aus 135 000 Euro =	163,50 Euro
1,0 aus 785 000 Euro =	1415,00 Euro

Da die getrennte Bewertung für den Kostenschuldner günstiger ist, ist sie maßgebend.

→ **Fall 23: Pfanderstreckung zu vollstreckbarer und nicht vollstreckbarer Grundschuld**

A. Sachverhalt

Den Grundschulden im Nennbetrag in Höhe von 500 000 Euro (mit dinglicher Zwangsvollstreckung) und 300 000 Euro (ohne dingliche Zwangsvollstreckung) werden Grundstücke zum Verkehrswert von 250 000 Euro und 150 000 Euro **pfanderstreckt**. Der Eigentümer erklärt die **Zwangsvollstreckungsunterwerfung** gem. § 800 ZPO für den pfandunterstellten Grundbesitz hinsichtlich des Grundpfandrechts zu 500 000 Euro.

B. Rechnung

Pos.	Gebührentatbestände	Geschäftswert	KV-Nr.	Satz	Betrag
	Beurkundungsverfahren (§§ 86 II, 94 II, 93 I S. 1, 85 I, § 109 I)	~~700 000~~	~~21200~~	~~1,0~~	~~1255,00~~
	a) Pfandunterstellung Grundschuld zu 500 000 (§§ 97 I, 44 I S. 1, 46 I, 53 I)	400 000	~~21201~~ Nr. 4	~~0,5~~	
	b) Zwangsvollstreckungsunterwerfung (§ 97 I)	400 000	21200	1,0	785,00
	c) Pfandunterstellung Grundschuld zu 300 000 (§§ 97 I, 44 I S. 1, 46 I, 53 I)	300 000	21201 Nr. 4	0,5	317,50

C. Erläuterungen

Der Wert einer Pfandunterstellung bestimmt sich nach dem Wert des betroffenen Grundstücks, wenn dieser geringer ist als der Nennbetrag des Grundpfandrechts (§ 44 I S. 1). Werden mehrere Grundstücke pfandunterstellt, so ist der Vergleich mit der Summe der Grundstücksverkehrswerte und jedem Grundpfandrecht gesondert durchzuführen. Die beiden Pfandunterstellungen betreffen verschiedene Beurkundungsgegenstände gem. § 86 II; die Werte sind gem. § 35 I zu addieren. Die Pfandunterstellung und Unterwerfungserklärung bei der Grundschuld zu 500 00 Euro sind hingegen derselbe Beurkundungsgegenstand nach § 109 I S. 1–3, S. 4 Nr. 4.

Die Pfandunterstellungen lösen die 0,5 Gebühr (21201 Nr. 4 KV) aus. Für die Zwangsvollstreckungsunterwerfung ist die 1,0 Gebühr nach Nr. 21200 KV zu erheben. Folgende Vergleichsberechnung nach § 94 I ist durchzuführen:

1,0 aus 400 000 Euro = 785,00 Euro
0,5 aus 300 000 Euro = 317,50 Euro
___
1,0 aus 700 000 Euro = 1255,00 Euro

Da die getrennte Bewertung für den Kostenschuldner günstiger ist, ist sie maßgebend.

VII. Pfandfreigabe

→ **Fall 24: Pfandfreigabe**

A. Sachverhalt

6.112 Die Grundstücke zum Verkehrswert von 250 000 Euro und 150 000 Euro sollen aus der **Pfandhaft** von Grundschulden im Nennbetrag von 500 000 Euro und 300 000 Euro **freigegeben** werden. Der Notar fertigt den Entwurf der Freigabeerklärung.

B. Rechnung

6.113

Pos.	Gebührentatbestände	Geschäfts-wert	KV-Nr.	Satz	Betrag
	Entwurf einer Pfandfreigabe (§ 119 I, § 86 II, 35 I)	700 000	24102, 21201 Nr. 4	0,5	627,50
	a) Pfandfreigabe Grundschuld zu 500 000 (§§ 97 I, 44 I S. 1, 46 I, 53 I)	400 000			
	b) Pfandfreigabe Grundschuld zu 300 000 (§§ 97 I, 44 I S. 1, 46 I, 53 I)	300 000			

C. Erläuterungen

6.114 Der Wert einer **Pfandfreigabe** bestimmt sich nach dem Wert des betroffenen Grundstücks, wenn dieser geringer ist als der Nennbetrag des Grundpfandrechts (§ 44 I S. 1). Werden ein oder mehrere Grundstücke aus Grundpfandrechten freigegeben, so ist der Vergleich mit der Summe der Grundstücksverkehrswerte und jedem Grundpfandrecht gesondert durchzuführen. Die Pfandfreigaben betreffen **verschiedene** Beurkundungsgegenstände gem. § 86 II; die Werte sind gem. § 35 I zu addieren.

VIII. Abtretung

Grundstücke   Grundschulden
400 000 Euro < 500 000 Euro
400 000 Euro > **300 000 Euro**
Geschäftswert nach Vergleichsberechnung = 700 000 Euro

Für den Entwurf ist gem. Nrn. 24102, 21201 Nr. 4 KV die Rahmengebühr 0,3–0,5, mind. 30 Euro zu erheben. Da der Entwurf vollständig gefertigt wurde, ist die höchste Rahmengebühr zu erheben (§ 92 II).

→ **Fall 25: Löschung einer Globalgrundschuld nach Pfandfreigabeerklärungen**

A. Sachverhalt

In den Wohnungsgrundbüchern Blatt 100 und 101 ist in Abt. III eine **Globalgrundschuld** im Nennbetrag von 3 000 000 Euro eingetragen. Alle weiteren Wohnungseinheiten sind bereits freigegeben worden, so dass die Grundschuld nur noch an den beiden genannten Wohnungseinheiten (Verkehrswert insgesamt 200 000 Euro) lastet. Die **Löschung** des Grundpfandrechts wird zur Eintragung in das Grundbuch bewilligt und beantragt. Der Notar fertigt auftragsgemäß den Entwurf der Urkunde.

B. Rechnung

Pos.	Gebührentatbestand	Geschäftswert	KV-Nr.	Satz	Betrag
	Entwurf der Löschung einer Globalgrundschuld (§§ 119 I, 97 I, 44 I S. 2, § 53 I S. 1)	200 000	24102, 21201 Nr. 4	0,5	217,50

C. Erläuterungen

Der Wert der **Löschung** einer Grundschuld, bei der bereits ein Grundstück aus der Pfandhaft entlassen worden ist, bestimmt sich nach §§ 97 I, 44 I S. 2. Folglich muss verglichen werden, ob der Verkehrswert des haftenden Grundstücks oder der Nennbetrag des zu löschenden Grundpfandrechts geringer ist; vorliegend ist Letzteres der Fall.

Für den Entwurf ist gem. Nrn. 24102, 21201 Nr. 4 KV die Rahmengebühr 0,3–0,5, mind. 30 Euro zu erheben. Da der Entwurf vollständig gefertigt wurde, ist die höchste Rahmengebühr zu erheben (§ 92 II).

VIII. Abtretung

→ **Fall 26: Abtretung Buchgrundschuld**

A. Sachverhalt

Abgetreten wird eine **Buchgrundschuld** im Nennbetrag von 200 000 Euro. Der Notar wird beauftragt, den Entwurf der Abtretungserklärung zu fertigen.

Teil 6 Grundpfandrechte und weitere Sicherungsgeschäfte

B. Rechnung

6.119

Pos.	Gebührentatbestand	Geschäftswert	KV-Nr.	Satz	Betrag
	Entwurf Abtretung einer Buchgrundschuld (§§ 119 I, 97 I, 53 I S. 1)	200 000	24102, 21201 Nr. 4	0,5	217,50

C. Erläuterungen

6.120 Zur **wirksamen Abtretung einer Buchgrundschuld** bedarf es gem. § 873 II BGB der **Einigung** der Beteiligten (formlos) und der **Eintragung** der Abtretung im Grundbuch. Folglich handelt es sich bei der vorstehenden Abtretungserklärung um eine bloße Grundbucherklärung, so dass die **begünstigte Gebühr (0,5)** nach Nr. 21201 Nr. 4 KV anzusetzen ist.

Der Geschäftswert bestimmt sich nach dem Nennbetrag des Grundpfandrechts (§ 53 I).

Für den Entwurf ist gem. Nrn. 24102, 21201 Nr. 4 KV die Rahmengebühr 0,3–0,5, mind. 30 Euro zu erheben. Da der Entwurf vollständig gefertigt wurde, ist die höchste Rahmengebühr zu erheben (§ 92 II).

→ **Fall 27: Abtretung Briefgrundschuld**

A. Sachverhalt

6.121 **Abgetreten** wird eine **Briefgrundschuld** im Nennbetrag von 200 000 Euro. Gleichzeitig wird die Abtretung zur Eintragung in das Grundbuch bewilligt und beantragt. Der Notar wird beauftragt, den Entwurf der Abtretung zu fertigen.

B. Rechnung

6.122

Pos.	Gebührentatbestand	Geschäftswert	KV-Nr.	Satz	Betrag
	Entwurf Abtretung einer Briefgrundschuld (§§ 119 I, 97 I, 53 I S. 1)	200 000	24101, 21200	1,0	435,00

C. Erläuterungen

6.123 Zur **wirksamen Abtretung** einer Briefgrundschuld bedarf es gem. § 1154 BGB der **schriftlichen Abtretungserklärung** und der **Übergabe** des Grundschuldbriefes. Im Ergebnis handelt es sich um eine materiell-rechtliche Erklärung, welche die **1,0 Gebühr** nach Nr. 21200 KV auslöst. Der Geschäftswert bestimmt sich nach dem Nennbetrag des Grundpfandrechts

(§ 53 I). Für den Entwurf ist gem. Nrn. 24101, 21200 KV die Rahmengebühr 0,3–1,0, mind. 60 Euro zu erheben. Da der Entwurf vollständig gefertigt wurde, ist die höchste Rahmengebühr zu erheben (§ 92 II).

VIII. Abtretung

Beschränkt sich die Urkunde jedoch nur noch auf die bloßen Grundbucherklärungen, weil die Abtretung bereits erfolgt ist, bleibt es bei der 0,5 Gebühr nach Nr. 21201 Nr. 4 KV.

→ **Fall 28: Abtretung Buchgrundschuld und Haftungsübernahme**

A. Sachverhalt

Abgetreten wird eine **Buchgrundschuld** im Nennbetrag von 200 000 Euro. Daneben werden Rechte aus dem persönlichen **Schuldanerkenntnis** bis zur Höhe von 100 000 Euro nebst Zinsen abgetreten. Der Notar wird beauftragt, den Entwurf der Abtretungserklärung zu fertigen.

6.124

B. Rechnung

6.125

Pos.	Gebührentatbestände	Geschäfts-wert	KV-Nr.	Satz	Betrag
	Entwurf eine Abtretung (§§ 119 I, 109 I S. 1–3, 94 II)	200 000	24102, 21200		435,00
	a) Abtretung der Buchgrundschuld (§§ 97 I, 53 I)	200 000	~~24102,~~ ~~21201~~ ~~Nr. 4~~	~~0,5~~	
	b) Abtretung der Rechte aus Schuldanerkenntnis (§ 97 I)	~~100 000~~	24101, 21200	1,0	

C. Erläuterungen

Der Wert der Abtretung der Buchgrundschuld richtet sich nach dem Nennbetrag der Grundschuld (§ 53 I); der Wert der Abtretung der Rechte aus dem Schulderkenntnis richtet sich nach dem Schuldbetrag (§ 97 I). Die Abtretung der Buchgrundschuld und die Abtretung der Rechte aus dem Schuldanerkenntnis sind **derselbe** Beurkundungsgegenstand gem. § 109 II Nr. 3. Aufgrund der verschiedenen Gebührensätze ist gem. § 94 II folgender Gebührenvergleich durchzuführen:

6.126

0,5 aus 200 000 Euro = 217,50 Euro

1,0 aus 100 000 Euro = 273,00 Euro

1,0 aus 200 000 Euro = 435,00 Euro

Vorliegend ist die Vergleichsberechnung mit dem höchsten Gebührensatz (1,0) aus dem höchsten Wert (200 000 Euro nach § 109 II S. 2) maßgebend, weil sie für den Kostenschuldner günstiger ist.

→ **Fall 29: Abtretung Hypothek**

A. Sachverhalt

Abgetreten wird eine **Hypothek** im Nennbetrag von 200 000 Euro. Der Notar wird beauftragt, den Entwurf der Abtretungserklärung zu fertigen.

6.127

B. Rechnung

6.128

Pos.	Gebührentatbestand	Geschäfts-wert	KV-Nr.	Satz	Betrag
	Entwurf der Abtretung der Hypothek (§§ 119 I, 97 I, 53 I)	200 000	24102, 21200	1,0	435,00

C. Erläuterungen

6.129 Mit Abtretung der Hypothek geht auch die Forderung auf den Zessionar über. Folglich geht die Abtretungserklärung über die formellen Grundbucherklärungen hinaus. Im Ergebnis ist daher für den Entwurf die Rahmengebühr 0,3–1,0, mind. 60 Euro nach Nrn. 24101, 21200 KV zu erheben. Da der Entwurf vollständig gefertigt wurde, ist die höchste Rahmengebühr zu erheben (§ 92 II). Die Unterschriftsbeglaubigung löst keine zusätzliche Gebühr aus, Vorbem. 2.4.1 II KV.

D. Bemerkungen

6.130 Beschränkt sich der Inhalt der Urkunde lediglich auf die Grundbucherklärungen (also ohne Abtretung der Forderung), verbleibt es bei der 0,5 Gebühr nach Nr. 21201 Nr. 4 KV.

IX. Klauselerteilung

→ **Fall 30: Klauselumschreibung wegen Rechtsnachfolge nach § 727 ZPO**

A. Sachverhalt

6.131 Abgetreten wurde eine vollstreckbare Grundschuld im Nennbetrag von 200 000 Euro. Der Notar erhält den Auftrag, die vollstreckbare Ausfertigung auf den neuen Gläubiger umzuschreiben (Rechtsnachfolge gem. § 727 ZPO).

B. Rechnung

6.132

Pos.	Gebührentatbestand	Geschäfts-wert	KV-Nr.	Satz	Betrag
	Klauselumschreibung (§ 118)	200 000	23803	0,5	217,50

C. Erläuterungen

6.133 Der Geschäftswert bestimmt sich nach den Ansprüchen, die Gegenstand der vollstreckbaren Ausfertigung sind (§ 118). Zu erheben ist die 0,5 Gebühr nach Nr. 23803 KV.

D. Bemerkung

6.134 Die Rechtsnachfolge muss offenkundig oder durch öffentlich beglaubigte Urkunde nachgewiesen sein. Die Gebühr nach Nr. 23803 KV entfällt nicht, auch wenn sich die Prüfung der Rechtsnachfolge durch die Offenkundigkeit einfacher gestaltet.

IX. Klauselerteilung

→ **Fall 31: Klauselumschreibung wegen Rechtsnachfolge nach § 727 ZPO, begrenzt auf Teilbetrag**

A. Sachverhalt

Abgetreten wurde ein **Teilbetrag** einer vollstreckbaren Grundschuld (Nennbetrag 200 000 Euro) in Höhe von 50 000 Euro. Der Notar erhält den Auftrag, die vollstreckbare Ausfertigung auf den neuen Gläubiger umzuschreiben (Rechtsnachfolge gem. § 727 ZPO).

6.135

B. Rechnung

6.136

Pos.	Gebührentatbestand	Geschäftswert	KV-Nr.	Satz	Betrag
	Klauselumschreibung (§ 118)	50 000	23803	0,5	82,50

C. Erläuterungen

Der Geschäftswert bestimmt sich nach dem Wert des abgetretenen Teilbetrages (§ 118). Zu erheben ist die 0,5 Gebühr nach Nr. 23803 KV. Eine ggf. erforderliche **Klauselumschreibung** bei dem Altgläubiger bleibt als gebührenfreies Nebengeschäft unbewertet.

6.137

D. Bemerkungen

Die isolierte Einschränkung der Vollstreckungsklausel (Begrenzung auf einen Teilbetrag) ohne Prüfung einer Rechtsnachfolge löst keine Gebühr aus.

6.138

→ **Fall 32: Klauselumschreibung wegen Namensberichtigung**

A. Sachverhalt

Die Sparkasse X, Gläubigerin einer Grundschuld im Nennbetrag von 200 000 Euro, hat ihren **Namen geändert** und beantragt nunmehr, die **vollstreckbare Ausfertigung** zu **berichtigen**.

6.139

B. Rechnung

Es liegt kein Gebührentatbestand der Nr. 23803 KV vor.

6.140

C. Erläuterungen

Eine Rechtsnachfolgeprüfung i.S.v. Nr. 23803 KV (§ 727 ZPO) liegt nicht vor; die Prüfung beinhaltet die Identität des rechtlich nicht veränderten Beteiligten.[1] Im Ergebnis handelt es sich um ein gebührenfreies Geschäft.

6.141

---

1 OLG Dresden Beschl. v. 28.3.1996 – 15 W 1070/95, n.v. und OLG Brandenburg, Beschl. v. 26.5.1999 – 8 Wx 510/98, n.v.

→ **Fall 33: Klauselumschreibung bei Finanzierungsgrundpfandrechten**

A. Sachverhalt

6.142 Bestellt wird eine Finanzierungsgrundschuld im Nennbetrag von 200 000 Euro. Dem Gläubiger erkennt der künftige Eigentümer an, einen Betrag in Höhe des Grundschuldnennbetrages zu schulden und unterwirft sich diesbezüglich der persönlichen Zwangsvollstreckung. Daneben erklärt er und der derzeitige Eigentümer in Vollmacht die Zwangsvollstreckungsunterwerfung gem. § 800 ZPO in Höhe des Grundschuldnennbetrages.

Der Notar erteilt dem Gläubiger eine vollstreckbare Ausfertigung. **Nach Eigentumsumschreibung** beantragt der Gläubiger, **die vollstreckbare Ausfertigung** auf den neuen Eigentümer umzuschreiben.

B. Rechnung

6.143 Es liegt **keine Prüfung einer Rechtsnachfolge** vor, so dass die Gebühr gem. Nr. 23803 KV nicht erhoben werden kann. Es handelt sich um ein gebührenfreies Nebengeschäft.

C. Erläuterungen

6.144 Das DNotI hat in einem Gutachten (DNotI-Report 1995, 68) klargestellt, dass es sich bei der Finanzierungsgrundschuld nicht um einen Fall des § 727 ZPO handelt. Damit liegt kein Fall der Nr. 23803 KV vor. Das Finanzierungsgrundpfandrecht wurde bereits durch den Käufer in Ausnutzung der ihm erteilten Vollmacht auch für den Verkäufer als noch eingetragenen Eigentümer bestellt und der Käufer hat sich als künftiger Eigentümer der dinglichen als auch der persönlichen Zwangsvollstreckung unterworfen.

→ **Fall 34: Klauselumschreibung bei mehreren Urkunden**

A. Sachverhalt

6.145 Bestellt wurde eine Grundschuld im Nennbetrag von 200 000 Euro. Im Nachgang wurde mit einer Urkunde desselben Notars ein weiteres Grundstück (Verkehrswert 6000 Euro) dieser Grundschuld pfandunterstellt. Nunmehr ist die **Vollstreckungsklausel** sowohl für die **Grundschuld** als auch für die **Nachverpfändung** auf den durch Verschmelzung entstandenen Rechtsnachfolger des Gläubigers umzuschreiben.

B. Rechnung

6.146

Pos.	Gebührentatbestand	Geschäfts-wert	KV-Nr.	Satz	Betrag
	Klauselumschreibung (§ 118)	200 000	23803	0,5	217,50

IX. Klauselerteilung

C. Erläuterungen

Der Geschäftswert bestimmt sich nach den Ansprüchen, die Gegenstand der vollstreckbaren Ausfertigung sind (§ 118). Zu erheben ist die 0,5 Gebühr nach Nr. 23803 KV. 6.147

Für die Erhebung der Gebühr nach Nr. 23803 KV ist **es irrelevant, wie viele Vollstreckungsklauseln** der Notar im Zusammenhang mit der vorstehend beschriebenen Prüfung rein technisch **umzuschreiben** hat. Die Gebühr ist allein für die Tätigkeit der Prüfung der Rechtsnachfolge im Sinne von §§ 726–729 ZPO zu erheben.

→ **Fall 35: Weitere vollstreckbare Ausfertigung und Umschreibung auf den Rechtsnachfolger**

A. Sachverhalt

Der Gläubiger beantragt eine **weitere vollstreckbare Ausfertigung** mit gleichzeitiger Umschreibung der Vollstreckungsklausel auf ihn als Rechtsnachfolger (aufgrund Abtretungserklärung). Die Grundschuld hat einen Nennbetrag von 200 000 Euro. 6.148

B. Rechnung

Pos.	Gebührentatbestände	Geschäftswert	KV-Nr.	Satz	Betrag
(1)	Weitere Vollstreckbare Ausfertigung		23804		20,00
(2)	Klauselumschreibung (§ 118)	200 000	23803	0,5	217,50

6.149

C. Erläuterungen

Beantragt der Gläubiger eine weitere vollstreckbare Ausfertigung mit gleichzeitiger Umschreibung der Vollstreckungsklausel auf ihn als Rechtsnachfolger, fallen die Gebühren nach Nrn. 23803 und 23804 KV nebeneinander an. Es handelt sich um zwei unterschiedliche Verfahren, sodass auch eine Werteaddition nach § 35 I nicht stattfindet, selbst wenn es sich bei der Nr. 23804 nicht um eine Festgebühr handeln würde. 6.150

→ **Fall 36: Vollzug einer Fremdurkunde nebst Klauselumschreibung**

A. Sachverhalt

Dem Notar wird die **Abtretungserklärung** einer Buchgrundschuld (Fremdurkunde) **vorgelegt** mit dem Auftrag, diese **beim Grundbuchamt vollziehen** zu lassen und danach die **Vollstreckungsklausel umzuschreiben**. Die abgetretene Grundschuld hat einen Nennbetrag von 200 000 Euro. 6.151

B. Rechnung

6.152

Pos.	Gebührentatbestand	Geschäftswert	KV-Nr.	Satz	Betrag
(1)	Vollzug – Weiterleitung einer Fremdurkunde		22124		20,00
(2)	Klauselumschreibung (§ 118)	200 000	23803	0,5	217,50

C. Erläuterungen

6.153 **Pos. (1):**

Bei dieser Tätigkeit handelt es sich um einen **Vollzug** in besonderen Fällen. Zu erheben ist die Festgebühr in Höhe von 20,00 Euro nach Nr. 22124 KV.

6.154 **Pos. (2):**

Für die anschließende Umschreibung ist die Gebühr nach Nr. 23803 KV zu erheben.

→ Fall 37: Klauselumschreibung aufgrund der Prüfung zweier Rechtsnachfolgen

A. Sachverhalt

6.155 Der Grundschuldgläubiger A tritt eine Grundschuld im Nennbetrag von 200 000 Euro nebst den Ansprüchen aus der persönlichen Haftungsübernahme an B ab. Ursprünglicher Grundstückseigentümer und persönlicher Schuldner war C. Zwischenzeitlich ist D, der die Schuld persönlich übernommen hat, als Grundstückseigentümer im Grundbuch eingetragen.

Der neue **Gläubiger B beantragt, eine** vollstreckbare **Ausfertigung** mit (gemeinsamer) **Rechtsnachfolgeklausel** gem. § 727 ZPO **zu erteilen**, nämlich in dinglicher Hinsicht gegen den neuen Grundstückseigentümer und gegen den Schuldner D wegen des persönlichen Anspruchs.

B. Rechnung

6.156

Pos.	Gebührentatbestand	Geschäftswert	KV-Nr.	Satz	Betrag
	Klauselumschreibung (§ 118)	200 000	23803	0,5	217,50

C. Erläuterungen

6.157 Der Geschäftswert bestimmt sich nach den Ansprüchen, die Gegenstand der vollstreckbaren Ausfertigung sind (§ 118). Zu erheben ist die 0,5 Gebühr nach Nr. 23803 KV.

Die Gebühr Nr. 23803 KV wird erhoben für das Verfahren der Erteilung einer vollstreckbaren Ausfertigung, wenn der Eintritt einer Rechtsnachfolge i.S.d. § 727 ZPO zu prüfen ist. Es handelt sich auch dann noch um ein einziges Verfahren, nicht etwa um mehrere, wenn wie hier mehrere (zwei) Rechtsnachfol-

IX. Klauselerteilung

gen zu prüfen sind. Man wird auch nicht sagen können, es handle sich zwar um ein einziges Verfahren, jedoch mit zwei Verfahrensgegenständen, so dass die Werte gemäß § 35 I zu addieren werden. Demgemäß ist nur **eine Gebühr** nach Nr. 23803 KV aus 200 000 Euro zu erheben.

→ **Fall 38: Vollstreckbare Ausfertigung bei Kündigung einer Sicherungsgrundschuld**

A. Sachverhalt

Im Grundbuch ist eine **Sicherungsgrundschuld** (vgl. § 1192 Ia S. 1 BGB) zu 200 000 Euro eingetragen. Die Grundschuld wurde vom **Gläubiger gekündigt**. Der **Gläubiger beantragt** beim Notar die Erteilung einer **vollstreckbaren Ausfertigung der Grundschuldbestellungsurkunde**.

6.158

B. Rechnung

Pos.	Gebührentatbestand	Geschäftswert	KV-Nr.	Satz	Betrag
	Klauselerteilung (§ 118)	200 000	23803	0,5	217,50

6.159

C. Erläuterungen

Hat der Notar bei der Erteilung der vollstreckbaren Ausfertigung die **Kündigung** der Sicherungsgrundschuld (§ 1193 BGB) i.S.d. § 726 ZPO **zu prüfen**, erhält er eine **0,5 Gebühr** nach Nr. 23803 KV. Der Geschäftswert bestimmt sich gem. § 118 nach dem Nennbetrag der Grundschuld.

6.160

Darf der Notar die vollstreckbare Ausfertigung hingegen nach den Bestimmungen in der Grundschuldurkunde ohne weitere Prüfung erteilen („Nachweisverzicht"), so fällt keine Gebühr an.

→ **Fall 39: Weitere vollstreckbare Ausfertigung**

A. Sachverhalt

Die Sparkasse X, Gläubigerin einer Grundschuld im Nennbetrag von 200 000 Euro, beantragt beim Notar die Erteilung einer **weiteren** vollstreckbaren Ausfertigung.

6.161

B. Rechnung

Pos.	Gebührentatbestände	Geschäftswert	KV-Nr.	Satz	Betrag
	Weitere vollstreckbare Ausfertigung		23804		20,00

6.162

C. Erläuterungen

Diese Gebühr gibt es erst seit ihrer Einführung mit Wirkung zum 16.7.2014 durch Art. 9 Nr. 5 des Gesetzes zur Durchführung der Verordnung EU Nr. 1215/2012

6.163

sowie zur Änderung sonstiger Vorschriften vom 8.7.2014 (BGBl. I 2014 S. 890). Sollte der Antrag auf Erteilung der weiteren vollstreckbaren Ausfertigung vor diesem Zeitpunkt eingegangen sein, so darf gemäß § 134 II keine Gebühr erhoben werden, auch wenn die Erledigung durch den Notar erst danach erfolgt.

X. Rangänderung

→ **Fall 40: Gleichrangeinräumung**

A. Sachverhalt

6.164 In Abteilung III des Grundbuchs bestehen folgende Eintragungen:
- lfd. Nr. 1 Grundschuld zu 400 000 Euro (erste Rangstelle)
- lfd. Nr. 2 Grundschuld zu 450 000 Euro (zweite Rangstelle)
- lfd. Nr. 3 Grundschuld zu 350 000 Euro (dritte Rangstelle)

Die Grundschulden sollen den Gleichrang erhalten. Der Notar wird beauftragt, den Entwurf der **Gleichrangerklärung** zu fertigen.

B. Rechnung

6.165

Pos.	Gebührentatbestand	Geschäfts-wert	KV-Nr.	Satz	Betrag
	Entwurf einer Gleichrangeinräumung (§§ 119 I, 97 I, 45 I)	750 000	24102, 21201 Nr. 4	0,5	667,50

C. Erläuterungen

6.166 Der Geschäftswert bestimmt sich nach §§ 97 I, 45 I. Folgender Wertvergleich ist hiernach durchzuführen:

1. Vergleich zwischen den vortretenden Rechten III/2 und 3 (800 000 Euro) mit dem zurücktretenden Recht III/1 (400 000 Euro) = da der Wert geringer ist	400 000 Euro,
2. Vergleich zwischen dem vortretenden Recht III/3 (350 000 Euro) mit dem zurücktretenden Recht III/2 (450 000 Euro) = da der Wert geringer ist).	350 000 Euro
Gesamtwert des Rangrücktritts =	750 000 Euro.

Für den Entwurf ist gem. Nrn. 24102, 21201 Nr. 4 KV die Rahmengebühr 0,3–0,5, mind. 30 Euro zu erheben. Da der Entwurf vollständig gefertigt wurde, ist die höchste Rahmengebühr zu erheben (§ 92 II).

XI. Rangbescheinigung/Notarbestätigung

→ **Fall 41: Rangrücktritt**

A. Sachverhalt

In Abteilung III des Grundbuchs bestehen folgende Eintragungen: 6.167
- lfd. Nr. 1 Grundschuld zu 400 000 Euro
- lfd. Nr. 2 Grundschuld zu 450 000 Euro
- lfd. Nr. 3 Grundschuld zu 350 000 Euro
- lfd. Nr. 4 Grundschuld zu 275 000 Euro

Das **Recht III/3** soll den **ersten Rang erhalten**. Der Notar wird beauftragt, den Entwurf der Rangrücktrittserklärung zur fertigen.

B. Rechnung

Pos.	Gebührentatbestand	Geschäfts-wert	KV-Nr.	Satz	Betrag
	Entwurf einer Rangrücktrittserklärung (§§ 119 I, 97 I, 45 I S. 1)	350 000	24102, 21201 Nr. 4	0,5	342,50

6.168

C. Erläuterungen

Der Geschäftswert bestimmt sich nach §§ 97 I, 45 I S. 1. Es ist der Vergleich zwischen den Werten der vortretenden und zurücktretenden Rechte durchzuführen, wobei der geringere Wert den Geschäftswert bildet. 6.169

Für den Entwurf ist gem. Nrn. 24102, 21201 Nr. 4 KV die Rahmengebühr 0,3–0,5, mind. 30 Euro zu erheben. Da der Entwurf vollständig gefertigt wurde, ist die höchste Rahmengebühr zu erheben (§ 92 II).

XI. Rangbescheinigung/Notarbestätigung

→ **Fall 42: Rangbescheinigung (Notarbestätigung)**

A. Sachverhalt

Bestellt wurde eine vollstreckbare **Grundschuld** im Sinne von § 800 ZPO im Nennbetrag von 200 000 Euro. Der Notar wird mit der Erstellung einer **Rangbescheinigung** beauftragt. 6.170

B. Rechnung

Pos.	Gebührentatbestand	Geschäfts-wert	KV-Nr.	Satz	Betrag
	Rangbescheinigung (§ 122)	200 000	25201	0,3	130,50

6.171

C. Erläuterungen

6.172 Der Gebührentatbestand Nr. 25201 KV wird in Spalte 2 nur kurz mit „**Rangbescheinigung (§ 122 GNotKG)**" beschrieben. Der in Bezug genommene § 122 enthält nicht nur den Geschäftswert, sondern auch die kostenrechtliche Legaldefinition der Rangbescheinigung: „Mitteilung über die dem Grundbuchamt bei Einreichung eines Antrags vorliegenden weiteren Anträge einschließlich des sich daraus ergebenden Ranges für das beantragte Recht." Nur die Rangbescheinigung nach dieser kostenrechtlichen Legaldefinition fällt unter Nr. 25201 KV. Gelegentlich bestehen Abgrenzungsprobleme, insbesondere zur Bescheinigung nach Nr. 25104 KV.

XII. Änderung und/oder Ergänzung eines mitgebrachten Bestellungsentwurfs

→ **Fall 43: Änderung des Fremdentwurfs zu Verjährung der Rückgewähransprüche**

A. Sachverhalt

6.173 Dem Notar wird ein Grundschuldformular mit der Bitte um Beglaubigung der Unterschrift des Eigentümers vorgelegt (Nennbetrag des Grundpfandrechts 200 000 Euro). Die Grundschuld soll im Rang nach den bereits im Grundbuch eingetragenen Grundschulden zu 300 000 Euro und 200 000 Euro eingetragen werden.

Nachdem der Notar dem Eigentümer die Problematik hinsichtlich der Verjährung der Rückgewähransprüche erörtert hat, wurde das vorgelegte Grundschuldformular in der Weise **geändert**, dass **alle Ansprüche auf Rückgewähr**, die im Zusammenhang mit der Bestellung des Grundpfandrechts entstehen, **erst dreißig Jahre nach dem gesetzlichen Verjährungsanspruch verjähren**.

B. Rechnung

6.174

Pos.	Gebührentatbestand	Geschäftswert	KV-Nr.	Satz	Betrag
	Änderung eines Grundschuldentwurfs (§§ 119 I, 97 I, 53 I)	200 000	24102, 21200	0,65	282,75

C. Erläuterungen

6.175 Der Geschäftswert für die Änderung des Entwurfs bestimmt sich nach § 119 I. Maßgebend ist daher der Nennbetrag des Grundpfandrechts (**§ 53 I i.V.m. § 97 I**). Da die Beurkundung der Grundschuld eine 1,0 **Gebühr nach Nr. 21200 KV auslösen würde (wegen der Abtretung der Rückgewähransprüche, welche denselben Beurkundungsgegenstand hat, § 109 I S. 1–3**), ist die Gebühr nach **Nr. 24101 KV** zu bestimmen (Rahmengebühr 0,3–1,0). Der Gebührensatz für die Rahmengebühr bestimmt sich nach **Umfang der Tätigkeit** des Notars (z.B. Zeitaufwand). Die vollständige Überarbeitung des Entwurfs **kann** auch die **Höchstgebühr auslösen**. Der Gebührensatz bestimmt sich aber grundsätzlich nach billigem Er-

XII. Änderung und/oder Ergänzung eines mitgebrachten Bestellungsentwurfs

messen des Notars, entscheidend ist der mit der Änderung/Ergänzung verbundene Aufwand (§ 92 I).

Die Vorschrift des § 92 II findet **keine Anwendung**, wenn es sich um eine Tätigkeit der **Vorbem. 2.4.1 III** (Überprüfung, Änderung oder Ergänzung eines Entwurfs) handelt.

In allen durchschnittlichen Fällen kann deshalb die sog. Mittelgebühr angesetzt werden. Im konkreten Fall berechnet sich die Mittelgebühr wie folgt: 0,3 + 1,0 = 1,3/2 = 0,65.

Die Unterschriftsbeglaubigung löst nach Vorbem. 2.4.1 II KV keine zusätzliche Gebühr aus. Auch die Weiterleitung an das Grundbuchamt löst keine Gebühr aus (Vorbem. 2.4.1 IV).

→ **Fall 44: Ergänzung des Fremdentwurfs um Pfandbeschrieb**

A. Sachverhalt

Dem Notar wird ein Grundschuldformular mit der Bitte um Beglaubigung der Unterschrift des Eigentümers vorgelegt (Nennbetrag des Grundpfandrechts 200 000 Euro). Der Notar stellt fest, dass es an dem **grundbuchlichen Beschrieb** des Belastungsgegenstandes fehlt. Im Übrigen enthält das Grundschuldformular nur formelle Grundbucherklärungen. Nachdem der Notar den Eigentümer darauf hingewiesen hat, erhält er den Auftrag, das Grundschuldformular entsprechend **zu ergänzen**.

B. Rechnung

Pos.	Gebührentatbestand	Geschäfts-wert	KV-Nr.	Satz	Betrag
	Änderung eines Grundschuldentwurfs (§§ 119 I, 97 I, 53 I)	200 000	24102, 21201 Nr. 4	0,4	174,00

C. Erläuterungen

Der Geschäftswert für die Änderung des Entwurfs bestimmt sich nach § 119 I. Maßgebend ist daher der Nennbetrag des Grundpfandrechts (§ 53 I i.V.m. § 97 I). Da die Grundschuldbestellung die 0,5 Gebühr nach Nr. 21201 Nr. 4 KV auslösen würde, ist die Gebühr nach Nr. 24102 KV zu bestimmen (Rahmengebühr 0,3–0,5). Der Gebührensatz für die Rahmengebühr bestimmt sich nach **Umfang der Tätigkeit** des Notars (z.B. Zeitaufwand). Die vollständige Überarbeitung des Entwurfs **kann** auch die **Höchstgebühr auslösen**. Der Gebührensatz bestimmt sich aber grundsätzlich nach billigem Ermessen des Notars, entscheidend ist der mit der Änderung/Ergänzung verbundene Aufwand des Notars (§ 92 I). Die Vorschrift des § 92 II findet **keine Anwendung**, wenn es sich um eine Tätigkeit der **Vorbem. 2.4.1 III** (Überprüfung, Änderung oder Ergänzung eines Entwurfs) handelt.

Teil 6 Grundpfandrechte und weitere Sicherungsgeschäfte

In allen durchschnittlichen Fällen kann deshalb die sog. Mittelgebühr angesetzt werden. Im konkreten Fall berechnet sich die Mittelgebühr wie folg: 0,3 + 0,5 = 0,8/2 = 0,4.

Die Unterschriftsbeglaubigung löst nach Vorbem. 2.4.1 II KV keine zusätzliche Gebühr aus. Auch die Weiterleitung an das Grundbuchamt löst keine Gebühr aus (Vorbem. 2.4.1 IV).

D. Bemerkung

6.179 Ergänzt der Notar lediglich die formellen Grundbucherklärungen, bleibt es auch dann bei der Rahmengebühr nach Nr. 24102 KV GNotKG, wenn der vorgelegte Entwurf neben den Grundbucherklärungen materielle Erklärungen enthält (z.B. Abtretung der Rückgewähransprüche). Lediglich dann, wenn der Notar die gesamte Urkunde neben der Ergänzung auch überprüfen soll, ist die Rahmengebühr nach Nr. 24101 KV GNotKG anzusetzen.

→ **Fall 45: Ergänzung des Fremdentwurfs um die eingeschränkte Zweckerklärung**

A. Sachverhalt

6.180 Dem Notar wird ein Grundschuldformular mit der Bitte um Beglaubigung der Unterschrift des Eigentümers vorgelegt (Nennbetrag des Grundpfandrechts 200 000 Euro). Da es sich um eine Finanzierungsgrundschuld handelt, wird der Notar beauftragt, den Entwurf um die Einschränkung der **Zweckerklärung** nach Maßgabe des Kaufvertrages (Kaufpreis 200 000 Euro) **zu ergänzen**. Vor Weitergabe der Grundschuldurkunde an die Bank holt der Notar auftragsgemäß das Einverständnis der Bank zur Einschränkung der Zweckerklärung ein.

B. Rechnung

6.181

Pos.	Gebührentatbestände	Geschäftswert	KV-Nr.	Satz	Betrag
(1)	Änderung eines Grundschuldentwurfs (§§ 119 I, 97 I, 53 I)	200 000	24102, 21200	0,65	282,75
(2)	Betreuung (§ 113 I) Anzeige der Einschränkungen der Zweckerklärungen	200 000	22200 Nr. 4	0,5	217,50

C. Erläuterungen

6.182 **Pos. (1):**

Auch für diesen Fall gelten die Ausführungen zur Rz. 6.178 entsprechend. Die Tatsache, dass der Notar den Grundschuldentwurf erstmals um die materiellen Erklärungen (Einschränkung der Zweckerklärung) ergänzt führt nicht dazu, dass diesbezüglich § 92 II GNotKG einschlägig ist.

XIII. Teilung/Verteilung

Pos. (2): 6.183

Die Anzeige der **Einschränkung** der **Zweckerklärung** bzw. des Sicherungsvertrages an die (künftige) Grundschuldgläubigerin stellt eine **Betreuungstätigkeit** nach **Nr. 22200 Anm. Nr. 5 KV** dar, die eine 0,5 Gebühr auslöst.[1] Hierfür reicht es aus, wenn der Notar der Gläubigerin die Einschränkung anzeigt und diese von der Gläubigerin dadurch angenommen wird, dass sie nicht widerspricht; die konkludente Annahme des Angebots auf Abänderung der seitens der Gläubigerin formularmäßig vorgesehenen Zweckerklärung liegt darin, dass die Gläubigerin die Grundschuldurkunde behält.[2] Der **Auftrag** für diese Anzeigetätigkeit nach **Vorbem. 2.2 I Hs. 1 KV** muss nicht ausdrücklich, sondern kann **formlos** und konkludent durch schlüssiges Verhalten erfolgen.[3]

Der **Geschäftswert** bestimmt sich gem. § 113 I wie bei der Beurkundung.

XIII. Teilung/Verteilung

→ **Fall 46: Teilung einer Grundschuld**

A. Sachverhalt

Eine im Grundbuch eingetragene **Buchgrundschuld** im Nennbetrag von 200 000 Euro soll wie folgt **geteilt werden**: erste Rangstelle 150 000 Euro, zweite Rangstelle 50 000 Euro. Der Notar wird beauftragt, den Entwurf der Urkunde (Bewilligung und Antrag auf Teilung) zu fertigen. 6.184

B. Rechnung

Pos.	Gebührentatbestand	Geschäftswert	KV-Nr.	Satz	Betrag
	Entwurf Teilung einer Grundschuld (§§ 119 I, 36 I)	60 000	24102, 21201 Nr. 4	0,5	96,00

6.185

C. Erläuterungen

Es handelt sich um die Veränderung eines bestehenden Rechts, für die keine spezielle Geschäftswertvorschrift bestimmt ist. Demgemäß ist auf die allgemeine Geschäftswertvorschrift des § 36 I zurückzugreifen. Vorgeschlagen werden etwa 10–30 % vom Nennbetrag des betroffenen Grundpfandrechts (hier 30 %). 6.186

Für den Entwurf ist gem. Nrn. 24102, 21201 Nr. 4 KV die Rahmengebühr 0,3–0,5, mind. 30 Euro zu erheben. Da der Entwurf vollständig gefertigt wurde, ist die höchste Rahmengebühr zu erheben (§ 92 II).

---

1 LG Düsseldorf, Beschl. v. 9.9.2014 – 19 T 199/13, NotBZ 2015, 114.
2 LG Düsseldorf, Beschl. v. 9.9.2014 – 19 T 199/13, NotBZ 2015, 114.
3 LG Düsseldorf, Beschl. v. 9.9.2014 – 19 T 199/13, NotBZ 2015, 114.

→ **Fall 47: Teilung einer Grundschuld und Abtretung**

A. Sachverhalt

6.187 Eine im Grundbuch eingetragene Buchgrundschuld im Nennbetrag von 200 000 Euro soll wie folgt **geteilt** werden: erste Rangstelle 150 000 Euro, zweite Rangstelle 50 000 Euro. In gleicher Urkunde wird die neu entstehende Grundschuld zu 50 000 Euro **abgetreten**. Der Notar wird beauftragt, den Entwurf der Urkunde (Bewilligung und Antrag auf Teilung nebst Abtretungserklärung) zu fertigen.

B. Rechnung

6.188

Pos.	Gebührentatbestände	Geschäfts-wert	KV-Nr.	Satz	Betrag
	Entwurf Teilung einer Grundschuld und Abtretung (§§ 119 I, 35 I, 86 II)	110 000	24102, 21201 Nr. 4	0,5	136,50
	a) Teilung (§ 36 I)	60 000			
	b) Abtretung (§§ 97 I, 53 I)	50 000			

C. Erläuterungen

6.189 Der Geschäftswert der Teilung einer Grundschuld bestimmt sich nach § 36 I (Teilwert vom Nennbetrag des Grundpfandrechts, hier 30 %). Die Teilung der Grundschuld sowie die Abtretung der neu entstandenen Grundschuld sind **verschiedene** Beurkundungsgegenstände nach § 86 II. Der Wert der Abtretung bestimmt sich nach dem Nennbetrag der abgetretenen Grundschuld (§§ 97 I, 53 I). Da beide Erklärungen denselben Gebührensatz auslösen, sind die Werte zu addieren (§ 35 I).

Für den Entwurf ist gem. Nrn. 24102, 21201 Nr. 4 KV die Rahmengebühr 0,3–0,5, mind. 30 Euro zu erheben. Da der Entwurf vollständig gefertigt wurde, ist die höchste Rahmengebühr zu erheben (§ 92 II).

→ **Fall 48: Verteilung einer Gesamthypothek**

A. Sachverhalt

6.190 Die Grundstücke X und Y sind mit einer Gesamthypothek im Nennbetrag von 200 000 Euro belastet. Der Gläubiger bewilligt und beantragt die **Verteilung** der Grundschuld gem. § 1132 II BGB, so dass beide Grundstücke jeweils mit einer Grundschuld zu 100 000 Euro belastet werden. Der Notar wird beauftragt, den Entwurf der Urkunde zu fertigen.

B. Rechnung

Pos.	Gebührentatbestand	Geschäfts-wert	KV-Nr.	Satz	Betrag
	Entwurf zur Verteilung einer Gesamthypothek (§§ 119 I, 53 I)	200 000	24102, 21201 Nr. 4	0,5	217,50

6.191

C. Erläuterungen

Bei der **Verteilung einer Hypothek oder Grundschuld** auf einzelne Grundstücke wird der Geschäftswert durch den Nennbetrag des Grundpfandrechts bestimmt (§§ 97 I, 53 I).

6.192

Für den Entwurf ist gem. Nrn. 24102, 21201 Nr. 4 KV die Rahmengebühr 0,3–0,5, mind. 30 Euro zu erheben. Da der Entwurf vollständig gefertigt wurde, ist die höchste Rahmengebühr zu erheben (§ 92 II).

XIV. Änderungen

→ **Fall 49: Erhöhung der Zinsen nebst entsprechender Erweiterung der Zwangsvollstreckungsunterwerfung**

A. Sachverhalt

Im Grundbuch ist eine vollstreckbare Grundschuld in Höhe von 300 000 Euro, verzinslich zu 4 %, eingetragen. Die Bestellung der Grundschuld erfolgte in Form einer Niederschrift.

6.193

Mit der Gläubigerin wurde vereinbart, die **Zinsen** auf 8 % jährlich zu **erhöhen**. Der Eigentümer erklärt die **Zwangsvollstreckungsunterwerfung** gem. § 800 ZPO im Hinblick auf die Zinserhöhung.

B. Rechnung

Pos.	Gebührentatbestände	Geschäfts-wert	KV-Nr.	Satz	Betrag
	Änderung einer Grundschuld mit Zwangsvollstreckungsunterwerfung Beurkundungsverfahren (§§ 35 II, 86 II, 109 I 1–3, 94)	120 000	21200	1,0	300,00
	a) Änderung der Grundschuld (§§ 36 I, 52 II und III. S. 2)	120 000	~~21201 Nr. 4~~	~~0,5~~	
	b) Zwangsvollstreckungsunter-werfung (§ 97 I)	120 000	21200	1,0	

6.194

C. Erläuterungen

Der Geschäftswert für die Änderung bestimmt sich nach §§ 36 I, 52 II und III S. 2. Maßgebend ist der Änderungsbetrag (4 % von 300 000 Euro = 12 000 Euro ×

6.195

10 Jahre, da unbestimmte Dauer). Die Zinserhöhung und die erweiterte Zwangsvollstreckungsunterwerfung sind **derselbe** Beurkundungsgegenstand gem. §§ 109 I S. 1–3. Zu erheben ist gem. § 94 II die höhere Gebühr für die Zwangsvollstreckungsunterwerfung (1,0 nach Nr. 21200 KV).

→ **Fall 50: Änderung der Zahlungsmodalitäten**

A. Sachverhalt

6.196 Die im Grundbuch eingetragene Grundschuld zu 200 000 Euro wird hinsichtlich der sofortigen Fälligkeit von Grundschuldkapital, Zinsen und Nebenleistung in der Weise **geändert**, dass die **Fälligkeit** der Grundschuld erst nach **vorheriger Kündigung mit einer Frist** von **sechs Monaten** eintritt. Der Notar fertigt auftragsgemäß den Entwurf der Änderungserklärung.

B. Rechnung

6.197

Pos.	Gebührentatbestand	Geschäftswert	KV-Nr.	Satz	Betrag
	Entwurf zur Änderung der Zahlungsmodalitäten (§§ 119 I, 97 I, 53 I, 36 I)	60 000	24102, 21201 Nr. 4	0,5	96,00

C. Erläuterungen

6.198 Der Geschäftswert für die Änderung bestimmt sich nach § 36 I (Teilwert in Höhe von 10–30 % vom Nennbetrag des Grundpfandrechts, hier 30 %). Bei den Erklärungen handelt es sich um formelle Grundbucherklärungen, so dass für den Entwurf gem. Nrn. 24102, 21201 Nr. 4 die Rahmengebühr 0,3–0,5, mind. 30 Euro zu erheben ist. Da der Entwurf vollständig gefertigt wurde, ist die höchste Rahmengebühr zu erheben (§ 92 II).

→ **Fall 51: Umwandlung Buchrecht in Briefrecht**

A. Sachverhalt

6.199 Zur Eintragung in das Grundbuch wird die **Umwandlung** einer Buchgrundschuld im Nennbetrag von 200 000 Euro **in eine Briefgrundschuld** bewilligt und beantragt. Der Notar wird beauftragt, den Entwurf der Urkunde zu fertigen.

B. Rechnung

6.200

Pos.	Gebührentatbestand	Geschäftswert	KV-Nr.	Satz	Betrag
	Entwurf Umwandlung Buch- in Briefrecht (§§ 119 I, 97 I, 53 I, 36 I)	60 000	24102, 21201 Nr. 4	0,5	96,00

C. Erläuterungen

Der Geschäftswert für die **Umwandlung eines Buchrechts in ein Briefrecht** bestimmt sich nach § 36 I (Teilwert in Höhe von 10–30 % vom Nennbetrag des Grundpfandrechts, hier 30 %). Bei den Erklärungen handelt es sich um formelle Grundbucherklärungen, so dass für den Entwurf gem. Nrn. 24102, 21201 Nr. 4 KV die Rahmengebühr 0,3–0,5, mind. 30 Euro zu erheben ist. Da der Entwurf vollständig gefertigt wurde, ist die höchste Rahmengebühr zu erheben (§ 92 II).

6.201

→ **Fall 52: Umwandlung Briefrecht in Buchrecht**

A. Sachverhalt

Zur Eintragung in das Grundbuch wird die **Umwandlung** einer Briefgrundschuld im Nennbetrag von 200 000 Euro **in** eine **Buchgrundschuld** bewilligt und beantragt. Der Notar wird beauftragt, den Entwurf der Urkunde zu fertigen.

6.202

B. Rechnung

Pos.	Gebührentatbestände	Geschäftswert	KV-Nr.	Satz	Betrag
	Entwurf Umwandlung Briefrecht in Buchrecht (§§ 119 I, 97 I, 53 I, 36 I)	60 000	24102, 21201 Nr. 4	0,5	96,00

6.203

C. Erläuterungen

Der Geschäftswert für die **Umwandlung eines Briefrechts in ein Buchrecht** bestimmt sich nach § 36 I (Teilwert in Höhe von 10–30 % vom Nennbetrag des Grundpfandrechts, hier 30 %). Bei den Erklärungen handelt es sich um formelle Grundbucherklärungen, so dass für den Entwurf gem. Nrn. 24102, 21201 Nr. 4 die Rahmengebühr 0,3–0,5, mind. 30 Euro zu erheben ist. Da der Entwurf vollständig gefertigt wurde, ist die höchste Rahmengebühr zu erheben (§ 92 II).

6.204

→ **Fall 53: Umwandlung Hypothek in Grundschuld**

A. Sachverhalt

Zur Eintragung in das Grundbuch wird die **Umwandlung** einer Hypothek im Nennbetrag von 200 000 Euro in eine Buchgrundschuld bewilligt und beantragt. Der Notar wird beauftragt, den Entwurf der Urkunde zu fertigen.

6.205

B. Rechnung

Pos.	Gebührentatbestand	Geschäftswert	KV-Nr.	Satz	Betrag
	Entwurf Umwandlung einer Hypothek in eine Grundschuld (§§ 119 I, 97 I, 53 I)	200 000	24102, 21201 Nr. 4	0,5	217,50

6.206

C. Erläuterungen

6.207 Der Geschäftswert für die Umwandlung einer Hypothek in eine Grundschuld bestimmt sich nach dem Nennbetrag des Grundpfandrechts (§§ 97 I, 53 I). Bei den Erklärungen handelt es sich um formelle Grundbucherklärungen, so dass für den Entwurf gem. Nrn. 24102, 21201 Nr. 4 KV die Rahmengebühr 0,3–0,5, mind. 30 Euro zu erheben ist. Da der Entwurf vollständig gefertigt wurde, ist die höchste Rahmengebühr zu erheben (§ 92 II).

→ **Fall 54: Forderungsauswechslung bei einer Verkehrshypothek**

A. Sachverhalt

6.208 Im Grundbuch ist für A eine Hypothek zur Sicherung eines Restkaufpreises in Höhe von 200 000 Euro eingetragen. Die Forderung besteht in voller Höhe. Anstelle der Kaufpreisforderung soll die Hypothek für ein Darlehen des genannten Gläubigers gegen den Grundstückseigentümer in Höhe von ebenfalls 200 000 Euro haften. Gläubiger und Grundstückseigentümer bewilligen und beantragen die Eintragung dieser **Forderungsauswechslung** im Grundbuch. Der Notar fertigt auftragsgemäß den Entwurf der Urkunde.

B. Rechnung

6.209

Pos.	Gebührentatbestände	Geschäftswert	KV-Nr.	Satz	Betrag
	Entwurf einer Forderungsauswechslung bei einer Verkehrshypothek (§§ 119 I, 97 I, 53 I)	200 000	24102, 21201 Nr. 4	0,5	217,50

C. Erläuterungen

6.210 Der Geschäftswert für die Forderungsauswechslung einer Verkehrshypothek bestimmt sich nach dem Nennbetrag der Hypothek (§§ 97 I, 53 I) Bei den Erklärungen handelt es sich um formelle Grundbucherklärungen, so dass für den Entwurf gem. Nrn. 24102, 21201 Nr. 4 KV die Rahmengebühr 0,3–0,5, mind. 30 Euro zu erheben ist. Da der Entwurf vollständig gefertigt wurde, ist die höchste Rahmengebühr zu erheben (§ 92 II).

→ **Fall 55: Nachträgliche Bestimmung eines Abtretungsverbotes**

A. Sachverhalt

6.211 Der Inhalt einer im Grundbuch eingetragenen Buchgrundschuld im Nennbetrag von 200 000 Euro wird in der Weise **geändert**, dass die **Abtretung** des Rechts **ausgeschlossen** wird. Der Notar fertigt auftragsgemäß den Entwurf der Erklärung.

B. Rechnung

Pos.	Gebührentatbestand	Geschäfts-wert	KV-Nr.	Satz	Betrag	6.212
	Entwurf nachträgliche Bestimmung eines Abtretungsverbotes (§§ 119 I, 97 I, 53 I, 36 I)	60 000	24102, 21201 Nr. 4	0,5	96,00	

C. Erläuterungen

Der Geschäftswert für die Änderung eines Grundpfandrechts, hier der nachträglichen Bestimmung eines Abtretungsverbotes, bestimmt sich nach § 36 I (Teilwert in Höhe von 10–30 % vom Nennbetrag des Grundpfandrechts, hier 30 %). Bei den Erklärungen handelt es sich um formelle Grundbucherklärungen, so dass für den Entwurf gem. Nrn. 24102, 21201 Nr. 4 KV die Rahmengebühr 0,3–0,5, mind. 30 Euro zu erheben ist. Da der Entwurf vollständig gefertigt wurde, ist die höchste Rahmengebühr zu erheben (§ 92 II). 6.213

XV. Vormerkung

→ **Fall 56: Vormerkung für eine Hypothek**

A. Sachverhalt

Unter Überreichung des für vorläufig vollstreckbar erklärten Urteils des Amtsgerichts, nach welchem der Eigentümer zur Bestellung einer Hypothek in Höhe von 200 000 Euro nebst Zinsen für A verpflichtet ist, wird die Eintragung einer **Vormerkung** zur Sicherung des Anspruchs zur Eintragung in das Grundbuch bewilligt und beantragt. Der Notar fertigt auftragsgemäß den Entwurf der Urkunde. 6.214

B. Rechnung

Pos.	Gebührentatbestand	Geschäfts-wert	KV-Nr.	Satz	Betrag	6.215
	Entwurf einer Vormerkung für eine Hypothek 200 000 Euro (§§ 119 I, 45 III, 53 I S. 1)	200 000	24102, 21201 Nr. 4	0,5	217,50	

C. Erläuterungen

Der Geschäftswert für den Antrag auf Eintragung einer Vormerkung einer Hypothek bestimmt sich nach dem Nennbetrag der Hypothek (§§ 45 III, 53 I). Bei den Erklärungen handelt es sich um formelle Grundbucherklärungen, so dass für den Entwurf gem. Nrn. 24102, 21201 Nr. 4 KV die Rahmengebühr 0,3–0,5, mind. 30 Euro zu erheben ist. Da der Entwurf vollständig gefertigt wurde, ist die höchste Rahmengebühr zu erheben (§ 92 II). 6.216

XVI. Verpfändung

→ **Fall 57: Verpfändung einer Grundschuld**

A. Sachverhalt

6.217 Im Grundbuch ist eine Buchgrundschuld im Nennbetrag von 400 000 Euro nebst Zinsen eingetragen. Der eingetragene Gläubiger A **verpfändet** diese **Grundschuld** zur Sicherung einer Forderung gegen ihn in Höhe von 200 000 Euro. Die Eintragung der Verpfändung wird bewilligt und beantragt. Der Notar fertigt auftragsgemäß den Entwurf der Urkunde.

B. Rechnung

6.218

Pos.	Gebührentatbestand	Geschäftswert	KV-Nr.	Satz	Betrag
	Entwurf der Verpfändung einer Grundschuld (§§ 119 I, 97 I, 53 II)	200 000	24102, 21201 Nr. 4	0,5	217,50

C. Erläuterungen

6.219 Der Geschäftswert für Verpfändung einer Grundschuld bestimmt sich nach §§ 97 I, 53 II. Maßgebend ist der Wert der Forderung, soweit nicht der Wert des Pfandgegenstandes geringer ist. Im konkreten Fall bildet der Wert der Forderung den Geschäftswert, da dieser Wert geringer ist.

Bei den Erklärungen handelt es sich um formelle Grundbucherklärungen, so dass für den Entwurf gem. Nrn. 24102, 21201 Nr. 4 KV die Rahmengebühr 0,3–0,5, mind. 30 Euro zu erheben ist. Da der Entwurf vollständig gefertigt wurde, ist die höchste Rahmengebühr zu erheben (§ 92 II).

XVII. Nießbrauch

→ **Fall 58: Nießbrauch an einer Hypothek**

A. Sachverhalt

6.220 Im Grundbuch ist eine Hypothek für A in Höhe von 200 000 Euro nebst jährlichen Zinsen von 6 % eingetragen. A räumt seiner Ehefrau (56 Jahre alt) den **Nießbrauch** an der **Hypothek** auf Lebenszeit ein. Der Notar fertigt auftragsgemäß den Entwurf der Urkunde (Bewilligung und Antrag).

B. Rechnung

6.221

Pos.	Gebührentatbestand	Geschäftswert	KV-Nr.	Satz	Betrag
	Entwurf Nießbrauch an einer Hypothek (§§ 119 I, 97 I, 52 I, IV)	120 000	24102, 21201 Nr. 4	0,5	150,00

C. Erläuterungen

Der Geschäftswert für die Einräumung eines Nießbrauchrechts an einer Hypothek bestimmt sich nach §§ 97 I, 52 I, IV. Aufgrund des Alters der Berechtigten ergibt sich folgende Berechnung: 6 % von 200 000 Euro = 12 000 Euro × 10 Jahre).

6.222

Bei den Erklärungen handelt es sich um formelle Grundbucherklärungen, so dass für den Entwurf gem. Nrn. 24102, 21201 Nr. 4 KV die Rahmengebühr 0,3–0,5, mind. 30 Euro zu erheben ist. Da der Entwurf vollständig gefertigt wurde, ist die höchste Rahmengebühr zu erheben (§ 92 II).

XVIII. Brieferteilung durch den Notar

→ **Fall 59: Erstellung eines Teilbriefes durch den Notar anlässlich Teilabtretung einer Briefgrundschuld**

A. Sachverhalt

Nach Teilung einer Grundschuld im Nennbetrag von 400 000 Euro nebst Zinsen in einen Teil zu 250 000 Euro und einen weiteren Teil zu 150 000 Euro nebst gleichzeitiger Abtretung des Teils zu 150 000 Euro wird der Notar beauftragt, den **Teil-Grundschuldbrief** über 150 000 Euro zu erteilen.

6.223

B. Rechnung

6.224

Pos.	Gebührentatbestand	Geschäftswert	KV-Nr.	Satz	Betrag
	Erstellung eines Teilgrundschuldbriefes (§ 36 I)	150 000	25202	0,3	106,20

C. Erläuterungen

Die Teilbriefbildung durch den Notar kommt in der Praxis meist im Zusammenhang mit einer Teilabtretung vor (vgl. § 1152 BGB). Die Gebühr Nr. 25102 KV fällt für jeden hergestellten Teilbrief gesondert an. Daneben fällt, soweit einschlägig, eine weitere Gebühr für die Abtretung an. Der Geschäftswert bestimmt sich gem. § 36 I i.V.m. § 53 I nach dem Nennbetrag des durch den Teilbrief verbrieften Rechts (§ 71 ist nicht anwendbar, da es sich um eine Gerichtskostenvorschrift handelt).

6.225

XIX. Verzicht/Löschung

→ **Fall 60: Verzicht des Gläubigers auf Grundschuld**

A. Sachverhalt

Der Gläubiger **verzichtet** auf eine im Grundbuch eingetragene **Grundschuld** im Nennbetrag von 200 000 Euro und beantragt die Eintragung des Verzichts im Grundbuch. Der Notar wird beauftragt, den Entwurf der Urkunde zu fertigen.

6.226

B. Rechnung

6.227

Pos.	Gebührentatbestand	Geschäfts-wert	KV-Nr.	Satz	Betrag
	Entwurf über den Verzicht auf eine Grundschuld (§§ 119 I, 97 I, 53 I)	200 000	24102, 21201 Nr. 4	0,5	217,50

C. Erläuterungen

6.228 Der Geschäftswert für den **Verzicht auf eine Grundschuld** bestimmt sich nach dem Nennbetrag der Hypothek (§§ 97 I, 53 I). Bei den Erklärungen handelt es sich um formelle Grundbucherklärungen, so dass für den Entwurf gem. Nrn. 24102, 21201 Nr. 4 KV die Rahmengebühr 0,3–0,5, mind. 30 Euro zu erheben ist. Da der Entwurf vollständig gefertigt wurde, ist die höchste Rahmengebühr zu erheben (§ 92 II).

→ **Fall 61: Löschungsbewilligung des Gläubigers nebst Eigentümerzustimmung**

A. Sachverhalt

6.229 Der Gläubiger bewilligt die **Löschung** einer im Grundbuch eingetragenen Grundschuld im Nennbetrag von 200 000 Euro; der **Eigentümer stimmt** der Löschung zu und beantragt den Grundbuchvollzug. Der Notar wird beauftragt, den Entwurf der Urkunde zu fertigen.

B. Rechnung

6.230

Pos.	Gebührentatbestand	Geschäfts-wert	KV-Nr.	Satz	Betrag
	Entwurf einer Löschungsbewilligung nebst Eigentümerzustimmung Grundschuld (§§ 119 I, 97 I, 53 I, 109 I S. 1–3)	200 000	24102, 21201 Nr. 4	0,5	217,50

C. Erläuterungen

6.231 Die Geschäftswerte für die **Löschungsbewilligung** und die **Eigentümerzustimmung** bestimmen sich nach dem Nennbetrag der Hypothek (§ 53 I i.V.m. § 119 I und § 97 I). Die Löschungsbewilligung des Gläubigers und die Eigentümerzustimmung sind **derselbe** Gegenstand im Sinne von §§ 109 I S. 1–3. Bei den Erklärungen handelt es sich um formelle Grundbucherklärungen, so dass für den Entwurf gem. Nrn. 24102, 21201 Nr. 4 KV die Rahmengebühr 0,3–0,5, mind. 30 Euro zu erheben ist. Da der Entwurf vollständig gefertigt wurde, ist die höchste Rahmengebühr zu erheben (§ 92 II).

XIX. Verzicht/Löschung

→ **Fall 62: Unterschriftsbeglaubigung zu Löschungsbewilligung nach Auswärtstermin bei der Gläubigerbank**

A. Sachverhalt

Der Gläubiger bewilligt die **Löschung** einer im Grundbuch eingetragenen Grundschuld im Nennbetrag von 500 000 Euro. Auftragsgemäß **beglaubigt** der Notar die Unterschrift der Gläubigerin unter einem vorgelegten Entwurf. Die Beglaubigung erfolgt wunschgemäß **außerhalb der Amtsräume**, jedoch innerhalb der politischen Gemeinde des Notars. Der Notar ist eine halbe Stunde abwesend.

B. Rechnung

Pos.	Gebührentatbestände	Geschäftswert	KV-Nr.	Satz	Betrag
(1)	Unterschriftsbeglaubigung unter einer Löschungsbewilligung (§§ 121, 97 I, 53 I S. 1)	500 000	25100	0,2	70,00
(2)	Auswärtsgebühr		26002		50,00

C. Erläuterungen

Nach Anmerkung I zu Nr. 26002 KV entsteht die Auswärtsgebühr nur einmal. Nimmt der Notar mehrere Beglaubigungen vor, so die Gebühr auf die einzelnen Beglaubigungen angemessen zu verteilen.

→ **Fall 63: Löschungsfähige Quittung**

A. Sachverhalt

Im Grundbuch ist für A eine Hypothek in Höhe von 200 000 Euro nebst Zinsen eingetragen. A bestätigt, dass die **Forderung** in Höhe von 200 000 Euro vollständig **erfüllt** worden ist. Es wird beantragt das Grundbuch dahin zu berichtigen, dass die Hypothek auf den Eigentümer übergegangen ist.

B. Rechnung

Pos.	Gebührentatbestände	Geschäftswert	KV-Nr.	Satz	Betrag
	Entwurf (§§ 119 I, 109 I S. 1–3)	200 000	24101, 21200	1,0	435,00
	a) Löschungsfähige Quittung (§ 97 I)	200 000	24101, 21200	1,0	
	b) Antrag auf Grundbuchberichtigung (§§ 97 I, 53 I)	200 000	24102, 21201 Nr. 4	0,5	

C. Erläuterungen

6.237 Die Geschäftswerte für die **löschungsfähige Quittung** und der Antragung auf Berichtigung bestimmen sich nach dem Nennbetrag der Hypothek (§§ 97 I, 53 I). Beide Erklärungen haben **denselben** Beurkundungsgegenstand im Sinne von §§ 109 I S. 1–3. Allerdings löst die löschungsfähige Quittung die 1,0 Gebühr nach Nr. 21200 aus, so dass die Grundbucherklärungen (0,5 Gebühr nach Nr. 21201 Nr. 4) dahinter zurückbleiben (s. § 94 II). Daher ist für den Entwurf gem. Nrn. 24101, 21200 die Rahmengebühr 0,3–1,0, mind. 60 Euro zu erheben. Da der Entwurf vollständig gefertigt wurde, ist die höchste Rahmengebühr zu erheben (§ 92 II).

XX. Zweckerklärung (Sicherungsvertrag)

→ **Fall 64: Separate Zweckerklärung**

A. Sachverhalt

6.238 Im Grundbuch ist für die A-Bank eine Grundschuld im Nennbetrag von 400 000 Euro eingetragen. Die Grundschuld soll ein Darlehen in Höhe von 200 000 Euro sichern, welches die A-Bank dem Eigentümer des Grundstücks gewährt hat. Zu diesem Zwecke entwirft der Notar einen **Sicherungsvertrag**, welcher im Anschluss vom Grundstückseigentümer unterschrieben wird.

B. Rechnung

6.239

Pos.	Gebührentatbestand	Geschäftswert	KV-Nr.	Satz	Betrag
	Entwurf Zweckerklärung (§§ 119 I, 97 I, 53 II)	200 000	24101, 21200	1,0	435,00

C. Erläuterungen

6.240 Der Geschäftswert bestimmt sich nach dem Darlehensbetrag (§ 97 I, 53 II). Grundsätzlich löst der Vertrag eine 2,0 Gebühr nach Nr. 21100 KV aus, ebenso auch der Vertragsentwurf (Nr. 24100 KV). Im Falle einer Zweckerklärung muss jedoch davon abgewichen werden, da lediglich die Erklärungen des Schuldners beurkundet werden (1,0 Gebühr nach Nr. 21200 KV). Daher ist für den Entwurf gem. Nrn. 24101, 21200 die Rahmengebühr 0,3–1,0, mind. 60 Euro zu erheben. Da der Entwurf vollständig gefertigt wurde, ist die höchste Rahmengebühr zu erheben (§ 92 II).

XXI. Weitere Sicherungsgeschäfte

→ **Fall 65: Separates Schuldanerkenntnis**

A. Sachverhalt

Der Schuldner erkennt an, der Gläubigerin einen Betrag in Höhe des Grundschuldnennbetrages nebst Zinsen (200 000 Euro) zu **schulden** und unterwirft sich diesbezüglich der persönlichen Zwangsvollstreckung.

6.241

B. Rechnung

Pos.	Gebührentatbestände	Geschäfts-wert	KV-Nr.	Satz	Betrag
	Beurkundungsverfahren (§§ 109 I S. 4 Nr. 4, 94 II, 93 I S. 1, 85 I)	200 000	21200	1,0	435,00
	a) Persönliches Schuldanerkenntnis (§ 97 I)	200 000	21200	1,0	
	b) Zwangsvollstreckungsunterwerfung (§ 97 I)	200 000	21200	1,0	

6.242

C. Erläuterungen

Die Geschäftswerte für das Schuldanerkenntnis und die Zwangsvollstreckungsunterwerfung bestimmen sich nach dem Schuldbetrag (§ 97 I). Das Schuldanerkenntnis und die Zwangsvollstreckungsunterwerfung sind **derselbe** Gegenstand gem. §§ 109 I S. 4 Nr. 4. Zu erheben ist die 1,0 Gebühr nach Nr. 21200 KV.

6.243

→ **Fall 66: Lohn- und Gehaltsabtretung (Unterschriftsbeglaubigung ohne Entwurf)**

A. Sachverhalt

Zur **Sicherung** der Ansprüche aus einem Darlehensvertrag in Höhe von 50 000 Euro **tritt der Schuldner** (Beamter, 56 Jahre alt, es besteht keine Unterhaltspflicht, **Netto-Dienstbezüge in Höhe von 1500 Euro**) der Gläubigerin den pfändbaren Teil seiner

6.244

a) Dienstbezüge (379,28 Euro) gegen seinen Arbeitgeber und

b) seiner künftigen Ruhebezüge in gleicher Höhe ab.

Der Notar beglaubigt die Unterschrift des Schuldners.

B. Rechnung

Pos.	Gebührentatbestand	Geschäfts-wert	KV-Nr.	Satz	Betrag
	Unterschriftsbeglaubigung (§§ 121, 97 I, 53 II, 52 IV)	45 513,60	25100	0,2	33,00

6.245

C. Erläuterungen

6.246 Bei dieser **Abtretung** des pfändbaren Teils der **Lohn- und Gehaltseinkünfte sowie der künftigen Rentenansprüche** handelt es sich um eine wiederkehrende Leistung im Sinne von § 52 IV, da das Recht auf die *Lebenszeit* beschränkt ist. Daher ergibt sich folgende Berechnung: (379,28 Euro × 12 Monate × 10 Jahre = 45 513,60 Euro). Da der Abtretungsbetrag geringer als der Wert der Forderung ist, bestimmt dieser den Geschäftswert (§ 53 II i.V.m. § 121 i.V.m. § 97 I). Zu erheben ist die 0,2 Gebühr nach Nr. 25100 KV, mind. 20,00 Euro, höchstens 70,00 Euro.

→ **Fall 67: Sicherungsübereignung (Unterschriftsbeglaubigung ohne Entwurf)**

A. Sachverhalt

6.247 Der Sicherungsnehmer gewährt dem Sicherungsgeber ein **Darlehen** in Höhe von 20 000 Euro. Zur Sicherung dieses Anspruchs **übereignet** der Sicherungsgeber dem Sicherungsnehmer sein **Kraftfahrzeug** (Wert laut Gutachten 25 000 Euro). Sobald der Sicherungsgeber den Sicherungsnehmer wegen der bezeichneten Forderung befriedigt hat, fällt das Eigentum an dem Kraftfahrzeug an den Sicherungsgeber zurück. Der Notar beglaubigt die Unterschriften des Sicherungsgebers und des Sicherungsnehmers unter dem vorgelegten Vertrag.

B. Rechnung

6.248

Pos.	Gebührentatbestand	Geschäftswert	KV-Nr.	Satz	Betrag
	Unterschriftsbeglaubigung Euro (§§ 121, 97 I, 53 II)	20 000	25100	0,2	21,40

C. Erläuterungen

6.249 Der Wert der **Sicherungsübereignung** bestimmt sich nach § 53 II (i.V.m. § 121 i.V.m. § 97 I). Maßgebend ist der Wert der Forderung, es sei denn, der Sicherungsgegenstand hat einen geringeren Wert. Im vorliegenden Fall bestimmt der Sicherungsbetrag den Geschäftswert der Urkunde. Zu erheben ist die 0,2 Gebühr nach Nr. 25100 KV, mind. 20,00 Euro, höchstens 70,00 Euro.

D. Bemerkungen

6.250 Im Falle der Beurkundung der Sicherungsübereignung fällt die 2,0 Gebühr nach Nr. 21100 KV, mindestens 120 Euro, an.

XXI. Weitere Sicherungsgeschäfte

→ **Fall 68: Selbstschuldnerische Bürgschaft mit Vollstreckungsunterwerfung**

A. Sachverhalt

Der Kommanditist (A) der XY KG übernimmt ohne Rücksicht auf die Beschränkung seiner Haftung auf die Einlage die **selbstschuldnerische Bürgschaft** für die rechtzeitige und vollständige Erfüllung aller Verbindlichkeiten, welche die XY KG gegenüber der Gläubigerin aus einer Geschäftsverbindung obliegen bis zur Höhe von 200 000 Euro. Die Forderung besteht derzeit in gleicher Höhe. Der Kommanditist (A) unterwirft sich wegen der Forderung aus dieser Bürgschaftserklärung im Umfang von 200 000 Euro der sofortigen Zwangsvollstreckung.

6.251

B. Rechnung

Pos.	Gebührentatbestände	Geschäftswert	KV-Nr.	Satz	Betrag
	Beurkundungsverfahren (§§ 109 I S. 4 Nr. 4, 94 II)	200 000	21200	1,0	435,00
	a) Bürgschaft (§ 97 I, 53 II)	200 000	21200	1,0	
	b) Zwangsvollstreckungsunterwerfung (§ 97 I)	200 000	21200	1,0	

6.252

C. Erläuterungen

Der Geschäftswert einer Bürgschaftsvereinbarung bestimmt sich gem. §§ 97 I, 53 II. Maßgebend ist der Wert der Forderung. Ist der Bürgschaftsbetrag allerdings geringer als der Wert der Forderung, bestimmt dieser den Geschäftswert. Sind die Forderung und die Bürgschaft gleich hoch, bleibt es beim Wert der Forderung.

6.253

Die Bürgschaftserklärung (1,0 Gebühr nach 21200 KV aus 200 000 Euro) und die Zwangsvollstreckungsunterwerfung (1,0 Gebühr nach Nr. 21200 KV aus 200 000 Euro) sind **derselbe** Gegenstand gem. §§ 109 I S. 1–3, S. 4 Nr. 4. Zu erheben ist also die 1,0 Gebühr nach Nr. 21200 KV aus 200 000 Euro.

D. Bemerkungen

Für die Beurkundung eines Bürgschaftsvertrages fällt die 2,0 Gebühr gem. Nr. 21100 KV, mindestens 120 Euro, an.

6.254

→ **Fall 69: Ausbietungsgarantieversprechen**

Siehe hierzu Fall 9, Rz. 25.49 ff.

6.255

XXII. Aufgebotsverfahren

→ **Fall 70: Antrag auf Aufgebot eines Grundschuldgläubigers nebst eidesstattlicher Versicherung**

A. Sachverhalt

6.256 Im Grundbuch ist eine **Grundschuld mit Brief** im Nennbetrag von 200 000 Euro nebst Zinsen für A **eingetragen**. Der Schuldner beabsichtigte vor 10 Jahren den Restbetrag des Darlehens, welches durch die Grundschuld gesichert wird, zu tilgen. Die Zahlung konnte jedoch nicht ausgeführt werden, da der **Gläubiger** nach Mitteilung der Post **unbekannt verzogen** sei. Weitere Ermittlungen sind erfolglos geblieben. Der Schuldner versichert die Richtigkeit seiner Angaben an Eides Statt. Er stellt beim Amtsgericht den Antrag, das Gericht möge den Gläubiger der Grundschuld auffordern, seine **Ansprüche** und Rechte spätestens in einem vom Gericht festzusetzenden **Aufgebotstermin anzumelden**. Des Weiteren wird beantragt, das Ausschlussurteil dahin zu erlassen, dass der Gläubiger mit seinem Recht ausgeschlossen wird und dass der dem Gläubiger erteilte Grundschuldbrief kraftlos wird.

B. Rechnung

6.257

Pos.	Gebührentatbestand	Geschäftswert	KV-Nr.	Satz	Betrag
	Beurkundungsverfahren – Antrag auf Aufgebot eines Grundschuldgläubigers nebst eidesstattlicher Versicherung (§ 36 I)	60 000	21200	1,0	192,00

C. Erläuterungen

6.258 Der Geschäftswert für den Antrag auf Aufgebot eines Grundschuldgläubigers nebst eidesstattlicher Versicherung bestimmt sich nach § 36 I (10–30 % vom Nennbetrag des Grundpfandrechts, hier 30 %). Die Gebührenvorschrift Nr. 23300 KV GNotKG findet keine Anwendung, da es sich nicht um die eidesstattliche Versicherung im Sinne der Vorschrift handelt. Vielmehr bleibt es bei der allgemeinen Beurkundungsgebühr für einseitige Erklärungen nach Nr. 21200 KV (mit einer Mindestgebühr von 60,00 Euro).

→ **Fall 71: Antrag auf Kraftloserklärung eines Grundschuldbriefes nebst eidesstattlicher Versicherung**

A. Sachverhalt

6.259 Im Grundbuch ist eine **Grundschuld mit Brief** im Nennbetrag von 200 000 Euro nebst Zinsen eingetragen. Die Grundschuld wurde abgetreten. Der Grundschuldbrief wurde an das Grundbuchamt zum Zwecke der Berichtigung gesandt. Nach Auskunft des Grundbuchamtes ist er dort nicht angekommen. Ein Postnachforschungsantrag ist ergebnislos geblieben. Die Richtigkeit der Angaben wird an Eides Statt versichert. Es wird **beantragt**, eine öffentliche gerichtliche Aufforderung zur Anmeldung von **Ansprüchen oder Rechten auf den Grundschuldbrief zu erlassen** und den Grundschuldbrief durch Ausschlussurteil für kraftlos zu erklären.

B. Rechnung

Pos.	Gebührentatbestand	Geschäfts-wert	KV-Nr.	Satz	Betrag
	Beurkundungsverfahren – Antrag auf Kraftloserklärung eines Grundschuldbriefes nebst eidesstattlicher Versicherung (§ 36 I)	60 000	21200	1,0	192,00

6.260

C. Erläuterungen

Der Geschäftswert für den Antrag auf Kraftloserklärung eines Grundschuldbriefes nebst eidesstattlicher Versicherung bestimmt sich nach § 36 I (10–30 % vom Nennbetrag des Grundpfandrechts, hier 30 %). Die Gebührenvorschrift Nr. 23300 KV GNotKG findet keine Anwendung, da es sich nicht um die eidesstattliche Versicherung im Sinne der Vorschrift handelt. Vielmehr bleibt es bei der allgemeinen Beurkundungsgebühr für einseitige Erklärungen nach Nr. 21200 KV (mit einer Mindestgebühr von 60,00 Euro).

6.261

Teil 7
Dienstbarkeiten

Inhaltsübersicht

I. Überblick 7.1
1. Einführung 7.1
2. Übersichtstabelle 7.2
3. Gebühr 7.3
4. Geschäftswert 7.7
   a) Dienstbarkeiten und andere wiederkehrende Leistungen nach § 52 GNotKG 7.7
   b) Vertraglich bestellte Dienstbarkeiten 7.16
   c) Dienstbarkeiten in Kaufverträgen 7.17
5. Derselbe Beurkundungsgegenstand/Verschiedene Beurkundungsgegenstände 7.18
6. Vollzugs-, Betreuungs- und Treuhandtätigkeiten 7.21
7. Gebührenfreie (Neben-) Geschäfte 7.25
8. Anderer Notar 7.26
9. Unrichtige Sachbehandlung ... 7.27
10. Gebührenermäßigung 7.28

II. Dienstbarkeiten 7.29
1. Grunddienstbarkeiten, § 1018 BGB 7.29
   a) Benutzungsdienstbarkeiten, § 1018 (Alt. 1) BGB 7.29
   Fall 1: Geh- und Fahrtrecht (unbeschränkte Dauer, Jahreswert unbekannt) 7.30
   Fall 2: Wegerecht (bestimmte Dauer, Jahreswert) 7.36
   Fall 3: Betretungsrecht (unbeschränkte Dauer, ohne Wertangabe) 7.42
   Fall 4: Rohr- und Kanalleitungsrecht (unbeschränkte Dauer, Einmalzahlung) 7.47
   Fall 5: Bodenausbeuterecht (bestimmte Dauer, Gesamtwert) 7.53
   Fall 6: Kabelleitungsrecht (unbestimmte Dauer, jährliches Nutzungsentgelt) 7.59
   Fall 7: Fahrtrecht für Eigentümer (unbeschränkte Dauer, Gesamtwert) 7.65
   b) Unterlassungs- bzw. Duldungsdienstbarkeiten, § 1018 (Alt. 2) BGB 7.73
   Fall 8: Abstandsflächenrecht (unbeschränkte Dauer, Gesamtwert) 7.74
   Fall 9: Gewerbebeschränkung (unbeschränkte Dauer, Jahreswert) 7.80
   Fall 10: Fensterrecht (unbeschränkte Dauer, ohne Wertangabe).......... 7.85
   c) Ausschlussdienstbarkeiten, § 1018 (Alt. 3) BGB 7.90
   Fall 11: Baumwurf (unbeschränkte Dauer, Jahreswert) 7.91
2. Beschränkte persönliche Dienstbarkeiten 7.96
   a) Benutzungsdienstbarkeiten, § 1090 I (Alt. 1) BGB......... 7.96
   Fall 12: Tankstellenbetreibungsrecht (bestimmte Dauer, Entgelt) 7.97
   Fall 13: Benutzung einer Hauswand (bestimmte Dauer, Nutzungsentschädigung) 7.102
   Fall 14: Kabelleitungsrecht (unbeschränkte Dauer, Gesamtentschädigung) 7.108
   b) Unterlassungs- und Duldungsdienstbarkeiten, § 1090 I (Alt. 2) BGB 7.114
   Fall 15: Wohnungsbesetzungsrecht (bestimmte Dauer)..... 7.115
   Fall 16: Benutzungsbeschränkung (unbeschränkte Dauer, Interessenwert)............. 7.120
   Fall 17: Stellplatzsicherungsrecht (unbeschränkte Dauer, keine Wertangabe) 7.126

Fall 18: Absicherung eines Wärmelieferungsvertrages („Contracting")............ 7.132

c) Ausschlussdienstbarkeiten, § 1090 I (Alt. 3) BGB........ 7.137

Fall 19: Immissionsrecht (bestimmte Dauer, Jahreswert) 7.138

d) Nutzungsdienstbarkeiten für Windkraftanlagen 7.144

Fall 20: Windkraftanlage für GmbH (unbeschränkte Dauer).................... 7.144

Fall 21: Windkraftanlage für natürliche Person (Lebensdauer) 7.150

Fall 22: Windkraftanlage für Energieunternehmen (unbeschränkte Dauer) 7.156

Fall 23: Windkraftanlage (bestimmte Dauer) 7.162

Fall 24: Windkraftanlage (unbestimmte Dauer) 7.168

e) Nutzungsdienstbarkeiten für Photovoltaikanlagen 7.174

Fall 25: Photovoltaikanlage, Dienstbarkeit für natürliche Person nebst Vormerkung für Gläubiger (bestimmte Dauer) 7.175

Fall 26: Photovoltaikanlage, Dienstbarkeit für Gläubiger nebst Vormerkung für Gläubiger (unbeschränkte Dauer) .. 7.183

Fall 27: Photovoltaikanlage, Eigentümerdienstbarkeit ... 7.191

f) Nutzungsdienstbarkeit für Biogasanlage 7.196

Fall 28: Biogasanlage, Dienstbarkeit für GmbH 7.197

g) Wohnungsrechte (§§ 1090–1093 BGB) 7.203

Fall 29: Wohnungsrecht..... 7.204

Fall 30: Wohnungsrecht für Gesamtberechtigte (Tod des zuerst Sterbenden) 7.210

Fall 31: Wohnungsrecht für Gesamtberechtigte (Tod des zuletzt Sterbenden) 7.215

Fall 32: Wohnungsrecht für Gesamtberechtigte (Eigentümerin, Ehemann) 7.220

Fall 33: Mehrere Wohnungsrechte (unbedingt und aufschiebend bedingt) 7.226

Fall 34: Mitbenutzungs- und Wohnungsrecht (Lebensdauer) 7.233

Fall 35: Mieterdienstbarkeit . 7.239

h) Nießbrauchsrechte (§ 1030 BGB) 7.244

Fall 36: Nießbrauch für natürliche Person (Teilfläche) 7.245

Fall 37: Eintragungsbewilligung für Nießbrauch (Vermächtnis) 7.250

Fall 38: Nießbrauchsvertrag zur Sicherung und Tilgung einer Forderung............ 7.256

3. Änderung von Dienstbarkeiten . 7.261

Fall 39: Inhaltsänderung einer Dienstbarkeit................. 7.261

Stichwortverzeichnis

Abnahmeentgelt 7.132
Abstandsflächenrecht
– unbeschränkte Dauer 7.74
Anderer Notar
– gebührenfreie Beglaubigung 7.26
Änderung
– Dienstbarkeit, Inhaltsänderung 7.261 ff.
Auffangwert
– Hilfswert 7.12

Ausschlussdienstbarkeiten
– § 1018 (Alt. 3) BGB 7.90 ff.
– § 1090 I (Alt. 3) BGB 7.137 ff.
Baumwurf 7.91
Bedingtes Recht
– aufschiebend bedingt, Wohnungsrecht 7.226
Benutzung Hauswand
– Nutzungsentschädigung, bestimmte Dauer 7.102

Benutzungsbeschränkung
– unbeschränkter Dauer 7.120
Benutzungsdienstbarkeiten 7.29 ff.,
7.96 ff.
– § 1018 (Alt. 1) BGB 7.29 ff.
– § 1090 I (Alt. 1) BGB 7.96 ff.
Berechtigungsverhältnis 7.210 ff.;
s. auch *Gesamtberechtigung*
– Sukzessivberechtigung 7.230
Beschränkte persönliche Dienstbarkeit
7.96 ff.
– Mieterdienstbarkeit 7.239
– Unterscheidung Grunddienstbarkeit
7.1
– Wohnungsbesetzungsrecht 7.115
Betretungsrecht
– unbeschränkte Dauer 7.42
Betreuungstätigkeiten
– Überblick 7.23
Beurkundung
– Gebühr 7.2, 7.6, 7.209, 7.233
Beurkundungsgegenstand
– derselbe 7.18
– verschiedene 7.17, 7.20, 7.179, 7.187,
7.209, 7.230, 7.237
Bewertungsvorschriften
– Übersichtstabelle 7.2
Biogasanlage 7.196
– Dienstbarkeit, beschränkte persönliche
7.197
Bodenausbeuterecht
– bestimmte Dauer 7.53
Bruttojahresmiete, Mehrwertsteuer 7.239
Contracting, Wärmelieferungsvertrag
7.132
Datenübermittlung Grundbuchamt 7.22
Dauer
– bestimmte 7.8, 7.36, 7.53, 7.97, 7.102,
7.115, 7.132, 7.138, 7.162, 7.175, 7.197,
7.239
Dauernde Nutzungen
– wiederkehrende Leistungen, Dienstbarkeiten 7.7 ff.
Dauernutzungsrechte
– Dienstbarkeiten 7.7
Dauerwohnrechte
– Dienstbarkeiten 7.7
Derselbe Beurkundungsgegenstand 7.18
Dienstbarkeit
– an Teilfläche 7.12, 7.32, 7.245
– Änderung, Inhaltsänderung 7.261

– Eigentümerdienstbarkeit, Photovoltaikanlage 7.191
– sachenrechtliche Einigung, Gebühr 7.6
– schuldrechtliches Grundgeschäft,
Gebühr 7.6
– vertraglich 7.6, 7.209
Dienstbarkeiten
– beschränkte persönliche 7.96 ff.
– Einführung 7.1
– Geschäftswert 7.7 ff.
– Grunddienstbarkeiten 7.29 ff.
– in Kaufverträgen 7.17 f.
– vertraglich bestellte 7.6
Duldungsdienstbarkeiten
– § 1018 (Alt. 2) BGB 7.73 ff.
– § 1090 (Alt. 1) BGB 7.114 ff.
Eigentümerdienstbarkeit
– Photovoltaikanlage, KG 7.191
Eigentümerrecht
– Fahrtrecht, nebst Herrschvermerk 7.65
Einmalzahlung 7.7
– Rohr- und Kanalleitungsrecht 7.47
Eintragungsbewilligung
– Nießbrauch 7.250
Elektronischer Rechtsverkehr Grundbuch
7.22
Fahrtrecht 7.30, 7.65
– Eigentümerrecht, nebst Herrschvermerk
7.65
– unbeschränkte Dauer 7.30, 7.65
Fehlender Jahreswert 7.12, 7.42, 7.85,
7.126, 7.183
Fensterrecht
– unbeschränkte Dauer 7.85
Flankierende Erklärungen 7.209
– Gebühr 7.6, 7.209
Forderung
– Nießbrauchsvertrag, Sicherung und
Tilgung 7.256
Gebühr
– Überblick 7.2
Gebühren
– verschiedene 7.18 ff.
Gebührenermäßigung 7.28
Gebührenfreie Nebengeschäfte 7.25
Geh- und Fahrtrecht
– unbeschränkte Dauer 7.29
Gesamtberechtigung
– § 428 BGB 7.210 ff.
– Eigentümer selbst, Ehegatte 7.220
– Sukzessivberechtigung 7.230

Gesamtentschädigung 7.7, 7.108
– Geldentschädigung 7.47
– Kabelleitungsrecht, unbeschränkte Dauer 7.108
Gesamtrechte s. auch Gesamtberechtigung 7.210 ff.
Geschäftswert
– beschränkte persönliche 7.7 ff.
– Dienstbarkeiten 7.7 ff.
– nach § 52 GNotKG 7.7 ff.
– Grunddienstbarkeiten 7.7 ff.
Gewerbebeschränkung
– unbeschränkte Dauer 7.80
Gläubiger
– Betreiber, Photovoltaikanlage 7.183
Grundbuchantrag
– Entwurf, Unterschriftsbeglaubigung 7.3 f.
Grunddienstbarkeiten 7.2, 7.29 ff.
– Geschäftswert 7.7 ff.
– subjektiv-dingliche-Rechte 7.17
– Unterscheidung beschränkte persönliche Dienstbarkeit 7.1
Hauswandbenutzung
– Nutzungsentschädigung, bestimmte Dauer 7.102
Herrschvermerk
– Eigentümerrecht, Fahrtrecht 7.65
– Inhalt 7.68
Hilfswert
– Jahreswert, Auffangwert 7.12
Höchstbetrag Wertersatz, § 882 BGB 7.19, 7.239
Immissionsrecht
– bestimmte Dauer 7.138
Inhalt
– Dienstbarkeit, Höchstbetrag Wertersatz 7.19, 7.239
Jahreswert 7.6 ff., 7.36
Juristische Person, unbeschränkte Dauer 7.8, 7.70, 7.92
Kabelleitungsrecht
– Gesamtentschädigung 7.108
– Nutzungsentgelt 7.59
– unbestimmte Dauer 7.59
Kanalleitungsrecht
– Einmalzahlung 7.47
– unbeschränkte Dauer 7.47
Kfz-Stellplatzsicherungsrecht
– unbeschränkte Dauer 7.126

Kosteninteresse, Geschäftswert 7.183
Kostentragungsregelung, vertraglich 7.209
Lebensalter, Lebensdauer
– natürliche Person, Geschäftswert 7.8, 7.10, 7.140, 7.152, 7.177, 7.206, 7.212, 7.217, 7.228, 7.235, 7.247
Löschungserleichterung 7.253
Mehrere Berechtigte 7.210 ff.; s. auch *Berechtigungsverhältnis*
Mehrere Dienstbarkeiten 7.20, 7.226
Mehrwertsteuer, Bruttojahresmiete 7.239
Mieterdienstbarkeit 7.239
– beschränkte persönliche Dienstbarkeit, bestimmte Dauer 7.239
Mitbenutzungsrecht 7.233
Nießbrauch
– an Teilfläche 7.245
– Dienstbarkeiten 7.7, 7.244
– Eintragungsbewilligung auf Grundlage eines Vermächtnisses 7.250
– für natürliche Person 7.245
– vermachten, Eintragungsbewilligung 7.250
Nießbrauchsrechte, § 1030 BGB 7.244
Nießbrauchsvertrag
– Sicherung einer Forderung 7.256
Nutzungsdienstbarkeiten
– Biogasanlagen 7.197 ff.
– Photovoltaikanlagen 7.174 ff.
– Windkraftanlagen 7.144 ff.
Nutzungsentgelt 7.59, 7.97, 7.144, 7.156, 7.162, 7.168
Nutzungsentschädigung 7.102, 7.108
– Hauswandbenutzung, bestimmte Dauer 7.102
Personengesellschaft 7.9, 7.191
Photovoltaikanlage
– Betreiber Gläubiger, Vormerkung 7.183
– Betreiber natürliche Person, Vormerkung 7.175
– Eigentümerdienstbarkeit, KG 7.191
– Geschäftswert 7.174
– Pachtzinsermittlung 7.174, 7.183
– Vergütungsmodelle 7.174
– Wertermittlung 7.174 ff.
Preisklauseln
– Wertsicherungsklauseln 7.15
Privilegierung
– § 24 III KostO 7.225

Reallasten
– Dienstbarkeiten 7.7
Rechte
– bestimmte Dauer, Geschäftswert 7.8
– Lebensalter, Geschäftswert 7.11
– unbeschränkte Dauer, Geschäftswert 7.9
– unbestimmte Dauer, Geschäftswert 7.10
Rohrleitungsrecht 7.47
Sachenrechtliche Einigung
– Gebühr 7.6
Schuldrechtliches Grundgeschäft
– Gebühr 7.6, 7.209
Stellplatzsicherungsrecht
– unbeschränkte Dauer 7.126
Subjektiv-dingliche-Rechte
– Grunddienstbarkeit 7.17
Sukzessivberechtigung
– Dienstbarkeit 7.230
Tankstellenbetreibungsrecht
– bestimmte Dauer, mit Entgelt 7.97
Teilfläche
– Grunddienstbarkeit 7.32
– Nießbrauch an einer, natürliche Person 7.245
– Wertermittlung 7.12
Tod des Berechtigten
– Recht erloschen, Wert 7.14
s. auch Zuletzt- und Zuerst Sterbender
Treuhandtätigkeiten 7.24
Übersichtstabelle
– Bewertungsvorschriften 7.2
Unbedingtes Recht
– Wohnungsrecht 7.226
Unbeschränkte Dauer
– Geschäftswert 7.9
– juristische Person 7.9, 7.108, 7.144, 7.156, 7.183
– Personengesellschaft 7.9, 7.191
Unbestimmte Dauer
– Geschäftswert 7.10
Unrichtige Sachbehandlung 7.27
Unterlassungsdienstbarkeiten
– § 1018 (Alt. 2) BGB 7.73 ff.
– § 1090 (Alt. 2) BGB 7.114 ff.
Unterschiedlich hohe Leistungen
– Bewertung 7.7
Unterschriftsbeglaubigung
– Gebühr 7.2, 7.4
– gebührenfrei, Entwurf 7.4
Verkehrswert 7.30, 7.42, 7.65, 7.74, 7.85, 7.156, 7.174, 7.191, 7.245

Vermächtnis
– Nießbrauch, Eintragungsbewilligung 7.250
Verschiedene Beurkundungsgegenstände 7.18, 7.175 ff., 7.226, 7.230
Vertraglich bestellte Dienstbarkeiten
– Gebühr 7.2, 7.6, 7.259
Vertretungsbescheinigung 7.71
Verwandtenprivileg 7.225
Vollzugstätigkeiten
– Dienstbarkeiten 7.21 ff.
– XML Format, Strukturdaten 7.22, 7.35
Vormerkung, Gläubiger
– Photovoltaikanlage 7.178, 7.186
Wärmelieferungsvertrag
– Absicherung durch Dienstbarkeit 7.132
Wegerecht
– bestimmte Dauer 7.36
Wertangabe
– Kosteninteressewert 7.183
– ohne, unbeschränkte Dauer 7.30, 7.42, 7.85
– Verkehrswert Grundstück 7.30, 7.42, 7.65, 7.74, 7.85, 7.156, 7.174, 7.191, 7.245
Wertermittlung Photovoltaikanlage 7.174
Wertsicherungsklauseln 7.15
– Preisklauseln 7.15
Wiederkehrende Nutzungen und Leistungen, Bewertung 7.7
Windkraftanlage 7.144 ff.
– bestimmte Dauer 7.162
– für GmbH 7.144, 7.156, 7.162
– für natürliche Person 7.150
– Nutzungsentgelt unbekannt 7.156
– unbeschränkte Dauer 7.144, 7.156
– unbestimmte Dauer 7.168
Wohnungsbesetzungsrecht 7.115 ff.
– Recht auf bestimmte Dauer 7.115
Wohnungsrecht
– § 1093 BGB 7.203 ff.
– bedingtes 7.229
– Eigentümer, Ehepartner 7.220
– Gesamtberechtigte 7.210 ff.
– Grundbucherklärungen 7.204 ff.
– mehrere, unbedingt und bedingt 7.226
– Tod zuerst Sterbender 7.210
– Tod zuletzt Sterbender 7.215
– vertraglich, schuldrechtlich 7.6, 7.209
– Verwandte 7.224
XML Format, Strukturdaten 7.22, 7.35
Zeitablauf des Rechts
– Wert 7.14

Zuerst Sterbender
– Gesamtberechtigte, Wohnungsrecht
7.210

Zuletzt Sterbender
– Gesamtberechtigte, Wohnungsrecht
7.215

I. Überblick

1. Einführung

Dieser Abschnitt befasst sich mit **Dienstbarkeiten** und dem **Nießbrauch** als Unterform der Dienstbarkeit. Andere Grundbucherklärungen werden im Teil 8 behandelt. Dienstbarkeiten haben in der notariellen Praxis als Gestaltungsaufgabe an Bedeutung gewonnen, denn sie werden vermehrt im Zusammenhang mit der Energiegewinnung aus Windkraft- und Photovoltaikanlagen bestellt, und dienen dem Berechtigten als dingliche Sicherung für die Errichtung und Betreibung der Anlage. Die Eintragung einer Dienstbarkeit im Grundbuch bedarf der öffentlich beglaubigten Form nach § 29 GBO. Den Geschäftswert für Dienstbarkeiten regelt **§ 52 GNotKG**. Danach erfolgt eine Unterscheidung zwischen beschränkten persönlichen Dienstbarkeiten und Grunddienstbarkeiten gemäß Abs. 1 der Vorschrift in der Weise, dass je nachdem, welche Art Dienstbarkeit vorliegt, entweder der Wert für den Berechtigten oder für das herrschende Grundstück maßgebend ist.

7.1

2. Übersichtstabelle

Die maßgeblichen Bewertungsvorschriften für die Bestellung einer Dienstbarkeit lauten:

7.2

Gebühren	Geschäftswert
a) Beurkundung – nur Grundbucherklärungen Nr. 21201 Nr. 4 KV GNotKG (0,5, mindestens 30 Euro)	§§ 97, 52, 46, 36 GNotKG
b) Beurkundung – vertraglich Nr. 21100 KV GNotKG (2,0, mindestens 120 Euro)	§§ 97, 52, 46, 36 GNotKG
c) Entwurf mit Unterschriftsbeglaubigung – Nrn. 24102, 21201 Nr. 4 KV GNotKG (0,3–0,5, hier: 0,5 wegen § 92 II GNotKG)	§§ 119 I, 97, 52, 46, 36 GNotKG
d) Reine Unterschriftsbeglaubigung – Nr. 25100 KV GNotKG (0,2) mindestens 20 Euro, höchstens 70 Euro	§§ 121, 97, 52, 46, 36 GNotKG

3. Gebühr

7.3 Dienstbarkeiten werden regelmäßig durch **Grundbuchbewilligung** nebst -antrag bestellt, wobei der Notar in der Regel nur den Entwurf der formellen Grundbucherklärungen fertigt. Dafür erhält er wegen § 92 II GNotKG eine 0,5 Entwurfsgebühr nach den Nrn. 24102, 21201 Nr. 4 KV GNotKG.

7.4 Die anschließende Unterschriftsbeglaubigung durch **diesen Notar** ist nach der Vorbem. 2.4.1 II GNotKG **gebührenfrei** vorzunehmen. Dem Notar steht dabei gemäß Vorbemerkung 2 I KV der Aktenverwahrer nach § 51 BNotO, der Notariatsverwalter gemäß § 56 BNotO, sein Sozius nach § 9 I Satz 1, Fall 1 BNotO oder ein Notar, mit dem er die Geschäftsräume gemeinsam nach § 9 I Satz 1, Fall 2 BNotO nutzt, gleich.

7.5 Wird dem Notar ein Text zur Bestellung einer Dienstbarkeit zum Zwecke der Unterschriftsbeglaubigung vorgelegt, so erhält er eine 0,2 Gebühr nach Nr. 25100 KV GNotKG, die mindestens 20 Euro und höchstens 70 Euro beträgt. Wegen spezieller Fragen zur **Änderung und Überprüfung des Entwurfs** wird auf Teil 9 verwiesen.

7.6 Beurkundet der Notar das der Dienstbarkeit zugrundeliegende **schuldrechtliche Grundgeschäft** oder sachenrechtliche Einigungen nach §§ 873 oder 877 BGB, also Erklärungen, die über die grundbuchlichen Erklärungen – Bewilligung und Antrag – hinausgehen, so fällt bei vertraglichen Erklärungen, bei denen die Beteiligten gegenläufige Willenserklärungen abgeben, eine 2,0 Gebühr nach Nr. 21100 KV GNotKG (mindestens 120 Euro) an. Handelt es sich zwar um vertragliche Erklärungen, ist jedoch nur ein Vertragsteil anwesend, ist eine 1,0 Gebühr nach Nr. 21200 KV GNotKG (mindestens 60 Euro) zu erheben. Zu den flankierenden Erklärungen neben den Grundbucherklärungen vgl. Rz. 7.209.

4. Geschäftswert

a) Dienstbarkeiten und andere wiederkehrende Leistungen nach § 52 GNotKG

7.7 Die Bewertungsvorschrift des § 52 GNotKG regelt den Wert für **sämtliche** Arten von **Dienstbarkeiten**. Auch den Geschäftswert für den **Nießbrauch**, die **Reallasten** und die **Dauerwohn- und Dauernutzungsrechte** sowie für schuldrechtliche Ansprüche auf wiederkehrende oder dauernde Nutzungen oder Leistungen bestimmt die Vorschrift abschließend. **Maßgebend ist nach § 52 I GNotKG stets der Wert**, den das Recht für den Berechtigten bzw. für das herrschende Grundstück hat. Bei **unterschiedlich hohen** Leistungen sind die in den entsprechenden Multiplikator fallenden ersten Jahre maßgebend. Werden **Einmalbeträge** in Form von Zuschüssen oder Gesamtentschädigungen geleistet, so ist deren Betrag maßgebend. Sofern ein solcher Betrag neben jährlichen Entgelten innerhalb des auf die Dauer entfallenden Zeitraums gezahlt wird, erhöht sich der Geschäftswert um diesen Wert.

7.8 Bei Rechten von **bestimmter Dauer** ist nach § 52 II GNotKG grundsätzlich die Summe aller Leistungen während der gesamten bestimmten Zeit maßgebend, begrenzt durch den auf die **ersten 20 Jahre** entfallenden Wert. Wird die Dauer des Rechts außerdem auf die Lebensdauer einer Person beschränkt, darf der Wert nach **§ 52 IV GNotKG** nicht überschritten werden (§ 52 II Satz 3 GNotKG). Entscheidend ist, dass sich die bestimmte Dauer aus der Eintragungsbewilligung selbst ergibt.

Liegt ein Recht von **unbeschränkter Dauer** vor, so bildet der auf die **ersten 20 Jahre** entfallende Wert den Geschäftswert (**§ 52 III Satz 1 GNotKG**). Unbeschränkte Dauer ist z.B. anzunehmen, wenn die Eintragungsbewilligung keine Laufzeit für die Einräumung des Rechts enthält, keine unbestimmte Dauer vorliegt oder der Berechtigte eine juristische Person oder Personengesellschaft ist, die nicht nach einer gesetzlichen oder vertraglichen Bestimmung beim Tod eines Gesellschafters aufgelöst wird. 7.9

Wird ein Recht hingegen auf **unbestimmte Dauer** eingeräumt (d.h., die Dauer des Rechts ist unbestimmt, der Wegfall zu einem ungewissen Zeitpunkt steht aber fest), ist der auf die **ersten 10 Jahre** entfallende Wert maßgebend, sofern, wenn es sich außerdem um ein auf Lebenszeit einer Person befristetes Recht handelt, sich aus Absatz 4 kein niedrigerer Wert ergibt (**§ 52 III Satz 2 GNotKG**). Dabei muss aus der Eintragungsbewilligung selbst hervorgehen, dass die Dienstbarkeit z.B. bei Kündigung oder Beendigung eines anderen Schuldverhältnisses erlischt. Unbestimmte Dauer liegt beispielsweise vor, wenn zwar eine Mindestlaufzeit vereinbart ist, eine Verlängerung aber um eine bestimmte Zeit eintritt, wenn nicht vor Ablauf der Dauer gekündigt wird. 7.10

Für Rechte, die auf das **Lebensalter** einer Person beschränkt sind, darf der Wert nach **§ 52 IV GNotKG** auch bei längerer Laufzeit auf keinen Fall überschritten werden; ggf. kann die Laufzeit auch kürzer sein (vgl. Rz. 7.9). Erfasst sind vornehmlich beschränkte persönliche Dienstbarkeiten, die mit dem Tod des Berechtigten erlöschen (§§ 1090 II, 1061 BGB). Die Vorschrift enthält 4 Lebensaltersstufen, bei denen jeweils der auf die ersten 20, 15, 10 bzw. 5 Jahre entfallende Wert maßgebend ist. 7.11

Die Regelung des **§ 52 V GNotKG** enthält einen **Hilfswert** für den Jahreswert in Höhe von 5 % des Grundstückswertes (bzw. des Grundstücksteils), sofern kein anderer Wert feststellbar ist.[1] Es ist zu beachten, dass der Notar grundsätzlich zur Ermittlung des Wertes nach allen gebotenen Richtungen verpflichtet ist (§ 26 FamFG). Ist der Grundstückswert ermittelbar (z.B. über den Gutachterausschuss oder nach dem Bodenrichtwertinformationssystem BORIS[2]), so ist nach § 52 V GNotKG zu rechnen.[3] Die Bewertung nach § 52 V GNotKG führt bei Dienstbarkeiten mit unbeschränkter Dauer dazu, dass der Verkehrswert des betroffenen Grundstücks anzusetzen ist (vgl. § 52 III S. 1 GNotKG). 7.12

§ 52 V GNotKG ermöglicht die Bestimmung des Jahreswertes eines Rechts in Höhe eines bestimmten Anteils am Verkehrswert. Unzulässig ist es hingegen, von den Angaben zum Wert eines Rechts auf den Verkehrswert des Grundstücks (durch Multiplikation z.B. mit 20) hochzurechnen.[4] 7.13

---

1 OLG Düsseldorf, Beschl. v. 14.7.2016 – I-10 W 112/16, Rpfleger 2016, 750.
2 www.boris.sachsen.de, beispielsweise für Sachsen.
3 Für ein Geh- und Fahrtrecht: OLG Köln, Beschl. v. 6.7.2015 – 2 Wx 152/15, ZNotP 2016, 37 = BWNotZ 2015, 151 = MDR 2015, 1175.
4 OLG Köln, Beschl. v. 29.10.2014 – 2 Wx 298/14, DNotZ 2015, 590.

7.14 Nach **§ 52 VI GNotKG** ist stets der Beginn des Rechts maßgebend. Steht der Beginn noch nicht fest oder ist das Recht bedingt, so ist der Wert niedriger anzusetzen. Ist das Recht durch Zeitablauf oder durch den Tod des Berechtigten erloschen, beträgt der Wert 0 Euro (§ 52 VI Satz 4 GNotKG).

7.15 **Preis-**[1] bzw. **Wertsicherungsklauseln** werden nicht bewertet (**§ 52 VII GNotKG**).

b) Vertraglich bestellte Dienstbarkeiten

7.16 Der Geschäftswert für eine vertraglich bestellte Dienstbarkeit bestimmt sich gemäß § 97 III GNotKG entweder nach dem vereinbarten Entgelt oder nach dem höheren Wert der Dienstbarkeit.

c) Dienstbarkeiten in Kaufverträgen

7.17 Dienstbarkeiten kommen nicht selten in Grundstückskaufverträgen vor. Dabei ist grundsätzlich der § 110 Nr. 2 b) GNotKG für Bewilligung und Antrag als dem dinglichen Bestellungsakt bei **subjektiv-dinglichen Rechten** (v.a. Grunddienstbarkeiten sowie dem jeweiligen Eigentümer eines anderen Grundstücks zustehende Vorkaufsrechte oder Reallasten) zu beachten, denn in diesem Fall bilden die Erklärungen stets einen verschiedenen Beurkundungsgegenstand. Zur konkreten Bewertung solcher Rechte im Grundstückskaufvertrag wird auf Rz. 2.370 (Fall 28) verwiesen.

5. Derselbe Beurkundungsgegenstand/Verschiedene Beurkundungsgegenstände

7.18 **Vormerkungen** dienen regelmäßig der Erfüllung/Sicherung vertraglicher Pflichten und sind deshalb bei gleichzeitiger Beurkundung mit ihren zugrunde liegenden schuldrechtlichen Erklärungen **derselbe Beurkundungsgegenstand** i.S.v. § 109 I Satz 1–3 und 5 GNotKG. Etwas anderes gilt, wenn eine Dienstbarkeit und eine Vormerkung zur Sicherung von Verpflichtungen für einen Dritten zusammenfallen; dann liegt zwischen ihnen ein **verschiedener Beurkundungsgegenstand** im Sinne von §§ 86 II, 35 I GNotKG vor.

7.19 Ist im Rahmen einer Dienstbarkeitsbestellung für den Fall der Zwangsversteigerung dem Berechtigten im Falle des Erlöschen durch den Zuschlag der Wert aus dem Erlös zu ersetzen (**§ 882 BGB**), so kann der **Höchstbetrag des Ersatzes** im Rahmen der Dienstbarkeitsbestellung bestimmt und mit der Dienstbarkeit zur Eintragung in das Grundbuch beantragt werden. Den Geschäftswert bildet stets der Wert der Dienstbarkeit, da der Höchstbetrag des Wertersatzes **Inhalt der Dienstbarkeit** ist.

7.20 Wird in einer Urkunde nicht nur eine einzige Dienstbarkeit, sondern werden **mehrere Dienstbarkeiten** bestellt, so wird man regelmäßig von verschiedenen Beurkundungsgegenständen nach **§ 86 II GNotKG** ausgehen können. Deren Werte sind, da identischer Gebührensatz, gemäß **§ 35 I GNotKG** zu addieren.

---

[1] Preisklauselgesetz v. 7.9.2007, BGBl. I 2007, 2246.

I. Überblick

Bei Bestellung der Dienstbarkeit durch reine **Unterschriftsbeglaubigung** ist die Beglaubigungsgebühr aus der Wertesumme (von mehreren Dienstbarkeit und Vormerkungen) zu erheben (§§ 121, 35 I GNotKG).

6. Vollzugs-, Betreuungs- und Treuhandtätigkeiten

Vollzug bei Dienstbarkeiten 7.21

Je nachdem, ob der Notar die Grundbucherklärungen **beurkundet** oder einen entsprechenden **Entwurf** fertigt und nur die **Unterschrift beglaubigt** und er anschließend im Auftrag der Beteiligten zum Vollzug tätig wird (vergleiche den Katalog in Vorbem. 2.2.1.1 ff. oder 2.2.1.2 KV GNotKG), so entsteht für die Vollzugstätigkeit, z.B. für die Einholung etwaiger Genehmigungen, eine **Vollzugsgebühr** gemäß Nr. 22111 ff. KV bzw. Nr. 22121 ff. KV GNotKG, da die Gebühr für das zugrundeliegende Beurkundungsverfahren regelmäßig weniger als eine 2,0 Gebühr beträgt. Wird der Vollzug allerdings zu einer vertraglich bestellten Dienstbarkeit vorgenommen, so entsteht die 0,5 Vollzugsgebühr nach Nr. 22110 KV GNotKG. Der Wert der Vollzugsgebühr bestimmt sich stets nach § 112 GNotKG. Hat das Beurkundungsverfahren verschiedene Beurkundungsgegenstände, so bildet die Summe der einzelnen den Geschäftswert (§ 35 I GNotKG).

Datenübermittlung an das Grundbuchamt im XML Format 7.22

Die Gebühren nach den Nrn. 22114 KV und 22125 KV GNotKG für den **elektronischen Rechtsverkehr in Grundbuchsachen** sind im Bereich der Ländernotarkasse A.d.ö.R. zwar bislang nur für Teile von Sachsen[1] relevant, weitere Bundesländer werden aber folgen. Der Notar muss dann für eine elektronische Kommunikation mit dem Grundbuchamt bei seiner Einreichung bestimmte Mindestangaben in strukturierter maschinenlesbarer Form im Format XML übermitteln.[2] Dafür erhält er im Rahmen der Berechnung zu einem Beurkundungsverfahren oder einer Entwurfsfertigung eine eigene Gebühr nach Nr. 22114 KV GNotKG (0,3 Gebühr, höchst. 250 Euro), in allen anderen Fällen eine Gebühr nach Nr. 22125 KV GNotKG (0,6 Gebühr, höchst. 250 Euro), wenn er beispielsweise nur die Unterschrift beglaubigt hat. Damit soll der zusätzliche Aufwand abgegolten werden, der zwangsläufig mit der Strukturierung der Daten aus einer fremden Urkunde verbunden ist[3].

Der Geschäftswert bestimmt sich in beiden Fällen nach § 112 GNotKG, was für die Unterschriftsbeglaubigung bedeutet, dass derjenige Wert anzunehmen ist, der maßgebend wäre, wenn die Urkunde Gegenstand eines Beurkundungsverfahrens wäre (§ 112 S. 2 GNotKG).

Betreuungstätigkeiten nach dem geschlossenen Katalog der Nr. 22200 KV 7.23 GNotKG lösen eine 0,5 Gebühr aus, der Wert bestimmt sich nach § 113 I GNotKG.

---

1 Eine Übersicht der bundesweit konkret betroffenen Grundbuchämter unter http://www.elrv.info/de/elektronischer-rechtsverkehr/rechtsgrundlagen/ElRv_Uebersicht_BL.html.
2 § 1 II Nr. 2 der Sächsischen E-Justizverordnung i.d.F. vom 5.3.2014, GVBl. 2014, S. 94.
3 Vgl. Begründung RegE, BT-Drs. 17/11471, zu Nr. 22125 KV, S. 224.

7.24 **Treuhandtätigkeiten** lösen eine 0,5 nach Nr. 22201 KV GNotKG aus. Der Geschäftswert bestimmt sich nach § 113 II GNotKG.

7. Gebührenfreie (Neben-)Geschäfte

7.25 Beurkundet der Notar die Bestellung einer Dienstbarkeit in Form einer Niederschrift nach den §§ 8, 36 BeurkG, so sind die nach Vorbem. 2.1 II Nr. 1 bis 4 KV GNotKG genannten **Tätigkeiten mit abgegolten**.

8. Anderer Notar

7.26 Bei Entwurfsfertigung ist die erste Beglaubigung des Notars, der den Entwurf gefertigt hat, die an ein und demselben Tag erfolgt, **gebührenfrei**; dies gilt auch bei mehreren Beglaubigungen an einem Tag (vgl. Vorbem. 2.4.1 II KV GNotKG). Dem **Notar steht** dabei gemäß Vorbem. 2 I KV GNotKG der Aktenverwahrer nach § 51 BNotO, der Notariatsverwalter gemäß § 56 BNotO, sein Sozius nach § 9 I Satz 1, Fall 1 BNotO oder ein Notar, mit dem er die Geschäftsräume gemeinsam nach § 9 I Satz 1, Fall 2 BNotO nutzt, **gleich**.

9. Unrichtige Sachbehandlung

7.27 Wegen einer unrichtigen Sachbehandlung wird auf den Rz. 1.144 ff. verwiesen.

10. Gebührenermäßigung

7.28 Eine Gebührenermäßigung nach **§ 91 GNotKG** ist bei Vorliegen der dort genannten Voraussetzungen für einen dort genannten Kostenschuldner zu gewähren, wenn der Notar die Dienstbarkeitsbestellung beurkundet oder den Entwurf dafür fertigt, nicht jedoch, wenn er lediglich die Unterschrift beglaubigt. Denn von der Ermäßigung nach § 91 GNotKG werden lediglich die in Hauptabschnitt 1 und 4 KV GNotKG genannten Gebühren erfasst, nicht jedoch die in Hauptabschnitt 5 KV GNotKG (Beglaubigungen).

II. Dienstbarkeiten

1. Grunddienstbarkeiten, § 1018 BGB

a) Benutzungsdienstbarkeiten, § 1018 (Alt. 1) BGB

7.29 Ein Grundstück kann **zugunsten des jeweiligen Eigentümers** eines anderen Grundstücks in der Weise belastet werden, dass dieser das Grundstück in einzelnen Beziehungen **benutzen** darf.

II. Dienstbarkeiten

→ **Fall 1: Geh- und Fahrtrecht (unbeschränkte Dauer, Jahreswert unbekannt)**

A. Sachverhalt

Der Grundstückseigentümer A räumt dem jeweiligen Eigentümer des Nachbargrundstücks ein **Geh- und Fahrtrecht** dergestalt ein, dass dieser am östlichen Rande seines Grundstücks den **2 Meter breiten und 20 Meter langen Weg** begehen und befahren und somit auf sein Grundstück gelangen kann, nicht aber Fahrzeuge abstellen darf. Das gesamte dienende Grundstück hat eine Größe von 800 qm, der Verkehrswert beträgt **200 000 Euro**. Der Notar fertigt auftragsgemäß den Entwurf der Grundbucherklärungen und beglaubigt die Unterschrift des A. Anschließend erstellt er die XML-Strukturdaten und reicht beim Grundbuchamt in elektronischer Form ein. Ein Wert für die Dienstbarkeit wird dem Notar **nicht** angegeben.

B. Rechnung

Pos.	Gebührentatbestände	Geschäftswert	KV-Nr.	Satz	Betrag
(1)	Entwurf Grundbuchantrag (§§ 119 I, 52 I, III, V, 92 II, 97 I)	10 000	24102, 21201 Nr. 4	0,5	37,50
(2)	Vollzug – XML (§ 112)	10 000	22114	0,3	37,50

C. Erläuterungen

Pos. (1):

Der Wert einer Grunddienstbarkeit bestimmt sich nach § 52 I nach dem objektiven Wert, den das Recht für das herrschende Grundstück hat. Für Rechte von **unbeschränkter Dauer** ist gemäß § 52 III der auf die ersten 20 Jahre entfallende Wert maßgebend. Sofern kein (Jahres-)Schätzwert feststeht, ist nach **§ 52 V** zu bewerten (der Jahreswert wird mit 5 Prozent des Wertes des betroffenen Gegenstandes oder **Teils des betroffenen Gegenstandes** angenommen). Vorliegend wird also wie folgt gerechnet:

200 000 Euro ./. 800 qm = 250 Euro/qm × [Ausübungsbereich: 2 × 20 Meter] 40 Meter = 10 000 Euro, davon 5 % = 500 Euro × 20 = 10 000 Euro.

Für den Entwurf ist gem. Nrn. 24102, 21201 Nr. 4 KV die Rahmengebühr 0,3–0,5, mind. 30 Euro zu erheben. Da der Entwurf vollständig gefertigt wurde, ist die höchste Rahmengebühr zu erheben (§ 92 II).

Die Unterschriftsbeglaubigung löst keine zusätzliche Gebühr aus, Vorbem. 2.4.1 II KV.

Pos. (2):

Die Erstellung der XML-Strukturdaten fällt unter den Vollzug, für welchen das GNotKG eine eigenständige Gebühr in der Nr. 22114 KV vorsieht. Der Geschäftswert bestimmt sich nach dem Wert des Entwurfes (§ 112).

→ **Fall 2: Wegerecht (bestimmte Dauer, Jahreswert)**

A. Sachverhalt

7.36 Der Grundstückseigentümer A räumt dem jeweiligen Eigentümer des Nachbargrundstücks ein Wegerecht an seinem Feldgrundstück für die Dauer von **10 Jahren** ein. Der **Jahreswert** des Rechts beträgt nach Angaben **300 Euro**. Der Notar fertigt auftragsgemäß den Entwurf der Grundbucherklärung und beglaubigt die Unterschrift des A.

B. Rechnung

7.37

Pos.	Gebührentatbestand	Geschäftswert	KV-Nr.	Satz	Betrag
	Entwurf Grundbuchantrag (§§ 119 I, 52 I, II, 92 II, 97 I)	3000	24102, 21201 Nr. 4	0,5	30,00

C. Erläuterungen

7.38 Der Wert einer Grunddienstbarkeit bestimmt sich gemäß § 52 I nach dem objektiven Wert, den das Recht für das herrschende Grundstück hat. Für Rechte auf **bestimmte Zeit** ist der auf die Dauer des Rechts entfallende Wert maßgebend, beschränkt auf die ersten 20 Jahre, hier: 300 Euro × 10 Jahre.

7.39 Für den Entwurf ist gem. Nrn. 24102, 21201 Nr. 4 KV die Rahmengebühr 0,3–0,5, mind. 30 Euro zu erheben. Da der Entwurf vollständig gefertigt wurde, ist die höchste Rahmengebühr zu erheben (§ 92 II).

7.40 Die Unterschriftsbeglaubigung löst keine zusätzliche Gebühr aus, Vorbem. 2.4.1 II KV.

D. Exkurs

7.41 Sofern kein (Jahres-)Schätzwert feststeht, ist nach § 52 V zu bewerten, d.h., der Jahreswert wird mit 5 Prozent des Grundstückswertes oder Teils des Grundstückswertes angenommen.[1]

→ **Fall 3: Betretungsrecht (unbeschränkte Dauer, ohne Wertangabe)**

A. Sachverhalt

7.42 Der Grundstückseigentümer A räumt dem jeweiligen Eigentümer des Nachbargrundstücks ein **Betretungsrecht** ein, dass dieser zum Verschneiden seiner Hecke von der anderen Seite das Grundstück des A betreten darf. Der Notar fertigt auftragsgemäß den Entwurf der Grundbucherklärung und beglaubigt die Unterschrift des A. Ein Wert wird **nicht** angegeben. Der Grundstücksverkehrswert des 500 qm großen dienenden Grundstücks konnte vom Notar mit 100 000 Eu-

---

[1] Für ein Geh- und Fahrtrecht: OLG Köln, Beschl. v. 6.7.2015 – 2 Wx 152/15, ZNotP 2016, 37 = BWNotZ 2015, 151 = MDR 2015, 1175.

II. Dienstbarkeiten

ro ermittelt werden. Der aus der beigefügten Skizze zu entnehmende Benutzungsstreifen beläuft sich auf **2 Meter Breite und 5 Meter Länge**.

B. Rechnung

Pos.	Gebührentatbestand	Geschäftswert	KV-Nr.	Satz	Betrag
	Entwurf Grundbuchantrag (§§ 119 I, 52 I, III, V, 92 II, 97 I)	2000	24102, 21201 Nr. 4	0,5	30,00

7.43

C. Erläuterungen

Der Wert einer Grunddienstbarkeit bestimmt sich nach § 52 I nach dem objektiven Wert, den das Recht für das herrschende Grundstück hat. Für Rechte von **unbeschränkter Dauer** ist gemäß § 52 III der auf die ersten 20 Jahre entfallende Wert maßgebend.

7.44

Sofern kein (Jahres-)Schätzwert feststeht, ist nach § 52 V zu bewerten (der Jahreswert wird mit 5 Prozent des Wertes des betroffenen Gegenstandes oder Teils des betroffenen Gegenstandes angenommen). Es ist zu beachten, dass der Notar grundsätzlich zur Ermittlung des Wertes nach allen gebotenen Richtungen verpflichtet ist (§ 26 FamFG). Hier konnte der Grundstückswert vom Notar ermittelt werden (z.B. über den Gutachterausschuss oder nach dem Bodenrichtwertinformationssystem BORIS).[1]

Vorliegend wird also wie folgt gerechnet:
100 000 Euro ./. 500 qm = 200 Euro/qm × [Ausübungsbereich: 2 × 5 Meter] 10 Meter = 2000 Euro, davon 5 % = 100 Euro × 20 = 2000 Euro.

Für den Entwurf ist gem. Nrn. 24102, 21201 Nr. 4 KV die Rahmengebühr 0,3–0,5, mind. 30 Euro zu erheben. Da der Entwurf vollständig gefertigt wurde, ist die höchste Rahmengebühr zu erheben (§ 92 II).

7.45

Die Unterschriftsbeglaubigung löst keine zusätzliche Gebühr aus, Vorbem. 2.4.1 II KV.

7.46

→ **Fall 4: Rohr- und Kanalleitungsrecht (unbeschränkte Dauer, Einmalzahlung)**

A. Sachverhalt

Der Grundstückseigentümer A räumt dem jeweiligen Eigentümer des Nachbargrundstücks ein **Rohr- und Kanalleitungsrecht** ein, wonach dieser in einem festgelegten Bereich des Grundstücks Versorgungsleitungen unterirdisch verlegen und unterhalten kann. Dem Notar ist bekannt, dass der Eigentümer als Ausgleich vom Berechtigten eine **einmalige Geldentschädigung** in Höhe von 1000 Euro erhält. Der Notar fertigt auftragsgemäß den Entwurf der Grundbucherklärung und beglaubigt die Unterschrift des A.

7.47

---
1 Für Sachsen: www.boris-sachsen.de.

B. Rechnung

7.48

Pos.	Gebührentatbestand	Geschäftswert	KV-Nr.	Satz	Betrag
	Entwurf Grundbuchantrag (§§ 119 I, 52 I, 92 II, 97 I)	1000	24102, 21201 Nr. 4	0,5	30,00

C. Erläuterungen

7.49 Der Wert einer Grunddienstbarkeit bestimmt sich nach § 52 I nach dem objektiven Wert, den das Recht für das herrschende Grundstück hat. Diesen Wert stellt die hier vereinbarte einmalige Gesamtentschädigung dar.

7.50 Für den Entwurf ist gem. Nrn. 24102, 21201 Nr. 4 KV die Rahmengebühr 0,3–0,5, mind. 30 Euro zu erheben. Da der Entwurf vollständig gefertigt wurde, ist die höchste Rahmengebühr zu erheben (§ 92 II).

7.51 Die Unterschriftsbeglaubigung löst keine zusätzliche Gebühr aus, Vorbem. 2.4.1 II KV.

D. Exkurs

7.52 Sofern kein (Jahres-)Schätzwert feststeht, ist nach § 52 V zu bewerten, d.h., der Jahreswert wird mit 5 Prozent des Grundstückswertes oder Teils des Grundstückswertes angenommen.[1]

→ **Fall 5: Bodenausbeuterecht (bestimmte Dauer, Gesamtwert)**

A. Sachverhalt

7.53 Der Eigentümer A bestellt an seinem Grundstück zugunsten des jeweiligen Eigentümers des Grundstücks 2 eine Grunddienstbarkeit für die Dauer von **20 Jahren** mit folgendem Inhalt: Der Berechtigte kann **das belastete Grundstück** zur Gewinnung von Kalkstein, Ton und Tonmergel und sonstiger zur Herstellung von Baustoffen, Zement- und Tonwaren sowie Bauwerken geeigneter Bodenbestandteile **ausbeuten**. Der Wert des Rechts für das Grundstück 2 wird mit 100 000 Euro beziffert; der Verkehrswert des dienenden Grundstücks beträgt 80 000 Euro. Der Notar fertigt auftragsgemäß den Entwurf der Grundbucherklärungen und beglaubigt die Unterschrift des A.

B. Rechnung

7.54

Pos.	Gebührentatbestand	Geschäftswert	KV-Nr.	Satz	Betrag
	Entwurf Grundbuchantrag (§§ 119 I, 52 I, 92 II, 97 I)	100 000	24102, 21201 Nr. 4	0,5	136,50

---

[1] Für ein Geh- und Fahrtrecht: OLG Köln, Beschl. v. 6.7.2015 – 2 Wx 152/15, ZNotP 2016, 37 = BWNotZ 2015, 151 = MDR 2015, 1175.

C. Erläuterungen

Der Wert einer Grunddienstbarkeit bestimmt sich nach § 52 I nach dem objektiven Wert, den das Recht für das herrschende Grundstück hat. Der Grundstückswert kann dabei überschritten werden. Hier bildet der Betrag von 100 000 Euro den Geschäftswert.

7.55

Für den Entwurf ist gem. Nrn. 24102, 21201 Nr. 4 KV die Rahmengebühr 0,3–0,5, mind. 30 Euro zu erheben. Da der Entwurf vollständig gefertigt wurde, ist die höchste Rahmengebühr zu erheben (§ 92 II).

7.56

Die Unterschriftsbeglaubigung löst keine zusätzliche Gebühr aus, Vorbem. 2.4.1 II KV.

7.57

D. Exkurs

Sofern kein (Jahres-)Schätzwert feststeht, ist nach § 52 V zu bewerten, d.h., der Jahreswert wird mit 5 Prozent des Grundstückswertes oder Teils des Grundstückswertes angenommen.[1]

7.58

→ **Fall 6: Kabelleitungsrecht (unbestimmte Dauer, jährliches Nutzungsentgelt)**

A. Sachverhalt

Der Eigentümer A bestellt an seinem Grundstück zugunsten des jeweiligen Eigentümers des Grundstücks 2 das Recht, Strom- und Kommunikationskabel zum Zwecke der Durchleitung und Anbindung der Windenergieanlagen an das allgemeine Netz der Energieversorgung in eine Kabeltrasse unter der Geländeoberfläche einzubringen, zu unterhalten, zu nutzen, zu reparieren und zu erneuern, in dem Umfang, wie sie zum Betrieb von Windenergieanlagen- und Windparks erforderlich und üblich sind. Der jeweilige Eigentümer des herrschenden Grundstücks hat das Recht, das dienende Grundstück zum Zwecke der Einbringung, Nutzung usw. zu betreten und zu befahren. Zur Sicherung bewilligt und beantragt der Eigentümer die Eintragung einer entsprechenden Grunddienstbarkeit im Grundbuch. Das Recht **entfällt bei Kündigung** des zugrundeliegenden Nutzungsvertrages (unbestimmte Dauer). Das jährliche **Nutzungsentgelt** beträgt 500 Euro. Der Notar fertigt auftragsgemäß den Entwurf der Grundbucherklärungen und beglaubigt die Unterschrift des A.

7.59

B. Rechnung

Pos.	Gebührentatbestand	Geschäftswert	KV-Nr.	Satz	Betrag
	Entwurf Grundbuchantrag (§§ 119 I, 52 I, III S. 2, 92 II, 97 I)	5000	24102, 21201 Nr. 4	0,5	30,00

7.60

---

1 Für ein Geh- und Fahrtrecht: OLG Köln, Beschl. v. 6.7.2015 – 2 Wx 152/15, ZNotP 2016, 37 = BWNotZ 2015, 151 = MDR 2015, 1175.

C. Erläuterungen

7.61 Der Wert einer Grunddienstbarkeit bestimmt sich nach § 52 I nach dem objektiven Wert, den das Recht für das herrschende Grundstück hat. Der Wert eines Rechts von **unbestimmter Dauer** ist gemäß § 52 III Satz 2 der auf die ersten 10 Jahre entfallende Wert.

7.62 Für den Entwurf ist gem. Nrn. 24102, 21201 Nr. 4 KV die Rahmengebühr 0,3–0,5, mind. 30 Euro zu erheben. Da der Entwurf vollständig gefertigt wurde, ist die höchste Rahmengebühr zu erheben (§ 92 II).

7.63 Die Unterschriftsbeglaubigung löst keine zusätzliche Gebühr aus, Vorbem. 2.4.1 II KV.

D. Exkurs

7.64 Sofern kein (Jahres-)Schätzwert feststeht, ist nach § 52 V zu bewerten, d.h., der Jahreswert wird mit 5 Prozent des Grundstückswertes oder Teils des Grundstückswertes angenommen.[1]

→ **Fall 7: Fahrtrecht für Eigentümer (unbeschränkte Dauer, Gesamtwert)**

A. Sachverhalt

7.65 Die A-GmbH ist Alleineigentümerin zweier Grundstücke A und B. Nunmehr räumt diese dem jeweiligen Eigentümer des Grundstücks A zugunsten des jeweiligen Eigentümers des Grundstücks B eine Grunddienstbarkeit ein, welche diesen berechtigt, von und nach dem Grundstück B über den Hof des Grundstücks A zu fahren. Die Grunddienstbarkeit ist auch auf dem Grundbuchblatt des herrschenden Grundstücks einzutragen (**Herrschvermerk**). Der Wert für das Grundstück B beträgt **insgesamt 6000 Euro**. Der Notar fertigt den Entwurf der Grundbucherklärungen, eine entsprechende Vertretungsbescheinigung und beglaubigt die Unterschrift des vertretungsberechtigten Geschäftsführers der A-GmbH.

B. Rechnung

7.66

Pos.	Gebührentatbestände	Geschäftswert	KV-Nr.	Satz	Betrag
(1)	Entwurf Grundbuchantrag (§§ 119 I, 52 I, 92 II, 97 I)	6000	24102, 21201 Nr. 4	0,5	30,00
(2)	Vertretungsbescheinigung	keiner, da Festgebühr	25200		15,00

---

[1] Für ein Geh- und Fahrtrecht: OLG Köln, Beschl. v. 6.7.2015 – 2 Wx 152/15, ZNotP 2016, 37 = BWNotZ 2015, 151 = MDR 2015, 1175.

II. Dienstbarkeiten

C. Erläuterungen

Pos. (1):

Der Wert einer Grunddienstbarkeit bestimmt sich gemäß § 52 I nach dem objektiven Wert, den das Recht für das herrschende Grundstück hat. Diesen stellt hier der Gesamtwert für das Grundstück B dar.

Der **Herrschvermerk** ist **Inhalt** der Dienstbarkeit und wird nicht gesondert bewertet.

Für den Entwurf ist gem. Nrn. 24102, 21201 Nr. 4 KV die Rahmengebühr 0,3–0,5, mind. 30 Euro zu erheben. Da der Entwurf vollständig gefertigt wurde, ist die höchste Rahmengebühr zu erheben (§ 92 II).

Die Unterschriftsbeglaubigung löst keine zusätzliche Gebühr aus, Vorbem. 2.4.1 II KV.

Pos. (2):

Für die **Vertretungsbescheinigung** fällt eine Festgebühr nach Nr. 25200 KV in Höhe von 15 Euro an.

D. Exkurs

Sofern kein (Jahres-)Schätzwert feststeht, ist nach § 52 V zu bewerten, d.h., der Jahreswert wird mit 5 Prozent des Grundstückswertes oder Teils des Grundstückswertes angenommen.[1]

b) Unterlassungs- bzw. Duldungsdienstbarkeiten, § 1018 (Alt. 2) BGB

> Ein Grundstück kann **zugunsten des jeweiligen Eigentümers** eines anderen Grundstücks in der Weise belastet werden, dass auf dem Grundstück gewisse **Handlungen nicht** vorgenommen werden dürfen.

→ **Fall 8: Abstandsflächenrecht (unbeschränkte Dauer, Gesamtwert)**

A. Sachverhalt

Der Grundstückseigentümer A räumt dem Eigentümer des Nachbargrundstücks ein Abstandsflächenrecht mit folgendem Inhalt ein: Der Eigentümer des dienenden Grundstücks hat es zu **dulden**, dass der auf dem im beigefügten Lageplan grün gekennzeichnete Bereich vom herrschenden Grundstück her als Abstandsfläche in Anspruch genommen wird. Auf dieser Fläche dürfen jedoch keine Bauwerke errichtet werden. Der **Wert** für das herrschende Grundstück wurde auf **insgesamt** ca. 2000 Euro geschätzt, welche dem **Baulandpreis der Abstandsfläche** nahezu entspricht. Der Notar fertigt auftragsgemäß den Entwurf der Grundbucherklärungen und beglaubigt die Unterschrift des A.

---

[1] Für ein Geh- und Fahrtrecht: OLG Köln, Beschl. v. 6.7.2015 – 2 Wx 152/15, ZNotP 2016, 37 = BWNotZ 2015, 151 = MDR 2015, 1175.

B. Rechnung

7.75

Pos.	Gebührentatbestand	Geschäfts-wert	KV-Nr.	Satz	Betrag
	Entwurf Grundbuchantrag (§§ 119 I, 52 I, 92 II, 97 I)	2000	24102, 21201 Nr. 4	0,5	30,00

C. Erläuterungen

7.76 Der Wert einer Grunddienstbarkeit bestimmt sich nach § 52 I nach dem objektiven Wert, den das Recht für das herrschende Grundstück hat, hier bildet der Interessenwert für das herrschende Grundstück den Wert.

7.77 Für den Entwurf ist gem. Nrn. 24102, 21201 Nr. 4 KV die Rahmengebühr 0,3–0,5, mind. 30 Euro zu erheben. Da der Entwurf vollständig gefertigt wurde, ist die höchste Rahmengebühr zu erheben (§ 92 II).

7.78 Die Unterschriftsbeglaubigung löst keine zusätzliche Gebühr aus, Vorbem. 2.4.1 II KV.

D. Exkurs

7.79 Sofern kein (Jahres-)Schätzwert feststeht, ist nach § 52 V zu bewerten, d.h., der Jahreswert wird mit 5 Prozent des Grundstückswertes oder Teils des Grundstückswertes angenommen.[1]

→ **Fall 9: Gewerbebeschränkung (unbeschränkte Dauer, Jahreswert)**

A. Sachverhalt

7.80 Der Grundstückseigentümer A bestellt an seinem Grundstück eine Dienstbarkeit mit dem Inhalt, dass der jeweilige Eigentümer des Nachbargrundstücks es zu unterlassen hat, auf dem Grundstück einen gewerblichen Betrieb irgendwelcher Art auszuüben oder dessen Ausübung zu dulden. Der **wirtschaftliche Wert** für das herrschenden Grundstücks wird mit 3500 Euro jährlich angegeben. Der Verkehrswert des dienenden Grundstücks beträgt 70 000 Euro. Der Notar fertigt auftragsgemäß den Entwurf der Grundbucherklärungen und beglaubigt die Unterschrift des A.

B. Rechnung

7.81

Pos.	Gebührentatbestand	Geschäfts-wert	KV-Nr.	Satz	Betrag
	Entwurf Grundbuchantrag (§§ 119 I, 52 I, III, 92 II, 97 I)	70 000	24102, 21201 Nr. 4	0,5	109,50

---

[1] Für ein Geh- und Fahrtrecht: OLG Köln, Beschl. v. 6.7.2015 – 2 Wx 152/15, ZNotP 2016, 37 = BWNotZ 2015, 151 = MDR 2015, 1175.

II. Dienstbarkeiten

C. Erläuterungen

Der Wert einer Grunddienstbarkeit bestimmt sich nach § 52 I nach dem objektiven Wert, den das Recht für das herrschende Grundstück hat. Für Rechte von **unbeschränkter Dauer** ist gemäß § 52 III der auf die ersten 20 Jahre entfallende Wert maßgebend. Hier ist der Interessenwert zugrunde zu legen: 3500 Euro × 20 Jahre = 70 000 Euro. Dieser Wert entspricht hier einer Bewertung nach § 52 V (5 % des Grundstückswertes).[1] Die Bewertung nach § 52 V führt bei Dienstbarkeiten mit unbeschränkter Dauer dazu, dass der Verkehrswert des betroffenen Grundstücks anzusetzen ist (vgl. § 52 III S. 1 GNotKG).

7.82

Für den Entwurf ist gem. Nrn. 24102, 21201 Nr. 4 KV die Rahmengebühr 0,3–0,5, mind. 30 Euro zu erheben. Da der Entwurf vollständig gefertigt wurde, ist die höchste Rahmengebühr zu erheben (§ 92 II).

7.83

Die Unterschriftsbeglaubigung löst keine zusätzliche Gebühr aus, Vorbem. 2.4.1 II KV.

7.84

→ Fall 10: Fensterrecht (unbeschränkte Dauer, ohne Wertangabe)

A. Sachverhalt

Der Grundstückseigentümer A bestellt an seinem Grundstück eine Grunddienstbarkeit mit dem Inhalt, dass es dem jeweiligen Eigentümer des dienenden Grundstücks untersagt ist, bei einer Bebauung die Fenster des Nachbarhauses zuzubauen oder durch einen in nicht genügender Entfernung errichteten Bau das Fensterrecht zu beeinträchtigen, was der Fall sein würde, wenn näher als 6 m an das Haus (Länge 8 m) heran gebaut werden würde. Ein **Wert** wurde **nicht** angegeben. Der Notar fertigt auftragsgemäß den Entwurf der Grundbucherklärungen und beglaubigt die Unterschrift des A. Der Notar ermittelte den Wert des 800 qm großen Grundstücks mit 80 000 Euro.

7.85

B. Rechnung

Pos.	Gebührentatbestand	Geschäfts-wert	KV-Nr.	Satz	Betrag
	Entwurf Grundbuchantrag (§§ 119 I, 52 I, III, V, 92 II, 97 I)	4800	24102, 21201 Nr. 4	0,5	22,50

7.86

C. Erläuterungen

Der Wert einer Grunddienstbarkeit einschließlich des Unterlassens oder Duldens bestimmt sich nach § 52 I nach dem objektiven Wert, den das Recht für das herrschende Grundstück hat. Für Rechte von **unbeschränkter Dauer** ist gemäß § 52 III der auf die ersten 20 Jahre entfallende Wert maßgebend.

7.87

Sofern kein (Jahres-)Schätzwert feststeht, ist nach § 52 V zu bewerten (der Jahreswert wird mit 5 Prozent des Wertes des betroffenen Gegenstands oder Teils

---

1 Für ein Geh- und Fahrtrecht: OLG Köln, Beschl. v. 6.7.2015 – 2 Wx 152/15, ZNotP 2016, 37 = BWNotZ 2015, 151 = MDR 2015, 1175.

des betroffenen Gegenstandes angenommen]. Es ist zu beachten, dass der Notar grundsätzlich zur Ermittlung des Wertes nach allen gebotenen Richtungen verpflichtet ist (§ 26 FamFG). Hier konnte der Grundstückswert vom Notar ermittelt werden (z.B. über den Gutachterausschuss oder nach dem Bodenrichtwertinformationssystem BORIS).[1]

Vorliegend wird also wie folgt gerechnet:

80 000 Euro ./. 800 qm = 100 Euro/qm × [Ausübungsbereich: 6 × 8 Meter] 48 Meter = 4800 Euro, davon 5 % = 240 Euro × 20 = 4800 Euro.

7.88 Für den Entwurf ist gem. Nrn. 24102, 21201 Nr. 4 KV die Rahmengebühr 0,3–0,5, mind. 30 Euro zu erheben. Da der Entwurf vollständig gefertigt wurde, ist die höchste Rahmengebühr zu erheben (§ 92 II).

7.89 Die Unterschriftsbeglaubigung löst keine zusätzliche Gebühr aus, Vorbem. 2.4.1 II KV.

c) Ausschlussdienstbarkeiten, § 1018 (Alt. 3) BGB

7.90 Ein Grundstück kann zugunsten des jeweiligen Eigentümers eines anderen Grundstücks in der Weise belastet werden, dass die **Ausübung eines Rechts ausgeschlossen** ist, z.B. das Dulden von Immissionen § 906 BGB, einer gefährlichen Anlage § 907 BGB oder von Grenzbäumen § 910 BGB.

→ **Fall 11: Baumwurf (unbeschränkte Dauer, Jahreswert)**

A. Sachverhalt

7.91 Der Grundstückseigentümer bestellt eine Grunddienstbarkeit mit dem Inhalt, dass der Eigentümer sämtliche Einwirkungen auf das belastete Grundstück durch **Baumwurf** (§ 910 BGB) aus dem auf dem Nachbargrundstück stehenden Wald zu dulden hat und insoweit auf Schadensersatzansprüche verzichtet, die zum Inhalt des Eigentums gehören. Der Notar fertigt auftragsgemäß den Entwurf der Grundbucherklärungen und beglaubigt die Unterschrift des Eigentümers. Der Wert für das herrschende Grundstück beträgt **jährlich** 150 Euro.

B. Rechnung

7.92

Pos.	Gebührentatbestand	Geschäftswert	KV-Nr.	Satz	Betrag
	Entwurf Grundbuchantrag (§§ 119 I, 52 I, III, 92 II, 97 I)	3000	24102, 21201 Nr. 4	0,5	30,00

C. Erläuterungen

7.93 Der Wert einer Grunddienstbarkeit bestimmt sich nach § 52 I nach dem objektiven Wert, den das Recht für das herrschende Grundstück hat. Für Rechte von

---

1 Für Sachsen: www.boris-sachsen.de.

II. Dienstbarkeiten

unbeschränkter Dauer ist gemäß § 52 III der auf die ersten 20 Jahre entfallende Wert maßgebend: 150 Euro × 20 = 3000 Euro.

Für den Entwurf ist gem. Nrn. 24102, 21201 Nr. 4 KV die Rahmengebühr 0,3–0,5, mind. 30 Euro zu erheben. Da der Entwurf vollständig gefertigt wurde, ist die höchste Rahmengebühr zu erheben (§ 92 II).

Die Unterschriftsbeglaubigung löst keine zusätzliche Gebühr aus, Vorbem. 2.4.1 II KV. 7.94

D. Exkurs

Sofern kein (Jahres-)Schätzwert feststeht, ist nach § 52 V zu bewerten, d.h., der Jahreswert wird mit 5 Prozent des Grundstückswertes oder Teils des Grundstückswertes angenommen.[1] 7.95

2. Beschränkte persönliche Dienstbarkeiten

a) Benutzungsdienstbarkeiten, § 1090 I (Alt. 1) BGB

> Ein Grundstück kann zugunsten einer natürlichen oder juristischen Person oder einer rechtsfähigen Personengesellschaft in der Weise belastet werden, dass der Berechtigte das Grundstück in einzelnen Beziehungen **benutzen** darf.

7.96

→ **Fall 12: Tankstellenbetreibungsrecht (bestimmte Dauer, Entgelt)**

A. Sachverhalt

Der Eigentümer A beantragt auf seinem Grundstück für die B-GmbH eine beschränkte persönliche Dienstbarkeit folgenden Inhalts einzutragen: Die B GmbH hat das Recht, auf dem Grundstück eine **Tankstelle** zur Abgabe von Kraftstoffen jeder Art **zu betreiben** und die Zufahrt zu benutzen. Die **Laufzeit** beträgt **26 Jahre**. Dem Notar ist bekannt, dass das an den Eigentümer **monatlich** zu zahlende **Entgelt** 1000 Euro beträgt. Der Notar fertigt auftragsgemäß den Entwurf der Grundbucherklärungen und beglaubigt die Unterschrift des A. 7.97

B. Rechnung

Pos.	Gebührentatbestand	Geschäftswert	KV-Nr.	Satz	Betrag
	Entwurf Grundbuchantrag (§§ 119 I, 52 I, II, 92 II, 97 I)	240 000	24102, 21201 Nr. 4	0,5	267,50

7.98

C. Erläuterungen

Der Wert einer beschränkten persönlichen Dienstbarkeit bestimmt sich gemäß § 52 I nach dem Wert, den das Recht für den Berechtigten hat. Bei Rechten von 7.99

---

[1] Für ein Geh- und Fahrtrecht: OLG Köln, Beschl. v. 6.7.2015 – 2 Wx 152/15, ZNotP 2016, 37 = BWNotZ 2015, 151 = MDR 2015, 1175.

bestimmter Dauer ist nach § 52 II der auf die Dauer entfallende Wert maßgebend, beschränkt auf den auf die ersten 20 Jahre entfallenden Wert: 1000 Euro × 12 Monate × 20fach = 240 000 Euro.

Für den Entwurf ist gem. Nrn. 24102, 21201 Nr. 4 KV die Rahmengebühr 0,3–0,5, mind. 30 Euro zu erheben. Da der Entwurf vollständig gefertigt wurde, ist die höchste Rahmengebühr zu erheben (§ 92 II).

7.100 Die Unterschriftsbeglaubigung löst keine zusätzliche Gebühr aus, Vorbem. 2.4.1 II KV.

D. Exkurs

7.101 Sofern kein (Jahres-)Schätzwert feststeht, ist nach § 52 V zu bewerten, d.h., der Jahreswert wird mit 5 Prozent des Grundstückswertes oder Teils des Grundstückswertes angenommen.[1]

→ **Fall 13: Benutzung einer Hauswand (bestimmte Dauer, Nutzungsentschädigung)**

A. Sachverhalt

7.102 Der Eigentümer A beantragt auf seinem Grundstück für die B-Brauerei-AG eine beschränkte persönliche Dienstbarkeit einzutragen, wonach diese den Nordgiebel seines Hauses zu Werbezwecken für ihr Unternehmen benutzen kann. Der bauliche Zustand des Hauses darf nicht beeinträchtigt und die behördlichen Vorschriften müssen beachtet werden. Dem Notar ist bekannt, dass der Berechtigte eine **jährliche Nutzungsentschädigung** von 3600 Euro an den Eigentümer zu entrichten hat. Das Recht gilt für **10 Jahre** ab Eintragung. Der Wert des Hausgrundstücks beträgt 80 000 Euro. Der Notar fertigt auftragsgemäß den Entwurf der Grundbucherklärungen und beglaubigt die Unterschrift des A.

B. Rechnung

7.103

Pos.	Gebührentatbestand	Geschäftswert	KV-Nr.	Satz	Betrag
	Entwurf Grundbuchantrag (§§ 119 I, 52 I, II, 92 II, 97 I)	36 000	24102, 21201 Nr. 4	0,5	72,50

C. Erläuterungen

7.104 Der Wert einer beschränkten persönlichen Dienstbarkeit bestimmt sich gemäß § 52 I nach dem Wert, den das Recht für den Berechtigten hat. Bei Rechten von **bestimmter Dauer** ist nach § 52 II der auf die Dauer entfallende Wert maßgebend, beschränkt auf den auf die ersten 20 Jahre entfallenden Wert: 3600 Euro × 10fach = 36 000 Euro.

---

[1] Für ein Geh- und Fahrtrecht: OLG Köln, Beschl. v. 6.7.2015 – 2 Wx 152/15, ZNotP 2016, 37 = BWNotZ 2015, 151 = MDR 2015, 1175.

II. Dienstbarkeiten

Für den Entwurf ist gem. Nrn. 24102, 21201 Nr. 4 KV die Rahmengebühr 0,3–0,5, mind. 30 Euro zu erheben. Da der Entwurf vollständig gefertigt wurde, ist die höchste Rahmengebühr zu erheben (§ 92 II). 7.105

Die Unterschriftsbeglaubigung löst keine zusätzliche Gebühr aus, Vorbem. 2.4.1 II KV. 7.106

D. Exkurs

Sofern kein (Jahres-)Schätzwert feststeht, ist nach § 52 V zu bewerten, d.h., der Jahreswert wird mit 5 Prozent des Grundstückswertes oder Teils des Grundstückswertes angenommen.[1] 7.107

→ **Fall 14: Kabelleitungsrecht (unbeschränkte Dauer, Gesamtentschädigung)**

A. Sachverhalt

Der Eigentümer A bestellt an seinem Grundstück zugunsten eines Energieversorgungsunternehmens, einer Aktiengesellschaft, das Recht, dauernd Strom- und Kommunikationskabel zum Zwecke der Durchleitung und Anbindung von Telekommunikationsanlagen in eine Kabeltrasse unter der Geländeoberfläche einzubringen, zu unterhalten, zu nutzen, dauernd zu belassen, zu reparieren und zu erneuern. Damit verbunden ist auch das Recht, das belastete Grundstück zum Zwecke der Einbringung, Nutzung usw. zu betreten und zu befahren. Das Grundstück umfasst insgesamt ca. 5000 qm, wobei die Inanspruchnahme für die zu unterhaltenden Leitungen auf einem 3 Meter breiten Streifen erfolgt. Zur Sicherung bewilligt und beantragt der Eigentümer die Eintragung einer beschränkten persönlichen Dienstbarkeit im Grundbuch. Der Eigentümer erhält dafür eine **Gesamtentschädigung** in Höhe von 863 Euro. Der Notar fertigt auftragsgemäß den Entwurf der Grundbucherklärungen und beglaubigt die Unterschrift des A. 7.108

B. Rechnung

Pos.	Gebührentatbestand	Geschäftswert	KV-Nr.	Satz	Betrag
	Entwurf Grundbuchantrag (§§ 119 I, 52 I, 92 II, 97 I)	863	24102, 21201 Nr. 4	0,5	30,00

7.109

C. Erläuterungen

Der Wert einer beschränkten persönlichen Dienstbarkeit bestimmt sich gemäß § 52 I nach dem Wert, den das Recht für den Berechtigten hat. Diesen Wert verkörpert vorliegend die **Gesamtentschädigung** für den Eigentümer. 7.110

---

[1] Für ein Geh- und Fahrtrecht: OLG Köln, Beschl. v. 6.7.2015 – 2 Wx 152/15, ZNotP 2016, 37 = BWNotZ 2015, 151 = MDR 2015, 1175.

7.111 Für den Entwurf ist gem. Nrn. 24102, 21201 Nr. 4 KV die Rahmengebühr 0,3–0,5, mind. 30 Euro zu erheben. Da der Entwurf vollständig gefertigt wurde, ist die höchste Rahmengebühr zu erheben (§ 92 II).

7.112 Die Unterschriftsbeglaubigung löst keine zusätzliche Gebühr aus, Vorbem. 2.4.1 II KV.

D. Exkurs

7.113 Sofern kein (Jahres-)Schätzwert feststeht, ist nach § 52 V zu bewerten, d.h., der Jahreswert wird mit 5 Prozent des Grundstückswertes oder Teils des Grundstückswertes angenommen.[1]

b) Unterlassungs- und Duldungsdienstbarkeiten, § 1090 I (Alt. 2) BGB

7.114
> Ein Grundstück kann **zugunsten einer natürlichen oder juristischen Person oder einer rechtsfähigen Personengesellschaft** in der Weise belastet werden, dass der Eigentümer auf dem Grundstück bestimmte **Maßnahmen** zu **unterlassen** hat oder ihm eine **bestimmte Duldung** obliegt.

→ **Fall 15: Wohnungsbesetzungsrecht (bestimmte Dauer)**

A. Sachverhalt

7.115 Der Eigentümer A bewilligt und beantragt, auf seinem Grundstück, verzeichnet im Grundbuch von A-Stadt folgende **beschränkte persönliche Dienstbarkeit** für die B-Bank im gleichen Rang mit der in UR-Nr. ... des Notars ... bestellten Hypothek in Höhe von 250 000 Euro einzutragen: Die fünf Vier-Zimmer-Wohnungen und die sechs Drei-Zimmer-Wohnungen im zweiten und dritten Stock des Wohnhauses dürfen nur an Bedienstete der Deutschen Post (namentlich aufgeführt in beigefügter Liste) zur Nutzung überlassen werden. Die B-Bank hat die Löschung des Rechts zu bewilligen, wenn die in Abt. III unter lfd. Nr. 1 eingetragene **Hypothek** in Höhe von **250 000 Euro**, die zur Beschaffung des betroffenen Wohnraumes gewährt wurde, zurückgezahlt ist; frühestens jedoch nach **25 Jahren** ab heute. Der Notar fertigt auftragsgemäß den Entwurf der Grundbucherklärungen und beglaubigt die Unterschrift des A.

B. Rechnung

7.116

Pos.	Gebührentatbestand	Geschäftswert	KV-Nr.	Satz	Betrag
	Entwurf Grundbuchantrag (§§ 119 I, 52 I, 53 I, 36 I, 92 II, 97 I)	50 000	24102, 21201 Nr. 4	0,5	82,50

---

[1] Für ein Geh- und Fahrtrecht: OLG Köln, Beschl. v. 6.7.2015 – 2 Wx 152/15, ZNotP 2016, 37 = BWNotZ 2015, 151 = MDR 2015, 1175.

C. Erläuterungen

Der Wert einer beschränkten persönlichen Dienstbarkeit bestimmt sich gemäß § 52 I nach dem Wert, den das Recht für den Berechtigten hat. Als Bezugswert für die Wertbestimmung eines Wohnungsbesetzungsrechtes dient der Hypothekenbetrag nach § 53 I; ein Teilwert davon im Rahmen des § 36 I in Höhe von 20 % von 250 000 Euro = 50 000 Euro, erscheint angemessen.

7.117

Für den Entwurf ist gem. Nrn. 24102, 21201 Nr. 4 KV die Rahmengebühr 0,3–0,5, mind. 30 Euro zu erheben. Da der Entwurf vollständig gefertigt wurde, ist die höchste Rahmengebühr zu erheben (§ 92 II).

7.118

Die Unterschriftsbeglaubigung löst keine zusätzliche Gebühr aus, Vorbem. 2.4.1 II KV.

7.119

→ **Fall 16: Benutzungsbeschränkung (unbeschränkte Dauer, Interessenwert)**

A. Sachverhalt

Der Eigentümer A beantragt auf seinem Grundstück für die Wohnungsbaugesellschaft AG als beschränkte persönliche Dienstbarkeit einzutragen:

7.120

Die Berechtigte (die Wohnungsbaugesellschaft AG) kann untersagen, auf dem Grundstück

a) einen gewerblichen Betrieb gleich welcher Art auszuüben

b) den Garten gewerblich zu nutzen

c) Tiere zu halten, die üblicherweise nicht in Wohnräumen gehalten werden.

Der Wert für den Berechtigten beträgt **insgesamt** 10 000 Euro. Der Notar fertigt den Entwurf der Grundbucherklärungen und beglaubigt die Unterschrift des A.

B. Rechnung

Pos.	Gebührentatbestand	Geschäftswert	KV-Nr.	Satz	Betrag
	Entwurf Grundbuchantrag (§§ 119 I, 52 I, 92 II, 97 I)	10 000	24102, 21201 Nr. 4	0,5	37,50

7.121

C. Erläuterungen

Der Wert einer beschränkten persönlichen Dienstbarkeit bestimmt sich gemäß § 52 I nach dem Wert, den das Recht für den Berechtigten hat, hier insgesamt 10 000 Euro.

7.122

Für den Entwurf ist gem. Nrn. 24102, 21201 Nr. 4 KV die Rahmengebühr 0,3–0,5, mind. 30 Euro zu erheben. Da der Entwurf vollständig gefertigt wurde, ist die höchste Rahmengebühr zu erheben (§ 92 II).

7.123

Die Unterschriftsbeglaubigung löst keine zusätzliche Gebühr aus, Vorbem. 2.4.1 II KV.

7.124

D. Exkurs

7.125 Sofern kein (Jahres-)Schätzwert feststeht, ist nach § 52 V zu bewerten, d.h., der Jahreswert wird mit 5 Prozent des Grundstückswertes oder Teils des Grundstückswertes angenommen.[1]

→ **Fall 17: Stellplatzsicherungsrecht (unbeschränkte Dauer, keine Wertangabe)**

A. Sachverhalt

7.126 Der Eigentümer A beantragt auf seinem Grundstück für die Gemeinde B eine beschränkte persönliche Dienstbarkeit mit dem Inhalt einzutragen, dass in dem zu errichtenden Parkhaus sämtliche **50 Kfz-Stellplätze** dauernd für keinen anderen Zweck als zum Abstellen von Kraftfahrzeugen verwendet werden dürfen. Der Notar fertigt den Entwurf der Grundbucherklärungen und beglaubigt die Unterschrift des A. Eine Wertangabe erfolgte nicht.

B. Rechnung

7.127

Pos.	Gebührentatbestand	Geschäftswert	KV-Nr.	Satz	Betrag
	Entwurf Grundbuchantrag (§§ 119 I, 52 I, 92 II, 97 I)	300 000	24102, 21201 Nr. 4	0,5	317,50

C. Erläuterungen

7.128 Der Wert einer beschränkten persönlichen Dienstbarkeit bestimmt sich gemäß § 52 I nach dem Wert, den das Recht für den Berechtigten hat. Konkret wurde hier von einem Betrag in Höhe von 6000 Euro (Errichtungsaufwendung) pro Stellplatz ausgegangen (6000 Euro × 50 = 300 000 Euro).[2]

7.129 Für den Entwurf ist gem. Nrn. 24102, 21201 Nr. 4 KV die Rahmengebühr 0,3–0,5, mind. 30 Euro zu erheben. Da der Entwurf vollständig gefertigt wurde, ist die höchste Rahmengebühr zu erheben (§ 92 II).

7.130 Die Unterschriftsbeglaubigung löst keine zusätzliche Gebühr aus, Vorbem. 2.4.1 II KV.

---

[1] Für ein Geh- und Fahrtrecht: OLG Köln, Beschl. v. 6.7.2015 – 2 Wx 152/15, ZNotP 2016, 37 = BWNotZ 2015, 151 = MDR 2015, 1175.
[2] BayObLG v. 26.5.1982 – BReg.2 Z 26/82, Rpfleger 1982, 358 (Sinn der Bestellung der beschränkten persönlichen Dienstbarkeit zugunsten der Gemeinde war es, rechtlich sicherzustellen, dass für ein geplantes Bauvorhaben in der Innenstadt ausreichend Kfz.-Stellplätze nachgewiesen sind).

D. Exkurs

Sofern kein (Jahres-)Schätzwert feststeht, ist nach § 52 V zu bewerten, d.h., der Jahreswert wird mit 5 Prozent des Grundstückswertes oder Teils des Grundstückswertes angenommen.[1]

7.131

→ **Fall 18: Absicherung eines Wärmelieferungsvertrages („Contracting")**

A. Sachverhalt

Der Eigentümer A bestellt auf seinem Grundstück für einen Wärmelieferer (Aktiengesellschaft) eine beschränkte persönliche Dienstbarkeit auf die Dauer von 15 Jahren, die der Absicherung eines (nicht beurkundeten) Wärmelieferungsvertrages („Contracting") dient. Die Dienstbarkeit hat einen gemischttypischen Inhalt: erstens eine Unterlassungsverpflichtung wegen des Verbots, eine Heizzentrale zu betreiben oder Wärme von Dritten zu beziehen, zweitens eine Nutzungsdienstbarkeit wegen der Anlagenbetriebsberechtigung, drittens ein Nutzungsrecht wegen der Wärmeleitungen. Das **Abnahmeentgelt** wurde mit 100 000 Euro jährlich beziffert.

7.132

Der Notar fertigt den Entwurf der Grundbucherklärungen und beglaubigt die Unterschrift des A.

B. Rechnung

Pos.	Gebührentatbestand	Geschäfts-wert	KV-Nr.	Satz	Betrag
	Entwurf Grundbuchantrag (§§ 119 I, 52 I, II, 36 I, 92 II, 97 I)	1,5 Mio.	24102, 21201 Nr. 4	0,5	1267,50

7.133

C. Erläuterungen

Der Wert einer beschränkten persönlichen Dienstbarkeit bestimmt sich gemäß § 52 I nach dem Wert, den das Recht für den Berechtigten hat. Ist das Recht auf eine **bestimmte Zeit** beschränkt, so ist gemäß § 52 II der auf die Dauer des Rechts (15 Jahre) entfallende Wert maßgebend.

7.134

Insgesamt liegt nur **eine** beschränkte persönliche Dienstbarkeit vor. Prägender Inhalt ist die Unterlassungsverpflichtung, die den Grundstückseigentümer mittelbar zur Abnahme der Heizwärme verpflichtet. Die beiden übrigen Dienstbarkeitsinhalte – Anlagenbetriebs- und Unterhaltungs- sowie Leitungsrecht – flankieren den Hauptinhalt nur. Die Abnahmeverpflichtung des Grundstückseigentümers bestimmt den Geschäftswert der Dienstbarkeit: Abnahmeentgelt = 100 000 Euro × 15 Jahre = 1,5 Mio. Euro.

Für den Entwurf ist gem. Nrn. 24102, 21201 Nr. 4 KV die Rahmengebühr 0,3–0,5, mind. 30 Euro zu erheben. Da der Entwurf vollständig gefertigt wurde, ist die höchste Rahmengebühr zu erheben (§ 92 II).

7.135

---

1 Für ein Geh- und Fahrtrecht: OLG Köln, Beschl. v. 6.7.2015 – 2 Wx 152/15, ZNotP 2016, 37 = BWNotZ 2015, 151 = MDR 2015, 1175.

7.136 Die Unterschriftsbeglaubigung löst keine zusätzliche Gebühr aus, Vorbem. 2.4.1 II KV.

c) Ausschlussdienstbarkeiten, § 1090 I (Alt. 3) BGB

7.137
> Ein Grundstück kann zugunsten einer natürlichen oder juristischen Person oder einer rechtsfähigen Personengesellschaft in der Weise belastet werden, dass die **Ausübung** eines Rechts **ausgeschlossen** ist, z.B. das Dulden von Immissionen § 906 BGB, einer gefährlichen Anlage § 907 BGB oder von Grenzbäumen § 910 BGB.

→ **Fall 19: Immissionsrecht (bestimmte Dauer, Jahreswert)**

A. Sachverhalt

7.138 Der Grundstückseigentümer bestellt für X (50 Jahre alt) für die Dauer von **20 Jahren** eine beschränkte persönliche Dienstbarkeit mit dem Inhalt, dass dieser die Einwirkungen auf das belastete Grundstück durch die Zuführung von Gasen, Dämpfen und Gerüchen aus dem auf dem Nachbargrundstück stehenden Aluminiumwerk zu dulden hat und insoweit auf Schadensersatzansprüche verzichtet, die zum Inhalt des Eigentums gehören (vgl. § 906 BGB). Der **jährliche Wert** für den Berechtigten beträgt 1000 Euro. Der Notar fertigt auftragsgemäß den Entwurf der Grundbucherklärungen und beglaubigt die Unterschrift des Eigentümers.

B. Rechnung

7.139

Pos.	Gebührentatbestand	Geschäftswert	KV-Nr.	Satz	Betrag
	Entwurf Grundbuchantrag (§§ 119 I, 52 I, II, IV, 92 II, 97 I)	15 000	24102, 21201 Nr. 4	0,5	45,50

C. Erläuterungen

7.140 Der Wert einer beschränkten persönlichen Dienstbarkeit bestimmt sich gemäß § 52 I nach dem Wert, den das Recht für den Berechtigten hat. Ist das Recht auf eine bestimmte Zeit beschränkt, so ist gemäß § 52 II der auf die Dauer des Rechts entfallende Wert maßgebend (20 Jahre), sofern bei zusätzlicher Beschränkung auf die Lebensdauer des Berechtigten der nach § 52 IV berechnete Wert nicht geringer ist (§ 52 II Satz 3). Dies ist hier der Fall, somit: 1000 Euro × 15 Jahre = 15 000 Euro.

7.141 Für den Entwurf ist gem. Nrn. 24102, 21201 Nr. 4 KV die Rahmengebühr 0,3–0,5, mind. 30 Euro zu erheben. Da der Entwurf vollständig gefertigt wurde, ist die höchste Rahmengebühr zu erheben (§ 92 II).

7.142 Die Unterschriftsbeglaubigung löst keine zusätzliche Gebühr aus, Vorbem. 2.4.1 II KV.

D. Exkurs

Sofern kein (Jahres-)Schätzwert feststeht, ist nach § 52 V zu bewerten, d.h., der Jahreswert wird mit 5 Prozent des Grundstückswertes oder Teils des Grundstückswertes angenommen.[1]

d) Nutzungsdienstbarkeiten für Windkraftanlagen
→ **Fall 20: Windkraftanlage für GmbH (unbeschränkte Dauer)**

A. Sachverhalt

Der Grundstückseigentümer A räumt der Windpark-Sturmböe-GmbH das Recht ein, auf seinem Grundstück eine Windkraftanlage zu errichten, zu betreiben und zu unterhalten. Das Recht wird auf **unbeschränkte Dauer** eingeräumt und soll durch eine beschränkte persönliche Dienstbarkeit gesichert werden. Das vom Betreiber zu zahlende **jährliche Entgelt** beträgt laut vorgelegtem Nutzungsvertrag 6000 Euro. Der Notar fertigt auftragsgemäß der Grundbucherklärungen und beglaubigt die Unterschrift des A.

B. Rechnung

Pos.	Gebührentatbestand	Geschäftswert	KV-Nr.	Satz	Betrag
	Entwurf Grundbuchantrag (§§ 119 I, 52 I, III, 92 II, 97 I)	120 000	24102, 21201 Nr. 4	0,5	150,00

C. Erläuterungen

Der Wert einer beschränkten persönlichen Dienstbarkeit bestimmt sich gemäß § 52 I nach dem Wert, den das Recht für den Berechtigten hat. Für Rechte von **unbeschränkter Dauer** ist gemäß § 52 III der auf die ersten 20 Jahre entfallende Wert maßgebend. Unbeschränkte Dauer ist z.B. anzunehmen, wenn der Berechtigte eine **juristische Person** oder **Personengesellschaft** ist, die nicht nach einer gesetzlichen oder vertraglichen Bestimmung beim Tod eines Gesellschafters aufgelöst wird. Den Bezugswert bildet das zu zahlende Entgelt an den Eigentümer (6000 Euro × 20 Jahre = 120 000 Euro).

Für den Entwurf ist gem. Nrn. 24102, 21201 Nr. 4 KV die Rahmengebühr 0,3–0,5, mind. 30 Euro zu erheben. Da der Entwurf vollständig gefertigt wurde, ist die höchste Rahmengebühr zu erheben (§ 92 II).

Die Unterschriftsbeglaubigung löst keine zusätzliche Gebühr aus, Vorbem. 2.4.1 II KV.

---
[1] Für ein Geh- und Fahrtrecht: OLG Köln, Beschl. v. 6.7.2015 – 2 Wx 152/15, ZNotP 2016, 37 = BWNotZ 2015, 151 = MDR 2015, 1175.

D. Exkurs

7.149 Sofern kein (Jahres-)Schätzwert feststeht, ist nach § 52 V zu bewerten, d. h., der Jahreswert wird mit 5 Prozent des Grundstückswertes oder Teils des Grundstückswertes angenommen.[1]

→ **Fall 21: Windkraftanlage für natürliche Person (Lebensdauer)**

A. Sachverhalt

7.150 Der Grundstückseigentümer A räumt dem 40-jährigen Berechtigten B das Recht ein, auf seinem Grundstück eine Windkraftanlage zu errichten, zu betreiben und zu unterhalten. Das Recht wird auf unbeschränkte Dauer eingeräumt und soll durch eine beschränkte persönliche Dienstbarkeit gesichert werden. Beide haben kürzlich darüber einen privatschriftlichen Pachtvertrag geschlossen, der den vom Betreiber zu zahlenden **jährlichen Pachtzins** in Höhe von 2000 Euro festlegt und die erstmalige Beendigungsmöglichkeit des Pachtverhältnisses nach einer Dauer von 25 Jahren regelt. Der Notar fertigt auftragsgemäß den Entwurf der Grundbucherklärungen und beglaubigt die Unterschrift des A.

B. Rechnung

7.151

Pos.	Gebührentatbestand	Geschäftswert	KV-Nr.	Satz	Betrag
	Entwurf Grundbuchantrag (§§ 119 I, 52 I, IV S. 1, 92 II, 97 I)	30 000	24102, 21201 Nr. 4	0,5	62,50

C. Erläuterungen

7.152 Der Wert einer beschränkten persönlichen Dienstbarkeit bestimmt sich gemäß § 52 I nach dem Wert, den das Recht für den Berechtigten hat. Es liegt ein Recht von **unbeschränkter Dauer** vor, da sich eine zeitliche Begrenzung nicht aus der Eintragungsbewilligung selbst ergibt. Höchstens kann bei Beschränkung auf die **Lebensdauer** des Berechtigten jedoch der nach § 52 IV berechnete Wert angenommen werden (§ 52 II Satz 3). Dies ist hier der Fall: 2000 Euro × 15fach = 30 000 Euro.

7.153 Für den Entwurf ist gem. Nrn. 24102, 21201 Nr. 4 KV die Rahmengebühr 0,3–0,5, mind. 30 Euro zu erheben. Da der Entwurf vollständig gefertigt wurde, ist die höchste Rahmengebühr zu erheben (§ 92 II).

7.154 Die Unterschriftsbeglaubigung löst keine zusätzliche Gebühr aus, Vorbem. 2.4.1 II KV.

---

[1] Für ein Geh- und Fahrtrecht: OLG Köln, Beschl. v. 6.7.2015 – 2 Wx 152/15, ZNotP 2016, 37 = BWNotZ 2015, 151 = MDR 2015, 1175.

D. Exkurs

Sofern kein (Jahres-)Schätzwert feststeht, ist nach § 52 V zu bewerten, d.h., der Jahreswert wird mit 5 Prozent des Grundstückswertes oder Teils des Grundstückswertes angenommen.[1]

→ Fall 22: Windkraftanlage für Energieunternehmen (unbeschränkte Dauer)

A. Sachverhalt

Der Grundstückseigentümer A räumt einem **Energieunternehmen** das Recht ein, auf seinem Grundstück eine Windkraftanlage zu errichten, zu betreiben und zu unterhalten. Das Recht wird auf unbeschränkte Dauer eingeräumt und soll durch eine beschränkte persönliche Dienstbarkeit gesichert werden, wobei die Dienstbarkeit zur Nutzung des gesamten belasteten Grundstücks berechtigt. Ein **Nutzungsentgelt** ist **nicht vereinbart**, auch liegen dem Notar keine Erkenntnisse über den üblichen Jahresnutzungswert vor. Lediglich der **Grundstücksverkehrswert in Höhe von 20 000 Euro** ist bekannt. Der Notar fertigt auftragsgemäß den Entwurf der Grundbucherklärungen und beglaubigt die Unterschrift des A.

B. Rechnung

Pos.	Gebührentatbestand	Geschäftswert	KV-Nr.	Satz	Betrag
	Entwurf Grundbuchantrag (§§ 119 I, 52 I, III, V, 92 II, 97 I)	20 000	24102, 21201 Nr. 4	0,5	53,50

C. Erläuterungen

Der Wert einer beschränkten persönlichen Dienstbarkeit bestimmt sich gemäß § 52 I nach dem Wert, den das Recht für den Berechtigten hat. Der Wert eines Rechts von **unbeschränkter Dauer** ist gemäß § 52 III der auf die ersten 20 Jahre entfallende Wert. Sofern kein (Jahres-)Schätzwert feststeht, ist nach § 52 V zu bewerten, d.h., der Jahreswert wird mit 5 Prozent des Grundstückswertes oder Teils des Grundstückswertes angenommen (5 % vom Grundstückswert = 1000 Euro × 20 Jahre = 20 000 Euro).[2]

Für den Entwurf ist gem. Nrn. 24102, 21201 Nr. 4 die Rahmengebühr 0,3–0,5, mind. 30 Euro zu erheben. Da der Entwurf vollständig gefertigt wurde, ist die höchste Rahmengebühr zu erheben (§ 92 II).

---

[1] Für ein Geh- und Fahrtrecht: OLG Köln, Beschl. v. 6.7.2015 – 2 Wx 152/15, ZNotP 2016, 37 = BWNotZ 2015, 151 = MDR 2015, 1175.
[2] Für ein Geh- und Fahrtrecht: OLG Köln, Beschl. v. 6.7.2015 – 2 Wx 152/15, ZNotP 2016, 37 = BWNotZ 2015, 151 = MDR 2015, 1175.

7.160 Die Unterschriftsbeglaubigung löst keine zusätzliche Gebühr aus, Vorbem. 2.4.1 II KV.

D. Anmerkung

7.161 Beschränkt sich der Ausübungsbereich der Dienstbarkeit nur auf einen Teil des Grundstücks, so ist der Berechnung nur dieser Grundstücksteil zugrunde zu legen (§ 52 V).

→ **Fall 23: Windkraftanlage (bestimmte Dauer)**

A. Sachverhalt

7.162 Der Grundstückseigentümer A räumt einem Energieunternehmen das Recht ein, auf seinem Grundstück eine Windkraftanlage zu errichten, zu betreiben und zu unterhalten. Das Recht wird auf **21 Jahre** eingeräumt soll durch eine beschränkte persönliche Dienstbarkeit gesichert werden. Das vom Betreiber zu zahlende **jährliche Entgelt** beträgt nach dem bereits geschlossenen Nutzungsvertrag 5000 Euro. Der Grundstückswert beträgt 90 000 Euro. Der Notar fertigt auftragsgemäß den Entwurf der Grundbucherklärungen und beglaubigt die Unterschrift des A.

B. Rechnung

7.163

Pos.	Gebührentatbestand	Geschäfts-wert	KV-Nr.	Satz	Betrag
	Entwurf Grundbuchantrag (§§ 119 I, 52 I, II, 92 II, 97 I)	100 000	24102, 21201 Nr. 4	0,5	136,50

C. Erläuterungen

7.164 Der Wert einer beschränkten persönlichen Dienstbarkeit bestimmt sich gemäß § 52 I nach dem Wert, den das Recht für den Berechtigten hat. Ist das Recht auf eine **bestimmte Zeit** beschränkt, ist nach § 52 II diese Dauer maßgebend, jedoch ist der Wert durch den auf die ersten 20 Jahre entfallenden Wert beschränkt. Der Grundstückswert kann überschritten werden (5000 Euro × 20 Jahre = 100 000 Euro).

7.165 Für den Entwurf ist gem. Nrn. 24102, 21201 Nr. 4 KV die Rahmengebühr 0,3–0,5, mind. 30 Euro zu erheben. Da der Entwurf vollständig gefertigt wurde, ist die höchste Rahmengebühr zu erheben (§ 92 II).

7.166 Die Unterschriftsbeglaubigung löst keine zusätzliche Gebühr aus, Vorbem. 2.4.1 II KV.

D. Exkurs

Sofern kein (Jahres-)Schätzwert feststeht, ist nach § 52 V zu bewerten, d.h., der Jahreswert wird mit 5 Prozent des Grundstückswertes oder Teils des Grundstückswertes angenommen.[1]

7.167

→ **Fall 24: Windkraftanlage (unbestimmte Dauer)**

A. Sachverhalt

Der Grundstückseigentümer A räumt einem Energieunternehmen das Recht ein, auf seinem Grundstück eine Windkraftanlage zu errichten, zu betreiben und zu unterhalten. Das Recht erlischt, wenn der zwischen dem Eigentümer und dem Berechtigten geschlossene Nutzungsvertrag **gekündigt** wird. Das Recht soll durch eine beschränkte persönliche Dienstbarkeit gesichert werden. Das vom Betreiber zu zahlende **jährliche Entgelt** beträgt 2500 Euro. Der Notar fertigt auftragsgemäß den Entwurf der Grundbucherklärungen und beglaubigt die Unterschrift des A.

7.168

B. Rechnung

7.169

Pos.	Gebührentatbestand	Geschäfts-wert	KV-Nr.	Satz	Betrag
	Entwurf Grundbuchantrag (§§ 119 I, 52 I, III, 92 II, 97 I)	25 000	24102, 21201 Nr. 4	0,5	57,50

C. Erläuterungen

Der Wert einer beschränkten persönlichen Dienstbarkeit bestimmt sich gemäß § 52 I nach dem Wert, den das Recht für den Berechtigten hat. Aufgrund der Kündigungsmöglichkeit liegt hier **unbestimmte Dauer** nach § 52 III vor. Der Wert eines Rechts von unbestimmter Dauer ist der auf die ersten zehn Jahre entfallende Wert (2500 × 10 = 25 000 Euro).

7.170

Für den Entwurf ist gem. Nrn. 24102, 21201 Nr. 4 KV die Rahmengebühr 0,3–0,5, mind. 30 Euro zu erheben. Da der Entwurf vollständig gefertigt wurde, ist die höchste Rahmengebühr zu erheben (§ 92 II).

7.171

Die Unterschriftsbeglaubigung löst keine zusätzliche Gebühr aus, Vorbem. 2.4.1 II KV.

7.172

D. Anmerkung

Wäre hier der Fall so gegeben, dass eine Kündigung frühestens nach 12 Jahren möglich ist, läge bestimmte Dauer nach § 52 II vor mit der Folge, dass dann der 12-fache Jahreswert maßgebend wäre.

7.173

---

1 Für ein Geh- und Fahrtrecht: OLG Köln, Beschl. v. 6.7.2015 – 2 Wx 152/15, ZNotP 2016, 37 = BWNotZ 2015, 151 = MDR 2015, 1175.

e) Nutzungsdienstbarkeiten für Photovoltaikanlagen

7.174

Hinweise zur Geschäftswertermittlung:
Für die Nutzung von Grundstücks- oder Gebäudeflächen zur Betreibung von Photovoltaikanlagen werden überwiegend beschränkte persönliche Dienstbarkeiten bestellt. Der Geschäftswert ist grundsätzlich **nicht nach der Einspeisevergütung** für die elektrische Leistung, sondern anhand des hierfür üblichen, mindestens jedoch des vereinbarten Pachtzinses zu bemessen.[1] Der oftmals in der Urkunde angegebene Wert „im Kosteninteresse" (z.B. in Höhe von 500 Euro) liefert regelmäßig keine Anhaltspunkte für den Wert der Dienstbarkeit.

Pachtzinsermittlung:
Ist kein Pachtzins vereinbart, geben die Beteiligten keine konkreten Hinweise oder entspricht der Zins nicht dem objektiven Wert der Dienstbarkeit, bieten die Betreiber zur Vergütung der Dachpacht verschiedene Modelle an. Nachfolgend sollen vier Möglichkeiten aufgezeigt werden, wobei die Beträge nur als unverbindliche Richtgrößen zu verstehen sind. Viele Faktoren, wie z.B. der Objektstandort oder die Objektbeschaffenheit, nehmen Einfluss auf die Effizienz der Anlage und damit den Pachtzins.[2]

Vergütungsmodelle

– *Prozentsatz vom Ertrag*
  Der Grundstückseigentümer/Verpächter wird prozentual am Ertrag der Solaranlage beteiligt. Der Prozentsatz der Pachteinnahme liegt je nach Standort und Beschaffenheit zwischen 5 % und 13,5 % jährlich.

– *Pauschale pro installiertes Kilowatt*
  Der Eigentümer erhält bei diesem Vergütungsmodell eine Pauschale pro installiertes Kilowatt. Die Höhe pro kW kann jährlich zwischen 11 Euro und 37 Euro pro kW liegen.

– *Pauschale pro belegte Quadratmeter Dachfläche*
  Der Pachtzins richtet sich bei dieser Vergütung nach den belegten Quadratmetern an Dachfläche. Er wird im Durchschnitt zwischen 2,00 Euro und 4,40 Euro pro qm jährlich festgelegt.

– *Einmalzahlungen, Vorauszahlungen*
  Wird dem Eigentümer vom Betreiber eine Einmalentschädigung (Entgelt) für die gesamte Betriebsdauer (für 20 Jahre) gezahlt, bildet dieser Betrag den Geschäftswert.

Rückgriff auf Hilfswert
Wenn sich überhaupt kein Wert feststellen lässt, kann nach § 52 V GNotKG der Jahreswert mit 5 % des Wertes des betroffenen Grundstücks bzw. Grundstücksteils angenommen werden. Dieser ist dann mit dem entsprechenden Multiplikator nach § 52 II–4 GNotKG zu vervielfältigen.[3]

---

1 OLG München, Beschl. v. 8.1.2008 – 32 Wx 192/07, ZNotP 2008, 174.
2 www.photovoltaik-guide.de/Dachpacht-Vergütungsarten.
3 Für ein Geh- und Fahrtrecht: OLG Köln, Beschl. v. 6.7.2015 – 2 Wx 152/15, ZNotP 2016, 37 = BWNotZ 2015, 151 = MDR 2015, 1175.

→ **Fall 25: Photovoltaikanlage, Dienstbarkeit für natürliche Person nebst Vormerkung für Gläubiger (bestimmte Dauer)**

A. Sachverhalt

Der Eigentümer/Verpächter A und der Betreiber B haben einen privatschriftlichen Pachtvertrag über die Überlassung von Dachflächen bezüglich der Errichtung einer Photovoltaikanlage auf die Dauer von **21 Jahren** geschlossen. Der Verpächter wird pro installiertes Kilowatt vergütet. Es handelt sich um ein 10 kW Solaranlage, der Verpächter erhält **25 Euro pro kW jährlich als Pachteinnahme**. Nunmehr bewilligt und beantragt der Eigentümer A für den 55-jährigen Betreiber B:

1. eine **beschränkte persönliche Dienstbarkeit** auf die Dauer von 21 Jahren zum Betrieb einer Photovoltaikanlage unter Bezugnahme auf die vertraglich getroffenen Vereinbarungen im Pachtvertrag
2. eine **Vormerkung** zur Sicherung des Anspruchs auf Eintragung einer Dienstbarkeit gleichen Inhalts zu Gunsten der Sparkasse Leipzig, falls B in Insolvenz gerät oder stirbt.

Der Notar fertigt den Entwurf der Grundbucherklärungen und beglaubigt die Unterschrift des A.

B. Rechnung

Pos.	Gebührentatbestand	Geschäfts-wert	KV-Nr.	Satz	Betrag
	Entwurf Grundbuchantrag (§§ 35 I, 86 II, 92 II, 97 I)	5000	24102, 21201 Nr. 4	0,5	30,00
	a) beschränkte persönliche Dienstbarkeit für natürliche Person (§§ 119 I, 52 I, II, IV, 97 I)	2500	24102, 21201 Nr. 4	0,5	
	b) Vormerkung für Gläubiger (§§ 119 I, 45 III HS 1; 52 I, II, III, VI S. 3, 97 I)	2500	24102, 21201 Nr. 4	0,5	

C. Erläuterungen

a) Der Wert einer beschränkten persönlichen Dienstbarkeit bestimmt sich gemäß § 52 I nach dem Wert, den das Recht für den Berechtigten hat, somit nach dem vertraglich vereinbarten Pachtzins (hier 25 Euro/Jahr pro kW). Bei Einräumung des Rechts auf **bestimmte Zeit** ist nach § 52 II der auf die Dauer des Rechts entfallende Wert maßgebend, höchstens durch den auf die ersten 20 Jahre entfallenden Wert. Ist die Dauer des Rechts außerdem auf die **Lebensdauer** einer Person beschränkt, darf der Wert nach § 52 IV nicht überschritten werden (§ 52 II S. 3), somit: 25 Euro × 10 kW × 10 = 2500 Euro.

b) Der Geschäftswert einer **Vormerkung** ist der Wert des vorgemerkten Rechts (§ 45 III Hs. 1). Da das Recht dem Gläubiger (= juristische Person) eingeräumt wird, liegt **unbeschränkte Dauer** nach § 52 III vor (20-facher Jahreswert). Da der Beginn des Rechts allerdings noch nicht feststeht, ist der Geschäftswert nach § 52 VI Satz 3 **geringer** anzunehmen. Vorgeschlagen werden hier 50 % des für die Dienstbarkeit selbst ermittelten Wertes (25 Euro × 10 kW × 20, davon 50 % = 2500 Euro).

7.179 a) und b)

Es liegen zwei Rechtsverhältnisse gemäß § 86 II vor, die einen **verschiedenen Beurkundungsgegenstand** haben, so dass die Werte gemäß § 35 I zu addieren sind. Sie Summe beträgt hier 5000 Euro.

7.180 Für den Entwurf ist gem. Nrn. 24102, 21201 Nr. 4 KV die Rahmengebühr 0,3–0,5, mind. 30 Euro zu erheben. Da der Entwurf vollständig gefertigt wurde, ist die höchste Rahmengebühr zu erheben (§ 92 II).

7.181 Die Unterschriftsbeglaubigung löst keine zusätzliche Gebühr aus, Vorbem. 2.4.1 II KV.

D. Exkurs

7.182 Sofern kein (Jahres-)Schätzwert feststeht, ist nach § 52 V zu bewerten, d.h., der Jahreswert wird mit 5 Prozent des Grundstückswertes oder Teils des Grundstückswertes angenommen.[1]

→ **Fall 26: Photovoltaikanlage, Dienstbarkeit für Gläubiger nebst Vormerkung für Gläubiger (unbeschränkte Dauer)**

A. Sachverhalt

7.183 Die Gläubigerin hat dem Eigentümer A ein Darlehen zur Anschaffung einer Photovoltaikanlage für seine Dachfläche von 800 qm gewährt. Zur Sicherung des Darlehens hat der Eigentümer A die Photovoltaikanlage sicherungshalber übereignet. Der ortsübliche Pachtzins beträgt 2 Euro pro qm-Dachfläche.

Zur Sicherung der Ansprüche bestellt der Eigentümer A **zugunsten der Darlehensgläubigerin** (Sparkasse Leipzig) eine beschränkte persönliche Dienstbarkeit zur Betreibung einer Photovoltaikanlage. Darüber hinaus hat die Gläubigerin bei Kündigung bzw. Veräußerung des Darlehens Anspruch darauf, dass der Eigentümer einem von ihr zu benennenden Dritten eine unbefristete, inhaltlich gleiche beschränkte persönliche Dienstbarkeit einräumt. Dieser Anspruch wird durch eine **Vormerkung** für die Gläubigerin gesichert. Es ergibt sich weder eine Dauer für das Recht aus der Eintragungsbewilligung noch wird auf den Pachtvertrag Bezug genommen.

Der Wert wurde im **Kosteninteresse mit 500 Euro** angegeben. Der Notar fertigt den Entwurf der Grundbucherklärungen und beglaubigt die Unterschrift des A.

---

[1] Für ein Geh- und Fahrtrecht: OLG Köln, Beschl. v. 6.7.2015 – 2 Wx 152/15, ZNotP 2016, 37 = BWNotZ 2015, 151 = MDR 2015, 1175.

B. Rechnung

Pos.	Gebührentatbestand	Geschäftswert	KV-Nr.	Satz	Betrag
	Entwurf Grundbuchantrag (§§ 35 I, 86 II, 93 I, 92 II, 97 I)	48 000	24102, 21201 Nr. 4	0,5	82,50
	a) beschränkte persönliche Dienstbarkeit für Gläubiger (§§ 119 I, 52 I, II, III, 97 I)	32 000	24102, 21201 Nr. 4	0,5	
	b) Vormerkung für Gläubiger (§§ 119 I, 45 III HS 1, 52 I, III, VI S. 3, 97 I)	16 000	24102, 21201 Nr. 4	0,5	

7.184

C. Erläuterungen

a) Der in der Urkunde angegebene Wert für das Kosteninteresse kann **keine Grundlage** für die Geschäftswertbestimmung bilden.

7.185

Vielmehr bestimmt sich der Wert einer beschränkten persönlichen Dienstbarkeit gemäß § 52 I nach dem Wert, den das Recht für den Berechtigten hat, somit nach dem vertraglich vereinbarten Pachtzins (hier 2 Euro pro qm Dachfläche). Der Wert eines Rechts von **unbeschränkter Dauer** ist gemäß § 52 III der auf die ersten 20 Jahre entfallende Wert (800 qm × 2 Euro × 20fach = 32 000 Euro).

b) Der Geschäftswert einer **Vormerkung** ist der Wert des vorgemerkten Rechts (§ 45 III Hs. 1). Da die künftige Dienstbarkeit bedingt ist, weil der Beginn noch nicht feststeht, ist der Geschäftswert nach § 52 VI Satz 3 geringer anzunehmen. Vorgeschlagen werden hier 50 % des für die Dienstbarkeit selbst ermittelten Wertes (800 qm × 2 Euro × 20fach = 32 000 Euro, davon 50 % = 16 000 Euro).

7.186

a) und b)
Es liegen zwei Rechtsverhältnisse gemäß § 86 II vor, die einen **verschiedenen Beurkundungsgegenstand** haben, so dass die Werte gemäß § 35 I zu addieren sind. Die Summe beträgt hier 48 000 Euro.

7.187

Für den Entwurf ist gem. Nrn. 24102, 21201 Nr. 4 die Rahmengebühr 0,3–0,5, mind. 30 Euro zu erheben. Da der Entwurf vollständig gefertigt wurde, ist die höchste Rahmengebühr zu erheben (§ 92 II).

7.188

Die Unterschriftsbeglaubigung löst keine zusätzliche Gebühr aus, Vorbem. 2.4.1 II KV.

7.189

D. Exkurs

Sofern kein (Jahres-)Schätzwert feststeht, ist nach § 52 V zu bewerten, d.h., der Jahreswert wird mit 5 Prozent des Grundstückswertes oder Teils des Grundstückswertes angenommen.[1]

7.190

---

[1] Für ein Geh- und Fahrtrecht: OLG Köln, Beschl. v. 6.7.2015 – 2 Wx 152/15, ZNotP 2016, 37 = BWNotZ 2015, 151 = MDR 2015, 1175.

→ **Fall 27: Photovoltaikanlage, Eigentümerdienstbarkeit**

A. Sachverhalt

7.191 Der **Eigentümer**, die Sonnenschein-Solarenergie KG, bestellt **für sich selbst** auf dem gesamten Grundstück eine beschränkte persönliche Dienstbarkeit für die Errichtung, den Betrieb und die Unterhaltung von Photovoltaikanlagen sowie mit dem Recht, das gesamte Grundstück zu diesem Zweck entsprechend zu betreten und zu befahren und alle notwendigen Leitungen zu verlegen. Das Grundstück soll zeitnah verkauft werden, die KG will aber danach die Photovoltaikanlagen selbst weiter betreiben. Weder der Umfang der Anlage noch die Dauer der Dienstbarkeit ergibt sich aus der Urkunde. Auch eine Nutzungsentschädigung zahlt der Eigentümer an sich selbst nicht. Das Grundstück hat einen **Verkehrswert von 20 000 Euro**. Der Notar fertigt den Entwurf der Grundbucherklärungen und beglaubigt die Unterschrift des Grundstückseigentümers.

B. Rechnung

7.192

Pos.	Gebührentatbestand	Geschäfts-wert	KV-Nr.	Satz	Betrag
	Entwurf Grundbuchantrag (§§ 119 I, 52 I, III, V, 97 I)	20 000	24102, 21201 Nr. 4	0,5	53,50

C. Erläuterungen

7.193 Der Wert einer beschränkten persönlichen Dienstbarkeit bestimmt sich gemäß § 52 I nach dem Wert, den das Recht für den Berechtigten hat. Für Rechte von **unbeschränkter Dauer** ist gemäß § 52 III der auf die ersten 20 Jahre entfallende Wert maßgebend. Unbeschränkte Dauer ist z.B. anzunehmen, wenn der Berechtigte eine **juristische Person** oder **Personengesellschaft** ist, die nicht nach einer gesetzlichen oder vertraglichen Bestimmung beim Tod eines Gesellschafters aufgelöst wird. Sofern kein (Jahres-)Schätzwert feststeht, ist nach § 52 V zu bewerten, d.h., der Jahreswert wird mit 5 Prozent des Grundstückswertes oder Teils des Grundstückswertes angenommen (5 % vom Grundstückswert = 1000 Euro × 20 Jahre = 20 000 Euro).[1]

7.194 Für den Entwurf ist gem. Nrn. 24102, 21201 Nr. 4 KV die Rahmengebühr 0,3–0,5, mind. 30 Euro zu erheben. Da der Entwurf vollständig gefertigt wurde, ist die höchste Rahmengebühr zu erheben (§ 92 II).

7.195 Die Unterschriftsbeglaubigung löst keine zusätzliche Gebühr aus, Vorbem. 2.4.1 II KV.

---

[1] Für ein Geh- und Fahrtrecht: OLG Köln, Beschl. v. 6.7.2015 – 2 Wx 152/15, ZNotP 2016, 37 = BWNotZ 2015, 151 = MDR 2015, 1175.

II. Dienstbarkeiten

f) Nutzungsdienstbarkeit für Biogasanlage

Eine Biogasanlage dient dem Zweck der Wärme-, Strom- und Düngererzeugung aus Biomasse.

7.196

→ **Fall 28: Biogasanlage, Dienstbarkeit für GmbH**

A. Sachverhalt

Der Landwirt Meier ist Eigentümer von landwirtschaftlich nicht mehr genutzten Flächen, die er der **Biogas GmbH** zur Verfügung stellt, da diese eine Biogasanlage errichten will. Dazu bewilligt und beantragt er die Eintragung der folgenden beschränkten persönlichen Dienstbarkeit auf die Dauer von **30 Jahren** zugunsten der Biogas GmbH:

7.197

Die Biogas GmbH ist berechtigt, auf dem gesamten Grundstück Anlagen zur Produktion von Biogas aus nachwachsenden Rohstoffen mit Nebenanlagen, insbesondere Gasaufbereitungsanlage, Gärrestelagerung sowie zum Betrieb der Anlagen erforderliche Infrastruktur, Gebäude usw. zu errichten, zu warten, zu betreiben, zu unterhalten, instand zu halten, zu erneuern und zu entfernen. Sie kann das Grundstück zu diesem Zwecke betreten, befahren sowie Arbeiten am Bioenergiepark vornehmen. Die Ausübung des Rechts kann Dritten überlassen werden. Das Grundstück hat einen Wert von 30 000 Euro. Im Pachtvertrag ist eine **jährliche Pacht** von 5000 Euro vereinbart. Der Notar entwirft die Grundbucherklärungen und beglaubigt nur die Unterschrift des Eigentümers.

B. Rechnung

Pos.	Gebührentatbestand	Geschäfts-wert	KV-Nr.	Satz	Betrag
	Entwurf Grundbuchantrag (§§ 119 I, 52 I, II, 92 II, 97 I)	100 000	24102, 21201 Nr. 4	0,5	136,50

7.198

C. Erläuterungen

Der Wert einer beschränkten persönlichen Dienstbarkeit bestimmt sich gemäß § 52 I nach dem Wert, den das Recht für den Berechtigten hat. Ist das Recht auf **bestimmte Zeit** beschränkt (hier 30 Jahre), ist der auf die Dauer entfallende Wert maßgebend, höchstens jedoch der auf die ersten 20 Jahre entfallende Wert (5000 Euro × 20 = 100 000 Euro). Der Wert kann über dem Grundstückswert liegen.

7.199

Für den Entwurf ist gem. Nrn. 24102, 21201 Nr. 4 KV die Rahmengebühr 0,3–0,5, mind. 30 Euro zu erheben. Da der Entwurf vollständig gefertigt wurde, ist die höchste Rahmengebühr zu erheben (§ 92 II).

7.200

Die Unterschriftsbeglaubigung löst keine zusätzliche Gebühr aus, Vorbem. 2.4.1 II KV.

7.201

D. Exkurs

7.202 Sofern kein (Jahres-)Schätzwert feststeht, ist nach § 52 V zu bewerten, d. h., der Jahreswert wird mit 5 Prozent des Grundstückswertes oder Teils des Grundstückswertes angenommen.[1]

g) Wohnungsrechte (§§ 1090–1093 BGB)

7.203
> Als beschränkte persönliche Dienstbarkeit nach § 1093 BGB kann das Recht bestellt werden, ein Gebäude oder einen Teil eines Gebäudes **unter Ausschluss** des Eigentümers als Wohnung zu benutzen.
> Die Befugnis zur bloßen Mitbenutzung der Wohnung **neben dem Eigentümer** ist als Wohnrecht in Form einer beschränkten persönlichen Dienstbarkeit nach §§ 1090 bis 1092 BGB möglich.

→ **Fall 29: Wohnungsrecht**

A. Sachverhalt

7.204 Der Grundstückseigentümer A räumt seinem 56-jährigen **Bekannten** B an seinem Grundstück ein **lebenslanges** Wohnungsrecht ein, wonach dieser unter Ausschluss des Eigentümers dauerhaft das gesamte Obergeschoss des Hauses nutzen kann. Der Notar fertigt auftragsgemäß den Entwurf der Grundbucherklärungen und beglaubigt die Unterschrift des A. Der Notar stellt unter Heranziehung des einschlägigen Mietspiegels fest, dass die monatliche Kaltmiete für einen vergleichbaren Wohnraum 500 Euro beträgt.

B. Rechnung

7.205

Pos.	Gebührentatbestand	Geschäftswert	KV-Nr.	Satz	Betrag
	Entwurf Grundbuchantrag (§§ 119 I, 52 I, IV, 92 II, 97 I)	60 000	24102, 21201 Nr. 4	0,5	96,00

C. Erläuterungen

7.206 Der Wert einer beschränkten persönlichen Dienstbarkeit bestimmt sich gemäß § 52 I nach dem Wert, den das Recht für den Berechtigten hat. Dabei kann der örtliche Mietzins im Rahmen des § 52 I herangezogen werden, nicht etwa ist hier § 99 I anwendbar, denn es geht nicht um einen Mietvertrag. Da das Recht auf die Lebensdauer einer Person beschränkt ist, ist gemäß § 52 IV der auf die ersten 10 Jahre entfallende Wert maßgebend (500 Euro × 12 Monate × 10fach = 60 000 Euro).

---

[1] Für ein Geh- und Fahrtrecht: OLG Köln, Beschl. v. 6.7.2015 – 2 Wx 152/15, ZNotP 2016, 37 = BWNotZ 2015, 151 = MDR 2015, 1175.

II. Dienstbarkeiten

Für den Entwurf ist gem. Nrn. 24102, 21201 Nr. 4 KV die Rahmengebühr 0,3–0,5, mind. 30 Euro zu erheben. Da der Entwurf vollständig gefertigt wurde, ist die höchste Rahmengebühr zu erheben (§ 92 II).   7.207

Die Unterschriftsbeglaubigung löst keine zusätzliche Gebühr aus, Vorbem. 2.4.1 II KV.   7.208

D. Exkurs

Enthält die Bestellung des Wohnungsrechts neben den reinen Grundbucherklärungen flankierende Erklärungen, bei denen schuldrechtliche Abreden zwischen Eigentümer und Berechtigten neben der Bewilligung getroffen werden, wie z.B. eine Kostentragungsregelung, so ist für diese schuldrechtliche Vereinbarung eine 2,0 Gebühr nach Nr. 21100 KV zu erheben. Der Geschäftswert bestimmt sich dabei nach den §§ 36 I, III, 52 (z.B. nach der Höhe der betreffenden Kosten). Betreffen derartige Vereinbarungen nicht den Teil der Eintragungsbewilligung, so haben diese einen verschiedenen Beurkundungsgegenstand nach § 86 II mit der Folge, dass eine Vergleichsberechnung nach § 94 I durchzuführen ist.[1]   7.209

→ **Fall 30: Wohnungsrecht für Gesamtberechtigte (Tod des zuerst Sterbenden)**

A. Sachverhalt

Der Grundstückseigentümer A räumt seinem 60-jährigen Bekannten B und dessen 50-jähriger Ehefrau C als **Gesamtberechtigte nach § 428 BGB** an seinem Grundstück ein lebenslanges Wohnungsrecht ein. Das Recht soll mit dem **Tod des zuerst Sterbenden** erlöschen. Der Jahreswert des Wohnungsrechts wird mit 2400 Euro angegeben. Der Notar fertigt auftragsgemäß den Entwurf der Grundbucherklärungen und beglaubigt die Unterschrift des A.   7.210

B. Rechnung   7.211

Pos.	Gebührentatbestand	Geschäfts-wert	KV-Nr.	Satz	Betrag
	Entwurf Grundbuchantrag (§§ 119 I, 52 I, IV S. 2 Nr. 2, 92 II, 97 I)	24 000	24102, 21201 Nr. 4	0,5	57,50

C. Erläuterungen

Der Wert einer beschränkten persönlichen Dienstbarkeit bestimmt sich gemäß § 52 I nach dem Wert, den das Recht für den Berechtigten hat. Wird das Recht auf die Lebensdauer mehrerer Personen bestellt, so ist gemäß § 52 IV beim Erlöschen des Rechts mit dem Tod des zuerst Sterbenden das Lebensalter des Ältesten maßgebend, somit: 2400 Euro × 10 = 24 000 Euro.   7.212

---

[1] S. PrüfAbt der Ländernotarkasse, NotBZ 2017, 24.

7.213 Für den Entwurf ist gem. Nrn. 24102, 21201 Nr. 4 KV die Rahmengebühr 0,3–0,5, mind. 30 Euro zu erheben. Da der Entwurf vollständig gefertigt wurde, ist die höchste Rahmengebühr zu erheben (§ 92 II).

7.214 Die Unterschriftsbeglaubigung löst keine zusätzliche Gebühr aus, Vorbem. 2.4.1 II KV.

→ **Fall 31: Wohnungsrecht für Gesamtberechtigte (Tod des zuletzt Sterbenden)**

A. Sachverhalt

7.215 Der Grundstückseigentümer A räumt seinem 60-jährigen Bekannten B und dessen 50-jähriger Ehefrau C als **Gesamtberechtigte nach § 428 BGB** an seinem Grundstück ein lebenslanges unbeschränktes Wohnungsrecht ein. Das Recht soll mit dem Tod des **zuletzt Sterbenden** erlöschen. Der Jahreswert des Wohnungsrechts beträgt 2400 Euro. Der Notar fertigt auftragsgemäß den Entwurf der Grundbucherklärungen und beglaubigt die Unterschrift des A.

B. Rechnung

7.216

Pos.	Gebührentatbestand	Geschäftswert	KV-Nr.	Satz	Betrag
	Entwurf Grundbuchantrag (§§ 119 I, 52 I, IV S. 2 Nr. 1, 92 II, 97 I)	36 000	24102, 21201 Nr. 4	0,5	72,50

C. Erläuterungen

7.217 Der Wert einer beschränkten persönlichen Dienstbarkeit bestimmt sich gemäß § 52 I nach dem Wert, den das Recht für den Berechtigten hat. Wird das Recht auf die Lebensdauer mehrerer Personen bestellt, so ist beim Erlöschen des Rechts mit dem zuletzt Sterbenden das Lebensalter des Jüngsten maßgebend: 2400 Euro × 15 = 36 000 Euro.

7.218 Für den Entwurf ist gem. Nrn. 24102, 21201 Nr. 4 KV die Rahmengebühr 0,3–0,5, mind. 30 Euro zu erheben. Da der Entwurf vollständig gefertigt wurde, ist die höchste Rahmengebühr zu erheben (§ 92 II).

7.219 Die Unterschriftsbeglaubigung löst keine zusätzliche Gebühr aus, Vorbem. 2.4.1 II KV.

→ **Fall 32: Wohnungsrecht für Gesamtberechtigte (Eigentümerin, Ehemann)**

A. Sachverhalt

7.220 Die Grundstückseigentümerin A (56 Jahre alt) räumt **sich selbst und ihrem Ehemann** (60 Jahre alt) als **Gesamtberechtigte nach § 428 BGB** an ihrem Grundstück ein lebenslanges unbeschränktes Wohnungsrecht ein. Das Recht soll mit dem Tod des zuletzt Sterbenden erlöschen. Der **Jahreswert** des Wohnungsrechts

II. Dienstbarkeiten

beträgt 500 Euro. Der Notar fertigt auftragsgemäß den Entwurf der Grundbucherklärungen und beglaubigt die Unterschrift der A.

B. Rechnung

Pos.	Gebührentatbestand	Geschäfts-wert	KV-Nr.	Satz	Betrag
	Entwurf Grundbuchantrag (§§ 119 I, 52 I, IV S. 2 Nr. 1, 92 II, 97 I)	5000	24102, 21201 Nr. 4	0,5	30,00

7.221

C. Erläuterungen

Der Wert einer beschränkten persönlichen Dienstbarkeit bestimmt sich gemäß § 52 I nach dem Wert, den das Recht für den Berechtigten hat. Wird das Recht auf die Lebensdauer mehrerer Personen bestellt, so ist nach § 52 IV S. 1 beim Erlöschen des Rechts mit dem zuletzt Sterbenden das Lebensalter des Jüngsten maßgebend, das ist im vorliegenden Fall die Eigentümerin selbst: 500 Euro × 10 = 5000 Euro.

7.222

Für den Entwurf ist gem. Nrn. 24102, 21201 Nr. 4 KV die Rahmengebühr 0,3–0,5, mind. 30 Euro zu erheben. Da der Entwurf vollständig gefertigt wurde, ist die höchste Rahmengebühr zu erheben (§ 92 II).

7.223

Die Unterschriftsbeglaubigung löst keine zusätzliche Gebühr aus, Vorbem. 2.4.1 II KV.

7.224

D. Exkurs

Die Privilegierung für Verwandte nach § 24 III KostO, wonach höchstens der 5fache des einjährigen Bezugswertes maßgebend ist, wurde ins neue Recht nicht übernommen.

7.225

→ **Fall 33: Mehrere Wohnungsrechte (unbedingt und aufschiebend bedingt)**

A. Sachverhalt

Der Grundstückseigentümer A räumt seinem 60-jährigen Freund B ein **lebenslanges Wohnungsrecht sowie aufschiebend bedingt mit Ableben** des B dessen 58-jähriger Schwester C ein lebenslanges Wohnungsrecht ein. Der Jahreswert des Wohnungsrechts beträgt 2400 Euro. Der Notar fertigt auftragsgemäß den Entwurf der Grundbucherklärungen und beglaubigt die Unterschrift des A.

7.226

B. Rechnung

7.227

Pos.	Gebührentatbestand	Geschäftswert	KV-Nr.	Satz	Betrag
	Entwurf Grundbuchantrag (§§ 35 I, 86 II, 93 I, 92 II, 97 I)	40 800	24102, 21201 Nr. 4	0,5	77,50
	a) Wohnungsrecht für B unbedingt (§§ 119 I, 52 I, IV, 97 I)	24 000	24102, 21201 Nr. 4	0,5	
	b) Wohnungsrecht für C aufschiebend bedingt (§§ 119 I, 52 I, IV, VI S. 3, 97 I)	16 800	24102, 21201 Nr. 4	0,5	

C. Erläuterungen

7.228 Der Wert einer beschränkten persönlichen Dienstbarkeit bestimmt sich gemäß § 52 I nach dem Wert, den das Recht für den Berechtigten hat.

a) Der Geschäftswert für das unbedingte Recht (für B) bestimmt sich nach dem auf die ersten 10 Jahre entfallenden Wert, entsprechend seines Alters: 2400 Euro × 10 = 24 000 Euro.

7.229 b) Da der Beginn des Rechts für C in der Weise bedingt ist, dass der Beginn noch nicht feststeht, ist ein niedrigerer Wert anzunehmen. Angemessen erscheint gemäß § 52 VI Satz 3 ein Abschlag von 30 % von dem nach § 52 IV gebildeten Wert: 2400 Euro × 10, abzüglich 30 % = 16 800 Euro.[1]

7.230 a) und b)

Bei mehreren Rechten sind die Werte nach § 35 I, § 86 II zu addieren: 40 800 Euro.

Vorliegend handelt es sich um **zwei selbständige Dienstbarkeiten** (verschiedene Beurkundungsgegenstände nach § 86 II), nicht etwa nur um eine einzige Dienstbarkeit (dann **Sukzessivberechtigung**[2]). Die erste Dienstbarkeit läuft sofort mit Grundbucheintragung, endet freilich mit dem Tode des Berechtigten B. Demgemäß bestimmt sich der Wert nach § 52 IV Satz 1. Die zweite Dienstbarkeit wird zwar auch sofort eingetragen, jedoch beginnt das Wohnungsrecht der daraus Berechtigten C erst mit dem Tode des B, ist also **aufschiebend bedingt**. Demgemäß bestimmt sich der Wert nach § 52 VI Satz 3. Diese Vorschrift ordnet einen niedrigeren Wert an, als er nach § 52 IV Satz 1 bei unbedingter Einräumung zu berechnen wäre. Folglich ist ein angemessener Abschlag vorzunehmen (hier 30 %).

7.231 Für den Entwurf ist gem. Nrn. 24102, 21201 Nr. 4 KV die Rahmengebühr 0,3–0,5, mind. 30 Euro zu erheben. Da der Entwurf vollständig gefertigt wurde, ist die höchste Rahmengebühr zu erheben (§ 92 II).

7.232 Die Unterschriftsbeglaubigung löst keine zusätzliche Gebühr aus, Vorbem. 2.4.1 II KV.

---

1 Prüfungsabteilung der Ländernotarkasse, NotBZ 2010, 179.
2 Zum Begriff der Sukzessivberechtigung: *Schöner/Stöber*, Grundbuchrecht, Rz. 261a.

II. Dienstbarkeiten

→ **Fall 34: Mitbenutzungs- und Wohnungsrecht (Lebensdauer)**

A. Sachverhalt

Der Notar beurkundet eine Vereinbarung, wonach der Eigentümer seiner Ehefrau (52 Jahre alt) an seinem Grundstück ein unentgeltliches Mitbenutzungsrecht als beschränkte persönliche Dienstbarkeit sowie ein aufschiebend bedingtes Wohnungsrecht einräumt. Beide Rechte sind derart miteinander verkoppelt, dass, sobald das Eigentum am Grundbesitz auf jemanden anderen übergehen sollte, das Mitbenutzungsrecht aufschiebend bedingt auf den Zeitpunkt des Eigentumsübergangs auf einen Dritten zu einem Wohnungsrecht mit dem Inhalt erstarkt, dass der Wohnungsberechtigte zur ausschließlichen Benutzung des Hauses berechtigt ist. Der Jahreswert des Mitbenutzungsrechts beträgt 600 Euro, derjenige des Wohnungsrechts 1200 Euro jährlich.

7.233

B. Rechnung

7.234

Pos.	Gebührentatbestand	Geschäftswert	KV-Nr.	Satz	Betrag
	Beurkundungsverfahren (§§ 35 I, 86 II, 97 I)	14 400	21100	2,0	182,00
	a) Mitbenutzungsrecht (§ 52 I, IV, 97 I)	6000	21100	2,0	
	b) Wohnungsrecht bedingt (§ 52 I, IV, VI S. 3, 97 I)	8400	21100	2,0	

C. Erläuterungen

a) Der Wert einer beschränkten persönlichen Dienstbarkeit (Mitbenutzungsrecht) bestimmt sich gemäß § 52 I nach dem Wert, den das Recht für den Berechtigten hat. Wird das Recht auf die Lebensdauer einer Person bestellt, so ist nach § 52 IV der entsprechende Vervielfältiger maßgebend: 600 Euro × 10 = 6000 Euro.

7.235

b) Auch der Wert des Wohnungsrechts als beschränkte persönliche Dienstbarkeit bestimmt sich gemäß § 52 I nach dem Wert, den das Recht für den Berechtigten hat. Aufgrund der Bedingung ist ein niedrigerer Wert anzunehmen. Angemessen erscheint gemäß § 52 VI Satz 3 ein Abschlag von 30 %, somit: 1200 Euro – 30 % = 840 Euro × 10 = 8400 Euro.[1]

7.236

a) und b)
Bei mehreren Rechten sind, da es sich um verschiedene Beurkundungsgegenstände handelt, die Werte nach § 35 I, § 86 II zu addieren: 14 400 Euro.

7.237

Aufgrund der vertraglichen Vereinbarung fällt hier die 2,0 Gebühr nach Nr. 21100 KV an.

7.238

---
1 LG Magdeburg, Beschl. v. 24.8.2015 – 10 T 399/14.

→ **Fall 35: Mieterdienstbarkeit**

A. Sachverhalt

7.239 Der Eigentümer räumt einer Einzelhandelsgesellschaft, mit der Mietverträge bestehen, eine auflösend bedingte beschränkte persönliche Dienstbarkeit des Inhalts ein, dass die Gesellschaft das Recht hat, das jeweilige den Gegenstand des Mietvertrages bildende Gebäude als Einzelhandelsgeschäft für den Verkauf allein und bestimmte Parkplätze und Zufahrten gemeinsam mit anderen Berechtigten zu benutzen. Der Höchstbetrag des Wertersatzes gemäß § 882 BGB wird mit 25 000 Euro festgelegt. Die **Bruttojahresmiete** beträgt unter Zugrundelegung der aus den Mietverträgen ersichtlichen Mietzinsen 50 000 Euro, die **Mindestmietzeit** danach beträgt 10 Jahre. Der Notar fertigt auftragsgemäß den Entwurf der Grundbucherklärungen und beglaubigt die Unterschrift des Eigentümers.

B. Rechnung

7.240

Pos.	Gebührentatbestand	Geschäftswert	KV-Nr.	Satz	Betrag
	Entwurf Grundbuchantrag (§§ 119 I, 52 I, II, 92 II, 97 I)	500 000	24102, 21201 Nr. 4	0,5	467,50

C. Erläuterungen

7.241 Der Wert einer beschränkten persönlichen Dienstbarkeit bestimmt sich gemäß § 52 I nach dem objektiven Wert, den das Recht für den Berechtigten hat. Dieser Wert entspricht hier dem Wert der schuldrechtlichen Nutzungsgestattung, deren Absicherung die Dienstbarkeit dient.[1] Zur betragsmäßigen Bestimmung des Wertes ist es sachgerecht, auf die Höhe der ausgehandelten Gegenleistung abzustellen, die der Berechtigte für die vertraglich eingeräumte Nutzungsmöglichkeit zu zahlen bereit ist.[2] Maßgeblich ist vorliegend nicht der Nettobetrag der vereinbarten Gegenleistung, sondern der **Bruttomietzins**, welcher auch die Aufwendungen des leistenden Vermieters für die von ihm an die Finanzbehörde zu entrichtende Mehrwertsteuer abgilt.[3] Bei Rechten von bestimmter Dauer ist der auf die Dauer des Rechts entfallende Wert maßgebend: 50 000 Euro/Jahr × 10 = 500 000 Euro.

7.242 Für den Entwurf ist gem. Nrn. 24102, 21201 Nr. 4 KV die Rahmengebühr 0,3–0,5, mind. 30 Euro zu erheben. Da der Entwurf vollständig gefertigt wurde, ist die höchste Rahmengebühr zu erheben (§ 92 II).

7.243 Die Unterschriftsbeglaubigung löst keine zusätzliche Gebühr aus, Vorbem. 2.4.1 II KV.

---

1 Zur Absicherungsfunktion der Mieterdienstbarkeit s. *Krüger*, NZM 2012, 377.
2 OLG München, Beschl. v. 11.1.2013 – 34 Wx 244/12 Kost, MittBayNot 2014, 561; OLG Oldenburg v. 17.12.1997 – 5 W 232/97, MDR 1998, 624 = NJW-RR 1998, 644.
3 OLG München, Beschl. v. 25.2.2016 – 34 Wx 385/15 Kost, ZfIR 2016, 290.

II. Dienstbarkeiten

h) Nießbrauchsrechte (§ 1030 BGB)

> Eine Sache kann in der Weise belastet werden, dass derjenige, zu dessen Gunsten die Belastung erfolgt, berechtigt ist, die Nutzungen der Sache zu ziehen (Nießbrauch). Der Nießbrauch ist eine Unterform der beschränkten persönlichen Dienstbarkeit.

7.244

→ **Fall 36: Nießbrauch für natürliche Person (Teilfläche)**

A. Sachverhalt

Der Grundstückseigentümer A räumt dem 40-jährigen Nachbarn B an einer näher bezeichneten **Teilfläche** seines Grundstücks ein Nießbrauchsrecht auf Lebensdauer ein. Der Reinertrag der Nutzung kann nicht angegeben werden, weil das Grundstück bislang nicht bewirtschaftet wurde. Der gesamte Grundstückswert beträgt 200 000 Euro, auf die Teilfläche entfällt ein Wert von 60 000 Euro. Der Notar fertigt auftragsgemäß den Entwurf der Grundbucherklärungen und beglaubigt die Unterschrift des A.

7.245

B. Rechnung

Pos.	Gebührentatbestand	Geschäfts-wert	KV-Nr.	Satz	Betrag
	Entwurf Grundbuchantrag (§§ 119 I, 52 I, IV, V, 92 II, 97 I)	45 000	24102, 21201 Nr. 4	0,5	77,50

7.246

C. Erläuterungen

Der Wert eines Nießbrauchs bestimmt sich gemäß § 52 I nach dem Wert, den das Recht für den Berechtigten hat. Der Jahreswert kann mangels anderer Anhaltspunkte gemäß § 52 V mit 5 % vom Wert des betroffenen Grundstücksteils angenommen werden. Da das Recht auf die Lebensdauer einer Person beschränkt ist, ist hier der auf die ersten 15 Jahre entfallende Wert maßgebend (5 % von 60 000 Euro = 3000 Euro × 15 = 45 000 Euro).

7.247

Für den Entwurf ist gem. Nrn. 24102, 21201 Nr. 4 KV die Rahmengebühr 0,3–0,5, mind. 30 Euro zu erheben. Da der Entwurf vollständig gefertigt wurde, ist die höchste Rahmengebühr zu erheben (§ 92 II).

7.248

Die Unterschriftsbeglaubigung löst keine zusätzliche Gebühr aus, Vorbem. 2.4.1 II KV.

7.249

→ **Fall 37: Eintragungsbewilligung für Nießbrauch (Vermächtnis)**

A. Sachverhalt

Die Erben beantragen, den ihrer Mutter im Testament des Erblassers vermachten lebenslänglichen **Nießbrauch auf dem Nachlassgrundstück** einzutragen und ferner, dass zur Löschung des Rechts der Nachweis des Todes des Berechtigten

7.250

genügt (Löschungserleichterung, § 23 GBO). Die Mutter ist 70 Jahre alt. Der **jährliche** bereinigte **Rohertrag des Grundstücks** beträgt 6000 Euro. Der Notar fertigt den Entwurf der Grundbucherklärungen und beglaubigt die Unterschrift der Erben.

B. Rechnung

7.251

Pos.	Gebührentatbestand	Geschäftswert	KV-Nr.	Satz	Betrag
	Entwurf Grundbuchantrag (§§ 119 I, 52 I, IV, 92 II, 97 I)	60 000	24102, 21201 Nr. 4	0,5	96,00

C. Erläuterungen

7.252 Der Wert eines Nießbrauchs bestimmt sich gemäß § 52 I nach dem Wert, den das Recht für den Berechtigten hat. Da das Recht auf das **Lebensalter** beschränkt ist, ist nach § 52 IV der auf die ersten 10 Jahre entfallende Wert als Geschäftswert anzunehmen: 6000 Euro × 10 = 60 000 Euro.

7.253 Die **Löschungserleichterung** ist Inhalt des Rechts und nicht gesondert zu bewerten.

7.254 Für den Entwurf ist gem. Nrn. 24102, 21201 Nr. 4 KV die Rahmengebühr 0,3–0,5, mind. 30 Euro zu erheben. Da der Entwurf vollständig gefertigt wurde, ist die höchste Rahmengebühr zu erheben (§ 92 II).

7.255 Die Unterschriftsbeglaubigung löst keine zusätzliche Gebühr aus, Vorbem. 2.4.1 II KV.

→ **Fall 38: Nießbrauchsvertrag zur Sicherung und Tilgung einer Forderung**

A. Sachverhalt

7.256 Der Schuldner S schuldet dem Gläubiger G ein Darlehen in Höhe von 50 000 Euro. Zur Sicherung und Tilgung der Darlehensschuld beantragt S auf seinem Grundstück ein Nießbrauchsrecht für G einzutragen. Beide vereinbaren Folgendes:

G hat das Grundstück ordnungsgemäß zu verwalten, er hat die außergewöhnlichen Instandhaltungen zu tragen, ebenso alle öffentlichen Lasten und Abgaben und sonstige Kosten. Die nach Abzug aller Ausgaben verbleibenden Nutzungen des Grundstücks werden erst auf die Kosten, dann auf die Zinsen und der Rest auf die Hauptforderung angerechnet. Der Nießbrauch wird auf längstens **10 Jahre** bestellt und beginnt ab sofort. Der Nießbraucher hat dem Schuldner und Eigentümer jährlich Belege über die Rechnung zur Verwaltung zu legen. Der **jährliche bereinigte Rohertrag** des Grundstücks beträgt 10 000 Euro. Der Notar fertigt den Entwurf des Nießbrauchvertrages und beglaubigt die Unterschriften von S und G.

II. Dienstbarkeiten

B. Rechnung

Pos.	Gebührentatbestand	Geschäfts-wert	KV-Nr.	Satz	Betrag
	Entwurf Nießbrauchsvertrag (§§ 119 I, 53 II, 92 II, 97 I)	50 000	24100, 21100	2,0	330,00

7.257

C. Erläuterungen

Der Geschäftswert bestimmt sich gemäß § 53 II nach dem geringeren Wert der Forderung, auch wenn sich bei der Kapitalisierung des Jahresbetrages von 10 000 Euro mit dem Faktor 10 gemäß § 52 I ein höherer Wert ergibt.

7.258

Für den Entwurf ist gem. Nrn. 24100, 21100 KV die Rahmengebühr 0,5–2,0, mind. 120 Euro zu erheben. Da der Entwurf vollständig gefertigt wurde, ist die höchste Rahmengebühr zu erheben (§ 92 II).

7.259

Die Unterschriftsbeglaubigung löst keine zusätzliche Gebühr aus, Vorbem. 2.4.1 II KV.

7.260

3. Änderung von Dienstbarkeiten

→ **Fall 39: Inhaltsänderung einer Dienstbarkeit**

A. Sachverhalt

Der Grundstückseigentümer A hat an seinem Grundstück für seinen 56-jährigen Bekannten B ein lebenslanges Wohnungsrecht bestellt, welches bereits **im Grundbuch eingetragen** ist. Die Ausübung des Rechts darf Dritten überlassen werden und B darf die Wohnräume auch vermieten. Der Wert des Wohnungsrechts für den Berechtigten B beträgt 500 Euro monatlich.

7.261

Nunmehr soll das bestehende Recht inhaltlich in der Weise geändert werden, dass die Ausübung des Rechts Dritten **nicht überlassen** werden darf; insbesondere darf B die Wohnräume **nicht vermieten**. Der Notar fertigt auftragsgemäß den Entwurf der Grundbucherklärungen und beglaubigt die Unterschrift des A.

B. Rechnung

Pos.	Gebührentatbestand	Geschäfts-wert	KV-Nr.	Satz	Betrag
	Entwurf Grundbuchantrag (§§ 119 I, 36 I, 92 II, 97 I, II, 52 I, IV)	6000	24102, 21201 Nr. 4	0,5	30,00

7.262

C. Erläuterungen

Der Wert für die Änderung einer Dienstbarkeit bestimmt sich nach einem Teilwert gemäß § 36 I vom ursprünglichen Wert der Dienstbarkeit nach § 52 IV, je nach Umfang und Bedeutung der Änderung; hier vorschlagsweise 10 % (500 Euro × 12 × 10 = 60 000 Euro, davon 10 %). Wird der Inhalt der Dienstbarkeit aller-

7.263

dings so weit geändert, dass ein völlig neues Recht vorliegt, so ist der volle Wert der Dienstbarkeit anzunehmen.

Zu beachten ist, dass der ursprüngliche Wert der Dienstbarkeit nicht überschritten werden darf, § 97 II.

7.264 Für den Entwurf ist gem. Nrn. 24102, 21201 Nr. 4 KV die Rahmengebühr 0,3–0,5, mind. 30 Euro zu erheben. Da der Entwurf vollständig gefertigt wurde, ist die höchste Rahmengebühr zu erheben (§ 92 II).

7.265 Die Unterschriftsbeglaubigung löst keine zusätzliche Gebühr aus, Vorbem. 2.4.1 II KV.

Teil 8
Grundbucherklärungen und Grundbucheinsicht

Inhaltsübersicht

I. Überblick 8.1
1. Einführung 8.1
2. Übersichtstabelle 8.4
3. Gebühr 8.5
4. Geschäftswert 8.10
5. Derselbe Beurkundungsgegenstand/Verschiedene Beurkundungsgegenstände 8.13
6. Vollzugs-, Betreuungs- und Treuhandtätigkeiten 8.16
   a) Vollzug im Beurkundungsverfahren oder bei Entwurfsfertigung 8.16
   b) Vollzug bei reiner Unterschriftsbeglaubigung 8.17
   c) Datenübermittlung an das Grundbuchamt im XML Format 8.18
   d) Betreuung................ 8.19
   e) Treuhandtätigkeit 8.20
7. Gebührenfreie (Neben-) Geschäfte 8.21
8. Unrichtige Sachbehandlung... 8.23
9. Gebührenermäßigung 8.24

II. Grundstücksteilung, Grundstücksverbindung 8.25
   Fall 1: Grundstücksteilung ... 8.25
   Fall 2: Unterteilung von Wohnungseigentum 8.31
   Fall 3: Grundstücksvereinigung 8.32
   Fall 4: Bestandteilszuschreibung 8.37

III. Nachbarschaftsrechte 8.42
   Fall 5: Überbaurente 8.42
   Fall 6: Notwegerente (unterschiedliche Jahresbeträge) 8.47

IV. Isolierte Grundbuchanträge zu Miteigentümervereinbarungen 8.52
   Fall 7: Ausschluss der Aufhebung der Gemeinschaft nach § 1010 BGB 8.52
   Fall 8: Benutzungsregelung nach § 1010 BGB 8.58

   Fall 9: Verwaltungs- und Benutzungsregelung nach § 1010 BGB 8.64
   Fall 10: Mehrere Grundbucherklärungen nach § 1010 BGB .. 8.71

V. Löschungs-, Aufgabe- und Aufhebungserklärungen 8.77
   Fall 11: Löschung einer Auflassungsvormerkung 8.77
   Fall 12: Löschung eines bestehenden Rechts (Wohnungsrecht) 8.83
   Fall 13: Löschung eines Vorkaufsrechts............... 8.88
   Fall 14: Löschung eines gegenstandslosen Altenteilsrechts ... 8.94
   Fall 15: Löschung eines Rangvorbehaltes an einem Wohnungsrecht 8.99
   Fall 16: Löschung eines Erbbaurechts durch Zeitablauf 8.104
   Fall 17: Aufgabe des Eigentums (Verzicht) nach § 928 BGB...... 8.105
   Fall 18: Aufgabe von Gebäudeeigentum..................... 8.111
   Fall 19: Aufgabe eines Eigentümererbbaurechts (Erbbauberechtigter und Grundstückseigentümer in einer Person) 8.116
   Fall 20: Aufhebung von Wohnungs- und Teileigentum durch den Alleineigentümer 8.117

VI. Grundbuchberichtigungserklärungen 8.118
   1. Im Hinblick auf die Gesellschafterstellung bei der Gesellschaft bürgerlichen Rechts (GbR) 8.118
   Fall 21: Veränderung im Gesellschafterbestand 8.120
   Fall 22: Ausscheiden eines Gesellschafters aus einer zweigliedrigen GbR 8.125
   Fall 23: Fortführung einer OHG/KG als GbR 8.130

2. Bei Vorgängen nach dem
   Umwandlungsgesetz 8.136
   Fall 24: Isolierte Grundbuch-
   berichtigung nach Verschmel-
   zungsvertrag 8.137
   Fall 25: Isolierte Grundbuch-
   berichtigung nach Formwech-
   selbeschluss 8.142
3. Bei erbrechtlichen Vorgängen.. 8.148
   Fall 26: Erbfall 8.148
   Fall 27: Erbteilsübertragung .. 8.153
   Fall 28: Abschichtung 8.158
4. Bei familienrechtlichen
   Vorgängen 8.163
   Fall 29: Gütergemeinschaft ... 8.163
   Fall 30: Eheliche Vermögensgemeinschaft 8.168
5. Bei Namensänderung 8.173
   Fall 31: Verheiratung 8.173

Fall 32: Firmenänderung
einer OHG 8.178
VII. **Pfanderstreckung, Pfand-
freigabe, Rangänderung** 8.183
VIII. **Vormerkung** 8.184
IX. **Zeugnisse zum Nachweis der
Auseinandersetzung eines
Nachlasses (§§ 36, 37 GBO)** .. 8.187
X. **Optionen (Ankaufsrechte,
Vorkaufsrechte, Wiederkaufs-
rechte)** 8.188
XI. **Isolierte Grundbucheinsicht,
Grundbuchabdruck, Datei** ... 8.189
Fall 33: Isolierte Grund-
bucheinsicht 8.189
Fall 34: Grundbuchabdruck.. 8.193
Fall 35: Elektronische Über-
mittlung des Grundbuchs als
Datei 8.198

Stichwortverzeichnis

Abdruck, Grundbuchabdruck 8.193
Abrufgebühr
– isolierte Grundbucheinsicht 8.190 f.
Abschichtung
– Grundbuchberichtigungsantrag
  8.158 ff.
Aneignungserklärung § 928 II BGB 8.110
Ankaufsrecht
– Option 8.188
Antrag
– Einführung 8.1 ff.
Aufgabeerklärung
– Eigentumsverzicht, § 928 BGB 8.105 ff.
– Erbbaurecht, durch Eigentümer 8.116
– Gebäudeeigentum, Aufgabe Nutzungs-
  recht 8.111 ff.
– Nutzungsrecht 8.111 ff.
Aufhebungsausschluss
– § 1010 BGB 8.52 ff.
Aufhebungserklärung
– Aufgabe § 875 BGB 8.115
– Wohnungs- und Teileigentum 8.117
Aufhebungsrecht
– nach 1010 BGB 8.52 ff., 8.71 ff.
Auflassungsvormerkung
– Löschung 8.77 ff.

Auflösung GbR
– Ausscheiden vorletzter Gesellschafter
  8.125 ff.
Auseinandersetzungszeugnis
– Überweisungszeugnis 8.187
Auslagenpauschale 8.202
Ausscheiden vorletzter Gesellschafter
– Auflösung GbR 8.125 ff.
Ausschluss
– Aufhebung Gemeinschaft § 1010 BGB
  8.52 ff., 8.71 ff.
Benutzungs- und Verwaltungsregelung
– § 1010 BGB 8.64 ff., 8.71 ff.
Benutzungsregelung
– Bruchteilsbelastung, § 1010 BGB
  8.64 ff., 8.71 ff.
Bestandteilszuschreibung 8.37 ff.
Betreuungstätigkeiten 8.19
Beurkundungsgegenstand
– derselbe 8.13
Beurkundungsgegenstände
– verschiedene 8.14 f.
Bewertungsvorschriften
– Übersichtstabelle 8.4
Bewilligung 8.2
– gemischter Antrag 8.2

Bruchteilsbelastung
- Aufhebungsausschluss, § 1010 BGB 8.52 ff.
- Benutzungsregelung, § 1010 BGB 8.64 ff., 8.71 ff.
- mehrere Grundbucherklärungen, § 1010 BGB 8.71 ff.
- Verwaltungs- und Benutzungsregelung, § 1010 BGB 8.64 ff.

Datei, Grundbuch, elektronische Übermittlung 8.198 ff.
Dateiübermittlung 8.198 ff.
Datenübermittlung, XML Format 8.18
dingliche Rechtsgeschäfte
- Einigung 8.2
Eheliche Vermögensgemeinschaft
- FGB der DDR 8.168 ff.
Eigentumsaufgabe
- nach § 928 BGB 8.105 ff.
Einigung, sachenrechtliche
- Gebühr 8.8
Einsicht in das Grundbuch 8.189 ff.
Eintragung
- Antrag 8.3
Elektronische Übermittlung, Grundbuch Datei 8.198 ff.
Entwurf
- Gebühr 8.6
- spezielle Fragen 8.3
Erbbaurecht
- Löschung durch Zeitablauf 8.104
Erbfall
- Grundbuchberichtigung 8.148 ff.
Erbteilsübertragung
- Grundbuchberichtigung 8.153 ff.
Familienrecht
- eheliche Vermögensgemeinschaft 8.168 ff.
- Gütergemeinschaft 8.163 ff.
Festgebühr
- bei Unterschriftsbeglaubigung 8.9
Firmenänderung
- OHG 8.178 ff.
Formwechselbeschluss
- isolierte Grundbuchberichtigung Antrag 8.142 ff.
Fortführung
- OHG/KG als GbR 8.130 ff.
GbR
- Auflösung 8.125 ff.
- Ausscheiden vorletzter Gesellschafter 8.125 ff.

- Fortführung einer OHG/KG in GbR 8.130 ff.
- Gesellschafterbestand, Veränderungen 8.118
- Grundbesitzgesellschaft, Fortführung 8.130 ff.
- Namensänderung 8.119
- Neuregelung durch ERVGBG 8.132
- Veränderungen im Gesellschafterbestand 8.118 ff.
- Vorbemerkung 8.118
Gebäudeeigentum
- Aufgabe Nutzungsrecht 8.111
Gebühr
- im Überblick 8.5 ff.
Gebührenermäßigung 8.24
gebührenfreie Nebengeschäfte 8.21 ff.
gegenstandsloses Recht
- Altenteilsrecht, Löschung 8.94 ff.
- Geschäftswert 8.82
gemischter Antrag
- Gebühr 8.2
Geschäftswert
- Ermessensspielraum 8.11
- gegenstandslose Rechte 8.82, 8.94 ff.
- Grundsatz 8.10
- Grundstückswert 8.11
- wiederkehrende, dauernde Nutzungs- und Leistungsrechte 8.12
Gesellschaft bürgerlichen Rechts s. GbR
Grundbuch, Datei, elektronische Übermittlung 8.198 ff.
Grundbuchabdruck, Grundbuchauszug 8.189 ff.
Grundbuchabrufgebühr 8.192, 8.197, 8.203
Grundbuchanträge, isolierte
- Miteigentümervereinbarungen 8.52 ff.
Grundbuchauszug, Grundbuchabdruck 8.189 ff.
Grundbuchberichtigung 8.118 ff.
- Abschichtung 8.158 ff.
- Abschichtung, beurkundet 8.162
- Ausscheiden Gesellschafter und Auflösung GbR 8.125 ff.
- Eheliche Vermögensgemeinschaft 8.168 ff.
- Erbfall 8.148 ff.
- Erbteilsübertragung 8.153 ff.
- Firmenänderung OHG 8.178 ff.
- Fortführung OHG/KG als GbR 8.130 ff.
- GbR 8.118 ff.

- Gütergemeinschaft 8.163
- isolierte nach Formwechsel 8.142 ff.
- isolierte nach Verschmelzung 8.137 ff.
- Namensänderung 8.173 ff.
- Umwandlungsurkunde 8.136 ff.
- Veränderung im Gesellschafterbestand, GbR 8.118 ff.
- Vorbemerkung, GbR 8.118 f.

Grundbucheinsicht, isolierte 8.189 ff.
Grundbucherklärungen
- Aneignungserklärung § 928 II BGB 8.110
- Aufgabe Eigentum § 928 BGB 8.105 ff.
- beurkundete 8.5
- Einführung 8.1
- Entwurf 8.6
- mehrere 8.13 ff., 8.71 ff.
- Niederschrift 8.22

Grundbuchrichtigstellung
- Namensänderung 8.173 ff.

Grundstücksteilung 8.25 ff.
Grundstücksverbindung 8.32 ff., 8.37 ff.
Grundstücksvereinigung 8.32 ff.
Gütergemeinschaft
- Grundbuchberichtigung 8.163 ff.

Isolierte Grundbuchberichtigung 8.137 ff.
- Formwechsel 8.142 ff.
- Verschmelzungsvertrag 8.137 ff.

Isolierte Grundbucheinsicht 8.189 ff.
Isolierter Antrag
- Formwechselbeschluss, Grundbuchberichtigung 8.142 ff.
- Verschmelzungsvertrag, Grundbuchberichtigung 8.137 ff.

KG
- Fortführung als GbR 8.130 ff.

Löschung
- Auflassungsvormerkung 8.77 ff.
- bestehendes Recht, Wohnungsrecht 8.83 ff.
- Erbbaurecht, durch Zeitablauf 8.104
- gegenstandsloses Recht, Altenteilsrecht 8.94 ff.
- Rangvorbehalt an Wohnungsrecht 8.99 ff.
- Vorkaufsrecht 8.88 ff., 8.93

Löschungserklärungen 8.77 ff.
Löschungserleichterung
- bei Altenteil 8.94 ff.

Löschungsvormerkung 8.186
Miteigentümervereinbarungen
- isolierte Grundbuchanträge 8.52 ff.

Nachbarschaftsrechte
- Notwegerente, unterschiedliche Jahresbeträge 8.47 ff.
- Überbaurente 8.42 ff.

Namensänderung
- Firma 8.178 ff.
- Verheiratung 8.173 ff.

Nebengeschäfte
- gebührenfreie 8.21 f.

Niederschrift, Grundbucherklärung 8.22
Notwegerente
- unterschiedliche Jahresbeträge 8.47 ff.

Nutzungsrecht
- Aufgabe zum Gebäudeeigentum 8.111 ff.

öffentlich beglaubigte Form 8.1
OHG
- Fortführung als GbR 8.130 ff.

Optionen
- Ankaufs-, Vorkaufs-, Wiederkaufsrechte 8.188

Pfanderstreckung 8.183
Pfandfreigabe 8.183
Rangänderung 8.183
Rangvorbehalt an Wohnungsrecht, Löschung 8.99 ff.
Rechtsgeschäfte
- dingliche 8.2

Richtigstellung des Grundbuchs
- Firmenänderung OHG 8.178 ff.
- Namensänderung 8.173 ff.

Rückauflassungsvormerkung 8.82
Schuldrechtliche Vereinbarungen 8.8, 8.57, 8.76
Treuhandtätigkeiten 8.20
Überbaurente 8.42 ff.
Übermittlung Grundbuchdatei 8.198 ff.
Überweisungszeugnis
- Auseinandersetzungszeugnis 8.187

Umwandlung
- Grundbuchberichtigung 8.136 ff.
- in Umwandlungsurkunde 8.136 ff.
- isolierte 8.137 ff.

Unrichtigkeitsnachweis
- 22 GBO 8.118

Unterschiedliche Jahresbeträge 8.12
- dauernde Leistung, Notwegerente 8.47 ff.

Unterschriftsbeglaubigung
- Gebühr 8.4, 8.7, 8.9

Unterteilung
- Wohnungseigentum 8.31 ff.

Vereinbarungen, schuldrechtliche
– Gebühr 8.8, 8.57, 8.76
Verheiratung
– Grundbuchberichtigung 8.173 ff.
Vermögensgemeinschaft
– eheliche, Grundbuchberichtigung 8.168
Verpflichtungsgeschäft
– Gebühr 8.8, 8.57
Verschmelzung
– Grundbuchberichtigung, isolierter Antrag 8.137 ff.
Verwaltungs- und Benutzungsregelung
– § 1010 BGB 8.64 ff.
Verzicht
– auf Eigentum, § 928 BGB 8.105 ff.
Vollzugstätigkeiten
– bei Beurkundung und Entwurf 8.16
– bei reiner Unterschriftsbeglaubigung 8.17
– Datenübermittlung XML 8.18

Vorkaufsrecht
– Löschung 8.88 ff., 8.93
– Option 8.188
Vormerkung 8.184 f.
– für Hypothek 8.185
– gegenstandslose 8.82
– Löschung Auflassungsvormerkung 8.77
– Löschungsvormerkung 8.186
Wiederkaufsrecht
– Option 8.188
Wohnungsrecht
– Löschung 8.83 ff.
– Rangvorbehalt an einem, Löschung 8.99 ff.
XML Format, Datenübermittlung 8.18
Zweigliedrige GbR
– Auflösung 8.125 ff.
– Ausscheiden eines Gesellschafters 8.125 ff.
Zeugnis zum Nachweis der Auseinandersetzung Nachlass
– Überweisungszeugnis 8.187

I. Überblick

1. Einführung

Dieser Abschnitt befasst sich mit **ausgewählten Grundbucherklärungen**, die zur Eintragung im Grundbuch der **öffentlich beglaubigten Form** nach § 29 I S. 1 GBO bedürfen. Nicht behandelt werden hier die Dienstbarkeiten (Grunddienstbarkeiten und beschränkte persönliche Dienstbarkeiten, Nießbrauch), denn diese sind in Teil 7 erörtert. Ebenfalls nicht behandelt werden Grundpfandrechte, da diese – auch soweit sie nur unterschriftsbeglaubigt sind – entweder in Teil 6 oder in Teil 11 dargestellt werden. 8.1

Die zugrundeliegenden **dinglichen Rechtsgeschäfte** (Einigung, Erklärungen des Berechtigten) bedürfen in der Regel weder der Beurkundung noch der Beglaubigung und sollen hier **nur** für einige **spezielle Fälle** (wie die dem Grundbuchamt nachzuweisende Aufgabeerklärung zum Gebäudeeigentum oder die Erklärung nach § 928 BGB) dargestellt werden. Für den Eintragungsantrag gilt § 29 GBO zwar nicht, enthält dieser jedoch gleichzeitig eine Bewilligung, so bedarf der gemischte Antrag ebenfalls der Form nach § 29 GBO (§§ 13, 19 GBO). 8.2

Zu den in diesem Teil behandelten Grundbucherklärungen zählen insbesondere die Anträge auf **Eintragung von Rechten (oder deren Löschung** bzw. **Grundbuchberichtigungen)**, die anhand von ausgewählten Beispielen dargestellt werden sollen. In der Praxis werden isolierte Grundbucherklärungen teilweise beurkundet, aber auch lediglich entworfen und vom Notar mit einer Unterschriftsbeglaubigung versehen. Wegen spezieller Entwurfsfragen wird auf Teil 9 verwiesen. Kostenrechtliche Unterschiede werden in der nachfolgenden Übersicht dargestellt. 8.3

2. Übersichtstabelle

8.4 Die maßgeblichen Bewertungsvorschriften lauten:

Gebühren	Geschäftswert
a) **Beurkundung** – Nr. 21201 Nr. 4 KV GNotKG (0,5, mindestens 30 Euro)	§§ 36, 46, 51, 52 GNotKG
b) **Entwurf mit Unterschriftsbeglaubigung** – Nrn. 24102, 21201 Nr. 4 KV GNotKG (0,3–0,5, hier: 0,5 wegen § 92 II GNotKG)	§§ 119 I, 36, 46, 51, 52 GNotKG
c) **Reine Unterschriftsbeglaubigung** – Nr. 25100 KV GNotKG (0,2) mindestens 20 Euro, höchstens 70 Euro bzw. Nr. 25101 Nr. 1 bis 3 (Festgebühren) 20 Euro	§§ 121, 36, 46, 51, 52 GNotKG

3. Gebühr

8.5 **Beurkundet** der Notar eine Grundbucherklärung (Bewilligung und Antrag), so erhält er hierfür eine 0,5 Gebühr nach Nr. 21201 Nr. 4 KV GNotKG, die mindestens 30 Euro beträgt. Mit der Beurkundungsgebühr abgegolten sind die in Vorbem. 2.1 II Nr. 1 bis 4 KV GNotKG genannten Tätigkeiten.

8.6 Fertigt der Notar lediglich den **Entwurf** der Grundbucherklärung (Bewilligung und/oder Antrag), so entsteht eine 0,5 Entwurfsgebühr nach den Nrn. 24102, 21201 Nr. 4 KV GNotKG. Beglaubigt der Notar, der den Entwurf gefertigt hat, demnächst unter dem Entwurf eine oder mehrere Unterschriften oder Handzeichen, entstehen für die **erstmaligen Beglaubigungen**, die an ein und demselben Tag erfolgen, **keine Gebühren** (Vorbemerkung 2.4.1 II KV GNotKG). **Dem Notar** steht dabei gemäß Vorbemerkung 2 I KV GNotKG der Aktenverwahrer nach § 51 BNotO, der Notariatsverwalter gemäß § 56 BNotO, sein Sozius nach § 9 I Satz 1, Fall 1 BNotO oder ein Notar, mit dem er die Geschäftsräume gemeinsam nach § 9 I Satz 1, Fall 2 BNotO nutzt, **gleich**.

8.7 Die anschließende Unterschriftsbeglaubigung löst nach der Vorbem. 2.4.1 II KV GNotKG **keine** zusätzliche **Gebühr** aus.

8.8 **Schuldrechtliche Vereinbarungen**, die über die grundbuchlichen Erklärungen – Bewilligung und Antrag – hinausgehen, insbesondere die sachenrechtliche Einigung oder das zugrundeliegende Verpflichtungsgeschäft lösen eine 2,0 Gebühr nach Nr. 21100 KV GNotKG, mindestens 120 Euro aus, nicht lediglich eine 0,5 Gebühr nach Nr. 21201 Nr. 4 KV GNotKG.

8.9 Wird dem Notar die Grundbucherklärung vollständig zur **Unterschriftsbeglaubigung** vorgelegt, so erhält er eine 0,2 Gebühr nach Nr. 25100 KV GNotKG, die mindestens 20 Euro und höchstens 70 Euro beträgt. Nur eine **Festgebühr** in Hö-

I. Überblick

he von 20 Euro lösen dabei die in Nr. 25101 Nr. 1 bis 3 KV GNotKG genannten Erklärungen aus.

4. Geschäftswert

Der Geschäftswert einer Grundbucherklärung bestimmt sich grundsätzlich nach dem Wert des Rechtsverhältnisses, auf das sich die beurkundete Erklärung bezieht bzw. welches Beurkundungsgegenstand ist (§ 97 GNotKG). 8.10

Den allgemeinen Ausgangswert für die in diesem Teil ausgewählte Grundbucherklärung bildet regelmäßig der **Grundstücksverkehrswert** nach § 46 GNotKG. Ist nicht der volle Wert anzunehmen, sondern besteht für die Bewertung ein **Ermessensspielraum** (wie z.B. bei der Grundbuchberichtigung aufgrund Namensänderung), so erfolgt die Wertermittlung im Rahmen des 36 I GNotKG, sofern dem keine spezielle Bestimmung vorgeht. Hierbei findet eine angemessene Teilwertbildung statt (Prozentsatz vom Ausgangswert). Beispielhaft beträgt z.B. der Wert *einer* Grundstücksbelastung nach **§ 1010 BGB** 30 % des von der Beschränkung betroffenen Gegenstandes nach § 51 II GNotKG – bei mehreren Grundstücksbelastungen dieser Art ist der Wert *pro Belastung* in Höhe von 30 % anzunehmen (siehe dazu auch Rz. 8.66, 8.73 ff.). 8.11

Betreffen die Grundbucherklärungen **wiederkehrende oder dauernde Nutzungs- und Leistungsrechte**, so ist der Geschäftswert nach § 52 GNotKG zu bestimmen. Für die ausführlichen Ausführungen zur Wertermittlung nach § 52 GNotKG wird auf Rz. 7.7 ff. verwiesen. 8.12

5. Derselbe Beurkundungsgegenstand/Verschiedene Beurkundungsgegenstände

Soll der Notar auch die schuldrechtlichen Vereinbarungen der Beteiligten fertigen, so entsteht dafür eine 2,0 Gebühr nach Nr. 21100 KV GNotKG, mind. 120 Euro bzw. nach Nr. 24100 KV GNotKG i.V.m. § 92 II GNotKG. Die Grundbucherklärungen sind in diesem Fall Sicherungsgeschäft und haben **denselben Beurkundungsgegenstand** nach § 109 I S. 1–3 GNotKG. 8.13

Ist Gegenstand der Beurkundung nicht nur eine einzige Grundbucherklärung, sondern mehrere Grundbucherklärungen, so sind diese nach dem Grundsatz des § 86 II GNotKG **verschiedene Beurkundungsgegenstände**, deren Werte wegen desselben Gebührensatzes stets zu addieren sind (§ 35 I GNotKG). 8.14

Treffen ein Veräußerungsvertrag und die Grundbucherklärungen zur Bestellung von **subjektiv-dinglichen Rechten** zusammen, so sind diese stets verschiedene Beurkundungsgegenstände nach § 110 Nr. 2b GNotKG. Zur konkreten Berechnung, insbesondere im Zusammenspiel mit den schuldrechtlichen Erklärungen, wird auf Fall 28 in Rz 2.370 verwiesen. 8.15

6. Vollzugs-, Betreuungs- und Treuhandtätigkeiten

a) Vollzug im Beurkundungsverfahren oder bei Entwurfsfertigung

Beurkundet der Notar die Grundbucherklärung in Form einer Niederschrift oder fertigt er den **Entwurf** einer solchen und wird er auftragsgemäß zum **Voll-** 8.16

657

zug tätig, so entstehen hierfür nach Vorbem. 2.2.1.1 KV GNotKG Vollzugsgebühren nach Nr. 22111 ff. KV GNotKG. Der Wert bestimmt sich nach § 112 GNotKG.

b) Vollzug bei reiner Unterschriftsbeglaubigung

8.17 In den Fällen, in denen der Notar **nur** die **Unterschrift** unter eine Grundbucherklärung beglaubigt und somit weder eine Gebühr für ein Beurkundungsverfahren noch für die Fertigung eines Entwurfs erhalten hat, entsteht eine **Vollzugsgebühr** nach Nr. 22121 ff. KV GNotKG.

c) Datenübermittlung an das Grundbuchamt im XML Format

8.18 Die Gebühren nach den Nrn. 22114 KV und 22125 KV GNotKG für den elektronischen Rechtsverkehr in Grundbuchsachen sind im Bereich der Ländernotarkasse A.d.ö.R. zwar bislang nur für Teile von Sachsen[1] relevant, weitere Bundesländer werden aber folgen. Der Notar muss dann für eine elektronische Kommunikation mit dem Grundbuchamt bei seiner Einreichung bestimmte Mindestangaben in strukturierter maschinenlesbarer Form im Format XML übermitteln (§ 1 II Nr. 2 der Sächsischen E-Justizverordnung i.d.F. v. 5.3.2014, GVBl. 2014, S. 94). Dafür erhält er im Rahmen der Berechnung zu einem Beurkundungsverfahren oder einer Entwurfsfertigung eine eigene Gebühr nach Nr. 22114 KV GNotKG (0,3 Gebühr, höchst. 250 Euro), in allen anderen Fällen eine Gebühr nach Nr. 22125 KV GNotKG (0,6 Gebühr, höchst. 250 Euro), wenn er beispielsweise nur die Unterschrift beglaubigt hat. Damit soll der zusätzliche Aufwand abgegolten werden, der zwangsläufig mit der Strukturierung der Daten aus einer fremden Urkunde verbunden ist.[2]

Der Geschäftswert bestimmt sich in beiden Fällen nach § 112 GNotKG, was für die Unterschriftsbeglaubigung bedeutet, dass derjenige Wert anzunehmen ist, der maßgebend wäre, wenn die Urkunde Gegenstand eines Beurkundungsverfahrens wäre (§ 112 S. 2 GNotKG). Nähere Ausführungen und Fallbeispiele zu den Kosten im elektronischen Rechtsverkehr finden sich in Rz 27.91 ff.

d) Betreuung

8.19 **Betreuungstätigkeiten** nach dem geschlossenen Katalog der Nr. 22200 KV GNotKG lösen eine 0,5 Gebühr aus, der Wert bestimmt sich nach § 113 I GNotKG.

e) Treuhandtätigkeit

8.20 **Treuhandtätigkeiten** lösen eine 0,5 nach Nr. 22201 KV GNotKG aus. Der Wert bestimmt sich nach § 113 II GNotKG.

---

[1] Eine Übersicht der bundesweit konkret betroffenen Grundbuchämter unter http://www.elrv.info/de/elektronischer-rechtsverkehr/rechtsgrundlagen/ElRv_Uebersicht_BL.html.
[2] Vgl. Begründung RegE, BT-Drs. 17/11471, zu Nr. 22125 KV, S. 224.

7. Gebührenfreie (Neben-)Geschäfte

Beglaubigt der Notar, der den Entwurf gefertigt hat, demnächst unter dem Entwurf eine oder mehrere Unterschriften oder Handzeichen, entstehen für die **erstmaligen Beglaubigungen**, die an ein und demselben Tag erfolgen, **keine Gebühren** (Vorbemerkung 2.4.1 II KV GNotKG). **Dem Notar** steht dabei gemäß Vorbemerkung 2 I KV der Aktenverwahrer nach § 51 BNotO, der Notariatsverwalter gemäß § 56 BNotO, sein Sozius nach § 9 I Satz 1, Fall 1 BNotO oder ein Notar, mit dem er die Geschäftsräume gemeinsam nach § 9 I Satz 1, Fall 2 BNotO nutzt, **gleich**. 8.21

Beurkundet der Notar die Grundbucherklärung in Form einer **Niederschrift** nach §§ 8 und 36 BeurkG, so sind die nach Vorbem. 2.1 II Nr. 1 bis 4 KV GNotKG genannten Tätigkeiten mit abgegolten. 8.22

8. Unrichtige Sachbehandlung

Wegen einer unrichtigen Sachbehandlung wird auf Rz. 1.144 ff. verwiesen. 8.23

9. Gebührenermäßigung

Eine Gebührenermäßigung nach **§ 91 GNotKG** ist für einen dort genannten Kostenschuldner zu gewähren, wenn der Notar die Grundbucherklärung beurkundet oder den Entwurf dafür fertigt, nicht jedoch, wenn er lediglich die Unterschrift beglaubigt. Denn von der Ermäßigung nach § 91 GNotKG werden die in Hauptabschnitt 1 und 4 KV GNotKG genannten Gebühren erfasst, nicht jedoch die in Hauptabschnitt 5 KV GNotKG (Beglaubigungen). 8.24

II. Grundstücksteilung, Grundstücksverbindung

→ **Fall 1: Grundstücksteilung**

A. Sachverhalt

Der Eigentümer beantragt die **Teilung** seines Grundstücks 1 in die Flurstücke 1/1 und 1/2 und die Buchung jeweils als **selbstständige Grundstücke** im Rechtssinne. Der Verkehrswert des Grundstücks beträgt 20 000 Euro. Der Notar fertigt auftragsgemäß den Entwurf des Grundbuchantrages und beglaubigt die Unterschrift des Eigentümers. Anschließend erstellt er die XML-Strukturdaten und reicht den Grundbuchantrag beim Grundbuchamt in elektronischer Form ein. 8.25

B. Rechnung

Pos.	Gebührentatbestände	Geschäftswert	KV-Nr.	Satz	Betrag
(1)	Entwurf Grundbuchantrag (§§ 119 I, 46 I, 36 I, 92 II, 97 I)	4000	24102, 21201 Nr. 4	0,5	30,00
(2)	Vollzug – XML (§ 112)	4000	22114	0,3	15,00

8.26

C. Erläuterungen

8.27 **Pos. (1):**

Der Geschäftswert ist nach § 36 I aus einem Teilwert (10–30 %, hier 20 % aus 20 000 Euro) zu bestimmen, wobei je nach Umfang und Bedeutung nach oben oder unten abgewichen werden kann. Den Bezugswert bildet der Verkehrswert des betroffenen Grundbesitzes.

8.28 Für den Entwurf ist gem. Nrn. 24102, 21201 Nr. 4 KV die Rahmengebühr 0,3–0,5, mind. 30 Euro zu erheben. Da der Entwurf vollständig gefertigt wurde, ist die höchste Rahmengebühr zu erheben (§ 92 II).

8.29 Die Unterschriftsbeglaubigung löst keine zusätzliche Gebühr aus, Vorbem. 2.4.1 II KV.

8.30 **Pos. (2):**

Die Erstellung der XML-Strukturdaten fällt unter den Vollzug, für welchen das GNotKG eine eigenständige Gebühr in der Nr. 22114 KV vorsieht. Der Geschäftswert bestimmt sich nach dem Wert des Entwurfes (§ 112).

→ **Fall 2: Unterteilung von Wohnungseigentum**

8.31 Siehe Rz. 4.64 (Fall 12).

→ **Fall 3: Grundstücksvereinigung**

A. Sachverhalt

8.32 Der Eigentümer beantragt die **Vereinigung** seiner Flurstücke 1 und 2 **zu einem Grundstück** im Rechtssinne. Der Verkehrswert beider Flurstücke beträgt insgesamt 30 000 Euro. Der Notar fertigt auftragsgemäß den Entwurf des Grundbuchantrages und beglaubigt die Unterschrift des Eigentümers.

B. Rechnung

8.33

Pos.	Gebührentatbestand	Geschäftswert	KV-Nr.	Satz	Betrag
	Entwurf Grundbuchantrag (§§ 119 I, 46 I, 36 I, 92 II, 97 I)	6000	24102, 21201 Nr. 4	0,5	30,00

C. Erläuterungen

8.34 Der Geschäftswert ist nach § 36 I aus einem Teilwert (10–30 %, hier 20 % von 30 000 Euro) zu bestimmen, wobei je nach Umfang und Bedeutung nach oben oder unten abgewichen werden kann. Den Bezugswert bildet der Verkehrswert des betroffenen Grundbesitzes.

8.35 Für den Entwurf ist gem. Nrn. 24102, 21201 Nr. 4 KV die Rahmengebühr 0,3–0,5, mind. 30 Euro zu erheben. Da der Entwurf vollständig gefertigt wurde, ist die höchste Rahmengebühr zu erheben (§ 92 II).

Die Unterschriftsbeglaubigung löst keine zusätzliche Gebühr aus, Vorbem. 2.4.1 II KV.

→ **Fall 4: Bestandteilszuschreibung**

A. Sachverhalt

Der Eigentümer beantragt, die **weggemessene Fläche** des Grundstücks 1 dem Grundstück 2 als Bestandteil **zuzuschreiben**. Der Verkehrswert der zuzuschreibenden Fläche beträgt 20 000 Euro, der des Grundstücks 2 beträgt 30 000 Euro. Der Notar fertigt auftragsgemäß den Entwurf des Grundbuchantrages und beglaubigt die Unterschrift des Eigentümers.

B. Rechnung

Pos.	Gebührentatbestand	Geschäftswert	KV-Nr.	Satz	Betrag
	Entwurf Grundbuchantrag (§§ 119 I, 46 I, 36 I, 92 II, 97 I)	10 000	24102, 21201 Nr. 4	0,5	37,50

C. Erläuterungen

Der Geschäftswert ist nach § 36 I aus einem Teilwert (10–30 %, hier 20 % beider Grundstückswerte) zu bestimmen, wobei je nach Umfang und Bedeutung nach oben oder unten abgewichen werden kann. Den Bezugswert bildet die Summe beider Grundstückswerte, nicht etwa nur der Wert des zugeschriebenen Grundstücks.[1]

Für den Entwurf ist gem. Nrn. 24102, 21201 Nr. 4 KV die Rahmengebühr 0,3–0,5, mind. 30 Euro zu erheben. Da der Entwurf vollständig gefertigt wurde, ist die höchste Rahmengebühr zu erheben (§ 92 II).

Die Unterschriftsbeglaubigung löst keine zusätzliche Gebühr aus, Vorbem. 2.4.1 II KV.

III. Nachbarschaftsrechte

→ **Fall 5: Überbaurente**

A. Sachverhalt

Der Eigentümer beantragt die Eintragung der folgenden Feststellung im Grundbuch: Als Eigentümer des Grundstücks X habe ich bei Errichtung meines Hauses das Nachbargrundstück Y überbaut. Dafür ist eine **Überbaurente** auf **jährlich** 300 Euro festgelegt worden. Der Notar fertigt auftragsgemäß den Entwurf des Grundbuchantrages und beglaubigt die Unterschrift des Eigentümers.

---

[1] Diesbezüglich wird unsere Auffassung in der 1. Aufl. aufgegeben.

B. Rechnung

8.43

Pos.	Gebührentatbestand	Geschäfts-wert	KV-Nr.	Satz	Betrag
	Entwurf Grundbuchantrag (§§ 119 I, 52 III S. 1, 92 II, 97 I)	6000	24102, 21201 Nr. 4	0,5	30,00

C. Erläuterungen

8.44 Der Geschäftswert richtet sich bei unbeschränkter Dauer nach § 52 III, wobei der auf die ersten 20 Jahre entfallende Wert maßgebend ist (300 Euro × 20 Jahre).

8.45 Für den Entwurf ist gem. Nrn. 24102, 21201 Nr. 4 KV die Rahmengebühr 0,3–0,5, mind. 30 Euro zu erheben. Da der Entwurf vollständig gefertigt wurde, ist die höchste Rahmengebühr zu erheben (§ 92 II).

8.46 Die Unterschriftsbeglaubigung löst keine zusätzliche Gebühr aus, Vorbem. 2.4.1 II KV.

→ **Fall 6: Notwegerente (unterschiedliche Jahresbeträge)**

A. Sachverhalt

8.47 Der Eigentümer beantragt die Eintragung folgender Feststellung im Grundbuch: „Da ich mein Grundstück nicht über öffentliche Wege erreichen kann, benutze ich auf einem sogenannten Notweg den Grund und Boden des Nachbarn – allerdings nur in dem Umfang, den die Beschaffenheit des eigenen Grundstücks erforderlich macht. Dafür ist eine Notwegerente für 50 Jahre ab heute vereinbart worden. Diese beträgt **für die ersten 10 Jahre jährlich 500 Euro** und **ab dem 11. Jahr 600 Euro jährlich**". Der Notar fertigt auftragsgemäß den Entwurf des Grundbuchantrags und beglaubigt die Unterschrift des Eigentümers.

B. Rechnung

8.48

Pos.	Gebührentatbestand	Geschäfts-wert	KV-Nr.	Satz	Betrag
	Entwurf Grundbuchantrag (§§ 119 I, 52 II, 92 II, 97 I)	11 000	24102, 21201 Nr. 4	0,5	41,50

C. Erläuterungen

8.49 Der Geschäftswert richtet sich bei Rechten auf bestimmte Zeit gemäß § 52 II nach dem auf die Dauer entfallenden Wert, beschränkt jedoch auf den für die ersten 20 Jahre entfallenden Wert. Unterschiedliche Beträge sind entsprechend zu berücksichtigen; somit: 20-facher der auf die ersten Jahre entfallende Betrag: 10 × 500 Euro + 10 × 600 Euro.

Für den Entwurf ist gem. Nrn. 24102, 21201 Nr. 4 KV die Rahmengebühr 0,3–0,5, mind. 30 Euro zu erheben. Da der Entwurf vollständig gefertigt wurde, ist die höchste Rahmengebühr zu erheben (§ 92 II). 8.50

Die Unterschriftsbeglaubigung löst keine zusätzliche Gebühr aus, Vorbem. 2.4.1 II KV. 8.51

IV. Isolierte Grundbuchanträge zu Miteigentümervereinbarungen

→ **Fall 7: Ausschluss der Aufhebung der Gemeinschaft nach § 1010 BGB**

A. Sachverhalt

Beantragt wird die Eintragung der folgenden **Bruchteilsbelastung** nach **§ 1010 BGB**: Die **Aufhebung der Gemeinschaft** – außer aus wichtigem Grund – ist für immer ausgeschlossen. Der Verkehrswert des Grundstücks beträgt 300 000 Euro. Der Notar fertigt auftragsgemäß den Entwurf des Grundbuchantrages und beglaubigt die Unterschriften. 8.52

B. Rechnung

Pos.	Gebührentatbestand	Geschäfts-wert	KV-Nr.	Satz	Betrag
	Entwurf Grundbuchantrag (§§ 119 I, 51 II, 92 II, 97 I)	90 000	24102, 21201 Nr. 4	0,5	123,00

8.53

C. Erläuterungen

Der Wert dieser Grundstücksbelastung gemäß § 1010 BGB beträgt 30 % des von der Beschränkung betroffenen Gegenstandes (somit 30 % des Grundstückswerts). 8.54

Für den Entwurf ist gem. Nrn. 24102, 21201 Nr. 4 KV die Rahmengebühr 0,3–0,5, mind. 30 Euro zu erheben. Da der Entwurf vollständig gefertigt wurde, ist die höchste Rahmengebühr zu erheben (§ 92 II). 8.55

Die Unterschriftsbeglaubigung löst keine zusätzliche Gebühr aus, Vorbem. 2.4.1 II KV. 8.56

D. Exkurs

Soll der Notar auch die **schuldrechtlichen Vereinbarungen** der Beteiligten fertigen, so entsteht dafür eine 2,0 Gebühr nach Nr. 21100 KV, mind. 120 Euro bzw. Nr. 24100 KV i.V.m. § 92 II. Die Grundbucherklärungen sind in diesem Fall Sicherungsgeschäft und haben denselben Beurkundungsgegenstand nach § 109 I S. 1, 2 und 5. 8.57

→ Fall 8: Benutzungsregelung nach § 1010 BGB

A. Sachverhalt

8.58 Der Notar entwirft die Grundbucherklärungen zu einer **Benutzungsregelung** zwischen A und B als **Bruchteilsbelastung** nach § 1010 BGB. Der Verkehrswert des Grundstücks beträgt 300 000 Euro. Der Notar beglaubigt im Anschluss die Unterschriften.

B. Rechnung

8.59

Pos.	Gebührentatbestand	Geschäftswert	KV-Nr.	Satz	Betrag
	Entwurf Grundbuchantrag (§§ 119 I, 51 II, 92 II, 97 I)	90 000	24102, 21201 Nr. 4	0,5	123,00

C. Erläuterungen

8.60 Der Wert der Benutzungsregelung gemäß § 1010 BGB beträgt 30 % des von der Beschränkung betroffenen Gegenstandes (somit 30 % des Grundstückswerts).

8.61 Für den Entwurf ist gem. Nrn. 24102, 21201 Nr. 4 KV die Rahmengebühr 0,3–0,5, mind. 30 Euro zu erheben. Da der Entwurf vollständig gefertigt wurde, ist die höchste Rahmengebühr zu erheben (§ 92 II).

8.62 Die Unterschriftsbeglaubigung löst keine zusätzliche Gebühr aus, Vorbem. 2.4.1 II KV.

D. Exkurs

8.63 Soll der Notar auch die **schuldrechtlichen Vereinbarungen** der Beteiligten fertigen, so entsteht dafür eine 2,0 Gebühr nach Nr. 21100 KV, mind. 120 Euro bzw. Nr. 24100 KV i.V.m. § 92 II. Die Grundbucherklärungen sind in diesem Fall Sicherungsgeschäft und haben denselben Beurkundungsgegenstand nach § 109 I S. 1, 2 und 5.

→ Fall 9: Verwaltungs- und Benutzungsregelung nach § 1010 BGB

A. Sachverhalt

8.64 Der Notar entwirft die Grundbucherklärungen zu einer **Verwaltungs- und Benutzungsregelung** zwischen A und B als **Bruchteilsbelastung** nach § 1010 BGB, wobei beide Regelungsgegenstände getrennt und ausführlich geregelt werden. Der Verkehrswert des Grundstücks beträgt 300 000 Euro. Der Notar beglaubigt im Anschluss die Unterschriften.

IV. Isolierte Grundbuchanträge zu Miteigentümervereinbarungen

B. Rechnung

Pos.	Gebührentatbestand	Geschäftswert	KV-Nr.	Satz	Betrag
	Entwurf Grundbuchantrag (§§ 119 I, 51 II, 92 II, 97 I)	180 000	24102, 21201 Nr. 4	0,5	204,00

8.65

C. Erläuterungen

Der Wert **einer** Belastung gemäß § 1010 BGB beträgt 30 % des von der Beschränkung betroffenen Gegenstandes (Grundstückswert). Da es sich hier um eine Verwaltungs- und Benutzungsregelung handelt, ist der Teilwert **pro Belastung** zu bilden (60 % von 300 000 Euro, nämlich jeweils 30 % des Grundstückswertes für die Verwaltungsregelung und die Benutzungsregelung). 8.66

Verwaltungs- und Benutzungsregelung können nur dann als gesonderte Regelung nach § 51 II abgerechnet werden, wenn sie sich hinreichend **voneinander abgrenzen** lassen. Fallen Verwaltungs- und Benutzungsregelung hingegen **ineinander**, wie wohl häufig, so kann die Regelung **nur einmal** nach § 51 II abgerechnet werden (nur einmal 30 %). 8.67

Für den Entwurf ist gem. Nrn. 24102, 21201 Nr. 4 KV die Rahmengebühr 0,3–0,5, mind. 30 Euro zu erheben. Da der Entwurf vollständig gefertigt wurde, ist die höchste Rahmengebühr zu erheben (§ 92 II). 8.68

Die Unterschriftsbeglaubigung löst keine zusätzliche Gebühr aus, Vorbem. 2.4.1 II KV. 8.69

D. Exkurs

Soll der Notar auch die **schuldrechtlichen Vereinbarungen** der Beteiligten fertigen, so entsteht dafür eine 2,0 Gebühr nach Nr. 21100 KV, mind. 120 Euro bzw. Nr. 24100 KV i.V.m. § 92 II. Die Grundbucherklärungen sind in diesem Fall Sicherungsgeschäft und haben denselben Beurkundungsgegenstand nach § 109 I S. 1, 2 und 5. 8.70

→ **Fall 10: Mehrere Grundbucherklärungen nach § 1010 BGB**

A. Sachverhalt

Der Notar entwirft die Grundbucherklärungen zu einer **Verwaltungs- und Benutzungsregelung** zwischen A und B sowie zum **Aufhebungsrecht** (Ausschluss der Aufhebung der Gemeinschaft) jeweils als **Bruchteilsbelastung** nach § 1010 BGB. Der Verkehrswert des Grundstücks beträgt 300 000 Euro. Der Notar beglaubigt im Anschluss die Unterschriften. 8.71

B. Rechnung

8.72

Pos.	Gebührentatbestand	Geschäfts-wert	KV-Nr.	Satz	Betrag
	Entwurf Grundbuchantrag (§§ 119 I, 51 II, 92 II, 97 I)	180 000	24102, 21201 Nr. 4	0,5	204,00

C. Erläuterungen

8.73 Der Wert **einer** Belastung gemäß § 1010 BGB beträgt 30 % des von der Beschränkung betroffenen Gegenstandes (Grundstückswert), somit 60 % von 300 000 Euro, nämlich jeweils 30 % des Grundstückswertes für die Verwaltungs- und Benutzungsregelung sowie das Aufhebungsrecht.

8.74 Für den Entwurf ist gem. Nrn. 24102, 21201 Nr. 4 KV die Rahmengebühr 0,3–0,5, mind. 30 Euro zu erheben. Da der Entwurf vollständig gefertigt wurde, ist die höchste Rahmengebühr zu erheben (§ 92 II).

8.75 Die Unterschriftsbeglaubigung löst keine zusätzliche Gebühr aus, Vorbem. 2.4.1 II KV.

D. Exkurs

8.76 Soll der Notar auch die **schuldrechtlichen Vereinbarungen** der Beteiligten fertigen, so entsteht dafür eine 2,0 Gebühr nach Nr. 21100 KV, mind. 120 Euro bzw. Nr. 24100 KV i.V.m. § 92 II. Die Grundbucherklärungen sind in diesem Fall Sicherungsgeschäft und haben denselben Beurkundungsgegenstand nach § 109 I S. 1, 2 und 5.

V. Löschungs-, Aufgabe- und Aufhebungserklärungen

→ **Fall 11: Löschung einer Auflassungsvormerkung**

A. Sachverhalt

8.77 Der Berechtigte bewilligt und beantragt die Löschung einer im Grundbuch eingetragenen Auflassungsvormerkung **zur Sicherung des Anspruchs auf Übertragung des Eigentums**. Der Notar fertigt die Grundbucherklärungen und beglaubigt die Unterschrift. Der Grundstücksverkehrswert beträgt 100 000 Euro.

B. Rechnung

8.78

Pos.	Gebührentatbestand	Geschäfts-wert	KV-Nr.	Satz	Betrag
	Entwurf Grundbuchantrag (§§ 119 I, 45 III, 46 I, 92 II, 97 I)	100 000	24102, 21201 Nr. 4	0,5	136,50

C. Erläuterungen

Gemäß § 45 III HS 1 bestimmt sich der Geschäftswert einer Vormerkung, die keine Löschungsvormerkung ist, nach dem Wert des vorgemerkten Rechts, hier also nach dem Verkehrswert des durch sie gesicherten Eigentumsverschaffungsvermerks des Grundstücks. Dabei kommt es nicht darauf an, ob es sich um die Ersteintragung, Änderung oder Löschung der Vormerkung handelt. Betrifft das vorgemerkte Recht ein Vorkaufsrecht oder ein Wiederkaufsrecht, so ist gemäß § 45 III HS 2 i.V.m. § 51 I Satz 2 nur der hälftige Grundstückswert anzusetzen. 8.79

Für den Entwurf ist gem. Nrn. 24102, 21201 Nr. 4 KV die Rahmengebühr 0,3–0,5, mind. 30 Euro zu erheben. Da der Entwurf vollständig gefertigt wurde, ist die höchste Rahmengebühr zu erheben (§ 92 II). 8.80

Die Unterschriftsbeglaubigung löst keine zusätzliche Gebühr aus, Vorbem. 2.4.1 II KV. 8.81

D. Exkurs

Werden **gegenstandslose** Vormerkungen, insbesondere zur Löschung eines Ankaufs- oder Wiederkaufsrechts, gelöscht und ist die Gegenstandslosigkeit zum Zeitpunkt der Löschung faktisch gegeben, so kann eine Herabsetzung des Geschäftswertes im Rahmen des § 51 III aufgrund Unbilligkeit geboten sein. Beispielsweise kann bei einer zu löschenden **Rückauflassungsvormerkung** aus einem Überlassungsvertrag ein geringerer Wert angenommen werden (§ 51 III). 8.82

Eine Bewertung nach § 52 VI S. 4 kommt nicht in Betracht, weil hier das Gesetz in § 52 VI Satz 4 bei **Zeitablauf oder Tod des Berechtigten** einen Wert von 0 Euro vorsieht.

→ **Fall 12: Löschung eines bestehenden Rechts (Wohnungsrecht)**

A. Sachverhalt

Der Grundstückseigentümer A hat kürzlich an seinem Grundstück für seinen 56-jährigen Bekannten B ein lebenslanges **Wohnungsrecht** bestellt, welches bereits im Grundbuch eingetragen worden ist. Der Wert des Wohnungsrechts für den Berechtigten B beträgt 500 Euro monatlich. Nunmehr soll das bestehende Recht **gelöscht** werden. Der Notar fertigt auftragsgemäß den Entwurf der erforderlichen Grundbucherklärungen und beglaubigt die Unterschriften von A und B. 8.83

B. Rechnung

Pos.	Gebührentatbestand	Geschäftswert	KV-Nr.	Satz	Betrag
	Entwurf Grundbuchantrag (§§ 119 I, 52 IV, 92 II, 97 I)	60 000	24102, 21201 Nr. 4	0,5	96,00

8.84

C. Erläuterungen

8.85 Der Wert für die Löschung des Wohnungsrechts ist nach dem gleichen Wert zu bestimmen, wie wenn das Recht bestellt würde. Bei Rechten auf Lebensdauer einer Person oder bei bestimmter Dauer ist der nach § 52 II bzw. 4 kapitalisierte Betrag der Restlaufzeit maßgebend (500 Euro × 12 Monate × 10 = 60 000 Euro). Der Wert eines durch Tod des Berechtigten oder Zeitablauf erloschenen Rechts beträgt 0 Euro; § 52 VI Satz 4.

8.86 Für den Entwurf ist gem. Nrn. 24102, 21201 Nr. 4 KV die Rahmengebühr 0,3–0,5, mind. 30 Euro zu erheben. Da der Entwurf vollständig gefertigt wurde, ist die höchste Rahmengebühr zu erheben (§ 92 II).

8.87 Die Unterschriftsbeglaubigung löst keine zusätzliche Gebühr aus, Vorbem. 2.4.1 II KV.

→ **Fall 13: Löschung eines Vorkaufsrechts**

A. Sachverhalt

8.88 Im Grundbuch ist für A ein **Vorkaufsrecht** für alle Verkaufsfälle am Grundstück des B eingetragen. Nunmehr soll das bestehende Recht **gelöscht** werden. Der Notar fertigt auftragsgemäß den Entwurf der erforderlichen Grundbucherklärung und beglaubigt die Unterschrift. Der Grundstückswert beträgt 100 000 Euro.

B. Rechnung

8.89

Pos.	Gebührentatbestand	Geschäfts-wert	KV-Nr.	Satz	Betrag
	Entwurf Grundbuchantrag (§§ 119 I, 51 I S. 2, 92 II, 97 I)	50 000	24102, 21201 Nr. 4	0,5	82,50

C. Erläuterungen

8.90 Der Wert für die Löschung eines Vorkaufsrechts (oder Wiederkaufsrechts) bestimmt sich gemäß § 51 I Satz 2 nach der Hälfte des Grundstückswertes.

8.91 Für den Entwurf ist gem. Nrn. 24102, 21201 Nr. 4 KV die Rahmengebühr 0,3–0,5, mind. 30 Euro zu erheben. Da der Entwurf vollständig gefertigt wurde, ist die höchste Rahmengebühr zu erheben (§ 92 II).

8.92 Die Unterschriftsbeglaubigung löst keine zusätzliche Gebühr aus, Vorbem. 2.4.1 II KV.

D. Exkurs

Ist ein **Vorkaufsrecht zeitlich befristet** oder ist eine auflösende Bedingung zum Zeitpunkt der Löschung längst eingetreten, so ist dies kostenrechtlich zu berücksichtigen. Da ein solches Vorkaufsrecht faktisch **gegenstandslos** geworden ist, wird man eine Herabsetzung des Geschäftswerts für seine Löschung nach Maßgabe des § 51 III erwägen müssen, denn es muss kostenrechtlich zwischen der Aufgabe eines noch ausübbaren und eines gegenstandslosen Vorkaufsrechts differenziert werden.[1] Zu demselben Ergebnis kam auch die Rechtsprechung in Geltungsbereich der KostO, jedoch noch gestützt auf die Vorschrift des § 20 II KostO: 10 % des Grundstückswerts[2] bis 20 % des Grundstückswerts[3] dürften angemessen sein.

8.93

→ **Fall 14: Löschung eines gegenstandslosen Altenteilsrechts**

A. Sachverhalt

Im Grundbuch ist ein **Altenteilsrecht** (Wohnungsrecht und Reallast) für die Eheleute A und B eingetragen. Nach der beigefügten Sterbeurkunde sind A und B vor weniger als einem Jahr verstorben und gemäß beigefügtem Erbschein von C allein beerbt worden. Im Grundbuch ist eine **Löschungserleichterung** eingetragen. Der Erbe bewilligt und beantragt die Löschung des Altenteilsrechts im Grundbuch. Der Notar fertigt auftragsgemäß den Entwurf der Grundbucherklärung und beglaubigt die Unterschrift.

8.94

B. Rechnung

Pos.	Gebührentatbestand	Geschäfts-wert	KV-Nr.	Satz	Betrag
	Entwurf Grundbuchantrag (§§ 119 I, 52 VI S. 4, 92 II, 97 I)	0	24102, 21201 Nr. 4	0,5	30,00

8.95

C. Erläuterungen

Der Wert eines durch Tod des Berechtigten oder Zeitablauf erloschenen Rechts beträgt nach § 52 VI S. 4 0 Euro.

8.96

Für den Entwurf ist gem. Nrn. 24102, 21201 Nr. 4 KV die Rahmengebühr 0,3–0,5, mind. 30 Euro zu erheben. Da der Entwurf vollständig gefertigt wurde, ist die höchste Rahmengebühr zu erheben (§ 92 II).

8.97

---

1 OLG Zweibrücken, Beschl. v. 13.7.1990 – 3 W 67/90, JurBüro 1991, 395 = Rpfleger 1991, 54.
2 BayObLG, Beschl. v. 10.8.1995 – 3Z BR 145/95, DNotZ 1996, 395 = MittBayNot 1995, 487 = JurBüro 1996, 267.
3 OLG Zweibrücken, Beschl. v. 13.7.1990 – 3 W 67/90, JurBüro 1991, 395 = Rpfleger 1991, 54.

8.98 Die Unterschriftsbeglaubigung löst keine zusätzliche Gebühr aus, Vorbem. 2.4.1 II KV.

→ Fall 15: Löschung eines Rangvorbehaltes an einem Wohnungsrecht

A. Sachverhalt

8.99 Auf einem mit einem Wohnhaus bebauten Grundstück wurde im Grundbuch ein Wohnungsrecht für einen 60jährigen Berechtigten eingetragen. Dem Recht ging der Vorrang zur Eintragung von Grundpfandrechten bis zu einer Höhe von 150 000 Euro vor. Der Rangvorbehalt soll nunmehr zur Löschung gebracht werden. Hierzu fertigt der Notar auftragsgemäß den Entwurf der erforderlichen Grundbucherklärungen und beglaubigt die Unterschrift. Der jährliche Wert für das Wohnungsrecht beträgt 6000 Euro.

B. Rechnung

8.100

Pos.	Gebührentatbestand	Geschäftswert	KV-Nr.	Satz	Betrag
	Entwurf Grundbuchantrag (§§ 119 I, 36 I, 52 I, IV, 97 I, II)	30 000	24102, 21201 Nr. 4	0,5	62,50

C. Erläuterungen

8.101 Die Löschung des Rangvorbehalts ist eine Inhaltsänderung des Wohnungsrechts. Der Geschäftswert richtet sich mangels Spezialvorschrift nach der allgemeinen Geschäftswertvorschrift des § 36 I. Ausgangswert ist gem. § 97 I der Rangvorbehalt, der betragsmäßig erfasst werden kann (150 000 Euro), aber wegen seiner Ungewissheit mit einem Abschlag zu bewerten ist. Höchstens kann der Wert des Wohnungsrechts angesetzt werden (§ 97 II); dieser ist nach § 52 I und 4 wie folgt zu ermitteln: 6000 Euro × 10fach = 60 000 Euro. Somit erscheinen 20 % des Rangvorbehaltes für sachgerecht (= 30 000 Euro).

8.102 Für den Entwurf ist gem. Nrn. 24102, 21201 Nr. 4 KV die Rahmengebühr 0,3–0,5, mind. 30 Euro zu erheben. Da der Entwurf vollständig gefertigt wurde, ist die höchste Rahmengebühr zu erheben (§ 92 II).

8.103 Die Unterschriftsbeglaubigung löst keine zusätzliche Gebühr aus, Vorbem. 2.4.1 II KV.

→ Fall 16: Löschung eines Erbbaurechts durch Zeitablauf

8.104 Zur Bewertung siehe Rz. 5.90 ff. (Fälle 20 und 21).

V. Löschungs-, Aufgabe- und Aufhebungserklärungen

→ **Fall 17: Aufgabe des Eigentums (Verzicht) nach § 928 BGB**

A. Sachverhalt

Der Eigentümer erklärt gegenüber dem Grundbuchamt den **Verzicht auf das Eigentum** am Grundstück gemäß § 928 I BGB. Der Notar fertigt auftragsgemäß den Entwurf der Erklärung und beglaubigt die Unterschrift des Eigentümers. Das Grundstück hat einen Verkehrswert von 50 000 Euro.

8.105

B. Rechnung

8.106

Pos.	Gebührentatbestand	Geschäftswert	KV-Nr.	Satz	Betrag
	Entwurf Aufgabe/Verzichtserklärung (§§ 119 I, 46 I, 92 II, 97 I)	50 000	24101, 21200	1,0	165,00

C. Erläuterungen

Es handelt sich nicht nur um den Entwurf einer reinen Grundbucherklärung im Sinne der Nr. 21201 Nr. 4 KV, sondern auch um eine materiell rechtliche Erklärung zur Vorlage beim Grundbuchamt, die die Gebühr nach Nr. 21200 KV (1,0) auslöst. Maßgebender Geschäftswert ist der Grundstücksverkehrswert.

8.107

Für den Entwurf ist nach den Nrn. 24101 KV, 21200 KV die Rahmengebühr 0,3–1,0, mind. 60 Euro zu erheben. Da der Entwurf vollständig gefertigt wurde, ist die höchste Rahmengebühr zu erheben (§ 92 II).

8.108

Die Unterschriftsbeglaubigung löst keine zusätzliche Gebühr aus, Vorbem. 2.4.1 II KV.

8.109

Exkurs:

8.110

Gleiches würde für eine **Aneignungserklärung** nach § 928 II BGB gelten. Auch hierbei handelt sich nicht nur um den Entwurf einer reinen Grundbucherklärung im Sinne der Nr. 21201 Nr. 4 KV, sondern um eine materielle einseitige Erklärung nach Nr. 21200 KV.

→ **Fall 18: Aufgabe von Gebäudeeigentum**

A. Sachverhalt

Der Gebäudeeigentümer erklärt als Inhaber des Nutzungsrechts gemäß Art. 233 § 4 VI S. 1 EGBGB, § 875 BGB die **Aufgabe des Nutzungsrechts** und die Löschung im Grundbuch. Das Gebäude hat einen Wert von 60 000 Euro, das Grundstück hat einen Wert von 30 000 Euro. Der Notar beurkundet die Aufgabeerklärung.

8.111

B. Rechnung

8.112

Pos.	Gebührentatbestand	Geschäftswert	KV-Nr.	Satz	Betrag
	Beurkundung Aufgabeerklärung (§§ 46 I, 36 I, 92 II, 97 I)	20 000	21200	1,0	107,00

C. Erläuterungen

8.113 Der Geschäftswert der **Aufgabe des Nutzungsrechtes** bestimmt sich nach § 36 I, wobei wertmindernd zu berücksichtigen ist, dass das Gebäudeeigentum nicht begründet wird, sondern bereits besteht. Angemessen erscheint daher ein Bruchteil des Gebäudewertes nach § 46 I. Vorgeschlagen wird ein Drittel des Gebäudewertes, wobei dieser Gebäudewert-Prozentsatz im Einzelfall höher oder niedriger sein kann. Der halbe Grundstückswert sollte nicht unterschritten werden. Zu erheben ist ein 1,0 Gebühr nach Nr. 21200 KV.

8.114 Die Aufgabeerklärung gem. Art. 233 § 4 VI EGBGB ist eine **materiell rechtliche Erklärung** und löst die 1,0 Gebühr nach Nr. 21200 KV aus. Sie ist dem Grundbuchamt gemäß § 12 GGV vorzulegen. Wird die Aufgabeerklärung im Grundstückskaufvertrag beurkundet, handelt es sich um verschiedene Beurkundungsgegenstände nach §§ 86 II, 94 I.

D. Anmerkung

8.115 Da die **Aufhebungserklärung nach § 875 BGB** formfrei ist, genügt für die Komplettierung von Gebäude- und Grundstückseigentum **ohne eingetragenes Nutzungsrecht** die Bewilligung nach § 19 GBO in der Form des § 29 GBO. Es ist folglich bei Entwurfsfertigung durch den Notar eine 0,5 Gebühr nach den Nrn. 21201 Nr. 4 KV, 24102 KV i.V.m. § 92 II zu erheben.

→ **Fall 19: Aufgabe eines Eigentümererbbaurechts (Erbbauberechtigter und Grundstückseigentümer in einer Person)**

8.116 Zur Bewertung siehe Rz. 5.83 (Fall 18).

→ **Fall 20: Aufhebung von Wohnungs- und Teileigentum durch den Alleineigentümer**

8.117 Zur Bewertung siehe Rz. 4.89 (Fall 19).

VI. Grundbuchberichtigungserklärungen

1. Im Hinblick auf die Gesellschafterstellung bei der Gesellschaft bürgerlichen Rechts (GbR)

8.118 **Grundsätze**

Änderungen im Gesellschafterbestand einer Gesellschaft bürgerlichen Rechts können sich **außerhalb** des Grundbuchs vollziehen, z.B. durch den **Eintritt oder das Ausscheiden** von Gesellschaftern, bei **Anwachsung** (§ 738 BGB) von Gesellschaftsanteilen aufgrund des Todes eines Gesellschafters mit oder ohne Fortführung mit den Erben oder die **Auflösung** (§ 727 BGB) der Gesellschaft. Das Grundbuch ist in diesen Fällen **unrichtig**. Der Unrichtigkeitsnachweis kann geführt werden durch Bewilligung und Antrag nach den §§ 19, 13 GBO oder im Wege der Erbringung eines Unrichtigkeitsnachweises nach § 22 GBO.

VI. Grundbuchberichtigungserklärungen

Ändert eine GbR lediglich ihren Namen, so gelten hierzu die Bewertungsgrundsätze zur OHG, vgl. Rz. 8.178 (Fall 32). 8.119

→ **Fall 21: Veränderung im Gesellschafterbestand**

A. Sachverhalt

Bei einer Gesellschaft bürgerlichen Rechts (bestehend aus 3 Gesellschaftern zu gleichen Teilen) scheidet **ein Gesellschafter** aus, so dass sein Anteil den **übrigen Gesellschaftern anwächst** (§ 738 BGB). Die Gesellschaft ist Eigentümerin eines Grundstücks, dessen Verkehrswert 90 000 Euro beträgt. Auf dem Grundstück lastet eine Grundschuld zu 80 000 Euro, die noch in Höhe von 40 000 Euro valutiert. Der Notar wird beauftragt, den Entwurf eines Grundbuchberichtigungsantrages zu fertigen. Anschließend beglaubigt er die Unterschriften der Gesellschafter. 8.120

B. Rechnung

Pos.	Gebührentatbestand	Geschäftswert	KV-Nr.	Satz	Betrag
	Entwurf Grundbuchberichtigungsantrag (§§ 119 I, 38, 46 I, 92 II, 97 I)	30 000	24102, 21201 Nr. 4	0,5	62,50

8.121

C. Erläuterungen

Es ist auf den vollen Anteilswert des ausscheidenden Gesellschafters abzustellen, nicht etwa auf einen Teilwert nach § 36 I. Auch gilt § 54 nicht, vielmehr bleibt es bei der Bestimmung des § 38, wobei Schulden nicht abgezogen werden. Schließlich ist der für Gerichtskosten geltende § 70, der in seinem Absatz 4 auch für die Eintragung einer Änderung im Gesellschafterbestand gilt, nicht unmittelbar anwendbar, weil es sich um eine ausschließliche Wertvorschrift für Gerichtskosten handelt. Im Ergebnis deckt sich die hier gefundene Bewertung auch für die Kosten des Grundbuchamtes. 8.122

Für den Entwurf ist gem. Nrn. 24102, 21201 Nr. 4 KV die Rahmengebühr 0,3–0,5, mind. 30 Euro zu erheben. Da der Entwurf vollständig gefertigt wurde, ist die höchste Rahmengebühr zu erheben (§ 92 II). 8.123

Die Unterschriftsbeglaubigung löst keine zusätzliche Gebühr aus, Vorbem. 2.4.1 II KV. 8.124

→ **Fall 22: Ausscheiden eines Gesellschafters aus einer zweigliedrigen GbR**

A. Sachverhalt

Ein Gesellschafter scheidet aus einer zweigliedrigen BGB-Gesellschaft aus, an der er hälftig beteiligt war. Die **Gesellschaft wird aufgelöst**. Der verbleibende Gesellschafter beantragt, ihn in Folge des Ausscheidens als **Alleineigentümer** in das Grundbuch einzutragen. Der Notar fertigt auftragsgemäß den Entwurf des 8.125

Grundbuchberichtigungsantrages und beglaubigt die Unterschriften der Gesellschafter. Der Grundstückswert beträgt 100 000 Euro. Auf dem Grundstück lastet eine Grundschuld zu 40 000 Euro, die noch in Höhe von 10 000 Euro valutiert.

B. Rechnung

8.126

Pos.	Gebührentatbestand	Geschäftswert	KV-Nr.	Satz	Betrag
	Entwurf Grundbuchberichtigungsantrag (§§ 119 I, 46 I, 38, 92 II, 97 I)	100 000	24102, 21201 Nr. 4	0,5	136,50

C. Erläuterungen

8.127 Es ist auf den **vollen Grundstückswert** abzustellen, nicht etwa auf den Anteilswert des ausscheidenden Gesellschafters oder gar auf einen Teilwert nach § 36 I. Denn mit dem Ausscheiden des vorletzten Gesellschafters wächst das Gesellschaftsvermögen dem verbleibenden Gesellschafter zu Alleineigentum an. Die Gesellschaft als solche ist aufgelöst. Damit findet aber ein Rechtsträgerwechsel statt, der den Ansatz des vollen Grundstückswertes für die Berichtigung des Grundbuchs rechtfertigt. Auch gilt § 54 nicht, vielmehr bleibt es bei der Bestimmung des § 38, wobei Schulden nicht abgezogen werden. Schließlich ist der für Gerichtskosten geltende § 70, der in seinem Absatz 4 auch für die Eintragung einer Änderung im Gesellschafterbestand gilt, nicht unmittelbar anwendbar, weil es sich um eine ausschließliche Wertvorschrift für Gerichtskosten handelt. Im Ergebnis deckt sich die hier gefundene Bewertung auch für die Kosten des Grundbuchamtes.

8.128 Für den Entwurf ist gem. Nrn. 24102, 21201 Nr. 4 KV die Rahmengebühr 0,3–0,5, mind. 30 Euro zu erheben. Da der Entwurf vollständig gefertigt wurde, ist die höchste Rahmengebühr zu erheben (§ 92 II).

8.129 Die Unterschriftsbeglaubigung löst keine zusätzliche Gebühr aus, Vorbem. 2.4.1 II KV.

→ **Fall 23: Fortführung einer OHG/KG als GbR**

A. Sachverhalt

8.130 Eine OHG bzw. eine KG hat ihren **Geschäftsbetrieb aufgegeben** und wird als Grundbesitzgesellschaft fortgeführt. Die Gesellschafter beantragen, die **GbR unter deren Namen** nebst Namen der Gesellschafter in das Grundbuch einzutragen. Der Notar fertigt auftragsgemäß den Entwurf des Grundbuchberichtigungsantrages und beglaubigt die Unterschriften der Gesellschafter. Der Grundstückswert beträgt 100 000 Euro. Auf dem Grundstück lastet eine Grundschuld zu 50 000 Euro, die noch in Höhe von 20 000 Euro valutiert.

B. Rechnung

Pos.	Gebührentatbestand	Geschäftswert	KV-Nr.	Satz	Betrag
	Entwurf Grundbuchrichtigstellungsantrag (§§ 119 I, 46 I, 36 I, 92 II, 97 I)	50 000	24102, 21201 Nr. 4	0,5	82,50

8.131

C. Erläuterungen

Es ist nicht auf den vollen Grundstückswert abzustellen, sondern auf einen Teilwert daraus (10–50 %, hier 50 %) nach § 36 I, wobei auf dem Grundstück lastende Schulden nicht abgezogen werden (§ 38). Denn die **Identität des Rechtsträgers** ist unverändert geblieben, es handelt sich lediglich um eine **Richtigstellung**. Es kann demgemäß nicht nach den Grundsätzen einer Grundbuchberichtigung bewertet werden, vielmehr muss nach den Grundsätzen einer bloßen Richtigstellung des Grundbuchs bewertet werden. Daran ändert auch die Neuregelung zur grundbuchlichen Behandlung der GbR seit 2009 durch das ERVGBG nichts. Jedoch rechtfertigen die grundbuchlichen Neuregelungen durch das genannte Gesetz (vgl. § 47 II GBO) einen Teilwert bis zu 50 %. Schließlich ist nicht etwa § 70 anwendbar. Zum einen gilt diese Vorschrift nur für Gerichtskosten, zum anderen gelten seine Bewertungsgrundsätze für BGB-Gesellschaften wegen der Änderung aus der Rechtsform OHG/KG hier nicht (siehe § 70 IV). 8.132

Ändert die GbR lediglich ihren Namen, so gelten hierzu die Bewertungsgrundsätze zur OHG entsprechend (Fall 32, Rz. 8.178). 8.133

Für den Entwurf ist gem. Nrn. 24102, 21201 Nr. 4 KV die Rahmengebühr 0,3–0,5, mind. 30 Euro zu erheben. Da der Entwurf vollständig gefertigt wurde, ist die höchste Rahmengebühr zu erheben (§ 92 II). 8.134

Die Unterschriftsbeglaubigung löst keine zusätzliche Gebühr aus, Vorbem. 2.4.1 II KV. 8.135

2. Bei Vorgängen nach dem Umwandlungsgesetz

Grundbuchberichtigungsanträge in der Umwandlungsurkunde

Zur Bewertung siehe Rz. 22.247 ff. (Fall 11, Formwechsel) und Rz. 22.139 ff. (Fall 6, Abspaltung). 8.136

→ **Fall 24: Isolierte Grundbuchberichtigung nach Verschmelzungsvertrag**

A. Sachverhalt

Die A GmbH ist nach den Bestimmungen des Umwandlungsgesetzes auf die B GmbH verschmolzen worden. Der Verschmelzungsvertrag wurde vom Notar vor zwei Wochen beurkundet und vollzogen. 8.137

Das Grundbuch ist unrichtig geworden. Bezüglich eines Grundstücks in A-Stadt (Grundstückswert: 80 000 Euro) wählten die Beteiligten im Verschmelzungsvertrag ausdrücklich die **getrennte Antragstellung zur Grundbuchberichtigung**.

Nunmehr fertigt der Notar auftragsgemäß den Entwurf des Grundbuchberichtigungsantrages und nimmt die Unterschriftsbeglaubigung vor.

B. Rechnung

8.138

Pos.	Gebührentatbestand	Geschäftswert	KV-Nr.	Satz	Betrag
	Entwurf Grundbuchberichtigungsantrag (§§ 119 I, 46 I, 92 II, 97 I)	80 000	24102, 21201 Nr. 4	0,5	109,50

C. Erläuterungen

8.139 Da es sich bei der Verschmelzung hinsichtlich des aufgenommenen Rechtsträgers um eine Rechtsnachfolge handelt, ist der volle Grundstückswert maßgebend.

Bei Aufnahme des Grundbuchberichtigungsantrages in den Verschmelzungsvertrag selbst handelt es sich um denselben Beurkundungsgegenstand nach § 109 I S. 1 und 2. Gleiches gilt bei einem Abspaltungsvertrag oder Spaltungsplan, Ausgliederungsvertrag oder einem Vertrag zur Vermögensübertragung nach dem Umwandlungsgesetz (vgl. Rz. 22.148).

8.140 Für den Entwurf ist gem. Nrn. 24102, 21201 Nr. 4 KV die Rahmengebühr 0,3–0,5, mind. 30 Euro zu erheben. Da der Entwurf vollständig gefertigt wurde, ist die höchste Rahmengebühr zu erheben (§ 92 II).

8.141 Die Unterschriftsbeglaubigung löst keine zusätzliche Gebühr aus, Vorbem. 2.4.1 II KV.

→ **Fall 25: Isolierte Grundbuchberichtigung nach Formwechselbeschluss**

A. Sachverhalt

8.142 Eine Gesellschaft ist durch einen Formwechselbeschluss nach den Bestimmungen des Umwandlungsgesetzes **identitätswahrend umgewandelt** worden. Der Formwechselbeschluss wurde vom Notar beurkundet.

Das Grundbuch ist unrichtig geworden. Bezüglich eines Grundstücks in A-Stadt (Grundstückswert: 80 000 Euro) wählten die Beteiligten im Verschmelzungsvertrag ausdrücklich die **getrennte Antragstellung zur Grundbuchberichtigung**. Nunmehr fertigt der Notar auftragsgemäß den Entwurf des Grundbuchberichtigungsantrages und nimmt die Unterschriftsbeglaubigung vor.

B. Rechnung

8.143

Pos.	Gebührentatbestand	Geschäftswert	KV-Nr.	Satz	Betrag
	Entwurf Grundbuchberichtigungsantrag (§§ 119 I, 46 I, 36 I, 92 II, 97 I)	20 000	24102, 21201 Nr. 4	0,5	53,50

C. Erläuterungen

Da es sich nicht um eine Rechtsnachfolge bzw. einen Eigentümerwechsel handelt, sondern die Identität des Rechtsträgers gewahrt bleibt, ist der Geschäftswert nach § 36 I aus einem Teilwert (10–30 %) zu bestimmen; den Ausgangswert bildet der Grundstücksverkehrswert. In Anlehnung an die Entscheidung des OLG Nürnberg[1] erscheinen 25 % des Grundstückswertes (= 20 000 Euro) angemessen. 8.144

Bei Aufnahme des Grundbuchberichtigungsantrages in den Formwechselbeschluss handelt es sich gemäß § 110 Nr. 1 um verschiedene Beurkundungsgegenstände, die nach § 94 I wie folgt zu berechnen sind: getrennte Berechnung der Gebühren, jedoch nicht mehr als die höchste Gebühr aus dem Gesamtwert (vgl. Rz. 22.254). 8.145

Für den Entwurf ist gem. Nrn. 24102, 21201 Nr. 4 KV die Rahmengebühr 0,3–0,5, mind. 30 Euro zu erheben. Da der Entwurf vollständig gefertigt wurde, ist die höchste Rahmengebühr zu erheben (§ 92 II). 8.146

Die Unterschriftsbeglaubigung löst keine zusätzliche Gebühr aus, Vorbem. 2.4.1 II KV. 8.147

3. Bei erbrechtlichen Vorgängen

→ **Fall 26: Erbfall**

A. Sachverhalt

A und B sind Eigentümer eines Grundstücks zu je einem halben Anteil. A ist verstorben und von B, seiner Ehefrau, **allein beerbt** worden. Der Wert des betroffenen Grundstücks beträgt 200 000 Euro. Der Notar fertigt den Entwurf des **Grundbuchberichtigungsantrages**. 8.148

B. Rechnung

Pos.	Gebührentatbestand	Geschäftswert	KV-Nr.	Satz	Betrag
	Entwurf Grundbuchberichtigungsantrag (§§ 119 I, 46 I, 92 II, 97 I)	100 000	24102, 21201 Nr. 4	0,5	136,50

8.149

C. Erläuterungen

Maßgebender Geschäftswert ist der Wert des betroffenen halben Miteigentumsanteils. 8.150

Für den Entwurf ist gem. Nrn. 24102, 21201 Nr. 4 KV die Rahmengebühr 0,3–0,5, mind. 30 Euro zu erheben. Da der Entwurf vollständig gefertigt wurde, ist die höchste Rahmengebühr zu erheben (§ 92 II). 8.151

Die Unterschriftsbeglaubigung löst keine zusätzliche Gebühr aus, Vorbem. 2.4.1 II KV. 8.152

---

[1] OLG Nürnberg, Beschl. v. 14.12.2015 – 15 W 2277/15, MDR 2016, 488.

→ **Fall 27: Erbteilsübertragung**

A. Sachverhalt

8.153 A, B und C sind Eigentümer eines Grundstücks in Erbengemeinschaft zu gleichen Teilen. C hat gegen eine Abfindungszahlung von 50 000 Euro seinen Erbanteil **auf A und B zu gleichen** Teilen übertragen. Einziger Nachlassgegenstand ist das Grundstück (Verkehrswert 150 000 Euro). Die verbleibenden Mitglieder der Erbengemeinschaft (A und B) beantragen **nachträglich die Berichtigung des Grundbuchs**, da dies bisher noch nicht erfolgt ist. Der Notar fertigt den Entwurf des Grundbuchberichtigungsantrages

B. Rechnung

8.154

Pos.	Gebührentatbestand	Geschäftswert	KV-Nr.	Satz	Betrag
	Entwurf Grundbuchberichtigungsantrag (§§ 119 I, 46 I, 92 II, 97 III)	50 000	24102, 21201 Nr. 4	0,5	82,50

C. Erläuterungen

8.155 Maßgebender Geschäftswert ist der Abfindungsbetrag, da er dem Wert des Erbanteils entspricht.

8.156 Für den Entwurf ist gem. Nrn. 24102, 21201 Nr. 4 KV die Rahmengebühr 0,3–0,5, mind. 30 Euro zu erheben. Da der Entwurf vollständig gefertigt wurde, ist die höchste Rahmengebühr zu erheben (§ 92 II).

8.157 Die Unterschriftsbeglaubigung löst keine zusätzliche Gebühr aus, Vorbem. 2.4.1 II KV.

→ **Fall 28: Abschichtung**

A. Sachverhalt

8.158 Durch Abschichtung ist das Grundbuch **unrichtig geworden**: A ist verstorben und wurde von seiner Ehefrau B (zu ½) und seinen beiden Kindern C und D (zu je ¼) beerbt. Die Kinder sind aus der Erbengemeinschaft ausgeschieden, so dass der Ehefrau B das erbengemeinschaftliche Vermögen entsprechend § 738 I S. 1 BGB **angewachsen** ist. Der Notar entwirft den Grundbuchberichtigungsantrag und beglaubigt die Unterschriften. Der Verkehrswert des Grundstücks beträgt 200 000 Euro; dieses ist mit einer Grundschuld zu 70 000 Euro belastet, die noch in Höhe von 20 000 Euro valutiert.

VI. Grundbuchberichtigungserklärungen

B. Rechnung

Pos.	Gebührentatbestand	Geschäfts-wert	KV-Nr.	Satz	Betrag
	Entwurf Grundbuchberichtigungs-antrag (§§ 119 I, 38, 46 I, 92 II, 97 I)	100 000	24102, 21201 Nr. 4	0,5	136,50

8.159

C. Erläuterungen

Der Geschäftswert richtet sich nach dem Anteil der ausscheidenden Erben ohne Schuldenabzug, hier ½ von 200 000 Euro.

8.160

Für den Entwurf ist gem. Nrn. 24102, 21201 Nr. 4 KV die Rahmengebühr 0,3–0,5, mind. 30 Euro zu erheben. Da der Entwurf vollständig gefertigt wurde, ist die höchste Rahmengebühr zu erheben (§ 92 II). Die Unterschriftsbeglaubigung löst keine zusätzliche Gebühr aus, Vorbem. 2.4.1 II KV.

8.161

D. Anmerkung

Zur Bewertung der Beurkundung der Abschichtung statt Erbauseinandersetzung siehe Rz. 19.260 (Fall 57).

8.162

4. Bei familienrechtlichen Vorgängen

→ **Fall 29: Gütergemeinschaft**

A. Sachverhalt

Die Eheleute A und B haben vor einem halben Jahr einen **Ehevertrag** geschlossen und darin den Güterstand der Gütergemeinschaft gewählt. Im Grundbuch ist A noch als Alleineigentümer eingetragen. Dieser beantragt nunmehr, dass er mit seiner Ehefrau als Eigentümer in **Gütergemeinschaft im Grundbuch** eingetragen wird. Der Grundstückswert beträgt 150 000 Euro. Der Notar fertigt auftragsgemäß den Entwurf des Grundbuchberichtigungsantrages und beglaubigt die Unterschriften von A und B.

8.163

B. Rechnung

Pos.	Gebührentatbestand	Geschäfts-wert	KV-Nr.	Satz	Betrag
	Entwurf Grundbuchberichtigungs-antrag (§§ 119 I, 46 I, 92 II, 97 I)	150 000	24102, 21201 Nr. 4	0,5	177,00

8.164

C. Erläuterungen

Maßgebender Geschäftswert ist der Wert des von der Berichtigung betroffenen Grundstücks.

8.165

8.166 Für den Entwurf ist gem. Nrn. 24102, 21201 Nr. 4 KV die Rahmengebühr 0,3–0,5, mind. 30 Euro zu erheben. Da der Entwurf vollständig gefertigt wurde, ist die höchste Rahmengebühr zu erheben (§ 92 II).

8.167 Die Unterschriftsbeglaubigung löst keine zusätzliche Gebühr aus, Vorbem. 2.4.1 II KV.

→ **Fall 30: Eheliche Vermögensgemeinschaft**

A. Sachverhalt

8.168 Die Eheleute A und B sind im Grundbuch noch als Eigentümer in ehelicher Vermögensgemeinschaft eingetragen. Im Wege der Berichtigungsbewilligung soll die Eintragung der Eheleute als Miteigentümer zu gleichen Bruchteilen erfolgen. Dazu legen die Eheleute dar, dass für die Ehe am 2.10.1990 der gesetzliche Güterstand der **Eigentums- und Vermögensgemeinschaft nach dem FGB** der DDR galt, sie bisher keinen Ehevertrag errichtet haben und sie bis zum 2.10.1992 keine Erklärung gemäß Art. 234 § 4 II S. 1 EGBGB abgegeben haben. Es gilt somit die Vermutung des Art. 234 § 4a III EGBGB, da die Ehegatten in ehelicher Vermögensgemeinschaft eingetragen sind. Der Grundstückswert beträgt 150 000 Euro. Der Notar fertigt auftragsgemäß den Entwurf des Grundbuchberichtigungsantrags und beglaubigt die Unterschriften von A und B.

B. Rechnung

8.169

Pos.	Gebührentatbestand	Geschäftswert	KV-Nr.	Satz	Betrag
	Entwurf Grundbuchberichtigungsantrag (§§ 119 I, 46 I, 92 II, 97 I)	150 000	24102, 21201 Nr. 4	0,5	177,00

C. Erläuterungen

8.170 Maßgebender Geschäftswert ist der Wert des von der Berichtigung betroffenen Grundstücks.

8.171 Für den Entwurf ist gem. Nrn. 24102, 21201 Nr. 4 KV die Rahmengebühr 0,3–0,5, mind. 30 Euro zu erheben. Da der Entwurf vollständig gefertigt wurde, ist die höchste Rahmengebühr zu erheben (§ 92 II).

8.172 Die Unterschriftsbeglaubigung löst keine zusätzliche Gebühr aus, Vorbem. 2.4.1 II KV.

5. Bei Namensänderung

→ **Fall 31: Verheiratung**

A. Sachverhalt

8.173 Die Alleineigentümerin A hat **nach der Heirat** ihren Namen geändert. Sie beantragt beim Notar die **Richtigstellung** des Grundbuchs hinsichtlich ihres Na-

VI. Grundbuchberichtigungserklärungen

mens. Das Grundstück hat einen Wert von 60 000 Euro. Der Notar fertigt einen entsprechenden Entwurf und beglaubigt die Unterschrift von A.

B. Rechnung

Pos.	Gebührentatbestand	Geschäfts-wert	KV-Nr.	Satz	Betrag
	Entwurf Grundbuchrichtigstellung (§§ 119 I, 46 I, 36 I, 92 II, 97 I)	6000	24102, 21201 Nr. 4	0,5	30,00

8.174

C. Erläuterungen

Den Geschäftswert bildet ein Teilwert des Grundstückswertes nach § 36 I. Angemessen erscheinen hier 10 % des Grundstückswertes.

8.175

Für den Entwurf ist gem. Nrn. 24102, 21201 Nr. 4 KV die Rahmengebühr 0,3–0,5, mind. 30 Euro zu erheben. Da der Entwurf vollständig gefertigt wurde, ist die höchste Rahmengebühr zu erheben (§ 92 II).

8.176

Die Unterschriftsbeglaubigung löst keine zusätzliche Gebühr aus, Vorbem. 2.4.1 II KV.

8.177

→ **Fall 32: Firmenänderung einer OHG**

A. Sachverhalt

Die im Grundbuch als Alleineigentümerin eingetragene OHG hat ihre Firmenbezeichnung geändert. Die Gesellschafter ersuchen den Notar um Richtigstellung des Grundbuchs hinsichtlich der Firmenänderung. Das Grundstück hat einen Wert von 50 000 Euro. Der Notar fertigt einen entsprechenden Entwurf und beglaubigt die Unterschrift der Gesellschafter.

8.178

B. Rechnung

Pos.	Gebührentatbestand	Geschäfts-wert	KV-Nr.	Satz	Betrag
	Entwurf Grundbuchrichtigstellung (§§ 119 I, 46 I, 36 I, 92 II, 97 I)	15 000	24102, 21201 Nr. 4	0,5	45,50

8.179

C. Erläuterungen

Den Geschäftswert bildet ein Teilwert des Grundstückswertes nach § 36 I. Angemessen erscheinen hier 30 % des Grundstückswertes.

8.180

Für den Entwurf ist gem. Nrn. 24102, 21201 Nr. 4 KV die Rahmengebühr 0,3–0,5, mind. 30 Euro zu erheben. Da der Entwurf vollständig gefertigt wurde, ist die höchste Rahmengebühr zu erheben (§ 92 II).

8.181

Die Unterschriftsbeglaubigung löst keine zusätzliche Gebühr aus, Vorbem. 2.4.1 II KV.

8.182

VII. Pfänderstreckung, Pfandfreigabe, Rangänderung

8.183 **Pfänderstreckung, Pfandfreigabe, Rangänderung**
Zur Bewertung siehe Rz. 6.99 ff. und 6.164 ff. (Fälle 20–25, 40, 41).

VIII. Vormerkung

8.184 **Auflassungsvormerkung**
Die Eintragung einer Auflassungsvormerkung als isolierter Grundbuchantrag kommt in aller Regel nicht vor. Zur Löschung einer Auflassungsvormerkung siehe Rz. 8.77 (Fall 11).

8.185 **Vormerkung für eine Hypothek**
Zur Bewertung siehe Rz. 6.214 (Fall 56).

8.186 **Löschungsvormerkung**
Zur Bewertung siehe Rz. 6.15, 6.30.

IX. Zeugnisse zum Nachweis der Auseinandersetzung eines Nachlasses (§§ 36, 37 GBO)

8.187 **Auseinandersetzungszeugnis (Überweisungszeugnis)**
Zur Bewertung bei Gütergemeinschaft siehe Rz. 17.43 (Fall 5); bei Erbengemeinschaft Rz. 17.50 (Fall 6).

X. Optionen (Ankaufsrechte, Vorkaufsrechte, Wiederkaufsrechte)

8.188 **Optionen (Ankaufsrechte, Vorkaufsrechte, Wiederkaufsrechte)**
Zur Bewertung siehe Rz. 2.1056 ff.

XI. Isolierte Grundbucheinsicht, Grundbuchabdruck, Datei

→ **Fall 33: Isolierte Grundbucheinsicht**

A. Sachverhalt

8.189 Der Alleineigentümer A möchte wissen, ob in dem Grundbuch seines Grundstücks noch Rechte in Abteilung II oder III eingetragen sind und bittet den Notar, das für sein Grundstück maßgebliche **Grundbuch einzusehen** und um Mitteilung über den Inhalt. Die Einsicht steht nicht im Zusammenhang mit einem Beurkundungsgeschäft.

XI. Isolierte Grundbucheinsicht, Grundbuchabdruck, Datei

B. Rechnung

8.190

Pos.	Gebührentatbestand/Auslagen	Geschäftswert	KV-Nr.	Satz	Betrag
(1)	Isolierte Grundbucheinsicht	keiner, da Festgebühr	25209		15,00
(2)	Abrufgebühr nach dem JVKostG		32011 i.V.m. Nr. 1151 KV JVKostG		8,00

C. Erläuterungen

Pos. (1): 8.191

Hier war die Mitteilung des Grundbuchinhalts in Form einer rechtlichen Auskunft bzw. das verständige Lesen des Grundbuchs erbeten worden. Erfolgt die „**isolierte**", dh. nicht mit einem anderen notariellen Verfahren oder Amtsgeschäft in Zusammenhang stehende **Mitteilung** auf andere Weise als durch Übergabe eines Abdrucks oder Übersendung einer den Abdruck ersetzenden Datei, erhält der Notar eine Gebühr nach Nr. 25209 KV.

D. Bemerkung

Die Anm. zur Gebühr Nr. 25209 KV lautet: „Die Gebühr entsteht nur, wenn die Tätigkeit nicht mit einem gebührenpflichtigen Verfahren oder Geschäft zusammenhängt." Diese Anmerkung sollte nach dem Regierungsentwurf über das Gesetz zum Internationalen Erbrecht und zur Änderung von Vorschriften zum Erbschein sowie zur Änderung sonstiger Vorschriften zum Zwecke einer redaktionellen Klarstellung des Gewollten[1] um folgenden Satz ergänzt werden: „Die Gebühr entsteht nicht, wenn die Erteilung eines Abdrucks oder dessen elektronische Übermittlung genügt." Diese Ergänzung ist jedoch letztlich nicht Gesetz geworden, da der Rechtsausschuss die Streichung empfohlen hat mit der Begründung, die im Gesetzentwurf der Bundesregierung vorgesehene Klarstellung durch Ergänzung der Anmerkung zu Nr. 25209 KV solle zusammen mit weiteren Änderungen in den Nrn. 25210 bis 25213 KV in ein späteres Gesetzgebungsvorhaben eingestellt werden[2]. Die angekündigte spätere Gesetzgebung ist bislang noch nicht erfolgt.

Pos. (2): 8.192

Die **Grundbuchabrufgebühr** fällt nach Nr. 32011 KV in voller Höhe an.

---

1 Begr.RegE, BT-Drs. 18/4201, 65.
2 BT-Drs. 18/4961, 63.

→ **Fall 34: Grundbuchabdruck**

A. Sachverhalt

8.193 Der Notar wird gebeten, die Mitteilung des Grundbuchinhalts durch einen einfachen Abdruck des Grundbuchs zu fertigen. Einen Zusammenhang mit einem Beurkundungsgeschäft gibt es nicht.

B. Rechnung

8.194

Pos.	Gebührentatbestand/Auslagen	Geschäftswert	KV-Nr.	Satz	Betrag
(1)	Grundbuchabdruck		25210		10,00
(2)	Abrufgebühr nach dem JVKostG		32011 i.V.m. Nr. 1151 KV JVKostG		8,00

C. Erläuterungen

8.195 **Pos. (1):**

Erfolgt die Mitteilung durch **Übergabe eines Abdrucks**, erhält der Notar die Gebühr nach Nr. 25210 KV (unbeglaubigt) bzw. Nr. 25211 KV (beglaubigt). Der Abdruck entspricht einem vom Gericht erteilten Ausdruck des Grundbuchinhalts (Gerichtsgebühr: Nr. 17000 KV). Die Gebühr bei Erteilung eines beglaubigten Abdrucks entspricht derjenigen für den amtlichen Ausdruck des Gerichts (Nr. 17001 KV).

8.196 Die Gebühr nach Nr. 25209 KV kann daneben nicht erhoben werden, da diese nur entsteht, wenn die Tätigkeit nicht mit einem gebührenpflichtigen Verfahren oder Geschäft zusammenhängt. Die Fertigung des Grundbuchabdrucks stellt genau ein solches Geschäft dar, so dass die Gebühr nach Nr. 25209 KV verdrängt wird (s. dazu auch die Bemerkung bei Rz. 8.191). In der Praxis erfolgt dies regelmäßig bei gegenseitigem Ersuchen unter Notarkollegen, denn in diesem Fall bedarf es keiner rechtlichen Aufbereitung des Grundbuchinhalts durch den Kollegen.

Kraft ausdrücklicher Anordnung in Anm. zu Nr. 25211 KV wird neben den Gebühren nach Nr. 25210 KV oder Nr. 25211 KV **keine Dokumentenpauschale** erhoben.

8.197 **Pos. (2):**

Die **Grundbuchabrufgebühr** fällt nach Nr. 32011 KV in voller Höhe an.

XI. Isolierte Grundbucheinsicht, Grundbuchabdruck, Datei

→ **Fall 35: Elektronische Übermittlung des Grundbuchs als Datei**

A. Sachverhalt

Der Notar wird gebeten, die Mitteilung des Grundbuchinhalts anstelle eines Abdrucks durch die elektronische Übermittlung einer Datei zu fertigen. Einen Zusammenhang mit einem Beurkundungsgeschäft gibt es nicht.

8.198

B. Rechnung

8.199

Pos.	Gebührentatbestand/Auslagen	Geschäftswert	KV-Nr.	Satz	Betrag
(1)	elektronische Übermittlung des Grundbuchs als Datei		25212		5,00
(2)	Dokumentenpauschale		32002		1,50
(3)	Abrufgebühr nach dem JVKostG		32011 i.V.m. Nr. 1151 KV JVKostG		8,00

C. Erläuterungen

Pos. (1):

8.200

Wird anstelle des Papierabdrucks antragsgemäß eine **Datei übersandt**, die ein Abbild des Grundbuchinhalts wiedergibt, greifen die Gebührentatbestände Nr. 25212 KV (unbeglaubigt) bzw. Nr. 25213 KV (elektronisch beglaubigt). Das Verhältnis bei Erteilung sowohl einer beglaubigten wie auch einer unbeglaubigten Datei und bei Übersendung in mehreren Dateiformaten regeln die Anm. zu den Nrn. 25212 bzw. 25213 KV.

Die Gebühr nach Nr. 25209 KV kann daneben nicht erhoben werden, da diese nur entsteht, wenn die Tätigkeit nicht mit einem gebührenpflichtigen Verfahren oder Geschäft zusammenhängt. Die Übermittlung einer Datei stellt ein solches Geschäft dar, so dass die Gebühr nach Nr. 25209 KV verdrängt wird (s. dazu auch die Bemerkung bei Rz. 8.191). In der Praxis erfolgt dies regelmäßig bei gegenseitigem Ersuchen unter Notarkollegen, denn in diesem Fall bedarf es keiner rechtlichen Aufbereitung des Grundbuchinhalts durch den Kollegen.

8.201

Pos. (2):

8.202

Neben den Gebühren nach Nr. 25212 KV bzw. Nr. 25213 KV fällt die Auslagenpauschale nach Nr. 32002 KV (1,50 Euro) an, da diese nicht ausgeschlossen ist.

Pos. (3):

8.203

Die **Grundbuchabrufgebühr** fällt nach Nr. 32011 KV in voller Höhe an.

Teil 9
Vorzeitige Beendigung des Beurkundungsverfahrens, Entwurf, Beratung

Inhaltsübersicht

I. Überblick	9.1
1. Einführung	9.1
a) Vorzeitige Beendigung des Beurkundungsverfahrens	9.1
aa) Gesetzeskonzeption	9.1
bb) Voraussetzungen für den Anfall einer Beendigungsgebühr	9.2
cc) Beurkundungsverfahren	9.3
dd) Beurkundungsauftrag	9.4
ee) Drei Stufen der Verfahrensbeendigung	9.12
ff) Geschäftswert	9.16
gg) Gebührenanrechnung	9.17
b) Entwurf	9.18
aa) Gesetzliche Regelung	9.18
bb) Rahmengebühr	9.21
cc) Orientierung des Gebührensatzes an den Beurkundungsgebühren	9.22
dd) Voraussetzungen für den Gebührenanfall	9.23
ee) Entwurfsgebühr gilt Beglaubigungstätigkeit ab	9.24
ff) Überprüfung, Änderung oder Ergänzung eines Fremdentwurfs	9.25
gg) Anrechnung der Entwurfsgebühr	9.26
hh) Serienentwurf	9.27
ii) Geschäftswert	9.29
c) Beratung	9.30
aa) Gesetzliche Regelung	9.30
bb) Rahmengebühr	9.31
cc) Orientierung des Gebührensatzes an den Beurkundungsgebühren	9.32
dd) Voraussetzungen für den Gebührenanfall	9.33
ee) Anrechnung der Beratungsgebühr	9.34
ff) Geschäftswert	9.35
2. Übersichtstabelle	9.37
3. Nebentätigkeiten	9.38
4. Gebührenfreie Tätigkeiten (mit der Gebühr abgegolten)	9.40
5. Unrichtige Sachbehandlung	9.42
II. Vorzeitige Beendigung des Beurkundungsverfahrens	9.43
1. Beendigung ohne Beratung und ohne Entwurf	9.43
Fall 1: Rücknahme des Beurkundungsauftrags ohne Beratung und ohne Entwurf	9.43
Fall 2: Rücknahme des Beurkundungsauftrags ohne Beratung und vor rechtzeitiger Entwurfstätigkeit	9.46
2. Beendigung nach Beratung, aber vor Entwurfstätigkeit	9.49
Fall 3: Rücknahme des Beurkundungsauftrags nach Beratung, aber vor Entwurfstätigkeit	9.49
3. Beendigung nach Verhandlung	9.52
Fall 4: Beendigung nach Verhandlung ohne Beratung und ohne Entwurfstätigkeit	9.52
Fall 5: Beendigung nach Verhandlung mit Beratung ohne Entwurf des Notars	9.55
Fall 6: Beendigung nach Verhandlung auf Grundlage eines Entwurfs des Notars	9.58
4. Beendigung nach Entwurf	9.61
a) Beurkundungsgegenstand ist ein Vertrag, eine bestimmte Erklärung oder ein Beschluss i.S. der Nr. 21100 KV	9.61
Fall 7: Rücknahme des Auftrags auf Fertigung eines Grundstückskaufvertrages nach Entwurfsfertigung	9.61

b) Beurkundungsgegenstand ist ein Verfügungsgeschäft oder eine Vertragsaufhebung i.S. der Nr. 21102 KV oder eine einseitige Erklärung i.S. der Nr. 21200 KV 9.64

Fall 8: Feststellung des Notars, dass beauftragte Beurkundung (Teilungserklärung nebst Gemeinschaftsordnung nach § 8 WEG) unterbleibt . . 9.64

c) Beurkundungsgegenstand ist eine Vertragsannahme oder ein Verfügungsgeschäft i.S. der Nr. 21101 KV oder eine privilegierte einseitige Erklärung i.S. der Nr. 21201 KV . . 9.67

Fall 9: Die beauftragte Beurkundung (Vertragsannahme) wird länger als 6 Monate nicht betrieben 9.67

5. Vertragstext bei Verbraucherverträgen nach § 17 IIa BeurkG . . . 9.70

Fall 10: Fertigung Kaufvertragstext nebst Aushändigung durch Notar 9.70

6. Beendigung des Beurkundungsverfahrens nach Überprüfung, Änderung oder Ergänzung eines Fremdentwurfs 9.73

Fall 11: Rücknahme des Beurkundungsauftrags nach Ergänzung eines Fremdentwurfs 9.73

7. Erneutes Beurkundungsverfahren auf der Grundlage der Tätigkeit aus einem vorzeitig beendeten Beurkundungsverfahren (Gebührenanrechnung) 9.76

Fall 12: Beurkundung im Nachgang zu einem zurückgenommenen Beurkundungsauftrag . . 9.76

III. Entwurf 9.79

1. Entwurf zur Vorbereitung der Beurkundung 9.79

Fall 13: Entwurf über eine zur Beurkundung beantragte Grundstücksüberlassung 9.79

2. Entwurf zur Vorbereitung der letztlich gescheiterten Beurkundung 9.82

3. Entwurf außerhalb eines Beurkundungsverfahrens (isolierter Entwurf) 9.83

a) Beurkundungsgegenstand – drei unterschiedliche Gebührenrahmen 9.83

Fall 14: Fertigung eines Kaufvertragsentwurfs 9.83

Fall 15: Fertigung eines Entwurfs über einen Sachgründungsbericht 9.86

Fall 16: Fertigung eines Entwurfs über eine Handelsregisteranmeldung 9.89

b) Allgemeines Vertragsmuster . 9.92

c) Serienentwurf 9.93

Fall 17: Fertigung eines Serienentwurfs 9.93

d) Gebührenanrechnung bzw. Gebührenstundung 9.96

Fall 18: Beurkundung nach Entwurfsfertigung (Gebührenanrechnung) 9.96

Fall 19: Beurkundung einzelner Verträge auf der Grundlage eines Serienentwurfes (Gebührenstundung) 9.99

4. Überprüfung, Änderung oder Ergänzung eines Fremdentwurfes . 9.102

Fall 20: Überprüfung und Änderung eines Grundschuldformulars nebst Unterschriftsbeglaubigung 9.102

5. Fertigung eines untauglichen Entwurfs (aliud-Entwurf) 9.105

Fall 21: Der Notar erstellt einen vom Auftrag abweichenden Entwurf 9.105

IV. Beratung 9.108

1. Beratung zur Vorbereitung der Beurkundung 9.108

Fall 22: Beratung im Vorfeld einer zur Beurkundung beantragten Grundstücksüberlassung . . . 9.108

2. Beratung zur Vorbereitung der letztlich gescheiterten Beurkundung 9.111

3. Beratung außerhalb eines Beurkundungsverfahrens (isolierte Beratung) 9.112
Fall 23: Beratung über einen Kaufvertrag 9.112
Fall 24: Fertigung eines allgemeinen Vertragsmusters 9.115
Fall 25: Steuerliche Beratung.. 9.118
Fall 26: Beratung über eine Teilungserklärung mit Gemeinschaftsordnung 9.121
Fall 27: Beratung über eine Handelsregisteranmeldung.... 9.124
4. Beratung bei der Vorbereitung oder Durchführung einer Haupt- oder Gesellschafterversammlung 9.127

Fall 28: Beratung durch den Notar bei der Vorbereitung einer Hauptversammlung 9.127
5. Verfahren oder Geschäft auf der Grundlage einer vorangegangenen Beratung (Gebührenanrechnung) 9.130
Fall 29: Beurkundung eines Kaufvertrages im Nachgang zu einer durchgeführten isolierten Beratung 9.130
Fall 30: Entwurf einer Grundbuchberichtigung im Nachgang zu einer durchgeführten isolierten Beratung 9.133

Stichwortverzeichnis

Beratung
– Allgemein 9.30 ff.
– Gebührenanrechnung 9.34, 9.130 ff., 9.133 ff.
– Gebührensatz 9.32
– Geschäftswert 9.35 f.
– Gesellschafterversammlung 9.127 ff.
– Gesetzliche Regelung 9.30
– Hauptversammlung 9.127 ff.
– Rahmengebühr 9.31
– Registeranmeldung 9.124 ff.
– Steuerliche 9.118 ff.
– Teilungserklärung 9.121 ff.
– Übersichtstabelle 9.37
– Vertrag 9.112 ff.
– Vertragsmuster 9.92; 9.115 ff.
– Voraussetzungen 9.33
– Vorbereitung Beurkundung 9.108 ff.
– Vorzeitige Beendigung Beurkundungsverfahren s. dort
Entwurf
– Aliud 9.42, 9.105 ff.
– Allgemein 9.18 ff., 9.83 ff.
– Fremdentwurf 9.25, 9.102 ff.
– Gebührenanrechnung 9.26, 9.96 ff., 9.133 ff.
– Gebührenfreie Tätigkeiten 9.41
– Gebührensatz 9.22, 9.83 ff.
– Geschäftswert 9.29
– Gesetzliche Regelung 9.18
– Rahmengebühr 9.21, 9.83 ff.

– Registeranmeldung 9.89 ff.
– Sachgründungsbericht 9.86 ff.
– Serienentwurf 9.19, 9.27 f., 9.93 ff., 9.99 ff.
– Übersichtstabelle 9.37
– Unrichtige Sachbehandlung 9.42
– Unterschriftsbeglaubigung 9.24
– Vertrag 9.83 ff.
– Vertragsmuster 9.92, 9.115 ff.
– Vollzug 9.38 f.
– Voraussetzungen 9.23
– Vorbereitung Beurkundung 9.79 ff.
– Vorzeitige Beendigung Beurkundungsverfahren s. dort
Vorzeitige Beendigung Beurkundungsverfahren
– Aliud-Entwurf 9.42
– Allgemein 9.1 ff.
– Beendigung nach sechs Monaten 9.67 ff.
– Beendigung ohne Beratung und Entwurf 9.13, 9.43 ff., 9.46 ff., 9.52 ff.
– Beendigungsgründe 9.2, 9.12 ff.
– Beratung 9.14, 9.49 ff., 9.55 ff.
– Beurkundungsauftrag
  – Allgemein 9.4 ff.
  – Makler 9.10 ff.
  – Rücknahme 9.13, 9.43 ff., 9.46 ff., 9.49 ff., 9.58 ff., 9.61 ff., 9.73 ff.
  – Zurückweisung 9.52 ff., 9.55 ff.
– Beurkundungsverfahren 9.3

– Entwurf 9.15, 9.42, 9.58 ff., 9.61 ff., 9.64 ff., 9.67 ff., 9.70 ff.
– Feststellung Beendigung 9.2, 9.64 ff.
– Fremdentwurf 9.15, 9.73 ff.
– Gebührenabgrenzung 9.15
– Gebührenanrechnung 9.17, 9.76 ff.
– Gebührenfreie Tätigkeiten 9.40
– Gebührensatz 9.12 ff.
– Geschäftswert 9.16

– Gesetzeskonzeption 9.1
– Rahmengebühr 9.1, 9.14, 9.15
– Stufen Verfahrensbeendigung 9.12 ff.
– Übersichtstabelle 9.37
– Unrichtige Sachbehandlung 9.42
– Verbrauchervertrag 9.70 ff.
– Verhandlung 9.52 ff., 9.55 ff., 9.58 ff.
– Vollzug 9.38 f.
– Voraussetzungen 9.2

I. Überblick

1. Einführung

a) Vorzeitige Beendigung des Beurkundungsverfahrens

aa) Gesetzeskonzeption

Teil 2 Hauptabschnitt 1 Abschnitt 3 des Kostenverzeichnisses regelt **abschließend** die **Gebühren** für ein **vorzeitig beendetes Beurkundungsverfahren**. Es handelt sich um die Gebühren **Nr. 21300–21304 KV GNotKG**, die zum einen echte **Beurkundungsverfahrensgebühren** sind, zum anderen, mit Ausnahme der Nr. 21300 KV, **Rahmengebühren**, die sich nach § 92 bemessen (näher hierzu s. Rz. 1.18).

9.1

bb) Voraussetzungen für den Anfall einer Beendigungsgebühr

Eine Gebühr nach Nr. 21300–21304 KV entsteht erst, wenn die **Voraussetzungen** der **Vorbem. 2.1.3 I KV** vorliegen. Die Gebühr setzt zunächst voraus, dass dem Notar ein **Beurkundungsauftrag** erteilt worden ist. Dieser Beurkundungsauftrag muss sodann vor der Unterzeichnung der Niederschrift (vgl. § 85 II GNotKG) durch den Notar von dem Auftraggeber **zurückgenommen** oder von dem Notar **zurückgewiesen** worden sein oder es muss der Notar **festgestellt** haben, dass mit der beauftragten **Beurkundung** aus Gründen, die nicht in seiner Person liegen, **nicht mehr zu rechnen** ist. Wird das Beurkundungsverfahren länger als **sechs Monate** nicht mehr betrieben, wird gesetzlich vermutet, dass nicht mehr mit der Beurkundung zu rechnen ist. Aus der Art des jeweiligen Verfahrens sowie aus den Einzelfallumständen kann sich jedoch auch ein anderer Zeitraum ergeben.[1]

9.2

cc) Beurkundungsverfahren

Das **Beurkundungsverfahren** ist in **§ 85 II GNotKG** zu kostenrechtlichen Zwecken **definiert** als bestimmungsgemäße Niederschrift nach den §§ 8 ff. BeurkG oder §§ 36 f. BeurkG.

9.3

dd) Beurkundungsauftrag

(1) Prägendes Merkmal einer Verfahrensgebühr ist, dass sie bereits mit der Einleitung des Verfahrens durch einen entsprechenden **Auftrag bzw. Antrag** (vgl.

9.4

---
1 Vgl. Begr. RegE, BT-Drs. 17/11471, S. 220.

§ 4 GNotKG) entsteht. Dies gilt auch für die Gebühr für das Beurkundungsverfahren.

9.5 (2) Der Beurkundungsauftrag ist nicht rechtsgeschäftlicher, sondern **verfahrensrechtlicher Natur**. Er bedarf keiner Annahme durch den Notar. Er muss diesem jedoch ohne Beilegung einer Bedingung zugegangen sein. Ist dies der Fall, so kommt zwischen Notar und Auftraggeber bzw. Antragsteller ohne weiteres ein öffentlich-rechtliches Kostenschuldverhältnis zustande, das den Auftraggeber bzw. Antragsteller zum Kostenschuldner nach § 29 Nr. 1 GNotKG bzw. – bei erfolgreich abgeschlossener Beurkundung – nach § 30 I, II GNotKG macht. Mehrere Auftraggeber bzw. Antragsteller haften gem. § 32 I GNotKG als Gesamtschuldner.

9.6 (3) Der Beurkundungsauftrag bzw. -antrag bedarf **keiner Form**. Er kann sich ausdrücklich oder stillschweigend durch schlüssiges Verhalten äußern. In Zweifelsfällen sollte der Notar auf eine Klarstellung hinwirken.

9.7 (4) Ausreichend ist ein das Beurkundungsverfahren **einleitender Antrag bzw. Auftrag**, ein die Einzelheiten vorgebender Sachantrag ist nicht erforderlich. So reicht es beispielsweise aus, wenn der Auftraggeber bzw. Antragsteller bei dem Notar einen zu den Beteiligten **konkretisierten Beurkundungstermin** vereinbart, selbst wenn noch keine sonstigen Einzelheiten bestimmt sind. Denn zumindest rein theoretisch könnten sämtliche Regelungen, auch die Kardinalspflichten, erstmals in der Beurkundungsverhandlung mit den – feststehenden – Beteiligten zur Sprache gebracht werden. Freilich ist die verbindliche Terminvereinbarung ohne nähere Details zum begehrten Rechtsgeschäft in der **Praxis** die Ausnahme, denn sie steht einer Vielzahl vom Notar zu beachtender Verfahrensbestimmungen entgegen. So muss der Notar beispielsweise vorab wissen, ob es sich um einen Verbrauchervertrag handelt, um den Erfordernissen des § 17 IIa BeurkG nachkommen zu können. Auch die nach § 21 BeurkG vorgeschriebene Grundbucheinsicht macht eine ad-hoc-Beurkundung praktisch unmöglich. Demgemäß wird der Auftraggeber bzw. Antragsteller dem Notar zumindest die Daten der Vertragsparteien, das Vertragsobjekt und auch – zumindest als Diskussionsgrundlage – die geschuldete Gegenleistung des Vertragspartners (z.B. Kaufpreis) angeben müssen. Eine andere Frage ist es, ob und wieweit der Notar einzelnen Vorgaben Folge leisten muss. Der Auftrag bzw. Antrag auf Beurkundung eines zweiseitigen Rechtsgeschäfts kann von **einem Vertragspartner allein** erteilt werden.[1]

9.8 Der Auftrag bzw. Antrag ist **abzugrenzen** von einer bloßen **Kontaktaufnahme** oder einem **Beratungsgespräch**. Diese Abgrenzung gestaltet sich in der Praxis gelegentlich problematisch, vornehmlich, wenn es letztlich zu keiner Beurkundung kommt; denn der Auftrag bzw. Antrag wird nur selten schriftlich fixiert.

9.9 (5) Auch ein **Dritter** kann sich mit der Übermittlung von **Änderungswünschen** an den Notar zum – weiteren – Auftraggeber machen.[2]

9.10 (6) Der Antrag kann auch von einem **Vertreter** gestellt werden. In der Praxis ist dies bei Grundstückskaufverträgen der **Makler**, der als erster noch vor den Beteiligten an den Notar herantritt, diesem die Kaufdaten übergibt und um kurz-

---
1 KG, Beschl. v. 11.6.1974 – 1 W 1588/73, DNotZ 1975, 755.
2 OLG Celle, Beschl. v. 23.2.2015 – 2 W 37/15, NdsRpfl 2015, 374.

fristigen Vertragsentwurf bittet. Hierbei ist von einem Beurkundungsauftrag auszugehen, nicht etwa von einem Auftrag auf Fertigung eines isolierten Entwurfs nach Vorbem. 2.4.1 I S. 1 KV. Fordert der Makler anlässlich eines geplanten Beurkundungsverfahrens einen Kaufvertragsentwurf, so muss der Notar in der Regel davon ausgehen, dass der Makler nicht im eigenen Namen handeln will.[1] Der Notar muss also den vom Makler angeforderten Entwurf in der Regel interpretieren zum einen als Beurkundungsauftrag, zum anderen als im Namen und in Vertretung für einen Vertragsteil oder für alle Vertragsteile gestellt. Freilich bedarf auch der Makler einer Vollmacht; fehlt sie bzw. kann er sie dem Notar letztlich nicht nachweisen und auch keine Genehmigung der Vertretenen vorlegen, so haftet er selbst gem. § 29 Nr. 1 GNotKG i.V.m. § 179 I BGB. Jedoch besteht die Gefahr, dass sich der Makler auf § 179 III S. 1 BGB berufen kann, etwa wenn er dem Notar offen zu erkennen gegeben hatte, dass er für einen Beurkundungsauftrag keine Vollmacht hat. In diesen Fällen weiß der Notar nämlich um die fehlende Vertretungsmacht und muss sein Handeln danach ausrichten, d.h. er muss seine Entwurfslieferung von einem Vollmachtsnachweis des Maklers oder von einer Auftragsbestätigung der Vertragsteile abhängig machen. Dem Notar ist jedenfalls bei einem vom Makler herrührenden Auftrag zu empfehlen, die von dem Makler nur mündlich behauptete Vollmacht nicht ohne weiteres zu glauben und bei einer gescheiterten Beurkundung nur auf „Zuruf" des Maklers die potentiellen Vertragsteile, die weder mit dem Notar noch mit dessen Mitarbeitern persönlich in Kontakt geraten sind, mit einer Kostenberechnung zu überziehen. Denn im gerichtlichen Kostenprüfungsverfahren nach § 127 GNotKG erweist sich die Vollmacht des Maklers häufig gerade nicht. So kann von einer Vollmachtserteilung eines Kaufinteressenten an den Makler nur ausgegangen werden, wenn der Kaufinteressent bei den Verhandlungen ausdrücklich erklärt, dass er einen notariellen Vertragsentwurf zur weiteren Vorbereitung eines Vertragsabschlusses anstrebt und es dem Makler überlässt, nach dessen Wahl einen Notar mit der Anfertigung eines solchen Entwurfes zu beauftragen.[2] Hingegen reicht es für die Annahme einer Bevollmächtigung des Maklers mit einem Auftrag an einen Notar zur Anfertigung eines Entwurfs nicht aus, wenn der Kaufinteressent im Rahmen von Vertragsverhandlungen vor Ort dem Vorschlag des anwesenden Maklers, seinerseits einen ihm bekannten Notar mit der Anfertigung eines Entwurfs zu beauftragen, nicht widerspricht.[3]

(7) Der Beurkundungsauftrag bzw. -antrag deckt alle erforderlichen Maßnahmen des Notars zur Vorbereitung, Durchführung und Informationsbeschaffung i.S.d. Vorbem. 2.1 I KV. Ein gesonderter, gar **gestaffelter oder sukzessiver Auftrag bzw. Antrag** für einzelne Tätigkeiten innerhalb des Beurkundungsverfahrens ist also **nicht erforderlich**. Das gilt auch für **Beratungs- und Entwurfsleistungen**, die der Notar nach Erteilung des Beurkundungsauftrags erbringt; sie lösen allerdings bei vorzeitiger Beendigung des Beurkundungsverfahrens eine Gebühr nach Nr. 21301 KV (Beratung) oder nach Nr. 21302–21304 KV (Entwurfstätigkeit) aus.

9.11

---

1 OLG Frankfurt, Beschl. v. 4.7.2013 – 20 W 273/12, RNotZ 2013, 563; OLG München, Beschl. v. 17.6.2014 – 32 Wx 213/14, MittBayNot 2015, 72 = ZNotP 2014, 278; OLG Dresden, Beschl. v. 29.8.2003 – 3 W 231/03, Juris.
2 OLG Hamm, Beschl. v. 29.6.2016 – 15 W 367/15, Juris (dort Tz. 32).
3 OLG Hamm, Beschl. v. 29.6.2016 – 15 W 367/15, Juris.

ee) Drei Stufen der Verfahrensbeendigung

9.12 Nach den Nrn. 21300 ff. KV GNotKG lassen sich **drei Stufen der Verfahrensbeendigung** ohne Beurkundung unterscheiden:

9.13 (1) Die **erste Stufe** ist die **Verfahrensbeendigung**, meistens durch Rücknahme des Beurkundungsauftrags oder Abbruch des Beurkundungsverfahrens, zu einem sehr frühen Zeitpunkt – nämlich **vor Beratung oder Entwurfsfertigung**. In diesem Fall fällt gem. **Nr. 21300 KV GNotKG** nur die **Festgebühr** von **20 Euro** an.

9.14 (2) Die **zweite Stufe** ist die **Verfahrensbeendigung nach Beratung, aber vor Entwurfsfertigung**. In diesem Fall steht dem Notar eine (**Beurkundungsverfahrens-)Gebühr** in **Höhe der jeweiligen Beratungsgebühr** zu, **Nr. 21301 KV i.V.m. Nrn. 24200 ff. KV GNotKG**. Die Spannbreite dieser **Rahmengebühren** hängt von der Art des Beratungsgegenstandes ab. Nach § 92 I GNotKG bestimmt der Notar die Gebühr im Einzelfall unter Berücksichtigung des Umfangs der erbrachten Leistung nach billigem Ermessen.

Die Abgrenzung der Gebühren untereinander erfolgt mittels Anknüpfung an die isolierten Beratungsgebühren Nr. 24200 ff. KV, die ihrerseits wiederum daran anknüpfen, welche Gebühr im Falle einer Beurkundung angefallen wären.

So ist Nr. 21301 KV i.V.m. Nr. 24201 KV mit einem Gebührenrahmen von 0,3–0,5 anzuwenden, wenn die Beurkundungsgebühr 1,0 betragen würde. Das sind die Nr. 21102 KV und die Nr. 21200 KV.

Nr. 21301 KV i.V.m. Nr. 24202 KV mit einer Gebühr von 0,3 ist einschlägig, wenn die Beurkundungsgebühr weniger als 1,0 betragen würde. Das sind die Nr. 21101 KV und die Nr. 21201 KV mit einem Gebührensatz von jeweils 0,5.

Nr. 21301 KV i.V.m. Nr. 24200 KV mit einem Gebührenrahmen von 0,3–1,0 greift schließlich, wenn weder Nr. 24201 KV noch Nr. 24202 KV anwendbar sind, insbesondere wenn die Beurkundungsgebühr 2,0 betragen würde (so bei der Nr. 21100 KV).

Die spezielle Beratungsgebühr Nr. 24203 KV findet hingegen über Nr. 21301 KV keine Anwendung.

9.15 (3) Die **dritte Stufe** ist schließlich die **Verfahrensbeendigung nach Entwurfstätigkeit**, wobei der Entwurfsfertigung die Überprüfung, Änderung oder Ergänzung eines Fremdentwurfs gleichgestellt sind (Vorbem. 2.1.3 III KV GNotKG). Findet die Verfahrensbeendigung *nach* einem der in Nr. 21300 KV genannten Zeitpunkte statt, so steht dem Notar eine **Rahmengebühr** nach den **Nrn. 21302 bis 21304 KV GNotKG** zu, wobei der Rahmen je nach Art des Beurkundungsgegenstandes unterschiedlich hoch ist. Bei **vollständiger Entwurfserstellung** ist die **höchste Gebühr** anzusetzen (§ 92 II GNotKG), ansonsten bestimmt der Notar die Gebühr unter Berücksichtigung des Umfangs der erbrachten Leistung nach billigem Ermessen (§ 92 I GNotKG). Eines **gesonderten Entwurfsauftrags** bedarf es neben dem Beurkundungsauftrag **nicht**.[1]

Die **Abgrenzung der Gebühren untereinander** erfolgt mittels Anknüpfung an die originäre Beurkundungsgebühr für eine vollendete Beurkundung.

---

1 Vgl. Begr. RegE, BT-Drs. 17/11471, S. 220.

So ist Nr. 21302 KV mit einem Gebührenrahmen von 0,5–2,0 anzuwenden, wenn bei vollendeter Beurkundung eine originäre 2,0 Gebühr nach Nr. 21100 KV einschlägig wäre. Die Mindestgebühr beträgt 120,00 Euro.

Nr. 21303 KV mit einem Gebührenrahmen von 0,3–1,0 ist einschlägig, wenn bei vollendeter Beurkundung eine originäre 1,0 Gebühr nach Nr. 21102 KV oder Nr. 21200 KV einschlägig wäre. Die Mindestgebühr beträgt 60,00 Euro.

Nr. 21304 KV mit einem Gebührenrahmen von 0,3–0,5 greift schließlich, wenn bei vollendeter Beurkundung eine originäre 0,5 Gebühr nach Nr. 21101 KV oder Nr. 21201 KV einschlägig wäre. Die Mindestgebühr beträgt 30,00 Euro.

ff) Geschäftswert

Da es sich auch bei den Gebühren Nr. 21302–21304 KV GNotKG um Beurkundungsverfahrensgebühren handelt, bestimmt sich der **Geschäftswert** nach den für die Beurkundung geltenden Vorschriften. Betrifft das Beurkundungsverfahren also einen Kaufvertrag und fertigt der Notar hierüber einen Entwurf, so bestimmt sich der Geschäftswert gemäß §§ 97 III, 47, 46 GNotKG nach dem in Aussicht gestellten Kaufpreis (nebst eventuell vorbehaltenen Nutzungen oder weiteren Leistungen des Käufers) oder nach dem Verkehrswert des Grundstücks, wenn dieser höher ist. Endet das Beurkundungsverfahren nach einer Beratung des Notars, so bestimmt sich der Geschäftswert nach der allgemeinen Geschäftswertvorschrift des § 36 I GNotKG. In der Regel wird kein Teilwert, sondern der volle Wert des Beurkundungsverfahrens anzusetzen sein.[1]

9.16

gg) Gebührenanrechnung

Führt der Notar nach der vorzeitigen Beendigung des Beurkundungsverfahrens **demnächst auf** der **Grundlage der bereits erbrachten notariellen Tätigkeit** ein **erneutes Beurkundungsverfahren** durch, wird die bereits erhobene Beurkundungsverfahrensgebühr auf die **Gebühr** für das erneute Beurkundungsverfahren **angerechnet** (**Vorbem. 2.1.3 II KV**).

9.17

b) Entwurf

aa) Gesetzliche Regelung

Teil 2 Hauptabschnitt 4 Abschnitt 1 des Kostenverzeichnisses enthält die Gebühren für isolierte, d.h. **außerhalb** eines **Beurkundungsverfahrens** gefertigte **Entwürfe**. Es handelt sich um die Entwurfsgebühren **Nr. 24100 ff. KV** GNotKG. Sie sind keine Verfahrensgebühren, sondern **Geschäftsgebühren**.

9.18

Erfasst werden auch sog. **Serienentwürfe** (Vorbem. 2.4.1 V KV GNotKG). Eine **Erklärung** muss **nicht notwendig rechtsgeschäftlichen Inhalt** haben, **auch** der Entwurf von **Verfahrenserklärungen** wird erfasst.[2] **Hauptanwendungsfälle** sind

9.19

---

1 Vgl. Begr. RegE, BT-Drs. 17/11471, S. 230.
2 Begr. RegE, BT-Drs. 17/11471, S. 229.

Entwürfe nicht beurkundungspflichtiger Verträge oder Entwürfe von Erklärungen, die nur der öffentlichen Beglaubigung bedürfen.[1]

9.20 **Entwürfe innerhalb** eines **Beurkundungsverfahrens** zur Vorbereitung des zur Beurkundung beabsichtigten Rechtsgeschäfts sind im Falle einer gescheiterten Beurkundung nach Nr. 21302–21304 KV i.V.m. Nr. 21300 KV abzurechnen. Kommt es hingegen zur Beurkundung, so ist der Entwurf mit der Beurkundungsgebühr Nr. 21100–21201 KV abgegolten (Vorbem. 2.1 I KV).

bb) Rahmengebühr

9.21 Bei den Entwurfsgebühren Nr. 24100 ff. KV handelt es sich um **Rahmengebühren**, deren Spannbreite sich an dem hypothetischen Beurkundungsgegenstand orientiert. Bei **vollständiger Entwurfserstellung** ist die **höchste Gebühr** anzusetzen (§ 92 II GNotKG), **ansonsten** bestimmt der Notar die Gebühr unter Berücksichtigung des Umfangs der erbrachten Leistung nach **billigem Ermessen** (§ 92 I GNotKG). Näheres zur Rahmengebühr s. Rz. 1.18.

cc) Orientierung des Gebührensatzes an den Beurkundungsgebühren

9.22 Da die Entwurfsgebühren nach ihrem Entwurfsgegenstand offen sind, bedarf ihre tatbestandliche Abgrenzung einer sonstigen **Anknüpfung**. Das ist die **Beurkundungsgebühr**, die anfallen würde, wenn der Entwurf beurkundet würde. Die maßgebliche Entwurfsgebühr richtet sich somit nach dem Gebührensatz, der im Falle einer Beurkundung des Entwurfs anfallen würde. Dabei ist die Rahmenobergrenze, also der höchste Gebührensatz des Rahmens, mit der Beurkundungsgebühr identisch.

So ist Nr. 24100 KV mit einem Gebührenrahmen von 0,5–2,0 anzuwenden, wenn die Beurkundungsgebühr 2,0 betragen würde. Das ist die Nr. 21100 KV. Die Mindestgebühr beträgt 120,00 Euro.

Nr. 24101 KV mit einem Gebührenrahmen von 0,3–1,0 ist einschlägig, wenn die Beurkundungsgebühr 1,0 betragen würde. Das sind die Nr. 21102 KV und die Nr. 21200 KV. Die Mindestgebühr beträgt 60,00 Euro.

Nr. 24102 KV mit einem Gebührenrahmen von 0,3–0,5 greift schließlich, wenn die Beurkundungsgebühr 0,5 betragen würde. Das sind die Nr. 21101 KV und die Nr. 21201 KV. Die Mindestgebühr beträgt 30,00 Euro.

dd) Voraussetzungen für den Gebührenanfall

9.23 **Vorbem. 2.4.1 I KV** enthält die **grundlegenden Voraussetzungen** für den Anfall einer Entwurfsgebühr nach Nr. 24100–24102 KV:
- Es muss sich um einen Entwurf außerhalb eines Beurkundungsverfahrens handeln, also um einen sog. isolierten bzw. selbstständigen Entwurf.
- Entwurfsgegenstand muss ein bestimmtes Rechtsgeschäft oder eine bestimmte Erklärung sein.

---

[1] Begr. RegE, BT-Drs. 17/11471, S. 229.

I. Überblick

- Es muss ein Entwurfsauftrag eines Beteiligten vorliegen.
- Der Notar muss den Entwurf gefertigt haben.
- Es darf sich nicht um einen Entwurf innerhalb einer Vollzugs- oder Betreuungstätigkeit handeln. Erhält der Notar eine Vollzugs- oder Betreuungsgebühr nach Teil 2 Hauptabschnitt 2 KV, so fällt bei demselben Notar insoweit keine Gebühr für die Fertigung eines Entwurfs an (Vorbem. 2.4.1 I S. 2 KV i.V.m. Vorbem. 2.2 II KV).

ee) Entwurfsgebühr gilt Beglaubigungstätigkeit ab

Vorbem. 2.4.1 II KV ordnet an, dass für die **erste Beglaubigung** einer oder mehrerer Unterschriften an ein und demselben Tag unter einer vom Notar entworfenen Urkunde keine Gebühren erhoben werden; für weitere Beglaubigungen werden Gebühren nach den Nr. 25100 KV bzw. Nr. 25101 KV erhoben.

9.24

ff) Überprüfung, Änderung oder Ergänzung eines Fremdentwurfs

Vorbem. 2.4.1 III KV GNotKG stellt klar, dass die Regelungen der Nrn. 24100 bis 24103 KV GNotKG nicht nur für die Fertigung des gesamten Entwurfs durch den Notar gelten, sondern auch für die **Überprüfung, Änderung oder Ergänzung eines Fremdentwurfs**. Ein mit einer derartigen Tätigkeit möglicherweise verbundener Minderaufwand im Vergleich zur vollständigen Fertigung des Entwurfs kann durch Ansatz der konkreten Gebühr innerhalb des Rahmens berücksichtigt werden (§ 92 I).[1]

9.25

gg) Anrechnung der Entwurfsgebühr

Vorbem. 2.4.1 VI KV GNotKG sieht eine **Anrechnung** der entsprechenden Entwurfsgebühr auf die Beurkundungsgebühr vor, falls sich unter **Verwertung des Entwurfs** ein Beurkundungsverfahren in **angemessenem zeitlichen Abstand** anschließt.

9.26

hh) Serienentwurf

Die Gebühren nach Nr. 24100 ff. KV finden auch Anwendung auf einen sog. Serienentwurf. Dieser ist in Vorbem. 2.4.1 V **definiert** als Entwurf zur beabsichtigten Verwendung für mehrere gleichartige Rechtsgeschäfte oder Erklärungen.

9.27

Nach Nr. 24103 KV **ermäßigt** sich die Gebühr für den Serienentwurf jeweils um die Gebühr für das Beurkundungsverfahren, wenn die Beurkundung durch den Entwurfsnotar auf der Grundlage des Serienentwurfs stattfindet. Vorbem. 2.4.1 VII KV ergänzt diese Ermäßigungsregel dergestalt, dass der Notar berechtigt ist, dem Auftraggeber die Gebühr für den Serienentwurf bis zu einem Jahr nach Fälligkeit zu **stunden**. Diese Stundungsfrist soll Rückerstattungen vermeiden.[2]

9.28

---

1 Begr. RegE, BT-Drs. 17/11471, S. 229.
2 Begr. RegE, BT-Drs. 17/11471, S. 229.

ii) **Geschäftswert**

9.29 Der **Geschäftswert** bestimmt sich gem. § 119 I GNotKG nach den für die Beurkundung geltenden Vorschriften, bei Serienentwürfen nach der Hälfte des Werts aller zum Zeitpunkt der Entwurfsfertigung beabsichtigten Einzelgeschäfte (§ 119 II GNotKG).

c) **Beratung**

aa) **Gesetzliche Regelung**

9.30 Teil 2 Hauptabschnitt 4 Abschnitt 2 KV GNotKG regelt die Gebühren für **isolierte**, d.h. außerhalb eines Verfahrens oder Geschäfts erfolgende **Beratungsleistungen (Nrn. 24200 bis 24202 KV GNotKG)** sowie den Sonderfall einer zusätzlichen Beratungsgebühr bei Haupt- und Gesellschafterversammlungen (**Nr. 24203 KV GNotKG**). Die Beratungsgebühren sind keine Verfahrensgebühren, sondern **Geschäftsgebühren**.

bb) **Rahmengebühr**

9.31 Bei den Gebühren Nr. 24200, Nr. 24201 und Nr. 24203 KV handelt sich um **Rahmengebühren**, deren Spannbreite von dem Beratungsgegenstand abhängt. Nach § 92 I GNotKG bestimmt der Notar die Gebühr im Einzelfall unter Berücksichtigung des **Umfangs** der erbrachten **Leistung** nach billigem Ermessen. Näheres zur Rahmengebühr s. Rz. 1.18.

cc) **Orientierung des Gebührensatzes an den Beurkundungsgebühren**

9.32 Da die Beratungsgebühren – mit Ausnahme der speziellen Beratungsgebühr Nr. 24203 KV – nach ihrem Beratungsgegenstand offen sind, bedarf ihre tatbestandliche Abgrenzung einer sonstigen **Anknüpfung**. Das ist die **Beurkundungsgebühr**, die anfallen würde, wenn der Beratungsgegenstand Beurkundungsgegenstand wäre. Die maßgebliche Beratungsgebühr richtet sich somit nach dem Gebührensatz, der im Falle einer Beurkundung über den Beratungsgegenstand anfallen würde:

So ist Nr. 24201 KV mit einem Gebührenrahmen von 0,3–0,5 anzuwenden, wenn die Beurkundungsgebühr 1,0 betragen würde. Das sind die Nr. 21102 KV und die Nr. 21200 KV.

Nr. 24202 KV mit einem Gebührensatz von 0,3 ist einschlägig, wenn die Beurkundungsgebühr weniger als 1,0 betragen würde. Das sind die Nr. 21101 KV und die Nr. 21201 KV mit einem Gebührensatz von jeweils 0,5.

Nr. 24200 KV mit einem Gebührenrahmen von 0,3–1,0 greift schließlich, wenn weder Nr. 24201 KV noch Nr. 24202 KV anwendbar sind, insbesondere wenn die Beurkundungsgebühr 2,0 betragen würde (so bei der Nr. 21100 KV).

Die spezielle Beratungsgebühr Nr. 24203 KV ist hingegen einschlägig, wenn es um die Beratung bei der Vorbereitung oder Durchführung einer Hauptversammlung oder Gesellschafterversammlung geht und der Notar die Gesellschaft über die im Rahmen eines Beurkundungsverfahrens bestehenden Amtspflichten hinaus berät. Die Gebühr Nr. 24203 KV kann neben einer Beurkundungsgebühr anfallen.

dd) Voraussetzungen für den Gebührenanfall

Eine Gebühr nach Nr. 24200–24202 KV fällt gem. I der Anm. zu Nr. 24200 KV an für eine Beratung, soweit der Beratungsgegenstand nicht Gegenstand eines anderen gebührenpflichtigen Verfahrens oder Geschäfts ist. Daneben müssen noch die allgemeinen Voraussetzungen erfüllt sein, nämlich ein **Beratungsauftrag**, eine notarielle **Beratungszuständigkeit** des Notars i.S.v. § 24 I S. 1 BNotO und eine **persönliche Beratung** durch den Notar mit Rat- oder Auskunftsqualität.

9.33

ee) Anrechnung der Beratungsgebühr

Gem. **Anm. II zu Nr. 24200 KV** ist die Beratungsgebühr, soweit derselbe Gegenstand demnächst Gegenstand eines anderen gebührenpflichtigen Verfahrens oder Geschäfts ist, auf die Gebühr für das andere Verfahren oder Geschäft **anzurechnen**. Diese Anrechnungsbestimmung gilt nicht nur für die originäre Beratungsgebühr Nr. 24200 KV, sondern auch für die modifizierten Gebühren Nr. 24201 KV und Nr. 24202 KV; sie gilt jedoch nicht für die spezielle Beratungsgebühr Nr. 24203 KV.

9.34

ff) Geschäftswert

Für die **allgemeine Beratung** (**Nrn. 24200 bis 24202 KV** GNotKG) ist keine eigene Geschäftswertvorschrift vorgesehen. Anzuwenden ist daher die allgemeine Geschäftswertvorschrift des **§ 36 I GNotKG**. Könnte der Beratungsgegenstand auch Beurkundungsgegenstand sein, wird die Bestimmung nach billigem Ermessen dazu führen, dass der Geschäftswert mit dem im Fall einer Beurkundung identisch ist.[1]

9.35

Der **Geschäftswert** für die Gebühr nach **Nr. 24203 KV** GNotKG für die **Beratung bei der Vorbereitung oder Durchführung einer Hauptversammlung oder** einer **Gesellschafterversammlung** bemisst sich nach der Summe der Geschäftswerte für die Beurkundung der in der Versammlung zu fassenden Beschlüsse, beträgt jedoch höchstens 5 Mio. Euro (**§ 120 GNotKG**).

9.36

---

1 Begr. RegE, BT-Drs. 17/11471, S. 230.

2. Übersichtstabelle

9.37

Vorzeitige Beendigung Beurkundungsverfahren ohne Beratung und ohne Entwurf	
Gebühr: Nr. 21300 KV: Festgebühr in Höhe von 20,00 Euro.	**Geschäftswert:** ohne Belang, da Festgebühr.
Vorzeitige Beendigung Beurkundungsverfahren nach Verhandlung, aber ohne Beratung und ohne Entwurf	
Gebühr: Nr. 21300 KV: Festgebühr in Höhe von 20,00 Euro. Meist wird in der Verhandlung – auf der Basis eines Fremdentwurfs – jedoch eine Beratung stattfinden, so dass eine Gebühr nach Nr. 21301 KV anfällt.	**Geschäftswert:** ohne Belang, da Festgebühr.
Vorzeitige Beendigung Beurkundungsverfahren nach Beratung	
Gebühren: a) Nr. 21301 i.V.m. Nr. 24201 i.V.m. Nr. 21102 oder Nr. 21200: 0,3 bis 0,5; b) Nr. 21301 i.V.m. Nr. 24202 i.V.m. Nr. 21101 oder Nr. 21201: 0,3; c) Nr. 21301 i.V.m. Nr. 24200: 0,3 bis 1,0. Diese Gebühr ist einschlägig, wenn a) und b) ausscheiden. Konkreter Gebührensatz des Gebührenrahmens bestimmt sich nach § 92 I.	**Geschäftswert:** § 36 I: In der Regel wie wenn beurkundet worden wäre.
Vorzeitige Beendigung Beurkundungsverfahren nach Entwurf	
Gebühren: a) Nr. 21302 i.V.m. Nr. 21100: 0,5 bis 2,0, mindestens 120,00 Euro; b) Nr. 21303 i.V.m. Nr. 21102 oder Nr. 21200: 0,3 bis 1,0, mindestens 60,00 Euro; c) Nr. 21303 i.V.m. Nr. 21101 oder Nr. 21201: 0,3 bis 0,5, mindestens 30,00 Euro. Konkreter Gebührensatz des Gebührenrahmens bestimmt sich nach § 92, wobei bei vollständiger Entwurfsfertigung zwingend höchster Gebührensatz anzunehmen ist.	**Geschäftswert:** Nach den Geschäfts- und Wertvorschriften wie bei vollendeter Beurkundung.

I. Überblick

Isolierter Entwurf	
Gebühren: a) Nr. 24100 i.V.m. Nr. 21100: 0,5 bis 2,0, mindestens 120,00 Euro; b) Nr. 24101 i.V.m. Nr. 21102 oder Nr. 21200: 0,3 bis 1,0, mindestens 60,00 Euro; c) Nr. 24102 i.V.m. Nr. 21101 oder Nr. 21201: 0,3 bis 0,5, mindestens 30,00 Euro. Konkreter Gebührensatz des Gebührenrahmens bestimmt sich nach § 92, wobei bei vollständiger Entwurfsfertigung zwingend höchster Gebührensatz anzunehmen ist.	**Geschäftswert:** § 119 I: Bestimmt sich nach den für die Beurkundung geltenden Vorschriften. Bei Serienentwürfen kann jedoch gem. § 119 II nur die Hälfte des Werts aller zum Zeitpunkt der Entwurfsfertigung beabsichtigten Einzelgeschäfte angenommen werden.
Isolierte Beratung	
Gebühren: a) Nr. 24201 i.V.m. Nr. 21102 oder Nr. 21200: 0,3 bis 0,5; b) Nr. 24202 i.V.m. Nr. 21101 oder Nr. 21201: 0,3; c) Nr. 24203: Beratung bei der Vorbereitung oder Durchführung einer Hauptversammlung oder Gesellschafterversammlung: 0,5 bis 2,0; d) Nr. 24200: 0,3 bis 1,0: Diese Gebühr ist einschlägig, wenn a), b) und c) ausscheiden. Konkreter Gebührensatz des Gebührenrahmens bestimmt sich nach § 92 I.	**Geschäftswert:** a), b) und d) § 36 I: In der Regel wie wenn beurkundet worden wäre; c) § 120: Der Geschäftswert bemisst sich nach der Summe der Geschäftswerte für die Beurkundung der in der Versammlung zu fassenden Beschlüsse; höchstens 5 Mio. Euro.

3. Nebentätigkeiten

Gem. Vorbem. 2.2.1.1 I KV GNotKG fällt die **(Regel-)Vollzugsgebühr** nach den Nrn. 22110 bis 22114 KV an, wenn der Notar eine Gebühr für das Beurkundungsverfahren oder für die Fertigung eines Entwurfs erhält, die das zugrunde liegende Geschäft betrifft. **Neben einer Vollzugs- oder Betreuungsgebühr** fällt allerdings **keine Entwurfsgebühr** an (Vorbem. 2.2. II KV).

9.38

Die **Vollzugsgebühr** in **besonderen Fällen** nach den Nrn. 22120 bis 22125 KV GNotKG entsteht gem. Vorbem. 2.2.1.2 Nr. 1 KV GNotKG, wenn der Notar keine Gebühr für ein Beurkundungsverfahren oder für die Fertigung eines Entwurfs erhalten hat, die das zu vollziehende Geschäft betrifft.

9.39

4. Gebührenfreie Tätigkeiten (mit der Gebühr abgegolten)

9.40 **Vorbem. 2.1 KV GNotKG**, die für das Beurkundungsverfahren gilt, also auch für das vorzeitig beendete, bestimmt den **Abgeltungsbereich** der Gebühr für das Beurkundungsverfahren. Abgegolten werden gem. I die Tätigkeiten für die Vorbereitung und Durchführung der Beurkundung in Form einer Niederschrift (§§ 8 und 36 des Beurkundungsgesetzes) einschließlich der Beschaffung der Information. Gem. II werden auch abgegolten:

1. die Übermittlung von Anträgen und Erklärungen an ein Gericht oder eine Behörde,
2. die Stellung von Anträgen im Namen der Beteiligten bei einem Gericht oder einer Behörde,
3. die Erledigung von Beanstandungen einschließlich des Beschwerdeverfahrens und
4. bei Änderung eines Gesellschaftsvertrags oder einer Satzung die Erteilung einer für die Anmeldung zum Handelsregister erforderlichen Bescheinigung des neuen vollständigen Wortlauts des Gesellschaftsvertrags oder der Satzung.

9.41 **Vorbem. 2.4.1 IV KV GNotKG** bestimmt für **isolierte Entwürfe** in Anlehnung an die vorstehenden Abgeltungsregelungen Nrn. 1 bis 3, dass neben einer Entwurfsgebühr für diese Tätigkeiten keine gesonderten Gebühren anfallen.

5. Unrichtige Sachbehandlung

9.42 Eine unrichtige Sachbehandlung stellt insbesondere die Fertigung eines für die Zwecke des Auftraggebers untauglichen Entwurfs, vornehmlich der sog. **aliud-Entwurf**, dar (s. dazu Rz. 9.105 ff.).

II. Vorzeitige Beendigung des Beurkundungsverfahrens

1. Beendigung ohne Beratung und ohne Entwurf

→ **Fall 1: Rücknahme des Beurkundungsauftrags ohne Beratung und ohne Entwurf**

A. Sachverhalt

9.43 K beauftragt den Notar mit der Beurkundung eines Grundstückskaufvertrags (Kaufpreis: 200 000 Euro). Vier Tage später nimmt K den Beurkundungsauftrag zurück. Zu diesem Zeitpunkt liegt weder ein Entwurf des Notars vor noch hat eine Beurkundungsverhandlung oder eine Beratung durch den Notar stattgefunden.

II. Vorzeitige Beendigung des Beurkundungsverfahrens

B. Rechnung

Pos.	Gebührentatbestand	Geschäfts-wert	KV-Nr.	Satz	Betrag
	Rücknahme Beurkundungsauftrag ohne Beratung und ohne Entwurf (§§ 97 III, 47)	~~200 000~~	21300		20,00 (Festgebühr)

9.44

C. Erläuterungen

Es liegt eine vorzeitige Beendigung des Beurkundungsverfahrens i.S. der Vorbem. 2.1.3 I S. 1 Var. 1 i.V.m. Nr. 21300 KV vor, also eine Rücknahme des Beurkundungsauftrags, bevor eine Beratung oder eine Entwurfsfertigung stattgefunden hat. Hierfür fällt – geschäftswertunabhängig – eine Festgebühr i.H.v. 20,00 Euro an.

9.45

→ **Fall 2: Rücknahme des Beurkundungsauftrags ohne Beratung und vor rechtzeitiger Entwurfstätigkeit**

A. Sachverhalt

K beauftragt den Notar mit der Beurkundung eines Grundstückskaufvertrags (Kaufpreis: 200 000 Euro). Drei Tage später gibt der Notar den von ihm erstellten Entwurf zur Versendung an den K zur Post. Noch am selben Tag nimmt K den Beurkundungsauftrag zurück. Zu diesem Zeitpunkt hat noch keine Beurkundungsverhandlung oder eine Beratung durch den Notar stattgefunden.

9.46

B. Rechnung

Pos.	Gebührentatbestand	Geschäfts-wert	KV-Nr.	Satz	Betrag
	Rücknahme Beurkundungsauftrag ohne Beratung und vor rechtzeitiger Entwurfstätigkeit (§§ 97 III, 47)	~~200 000~~	21300		20,00 (Festgebühr)

9.47

C. Erläuterungen

Es liegt eine vorzeitige Beendigung des Beurkundungsverfahrens i.S. der Vorbem. 2.1.3 I S. 1 Var. 1 i.V.m. Nr. 21300 KV vor.

Zwar hat der Notar einen Entwurf gefertigt, was grundsätzlich eine Gebühr nach Nr. 21302–21304 KV auslöst. Jedoch hat der Auftraggeber den Beurkundungsauftrag noch am Tage der Versendung des Entwurfs zurückgenommen; dies hinderte gem. Nr. 21300 Nr. 1 KV die Entstehung einer Gebühr nach Nr. 21302 KV. Demgemäß kann nur eine – geschäftswertunabhängige – Festgebühr i.H.v. 20,00 Euro angesetzt werden.

9.48

2. Beendigung nach Beratung, aber vor Entwurfstätigkeit

→ **Fall 3: Rücknahme des Beurkundungsauftrags nach Beratung, aber vor Entwurfstätigkeit**

A. Sachverhalt

9.49 K beauftragt den Notar mit der Beurkundung eines Grundstückskaufvertrags (Kaufpreis: 200 000 Euro). Am nächsten Tag lässt sich K von dem Notar zu dem Inhalt des Kaufvertrags beraten. Drei Tage später nimmt K den Beurkundungsauftrag zurück. Zu diesem Zeitpunkt liegt weder ein Entwurf des Notars vor noch hat eine Beurkundungsverhandlung stattgefunden.

B. Rechnung

9.50

Pos.	Gebührentatbestand	Geschäftswert	KV-Nr.	Satz	Betrag
	Rücknahme Beurkundungsauftrag über Grundstückskaufvertrag nach Beratung, aber vor Entwurfstätigkeit (§§ 36 I, 47)	200 000	21301, 24200	0,65 (Mittelgebühr)	282,75

C. Erläuterungen

9.51 Es liegt eine vorzeitige Beendigung des Beurkundungsverfahrens i.S. der Vorbem. 2.1.3 I S. 1 Var. 1 KV vor.

Da vor Verfahrensbeendigung zwar noch keine Entwurfsfertigung, aber bereits eine Beratung zu dem geplanten Grundstückskauf durch den Notar stattgefunden hat, fällt eine Gebühr nach Nr. 21301 KV i.V.m. Nr. 24200 KV i.V.m. Nr. 21100 an. Es handelt sich um eine Rahmengebühr mit einer Gebührenspanne von 0,3 bis 1,0. Den konkreten Gebührensatz bestimmt der Notar gem. § 92 I unter Berücksichtigung des Umfangs der erbrachten Leistung nach billigem Ermessen. Vorliegend wurde mangels konkreter Anhaltspunkte die sog. Mittelgebühr des Rahmens in Höhe von 0,65 angesetzt.

Für die Beratung ist keine eigene Geschäftswertvorschrift vorgesehen. Anzuwenden ist daher die allgemeine Geschäftswertvorschrift des § 36 I. Da die Beratung einen Grundstückskaufvertrag betraf, ist der Geschäftswert so zu bilden, wie wenn eine Beurkundung stattgefunden hätte; maßgebend ist also der mutmaßliche Kaufpreis, ggfs. unter Hinzurechnung vorbehaltener Nutzungen und weiterer Käuferleistungen (§ 47). Steht der Kaufpreis nicht fest oder ist er offensichtlich niedriger als der Verkehrswert des Kaufgrundstücks, so ist dieser anzusetzen (§ 46).

II. Vorzeitige Beendigung des Beurkundungsverfahrens

3. Beendigung nach Verhandlung

→ **Fall 4: Beendigung nach Verhandlung ohne Beratung und ohne Entwurfstätigkeit**

A. Sachverhalt

V und K erscheinen bei dem Notar und bitten ihn um sofortige Beurkundung eines mitgebrachten Grundstückskaufvertragsentwurfs (Kaufpreis: 200 000 Euro). Der Notar kommt dem sofortigen Beurkundungswunsch nach. In der Beurkundungsverhandlung wünschen die Vertragsteile, dass der Notar einen Teil des Kaufpreises unbeurkundet lässt. Der Notar weist daraufhin den Beurkundungsauftrag zurück.

B. Rechnung

Pos.	Gebührentatbestand	Geschäftswert	KV-Nr.	Satz	Betrag
	Zurückweisung Beurkundungsauftrag über Grundstückskaufvertrag nach Verhandlung ohne Beratung und ohne Entwurfstätigkeit (§§ 97 III, 47)	200 000	21300		20,00 (Festgebühr)

C. Erläuterungen

Es liegt eine vorzeitige Beendigung des Beurkundungsverfahrens i.S. der Vorbem. 2.1.3 I 1 S. 1 Var. 2 i.V.m. Nr. 21300 KV vor, also bevor eine Beratung oder eine Entwurfsfertigung stattgefunden hat. Es fällt – geschäftswertunabhängig – eine Festgebühr i.H.v. 20,00 Euro an.

Meist wird in der Verhandlung – auf der Basis eines Fremdentwurfs – jedoch eine Beratung der Beteiligten durch den Notar stattfinden, so dass eine Gebühr nach Nr. 21301 KV anfällt.

→ **Fall 5: Beendigung nach Verhandlung mit Beratung ohne Entwurf des Notars**

A. Sachverhalt

V und K erscheinen bei dem Notar und bitten ihn um die Beurkundung eines mitgebrachten Grundstückskaufvertrages (Kaufpreis: 200 000 Euro). Der Notar berät sie sogleich zum Inhalt des Vertrages. Am Nachmittag erscheinen V und K zur Beurkundungsverhandlung. Dort wünschen sie, dass der Notar einen Teil des Kaufpreises unbeurkundet lässt. Der Notar bricht daraufhin die Beurkundungsverhandlung unter Zurückweisung des Beurkundungsauftrages ab.

B. Rechnung

9.56

Pos.	Gebührentatbestand	Geschäfts-wert	KV-Nr.	Satz	Betrag
	Zurückweisung Beurkundungsauftrag über Grundstückskaufvertrag nach Verhandlung und Beratung ohne Entwurf (§§ 36 I, 47)	200 000	21301, 24200	0,65 (Mittelgebühr)	282,75

C. Erläuterungen

9.57 Es liegt eine vorzeitige Beendigung des Beurkundungsverfahrens i.S. der Vorbem. 2.1.3 I S. 1 Var. 2 i.V.m. Nr. 21300 KV vor.

Da vor Verfahrensbeendigung zwar noch keine Entwurfsfertigung, aber bereits eine Beratung zu dem geplanten Grundstückskauf durch den Notar stattgefunden hat, fällt eine Gebühr nach Nr. 21301 KV i.V.m. Nr. 24200 KV i.V.m. Nr. 21100 KV an. Es handelt sich um eine Rahmengebühr von 0,3 bis 1,0. Den konkreten Gebührensatz bestimmt der Notar gem. § 92 I unter Berücksichtigung des Umfangs der erbrachten Leistung nach billigem Ermessen. Vorliegend wurde mangels konkreter Anhaltspunkte die sog. Mittelgebühr des Rahmens i.H.v. 0,65 angesetzt.

Für die Beratung ist keine eigene Geschäftswertvorschrift vorgesehen. Anzuwenden ist daher die allgemeine Geschäftswertvorschrift des § 36 I. Da die Beratung in der Beurkundungsverhandlung einen Grundstückskaufvertrag betraf, ist der Geschäftswert so zu bilden, wie wenn die Beurkundungsverhandlung zum Erfolg geführt hätte. Maßgebend ist also der in Rede stehende Kaufpreis nebst vorbehaltenen Nutzungen und weiteren Käuferleistungen (§ 47). Steht der Kaufpreis nicht fest oder ist er offensichtlich niedriger als der Verkehrswert des Kaufgrundstücks, so ist dieser anzusetzen (§ 46).

→ **Fall 6: Beendigung nach Verhandlung auf Grundlage eines Entwurfs des Notars**

A. Sachverhalt

9.58 V und K beauftragen den Notar mit der Beurkundung eines Grundstückskaufvertrages. Am nächsten Tag fertigt der Notar einen Entwurf, auf dessen Grundlage drei Tage später die Beurkundungsverhandlung stattfindet. Dort geraten die Vertragsteile über die Höhe des Kaufpreises, der mit 200 000 Euro Verhandlungsbasis war, in Streit, der nicht behoben werden kann. Der Notar bricht die Beurkundungsverhandlung ab.

II. Vorzeitige Beendigung des Beurkundungsverfahrens

B. Rechnung

Pos.	Gebührentatbestand	Geschäfts-wert	KV-Nr.	Satz	Betrag
	Rücknahme Beurkundungsauftrag über Grundstückskaufvertrag nach Verhandlung auf Grundlage eines Entwurfs (§§ 97 III, 46, 47)	200 000	21302, 21100	2,0	870,00

9.59

C. Erläuterungen

Es liegt eine vorzeitige Beendigung des Beurkundungsverfahrens i.S. der Vorbem. 2.1.3 I S. 1 Var. 1 KV vor; denn der nicht beizulegende Streit der Beteiligten in der Beurkundungsverhandlung ist als Rücknahme des Beurkundungsauftrags aufzufassen. Ist die Auftragsrücknahme jedoch nicht zweifelsfrei, so muss für die Fälligkeit der Gebühr abgewartet werden, ob die Beteiligten das Beurkundungsverfahren weiter betreiben wollen.

9.60

Da bereits eine Entwurfsfertigung zu dem geplanten Grundstückskauf durch den Notar stattgefunden hat, fällt eine Gebühr nach Nr. 21302 KV i.V.m. Nr. 21100 KV an. Die Verfahrensbeendigung erfolgte auch nach dem in Nr. 21300 Nr. 3 KV genannten Zeitpunkt.

Es handelt sich um eine Rahmengebühr, deren Spannweite von 0,5–2,0 reicht, und die mindestens 120,00 Euro beträgt. Der konkrete Gebührensatz bestimmt sich nach § 92. Da davon auszugehen ist, dass der Entwurf vollständig war, war gem. § 92 II zwingend der höchste Gebührensatz des Rahmens in Höhe von 2,0 anzusetzen.

Die Gebühr setzt nicht voraus, dass dem Notar ein Entwurfsauftrag erteilt worden ist, vielmehr reichte der Beurkundungsauftrag aus.

Der Geschäftswert bestimmt sich so, wie wenn der Kaufvertrag beurkundet worden wäre, also nach den §§ 97 III, 47. Im Zweifel muss der Verkehrswert des Grundstücks nach § 46 ermittelt werden.

4. Beendigung nach Entwurf

a) Beurkundungsgegenstand ist ein Vertrag, eine bestimmte Erklärung oder ein Beschluss i.S. der Nr. 21100 KV

→ **Fall 7: Rücknahme des Auftrags auf Fertigung eines Grundstückskaufvertrages nach Entwurfsfertigung**

A. Sachverhalt

K beauftragt den Notar mit der Beurkundung eines Grundstückskaufvertrages (Kaufpreis: 200 000 Euro). Am nächsten Tag faxt der Notar dem K einen Entwurf über den Kaufvertrag. Drei Tage später nimmt K den Beurkundungsauftrag zurück.

9.61

B. Rechnung

9.62

Pos.	Gebührentatbestand	Geschäfts-wert	KV-Nr.	Satz	Betrag
	Rücknahme Beurkundungsauftrag über Grundstückskaufvertrag nach Entwurfsfertigung (§§ 97 III, 46, 47)	200 000	21302, 21100	2,0	870,00

C. Erläuterungen

9.63 Es liegt eine vorzeitige Beendigung des Beurkundungsverfahrens i.S. der Vorbem. 2.1.3 I S. 1 Var. 1 KV vor.

Da bereits eine Entwurfsfertigung zu dem geplanten Grundstückskauf durch den Notar stattgefunden hat, fällt eine Gebühr nach Nr. 21302 KV i.V.m. Nr. 21100 KV GNotKG an. Die Verfahrensbeendigung erfolgte auch nach dem in Nr. 21300 Nr. 2 KV genannten Zeitpunkt.

Es handelt sich um eine Rahmengebühr, deren Spannweite von 0,5–2,0 reicht, und die mindestens 120,00 Euro beträgt. Der konkrete Gebührensatz bestimmt sich nach § 92. Da davon auszugehen ist, dass der Entwurf vollständig war, war gem. § 92 II zwingend der höchste Gebührensatz des Rahmens i.H.v. 2,0 anzusetzen.

Die Gebühr setzt nicht voraus, dass dem Notar ein Entwurfsauftrag erteilt worden ist, vielmehr reichte der Beurkundungsauftrag aus.

Der Geschäftswert bestimmt sich so, wie wenn der Kaufvertrag beurkundet worden wäre, also nach den §§ 97 III, 47. Im Zweifel muss der Verkehrswert des Grundstücks nach § 46 ermittelt werden.

b) **Beurkundungsgegenstand ist ein Verfügungsgeschäft oder eine Vertragsaufhebung i.S. der Nr. 21102 KV oder eine einseitige Erklärung i.S. der Nr. 21200 KV**

→ **Fall 8: Feststellung des Notars, dass beauftragte Beurkundung (Teilungserklärung nebst Gemeinschaftsordnung nach § 8 WEG) unterbleibt**

A. Sachverhalt

9.64 K beauftragt den Notar mit der Beurkundung einer Teilungserklärung mit Gemeinschaftsordnung. Das Grundstück hat einen Wert von 200 000 Euro, die voraussichtlichen Baukosten des noch zu errichtenden Mehrfamilienhauses belaufen sich auf 1 Mio. Euro. Am nächsten Tag übermittelt der Notar dem K einen entsprechenden Entwurf per E-Mail. In der Folge meldet sich K nicht mehr. Der Notar, dem in der Zwischenzeit bekannt geworden ist, dass dem K die behördliche Erlaubnis zur Bauträgertätigkeit versagt worden ist, stellt daraufhin durch Aktenvermerk fest, dass nach seiner Überzeugung wegen der versagten Bauträgergenehmigung mit der beauftragten Beurkundung nicht mehr zu rechnen ist.

II. Vorzeitige Beendigung des Beurkundungsverfahrens

B. Rechnung

9.65

Pos.	Gebührentatbestand	Geschäfts-wert	KV-Nr.	Satz	Betrag
	Feststellung des Notars, dass Beurkundungsverfahren über Teilungserklärung nach § 8 WEG nach Entwurfsfertigung vorzeitig beendet ist (§ 42 I)	1 200 000	21303, 21200	1,0	2055,00

C. Erläuterungen

Es liegt eine vorzeitige Beendigung des Beurkundungsverfahrens i.S. der Vorbem. 2.1.3 I S. 1 Var. 3 KV vor.

9.66

Da vor Verfahrensbeendigung bereits eine Entwurfsfertigung zu dem geplanten Grundstückskauf durch den Notar stattgefunden hat, fällt eine Gebühr nach Nr. 21303 KV i.V.m. Nr. 21200 KV GNotKG an. Die Verfahrensbeendigung erfolgte auch nach dem in Nr. 21300 Nr. 2 KV genannten Zeitpunkt.

Es handelt sich um eine Rahmengebühr, deren Spannweite von 0,3–1,0 reicht, und die mindestens 60,00 Euro beträgt. Der konkrete Gebührensatz bestimmt sich nach § 92. Da davon auszugehen ist, dass der Entwurf vollständig war, war gem. § 92 II zwingend der höchste Gebührensatz des Rahmens in Höhe von 1,0 anzusetzen.

Die Gebühr setzt nicht voraus, dass dem Notar ein Entwurfsauftrag erteilt worden ist, vielmehr reichte der Beurkundungsauftrag aus.

Der Geschäftswert bestimmt sich so, wie wenn die Teilungserklärung beurkundet worden wäre, also gem. § 42 nach dem Wert des unbebauten Grundstücks zuzüglich dem Wert des zu errichtenden Bauwerks. Näheres zur Bewertung nach § 42 s. Rz. 4.8.

c) Beurkundungsgegenstand ist eine Vertragsannahme oder ein Verfügungsgeschäft i.S. der Nr. 21101 KV oder eine privilegierte einseitige Erklärung i.S. der Nr. 21201 KV

→ **Fall 9: Die beauftragte Beurkundung (Vertragsannahme) wird länger als 6 Monate nicht betrieben**

A. Sachverhalt

K beauftragt den Notar mit der Beurkundung einer Vertragsannahme (Kaufpreis: 180 000 Euro). Am nächsten Tag versendet der Notar an den K einen entsprechenden Entwurf durch Aufgabe zur Post. Innerhalb der nächsten 6 Monate meldet sich K nicht mehr.

9.67

B. Rechnung

9.68

Pos.	Gebührentatbestand	Geschäftswert	KV-Nr.	Satz	Betrag
	Vorzeitige Beendigung Bekundungsverfahren über Vertragsannahme nach Entwurfsfertigung wegen Nichtbetreibens des Verfahrens seit mehr als 6 Monaten (§§ 97 III, 47)	180 000	21304, 21101 Nr. 1	0,5	204,00

C. Erläuterungen

9.69 Es liegt eine vorzeitige Beendigung des Beurkundungsverfahrens i.S. der Vorbem. 2.1.3 I S. 2 KV vor. Aus Gründen der Rechtssicherheit ist grundsätzlich von einer vorzeitigen Beendigung auszugehen, wenn das Verfahren seit mehr als 6 Monaten nicht mehr betrieben worden ist. Aus der Art des jeweiligen Verfahrens sowie aus den Einzelfallumständen kann sich jedoch auch ein anderer Zeitraum ergeben.[1]

Da vor Verfahrensbeendigung bereits eine Entwurfsfertigung zu der geplanten Vertragsannahme durch den Notar stattgefunden hat, fällt eine Gebühr nach Nr. 21304 KV i.V.m. Nr. 21101 Nr. 1 KV GNotKG an. Die Verfahrensbeendigung erfolgte auch nach dem in Nr. 21300 Nr. 1 KV genannten Zeitpunkt.

Es handelt sich um eine Rahmengebühr, deren Spannweite von 0,3–0,5 reicht. Der konkrete Gebührensatz bestimmt sich nach § 92. Da davon auszugehen ist, dass der Entwurf vollständig war, war gem. § 92 II zwingend der höchste Gebührensatz des Rahmens in Höhe von 0,5 anzusetzen.

Die Gebühr setzt nicht voraus, dass dem Notar ein Entwurfsauftrag erteilt worden ist, vielmehr reichte der Beurkundungsauftrag aus.

Der Geschäftswert bestimmt sich so, wie wenn die Vertragsannahme beurkundet worden wäre, also nach den §§ 97 III, 47.

5. Vertragstext bei Verbraucherverträgen nach § 17 IIa BeurkG

→ **Fall 10: Fertigung Kaufvertragstext nebst Aushändigung durch Notar**

A. Sachverhalt

9.70 Der Unternehmer V beauftragt den Notar mit der Beurkundung eines Kaufvertrags zwischen V und dem Verbraucher K. Der Notar übersendet daraufhin dem K gem. § 17 IIa S. 2 Nr. 2 BeurkG sowie dem V einen von ihm gefertigten Entwurf des Kaufvertrags. Der Kaufpreis soll 200 000 Euro betragen. In der Folge kommt es nicht zur Einigung zwischen V und K; V nimmt daher seinen Beurkundungsauftrag zurück.

---

1 Begr. RegE, BT-Drs. 17/11471, S. 220.

II. Vorzeitige Beendigung des Beurkundungsverfahrens

B. Rechnung

9.71

Pos.	Gebührentatbestand	Geschäftswert	KV-Nr.	Satz	Betrag
	Vorzeitige Beendigung Beurkundungsverfahren über Grundstückskauf nach Entwurfsfertigung (§§ 97 III, 47)	200 000	21302, 21100		870,00

C. Erläuterungen

Es liegt eine vorzeitige Beendigung des Beurkundungsverfahrens i.S. der Vorbem. 2.1.3 I S. 1 Var. 1 KV vor.

9.72

Die Regelung des § 17 II a S. 2 Nr. 2 BeurkG macht es dem Notar zur Pflicht, dem Verbraucher einen Text des beabsichtigten Kaufvertrags zu übermitteln. Der Notar wird regelmäßig einen vollständigen Vertragsentwurf fertigen und übersenden, nicht etwa nur ein Vertragsmuster.[1] Streitig ist, ob diese Pflicht des Notars die kostenrechtlichen Grundsätze überlagert. Richtigerweise wird man dies verneinen müssen. Vielmehr kommt es auf die Auftragslage an: wer dem Notar einen Beurkundungsauftrag erteilt hat, hat die Kosten zu tragen, ohne dass es eines zusätzlichen Entwurfsauftrags bedarf; kommt es nicht zur Beurkundung, so schuldet der Auftraggeber nach § 29 Nr. 1 die nach Nr. 21302 i.V.m. Nr. 21100 i.V.m. § 92 II angefallene Beendigungsgebühr.[2] Auch im Rahmen des § 17 II a S. 2 Nr. 2 BeurkG wird es zu keiner Entwurfstätigkeit des Notars ohne Beurkundungsauftrag eines Vertragsteils oder aller Vertragsteile kommen. Vorliegend hat nur der Unternehmer V den Beurkundungsauftrag gestellt, daher trifft auch nur ihn die Kostenhaftung. Wäre der Beurkundungsauftrag allerdings auch vom Verbraucher K ausgegangen oder hätte dieser später Änderungswünsche zu dem übermittelten Kaufvertragstext bei dem Notar geltend gemacht, so würde er ebenfalls für die Gebühr Nr. 21302 KV haften.

Bei der Gebühr Nr. 21302 KV handelt es sich um eine Rahmengebühr, deren Spannweite von 0,5–2,0 reicht, und die mindestens 120,00 Euro beträgt. Der konkrete Gebührensatz bestimmt sich nach § 92. Da davon auszugehen ist, dass der Entwurf vollständig war, war gem. § 92 II zwingend der höchste Gebührensatz des Rahmens i.H.v. 2,0 anzusetzen.

Der Geschäftswert bestimmt sich so, wie wenn der Kaufvertrag beurkundet worden wäre, also nach den §§ 97 III, 47. Im Zweifel muss der Verkehrswert des Grundstücks nach § 46 ermittelt werden.

---

[1] S. nur *Grziwotz*, notar 2013, 343 (345); Würzburger Notarhandbuch/*Limmer*, 4. Aufl. 2015, Teil 1 Kap. 2 Rz. 156.

[2] In diesem Sinne auch *Heinze*, NotBZ 2015, 201 (209) sowie Leipziger Kommentar GNotKG/*Heit/Schreiber*, Vorbem. 2.4.1 KV Rz. 4. Nach anderer Auffassung handelt es sich bei dem vom Notar gemäß gesetzlicher Verpflichtung aus § 17 IIa S. 2 Nr. 2 BeurkG zu fertigenden Vertragstext nicht um einen Entwurf i.S. der Nr. 21302 KV (so *Diehn/Volpert*, Praxis des Notarkostenrechts, Rz. 2382 ff.).

6. Beendigung des Beurkundungsverfahrens nach Überprüfung, Änderung oder Ergänzung eines Fremdentwurfs

→ **Fall 11: Rücknahme des Beurkundungsauftrags nach Ergänzung eines Fremdentwurfs**

A. Sachverhalt

9.73 K beauftragt den Notar mit der Beurkundung einer nicht vollstreckbaren Grundschuld über 300 000 Euro auf der Basis eines mitgebrachten Bestellungsformulars. Der Notar stellt bei der Überprüfung des Formulars fest, dass es lückenhaft ist. Er ergänzt es entsprechend und übersendet dem K die abgeänderte Version am nächsten Tag. Vier Tage später nimmt K den Beurkundungsauftrag zurück.

B. Rechnung

9.74

Pos.	Gebührentatbestand	Geschäftswert	KV-Nr.	Satz	Betrag
	Vorzeitige Beendigung Beurkundungsverfahren über Grundschuldbestellung nach Entwurfsüberprüfung und -ergänzung (§§ 97 I, 53 I S. 1)	300 000	21304, 21201 Nr. 4	0,4 (Mittelgebühr)	254,00

C. Erläuterungen

9.75 Es liegt eine vorzeitige Beendigung des Beurkundungsverfahrens i.S. der Vorbem. 2.1.3 I S. 1 Var. 1 KV vor. Da vor Verfahrensbeendigung bereits eine Entwurfstätigkeit des Notars zu der geplanten Beurkundung einer Grundschuldbestellung stattgefunden hat, fällt eine Gebühr nach Nr. 21304 KV i.V.m. Nr. 21201 Nr. 4 KV GNotKG an. Gem. Vorbem. 2.1.3 III KV finden die Bestimmungen über die vorzeitige Beendigung des Beurkundungsverfahrens nicht nur Anwendung bei Fertigung eines Eigenentwurfs, sondern auch bei Überprüfung, Änderung oder Ergänzung eines dem Notar vorgelegten Entwurfs. Die Verfahrensbeendigung erfolgte auch *nach* dem in Nr. 21300 Nr. 1 KV genannten Zeitpunkt.

Bei der Gebühr Nr. 21304 KV i.V.m. Nr. 21201 Nr. 4 KV handelt es sich um eine Rahmengebühr, deren Spannweite von 0,3–0,5 reicht, und die mindestens 30,00 Euro beträgt. Der Notar bestimmt die Gebühr gem. § 92 I unter Berücksichtigung des Umfangs der erbrachten Leistung nach billigem Ermessen. § 92 II ist nicht einschlägig; denn er erfordert die *vollständige* Erstellung eines Entwurfs. Mangels sonstiger Anhaltspunkte wird vorliegend von der Mittelgebühr mit einem Gebührensatz von 0,4 ausgegangen.

Die Gebühr setzt nicht voraus, dass dem Notar ein Entwurfsüberprüfungs- oder -ergänzungsauftrag erteilt worden ist, vielmehr reichte der Beurkundungsauftrag aus.

II. Vorzeitige Beendigung des Beurkundungsverfahrens

Der Geschäftswert bestimmt sich so, wie wenn die Grundschuldbestellung beurkundet worden wäre, also gem. den §§ 97 III, 53 I S. 1 nach dem Grundschuldnennbetrag.

Zur Abrechnung von Entwurfsergänzungen bei Grundschuldbestellungen mit Unterschriftsbeglaubigung s. Rz. 6.173 ff.

7. Erneutes Beurkundungsverfahren auf der Grundlage der Tätigkeit aus einem vorzeitig beendeten Beurkundungsverfahren (Gebührenanrechnung)

→ **Fall 12: Beurkundung im Nachgang zu einem zurückgenommenen Beurkundungsauftrag**

A. Sachverhalt

K beauftragt den Notar am 6.6.2016 mit der Beurkundung eines Grundstückskaufvertrages (Kaufpreis: 150 000 Euro). Am nächsten Tag faxt der Notar dem K einen Entwurf über den Kaufvertrag. Drei Tage später nimmt K den Beurkundungsauftrag zurück. Der Notar stellt dem K am 17.6.2016 seine Kosten in Rechnung. Am 2.9.2016 beauftragt K den Notar erneut mit der Beurkundung. Am Tag darauf findet die Beurkundung auf der Grundlage des vom Notar gefertigten Entwurfs statt.

9.76

B. Rechnungen

1. Vorzeitig beendetes Beurkundungsverfahren über Kaufvertrag

9.77

Pos.	Gebührentatbestand	Geschäftswert	KV-Nr.	Satz	Betrag
	Vorzeitige Beendigung Beurkundungsverfahren über Grundstückskaufvertrag nach Entwurfsfertigung (§§ 97 III, 47)	150 000	21302, 21100	2,0	708,00

Anmerkung:
Diese Kostenberechnung bleibt durch die Beurkundung des Kaufvertrags unberührt. In der nachfolgenden Kostenberechnung findet jedoch eine Anrechnung statt.

2. Beurkundung Kaufvertrag

Pos.	Gebührentatbestand	Geschäftswert	KV-Nr.	Satz	Betrag
	Beurkundungsverfahren über Grundstückskaufvertrag (§§ 97 III, 47)	150 000	21100	2,0	708,00
	abzüglich Beendigungsgebühr über Grundstückskaufvertrag gemäß Kostenberechnung vom 17.6.2016				– 708,00
	Zahlbetrag:				0,00

C. Erläuterungen

9.78 Gem. Vorbem. 2.1.3 II KV findet eine Gebührenanrechnung statt. Voraussetzung ist, dass das neue Beurkundungsverfahren demnächst auf der Grundlage der bereits erbrachten notariellen Tätigkeit durchgeführt wird. Eine Beurkundung „aufgrund" der bereits erbrachten notariellen Tätigkeit liegt vor, wenn das Rechtsgeschäft und die Beteiligten weitgehend identisch sind. „Demnächst" ist das neue Beurkundungsverfahren erfolgt, wenn zwischen ihm und dem vorzeitig beendeten Beurkundungsverfahren ein angemessener zeitlicher Zusammenhang besteht, wobei auf die konkreten Umstände des Einzelfalles, insbesondere das abzuschließende Geschäft und die Person des Auftraggebers, abzustellen ist. Bei einem umfangreichen und komplizierten Beurkundungsverfahren kann „demnächst" auch noch sein, wenn das neue Beurkundungsverfahren erst mehr als ein Jahr nach der vorzeitigen Beendigung des vorangegangenen Beurkundungsverfahrens erfolgt.

Vorliegend sind die Anrechnungsvoraussetzungen erfüllt. Demgemäß ist die für die vorzeitige Beendigung des Beurkundungsverfahrens erhobene Gebühr Nr. 21302 KV in Höhe von 708 Euro netto auf die für die Beurkundung des Kaufvertrags angefallene Gebühr Nr. 21100 KV in Höhe von 708 Euro netto anzurechnen. Die Anrechnung erfolgt dergestalt, dass die Gebühr Nr. 21302 KV von der Gebühr Nr. 21100 KV subtrahiert wird. Das heißt, die bereits abgerechnete Gebühr Nr. 21302 KV fällt nicht als solche weg, sondern ihre Anrechnung auf die Gebühr Nr. 21100 KV führt zu deren Ermäßigung bzw. – wegen Identität in Gebührensatz und Geschäftswert – zu deren gänzlichem Wegfall.

Ein negativer Betrag kann durch die Anrechnung nicht entstehen, d.h. eine Rückzahlung findet nicht statt. Unterschiedliche Gebührensätze und Geschäftswerte hindern die Anrechnung nicht. Die Anrechnung erfolgt in der Regel nach der Netto-Methode.

Rechnungstechnisch bleibt die Kostenberechnung für die Beendigungsgebühr unberührt, sie ist also nicht abzuändern oder zu stornieren. Vielmehr schlägt sich die Anrechnung nur in der Kostenberechnung für das Beurkundungsverfahren nieder.

Bemerkung:
Hätte im Vorfeld keine Entwurfstätigkeit, sondern eine Beratung stattgefunden, wäre also mit der ersten Rechnung keine Gebühr nach Nr. 21302 KV i.V.m. Nr. 21100 KV abgerechnet worden, sondern eine Gebühr nach Nr. 21301 KV i.V.m. Nr. 24200 KV i.V.m. Nr. 21100 KV, so hätte auch diese Gebühr angerechnet werden müssen.

III. Entwurf

1. Entwurf zur Vorbereitung der Beurkundung

→ **Fall 13: Entwurf über eine zur Beurkundung beantragte Grundstücksüberlassung**

A. Sachverhalt

E und Ü beantragen bei dem Notar die Beurkundung einer Grundstücksüberlassung. Im Anschluss an die Besprechung händigt der Notar den Beteiligten einen Vertragsentwurf zur Vorbereitung auf die terminierte Beurkundungsverhandlung aus. Die Beurkundung findet planmäßig statt. Der Geschäftswert wird auf 360 000 Euro ermittelt.

9.79

B. Rechnung

Pos.	Gebührentatbestand	Geschäfts-wert	KV-Nr.	Satz	Betrag
	Beurkundungsverfahren über eine Grundstücksüberlassung (§§ 97, 46)	360 000	21100	2,0	1470,00

9.80

C. Erläuterungen

Die Gebühr für die Beurkundung des Überlassungsvertrages gilt den Entwurf ab (Vorbem. 2.1 I KV bzw. Vorbem. 2.4.1 VI KV).

9.81

2. Entwurf zur Vorbereitung der letztlich gescheiterten Beurkundung

Scheitert ein Beurkundungsverfahren, in dem ein Entwurf gefertigt worden ist, so fällt eine Gebühr nach Maßgabe der Nrn. 21300, 21302–21304 KV an. Wegen der Einzelheiten wird auf die Ausführungen unter vorstehend Rz. 9.58 ff. verwiesen.

9.82

3. Entwurf außerhalb eines Beurkundungsverfahrens (isolierter Entwurf)

a) Beurkundungsgegenstand – drei unterschiedliche Gebührenrahmen

→ **Fall 14: Fertigung eines Kaufvertragsentwurfs**

A. Sachverhalt

Anleger V hat in seinem Portfolio noch eine Eigentumswohnung. Diese möchte er jetzt zu einem Preis von 200 000 Euro verkaufen. Einen Käufer hat er auch schon an der Hand. Er bittet den Notar zunächst um einen Vertragsentwurf, für eine Beurkundung möchte er erst dann grünes Licht geben, wenn sein Steuerberater den Entwurf geprüft hat.

9.83

B. Rechnung

9.84

Pos.	Gebührentatbestand	Geschäftswert	KV-Nr.	Satz	Betrag
	Fertigung eines isolierten Kaufvertragsentwurfs (§§ 119 I, 97 III, 47)	200 000	24100, 21100	2,0	870,00

C. Erläuterungen

9.85 Es handelt sich um einen isolierten Kaufvertragsentwurf i.S.d. Vorbem. 2.4.1 I S. 1 KV. Da die Beurkundung eine 2,0 Gebühr nach Nr. 21100 KV auslösen würde, fällt für den Entwurf eine Rahmengebühr nach Nr. 24100 KV mit einer Gebührenspanne von 0,5–2,0, i.H.v. mindestens 120,00 Euro an. Da keine Anhaltspunkte ersichtlich sind, dass der Entwurf nicht vollständig war, ist gem. § 92 II der höchste Gebührensatz von 2,0 anzusetzen.

Der Geschäftswert bestimmt sich gem. § 119 I nach den für die Beurkundung geltenden Vorschriften, vorliegend also nach den §§ 97, 47 (Kaufpreis).

→ Fall 15: Fertigung eines Entwurfs über einen Sachgründungsbericht

A. Sachverhalt

9.86 Der Notar fertigt anlässlich der Beurkundung einer GmbH-Sachgründung den Sachgründungsbericht. Sacheinlage ist ein Grundstück im Wert von 200 000 Euro, das mit einer voll valutierenden Grundschuld zu 120 000 Euro belastet ist.

B. Rechnung

9.87

Pos.	Gebührentatbestand	Geschäftswert	KV-Nr.	Satz	Betrag
	Fertigung eines Sachgründungsberichts (§§ 119 I, 97 I, 36 I: 20 % aus 200 000)	40 000	24101, 21200	1,0	145,00

C. Erläuterungen

9.88 Es handelt sich um einen isolierten Entwurf i.S.d. Vorbem. 2.4.1 I S. 1 KV. Da die Beurkundung eine 1,0 Gebühr nach Nr. 21200 KV auslösen würde, fällt für den Entwurf eine Rahmengebühr nach Nr. 24101 KV an; dabei spielt es keine Rolle, dass der Sachgründungsbericht keine rechtsgeschäftliche Erklärung ist.[1] Bei der Nr. 24101 KV handelt es sich um eine Rahmengebühr mit einer Gebührenspanne von 0,3–1,0, i.H.v. mindestens 60,00 Euro an. Da keine Anhaltspunkte ersichtlich sind, dass der Entwurf nicht vollständig war, ist gem. § 92 II der höchste Gebührensatz von 1,0 anzusetzen.

---

1 Begr. RegE, BT-Drs. 17/11471, S. 229.

Der Geschäftswert bestimmt sich gem. § 119 I nach den für die Beurkundung geltenden Vorschriften, vorliegend also mangels Spezialbestimmung nach der allgemeinen Geschäftswertvorschrift des § 36 I. Angemessen erscheint ein Teilwert des Grundstücks ohne Schuldenabzug; hier 20 %.

→ **Fall 16: Fertigung eines Entwurfs über eine Handelsregisteranmeldung**

A. Sachverhalt

Der Notar entwirft im Kontext einer GmbH-Gründung (25 000 Euro) die Handelsregisteranmeldung und beglaubigt die Unterschrift des anmeldenden Geschäftsführers.

9.89

B. Rechnung

9.90

Pos.	Gebührentatbestand	Geschäftswert	KV-Nr.	Satz	Betrag
	Fertigung einer Handelsregisteranmeldung über GmbH-Gründung nebst Unterschriftsbeglaubigung (§§ 119 I, 105 I S. 1 Nr. 1, S. 2)	30 000 (Mindestwert)	24102, 21201 Nr. 5	0,5	62,50

C. Erläuterungen

Es handelt sich um einen isolierten Entwurf einer Handelsregisteranmeldung i.S.d. Vorbem. 2.4.1 I S. 1 KV. Da die Beurkundung eine 0,5 Gebühr nach Nr. 21201 Nr. 5 KV auslösen würde, fällt für den Entwurf eine Rahmengebühr nach Nr. 24102 KV mit einer Gebührenspanne von 0,3–0,5, i.H.v. mindestens 30,00 Euro an. Da keine Anhaltspunkte ersichtlich sind, dass der Entwurf nicht vollständig war, ist gem. § 92 II der höchste Gebührensatz von 0,5 anzusetzen.

9.91

Der Geschäftswert bestimmt sich gem. § 119 I nach den für die Beurkundung geltenden Vorschriften, vorliegend also nach § 105 I S. 1 Nr. 1, S. 2 (Mindestwert 30 000 Euro).

Bemerkung:
Für die Unterschriftsbeglaubigung entsteht keine Gebühr (Vorbem. 2.4.1 II KV).

b) Allgemeines Vertragsmuster

Fertigt der Notar auftragsgemäß ein allgemeines Vertragsmuster, so fehlt es an dem in Vorbem. 2.4.1 I S. 1 KV vorgeschriebenen *bestimmten* Rechtsgeschäft. Diese Tätigkeit stellt daher eine Beratung i.S. der Nr. 24200 KV dar; hierfür wird auf nachfolgend Rz. 9.115 ff. verwiesen.

9.92

c) Serienentwurf

→ **Fall 17: Fertigung eines Serienentwurfs**

A. Sachverhalt

9.93 Der Bauträger plant ein neues Bauvorhaben. Er beabsichtigt, ein Mehrfamilienhaus zu bauen und die darin entstehenden 12 Eigentumswohnungen an einzelne Käufer zu veräußern. Hierzu will er einen Vertrag aus einem Guss, d.h. mit identischen Bedingungen für jeden Käufer. Er bittet den Notar, ihm einen solchen Vertragstext, der auf die konkrete Immobilie zugeschnitten ist, zu entwerfen. Die konkreten Käuferdaten, der konkrete Kaufpreis und die konkrete Wohnung sollen freilich offen bleiben. Die geplante Kaufsumme für alle Wohnungen beträgt 2,5 Mio. Euro.

B. Rechnung

9.94

Pos.	Gebührentatbestand	Geschäftswert	KV-Nr.	Satz	Betrag
	Fertigung eines Serienentwurfes über einen Bauträgervertrag (§§ 119 II, 97 III, 47)	1 250 0000	24100, 21100	2,0	4270,00

C. Erläuterungen

9.95 Der Serienentwurf ist in Vorbem. 2.4.1 V KV definiert. Danach heißt ein Entwurf Serienentwurf, wenn er zur beabsichtigten Verwendung für mehrere gleichartige Rechtsgeschäfte oder Erklärungen dient. Häufiger Anwendungsfall wird das Vertragsmuster für ein bestimmtes Wohnbauprojekt für einen Bauträger sein; in Betracht kommt aber auch die Fertigung einer Dienstbarkeitsbestellung für eine Überlandleitung eines Energieversorgers.[1]

Da die Beurkundung eine 2,0 Gebühr nach Nr. 21100 KV auslösen würde, fällt für den Entwurf eine Rahmengebühr nach Nr. 24100 KV mit einer Gebührenspanne von 0,5–2,0, i.H.v. mindestens 120,00 Euro an. Da keine Anhaltspunkte ersichtlich sind, dass der Entwurf nicht vollständig war, ist gem. § 92 II der höchste Gebührensatz von 2,0 anzusetzen.

Die Entwurfsgebühr wäre auch dann entstanden, wenn der Notar den Serienentwurf nicht vollständig gefertigt hätte, sondern einen ihm vorgelegten Serienentwurf lediglich überprüft, geändert oder ergänzt hätte (Vorbem. 2.4.1 V S. 2 i.V.m. III KV). Allerdings bestimmte sich die Gebühr dann nach I und nicht nach II des § 92.

Der Geschäftswert bestimmt sich gem. § 119 II nach der Hälfte des Werts aller zum Zeitpunkt der Entwurfsfertigung beabsichtigten Einzelgeschäfte (2 500 000 Euro / 2 = 1 250 000 Euro).

---

1 Begr. RegE, BT-Drs. 17/11471, S. 229.

III. Entwurf

d) Gebührenanrechnung bzw. Gebührenstundung

→ **Fall 18: Beurkundung nach Entwurfsfertigung (Gebührenanrechnung)**

A. Sachverhalt

Der Notar hat am 9.2.2016 für den Anleger V einen isolierten Entwurf über einen Grundstückskaufvertrag (Kaufpreis 400 000 Euro) gefertigt und die hierfür anfallende Gebühr am 11.2.2016 auch abgerechnet. Am 5.7.2016 beauftragt V den Notar mit der Beurkundung des Entwurfs. Nach Beurkundung, am 11.7.2016, stellt der Notar dem V seine Gebühr für die Beurkundung des Kaufvertrags in Rechnung.

9.96

B. Rechnungen

1. Entwurf Kaufvertrag

9.97

Pos.	Gebührentatbestand	Geschäftswert	KV-Nr.	Satz	Betrag
	Isolierter Entwurf über einen Grundstückskaufvertrag (§§ 119 I, 97 III, 47)	400 000	24100, 21100	2,0	1570,00

Anmerkung:
Diese Kostenberechnung bleibt durch die Beurkundung des Kaufvertrags unberührt. In der nachfolgenden Kostenberechnung findet jedoch eine Anrechnung statt.

2. Beurkundung Kaufvertrag

Pos.	Gebührentatbestand	Geschäftswert	KV-Nr.	Satz	Betrag
	Beurkundungsverfahren über Grundstückskaufvertrag (§§ 97 III, 47)	400 000	21100	2,0	1570,00
	abzüglich Entwurfsgebühr über Grundstückskaufvertrag gemäß Kostenberechnung vom 11.2.2016				– 1570,00
	Zahlbetrag:				0,00

C. Erläuterungen

Gem. Vorbem. 2.4.1 VI KV findet eine Gebührenanrechnung statt. Voraussetzung ist, dass das Beurkundungsverfahren demnächst nach Fertigung des Entwurfs auf der Grundlage dieses Entwurfs durchgeführt wird. Eine Beurkundung „auf der Grundlage des Entwurfs" liegt vor, wenn das Rechtsgeschäft und die Beteiligten weitgehend identisch sind. „Demnächst" nach Fertigung des Entwurfs ist das Beurkundungsverfahren durchgeführt, wenn zwischen dem Entwurf und dem Beurkundungsverfahren ein angemessener zeitlicher Zusammen-

9.98

hang besteht, wobei auf die konkreten Umstände des Einzelfalles, insbesondere das abzuschließende Geschäft und die Person des Auftraggebers, abzustellen ist. Bei einem umfangreichen und komplizierten Beurkundungsverfahren kann „demnächst" auch noch sein, wenn das Beurkundungsverfahren erst mehr als ein Jahr nach der Entwurfsfertigung erfolgt.

Vorliegend sind die Anrechnungsvoraussetzungen erfüllt. Demgemäß ist die für die isolierte Entwurfsfertigung erhobene Gebühr Nr. 24100 KV i.H.v. 1570 Euro netto auf die für die Beurkundung des Kaufvertrags angefallene Gebühr Nr. 21100 KV i.H.v. 1570 Euro netto anzurechnen. Die Anrechnung erfolgt dergestalt, dass die Gebühr Nr. 24100 KV von der Gebühr Nr. 21100 KV subtrahiert wird. Das heißt, die bereits abgerechnete Gebühr Nr. 24100 KV fällt nicht als solche weg, sondern ihre Anrechnung auf die Gebühr Nr. 21100 KV führt zu deren Ermäßigung bzw. – wegen Identität in Gebührensatz und Geschäftswert – zu deren gänzlichem Wegfall.

Ein negativer Betrag kann durch die Anrechnung nicht entstehen, d.h. eine Rückzahlung findet nicht statt. Unterschiedliche Gebührensätze und Geschäftswerte hindern die Anrechnung nicht. Die Anrechnung erfolgt in der Regel nach der Netto-Methode.

Rechnungstechnisch bleibt die Kostenberechnung für die Entwurfsgebühr unberührt, sie ist also nicht abzuändern oder zu stornieren. Vielmehr schlägt sich die Anrechnung nur in der Kostenberechnung für das Beurkundungsverfahren nieder.

→ **Fall 19: Beurkundung einzelner Verträge auf der Grundlage eines Serienentwurfes (Gebührenstundung)**

A. Sachverhalt

9.99 Der Notar N hat für den Bauträger B am 6.4.2016 einen Serienentwurf über einen Bauträgervertrag gefertigt (geplante Kaufsumme für alle Wohnungen: 2,5 Mio. Euro). Hierüber legt N dem B am 15.4.2016 eine Kostenberechnung; zugleich stundet N dem B die angefallene Gebühr bis zum 31.3.2017. Am 7.6.2016 findet bei N die erste Beurkundung eines Bauträgervertrages zwischen B und dem Käufer K1 statt. Der Kaufpreis für die verkaufte Wohnung Nr. 1 beträgt 200 000 Euro.

III. Entwurf

B. Rechnungen

1. Serienentwurf Bauträgervertrag 9.100

Pos.	Gebührentatbestand	Geschäftswert	KV-Nr.	Satz	Betrag
	Fertigung eines Serienentwurfes über einen Bauträgervertrag (§§ 119 II, 97 III, 47) **Vermerk:** Der Zahlbetrag wird Ihnen bis zum 31.3.2017 gestundet, so dass bis dahin von Ihnen auf diese Rechnung nichts zu zahlen ist. Nach Fristende werde ich Ihnen eine endgültige Kostenberechnung zukommen lassen, wobei ich die bis dahin bei mir stattfindenden Beurkundungen selbständig auf die Entwurfsgebühr anrechnen werde.	1 250 000	24100, 21100	2,0	4270,00

2. Beurkundung Bauträgervertrag

Pos.	Gebührentatbestand	Geschäftswert	KV-Nr.	Satz	Betrag
	Beurkundungsverfahren über Bauträgervertrag (§§ 97 III, 47)	200 000	21100	2,0	870,00

Hinweis:

Dieser Gebührenbetrag i.H.v. 870,00 Euro ist intern bei der gestundeten Entwurfsgebührenforderung i.H.v. 4270,00 Euro als Abzugsposten zu verbuchen. Ebenso ist im Falle weiterer Beurkundungen auf der Grundlage des Serienentwurfes zu verfahren.

C. Erläuterungen

Gem. Vorbem. 2.4.1 VII KV ist der Notar berechtigt, dem Auftraggeber des Serienentwurfs die Entwurfsgebühr (hier: 2,0 Gebühr nach Nr. 24100 KV i.V.m. Nr. 21100 KV i.V.m. § 92 II) bis zu einem Jahr nach Fälligkeit zu stunden. In Verbindung mit Nr. 24103 KV findet in diesem Fall keine Anrechnung der Entwurfsgebühr auf die Beurkundungsgebühren statt; vielmehr vermindert sich die Entwurfsgebühr durch jede folgende Beurkundung. Das heißt: Nach Ablauf eines Jahres (gesetzliche Stundungshöchstfrist) seit Fälligkeit der Entwurfsgebühr hat der Notar festzustellen, wie viele Abveräußerungen bei ihm stattgefunden haben. Je nach Ergebnis wird die Entwurfsgebühr völlig aufgezehrt sein oder sich ein Restbetrag ergeben; dieser ist sodann bei dem Auftraggeber des Serienentwurfs einzufordern. Nach dem Ende der Stundungsfrist wird dem Kostenschuldner des Serienentwurfs eine neue, berichtigte Kostenberechnung erteilt,

9.101

die den endgültigen Zahlungsbetrag unter ausdrücklicher Aufführung der angerechneten Gebühren ausweist. Ist die Gebühr bereits vor Ablauf der Stundungsfrist aufgezehrt, so erfolgt freilich unverzüglich eine neue Kostenberechnung, die einen Gebührenbetrag „0" ausweist.

Nicht zulässig ist es, über die gestundete Gebühr weder eine Kostenberechnung noch einen Stundungsbescheid zu erteilen, also den Serienentwurf „einfach so" unbewertet zu lassen und abzuwarten, welche Einzelverträge innerhalb eines Jahres beim Entwurfsnotar beurkundet werden.

Innerhalb der Stundungsfrist erfolgt keine Anrechnung im Verhältnis zum Kostenschuldner des Beurkundungsverfahrens nach Vorbem. 2.4.1 VI KV. Vielmehr berechnet der Notar dem „primären" Kostenschuldner (beim Bauträgervertrag: Käufer) die Beurkundungsgebühr für das Einzelgeschäft (Bauträgervertrag). Zugleich verbucht der Notar den Gebührenbetrag intern bei der gestundeten Entwurfsgebührenforderung als Abzugsposten, und zwar für jeden Einzelvertrag bis zum Ende der Stundungsfrist.

Soweit die Gebühr für den Serienentwurf nicht gestundet ist, muss sie nach jeder einzelnen Beurkundung, die auf der Grundlage des Serienentwurfs bei dem Entwurfsnotar durchgeführt wird, anteilig zurückgezahlt werden.

4. Überprüfung, Änderung oder Ergänzung eines Fremdentwurfes

→ **Fall 20: Überprüfung und Änderung eines Grundschuldformulars nebst Unterschriftsbeglaubigung**

A. Sachverhalt

9.102 E bittet den Notar, den von ihm aus dem Internet runter geladenen Entwurf über die Bestellung einer Grundschuld über 50 000 Euro, der nur die Grundbucherklärungen enthält, auf seine rechtliche Stimmigkeit zu überprüfen. Der Notar kommt dem Auftrag nach und passt den Entwurf in einzelnen Punkten an. E unterschreibt den geänderten Entwurf und der Notar beglaubigt seine Unterschrift.

B. Rechnung

9.103

Pos.	Gebührentatbestand	Geschäftswert	KV-Nr.	Satz	Betrag
	Überprüfung und Ergänzung eines vorgelegten Entwurfs über eine Grundschuldbestellung nebst Unterschriftsbeglaubigung (§§ 119 I, 97 I, 53 I S. 1)	50 000	24102, 21201 Nr. 4	0,4 Mittelgebühr	66,00

C. Erläuterungen

9.104 Gem. Vorbem. 2.4.1 III, V S. 2 KV finden die Bestimmungen über den Entwurf (Nr. 24100 ff. KV) auch dann Anwendung, wenn der Notar keinen Entwurf gefertigt, aber einen ihm vorgelegten Entwurf oder Serienentwurf auftragsgemäß überprüft, geändert oder ergänzt hat.

III. Entwurf

Da der überprüfte bzw. geänderte Entwurf im Falle seiner Beurkundung eine 0,5 Gebühr nach Nr. 21201 Nr. 4 KV auslösen würde, fällt eine Rahmengebühr nach Nr. 24102 KV mit einer Gebührenspanne von 0,3–0,5, mindestens 30,00 Euro an. Der Notar bestimmt die Gebühr gem. § 92 I unter Berücksichtigung des Umfangs der erbrachten Leistung nach billigem Ermessen. § 92 II ist nicht einschlägig; denn er erfordert die *vollständige* Erstellung eines Entwurfs. Mangels sonstiger Anhaltspunkte wird vorliegend von der Mittelgebühr mit einem Gebührensatz von 0,4 ausgegangen.

Der Geschäftswert bestimmt sich so, wie wenn die Änderung beurkundet worden wäre, also gem. den §§ 119 I, 97 I, 53 I S. 1 nach dem Grundschuldnennbetrag.

Für die Unterschriftsbeglaubigung fällt keine weitere Gebühr an, sie ist mit der Entwurfsgebühr abgegolten (Vorbem. 2.4.1 II KV).

Zur Abrechnung von Entwurfsergänzungen bei Grundschuldbestellungen mit Unterschriftsbeglaubigung s. auch Rz. 6.173 ff.

5. Fertigung eines untauglichen Entwurfs (aliud-Entwurf)

→ **Fall 21: Der Notar erstellt einen vom Auftrag abweichenden Entwurf**

A. Sachverhalt

Eigentümer E bittet den Notar um den Entwurf eines Angebotes zum Abschluss eines Kaufvertrages über sein Haus, das er seinem Mieter unterbreiten möchte. Der Notar händigt dem E einen Kaufvertragsentwurf aus, der die Besonderheiten eines Angebotes ignoriert. E verweigert die Zahlung, weil er einen Text über ein Angebot erbeten habe.

9.105

B. Rechnung

Keine.

9.106

C. Erläuterungen

Bei dem gelieferten Entwurf des Notars handelt es sich um einen sog. aliud-Entwurf. Dieser löst keine Gebühr aus, gleichgültig ob man dies mit einem fehlenden Auftrag zur Fertigung eines bestimmten Rechtsgeschäfts i.S. der Vorbem. 2.4.1 I KV oder mit einer unrichtigen Sachbehandlung nach § 21 I S. 1 begründet.

9.107

IV. Beratung

1. Beratung zur Vorbereitung der Beurkundung

→ **Fall 22: Beratung im Vorfeld einer zur Beurkundung beantragten Grundstücksüberlassung**

A. Sachverhalt

9.108 E und Ü beantragen am 3.8.2016 bei dem Notar die Beurkundung einer Grundstücksüberlassung. Am 11.8.2016 findet ein Beratungsgespräch bei dem Notar statt. Am 30.8.2016 findet planmäßig die Beurkundung statt. Der Geschäftswert wird auf 360 000 Euro ermittelt.

B. Rechnung

9.109

Pos.	Gebührentatbestand	Geschäftswert	KV-Nr.	Satz	Betrag
	Beurkundungsverfahren über eine Grundstücksüberlassung (§§ 97, 46)	360 000	21100	2,0	1470,00

C. Erläuterungen

9.110 Die Gebühr für das Beurkundungsverfahren gilt die Beratung ab (Vorbem. 2.1 I KV bzw. Anm. II zu Nr. 24200 KV). Ausgenommen ist gem. Nr. 24203 KV die Beratung bei der Vorbereitung oder Durchführung einer Haupt- oder Gesellschafterversammlung; hierzu wird auf nachfolgend Rz. 9.127 ff. verwiesen.

2. Beratung zur Vorbereitung der letztlich gescheiterten Beurkundung

9.111 Scheitert ein Beurkundungsverfahren, in dem eine persönliche oder schriftliche Beratung durch den Notar erteilt worden ist, so fällt eine Gebühr nach Maßgabe der Nr. 21301 KV an. Wegen der Einzelheiten wird auf die Ausführungen unter Rz. 9.49 ff. verwiesen.

3. Beratung außerhalb eines Beurkundungsverfahrens (isolierte Beratung)

→ **Fall 23: Beratung über einen Kaufvertrag**

A. Sachverhalt

9.112 Anleger V hat in seinem Portfolio noch eine Eigentumswohnung (Wert: 200 000 Euro). Beim Notar lässt sich V darüber beraten, wie ein Kaufvertrag aussehen müsste.

IV. Beratung

B. Rechnung

Pos.	Gebührentatbestand	Geschäftswert	KV-Nr.	Satz	Betrag
	Beratung über einen Grundstückskaufvertrag (§§ 36 I, 47, 46)	200 000	24200, 21100	0,65 Mittelgebühr	282,75

9.113

C. Erläuterungen

Es handelt sich um eine isolierte Beratung über einen Grundstückskaufvertrag i.S.d. Anm. I zu Nr. 24200 KV. Da die Beurkundung eine 2,0 Gebühr nach Nr. 21100 KV auslösen würde, fällt für die Beratung eine Rahmengebühr nach Nr. 24200 KV mit einer Gebührenspanne von 0,3–1,0 an. Den konkreten Gebührensatz bestimmt der Notar gem. § 92 I unter Berücksichtigung des Umfangs der erbrachten Leistung nach billigem Ermessen. Vorliegend wurde mangels konkreter Anhaltspunkte die sog. Mittelgebühr des Rahmens in Höhe von 0,65 angesetzt.

9.114

Für die Beratung ist keine eigene Geschäftswertvorschrift vorgesehen. Anzuwenden ist daher die allgemeine Geschäftswertvorschrift des § 36 I. Da die Beratung einen Grundstückskaufvertrag betraf, ist der Geschäftswert so zu bilden, wie wenn beurkundet worden wäre. Maßgebend ist also der in Rede stehende Kaufpreis nebst vorbehaltenen Nutzungen und weiteren Käuferleistungen (§ 47). Steht der Kaufpreis nicht fest oder ist er offensichtlich niedriger als der Verkehrswert des Kaufgrundstücks, so ist dieser anzusetzen (§ 46).

→ **Fall 24: Fertigung eines allgemeinen Vertragsmusters**

A. Sachverhalt

Zum Notar kommt das aufstrebende Geschäftstalent B, der sich erstmalig im Bauträgergeschäft versuchen möchte. B denkt, der Einstieg mit einem Mehrfamilienhaus mit etwa 12 Wohnungen und einer Verkaufssumme von etwa 2,5 Mio. Euro sei angemessen. Zwar hat er konkret noch kein derartiges Objekt an der Hand, möchte aber bereits einmal wissen, wie so ein Bauträgervertrag, den man zur Abveräußerung aller Wohnungen verwenden könnte, in seinen groben Zügen aussehen müsste.

9.115

B. Rechnung

Pos.	Gebührentatbestand	Geschäftswert	KV-Nr.	Satz	Betrag
	Erstellung eines allgemeinen Vertragsmusters über einen Bauträgervertrag (§§ 36 I, 47, 46: 20 % aus 2. 500 000)	500 000	24200, 21100	0,65 Mittelgebühr	607,75

9.116

723

C. Erläuterungen

9.117 Die Erstellung eines allgemeinen Vertragsmusters löst keine Entwurfsgebühr nach den Nrn. 24100 ff. KV aus. Denn ein Entwurf i.S. dieser Gebühren müsste gem. Vorbem. 2.4.1 I S. 1 KV ein *bestimmtes* Rechtsgeschäft zum Inhalt haben. Demgemäß kann das allgemeine Vertragsmuster nur unter eine isolierte Beratungstätigkeit nach Nr. 24200 KV subsumiert werden. Die Gebührenspanne reicht von 0,3–1,0. Den konkreten Gebührensatz bestimmt der Notar gem. § 92 I unter Berücksichtigung des Umfangs der erbrachten Leistung nach billigem Ermessen. Nicht einschlägig ist § 92 II, da diese Vorschrift nur für echte Entwürfe nach Nr. 24100 ff. KV und nach Nr. 21302 ff. KV gilt. Vorliegend wurde mangels konkreter Anhaltspunkte die sog. Mittelgebühr des Rahmens in Höhe von 0,65 angesetzt.

Für die Beratung ist keine eigene Geschäftswertvorschrift vorgesehen. Anzuwenden ist daher die allgemeine Geschäftswertvorschrift des § 36 I. Angemessen erscheint ein Teilwert von 20 % der angedachten Verkaufssumme von 2,5 Mio. Euro.

→ **Fall 25: Steuerliche Beratung**

A. Sachverhalt

9.118 Die Beteiligten geben bei dem Notar die Beurkundung der Überlassung einer Gewerbeimmobilie (Wert: 1 Mio. Euro) im Wege der vorweggenommenen Erbfolge in Auftrag. Der Notar berät auftragsgemäß detailliert über die erbschafts- und ertragsteuerlichen Auswirkungen der Überlassung.

B. Rechnung

9.119

Pos.	Gebührentatbestand	Geschäftswert	KV-Nr.	Satz	Betrag
	Qualifizierte steuerliche Beratung zu vorweggenommener Erbfolge (§§ 36 I, 46: 50 % aus 1 Mio.)	500 000	24200, 21100	0,65 Mittelgebühr	607,75

C. Erläuterungen

9.120 Es handelt sich um eine isolierte Beratung i.S. der Anm. I zu Nr. 24200 KV über bestimmte steuerrechtliche Auswirkungen einer Grundstücksüberlassung.

Eine Gegenstandsgleichheit der Beratung zur Beurkundung des Überlassungsvertrages i.S. der Anm. I zu Nr. 24200 KV liegt bei einer steuerlichen Beratung dann nicht vor, wenn der Notar auftragsgemäß steuerlichen Rat erteilt, der über die notariellen Hinweis- und Beratungspflichten hinausgeht und für den der Notar die Haftung übernimmt; da eine solche Beratung naturgemäß nicht Gegenstand einer Beurkundung ist, soll sie zusätzlich honoriert werden.[1]

Da bei einer steuerlichen Beratung keine der Beratungsgebühren Nr. 24201–24203 KV greift, ist der Grundtatbestand der Nr. 24200 KV einschlägig. Hierbei

---
1 Begr. RegE, BT-Drs. 17/11471, S. 230.

IV. Beratung

handelt es sich um eine Rahmengebühr mit einer Gebührenspanne von 0,3–1,0. Den konkreten Gebührensatz bestimmt der Notar gem. § 92 I unter Berücksichtigung des Umfangs der erbrachten Leistung nach billigem Ermessen. Vorliegend wurde mangels konkreter Anhaltspunkte die sog. Mittelgebühr des Rahmens in Höhe von 0,65 angesetzt.

Für die Beratung ist keine eigene Geschäftswertvorschrift vorgesehen. Anzuwenden ist daher die allgemeine Geschäftswertvorschrift des § 36 I. Angemessen erscheint ein Teilwert von 50 % des Wertes der Immobilie nach § 46 bzw. des Überlassungsvertrages.

→ **Fall 26: Beratung über eine Teilungserklärung mit Gemeinschaftsordnung**

A. Sachverhalt

Der Privatier B trägt sich mit dem Gedanken, sein Mietshaus in Wohnungs- und Teileigentum aufzuteilen, um in ferner Zukunft vielleicht einzelne Einheiten daraus selbständig veräußern zu können. Der Notar berät ihn über den Inhalt einer Teilungserklärung nebst Gemeinschaftsordnung nach § 8 WEG. Der Wert des Mietshauses einschließlich Grund und Boden beträgt 1 200 000 Euro.

9.121

B. Rechnung

Pos.	Gebührentatbestand	Geschäfts-wert	KV-Nr.	Satz	Betrag
	Beratung über eine Teilungserklärung nach § 8 WEG (§§ 36 I, 42 I S. 1)	1 200 000	24201, 21200	0,4 Mittelgebühr	822,00

9.122

C. Erläuterungen

Es handelt sich um eine isolierte Beratung über eine Teilungserklärung nach § 8 WEG i.S. der Anm. I zu Nr. 24200 KV. Da die Beurkundung eine 1,0 Gebühr nach Nr. 21200 KV auslösen würde, fällt für die Beratung eine Rahmengebühr nach Nr. 24201 KV mit einer Gebührenspanne von 0,3–0,5 an. Den konkreten Gebührensatz bestimmt der Notar gem. § 92 I unter Berücksichtigung des Umfangs der erbrachten Leistung nach billigem Ermessen. Vorliegend wurde mangels konkreter Anhaltspunkte die sog. Mittelgebühr des Rahmens in Höhe von 0,4 angesetzt.

9.123

Für die Beratung ist keine eigene Geschäftswertvorschrift vorgesehen. Anzuwenden ist daher die allgemeine Geschäftswertvorschrift des § 36 I. Da die Beratung eine Teilungserklärung betraf, ist der Geschäftswert so zu bilden, wie wenn beurkundet worden wäre. Maßgebend ist also der Wert des bebauten Grundstücks (§ 42 I S. 1).

→ Fall 27: Beratung über eine Handelsregisteranmeldung

A. Sachverhalt

9.124 Der Notar berät den K, der sich als eingetragener Kaufmann registrieren lassen will, über den Inhalt der Handelsregisteranmeldung.

B. Rechnung

9.125

Pos.	Gebührentatbestand	Geschäftswert	KV-Nr.	Satz	Betrag
	Beratung über die erste Anmeldung eines Einzelkaufmanns (§§ 36 I, 105 III Nr. 1)	30 000	24202, 21201 Nr. 5	0,3	37,50

C. Erläuterungen

9.126 Es handelt sich um eine isolierte Beratung über eine Handelsregisteranmeldung i.S. der Anm. I zu Nr. 24200 KV. Da die Beurkundung eine 0,5 Gebühr nach Nr. 21201 Nr. 5 KV auslösen würde, fällt für die Beratung eine 0,3 Gebühr nach Nr. 24202 KV an.

Für die Beratung ist keine eigene Geschäftswertvorschrift vorgesehen. Anzuwenden ist daher die allgemeine Geschäftswertvorschrift des § 36 I. Da die Beratung die Erstanmeldung eines Einzelkaufmannes betraf, ist der Geschäftswert so zu bilden, wie wenn beurkundet worden wäre. Maßgebend ist also ein Wert von 30 000 Euro (§ 105 III Nr. 1).

4. Beratung bei der Vorbereitung oder Durchführung einer Haupt- oder Gesellschafterversammlung

→ Fall 28: Beratung durch den Notar bei der Vorbereitung einer Hauptversammlung

A. Sachverhalt

9.127 Der Notar soll die anstehende Hauptversammlung einer Aktiengesellschaft beurkunden. Es ist geplant, das Grundkapital um 6 Mio. Euro zu erhöhen. Auf Verlangen berät der Notar den Vorstand bei der Vorbereitung und Durchführung der Hauptversammlung. Die vom Notar erteilte Beratung geht inhaltlich über die Amtspflichten, die ihm bereits anlässlich der beauftragten Beurkundung der Hauptversammlung obliegen, hinaus.

B. Rechnung

9.128

Pos.	Gebührentatbestand	Geschäftswert	KV-Nr.	Satz	Betrag
	Beratung über die Vorbereitung und Durchführung einer Hauptversammlung (§ 120)	5 000 000 (Höchstwert)	24203	1,25 (Mittelgebühr)	10 168,75

C. Erläuterungen

Angefallen ist die spezielle Beratungsgebühr Nr. 24203 KV. Hierbei handelt es sich um eine Ausnahme zum Grundsatz in den Nrn. 24200 bis 24202 KV, wonach gem. Anm. I zu Nr. 24200 KV eine Beratungsgebühr nur entsteht für eine Beratung, soweit der Beratungsgegenstand nicht Gegenstand eines anderen gebührenpflichtigen Verfahrens oder Geschäfts ist. Das andere gebührenpflichtige Verfahren ist vorliegend die Beurkundung der Hauptversammlung, für die eine gesonderte 2,0 Gebühr nach Nr. 21100 KV anfällt.

9.129

Nr. 24203 KV fordert die Beratung bei der Vorbereitung oder Durchführung einer Haupt- oder Gesellschafterversammlung. Hierbei kann es sich um vielfältige Tätigkeiten handeln, beispielsweise um die Vorbereitung oder Überprüfung der Einladung, die Besprechung mit dem Registerrichter, den Entwurf von Anträgen, die Beratung der Gesellschaft bei der Generalprobe, die Beratung des Versammlungsleiters, die Fertigung des Teilnehmerverzeichnisses oder um die Überprüfung der Ermittlung des Abstimmungsergebnisses.[1]

Bei der Gebühr Nr. 24203 KV handelt es sich um eine Rahmengebühr mit einer Gebührenspanne von 0,5–2,0. Den konkreten Gebührensatz bestimmt der Notar gem. § 92 I unter Berücksichtigung des Umfangs der erbrachten Leistung nach billigem Ermessen. Vorliegend wurde mangels konkreter Anhaltspunkte die sog. Mittelgebühr des Rahmens i.H.v. 1,25 angesetzt.

Der Geschäftswert bemisst sich gem. § 120 nach der Summe der Geschäftswerte für die Beurkundung der in der Hauptversammlung zu fassenden Beschlüsse, höchstens jedoch 5 Mio. Euro. Der vorliegend einschlägige Kapitalerhöhungsbeschluss bestimmt sich gem. § 36 I nach einem Wert von 6 Mio. Euro, höchstens darf jedoch ein Wert von 5 Mio. Euro zugrunde gelegt werden (§ 108 V).

5. Verfahren oder Geschäft auf der Grundlage einer vorangegangenen Beratung (Gebührenanrechnung)

→ **Fall 29: Beurkundung eines Kaufvertrages im Nachgang zu einer durchgeführten isolierten Beratung**

A. Sachverhalt

Der Notar hat den V, der sich mit dem Gedanken trug, seine Eigentumswohnung zu einem Kaufpreis von 150 000 Euro an einen noch zu findenden Käufer zu veräußern, am 9.2.2016 über den geplanten Kaufvertrag beraten, und die hierfür anfallende Gebühr am 11.2.2016 auch abgerechnet. Am 5.7.2016 beauftragt V, der mittlerweile einen Käufer gefunden hat, den Notar mit der Beurkundung des Kaufvertrags. Der Kaufpreis beträgt 120 000 Euro. Nach Beurkundung, am 11.7.2016, stellt der Notar dem V seine Gebühr für die Beurkundung des Kaufvertrags in Rechnung.

9.130

---

1 Begr. RegE, BT-Drs. 17/11471, S. 230. Weitere Beispiele s. Leipziger Kommentar GNotKG/*Heinze*, 2. Aufl. 2016, § 120 Rz. 5 f.

B. Rechnungen

9.131 **1. Beratung Kaufvertrag**

Pos.	Gebührentatbestand	Geschäftswert	KV-Nr.	Satz	Betrag
	Isolierte Beratung über einen Grundstückskaufvertrag (§§ 36 I, 97 III, 47)	150 000	24200, 21100	0,65 (Mittelgebühr)	230,10

Anmerkung:
Diese Kostenberechnung bleibt durch die Beurkundung des Kaufvertrags unberührt. In der nachfolgenden Kostenberechnung findet jedoch eine Anrechnung statt.

2. Beurkundung Kaufvertrag

Pos.	Gebührentatbestand	Geschäftswert	KV-Nr.	Satz	Betrag
	Beurkundungsverfahren über Grundstückskaufvertrag (§§ 97 III, 47)	120 000	21100	2,0	600,00
	abzüglich Beratungsgebühr über Grundstückskaufvertrag gemäß Kostenberechnung vom 11.2.2016				– 230,10
	Zahlbetrag:				369,90

C. Erläuterungen

9.132 Gem. Anm. II zu Nr. 24200 KV ist die Beratungsgebühr, soweit derselbe Gegenstand demnächst Gegenstand eines anderen gebührenpflichtigen Verfahrens oder Geschäfts ist, auf die Gebühr für das andere Verfahren oder Geschäft anzurechnen. Diese Anrechnungsbestimmung gilt nicht nur für die originäre Beratungsgebühr Nr. 24200 KV, sondern auch für die modifizierten Gebühren Nr. 24201 KV und Nr. 24202 KV; sie gilt jedoch nicht für die spezielle Beratungsgebühr Nr. 24203 KV.

„Derselbe Gegenstand" bedeutet, dass es um dieselben Beteiligten und dasselbe Rechtsverhältnis gehen muss (vgl. § 86 I), eine völlige Identität ist jedoch nicht erforderlich.[1]

„Demnächst" bedeutet, dass ein angemessener zeitlicher Zusammenhang zwischen der Beratungstätigkeit und dem Folgeverfahren bzw. Folgegeschäft bestehen muss. Welcher Zeitraum noch ausreicht, kann nicht pauschal gesagt werden. Ein Zeitraum von 6 Monaten ist für eine Anrechnung regelmäßig ausreichend. Bei längeren Abständen muss man auf die Umstände des Einzelfalles abstellen, insbesondere auf den Beratungs- bzw. Verfahrens- oder Geschäftsgegenstand. Für

---

[1] Rohs/Wedewer/*Wudy*, GNotKG, Stand Dez. 2016, Nr. 24200–24203 KV Rz. 116 m.w.N.

den Normalfall wird man einen Zeitraum von einem Jahr noch als „demnächst" ansehen dürfen.[1]

Vorliegend sind die Anrechnungsvoraussetzungen erfüllt. Demgemäß ist die für die isolierte Beratung erhobene Gebühr Nr. 24200 KV in Höhe von 230,10 Euro netto auf die für die Beurkundung des Kaufvertrags angefallene Gebühr Nr. 21100 KV in Höhe von 600 Euro netto anzurechnen. Die Anrechnung erfolgt dergestalt, dass die Gebühr Nr. 24200 KV von der Gebühr Nr. 21100 KV subtrahiert wird. Das heißt, die bereits abgerechnete Gebühr Nr. 24200 KV fällt nicht als solche weg, sondern ihre Anrechnung auf die Gebühr Nr. 21100 KV führt zu deren Ermäßigung bzw. – bei Identität in Gebührensatz und Geschäftswert – zu deren gänzlichem Wegfall. Ein negativer Betrag kann durch die Anrechnung nicht entstehen, d.h. eine Rückzahlung findet nicht statt. Unterschiedliche Gebührensätze und Geschäftswerte hindern die Anrechnung nicht. Die Anrechnung erfolgt in der Regel nach der Netto-Methode.

Rechnungstechnisch bleibt die Kostenberechnung für die Beratungsgebühr unberührt, sie ist also nicht abzuändern oder zu stornieren. Auch der für die Beurkundung reduzierte Kaufpreis rechtfertigt keine Geschäftswertreduzierung der Beratungsgebühr (vgl. § 96). Vielmehr schlägt sich die Anrechnung nur in der Kostenberechnung für das Beurkundungsverfahren nieder.

→ **Fall 30: Entwurf einer Grundbuchberichtigung im Nachgang zu einer durchgeführten isolierten Beratung**

A. Sachverhalt

Der Notar hat die Beteiligten am 9.2.2016 zu den Voraussetzungen einer Grundbuchberichtigung hinsichtlich ihrer BGB-Gesellschaft beraten und die hierfür anfallende Gebühr am 11.2.2016 auch in Rechnung gestellt. Am 5.7.2016 beauftragen die Beteiligten den Notar mit der Entwurfsfertigung der Grundbuchberichtigungserklärungen (Wert: 80 000 Euro). Dabei folgt der Entwurf weitgehend der einstigen Beratung. Am 11.7.2016 stellt der Notar seine Entwurfstätigkeit in Rechnung.

9.133

B. Rechnung

1. Beratung Grundbuchberichtigungserklärungen

9.134

Pos.	Gebührentatbestand	Geschäftswert	KV-Nr.	Satz	Betrag
	Isolierte Beratung über Grundbuchberichtigungserklärungen zu einer BGB-Gesellschaft (§§ 36 I, 97 I, 46)	80 000	24202, 21201 Nr. 4	0,3	65,70

---

[1] Rohs/Wedewer/*Wudy*, GNotKG, Stand Dez. 2016, Nr. 24200–24203 KV Rz. 126 m.w.N.

Anmerkung:
Diese Kostenberechnung bleibt durch die spätere Entwurfstätigkeit unberührt. In der nachfolgenden Kostenberechnung findet jedoch eine Anrechnung statt.

2. Entwurf Grundbuchberichtigungserklärungen

Pos.	Gebührentatbestand	Geschäftswert	KV-Nr.	Satz	Betrag
	Entwurf über Grundbuchberichtigungserklärungen zu einer BGB-Gesellschaft (§§ 119 I, 36 I, 97 I, 46)	80 000	24102, 21201 Nr. 4	0,5	109,50
	abzüglich Beratungsgebühr über Grundbuchberichtigung gemäß Kostenberechnung vom 11.2.2016				− 65,70
	Zahlbetrag:				43,80

C. Erläuterungen

9.135 Gem. Anm. II zu Nr. 24200 KV ist die Beratungsgebühr, soweit derselbe Gegenstand demnächst Gegenstand eines anderen gebührenpflichtigen Verfahrens oder Geschäfts ist, auf die Gebühr für das andere Verfahren oder Geschäft anzurechnen. Diese Anrechnungsbestimmung gilt nicht nur für die originäre Beratungsgebühr Nr. 24200 KV, sondern auch für die modifizierten Gebühren Nr. 24201 KV und Nr. 24202 KV; sie gilt jedoch nicht für die spezielle Beratungsgebühr Nr. 24203 KV.

„Derselbe Gegenstand" bedeutet, dass es um dieselben Beteiligten und dasselbe Rechtsverhältnis gehen muss (vgl. § 86 I), eine völlige Identität ist jedoch nicht erforderlich.[1]

„Demnächst" bedeutet, dass ein angemessener zeitlicher Zusammenhang zwischen der Beratungstätigkeit und dem Folgeverfahren bzw. Folgegeschäft bestehen muss. Welcher Zeitraum noch ausreicht, kann nicht pauschal gesagt werden. Ein Zeitraum von 6 Monaten ist für eine Anrechnung regelmäßig ausreichend. Bei längeren Abständen muss man auf die Umstände des Einzelfalles abstellen, insbesondere auf den Beratungs- bzw. Verfahrens- oder Geschäftsgegenstand. Für den Normalfall wird man einen Zeitraum von einem Jahr noch als „demnächst" ansehen dürfen.[2]

Ist die Gebühr für das andere Geschäft – hier die Entwurfstätigkeit – eine Rahmengebühr, so ist bei der Bemessung der Gebühr gem. § 92 III auch die vorausgegangene Tätigkeit zu berücksichtigen. Das heißt: Soweit die Arbeit an dem vorausgegangenen Geschäft – hier Beratung – zu einer Ersparnis bei der nachfolgenden Tätigkeit – hier Entwurf – geführt hat, darf die Ersparnis bei der Bemessung der Rahmengebühr nicht noch einmal gebührenmindernd berücksichtigt werden; denn dies ist ja bereits durch die Anrechnung geschehen.[3] Obwohl der

---

[1] Rohs/Wedewer/*Wudy*, GNotKG, Stand Dez. 2016, Nr. 24200–24203 KV Rz. 116 m.w.N.
[2] Rohs/Wedewer/*Wudy*, GNotKG, Stand Dez. 2016, Nr. 24200–24203 KV Rz. 126 m.w.N.
[3] Begr. RegE, BT-Drs. 17/11471, S. 179.

IV. Beratung

Notar das Beratungsergebnis für die Entwurfsfertigung weitgehend nutzen konnte, ist für die Entwurfsgebühr Nr. 24102 KV aus dem Rahmen von 0,3–0,5 gem. § 92 II dennoch die Höchstgebühr anzusetzen. Der Arbeitsersparnis auf Grund der Beratung ist bereits durch die Anrechnung Rechnung getragen.

Vorliegend sind die Anrechnungsvoraussetzungen erfüllt. Demgemäß ist die für die isolierte Beratung erhobene Gebühr Nr. 24202 KV in Höhe von 65,70 Euro netto auf die für den Entwurf der Grundbuchberichtigungserklärungen angefallene 0,5 Gebühr nach Nr. 24102 KV i.V.m. Nr. 21201 Nr. 4 KV i.V.m. § 92 II in Höhe von 109,50 Euro netto anzurechnen. Die Anrechnung erfolgt dergestalt, dass die Gebühr Nr. 24202 KV von der Gebühr Nr. 24102 KV subtrahiert wird. Das heißt, die bereits abgerechnete Gebühr Nr. 24202 KV fällt nicht als solche weg, sondern ihre Anrechnung auf die Gebühr Nr. 24102 KV führt zu deren Ermäßigung bzw. – bei Identität in Gebührensatz und Geschäftswert – zu deren gänzlichem Wegfall. Ein negativer Betrag kann durch die Anrechnung nicht entstehen, d.h. eine Rückzahlung findet nicht statt. Unterschiedliche Gebührensätze und Geschäftswerte hindern die Anrechnung nicht. Die Anrechnung erfolgt in der Regel nach der Netto-Methode.

Rechnungstechnisch bleibt die Kostenberechnung für die Beratungsgebühr unberührt, sie ist also nicht abzuändern oder zu stornieren. Vielmehr schlägt sich die Anrechnung nur in der Kostenberechnung für die Entwurfstätigkeit nieder.

Bemerkung:

Würde demnächst auf der Grundlage des Entwurfs ein Beurkundungsverfahren bei dem Notar oder einem ihm gem. Vorbem. 2 I KV gleichgestellten Notar stattfinden, so müsste die durch die Anrechnung der Beratungsgebühr verminderte Entwurfsgebühr in Höhe von 43,80 Euro auf die Beurkundungsgebühr nach Nr. 21201 Nr. 4 KV angerechnet werden (Vorbem. 2.4.1 VI KV). Diese Beurkundungsgebühr dürfte damit nur noch mit einem Betrag von 65,70 Euro netto erhoben werden (109,50 Euro – 43,80 Euro = 65,70 Euro).

Teil 10
Vollmachten und Zustimmungen allgemein

Inhaltsübersicht

I. Überblick	10.1
1. Einführung	10.1
2. Übersichtstabelle	10.3
3. Gebühr	10.4
4. Geschäftswert	10.6
5. Derselbe Beurkundungsgegenstand/Verschiedene Beurkundungsgegenstände	10.7
6. Vollzugs-, Betreuungs- und Treuhandtätigkeiten	10.8
7. Gebührenfreie (Neben-)Geschäfte	10.16
8. Unrichtige Sachbehandlung	10.18
9. Gebührenermäßigung	10.19
II. Vollmacht durch Beurkundung oder Entwurf mit Unterschriftsbeglaubigung für ein bestimmtes Geschäft	10.20
Fall 1: Vollmacht zum Verkauf eines Grundstücks	10.20
Fall 2: Vollmacht zur Belastung eines Grundstücks	10.24
Fall 3: Vollmacht zum Verkauf eines Grundstücks (Beteiligung am Gesamthandsvermögen)	10.28
Fall 4: Vollmacht zum Verkauf eines Grundstücks nebst Belastungsvollmacht	10.31
Fall 5: Vollmacht zum Kauf eines Grundstücks	10.35
Fall 6: Vollmacht zum Kauf eines Grundstücks sowie zur Bestellung der Finanzierungsgrundschuld	10.38
Fall 7: Vollmacht zur Gründung einer GmbH (künftige Mitberechtigung)	10.41
Fall 8: Vollmacht zum Beitritt in eine BGB-Gesellschaft (Kauf eines Gesellschaftsanteils)	10.44
Fall 9: Stimmrechts- und Übernahmevollmacht	10.47
Fall 10: Bietervollmacht	10.51
III. Vollmacht durch Beurkundung oder Entwurf mit Unterschriftsbeglaubigung für Geschäfte allgemeiner Art	10.54
Fall 11: Vollmacht zum Erwerb, zur Belastung und zur Veräußerung von Grundstücken	10.54
Fall 12: Generalvollmacht	10.58
Fall 13: Vollmacht für Handelsregisteranmeldungen, Kommanditistenvollmacht	10.62
Fall 14: Handlungsvollmacht gemäß § 54 HGB	10.65
IV. Vollmacht – reine Unterschriftsbeglaubigung	10.69
Fall 15: Unterschriftsbeglaubigung unter einer Zwangsversteigerungsvollmacht mit Ermächtigung zum Bieten	10.69
V. Vollmachtsbestätigung durch Beurkundung oder Entwurf mit Unterschriftsbeglaubigung	10.72
Fall 16: Vollmachtsbestätigung zu einem Grundstückskaufvertrag	10.72
VI. Höchstwert einer Vollmacht	10.77
Fall 17: Vollmacht zum Verkauf eines Grundstücks	10.77
VII. Widerruf einer Vollmacht	10.80
Fall 18: Widerruf einer Vollmacht	10.80
Fall 19: Widerruf einer Vollmacht und neue Vollmacht	10.84
VIII. Mehrheit von Vollmachten	10.88
Fall 20: Vollmacht der Käufer zum Grundstückserwerb	10.88

IX. **Vollmacht und Auftragsverhältnis** 10.91

Fall 21: Vollmacht und Auftragsverhältnis 10.91

X. **Zustimmung durch Beurkundung oder Entwurf mit Unterschriftsbeglaubigung** 10.95

Fall 22: Zustimmungserklärung zu einem Grundstückskaufvertrag 10.95

Fall 23: Zustimmungserklärung zum Verkauf eines Grundstücks mit Belastungsvollmacht 10.100

Fall 24: Zustimmung zum Grundstückskaufvertrag und zur Finanzierungsgrundschuld 10.104

Fall 25: Zustimmungserklärung zu einem Grundstückskaufvertrag (Beteiligung am Gesamthandsvermögen) 10.107

Fall 26: Ehegattenzustimmung 10.110

Fall 27: Verwalterzustimmung nach § 12 WEG 10.114

Fall 28: Zustimmungserklärung eines Gesellschafters zu einem Gesellschafterbeschluss 10.118

Fall 29: Zustimmungserklärung eines BGB-Gesellschafters zu einem Grundstückskaufvertrag .. 10.121

Fall 30: Zustimmungserklärung eines WEG-Eigentümers zur Änderung der Gemeinschaftsordnung 10.124

XI. **Zustimmung – reine Unterschriftsbeglaubigung** 10.128

Fall 31: Unterschriftsbeglaubigung unter einer Zustimmungserklärung zu einem Grundstückskaufvertrag nebst Weiterleitung 10.128

XII. **Höchstwert einer Zustimmung**. 10.132

Fall 32: Zustimmungserklärung zu einem Grundstückskaufvertrag 10.132

Stichwortverzeichnis

Betreuungstätigkeiten
– Überblick 10.8
– Zustellung Widerruf 10.83, 10.87
Beurkundungsgegenstand, derselbe
– Überblick 10.7
– Verkaufsvollmacht und Belastungsvollmacht 10.31
– Vollmacht und Auftragsverhältnis 10.91
Beurkundungsgegenstände, verschiedene
– Mehrheit von Vollmachten 10.88
– Überblick 10.7
– Widerruf und neue Vollmacht 10.84
Genehmigung
– *siehe auch Zustimmung* 10.95 ff.
Höchstwert
– Überblick 10.6
– Vollmacht 10.77
– Zustimmung 10.132
Treuhandauftrag 10.76, 10.99
Überblick
– derselbe Beurkundungsgegenstand 10.7
– ein Beurkundungsgegenstand 10.7
– Einführung 10.1

– Gebühr 10.4
– Gebührenermäßigung 10.19
– Gebührenfreie (Neben-)Geschäfte 10.16
– Geschäftswert 10.6
– Übersichtstabelle 10.3
– Unrichtige Sachbehandlung 10.18
– Unterschriftsbeglaubigung 10.4
– Unterschriftsbeglaubigung nebst Beratung 10.5
– Verschiedene Beurkundungsgegenstände 10.7
– Vollzugs-, Betreuungs- und Treuhandtätigkeiten 10.8 ff.
Vollmacht
– Auftragsverhältnis 10.91
– Beitritt in eine BGB-Gesellschaft 10.44
– Belastung eines Grundstücks 10.24, 10.31, 10.38
– bestimmtes Geschäft 10.20 ff.
– Beteiligung am Gesamthandsvermögen 10.28
– Bietervollmacht 10.59
– Erwerb, Belastung und Veräußerung (allgemeine Vollmacht) 10.54

- Generalvollmacht 10.58
- Geschäfte allgemeiner Art 10.54 ff.
- Geschäftsbesorgungsvertrag und Vollmacht 10.94
- Gründung einer GmbH (künftige Mitberechtigung) 10.41
- Handelsregisteranmeldungen 10.62
- Handlungsvollmacht gemäß § 54 HGB 10.65
- Höchstwert 10.6, 10.77
- Kauf eines Gesellschaftsanteils 10.44
- Kauf eines Grundstücks 10.35
- Kauf eines Grundstücks und Bestellung der Finanzierungsgrundschuld 10.38
- Kommanditistenvollmacht 10.62
- Mehrheit von Vollmachten 10.88
- Stimmrechtsausübung 10.47
- Übersendung des Entwurfs an Dritte 10.75
- Unterschriftsbeglaubigung 10.69
- Verkauf eines Grundstücks 10.20
- Verkauf eines Grundstücks (Beteiligung) 10.28
- Verkauf eines Grundstücks nebst Belastungsvollmacht 10.31
- Vorsorgevollmacht 10.61

- Widerruf 10.80
- Widerruf und neue Vollmacht 10.84
Vollmachtsbestätigung
- Kaufvertrag 10.72
Vollzugstätigkeiten
- Überblick 10.8 ff.
- Weiterleitung an Dritte 10.15, 10.131
Zustimmung
- Beifügung von Vertretungsnachweisen 10.117
- BGB-Gesellschafter 10.121
- Ehegattenverfügung 10.110
- Genehmigung 10.95 ff.
- Gesellschafterbeschluss 10.118
- Höchstwert 10.6, 10.132
- Kaufvertrag durch Verkäufer 10.95, 10.100
- Kaufvertrag und Finanzierungsgrundschuld 10.104
- Mitberechtigung 10.107
- Übersendung des Entwurfs an Dritte 10.98
- Unterschriftsbeglaubigung 10.128
- Verwalterzustimmung 10.114
- WEG-Eigentümer 10.124

I. Überblick

1. Einführung

10.1 Mit § 98 GNotKG wurde eine einheitliche Geschäftswertvorschrift für die Beurkundung von Vollmachten und Zustimmungserklärungen geschaffen. Eine Begünstigung dieser Geschäfte erfolgt durch eine Halbierung des Geschäftswertes. Vollmachten und Zustimmungserklärungen haben gemäß § 98 IV GNotKG einen gemeinsamen **Höchstwert** in Höhe von **1 Million Euro**.

Als einseitige Erklärungen lösen diese eine 1,0 Gebühr nach Nr. 21200 KV GNotKG aus.

In § 98 III GNotKG tritt das **billige Ermessen** an die Stelle des in § 41 III KostO genannten freien Ermessens. Inhaltlich ist damit keine Änderung verbunden.[1]

10.2 Sofern in den nachfolgenden Fallbeispielen von einem anderen Notar die Rede ist, soll damit auch ein anderer Notar i.S.d. Vorbem. 2 I KV GNotKG gemeint sein. Auf die erläuternden Ausführungen unter Rz. 10.14 wird hiermit verwiesen.

---

1 Begründung RegE, BT-Drs. 17/11471, zu § 98, S. 180.

2. Übersichtstabelle

Die maßgeblichen Bewertungsvorschriften bei **einer Vollmacht** oder **Zustimmungserklärung** lauten:

10.3

Gebühr einer Vollmacht oder Zustimmungserklärung	
a) Beurkundung	Nr. 21200 KV (1,0), mindestens 60 Euro
b) Entwurf mit Unterschriftsbeglaubigung	Nrn. 24101, 21200 KV (0,3–1,0, hier: 1,0 wegen § 92 II), mindestens 60 Euro
c) reine Unterschriftsbeglaubigung	Nr. 25100 (0,2), mindestens 20 Euro, höchstens 70 Euro
Geschäftswert	§ 98 I (die Hälfte des für den Abschluss des bestimmten Rechtsgeschäfts maßgebenden Wertes; nach Abs. 2 ermäßigt sich der in Abs. 1 bestimmte Geschäftswert aufgrund einer gegenwärtigen oder künftigen Mitberechtigung auf den entsprechenden Anteil; bei Gesamthandsverhältnissen ist der Anteil entsprechend der Beteiligung an dem Gesamthandsvermögen zu bemessen; bei einer allgemeinen Vollmacht bestimmt sich der Geschäftswert nach billigem Ermessen, Abs. 3); der Wert beträgt in allen Fällen höchstens 1 Million Euro

3. Gebühr

Nach Nr. 21200 KV GNotKG wird für die **Beurkundung** einer Zustimmungserklärung, Vollmacht oder des Widerrufs einer Vollmacht eine 1,0 Gebühr erhoben. Die **Mindestgebühr** beträgt 60 Euro.

10.4

Wird das Beurkundungsverfahren **vorzeitig beendet**, ermäßigt sich die Verfahrensgebühr nach Nr. 21303 i.V.m. Nr. 21200 KV GNotKG.

Bei der Fertigung eines **Entwurfes** ist eine **Rahmengebühr** nach Nr. 24101 KV von 0,3 bis 1,0 (mindestens 60 Euro) zu erheben. Die vollständige Erstellung des Entwurfes löst nach § 92 II GNotKG die **Höchstgebühr** aus.

Bei bloßer Beglaubigung einer Unterschrift oder eines Handzeichens unter einer solchen Erklärung fällt eine 0,2 Gebühr nach Nr. 25100 KV GNotKG an (mindestens 20 Euro, höchstens 70 Euro).

Berät der Notar isoliert über eine Vollmacht oder Zustimmung, so fällt eine Beratungsgebühr nach Nr. 24201 i.V.m. Nr. 21200 KV GNotKG an; die Gebühr aus dem Rahmen von 0,3 bis 0,5 bestimmt der Notar gem. § 92 I GNotKG.[1]

10.5

---

1 LG Schwerin v. 8.12.2015 – 4 T 1/15, NotBZ 2016, 194.

4. Geschäftswert

10.6 Der Geschäftswert einer Vollmacht oder einer Zustimmungserklärung bestimmt sich gemäß § 98 I GNotKG nach der **Hälfte des Geschäftswertes** für die **Beurkundung des Geschäfts**, auf das sich die Vollmacht oder die Zustimmungserklärung bezieht.

Nach § 98 II GNotKG ermäßigt sich der in § 98 I GNotKG bestimmte Geschäftswert aufgrund einer **gegenwärtigen oder künftigen Mitberechtigung** auf den entsprechenden Anteil. Bei **Gesamthandsverhältnissen** ist der Anteil entsprechend der Beteiligung an dem Gesamthandsvermögen zu bemessen.

Der Geschäftswert einer **allgemeinen Vollmacht** ist nach **billigem Ermessen** zu bestimmen, wobei der Umfang und das Vermögen des Vollmachtgebers angemessen zu berücksichtigen sind. Der Geschäftswert darf die Hälfte des Vermögens des Auftraggebers nicht übersteigen, § 98 III GNotKG.

Nach § 98 IV GNotKG haben Vollmachten und Zustimmungen einen **Höchstwert** von **1 Million Euro**.

Für den **Widerruf einer Vollmacht** gelten die Vorschriften entsprechend.

5. Derselbe Beurkundungsgegenstand/Verschiedene Beurkundungsgegenstände

10.7 Erteilen **mehrere Personen**, die in Rechtsgemeinschaft stehen oder eine solche begründen, eine Vollmacht zu **einem bestimmten Rechtsgeschäft**, liegt **eine Vollmacht** vor. Gleiches gilt bei einer allgemeinen Vollmacht.

Bei einer Vollmachtserteilung zu einem bestimmten Rechtsgeschäft **an mehrere** Personen liegt ebenfalls nur **eine Vollmacht** vor, gleich ob die Bevollmächtigten gemeinschaftlich zur Ausübung der Vollmacht berechtigt sind oder ob Einzelvertretung gestattet ist.

Gemäß ausdrücklicher Nennung in § 109 I Nr. 1c) GNotKG ist die Belastungsvollmacht zum Kaufvertrag derselbe Beurkundungsgegenstand.

Bei einer **Mehrheit von Vollmachten** liegen immer verschiedene Beurkundungsgegenstände gemäß § 86 II GNotKG vor, ihre Werte werden addiert, § 35 I GNotKG. Eine Mehrheit von Vollmachten liegt bspw. vor:

– bei gegenseitigen Vollmachten oder
– wenn mehrere Eigentümer von unterschiedlichen Vermögensgegenständen/-massen einer oder mehreren Person(en) Vollmacht zu bestimmten Geschäften erteilen.

Auch bei einem **Widerruf** einer Vollmacht im Zusammenhang mit einer **neuen Vollmacht** liegen zwei verschiedene Beurkundungsgegenstände gemäß § 86 II GNotKG vor.

6. Vollzugs-, Betreuungs- und Treuhandtätigkeiten

10.8 **Vollmachtsbestätigungen** und private **Zustimmungserklärungen** werden häufig im Rahmen eines **Beurkundungsverfahrens** erstellt. Zu beachten ist, dass diese Entwürfe aber nur dann gesondert abzurechnen sind, wenn der Notar nicht bereits mit der Anforderung und Prüfung dieser Vollmachtsbestätigung oder pri-

I. Überblick

vaten Zustimmungserklärung im Rahmen des **Vollzugs** des Geschäfts beauftragt wurde (Vorbem. 2.2 II KV GNotKG). In diesem Fall ist nämlich die **Entwurfsfertigung** bereits mit der entsprechenden **Vollzugsgebühr** gemäß den Nrn. 22110 bzw. 22111 KV GNotKG **abgegolten** (Vorbem. 2.2.1.1 I Nr. 5 KV GNotKG). Das gilt grundsätzlich unabhängig davon, ob der Vollzugsnotar den Entwurf bereits mit dem Anforderungsschreiben versendet oder erst dann fertigt, wenn der Vertretene beim Vollzugsnotar erscheint.[1]

War hingegen der Notar nicht mit der Einholung der **Vollmachtsbestätigung** oder privaten **Zustimmungserklärung** beauftragt, erhält er für die Entwurfsfertigung die entsprechende **Entwurfsgebühr** (Nr. 24101 i.V.m. Nr. 21200 KV GNotKG), unabhängig davon, ob der Notar bereits eine Vollzugsgebühr für das Beurkundungsverfahren oder Entwurfsgeschäft erhalten hat oder nicht (str.). Obwohl Vorbem. 2.2 II KV GNotKG zunächst nur (irgend)eine Tätigkeit aus dem Hauptabschnitt 2 zu meinen scheint, wird das durch die Wendung „insoweit" im nächsten Halbsatz präzisiert. Damit ist deutlich zum Ausdruck gebracht, dass sich der mit der Vollzugsgebühr abgegoltene Entwurf nur auf den jeweils konkret erteilten Vollzugsauftrag beziehen kann bzw. beide miteinander korrespondieren müssen. Bei unklarer Auftragslage wird man auf den Einzelfall abstellen müssen. 10.9

Einfache/standardisierte Vollzugstätigkeiten lösen zudem lediglich eine verminderte Vollzugsgebühr aus (Nrn. 22112 KV i.Vm. Vorbem. 2.2.1.1 I S. 2 Nr. 1 und 2 KV GNotKG); die Einholung einer Vollmachtsbestätigung oder privaten Zustimmungserklärung löst hingegen immer die unermäßigte Vollzugsgebühr aus.

Aus den gleichen vorstehenden Gründen entsteht die **Entwurfsgebühr** für die Erstellung der **Vollmachtsbestätigung** oder privaten **Zustimmungserklärung** auch dann, wenn der Notar zu diesem Geschäft lediglich mit **Betreuungstätigkeiten** oder **Treuhandtätigkeiten** beauftragt wurde; Vorbem. 2.2 II KV GNotKG greift hier nicht.[2] 10.10

Die **Beurkundung** einer **Vollmachtsbestätigung** oder privaten **Zustimmungserklärung in Form einer Niederschrift** gemäß § 8 BeurkG wäre grundsätzlich nicht mit der Vollzugsgebühr abgegolten, denn Vorbem. 2.2 II KV GNotKG spricht ausschließlich von Entwürfen. Allerdings sollte unter Einbeziehung von § 21 GNotKG die Notwendigkeit der Beurkundung geprüft werden, sofern die Vollmachtsbestätigung oder private Zustimmungserklärung im Zusammenhang mit einer Vollzugstätigkeit steht und die Unterschriftsbeglaubigung unter dem Entwurf ausreichend ist. Die **Beurkundung** kann bspw. aber auch im Zusammenhang mit einer Vertragsänderung/-ergänzung erfolgen. 10.11

Die Abgrenzung zwischen Vollzugs- und Entwurfsgeschäft ist auch bei einem **Vollzug in besonderen Fällen** (Unterabschnitt 2 zu Hauptabschnitt 2 KV GNotKG) vorzunehmen, wenn der Notar also keine Verfahrens- oder Entwurfsgebühr für das zu vollziehende Geschäft erhalten hat und er hierzu den Entwurf einer Vollmachtsbestätigung oder privaten Zustimmungserklärung fertigt. 10.12

---

1 S. *PrüfAbt. der Ländernotarkasse*, NotBZ 2016, 132.
2 LG Erfurt v. 20.4.2016 – 3 OH 51/13, NotBZ 2016, 273.

10.13 **Vollzugtätigkeiten** können gemäß Vorbem. 2.2.1.1 I S. 3 KV GNotKG grundsätzlich auch bereits im **Vorfeld der Beurkundung** anfallen, so dass der Notar auch in diesem Stadium des Beurkundungsverfahrens gefertigte Entwürfe im Sinne der Vorbem. 2.2 II KV GNotKG über die Vollzugsgebühr gemäß Nrn. 22110 bzw. 22111 KV GNotKG vergütet bekommt, selbst dann, wenn es zur **vorzeitigen Beendigung** des Beurkundungsverfahrens kommt. **Vollmachten** sind hiervon jedoch **nicht erfasst**, da lediglich die Einholung einer Vollmachts**bestätigung** eine Vollzugstätigkeit darstellt; Vorbem. 2.2.1.1 I Nr. 5 KV GNotKG. **Vollmachten** im Vorfeld einer Beurkundung lösen damit immer **separate Gebühren** aus.

10.14 Die vorstehenden Ausführungen gelten auch für den Aktenverwahrer, Notariatsverwalter, Sozius, der durch gemeinsame Berufsausübung verbundene Notar oder der Notar aus der Bürogemeinschaft, da diese durch die Vorbem. 2 I KV GNotKG dem Notar aus der Vorbem. 2.2 II HS. 2 KV GNotKG gleichstehen.

10.15 Für die **bloße Übermittlung** einer Vollmacht, Vollmachtsbestätigung oder privaten Zustimmungserklärung, d.h. der Notar hat für das „zu vollziehende Geschäft" weder eine Beurkundungs- noch Entwurfsgebühr bekommen (meist im Zusammenhang mit einer reiner Unterschriftsbeglaubigung), erhält der Notar die Festgebühr von 20 Euro nach Nr. 22124 KV GNotKG.

7. Gebührenfreie (Neben-)Geschäfte

10.16 **Beglaubigt** der Notar, der den Entwurf der Vollmacht/Zustimmung gefertigt hat (vgl. erweiternd auch Vorbem. 2 I KV GNotKG), **demnächst** unter dem Entwurf eine oder mehrere Unterschriften oder Handzeichen, entstehen für die **erstmaligen Beglaubigungen**, die an ein und demselben Tag erfolgen, **keine Gebühren** (Vorbem. 2.4.1 II KV GNotKG).

10.17 Etwas anderes gilt bei einem gefertigten **Entwurf** einer **Vollmachtsbestätigung** oder privaten **Zustimmungserklärung** im Rahmen des **Vollzugs** eines Beurkundungsverfahrens, für den der Notar neben der Vollzugsgebühr keine Entwurfsgebühr gemäß Vorbem. 2.2 II KV GNotKG erhält. Die **spätere Beglaubigung** ist dann nicht mehr gebührenfrei, da kein Entwurf nach Teil 2, Hauptabschnitt 4 KV abgerechnet wurde. Die Vorbem. 2.4.1 II KV ist in diesem Fall nicht einschlägig.[1]

8. Unrichtige Sachbehandlung

10.18 Die bisherigen Grundsätze des § 16 KostO sind grundsätzlich auf § 21 GNotKG übertragbar, wobei mit Vorbem. 2.2 II KV GNotKG bereits das bisherige Problem der mehrfachen Entwurfsabrechnung im Rahmen des Vollzug eines Geschäfts vermieden wird. Fertigte bspw. der Notar für mehrere Mitberechtigte mehrere Zustimmungsentwürfe, so stellte dies nicht die kostensparendste Sachbehandlung dar. Es genügte ein Zustimmungsentwurf, von dem mehrere Abschriften den Mitberechtigten gesondert zugeleitet werden mussten. Die Kostenersparnis lag nicht nur in der Degression der Gebührentabelle, sondern bei niedrigen Geschäftswerten auch darin, dass die Mindestgebühr nicht mehrmals zu erheben

---

[1] OLG Hamm v. 16.7.2015 – 15 W 152/15, ZNotP 2015, 277 = FGPrax 2015, 276; *Prüf-Abt. der Ländernotarkasse*, NotBZ 2015, 256, NotBZ 2013, 427 f.

war. Nunmehr entsteht **gar keine Entwurfsgebühr mehr**, wenn der Notar in diesem Zusammenhang eine Vollzugsgebühr gemäß Teil 2 Hauptabschnitt 2 KV GNotKG erhält.

Ob eine Pflicht des Urkunds- und Vollzugsnotars besteht, den Zustimmungsentwurf zu fertigen, um den Beteiligten eine Entwurfsgebühr nach Nr. 24101 i.V.m. Nr. 21200 KV GNotKG bei einem anderen (Beglaubigungs-)Notar zu ersparen, ist ungeklärt. In der Praxis liefert der Urkundsnotar den Entwurf meist mit.[1]

9. Gebührenermäßigung

Bei Beteiligung eines in § 91 I und II GNotKG genannten Kostenschuldners kann eine **Ermäßigung** der Beurkundungs- oder Entwurfsgebühr in Betracht kommen. Die Grundsätze des § 144 KostO sind uneingeschränkt auf das GNotKG übertragbar. 10.19

II. Vollmacht durch Beurkundung oder Entwurf mit Unterschriftsbeglaubigung für ein bestimmtes Geschäft

→ **Fall 1: Vollmacht zum Verkauf eines Grundstücks**

A. Sachverhalt

Der Notar entwirft eine **Vollmacht zum Verkauf** eines Grundstücks zum Kaufpreis in Höhe von 100 000 Euro und beglaubigt die Unterschrift des Eigentümers. 10.20

B. Rechnung

Pos.	Gebührentatbestand	Geschäftswert	KV-Nr.	Satz	Betrag
	Entwurf Verkaufsvollmacht nebst Unterschriftsbeglaubigung (§§ 119 I, 98 I, 97 III, 47, 46)	50 000	24101, 21200	1,0	165,00

10.21

C. Erläuterungen

Für die **Verkaufsvollmacht** ist als Geschäftswert der hälftige Kaufpreis bzw. die Kaufpreisvorstellung[2] anzunehmen, sofern keine Anhaltspunkte für einen höheren Verkehrswert vorliegen; §§ 119 I, 98 I, 47. 10.22

Aufgrund der vollständigen Entwurfsfertigung ist gemäß § 92 II die Höchstgebühr aus der Rahmengebühr von 0,3 bis 1,0 gemäß den Nrn. 24101 i.V.m. 21200 KV zu erheben.

Die Unterschriftsbeglaubigung löst keine zusätzliche Gebühr aus, Vorbem. 2.4.1 II KV.

---

1 So auch Korintenberg/*Tiedtke*, § 21 Rz. 34 ff.
2 OLG Naumburg v. 22.12.2015 – 5 W 70/15, NotBZ 2016, 192.

D. Anmerkung

10.23 Bei einer entsprechenden **Mitberechtigung** ermäßigt sich der Wert auf den Bruchteil, der dem Anteil der Mitberechtigung entspricht; § 98 II S. 1.

→ **Fall 2: Vollmacht zur Belastung eines Grundstücks**

A. Sachverhalt

10.24 Der Notar entwirft eine **Vollmacht für die Belastung** eines Grundstücks mit einer Grundschuld in Höhe von 100 000 Euro und beglaubigt die Unterschrift des Grundstückseigentümers.

B. Rechnung

10.25

Pos.	Gebührentatbestand	Geschäftswert	KV-Nr.	Satz	Betrag
	Entwurf Belastungsvollmacht nebst Unterschriftsbeglaubigung (§§ 119 I, 98 I, 97 I, 53 I)	50 000	24101, 21200	1,0	165,00

C. Erläuterungen

10.26 Für die **Belastungsvollmacht** ist als Geschäftswert der hälftige Grundschuldnennbetrag gemäß den §§ 119 I, 98 I, 53 I anzunehmen.

Aufgrund der vollständigen Entwurfsfertigung ist gemäß § 92 II die Höchstgebühr aus der Rahmengebühr von 0,3 bis 1,0 gemäß den Nrn. 24101 i.V.m. 21200 KV zu erheben.

Die Unterschriftsbeglaubigung löst keine zusätzliche Gebühr aus, Vorbem. 2.4.1 II KV.

D. Anmerkung

10.27 Die **Belastungsvollmacht** zugunsten des Käufers löst bei Mitbeurkundung **im Grundstückskaufvertrag** keine gesonderte Gebühr aus; auch dann nicht, wenn der Wert der Vollmacht den Wert des Grundstückskaufvertrages übersteigt (§ 109 I, S. 4 Nr. 1c, S. 5).

→ **Fall 3: Vollmacht zum Verkauf eines Grundstücks (Beteiligung am Gesamthandsvermögen)**

A. Sachverhalt

10.28 Die **Erbengemeinschaft**, bestehend aus A, B und C zu gleichen Teilen, möchte ihr Grundstück zum Kaufpreis von 60 000 Euro verkaufen. Der Miterbe A soll hierbei den Miterben C bei der Beurkundung des Grundstückskaufvertrages in **Vollmacht** vertreten.

Der Notar entwirft eine entsprechende Vollmacht und beglaubigt die Unterschrift des Miterben C.

B. Rechnung

Pos.	Gebührentatbestand	Geschäfts-wert	KV-Nr.	Satz	Betrag
	Entwurf Verkaufsvollmacht nebst Unterschriftsbeglaubigung (§§ 119 I, 98 I, II S. 3, 97 III, 47, 46)	10 000	24101, 21200	1,0	75,00

10.29

C. Erläuterungen

Für die **Verkaufsvollmacht** ist als Geschäftswert der hälftige Anteil entsprechend der Beteiligung am Gesamthandsvermögen gemäß den §§ 119 I, 98 I, 2 S. 3 anzunehmen. Der Kaufpreis bzw. die Kaufpreisvorstellung[1] bildet den Bezugswert, sofern keine Anhaltspunkte für einen höheren Verkehrswert vorliegen.

10.30

Aufgrund der vollständigen Entwurfsfertigung ist gemäß § 92 II die Höchstgebühr aus der Rahmengebühr von 0,3 bis 1,0 gemäß den Nrn. 24101 i.V.m. 21200 KV zu erheben.

Die Unterschriftsbeglaubigung löst keine zusätzliche Gebühr aus, Vorbem. 2.4.1 II KV.

→ **Fall 4: Vollmacht zum Verkauf eines Grundstücks nebst Belastungsvollmacht**

A. Sachverhalt

Der Notar beurkundet eine **Vollmacht zum Verkauf** eines Grundstücks zum Kaufpreis in Höhe von 100 000 Euro. Der Bevollmächtigte wird zudem berechtigt, **Vollmacht zur Belastung** des Vertragsgrundbesitzes vor Eigentumsumschreibung bis zur Höhe von 200 000 Euro nebst Zinsen zu erteilen und den Eigentümer insoweit der **dinglichen Zwangsvollstreckung** zu unterwerfen.

10.31

B. Rechnung

Pos.	Gebührentatbestände	Geschäfts-wert	KV-Nr.	Satz	Betrag
	Beurkundungsverfahren Verkaufsvollmacht (§§ 98 I, 97 I, 47)	50 000	21200	1,0	165,00

10.32

C. Erläuterungen

Für die **Verkaufsvollmacht** ist als Geschäftswert der hälftige Wert des Kaufvertrages gemäß den §§ 98 I, 47 anzunehmen. Die höherwertige Belastungsvollmacht hat im Kaufvertrag wegen § 109 I S. 4 Nr. 1c i.V.m. § 109 I S. 5 wertmäßig keine Auswirkung, sodass sie sich auch nicht bei der Vollmacht auswirkt.

10.33

---

1 OLG Naumburg v. 22.12.2015 – 5 W 70/15, NotBZ 2016, 192.

D. Anmerkungen

10.34   1. Bei einer entsprechenden Mitberechtigung ermäßigt sich der jeweilige Wert auf den Bruchteil, der dem Anteil der Mitberechtigung entspricht; § 98 II S. 1.
2. Bei Entwurfsfertigung ist gemäß § 92 II die Höchstgebühr aus der Rahmengebühr von 0,3 bis 1,0 gemäß den Nrn. 24101 i.V.m. 21200 KV zu erheben. Die Unterschriftsbeglaubigung löst keine zusätzliche Gebühr aus, Vorbem. 2.4.1 II KV.

→ **Fall 5: Vollmacht zum Kauf eines Grundstücks**

A. Sachverhalt

10.35   Der Notar beurkundet eine **Vollmacht zum Kauf** des Grundstücks. Der Bevollmächtigte kann nach seinem Ermessen mit dem Verkäufer die **Vertragsbedingungen vereinbaren**, dinglich gesicherte Verbindlichkeiten und Grundpfandrechte übernehmen und den Vollmachtgeber wegen aller Zahlungsverpflichtungen **persönlich der sofortigen Zwangsvollstreckung unterwerfen**. Der Bevollmächtigte ist befugt, Untervollmacht zu erteilen.
Der Kaufpreis für das Grundstück soll 100 000 Euro betragen.

B. Rechnung

10.36

Pos.	Gebührentatbestände	Geschäftswert	KV-Nr.	Satz	Betrag
	Beurkundungsverfahren Kaufvollmacht (§§ 98 I, 47)	50 000	21200	1,0	165,00

C. Erläuterungen

10.37   Für die **Kaufvollmacht** ist als Geschäftswert der hälftige Wert des Kaufvertrages gemäß den §§ 98 I, 47 anzunehmen.

→ **Fall 6: Vollmacht zum Kauf eines Grundstücks sowie zur Bestellung der Finanzierungsgrundschuld**

A. Sachverhalt

10.38   Der Notar beurkundet eine **Vollmacht zum Kauf** des Grundstücks. Der Bevollmächtigte kann nach seinem Ermessen mit dem Verkäufer die **Vertragsbedingungen vereinbaren**, dinglich gesicherte Verbindlichkeiten und Grundpfandrechte übernehmen oder neue bis in Höhe des Kaufpreises aufnehmen und den Vollmachtgeber wegen aller Zahlungsverpflichtungen **persönlich und dinglich der sofortigen Zwangsvollstreckung** in der Weise **unterwerfen**, dass die Zwangsvollstreckung gegen den jeweiligen Grundstückseigentümer zulässig ist. Der Bevollmächtigte ist auch ermächtigt, auf dem Kaufgrundstück **Grundpfandrechte** bis in Höhe des Kaufpreises **zu bestellen** und alle Erklärungen abzugeben, die mit der Bestellung des Grundpfandrechts an der vom Gläubiger geforderten

Rangstelle erforderlich sind. Der Bevollmächtigte ist befugt, Untervollmacht zu erteilen.

Der Kaufpreis für das Grundstück soll 100 000 Euro betragen.

B. Rechnung

Pos.	Gebührentatbestände	Geschäftswert	KV-Nr.	Satz	Betrag
	Beurkundungsverfahren (§§ 35 I, 86 II)				
	a) Kaufvollmacht (§§ 98 I, 97 III, 47)	50 000	21200	1,0	
	b) Belastungsvollmacht (§§ 98 I, 97 I, 53 I)	50 000	21200	1,0	
		100 000	21200	1,0	273,00

10.39

C. Erläuterungen

a) Für die **Kaufvollmacht** ist als Geschäftswert der hälftige Wert des Kaufvertrages anzunehmen; §§ 98 I, 47.

10.40

b) Für die **Belastungsvollmacht** ist als Geschäftswert der hälftige Grundschuldnennbetrag gemäß den §§ 98 I, 53 I anzunehmen.

Die beiden Vollmachten sind **verschiedene Beurkundungsgegenstände** gemäß § 86 II. Ihre Geschäftswerte werden gemäß § 35 I addiert.

Nach § 109 I S. 4 Nr. 1c haben lediglich der Kaufvertrag und die darin dem Käufer erteilte „Vorweg-"Belastungsvollmacht denselben Beurkundungsgegenstand. Die dort angeordnete Gegenstandsidentität greift damit nicht. Kauf- und Belastungsvollmacht verfolgen zwar dasselbe Ziel, stehen dabei jedoch lediglich nebeneinander und nicht untereinander in dem von § 109 I verlangten Abhängigkeitsverhältnis.[1] Angesichts des Grundsatzes der Gegenstandsverschiedenheit (§ 86 II) kann die Vorschrift nicht erweitert ausgelegt werden.[2]

→ **Fall 7: Vollmacht zur Gründung einer GmbH (künftige Mitberechtigung)**

A. Sachverhalt

Der Notar entwirft eine **Gründungsvollmacht** für die **Errichtung einer GmbH** mit einem Stammkapital von 50 000 Euro und beglaubigt die Unterschrift eines Gründungsgesellschafters/Vollmachtgebers. Dieser leistet eine Einlage von 25 000 Euro. Insgesamt leisten die Gesellschafter Bareinlagen von 50 000 Euro.

10.41

---

1 Leipziger Kommentar GNotKG/*Otto*, § 109 Rz. 14, 45.
2 *PrüfAbt. der Ländernotarkasse*, NotBZ 2014, 247 f.

B. Rechnung

10.42

Pos.	Gebührentatbestand	Geschäfts-wert	KV-Nr.	Satz	Betrag
	Entwurf Gründungsvollmacht nebst Unterschriftsbeglaubigung (§§ 119 I, 98 I, II S. 1, 97 I)	12 500	24101, 21200	1,0	83,00

C. Erläuterungen

10.43 Für die **Gründungsvollmacht** ist als Geschäftswert ist der hälftiger Wert der Einlage gemäß den §§ 119 I, 98 I, 2 S. 1, 97 I anzunehmen.

Aufgrund der vollständigen Entwurfsfertigung ist gemäß § 92 II die Höchstgebühr aus der Rahmengebühr von 0,3 bis 1,0 gemäß den Nrn. 24101 i.V.m. 21200 KV zu erheben.

Die Unterschriftsbeglaubigung löst keine zusätzliche Gebühr aus, Vorbem. 2.4.1 II KV.

→ **Fall 8: Vollmacht zum Beitritt in eine BGB-Gesellschaft (Kauf eines Gesellschaftsanteils)**

A. Sachverhalt

10.44 Der Notar entwirft eine **Vollmacht zum Beitritt in eine BGB-Gesellschaft** und beglaubigt die Unterschrift des eintretenden Gesellschafters. Für eine Beteiligung von 50 % zahlt er einen Kaufpreis von 50 000 Euro. Die Gesellschaft hat ein Aktivvermögen von 300 000 Euro. Die Verbindlichkeiten belaufen sich auf 100 000 Euro.

B. Rechnung

10.45

Pos.	Gebührentatbestand	Geschäfts-wert	KV-Nr.	Satz	Betrag
	Entwurf Vollmacht nebst Unterschriftsbeglaubigung (§§ 119 I, 98 I, 97 III, 38)	75 000	24101, 21200	1,0	219,00

C. Erläuterungen

10.46 Der Geschäftswert dieser Vollmacht bestimmt sich nach dem hälftigen Wert des Gesellschaftsanteils (ausgehend vom anteiligen Aktivvermögen der Gesellschaft = 150 000 Euro; Schulden sind gemäß § 38 nicht abzugsfähig). Die Käuferleistung bleibt im Wert zurück (§ 97 III).

Aufgrund der vollständigen Entwurfsfertigung ist gemäß § 92 II die Höchstgebühr aus der Rahmengebühr von 0,3 bis 1,0 gemäß den Nrn. 24101 i.V.m. 21200 KV zu erheben.

Die Unterschriftsbeglaubigung löst keine zusätzliche Gebühr aus, Vorbem. 2.4.1 II KV.

II. Vollmacht für ein bestimmtes Geschäft

→ **Fall 9: Stimmrechts- und Übernahmevollmacht**

A. Sachverhalt

Der Notar entwirft eine **Stimmrechtsvollmacht** folgenden Inhalts: Der Bevollmächtigte erhält die Berechtigung, den Gesellschafter A bei der anstehenden Kapitalerhöhung der ABC-GmbH zu vertreten. Das Stammkapital soll von 30 000 Euro um 30 000 Euro auf 60 000 Euro erhöht werden, wobei der Gesellschafter A eine Bareinlage von 10 000 Euro übernimmt. Der Notar beglaubigt die Unterschrift des Vollmachtgebers.

10.47

B. Rechnung

Pos.	Gebührentatbestand	Geschäftswert	KV-Nr.	Satz	Betrag
	Entwurf Stimmrechtsvollmacht nebst Unterschriftsbeglaubigung (§§ 119 I, 98 I, II S. 1, 97 I, 108 I)	5000	24101, 21200	1,0	60,00

10.48

C. Erläuterungen

Für die **Stimmrechtsvollmacht** ist als Geschäftswert der hälftige Wert der vom Vollmachtgeber zu übernehmenden neuen Einlage anzunehmen.

10.49

Auch wenn die Vollmacht zum einen zur Ausübung des Stimmrechts in der Gesellschafterversammlung und zum anderen zur Abgabe der Übernahmeerklärung berechtigt, liegt nur ein Vollmachtsgegenstand vor.

Aufgrund der vollständigen Entwurfsfertigung ist gemäß § 92 II die Höchstgebühr aus der Rahmengebühr von 0,3 bis 1,0 gemäß den Nrn. 24101 i.V.m. 21200 KV zu erheben, wobei hier die Mindestgebühr von 60 Euro zum Tragen kommt.

Die Unterschriftsbeglaubigung löst keine zusätzliche Gebühr aus, Vorbem. 2.4.1 II KV.

D. Anmerkung

Im Allgemeinen bestimmt sich der Geschäftswert einer Stimmrechtsvollmacht nach dem hälftigen Wert der zu fassenden Beschlüsse, wobei sich dieser Wert noch auf den Bruchteil, der dem Anteil der Mitberechtigung des Vollmachtgebers entspricht, ermäßigt; § 98 I und II.

10.50

→ **Fall 10: Bietervollmacht**

A. Sachverhalt

Der Vollmachtgeber A erteilt dem Vollmachtnehmer B eine **Bietervollmacht** zur Ersteigerung eines Grundstücks. Der Verkehrswert des Grundstücks beträgt lt. Gutachten 100 000 Euro; das Höchstgebot ist auf 110 000 Euro begrenzt. Der Notar entwirft die Vollmacht und beglaubigt die Unterschrift des Vollmachtgebers A.

10.51

B. Rechnung

10.52

Pos.	Gebührentatbestand	Geschäfts-wert	KV-Nr.	Satz	Betrag
	Entwurf Bietervollmacht nebst Unterschriftsbeglaubigung (§§ 119 I, 97 I, 46)	55 000	24101, 21200	1,0	192,00

C. Erläuterungen

10.53 Der Wert der **Bietervollmacht** bestimmt sich nach dem hälftigen Grundstückswert. Ist das erlaubte Höchstgebot – wie hier – höher, so ist als Geschäftswert dessen hälftiger Wert anzunehmen.

Aufgrund der vollständigen Entwurfsfertigung ist gemäß § 92 II die Höchstgebühr aus der Rahmengebühr von 0,3 bis 1,0 gemäß den Nrn. 24101 i.V.m. 21200 KV zu erheben.

Die Unterschriftsbeglaubigung löst keine zusätzliche Gebühr aus, Vorbem. 2.4.1 II KV.

III. Vollmacht durch Beurkundung oder Entwurf mit Unterschriftsbeglaubigung für Geschäfte allgemeiner Art

→ **Fall 11: Vollmacht zum Erwerb, zur Belastung und zur Veräußerung von Grundstücken**

A. Sachverhalt

10.54 Der Notar beurkundet für den Geschäftsmann A eine **Vollmacht**, die B **zum Erwerb, zur Belastung und zur Veräußerung von Grundstücken** ermächtigt.

A hat bereits Immobilien im Wert von ca. 1 500 000 Euro und beabsichtigt weitere im Wert von ca. 1 000 000 Euro zu kaufen.

B. Rechnung

10.55

Pos.	Gebührentatbestand	Geschäfts-wert	KV-Nr.	Satz	Betrag
	Beurkundungsverfahren Vollmacht (§§ 98 I, III, IV)	1 000 000	21200	1,0	1735,00

C. Erläuterungen

10.56 Der Wert einer **allgemeinen Vollmacht** ist nach billigem Ermessen zu bestimmen, wobei der Geschäftswert die Hälfte des Vermögens des Auftraggebers gemäß § 98 III S. 1 und 2 nicht übersteigen darf. Da die Vollmacht lediglich das Immobilienvermögen des Vollmachtgebers umfasst, bildet dieses den Ausgangswert; § 98 III S. 1 HS. 2.

III. Vollmacht für Geschäfte allgemeiner Art

Im vorliegenden Fall ist jedoch der Wert nicht auf das hälftige vorhandene Immobilienvermögen beschränkt (½ von 1.5 Mio. Euro = 750 000 Euro), denn auch **künftige konkret bestimmbare Rechtsgeschäfte** erhöhen den Geschäftswert. Erst die Hälfte dieses Geschäftswertes bildet die Geschäftswertobergrenze. Werte konkret bestimmbarer zukünftiger Rechtsgeschäfte gelten insofern kostenrechtlich i.S.v. § 98 III bereits als Vermögen des Vollmachtgebers.[1] In allen Fällen beträgt der Geschäftswert jedoch höchstens 1 Million Euro; § 98 IV.

Auch wenn die Vollmacht zu bestimmten Arten von Geschäften berechtigt, verbleibt es bei einer allgemeinen Vollmacht. Es liegen nicht etwa mehrere Spezialvollmachten mit verschiedenem Beurkundungsgegenstand vor, bei denen sich der Höchstwert des § 98 IV auf jeden Gegenstand gesondert bezieht.[2]

D. Anmerkung

Bei Entwurfsfertigung ist gemäß § 92 II die Höchstgebühr aus der Rahmengebühr von 0,3 bis 1,0 gemäß den Nrn. 24101 i.V.m. 21200 KV zu erheben. Die Unterschriftsbeglaubigung löst keine zusätzliche Gebühr aus, Vorbem. 2.4.1 II KV.

10.57

→ **Fall 12: Generalvollmacht**

A. Sachverhalt

Der Notar beurkundet eine **Generalvollmacht**. Die Vollmacht berechtigt den Bevollmächtigten zur **Vertretung in allen Vermögensangelegenheiten**. Die Vollmacht ist unbedingt und unbefristet sowie im Innen- und Außenverhältnis nicht beschränkt. Der Bevollmächtigte soll sofort eine Ausfertigung erhalten.

10.58

Der hoch betagte Vollmachtgeber hat ein (Aktiv-)Vermögen von 400 000 Euro und Verbindlichkeiten in Höhe von 50 000 Euro.

B. Rechnung

Pos.	Gebührentatbestand	Geschäftswert	KV-Nr.	Satz	Betrag
	Beurkundungsverfahren Generalvollmacht (§ 98 III)	200 000	21200	1,0	435,00

10.59

C. Erläuterungen

Der Wert einer **allgemeinen Vollmacht** ist nach billigem Ermessen zu bestimmen. Als Geschäftswert ist die Hälfte des (Aktiv-)Vermögens des Auftragsgebers anzunehmen.

10.60

---

1 Leipziger Kommentar GNotKG/*Arnold*, § 98 Rz. 49, 52.
2 Leipziger Kommentar GNotKG/*Arnold*, § 98 Rz. 59.

D. Anmerkung

10.61 Zu evtl. Abschlägen bei einer Vorsorgevollmacht in Form einer Generalvollmacht wird auf Rz. 23.4 verwiesen.[1]

→ **Fall 13: Vollmacht für Handelsregisteranmeldungen, Kommanditistenvollmacht**

A. Sachverhalt

10.62 Der Notar entwirft eine **Handelsregistervollmacht** für künftige Handelsregisteranmeldungen der Kommanditgesellschaft und beglaubigt die Unterschrift des Kommanditisten. Der Kommanditist hat eine Kommanditeinlage in Höhe von 10 000 Euro.

B. Rechnung

10.63

Pos.	Gebührentatbestand	Geschäftswert	KV-Nr.	Satz	Betrag
	Entwurf Handelsregistervollmacht nebst Unterschriftsbeglaubigung (§§ 119 I, 98 III)	5000	24101, 21200	1,0	60,00

C. Erläuterungen

10.64 Die Hälfte der KG-Einlage bildet unter Berücksichtigung der zur KostO ergangenen obergerichtlichen Rechtsprechung den Geschäftswert der **Kommanditisten-Vollmacht**.[2]

Aufgrund der vollständigen Entwurfsfertigung ist gemäß § 92 II die Höchstgebühr aus der Rahmengebühr von 0,3 bis 1,0 gemäß den Nrn. 24101 i.V.m. 21200 KV zu erheben.

Die Unterschriftsbeglaubigung löst keine zusätzliche Gebühr aus, Vorbem. 2.4.1 II KV.

→ **Fall 14: Handlungsvollmacht gemäß § 54 HGB**

A. Sachverhalt

10.65 Der Einzelunternehmer A erteilt B eine Generalhandlungsvollmacht zum Betrieb seines Unternehmens nach § 54 I Var. 1 HGB. Der Notar beurkundet die entsprechende Vollmacht.

Das Einzelunternehmen hat ein Aktivvermögen von 100 000 Euro und verfügt über keinen Grundbesitz.

---

1 S.a. *Renner*, NotBZ 2014, 11 ff.
2 A.A. Leipziger Kommentar GNotKG/*Arnold*, § 98 Rz. 35.

B. Rechnung

Pos.	Gebührentatbestand	Geschäftswert	KV-Nr.	Satz	Betrag
	Beurkundungsverfahren Generalhandlungsvollmacht (§ 98 III)	50 000	21200	1,0	165,00

10.66

C. Erläuterungen

Das hälftige Aktivvermögen des Einzelunternehmens bildet den Geschäftswert der **Handlungsvollmacht**; § 98 III S. 1, 2.

10.67

D. Anmerkungen

1. Verfügt das Einzelunternehmen über Grundstücke, so ist dieser Bilanzposten abzuziehen, da diese nicht von der Handlungsvollmacht erfasst sind; § 54 II HGB.
2. Wird dem Bevollmächtigten zudem die Befugnis zur Veräußerung und/oder Belastung von Grundstücken erteilt, so sind diese mit ihrem Verkehrswert gemäß § 46 ebenso zu berücksichtigen. Der Buchwert ist durch den Verkehrswert zu ersetzen.
3. Neben der Generalhandlungsvollmacht zum Betrieb des Handelsgewerbes gibt es die **Arthandlungsvollmacht** für eine bestimmte Art von Geschäften und die **Einzelhandelsvollmacht** für einzelne Handelsgeschäfte. Zwischen ihnen kann der Vollmachtgeber (Kaufmann) wählen, den Umfang der Vollmacht legt aber das Gesetz fest. Jede dieser Vollmachten kann auf eine Immobiliarklausel nach § 54 II HGB erweitert werden. Der Geschäftswert bestimmt sich dann je nach Art und Umfang der Vollmacht.

10.68

IV. Vollmacht – reine Unterschriftsbeglaubigung

→ **Fall 15:** Unterschriftsbeglaubigung unter einer Zwangsversteigerungsvollmacht mit Ermächtigung zum Bieten

A. Sachverhalt

Der Notar beglaubigt die Unterschrift des Vollmachtgebers unter einer **Zwangsversteigerungsvollmacht** mit Ermächtigung zum Bieten. Der Verkehrswert des betroffenen Grundstücks beträgt laut Gutachten 100 000 Euro.

10.69

B. Rechnung

Pos.	Gebührentatbestand	Geschäftswert	KV-Nr.	Satz	Betrag
	Unterschriftsbeglaubigung ohne Entwurf (§§ 121, 98 I, 97 I, 46)	50 000	25100	0,2	33,00

10.70

C. Erläuterungen

10.71 Der Geschäftswert für die Beglaubigung von Unterschriften oder Handzeichen bestimmt sich nach den für die Beurkundung der Erklärung geltenden Vorschriften; § 121. Gemäß den §§ 98 I, 46 ist dieser mit dem hälftigen Grundstückswert anzunehmen, da ein Höchstgebot nicht vorgeschrieben ist.

Die Mindestgebühr von 20 Euro sowie die Höchstgebühr von 70 Euro gemäß Nr. 25100 KV ist zu beachten.

V. Vollmachtsbestätigung durch Beurkundung oder Entwurf mit Unterschriftsbeglaubigung

→ **Fall 16: Vollmachtsbestätigung zu einem Grundstückskaufvertrag**

A. Sachverhalt

10.72 Der Verkäufer war aufgrund mündlich erteilter Vollmacht bei dem Abschluss eines Grundstückskaufvertrages vor dem Notar X durch B vertreten. Das Grundstück wurde zu einem Kaufpreis von 100 000 Euro verkauft. Notar Y entwirft eine **Vollmachtsbestätigung** und beglaubigt die Unterschrift des Verkäufers.

Notar Y übersendet die Vollmachtsbestätigung im Auftrag des Verkäufers an Notar X.

B. Rechnung

10.73

Pos.	Gebührentatbestand	Geschäftswert	KV-Nr.	Satz	Betrag
	Entwurf Vollmachtsbestätigung nebst Unterschriftsbeglaubigung (§§ 119 I, 98 I, 47) und Übersendungstätigkeit	50 000	24101, 21200	1,0	165,00

C. Erläuterungen

10.74 Für die Vollmachtsbestätigung ist als Geschäftswert der hälftige Wert des Kaufvertrages anzunehmen; §§ 119 I, 98 I, 47 anzunehmen. Für die Bewertung einer Vollmachtsbestätigung gelten die Bewertungsgrundsätze der Vollmacht.

Aufgrund der vollständigen Entwurfsfertigung ist gemäß § 92 II die Höchstgebühr aus der Rahmengebühr von 0,3 bis 1,0 gemäß den Nrn. 24101 i.V.m. 21200 KV zu erheben.

Die Unterschriftsbeglaubigung löst keine zusätzliche Gebühr aus, Vorbem. 2.4.1 II KV.

10.75 **Übersendung der Vollmachtsbestätigung:**

Die Übermittlung der Vollmachtsbestätigung an den Kaufvertragsnotar ist mit der Entwurfsgebühr abgegolten. Zwar ist dieser Fall in den exemplarischen Abgeltungsfällen der Vorbem. 2.4.1 IV KV nicht aufgezählt, jedoch sieht das Gesetz für die Übermittlung des Entwurfs an den anderen Notar auch keine Gebühr vor. Insbesondere greift Nr. 22124 KV nicht, da der Notar für die Fertigung des Entwurfs eine Gebühr erhalten hat (Vorbem. 2.2.1.2 Nr. 1 KV). Nichts anderes gilt im Falle einer Beurkundung der Vollmachtsbestätigung.

D. Anmerkung

Verbindet Notar Y auftragsgemäß die Übersendung der Vollmachtsbestätigung mit einem Treuhandauftrag in der Weise, dass von der Vollmachtsbestätigung erst nach Bezahlung seiner Kosten Gebrauch gemacht werden darf, erhält Notar X für die Beachtung der Treuhandauflage eine Treuhandgebühr gemäß Nr. 22201 KV aus dem Wert der anderweitig angefallenen Notargebühren.[1] Auf standesrechtliche Bedenken derartiger Treuhandaufträge ist an dieser Stelle nicht einzugehen.

10.76

VI. Höchstwert einer Vollmacht

→ **Fall 17: Vollmacht zum Verkauf eines Grundstücks**

A. Sachverhalt

Der Notar entwirft eine **Vollmacht zum Verkauf** eines Grundstücks zum Kaufpreis von 2 500 000 Euro und beglaubigt die Unterschrift des Eigentümers.

10.77

B. Rechnung

Pos.	Gebührentatbestand	Geschäftswert	KV-Nr.	Satz	Betrag
	Entwurf Vollmacht nebst Unterschriftsbeglaubigung (§§ 119 I, 98 I, IV, 97 III, 47, 46)	1 000 000	24101, 21200	1,0	1735,00

10.78

C. Erläuterungen

Für die **Verkaufsvollmacht** ist als Geschäftswert der hälftige Kaufpreis gemäß den §§ 119 I, 98 I, 47 anzunehmen, wobei der Höchstwert gemäß § 98 IV zu beachten ist.

10.79

Aufgrund der vollständigen Entwurfsfertigung ist gemäß § 92 II die Höchstgebühr aus der Rahmengebühr von 0,3 bis 1,0 gemäß den Nrn. 24101 i.V.m. 21200 KV zu erheben.

Die Unterschriftsbeglaubigung löst keine zusätzliche Gebühr aus, Vorbem. 2.4.1 II KV.

---

1 Leipziger Kommentar GNotKG/*Harder*, Nr. 22201 Rz. 7, 8.

VII. Widerruf einer Vollmacht

→ **Fall 18:** Widerruf einer Vollmacht

A. Sachverhalt

10.80 Der Notar entwirft den **Widerruf** zu einer allgemeinen **Grundstücksvollmacht**, die B zur Belastung und zur Veräußerung von Grundstücken ermächtigt, und beglaubigt die Unterschrift des Grundstückseigentümers A. Die betroffenen Grundstücke haben einen Wert von 1 000 000 Euro.

Der Notar lässt auftragsgemäß den Widerruf dem Bevollmächtigten zustellen.

B. Rechnung

10.81

Pos.	Gebührentatbestände	Geschäftswert	KV-Nr.	Satz	Betrag
(1)	Entwurf Widerruf einer Vollmacht nebst Unterschriftsbeglaubigung (§§ 119 I, 98 I, V)	500 000	24101, 21200	1,0	935,00
(2)	Zustellung des Widerrufs (§§ 119 I, 113 I, 98 I, V)	500 000	22200 Anm. Nr. 5	0,5	467,50

C. Erläuterungen

10.82 **Pos. (1):**

Für den Widerruf der Vollmacht gelten gemäß § 98 V die Wertvorschriften der Vollmacht. Der Wert der Grundstücksvollmacht bestimmt sich nach dem hälftigen Grundstückswert gemäß den §§ 119 I, 98 I, 46.

Aufgrund der vollständigen Entwurfsfertigung ist gemäß § 92 II die Höchstgebühr aus der Rahmengebühr von 0,3 bis 1,0 gemäß den Nrn. 24101 i.V.m. 21200 KV zu erheben.

Die Unterschriftsbeglaubigung löst keine zusätzliche Gebühr aus, Vorbem. 2.4.1 II KV.

10.83 **Pos. (2):**

Die **Zustellung des Widerrufs** ist eine Betreuungstätigkeit gemäß Nr. 22200 Anm. Nr. 5 KV. Der Geschäftswert bestimmt sich nach dem Wert des Entwurfs; §§ 119, 113 I.

→ **Fall 19:** Widerruf einer Vollmacht und neue Vollmacht

A. Sachverhalt

10.84 Der Notar beurkundet den **Widerruf** zu einer allgemeinen **Grundstücksvollmacht**, die B zur Belastung und zur Veräußerung von Grundstücken ermächtigt. Zugleich erhält C eine **neue Vollmacht** entsprechend dem Umfang der widerrufenen Vollmacht.

Die betroffenen Grundstücke haben einen Wert von 1 000 000 Euro.
Der Notar lässt auftragsgemäß den Widerruf dem Bevollmächtigten B zustellen.

B. Rechnung

Pos.	Gebührentatbestände	Geschäftswert	KV-Nr.	Satz	Betrag
(1)	Beurkundungsverfahren (§§ 35 I, 86 II)				
	a) Widerruf einer Vollmacht (§§ 119 I, 98 I, V, 97 I, 46)	500 000	21200	1,0	
	b) neue Vollmacht (§§ 119 I, 98 I, 97 I, 46)	500 000	21200	1,0	
		1 000 000	21200	1,0	1735,00
(2)	Zustellung des Widerrufs (§§ 113 I)	1 000 000	22200 Anm. Nr. 5	0,5	867,50

10.85

C. Erläuterungen

Pos. (1):   10.86

a) Für den **Widerruf der Vollmacht** gelten gemäß § 98 V die Wertvorschriften der Vollmacht. Der Wert der Grundstücksvollmacht bestimmt sich nach dem hälftigen Grundstückswert gemäß den §§ 119 I, 98 I, 46.

b) Zur Wertbestimmung der **neuen Grundstücksvollmacht** kann auf die vorstehenden Ausführungen verwiesen werden.

Der **Widerruf** und die **neue Vollmacht** sind **verschiedene Beurkundungsgegenstände** gemäß § 86 II. Die Geschäftswerte werden addiert (§ 35 I); die Gebühr wird nur einmal aus dem Gesamtwert erhoben (§ 93 I S. 1).

Pos. (2):   10.87

Die **Zustellung des Widerrufs** ist eine Betreuungstätigkeit gemäß Nr. 22200 Anm. Nr. 5 KV. Der Geschäftswert bestimmt sich nach dem Wert des Beurkundungsverfahrens; § 113 I.

VIII. Mehrheit von Vollmachten

→ **Fall 20: Vollmacht der Käufer zum Grundstückserwerb**

A. Sachverhalt

Die Eheleute M und F erteilen C eine **Vollmacht zum Kauf** zweier Grundstücke 100 und 101, wobei M das Grundstück 100 und F das Grundstück 101 erwirbt. Der Kaufpreis beträgt je Grundstück 125 000 Euro. Der Notar entwirft **beide Vollmachten** in einem einzigen Schriftstück und beglaubigt die Unterschriften der Vollmachtgeber M und F.

10.88

B. Rechnung

10.89

Pos.	Gebührentatbestände	Geschäfts-wert	KV-Nr.	Satz	Betrag
	Entwurf nebst Unterschriftsbeglaubigung (§§ 35 I, 86 II)				
	a) Kaufvollmacht des M (§§ 119 I, 98 I, 97 III, 47, 46)	62 500	24101, 21200	1,0	
	b) Kaufvollmacht der F (§§ 119 I, 98 I, 97 III, 47, 46)	62 500	24101, 21200	1,0	
		125 000	24101, 21200	1,0	300,00

C. Erläuterungen

10.90 Der Geschäftswert der einzelnen **Vollmacht** bestimmt sich nach dem hälftigen Wert des Grundstückskaufvertrages gemäß den §§ 119 I, 98 I, 47 (hier: hälftiger Kaufpreis).

Die beiden Vollmachten sind **verschiedene Beurkundungsgegenstände** (§ 86 II), ihre Werte werden addiert (§ 35 I); die Gebühr wird nur einmal aus dem Gesamtwert erhoben (§ 93 I S. 1).

Aufgrund der vollständigen Entwurfsfertigung ist gemäß § 92 II die Höchstgebühr aus der Rahmengebühr von 0,3 bis 1,0 gemäß den Nrn. 24101 i.V.m. 21200 KV zu erheben.

Die Unterschriftsbeglaubigung löst keine zusätzliche Gebühr aus, Vorbem. 2.4.1 II KV.

IX. Vollmacht und Auftragsverhältnis

→ **Fall 21: Vollmacht und Auftragsverhältnis**

A. Sachverhalt

10.91 Der Makler A erhält von dem Grundstückseigentümer B den **Auftrag**, 10 Baugrundstücke an bauwillige Käufer zu einem Kaufpreis von je 20 000 Euro zu verkaufen. Für jedes verkaufte Grundstück erhält der Makler eine Provision von 1500 Euro. Mit dem Auftrag erhält der Makler eine **Verkaufsvollmacht** für den Verkauf dieser Grundstücke. Der Notar beurkundet das zugrunde liegende Auftragsverhältnis zwischen Vollmachtgeber und Vollmachtnehmer nebst Verkaufsvollmacht.

B. Rechnung

Pos.	Gebührentatbestände	Geschäfts-wert	KV-Nr.	Satz	Betrag
	Beurkundungsverfahren				
	a) Auftragsverhältnis (§ 99 II)	15 000	21100	2,0	182,00
	b) Verkaufsvollmacht (§§ 98 I, 47)	~~100 000~~	~~21200~~	~~1,0~~	

10.92

C. Erläuterungen

a) Der Geschäftswert des Auftragsverhältnisses bestimmt sich nach der Provisionshöhe gemäß § 99 II (1500 Euro × 10).

b) Für die Verkaufsvollmacht ist als Geschäftswert der hälftige (Gesamt-)Kaufpreis gemäß den §§ 119 I, 98 I, 47 anzunehmen.

Die Verkaufsvollmacht steht in einem Abhängigkeitsverhältnis zum Auftragsverhältnis, da sie unmittelbar der Erfüllung und Durchführung dient (§ 109 I, S. 1 und 2). Der Geschäftswert bestimmt sich in diesem Fall nach dem Wert des Auftragsverhältnisses (§ 109 I S. 5).

10.93

D. Anmerkungen

1. Wird nur die Auftragserteilung des Vollmachtgebers beurkundet, fällt lediglich eine 1,0 Gebühr nach Nr. 21200 KV an.

2. Bei der Beurkundung eines Geschäftsbesorgungsvertrages bestimmt sich der Geschäftswert ebenso nach § 99 II (= Wert aller Bezüge während der gesamten Vertragszeit, höchstens jedoch der Wert der auf die ersten fünf Jahre entfallenden Bezüge). Eine in diesem Zusammenhang erteilte Vollmacht bleibt als Durchführungs- und Erfüllungsgeschäft unbewertet; § 109 I S. 1, 2 und 5.

10.94

X. Zustimmung durch Beurkundung oder Entwurf mit Unterschriftsbeglaubigung

→ **Fall 22: Zustimmungserklärung zu einem Grundstückskaufvertrag**

A. Sachverhalt

Der Verkäufer war bei dem Abschluss seines Grundstückskaufvertrages vollmachtlos vertreten. Das Grundstück wurde zu einem Kaufpreis von 100 000 Euro verkauft.

Der Verkäufer lässt die nachträgliche Zustimmungserklärung von einem Notar vor Ort entwerfen und seine Unterschrift beglaubigen.

Zudem bittet er den Notar, die Urkunde dem Kaufvertragsnotar zu übersenden.

10.95

B. Rechnung

10.96

Pos.	Gebührentatbestand	Geschäfts-wert	KV-Nr.	Satz	Betrag
	Entwurf Zustimmungserklärung nebst Unterschriftsbeglaubigung (§§ 119 I, 98 I, 47)	50 000	24101, 21200	1,0	165,00

C. Erläuterungen

10.97 Für die **Zustimmungserklärung** ist als Geschäftswert der hälftige Wert des Kaufvertrages anzunehmen; §§ 119 I, 98 I, 47 anzunehmen.

Aufgrund der vollständigen Entwurfsfertigung ist gemäß § 92 II die Höchstgebühr aus der Rahmengebühr von 0,3 bis 1,0 gemäß den Nrn. 24101 i.V.m. 21200 KV zu erheben.

Die Unterschriftsbeglaubigung löst keine zusätzliche Gebühr aus, Vorbem. 2.4.1 II KV.

10.98 **Übermittlung der Zustimmungserklärung:**

Die Übermittlung der Zustimmungserklärung an den Kaufvertragsnotar ist mit der Entwurfsgebühr abgegolten. Zwar ist dieser Fall in den exemplarischen Abgeltungsfällen der Vorbem. 2.4.1 IV KV nicht aufgezählt, jedoch sieht das Gesetz für die Übermittlung des Entwurfs an den anderen Notar auch keine Gebühr vor. Insbesondere greift Nr. 22124 KV nicht, da der Notar für die Fertigung des Entwurfs eine Gebühr erhalten hat (Vorbem. 2.2.1.2 Nr. 1 KV). Nichts anderes gilt im Falle einer Beurkundung der Vollmachtsbestätigung.

D. Anmerkung

10.99 Verbindet der Notar die Übersendung der Zustimmungserklärung mit einem **Treuhandauftrag** in der Weise, dass von der Zustimmungserklärung erst nach Bezahlung seiner Kosten Gebrauch gemacht werden darf, erhält der Kaufvertragsnotar für die Beachtung der Treuhandauflage eine Treuhandgebühr gemäß Nr. 22201 KV aus dem Wert der anderweitig angefallenen Notargebühren.[1] Auf standesrechtliche Bedenken derartiger Treuhandaufträge ist an dieser Stelle nicht einzugehen.

→ **Fall 23: Zustimmungserklärung zum Verkauf eines Grundstücks mit Belastungsvollmacht**

A. Sachverhalt

10.100 Der Verkäufer war bei dem Abschluss seines **Grundstückskaufvertrages** vollmachtlos vertreten. Das Grundstück wurde zu einem Kaufpreis von 100 000 Euro verkauft. In der Kaufvertragsurkunde wurde zudem der Käufer zur **Belastung** des Vertragsgrundbesitzes vor Eigentumsumschreibung bis zu einer Höhe von 200 000,00 Euro nebst Zinsen ermächtigt.

---

1 Leipziger Kommentar GNotKG/*Harder*, Nr. 22201 Rz. 7, 8.

X. Zustimmung durch Beurkundung oder Entwurf mit Unterschriftsbeglaubigung

Der Verkäufer lässt die nachträgliche **Zustimmungserklärung** von einem anderen Notar entwerfen und seine Unterschrift beglaubigen.

B. Rechnung

Pos.	Gebührentatbestand	Geschäfts-wert	KV-Nr.	Satz	Betrag
	Entwurf Zustimmungserklärung nebst Unterschriftsbeglaubigung (§§ 119 I, 98 I, 47)	50 000	24101, 21200	1,0	165,00

10.101

C. Erläuterungen

Für die **Zustimmungserklärung** zum Kaufvertrag ist als Geschäftswert der hälftige Wert des Kaufvertrages anzunehmen; §§ 119 I, 98 I, 47 anzunehmen.

10.102

Die höherwertige Belastungsvollmacht hat im Kaufvertrag wegen § 109 I S. 5 wertmäßig keine Auswirkung, sodass sie sich auch nicht bei der Zustimmungserklärung auswirkt.

Aufgrund der vollständigen Entwurfsfertigung ist gemäß § 92 II die Höchstgebühr aus der Rahmengebühr von 0,3 bis 1,0 gemäß den Nrn. 24101 i.V.m. 21200 KV zu erheben.

Die Unterschriftsbeglaubigung löst keine zusätzliche Gebühr aus, Vorbem. 2.4.1 II KV.

D. Anmerkung

Bei einer entsprechenden Mitberechtigung ermäßigt sich der jeweilige Wert auf den Bruchteil, der dem Anteil der Mitberechtigung entspricht; § 98 II S. 1.

10.103

→ Fall 24: Zustimmung zum Grundstückskaufvertrag und zur Finanzierungsgrundschuld

A. Sachverhalt

Der Käufer M wurde bei dem Abschluss seines **Grundstückskaufvertrages** von seiner Ehefrau F vollmachtlos vertreten. Die Eheleute erwarben das Grundstück zum Miteigentum von je ½ Anteil. Der Kaufpreis beträgt 100 000 Euro.

10.104

Die Ehefrau F bestellte zugleich auch die **Finanzierungsgrundschuld** in Höhe von 100 000 Euro, die der Ehemann M ebenfalls genehmigt. Für den Eingang des Grundschuldnennbetrages haften beide als Gesamtschuldner, wofür sich beide in der Grundschuldbestellung der sofortigen Zwangsvollstreckung in ihr gesamtes Vermögen unterworfen haben.

M lässt die nachträglichen **Zustimmungserklärungen** von einem anderen Notar in einem Schriftstück entwerfen und seine Unterschrift beglaubigen.

B. Rechnung

10.105

Pos.	Gebührentatbestände	Geschäfts-wert	KV-Nr.	Satz	Betrag
	Entwurf Zustimmungserklärung nebst Unterschriftsbeglaubigung (§§ 35 I, 86 II, 119 I)				
	a) Kaufvertrag (§§ 119 I, 98 I, 97 III, 47)	25 000	24101, 21200	1,0	
	b) Grundschuldbestellung (§§ 119 I, 98 I, 97 I, 53 I)	50 000	24101, 21200	1,0	
		75 000	24101, 21200	1,0	219,00

C. Erläuterungen

10.106 a) Für die **Zustimmung zum Kaufvertrag** ist als Geschäftswert der hälftige Wert des Kaufvertrages anzunehmen; §§ 119 I, 98 I, 47. Aufgrund der künftigen Mitberechtigung am Grundstück ermäßigt sich dieser Wert nochmals auf den Bruchteil, der dem Anteil der Mitberechtigung entspricht; § 98 II S. 1. Dies gilt auch dann, wenn die Käufer als **Gesamtschuldner** für den Kaufpreis haften.

b) Für die **Zustimmung zur Grundschuldbestellung** ist als Geschäftswert der hälftige Grundschuldnennbetrag gemäß den §§ 119 I, 98 I, 53 I anzunehmen, da der Zustimmende für den vollen Grundschuldnennbetrag haftet und es diesbezüglich an einer gegenwärtigen oder künftigen Mitberechtigung fehlt. § 98 II S. 3 ist ebenso wenig einschlägig.

Die beiden Zustimmungen sind **verschiedene Beurkundungsgegenstände** gemäß § 86 II. Ihre Geschäftswerte werden gemäß § 35 I addiert.

Aufgrund der vollständigen Entwurfsfertigung ist gemäß § 92 II die Höchstgebühr aus der Rahmengebühr von 0,3 bis 1,0 gemäß den Nr. 24101 i.V.m. 21200 KV zu erheben.

Die Unterschriftsbeglaubigung löst keine zusätzliche Gebühr aus, Vorbem. 2.4.1 II KV.

→ **Fall 25: Zustimmungserklärung zu einem Grundstückskaufvertrag (Beteiligung am Gesamthandsvermögen)**

A. Sachverhalt

10.107 Die Erbengemeinschaft, bestehend aus A, B und C zu gleichen Teilen, hat das zum Nachlass gehörende Grundstück verkauft. Der Erbe C war bei dem Abschluss des **Grundstückskaufvertrages** vollmachtlos vertreten. Das Grundstück wurde zu einem Kaufpreis von 90 000 Euro verkauft.

Ein anderer Notar entwirft die nachträgliche **Zustimmungserklärung** des C und beglaubigt dessen Unterschrift.

X. Zustimmung durch Beurkundung oder Entwurf mit Unterschriftsbeglaubigung

B. Rechnung

Pos.	Gebührentatbestand	Geschäfts-wert	KV-Nr.	Satz	Betrag
	Entwurf Zustimmungserklärung nebst Unterschriftsbeglaubigung (§§ 119 I, 98 I, II, 97 III, 47, 46)	15 000	24101, 21200	1,0	91,00

10.108

C. Erläuterungen

Für die **Zustimmung zum Kaufvertrag** ist als Geschäftswert der hälftige Wert aus dem ⅓ Anteil (entsprechend der Beteiligung) vom Wert des Kaufvertrages anzunehmen; §§ 119 I, 98 I, 2 S. 3, 47.

10.109

Aufgrund der vollständigen Entwurfsfertigung ist gemäß § 92 II die Höchstgebühr aus der Rahmengebühr von 0,3 bis 1,0 gemäß den Nrn. 24101 i.V.m. 21200 KV zu erheben.

Die Unterschriftsbeglaubigung löst keine zusätzliche Gebühr aus, Vorbem. 2.4.1 II KV.

→ **Fall 26: Ehegattenzustimmung**

A. Sachverhalt

Der Ehemann hat sein Grundstück, bebaut mit einem Einfamilienhaus, zum Kaufpreis von 200 000 Euro verkauft. Der Vertrag bedarf der **Zustimmung** der **Ehefrau nach § 1365 BGB**. Ein anderer Notar entwirft die nachträgliche Zustimmungserklärung und beglaubigt die Unterschrift der Ehefrau.

10.110

B. Rechnung

Pos.	Gebührentatbestand	Geschäfts-wert	KV-Nr.	Satz	Betrag
	Entwurf Zustimmungserklärung nebst Unterschriftsbeglaubigung (§§ 119 I, 98 I, 97 III, 47, 46)	100 000	24101, 21200	1,0	273,00

10.111

C. Erläuterungen

Für die **Zustimmung** zum Kaufvertrag ist als Geschäftswert der hälftige Wert des Kaufvertrages anzunehmen; §§ 119 I, 98 I, 47.

10.112

Nicht etwa findet § 51 II Anwendung, denn diese Vorschrift ist nur einschlägig, wenn die Verfügungsbeschränkung selbst Gegenstand des Geschäfts ist. Hier wird allerdings nur auf der Rechtsgrundlage der Verfügungsbeschränkung nach § 1365 BGB zugestimmt. Demgemäß bleibt es bei § 98.

Aufgrund der vollständigen Entwurfsfertigung ist gemäß § 92 II die Höchstgebühr aus der Rahmengebühr von 0,3 bis 1,0 gemäß den Nrn. 24101 i.V.m. 21200 KV zu erheben.

Die Unterschriftsbeglaubigung löst keine zusätzliche Gebühr aus, Vorbem. 2.4.1 II KV.

D. Anmerkung

10.113 Wird die **Zustimmung im Kaufvertrag** erteilt, erfolgt keine gesonderte Bewertung, § 109 I S. 1–3.

→ **Fall 27: Verwalterzustimmung nach § 12 WEG**

A. Sachverhalt

10.114 Der Wohnungseigentümer A hat seine Wohnung in L an den Käufer B zum Kaufpreis von 120 000 Euro verkauft. Der Vertrag bedarf der **Zustimmung des Verwalters.**

Ein anderer Notar entwirft die Zustimmungserklärung und beglaubigt die Unterschrift des Verwalters. Den Nachweis der Verwaltereigenschaft gemäß § 26 III WEG (den der Notar weder beurkundet noch entworfen hat) fügt er der Zustimmungserklärung in beglaubigter Fotokopie bei.

B. Rechnung

10.115

Pos.	Gebührentatbestand	Geschäftswert	KV-Nr.	Satz	Betrag
	Entwurf Zustimmungserklärung nebst Unterschriftsbeglaubigung (§§ 119 I, 98 I, 97 III, 47)	60 000	24101, 21200	1,0	192,00

C. Erläuterungen

10.116 Für die Zustimmungserklärung zum Kaufvertrag ist als Geschäftswert der hälftige Wert des Kaufvertrages anzunehmen; §§ 119 I, 98 I, 97 III, 47.

Nicht etwa findet § 51 II Anwendung, denn diese Vorschrift ist nur einschlägig, wenn die Verfügungsbeschränkung selbst Gegenstand des Geschäfts ist. Hier wird allerdings nur auf der Rechtsgrundlage der Verfügungsbeschränkung nach § 12 WEG zugestimmt. Demgemäß bleibt es bei § 98.

Aufgrund der vollständigen Entwurfsfertigung ist gemäß § 92 II die Höchstgebühr aus der Rahmengebühr von 0,3 bis 1,0 gemäß den Nrn. 24101 i.V.m. 21200 KV zu erheben.

Die Unterschriftsbeglaubigung löst keine zusätzliche Gebühr aus, Vorbem. 2.4.1 II KV.

D. Anmerkungen

10.117 1. Eine Beglaubigungsgebühr gemäß Nr. 25102 KV wird dann nicht erhoben, wenn beglaubigte Kopien vorgelegter Vollmachten und Ausweise über die Berechtigung eines gesetzlichen Vertreters der vom Notar gefertigten Niederschrift beizulegen sind; Nr. 25102 II Nr. 2 KV mit Verweis auf § 12 BeurkG. Bei einer Hinzufügung zu einem gefertigten Entwurf ist die Beglaubigungs-

X. Zustimmung durch Beurkundung oder Entwurf mit Unterschriftsbeglaubigung

gebühr zwar nicht ausdrücklich ausgeschlossen, § 12 BeurkG wird jedoch auf Entwürfe analog angewandt.

2. Bei einer reinen Unterschriftsbeglaubigung fällt für die Beifügung des Vertretungsnachweises in beglaubigter Kopie eine Beglaubigungsgebühr nach Nr. 25102 KV an.
3. Wird die **Verwalterzustimmung im Kaufvertrag** erteilt, erfolgt keine gesonderte Bewertung, § 109 I S. 1–3.

→ **Fall 28: Zustimmungserklärung eines Gesellschafters zu einem Gesellschafterbeschluss**

A. Sachverhalt

In der Gesellschafterversammlung der XY-GmbH wurde die **Änderung der Satzung** beschlossen. Der Gesellschafter B wurde von dem Gesellschafter A vollmachtlos vertreten. Die beiden Gesellschafter haben je einen Gesellschaftsanteil von 12 500 Euro. Die Gesellschaft hat ein Stammkapital von 25 000 Euro.

Ein anderer Notar entwirft die nachträgliche **Zustimmungserklärung** des Gesellschafters B und beglaubigt dessen Unterschrift.

B. Rechnung

Pos.	Gebührentatbestand	Geschäftswert	KV-Nr.	Satz	Betrag
	Entwurf Zustimmungserklärung nebst Unterschriftsbeglaubigung (§§ 119 I, 98 II, 108 I, 105 IV Nr. 1)	7500	24101, 21200	1,0	63,00

C. Erläuterungen

Der Gesellschafterbeschluss selbst hat einen Geschäftswert von 30 000 Euro gemäß den §§ 108 I, 105 IV Nr. 1 (1 % des eingetragenen Stammkapitals, mindestens 30 000 Euro). Davon ist der entsprechende Bruchteil des Zustimmenden gemäß seines Geschäftsanteils am Stammkapital (50 % = 15 000 Euro) und davon die Hälfte anzunehmen; § 98 II.

Aufgrund der vollständigen Entwurfsfertigung ist gemäß § 92 II die Höchstgebühr aus der Rahmengebühr von 0,3 bis 1,0 gemäß den Nrn. 24101 i.V.m. 21200 KV zu erheben.

Die Unterschriftsbeglaubigung löst keine zusätzliche Gebühr aus, Vorbem. 2.4.1 II KV.

→ **Fall 29: Zustimmungserklärung eines BGB-Gesellschafters zu einem Grundstückskaufvertrag**

A. Sachverhalt

Die BGB-Gesellschaft, bestehend aus A und B zu gleichen Anteilen, hat ein Grundstück zum Kaufpreis von 200 000 Euro erworben. B, der wie A geschäftsführender Gesellschafter ist, wurde bei dem Abschluss des Grundstückskaufvertrages vollmachtlos vertreten.

Ein anderer Notar entwirft die nachträgliche **Zustimmungserklärung** des B namens der BGB-Gesellschaft und beglaubigt dessen Unterschrift.

B. Rechnung

10.122

Pos.	Gebührentatbestand	Geschäftswert	KV-Nr.	Satz	Betrag
	Entwurf Zustimmungserklärung nebst Unterschriftsbeglaubigung (§§ 119 I, 98 I, 97 III, 47, 46)	100 000	24101, 21200	1,0	273,00

C. Erläuterungen

10.123 Für die **Zustimmung zum Kaufvertrag** ist als Geschäftswert der hälftige Wert des Kaufvertrages anzunehmen; §§ 119 I, 98 I, 97 III, 47.

Die Zustimmung des Gesellschafters bezieht sich auf die Vertretung der Gesellschaft als solche. Demgemäß ist die Wertvorschrift des § 98 I einschlägig, nicht etwa § 98 II S. 3.

Aufgrund der vollständigen Entwurfsfertigung ist gemäß § 92 II die Höchstgebühr aus der Rahmengebühr von 0,3 bis 1,0 gemäß den Nrn. 24101 i.V.m. 21200 KV zu erheben.

Die Unterschriftsbeglaubigung löst keine zusätzliche Gebühr aus, Vorbem. 2.4.1 II KV.

→ **Fall 30: Zustimmungserklärung eines WEG-Eigentümers zur Änderung der Gemeinschaftsordnung**

A. Sachverhalt

10.124 Die Wohnungseigentümergemeinschaft, bestehend aus 6 Wohnungseigentümern mit gleichen Miteigentumsanteilen, hatte zu notarieller Urkunde des Notars X die Gemeinschaftsordnung in § 8 (Verteilung der Lasten und Kosten) vertraglich geändert. Der Notar X hat für die Änderung einen Geschäftswert von 60 000 Euro angenommen (Teilwert vom Wert der Wohnanlage nach § 36 I).

Notar Y entwirft nunmehr die nachträgliche **Zustimmungserklärung** eines Wohnungseigentümers und beglaubigt dessen Unterschrift.

B. Rechnung

10.125

Pos.	Gebührentatbestand	Geschäftswert	KV-Nr.	Satz	Betrag
	Entwurf Zustimmungserklärung nebst Unterschriftsbeglaubigung (§§ 119 I, 98 II S. 1, 36 I)	5000	24101, 21200	1,0	60,00

C. Erläuterungen

Für die **Zustimmung** ist als Geschäftswert der hälftige Wert entsprechend der Mitberechtigung anzunehmen (60 000 Euro/6/2).

Aufgrund der vollständigen Entwurfsfertigung ist gemäß § 92 II die Höchstgebühr aus der Rahmengebühr von 0,3 bis 1,0 gemäß den Nrn. 24101 i.V.m. 21200 KV zu erheben, wobei hier die Mindestgebühr von 60 Euro zum Tragen kommt.

Die Unterschriftsbeglaubigung löst keine zusätzliche Gebühr aus, Vorbem. 2.4.1 II KV.

10.126

D. Anmerkung

Bei reiner Unterschriftsbeglaubigung ist eine 0,2 Gebühr nach Nr. 25100 KV (mindestens 20 Euro, höchstens 70 Euro) zu erheben.

10.127

XI. Zustimmung – reine Unterschriftsbeglaubigung

→ **Fall 31:** Unterschriftsbeglaubigung unter einer Zustimmungserklärung zu einem Grundstückskaufvertrag nebst Weiterleitung

A. Sachverhalt

Der Notar X beglaubigt die Unterschrift des Grundstückseigentümers unter einer **Zustimmungserklärung** zu einem Grundstückskaufvertrag, bei dem er vollmachtlos vertreten wurde. Das Grundstück wurde bei Notar Y zu einem Kaufpreis von 100 000 Euro verkauft.

Der Notar übersendet auftragsgemäß die Zustimmungserklärung an Notar Y.

10.128

B. Rechnung

Pos.	Gebührentatbestände	Geschäftswert	KV-Nr.	Satz	Betrag
(1)	Reine Unterschriftsbeglaubigung (§§ 121, 98 I, 97 III, 47, 46)	50 000	25100	0,2	33,00
(2)	Weiterleitung der unterschriftsbeglaubigten Zustimmungserklärung		22124		20,00

10.129

C. Erläuterungen

Pos. (1):

Der Geschäftswert bei einer **reinen Unterschriftsbeglaubigung** bestimmt sich nach den für die Beurkundung geltenden Vorschriften. Für die Beurkundung der Zustimmungserklärung zum Kaufvertrag ist als Geschäftswert der hälftige Wert des Kaufvertrages anzunehmen; §§ 98 I, 47 anzunehmen.

10.130

Pos. (2):

Für die **Übermittlung der Zustimmungserklärung** an den Kaufvertragsnotar erhält der Notar eine Vollzugsgebühr gemäß Nr. 22124 KV, da er weder eine Beur-

10.131

kundungsverfahrens- noch eine Entwurfsgebühr für das zu vollziehende Geschäft erhalten hat; Vorbem. 2.2.1.2 Nr. 1 KV.

XII. Höchstwert einer Zustimmung

→ **Fall 32: Zustimmungserklärung zu einem Grundstückskaufvertrag**

A. Sachverhalt

10.132 Der Verkäufer wurde bei dem Abschluss eines Grundstückskaufvertrages vollmachtlos vertreten. Das Grundstück wurde zu einem Kaufpreis von 2 500 000 Euro verkauft.

Ein anderer Notar entwirft eine nachträgliche **Zustimmungserklärung** und beglaubigt die Unterschrift des Verkäufers.

B. Rechnung

10.133

Pos.	Gebührentatbestand	Geschäfts-wert	KV-Nr.	Satz	Betrag
	Entwurf Zustimmungserklärung nebst Unterschriftsbeglaubigung (§§ 119 I, 98 I, IV, 97 III, 47, 46)	1 000 000	24101, 21200	1,0	1735,00

C. Erläuterungen

10.134 Für die **Zustimmung zum Kaufvertrag** ist als Geschäftswert der hälftige Wert des Kaufvertrages anzunehmen; §§ 119 I, 98 I, 47 anzunehmen. Der Geschäftswert beträgt jedoch höchstens 1 Mio. Euro; § 98 IV.

Aufgrund der vollständigen Entwurfsfertigung ist gemäß § 92 II die Höchstgebühr aus der Rahmengebühr von 0,3 bis 1,0 gemäß den Nrn. 24101 i.V.m. 21200 KV zu erheben.

Die Unterschriftsbeglaubigung löst keine zusätzliche Gebühr aus, Vorbem. 2.4.1 II KV.

Teil 11
Unterschriftsbeglaubigungen

Inhaltsübersicht

I. Überblick 11.1
1. Einführung 11.1
2. Übersichtstabelle 11.2
3. Gebühr 11.3
4. Geschäftswert 11.8
5. Derselbe Beurkundungsgegenstand/Verschiedene Beurkundungsgegenstände 11.9
6. Vollzugs-, Betreuungs- und Treuhandtätigkeiten 11.12
7. Gebührenfreie (Neben-) Geschäfte 11.15
8. Unrichtige Sachbehandlung ... 11.16
9. Gebührenermäßigung 11.17
10. Grundbucheinsicht und Registereinsicht 11.18

II. Unterschriftsbeglaubigungen unter bestimmte Erklärungen . 11.19

Fall 1: Unterschriftsbeglaubigung unter Vollmacht und Vollzug 11.19

Fall 2: Unterschriftsbeglaubigung unter Vollmacht (mehrere Seiten) 11.23

Fall 3: Unterschriftsbeglaubigung unter Genehmigungsentwurf im Rahmen des Vollzugs . 11.26

Fall 4: Unterschriftsbeglaubigung unter Genehmigungserklärung ohne vorherigen Vollzugsauftrag 11.32

Fall 5: Unterschriftsbeglaubigung unter fremde Genehmigungserklärung und Vollzug... 11.36

Fall 6: Unterschriftsbeglaubigung unter lückenhaften Text/Blankounterschrift 11.41

Fall 7: Unterschriftsbeglaubigung unter fremdsprachige Urkunde 11.45

Fall 8: Unterschriftsbeglaubigung unter Vertrag (Pachtvertrag) 11.49

Fall 9: Unterschriftsbeglaubigung unter Grundschuldbestellungsformular 11.53

Fall 10: Nachweis der Verwaltereigenschaft (§ 26 III WEG) 11.60

Fall 11: Unterschriftsbeglaubigung unter Handelsregisteranmeldung (Geschäftsführerbestellung) 11.63

Fall 12: Unterschriftsbeglaubigung zur Löschung eines Vorkaufsrechts 11.70

Fall 13: Beglaubigung eines Handzeichens 11.75

Fall 14: Unterschriftsbeglaubigung unter Löschungsantrag und Vollzug 11.78

Fall 15: Unterschriftsbeglaubigung unter Patientenverfügung . 11.83

III. Mehrere getrennte Unterschriftsbeglaubigungen auswärts 11.88

Fall 16: Unterschriftsbeglaubigungen (30 Stück) mit Beifügung Vertretungsnachweis 11.88

Fall 17: Unterschriftsbeglaubigungen (30 Stück) mit Bescheinigung nach § 21 III BNotO 11.95

IV. Unterschriftsbeglaubigung unter mehrere Erklärungen 11.101

Fall 18: Grundschuldbestellung (500 000 Euro) und Löschungsantrag (400 000 Euro) nebst Vollzug 11.101

Fall 19: Grundschuldbestellung (10 000 Euro) und Löschungsantrag (400 000 Euro) nebst Vollzug 11.107

Fall 20: Grundschuldbestellung (50 000 Euro) und Löschungsantrag (5000 Euro) nebst Vollzug 11.113

Fall 21: Löschungsantrag und Löschungsbewilligung (betreffend ein Grundpfandrecht) nebst Vollzug 11.117

Fall 22: Vier Löschungsanträge (verschiedene Grundpfandrechte) nebst Vollzug 11.121

V. Nachträgliche Unterschriftsbeglaubigung 11.126

Fall 23: Nachträgliche Unterschriftsbeglaubigung unter Handelsregisteranmeldung..... 11.126

Stichwortverzeichnis

Abschriften
– mehrere beglaubigte 11.36
Außerhalb
– der Geschäftsstelle des Notars, auswärts 11.88 f.
Auswärtsgebühr
– bei Patientenverfügung 11.86
– Beglaubigung bei der Bank 11.88 ff.
Beglaubigte Abschrift
– der Unterschriftsbeglaubigung 11.36
Beglaubigungsvermerk
– weiterer 11.129
Belehrung Geschäftsführer
– Beratung 11.67
– Ergänzung 11.65
Beratung
– Geschäftsführer 11.67
– neben Unterschriftsbeglaubigung 11.74
Bescheinigung nach § 21 III BNotO 11.95
Bestimmte Erklärungen
– unterschriftsbeglaubigte 11.19 ff.
Betreuungstätigkeiten
– bei Unterschriftsbeglaubigung 11.14
Beurkundungsgegenstand
– derselbe 11.10, 11.117
– verschiedener 11.11, 11.101 ff.
Bewertungsvorschriften
– Gebühr, Geschäftswert 11.2
Blankounterschrift
– lückenhafter Text 11.41
Datenübermittlung Grundbuchamt, XML Format 11.13
Dokumentenpauschale
– Grundschuldformular 11.59
Eigenentwurf
– einer Genehmigungserklärung 11.26
Ein Vermerk
– Mehrere Unterschriften 11.4, 11.25
Entwurf
– desselben Notars 11.6
– Ergänzung Entwurf 11.63

Erklärungen
– mehrere 11.9 ff., 11.101 ff.
Festgebühr
– bei Unterschriftsbeglaubigung 11.3, 11.61, 11.101 ff.
– Vollzug 11.12, 11.37, 11.54, 11.64, 11.79, 11.101 ff.
– Grundbucheinsicht 11.18
Festgebühr, Vollzugsgebühr
– ein Grundbuchamt 11.125
– mehrere Grundbuchämter 11.125
Fremdsprachige Urkunde
– Unterschriftsbeglaubigung 11.45
Fremdurkunde
– mehrere Seiten 11.23
– Vollmacht 11.19
Gebühr
– Wertgebühr, Festgebühr 11.3 ff.
Gebührenermäßigung
– Unterschriftsbeglaubigung 11.17
Gebührenfreie
– Nebengeschäfte 11.15
– Unterschriftsbeglaubigung 11.5
Gegenstand
– derselbe Beurkundungsgegenstand 11.9 f., 11.119
– verschiedene Beurkundungsgegenstände 11.11, 11.101 ff.
Genehmigung
– § 144 BauGB, Einholung 11.12, 11.102, 11.108, 11.114
Genehmigungserklärung
– fremde 11.36
– mit Entwurf, Vollzugsauftrag 11.26
– ohne Vollzugsauftrag 11.32
Geschäftswert
– wie bei Beurkundung 11.8
Grundbucheinsicht
– Gebühr 11.18
Grundschuld
– Bestellung 11.53, 11.101, 11.107, 11.113
– Löschungsantrag 11.78, 11.88 ff.

Grundschuldbestellungsformular
– Unterschriftsbeglaubigung 11.54, 11.101 ff.
Handelsregisteranmeldung
– Unterschriftsbeglaubigung 11.23, 11.35
– weiterer Beglaubigungsvermerk 11.129
Handzeichen
– Beglaubigung 11.75
Löschung
– Vorkaufsrecht 11.70
Löschungsantrag
– Löschungszustimmung 11.78, 11.101 ff.
– mehrere, Berechnung 11.121 ff.
– und Grundschuldbestellung 11.101, 11.107, 11.113
– und Löschungsbewilligung 11.117
Löschungsbewilligung 11.88, 11.95
– und Löschungsantrag 11.117
Löschungszustimmung
– Löschungsantrag 11.78, 11.101 ff.
Lückenhafter Text
– Blankounterschrift 11.41
Nachweis der Verwaltereigenschaft
– § 26 III WEG 11.2, 11.60
Nebengeschäfte
– gebührenfreie 11.15
Mehrere Erklärungen
– bei der Unterschriftsbeglaubigung 11.9 ff., 11.101 ff.
Mehrere getrennte
– Unterschriftsbeglaubigungen 11.88
Mehrere Grundbuchämter, Vollzugsgebühr 11.125
Mehrere Unterschriften
– ein Vermerk 11.4
Nachträgliche
– Unterschriftsbeglaubigung 11.126 ff.

Pachtvertrag
– Unterschriftsbeglaubigung unter 11.49
Patientenverfügung
– Unterschriftsbeglaubigung unter 11.83
Registereinsicht 11.18
Spätere
– Unterschriftsbeglaubigung 11.126 f.
Treuhandtätigkeiten
– bei Unterschriftsbeglaubigung 11.14
Übersicht
– Tabelle 11.2
Unterschriftsbeglaubigung
– Fälle 11.19 ff.
– mit Ergänzung Entwurf 11.64
– Übersicht 11.2
Vergleichsberechnung 11.101 ff.
Vertrag, Pachtvertrag 11.49
Vollmacht 11.19, 11.23
Vollzugstätigkeit 11.12 f.
– Gebühr 11.12 ff., 11.20, 11.28, 11.37, 11.54, 11.64, 11.79, 11.102, 11.108, 11.114, 11.118, 11.122
– Vollzugsentwurf 11.26
– Weiterleitung, Übermittlung 11.12, 11.22, 11.56, 11.81, 11.102, 11.108, 11.114, 11.118, 11.122
Vollzugsgebühr, Festgebühr
– Ein Grundbuchamt 11.125
– Mehrere Grundbuchämter 11.125
Wertgebühr
– Unterschriftsbeglaubigung 11.3
XML Strukturdaten, Datenübermittlung Grundbuchamt
– Gebühr 11.13
Zusatzgebühr, fremde Sprache 11.48
Zustimmungserklärung *s. Genehmigungserklärung*

I. Überblick

1. Einführung

In diesem Abschnitt werden grundsätzlich **reine** Unterschriftsbeglaubigungen behandelt, die nicht im Zusammenhang mit einer Beurkundungs- oder Entwurfstätigkeit stehen.   11.1

2. Übersichtstabelle

11.2 Die maßgeblichen Bewertungsvorschriften lauten:

Tatbestand	Gebühr
a) Die Beglaubigung einer Unterschrift oder eines Handzeichens	Nr. 25100 KV GNotKG (0,2 – mindestens 20 Euro, höchstens 70 Euro)
b) unter eine Erklärung, für die nach den Staatsschuldbuchgesetzen eine öffentliche Beglaubigung vorgesehen ist	Nr. 25101 Nr. 1 KV GNotKG (20 Euro)
c) unter eine Zustimmung gemäß § 27 GBO sowie einen damit verbundenen Löschungsantrag gemäß § 13 GBO	Nr. 25101 Nr. 2 KV GNotKG (20 Euro)
d) unter den Nachweis der Verwaltereigenschaft gemäß § 26 III WEG	Nr. 25101 Nr. 3 KV GNotKG (20 Euro)
Geschäftswert a) § 121 (der Geschäftswert bestimmt sich nach der für die Beurkundung der Erklärung geltenden Vorschrift) b) bis d) keiner, da Festgebühr	

3. Gebühr

11.3 Die Beglaubigungsgebühr nach Nr. 25100 KV GNotKG ist eine Wertgebühr mit einem Gebührensatz von 0,2, die **mindestens 20 Euro und höchstens 70 Euro** beträgt. Für die in Nr. 25101 KV GNotKG **bestimmten Erklärungen** ist anstelle einer Wertgebühr eine **Festgebühr** in Höhe von 20 Euro vorgesehen.

11.4 Mit der Gebühr für die Unterschriftsbeglaubigung ist gemäß Anm. II zu Nr. 25100 KV die Beglaubigung **mehrerer** Unterschriften oder Handzeichen abgegolten, wenn diese in einem einzigen Vermerk erfolgt.

11.5 Die Beglaubigungsgebühr entsteht **nicht**, wenn der Notar unter einem von ihm selbst gefertigten Entwurf demnächst eine oder mehrere Unterschriften oder Handzeichen beglaubigt. Dies gilt insbesondere für die erstmaligen Beglaubigungen, die an ein und demselben Tag erfolgen. Für eine spätere hingegen gilt dies nicht, hier ist die Beglaubigung zu berechnen (Anm. I zu Nr. 25100 KV i.V.m. Vorbem. 2.4.1 II KV). Sie löst die Gebühr nach Nr. 25100 KV GNotKG aus.

11.6 **Dem Notar steht** dabei gemäß Vorbemerkung 2 I KV der Aktenverwahrer nach § 51 BNotO, der Notariatsverwalter gemäß § 56 BNotO, sein Sozius nach § 9 I Satz 1, Fall 1 BNotO oder ein Notar, mit dem er die Geschäftsräume gemeinsam nach § 9 I Satz 1, Fall 2 BNotO nutzt, gleich.

11.7 Bei **Vollzugsentwürfen**, die im Rahmen eines Vollzugsauftrags gefertigt werden, gilt dies nicht, hier fällt die Beglaubigungsgebühr in jedem Fall an. Die Vorbemerkung 2.4.1 II KV GNotKG findet in diesem Fall keine Anwendung, da der

Notar keine gesonderte Gebühr für die Fertigung des Entwurfs erhalten hat.[1]

4. Geschäftswert

Grundsätzlich besteht ein Wertgebührenprinzip, mit Ausnahme der Festgebühren nach Nr. 25101 KV GNotKG. Nach der Vorschrift des § 121 GNotKG bestimmt sich der Wert für die Beglaubigung der Erklärung nach dem Wert, der **bei Beurkundung** der Erklärung maßgebend wäre.

11.8

5. Derselbe Beurkundungsgegenstand/Verschiedene Beurkundungsgegenstände

Gemäß § 121 GNotKG bestimmt sich der Geschäftswert der Unterschriftsbeglaubigung nach den für die **Beurkundung** der Erklärung geltenden Vorschriften.

11.9

Wären die beglaubigten Erklärungen in einem Beurkundungsverfahren **derselbe Beurkundungsgegenstand** im Sinne von § 109 GNotKG, so gilt dies auch für die Geschäftswertbestimmung der Unterschriftsbeglaubigung (siehe § 109 I Satz 5 und II Satz 2 GNotKG). Enthält das zu beglaubigende Schriftstück beispielsweise eine Betreuungs- und Patientenverfügung, so sind diese gemäß § 109 II Satz 1 Nr. 1 GNotKG derselbe (Beurkundungs-)gegenstand. Der Geschäftswert bestimmt sich gemäß § 109 II Satz 2 GNotKG nach dem höchsten Wert der beiden Erklärungen. Danach bestimmt sich die Beglaubigungsgebühr nach Nr. 25100 KV GNotKG (0,2). Eine Vergleichsberechnung nach § 94 II GNotKG ist nie erforderlich.

11.10

Wären die beglaubigten Erklärungen in einem Beurkundungsverfahren hingegen **verschiedene Beurkundungsgegenstände** i.S.v. §§ 110, 111 oder allgemein § 86 II GNotKG, so gilt dies auch für die Geschäftswertbestimmung der Unterschriftsbeglaubigung. Enthält das zu beglaubigende Schriftstück beispielsweise eine Patientenverfügung und eine Vorsorgevollmacht, so sind diese gemäß § 110 Nr. 3 GNotKG verschiedene (Beurkundungs-)gegenstände. Der Geschäftswert bestimmt sich gemäß § 35 I GNotKG aus der Summe der Einzelwerte. Eine Vergleichsberechnung nach § 94 I GNotKG ist – auch hier – nie erforderlich, da der Gebührensatz stets 0,2 nach Nr. 25100 KV GNotKG beträgt.

11.11

6. Vollzugs-, Betreuungs- und Treuhandtätigkeiten

Der Vollzug bei Unterschriftsbeglaubigungen

11.12

Vollzugstätigkeiten bei Unterschriftsbeglaubigungen sind eigens im Kostenverzeichnis des GNotKG geregelt. Bei einer Vollzugstätigkeit i.S.d. des Hauptabschnitt 2 Abschnitt 1 des KV GNotKG handelt es sich um eine **Vollzugstätigkeit in besonderen Fällen** nach Unterabschnitt 2 KV GNotKG; es fällt eine Vollzugsgebühr nach den Nrn. 22120 ff. KV GNotKG an. Wird der Notar beispielsweise beauftragt, die Unterschriftsbeglaubigung (z.B. unter ein Grundschuldbestellungsformular) beim Grundbuchamt einzureichen, so erhält er die

---
[1] OLG Hamm v. 16.7.2015 – 15 W 152/15, ZNotP 2015, 277 = FGPrax 2015, 276; ebenso bereits *PrüfAbt. der Ländernotarkasse*, NotBZ 2013, 428.

Vollzugsgebühr nach Nr. 22124 KV GNotKG in Höhe von 20 Euro (**Festgebühr**). Diese Gebühr entsteht aber nur, wenn nicht eine Gebühr nach den Nrn. 22120 KV bis 22123 KV GNotKG anfällt, siehe Anmerkung zu Nr. 22124 KV GNotKG.

11.13 **Datenübermittlung an das Grundbuchamt im XML Format**
Die Gebühren nach den Nrn. 22114 KV und 22125 KV GNotKG für den elektronischen Rechtsverkehr in Grundbuchsachen sind im Bereich der Ländernotarkasse A.d.ö.R. zwar bislang nur für Teile von Sachsen[1] relevant, weitere Bundesländer werden aber folgen. Der Notar muss dann für eine elektronische Kommunikation mit dem Grundbuchamt bei seiner Einreichung bestimmte Mindestangaben in strukturierter maschinenlesbarer Form im Format XML übermitteln (§ 1 II Nr. 2 der Sächsischen E-Justizverordnung i.d.F. 5.3.2014, GVBl. 2014, S. 94). Dafür erhält er im Rahmen der Berechnung zu einem Beurkundungsverfahren oder einer Entwurfsfertigung eine eigene Gebühr nach Nr. 22114 KV GNotKG (0,3 Gebühr, höchst. 250 Euro), in allen anderen Fällen eine Gebühr nach Nr. 22125 KV GNotKG (0,6 Gebühr, höchst. 250 Euro), wenn er beispielsweise nur die Unterschrift beglaubigt hat. Damit soll der zusätzliche Aufwand abgegolten werden, der zwangsläufig mit der Strukturierung der Daten aus einer fremden Urkunde verbunden ist.[2]

Der Geschäftswert bestimmt sich in beiden Fällen nach § 112 GNotKG, was für die Unterschriftsbeglaubigung bedeutet, dass derjenige Wert anzunehmen ist, der maßgebend wäre, wenn die beglaubigte Erklärung Gegenstand eines Beurkundungsverfahrens wäre (§ 112 S. 2 GNotKG).

11.14 **Betreuungstätigkeiten** nach Nr. 22220 KV GNotKG und **Treuhandtätigkeiten** nach Nr. 22201 KV GNotKG im Zusammenhang mit einer Unterschriftsbeglaubigung sind grundsätzlich nicht ausgeschlossen, aus der Praxis sind sie jedoch noch nicht bekannt geworden.

7. Gebührenfreie (Neben-)Geschäfte

11.15 Geschäfte, die zur Unterschriftsbeglaubigung gebührenfrei wären, sind nicht bekannt. Dem Notar obliegen aber gewisse Amts- oder Prüfungspflichten, wie etwa nach § 14 II BNotO, für die er keine gesonderte Gebühr erheben kann.

8. Unrichtige Sachbehandlung

11.16 Auch bei Unterschriftsbeglaubigungen besteht die Gefahr einer unrichtigen Sachbehandlung nach § 21 I S. 1 GNotKG.[3] Dies kann etwa bei einer getrennten Beglaubigung mehrerer zusammengehörender Erklärungen der Fall sein. Auch die Vornahme getrennter Beglaubigungsvermerke über mehrere Unterschriften kann darunter fallen.

---

[1] Eine Übersicht der bundesweit konkret betroffenen Grundbuchämter unter http://www.elrv.info/de/elektronischer-rechtsverkehr/rechtsgrundlagen/ElRv_Uebersicht_BL.html.
[2] Vgl. Begründung RegE, BT-Drs. 17/11471, zu Nr. 22125 KV, S. 224.
[3] S. hierzu Leipziger Kommentar GNotKG/*Wudy*, § 21 Rz. 135.

9. Gebührenermäßigung

Die Beglaubigungsgebühr nach Nr. 25100 f. KV GNotKG wird von einer Gebührenermäßigung nach § 91 GNotKG nicht erfasst.

11.17

10. Grundbucheinsicht und Registereinsicht

Sieht der Notar auf ausdrücklichen oder konkludenten Auftrag vor Vornahme der Unterschriftsbeglaubigung das Grundbuch oder das Handelsregister ein, ohne dass er zugleich mit dem Grundbuchvollzug beauftragt wird, so fällt hierfür neben der Gebühr Nr. 25100 KV GNotKG bzw. Nr. 25101 KV GNotKG die Gebühr Nr. 25209 KV GNotKG an.[1]

11.18

II. Unterschriftsbeglaubigungen unter bestimmte Erklärungen

→ **Fall 1: Unterschriftsbeglaubigung unter Vollmacht und Vollzug**

A. Sachverhalt

Der Notar beglaubigt die Unterschrift unter einer ihm vorgelegten Fremdurkunde (Vollmacht zur Vornahme eines bestimmten Rechtsgeschäfts). Der Wert der Fremdurkunde wurde mit 50 000 Euro angegeben. Der Notar wird beauftragt, die Urkunde anschließend an einen Dritten weiterzuleiten.

11.19

B. Rechnung

Pos.	Gebührentatbestände	Geschäfts-wert	KV-Nr.	Satz	Betrag
(1)	Unterschriftsbeglaubigung (§§ 121, 98 I)	25 000	25100	0,2	23,00
(2)	Vollzug – Übermittlung	keiner, da Festgebühr	22124		20,00

11.20

C. Erläuterungen

Pos. (1):

11.21

Der Geschäftswert beträgt gemäß §§ 121, 98 I die Hälfte des Geschäftswertes für die Beurkundung des Geschäfts, auf das sich die Vollmacht bezieht.

Für die Unterschriftsbeglaubigung ist gem. Nr. 25100 KV die 0,2 Gebühr, mind. 20 Euro, höchst. 70 Euro, zu erheben.

Pos. (2):

11.22

Für die auftragsgemäße Übermittlung der unterschriftsbeglaubigten Erklärung an einen Dritten fällt eine Vollzugsgebühr nach Nr. 22124 KV in Höhe von 20 Euro an.

---

1 So auch Leipziger Kommentar GNotKG/*Arnold*, Nr. 25100 KV Rz. 30 f. sowie Nr. 25209 KV Rz. 22.

→ **Fall 2: Unterschriftsbeglaubigung unter Vollmacht (mehrere Seiten)**

A. Sachverhalt

11.23 Dem Notar werden mehrere ausgefüllte, zusammengehörige Formularseiten einer allgemeinen Vollmacht zur Unterschriftsbeglaubigung vorgelegt, wobei die einzelnen Blätter jeweils bereits unterschrieben sind. Der Notar fertigt insgesamt einen Beglaubigungsvermerk. Das Aktivvermögen des Mandanten beträgt 50 000 Euro.

B. Rechnung

11.24

Pos.	Gebührentatbestände	Geschäftswert	KV-Nr.	Satz	Betrag
	Unterschriftsbeglaubigung (§§ 121, 98 III)	25 000	25100	0,2	23,00

C. Erläuterungen

11.25 Für die Unterschriftsbeglaubigung ist, da ein einziger Beglaubigungsvermerk gefertigt wurde, gem. Nr. 25100 KV die 0,2 Gebühr, mind. 20 Euro, höchst. 70 Euro, zu erheben.

→ **Fall 3: Unterschriftsbeglaubigung unter Genehmigungsentwurf im Rahmen des Vollzugs**

A. Sachverhalt

11.26 Der Notar beglaubigt die Unterschrift unter einer von ihm selbst entworfenen und bereits im Rahmen der Vollzugsgebühr nach Nr. 22110 KV mit seinem Grundstückskaufvertrag abgerechneten Genehmigungserklärung des alleinigen vollmachtlos vertretenen Käufers. Der Kaufpreis im Kaufvertrag beträgt 50 000 Euro.

B. Rechnung

11.27

Pos.	Gebührentatbestände	Geschäftswert	KV-Nr.	Satz	Betrag
	Unterschriftsbeglaubigung (§§ 121, 98 III, 47)	25 000	25100	0,2	23,00

C. Erläuterungen

11.28 Der Notar war im Rahmen des Grundstückskaufvertrages mit der **Vollzugstätigkeit** nach Vorbem. 2.2.1.1 I Satz 2 Nr. 5 KV beauftragt (Anforderung und Prüfung einer privatrechtlichen Genehmigungserklärung). Damit hatte er die volle Vollzugsgebühr nach Nr. 22110 KV verdient. Der damit im Zusammenhang stehende Genehmigungsentwurf war gemäß Vorbem. 2.2 II KV mit der Vollzugsgebühr abgegolten.

II. Unterschriftsbeglaubigungen unter bestimmte Erklärungen

Die Unterschriftsbeglaubigung löst auch bei dem Vollzugsnotar eine Beglaubigungsgebühr nach Nr. 25100 KV aus, da kein Entwurf i.S.d. Nr. 24101 KV abgerechnet wurde. Es greift nicht etwa die Gebührenfreiheit für die erstmalige Beglaubigung gemäß Vorbem. 2.4.1 II KV.[1]

11.29

Für die Unterschriftsbeglaubigung ist gem. Nr. 25100 KV die 0,2 Gebühr, mind. 20 Euro, höchst. 70 Euro, zu erheben.

11.30

D. Anmerkung

Läge hier ein Mitberechtigungsverhältnis auf Käuferseite vor, so wäre der Geschäftswert nach § 98 II entsprechend zu ermäßigen.

11.31

→ Fall 4: Unterschriftsbeglaubigung unter Genehmigungserklärung ohne vorherigen Vollzugsauftrag

A. Sachverhalt

Der Notar beurkundete im Vorfeld einen Grundstückskaufvertrag (Kaufpreis 50 000 Euro), wobei ein Beteiligter vollmachtlos vertreten wurde. Die erforderliche Genehmigungserklärung des vollmachtlos Vertretenen, so versicherten die Beteiligten dem Notar, werden sie selbst besorgen, der Notar müsse nichts veranlassen.

11.32

Einige Zeit später kommt der vollmachtlos Vertretene zum Notar und beantragt die Beglaubigung seiner Unterschrift unter die erforderliche Genehmigungserklärung, die der Notar entwerfen soll.

B. Rechnung

Pos.	Gebührentatbestände	Geschäftswert	KV-Nr.	Satz	Betrag
	Entwurf Genehmigungserklärung (§§ 121, 98 I, 47)	25 000	24101, 21200	1,0	115,00

11.33

C. Erläuterungen

Der Notar wurde im Rahmen des Grundstückskaufvertrages nicht mit der **Vollzugstätigkeit** nach Vorbem. 2.2.1.1 I Satz 2 Nr. 5 KV (Anforderung und Prüfung der privatrechtlichen Genehmigungserklärung) beauftragt. Beantragt wurde im vorliegenden Fall vielmehr zu einem späteren Zeitpunkt der Entwurf der Genehmigungserklärung nebst Unterschriftsbeglaubigung. Für den Entwurf ist daher gem. Nrn. 24101, 21200 KV die Rahmengebühr 0,3–1,0, mind. 60 Euro zu erheben.[2] Da der Entwurf vollständig gefertigt wurde, ist die höchste Rahmengebühr zu erheben (§ 92 II).

11.34

Die Unterschriftsbeglaubigung ist durch die Gebühr für die Entwurfsfertigung gem. Vorbem. 2.4.1 II KV abgegolten.

11.35

---

1 OLG Hamm v. 16.7.2015 – 15 W 152/15, ZNotP 2015, 277 = FGPrax 2015, 276; ebenso bereits *PrüfAbt. der Ländernotarkasse*, NotBZ 2013, 428, NotBZ 2016, 132.
2 S. dazu auch *PrüfAbt. der Ländernotarkasse*, NotBZ 2016, 132.

→ **Fall 5: Unterschriftsbeglaubigung unter fremde Genehmigungserklärung und Vollzug**

A. Sachverhalt

11.36 Der Notar beglaubigt die Unterschrift des Verkäufers unter einer ihm vorgelegten fremden Genehmigungserklärung (zu einem Grundstückskaufvertrag), die eine Seite umfasst. Gleichzeitig wird der Notar beauftragt, diese Genehmigungserklärung nach der Unterschriftsbeglaubigung direkt zu dem den Kaufvertrag beurkundenden Notar zu übersenden. Außerdem beantragt der Beteiligte die Erteilung von zwei beglaubigten Abschriften der Genehmigungserklärung nebst Unterschriftsbeglaubigung. Der Wert der Erklärung wird mit 150 000 Euro angegeben.

B. Rechnung

11.37

Pos.	Gebührentatbestände	Geschäftswert	KV-Nr.	Satz	Betrag
(1)	Unterschriftsbeglaubigung (§§ 121, 98 I, 47)	75 000	25100	0,2	43,80
(2)	Vollzug – Weiterleitung	Keiner, da Festgebühr	22124		20,00
(3)	2 Beglaubigungen	Keiner, da keine Wertgebühr	25102		10,00
		Keiner, da keine Wertgebühr	25102		10,00

C. Erläuterungen

11.38 **Pos. (1):**

Der Geschäftswert bestimmt sich nach der für die Beurkundung geltenden Vorschrift (§ 121). Der Geschäftswert beträgt die Hälfte des Geschäftswerts für die Beurkundung des Geschäfts, auf das sich die Genehmigung bezieht.

Für die Unterschriftsbeglaubigung ist gem. Nr. 25100 KV die 0,2 Gebühr, mind. 20 Euro, höchst. 70 Euro, zu erheben.

11.39 **Pos. (2):**

Für die Versendung der Urkunde an einen Dritten entsteht die Festgebühr nach Nr. 22124 KV.

11.40 **Pos. (3):**

Die Beglaubigungsgebühr beträgt gemäß Nr. 25102 KV 1 Euro pro angefangene Seite, mind. 10 Euro. Neben der Beglaubigungsgebühr wird keine Dokumentenpauschale erhoben (Anm. I zu Nr. 25102 KV).

II. Unterschriftsbeglaubigungen unter bestimmte Erklärungen

→ **Fall 6: Unterschriftsbeglaubigung unter lückenhaften Text/Blankounterschrift**

A. Sachverhalt

Der Notar beglaubigt die Unterschrift unter einen lückenhaften bzw. noch nicht ausgefüllten Text. Der Wert der Erklärung wird mit 10 000 Euro angegeben.

11.41

B. Rechnung

Pos.	Gebührentatbestand	Geschäftswert	KV-Nr.	Satz	Betrag
	Unterschriftsbeglaubigung (§§ 121, 97 I, 36 I)	10 000	25100	0,2	20,00

11.42

C. Erläuterungen

Der Geschäftswert bestimmt sich gemäß §§ 121, 97 I, 36 I nach dem Wert der Erklärung.

11.43

Für die Unterschriftsbeglaubigung ist gem. Nr. 25100 KV die 0,2 Gebühr, mind. 20 Euro, höchst. 70 Euro zu erheben.

11.44

→ **Fall 7: Unterschriftsbeglaubigung unter fremdsprachige Urkunde**

A. Sachverhalt

Der Notar beglaubigt die Unterschrift eines Mandanten unter einer in fremder Sprache bzw. mit fremden, ihm unbekannten Buchstaben verfassten Schrift. Der Beglaubigungsvermerk des Notars erfolgt in deutscher Sprache. Der Wert der Urkunde wurde mit 500 000 Euro angegeben.

11.45

B. Rechnung

Pos.	Gebührentatbestände	Geschäftswert	KV-Nr.	Satz	Betrag
	Unterschriftsbeglaubigung (§§ 121, 97 I, 36 I)	500 000	25100	0,2	70,00

11.46

C. Erläuterungen

Der Geschäftswert bestimmt sich nach §§ 121, 97 I, 36 I nach dem angegebenen Wert der Erklärung. Für die Unterschriftsbeglaubigung ist gem. Nr. 25100 KV die 0,2 Gebühr, mind. 20 Euro, höchst. 70 Euro, zu erheben.

11.47

Eine Zusatzgebühr nach Nr. 26001 KV fällt nicht an, weil hier keine Fremdsprachenkenntnisse des Notars erforderlich waren. Zu einem Beglaubigungsvermerk in fremder Sprache wird auf Fall 8 in Rz. 28.47 verwiesen.

11.48

→ Fall 8: Unterschriftsbeglaubigung unter Vertrag (Pachtvertrag)

A. Sachverhalt

11.49 Der Notar beglaubigt auftragsgemäß die Unterschrift beider Vertragsteile in einem Vermerk unter einem ihm vorgelegten vollständig erstellten Pachtvertrag, der eine Laufzeit von 15 Jahren hat. Der im Vertrag vereinbarte Pachtzins beträgt jährlich 600 Euro. Das verpachtete Grundstück hat einen Wert von 8000 Euro.

B. Rechnung

11.50

Pos.	Gebührentatbestände	Geschäftswert	KV-Nr.	Satz	Betrag
	Unterschriftsbeglaubigung (§§ 121, 99 I)	9000	25100	0,2	20,00

C. Erläuterungen

11.51 Der Geschäftswert bestimmt sich nach der für die Beurkundung geltenden Vorschrift (§ 121), somit gemäß § 99 I nach dem Wert aller Leistungen des Pächters während der ganzen Vertragszeit. In keinem Fall darf der Wert den auf die ersten 20 Jahre entfallenden Wert übersteigen (600 Euro × 15 Jahre).

11.52 Für die Unterschriftsbeglaubigung ist gem. Nr. 25100 KV die 0,2 Gebühr, mind. 20 Euro, höchst. 70 Euro zu erheben.

→ Fall 9: Unterschriftsbeglaubigung unter Grundschuldbestellungsformular

A. Sachverhalt

11.53 Der Notar beglaubigt die Unterschrift unter einem vollständig ausgefüllten Grundschuldbestellungsformular zur Bestellung einer Grundschuld über 100 000 Euro. Das Formular hat 4 Seiten. Von der Urkunde werden 2 beglaubigte Abschriften gefertigt. Gleichzeitig nimmt er den elektronischen Vollzug der Grundschuldbestellung (Erstellung der XML-Strukturdaten und Übermittlung an das Grundbuchamt) vor.

B. Rechnung

11.54

Pos.	Gebührentatbestände	Geschäftswert	KV-Nr.	Satz	Betrag
(1)	Unterschriftsbeglaubigung (§§ 121, 53 I)	100 000	25100	0,2	54,60
(2)	Vollzug – Weiterleitung an das Grundbuchamt	keiner, da Festgebühr	22124		20,00
(3)	Vollzug – XML (§ 112)	100 000	22125	0,6	163,80

Pos.	Gebührentatbestände	Geschäfts-wert	KV-Nr.	Satz	Betrag
(4)	3 beglaubigte Abschriften	keiner, da keine Wertgebühr	25102		10,00
		keiner, da keine Wertgebühr	25102		10,00
		keiner, da keine Wertgebühr	25102		10,00

C. Erläuterungen

Pos. (1): 11.55
Der Geschäftswert bestimmt sich nach der für die Beurkundung geltenden Vorschrift (§ 121), somit gemäß § 53 I nach dem Nennbetrag der Grundschuld.
Für die Unterschriftsbeglaubigung ist gem. Nr. 25100 die 0,2 Gebühr, mind. 20 Euro, höchst. 70 Euro, zu erheben.

Pos. (2): 11.56
Für die Weiterleitung der unterschriftsbeglaubigten Urkunde an das Grundbuchamt entsteht die Festgebühr nach Nr. 22124 KV.

Pos. (3): 11.57
Die Erstellung der XML-Strukturdaten fällt unter den Vollzug (in besonderen Fällen), für welchen das GNotKG eine eigenständige Gebühr in der Nr. 22125 KV vorsieht, denn hier hat der Notar gemäß Vorbem. 2.2.1.2 keine Gebühr für ein Beurkundungsverfahren oder für die Fertigung eines Entwurfs erhalten. Der Geschäftswert bestimmt sich nach dem Wert der Unterschriftsbeglaubigung (§ 112).

Pos. (4): 11.58
Es entstehen drei gesonderte Beglaubigungsgebühren, denn es handelt sich nicht um ein notarielles Verfahren, bei dem die Werte nach § 35 I zu addieren wären (arg. § 85 I). Dabei entfällt eine Beglaubigungsgebühr nach Nr. 25102 KV auf die Erstellung der elektronischen Beglaubigung (§ 39a BeurkG) für die Übersendung der Grundschuld per XML an das Grundbuchamt und zwei Beglaubigungsgebühren nach Nr. 25102 KV für die beantragten beglaubigten Abschriften der Urkunde.
Die Beglaubigungsgebühr beträgt gemäß Nr. 25102 KV 1 Euro pro angefangene Seite, mind. 10 Euro.

Neben der jeweiligen Beglaubigungsgebühr wird keine Dokumentenpauschale erhoben (Anm. I zu Nr. 25102 KV). 11.59

→ **Fall 10: Nachweis der Verwaltereigenschaft (§ 26 III WEG)**

A. Sachverhalt

11.60 Dem Notar wird ein Beschluss der Eigentümerversammlung über die Bestellung eines Verwalters nach § 26 III WEG vorgelegt. Der Notar beglaubigt die Unterschriften und fertigt einen Beglaubigungsvermerk.

B. Rechnung

11.61

Pos.	Gebührentatbestände	Geschäftswert	KV-Nr.	Satz	Betrag
	Unterschriftsbeglaubigung	keiner, da Festgebühr	25101 Nr. 3		20,00

C. Erläuterungen

11.62 Für die Unterschriftsbeglaubigung ist gem. Nr. 25101 Nr. 3 KV eine Festgebühr in Höhe von 20 Euro zu erheben.

→ **Fall 11: Unterschriftsbeglaubigung unter Handelsregisteranmeldung (Geschäftsführerbestellung)**

A. Sachverhalt

11.63 Der Notar beglaubigt die Unterschriften mehrerer Geschäftsführer (in einem Vermerk) unter einer von ihm nicht entworfenen Handelsregisteranmeldung. Angemeldet wird die Bestellung eines Geschäftsführers. Das Stammkapital der Gesellschaft beträgt 25 000 Euro. Zur Überprüfung des Entwurfs wurde der Notar zwar nicht beauftragt, er stellte aber das Fehlen der Belehrung nach § 53 II BZRG fest. Sodann ergänzt er die Handelsregisteranmeldung auftragsgemäß um die Belehrung. Gleichzeitig nimmt er den elektronischen Vollzug der Handelsregisteranmeldung (Erstellung der XML-Strukturdaten) und die Übermittlung an das Handelsregister vor.

B. Rechnung

11.64

Pos.	Gebührentatbestände	Geschäftswert	KV-Nr.	Satz	Betrag
(1)	Ergänzung eines Entwurfs (§§ 121, 105 IV Nr. 1, 36 I, 92 I)	6000	24102, 21201 Nr. 4	0,5	30,00
(2)	Vollzug – XML (§ 112)	6000	22114	0,3	15,30

C. Erläuterungen

11.65 **Pos. (1):**

Nicht abgegolten durch die Beglaubigungsgebühr Nr. 25100 KV ist die Belehrung des Notars nach § 53 II BZRG. Fehlt die Versicherung des Geschäftsführers in dem zu beglaubigenden Text und soll sie der Notar auftragsgemäß ergänzen und nimmt der Notar dabei die Belehrung vor, so fällt eine Gebühr nach Nr. 24102 i.V.m. Nr. 21201 Nr. 5 i.V.m. Vorbem. 2.4.1 III i.V.m. § 92 I für eine Entwurfsergänzung an. Die Höchstgebühr des Rahmens erscheint bei Entwurfsüberprüfung gerechtfertigt.[1] Der Geschäftswert bestimmt sich nach § 36 I aus einem Teilwert, etwa 10 %–20 % aus dem Wert der Handelsregisteranmeldung erscheinen angemessen; hier 20 % aus 30 000 Euro (§ 105 IV Nr. 1).

Die Beglaubigungsgebühr nach Nr. 25100 KV entfällt bei Entwurfsergänzung (Anm. I zu Nr. 25100 KV, Vorbem. 2.4.1 II KV).

11.66

Anmerkung:
Ergänzt der Notar die Handelsregisteranmeldung hingegen nicht, sondern belehrt den Geschäftsführer lediglich mündlich nach § 53 II BZRG, so erhält er hierfür keine Entwurfsgebühr, sondern eine Beratungsgebühr nach Nr. 24202 i.V.m. Nr. 21201 Nr. 5 KV i.V.m. § 92 I.[2]

11.67

Pos. (2):
Die Erstellung der XML-Strukturdaten fällt unter den Regelvollzug, da der Notar bereits eine Entwurfsgebühr erhalten hat (Vorbem. 2.2.1.1 I S. 1 KV). Einschlägig ist daher die Gebühr Nr. 22114 KV. Der Geschäftswert bestimmt sich nach dem Wert der Handelsregisteranmeldung (§ 112).

11.68

Die Weiterleitung der Anmeldeurkunde an das Handelsregister ist mit der Entwurfs(ergänzungs)gebühr abgegolten (Vorbem. 2.4.1 IV Nr. 1 KV).

11.69

→ **Fall 12: Unterschriftsbeglaubigung zur Löschung eines Vorkaufsrechts**

A. Sachverhalt

Der Notar beglaubigt die Unterschrift unter einer ihm vorgelegten Bewilligung nebst Antrag des Berechtigten A, wonach das für ihn am Grundstück des B eingetragene unbefristete Vorkaufsrecht für alle Verkaufsfälle im Grundbuch gelöscht werden soll. Der Wert des Grundstücks beträgt 200 000 Euro.

11.70

B. Rechnung

Pos.	Gebührentatbestände	Geschäftswert	KV-Nr.	Satz	Betrag
	Unterschriftsbeglaubigung (§§ 121, 51 I S. 2)	100 000	25100	0,2	54,60

11.71

C. Erläuterungen

Der Geschäftswert bestimmt sich nach der für die Beurkundung geltenden Vorschrift (§ 121), somit nach § 51 I S. 2 (Hälfte des Grundstückswertes). Ist der Wert

11.72

---
1 S. LG Bonn v. 1.9.2015 – 6 OH 5/15, RNotZ 2016, 132 (LS).
2 LG Schwerin v. 8.12.2015 – 4 T 1/15, NotBZ 2016, 194; LG Cottbus v. 25.5.2016 – 7 OH 5/14.

nach den besonderen Umständen des Einzelfalls unbillig, kann ein höherer oder niedrigerer Wert angenommen werden (§ 51 III).

11.73 Für die Unterschriftsbeglaubigung ist gem. Nr. 25100 KV die 0,2 Gebühr, mind. 20 Euro, höchst. 70 Euro, zu erheben.

11.74 **Exkurs:**

Wird über die Beglaubigung der Unterschrift hinaus eine Beratung erforderlich, so fällt neben der Beglaubigungsgebühr nach Nr. 25100 KV eine zusätzliche Beratungsgebühr an.[1]

→ **Fall 13: Beglaubigung eines Handzeichens**

A. Sachverhalt

11.75 Der Mandant erklärte bei Unterschriftsleistung vor dem Notar, nicht schreiben gelernt zu haben. Der Notar fertigte einen Beglaubigungsvermerk, wonach vorstehendes Handzeichen von dem Mandanten geleistet worden ist. Ein Geschäftswert ging aus der vorgelegten Fremdurkunde nicht hervor.

B. Rechnung

11.76

Pos.	Gebührentatbestände	Geschäftswert	KV-Nr.	Satz	Betrag
	Unterschriftsbeglaubigung (§§ 121, 36 III)	5000	25100	0,2	20,00

C. Erläuterungen

11.77 Der Geschäftswert ist hier mangels Anhaltspunkte im Rahmen des § 36 III zu bestimmen.

Für die Unterschriftsbeglaubigung ist gem. Nr. 25100 KV die 0,2 Gebühr, mind. 20 Euro, höchst. 70 Euro zu erheben.

→ **Fall 14: Unterschriftsbeglaubigung unter Löschungsantrag und Vollzug**

A. Sachverhalt

11.78 Dem Notar wird ein Formular mit einem Löschungsantrag vorgelegt, mit dem der Eigentümer die Löschung eines eingetragenen Grundpfandrechts über 100 000 Euro beantragt und der Löschung zustimmt (§§ 13, 27 GBO). Unter diesen beglaubigt der Notar die Unterschrift des Eigentümers. Der Notar wird außerdem beauftragt, die Urkunde an das Grundbuchamt zu übermitteln.

---

1 LG Schwerin v. 8.12.2015 – 4 T 1/15, NotBZ 2016, 194.

II. Unterschriftsbeglaubigungen unter bestimmte Erklärungen

B. Rechnung

Pos.	Gebührentatbestände	Geschäftswert	KV-Nr.	Satz	Betrag
(1)	Unterschriftsbeglaubigung	Keiner, da Festgebühr	25101 Nr. 2		20,00
(2)	Vollzug (Übersendung an GBA)	Keiner, da Festgebühr	22124		20,00

C. Erläuterungen

Pos. (1):
Für die Unterschriftsbeglaubigung entsteht eine Festgebühr gemäß Nr. 25101 Nr. 2 KV.

Pos. (2):
Für die Weiterleitung der unterschriftsbeglaubigten Urkunde an das Grundbuchamt entsteht die Festgebühr nach Nr. 22124 KV.

Wäre hier die Einreichung in elektronischer Form und somit die Erstellung der XML-Strukturdaten erforderlich, so entstünde daneben eine weitere Vollzugsgebühr nach Nr. 22125 KV (0,6).

→ **Fall 15: Unterschriftsbeglaubigung unter Patientenverfügung**

A. Sachverhalt

Der Notar beglaubigt auftragsgemäß außerhalb seiner Geschäftsstelle um 19 Uhr die Unterschrift unter eine Patientenverfügung, die er nicht entworfen hat. Er ist dafür insgesamt 1 Stunde abwesend.

B. Rechnung

Pos.	Gebührentatbestände	Geschäftswert	KV-Nr.	Satz	Betrag
(1)	Unterschriftsbeglaubigung (§§ 121, 36 II und III)	5000	25100	0,2	20,00
(2)	Auswärtsgebühr	Keiner	26003 Nr. 4		50,00
(3)	Unzeitgebühr	Keiner	26000		6,00

C. Erläuterungen

Pos. (1):
Für die Unterschriftsbeglaubigung ist gem. Nr. 25100 KV die 0,2 Gebühr, mind. 20 Euro, höchst. 70 Euro, zu erheben.

11.86 **Pos. (2):**

Bei der Auswärtsgebühr nach Nr. 26003 KV handelt es sich um eine Festgebühr.

11.87 **Pos. (3):**

Die Unzeitgebühr beträgt 30 % der für das Geschäft zu erhebenden Gebühr. Die Mindestgebühr nach § 34 V in Höhe von 15,00 Euro gilt hier nicht, da es sich nicht um eine Wertgebühr handelt.

III. Mehrere getrennte Unterschriftsbeglaubigungen auswärts

→ **Fall 16: Unterschriftsbeglaubigungen (30 Stück) mit Beifügung Vertretungsnachweis**

A. Sachverhalt

11.88 Der Notar begibt sich auftragsgemäß zur V-Bank, um dort **30 Unterschriftsbeglaubigungen** vorzunehmen. Dafür ist er insgesamt 1,5 h abwesend. Bei den **getrennt** zu beglaubigenden Dokumenten handelt es sich jeweils um Pfandfreigabe-, Löschungs- bzw. Abtretungserklärungen zu einer Grundschuld. Die Vertretungsberechtigten der V-Bank unterschreiben die Dokumente in Gegenwart des Notars. Der Notar fertigt anschließend in seinem Büro 30 Beglaubigungsvermerke. Der Geschäftswert eines jeden Dokuments beträgt 50 000 Euro. Als Vertretungsnachweis wird die vorgelegte Vollmacht der V-Bank (9 Seiten) jeweils in beglaubigter Form beigefügt.

B. Rechnung

11.89

Pos.	Gebührentatbestände	Geschäftswert	KV-Nr.	Satz	Betrag
(1)	Unterschriftsbeglaubigungen (§§ 121, 53 I 1, 44 I 1, 97 I)	50 000	25100	0,2	33,00
(2)	Beglaubigung der Vollmacht	keiner, da keine Wertgebühr	25102		10,00
(3)	Auswärtsgebühr		26002		5,00

Die vorliegende Rechnung ist insgesamt 30mal zu erheben.

C. Erläuterungen

11.90 **Pos. (1):**

Der Geschäftswert bestimmt sich nach den für die Beurkundung der Erklärung geltenden Vorschriften:

a) für jede Beglaubigung, betreffend die **Löschung bzw. Abtretung einer Grundschuld**:

50 000 Euro (§§ 121, 53 I S. 1, 97 I; Nennbetrag des Grundpfandrechts)

b) für jede Beglaubigung, betreffend eine **Pfandfreigabe**: **50 000 Euro** (§§ 121, 44 I S. 1, 97 I; Vergleich zwischen dem Nennbetrag des Grundpfandrechts und Verkehrswert des/der Grundstücke, wobei der geringere Wert maßgebend ist, hier 50 000 Euro)

Für die Unterschriftsbeglaubigung ist gem. Nr. 25100 KV die 0,2 Gebühr, mind. 20 Euro, höchst. 70 Euro, zu erheben. Sie fällt hier für jede Beglaubigung an, insgesamt 30 Stück.

11.91

Pos. (2):

11.92

Die Beglaubigungsgebühr kann gemäß Anm. II Nr. 2 zu Nr. 25102 KV nicht erhoben werden für die Erteilung beglaubigter Ablichtungen vorgelegter Vollmachten und Ausweise über die Berechtigung eines gesetzlichen Vertreters, die der vom Notar gefertigten Niederschrift beizulegen sind (§ 12 BeurkG). Hier handelt es sich aber gerade **nicht** um eine Niederschrift, sondern um eine Unterschriftsbeglaubigung (Zeugnis nach § 39 BeurkG), so dass die Beglaubigungsgebühr anfällt.

Für die Beglaubigung ist gem. Nr. 25102 KV 1 Euro für jede angefangene Seite, mindestens sind 10 Euro zu erheben. Neben der Gebühr wird **keine** Dokumentenpauschale erhoben. Für die anschließend auftragsgemäß gefertigten Abschriften fällt die Dokumentenpauschale nach Nr. 32000 KV an.[1]

Bei Hinzufügung eines Vertretungsnachweises zu einem gefertigten **Entwurf** hingegen wird dieser der Niederschrift gleichgestellt, so dass **keine** Beglaubigungsgebühr anfällt.

11.93

Pos. (3):

11.94

Nach Anm. I zu Nr. 26002 KV entsteht die Auswärtsgebühr nur einmal (insgesamt 150 Euro). Sie ist auf die einzelnen Beglaubigungen angemessen zu verteilen (150 Euro/30 Beglaubigungen = 5 Euro pro Beglaubigung). Die Mindestgebühr nach § 34 V gilt hier nicht.

→ **Fall 17: Unterschriftsbeglaubigungen (30 Stück) mit Bescheinigung nach § 21 III BNotO**

A. Sachverhalt

Der Notar begibt sich auftragsgemäß zur V-Bank, um dort **30 Unterschriftsbeglaubigungen** vorzunehmen. Dafür ist er insgesamt 1,5 h abwesend. Bei den **getrennt** zu beglaubigenden Dokumenten handelt es sich jeweils um Pfandfreigabe-, Löschungs- bzw. Abtretungserklärungen zu einer Grundschuld. Die Vertretungsberechtigten der V-Bank unterschreiben die Dokumente in Gegenwart des Notars. Der Notar fertigt anschließend in seinem Büro 30 Beglaubigungsvermerke. Der Geschäftswert eines jeden Dokuments beträgt 50 000 Euro.

11.95

Der Notar fertigt eine Bescheinigung über die Vertretungsberechtigung der Unterzeichnenden nach § 21 III BNotO aufgrund einer vorgelegten öffentlich beglaubigten Vollmacht der V-Bank (§ 34 GBO). Dazu nimmt er Einsicht in die

---

1 *PrüfAbt. der Ländernotarkasse*, NotBZ 8/2014, 286.

vorgelegte Vollmacht und gibt in der Bescheinigung an, in welcher Form und an welchem Tag ihm die Vollmachtsurkunde vorgelegen hat.

B. Rechnung

11.96

Pos.	Gebührentatbestände	Geschäfts-wert	KV-Nr.	Satz	Betrag
(1)	Unterschriftsbeglaubigungen (§§ 121, 53 I 1, 44 I 1, 97 I)	50 000	25100	0,2	33,00
(2)	Bescheinigung nach § 21 III BNotO	keiner, da Festgebühr	25214		15,00
(3)	Auswärtsgebühr		26002		5,00

Die vorliegende Rechnung ist insgesamt 30mal zu erheben.

C. Erläuterungen

11.97 **Pos. (1):**

Der Geschäftswert bestimmt sich nach den für die Beurkundung der Erklärung geltenden Vorschriften:

a) für jede Beglaubigung, betreffend die **Löschung bzw. Abtretung einer Grundschuld**:

50 000 Euro (§§ 121, 53 I S. 1, 97 I; Nennbetrag des Grundpfandrechts)

b) für jede Beglaubigung, betreffend eine **Pfandfreigabe: 50 000 Euro** (§§ 121, 44 I S. 1, 97 I; Vergleich zwischen dem Nennbetrag des Grundpfandrechts und Verkehrswert des/der Grundstücke, wobei der geringere Wert maßgebend ist, hier 50 000 Euro).

Für die Unterschriftsbeglaubigung ist gem. Nr. 25100 KV die 0,2 Gebühr, mind. 20 Euro, höchst. 70 Euro, zu erheben. Sie fällt hier für jede Beglaubigung an, insgesamt 30 Stück.

11.98 **Pos. (2):**

Für die Bescheinigung nach § 21 III BNotO fällt nach Nr. 25214 KV eine Gebühr in Höhe von 15 Euro an. Für die Einsicht in die Vollmacht fällt daneben aber **keine** Gebühr nach Nr. 25209 KV an.

11.99 Liegen der Vollmacht über die Vertretungsmacht mehrere, aufeinander aufbauende Vollmachten (umgekehrt: Untervollmachten wie beispielsweise bei der BVVG) zugrunde, so entstehen mehrere Gebühren – nämlich pro Vollmacht; denn der Notar muss jede Vollmacht einzeln hinsichtlich der Form und des Zeitpunkts der Vorlage prüfen.[1]

11.100 **Pos. (3):**

Nach Anm. I zu Nr. 26002 KV entsteht die Auswärtsgebühr nur einmal (insgesamt 150 Euro). Sie ist auf die einzelnen Beglaubigungen angemessen zu ver-

---

[1] So Leipziger Kommentar GNotKG/*Otto*, Nr. 25214 KV Rz. 4.

teilen (150 Euro/30 Beglaubigungen = 5 Euro pro Beglaubigung). Die Mindestgebühr nach § 34 V gilt hier nicht.

IV. Unterschriftsbeglaubigung unter mehrere Erklärungen

→ **Fall 18: Grundschuldbestellung (500 000 Euro) und Löschungsantrag (400 000 Euro) nebst Vollzug**

A. Sachverhalt

Dem Notar wird ein **vollständig ausgefülltes** Grundschuldformular vorgelegt, mit dem eine Grundschuld über 500 000 Euro bestellt werden soll. Das Formular enthält auch einen Antrag auf Löschung sowie die Löschungszustimmung (§§ 13, 27 GBO) über eine eingetragene Grundschuld zu 400 000 Euro. Das Grundstück liegt im Sanierungsgebiet. Der Notar wird beauftragt, die Unterschrift des Eigentümers zu beglaubigen, die Genehmigung nach § 144 BauGB einzuholen und den Grundbuchvollzug durchzuführen.

11.101

B. Rechnung

Pos.	Gebührentatbestände	Geschäftswert	KV-Nr.	Satz	Betrag
(1)	Unterschriftsbeglaubigung	900 000	25100	0,2	70,00
	a) Grundschuldbestellung (§§ 121, 53 I, 97 I)	500 000	25100	0,2	70,00
	b) Löschungsantrag und -zustimmung	400 000	25101 Nr. 2		20,00
(2)	Vollzug				
	a) Einholung sanierungsrechtlicher Genehmigung zur Grundschuld (§§ 112 S. 2, 53 I)	500 000	22121	0,5	467,50
	b) Übermittlung der Grundschuldbestellung nebst Löschungserklärungen an das Grundbuchamt	Keiner, da Festgebühr	22124		20,00

11.102

C. Erläuterungen

Pos. (1):

11.103

Bei einer Unterschriftsbeglaubigung, die sich auf Erklärungen bezieht, die bei einem Beurkundungsverfahren verschiedene Beurkundungsgegenstände darstellen würden, werden die Werte addiert (§§ 121, 35 I). Die Besonderheit dieses Falles besteht in einem Zusammentreffen einer Wertgebühr (Nr. 25100 KV) mit einer Festgebühr (Nr. 25101 Nr. 2 KV). Hier stellt sich die Frage, ob bei der Festgebühr zum Zwecke der Zusammenrechnung ein fiktiver Geschäftswert zugrunde gelegt werden muss oder ob die beiden Gebühren, d.h. die Geschäftswertgebühr und die Festgebühr stets getrennt berechnet werden müssen. In diesem Fall stellt sich weiterhin die Frage, ob die Höchstgebühr für Unterschriftsbeglaubigungen nach Nr. 25100 KV in Höhe von 70 Euro überschritten werden darf. U.E. ist stets zugunsten des Kostenschuldners zu rechnen. **Vorliegend wird also die Gebühr Nr. 25100 KV (0,2) aus der Wertesumme (900 000 Euro) berechnet**, da sie unter Berücksichtigung der Höchstgebühr von 70 Euro nach Nr. 25100 KV niedriger ist als die Einzelgebühren (nämlich 0,2 aus 500 000 Euro nach Nr. 25100 KV und Festgebühr in Höhe von 20 Euro nach Nr. 25101 Nr. 2 KV).[1]

11.104 **Pos. (2):**

zu a) Gemäß § 112 Satz 2 bestimmt sich der Geschäftswert für den Vollzug einer reinen unterschriftsbeglaubigten Erklärung nach demjenigen Wert, der maßgebend wäre, wenn das Geschäft Gegenstand eines Beurkundungsverfahrens wäre. Vollzogen im Sinne der Nr. 22121 KV wird vorliegend **nur die Grundschuldbestellung** in Höhe von 500 000 Euro, so dass der Wert der Löschungserklärung nicht hinzugerechnet werden kann.

11.105 zu b) Hinsichtlich des Löschungsantrags in Höhe von 400 000 Euro besteht der Vollzug lediglich aus der Übermittlung zum Grundbuchamt. Demgemäß fällt eine **Festgebühr** in Höhe von 20 Euro nach Nr. 22124 KV an. Sie ist nicht etwa durch die Anmerkung zur Nr. 22124 KV ausgeschlossen, weil für die Löschungserklärung gerade keine Vollzugsgebühr nach Nr. 22121 KV angefallen ist. Die Einreichung der Unterschriftsbeglaubigung hinsichtlich der Grundschuldbestellung löst keine Festgebühr nach Nr. 22124 KV aus, denn diese Tätigkeit ist bereits mit der Vollzugsgebühr nach Nr. 22121 KV abgegolten – hierfür gilt die Anmerkung zur Nr. 22124 KV.

11.106 zu a) und b):

Dieses Ergebnis ist schon deshalb sachgerecht, weil es der Bewertung bei getrennten Unterschriftsbeglaubigungen einmal für die Grundschuldbestellung und einmal für den Löschungsantrag entsprechen würde.

→ **Fall 19: Grundschuldbestellung (10 000 Euro) und Löschungsantrag (400 000 Euro) nebst Vollzug**

A. Sachverhalt

11.107 Dem Notar wird ein vollständig ausgefülltes Grundschuldformular vorgelegt, mit dem eine **Grundschuld über 10 000 Euro bestellt** werden soll. Das Formular enthält auch einen **Antrag auf Löschung** sowie die Löschungszustimmung (§§ 13, 27 GBO) über 400 000 Euro. Das Grundstück liegt im Sanierungsgebiet. Der Notar wird beauftragt, die Unterschrift des Eigentümers zu beglaubigen, die Genehmigung nach § 144 BauGB einzuholen und den Grundbuchvollzug durchzuführen.

---

1 Wohl ebenso Leipziger Kommentar GNotKG/*Arnold*, § 121 Rz. 11 sowie Nr. 25100 KV Rz. 37; der zwar eine Werteaddition verneint und Wertgebühr und Festgebühr nebeneinander anfallen lässt, dennoch den Höchstwert von 70 Euro zur Obergrenze erklärt.

IV. Unterschriftsbeglaubigung unter mehrere Erklärungen

B. Rechnung

Pos.	Gebührentatbestände	Geschäfts-wert	KV-Nr.	Satz	Betrag
(1)	Unterschriftsbeglaubigung	~~410 000~~	~~25100~~	~~0,2~~	~~70,00~~
	a) Grundschuldbestellung (§§ 121, 53 I, 97 I)	10 000	25100	0,2	20,00
	b) Löschungsantrag	400 000	25101 Nr. 2		20,00
(2)	Vollzug				
	a) Einholung sanierungsrechtlicher Genehmigung zur Grundschuldbestellung (§§ 112 S. 2, 53 I, 97 I)	10 000	22121	0,5	37,50
	b) Übermittlung der Grundschuldbestellung nebst Löschungserklärungen an das Grundbuchamt	Keiner, da Festgebühr	22124		20,00

11.108

C. Erläuterungen

Pos. (1):

11.109

Bei einer Unterschriftsbeglaubigung, die sich auf Erklärungen bezieht, die bei einem Beurkundungsverfahren verschiedene Beurkundungsgegenstände darstellen würden, werden die Werte addiert (§§ 121, 35 I). Die Besonderheit dieses Falles besteht in einem Zusammentreffen einer Wertgebühr (Nr. 25100 KV) mit einer Festgebühr (Nr. 25101 Nr. 2 KV). Hier stellt sich die Frage, ob bei der Festgebühr zum Zwecke der Zusammenrechnung ein fiktiver Geschäftswert zugrunde gelegt werden muss, oder ob die beiden Gebühren, d.h. die Geschäftswertgebühr und die Festgebühr stets getrennt berechnet werden müssen. U.E. ist stets zugunsten des Kostenschuldners zu rechnen. **Vorliegend wird also so gerechnet, wie wenn die beiden Beglaubigungen getrennt erfolgt wären**, denn dies ist günstiger als die 0,2 Beglaubigungsgebühr nach Nr. 25100 KV aus der Wertesumme von 410 000 Euro.[1]

Pos. (2):

11.110

zu a) Gemäß § 112 Satz 2 bestimmt sich der Geschäftswert für den Vollzug einer reinen unterschriftsbeglaubigten Erklärung nach demjenigen Wert, der maßgebend wäre, wenn das Geschäft Gegenstand eines Beurkundungsverfahrens wäre. Vollzogen im Sinne der Nr. 22121 KV wird vorliegend **nur die Grundschuldbestellung** in Höhe von 10 000 Euro, so dass der Wert der Löschungserklärung nicht hinzugerechnet werden kann.

zu b) Hinsichtlich des Löschungsantrags in Höhe von 400 000 Euro besteht der Vollzug lediglich aus der Übermittlung zum Grundbuchamt. Demgemäß fällt eine **Festgebühr** in Höhe von 20 Euro nach Nr. 22124 KV an. Sie ist nicht etwa durch die Anmerkung zur Nr. 22124 KV ausgeschlossen, weil für die Löschungs-

11.111

---

1 Wohl ebenso Leipziger Kommentar GNotKG/*Arnold*, § 121 Rz. 11 sowie Nr. 25100 KV Rz. 37, der zwar eine Werteaddition verneint und Wertgebühr und Festgebühr nebeneinander anfallen lässt, dennoch den Höchstwert von 70 Euro zur Obergrenze erklärt.

erklärung gerade keine Vollzugsgebühr nach Nr. 22121 KV angefallen ist. Die Einreichung der Unterschriftsbeglaubigung hinsichtlich der Grundschuldbestellung löst keine Festgebühr nach Nr. 22124 KV aus, denn diese Tätigkeit ist bereits mit der Vollzugsgebühr nach Nr. 22121 KV abgegolten – hierfür gilt die Anmerkung zur Nr. 22124 KV.

11.112 zu a) und b):

Dieses Ergebnis ist schon deshalb sachgerecht, weil es der Bewertung bei getrennten Unterschriftsbeglaubigungen einmal für die Grundschuldbestellung und einmal für den Löschungsantrag entsprechen würde.

→ **Fall 20: Grundschuldbestellung (50 000 Euro) und Löschungsantrag (5000 Euro) nebst Vollzug**

A. Sachverhalt

11.113 Dem Notar wird ein **vollständig ausgefülltes** Grundschuldformular vorgelegt, mit dem eine Grundschuld über 50 000 Euro bestellt werden soll. Das Formular enthält auch einen Antrag auf Löschung sowie die Löschungszustimmung (§§ 13, 27 GBO) über 5000 Euro. Das Grundstück liegt im Sanierungsgebiet. Der Notar wird beauftragt, die Unterschrift des Eigentümers zu beglaubigen, die Genehmigung nach § 144 BauGB einzuholen und den Grundbuchvollzug durchzuführen.

B. Rechnung

11.114

Pos.	Gebührentatbestände	Geschäftswert	KV-Nr.	Satz	Betrag
(1)	Unterschriftsbeglaubigung	55 000	25100	0,2	38,40
	a) Grundschuldbestellung (§§ 121, 53 I)	50 000	25100	0,2	33,00
	b) Löschungsantrag	5000	25101 Nr. 2		20,00
(2)	Vollzug	55 000	22121	0,5	96,00
	a) Einholung sanierungsrechtlicher Genehmigung zur Grundschuld (§§ 112 S. 2, 53 I)	50 000	22121	0,5	82,50
	b) Übermittlung der Grundschuldbestellung nebst Löschungsantrag an das Grundbuchamt	Keiner, da Festgebühr	22124		20,00

C. Erläuterungen

11.115 **Pos. (1):**

Bei einer Unterschriftsbeglaubigung, die sich auf Erklärungen bezieht, die bei einem Beurkundungsverfahren verschiedene Beurkundungsgegenstände darstellen würden, werden die Werte addiert (§§ 121, 35 I). Die Besonderheit dieses Fal-

IV. Unterschriftsbeglaubigung unter mehrere Erklärungen

les besteht in einem Zusammentreffen einer Wertgebühr (Nr. 25100 KV) mit einer Festgebühr (Nr. 25101 Nr. 2 KV). Hier stellt sich die Frage, ob bei der Festgebühr zum Zwecke der Zusammenrechnung ein fiktiver Geschäftswert zugrunde gelegt werden muss oder ob die beiden Gebühren, d.h. die Geschäftswertgebühr und die Festgebühr stets getrennt berechnet werden müssen. U.E. ist stets zugunsten des Kostenschuldners zu rechnen. **Vorliegend wird also die Gebühr Nr. 25100 KV (0,2) aus der Wertesumme berechnet**, da sie niedriger ist als die Einzelgebühren (nämlich 0,2 aus 50 000 Euro nach Nr. 25100 KV und Festgebühr in Höhe von 20 Euro nach Nr. 25101 Nr. 2 KV)[1].

Pos. (2):

Gemäß § 112 Satz 2 bestimmt sich der Geschäftswert für den Vollzug einer reinen unterschriftsbeglaubigten Erklärung nach demjenigen Wert, der maßgebend wäre, wenn das Geschäft Gegenstand eines Beurkundungsverfahrens wäre. Vollzogen im Sinne der Nr. 22121 KV werden vorliegend die Grundschuldbestellung in Höhe von 50 000 Euro sowie die Löschungserklärung in Höhe von 5000 Euro. Zwar besteht beim Löschungsantrag der Vollzug lediglich aus der Übermittlung an das Grundbuchamt, so dass bei isolierter Beglaubigung eine Festgebühr in Höhe von 20 Euro nach Nr. 22124 KV anfallen würde. U.E. ist aber stets zugunsten des Kostenschuldners zu rechnen. **Vorliegend wird also die Vollzugsgebühr nach Nr. 22121 KV aus der Wertesumme in Höhe von 55 000 Euro berechnet**, da sie niedriger ist als die Einzelgebühren (nämlich 0,5 aus 50 000 Euro nach Nr. 22121 KV für den Vollzug der Grundschuldbestellung und eine Festgebühr in Höhe von 20 Euro nach Nr. 22124 KV für den Vollzug der Löschungserklärung).

→ **Fall 21: Löschungsantrag und Löschungsbewilligung (betreffend ein Grundpfandrecht) nebst Vollzug**

A. Sachverhalt

Beim Notar erscheinen A und B, die dem Notar ein Schriftstück vorlegen, welches eine Löschungsbewilligung und einen Löschungsantrag sowie die Zustimmung (§§ 13, 27 GBO) zur Löschung **eines Grundpfandrechts** in Höhe von 40 000 Euro enthält. Der Notar wird beauftragt, die Unterschriften von A (Gläubiger) und B (Schuldner) zu beglaubigen und den Grundbuchvollzug durchzuführen.

---

1 Wohl ebenso Leipziger Kommentar GNotKG/*Arnold*, § 121 Rz. 11 sowie Nr. 25100 KV Rz. 37, der zwar eine Werteaddition verneint und Wertgebühr und Festgebühr nebeneinander anfallen lässt, dennoch den Höchstwert von 70 Euro zur Obergrenze erklärt.

B. Rechnung

11.118

Pos.	Gebührentatbestände	Geschäfts-wert	KV-Nr.	Satz	Betrag
(1)	Unterschriftsbeglaubigung (§§ 121, 53 I)	40 000	25100	0,2	29,00
(2)	Vollzug (Übermittlung von Löschungsbewilligung und Löschungsantrag an das Grundbuchamt)	Keiner, da Festgebühr	22124		20,00

C. Erläuterungen

11.119 **Pos. (1):**

Bei einer Unterschriftsbeglaubigung, die sich auf mehrere Erklärungen bezieht, die bei einem Beurkundungsverfahren denselben Beurkundungsgegenstand darstellen würden, bestimmt sich der Geschäftswert nach dem Wert des Hauptgeschäfts (§§ 121, 109 I S. 5). Auf die Frage, welche Erklärung hier das Hauptgeschäft darstellt, kommt es wegen des identischen Geschäftswertes nicht an; ein Gebührenvergleich nach § 94 II ist wegen der identischen Gebührensatzes (0,2 für jede Erklärung) nicht erforderlich. Die Besonderheit dieses Falles besteht in einem Zusammentreffen einer Wertgebühr (Nr. 25100 KV) mit einer Festgebühr (Nr. 25101 Nr. 2 KV). Hier stellt sich die Frage, ob eine getrennte Gebührenerhebung zu erfolgen hat. Ob also bewertet werden muss, wie wenn die Löschungsbewilligung und die Eigentümerzustimmung in besonderen Beglaubigungsvermerken niedergelegt worden wären. U.E. ist zugunsten des Kostenschuldners zu rechnen. Wären Löschungsbewilligung und Eigentümerzustimmung in einer Urkunde niedergelegt worden, so bliebe die Eigentümerzustimmung wegen **desselben Beurkundungsgegenstandes** ohne Bewertung. Demgemäß kann auch hier nur eine 0,2 Gebühr nach Nr. 25100 KV aus 40 000 Euro erhoben werden.

11.120 **Pos. (2):**

Hier stellt sich die Frage, ob die Festgebühr nach Nr. 22124 KV in Höhe von 20 Euro pro Urkunde oder pro Antrag erhoben wird. U.E. ist auf die Urkunde abzustellen. Da die Unterschriftsbeglaubigung nur **einmal an das Grundbuchamt** übermittelt wird, fällt die Festgebühr nur einmal an.

→ **Fall 22: Vier Löschungsanträge (verschiedene Grundpfandrechte) nebst Vollzug**

A. Sachverhalt

11.121 Das dem Notar vorgelegte Formular, unter welchem er die Unterschrift des Eigentümers beglaubigen soll, enthält **vier Löschungsanträge** mit Löschungszustimmungen (§§ 13, 27 GBO) zu **verschiedenen Grundpfandrechten** III/1 zu 20 000 Euro, III/2 zu 40 000 Euro, III/3 zu 30 000 Euro und III/4 zu 10 000 Euro. Der Notar wird auch beauftragt, den **Grundbuchvollzug** durchzuführen.

IV. Unterschriftsbeglaubigung unter mehrere Erklärungen

B. Rechnung

11.122

Pos.	Gebührentatbestände	Geschäftswert	KV-Nr.	Satz	Betrag
(1)	Unterschriftsbeglaubigung unter Löschungsanträge (§§ 121, 53 I)	100 000	25100	0,2	54,60
	a) III/1	~~20 000~~	~~25101 Nr. 2~~		~~20,00~~
	b) III/2	~~40 000~~	~~25101 Nr. 2~~		~~20,00~~
	c) III/3	~~30 000~~	~~25101 Nr. 2~~		~~20,00~~
	d) III/4	~~10 000~~	~~25101 Nr. 2~~		~~20,00~~
(2)	Vollzug (Übermittlung der vier Löschungsanträge an das Grundbuchamt)	Keiner, da Festgebühr	22124		20,00

C. Erläuterungen

Pos. (1):

11.123

Geschäftswert ist die **Wertesumme aller Löschungsanträge**, da sie im Falle einer Beurkundung verschiedene Beurkundungsgegenstände wären und daher gemäß § 35 I – da gleicher Gebührensatz – addiert werden müssen.

Bei einer Unterschriftsbeglaubigung, die sich auf Erklärungen bezieht, die bei einem Beurkundungsverfahren verschiedene Beurkundungsgegenstände darstellen würden, werden die Werte addiert (§§ 121, 35 I). Die Besonderheit dieses Falles besteht in einem Zusammentreffen **mehrerer Tatbestände einer Festgebühr** (hier: Nr. 25101 Nr. 2 KV) in einer einzigen Beglaubigungsurkunde. Hier stellt sich insbesondere die Frage, ob es bei einem viermaligen Ansatz der Festgebühr (das sind 80 Euro) bleibt[1], nur eine einzige Festgebühr in Höhe von 20 Euro anfällt[2] oder ob eine Beglaubigungsgebühr nach Nr. 25100 KV aus der fiktiven Geschäftswertsumme in Höhe von 100 000 Euro erhoben werden muss, wenn dies, wie hier, billiger wäre. U.E. ist stets **zugunsten des Kostenschuldners** zu rechnen. Dabei wird jedoch von einer Mehrheit von Gebührentatbeständen i.S.d. Nr. 25101 Nr. 2 KV ausgegangen, d.h. nicht gefolgt wird der Auffassung, dass nur eine einzige Festgebühr anzusetzen ist. **Vorliegend wird also die 0,2 Gebühr nach Nr. 25100 KV aus der Wertesumme berechnet**, da sie niedriger ist als die vier Festgebühren in Höhe von insgesamt 80 Euro.[3]

11.124

---

[1] So etwa Leipziger Kommentar GNotKG/*Arnold*, Nr. 25101 KV Rz. 19; *Elsing*, RENOpraxis 2015, 56.
[2] So LG Oldenburg, Beschl. v. 22.7.2014 – 9 OH 59/14, zitiert nach *Schmidt*, JurBüro 2015, 60.
[3] LG Potsdam, Beschl. v. 12.10.2016 – 12 T 20/16.

11.125 **Pos. (2):**

Hier stellt sich die Frage, ob die Festgebühr nach Nr. 22124 KV in Höhe von 20 Euro pro Urkunde oder pro Antrag erhoben wird. U.E. ist auf die Urkunde abzustellen. Da sie nur **einmal an das Grundbuchamt** übermittelt wird, fällt die Festgebühr nur einmal an. Sollte die Urkunde an verschiedene Grundbuchämter übermittelt werden müssen, so fiele sie ebenfalls nur einmal an.

V. Nachträgliche Unterschriftsbeglaubigung

→ **Fall 23: Nachträgliche Unterschriftsbeglaubigung unter Handelsregisteranmeldung**

A. Sachverhalt

11.126 Der Notar beglaubigt einige Tage nach Unterschriftsleistung des ersten Geschäftsführers die Unterschrift des mit ihm gemeinsam vertretungsberechtigten zweiten Geschäftsführers unter einer von ihm **nicht entworfenen** Handelsregisteranmeldung und fertigt einen zweiten Beglaubigungsvermerk. Angemeldet wird die Satzungsänderung einer GmbH, deren Stammkapital 25 000 Euro beträgt.

B. Rechnung

11.127

Pos.	Gebührentatbestände	Geschäftswert	KV-Nr.	Satz	Betrag
	Unterschriftsbeglaubigung (§§ 121, 105 IV Nr. 1)	30 000	25100	0,2	25,00

C. Erläuterungen

11.128 Der Geschäftswert bestimmt sich nach der für die Beurkundung geltenden Vorschrift (§ 121) und beträgt somit gemäß § 105 IV Nr. 1: 1 % des Stammkapitals, mindestens 30 000 Euro.

11.129 Die spätere Beglaubigung in einem weiteren Vermerk löst eine gesonderte Beglaubigungsgebühr aus (arg. Anm. II zu Nr. 25100 KV).

11.130 Für die Unterschriftsbeglaubigung ist gem. Nr. 25100 KV die 0,2 Gebühr, mind. 20 Euro, höchst. 70 Euro, zu erheben.

Teil 12
Abschriftsbeglaubigungen

Inhaltsübersicht

I. Überblick 12.1
1. Einführung 12.1
2. Übersichtstabelle 12.3
3. Gebühr 12.4
4. Geschäftswert 12.5
5. Derselbe Beurkundungsgegenstand/Verschiedene Beurkundungsgegenstände 12.6
6. Vollzugs-, Betreuungs- und Treuhandtätigkeiten 12.7
7. Tätigkeit eines anderen Notars 12.9
8. Unrichtige Sachbehandlung ... 12.10
9. Gebührenermäßigung 12.11

II. Ausgewählte Abschriftsbeglaubigungen 12.12

Fall 1: Beglaubigung eines Dokuments (Zeugnis) 12.12

Fall 2: Beglaubigung mehrerer Dokumente 12.15

Fall 3: Beglaubigung eines Dokuments (Mietvertrag) und Weiterleitung an Dritte 12.18

Fall 4: Beglaubigung eigener Urkunden des Notars 12.22

Fall 5: Beglaubigung einer vom Notar entworfenen Urkunde ... 12.26

Fall 6: Beglaubigung einer vom Notar unterschriftsbeglaubigten Erklärung 12.31

Fall 7: Beglaubigung von Vertretungsnachweisen (zum Geschäftsanteilskaufvertrag) 12.36

Fall 8: Beglaubigung von Vertretungsnachweisen (zum Grundstückskaufvertrag) 12.40

Fall 9: Beglaubigung von Vertretungsnachweisen (zur Unterschriftsbeglaubigung) 12.47

Fall 10: Beglaubigung eines elektronischen Dokuments in Papierform 12.53

Fall 11: Elektronischer Beglaubigungsvermerk 12.54

Stichwortverzeichnis

Abschriften
– eigener Urkunden 12.22, 12.28
– mehrere 12.15, 12.26
Ausfertigung
– beglaubigte Abschrift 12.40
Auslagen
– Dokumentenpauschale 12.3 f., 12.17, 12.20, 12.25, 12.30, 12.35, 12.39, 12.45, 12.52
Beglaubigte Abschrift
– beglaubigte Kopie 12.3
Beglaubigung
– elektronische 12.2, 12.53, 12.54
Beglaubigungsgebühr
– bei Entwurf 12.28, 12.43
– bei Unterschriftsbeglaubigung 12.31, 12.47, 12.50
– gesonderte 12.17
– Grundbuchamt 12.44
– Höhe 12.3, 12.4

– keine 12.3, 12.4, 12.24, 12.28, 12.38, 12.42, 12.51
Beglaubigungsvermerk
– einheitlicher 12.10, 12.17
– elektronischer 12.54
– verschiedene, getrennt 12.6, 12.10, 12.15, 12.31
Betreuungstätigkeit
– bei Abschriftsbeglaubigung 12.8
Bewertungsvorschriften
– Abschriftsbeglaubigung 12.3
Dokument
– ein 12.12, 12.18, 12.31, 12.40
– elektronisches 12.2, 12.3, 12.53
– mehrere 12.6, 12.15
Dokumentenpauschale
– Auslagen 12.22, 12.25, 12.30, 12.39, 12.44, 12.45
– keine 12.1, 12.3, 12.4, 12.12, 12.17, 12.20, 12.35, 12.39, 12.45, 12.47, 12.52

elektronische Beglaubigung 12.2, 12.54
elektronisches Dokument 12.53
eigene Urkunden
– Beglaubigung 12.3, 12.22
entworfene Urkunde 12.26
Entwurf
– Beglaubigung 12.26, 12.28, 12.43, 12.51
– Vollzugsentwürfe 12.29
Familienstammbuch 12.16
Festgebühr
– bei Weiterleitung 12.7, 12.18
Gebührenermäßigung 12.11
Gebührenfreie
– Beglaubigung 12.9, 12.22, 12.26, 12.28, 12.38, 12.42
Geburtsurkunde 12.15
Geschäftsanteilskaufvertrag
– Vertretungsnachweis 12.36
Geschäftswert 12.5
Grundbuchamt
– beglaubigte Abschrift Vertretungsnachweis 12.44, 12.46
Grundstückskaufvertrag
– Vertretungsnachweis 12.40
mehrere Dokumente 12.6, 12.15
– Gesamtseitenzahl 12.17
Mietvertrag
– Beglaubigung 12.18
Schulzeugnis
– Beglaubigung 12.16
Seite
– jede angefangene 12.1, 12.4 f.

Tätigkeit
– eines anderen Notars 12.9
Treuhandtätigkeiten 12.8
Unterschriftsbeglaubigte Erklärung
– Beglaubigung einer 12.31
Unterschriftsbeglaubigung
– Beifügung Vertretungsnachweis 12.47
– Gebühr 12.49 f.
– Geschäftswert 12.49
Unrichtige Sachbehandlung
– getrennte Beglaubigung 12.10
Urkunde
– eigene 12.22
– entworfene 12.26
Vertretungsnachweise
– Beglaubigung 12.36 ff.
– zum Entwurf 12.43, 12.51
– zu Geschäftsanteilskaufvertrag 12.36
– zu Grundstückskaufvertrag 12.40
– zur Unterschriftsbeglaubigung 12.47
Vollzugsentwurf
– Beglaubigungsgebühr 12.29
Vollzugstätigkeit
– bei Beglaubigung 12.7, 12.21
Weiterleitung
– Abschriftsbeglaubigung 12.7, 12.21
XML Strukturdatei
– Gebührenanfall 12.7
Zeugnis
– Abschriftsbeglaubigung 12.12

I. Überblick

1. Einführung

12.1 Nach der Vorschrift Nr. 25102 KV GNotKG fällt für die Beglaubigung von Dokumenten eine Beglaubigungsgebühr in Höhe von 1 Euro für jede angefangene Seite (mindestens 10 Euro) an. Neben der Gebühr wird **keine Dokumentenpauschale** erhoben (Anm. I zu Nr. 25102 KV GNotKG).

12.2 Diese Bestimmung gilt auch für die **elektronische Beglaubigung**, da die Prüfungspflichten und der Aufwand keine Unterscheidung zwischen Papierdokumenten und elektronischen Dokumenten rechtfertigen. Anm. III zu Nr. 25102 KV GNotKG stellt dies klar, nachdem im Übrigen Kopie und elektronische Ablichtung nicht mehr ohne weiteres gleichgesetzt werden dürfen.[1]
Abschriftsbeglaubigungen stellen in der Praxis ein regelmäßiges Geschäft dar.

---

1 S. Begründung RegE, zu § 11 BT-Drs. 17/11471, S. 156.

2. Übersichtstabelle

Die maßgebliche Bewertungsvorschrift für die Beglaubigung von Dokumenten lautet:

12.3

Gebühr
Nr. 25102 KV GNotKG (1 Euro für jede angefangene Seite, mind. 10 Euro)
I: Neben der Gebühr wird keine Dokumentenpauschale erhoben.
II: Die Gebühr wird **nicht** erhoben für die Erteilung
1. beglaubigter Kopien oder Ausdrucke der vom Notar aufgenommenen oder entworfenen oder in Urschrift in seiner dauernden Verwahrung befindlichen Urkunden und
2. beglaubigter Kopien vorgelegter Vollmachten und Ausweise über die Berechtigung eines gesetzlichen Vertreters, die der vom Notar gefertigten Niederschrift beizulegen sind (§ 12 BeurkG).
III: Einer Kopie im Sinne des II steht ein in ein elektronisches Dokument übertragenes Schriftstück gleich.
Geschäftswert
keiner, da keine Wertgebühr
Dokumentenpauschale
Neben der Gebühr wird keine Dokumentenpauschale erhoben (I der Anmerkung zu Nr. 25102 KV GNotKG).

3. Gebühr

Die Gebühr für die Beglaubigung von Dokumenten beträgt nach Nr. 25102 KV GNotKG 1 Euro für jede angefangene Seite, mindestens aber 10 Euro. Die allgemeine Mindestgebühr nach § 34 V GNotKG in Höhe von 15 Euro findet keine Anwendung, da es sich nicht um eine Wertgebühr handelt. Nach I der Anmerkung zu Nr. 25102 KV GNotKG wird daneben **keine Dokumentenpauschale** erhoben.

12.4

Die Gebühr wird gemäß Nr. 2 II der Anmerkung zu Nr. 25102 KV GNotKG **nicht erhoben für** die Erteilung:

1. beglaubigter Kopien oder Ausdrucke der vom Notar aufgenommenen oder entworfenen oder in Urschrift in seiner dauernden Verwahrung befindlichen Urkunden und
2. beglaubigter Kopien vorgelegter Vollmachten und Ausweise über die Berechtigung eines gesetzlichen Vertreters, die der vom Notar gefertigten Niederschrift beizulegen sind (§ 12 BeurkG).

Einer Kopie i.S.d. II steht ein in ein **elektronisches Dokument** übertragenes Schriftstück gleich (III).

4. Geschäftswert

12.5 Eines Geschäftswertes bedarf es für die Beglaubigungsgebühr nicht, da es sich **nicht** um eine Wertgebühr handelt.

5. Derselbe Beurkundungsgegenstand/Verschiedene Beurkundungsgegenstände

12.6 Da es sich bei der Beglaubigung von Dokumenten nicht um ein Beurkundungsverfahren im Sinne von § 85 GNotKG handelt, kommt ein Gebührenvergleich nicht in Betracht. Es fallen bei mehreren Beglaubigungsvermerken stets **gesonderte** Beglaubigungsgebühren an; es findet nicht etwa eine Zusammenrechnung statt.

6. Vollzugs-, Betreuungs- und Treuhandtätigkeiten

12.7 Eine **Vollzugstätigkeit** liegt bei auftragsgemäßer **Weiterleitung** der Abschriftsbeglaubigung an ein Gericht, eine Behörde oder einen Dritten vor. Wenn z.B. der Notar eine an ihn übergebene Gesellschafterliste, die er nicht gefertigt hat, auftragsgemäß beim Handelsregister einreicht. In diesem Fall entsteht eine **Festgebühr** in Höhe von 20 Euro nach Nr. 22124 KV GNotKG. Bei Abschriftsbeglaubigungen handelt es sich um sonstige Geschäfte im Sinne des Hauptabschnitts 5 des KV GNotKG, die kein Beurkundungsverfahren darstellen (siehe § 85 II GNotKG); demgemäß ist Vorbem. 2.2.1.2 Nr. 1 KV GNotKG erfüllt. Daneben kann eine Gebühr für die Erzeugung der XML strukturierten Daten nach Nr. 22125 KV GNotKG anfallen, da ein Nebeneinander der Gebühren nach der Anmerkung zur Nr. 22124 KV GNotKG nicht ausgeschlossen ist.

12.8 **Betreuungstätigkeiten** nach Nr. 22220 KV GNotKG und **Treuhandtätigkeiten** nach Nr. 22201 KV GNotKG im Zusammenhang mit einer Abschriftsbeglaubigung dürften nicht in Betracht kommen.

7. Tätigkeit eines anderen Notars

12.9 Die Beglaubigung einer Urkunde ist gemäß II Nr. 1 der Anmerkung zu Nr. 25102 KV GNotKG **gebührenfrei**, wenn es sich um eine vom **Urkundsnotar selbst** aufgenommene oder entworfene Urkunde oder um eine Urkunde handelt, deren Urschrift sich in seiner dauernden Verwahrung befindet. Dem Notar **steht** dabei gemäß Vorbemerkung 2 II KV GNotKG der Aktenverwahrer nach § 51 BNotO, der Notariatsverwalter gemäß § 56 BNotO, sein Sozius nach § 9 I Satz 1, Fall 1 BNotO oder ein Notar, mit dem er die Geschäftsräume gemeinsam nach § 9 I Satz 1, Fall 2 BNotO nutzt, gleich. Auslagen können freilich anfallen.

8. Unrichtige Sachbehandlung

12.10 Werden die Abschriften oder Ausdrucke von verschiedenen Schriftstücken durch einen **einheitlichen Beglaubigungsvermerk** beglaubigt – weil sie beispielsweise zur Vorlage bei nur einer amtlichen Stelle benötigt werden – so entsteht die Beglaubigungsgebühr **nur einmal** nach der Gesamtseitenzahl. Eine unrichtige Sachbehandlung kommt dann in Betracht, wenn der Antragsteller nicht getrennte Beglaubigung verlangt hatte (weil er z.B. die Dokumente nach Rückgabe getrennt weiter verwenden will).

9. Gebührenermäßigung

Eine Gebührenermäßigung nach **§ 91 GNotKG** für die Beglaubigungsgebühren kommt, da diese im Hauptabschnitt 5 KV des GNotKG geregelt sind, nicht in Betracht.

12.11

II. Ausgewählte Abschriftsbeglaubigungen

→ **Fall 1: Beglaubigung eines Dokuments (Zeugnis)**

A. Sachverhalt

Dem Notar wird ein Zeugnis vorgelegt, welches eine Seite umfasst. Es wird eine beglaubigte Abschrift beantragt.

12.12

B. Rechnung

Pos.	Gebührentatbestand	Geschäfts-wert	KV-Nr.	Satz	Betrag
	Beglaubigung eines Zeugnisses	keiner, da keine Wertgebühr	25102		10,00

12.13

C. Erläuterungen

Für die Beglaubigung ist gem. Nr. 25102 KV 1 Euro für jede angefangene Seite, mindestens sind 10 Euro zu erheben.

12.14

Neben der Gebühr wird keine Dokumentenpauschale erhoben.

→ **Fall 2: Beglaubigung mehrerer Dokumente**

A. Sachverhalt

Dem Notar werden mehrere Dokumente vorgelegt: ein Schulzeugnis (3 Seiten), eine Geburtsurkunde (1 Seite) und ein Familienstammbuch (12 Seiten). Der Notar beglaubigt antragsgemäß jedes Schriftstück getrennt.

12.15

B. Rechnung

12.16

Pos.	Gebührentatbestände	Geschäftswert	KV-Nr.	Satz	Betrag
	Beglaubigung Schulzeugnis (3 Seiten)	keiner, da keine Wertgebühr	25102		10,00
	Beglaubigung Geburtsurkunde (1 Seite)	keiner, da keine Wertgebühr	25102		10,00
	Beglaubigung Familienstammbuch (12 Seiten)	keiner, da keine Wertgebühr	25102		12,00

C. Erläuterungen

12.17 Es fallen **drei gesonderte Beglaubigungsgebühren** an; es findet nicht etwa eine Zusammenrechnung statt. Denn zum einen findet eine Zusammenrechnung nach § 35 I nur bei ein und demselben notariellen Verfahren statt (§ 85 I); zum anderen ist eine Abschriftsbeglaubigung bereits kein notarielles Verfahren, sondern ein sonstiges Geschäft (siehe Teil 2 Hauptabschnitt 5 des KV). Somit ist auch die Mindestgebühr in Höhe von 10 Euro für jeden Einzelvermerk zu beachten.

Werden die Abschriften von verschiedenen Schriftstücken durch einen **einheitlichen Vermerk** beglaubigt, weil es beispielsweise für die Vorlage bei einer behördlichen Stelle ausreichend wäre, so entsteht die Beglaubigungsgebühr nur einmal nach der Gesamtseitenzahl.

Für die Beglaubigung ist gem. Nr. 25102 KV 1 Euro für jede angefangene Seite, mindestens sind 10 Euro zu erheben. Neben der Gebühr wird **keine** Dokumentenpauschale erhoben.

→ **Fall 3: Beglaubigung eines Dokuments (Mietvertrag) und Weiterleitung an Dritte**

A. Sachverhalt

12.18 Der Notar beglaubigt auftragsgemäß 100 Seiten eines fremden Dokumentes (Mietvertrag), welches er auftragsgemäß anschließend an eine auswärtige Stelle weiterleiten soll.

B. Rechnung

12.19

Pos.	Gebührentatbestände	Geschäftswert	KV-Nr.	Satz	Betrag
(1)	Beglaubigung Mietvertrag	keiner, da keine Wertgebühr	25102		100,00

II. Ausgewählte Abschriftsbeglaubigungen

Pos.	Gebührentatbestände	Geschäfts-wert	KV-Nr.	Satz	Betrag
(2)	Weiterleitung der Beglaubigung	keiner, da Festgebühr	22124		20,00

C. Erläuterungen

Pos. (1):

Für die Beglaubigung ist gem. Nr. 25102 KV 1 Euro für jede angefangene Seite, mindestens sind 10 Euro zu erheben. Neben der Gebühr wird **keine** Dokumentenpauschale erhoben.

12.20

Pos. (2):

Für die Weiterleitung der Unterlagen an einen Dritten fällt die Gebühr gem. Nr. 22124 KV in Höhe von 20 Euro an.

12.21

→ **Fall 4: Beglaubigung eigener Urkunden des Notars**

A. Sachverhalt

Der Notar fertigt auftragsgemäß für die Vertragsbeteiligten 1 Jahr nach der Beurkundung 2 beglaubigte Abschriften eines von ihm beurkundeten Grundstückskaufvertrages, bestehend aus 15 Seiten.

12.22

B. Rechnung

Pos.	Auslagen	Geschäfts-wert	KV-Nr.	Satz	Betrag
	Dokumentenpauschale		32000		15,00

12.23

C. Erläuterungen

Gebühr:

Nach II Nr. 1 der Anmerkung zu Nr. 25102 KV wird **keine Beglaubigungsgebühr** erhoben für die Beglaubigung der vom Notar eigens aufgenommenen Urkunden. Das gilt auch für vom Notar gefertigte Entwürfe (näher s. sofort nachstehend Rz. 12.17) mit oder ohne Unterschriftsbeglaubigung.

12.24

Dokumentenpauschale:

Der Antrag auf 2 weitere beglaubigte Abschriften gilt als neuer Antrag.

II Nr. 1 der Anmerkung zu Nr. 25102 KV bestimmt, dass für die Erteilung beglaubigter Ablichtungen der vom Notar aufgenommenen Urkunden zwar keine Beglaubigungsgebühr erhoben wird, da der Notar diese Tätigkeit von Amts wegen vorzunehmen hat. Daraus folgt allerdings, dass I der Anmerkung zu Nr. 25102 KV der Erhebung der Dokumentenpauschale nicht entgegensteht.

Die Dokumentenpauschale ist aufgrund des gesonderten Antrags somit nach Nr. 32000 KV anzusetzen (30 Seiten × 0,50 Euro).

12.25

→ **Fall 5: Beglaubigung einer vom Notar entworfenen Urkunde**

A. Sachverhalt

12.26 Der Notar wird beauftragt, 2 beglaubigte Abschriften einer von ihm entworfenen Urkunde (Gesellschafterbeschluss) zu fertigen, die aus 3 Seiten besteht.

B. Rechnung

12.27

Pos.	Auslagen	Geschäftswert	KV-Nr.	Satz	Betrag
	Dokumentenpauschale		32000		3,00

C. Erläuterungen

12.28 **Gebühr:**

Nach II Nr. 1 der Anmerkung zu Nr. 25102 KV wird **keine Beglaubigungsgebühr** erhoben für die Beglaubigung der vom Notar entworfenen Urkunden. Das gilt sowohl für **Entwürfe** des Notars **mit** als auch für solche **ohne Unterschriftsbeglaubigung**. Nach dem in der Gesetzesbegründung zur Änderung der genannten Anmerkung zum Ausdruck gebrachten ratio[1] wird die Beglaubigung von isolierten Urkundsentwürfen des Notars der Beglaubigung von „richtigen" Urkunden i.S.d. §§ 8 ff. bzw. 36 ff. BeurkG gleichgestellt, weil er auch bei Fertigung nur des Entwurfs einer Urkunde, jedenfalls bei Vollständigkeit des Entwurfs, eine Gebühr in gleicher Höhe wie für die Beurkundung erhält (Nrn. 24100 ff. KV i.V.m. § 92 II). Gleiches gilt bei Entwürfen aus einem gescheiterten Beurkundungsverfahren (vgl. Nrn. 21302–21304 KV, § 92 II).

12.29 Bei der Beglaubigung von Entwürfen, für die der Notar keine Gebühr nach Nr. 24100 ff. KV oder Nr. 21302–21304 KV erhalten hat, namentlich bei **Entwürfen innerhalb einer Vollzugs- oder Betreuungstätigkeit** (vgl. Vorbem. 2.2 II KV), gilt dies nach dem genannten Gesetzeszweck allerdings nicht; denn in diesem Fall hat der Notar eine – niedrigere – Vollzugs-, Betreuungs- oder Treuhandgebühr erhalten; dies rechtfertigt den Ansatz einer Beglaubigungsgebühr nach Nr. 25102 KV.[2]

12.30 **Dokumentenpauschale:**

Der Antrag auf 2 weitere beglaubigte Abschriften gilt als neuer Antrag.

II Nr. 1 der Anmerkung zu Nr. 25102 KV bestimmt, dass für die Erteilung beglaubigter Ablichtungen der vom Notar entworfenen Urkunden zwar keine Beglaubigungsgebühr erhoben wird, da der Notar diese Tätigkeit von Amts wegen vorzunehmen hat. Daraus folgt allerdings, dass I der Anmerkung zu Nr. 25102 KV der Erhebung der Dokumentenpauschale nicht entgegensteht.

Die Dokumentenpauschale ist aufgrund des gesonderten Antrags somit nach Nr. 32000 KV anzusetzen (6 Seiten × 0,50 Euro).

---

1 BT-Drs. 18/4201, 65.
2 OLG Hamm v. 16.7.2015 – 15 W152/15, ZNotP 2015, 277.

II. Ausgewählte Abschriftsbeglaubigungen

→ **Fall 6: Beglaubigung einer vom Notar unterschriftsbeglaubigten Erklärung**

A. Sachverhalt

Der Notar fertigt auftragsgemäß 2 beglaubigte Abschriften einer von ihm **unterschriftsbeglaubigten Erklärung (ohne Entwurf)**, bestehend aus 2 Seiten Text und dem Beglaubigungsvermerk auf einer dritten Seite.

12.31

B. Rechnung

Pos.	Gebührentatbestände	Geschäftswert	KV-Nr.	Satz	Betrag
(1)	Beglaubigung	keiner, da keine Wertgebühr	25102		10,00
(2)	Beglaubigung	keiner, da keine Wertgebühr	25102		10,00

12.32

C. Erläuterungen

Pos. (1) und (2):

Der Ausschlussgrund nach II Nr. 1 der Anmerkung zu Nr. 25102 KV findet keine Anwendung, da es sich nicht um eine vom Notar aufgenommene Urkunde nach § 8 ff. BeurkG handelt.

Für die Beglaubigung ist gem. Nr. 25102 KV 1 Euro für jede angefangene Seite, mindestens sind 10 Euro zu erheben. Bei der Seitenerfassung zählt auch der Beglaubigungsvermerk mit, soweit er sich auf einer eigenständigen Seite befinden sollte; es sind also 3 Seiten zu zählen.[1]

12.33

Es würde den Anforderungen des § 19 II genügen, wenn in der Berechnung 2 Beglaubigungen nach Nr. 25102 KV in Höhe von 20 Euro ausgewiesen werden.

12.34

Dokumentenpauschale:

Nach I der Anmerkung zu Nr. 25102 KV wird neben der Beglaubigungsgebühr keine Dokumentenpauschale erhoben.

12.35

→ **Fall 7: Beglaubigung von Vertretungsnachweisen (zum Geschäftsanteilskaufvertrag)**

A. Sachverhalt

Der Notar beglaubigt im Rahmen der Beurkundung eines Geschäftsanteilskaufvertrages die Abschrift einer durch einen Fremdnotar beurkundeten Vollmacht, mit der ein Vertragsbeteiligter vertreten wurde. Die Vollmacht wurde zum Zeitpunkt der Beurkundung in Ausfertigung vorgelegt und umfasst 2 Seiten.

12.36

---

1 S. bereits unsere Positionierung in NotBZ 2014, 286.

B. Rechnung

12.37 Keine.

C. Erläuterungen

12.38 **Gebühr:**

Die Beglaubigungsgebühr kann gemäß Anm. II Nr. 2 der Nr. 25102 KV nicht erhoben werden für die Erteilung beglaubigter Ablichtungen vorgelegter Vollmachten und Ausweise über die Berechtigung eines gesetzlichen Vertreters, die der vom Notar gefertigten Niederschrift beizulegen sind (§ 12 BeurkG). Dabei spielt es keine Rolle, ob der Notar den Vertretungsnachweis (Vollmacht) selbst beurkundet hat oder dieser von einer anderen Stelle stammt.

12.39 **Dokumentenpauschale:**

Die Dokumentenpauschale ist zwar nicht gem. Anm. I zu Nr. 25102 KV ausgeschlossen, jedoch ist keine der Nrn. der 32000 KV ff. erfüllt: Für Nr. 32000 KV fehlt es an einem gesonderten Antrag (denn § 12 BeurkG erfordert die Beinahme zur Niederschrift von Amts wegen). Nr. 32001 Nr. 1 KV (ohne besonderen Antrag) greift schon deshalb nicht, weil es dort um eigene Urkunden des Notars geht. Da die Vertretungsnachweise Bestandteil der eigenen Urkunde werden, können sie anschließend im Rahmen des Vollzugs, wenn auch hiervon Abschriften erforderlich werden, die Dokumentenpauschale auslösen.[1]

→ **Fall 8: Beglaubigung von Vertretungsnachweisen (zum Grundstückskaufvertrag)**

A. Sachverhalt

12.40 Der Notar beglaubigt im Rahmen der Beurkundung eines Grundstückskaufvertrages die Abschrift einer durch einen Fremdnotar beurkundeten Vollmacht, mit der ein Vertragsbeteiligter vertreten wurde. Die Vollmacht wurde zum Zeitpunkt der Beurkundung in Ausfertigung vorgelegt und umfasst 2 Seiten. Die komplette Urkunde (Grundstückskaufvertrag nebst Vertretungsnachweis) wird im Rahmen des Vollzugs u.a. dem **Grundbuchamt** in Ausfertigung übersandt.

B. Rechnung

12.41

Pos.	Gebührentatbestand	Geschäfts-wert	KV-Nr.	Satz	Betrag
	Beglaubigungsgebühr (für Grundbuchamt)	keiner, da keine Wertgebühr	25102		10,00

---

[1] S. Begründung RegE, BT-Drs. 17/11471, S. 236 re. Sp. zweiter Absatz.

C. Erläuterungen

Beglaubigungsgebühr: 12.42

Die Beglaubigungsgebühr kann gemäß Anm. II Nr. 2 zu Nr. 25102 KV **nicht** erhoben werden für die Erteilung beglaubigter Ablichtungen vorgelegter Vollmachten und Ausweise über die Berechtigung eines gesetzlichen Vertreters, die der vom Notar gefertigten Niederschrift beizulegen sind (§ 12 BeurkG). Dabei spielt es keine Rolle, ob der Notar den Vertretungsnachweis (Vollmacht) selbst beurkundet hat oder dieser von einer anderen Stelle stammt.

Bei Hinzufügung eines Vertretungsnachweises zu einem gefertigten **Entwurf**, wird dieser der Niederschrift gleichgestellt, so dass auch hier **keine** Beglaubigungsgebühr anfällt.   12.43

Für die beim **Grundbuchamt** einzureichende beglaubigte Abschrift des Vertretungsnachweises (die hier nicht vom Notar beurkundet wurde) fällt allerdings die Beglaubigungsgebühr an. Dabei ist es gleichgültig, ob die fremde Vollmachtsurkunde abschriftsbeglaubigt wird oder Teil der Ausfertigung der Kaufvertragsurkunde (vgl. § 49 III BeurkG) ist.   12.44

Bei mehreren Vertretungsnachweisen sind diese in einem Vermerk zu beglaubigen, so dass die Beglaubigungsgebühr nur einmal anfällt.

Für die Beglaubigung ist gem. Nr. 25102 KV 1 Euro für jede angefangene Seite, mindestens sind 10 Euro zu erheben.

Dokumentenpauschale: 12.45

Gemeint ist die Dokumentenpauschale für die Beglaubigung der Vollmacht. Hierzu ist Folgendes auszuführen:

Die Dokumentenpauschale ist zwar nicht gem. Anm. I zu Nr. 25102 KV ausgeschlossen, jedoch ist keiner der Nrn. der 32000 ff. erfüllt: Für Nr. 32000 KV fehlt es an einem gesonderten Antrag (denn § 12 BeurkG erfordert Beinahme zur Niederschrift von Amts wegen). Nr. 32001 Nr. 1 KV (ohne besonderen Antrag) greift schon deshalb nicht, weil es dort um eigene Urkunden des Notars geht. Da diese Bestandteil der eigenen Urkunde werden, können sie anschließend im Rahmen des Vollzugs, wenn auch hiervon Abschriften erforderlich werden, die Dokumentenpauschale auslösen.[1]

Was die zum Grundbuchamt zu übersendende Abschrift betrifft, fällt neben der Beglaubigungsgebühr gemäß Anm. I zu Nr. 25102 KV **keine** Dokumentenpauschale an.

Für die anschließend im Rahmen des Vollzugs vom Kaufvertrag gefertigten Abschriften fällt nach Nr. 32001 Nr. 1 KV die Dokumentenpauschale an.

D. Anmerkung

Der Unterschied zum vorhergehenden Fall 7 besteht vorliegend darin, dass eine Vollmachtsbeglaubigung für das **Grundbuchamt** erforderlich ist, das die Vollmacht selbständig neben dem Notar zu prüfen hat.   12.46

---

1 S. Begründung RegE, BT-Drs. 17/11471, S. 236 f.

→ **Fall 9: Beglaubigung von Vertretungsnachweisen (zur Unterschriftsbeglaubigung)**

A. Sachverhalt

12.47 Der Notar nimmt eine Unterschriftsbeglaubigung unter einer mitgebrachten Löschungsbewilligung (Grundpfandrecht über 10 000 Euro) vor und beglaubigt auftragsgemäß die vom Unterzeichner in Ausfertigung mitgebrachte und von einem Fremdnotar beurkundete Vollmacht, die der Unterschriftsbeglaubigung beigefügt wird. Die Vollmacht umfasst 3 Seiten.

B. Rechnung

12.48

Pos.	Gebührentatbestände	Geschäftswert	KV-Nr.	Satz	Betrag
(1)	Unterschriftsbeglaubigung (§§ 121, 53 I, 97 I)	10 000	25100	0,2	20,00
(2)	Beglaubigung Vollmacht	keiner, da keine Wertgebühr	25102		10,00

C. Erläuterungen

12.49 **Pos. (1):**

Der Geschäftswert für die Unterschriftsbeglaubigung bestimmt sich nach der für die Beurkundung geltenden Vorschrift (§ 121), somit nach § 53 I. Für die Unterschriftsbeglaubigung ist gem. Nr. 25100 KV die 0,2 Gebühr, mind. 20 Euro, höchst. 70 Euro zu erheben.

12.50 **Pos. (2):**

Die Beglaubigungsgebühr kann gemäß Anmerkung II Nr. 2 zu Nr. 25102 KV nicht erhoben werden für die Erteilung beglaubigter Ablichtungen vorgelegter Vollmachten und Ausweise über die Berechtigung eines gesetzlichen Vertreters, die der vom Notar gefertigten Niederschrift beizulegen sind (§ 12 BeurkG). Hier handelt es sich aber gerade **nicht** um eine Niederschrift, sondern um eine Unterschriftsbeglaubigung (Zeugnis nach § 39 BeurkG), so dass die Beglaubigungsgebühr anfällt.

Für die Beglaubigung ist gem. Nr. 25102 KV 1 Euro für jede angefangene Seite, mindestens sind 10 Euro zu erheben.

12.51 Bei Hinzufügung eines Vertretungsnachweises zu einem gefertigten **Entwurf** hingegen wird dieser der Niederschrift gleichgestellt, so dass **keine** Beglaubigungsgebühr anfällt.

12.52 **Dokumentenpauschale:**

Nach Abs. I der Anmerkung zu Nr. 25102 KV wird neben der Beglaubigungsgebühr **keine** Dokumentenpauschale erhoben. Die Dokumentenpauschale fällt aber bei antragsgemäßer Fertigung von einfachen Abschriften nach Nr. 32000 KV an.[1]

→ **Fall 10: Beglaubigung eines elektronischen Dokuments in Papierform**

S. hierzu „Auslagen" Fall 13 in Rz. 27.91. 12.53

→ **Fall 11: Elektronischer Beglaubigungsvermerk**

S. hierzu „Auslagen" Fall 14 in Rz. 27.94. 12.54

---

[1] *PrüfAbt. der Ländernotarkasse*, NotBZ 2014, 286.

Teil 13
Tatsachenbescheinigungen

Inhaltsübersicht

I. Überblick 13.1
1. Einführung 13.1
2. Übersichtstabelle 13.2
3. Gebühr 13.3
4. Geschäftswert 13.7
5. Derselbe Beurkundungsgegenstand/Verschiedene Beurkundungsgegenstände 13.8
6. Vollzugs-, Betreuungs- und Treuhandtätigkeiten 13.9
7. Gebührenfreie (Neben-) Geschäfte 13.13
8. Unrichtige Sachbehandlung ... 13.14
9. Gebührenermäßigung 13.15

II. Ausgewählte Tatsachenbescheinigungen 13.16

Fall 1: Bescheinigung über die Echtheit einer Namenszeichnung 13.16

Fall 2: Vertretungsbescheinigung nach § 21 I (Nr. 1) BNotO 13.20

Fall 3: Vertretungsbescheinigung nach § 21 I (Nr. 1) BNotO – GmbH & Co. KG 13.24

Fall 4: Bescheinigung nach § 21 I (Nr. 2) BNotO 13.28

Fall 5: Bescheinigungen nach § 21 I Nr. 1 und Nr. 2 BNotO .. 13.33

Fall 6: Bescheinigung nach § 21 III BNotO 13.37

Fall 7: Lebensbescheinigung .. 13.41

Fall 8: Fertigung und Bescheinigung einer Gesellschafterliste . 13.44

Fall 9: Fertigung und Bescheinigung einer Gesellschafterliste (mit Prüfung Bedingungseintritt) 13.48

Fall 10: Satzungsbescheinigung nach § 54 I S. 2 HS 2 GmbHG (mit Beschluss) 13.52

Fall 11: Satzungsbescheinigung nach § 54 I S. 2 HS 2 GmbHG (ohne Beschluss) 13.55

Fall 12: Legitimationsbescheinigung nach § 154 II AO 13.58

Fall 13: Rangbescheinigung (Notarbestätigung) 13.62

Fall 14: Prioritätsverhandlung zur Sicherung von Urheberrechten oder Quellcodes (durch Eidesstattliche Versicherung, Versiegelung nach UrhG und Bescheinigung des Notars nach § 43 BeurkG) 13.65

Fall 15: Sicherstellung der Zeit einer Privaturkunde nach §§ 39, 43 BeurkG 13.71

Fall 16: Tatsachenbescheinigung über Wahrnehmungen (Weltrekordversuch zur Eintragung ins Guinnessbuch der Rekorde) 13.73

Fall 17: Tatsachenbescheinigung über Wahrnehmungen (Inaugenscheinnahme durch den Notar) . 13.76

Fall 18: Bescheinigung über im Inland geltendes Recht 13.79

Fall 19: Bescheinigungen im Zusammenhang mit Verlosungen und Auslosungen 13.84

Fall 20: Einsicht in das Grundbuch, Mitteilung über den Inhalt, Grundbuchabdruck, Datei 13.85

Stichwortverzeichnis

Abtretung, aufschiebend bedingt durch Kaufpreiszahlung, Betreuungsgebühr, Gesellschafterliste 13.48

Ausländisches Register, Ermittlung zum Inhalt 13.9
Berechnung, Mittelgebühr 13.83

Bescheinigung
- ausländisches Register   13.9
- Firmenänderung, Umwandlung, Bestehen, Umstände   13.28, 13.33
- Gesellschafterliste und Fertigung   13.44, 13.48
- Gesellschafterliste sowie Prüfung Bedingungseintritt   13.48
- nach § 21 I Nr. 1 BNotO, ein Registerblatt   13.20
- nach § 21 I Nr. 1 BNotO, mehrere Registerblätter   13.24
- nach § 21 I Nr. 1 und 2 BNotO   13.33
- nach § 21 I Nr. 2 BNotO   13.28
- nach § 21 III (§ 34 GBO)   13.37
- nach § 43 BeurkG   13.68
- nach § 54 GmbHG, mit Beschluss   13.52
- nach § 54 GmbHG, ohne Beschluss   13.55
- nach § 181 AktG, mit Beschluss   13.52
- nach § 181 AktG, ohne Beschluss   13.55
- nach Einsicht elektronisches Handelsregister   13.20, 13.31 f.
- Registerbescheinigung   13.28, 13.31, 13.33
- über Echtheit einer Namenszeichnung   13.16
- über im Inland geltendes Recht, Grundschuld   13.79
- über Legitimation   13.58
- über Wahrnehmungen   13.73 ff.
- Verlosung   13.84
- Berechnung bei mehreren Bescheinigungen   13.8
Bescheinigungen, mehrere   13.8, 13.24, 13.33
Betreuungsgebühr   13.6, 13.11, 13.51
- Bescheinigung, Bedingungseintritt Abtretung   13.11, 13.51
Beurkundungsverfahren   13.4
Bewertungsvorschriften, Tatsachenbescheinigung   13.2
Echtheitszeugnis   13.16
Eidesstattliche Versicherung   13.65, 13.68
Einsicht
- elektronisches Handelsregister   13.20, 13.24, 13.28, 13.31, 13.32, 13.33
- Grundbuch, Mitteilung über den Inhalt, Grundbuchabdruck, Datei   13.85
- Handelsregister, keine Gebühr   13.22, 13.26, 13.30, 13.36

- Registerbescheinigung   13.28, 13.31, 13.33
- Vermerk nach § 39 BeurkG   13.32
- Vollmacht, keine Gebühr   13.39
Fertigung Gesellschafterliste   13.46, 13.50
Festgebühr, Tatsachenbescheinigung   13.2 f., 13.21, 13.25, 13.29, 13.34, 13.38, 13.67, 13.72
Gebühr, Tatsachenbescheinigung   13.3 f.
Gebührenfreie Bescheinigung   13.13, 13.54
Geschäftswert, Bescheinigungen   13.7
Gesellschafterliste, Bescheinigung, Fertigung (§ 40 II GmbHG)   13.44 ff., 13.48 ff.
GmbH & Co. KG, Vertretungsbescheinigung   13.24
Grundbuch, Einsicht, Mitteilung über den Inhalt, Grundbuchabdruck, Datei   13.85
Grundschuldbestellung, Legitimationsbescheinigung   13.61
Guinnessbuch (Weltrekordversuch)   13.73
Handelsregistereinsicht
- keine Gebühr   13.22, 13.26, 13.30, 13.36
- Möglichkeiten der Bescheinigung, Registerbescheinigung   13.31, 13.32
- Vertretungsbescheinigung   13.14, 13.20, 13.24, 13.33
Inaugenscheinnahme, Tatsachenbescheinigung über Wahrnehmungen   13.73, 13.76
Lebensbescheinigung   13.41
Legitimationsbescheinigung   13.58
Liste der Gesellschafter, Bescheinigung   13.44, 13.48
Mitteilung über Inhalt Grundbuch, Einsicht, Grundbuchabdruck, Datei   13.85
Mittelgebühr, Berechnung   13.83
Möglichkeiten der Bescheinigung, Registerbescheinigung   13.31, 13.32
Namenszeichnung, Bescheinigung über Echtheit   13.16
Nebengeschäfte, gebührenfrei bei Tatsachenbescheinigung   13.13
Notarbestätigung, Rangbescheinigung   13.62
Prioritätsverhandlung   13.65
Privaturkunde, Sicherstellung der Zeit nach §§ 39, 43 BeurkG   13.71
Prüfung Bedingungseintritt (Bescheinigung einer Gesellschafterliste)   13.48
Quellcodes, Sicherung von (Prioritätsverhandlung)   13.65

Rahmengebühren 13.3
Rangbescheinigung, Notarbestätigung 13.62
Registerbescheinigung nach § 21 BNotO, Vertretungsbescheinigung 13.20 ff.
Registerbescheinigung, Unterschied Vermerkurkunde 13.31 f.
Satzungsbescheinigung 13.52 ff.
– nach § 54 GmbHG (mit Beschluss) 13.52
– nach § 54 GmbHG (ohne Beschluss) 13.55
– nach § 181 AktG (mit Beschluss) 13.52
– nach § 181 AktG (ohne Beschluss) 13.55
Sicherstellung der Zeit einer Privaturkunde (nach §§ 39, 43 BeurkG) 13.71
Tatsachenbescheinigungen
– Einführung 13.1
– Festgebühr 13.2 f., 13.21, 13.25, 13.29, 13.34, 13.38, 13.67, 13.72
– Gebührenermäßigung 13.15
– Geschäftswert 13.7
– Inaugenscheinnahme durch Notar 13.76
– nach § 43 BeurkG 13.65, 13.71
– Übersichtstabelle 13.2
– Unrichtige Sachbehandlung 13.14
– Vollzugsgebühr 13.9 f.
– Wahrnehmungen 13.73, 13.76
Übersichtstabelle 13.2
Unrichtige Sachbehandlung 13.14
Urheberrechte, Sicherung (Prioritätsverhandlung) 13.65

Verlosung, Bescheinigung 13.84
Vermerkurkunde
– Unterschied Registerbescheinigung 13.31 f.
– Vermerk nach § 39 BeurkG 13.32
Versiegelung, nach UrhG 13.66
Vertretungsbescheinigung
– aufgrund Vollmacht 13.37
– GmbH & Co. KG 13.24
– nach § 21 I Nr. 1 BNotO 13.20
– nach § 21 I Nr. 1 BNotO (mehrere Registerblätter) 13.24
– nach § 21 I Nr. 1 und Nr. 2 BNotO 13.33
– nach § 21 I Nr. 2 BNotO 13.28
– nach § 21 III BNotO 13.37
– unrichtige Sachbehandlung 13.14
Vollmacht über Vertretungsmacht 13.37
Vollzug, Weiterleitung 13.10
Vollzugsgebühr, Tatsachenbescheinigung 13.9 f.
Vollzugstätigkeit
– ausländisches Register 13.9
– für Weiterleitung, Festgebühr 13.10
Weiterleitung, Vollzug 13.10
Weltrekordversuch, Tatsachenbescheinigung über Wahrnehmung 13.73
Wertgebühr, Tatsachenbescheinigungen 13.2, 13.3, 13.42, 13.45, 13.49, 13.56, 13.59, 13.63, 13.74, 13.77, 13.80
Zeitsicherstellung einer Privaturkunde nach §§ 39, 43 BeurkG 13.71

I. Überblick

1. Einführung

13.1 Bescheinigungen treten in den verschiedensten Formen auf. Nachfolgend sollen die häufigsten Anwendungsfälle dargestellt werden. Sie sind sämtlich in Teil 2 Hauptabschnitt 5 in Abschnitt 1 KV bzw. Abschnitt 2 KV des GNotKG geregelt. Eine Gebühr für die Bescheinigung fällt jedoch nur dann an, wenn der Bescheinigung **eigenständige Bedeutung** zukommt und wenn es sich um eine Bescheinigung von Tatsachen oder Verhältnissen handelt. Handelt es sich hingegen um eine **unselbstständige Feststellung** zu einem anderen Geschäft, so bleibt die Bescheinigung **unbewertet**. Ein solcher Fall ist zum Beispiel gegeben, wenn der Notar in einer Urkunde Feststellungen über die Form einer vorgelegten Vollmacht trifft oder wenn er bescheinigt, dass die Zeichnung eigenhändig vor dem Notar erfolgt ist. Diese Bescheinigungen lösen aufgrund ihres unselbstständigen Charakters keine eigenständige Gebühr aus.

I. Überblick

2. Übersichtstabelle

Die maßgeblichen Bewertungsvorschriften für folgende ausgewählte Tatsachenbescheinigungen lauten: 13.2

Gebühren	Geschäftswert
a) Sicherstellung der Zeit, zu der eine Privaturkunde ausgestellt ist, einschließlich der über die Vorlegung ausgestellten Bescheinigung Nr. 25103 KV GNotKG (20 Euro)	a) keiner, da Festgebühr
b) Bescheinigungen über Tatsachen oder Verhältnisse, die urkundlich nachgewiesen oder offenkundig sind, einschließlich der Identitätsfeststellung, wenn sie über §§ 10 und 40 IV BeurkG hinaus selbstständige Bedeutung haben Nr. 25104 KV GNotKG (1,0) – Die Gebühr entsteht nicht, wenn die Erteilung der Bescheinigung eine Betreuungstätigkeit nach Nr. 22200 KV GNotKG darstellt.	b) § 36 I, III GNotKG (billiges Ermessen)
c) Bescheinigung nach § 21 I BNotO Nr. 25200 KV (15 Euro für jedes Registerblatt, dessen Einsicht zur Erteilung erforderlich ist)	c) keiner, da Festgebühr
d) Rangbescheinigung Nr. 25201 KV GNotKG (0,3)	d) § 122 GNotKG (Wert des beantragten Rechts)
e) Erteilung einer Bescheinigung über das im Inland oder im Ausland geltende Recht einschließlich von Tatsachen Nr. 25203 KV GNotKG (0,3 bis 1,0)	e) § 36 I, III GNotKG (billiges Ermessen)
f) Einsicht in das Grundbuch, in öffentliche Register und Akten einschließlich der Mitteilung des Inhalts an den Beteiligten Nr. 25209 KV GNotKG (15 Euro) – Die Gebühr entsteht nur, wenn die Tätigkeit nicht mit einem gebührenpflichtigen Verfahren oder Geschäft zusammenhängt.	f) keiner, da Festgebühr
g) Bescheinigung nach § 21 III BNotO Nr. 25214 KV GNotKG (15 Euro)	g) keiner, da Festgebühr

3. Gebühr

Die Gebühren für isolierte Bescheinigungen sind im Hauptabschnitt 5 Abschnitt 1 und 2 KV des GNotKG als sonstige Geschäfte geregelt. Dabei sind ei- 13.3

nerseits **Festgebühren** (z.B. nach Nrn. 25103, 25209 KV GNotKG) und **Wertgebühren** (z.B. nach Nrn. 25104, 25201 KV GNotKG) aber auch **Rahmengebühren** (z.B. nach Nr. 25203 KV GNotKG) vorgesehen.

13.4 Tatsachenbescheinigungen werden grundsätzlich nach Nr. 25104 KV GNotKG berechnet, wenn die Urkunde nicht in Form einer **Niederschrift** gemäß § 36 BeurkG errichtet wird. Wird sie in Form einer Niederschrift gemäß § 36 BeurkG errichtet, handelt es sich um ein **Beurkundungsverfahren** (siehe § 85 II GNotKG), welches eine Gebühr nach Nr. 21200 KV GNotKG auslöst, die mindestens 60 Euro beträgt. Beurkundungsrechtliche Vorgaben für eine Tatsachenbeurkundung ergeben sich aus den §§ 36 ff. BeurkG bzw. § 20 I S. 2 a.E. BNotO als allgemeine Zuständigkeitsnorm.

13.5 Ob für die Wahrnehmungen des Notars letztlich eine Niederschrift oder ein Vermerk zu wählen ist, ist am Umfang der wahrgenommenen Tatsachen auszurichten. Liegen die Voraussetzungen des § 39 BeurkG nicht vor, sollte die Tatsachenbeurkundung gewählt werden. Die notarielle Tatsachenbeurkundung kommt beispielsweise in Betracht, wenn der Nachweis des Vertretenseins einer Gewerkschaft i.S. des BetrVG gegenüber dem Arbeitgeber zu führen ist.[1]

13.6 Andere Bescheinigungen, z.B. eine Fälligkeitsmitteilung aufgrund urkundlich nachgewiesener Tatsachen oder andere Bescheinigungen im Bereich der Beteiligtenbetreuung, lösen diese Gebühr nicht aus, da dort die Bestimmungen über die **Betreuungsgebühren** nach Nr. 22200 KV GNotKG **vorrangig** sind; Gleiches gilt für die bescheinigte Gesellschafterliste nach § 40 II GmbHG.

4. Geschäftswert

13.7 Als **Wertvorschrift für Bescheinigungen** gilt grundsätzlich die allgemeine Geschäftswertvorschrift des § 36 GNotKG (wonach der Notar den Geschäftswert nach billigem Ermessen bestimmt), es sei denn, dass sie durch eine einschlägige Spezialnorm verdrängt wird. Eine solche Spezialnorm ist z.B. der **§ 122 GNotKG**, der für Rangbescheinigungen den Wert des beantragten Rechts vorschreibt. Wiederum bedarf es für andere **Bescheinigungen** überhaupt keiner Wertermittlung, da hier **Festgebühren** vorgesehen sind (z.B. für die Vertretungsbescheinigung nach § 21 BNotO: Festgebühr i.H.v. 15 Euro nach Nr. 25200 KV oder Nr. 25214 KV GNotKG).

5. Derselbe Beurkundungsgegenstand/Verschiedene Beurkundungsgegenstände

13.8 **Mehrere Bescheinigungen** werden **getrennt** berechnet, da diese in Hauptabschnitt 5 des KV im GNotKG geregelt sind und es sich nicht um ein notarielles Verfahren i.S. von § 85 GNotKG handelt.

6. Vollzugs-, Betreuungs- und Treuhandtätigkeiten

13.9 Wird der Notar anlässlich eines Beurkundungsverfahrens (siehe § 85 II GNotKG) zur Ermittlung des Inhalts bzw. zur Beschaffung eines **ausländischen Handels-**

---

[1] Zu Formulierungsvorschlägen s. *Becker*, BWNotZ 6/2013, 175 ff.

I. Überblick

registerauszuges beauftragt, so stellt dies eine Vollzugstätigkeit nach Vorbem. 2.2.1.1 I S. 2 Nr. 2 KV GNotKG dar. In diesem Fall fällt eine **Vollzugsgebühr** nach Nr. 22112 KV GNotKG an, die höchstens 50 Euro beträgt.

Eine **Vollzugstätigkeit** liegt auch bei auftragsgemäßer **Weiterleitung** der Tatsachenbescheinigung an ein Gericht, eine Behörde oder einen Dritten vor. In diesem Fall entsteht eine **Festgebühr** in Höhe von 20 Euro nach Nr. 22124 KV GNotKG. Denn bei Bescheinigungen nach diesem Teil handelt es sich um **sonstige Geschäfte** im Sinne des Hauptabschnitts 5 des KV, die kein Beurkundungsverfahren darstellen (siehe § 85 II GNotKG); demgemäß ist Vorbem. 2.2.1.2 Nr. 1 erfüllt. 13.10

Eine **Betreuungsgebühr** nach Nr. 22200 Nr. 6 KV GNotKG fällt im Rahmen der Erteilung einer Bescheinigung über Veränderungen hinsichtlich der Personen der Gesellschafter oder des Umfangs ihrer Beteiligung (nach § 40 II GmbHG) an, wenn Umstände außerhalb der Urkunde zu prüfen sind. 13.11

Treuhandtätigkeiten im Rahmen einer Bescheinigung sind nicht bekannt. 13.12

7. Gebührenfreie (Neben-)Geschäfte

Die Bescheinigung nach § 54 GmbHG bzw. § 181 AktG ist, wenn der Notar den satzungsändernden Beschluss beurkundet hat, gemäß Vorbem. 2.1 II Nr. 4 KV GNotKG gebührenfrei und mit der Gebühr für das Beurkundungsverfahren abgegolten. 13.13

8. Unrichtige Sachbehandlung

Bei unrichtiger Sachbehandlung findet grundsätzlich § 21 GNotKG Anwendung, der bei den Tatsachenbescheinigungen jedoch kaum eine Rolle spielen dürfte. Dennoch folgender Hinweis: § 32 II GBO i.d.F. der Bekanntmachung des ERVGBG vom 11.8.2009 lässt seit dem 1.10.2009 den Nachweis des Bestehens und der Vertretungsverhältnisse u.a. einer GmbH, AG oder Genossenschaft zu durch Bezugnahme auf das elektronische Handelsregister. Die Bezugnahme ersetzt den Regelnachweis (vgl. § 32 I GBO) der Notarbescheinigung nach § 21 I BNotO und verpflichtet das Grundbuchamt zu eigener Einsichtnahme und Prüfung. Demgemäß könnte die **Vertretungsbescheinigung** nach § 21 BNotO eine unrichtige Sachbehandlung darstellen bzw. die Gebühr hierfür nach Nr. 25200 KV GNotKG nicht zu erheben sein, denn die vom Grundbuchamt vorgenommene Einsicht löst keine Kosten aus. Dennoch dürfte für den Notar trotz der Mehrkosten unter dem Gesichtspunkt einer unrichtigen Sachbehandlung keine Pflicht bestehen, nach § 32 II GBO zu verfahren; denn die notarielle Vertretungsbescheinigung schafft „Mehrwert", indem sie sofort bei Beurkundung eine **Aussage zur Wirksamkeit** – auch des schuldrechtlichen Vertrages – erlaubt.[1] 13.14

---

1 Leipziger Kommentar GNotKG/*Wudy*, § 21 Rz. 105.

9. Gebührenermäßigung

13.15 Bescheinigungen nach Hauptabschnitt 5 KV des GNotKG werden von der Ermäßigung nach § 91 GNotKG nicht erfasst.

II. Ausgewählte Tatsachenbescheinigungen

→ **Fall 1: Bescheinigung über die Echtheit einer Namenszeichnung**

A. Sachverhalt

13.16 Der Notar bescheinigt, dass die nachstehende Namenszeichnung von A, geb. am ..., wohnhaft in ... geleistet worden ist. Die persönlichen Daten hat der Notar dem Personalausweis entnommen.

Es handelt sich dabei nicht um eine Unterschriftsbeglaubigung, sondern der Notar stellt hier ein Echtheitszeugnis aus, um Behörden, Unternehmen und Privatpersonen die Nachprüfung der vorgelegten Unterschrift durch einen Vergleich mit der als echt bescheinigten Unterschrift zu ermöglichen. Die Bescheinigung hat geringere Bedeutung als die Beglaubigung einer Unterschrift.

Der Notar wird beauftragt, die Bescheinigung an eine bestimmte Behörde zu übersenden.

B. Rechnung

13.17

Pos.	Gebührentatbestände	Geschäftswert	KV-Nr.	Satz	Betrag
(1)	Bescheinigung (§ 36 II, III)	5000	25104	1,0	45,00
(2)	Vollzug – Weiterleitung	keiner, da Festgebühr	22124		20,00

C. Erläuterungen

13.18 **Pos. (1):**

Der Geschäftswert bestimmt sich mangels anderer Anhaltspunkte nach § 36 II bzw. III.

13.19 **Pos. (2):**

Für die Weiterleitung an Dritte erhält der Notar eine Festgebühr nach Nr. 22124 KV.

→ **Fall 2: Vertretungsbescheinigung nach § 21 I (Nr. 1) BNotO**

A. Sachverhalt

13.20 Der Notar bescheinigt aufgrund Einsicht in das elektronische Handelsregister die **Vertretungsberechtigung** des **Geschäftsführers** A der im Handelsregister unter HR B ... eingetragenen A-GmbH nach § 21 I Nr. 1 BNotO.

II. Ausgewählte Tatsachenbescheinigungen

B. Rechnung

Pos.	Gebührentatbestand	Geschäfts-wert	KV-Nr.	Satz	Betrag
(1)	Vertretungsbescheinigung	keiner, da Festgebühr	25200		15,00
(2)	Abrufgebühren nach dem JVKostG (elektronisches Handelsregister)		32011 i.V.m. Nr. 1140 KV JVKostG		4,50

13.21

C. Erläuterungen

Pos. (1): 13.22

Für die Vertretungsbescheinigung fällt nach Nr. 25200 KV eine Gebühr von 15 Euro für jedes Registerblatt, dessen Einsicht zur Erteilung erforderlich ist, an.

Für die *Einsicht* in das Handelsregister fällt daneben aber keine Gebühr nach Nr. 25209 KV an (Anmerkung zu Nr. 25209 KV).

Pos. (2): 13.23

Allerdings ist für die Einsicht in das elektronische Handelsregister die Auslage Nr. 32011 KV in Höhe von 4,50 Euro anzusetzen.

→ **Fall 3: Vertretungsbescheinigung nach § 21 I (Nr. 1) BNotO – GmbH & Co. KG**

A. Sachverhalt

Der Notar bescheinigt aufgrund zweier Einsichten in das Handelsregister die **Vertretungsberechtigung** für eine **GmbH & Co. KG** nach § 21 I Nr. 1 BNotO. 13.24

B. Rechnung

Pos.	Gebührentatbestände	Geschäfts-wert	KV-Nr.	Satz	Betrag
(1)	Vertretungsbescheinigung für GmbH	keiner, da Festgebühr	25200		15,00
(2)	Vertretungsbescheinigung für KG	keiner, da Festgebühr	25200		15,00

13.25

C. Erläuterungen

Die Gebühr fällt für jedes Registerblatt an, dessen Einsicht zur Erteilung erforderlich ist. 13.26

Für die *Einsicht* in das Handelsregister fällt daneben aber keine Gebühr nach Nr. 25209 KV an (Anmerkung zu Nr. 25209 KV).

13.27 Es würde den Anforderungen des § 19 II genügen, wenn in der Berechnung 2 Vertretungsbescheinigungen nach Nr. 25200 KV i.H.v. insgesamt 30 Euro ausgewiesen werden.

→ **Fall 4: Bescheinigung nach § 21 I (Nr. 2) BNotO**

A. Sachverhalt

13.28 Der Notar fertigt aufgrund Einsicht in das Handelsregister eine Bescheinigung über das **Bestehen** oder den **Sitz** einer juristischen Person oder Handelsgesellschaft, die **Firmenänderung**, eine **Umwandlung** oder sonstige **rechtserhebliche Umstände** nach § 21 I Nr. 2 BNotO.

B. Rechnung

Pos.	Gebührentatbestand	Geschäftswert	KV-Nr.	Satz	Betrag
	Bescheinigung	keiner, da Festgebühr	25200		15,00

C. Erläuterungen

13.30 Für die Bescheinigung fällt nach Nr. 25200 KV eine Gebühr von 15 Euro für jedes Registerblatt, dessen Einsicht zur Erteilung erforderlich ist, an. Für die *Einsicht* in das Handelsregister fällt daneben aber keine Gebühr nach Nr. 25209 KV an (Anmerkung zu Nr. 25209 KV).

Exkurs:

13.31 **Registerbescheinigung nach § 21 BNotO aufgrund Einsicht in das elektronische Handelsregister**

Eine Registerbescheinigung nach § 21 BNotO liegt nur vor, wenn der Notar über die Wiedergabe des Registerinhalts hinaus eine rechtliche Schlussfolgerung im Hinblick auf die Vertretungsmacht, das Bestehen oder den Sitz einer Gesellschaft, eine Firmenänderung, Umwandlung oder andere rechtserhebliche Umstände zieht.[1]

13.32 **Vermerk nach § 39 BeurkG über die Einsicht in das elektronische Handelsregister**

Eine Vermerkurkunde nach § 39 BeurkG enthält im Unterschied zur Registerbescheinigung nach § 21 BNotO lediglich ein Zeugnis über die vom Notar wahrgenommene Tatsache und keine rechtliche Beurteilung des Wahrgenommenen. Es entsteht hier die 1,0 Gebühr nach Nr. 25104 KV. Allerdings reicht die notarielle Tatsachenbescheinigung im Grundbuchverfahren wegen § 32 I GBO nicht aus.[2]

---

1 DNotI-Report 2014, 82.
2 DNotI-Report 2014, 82 f.

II. Ausgewählte Tatsachenbescheinigungen

→ **Fall 5: Bescheinigungen nach § 21 I Nr. 1 und Nr. 2 BNotO**

A. Sachverhalt

Der Notar bescheinigt nach Einsicht in das Handelsregister die **Vertretungsberechtigung** für eine **GmbH** nach § 21 I Nr. 1 BNotO.

Gleichzeitig soll der Notar eine Bescheinigung über das **Bestehen**, den **Sitz**, die **Firmenänderung**, **Umwandlung** oder sonstige **rechtserhebliche Umstände** nach § 21 I Nr. 2 BNotO für **dieselbe** Gesellschaft ausstellen.

13.33

B. Rechnung

Pos.	Gebührentatbestände	Geschäfts-wert	KV-Nr.	Satz	Betrag
(1)	Vertretungsbescheinigung nach § 21 I Nr. 1 BNotO	keiner, da Festgebühr	25200		15,00
(2)	Bescheinigung nach § 21 I Nr. 2 BNotO	keiner, da Festgebühr	25200		15,00

13.34

C. Erläuterungen

Hier fallen zwei Gebühren an: einmal für die Vertretungsbescheinigung nach § 21 I Nr. 1 BNotO und darüber hinaus für die Bescheinigung nach § 21 I Nr. 2 BNotO.

13.35

Gebührenhäufung: Es wird zwar lediglich ein Registerblatt eingesehen, auch gibt der Notar vorliegend offensichtlich Vertretungsbescheinigung und Registerbescheinigung über sonstige rechtserhebliche Umstände in einer einzigen Bescheinigungsurkunde bzw. einem einzigen Bescheinigungsvermerk wieder. Das ändert aber nichts daran, dass es sich um zwei selbstständige Geschäfte i.S. der Nr. 25200 KV handelt. Deshalb fällt die Gebühr zweimal an.

Für die *Einsicht* in das Handelsregister fällt daneben aber keine Gebühr nach Nr. 25209 KV an (Anm. zu Nr. 25209 KV).

13.36

→ **Fall 6: Bescheinigung nach § 21 III BNotO**

A. Sachverhalt

Der Notar fertigt im Rahmen eines Grundstückskaufvertrages eine Bescheinigung über die Vertretung eines Beteiligten aufgrund einer vorgelegten öffentlich beglaubigten Vollmacht (§ 34 GBO). Dazu nimmt er Einsicht in die vorgelegte Vollmacht und gibt in der Bescheinigung an, in welcher Form und an welchem Tag ihm die Vollmachtsurkunde vorgelegen hat.

13.37

B. Rechnung

13.38

Pos.	Gebührentatbestand	Geschäfts-wert	KV-Nr.	Satz	Betrag
	Bescheinigung nach § 21 III BNotO	keiner, da Festgebühr	25214		15,00

C. Erläuterungen

13.39 Für die Bescheinigung nach § 21 III BNotO fällt nach Nr. 25214 KV eine Gebühr i.H.v. 15 Euro an.

Für die Einsicht in die Vollmacht fällt daneben aber **keine** Gebühr nach Nr. 25209 KV an.

Es fällt auch **keine** Gebühr für eine Vertretungsbescheinigung nach Nr. 25200 KV an, da der Notar die Vollmacht gem. § 12 BeurkG dem Kaufvertrag beifügen muss – und dies kostenfrei gem. Anm. II Nr. 2 zu Nr. 25102 KV ist.

D. Anmerkung

13.40 Liegen der Vollmacht über die Vertretungsmacht mehrere, aufeinander aufbauende Vollmachten (umgekehrt: Untervollmachten wie beispielsweise bei der BVVG) zugrunde, so entstehen mehrere Gebühren – nämlich pro Vollmacht; denn der Notar muss jede Vollmacht einzeln hinsichtlich der Form und des Zeitpunkts der Vorlage prüfen.[1]

→ **Fall 7: Lebensbescheinigung**

A. Sachverhalt

13.41 Der Notar bescheinigt auf Antrag des Herrn A, dass dieser, geb. am ..., wohnhaft in ..., ihn heute um ... Uhr in seiner Geschäftsstelle aufgesucht und sich mit ihm unterhalten hat. Er wies sich durch seinen gültigen Personalausweis aus.

B. Rechnung

13.42

Pos.	Gebührentatbestand	Geschäfts-wert	KV-Nr.	Satz	Betrag
	Lebensbescheinigung (§ 36 II, III)	5000	25104	1,0	45,00

C. Erläuterungen

13.43 Der Geschäftswert bestimmt sich mangels anderer Anhaltspunkte nach § 36 II, III.

---

[1] So Leipziger Kommentar GNotKG/*Otto*, Nr. 25214 KV Rz. 4; BGH, Beschl. v. 22.9.2016 – V ZB 177/15.

II. Ausgewählte Tatsachenbescheinigungen

→ **Fall 8: Fertigung und Bescheinigung einer Gesellschafterliste**

A. Sachverhalt

Der Notar hat die **schenkweise** Veräußerung eines GmbH-Anteils mit einem Nominalbetrag von 12 500 Euro und einem Anteilswert von 50 000 Euro beurkundet; das Reinvermögen der GmbH belief sich auf 100 000 Euro. Nunmehr fertigt der Notar die Gesellschafterliste und bescheinigt sie gem. den Anforderungen des § 40 II GmbHG.

13.44

B. Rechnung

Pos.	Gebührentatbestand	Geschäftswert	KV-Nr.	Satz	Betrag
	Fertigung einer Gesellschafterliste nach § 40 II GmbHG (§§ 112 S. 1, 97 I, 54)	50 000	22110, 22113	0,5	82,50

13.45

C. Erläuterungen

Fertigung der Gesellschafterliste:

Die Fertigung, Änderung oder Ergänzung der Liste der Gesellschafter (§ 40 GmbHG) stellt eine Vollzugstätigkeit nach Vorbem. 2.2.1.1 I S. 2 Nr. 3 KV dar.

13.46

Bescheinigung:

Die Bescheinigung der Liste ist gebührenfrei (Umkehrschluss aus Nr. 22200 Nr. 6 KV, wonach die Betreuungsgebühr nur anfällt, wenn Umstände außerhalb der Urkunde zu prüfen sind).[1]

13.47

→ **Fall 9: Fertigung und Bescheinigung einer Gesellschafterliste (mit Prüfung Bedingungseintritt)**

A. Sachverhalt

Der Notar hat die Veräußerung eines GmbH-Anteils mit einem Nominalbetrag von 12 500 Euro und einem **Kaufpreis von 50 000 Euro** beurkundet, wobei die **Abtretung aufschiebend bedingt** auf die Kaufpreiszahlung vereinbart war. Das Reinvermögen der GmbH belief sich auf 100 000 Euro. Nunmehr fertigt der Notar die Gesellschafterliste und bescheinigt sie gem. Anforderungen des § 40 II GmbHG.

13.48

---

1 LG Düsseldorf v. 29.7.2015 – 25 T 555/14, NotBZ 2015, 476; a.A. Leipziger Kommentar GNotKG/*Arnold*, Rz. 15 zu Nr. 25104 KV, der zum Ergebnis kommt, dass für eine Bescheinigung nach § 40 II GmbHG, wenn keine Umstände außerhalb der Urkunde zu prüfen sind, neben der Vollzugsgebühr eine Bescheinigungsgebühr nach Nr. 25104 KV ausgelöst wird.

B. Rechnung

13.49

Pos.	Gebührentatbestände	Geschäfts-wert	KV-Nr.	Satz	Betrag
(1)	Fertigung einer Gesellschafterliste nach § 40 II GmbHG (Vorbem. 2.2.1.1 I 2 Nr. 3; §§ 112 S. 1, 97 III, 54)	50 000	22110, 22113	0,5	82,50
(2)	Bescheinigung Gesellschafterliste (§ 113 I)	50 000	22200 Anm. Nr. 6	0,5	82,50

C. Erläuterungen

13.50 Pos. (1):
Die Fertigung, Änderung oder Ergänzung der Liste der Gesellschafter (§ 40 GmbHG) stellt eine Vollzugstätigkeit nach Vorbem. 2.2.1.1 I S. 2 Nr. 3 KV dar.

13.51 Pos. (2):
Die Bescheinigung der Liste löst eine Betreuungsgebühr nach Nr. 22200 Nr. 6 KV aus, da ein Umstand außerhalb der Urkunde (hier: Bedingungseintritt Abtretung) zu prüfen ist.

→ **Fall 10: Satzungsbescheinigung nach § 54 I S. 2 HS 2 GmbHG (mit Beschluss)**

A. Sachverhalt

13.52 Der den satzungsändernden Beschluss **beurkundende** Notar bescheinigt gemäß § 54 I S. 2 HS 2 GmbHG (bzw. § 181 I AktG), dass die geänderten Bestimmungen des Gesellschaftsvertrages mit dem Beschluss über die Änderung des Gesellschaftsvertrages und die unveränderten Bestimmungen mit dem zuletzt zum Handelsregister eingereichten vollständigen Wortlaut des Gesellschaftsvertrages übereinstimmen.

B. Rechnung

13.53 Keine.

C. Erläuterungen

13.54 Die Satzungsbescheinigung nach § 54 I S. 2 HS 2 GmbHG ist mit der Gebühr für die Änderung des Gesellschaftsvertrages abgegolten (Vorbem. 2.1. II Nr. 4 KV).

→ **Fall 11: Satzungsbescheinigung nach § 54 I S. 2 HS 2 GmbHG (ohne Beschluss)**

A. Sachverhalt

Der Notar, der den satzungsändernden **Beschluss nicht beurkundet** hat, sondern nur mit der Anmeldung beauftragt ist, bescheinigt gemäß § 54 I S. 2 HS 2 GmbHG (bzw. § 181 I AktG), dass die geänderten Bestimmungen des Gesellschaftsvertrages mit dem Beschluss über die Änderung des Gesellschaftsvertrages und die unveränderten Bestimmungen mit dem zuletzt zum Handelsregister eingereichten vollständigen Wortlaut des Gesellschaftsvertrages übereinstimmen. Die Satzung der GmbH wurde neu gefasst. Der Wert der Handelsregisteranmeldung beträgt 30 000 Euro (§ 105 IV Nr. 1).

13.55

B. Rechnung

Pos.	Gebührentatbestand	Geschäftswert	KV-Nr.	Satz	Betrag
	Satzungsbescheinigung (§ 36 I)	15 000	25104	1,0	91,00

13.56

C. Erläuterungen

Die Satzungsbescheinigung nach § 54 I S. 2 HS 2 GmbHG ist grundsätzlich mit der Gebühr für die Änderung des Gesellschaftsvertrages abgegolten (Vorbem. 2.1. II Nr. 4 KV). Der Notar, der den Satzungsänderungsbeschluss **nicht beurkundet** hat, erhält für die von ihm erteilte Satzungsbescheinigung nach § 54 I S. 2 HS 2 GmbHG eine 1,0 Gebühr nach Nr. 25104 KV. Der Geschäftswert bestimmt sich gem. § 36 I nach einem Teilwert (bis zu 50 %) des Wertes der Anmeldung.

13.57

→ **Fall 12: Legitimationsbescheinigung nach § 154 II AO**

A. Sachverhalt

Der Notar bescheinigt die Legitimationsprüfung eines Urkundsbeteiligten (Verschaffung von Gewissheit über Person und Anschrift des Verfügungsberechtigten über ein Konto) nach § 154 II AO und die Identifizierung nach § 8 I GwG anhand des Personalausweises.

13.58

B. Rechnung

Pos.	Gebührentatbestand	Geschäftswert	KV-Nr.	Satz	Betrag
	Legitimationsbescheinigung (§ 36 II, III)	5000	25104	1,0	45,00

13.59

C. Erläuterungen

13.60 Erfolgen Bescheinigungen für mehrere Personen, so entstehen mehrere Gebühren nebeneinander (Umkehrschluss aus den §§ 85 I, 35 I).

D. Exkurs

13.61 Wird die Legitimationsbescheinigung in die vollstreckbare Grundschuldbestellung mit aufgenommen, so fällt für die Grundschuldbestellung eine 1,0 Gebühr nach Nr. 21200 KV und daneben für die Legitimationsbescheinigung eine 1,0 Gebühr nach Nr. 25104 KV an. Eine Zusammenrechnung nach § 35 I findet nicht statt, da die Gebühren eines Beurkundungsverfahrens (Nr. 21200 KV) und eines sonstigen Geschäfts (Nr. 25104 KV) nicht nach § 35 I zusammengerechnet oder nach § 94 I verglichen werden dürfen.

Zur konkreten Bewertung wird auf Rz. 6.89 (Fall 17) verwiesen.

→ **Fall 13: Rangbescheinigung (Notarbestätigung)**

A. Sachverhalt

13.62 Der Notar bestätigt zur Vorlage bei der A-Bank, dass die Grundschuld über 100 000 Euro zur Eintragung an der ersten Rangstelle bestellt wurde, die Urkunde dem Grundbuchamt zum Vollzug vorgelegt worden ist und dass der Eintragung im Grundbuch nach seiner Kenntnis keine Hindernisse entgegenstehen.

B. Rechnung

13.63

Pos.	Gebührentatbestand	Geschäftswert	KV-Nr.	Satz	Betrag
	Rangbescheinigung/Notarbestätigung (§§ 122, 53 I)	100 000	25201	0,3	81,90

C. Erläuterungen

13.64 Geschäftswert einer Rangbescheinigung, also nach der Legaldefinition des § 122 die Mitteilung über die dem Grundbuchamt bei Einreichung eines Antrags vorliegenden weiteren Anträge einschließlich des sich daraus ergebenden Rangs für das beantragte Recht, ist der Wert des beantragten Rechts.

→ **Fall 14: Prioritätsverhandlung zur Sicherung von Urheberrechten oder Quellcodes (durch Eidesstattliche Versicherung, Versiegelung nach UrhG und Bescheinigung des Notars nach § 43 BeurkG)**

A. Sachverhalt

13.65 **1. Prioritätsverhandlung:**

A erklärt, dass die nachfolgende Verhandlung zum Zweck der Prioritätsfeststellung stattfindet. Er habe eine elektronische Datenbank erstellt, auf der sich umfangreiche Daten befinden. Diese Datenbank zeichnet sich durch folgende Besonderheiten aus: A nimmt für diese Datenbank urheberrechtlichen Schutz gemäß §§ 4, 55a UrhG sowie Leistungsschutz gemäß § 87a UrhG in Anspruch. Den Datenträger, auf der die von ihm geschaffene Datenbank gespeichert ist, übergibt er dem Notar. Gleichzeitig versichert er an Eides Statt, dass ihm nichts bekannt ist, was der Richtigkeit seiner Angaben entgegenstehe. Er weist den Notar an, von der Urkunde nur eine Ausfertigung zu erteilen, den Datenträger in einem ersten Umschlag und diesen Umschlag in einen weiteren äußeren Umschlag zu versiegeln und diesen an ihn herauszugeben. Der Wert wird von A auf 250 000 Euro geschätzt.

2. Bescheinigung und Versiegelung durch den Notar:

Der Notar bescheinigt, dass er die Versiegelung entsprechend der vorerwähnten Verhandlung und den Anweisungen entsprechend vorgenommen und sodann dem A übergeben hat.

B. Rechnung

Pos.	Gebührentatbestände	Geschäftswert	KV-Nr.	Satz	Betrag
(1)	Prioritätsverhandlung und Eidesstattliche Versicherung (§ 36 I)	250 000	21200	1,0	535,00
(2)	Tatsachenbescheinigung nach § 43 BeurkG	keiner, da Festgebühr	25103		20,00
(3)	Versiegelung	250 000	23503	0,5	267,50

C. Erläuterungen

Pos. (1):

Soweit man für die eidesstattliche Versicherung nicht Nr. 21200 KV, sondern Nr. 23300 KV für einschlägig hält, würde auch in diesem Fall keine zusätzliche Gebühr anfallen, Vorbem. 2.3.3 I KV.

Pos. (2):

Die Gebühr wird gesondert erhoben. Denn eine Zusammenrechnung nach § 35 I findet nur bei notariellen Verfahren nach Teil 2 Hauptabschnitt 1 und 3 KV statt (s. § 85 I); die Tatsachenbescheinigung ist aber dem Teil 2 Hauptabschnitt 5 KV zuzuordnen.

Pos. (3):

Bei den beiden Gebühren zu 1) und 3) bleibt es bei dem Einzelgebührenansatz, da die Gebühren eines Beurkundungsverfahrens (Nr. 21200 KV) und eines sonstigen notariellen Verfahrens (Nr. 23503 KV) nicht nach § 35 I zusammengerechnet oder nach § 94 I verglichen werden dürfen.

➜ **Fall 15: Sicherstellung der Zeit einer Privaturkunde nach §§ 39, 43 BeurkG**

A. Sachverhalt

13.71 Seitens eines Beteiligten besteht das Interesse, das Vorhandensein einer Privaturkunde in einem bestimmten Zeitpunkt feststellen zu lassen. Die Sicherstellung wird durch einen unter die Urkunde zu setzenden Vermerk herbeigeführt. Der Notar bescheinigt somit, dass die vorstehende Urkunde ihm heute Nachmittag um 15.00 Uhr vorgelegt worden ist.

B. Rechnung

13.72

Pos.	Gebührentatbestand	Geschäftswert	KV-Nr.	Satz	Betrag
	Sicherstellung der Zeit einer Privaturkunde nach §§ 39, 43 BeurkG	keiner, da Festgebühr	25103		20,00

➜ **Fall 16: Tatsachenbescheinigung über Wahrnehmungen (Weltrekordversuch zur Eintragung ins Guinnessbuch der Rekorde)**

A. Sachverhalt

13.73 Der Notar bescheinigt seine Wahrnehmungen im Zusammenhang mit der Leistungsfähigkeit eines Mähdreschers (Erntemenge, Höhe der Stoppeln, Kornverluste, Bruchkorn und Betankung). Der Hersteller möchte die Leistungsfähigkeit der Erntemaschine unter Beweis stellen. Es soll ein großes Ernteergebnis bei möglichst geringen Verlusten erzielt werden. Ziel ist ein Weltrekordversuch zur Eintragung in das Guinnessbuch der Rekorde. Ein Wert wurde nicht angegeben.

B. Rechnung

13.74

Pos.	Gebührentatbestand	Geschäftswert	KV-Nr.	Satz	Betrag
	Tatsachenbescheinigung (§ 36 I, III)	5000	25104	1,0	45,00

C. Erläuterungen

13.75 Der Geschäftswert ist gemäß § 36 I nach billigem Ermessen zu bestimmen. Bestehen keine genügenden Anhaltspunkte für eine Bestimmung des Wertes, ist gemäß § 36 III von einem Geschäftswert von 5000 Euro auszugehen.

➜ **Fall 17: Tatsachenbescheinigung über Wahrnehmungen (Inaugenscheinnahme durch den Notar)**

A. Sachverhalt

13.76 Der Notar bescheinigt seine Wahrnehmungen im Zusammenhang mit der Inaugenscheinnahme einer Solarfreiflächenanlage. Dazu begab sich der Notar vor Ort auf das Gelände, um die dort errichtete Anlage in Augenschein zu nehmen.

Bezogen auf die Anlage wurde ein Fehlbestand von Modulen festgestellt. Das wirtschaftliche Interesse für den Betreiber wurde mit 500 000 Euro beziffert.

B. Rechnung

Pos.	Gebührentatbestand	Geschäftswert	KV-Nr.	Satz	Betrag
	Tatsachenbescheinigung (§ 36 I)	500 000	25104	1,0	935,00

C. Erläuterungen

Der Geschäftswert ist gemäß § 36 I nach billigem Ermessen zu bestimmen. Dabei zu berücksichtigen war hier konkret der Verlust im Zusammenhang mit der Solarförderung.

→ **Fall 18: Bescheinigung über im Inland geltendes Recht**

A. Sachverhalt

Ein Österreicher möchte in Deutschland in eine Gewerbeimmobilie investieren. Seine Heimatbank in Wien verlangt vor einer Entscheidung über die Kreditvergabe in Höhe von 500 000 Euro eine Bescheinigung eines deutschen Notars über die rechtlichen Wirkungen einer nach deutschem Recht bestellten Grundschuld in gleicher Höhe. Der Notar erstellt eine entsprechende Bescheinigung.

B. Rechnung

Pos.	Gebührentatbestand	Geschäftswert	KV-Nr.	Satz	Betrag
	Bescheinigung über im Inland geltendes Recht (§ 36 I)	250 000	25203	0,65	347,75

C. Erläuterungen

Geschäftswert:

Der Geschäftswert ist nach billigem Ermessen zu bestimmen. Angemessen erscheinen je nach Umfang der Bescheinigung bis 100 % des Grundschuldnennbetrages; hier wurden 50 % des Grundschuldnennbetrages angenommen.

Gebühr:

Gemäß § 92 I bestimmt der Notar die Gebühr im Einzelfall unter Berücksichtigung des Umfangs der erbrachten Leistung nach billigem Ermessen (zwischen 0,3 und 1,0). Wie vorliegend kann in allen durchschnittlichen Fällen deshalb die sog. Mittelgebühr angesetzt werden.

D. Anmerkung

Die **Mittelgebühr** ist die mittlere Gebühr innerhalb eines Gebührenrahmens. Sie berechnet sich durch Addition von Mindest- und Höchstgebühr, geteilt durch 2.

→ **Fall 19: Bescheinigungen im Zusammenhang mit Verlosungen und Auslosungen**

13.84 Siehe hierzu Rz. 16.52 (Fall 8 „Protokoll des Ergebnisses einer Lotterie").

→ **Fall 20: Einsicht in das Grundbuch, Mitteilung über den Inhalt, Grundbuchabdruck, Datei**

13.85 Siehe hierzu Rz. 8.189 ff. (Fälle 33 ff.).

Teil 14
Aufnahme von Wechsel- und Scheckprotesten

Inhaltsübersicht

I. Überblick 14.1	6. Zusatzgebühren............... 14.13
1. Übersicht 14.1	7. Reisekosten 14.14
2. Gebühr 14.2	**II. Aufnahme von Wechsel- und Scheckprotesten** 14.16
3. Geschäftswert 14.4	*Fall 1:* Aufnahme eines Wechselprotestes am Zahlungsort 14.16
4. Derselbe Beurkundungsgegenstand/Verschiedene Beurkundungsgegenstände 14.6	*Fall 2:* Aufnahme eines Wechselprotestes beim Notar 14.18
5. Vollzugs-, Betreuungs- und Verwahrungstätigkeiten 14.8	*Fall 3:* Aufnahme eines Wechselprotestes am Zahlungsort und an einer Notadresse, Verwahrung eines gezahlten Geldbetrages..... 14.20
a) Verwahrung eines Geldbetrages.................. 14.9	
b) Ermittlung der Wohnung oder des Geschäftslokales des Bezogenen 14.10	*Fall 4:* Zeugnis über die Protesterhebung 14.23

Stichwortverzeichnis

Anschrift des Bezogenen
– Ermittlungspflichten, Gebühr 14.10 ff.
Auslagen *s. Dokumentenpauschale*
Auswärtsgebühr *s. Zusatzgebühr*
Betreuungstätigkeiten 14.8 ff.
Dienstgang, Dienstreise *s. Reisekosten*
Dokumentenpauschale 14.24
Gebühr
– Abgeltungsbereich der Protestgebühr 14.2
– Anfall 14.3
– Annahme- oder Zahlungsverweigerung 14.1, 14.3, 14.20
– Ehrenannahme, Ehrenzahlung 14.2, 14.3
– Gebühr bei Teilzahlung 14.3, 14.20
– Niederschrift 14.2, 14.7
– Protest 14.2 f.
– öffentlich-rechtlicher Vertrag, § 126 GNotKG 14.11
– Überblick 14.1
– Verwahrung einer Zahlung 14.2, 14.20
– Zeugnis 14.2
Geschäftswert
– Protest 14.3, 14.4
– Teilzahlung an den Notar 14.3, 14.20
– Überblick 14.1

Hinterlegung *s. Verwahrung*
Kostenberechnung 14.5
Nebentätigkeiten 14.8 ff.
– gebührenfrei 14.8, 14.11
Notadressat 14.3, 14.20
Protest
– Aufnahme am Zahlungsort 14.14, 14.16
– Aufnahme in der Geschäftsstelle des Notars 14.14, 14.18
– mehrere in einer Urkunde 14.7
– Verfahrensgegenstand, derselbe, verschiedene 14.6 f., 14.22
– Verweigerung der Ehrenannahme oder unterbliebene Ehrenzahlung 14.2, 14.20
Reisekosten
– außerhalb der Gemeinde (Dienstreise) 14.2, 14.15
– innerhalb der Gemeinde (Dienstgang) 14.2, 14.14
Scheckprotest *s. Protest*
Teilzahlung *s. Geschäftswert*
Unzeitgebühr *s. Zusatzgebühr*
Verwahrung 14.2, 14.9
Vollzugstätigkeiten 14.8 ff.
Wechselprotest *s. Protest*

| Zeugnis über die Protesterhebung 14.1, 14.2, 14.23 | Zusatzgebühr
– außerhalb der Geschäftsstelle 14.2, 14.13
– außerhalb der Sprechzeit 14.13 |

I. Überblick

1. Übersicht

14.1 Die maßgeblichen Bewertungsvorschriften lauten:

Gebühren	
a) Protest wegen Annahme- oder Zahlungsverweigerung	Nr. 23400 KV (0,5)
b) Protest wegen Verweigerung der Ehrenannahme oder unterbliebener Ehrenzahlung	Nr. 23401 KV (0,3)
c) Zeugnis über die Protesterhebung	kein Gebührentatbestand
d) Wegegebühr	kein Gebührentatbestand
e) Verwahrungsgebühr	kein Gebührentatbestand
Geschäftswert	§§ 3 I, 36 I (Protest- bzw. Ausfallbetrag)

2. Gebühr

14.2 Für das Verfahren über die **Aufnahme eines Protestes** (Art. 79 ff. WG, 40 Nr. 1, 55 III ScheckG) fallen 0,5 Gebühren nach Nr. 23400 KV GNotKG an; wird das Verfahren wegen Verweigerung der **Ehrenannahme** oder unterbliebener **Ehrenzahlung** (Art. 56 ff. WG) durchgeführt, ermäßigt sich die Gebühr gem. Nr. 23401 KV GNotKG auf 0,3.

Mit der Protestgebühr werden insbesondere abgegolten:
– die Fertigung einer Niederschrift, Vorbem. 2.3 S. 1 KV GNotKG
– die Tätigkeit außerhalb der Geschäftsstelle, Vorbem. 2.3.4 KV GNotKG, und
– die Verwahrung und Ablieferung von Geldbeträgen, Vorbem. 2.3.4 KV GNotKG

Ferner ist auch ein späteres Zeugnis über die Protesterhebung bei abhanden gekommener oder vernichteter Protesturkunde von der Gebühr erfasst.

14.3 Die **Gebühr** fällt auch dann an, wenn **keine Aufnahme** des Protests erfolgt. Darauf verweist der Gesetzgeber in der Anmerkung zu Nr. 23400 KV GNotKG ausdrücklich und nennt als Gründe die Zahlung des Bezogenen an den Notar oder den Nachweis über die erfolgte Zahlung.

Für die an der **Notadresse** (Nr. 23401 KV GNotKG) unterbliebene Durchführung des Verfahrens fehlt eine entsprechende Anmerkung dahingehend, dass auch hier die jeweilige Verfahrensgebühr anfällt. Dennoch kann auch in diesen Fällen nichts anderes gelten, denn die Anmerkung zu Nr. 23400 KV GNotKG beschreibt lediglich zwei Fälle der vorzeitigen Verfahrensbeendigung. Endet ein

I. Überblick

Verfahren aber vorzeitig, so fällt die dafür bestimmte Gebühr an; Ausnahmen, die eine Verbilligung bei vorzeitiger Beendigung vorsehen, hat der Gesetzgeber bei anderen Verfahren ausdrücklich genannt, beim Protest fehlt sie.

Der vollständigen Zahlung steht die Zahlung eines Teilbetrages gleich, so dass die Gebühr stets aus dem Betrag der vollen Wechselsumme zu erheben ist.

3. Geschäftswert

Eine spezielle Geschäftswertvorschrift für die Aufnahme eines Protestes sieht das GNotKG nicht vor. Unumstritten wurde bislang der Geldbetrag angesetzt, wegen dessen der Begünstigte Protest erhob.

14.4

Für die förmliche Kostenberechnung kann auf die allgemeine Geschäftswertvorschrift des § 36 I GNotKG zurückgegriffen werden, um der Vorgabe des § 19 III Nr. 2 GNotKG gerecht zu werden.

14.5

4. Derselbe Beurkundungsgegenstand/Verschiedene Beurkundungsgegenstände

Die inhaltlichen Anforderungen an die Protesturkunde ergeben sich zum einen aus den allgemeinen Vorschriften über Tatsachenbeurkundungen des Beurkundungsgesetzes (§§ 36, 37 BeurkG) sowie zum anderen aus den besonderen Vorschriften über die Aufnahme des Wechselprotestes des Wechselgesetzes (Art. 80 ff. WG), ergänzt durch die Bestimmungen des Wechselabkommens der Kreditinstitute (WAbK).[1] Hierfür fällt eine einheitliche Verfahrensgebühr nach Nr. 23400 bzw. Nr. 23401 KV GNotKG an.

14.6

Werden **mehrere Proteste** in einer Niederschrift zusammengefasst (vgl. nachstehend Rz. 14.20 ff. oder bei mehreren Bezogenen gem. Art. 83 WG), fällt die Gebühr für jeden Protest gesondert an. Eine Addition der Werte – und damit die Erhebung nur einer Gebühr (§ 93 I GNotKG) – scheitert an § 35 I GNotKG, weil es sich bei mehreren Protesten **nicht** um **dasselbe Verfahren** mit mehreren Verfahrensgegenständen, sondern um mehrere Verfahren handelt. Daran ändert auch die (spätere) Errichtung **nur einer** Niederschrift nichts (Vorbem. 2.3 KV GNotKG), denn diese unterfällt nicht § 85 II GNotKG und damit auch nicht § 86 II GNotKG.

14.7

5. Vollzugs-, Betreuungs- und Verwahrungstätigkeiten

Den Protest begleiten nur wenige Nebentätigkeiten. In Frage kommen hier insbesondere die Verwahrung eines Geldbetrages, der an den Notar gezahlt wird, und die Ermittlung der Wohnung oder des Geschäftslokales des Bezogenen.

14.8

---

1 Ausführlich zum Wechselprotest in der notariellen Praxis s. *Becker*, notar 2014, 24 u. notar 2015, 387.

a) Verwahrung eines Geldbetrages

14.9 Zahlt der Bezogene oder der **Notadressat** an den Notar, ist mit der Protestgebühr auch die Verwahrung und die Ablieferung des Geldbetrages abgegolten, Vorbem. 2.3.4 KV GNotKG.

b) Ermittlung der Wohnung oder des Geschäftslokales des Bezogenen

14.10 Art. 87 III S. 2 WG **entlässt** den Notar aus der Pflicht zu **weiteren Nachforschungen**, die bei der Ermittlung des Wohnsitzes über eine Nachfrage bei der Meldebehörde des Ortes hinausgehen. Daraus folgt zweierlei: Zum einen ist die Nachfrage bei der Meldebehörde ein gebührenfreies Nebengeschäft, zumal es hierzu keines besonderen Antrags des Beteiligten bedarf. Darüber hinaus verlässt die Protestgebühr ihren Abgeltungsbereich, weitergehende Nachforschungen werden von ihr nicht erfasst.

14.11 Die abschließenden Regelungen in Teil 2 Hauptabschnitt 2 KV GNotKG betreffend die Vollzugs- und Betreuungsgebühren sehen für **weitere Ermittlungen** keinen Gebührentatbestand vor. Die Ermittlungs- bzw. Nachforschungstätigkeit ist jedoch auch nicht mit der Verfahrensgebühr Nr. 23400 KV GNotKG abgegolten (Vorbem. 2.1. KV GNotKG gilt nur für die Beurkundungsgebühr). Demgemäß wird man eine **Gebührenvereinbarung** nach § 126 GNotKG **bejahen** müssen.

14.12 In der Regel dürften sich solche Nachforschungen durch den Notar aber erübrigen, da es dem Begünstigten zunächst meist nur auf den Erhalt des **Rückgriffsrechts** ankommt und hierfür der Protest gegen den nicht zu ermittelnden Bezogenen genügt, Art. 87 WG.

6. Zusatzgebühren

14.13 Zusatzgebühren für einen **auswärts oder** zur sog. **Unzeit** aufgenommenen Protest honoriert das GNotKG im Vergleich zu einem Beurkundungsverfahren nur teilweise: die in der Regel auswärts vorgenommene Tätigkeit wird von der Protestgebühr erfasst, findet sie aber außerhalb der in Nr. 26000 KV GNotKG genannten Geschäftszeiten statt, fällt eine Zusatzgebühr in Höhe von **30 % der Verfahrensgebühr**, höchstens jedoch 30 Euro, an, vgl. auch Vorbem. 2.3.4 KV GNotKG.

7. Reisekosten

14.14 Typischerweise erfolgt die Aufnahme eines Wechselprotestes außerhalb der Amtsräume des Notars, weil er sich in der Regel zum **Zahlungsort** begibt. **Innerhalb der Gemeinde** des Amts- bzw. Wohnsitzes des Notars (**Dienstgang**) sieht das GNotKG dafür keinen Auslagenersatz vor; die Aufwendungen sind als allgemeine Geschäftskosten mit der Gebühr für das Geschäft abgegolten, Vorbem. 3.2 I KV GNotKG.

14.15 Bei einer Tätigkeit **außerhalb der Gemeindegrenzen (Dienstreise)** fallen die Reisekosten nach den Nrn. 32006 bis 32009 KV GNotKG an.

II. Aufnahme von Wechsel- und Scheckprotesten

→ **Fall 1: Aufnahme eines Wechselprotestes am Zahlungsort**

A. Sachverhalt

Der Notar begibt sich zu Fuß in die Sparkasse (als Zahlstelle) und protokolliert den Protest gegen den Bezogenen mangels Zahlung einer Wechselschuld in Höhe von 25 000 Euro.

14.16

B. Rechnung

Pos.	Gebührentatbestand	Geschäftswert	KV-Nr.	Satz	Betrag
	Sonstiges Verfahren (§§ 3 I, 36 I)	25 000	23400	0,5	57,50

14.17

→ **Fall 2: Aufnahme eines Wechselprotestes beim Notar**

A. Sachverhalt

Einverstanden mit der Verfahrensweise erscheint der Bezogene in den Geschäftsräumen des Notars, der den Protest gegen ihn mangels Zahlung einer Wechselschuld in Höhe von 25 000 Euro protokolliert.

14.18

B. Rechnung

Pos.	Gebührentatbestand	Geschäftswert	KV-Nr.	Satz	Betrag
	Sonstiges Verfahren (§§ 3 I, 36 I)	25 000	23400	0,5	57,50

14.19

→ **Fall 3: Aufnahme eines Wechselprotestes am Zahlungsort und an einer Notadresse, Verwahrung eines gezahlten Geldbetrages**

A. Sachverhalt

Der Notar begibt sich zu Fuß in die Sparkasse (als Zahlstelle und Zahlungsort) und protokolliert den Protest gegen den Bezogenen mangels Zahlung einer Wechselschuld in Höhe von 25 000 Euro. Sodann begibt er sich in die nächste Querstraße zu dem als Notadressaten angegebenen Geschäftsinhaber. Von diesem erhält er eine Teilzahlung in Höhe von 12 000 Euro; wegen des Restbetrages in Höhe von 13 000 Euro wird der Protest protokolliert.

14.20

B. Rechnung

14.21

Pos.	Gebührentatbestände	Geschäftswert	KV-Nr.	Satz	Betrag
(1)	Sonstige Verfahren, Aufnahme Wechselprotest (§§ 3 I, 36 I)	25 000	23400	0,5	57,50
(2)	Sonstige Verfahren, Aufnahme Wechselprotest bei teilweise unterbliebener Ehrenzahlung (§§ 3 I, 36 I)	25 000	23401	0,3	34,50

C. Erläuterungen

14.22 Die beiden Tatsachenbeurkundungen betreffen nicht dasselbe Verfahren, die Gebühren sind daher getrennt zu berechnen, s. Rz. 14.7.

Bei dem vollen Wert bleibt es auch dann, wenn eine vollständige oder teilweise Zahlung an den Notar erfolgt, s. Rz. 14.3.

Es fallen weder Verwahrungs- noch Auswärtsgebühr an, Vorbem. 2.3.4 KV.

→ **Fall 4: Zeugnis über die Protesterhebung**

A. Sachverhalt

14.23 Die Protesturkunde für einen mangels Zahlung einer Wechselschuld in Höhe von 25 000 Euro protestierten Wechsels ist versehentlich vernichtet worden. Der Notar erteilt von der bei ihm verwahrten beglaubigten Abschrift ein Zeugnis über den Inhalt des Protestes und den über den Wechsel gefertigten Vermerk. Das an den Antragsteller ausgehändigte Dokument umfasst 1 Seite.

B. Rechnung

14.24

Pos.	Auslage	Geschäftswert	KV-Nr.	Satz	Betrag
	Dokumentenpauschale		32000		0,50

C. Erläuterungen

Für die Erteilung des Zeugnisses über die Protesterhebung sieht das Kostenverzeichnis keinen Gebührentatbestand vor.

Teil 15
Vermögensverzeichnisse

Inhaltsübersicht

I. Überblick 15.1	*Fall 3:* Nachlassverzeichnis bei überschuldetem Nachlass (Aufnahme durch Erben) 15.39
1. Einführung 15.1	
2. Übersichtstabelle 15.7	
3. Gebühr 15.8	**III. Sonstige Vermögens-**
4. Geschäftswert 15.16	**verzeichnisse** 15.44
5. Derselbe Beurkundungs- bzw. Verfahrensgegenstand/Verschiedene Beurkundungs- bzw. Verfahrensgegenstände 15.17	*Fall 4:* Güterverzeichnis 15.44
	Fall 5: Öffnung eines Schließfaches 15.53
6. Vollzugs-, Betreuungs- und Treuhandtätigkeiten 15.18	**IV. Vorzeitige Beendigung des Verfahrens** 15.62
7. Gebührenfreie (Neben-) Geschäfte 15.19	*Fall 6:* Vorzeitige Beendigung einer Aufnahme eines Vermögensverzeichnisses 15.62
8. Unrichtige Sachbehandlung... 15.20	
9. Gebührenermäßigung (§ 91 GNotKG) 15.21	**V. Vermögensverzeichnis als Teil des Vertrages** 15.71
II. Nachlassverzeichnisse 15.22	*Fall 7:* Ehevertrag mit Vermögensverzeichnis 15.71
Fall 1: Nachlassverzeichnis (Aufnahme durch Notar) 15.22	
Fall 2: Nachlassverzeichnis (Aufnahme durch Erben) 15.34	**VI. Siegelung** 15.74
	Fall 8: Versiegelung von Wohnraum 15.74

Stichwortverzeichnis

Abwesenheitsgeld *s. Auslagen*
Aufnahme durch Erben 15.7, 15.34 ff., 15.39 ff.
Aufnahme durch Notar
– Vermögensverzeichnis 15.2 f., 15.7 f., 15.20 ff., 15.44 ff., 15.53 ff.
– Zusatzgebühren 15.27 f., 15.49 f., 15.58 f.
Auslagen
– Aufnahme Vermögensverzeichnis 15.29 f., 15.51 f., 15.60 f., 15.68 f.
– ÖPNV 15.32
– Übersicht 15.7
– Versiegelung Wohnraum 15.80 f.
Auswärtsgebühr *s. Zusatzgebühren*
Beendigung, vorzeitige 15.6 f., 15.15, 15.62 ff., 15.70
Betreuungstätigkeit *s. Nebentätigkeiten*
Bewertungsvorschriften 15.7

derselbe Beurkundungsgegenstand 15.17
Eidesstattliche Versicherung
– Abnahme 15.5, 15.7, 15.38, 15.43
Einführung 15.1 ff.
Entsiegelung 15.7, 15.11
Fahrtkosten *s. Auslagen*
Gebühr
– Abgeltung 15.10, 15.25, 15.47, 15.56
– Ermäßigung 15.21
– Freiheit 15.19
– Mindestgebühr 15.64, 15.76, 15.78
– Vorschriften 15.3, 15.7 ff.
Geschäftswert 15.7, 15.16, 15.26, 15.33, 15.36, 15.41, 15.48, 15.57, 15.65, 15.77
Güterverzeichnis 15.44 ff., 15.71 ff.
Inventarliste *s. Inventarverzeichnis*
Inventarverzeichnis
– Aufnahme durch Erben 15.7, 15.34 ff., 15.39 ff.

– bei Ehevertrag 15.44 ff., 15.71 ff.
Mitwirkung bei Aufnahme 15.2 f., 15.7, 15.31
Nachlassverzeichnis 15.1, 15.7, 15.22 ff., 15.62 ff.
Nebentätigkeiten 15.18
Niederlegung Ermittlungsergebnis 15.3
Niederschrift 15.3, 15.10
Öffnung Schließfach 15.53 ff.
Reisekosten *s. Auslagen*
Siegelung 15.7, 15.11, 15.74 ff.
Tage- und Abwesenheitsgeld *s. Auslagen*
Treuhandtätigkeit *s. Nebentätigkeiten*
Übersichtstabelle 15.7
unrichtige Sachbehandlung 15.20
Unzeitgebühr *s. Zusatzgebühren*
Vermögensverzeichnis
– Arten 15.1
– Aufnahme 15.2 f., 15.22 ff.

– Beglaubigung Unterschrift 15.5, 15.14
– durch Beteiligten 15.7, 15.34 ff., 15.39 ff.
– Hinzuziehung 15.9
– Mitwirkung 15.2, 15.7, 15.9, 15.31
– Schließfachöffnung 15.53 ff.
– Teil beurkundeter Vertrag 15.3, 15.7, 15.13, 15.71 ff.
– überschuldeter Nachlass 15.39 ff.
verschiedene Beurkundungsgegenstände 15.17
Versiegelung von Wohnraum 15.74 ff.
Vollzugstätigkeit *s. Nebentätigkeiten*
Vorzeitige Beendigung 15.6 f., 15.15, 15.62 ff., 15.70
Wissenserklärung 15.37 f., 15.42 f.
Zusatzgebühren 15.4, 15.7, 15.12, 15.27 f., 15.49 f., 15.58 f., 15.66 f., 15.78 f.

I. Überblick

1. Einführung

15.1 Vermögensverzeichnisse können spätere Streitigkeiten verhindern. Häufig werden aber auch sog. **Nachlassverzeichnisse** beurkundet, weil (Vor)Erben (§§ 2121 III, 2314 I BGB), die Eltern für ihr Kind, das von Todes wegen erworben hat (§ 1640 I und 3 BGB) oder Testamentsvollstrecker (§ 2215 BGB) Auskunft über den Nachlass geben müssen. Eltern können vom Vormundschaftsgericht aufgefordert werden, über das gesamte von ihnen verwaltete Vermögen des Kindes Auskunft zu geben (§ 1667 BGB). Eigentümer und Nießbraucher können verlangen, dass ein Verzeichnis über die vom Nießbrauch betroffenen Gegenstände aufgenommen wird (§ 1035 BGB). Auch bei Eheschließungen (Verzeichnis des Anfangsvermögens, §§ 1077, 1035 BGB; Verzeichnis des Endvermögens, § 1379 BGB) erscheinen Vermögensverzeichnisse sinnvoll.

15.2 Der Notar kann das **Vermögensverzeichnis selbst aufnehmen**, in dem er an Ort und Stelle die einzelnen Vermögensgegenstände feststellt oder von seiner Geschäftsstelle aus Ermittlungen bei entsprechenden Grundbuchämtern oder Banken usw. anstellt. Er kann aber auch bei der Erstellung des Vermögensverzeichnisses lediglich mitwirken. Meistens wird ihm hier vom Inventarisierungspflichtigen eine Auflistung vorgelegt, deren Richtigkeit eidesstattlich versichert wird (**Aufnahme der Eidesstattlichen Versicherung**). Nach Auffassung des OLG Celle[1] liegt dann **kein** notarielles Nachlassverzeichnis vor[2], wenn der

---
1 OLG Celle v. 21.1.2002, DNotZ 2003, 62 ff.
2 So auch LG Kleve v. 9.1.2015 – 3 O 280/14, FamRZ 2015, 1755 = NJW-RR 2015, 1288.

I. Überblick

Notar – wie bei der Niederschrift einer Willenserklärung gem. §§ 8 ff. BeurkG – lediglich die Erklärungen des Auskunftspflichtigen über den Bestand beurkundet. Denn der Notar müsse die Verantwortung für den Inhalt übernehmen und könne diese nicht etwa auf den Erben oder sonstige Dritte abwälzen.

Da die Zusammensetzung eines Vermögens auch häufig bereits beim „Durchschnittsbürger" nicht mehr relativ überschaubar und/oder nicht mehr lokal konzentriert ist, soll die 2,0 Gebühr nach Nr. 23500 KV GNotKG dem Aufwand des Notars gerecht werden. Die Niederlegung des **Ermittlungsergebnisses** (Niederschrift) ist mit der Gebühr abgegolten. Die zeitliche Komponente wird nicht berücksichtigt. Die Anmerkung zu Nr. 23500 KV GNotKG stellt klar, dass diese Gebühr nicht entsteht, wenn die Aufnahme des Vermögensverzeichnisses **Teil eines beurkundeten Vertrags** ist. 15.3

Auch wenn die Aufnahme eines Vermögensverzeichnisses in den meisten Fällen nicht in der Geschäftsstelle des Notars stattfindet, fällt eine **Zusatzgebühr** für die Tätigkeit außerhalb der Geschäftsstelle (Nr. 26002 KV GNotKG) gem. Vorbem. 2.3.5 KV GNotKG nicht an. Jedoch kann die Unzeitgebühr nach Nr. 26000 KV GNotKG zusätzlich entstehen, wenn die Aufnahme eines Vermögensverzeichnisses oder die Mitwirkung des Notars an einer solchen Erklärung auf Antrag des Kostenschuldners zu unüblichen Geschäftszeiten vorgenommen werden soll. 15.4

Nicht hierher gehört die **Beglaubigung der Unterschrift** unter einem **Vermögensverzeichnis**. Hierfür fällt die Gebühr Nr. 25100 KV GNotKG an. 15.5

Auch die **Abnahme einer eidesstattlichen Versicherung** gemäß § 261 II BGB i.V.m. § 22 II BNotO gehört nicht hierher (Nr. 23300 KV GNotKG).[1]

Für das Verfahren über die Aufnahme eines Vermögensverzeichnisses gibt es eine gesonderte Gebührenregelung für die **vorzeitige Beendigung** des Verfahrens. 15.6

---
[1] Begründung RegE zu Abschnitt 5, BT-Drs. 17/11471, S. 227.

2. Übersichtstabelle

15.7 Die maßgeblichen Bewertungsvorschriften lauten:

Gebühren	
a) Aufnahme des Vermögensverzeichnisses inkl. Eidesstattlicher Versicherung	Nr. 23500 KV GNotKG (2,0)
b) Siegelung oder Entsiegelung	Nr. 23503 KV GNotKG (0,5) wenn nicht mit Gebühr nach Nr. 23500 KV GNotKG oder Nr. 23502 KV GNotKG abgegolten
c) Beurkundung auf der Grundlage einer vom Beteiligten vorgelegten Vermögensaufstellung	Nr. 21200 KV GNotKG (1,0, mindestens 60 Euro)
d) Mitbeurkundung im Ehevertrag (oder anderen Verträgen bzw. Erklärungen)	keine gesonderte Gebühr neben Nr. 21100 KV GNotKG gem. Anmerkung zu Nr. 23500 KV GNotKG
e) Mitwirkung bzw. Hinzuziehung als Urkundsperson bei der Aufnahme von Vermögensverzeichnissen (z.B. Vermögensverzeichnis des Vormunds oder im Rahmen von § 2002 BGB)	Nr. 23502 KV GNotKG (1,0)
f) vorzeitige Beendigung des Verfahrens	Nr. 23501 KV GNotKG (0,5), wenn die Aufnahme eines Vermögensverzeichnisses gewünscht war, Nrn. 21300 ff. KV GNotKG, wenn die Mitwirkung an einem Vermögensverzeichnis gewünscht war
Regelmäßig anfallende Zusatzgebühren und Auslagen	
a) Auswärtsgebühr	keine Gebühr gem. Vorbem. 2.3.5 KV GNotKG
b) Unzeitgebühr	Nr. 26000 KV GNotKG, 30 % der für das Verfahren oder das Geschäft zu erhebenden Gebühr – höchstens 30 Euro
c) Tage- und Abwesenheitsgeld	Nr. 32008 KV GNotKG, wenn es sich um eine Geschäftsreise im Sinne der Vorbem. 3.2 II KV GNotKG handelt
d) Fahrtkosten	Nr. 32006 KV oder Nr. 32007 KV GNotKG, wenn es sich um eine Geschäftsreise im Sinne der Vorbem. 3.2 II KV GNotKG handelt
Geschäftswert Vermögensverzeichnis, Siegelung	§ 115 GNotKG (Wert der verzeichneten Gegenstände)

3. Gebühr

Die Gebühr Nr. 23500 KV GNotKG fällt dann an, wenn die **Inventarisierung** durch den Notar erfolgt.[1] Wenn die Beurkundung auf der Grundlage einer vom Beteiligten vorgelegten Vermögensaufstellung erfolgt, fällt eine 1,0 Gebühr nach Nr. 21200 KV GNotKG (mindestens 60 Euro) an. Die **Abnahme einer eidesstattlichen Versicherung** gemäß § 261 II BGB i.V.m. § 22 II BNotO gehört jedoch nicht hierher (Nr. 23300 KV GNotKG).[2]

15.8

In den Fällen der **Hinzuziehung** nimmt der Notar das Inventar nicht selbst auf, sondern fungiert als „Helfer und Berater". Prüfungspflichten betreffend die Vollständigkeit und Richtigkeit des Verzeichnisses treffen ihn hier nicht. Der hinzugezogene Notar kann seine Mitwirkung auf der Urkunde vermerken (§ 39 BeurkG) oder eine Niederschrift nach den §§ 36 und 37 BeurkG über seine Mitwirkung errichten und diese dem Bericht des Aufnehmenden als Anlage beifügen. Für diese Tätigkeit erhält der Notar die Gebühr Nr. 23502 KV GNotKG, die angesichts des damit regelmäßig verbundenen Aufwands einen Gebührensatz von 1,0 rechtfertigt.

15.9

Die Fertigung des Vermerks oder der Niederschrift sowie eine eventuelle Siegelung ist mit der Gebühr nach Nr. 23500 KV GNotKG bzw. Nr. 23502 KV GNotKG **abgegolten** (Vorbem. 2.3 S. 1 KV GNotKG).

15.10

Für die bloße **Siegelung oder Entsiegelung** ist die Gebühr Nr. 23503 KV GNotKG (0,5) vorgesehen, wenn der Notar an der Aufnahme eines Vermögensverzeichnisses nicht beteiligt ist. Die zeitliche Komponente ist auch hierfür nicht von Belang.[3]

15.11

Neben diesen Gebühren wird die Gebühr Nr. 26002 KV GNotKG (**Auswärtsgebühr**) nicht erhoben (Vorbem. 2.3.5 KV GNotKG). Jedoch kann die **Unzeitgebühr** nach Nr. 26000 KV GNotKG zusätzlich entstehen, wenn die Aufnahme eines Vermögensverzeichnisses oder die Mitwirkung des Notars an einer solchen Erklärung auf Antrag des Kostenschuldners zu unüblichen Geschäftszeiten vorgenommen werden soll.

15.12

Die Gebühren für das Verfahren eines Vermögensverzeichnisses entstehen nicht, wenn die Aufnahme des Vermögensverzeichnisses **Teil eines beurkundeten Vertrags** (z.B. Ehevertrag) ist (Anmerkung zu Nr. 23500 KV GNotKG).

15.13

Für die **Beglaubigung der Unterschrift** unter einem **Vermögensverzeichnis** fällt die Gebühr Nr. 25100 KV GNotKG an.

15.14

Wird das Verfahren **vorzeitig beendet**, ermäßigt sich die Verfahrensgebühr Nr. 23500 KV GNotKG gemäß Nr. 23501 KV GNotKG auf 0,5, die Verfahrensgebühr nach Nr. 21200 KV GNotKG ermäßigt sich nach den Vorschriften der Nrn. 21300 ff. KV GNotKG.[4]

15.15

---

1 Begründung RegE zu Nr. 23500, BT-Drs. 17/11471, S. 227.
2 Begründung RegE zu Abschnitt 5, BT-Drs. 17/11471, S. 227.
3 Begründung RegE zu Nr. 23503, BT-Drs. 17/11471, S. 228.
4 Aus der Praxis der Ländernotarkasse, NotBZ 2015, 415.

4. Geschäftswert

15.16 Der Geschäftswert der Urkunde richtet sich gem. § 115 GNotKG nach dem Wert der **verzeichneten Gegenstände**. Auch bereits veräußerte Gegenstände, die der Berechnung etwaiger Pflichtteils(ergänzungs)ansprüche unterliegen, sind mit dem Wert im Zeitpunkt der Veräußerung hinzuzurechnen. Verbindlichkeiten werden nicht abgezogen (§ 38 GNotKG), allerdings auch nicht hinzugerechnet. Werden lediglich Verbindlichkeiten festgestellt, ist der Wert mit „Null" anzunehmen.

Wird das Vermögensverzeichnis durch den Inventarisierungsverpflichteten abgegeben, richtet sich der Geschäftswert nach der allgemeinen Wertvorschrift des § 36 I GNotKG. Allerdings werden auch hier Verbindlichkeiten weder abgezogen (§ 38 GNotKG), noch hinzugerechnet.

5. Derselbe Beurkundungs- bzw. Verfahrensgegenstand/Verschiedene Beurkundungs- bzw. Verfahrensgegenstände

15.17 Da die Durchführung des gesamten Verfahrens bewertet wird, stellt sich die Frage nach demselben oder einem unterschiedlichen Beurkundungsgegenstand nicht.

6. Vollzugs-, Betreuungs- und Treuhandtätigkeiten

15.18 Da die kostenpflichtigen Vollzugs-, Betreuungs- und Treuhandtätigkeiten im GNotKG abschließend geregelt sind, entsteht neben der Verfahrensgebühr nur dann eine weitere Gebühr, wenn der Notar auftragsgemäß eine oder mehrere der im Hauptabschnitt 2 des Kostenverzeichnisses des GNotKG genannten Tätigkeiten entfaltet. Dies dürfte bei Vermögensverzeichnissen und Siegelungen aber eher nicht auftreten.

Etwaige nicht in Teil 2 Hauptabschnitt 2 des Kostenverzeichnisses des GNotKG genannte Tätigkeiten lösen keine gesonderte Gebühr aus (z.B. die Einholung von Auskünften bei Kreditinstituten).

7. Gebührenfreie (Neben-)Geschäfte

15.19 Die Gebühr gilt sämtliche Tätigkeiten des gesamten Verfahrens ab.

8. Unrichtige Sachbehandlung

15.20 Gemessen an den allgemeinen Grundsätzen (vgl. Rz. 1.144 ff.) bestehen keine Besonderheiten.

9. Gebührenermäßigung (§ 91 GNotKG)

15.21 Selbst bei Beteiligung eines in § 91 I, II GNotKG genannten Kostenschuldners kommt eine Ermäßigung der Gebühren nach den Nrn. 23500 ff. KV GNotKG nicht in Betracht, weil nach dieser Ermäßigungsvorschrift nur Gebühren nach Teil 2 Hauptabschnitt 1 oder 4 bzw. den Nrn. 23803 und 25202 KV GNotKG ermäßigt werden.

II. Nachlassverzeichnisse

Soweit allerdings der Notar eine Beurkundung auf der Grundlage einer vom Beteiligten vorgelegten Vermögensaufstellung vornimmt und dafür eine Gebühr nach Nr. 21200 KV GNotKG erhebt, bzw. dieses Verfahren vorzeitig beendet wird und entsprechend nach den Nrn. 21300 ff. KV GNotKG abzurechnen ist, kann eine Gebührenermäßigung in Betracht kommen, wenn die in § 91 GNotKG genannten Voraussetzungen (u.a. begünstigter Kostenschuldner, kein wirtschaftliches Unternehmen) gegeben sind.

II. Nachlassverzeichnisse

→ **Fall 1: Nachlassverzeichnis (Aufnahme durch Notar)**

A. Sachverhalt

Der Notar begibt sich mit seinem PKW außerhalb seiner politischen Gemeinde in die Wohnung des verstorbenen E, die 30 km von seinem Amtssitz entfernt ist. Er **nimmt** in Anwesenheit der Erben A und B ein Nachlassverzeichnis **auf**. Damit soll dem Pflichtteilsberechtigten P Auskunft über das Vermögen des E gegeben werden. Der Notar stellt Gegenstände im Wert von 200 000 Euro und Forderungen im Wert von 80 000 Euro fest. Schenkungen durch den Erblasser wurden nur im angemessenen Rahmen (Anstandsschenkungen) getätigt. Der Termin einschließlich Fahrtzeit findet am Sonntag von 9.00 Uhr bis 11.45 Uhr statt.

15.22

B. Rechnung

Pos.	Gebührentatbestände/Auslagen	Geschäfts-wert	KV-Nr.	Satz	Betrag
(1)	Aufnahme Vermögensverzeichnis (§§ 115, 38)	200 000	23500	2,0	870,00
(2)	Unzeitgebühr		26000		30,00
(3)	Auslagen Reisekosten (Tage- und Abwesenheitsgeld)		32008 Nr. 1		20,00
(4)	Auslagen Reisekosten (Fahrtkosten)		32006		18,00

15.23

C. Erläuterungen

Pos. (1):

Bei der **Aufnahme** eines Vermögensverzeichnisses durch den Notar nimmt dieser nicht nur lediglich Erklärungen des Inventarisierungspflichtigen entgegen. Er ist vielmehr dazu verpflichtet, eigene Ermittlungen anzustrengen und sich für den Inhalt des Verzeichnisses verantwortlich zu zeigen.[1]

15.24

Die Fertigung der **Niederschrift** über das Ermittlungsergebnis ist mit der Gebühr **abgegolten** (Vorbem. 2.3 I KV).

15.25

---

1 OLG Celle v. 21.1.2002 – 4 W 318/01, DNotZ 2003, 62 ff., so auch LG Kleve v. 9.1.2015 – 3 O 280/14, FamRZ 2015, 1755 = NJW-RR 2015, 1288.

15.26 Der Geschäftswert der Urkunde richtet sich nach der Wertvorschrift des § 115. Verbindlichkeiten werden gem. § 38 nicht abgezogen, aber auch nicht hinzugerechnet (näheres s. Rz. 15.16).

15.27 **Pos. (2):**

Da es sich bei der **Unzeitgebühr** nicht um eine Wertgebühr handelt, wird kein Geschäftswert ermittelt. Vielmehr bestimmt sich die Höhe der Gebühr Nr. 26000 KV mit 30 % aus der Gebühr nach Nr. 23500 KV (hier: 261 Euro), jedoch begrenzt auf 30 Euro.

15.28 Eine **Auswärtsgebühr** wird nicht erhoben (Vorbem. 2.3.5 KV).

15.29 **Pos. (3):**

Beim **Tage- und Abwesenheitsgeld** handelt es sich um Reisekosten, also um Auslagen. Ein Geschäftswert wird nicht ermittelt. Die Höhe der Auslagen richtet sich nach dem Zeitraum der Abwesenheit, vorliegend nicht mehr als 4 Stunden.

Das Tage- und Abwesenheitsgeld darf neben der Gebühr Nr. 23500 KV erhoben werden, wenn eine Geschäftsreise vorliegt, der Notar das Vermögensverzeichnis also außerhalb der politischen Gemeinde, in der sich seine Geschäftsstelle oder seine Wohnung befindet (Vorbem. 3.2 II KV), aufnimmt.

15.30 **Pos. (4):**

Bei den **Fahrtkosten** handelt es sich um Reisekosten, also um Auslagen. Ein Geschäftswert wird nicht ermittelt. Die Höhe der Auslagen richtet sich nach der Anzahl der gefahrenen Kilometer für die Hin- und Rückfahrt für die Geschäftsreise (Vorbem. 3.2 II KV). Diese werden mit 0,30 Euro pro gefahrenen Kilometer in Rechnung gestellt.

D. Exkurs

15.31 Wird der Notar lediglich bei der Aufnahme des Vermögensverzeichnisses einschließlich einer eventuellen Siegelung **hinzugezogen**, fällt eine 1,0 Gebühr nach Nr. 23502 KV an. Damit ist nicht die bloße Niederschrift einer Willenserklärung gem. §§ 8 ff. BeurkG gemeint, wenn dem Notar vom Inventarisierungspflichtigen eine Auflistung vorgelegt und deren Richtigkeit eidesstattlich versichert wird.

15.32 Benutzt der Notar für die Geschäftsreise ein **anderes Verkehrsmittel** als seinen eigenen PKW (z.B. Taxi, Straßenbahn usw.) fallen die **Reisekosten** (Fahrtkosten) nach Nr. 32007 KV in voller Höhe (netto, ohne Umsatzsteuer) an.

15.33 Wenn lediglich Verbindlichkeiten inventarisiert werden, weil keine Vermögenswerte vorhanden sind, beträgt der Geschäftswert „null" Euro.

II. Nachlassverzeichnisse

→ **Fall 2: Nachlassverzeichnis (Aufnahme durch Erben)**

A. Sachverhalt

Im Notariat erscheint A und erklärt, dass seine Mutter verstorben sei und er vom Pflichtteilsberechtigten aufgefordert wurde, ein Nachlassverzeichnis abzugeben sowie dessen Richtigkeit eidesstattlich zu versichern. 15.34

Er legt eine aus mehreren Seiten bestehende Auflistung von Gegenständen vor, die sich zum Zeitpunkt des Todes im Eigentum der Verstorbenen befanden. Der Notar fertigt eine Urkunde über die Aussagen und nimmt das **Inventarverzeichnis** als Anlage zur Urkunde. Der Wert der Nachlassgegenstände beträgt insgesamt 4000 Euro.

B. Rechnung

Pos.	Gebührentatbestand	Geschäfts-wert	KV-Nr.	Satz	Betrag
	Wissenserklärung nebst eidesstattlicher Versicherung (§§ 36 I, 38, hier 30 %)	1200	21200	1,0	60,00

15.35

C. Erläuterungen

Der Geschäftswert wird gem. § 36 I nach billigem Ermessen bestimmt (Teilwert 10–30 %). Eventuelle Verbindlichkeiten werden nicht abgezogen. § 115 ist nicht einschlägig, da es sich nicht um ein notarielles Vermögensverzeichnis handelt. 15.36

Die **Beurkundung** einer sog. **Wissenserklärung** bezüglich eines Nachlassverzeichnisses nebst eidesstattlicher Versicherung löst eine 1,0 Gebühr nach Nr. 21200 KV aus, mindestens jedoch 60 Euro. 15.37

Die **eidesstattliche Versicherung** löst keine Gebühr nach Nr. 23300 KV GNotKG aus; denn die **Auf**nahme von Eiden oder eidesstattlichen Versicherungen fällt nicht unter diese Bestimmung, die in ihrem Tatbestand von einer **Ab**nahme eines Eides oder eidesstattlichen Versicherung spricht. 15.38

→ **Fall 3: Nachlassverzeichnis bei überschuldetem Nachlass (Aufnahme durch Erben)**

A. Sachverhalt

Im Notariat erscheint E und erklärt, dass seine Ehefrau verstorben sei und er vom Sohn aufgefordert wurde, ein Nachlassverzeichnis abzugeben sowie dessen Richtigkeit eidesstattlich zu versichern. 15.39

Er legt eine aus mehreren Seiten bestehende Auflistung von Gegenständen vor, die sich zum Zeitpunkt des Todes im Eigentum der Verstorbenen befanden. Der Notar fertigt eine Urkunde über die Aussagen und nimmt das **Inventarverzeichnis** als Anlage zur Urkunde. Das Vermögen beträgt 1000 Euro, die Verbindlichkeiten betragen 14 000 Euro. Der Nachlass ist überschuldet.

B. Rechnung

15.40

Pos.	Gebührentatbestand	Geschäfts-wert	KV-Nr.	Satz	Betrag
	Wissenserklärung nebst eidesstattlicher Versicherung (§§ 36 I, 38, hier 30 %)	300	21200	1,0	60,00

C. Erläuterungen

15.41 Der Geschäftswert wird nach billigem Ermessen bestimmt (Teilwert 10–30 %). Verbindlichkeiten werden nicht abgezogen (§ 38). § 115 ist nicht einschlägig, da es sich nicht um ein notarielles Vermögensverzeichnis handelt.

15.42 Die **Beurkundung** einer sog. **Wissenserklärung** bezüglich eines Nachlassverzeichnisses nebst eidesstattlicher Versicherung löst eine 1,0 Gebühr nach Nr. 21200 KV aus, mindestens jedoch 60 Euro.

15.43 Die **eidesstattliche Versicherung** löst keine Gebühr nach Nr. 23300 KV GNotKG aus; denn die **Auf**nahme von Eiden oder eidesstattlichen Versicherungen fällt nicht unter diese Bestimmung, die in ihrem Tatbestand von einer **Ab**nahme eines Eides oder eidesstattlichen Versicherung spricht.

III. Sonstige Vermögensverzeichnisse

→ **Fall 4: Güterverzeichnis**

A. Sachverhalt

15.44 Der Notar begibt sich zur normalen Geschäftszeit in die Wohnung der Eheleute A, die im Nachbarhaus wohnen und nimmt in deren Anwesenheit ein **Güterverzeichnis** (jeweiliges Anfangsvermögen) auf. Der Notar stellt Vermögensgegenstände in Höhe von insgesamt 200 000 Euro und Verbindlichkeiten in Höhe von 80 000 Euro fest. Der Notar ist hierfür 3 Stunden außerhalb seiner Geschäftsstelle.

B. Rechnung

15.45

Pos.	Gebührentatbestand	Geschäfts-wert	KV-Nr.	Satz	Betrag
	Aufnahme Vermögensverzeichnis (§§ 115, 38)	200 000	23500	2,0	870,00

C. Erläuterungen

15.46 Bei der **Aufnahme** eines Vermögensverzeichnisses durch den Notar nimmt dieser nicht nur lediglich Erklärungen des Inventarisierungspflichtigen entgegen.

III. Sonstige Vermögensverzeichnisse

Er ist vielmehr dazu verpflichtet, eigene Ermittlungen anzustrengen und sich für den Inhalt des Verzeichnisses verantwortlich zu zeigen.[1]

Die Fertigung der Niederschrift über das Ermittlungsergebnis ist mit der Gebühr abgegolten (Vorbem. 2.3 S. 1 KV). 15.47

Der Geschäftswert der Urkunde richtet sich nach der Wertvorschrift des § 115. Verbindlichkeiten werden gem. § 38 nicht abgezogen, aber auch nicht hinzugerechnet (näheres s. Rz. 15.16). 15.48

D. Bemerkungen

Eine **Unzeitgebühr** fällt nicht an, da der Termin zur normalen Geschäftszeit stattfindet. 15.49

Eine **Auswärtsgebühr** wird nicht erhoben (Vorbem. 2.3.5 KV). 15.50

Tage- und Abwesenheitsgeld darf nur dann neben der Gebühr Nr. 23500 KV erhoben werden, wenn der Notar eine Geschäftsreise vornimmt (Vorbem. 3.2 II KV). Dies ist vorliegend nicht der Fall. 15.51

Fahrtkosten fallen nicht an, da der Termin im Nachbarhaus der Geschäftsstelle stattfindet und somit keine Geschäftsreise vorliegt. 15.52

→ **Fall 5: Öffnung eines Schließfaches**

A. Sachverhalt

Der Notar begibt sich mit seinem PKW zur normalen Geschäftszeit in die Bank X, die sich am Ort seines Amtssitzes (1 km entfernt) befindet. Dort erwartet ihn Herr A, der ihn mit der Protokollierung der Öffnung seines Schließfaches beauftragt. Der Notar soll ein Vermögensverzeichnis über die im Schließfach befindlichen Gegenstände aufnehmen. Herr A benötigt dies zu Beweiszwecken. Der Wert der sich im Schließfach befindlichen Gegenstände beträgt insgesamt 200 000 Euro. 15.53

B. Rechnung

Pos.	Gebührentatbestand	Geschäfts-wert	KV-Nr.	Satz	Betrag
	Aufnahme Vermögensverzeichnis (§§ 115, 38)	200 000	23500	2,0	870,00

15.54

C. Erläuterungen

Bei der **Aufnahme** eines Vermögensverzeichnisses durch den Notar nimmt dieser nicht nur lediglich Erklärungen des Inventarisierungspflichtigen entgegen. Er ist vielmehr dazu verpflichtet, eigene Ermittlungen anzustrengen und sich 15.55

---

[1] OLG Celle v. 21.1.2002 – 4 W 318/01, DNotZ 2003, 62 ff.; so auch LG Kleve v. 9.1.2015 – 3 O 280/14, FamRZ 2015, 1755 = NJW-RR 2015, 1288.

für den Inhalt des Verzeichnisses verantwortlich zu zeigen.[1] Bei der Öffnung eines Schließfachs muss der Notar daher den Inhalt des Schließfachs selbst feststellen. Eine bloße Vorlage einer Liste über den Inhalt des Schließfachs durch Herrn A genügt nicht.

15.56 Die Fertigung der Niederschrift über das Ermittlungsergebnis ist mit der Gebühr abgegolten (Vorbem. 2.3 S. 1 KV).

15.57 Der Geschäftswert der Urkunde richtet sich nach der Wertvorschrift des § 115. Verbindlichkeiten werden gem. § 38 nicht abgezogen, aber auch nicht hinzugerechnet (näheres s. Rz. 15.16).

D. Bemerkungen

15.58 Eine **Unzeitgebühr** fällt nicht an, da der Termin zur normalen Geschäftszeit stattfindet.

15.59 Eine **Auswärtsgebühr** wird nicht erhoben (Vorbem. 2.3.5 KV).

15.60 **Tage- und Abwesenheitsgeld** darf nur dann neben der Gebühr Nr. 23500 KV erhoben werden, wenn der Notar eine Geschäftsreise vornimmt (Vorbem. 3. 2 II KV). Dies ist vorliegend nicht der Fall.

15.61 **Fahrtkosten** fallen nicht an, da der Termin im Nachbarhaus der Geschäftsstelle stattfindet und somit keine Geschäftsreise vorliegt.

IV. Vorzeitige Beendigung des Verfahrens

→ **Fall 6: Vorzeitige Beendigung einer Aufnahme eines Vermögensverzeichnisses**

A. Sachverhalt

15.62 Der Notar aus Stadt A begibt sich auf Wunsch des E an einem Sonntag um 11.00 Uhr in dessen Wohnung in der 30 km entfernten Stadt B, um dort ein **Nachlassverzeichnis** aufzunehmen. Das Verfahren wird jedoch aus nicht vom Notar zu vertretenden Gründen vor Ort in der Stadt B **abgebrochen**. Mit Fahrzeit dauert die Reise 70 Minuten. Der Notar fährt mit dem eigenen PKW. Der Wert der Nachlassgegenstände wird mit 500 000 Euro angegeben.

B. Rechnung

15.63

Pos.	Gebührentatbestände/Auslagen	Geschäftswert	KV-Nr.	Satz	Betrag
(1)	Aufnahme Vermögensverzeichnis (§§ 115, 38)	500 000	23501, 23500	0,5	467,50
(2)	Unzeitgebühr		26000		30,00

---

[1] OLG Celle v. 21.1.2002 – 4 W 318/01, DNotZ 2003, 62 ff.; so auch LG Kleve v. 9.1.2015 – 3 O 280/14, FamRZ 2015, 1755 = NJW-RR 2015, 1288.

IV. Vorzeitige Beendigung des Verfahrens

Pos.	Gebührentatbestände/Auslagen	Geschäfts-wert	KV-Nr.	Satz	Betrag
(3)	Auslagen Reisekosten (Tage- und Abwesenheitsgeld)		32008 Nr. 1		20,00
(4)	Auslagen Reisekosten (Fahrtkosten)		32006		18,00

C. Erläuterungen

Pos. (1): 15.64

Da das sonstige Verfahren über Aufnahme eines Vermögensverzeichnisses **vorzeitig beendet** wurde, fällt lediglich die 0,5 Gebühr nach Nr. 23501 KV an.[1] Nr. 23501 KV ordnet keine **Mindestgebühr** an.

Der Geschäftswert der Urkunde richtet sich nach der Wertvorschrift des § 115. 15.65 Verbindlichkeiten werden gem. § 38 nicht abgezogen, aber auch nicht hinzugerechnet (näheres s. Rz. 15.16).

Pos. (2): 15.66

Da es sich bei der **Unzeitgebühr** nicht um eine Wertgebühr handelt, wird kein Geschäftswert ermittelt. Vielmehr bestimmt sich die Höhe der Gebühr Nr. 26000 KV mit 30 % aus der Gebühr nach Nr. 23500 KV (hier: 140,25 Euro); jedoch begrenzt auf 30 Euro.

Eine **Auswärtsgebühr** wird nicht erhoben (Vorbem. 2.3.5 KV). 15.67

Pos. (3): 15.68

Beim **Tage- und Abwesenheitsgeld** handelt es sich um Reisekosten, also um Auslagen. Ein Geschäftswert wird nicht ermittelt. Die Höhe der Auslagen richtet sich nach dem Zeitraum der Abwesenheit, vorliegend nicht mehr als 4 Stunden.

Das Tage- und Abwesenheitsgeld darf neben der Gebühr Nr. 23500 KV erhoben werden, wenn eine Geschäftsreise vorliegt, der Notar das Vermögensverzeichnis also außerhalb der politischen Gemeinde, in der sich seine Geschäftsstelle oder seine Wohnung befindet (Vorbem. 3.2 II KV), aufnimmt bzw. aufnehmen sollte. Darauf, dass das Verfahren nicht beendet wurde, kommt es nicht an. Der Notar hat die Geschäftsreise unternommen.

Pos. (4): 15.69

Bei den **Fahrtkosten** handelt es sich um Reisekosten, also um Auslagen. Ein Geschäftswert wird nicht ermittelt. Die Höhe der Auslagen richtet sich nach der Anzahl der gefahrenen Kilometer für die Hin- und Rückfahrt für die Geschäftsreise (Vorbem. 3.2 II KV). Diese werden mit 0,30 Euro pro gefahrenen Kilometer in Rechnung gestellt.

---

[1] Aus der Praxis der Ländernotarkasse, NotBZ 2015, 415.

D. Exkurs

15.70 Wenn dem Notar vom Inventarisierungspflichtigen eine **Auflistung** vorgelegt wurde und deren Richtigkeit eidesstattlich versichert werden sollte, würde eine 1,0 Gebühr nach Nr. 21200 KV anfallen. Wird ein solches Verfahren aber **vorzeitig beendet**, wird eine Gebühr nach den Nrn. 21300 ff. KV ausgelöst. Die genaue Gebühr richtet sich nach dem Stand des Verfahrens zum Beendigungszeitpunkt (s. hierzu näher Rz. 9.37).

V. Vermögensverzeichnis als Teil des Vertrages

→ **Fall 7: Ehevertrag mit Vermögensverzeichnis**

A. Sachverhalt

15.71 Im Notariat erscheinen die Eheleute und vereinbaren die Gütertrennung. Gleichzeitig überreichen sie eine aus mehreren Seiten bestehende Auflistung von Gegenständen und deren Zuordnung in das jeweilige Anfangsvermögen. Der Notar fertigt eine Urkunde über die Aussagen und nimmt das **Inventarverzeichnis** als Anlage zur Urkunde (§ 1377 BGB). Das gemeinsame halbe Aktivvermögen beträgt 100 000 Euro, der Wert der verzeichneten Gegenstände ohne Schuldenabzug insgesamt 200 000 Euro.

B. Rechnung

15.72

Pos.	Gebührentatbestand	Geschäftswert	KV-Nr.	Satz	Betrag
	Beurkundungsverfahren Ehevertrag mit Inventarverzeichnis (§ 100 I)	100 000	21100	2,0	546,00

C. Erläuterungen

15.73 Das Vermögensverzeichnis ist Teil des Ehevertrages und wird nicht gesondert bewertet (Anmerkung zu Nr. 23500 KV).

Zur Bewertung von Eheverträgen s. Rz. 20.22 ff.

VI. Siegelung

→ **Fall 8: Versiegelung von Wohnraum**

A. Sachverhalt

15.74 Der Notar wurde aufgefordert, sich in die Wohnung des A zu begeben, die sich in einer anderen, 30 km entfernten, politischen Gemeinde befindet. Dort erwarteten ihn an einem Sonntag neben dem Auftraggeber zwei Beamte der Kriminalpolizei. Gegen den Wohnungseigentümer ermittelte die Staatsanwaltschaft. Sodann erhielt der Notar den Schlüssel für die Wohnung ausgehändigt und verschloss die Wohnung. Danach **versiegelte** er die Wohnung. Die Tätigkeit dauerte einschließlich Fahrt mit dem eigenen PKW 80 Minuten. Der Notar hat kein Vermögensverzeichnis aufgenommen und wurde auch nicht als Urkundsperson hinzugezogen. In der Wohnung befinden sich nach Angabe der Polizei Gegenstände im Wert von 4000 Euro.

B. Rechnung

Pos.	Gebührentatbestände/Auslagen	Geschäftswert	KV-Nr.	Satz	Betrag
(1)	Siegelung (§§ 115, 38)	4000	23503	0,5	19,50
(2)	Unzeitgebühr		26000		5,85
(3)	Auslagen Reisekosten (Tage- und Abwesenheitsgeld)		32008 Nr. 1		20,00
(4)	Auslagen Reisekosten (Fahrtkosten)		32006		18,00

15.75

C. Erläuterungen

Pos. (1):

15.76

Die bloße **Siegelung** löst eine 0,5 Gebühr nach Nr. 23503 KV aus. Nr. 23503 KV ordnet keine **Mindestgebühr** an.

Der Geschäftswert der Urkunde richtet sich nach der Wertvorschrift des § 115. Verbindlichkeiten werden gem. § 38 nicht abgezogen, aber auch nicht hinzugerechnet (näheres s. Rz. 15.16).

15.77

Pos. (2):

15.78

Da es sich bei der **Unzeitgebühr** nicht um eine Wertgebühr handelt, wird kein Geschäftswert ermittelt. Vielmehr bestimmt sich die Höhe der Gebühr Nr. 26000 KV mit 30 % aus der Verfahrensgebühr. Die Begrenzung auf 30 Euro wird vorliegend nicht erreicht. Die **Mindestgebühr** nach § 34 V ist hier nicht einschlägig, weil sie nur bei originären Wertgebühren gilt.

Eine **Auswärtsgebühr** wird nicht erhoben (Vorbem. 2.3.5 KV).

15.79

Pos. (3):

15.80

Beim **Tage- und Abwesenheitsgeld** handelt es sich um Reisekosten, also um Auslagen. Ein Geschäftswert wird nicht ermittelt. Die Höhe der Auslagen richtet sich nach dem Zeitraum der Abwesenheit, vorliegend nicht mehr als 4 Stunden.

Das Tage- und Abwesenheitsgeld darf neben der Gebühr Nr. 23503 KV erhoben werden, wenn eine Geschäftsreise vorliegt, der Notar die Siegelung also außerhalb der politischen Gemeinde, in der sich seine Geschäftsstelle oder seine Wohnung befindet (Vorbem. 3.2 II KV), aufnimmt.

Pos. (4):

15.81

Bei den **Fahrtkosten** handelt es sich um Reisekosten, also um Auslagen. Ein Geschäftswert wird nicht ermittelt. Die Höhe der Auslagen richtet sich nach der Anzahl der gefahrenen Kilometer für die Hin- und Rückfahrt für die Geschäftsreise (Vorbem. 3.2 II KV). Diese werden mit 0,30 Euro pro gefahrenen Kilometer in Rechnung gestellt.

Teil 16
Verlosungen

Inhaltsübersicht

I. Überblick 16.1
1. Einführung 16.1
2. Übersichtstabelle 16.5
3. Gebühr 16.6
4. Geschäftswert 16.11
5. Dasselbe Beurkundungsverfahren/Verschiedene Beurkundungsverfahren 16.12
6. Vollzugs-, Betreuungs- und Treuhandtätigkeiten 16.13
7. Gebührenfreie (Neben-) Geschäfte 16.14
8. Unrichtige Sachbehandlung ... 16.15
9. Gebührenermäßigung (§ 91 GNotKG) 16.16

II. Verlosungen 16.17
Fall 1: Ziehungslotterie (Trommellotterie) mit Zusatzgebühren 16.17
Fall 2: Losbrieflotterie 16.25
Fall 3: Entenrennen 16.29

Fall 4: Verlosung der Vergabe von Studienplätzen 16.35
Fall 5: Verlosung über die Teilnahme an der beschränkten Ausschreibung einer Baumaßnahme 16.39
Fall 6: Verlosung im VgV-Verfahren 16.42

III. Auslosungen 16.46
Fall 7: Auslosung von Wertpapieren.................... 16.46

IV. Beurkundung des Verlosungsherganges 16.52
Fall 8: Protokoll des Ergebnisses einer Lotterie 16.52

V. Vorzeitige Beendigung des Verfahrens 16.55
Fall 9: Vorzeitige Beendigung des Lotterieverfahrens 16.55

Stichwortverzeichnis

Abwesenheitsgeld *s. Auslagen*
Auslagen 16.23 f., 16.34, 16.50 f., 16.60 f.
Auslosung
– Definintion 16.1
– Gebühren 16.5 ff.
– und Vernichtung 16.5, 16.8
– Vornahme 16.5
– Wertpapiere 16.8, 16.46 ff.
Ausschreibung, Teilnahme an 16.39 ff.
Auswärtsgebühr *s. Zusatzgebühren*
Beendigung, vorzeitige 16.4 f., 16.9, 16.55 ff.
Beschlüsse 16.8
Betreuungstätigkeit *s. Nebentätigkeiten*
Bewertungsvorschriften 16.5 ff.
Brieflotterie 16.25 ff.
derselbe Beurkundungsgegenstand 16.12
Einführung 16.1 ff.
Einzählen der Lose 16.5, 16.10, 16.20
Entenrennen 16.29 ff.

Entsiegelung 16.48
Fahrtkosten *s. Auslagen*
Gebühr
– Abgeltung 16.3, 16.6, 16.20, 16.27, 16.31, 16.37, 16.41, 16.44, 16.48
– Einzählen der Lose 16.10, 16.20
– Ermäßigung 16.16
– Freiheit 16.14
– mehrere Ziehungen 16.20, 16.37, 16.41, 16.44, 16.48
– Mindestgebühr 16.37
– Stichproben 16.20, 16.31, 16.37, 16.41
– Vorschriften 16.5 ff.
Geschäftswert 16.5, 16.11, 16.19, 16.27, 16.31, 16.37 f., 16.41, 16.44, 16.48, 16.54, 16.57
Klassenlotterie 16.28
Kommerzielles Interesse 16.38
Losbrieflotterie 16.25 ff.
Nebentätigkeiten 16.13
Niederlegung Ergebnis 16.52 ff.

Niederschrift 16.3, 16.6, 16.20, 16.27, 16.31, 16.37, 16.41, 16.44, 16.48
Reisekosten *s. Auslagen*
Siegelung 16.48
Tage- und Abwesenheitsgeld *s. Auslagen*
Tatsachen 16.1 ff., 16.8, 16.52 ff.
Tatsachenbeurkundung 16.8, 16.52 ff.
Treuhandtätigkeit *s. Nebentätigkeiten*
Trommellotterie 16.17 ff.
Übersichtstabelle 16.5
unrichtige Sachbehandlung 16.15
Unzeitgebühr *s. Zusatzgebühren*
Vergabe von Studienplätzen 16.35 ff.
Verlosung
– Ausschreibung 16.39 ff.
– Beurkundung Hergang 16.5, 16.7, 16.45, 16.52 ff.
– Brieflotterie, Losbrieflotterie 16.25 ff.
– Definition 16.1
– Entenrennen 16.29 ff.
– in Teilabschnitten 16.2

– Klassenlotterie 16.28
– mehrere Ziehungen 16.20, 16.37, 16.41, 16.44
– Prüfungstätigkeit 16.6, 16.20, 16.31, 16.37, 16.41, 16.44
– Stichproben 16.6, 16.20, 16.31, 16.37, 16.41
– Studienplätze 16.35 ff.
– Trommellotterie 16.17 ff.
– VOF-Verfahren 16.42 ff.
– vorzeitige Beendigung 16.4 f., 16.9, 16.55 ff.
– Ziehungslotterie 16.17 ff.
verschiedene Beurkundungsgegenstände 16.12
Versiegelung 16.48
Vollzugstätigkeit *s. Nebentätigkeiten*
Wahlversammlungen 16.8
Ziehungslotterie 16.17 ff., 16.55 ff.
Zusatzgebühren 16.21 f., 16.32 f., 16.49, 16.51, 16.55 ff., 16.58 f.

I. Überblick

1. Einführung

Bei Ver- oder Auslosungen handelt es sich nicht um Beurkundungen rechtsgeschäftlicher Erklärungen. Vielmehr werden vom Notar selbst wahrgenommene Tatsachen bzw. deren Offenkundigkeit in einer Urkunde niederlegt. Während bei **Verlosungen** der Gewinn vom Zufall abhängig gemacht wird, besteht bei **Auslosungen** ein Anspruch auf eine bestimmte, meist verbriefte Zahlung, bei der nur der Termin vom Zufall abhängt (z.B. Auslosung von festverzinslichen Wertpapieren nach einem Tilgungsplan). 16.1

Es gibt unterschiedliche Arten der Verlosung (z.B. Ziehungslotterie und Losbrieflotterie). Wird eine Verlosung in mehreren **Teilabschnitten** durchgeführt, für die jeweils eigene Niederschriften erstellt werden, erfolgt die kostenrechtliche Bewertung ebenfalls getrennt: je eine Kostenberechnung pro Urkunde. 16.2

In Teil 2 Hauptabschnitt 3 des Kostenverzeichnisses des GNotKG sind notarielle Verfahren zusammengefasst, bei denen nicht die Beurkundung im Mittelpunkt der Tätigkeit steht, selbst wenn der Notar in der Regel eine Niederschrift über seine Tätigkeiten zu fertigen hat. Mit den dort erfassten **Gebühren** wird auch die Fertigung einer **Niederschrift abgegolten** (Vorbem. 2.3 S. 1 KV GNotKG). 16.3

Wird das Verfahren **vorzeitig beendet**, wird eine ermäßigte Verfahrensgebühr nach Nr. 23201 KV GNotKG erhoben. 16.4

2. Übersichtstabelle

16.5 Die maßgeblichen Bewertungsvorschriften lauten:

Gebühren	
a) Vornahme der Verlosung oder Auslosung nebst Stichproben, Prüfungstätigkeiten	Nr. 23200 KV GNotKG (2,0)
b) Einzählen der Lose oder Überwachen der Einzählung nebst Protokollierung	kein Gebührentatbestand vorgesehen
c) Beurkundung des Verlosungshergangs	Nr. 21200 KV GNotKG (1,0, mindestens 60 Euro)
d) Auslosung und Vernichtung in einer Verhandlung	kein Gebührentatbestand vorgesehen
e) vorzeitige Beendigung des Verfahrens	Nr. 23201 KV GNotKG (0,5), wenn die Vornahme der Verlosung oder Auslosung gewünscht war, Nrn. 21300 ff. KV GNotKG, wenn die Beurkundung des Verlosungshergangs gewünscht war
regelmäßig anfallende Zusatzgebühren und Auslagen	
a) Auswärtsgebühr	Nr. 26002 KV GNotKG, 50,00 Euro pro angefangene halbe Stunde Abwesenheit
b) Unzeitgebühr	Nr. 26000 KV GNotKG, 30 % der für das Verfahren oder das Geschäft zu erhebenden Gebühr – höchstens 30 Euro
c) Tage- und Abwesenheitsgeld	wird nicht erhoben, wegen Anmerkung zu Nr. 32008 KV GNotKG sowie Anmerkung zu Nr. 26002 III KV GNotKG
d) Fahrtkosten	Nr. 32006 KV oder Nr. 32007 KV GNotKG, wenn es sich um eine Geschäftsreise i.S. der Vorbem. 3.2 II KV handelt
Geschäftswert der Verlosung/Auslosung; Beurkundung des Verlosungsherganges	§ 36 I (Wert der verlosten Gegenstände bzw. Wert nach billigem Ermessen)

3. Gebühr

16.6 Für die Vornahme einer **Verlosung** oder **Auslosung** fällt eine 2,0 Gebühr nach Nr. 23200 KV GNotKG an. Sie gilt nicht (nur) die Beurkundung ab, sondern (auch) die Tätigkeit des Notars, wenn er die Verlosung selbst durchführt. Auch wenn der Notar lediglich **Prüfungstätigkeiten** vornimmt, etwa die Prüfung des Ziehungsgerätes, erhält er die Gebühr. Die mit der Tätigkeit verbundene **Niederschrift** wird durch die Gebühr mit **abgegolten** (Vorbem. 2.3 S. 1 KV GNotKG).

I. Überblick

Nimmt der Notar lediglich die **Beurkundung des Verlosungshergangs** vor, erhält er die Gebühr für die Beurkundung einer Tatsache oder eines Vorgangs nach Nr. 21200 KV GNotKG.[1]

16.7

Da die **Auslosung oder Vernichtung von Wertpapieren** sowie die **Beurkundungen von Wahlversammlungen** keine praktische Bedeutung mehr haben, sind gegebenenfalls die Vorschriften über die Beurkundung von Tatsachen bzw. von Beschlüssen anzuwenden[2].

16.8

Wird das Verfahren **vorzeitig beendet**, ermäßigt sich die Verfahrensgebühr nach Nr. 23200 KV GNotKG gemäß Nr. 23201 KV GNotKG auf eine 0,5 Gebühr, die Verfahrensgebühr nach Nr. 21200 KV GNotKG ermäßigt sich nach den Vorschriften der Nrn. 21300 ff. KV GNotKG.[3]

16.9

Für das **Einzählen von Losen** ist keine gesonderte Gebühr vorgesehen.[4]

16.10

4. Geschäftswert

Die Bestimmung des Geschäftswerts erfolgt nach der allgemeinen Geschäftswertvorschrift des § 36 GNotKG.[5] Hierbei kann der **Wert der verlosten Gegenstände** herangezogen werden. Steht kein bestimmter Wert fest, ist er nach billigem Ermessen anzunehmen. Eine Begrenzung auf einen Höchstwert gibt es nicht mehr.

16.11

5. Dasselbe Beurkundungsverfahren/Verschiedene Beurkundungsverfahren

Da die Durchführung des gesamten Verfahrens bewertet wird, stellt sich die Frage nach demselben oder einem unterschiedlichen Beurkundungsgegenstand nicht.

16.12

6. Vollzugs-, Betreuungs- und Treuhandtätigkeiten

Da die kostenpflichtigen Vollzugs-, Betreuungs- und Treuhandtätigkeiten im GNotKG abschließend geregelt sind, entsteht neben der Verfahrensgebühr nur dann eine weitere Gebühr, wenn der Notar auftragsgemäß eine oder mehrere der in Teil 2 Hauptabschnitt 2 des Kostenverzeichnisses des GNotKG genannten Tätigkeiten entfaltet. Dies dürfte bei Verlosungen aber nicht der Fall sein.

16.13

7. Gebührenfreie (Neben-)Geschäfte

Die Gebühr gilt sämtliche Tätigkeiten des gesamten Verlosungsverfahrens ab.

16.14

---

1 Begründung RegE zu Abschnitt 2, BT-Drs. 17/11471, S. 226.
2 Begründung RegE zu Abschnitt 2, BT-Drs. 17/11471, S. 226.
3 Aus der Praxis der Ländernotarkasse, NotBZ 2015, 415.
4 Begründung RegE zu Abschnitt 2, BT-Drs. 17/11471, S. 226.
5 Begründung RegE zu Abschnitt 2, BT-Drs. 17/11471, S. 226.

8. Unrichtige Sachbehandlung

16.15 Gemessen an den allgemeinen Grundsätzen (vgl. Rz. 1.144 ff.) bestehen keine Besonderheiten.

9. Gebührenermäßigung (§ 91 GNotKG)

16.16 Selbst bei Beteiligung eines in § 91 I, II GNotKG genannten Kostenschuldners kommt eine Ermäßigung der Gebühren nach den Nrn. 23200 f. KV GNotKG nicht in Betracht, weil nach dieser Ermäßigungsvorschrift nur Gebühren nach Teil 2 Hauptabschnitt 1 oder 4 bzw. den Nrn. 23803 und 25202 KV GNotKG ermäßigt werden.

Soweit allerdings der Notar den Hergang der Verlosung beurkundet und dafür eine Gebühr nach Nr. 21200 KV GNotKG erhebt, bzw. dieses Verfahren vorzeitig beendet wird und entsprechend nach den Nrn. 21300 ff. KV GNotKG abzurechnen ist, kann eine Gebührenermäßigung in Betracht kommen, wenn die in § 91 GNotKG genannten Voraussetzungen (u. a. begünstigter Kostenschuldner, kein wirtschaftliches Unternehmen) gegeben sind.

II. Verlosungen

→ **Fall 1: Ziehungslotterie (Trommellotterie) mit Zusatzgebühren**

A. Sachverhalt

16.17 Der Notar aus A-Stadt begibt sich auf Wunsch der X-Bank in deren Gebäude im 30 km entfernten B-Dorf, das außerhalb der politischen Gemeinde des Amtssitzes und der Wohnung des Notars liegt, um dort eine **Ziehungslotterie** durchzuführen und deren ordnungsgemäßen Ablauf zu protokollieren.

Damit die **Verlosung** reibungslos durchgeführt werden kann, überprüft der Notar mittels Stichproben Lose und Ziehungsgerät. Danach zählt er die ihm von der X-Bank in einem Karton übergebenen Lose in das Ziehungsgerät ein. Er führt die Verlosung durch und protokolliert den Ablauf der Lotterie. Neben verschiedenen Geldpreisen in Höhe von insgesamt 100 000 Euro wird ein Hauptpreis ausgelost. Der Hauptpreis besteht aus einem noch zu errichtenden Traumhaus im Wert von 500 000 Euro. Die Lotterie findet an einem Samstag von 11.00 Uhr bis 15.00 Uhr in mehreren Ziehungen statt. Mit Fahrtzeit dauert die Reise 5 Stunden. Der Notar fährt mit dem eigenen PKW.

B. Rechnung

16.18

Pos.	Gebührentatbestände/Auslagen	Geschäftswert	KV-Nr.	Satz	Betrag
(1)	Durchführung der Verlosung, Überprüfung, Stichproben (§ 36 I)	600 000	23200	2,0	2190,00
(2)	Auswärtsgebühr		26002		500,00

II. Verlosungen

Pos.	Gebührentatbestände/Auslagen	Geschäfts-wert	KV-Nr.	Satz	Betrag
(3)	Unzeitgebühr		26000		30,00
(4)	Auslagen Reisekosten (Fahrtkosten)		32006		18,00

C. Erläuterungen

Pos. (1):

Die Bestimmung des **Geschäftswerts** erfolgt nach der allgemeinen Geschäftswertvorschrift des § 36 (Wert der verlosten Gegenstände).

Die durchgeführten **Stichproben** werden nicht gesondert bewertet. Die **mehreren Ziehungen** werden als insgesamt eine Verlosung betrachtet.

Es wird eine 2,0 **Gebühr** nach Nr. 23200 KV erhoben. Mit der Verfahrensgebühr ist auch die Fertigung der **Niederschrift** über den Hergang der Verlosung **abgegolten** (Vorbem. 2.3 S. 1 KV).

Für das **Einzählen der Lose** ist kein Gebührentatbestand vorgesehen.

Pos. (2):

Da es sich bei der **Auswärtsgebühr** nicht um eine Wertgebühr handelt, wird kein Geschäftswert ermittelt.

Die Höhe der Auswärtsgebühr Nr. 26002 KV richtet sich nach der Gesamtzeit der Abwesenheit: Pro halbe Stunde Abwesenheit 50 Euro, hier 5 Stunden.

Pos. (3):

Da es sich bei der **Unzeitgebühr** nicht um eine Wertgebühr handelt, wird kein Geschäftswert ermittelt.

Die Höhe der Unzeitgebühr Nr. 26000 KV bestimmt sich mit 30 % aus der Gebühr nach Nr. 23200 KV; jedoch begrenzt auf 30 Euro.

Pos. (4):

Bei den **Fahrtkosten** handelt es sich um Reisekosten, also um **Auslagen**. Ein Geschäftswert wird nicht ermittelt. Die Höhe der Auslagen richtet sich nach der Anzahl der gefahrenen Kilometer für die Hin- und Rückfahrt. Diese werden mit 0,30 Euro pro gefahrenen Kilometer in Rechnung gestellt.

D. Bemerkung

Das **Tage- und Abwesenheitsgeld** fällt nicht an, wenn eine Auswärtsgebühr erhoben wurde (Anmerkung zu Nr. 32008 KV sowie Anmerkung zu Nr. 26002 III KV).

→ **Fall 2: Losbriefflotterie**

A. Sachverhalt

16.25 Die X-Bank möchte eine **Brieflotterie** durchführen. Sie begibt sich zum Notar, der den Hergang der Vorbereitung, also die Losherstellung und das Vermischen der Gewinnlose und Nieten, prüfen und beurkunden soll.

Die **Verlosung** selbst führt der Notar nicht durch. Das Herstellen der Lose dauert 3 Tage. Es werden Geldpreise verlost, deren Höhe aber noch nicht feststeht. Sie richten sich nach den Einnahmen aus dem Verkauf der Lose, davon sollen 10 % ausgeschüttet werden. Es wird ein maximaler Umsatz von 1 500 000 Euro erwartet.

B. Rechnung

16.26

Pos.	Gebührentatbestand	Geschäftswert	KV-Nr.	Satz	Betrag
	Niederschrift über die Prüfung der Vorbereitung der Verlosung (§ 36 I, hier: 20 %)	30 000	23200	2,0	250,00

C. Erläuterungen

16.27 Der **Wert** der Geldpreise steht noch nicht fest, daher ist er **nach billigem Ermessen** anzunehmen. Der Wert der Geldpreise richtet sich nach den erzielten Einnahmen und beträgt max. 150 000 Euro. Hiervon ist gem. § 36 I ein Teilwert (10–30 %) als **Geschäftswert** anzusetzen.

Die **Verhandlung** über mehrere Tage wird als eine Verhandlung betrachtet.

Es wird eine 2,0 **Gebühr** nach Nr. 23200 KV erhoben. Mit der Verfahrensgebühr ist auch die Fertigung der **Niederschrift** über den Hergang der Verlosung **abgegolten** (Vorbem. 2.3 S. 1 KV).

16.28 Die vorstehenden Ausführungen gelten auch bei einer sog. **Klassenlotterie**.

→ **Fall 3: Entenrennen**

A. Sachverhalt

16.29 Der Notar begibt sich an einem Sonntag an den Veranstaltungsort der **Verlosung** in seiner politischen Gemeinde (2 km entfernt). Er findet dort einen LKW vor, auf dessen Ladefläche sich sehr viele schwimmfähige Spielzeugenten aus Kunststoff befinden. In den vorangegangenen Tagen wurden diese Enten an erwerbswillige Interessenten zu einem bestimmten Kaufpreis ausgegeben. Die Enten haben jede eine andere Nummer auf ihrem Bauch. Zu der Nummer gehört ein Losabschnitt, den der Erwerber der Ente in den Händen hält.

Der Notar vergewissert sich stichprobenweise, dass jede Ente mit einer Nummer und das Ziel mit einer Linie versehen ist.

Dann werden die Enten von einer Brücke (Startlinie) vom LKW in den Fluss abgekippt und schwimmen flussabwärts Richtung Ziellinie. Die erste Ente, die

die Ziellinie überquert, hat gewonnen. Der Notar überwacht, wie die Siegerente bestimmt wird.

Die Höhe des Gewinns beträgt 10 000 Euro. Die Verlosung dauert mit Hin- und Rückreise 2 Stunden.

B. Rechnung

Pos.	Gebührentatbestände	Geschäfts-wert	KV-Nr.	Satz	Betrag
(1)	Durchführung der Verlosung, Überprüfung, Stichproben (§ 36 I)	10 000	23200	2,0	150,00
(2)	Auswärtsgebühr		26002		200,00
(3)	Unzeitgebühr		26000		30,00

16.30

C. Erläuterungen

Pos. (1): 16.31

Die Bestimmung des **Geschäftswerts** erfolgt nach der allgemeinen Geschäftswertvorschrift des § 36 (Wert der verlosten Gegenstände).

Die durchgeführten **Stichproben** werden nicht gesondert bewertet.

Es wird eine 2,0 **Gebühr** nach Nr. 23200 KV erhoben. Mit der Verfahrensgebühr ist auch die Fertigung der **Niederschrift** über den Hergang der Verlosungsvorbereitung **abgegolten** (Vorbem. 2.3 S. 1 KV).

Pos. (2): 16.32

Da es sich bei der **Auswärtsgebühr** nicht um eine Wertgebühr handelt, wird kein Geschäftswert ermittelt.

Die Höhe der Auswärtsgebühr Nr. 26002 KV richtet sich nach der Gesamtzeit der Abwesenheit: Pro halbe Stunde Abwesenheit 50 Euro, hier 2 Stunden.

Pos. (3): 16.33

Da es sich bei der **Unzeitgebühr** nicht um eine Wertgebühr handelt, wird kein Geschäftswert ermittelt.

Die Höhe der Unzeitgebühr Nr. 26000 KV bestimmt sich mit 30 % aus der Gebühr nach Nr. 23200 KV; jedoch begrenzt auf 30 Euro.

D. Bemerkungen

Tage- und Abwesenheitsgeld fällt nicht an, wenn eine Auswärtsgebühr erhoben wurde (Anmerkung zu Nr. 32008 KV sowie Anmerkung zu Nr. 26002 III KV) und keine Geschäftsreise im Sinne der Vorbem. 3.2 II KV vorliegt. 16.34

Reisekosten (**Fahrtkosten**) nach den Nrn. 32006 oder 32007 KV können nicht erhoben werden, da es sich nicht um eine Geschäftsreise im Sinne der Vorbem. 3.2 II KV handelt.

→ **Fall 4: Verlosung der Vergabe von Studienplätzen**

A. Sachverhalt

16.35 Der Notar nimmt die **Verlosung** der Vergabe von Studienplätzen vor. Ihm wird eine Trommel mit 1000 Losen überreicht. Jedes Los ist mit einer fortlaufenden Nummer beschriftet. Auf der zugehörigen Referenzliste ist jeder Nummer der Name des entsprechenden Bewerbers zugeordnet. Der Notar nimmt die Ziehung von 10 Losen (= Anzahl der zu vergebenden **Studienplätze**) vor.

B. Rechnung

16.36

Pos.	Gebührentatbestand	Geschäfts-wert	KV-Nr.	Satz	Betrag
	Durchführung der Verlosung, Überprüfung, Stichproben (§ 36 II, III)	5000	23200	2,0	90,00

C. Erläuterungen

16.37 Für die **Verlosung** ist keine eigene **Geschäftswert**vorschrift bestimmt. Es bleibt daher bei der allgemeinen Geschäftswertvorschrift des § 36. Vorliegend gibt es keinerlei Anhaltspunkte für eine Wertbestimmung. Gleichgültig, ob man von einer vermögensrechtlichen oder nicht vermögensrechtlichen Angelegenheit auszugehen hat, ist vom Auffanggeschäftswert nach § 36 III in Höhe von 5000 Euro auszugehen.

Eventuell durchgeführte **Stichproben** werden nicht gesondert bewertet. Die **mehreren Ziehungen** werden als insgesamt eine Verlosung betrachtet.

Es wird eine 2,0 **Gebühr** nach Nr. 23200 KV erhoben. Mit der Verfahrensgebühr ist auch die Fertigung der **Niederschrift** über den Hergang der Verlosung **abgegolten** (Vorbem. 2.3 S. 1 KV). Eine **Mindestgebühr** gibt es hier nicht.

D. Bemerkung

16.38 Bei **kommerziellem Interesse** (z.B. Verlosung von Journalisten-Sitzplätzen im Gerichtssaal) ist allerdings auch an eine Vervielfältigung dieses Notgeschäftswerts zu denken.

→ **Fall 5: Verlosung über die Teilnahme an der beschränkten Ausschreibung einer Baumaßnahme**

A. Sachverhalt

16.39 Die Stadt A will ihren Marktplatz im Zuge einer kompletten Sanierung von einem Landschaftsarchitekten neu gestalten lassen. Sie hat das Projekt **ausgeschrieben** (geschätzte Größenordnung: 20 000 Euro). Unter den Bewerbern, die bestimmte Bedingungen erfüllen sollten (Größe, Referenzen, Auszeichnungen), wird die Vergabe des Projektes verlost. Der Notar nimmt die **Verlosung** vor. Ihm wird eine Trommel mit 10 Losen überreicht.

II. Verlosungen

B. Rechnung

Pos.	Gebührentatbestand	Geschäftswert	KV-Nr.	Satz	Betrag
	Durchführung der Verlosung, Überprüfung, Stichproben (§ 36 I)	20 000	23200	2,0	214,00

16.40

C. Erläuterungen

Die Bestimmung des **Geschäftswerts** erfolgt nach der allgemeinen Geschäftswertvorschrift des § 36 (Wert der verlosten Gegenstände).

16.41

Eventuell durchgeführte **Stichproben** werden nicht gesondert bewertet. **Mehreren Ziehungen** werden als insgesamt eine Verlosung betrachtet.

Es wird eine 2,0 **Gebühr** nach Nr. 23200 KV erhoben. Mit der Verfahrensgebühr ist auch die Fertigung der **Niederschrift** über den Hergang der Verlosung **abgegolten** (Vorbem. 2.3 S. 1 KV).

→ **Fall 6: Verlosung im VgV-Verfahren**

A. Sachverhalt

Die Stadt A hatte die Objektplanung für ein kommunales Bauprojekt EU-weit ausschreiben müssen. Dabei ist die Ausschreibung als 2-stufiges VOF-Verfahren konzipiert (VOF = Vergabeordnung für freiberufliche Leistungen). Die erste Stufe des VOF-Verfahrens bildet die Präqualifikation. Im Rahmen dieser haben 30 Bewerber vollständige Unterlagen eingereicht, von denen 15 Bewerber in der Präqualifikation mit der vollen Punktzahl bewertet werden konnten. Da für die Teilnahme an der zweiten Stufe des VOF-Verfahrens (die Verhandlung) nur maximal 5 Teilnehmer zulässig sind, sind diese per Losverfahren über ein Zufallsverfahren auszuwählen. Das Auftragsvolumen (Architektenhonorar) wird 250 000 Euro betragen. Die so ermittelten „Finalisten" erhalten jeweils einen Betrag von 4000 Euro von der Stadt A.

16.42

Der Notar nimmt die **Verlosung** vor und protokolliert den Hergang der Verlosung.

B. Rechnung

Pos.	Gebührentatbestand	Geschäftswert	KV-Nr.	Satz	Betrag
	Durchführung der Verlosung, Überprüfung, Stichproben (§ 36 I); hier: Preisgeld zzgl. 20 % des Auftragsvolumens (Architektenhonorar)	70 000	23200	2,0	438,00

16.43

C. Erläuterungen

Der **Geschäftswert** ist gem. § 36 I nach billigem Ermessen zu bestimmen. Wenn jedoch noch nicht der Auftrag im Losverfahren vergeben wird, sondern lediglich unter den vielen die verlangten Kriterien erfüllenden Bewerbern die maximal

16.44

zulässige Anzahl der Bewerber, die die zweite Stufe des VOF-Verfahrens erreichen dürfen, festgelegt werden, kann keinesfalls der volle Wert des Auftrags (Architektenhonorar) als Geschäftswert angenommen werden.

Vielmehr muss der Wert unter Berücksichtigung der Zahlung an die „Finalisten" (hier: insgesamt 20 000 Euro) sowie der gestiegenen Wahrscheinlichkeit der Vergabe des Auftrags (hier: von $1/15$ auf $1/5$) bestimmt werden.[1]

Mehrere Ziehungen werden als insgesamt eine Verlosung betrachtet.

Es wird eine 2,0 **Gebühr** nach Nr. 23200 KV erhoben. Mit der Verfahrensgebühr ist auch die Fertigung der **Niederschrift** über den Hergang der Verlosung **abgegolten** (Vorbem. 2.3 S. 1 KV).

D. Exkurs

16.45 Wenn der Notar die Verlosung nicht selbst vorgenommen, sondern lediglich den **Verlosungshergang** protokolliert hat, ist aus dem ermittelten Geschäftswert nur die 1,0 Gebühr gem. Nr. 21200 KV, mindestens 60 Euro, zu erheben.[2] Die Gebühr nach Nr. 23200 KV fällt dann nicht an.

III. Auslosungen

→ **Fall 7: Auslosung von Wertpapieren**

A. Sachverhalt

16.46 Der Notar aus A-Stadt begibt sich Montagmittag auf Wunsch der X-Bank in deren Gebäude im 30 km entfernten B-Dorf, das außerhalb der politischen Gemeinde des Amtssitzes und der Wohnung des Notars liegt, um dort eine **Auslosung** durchzuführen und deren ordnungsgemäßen Ablauf zu protokollieren.

Dem Notar wird ein mit einem Vorhängeschloss verschlossenes Kästchen, in denen sich die Nummern von 100 Pfandbriefen von je 10 000 Euro befinden sollen, übergeben. Außerdem ist das Kästchen notariell versiegelt. Der Notar **entsiegelt** das Kästchen und zieht aus diesen Nummern 10 Stück heraus. Die gezogenen Nummern stellen die Pfandbriefe dar, die heute zur Rückzahlung kommen sollen. Die übrigen Nummern verbleiben im Kästchen. Dieses wird wieder verschlossen und vom Notar **versiegelt**. Mit Fahrtzeit dauert die Reise 3 Stunden. Der Notar fährt mit der Bahn. Für die Hin- und Rückfahrt bezahlt er brutto 32,96 Euro.

---

[1] Aus der Praxis der Ländernotarkasse, NotBZ 2015, 374.
[2] Begründung RegE zu Abschnitt 2, BT-Drs. 17/11471, S. 226.

B. Rechnung

Pos.	Gebührentatbestände/Auslagen	Geschäfts-wert	KV-Nr.	Satz	Betrag
(1)	Durchführung der Auslosung, Entsiegelung und Versiegelung (§ 36 I)	100 000	23200	2,0	546,00
(2)	Auswärtsgebühr		26002		300,00
(3)	Auslagen Reisekosten (Fahrtkosten)		32007		30,80

C. Erläuterungen

Pos. (1):

Der Wert der 10 ausgelosten Pfandbriefe, die nun zur Auszahlung gelangen, beträgt insgesamt 100 000 Euro. Die Bestimmung des **Geschäftswerts** erfolgt nach der allgemeinen Geschäftswertvorschrift des § 36. **Die mehreren Ziehungen** werden als insgesamt eine Auslosung betrachtet.

Die **Entsiegelung** und **Neuversiegelung** des Kästchens ist Bestandteil der Auslosung und wird nicht gesondert bewertet.

Es wird eine 2,0 **Gebühr** nach Nr. 23200 KV erhoben. Mit der Verfahrensgebühr ist auch die Fertigung der **Niederschrift** über den Hergang der Auslosung **abgegolten** (Vorbem. 2.3 S. 1 KV).

Pos. (2):

Da es sich bei der **Auswärtsgebühr** nicht um eine Wertgebühr handelt, wird kein Geschäftswert ermittelt.

Die Höhe der Auswärtsgebühr Nr. 26002 KV richtet sich nach der Gesamtzeit der Abwesenheit: Pro halbe Stunde Abwesenheit 50 Euro, hier 3 Stunden.

Pos. (3):

Bei den **Fahrtkosten** handelt es sich um **Reisekosten**, also um **Auslagen**. Ein Geschäftswert wird nicht ermittelt. Die Höhe der Auslagen richtet sich, da der Notar nicht mit dem eigenen PKW, sondern mit **öffentlichen Verkehrsmitteln** gefahren ist, nach Nr. 32007 KV. Danach ist die Höhe der tatsächlich angefallenen Kosten, jedoch ohne die auf dem Fahrschein ausgewiesene 7 %ige Umsatzsteuer, maßgebend.

D. Bemerkungen

Tage- und Abwesenheitsgeld fällt nicht an, wenn eine Auswärtsgebühr erhoben wurde (Anmerkung zu Nr. 32008 KV sowie Anmerkung zu Nr. 26002 III KV).

Eine **Unzeitgebühr** Nr. 26000 KV fällt nicht an, da es sich um eine normale Geschäftszeit handelt.

IV. Beurkundung des Verlosungsherganges

→ **Fall 8: Protokoll des Ergebnisses einer Lotterie**

A. Sachverhalt

16.52 Der Notar errichtet eine **Urkunde über das Ergebnis einer Lotterie**, bei der Geld- und Sachpreise im Wert von insgesamt 600 000 Euro verlost wurden. Er nimmt die Verlosung nicht selbst vor. Die Verlosung fand im Büro des Notars statt.

B. Rechnung

16.53

Pos.	Gebührentatbestand	Geschäfts-wert	KV-Nr.	Satz	Betrag
	Beurkundung eines Verlosungs-hergangs (§ 36 I)	600 000	21200	1,0	1095,00

C. Erläuterungen

16.54 Die Bestimmung des **Geschäftswerts** erfolgt nach der allgemeinen Geschäftswertvorschrift des § 36 (Wert der verlosten Gegenstände).

Nimmt der Notar, wie hier, lediglich die Beurkundung des **Verlosungshergangs** vor, erhält er die Gebühr für die Beurkundung einer Tatsache oder eines Vorgangs nach Nr. 21200 KV.[1]

V. Vorzeitige Beendigung des Verfahrens

→ **Fall 9: Vorzeitige Beendigung des Lotterieverfahrens**

A. Sachverhalt

16.55 Der Notar aus A-Stadt begibt sich auf Wunsch der X-Bank an einem Sonntag um 11.00 Uhr in deren Gebäude im 30 km entfernten B-Dorf, das außerhalb der politischen Gemeinde des Amtssitzes und der Wohnung des Notars liegt, um dort eine **Ziehungslotterie** durchzuführen und deren ordnungsgemäßen Ablauf zu protokollieren.

Nach seiner Ankunft in B-Dorf erfährt der Notar, dass aufgrund eines technischen Problems die Lotterie nicht stattfinden kann. Es sollten Geldpreise in Höhe von insgesamt 600 000 Euro ausgelost werden. Mit Fahrtzeit dauert die Reise 1 Stunde. Der Notar fährt mit dem eigenen PKW.

---

[1] Begründung RegE zu Abschnitt 2, BT-Drs. 17/11471, S. 226.

V. Vorzeitige Beendigung des Verfahrens

B. Rechnung

Pos.	Gebührentatbestände/Auslagen	Geschäfts-wert	KV-Nr.	Satz	Betrag
(1)	vorzeitige Beendigung (§ 36 I)	600 000	23201	0,5	547,50
(2)	Auswärtsgebühr		26002		100,00
(3)	Unzeitgebühr		26000		30,00
(4)	Auslagen Reisekosten (Fahrtkosten)		32006		18,00

16.56

C. Erläuterungen

Pos. (1):

16.57

Die Bestimmung des **Geschäftswerts** erfolgt nach der allgemeinen Geschäftswertvorschrift des § 36 (Wert der verlosten Gegenstände).

Es wird eine 0,5 **Gebühr** nach Nr. 23201 KV erhoben.[1]

Pos. (2):

16.58

Da es sich bei der **Auswärtsgebühr** nicht um eine Wertgebühr handelt, wird kein Geschäftswert ermittelt.

Die Höhe der Auswärtsgebühr Nr. 26002 KV richtet sich nach der Gesamtzeit der Abwesenheit: Pro halbe Stunde Abwesenheit 50 Euro, hier 1 Stunde.

Pos. (3):

16.59

Da es sich bei der **Unzeitgebühr** nicht um eine Wertgebühr handelt, wird kein Geschäftswert ermittelt.

Die Höhe der Unzeitgebühr Nr. 26000 KV bestimmt sich mit 30 % aus der Gebühr nach Nr. 23200 KV; jedoch begrenzt auf 30 Euro.

Pos. (4):

16.60

Bei den **Fahrtkosten** handelt es sich um **Reisekosten**, also um **Auslagen**. Ein Geschäftswert wird nicht ermittelt. Die Höhe der Auslagen richtet sich nach der Anzahl der gefahrenen Kilometer für die Hin- und Rückfahrt. Diese werden mit 0,30 Euro pro gefahrenen Kilometer in Rechnung gestellt.

D. Bemerkung

Tage- und Abwesenheitsgeld fällt nicht an, wenn eine Auswärtsgebühr erhoben wurde (Anmerkung zu Nr. 32008 KV sowie Anmerkung zu Nr. 26002 III KV).

16.61

---

1 Aus der Praxis der Ländernotarkasse, NotBZ 2015, 415.

Teil 17
Eide und eidesstattliche Versicherungen

Inhaltsübersicht

I. Überblick	17.1
1. Einführung	17.1
2. Übersichtstabelle	17.8
3. Gebühr	17.9
4. Geschäftswert	17.13
5. Einheit und Mehrheit des Verfahrens und der Verfahrensgegenstände	17.16
6. Vollzugs-, Betreuungs- und Treuhandtätigkeiten	17.21
7. Gebührenfreie (Neben-) Geschäfte	17.22
8. Unrichtige Sachbehandlung . . .	17.25
9. Gebührenermäßigung (§ 91 GNotKG)	17.26
II. Eidesstattliche Versicherungen gegenüber einer Behörde	17.28
Fall 1: Eidesstattliche Versicherung zur Wiedererlangung eines Fahrzeugscheins	17.28
Fall 2: Eidesstattliche Versicherung zur Kraftloserklärung eines Grundschuldbriefes	17.32
III. Eidesstattliche Versicherung zur Erlangung eines Zeugnisses . . .	17.33
Fall 3: Zeugnis über die Fortsetzung der Gütergemeinschaft	17.33
Fall 4: Testamentsvollstreckerzeugnis	17.38
Fall 5: Auseinandersetzungszeugnis (Überweisungszeugnis) bei Gütergemeinschaft	17.43
Fall 6: Überweisungszeugnis bei einer Erbengemeinschaft .	17.50
IV. Eidesstattliche Versicherung zur Erlangung eines Erbscheins oder eines Europäischen Nachlasszeugnisses	17.54
V. Vorzeitige Beendigung des Verfahrens	17.55
VI. Prioritätsverhandlung	17.56
VII. Eide	17.57
Fall 7: Affidavit	17.57
VIII. Vernehmung von Zeugen und Sachverständigen	17.62
Fall 8: Vernehmung eines Zeugen	17.62

Stichwortverzeichnis

Abnahme
– Eid   17.2 ff., 17.8, 17.9, 17.57 ff.
– Eidesstattliche Versicherung   17.2 ff., 17.8, 17.9, 17.30; *s. auch Eidesstattliche Versicherung*
Affidavit   17.2, 17.57 ff.
Antrag an das Familiengericht   17.36, 17.48 f.
Antrag an das Nachlassgericht   17.11, 17.41, 17.53
Aufnahme
– Eid   17.5, 17.8, 17.27, 17.55
– Eidesstattliche Versicherung   17.5, 17.8, 17.27, 17.30, 17.55; *s. auch Eidesstattliche Versicherung*
Augenscheinseinnahme   17.12

Beendigung, vorzeitige   17.6, 17.10, 17.27, 17.55
Betreuungstätigkeit   *s. Nebentätigkeiten*
Beurkundungsgegenstand   17.19 f.
Beurkundungsverfahren   17.16 ff.
Bewertungsvorschriften   17.8 ff.; *s. auch Geschäftswert*
Eide   17.1 ff., 17.8, 17.57 ff., 17.62 ff.
Eidesstattliche Versicherung
– Auseinandersetzung   17.14, 17.43 ff.
– Erlangung Erbschein   17.13, 17.54
– Erlangung Europäisches Nachlasszeugnis   17.13, 17.54
– Erlangung Zeugnis   17.13 f., 17.33 ff., 17.38 ff., 17.43 ff., 17.50 ff.

- Fortsetzung Gütergemeinschaft   17.9, 17.33 ff.
- gegenüber Behörde   17.28 ff.
- Kraftloserklärung Grundschuldbrief   17.32
- Testamentsvollstreckung   17.13, 17.38 ff.
- Überweisungszeugnis   17.14, 17.43 ff., 17.50 ff.
- Verlust Fahrzeugschein   17.28 ff.
- Vorschriften   17.8 ff.

Einführung   17.1 ff.
Erbscheinverfahren   17.13, 17.54
Erklärungen, sonstige einseitige   17.15, 17.31, 17.47 ff., 17.56
Gebühr
- Abgeltung   17.7, 17.11, 17.16, 17.19 f., 17.22 ff., 17.36 f., 17.41 f., 17.46, 17.48 f., 17.53, 17.61, 17.65
- Ermäßigung   17.26 f.
- Freiheit   17.22 ff.
- Vorschriften   17.6, 17.8 ff.

Geschäftswert   17.8, 17.13 ff., 17.30, 17.35, 17.40, 17.45, 17.47, 17.52, 17.60, 17.64
Nebentätigkeiten   17.21
Niederschrift   17.7, 17.11, 17.18, 17.23 f., 17.36 f., 17.41 f., 17.46, 17.53, 17.61, 17.65
Prioritätsverhandlung   17.56
Sachverständige, Vernehmung   17.1, 17.62 ff.
Tatsachenbescheinigung   17.8, 17.56
Treuhandtätigkeit   s. Nebentätigkeiten
Übersichtstabelle   17.8
unrichtige Sachbehandlung   17.25

Verfahren
- Erbschein, Wert   17.13, 17.54
- mehrere   17.11, 17.16 ff.
- Sonstige Fälle, Wert   17.8, 17.15
- Sonstige notarielle   17.17, 17.19 f.
- Zeugnisse, Wert   17.8, 17.13, 17.14, 17.33 ff., 17.38 ff., 17.43 ff., 17.50 ff.

Verlust Fahrzeugschein   17.28 ff.
Vernehmung
- Sachverständige   17.1, 17.62 ff.
- Zeugen   17.1, 17.62 ff.

verschiedene Beurkundungsgegenstände   17.16 ff.
Versicherung an Eides statt   s. Eidesstattliche Versicherung
Vollzugstätigkeit   s. Nebentätigkeiten
vorzeitige Beendigung   17.6, 17.10, 17.27, 17.55
Zeugen, Vernehmung   17.1, 17.62 ff.
Zeugnis
- Auseinandersetzung   17.14, 17.43 ff.
- Europäisches Nachlasszeugnis   17.13, 17.54
- Fortsetzung Gütergemeinschaft   17.13, 17.33 ff.
- Grundbuchordnung   17.14, 17.43 ff., 17.50 ff.
- Hoffolge   17.13
- Luftfahrzeug   17.14
- Schiffsregisterordnung   17.14
- Testamentsvollstrecker   17.13, 17.38 ff.
- Überweisung   17.14, 17.43 ff., 17.50 ff.

Zuständigkeit
- Abnahme Eid   17.3
- Abnahme eidesstattliche Versicherung   17.4
- Inländische Angelegenheit   17.4 ff.

I. Überblick

1. Einführung

Dieser Teil behandelt die Bewertung von **Eiden, eidesstattlichen Versicherungen und die Vernehmung von Zeugen und Sachverständigen.**   17.1

Als **Abnahme** eines Eides wird die Entgegennahme eines Schwurs bezeichnet. Die Abnahme von eidesstattlichen Versicherungen ist die Entgegennahme von derartigen Versicherungen. Eidliche Erklärungen zum Gebrauch in den Ländern, in denen englisches oder verwandtes Recht angewandt wird (angloamerikanischer Rechtskreis), nennt man auch **Affidavits**.   17.2

17.3 Der Notar ist zur **Abnahme** von Eiden in **inländischen Angelegenheiten** nicht zuständig, außer bei der Vereidigung von Dolmetschern sowie – selten – der Vereidigung von Zeugen und Sachverständigen im Rahmen eines förmlichen Vermittlungsverfahrens einer Nachlass- oder Gesamtgutsauseinandersetzung.

17.4 Der Notar ist auch zur **Abnahme** der **eidesstattlichen Versicherung** nur in bestimmten Fällen zuständig (Abgabe „vor einem Notar"), z.B. bei einem Erbschein (§ 2356 II BGB), bei Zeugnissen über fortgesetzte Gütergemeinschaften (§ 1507 BGB) und Testamentsvollstreckerzeugnissen (§ 2368 III BGB) u.ä.

17.5 Die bloße Beurkundung (Niederschrift) von Eiden und eidesstattlichen Versicherungen nennt man eine **Aufnahme** dieser Erklärungen. Zur (bloßen) Aufnahme einer eidesstattlichen Versicherung ist der Notar immer dann zuständig, wenn gegenüber einer Behörde oder sonstigen Dienststelle eine tatsächliche Behauptung glaubhaft gemacht werden soll.[1]

17.6 Die **Gebühren**regelungen für die Abnahme von Eiden und eidesstattlichen Versicherungen finden sich hauptsächlich in den Nrn. 23300 und 23302 KV GNotKG. Für die **vorzeitige Beendigung** des Verfahrens gibt es den Gebührentatbestand der Nr. 23301 KV GNotKG.

17.7 Mit den genannten Gebühren wird auch die Fertigung einer Niederschrift **abgegolten** (Vorbem. 2.3 S. 1 KV GNotKG).

2. Übersichtstabelle

17.8 Die maßgeblichen Bewertungsvorschriften lauten:

Gebühren	
a) Abnahme eines Eides oder einer Versicherung an Eides statt	Nr. 23300 KV GNotKG (1,0)
b) Vernehmung von Zeugen oder Sachverständigen	Nr. 23302 KV GNotKG (1,0)
c) Aufnahme einer eidesstattlichen Versicherung in sonstigen Fällen; einseitige Erklärung	Nr. 21200 KV GNotKG (1,0), mind. 60 Euro
d) Tatsachenbescheinigung	Nr. 25104 KV GNotKG (1,0), wenn nicht Form einer Niederschrift gem. § 36 BeurkG, sonst Nr. 21200 KV (1,0), mind. 60 Euro
e) vorzeitige Beendigung	Nr. 23301 KV GNotKG (0,3)

---

[1] Prüfungsabteilung der Ländernotarkasse, NotBZ 2014, 177.

Geschäftswert	
Abnahme eines Eides oder einer Versicherung an Eides statt in bestimmten Nachlasssachen	§ 40 GNotKG (Nachlasswert zum Zeitpunkt des Erbfalls abzüglich Erblasserschulden)
sonstige Erklärungen im Zusammenhang mit Eiden und eidlichen Versicherungen	§ 36 I und III GNotKG (Wert nach billigem Ermessen), bei Überweisungszeugnissen § 41 GNotKG (Wert der betroffenen Gegenstände)

3. Gebühr

Bei der **Abnahme** von Eiden und eidesstattlichen Versicherungen wird einheitlich eine Verfahrensgebühr von 1,0 nach Nr. 23300 KV GNotKG erhoben.

17.9

Nach Nr. 23301 KV GNotKG ermäßigt sich die Gebühr auf 0,3, wenn sich das Verfahren **vorzeitig erledigt** hat, wenn also der Eid oder die eidesstattliche Versicherung nicht abgenommen wurde, z.B. durch Auftragsrücknahme.[1]

17.10

Die Gebühren entstehen nur, wenn das Verfahren oder Geschäft nicht Teil eines anderen Verfahrens oder Geschäfts ist (Vorbem. 2.3.3 I KV GNotKG). Wird mit der Niederschrift über die Abnahme der eidesstattlichen Versicherung zugleich ein Antrag an das Nachlassgericht beurkundet, ist mit der Gebühr Nr. 23300 KV GNotKG auch das Beurkundungsverfahren **abgegolten** (Vorbem. 2.3.3 II KV GNotKG).

17.11

Bei einer eventuellen **Augenscheinseinnahme** handelt es sich um nichts anderes, als um eine Tatsachenbeurkundung, für die Gebühren nach Hauptabschnitt 1 Abschnitt 2 oder Hauptabschnitt 5 (sämtlich des Teils 2) GNotKG anfallen würden.[2]

17.12

4. Geschäftswert

§ 40 GNotKG fasst die Geschäftswertvorschriften für **Erbscheinverfahren**, **Europäisches Nachlasszeugnis**, für das Verfahren über die Erteilung eines **Zeugnisses über die Fortsetzung der Gütergemeinschaft** und für das Verfahren zur Erteilung eines **Testamentsvollstreckerzeugnisses** zusammen. Ferner wird der Geschäftswert für die Verfahren über die Erteilung eines **Hoffolgezeugnisses** ausdrücklich geregelt.[3]

17.13

Die besondere Wertvorschrift des § 41 GNotKG regelt den Geschäftswert für ein Verfahren, das ein **Zeugnis nach den §§ 36 und 37 der Grundbuchordnung** oder den §§ 42 und 74 der **Schiffsregisterordnung** bzw. § 86 des Gesetzes über Rechte an **Luftfahrzeugen** betrifft.

17.14

Für alle **sonstigen Fälle** richtet sich der Geschäftswert mangels einschlägiger Spezialnorm nach der allgemeinen Vorschrift des § 36 GNotKG. Für vermögens-

17.15

---
1 Prüfungsabteilung der Ländernotarkasse, NotBZ 2015, 415.
2 Im Ganzen: Begründung RegE zu Abschnitt 3, BT-Drs. 17/11471, S. 226.
3 Begründung RegE zu § 40, BT-Drs. 17/11471, S. 165 f.

rechtliche Angelegenheiten gibt es keinen Höchstwert. Wenn der Geschäftswert nicht nach § 36 I oder II GNotKG bestimmt werden kann, kann auf den Auffanggeschäftswert des § 36 III GNotKG zurückgegriffen werden.

5. Einheit und Mehrheit des Verfahrens und der Verfahrensgegenstände

17.16 Fertigt der Notar über das Verfahren zur Abnahme von Eiden und eidesstattlichen Versicherungen bzw. über die Vernehmung von Zeugen und Sachverständigen eine Niederschrift, so findet dadurch nicht etwa ein Umschlag in ein **Beurkundungsverfahren** mit den hierfür geltenden Berechnungsregeln statt. Nimmt der Notar beispielsweise eine eidesstattliche Versicherung zu einem Erbfall ab und fertigt hierüber eine Niederschrift, so wird nicht etwa eine Beurkundungsverfahrensgebühr nach Teil 2 Hauptabschnitt 1 ausgelöst, sondern es fällt eine Gebühr nach Nr. 23300 KV GNotKG an, die Niederschrift ist mit dieser Verfahrensgebühr **abgegolten** (Vorbem. 2.3 S. 1 KV GNotKG).

17.17 Anders als beim **Beurkundungsverfahren**, fehlt es für die **sonstigen notariellen Verfahren**, zu denen das gegenständliche Verfahren gehört, sowohl an einer Begriffsbestimmung des Verfahrensgegenstandes als auch an einer Regelung, wann von einem Verfahrensgegenstand und wann von mehreren Verfahrensgegenständen auszugehen ist. § 35 I GNotKG regelt nur, dass die Werte mehrerer Verfahrensgegenstände zu addieren sind und aus § 93 I S. 1 GNotKG ergibt sich, dass die Verfahrensgebühr für dasselbe Verfahren nur einmal erhoben werden darf.

Beispiele:

Nimmt der Notar in einem einzigen Erbfall sowohl die eidesstattliche Versicherung des Miterben X als auch des Miterben Y ab, so handelt es sich in der Regel um zwei Verfahrensgegenstände desselben Verfahrens. Die Gebühr Nr. 23300 KV GNotKG fällt hier gem. § 93 I S. 1 GNotKG nur einmal nach den gem. § 35 I GNotKG zusammengerechneten Werten (§ 40 GNotKG) an.

Mehrere Verfahren mit der Folge gesonderter Gebühren liegen hingegen in der Regel vor, wenn der Notar einem Beteiligten die eidesstattliche Versicherung zu mehreren Erbfällen abnimmt, z.B. wenn der Beteiligte sowohl Erbe nach A als auch nach B geworden ist.

Dabei spielt es keine Rolle, ob der Notar über die eidesstattliche Versicherung nur eine oder mehrere Niederschriften aufnimmt, denn § 86 II GNotKG findet auf **sonstige notarielle Verfahren** keine Anwendung. Jedoch bleibt es dem Notar unbenommen, in beiden Fällen eine Verfahrenstrennung bzw. eine Verfahrensverbindung nach § 20 FamFG vorzunehmen. Dabei kann der Notar auch auf eine objektive Antragshäufung abstellen, könnte also beispielsweise bei einer eidesstattlichen Versicherung des Erben zu dem Erbfall nach dem Vater und nach der Mutter mehrere Verfahrensgegenstände desselben Verfahrens annehmen. Bei Hilfs- und Eventualanträgen wird man nur einen einzigen Verfahrensgegenstand annehmen können.

Bei **getrennten Verfahren** fallen **gesonderte Gebühren** nach Nr. 23300 KV GNotKG an, bei einer Verfahrensverbindung ist gem. § 93 I S. 1 GNotKG nur eine Gebühr nach Nr. 23300 KV GNotKG aus den gem. § 35 I GNotKG zusammengerechneten Werten zu erheben.

I. Überblick

Unterschiedliche notarielle Verfahren unterliegen grundsätzlich **nicht** der **Werteaddition** des § 35 I GNotKG; auch dann nicht, wenn der Notar hierüber **eine einzige Niederschrift** fertigt. Anders ist dies jedoch zu beurteilen, wenn der Notar mehrere gleichartige Verfahren, namentlich zur Abnahme der eidesstattlichen Versicherung, nach Maßgabe des § 20 FamFG zu einem einzigen Verfahren verbindet. Umgekehrt ist auch bei getrennten **Niederschriften** nicht automatisch von gesonderten Verfahren auszugehen. In der Regel wird man aber von einer Verfahrenstrennung entsprechend § 20 FamFG ausgehen können, so dass gesonderte Verfahrensgebühren abzurechnen sind.

17.18

Für den Fall des Zusammentreffens unterschiedlicher **notarieller Verfahren** hat der Gesetzgeber in Vorbem. 2.3.3 I KV GNotKG eine Spezialbestimmung getroffen: Danach entsteht die Gebühr für das sonstige notarielle Verfahren zur Abnahme von Eiden und eidesstattlichen Versicherungen und zur Vernehmung von Zeugen nur, wenn die Abnahme bzw. Vernehmung nicht Teil eines anderen Verfahrens oder Geschäfts ist. Das ist beispielsweise der Fall, wenn die eidesstattliche Versicherung bei der Aufnahme eines Vermögensverzeichnisses abgegeben wird; in diesem Fall fällt nur eine Gebühr nach Nr. 23500 KV GNotKG für das Verfahren über die Aufnahme des Vermögensverzeichnisses an. Das gilt sogar dann, wenn die eidesstattliche Versicherung in einer gesonderten Niederschrift enthalten ist. Es handelt sich dabei um eine Art Gegenstandsgleichheit i.S.d. § 109 GNotKG, der allerdings nur bei mehreren **Beurkundungsgegenständen** anwendbar ist und das auch nur soweit, als diese allesamt in einer einzigen Niederschrift enthalten sind. Insoweit geht die Abgeltungsbestimmung nach Vorbem. 2.3.3 I KV GNotKG sogar weiter als § 109 GNotKG, denn sie fordert nicht das Vorliegen nur einer einzigen Niederschrift.

17.19

Ein spezielles Problem ergibt sich, wenn ein **sonstiges notarielles Verfahren** mit einem **Beurkundungsverfahren** zusammentrifft. Für den Fall, dass es sich dabei um die Abnahme einer eidesstattlichen Versicherung und einen Antrag an das Nachlassgericht in einer Niederschrift handelt, hat der Gesetzgeber in Vorbem. 2.3.3 II KV GNotKG und der korrespondierenden Anm. zu Nr. 21201 KV GNotKG bestimmt, dass mit der Gebühr Nr. 23300 KV GNotKG insoweit auch das Beurkundungsverfahren **abgegolten** ist, d.h. keine Gebühr nach Nr. 21201 Nr. 6 KV GNotKG für den Antrag an das Nachlassgericht anfällt. Enthält die vom Notar errichtete Niederschrift hingegen die Abnahme eines Eides oder einer eidesstattlichen Versicherung und einen anderen Beurkundungsgegenstand als einen Antrag an das Nachlassgericht, so ist von unterschiedlichen Verfahren auszugehen mit der Folge, dass gesonderte Gebühren entstehen; die Regeln der §§ 35 I, 86, 93 I S. 1, 109 GNotKG finden keine Anwendung. Werden also beispielsweise in einer Urkunde eine eidesstattliche Versicherung nebst Erbscheinsantrag an das Nachlassgericht einerseits und ein Grundbuchberichtigungsantrag andererseits zusammengefasst, so fallen eine Verfahrensgebühr nach Nr. 23300 KV GNotKG und eine Beurkundungsverfahrensgebühr nach Nr. 21201 Nr. 4 KV GNotKG an.

17.20

6. Vollzugs-, Betreuungs- und Treuhandtätigkeiten

17.21 Da die kostenpflichtigen **Vollzugs-, Betreuungs- und Treuhandtätigkeiten** im GNotKG abschließend geregelt sind, entsteht neben der Verfahrensgebühr nur dann eine weitere Gebühr, wenn der Notar auftragsgemäß eine oder mehrere der in Teil 2 Hauptabschnitt 2 des Kostenverzeichnisses des GNotKG genannten Tätigkeiten entfaltet.

7. Gebührenfreie (Neben-)Geschäfte

17.22 Die Gebühr **gilt** sämtliche Tätigkeiten des gesamten Verfahrens **ab**.

17.23 Wird mit der **Niederschrift** über die Abnahme der eidesstattlichen Versicherung zugleich ein Antrag an das **Nachlassgericht** beurkundet, wird gem. Vorbem. 2.3.3 II KV GNotKG mit der Gebühr Nr. 23300 KV GNotKG insoweit auch das Beurkundungsverfahren **abgegolten**.

17.24 Dies gilt nicht, wenn mit der Niederschrift über die Abnahme der eidesstattlichen Versicherung zugleich ein Antrag an ein anderes Gericht, z.B. Landwirtschaftsgericht, Grundbuchamt, beurkundet wird (s. dazu bereits vorstehend Rz. 17.20).

8. Unrichtige Sachbehandlung

17.25 Gemessen an den allgemeinen Grundsätzen (vgl. Rz. 1.144 ff.) bestehen keine Besonderheiten.

9. Gebührenermäßigung (§ 91 GNotKG)

17.26 Selbst bei Beteiligung eines in § 91 I und II GNotKG genannten Kostenschuldners kommt eine **Ermäßigung** der Gebühren nach den Nrn. 23200 ff. KV GNotKG nicht in Betracht, weil nach dieser Ermäßigungsvorschrift nur Gebühren nach Teil 2 Hauptabschnitt 1 oder 4 bzw. den Nrn. 23803 und 25202 KV GNotKG ermäßigt werden.

17.27 Soweit allerdings der Notar den Eid oder die eidesstattliche Versicherung **aufnimmt** und dafür eine Gebühr nach Nr. 21200 KV GNotKG erhebt bzw. dieses Verfahren **vorzeitig beendet** wird und entsprechend nach den Nrn. 21300 ff. KV GNotKG abzurechnen ist, kann eine Gebührenermäßigung in Betracht kommen, wenn die in § 91 GNotKG genannten Voraussetzungen (begünstigter Kostenschuldner, kein wirtschaftliches Unternehmen, keine Weiterveräußerungsabsicht) gegeben sind.

II. Eidesstattliche Versicherungen gegenüber einer Behörde

→ **Fall 1: Eidesstattliche Versicherung zur Wiedererlangung eines Fahrzeugscheins**

A. Sachverhalt

Zur Vorlage bei der zuständigen Behörde versichert A an Eides statt, dass ihm der Fahrzeugschein seines Autos beim Umzug abhandengekommen ist. 17.28

B. Rechnung

17.29

Pos.	Gebührentatbestand	Geschäftswert	KV-Nr.	Satz	Betrag
	Versicherung an Eides statt, Führerscheinverlust (§ 36 I und III)	5000	21200	1,0	60,00

C. Erläuterungen

Der **Geschäftswert** richtet sich nach § 36 I und III. Mangels anderer Anhaltspunkte ist der Auffanggeschäftswert anzunehmen. 17.30

U.E. fällt die **Auf**nahme von Eiden oder Eidesstattlichen Versicherungen nicht unter die Nr. 23300 KV, denn dieser Tatbestand spricht von einer **Ab**nahme eines Eides oder eidesstattlichen Versicherung. Ein Unterschied zwischen der Gebühr nach Nr. 21200 KV und Nr. 23300 KV liegt – da identischer Gebührensatz – nur bei dem speziellen Mindestbetrag der Gebühr Nr. 21200 KV.[1]

D. Exkurs

Die Bewertung gilt auch, wenn es um eine Erklärung geht, die nicht gegenüber einer Behörde, sondern auf Verlangen einer Privatperson abgegeben wird. 17.31

→ **Fall 2: Eidesstattliche Versicherung zur Kraftloserklärung eines Grundschuldbriefes**

Siehe hierzu Rz. 6.59 (Fall 71). 17.32

III. Eidesstattliche Versicherung zur Erlangung eines Zeugnisses

→ **Fall 3: Zeugnis über die Fortsetzung der Gütergemeinschaft**

A. Sachverhalt

A und B waren in Gütergemeinschaft verheiratet. A ist verstorben und wurde von den gemeinsamen Kindern C und D beerbt. B, C und D wünschen daher unter Vorlage einer beglaubigten Abschrift des mit Eröffnungsprotokoll versehenen notariellen Testaments die **Abnahme** einer Versicherung an Eides statt zur Beantragung eines Zeugnisses über die Fortsetzung der Gütergemeinschaft am 17.33

---

[1] A.A. z.B. Streifzug durch das GNotKG, 11. Aufl., Rz. 2331.

Grundstück (§§ 1507 i.V.m. 2356 II BGB). Der Verkehrswert des Grundstücks beträgt 100 000 Euro.

B. Rechnung

17.34

Pos.	Gebührentatbestand	Geschäfts-wert	KV-Nr.	Satz	Betrag
	Versicherung an Eides statt (§ 40 IV)	50 000	23300	1,0	165,00

C. Erläuterungen

17.35 Der **Geschäftswert** beträgt 50 % des Verkehrswertes des betroffenen Nachlassteils (§ 40 II und III gelten entsprechend).

17.36 Gem. Vorbem. 2.3 S. 1 KV ist mit der Gebühr Nr. 23300 KV für die Versicherung an Eides statt auch die Fertigung der **Niederschrift abgegolten**.

Ist der **Antrag** an das **Familiengericht** zur Erlangung des Zeugnisses mitbeurkundet, wird wegen der Bewertung auf Fall 5 Auseinandersetzungszeugnis (Überweisungszeugnis) bei Gütergemeinschaft (Rz. 17.43 ff.) verwiesen.

D. Exkurs

17.37 Ist der Antrag auf Erteilung des Zeugnisses nebst eidesstattlicher Versicherung Teil eines anderen Verfahrens (z.B. Beantragung eines Erbscheins), wird die Gebühr nicht gesondert erhoben, sondern ist mit der Gebühr für das andere Verfahren **abgegolten** (Vorbem. 2.3.3 I KV).

→ **Fall 4: Testamentsvollstreckerzeugnis**

A. Sachverhalt

17.38 Zum Zwecke der Erlangung eines Testamentsvollstreckerzeugnisses versichert T vor dem Notar die Richtigkeit der Angaben gem. § 2368 III i.V.m. § 2356 II S. 1 BGB.

Es handelt sich um eine Dauertestamentsvollstreckung über mind. 15 Jahre. Der Aktivwert des Nachlasses beträgt 100 000 Euro.

B. Rechnung

17.39

Pos.	Gebührentatbestand	Geschäfts-wert	KV-Nr.	Satz	Betrag
	Versicherung an Eides statt (§ 40 V)	20 000	23300	1,0	107,00

C. Erläuterungen

17.40 Der **Geschäftswert** beträgt 20 % des Aktivwerts des Nachlasses zum Beurkundungszeitpunkt. Verbindlichkeiten werden nicht abgezogen. Bezieht sich die Testamentsvollstreckung nur auf einen Miterben oder nur auf einen Teil des Nachlasses sind die 20 % von dem entsprechenden Anteil am Aktivvermögen zu berechnen (§ 40 II und III gelten entsprechend).

III. Eidesstattliche Versicherung zur Erlangung eines Zeugnisses

Gem. Vorbem. 2.3 S. 1 KV ist mit der Gebühr Nr. 23300 KV für die Versicherung an Eides statt auch die Fertigung der Niederschrift **abgegolten**.

17.41

Laut Vorbem. 2.3.3 II KV ist mit der Gebühr Nr. 23300 KV auch der Antrag an das Nachlassgericht **abgegolten**, insofern er in der Urkunde enthalten ist.

D. Exkurs

Ist der Antrag auf Erteilung des Zeugnisses nebst eidesstattlicher Versicherung Teil eines anderen Verfahrens (z.B. Beantragung eines Erbscheins), wird die Gebühr nicht gesondert erhoben, sondern ist mit der Gebühr für das andere Verfahren **abgegolten** (Vorbem. 2.3.3 I KV).

17.42

→ **Fall 5: Auseinandersetzungszeugnis (Überweisungszeugnis) bei Gütergemeinschaft**

A. Sachverhalt

A und B leben in Gütergemeinschaft. Sie sind als solche auch Eigentümer eines Grundstücks. Sie haben sich über das Grundstück auseinandergesetzt und sind sich einig, dass B Alleineigentümer des Grundstücks werden soll. Deshalb wünschen sie die **Abnahme** einer Versicherung an Eides statt. Der Notar beurkundet zugleich den Antrag auf Erteilung eines **Auseinandersetzungszeugnisses** nach § 36 I S. 2 Nr. 3 GBO an das zuständige Familiengericht. Der Verkehrswert des Grundstücks beträgt 150 000 Euro. Im Grundbuch ist eine Grundschuld zu 100 000 Euro eingetragen, die noch mit 50 000 Euro valutiert.

17.43

B. Rechnung

Pos.	Gebührentatbestände	Geschäfts-wert	KV-Nr.	Satz	Betrag
(1)	Versicherung an Eides statt (§§ 41, 46, 97 I)	150 000	23300	1,0	354,00
(2)	Beurkundung eines Antrags an das Familiengericht (§§ 41, 46, 97)	150 000	21200	1,0	354,00

17.44

C. Erläuterungen

Pos. (1):

17.45

Der **Geschäftswert** ist gem. § 41 der Wert der Gegenstände, die das Verfahren betrifft. Verbindlichkeiten werden nicht abgezogen (§ 38). Vorliegend ist ein Grundstück betroffen, dessen Wert sich nach § 46 GNotKG ermittelt.

Laut Vorbem. 2.3 S. 1 KV ist mit der Gebühr Nr. 23300 KV für die Versicherung an Eides statt auch die Fertigung der Niederschrift **abgegolten**.

17.46

Pos. (2):

17.47

Der **Geschäftswert** ist gem. § 41 der Wert der Gegenstände, die das Verfahren betrifft. Verbindlichkeiten werden nicht abgezogen (§ 38). Vorliegend ist ein Grundstück betroffen, dessen Wert sich nach § 46 GNotKG ermittelt.

17.48 Laut Vorbem. 2.3.3 II KV ist mit der Gebühr Nr. 23300 KV nur der Antrag an das Nachlassgericht **abgegolten**. Hier wird jedoch ein Antrag an das Familiengericht beurkundet.

Diese Erklärung löst eine 1,0 Gebühr nach Nr. 21200 KV aus.

17.49 Der **Antrag an das Familiengericht** kann nicht unter einen Tatbestand der Nr. 21201 KV subsumiert werden, weswegen Nr. 21201 KV nicht einschlägig ist.

→ **Fall 6: Überweisungszeugnis bei einer Erbengemeinschaft**

A. Sachverhalt

17.50 A ist verstorben. Er hat weder ein Testament noch eine Generalvollmacht hinterlassen. Der Nachlass besteht aus einem bebauten Grundstück und einem Bankguthaben von 900 000 Euro. Verbindlichkeiten hat er nicht hinterlassen. Das Bankguthaben wurde bereits auseinandergesetzt. Die Erben, nämlich die Witwe B und die beiden Kinder C und D, haben sich über das Grundstück auseinandergesetzt und sind sich einig, dass B Alleineigentümerin an dem Grundstück werden soll. Deshalb wünschen sie die **Abnahme** einer Versicherung an Eides statt. Der Notar beurkundet zugleich den Antrag auf Erteilung eines **Überweisungszeugnisses** nach § 36 I S. 2 Nr. 1 GBO an das zuständige Nachlassgericht. Der Verkehrswert des Grundstücks beträgt 150 000 Euro. Im Grundbuch ist eine Grundschuld zu 100 000 Euro eingetragen, die noch mit 50 000 Euro valutiert.

B. Rechnung

17.51

Pos.	Gebührentatbestand	Geschäfts-wert	KV-Nr.	Satz	Betrag
	Versicherung an Eides statt (§§ 41, 46, 97 I)	150 000	23300	1,0	354,00

C. Erläuterungen

17.52 Um die Gebühr des nachlassgerichtlichen Verfahrens möglichst gering zu halten, bietet sich das **Überweisungszeugnis** nach § 36 GBO i.V.m. § 41 GNotKG als Alternative zum Erbschein an; denn das Überweisungszeugnis ist nicht durch die vorhergehende Erteilung eines Erbscheins bedingt, sondern ersetzt diesen. Durch das Zeugnis lässt sich eine kostenrechtlich entsprechende Wirkung wie mit dem aus § 107 III KostO bekannten verbilligten Erbschein für Grundbuchzwecke erreichen.[1]

Die Voraussetzungen nach § 36 II GBO müssen erfüllt sein: Im vorliegenden Fall gehört das zu übertragende Grundstück zum Nachlass, besteht eine Erbengemeinschaft, ist der Erwerber Mitglied der Erbengemeinschaft, liegen die Voraussetzungen für die Erteilung eines Erbscheins vor und ist die Abgabe der Erklä-

---

1 *Rupp*, notar 2014, 96.

rungen der Beteiligten (Auflassung, Bewilligung im Auseinandersetzungsvertrag) dem Nachlassgericht in der Form des § 29 GBO nachgewiesen.

Der **Geschäftswert** ist gem. § 41 der Wert der Gegenstände, die das Verfahren betrifft. Verbindlichkeiten werden nicht abgezogen (§ 38). Vorliegend ist ein Grundstück betroffen, dessen Wert sich nach § 46 GNotKG ermittelt.

Laut Vorbem. 2.3 S. 1 KV ist mit der Gebühr Nr. 23300 KV für die Versicherung an Eides statt auch die Fertigung der Niederschrift **abgegolten**. 17.53

Laut Vorbem. 2.3.3 II KV ist mit der Gebühr Nr. 23300 KV auch der Antrag an das Nachlassgericht **abgegolten**.

IV. Eidesstattliche Versicherung zur Erlangung eines Erbscheins oder eines Europäischen Nachlasszeugnisses

Siehe hierzu Rz. 19.197 ff. 17.54

V. Vorzeitige Beendigung des Verfahrens

Siehe hierzu Rz. 19.246 ff. 17.55

VI. Prioritätsverhandlung

Siehe hierzu Rz. 13.65 ff. (Fall 14). 17.56

VII. Eide

→ **Fall 7: Affidavit**

A. Sachverhalt

Kaufmann K hat in einem bei dem Obersten Gerichtshof in England anhängigen Rechtsstreit einen **Eid** zu leisten. Er legte eine in englischer Sprache abgefasste Schrift sowie die deutsche Übersetzung davon vor. Der Notar las ihm die Erklärungen vor, belehrte über die Bedeutung des Eides und nahm K den Eid ab. 17.57

B. Rechnung

Pos.	Gebührentatbestand	Geschäftswert	KV-Nr.	Satz	Betrag
	Affidavit (§ 36 I bis III)	5000	23300	1,0	45,00

17.58

C. Erläuterungen

Strenggenommen ist das **Affidavit** weder ein Eid noch eine eidesstattliche Versicherung im Sinne des § 38 BeurkG, sondern eine „Bekräftigung eigener Art", für die die Vorschriften über **Tatsachenbeurkundungen** (§§ 36 ff. BeurkG) gelten. 17.59

Die Zuständigkeit des deutschen Notars nach § 22 I BNotO ist unstreitig. Ob das Affidavit im Verfahren nach § 38 BeurkG (Eide, eidesstattliche Versicherungen) zur Niederschrift zu errichten ist oder eine Vermerkurkunde gem. §§ 39 ff. BeurkG genügt, ist jedoch streitig. Der rechtlich sicherste Weg ist aber das Verfahren nach § 38 BeurkG.[1]

17.60 Ist der Eid zum Beweis eines Vermögensrechts zu leisten, so gibt dessen **Wert** den Anhaltspunkt zur Schätzung nach § 36 I.

17.61 Gem. Vorbem. 2.3 S. 1 KV ist mit der Gebühr Nr. 23300 KV für das Affidavit auch die Fertigung der Niederschrift **abgegolten**.

VIII. Vernehmung von Zeugen und Sachverständigen

→ **Fall 8: Vernehmung eines Zeugen**

A. Sachverhalt

17.62 Der russische Staatsbürger R ist in Deutschland in einen Unfall verwickelt worden, bei dem er gesundheitliche Schäden davongetragen hat. Seine Heimatbehörde verlangt für die Anerkennung als Dienstunfall eine **eidliche Vernehmung** des Unfallzeugen Z. Der hierum ersuchte Notar (vgl. § 22 I BNotO) führt die eidliche Vernehmung durch und fertigt eine Niederschrift hierüber.

B. Rechnung

17.63

Pos.	Gebührentatbestand	Geschäfts-wert	KV-Nr.	Satz	Betrag
	Vernehmung eines Zeugen (§ 36 I, III)	5000	23302	1,0	45,00

C. Erläuterungen

17.64 Da für die **Zeugenvernehmung** keine Spezialvorschrift bestimmt ist, verbleibt es bei der allgemeinen **Geschäftswert**vorschrift des § 36. Vorliegend ist der Auffanggeschäftswert maßgebend, weil keine anderen Anhaltspunkte ersichtlich sind.

17.65 Gem. Vorbem. 2.3 S. 1 KV ist mit der Gebühr Nr. 23302 KV für die Zeugenvernehmung auch die Fertigung der Niederschrift **abgegolten**.

---

[1] Ebenso *Becker*, notar 2014, 307.

Teil 18
Beurkundungen im Kindschaftsrecht

Inhaltsübersicht

I. Überblick 18.1
1. Einführung 18.1
2. Übersichtstabelle 18.4
3. Gebühr 18.5
4. Geschäftswert 18.8
5. Derselbe Beurkundungsgegenstand/Verschiedene Beurkundungsgegenstände 18.11
6. Vollzugs-, Betreuungs- und Treuhandtätigkeiten 18.14
7. Gebührenfreie (Neben-)Geschäfte 18.15
8. Unrichtige Sachbehandlung ... 18.17
9. Gebührenermäßigung (§ 91 GNotKG) 18.18

II. Beurkundungen von Erklärungen nicht miteinander verheirateter Eltern 18.19

Fall 1: Sorgeerklärungen nicht miteinander verheirateter Eltern 18.19

Fall 2: Vaterschaftsanerkennung 18.24

Fall 3: Vaterschaftsanerkennung, Sorgeerklärung und Unterhaltsvereinbarung 18.39

Fall 4: Vormundbenennung (durch Verfügung von Todes wegen) 18.47

III. Annahme als Kind 18.55

Fall 5: Adoption eines Minderjährigen 18.55

Fall 6: Adoption mehrerer minderjähriger Kinder nebst Einwilligungen 18.67

Fall 7: Volljährigenadoption nebst Einwilligung 18.78

IV. Insemination 18.89

Fall 8: Homologe Insemination (künstliche Befruchtung der Eizelle der Ehefrau mit dem Samen des Ehemannes) 18.89

Fall 9: Quasi-homologe Insemination (künstliche Befruchtung der Eizelle der Frau mit dem Samen des (Partner-)Mannes) 18.93

Fall 10: Heterologe Insemination (künstliche Befruchtung der Eizelle der Ehefrau mit Spendersamen eines Dritten) 18.105

Fall 11: Heterologe Insemination bei eingetragener Lebenspartnerschaft (künstliche Befruchtung der Eizelle der Mutter mit Spendersamen eines Dritten) 18.114

V. Einbenennung gem. § 1618 BGB 18.133

Fall 12: Einbenennung des Stiefkindes (gem. § 1618 BGB) .. 18.133

Stichwortverzeichnis

Abwesenheitsgeld *s. Auslagen*
Adoption
– Antrag 18.1, 18.55 ff., 18.67 ff., 18.78 ff., 18.82, 18.120 f.
– Auslandsberührung 18.65, 18.76, 18.87
– Einwilligung 18.59, 18.62, 18.66, 18.71, 18.74, 18.77, 18.80 ff.
– Geschäftswert 18.4, 18.9 f., 18.58 ff., 18.69 ff., 18.80 ff.
– mehrerer Kinder 18.63, 18.67 ff.

– Minderjährige 18.55 ff., 18.67 ff., 18.81
– Namensänderung 18.64, 18.75
– Volljährige 18.78 ff., 18.81
– Zustimmung 18.1, 18.5, 18.59, 18.62
Anerkennung Vaterschaft *s. Vaterschaftsanerkennung*
Annahme als Kind *s. Adoption*
Antrag Gericht, Behörde 18.16, 18.21, 18.45
Antrag Namensänderung 18.64

Anzeige Standesamt 18.16, 18.29
Auslagen 18.15, 18.31 ff., 18.52 ff.
Auswärtsgebühr s. Zusatzgebühren
Beendigung, vorzeitige 18.3 f., 18.7
Befruchtung, künstliche s. Insemination
Betreuungstätigkeit s. Nebentätigkeiten
Bewertungsvorschriften 18.4
derselbe Beurkundungsgegenstand
 18.12 f.
Einbenennung 18.1, 18.10, 18.133 ff.
Einführung 18.1 ff.
Einholung
– familiengerichtliche Genehmigung
 18.14
– Personenstandsurkunden 18.60, 18.72,
 18.84, 18.138 f.
Einwilligung
– Adoption 18.4 f., 18.5, 18.9 f., 18.59,
 18.71, 18.74
– Einbenennung 18.5, 18.10, 18.137,
 18.140 f., 18.143 f.
– gesonderte Urkunde 18.4, 18.28, 18.62,
 18.74, 18.77, 18.86, 18.88, 18.140, 18.143
– Insemination 18.5, 18.91, 18.95, 18.107,
 18.116
– Jugendamt 18.66, 18.77, 18.144
elterliche Sorge s. Sorgeerklärung
Fahrtkosten s. Auslagen
Freistellungsverpflichtung
Gebühr
– Einseitige Erklärung 18.5, 18.21
– Ermäßigung 18.18, 18.66, 18.77, 18.88,
 18.144
– Freiheit 18.6, 18.14 ff., 18.26, 18.28,
 18.34, 18.41, 18.43 f.
– Mindestgebühr 18.2, 18.4, 18.9 f., 18.21,
 18.42, 18.51, 18.58, 18.136
– Vorschriften 18.4 ff.
Geschäftswert 18.4, 18.8 ff.
Höchstwert 18.8
Insemination
– heterologe 18.1, 18.105 ff.
– heterologe bei eingetragener Lebens-
 partnerschaft 18.1, 18.114 ff.
– homologe 18.1, 18.89 ff.
– quasi-heterologe 18.1, 18.104
– quasi-homologe 18.1, 18.93 ff.
Kindesbetreuungsunterhalt 18.44

Kindesunterhalt 18.1, 18.4, 18.6, 18.39 ff.,
 18.101 f., 18.111 f., 18.126 f.
Klageverzicht 18.122 f.
künstliche Befruchtung s. Insemination
mehrere Kinder 18.63, 18.67 ff., 18.142
Mindestgebühren 18.2
Nebentätigkeiten 18.14 f., 18.22, 18.29,
 18.45, 18.53, 18.60, 18.72, 18.84, 18.138 f.
Reisekosten s. Auslagen
Sorgeerklärungen 18.1, 18.19 ff., 18.23,
 18.39 ff., 18.99 f., 18.118 f.
Tage- und Abwesenheitsgeld s. Auslagen
Treuhandtätigkeit s. Nebentätigkeiten
Übersichtstabelle 18.4
unrichtige Sachbehandlung 18.17
Unterhaltsvereinbarungen 18.1, 18.4,
 18.6, 18.39 ff., 18.101 f., 18.111 f.,
 18.126 ff.
Unzeitgebühr s. Zusatzgebühren
Vaterschaftsanerkennung
– allgemein 18.1, 18.4, 18.6, 18.24,
 18.39 ff.
– Auslandsberührung 18.34, 18.36 f.
– Erwachsenes Kind 18.35
– Unbekannter Aufenthalt 18.38
– Verpflichtungserklärung 18.97 f.
Verpflichtungserklärungen
– Adoptionsantrag 18.120 f.
– Befreiung Samenspender 18.109 f.,
 18.124 f.
– Kindesunterhalt 18.101 f., 18.111 f.
– Sorgeerklärung 18.99 f., 18.118 f.
– Vaterschaftsanerkennung 18.97 f.
verschiedene Beurkundungsgegenstände
 18.11, 18.103, 18.113, 18.132
Verzicht erbrechtliche Ansprüche
 18.130 ff.
Vollzugstätigkeit s. Nebentätigkeiten
Vormundbenennung
– mit Vermögensverfügung 18.54
– ohne Vermögensverfügung 18.47 ff.
vorzeitige Beendigung 18.3 f., 18.7
Zentrales Testamentsregister 18.52 f.
Zusatzgebühren 18.15, 18.27, 18.30
Zustimmungserklärungen s. Einwil-
 ligung
Zwangsvollstreckungsunterwerfung
 18.46

I. Überblick

1. Einführung

Im Kindschaftsrecht werden Erklärungen von Eltern zu **Vaterschaft**, **Sorgerecht** und **Unterhalt**, Anträge und Zustimmungen zu **Adoptionen** von Minder- oder auch von Volljährigen, Erklärungen zur **Insemination** (künstliche Befruchtung), sowie Anträge auf bloße **Einbenennung** von Stiefkindern beurkundet. 18.1

Zu beachten sind die entsprechend dem jeweiligen Gebührensatz abgestuften **Mindestgebühren**. Sie tragen dem Umstand Rechnung, dass eine auch nur annähernd kostendeckende Tätigkeit bei der Beurkundung oder der Fertigung von Entwürfen zu geringeren Entgelten in der Regel nicht möglich ist.[1] 18.2

Die speziellen Vorschriften über die **vorzeitige Beendigung** des Verfahrens regeln ausführlich und abgestuft nach Umfang der bereits geschehenen Tätigkeiten die Höhe der anfallenden Gebühren. 18.3

2. Übersichtstabelle

Die maßgeblichen Bewertungsvorschriften lauten: 18.4

Gebühren	
a) **Vaterschaftsanerkennung, Verpflichtungen zum Kindes- bzw. Kindesbetreuungsunterhalt**	Beurkundungen nach § 62 I BeurkG sind gebührenfrei gem. Vorbem. 2 III KV GNotKG
b) einseitige Erklärungen	Nr. 21200 KV GNotKG (1,0), mind. 60 Euro
c) Verträge	Nr. 21100 KV GNotKG (2,0), mind. 120 Euro
d) Zustimmung zur Adoption	Nr. 21201 Nr. 8 KV GNotKG (0,5), mind. 30 Euro
e) vorzeitige Beendigung	Nr. 21300 KV GNotKG (20 Euro, ohne Beratung) Nrn. 21301, 24100 ff. KV GNotKG (mit Beratung, aber ohne Entwurf) Nr. 21302 KV GNotKG (0,5 bis 2,0 nach Abschluss der Beurkundung, Vertrag), mind. 120 Euro Nr. 21303 KV GNotKG (0,3 bis 1,0 nach Abschluss der Beurkundung, einseitige Erklärung), mind. 60 Euro Nr. 21304 KV GNotKG (0,2 bis 0,5 nach Abschluss der Beurkundung, Zustimmung), mind. 30 Euro

---

1 Begründung RegE zu Teil 2 (Notargebühren), BT-Drs. 17/11471, S. 217.

Geschäftswert	
a) allgemeiner Geschäftswert	§ 97 I GNotKG
	§ 36 I, II, III GNotKG
b) Annahme als Kind	§ 101 GNotKG Minderjährigenadoption

3. Gebühr

18.5 Die Gebührenvorschrift Nr. 21200 KV GNotKG gilt Beurkundungen einseitiger Erklärungen ab[1]. Die Gebührenvorschrift Nr. 21201 Nr. 8 KV GNotKG bestimmt, dass für die Beurkundung der **Zustimmung zur Annahme als Kind** eine 0,5 Gebühr erhoben wird. Daraus folgt, dass **Zustimmungserklärungen zu anderen Anträgen** (z.B. Einbenennung von Stiefkindern) als **einseitige Erklärung** zu behandeln sind und eine Gebühr nach Nr. 21200 KV GNotKG auslösen.

18.6 Nach Vorbem. 2 III KV GNotKG sind Beurkundungen nach § 62 I BeurkG gebührenfrei (s. hierzu auch Rz. 18.15). Dabei handelt es sich um Erklärungen über die **Anerkennung der Vaterschaft**, Verpflichtungen zur Erfüllung von **Unterhaltsansprüchen eines Kindes** und um Verpflichtungen zur Erfüllung von Unterhaltsansprüchen nach § 1615l BGB (**Unterhalt aus Anlass einer Geburt**).

18.7 Wird das Verfahren **vorzeitig beendet**, wird die Höhe der anfallenden Gebühren ausführlich und abgestuft nach Umfang der bereits geschehenen Tätigkeiten gem. der Nrn. 21300 ff. KV GNotKG geregelt.

4. Geschäftswert

18.8 Die Bestimmung des **Geschäftswerts** erfolgt im Regelfall nach der allgemeinen Geschäftswertvorschrift des § 36 GNotKG. Steht kein bestimmter Wert fest, ist er nach billigem Ermessen anzunehmen. Eine Begrenzung auf einen **Höchstwert** gibt es nur für nichtvermögensrechtliche Erklärungen (§ 36 II GNotKG: 1 000 000 Euro). Wenn der Geschäftswert nicht nach § 36 I oder II GNotKG bestimmt werden kann, kann auf den Auffanggeschäftswert des § 36 III GNotKG zurückgegriffen werden.

18.9 Für Erklärungen über die **Annahme eines Minderjährigen** als Kind richtet sich der Geschäftswert nach § 101 GNotKG. Damit wird ein Gleichlauf zu der Vorschrift des § 36 III GNotKG erreicht. Angesichts der Mindestgebühr von 30 Euro (Gebühr Nr. 21201 Nr. 8 KV GNotKG) führt der relative geringe Geschäftswert jedoch zu einer vertretbaren Gebühr.[2]

18.10 Bei der **Zustimmung** zur Annahme eines Minderjährigen oder zur Einbenennung von Stiefkindern allerdings ist der **Geschäftswert** von 5000 Euro nach der Regelung in § 98 I GNotKG auf 2500 Euro zu **halbieren**;[3] was jedoch wegen der Mindestgebühr von 30 Euro nur systematische Bedeutung hat.

---

[1] Begründung RegE zu Nr. 21200, BT-Drs. 17/11471, S. 219.
[2] Begründung RegE zu § 101, BT-Drs. 17/11471, S. 182.
[3] Begründung RegE zu Nr. 21201 Nr. 8, BT-Drs. 17/11471, S. 219.

I. Überblick

5. Derselbe Beurkundungsgegenstand/Verschiedene Beurkundungsgegenstände

Nach der Grundsatzregel des § 86 II GNotKG sind mehrere Rechtsverhältnisse **verschiedene Beurkundungsgegenstände**, soweit in § 109 GNotKG nichts anderes bestimmt ist. Bei gleichem Gebührensatz werden die Werte addiert, § 35 I GNotKG. Ansonsten ist § 94 I GNotKG zu beachten (getrennte Gebühren, jedoch nicht mehr als die höchste Gebühr aus dem Gesamtwert).

18.11

Gem. § 109 I GNotKG liegt **derselbe Beurkundungsgegenstand** vor, **wenn** Rechtsverhältnisse zueinander in einem **Abhängigkeitsverhältnis** stehen und das eine Rechtsverhältnis unmittelbar dem Zweck des anderen Rechtsverhältnisses dient. In diesem Fall bestimmt sich der Geschäftswert nur nach dem Wert des Rechtsverhältnisses, zu dessen Erfüllung, Sicherung oder sonstiger Durchführung die anderen Rechtsverhältnisse dienen.

18.12

Sind für die einzelnen Beurkundungsgegenstände mit demselben Beurkundungsgegenstand oder Teilen davon verschiedene Gebührensätze anzuwenden, wird die Gebühr nach dem höchsten in Betracht kommenden Gebührensatz berechnet. Sie beträgt jedoch nicht mehr als die **Summe der Gebühren**, die bei getrennter Beurkundung entstanden wären, § 94 II GNotKG.

18.13

6. Vollzugs-, Betreuungs- und Treuhandtätigkeiten

Da die kostenpflichtigen Vollzugs-, Betreuungs- und Treuhandtätigkeiten im GNotKG abschließend geregelt sind, entsteht neben der Verfahrensgebühr nur dann eine weitere **Gebühr**, wenn der Notar auftragsgemäß eine oder mehrere der im Hauptabschnitt 2 des Kostenverzeichnisses des GNotKG genannten Tätigkeiten entfaltet. Dies dürfte im Kindschaftsrecht z.B. der Fall sein, wenn die **familiengerichtliche Genehmigung** eingeholt werden muss (Vaterschaftsanerkennung eines Minderjährigen). Hierfür fällt gem. Vorbem. 2.2.1.1 I S. 2 Nr. 4 KV GNotKG eine Vollzugsgebühr an.

18.14

Etwaige nicht in Teil 2 Hauptabschnitt 2 KV GNotKG genannte Tätigkeiten sind **gebührenfrei**.

7. Gebührenfreie (Neben-)Geschäfte

Nach Vorbem. 2 III KV GNotKG sind Beurkundungen und Beglaubigungen nach § 62 I BeurkG (Vaterschaftsanerkennung, Vereinbarungen zu Unterhaltsansprüchen des Kindes sowie der Mutter im Mutterschutz und wegen Kindesbetreuung) **gebührenfrei**, jedoch gilt die Gebührenfreiheit nur für die Gebühr des Beurkundungsverfahrens. Etwaige **Vollzugs-** oder **Betreuungsgebühren** oder auch **Zusatzgebühren** (Nrn. 26000 bis 26003 KV GNotKG) fallen jedoch an, auch **Auslagen** werden erhoben[1].

18.15

Die Vorbem. 2.1 II KV GNotKG dient der Abgrenzung der Geschäfte, die von der Verfahrensgebühr mit umfasst sind, von zusätzlich zu vergütenden Geschäften. Nach Nr. 1 löst die Übermittlung von Anträgen an ein Gericht oder eine Behörde

18.16

---

[1] So auch Korintenberg/*Tiedtke*, GNotKG-Kommentar, Vorbemerkung 2 Rz. 19.

(z.B. die **Anzeige an das Standesamt**), die im Zusammenhang mit einem Beurkundungsverfahren stehen, grundsätzlich keine besonderen Gebühren aus.[1]

8. Unrichtige Sachbehandlung

18.17 Gemessen an den allgemeinen Grundsätzen (Rz. 1.144 ff.) bestehen keine Besonderheiten.

9. Gebührenermäßigung (§ 91 GNotKG)

18.18 Ein Beurkundungsvorfall, der die Ermäßigung nach § 91 GNotKG auslösen würde, scheidet im Kindschaftsrecht mangels Beteiligung eines privilegierten öffentlich-rechtlichen Rechtsträgers i.d.R. aus. Eine Gebührenermäßigung ist daher nur in ganz seltenen Fällen, wenn die entsprechenden Voraussetzungen des § 91 GNotKG vorliegen, zu gewähren. Dies wäre z.B. denkbar, wenn das Jugendamt als bestellter Vormund für ein minderjähriges Kind in gesonderter Urkunde in eine Adoption einwilligt. Jedoch kommt hierbei die Ermäßigung nach § 91 aufgrund des geringen Geschäftswerts nicht zum Tragen.

II. Beurkundungen von Erklärungen nicht miteinander verheirateter Eltern

→ **Fall 1: Sorgeerklärungen nicht miteinander verheirateter Eltern**

A. Sachverhalt

18.19 Die nicht miteinander verheirateten Eltern treffen zur Niederschrift des Notars eine Regelung zur **elterlichen Sorge** für ihr gemeinsames Kind (§ 1626a BGB). Der Notar soll die Urkunde dem Jugendamt mitteilen.

B. Rechnung

Pos.	Gebührentatbestand	Geschäftswert	KV-Nr.	Satz	Betrag
	Sorgeerklärung nach § 1626a BGB (§ 36 II und III)	5000	21200	1,0	60,00

18.20

C. Erläuterungen

18.21 Der **Geschäftswert** ist bei mehreren Kindern pro Kind anzusetzen, §§ 35 I, 86 II. Die **Erklärung** beider Eltern ist parallel gerichtet, es handelt sich daher nicht um einen Vertrag. Obwohl es sich um zwei Erklärungen handelt, ist nur eine 1,0 Gebühr anzusetzen, Anm. zu Nr. 21200 KV GNotKG. Die **Mindestgebühr** der Nr. 21200 KV ist zu beachten.

---

1 Begründung RegE zu Hauptabschnitt 1, BT-Drs. 17/11471, S. 217 f.

D. Bemerkung

Die Mitteilung an das Jugendamt stellt keine **Betreuungstätigkeit** nach Nr. 22200 Nr. 5 KV dar, weil sie einerseits eine gesetzliche Pflicht des Notars ist (§ 1626d II BGB) und diese Tätigkeit auch nach Vorbem. 2.1 II Nr. 1 KV nicht gesondert bewertet wird (keine Vollzugsgebühr), andererseits wird mit der Mitteilung auch keine Rechtsfolge erzielt (keine Betreuungsgebühr), denn die Sorgeerklärung wird mit Unterzeichnung der beiden Elternteile wirksam.

18.22

Dieselben Bewertungsmaßstäbe sind entsprechend anzuwenden, wenn der leibliche Vater zu notarieller Urkunde einen **Sorgerechtsverzicht** gegenüber dem Familiengericht erklärt.

18.23

Anmerkung: Zu Vereinbarungen zur elterlichen Sorge siehe auch Rz. 20.192 ff. (Fall 31).

→ **Fall 2: Vaterschaftsanerkennung**

A. Sachverhalt

Nicht miteinander verheiratete Eltern erwarten ein Kind. Der Kindsvater erkennt die **Vaterschaft** zu notarieller Niederschrift an. Da der Vater derzeit inhaftiert ist, begibt sich der Notar hierfür auftragsgemäß um 20.00 Uhr in die Haftanstalt am Ort seines Amtssitzes. Der Notar ist insgesamt 50 min abwesend. Die Kindsmutter stimmt in gesonderter Urkunde am nächsten Tag im Büro des Notars zu. Der Notar soll die Urkunde an das Standesamt übersenden.

18.24

B. Rechnung

Pos.	Gebührentatbestände	Geschäftswert	KV-Nr.	Satz	Betrag
(1)	Vollzugsgebühr (Übersendung an das Standesamt; Vorbem. 2.2.1.2 Nr. 1 KV)	keiner, da Festgebühr	22124		20,00
(2)	Auswärtsgebühr (50 Euro/angefangene halbe Stunde Abwesenheit, hier 50 min)	keiner, da keine Wertgebühr	26002		100,00

18.25

C. Erläuterungen

Gem. § 36 II und III beträgt der **Geschäftswert** für die Anerkennung der Vaterschaft 5000 Euro. Allerdings ist die Erklärung gem. Vorbem. 2 III KV i.V.m. § 62 I S. 1 Nr. 1 BeurkG **gebührenfrei**.

18.26

Da es sich bei der **Unzeitgebühr** nicht um eine Wertgebühr handelt, wird kein Geschäftswert ermittelt. Vielmehr bestimmt sich die Höhe der Gebühr Nr. 26000 KV mit 30 % aus der Beurkundungsverfahrensgebühr; jedoch begrenzt auf 30 Euro. Da hier jedoch keine Beurkundungsverfahrensgebühr erhoben wird, beträgt die Höhe der Unzeitgebühr 0 Euro.

18.27

18.28 Die **Einwilligung** der Mutter zur Vaterschaftsanerkennung erfolgt in gesonderter Urkunde, wäre aus diesem Grunde auch gesondert zu bewerten. Gem. § 98 I würde der Geschäftswert 2500 Euro betragen. Allerdings ist auch diese Erklärung gem. Vorbem. 2 III KV KV i.V.m. § 62 I Nr. 1 BeurkG **gebührenfrei**.

18.29 **Pos. (1):**

Die Übersendung der Urkunde an das **Standesamt** (Behörde) wäre gem. Vorbem. 2.1 II Nr. 1 KV mit der Beurkundungsverfahrensgebühr abgegolten. Da eine Beurkundungsverfahrensgebühr jedoch gem. Vorbem. 2 III KV i.V.m. § 62 I Nr. 1 BeurkG nicht erhoben wird, fällt nach Vorbem. 2.2.1.2 Nr. 1 KV eine **Vollzugsgebühr** nach Nr. 22124 KV für die Übermittlung der Urkunde an das Standesamt an. Die Vollzugstätigkeit übernimmt der Notar auftragsgemäß zusätzlich zur Beurkundung. Da es sich um eine Festgebühr in Höhe von 20 Euro handelt, ist vorliegend kein Geschäftswert zu ermitteln.

18.30 **Pos. (2):**

Da es sich bei der **Auswärtsgebühr** nicht um eine Wertgebühr handelt, wird kein Geschäftswert ermittelt. Die Höhe der **Auswärtsgebühr** Nr. 26002 KV richtet sich nach der Gesamtzeit der Abwesenheit: pro halbe Stunde Abwesenheit 50 Euro, hier 50 min = 2 angefangene halbe Stunden.

18.31 **Tage- und Abwesenheitsgeld** fällt nicht an, weil eine Auswärtsgebühr erhoben wurde (Anmerkung zu Nr. 32008 KV sowie Anmerkung zu Nr. 26002 III KV).

18.32 **Fahrtkosten** (Reisekosten) nach den Nrn. 32006 oder 32007 KV fallen hier nicht an, da es sich gem. Vorbem. 3.2 II KV um keine Geschäftsreise handelt.

18.33 **Dokumentenpauschale**, **Auslagen** und **Reisekosten** sind, soweit sie entstanden sind, anzusetzen.

D. Exkurs

18.34 Die **Gebührenfreiheit** beim Notar nach Vorbem. 2 III KV knüpft an § 62 I BeurkG an. Demgemäß ist eine Gebührenfreiheit nur soweit gegeben wie die Zuständigkeit des Amtsgerichts nach § 62 I Nr. 1 BeurkG reicht. Mit anderen Worten: Wäre ein deutsches Amtsgericht für die Anerkennung der Vaterschaft nicht zuständig, so besteht auch keine Gebührenfreiheit einer Vaterschaftsanerkennung vor dem Notar.

18.35 Unproblematisch dürfte die Gebührenfreiheit bei einer Beurkundung einer Vaterschaftsanerkennung zu einem **bereits erwachsenen Kind** gegeben sein.

18.36 Problematischer gestaltet sich die Frage der Gebührenfreiheit bei einem ausländischen Vater, einer ausländischer Mutter und/oder einem ausländischen Kind. Generell wird man sagen können: Beurteilt sich die **Vaterschaftsanerkennung nicht nach deutschem Recht**, besteht keine Gebührenbefreiung.

18.37 Die Frage, ob die Beurkundung einer **Vaterschaftsanerkennung**, die **zur Verwendung im Ausland** gebraucht wird, gebührenfrei ist, muss bejaht werden.

18.38 Die Erklärung einer Mutter, dass der **Vater unbekannt** oder **unbekannten Aufenthalts** ist, stellt eine Wissens- bzw. Nichtwissenserklärung, stellt also keine Vaterschaftsanerkennung dar. Eine solche Erklärung wird häufig im Kontext

II. Beurkundungen von Erklärungen nicht miteinander verheirateter Eltern

mit dem Jugendamt (vorschussweiser Unterhalt) erwartet. Die Bewertung erfolgt nach Nr. 21200 KV (mind. 60 Euro) i.d.R. nach einem Geschäftswert gem. § 36 III (5000 Euro) pro Kind.

→ **Fall 3: Vaterschaftsanerkennung, Sorgeerklärung und Unterhaltsvereinbarung**

A. Sachverhalt

Nicht miteinander verheiratete Eltern erwarten ein Kind. Der Kindesvater erkennt die **Vaterschaft** zu notarieller Niederschrift an. Die Kindesmutter stimmt zu. Sie treffen Regelungen zur **elterlichen Sorge** für ihr gemeinsames Kind (§ 1626a BGB). Darüber hinaus wird geregelt, dass der Kindesvater sich gegenüber dem Kind verpflichtet, **Kindesunterhalt** zu Händen der Mutter zu zahlen und zwar in Höhe von monatlich 500 Euro und **Kindesbetreuungsunterhalt** nach § 1615l BGB in Höhe von 500 Euro monatlich für ein Jahr. Der Notar soll die Urkunde dem Jugendamt anzeigen.

18.39

B. Rechnung

Pos.	Gebührentatbestand	Geschäftswert	KV-Nr.	Satz	Betrag
	Beurkundung Sorgeerklärung (§ 36 II und III)	5000	21200	1,0	60,00

18.40

C. Erläuterungen

Gem. § 36 II und III beträgt der Geschäftswert für die **Anerkennung der Vaterschaft** nebst Einwilligung 5000 Euro pro Kind. Die Erklärung ist jedoch wegen Vorbem. 2 III KV i.V.m. § 62 I S. 1 Nr. 1 BeurkG gebührenfrei.

18.41

Gem. § 36 II und III beträgt der Geschäftswert für die Erklärung über die **elterliche Sorge** ebenfalls 5000 Euro. Der Geschäftswert ist bei mehreren Kindern pro Kind anzusetzen, §§ 35 I, 86 II.

18.42

Diese **Erklärung** ist von Vorbem. 2 III KV i.V.m. § 62 I S. 1 Nr. 1 BeurkG nicht erfasst und löst deshalb eine 1,0 Gebühr nach Nr. 21200 KV aus. Die **Mindestgebühr** der Nr. 21200 KV ist zu beachten. Die Erklärung beider Eltern ist parallel gerichtet. Es handelt sich daher nicht um einen Vertrag. Obwohl es sich um zwei Erklärungen handelt, ist nur eine 1,0 Gebühr anzusetzen, Anm. zu Nr. 21200 KV GNotKG.

Der Geschäftswert für die Erklärung über den **Kindesunterhalt** richtet sich nach § 52 III. Da es sich um ein Recht von unbestimmter Dauer handelt (Wegfall ist gewiss, nur der Zeitpunkt ist unbekannt), ist der Wert auf den zehnfachen Jahreswert beschränkt (500 Euro × 12 Monate × 10 Jahre = 60 000 Euro). Allerdings ist auch die Erklärung über den Kindesunterhalt **gebührenfrei** gem. Vorbem. 2 III KV i.V.m. § 62 I S. 1 Nr. 2 BeurkG.

18.43

Der Geschäftswert für die Vereinbarung zwischen den Eltern über den **Kindesbetreuungsunterhalt** nach § 1615l BGB richtet sich nach § 52 II S. 1 und beträgt

18.44

6000 Euro (500 Euro × 12 Monate). Gem. Vorbem. 2 III KV i.V.m. § 62 I S. 1 Nr. 3 BeurkG ist diese Erklärung jedoch auch **gebührenfrei**.

18.45 Die Mitteilung an das Jugendamt stellt keine **Betreuungstätigkeit** nach Nr. 22200 Nr. 5 KV dar, weil sie einerseits eine gesetzliche Pflicht des Notars ist (§ 1626d II BGB) und diese Tätigkeit auch nach Vorbem. 2.1 II Nr. 1 KV nicht gesondert bewertet wird (keine Vollzugsgebühr), andererseits wird mit der Mitteilung auch keine Rechtsfolge erzielt (keine Betreuungsgebühr), denn die Sorgeerklärung wird mit Unterzeichnung der beiden Elternteile wirksam.

D. Exkurs

18.46 Würde die Urkunde neben den Verpflichtungen zur Unterhaltszahlung auch die diesbezüglichen **Zwangsvollstreckungsunterwerfungen** des Vaters gegenüber den Berechtigten (Kind; Mutter wegen § 1615l BGB) enthalten, wären die Unterwerfungserklärungen ebenfalls nicht zu bewerten, weil sämtliche mit § 62 I BeurkG im unmittelbaren Zusammenhang stehenden Erklärungen privilegiert sind.

→ **Fall 4: Vormundbenennung (durch Verfügung von Todes wegen)**

A. Sachverhalt

18.47 A ist allein sorgeberechtigte Mutter eines minderjährigen Kindes. Weil kein Kontakt zum Kindesvater besteht, verfügt A im Wege einer **Verfügung von Todes wegen** (§ 1777 III BGB), dass zum **Vormund** ihre Eltern B und C benannt werden sollen. Das Sorgerecht soll ausdrücklich nicht auf den Kindesvater übergehen. Der Notar zeigt die Erklärung beim Zentralen Testamentsregister (ZTR) an.

B. Rechnung

18.48

Pos.	Gebührentatbestand/Auslagen	Geschäftswert	KV-Nr.	Satz	Betrag
(1)	Vormundbenennung durch Verfügung von Todes wegen (§ 36 II und III)	5000	21200	1,0	60,00
(2)	Verauslagte Gebühren (Anzeige zum ZTR)		32015		15,00

C. Erläuterungen

18.49 **Pos. (1):**

Obwohl es sich um eine Verfügung von Todes wegen handelt, ist § 102 nicht anwendbar, weil nicht über Vermögen verfügt wird. Es liegt eine nichtvermögensrechtliche Angelegenheit nach § 36 II vor. Für die durchschnittlichen Fälle wird der Auffang**geschäftswert** von 5000 Euro gemäß § 36 III angemessen sein.

18.50 Der **Geschäftswert** ist bei mehreren Kindern pro Kind anzusetzen, §§ 35 I, 86 II. Die Gebühr ist dann aus den zusammengerechneten Werten zu erheben.

Es handelt sich um eine einseitige Erklärung, die eine 1,0 **Gebühr** nach Nr. 21200 KV auslöst. Die **Mindestgebühr** ist zu beachten.   18.51

Pos. (2):   18.52

Für die **Registrierung beim Zentralen Testamentsregister** fallen Gebühren bei der BNotK an. Kostenschuldner ist der Erblasser. Die Registrierungsgebühr beträgt 15 Euro, falls sie vom Notar für die BNotK erhoben wird (§ 1 II S. 1 ZTR-GebS.), bei unmittelbarer Erhebung beim Erblasser durch die BNotK jedoch 18 Euro (§ 1 II S. 2 ZTR-GebS.)

Diese Auslagen sind nicht **umsatzsteuerpflichtig**.

D. Exkurs

Die gem. § 34a BeurkG und § 2 ZTRV vorgeschriebene **Übermittlung** der Verwahrangaben i.S.v. § 78b II S. 2 BNotO an die Bundesnotarkammer als die seit dem 1. Januar 2012 das Zentrale Testamentsregister führende Behörde löst keine Gebühr bei dem Notar aus, auch nicht nach Nr. 22114 KV, weil die Voraussetzungen hierfür (Erzeugen von Strukturdaten) nicht erfüllt sind.   18.53

Es handelt sich auch nicht um ein Dokument gem. den Nrn. 32000 KV oder 32001 KV wie es Nr. **32002** KV verlangt, so dass hierfür keine zusätzliche Dokumentenpauschale anfällt.

Auch dürfte eine **Vollzugsgebühr** nach Nr. 22114 KV für die XML-Datei nur dann anfallen, wenn auch ein solcher XML-Datensatz zur Übermittlung zwingend benötigt wird. Dies ist nach unserer Auffassung nicht der Fall.

Wird die **Vormundbenennung** in einer Verfügung von Todes wegen (z.B. Testament) erklärt, in der auch über Vermögen verfügt wird (z.B. Erbeinsetzung), erfolgt keine gesonderte Bewertung. § 111 Nr. 1 findet deshalb keine Anwendung, weil es sich insgesamt um **eine** Verfügung von Todes wegen handelt.   18.54

III. Annahme als Kind

→ **Fall 5: Adoption eines Minderjährigen**

A. Sachverhalt

Frau X **adoptiert** den 16-jährigen B. B stimmt in der gleichen Urkunde zu. Der leibliche Vater des B stimmt in gesonderter Urkunde zu. Die Mutter des B ist bereits verstorben. Der Notar wird beauftragt, die erforderlichen **Personenstandsurkunden** einzuholen. Das Vermögen der X beträgt 300 000 Euro.   18.55

B. Rechnung

a) Adoptionsantrag

18.56

Pos.	Gebührentatbestände	Geschäfts-wert	KV-Nr.	Satz	Betrag
(1)	Adoption eines Minderjährigen (§ 101)	5000	21200	1,0	60,00
(2)	Einholung von Personenstands-urkunden (§ 112) Vorbem. 2.2.1.1 I S. 2 Nr. 1 KV	5000	22111	0,3	15,00

b) Einwilligung in gesonderter Urkunde

18.57

Pos.	Gebührentatbestand	Geschäfts-wert	KV-Nr.	Satz	Betrag
	Einwilligung des leiblichen Vaters (§§ 101, 98 I)	2500	21201 Nr. 8	0,5	30,00

C. Erläuterungen

Rechnung a)

18.58 **Pos. (1):**

Der **Geschäftswert** richtet sich nach § 101 und beträgt 5000 Euro. Für den Antrag des Annehmenden, gleich durch wen oder wie viele Personen er gestellt wird, fällt eine Gebühr nach Nr. 21200 KV an. Die **Mindestgebühr** von 60 Euro ist zu beachten.

18.59 Die **Einwilligung** des B in derselben Urkunde dient der Durchführung und ist nicht gesondert zu bewerten gemäß § 109 I S. 1 bis 3 und 94 II S. 1. Dasselbe gilt, wenn die Einwilligungserklärung des leiblichen Vaters in derselben Urkunde erklärt werden würde.

18.60 **Pos. (2):**

Die Beschaffung der erforderlichen Personenstandsurkunden, um diese bei Gericht einzureichen, erfüllt den Tatbestand der Vorbem. 2.2.1.1 I S. 2 Nr. 1 KV, stellt also eine Vollzugstätigkeit dar und löst hier eine 0,3 Gebühr nach Nr. 22111 KV aus. Die Beschränkung der **Vollzugsgebühr** gem. Nr. 22112 KV auf 50 Euro pro einzuholender Bescheinigung oder Urkunde wird aufgrund des Geschäftswertes nur im Ausnahmefall zum Tragen kommen. Die Auffassung in der 1. Auflage (Rz. 18.23 f.) wurde bereits aufgegeben.[1]

18.61 Der **Geschäftswert** richtet sich gem. § 112 nach dem gesamten Wert des Beurkundungsverfahrens.

---

1 *Prüfungsabteilung der Ländernotarkasse*, NotBZ 2014, 214.

Rechnung b)

Bei der **Zustimmung** zur Annahme eines Minderjährigen ist der **Geschäftswert** von 5000 Euro nach der Regelung in § 98 I auf 2500 Euro zu **halbieren**;[1] was jedoch nur systematische Bedeutung hat (Mindestgebühr von 30 Euro nach Nr. 21201 Nr. 8 KV).

D. Exkurs

Der **Geschäftswert** ist bei mehreren Kindern **pro Kind** anzusetzen, §§ 35 I, 86 II. Die Gebühr ist dann aus den zusammengerechneten Werten zu erheben.

Ein Antrag auf **Namensänderung** nach § 1757 IV Nr. 1 BGB ist Inhalt des Adoptionsantrages. Er stellt keinen eigenen Beurkundungsgegenstand dar und wird deshalb nicht gesondert bewertet.

Beantragen die Annehmenden beim Familiengericht gem. § 3 AdWirkG die Umwandlung der Adoption eines im **Ausland** adoptierten Kindes, so dass dieses die Rechtsstellung eines nach deutschem Recht angenommenen Kindes erhält, gelten die vorstehenden Ausführungen sowohl für den Antrag als auch für die Zustimmungen entsprechend.

Wird die Einwilligung des leiblichen Vaters/der leiblichen Eltern durch eine **Einwilligung** des **Jugendamtes** als bestellter Vormund ersetzt und erfolgt die Einwilligung in gesonderter Urkunde, wäre eine Ermäßigung der Gebühr nach § 91 in Betracht zu ziehen. Eine nähere Subsumption, insbesondere wegen der Frage, ob das Jugendamt hier nicht als gesetzlicher Vertreter handelt, erübrigt sich. Denn eine Ermäßigung der Gebühren findet laut § 91 bis zu einem Geschäftswert von 25 000 Euro nicht statt.

→ **Fall 6: Adoption mehrerer minderjähriger Kinder nebst Einwilligungen**

A. Sachverhalt

X hat keine Kinder. Sie nimmt die minderjährigen B und C, deren Mutter verstorben ist, als Kinder an. B, C und der leibliche Vater stimmen in gleicher Urkunde zu. Der Notar wird beauftragt, die erforderlichen **Personenstandsurkunden** einzuholen. Das Vermögen der X beträgt 300 000 Euro.

B. Rechnung

Pos.	Gebührentatbestände	Geschäftswert	KV-Nr.	Satz	Betrag
(1)	Adoption zweier Minderjähriger (§ 101)	10 000	21200	1,0	75,00
(2)	Einholung von Personenstandsurkunden (§ 112)	10 000	22111	0,3	22,50

---

[1] Begründung RegE zu Nr. 21201 Nr. 8, BT-Drs. 17/11471, S. 219.

C. Erläuterungen

18.69 **Pos. (1):**

Der **Geschäftswert** richtet sich nach § 101 und beträgt 5000 Euro. Der **Geschäftswert** ist bei mehreren Kindern **pro Kind** anzusetzen, §§ 35 I, 86 II. Die Gebühr ist dann aus den zusammengerechneten Werten zu erheben.

18.70 Für den Antrag des Annehmenden, gleich durch wen oder wie viele Personen er gestellt wird, fällt eine Gebühr nach Nr. 21200 KV, mind. 60 Euro, an.

18.71 Die **Einwilligung** von B und C in derselben Urkunde dient der Durchführung und ist nicht gesondert zu bewerten gemäß § 109 I S. 1 bis 3 und 94 II S. 1. Dasselbe gilt für die Einwilligungserklärung des leiblichen Vaters in derselben Urkunde.

18.72 **Pos. (2):**

Die Beschaffung der erforderlichen Personenstandsurkunden, um diese bei Gericht einzureichen, erfüllt den Tatbestand der Vorbem. 2.2.1.1 I S. 2 Nr. 1 KV, stellt also eine Vollzugstätigkeit dar und löst hier eine 0,3 Gebühr nach Nr. 22111 KV aus. Die Beschränkung der **Vollzugsgebühr** gem. Nr. 22112 KV auf 50 Euro pro einzuholender Bescheinigung oder Urkunde wird aufgrund des Geschäftswertes nur im Ausnahmefall zum Tragen kommen. Die Auffassung in der 1. Auflage (Rz. 18.23 f.) wurde bereits aufgegeben.[1]

18.73 Der **Geschäftswert** richtet sich gem. § 112 nach dem gesamten Wert des Beurkundungsverfahrens.

D. Exkurs

18.74 Bei der **Zustimmung** zur Annahme eines Minderjährigen in gesonderter Urkunde ist der **Geschäftswert** von 5000 Euro nach der Regelung in § 98 I auf 2500 Euro zu **halbieren**;[2] was jedoch nur systematische Bedeutung hat (Mindestgebühr von 30 Euro nach Nr. 21201 Nr. 8 KV).

18.75 Ein Antrag auf **Namensänderung** nach § 1757 IV Nr. 1 BGB ist Inhalt des Adoptionsantrages. Er stellt keinen eigenen Beurkundungsgegenstand dar und wird deshalb nicht gesondert bewertet.

18.76 Beantragen die Annehmenden beim Familiengericht gem. § 3 AdWirkG die Umwandlung der Adoption eines im **Ausland** adoptierten Kindes, so dass dieses die Rechtsstellung eines nach deutschem Recht angenommenen Kindes erhält, gelten die vorstehenden Ausführungen sowohl für den Antrag als auch für die Zustimmungen entsprechend.

---

[1] *Prüfungsabteilung der Ländernotarkasse,* NotBZ 2014, 214.
[2] Begründung RegE zu Nr. 21201 Nr. 8, BT-Drs. 17/11471, S. 219.

III. Annahme als Kind

Wird die Einwilligung des leiblichen Vaters/der leiblichen Eltern durch eine **Einwilligung** des **Jugendamtes** als bestellter Vormund ersetzt und erfolgt die Einwilligung in gesonderter Urkunde, wäre eine Ermäßigung der Gebühr nach § 91 in Betracht zu ziehen. Eine nähere Subsumption, insbesondere wegen der Frage, ob das Jugendamt hier nicht als gesetzlicher Vertreter handelt, erübrigt sich. Denn eine Ermäßigung der Gebühren findet laut § 91 bis zu einem Geschäftswert von 25 000 Euro nicht statt.

18.77

→ Fall 7: Volljährigenadoption nebst Einwilligung

A. Sachverhalt

Herr X nimmt seinen Neffen N als Kind an. Die Eltern des N sind verstorben. Die **Adoption** soll die Wirkungen einer Minderjährigenadoption haben. Die Ehefrau des X stimmt der Adoption in gleicher Urkunde zu. Das Vermögen des X beträgt 300 000 Euro. Der Notar wird beauftragt, die erforderlichen **Personenstandsurkunden** einzuholen.

18.78

B. Rechnung

Pos.	Gebührentatbestände	Geschäftswert	KV-Nr.	Satz	Betrag
(1)	Adoption eines Volljährigen (§§ 97 I, 36 II)	90 000	21200	1,0	246,00
(2)	Einholung von Personenstandsurkunden (§ 112)	90 000	22111	0,3	73,80

18.79

C. Erläuterungen

Pos. (1):

18.80

Der **Geschäftswert** des Antrags und auch der Einwilligung wird unter Berücksichtigung des Vermögens und der Einkommensverhältnisse des Annehmenden (Teilwert von 30 bis 50 %, höchstens 1 000 000 Euro; hier 30 %) ermittelt. § 101 greift hier nicht aufgrund der Volljährigkeit des Anzunehmenden.

Für die Geschäftswertermittlung ist es unerheblich, ob die **Volljährigenadoption** nach den Vorschriften der **Minderjährigenadoption** ausgesprochen werden soll oder nicht.

18.81

Für den Antrag des Annehmenden, gleich durch wen oder wie viele Personen er gestellt wird, fällt eine Gebühr nach Nr. 21200 KV, mind. 60 Euro, an.

18.82

Die **Einwilligung** der Ehefrau in derselben Urkunde dient der Durchführung und ist nicht gesondert zu bewerten gemäß § 109 I S. 1 bis 3 und 94 II S. 1.

18.83

Pos. (2):

18.84

Die Beschaffung der erforderlichen Personenstandsurkunden, um diese bei Gericht einzureichen, erfüllt den Tatbestand der Vorbem. 2.2.1.1 I S. 2 Nr. 1 KV, stellt also eine Vollzugstätigkeit dar und löst hier eine 0,3 Gebühr nach Nr. 22111 KV aus. Die Beschränkung der **Vollzugsgebühr** gem. Nr. 22112 KV auf 50 Euro pro einzuholender Bescheinigung oder Urkunde wird aufgrund des Geschäftswertes nur im Ausnahmefall zum Tragen kommen. Die Auffassung in der 1. Auflage (Rz. 18.23 f.) wurde bereits aufgegeben.[1]

18.85 Der **Geschäftswert** richtet sich gem. § 112 nach dem gesamten Wert des Beurkundungsverfahrens.

D. Exkurs

18.86 Bei der **Zustimmung** zur Annahme eines Volljährigen in gesonderter Urkunde ist der **Geschäftswert** nach der Regelung in § 98 I zu **halbieren**,[2] um daraus die 0,5 Gebühr nach Nr. 21201 Nr. 8 KV (Mindestgebühr von 30 Euro) zu erheben.

18.87 Beantragen die Annehmenden beim Familiengericht gem. § 3 AdWirkG die Umwandlung der Adoption eines im **Ausland** adoptierten Kindes, so dass dieses die Rechtsstellung eines nach deutschem Recht angenommenen Kindes erhält, gelten die vorstehenden Ausführungen sowohl für den Antrag als auch für die Zustimmungen entsprechend.

18.88 Wird die Einwilligung des leiblichen Vaters/der leiblichen Eltern durch eine **Einwilligung** des **Jugendamtes** als bestellter Vormund ersetzt und erfolgt die Einwilligung in gesonderter Urkunde, wäre eine Ermäßigung der Gebühr nach § 91 in Betracht zu ziehen. Eine nähere Subsumption, insbesondere wegen der Frage, ob das Jugendamt hier nicht als gesetzlicher Vertreter handelt, erübrigt sich. Denn eine Ermäßigung der Gebühren findet laut § 91 bis zu einem Geschäftswert von 25 000 Euro nicht statt.

IV. Insemination

→ **Fall 8: Homologe Insemination (künstliche Befruchtung der Eizelle der Ehefrau mit dem Samen des Ehemannes)**

A. Sachverhalt

18.89 Der Notar beurkundet die wechselseitige Einwilligung der Eheleute in die Durchführung einer homologen **Insemination**.

B. Rechnung

18.90

Pos.	Gebührentatbestand	Geschäftswert	KV-Nr.	Satz	Betrag
	Einwilligungen in die Durchführung einer homologen Insemination (§ 36 II und III)	5000	21100	2,0	120,00

---

1 *Prüfungsabteilung der Ländernotarkasse*, NotBZ 2014, 214.
2 Begründung RegE zu Nr. 21201 Nr. 8, BT-Drs. 17/11471, S. 219.

C. Erläuterungen

Adressat der **Einwilligung** in die **Insemination** ist der jeweils andere Partner. Es handelt sich um eine Absprache zwischen Mann und Frau im Sinne einer gegenseitigen Einwilligung, d.h. die Einwilligung des Mannes richtet sich an die Frau und die der Frau an den Mann. Die gegenläufige Aufeinanderbezogenheit der beiden Einwilligungen rechtfertigt es, kostenrechtlich einen Vertrag i.S.d. Nr. 21100 KV anzunehmen. In der Praxis wird die Einwilligung von dem (Ehe-) Mann und der Mutter häufig im Rahmen einer Vereinbarung mit dem behandelnden Arzt abgegeben.

18.91

Der Geschäftswert ist nach § 36 II und III mit 5000 Euro zu bestimmen.

18.92

→ **Fall 9: Quasi-homologe Insemination (künstliche Befruchtung der Eizelle der Frau mit dem Samen des (Partner-)Mannes)**

A. Sachverhalt

Ein nicht miteinander verheiratetes Paar, das in einer nichtehelichen Lebensgemeinschaft lebt, wünscht eine quasi-homologe Insemination. Der Notar beurkundet die wechselseitige Einwilligung der nichtehelichen Lebensgemeinschaftspartner in die Durchführung einer homologen **Insemination**. Daneben enthält die Urkunde die **Verpflichtung**, baldmöglichst nach Zeugung des Kindes alle Erklärungen abzugeben, die zu einer wirksamen **Vaterschaftsanerkennung** und gemeinsamen **Sorgerechtserklärung** erforderlich sind. Der Lebensgemeinschaftspartner verpflichtet sich darüber hinaus bereits jetzt für das durch Insemination gezeugte Kind, den gesetzlichen **Unterhalt** zu zahlen, der sich nach den gesetzlichen Unterhaltsregelungen für innerhalb einer bestehenden Ehe geborene Kinder richtet. Der Unterhalt würde beim derzeitigen Einkommen des Lebensgemeinschaftspartners 322 Euro monatlich betragen.

18.93

B. Rechnung

Pos.	Gebührentatbestände	Geschäftswert	KV-Nr.	Satz	Betrag
	Beurkundungsverfahren (§§ 86 II, 35 I)	53 640	21100	2,0	384,00
	a) Einwilligungen in die Durchführung einer homologen Insemination (§ 36 II und III)	5000	21100	2,0	
	b) Verpflichtung zur Vaterschaftsanerkennung (§ 36 II und III)	5000	21100	2,0	
	c) Verpflichtung zur Sorgerechtserklärung (§ 36 II und III)	5000	21100	2,0	
	d) Unterhaltsverpflichtung (§ 52)	38 640	21100	2,0	
		53 640			

18.94

C. Erläuterungen

18.95 **Zu a)** Adressat der **Einwilligung** in die **Insemination** ist der jeweils andere Partner. Es handelt sich um eine Absprache zwischen Mann und Frau im Sinne einer gegenseitigen Einwilligung, d. h. die Einwilligung des Mannes richtet sich an die Frau und die der Frau an den Mann. Die gegenläufige Aufeinanderbezogenheit der beiden Einwilligungen rechtfertigt es, kostenrechtlich einen Vertrag i.S.d. Nr. 21100 KV anzunehmen. In der Praxis wird die Einwilligung von dem (Ehe-)Mann und der Mutter häufig im Rahmen einer Vereinbarung mit dem behandelnden Arzt abgegeben.

18.96 Der **Geschäftswert** ist nach § 36 II und III mit 5000 Euro zu bestimmen.

18.97 **Zu b)** Das geltende Abstammungsrecht sieht bei nicht verheirateten Paaren – soweit nicht eine gerichtliche Feststellung gem. §§ 1592 Nr. 3, 1600d BGB erfolgt – nur dann eine statusrechtliche Zuordnung der Vaterschaft zum Partner der Mutter vor, wenn dieser die Vaterschaft anerkennt (§§ 1592 Nr. 2, 1594 ff. BGB). Eine Vaterschaftsanerkennung ist aber vor Zeugung des Kindes unwirksam. Zwar ist eine Vaterschaftsanerkennung nach Vorbem. 2 III KV i.V.m. § 62 I Nr. 1 BeurkG gebührenfrei, jedoch handelt es sich hier um eine **Verpflichtung** der zukünftigen Eltern, alle Erklärungen zur **Vaterschaftsanerkennung** baldmöglichst nach der Zeugung des Kindes abzugeben. Diese Verpflichtung ist nicht von der Gebührenbefreiung erfasst. Anzusetzen ist daher eine 2,0 Gebühr nach Nr. 21100 KV. Die Mindestgebühr der Nr. 21100 KV (120 Euro) ist zu beachten.[1]

18.98 Der **Geschäftswert** ist hier ebenfalls nach § 36 II und III mit 5000 Euro zu bestimmen.

18.99 **Zu c)** Gem. § 36 II und III beträgt der Geschäftswert für die Erklärung über die elterliche Sorge ebenfalls 5000 Euro. Diese einseitige, nichtvermögensrechtliche, parallel gerichtete Erklärung ist von Vorbem. 2 III KV i.V.m. § 62 I S. 1 Nr. 1 BeurkG nicht erfasst und löst deshalb grundsätzlich eine Gebühr nach Nr. 21200 KV aus. Eine Sorgerechtserklärung, die vor Zeugung des Kindes abgegeben wird, ist unwirksam. Die vorliegende **Verpflichtung** der zukünftigen Eltern, baldmöglichst nach der Zeugung des Kindes eine formgültige, gemeinsame **Sorgeerklärung** abzugeben, stellt dann aber eine vertragliche Regelung dar. Zu erheben ist daher eine 2,0 Gebühr nach Nr. 21100 KV. Die Mindestgebühr der Nr. 21100 KV (120 Euro) ist zu beachten.[2]

18.100 Der **Geschäftswert** ist hier ebenfalls nach § 36 II und III mit 5000 Euro zu bestimmen.

---

1 *Prüfungsabteilung der Ländernotarkasse*, NotBZ 2014, 247.
2 *Prüfungsabteilung der Ländernotarkasse*, NotBZ 2014, 247.

Zu d) Der Geschäftswert für die Erklärung über den **Kindesunterhalt** richtet sich nach § 52 III S. 2. Da es sich um ein Recht von unbestimmter Dauer handelt (Wegfall ist gewiss, nur der Zeitpunkt ist unbekannt) ist der Wert auf den zehnfachen Jahreswert beschränkt (322 Euro × 12 Monate × 10 Jahre = 38 640 Euro). Nach § 52 VI S. 3 ist ein Abschlag bei einer ungewissen Unterhaltsverpflichtung möglich.

18.101

Zwar ist eine Kindesunterhaltserklärung nach Vorbem. 2 III KV i.V.m. § 62 I Nr. 2 BeurkG gebührenfrei, jedoch handelt es sich hier um eine **Verpflichtung** der potentiellen Eltern, alle Erklärungen zum **Kindesunterhalt** baldmöglichst nach der Zeugung des Kindes abzugeben. Diese Verpflichtung ist nicht von der Gebührenbefreiung erfasst. Anzusetzen ist daher eine 2,0 Gebühr nach Nr. 21100 KV.

18.102

Die Erklärungen haben jeweils einen **verschiedenen Beurkundungsgegenstand** gem. § 86 II, da sie voneinander unabhängig sind. Da alle Erklärungen demselben Gebührensatz unterliegen, sind die Geschäftswerte nach § 35 I ohne Weiteres zu addieren und die Gebühr nach § 93 I S. 1 nur einmal aus dem Gesamtbetrag zu erheben. Ein Gebührenvergleich nach § 94 I erübrigt sich.

18.103

D. Exkurs

Die vorstehenden Vereinbarungen gelten entsprechend, wenn die in **nichtehelicher Lebensgemeinschaft** lebenden Partner eine **quasi-heterologe Insemination** (künstliche Befruchtung der Eizelle der Frau mit Spendersamen eines Dritten) wünschen, weil die Herkunft des Samens kostenrechtlich irrelevant ist.

18.104

→ **Fall 10: Heterologe Insemination (künstliche Befruchtung der Eizelle der Ehefrau mit Spendersamen eines Dritten)**

A. Sachverhalt

Der Notar beurkundet die wechselseitige Einwilligung der Eheleute in die Durchführung einer künstlichen Befruchtung mit Spendersamen eines Dritten (§ 1600 V BGB). Zugleich verpflichten sich die Eheleute gesamtschuldnerisch im Wege eines echten Vertrages zugunsten Dritter gegenüber dem Samenspender, diesen von jeglichen Rechtsnachteilen, die ihre Grundlage in dem Abstammungsverhältnis des durch künstliche Befruchtung gezeugten Kindes zum genetischen Vater haben, freizustellen.

18.105

Der Ehemann verpflichtet sich darüber hinaus bereits jetzt gegenüber dem durch Insemination gezeugten Kind, den gesetzlichen **Unterhalt** zu zahlen, der sich nach den gesetzlichen Unterhaltsregelungen für innerhalb einer bestehenden Ehe geborene Kinder richtet. Der Unterhalt würde beim derzeitigen Einkommen des Ehemannes 322 Euro monatlich betragen.

B. Rechnung

18.106

Pos.	Gebührentatbestände	Geschäftswert	KV-Nr.	Satz	Betrag
	Beurkundungsverfahren (§§ 86 II, 35 I)	143 640	21100	2,0	708,00
	a) Einwilligungen in die Durchführung einer heterologen Insemination (§§ 36 II und III, 109 I S. 1–3)	5000	21200	2,0	
	b) Verpflichtung zur Befreiung des genetischen Vaters (§§ 97 I, 36 I und II)	100 000	21100	2,0	
	c) Unterhaltsverpflichtung (§ 52)	38 640	21100	2,0	
		143 640			

C. Erläuterungen

18.107 **Zu a)** Adressat der **Einwilligung** in die **Insemination** ist der jeweils andere Partner. Es handelt sich um eine Absprache zwischen Mann und Frau im Sinne einer gegenseitigen Einwilligung, d.h. die Einwilligung des Mannes richtet sich an die Frau und die der Frau an den Mann. Die gegenläufige Aufeinanderbezogenheit der beiden Einwilligungen rechtfertigt es, kostenrechtlich einen Vertrag i.S.d. Nr. 21100 KV anzunehmen. In der Praxis wird die Einwilligung von dem (Ehe-)Mann und der Mutter häufig im Rahmen einer Vereinbarung mit dem behandelnden Arzt abgegeben.

18.108 Der **Geschäftswert** ist nach § 36 II und III mit 5000 Euro zu bestimmen.

18.109 **Zu b)** Grundsätzlich richtet sich der **Geschäftswert** der **Befreiungsverpflichtung** gem. § 97 I nach der Höhe der Schuld. Vorliegend kann sie nicht beziffert werden, daher ist sie gem. § 36 I und II nach billigem Ermessen anzunehmen. Unter Berücksichtigung der gesamten gesetzlich anfallenden Unterhaltsansprüche des Kindes gegenüber dem Samenspender als dem biologischen Vater, erscheint der angesetzte Betrag von 100 000 Euro durchaus nicht unangemessen.

18.110 Die vertragliche gegenseitige **Verpflichtung zugunsten des Samenspenders** (Vertrag zugunsten Dritter) löst eine 2,0 Gebühr nach Nr. 21100 KV aus, mindestens 120 Euro.

18.111 **Zu c)** Der Geschäftswert für die Erklärung über den **Kindesunterhalt** richtet sich nach § 52 III S. 2. Da es sich um ein Recht von unbestimmter Dauer handelt (Wegfall ist gewiss, nur der Zeitpunkt ist unbekannt) ist der Wert auf den zehnfachen Jahreswert beschränkt (322 Euro × 12 Monate × 10 Jahre = 38 640 Euro). Nach § 52 VI S. 3 ist ein Abschlag bei einer ungewissen Unterhaltsverpflichtung möglich.

IV. Insemination

Zwar ist eine Kindesunterhaltserklärung nach Vorbem. 2 III KV i.V.m. § 62 I 18.112
Nr. 2 BeurkG gebührenfrei, jedoch handelt es sich hier um eine **Verpflichtung** der potentiellen Eltern, alle Erklärungen zum **Kindesunterhalt** baldmöglichst nach der Zeugung des Kindes abzugeben. Diese Verpflichtung ist nicht von der Gebührenbefreiung erfasst. Anzusetzen ist daher eine 2,0 Gebühr nach Nr. 21100 KV.

Die Erklärungen haben jeweils einen **verschiedenen Beurkundungsgegenstand** 18.113
gem. § 86 II, da sie voneinander unabhängig sind. Da alle Erklärungen demselben Gebührensatz unterliegen, sind die Geschäftswerte nach § 35 I ohne Weiteres zu addieren und die Gebühr nach § 93 I S. 1 nur einmal aus dem Gesamtbetrag zu erheben. Ein Gebührenvergleich nach § 94 I erübrigt sich.

→ **Fall 11: Heterologe Insemination bei eingetragener Lebenspartnerschaft (künstliche Befruchtung der Eizelle der Mutter mit Spendersamen eines Dritten)**

A. Sachverhalt

Frau A und Frau B haben im Jahr 2014 eine eingetragene Lebenspartnerschaft 18.114
begründet. Sie wünschen sich ein Kind, das mittels künstlicher Befruchtung der Frau A (Mutter) durch Spendersamen eines Dritten gezeugt werden soll. Der Notar beurkundet folgende Erklärungen:

a) **Zustimmung** der Frau B (Co-Mutter) in die Durchführung einer künstlichen Befruchtung mit Spendersamen eines Dritten gegenüber der Mutter/dem Spender/dem Arzt/dem Kind nebst Vereinbarung, die Zustimmung jeweils nur schriftlich und für künftige Behandlungen zu widerrufen
b) **Verpflichtung** der beiden Mütter, baldmöglichst nach Zeugung des Kindes alle Erklärungen abzugeben, die zu einer wirksamen gemeinsamen **Sorgerechtserklärung** führen
c) **Absichtserklärung** der Co-Mutter auf **Adoption** des gezeugten Kindes
d) **Verpflichtung** der beiden Mütter zur **Nichterhebung der Klage auf Vaterschaft**
e) **Verpflichtung** der beiden Mütter gegenüber dem Spender auf Freistellung von **Kindesunterhalt**
f) Verpflichtung der Co-Mutter zur Zahlung von Unterhalt gegenüber dem Kind. Der Unterhalt würde beim derzeitigen Einkommen des Co-Mutter 322 Euro monatlich betragen.
g) Verpflichtung der Co-Mutter zur Freistellung des Spenders von Unterhalt gegenüber der Mutter
h) **Verpflichtung** der beiden Mütter als Vertreter des Kindes gegenüber dem Spender auf Verzicht erbrechtlicher **Ansprüche**

B. Rechnung

18.115

Pos.	Gebührentatbestände	Geschäfts-wert	KV-Nr.	Satz	Betrag
	Beurkundungsverfahren (§§ 86 II, 35 I)	168 640	21100	2,0	762,00
	a) Zustimmung in die Durchführung einer heterologen Insemination nebst Vereinbarung zum Widerrufs (§ 36 II und III)	5000	21100	2,0	
	b) Verpflichtung zur Sorgerechtserklärung (§ 36 II und III)	5000	21100	2,0	
	c) Absicht zur Adoption (§ 101)	5000	21100	2,0	
	d) Klageverzichtsverpflichtung (§ 36 II und III)	5000	21000	2,0	
	e) Freistellung des Spenders auf Kindesunterhalt (§§ 97 I, 36 I und II, 52)	100 000	21100	2,0	
	f) Unterhaltsverpflichtung der Co-Mutter (§§ 97 I, 36 I, 52)	38 640	21100	2,0	
	g) Freistellung des Spenders auf Unterhalt gegenüber der Mutter (§§ 97 I, 36 I und II, 52)	5000	21100	2,0	
	h) Verzicht auf erbrechtliche Ansprüche	5000	21100	2,0	
		168 640			

C. Erläuterungen

18.116 **Zu a)** Da zumindest hinsichtlich des **Widerrufs** eine **Vereinbarung** zwischen der Mutter und der Co-Mutter getroffen wurde, fällt insgesamt eine 2,0 Gebühr nach Nr. 21100 KV an.

18.117 Der **Geschäftswert** ist nach § 36 II und III mit 5000 Euro zu bestimmen.

18.118 **Zu b)** Das geltende Abstammungsrecht sieht bei nicht verheirateten Paaren – was auch gilt, wenn die Kindesmutter in eingetragener Lebenspartnerschaft lebt – vor, dass die Frau, die zum Zeitpunkt der Geburt eines Kindes mit dessen Mutter in eingetragener Lebenspartnerschaft lebt, nicht automatisch ebenfalls rechtliche Mutter dieses Kindes wird. Dieses kann nur durch eine Sorgerechtserklärung und Adoption geschehen. Eine Sorgerechtserklärung, die vor Zeugung des Kindes abgegeben wird, ist jedoch unwirksam. Die vorliegende **Verpflichtung** der potentiellen Eltern, baldmöglichst nach der Zeugung des Kindes eine formgültige, gemeinsame **Sorgeerklärung** abzugeben, stellt dann aber eine vertragliche Regelung dar. Zu erheben ist daher eine 2,0 Gebühr nach Nr. 21100 KV.[1]

---

1 *Prüfungsabteilung der Ländernotarkasse*, NotBZ 2014, 247.

IV. Insemination

Der **Geschäftswert** ist nach § 36 II und III mit 5000 Euro zu bestimmen.   18.119

Zu c) Entsprechende Ausführungen zu b) gelten auch für die Absichtserklärung der Co-Mutter, das gezeugte Kind zu adoptieren. Eine Adoptionserklärung, die vor Zeugung des Kindes abgegeben wird, ist unwirksam. Die vorliegende **Verpflichtung** der potentiellen Co-Mutter, baldmöglichst einen formgültigen **Adoptionsantrag** zu stellen, stellt dann aber eine vertragliche Regelung dar, da die Mutter Vertragspartnerin dieses Versprechens ist. Zu erheben ist daher eine 2,0 Gebühr nach Nr. 21100 KV.[1]   18.120

Der Geschäftswert ist nach § 101 mit 5000 Euro zu bestimmen.   18.121

Zu d) Die **Klageverzichtserklärung** wird hier vertraglich zwischen den Beteiligten abgegeben, löst also eine 2,0 Gebühr nach Nr. 21110 KV aus.   18.122

Der Geschäftswert ist nach § 36 II und III mit 5000 Euro zu bestimmen.   18.123

Zu e) Grundsätzlich richtet sich der Geschäftswert der **Befreiungsverpflichtung** zugunsten des Samenspenders gem. § 97 I nach der Höhe der Schuld, die ggf. nach § 52 zu kapitalisieren ist. Vorliegend kann sie nicht beziffert werden, daher ist sie gem. § 36 I und II nach billigem Ermessen anzunehmen. Unter Berücksichtigung der gesamten gesetzlich anfallenden Unterhaltsansprüche des Kindes gegenüber dem Samenspender als dem biologischen Vater, erscheint der angesetzte Betrag von 100 000 Euro durchaus nicht unangemessen.   18.124

Die vertragliche gegenseitige Verpflichtung zugunsten des Samenspenders (Vertrag zugunsten Dritter) löst eine 2,0 Gebühr nach Nr. 21100 KV aus.   18.125

Zu f) Der Geschäftswert für die Erklärung über den **Kindesunterhalt** richtet sich nach § 52 III S. 2. Da es sich um ein Recht von unbestimmter Dauer handelt (Wegfall ist gewiss, nur der Zeitpunkt ist unbekannt) ist der Wert auf den zehnfachen Jahreswert beschränkt (322 Euro × 12 Monate × 10 Jahre = 38 640 Euro). Nach § 52 VI S. 3 ist ein Abschlag bei einer ungewissen Unterhaltsverpflichtung möglich.   18.126

Zwar ist eine Kindesunterhaltserklärung nach Vorbem. 2 III KV i.V.m. § 62 I Nr. 2 BeurkG gebührenfrei, jedoch handelt es sich hier um eine **Verpflichtung** der potentiellen Eltern, alle Erklärungen zum **Kindesunterhalt** baldmöglichst nach der Zeugung des Kindes abzugeben. Diese Verpflichtung ist nicht von der Gebührenbefreiung erfasst. Anzusetzen ist daher eine 2,0 Gebühr nach Nr. 21100 KV.   18.127

Zu g) Da hier von einer Vereinbarung zwischen den Beteiligten auszugehen ist, ist eine 2,0 **Gebühr** nach Nr. 21110 KV gerechtfertigt.   18.128

Mangels weiterer Anhaltspunkte (§ 36 I) wird der **Geschäftswert** hier nach § 36 III mit 5000 Euro bestimmt.   18.129

Zu h) Da hier von einer Vereinbarung zwischen den Beteiligten auszugehen ist, ist eine 2,0 **Gebühr** nach Nr. 21110 KV gerechtfertigt.   18.130

---

[1] *Prüfungsabteilung der Ländernotarkasse*, NotBZ 2014, 247.

18.131 Mangels weiterer Anhaltspunkte (§ 36 I) wird der **Geschäftswert** hier nach § 36 III mit 5000 Euro bestimmt.

18.132 Die Erklärungen haben jeweils einen **verschiedenen Beurkundungsgegenstand** gem. § 86 II, da sie voneinander unabhängig sind. Da alle Erklärungen demselben Gebührensatz unterliegen, sind die Geschäftswerte nach § 35 I ohne Weiteres zu addieren und die Gebühr nach § 93 I S. 1 nur einmal aus dem Gesamtbetrag zu erheben. Ein Gebührenvergleich nach § 94 I erübrigt sich.

V. Einbenennung gem. § 1618 BGB

→ **Fall 12: Einbenennung des Stiefkindes (gem. § 1618 BGB)**

A. Sachverhalt

18.133 Herr und Frau A sind miteinander verheiratet. Frau A hat aus erster Ehe ein vierjähriges Kind K. K soll nun den **Ehenamen** A erhalten. Herr A beantragt dies und Frau A erteilt ihre Zustimmung in derselben Urkunde. Einige Tage später stimmt auch der leibliche Vater des K in gesonderter Urkunde zu. Der Notar wird beauftragt, die erforderlichen **Personenstandsurkunden** einzuholen.

B. Rechnung

a) Einbenennung

18.134

Pos.	Gebührentatbestände	Geschäftswert	KV-Nr.	Satz	Betrag
(1)	Einbenennung (§ 36 II und III)	5000	21200	1,0	60,00
(2)	Einholung von Personenstandsurkunden (§ 112)	5000	22111	0,3	15,00

b) Einwilligung in gesonderter Urkunde

18.135

Pos.	Gebührentatbestand	Geschäftswert	KV-Nr.	Satz	Betrag
	Einwilligung des leiblichen Vaters (§§ 36 II und III, 98 I[1])	2500	21200	1,0	60,00

C. Erläuterungen

Rechnung a)

18.136 Pos. (1):

Der **Geschäftswert** richtet sich nach § 36 II und III und beträgt 5000 Euro. Für den Antrag, gleich durch wen oder wie viele Personen er gestellt wird, fällt eine Gebühr nach Nr. 21200 KV an. Die **Mindestgebühr** von 60 Euro ist zu beachten.

---

1 Begründung RegE zu Nr. 21201 Nr. 8, BT-Drs. 17/11471, S. 219.

V. Einbenennung gem. § 1618 BGB

Die **Einwilligung** der Mutter in derselben Urkunde dient der Durchführung und ist nicht gesondert zu bewerten gemäß § 109 I S. 1 bis 3 und 94 II S. 1. Dasselbe gilt, wenn die Einwilligungserklärung des leiblichen Vaters in derselben Urkunde erklärt werden würde.

18.137

Pos. (2):

18.138

Die Beschaffung der erforderlichen Personenstandsurkunden, um diese bei Gericht einzureichen, erfüllt den Tatbestand der Vorbem. 2.2.1.1 I S. 2 Nr. 1 KV, stellt also eine Vollzugstätigkeit dar und löst hier eine 0,3 Gebühr nach Nr. 22111 KV aus. Die Beschränkung der **Vollzugsgebühr** gem. Nr. 22112 KV auf 50 Euro pro einzuholender Bescheinigung oder Urkunde wird aufgrund des Geschäftswertes nur im Ausnahmefall zum Tragen kommen. Die Auffassung im Leipziger Kostenspiegel 2013 (Rz. 18.23 f.) wurde bereits aufgegeben.[1]

Der **Geschäftswert** richtet sich gem. § 112 nach dem gesamten Wert des Beurkundungsverfahrens.

18.139

Rechnung b)

Bei der **Zustimmung** zur Einbenennung ist der **Geschäftswert** von 5000 Euro nach der Regelung in § 98 I auf 2500 Euro zu **halbieren**;[2] was jedoch nur systematische Bedeutung hat (Mindestgebühr von 60 Euro nach Nr. 21200 KV).

18.140

Die Gebührenvorschrift Nr. 21201 Nr. 8 KV GNotKG bestimmt, dass für die Beurkundung der **Zustimmung zur Annahme als Kind** eine 0,5 Gebühr erhoben wird. Daraus folgt, dass **Zustimmungserklärungen zu anderen Anträgen** (hier: Einbenennung von Stiefkindern) als **einseitige Erklärung** zu behandeln sind und eine Gebühr nach Nr. 21200 KV GNotKG auslösen.

18.141

D. Exkurs

Der **Geschäftswert** ist bei mehreren Kindern **pro Kind** anzusetzen, §§ 35 I, 86 II. Die Gebühr ist dann aus den zusammengerechneten Werten zu erheben.

18.142

Gemäß § 1618 S. 3 BGB muss auch das Kind in die **Einbenennung** einwilligen, wenn es das fünfte Lebensjahr vollendet hat. Die Bewertung erfolgt dann nach den üblichen Grundsätzen: Wird die **Einwilligung** in derselben Urkunde erklärt, erfolgt keine gesonderte Bewertung. Wird sie in gesonderter Urkunde erklärt, erfolgt die Bewertung wie bei der Einwilligung des leiblichen Vaters.

18.143

Wird die Einwilligung des leiblichen Vaters/der leiblichen Eltern durch eine **Einwilligung** des **Jugendamtes** als bestellter Vormund ersetzt und erfolgt die Einwilligung in gesonderter Urkunde, wäre eine Ermäßigung der Gebühr nach § 91 in Betracht zu ziehen. Eine nähere Subsumtion, insbesondere wegen der Frage, ob das Jugendamt hier nicht als gesetzlicher Vertreter handelt, erübrigt sich. Denn eine Ermäßigung der Gebühren findet laut § 91 bis zu einem Geschäftswert von 25 000 Euro nicht statt.

18.144

---

1 *Prüfungsabteilung der Ländernotarkasse*; NotBZ 2014, 214.
2 Begründung RegE zu Nr. 21201 Nr. 8, BT-Drs. 17/11471, S. 219.

Teil 19
Erbrechtliche Vorgänge

Inhaltsübersicht

I. Überblick 19.1
1. Einführung 19.1
2. Übersichtstabelle 19.3
3. Gebühr 19.4
4. Geschäftswert 19.12
   a) Besondere erbrechtliche Angelegenheiten (Verfügungen von Todes wegen sowie Erbverzichts- und Pflichtteilsverzichtsverträge) 19.12
   b) Rückgabe eines Erbvertrags aus der notariellen Verwahrung 19.22
   c) Sonstige erbrechtliche Angelegenheiten 19.23
      aa) Erbscheine, Europäische Nachlasszeugnisse (ENZ), Zeugnisse über Fortsetzung der Gütergemeinschaft, Testamentsvollstreckerzeugnis und Hoffolgezeugnis 19.23
      bb) Sonstige Zeugnisse 19.26
   d) Erklärungen gegenüber dem Nachlassgericht 19.27
   e) Rechtswahl 19.28
   f) Ehe- und Erbvertrag 19.29
5. Derselbe Beurkundungsgegenstand/Verschiedene Beurkundungsgegenstände 19.30
6. Vollzugs-, Betreuungs- und Treuhandtätigkeiten 19.33
7. Gebührenfreie (Neben-)Geschäfte 19.35
8. Unrichtige Sachbehandlung ... 19.39
9. Gebührenermäßigung (§ 91 GNotKG) 19.40
10. Auswärtsbeurkundungen 19.41
11. Kostenhaftung 19.43
12. Zentrales Testamentsregister .. 19.45

II. Beurkundung eines Testaments 19.48

Fall 1: Gemeinschaftliches Testament (Verfügung über den ganzen Nachlass, Auflage, Vermächtnis) 19.48

Fall 2: Testament durch Übergabe einer verschlossenen Schrift 19.52

Fall 3: Testament (Verfügung über einen Bruchteil nebst Vermächtnisanordnung) außerhalb des Amtssitzes des Notars (mit verauslagten Kosten für das Zentrale Testamentsregister) ... 19.56

Fall 4: „Änderung" eines gemeinschaftlichen Testaments (Verfügung über den ganzen Nachlass) 19.65

Fall 5: „Änderung" eines gemeinschaftlichen Testaments (Wegfall eines Miterben) 19.70

Fall 6: „Änderung" eines Testaments (Aufhebung eines Vermächtnisses (Wohnrecht)) .. 19.75

Fall 7: Testament – Vermächtnis nebst Testamentsvollstreckung 19.79

Fall 8: Testament (nur Anordnung Testamentsvollstreckung) 19.83

Fall 9: Vormundbenennung (durch Verfügung von Todes wegen) 19.87

Fall 10: Isolierte Rechtswahl ... 19.88

Fall 11: Testament mit Rechtswahl 19.91

Fall 12: Errichtung einer Stiftung durch letztwillige Verfügung (§ 83 BGB) 19.94

III. Entwurf eines Testaments 19.95

Fall 13: Entwurf eines Testaments 19.95

IV. Bestimmte Vollzugstätigkeiten . 19.99

Fall 14: Übermittlung eines Testaments an das Nachlassgericht 19.99

V. Erbverträge und Ehe- und Erbverträge 19.102

Fall 15: Erbvertrag (Erbeinsetzungen, Auflage, Vermächtnis) mit Mindestgebühr 19.102

Fall 16: Verpfründungsvertrag 19.107

Fall 17: Erbvertrag (Vermächtnis und weitere Erklärungen)............... 19.113

Fall 18: Erbvertrag (auch über zukünftiges Vermögen). 19.117

Fall 19: Ehe- und Erbvertrag (Modifizierung Zugewinngemeinschaft).............. 19.121

Fall 20: Ehe- und Erbvertrag mit Pflichtteilsverzicht 19.125

Fall 21: Partnerschafts- und Erbvertrag einer nichtehelichen Lebensgemeinschaft . 19.128

Fall 22: Lebenspartnerschafts- und Erbvertrag 19.131

VI. Rückgabe eines Erbvertrags aus der notariellen Verwahrung 19.135

Fall 23: Rückgabe des Erbvertrags aus der notariellen Verwahrung 19.135

VII. Stornierung von Verfügungen von Todes wegen (Aufhebung, Rücktritt, Widerruf) 19.139

Fall 24: Aufhebung eines Erbvertrags 19.139

Fall 25: Aufhebung eines Erbvertrags und Neuverfügung (Erbeinsetzung) 19.142

Fall 26: Aufhebung eines Erbvertrags und neues Vermächtnis................ 19.145

Fall 27: Rücktritt vom Erbvertrag 19.148

Fall 28: Widerruf eines gemeinschaftlichen Testaments................. 19.152

Fall 29: Widerruf eines Testaments und Neuverfügung (Erbeinsetzung) 19.157

Fall 30: Widerruf eines Testaments und neues Vermächtnis................ 19.160

VIII. Erb- und Pflichtteilsverzichte 19.163

Fall 31: Erbverzicht 19.163

Fall 32: Pflichtteilsverzicht mit Abfindung 19.167

Fall 33: Gegenständlich beschränkter Pflichtteilsverzicht 19.171

Fall 34: Pflichtteilsverzicht ohne Gegenleistung 19.175

Fall 35: Pflichtteilsverzicht gegenüber dem erstversterbenden Elternteil............ 19.178

IX. Erbausschlagung und Anfechtung................. 19.181

Fall 36: Einfache Erbausschlagung (Entwurf mit Unterschriftsbeglaubigung)........ 19.181

Fall 37: Gestaffelte Erbausschlagung (Beurkundung) 19.185

Fall 38: Anfechtung der Annahme der Erbschaft (Entwurf mit Unterschriftsbeglaubigung) 19.189

Fall 39: Ausschlagung des Anfalls eines Hofes (Entwurf mit Unterschriftsbeglaubigung) 19.193

X. Eidesstattliche Versicherung zur Erlangung eines Erbscheins 19.197

Fall 40: Eidesstattliche Versicherung zur Erlangung eines Erbscheins (Vollrechtserbschein)................... 19.197

Fall 41: Eidesstattliche Versicherung gegenüber dem Nachlassgericht............ 19.201

Fall 42: Eidesstattliche Versicherung zur Erlangung eines Erbscheins für mehrere Erbfälle mit Grundbuchantrag 19.205

Fall 43: Eidesstattliche Versicherung zur Erlangung eines Erbscheins nach privatschriftlichem Testament zugunsten der Kommune 19.211

Fall 44: Eidesstattliche Versicherung zur Erlangung eines Erbscheins zur Vorlage beim Grundbuchamt 19.217

Fall 45: Eidesstattliche Versicherung zur Erlangung eines gegenständlich beschränkten Erbscheins (Fremdrechtserbschein) 19.220

Fall 46: Eidesstattliche Versicherung zur Erlangung eines Erbscheins (landwirtschaftliches Vermögen)............. 19.223

Fall 47: Eidesstattliche Versicherung zur Erlangung eines Hoffolgezeugnisses...... 19.226

Fall 48: Erbscheinsantrag (isoliert).................... 19.230

Fall 49: Eidesstattliche Versicherung auf Erlangung eines berichtigten Erbscheins (gemeinschaftlicher Erbschein), ursprünglicher Erbschein noch nicht erteilt 19.233

Fall 50: Eidesstattliche Versicherung auf Erlangung eines berichtigten Erbscheins (gemeinschaftlicher Erbschein), ursprünglicher Erbschein bereits erteilt 19.237

Fall 51: Eidesstattliche Versicherung auf Erlangung eines Teilerbscheins 19.240

Fall 52: Eidesstattliche Versicherung auf Erlangung eines Erbscheins und Antrag auf Testamentsvollstreckerzeugnis und Testamentseröffnungsantrag..................... 19.243

Fall 53: Eidesstattliche Versicherung auf Erlangung eines Erbscheins (vorzeitige Verfahrensbeendigung) 19.246

Fall 54: Eidesstattliche Versicherung auf Erlangung eines Europäischen Nachlasszeugnisses (ENZ)............. 19.250

Fall 55: Verlängerung der Gültigkeit eines bereits erteilten Europäischen Nachlasszeugnisses (ENZ)............... 19.254

XI. Erbauseinandersetzung 19.257

Fall 56: Erbauseinandersetzung 19.257

Fall 57: Abschichtung statt Erbauseinandersetzung 19.260

Fall 58: Vermittlung der Auseinandersetzung des Nachlasses (zwischen Miterben) 19.264

Fall 59: Beendigung der Vermittlung der Auseinandersetzung des Nachlasses nach Verhandlung über den Auseinandersetzungsplan 19.268

Fall 60: Beendigung der Vermittlung der Auseinandersetzung des Nachlasses vor Eintritt in die Verhandlung...... 19.272

Fall 61: Vermittlung der Auseinandersetzung des Nachlasses (unter Beteiligung eines Nichterben) 19.277

XII. Erbschaftskauf 19.282

Fall 62: Erbschafts- bzw. Erbteilkauf 19.282

XIII. Vermächtniserfüllung 19.287

Fall 63: Vermächtniserfüllung (nur Auflassung)........ 19.287

Fall 64: Vermächtniserfüllungsvertrag (aufgrund handschriftlichen Testaments) 19.290

Fall 65: Vermächtniserfüllung (aufgrund Urteil) 19.293

XIV. Erbrechtliche Auslegungsverträge 19.296

Fall 66: Erbrechtliche Auslegungsverträge 19.296

XV. Nachlassverzeichnis........ 19.299

Stichwortverzeichnis

Abschichtung 19.1, 19.260 ff.
Anfall 19.37, 19.47, 19.56 ff.
– Öffentliche Verkehrsmittel 19.63
Anfechtung 19.9, 19.21
Anrechnung 19.98, 19.138
Antrag an das Landwirtschaftsgericht 19.226 ff.
Antrag an das Nachlassgericht *s. Nachlassgericht*
Aufhebung
– Erbvertrag 19.1, 19.8, 19.139 ff., 19.142 ff., 19.145 ff.
– Vertrag 19.1, 19.8
Auflage 19.15 ff., 19.48 ff., 19.102 ff., 19.117 ff., 19.125 ff., 19.197 ff., 19.205 ff.
Auslagen
Auslegungsvertrag 19.1, 19.296 ff.
Auswärtsgebühr *s. Zusatzgebühr*
Beendigung, vorzeitige 19.11, 19.246 ff., 19.268 ff., 19.272 ff.
Betreuungstätigkeit *s. Nebentätigkeiten*
Beurkundungsgegenstand
– besonderer 19.31 f., 19.112 f., 19.116, 19.123, 19.130, 19.133
– derselbe 19.8 f., 19.30, 19.86, 19.144, 19.147, 19.159, 19.161
– verschiedener 19.30 ff., 19.113 ff., 19.130, 19.177, 19.187
Beurkundungsverfahren 19.4 f., 19.7
Bewertungsvorschriften 19.3, 19.12 ff.
derselbe Beurkundungsgegenstand *s. Beurkundungsgegenstand*
Ehe- und Erbvertrag
– Aufhebung § 1365 BGB 19.121 ff.
– Auflage 19.125 ff.
– Geschäftswert 19.3, 19.29
– modifizierter Güterstand 19.121 ff.
– nichteheliche Lebensgemeinschaft 19.128 ff.
– Pflichtteilsverzicht 19.125 ff.
Eidesstattliche Versicherung *s. Erbscheinsantrag*
Einführung 19.1 f.
Erb- und Pflichtteilsverzicht
– Beurkundung 19.1, 19.166
– Geschäftswert 19.20
– gegenständlich beschränkt 19.171 ff.
– gegenüber Erstversterbenden 19.178 ff.
– mehrere 19.167 ff., 19.175 ff.
– mit Abfindung 19.163 ff.
– ohne Gegenleistung 19.175 ff.

Erbauseinandersetzung
– Abschichtung 19.1, 19.260 ff.
– Auseinandersetzung 19.1, 19.257 ff.
– Vermittlung, Antragsrücknahme 19.268 ff., 19.272 ff.
– Vermittlung, Auseinandersetzungsplan 19.266, 19.268 ff., 19.272 ff.
– Vermittlung, Bestätigung 19.268 ff.
– Vermittlung, Beteiligung Nichterbe 19.277 ff.
– Vermittlung, Beurkundung 19.264 ff., 19.277 ff.
– Vermittlung, Übergangsrecht 19.267
– Vermittlung, vorzeitige Beendigung 19.268 ff., 19.272 ff.
– Vermittlung zwischen Miterben 19.264 ff.
Erbausschlagung
– Anfall eines Hofes 19.27, 19.193 ff.
– Anfechtung 19.189 ff.
– einfach (Entwurf mit UB) 19.181 ff.
– Einholung familiengerichtliche Genehmigung 19.185 ff.
– Geschäftswert 19.27
– gestaffelt 19.185 ff.
– nebeneinander 19.184, 19.192, 19.196
– Überschuldung 19.187, 19.191, 19.195
Erbschaftskauf *s. Erbteilskauf*
Erbscheinsantrag
– Antrag auf Eröffnung Testament 19.197 ff., 19.243 ff.
– Auflage 19.197 ff.
– Auskunft Finanzamt 19.25
– Berichtigung nach Erteilung 19.237 ff.
– Berichtigung vor Erteilung 19.233 ff.
– Europäisches Nachlasszeugnis 19.250 ff., 19.254 ff.
– Fremdrechtserbschein 19.218, 19.220 ff.
– für bestimmte Zwecke 19.24
– gegenständlich beschränkt 19.220 ff.
– Geschäftswert 19.23 ff.
– Grundbuchberichtigungsantrag 19.205 ff., 19.211 ff.
– Hof 19.223 ff.
– Hoffolgezeugnis 19.226 ff.
– isoliert 19.230 ff.
– landwirtschaftliches Vermögen 19.223 ff.
– mehrere Erben 19.205 ff.

- ohne eidesstattliche Versicherung 19.230 ff.
- ohne Erbscheinsantrag (Ersatz Personenstandsurkunden) 19.201 ff.
- Teilerbschein 19.240 ff.
- Testamentseröffnung 19.197 ff., 19.243 ff.
- Testamentsvollstreckung 19.243 ff.
- Verfahren 19.1, 19.10 f.
- Verfahrensbindung 19.207
- Verlängerung Europäisches Nachlasszeugnis 19.254 ff.
- Vermächtnis 19.197 ff., 19.243 ff.
- Vollrechtserbschein 19.197 ff.
- zugunsten Kommune 19.211 ff.
- zur Vorlage beim Grundbuchamt 19.217 ff.
- zur Vorlage beim Handelsregister 19.217 ff.
- zur Vorlage beim Schiffsregister 19.217 ff.
- vorzeitige Beendigung 19.11, 19.246 ff.

Erbscheinsverfahren s. Erbscheinsantrag

Erbteilskauf
- Beurkundung 19.1, 19.282 ff.

Erbteilsübertragung 19.282 ff.

Erbvertrag
- Auflage 19.15 ff., 19.102 ff., 19.117 ff.
- Aufhebung 19.1, 19.8, 19.139 ff., 19.142 ff., 19.145 ff.
- Beratung 19.135 ff.
- Beurkundung 19.1, 19.6, 19.102 ff.
- Ehevertrag 19.121 ff.
- Geschäftswert 19.3, 19.12 ff.
- Lebensgemeinschaftsvertrag 19.128 ff.
- Lebenspartnerschaftsvertrag 19.131 ff.
- Pflegeverpflichtung 19.107 ff.
- Rangvorbehalt 19.113 ff.
- Rechtswahl 19.28, 19.32
- Rückgabe 19.3, 19.22, 19.135 ff.
- Rücktritt 19.21, 19.148 ff.
- Testamentsregister 19.45 f.
- Verfügungsverbot 19.113 ff.
- Vermächtnis 19.15, 19.102 ff., 19.107 ff., 19.145 ff., 19.160 ff.
- Verpfründungsvertrag 19.1, 19.107 ff.
- Verwahrung 19.4, 19.106
- Vollmacht 19.113 ff.
- Vormerkung 19.113 ff.
- zukünftiges Vermögen 19.16 ff., 19.117 ff.
- Zustellung 19.148 ff.

Erbverzicht 19.163 ff.
Eröffnung Testament s. Testamentseröffnung
Europäisches Nachlasszeugnis
- Antrag 19.1, 19.3, 19.250 ff.
- Formulare 19.252 f.
- Verlängerung 19.1, 19.3, 19.254 ff.

Fahrtkosten s. Auslagen

Gebühr
- Abgeltung 19.4 f., 19.10, 19.36, 19.38, 19.46, 19.106, 19.120, 19.137
- Ermäßigung 19.40, 19.211 ff.
- Freiheit 19.5, 19.35 ff., 19.192, 19.196
- Mindestgebühr 19.2, 19.6, 19.10, 19.102 ff., 19.207
- Rahmengebühr 19.183, 19.191, 19.195
- Vorschriften 19.3 ff.

Geschäftswert 19.3, 19.12 ff.
Identitätsfeststellung, nachträglich 19.38
Kostenhaftung 19.43 ff.
Lebensgemeinschafts- und Erbvertrag 19.128 ff.
Lebenspartnerschafts- und Erbvertrag 19.131 ff.

Nachlassgericht
- Antrag 19.1, 19.3, 19.5, 19.9, 19.10, 19.27
- Erklärungen 19.9, 19.27, 19.201 ff.

Nachlassverzeichnis 19.1, 19.43, 19.299
Nebentätigkeiten 19.33 f., 19.36, 19.99 ff., 19.151, 19.155, 19.185 ff., 19.197 ff., 19.209 f., 19.215 f., 19.281, 19.282 ff.

Pflichtteilsverzicht
- Beurkundung 19.1, 19.166
- Erbvertrag 19.125 ff.
- gegenständlich beschränkt 19.171 ff.
- gegenüber Erstversterbenden 19.178 ff.
- Geschäftswert 19.20
- mehrere 19.167 ff., 19.175 ff.
- mit Abfindung 19.167 ff.
- ohne Gegenleistung 19.175 ff.

Rechtswahl 19.28, 19.32, 19.88 ff., 19.91 ff.
Reisekosten s. Auslagen
Rückgabe Erbvertrag 19.3, 19.22, 19.135 ff.
Schuldenabzug 19.13 ff.
Tage- und Abwesenheitsgeld s. Auslagen

Testament
- Änderung 19.65 ff., 19.70 ff., 19.75 ff.
- Anfechtung 19.21
- Auflage 19.15 ff., 19.48 ff., 19.73

– Aufhebung Vermächtnis Wohnrecht 19.75 ff.
– Auslagen 19.56 ff.
– Beurkundung 19.1, 19.6
– Entwurf 19.95 ff.
– Errichtung Stiftung 19.94
– Ersatzerben 19.51
– Ersatzvermächtnisnehmer 19.162
– gemeinschaftlich 19.6, 19.48 ff., 19.55, 19.65 ff., 19.70 ff., 19.78, 19.95 ff., 19.152 ff., 19.157 ff., 19.160 ff.
– Geschäftswert 19.3, 19.12 ff.
– Hinzukommen eines Erben 19.74
– Rechtswahl 19.28, 19.32, 19.88 ff., 19.91 ff.
– Testamentsregister 19.45 ff.
– Testamentsvollstreckung 19.12, 19.79 ff., 19.83 ff.
– Übergabe einer Schrift 19.52 ff.
– Verfügung über Bruchteil 19.56 ff., 19.69
– Verfügung über ganzen Nachlass 19.48 ff., 19.65 ff., 19.95 ff.
– Vermächtnis 19.15 ff., 19.48 ff., 19.56 ff., 19.78, 19.79 ff., 19.160 ff., 19.197 ff., 19.243 ff.
– Vormundbenennung 19.87
– Wegfall Miterbe 19.70 ff.
– Widerruf 19.1, 19.21, 19.152 ff., 19.157 ff., 19.160 ff.
– Widerrufstestament 19.156
– zukünftiges Vermögen 19.16 ff.
– Zusatzgebühren 19.41 f., 19.56 ff.
Testamentseröffnung 19.99 ff., 19.197 ff., 19.243 ff.
Testamentsvollstreckung 19.12, 19.79 ff., 19.83 ff.,
Treuhandtätigkeit s. Nebentätigkeiten
Übersichtstabelle 19.3
unrichtige Sachbehandlung 19.39, 19.263
Unzeitgebühr s. Zusatzgebühr
Verfügung von Todes wegen s. Testament oder Erbvertrag
Vermächtnis 19.15 ff., 19.48 ff., 19.56 ff., 19.78, 19.79 ff., 19.102 ff., 19.145 ff., 19.160 ff., 19.197 ff., 19.243 ff., 19.296 ff.
Vermächtniserfüllung
– Einführung 19.1, 19.7
– handschriftliches Testament 19.290 ff.
– notarielles Testament 19.287 ff.
– nur Auflassung 19.287 ff.

– Urteil 19.293 ff.
Vermittlung Auseinandersetzung Nachlass 19.44
Vermögenswerte 19.14
Verpfründungsvertrag 19.1, 19.107 ff.
verschiedene Beurkundungsgegenstände s. Beurkundungsgegenstand
Versicherung an Eides Statt s. Erbscheinsantrag
Verträge
– Abschichtung 19.1
– Aufhebung Erbvertrag 19.1
– Auslegung letztwillige Verfügung 19.1
– Austauschvertrag 19.169
– Ehe- und Erbvertrag 19.29, 19.121 ff.
– Erb- und Pflichtteilsverzicht 19.1, 19.20,
– Erbauseinandersetzung 19.1
– Erbvertrag 19.1, 19.6, 19.8, 19.12 ff., 19.21 f., 19.29, 19.102 ff.
– Pflichtteilsverzicht 19.1, 19.20
– Verfahren
– Vermächtniserfüllung 19.1, 19.7
– Verpfründungsvertrag 19.1, 19.107 ff.
– Zeugnisse, Wert 19.23 ff.
Vollzugstätigkeit s. Nebentätigkeiten
vorzeitige Beendigung 19.11, 19.246 ff., 19.268 ff., 19.272 ff.
Widerruf
– gemeinschaftliches Testament 19.1
– Testament 19.1
Zeitpunkt der Bewertung 19.13
Zentrales Testamentsregister 19.45 ff.
Zeugnis
– Auseinandersetzung 19.23, 19.219
– Fortsetzung Gütergemeinschaft 19.23
– Grundbuchordnung 19.26
– Hoffolge 19.23, 19.226 ff.
– Luftfahrzeug 19.26
– Schiffsregisterordnung 19.26
– Testamentsvollstrecker 19.23, 19.78, 19.243 ff.
– Überweisung 19.219
zukünftiges Vermögen 19.16 ff., 19.117 ff.
Zusatzgebühr
– Anfall 19.41 f., 19.56 ff.
– wegen nicht barrierefreiem Büro 19.64
Zustellung 19.148 ff.
Zuwendungsverzicht 19.20, 19.170

I. Überblick

1. Einführung

19.1 Beurkundungen im Erbrecht sind vielschichtig. Am häufigsten werden **Testamente und Erbverträge** sowie deren **Widerrufe** bzw. **Aufhebungen** beurkundet. Ferner werden auch Urkunden über **Verpfründungsverträge, Erb- und Pflichtteilsverzichte, Erbschaftskäufe, Erbauseinandersetzungen, Vermächtniserfüllungsverträge, Auslegungsverträge, Abschichtungsverträge** und **Nachlassverzeichnisse** erstellt sowie **Anträge an das Nachlassgericht** gestellt.

19.2 So vielschichtig die Beurkundungen sind, so unterschiedlich werden die einzelnen Erklärungen auch bewertet. Dabei sind oftmals **Mindestgebühren** zu beachten.

2. Übersichtstabelle

19.3 Die maßgeblichen Bewertungsvorschriften lauten:

Gebühren	
a) Verträge bzw. gemeinschaftliches Testament/Erbvertrag	Nr. 21100 KV GNotKG (2,0), mindestens 120 Euro
b) einseitige Erklärungen bzw. einseitiges Testament	Nr. 21200 KV GNotKG (1,0), mindestens 60 Euro
c) Aufhebung eines Vertrags	Nr. 21102 Nr. 2 KV GNotKG (1,0), mindestens 60 Euro
d) Widerruf Testament, Rücktritt Erbvertrag bzw. Anfechtung eines Erbvertrags (Verfügung von Todes wegen)	Nr. 21201 Nr. 1, 2 oder 3 KV GNotKG (0,5), mindestens 30 Euro
e) Rückgabe eines Erbvertrags	Nr. 23100 KV GNotKG (0,3)
f) Antrag an das/Erklärungen gegenüber dem Nachlassgericht	Nr. 21201 Nr. 6 oder 7 KV GNotKG (0,5), mindestens 30 Euro
g) Eidesstattliche Versicherung zur Erlangung eines Erbscheins	Nr. 23300 KV GNotKG (1,0)
h) vorzeitige Beendigung des Verfahrens	Nr. 21300 KV GNotKG (20 Euro, ohne Beratung, ohne Übermittlung Entwurf, ohne Verhandlung) Nrn. 21301, 24200 ff. KV GNotKG (mit notarieller Beratung, aber ohne Entwurf) Nr. 21302 KV GNotKG, nach einem der in Nr. 21300 KV GNotKG genannten Zeitpunkte, (0,5 bis 2,0 Vertrag, mindestens 120 Euro) Nr. 21303 KV GNotKG, nach einem der in Nr. 21300 KV GNotKG genannten Zeitpunkte, (0,3 bis 1,0 einseitige Erklärung), mindestens 60 Euro Nr. 21304 KV GNotKG, nach einem der in Nr. 21300 KV GNotKG genannten Zeit-

I. Überblick

i) Vollzug	punkte, (0,2 bis 0,5 z.B. Zustimmung Adoption), mindestens 30 Euro Nr. 23301 KV GNotKG (0,3 vorzeitige Beendigung des Erbscheinverfahrens nebst Eidesstattlicher Versicherung) Nr. 22110 KV GNotKG (0,5), ggf. Nr. 21112 KV GNotKG Nr. 22111 KV GNotKG (0,3), ggf. Nr. 21112 KV GNotKG
j) Betreuung	Nr. 22200 KV GNotKG (0,5) Nr. 22201 KV GNotKG (0,5 Treuhandgebühr)
Geschäftswert	
1) Verträge	§ 97 I, III GNotKG
2) allgemeiner Geschäftswert	§ 36 I, II, III GNotKG
3) Abzugsverbot von Verbindlichkeiten	§ 38 GNotKG
4) Erbschein, Zeugnisse	§§ 40, 41 GNotKG
5) Erbrechtliche Angelegenheiten (Verfügungen von Todes wegen, Verzichte)	§ 102 GnotKG
6) Rückgabe Erbvertrag aus notarieller Verwahrung	§ 114 GNotKG
7) Anträge an das/Erklärungen gegenüber dem Nachlassgericht	§ 103 GnotKG
8) Rechtswahl	§ 104 GNotKG
9) Vollzug	§ 112 GNotKG
10) Betreuung	§ 113 GNotKG

3. Gebühr

Nach Vorbem. 2.1 KV GNotKG wird das **gesamte Beurkundungsverfahren** mit der Gebühr **abgegolten**. Hierunter fällt insbesondere die Verwahrung des Erbvertrages beim Notar.

Vorbem. 2.1 II KV GNotKG dient der Abgrenzung der Geschäfte, die von der Beurkundungsgebühr mit umfasst sind, von den Geschäften, die zusätzlich zu vergüten sind. Nach Vorbem. 2.1 II Nr. 1 KV GNotKG löst die **Übermittlung von Anträgen** an ein Gericht oder eine Behörde, die im Zusammenhang mit einem Beurkundungsverfahren stehen, keine besonderen Gebühren aus.

19.4

Die **Antrag**stellung beim **Nachlassgericht** sowie beim **Familien- und Betreuungsgericht** ist ein **gebührenfreies Nebengeschäft**. Unter den Behördenbegriff fällt auch die Bundesnotarkammer bei der Führung des Zentralen Testamentsregisters (§ 77 I, § 78 II BNotO i.V.m. § 1 IV VwVfG).[1] Die „**isolierte**" Übermitt-

19.5

---

[1] Begründung RegE zu Teil 2 Hauptabschnitt 1 Vorbem. 2.1, BT-Drs. 17/11471, S. 217.

lung oder Stellung von Anträgen an Behörden und Gerichte unterfällt eigenen Gebührentatbeständen in Hauptabschnitt 2 Abschnitt 1 Unterabschnitt 2 KV GNotKG.

19.6 Hauptabschnitt 1 Abschnitt 1 des Kostenverzeichnisses regelt im Grundsatz die Gebühren für **Beurkundungsverfahren**, die mehrseitige Rechtsakte im weiteren Sinn umfassen. Dazu gehört auch das **gemeinschaftliche Testament**, das wie ein Erbvertrag behandelt wird.[1]

Alle Beurkundungen, für die ein Gebührensatz von 2,0 anfällt, lösen grundsätzlich die Gebühr Nr. 21100 KV GNotKG aus. Dies gilt auch für **gemeinschaftliche Testamente** oder **Erbverträge**.[2] Die Gebühr beträgt **mindestens** 120 Euro.

19.7 Der Gebührentatbestand Nr. 21102 KV GNotKG sieht für bestimmte Beurkundungsverfahren trotz Einordnung in den Hauptabschnitt 1 Abschnitt 1 des Kostenverzeichnisses die Ermäßigung auf eine 1,0-Gebühr vor.

Nach Nr. 21102 Nr. 1 KV GNotKG ermäßigt sich die Gebühr für das **Beurkundungsverfahren** bei allen reinen Erfüllungsgeschäften, deren Grundgeschäft von einem **anderen** Notar beurkundet worden ist. Um keinen anderen Notar handelt es sich allerdings in den Fällen der Vorbem. 2 I KV GNotKG (Aktenverwahrer, 51 BNotO; Aktenverwalter, § 56 BNotO; Sozius, Notar in Bürogemeinschaft). Unter Nr. 21102 Nr. 1 KV GNotKG fallen auch alle **Vermächtniserfüllungsverträge**.[3]

19.8 Nr. 21102 Nr. 2 KV GNotKG regelt die **Aufhebung** eines Vertrags. Diese Gebühr wird auch auf die Aufhebung eines **Erbvertrags** angewandt.[4] Zu beachten ist, dass bei der Zusammenbeurkundung eines Widerrufs einer Verfügung von Todes wegen, der Aufhebung oder Anfechtung eines Erbvertrages oder des Rücktritts von einem Erbvertrag jeweils mit der Errichtung einer **neuen Verfügung von Todes** wegen **derselbe Beurkundungsgegenstand** vorliegt (§ 109 II S. 1 Nr. 2 GNotKG).

19.9 Die Beurkundung einer **Anfechtungserklärung**, die gegenüber dem Nachlassgericht zu erklären ist, ist nach Nr. 21201 Nr. 7 KV GNotKG mit einer 0,5-Gebühr zu berechnen.[5] Ebenso werden nach Nr. 21201 Nr. 6 KV GNotKG **Anträge** an das **Nachlassgericht** bewertet.

19.10 Für die eidesstattliche **Versicherung** zur Erlangung eines **Erbscheins** ist eine 1,0 Gebühr nach Nr. 23300 KV GNotKG zu erheben. Eine **Mindestgebühr** ist hier nicht vorgesehen. Wird mit der eidesstattlichen Versicherung zugleich ein Antrag (oder mehrere Anträge) an das Nachlassgericht abgegeben, ist dieser Antrag bzw. sind diese Anträge nach Vorbem. 2.3.3 II KV GNotKG mit der Gebühr Nr. 23300 KV GNotKG **abgegolten** (s. auch Anm. zu Nr. 21201 KV GNotKG).

19.11 Die speziellen Bestimmungen über die **vorzeitige Beendigung** des Verfahrens regeln ausführlich und abgestuft nach Umfang der bereits vom Notar erbrach-

---
1 Begründung RegE zu Teil 2 Hauptabschnitt 1 Abschnitt 1, BT-Drs. 17/11471, S. 218.
2 Begründung RegE zu Nr. 21100, BT-Drs. 17/11471, S. 218.
3 Begründung RegE zu Nr. 21102, BT-Drs. 17/11471, S. 219.
4 Begründung RegE zu Nr. 21102, BT-Drs. 17/11471, S. 219.
5 Begründung RegE zu Nr. 21201, BT-Drs. 17/11471, S. 219.

I. Überblick

ten Leistungen die Höhe der anfallenden Gebühren (siehe Nrn. 21300 ff. KV GNotKG).

4. Geschäftswert

a) Besondere erbrechtliche Angelegenheiten (Verfügungen von Todes wegen sowie Erbverzichts- und Pflichtteilsverzichtsverträge)

§ 102 GNotKG ist die spezielle Geschäftswertvorschrift für Verfügungen von Todes wegen und für **Erb- und Pflichtteilsverzichtsverträge**. Damit verdrängt sie insoweit die allgemeine Geschäftswertvorschrift des § 36 GNotKG.[1] § 102 GNotKG ist keine abschließende Wertvorschrift für den Bereich der erbrechtlichen Angelegenheiten. Die Vorschrift ist nur anzuwenden, wenn über den gesamten Nachlass, einen Bruchteil oder bestimmte Gegenstände verfügt wird.[2] In anderen Fällen richtet sich der Wert nach § 36 GNotKG bzw. nach einer sonstigen einschlägigen Spezialvorschrift. So ist beispielsweise die **isolierte Anordnung einer Testamentsvollstreckung** bzw. die **Änderung der Person des Testamentsvollstreckers** nicht als Verfügung über den Nachlass anzusehen. Fraglich ist, welche Vorschrift hierfür gilt. Die Gesetzesbegründung will hierfür offensichtlich auf die allgemeine Geschäftswertvorschrift des § 36 GNotKG zurückgreifen.[3] Dies dürfte nicht zutreffend sein. Vielmehr findet sich in § 51 II GNotKG eine Spezialbestimmung, wonach der Wert einer Verfügungsbeschränkung mit 30 % des von der Beschränkung betroffenen Gegenstandes anzusetzen ist.

19.12

Zu beachten ist der **modifizierte Schuldenabzug**, wie er in § 102 I S. 2 und 3 GNotKG geregelt ist. Danach wird der Abzug von Verbindlichkeiten nur bis zur Höhe der Hälfte des Vermögens vorgenommen. Maßgeblich ist die Bewertung des Nachlasses im **Zeitpunkt** der Beurkundung (§ 96 GNotKG), Erbfallschulden können in diesem Zeitpunkt naturgemäß nicht entstanden sein.[4]

19.13

Vermögenswerte können sein:

19.14

- **Grundstücke** (Wert nach § 46 GNotKG),
- **Hausrat** (Wert nach §§ 97 I, 36 I GNotKG),
- **Fahrzeuge** (Wert nach §§ 97 I, 36 I GNotKG),
- **Bank- und Fondsvermögen** (Wert nach §§ 97 I, 36 I GNotKG),
- **Landwirtschaftliche Betriebe**, die vom Erben fortgeführt werden oder objektiv fortführbar sind (Wert nach § 48 GNotKG),
- Leistungen aus **Lebens- und Sterbegeld**versicherungen bzw. Sterbegelder *nur dann*, wenn der Erblasser direkt Bezugsberechtigter war (Wert nach § 97 I GNotKG); ist hingegen bereits der Erbe Bezugsberechtigter, fällt das Sterbegeld nicht in den Nachlass,

---

1 Begründung RegE zu § 102, BT-Drs. 17/11471, S. 182.
2 Begründung RegE zu § 102, BT-Drs. 17/11471, S. 182.
3 Begründung RegE zu § 102, BT-Drs. 17/11471, S. 182.
4 Begründung RegE zu § 102, BT-Drs. 17/11471, S. 182.

- **wiederkehrende Leistungen**, die dem Erblasser zustanden und auf die Erben übergehen (Wert nach § 52 GNotKG),
- Erhöhung des Erbteils durch den **pauschalen Zugewinnausgleich** bei Zugewinngemeinschaft gem. § 1371 BGB (Wert nach § 97 I GNotKG),
- Ansprüche aus **Lebens-, Kapital- und Rentenversicherungen** (Wert: Kapitalbetrag nach § 97 I GNotKG, bei noch nicht fälligen Ansprüchen Rückkaufswert),
- **Gesellschaftsbeteiligungen an Kapitalgesellschaften oder Kommanditbeteiligungen** (Wert nach § 54 GNotKG),
- **Gesellschaftsbeteiligungen an Personengesellschaften** (Wert: entsprechender Anteilswert am Aktivvermögen nach § 97 I GNotKG), *nicht* jedoch wenn die Anteile aufgrund einer rechtsgeschäftlichen Nachfolgeklausel übergegangen sind.

19.15 Wird in einer **Verfügung von Todes wegen** nur über einen Teil des Nachlasses durch Erbeinsetzung verfügt und erfolgt daneben eine vermächtnisweise Zuwendung eines bestimmten Gegenstandes, so ist § 102 I Satz 3 GNotKG einschlägig. Nach dieser Regelung werden **Vermächtnisse und Auflagen** – soweit ansonsten nur über einen Bruchteil verfügt wird – nur mit dem Anteil ihres Werts hinzugerechnet, der dem Bruchteil entspricht, über den nicht verfügt wird.

19.16 § 102 II GNotKG betrifft Sachverhalte, in denen der Erblasser neben einer Erbeinsetzung **gegenständliche Zuwendungen** vornimmt, die fremde Vermögenswerte betreffen, z.B. die Anordnung eines Vermächtnisses bezüglich eines konkreten Gegenstands, dessen Übertragung auf den Erblasser bevorsteht.[1] Diese Konstellation unterscheidet sich von den Fällen, in denen diese Vermögenswerte kostenrechtlich bereits im Rahmen der Verfügung über das gegenwärtige Vermögen enthalten sind; ist dies nicht der Fall, sind diese Vermögenswerte dem gegenwärtigen Nachlass hinzuzurechnen, wie es in Satz 1 vorgesehen ist.[2]

19.17 § 102 II S. 2 GNotKG führt im Rahmen der Hinzurechnung den Grundsatz des beschränkten **Schuldenabzugs** fort, um einen Widerspruch zu den Regelungen, die für die Gesamtrechtsnachfolge nach § 102 I GNotKG gelten, zu vermeiden.[3] Daher sind Verbindlichkeiten abzugsfähig, die der Zuwendungsempfänger zu übernehmen hat (beispielsweise nach § 2165 BGB), allerdings auch hier begrenzt auf die Hälfte des zugewandten Vermögenswerts.[4]

19.18 Da eine doppelte kostenrechtliche Berücksichtigung eines **fremden Vermögenswerts** ausgeschlossen sein soll, ordnet § 102 II S. 3 GNotKG an, dass eine Hinzurechnung eines fremden Vermögenswerts dann nicht vorzunehmen ist, wenn bei einem gemeinschaftlichen Testament oder einem gegenseitigen Erbvertrag dieser Wert schon bei der Erbfolge des Erstversterbenden berücksichtigt worden ist.[5] Ein Anwendungsbeispiel ist das Berliner Testament.[6] Wird nämlich in der

---

1 Begründung RegE zu § 102, BT-Drs. 17/11471, S. 182.
2 Begründung RegE zu § 102, BT-Drs. 17/11471, S. 182.
3 Begründung RegE zu § 102, BT-Drs. 17/11471, S. 182.
4 Begründung RegE zu § 102, BT-Drs. 17/11471, S. 182.
5 Begründung RegE zu § 102, BT-Drs. 17/11471, S. 182.
6 Begründung RegE zu § 102, BT-Drs. 17/11471, S. 182.

I. Überblick

Verfügung des Längstlebenden ein Vermächtnis hinsichtlich eines konkreten Gegenstands angeordnet, der ganz oder zum Teil einem der Ehegatten gehört, träfe die Hinzurechnungsregelung für den Längstlebenden zwar zu, kommt aber nicht zur Anwendung, weil der Gegenstand bereits jetzt schon zum gemeinsamen Vermögen gehört.[1]

§ 102 III GNotKG erklärt nur den Wert der **bestimmten Vermögenswerte** für maßgebend, wenn sich die Verfügung von Todes wegen nur darauf bezieht. Gemeint ist die alleinige **Vermächtnisanordnung** oder **Auflage**, die grundsätzlich nach dem Verkehrswert bewertet wird. Der beschränkte Schuldenabzug ist auch in diesem Fall vorzunehmen (§ 102 III HS 2 GNotKG erklärt **insoweit** § 102 II S. 2 GNotKG für entsprechend anwendbar, also nur dann, wenn der Erbe die auf dem bestimmten Vermögenswert lastenden Verbindlichkeiten zu übernehmen hat). Diese Vorschrift soll nach der Regierungsbegründung auch für die Fälle der nachträglichen Anordnung einer Ausgleichungs- oder Anrechnungspflicht nach den §§ 2050, 2053 oder 2315 BGB gelten.[2]

19.19

Derartige Anordnungen erfolgen durch Verfügung von Todes wegen, maßgeblicher Wert ist demnach der Betrag, um den sich der Auseinandersetzungs- bzw. Pflichtteilsanspruch durch die nachträgliche Anordnung mindert.[3]

Der beschränkte **Schuldenabzug** gem. § 102 I S. 1 und 2 GNotKG ist nach § 102 IV GNotKG auch für die Beurkundung von **Erbverzichts-, Zuwendungsverzichts- oder Pflichtteilsverzichtsverträgen** zu beachten. Dabei ist das Pflichtteilsrecht wie ein entsprechender Bruchteil des Nachlasses zu behandeln. Wahrscheinlichkeitserwägungen bezüglich des Überlebens des Verzichtenden oder der Entwicklung der Vermögensverhältnisse des Erblassers spielen keine Rolle.

19.20

Nach § 102 V GNotKG gelten für die Beurkundung der **Anfechtung** oder des **Widerrufs** einer Verfügung von Todes wegen sowie für den **Rücktritt** von einem Erbvertrag die Absätze 1 bis 3 des § 102 GNotKG entsprechend. Hat, so § 102 II S. 2 GNotKG, eine Erklärung des einen Teils nach Satz 1 im Fall eines gemeinschaftlichen Testaments oder eines Erbvertrags die Unwirksamkeit von Verfügungen des anderen Teils zur Folge, ist der Wert der Verfügung des anderen Teils dem Wert nach Satz 1 hinzuzurechnen. Durch diesen Satz 2 ist klargestellt, dass im Fall wechselbezüglicher Verfügungen in einem gemeinschaftlichen Testament oder erbvertraglich bindenden Verfügungen die gesetzlichen Auswirkungen auf die Verfügungen des anderen Erblassers kostenrechtlich durch Hinzurechnung zu berücksichtigen sind.[4]

19.21

b) Rückgabe eines Erbvertrags aus der notariellen Verwahrung

Der Geschäftswert für die **Rückgabe** eines Erbvertrags aus der notariellen Verwahrung bestimmt sich gem. § 114 GNotKG nach § 102 I GNotKG. Demnach bestimmt er sich wie bei der Beurkundung des zurückgenommenen Erbvertrags.

19.22

---

1 Begründung RegE zu § 102, BT-Drs. 17/11471, S. 182.
2 Begründung RegE zu § 102, BT-Drs. 17/11471, S. 183.
3 Begründung RegE zu § 102, BT-Drs. 17/11471, S. 183.
4 Begründung RegE zu § 102, BT-Drs. 17/11471, S. 183.

Maßgeblicher Zeitpunkt sind gem. § 96 GNotKG die Wertverhältnisse im Zeitpunkt der Rücknahme.[1]

c) Sonstige erbrechtliche Angelegenheiten

aa) Erbscheine, Europäische Nachlasszeugnisse (ENZ), Zeugnisse über Fortsetzung der Gütergemeinschaft, Testamentsvollstreckerzeugnis und Hoffolgezeugnis

19.23 § 40 GNotKG fasst die Geschäftswertvorschriften für **Erbscheinsverfahren**, für das Verfahren über die Erteilung eines **Europäischen Nachlasszeugnisses**, für das **Verfahren über die Erteilung eines Zeugnisses über die Fortsetzung der Gütergemeinschaft**, für das Verfahren zur Erteilung eines **Testamentsvollstreckerzeugnisses** und für die Verfahren über die Erteilung eines **Hoffolgezeugnisses** zusammen.[2] Dabei werden nur Erblasserschulden vom Nachlassvermögen abgezogen.

Bei einem Testamentsvollstreckerzeugnis beträgt der Geschäftswert 20 % des Nachlasswerts im Zeitpunkt des Erbfalls, wonach Nachlassverbindlichkeiten nicht abgezogen werden, § 40 V S. 1 GNotKG. Dies gilt entsprechend, soweit die Angabe der Befugnisse des Testamentsvollstreckers Gegenstand eines Verfahrens wegen eines Europäischen Nachlasszeugnisses ist, § 40 V S. 2 GNotKG. § 40 V GNotKG gilt auch für die Verfahren zur Abnahme der eidesstattlichen Versicherung und für die Kraftloserklärung.[3]

19.24 Der Geschäftswert für einen **Erbschein**, der nur für bestimmte Zwecke verwendet werden soll, wird genauso berechnet, als wenn ein Vollrechtserbschein beantragt wurde. Es ist nicht nur der Vermögenswert maßgebend, auf den sich der Erbschein beziehen soll.

19.25 Nach § 40 VI GNotKG steht bei der Ermittlung des Werts und der Zusammensetzung des Nachlasses § 30 Abgabenordnung einer **Auskunft** des **Finanzamtes** nicht entgegen.

bb) Sonstige Zeugnisse

19.26 § 41 GNotKG regelt den Geschäftswert für ein Verfahren, das ein **Zeugnis** nach den §§ 36 und 37 der **Grundbuchordnung** oder den §§ 42 und 74 der **Schiffsregisterordnung** bzw. § 86 des Gesetzes über Rechte an **Luftfahrzeugen** betrifft. Da ein solches Zeugnis hinsichtlich des Eigentumswechsels oder des Wechsels in der Person des Berechtigten sowohl die Wirkung eines Erbscheins ersetzt, als auch den Nachweis des Verfügungsgeschäfts erbringt, ist eine entsprechende Regelung angemessen.[4] Der Geschäftswert ist der Wert der Gegenstände, auf die sich der Nachweis der Rechtsnachfolge bezieht, jedoch ohne Schuldenabzug (§ 38 GNotKG).

---

1 Begründung RegE zu § 114, BT-Drs. 17/11471, S. 190.
2 Begründung RegE zu § 40, BT-Drs. 17/11471, S. 165.
3 Begründung RegE zu § 40, BT-Drs. 17/11471, S. 165.
4 Begründung RegE zu § 41, BT-Drs. 17/11471, S. 166.

d) Erklärungen gegenüber dem Nachlassgericht

§ 103 I GNotKG gilt für **Erklärungen gegenüber dem Nachlassgericht**. Ein **Schuldenabzug** erfolgt in diesen Fällen in voller Höhe, denn – so die Regierungsbegründung – insbesondere im Fall von Erbausschlagungen wäre bei überschuldeten Nachlässen mit nennenswertem Vermögen eine Begrenzung des Schuldenabzugs wie bei § 102 GNotKG nicht sachgerecht.[1] Weiterhin gilt diese Geschäftswertvorschrift für Anträge an das Nachlassgericht nach Nr. 21201 Nr. 6 KV GNotKG. § 103 II GNotKG tritt für die **Ausschlagung des Anfalls eines Hofes** gegenüber dem Landwirtschaftsgericht an die Stelle des § 20 Buchstabe e HöfeVfO.[2]

19.27

e) Rechtswahl

Nach § 104 II GNotKG beträgt der Geschäftswert bei der Beurkundung einer **Rechtswahl**, die eine Rechtsnachfolge von Todes wegen betrifft, 30 % des Wertes, der sich in entsprechender Anwendung des § 102 GNotKG ergibt.

19.28

f) Ehe- und Erbvertrag

Die gleichzeitige Beurkundung eines **Ehe- bzw. Lebenspartnerschaftsvertrags** und eines **Erbvertrags** betrifft stets einen **verschiedenen Beurkundungsgegenstand** nach § 111 Nr. 1 und 2 GNotKG. Die Einzelwerte nach § 100 GNotKG (Ehevertrag) und § 102 GNotKG (Erbvertrag) werden gem. § 35 I GNotKG addiert, da die Verträge demselben Gebührensatz unterliegen. Eine Vergleichsberechnung nach § 94 I GNotKG ist nicht erforderlich.

19.29

5. Derselbe Beurkundungsgegenstand/Verschiedene Beurkundungsgegenstände

Nach dem Grundsatz des § 86 II GNotKG sind mehrere Rechtsverhältnisse **verschiedene Beurkundungsgegenstände**, soweit in § 109 GNotKG nichts anderes bestimmt ist (zum Ganzen Rz. 1.53 ff.). Gemäß § 109 II S. 1 Nr. 2 GNotKG sind der Widerruf einer Verfügung von Todes wegen, die Aufhebung oder Anfechtung eines Erbvertrags oder der Rücktritt von einem Erbvertrag jeweils mit der Errichtung einer neuen Verfügung von Todes wegen **derselbe Beurkundungsgegenstand**; in diesem Fall bestimmt sich der Geschäftswert nach dem höchsten in Betracht kommenden Wert, § 109 II S. 2 GNotKG.

19.30

Ansonsten haben Verfügungen von Todes wegen stets einen **besonderen Beurkundungsgegenstand**, § 111 Nr. 1 GNotKG, d.h. gleichgültig mit welchen sonstigen Beurkundungsgegenständen sie in einer Urkunde zusammen treffen, sind sie zu diesen ein **verschiedener Beurkundungsgegenstand**.

19.31

Ebenfalls stets ein **besonderer Beurkundungsgegenstand** ist nach § 111 Nr. 4 GNotKG eine **Rechtswahl** nach dem Internationalen Privatrecht (im Erbrecht bis zum 17.8.2015: Art. 25 II EGBGB, nunmehr nach EU-ErbVO).

19.32

---

1 Begründung RegE zu § 103, BT-Drs. 17/11471, S. 183.
2 Begründung RegE zu § 103, BT-Drs. 17/11471, S. 183.

6. Vollzugs-, Betreuungs- und Treuhandtätigkeiten

19.33 Die **Vollzugs- und die Betreuungsgebühren** werden in demselben notariellen Verfahren jeweils nur einmal erhoben, § 93 I S. 1 GNotKG. Eine Ausnahme bildet die Treuhandgebühr nach Nr. 22201 KV GNotKG, die pro Treuhandauftrag anfällt, ggf. auch mehrmals. Allerdings dürfte sie im Erbrecht eher keine Rolle spielen.

19.34 Dabei regelt § 112 GNotKG den **Geschäftswert** für die Vollzugstätigkeiten, § 113 I GNotKG den der Betreuungstätigkeiten und § 113 II GNotKG schließlich den von Treuhandtätigkeiten.

7. Gebührenfreie (Neben-)Geschäfte

19.35 Gemäß Vorbem. 2 II KV GNotKG sind bundes- oder landesrechtliche Vorschriften, die **Gebühren- oder Auslagenbefreiung** gewähren, nicht auf den Notar anzuwenden, es sei denn, die Angelegenheit betrifft Fälle der Kostenerstattung zwischen den Trägern der Sozialhilfe. Dann gilt die in § 64 II Satz 3 Nr. 2 SGB X bestimmte Gebührenfreiheit auch für den Notar. Ein Anwendungsbereich im Erbrecht ist nicht ersichtlich.

19.36 Ferner sind Nebentätigkeiten, wie z.B. die **Anzeige an das Standesamt** (oder das Gericht oder bestimmte andere Behörden) nach Vorbem. 2.1 II Nr. 1 KV GNotKG mit der Beurkundungsgebühr **abgegolten**.

19.37 Entstandene **Auslagen** werden berechnet.

19.38 Die **nachträgliche Identitätsfeststellung** nach § 10 II S. 2 BeurkG ist mit der Beurkundungsgebühr **abgegolten** (vgl. Vorbem. 2.1 I KV GNotKG), da diese keinen eigenen Gebührentatbestand auslöst. Eine Betreuungsgebühr nach Nr. 22200 KV GNotKG fällt nicht an, da die nachträgliche Identitätsfeststellung keine Bescheinigung über den Eintritt der Wirksamkeit einer Erklärung darstellt.[1]

8. Unrichtige Sachbehandlung

19.39 Gemessen an den allgemeinen Grundsätzen (Rz. 1.144 ff.) bestehen keine Besonderheiten.

9. Gebührenermäßigung (§ 91 GNotKG)

19.40 Ein Beurkundungsvorfall, der die Ermäßigung nach § 91 GNotKG auslösen würde, scheidet bei erbrechtlichen Vorgängen mangels Beteiligung eines privilegierten öffentlich-rechtlichen Rechtsträgers in den meisten Fällen aus. Eine **Gebührenermäßigung** ist daher in der Regel nicht zu gewähren.

Ein Anwendungsfall ist jedoch denkbar, wenn eine nach § 91 II GNotKG begünstigte Stiftung Vertragspartner eines Erbvertrages ist.

---

1 LG Dresden, Beschl. v. 18.8.2015 – 2 OH 100/14, n.v.

I. Überblick

10. Auswärtsbeurkundungen

Wird auf Verlangen eines Beteiligten die notarielle Tätigkeit außerhalb der Geschäftsstelle vorgenommen, erhält der Notar nach Nr. 26002 KV GNotKG für jede angefangene halbe Stunde der Abwesenheit 50 Euro. Betrifft jedoch die Tätigkeit **ausschließlich** die Errichtung, die Aufhebung oder die Änderung einer Verfügung von Todes wegen, sieht Nr. 26003 Nr. 1 KV GNotKG eine Ausnahme von der zeitabhängigen **Zusatzgebühr** vor. Der Notar erhält in diesen Fällen eine feste Zusatzgebühr von 50 Euro pro Antragsteller. Nicht maßgebend für den Anfall dieser Zusatzgebühr ist die Art der Tätigkeit, ein Beurkundungsverfahren muss nicht Gegenstand der Tätigkeit sein.[1] Die Festgebühr nach Nr. 26003 KV GNotKG entsteht für jeden Auftraggeber nur einmal (Anm. S. 1 zu Nr. 26003 KV GNotKG), also bei einem Testament oder bei einem einseitigen Erbvertrag jeweils einmal und bei einem gemeinschaftlichen Testament oder bei einem zweiseitigen Erbvertrag jeweils zweimal. Wird beispielsweise ein „Vorsorgepaket" eines Beteiligten bestehend aus einer Verfügung von Todes wegen und von Vorsorgeverfügungen in gesonderten Niederschriften beurkundet, kommt die Festgebühr nur einmal zum Ansatz.[2]

19.41

Anders jedoch, wenn die Angelegenheit nicht nur eine Verfügung von Todes wegen oder eine Vorsorgeverfügung betrifft, sondern zugleich auch eine andere, nicht nach Nr. 26003 KV GNotKG privilegierte Tätigkeit (z.B. Ehe- und Erbvertrag), die außerhalb der Geschäftsstelle vorgenommen wird. Dann richtet sich die Auswärtsgebühr nur nach Nr. 26002 KV GNotKG.

Wird die Tätigkeit des Notars außerhalb der Geschäftsstelle durchgeführt, weil der Beteiligte die nicht barrierefreien Räume des Notars aufgrund seiner mangelnden Gesundheit nicht erreichen kann, fehlt es bereits an einem **Verlangen** des Beteiligten, so dass die Gebühr nach den Nrn. 26002 und 26003 KV GNotKG nicht anfallen kann.

19.42

11. Kostenhaftung

Gemäß § 31 II GNotKG haften für die **Errichtung eines Nachlassinventars und für die Nachlasssicherung** nur die Erben für die entstandenen Kosten, ihnen stehen die Möglichkeiten der Haftungsbeschränkung zur Verfügung.[3]

19.43

Gemäß § 31 III GNotKG haften für die Kosten, die für die **Vermittlung der Auseinandersetzung eines Nachlasses** entstehen, die Anteilsberechtigten, jedoch nicht, wenn der Antrag zurückgenommen oder zurückgewiesen wurde. Dabei geht es um die Vermittlung von Nachlassauseinandersetzungen nach den §§ 363 ff. FamFG, für die seit dem 1.9.2013 gem. § 20 I S. 2 BNotO i.V.m. § 23a III GVG statt des Nachlassgerichts bundeseinheitlich der Notar zuständig ist. Nicht erfasst sind Auseinandersetzungen außerhalb eines Vermittlungsverfahrens, namentlich eine herkömmliche Erbauseinandersetzung, für deren Beurkundung eine Beurkundungsgebühr nach Nr. 21100 KV GNotKG entsteht; hierfür haften die Beteiligten nach den allgemeinen Haftungsvorschriften der §§ 29, 30 GNotKG.

19.44

---

1 Begründung RegE zu Nrn. 26002 und 26003, BT-Drs. 17/11471, S. 234.
2 Vgl. Begründung RegE zu Nrn. 26002 und 26003, BT-Drs. 17/11471, S. 234.
3 Begründung RegE zu § 31, BT-Drs. 17/11471, S. 249.

12. Zentrales Testamentsregister

19.45 Für die **Registrierung** beim **Zentralen Testamentsregister** fallen Gebühren bei der Bundesnotarkammer an. Kostenschuldner ist der Erblasser. Die Registrierungsgebühr beträgt 15 Euro je Registrierung, falls sie vom Notar für die Bundesnotarkammer erhoben wird (§ 1 II S. 1 ZTR-GebS.; diese Gebühr kann der Notar nach Nr. 32015 KV GNotKG als umsatzsteuerfreie Auslage auf den Kostenschuldner umlegen), bei unmittelbarer Erhebung beim Erblasser durch die Bundesnotarkammer jedoch 18 Euro (§ 1 II S. 2 ZTR-GebS.). Zu beachten ist, dass die Gebühr **pro Registrierung** anfällt, also bei einem gemeinschaftlichen Testament oder Erbvertrag mit wechselseitiger Erbeinsetzung 30 Euro bei Erhebung durch den Notar.

19.46 Die gem. § 34a BeurkG und § 2 ZTRV vorgeschriebene Übermittlung der Verwahrangaben i.S.v. § 78b II S. 2 BNotO an die BNotK als die seit dem 1.1.2012 das Zentrale Testamentsregister führende Behörde ist mit der Beurkundungsgebühr **abgegolten** (Vorbem. 2.1 II Nr. 1 bzw. 2 KV GNotKG). Es fällt auch keine Gebühr nach Nr. 22114 KV an, weil die hierfür erforderlichen Voraussetzungen – Erzeugen von strukturierten Daten – nicht erfüllt sind.

19.47 Weil es sich nicht um ein Dokument handelt, fällt durch die elektronische Übermittlung der Verwahrangaben durch den Notar auch keine **Dokumentenpauschale** nach Nr. 32002 KV GNotKG an.

II. Beurkundung eines Testaments

→ **Fall 1: Gemeinschaftliches Testament (Verfügung über den ganzen Nachlass, Auflage, Vermächtnis)**

A. Sachverhalt

19.48 Der Notar beurkundet folgenden letzten Willen der Eheleute A: Sie setzen sich gegenseitig als Erben ein. Erbe des Letztlebenden soll der gemeinsame Sohn B sein unter der **Auflage**, seine Schwester C bei sich unentgeltlich wohnen zu lassen. Ferner setzen sie für das Kind des Ehemannes aus erster Ehe D ein **Vermächtnis** in Form einer Geldzahlung von 50 000 Euro aus. Zum Nachlass gehört ein Grundstück (Verkehrswert: 350 000 Euro). Der Ehemann verfügt über ein Vermögen von 300 000 Euro und hat Verbindlichkeiten i.H.v. 200 000 Euro. Die Ehefrau verfügt ebenfalls über ein Vermögen von 300 000 Euro und hat Verbindlichkeiten i.H.v. 200 000 Euro.

B. Rechnung

19.49

Pos.	Gebührentatbestand	Geschäfts-wert	KV-Nr.	Satz	Betrag
	Beurkundung eines gemeinschaftlichen Testaments (§ 102 I)	300 000	21100	2,0	1270,00

C. Erläuterungen

Der Geschäftswert bestimmt sich gemäß § 102 I. Maßgebend ist der Wert des Vermögens, über das ein Erblasser verfügt. Verbindlichkeiten werden nur bis zur Höhe des halben Vermögens abgezogen. Die Berechnung erfolgt für jeden Verfügenden getrennt.

Vorliegend ist folgende Berechnungsweise anzustellen:

Ehemann: 300 000 Euro Vermögen – 200 000 Euro Verbindlichkeiten = 100 000 Euro, mindestens jedoch **150 000 Euro**

Ehefrau: 300 000 Euro Vermögen – 200 000 Euro Verbindlichkeiten = 100 000 Euro, mindestens jedoch **150 000 Euro**

Vermögen beider Ehegatten nach § 102 I: 300 000 Euro

Wird über den **gesamten Nachlass verfügt**, werden **Vermächtnisse** und **Auflagen** weder abgezogen noch hinzugerechnet.

Da es sich um ein gemeinschaftliches Testament handelt, ist eine 2,0 Gebühr nach Nr. 21100 KV zu erheben.

19.50

D. Exkurs

An der Berechnung ändert sich nichts, wenn neben dem oder den Erben auch ein oder mehrere **Ersatzerben** bestimmt werden.

Zur Registrierung beim Zentralen Testamentsregister (ZTR) siehe Abschnitt I Ziffer 12 Rz. 19.45 ff.

19.51

→ **Fall 2: Testament durch Übergabe einer verschlossenen Schrift**

A. Sachverhalt

Der Notar beurkundet die Testamentserrichtung des A durch Übergabe einer verschlossenen Schrift. Dafür hat A dem Notar einen verschlossenen Umschlag überreicht mit der Erklärung, dass sich in dem Umschlag sein eigenhändig geschriebener und unterschriebener letzter Wille befindet. A gibt sein Vermögen mit 600 000 Euro an. Die Verbindlichkeiten betragen 400 000 Euro.

19.52

B. Rechnung

Pos.	Gebührentatbestand	Geschäftswert	KV-Nr.	Satz	Betrag
	Beurkundung eines Testaments (§ 102 I)	300 000	21200	1,0	635,00

19.53

C. Erläuterungen

Der Geschäftswert bestimmt sich gemäß § 102 I. Maßgebend ist der Wert des Vermögens, über das der Erblasser verfügt. Verbindlichkeiten werden nur bis zur Höhe des halben Vermögens abgezogen (600 000 Euro – 400 000 Euro; mindestens aber 300 000 Euro).

19.54

Wird über den **gesamten Nachlass verfügt**, werden **Vermächtnisse** und **Auflagen** weder abgezogen noch hinzugerechnet.

Die Errichtung eines Testaments durch Übergabe einer Schrift, gleich ob es sich um eine **offene** oder **verschlossene Schrift** handelt, löst eine 1,0 Gebühr nach Nr. 21200 KV aus, selbst wenn der Notar nicht über den Inhalt des Testamentes – weil verschlossen – belehren kann.

D. Exkurs

19.55 Wenn Eheleute ein **gemeinschaftliches** Testament durch Übergabe einer Schrift, gleich ob es sich um eine **offene oder verschlossene Schrift** handelt, errichten, ist eine 2,0 Gebühr nach Nr. 21100 KV zu erheben.

Zur Registrierung beim Zentralen Testamentsregister (ZTR) siehe Abschnitt I Ziffer 12 Rz. 19.45 ff.

→ **Fall 3: Testament (Verfügung über einen Bruchteil nebst Vermächtnisanordnung) außerhalb des Amtssitzes des Notars (mit verauslagten Kosten für das Zentrale Testamentsregister)**

A. Sachverhalt

19.56 Der Notar begibt sich auftragsgemäß an einem Sonntag in die Wohnung der Frau A, die sich in einer anderen, 30 km entfernten, politischen Gemeinde, also nicht am Amtssitz oder Wohnort des Notars, befindet und beurkundet deren folgenden letzten Willen: Sie setzt für drei Viertel ihres Nachlasses ihren Sohn B als Erben ein. Für Ihre Tochter C setzt sie ein **Vermächtnis** in Form einer Geldzahlung von 50 000 Euro aus. Zum Nachlass gehört ein Grundstück (Verkehrswert: 350 000 Euro). Ihr gesamtes Vermögen gibt sie mit 800 000 Euro an. Die Verbindlichkeiten betragen 500 000 Euro.

Die Tätigkeit dauerte inklusive Fahrtzeit 80 Minuten.

B. Rechnung

19.57

Pos.	Gebührentatbestände/Auslagen	Geschäfts-wert	KV-Nr.	Satz	Betrag
(1)	Beurkundung eines einseitigen Testaments (§ 102 I)	312 500	21200	1,0	635,00
(2)	Auswärtsgebühr		26003 Nr. 1		50,00
(3)	Unzeitgebühr		26000		30,00
(4)	Auslagen Reisekosten (Fahrtkosten)		32006		18,00
(5)	Verauslagte Kosten ZTR		32015		15,00

C. Erläuterungen

Pos. (1):

Der Geschäftswert bestimmt sich gemäß § 102 I. Maßgebend ist der Wert des Vermögens, über das ein Erblasser verfügt, § 102 I S. 1. Gem. § 102 I S. 2 werden Verbindlichkeiten nur bis zur Höhe des halben Vermögens abgezogen. Vermächtnisse und Auflagen werden bei **Verfügung über einen Bruchteil** gem. § 102 I S. 3 nur mit dem Anteil ihres Wertes hinzugerechnet, der dem Bruchteil entspricht, über den nicht verfügt wird (Verfügung über ¾ des Vermögens: 600 000 Euro abzüglich ¾ der Verbindlichkeiten: 375 000 Euro; jedoch mindestens 300 000 Euro (Hälfte des ¾ Vermögens) zuzüglich ¼ von 50 000 Euro (Vermächtnis): 12 500 Euro; gesamt: 312 500 Euro).

Pos. (2):

Ein Geschäftswert wird nicht ermittelt, weil es sich bei der **Auswärtsgebühr** nicht um eine Wertgebühr handelt. Da die notarielle Tätigkeit ausschließlich auf die Errichtung einer Verfügung von Todes wegen gerichtet ist und es sich vorliegend um einen einzigen Auftraggeber handelt, fällt nur die Festgebühr nach Nr. 26003 Nr. 1 KV GNotKG i.H.v. 50,00 Euro an. Hierbei ist es unerheblich, wie lange der Notar auswärts tätig ist.

Tage- und Abwesenheitsgeld nach Nr. 32008 KV wird nicht erhoben, da eine Auswärtsgebühr angefallen ist, siehe Anmerkungen zu Nrn. 32008, 26003, 26002 III KV.

Pos. (3):

Da es sich bei der der **Unzeitgebühr** nicht um eine Wertgebühr handelt, wird kein Geschäftswert ermittelt. Vielmehr bestimmt sich die Höhe der Gebühr Nr. 26000 KV mit 30 % aus der Gebühr nach Nr. 21200 KV; jedoch begrenzt auf 30,00 Euro.

Pos. (4):

Bei den **Fahrtkosten** handelt es sich um Reisekosten, also um Auslagen. Ein Geschäftswert wird nicht ermittelt. Die Höhe der Auslagen richtet sich nach der Anzahl der gefahrenen Kilometer für die Hin- und Rückfahrt. Diese werden mit 0,30 Euro pro gefahrenen Kilometer in Rechnung gestellt.

Pos. (5):

Siehe hierzu Abschnitt I Ziffer 12 Rz. 19.45 ff.

D. Exkurs

Benutzt der Notar für die Geschäftsreise öffentliche Verkehrsmittel, werden die Netto-Kosten des Fahrscheins nach Nr. 32007 KV in Ansatz gebracht. Die durch den Notar nach Nr. 32014 KV zu erhebende Umsatzsteuer wird dann auch auf diese Auslage erhoben.

Wird die Tätigkeit des Notars **außerhalb** der Geschäftsstelle durchgeführt, weil der Beteiligte die nicht barrierefreien Räume des Notars aufgrund seiner mangelnden Gesundheit nicht erreichen kann, fehlt es an dem Verlangen des Beteiligten, so dass die Gebühr nach den Nrn. 26002 bzw. 26003 KV GNotKG nicht anfallen kann.

→ **Fall 4: „Änderung" eines gemeinschaftlichen Testaments (Verfügung über den ganzen Nachlass)**

A. Sachverhalt

19.65 Eheleute A hatten ein gemeinschaftliches Testament errichtet. Danach hatten sie B und C zu ihren Erben bestimmt. Als Ersatzerben hatten sie D bestimmt. Nunmehr wünschen sie einen anderen Ersatzerben, nämlich E. Der Notar beurkundet diesen letzten Willen der Eheleute A. Der Ehemann verfügt über ein Vermögen von 300 000 Euro und hat Verbindlichkeiten i.H.v. 200 000 Euro. Die Ehefrau verfügt ebenfalls über ein Vermögen von 300 000 Euro und hat Verbindlichkeiten i.H.v. 200 000 Euro.

B. Rechnung

19.66

Pos.	Gebührentatbestand	Geschäfts-wert	KV-Nr.	Satz	Betrag
	Beurkundung eines gemeinschaftlichen Testaments (§ 102 I)	300 000	21100	2,0	1270,00

C. Erläuterungen

19.67 Die Änderung eines Testaments erfolgt immer durch neue Verfügung von Todes wegen. Da es sich um ein gemeinschaftliches Testament handelt, ist eine 2,0 Gebühr nach Nr. 21100 KV zu erheben. Würde es sich um ein einseitiges Testament handeln, wäre die 1,0 Gebühr nach Nr. 21200 KV entstanden.

Auch wenn nur der (neue) Ersatzerbe bestimmt wird, handelt es sich ebenfalls um eine Verfügung über den Nachlass mit derselben Bewertungsfolge wie bei einem Testament, bei dem der oder die Erben bestimmt werden.

19.68 Der Geschäftswert bestimmt sich gemäß § 102 I. Maßgebend ist der Wert des Vermögens, über das ein Erblasser verfügt. Verbindlichkeiten werden nur bis zur Höhe des halben Vermögens abgezogen. Die Berechnung erfolgt für jeden Verfügenden getrennt.

Vorliegend ist folgende Berechnungsweise anzustellen:

Ehemann: 300 000 Euro Vermögen – 200 000 Euro Verbindlichkeiten = 100 000 Euro, mindestens jedoch **150 000 Euro**

Ehefrau: 300 000 Euro Vermögen – 200 000 Euro Verbindlichkeiten = 100 000 Euro, mindestens jedoch **150 000 Euro**

Vermögen beider Ehegatten nach § 102 I: 300 000 Euro

D. Exkurs

19.69 An der Berechnung ändert sich nichts, wenn nicht nur der Ersatzerbe, sondern auch der oder die Erben geändert werden.

Anders, wenn nur ein Erbe oder Ersatzerbe eines Erbteils geändert wird, dann ist nach Maßgabe der **Verfügung über einen Bruchteil** zu bewerten.

Zur Registrierung beim Zentralen Testamentsregister (ZTR) siehe Abschnitt I Ziffer 12 Rz. 19.45 ff.

→ **Fall 5: „Änderung" eines gemeinschaftlichen Testaments (Wegfall eines Miterben)**

A. Sachverhalt

Eheleute A hatten ein Testament errichtet. Danach hatten sie ihre Kinder B, C, D und E zu ihren Erben zu je ¼ bestimmt. Nunmehr wünschen sie, dass ihr Sohn E kein Erbe wird. Der Notar beurkundet diesen letzten Willen der Eheleute A. Der Ehemann verfügt über ein Vermögen von 300 000 Euro und hat Verbindlichkeiten i.H.v. 200 000 Euro. Die Ehefrau verfügt ebenfalls über ein Vermögen von 300 000 Euro und hat Verbindlichkeiten i.H.v. 200 000 Euro.

19.70

B. Rechnung

Pos.	Gebührentatbestand	Geschäfts-wert	KV-Nr.	Satz	Betrag
	Beurkundung eines gemeinschaftlichen Testaments (§ 102 I)	75 000	21100	2,0	438,00

19.71

C. Erläuterungen

Die Änderung eines Testaments erfolgt immer durch neue Verfügung von Todes wegen. Da es sich um ein gemeinschaftliches Testament handelt, ist eine 2,0 Gebühr nach Nr. 21100 KV zu erheben. Würde es sich um ein einseitiges Testament handeln, wäre die 1,0 Gebühr nach Nr. 21200 KV entstanden.

19.72

Der Geschäftswert bestimmt sich gemäß § 102 I. Maßgebend ist der Wert des Vermögens, über das ein Erblasser verfügt. Verbindlichkeiten werden nur bis zur Höhe des halben Vermögens abgezogen. Die Berechnung erfolgt für jeden Verfügenden getrennt.

Vorliegend ist folgende Berechnungsweise anzustellen:

Ehemann: 300 000 Euro Vermögen – 200 000 Euro Verbindlichkeiten = 100 000 Euro, mindestens jedoch **150 000 Euro**

Ehefrau: 300 000 Euro Vermögen – 200 000 Euro Verbindlichkeiten = 100 000 Euro, mindestens jedoch **150 000 Euro**

Vermögen beider Ehegatten nach § 102 I: 300 000 Euro

Vorliegend wird aber nicht über den ganzen Nachlass verfügt, sondern nur über den ¼ Bruchteil, den der Sohn E nun nicht mehr erben soll. Der Geschäftswert entspricht somit ¼ von 300 000 Euro = 75 000 Euro.

D. Exkurs

Wird nicht nur über **einen Bruchteil verfügt**, sondern daneben auch **Vermächtnisse** ausgesetzt und/oder **Auflagen** erteilt, werden gem. § 102 I S. 3 Vermächt-

19.73

nisse und Auflagen nur mit dem Anteil ihres Wertes hinzugerechnet, der dem Bruchteil entspricht, über den nicht verfügt wird (siehe Fall 3, Rz. 19.56 ff.).

19.74 Bei einer **vollständigen Verschiebung** der bisherigen Erbquoten unter Hinzutreten eines weiteren Miterben (z.B. der neugeborene E soll nun auch Erbe zu gleichen Teilen sein) kann man mit guten Gründen von einer vollständigen Neuverfügung über den ganzen Nachlass ausgehen.

Zur Registrierung beim Zentralen Testamentsregister (ZTR) siehe Abschnitt I Ziffer 12 Rz. 19.45 ff.

→ **Fall 6: „Änderung" eines Testaments (Aufhebung eines Vermächtnisses (Wohnrecht))**

A. Sachverhalt

19.75 Frau A hatte ein Testament errichtet. Danach hatte sie ihre Tochter B zu ihrer Alleinerbin bestimmt. Ihrem Lebensgefährten C hatte sie ein Vermächtnis in der Weise zugewandt, dass dieser nach ihrem Ableben ein Wohnrecht (Jahreswert 6000 Euro) an ihrem Wohngrundstück in L erhalten sollte. Weil sie sich nunmehr vor einiger Zeit von C getrennt hat, wünscht sie den Wegfall des Vermächtnisses. Der Notar beurkundet diesen letzten Willen der Frau A, indem das seinerzeitige Testament lediglich hinsichtlich des Wegfalls des Vermächtnisses geändert wird. Die anderen Verfügungen, die Frau A seinerzeit getroffen hat, insbesondere die Erbeinsetzung, bleiben bestehen. Ihr Vermögen gibt sie mit 600 000 Euro an. Die Verbindlichkeiten betragen 400 000 Euro. C ist zum Beurkundungszeitpunkt 49 Jahre alt.

B. Rechnung

19.76

Pos.	Gebührentatbestand	Geschäfts-wert	KV-Nr.	Satz	Betrag
	Beurkundung eines Testaments (§§ 102 III, 52 IV, VI)	30 000	21200	1,0	125,00

C. Erläuterungen

19.77 Der Geschäftswert bestimmt sich grundsätzlich gemäß § 102 I. Maßgebend ist der Wert des Vermögens, über das ein Erblasser verfügt. Gem. § 102 III ist jedoch der Wert der lediglich betroffenen einzelnen Vermögenswerte, über die ausschließlich verfügt wird, maßgebend. Verbindlichkeiten werden nur dann – bis höchstens zum halben Vermögenswert – abgezogen, wenn sie vom Begünstigten zu übernehmen sind. Vorliegend fällt das Wohnrecht für den derzeit 49-jährigen C weg. Der Geschäftswert bestimmt sich zunächst nach § 52 IV mit dem zehnfachen Jahreswert (6000 Euro × 10 = 60 000 Euro), da der Beurkundungszeitpunkt maßgebend ist (§ 96). Gemäß § 52 VI ist ein Wertabschlag vorzunehmen, da dem Bedachten ja kein rechtsbeständiger Anspruch weggenommen wird, sondern nur ein in Aussicht gestellter. Für den vorliegenden Fall werden 50 % vom Wert nach § 52 IV vorgeschlagen, mithin 30 000 Euro.

II. Beurkundung eines Testaments

Die Änderung eines Testaments erfolgt immer durch Testament. Die Beurkundung eines Testamentes löst eine 1,0 Gebühr nach Nr. 21200 KV aus.

D. Exkurs

Bereits die **vermächtnisweise Begründung** eines Anspruchs auf wiederkehrende Leistungen ist gem. § 52 VI mit einem Abschlag zu versehen. 19.78

Wird über **mehrere bestimmte Vermögenswerte** verfügt, würde der jeweilige Wert dieser Gegenstände addiert werden (§ 102 III).

Würde es sich um ein **gemeinschaftliches** Testament handeln, wäre eine 2,0 Gebühr nach Nr. 21100 KV zu erheben.

Zur Registrierung beim Zentralen Testamentsregister (ZTR) siehe Abschnitt I Ziffer 12 Rz. 19.45 ff.

→ **Fall 7: Testament – Vermächtnis nebst Testamentsvollstreckung**

A. Sachverhalt

Frau K setzt zur notariellen Niederschrift zugunsten ihres Enkels Z ein **Vermächtnis** aus. Er soll das Grundstück in L zu Alleineigentum erhalten. Y sei bis zur Volljährigkeit ihres Enkels **Testamentsvollstrecker**. Weitere Verfügungen werden nicht getroffen. Ihr Vermögen beträgt insgesamt 260 000 Euro, die Verbindlichkeiten betragen insgesamt 110 000 Euro. Der Wert des Grundstücks beträgt 150 000 Euro. Es ist mit einer Grundschuld i.H.v. 50 000 Euro belastet, die noch mit 25 000 Euro valutiert. Diese sind vom Vermächtnisnehmer zu übernehmen. 19.79

B. Rechnung

Pos.	Gebührentatbestand	Geschäftswert	KV-Nr.	Satz	Betrag
	Beurkundung eines einseitigen Testaments über Vermächtnis und Testamentsvollstreckung (§§ 102 III, II 2, 46, 38)	125 000	21200	1,0	300,00

19.80

C. Erläuterungen

Gem. § 102 III ist der **Verkehrswert des Grundstücks** maßgeblich. Verbindlichkeiten werden nur dann – bis höchstens zum halben Vermögenswert – abgezogen, wenn sie vom Begünstigten zu übernehmen sind. Hier hat Z zum Zeitpunkt der Verfügung von Todes wegen 25 000 Euro zu übernehmen. Die Anordnung eines Testamentsvollstreckers wird nicht gesondert bewertet, da sie der Sicherung und Durchführung der Erfüllung des Vermächtnisses dient (§ 109 I S. 1, 2). 19.81

D. Exkurs

Wird über **mehrere bestimmte Vermögenswerte** verfügt, würde der jeweilige Wert dieser Gegenstände addiert werden (§ 102 III). 19.82

Zur Registrierung beim Zentralen Testamentsregister (ZTR) siehe Abschnitt I Ziffer 12 Rz. 19.45 ff.

Zur Annahmeerklärung des Testamentsvollstreckers und Beantragung eines **Testamentsvollstreckerzeugnisses** siehe Rz. 17.38 (Fall 4).

→ **Fall 8: Testament (nur Anordnung Testamentsvollstreckung)**

A. Sachverhalt

19.83 Frau L setzt Herrn T zur notariellen Niederschrift als ihren **Testamentsvollstrecker** ein. Weitere Erklärungen oder Verfügungen von Todes wegen werden nicht getroffen. Ihr Vermögen beträgt 150 000 Euro, die Verbindlichkeiten betragen 100 000 Euro.

B. Rechnung

19.84

Pos.	Gebührentatbestand	Geschäftswert	KV-Nr.	Satz	Betrag
	Beurkundung eines einseitigen Testaments, nur Anordnung Testamentsvollstreckung (§§ 97 I, 51 II, 38)	45 000	21200	1,0	155,00

C. Erläuterungen

19.85 Die **isolierte Anordnung** einer **Testamentsvollstreckung** stellt keine Verfügung über den Nachlass dar, § 102 findet keine Anwendung. Fraglich ist, welche Vorschrift hierfür gilt. Die Gesetzesbegründung will hierfür offensichtlich auf die allgemeine Geschäftswertvorschrift des § 36 zurückgreifen. Dies dürfte nicht zutreffend sein. Vielmehr findet sich in § 51 II eine Spezialbestimmung, wonach der Wert einer Verfügungsbeschränkung mit 30 % des von der Beschränkung betroffenen Gegenstandes (hier 150 000 Euro) anzusetzen ist. Verbindlichkeiten werden gem. § 38 nicht abgezogen.

Die vorstehenden Bewertungsmaßstäbe finden auch dann Anwendung, wenn (lediglich) ein neuer Testamentsvollstrecker benannt wird.

D. Exkurs

19.86 Die **Anordnung eines Testamentsvollstreckers neben einer Erbeinsetzung**, einem Vermächtnis und/oder einer Auflage wird nicht gesondert bewertet, da sie der Sicherung und Durchführung der Erfüllung des letzten Willens des Erblassers dient (§ 109 I S. 1, 2). Dies gilt selbst dann, wenn sich die Testamentsvollstreckung lediglich auf eine Verfügung über **zukünftiges Vermögen** bezieht.

Zur Registrierung beim Zentralen Testamentsregister (ZTR) siehe Abschnitt I Ziffer 12 Rz. 19.45 ff.

Zur Annahmeerklärung des Testamentsvollstreckers und Beantragung eines **Testamentsvollstreckerzeugnisses** siehe Rz. 17.38 (Fall 4).

→ Fall 9: Vormundbenennung (durch Verfügung von Todes wegen)

S. Rz. 18.47 ff. (Fall 4).

Die dort dargestellten Bewertungsmaßstäbe finden auch dann Anwendung, wenn (lediglich) ein neuer Vormund benannt wird.

→ Fall 10: Isolierte Rechtswahl

A. Sachverhalt

Frau A ist italienische Staatsbürgerin, hat aber ihren gewöhnlichen Aufenthalt in Deutschland. Als Erklärung in Form einer Verfügung von Todes wegen lässt sie bei dem Notar beurkunden, dass sie die Erbfolge in ihren gesamten Nachlass dem italienischen Recht unterstellt (Rechtswahl nach Art. 22 EuErbVO).

Ihr Vermögen gibt sie mit 600 000 Euro an, ihre Verbindlichkeiten betragen 400 000 Euro.

B. Rechnung

Pos.	Gebührentatbestand	Geschäftswert	KV-Nr.	Satz	Betrag
	Beurkundung einer Rechtswahl (§§ 104 II, 102 I)	90 000	21200	1,0	246,00

C. Erläuterungen

Die Rechtswahl muss nach Art. 22 II EuErbVO ausdrücklich in einer Erklärung in Form einer Verfügung von Todes wegen erfolgen oder sich aus den Bestimmungen einer solchen Verfügung ergeben. Bei ihr handelt es sich nicht um eine Verfügung von Todes wegen (vgl. Art. 3 I lit. d) EuErbVO), Art. 22 II EurErbVO enthält nur eine Formvorgabe. Weder Art. 22 II EuErbVO noch § 1941 I BGB n.F. schließen eine isolierte Rechtswahl aus.

Die Rechtswahl ist als einseitige Erklärung nach Nr. 21200 KV zu qualifizieren.

Gem. § 104 II beträgt der Geschäftswert 30 % vom Wert nach § 102 I. Nach letztgenannter Norm werden Verbindlichkeiten des Erblassers nur bis zur Höhe des halben Vermögens des Erblassers abgezogen (600 000 Euro – 400 000 Euro; mindestens aber 300 000 Euro, davon 30 %).

Zur Registrierung beim Zentralen Testamentsregister (ZTR) siehe Abschnitt I Ziffer 12 Rz. 19.45 ff.

→ Fall 11: Testament mit Rechtswahl

A. Sachverhalt

Herr A ist deutscher Staatsangehöriger. Er beabsichtigt, seinen gewöhnlichen Aufenthalt nach seiner Pensionierung nach Italien zu verlegen. Bei dem Notar lässt er eine Verfügung von Todes wegen beurkunden, wonach er seine Tochter zur Alleinerbin einsetzt und die Erbfolge in seinen gesamten Nachlass dem deutschen Recht unterstellt.

B. Rechnung

19.92

Pos.	Gebührentatbestand	Geschäftswert	KV-Nr.	Satz	Betrag
	Beurkundung Erbeinsetzung und Rechtswahl (§ 111 Nr. 1, 4, § 35 I)	390 000	21200	1,0	785,00
	– Erbeinsetzung (§ 102 I)	300 000			
	– Rechtswahl (§§ 102 I, 104 II; 30 % von 300 000 Euro)	90 000			

C. Erläuterungen

19.93 Die Beurkundung der Erbeinsetzung nebst Rechtswahl löst eine 1,0 Gebühr nach Nr. 21200 KV aus. Da es sich gem. § 111 Nr. 1, 4 um besondere (verschiedene) Beurkundungsgegenstände handelt, die demselben Gebührensatz unterliegen, fällt die Gebühr nur einmal an (§ 93 I S. 1), die Geschäftswerte sind gem. § 35 I zu addieren.

Der Geschäftswert der Erbeinsetzung bestimmt sich gem. § 102 I nach dem sog. modifizierten Reinvermögen des Testierenden. Dieses beläuft sich vorliegend auf 300 000 Euro (600 000 Euro – 400 000 Euro = 200 000 Euro; jedoch darf hälftiges Aktivvermögen i.H.v. 300 000 Euro durch den Schuldenabzug nicht unterschritten werden).

Der Geschäftswert der Rechtswahl nach Art. 22 EuErbVO bestimmt sich gem. §§ 104 II, 102 I auf 30 % des modifizierten Reinvermögens des Erblassers, d.h. auf 90 000 Euro.

Zur Registrierung beim Zentralen Testamentsregister (ZTR) siehe Abschnitt I Ziffer 12 Rz. 19.45 ff.

→ **Fall 12: Errichtung einer Stiftung durch letztwillige Verfügung (§ 83 BGB)**

19.94 Siehe hierzu Rz. 21.1038 (Fall 124).

III. Entwurf eines Testaments

→ **Fall 13: Entwurf eines Testaments**

A. Sachverhalt

19.95 Der Notar **entwirft** auftragsgemäß folgenden letzten Willen der Eheleute A: Sie setzen sich gegenseitig als Erben ein. Erbe des Letztlebenden soll der gemeinsame Sohn B sein. Dabei hat der Notar alle Informationen und Wünsche der Beteiligten in den Entwurf eingearbeitet und diesen auch an sie übersandt. Eine Beurkundung war nicht beabsichtigt. Der Ehemann verfügt über ein Vermögen von 300 000 Euro und hat Verbindlichkeiten i.H.v. 200 000 Euro. Die Ehefrau verfügt ebenfalls über ein Vermögen von 300 000 Euro und hat Verbindlichkeiten i.H.v. 200 000 Euro.

B. Rechnung

Pos.	Gebührentatbestand	Geschäftswert	KV-Nr.	Satz	Betrag
	Entwurf eines gemeinschaftlichen Testaments (§§ 119 I, 102 I)	300 000	24100, 21100	2,0	1270,00

C. Erläuterungen

Der Geschäftswert bestimmt sich gemäß §§ 119 I, 102 I. Maßgebend ist der Wert des Vermögens, über das ein Erblasser verfügt. Verbindlichkeiten werden nur bis zur Höhe des halben Vermögens abgezogen. Die Berechnung erfolgt für jeden Verfügenden getrennt.

Vorliegend ist folgende Berechnungsweise anzustellen:

Ehemann: 300 000 Euro Vermögen – 200 000 Euro Verbindlichkeiten = 100 000 Euro, mindestens jedoch **150 000 Euro**

Ehefrau: 300 000 Euro Vermögen – 200 000 Euro Verbindlichkeiten = 100 000 Euro, mindestens jedoch **150 000 Euro**

Vermögen beider Ehegatten nach § 102 I: 300 000 Euro

Wird über den **gesamten Nachlass verfügt**, werden Vermächtnisse und Auflagen weder abgezogen noch hinzugerechnet.

Bei dem hier vorliegenden isolierten Entwurfsauftrag i.S.d. Vorbem. 2.4.1 I S. 1 KV wird eine Entwurfsgebühr nach den Nrn. 24100, 21100 KV erhoben. Da der Notar den Entwurf vollständig erstellt hat, also alle Informationen der Beteiligten eingearbeitet hat, wird wegen § 92 II die Höchstgebühr des Rahmens i.H.v. 2,0 erhoben.

D. Exkurs

Nimmt der Notar **demnächst** aufgrund des Entwurfs eine **Beurkundung** vor, ist die Entwurfsgebühr auf die Beurkundungsgebühr gem. Vorbem. 2.4.1 VI KV **anzurechnen**.

Hätte der Notar den Testamentsentwurf im Rahmen eines in Auftrag gegebenen Beurkundungsverfahrens erstellt und wäre es anschließend nicht zur Beurkundung gekommen, so wäre eine identische Gebühr angefallen, jedoch gestützt auf Nr. 21302 KV.

Für spezielle Fragen zur Abrechnung von Entwurfs- und Beratungstätigkeiten wird auf Teil 9 „Vorzeitige Beendigung des Beurkundungsverfahrens, Entwurf, Beratung" verwiesen.

Zur Registrierung beim Zentralen Testamentsregister (ZTR) siehe Abschnitt I Ziffer 12 Rz. 19.45 ff.

IV. Bestimmte Vollzugstätigkeiten

→ **Fall 14: Übermittlung eines Testaments an das Nachlassgericht**

A. Sachverhalt

19.99 E legt dem Notar ein handschriftliches Testament des Erblassers vor und bittet den Notar um Übermittlung an das Nachlassgericht zum Zwecke der Testamentseröffnung. Nachlasswert: 100 000 Euro.

B. Rechnung

19.100

Pos.	Gebührentatbestand	Geschäfts-wert	KV-Nr.	Satz	Betrag
	Vollzugstätigkeit für Testaments-eröffnung	keiner, da Festgebühr	22124		20,00

C. Erläuterungen

19.101 Sobald das Nachlassgericht vom Tod des Erblassers Kenntnis erlangt hat, hat es eine in seiner Verwahrung befindliche Verfügung von Todes wegen zu eröffnen, § 348 I S. 1 FamFG. Hierfür bedarf es keines Antrags, die Eröffnung der Verfügung von Todes wegen erfolgt von Amts wegen. Das Gebot der Vermeidung überflüssiger Kosten macht es dem Notar zur Pflicht, die Beteiligten auf die kostensparendste Möglichkeit eines Amtsgeschäfts hinzuweisen; dies gilt insbesondere dann, wenn die Vornahme der notariellen Beurkundung an sich überflüssig ist. Liegen keine anerkennenswerten Gründe für eine Beurkundung vor, bleiben Beurkundungskosten wegen unrichtiger Sachbehandlung nach § 21 I S. 1 unerhoben. Gibt es hingegen solche Gründe bzw. besteht der Beteiligte nach Belehrung des Notars über die Rechtslage und die Kostenfolge auf einer Beurkundung, so fällt für die Beurkundung eines Eröffnungs"antrags" eine 0,5 Gebühr nach Nr. 21201 Nr. 6 KV an; der Geschäftswert bestimmt sich gem. § 103 I nach dem betroffenen Vermögen oder des betroffenen Bruchteils nach Abzug der Verbindlichkeiten zum Zeitpunkt der Beurkundung.

Für die reine Übermittlung des Testaments an das Nachlassgericht durch den Notar fällt die besondere Vollzugsgebühr Nr. 22124 KV an.

V. Erbverträge und Ehe- und Erbverträge

→ **Fall 15: Erbvertrag (Erbeinsetzungen, Auflage, Vermächtnis) mit Mindestgebühr**

A. Sachverhalt

19.102 Der Notar beurkundet einen **Erbvertrag** der Eheleute A. Diese setzen sich gegenseitig als Erben ein. Erbe des Letztlebenden soll der gemeinsame Sohn B sein unter der **Auflage**, seine Schwester C bei sich unentgeltlich wohnen zu lassen. Ferner setzen sie für das Kind des Ehemannes aus erster Ehe D ein **Vermächtnis** in Form einer Geldzahlung von 1000 Euro aus. Der Ehemann verfügt über ein

V. Erbverträge und Ehe- und Erbverträge

Vermögen von 5000 Euro und hat Verbindlichkeiten i.H.v. 3000 Euro. Die Ehefrau verfügt ebenfalls über ein Vermögen von 5000 Euro und hat Verbindlichkeiten i.H.v. 3000 Euro.

B. Rechnung

Pos.	Gebührentatbestand	Geschäfts-wert	KV-Nr.	Satz	Betrag
	Beurkundung eines Erbvertrags (§ 102 I)	5000	21100	2,0	120,00

19.103

C. Erläuterungen

Der Geschäftswert bestimmt sich gemäß § 102 I. Maßgebend ist der Wert des Vermögens, über das ein Erblasser verfügt. Verbindlichkeiten werden nur bis zur Höhe des halben Vermögens abgezogen. Die Berechnung erfolgt für jeden Verfügenden getrennt.

19.104

Vorliegend ist folgende Berechnungsweise anzustellen:

Ehemann: 5000 Euro Vermögen − 3000 Euro Verbindlichkeiten = 2000 Euro, mindestens jedoch **2500 Euro**

Ehefrau: 5000 Euro Vermögen − 3000 Euro Verbindlichkeiten = 2000 Euro, mindestens jedoch **2500 Euro**

Vermögen beider Ehegatten nach § 102 I: 5000 Euro

Wird, wie hier, über den **gesamten Nachlass verfügt**, werden Vermächtnisse und Auflagen weder abgezogen noch hinzugerechnet.

Der Erbvertrag löst eine 2,0 Gebühr nach Nr. 21100 KV aus, mind. 120 Euro.

D. Exkurs

An der Berechnung ändert sich nichts, wenn neben dem oder den Erben auch ein oder mehrere **Ersatzerben** bestimmt werden.

19.105

Wird nur der **Ersatzerbe** bestimmt, etwa weil der Erbe in einer anderen Verfügung von Todes wegen benannt wurde, handelt es sich ebenfalls um eine Verfügung über den Nachlass mit derselben Bewertungsfolge.

Für das Verwahren des Erbvertrages beim Notar fällt keine gesonderte Gebühr an. Die Tätigkeit ist mit der Beurkundungsgebühr gem. Vorbem. 2.1 I KV abgegolten.

19.106

Zur Registrierung beim Zentralen Testamentsregister (ZTR) siehe Abschnitt I Ziffer 12 Rz. 19.45 ff.

→ **Fall 16: Verpfründungsvertrag**

A. Sachverhalt

Die Eheleute A (53 und 60 Jahre) haben zwei Kinder B und C. Der Sohn B verpflichtet sich, die Eltern mit Eintritt eines bestimmten Ereignisses unentgeltlich und vollumfänglich bis zu ihrem Tode zu pflegen. Die Pflegeleistungen

19.107

werden genau definiert. Als Gegenleistung setzen die Eheleute A den B als Alleinerben ein. Die Eheleute A, auch der Letztlebende von ihnen, können vom Erbvertrag zurücktreten, wenn B die von ihm zugesagte Pflege nicht erbringt. Ebenso kann B aus wichtigem Grund kündigen und für die in der Vergangenheit erbrachten Pflegeleistungen einen bestimmten Abgeltungsbetrag fordern. Der Ehemann verfügt über ein Vermögen von 300 000 Euro und hat Verbindlichkeiten i.H.v. 200 000 Euro. Die Ehefrau verfügt ebenfalls über ein Vermögen von 300 000 Euro und hat Verbindlichkeiten i.H.v. 200 000 Euro.

Die Pflegeleistung hat einen Monatswert von 1000 Euro.

B. Rechnung

19.108

Pos.	Gebührentatbestand	Geschäftswert	KV-Nr.	Satz	Betrag
	Beurkundung eines Verpfründungsvertrags (§§ 111 Nr. 1, § 35 I)	360 000	21100	2,0	1470,00
	a) Erbvertrag (§§ 97, 102 I)	300 000			
	b) Pflegeverpflichtung (§§ 97, 52 IV, VI; 50 % von 120 000 Euro)	60 000			
		360 000			

C. Erläuterungen

19.109 Bei einem Verpfründungsvertrag werden einerseits lebzeitige Zuwendungen versprochen (z.B. bis zum Tode zu erbringende Wart- und Pflegeleistungen), die anderseits durch eine Einsetzung als Erbe in einem Erbvertrag abgegolten werden. Kennzeichnend für diesen Vertrag ist, dass der spätere Erblasser (hier: Eheleute A) vom Erbvertrag zurücktreten kann, wenn der zukünftige Erbe (hier: B) die von ihm zugesagte Pflege nicht erbringt. Umgekehrt kann auch der Leistungserbringer (hier: B) aus wichtigem Grund kündigen und für die in der Vergangenheit erbrachten (Pflege-)leistungen einen bestimmten Abgeltungsbetrag fordern. Zivilrechtlich kann bei Ausgestaltung eines Erbvertrages als Verpfründungsvertrag zwar ein gegenseitiger Vertrag i.S.d. §§ 320 ff. BGB vorliegen. Kostenrechtlich handelt es sich dennoch nicht um einen Austauschvertrag nach § 97 III, d.h. die Erbeinsetzung und die Pflegeverpflichtung sind nicht als Austauschleistungen miteinander zu vergleichen. Vielmehr wird die Erbeinsetzung als Verfügung von Todes wegen nach der Spezialvorschrift des § 102 bewertet, die rechtsgeschäftlich-vertragliche Pflegeverpflichtung nach § 97 I i.V.m. § 52. Verfügung von Todes wegen und Pflegeverpflichtung sind gem. § 111 Nr. 1 mehrere (besondere) Beurkundungsgegenstände, d.h. sie sind – bei gleichem Gebührensatz – gem. § 35 I zu addieren; bei unterschiedlichen Gebührensätzen findet eine Vergleichsberechnung nach § 94 I statt.

19.110 Der Geschäftswert des Erbvertrags richtet sich nach § 102 I. Die Eheleute verfügen zugunsten des Sohnes B über ihr gesamtes Vermögen (Erbeinsetzung). Maßgebend ist der Wert des Vermögens, über das ein Erblasser verfügt. Verbindlichkeiten werden nur bis zur Höhe des halben Vermögens abgezogen. Die Berechnung erfolgt für jeden Verfügenden getrennt.

Vorliegend ist folgende Berechnungsweise anzustellen:

Ehemann: 300 000 Euro Vermögen – 200 000 Euro Verbindlichkeiten = 100 000 Euro, mindestens jedoch **150 000 Euro**

Ehefrau: 300 000 Euro Vermögen – 200 000 Euro Verbindlichkeiten = 100 000 Euro, mindestens jedoch **150 000 Euro**

Vermögen beider Ehegatten nach § 102 I: 300 000 Euro

Wird über den **gesamten Nachlass verfügt**, werden Vermächtnisse und Auflagen weder abgezogen noch hinzugerechnet.

Der Sohn erbringt die Gegenleistung durch eine wiederkehrende Leistung, deren Geschäftswert nach § 52 bestimmt wird. Vorliegend ist zunächst § 52 IV einschlägig. Danach wird der monatliche Wert der Pflegeleistung entsprechend kapitalisiert (1000 Euro × 12 × 10 Jahre = 120 000 Euro), da der Beurkundungszeitpunkt maßgebend ist (§ 96). Gemäß § 52 VI ist ein Wertabschlag vorzunehmen, da der Beginn der Pflegeleistung noch nicht feststeht („mit Eintritt eines bestimmten Ereignisses"). Für den vorliegenden Fall werden 50 % vom Wert nach § 52 IV vorgeschlagen, mithin 60 000 Euro.

19.111

Die Werte sind gemäß §§ 111 Nr. 1, 35 I zu addieren und aus der Summe ist eine 2,0 Gebühr nach Nr. 21100 KV zu erheben.

19.112

Zur Registrierung beim Zentralen Testamentsregister (ZTR) siehe Abschnitt I Ziffer 12 Rz. 19.45 ff.

→ **Fall 17: Erbvertrag (Vermächtnis und weitere Erklärungen)**

A. Sachverhalt

Der Notar beurkundet einen **Erbvertrag** zwischen X und Y mit folgendem Inhalt:

19.113

a) ohne Erbeinsetzung wird das **Vermächtnis** ausgesetzt, dass Y das Grundstück erhält (Verkehrswert 200 000 Euro, voll valutierende Grundschuld zu 50 000 Euro einschließlich der dem Darlehensvertrag zugrundeliegenden Verbindlichkeiten wird vom Erwerber übernommen), vertragsmäßige Vermächtnisanordnung, Y nimmt an, einseitige Änderung nicht mehr möglich

b) **Verfügungsverbot** von X gegenüber Y mit Ausnahme einer Belastung bis zu 25 000 Euro zuzüglich Nebenleistung von bis zu 15 %; bei Verstoß hiergegen ist Y berechtigt, die sofortige unentgeltliche Übertragung zu verlangen

c) Recht aus b) wird mittels **Vormerkung** gesichert, jedoch nach **Rangvorbehalt** wegen der o.g. Belastung

d) X erteilt Y eine **Vollmacht** zum Zweck der Vermächtniserfüllung, die erst nach dem Ableben von X wirksam sein soll

B. Rechnung

19.114

Pos.	Gebührentatbestände	Geschäfts-wert	KV-Nr.	Satz	Betrag
	Beurkundung eines Erbvertrags mit Verfügungsverbot und Vollmacht (§§ 111 Nr. 1, 35 I, 94 I):	170 000	21100	2,0	762,00
	– Erbvertrag: § 102 III, II 2, 46:	150 000	21200	1,0	273,00
	– Verfügungsverbot: § 50 I	20 000			
	– Vollmacht: § 98 I	100 000			
		~~270 000~~	~~21100~~	~~2,0~~	~~1170,00~~

C. Erläuterungen

19.115 Ausgangspunkt für die Berechnung des Geschäftswertes für alle Erklärungen ist der Verkehrswert des Grundstücks. Der Wert **mehrerer Gegenstände** wird addiert (§ 35 I).

Der **Geschäftswert** des **Erbvertrages** richtet sich nach §§ 102 III, II S. 2, 46, also nach dem Grundstücksverkehrswert. Verbindlichkeiten werden nur bis zur Hälfte des Verkehrswertes abgezogen, wenn sie – wie hier – vom Begünstigten zu übernehmen sind.

Der Vertrag löst eine 2,0 Gebühr nach Nr. 21100 KV aus.

19.115a Der **Geschäftswert** des **Verfügungsverbotes** wird nach § 50 Nr. 1 mit 10 % der Sache (Verfügungsgegenstand) bestimmt. Es handelt sich um ein schuldrechtliches Verfügungsverbot (§ 137 S. 2 BGB), es wird auch nicht etwa dadurch verdinglicht i.S.d. § 51 II, dass es durch Vormerkung gesichert wird. Die bedingte Übereignungsverpflichtung ist unselbständiges Sicherungsgeschäft des Verbotes und somit nicht gesondert zu bewerten, § 109 I S. 1–3. Ebenso die Erklärungen zur Vormerkung und zum Rangvorbehalt. Die vertragliche Regelung löst eine 2,0 Gebühr nach Nr. 21100 KV aus.

Bei dem Verfügungsverbot nebst der bedingten Übereignung handelt es sich nicht um Erklärungen von Todes wegen, vielmehr sind sie als Vertrag unter Lebenden gesondert zu bewerten gem. § 111 Nr. 1.

Der **Geschäftswert** der **Vollmacht** richtet sich nach § 98 I. Danach ist der halbe Wert des Grundstücks maßgeblich. Die Vollmacht löst eine 1,0 Gebühr nach Nr. 21200 KV aus. Sie ist ebenfalls gesondert zu bewerten (§ 111 Nr. 1).

Die Werte mehrerer Gebühren desselben Gebührensatzes werden gem. § 35 I addiert. Nach der Bewertungstechnik des § 94 I darf eine 2,0 Gebühr aus 270 000 Euro (Wertesumme) nicht überschritten werden. Vorliegend ist der getrennte Ansatz (2,0 Gebühr aus 170 000 Euro zzgl. 1,0 Gebühr aus 100 000 Euro) günstiger und somit maßgeblich.

D. Exkurs

19.116 Werden in einem Erbvertrag auch Pflichtteilsverzichtsverträge und aufschiebend bedingte Verzichte auf Zugewinnausgleich erklärt (etwa bei Anordnung

V. Erbverträge und Ehe- und Erbverträge

von Vor- und Nacherbschaft), haben diese Erklärungen wegen § 111 Nr. 1 und 2 untereinander jeweils einen verschiedenen (besonderen) Beurkundungsgegenstand. Der Wert der Verzichte wird jeweils ermittelt und gem. § 35 I zu dem Wert der Verfügungen von Todes wegen addiert, um daraus die 2,0 Gebühr nach Nr. 21100 KV zu erheben. Zur Bewertung von Pflichtteilsverzichten siehe Rz. 19.167 ff. Zur Bewertung von Verzichten auf Zugewinnausgleich siehe Rz. 20.22 ff.

Zur Registrierung beim Zentralen Testamentsregister (ZTR) siehe Abschnitt I Ziffer 12 Rz. 19.45 ff.

→ **Fall 18: Erbvertrag (auch über zukünftiges Vermögen)**

A. Sachverhalt

Der Notar beurkundet einen **Erbvertrag** der Eheleute A. Diese setzen sich gegenseitig als Erben ein. Erbe des Letztlebenden soll der gemeinsame Sohn B sein unter der **Auflage**, seine Schwester C bei sich unentgeltlich wohnen zu lassen. Ferner ordnen sie für das Kind D des Ehemannes aus erster Ehe ein **Vermächtnis** in Form der Überlassung eines genau bezeichneten Grundstücks an. Hierbei handelt es sich um das Elternhaus des Herrn A, von dem er annimmt, dass es ihm in absehbarer Zeit „zufällt". Das Grundstück hat einen Wert von 200 000 Euro. Auf ihm lastet eine Grundschuld zu 150 000 Euro, die derzeit mit 120 000 Euro valutiert. Die Grundschuld bzw. die durch sie gesicherten Verbindlichkeiten hat D zu übernehmen, d.h. der Ehemann muss das Grundstück nicht lastenfrei an den D übereignen. Das derzeitige Vermögen geben die Eheleute wie folgt an: Vermögen Ehemann 300 000 Euro, seine Verbindlichkeiten 200 000 Euro; Vermögen Ehefrau 300 000 Euro, ihre Verbindlichkeiten 250 000 Euro.

19.117

B. Rechnung

Pos.	Gebührentatbestand	Geschäftswert	KV-Nr.	Satz	Betrag
	Beurkundung eines Erbvertrags (§ 102 I, II)	350 000	21100	2,0	1370,00

19.118

C. Erläuterungen

Der Geschäftswert bestimmt sich gemäß § 102 I, 2. Maßgebend ist der Wert des Vermögens, über das ein Erblasser verfügt. Verbindlichkeiten werden nur bis zur Höhe des halben Vermögens abgezogen. Die Berechnung erfolgt für jeden Verfügenden getrennt.

19.119

Wird über den **gesamten Nachlass verfügt**, werden Vermächtnisse und Auflagen weder abgezogen noch hinzugerechnet.

Nur wenn auch, wie hier, über **künftiges**, in der Urkunde konkret bezeichnetes, **Vermögen** verfügt wird, und zwar anders als durch Gesamtrechtsnachfolge, wird dessen Wert hinzugerechnet; Verbindlichkeiten, die von Begünstigten (= Erben) übernommen werden, werden nur bis zur Höhe des halben Vermögenswerts abgezogen (§ 102 II S. 1, 2).

Vorliegend ergibt sich folgende Berechnung des Geschäftswertes:

Ehemann: 300 000 Euro Vermögen + 100 000 Euro zukünftiges Vermögen (200 000 Euro Verkehrswert – 120 000 Euro zu übernehmende Verbindlichkeiten; mind. jedoch halber Verkehrswert) – 200 000 Euro Verbindlichkeiten (mind. jedoch halbes Vermögen) = 200 000 Euro.

Ehefrau: 300 000 Euro Vermögen – 250 000 Euro Verbindlichkeiten = 50 000 Euro, mind. aber 150 000 Euro

Gesamt: 350 000 Euro

D. Exkurs

19.120 An der Berechnung ändert sich nichts, wenn neben dem oder den Erben auch ein oder mehrere **Ersatzerben** bestimmt werden.

Für das Verwahren des Erbvertrages beim Notar fällt keine gesonderte Gebühr an. Die Tätigkeit ist mit der Beurkundungsgebühr gem. Vorbem. 2.1 I KV abgegolten.

Zur Registrierung beim Zentralen Testamentsregister (ZTR) siehe Abschnitt I Ziffer 12 Rz. 19.45 ff.

→ Fall 19: Ehe- und Erbvertrag (Modifizierung Zugewinngemeinschaft)

A. Sachverhalt

19.121 Eheleute belassen es bei der Zugewinngemeinschaft, heben nur die **Verfügungsbeschränkungen** nach §§ 1365, 1369 BGB auf. Das Vermögen des Ehemannes beträgt 1000 Euro, seine Verbindlichkeiten 1500 Euro. Das Vermögen der Ehefrau beträgt 460 000 Euro, ihre Verbindlichkeiten 240 000 Euro. Ferner setzen sie sich in einem **Erbvertrag** gegenseitig zum alleinigen Erben ein, Erbe des zuletzt Versterbenden soll der gemeinsame Sohn S sein, der seinem Bruder B einen Geldbetrag (**Vermächtnis**) i.H.v. 50 000 Euro hinauszuzahlen hat.

B. Rechnung

19.122

Pos.	Gebührentatbestand	Geschäftswert	KV-Nr.	Satz	Betrag
	Beurkundung eines Ehe- und Erbvertrags (§§ 111 Nr. 1 und 2, 35 I)	368 800	21100	2,0	1470,00
	(Ehevertrag: §§ 97 II, 51 II, 38: 30 % des Vermögens	138 300			
	Erbvertrag: § 102 III, II 2, 46)	230 500			
		368 800			

C. Erläuterungen

19.123 Da der **Ehevertrag** lediglich eine Modifizierung der Zugewinngemeinschaft bezüglich der Verfügungsbeschränkung nach § 1365 BGB betrifft, richtet sich der

V. Erbverträge und Ehe- und Erbverträge

Geschäftswert nicht nach § 100, sondern nach § 51 II als Spezialvorschrift. Gemäß § 38 werden die Verbindlichkeiten nicht abgezogen.

Vorliegend ergibt sich folgende Berechnung des Ehevertragsgeschäftswerts:

1000 Euro Vermögen Ehemann + 460 000 Euro Vermögen Ehefrau = 461 000 Euro × 30 % = 138 300 Euro

Für den **Erbvertrag** werden Verbindlichkeiten nur bis zur Höhe des halben Vermögens abgezogen. Der **Geschäftswert** wird für jeden Ehegatten gesondert berechnet. Wird über den gesamten Nachlass verfügt, werden Vermächtnisse und Auflagen weder abgezogen noch hinzugerechnet.

Vorliegend ergibt sich folgende Berechnung des Erbvertragsgeschäftswertes:

Ehemann: 1000 Euro Vermögen − 1500 Euro Verbindlichkeiten = 0 Euro, aber mind. 500 Euro

Ehefrau: 460 000 Euro Vermögen − 240 000 Euro Verbindlichkeiten = 220 000 Euro, aber mind. 230 000 Euro

Gesamt: 230 500 Euro

Gemäß § 111 Nrn. 1 und 2 hat sowohl ein Ehevertrag, als auch ein Erbvertrag stets einen besonderen, also verschiedenen Beurkundungsgegenstand. Der Gesamtgeschäftswert gem. §§ 86 II, 111 Nr. 1, 35 I beträgt demnach 368 800 Euro.

Eine Vergleichsberechnung nach § 94 I ist nicht erforderlich, da beide Verträge demselben Gebührensatz unterliegen.

D. Exkurs

An der Berechnung ändert sich nichts, wenn neben dem oder den Erben auch ein oder mehrere **Ersatzerben** bestimmt wurden. 19.124

Für das Verwahren des Erbvertrages beim Notar fällt keine gesonderte Gebühr an. Die Tätigkeit ist mit der Beurkundungsgebühr gem. Vorbem. 2.1 I KV abgegolten.

Zur Registrierung beim Zentralen Testamentsregister (ZTR) siehe Abschnitt I Ziffer 12 Rz. 19.45 ff.

→ **Fall 20: Ehe- und Erbvertrag mit Pflichtteilsverzicht**

A. Sachverhalt

Eheleute vereinbaren **Gütertrennung** für ihre jeweils zweite Ehe. Das Vermögen des Ehemannes beträgt 276 000 Euro, seine Verbindlichkeiten 144 000 Euro. Das Vermögen der Ehefrau beträgt 184 000 Euro, ihre Verbindlichkeiten 96 000 Euro. 19.125

Ferner schließen sie einen **Erbvertrag**. Der Ehemann setzt seine 2 Kinder aus erster Ehe als Erben ein mit der **Auflage**, der Ehefrau lebenslanges mietfreies Wohnen zu gestatten. Die Ehefrau setzt ihre 2 Kinder aus erster Ehe als Erben ein.

Darüber hinaus vereinbaren die Eheleute einen gegenseitigen **Pflichtteilsverzicht**.

B. Rechnung

19.126

Pos.	Gebührentatbestand	Geschäfts-wert	KV-Nr.	Satz	Betrag
	Beurkundung eines Ehe- und Erbvertrags sowie eines Pflichtteilsverzichts (§§ 111 Nr. 1 und 2, 35 I, 86 II)	483 000	21100	2,0	1870,00
	Ehevertrag: § 100 I	230 000			
	Erbvertrag: § 102 I	230 000			
	Pflichtteilsverzicht: §§ 102 IV, I 1 und 2, 97 III	23 000			
		483 000			

C. Erläuterungen

19.127 Ehe- und Erbvertrag sind gem. § 111 Nr. 1 und 2 zueinander und zu anderen Erklärungen (hier Pflichtteilsverzichtsvertrag) stets besondere, also verschiedene Beurkundungsgegenstände.

Der **Geschäftswert** für den **Ehevertrag** richtet sich nach § 100 I, der für den **Erbvertrag** nach § 102 I. Bei beiden werden Verbindlichkeiten nur bis zur Höhe des halben Vermögens abgezogen. Der Geschäftswert wird für jeden Ehegatten gesondert berechnet.

Wird über den gesamten Nachlass verfügt, werden Vermächtnisse und Auflagen weder abgezogen noch hinzugerechnet.

Vorliegend ergibt sich folgende Berechnung des Geschäftswertes sowohl für den Ehe- als auch für den Erbvertrag:

Ehemann: 276 000 Euro Vermögen − 144 000 Euro Verbindlichkeiten = 132 000 Euro, aber mind. 138 000 Euro

Ehefrau: 184 000 Euro Vermögen − 96 000 Euro Verbindlichkeiten = 88 000 Euro, aber mind. 92 000 Euro

Gesamt: 230 000 Euro je Vertrag

Der **Geschäftswert** für den **Pflichtteilsverzichtsvertrag** richtet sich nach § 102 IV und I S. 1 und 2. Da es sich um einen Austauschvertrag handelt, ist § 97 III zu beachten. Danach ist nur der höhere Verzicht maßgebend.

Vorliegend ergibt sich folgende Berechnung des Pflichtteilsverzichtsvertragsgeschäftswertes:

Verzicht Frau am Vermögen des Mannes: 276 000 Euro Vermögen − 144 000 Euro Verbindlichkeiten = 132 000 Euro, aber mind. 138 000 Euro, davon ⅙ Pflichtteilsquote: 23 000 Euro (höherer Verzicht)

Verzicht Mann am Vermögen der Frau: 184 000 Euro Vermögen − 96 000 Euro Verbindlichkeiten = 88 000 Euro, aber mind. 92 000 Euro, davon ⅙ Pflichtteilsquote: 15 333 Euro

Der Geschäftswert der Urkunde beträgt gem. §§ 86 II, 111 Nr. 1 und 2, 35 I insgesamt 483 000 Euro.

Eine Vergleichsberechnung nach § 94 I ist nicht erforderlich, da alle Verträge demselben Gebührensatz unterliegen.

Für das Verwahren des Erbvertrages beim Notar fällt keine gesonderte Gebühr an. Die Tätigkeit ist mit der Beurkundungsgebühr gem. Vorbem. 2.1 I KV abgegolten.

Zur Registrierung beim Zentralen Testamentsregister (ZTR) siehe Abschnitt I Ziffer 12 Rz. 19.45 ff.

→ **Fall 21: Partnerschafts- und Erbvertrag einer nichtehelichen Lebensgemeinschaft**

A. Sachverhalt

Herr K und Frau S leben in einer nichtehelichen Lebensgemeinschaft zusammen. Auch wenn ihr Leben ehelich organisiert ist, beabsichtigen sie keinesfalls die Ehe miteinander zu schließen. Sie wollen jedoch bezüglich ihres Zusammenlebens folgende **Vereinbarungen** treffen:

– Verteilung des Eigentums der einzelnen Hausratsgegenstände (Wert 20 000 Euro)
– Regelung über die gemeinsame gemietete Wohnung (monatliche Miete 250 Euro)

Darüber hinaus schließen sie einen **Erbvertrag**, in dem sie sich wechselseitig zu Erben einsetzen. Das Vermögen des Ehemannes beträgt 100 000 Euro, seine Verbindlichkeiten 50 000 Euro. Das Vermögen der Ehefrau beträgt 100 000 Euro, ihre Verbindlichkeiten 50 000 Euro.

B. Rechnung

Pos.	Gebührentatbestand	Geschäfts-wert	KV-Nr.	Satz	Betrag
	Beurkundung eines Partnerschafts- und Erbvertrags (§§ 111 Nr. 1, 86 II, 35 I)	135 000	21100	2,0	654,00
	Partnerschaftsvertrag: §§ 36 I, 99 I	35 000			
	Erbvertrag: § 102 I	100 000			
		135 000			

C. Erläuterungen

Der **Geschäftswert** für den **Partnerschaftsvertrag** richtet sich wegen § 36 I nach dem Wert des Hausrates (20 000 Euro) zzgl. des gem. § 99 I kapitalisierten Mietzinses (fünffacher Jahreswert, 15 000 Euro).

Der **Geschäftswert** für den **Erbvertrag** richtet sich nach § 102 I, Verbindlichkeiten werden nur bis zur Höhe des halben Vermögens abgezogen. Der Geschäftswert wird für jeden Ehegatten gesondert berechnet.

Vorliegend ergibt sich folgende Berechnung des Geschäftswertes:

Ehemann: 100 000 Euro Vermögen – 50 000 Euro Verbindlichkeiten = 50 000 Euro (entspricht Mindestwert)

Ehefrau: 100 000 Euro Vermögen – 50 000 Euro Verbindlichkeiten = 50 000 Euro (entspricht Mindestwert)

Geschäftswert: 100 000 Euro

Wird über den gesamten Nachlass verfügt, werden Vermächtnisse und Auflagen weder abgezogen noch hinzugerechnet.

Ein Erbvertrag hat gem. § 111 Nr. 1 zu anderen Erklärungen (hier Partnerschaftsvertrag) stets einen besonderen, also verschiedenen Beurkundungsgegenstand. Der Gesamtgeschäftswert der Urkunde beträgt daher gem. §§ 86 II, 111 Nr. 1, 35 I: 135 000 Euro.

Eine Vergleichsberechnung nach § 94 I ist nicht erforderlich, da beide Verträge demselben Gebührensatz unterliegen.

Für das Verwahren des Erbvertrages beim Notar fällt keine gesonderte Gebühr an. Die Tätigkeit ist mit der Beurkundungsgebühr gem. Vorbem. 2.1 I KV abgegolten.

Zur Registrierung beim Zentralen Testamentsregister (ZTR) siehe Abschnitt I Ziffer 12 Rz. 19.45 ff.

→ **Fall 22: Lebenspartnerschafts- und Erbvertrag**

A. Sachverhalt

19.131 Herr K und Herr S leben in eingetragener Lebenspartnerschaft. Sie wollen mittels **Lebenspartnerschaftsvertrag** den Vermögenstand der Gütertrennung erreichen. Darüber hinaus schließen sie einen **Erbvertrag**, in dem sie sich wechselseitig zu Erben einsetzen. Das Vermögen des Herrn K beträgt 110 000 Euro, seine Verbindlichkeiten 60 000 Euro. Das Vermögen des Herr S beträgt 100 000 Euro, seine Verbindlichkeiten 50 000 Euro.

B. Rechnung

19.132

Pos.	Gebührentatbestand	Geschäftswert	KV-Nr.	Satz	Betrag
	Beurkundung eines Lebenspartnerschafts- und Erbvertrags (§§ 111 Nr. 1 und 2, 86 II, 35 I)	210 000	21100	2,0	970,00
	Lebenspartnerschaftsvertrag: § 100 I, IV	105 000			
	Erbvertrag: § 102 I	105 000			
		210 000			

C. Erläuterungen

Für den **Erbvertrag** (§ 102 I) und für den **Lebenspartnerschaftsvertrag** (§ 100 I und 4) werden Verbindlichkeiten nur bis zur Höhe des halben Vermögens abgezogen. Der **Geschäftswert** wird für jeden Lebenspartner gesondert berechnet.

19.133

Vorliegend ergibt sich jeweils folgende Berechnung des Geschäftswertes sowohl des Ehevertrages, als auch des Erbvertrages:

Herr K: 110 000 Euro Vermögen – 60 000 Euro Verbindlichkeiten = 50 000 Euro (mind. aber 55 000 Euro)

Herr S: 100 000 Euro Vermögen – 50 000 Euro Verbindlichkeiten = 50 000 Euro (entspricht Mindestwert)

Geschäftswert: 105 000 Euro je Vertrag

Wird über den gesamten Nachlass verfügt, werden Vermächtnisse und Auflagen weder abgezogen noch hinzugerechnet.

Lebenspartnerschafts- und Erbvertrag sind gem. § 111 Nr. 1 und 2 zueinander (und zu anderen Erklärungen) stets besondere, also verschiedene Beurkundungsgegenstände. Der Gesamtgeschäftswert der Urkunde beträgt daher gem §§ 86 II, 111 Nr. 1 und 2, 35 I: 210 000 Euro.

Eine Vergleichsberechnung nach § 94 I ist nicht erforderlich, da beide Verträge demselben Gebührensatz unterliegen.

Für das Verwahren des Erbvertrages beim Notar fällt keine gesonderte Gebühr an. Die Tätigkeit ist mit der Beurkundungsgebühr gem. Vorbem. 2.1 I KV abgegolten.

Zur Registrierung beim Zentralen Testamentsregister (ZTR) siehe Abschnitt I Ziffer 12 Rz. 19.45 ff.

Im Übrigen wird wegen weiterer Ehe- und Erbverträge auf Rz. 20.163 ff. (Fälle 27 ff.) verwiesen.

19.134

VI. Rückgabe eines Erbvertrags aus der notariellen Verwahrung

→ **Fall 23: Rückgabe des Erbvertrags aus der notariellen Verwahrung**

A. Sachverhalt

Herr K und Frau S haben im Jahr 2000 einen Erbvertrag geschlossen und in notarielle Verwahrung gegeben. Sie nehmen diesen nunmehr aus der notariellen Verwahrung zurück. Ihr beiderseitiges Vermögen, an dem sie jeweils zur Hälfte beteiligt sind, beträgt 200 000 Euro, die gemeinsamen Verbindlichkeiten 100 000 Euro.

19.135

B. Rechnung

19.136

Pos.	Gebührentatbestand	Geschäfts-wert	KV-Nr.	Satz	Betrag
	Rückgabe des Erbvertrags aus der notariellen Verwahrung (§§ 114, 102 I-III)	100 000	23100	0,3	81,90

C. Erläuterungen

19.137 Die **Rückgabe** eines **Erbvertrages** löst einen eigenen **Gebührentatbestand** nach Nr. 23100 KV aus. Damit ist auch die **Beratung** abgegolten.

Der **Geschäftswert** dieses sonstigen notariellen Verfahrens richtet sich nach §§ 114, 102 I bis III. Verbindlichkeiten werden nur bis zur Höhe des halben Vermögens abgezogen. Der Geschäftswert wird für jeden Ehegatten (bzw. verfügenden Vertragsbeteiligten) gesondert berechnet, kann hier aber zusammengefasst erfolgen, da die Eheleute nach Angabe je zur Hälfte am Vermögen und an den Verbindlichkeiten beteiligt sind.

D. Exkurs

19.138 Zur Registrierung beim Zentralen Testamentsregister (ZTR) siehe Abschnitt I Ziffer 12 Rz. 19.45 ff.

Wenn derselbe Notar demnächst nach der Rückgabe eines Erbvertrags eine erneute Verfügung von Todes wegen desselben Erblassers beurkundet, wird die Gebühr nach Nr. 23100 KV auf die Gebühr für das Beurkundungsverfahren angerechnet; bei einer Mehrheit von Erblassern erfolgt die **Anrechnung** nach Kopfteilen (Anm. zu Nr. 23100 KV).

VII. Stornierung von Verfügungen von Todes wegen (Aufhebung, Rücktritt, Widerruf)

→ **Fall 24: Aufhebung eines Erbvertrags**

A. Sachverhalt

19.139 Eheleute B **heben** den vor 5 Jahren geschlossenen **Erbvertrag** vollinhaltlich **auf**. Sie hatten seinerzeit ihren Sohn C zum Alleinerben eingesetzt. Das derzeitige gemeinsame Vermögen beträgt 280 000 Euro. Sie haben keine Verbindlichkeiten.

B. Rechnung

19.140

Pos.	Gebührentatbestand	Geschäfts-wert	KV-Nr.	Satz	Betrag
	Beurkundung der Aufhebung eines Erbvertrags (§ 102 I)	280 000	21102 Nr. 2	1,0	585,00

C. Erläuterungen

Eine Spezialbestimmung für die **Aufhebung eines Erbvertrags** besteht nicht; § 102 V S. 1 spricht insbesondere nur vom Rücktritt von einem Erbvertrag. Jedoch wird man mit oder ohne einen Verweis aus § 102 V S. 1 den **Geschäftswert** nach § 102 I bilden müssen, ggf. i.V.m. § 36 I.

Die Aufhebung eines Vertrages löst eine 1,0 **Gebühr** nach Nr. 21102 Nr. 2 KV aus. Hierunter fällt auch die Aufhebung eines Erbvertrages.

Zur Registrierung beim Zentralen Testamentsregister (ZTR) siehe Abschnitt I Ziffer 12 Rz. 19.45 ff.

19.141

→ **Fall 25: Aufhebung eines Erbvertrags und Neuverfügung (Erbeinsetzung)**

A. Sachverhalt

Eheleute B heben den vor 5 Jahren geschlossenen **Erbvertrag** vollinhaltlich auf. Sie hatten seinerzeit ihren Sohn C zum Alleinerben eingesetzt. Zugleich mit der **Aufhebung verfügen** Eheleute B **neu**: Alleinerbe soll nun der gemeinsame Sohn A werden. Das derzeitige gemeinsame Vermögen beträgt 280 000 Euro. Sie haben keine Verbindlichkeiten.

19.142

B. Rechnung

Pos.	Gebührentatbestand	Geschäfts-wert	KV-Nr.	Satz	Betrag
	Beurkundung (§§ 102 I, 109 II Nr. 2) Aufhebung eines Erbvertrags nebst Neuverfügung	280 000	21100	2,0	1170,00

19.143

C. Erläuterungen

Eine Spezialbestimmung für die **Aufhebung eines Erbvertrags** besteht nicht; § 102 V S. 1 spricht insbesondere nur vom Rücktritt von einem Erbvertrag. Jedoch wird man mit oder ohne einen Verweis aus § 102 V S. 1 den Geschäftswert nach § 102 I bilden müssen, ggf. i.V.m. § 36 I.

Der Geschäftswert für den Erbvertrag richtet sich nach § 102 I.

Die Aufhebung löst eine 1,0 Gebühr nach Nr. 21102 Nr. 2 KV aus.

Wegen § 109 II Nr. 2 haben die **Aufhebung** (der Rücktritt, die Anfechtung) eines Erbvertrags und die Errichtung einer neuen Verfügung denselben Gegenstand. Der Geschäftswert richtet sich gem. § 109 II S. 2 nach dem höchsten in Betracht kommenden Wert.

Zur Registrierung beim Zentralen Testamentsregister (ZTR) siehe Abschnitt I Ziffer 12 Rz. 19.45 ff.

19.144

→ **Fall 26: Aufhebung eines Erbvertrags und neues Vermächtnis**

A. Sachverhalt

19.145 Eheleute B heben den vor 5 Jahren geschlossenen **Erbvertrag** vollinhaltlich auf. Sie hatten seinerzeit ihren Sohn C zum Alleinerben eingesetzt. Zugleich mit der **Aufhebung** verfügen Eheleute B neu: **Vermächtnis**nehmer des gemeinsamen Grundstückes soll ihr miterschienener Sohn A werden (Verkehrswert 150 000 Euro, Grundschuld zu 20 000 Euro, die noch mit 10 000 Euro valutiert). A hat die Verbindlichkeiten, die durch die Grundschuld besichert werden, zu übernehmen, d.h. die Eheleute bzw. die Erben müssen das Grundstück nicht lastenfrei an A übereignen. Das derzeitige gemeinsame Vermögen beträgt 280 000 Euro. Sie haben keine Verbindlichkeiten.

B. Rechnung

19.146

Pos.	Gebührentatbestand	Geschäftswert	KV-Nr.	Satz	Betrag
	Beurkundung (§§ 102 I, III, II 2, 109 II Nr. 2, 46, 38)	280 000	21100	2,0	1170,00
	Aufhebung eines Erbvertrags	~~280 000~~	~~21102 Nr. 2~~	~~1,0~~	~~585,00~~
	und Neuverfügung eines Vermächtnisses: §§ 102 I, III, II 2, 46, 38	~~140 000~~	~~21100~~	~~2,0~~	~~654,00~~

C. Erläuterungen

19.147 Eine Spezialbestimmung für die **Aufhebung eines Erbvertrags** besteht nicht; § 102 V S. 1 spricht insbesondere nur vom Rücktritt von einem Erbvertrag. Jedoch wird man mit oder ohne einen Verweis aus § 102 V S. 1 den Geschäftswert nach § 102 I bilden müssen, ggf. i.V.m. § 36 I. Vorliegend beträgt der Wert 280 000 Euro.

Die Aufhebung löst eine 1,0 Gebühr nach Nr. 21102 Nr. 2 KV aus.

Maßgeblich für den Geschäftswert der Neuverfügung ist der Verkehrswert des Grundstücks (§§ 102 III, II S. 2, 46, 38). Verbindlichkeiten werden nur abgezogen, wenn sie vom Begünstigten zu übernehmen sind, jedoch nur bis zur Hälfte des Vermögenswertes. Hier hat B zum Zeitpunkt der Verfügung von Todes wegen 10 000 Euro zu übernehmen (150 000 Euro – 10 000 Euro = 140 000 Euro, mind. jedoch halber Verkehrswert).

Die Neuverfügung löst eine 2,0 Gebühr nach Nr. 21100 KV aus.

Wegen § 109 II Nr. 2 haben die Aufhebung (der Rücktritt, die Anfechtung) eines Erbvertrags und die Errichtung einer neuen Verfügung denselben Gegenstand. Der Geschäftswert richtet sich gem. § 109 II S. 2 nach dem höchsten in Betracht kommenden Wert, hier: 280 000 Euro.

Der getrennte Ansatz der Gebühren führt zu keinem günstigeren Ergebnis. Nach § 94 II ist er daher nicht der Kostenberechnung zugrunde zu legen (Aufhebung: 1,0 (Nr. 21102 Nr. 2 KV, mind. 60 Euro) aus 280 000 Euro = 585 Euro zzgl. Neuverfügung: 2,0 (Nr. 21100 KV, mind. 120 Euro) aus 140 000 Euro =

654 Euro; die Gebührensumme i.H.v. 1239 Euro liegt also über dem Ansatz der höchsten Gebühr nach dem höchsten Wert).

Zur Registrierung beim Zentralen Testamentsregister (ZTR) siehe Abschnitt I Ziffer 12 Rz. 19.45 ff.

→ **Fall 27: Rücktritt vom Erbvertrag**

A. Sachverhalt

Eheleute B hatten vor 5 Jahren einen **Erbvertrag** geschlossen. Herr B tritt nunmehr von diesem zurück. Dadurch werden auch die Verfügungen seiner Ehefrau unwirksam. Sie hatten seinerzeit ihren Sohn C zum Alleinerben ihres gesamten Vermögens eingesetzt. Das derzeitige Vermögen des Herrn B beträgt 180 000 Euro, der Frau B 100 000 Euro. Sie haben keine Verbindlichkeiten.

Der Notar wird beauftragt, den **Rücktritt** Frau B **zustellen** zu lassen.

B. Rechnung

Pos.	Gebührentatbestände	Geschäftswert	KV-Nr.	Satz	Betrag
(1)	Beurkundung eines Rücktritts vom Erbvertrag (§ 102 V, I)	280 000	21201 Nr. 2	0,5	292,50
(2)	Betreuungsgebühr (Zustellung der Urkunde, § 113 I)	280 000	22200 Anm. Nr. 5	0,5	292,50

C. Erläuterungen

Pos. (1):

Der **Geschäftswert** eines **Rücktritts von einem Erbvertrag** richtet sich nach § 102 V, I. Hat der Rücktritt die Unwirksamkeit von **Verfügungen des anderen Teils** zur Folge, ist deren Wert hinzuzurechnen. Verbindlichkeiten werden nur bis zur Höhe des halben Vermögens abgezogen. Der Geschäftswert wird für jeden Ehegatten gesondert berechnet.

Die Erklärung löst eine 0,5 Gebühr nach Nr. 21201 Nr. 2 KV, mind. 30 Euro, aus.

Pos. (2):

Der Geschäftswert der **Betreuungsgebühr** richtet sich gem. § 113 I nach dem Wert des Beurkundungsverfahrens. Die Zustellung des Rücktritts vom Erbvertrag durch den Notar fällt unter Nr. 22200 Anm. Nr. 5 KV, weil der Notar nicht nur die einfache Übersendung der Urkunde übernimmt, sondern beim Rücktritt den Zugangserfolg überwacht.

Zur Registrierung beim Zentralen Testamentsregister (ZTR) siehe Abschnitt I Ziffer 12 Rz. 19.45 ff.

→ **Fall 28: Widerruf eines gemeinschaftlichen Testaments**

A. Sachverhalt

19.152 Eheleute B haben im Jahre 2000 ein gemeinschaftliches **Testament** über den gesamten Nachlass errichtet. Dieses Testament wird hiermit von Herrn B gemäß § 2271 I BGB **widerrufen**. Dadurch werden auch die Verfügungen seiner Ehefrau unwirksam. Das beiderseitige Reinvermögen betrug damals 100 000 Euro, heute beträgt das Vermögen des Mannes 100 000 Euro, das der Frau 90 000 Euro, die Verbindlichkeiten des Mannes betragen 50 000 Euro, die der Frau ebenfalls 50 000 Euro.

Der Notar wird beauftragt, den **Widerruf** Frau B **zustellen** zu lassen.

B. Rechnung

19.153

Pos.	Gebührentatbestände	Geschäftswert	KV-Nr.	Satz	Betrag
(1)	Widerruf eines gemeinschaftlichen Testaments (§ 102 V, I)	95 000	21201 Nr. 1	0,5	123,00
(2)	Betreuungsgebühr (Zustellung der Urkunde, § 113 I)	95 000	22200 Nr. 5	0,5	123,00

C. Erläuterungen

19.154 **Pos. (1):**

Der Widerruf eines Testaments löst eine 0,5 Gebühr nach Nr. 21201 Nr. 1 KV aus.

Der **Geschäftswert** des **Widerrufs** richtet sich nach § 102 V, I. Verbindlichkeiten werden nur bis zur Höhe des halben Vermögens abgezogen. Nach § 102 V S. 2 ist der Wert der Verfügungen der Frau B dem Wert des modifizierten Reinvermögens des Herrn B hinzuzurechnen, wenn – wie hier – der Widerruf des Herrn B auch die Unwirksamkeit der Verfügungen der Frau B zur Folge hat. Der Geschäftswert wird für jeden Ehegatten gesondert berechnet. Vorliegend ist folgende Rechnung anzustellen:

Vermögen Mann 100 000 Euro – 50 000 Euro Verbindlichkeiten des Mannes = 50 000 Euro, mind. aber die Hälfte des Vermögens

Vermögen Frau 90 000 Euro – 50 000 Euro Verbindlichkeiten der Frau = 40 000 Euro, mind. aber die Hälfte des Vermögens, hier 45 000 Euro

Summe beider Vermögen nach § 102: 95 000 Euro

19.155 **Pos. (2):**

Der Geschäftswert der **Betreuungsgebühr** richtet sich gem. § 113 I nach dem Wert des Beurkundungsverfahrens. Die Zustellung des Widerrufs des gemeinschaftlichen Testaments an die Ehefrau durch den Notar fällt unter Nr. 22200 Anm. Nr. 5 KV, weil der Notar nicht nur die einfache Übersendung der Urkunde übernimmt, sondern beim Widerruf den Zugangserfolg überwacht.

D. Exkurs

Die 0,5 Gebühr nach Nr. 21201 Nr. 1 KV fällt nicht nur bei einem rechtsgeschäftlichen Widerruf nach § 2271 I BGB an, sondern auch bei einem **Widerrufstestament** nach § 2254 BGB. Auch der Widerruf des Testaments nach § 2254 BGB kann durch (Widerrufs-)Testament widerrufen werden, § 2257 BGB. Dieser Widerruf fällt ebenfalls unter Nr. 21201 Nr. 1 KV. Schließlich fällt auch der gemeinschaftliche Widerruf eines gemeinschaftlichen Testaments unter Nr. 21201 Nr. 1 KV. Da in diesem Fall jeder Ehegatte seine Verfügung widerruft, fällt zwar wegen § 93 I S. 1 die 0,5 Gebühr nach Nr. 21201 Nr. 1 KV nur einmal an, jedoch handelt es sich um verschiedene Beurkundungsgegenstände nach §§ 86 II, 111 Nr. 1. Die Werte sind daher gem. § 35 I zu addieren.

19.156

Anders als bei der Gebühr für die Rückgabe eines Erbvertrags aus der notariellen Verwahrung (Nr. 23100 KV), wird die Gebühr für die Beurkundung des Widerrufs nach Nr. 21201 Nr. 1 KV bei einer späteren Neuverfügung **nicht** auf die Gebühr für das (neue) Beurkundungsverfahren **angerechnet**.

Zur Registrierung beim Zentralen Testamentsregister (ZTR) siehe Abschnitt I Ziffer 12 Rz. 19.45 ff.

→ **Fall 29: Widerruf eines Testaments und Neuverfügung (Erbeinsetzung)**

A. Sachverhalt

Eheleute B haben im Jahre 2000 ein gemeinschaftliches **Testament** über den gesamten Nachlass errichtet. Dieses Testament wird hiermit widerrufen. Zugleich mit dem **Widerruf verfügen** Eheleute B **neu**: Alleinerbe soll nun der gemeinsame Sohn A werden. Das beiderseitige Reinvermögen betrug damals 100 000 Euro, heute beträgt das Vermögen des Mannes 100 000 Euro, das der Frau 90 000 Euro, die Verbindlichkeiten des Mannes betragen 50 000 Euro, die der Frau ebenfalls 50 000 Euro.

19.157

B. Rechnung

Pos.	Gebührentatbestand	Geschäfts-wert	KV-Nr.	Satz	Betrag
	Beurkundung (§§ 109 II Nr. 2, 102 I, V) des Widerrufs eines gemeinschaftlichen Testaments nebst Neuverfügung	95 000	21100	2,0	492,00

19.158

C. Erläuterungen

Der Widerruf des Testaments löst eine 0,5 Gebühr nach Nr. 21201 Nr. 1 KV aus. Das gilt auch bei einem gemeinschaftlichen Widerruf eines gemeinschaftlichen Testaments. Da in diesem Fall jeder Ehegatte seine Verfügung widerruft, fällt zwar wegen § 93 I S. 1 die 0,5 Gebühr nach Nr. 21201 Nr. 1 KV nur einmal an, jedoch handelt es sich um verschiedene Beurkundungsgegenstände nach §§ 86 II, 111 Nr. 1. Die Werte sind daher gem. § 35 I zu addieren.

19.159

Für die Neuverfügung durch gemeinschaftliches Testament fällt hingegen eine 2,0 Gebühr nach Nr. 21100 KV an.

Der Geschäftswert des Widerrufs richtet sich nach § 102 V, I und derjenige der Neuverfügung nach § 102 I. Verbindlichkeiten werden nur bis zur Höhe des halben Vermögens abgezogen. Der Geschäftswert wird für jeden Ehegatten gesondert berechnet. Vorliegend ist folgende Rechnung anzustellen:

Vermögen Mann 100 000 Euro – 50 000 Euro Verbindlichkeiten des Mannes = 50 000 Euro, mind. aber die Hälfte des Vermögens

Vermögen Frau 90 000 Euro – 50 000 Euro Verbindlichkeiten der Frau = 40 000 Euro, mind. aber die Hälfte des Vermögens, hier 45 000 Euro

Summe beider Vermögen nach § 102: 95 000 Euro

Wegen § 109 II Nr. 2 haben der Widerruf und die Neuverfügung denselben Gegenstand. Der Geschäftswert richtet sich gem. § 109 II S. 2 nach dem höchsten in Betracht kommenden Wert.

Maßgebend ist gem. § 94 II S. 1 der höchste Gebührensatz von 2,0 gem. Nr. 21100 KV. Wegen des identischen Geschäftswerts für den Widerruf und für die Neuverfügung, erübrigt sich eine Vergleichsberechnung nach § 94 II S. 1.

Zur Registrierung beim Zentralen Testamentsregister (ZTR) siehe Abschnitt I Ziffer 12 Rz. 19.45 ff.

→ **Fall 30: Widerruf eines Testaments und neues Vermächtnis**

A. Sachverhalt

19.160 Eheleute B haben im Jahre 2000 ein gemeinschaftliches Testament über den gesamten Nachlass errichtet. Dieses Testament wird hiermit widerrufen. Zugleich mit dem **Widerruf verfügen** die Eheleute B **neu**: **Vermächtnis**nehmer des gemeinsamen Grundstücks soll ihr Sohn A werden (Verkehrswert 150 000 Euro, Grundschuld zu 20 000 Euro, die noch mit 10 000 Euro valutiert). Dieser hat die Grundschuld bzw. die durch sie gesicherten Verbindlichkeiten zu übernehmen, d.h. die Eheleute bzw. die Erben müssen das Grundstück nicht lastenfrei an A übereignen. Das beiderseitige Reinvermögen betrug damals 100 000 Euro, heute beträgt das Vermögen des Mannes 200 000 Euro, das der Frau 140 000 Euro, die Verbindlichkeiten des Mannes betragen 50 000 Euro, die der Frau ebenfalls 50 000 Euro.

B. Rechnung

19.160a

Pos.	Gebührentatbestand	Geschäftswert	KV-Nr.	Satz	Betrag
	Beurkundung (§ 109 II Nr. 2)	~~240 000~~	~~21100~~	~~2,0~~	~~1070,00~~
	des Widerrufs eines gemeinschaftlichen Testaments: § 102 V, I	240 000	21201 Nr. 1	0,5	267,50
	und der Neuverfügung § 102 I	140 000	21100	2,0	654,00

C. Erläuterungen

Der Widerruf eines Testaments löst eine 0,5 Gebühr nach Nr. 21201 Nr. 1 KV aus. Das gilt auch bei einem gemeinschaftlichen Widerruf eines gemeinschaftlichen Testaments. Da in diesem Fall jeder Ehegatte seine Verfügung widerruft, fällt zwar wegen § 93 I S. 1 die 0,5 Gebühr nach Nr. 21201 Nr. 1 KV nur einmal an, jedoch handelt es sich um verschiedene Beurkundungsgegenstände nach §§ 86 II, 111 Nr. 1. Die Werte sind daher gem. § 35 I zu addieren.

19.161

Für die Neuverfügung durch gemeinschaftliches Testament fällt hingegen eine 2,0 Gebühr nach Nr. 21100 KV an.

Der **Geschäftswert des Widerrufs** richtet sich nach § 102 V, I. Verbindlichkeiten werden nur bis zur Höhe des halben Vermögens abgezogen. Die Berechnung erfolgt für jeden Verfügenden getrennt. Vorliegend ist folgende Rechnung anzustellen:

Vermögen Mann 200 000 Euro – 50 000 Euro Verbindlichkeiten des Mannes = 150 000 Euro, mind. aber die Hälfte des Vermögens

Vermögen Frau 140 000 Euro – 50 000 Euro Verbindlichkeiten der Frau = 90 000 Euro, mind. aber die Hälfte des Vermögens

Summe beider Vermögen nach § 102: 240 000 Euro

Maßgeblich für den Geschäftswert der Neuverfügung ist der Verkehrswert des Grundstücks (§§ 102 III, II S. 2, 46, 38). Verbindlichkeiten werden nur bis maximal zur Hälfte des Verkehrswerts abgezogen, wenn sie vom Begünstigten zu übernehmen sind. Hier hat B zum Zeitpunkt der Verfügung von Todes wegen 10 000 Euro zu übernehmen (150 000 Euro – 10 000 Euro = 140 000 Euro).

Wegen § 109 II Nr. 2 haben der Widerruf eines Testaments und die Errichtung einer neuen Verfügung denselben Gegenstand. Der Geschäftswert richtet sich gem. § 109 II S. 2 nach dem höchsten in Betracht kommenden Wert, hier: 240 000 Euro.

Da der Widerruf und die Neuverfügung unterschiedliche Gebührensätze auslösen – 0,5 bzw. 2,0 – ist eine Vergleichsberechnung nach § 94 II durchzuführen. Diese ergibt, dass der getrennte Gebührenansatz mit einer Gebührensumme von 921,50 Euro günstiger ist als der Ansatz der höchsten Gebühr aus dem höchsten Wert (2,0 aus 240 000 Euro = 1070 Euro).

D. Exkurs

Ist die Neuverfügung ein „**einseitiges**" Testament, fällt eine 1,0 Gebühr nach Nr. 21200 KV (mindestens 60 Euro) an.

19.162

An der Berechnung ändert sich nichts, wenn neben dem Vermächtnisnehmer auch ein oder mehrere **Ersatzvermächtnisnehmer** bestimmt wurden. Insgesamt wird in einem Testament auch dann nur einmal über den Nachlass verfügt.

Zur Registrierung beim Zentralen Testamentsregister (ZTR) siehe Abschnitt I Ziffer 12 Rz. 19.45 ff.

VIII. Erb- und Pflichtteilsverzichte

→ **Fall 31: Erbverzicht**

A. Sachverhalt

19.163 S **verzichtet** gegenüber seiner verwitweten Mutter auf sein **Erbe**. Als **Abfindung** zahlt ihm die Mutter 50 000 Euro. S hat noch eine Schwester. Das Vermögen der Mutter beträgt 90 000 Euro, ihre Verbindlichkeiten 10 000 Euro.

B. Rechnung

19.164

Pos.	Gebührentatbestand	Geschäfts-wert	KV-Nr.	Satz	Betrag
	Beurkundung eines Erbverzichts mit Gegenleistung (§§ 102 IV, I 1 u. 2, 97 III)	50 000	21100	2,0	330,00

C. Erläuterungen

19.165 Bei einem Erbverzicht gegen Abfindung des Verzichtenden handelt es sich um einen Austauschvertrag nach § 97 III. Zu vergleichen ist der Abfindungsbetrag (50 000 Euro) mit dem nach § 102 IV, I S. 1 und 2 bestimmten Wert (Vermögen der Mutter: 90 000 Euro abzüglich Verbindlichkeiten 10 000 Euro, mindestens die Hälfte des Vermögens: 80 000 Euro; davon ½ (Erbquote gem. § 1924 I, IV BGB): 40 000 Euro). Der höhere Wert ist maßgebend.

D. Exkurs

19.166 Ist der Verzicht dergestalt formuliert, dass der Verzichtende gegenüber dem Erblasser sowohl auf sein gesetzliches Erbrecht als auch auf sein Pflichtteilsrecht verzichtet, so liegen nicht etwa zwei selbstständige Verzichte vor, so dass sich die Frage, ob es sich um denselben Beurkundungsgegenstand nach § 109 I S. 1–3 oder um verschiedene Beurkundungsgegenstände nach § 86 II handelt, nicht stellt. Vielmehr bestätigt diese Formulierung die Rechtsfolge des § 2346 I S. 2 Hs. 2 BGB, wonach der Verzichtende auch kein Pflichtteilsrecht mehr haben soll. Zu bewerten ist daher lediglich der Erbverzicht.

→ **Fall 32: Pflichtteilsverzicht mit Abfindung**

A. Sachverhalt

19.167 S und T **verzichten** gegenüber ihrer verwitweten Mutter auf ihren gesetzlichen **Pflichtteil** an deren Nachlass. Als **Abfindung** zahlt die Mutter dem S 70 000 Euro. T erhält nichts, sie erklärt, im Hinblick auf die Pflichtteilsansprüche bereits abgefunden worden zu sein. Das Vermögen der Mutter beträgt 360 000 Euro. Sie hat keine Verbindlichkeiten. Ein weiterer Sohn ist vorhanden, der keinen Verzicht abgibt.

B. Rechnung

Pos.	Gebührentatbestand	Geschäfts-wert	KV-Nr.	Satz	Betrag
	Beurkundung eines Pflichtteils-verzichts mit Gegenleistung (§§ 102 IV, I 1 u. 2, 97 III, 86 II, 35 I)	130 000	21100	2,0	654,00
	Verzicht S	70 000			
	Verzicht T	60 000			

19.168

C. Erläuterungen

Ein unentgeltlicher **Pflichtteilsverzicht** bewertet sich nach § 102 IV. Bei einem Pflichtteilsverzicht gegen **Abfindung** des Verzichtenden handelt es sich hingegen um einen **Austauschvertrag** nach § 97 III.

19.169

Pflichtteilsverzicht zwischen M und S:

Zu vergleichen ist der Abfindungsbetrag i.H.v. 70 000 Euro mit dem der Pflichtteilsquote des S gem. § 1924 I, IV, 2303 I S. 2 BGB (⅙) entsprechenden Bruchteil am Vermögen der Mutter (60 000 Euro). Der höhere Wert ist maßgebend.

Pflichtteilsverzicht zwischen M und T:

Die Bewertung bestimmt sich nicht anders als für den Pflichtteilsverzicht zwischen M und S. Die offensichtlich bereits geleistete Abfindung, die betragsmäßig nicht angegeben bzw. bekannt ist, wirkt sich gem. § 97 III nicht aus. Der Geschäftswert beläuft sich daher auf 60 000 Euro.

Beide Verzichte haben einen **verschiedenen Beurkundungsgegenstand** im Sinne des § 86 II. Da sie denselben Gebührensatz auslösen, werden ihre Werte nach § 35 I zusammengerechnet.

D. Exkurs

§ 102 IV gilt auch für einen **Zuwendungsverzicht nach 2352 BGB**.

19.170

→ **Fall 33: Gegenständlich beschränkter Pflichtteilsverzicht**

A. Sachverhalt

S **verzichtet** gegenüber seiner verwitweten Mutter auf sein gesetzliches **Pflichtteil**, jedoch **gegenständlich beschränkt** auf das Grundstück in Adorf (Verkehrswert: 400 000 Euro, Grundschuld zu 300 000 Euro, die noch mit 280 000 Euro valutiert). Eine Gegenleistung ist nicht vereinbart. Das Vermögen der Mutter beträgt insgesamt 500 000 Euro, ihre Verbindlichkeiten insgesamt 350 000 Euro. S hat noch eine Schwester.

19.171

B. Rechnung

19.172

Pos.	Gebührentatbestand	Geschäfts-wert	KV-Nr.	Satz	Betrag
	Beurkundung eines gegenständlich beschränkten Pflichtteilsverzichts ohne Gegenleistung (§§ 102 IV, III, I S. 1, 2, 46)	50 000	21100	2,0	330,00

C. Erläuterungen

19.173 Der **Geschäftswert** des **gegenständlich beschränkten Pflichtteilsverzichts** bestimmt sich entsprechend § 102 IV, III, II S. 1, 2 GNotKG.[1]

Demgemäß sind von dem Grundstückswert von 400 000 Euro die darauf lastenden Verbindlichkeiten i.H.v. 280 000 abzuziehen (auch ohne dass die Verbindlichkeiten ausdrücklich übernommen worden sind); jedoch darf die Hälfte des Grundstückswertes nicht unterschritten werden. Somit ergibt sich ein Wert von 200 000 Euro. Da sich die Pflichtteilsquote gem. §§ 1924 I, IV, 2302 I S. 2 BGB auf ¼ beläuft, beträgt der Geschäftswert 50 000 Euro.

D. Exkurs

19.174 Gegenständlich beschränkte Pflichtteilsverzichte werden zumeist in Übergabeverträgen zwischen dem Übergeber und den weichenden Erben vereinbart. Siehe hierzu Rz. 3.171 ff., 3.196 ff., 3.207 ff. (Fälle 12, 14 und 15)

→ **Fall 34: Pflichtteilsverzicht ohne Gegenleistung**

A. Sachverhalt

19.175 S und T als einzige Kinder **verzichten** gegenüber ihren Eltern auf ihr gesetzliches **Pflichtteil**. Eine Gegenleistung ist nicht vereinbart. Das Vermögen der Mutter beträgt 360 000 Euro, die Verbindlichkeiten 200 000 Euro. Das Vermögen des Vaters beträgt 230 000 Euro, die Verbindlichkeiten 30 000 Euro. Die Eltern leben im Güterstand der Zugewinngemeinschaft.

---

[1] Leipziger Kommentar GNotKG/*Zimmer*, § 102 Rz. 25.

VIII. Erb- und Pflichtteilsverzichte

B. Rechnung

19.176

Pos.	Gebührentatbestand	Geschäftswert	KV-Nr.	Satz	Betrag
	Beurkundung von Pflichtteilsverzichten ohne Gegenleistung (§§ 102 IV, I 1 und 2, 86 II, 35 I)	95 000	21100	2,0	492,00
	Verzicht S gegenüber Mutter:	22 500			
	Verzicht S gegenüber Vater:	25 000			
	Verzicht T gegenüber Mutter:	22 500			
	Verzicht T gegenüber Vater:	25 000			
		95 000			

C. Erläuterungen

Ein unentgeltlicher **Pflichtteilsverzicht** bewertet sich nach § 102 IV. Der **Geschäftswert** richtet sich nach dem der Pflichtteilsquote des jeweiligen Kindes gem. § 1924 I, IV, 2303 I S. 2 BGB entsprechenden Bruchteil am Vermögen des jeweiligen Elternteils. Verbindlichkeiten werden nur bis zur Höhe des halben Vermögens abgezogen. Es handelt sich um selbstständige Pflichtteilsverzichte jedes Kindes gegenüber jedem Elternteil. Die insgesamt 4 Pflichtteilsverzichtsverträge sind **verschiedene Beurkundungsgegenstände** (86 II), ihre Werte sind zu addieren (§ 35 I).

19.177

Die Berechnung ergibt sich wie folgt:

Verzicht S gegenüber Mutter
(360 000 Euro – 200 000 Euro, mind. aber   22 500 Euro
180 000 Euro, davon Quote 1/8):

Verzicht S gegenüber Vater
(230 000 Euro – 30 000 Euro = 200 000 Euro, davon Quote 1/8):   25 000 Euro

Verzicht T gegenüber Mutter (Quote 1/8):   22 500 Euro

Verzicht T gegenüber Vater (Quote 1/8):   25 000 Euro

gesamt (§ 35 I):   95 000 Euro

Eine Vergleichsberechnung nach § 94 I ist nicht erforderlich, da alle vier Verträge demselben Gebührensatz unterliegen.

→ **Fall 35: Pflichtteilsverzicht gegenüber dem erstversterbenden Elternteil**

A. Sachverhalt

S **verzichtet** gegenüber seinen beiden Eltern auf sein gesetzliches **Pflichtteil**, jedoch nur gegenüber dem **erstversterbenden Elternteil**. S hat noch eine Schwester. Das Vermögen der Mutter beträgt 260 000 Euro, die Verbindlichkeiten 100 000 Euro. Das Vermögen des Vaters beträgt 230 000 Euro, die Verbindlichkeiten 30 000 Euro. Die Eltern leben im Güterstand der Zugewinngemeinschaft.

19.178

B. Rechnung

19.179

Pos.	Gebührentatbestand	Geschäfts-wert	KV-Nr.	Satz	Betrag
	Beurkundung eines Pflichtteilsverzichts gegenüber dem erstversterbenden Elternteil (§§ 102 IV, I 1 und 2)	25 000	21100	2,0	230,00

C. Erläuterungen

19.180 Auch wenn nach materiellem Recht **zwei bedingte Verzichte** vorliegen, kann **kostenrechtlich** nach dem Sinn und Zweck des § 102 IV **nur einer** bewertet werden.[1] Maßgeblich ist der höherwertigere der beiden Verzichte.

Ein unentgeltlicher **Pflichtteilsverzicht** bewertet sich nach § 102 IV. Der **Geschäftswert** richtet sich nach dem der Pflichtteilsquote des Kindes gem. § 1924 I, IV, 2303 I S. 2 BGB entsprechenden Bruchteil am Vermögen des jeweiligen Elternteils. Verbindlichkeiten werden nur bis zur Höhe des halben Vermögens abgezogen.

Es ist wie folgt zu berechnen:

Verzicht S gegenüber Mutter (260 000 Euro – 100 000 Euro = 160 000, mind. aber 130 000 Euro, davon Quote 1/8): 20 000 Euro

Verzicht S gegenüber Vater (230 000 Euro – 30 000 Euro = 200 000 Euro, mind. aber 115 000 Euro, davon Quote 1/8): 25 000 Euro

Höherer Verzicht ist maßgebend: 25 000 Euro

IX. Erbausschlagung und Anfechtung

→ Fall 36: Einfache Erbausschlagung (Entwurf mit Unterschriftsbeglaubigung)

A. Sachverhalt

19.181 A **schlägt** die **Erbschaft** nach E **aus**. Der Nachlass ist überschuldet. Der Notar hat die Erklärung entworfen und beglaubigt die Unterschrift des A.

B. Rechnung

19.182

Pos.	Gebührentatbestand	Geschäfts-wert	KV-Nr.	Satz	Betrag
	Entwurf einer Erbausschlagung mit Unterschriftsbeglaubigung (§§ 119, 103 I)	0	24102, 21201 Nr. 7	0,5	30,00

---

[1] Leipziger Kommentar GNotKG/*Zimmer*, § 102 Rz. 24.

C. Erläuterungen

Gem. §§ 119, 103 I ist der **Geschäftswert** das Vermögen des Erblassers abzüglich seiner Verbindlichkeiten, ggf. 0 Euro. Insoweit stellt § 103 I eine Ausnahme von dem beschränkten Schuldenabzug des § 102 I dar.

19.183

Für den Entwurf fällt eine **Rahmengebühr** nach Nr. 24102 i.V.m. Nr. 21201 Nr. 7 KV an, die mindestens 30 Euro beträgt. Wegen § 92 II ist der höchste Gebührensatz des Rahmens für die vollständige Erstellung des Entwurfs zu erheben.

D. Exkurs

Schlagen **mehrere nebeneinander** zur Erbschaft **Berufene** (z.B. Geschwister) in einer Urkunde aus, ist die Gebühr aus dem zusammengerechneten Wert (ggf. 0 Euro) ihrer Erbteile zu erheben (§§ 86 II, 35 I).

19.184

Abgerechnet wird der Entwurf, die erste Unterschriftsbeglaubigung ist gem. Vorbem. 2.4.1 II KV **gebührenfrei**.

→ **Fall 37: Gestaffelte Erbausschlagung (Beurkundung)**

A. Sachverhalt

A schlägt die Erbschaft nach E aus. Der Nachlass ist überschuldet. A hat ein minderjähriges Kind, das infolge der **Erbausschlagung** des A nunmehr Erbe wird. Neben A war auch das Kind als Erbe berufen. Aus diesem Grunde schlägt A die Erbschaft **zugleich** als gesetzlicher Vertreter **für das Kind** aus. Der Notar beurkundet die Erklärungen. Außerdem wird er beauftragt und bevollmächtigt, die familiengerichtliche Genehmigung einzuholen und entgegenzunehmen.

19.185

B. Rechnung

Pos.	Gebührentatbestände	Geschäfts-wert	KV-Nr.	Satz	Betrag
(1)	Beurkundung der Erbausschlagung nacheinander Berufener (§ 103 I)	0	21201 Nr. 7	0,5	30,00
(2)	Vollzug (Einholung familiengerichtliche Genehmigung)	0	22111	0,3	15,00

19.186

C. Erläuterungen

Pos. (1):

Der **Geschäftswert** ist das Vermögen des Erblassers abzüglich seiner Verbindlichkeiten. Insoweit stellt § 103 I eine Ausnahme von dem beschränkten Schuldenabzug (§ 102 I) dar. Bei Überschuldung ist von einem Geschäftswert 0 auszugehen. Ist die Ausschlagung jedoch nicht eindeutig auf eine **Überschuldung** zurückzuführen, so wird man mangels genügender Anhaltspunkte entsprechend § 36 III von einem Hilfswert i.H.v. 5000 Euro ausgehen können.

19.187

Mehrere Erbausschlagungen haben gem. § 86 II zueinander einen **verschiedenen Beurkundungsgegenstand**. Dabei spielt es keine Rolle, ob die mehreren Ausschlagungen **nebeneinander** (z.B. Geschwister) oder wie vorliegend **nacheinander** erklärt werden. Der für jede Erbausschlagung ermittelte Wert wird gem. § 35 I addiert.

Es fällt eine 0,5 Gebühr gem. Nr. 21201 Nr. 7 KV i.H.v. mind. 30 Euro an.

19.188 **Pos. (2):**

Der **Geschäftswert** richtet sich gem. § 112 nach dem Wert des zugrunde liegenden Beurkundungsverfahrens (hier: § 103 I).

Die Einholung der familien- oder betreuungsgerichtlichen Genehmigung ist Vollzug gem. Vorbem. 2.2.1.1 I S. 2 Nr. 4 KV, die Gebühr fällt in Höhe der allgemeinen Mindestgebühr gem. § 34 V von 15,00 Euro an. Weil das zugrunde liegende Beurkundungsverfahren eine 0,5 Gebühr auslöst, wird eine Vollzugsgebühr nach Nr. 22111 KV (0,3) erhoben.

→ **Fall 38: Anfechtung der Annahme der Erbschaft (Entwurf mit Unterschriftsbeglaubigung)**

A. Sachverhalt

19.189 A **ficht** die Annahme der **Erbschaft** wegen Irrtums **an**. Der Nachlass ist überschuldet, was A erst jetzt bekannt wurde. Der Notar entwirft die Erklärung und beglaubigt die Unterschrift des A.

B. Rechnung

19.190

Pos.	Gebührentatbestand	Geschäftswert	KV-Nr.	Satz	Betrag
	Entwurf einer Anfechtungserklärung mit Unterschriftsbeglaubigung (§§ 119, 103 I)	0	24102, 21201 Nr. 7	0,5	30,00

C. Erläuterungen

19.191 Gem. §§ 119, 103 I ist der **Geschäftswert** das Vermögen des Erblassers abzüglich seiner Verbindlichkeiten. Insoweit stellt § 103 I eine Ausnahme von dem beschränkten Schuldenabzug des § 102 I dar. Beruht die **Anfechtung** auf einer Überschuldung des Nachlasses, ist von einem Geschäftswert 0 auszugehen. Ist die Anfechtung jedoch nicht eindeutig auf eine **Überschuldung** zurückzuführen, so wird man mangels genügender Anhaltspunkte entsprechend § 36 III von einem Hilfswert i.H.v. 5000 Euro ausgehen können.

Für den **Entwurf** fällt eine **Rahmengebühr** nach Nr. 24102 i.V.m. Nr. 21201 Nr. 7 KV an, die mindestens 30 Euro beträgt. Wegen § 92 II ist der höchste Gebührensatz des Rahmens für die vollständige Erstellung des Entwurfs zu erheben.

IX. Erbausschlagung und Anfechtung

D. Exkurs

Fechten **mehrere** zur Erbschaft Berufene in einer Urkunde an, ist die Gebühr aus dem zusammengerechneten Wert ihrer Erbteile zu erheben (§§ 86 II, 35 I). Dabei kommt es nicht darauf an, ob sie **nebeneinander** (z.B. Geschwister) oder **nacheinander** (z.B. Vater und minderjähriges Kind) zur Erbschaft berufen sind.

19.192

Dieselben Grundsätze gelten auch für die **Anfechtung der Ausschlagung** der Erbschaft oder der **Anfechtung des Versäumnisses der Ausschlagungsfrist**.

Abgerechnet wird der Entwurf, die erste Unterschriftsbeglaubigung ist gem. Vorbem. 2.4.1 II KV **gebührenfrei**.

→ **Fall 39: Ausschlagung des Anfalls eines Hofes (Entwurf mit Unterschriftsbeglaubigung)**

A. Sachverhalt

A ist Erbe eines **Hofes** im Sinne der Höfeordnung. Er **schlägt** die **Erbschaft aus**. Der Hof ist überschuldet. Der Notar hat die Erklärung entworfen und beglaubigt die Unterschrift des A.

19.193

B. Rechnung

Pos.	Gebührentatbestand	Geschäfts-wert	KV-Nr.	Satz	Betrag
	Entwurf einer Hofausschlagung mit Unterschriftsbeglaubigung (§§ 119, 103 I, II)	0	24102, 21201 Nr. 7	0,5	30,00

19.194

C. Erläuterungen

Gem. §§ 119, 103 I ist der **Geschäftswert** das Vermögen des Erblassers abzüglich seiner Verbindlichkeiten. Insoweit stellt § 103 I eine Ausnahme von dem beschränkten Schuldenabzug (§ 102 I) dar. Beruht die Ausschlagung auf einer **Überschuldung** des Nachlasses, ist von einem Geschäftswert 0 auszugehen. Ist die Ausschlagung jedoch nicht eindeutig auf eine Überschuldung zurückzuführen, so wird man mangels genügender Anhaltspunkte entsprechend § 36 III von einem Hilfswert i.H.v. 5000 Euro ausgehen können.

19.195

Für den **Entwurf** fällt eine **Rahmengebühr** nach Nr. 24102 i.V.m. Nr. 21201 Nr. 7 KV an, die mindestens 30 Euro beträgt. Wegen § 92 II ist der höchste Gebührensatz des Rahmens für die vollständige Erstellung des Entwurfs zu erheben.

D. Exkurs

Schlagen **mehrere** Erben in einer Urkunde den Anfall eines Hofes aus, ist die Gebühr aus dem zusammengerechneten Wert ihrer Erbteile zu erheben (§§ 86 II, 35 I). Dabei kommt es nicht darauf an, ob sie **nebeneinander** (z.B. Geschwister) oder **nacheinander** (z.B. Vater und minderjähriges Kind) zur Erbschaft berufen sind.

19.196

Abgerechnet wird der Entwurf, die erste Unterschriftsbeglaubigung ist gem. Vorbem. 2.4.1 II KV **gebührenfrei**.

X. Eidesstattliche Versicherung zur Erlangung eines Erbscheins

→ **Fall 40:** Eidesstattliche Versicherung zur Erlangung eines Erbscheins (Vollrechtserbschein)

A. Sachverhalt

19.197 A ist aufgrund des handschriftlichen Testaments ihres Ehemannes B dessen Alleinerbin. A und B lebten im Güterstand der Gütertrennung. Für die Tochter der A ist ein **Vermächtnis** i.H.v. 50 000 Euro ausgesetzt. Ferner hat A die **Auflage**, den neunjährigen Hund des B bis zu dessen Tod ordnungsgemäß zu betreuen. Die monatlichen Aufwendungen hierfür belaufen sich auf ca. 200 Euro. Eine Woche später gibt A die eidesstattliche Versicherung zur Erlangung eines **Erbscheins** ab. Sie gibt dem Notar an, dass der einzige Sohn des Erblassers (aus 1. Ehe) seine Pflichtteilsansprüche geltend machen wird.

Ferner übergibt sie dem Notar das **handschriftliche Testament** zur **Eröffnung** beim Nachlassgericht.

Das Vermögen des B betrug 610 000 Euro, seine Verbindlichkeiten 310 000 Euro. A teilt dem Notar mit, dass sich die Bestattungskosten auf 8750 Euro belaufen haben.

Der Notar wird zudem beauftragt, noch insgesamt 4 fehlende Personenstandsurkunden einzuholen.

B. Rechnung

19.198

Pos.	Gebührentatbestände	Geschäftswert	KV-Nr.	Satz	Betrag
(1)	Versicherung an Eides statt nebst Erbscheinsantrag (§ 40 I)	300 000	23300	1,0	635,00
(2)	Vollzug (Einholung Personenstandsurkunden)	300 000	22111, 22112	0,3	190,50

C. Erläuterungen

19.199 **Pos. (1):**

Der **Geschäftswert** bestimmt sich nach § 40 I mit dem Wert des Nachlasses zum Zeitpunkt des Erbfalls, nur vom Erblasser herrührende Verbindlichkeiten werden abgezogen. Zu den vom Erblasser herrührenden Verbindlichkeiten zählen nicht Bestattungskosten, Pflichtteilsansprüche, Auflagen und Vermächtnisse, da diese Kosten und Ansprüche naturgemäß erst nach dem Erbfall entstehen können.[1] Vorliegend ergibt sich folgende Rechnung: 610 000 Euro – 310 000 Euro Verbindlichkeiten.

Bei der 1,0 Gebühr nach Nr. 23300 KV gibt es auch bei geringen Geschäftswerten keine **Mindestgebühr**. Die Gebühr für den **Erbscheinsantrag** (Nr. 21201 Nr. 6 KV) bleibt wegen Vorbem. 2.3.3 II KV und Anm. zu Nr. 21201 KV unbewertet.

Auch der Antrag auf **Eröffnung** des Testaments wird nicht gesondert bewertet (Vorbem. 2.3.3 II KV).

Pos. (2): 19.200

Die Einholung der Personenstandsurkunden ist Vollzug gem. Vorbem. 2.2.1.1 I S. 2 Nr. 1 KV[2] und löst eine 0,3 Gebühr nach Nr. 22111 KV aus, weil das zugrunde liegende Beurkundungsverfahren eine 0,5 Gebühr auslöst. Vollzogen wird der Erbscheinsantrag und nicht etwa die eidesstattliche Versicherung. Auch wenn der Erbscheinsantrag wegen Vorbem. 2.3.3 II KV und Anm. zu Nr. 21201 KV unbewertet bleibt, liegt dennoch ein zu vollziehendes Beurkundungsverfahren vor. Daher ist eine Gebühr nach Nr. 22121 KV (Vollzug in besonderen Fällen) ausgeschlossen. Die Einholung von Personenstandsurkunden gehört zu den begünstigten Tätigkeiten im Sinne der Nr. 22112 KV, so dass höchstens die auf 50 Euro pro Urkunde/Tätigkeit begrenzte Vollzugsgebühr anfallen darf. Dies würde sich vorliegend auswirken, wenn der Notar nur mit der Einholung von max. 3 Personenstandsurkunden beauftragt worden wäre; in diesem Fall beliefe sich die Vollzugsgebühr nicht auf 190,50 Euro, sondern auf 150,00 Euro.

Der Geschäftswert richtet sich gem. § 112 nach dem Wert des zugrunde liegenden Erbscheinsverfahrens gem. § 40 I; es wird nicht etwa auf den Erbscheinsantrag abgestellt, der sich bei isolierter Beurkundung nach § 103 bestimmen würde.

→ **Fall 41: Eidesstattliche Versicherung gegenüber dem Nachlassgericht**

A. Sachverhalt

Eheleute A sind verstorben und wurden von ihren 4 Kindern B, C, D und E beerbt. Diese hatten einen Erbscheinsantrag gestellt, aber nicht alle Personenstandsurkunden beibringen können. 19.201

Zu gesonderter Urkunde versichern sie jeweils an Eides statt gegenüber dem Nachlassgericht zur entsprechenden Geschäftsnummer, dass sie in Kandien, Kreis Neidenburg (jetzt Polen) als eheliche Kinder ihrer Eltern Eheleute A geboren worden sind und dass sie sich vielfach und lange bemüht haben, darüber Nachweise zu erbringen, was jedoch nicht gelungen ist.

Das Vermögen der Eheleute A betrug 610 000 Euro (Herr A: 305 000 Euro, Frau A: 305 000 Euro), ihre Verbindlichkeiten 310 000 Euro (Herr A: 155 000 Euro,

---

1 OLG Schleswig, Beschl. v. 16.10.2014 – 3 Wx 104/13, FGPrax 2015, 93 = NJW-RR 2015, 767; OLG Köln, Beschl. v. 4.4.2014 – 2 Wx 92/14, FGPrax 2014, 180 = ZEV 2014, 608; OLG Karlsruhe, Beschl. v. 27.5.2015 – 11 Wx 123/14, BWNotZ 2015, 115 = FamRZ 2015, 1929.
2 Prüfungsabteilung, NotBZ 2014, 414; NotBZ 2014, 214.

Frau A: 155 000 Euro). B teilt dem Notar mit, dass sich die Bestattungskosten auf 8750 Euro belaufen haben.

B. Rechnung

19.202

Pos.	Gebührentatbestand	Geschäfts-wert	KV-Nr.	Satz	Betrag
	Versicherung an Eides statt (§ 36 I)	30 000	21200	1,0	125,00

C. Erläuterungen

19.203 Die Erklärungen der Beteiligten B, C, D und E betreffen jeweils **verschiedene Gegenstände**, § 86 II. Ihre Werte sind gem. § 35 I zu addieren, betreffen also insgesamt den ganzen Nachlass (4 × ¼).

Es handelt sich bei den Erklärungen nicht um eidesstattliche Versicherungen zur Erlangung eines Erbscheins, vielmehr werden eidesstattliche Versicherungen über die **Identität** der Beteiligten **im Nachlassverfahren** abgegeben. Der **Geschäftswert** bestimmt sich nach § 36 I mit einem Teilwert (10–30 %) des nach § 40 I ermittelten Werts des Nachlasses zum Zeitpunkt des Erbfalls (siehe oben Fall 40, Rz. 19.197). Vorliegend ergibt sich folgende Rechnung: 610 000 Euro – 310 000 Euro Verbindlichkeiten; davon vorliegend 10 %.

19.204 Der Notar ist zur **Abnahme** der eidesstattlichen Versicherung nur in bestimmten, genau definierten Fällen zuständig (Abgabe „vor einem Notar"), z.B. bei einem Erbschein (§ 2356 II BGB), bei Zeugnissen über fortgesetzte Gütergemeinschaften (§ 1507 BGB) und Testamentsvollstreckerzeugnissen (§ 2368 III BGB) u.ä.

Die bloße Beurkundung (Niederschrift) einer eidesstattlichen Versicherung nennt man eine **Aufnahme** dieser Erklärungen. Zur (bloßen) Aufnahme einer eidesstattlichen Versicherung ist der Notar immer dann zuständig, wenn gegenüber einer Behörde oder sonstigen Dienststelle eine tatsächliche **Behauptung glaubhaft** gemacht werden soll.[1] Dies ist hier der Fall, jedoch lösen solche Erklärungen eine 1,0 Gebühr aus, und zwar nach Nr. 21200 KV – nicht nach Nr. 23300 KV –, mindestens 60 Euro.

→ **Fall 42: Eidesstattliche Versicherung zur Erlangung eines Erbscheins für mehrere Erbfälle mit Grundbuchantrag**

A. Sachverhalt

19.205 A und B waren Eheleute. A ist verstorben und wurde von C und D beerbt. Kurz darauf ist auch B verstorben und wurde ebenfalls von C und D beerbt. C gibt die eidesstattliche Versicherung zur Erlangung eines **Erbscheines** sowohl nach A als auch nach B ab. Das Vermögen des Nachlasses des A betrug 190 000 Euro und der B 100 000 Euro. Zum Nachlass des A gehört ein Grundstück (Verkehrswert 150 000 Euro, belastet mit einer Grundschuld i.H.v. 50 000 Euro, die noch mit 30 000 Euro valutiert). B hat keine Verbindlichkeiten. Es sind Beerdigungs-

---

1 Prüfungsabteilung, NotBZ 2014, 177.

kosten von jeweils 10 000 Euro angefallen. Es wird zugleich auch ein **Grundbuchberichtigungsantrag** auf Eintragung von C und D als Eigentümer gestellt. Der Notar wird beauftragt, die 4 Personenstandsurkunden einzuholen.

B. Rechnung

19.206

Pos.	Gebührentatbestände	Geschäftswert	KV-Nr.	Satz	Betrag
(1)	Versicherung an Eides statt nebst Erbscheinsantrag (§§ 40 I, 93 II)	260 000	23300	1,0	535,00
	Ehemann	160 000			
	Ehefrau	100 000			
(2)	Grundbuchantrag (§§ 46, 38)	150 000	21201 Nr. 4	0,5	177,00
(3)	Einholung von Personenstandsurkunden (§ 112) Vorbem. 2.2.1.1 I S. 2 Nr. 1 KV	260 000	22111, 22112	0,3	160,50

C. Erläuterungen

Pos. (1):

19.207

Der **Geschäftswert** für die Eidesstattliche Versicherung bestimmt sich nach § 40 I mit dem Wert des Nachlasses zum Zeitpunkt des Erbfalls, nur vom Erblasser herrührende Verbindlichkeiten werden abgezogen. Zu den vom Erblasser herrührenden Verbindlichkeiten zählen nicht **Bestattungskosten**, **Pflichtteilsansprüche**, **Auflagen** und **Vermächtnisse**, da diese Kosten und Ansprüche naturgemäß erst nach dem Erbfall entstehen können (**Nachlassschulden**).[1] Da der Notar die eidesstattlichen Versicherungen sowohl nach dem Erblasser A als auch nach dem Erblasser B in einer einzigen Niederschrift beurkundet hat, ist davon auszugehen, dass er nicht von zwei Verfahren ausging, sondern i.S. einer **Verfahrensverbindung** (§ 20 FamFG) von einem einzigen Verfahren mit zwei Verfahrensgegenständen. Daher sind die Geschäftswerte zu addieren (§ 35 I), um daraus die Gebühr Nr. 23300 KV nur einmal (§ 93 I S. 1) zu erheben. Vorliegend ergibt sich folgende Rechnung: 190 000 Euro Vermögen A – 30 000 Euro Verbindlichkeiten A + 100 000 Euro Vermögen B).

Der **Erbscheinsantrag** wird nicht gesondert bewertet (Vorbem. 2.3.3 II KV sowie Anm. zu Nr. 21201 KV). Bei der 1,0 Gebühr nach Nr. 23300 KV existiert auch bei geringen Geschäftswerten keine **Mindestgebühr**.

Pos. (2):

19.208

Der **Grundbuchantrag** löst eine 0,5 Beurkundungsgebühr nach Nr. 21201 Nr. 4 KV aus. Er wird gesondert bewertet, da gem. Anm. zu Nr. 21201 KV sowie Vorbem. 2.3.3 II KV ausdrücklich nur der Antrag an das Nachlassgericht mit der

---

1 OLG Schleswig, Beschl. v. 16.10.2014 – 3 Wx 104/13, FGPrax 2015, 93 = NJW-RR 2015, 767; OLG Köln, Beschl. v. 4.4.2014 – 2 Wx 92/14, FGPrax 2014, 180 = ZEV 2014, 608; OLG Karlsruhe, Beschl. v. 27.5.2015 – 11 Wx 123/14, BWNotZ 2015, 115 = FamRZ 2015, 1929.

Gebühr Nr. 23300 KV abgegolten ist. Da es sich bei der eidesstattlichen Versicherung um kein Beurkundungs-, sondern ein sonstiges notarielles Verfahren handelt, finden auch die Regeln über verschiedene Beurkundungsgegenstände (§§ 86 II, 110, 111, 35 I) bzw. denselben Beurkundungsgegenstand (§ 109), den Einmalanfall der Gebühr in demselben Verfahren (§ 93 I) sowie die Vergleichsberechnung bei unterschiedlichen Gebührensätzen nach § 94 keine Anwendung. Vielmehr werden für das Erbscheinsverfahren einerseits und das Beurkundungsverfahren (Grundbuchantrag) andererseits getrennte Gebühren angesetzt. Daran ändert sich auch durch die Niederlegung in einer einzigen Urkunde nichts.

Der **Geschäftswert** für den Grundbuchberichtigungsantrag richtet sich nach § 46. Danach ist der Verkehrswert des Grundstücks ohne Schuldenabzug (§ 38) maßgeblich.

19.209 **Pos. (3):**

Die Beschaffung der erforderlichen Personenstandsurkunden, um diese bei Gericht einzureichen, erfüllt den Tatbestand der Vorbem. 2.2.1.1 I S. 2 Nr. 1 KV, stellt also eine Vollzugstätigkeit dar[1] und löst hier eine 0,3 Gebühr nach Nr. 22111 KV aus. Die Beschränkung der **Vollzugsgebühr** gem. Nr. 22112 KV auf 50 Euro pro einzuholender Bescheinigung oder Urkunde i.H.v. 200 Euro kommt vorliegend nicht zum Tragen.

Der **Geschäftswert** richtet sich gem. § 112 nach dem Wert des zugrunde liegenden Erbscheinverfahrens gem. § 40 I; es wird nicht etwa auf den Erbscheinsantrag abgestellt, der sich bei isolierter Beurkundung nach § 103 bestimmen würde. Der Wert des gesondert zu bewertenden Beurkundungsverfahrens (Grundbuchantrag) wird nicht hinzugerechnet; denn § 35 I findet wegen unterschiedlicher Verfahren keine Anwendung.

D. Exkurs

19.210 Würde auch der **Grundbuchantrag** einer **Vollzugstätigkeit** bedürfen, so würde hierfür eine weitere Vollzugsgebühr anfallen, deren Wert sich gem. § 112 nach dem Wert des Beurkundungsverfahrens – Grundbuchantrag – bestimmen würde.

Für den zur Grundbuchberichtigung erforderlichen **Nachweis der Erbfolge bei vorbehaltenem Rücktritt im Erbvertrag** ist neben der Vorlage der notariellen Urkunde und der Eröffnungsniederschrift jedenfalls nach Einführung des Zentralen Testamentsregisters (ZTR) keine eidesstattliche Versicherung mehr dazu erforderlich, dass das Rücktrittsrecht nicht ausgeübt wurde.[2]

---

1 Prüfungsabteilung, NotBZ 2014, 414; 214.
2 OLG München, Beschl. v. 28.10.2015 – 34 Wx 92/14, ZEV 2015, 705 im Anschluss an OLG Düsseldorf, Beschl. v. 25.4.2013 – I-3 Wx 219/12, ZEV 2013, 500.

X. Eidesstattliche Versicherung zur Erlangung eines Erbscheins

→ **Fall 43: Eidesstattliche Versicherung zur Erlangung eines Erbscheins nach privatschriftlichem Testament zugunsten der Kommune**

A. Sachverhalt

A ist verstorben. Er hatte ein gültiges privatschriftliches (handschriftliches) Testament errichtet und die Stadt Leipzig als Alleinerbin eingesetzt. Der Oberbürgermeister der Stadt Leipzig gibt die eidesstattliche Versicherung zur Erlangung eines **Erbscheines** ab. Das Vermögen des Nachlasses des A betrug 190 000 Euro. Zum Nachlass des A gehört ein Grundstück (Verkehrswert 150 000 Euro, belastet mit einer Grundschuld i.H.v. 50 000 Euro, die noch mit 30 000 Euro valutiert). Es sind Beerdigungskosten von 10 000 Euro angefallen. Es wird zugleich auch ein **Grundbuchberichtigungsantrag** auf Eintragung der Stadt Leipzig als Eigentümer gestellt.

Ferner übergibt O dem Notar das **handschriftliche Testament** zur **Eröffnung** beim Nachlassgericht.

Der Notar wird beauftragt, eine Personenstandsurkunde einzuholen.

B. Rechnung

Pos.	Gebührentatbestände	Geschäftswert	KV-Nr.	Satz	Betrag
(1)	Versicherung an Eides statt nebst Erbscheinsantrag (§ 40 I)	160 000	23300	1,0	381,00
(2)	Grundbuchantrag (§§ 46, 38, 91 I)	150 000	21201 Nr. 4	0,5	106,20
(3)	Einholung einer Personenstandsurkunde (§ 112) Vorbem. 2.2.1.1 I S. 2 Nr. 1 KV	160 000	22111, 22112	0,3	50,00

C. Erläuterungen

Pos. (1):

Der **Geschäftswert** für die Eidesstattliche Versicherung bestimmt sich nach § 40 I mit dem Wert des Nachlasses zum Zeitpunkt des Erbfalls, nur vom Erblasser herrührende Verbindlichkeiten werden abgezogen. Zu den vom Erblasser herrührenden Verbindlichkeiten zählen nicht **Bestattungskosten**, **Pflichtteilsansprüche**, **Auflagen** und **Vermächtnisse**, da diese Kosten und Ansprüche naturgemäß erst nach dem Erbfall entstehen können (**Nachlassschulden**).[1] Vorliegend ergibt sich folgende Rechnung: 190 000 Euro Vermögen – 30 000 Euro Verbindlichkeiten.

---

[1] OLG Schleswig, Beschl. v. 16.10.2014 – 3 Wx 104/13, FGPrax 2015, 93 = NJW-RR 2015, 767; OLG Köln, Beschl. v. 4.4.2014 – 2 Wx 92/14, FGPrax 2014, 180 = ZEV 2014, 608; OLG Karlsruhe, Beschl. v. 27.5.2015 – 11 Wx 123/14, BWNotZ 2015, 115 = FamRZ 2015, 1929.

Der **Erbscheinsantrag** wird nicht gesondert bewertet (Vorbem. 2.3.3 II KV sowie Anm. zu Nr. 21201 KV). Bei der 1,0 Gebühr nach Nr. 23300 KV existiert auch bei geringen Geschäftswerten keine **Mindestgebühr**.

Nach § 91 I S. 1 ist die Gebühr für die eidesstattliche Versicherung (Nr. 23300 KV) nicht zu ermäßigen, auch wenn die Stadt Leipzig persönlich begünstigt ist, weil sie von der **Ermäßigung** nicht erfasst ist. Erfasst wäre die Gebühr für den Erbscheinsantrag (Nr. 21201 Nr. 6 KV), diese bleibt jedoch unerhoben (Vorbem. 2.3.3 II KV sowie Anm. zu Nr. 21201 KV).

Der Antrag auf **Eröffnung des Testaments** wird ebenfalls nicht gesondert bewertet (Vorbem. 2.3.3 II KV sowie Anm. zu Nr. 21201 KV).

19.214 **Pos. (2):**

Der **Geschäftswert** für den Grundbuchberichtigungsantrag richtet sich nach § 46. Danach ist der Verkehrswert des Grundstücks ohne Schuldenabzug (§ 38) maßgeblich.

Der **Grundbuchantrag** löst eine 0,5 Beurkundungsgebühr nach Nr. 21201 Nr. 4 KV aus. Er wird gesondert bewertet, da gem. Anm. zu Nr. 21201 KV sowie Vorbem. 2.3.3 II KV ausdrücklich nur der Antrag an das Nachlassgericht mit der Gebühr Nr. 23300 KV abgegolten ist. Da es sich bei der eidesstattlichen Versicherung um kein Beurkundungs-, sondern ein sonstiges notarielles Verfahren handelt, finden auch die Regeln über verschiedene Beurkundungsgegenstände (§§ 86 II, 110, 111, 35 I) bzw. denselben Beurkundungsgegenstand (§ 109), den Einmalanfall der Gebühr in demselben Verfahren (§ 93 I) sowie die Vergleichsberechnung bei unterschiedlichen Gebührensätzen nach § 94 keine Anwendung. Vielmehr werden für das Erbscheinverfahren einerseits und das Beurkundungsverfahren (Grundbuchantrag) andererseits getrennte Gebühren angesetzt. Daran ändert sich auch durch die Niederlegung in einer einzigen Urkunde nichts.

Nach § 91 I S. 1 ist die Gebühr für den Grundbuchantrag (Nr. 21201 Nr. 6 KV) zu **ermäßigen**, weil die Stadt Leipzig persönlich begünstigt ist.

19.215 **Pos. (3):**

Die Beschaffung der erforderlichen Personenstandsurkunden, um diese bei Gericht einzureichen, erfüllt den Tatbestand der Vorbem. 2.2.1.1 I S. 2 Nr. 1 KV, stellt also eine Vollzugstätigkeit dar[1] und löst hier eine 0,3 Gebühr nach Nr. 22111 KV aus. Die Beschränkung der **Vollzugsgebühr** gem. Nr. 22112 KV auf 50 Euro pro einzuholender Bescheinigung oder Urkunde kommt vorliegend zum Tragen.

Nach § 91 I S. 1 ist eine Vollzugsgebühr nicht zu ermäßigen, auch wenn die Stadt Leipzig persönlich begünstigt ist, weil sie von der **Ermäßigung** nicht erfasst ist.

Der **Geschäftswert** richtet sich gem. § 112 nach dem Wert des zugrunde liegenden Erbscheinverfahrens gem. § 40 I; es wird nicht etwa auf den Erbscheinsantrag abgestellt, der sich bei isolierter Beurkundung nach § 103 bestimmen würde. Der Wert des gesondert zu bewertenden Beurkundungsverfahrens (Grundbuchantrag)

---

1 Prüfungsabteilung, NotBZ 2014, 414; 214.

wird nicht hinzugerechnet; denn § 35 I findet wegen unterschiedlicher Verfahren keine Anwendung.

D. Exkurs

Würde auch der **Grundbuchantrag** einer **Vollzugstätigkeit** bedürfen, so würde hierfür eine weitere Vollzugsgebühr anfallen, deren Wert sich gem. § 112 nach dem Wert des Beurkundungsverfahrens – Grundbuchantrag – bestimmen würde.   19.216

Für den zur Grundbuchberichtigung erforderlichen **Nachweis der Erbfolge bei vorbehaltenem Rücktritt im Erbvertrag** ist neben der Vorlage der notariellen Urkunde und der Eröffnungsniederschrift jedenfalls nach Einführung des Zentralen Testamentsregisters (ZTR) keine eidesstattliche Versicherung mehr dazu erforderlich, dass das Rücktrittsrecht nicht ausgeübt wurde.[1]

→ **Fall 44: Eidesstattliche Versicherung zur Erlangung eines Erbscheins zur Vorlage beim Grundbuchamt**

A. Sachverhalt

A ist verstorben und wurde von B beerbt. Zum Nachlass gehört u.a. ein Grundstück (Verkehrswert 200 000 Euro, belastet mit einer Grundschuld zu 100 000 Euro, die noch mit 50 000 Euro valutiert). Der Wert des Nachlasses beträgt 500 000 Euro. Weitere Verbindlichkeiten bestehen nicht. B benötigt den **Erbschein nur zur Vorlage beim Grundbuchamt**, über das sonstige Vermögen (Geld) kann er aufgrund Vorsorgevollmacht verfügen. Weitere mögliche Erben existieren nicht. Er gibt die entsprechende eidesstattliche Versicherung ab.   19.217

B. Rechnung

Pos.	Gebührentatbestand	Geschäftswert	KV-Nr.	Satz	Betrag
	Versicherung an Eides statt nebst Erbscheinsantrag (§ 40 I)	450 000	23300	1,0	885,00

19.218

C. Erläuterungen

Der **Geschäftswert** bestimmt sich nach § 40 I mit dem Wert des Nachlasses zum Zeitpunkt des Erbfalls, nur vom Erblasser herrührende Verbindlichkeiten werden abgezogen. Zu den vom Erblasser herrührenden Verbindlichkeiten zählen nicht **Bestattungskosten**, **Pflichtteilsansprüche**, **Auflagen** und **Vermächtnisse**, da diese Kosten und Ansprüche naturgemäß erst nach dem Erbfall entstehen können (**Nachlassschulden**).[2] Vorliegend ergibt sich folgende Rechnung: 500 000 Euro –   19.218a

---

[1] OLG München, Beschl. v. 28.10.2015 34 Wx 92/14, ZEV 2015, 705 im Anschluss an OLG Düsseldorf, Beschl. v. 25.4.2013 I-3 Wx 219/12, ZEV 2013, 500.
[2] OLG Schleswig, Beschl. v. 16.10.2014 – 3 Wx 104/13, FGPrax 2015, 93 = NJW-RR 2015, 767; OLG Köln, Beschl. v. 4.4.2014 – 2 Wx 92/14, FGPrax 2014, 180 = ZEV 2014, 608; OLG Karlsruhe, Beschl. v. 27.5.2015 – 11 Wx 123/14, BWNotZ 2015, 115 = FamRZ 2015, 1929.

50 000 Euro Verbindlichkeiten. Der Erbschein als Erbnachweis betrifft das gesamte Vermögen, nicht nur das Grundstück.

Die Vorschrift des § 40 III findet nur für **Fremdrechtserbscheine** (gegenständlich beschränkte Erbscheine) Anwendung.[1]

Bei der 1,0 Gebühr nach Nr. 23300 KV gibt es auch bei geringen Geschäftswerten keine **Mindestgebühr**. Die Gebühr für den Erbscheinsantrag (Nr. 21201 Nr. 6 KV) bleibt wegen Vorbem. 2.3.3 II KV und Anm. zu Nr. 21201 KV unbewertet.

D. Exkurs

19.219 Wird der Erbschein nur zur Vorlage beim Grundbuchamt zwecks Grundbuchberichtigung benötigt, kommt für den Erben auch das sogenannte **Auseinandersetzungszeugnis** (auch **Überweisungszeugnis** genannt) nach § 36 GBO in Frage. Hierbei wäre dann der Geschäftswert gem. § 41 auf den Wert des Grundstücks beschränkt, siehe hierzu auch Rz. 17.50 ff. (Fall 6).

→ **Fall 45: Eidesstattliche Versicherung zur Erlangung eines gegenständlich beschränkten Erbscheins (Fremdrechtserbschein)**

A. Sachverhalt

19.220 F, einziges Kind deutscher Eltern, die beide bereits verstorben sind, ist kanadischer Staatsbürger und dort auch wohnhaft. Sein Vater hatte neben Vermögen in Kanada auch Grundstücke, die in Deutschland belegen sind. Für diese Grundstücke beantragt F jetzt einen **Erbschein** dahingehend, dass er Alleinerbe ist. Er gibt die entsprechende eidesstattliche Versicherung ab. Der Erbschein soll **gegenständlich** nur auf die in Deutschland belegenen Grundstücke **beschränkt** erteilt werden. Der Wert der Grundstücke beträgt 200 000 Euro. Auf ihnen lastet eine Gesamtgrundschuld i.H.v. 100 000 Euro, die noch mit 10 000 Euro valutiert. Das Vermögen der Erblasser abzüglich von ihnen herrührender Verbindlichkeiten beträgt insgesamt 250 000 Euro.

B. Rechnung

19.221

Pos.	Gebührentatbestand	Geschäftswert	KV-Nr.	Satz	Betrag
	Versicherung an Eides statt nebst Erbscheinsantrag (§ 40 III)	200 000	23300	1,0	435,00

C. Erläuterungen

19.222 Nach § 40 III bestimmt sich der **Geschäftswert eines Fremdrechtserbscheins** lediglich mit dem Wert des Nachlasses, der von der Erbscheinswirkung erfasst ist. Nachlassverbindlichkeiten werden nicht abgezogen.

---

[1] OLG Hamm, Beschl. v. 8.7.2014 – 15 W 208/14, Zerb 2014, 289 = ZEV 2014, 608 = NJW-Spezial 2014, 616 = Rpfleger 2015, 50 = FamRZ 2015, 436.

Ist jedoch der Wert des gesamten Nachlasses abzüglich der vom Erblasser herrührenden Verbindlichkeiten niedriger und macht der Kostenschuldner dies glaubhaft, ist dieser Wert (gem. § 40 I) anzusetzen.

Bei der 1,0 Gebühr nach Nr. 23300 KV gibt es auch bei geringen Geschäftswerten keine **Mindestgebühr**. Die Gebühr für den Erbscheinsantrag (Nr. 21201 Nr. 6 KV) bleibt wegen Vorbem. 2.3.3 II KV und Anm. zu Nr. 21201 KV unbewertet.

→ **Fall 46: Eidesstattliche Versicherung zur Erlangung eines Erbscheins (landwirtschaftliches Vermögen)**

A. Sachverhalt

D ist Erbe nach seinem verstorbenen Vater V. Zum Nachlass gehört ein **Hof (landwirtschaftliches Vermögen**, kein Hof im Sinne der HöfO), den D als seine Existenzgrundlage fortführt. D gibt die eidesstattliche Versicherung zur Erlangung eines **Erbscheins** ab. Der Wert des Hofes beträgt 1 000 000 Euro, sein Einheitswert 150 000 Euro. Der Wert des hoffreien Nachlasses beträgt 160 000 Euro, hierauf entfallen noch 20 000 Euro Verbindlichkeiten des Erblassers.

19.223

B. Rechnung

Pos.	Gebührentatbestand	Geschäftswert	KV-Nr.	Satz	Betrag
	Versicherung an Eides statt nebst Erbscheinsantrag (§§ 40 I, 48 I)	740 000	23300	1,0	1335,00

19.224

C. Erläuterungen

Der **Geschäftswert** bestimmt sich nach § 40 I mit dem Wert des Nachlasses zum Zeitpunkt des Erbfalls, nur vom Erblasser herrührende Verbindlichkeiten werden abgezogen. Zu den vom Erblasser herrührenden Verbindlichkeiten zählen nicht **Bestattungskosten**, **Pflichtteilsansprüche**, **Auflagen** und **Vermächtnisse**, da diese Kosten und Ansprüche naturgemäß erst nach dem Erbfall entstehen können (**Nachlassschulden**).[1]

19.225

Dabei werden die **landwirtschaftlichen Grundstücke** lediglich mit dem Wert nach § 48 I berücksichtigt. Danach ergibt sich folgende Rechnung: 600 000 Euro (vierfacher Einheitswert des Hofes) + 160 000 Euro (sonstiger Nachlass) – 20 000 Euro (Verbindlichkeiten).

19.225a

Ist kein Einheitswert feststellbar, wird auf den (einfachen) Ersatzwirtschaftswert zurückgegriffen (§ 48 I S. 3).

Bei der 1,0 Gebühr nach Nr. 23300 KV gibt es auch bei geringen Geschäftswerten keine **Mindestgebühr**. Die Gebühr für den Erbscheinsantrag (Nr. 21201 Nr. 6 KV) bleibt wegen Vorbem. 2.3.3 II KV und Anm. zu Nr. 21201 KV unbewertet.

---
1 OLG Schleswig, Beschl. v. 16.10.2014 – 3 Wx 104/13, FGPrax 2015, 93 = NJW-RR 2015, 767; OLG Köln, Beschl. v. 4.4.2014 – 2 Wx 92/14, FGPrax 2014, 180 = ZEV 2014, 608; OLG Karlsruhe, Beschl. v. 27.5.2015 – 11 Wx 123/14, BWNotZ 2015, 115 = FamRZ 2015, 1929.

→ **Fall 47: Eidesstattliche Versicherung zur Erlangung eines Hoffolgezeugnisses**

A. Sachverhalt

19.226 D bewirtschaftet den Hof seines Vaters seit langem. Nunmehr ist sein Vater verstorben, der immer erklärt hat, dass D den Hof erben soll und nicht sein Bruder E, auch wenn E älter ist. D beantragt bei dem hierfür zuständigen Landwirtschaftsgericht einen Erbschein, der lediglich die Hoferbfolge für sich bescheinigt (**Hoffolgezeugnis**) und gibt zusammen mit E die eidesstattliche Versicherung entsprechend ab. Der Wert des Hofes beträgt 1 000 000 Euro, auf ihm lasten Verbindlichkeiten i.H.v. 500 000 Euro, davon sind 100 000 Euro eine noch bestehende Rentenschuld.

B. Rechnung

19.227

Pos.	Gebührentatbestände	Geschäftswert	KV-Nr.	Satz	Betrag
(1)	Versicherung an Eides statt zur Erlangung eines Hoffolgezeugnisses (§ 40 I)	600 000	23300	1,0	1095,00
(2)	Beurkundung eines Antrags an das Landwirtschaftsgericht (§ 36 I)	100 000	21200	1,0	273,00

C. Erläuterungen

19.228 **Pos. (1):**

Das vorliegende Beispiel dürfte nur regional begrenzt vorkommen. Der **Geschäftswert** bestimmt sich nach § 40 I mit dem Wert des Hofes (§ 40 I S. 3) zum Zeitpunkt des Erbfalls, nur die auf dem Hof lastenden Verbindlichkeiten werden abgezogen, jedoch nicht die **Rentenschuld** bezüglich des Hofes (§ 40 I S. 4).

Danach ergibt sich folgende Rechnung: 1 000 000 Euro (Wert des Hofes) − 400 000 Euro (Verbindlichkeiten auf dem Hof lastend, ohne Rentenschuld).

Bei der 1,0 Gebühr nach Nr. 23300 KV gibt es auch bei geringen Geschäftswerten keine Mindestgebühr.

19.229 **Pos. (2):**

In Vorbem. 2.3.3 II und in Anm. zu Nr. 21201 KV ist bestimmt, dass bei der Zusammenbeurkundung der eidesstattliche Versicherung und eines Antrags an das Nachlassgericht mit der Gebühr Nr. 23300 KV für die Abnahme der eidesstattlichen Versicherung auch der Antrag für das Beurkundungsverfahren, nämlich der Antrag an das Nachlassgericht, der grundsätzlich eine Gebühr nach Nr. 21201 Nr. 6 KV auslösen würde, abgegolten ist. Demgemäß stellt sich die Frage, was für einen Antrag an das zuständige Landwirtschaftsgericht gilt. Richtig dürfte sein, Vorbem. 2.3.3 II KV und die Anm. zu Nr. 21201 KV nach ihrem Wortlaut eng auszulegen, so dass das Beurkundungsverfahren nicht abgegolten ist. Demgemäß ist eine 1,0 Gebühr nach Nr. 23300 KV für das Verfahren der eidesstattlichen Versicherung (nebst abgegoltenem Erbscheinsantrag) und eine 1,0 Gebühr nach Nr. 21200 KV für den Antrag an das Landwirtschaftsgericht zu

X. Eidesstattliche Versicherung zur Erlangung eines Erbscheins

erheben. Da trotz der Niederlegung auch der eidesstattlichen Versicherung in einer Urkunde kein qualitativer Umschlag in ein Beurkundungsverfahren stattfindet, finden auch weder § 86 II noch § 109 Anwendung. Eine Gebühr nach Nr. 21201 KV kommt nicht in Betracht, da keiner der dort genannten Tatbestände einschlägig ist.

Der Geschäftswert ist mangels einer speziellen Wertvorschrift gem. § 36 I nach billigem Ermessen zu bestimmen. Wir schlagen einen Teilwert von 10 % vom Wert des Hofes vor, jedoch ohne Schuldenabzug (§ 38).

→ **Fall 48: Erbscheinsantrag (isoliert)**

A. Sachverhalt

H ist verstorben. Er wurde von E beerbt. E steht jedoch unter Betreuung und kann keine eidesstattliche Versicherung abgeben. E und sein Betreuer F beantragen die Erteilung eines Erbscheins, F ist aber auch an der Abgabe der eidesstattlichen Versicherung gehindert, da diese ein höchstpersönliches Geschäft ist. Die Abgabe der eidesstattlichen Versicherung wurde E und F daher vom Nachlassgericht erlassen. Der Wert des Nachlasses abzüglich der vom Erblasser herrührenden Verbindlichkeiten beträgt 60 000 Euro. Es sind 10 000 Euro Beerdigungskosten angefallen.

19.230

B. Rechnung

Pos.	Gebührentatbestand	Geschäftswert	KV-Nr.	Satz	Betrag
	Beurkundung Erbscheinsantrag (§ 103 I)	50 000	21201 Nr. 6	0,5	82,50

19.231

C. Erläuterungen

Da keine eidesstattliche Versicherung abgegeben wird, findet § 40 I S. 1 Nr. 1 keine Anwendung; auch Nr. 2 dieser Vorschrift ist hier nicht einschlägig, weil diese Bestimmung das Verfahren zur Erteilung eines Erbscheins regelt, ein Antrag an das Nachlassgericht sich hingegen nach der speziellen Vorschrift des § 103 richtet. Vorliegend ist folgende Berechnung anzustellen:

19.232

Nachlass abzüglich der vom Erblasser herrührenden Verbindlichkeiten 60 000 Euro – 10 000 Euro Beerdigungskosten = 50 000 Euro.

Da keine eidesstattliche Versicherung abgegeben wird, kann nicht die Verfahrensgebühr Nr. 23300 KV erhoben werden. Vielmehr löst der Antrag an das Nachlassgericht eine Beurkundungsverfahrensgebühr nach Nr. 21201 Nr. 6 KV, mind. 30 Euro, aus.

→ **Fall 49: Eidesstattliche Versicherung auf Erlangung eines berichtigten Erbscheins (gemeinschaftlicher Erbschein), ursprünglicher Erbschein noch nicht erteilt**

A. Sachverhalt

19.233 H hatte vor einem Monat einen Erbscheinsantrag gestellt, wonach sie und ihre Schwester S Erben nach E geworden sind. Der **Erbschein** ist noch nicht erteilt. Nunmehr stellte sich heraus, dass U ein außereheliches Kind des Erblassers E ist. Dieses war H und ihrer Schwester jedoch bis dato nicht bekannt. H **berichtigt** daher den Antrag auf Erteilung eines Erbscheins dahingehend, dass Erben nunmehr H, S und U zu je ⅓ geworden sind. Sie gibt die eidesstattliche Versicherung entsprechend ab. Der Wert des Nachlasses beträgt 120 000 Euro. Die vom Erblasser herrührenden Verbindlichkeiten betragen 60 000 Euro, sonstige sind nicht vorhanden.

B. Rechnung

19.234

Pos.	Gebührentatbestand	Geschäftswert	KV-Nr.	Satz	Betrag
	Versicherung an Eides statt nebst Erbscheinsantrag (§ 40 I, II)	20 000	23300	1,0	107,00

C. Erläuterungen

19.235 Der **Geschäftswert** bestimmt sich nach § 40 I mit dem Wert des Nachlasses zum Zeitpunkt des Erbfalls, nur vom Erblasser herrührende Verbindlichkeiten werden abgezogen. Zu den vom Erblasser herrührenden Verbindlichkeiten zählen nicht **Bestattungskosten**, **Pflichtteilsansprüche**, **Auflagen** und **Vermächtnisse**, da diese Kosten und Ansprüche naturgemäß erst nach dem Erbfall entstehen können (**Nachlassschulden**).[1]

Bezieht sich jedoch die eidesstattliche Versicherung nur auf das **Erbrecht** eines **Miterben**, bestimmt sich der Geschäftswert nach dem Anteil dieses Miterben (§ 40 II).

Vorliegend ergibt sich folgende Rechnung: 120 000 Euro Vermögen – 60 000 Euro Verbindlichkeiten, davon ⅓ Erbanteil = 20 000 Euro

Bei der 1,0 Gebühr nach Nr. 23300 KV gibt es auch bei geringen Geschäftswerten keine **Mindestgebühr**. Die Gebühr für den Erbscheinsantrag (Nr. 21201 Nr. 6 KV) bleibt wegen Vorbem. 2.3.3 II KV und Anm. zu Nr. 21201 KV unbewertet.

D. Exkurs

19.236 Die Bewertung gilt entsprechend, wenn ein **Erbe** nach Antragstellung, aber vor Erteilung des Erbscheins **verstorben** ist und darüber eine ergänzende eidesstattliche Versicherung abgegeben werden muss, weil sich die Erbfolge geändert hat.

---

[1] OLG Schleswig, Beschl. v. 16.10.2014 – 3 Wx 104/13, FGPrax 2015, 93 = NJW-RR 2015, 767; OLG Köln, Beschl. v. 4.4.2014 – 2 Wx 92/14, FGPrax 2014, 180 = ZEV 2014, 608; OLG Karlsruhe, Beschl. v. 27.5.2015 – 11 Wx 123/14, BWNotZ 2015, 115 = FamRZ 2015, 1929.

X. Eidesstattliche Versicherung zur Erlangung eines Erbscheins

→ **Fall 50: Eidesstattliche Versicherung auf Erlangung eines berichtigten Erbscheins (gemeinschaftlicher Erbschein), ursprünglicher Erbschein bereits erteilt**

A. Sachverhalt

H hatte vor einem halben Jahr einen Erbscheinsantrag gestellt, wonach sie und ihre Schwester S Erben nach E geworden sind. Dieser Erbschein wurde zwischenzeitlich erteilt. Nunmehr stellte sich heraus, dass U ein außereheliches Kind des Erblassers E ist. Dieses war H und ihrer Schwester jedoch bis dato nicht bekannt. Der erteilte Erbschein ist daher unrichtig geworden und muss eingezogen werden. H, S und U beantragen daher die Erteilung eines Erbscheins dahingehend, dass Erben nunmehr H, S und U zu je ⅓ geworden sind. Sie geben die eidesstattliche Versicherung entsprechend ab. Der Wert Nachlasses beträgt 120 000 Euro. Die vom Erblasser herrührenden Verbindlichkeiten betragen 60 000 Euro, sonstige sind nicht vorhanden.

19.237

B. Rechnung

19.238

Pos.	Gebührentatbestand	Geschäfts-wert	KV-Nr.	Satz	Betrag
	Versicherung an Eides statt nebst Erbscheinsantrag (§ 40 I)	60 000	23300	1,0	192,00

C. Erläuterungen

Der **Geschäftswert** bestimmt sich nach § 40 I mit dem Wert des Nachlasses zum Zeitpunkt des Erbfalls, nur vom Erblasser herrührende Verbindlichkeiten werden abgezogen. Zu den vom Erblasser herrührenden Verbindlichkeiten zählen nicht **Bestattungskosten**, **Pflichtteilsansprüche**, **Auflagen** und **Vermächtnisse**, da diese Kosten und Ansprüche naturgemäß erst nach dem Erbfall entstehen können (**Nachlassschulden**).[1]

19.239

Wurde der ursprünglich beantragte Erbschein bereits erteilt, ist dieser unrichtig und muss eingezogen werden. Für die Erbfolge muss dann ein neuer Erbschein beantragt werden. Eine bloße Berichtigung ist dann nicht mehr möglich. Daher kann sich der Erbschein nicht nur auf das Erbrecht eines Miterben beziehen.

19.239a

Bei der 1,0 Gebühr nach Nr. 23300 KV gibt es auch bei geringen Geschäftswerten keine **Mindestgebühr**. Die Gebühr für den Erbscheinsantrag (Nr. 21201 Nr. 6 KV) bleibt wegen Vorbem. 2.3.3 II KV und Anm. zu Nr. 21201 KV unbewertet.

---

[1] OLG Schleswig, Beschl. v. 16.10.2014 – 3 Wx 104/13, FGPrax 2015, 93 = NJW-RR 2015, 767; OLG Köln, Beschl. v. 4.4.2014 – 2 Wx 92/14, FGPrax 2014, 180 = ZEV 2014, 608; OLG Karlsruhe, Beschl. v. 27.5.2015 – 11 Wx 123/14, BWNotZ 2015, 115 = FamRZ 2015, 1929.

→ **Fall 51: Eidesstattliche Versicherung auf Erlangung eines Teilerbscheins**

A. Sachverhalt

19.240 E ist verstorben und wurde zu ½ von S beerbt. S beantragt die Erteilung eines **Teilerbscheins** nach E und gibt die entsprechende eidesstattliche Versicherung ab. Der Wert des Nachlasses wird mit 160 000 Euro angegeben. Verbindlichkeiten gibt es keine.

B. Rechnung

19.241

Pos.	Gebührentatbestand	Geschäftswert	KV-Nr.	Satz	Betrag
	Versicherung an Eides statt nebst Erbscheinsantrag (§ 40 I, II)	80 000	23300	1,0	219,00

C. Erläuterungen

19.242 Der **Geschäftswert** bestimmt sich nach § 40 I mit dem Wert des Nachlasses zum Zeitpunkt des Erbfalls, nur vom Erblasser herrührende Verbindlichkeiten werden abgezogen. Zu den vom Erblasser herrührenden Verbindlichkeiten zählen nicht **Bestattungskosten**, **Pflichtteilsansprüche**, **Auflagen** und **Vermächtnisse**, da diese Kosten und Ansprüche naturgemäß erst nach dem Erbfall entstehen können (**Nachlassschulden**).[1]

Bezieht sich jedoch die eidesstattliche Versicherung nur auf das **Erbrecht** eines **Miterben**, bestimmt sich der Geschäftswert nach dem Anteil dieses Miterben (§ 40 II).

Vorliegend ergibt sich folgende Rechnung: 160 000 Euro Vermögen – 0 Euro Verbindlichkeiten, davon ½ Erbanteil = 80 000 Euro.

Bei der 1,0 Gebühr nach Nr. 23300 KV gibt es auch bei geringen Geschäftswerten keine **Mindestgebühr**. Die Gebühr für den Erbscheinsantrag (Nr. 21201 Nr. 6 KV) bleibt wegen Vorbem. 2.3.3 II KV und Anm. zu Nr. 21201 KV unbewertet.

→ **Fall 52: Eidesstattliche Versicherung auf Erlangung eines Erbscheins und Antrag auf Testamentsvollstreckerzeugnis und Testamentseröffnungsantrag**

A. Sachverhalt

19.243 A ist verstorben und hat ein **handschriftliches Testament** hinterlassen. Danach wurde er beerbt von seiner Ehefrau B zu ½ und seinen drei Kindern C, D und E zu je ⅙. Außerdem wurde für E ein **Vorausvermächtnis** (Mehrfamilienhaus) ausgesetzt. E ist noch minderjährig. Zur Verwaltung der Erbschaft wurde B als **Tes-**

---

[1] OLG Schleswig, Beschl. v. 16.10.2014 – 3 Wx 104/13, FGPrax 2015, 93 = NJW-RR 2015, 767; OLG Köln, Beschl. v. 4.4.2014 – 2 Wx 92/14, FGPrax 2014, 180 = ZEV 2014, 608; OLG Karlsruhe, Beschl. v. 27.5.2015 – 11 Wx 123/14, BWNotZ 2015, 115 = FamRZ 2015, 1929.

tamentsvollstrecker bis zur Volljährigkeit des E ernannt. B beantragt einen Erbschein und die Erteilung eines **Testamentsvollstreckerzeugnisses**. Sie gibt die entsprechende eidesstattliche Versicherung ab. Ferner übergibt sie dem Notar das handschriftliche Testament zur **Eröffnung** beim Nachlassgericht.

Der Wert des Nachlasses wird mit 800 000 Euro angegeben. Verbindlichkeiten gibt es keine.

B. Rechnung

Pos.	Gebührentatbestand	Geschäftswert	KV-Nr.	Satz	Betrag
	Versicherung an Eides statt nebst Erbscheinsantrag (§ 40 I)	800 000	23300	1,0	1415,00

19.244

C. Erläuterungen

Der **Geschäftswert** bestimmt sich nach § 40 I mit dem Wert des Nachlasses zum Zeitpunkt des Erbfalls, nur vom Erblasser herrührende Verbindlichkeiten werden abgezogen. Zu den vom Erblasser herrührenden Verbindlichkeiten zählen nicht **Bestattungskosten**, **Pflichtteilsansprüche**, **Auflagen** und **Vermächtnisse**, da diese Kosten und Ansprüche naturgemäß erst nach dem Erbfall entstehen können (**Nachlassschulden**).[1]

19.245

Bei der 1,0 Gebühr nach Nr. 23300 KV gibt es auch bei geringen Geschäftswerten keine **Mindestgebühr**. Die Gebühr für den Erbscheinsantrag (Nr. 21201 Nr. 6 KV) bleibt wegen Vorbem. 2.3.3 II KV und Anm. zu Nr. 21201 KV unbewertet.

Die Anträge auf Eröffnung des Testaments, auf Ausstellung eines Testamentsvollstreckerzeugnisses sowie der Erbscheinsantrag werden nicht gesondert bewertet (Vorbem. 2.3.3 II KV und Anm. zu Nr. 21201 KV).

→ **Fall 53: Eidesstattliche Versicherung auf Erlangung eines Erbscheins (vorzeitige Verfahrensbeendigung)**

A. Sachverhalt

A ist verstorben. Gesetzliche Erben sind seine Ehefrau B zu ½ und seine zwei Kinder C, D zu je ¼. B beabsichtigt, einen Erbschein zu beantragen und hat bereits einen **Beurkundungstermin**. Am Tag zuvor erhält sie die Mitteilung des Nachlassgerichts, dass A ein notarielles Testament errichtet hatte. Sie wird zur **Testamentseröffnung** eingeladen. Ein **Erbschein** ist nicht mehr notwendig, deshalb sagt B den Termin am nächsten Tag ab. Die eidesstattliche Versicherung wird nicht mehr abgegeben. Der Wert des Nachlasses wurde mit 100 000 Euro angegeben. Verbindlichkeiten gibt es keine.

19.246

---

1 OLG Schleswig, Beschl. v. 16.10.2014 – 3 Wx 104/13, FGPrax 2015, 93 = NJW-RR 2015, 767; OLG Köln, Beschl. v. 4.4.2014 – 2 Wx 92/14, FGPrax 2014, 180 = ZEV 2014, 608; OLG Karlsruhe, Beschl. v. 27.5.2015 – 11 Wx 123/14, BWNotZ 2015, 115 = FamRZ 2015, 1929.

B. Rechnung

19.247

Pos.	Gebührentatbestand	Geschäfts-wert	KV-Nr.	Satz	Betrag
	Vorzeitige Beendigung des Verfahrens der Versicherung an Eides statt nebst Erbscheinsantrag (§ 40 I)	100 000	23301	0,3	81,90

C. Erläuterungen

19.248 Wird das Verfahren einer Versicherung an Eides statt **vorzeitig beendet, entsteht die 0,3 Gebühr nach Nr. 23301 KV.**

Der **Geschäftswert** bestimmt sich nach § 40 I nach dem Wert des Nachlasses zum Zeitpunkt des Erbfalls, nur vom Erblasser herrührende Verbindlichkeiten werden abgezogen. Zu den vom Erblasser herrührenden Verbindlichkeiten zählen nicht **Bestattungskosten, Pflichtteilsansprüche, Auflagen** und **Vermächtnisse**, da diese Kosten und Ansprüche naturgemäß erst nach dem Erbfall entstehen können (**Nachlassschulden**).[1]

19.249 Im Übrigen wird wegen weiterer Fälle zu vorzeitigen Beendigungen oder Beratungen oder Entwürfen auf Teil 9 verwiesen.

→ **Fall 54: Eidesstattliche Versicherung auf Erlangung eines Europäischen Nachlasszeugnisses (ENZ)**

A. Sachverhalt

19.250 A ist in Deutschland verstorben und hat ein **handschriftliches Testament** hinterlassen. Danach wurde er beerbt von seiner Ehefrau B zu ½ und seinen drei Kindern C, D und E zu je ⅙. Da B in Österreich wohnt, beantragt sie ein Europäisches Nachlasszeugnis. Sie gibt die entsprechende eidesstattliche Versicherung ab. Ferner übergibt sie dem Notar das handschriftliche Testament zur **Eröffnung** beim Nachlassgericht.

Der Wert des Nachlasses wird mit 800 000 Euro angegeben. Die vom Erblasser herrührenden Verbindlichkeiten betragen 700 000 Euro.

Der Notar beurkundet unter Verwendung des Formblatts der DurchfVOEuErbVO im Original, indem er dieses ausfüllt und dem Urkundenmantel beifügt.

---

1 OLG Schleswig, Beschl. v. 16.10.2014 – 3 Wx 104/13, FGPrax 2015, 93 = NJW-RR 2015, 767; OLG Köln, Beschl. v. 4.4.2014 – 2 Wx 92/14, FGPrax 2014, 180 = ZEV 2014, 608; OLG Karlsruhe, Beschl. v. 27.5.2015 – 11 Wx 123/14, BWNotZ 2015, 115 = FamRZ 2015, 1929.

X. Eidesstattliche Versicherung zur Erlangung eines Erbscheins

B. Rechnung

19.251

Pos.	Gebührentatbestand	Geschäfts-wert	KV-Nr.	Satz	Betrag
	Versicherung an Eides statt nebst Antrag auf Erteilung eines Europäischen Nachlasszeugnisses (§ 40 I)	100 000	23300	1,0	273,00

C. Erläuterungen

Der **Geschäftswert** für die eidesstattliche Versicherung bestimmt sich nach § 40 I Nr. 1 Alt. 2 nach dem Wert des Nachlasses zum Zeitpunkt des Erbfalls, nur vom Erblasser herrührende Verbindlichkeiten werden abgezogen. Zu den vom Erblasser herrührenden Verbindlichkeiten zählen nicht **Bestattungskosten**, **Pflichtteilsansprüche**, **Auflagen** und **Vermächtnisse**, da diese Kosten und Ansprüche naturgemäß erst nach dem Erbfall entstehen können (**Nachlassschulden**).[1]

19.252

Bei der 1,0 Gebühr nach Nr. 23300 KV gibt es auch bei geringen Geschäftswerten keine **Mindestgebühr**. Die Gebühr für den Antrag auf Erteilung des ENZ (Nr. 21201 Nr. 6 KV) bleibt wegen Vorbem. 2.3.3 II KV und Anm. zu Nr. 21201 KV unbewertet.[2]

Mit dem Beifügen der Formularblätter werden diese zum Bestandteil der Urkunde und sind daher als Inhalt der Urkunde **nicht gesondert zu bewerten**. Auch das Ausfüllen der Formulare löst keine gesonderte Gebühr, auch keine Vollzugs- oder Betreuungsgebühr, aus.

D. Exkurs

Miterklärte Anträge auf Eröffnung des Testaments, auf Ausstellung eines Testamentsvollstreckerzeugnisses sowie der Antrag auf Erteilung des ENZ werden **nicht gesondert bewertet** (Vorbem. 2.3.3 II KV und Anm. zu Nr. 21201 KV).

19.253

→ **Fall 55: Verlängerung der Gültigkeit eines bereits erteilten Europäischen Nachlasszeugnisses (ENZ)**

A. Sachverhalt

B hatte vor sechs Monaten die Erteilung eines Europäischen Nachlasszeugnisses beantragt. Dieses wurde zeitnah erteilt. Da die Gültigkeit des Zeugnisses jedoch begrenzt ist und B absehen kann, dass sie das Zeugnis zum Erbnachweis noch über die Gültigkeitsdauer hinaus benötigt, weil noch nicht alle Angelegenheiten geregelt sind, stellt sie bei dem zuständigen Gericht einen Antrag auf Verlängerung der Gültigkeitsdauer.

19.254

---

[1] OLG Schleswig, Beschl. v. 16.10.2014 – 3 Wx 104/13, FGPrax 2015, 93 = NJW-RR 2015, 767; OLG Köln, Beschl. v. 4.4.2014 – 2 Wx 92/14, FGPrax 2014, 180 = ZEV 2014, 608; OLG Karlsruhe, Beschl. v. 27.5.2015 – 11 Wx 123/14, BWNotZ 2015, 115 = FamRZ 2015, 1929.
[2] Prüfungsabteilung, NotBZ 2015, 295.

Es haben sich seit der erstmaligen Erteilung des Europäischen Nachlasszeugnisses hinsichtlich der tatsächlichen bzw. rechtlichen Verhältnisse keine Veränderungen ergeben. Eine nochmalige eidesstattliche Versicherung ist laut Gericht nicht notwendig. Das Nachlassreinvermögen beträgt nach Angabe 100 000 Euro.

B. Rechnung

19.255

Pos.	Gebührentatbestand	Geschäftswert	KV-Nr.	Satz	Betrag
	Antrag auf Verlängerung der Gültigkeitsdauer eines Europäischen Nachlasszeugnisses (§§ 103, 36 I, III)	20 000	21201 Nr. 6	0,5	53,50

C. Erläuterungen

19.256 Nach Ablauf der Gültigkeitsfrist kann der Inhaber der beglaubigten Abschrift beantragen, dass die ursprüngliche Gültigkeit **verlängert** wird. Haben sich seit der erstmaligen Ausstellung des Zeugnisses keine Veränderungen hinsichtlich der tatsächlichen und/oder rechtlichen Verhältnisse ergeben, so wird man vom Antragsteller keinen vollständigen neuen Antrag verlangen können. Der Antrag ist formlos möglich, muss also nicht beurkundet werden. Eine nochmalige eidesstattliche Versicherung dürfte das Gericht dem Antragsteller erlassen (vgl. § 36 II S. 2 IntErbRVG).

Wird der Antrag dennoch beurkundet (ohne eidesstattliche Versicherung), so fällt hierfür eine 0,5 **Gebühr** nach Nr. 21201 Nr. 6 KV an. Der **Geschäftswert** bestimmt sich in diesem Fall nicht nach § 40, sondern nach § 36 I und 3, d.h. der Notar bestimmt den Wert nach billigem (pflichtgemäßen) Ermessen. 10–20 % des nach § 103 ermittelten Nachlassreinvermögens erscheinen angemessen.

XI. Erbauseinandersetzung

→ **Fall 56: Erbauseinandersetzung**

A. Sachverhalt

19.257 F und ihre 2 Kinder S und T sind Erben in Erbengemeinschaft zu je ⅓. Zum Nachlass gehören ein Grundstück in L-Stadt und eines in M-Dorf (Verkehrswert je 150 000 Euro, belastet jeweils mit einer Grundschuld zu 50 000 Euro, die jeweils noch mit 15 000 Euro valutiert). Die Erben **setzen** sich dahingehend **auseinander**, dass F alleinige Eigentümerin des Grundstücks in L-Stadt und S alleiniger Eigentümer des Grundstücks in M-Dorf wird.

B. Rechnung

19.258

Pos.	Gebührentatbestand	Geschäftswert	KV-Nr.	Satz	Betrag
	Beurkundung einer Erbauseinandersetzung (§§ 97 I, 46 I, 38)	300 000	21100	2,0	1270,00

C. Erläuterungen

Der **Geschäftswert** ist der Wert des insgesamt auseinander gesetzten Gesamthandsvermögens ohne Schuldenabzug (§ 38).[1]

Die Erben setzen sich über die beiden Grundstücke auseinander, so dass gem. §§ 97 I, 46 I deren Verkehrswert maßgebend ist. Es handelt sich nicht um einen Austauschvertrag i.S.d. § 97 III.

Aus dem Wert ist die 2,0 **Gebühr** nach Nr. 21100, mindestens 120 Euro, zu erheben.

→ **Fall 57: Abschichtung statt Erbauseinandersetzung**

A. Sachverhalt

A ist verstorben und wurde von seiner Ehefrau E zu ½ und seinen beiden Kindern K1 und K2 zu je ¼ beerbt. A war Eigentümer von 3 Grundstücken, die noch belastet sind. K1 und K2 erklären in der Urkunde ihren **Austritt** aus der Erbengemeinschaft. Somit wächst ihr Erbteil der E an. Als Gegenleistung werden die Kinder von den Verbindlichkeiten freigestellt. Ferner enthält die Urkunde den entsprechenden **Grundbuchberichtigungsantrag**, dass E Alleineigentümerin ist. Der Wert des Nachlasses inklusive der Grundstücke beträgt 300 000 Euro, die Verbindlichkeiten 100 000 Euro.

B. Rechnung

Pos.	Gebührentatbestand	Geschäfts-wert	KV-Nr.	Satz	Betrag
	Beurkundung einer Abschichtungs-vereinbarung (§§ 97 III, 46 I, 38)	150 000	21100	2,0	708,00

C. Erläuterungen

Der **Geschäftswert** richtet sich nach dem anteiligen Vermögen der ausscheidenden Erben ohne Schuldenabzug. Da die Gegenleistung (Freistellung von Verbindlichkeiten) vorliegend nicht höher ist, verbleibt es beim anteiligen Vermögen.

Der Grundbuchberichtigungsantrag ist nach § 109 I S. 1, 2 derselbe Beurkundungsgegenstand. Er wird **nicht gesondert bewertet**, weil die Abschichtungsvereinbarung den Geschäftswert als Hauptgeschäft vorgibt (§ 109 I S. 5).

Aus dem Wert ist die 2,0 **Gebühr** nach Nr. 21100, mindestens 120 Euro, zu erheben.

---

[1] OLG Hamm, Beschl. v. 10.8.2016 – 15 W 62/16, Juris.

D. Exkurs

19.263 Beurkundet der Notar statt einer Abschichtung eine teurere Erbauseinandersetzung, so liegt darin in der Regel keine **unrichtige Sachbehandlung**.[1]
Zum isolierten Grundbuchantrag siehe Rz. 8.158 ff. (Fall 28)

→ **Fall 58: Vermittlung der Auseinandersetzung des Nachlasses (zwischen Miterben)**

A. Sachverhalt

19.264 E ist verstorben. Er hat ein Testament hinterlassen, in dem er A und B als Erben zu je ½ eingesetzt hat und B außerdem das Grundstück bekommen soll. Der Nachlasswert beträgt 500 000 Euro, die Verbindlichkeiten 300 000 Euro. B ist der Ansicht, dass er das Grundstück als Vorausvermächtnis erhalten soll. A ist der Ansicht, dass B zwar das Grundstück erhält, aber in Anrechnung auf die Erbquote. Der (zuständige) Notar soll **vermitteln**. Er fertigt den **Auseinandersetzungsplan**, der auch **beurkundet** wird.

B. Rechnung

19.265

Pos.	Gebührentatbestand	Geschäftswert	KV-Nr.	Satz	Betrag
	Beurkundung der Vermittlung der Auseinandersetzung des Nachlasses (zwischen Miterben) (§§ 118a, 38)	500 000	23900	6,0	5610,00

C. Erläuterungen

19.266 Die o.g. Rechnung gilt, wenn der Auftrag auf Auseinandersetzungsvermittlung erst nach dem Inkrafttreten der Aufgabenübertragung auf Notare (Gesetzesbeschluss v. 18.4.2013 – BR-Drs. 358/13) in der Fassung nach Artikel 44 des zweiten Kostenrechtsmodernisierungsgesetzes erteilt wurde, also ab dem 1.9.2013.

Zu bewerten ist ein Verfahren nach § 363 ff. FamFG.[2] Mit Inkrafttreten der Aufgabenübertragung änderte sich die Verortung der kostenrechtlichen Bestimmungen vom Gerichtskostenteil hin zum Notarkostenteil des GNotKG.[3]

Die Gebühren werden im Abschnitt 9 („**Teilungssachen**") des Teils 2, Hauptabschnitt 3 KV geregelt, Teil 1 Hauptabschnitt 2 Abschnitt 5 Unterabschnitt 1 KV ist weggefallen. Es gilt die Gebührentabelle B, die Verfahrensgebühr beträgt 6,0. Eine anschließende Beurkundung der Auseinandersetzung ist, wenn keine Dritten einbezogen sind, mit dieser Gebühr **abgegolten** (Vorbem. 2.3.9 II Nr. 3 KV). Gebühren für die Aufnahme von **Vermögensverzeichnissen** und **Schätzun-**

---

[1] OLG Hamm, Beschl. v. 10.8.2016 – 15 W 62/16, Juris.
[2] Siehe für die Vermittlung der Auseinandersetzung durch den Notar mit Formulierungsvorschlägen *Ihrig*, MittBayNot 2012, 353; ferner zum gerichtlichen Teilungsverfahren *Jörg Mayer*, Rpfleger 2011, 245.
[3] In seiner Ausgangsfassung (Artikel 8) sieht das Gesetz zur Aufgabenübertragung noch die entsprechenden Änderungen innerhalb der Kostenordnung vor (BR-Drs. 358/13).

gen sowie die **Durchführung von Versteigerungen** können daneben entstehen (Vorbem. 2.3.9 II Nrn. 1 und 2 KV). Ermäßigte Gebühren gelten bei Verweisung wegen **örtlicher Unzuständigkeit** (Nr. 23902 KV), **Verfahrensbeendigung** vor Eintritt in die Verhandlung aus anderen Gründen (Nr. 23901 KV) und bei späterem **Verfahrensabschluss ohne formelle Bestätigung** der Auseinandersetzung oder Verweisung (Nr. 23903 KV).

Der **Geschäftswert** richtet sich nach § 118a. Danach ist der Wert des den Gegenstand der Auseinandersetzung bildenden Nachlasses oder Gesamtguts oder des von der Auseinandersetzung betroffenen Teils davon maßgebend. Die Werte eventuell mehrerer selbständiger Vermögensmassen, die in demselben Verfahren auseinandergesetzt werden, werden zusammengerechnet. Trifft die Auseinandersetzung des Gesamtguts einer Gütergemeinschaft mit der Auseinandersetzung des Nachlasses eines Ehegatten oder Lebenspartners zusammen, wird der Wert des Gesamtguts und des übrigen Nachlasses zusammengerechnet. Vorliegend beträgt der Geschäftswert 500 000 Euro.

D. Übergangsrecht

Bewertung gem. § 134 II bei Antragstellung in der Zeit vom 1.8.2013 bis 31.8.2013: 19.267

Gemäß Vorbem. 2.3 II KV (alte Fassung) bestimmen sich die Gebühren für das Verfahren nach Teil 1 des Kostenverzeichnisses (Gerichtsgebühren). Dabei ist zu beachten, dass nicht Tabelle B, sondern die für Gerichte einschlägige Tabelle A Anwendung findet. Der Geschäftswert bestimmt sich aufgrund Verweisung in § 36 IV nach § 66. Danach ist Geschäftswert der Wert des den Gegenstand der Auseinandersetzung bildenden Nachlasses oder des von der Auseinandersetzung betroffenen Teils davon. Die Werte mehrerer selbstständiger Vermögensmassen, die in demselben Verfahren auseinandergesetzt werden, werden zusammengerechnet. Da sich die 2,0 Verfahrensgebühr nach Nr. 12510 KV nach Tabelle A richtet, deren Gebührenhöhe deutlich über Tabelle B liegt, werden keine besonderen Gebühren mehr für die Beurkundung der vertragsgemäßen Auseinandersetzung erhoben, wie dies in § 116 III KostO vorgesehen war; die Beurkundung ist insoweit Teil des Teilungsverfahrens.[1] Lediglich die Beurkundungsgebühren für die Beurkundung eines Vertrags mit einem Dritten, also einem Nichterben, werden weiterhin gesondert erhoben (Vorbem. 2.3 II KV i.V.m. Vorbem. 1.2.5.1 II Nr. 3 KV). Neben der Verfahrensgebühr nach Nr. 12510 KV sind – falls einschlägig – noch gesonderte Gebühren zu erheben für die Aufnahme von Vermögensverzeichnissen und Schätzungen sowie die Durchführung von Versteigerungen (siehe Vorbem. 2.3 II KV i.V.m. Vorbem. 1.2.5.1 II Nr. 1 und 2 KV). Bei entsprechender Antragstellung betrüge der Geschäftswert demnach gem. den §§ 36 IV, 66, 38 ebenfalls 500 000 Euro. Daraus wäre eine 2,0 Gebühr nach Nr. 12510 KV (Tabelle A), anwendbar gem. Vorbem. 2.3 II KV zu erheben und betrüge 7072 Euro.

Zum **Ablauf des Vermittlungsverfahrens** siehe Zimmermann, NotBZ 2013, 335 ff., zum Aussetzen des Verfahrens OLG Schleswig, NotBZ 2013, 438 ff.

---

[1] Begründung RegE zu Nr. 12510, BT-Drs. 17/11471, S. 201.

→ **Fall 59: Beendigung der Vermittlung der Auseinandersetzung des Nachlasses nach Verhandlung über den Auseinandersetzungsplan**

A. Sachverhalt

19.268 E ist verstorben. Er hat ein Testament hinterlassen, in dem er A und B als Erben zu je ½ eingesetzt hat und B außerdem das Grundstück bekommen soll. Der Nachlasswert beträgt 500 000 Euro, die Verbindlichkeiten 300 000 Euro. B ist der Ansicht, dass er das Grundstück als **Vorausvermächtnis** erhalten soll. A ist der Ansicht, dass B zwar das Grundstück erhält, aber in Anrechnung auf die Erbquote. Der zuständige Notar soll **vermitteln**. Der Notar fertigt im Folgenden einen Auseinandersetzungsplan und lädt die Beteiligten zu einem Termin. Im Termin verhandelt der Notar mit den Beteiligten, jedoch kommt es nicht zu einer **Bestätigung** des **Auseinandersetzungsplans**, vielmehr endet das Verfahren durch Antragsrücknahme.

B. Rechnung

19.269

Pos.	Gebührentatbestand	Geschäftswert	KV-Nr.	Satz	Betrag
	Beendigung der Vermittlung der Auseinandersetzung des Nachlasses nach Verhandlung über den Auseinandersetzungsplan (§§ 118a, 38)	500 000	23903	3,0	2805,00

C. Erläuterungen

19.270 Wegen der Besonderheiten dieses Verfahrens wird oben auf die Ausführungen zu Fall 58 (Rz. 19.264 ff.) verwiesen.

D. Übergangsrecht

19.271 Bewertung bei Inkrafttreten des GNotKG **vor** der Aufgabenübertragung (Antragstellung in der Zeit vom 1.8.2013 bis 31.8.2013):

Geschäftswert: 500 000 Euro (§§ 36 IV, 66, 38)

Gebühr: 1,0 Gebühr nach Nr. 12511 KV, anwendbar gem. Vorbem. 2.3 II KV, alte Fassung (Tabelle A) = 3536,00 Euro

→ **Fall 60: Beendigung der Vermittlung der Auseinandersetzung des Nachlasses vor Eintritt in die Verhandlung**

A. Sachverhalt

19.272 E ist verstorben. Er hat ein Testament hinterlassen, in dem er A und B als Erben zu je ½ eingesetzt hat und B außerdem das Grundstück bekommen soll. Der Nachlasswert beträgt 500 000 Euro, die Verbindlichkeiten 300 000 Euro.

Es besteht zwischen A und B ein Streit. B ist der Ansicht, dass er das Grundstück als Vorausvermächtnis erhalten soll. A ist der Ansicht, dass B zwar das Grundstück erhält, aber in Anrechnung auf die Erbquote.

Der Notar soll vermitteln. Er ist nach landesrechtlichen Vorschriften auch dafür zuständig. Noch bevor der Notar einen Auseinandersetzungsplan gefertigt hat und noch vor Eintritt in die Verhandlung, nehmen die Beteiligten den Vermittlungsantrag zurück.

B. Rechnung

19.273

Pos.	Gebührentatbestand	Geschäfts-wert	KV-Nr.	Satz	Betrag
	Beendigung der Vermittlung der Auseinandersetzung des Nachlasses vor Eintritt in die Verhandlung (§§ 118a, 38)	500 000	23901	1,5	1402,50

C. Erläuterungen

Wegen der Besonderheiten dieses Verfahrens wird oben auf die Ausführungen zu Fall 58 (Rz. 19.264 ff.) verwiesen.

19.274

D. Übergangsrecht

Bewertung bei Inkrafttreten des GNotKG **vor** der Aufgabenübertragung (Antragstellung in der Zeit vom 1.8.2013 bis 31.8.2013):

19.275

Geschäftswert: 500 000 Euro (§§ 36 IV, 66, 38)

Gebühr: 0,5 Gebühr nach Nr. 12512 KV, anwendbar gem. Vorbem. 2.3 II KV, alte Fassung (Tabelle A) = 1768,00 Euro

E. Exkurs

Soweit der Notar das Verfahren vor Eintritt in die Verhandlung wegen Unzuständigkeit an einen anderen Notar **verweist**, wird nach Nr. 23902 KV eine 1,5 Gebühr erhoben, höchstens jedoch 100 Euro.

19.276

→ **Fall 61: Vermittlung der Auseinandersetzung des Nachlasses (unter Beteiligung eines Nichterben)**

A. Sachverhalt

E ist verstorben. Er hat ein Testament hinterlassen, in dem er seine Kinder A und B als Erben zu je ½ eingesetzt hat. Der Nachlasswert beträgt 500 000 Euro, die Verbindlichkeiten 300 000 Euro. Es besteht zwischen den **Miterben** A und B ein Streit, ob das zum Nachlass gehörende Grundstück im Wert 100 000 Euro dem B bereits als **Vorausvermächtnis** zustehen soll. A ist der Ansicht, dass B zwar das Grundstück erhält, aber in Anrechnung auf die Erbquote. Der (zuständige) Notar soll **vermitteln**. Er fertigt den **Auseinandersetzungsplan**. Im Anschluss **beurkundet** der Notar die Veräußerung des Nachlassgrundstücks durch A und B an einen Erwerber C zum Zweck der Auseinandersetzung zu einem Kaufpreis von 100 000 Euro.

19.277

B. Rechnung

19.278

Pos.	Gebührentatbestände	Geschäfts-wert	KV-Nr.	Satz	Betrag
(1)	Beurkundung der Vermittlung der Auseinandersetzung des Nachlasses (unter Beteiligung eines Nichterben) (§§ 118a, 38)	500 000	23900	6,0	5610,00
(2)	Beurkundung eines Veräußerungs-vertrages unter Beteiligung eines Dritten (§§ 97, 47)	100 000	21100	2,0	546,00

C. Erläuterungen

19.279 **Pos. (1):**

Wegen der Besonderheiten dieses Verfahrens wird oben auf die Ausführungen zu Fall 58 (Rz. 19.264 ff.) verwiesen.

19.280 **Pos. (2):**

Da für das **Vermittlungsverfahren** ungewöhnlich hohe Gebührensätze festgelegt sind (bzw. sich die 2,0 Gebühr nach der Regelung vor dem 1.9.2013 nach Nr. 12510 KV nach Tabelle A richtet), werden grundsätzlich keine besonderen Gebühren mehr für die Beurkundung der vertragsgemäßen Auseinandersetzung erhoben, wie dies in § 116 III KostO vorgesehen war, jedoch nur, soweit an dem Beurkundungsverfahren kein Dritter (= Nichterbe) beteiligt ist. Besteht jedoch – wie hier – das weitere Geschäft nicht allein in der Auseinandersetzung der Beteiligten, sondern richtet es sich zugleich an einen **Dritten**, dann fällt die für dieses weitere Geschäft vorgesehene Gebühr an (Vorbem. 2.3.9 II Nr. 3 KV bzw. Vorbem. 2.3 II KV i.V.m. Vorbem. 1.2.5.1 II Nr. 3 KV (alte Fassung)). Zu bewerten ist neben dem Vermittlungsverfahren daher der Kaufvertrag. Der Geschäftswert richtet sich nach §§ 97, 47 nach dem Kaufpreis, sofern der Verkehrswert des verkauften Grundstücks nicht höher ist. Daraus ist eine 2,0 Gebühr nach Nr. 21100 KV (mind. 120 Euro) zu erheben.

Da es sich bei dem Vermittlungsverfahren um kein Beurkundungs-, sondern ein sonstiges notarielles Verfahren handelt, finden auch die Regeln über verschiedene Beurkundungsgegenstände (§§ 86 II, 110, 111, 35 I) bzw. denselben Beurkundungsgegenstand (§ 109), den Einmalanfall der Gebühr in demselben Verfahren (§ 93 I) sowie die Vergleichsberechnung bei unterschiedlichen Gebührensätzen nach § 94 keine Anwendung. Vielmehr werden für das Vermittlungsverfahren einerseits und das Beurkundungsverfahren (Grundstückskaufvertrag) andererseits getrennte Gebühren angesetzt. Daran ändert sich auch durch die Niederlegung in einer einzigen Urkunde nichts.

D. Exkurs

19.281 Weiterhin würden **Vollzugs- und Betreuungsgebühren** aus dem Wert des Kaufvertrages entstehen, sofern der Notar einen entsprechenden Auftrag hat.

Der **Geschäftswert** richtet sich gem. § 112 bzw. § 113 I nach dem Wert des zugrunde liegenden Verfahrens (Grundstückskaufvertrag). Der Wert des gesondert

XII. Erbschaftskauf

zu bewertenden Vermittlungsverfahrens wird nicht hinzugerechnet; denn § 35 I findet wegen unterschiedlicher Verfahren keine Anwendung.

XII. Erbschaftskauf

→ **Fall 62: Erbschafts- bzw. Erbteilskauf**

A. Sachverhalt

V ist verstorben. Er wurde von seiner Ehefrau E und der gemeinsamen Tochter T zu je ½ Anteil beerbt. T **überträgt** ihren **Erbanteil** an den Dritten Z gegen Zahlung von 117 500 Euro. Zum Nachlassvermögen gehört ein Grundstück (Verkehrswert 250 000 Euro, Grundschuld zu 50 000 Euro), Bankvermögen i.H.v. 55 000 Euro, sonstiges Vermögen 9800 Euro, Verbindlichkeiten 4800 Euro.

In der Urkunde wird noch der Antrag auf **Berichtigung des Grundbuchs** sowohl aufgrund **Erbteilsübertragung**, als auch aufgrund Erbfolge gestellt.

Bei dieser Gelegenheit soll auch die Grundschuld im Nennbetrag von 50 000 Euro gelöscht werden. Der Notar soll die **Löschungsbewilligung** beim Gläubiger einholen.

Der Notar soll die Erbteilsübertragung sowohl dem Nachlassgericht (gem. § 2384 BGB) als auch den Miterben **anzeigen** und die Vorkaufsrechtsverzichtserklärung (gem. § 2034 f. BGB) einzuholen.

B. Rechnung

Pos.	Gebührentatbestände	Geschäfts-wert	KV-Nr.	Satz	Betrag
(1)	Beurkundungsverfahren (§§ 109 I S. 1–3, 5, 86 II, 35 I, 94 I)	~~457 400~~	~~21100~~	~~2,0~~	~~1770,00~~
	a) Erbteilskauf (§§ 97 I, III, 38)	157 400	21100	2,0	762,00
	b) Grundbuchberichtigung aufgrund Erbteilskauf (§§ 46 I, 38)	~~157 400~~	~~21201~~ Nr. 4	~~0,5~~	
	c) Grundbuchberichtigung aufgrund Erbfolge (§§ 46 I, 38)	250 000	21201 Nr. 4	0,5	
	d) Löschungszustimmung und -antrag (§§ 53 I)	50 000	21201 Nr. 4	0,5	
		300 000	21201 Nr. 4	0,5	317,50
(2)	Vollzugsgebühr (§§ 112, 93)	457 400	22110	0,5	442,50
	a) Einholung Löschungsbewilligung, Vorbem. 2.2.1.1 I Nr. 9 KV				
	b) Anzeige an den Miterben und Einholung des Vorkaufsrechtsverzichts, Vorbem. 2.2.1.1 I Nr. 7 KV				

Pos.	Gebührentatbestände	Geschäfts-wert	KV-Nr.	Satz	Betrag
(3)	Betreuungsgebühr (Anzeige an das Nachlassgericht, § 113 I)	457 400	22200	0,5	442,50

C. Erläuterungen

19.284 **Pos. (1):**

a) + b):

Für den **Erbteilskauf** ist der anteilige **Wert** des übertragenen Erbteils ohne Schuldenabzug maßgebend, weil er höher ist als die Gegenleistung (§§ 97 I, III, 38). Der Antrag auf **Grundbuchberichtigung** im Zusammenhang mit der Eintragung der **Erbteilsübertragung** betrifft denselben Gegenstand, § 109 I S. 1 bis 3, 5 und ist daher **nicht gesondert** zu bewerten.

Der Erbteilskauf löst eine 2,0 Gebühr nach Nr. 21100 KV, mind. 120 Euro, aus.

c):

Der Antrag auf **Grundbuchberichtigung aufgrund Erbfolge** betrifft allerdings einen verschiedenen Beurkundungsgegenstand (§ 86 II). Sein **Geschäftswert** ist der Wert des Grundstücks (§§ 46 I, 38).

Der Antrag auf Grundbuchberichtigung löst eine 0,5 Gebühr nach Nr. 21201 Nr. 4 KV, mind. 30 Euro, aus.

d):

Ebenfalls einen gem. § 86 II verschiedenen Beurkundungsgegenstand hat die **Löschungszustimmungserklärung** des Grundstückseigentümers zur Löschung der eingetragenen Grundschuld nebst entsprechendem Grundbuchantrag. Ihr **Geschäftswert** ist der Nennbetrag der Grundschuld (§ 53 I).

Die Löschungszustimmungserklärung des Grundstückseigentümers nebst entsprechendem Grundbuchantrag löst eine 0,5 Gebühr nach Nr. 21201 Nr. 4 KV, mind. 30 Euro, aus.

Die Gebühren werden unter Berücksichtigung des § 94 I erhoben. Dies führt zum getrennten Ansatz, jedoch werden Gebühren mit dem gleichen Gebührensatz nur einmal nach deren zusammengerechneten Werten erhoben. Der Ansatz einer 2,0 Gebühr aus dem Gesamtwert 457 400 Euro wäre teurer, daher verbleibt es nach § 94 I beim getrennten Ansatz der Gebühren – also einer 2,0 Gebühr aus 157 400 Euro i.H.v. 762 Euro und einer 0,5 Gebühr aus 300 000 Euro i.H.v. 317,50 Euro.

19.285 **Pos. (2):**

Der Geschäftswert für die **Vollzugsgebühr** richtet sich nach § 112. Danach ist der Gesamtgeschäftswert des zugrunde liegenden Beurkundungsverfahrens maßgebend, nicht bloß der Nennbetrag der Grundschuld, auch wenn sich die Vollzugstätigkeit nur auf einen Teil des Verfahrens bezieht; er beträgt mithin 457 400 Euro.

Die Einholung der Löschungsbewilligung stellt eine Tätigkeit nach Vorbem. 2.2.1.1 I S. 2 Nr. 9 KV dar. Die Benachrichtigung des Miterben und die Einholung der Vorkaufsrechtsverzichtserklärung stellt eine Tätigkeit nach Vorbem. 2.2.1.1 I Nr. 7 KV dar.

Diese Tätigkeiten lösen eine Vollzugsgebühr nach Nr. 22110 KV aus. Gemäß § 93 I S. 1 fällt die Gebühr jedoch nur einmal an, auch wenn mehrere Tätigkeiten ausgeübt werden.

Pos. (3):

19.286

Der Geschäftswert für die **Betreuungsgebühr** richtet sich nach § 113 I. Danach ist der Gesamtgeschäftswert des zugrunde liegenden Beurkundungsverfahrens maßgebend, nicht bloß der Wert des Erbteilskaufs.

Es handelt sich um eine Tätigkeit nach Anm. Nr. 5 zu Nr. 22200 KV, die eine 0,5 Gebühr auslöst.

Die Gebühr fällt jedenfalls dann an, wenn der Notar das Anzeigeschreiben nach § 2384 BGB verfasst und den Zugang kontrolliert.[1]

XIII. Vermächtniserfüllung

→ **Fall 63: Vermächtniserfüllung (nur Auflassung)**

A. Sachverhalt

A ist verstorben und wurde aufgrund eines **notariellen Testaments** beerbt von seiner Ehefrau B zu ½ und seinen drei Kindern C, D und E zu je ⅙. Außerdem wurde für F ein Vermächtnis ausgesetzt. F soll das Grundstück in H erhalten. Der Verkehrswert beträgt 100 000 Euro. Das Grundstück ist lastenfrei.

19.287

Die Erbengemeinschaft überträgt nunmehr F das Grundstück und erklärt die **Auflassung**.

B. Rechnung

Pos.	Gebührentatbestand	Geschäfts-wert	KV-Nr.	Satz	Betrag
	Beurkundung einer Auflassung (§§ 46 I, 38)	100 000	21102 Nr. 1	1,0	273,00

19.288

C. Erläuterungen

Der **Geschäftswert** richtet sich nach den allgemeinen Vorschriften ohne Schuldenabzug (§ 38), vorliegend ist also der Grundstücksverkehrswert maßgebend (§ 46 I).

19.289

Daraus ist eine 1,0 **Gebühr** nach Nr. 21102 Nr. 1 KV, mind. 60 Euro, zu erheben.

---

1 A. A. Leipziger Kommentar GNotKG/*Harder*, Nr. 22200 Rz. 45.

Ist das zugrunde liegende schuldrechtliche Geschäft bereits in einer öffentlichen Urkunde (außer Urteil und Vergleich) niedergelegt, fallen für das Erfüllungsgeschäft – unabhängig seines Gegenstandes – **ermäßigte** Gebühren an.

Die 0,5 Gebühr nach Nr. 21101 Nr. 2 KV fällt nicht an, weil eine Verfügung von Todes wegen nicht als ein nach dieser Nummer zugrunde liegendes Rechtsgeschäft gilt (Anm. I zu Nr. 21101 KV).

→ Fall 64: Vermächtniserfüllungsvertrag (aufgrund handschriftlichen Testaments)

A. Sachverhalt

19.290 A ist verstorben und wurde aufgrund eines **handschriftlichen Testaments** beerbt von seiner Ehefrau B zu ½ und seinen drei Kindern C, D und E zu je ⅙. Außerdem wurde für F ein Vermächtnis ausgesetzt. F soll das Grundstück in H erhalten. Der Verkehrswert beträgt 100 000 Euro. Das Grundstück ist lastenfrei.

Die Erbengemeinschaft überträgt nunmehr F das Grundstück und erklärt die **Auflassung**.

B. Rechnung

19.291

Pos.	Gebührentatbestand	Geschäftswert	KV-Nr.	Satz	Betrag
	Beurkundung eines Vermächtniserfüllungsvertrages (§§ 46 I, 38)	100 000	21100	2,0	546,00

C. Erläuterungen

19.292 Der **Geschäftswert** richtet sich nach den allgemeinen Vorschriften ohne Schuldenabzug (§ 38), vorliegend ist also der Grundstücksverkehrswert maßgebend (§ 46 I).

Daraus ist eine 2,0 **Gebühr** nach Nr. 21100 KV, mind. 120 Euro, zu erheben.

Da das zugrunde liegende schuldrechtliche Geschäft nicht bereits in einer öffentlichen Urkunde niedergelegt war, ist die Auflassung **nicht gebührenprivilegiert** i.S.d. Nr. 21101 Nr. 2 KV bzw. Nr. 21102 Nr. 1 KV.

→ Fall 65: Vermächtniserfüllung (aufgrund Urteil)

A. Sachverhalt

19.293 A ist verstorben und wurde aufgrund eines **handschriftlichen Testaments** beerbt von seiner Ehefrau B zu ½ und seinen drei Kindern C, D und E zu je ⅙. Außerdem wurde für F ein Vermächtnis ausgesetzt. F soll das Grundstück in H erhalten. Der Verkehrswert beträgt 100 000 Euro. Das Grundstück ist lastenfrei.

XIV. Erbrechtliche Auslegungsverträge

Die Erbengemeinschaft war nicht gewillt, das Vermächtnis zu erfüllen, so dass F auf **Vermächtniserfüllung** geklagt hatte. Er legt dem Notar nunmehr das entsprechende **Urteil** vor und gibt seine Auflassungserklärung ab.

B. Rechnung

Pos.	Gebührentatbestand	Geschäftswert	KV-Nr.	Satz	Betrag
	Beurkundung einer Auflassung als Vermächtniserfüllung aufgrund eines Urteils (§§ 46 I, 38)	100 000	21200	1,0	273,00

19.294

C. Erläuterungen

Der **Geschäftswert** richtet sich nach den allgemeinen Vorschriften ohne Schuldenabzug (§ 38), vorliegend ist also der Grundstücksverkehrswert maßgebend (§ 46 I).

19.295

Daraus ist eine 1,0 **Gebühr** nach Nr. 21200 KV, mind. 60 Euro, zu erheben.

Das Urteil ersetzt die Auflassungserklärung der Erbengemeinschaft, so dass lediglich der Bedachte seine Auflassungserklärung vor dem Notar abgeben muss, damit eine wirksame Auflassung i.S.d. §§ 873 I, 925 BGB zustande kommt.

XIV. Erbrechtliche Auslegungsverträge

→ **Fall 66: Erbrechtliche Auslegungsverträge**

A. Sachverhalt

E ist verstorben. Er hat ein Testament hinterlassen, in dem er A und B als Erben zu je ½ eingesetzt hat und B das Grundstück bekommen soll. Der Grundstückswert beträgt 500 000 Euro.

19.296

A und B einigen sich darauf, dass das Testament so **auszulegen** ist, dass B das Grundstück als **Vorausvermächtnis** erhalten soll.

B. Rechnung

Pos.	Gebührentatbestand	Geschäftswert	KV-Nr.	Satz	Betrag
	Beurkundung eines erbrechtlichen Auslegungsvertrages (§§ 97 I, 38)	500 000	21100	2,0	1870,00

19.297

C. Erläuterungen

19.298 Der **Geschäftswert** richtet sich nach dem Wert der Auslegung. Wird, wie vorliegend, die Grundstücksverfügung ausgelegt, ist der Grundstückswert (§ 46) maßgebend. Verbindlichkeiten werden nicht abgezogen. Der Geschäftswert kann jedoch je nach Lage des Falles auch höher sein, bis hin zum vollen Nachlasswert.

Daraus wird die 2,0 Gebühr nach Nr. 21100 KV, mind. 120 Euro, erhoben.

XV. Nachlassverzeichnis

19.299 Siehe hierzu Rz. 15.22 ff. (Fälle 1 bis 3, 6).

Teil 20
Eheverträge und Scheidungsvereinbarungen

Inhaltsübersicht

I. Überblick 20.1
1. Einführung 20.1
2. Übersichtstabelle 20.2
3. Gebühr 20.3
4. Geschäftswert 20.4
5. Derselbe Beurkundungsgegenstand/Verschiedene Beurkundungsgegenstände 20.9
6. Vollzugs-, Betreuungs- und Treuhandtätigkeiten 20.12
   a) Allgemeines.............. 20.12
   b) Vollzugstätigkeiten im Zusammenhang mit güterrechtlichen Regelungen können sein 20.14
   c) Betreuungstätigkeiten im Zusammenhang mit güterrechtlichen Regelungen können sein 20.15
   d) Treuhandtätigkeiten im Zusammenhang mit güterrechtlichen Regelungen können sein 20.16
7. Gebührenfreie (Neben-) Geschäfte 20.17
8. Besonderheiten/Sonstiges 20.20

II. Gütertrennung............. 20.22
   Fall 1: Gütertrennung und Verzicht auf Zugewinnausgleich 20.22
   Fall 2: Gütertrennung und Regelungen des Zugewinnausgleichs in bar 20.26
   Fall 3: Gütertrennung und Regelungen des Zugewinnausgleichs durch Übertragung des Miteigentumsanteils am gemeinsamen Hausgrundstück 20.31
   Fall 4: Gütertrennung mit Verzicht auf Zugewinnausgleich und Verzicht auf nachehelichen Unterhalt 20.37

Fall 5: Gütertrennung mit Verzicht auf Zugewinnausgleich, Verzicht auf nachehelichen Unterhalt sowie Ausschluss des Versorgungsausgleichs 20.48
Fall 6: Aufhebung der Gütertrennung mit Wechsel in die Zugewinngemeinschaft........ 20.58
Fall 7: Aufhebung der Gütertrennung mit Wechsel in die Zugewinngemeinschaft sowie konkrete Regelungen über künftiges Vermögen 20.61
Fall 8: Güterstandsschaukel ... 20.65

III. Modifizierung der Zugewinngemeinschaft 20.71
Fall 9: Verzicht auf Zugewinnausgleich im Scheidungsfall 20.71
Fall 10: Ausschluss von Verpflichtungs- und Verfügungsbeschränkungen (§§ 1365 und 1369 BGB) 20.74
Fall 11: Verzicht auf Zugewinnausgleich im Scheidungsfall für privilegiertes Vermögen, Verzicht auf Zugewinnausgleichsansprüche nach § 1371 II und III BGB sowie Pflichtteilsverzicht . 20.77
Fall 12: Verzicht auf Zugewinnausgleich im Scheidungsfall und Ausschluss des § 1365 BGB bezogen auf Wertsteigerungen zu geerbtem oder geschenktem Vermögen während der Ehe (§ 1374 II BGB) 20.83
Fall 13: Verzicht auf Zugewinnausgleich im Scheidungsfall und Ausschluss des § 1365 BGB bezogen auf Wertsteigerungen zu *künftigem* geerbtem oder geschenktem Vermögen während der Ehe (§ 1374 II BGB)......... 20.89

Fall 14: Herausnahme von gegenwärtigem Vermögen aus der Berechnung des Zugewinns ... 20.94

Fall 15: Herausnahme von gegenwärtigem und künftigem Vermögen aus der Berechnung des Zugewinns sowie Pflichtteilsverzicht und der Ausschluss der Verpflichtungs- und Verfügungsbeschränkungen (§§ 1365 bis 1369 BGB)........ 20.97

Fall 16: Herausnahme des künftigen konkreten Vermögens aus der Berechnung des Zugewinns 20.104

Fall 17: Modifizierung der Zugewinngemeinschaft im Hinblick auf konkretes künftiges Vermögen, Ausschluss Versorgungsausgleich, Pflichtteilsverzicht, Ausschluss der Verfügungsbeschränkung von § 1365 BGB, Regelungen zum Nebengüterrecht............ 20.107

Fall 18: Umfangreicher Ehevertrag (Modifizierung der Zugewinngemeinschaft, nachehelicher Unterhalt, Versorgungsausgleich, Pflichtteil).... 20.115

IV. **Gütergemeinschaft**........... 20.123

Fall 19: Gütergemeinschaft ... 20.123

Fall 20: Nachtrag zur Gütergemeinschaft (vom Gesamtgut in das Vorbehaltsgut)...... 20.129

Fall 21: Anmeldung auf Eintragung von Vorbehaltsgut in das Güterrechtsregister....... 20.134

Fall 22: Aufhebung der Gütergemeinschaft und Auseinandersetzung am Gesamtgut 20.137

V. **Rechtswahl**................. 20.143

Fall 23: Rechtswahl gem. Art. 14 EGBGB............... 20.143

Fall 24: Rechtswahl gem. Art. 15 II EGBGB............. 20.147

Fall 25: Rechtswahl gem. Art. 15 II Nr. 3 EGBGB (unbewegliches Vermögen am Lageort)................ 20.152

Fall 26: Rechtswahl gem. Art. 8 (bzw. Art. 7) Haager Unterhaltsprotokoll (HUP)... 20.159

VI. **Ehevertrag und Verfügungen von Todes wegen**............ 20.163

Fall 27: Ehevertrag und Erbvertrag (gegenseitige Erbeinsetzung)................ 20.163

Fall 28: Umfangreicher Ehevertrag und Erbvertrag (gegenseitige Erbeinsetzung) 20.170

Fall 29: Ehevertrag und Widerruf des gemeinschaftlichen Testaments.......... 20.179

Fall 30: Ehevertrag und Aufhebung des Erbvertrages 20.185

VII. **Scheidungsvereinbarung**..... 20.191

Fall 31: Umfangreiche Scheidungsvereinbarung (Variante 1)................ 20.192

Fall 32: Umfangreiche Scheidungsvereinbarung (Variante 2)................ 20.224

Fall 33: Scheidungsvereinbarung unter Vorlage eines bestehenden Ehevertrages und Erbvertrages 20.244

Fall 34: Scheidungsvereinbarung mit Regelungen gemäß § 1378 III S. 2 BGB.... 20.257

VIII. **Eingetragene Lebenspartnerschaft**..................... 20.265

IX. **Deutsch-französischer Wahlgüterstand**............. 20.266

X. **Nichteheliche Lebensgemeinschaft**................. 20.267

Fall 35: Regelungen über das gemeinsame Zusammenleben 20.268

Fall 36: Regelungen zum gemeinsamen Hausgrundstück: Ausschluss der Aufhebung der Miteigentümergemeinschaft, umfangreiche Erwerbs- und Veräußerungsverpflichtungen 20.274

Fall 37: Vereinbarungen zum Hausgrundstück, Mitbenutzungsregelungen, aufschiebend bedingtes Wohnungsrecht, Veräußerungspflichten für den Fall des Scheiterns .. 20.278

Fall 38: Auseinandersetzung des gemeinsamen Vermögens (Aufhebung der nichtehelichen Lebensgemeinschaft) 20.284

Stichwortverzeichnis

Anmeldung
- Güterrechtsregister
  - Gütergemeinschaft 20.124, 20.128, 20.138, 20.142
  - Vorbehaltsgut 20.134
Antrag
- Grundbuchberichtigung
  - Gütergemeinschaft 20.124, 20.127
Anzeige
- Finanzamt (§ 34 I Nr. 3 ErbStG) 20.18
Aufhebung
- Erbvertrag im Ehevertrag 20.185
- Erbvertrag in Scheidungsvereinbarung 20.245, 20.253
- Gütergemeinschaft 20.138, 20.140
- Gütertrennung 20.58, 20.61
Auseinandersetzung
- Gemeinsames Vermögen der Lebensgemeinschaft (nichtehelich) 20.284
- Gesamtgut bei Aufhebung der Gütergemeinschaft 20.138, 20.141
- Vermögen in Scheidungsvereinbarung 20.225, 20.228
Ausschluss
- Verfügungsbeschränkung nach § 1365 BGB 20.83, 20.89, 20.108, 20.111
- Verpflichtungs- und Verfügungsbeschränkungen (§§ 1365 bis 1369 BGB) 20.74, 20.98, 20.102, 20.116, 20.118
- Versorgungsausgleich im vorsorgenden Ehevertrag
  - Anfang der Ehe 20.49, 20.54, 20.116, 20.120, 20.171, 20.176
  - bestehende Ehe 20.55
  - Erträge am künftigen betrieblichen Vermögen 20.108, 20.113
  - gleich hohe Anwartschaften 20.57
  - vor der Ehe 20.49, 20.54
- Versorgungsausgleich in Scheidungsvereinbarung 20.225, 20.239
- Zugewinnausgleichs *s. Verzicht*
Benachrichtigung der Standesämter der Geburtsorte 20.19

Betreuungstätigkeiten
- Fälligstellung des Kaufpreises 20.153, 20.158
- Überwachung der Eigentumsumschreibung 20.245, 20.256
Beurkundungsgegenstand
- derselbe 20.9 ff.
- verschiedene 20.9 ff.
Deutsch-französischer Wahlgüterstand 20.266
Ehevertrag
- und Erbvertrag 20.11, 20.163, 20.171, 20.178
Ehewohnung 20.193, 20.206
Einführung 20.1
Eingetragene Lebenspartnerschaft 20.265
Elterliche Sorge *s. Sorgerecht*
Erb- und Pflichtteilsverzicht 20.193, 20.221, 20.225, 20.242, 20.245, 20.252
Erbvertrag
- Aufhebung im vorsorgenden Ehevertrag 20.185
- Aufhebung in Scheidungsvereinbarung 20.245, 20.253
- und Ehevertrag 20.11, 20.163, 20.171, 20.178
Finanzamt
- Anzeige 20.18
Gebühr 20.3
Gebührenfreie (Neben-)Geschäfte
- Anzeige an Finanzamt gem. § 34 I Nr. 3 ErbStG 20.18
- Benachrichtigung der Standesämter der Geburtsorte 20.19
- Übermittlung der Anmeldung zum Güterrechtsregister 20.17
Geburtsstandesamt 20.19
Geschäftswert 20.4
Getrenntlebensunterhalt
- in Scheidungsvereinbarung
  - Rückständige Ansprüche 20.225, 20.230
  - keine Ansprüche 20.245, 20.250

– keine Regelungen 20.258, 20.264
– monatliche Zahlungen 20.193, 20.211
Grundbuchberichtigung
– Gütergemeinschaft 20.124, 20.127
Gütergemeinschaft 20.123
– Aufhebung mit Auseinandersetzung Gesamtgut 20.138, 20.142
– Grundbuchberichtigung 20.124, 20.127
– Nachtrag (vom Gesamtgut in das Vorbehaltsgut) 20.129
Güterrechtsregister
– Anmeldung
   – Gütergemeinschaft 20.124, 20.128, 20.138, 20.142
   – Vorbehaltsgut 20.134
Güterstandsschaukel 20.65
Gütertrennung
– Scheidungsvereinbarung
   – Verzicht auf Zugewinnausgleich 20.193, 20.197, 20.245, 20.247
   – Zugewinnausgleich über Vermögensauseinandersetzung 20.225, 20.227 f.
– vorsorgender Ehevertrag
   – Aufhebung 20.58, 20.61
   – Regelungen des Zugewinnausgleichs durch Übertragung Miteigentumsanteil 20.31
   – Regelungen des Zugewinnausgleichs in bar 20.26
   – Verzicht auf Zugewinnausgleich 20.22, 20.37, 20.48, 20.115, 20.163, 20.170, 20.179, 20.185
Hausrat
– Aufteilung bereits erfolgt 20.245, 20.251
– Vereinbarung 20.193, 20.207
Kindesunterhalt 20.193, 20.203
Kosten der Auseinandersetzung des Gesamtgutes 20.20
Kosten der Scheidung 20.193, 20.222
Lebensgemeinschaft (nichtehelich) 20.267 ff.
– Auseinandersetzung 20.284
– Ausschluss der Aufhebung der Miteigentümergemeinschaft 20.274
– bedingtes Wohnungsrecht 20.278
– Erwerbs- und Veräußerungsverpflichtungen 20.274, 20.278
– Klarstellung zum getrennten Vermögen 20.268, 20.278
– Mitbenutzungsregelungen 20.268, 20.278

Lebenspartnerschaft (eingetragene) 20.265
Mitwirkungspflicht für Geschäftswert 20.8
Modifizierung der Zugewinngemeinschaft 20.71 ff.
– Ausschluss der Verfügungsbeschränkungen (§§ 1365 bis 1369 BGB) 20.74, 20.116, 20.118
– Ausschluss des Zugewinnausgleichs im Scheidungsfall 20.71, 20.116, 20.118
   – für künftiges privilegiertes Vermögen 20.98, 20.102, 20.104, 20.108, 20.111
   – für privilegiertes Vermögen 20.77, 20.94, 20.98, 20.102
   – für Wertsteigerungen zu geerbtem oder geschenktem Vermögen 20.83
   – für Wertsteigerungen zu künftigem geerbtem oder geschenktem Vermögen 20.89
nachehelicher Unterhalt s. Unterhalt
Nachtrag zur Gütergemeinschaft 20.129
Namensrückgabevereinbarung 20.225, 20.243
Nebengüterrecht
– Scheidungsvereinbarung 20.258, 20.262
– vorsorgender Ehevertrag 20.108, 20.112
Nichteheliche Lebensgemeinschaft s. Lebensgemeinschaft
Pflichtteilsverzicht 20.78, 20.82, 20.116, 20.122, 20.171, 20.177
– gegenständlich beschränkt 20.98, 20.103, 20.108, 20.114
– künftiges konkretes Vermögen 20.108, 20.114
– künftiges unbestimmtes Vermögen 20.98, 20.103
– und Erbverzicht 20.193, 20.221, 20.225, 20.242, 20.245, 20.252
Rechtswahl
– Art. 8 (bzw. Art. 7) Haager Unterhaltsprotokoll (HUP) 20.159
– Art. 14 EGBGB 20.143
– Art. 15 II EGBGB 20.147
– Art. 15 II Nr. 3 EGBGB (unbewegliches Vermögen am Lageort) 20.152
– Art. 46d EGBGB 20.146
– vorsorglich getroffen 20.150
Scheidungsbegehren 20.193, 20.195
Scheidungskosten 20.193, 20.222
Scheidungsvereinbarung 20.191 ff.
– Aufhebung Erbvertrag 20.245, 20.253
– Ehewohnung 20.193, 20.206

- Erb- und Pflichtteilsverzicht   20.193, 20.221, 20.225, 20.242, 20.245, 20.252
- Getrenntlebensunterhalt
  - keine Ansprüche   20.245, 20.250
  - keine Regelungen   20.258, 20.264
  - monatliche Zahlungen   20.193, 20.211
  - rückständige Ansprüche   20.225, 20.230
- Gütertrennung
  - Vermögensauseinandersetzung teils in Erfüllung Rücktrittsrecht   20.245, 20.247 f.
  - Verzicht auf Zugewinnausgleich   20.193, 20.197 f., 20.245, 20.247 f.
  - Zugewinnausgleich über Vermögensauseinandersetzung   20.225, 20.227 f.
- Hausrat
  - Aufteilung bereits erfolgt   20.245, 20.251
  - Vereinbarungen   20.193, 20.207
- Kindesunterhalt   20.193, 20.203
- Kosten der Scheidung   20.193, 20.222
- Nachehelicher Unterhalt
  - Abfindung   20.217, 20.236
  - Ehevertrag vorhanden   20.245, 20.250
  - keine Regelungen   20.245, 20.250, 20.258, 20.264
  - Verzicht   20.216, 20.235
  - Verzicht vorsorglich   20.218, 20.237
  - Wertsicherungsklausel   20.219, 20.238
  - zeitliche Befristung   20.193, 20.213
- Namensrückgabevereinbarung   20.225, 20.243
- Nebengüterrecht   20.258, 20.262
- Scheidungsbegehren   20.193, 20.195
- Sorgerecht   20.193, 20.201
- Steuerliche Veranlagung   20.193, 20.223
- Umgangsrecht   20.193, 20.199
- Vereinbarung zu PKW   20.258, 20.260
- Vereinbarung zu Sparguthaben   20.258, 20.263
- Versorgungsausgleich
  - Einmalzahlung   20.193, 20.220
  - nach gesetzlichen Regelungen   20.245, 20.250, 20.258, 20.264
  - Verrechnung der Ausgleichswerte (§ 10 II VersAusglG)   20.225, 20.239 f.
- Zugewinnausgleich nach § 1378 III S. 2 BGB   20.258, 20.261
- Zugewinnausgleich über Vermögensauseinandersetzung   20.225, 20.227 f.

Sorgerecht   20.193, 20.201
Standesamt der Geburtsorte   20.19
Steuerliche Veranlagung   20.193, 20.223
Testament und Ehevertrag
– Widerruf   20.179
Testamentsregister   20.164, 20.169
Trennungsunterhalt   s. Getrenntlebensunterhalt
Treuhandtätigkeiten   20.16
Übermittlung der Anmeldung zum Güterrechtsregister   20.17
Übersichtstabelle   20.2
Umgangsrecht   20.193, 20.199
Umsatzsteuer
– Gebühren des zentralen Testamentsregisters   20.21
Unterhalt
– Leistungen unterschiedlich   20.45
– Scheidungsvereinbarung
  – Getrenntlebensunterhalt   20.193, 20.211, 20.225, 20.230 f.
  – keine Regelungen   20.245, 20.250, 20.258, 20.264
  – Kindesunterhalt   20.193, 20.203
  – nachehelicher Unterhalt   20.193, 20.213 f., 20.225, 20.232 f.
  – nachehelicher Unterhalt gemäß Ehevertrag   20.245, 20.250
  – Verzicht vorsorglich   20.217, 20.237
– Verzicht auf nachehelichen Unterhalt beim vorsorgenden Ehevertrag
  – gleich hohe Einkommen   20.49, 20.53, 20.116, 20.119
  – unterschiedliche Einkommen   20.38, 20.42
– Verzicht gegen Abfindung im vorsorgenden Ehevertrag   20.46
– Verzicht gegen Abfindung in Scheidungsvereinbarung   20.218, 20.236
Verfügung von Todes wegen und Ehevertrag
– Aufhebung Erbvertrag   20.185
– Erbvertrag   20.163, 20.171, 20.178
– Widerruf Testament   20.179
Verfügung von Todes wegen und Scheidungsvereinbarung
– Aufhebung Erbvertrag   20.245, 20.253
Vermögen
– bestimmtes (§ 100 II GNotKG)   20.6, 20.77, 20.83, 20.89, 20.94, 20.97, 20.129, 20.152, 20.257
– gegenwärtiges   20.94, 20.97
– Herausnahme aus Zugwinn
  – konkretes künftiges   20.104, 20.107
  – unbestimmtes künftiges   20.97

- künftiges 20.61
- künftiges (§ 100 III GNotKG) 20.7, 20.61, 20.97, 20.104, 20.107
- Überblick
  - bestimmte güterrechtliche Ansprüche 20.6
  - bestimmte Vermögenswerte 20.6
  - gegenwärtiges Vermögen 20.4
  - künftiges Vermögen 20.7
  - Vermögen eines Ehegatten 20.5, 20.101

Vermögensauseinandersetzung in Scheidungsvereinbarung
- Hausgrundstück zum Ausgleich des Zugewinns 20.225, 20.227 f.
- PKW 20.258, 20.260
- Wohnungseigentum teils in Erfüllung Rücktrittsrecht 20.245, 20.249

Vermögenszuordnung im Scheidungsfall 20.115

Verpflichtungs- und Verfügungsbeschränkungen
- Ausschluss 20.74

Versorgungsausgleich
- Ausschluss im vorsorgenden Ehevertrag
  - Anfang der Ehe 20.49, 20.54, 20.116, 20.120, 20.171, 20.176
  - bestehende Ehe 20.55
  - Erträge am künftigen betrieblichen Vermögen 20.108, 20.113
  - gleich hohe Anwartschaften 20.57
  - vor der Ehe 20.49, 20.54
- Bagatellfall (§ 18 VersAusglG) 20.56
- in Scheidungsvereinbarung
  - Einmalzahlung 20.193, 20.220
  - nach gesetzlichen Regelungen 20.245, 20.250, 20.258, 20.264
  - Verrechnung der Ausgleichswerte (§ 10 II VersAusglG) 20.225, 20.239 f.

Verwahrung
- Erbvertrag 20.164, 20.169

Verzicht
- Erb- und Pflichtteilsanspruch 20.193, 20.221, 20.225, 20.242, 20.245, 20.252
- gegenständlich beschränkter Pflichtteilsanspruch 20.98, 20.103, 20.108, 20.114
- nachehelicher Unterhalt
  - Scheidungsvereinbarung 20.216 f., 20.235 f.
  - vorsorgender Ehevertrag 20.37, 20.48, 20.115, 20.170, 20.179, 20.185
- Pflichtteil 20.78, 20.82, 20.116, 20.122, 20.171, 20.177

- künftiges konkretes Vermögen 20.108, 20.114
- künftiges unbestimmtes Vermögen 20.98, 20.103
- und Erbverzicht 20.193, 20.221, 20.225, 20.242, 20.245, 20.252
- Versorgungsausgleich s. Ausschluss
- Zugewinnausgleich im vorsorgenden Ehevertrag 20.22, 20.37, 20.48, 20.115, 20.163, 20.170, 20.179, 20.185
  - bezogen auf Wertsteigerungen zu geerbten oder geschenkten Vermögen 20.83
  - bezogen auf Wertsteigerungen zu künftigem geerbten oder geschenkten Vermögen 20.89
  - privilegiertes Vermögen 20.77
- Zugewinnausgleich in der Scheidungsvereinbarung 20.198, 20.248
- Zugewinnausgleichsansprüche nach § 1371 II und 3 BGB 20.77

Vollzugstätigkeiten
- Vorkaufsrecht nach § 28 BauGB 20.153, 20.157
- XML-Strukturdatei 20.245, 20.255
- Zustimmung zur Entlassung aus der Haftung 20.32, 20.36, 20.245, 20.254

Wertsicherungsklausel 20.47, 20.219, 20.238

Widerruf Testament im Ehevertrag 20.179

Zentrale Testamentsregister 20.21

Zugewinnausgleich
- Barleistungen 20.29
- Barleistungen und Zwangsvollstreckungsunterwerfung 20.30
- Herausnahme gegenwärtigen Vermögens im Scheidungsfall 20.94
- Herausnahme künftiges konkretes Vermögen im vorsorgenden Ehevertrag 20.104, 20.107
- Herausnahme künftiges unbestimmtes Vermögen im vorsorgenden Ehevertrag 20.97
- Regelungen gemäß § 1378 III S. 2 BGB 20.258, 20.261
- Übertragung Grundstück 20.32, 20.35
- Übertragung Miteigentumsanteil Hausgrundstück in Scheidungsvereinbarung 20.225, 20.228 f.

- Verzicht im vorsorgenden Ehevertrag 20.22, 20.37, 20.48, 20.77, 20.115, 20.163, 20.170, 20.179, 20.185
- Verzicht (§ 1374 II BGB) im vorsorgenden Ehevertrag
  - bezogen auf Wertsteigerungen zu geerbten oder geschenkten Vermögen 20.83
- bezogen auf Wertsteigerungen zu künftigem geerbten oder geschenkten Vermögen 20.89
- Verzicht in Scheidungsvereinbarung 20.198, 20.248, 20.192

I. Überblick

1. Einführung

Der **Begriff des Ehevertrages** nach dem GNotKG orientiert sich an der Definition des Ehevertrages in **§§ 1408 ff. BGB** mit der Folge, dass die Geschäftswertbestimmung des § 100 GNotKG auch nur für den Ehevertrag im engeren Sinn gilt, also nicht für den in der Kautelarpraxis funktional erweiterten Ehevertrag. Erfasst von § 100 GNotKG sind mit anderen Worten allein güterrechtliche Regelungen, d.h. **Vereinbarungen (Modifikationen) zur Zugewinngemeinschaft, Gütertrennung, Gütergemeinschaft oder deren Aufhebung und Vereinbarung eines anderen Güterstandes**. Für Lebenspartnerschaftsverträge gelten gem. § 100 IV GNotKG dieselben Grundsätze wie für Eheverträge. Die nachfolgenden Fallbeispiele zu Eheverträgen sind damit auch für eingetragene **Lebenspartner** anwendbar. Zu ehebezogenen **familienrechtlichen Vereinbarungen**, wie etwa **Kindschaftsregelungen, Unterhaltsvereinbarungen** oder Vereinbarungen über den **Versorgungsausgleich**, gilt der Ehevertrag gem. § 111 Nr. 2 GNotKG **immer als besonderer Beurkundungsgegenstand**. Dieser Teil enthält gleichfalls Beispiele zu Vereinbarungen zwischen **nichtehelichen** bzw. nicht verpartnerten **Lebensgefährten** sowie die **Rechtswahl**.

20.1

2. Übersichtstabelle

Die maßgeblichen Bewertungsvorschriften für den Ehevertrag lauten:

20.2

a) Ehevertrag über die Änderung des Güterstandes	a) § 100 I Nr. 1 Den Geschäftswert bildet die Summe der Werte der gegenwärtigen Vermögen beider Ehegatten. Verbindlichkeiten werden bis zur Hälfte des jeweiligen Vermögens abgezogen. Verbindlichkeiten eines Ehegatten sind nur von seinem Vermögen abzuziehen.
b) Ehevertrag, in welchem nur das Vermögen eines Ehegatten betroffen ist	b) § 100 I Nr. 1 Maßgebend ist das Vermögen des betroffenen Ehegatten. Die Verbindlichkeiten werden bis zur Hälfte seines gegenwärtigen Vermögens abgezogen.

c) Ehevertrag betrifft nur bestimmte Gegenstände	c) § 100 II Der Wert des bestimmten Vermögenswertes ist maßgebend, auch wenn er dem Anfangsvermögen hinzuzurechnen wäre oder bestimmte güterrechtliche Ansprüche betrifft. Höchstens ist jedoch der Wert nach § 100 I maßgebend.
d) Ehevertrag mit ausdrücklichen Regelungen über einen künftigen Vermögenswert	d) § 100 I Nr. 1, III Betrifft der Ehevertrag Vermögenswerte, die noch nicht zum Vermögen des Ehegatten gehören, werden sie mit 30 Prozent ihres Werts berücksichtigt, wenn sie im Ehevertrag konkret bezeichnet sind.
e) Sonstiges	Als besonderer Beurkundungsgegenstand gilt gem. § 111 Nr. 2 stets ein Ehevertrag i.S. von § 1408 I BGB.

3. Gebühr

20.3 Nach **Nr. 21100 KV GNotKG** wird für die Beurkundung von Verträgen, wozu auch der güterrechtliche Ehevertrag und sonstige Vereinbarungen innerhalb eines vorsorgenden Ehevertrages sowie Scheidungsvereinbarungen zählen, eine **2,0 Gebühr** erhoben. Die **Mindestgebühr** beträgt **120 Euro**.

§ 93 I S. 1 GNotKG regelt den Grundsatz, dass in demselben notariellen Verfahren die Verfahrensgebühr, insbesondere die Gebühr für das Beurkundungsverfahren nur jeweils einmal erhoben wird.

4. Geschäftswert

20.4 Der Geschäftswert der Beurkundung von Eheverträgen i.S. des § 1408 BGB ist gem. § 100 I Nr. 1 GNotKG die Summe der **Werte der gegenwärtigen Vermögen** beider Ehegatten. Die **Verbindlichkeiten** sind gem. § 100 I Nr. 1 S. 3 GNotKG **bis zum hälftigen gegenwärtigen Vermögen abzuziehen**. Verbindlichkeiten eines Ehegatten werden nur von seinem Vermögen abgezogen; § 100 I S. 4 GNotKG.

20.5 Betrifft der Ehevertrag nur das **Vermögen eines Ehegatten**, ist gem. § 100 I Nr. 1 S. 1 und 2 GNotKG nur dessen Vermögen maßgebend. Auch in diesem Fall gilt der Schuldenabzug gem. § 100 I Nr. 1 S. 3 GNotKG nur bis zum hälftigen Vermögenswert.

20.6 Sind vom Ehevertrag nur „**bestimmte Vermögenswerte**" oder „**bestimmte güterrechtliche Ansprüche**" betroffen, so ist gem. § 100 II GNotKG deren Wert maßgebend. Bei der Geschäftswertermittlung spielt es dabei keine Rolle, ob der bestimmte Vermögenswert, der im Zugewinnausgleich unberücksichtigt bleiben soll, schon kraft Gesetzes als privilegiertes Vermögen (§ 1374 II BGB) dem Anfangsvermögen zugerechnet würde. Durch eine solche Regelung wird regelmäßig ausgeschlossen, dass eine Wertsteigerung während der Ehezeit beim Zugewinnausgleich zu berücksichtigen ist.[1] Insgesamt wird der Wert auf den nach § 100 I GNotKG ermittelten Wert begrenzt.

Betrifft der Ehevertrag Vermögenswerte, die **noch nicht zum Vermögen** des Ehegatten gehören, werden sie gem. § 100 III GNotKG mit 30 % ihres Wertes berücksichtigt, wenn sie im Ehevertrag konkret bezeichnet sind. Diese Regelung trägt dem Umstand Rechnung, dass Eheverträge häufig im Hinblick auf den bevorstehenden Erwerb eines bestimmten Vermögenswerts abgeschlossen werden. In der Praxis handelt es sich dabei meist um Zuwendungen im Wege der vorweggenommenen Erbfolge, bei denen der Zuwendende Wert darauf legt, dass der Ehepartner des Empfängers im Fall der Scheidung in keiner Weise von der Zuwendung profitiert und dies vor der Zuwendung zwischen den Ehegatten geregelt haben möchte.[2] Nicht selten machen auch Gesellschafter die Aufnahme eines neuen Gesellschafters davon abhängig, dass dieser vor Aufnahme ehevertraglich sicherstellt, dass güterrechtliche Ansprüche keinen Geldabfluss aus dem Unternehmen bedingen. In derartigen Fällen liegt der Gestaltungsschwerpunkt auf diesem Vermögenswert und nicht auf dem Vermögen, das den Ehegatten zum Zeitpunkt des Vertragsabschlusses schon gehört.[3] Diesen Umstand soll § 100 III GNotKG durch eine Hinzurechnung berücksichtigen, die aber nur dann eingreifen soll, wenn sich der Ehevertrag ausdrücklich auf diesen Vermögenswert bezieht und dies durch dessen Benennung zum Ausdruck kommt. Für die Benennung der betroffenen künftigen Vermögenswerte reicht allerdings die Bestimmbarkeit aus. Eine Einzelaufzählung ist nicht erforderlich.[4] Letztlich muss gewährleistet sein, dass ein Dritter die betroffenen Vermögenswerte ohne Schwierigkeiten angeben kann. Die Tatsache, dass es sich um einen zukünftigen, womöglich noch nicht gesicherten Erwerb handelt, soll durch die Hinzurechnung mit einem Teilwert berücksichtigt werden.[5]

20.7

Rügen die Beteiligten den von ihnen selbst angegebenen Geschäftswert nach Erhalt der Kostenberechnung als überhöht, so wird man von ihnen gemäß ihrer **Mitwirkungspflicht** nach § 95 S. 1 GNotKG substantiiertere Angaben abverlangen können. Pauschale Aussagen zu geänderten Vermögenswerten reichen insbesondere nach dieser geänderten Darstellung für die Glaubhaftmachung nicht mehr aus.[6]

20.8

5. Derselbe Beurkundungsgegenstand/Verschiedene Beurkundungsgegenstände

Gem. § 111 Nr. 2 GNotKG betrifft der **Ehevertrag im Sinne des § 1408 I BGB** immer einen besonders zu bewertenden Gegenstand. Er hat damit **stets einen verschiedenen Gegenstand** zu allen denkbaren ehebezogenen Vereinbarungen, wie beispielsweise Unterhaltsregelungen.

20.9

---

1 Begründung RegE zu § 100, BT-Drs. 17/11471, S. 181.
2 Begründung RegE zu § 100, BT-Drs. 17/11471, S. 181.
3 Begründung RegE zu § 100, BT-Drs. 17/11471, S. 181.
4 Leipziger Kommentar GNotKG/*Reetz/Riss*, § 100 Rz. 50.
5 Begründung RegE zu § 100, BT-Drs. 17/11471, S. 181 unten, 182 oben.
6 LG Dresden, Beschl. v. 19.5.2016 – 2 OH 79/14, n.v.

20.10 Bei der Betrachtung des Güterstandswechsels sind die **Aufhebung** des **vorangegangenen und** die **Vereinbarung** des **neuen Güterstandes** (z.B. Aufhebung der Gütergemeinschaft und Vereinbarung der Zugewinngemeinschaft) **ein Gegenstand**.[1]

20.11 Bei der **Zusammenbeurkundung** von Ehe- oder Lebenspartnerschaftsvertrag mit einem **Erbvertrag** liegen verschiedene Beurkundungsgegenstände gemäß § 111 Nrn. 1, 2 GNotKG vor. Schon bereits die Tendenzen beider Verträge sind gegenläufig. Eheverträge regulieren eher den Trennungsfall, Erbverträge das Zusammenführen und Erhalten von Vermögen[2]. Entsprechend sind die Einzelwerte beider Verträge zu ermitteln, um dann aus der Wertsumme (§ 35 I GNotKG) die Gebühr von 2,0 nach Nr. 21100 KV GNotKG zu erheben.

6. Vollzugs-, Betreuungs- und Treuhandtätigkeiten

a) Allgemeines

20.12 § 93 I S. 1 GNotKG regelt den Grundsatz, dass in **demselben notariellen Verfahren** die Verfahrensgebühr, insbesondere die **Gebühr für** das **Beurkundungsverfahren**, sowie die **Vollzugsgebühr** und die **Betreuungsgebühr** nur jeweils **einmal erhoben** werden. Gebührenhäufungen finden also auch bei einer Mehrzahl an Vollzugs- bzw. Betreuungstätigkeiten nicht statt.

Die **Treuhandgebühr** Nr. 22201 KV GNotKG ist in § 93 I S. 1 GNotKG nicht genannt und in der Anm. S. 2 zu Nr. 22201 KV GNotKG ist bestimmt, dass sie für **jeden Treuhandauftrag gesondert** anfällt.

20.13 Nach § 112 GNotKG ist der **Geschäftswert** für den Vollzug gleich dem Geschäftswert des zugrundeliegenden Beurkundungsverfahrens. Liegt der zu vollziehenden Urkunde kein Beurkundungsverfahren zugrunde, ist der Geschäftswert derjenige Wert, der maßgeblich wäre, wenn diese Urkunde Gegenstand eines Beurkundungsverfahrens wäre. Der Geschäftswert für die Betreuungsgebühr ist wie bei der Beurkundung zu bestimmen, § 113 I GNotKG. Der Geschäftswert für die Treuhandgebühr ist der Wert des Sicherungsinteresses, § 113 II GNotKG.

b) Vollzugstätigkeiten im Zusammenhang mit güterrechtlichen Regelungen können sein

20.14 – das **Einholen behördlicher Genehmigungen** (GVG, GVO, etc.) im Zusammenhang mit der Auseinandersetzung des ehelichen Vermögens, insbesondere der Übertragung von Grundstücken bzw. dem Miteigentumsanteil am Hausgrundstück (Vorbem. 2.2.1.1 I Nr. 1 KV GNotKG),
– das Anfordern und die Prüfung notwendiger **Vollmachtsbestätigungen** oder privatrechtlicher **Zustimmungserklärungen** (Vorbem. 2.2.1.1 I Nr. 5 KV GNotKG),

---

1 Korintenberg/*Diehn*, GNotKG, § 111 Rz. 14.
2 *Reimann*, FamRZ 2013, 1257, 1261.

- das Anfordern und die Prüfung einer Erklärung über die **Zustimmung** zu einer **Schuldübernahme** oder einer Entlassung aus der Haftung (Vorbem. 2.2.1.1 I Nr. 8 KV GNotKG),
- das Anfordern und die Prüfung von **Löschungserklärungen** zu eingetragenen Rechten an den von den Vereinbarungen betroffenen Grundstücken (Vorbem. 2.2.1.1 I Nr. 9 KV GNotKG).

Als **Vollzugsgebühr** ist gem. Nr. 22110 KV GNotKG grundsätzlich eine 0,5 Gebühr zu erheben. Zu beachten ist, dass sich die Gebühr gem. Nr. 22112 KV GNotKG auf höchstens 50 Euro für *jede* Tätigkeit begrenzt, wenn sich der Vollzugsgegenstand lediglich auf die in der Vorbem. 2.2.1.1 I S. 2 Nr. 1 KV GNotKG genannten Tätigkeiten beschränkt.

c) Betreuungstätigkeiten im Zusammenhang mit güterrechtlichen Regelungen können sein:

- Im Zusammenhang mit Auszahlungen zwischen den Ehegatten zur Begleichung bestehender Ansprüche kann der Notar den Auftrag erhalten, die **Fälligkeitsvoraussetzungen** der Leistungen oder Teilleistungen zu prüfen und mitzuteilen (Nr. 22200 Nr. 2 KV GNotKG).

20.15

- Bei der mit beurkundeten Auseinandersetzung am Grundstück kann der Notar neben der Fälligkeitsmitteilung von Auszahlungsbeträgen beauftragt sein, die **Umschreibung des Grundstücks** zu überwachen (Nr. 22200 Nr. 3 KV GNotKG).

d) Treuhandtätigkeiten im Zusammenhang mit güterrechtlichen Regelungen können sein:

Werden bei der Auseinandersetzung des gemeinsamen Vermögens und dabei insbesondere bei der Übertragung von Grundstücken **Lastenfreistellungserklärungen mit Treuhandauflagen** eingeholt, dann erhält der Notar für die Überwachung des Treuhandauftrages des Dritten eine Gebühr von 0,5 gem. Nr. 22201 KV GNotKG. Die Gebühr entsteht für jeden Treuhandauftrag gesondert.

20.16

7. Gebührenfreie (Neben-)Geschäfte

Die **Übermittlung der Anmeldung zum Güterrechtsregister**, die im Zusammenhang mit einem Beurkundungsverfahren steht, löst gem. Vorbem. 2.1 II Nr. 2 KV GNotKG keine gesonderten Gebühren aus. Bei einer „isolierten" Übermittlung oder Stellung von Anmeldungen/Anträgen erhält der Notar hingegen gem. Nr. 22124 KV GNotKG eine Festgebühr von 20 Euro.

20.17

Bei der gesetzlichen Pflicht der **Anzeige an das zuständige Finanzamt gem. § 34 I Nr. 3 ErbStG** handelt es sich um eine gebührenfreie Tätigkeit gem. Vorbem. 2.1 II Nr. 1, 2 KV GNotKG. Sie ist mit der Gebühr für das Beurkundungsverfahren abgegolten.

20.18

20.19 Die **Benachrichtigung der Standesämter der Geburtsorte** ist mit der Gebühr für das Beurkundungsverfahren abgegolten, Vorbem. 2.1 II Nr. 1 KV GNotKG. Es handelt sich um eine gesetzliche Pflicht gem. § 20 II DONot.

8. Besonderheiten/Sonstiges

20.20 § 31 III GNotKG enthält eine besondere Haftungsregelung für die Kosten der **Auseinandersetzung eines Gesamtguts** nach Beendigung der ehelichen, lebenspartnerschaftlichen oder fortgesetzten Gütergemeinschaft. Hierbei geht es um die Vermittlung von Gesamtgutsauseinandersetzungen nach den §§ 363 ff. FamFG, für die seit dem 1.9.2013 gem. § 20 I S. 2 BNotO i.V.m. § 23a III GVG bundeseinheitlich der Notar zuständig ist. Kostenrechtlich handelt es sich um das sonstige notarielle Verfahren Teil 2 Hauptabschnitt 3 Abschnitt 9 des Kostenverzeichnisses mit der Überschrift „Teilungsverfahren".

20.21 Es gehört zur Dienstpflicht des Notars, sämtliche erbfolgerelevanten notariellen Urkunden dem **zentralen Testamentsregister** der Bundesnotarkammer zur Registrierung zu übermitteln. Erbfolgerelevante Urkunden sind Testamente, Erbverträge und alle Urkunden mit Erklärungen, welche die Erbfolge beeinflussen können, insbesondere Aufhebungsverträge, Rücktritts- und Anfechtungserklärungen, Erb- und Zuwendungsverzichtsverträge, Ehe- und Lebenspartnerschaftsverträge und Rechtswahlen (§ 87b II BNotO). Die Registrierung im zentralen Testamentsregister selbst ist wohl mit der Beurkundungsgebühr abgegolten; siehe hierzu Vorbem. 2.1 II Nr. 1 KV GNotKG (Übermittlung von Anträgen und Erklärungen an eine Behörde). Die Bundesnotarkammer ist eine Behörde im Sinne dieser Vorschrift.[1] Die anfallenden Gebühren für die Registrierung werden bei notariellen Meldern grundsätzlich über den Notar eingezogen. Der Notar gibt diese als sonstige Aufwendungen gemäß Nr. 32015 KV GNotKG an den Kostenschuldner in voller Höhe weiter. **Umsatzsteuer** fällt nicht an, weil die Leistungserbringung unmittelbar zwischen der Registerbehörde und dem Erblasser besteht. Für die elektronische Übermittlung an das zentrale Testamentsregister fällt keine Dokumentenpauschale an.

II. Gütertrennung

→ **Fall 1: Gütertrennung und Verzicht auf Zugewinnausgleich**

A. Sachverhalt

20.22 Die Ehegatten A und B vereinbaren den Wechsel vom gesetzlichen Güterstand in die Gütertrennung. Des Weiteren verzichten die Ehegatten auf jeden Ausgleich etwaigen Zugewinns, den sie wechselseitig und jeweils gegenleistungs- und entschädigungslos annehmen. Dabei gehen die Ehegatten übereinstimmend davon aus, dass keine Ansprüche bestehen.

---

1 Begründung RegE zu Teil 2, Hauptabschnitt 1, BT-Drs. 17/11471, S. 217.

II. Gütertrennung

Das Vermögen beider Ehegatten stellt sich wie folgt dar:

A: – Vermögenswerte   = 100 000 Euro,
   – Verbindlichkeiten = 70 000 Euro,
B: – Vermögenswerte   = 50 000 Euro,
   – Verbindlichkeiten = 30 000 Euro.

B. Rechnung

Pos.	Gebührentatbestand	Geschäfts-wert	KV-Nr.	Satz	Betrag
	Ehevertrag mit Verzicht Zugewinn-ausgleich (§ 100 I 1 Nr. 1)	75 000	21100	2,0	438,00

20.23

C. Erläuterungen

Als Wert des **Ehevertrages** ist die Summe der Werte der gegenwärtigen Vermögen beider Ehegatten maßgebend. Die Verbindlichkeiten sind gem. § 100 I Nr. 1 S. 3 bis zur Hälfte des (jeweiligen) Vermögens abzuziehen (**modifiziertes Reinvermögen**). Es berechnet sich wie folgt:

20.24

	Vermögens-werte	./. Verbindlich-keiten	=	Reinvermögen (mind. ½ Vermögenswert)
A:	100 000 Euro	./. 70 000 Euro	=	~~30 000 Euro~~ (mind. 50 000 Euro)
B:	50 000 Euro	./. 30 000 Euro	=	~~20 000 Euro~~ (mind. 25 000 Euro)
A, B:	Modifiziertes Reinvermögen		=	**75 000 Euro**

Der **Verzicht auf Zugewinnausgleichsansprüche** ist Inhalt des Ehevertrages.

20.25

→ **Fall 2: Gütertrennung und Regelungen des Zugewinnausgleichs in bar**

A. Sachverhalt

Die Ehegatten A und B vereinbaren den Wechsel vom gesetzlichen Güterstand in die Gütertrennung. Hinsichtlich des bestehenden Zugewinnausgleichs erhält der Ehemann von seiner Ehefrau eine Barzahlung i.H.v. 20 000 Euro.

20.26

Das Vermögen beider Ehegatten stellt sich wie folgt dar:

A: – Vermögenswerte   = 100 000 Euro,
   – Verbindlichkeiten = 50 000 Euro,
B: – Vermögenswerte   = 200 000 Euro,
   – Verbindlichkeiten = 100 000 Euro.

B. Rechnung

Pos.	Gebührentatbestand	Geschäfts-wert	KV-Nr.	Satz	Betrag
	Ehevertrag mit Zugewinnausgleich in bar (§ 100 I 1 Nr. 1)	150 000	21100	2,0	708,00

20.27

C. Erläuterungen

20.28 Als Wert des **Ehevertrages** ist die Summe der Werte der gegenwärtigen Vermögen beider Ehegatten maßgebend. Die Verbindlichkeiten sind gem. § 100 I Nr. 1 S. 3 bis zur Hälfte des (jeweiligen) Vermögens abzuziehen (**modifiziertes Reinvermögen**). Es berechnet sich wie folgt:

	Vermögenswerte	./. Verbindlichkeiten	=	Reinvermögen (mind. ½ Vermögenswert)
A:	100 000 Euro	./. 50 000 Euro	=	50 000 Euro (mind. ~~50 000 Euro~~)
B:	200 000 Euro	./. 100 000 Euro	=	100 000 Euro (mind. ~~100 000 Euro~~)
A, B:	Modifiziertes Reinvermögen		=	**150 000 Euro**

20.29 **Feststellungen** zum **Zugewinnausgleich** nach Schuldner, Gläubiger und Höhe sind **Inhalt des Ehevertrages**.[1]

D. Exkurs

20.30 **Unterwirft** sich der zur Zahlung verpflichtete Ehegatte hinsichtlich des Ausgleichsbetrages der **Zwangsvollstreckung** in sein gesamtes Vermögen, liegt gemäß § 111 Nr. 2 ein besonderer Beurkundungsgegenstand zum Ehevertrag vor.

→ **Fall 3: Gütertrennung und Regelungen des Zugewinnausgleichs durch Übertragung des Miteigentumsanteils am gemeinsamen Hausgrundstück**

A. Sachverhalt

20.31 Die Ehegatten A und B vereinbaren den Güterstand der **Gütertrennung**. Zur Durchführung und Erfüllung des ehevertraglich vereinbarten **Zugewinnausgleichs**anspruchs verpflichtet sich A gegenüber dem B unter Festlegung der Übergabe-, Freistellungs- und Haftungsmodalitäten zur **Auflassung** seines **hälftigen Miteigentumsanteils am gemeinsamen Hausgrundstück**. Die auf dem Grundstück lastende Grundschuld i.H.v. nominal 100 000 Euro sichert Verbindlichkeiten der Ehegatten, die derzeit mit 75 000 Euro valutieren. Als Gegenleistung für die Übertragung des hälftigen Miteigentumsanteils übernimmt B die auf dem Grundstück lastende Grundschuld im Nennbetrag von 100 000 Euro und stellt A von jeglicher Inanspruchnahme aus den Verbindlichkeiten frei. Der übertragene Miteigentumsanteil hat einen Verkehrswert von 100 000 Euro. Die Ehegatten erklären in der Urkunde, dass bisher entstandene Ansprüche auf Ausgleich des Zugewinns mit der Regelung zum Hausgrundstück abgegolten sind und verzichten auf etwaige darüber hinausgehende Zugewinnausgleichsansprüche. Der Verzicht wird wechselseitig angenommen.

Das Vermögen beider Ehegatten stellt sich wie folgt dar:

A:	– Vermögenswerte	=	100 000 Euro,
	– Verbindlichkeiten	=	60 000 Euro,
B:	– Vermögenswerte	=	100 000 Euro,
	– Verbindlichkeiten	=	60 000 Euro.

---

1 Ebenso Leipziger Kommentar GNotKG/*Reetz*/*Riss*, § 100 Rz. 61.

II. Gütertrennung

Vollzug: Der Notar wird beauftragt, die Zustimmung des Gläubigers zur Entlassung des A aus der Gesamthaftung hinsichtlich der Verbindlichkeiten von derzeit 75 000 Euro einzuholen.

B. Rechnung

20.32

Pos.	Gebührentatbestände	Geschäftswert	KV-Nr.	Satz	Betrag
(1)	Beurkundungsverfahren (§§ 111 Nr. 2, 35 I)	200 000	21100	2,0	870,00
	a) Ehevertrag (§ 100 I 1 Nr. 1)	100 000	21100	2,0	
	b) Übertragung Miteigentumsanteil (§§ 97 III, 46)	100 000	21100	2,0	
(2)	Vollzug (Vorbem. 2.2.1.1 I 2 Nr. 8; § 112) (Einholung Zustimmung zur Entlassung aus der Haftung)	200 000	22110	0,5	217,50

C. Erläuterungen

Pos. (1):

20.33

Die Erklärungen **a) und b)** betreffen **verschiedene Beurkundungsgegenstände gemäß § 111 Nr. 2**. Zwar sind Feststellungen zum Zugewinnausgleich nach Schuldner, Gläubiger und Höhe Inhalt des **Ehevertrages**, jedoch nicht der Ausgleich des Zugewinns in anderer Form als Geld, nämlich durch die beurkundete **Grundstücksübertragung** (u.a. Auflassung, Besitzübergabe, Erschließungsregelungen, Sach- und Rechtsmängelhaftung). Sie ist eine eigenständige Erfüllungs- und Durchführungsvereinbarung. Sie bildet zum Ehevertrag gem. § 111 Nr. 2 stets einen besonderen Beurkundungsgegenstand.

Die Erklärungen **a) und b)** unterliegen **demselben Gebührensatz** von **2,0** nach **Nr. 21100 KV**, so dass deren Einzelwerte gemäß **§ 35 I** zu **addieren** sind. Im Ergebnis fällt für das Beurkundungsverfahren eine 2,0 Gebühr nach Nr. 21100 KV aus 200 000 Euro an.

Pos. (1), a):

20.34

Als Wert des **Ehevertrages** ist die Summe der Werte der gegenwärtigen Vermögen beider Ehegatten maßgebend. Die jeweiligen Verbindlichkeiten sind gem. § 100 I Nr. 1 S. 3 bis zur Hälfte des (jeweiligen) Vermögens abzuziehen (**modifiziertes Reinvermögen**). Es berechnet sich wie folgt:

	Vermögenswerte	./. Verbindlichkeiten	= Reinvermögen (mind. ½ Vermögenswert)
A:	100 000 Euro	./. 60 000 Euro	= ~~40 000 Euro~~ (mind. 50 000 Euro)
B:	100 000 Euro	./. 60 000 Euro	= ~~40 000 Euro~~ (mind. 50 000 Euro)
A, B:	Modifiziertes Reinvermögen	=	**100 000 Euro**

20.35 Pos. (1), b):

Für die **Übertragung** des ½ **Miteigentumsanteil** am Hausgrundstück ist gem. § 97 III in Gegenüberstellung der Leistungen des Übergebers und Übernehmers die höherwertigere maßgebend. Der ½ Miteigentumsanteil ist dabei gem. § 46 I mit seinem Verkehrswert i.H.v. 100 000 Euro anzunehmen; die auf dem Grundstück lastende Grundschuld ist gem. § 38 S. 1 nicht abzuziehen. Die Leistung des Übernehmers betrifft die Schuldbefreiung zur bestehenden Verbindlichkeit. Für die Wertermittlung ist vom Valutastand ausgehen auf das Innenverhältnis abzustellen, was im vorliegenden Fall der Hälfte aus 75 000 Euro entspricht. In dieser Höhe wird der Übergeber von der Schuld befreit. Damit ist die Anteilsübertragung als die höhere Austauschleistung maßgebend.

20.36 Pos. (2):

Das Anfordern und Prüfen der **Zustimmung** des Gläubigers zur **Entlassung** des Schuldners (= Grundstücksübergeber) **aus der Haftung** der Verbindlichkeit stellt eine **Vollzugstätigkeit** nach Vorbem. 2.2.1.1 I S. 2 Nr. 8 KV dar, die eine **0,5** Gebühr nach **Nr. 22110 KV** auslöst.[1] Für das Tätigwerden braucht es eines besonderen Auftrages gemäß Vorbem. 2.2 I KV. Da keine besondere Form vorgeschrieben ist, reicht auch ein konkludentes Begehren der Beteiligten. Ausreichend ist insoweit auch ein genereller Vollzugsauftrag in der Urkunde.

Der **Geschäftswert** bestimmt sich gem. § 112 wie bei der Beurkundung. Liegen – wie hier – verschiedene Beurkundungsgegenstände vor, so bestimmt sich der Geschäftswert nach dem Gesamtwert (200 000 Euro) und nicht lediglich nach dem Wert des Gegenstandes, auf den sich der Vollzug bezieht.

→ Fall 4: Gütertrennung mit Verzicht auf Zugewinnausgleich und Verzicht auf nachehelichen Unterhalt

A. Sachverhalt

20.37
Die Ehegatten A (51 Jahre alt) und B (51 Jahre alt) vereinbaren den Wechsel vom gesetzlichen Güterstand in die **Gütertrennung**. Auf die Regelung über den Ausgleich der Ansprüche des Zugewinns wird gegenseitig verzichtet. Die Ehegatten gehen übereinstimmend davon aus, dass keine Ansprüche bestehen. Für den **Fall der Scheidung** vereinbaren die Ehegatten A und B den gegenseitigen vollständigen **Verzicht** auf die Gewährung jeglichen **nachehelichen Unterhalts** nach allen gesetzlichen Unterhaltstatbeständen.

Das Vermögen beider Ehegatten stellt sich wie folgt dar:

A:	– Vermögenswerte	=	100 000 Euro,
	– Verbindlichkeiten	=	70 000 Euro,
B:	– Vermögenswerte	=	50 000 Euro,
	– Verbindlichkeiten	=	30 000 Euro.

Die Ehegatten A und B sind beide berufstätig. Das durchschnittliche Nettoeinkommen von A beträgt ca. 1500 Euro und das von B 700 Euro.

---

[1] H.M.; siehe nur *Harder*, NotBZ 2015, 321.

II. Gütertrennung

B. Rechnung

20.38

Pos.	Gebührentatbestände	Geschäftswert	KV-Nr.	Satz	Betrag
	Beurkundungsverfahren (§§ 111 Nr. 2, 35 I)	87 312	21100	2,0	492,00
	a) Ehevertrag (§ 100 I 1 Nr. 1)	75 000	21100	2,0	
	b) Unterhaltsverzicht (§§ 97 III, 36 I) Vorschlag: 30 % von 41 040 (342 × 12 × 10)	12 312	21100	2,0	

C. Erläuterungen

Die Erklärungen **a) und b)** betreffen **verschiedene Beurkundungsgegenstände gemäß § 111 Nr. 2**.

20.39

Sie unterliegen **demselben Gebührensatz** von 2,0 nach **Nr. 21100 KV**, so dass deren Einzelwerte gemäß **§ 35 I** zu **addieren** sind. Im Ergebnis fällt für das Beurkundungsverfahren eine 2,0 Gebühr nach Nr. 21100 KV aus 87 312 Euro an.

Pos. a):

20.40

Als Wert des **Ehevertrages** ist die Summe der Werte der gegenwärtigen Vermögen beider Ehegatten maßgebend. Die jeweils auf dem Vermögen lastenden Verbindlichkeiten sind gem. § 100 I Nr. 1 S. 3 bis zur Hälfte des (jeweiligen) Vermögens abzuziehen (**modifiziertes Reinvermögen**). Es berechnet sich wie folgt:

	Vermögenswerte	./. Verbindlichkeiten	= Reinvermögen (mind. ½ Vermögenswert)
A:	100 000 Euro	./. 70 000 Euro	= ~~30 000 Euro~~ (mind. 50 000 Euro)
B:	50 000 Euro	./. 30 000 Euro	= ~~20 000 Euro~~ (mind. 25 000 Euro)
A, B:	Modifiziertes Reinvermögen	=	**75 000 Euro**

Der **Verzicht auf Zugewinnausgleichsansprüche** ist Inhalt des Ehevertrages.

20.41

Pos. b):

20.42

Unterhaltsvereinbarungen zwischen den Ehegatten berechnen sich als wiederkehrende Leistungen nach § 52. Bei einer Befristung gilt § 52 I, II, IV. Bei wiederkehrenden Leistungen ohne Befristung liegt unbestimmte Dauer vor, so dass gemäß § 52 III der auf die ersten zehn Jahre entfallende Wert den Geschäftswert bildet, wobei der Wert nach § 52 IV nicht überschritten werden darf.

Grundsätzlich gilt für **Unterhaltsverzichte** ebenfalls § 52. Werden die Verzichte wie im vorliegenden Fall **wechselseitig** abgegeben, stellt dies kostenrechtlich einen **Austauschvertrag** nach § 97 III dar, so dass nur der höherwertige Verzicht anzusetzen ist. Bei der Abgabe von Unterhaltsverzichten fehlen überwiegend konkrete Angaben. Entsprechend ist sein Wert gemäß § 36 I nach billigem Ermessen unter Berücksichtigung der Wahrscheinlichkeit des Eintritts zu bestimmen. Dabei wird zur Ermittlung vorgeschlagen, den Halbteilungsgrundsatz heranzuziehen: Beide Ehegatten haben Anspruch auf gleichmäßige Teilhabe an den verfügbaren finanziellen Mitteln, insbesondere den Erwerbseinkünften, wobei der Erwerbsbonus abzuziehen ist, der durchweg mit $^1/_7$ bemessen wird. Die

Annahme der damit entstehenden 3/7 ((7/7 ./. 1/7)/2) wurde als Ausgangswert bei einer Wertermittlung u.a. vom OLG Hamm[1] nicht beanstandet. Bezogen auf Verzichte in Scheidungsvereinbarungen sind insbesondere beim Vorliegen von Unterhaltspflichten gegenüber vorrangig unterhaltsberechtigten Kindern diese zuvor abzuziehen. Hinsichtlich der Vervielfältigung sollte aufgrund der gestärkten nachehelichen Eigenverantwortung mit den Regeln zur Begrenzung des nachehelichen Unterhalts von max. unbestimmter Dauer ausgegangen werden, so dass der Geschäftswert gemäß § 52 III in jedem Fall auf die ersten 10 Jahre begrenzt bleibt, sofern nicht bereits der Vervielfältiger gem. § 52 IV (Lebensdauer der Person) geringer ausfällt oder man in Betrachtung des § 1578b BGB einen zeitlich kürzeren Anspruch einschätzt, denn ein Unterhaltsanspruch eines geschiedenen Ehegatten ist zu begrenzen und/oder zu befristen, wenn ein zeitlich unbegrenzter Unterhaltsanspruch unbillig wäre. § 1578b BGB als eine der zentralen Vorschriften des Unterhaltsrechtsreformgesetzes verkörpert nämlich den Wechsel von der nachehelichen Solidarität und dem Grundsatz, dass ein einmal dem Grunde und der Höhe nach festgestellter Unterhaltsanspruch prinzipiell lebenslang fortdauert, hin zur Eigenverantwortung.[2] Dabei ist insbesondere zu berücksichtigen, inwieweit durch die Ehe Nachteile im Hinblick auf die Möglichkeit eingetreten sind, für den eigenen Unterhalt zu sorgen. Solche Nachteile können sich vor allem aus der Dauer der Pflege und Erziehung eines gemeinschaftlichen Kindes, aus der Gestaltung von Haushaltsführung und Erwerbstätigkeit während der Ehe sowie aus der Dauer der Ehe ergeben.[3] Hat es ehebedingte Nachteile gegeben bzw. bestehen diese noch aktuell oder wirken sie fort, dann kommt eine Befristung in der Regel nicht in Betracht. Bei Nichtvorlage von ehebedingten Nachteilen wird man im Grundsatz davon ausgehen, dass eine Befristung geboten ist. Sie hängt dabei vom Einzelfall ab.[4]

20.43 Bei **Unterhaltsverzichten**, die nicht im Rahmen einer Scheidungsvereinbarung beurkundet werden, sondern wie hier **innerhalb** eines **vorsorgenden Ehevertrages**, ist der Geschäftswert gem. § 52 VI S. 3 (bzw. 36 I) zudem niedriger anzusetzen, weil der Verzicht einen ungewissen, möglichen zukünftigen Anspruch auf Unterhalt infolge der Scheidung betrifft. Gleiches gilt, wenn der Unterhaltsverzicht dergestalt auflösend bedingt ist, dass aus der Ehe gemeinsame Kinder hervorgehen und einer der Ehegatten deshalb ganz oder teilweise seinen Beruf nicht ausüben kann.

In Anwendung vorstehender Kriterien besteht bei den monatlichen Einkommen von A und B eine Differenz i.H.v. 800 Euro. Unter Einbeziehung der maßgeblichen Unterhaltsleitlinien und Unterhaltstabellen der einzelnen Bundesländer ist vorliegend ein Unterhaltsbedarf von monatlich ca. 342 Euro (3/7 vom Differenzbetrag) anzunehmen.

---

1 OLG Hamm, Beschl. v. 15.4.2010 – 15 Wx 273/09, RNotZ 2010, 426 = JurBüro 2010, 431 = FGPrax 2010, 260.
2 Münch/*Schmitz*, FamR, § 3 Rz. 233.
3 BGH, Urt. v. 14.4.2010 – XII ZR 89/08, MDR 2010, 696 = NJW 2010, 2056, 2059.
4 *Schmitz* bietet in Münch/*Schmitz*, FamR, § 3 Rz. 245 als Richtwert an, den Unterhaltsanspruch bei Nichtvorlage von ehebedingten Nachteilen auf max. 1/4 der Ehezeit zu gewähren.

II. Gütertrennung

D. Exkurs zum nachehelichen Unterhalt

20.44 Sollten die Leistungen eine ersichtlich **kürzere Laufzeit** haben oder diese vertraglich feststehen, gilt der kürzere bzw. feststehende Vervielfältiger gem. § 52 I, II. Jedoch darf auch hier der nach § 52 IV bemessene Wert nicht überschritten werden.

20.45 Sind die **Leistungen während der Laufzeit unterschiedlich**, bleibt für die Berechnung des Werts der Beginn des Rechts maßgebend. Erhöhungen oder Senkungen sind entsprechend nur zu berücksichtigen, wenn sie innerhalb der aufzurechnenden Laufzeit liegen.

20.46 Erfolgt der **Unterhaltsverzicht** im vorsorgenden Ehevertrag **gegen Abfindung**, so bestimmt sich der Geschäftswert gem. § 97 III entweder nach dem Abfindungsbetrag bzw. Abfindungsgegenstand oder dem höher geschätzten Unterhaltsanspruch, auf den verzichtet wird.

20.47 Werden die Zahlungspflichten mit **Wertsicherungsklauseln** gesichert, bleiben diese Vereinbarungen gem. § 52 VII unberücksichtigt.

→ **Fall 5: Gütertrennung mit Verzicht auf Zugewinnausgleich, Verzicht auf nachehelichen Unterhalt sowie Ausschluss des Versorgungsausgleichs**

A. Sachverhalt

20.48 Kurz nach der Eheschließung vereinbaren die Ehegatten A (51 Jahre alt) und B (51 Jahre alt) den Wechsel vom gesetzlichen Güterstand in die **Gütertrennung**. Auf die Regelung über den Ausgleich der Ansprüche des Zugewinns wird gegenseitig verzichtet. Die Ehegatten gehen übereinstimmend davon aus, dass keine Ansprüche bestehen. Für den **Fall der Scheidung** vereinbaren die Ehegatten A und B den gegenseitigen vollständigen **Verzicht** auf die Gewährung jeglichen **nachehelichen Unterhalts** nach allen gesetzlichen Unterhaltstatbeständen. Gleichfalls wird der **Versorgungsausgleich** im Sinne der §§ 1 ff. VersAusglG im Falle der Scheidung vollständig **ausgeschlossen**. Die Ehegatten A und B sind beide berufstätig und verfügen über gleich hohe Einkünfte, aus denen ein jeder seinen Lebensunterhalt und seine Altersversorgung sicherstellen kann.

Das Vermögen beider Ehegatten stellt sich wie folgt dar:

A: – Vermögenswerte = 100 000 Euro,
    – Verbindlichkeiten = 70 000 Euro,
B: – Vermögenswerte = 50 000 Euro,
    – Verbindlichkeiten = 30 000 Euro.

B. Rechnung

20.49

Pos.	Gebührentatbestände	Geschäftswert	KV-Nr.	Satz	Betrag
	Beurkundungsverfahren (§§ 111 Nr. 2, 35 I)	85 000	21100	2,0	492,00
	a) Ehevertrag (§ 100 I 1 Nr. 1)	75 000	21100	2,0	
	b) Unterhaltsverzicht (§§ 97 III, 36 I, III)	5000	21100	2,0	
	c) Ausschluss Versorgungsausgleich (§§ 97 I, III, 36 I, III)	5000	21100	2,0	

C. Erläuterungen

20.50 Die Erklärungen **a)-c)** sind gem. **§ 86 II gegenstandsverschieden** zueinander, wobei die Regelungen von Unterhalt und Versorgungsausgleich zudem gem. **§ 111 Nr. 2** stets einen **besonderen Beurkundungsgegenstand** zum Ehevertrag haben.

Sie unterliegen **demselben Gebührensatz** von **2,0** nach **Nr. 21100 KV**, so dass deren Einzelwerte gemäß **§ 35 I** zu **addieren** sind. Im Ergebnis fällt für das Beurkundungsverfahren eine 2,0 Gebühr nach Nr. 21100 KV aus 85 000 Euro an.

20.51 **Pos. a):**

Als Wert des **Ehevertrages** ist die Summe der Werte der gegenwärtigen Vermögen beider Ehegatten maßgebend. Die Verbindlichkeiten sind gem. § 100 I Nr. 1 S. 3 bis zur Hälfte des (jeweiligen) Vermögens abzuziehen (**modifiziertes Reinvermögen**). Es berechnet sich wie folgt:

	Vermögenswerte	./. Verbindlichkeiten	=	Reinvermögen (mind. ½ Vermögenswert)
A:	100 000 Euro	./. 70 000 Euro	=	~~30 000 Euro~~ (mind. 50 000 Euro)
B:	50 000 Euro	./. 30 000 Euro	=	~~20 000 Euro~~ (mind. 25 000 Euro)
A, B:		Modifiziertes Reinvermögen	=	**75 000 Euro**

20.52 Der **Verzicht auf Zugewinnausgleichsansprüche** ist Inhalt des Ehevertrages.

20.53 **Pos. b):**

Unterhaltsverzichte sind grundsätzlich nach § 52 zu bewerten. Werden die Verzichte **wechselseitig** abgegeben, stellt dies kostenrechtlich einen **Austauschvertrag** nach § 97 III dar, so dass nur der höherwertige Verzicht anzusetzen ist. Bei der Abgabe von Unterhaltsverzichten fehlen überwiegend konkrete Angaben. Entsprechend ist der Geschäftswert gem. § 36 I auf mögliche Unterhaltsansprüche unter Berücksichtigung der Wahrscheinlichkeit des Eintritts nach billigem Ermessen zu bestimmen[1].

Im vorliegenden Fall verfügen die Ehegatten zur Zeit der Beurkundung über gleich hohe Einkommen, so dass unterstellt kein nachehelicher Unterhalt geschuldet sein dürfte. In diesen Fällen ist auf den Hilfswert gem. § 36 I, 3 von

---

1 Zu weiteren Ausführungen zum nachehelichen Unterhalt wird auch auf Rz. 20.42 ff. (Fall 4) verwiesen.

5000 Euro abzustellen. Die Vereinbarungen sind nicht lediglich deklaratorisch, zumal sich die Unterhaltsansprüche für die Zukunft ändern können.

Pos. c):   20.54
Grundlage des Geschäftswertes für den Ausschluss des Versorgungsausgleichs ist der Wert des Anrechts, auf das verzichtet wird. Er ist zu ermitteln, soweit dies bei vorsorgenden Verträgen möglich ist.[1] Im vorliegenden Fall erfolgt der **Ausschluss des Versorgungsausgleichs** am **Anfang einer Ehe**. Gerade zu diesem Zeitpunkt liegen keine genügenden Anhaltspunkte über mögliche künftig auszugleichende Anrechte vor, so dass der Hilfswert nach § 36 III von 5000 Euro anzunehmen ist. Gleiche Grundsätze gelten bei Regelungen zum Versorgungsausgleich **vor der Ehe**.

D. Exkurs zum Versorgungsausgleich

Schließen die Ehegatten einer über Jahre hinweg **bestehenden Ehe** in einem vorsorgenden Ehevertrag (keine Scheidungsvereinbarung) den **Versorgungsausgleich**[2] für den Fall der Scheidung **aus**, wird die Vornahme eines Abschlages vom ermittelten höheren Ausgleichswert gem. §§ 97 I, 3, 36 I befürwortet.[3]   20.55

Haben die Ehegatten Anrechte gleicher Art und fallen diese wegen Geringfügigkeit unter **§ 18 VersAusglG**, sind die beiderseitigen Anrechte wegen der geringen Differenz ihrer Ausgleichswerte nicht auszugleichen (**Bagatellfälle**). Soweit ersichtlich, betrachten dabei die Gerichte „gleiche Anrechte" äußerst restriktiv[4]. Kostenrechtlich hat die Aufnahme einer Aussage in der Urkunde, dass es sich um Bagatellbeträge handelt, die nicht auszugleichen sind, keinen Wert. Die Erklärungen sind rein deklaratorisch. Etwas anderes kann gelten, wenn die Ehegatten konkrete Vereinbarungen über diese Anrechte treffen.   20.56

Unzutreffend dürfte sein, **generell** auf den **Hilfswert von 5000 Euro** zurückzugreifen, wenn in den Fällen des gegenseitigen, vollständigen Ausschlusses des Versorgungsausgleichs die berufstätigen Ehegatten etwa **gleich hohe Einkommen** erzielen und deshalb das Bestehen (Entstehen) von Ausgleichsansprüchen nicht wahrscheinlich ist. Diese Auffassung beruht auf Vorstellungen zum Einmalausgleich in eine Richtung, wie sie vor Inkrafttreten des VersAusglG galt. Für das VersAusglG gilt hingegen der Hin- und Herausgleich und die Einzelanrechtsbetrachtung. Konsequent müsste daher auch in Fällen „etwa gleich hoher Einkommen" oder „etwa gleich hoher Anrechte" als Geschäftswert gemäß § 97 III die Summe der Ausgleichswerte desjenigen Ehegatten maßgebend sein, der die rechnerisch höheren Anrechte erworben hat.[5]   20.57

---

[1] *Münch*, Ehebezogene Rechtsgeschäfte, Rz. 3549.
[2] Zu weiteren Ausführungen des Versorgungsausgleichs wird auch auf Rz. 20.239 ff. (Fall 32) verwiesen.
[3] A.A. *Münch*, Ehebezogene Rechtsgeschäfte, Rz. 3550.
[4] Vgl. BGH, Beschl. v. 30.11.2011 – XII ZB 344/10, FamRZ 2012, 292 = MDR 2012, 223.
[5] S.a. Leipziger Kommentar GNotKG/*Reetz/Riss*, 2. Aufl. 2016, § 100 Rz. 71 ff.; *Münch*, Ehebezogene Rechtsgeschäfte, Rz. 3548.

→ **Fall 6: Aufhebung der Gütertrennung mit Wechsel in die Zugewinngemeinschaft**

A. Sachverhalt

20.58 Die Ehegatten A und B hatten kurz nach ihrer Eheschließung Gütertrennung vereinbart. Diese wird aufgehoben. Künftig gilt wieder der Güterstand der Zugewinngemeinschaft.

Das Vermögen beider Ehegatten stellt sich wie folgt dar:

A: – Vermögenswerte = 500 000 Euro,
   – Verbindlichkeiten = 200 000 Euro,
B: – Vermögenswerte = 200 000 Euro,
   – Verbindlichkeiten = 50 000 Euro.

B. Rechnung

20.59

Pos.	Gebührentatbestand	Geschäfts-wert	KV-Nr.	Satz	Betrag
	Aufhebung der Gütertrennung (§ 100 I 1 Nr. 1)	450 000	21100	2,0	1770,00

C. Erläuterungen

20.60 Bei der **Aufhebung der Gütertrennung** handelt es sich um einen **Ehevertrag im Sinne des § 1408 BGB**, so dass die Wertbestimmungen des § 100 I S. 1 Nr. 1 gelten. Entsprechend ist die Summe der Werte der gegenwärtigen Vermögen beider Ehegatten maßgebend. Die Verbindlichkeiten sind gem. § 100 I S. 1 Nr. 1 S. 3 bis zur Hälfte des (jeweiligen) Vermögens abzuziehen (**modifiziertes Reinvermögen**). Es berechnet sich wie folgt:

	Vermögens-werte	./. Verbindlich-keiten	=	Reinvermögen (mind. ½ Vermögenswert)
A:	500 000 Euro	./. 200 000 Euro	=	300 000 Euro (mind. ~~250 000 Euro~~)
B:	200 000 Euro	./. 50 000 Euro	=	150 000 Euro (mind. ~~100 000 Euro~~)
A, B:	Modifiziertes Reinvermögen		=	**450 000 Euro**

Der Ansatz einer Gebühr von **1,0 nach Nr. 21102 Nr. 2 KV (Aufhebung von Verträgen)** findet auf Eheverträge **keine Anwendung**, auch wenn nur die Aufhebung des früheren Ehevertrages vereinbart wird. Denn jede Aufhebung güterrechtsbezogener Regelungen ist selbst ein Ehevertrag und als solcher zu bewerten.

→ **Fall 7: Aufhebung der Gütertrennung mit Wechsel in die Zugewinngemeinschaft sowie konkrete Regelungen über künftiges Vermögen**

A. Sachverhalt

20.61 Die Ehegatten A und B heben die Gütertrennung auf. Künftig soll wieder der Güterstand der Zugewinngemeinschaft gelten. Hinsichtlich eines Grundstücks, welches A voraussichtlich im nächsten halben Jahr übertragen wird, treffen die Ehegatten bereits in der Urkunde die konkrete Regelung, es aus der Berechnung

II. Gütertrennung

eines möglichen Zugewinns herauszunehmen. Das Grundstück hat einen Verkehrswert von 60 000 Euro.

Das Vermögen beider Ehegatten stellt sich wie folgt dar:

A: – Vermögenswerte = 100 000 Euro,
 – Verbindlichkeiten = 80 000 Euro,
B: – Vermögenswerte = 20 000 Euro,
 – Verbindlichkeiten = 0 Euro.

B. Rechnung

Pos.	Gebührentatbestand	Geschäftswert	KV-Nr.	Satz	Betrag
	Aufhebung der Gütertrennung (§ 100 I 1 Nr. 1, III)	79 000	21100	2,0	438,00

20.62

C. Erläuterungen

Bei der **Aufhebung der Gütertrennung** handelt es sich um einen **Ehevertrag i.S. des § 1408 BGB**, so dass die Wertbestimmungen des § 100 I S. 1 Nr. 1 gelten. Entsprechend ist die Summe der Werte der gegenwärtigen Vermögen beider Ehegatten maßgebend. Die Verbindlichkeiten sind gem. § 100 I Nr. 1 S. 3 bis zur Hälfte des (jeweiligen) Vermögens abzuziehen (**modifiziertes Reinvermögen**).

20.63

Der Ansatz einer Gebühr von **1,0 nach Nr. 21102 Nr. 2 KV (Aufhebung von Verträgen)** findet auf Eheverträge **keine Anwendung**, auch wenn nur die Aufhebung des früheren Ehevertrages vereinbart wird. Denn jede Aufhebung güterrechtsbezogener Regelungen ist selbst ein Ehevertrag und als solcher zu bewerten.

Betrifft der Ehevertrag (zudem) Vermögenswerte, die noch nicht zum Vermögen des Ehegatten gehören (**künftiges Vermögen**), werden sie gem. § 100 III mit 30 % ihres Wertes berücksichtigt. Voraussetzung ist, dass eine konkrete Bezeichnung des künftigen Vermögenswertes im Ehevertrag erfolgt. Fraglich ist, wie diese Hinzurechnung rechtlich vorzunehmen ist. Die Gesetzesbegründung gibt hierzu keine Vorgaben. Denkbar ist in einem ersten Schritt die Ermittlung des Reinvermögens nach § 100 I und in einem zweiten Schritt die Hinzurechnung des Betrages gemäß § 100 III. Unseres Erachtens ist es jedoch vorzugswürdig, den Teilwert nach § 100 III sogleich beim Aktivvermögen des betroffenen Ehegatten hinzuzuaddieren und anschließend den beschränkten Schuldenabzug gemäß § 100 I vorzunehmen.

20.64

Der Geschäftswert bestimmt sich damit wie folgt:

	Vermögenswerte	./.	Verbindlichkeiten	=	Reinvermögen (mind. ½ Vermögenswert)
A:	100 000 Euro + 18 000 Euro (30 % v. 60 000 Euro)	./.	80 000 Euro	=	~~38 000 Euro~~ (mind. 59 000 Euro)
B:	20 000 Euro	./.	0 Euro	=	20 000 Euro (mind. ~~20 000 Euro~~)
A, B:	Modifiziertes Reinvermögen			=	**79 000 Euro**

1007

→ **Fall 8: Güterstandsschaukel**

A. Sachverhalt

20.65 Die in Zugewinngemeinschaft lebenden Ehegatten A (31 Jahre alt) und B (31 Jahre alt) vereinbaren den **Wechsel** vom **gesetzlichen Güterstand** hin **zur Gütertrennung** („**Hinschaukeln**"). Im Hinblick auf den während der Ehe entstandenen Zugewinn hat A als Ausgleich 200 000 Euro zu leisten. A verpflichtet sich, die Zahlung innerhalb von vier Wochen zu veranlassen. Zwangsvollstreckungsunterwerfungen zur Sicherung der Ausgleichszahlung werden nicht gewünscht. Des Weiteren vereinbaren die Ehegatten in derselben Urkunde, dass mit Wirkung vom nächsten Monatsersten nach Ablauf von drei Monaten ab Beurkundung der Güterstand der **Gütertrennung aufgehoben** ist und erneut der Güterstand der Zugewinngemeinschaft gilt („**Herschaukeln**").

Das Vermögen beider Ehegatten stellt sich wie folgt dar:

A: – Vermögenswerte = 600 000 Euro,
– Verbindlichkeiten = 100 000 Euro,
B: – Vermögenswerte = 100 000 Euro,
– Verbindlichkeiten = 0 Euro.

B. Rechnung

20.66

Pos.	Gebührentatbestände	Geschäftswert	KV-Nr.	Satz	Betrag
	Beurkundungsverfahren (§§ 111 Nr. 2, 35 I)	1 200 000	21100	2,0	4110
	a) Vereinbarung der Gütertrennung – Ehevertrag (§ 100 I 1 Nr. 1)	600 000	21100	2,0	
	b) Aufhebung der Gütertrennung – Ehevertrag (§ 100 I 1 Nr. 1)	600 000	21100	2,0	

C. Erläuterungen

20.67 Die Erklärungen a) und b) sind gem. **§ 111 Nr. 2 gegenstandsverschieden**. Es liegen **zwei zueinander verschiedene Eheverträge** vor.[1] Die gegenteilige Auffassung, die das modifizierte Reinvermögen gemäß § 100 I nur einmal ansetzen will,[2] verkennt, dass dies voraussetzen würde, dass die Güterstandsschaukel ein einheitlicher Gesamtvorgang/Ehevertrag ist. Dies ist aber gerade nicht der Fall, jedenfalls nicht kostenrechtlich. Derartige **Vertragsgestaltungen** sind allein **erbschafts- und schenkungssteuerlich motiviert**. Z.B. kann hierdurch aus einer schenkungssteuerpflichtigen Ehegattenzuwendung ein schenkungssteuerfreier Zugewinnausgleich werden. Dies ändert aber nichts daran, dass zwei Eheverträge in einer Urkunde vorliegen, die gemäß § 111 Nr. 2 stets zueinander besondere Beurkundungsgegenstände sind.

---

1 So auch Münch/*Wudy*, FamR, § 21 Rz. 13; Korintenberg/*Diehn*, § 111 Rz. 20; Bormann/Diehn/Sommerfeldt/*Bormann*, § 111 Rz. 9.
2 Leipziger Kommentar GNotKG/*Reetz/Riss*, § 100 Rz. 20; Korintenberg/*Tiedtke*, § 100 Rz. 13.

Als Wert eines **Ehevertrages im Sinne des § 1408 BGB** ist die Summe der Werte 20.68
der gegenwärtigen Vermögen beider Ehegatten maßgebend. Die Verbindlichkeiten sind gem. § 100 I Nr. 1 S. 3 bis zur Hälfte des (jeweiligen) Vermögens abzuziehen (**modifiziertes Reinvermögen**). Vorstehendes gilt auch bei der **Aufhebung der Gütertrennung**. Es handelt es sich auch hier um einen **Ehevertrag im Sinne des § 1408 BGB**, so dass die Wertbestimmungen des § 100 I S. 1 Nr. 1 gelten. Das modifizierte Reinvermögen berechnet sich wie folgt:

	Vermögenswerte	./. Verbindlichkeiten	=	Reinvermögen (mind. ½ Vermögenswert)
A:	600 000 Euro	./. 100 000 Euro	=	500 000 Euro (~~mind. 250 000 Euro~~)
B:	100 000 Euro	./. 0 Euro	=	100 000 Euro (~~mind. 50 000 Euro~~)
A, B:	Modifiziertes Reinvermögen		=	**600 000 Euro**

Feststellungen zum **Zugewinnausgleich** nach Schuldner, Gläubiger und Höhe 20.69
sind **Inhalt** des **Ehevertrages**.[1]

Beide Beurkundungsgegenstände unterliegen einem Gebührensatz von **2,0** nach **Nr. 21100 KV**, so dass die Gebühr aus der Wertesumme (§ 35 I) zu erheben ist. Der Ansatz des Gebührensatzes von **1,0 nach Nr. 21102 Nr. 2 KV findet** auf die **Aufhebung** des Güterstandes der **Gütertrennung keine Anwendung**, weil jede Aufhebung güterrechtsbezogener Regelungen selbst ein Ehevertrag ist.

D. Exkurs

Entscheiden sich die Ehegatten zusammen mit dem Notar aus berechtigten 20.70
Gründen für eine getrennte Beurkundung der beiden Eheverträge, liegt hierin keine unrichtige Sachbehandlung nach § 21.

III. Modifizierung der Zugewinngemeinschaft

→ **Fall 9: Verzicht auf Zugewinnausgleich im Scheidungsfall**

A. Sachverhalt

Die im gesetzlichen Güterstand lebenden Ehegatten A und B schließen für den 20.71
Fall, dass die Ehe auf andere Weise als durch Tod eines Ehegatten aufgelöst wird, insbesondere im Falle der Scheidung der Ehe, den Ausgleich auf Zugewinn vollständig aus.

Das Vermögen beider Ehegatten stellt sich wie folgt dar:

A: – Vermögenswerte = 30 000 Euro,
  – Verbindlichkeiten = 0 Euro,
B: – Vermögenswerte = 20 000 Euro,
  – Verbindlichkeiten = 0 Euro.

---
1 Ebenso Leipziger Kommentar GNotKG/*Reetz/Riss*, § 100 Rz. 61.

B. Rechnung

20.72

Pos.	Gebührentatbestand	Geschäftswert	KV-Nr.	Satz	Betrag
	Modifizierung der Zugewinngemeinschaft (§ 100 I 1 Nr. 1)	50 000	21100	2,0	330,00

C. Erläuterungen

20.73 **Modifizierungen der Zugewinngemeinschaft** wie u.a. der Ausschluss des Zugewinns im Scheidungsfall sind **Ehevertrag i.S. des § 1408 BGB**.[1] Damit werden derartige Vereinbarungen von der Vorschrift des § 100 I Nr. 1 erfasst (**modifiziertes Reinvermögen**). Der Geschäftswert bestimmt sich wie folgt:

	Vermögenswerte	./. Verbindlichkeiten	=	Reinvermögen (mind. ½ Vermögenswert)
A:	30 000 Euro	./. 0 Euro	=	30 000 Euro (mind. ~~15 000 Euro~~)
B:	20 000 Euro	./. 0 Euro	=	20 000 Euro (mind. ~~10 000 Euro~~)
A, B:	Modifiziertes Reinvermögen		=	**50 000 Euro**

→ **Fall 10: Ausschluss von Verpflichtungs- und Verfügungsbeschränkungen (§§ 1365 und 1369 BGB)**

A. Sachverhalt

20.74 Die im gesetzlichen Güterstand lebenden Ehegatten A und B vereinbaren den Ausschluss der Verpflichtungs- und Verfügungsbeschränkungen gem. §§ 1365 und 1369 BGB für die Dauer der Ehe. Jeder der Ehegatten ist berechtigt, über sein Vermögen im Ganzen, über Hausratsgegenstände und über Einzelgegenstände, die sein ganzes oder nahezu ganzes Vermögen ausmachen, ohne Zustimmung des anderen zu verfügen und sich hierüber zu verpflichten.

Das Vermögen beider Ehegatten stellt sich wie folgt dar:

A:	– Vermögenswerte	=	500 000 Euro,
	– Verbindlichkeiten	=	200 000 Euro,
B:	– Vermögenswerte	=	350 000 Euro,
	– Verbindlichkeiten	=	50 000 Euro.

B. Rechnung

20.75

Pos.	Gebührentatbestand	Geschäftswert	KV-Nr.	Satz	Betrag
	Ausschluss von Verpflichtungs- und Verfügungsbeschränkungen (§ 100 II, 51 II)	255 000	21100	2,0	1070,00

---

1 So zuletzt auch im Anwendungsbereich der KostO OLG Hamm, Beschl. v. 17.10.2013 – 15 W 237/12, ZNotP 2014, 157; OLG Hamm v. 17.10.2013 – I-15 W 237/12, FamRZ 2015, 166.

Pos.	Gebührentatbestand	Geschäfts-wert	KV-Nr.	Satz	Betrag
	(30 % aus 850 000 Euro, das ist das Brutto-Gesamtvermögen)				

C. Erläuterungen

Die Vorschrift des § 51 II ist für die Regelungen zu den Verfügungsbeschränkungen gem. §§ 1365 und 1369 BGB einschlägig. Sie ist eine Spezialvorschrift gegenüber § 100 I. Als Geschäftswert sind 30 % des von der Beschränkung betroffenen Gegenstands (der beiderseitige Aktivwert) anzunehmen.

30 % von   500 000 Euro   +   350 000 Euro   =   255 000 Euro
              (Vermögen A)   (Vermögen B)

Bei ehevertraglichen Vereinbarungen gilt bei der Geschäftswertermittlung das modifizierte Reinvermögen der Ehegatten gemäß § 100 I S. 1 Nr. 1 als obere Begrenzung. Diese wird – wie nachfolgend dargestellt – im vorliegenden Fall in keiner Weise überschritten.

	Vermögens-werte	./.	Verbindlich-keiten	=	Reinvermögen (mind. ½ Vermögenswert)
A:	500 000 Euro	./.	200 000 Euro	=	300 000 Euro (mind. ~~250 000 Euro~~)
B:	350 000 Euro	./.	50 000 Euro	=	300 000 Euro (mind. ~~175 000 Euro~~)
A, B:	Modifiziertes Reinvermögen			=	600 000 Euro

→ Fall 11: Verzicht auf Zugewinnausgleich im Scheidungsfall für privilegiertes Vermögen, Verzicht auf Zugewinnausgleichsansprüche nach § 1371 II und III BGB sowie Pflichtteilsverzicht

A. Sachverhalt

A und B haben vor wenigen Tagen geheiratet. Sie haben ein gemeinsames Kind. Für ihre Ehe wollen sie den gesetzlichen Güterstand der Zugewinngemeinschaft beibehalten. Jedoch wird beurkundet, dass das für den **Fall** der **Scheidung** im **Eigentum von A befindliche Grundstück** in der Stadt H. bei der Ermittlung des **Zugewinnausgleichs** in **keiner Weise** zu berücksichtigen ist. Des Weiteren ist das Grundstück von den **Verfügungsbeschränkungen** der **§ 1365 BGB** ausgeschlossen. B erklärt seinen **Verzicht** auf etwaige ihm zustehende **Zugewinnausgleichsansprüche** nach **§ 1371 II und III BGB** sowie auf das **Pflichtteilsrecht** am Nachlass von A.

Neben dem Grundstück in der Stadt H. mit einem Verkehrswert von 120 000 Euro haben A und B kein nennenswertes Vermögen. Schulden bestehen keine. Damit stellt sich das Vermögen der Ehegatten im Überblick wie folgt dar:

A: – Vermögenswerte   = 120 000 Euro,
    – Verbindlichkeiten   = 0 Euro,
B: – Vermögenswerte   = 0 Euro,
    – Verbindlichkeiten   = 0 Euro.

B. Rechnung

20.78

Pos.	Gebührentatbestände	Geschäfts-wert	KV-Nr.	Satz	Betrag
	Beurkundungsverfahren (§ 111 Nr. 2, 35 I)	150 000	21100	2,0	708,00
	a) ehevertragliche Regelungen (Ausschluss des Zugewinnausgleichs im Scheidungsfall bezogen auf das Grundstück von B; Verzicht auf Zugewinnausgleichsansprüche gem. § 1371 BGB; Ausschluss der Verfügungsbeschränkungen nach § 1365 BGB am Grundstück von B (§ 100 II):	120 000	21100	2,0	
	b) Pflichtteilsverzicht (§§ 97 I, III, 102 I, IV)	30 000	21100	2,0	

C. Erläuterungen

20.79 Die Erklärungen **a)** und **b)** sind gem. **§ 111 Nr. 2** zueinander **gegenstandsverschieden**.

Sie unterliegen **demselben Gebührensatz** von **2,0** nach **Nr. 21100 KV**, so dass deren Einzelwerte gemäß **§ 35 I** zu **addieren** sind. Im Ergebnis fällt für das Beurkundungsverfahren eine 2,0 Gebühr nach Nr. 21100 KV aus 150 000 Euro an.

20.80 **Pos. a):**

Die ehevertraglichen **Regelungen betreffen** zum einen das **Grundstück** von B. Es soll im Fall der Scheidung in keiner Weise bei der Ermittlung des Zugewinnausgleichs Berücksichtigung finden. Kostenrechtlich ist gemäß **§ 100 II** hierfür der über § 46 ermittelte Wert des Grundstücks von 120 000 Euro maßgebend. Eine weitere ehevertragliche Regelung betrifft den **Verzicht** des A auf **Zugewinnausgleichsansprüche nach § 1371 II und III BGB**. Auch hier sind nur bestimmte güterrechtliche Ansprüche betroffen, für deren Bewertung **§ 100 II** einschlägig ist. Für die Ermittlung des Geschäftswertes ist vom derzeitigen vorhandenen Vermögen auszugehen. Mangels anderer Anhaltspunkte beträgt der Wert 5000 Euro gemäß über § 36 III. Ebenfalls unter **§ 100 II** fällt der **Ausschluss** der **Verfügungsbeschränkungen** nach **§ 1365 bis 1368 BGB** im Hinblick auf das Grundstück. Der Geschäftswert bestimmt sich gemäß § 51 II mit 30 % des Wertes des von der Beschränkung betroffenen Gegenstands.

20.81 Die Summe der vorstehenden Einzelwerte darf aufgrund des Verweises in § 100 II auf I als **Obergrenze** das **modifizierte Reinvermögen der Ehegatten** gem. § 100 I S. 1 Nr. 1 nicht überschreiten[1]:

---

1 A.A. *Vossius*, notar 2014, 26, 27: Der Ausschluss des § 1365 BGB ist nach Auffassung von Vossius zum Ausschluss des Zugewinns im Scheidungsfall ein anderer Gegenstand (§§ 86 II, 111 Nr. 2).

III. Modifizierung der Zugewinngemeinschaft

- Ausschluss d. Grundstücks vom Zugewinnausgleich
  im Scheidungsfall (§ 100 II): 120 000 Euro
- Verzicht auf Zugewinnausgleichsansprüche gemäß
  § 1371 II u. 3 BGB (§ 100 II, § 36 III): 5000 Euro
- Ausschluss der Verfügungsbeschränkungen nach
  § 1365 bis § 1368 BGB am Grundstück (§ 100 II, § 51 II) <u>36 000 Euro</u>
  161 000 Euro
- Modifiziertes Reinvermögen von A und B: (§ 100 I): **120 000 Euro**

Pos. b): 20.82

Das **Pflichtteilsrecht** ist gem. § 102 IV S. 2 wie ein entsprechender Bruchteil des Nachlasses zu behandeln. Entsprechend bildet den Ausgangswert gem. § 102 IV S. 1, I S. 1 der Reinwertbruchteil (bezogen auf den Pflichtteil) des Verzichtenden am Vermögen des Erblassers, wobei gem. § 102 I S. 2 die Verbindlichkeiten des Erblassers nur bis zur Hälfte des Vermögens abgezogen werden.

Vorliegend ist aus dem modifizierten Reinvermögen von A i.H.v. 120 000 Euro der Reinwertbruchteil von ¼ (§§ 2303 I, 1931 I, 4 BGB) zu nehmen, so dass sich ein Geschäftswert von 30 000 Euro ergibt.

→ **Fall 12: Verzicht auf Zugewinnausgleich im Scheidungsfall und Ausschluss des § 1365 BGB bezogen auf Wertsteigerungen zu geerbtem oder geschenktem Vermögen während der Ehe (§ 1374 II BGB)**

A. Sachverhalt

A und B haben vor wenigen Wochen die Ehe geschlossen. B hat kurz vor Eheschließung von seinen Eltern eine Immobilie (Mehrfamilienhaus) übertragen bekommen. B ist bereits als Eigentümer im Grundbuch eingetragen. Hierzu treffen A und B die Vereinbarung, dass im Fall der Scheidung Wertsteigerungen hinsichtlich der Immobilie des B i.S. des § 1374 II BGB nicht dem Zugewinnausgleich unterliegen. Zum Zeitpunkt der Eheschließung hat die Immobilie einen Verkehrswert von 400 000 Euro. Des Weiteren soll für die Immobilie auch keine Beschränkung nach § 1365 BGB bestehen. 20.83

Das Vermögen beider Ehegatten stellt sich wie folgt dar:

A: – Vermögenswerte = 30 000 Euro,
    – Verbindlichkeiten = 0 Euro,
B: – Vermögenswerte = 420 000 Euro,
    – Verbindlichkeiten = 0 Euro.

B. Rechnung

20.84

Pos.	Gebührentatbestände	Geschäftswert	KV-Nr.	Satz	Betrag
	Beurkundungsverfahren (§ 100 II) (Herausnahme der Wertsteigerungen des Grundstücks vom Zugewinnausgleich im Scheidungsfall (Vorschlag: 10 % vom Grundstückswert; § 100 II, § 36 I) und Ausschluss der Verfügungsbeschränkung nach § 1365 BGB (30 % vom Grundstückswert; § 100 II, § 51 II) – insgesamt max. modifiziertes Reinvermögen nach § 100 I i.H.v. 420 000 Euro)	160 000	21100	2,0	762,00

C. Erläuterungen

20.85 Die **Vereinbarung**, dass **Wertsteigerungen** von Vermögen nach § 1374 II BGB nicht dem Zugewinnausgleich unterliegen, betreffen **güterrechtliche Ansprüche.** Für sie gilt § 100 II.

Für die Wertermittlung der möglichen Wertsteigerungen muss auf die Geschäftswertbestimmung nach § 36 I zurückgegriffen werden. Der Geschäftswert ist nach billigem Ermessen zu bestimmen. Hierbei sind alle Umstände des Einzelfalls einzubeziehen sowie die feststellbaren objektiven Kriterien zu beachten, um damit das Interesse abwägend, die maßgeblichen Tatsachen berücksichtigend, eine Bewertung und Gewichtung vorzunehmen.[1] Sind nicht alle Kriterien feststellbar, genügt die Annahme der verfügbaren. Vorliegend besteht die Motivation der Beteiligten insbesondere darin, dass B hinsichtlich der Immobilie für den Fall der Scheidung nicht mit Ausgleichszahlungen belastet wird, die sich allein aus der Wertsteigerung ergeben. Der Wert der Immobilie bildet den Ausgangswert, woraus ein angemessener Teilwert zu nehmen ist, weil sich die Regelungen nicht auf die Immobilie selbst, sondern nur auf die Wertsteigerung beziehen.

20.86 Der **Ausschluss** der **Verfügungsbeschränkung** nach **§ 1365 BGB** unterfällt § 100 II. Die Wertermittlung ist in § 51 II geregelt mit 30 % des von der Beschränkung betroffenen Gegenstandes.

20.87 Die Summe der vorstehenden Einzelwerte darf aufgrund des Verweises in § 100 II auf I als **Obergrenze** das **modifizierte Reinvermögen des B** gem. § 100 I S. 1 Nr. 1 nicht überschreiten[2]:

---

[1] Leipziger Kommentar GNotKG/*Hüttinger*, § 36 Rz. 9 ff.
[2] A.A. *Vossius*, notar 2014, 26, 27: Der Ausschluss des § 1365 BGB ist nach Auffassung von Vossius zum Ausschluss des Zugewinns im Scheidungsfall ein anderer Gegenstand (§§ 86 II, 111 Nr. 2).

III. Modifizierung der Zugewinngemeinschaft

- Ausschluss d. Wertsteigerungen des Grundstücks vom
  Zugewinnausgleich im Scheidungsfall
  (§ 100 II – Vorschlag: 10 % von 400 000 Euro):   40 000 Euro
- Ausschluss der Verfügungsbeschränkung nach § 1365 BGB
  am Grundstück (§ 100 II, § 51 II – 30 % von 400 000 Euro)   120 000 Euro

  160 000 Euro
- Modifiziertes Reinvermögen von B: (§ 100 I):   420 000 Euro

D. Exkurs

Würden die Ehegatten A und B regeln, dass der Ausschluss der Verfügungsbeschränkungen gem. § 1365 BGB für sämtliche Vermögenswerte gelten soll, bildet das beiderseitige Aktivvermögen den Ausgangswert gemäß § 51 II.   20.88

→ **Fall 13: Verzicht auf Zugewinnausgleich im Scheidungsfall und Ausschluss des § 1365 BGB bezogen auf Wertsteigerungen zu *künftigem* geerbtem oder geschenktem Vermögen während der Ehe (§ 1374 II BGB)**

A. Sachverhalt

A und B haben vor wenigen Wochen die Ehe geschlossen. Die Eltern von B haben eine Immobilie (Mehrfamilienhaus) in der Großstadt B. die in absehbarer Zeit vollständig auf B übertragen werden soll. Einzelheiten sind noch in keiner Weise bekannt. Zur Absicherung der Immobilie wird zwischen A und B die Vereinbarung notariell getroffen, dass im Fall der Scheidung Wertsteigerungen hinsichtlich der künftigen Immobilie des B i.S. des § 1374 II BGB nicht dem Zugewinnausgleich unterliegen. Des Weiteren soll für die Immobilie auch keine Beschränkung nach § 1365 BGB bestehen.   20.89

Das Vermögen beider Ehegatten stellt sich wie folgt dar:

A: – Vermögenswerte   =   30 000 Euro,
    – Verbindlichkeiten   =   0 Euro,
B: – Vermögenswerte   =   20 000 Euro,
    – Verbindlichkeiten   =   0 Euro.

Im Hinblick auf die Immobilie der Eltern von B ist bekannt, dass sie einen Wert von 400 000 Euro hat.

B. Rechnung

Pos.	Gebührentatbestände	Geschäfts-wert	KV-Nr.	Satz	Betrag
	Beurkundungsverfahren (§ 100 II) (Herausnahme der Wertsteigerungen des Grundstücks vom Zugewinnausgleich im Scheidungsfall (Vorschlag: 10 % vom Grundstückswert; § 100 II, § 36 I) und Ausschluss der Verfügungsbeschränkung nach § 1365 BGB (30 % vom Grundstückswert; § 100 II, § 51 II) – insgesamt max. modifiziertes Reinvermögen nach § 100 I)	20 000	21100	2,0	214,00

C. Erläuterungen

20.91 Die **Vereinbarung**, dass **Wertsteigerungen** von Vermögen nach § 1374 II BGB nicht dem Zugewinnausgleich unterliegen, betreffen **güterrechtliche Ansprüche.** Für sie gilt § 100 II. Hierbei spielt es keine Rolle, ob es sich um gegenwärtiges oder genau beziffertes künftiges Vermögen handelt.

Für die Wertermittlung der möglichen Wertsteigerungen muss auf den allgemeinen Geschäftswert des § 36 I zurückgegriffen werden. Der Geschäftswert ist nach billigem Ermessen zu bestimmen. Hierbei sind alle Umstände des Einzelfalls einzubeziehen sowie die feststellbaren objektiven Kriterien zu beachten, um damit das Interesse abwägend, die maßgeblichen Tatsachen berücksichtigend, eine Bewertung und Gewichtung vorzunehmen.[1] Sind nicht alle Kriterien feststellbar, genügt die Annahme der verfügbaren. Vorliegend besteht die Motivation der Beteiligten insbesondere darin, dass B hinsichtlich der Immobilie für den Fall der Scheidung nicht mit Ausgleichszahlungen belastet wird, die sich allein aus der Wertsteigerung ergeben. Der Wert der Immobilie bildet den Ausgangswert, woraus ein angemessener Teilwert zu nehmen ist, weil sich die Regelungen nicht auf die Immobilie selbst, sondern nur auf die Wertsteigerung beziehen.

20.92 Der **Ausschluss** der **Verfügungsbeschränkung** nach **§ 1365 BGB** unterfällt § 100 II. Die Wertermittlung zu ist in § 51 II geregelt mit 30 % des von der Beschränkung betroffenen Gegenstandes.

20.93 Die Summe der vorstehenden Einzelwerte darf aufgrund des Verweises in § 100 II auf I als **Obergrenze** das **modifizierte Reinvermögen des B** gem. § 100 I S. 1 Nr. 1 nicht überschreiten[2]:

---

[1] Leipziger Kommentar GNotKG/*Hüttinger*, § 36 Rz. 9 ff.
[2] A.A. *Vossius*, notar 2014, 26, 27: Der Ausschluss des § 1365 BGB ist nach Auffassung von Vossius zum Ausschluss des Zugewinns im Scheidungsfall ein anderer Gegenstand (§§ 86 II, 111 Nr. 2).

III. Modifizierung der Zugewinngemeinschaft

- Ausschluss d. Wertsteigerungen des *künftigen* Grundstücks
  vom Zugewinnausgleich im Scheidungsfall
  (§ 100 II – Vorschlag: 10 % von 400 000 Euro):   40 000 Euro
- Ausschluss der Verfügungsbeschränkung nach § 1365 BGB
  am Grundstück (§ 100 II, § 51 II – 30 % von 400 000 Euro)   <u>120 000 Euro</u>
                                                                                                                   160 000 Euro
- Modifiziertes Reinvermögen von B: (§ 100 I):   **20 000 Euro**

→ **Fall 14: Herausnahme von gegenwärtigem Vermögen aus der Berechnung des Zugewinns**

A. Sachverhalt

A ist selbständig. Die Ehegatten A und B wollen im Falle einer Scheidung nicht die wirtschaftliche Existenz des Einzelunternehmens gefährden. Daher nehmen sie das Betriebsvermögen des A aus der Berechnung des Zugewinns heraus.

Das Vermögen beider Ehegatten stellt sich wie folgt dar:

A:	– Betriebsvermögen mit einer Aktiva	=	100 000 Euro,
	– Verbindlichkeiten	=	80 000 Euro,
B:	– Vermögenswerte	=	20 000 Euro,
	– Verbindlichkeiten	=	0 Euro.

B. Rechnung

Pos.	Gebührentatbestand	Geschäfts-wert	KV-Nr.	Satz	Betrag
	Modifizierung der Zugewinn-gemeinschaft (§ 100 I 2, II)	50 000	21100	2,0	330

C. Erläuterungen

Sind von den vertraglichen Regelungen bestimmte Vermögenswerte der Ehegatten betroffen, auch wenn sie dem Anfangsvermögen hinzuzurechnen wären, ist gem. § 100 II deren Wert als Geschäftswert anzunehmen. Insgesamt bleibt der Geschäftswert auf das modifizierte Reinvermögen der Ehegatten gem. § 100 I S. 1 Nr. 1 begrenzt.

Betreffen wiederum – wie im vorliegenden Fall – die Regelungen nur das **Vermögen eines Ehegatten**, ist als Geschäftswert höchstens das modifizierte Reinvermögen des Ehegatten gemäß § 100 I S. 2 maßgebend.

Damit sind folgende Werte zu vergleichen:

- Betriebsvermögen (§ 100 II):   **100 000 Euro**
  mit
- Modifziertes Reinvermögen des A:
  (§ 100 I S. 2; 100 000 Euro ./. 80 000 Euro, mind. 50 000 Euro)   **50 000 Euro**

→ **Fall 15: Herausnahme von gegenwärtigem und künftigem Vermögen aus der Berechnung des Zugewinns sowie Pflichtteilsverzicht und der Ausschluss der Verpflichtungs- und Verfügungsbeschränkungen (§§ 1365 bis 1369 BGB)**

A. Sachverhalt

20.97 Die zur Beurkundung Erschienenen A und B sind noch **nicht miteinander verheiratet**, werden aber in einer Woche vor dem Standesamt in L die Ehe miteinander schließen. **Kinder** sind aus der Beziehung **nicht** hervorgegangen. Die Eltern von A und B leben noch. Für den Fall der Eheschließung wird der Ehevertrag mit folgenden Vereinbarungen geschlossen:

A und B sind sich einig, dass für die Ehe der gesetzlich vorgesehene **Güterstand der Zugewinngemeinschaft beibehalten** bleibt. Die **Verfügungsbeschränkungen** der §§ 1365 und 1369 BGB werden **ausgeschlossen**. A wird Eigentümer eines bebauten Grundstücks in der Stadt L. Der Grundstückskaufvertrag war drei Wochen zuvor beurkundet worden. Für A ist eine Auflassungsvormerkung im Grundbuch eingetragen. Die Umschreibung steht noch aus. Eine Finanzierungsgrundschuld im Nennbetrag von 410 000 Euro wurde bestellt und zur Eintragung in das Grundbuch beantragt. A ist alleiniger Schuldner. B hat Wohnungseigentum in der Stadt D. Zur Finanzierung hat B ein Darlehen aufgenommen, welches die eingetragene Grundschuld im Nennbetrag von 110 000 Euro sichert. Das Darlehen valutiert noch voll.

Vorstehende **Immobilien und** auch der **künftige Erwerb beliebigen Immobilieneigentums** sowie **zukünftiges Betriebsvermögen** durch A oder B sollen **beim Zugewinnausgleich** bei Beendigung der Ehe aus anderen Gründen als dem Tod eines Ehegatten in **keiner Weise berücksichtigt** werden.

A und B **verzichten gegenseitig** auf ihr gesetzliches **Pflichtteilsrecht** in Bezug auf das vom Zugewinn ausgenommene Vermögen.

Das Vermögen beider Ehegatten stellt sich wie folgt dar:

A: – Vermögenswerte:
  Grundstück in der Stadt L. = 400 000 Euro,
  Weiteres derzeitiges Vermögen = 136 000 Euro
 – Verbindlichkeiten = 512 000 Euro (davon 410 000 Euro auf Grundstück lastend),

B: – Vermögenswerte:
  Wohnungseigentum in der Stadt D. = 100 000 Euro,
  Weiteres derzeitiges Vermögen = 300 000 Euro
 – Verbindlichkeiten = 175 000 Euro (davon 110 000 Euro auf Wohnungseigentum lastend).

B. Rechnung

Pos.	Gebührentatbestände	Geschäfts-wert	KV-Nr.	Satz	Betrag
	Beurkundungsverfahren (§§ 111 Nr. 2, 35 I, 86 II)	563 000	21100	2,0	2190,00
	a) Herausnahme von Vermögen aus Zugewinn von A und B (§ 100 II, I 2) und Ausschluss der Verpflichtungs- und Verfügungsbeschränkungen (§§ 1365, 1369) an bestimmten Vermögenswerten des A und B (§ 51 II)	488 000	21100	2,0	
	b) Pflichtteilsverzicht (§§ 97 III, 102 IV, III, II)	75 000	21100	2,0	

20.98

C. Erläuterungen

Die Erklärungen **a)** und **b)** sind gem. **§ 111 Nr. 2** zueinander **gegenstandsverschieden**.

20.99

Sie unterliegen **demselben Gebührensatz** von **2,0** nach **Nr. 21100 KV**, so dass deren Einzelwerte gemäß **§ 35 I** zu **addieren** sind. Im Ergebnis fällt für das Beurkundungsverfahren eine 2,0 Gebühr nach Nr. 21100 KV aus 588 500 Euro an.

Pos. a):

20.100

Sind von den vertraglichen **Regelungen bestimmte Vermögenswerte** der Ehegatten betroffen, auch wenn sie dem Anfangsvermögen hinzuzurechnen wären, ist gem. § 100 II deren Wert als Geschäftswert anzunehmen. Insgesamt bleibt der Geschäftswert auf das modifizierte Reinvermögen der Ehegatten gem. § 100 I S. 1 Nr. 1 begrenzt.

Damit sind folgende Werte zu vergleichen:

A	– Grundstück in L (§ 100 II):	400 000 Euro
	– Ausschluss der Verpflichtungs- und Verfügungsbeschränkungen (§§ 1365, 1369) an bestimmten Vermögenswerten des A (§ 51 II) mit	160 800 Euro 560 800 Euro
	– Modifiziertes Reinvermögen des A: (§ 100 I S. 2; 536 000 Euro ./. 512 000 Euro, mind. 268 000 Euro)	268 000 Euro
B	– Wohnungseigentum in D (§ 100 II):	100 000 Euro
	– Ausschluss der Verpflichtungs- und Verfügungsbeschränkungen (§§ 1365, 1369) an bestimmten Vermögenswerten des B (§ 51 II) mit	120 000 Euro 220 000 Euro
	– Modifiziertes Reinvermögen des B: (§ 100 I S. 2; 400 000 Euro ./. 175 000 Euro, mind. 200 000 Euro)	225 000 Euro

Das **Vermögen einer Person** besteht aus der Gesamtheit der ihr zustehenden geldwerten Rechte. Mit Vermögen ist damit aus zivilrechtlicher Sicht das Ver-

20.101

mögen gemeint, worauf ein Gläubiger zugreifen kann. Hierzu zählt auch bereits das von ihm erworbene Vermögen, dass gemäß § 100 II, 1 den Geschäftswert mit bestimmt. A hat das betroffene Grundstück erst kurz vor Abschluss des Ehevertrages käuflich erworben. Die Eigentumsumschreibung ist noch nicht erfolgt. Sein Anspruch ist durch eine Auflassungsvormerkung im Grundbuch gesichert. Auszugehen ist vom gegenwärtigen Vermögen i.S. des § 100 II. Es bestehen bereits Rechtspositionen, so dass man nicht mehr vom künftigen Vermögen gemäß § 100 III sprechen kann. Durch das bestehende (erstarkende) Anwartschaftsrecht dürften die betroffenen Immobilien einen Vermögenswert darstellen, so dass es zur Berücksichtigung beim modifizierten Reinvermögen kommt. Zudem würde es dem Sinn und Zweck widersprechen, wenn durch den Verweis auf § 100 I eine Begrenzung des Geschäftswertes auf das modifizierte Reinvermögen besteht, jedoch die betroffenen Vermögenswerte, über die einzig allein die ehevertraglichen Regelungen getroffen werden, dabei nicht mit aufgenommen werden dürfen.

20.102 Für die **Regelungen** zu den **Verfügungsbeschränkungen** gem. **§§ 1365** und **1369 BGB** gilt die Spezialvorschrift nach § 51 II. Als Geschäftswert sind 30 % aus der Summe der Vermögenswerte anzunehmen.

Insgesamt darf jedoch für sämtliche ehevertraglichen Regelungen **in keinem Fall** das **modifizierte Reinvermögen** des Ehegatten nach § 100 I S. 1 Nr. 1 **überschritten werden**.

20.103 Pos. b):

Die beiden **Pflichtteilsverzichtverträge zwischen den Ehegatten**, die sich jeweils auf das vom Zugewinn ausgenommene Vermögen beschränken, stellen kostenrechtlich aufgrund der Wechselbezüglichkeit zwischen den erklärenden Ehegatten einen Austauschvertrag i.S. des § 97 III dar. Den Geschäftswert der gegenseitigen Verzichte bildet nur der betragsmäßig höhere Verzicht. Das ist im vorliegenden Fall der **gegenständlich beschränkte Pflichtteilsverzicht** von B. Seine Bewertung ist gemäß § 102 IV i.V.m. III i.V. m. II S. 1, 2 zu ermitteln.[1] Entsprechend ist der bestimmte Grundstückswert abzüglich der darauf lastenden Verbindlichkeiten maßgebend, jedoch begrenzt auf mindestens die Hälfte des Grundstückswertes.[2] Im vorliegenden Fall sind keine Kinder vorhanden und die Eltern leben noch, so dass der Erbteil gemäß § 1931, § 1371 BGB ¾ und der Pflichtteil die Hälfte davon ist (§ 2303 BGB). Der gegenständlich beschränkte Pflichtteilsverzicht des B berechnet sich somit im vorliegenden Fall wie folgt: 400 000 Euro ./. 410 000 Euro = ./. 10 000 Euro. Die Hälfte des Grundstückswerts i.H.v. 200 000 Euro darf jedoch nicht unterschritten werden. Hieraus sind 3/8 zu nehmen, was einen Geschäftswert von 75 000 Euro ergibt.[3]

Im vorliegenden Sachverhalt sind vom Verzicht nicht nur die zur Beurkundung konkret bezifferten Grundstücke betroffen, sondern auch noch nicht konkret bezeichnetes, nämlich jegliches zukünftiges Betriebsvermögen sowie künftiges noch zu erwerbendes Immobilieneigentum. Eine noch in der KostO bestandene Diskussion und teils Befürwortung der Berücksichtigung möglicher Veränderungen des Vermögens beim Geschäftswert ist mit dem GNotKG beendet. Mit

---

1 Leipziger Kommentar GNotKG/*Zimmer*, § 102 Rz. 25.
2 Siehe auch Rz. 19.171.
3 Geänderte Auffassung zu Prüfungsabteilung der Ländernotarkasse, NotBZ 2016, 100.

III. Modifizierung der Zugewinngemeinschaft

§ 102 ist klargestellt, dass sich der Geschäftswert nach den Verhältnissen im Zeitpunkt des Verzichtes bestimmt (§§ 96, 10). Künftige Entwicklungen des Vermögens rechtfertigen keine Zu- oder Abschläge, sie haben bei der Geschäftswertermittlung außer Betracht zu bleiben[1]. Damit spielen auch Wahrscheinlichkeitserwägungen wie sie noch nach der KostO bezüglich des Überlebens des Verzichtenden oder der Entwicklung der Vermögensverhältnisse des Erblassers angestellt wurden, keine Rolle mehr[2]. Im Ergebnis ist damit die Streitfrage geklärt und eine unkompliziertere Bewertung geschaffen worden[3].

→ **Fall 16: Herausnahme des künftigen konkreten Vermögens aus der Berechnung des Zugewinns**

A. Sachverhalt

A möchte als ein Gesellschafter in die DE-GmbH einsteigen. Die Aufnahme setzt jedoch voraus, dass ehevertraglich sichergestellt ist, dass mögliche güterrechtliche Ansprüche keinen mittelbaren Geldabfluss aus dem Unternehmen haben werden. Dementsprechend vereinbaren die Ehegatten A und B zu notarieller Urkunde, dass eine Beteiligung des A an der DE-GmbH bei einer möglichen Berechnung des Zugewinns nicht einzubeziehen ist. Am Eigenkapital der DE-GmbH hat der betroffene Geschäftsanteil einen anteiligen Wert i.H.v. 120 000 Euro. Der Betrag entspricht den Vorgaben des GNotKG gemäß § 54.

20.104

Das Vermögen beider Ehegatten stellt sich wie folgt dar:

A: – Vermögenswerte = 200 000 Euro,
– Verbindlichkeiten = 0 Euro,
B: – Vermögenswerte = 200 000 Euro,
– Verbindlichkeiten = 0 Euro.

B. Rechnung

Pos.	Gebührentatbestand	Geschäftswert	KV-Nr.	Satz	Betrag
	Modifizierung der Zugewinngemeinschaft (§ 100 III)	36 000	21100	2,0	290,00

20.105

C. Erläuterungen

Betreffen die Vereinbarungen des Ehevertrages einzig und allein Vermögenswerte, die noch nicht zum Vermögen des Ehegatten gehören, werden sie gem. **§ 100 III** mit **30 % ihres Wertes** angesetzt. Ein Vergleich mit dem modifizierten Reinvermögen der Ehegatten (§ 100 I S. 1 Nr. 1) bzw. des Ehegatten (§ 100 I S. 2) erübrigt sich, weil aufgrund des Teilwertes von 30 % (§ 100 III) der Geschäftswert des künftigen Vermögens in jedem Fall hinter dem modifizierten Reinvermögen

20.106

---

1 Siehe nur Leipziger Kommentar GNotKG/*Zimmer*, § 102 Rz. 19.
2 Siehe auch Rz. 19.20.
3 Prüfungsabteilung der Ländernotarkasse, NotBZ 2016, 100.

zurückbleibt. Konsequenterweise enthält § 100 III auch selbst keinen entsprechenden Verweis.

Mit § 100 III werden die – wie im vorliegenden Sachverhalt – häufig auftretenden Fälle erfasst, dass Gesellschafter die Aufnahme eines neuen Partners in die Gesellschaft davon abhängig machen, dass im Scheidungsfall das Unternehmen nicht durch Zugewinnausgleichsansprüche bezüglich der Beteiligung in Schwierigkeiten gerät. § 100 I und auch § 100 II ist hierfür nicht bereits einschlägig. Diese Vorschriften beinhalten allein das gegenwärtige (bestimmte) Vermögen. Voraussetzung für die Anwendung von § 100 III ist jedoch, dass ausdrücklich in der Urkunde auf den „künftigen" Vermögenswert Bezug genommen wird, wobei es ausreichend ist, wenn er genügend bestimmt ist; Einzelaufzählungen sind nicht erforderlich.

→ **Fall 17: Modifizierung der Zugewinngemeinschaft im Hinblick auf konkretes künftiges Vermögen, Ausschluss Versorgungsausgleich, Pflichtteilsverzicht, Ausschluss der Verfügungsbeschränkung von § 1365 BGB, Regelungen zum Nebengüterrecht**

A. Sachverhalt

20.107 A und B sind miteinander verheiratet. Sie haben keine Kinder. Die Eltern von A und auch B leben. Zu notarieller Urkunde **modifizieren** sie die zwischen ihnen bestehende **Zugewinngemeinschaft** in folgenden Punkten:

- A wird sich demnächst an der S. GmbH (Stammkapital: 50 000 Euro) zu 50 % beteiligen, d.h. einen Geschäftsanteil von 25 000 Euro erwerben. Diese **Beteiligung** soll beim **Zugewinnausgleich** bei Beendigung der Ehe aus anderen Gründen als dem Tod eines Ehegatten **in keiner Weise berücksichtigt werden**. Dies gilt zugleich für jedes Nachfolgeunternehmen, jede Nachfolgebeteiligung, Tochterunternehmen, Betriebsaufspaltung.
- Die güterrechtlichen Verfügungsbeschränkungen des § 1365 BGB sollen für sämtliche Vermögenswerte nicht gelten.

Die Ehegatten **verpflichten sich**, eine erschöpfende **Regelung zu treffen**, über die hinaus **keine Ansprüche** bestehen sollen, insbesondere **nicht aus Ehegatteninnengesellschaft** und nicht **wegen Wegfalls der Geschäftsgrundlage**.

B **verzichtet** A gegenüber hinsichtlich der Erträge des betrieblichen Vermögens, die für den Aufbau der Altersvorsorge verwendet werden, auf einen **Versorgungsausgleich**.

B **verzichtet** gegenüber A in Bezug auf die künftige Beteiligung an der S. GmbH bzw. Beteiligungen an Nachfolgeunternehmen auf **Pflichtteilsansprüche**.

Das Vermögen beider Ehegatten stellt sich wie folgt dar:

A: – Vermögenswerte = 100 000 Euro,
   – Verbindlichkeiten = 60 000 Euro,
B: – Vermögenswerte = 200 000 Euro,
   – Verbindlichkeiten = 40 000 Euro.

III. Modifizierung der Zugewinngemeinschaft

Der zu erwerbende Geschäftsanteil von nominal 25 000 Euro an der S. GmbH hat einen Wert nach § 54 von 100 000 Euro.

B. Rechnung

20.108

Pos.	Gebührentatbestände	Geschäfts-wert	KV-Nr.	Satz	Betrag
	Beurkundungsverfahren (§ 111 Nr. 2, 35 I, 86 II)	167 500	21100	2,0	762,00
	a) Ausschluss Zugewinn für künftiges Vermögen (§ 100 III)	30 000	21100	2,0	
	b) Ausschluss der Verfügungsbeschränkungen gem. § 1365 BGB (§ 100 II, § 51 II)	90 000	21100	2,0	
	c) Verpflichtung zur Schaffung von Regelungen zum Nebengüterrecht (§ 36 I, III)	5000	21100	2,0	
	d) Ausschluss Versorgungsausgleich (§ 36 I, III)	5000	21100	2,0	
	e) gegenständlich beschränkter Pflichtteilsverzicht (§ 102 IV, III, II)	37 500	21100	2,0	

C. Erläuterungen

Sämtliche Vereinbarungen a) bis e) sind gemäß § 111 Nr. 2, § 86 II zueinander gegenstandsverschieden.

20.109

Sie unterliegen alle demselben Gebührensatz von 2,0 nach Nr. 21100 KV. Entsprechend ist aus der Summe der Einzelwerte (§ 35 I) i.H.v. 270 000 Euro die Beurkundungsgebühr zu erheben.

Pos. a):

20.110

Die **ehevertraglichen Vereinbarungen** betreffen zum einen konkret bezeichnetes **künftiges Vermögen** des A. Der Geschäftswert richtet sich nach § 100 III und beträgt 30 % des Werts des betroffenen Geschäftsanteils, was vorliegend einem Geschäftswert von 30 000 Euro entspricht (30 % aus 100 000 Euro (Wert nach § 54)).

Pos. b):

20.111

Zum anderen ist die ehevertragliche Vereinbarung über den **Ausschluss der Verfügungsbeschränkungen gem. § 1365 BGB** zu bewerten. Der Geschäftswert ermittelt sich nach § 51 II. Es handelt sich hierbei um eine Spezialvorschrift gegenüber § 100 I. Als Geschäftswert sind 30 % des von der Beschränkung betroffenen Gegenstands (vorliegend das beiderseitige Aktivvermögen) anzunehmen.

30 % von   100 000 Euro   +   200 000 Euro   =   90 000 Euro
           (Vermögen A)   (Vermögen B)

Bei ehevertraglichen Vereinbarungen über gegenwärtiges Vermögen bzw. güterrechtliche Ansprüche, worunter auch die Regelungen zu den Verfügungsbeschränkungen der §§ 1365 bis 1369 BGB zählen, gilt bei der Geschäftswertermittlung das modifizierte Reinvermögen der Ehegatten gemäß § 100 I S. 1 Nr. 1 meist als obere Begrenzung. Diese wird – wie nachfolgend dargestellt – im vorliegenden Fall in keiner Weise überschritten.

	Vermögens- werte	./.	Verbindlich- keiten	=	Reinvermögen (mind. ½ Vermögenswert)
A:	100 000 Euro	./.	60 000 Euro	=	~~40 000 Euro~~ (mind. 50 000 Euro)
B:	200 000 Euro	./.	40 000 Euro	=	160 000 Euro (mind. ~~100 000 Euro~~)
A, B:	Modifiziertes Reinvermögen			=	210 000 Euro

20.112 **Pos. c):**

Die Verpflichtungen der Ehegatten, konkrete Vereinbarungen zu treffen, dass keine Ansprüche bestehen sollen, insbesondere nicht aus Ehegatteninnengesellschaft und nicht wegen Wegfalls der Geschäftsgrundlage betreffen das **Nebengüterrecht**. Dieses steht gleichrangig neben den sonstigen güterrechtlichen Ansprüchen. Die Wertermittlung erfolgt über § 36 I, 3 und kann unter Zugrundelegung des Hilfswertes vorgenommen werden.[1]

20.113 **Pos. d):**

Den Geschäftswert des **Ausschlusses des Versorgungsausgleichs** bildet gemäß §§ 97 I, 36 I grundsätzlich der Ausgleichswert des betroffenen Vermögensgegenstands i.S. des § 1 II S. 2 VersAusglG. Im vorliegenden Fall bezieht sich der Versorgungsausschluss auf das künftige Vermögen eines Ehegatten bzw. deren Erträge hieraus, die zum Aufbau der Altersvorsorge verwendet werden sollen. Es bestehen keine genügenden Anhaltspunkte für eine Wertermittlung. Der Geschäftsanteil wird erst erworben, die sich hieraus ergebenden Erträge sind unbekannt/ungewiss und welche Altersvorsorge hiermit bedient wird, steht ebenfalls aus. Entsprechend kann vorliegend nur auf den Hilfswert des § 36 III mit 5000 Euro abgestellt werden.

20.114 **Pos. e):**

Der **gegenständlich beschränkte Pflichtteilsverzicht** bezieht sich auf die konkret bezeichnete Beteiligung an der S. GmbH. Der Geschäftswert bestimmt sich gemäß § 102 IV i.V.m. III i.V.m. II S. 1, 2 mit dem Bruchteil (= 3/8 gemäß § 1931, § 1371 BGB [keine Kinder, Eltern leben]) daran. Wertabschläge i.S. des § 36 I sind nicht ersichtlich. Die Motivation der Ehegatten zu diesem notariellen Verzicht ergibt sich ja gerade aus dem bevorstehenden konkreten Einstieg das A in die S. GmbH.

→ **Fall 18: Umfangreicher Ehevertrag (Modifizierung der Zugewinngemeinschaft, nachehelicher Unterhalt, Versorgungsausgleich, Pflichtteil)**

A. Sachverhalt

20.115 Die Ehegatten A und B haben vor kurzem die Ehe geschlossen und leben nunmehr im gesetzlichen Güterstand. Sie vereinbaren zu ihrem Güterstand den **Aus-**

---

1 Prüfungsabteilung der Ländernotarkasse, NotBZ 2015, 18.

III. Modifizierung der Zugewinngemeinschaft

schluss der **Verpflichtungs- und Verfügungsbeschränkungen der §§ 1365, 1369 BGB** für die Dauer der Ehe. Sie **verzichten** gegenseitig auf Ausgleich des **Zugewinns** für den Fall, dass die Ehe auf andere Weise als durch Tod eines Ehegatten aufgelöst wird, insbesondere **im Falle der Scheidung** der Ehe. Der **Verzicht** auf die Gewährung jeglichen **nachehelichen** Unterhalts nach allen gesetzlichen Unterhaltstatbeständen wird erklärt. Gleichfalls wird der **Versorgungsausgleich** im Sinne der §§ 1 ff. VersAusglG im Falle der Scheidung vollständig **ausgeschlossen**. Die Ehegatten A und B sind beide berufstätig und verfügen über gleich hohe Einkünfte, aus denen ein jeder seinen Lebensunterhalt und seine Altersversorgung sicherstellen kann. Die Ehegatten A und B sind sich darüber einig, dass bei Scheidung oder endgültiger Trennung jeder von dem anderen die in seinem alleinigen Eigentum befindlichen beweglichen Sachen herausverlangen kann. Die Guthaben und Bankkonten gehören demjenigen, der als Inhaber bezeichnet ist. Gemeinschaftliche Konten werden hälftig geteilt (**Vermögenszuordnung bei Scheidung**). Beide **verzichten** gegenseitig auf den eventuell nach dem Tod des Ehepartners zustehenden **Pflichtteil** einschließlich der **Pflichtteilsergänzung**. Die Ehegatten A und B haben eine gemeinsame Tochter.

Das Vermögen beider Ehegatten stellt sich wie folgt dar:

A: – Vermögenswerte = 50 000 Euro,
    – Verbindlichkeiten = 20 000 Euro,
B: – Vermögenswerte = 35 000 Euro,
    – Verbindlichkeiten = 5000 Euro.

B. Rechnung

Pos.	Gebührentatbestände	Geschäftswert	KV-Nr.	Satz	Betrag
	Beurkundungsverfahren (§ 100 I Nr. 1)	86 000	21100	2,0	492,00
	a) Ausschluss des Zugewinns bei Scheidung (§ 100 I)	60 000	21100	2,0	
	b) Ausschluss der Verpflichtungs- und Verfügungsbeschränkungen (§§ 1365, 1369) (§ 51 II)	~~25 500~~	~~21100~~	~~2,0~~	
	c) Unterhaltsverzicht (§§ 97 III 36 I, III)	5000	21100	2,0	
	d) Ausschluss Versorgungsausgleich (§ 97 III, 36 I, III)	5000	21100	2,0	
	e) Vermögenszuordnung bei Scheidung (§§ 46 I, 36 I)	8500	21100	2,0	
	f) Pflichtteilsverzicht (§§ 97 I, III, 102 I, IV)	7500	21100	2,0	

C. Erläuterungen

Die Erklärungen **a)–f)** sind gem. **§ 86 II gegenstandsverschieden** zueinander, wobei gem. **§ 111 Nr. 2** der Ehevertrag im Hinblick auf die weiteren Erklärungen stets einen **besonderen Beurkundungsgegenstand** hat.

Sie unterliegen **demselben Gebührensatz** von **2,0** nach **Nr. 21100 KV**, so dass deren Einzelwerte gemäß **§ 35 I** zu **addieren** sind. Im Ergebnis fällt für das Beurkundungsverfahren eine 2,0 Gebühr nach Nr. 21100 KV aus 86 000 Euro an.

20.118 **Pos. a), b)**:

Modifizierungen der Zugewinngemeinschaft wie u.a. der gegenseitige **Verzicht auf Ausgleich des Zugewinns im Scheidungsfall** und die **Regelungen zu den Verfügungsbeschränkungen** gem. **§§ 1365 und 1369 BGB** sind Ehevertrag i.S. des **§ 1408 BGB**.

Als Wert des **Ehevertrages** ist die Summe der Werte der gegenwärtigen Vermögen beider Ehegatten maßgebend. Die jeweils auf dem Vermögen lastenden Verbindlichkeiten sind gem. § 100 I Nr. 1 S. 3 bis zur Hälfte des (jeweiligen) Vermögens abzuziehen (**modifiziertes Reinvermögen**). Es berechnet sich wie folgt:

	Vermögenswerte	./. Verbindlichkeiten	= Reinvermögen (mind. ½ Vermögenswert)
A:	50 000 Euro	./. 20 000 Euro	= 30 000 Euro (mind. ~~25 000 Euro~~)
B:	35 000 Euro	./. 5000 Euro	= 30 000 Euro (mind. ~~17 500 Euro~~)
A, B:	Modifiziertes Reinvermögen	=	**60 000 Euro**

Für die **Regelungen** zu den **Verfügungsbeschränkungen** gem. **§§ 1365** und **1369 BGB** gilt zudem die Spezialvorschrift nach § 51 II. Als Geschäftswert sind 30 % aus der Summe der beiden Vermögenswerte anzunehmen; somit 25 500 Euro (30 % von (50 000 Euro + 35 000 Euro)). **Insgesamt** darf jedoch für sämtliche ehevertraglichen Regelungen **in keinem Fall** das **modifizierte Reinvermögen** der Ehegatten nach § 100 I S. 1 Nr. 1 **überschritten werden**.[1]

20.119 **Pos. c)**:

Unterhaltsverzichte sind grundsätzlich nach § 52 zu bewerten. Werden die Verzichte **wechselseitig** abgegeben, stellt dies kostenrechtlich einen **Austauschvertrag** nach § 97 III dar, so dass nur der höherwertige Verzicht anzusetzen ist. Bei der Abgabe von Unterhaltsverzichten fehlen überwiegend konkrete Angaben. Entsprechend ist der Geschäftswert gem. § 36 I auf mögliche Unterhaltsansprüche unter Berücksichtigung der Wahrscheinlichkeit des Eintritts nach billigem Ermessen zu bestimmen[2].

Im vorliegenden Fall haben die Ehegatten gleich hohes Einkommen, so dass unterstellt kein nachehelicher Unterhalt geschuldet sein dürfte. In diesen Fällen ist auf den Hilfswert gem. § 36 I, III von 5000 Euro abzustellen. Da sich die Unterhaltsansprüche in der Zukunft ändern können, sind derartige Vereinbarungen in keinem Fall lediglich deklaratorisch.

---

[1] A.A. *Vossius*, notar 2014, 26, 27, wonach der Ausschluss des § 1365 BGB zum kompletten Ausschluss des Zugewinns im Scheidungsfall ein anderer Gegenstand nach den §§ 86 II, 111 Nr. 2 sei.

[2] Zu weiteren Ausführungen zum nachehelichen Unterhalt wird auch auf Rz. 20.42 ff. (Fall 4) verwiesen.

IV. Gütergemeinschaft

Pos. d):

Im vorliegenden Fall erfolgt der **Versorgungsausschluss** am **Anfang einer Ehe**. Gerade zu diesem Zeitpunkt liegen keine genügenden Anhaltspunkte über mögliche künftig auszugleichende Anrechte vor, so dass der Hilfswert nach § 36 III von 5000 Euro anzunehmen ist.[1]

20.120

Pos. e):

Für die **Vereinbarungen** über die **Vermögenszuordnung** bei Scheidung bilden die beiderseitigen derzeitigen Vermögenswerte den Ausgangswert. Hieraus ist gem. § 36 I ein geringer Teilwert zu bilden, weil die Scheidung und damit auch die letztlich zu verteilenden Vermögensgegenstände ungewiss sind. Vorgeschlagen wird ein Teilwert von 10 % aus der Summe der beiden Vermögenswerte, somit 8500 Euro (10 % von (50 000 Euro + 35 000 Euro)).

20.121

Pos. f):

Das **Pflichtteilsrecht** ist gem. § 102 IV S. 2 wie ein entsprechender Bruchteil des Nachlasses zu behandeln. Entsprechend bildet gem. § 102 IV S. 1, I S. 1 der Reinwertbruchteil (bezogen auf den Pflichtteil) des Verzichtenden am Vermögen des Erblassers den Ausgangswert, wobei gem. § 102 I S. 2 die Verbindlichkeiten des Erblassers nur bis zur Hälfte des Vermögens abgezogen werden. Die **wechselseitigen Pflichtteilsverzichte** stellen einen Austauschvertrag im Sinne des § 97 III dar. Den Geschäftswert bildet entsprechend nur der betragsmäßig höherwertigere Verzicht.

20.122

Vorliegend haben beide Pflichtteilsverzichte denselben Wert, so dass aus einem der modifizierten Reinvermögen i.H.v. 30 000 Euro der Reinwertbruchteil von ¼ (§§ 2303 I, 1931 I, 4 BGB) zu nehmen ist, so dass sich ein Geschäftswert von 7500 Euro ergibt.

IV. Gütergemeinschaft

→ Fall 19: Gütergemeinschaft

A. Sachverhalt

Die Ehegatten A und B vereinbaren für ihre Ehe ab sofort den Güterstand der Gütergemeinschaft.

20.123

Das Vermögen beider Ehegatten stellt sich wie folgt dar:

A: – Vermögenswerte = 100 000 Euro,
    – Verbindlichkeiten = 50 000 Euro,
B: – Vermögenswerte = 200 000 Euro,
    – Verbindlichkeiten = 100 000 Euro.

Zum Vermögen des B gehört ein Grundstück mit einem Verkehrswert von 180 000 Euro. Entsprechend wird die Eintragung der Ehegatten in Gütergemeinschaft als Eigentümer in das Grundbuch beantragt. Des Weiteren ist in dem Ehe-

---

[1] Zu weiteren Ausführungen zum Versorgungsausgleich wird auch auf Rz. 20.54 ff. u. 20.239 ff., (Fälle 5 und 32) verwiesen.

vertrag die Anmeldung über die Eintragung der Gütergemeinschaft in das Güterrechtsregister erklärt.

B. Rechnung

20.124

Pos.	Gebührentatbestände	Geschäftswert	KV-Nr.	Satz	Betrag
	Beurkundungsverfahren (§ 111 Nr. 2, § 111 Nr. 3, § 94 I)	480 000	21100	2,0	~~1870,00~~
	a) Gütergemeinschaft (§ 100 I Nr. 1)	150 000	21100	2,0	708,00
	b) Antrag Grundbuchberichtigung (§§ 97 I, 46)	180 000	21201 Nr. 4	0,5	
	c) Anmeldung Güterrechtsregister (§ 100 I Nr. 2)	150 000	21201 Nr. 5	0,5	
	b) + c)	330 000	21201 Nrn. 4, 5	0,5	342,50

C. Erläuterungen

20.125 Der Ehevertrag ist zur **Berichtigung des Grundbuchs** gem. § 111 Nr. 2 stets ein **besonderer Beurkundungsgegenstand**.[1]

Gem. **§ 111 Nr. 3** gelten **Anmeldungen zu einem Register stets** als besonderer **Beurkundungsgegenstand**. Derselbe Beurkundungsgegenstand ist zu allen denkbaren anderen Gegenständen ausgeschlossen.

Für die Beurkundungsgegenstände mit verschiedenen Gebührensätzen ist gem. **§ 94 I** ein Vergleich vorzunehmen zwischen der Summe der getrennt berechneten Gebühren und der berechneten Gebühr aus dem höchsten vorliegenden Gebührensatz mit dem Gesamtbetrag der Werte. Vorliegend bleibt es gem. § 94 I bei der gesonderten Gebührenerhebung, denn der Ansatz der höchsten Gebühr aus dem zusammengerechneten Wert wäre teurer (2,0 gem. Nr. 21100 KV aus 480 000 Euro = 1870,00 Euro).

20.126 **Pos. a):**

Als Wert des **Ehevertrages** ist die Summe der Werte der gegenwärtigen Vermögen beider Ehegatten maßgebend. Die Verbindlichkeiten sind gem. § 100 I Nr. 1 S. 3 bis zur Hälfte des (jeweiligen) Vermögens abzuziehen (**modifiziertes Reinvermögen**). Es berechnet sich wie folgt:

	Vermögenswerte	./. Verbindlichkeiten	= Reinvermögen (mind. ½ Vermögenswert)
A:	100 000 Euro	./. 50 000 Euro	= 50 000 Euro (mind. ~~50 000 Euro~~)
B:	200 000 Euro	./. 100 000 Euro	= 100 000 Euro (mind. ~~100 000 Euro~~)
A, B:	Modifiziertes Reinvermögen	=	**150 000 Euro**

---

[1] So auch Korintenberg/*Diehn*, GNotKG, § 111 Rz. 19; BDS/*Bormann*, GNotKG, § 111 Rz. 10; a.A. Korintenberg/*Tiedtke*, GNotKG, § 100 Rz. 46 – ist derselbe Gegenstand; Streifzug durch die Kostenordnung, Rz. 611 – ist Teil des Ehevertrages.

Pos. b):

20.127

Die **Grundbuchberichtigung** betrifft die Eintragung neuer Eigentumsverhältnisse und zwar die Ehegatten in Gütergemeinschaft. Demzufolge ist für den Geschäftswert nicht von einem Miteigentumsanteil, sondern dem gesamten Wert des Grundstückes i.H.v. 180 000 Euro auszugehen.

Die Vorlage der Urkunde zur Grundbuchberichtigung bleibt gebührenfrei, denn sie ist mit der Beurkundungsgebühr nach Vorbem. 2.1 II Nr. 1, 2 KV abgegolten. Sollten hingegen Vollzugstätigkeiten aus dem Katalog der Vorbem. 2.2.1.1 I S. 2 KV hinzukommen (z.B. die Einholung einer Löschungsbewilligung), so würde hierfür eine 0,5 Vollzugsgebühr nach Nr. 22110 KV aus 480 000 Euro (fiktiver Gesamtwert) anfallen.

Pos. c):

20.128

Als Wert der **Anmeldung zum Güterrechtsregister** ist die Summe der Werte der gegenwärtigen Vermögen beider Ehegatten maßgebend. Die Verbindlichkeiten sind gem. § 100 I Nr. 2 S. 3 nur bis zur Hälfte des Vermögens abzuziehen. Verbindlichkeiten eines Ehegatten werden nur von seinem Vermögen abgezogen.

→ **Fall 20: Nachtrag zur Gütergemeinschaft (vom Gesamtgut in das Vorbehaltsgut)**

A. Sachverhalt

Die Ehegatten A und B leben im Güterstand der Gütergemeinschaft. Zum gemeinschaftlichen Gesamtgut gehört ein Grundstück mit einem Verkehrswert von 80 000 Euro. Das Grundstück ist mit einer Grundschuld im Nominalbetrag von 40 000 Euro belastet. Die Ehegatten A und B erklären in einem Nachtrag, dass das Grundstück zum Vorbehaltsgut von B gemacht wird. Die Auflassung wird erklärt.

20.129

Das Vermögen beider Ehegatten stellt sich wie folgt dar:

A: – Vermögenswerte = 120 000 Euro,
  – Verbindlichkeiten = 80 000 Euro,
B: – Vermögenswerte = 60 000 Euro,
  – Verbindlichkeiten = 40 000 Euro.

B. Rechnung

Pos.	Gebührentatbestände	Geschäftswert	KV-Nr.	Satz	Betrag
	Beurkundungsverfahren (§ 111 Nr. 2, § 94 I)	160 000	21100	2,0	~~762,00~~
	a) Nachtrag zur Gütergemeinschaft (§ 100 II)	80 000	21100	2,0	438,00
	b) Auflassung (§§ 97 I, 46 I)	80 000	21101 Nr. 2	0,5	109,50

20.130

C. Erläuterungen

20.131 Die **ehevertraglichen Vereinbarungen** (i.S. des § 1408 BGB) sind zur **Auflassung** des Grundstücks gem. **§ 111 Nr. 2** ein **besonderer Beurkundungsgegenstand**.
Für die Beurkundungsgegenstände mit verschiedenen Gebührensätzen ist gem. **§ 94 I** ein Vergleich vorzunehmen zwischen der Summe der getrennt berechneten Gebühren und der berechneten Gebühr aus dem höchsten vorliegenden Gebührensatz mit dem Gesamtbetrag der Werte. Vorliegend bleibt es gem. § 94 I bei der gesonderten Gebührenerhebung, denn der Ansatz der höchsten Gebühr aus dem zusammengerechneten Wert wäre teurer (2,0 gem. Nr. 21100 KV aus 160 000 Euro = 762,00 Euro)

20.132 **Pos. a):**

Sind vom Ehevertrag **nur bestimmte Vermögenswerte** betroffen, so ist gem. § 100 II deren Wert ohne Abzug von Schulden maßgebend (**hier: 80 000 Euro**). Das gilt selbst dann, wenn die Vermögenswerte dem Anfangsvermögen hinzuzurechnen wären. Insgesamt ist der Wert auf den nach § 100 I Nr. 1 ermittelten Wert zu begrenzen, der sich wie folgt ermittelt.

	Vermögens-werte	./.	Verbindlich-keiten	=	Reinvermögen (mind. ½ Vermögenswert)
A:	120 000 Euro	./.	80 000 Euro	=	~~40 000 Euro~~ (mind. 60 000 Euro)
B:	60 000 Euro	./.	40 000 Euro	=	~~20 000 Euro~~ (mind. 30 000 Euro)
A, B:	Modifiziertes Reinvermögen			=	**90 000 Euro**

Auch eine nachträgliche Erklärung des Vorbehaltsgutes zum Gesamtgut erfolgt über eine ehevertragliche Regelung, so dass hierfür die gleichen Grundsätze gelten würden.

20.133 **Pos. b):**

Als Geschäftswert der **Auflassung** ist gem. §§ 97 I, 46 I der Wert des betroffenen Grundstücks maßgebend; nicht etwa ist nur der hälftige Grundstückswert maßgebend, weil die Auflassung nicht lediglich einen ideellen Anteil des A an B betrifft.

→ **Fall 21: Anmeldung auf Eintragung von Vorbehaltsgut in das Güterrechtsregister**

A. Sachverhalt

20.134 Die Ehegatten A und B beantragen zu der im Güterrechtsregister eingetragenen Gütergemeinschaft, dass das von A geerbte Grundstück Vorbehaltsgut werden soll. Als Nachweis wird eine beglaubigte Abschrift des Testaments nebst Eröffnungsprotokoll beigefügt. Aus dem Testament ist zu entnehmen, dass von dem Erblasser bestimmt wurde, dass das Grundstück Vorbehaltsgut der Erbin A werden soll. Der Notar entwirft die Anmeldung und beglaubigt die Unterschriften. Das Grundstück hat einen Verkehrswert von 40 000 Euro.

IV. Gütergemeinschaft

Das Vermögen beider Ehegatten stellt sich wie folgt dar:

A: – Vermögenswerte   =   50 000 Euro,
   – Verbindlichkeiten =   0 Euro,
B: – Vermögenswerte   =   50 000 Euro,
   – Verbindlichkeiten =   0 Euro.

B. Rechnung

Pos.	Gebührentatbestand	Geschäfts-wert	KV-Nr.	Satz	Betrag
	Entwurf Anmeldung Güterrechts-register (§ 119 I, § 100 I 1 Nr. 2, II, § 92 II)	40 000	24102, 21201 Nr. 5	0,5	72,50

20.135

C. Erläuterungen

Sind von den **Anmeldungen** nur **bestimmte Vermögenswerte** betroffen, so ist der Wert ohne Abzug von Schulden maßgebend; **§ 100 II**. Insgesamt darf jedoch das Reinvermögen der Ehegatten nach § 100 I Nr. 2 nicht überschritten werden. Betreffen wiederum – wie im vorliegenden Fall – die Regelungen nur das **Vermögen eines Ehegatten**, ist im Vergleich mit dem modifizierten Reinvermögen gemäß § 100 I S. 2 nur sein Vermögen maßgebend.

20.136

Damit sind folgende Werte zu vergleichen, der geringere Betrag bildet dabei den Geschäftswert:

– Grundstück (§ 100 II):   **40 000 Euro**
  mit
– Modifiziertes Reinvermögen des A: **50 000 Euro**
  (§ 100 I S. 2; 50 000 Euro ./. 0 Euro)

Die **Rahmengebühr** beträgt gemäß Nrn. 24102, 21201 Nr. 5 eine 0,3 bis 0,5 mit einem Mindestbetrag an Gebühr von 30,00 Euro. Gemäß **§ 92 II** ist vorliegend die Höchstgebühr von 0,5 einschlägig, weil der Entwurf vollständig erstellt wurde.

→ **Fall 22: Aufhebung der Gütergemeinschaft und Auseinandersetzung am Gesamtgut**

A. Sachverhalt

Die Ehegatten A und B **heben** die durch Ehevertrag eingeführte, im Güterrechtsregister eingetragene **Gütergemeinschaft auf**. Der gesetzliche Güterstand wird nicht vereinbart, so dass Gütertrennung eintritt. Die Ehegatten beantragen, die Aufhebung im Güterrechtsregister einzutragen.

20.137

Das **Gesamtgut** wird von den Ehegatten A und B **wie folgt auseinandergesetzt**:

A erhält zu Alleineigentum das Grundstück mit einem Verkehrswert von 100 000 Euro. Das Grundstück ist belastet mit 40 000 Euro. B erhält zu Alleineigentum das bare Vermögen i.H.v. 80 000 Euro. Die Ehegatten sind sich darüber einig, dass das Eigentum wie angegeben übergeht und bewilligen und beantragen die Umschreibung im Grundbuch (Auflassung). Hinsichtlich der Belastungen treffen die Ehegatten A und B keine Regelungen, so dass es bei der gesamtschuldnerischen Haftung verbleibt. Weiteres Vermögen ist nicht vorhanden.

B. Rechnung

20.138

Pos.	Gebührentatbestände	Geschäfts-wert	KV-Nr.	Satz	Betrag
	Beurkundungsverfahren (§ 111 Nr. 2, § 111 Nr. 3, § 94 I)	460 000	21100	2,0	~~1770,00~~
a)	Aufhebung Gütergemeinschaft (§ 100 I Nr. 1)	140 000	21100	2,0	
b)	Auseinandersetzung Gesamtgut (§§ 97 I, 46 I)	180 000	21100	2,0	
		320 000	21100	2,0	1270,00
c)	Anmeldung Güterrechtsregister (§ 100 I Nr. 2)	140 000	21201 Nr. 5	0,5	163,50

C. Erläuterungen

20.139 Der **Ehevertrag** im Sinne des § 1408 BGB gilt gem. **§ 111 Nr. 2 stets** als ein **besonderer Beurkundungsgegenstand.** Derselbe Beurkundungsgegenstand ist damit zu allen denkbaren anderen Gegenständen ausgeschlossen.

Das gilt auch für **Anmeldungen** zu einem **Register**, was im vorliegenden Fall die Anmeldung zum Güterrechtsregister betrifft. Sie haben gem. **§ 111 Nr. 3 stets einen besonderen Beurkundungsgegenstand**.

Der Ansatz einer Gebühr von **1,0** nach **Nr. 21102 Nr. 1 KV (Aufhebung von Verträgen)** findet auf **Eheverträge keine Anwendung**, auch wenn nur die Aufhebung des früheren Ehevertrages vereinbart wird. Jede Aufhebung güterrechtsbezogener Regelungen ist selbst ein Ehevertrag und als solcher zu bewerten.

Für die Beurkundungsgegenstände mit verschiedenen Gebührensätzen ist gem. **§ 94 I** ein Vergleich vorzunehmen zwischen der Summe der getrennt berechneten Gebühren und der berechneten Gebühr aus dem höchsten vorliegenden Gebührensatz mit dem Gesamtbetrag der Werte. Vorliegend bleibt es gem. § 94 I bei der gesonderten Gebührenerhebung, denn der Ansatz der höchsten Gebühr aus dem zusammengerechneten Wert wäre teurer (2,0 gem. Nr. 21100 KV aus 460 000 Euro = 1770,00 Euro)

20.140 **Pos. a):**

Als Wert der Aufhebung der Gütergemeinschaft (**Ehevertrag** im Sinne des § 1408 BGB) ist die Summe der Werte der gegenwärtigen Vermögen beider Ehegatten maßgebend. Die Verbindlichkeiten sind gem. § 100 I Nr. 1 S. 3 nur bis zur Höhe der Hälfte der Vermögenswerte abzuziehen (**modifiziertes Reinvermögen**). Es berechnet sich im Konkreten wie folgt:

	Vermögens- werte	./.	Verbindlich- keiten	=	Reinvermögen (mind. ½ Vermögenswert)
A, B:	180 000 Euro	./.	40 000 Euro	=	140 000 Euro (mind. ~~90 000 Euro~~)
A, B:		Modifiziertes Reinvermögen		=	**140 000 Euro**

Pos. b):   20.141

Als Geschäftswert der **Auseinandersetzung** sind gem. § 97 I die Werte des **Gesamtguts** maßgebend. Verbindlichkeiten, die auf der Sache oder dem Recht lasten, werden gem. § 38 nicht abgezogen.

Pos. c):   20.142

Als Wert der **Anmeldung** zum **Güterrechtsregister** ist die Summe der Werte der gegenwärtigen Vermögen beider Ehegatten maßgebend. Verbindlichkeiten sind gem. § 100 I Nr. 2 S. 3 nur bis zur Hälfte des Vermögens abzuziehen. Verbindlichkeiten eines Ehegatten werden nur von seinem Vermögen abgezogen.

V. Rechtswahl

→ Fall 23: Rechtswahl gem. Art. 14 EGBGB

A. Sachverhalt

A lebt seit Geburt in der Bundesrepublik Deutschland und besitzt sowohl die   20.143
türkische als auch die deutsche Staatsangehörigkeit. Seine Ehefrau B ist türkische Staatsangehörige. Der gewöhnliche Aufenthalt der Ehegatten befindet sich in Deutschland, so dass deutsches Eherecht gilt. Beide sind der deutschen Sprache mächtig. Sie haben bislang keinen Ehevertrag geschlossen. In notarieller Urkunde wählen die Ehegatten nun für die allgemeinen Wirkungen ihrer Ehe das türkische Recht.[1]

Das Vermögen beider Ehegatten stellt sich wie folgt dar:

A:	– Vermögenswerte	=	120 000 Euro,
	– Verbindlichkeiten	=	80 000 Euro,
B:	– Vermögenswerte	=	60 000 Euro,
	– Verbindlichkeiten	=	40 000 Euro.

B. Rechnung

Pos.	Gebührentatbestand	Geschäfts- wert	KV-Nr.	Satz	Betrag
	Rechtswahl (§ 104 I, § 100 I 1 Nr. 1)	27 000	21100	2,0	250,00

20.144

C. Erläuterungen

Bei der Beurkundung einer Rechtswahl nach Art. 14 EGBGB beträgt der Geschäftswert 30 % aus der Summe der Werte der gegenwärtigen Vermögen beider   20.145

---
[1] Münch/*Süß*, FamR, § 20 Rz. 28 (Formulierungsvorschlag: Wahl des Ehewirkungsstatuts bei Mehrstaatern).

Ehegatten, von denen die auf ihnen lastenden Verbindlichkeiten gem. § 100 I Nr. 1 S. 3 nur bis zur Hälfte des Vermögens abzuziehen sind. Im Konkreten berechnet es sich wie folgt:

	Vermögens- werte	./.	Verbindlich- keiten	=	Reinvermögen (mind. ½ Vermögenswert)
A:	120 000 Euro	./.	80 000 Euro	=	~~40 000 Euro~~ (mind. 60 000 Euro)
B:	60 000 Euro	./.	40 000 Euro	=	~~20 000 Euro~~ (mind. 30 000 Euro)
A, B:	Modifiziertes Reinvermögen			=	90 000 Euro
			§ 104 I	=	**27 000 Euro** (30 % von 90 000 Euro)

D. Exkurs

20.146 Eine Wahl des Ehewirkungsstatuts gemäß Art. 14 II und 3 EGBGB wird in der Praxis eher selten vorkommen wie z.B. neben vorgenanntem Fall bei Aufenthalt der Ehegatten in einem Drittstaat mit verschiedener Staatsangehörigkeit.[1] Größere praktische Bedeutung kommt den Rechtswahlmöglichkeiten in Art. 15 II EGBGB, Art. 7, 8 HUP und Art. 6 Rom III-VO zu.

§ 104 I verweist gemäß seinem klaren Wortlaut nur auf das „Ehewirkungsstatut" und das „Güterrechtsstatut". Damit kann die „neue" ebenfalls beurkundungsbedürftige, familienrechtliche **Rechtswahlmöglichkeit nach Art. 46d EGBGB** i.V.m. Art. 5 Rom-III-Verordnung nur über **§ 104 III** bewertet werden.

Die beurkundete **Rechtswahl** nach internationalem Privatrecht gilt gem. **§ 111 Nr. 4 stets** als ein **besonderer Beurkundungsgegenstand**. Derselbe Beurkundungsgegenstand ist damit zu allen denkbaren anderen Gegenständen der Urkunde ausgeschlossen.

→ Fall 24: Rechtswahl gem. Art. 15 II EGBGB

A. Sachverhalt

20.147 A und B haben in Deutschland die Ehe geschlossen. A hat die französische und B die deutsche Staatsangehörigkeit. Zu diesem Zeitpunkt war Deutschland bereits der gewöhnliche Aufenthalt von beiden. A und B gehen davon aus, dass sie gem. Art. 14 I Nr. 2, Art. 15 I EGBGB für die allgemeinen und güterrechtlichen Ehewirkungen deutsches Recht Anwendung findet. Vorsorglich wählen sie für die güterrechtlichen Wirkungen ihrer Ehe gem. Art. 15 II EGBGB das deutsche Recht.[2]

Das Vermögen beider Ehegatten stellt sich wie folgt dar:

A:	– Vermögenswerte	=	120 000 Euro,
	– Verbindlichkeiten	=	80 000 Euro,
B:	– Vermögenswerte	=	60 000 Euro,
	– Verbindlichkeiten	=	40 000 Euro.

---

[1] BDS/*Bormann*, GNotkG, § 104 Rz. 2.
[2] Münch/*Bergschneider*, FamR, § 7 Rz. 176 (Formulierungsvorschlag bei gewöhnlichem Aufenthalt in Deutschland).

V. Rechtswahl

B. Rechnung

20.148

Pos.	Gebührentatbestand	Geschäfts-wert	KV-Nr.	Satz	Betrag
	Rechtswahl (§ 104 I, § 100 I 1 Nr. 1)	27 000	21100	2,0	250,00

C. Erläuterungen

Bei der Beurkundung einer **Rechtswahl** nach **Art. 15 II EGBGB** beträgt der Geschäftswert **30 %** aus der Summe der **Werte** der gegenwärtigen Vermögen beider Ehegatten, von denen die auf ihnen lastenden Verbindlichkeiten **gem. § 100 I Nr. 1** S. 3 nur bis zur Hälfte der Vermögenswerte abzuziehen sind.

20.149

Im Konkreten ermittelt sich der Geschäftswert wie folgt:

	Vermögens-werte	./. Verbindlich-keiten	=	Reinvermögen (mind. ½ Vermögenswert)
A:	120 000 Euro	./. 80 000 Euro	=	~~40 000 Euro~~ (mind. 60 000 Euro)
B:	60 000 Euro	./. 40 000 Euro	=	~~20 000 Euro~~ (mind. 30 000 Euro)
A, B:	Modifiziertes Reinvermögen		=	90 000 Euro
		§ 104 I	=	**27 000 Euro** (30 % von 90 000 Euro)

Auch eine lediglich **vorsorglich getroffene Rechtswahl** zur Vermeidung einer künftigen unklaren Rechtslage, ist ohne jede Einschränkung nach § 104 zu bewerten. Steht hingegen das anwendbare Recht eindeutig fest, wird man bei Aufnahme der Rechtswahl im Einzelfall ggf. über § 21 zu prüfen haben.

20.150

D. Exkurs

Die beurkundete **Rechtswahl** nach internationalem Privatrecht gilt gem. **§ 111 Nr. 4 stets** als ein **besonderer Beurkundungsgegenstand**. Derselbe Beurkundungsgegenstand ist damit zu allen denkbaren anderen Gegenständen der Urkunde ausgeschlossen.

20.151

→ **Fall 25: Rechtswahl gem. Art. 15 II Nr. 3 EGBGB (unbewegliches Vermögen am Lageort)**

A. Sachverhalt

Beurkundet wird ein Grundstückskaufvertrag über ein bebautes Grundstück an der Ostsee zu einem Kaufpreis von 360 000 Euro. Die Erwerber A und B sind beide zum Zeitpunkt der Eheschließung Staatsangehörige des Landes Tadschikistan. Es wird davon ausgegangen, dass sie sich im gesetzlichen Güterstand des Landes Tadschikistan, nämlich der Errungenschaftsgemeinschaft befinden. Entsprechend wählen die Erwerber für die güterrechtlichen Wirkungen der Ehe gemäß Art. 15 II Nr. 3 EGBGB für unbewegliches Vermögen in Deutschland das deutsche Recht in der Form der Zugewinngemeinschaft gemäß § 1363 BGB. Die Rechtswahl und der Güterstand der Zugewinngemeinschaft soll für sämtliches unbewegliches Vermögen in Deutschland gelten.

20.152

Die Erwerber haben bislang kein unbewegliches Vermögen in Deutschland erworben. Der Kaufpreis wird über ein Darlehen vollfinanziert. Hierzu wird in nachfolgender Urkunde auch die Grundschuld im Nennbetrag von 360 000 Euro bestellt.

Das Vermögen beider Ehegatten stellt sich wie folgt dar:

A: – Vermögenswerte = 180 000 Euro (½ Miteigentumsanteil am erworbenen Grundstück in K), 200 000 Euro (weiteres Vermögen)

– Verbindlichkeiten = 180 000 Euro (Anteil (Innenverhältnis) am Finanzierungsdarlehen)

B: – Vermögenswerte = 180 000 Euro (½ Miteigentumsanteil am erworbenen Grundstück in K), 240 000 Euro (weiteres Vermögen)

– Verbindlichkeiten = 180 000 Euro (Anteil (Innenverhältnis) am Finanzierungsdarlehen)

Vollzug: Der Notar wird beauftragt, für den Grundstückskaufvertrag die Erklärung der vorkaufsberechtigten Gemeinde nach § 28 I BauGB einzuholen.

Betreuung: Der Notar wird damit beauftragt, den Kaufpreis nach Vorlage der vereinbarten Voraussetzungen (Eintragung der Auflassungsvormerkung für die Käufer, Negativerklärung zum Vorkaufsrecht der Gemeinde) fällig zu stellen und die Umschreibung des Eigentums auf die Käufer erst zu beantragen, wenn ihm die Zahlung des Kaufpreises an den Verkäufer nachgewiesen ist.

B. Rechnung

20.153

Pos.	Gebührentatbestände	Geschäftswert	KV-Nr.	Satz	Betrag
(1)	Beurkundungsverfahren (§§ 111 Nr. 4, 35 I)	468 000	21100	2,0	1770,00
	a) Grundstückskaufvertrag (§§ 97 III, 47, 46)	360 000	21100	2,0	
	b) Rechtswahl Art. 15 EGBG (§ 104 I)	108 000	21100	2,0	
(2)	Vollzug (Vorbem. 2.2.1.1 I 2 Nr. 1; § 112) (Einholen der Erklärung nach § 28 BauGB)	468 000	22110	0,5	442,50, max. 50,00
(3)	Betreuung (22200 Anm. Nrn. 2, 3; § 113 I) (Kaufpreisfälligkeit und Überwachung der Eigentumsumschreibung)	468 000	22200	0,5	442,50

V. Rechtswahl

C. Erläuterungen

Pos. (1): 20.154

Die Beurkundung einer **Rechtswahl** betrifft gemäß **§ 111 Nr. 4 stets** einen **besonderen Beurkundungsgegenstand**. Derselbe Beurkundungsgegenstand ist damit zu allen denkbaren anderen Gegenständen der Urkunde ausgeschlossen. Damit gilt sowohl gegenüber dem Grundstückskaufvertrag, als auch bei den Rechtswahlen[1] zum Güterrechtsstatut (Art. 15 II Nr. 3 EGBGB) die Gegenstandsverschiedenheit.

Die Erklärungen a) und b) unterliegen **demselben Gebührensatz** von **2,0** nach **Nr. 21100 KV**, so dass deren Einzelwerte gemäß **§ 35 I** zu **addieren** sind. Im Ergebnis fällt für das Beurkundungsverfahren eine 2,0 Gebühr nach Nr. 21100 KV aus 468 000 Euro an.

Pos. (1), a): 20.155

Der Geschäftswert des **Grundstückskaufvertrages** bestimmt sich gemäß § 97 III, § 47, § 46 nach dem höheren Wert zwischen Verkehrswert des Grundstücks und Kaufpreis. Lt. vorliegendem Sachverhalt bestehen keine Anhaltspunkte für ein Abweichen von Kaufpreis und Verkehrswert des Grundstücks, so dass der Kaufpreis von 360 000 Euro als Geschäftswert anzunehmen ist.

Pos. (1), b): 20.156

Der Geschäftswert der **Rechtswahl gemäß Art. 15 II Nr. 3 EGBGB** richtet sich nach § 104. Den Geschäftswert bilden 30 % des Werts, der sich in entsprechender Anwendung des § 100 ergibt. **Betroffen** sind **vorliegend bestimmte Vermögenswerte**, so dass ihr Wert den Ausgangswert gemäß **§ 100 II** bildet. Hiervon sind 30 % zu nehmen. Jedoch darf aufgrund des Verweises in der Vorschrift auf § 100 I das ermittelte modifizierte Reinvermögen in keinem Fall überschritten werden. Für die Ermittlung ist dabei das gekaufte Grundstück als gegenwärtiges Vermögen einzubeziehen. Es betrifft kein künftiges Vermögen nach § 100 III, weil der Erwerb nicht erst bevorsteht, sondern bereits abgeschlossen ist. Mit anderen Worten: Sobald der Vertrag geschlossen ist und ein Anwartschaftsrecht (unmittelbar danach) begründet wird, handelt es sich um gegenwärtiges Vermögen.

Die im Zusammenhang mit dem Kauf bereits eingegangenen Verbindlichkeiten sind bei der Ermittlung des modifizierten Reinvermögens ebenfalls zu berücksichtigen. Die Einbeziehung wird großzügig gehandhabt. Haben die Ehegatten den Darlehensvertrag unterschrieben, zählt seine Darlehenshöhe als Verbindlichkeit und das unabhängig der tatsächlichen Ausreichung bzw. möglichen Fragen zur Fälligkeit.

Dass die Rechtswahl und der Güterstand der Zugewinngemeinschaft zudem für sämtliches weiteres noch zu erwerbendes unbewegliches Vermögen in Deutschland gelten sollen, hat keinen Einfluss auf den Geschäftswert. Zwar sind mit § 100 III auch Vermögenswerte bei der Geschäftswertbestimmung einzubeziehen, die zum Zeitpunkt des Abschlusses der ehevertraglichen Vereinbarungen noch nicht zum Vermögen der Ehegatten gehören, doch müssen diese in der Urkunde bereits genügend bestimmt sein. Allein die Aussage, dass die Verein-

---
[1] So auch *Sikora*, MittBayNot 2013, 349, 353.

barung auch auf mögliche weitere Grundstücke Anwendung findet, reicht nicht aus.

Folgende Werte sind damit im Konkreten zu vergleichen:

a)	– Grundstück Kühlungsborn (§ 100 II):	360 000 Euro
b)	– Modifiziertes Reinvermögen (§ 100 II, § 100 I):	440 000 Euro
	A: 380 000 Euro ./. 180 000 Euro = 200 000 Euro	
	– B: 420 000 Euro ./. 180 000 Euro = 240 000 Euro	
(geringere Betrag zwischen a) und b))	– § 104 I	**108 000 Euro** (30 % von 360 000 Euro)

20.157 **Pos. (2):**

Das Anfordern und Prüfen einer **Erklärung** nach öffentlich-rechtlichen Vorschriften wie vorliegend von der vorkaufsberechtigten Gemeinde **nach § 28 BauGB** stellt eine Vollzugtätigkeit nach Vorbemerkung 2.2.1.1 I Satz 2 Nr. 1 dar, die gemäß **Nr. 22110 KV** eine **0,5 Gebühr** auslöst. Zu beachten ist Nr. 22112 KV, wonach für *jede* dieser Tätigkeiten nach Vorbemerkung 2.2.1.1 I Satz 2 Nr. 1 KV die Vollzugsgebühr auf **max. 50,00 Euro** begrenzt ist.

Für das Tätigwerden bedarf es eines ausdrücklichen **Auftrages** gemäß Vorbem. 2.2 I KV. Er kann formfrei erfolgen und sich auch konkludent durch schlüssiges Handeln ergeben.

Der **Geschäftswert** bestimmt sich gemäß § 112 wie bei der Beurkundung. Liegen – wie hier – verschiedene Beurkundungsgegenstände vor, so bestimmt sich der Geschäftswert nach dem **Gesamtwert** (468 000 Euro) und nicht lediglich nach dem Wert des Gegenstandes, auf den sich der Vollzug bezieht.[1]

20.158 **Pos. (3):**

Die Überwachung der **Fälligstellung des Kaufpreises** betrifft eine Betreuungstätigkeit gemäß Nr. 22200 Nr. 2 KV. Dabei kommt es nicht darauf an, wie umfangreich die Prüfungstätigkeit ist, ob also nur eine oder eine Vielzahl von Fälligkeitsvoraussetzungen vom Notar zu prüfen sind.[2]

Erhält der Notar die Auflage von den Vertragsparteien im Rahmen eines Treuhandauftrages, die Urkunde oder Auszüge der Urkunde nur unter bestimmten Bedingungen herauszugeben, fällt hierfür eine **0,5 Betreuungsgebühr** nach **Nr. 22200 Anm. Nr. 3 KV** an. Ein Anwendungsfall ist insbesondere die vorliegende **Überwachung der Eigentumsumschreibung** (oder auch als Schlagwörter: „Vorlagesperre", „Auflassungssperre", „Überwachung der Kaufpreiszahlung" genannt). Abweichend von der Pflicht des Notars nach § 53 BeurkG, die Urkunde unverzüglich dem Grundbuchamt einzureichen, wenn alle zum Vollzug erforderlichen Unterlagen und Bescheinigungen vorliegen, ist der Notar damit beauftragt, die Eigentumsumschreibung erst zu beantragen, wenn ihm gegenüber

---
1 H. M., siehe nur *Harder*, NotBZ 2015, 321.
2 Siehe nur Leipziger Kommentar GNotKG/*Harder*, Nr. 22200 KV Rz. 15.

V. Rechtswahl

die Zahlung des Kaufpreises nachgewiesen ist. Der **Auftrag** für diese Betreuungstätigkeit nach Vorbemerkung 2.2 I Hs. 1 KV muss nicht ausdrücklich erteilt sein, sondern kann formlos und konkludent durch schlüssiges Verhalten erfolgen.

Der **Geschäftswert** bestimmt sich gemäß **§ 113 I** wie bei der Beurkundung. Liegen – wie hier – verschiedene Beurkundungsgegenstände vor, so bestimmt sich der Geschäftswert nach dem **Gesamtwert** (468 000 Euro).[1]

→ **Fall 26: Rechtswahl gem. Art. 8 (bzw. Art. 7) Haager Unterhaltsprotokoll (HUP)**

A. Sachverhalt

A und B haben in Potsdam die Ehe geschlossen. Der Ehemann ist deutscher und die Ehefrau spanische Staatsangehörige. Im Hinblick darauf, dass derzeit beide Parteien ihren Lebensmittelpunkt und damit ihren gewöhnlichen Aufenthalt in Deutschland haben und der Ehemann deutscher Staatsangehöriger ist, unterstellen die Parteien die Vereinbarung über den Unterhalt und die wechselseitigen Unterhaltsbeziehungen dem Recht der Bundesrepublik Deutschland. Dieses Recht soll auch dann noch gelten, wenn im Inland kein gewöhnlicher Aufenthalt mehr besteht.

20.159

Das Vermögen beider Ehegatten stellt sich wie folgt dar:

A: – Vermögenswerte = 120 000 Euro,
– Verbindlichkeiten = 80 000 Euro,
B: – Vermögenswerte = 60 000 Euro,
– Verbindlichkeiten = 40 000 Euro.

B. Rechnung

Pos.	Gebührentatbestand	Geschäftswert	KV-Nr.	Satz	Betrag
	Rechtswahl (§ 104 I, § 100 I 1 Nr. 1)	1500	21100	2,0	120,00

20.160

C. Erläuterungen

Die in Rede stehende Rechtswahl betrifft nicht das Güterrecht, stellt somit **keine ehevertragliche Vereinbarung** i.S.d. **§ 100 I** dar. Der Geschäftswert richtet sich nach **§ 104 III** und beträgt 30 % des Geschäftswerts für die Beurkundung des Rechtsgeschäfts, für das die Rechtswahl bestimmt ist.

20.161

Betroffen ist der **Unterhalt**. Soweit die Rechtswahl das Unterhaltsstatut in Gänze regelt, also gerade keine konkreten Unterhaltsvereinbarungen getroffen werden, muss der Geschäftswert gem. § 36 I nach billigem Ermessen bestimmt werden. Lediglich, wenn genügende Anhaltspunkte zur Bestimmung des Werts fehlen, ist auf den Hilfswert des § 36 III i.H.v. 5000 Euro abzustellen.

---

1 H. M., siehe nur *Harder*, NotBZ 2015, 321.

Wird aber (auch) eine Vereinbarung zum Scheidungs- bzw. Trennungsunterhalt vereinbart, so wird man den Geschäftswert gem. den §§ 52, 36 I nach den Grundsätzen einer Unterhaltsregelung in Scheidungsvereinbarungen zu bewerten haben.[1]

D. Exkurs

20.162 Werden neben der Rechtswahl ehevertragliche Vereinbarungen sowie Vereinbarungen zwischen den Ehegatten wie z.B. zum Scheidungs- bzw. Trennungsunterhalt getroffen, gilt die **Rechtswahl** gem. **§ 111 Nr. 4 stets** als **besonderer Beurkundungsgegenstand**.

VI. Ehevertrag und Verfügungen von Todes wegen

→ **Fall 27: Ehevertrag und Erbvertrag (gegenseitige Erbeinsetzung)**[2]

A. Sachverhalt

20.163 Die Ehegatten A und B vereinbaren den Wechsel vom gesetzlichen Güterstand in die **Gütertrennung**. Des Weiteren verzichten die Ehegatten auf jeden Ausgleich etwaigen Zugewinns, den sie wechselseitig und jeweils gegenleistungs- und entschädigungslos annehmen. Übereinstimmend gehen die Ehegatten davon aus, dass keine Ansprüche bestehen. **Erbrechtlich** setzen sich die Ehegatten A und B im Wege eines Erbvertrags gegenseitig zu Alleinerben ein. Schlusserbe wird der Sohn C.

Das Vermögen beider Ehegatten stellt sich wie folgt dar:

A: – Vermögenswerte   =   120 000 Euro,
    – Verbindlichkeiten   =   80 000 Euro,
B: – Vermögenswerte   =   60 000 Euro,
    – Verbindlichkeiten   =   40 000 Euro.

Der Erbvertrag soll nicht in die amtliche Verwahrung des Nachlassgerichts gegeben werden, sondern beim Notar verwahrt werden. Gemäß den gesetzlichen Bestimmungen hat der Notar den Erbvertrag beim Zentralen Testamentsregister der Bundesnotarkammer zu registrieren.

B. Rechnung

20.164

Pos.	Gebührentatbestände	Geschäftswert	KV-Nr.	Satz	Betrag
(1)	Beurkundungsverfahren (§§ 110 Nrn. 1, 2, 35 I)	180 000	21100	2,0	816,00
	a) Ehevertrag (§ 100 I)	90 000	21100	2,0	
	b) Erbvertrag (§ 102 I)	90 000	21100	2,0	

---

[1] Prüfungsabteilung der Ländernotarkasse, NotBZ 2012, 352.
[2] Zu weiteren Fällen siehe auch Rz. 19.121 f..

VI. Ehevertrag und Verfügungen von Todes wegen

Pos.	Gebührentatbestände	Geschäfts-wert	KV-Nr.	Satz	Betrag
(2)	Dokumentenpauschale (Nr. 32002 KV) (elektronisches Übersenden der Angaben von A und von B ans ZTR)		32002		3,00 (2 × 1,50)

C. Erläuterungen

Pos. (1): 20.165

Gem. § 111 Nr. 1 bzw. 2 ist die **Verfügung von Todes wegen** und der **Ehevertrag stets** ein **besonderer Beurkundungsgegenstand**.

Sie unterliegen **demselben Gebührensatz** von 2,0 nach **Nr. 21100 KV**, so dass deren Einzelwerte gemäß **§ 35 I** zu **addieren** sind. Im Ergebnis fällt für das Beurkundungsverfahren eine 2,0 Gebühr nach Nr. 21100 KV aus 180 000 Euro an.

Pos. (1), a): 20.166

Als Wert des **Ehevertrages** ist die Summe der Werte der gegenwärtigen Vermögen beider Ehegatten maßgebend. Die Verbindlichkeiten sind gem. § 100 I Nr. 1 S. 3 bis zur Hälfte des (jeweiligen) Vermögens abzuziehen (**modifiziertes Reinvermögen**). Es berechnet sich wie folgt:

	Vermögens-werte	./. Verbindlich-keiten	=	Reinvermögen (mind. ½ Vermögenswert)
A:	120 000 Euro	./. 80 000 Euro	=	40 000 Euro (mind. 60 000 Euro)
B:	60 000 Euro	./. 40 000 Euro	=	20 000 Euro (mind. 30 000 Euro)
A, B:	Modifiziertes Reinvermögen		=	**90 000 Euro**

Der **Verzicht** auf **Zugewinnausgleichsansprüche** ist **Inhalt** des **Ehevertrages**. 20.167

Pos. (1), b): 20.168

Als Wert einer **Verfügung von Todes** wegen ist, wenn über den ganzen Nachlass verfügt wird, der Wert des gesamten Vermögens maßgebend. Verbindlichkeiten des Erblassers werden abgezogen, jedoch nur bis zur Hälfte des Wertes des Vermögens; § 102 I. Die Wertermittlung deckt sich mit derjenigen für den Ehevertrag, s. Pos. (1) a).

Pos. (2): 20.169

Für das **Verwahren des Erbvertrages** beim Notar fällt **keine gesonderte Gebühr** an. Die Tätigkeit ist mit der Beurkundungsgebühr gem. Vorbem. 2.1 I KV abgegolten. Die vorgeschriebene **Übermittlung der Verwahrangaben** an die Bundesnotarkammer (§ 78b II S. 2 BNotO) löst **keine Gebühr** bei dem Notar aus, auch nicht nach Nr. 22114 KV, weil die Voraussetzungen hierfür (Erzeugen von Strukturdaten) nicht erfüllt sind. Für das **elektronische Übersenden** an das Zentrale Testamentsregister wird eine Dokumentenpauschale für jeden beteiligten Erblasser nach Nr. 32003 KV i. H. v. 1,50 Euro fällig.[1]

---

1 Vgl. § 2 I S. 2 ZTRV der bestimmt, dass die Verwahrangaben für jeden Erblasser einzeln zu übermitteln sind, wenn eine erbfolgerelevante Urkunde mehrere Erblasser betrifft.

→ **Fall 28: Umfangreicher Ehevertrag und Erbvertrag (gegenseitige Erbeinsetzung)**

A. Sachverhalt

20.170 Die Ehegatten haben vor kurzem die Ehe geschlossen. Sie vereinbaren nunmehr den Wechsel vom gesetzlichen Güterstand in die **Gütertrennung**. Auf die Regelung über den Ausgleich der Ansprüche des Zugewinns wird gegenseitig verzichtet. Die Ehegatten gehen übereinstimmend davon aus, dass keine Ansprüche bestehen. Für den **Fall der Scheidung** vereinbaren die Ehegatten A und B den gegenseitigen vollständigen **Verzicht** auf die Gewährung jeglichen **nachehelichen Unterhalts** nach allen gesetzlichen Unterhaltstatbeständen. Gleichfalls wird der **Versorgungsausgleich** i.S. der §§ 1 ff. VersAusglG im Falle der Scheidung vollständig **ausgeschlossen**. Die Ehegatten A und B sind beide berufstätig und verfügen über gleich hohe Einkünfte, aus denen ein jeder seinen Lebensunterhalt und seine Altersversorgung sicherstellen kann.

Erbrechtlich setzen die Ehegatten A und B jeweils ihr Kind C zum Alleinerben ein.

A und B **verzichten** in Ansehung der erbrechtlichen Regelungen gegenseitig auf jeglichen eventuell nach dem Tod des Ehepartners zustehenden **Pflichtteil** einschließlich der Pflichtteilsergänzung und nehmen die Verzichte gegenseitig an.

Das Vermögen beider Ehegatten stellt sich wie folgt dar:

A: – Vermögenswerte = 120 000 Euro,
  – Verbindlichkeiten = 80 000 Euro,
B: – Vermögenswerte = 60 000 Euro,
  – Verbindlichkeiten = 40 000 Euro.

B. Rechnung

20.171

Pos.	Gebührentatbestände	Geschäfts-wert	KV-Nr.	Satz	Betrag
	Beurkundungsverfahren (§§ 110 Nr. 1, 2, 35 I, 86 II)	205 000	21100	2,0	970,00
	a) Ehevertrag (§ 100 I)	90 000	21100	2,0	
	b) Unterhaltsverzicht (§§ 97 I, III, 36 I)	5000	21100	2,0	
	c) Ausschluss Versorgungsausgleich (§§ 97 I, III, 36 I, III)	5000	21100	2,0	
	d) Pflichtteilsverzicht (§§ 97 I, III, 102 I, IV)	15 000	21100	2,0	
	e) Erbvertrag (§ 102 I)	90 000	21100	2,0	

C. Erläuterungen

20.172 Gem. **§ 111 Nr. 1** bzw. **2** ist die **Verfügung von Todes wegen** und der **Ehevertrag** stets ein **besonderer Beurkundungsgegenstand**.

VI. Ehevertrag und Verfügungen von Todes wegen

Sie unterliegen **demselben Gebührensatz** von **2,0** nach **Nr. 21100 KV**, so dass deren Einzelwerte gemäß **§ 35 I** zu **addieren** sind. Im Ergebnis fällt für das Beurkundungsverfahren eine 2,0 Gebühr nach Nr. 21100 KV aus 205 000 Euro an.

Pos. a): 20.173

Als Wert des **Ehevertrages** ist die Summe der Werte der gegenwärtigen Vermögen beider Ehegatten maßgebend. Die Verbindlichkeiten sind gem. § 100 I Nr. 1 S. 3 bis zur Hälfte des (jeweiligen) Vermögens abzuziehen (**modifiziertes Reinvermögen**). Es berechnet sich wie folgt:

	Vermögenswerte		Verbindlichkeiten	=	Reinvermögen (mind. ½ Vermögenswert)
A:	120 000 Euro	./.	80 000 Euro	=	~~40 000 Euro~~ (mind. 60 000 Euro)
B:	60 000 Euro	./.	40 000 Euro	=	~~20 000 Euro~~ (mind. 30 000 Euro)
A, B:	Modifiziertes Reinvermögen			=	**90 000 Euro**

Der **Verzicht** auf **Zugewinnausgleichsansprüche** ist **Inhalt** des **Ehevertrages**. 20.174

Pos. b): 20.175

Unterhaltsverzichte sind grundsätzlich nach § 52 zu bewerten. Werden die Verzichte **wechselseitig** abgegeben, stellt dies kostenrechtlich einen **Austauschvertrag** nach § 97 III dar, so dass nur der höherwertige Verzicht anzusetzen ist. Bei der Abgabe von Unterhaltsverzichten fehlen überwiegend konkrete Angaben. Entsprechend ist der Geschäftswert gem. § 36 I auf mögliche Unterhaltsansprüche unter Berücksichtigung der Wahrscheinlichkeit des Eintritts nach billigem Ermessen zu bestimmen[1].

Im vorliegenden Fall haben die Ehegatten gleich hohes Einkommen, so dass unterstellt kein nachehelicher Unterhalt geschuldet sein dürfte. In diesen Fällen ist auf den Hilfswert gem. § 36 I, III von 5000 Euro abzustellen. Da sich die Unterhaltsansprüche in der Zukunft ändern können, sind derartige Vereinbarungen nicht lediglich deklaratorisch.

Pos. c): 20.176

Im vorliegenden Fall erfolgt der **Versorgungsausschluss** am **Anfang einer Ehe**. Gerade zu diesem Zeitpunkt liegen keine genügenden Anhaltspunkte über mögliche künftig auszugleichende Anrechte vor, so dass der Hilfswert nach § 36 III von 5000 Euro anzunehmen ist.

Zu weiteren Ausführungen des Versorgungsausgleichs wird auch auf die Fälle 5[2] und 32[3] verwiesen.

Pos. d): 20.177

Die **wechselseitigen Pflichtteilsverzichte** stellen einen Austauschvertrag gem. § 97 III dar. Das Pflichtteilsrecht ist gem. § 102 IV S. 2 wie ein entsprechender Bruchteil des Nachlasses zu behandeln. Entsprechend bildet den Ausgangswert gem. § 102 IV S. 1, I S. 1 der Bruchteil (bezogen auf den Pflichtteil) des Verzichten-

---
1 Zu weiteren Ausführungen zum nachehelichen Unterhalt wird auch auf Rz. 20.42 ff. (Fall 4) verwiesen.
2 Rz. 20.54 f.
3 Rz. 20.239 f.

den am Vermögen des Erblassers, wobei gem. § 102 I S. 2 die Verbindlichkeiten des Erblassers nur bis zur Höhe der Hälfte des Werts seines Vermögens abgezogen werden. Wegen § 97 III ist nur der wertmäßig höhere Verzicht maßgebend.

Vorliegend stellt der Pflichtteilsverzicht des B gegenüber A den maßgeblichen dar. Aus dem modifizierten Reinvermögen des A i.H.v. 60 000 Euro ist der Bruchteil von ¼ (§§ 2303 I, 1931 I, 4 BGB) zu nehmen, so dass sich ein Geschäftswert von 15 000 Euro ergibt.

20.178 **Pos. e):**

Als Wert einer **Verfügung von Todes** wegen (hier: Erbvertrag) ist, wenn über den ganzen Nachlass verfügt wird, der Wert des gesamten Vermögens maßgebend. Verbindlichkeiten des Erblassers werden abgezogen, jedoch nur bis zur Hälfte des Wertes des Vermögens; § 102 I.

→ **Fall 29: Ehevertrag und Widerruf des gemeinschaftlichen Testaments**

A. Sachverhalt

20.179 Die Ehegatten A und B vereinbaren den Wechsel vom gesetzlichen Güterstand in die **Gütertrennung**. Des Weiteren verzichten die Ehegatten auf jeden Ausgleich etwaigen Zugewinns, den sie wechselseitig und jeweils gegenleistungs- und entschädigungslos annehmen. Übereinstimmend gehen die Ehegatten davon aus, dass keine Ansprüche bestehen. In derselben Urkunde **widerrufen** die Ehegatten A und B das notariell beurkundete **gemeinschaftliche Testament**, in welchem sie sich gegenseitig zu Alleinerben eingesetzt hatten. Eine neue Verfügung von Todes wegen wird nicht getroffen.

Das Vermögen beider Ehegatten stellt sich wie folgt dar:

A: – Vermögenswerte = 120 000 Euro,
 – Verbindlichkeiten = 80 000 Euro,
B: – Vermögenswerte = 60 000 Euro,
 – Verbindlichkeiten = 40 000 Euro.

B. Rechnung

20.180

Pos.	Gebührentatbestände	Geschäftswert	KV-Nr.	Satz	Betrag
	Beurkundungsverfahren (§ 111 Nr. 1, 2, § 94 I)	180 000	21100	2,0	~~816,00~~
	a) Ehevertrag (§ 100 I Nr. 1)	90 000	21100	2,0	492,00
	b) Widerruf Testament von A (§ 102 I)	60 000	21201 Nr. 1	0,5	
	c) Widerruf Testament von B (§ 102 I)	30 000	21201 Nr. 1	0,5	
	b) + c)	90 000	21201 Nr. 1	0,5	123,00

VI. Ehevertrag und Verfügungen von Todes wegen

C. Erläuterungen

Gem. **§ 111 Nr. 1 und 2** sind **Verfügungen von Todes** wegen und **Ehevertrag stets** ein **besonderer Beurkundungsgegenstand**. 20.181

Für die Beurkundungsgegenstände mit verschiedenen Gebührensätzen ist gem. **§ 94 I** ein Vergleich vorzunehmen zwischen der Summe der getrennt berechneten Gebühren und der berechneten Gebühr aus dem höchsten vorliegenden Gebührensatz mit dem Gesamtbetrag der Werte. Vorliegend bleibt es gem. § 94 I bei der gesonderten Gebührenerhebung, denn der Ansatz der höchsten Gebühr aus dem zusammengerechneten Wert wäre teurer (2,0 gem. Nr. 21100 KV aus 180 000 Euro = 816,00 Euro).

Pos. a): 20.182

Als Wert des **Ehevertrages** ist die Summe der Werte der gegenwärtigen Vermögen beider Ehegatten maßgebend. Die Verbindlichkeiten sind gem. § 100 I Nr. 1 S. 3 bis zur Hälfte des (jeweiligen) Vermögens abzuziehen (**modifiziertes Reinvermögen**). Es berechnet sich wie folgt:

	Vermögenswerte	./.	Verbindlichkeiten	=	Reinvermögen (mind. ½ Vermögenswert)
A:	120 000 Euro	./.	80 000 Euro	=	~~40 000 Euro~~ (mind. 60 000 Euro)
B:	60 000 Euro	./.	40 000 Euro	=	~~20 000 Euro~~ (mind. 30 000 Euro)
A, B:		Modifiziertes Reinvermögen		=	**90 000 Euro**

Der **Verzicht** auf **Zugewinnausgleichsansprüche** ist **Inhalt** des **Ehevertrages**. 20.183

Pos. b), c): 20.184

Gem. **§ 102 V** gelten für den **Widerruf** einer **Verfügung von Todes wegen** die Absätze 1 bis 3 des § 102 entsprechend, so dass als der Wert des Widerrufs, wenn über den ganzen Nachlass verfügt wird, der Wert des gesamten Vermögens maßgebend ist. Verbindlichkeiten des Erblassers werden abgezogen, jedoch nur bis zur Hälfte des Vermögenswertes.

Bei einem **gemeinschaftlichen Testament** liegen je nach Ausgestaltung **zwei einzelne** zueinander gem. **§ 86 II** gegenstandsverschiedene **Widerrufe** der Verfügungen von Todes wegen vor **oder § 102 II S. 5** kommt zur Anwendung. Das betrifft die Fälle des beurkundeten Widerrufs eines Teils, der zugleich die Unwirksamkeit der Verfügungen des anderen Teils zur Folge hat. Als Geschäftswert sind hierbei die Werte beider Teile anzunehmen, auch wenn nur ein Teil Erklärungen abgibt.

Der Widerruf eines Testaments und auch der **gemeinschaftliche Widerruf** eines gemeinschaftlichen Testaments sind kostenrechtlich privilegiert nach **Nr. 21201 Nr. 1** mit einer **0,5**. Die noch in der **1. Auflage vertretene Auffassung**, dass Nr. 21201 Nr. 5 KV in Betrachtung des § 2254 BGB (Der Widerruf erfolgt durch Testament) keine Anwendung finden kann, wird **aufgegeben**.

→ **Fall 30: Ehevertrag und Aufhebung des Erbvertrages**

A. Sachverhalt

20.185 Die Ehegatten A und B vereinbaren den Wechsel vom gesetzlichen Güterstand in die **Gütertrennung**. Des Weiteren verzichten die Ehegatten auf jeden Ausgleich etwaigen Zugewinns, den sie wechselseitig und jeweils gegenleistungs- und entschädigungslos annehmen. Übereinstimmend gehen die Ehegatten davon aus, dass keine Ansprüche bestehen. In selber Urkunde **heben** die Ehegatten A und B den bestehenden **Erbvertrag**, in welchem sie sich gegenseitig zu Alleinerben eingesetzt hatten, **auf**. Eine neue Verfügung von Todes wegen wird nicht getroffen.

Das Vermögen beider Ehegatten stellt sich wie folgt dar:

A: – Vermögenswerte = 120 000 Euro,
   – Verbindlichkeiten = 80 000 Euro,
B: – Vermögenswerte = 60 000 Euro,
   – Verbindlichkeiten = 40 000 Euro.

B. Rechnung

20.186

Pos.	Gebührentatbestände	Geschäftswert	KV-Nr.	Satz	Betrag
	Beurkundungsverfahren (§ 111 Nr. 1, 2, § 94 I)	180 000	21100	2,0	~~816,00~~
	a) Ehevertrag (§ 100 I Nr. 1)	90 000	21100	2,0	492,00
	b) Aufhebung Erbvertrag (§ 102 I)	90 000	21102 Nr. 2	1,0	246,00

C. Erläuterungen

20.187 Gem. **§ 111 Nr. 1 und 2** sind **Verfügungen von Todes** wegen und **Eheverträge stets** ein **besonderer Beurkundungsgegenstand**.

Für die Beurkundungsgegenstände mit verschiedenen Gebührensätzen ist gem. **§ 94 I** ein Vergleich vorzunehmen zwischen der Summe der getrennt berechneten Gebühren und der berechneten Gebühr aus dem höchsten vorliegenden Gebührensatz mit dem Gesamtbetrag der Werte. Vorliegend bleibt es gem. § 94 I bei der gesonderten Gebührenerhebung, denn der Ansatz der höchsten Gebühr aus dem zusammengerechneten Wert wäre teurer (2,0 gem. Nr. 21100 KV aus 180 000 Euro = 816,00 Euro)

20.188 **Pos. a):**

Als Wert des **Ehevertrages** ist die Summe der Werte der gegenwärtigen Vermögen beider Ehegatten maßgebend. Die Verbindlichkeiten sind gem. § 100 I Nr. 1 S. 3 bis zur Hälfte des (jeweiligen) Vermögens abzuziehen (**modifiziertes Reinvermögen**). Es berechnet sich wie folgt:

	Vermögens- werte	./. Verbindlich- keiten	= Reinvermögen (mind. ½ Vermögenswert)
A:	120 000 Euro	./. 80 000 Euro	~~40 000 Euro~~ (mind. 60 000 Euro)
B:	60 000 Euro	./. 40 000 Euro	~~20 000 Euro~~ (mind. 30 000 Euro)
A, B:	Modifiziertes Reinvermögen		= **90 000 Euro**

Der **Verzicht** auf Zugewinnausgleichsansprüche ist **Inhalt** des **Ehevertrages**.   20.189

Pos. b):   20.190

Gem. § 102 I ist als Wert einer **Verfügung von Todes wegen**, wenn über den ganzen Nachlass verfügt wird, der Wert des gesamten Vermögens maßgebend. Verbindlichkeiten des Erblassers werden nur bis zur Hälfte des Werts des Vermögens abgezogen. Die Wertermittlung deckt sich mit derjenigen für den Ehevertrag, s. Pos. a).

VII. Scheidungsvereinbarung

> Bei den Scheidungsfolgenvereinbarungen handelt es sich weder um ein materiell noch kostenrechtlich typisiertes Rechtsgeschäft, sondern um die Verbindung mehrerer Einzelregelungen, die nach den für sie geltenden Geschäftswertbestimmungen gesondert bewertet werden. Mit § 111 Nr. 2 betreffen dabei die Eheverträge und sämtliche andere Erklärungen verschiedene Beurkundungsgegenstände. In den nachfolgenden beiden Fällen sind Beispiele für Einzelregelungen aufgenommen. Besonderheiten sind in den Bemerkungen erfasst.

20.191

→ **Fall 31: Umfangreiche Scheidungsvereinbarung (Variante 1)**

A. Sachverhalt

Die berufstätigen Ehegatten A (Alter: 35 Jahre) und B (Alter: 35 Jahre) haben vor 12 Jahren die Ehe geschlossen und sind die Eltern der beiden minderjährigen Kinder C (6 Jahre) und D (8 Jahre). Nunmehr ist die Ehe gescheitert.   20.192

Mit notarieller Urkunde wird Folgendes festgelegt:

a) Die Parteien leben seit über einem Jahr getrennt und werden sich einverständlich scheiden lassen. B wird den **Scheidungsantrag** stellen und A wird der Scheidung zustimmen.

b) Ab sofort soll der Güterstand der **Gütertrennung** gelten. Sie **verzichten** auf jeden Ausgleich etwaigen **Zugewinns**, den sie wechselseitig und jeweils gegenleistungs- und entschädigungslos annehmen. Dabei gehen die Ehegatten übereinstimmend davon aus, dass keine Ansprüche bestehen.

c) Hinsichtlich der beiden Kinder haben sich A und B darauf verständigt, dass die Kinder bei B bleiben. A erhält ein in der Urkunde detailliert ausgestaltetes **Umgangsrecht** (c1, c2). Das **Sorgerecht** (c3, c4) soll B zugesprochen werden. Zugunsten der **Kinder** wird vereinbart, dass A einen monatlichen **Unterhalt** (c5, c6) von 420 Euro für C und 420 Euro für D zahlt.

d) A überlässt B die bisherige gemeinsame **Ehewohnung** (Mietwohnung) zum alleinigen Mieten und Nutzen. Der Vertrag enthält Regelungen darüber, dass A aus der Mietwohnung auszieht, ab wann B die Miete und die Betriebskosten allein zahlt und die Renovierungspflichten übernimmt. Die monatliche Miete (Kaltmiete) beträgt 300 Euro. A wird im darauffolgenden Monat nach der Beurkundung aus der Ehewohnung ausziehen.

e) Die Ehegatten A und B sind sich darüber einig, dass sämtlicher **Hausrat**, der sich am heutigen Tag in der Ehewohnung befindet, auf B zum Alleineigentum übertragen wird. Der Wert des Hausrats beträgt 10 000 Euro. Zu allen weiteren beweglichen Gegenständen ist eine Verteilung bereits erfolgt.

f) A zahlt ab Einreichung des Scheidungsantrages an B einen **monatlichen Getrenntlebensunterhalt** von 220 Euro.

g) A verpflichtet sich gegenüber B, ab dem Monatsersten, der auf die Rechtskraft der Scheidung ihrer Ehe folgt, bis zur Vollendung des 12. Lebensjahres des jüngsten Kindes (= 6 Jahre) monatliche **nacheheliche Unterhaltsleistungen** i.H.v. 220 Euro zu zahlen. Ob danach ein Unterhaltsanspruch besteht, kann heute nicht prognostiziert werden. Ein solcher Anspruch bleibt daher vorbehalten.

h) Hinsichtlich des **Versorgungsausgleichs** verpflichtet sich A zugunsten von B Anwartschaften bei der gesetzlichen Rentenversicherung zu begründen. A zahlt hierfür einen Einmalbetrag von 60 000 Euro auf das Versicherungskonto des Versorgungsträgers.

i) Die Ehegatten A und B verzichten wechselseitig auf ihre **Erb- und Pflichtteilsansprüche**.

j) A verpflichtet sich, die geschätzten **Scheidungskosten** von 5000 Euro allein zu übernehmen.

k) Die Ehegatten sind sich darüber einig, dass ausstehende Steuernachforderungen in der Zeit der gemeinsamen **steuerlichen Veranlagung** vom Ehemann allein getragen werden. Steuererstattungen stehen demjenigen zu, dem diese zuzurechnen sind.

Das Vermögen beider Ehegatten stellt sich wie folgt dar:

A: – Vermögenswerte = 180 000 Euro,
   – Verbindlichkeiten = 100 000 Euro,
B: – Vermögenswerte = 140 000 Euro,
   – Verbindlichkeiten = 100 000 Euro.

VII. Scheidungsvereinbarung

B. Rechnung

Pos.	Gebührentatbestände	Geschäftswert	KV-Nr.	Satz	Betrag
	Beurkundungsverfahren (§§ 111 Nr. 2, 35 I, 86 II)	420 780	21100	2,0	1670,00
a)	Scheidungsbegehren (§ 36 II, III)	5000	21100	2,0	
b)	Ehevertrag (§ 100 I)	160 000	21100	2,0	
c1)	Umgangsrecht Kind C (§ 36 II, III)	5000	21100	2,0	
c2)	Umgangsrecht Kind D (§ 36 II, III)	5000	21100	2,0	
c3)	Elterliche Sorge Kind C (§ 36 II, III)	5000	21100	2,0	
c4)	Elterliche Sorge Kind D (§ 36 II, III)	5000	21100	2,0	
c5)	Kindesunterhalt Kind C (§ 52 II, III, IV)	50 400	21100	2,0	
c6)	Kindesunterhalt Kind D (§ 52 II, III, IV)	50 400	21100	2,0	
d)	Ehewohnung (§ 99 I, § 36 I)	9000	21100	2,0	
e)	Hausrat (§ 46 I, 36 I)	10 000	21100	2,0	
f)	Getrenntlebensunterhalt (§ 52 I, II, § 36 I)	2640	21100	2,0	
g)	nachehelicher Unterhalt (§ 52 I, II)	15 840	21100	2,0	
h)	Versorgungsausgleich (§ 97 I, III)	60 000	21100	2,0	
i)	Erb- und Pflichtteilsverzicht § 102 IV, I, § 97 III)	30 000	21100	2,0	
j)	Kosten der Scheidung (§ 97 I, § 36 I)	2500	21100	2,0	
k)	Regelungen zur steuerlichen Veranlagung (§ 97 I, § 36 I, III)	5000	21100	2,0	

C. Erläuterungen

Die Erklärungen **a) bis k)** betreffen **verschiedene Beurkundungsgegenstände gemäß § 111 Nr. 2, § 86 II**.

20.194

Sie unterliegen **demselben Gebührensatz** von **2,0** nach **Nr. 21100 KV**, so dass deren Einzelwerte gemäß **§ 35 I** zu **addieren** sind. Im Ergebnis fällt für das Beurkundungsverfahren eine 2,0 Gebühr nach Nr. 21100 KV aus 379 980 Euro an.

Pos. a):

20.195

Vereinbarungen über das prozessuale Verhalten im **Scheidungsverfahren** sind gem. § 36 II zu bewerten. Betroffen sind nicht vermögensrechtliche Angelegenheiten. Demgemäß ist der Geschäftswert nach billigem Ermessen zu bestimmen, wobei insbesondere der Umfang und die Bedeutung der Sache sowie die Vermögens- und Einkommensverhältnisse der Ehegatten zu berücksichtigen sind, jedoch nicht mehr als 1 Mio. Euro.

20.196 Dienen die Erklärungen zur Scheidung lediglich dem Verständnis der beurkundeten Vereinbarungen (z.B. **reine Präambel**) und liegt hierin **kein prozessuales Verhalten**, bleiben sie **kostenrechtlich außer Betracht**.

20.197 **Pos. b):**

Als Wert des **Ehevertrages** ist die Summe der Werte der gegenwärtigen Vermögen beider Ehegatten maßgebend. Die Verbindlichkeiten sind gem. § 100 I Nr. 1 S. 3 bis zur Hälfte des (jeweiligen) Vermögens abzuziehen (**modifiziertes Reinvermögen**). Es berechnet sich wie folgt:

	Vermögens-werte	./. Verbindlich-keiten	=	Reinvermögen (mind. ½ Vermögenswert)
A:	180 000 Euro	./. 100 000 Euro	=	~~80 000 Euro~~ (mind. 90 000 Euro)
B:	140 000 Euro	./. 100 000 Euro	=	~~40 000 Euro~~ (mind. 70 000 Euro)
A, B:	Modifiziertes Reinvermögen		=	**160 000 Euro**

20.198 Der **Verzicht** auf **Zugewinnausgleichsansprüche** ist **Inhalt** des **Ehevertrages**. Eine Feststellung des Zugewinns nach Schuldner, Gläubiger und Höhe ist ebenfalls Inhalt des Ehevertrages.

20.199 **Pos. c1), c2):**

Vereinbarungen zum **Umgangsrecht** sind kostenrechtlich relevant. Vorliegend findet mangels eines vermögensrechtlichen Bezuges § 36 II Anwendung. Nach dieser Bestimmung ist der Geschäftswert unter Berücksichtigung aller Umstände des Einzelfalls, insbesondere des Umfangs und der Bedeutung der Sache und der Vermögens- und Einkommensverhältnisse der Ehegatten, nach billigem Ermessen zu bestimmen, jedoch nicht mehr als 1 Mio. Euro.

Die Bewertung hat **für jedes Kind gesondert** zu erfolgen.

20.200 Enthält der Vertrag eine „**weiträumige**" Regelung, stellt sie als bloße Absichtserklärung keinen zu bewertenden Gegenstand dar. Vereinbarungen über eine großzügige Handhabung sind **kostenrechtlich „wertlos"**.

20.201 **Pos. c3), c4):**

Die Erklärungen zur **elterlichen Sorge** stellen vorliegend nicht mehr als eine Anregung bzw. einen Antrag an das Familiengericht dar (§ 137 III FamFG). Sie bereiten die Entscheidung vor, ersetzen sie aber nicht. Betroffen ist eine nichtvermögensrechtliche Angelegenheit, für welche § 36 II einschlägig ist. Nach dieser Bestimmung ist der Geschäftswert unter Berücksichtigung aller Umstände des Einzelfalls, insbesondere des Umfangs und der Bedeutung der Sache und der Vermögens- und Einkommensverhältnisse der Ehegatten, nach billigem Ermessen zu bestimmen, jedoch nicht mehr als 1 Mio. Euro.

Die Wertermittlung gilt **für jedes Kind gesondert**.

20.202 Treffen die Ehegatten **keine Regelung** zur elterlichen Sorge und erklären übereinstimmend, dass sie es beim gemeinsamen Sorgerecht belassen, hat eine kostenrechtliche Bewertung zu unterbleiben.

Pos. c5), c6): 20.203

Zwar wird man regelmäßig davon ausgehen, dass die Unterhaltspflicht bis zur Volljährigkeit bzw. mit Beendigung einer angemessenen Ausbildung besteht, sicher ist dies jedoch nicht. In Einzelfällen kann es sein, dass die Kinder einen Unterhaltsanspruch unabhängig vom Alter solange haben, wie sie nicht aus eigenem Vermögen, eigener Erwerbstätigkeit oder wegen einer körperlichen oder geistigen Behinderung den eigenen Lebensunterhalt bestreiten können. Entsprechend liegen bei Regelungen zum **Kindesunterhalt** wiederkehrende **Leistungen von unbestimmter Dauer** vor, weil der Wegfall zu Lebzeiten des Kindes feststeht, aber der Zeitpunkt nicht. Als Geschäftswert ist gem. § 52 III bei Rechten von unbestimmter Dauer der auf die ersten zehn Jahre entfallende Wert anzunehmen. Je nach Alter des Kindes könnte dies aber zu unbilligen Ergebnissen führen, so dass im Einzelfall gem. § 52 VI eine Wertkorrektur nach unten zu erfolgen hat. Vorgeschlagen wird, hierzu den Vervielfältiger des 10fachen auf die wahrscheinlichste Dauer entsprechend des Lebensalters des Kindes abzuändern. Für den vorliegenden Fall wird **folgende Berechnung** vorgeschlagen:

Kind C: 420 Euro/Monat × 12 Monate × 10 = 50 400 Euro
Kind D: 420 Euro/Monat × 12 Monate × 10 = 50 400 Euro

Werden die **Leistungen auf eine bestimmte Zeit** beschränkt, ist diese Dauer gem. § 52 II maßgebend. Sind die **Leistungen** während der Laufzeit **unterschiedlich**, bleibt für die Berechnung des Werts der Beginn des Rechts maßgebend. Erhöhungen oder Senkungen sind entsprechend nur zu berücksichtigen, wenn sie innerhalb der aufzurechnenden Laufzeit liegen. 20.204

Exkurs:

Beurkundungen des Notars über **Verpflichtungen zur Erfüllung von Unterhaltsansprüchen eines Kindes** sind gemäß Vorbem. 2 III KV GNotKG in Verbindung mit § 62 I Nr. 2 BeurkG **gebührenfrei**. Dabei handelt es sich um Unterhaltsansprüche nach den §§ 1601 ff. BGB, auch nach §§ 1612a–c BGB. Die Gebührenfreiheit beschränkt sich ausschließlich auf Beurkundungen, die unmittelbar zwischen dem unterhaltsberechtigten Kind und dem Unterhaltsverpflichteten wirken.[1] In Scheidungsvereinbarungen werden hingegen meist vertragliche Unterhalts*vereinbarungen* zwischen dem Kindsvater und der Kindsmutter getroffen, dass sich der Unterhaltsverpflichtete gegenüber dem anderen Elternteil zur Zahlung von Unterhalt verpflichtet (häufig mit Zwangsvollstreckungsunterwerfung gegenüber diesem Elternteil). Somit fehlt es an einem unmittelbaren Anspruch des Kindes, so dass derartige Unterhaltsvereinbarungen in Scheidungsvereinbarungen Gebühren auslösen.[2] 20.205

Pos. d): 20.206

Ohne Zustimmung des Vermieters können die Ehegatten bei einer **Ehewohnung/Mietwohnung** nur das **Innenverhältnis regeln**. Aus diesem Grund wird § 99 I kei-

---
1 Bormann/Diehn/Sommerfeldt/*Diehn*, Vorbem. 2 KV Rz. 26; Leipziger Kommentar GNotKG/*Deeke*, Vorbem. 2 KV Rz. 11; Korintenberg/*Tiedtke*, Vorbemerkung 2 Rz. 15; siehe auch OLG Zweibrücken, NotBZ 2014, 72.
2 *Wudy*, notar 2014, 256, 258.

ne unmittelbare Anwendung finden. Der Geschäftswert zu Regelungen der Mietwohnung bestimmt sich dementsprechend über § 36 I nach billigem Ermessen. Regelmäßig wird man für den Ausgangswert auf § 99 I abstellen, wovon aufgrund der gesamtschuldnerischen Haftung gegenüber dem Vermieter ein Teilwert von 50 % angemessen sein dürfte. Der Ausgangswert sollte wiederum auf max. die ersten fünf Jahre gem. § 99 I S. 2 (unbestimmte Vertragsdauer) beschränkt werden. Für den vorliegenden Fall wird folgende Berechnung vorgeschlagen:

50 % aus 300 Euro Kaltmiete/Monat × 12 Monate × 5fache   =   9000 Euro

20.207 **Pos. e):**

Vereinbarungen über den **Hausrat** sind mit dessen Verkehrswert nach § 46 I anzusetzen.

20.208 Erfolgt die Verteilung wiederum im **Kontext der Auseinandersetzung** der **Zugewinngemeinschaft**, ist sie als **Bestandteil** dieser Auseinandersetzung zu werten.

20.209 Häufig werden von den Ehegatten im Vertrag lediglich die **Aussagen getroffen**, dass der **Hausrat** zwischen beiden bereits **einvernehmlich aufgeteilt** wurde. Bei derartigen eher rein deklaratorischen oder im Bestätigungsinteresse abgegebenen Erklärungen dürfte eine Bewertung „mangels Substanz" nicht oder allenfalls nach einem geringen Wert des Feststellungsinteresses erfolgen. In Ermangelung genügender Anhaltspunkte sollte höchstens der Hilfswert von 5000 Euro nach § 36 I, III angesetzt werden. Die diese Auffassung bestätigende Entscheidung des OLG Hamm[1] ist auf das GNotKG übertragbar.

20.210 Die **Prämie** aus der **Hausratsversicherung** kann hingegen für die Wertermittlung in der Regel **nicht herangezogen werden**.

20.211 **Pos. f):**

Regelungen über den **Trennungsunterhalt** sind grundsätzlich über § 52 I, II zu bewerten. Aufgrund der Ungewissheit der Zeitspanne des Getrenntlebens ist der Wert über § 36 I nach billigem Ermessen zu bestimmen. Dabei dürfte in der Regel von 2 Jahren ausgegangen werden (1 Jahr Getrenntleben + 1 Jahr Scheidungsverfahren).

Im vorliegenden Fall wird ein Jahr als Vervielfältiger angenommen, weil der Scheidungsantrag unmittelbar nach Beurkundung gestellt werden soll und damit das Trennungsjahr bereits absolviert wurde.

20.212 Erfolgen lediglich **Erklärungen** zum Getrenntleben dahingehend, dass die Ehegatten übereinstimmend davon ausgehen, dass **keine Ansprüche** während des Getrenntlebens bestehen, liegt hierin eine **kostenrechtlich „wertlose" Feststellung**.

20.213 **Pos. g):**

Vereinbarungen zum **nachehelichen Unterhalt** berechnen sich als wiederkehrende Leistungen nach § 52. Bei einer **zeitlichen Befristung** gilt der feststehende Vervielfältiger gem. § 52 I, II. Jedoch darf der nach § 52 IV bemessene Wert nicht überschritten werden.

---

[1] OLG Hamm, Beschl. v. 5.10.2010 – 15 Wx 34/10, JurBüro 2011, 92.

VII. Scheidungsvereinbarung

Ist **keine zeitliche Befristung** der **Unterhaltszahlungen** vereinbart, liegen wiederkehrende Leistungen von **unbestimmter Dauer** vor. Als Geschäftswert ist gem. § 52 III der auf die ersten zehn Jahre entfallende Wert anzunehmen. Jedoch darf auch hier der nach § 52 IV bemessene Wert nicht überschritten werden. 20.214

Sind die **Leistungen während** der **Laufzeit unterschiedlich**, bleibt für die Berechnung des Werts der Beginn des Rechts maßgebend. Erhöhungen oder Senkungen sind entsprechend nur zu berücksichtigen, wenn sie innerhalb der aufzurechnenden Laufzeit liegen. 20.215

Exkurs:

Verzichte auf **nachehelichen Unterhalt** sind grundsätzlich nach § 52 zu bewerten. Liegen konkrete Angaben nicht vor, ist der Wert gem. § 36 I nach billigem Ermessen unter Berücksichtigung der Wahrscheinlichkeit des Eintritts zu bestimmen. Wechselseitige Unterhaltsverzichte stehen im **Austauschverhältnis** gem. **§ 97 III**, so dass nur der höhere Wert den Geschäftswert bildet. Für weiteren ausführlicheren Darstellungen wird auf Fall 4 verwiesen. 20.216

Gehen die Ehegatten davon aus, dass nacheheliche **Unterhaltsansprüche** nicht bestehen und **verzichten** sie **rein vorsorglich** darauf, bildet der Hilfswert von 5000 Euro gem. § 36 I, III den Geschäftswert. 20.217

Erfolgt der Unterhaltsverzicht gegen eine **Abfindung**, bildet den Geschäftswert gem. § 97 III entweder der Abfindungsbetrag bzw. Abfindungsgegenstand (z.B. Überlassung einer Immobilie) oder der Unterhaltsanspruch, auf den verzichtet wird, falls dieser höherwertig ist. 20.218

Werden die Zahlungspflichten mit **Wertsicherungsklauseln** gesichert, bleiben diese Vereinbarungen gem. § 52 VII unberücksichtigt. 20.219

Pos. h): 20.220

Der Geschäftswert der Vereinbarungen zum **Versorgungsausgleich** bestimmt sich im vorliegenden Fall nach der Leistung des Verpflichteten, d.h. dem Betrag der Einmalzahlung.

Für weitere Darstellungen zum Thema Versorgungsausgleich wird auch auf die Fälle 5[1] und 32[2] verwiesen.

Pos. i): 20.221

Die wechselseitigen **Erb- und Pflichtteilsverzichte** stellen einen Austauschvertrag dar. Ausgangswert für die Bestimmung des Geschäftswertes des Verzichtes eines Ehegatten bildet gem. § 102 IV S. 1, I S. 1 die maßgebliche Erbquote des verzichtenden Ehegatten am Vermögen des anderen, wobei gem. § 102 I S. 2 die Verbindlichkeiten des Erblassers nur bis zur Hälfte des Werts seines Vermögens abgezogen werden (= modifiziertes Reinvermögen). Wegen § 97 III ist nur der höherwertige Betrag der für beide Ehegatten ermittelten Beträge anzusetzen.

---

1 Rz. 20.54 f.
2 Rz. 20.239 f.

20.222 Pos. j):

Der Geschäftswert von **Vereinbarungen zur Übernahme der gerichtlichen und außergerichtlichen Kosten des Scheidungsverfahrens** durch einen der Ehegatten oder der Regelungen überhaupt (in Abweichung der gerichtlichen Entscheidung) kann nur nach § 36 I geschätzt werden.

Im vorliegenden Fall ist der Geschäftswert mindestens der hälftige Betrag der anfallenden Kosten, wenn unterstellt werden kann, dass die Kosten ohne Vereinbarung für jeden in gleicher Höhe angefallen wären.

20.223 Pos. k):

Regelungen zur steuerlichen Veranlagung sind kostenrechtlich relevant, weil sie ersichtlich der Klarstellung der Rechtsverhältnisse in Bezug auf die noch abzugebenden Steuererklärungen für die Zeit der gemeinsamen Ehe dienen. Steht der Steuerbetrag fest, ist dieser maßgebend. Fehlt es zum Zeitpunkt der Beurkundung an einem konkreten Betrag, ist über § 36 I nach billigem Ermessen ein Wert zu bestimmen. Liegen keinerlei genügende Anhaltspunkte für eine Bestimmung des Wertes vor, ist auf den Hilfswert gemäß § 36 III i.H.v. 5000 Euro zurückzugreifen.[1]

→ Fall 32: Umfangreiche Scheidungsvereinbarung (Variante 2)

A. Sachverhalt

20.224 Die miteinander im gesetzlichen Güterstand verheirateten Ehegatten A (52 Jahre alt) und B (53 Jahre alt) wollen sich scheiden lassen. Sie vereinbaren den Güterstand der **Gütertrennung**. Sie **verzichten** auf den Ausgleich auf **Zugewinn**, soweit nicht die mit der Urkunde vereinbarte Vermögensauseinandersetzung dem Ausgleich dient. In der **Vermögensauseinandersetzung** überträgt B den hälftigen Miteigentumsanteil am **Hausgrundstück** (Verkehrswert: 240 000 Euro) an A, der im Gegenzug die Verbindlichkeiten (derzeitiger Valutastand: 200 000 Euro) zur alleinigen Verzinsung und Tilgung übernimmt. Die Auflassung wird erklärt. Darüber hinaus wird B mit 40 000 Euro abgefunden.

Die Ehegatten leben seit 8 Monaten voneinander getrennt. Sie gehen übereinstimmend davon aus, dass B in dieser Zeit ein Anspruch auf **Getrenntlebensunterhalt** in Höhe von monatlich 400 Euro zustand. Zur Abgeltung des **bestehenden Unterhaltsrückstandes** für die Vergangenheit bezahlt A einen einmaligen Betrag in Höhe von 3600 Euro. Wegen der Verpflichtung zur Zahlung des Betrages unterwirft sich A der sofortigen Zwangsvollstreckung in sein gesamtes Vermögen. Mit der Zahlung sind alle Ansprüche von B auf Trennungsunterhalt für die Vergangenheit abgegolten. Mit dieser Vereinbarung ist kein Verzicht auf künftigen Getrenntlebensunterhalt verbunden. Des Weiteren verpflichtet sich A gegenüber B, ab dem Monatsersten, der auf die Rechtskraft der Scheidung ihrer Ehe folgt, monatliche **nacheheliche Unterhalt**sleistungen in Höhe von 400 Euro zu zahlen. Die Vereinbarung ist befristet auf die Dauer von 6 Jahren.

Hinsichtlich der Anrechte aus der gesetzlichen Rentenversicherung (**Versorgungsausgleich**) vereinbaren die Ehegatten eine Verrechnung der sich insoweit

---

[1] Prüfungsabteilung der Ländernotarkasse, NotBZ 2012, 91.

VII. Scheidungsvereinbarung

gegenüberstehenden Ausgleichswerte ihrer Anrechte aus der gesetzlichen Rentenversicherung unter Vorwegnahme der Verrechnungsbefugnis der Versorgungsträger (§ 10 II VersAusglG) in Höhe der „korrespondierenden Kapitalwerte" von jeweils 30 000 Euro.

Die Ehegatten A und B **verzichten** wechselseitig auf ihre **Erb- und Pflichtteilsrechte** und nehmen die Verzichte gegenseitig an. Testamentarische Verfügungen haben die Ehegatten nicht getroffen. Nach den gesetzlichen Bestimmungen wäre jeder der beiden Alleinerbe des anderen geworden.

Die Ehegatten A und B sind sich darüber einig, dass der den Ehenamen angenommene Ehegatte diesen Namen nach der Scheidung der Ehe wieder abzulegen hat (**Namensrückgabe**).

Das Vermögen beider Ehegatten stellt sich wie folgt dar:

A: – Vermögenswerte = 140 000 Euro,
    – Verbindlichkeiten = 100 000 Euro,
B: – Vermögenswerte = 180 000 Euro,
    – Verbindlichkeiten = 100 000 Euro.

B. Rechnung

Pos.	Gebührentatbestände	Geschäftswert	KV-Nr.	Satz	Betrag
	Beurkundungsverfahren (§§ 111 Nr. 2, 35 I, 86 II)	457 400	21100	2,0	1770,00
	a) Ehevertrag (§ 100 I)	160 000	21100	2,0	
	b) Vermögensauseinandersetzung – Hausgrundstück (§ 97 I, III, § 46)	140 000	21100	2,0	
	c) Rückständiger Getrenntlebensunterhalt (§ 97 I)	3 600	21100	2,0	
	d) nachehelicher Unterhalt (§ 52 I, II)	28 800	21100	2,0	
	e) Versorgungsausgleich (§ 97 I, III)	30 000	21100	2,0	
	f) Erb- und Pflichtteilsverzicht § 102 IV, I, § 97 III)	90 000	21100	2,0	
	g) Namensrückgabe (§ 36 II, III)	5000	21100	2,0	

20.225

C. Erläuterungen

Die Erklärungen a) bis g) betreffen **verschiedene Beurkundungsgegenstände gemäß § 111 Nr. 2, § 86 II**.

20.226

Sie unterliegen **demselben Gebührensatz** von **2,0** nach **Nr. 21100 KV**, so dass deren Einzelwerte gemäß **§ 35 I** zu **addieren** sind. Im Ergebnis fällt für das Beurkundungsverfahren eine 2,0 Gebühr nach Nr. 21100 KV aus 468 800 Euro an.

Pos. a):

20.227

Die Vereinbarung der **Gütertrennung** ist **Ehevertrag** im Sinne des **§ 1408 BGB**. Damit unterfallen diese Regelungen der Vorschrift des § 100 I Nr. 1. Als Geschäftswert ist die Summe der Werte der gegenwärtigen Vermögen beider Ehegatten maßgebend. Die Verbindlichkeiten sind gem. § 100 I Nr. 1 S. 3 bis zur Hälfte des (jeweiligen) Vermögens abzuziehen (**modifiziertes Reinvermögen**). Es berechnet sich wie folgt:

	Vermögens-werte	./.	Verbindlich-keiten	=	Reinvermögen (mind. ½ Vermögenswert)
A:	140 000 Euro	./.	100 000 Euro	=	~~40 000 Euro~~ (mind. 70 000 Euro)
B:	180 000 Euro	./.	100 000 Euro	=	~~80 000 Euro~~ (mind. 90 000 Euro)
A, B:	Modifiziertes Reinvermögen			=	**160 000 Euro**

20.228 **Pos. b):**

Als Geschäftswert der mitbeurkundeten **Vermögensauseinandersetzung** ist gem. § 97 III in Gegenüberstellung der Leistungen des Übergebers und Übernehmers die höherwertige maßgebend. Für die Übertragung des ½ Miteigentumsanteil ist gem. § 46 I der Verkehrswert i.H.v. 120 000 Euro anzunehmen. Die Leistung des Übernehmers betrifft die Schuldbefreiung zur bestehenden Verbindlichkeit. Für die Wertermittlung ist vom Valutastand auf das hälftige Innenverhältnis abzustellen, was im vorliegenden Fall 100 000 Euro entspricht. In dieser Höhe wird der Übergeber von der Schuld befreit. Als weitere Leistung ist die Zahlung von 40 000 Euro zu beachten.

Vermögensauseinandersetzung (§ 97 III):

Leistung von A (§ 97 I)		Leistungen B (§ 97 I, § 46 I)	
100 000 Euro	(Übernahme Verbindlichkeiten; ½ aus Valutastand von 200 000 Euro)	120 000 Euro	(½ Miteigentumsanteil am Hausgrundstück)
40 000 Euro	(Abfindungsbetrag)		
140 000 Euro	(Geschäftswert, weil höhere Leistung zwischen A und B)		

20.229 Der **Ausgleich des Zugewinns** in anderer Form als Geld, nämlich **durch** die beurkundete **Grundstücksübertragung** (u.a. Auflassung, Besitzübergabe, Erschließungsregelungen, Sach- und Rechtsmängelhaftung) ist eine eigenständige Erfüllungs- und Durchführungsvereinbarung. Sie bildet zum **Ehevertrag gem. § 111 Nr. 2 stets einen besonderen Beurkundungsgegenstand**.

20.230 **Pos. c):**

Vereinbarungen für etwaige **Ansprüche** auf **Getrenntlebensunterhalt** für die **Vergangenheit** sind möglich. Als Geschäftswert der Regelungen zum rückständigen Getrenntlebensunterhalt ist gem. § 97 I, III der Anspruch maßgebend, über den Vereinbarungen getroffen werden. Eine ggf. erklärte Zwangsvollstreckungsunterwerfung des Verpflichteten hinsichtlich möglicher Zahlungen ist als Sicherungsgeschäft gemäß § 109 I derselbe Beurkundungsgegenstand.

20.231 Hingegen ist ein Verzicht auf Getrenntlebensunterhalt für die Zukunft grundsätzlich unwirksam. Dabei gilt die Verzichtssperre auch für jede Art von Abreden, die direkt oder indirekt das Geltendmachen des rechnerisch geschuldeten Trennungsunterhalts verhindern oder erschweren sollen.[1] Dementsprechend können

---
1 *Reetz*, notar 2016, 376, 379.

Vereinbarungen im Bereich des Getrenntlebensunterhalts nur sehr eingeschränkt in Betracht kommen.[1] Äußern sich die Ehegatten in der Urkunde u.a. zum Getrenntleben nun dahingehend, dass sie übereinstimmend davon ausgehen, dass **keine Ansprüche** während des Getrenntlebens bestehen werden, dürfte hierin in der Gesamtbetrachtung der Scheidungsvereinbarung eine **kostenrechtlich „wertlose" Feststellung** liegen.

Pos. d): 20.232

Vereinbarungen zum **nachehelichen Unterhalt** berechnen sich als wiederkehrende Leistungen nach § 52. Bei einer **zeitlichen Befristung** – wie im vorliegenden Fall – gilt der feststehende Vervielfältiger gem. § 52 I, II. Jedoch darf der nach § 52 IV bemessene Wert nicht überschritten werden.

400 Euro Unterhaltsleistung/Monat × **12** Monate × **6** = **28 800 Euro**

Exkurs:

Ist **keine zeitliche Befristung** der **Unterhaltszahlungen** vereinbart, liegen wiederkehrende Leistungen von **unbestimmter Dauer** vor. Als Geschäftswert ist grundsätzlich gem. § 52 III der auf die ersten zehn Jahre entfallende Wert anzunehmen. Jedoch darf zum einen auch hier der nach § 52 IV bemessene Wert nicht überschritten werden. Zum anderen könnte § 52 VI zu berücksichtigen sein, wenn der ermittelte Wert nach den besonderen Umständen des Einzelfalls unbillig ist. 20.233

Sind die **Leistungen** während der Laufzeit **unterschiedlich**, bleibt für die Berechnung des Werts der Beginn des Rechts maßgebend. Erhöhungen oder Senkungen sind entsprechend nur zu berücksichtigen, wenn sie innerhalb der aufzurechnenden Laufzeit liegen. 20.234

Verzichte auf **nachehelichen Unterhalt** sind grundsätzlich nach § 52 zu bewerten. Liegen konkrete Angaben nicht vor, ist der Wert gem. § 36 I nach billigem Ermessen unter Berücksichtigung der Wahrscheinlichkeit des Eintritts zu bestimmen. Wechselseitige Unterhaltsverzichte stehen im Austauschverhältnis gem. § 97 III, so dass nur der höhere Wert den Geschäftswert bildet. Zu weiteren ausführlicheren Darstellungen wird auf den Fall 4[2] verwiesen. 20.235

Erfolgt der **Unterhaltsverzicht gegen** eine **Abfindung**, bildet den Geschäftswert gem. § 97 III entweder der Abfindungsbetrag bzw. Abfindungsgegenstand (z.B. Überlassung einer Immobilie) oder der Unterhaltsanspruch, auf den verzichtet wird, falls dieser höherwertiger ist. 20.236

Gehen die Ehegatten davon aus, dass nacheheliche **Unterhaltsansprüche** nicht bestehen und **verzichten** sie rein **vorsorglich** darauf, bildet der Hilfswert von 5000 Euro gem. § 36 I, III den Geschäftswert. 20.237

Werden die Zahlungspflichten mit **Wertsicherungsklauseln** gesichert, bleiben diese Vereinbarungen gem. § 52 VII unberücksichtigt. 20.238

---

[1] Münch/*Siegler*, FamR, § 8 Rz. 94.
[2] Rz. 20.42 ff.

20.239 Pos. e):

Der Wert von Vereinbarungen zum **Versorgungsausgleich** sowie auch der Ausschluss bestimmt sich gem. § 97 I, III, § 36 I[1] mit dem höheren der sich gegenüberstehenden Ausgleichswerte der Ehegatten i.S.d. § 1 II S. 2 VersAusglG. Dabei dürfte es zweckmäßig sein, den Kapitalwert (§ 5 III VersAusglG) anzunehmen bzw. sofern wie im vorliegenden Beispiel ein Kapitalwert fehlt, den vom Versorgungsträger ermittelten **korrespondierenden Kapitalwert** (§ 47 VersAusglG). Letztgenannter betrifft den Kapitalbetrag (= Einkaufspreis oder Beitragswert), mit dem beim Versorgungsträger der ausgleichspflichtigen Person ein Anrecht in Höhe des Ausgleichswerts begründet wird (§ 47 II VersAusglG)[2]. Auch wenn es sich bei dem korrespondierenden Kapitalwert nur um eine Hilfsgröße handelt, ist eine Vergleichbarkeit der Anrechte wie z.B. Entgeltpunkte, Rentenbeträge oder Kapitalwerte eher möglich.

20.240 An dieser Gegenüberstellung der Ausgleichswerte ändert auch **§ 10 II VersAusglG** nichts, denn diese Regelung betrifft allein die Verwaltung der Versorgungsträger. Aus Zweckmäßigkeitsgründen erhalten sie die Befugnis, die Ausgleichswerte von „Anrechten gleicher Art" gegeneinander zu verrechnen. Diese Auffassung wird durch § 224 III FamFG gestützt, denn das Gericht hat die zu verrechnenden Anrechte in voller Höhe zu tenorieren[3].

20.241 Nicht maßgebend ist hingegen eine **voraussichtliche** wiederkehrende Leistung (**monatliche Rentenleistung** – vgl. § 52), die zukünftig und bei Erreichen der Altersgrenze an den ausgleichsberechtigten Ehegatten aus dem realgeteilten Anrecht geleistet wird. Gegenstand des Versorgungsausgleichs nach dem VersAusglG ist der Ausgleichswert des dem Versorgungsausgleich unterfallenden Anrechts[4].

Zu weiteren Ausführungen zum Versorgungsausgleich wird auch auf Fall 5[5] verwiesen.

20.242 Pos. f):

Die wechselseitigen **Erb- und Pflichtteilsverzichte** stellen einen Austauschvertrag dar. Ausgangswert für die Bestimmung des Geschäftswertes des Verzichtes eines Ehegatten bildet gem. § 102 IV S. 1, I S. 1 die maßgebliche Erbquote des verzichtenden Ehegatten am Vermögen des anderen, wobei gem. § 102 I S. 2 die Verbindlichkeiten des Erblassers nur bis zur Hälfte des Werts seines Vermögens abgezogen werden. Wegen § 97 III ist nur der höherwertige Betrag der für beide Ehegatten ermittelten Beträge anzusetzen.

20.243 Pos. g):

Es handelt sich bei der Vereinbarung über **Rückgabe** des **ehelichen Namens** um eine nicht vermögensrechtliche Angelegenheit im Sinne des § 36 II. Nach dieser

---

1 Begründung RegE zu § 100, BT-Drs. 17/11471, S. 181.
2 S.a. Leipziger Kommentar GNotKG/*Reetz/Riss*, 2. Aufl. 2016, § 100 Rz. 60, 68 f.; *Münch*, Ehebezogene Rechtsgeschäfte, Rz. 3547.
3 Siehe Beispiel für eine solche Beschlussformel in MünchKommZPO/*Stein*, § 224 FamFG Rz. 12.
4 Leipziger Kommentar GNotKG/*Reetz/Riss*, § 100 Rz. 68.
5 Rz. 20.54 ff.

VII. Scheidungsvereinbarung

Bestimmung ist der Geschäftswert unter Berücksichtigung aller Umstände des Einzelfalls, insbesondere des Umfangs und der Bedeutung der Sache und der Vermögens- und Einkommensverhältnisse der Ehegatten, nach billigem Ermessen zu bestimmen, jedoch nicht mehr als 1 Mio. Euro.

→ **Fall 33: Scheidungsvereinbarung unter Vorlage eines bestehenden Ehevertrages und Erbvertrages**

A. Sachverhalt

Die berufstätigen Ehegatten A (Alter: 45 Jahre) und B (Alter: 45 Jahre) haben vor 10 Jahren die Ehe geschlossen. Sie haben keine Kinder. Bei A und B sind die Eltern jeweils vorhanden. Zu notarieller **Urkunde des Notars H.** wurde ein **Ehevertrag** geschlossen. Sie vereinbarten, im gesetzlichen Güterstand der Zugewinngemeinschaft leben zu wollen. Für den Fall der Scheidung wurde gegenseitig auf Unterhaltsansprüche verzichtet. Mit dem **Erbvertrag von A und B des Notars S.** setzten sich die Ehegatten A und B gegenseitig zu Alleinerben ein.

20.244

B ist Alleineigentümerin eines **Wohnungseigentums** in Dresden. Der Verkehrswert wird mit 300 000 Euro angegeben. In Abteilung II des Wohnungsgrundbuchs ist für A eine Vormerkung zur Sicherung des Anspruchs auf Rückübertragung des Eigentums eingetragen. Mit **Überlassungsvertrag** des **Notars T.** hatten die Ehegatten A und B vor 5 Jahren vereinbart, dass A seinen Miteigentumsanteil am Sondereigentum ohne Gegenleistung an B überträgt. Zugleich wurde vereinbart, dass A die Rückübereignung fordern kann, wenn die Ehegatten sich scheiden lassen wollen. Neben dem Wohnungseigentum verfügen beide Ehegatten über kein nennenswertes Vermögen.

Seit nunmehr über zwei Jahren leben die Ehegatten voneinander getrennt. Sie beabsichtigen, sich scheiden zu lassen. Sie sind sich darüber einig, dass das Alleineigentum von B am Wohnungseigentum vollständig auf A übergehen soll. Mit eingeschriebenem Brief hat A bereits das vorgesehene Rücktrittsrecht aus dem notariellen Vertrag des Notars T ausgeübt.

Im Hinblick auf die **Scheidung** wird zu notarieller **Urkunde** des **Notars W.** folgendes festgelegt:

a) Ab sofort soll der Güterstand der **Gütertrennung** gelten. Ein auszugleichender Zugewinn ist in der Ehe nicht angefallen. **Vorsorglich** wird wechselseitig auf alle möglichen Ansprüche auf **Ausgleich** jeglichen **Zugewinns wechselseitig verzichtet**.

b) Bezüglich des **Wohnungseigentums** (Verkehrswert: 300 000 Euro) erfolgt die **Auseinandersetzung**, aufgeteilt in:

1) die **Übertragung** des ½ **Miteigentumsanteils** von B **gegen Freistellung** aus den bestehenden **Verbindlichkeiten** (Valuta: 120 000 Euro) im Innen- und Außenverhältnis. Bislang haften A und B als Gesamtschuldner. Zudem zahlt A eine **Ausgleichszahlung** von **72 500 Euro**.

2) die **unentgeltliche Übertragung** des ½ **Miteigentumsanteils** in Erfüllung des Rücktrittsrechts aus dem Überlassungsvertrag des Notars T heraus und

c) Im Hinblick auf den **Getrenntlebensunterhalt** stellen die Ehegatten fest, dass keine Ansprüche auf rückständigen Trennungsunterhalt bestehen. Sie wurden darauf hingewiesen, dass auf Trennungsunterhalt für die Zukunft nicht verzichtet werden kann.

d) Zum **nachehelichen Unterhalt** stellen die Ehegatten fest, dass keine vom Ehevertrag des Notars H. abweichende Regelung getroffen werden soll.

e) Der **Versorgungsausgleich** soll im Fall der Scheidung nach den gesetzlichen Regelungen durchgeführt werden.

f) Zum **Hausrat** stellen die Ehegatten fest, dass er bereits endgültig auseinandergesetzt ist. Jeder Ehegatte erhält diejenigen Hausratgegenstände zum Alleineigentum, die sich gegenwärtig in seinem Besitz befinden. Eine darüber hinausgehende Ausgleichung findet nicht statt.

g) Die Ehegatten verzichten gegenseitig auf **Erb- und Pflichtteilsansprüche**.

h) Den zur Urkunde des Notars S. erklärten **Erbvertrag heben** die Ehegatten **auf**.

Neben dem Wohnungseigentum in Dresden verfügen A und B über kein weiteres nennenswertes Vermögen. Im Überblick stellt sich die Vermögenslage von A und B zum Zeitpunkt der Beurkundung wie folgt dar:

A: – Vermögenswerte = 150 000 Euro,
  – Verbindlichkeiten = 60 000 Euro,
B: – Vermögenswerte = 150 000 Euro,
  – Verbindlichkeiten = 60 000 Euro.

Vollzug: Der Notar wird beauftragt, die **Zustimmung des Gläubigers** zur **Entlassung** des B aus der **Gesamthaftung** hinsichtlich der Verbindlichkeiten von derzeit 120 000 Euro einzuholen.

Sämtliche Anträge (Antrag auf Eintragung der Auflassungsvormerkung sowie der Antrag auf Umschreibung des Eigentümers) können dem Grundbuchamt Dresden nur elektronisch unter Fertigung einer **XML-Strukturdatei** eingereicht werden.

Betreuung: Der Notar wird beauftragt, die Umschreibung des A als Eigentümer im Wohnungsgrundbuch erst zu veranlassen, wenn ihm der Erhalt des Auszahlungsbetrages i.H.v. 72 500 Euro von B bestätigt oder die Überweisung von A durch Bankbestätigung nachwiesen wurde.

VII. Scheidungsvereinbarung

B. Rechnung

20.245

Pos.	Gebührentatbestände	Geschäfts-wert	KV-Nr.	Satz	Betrag
(1)	Beurkundungsverfahren (§§ 111 Nr. 2, 35 I, 86 II)	710 000	21100	2,0	~~2670,00~~
	a) Ehevertrag (§ 100 I)	180 000	21100	2,0	
	b1) Übertragung Miteigentums-anteil (§ 97 III, 46)	150 000	21100	2,0	
	c) Getrenntlebensunterhalt (keine Vereinbarung)	–			
	d) nachehelicher Unterhalt (keine Vereinbarung)	–			
	e) Versorgungsausgleich (keine Vereinbarung)	–			
	f) Hausrat (§ 36 III)	5000	21100	2,0	
	g) Erb- und Pflichtteilsverzicht (§ 97 III, § 102 IV, I)	45 000	21100	2,0	
	a) + b1) + f) + g)	380 000		2,0	1470,00
	h) Aufhebung Erbvertrag (§ 102 I)	180 000	21102 Nr. 2	1,0	
	b2) Übertragung Miteigentums-anteil in Erfüllung des Rück-trittsrechts (§§ 97 I, § 46)	150 000	21102 Nr. 1	1,0	
	h) + b2)	330 000		1,0	685,00
(2)	a) Vollzug (Vorbem. 2.2.1.1 I 2 Nr. 8; § 112) (Einholung Zustimmung zur Entlassung aus der Haftung)	710 000	22110	0,5	667,50
	b) Vollzug (§ 112) (XML-Strukturdatei)	710 000	22114	0,3	~~400,50~~ max. 250,00
(3)	Betreuung (Nr. 22200 Anm. Nr. 3; § 113 I) (Überwachung der Eigentums-umschreibung)	710 000	22200	0,5	667,50

C. Erläuterungen

Pos. (1):

20.246

Sämtliche Vereinbarungen und Regelungen zu **a) bis h)** (einschließlich b2) betreffen **verschiedene Beurkundungsgegenstände gemäß § 111 Nrn. 1 und 2, § 86 II.**

Pos. (1), a), b1) sowie c) bis g) unterliegen demselben Gebührensatz von 2,0 nach Nr. 21100 KV, so dass deren Einzelwerte gemäß § 35 I zu addieren sind. Pos. (1), b2) und h) verlangen hingegen einen Gebührensatz von 1,0 nach Nr. 21102 Nr. 1 sowie Nr. 2. Auch hier sind die Einzelwerte gemäß § 35 I zusammenzurechnen. Übergreifend ist für die Beurkundungsgegenstände mit verschiedenen Gebührensätzen gem. § 94 I ein Vergleich vorzunehmen zwischen der Summe der getrennt berechneten Gebühren und der berechneten Gebühr aus dem höchsten vorliegenden Gebührensatz mit dem Gesamtbetrag der Werte. Vorliegend bleibt es gem. § 94 I bei der gesonderten Gebührenerhebung, denn der Ansatz der höchsten Gebühr aus dem zusammengerechneten Wert wäre teurer (2,0 gem. Nr. 21100 KV aus 710 000 Euro = 2670,00 Euro).:

20.247 **Pos. (1), a):**

Als Wert des **Ehevertrages** über die Änderung des Güterstandes hin zur Gütertrennung ist die Summe der Werte der gegenwärtigen Vermögen beider Ehegatten maßgebend. Die Verbindlichkeiten sind gem. § 100 I Nr. 1 S. 3 bis zur Hälfte des (jeweiligen) Vermögens abzuziehen (**modifiziertes Reinvermögen**). Vorliegend ist zu beachten, dass A am ½ Miteigentumsanteil des Wohnungseigentums den Anspruch auf Rückübertragung vorbehalten hat, der zudem mit einer Vormerkung dinglich gesichert ist. Vom Rücktrittsrecht hatte er bereits Gebrauch gemacht. Mit Beurkundung der Auflassung hat der Ehemann unter Einbeziehung der für ihn eingetragenen Vormerkung eine Anwartschaft. Damit ist der ½ Miteigentumsanteil zum Zeitpunkt der Beurkundung dem Vermögen des A zuzurechnen, denn im anzuwendenden zivilrechtlichen Verständnis des Vermögensbegriffs ist ein Grundstücksteil (nur) solange dem Vermögen des Einzelnen zuzuordnen, wie ein Gläubiger darauf zugreifen kann.

	Vermögenswerte	./. Verbindlichkeiten	= Reinvermögen (mind. ½ Vermögenswert)
A:	150 000 Euro	./. 60 000 Euro	= 90 000 Euro (mind. ~~75 000 Euro~~)
B:	150 000 Euro	./. 60 000 Euro	= 90 000 Euro (mind. ~~75 000 Euro~~)
A, B:	Modifiziertes Reinvermögen	=	**180 000 Euro**

20.248 Der **Verzicht** auf **Zugewinnausgleichsansprüche** ist **Inhalt** des **Ehevertrages**. Eine Feststellung des Zugewinns nach Schuldner, Gläubiger und Höhe ist ebenfalls Inhalt des Ehevertrages.

20.249 **Pos. (1), b1), b2):**

Der **Übertragung des Wohnungseigentums** vom Alleineigentum des B ins Alleineigentum des A liegen zwei Rechtsgründe zugrunde. Zum einen erfolgt die Übertragung des ½ Miteigentumsanteils unentgeltlich in Erfüllung des gemäß Überlassungsvertrag des Notars T. eingeräumten Rücktrittsrechts. Der Geschäftswert ist gemäß § 97 I, § 46 in Höhe des Verkehrswertes des Miteigentumsanteils anzunehmen.

Die Übertragung des weiteren ½ Miteigentumsanteils erfolgt bei der Scheidungsvereinbarung im Wege der Vermögensauseinandersetzung unter Beachtung vereinbarter Gegenleistungen. Kostenrechtlich sind gemäß § 97 III die Leistungen des Übergebers und Übernehmers gegenüberzustellen. Die betragsmäßig höhere bildet den Geschäftswert. Der ½ Miteigentumsanteil (Leistung des Übergebers) ist dabei gem. § 46 I mit seinem Verkehrswert i.H.v. 150 000 Euro anzunehmen. Die Leistung des Übernehmers betrifft zum einen die Schuldbefreiung zur bestehenden Verbindlichkeit. Für die Wertermittlung ist vom Valutastand ausgehend auf das Innenverhältnis abzustellen, was im vorliegenden Fall der Hälfte aus 120 000 Euro entspricht. In dieser Höhe wird der Übergeber von der Schuld befreit. Zum anderen bildet der Auszahlungsbetrag von 72 500 Euro eine weitere Leistung des Übernehmers. Im Ergebnis ist die Übergeberleistung maßgebend, weil sie die betragsmäßig höhere darstellt.

Pos. (1), c), d), e): 20.250

Im Hinblick auf den **Getrenntlebensunterhalt** stellen die Ehegatten lediglich übereinstimmend fest, dass **keine Ansprüche** während des Getrenntlebens bestehen. Hierin liegt eine in der Gesamtbetrachtung der Scheidungsfolgenvereinbarung **kostenrechtlich „wertlose" Feststellung** vor. Das gilt auch für die Aussagen zum **nachehelichen** Unterhalt, dass es bei dem bereits mit Urkunde des Notars H. getroffenen Regelungen verbleibt sowie für den **Versorgungsausgleich**, der nach den gesetzlichen Bestimmungen durchgeführt werden soll.

Pos. (1), f): 20.251

Häufig werden von den Ehegatten im Vertrag lediglich die **Aussagen getroffen**, dass der **Hausrat** zwischen beiden bereits **einvernehmlich aufgeteilt** ist. Bei derartigen eher rein deklaratorischen oder im Bestätigungsinteresse abgegebenen Erklärungen dürfte eine **Bewertung „mangels Substanz" nicht oder allenfalls nach einem geringen Wert** des Feststellungsinteresses erfolgen. In Ermangelung genügender Anhaltspunkte sollte höchstens der Hilfswert von 5000 Euro nach § 36 I, III angesetzt werden. Die Entscheidung des OLG Hamm[1] ist auf das GNotKG übertragbar.

Pos. (1), g): 20.252

Die wechselseitigen **Erb- und Pflichtteilsverzichte** stellen einen Austauschvertrag dar. Ausgangswert für die Bestimmung des Geschäftswertes des Verzichtes eines Ehegatten bildet gem. § 102 IV S. 1, I S. 1 die maßgebliche Erbquote des verzichtenden Ehegatten am Reinvermögen des anderen, wobei gem. § 102 I S. 2 die Verbindlichkeiten des Erblassers nur bis zur Hälfte des Werts seines Vermögens abgezogen werden. Wegen § 97 III ist nur der höherwertige Betrag der für beide Ehegatten ermittelten Beträge anzusetzen. Die Erbquote des jeweiligen Ehegatten am Nachlass des anderen wäre vorliegend gemäß § 1931 BGB ½.

Pos. (1), h): 20.253

Die **Aufhebung des Erbvertrages** betrifft eine Verfügung von Todes wegen. Als Geschäftswert ist gemäß § 102 I das modifizierte Reinvermögen beider Ehegatten anzunehmen, weil mit der Aufhebung über den ganzen Nachlass verfügt wird. Verbindlichkeiten des Erblassers werden nur bis zur Hälfte des Werts des Vermögens abgezogen.

Pos. (2), a): 20.254

Das Anfordern und Prüfen der **Zustimmung des Gläubigers zur Entlassung des Schuldners** (= Grundstücksübergeber) aus der Haftung der Verbindlichkeit stellt

---
1 OLG Hamm, Beschl. v. 5.10.2010 – I-15 Wx 34/10, JurBüro 2011, 92.

eine Vollzugstätigkeit nach Nr. 22110 KV dar, die eine 0,5 Gebühr auslöst. Für das Tätigwerden braucht es eines ausdrücklichen Auftrages gemäß Vorbem. 2.2 I. Er kann formfrei erfolgen und sich auch konkludent durch schlüssiges Handeln ergeben.

Der **Geschäftswert für Vollzugstätigkeiten** bestimmt sich gem. § 112 wie bei der Beurkundung. Liegen – wie hier – verschiedene Beurkundungsgegenstände vor, so bestimmt sich der Geschäftswert nach dem Gesamtwert (710 000 Euro) und nicht lediglich nach dem Wert des Gegenstandes, auf den sich der Vollzug bezieht.

Pos. (2), b):

20.255 Für das notwendige Erzeugen der **XML-Strukturdatei** für die automatisierte Weiterbearbeitung beim Grundbuchamt erhält der Notar eine Wertgebühr von 0,3 nach Nr. 22114 KV. Der Betrag ist auf 250,00 Euro begrenzt. Eines gesonderten Auftrags bedarf es nicht, Vorbem. 2.2 I Hs. 2. Die Gebühr entsteht einmal neben vorstehender Vollzugsgebühr nach Nr. 22110 KV (Anm. zu Nr. 22114 KV).

Der **Geschäftswert für Vollzugstätigkeiten** bestimmt sich gem. § 112 wie bei der Beurkundung. Liegen – wie hier – verschiedene Beurkundungsgegenstände vor, so bestimmt sich der Geschäftswert nach dem Gesamtwert (710 000 Euro) und nicht lediglich nach dem Wert des Gegenstandes, auf den sich der Vollzug bezieht.

20.256 **Pos. (3):**

Erhält der Notar die Auflage von den Vertragsparteien im Rahmen eines Treuhandauftrages, die Urkunde oder Auszüge der Urkunde nur unter bestimmten Bedingungen herauszugeben, fällt hierfür eine **0,5 Betreuungsgebühr** nach **Nr. 22200 KV Anm. Nr. 3** an. Ein Anwendungsfall ist insbesondere die vorliegende **Überwachung der Eigentumsumschreibung** (oder auch als Schlagwörter: „Vorlagesperre", „Auflassungssperre", „Überwachung der Kaufpreiszahlung" genannt). Abweichend von der Pflicht des Notars nach § 53 BeurkG, die Urkunde unverzüglich dem Grundbuchamt einzureichen, wenn alle zum Vollzug erforderlichen Unterlagen und Bescheinigungen vorliegen, ist der Notar damit beauftragt, die Eigentumsumschreibung erst zu beantragen, wenn ihm gegenüber die Zahlung des Auszahlungsbetrages nachgewiesen ist. Der **Auftrag** für diese Betreuungstätigkeit nach Vorbemerkung 2.2 I Hs. 1 KV muss nicht ausdrücklich erteilt sein, sondern kann formlos und konkludent durch schlüssiges Verhalten erfolgen.

Der **Geschäftswert der Betreuungstätigkeit** bestimmt sich gemäß § 113 I wie bei der Beurkundung. Liegen – wie hier – verschiedene Beurkundungsgegenstände vor, so bestimmt sich der Geschäftswert nach dem Gesamtwert (710 000 Euro) und nicht lediglich nach dem Wert des Gegenstandes, auf den sich die Betreuung bezieht.

VII. Scheidungsvereinbarung

→ **Fall 34: Scheidungsvereinbarung mit Regelungen gemäß § 1378 III S. 2 BGB**

A. Sachverhalt

Die miteinander verheirateten Ehegatten A (42 Jahre alt) und B (42 Jahre alt) wollen sich scheiden lassen. Sie leben im gesetzlichen Güterstand der Zugewinngemeinschaft und haben ein gemeinsames Kind D (13 Jahre). Der Scheidungsantrag wurde bereits gestellt. Unabhängig von einer Scheidung vereinbaren sie die folgenden Regelungen:

a) Die Ehegatten sind sich darüber einig, dass der **PKW im Wert von 20 000 Euro** von A an B **übertragen** wird. Zur Beurkundung wird die KfZ-Zulassung übergeben.

b) Es besteht Einigkeit darüber, dass der **Zugewinnausgleich nach § 1378 III S. 2 BGB** mit der in der Urkunde geregelten Vermögensauseinandersetzung abschließend ausgeglichen ist. Zum Ausgleich zahlt A an B einen Betrag von 10 000 Euro. Im Übrigen erklären die Ehegatten mit Ausnahme der in der Urkunde getroffenen Vereinbarungen im Wege der Vereinbarung nach § 1378 III S. 2 BGB den **Verzicht auf Zugewinnausgleich**.

c) Auf eventuelle **Rückforderungsansprüche** hinsichtlich möglicher **Zuwendungen** von Vermögen oder Zuwendungen, die ein Ehegatte während der Ehe dem anderen Ehegatten zur Verwirklichung der ehelichen Lebensgemeinschaft oder aus anderen Gründen (Ehegatteninnengesellschaft, Wegfall der Geschäftsgrundlage) gemacht wurden, wird **gegenseitig verzichtet**.

d) A verpflichtet sich, für das Kind D ein **Sparguthaben von 3000 Euro anzulegen** und es bei Volljährigkeit dem Kind zu übergeben.

e) Der gesetzliche **Versorgungsausgleich** wird **nicht ausgeschlossen**. Es verbleibt bei den gesetzlichen Regelungen.

f) Zum **Getrenntlebensunterhalt** und **nachehelichen Unterhalt** wollen die Ehegatten **keine Regelungen** treffen. Es soll bei den gesetzlichen Regelungen verbleiben.

Das Vermögen beider Ehegatten stellt sich wie folgt dar:

A: – Vermögenswerte = 80 000 Euro,
   – Verbindlichkeiten = 20 000 Euro,
B: – Vermögenswerte = 40 000 Euro,
   – Verbindlichkeiten = 10 000 Euro.

B. Rechnung

20.258

Pos.	Gebührentatbestände	Geschäfts-wert	KV-Nr.	Satz	Betrag
	Beurkundungsverfahren (§§ 111 Nr. 2, 35 I, 86 II)	44 000	21100	2,0	310,00
a)	Vereinbarungen PKW (§ 97 I, 46)	20 000	21100	2,0	
b1)	Zugewinnausgleich § 1378 III S. 2 BGB (§ 97 I)	10 000	21100	2,0	
b2)	Verzicht auf Zugewinnausgleich (§ 36 I, III)	5000	21100	2,0	
c)	Rückforderungsverzicht (§§ 97 III, 36 I, III) (Vorschlag: 10 % des Reinvermögens von A)	6000	21100	2,0	
d)	Regelungen zum Sparguthaben (§ 97 I)	3000	21100	2,0	
e)	Versorgungsausgleich (keine Vereinbarung)	–			
f1)	Getrenntlebensunterhalt (keine Vereinbarung)	–			
f2)	nachehelicher Unterhalt (keine Vereinbarung)	–			

C. Erläuterungen

20.259 Die Erklärungen **a) bis d)** betreffen **verschiedene Beurkundungsgegenstände gemäß § 111 Nr. 2, § 86 II**.

Sie unterliegen **demselben Gebührensatz** von **2,0** nach **Nr. 21100 KV**, so dass deren Einzelwerte gemäß **§ 35 I** zu **addieren** sind. Im Ergebnis fällt für das Beurkundungsverfahren eine 2,0 Gebühr nach Nr. 21100 KV aus 44 000 Euro an.

20.260 **Pos. a):**

Konstitutive **Vereinbarungen** der Ehegatten über Gegenstände wie vorliegend den **PKW** sind gemäß § 46 I, II mit deren Verkehrswert zum Zeitpunkt der Beurkundung anzusetzen.

20.261 **Pos. b1), b2):**

Die zwischen den Ehegatten getroffene **Vereinbarung** über den **Ausgleich des Zugewinns durch Zahlung eines Geldbetrages** ist über § 97 I mit dem Betrag anzunehmen, zu dessen Zahlung sich A verpflichtet. Das sind vorliegend 10 000 Euro. Der darüber hinausgehende **Verzicht auf Zugewinnausgleich im Wege des § 1378 III S. 2 BGB** betrifft zwar eine ehevertragliche Vereinbarung, aber keinen Ehevertrag nach § 1408 BGB, der nach § 100 I zu bewerten wäre.[1] Die Bewertung erfolgt vielmehr über § 100 II, Gem. § 111 Nr. 2 ist der Wert dem Geschäftswert der Vereinbarung über die Zahlung des Ausgleichs hinzuzu-

---

[1] *Prüfungsabteilung der Ländernotarkasse*, NotBZ 2014, 39.

addieren. Den dabei oftmals gerade nicht näher bekannten und bezifferten Betrag der Ausgleichsforderung wird man nicht selten gem. § 36 III mit 5000 Euro annehmen können bzw. müssen.

Pos. c): 20.262

Gerade im Scheidungsverfahren weist der Notar immer häufiger darauf hin, dass neben den Ansprüchen auf Zugewinnausgleich ggf. noch weitere Ausgleichsansprüche bestehen können (sog. „**Nebengüterrecht**"). Solche können sich bspw. aus einer etwa bestehenden oder früher bestandenen **Ehegatteninnengesellschaft** ergeben oder wenn **Schwiegerelternzuwendungen** geleistet wurden. Beurkundet der Notar hierzu Erklärungen, wie im vorliegenden Fall den gegenseitigen Verzicht auf mögliche **Rückforderungsansprüche**, sind diese aufgrund **§ 111 Nr. 2** zu bewerten. Sie wirken zu Vereinbarungen über den Zugewinnausgleich nicht subsidiär, sondern stehen gleichrangig neben den güterrechtlichen Ansprüchen.[1] Der Geschäftswert ist über **§ 36 I, III** zu schätzen. Bei wechselseitigen Verzichten gilt zudem § 97 III, so dass nur der Verzicht des Ehegatten mit den geschätzten höchsten Rückforderungsansprüchen angesetzt werden darf. Als Bezugswert für die Schätzung kann man sich an dem höchsten der beiden Reinvermögen orientieren, weil letztlich die Zuwendungen dem Vermögen des Ehegatten entstammen.[2]

Geht der Notar in der Urkunde dezidiert auf **mehrere Regelungsbereiche** ein (z.B. Ehegatteninnengesellschaft oder Freistellung von Forderungen der Schwiegereltern), so wird man **für jeden einen Geschäftswert ansetzen** müssen.

Pos. d): 20.263

Als Geschäftswert der Regelungen zum **Sparguthaben** ist gem. § 97 I der Sparbetrag anzunehmen, zu dessen Einzahlung sich A verpflichtet hat.

Pos. e), f1), f2): 20.264

Zum **Versorgungsausgleich**, dem **Getrenntlebensunterhalt** sowie **nachehelichen Unterhalt** soll es bei den **gesetzlichen Regelungen verbleiben**. Lediglich das wird von den Ehegatten in der Urkunde festgestellt. Hierin liegt eine in der Gesamtbetrachtung der Scheidungsvereinbarung **kostenrechtlich „wertlose" Feststellung**.

VIII. Eingetragene Lebenspartnerschaft

Für den **Lebenspartnerschaftsvertrag** gelten gegenüber dem Ehevertrag keine bewertungsrechtlichen Besonderheiten. Gem. § 100 IV GNotKG gelten die Absätze 1 bis 3. Der Geschäftswert eines (güterrechtlichen) Lebenspartnerschaftsvertrages ist damit grundsätzlich die Summe der Werte der gegenwärtigen Vermögen beider Lebenspartner, wobei die Verbindlichkeiten nur bis zur Hälfte des (jeweiligen) Vermögens abzuziehen sind. 20.265

---

1 Prüfungsabteilung der Ländernotarkasse, NotBZ 2015, 18.
2 Münch/*Wudy*, FamR, 2. Aufl. 2016, § 21 Rz. 28.

Die Ausführungen in den vorangegangenen Kapiteln II–VII finden entsprechend Anwendung:

Regelungen des Güterstandes und vorsorgender Partnerschaftsverträge	Regelungen zur bevorstehenden Aufhebung der eingetragenen Partnerschaft
siehe Fälle 1 bis 30	siehe Fälle 31 bis 34

IX. Deutsch-französischer Wahlgüterstand

20.266 Am 1.5.2013 trat der deutsch-französische Güterstand der Wahl-Zugewinngemeinschaft in Kraft, den die beiden Länder in einem bilateralen Abkommen am 4.2.2010 beschlossen hatten. Damit ist für binationale Ehen zwischen einem deutschen und französischen Staatsangehörigen ein Rechtsinstitut geschaffen worden, dass z.B. mögliche Probleme im Rechtsverkehr vermeiden soll (u.a. Erwerb von Immobilien). Geregelt ist die Wahl-Zugewinngemeinschaft in § 1519 BGB i.V.m. dem Abkommen zwischen der Bundesrepublik Deutschland und der Französischen Republik über den Güterstand der Wahl-Zugewinngemeinschaft (WZGA).[1] Gemäß Art. 3 WZGA begründen die Ehegatten den Güterstand der Wahl-Zugewinngemeinschaft durch Ehevertrag.

Zur **kostenrechtlichen Bewertung** von Urkunden zur **Wahl-Zugewinngemeinschaft** bestehen keine Besonderheiten. Die Vorschriften des **§ 100** und **§ 111 Nr. 2** finden Anwendung.

X. Nichteheliche Lebensgemeinschaft

20.267 Der **Partnerschaftsvertrag** einer **nichtehelichen Lebensgemeinschaft** ist kein typisierter Vertrag. Der Geschäftswert bestimmt sich nach der **Summe seiner Einzelregelungen**, die zueinander stets einen verschiedenen Beurkundungsgegenstand haben.

Die Einzelwerte ermitteln sich nach den allgemeinen Bewertungsvorschriften der § 35 ff. GNotKG. Bei persönlichen, nicht vermögensrechtlichen Vereinbarungen gilt § 36 II GNotKG. Soweit in dem Partnerschaftsvertrag nichtehelicher Lebensgemeinschaft Vereinbarungen zum Kindesunterhalt, zum Kindesumgang, zur Vermögensauseinandersetzung, zur Verteilung des Hausrates, zur Rechtswahl getroffen werden, ist auf die maßgeblichen Ausführungen in den vorgenannten Kapiteln II bis VII hinzuweisen.

→ **Fall 35: Regelungen über das gemeinsame Zusammenleben**

A. Sachverhalt

20.268 A und B sind nicht miteinander verheiratet. Sie treffen umfassende Regelungen zur Lebensgestaltung. Das betrifft insbesondere die **Mitbenutzung der Eigen-**

---

[1] BGBl. II 2012, 180.

tumswohnung, die sich im Alleineigentum von A befindet und mit einer durchschnittlichen Monatsmiete von 800 Euro angegeben wird und die Teilung des Hausrates, aber auch die **Klarstellung der Beibehaltung getrennter Vermögen**.

B. Rechnung

20.269

Pos.	Gebührentatbestände	Geschäfts-wert	KV-Nr.	Satz	Betrag
	Beurkundungsverfahren (§§ 35 I, 86 II)	29 000	21100	2,0	250,00
	a) Mitbenutzungsregelungen ((§§ 99 I, 36 I)	24 000	21100	2,0	
	b) Klarstellung getrennter Vermögen (§ 36 I, III)	5000	21100	2,0	

C. Erläuterungen

Die Erklärungen a) und b) betreffen verschiedene Beurkundungsgegenstände gemäß § 86 II.

20.270

Sie unterliegen **demselben Gebührensatz** von **2,0** nach **Nr. 21100 KV**, so dass deren Einzelwerte gemäß **§ 35 I** zu **addieren** sind. Im Ergebnis fällt für das Beurkundungsverfahren eine 2,0 Gebühr nach Nr. 21100 KV aus 29 000 Euro an.

Pos. a):

20.271

Den Geschäftswert bildet die **unentgeltliche Mitbenutzung** eines Gegenstandes, deren Qualität der Leihe nach §§ 598 ff. BGB am Nächsten kommt. Die Bewertung erfolgt über § 36 I i.V.m. § 99 I.[1] Liegt eine gleichberechtigte Mitbenutzung vor, darf von dem ermittelten Wert nur die Hälfte angesetzt werden.

800 Euro Monatsmiete / 2 × 12 Monate × 5 = **24 000 Euro**

Ist für das faktische Zusammenleben der Partner von einer konkludent abgeschlossenen Vermögensgesellschaft bürgerlichen Rechts mit einem Gesamthandsvermögen auszugehen, so bemisst sich der Geschäftswert für das „Lebensgemeinschaftsvermögen" gem. §§ 97 I, 38 auf seine Summe ohne Schuldenabzug.

Pos. b):

20.272

Mit **Klarstellungen zum getrennten Vermögen** sind keine echten rechtsgeschäftlichen Verpflichtungen verbunden, sondern lediglich Absichtserklärungen. Der Geschäftswert ist gem. § 36 I (ggf. § 36 III) zu bestimmen.

Bei persönlichen, nicht vermögensrechtlichen Regelungen ist § 36 II, III maßgebend. Handelt es sich um **mehrere unterschiedliche nicht vermögensrechtliche Vereinbarungen**, so sind die Geschäftswerte der Einzelregelungen zu bestimmen und hieraus die **Wertesumme zu bilden**.

D. Exkurs

Räumen sich die Beteiligten **Vollmachten** in derselben Urkunde ein, die zu keiner der Vereinbarungen im Verhältnis zum § 109 I stehen, haben diese einen

20.273

---
1 So im Ergebnis auch Leipziger Kommentar GNotKG/*Arnold*, § 99 Rz. 10.

verschiedenen Gegenstand gem. § 86 II. In der Regel wird aufgrund der unterschiedlichen Gebührensätze ein Gebührenvergleich gem. § 94 I notwendig. Der Geschäftswert ist nach § 98 zu ermitteln.

> **Fall 36: Regelungen zum gemeinsamen Hausgrundstück: Ausschluss der Aufhebung der Miteigentümergemeinschaft, umfangreiche Erwerbs- und Veräußerungsverpflichtungen**

A. Sachverhalt

20.274 A und B sind nicht miteinander verheiratet. Sie leben miteinander in nichtehelicher Lebensgemeinschaft. Vor geraumer Zeit haben Sie eine Immobilie zu je ½ Miteigentumsanteil erworben, die sie selbst bewohnen. Der **Verkehrswert** des **Grundstücks** beträgt **200 000 Euro**. Nunmehr vereinbaren A und B hinsichtlich des Grundstücks den **Ausschluss der Aufhebung der Miteigentümergemeinschaft (§ 1010 BGB)**. Für den Fall der **Trennung** ist zunächst die Frau berechtigt, den ½ Miteigentumsanteil in ihr Alleineigentum zu **übertragen**. Im **Gegenzug** hat sie sämtliche **Darlehensverbindlichkeiten** im Innen- und Außenverhältnis zu **übernehmen**. Der übertagende Beteiligte kann zudem vom Erwerber verlangen, dass ihm eine Ausgleichszahlung in Höhe seines eingebrachten Eigenkapitals ausbezahlt wird. Will keiner der Beteiligten nach einer Trennung das Übernahmerecht ausüben oder **scheitern** die **Verhandlungen, verpflichten** sich die Beteiligten bereits an dieser Stelle zum **Verkauf des Grundstücks**.

A und B verpflichten sich zudem gegenseitig, ihren hälftigen **Miteigentumsanteil** an den anderen Beteiligten zu **übertragen**. Die Verpflichtung steht unter der **aufschiebenden Bedingung**, dass der **Übertragende** verstirbt.

B. Rechnung

20.275

Pos.	Gebührentatbestände	Geschäftswert	KV-Nr.	Satz	Betrag
	Beurkundungsverfahren (§§ 35 I, 86 II)	260 000	21100	2,0	1070,00
	a) Ausschluss der Aufhebung der Miteigentümergemeinschaft (§ 1010 BGB) (§ 51 II)	60 000	21100	2,0	
	b) Übertragungsverpflichtung bei Trennung (§ 51 I), wechselseitige Übertragungsverpflichtung bei Tod (§ 46), 97 III	200 000	21100	2,0	

C. Erläuterungen

20.276 Die Vereinbarungen über den **Ausschluss der Aufhebung der Miteigentümergemeinschaft** sowie **Regelungen zur Übertragung des Miteigentumsanteils** sind zueinander **verschieden** gemäß **§ 86 II**.

X. Nichteheliche Lebensgemeinschaft

Sie unterliegen **demselben Gebührensatz** von **2,0** nach **Nr. 21100 KV**, so dass deren Einzelwerte gemäß **§ 35 I** zu **addieren** sind. Im Ergebnis fällt für das Beurkundungsverfahren eine 2,0 Gebühr nach Nr. 21100 KV aus 260 000 Euro an.

Pos. a):

Die Vereinbarung des **Ausschlusses der Aufhebung der Miteigentümergemeinschaft (§ 1010 BGB)** betrifft eine Verfügungsbeschränkung gemäß **§ 51 II**. Der Geschäftswert beträgt **30 % des Grundstückswertes**.

20.276a

Pos. b):

Die von den Miteigentümern gegenseitig eingeräumten umfangreichen **Veräußerungs- bzw. Erwerbsrechte** unterliegen in der Bewertung **§ 51 I**. Maßgebend ist der Wert des Gegenstands (Miteigentumsanteil am Grundstück), auf das sich die Vereinbarungen beziehen.

20.277

→ **Fall 37: Vereinbarungen zum Hausgrundstück, Mitbenutzungsregelungen, aufschiebend bedingtes Wohnungsrecht, Veräußerungspflichten für den Fall des Scheiterns**

A. Sachverhalt

Beurkundet werden die folgenden Vereinbarungen einer nichtehelichen Lebensgemeinschaft: B ist Alleineigentümer des Hausgrundstücks im Wert von 200 000 Euro und gleichzeitig der alleinige Darlehensnehmer eines Darlehens, dass mit einer Grundschuld im Nennbetrag von 180 000 Euro gesichert ist. Eigenmittel wurden von B i.H.v. 12 000 Euro und von A i.H.v. 15 000 Euro erbracht.

20.278

Für die gemeinsame Bewohnung des Hausgrundstücks erhält A auf Lebenszeit ein **dinglich gesichertes Mitbenutzungsrecht**. Sobald das Hausgrundstück auf einen anderen übergehen sollte, erstarkt es **aufschiebend bedingt** mit Zeitpunkt des Eigentumsübergangs auf den Dritten zu einem **Wohnungsrecht** (ausschließliche Benutzung des gesamten Anwesens unter Ausschluss des Eigentümers). Auch hierfür erfolgt die dingliche Sicherung. Der Jahreswert des Mitbenutzungsrechts wird mit 4800 Euro und des Wohnungsrechts mit 9600 Euro angegeben.

Während der Dauer der gemeinschaftlichen Nutzung tragen A und B gemeinsam sämtliche auf dem Grundbesitz ruhenden privaten und öffentlichen Lasten. **Sämtliches in den gemeinsamen Haushalt eingebrachtes Vermögen bleibt getrenntes Eigentum.** Ein **Vermögensverzeichnis** (Wert der gesamten Gegenstände: 2000 Euro) wird zum wesentlichen Bestandteil der Urkunde gemacht.

Für den Fall des Scheiterns der Lebensgemeinschaft wird vertraglich geregelt, dass die von A zur Verfügung gestellten Eigenmittel sowie die Darlehenstilgung (ohne Darlehenszins) Zug um Zug gegen Aufgabe des Mitbenutzungsrechts und des aufschiebend bedingten Wohnungsrechts zurückgezahlt werden. Für den Fall, dass B zur Rückzahlung nicht in der Lage ist, kann A die **Übertragung des Hausgrundstücks** auf sich **verlangen**. Im Gegenzug hat er die Eigenmittel sowie Darlehenstilgung zu erstatten. Sollte auch das nicht möglich sein, ist das

Grundstück zu veräußern und der Verkaufserlös nach Abzug der Verbindlichkeiten hälftig zu teilen.

B. Rechnung

20.279

Pos.	Gebührentatbestände	Geschäfts-wert	KV-Nr.	Satz	Betrag
	Beurkundungsverfahren (§§ 35 I, 86 II)	268 200	21100	2,0	1170,00
	a) Mitbenutzungsregelungen (§§ 99 I, 36 I) (4800 Euro × 5)	24 000	21100	2,0	
	b) bedingtes Wohnungsrecht (§ 52 IV, VI) (Vorschlag: 30 % von (9600 × 15))	43 200	21100	2,0	
	c) Erwerbs- und Veräußerungsverpflichtungen (§ 51 I)	200 000	21100	2,0	
	d) Regelungen zum Vermögen der Hausgemeinschaft (§§ 46, 36 I) (Vorschlag: 50 % vom Vermögenswert (2000))	1000	21100	2,0	

C. Erläuterungen

20.280 **Die Vereinbarungen zum Mitbenutzungsrecht, dem bedingten Wohnungsrecht** mit den **Regelungen** der auf dem **Grundbesitz ruhenden privaten und öffentlichen Lasten** (insbesondere auch Zins- und Tilgungsleistungen), den **Regelungen** der in den **Haushalt eingebrachten Vermögen** (Vermögensverzeichnis) und aber auch zu den bedingten **Erwerbs- bzw. Veräußerungsverpflichtungen** sind **verschiedene Gegenstände** im Sinne des **§ 86 II**. Je stärker die Ausgestaltung bzw. Absicherung geregelt wird, umso kostenintensiver werden derartige Verträge.

Die **Erklärungen** zu a) bis d) unterliegen **demselben Gebührensatz** von **2,0** nach **Nr. 21100 KV**, so dass deren Einzelwerte gemäß **§ 35 I** zu **addieren** sind. Im Ergebnis fällt für das Beurkundungsverfahren eine 2,0 Gebühr nach Nr. 21100 KV aus 268 000 Euro an.

20.281 **Pos. a), b):**

Die Qualität der **schuldrechtlichen Regelungen zur Mitbenutzung einer Sache** kommt der Leihe am Nächsten. Zwar erfolgt die Sicherung dinglich, jedoch wird dieses (betragsmäßig höhere) Recht von § 109 I S. 5 flankiert. Damit hat die Mitbenutzung gemäß **§ 99 I** im vorliegenden Sachverhalt einen Geschäftswert von 24 000 Euro (4800 Euro Jahreswert × 5 fache (Vervielfältigungsfaktor bei unbestimmter Dauer). Das **bedingte Wohnungsrecht** ist über **§ 52 IV, VI** zu erfassen.

20.282 **Pos. c):**

Als Geschäftswert der jeweiligen **Erwerbs- bzw. Veräußerungsverpflichtungen** ist gemäß **§ 51 I** der Wert des **Grundstücks** anzunehmen, wobei sich bezogen auf den Sachverhalt die Bedingungen gemäß § 51 III wertmindernd auswirken dürften. Vorgeschlagen wird für den vorliegenden Fall, den Teilwert so zu bemessen, dass der Gesamtwert der Einzelregelungen (§ 35 I, § 86 II GNotKG) höchstens dem Grundstückswert entspricht.

Pos. d): 20.283

Der Wert des **Vermögens**, welches sich in der **Hausgemeinschaft** befindet und unter Zugrundelegung eines Vermögensverzeichnisses getrenntes Eigentum bleiben soll, beträgt 2000 Euro. Dieser Betrag kann jedoch nicht in voller Höhe als Geschäftswert der Regelungen bzw. eher Feststellungen der Lebenspartner angesetzt werden. Vielmehr ist gem. § 97 I i.V.m. § 36 I ein Teilwert anzunehmen. Denn die listenmäßige Darstellung dürfte in weiten Teilen nicht konstitutiv, sondern nur zum Zwecke der Beweissicherung erfolgen. Es ist davon auszugehen, dass an den meisten Gegenständen keine Eigentumsveränderung stattgefunden hat, sondern nur eine Klarstellung zu den bestehenden Eigentumsverhältnissen. Vorgeschlagen wird als Geschäftswert ein Teilwert von 50 % aus dem Wert des betroffenen Vermögens.[1]

→ Fall 38: Auseinandersetzung des gemeinsamen Vermögens (Aufhebung der nichtehelichen Lebensgemeinschaft)

A. Sachverhalt

A und B erklären ihre faktische Lebensgemeinschaft zu notarieller Urkunde für 20.284 gescheitert. An ihren **Vermögensgegenständen setzen** sie sich wie folgt **auseinander**:

– Die genau beschriebenen **gemeinsamen Gegenstände** im Wert von 25 000 Euro werden aufgeteilt.
– Die im hälftigen Miteigentum stehende **Immobilie** (Verkehrswert des Gesamtgrundstücks: 150 000 Euro) soll A zu Alleineigentum übernehmen. Zu diesem Zweck überträgt B seinen hälftigen Miteigentumsanteil an A. Im Gegenzug übernimmt A die Grundschuld im Nennbetrag von 100 000 Euro zur weiteren dinglichen Haftung und das durch sie gesicherte Darlehen von 100 000 Euro, das noch mit 90 000 Euro valutiert und für das beide gesamtschuldnerisch haften, zur alleinigen Schuld.

B. Rechnung

Pos.	Gebührentatbestand	Geschäftswert	KV-Nr.	Satz	Betrag
	Aufhebung d. nichtehelichen Lebensgemeinschaft ((§§ 97 I, III, 46)	100 000	21100	2,0	546,00

20.285

C. Erläuterungen

Der Geschäftswert ist zum einen der volle Wert der aufgeteilten gemeinsamen 20.286 Gegenstände im Wert von **25 000 Euro**. Zum anderen sind die Vereinbarungen

---
1 Münch/*Wudy*, § 21 Rz. 99.

über die Auseinandersetzung der gemeinsamen Immobilie zu berücksichtigen. Es handelt sich um einen Austauschvertrag gem. § 97 III, wobei nur die wertmäßig höhere der beiden Leistungen als Geschäftswert maßgebend ist. Die Einzelleistungen sind der halbe Miteigentumsanteil i.H.v. **75 000 Euro** (§ 46) und die Übernahme der Restschuld i.H.v. 90 000 Euro, wobei nur die Hälfte von 45 000 Euro gilt, weil A im Innenverhältnis bereits mithaftet (arg. § 426 I S. 1 BGB).

Teil 21
Gesellschaftsrecht

Inhaltsübersicht

I. Überblick 21.1
1. Einführung 21.1
2. Übersichtstabelle 21.2
3. Gebühr 21.8
4. Geschäftswert 21.9
5. Derselbe Beurkundungsgegenstand/Verschiedene Beurkundungsgegenstände 21.25a
6. Vollzugs-, Betreuungs- und Treuhandtätigkeiten 21.44
   a) Einholung der Genehmigung der Gesellschaft zur Geschäftsanteilsabtretung .. 21.47
      aa) In gesellschaftsrechtlichen Vorgängen können Vollzugstätigkeiten sein 21.47
      bb) Fertigen, Ändern oder Ergänzen der Gesellschafterliste nach § 8 I Nr. 3 GmbHG, § 40 GmbHG oder Liste der Personen, welche neue Geschäftsanteile übernommen haben, § 57 III Nr. 2 GmbHG 21.48
      cc) Einholung der Stellungnahme der IHK 21.53
      dd) Einholen von Erklärungen zur Schuldübernahme 21.54
      ee) Erzeugung von strukturierten Daten (aktuell: XML-Strukturdatei) 21.55
   b) Betreuungstätigkeiten in gesellschaftsrechtlichen Vorgängen 21.56
      aa) Anzeige gem. § 1280 BGB bei der Verpfändung von Geschäftsanteilen 21.56
      bb) Erteilung einer Bescheinigung gemäß § 40 II GmbHG 21.57
      cc) Fälligkeitsvoraussetzungen zu Leistungen (oder Teilleistungen) prüfen und mitteilen 21.58

      dd) Vorlageüberwachung bei der Handelsregisteranmeldung 21.59
      ee) Gläubigeraufruf 21.61
   c) Treuhandtätigkeiten 21.62
   d) Notar als Gründungsprüfer .. 21.63
7. Gebührenfreie (Neben-) Geschäfte 21.64
8. Unrichtige Sachbehandlung 21.65
9. Gebührenermäßigung 21.67
10. Besonderheiten/Sonstiges 21.68

II. Kostenrechtlicher Wert von Beteiligungen und Anteilen an Gesellschaften anhand der Bilanz 21.80

III. Gesellschaft bürgerlichen Rechts (GbR) 21.108
   Fall 1: Gründung der GbR nebst Grundstückseinbringung 21.108
   Fall 2: Änderung durch rechtsgeschäftliche Erklärung 21.113
   Fall 3: Änderung durch Beschluss 21.116
   Fall 4: Veräußerung eines Gesellschaftsanteils mit Antrag auf Grundbuchberichtigung 21.119

IV. Einzelkaufmann 21.124
   Fall 5: Anmeldung des Einzelkaufmanns 21.124
   Fall 6: Anmeldung der Änderung der Firma 21.129
   Fall 7: Spätere Anmeldung eines Prokuristen 21.134
   Fall 8: Spätere Anmeldung über die Änderung der inländischen Geschäftsanschrift 21.139
   Fall 9: Spätere Anmeldung des Inhaberwechsels ohne Firmenfortführung 21.144
   Fall 10: Anmeldung der Verpachtung eines Einzelunternehmens mit Firmenfortführung... 21.149

Fall 11: Anmeldung der Löschung eines Einzelunternehmens 21.155

V. Partnerschaftsgesellschaft 21.160

Fall 12: Erstanmeldung zum Partnerschaftsregister 21.160

Fall 13: Anmeldung des Eintritts eines Partners 21.166

Fall 14: Anmeldung des Ausscheidens eines Partners und Eintritt eines neuen Partners .. 21.171

Fall 15: Anmeldung des Ausscheidens eines Partners und Eintritt zweier neuer Partner .. 21.176

Fall 16: Anmeldung der Prokura und Änderung des Namens der Partnerschaft 21.181

Fall 17: Anmeldung der Auflösung der Partnerschaftsgesellschaft 21.186

VI. Offene Handelsgesellschaft ... 21.191

Fall 18: Gründung einer OHG mit zwei Gesellschaftern nebst Handelsregisteranmeldung.... 21.191

Fall 19: Gründung einer OHG mit zwei Gesellschaftern nebst Handelsregisteranmeldung in *einer* Urkunde............ 21.199

Fall 20: Anmeldung einer neu gegründeten OHG mit drei Gesellschaftern 21.207

Fall 21: Gründung einer OHG mit gleichzeitiger Schenkung . 21.212

Fall 22: Anmeldung der Errichtung einer OHG durch Eintritt eines persönlich haftenden Gesellschafters in das Geschäft eines Einzelkaufmanns 21.218

Fall 23: Veräußerung eines Gesellschaftsanteils nebst Handelsregisteranmeldung.... 21.223

Fall 24: Eintritt eines weiteren Gesellschafters in eine bestehende OHG nebst Handelsregisteranmeldung 21.230

Fall 25: Anmeldung des Ausscheidens und Eintritts von Gesellschaftern 21.240

Fall 26: Anmeldung des Ausscheidens eines Gesellschafters sowie der Sitzverlegung mit gleichzeitiger Anmeldung der Änderung der inländischen Geschäftsanschrift 21.245

Fall 27: Anmeldung der Erteilung einer Prokura und Änderung der Firma 21.250

Fall 28: Auflösung der Gesellschaft mit Liquidation.... 21.255

Fall 29: Anmeldung des Erlöschens der Gesellschaft nach Beendigung der Liquidation .. 21.260

VII. Kommanditgesellschaft...... 21.265

Fall 30: Gründung einer Kommanditgesellschaft...... 21.265

Fall 31: Erstanmeldung einer Kommanditgesellschaft mit drei persönlich haftenden Gesellschaftern 21.274

Fall 32: Eintritt eines weiteren Gesellschafters in eine bestehende KG nebst Handelsregisteranmeldung....... 21.279

Fall 33: Veräußerung eines Kommanditanteils 21.289

Fall 34: Anmeldung Ausscheiden und Eintritt von Gesellschaftern (Kommanditisten und persönlich haftender Gesellschafter) 21.296

Fall 35: Anmeldung des Ausscheidens eines persönlich haftenden Gesellschafters und Eintritt zweier neuer persönlich haftender Gesellschafter . 21.301

Fall 36: Anmeldung des Ausscheidens eines persönlich haftenden Gesellschafters, Eintritt eines neuen persönlich haftenden Gesellschafters und Änderung Gesellschaftsvertrag (Firma) 21.306

Fall 37: Ausscheidens des persönlich haftenden Gesellschafters im Wege der Erbfolge 21.311

Fall 38: Ausscheiden eines Kommanditisten im Wege der Erbfolge................. 21.316

Fall 39: Beteiligungs-
umwandlung 21.322
Fall 40: Anmeldung der
Erhöhung der Kommandit-
einlage 21.328
Fall 41: Anmeldung der
Erteilung einer Prokura und
Änderung des Sitzes 21.333
Fall 42: Auflösung der KG
durch Übernahme der Gesell-
schaft durch den einzigen
verbleibenden Gesellschafter
und Fortführung als Einzel-
unternehmen 21.339
Fall 43: Anmeldung der
Auflösung der Gesellschaft
mit Liquidation 21.344
Fall 44: Anmeldung Erlö-
schen der Gesellschaft nach
Beendigung der Liquidation . 21.349

VIII. Verein 21.354

Fall 45: Erstanmeldung. 21.354
Fall 46: Gründung eines
Vereins und Vereinsregis-
teranmeldung. 21.359
Fall 47: Änderung im
Vorstand 21.368
Fall 48: Änderung im Vor-
stand und der Satzung 21.374
Fall 49: Anmeldung der
Auflösung des Vereins und
der geborenen Liquidatoren . 21.380
Fall 50: Anmeldung der
Auflösung des Vereins und
der gekorenen Liquidatoren . 21.387

**IX. Anmeldung zum Genossen-
schaftsregister** 21.392

Fall 51: Erstanmeldung. 21.392
Fall 52: Änderung im
Vorstand 21.397
Fall 53: Änderung im Vor-
stand und der Satzung 21.403

**X. Gesellschaft mit beschränk-
ter Haftung** 21.409

1. Gründung „klassische"
GmbH und Unternehmer-
gesellschaft (haftungs-
beschränkt) 21.409

Fall 54: Bargründung einer
„klassischen" GmbH 21.409
Fall 55: Bargründung einer
„klassischen" GmbH mit
Handelsregisteranmeldung
in *einer* Urkunde 21.422
Fall 56: Sachgründung einer
„klassischen" GmbH nebst
Bestellung Prokurist 21.433
Fall 57: Gründung einer
„klassischen" GmbH mit
genehmigtem Kapital 21.449
Fall 58: Gründung Ein-Mann-
GmbH („klassisch") und Ge-
schäftsführerbestellungsbe-
schluss 21.461
Fall 59: Gründung Ein-Mann-
GmbH („klassisch") und
Entwurf der Bestellung
Geschäftsführer 21.472
Fall 60: Gründung Ein-Mann-
GmbH („klassisch") und Bestellung Geschäftsführer sowie
Auflassung 21.484
Fall 61: Gründung einer UG
(haftungsbeschränkt) mit indi-
vidueller Satzung und Bestel-
lung Geschäftsführer 21.499
Fall 62: Gründung einer
„klassischen" GmbH gemäß
§ 2 Ia GmbHG (mit Muster-
protokoll) 21.510
Fall 63: Gründung einer UG
(haftungsbeschränkt) gemäß
§ 2 Ia GmbHG (mit Muster-
protokoll) 21.520
Fall 64: Änderung des Gesellschaftsvertrages einer „klassischen" GmbH mit individueller
Satzung (gegründet durch zwei
Gesellschafter) hinsichtlich des
Stammkapitals vor Eintragung
im Handelsregister 21.530
Fall 65: Änderung des Gesellschaftsvertrages einer „klassischen" GmbH mit individueller
Satzung hinsichtlich des Unternehmensgegenstandes vor Eintragung im Handelsregister. . . . 21.543

Fall 66: Änderung des Gesellschaftsvertrages einer UG (haftungsbeschränkt) mit individueller Satzung hinsichtlich des Unternehmensgegenstandes vor Eintragung im Handelsregister 21.552

Fall 67: Änderung der Firma einer „klassischen" GmbH mit Musterprotokoll vor Eintragung im Handelsregister.... 21.561

Fall 68: Änderung der Firma einer UG (haftungsbeschränkt) mit Musterprotokoll vor Eintragung im Handelsregister.... 21.568

2. Wirtschaftliche Neugründung . 21.575

Fall 69: Beschluss zur wirtschaftlichen Neugründung einer als Vorratsgesellschaft gegründeten GmbH 21.575

3. Beschlüsse und Handelsregisteranmeldungen einer GmbH und Unternehmergesellschaft (haftungsbeschränkt) 21.585

Fall 70: Satzungsänderung einer „klassischen" GmbH mit individueller Satzung hinsichtlich des Unternehmensgegenstandes und der Sitzverlegung sowie Änderungen von Personen des Vertretungsorgans (Wahlen) und erstmalige Anmeldung der inländischen Geschäftsanschrift . 21.585

Fall 71: Satzungsänderung einer „klassischen" GmbH mit Musterprotokoll hinsichtlich der Sitzverlegung 21.598

Fall 72: Satzungsänderung einer UG (haftungsbeschränkt) mit individueller Satzung hinsichtlich des Unternehmensgegenstandes 21.609

Fall 73: Satzungsänderung einer UG (haftungsbeschränkt) mit Musterprotokoll hinsichtlich des Unternehmensgegenstandes................ 21.616

Fall 74: Satzungsänderung einer UG (haftungsbeschränkt) mit Musterprotokoll hinsichtlich der Befreiung von § 181 BGB .. 21.624

Fall 75: Satzungsänderung einer UG (haftungsbeschränkt) mit Musterprotokoll und Bestellung eines weiteren Geschäftsführers 21.631

Fall 76: Veränderung in der Geschäftsführung und Erteilung Prokura 21.640

Fall 77: Veränderung in der Geschäftsführung und Erteilung Prokura nebst Handelsregisteranmeldung in *einer* Urkunde ... 21.647

Fall 78: Kapitalerhöhung durch Bareinlage 21.653

Fall 79: Kapitalerhöhung durch Bareinlage mit Aufgeld (Agio) .. 21.666

Fall 80: Kapitalerhöhung durch Sacheinlage.................. 21.678

Fall 81: Kapitalerhöhung aus Gesellschaftsmitteln 21.691

Fall 82: Kapitalherabsetzung... 21.702

Fall 83: Umstellung des Stammkapitals auf Euro nebst Glättung................ 21.711

Fall 84: Umstellung des Stammkapitals auf Euro nebst Glättung und Änderung der Satzung in weiteren Punkten bzw. Neufassung der Satzung 21.729

Fall 85: Zusammenlegung von Geschäftsanteilen 21.744

Fall 86: Teilung von Geschäftsanteilen (auf Vorrat) 21.751

Fall 87: Einziehung des Geschäftsanteils und anschließende Aufstockung 21.757

Fall 88: Entwurf eines Beschlusses einer Gesellschafterversammlung (Bestellung Geschäftsführer)................ 21.765

Fall 89: Auflösung der GmbH und Bestellung eines *geborenen* Liquidators 21.773

Fall 90: Auflösung der GmbH und Bestellung eines *gekorenen* Liquidators 21.784

Fall 91: Anmeldung der Vollbeendigung der GmbH (Löschung) 21.795

4. Geschäftsanteilsveräußerung bei einer GmbH 21.800
   a) Nicht überwiegend vermögensverwaltende GmbH . 21.800
   Fall 92: Unentgeltliche Geschäftsanteilsübertragung .. 21.801
   Fall 93: Geschäftsanteilskaufvertrag gegen Barzahlung und Bürgschaftsfreistellung . 21.815
   Fall 94: Geschäftsanteilskaufvertrag gegen Barzahlung und Investitionsverpflichtung als Vertrag zugunsten Dritter sowie Zustimmungsbeschluss 21.822
   Fall 95: Geschäftsanteilskaufvertrag gegen Barzahlung und Zustimmung sämtlicher Gesellschafter 21.831
   Fall 96: Geschäftsanteilsveräußerung gegen Leibrente und Zustimmung durch Beschluss der Gesellschafterversammlung 21.839
   Fall 97: Verkauf eines Geschäftsanteils an einer gGmbH 21.847
   b) Überwiegend vermögensverwaltende GmbH 21.852
   Fall 98: Geschäftsanteilskaufvertrag – gegen Barzahlung 21.853
   c) Anteilsveräußerung im Konzern 21.859
      aa) Nicht überwiegend vermögensverwaltende Gesellschaft 21.859
      Fall 99: Geschäftsanteilsveräußerung im Mutter-Tochter-Verhältnis 21.859
      bb) Überwiegend vermögensverwaltende Gesellschaft 21.865
      Fall 100: Geschäftsanteilsveräußerung im Mutter-Tochter-Verhältnis 21.865
5. Treuhandvertrag zu einem Geschäftsanteil einer GmbH .. 21.871

Fall 101: Treuhandvertrag über einen GmbH-Geschäftsanteil .. 21.871
Fall 102: Abtretung des Geschäftsanteils an den Treugeber nach Beendigung des Treuhandverhältnisses 21.875
6. Verpfändung eines Geschäftsanteils einer GmbH 21.882
Fall 103: Verpfändung eines Geschäftsanteils 21.882
7. Beratung bei der Vorbereitung und Durchführung einer Gesellschafterversammlung.... 21.887
Fall 104: Beratung durch den Notar bei der Vorbereitung einer Gesellschafterversammlung (mit Beurkundungstätigkeit) 21.887
8. Isolierte Gesellschafterliste 21.892
Fall 105: Isolierte Gesellschafterliste 21.892

XI. **Aktiengesellschaft** 21.896
1. Gründung einer Aktiengesellschaft................... 21.896
Fall 106: Gründungsvertrag (Barleistung) nebst Beschlüssen über die Bestellung des Aufsichtsrates und des Abschlussprüfers 21.896
Fall 107: Gründungsvertrag einer Ein-Mann-AG (Barleistung) nebst Beschlüssen über die Bestellung des Aufsichtsrates und des Abschlussprüfers 21.906
Fall 108: Gründungserklärung zu einer Ein-Mann-AG (Barleistung + genehmigtes Kapital) nebst Beschlüssen über die Bestellung des Aufsichtsrates und des Abschlussprüfers 21.915
Fall 109: Gründungsvertrag (Sachgründung) nebst Beschlüssen über die Bestellung des Aufsichtsrates und des Abschlussprüfers 21.924
Fall 110: Änderung des Gesellschaftsvertrages hinsichtlich des Grundkapitals vor Eintragung 21.933

Fall 111: Änderung des Gesellschaftsvertrages hinsichtlich der Firma vor Eintragung im Handelsregister 21.941

2. Nachgründung nach § 52 AktG 21.949

Fall 112: Anmeldung bei der Nachgründung nach § 52 AktG 21.949

3. Beschlüsse der Hauptversammlung und Handelsregisteranmeldungen 21.953

Fall 113: Jahreshauptversammlung 21.953

Fall 114: Anmeldung Änderung Aufsichtsrat, Vorstand und Erklärung nach § 25 II HGB 21.967

Fall 115: Auflösung der Aktiengesellschaft und Bestellung eines geborenen Abwicklers (Vorstand) 21.972

Fall 116: Auflösung der Aktiengesellschaft und Bestellung eines gekorenen Abwicklers 21.983

Fall 117: Beendigung der Abwicklung und Erlöschen der AG 21.994

4. Beratung durch den Notar bei der Vorbereitung oder Durchführung einer Hauptversammlung 21.1003

5. Isolierte Liste der Aufsichtsratsmitglieder............... 21.1004

Fall 118: Isolierte Liste der Aufsichtsratsmitglieder..... 21.1004

XII. **Zweigniederlassungen** 21.1009

Fall 119: Errichtung einer Zweigniederlassung einer inländischen Gesellschaft... 21.1009

Fall 120: Spätere Anmeldung zu einer eingetragenen Zweigniederlassung einer inländischen Gesellschaft 21.1014

Fall 121: Errichtung einer Zweigniederlassung einer ausländischen Gesellschaft in Deutschland (z.B. Private Company Limited – Ltd.) ... 21.1019

Fall 122: Spätere Anmeldung zu einer in Deutschland eingetragenen Zweigniederlassung einer ausländischen Gesellschaft 21.1025

XIII. **Stiftungen** 21.1030

Fall 123: Stiftungsgeschäft unter Lebenden mit Ausstattung von Grundbesitz nebst Auflassung 21.1030

Fall 124: Errichtung einer Stiftung durch letztwillige Verfügung (§ 83 BGB) 21.1038

XIV. **Anmeldungen ohne wirtschaftliche Bedeutung** 21.1042

Fall 125: Anmeldung der inländischen Geschäftsanschrift 21.1042

Stichwortverzeichnis

Aktiengesellschaft
– § 25 II HGB   21.967 ff.
– Abwickler
  – geborener   21.972 ff.
  – gekorener   21.983 ff.
– Änderung Gesellschaftsvertrag
  – Anmeldung
    – Änderung Firma   21.941 ff.
    – Änderung Grundkapital   21.933 ff.
  – Firma   21.941 ff.
  – Grundkapital   21.933 ff.
  – ohne förmliche Anmeldung   21.939

– Anmeldung
  – § 25 II HGB   21.967 ff.
  – Änderung Gesellschaftsvertrag
    – Firma   21.941 ff.
    – Grundkapital   21.933 ff.
  – Auflösung
    – geborener Abwickler   21.972 ff.
    – gekorener Abwickler   21.983 ff.
  – Aufsichtsrat   21.953 ff.
  – Beendigung   21.994 ff.
  – Erlöschen   21.994 ff.
  – genehmigtes Kapital   21.953 ff.

- Gründung
  - Abschlussprüfer 21.896 ff., 21.906 ff., 21.915 ff., 21.924 ff.
  - Aufsichtsrat 21.896 ff., 21.906 ff., 21.915 ff., 21.924 ff.
  - Bargründung 21.896 ff.
  - Bargründung Ein-Mann-AG 21.906 ff., 21.915 ff.
  - genehmigtes Kapital 21.915 ff.
  - Sachgründung 21.924 ff.
- Nachgründung 21.949 ff.
- unrichtige Sachbehandlung 21.939, 21.947
- Beratung Vorbereitung Hauptversammlung 21.1003
- Beschlüsse
  - Abschlussprüfer 21.953 ff.
  - Auflösung
    - geborener Abwickler 21.972 ff.
    - gekorener Abwickler 21.983 ff.
  - Aufsichtsrat 21.953 ff.
  - Beendigung 21.994 ff.
  - Erlöschen 21.994 ff.
  - Ermächtigung Erhöhung Grundkapital 21.953 ff.
  - Feststellung Jahresabschluss 21.953 ff.
  - Vergütung Aufsichtsratsmitglieder 21.953 ff.
  - Verteilung Bilanzgewinn 21.953 ff.
  - Vorstand 21.953 ff.
  - Wahlen
    - Abschlussprüfer 21.906 ff., 21.915 ff., 21.924 ff.
    - Aufsichtsrat 21.896 ff.
- Einbringung Grundstück
  - Gründung 21.924 ff.
- Entwurf
  - Liste Aufsichtsratsmitglieder (isoliert) 21.1004 ff.
- genehmigtes Kapital 21.915 ff.
- Gründung
  - Anmeldung
    - Bargründung mit Aufsichtsrat und Abschlussprüfer 21.896 ff.
    - Ein-Mann-AG 21.906 ff.
    - Ein-Mann-AG und genehmigtes Kapital 21.915 ff.
    - Nachgründung 21.949 ff.
    - Sachgründung 21.924 ff.
    - genehmigtes Kapital 21.915 ff.
- Gesellschaftsvertrag Bargründung
  - mit Aufsichtsrat und Abschlussprüfer 21.896 ff.
- Gesellschaftsvertrag Ein-Mann-AG Bargründung
  - genehmigtes Kapital sowie Aufsichtsrat und Abschlussprüfer 21.915 ff.
  - mit Aufsichtsrat und Abschlussprüfer 21.906 ff.
- Gesellschaftsvertrag Sachgründung
  - Einbringung Grundstück 21.924 ff.
  - mit Aufsichtsrat und Abschlussprüfer 21.924 ff.
- Gründungsprüfung 21.896 ff.
- Nachgründung 21.949 ff.
- Gründungsprüfung 21.896 ff.
- Hauptversammlung *s.a. Beschlüsse*
  - Beratung 21.1003
- Liste der Aufsichtsratsmitglieder (isoliert) 21.1004 ff.
- Nachgründung 21.949 ff.
- unrichtige Sachbehandlung
  - Anmeldung 21.939, 21.947
- Vollzug
  - XML-Strukturdaten
    - § 25 II HGB 21.971
    - Änderung Gesellschaftsvertrag 21.940, 21.948
    - Anmeldung zur Hauptversammlung 21.966
    - Auflösung 21.982, 21.993
    - Bargründung 21.905
    - Bargründung Ein-Mann-AG 21.914
    - Bargründung und genehmigtes Kapital 21.923
    - Beendigung 21.1002
    - Erlöschen 21.1002
    - isolierte Liste Aufsichtsratsmitglieder 21.1008
    - Sachgründung 21.932

BGB-Gesellschaft
- Gesellschaftsvertrag
  - Änderung (Beschluss) 21.116 ff.
  - Änderung (rechtsgeschäftlich) 21.113 ff.
  - Grundstückseinbringung 21.108 ff.
- Grundbuchberichtigung 21.119 ff.
- Veräußerung Gesellschaftsanteil 21.119 ff.
  - Grundbuchberichtigung
    - Auflösung der Gesellschaft 21.123a

- Fortbestand der Gesellschaft 21.122 f.
Bilanzen
- Allgemein 21.80 ff.
- Besonderheiten 21.103
- Einzelkaufmann 21.97
- Genossenschaft 21.100
- GmbH
  - aktivierter Fehlbetrag 21.94
  - Arbeiten auf fremden Grundstücken 21.95
  - Baubetriebs-GmbH 21.95
  - Gebäude und Anlagen auf fremden Grundstücken 21.93
  - mit Grundstückseigentum und Sonderposten 21.92
  - ohne Grundstückseigentum 21.91
- Kleinstkapitalgesellschaft 21.102
- Kommanditgesellschaft
  - mit Kapitalanteil des Komplementärs 21.98
  - ohne Kapitalanteil des Komplementärs 21.99
- Offene Handelsgesellschaft 21.96
- Sonderbilanz 21.104 f.
- Veräußerung von Geschäftsanteilen 21.106 f.
- vermögensverwaltende Gesellschaft 21.101
Einzelkaufmann
- Anmeldung
  - Änderung Firma 21.129 ff.
  - Erstanmeldung 21.124 ff.
  - Geschäftsanschrift 21.139 ff.
  - Inhaberwechsel
    - mit Firmenfortführung 21.149 ff.
    - ohne Firmenfortführung 21.144 ff.
  - Löschung 21.155 ff.
  - Prokurist 21.134 ff.
  - Verpachtung
    - mit Firmenfortführung 21.149 ff.
    - ohne Firmenfortführung 21.154
- Bilanz 21.97
- Gesellschaftsanteil
  - Veräußerung
    - bei Beitritt KG 21.283
    - bei Beitritt zur OHG 21.234
    - bei OHG-Gründung 21.216
- Vollzug
  - Änderung Firma 21.133
  - Erstanmeldung 21.128

- Geschäftsanschrift 21.143
- Inhaberwechsel
  - mit Firmenfortführung 21.153
  - ohne Firmenfortführung 21.148
- Löschung 21.159
- Prokurist 21.138
- Verpachtung
  - mit Firmenfortführung 21.153
Genossenschaft
- Anmeldung
  - Änderung Vorstand 21.397 ff.
  - Änderung Vorstand und Satzung 21.403 ff.
  - Erstanmeldung 21.392 ff.
- Bilanz s. Bilanzen
- Vollzug
  - Änderung Vorstand 21.402
  - Änderung Vorstand und Satzung 21.408
  - Erstanmeldung 21.396
GmbH
- Bilanz s. Bilanzen
GmbH (klassisch)
- Änderung Gesellschaftsvertrag
  - Anmeldung
    - Änderung Stammkapital 21.530 ff.
    - Änderung Unternehmensgegenstand 21.543 ff.
  - Firma 21.561 ff.
  - ohne förmliche Anmeldung 21.538
  - Stammkapital 21.530 ff.
  - Unternehmensgegenstand 21.543 ff.
- Änderung Musterprotokoll
  - Anmeldung
    - Änderung Firma 21.561 ff.
- Anmeldung
  - Änderung Gesellschaftsvertrag s. Änderung Gesellschaftsvertrag
  - Änderung Musterprotokoll s. Änderung Musterprotokoll
  - Auflösung
    - geborener Liquidator 21.773 ff.
    - gekorener Liquidator 21.784 ff.
  - Euroumstellung
    - Kapitalveränderung über Glättungsbetrag 21.719
    - nebst Glättung 21.711 ff.
    - nebst Glättung und Satzungsneufassung 21.729 ff.
    - nebst Glättung und weitere Satzungsänderung 21.729 ff.

- Geschäftsführer 21.647 ff.
  - Anmeldung und Wahl in einer Urkunde 21.647 ff., 21.765 ff., 21.801 ff.
- Gründung *s. Gründung – Anmeldung*
- individuelle Satzung
  - Änderung Unternehmensgegenstand 21.585 ff.
  - Änderung Unternehmensgegenstand und Firma 21.801 ff.
  - Geschäftsführer 21.585 ff.
  - inländische Geschäftsanschrift 21.585 ff.
  - Sitzverlegung 21.585 ff.
- Kapitalerhöhung
  - Agio 21.666 ff.
  - Barleistung 21.653 ff.
  - Gesellschaftsmittel 21.691 ff.
  - Sachleistung 21.678 ff.
- Kapitalherabsetzung 21.702 ff.
- Liquidator
  - geborener 21.773 ff.
  - gekorener 21.784 ff.
- Löschung 21.795 ff.
- Musterprotokoll
  - inländische Geschäftsanschrift 21.598 ff.
  - inländische Geschäftsanschrift (unverändert) 21.607
  - Sitzverlegung 21.598 ff.
- Prokurist 21.647 ff.
  - Anmeldung und Wahl in einer Urkunde 21.647 ff.
- Vollbeendigung 21.795 ff.
- wirtschaftliche Neugründung 21.575 ff.
- Anzeige der Verpfändung *s. Betreuung*
- Auflösung *s. Beschlüsse – Auflösung*
- Beratung Vorbereitung Ges.versammlung 21.887 ff.
- bescheinigte Gesellschafterliste *s. Vollzug – Gesellschafterliste; s. Betreuung – Vorlagehaftung*
- Beschlüsse
  - Änderung Musterprotokoll
    - inländische Geschäftsanschrift 21.602
    - Sitzverlegung 21.598 ff.
  - Auflösung
    - geborener Liquidator 21.773 ff.
    - gekorener Liquidator 21.784 ff.
  - Aufstockung Geschäftsanteile 21.757 ff.
  - Einziehung Geschäftsanteile 21.757 ff.
  - Entwurf
    - Geschäftsführer 21.765 ff.
  - Euroumstellung
    - Kapitalveränderung über Glättungsbetrag 21.719
    - nebst Glättung 21.711 ff.
    - nebst Glättung und Satzungsneufassung 21.729 ff.
    - nebst Glättung und weitere Satzungsänderung 21.729 ff.
  - Kapitalerhöhung
    - Agio 21.666 ff.
    - Barleistung 21.653 ff.
    - Einbringung Grundstück 21.678 ff.
    - Gesellschaftsmittel 21.691 ff.
    - Sachleistung 21.678 ff.
    - Umwandlung Kapitalrücklagen 21.691 ff.
  - Kapitalherabsetzung 21.702 ff.
  - Liquidator
    - geborener 21.773 ff.
    - gekorener 21.784 ff.
  - Satzungsänderung
    - Satzungsbescheinigung 21.591 f.
    - Sitzverlegung 21.585 ff.
    - und Anteilsveräußerung in einer Urkunde 21.801 ff.
    - Unternehmensgegenstand 21.585 ff.
  - Teilung Geschäftsanteile 21.751 ff., 21.808 ff.
  - Wahlen
    - Geschäftsführer 21.585 ff.
    - Geschäftsführer und Prokurist 21.640 ff.
    - und Anmeldung in einer Urkunde 21.647 ff.
    - und Anteilsveräußerung in einer Urkunde 21.801 ff.
  - Zusammenlegung Geschäftsanteile 21.744 ff., 21.809
  - Zustimmungsbeschluss
    - Veräußerung Geschäftsanteil 21.822 ff.
- Betreuung
  - Anzeige der Verpfändung 21.886
  - Vorlageüberwachung (Anmeldung)
    - Änderung Gesellschaftsvertrag (Stammkapital) 21.542

- Bargründung 21.421
- Bargründung und Anmeldung in einer Urkunde 21.432
- Bargründung mit genehmigtem Kapital und Geschäftsführer 21.460
- Gründung mit Musterprotokoll 21.518
- Sachgründung 21.447
- Vorlageüberwachung (bescheinigte Liste)
  - Änderung Gesellschaftsvertrag (Stammkapital) 21.542
  - Euroumstellung 21.721, 21.736
  - Kapitalerhöhung (Agio) 21.672
  - Kapitalerhöhung (bar) 21.659 f.
  - Kapitalerhöhung (Gesellschaftsmittel) 21.696
  - Kapitalerhöhung (Sachleistung) 21.685
  - ohne Tatsachenprüfung 21.660
  - Veräußerung Geschäftsanteil (nicht überw. verm.verw. Ges.) 21.821, 21.830, 21.838
  - Veräußerung Geschäftsanteil (nicht überw. verm.verw. Ges.) 21.864
  - Veräußerung Geschäftsanteil (überw. verm.verw. Ges.) 21.858, 21.870
- Einbringung Grundstück
  - Gründung 21.484 ff., 21.433 ff.
  - Kapitalerhöhung 21.678 ff.
- Entwurf
  - Geschäftsführerbeschluss 21.477 f., 21.765 ff.
  - Gesellschafterliste (isoliert) 21.892
- genehmigtes Kapital 21.452
- Geschäftsanteile
  - Aufstockung 21.757 ff.
  - Einziehung 21.757 ff.
  - Teilung
    - Beschluss 21.751 ff., 21.808 f.
    - Erklärung 21.754, 21.808 f.
  - Treuhandvertrag (nicht überw. verm.verw. Ges.) 21.871 ff.
    - Abtretung nach Beendigung 21.875 ff.
  - Treuhandvertrag (überw. verm.verw. Ges.) 21.874
    - Abtretung nach Beendigung 21.878
  - Veräußerung (nicht überw. verm.verw. Ges.)
    - Bürgschaftsfreistellung 21.815 ff.

- entgeltlich 21.815 ff., 21.822 ff., 21.831 ff., 21.839 ff.
- gemeinnützige GmbH 21.847 ff.
- Investitionsverpflichtung 21.822 ff.
- Konzern 21.859 ff.
- Leibrente 21.839 ff.
- Mutter-Tochter-Verhältnis 21.859 ff.
- sämtliche Geschäftsanteile 21.844
- Teilgeschäftsanteil 21.808 f.
- Teilungsbeschluss 21.808 f.
- Teilungserklärung 21.808 f.
- unentgeltlich 21.801 ff.
- verbundene Unternehmen 21.859 ff.
- Zusammenlegungsbeschluss 21.809
- Zusammenlegungserklärung 21.809
- Zustimmungsbeschluss 21.822 ff., 21.839 ff.
- Zustimmungserklärung 21.831 ff.
- Veräußerung (überw. verm.verw. Ges.)
  - entgeltlich 21.853 ff.
  - Mutter-Tochter-Verhältnis 21.865 ff.
  - verbundene Unternehmen 21.865 ff.
- Verpfändung (nicht überw. verm.verw. Ges.) 21.882 ff.
- Verpfändung (überw. verm.verw. Ges.) 21.885
- Zusammenlegung
  - Beschluss 21.744 ff., 21.809
  - Erklärung 21.747 f., 21.809
- Gesellschafterliste s. Vollzug; s. Betreuung – Vorlagehaftung
- Gesellschafterliste (isoliert) 21.892 ff.
- Gesellschaftsvertrag
  - Änderung
    - Stammkapital s. Änderung Gesellschaftsvertrag
    - Unternehmensgegenstand s. Änderung Gesellschaftsvertrag
  - Gründung s. Gründung
- Gründung
  - Anmeldung
    - Bargründung mit genehmigtem Kapital und Geschäftsführer 21.449 ff.
    - Bargründung mit Geschäftsführer 21.409 ff., 21.472 ff.
    - Ein-Mann-GmbH Bargründung mit Geschäftsführer 21.461 ff.

- Ein-Mann-GmbH Sachgründung mit
  Geschäftsführer 21.484 ff.
- mit Musterprotokoll 21.510 ff.
- Sachgründung mit Geschäftsführer
  und Prokurist 21.433 ff.
- und Gesellschaftsvertrag in einer
  Urkunde 21.409 ff.
- Einbringung Grundstück 21.484 ff.,
  21.433 ff.
- Entwurf
  - Geschäftsführer 21.477 f.
- genehmigtes Kapital 21.449 ff.
- Gesellschaftsvertrag Bargründung
  - genehmigtes Kapital und Geschäftsführer 21.449 ff.
  - Geschäftsführer Inhalt der Satzung 21.415
  - mit Geschäftsführer 21.409 ff.
  - und Anmeldung in einer Urkunde 21.422 ff.
  - und Entwurf Geschäftsführerbeschluss 21.472 ff.
- Gesellschaftsvertrag Ein-Mann-GmbH
  Bargründung
  - mit Geschäftsführer 21.461 ff.
- Gesellschaftsvertrag Ein-Mann-GmbH
  Sachgründung
  - mit Geschäftsführer und Einbringung
    Grundstück 21.484 ff.
- Gesellschaftsvertrag Sachgründung
  - Einbringung Grundstück 21.433 ff.
  - mit Geschäftsführer und Prokurist 21.433 ff.
  - mit Musterprotokoll 21.510 ff.
  - Sachgründungsbericht 21.448
- IHK-Stellungnahme *s. Vollzug*
- Investitionsverpflichtung
  - Veräußerung Geschäftsanteil
    21.822 ff.
- Leibrente
  - Veräußerung Geschäftsanteil
    21.839 ff.
- Löschung 21.795 ff.
- Musterprotokoll 21.510 ff.
  - Änderung
    - Firma *s. Änderung Musterprotokoll*
  - Anmeldung *s. Anmeldung*
  - Beschlüsse *s. Beschlüsse*
- Sachgründungsbericht 21.448
- Satzungsbescheinigung 21.591 f.
- Treuhandvertrag *s. Geschäftsanteile – Treuhandvertrag*

- Übernahmeerklärung
  - Euroumstellung 21.711 ff., 21.729 ff.
  - Kapitalerhöhung
    - Agio 21.666 ff.
    - Barleistung 21.653 ff.
    - Sachleistung 21.678 ff.
- Veräußerung Geschäftsanteile *s. Geschäftsanteile – Veräußerung*
- verbundene Unternehmen
  - Veräußerung Geschäftsanteil (nicht
    überw. verm.verw. Ges.) 21.859 ff.
  - Veräußerung Geschäftsanteil (überw.
    verm.verw. Ges.) 21.865 ff.
- Vermögensverwaltung
  - ist nicht überwiegend vermögensverwaltend 21.800, 21.80 ff.
  - ist überwiegend vermögensverwaltend
    21.800, 21.80 ff.
- Verpfändung *s. Geschäftsanteile – Verpfändung*
- Vertrag zugunsten Dritter
  - Investitionsverpflichtung 21.822 ff.
- Vollbeendigung 21.795 ff.
- Vollzug
  - Gesellschafterliste
    - Änderung Gesellschaftsvertrag
      (Stammkapital) 21.539 f.
    - Aufstockung Geschäftsanteile
      21.763
    - Bargründung mit genehmigtem Kapital und Geschäftsführer 21.457 f.
    - Bargründung und Anmeldung in einer Urkunde 21.429 f.
    - Bargründung und Geschäftsführer
      21.418 f.
    - Ein-Mann-GmbH Bargründung und
      Geschäftsführer 21.469 f.
    - Ein-Mann-GmbH Sachgründung und
      Geschäftsführer 21.496 f.
    - Einziehung Geschäftsanteile 21.763
    - Euroumstellung 21.726 f., 21.741 f.
    - Gründung mit Musterprotokoll
      21.519
    - Kapitalerhöhung (Agio) 21.675 f.
    - Kapitalerhöhung (Barleistung)
      21.663 f.
    - Kapitalerhöhung (Gesellschaftsmittel) 21.699 f.
    - Kapitalerhöhung (Sachleistung)
      21.688 f.
    - Kapitalherabsetzung 21.708 f.

- Sachgründung nebst Geschäftsführer und Prokurist 21.444 f.
- Teilung Geschäftsanteile 21.755
- Veräußerung Geschäftsanteil 21.810 f.
- Veräußerung Geschäftsanteil (nicht überw. verm.verw. Ges.) 21.819 f., 21.828 f., 21.836 f., 21.845 f., 21.850 f., 21.862 f.
- Veräußerung Geschäftsanteil (überw. verm.verw. Ges.) 21.856 f., 21.868 f.
- Zusammenlegung Geschäftsanteile 21.749
- GVO-Genehmigung
  - Ein-Mann-GmbH Sachgründung und Geschäftsführer 21.493
- IHK-Stellungnahme
  - Bargründung mit genehmigtem Kapital und Geschäftsführer 21.457 f.
  - Bargründung und Anmeldung in einer Urkunde 21.429 f.
  - Bargründung und Geschäftsführer 21.418 f., 21.481 f.
  - Ein-Mann-GmbH Bargründung und Geschäftsführer 21.469 f.
  - Ein-Mann-GmbH Sachgründung und Geschäftsführer 21.496 f.
  - Gründung mit Musterprotokoll 21.516
  - Sachgründung nebst Geschäftsführer und Prokurist 21.444 f.
- XML-Strukturdaten
  - Änderung Gesellschaftsvertrag (Stammkapital) 21.541
  - Änderung Gesellschaftsvertrag (Unternehmensgegenstand) 21.551
  - Änderung Musterprotokoll (Firma) 21.567
  - Auflösung und geborener Liquidator 21.783
  - Auflösung und gekorener Liquidator 21.793
  - Aufstockung Geschäftsanteile 21.764
  - Bargründung mit genehmigtem Kapital und Geschäftsführer 21.459
  - Bargründung und Anmeldung in einer Urkunde 21.431
  - Bargründung und Geschäftsführer 21.420, 21.483
  - Ein-Mann-GmbH Bargründung und Geschäftsführer 21.471

- Ein-Mann-GmbH Sachgründung und Geschäftsführer 21.498
- Einziehung Geschäftsanteile 21.764
- Euroumstellung 21.728, 21.743
- Geschäftsführer 21.597, 21.772, 21.814
- Geschäftsführer und Prokurist 21.646, 21.652
- Gründung mit Musterprotokoll 21.517
- inländische Geschäftsanschrift 21.597, 21.608
- isolierte Gesellschafterliste 21.895
- Kapitalerhöhung (Agio) 21.677
- Kapitalerhöhung (Barleistung) 21.665
- Kapitalerhöhung (Gesellschaftsmittel) 21.701
- Kapitalerhöhung (Sachleistung) 21.690
- Kapitalherabsetzung 21.710
- Löschung 21.799
- Sachgründung nebst Geschäftsführer und Prokurist 21.446
- Satzungsänderung 21.597, 21.814
- Sitzverlegung 21.608
- Teilung Geschäftsanteile 21.756
- Vollbeendigung 21.799
- wirtschaftliche Neugründung 21.584
- Zusammenlegung Geschäftsanteile 21.750
- Vorbereitung Ges.versammlung 21.887 ff.
- Vorlageüberwachung (Anmeldung) s. Betreuung
- Vorlageüberwachung (bescheinigte Liste) s. Betreuung
- Wahlen s. Gründung und Beschlüsse
- wirtschaftliche Neugründung
  - Anmeldung 21.575 ff.
  - Beschluss 21.575 ff.
  - Versicherung gem. § 8 II GmbHG 21.582
- XML-Strukturdaten s. Vollzug
- Zustimmungsbeschluss
  - Veräußerung Geschäftsanteil 21.822 ff., 21.839 ff.
- Zustimmungserklärung
  - Veräußerung Geschäftsanteil 21.831 ff.
- Zweigniederlassung s. Zweigniederlassung

GmbH (Unternehmerges.)
- Änderung Gesellschaftsvertrag
  - Anmeldung
    - Änderung Unternehmensgegenstand 21.552 ff.
    - Firma 21.568 ff.
    - Unternehmensgegenstand 21.552 ff.
- Änderung Musterprotokoll
  - Anmeldung
    - Änderung Firma 21.568 ff.
- Anmeldung
  - Änderung Gesellschaftsvertrag s. Änderung Gesellschaftsvertrag
  - Änderung Musterprotokoll s. Änderung Musterprotokoll
  - Gründung s. Gründung – Anmeldung
  - individuelle Satzung
    - Änderung Unternehmensgegenstand 21.609 ff.
  - Musterprotokoll
    - Änderung Unternehmensgegenstand 21.616 ff.
    - Änderung Vertretungsregelung 21.631 ff.
    - Befreiung von § 181 BGB 21.624 ff.
    - weiterer Geschäftsführer 21.631 ff.
- Beschlüsse
  - Änderung Musterprotokoll
    - Unternehmensgegenstand 21.616 ff.
  - mit Musterprotokoll
    - Änderung Vertretungsregelung 21.631 ff.
    - Befreiung von § 181 BGB 21.624 ff.
    - weiterer Geschäftsführer 21.631 ff.
  - Satzungsänderung
    - Unternehmensgegenstand 21.609 ff.
- Betreuung
  - Vorlageüberwachung (Anmeldung)
    - Gründung mit Musterprotokoll 21.528
- Gesellschafterliste s. Vollzug; s. Betreuung – Vorlagehaftung
- Gesellschaftsvertrag
  - Änderung
    - Unternehmensgegenstand s. Änderung Gesellschaftsvertrag
  - Gründung s. Gründung
- Gründung
  - Anmeldung
    - Bargründung (ohne Musterprotokoll) und Geschäftsführer 21.499 ff.
    - mit Musterprotokoll 21.520 ff.
  - Gesellschaftsvertrag Bargründung (ohne Musterprotokoll)
    - mit Geschäftsführer 21.499 ff.
    - mit Musterprotokoll 21.520 ff.
  - IHK-Stellungnahme s. Vollzug
  - Musterprotokoll 21.520 ff.
    - Änderung
      - Firma s. Änderung Musterprotokoll
    - Anmeldung s. Anmeldung
    - Befreiung von § 181 BGB 21.624 ff.
    - Beschlüsse s. Beschlüsse
    - Vertretungsregelung 21.631 ff.
    - weiterer Geschäftsführer 21.631 ff.
  - Vollzug
    - Gesellschafterliste
      - Gründung mit Musterprotokoll 21.529
      - Gründung ohne Musterprotokoll 21.507 f.
    - IHK-Stellungnahme
      - Gründung mit Musterprotokoll 21.526
      - Gründung ohne Musterprotokoll 21.507 f.
    - XML-Strukturdaten
      - Änderung Gesellschaftsvertrag (Unternehmensgegenstand) 21.560, 21.615
      - Änderung Musterprotokoll (Befreiung von § 181 BGB) 21.630
      - Änderung Musterprotokoll (Firma) 21.574
      - Änderung Musterprotokoll (Unternehmensgegenstand) 21.623
      - Änderung Musterprotokoll (Vertretungsregelung) 21.639
      - Änderung Musterprotokoll (weiterer Geschäftsführer) 21.639
      - Gründung mit Musterprotokoll 21.527
      - Gründung ohne Musterprotokoll 21.509
- XML-Strukturdaten s. Vollzug

Kommanditgesellschaft
- Anmeldung
  - Änderung Firma 21.306 ff.
  - Auflösung
    - mit Fortführung als Einzelunternehmen 21.339 ff.
    - mit Liquidation 21.344 ff.
  - Ausscheiden Kommanditist
    - Sonderrechtsnachfolge 21.316 ff.

- Ausscheiden persönlich haftender
  Gesellschafter
  - Sonderrechtsnachfolge 21.311 ff.
- Ausscheiden und Eintritt
  Gesellschafter
  - Kommanditist und pers. haft.
    Gesellschafter 21.296 ff.
  - nur pers. haft. Gesellschafter
    21.301 ff., 21.306 ff.
- Beitritt Gesellschafter 21.279 ff.
- Beteiligungsumwandlung 21.322 ff.
- Eintritt Kommanditist
  - Sonderrechtsnachfolge 21.316 ff.
- Eintritt persönlich haftender Gesellschafter
  - Sonderrechtsnachfolge 21.311 ff.
- Erhöhung Kommanditeinlage
  21.328 ff.
- Erlöschen 21.349 ff.
- Erstanmeldung
  - drei persönlich haftende Gesellschafter 21.274 ff.
  - ein persönlich haftender Gesellschafter 21.265 ff.
- Geschäftsanschrift 21.333 ff.
- Liquidator 21.349 ff.
- Prokurist 21.333 ff.
- Sitzverlegung 21.333 ff.
- Sonderrechtsnachfolge
  - Kommanditist 21.316 ff.
  - mehrere Erben 21.321
  - persönlich haftender Gesellschafter
    21.311 ff.
- Ausscheiden Gesellschafter 21.288
- Beitritt Gesellschafter
  - Einbringung Einzelunternehmen
    21.279 ff.
- Bilanz 21.99; s. Bilanzen
- Einbringungsvertrag
  - Gründung 21.265 ff.
- Gesellschaftsvertrag
  - Einbringung Einzelunternehmen
    21.265 ff.
- Kommanditanteil
  - Beitritt Gesellschafter 21.284
  - Veräußerung 21.289 ff.
- Veräußerung
  - Kommanditanteil 21.289 ff.
- Vollzug
  - Änderung Firma 21.310
  - Auflösung
    - mit Fortführung als Einzelunternehmen 21.343

- mit Liquidation 21.348
- Ausscheiden Gesellschafter 21.288
- Ausscheiden Kommanditist
  - Sonderrechtsnachfolge 21.320
- Ausscheiden persönlich haftender
  Gesellschafter
  - Sonderrechtsnachfolge 21.315
- Ausscheiden und Eintritt
  Gesellschafter
  - Kommanditist und pers. haft.
    Gesellschafter 21.300
  - nur pers. haft. Gesellschafter
    21.305, 21.310
- Beitritt Gesellschafter 21.287
- Beteiligungsumwandlung 21.327
- Erhöhung Kommanditeinlage 21.332
- Erlöschen 21.353
- Erstanmeldung
  - drei persönlich haftende Gesellschafter 21.278
  - ein persönlich haftender Gesellschafter 21.273
- Geschäftsanschrift 21.338
- Liquidator 21.353
- Prokurist 21.338
- Sitzverlegung 21.338
- Sonderrechtsnachfolge
  - mehrere Erben 21.320
- Veräußerung Kommanditanteil
  21.295
Offene Handelsgesellschaft
- Anmeldung
  - Änderung Firma 21.250 ff.
  - Auflösung 21.255 ff.
  - Ausscheiden eines Gesellschafters und
    Sitzverlegung 21.245 ff.
  - Ausscheiden Gesellschafter 21.239
  - Ausscheiden und Eintritt von Gesellschaftern 21.240 ff.
  - Beitritt Gesellschafter 21.230 ff.
  - Erlöschen 21.250 ff.
  - Erstanmeldung
    - drei Gesellschafter 21.207 ff.
    - Eintritt Gesellschafter 21.218 ff.
    - und Gesellschaftsvertrag in einer
      Urkunde 21.199 ff.
    - zwei Gesellschafter 21.191 ff.
  - Geschäftsanschrift 21.245 ff.
  - Liquidator 21.250 ff.
  - Prokura 21.250 ff.
  - Sitzverlegung 21.245 ff.
- Ausscheiden Gesellschafter 21.239
- Beitritt Gesellschafter 21.230 ff.

- Bilanz s. Bilanzen
- Gesellschaftsanteil
  - Beitritt Gesellschafter   21.235
  - Veräußerung   21.223 ff.
- Gesellschaftsvertrag
  - Grundstückseinbringung   21.191 ff., 21.199 ff.
  - mit gleichzeitiger Schenkung   21.212 ff.
  - und Anmeldung in einer Urkunde   21.199 ff.
- Veräußerung
  - Gesellschaftsanteil   21.223 ff.
- Vollzug
  - Änderung Firma   21.254
  - Auflösung   21.259
  - Ausscheiden eines Gesellschafters   21.249
  - Ausscheiden und Eintritt von Gesellschaftern   21.244
  - Beitritt Gesellschafter   21.238
  - Erlöschen   21.264
  - Erstanmeldung
    - drei Gesellschafter   21.211
    - Eintritt Gesellschafter   21.222
    - zwei Gesellschafter   21.198, 21.206
  - Geschäftsanschrift   21.249
  - Liquidator   21.259
  - Prokura   21.254
  - Sitzverlegung   21.249
  - Veräußerung
    - Gesellschaftsanteil   21.229

Ohne wirtschaftliche Bedeutung
- Anmeldung
  - Euroumstellung   21.1047
  - inländische Geschäftsanschrift   21.1042 ff.
  - Namensänderung   21.1038

Partnerschaftsgesellschaft
- Anmeldung
  - Änderung des Namens der Partnerschaft   21.181 ff.
  - Auflösung   21.186 ff.
  - Ausscheiden und Eintritt von Partnern   21.171 ff., 21.176 ff.
  - Eintritt eines Partners   21.166 ff.
  - Erstanmeldung   21.160 ff.
    - Vertretung   21.163
  - Prokura   21.181 ff.
- Vollzug
  - Änderung des Namens der Partnerschaft   21.185
  - Auflösung   21.190
  - Ausscheiden und Eintritt von Partnern   21.175, 21.180
  - Eintritt eines Partners   21.170
  - Erstanmeldung   21.165
  - Prokura   21.185

Stiftungen
- Errichtung
  - durch letztwillige Verfügung   21.1038 ff.
  - unter Lebenden   21.1030 ff.

Überblick
- Auslagen   21.79
- Beratung und Vorbereitung einer Versammlung   21.71 ff.
- besonderer Beurkundungsgegenstand   21.34 ff.
- Besonderheiten/Sonstiges   21.68 ff.
- Betreuung
  - Allgemein   21.44 ff.
  - Bescheinigung § 40 II GmbHG   21.57
  - Fälligkeitsmitteilung   21.58
  - Gläubigeraufruf   21.61
  - Verpfändung Geschäftsanteile   21.56
  - Vorlageüberwachung   21.59 f.
- derselbe Beurkundungsgegenstand
  - Beschlüsse   21.26 ff.
    - Geschäftswert   21.33
    - Kapitalveränderung   21.27
    - Satzungsänderung   21.26, 21.28
    - Umwandlungsrecht   21.32
    - Wahlen   21.29 ff.
- Eigenurkunde   21.70
- Einführung   21.1
- Gebühr
  - Allgemein   21.8
- Gebührenermäßigung   21.67
- Gebührenfreie Geschäfte   21.64
- Geschäftswert
  - Anmeldungen
    - Erstanmeldung   21.20, 21.23
    - Kapitalveränderung   21.22
    - Kommanditisten   21.21
    - mit bestimmtem Geldbetrag   21.20 ff.
    - ohne bestimmten Geldbetrag   21.23 ff.
    - Satzungsänderung   21.24
    - Vertretung   21.25
  - Beschlüsse
    - Allgemein   21.11
    - Gewinnverwendung   21.15
    - Kapitalveränderung   21.13
    - mit bestimmtem Geldwert   21.12 ff.

– ohne bestimmten Geldwert
  21.16 ff.
– Satzungsänderung 21.16
– Teilung Geschäftsanteile 21.18
– Umwandlungsrecht 21.14
– Wahlen 21.17
– Zusammenlegung Geschäftsanteile
  21.18
– Zustimmungs- und Ermächtigungs-
  beschluss 21.12
– Verträge 21.9 f.
– Gründungsprüfer 21.63
– Liste Aufsichtsratsmitglieder 21.69
– Sachgründungsbericht 21.68
– Treuhandgebühr
  – Allgemein 21.44 ff.
  – Treuhandaufträge 21.62
– Übersichtstabelle
  – Anmeldungen
    – Gebühr 21.6
    – Geschäftswert 21.7
  – Beschlüsse
    – Gebühr 21.4
    – Geschäftswert 21.5
  – Pläne
    – Gebühr 21.2
    – Geschäftswert 21.3
  – Satzungen
    – Gebühr 21.2
    – Geschäftswert 21.3
  – Verträge
    – Gebühr 21.2
    – Geschäftswert 21.3
– Unrichtige Sachbehandlung 21.65 f.
– verschiedener Beurkundungsgegenstand
  21.34 ff.
– Vollzug
  – Allgemein 21.44 ff.
  – Geschäftsanteilsveräußerung 21.47
  – Gesellschafterliste 21.48 ff.
  – IHK-Stellungnahme 21.53

– Schuldübernahme 21.54
– XML-Strukturdaten 21.55
Unternehmergesellschaft s. GmbH
(Unternehmerges.)
Verein
– Anmeldung
  – Änderung Vorstand 21.368 ff.
  – Änderung Vorstand und Satzung
    21.374 ff.
  – Auflösung
    – und geborener Liquidator 21.380 ff.
    – und gekorener Liquidator 21.387 ff.
  – Erstanmeldung 21.354 ff., 21.359 ff.
  – Liquidator
    – geborener 21.380 ff.
    – gekorener 21.380 ff.
– Beschluss
  – Wahl Vorstand 21.363
– Gründung
  – Anmeldung 21.359 ff.
  – Gründungserklärungen 21.359 ff.
  – Wahl Vorstand 21.359 ff.
– Vollzug
  – Änderung Vorstand 21.373
  – Änderung Vorstand und Satzung
    21.379
  – Auflösung und Liquidator 21.386,
    21.391
  – Erstanmeldung 21.358, 21.367
Zweigniederlassung
– Anmeldung
  – ausländische Gesellschaft 21.1019 ff.,
    21.1025 ff.
  – Errichtung 21.1009 ff.
  – Prokurist 21.1014 ff., 21.1019 ff.,
    21.1025 ff.
– Vollzug
  – XML-Strukturdaten
    – ausländische Gesellschaft 21.1024,
      21.1029
  – Errichtung 21.1013
  – Prokurist 21.1018, 21.1024, 21.1029

I. Überblick

1. Einführung

21.1 In dem hier behandelten Themenfeld wird der kostenrechtliche Wert von Beteiligungen und Anteilen an Gesellschaften anhand der Bilanz, die Gesellschaft bürgerlichen Rechts (GbR), der Einzelkaufmann, die Partnerschaftsgesellschaft, die offene Handelsgesellschaft, die Kommanditgesellschaft, der Verein, Anmeldungen zum Genossenschaftsregister, die Gesellschaft mit beschränkter Haf-

I. Überblick

tung, die Aktiengesellschaft, Zweigniederlassungen, Stiftungen, Unternehmenskauf- und Unternehmensverträge sowie Anmeldungen ohne wirtschaftliche Bedeutung behandelt.

Das Umwandlungsrecht wird aufgrund der Komplexität als eigener Schwerpunkt (Teil 22) neben den gesellschaftsrechtlichen Vorgängen behandelt.

2. Übersichtstabelle

a) Die maßgeblichen Bewertungsvorschriften für gesellschaftsrechtliche Verträge, Satzungen und Pläne lauten:

21.2

Gebühr
a) Gründungs*vertrag* b) Gründungsakt (Ein-Personen-Gesellschaft) c) Änderung der Gründungsurkunde (Mehr-Personen-Gesellschaft) d) Änderung der Gründungsurkunde (Ein-Personen-Gesellschaft) e) Geschäftsanteilsübertragungen
a) Nr. 21100 KV (2,0), mindestens 120 Euro
b) Nr. 21200 KV (1,0), mindestens 60 Euro
c) Nr. 21100 KV (2,0), mindestens 120 Euro
d) Nr. 21200 KV (1,0), mindestens 60 Euro
e) Nr. 21100 KV (2,0), mindestens 120 Euro

21.3

Geschäftswert
a) Gründungs*vertrag* b) Gründungsakt (Ein-Personen-Gesellschaft) c) Änderung der Gründungsurkunde (Mehr-Personen-Gesellschaft) d) Änderung der Gründungsurkunde (Ein-Personen-Gesellschaft) e) Geschäftsanteilsübertragungen
a) §§ 97 I, 107 I GNotKG (Leistungen der Gesellschafter), mindestens 30 000 Euro und höchstens 10 000 000 Euro
b) §§ 97 I, 107 I GNotKG (Leistungen des Gesellschafters), mindestens 30 000 Euro und höchstens 10 000 000 Euro
c) §§ 97 I, II, 36 I GNotKG (Teilwert aus dem Wert der Gründungsurkunde)
d) §§ 97 I, II, 36 I GNotKG (Teilwert aus dem Wert der Gründungsurkunde)
e) §§ 97 I, III, 54, 107 II GNotKG (Käuferleistung, mind. Wert des Anteils), bei verbundenen Unternehmen, bei denen die betroffene Gesellschaft nicht überwiegend vermögensverwaltend tätig ist, höchstens 10 000 000 Euro

b) Die maßgeblichen Bewertungsvorschriften **für Beschlüsse** lauten:

21.4

Gebühr
Nr. 21100 KV (2,0), mindestens 120 Euro

21.5

Geschäftswert
für Beschlüsse *mit* bestimmtem Geldwert
§§ 36 I, 108 I S. 2, V (Wert des zugrunde liegenden Geschäfts bzw. Wert der Beschlussfassung); mindestens der Wert gemäß § 105 I (30 000 Euro) und höchstens 5 000 000 Euro
§§ 36 I, 108 II, 5 (Zustimmungsbeschlüsse: Wert des Geschäfts, auf das sich der Zustimmungsbeschluss bezieht); mindestens der Wert gemäß § 105 I (30 000 Euro) und höchstens 5 000 000 Euro
für Beschlüsse *ohne* bestimmten Geldwert von   a) Kapitalgesellschaften mit Ausnahme von b)   b) Satzungsänderungen bei GmbH und UG (haftungsbeschränkt) mit Musterprotokoll   c) VVaG   d) Personenhandelsgesellschaften   e) juristische Personen (§ 33 HGB)   f) Partnerschaftsgesellschaften   g) Genossenschaften   h) Vereine   i) Gesellschaft bürgerlichen Rechts
a) §§ 108 I S. 1, V, 105 IV Nr. 1 (1 % des Grund- oder Stammkapitals), mindestens 30 000 Euro, höchstens 5 000 000 Euro
b) §§ 108 I S. 1, V, 105 VI (1 % des Stammkapitals), höchstens 5 000 000 Euro, auch wenn mehrere Beschlüsse mit verschiedenem Gegenstand in einem Beurkundungsverfahren zusammengefasst werden
c) §§ 108 I S. 1, V, 105 IV Nr. 2 (60 000 Euro), höchstens 5 000 000 Euro, auch wenn mehrere Beschlüsse mit verschiedenem Gegenstand in einem Beurkundungsverfahren zusammengefasst werden
d) §§ 108 I S. 1, V, 105 IV Nr. 3 (30 000 Euro), höchstens 5 000 000 Euro, auch wenn mehrere Beschlüsse mit verschiedenem Gegenstand in einem Beurkundungsverfahren zusammengefasst werden
e) §§ 108 I S. 1, V, 105 IV Nr. 4 (30 000 Euro), höchstens 5 000 000 Euro, auch wenn mehrere Beschlüsse mit verschiedenem Gegenstand in einem Beurkundungsverfahren zusammengefasst werden
f) §§ 108 I S. 1, V, 105 IV Nr. 3 (30 000 Euro), höchstens 5 000 000 Euro, auch wenn mehrere Beschlüsse mit verschiedenem Gegenstand in einem Beurkundungsverfahren zusammengefasst werden
g) §§ 108 I S. 1, V, 105 IV Nr. 4 (30 000 Euro), höchstens 5 000 000 Euro, auch wenn mehrere Beschlüsse mit verschiedenem Gegenstand in einem Beurkundungsverfahren zusammengefasst werden

I. Überblick

h) §§ 36 I, III, 108 V (5000 Euro beim Fehlen genügender Anhaltspunkte zur Bestimmung eines Wertes), höchstens 5 000 000 Euro, auch wenn mehrere Beschlüsse mit verschiedenem Gegenstand in einem Beurkundungsverfahren zusammengefasst werden
i) §§ 108 IV, V (30 000 Euro), höchstens 5 000 000 Euro, auch wenn mehrere Beschlüsse mit verschiedenem Gegenstand in einem Beurkundungsverfahren zusammengefasst werden
von Zustimmungsbeschlüssen
§ 108 II, V (Geschäftswert entspricht dem Wert des Geschäfts, auf das sich der Zustimmungsbeschluss bezieht); mindestens 30 000 Euro, höchstens 5 000 000 Euro

c) Die maßgeblichen Bewertungsvorschriften **für Registeranmeldungen** lauten:

21.6

Gebühr
a) Beurkundung
b) Entwurf mit Unterschriftsbeglaubigung
c) reine Unterschriftsbeglaubigung
a) Nr. 21201 Nr. 5 KV (0,5), mindestens 30 Euro
b) Nrn. 24102, 21201 Nr. 5 KV (0,3–0,5), mindestens 30 Euro, hier 0,5 wegen § 92 II
c) Nr. 25100 (0,2), mindestens 20 Euro, höchstens 70 Euro

21.7

Geschäftswert
für *Erst*anmeldung zum Handelsregister, Partnerschaftsregister, Genossenschaftsregister, Vereinsregister:
a) Kapitalgesellschaft mit Ausnahme b)
b) GmbH und UG (haftungsbeschränkt) mit Musterprotokoll
c) VVaG
d) Kommanditgesellschaft
e) Einzelkaufmann
f) offene Handelsgesellschaft
g) juristische Person (§ 33 HGB)
h) Partnerschaftsgesellschaft
i) Genossenschaft
j) Verein
k) Zweigniederlassung
a) §§ 105 I S. 1 Nr. 1, 106 (einzutragender Geldbetrag, ein in der Satzung bestimmtes genehmigtes Kapital ist dem Grund- oder Stammkapital hinzuzurechnen), mindestens 30 000 Euro, höchstens 1 000 000 Euro

b) §§ 105 I S. 1 Nr. 1, VI Nr. 1, 106 (einzutragende Geldbetrag), höchstens 1 000 000 Euro

c) §§ 105 I S. 1 Nr. 2, 106 (einzutragende Geldbetrag), mindestens 30 000 Euro, höchstens 1 000 000 Euro

d) §§ 105 I S. 1 Nr. 5, 106 (Summe der Kommanditeinlagen zzgl. 30 000 Euro für den ersten und 15 000 Euro für jeden weiteren persönlich haftenden Gesellschafter), höchstens 1 000 000 Euro

e) § 105 III Nr. 1 (30 000 Euro)

f) §§ 105 III Nr. 2, 106 (45 000 Euro bei zwei Gesellschaftern, für jeden weiteren Gesellschafter erhöht sich der Wert um jeweils 15 000 Euro); höchstens 1 000 000 Euro

g) § 105 III Nr. 3 (60 000 Euro)

h) §§ 105 III Nr. 2, 106 (45 000 Euro bei zwei Partnern, für jeden weiteren Partner erhöht sich der Wert um jeweils 15 000 Euro); höchstens 1 000 000 Euro

i) § 105 III Nr. 3 (60 000 Euro)

j) §§ 36 I, 3, 106 (5000 Euro beim Fehlen genügender Anhaltspunkte zur Bestimmung eines Wertes), höchstens 1 000 000 Euro

k) §§ 105 I oder III, 106, mindestens 30 000 Euro, höchstens 1 000 000 Euro

---

für *spätere* Anmeldung zum Handelsregister *mit* bestimmtem Geldbetrag
a) Kapitalveränderung bei GmbH
b) Kapitalmaßnahmen bei AG und KG a.A.
c) Eintritt und Ausscheiden von Kommanditisten
d) Änderung der Kommanditeinlage

---

a) §§ 105 I S. 1 Nr. 3, 106 (der Unterschiedsbetrag zum eingetragenen Geldbetrag), mindestens 30 000 Euro, höchstens 1 000 000 Euro

b) §§ 105 I S. 1 Nr. 4, 106 (Unterschiedsbetrag zum eingetragenen Geldbetrag), mindestens 30 000 Euro, höchstens 1 000 000 Euro

c) §§ 105 I S. 1 Nr. 6, 106 (die einfache Kommanditeinlage), mindestens 30 000 Euro, höchstens 1 000 000 Euro

d) §§ 105 I S. 1 Nr. 7, 106 (der Unterschiedsbetrag zum eingetragenen Geldbetrag), mindestens 30 000 Euro, höchstens 1 000 000 Euro

---

für *spätere* Anmeldung zum Handelsregister *ohne* bestimmten Geldbetrag, Partnerschaftsregister, Genossenschaftsregister, Vereinsregister
a) Kapitalgesellschaft mit Ausnahme b) und c)
b) Änderung des Gesellschaftsvertrages bei GmbH und UG (haftungsbeschränkt) mit Musterprotokoll, wenn nicht vom Muster abgewichen wird
c) Satzungsänderung durch Beschluss zur GmbH und UG (haftungsbeschränkt) mit Musterprotokoll, wenn von diesem nicht abgewichen wird
d) VVaG
e) Personenhandelsgesellschaft
f) Einzelkaufmann
g) juristische Person (§ 33 HGB)

I. Überblick

> h) Partnerschaftsgesellschaft
> i) Genossenschaft
> j) Verein
> k) Zweigniederlassung

a) §§ 105 IV Nr. 1, 106 (1 % des Grund- oder Stammkapitals), mindestens 30 000 Euro, höchstens 1 000 000 Euro

b) §§ 105 VI Nr. 2, 106 (1 % des Grund- oder Stammkapitals), höchstens 1 000 000 Euro

c) §§ 105 VI Nr. 2, 106 (1 % des Grund- oder Stammkapitals), mindestens 30 000 Euro, höchstens 1 000 000 Euro

d) §§ 105 IV Nr. 1 (60 000 Euro)

e) §§ 105 IV Nr. 3, 106 (30 000 Euro; beim Ein- oder Austritt von mehr als zwei persönlich haftenden Gesellschaftern sind 15 000 Euro für jeden Gesellschafter anzunehmen), höchstens 1 000 000 Euro

f) §§ 105 IV Nr. 4 (30 000 Euro)

g) §§ 105 IV Nr. 4 (30 000 Euro)

h) §§ 105 IV Nr. 3, 106 (30 000 Euro; beim Ein- oder Austritt von mehr als zwei Partnern sind 15 000 Euro für jeden Partner anzunehmen), höchstens 1 000 000 Euro

i) §§ 105 IV Nr. 4 (30 000 Euro)

j) §§ 36 I, III, 106 (5000 Euro beim Fehlen genügender Anhaltspunkte zur Bestimmung eines Wertes), höchstens 1 000 000 Euro

k) §§ 105 IV, 106 GNotKG, mindestens 30 000 Euro, höchstens 1 000 000 Euro

> für Anmeldungen ohne wirtschaftliche Bedeutung zum
> a) Handelsregister, Partnerschaftsregister, Genossenschaftsregister
> b) Vereinsregister

a) § 105 V (5000 Euro)

b) §§ 97 I, 36 I, III (5000 Euro)

3. Gebühr

Nach Nr. 21100 KV GNotKG wird für die Beurkundung mehrseitiger Erklärungen eine 2,0 Gebühr und nach Nr. 21200 KV GNotKG, für die Beurkundung einseitiger Erklärungen eine 1,0 Gebühr erhoben, wobei es ohne Belang ist, ob die Erklärungen einen rechtsgeschäftlichen oder nur einen tatsächlichen Inhalt haben. Beschlussfassungen unterfallen der Vorschrift des Nr. 21100 KV GNotKG. Abweichend zum alten Recht beträgt die Mindestgebühr bei Verträgen 120 Euro und bei einseitigen Erklärungen 60 Euro. Handelt es sich bei den beurkundeten Erklärungen um Anmeldungen zum Handelsregister oder zu einem ähnlichen Register, fällt gemäß Nr. 21201 Nr. 5 KV GNotKG eine 0,5 Gebühr an, die mindestens 30 Euro beträgt. Fertigt der Notar auftragsgemäß den Entwurf der Anmeldung, ist eine Gebühr nach Nrn. 24101, 21201 Nr. 5 KV GNotKG und wegen § 92 II GNotKG i.H.v. 0,5 zu erheben, mindestens aber 30 Euro. Die erstmaligen

21.8

Unterschriftsbeglaubigungen, die an ein und demselben Tag erfolgen, lösen dann keine zusätzliche Gebühr aus, Vorbem. 2.4.1 II KV GNotKG.

4. Geschäftswert

21.9 Der Geschäftswert **gesellschaftsrechtlicher Verträge**, **Satzungen** und **Pläne** sowie von **Vorgängen nach dem Umwandlungsgesetz** unterfällt der Vorschrift des § 107 GNotKG. Mindestens ist ein Geschäftswert von 30 000 Euro und höchstens von 10 000 000 Euro anzunehmen. Eine Ausnahme bildet die Gründung einer Gesellschaft gemäß § 2 Ia GmbHG (Musterprotokoll) sowie eine notwendige Änderung des Gesellschaftsvertrages, wenn die Gesellschaft auch mit dem geänderten Gesellschaftsvertrag hätte gemäß § 2 Ia GmbHG gegründet werden können. Auf diese beiden Vorgänge findet der Mindestwert von 30 000 Euro keine Anwendung.

21.10 Gemäß § 107 II GNotKG gilt für die Beurkundung von Verträgen zwischen **verbundenen Unternehmen** (§ 15 AktG) ebenfalls der Höchstwert von 10 000 000 Euro. Ausgenommen davon sind Gesellschaften, die überwiegend vermögensverwaltend tätig sind, insbesondere als Immobilienverwaltungs-, Objekt-, Holding-, Besitz- oder sonstige **Beteiligungsgesellschaft**.

21.11 Bei der Bewertung von Beschlüssen kommt es zum einen darauf an, um welches **Beschlussorgan** es geht, zum anderen darauf, ob es sich um einen Beschluss mit **bestimmtem** oder mit **unbestimmtem Geldwert** handelt.

21.11a Bei Beschlüssen von Organen von **Kapital-, Personenhandels-** und **Partnerschaftsgesellschaften** sowie von **Versicherungsvereinen auf Gegenseitigkeit, juristischen Personen (§ 33 HGB)** oder **Genossenschaften**, deren Gegenstand **keinen bestimmten Geldwert** hat, gilt gem. § 108 I S. 1 GNotKG die Geschäftswertbestimmung des § 105 IV bzw. VI GNotKG entsprechend. Beschlüsse dieser Organe mit bestimmtem Geldwert bestimmen sich hingegen nach der allgemeinen Geschäftswertvorschrift des § 36 I GNotKG, der Mindestwert beträgt 30 000 Euro (§ 108 I S. 2 i.V.m. § 105 I S. 2 GNotKG). **Zustimmungsbeschlüsse** der genannten Organe folgen dem Wert des zuzustimmenden Geschäfts (§ 108 II GNotKG). Auch hier gilt der Mindestwert von 30 000 Euro.

21.11b Beschlüsse nach dem **Umwandlungsgesetz** sind nach dem Wert des Vermögens des übertragenden oder formwechselnden Rechtsträgers zu bewerten (§ 108 III S. 1 GNotKG). Bei Abspaltungen oder Ausgliederungen ist der Wert des übergehenden Vermögens maßgebend (§ 108 III S. 2 GNotKG).

21.11c Beschlüsse von Organen einer **BGB-Gesellschaft**, die keinen bestimmten Geldwert haben, sind stets mit 30 000 Euro anzunehmen (§ 108 IV GNotKG). Bei Beschlüssen mit bestimmtem Geldwert ist nach der allgemeinen Geschäftswertvorschrift des § 36 I GNotKG zu bewerten.

Die Beschlüsse von Organen **anderer Gesellschaftsformen**, insbesondere von **Vereinen**, sind nach der allgemeinen Geschäftswertregel des § 36 I GNotKG zu bewerten.

I. Überblick

Der **Höchstwert** von **Beschlüssen aller Art** beläuft sich auf **5 000 000 Euro**, auch wenn mehrere Beschlüsse mit verschiedenem Gegenstand in einem Beurkundungsverfahren zusammengefasst sind (§ 108 V GNotKG).

Beschlüsse mit bestimmtem Geldwert sind bspw.:

– Zustimmungs- und Ermächtigungsbeschluss 21.12
– Kapitalveränderungsbeschluss (Kapitalerhöhung oder -herabsetzung) 21.13
– Beschlüsse nach dem Umwandlungsrecht 21.14
– Gewinnverwendungsbeschluss 21.15

Beschlüsse ohne bestimmten Geldwert sind bspw.:

– Änderung der Satzung in Punkten wie Firma, Sitz, Gegenstand des Unternehmens, Umstellung des Stammkapitals auf Euro (ausgenommen sind Kapitalerhöhung oder -herabsetzung) 21.16
– Wahlen und alle mit der Vertretung zusammenhängenden Beschlüsse 21.17
– Zusammenlegung oder Teilung von Geschäftsanteilen 21.18

Die Bewertungen der **Anmeldungen zum Handelsregister, Partnerschaftsregister und Genossenschaftsregister** unterfallen § 105 GNotKG. Erfolgt dies unter Fertigung eines Entwurfs, ist § 119 GNotKG zu beachten. Für das Vereinsregister ist § 36 I GNotKG einschlägig. Der **Höchstwert** beträgt gemäß § 106 GNotKG in jedem Fall (auch für das Vereinsregister) 1 000 000 Euro. Dies gilt selbst dann, wenn mehrere Anmeldungen in einem Beurkundungsverfahren zusammengefasst werden. Die Anmeldungen werden weiterhin unterschieden zwischen Anmeldungen mit bestimmtem und unbestimmtem Geldbetrag. 21.19

Anmeldungen mit bestimmtem Geldbetrag sind zum Beispiel:

– Erstanmeldung einer Kapitalgesellschaft, eines Versicherungsvereins auf Gegenseitigkeit, einer Kommanditgesellschaft 21.20
– Veränderung in der Person der Kommanditisten 21.21
– Kapitalveränderung (Kapitalerhöhung oder -herabsetzung) 21.22

Anmeldungen ohne unbestimmten Geldbetrag sind zum Beispiel:

– Erstanmeldung eines Einzelkaufmanns, einer offenen Handelsgesellschaft, einer Partnerschaftsgesellschaft, einer juristischen Person (§ 33 HGB) oder einer Genossenschaft 21.23
– Satzungsänderung 21.24
– Änderung der Vertretung 21.25

5. Derselbe Beurkundungsgegenstand/Verschiedene Beurkundungsgegenstände

Derselbe Beurkundungsgegenstand 21.25a

Gemäß § 109 II S. 1 Nr. 4 GNotKG sind bei Beschlüssen von Organen einer Vereinigung oder Stiftung derselbe Beurkundungsgegenstand:

21.26 a) jeder Beschluss und eine damit im Zusammenhang stehende Änderung des Gesellschaftsvertrags oder der Satzung,

21.27 b) der Beschluss über eine Kapitalerhöhung oder -herabsetzung und die weiteren damit im Zusammenhang stehenden Beschlüsse,

21.28 c) mehrere Änderungen des Gesellschaftsvertrages oder der Satzung, deren Gegenstand keinen bestimmten Geldwert hat,

21.29 d) mehrere **Wahlen**, sofern nicht Einzelwahlen stattfinden,

21.30 e) mehrere Beschlüsse über die **Entlastung von Verwaltungsträgern**, sofern nicht Einzelbeschlüsse gefasst werden,

21.31 f) **Wahlen** und Beschlüsse über die **Entlastung der Verwaltungsträger**, sofern nicht einzeln abgestimmt wird,

21.32 g) Beschlüsse von Organen verschiedener Vereinigungen bei **Umwandlungsvorgängen**, sofern die Beschlüsse denselben Beurkundungsgegenstand haben.

21.33 In diesen Fällen bestimmt sich der Geschäftswert gem. § 109 II S. 2 GNotKG nach dem höchsten in Betracht kommenden Wert. Sind für die einzelnen Beurkundungsgegenstände oder Teile davon verschiedene Gebührensätze anzuwenden, wird die Gebühr nach dem höchsten in Betracht kommenden Gebührensatz berechnet. Sie beträgt jedoch nicht mehr als die Summe der Gebühren, die bei getrennter Beurkundung entstanden wären; § 94 II GNotKG.

Besonderer Beurkundungsgegenstand

21.34 Abweichend von § 109 I GNotKG sind gem. § 110 Nr. 1 GNotKG **Beschlüsse von Organen einer Vereinigung oder Stiftung bei Zusammentreffen mit Erklärungen** verschiedene Beurkundungsgegenstände.

21.35 § 111 Nr. 3 GNotKG gilt für **Anmeldungen zu einem Register**, wobei sie stets als ein besonderer Beurkundungsgegenstand gelten, d.h., dass die Verschiedenheit nicht nur zu bestimmten anderen Gegenständen gegeben ist, sondern im Verhältnis zu allen denkbaren anderen Gegenständen. Dies gilt gem. Entscheidung des BGH[1] dann nicht, wenn es sich bei den anmeldepflichtigen Vorgängen um eine Erklärungseinheit handelt. Nach dieser Entscheidung stellt sich die Frage der Anwendung des § 111 GNotKG nur dann, wenn mehrere Beurkundungsgegenstände in einem Beurkundungsverfahren zusammentreffen. Erschöpft sich die Registeranmeldung allerdings in der Eintragung eines einheitlichen Rechtsvorgangs i.S.d. § 86 I GNotKG, handelt es sich um *einen* Beurkundungsgegenstand, der erst im Fall des Zusammentreffens mit weiteren Beurkundungsgegenständen als besonderer im Sinne des § 111 Nr. 3 GNotKG zu bewerten ist. Damit hat der BGH die *Anwendung* des § 111 GNotKG auf völlig neue Beine gestellt. In den in dieser Auflage behandelten Fällen wurde diese Entscheidung lediglich in dem entschiedenen Fall (Anmeldung der Auflösung einer GmbH mit gleichzeitiger Anmeldung des geborenen Liquidators) eingearbeitet. Für alle anderen Fälle bleibt die weitere Rechtsprechung abzuwarten.

---

1 BGH v. 18.10.2016 – II ZB 18/15 und bestätigend BGH v. 20.12.2016 – II ZB 13/16, NotBZ 4/2017, 148 ff. mit Anm. *Heinze*.

I. Überblick

Unabhängig von der Anwendung des § 111 Nr. 3 GNotKG liegt bei den nachfolgenden Anmeldungen nur ein Gegenstand vor: 21.36

- **erste Anmeldung einer Gesellschaft mit Anmeldung der gesetzlichen Vertretung samt Vertretungsberechtigung und ggf. Versicherung und sonstiger erforderlicher Erklärungen** 21.37
- **Satzungsänderung in mehreren Punkten** 21.38
- **Satzungsneufassung** 21.39
- **Kapitalveränderung und damit verbundene redaktionelle Satzungsänderung** 21.40
- **Liquidationsbeendigung und Erlöschen der Gesellschaft** 21.41
- **Fortsetzung einer aufgelösten GmbH samt Abberufung des Liquidators und Neubestellung des Geschäftsführers** 21.42

Sind für die einzelnen Beurkundungsgegenstände oder Teile davon verschiedene Gebührensätze anzuwenden, entstehen insoweit gesondert berechnete Gebühren, jedoch nicht mehr als die nach dem höchsten Gebührensatz berechnete Gebühr aus dem Gesamtbetrag der Werte; § 94 I GNotKG. Bei der gesonderten Berechnung sollen dabei alle Geschäfte addiert werden, die dem gleichen Gebührensatz unterliegen („soweit"). 21.43

6. Vollzugs-, Betreuungs- und Treuhandtätigkeiten

Die Vollzugs- bzw. die Betreuungsgebühr wird in demselben notariellen Verfahren jeweils nur einmal erhoben; § 93 I S. 1 GNotKG. Eine Ausnahme bildet die besondere Vollzugsgebühr nach Nrn. 22114 und 22125 KV GNotKG (Erzeugung XML-Strukturdaten), welche gem. der jeweiligen Anmerkung neben den Gebühren des betreffenden Unterabschnitts gesondert entsteht. Eine weitere Ausnahme bildet die Treuhandgebühr. Mit ihr werden die notariellen Tätigkeiten gegenüber Treuhandgebern abgegolten, die anlässlich eines Beurkundungsverfahrens mehrfach vorkommen können. Daher kann die Treuhandgebühr im Zusammenhang mit einem Beurkundungsverfahren gemäß Anm. S. 2 zu Nr. 22201 KV GNotKG mehrfach anfallen. 21.44

Hat der Notar die für den Vollzug notwendige Erklärung bzw. Bescheinigung entworfen (z.B. privatschriftliche Zustimmungserklärung, Vollmachtsbestätigung) und bereits eine Vollzugsgebühr nach Vorbem. 2.2.1.1 I KV GNotKG eingefordert, kann für den Entwurf keine Entwurfsgebühr erhoben werden; Vorbem. 2.2. II KV GNotKG. Die Vollzugsgebühr schließt die Entwurfsgebühr aus. 21.45

Nach § 112 GNotKG ist der Geschäftswert für den Vollzug gleich dem Geschäftswert des zugrundeliegenden Beurkundungsverfahrens. Liegt der zu vollziehenden Urkunde kein Beurkundungsverfahren zugrunde, ist der Geschäftswert derjenige Wert, der maßgeblich wäre, wenn diese Urkunde Gegenstand eines Beurkundungsverfahrens wäre. Der Geschäftswert für die Betreuungsgebühr ist wie bei der Beurkundung zu bestimmen; § 113 I GNotKG. Der Geschäftswert für die Treuhandgebühr ist der Wert des Sicherungsinteresses; § 113 II GNotKG. 21.46

a) Einholung der Genehmigung der Gesellschaft zur Geschäftsanteilsabtretung

aa) In gesellschaftsrechtlichen Vorgängen können Vollzugstätigkeiten sein

21.47 Diese Tätigkeit unterliegt dem Vollzug im Sinne des Hauptabschnitts 2, Abschnitt 1, Unterabschnitt 1. Danach erhält der Notar gem. Vorbem. 2.2.1.1 I Nr. 5 KV eine 0,5 Vollzugsgebühr nach Nr. 22110 KV GNotKG. Der Geschäftswert bestimmt sich gem. § 112 GNotKG nach dem zugrundeliegenden Beurkundungsverfahren.

bb) Fertigen, Ändern oder Ergänzen der Gesellschafterliste nach § 8 I Nr. 3 GmbHG, § 40 GmbHG oder Liste der Personen, welche neue Geschäftsanteile übernommen haben, § 57 III Nr. 2 GmbHG

21.48 Zu erheben ist eine Vollzugsgebühr nach Vorbem. 2.2.1.1 I S. 2 Nr. 3 KV i.H.v. 0,5 gem. Nr. 22110 KV GNotKG bzw. 0,3 gem. Nr. 22111 KV GNotKG.

Welcher **Gebührensatz** zur Anwendung kommt, hängt zunächst davon ab, welcher Urkunde man den Vollzug zuordnet. Grundsätzlich vertritt die Ländernotarkasse die Auffassung, dass dies die Anmeldung sein wird, wenn anzumeldende Tatsachen vorliegen (arg. u.a. § 8 I Nr. 3 GmbHG: „Der Anmeldung müssen beigefügt sein ...", ebenso § 57 III Nr. 2 GmbHG).[1]

21.49 Besteht die Urkunde aus **mehreren Beurkundungsgegenständen**, können verschiedene/besondere Beurkundungsgegenstände nach §§ 86 II, 111 Nr. 3 GNotKG vorliegen, welche unterschiedlichen Gebührensätzen unterliegen (z.B. (Gründungs-)Vereinbarungen 2,0 nach Nr. 21100 KV GNotKG, einseitige Gründungserklärungen 1,0 nach Nr. 21200 KV GNotKG, Anmeldung 0,5 nach Nr. 21201 Nr. 5 KV GNotKG).

21.50 Bei der Gründung einer Ein-Personen-GmbH fällt für die Satzung eine 1,0 Gebühr nach Nr. 21200 KV GNotKG an und für den Geschäftsführerbestellungsbeschluss eine 2,0 Gebühr nach Nr. 21100 KV GNotKG. Ist die Anmeldung in gleicher Urkunde enthalten, wäre für diese lediglich die 0,5 Gebühr nach Nr. 21201 Nr. 5 KV GNotKG zu erheben. Es handelt sich insgesamt um verschiedene/besondere Beurkundungsgegenstände nach §§ 110 Nr. 1, 111 Nr. 3 GNotKG mit der Folge des Gebührenvergleichs nach § 94 I GNotKG.

Fraglich ist, welcher Gebührensatz für die Vollzugsgebühr anfällt, wenn die mehreren Beurkundungsgegenstände unterschiedlichen Gebührensätzen unterliegen. Bezieht man die Vollzugstätigkeit auf die Satzung bzw. Anmeldung, käme Nr. 22111 KV GNotKG (0,3) zur Anwendung und nicht Nr. 22110 KV GNotKG (0,5). Da sich der Vollzug auf das Beurkundungsverfahren bezieht, welches auch den Geschäftsführungsbestellungsbeschluss enthält, kann sich die Höhe der Vollzugsgebühr nur nach dem höchsten Gebührensatz der einzelnen Beurkundungsgegenstände richten. Das ist der Beschluss, welcher einer 2,0 Gebühr unterliegt. Bei zusammengesetzten Beurkundungsverfahren kommt es al-

---

1 NotBZ 2014, 337 ff., a.A. LG Magdeburg, Beschl. v. 2.12.2016 – 10 OH 35/16.

I. Überblick

so auf die höchste Gebühr der zugrunde liegenden Gebührensätze an. Dieses Ergebnis wird bereits von einer ersten Rechtsprechung geteilt.[1]

Für die Bescheinigung der Liste kann daneben noch eine Betreuungsgebühr entstehen; vgl. Rz. 21.57. 21.51

Beschränkt sich der Vollzug lediglich auf das Fertigen, Ändern oder Ergänzen der Liste, besteht gemäß Nr. 22113 KV GNotKG eine Höchstgebühr von 250 Euro, wobei es sich um einen „wachsenden Höchstbetrag" handelt, weil sie für jede Tätigkeit, d.h. für jede gefertigte Gesellschafterliste in demselben Verfahren zu berücksichtigen ist. 21.52

Der Geschäftswert bestimmt sich nach § 112 GNotKG. Ordnet man die Liste dem Vollzug der Anmeldung zu, ist Bezugswert der Wert der Anmeldung. Für die Gebühr sind die Nrn. 22111 und 22113 KV GNotKG einschlägig.

cc) Einholung der Stellungnahme der IHK

Die 0,5 Vollzugsgebühr nach Nr. 22110 KV GNotKG ist für die Einholung der Stellungnahme der IHK gem. Vorbem. 2.2.1.1 I S. 2 Nr. 1. Beschränkt sich der Vollzug lediglich auf eine Tätigkeit gemäß Vorbem. 2.2.1.1 I S. 2 Nr. 1 KV GNotKG, besteht gemäß Nr. 22112 KV GNotKG eine Höchstgebühr von 50 Euro, wobei es sich um einen „wachsenden Höchstbetrag" handelt, weil sie für jede Tätigkeit in demselben Verfahren zu berücksichtigen ist. Durch dieses System kann zum einen der konkrete Aufwand berücksichtigt werden, zum anderen kann der Tatsache Rechnung getragen werden, dass die Einholung der in der Vorbem. 2.2.1. I Nr. 1 (und auch Nr. 2) KV GNotKG genannten Tätigkeiten regelmäßig standardisiert erfolgt und der Ansatz einer in ihrer Höhe unbegrenzten Wertgebühr oft nicht sachgerecht wäre. 21.53

Der Geschäftswert bestimmt sich nach § 112 GNotKG. Ordnet man die IHK-Anfrage, die nicht der Wirksamkeit der Gründungsurkunde, sondern primär dem (schnellen) Vollzug der Anmeldung dient, dem Vollzug derselben zu, wäre Bezugswert der Wert der Anmeldung.[2]

dd) Einholen von Erklärungen zur Schuldübernahme

Wird der Notar damit beauftragt, im Zusammenhang mit einem gesellschaftsrechtlichen Vorgang Erklärungen über die Zustimmung zu einer Schuldübernahme nach § 415 BGB anzufordern und zu prüfen, erhält der Notar eine 0,5 Gebühr gemäß Nr. 22110 KV GNotKG (Vorbem. 2.2.1.1 I S. 1 Nr. 8 KV GNotKG). 21.54

ee) Erzeugung von strukturierten Daten (aktuell: XML-Strukturdatei)

Übernimmt der Notar neben der Beurkundung oder der Entwurfsfertigung der Registeranmeldung die Übertragung der Anmeldungsinhalte in die formale Sprache und die technischen Strukturen einer XML-Strukturdatei und deren Weiter- 21.55

---

[1] LG Düsseldorf, Beschl. v. 2.3.2015 – 19 T 227/14, NotBZ 2015, 358 (m. Besprechungsaufsatz *Harder*, S. 321 ff.).
[2] Anders (Vollzug der Gründung) Leipziger Kommentar GNotKG/*Heinze*, § 107 Rz. 65.

leitung an das Registergericht, erhält er für diese Datenaufbereitung eine Wertgebühr von 0,3 gemäß Nr. 22114 KV GNotKG, begrenzt auf einen Höchstbetrag von 250 Euro. Die Gebühr entsteht zusätzlich zu den eigentlichen Vollzugsgebühren des Unterabschnitts 1 von Hauptabschnitt 2 (Vollzug eines Geschäfts und Betreuungstätigkeiten). Hat der Notar weder die Registeranmeldung beurkundet noch entworfen, erhöht sich die Wertgebühr gemäß Nr. 22125 KV GNotKG auf 0,6, wobei der Höchstbetrag ebenfalls bei 250 Euro liegt. Auch hier entsteht die Gebühr zusätzlich zu den eigentlichen Vollzugsgebühren des Unterabschnitts 2 von Hauptabschnitt 2 (Vollzug eines Geschäfts und Betreuungstätigkeiten).

Gem. § 12 I HGB sind die Anmeldungen elektronisch einzureichen. Somit entsteht die Gebühr in der Regel für jede Handelsregisteranmeldung. Eines gesonderten Auftrags bedarf es nicht (Vorbem. 2.2 I HS 2 KV GNotKG).

b) Betreuungstätigkeiten in gesellschaftsrechtlichen Vorgängen

aa) Anzeige gem. § 1280 BGB bei der Verpfändung von Geschäftsanteilen

21.56 Die Verpfändung eines Geschäftsanteils bedarf nicht der Anzeige gem. § 1280 BGB. Wird jedoch gleichzeitig der Gewinnanspruch verpfändet, muss die Anzeige an den Gläubiger gem. § 1280 BGB zur Wirksamkeit der Verpfändung erfolgen. Es liegt Betreuungstätigkeit im Sinne von Nr. 22200 Anm. Nr. 5 KV GNotKG vor. Den Geschäftswert bildet gem. § 113 I GNotKG der Wert des Verpfändungsvertrages.

bb) Erteilung einer Bescheinigung gemäß § 40 II GmbHG

21.57 Eine 0,5 Betreuungsgebühr nach Nr. 22200 Anm. Nr. 6 KV GNotKG ist zu erheben für die Erteilung einer Bescheinigung gemäß § 40 II GmbHG unter einer Gesellschafterliste, wenn Umstände außerhalb der Urkunde zu prüfen sind. Dabei kann es sich um den Eintritt aufschiebender Bedingungen, wie z.B. Kaufpreiszahlungen oder das Vorliegen kartellrechtlicher Genehmigungen, handeln. Ebenso handelt es um eine gebührenpflichtige Tätigkeit, wenn der Notar die bescheinigte Gesellschafterliste, welche neben dem Gesellschafter A den im Zuge der Kapitalerhöhung mit einem neuen Geschäftsanteil hinzugekommenen Gesellschafter ausweist, erst nach Vollzug der Satzungsänderung im Handelsregister zum Register einreicht. Der Geschäftswert bestimmt sich dabei nach § 113 GNotKG (voller Wert des Beurkundungsverfahrens). Für die Erstellung der Liste fällt daneben die Vollzugsgebühr gem. Rz. 21.48 ff. an.

Keine Gebühr entsteht, wenn außer dem Urkundeninhalt keine weiteren Voraussetzungen zu prüfen sind.[1]

Der Tatsache, dass es sich nicht um eine Tätigkeit im Auftrag der Beteiligten handelt, sondern um die Erfüllung einer Amtspflicht, trägt die Vorbem. 2.2 KV GNotKG Rechnung.

---

1 LG Düsseldorf, Beschl. v. 29.7.2015 – 25 T 555/14, NotBZ 2015, 476 (a.A. Leipziger Kommentar GNotKG/*Arnold*, Nr. 25104 KV Rz. 14 f., der eine 1,0 Gebühr nach Nr. 25104 KV GNotKG befürwortet).

I. Überblick

cc) Fälligkeitsvoraussetzungen zu Leistungen (oder Teilleistungen) prüfen und mitteilen

Im Zusammenhang mit Auszahlungen zur Begleichung der einzelnen Leistungsversprechen zwischen Gesellschaftern bzw. Vertragspartnern kann der Notar den Auftrag erhalten, die Fälligkeitsvoraussetzungen der Leistungen oder Teilleistungen zu prüfen und mitzuteilen (Nr. 22200 Anm. Nr. 2 KV GNotKG).

21.58

dd) Vorlageüberwachung bei der Handelsregisteranmeldung

Für die Eintragung der GmbH genügt (u.a.) gem. § 8 II GmbHG die Versicherung des Geschäftsführers, dass sich die auf die Geschäftsanteile zu erbringenden Leistungen endgültig in der freien Verfügung des Geschäftsführers befinden. Weitere Nachweise sind regelmäßig nicht zu erbringen, es sei denn, das Registergericht fordert diese wegen begründeter Zweifel an der Richtigkeit der Versicherung nach. Da dem Notar diesbezüglich eine Prüfungspflicht nicht obliegt und auch sonst keine gesetzliche Pflicht zur Zurückbehaltung der Anmeldung bis zum Nachweis der Erbringung der Stammeinlagen ersichtlich ist (§ 7 II, III GmbHG), steht der Einreichung der Anmeldung beim Handelsregister grundsätzlich nichts entgegen.

21.59

Jedoch schützt der Zurückbehaltungswunsch des Geschäftsführers ihn vor einer unrichtig abgegebenen Versicherung, die mit Zugang beim Registergericht Wirksamkeit erlangt. Erhält der Notar einen diesbezüglichen Überwachungsauftrag, ist eine Gebühr nach Nr. 22200 Nr. 3 KV GNotKG zu erheben. Es handelt sich um ein gebührenpflichtiges Nebengeschäft, dessen Geschäftswert sich nach § 113 I GNotKG bestimmt. Danach ist der Wert der Handelsregisteranmeldung maßgebend.

Die Gebühr für die Vorlageüberwachung bei der Handelsregisteranmeldung nach Nr. 22200 Nr. 3 KV GNotKG ist auch zu erheben, wenn der Notar gebührenpflichtige Nebentätigkeiten bei anderen Gesellschaftsformen vornimmt.

21.60

ee) Gläubigeraufruf

Wird der Notar bei der Auflösung der Gesellschaft mit dem Gläubigeraufruf beauftragt, erhält er für diese Tätigkeit die Gebühr nach Nr. 22200 Anm. Nr. 5 KV GNotKG. Der Geschäftswert richtet sich nach dem Auflösungsbeschluss (§ 113 I GNotKG).

21.61

c) Treuhandtätigkeiten

Treuhandaufträge. Werden im Zusammenhang mit gesellschaftsrechtlichen Verträgen (z.B. Kauf eines Geschäftsanteils an einer GmbH) Freistellungen zu Verbindlichkeiten mit Treuhandauflagen eingeholt, dann erhält der Notar für die Überwachung des Treuhandauftrages des Dritten eine Gebühr von 0,5 gemäß Nr. 22201 KV GNotKG. Die Gebühr entsteht für jeden Treuhandauftrag gesondert. Der Geschäftswert für die Treuhandgebühr ist der Wert des Sicherungsinteresses, § 113 II GNotKG.

21.62

d) Notar als Gründungsprüfer

21.63 Wird der Notar als Gründungsprüfer gem. § 33 III AktG bei der Errichtung einer Aktiengesellschaft hinzugezogen, erhält er die 1,0 Gebühr nach Nr. 25206 KV GNotKG, mindestens 1000 Euro. Geschäftswert ist nach § 123 GNotKG die Summe der Einlagen, höchstens 10 000 000 Euro.

7. Gebührenfreie (Neben-)Geschäfte

21.64 Die bei der Änderung eines Gesellschaftsvertrages oder einer Satzung erforderliche **Bescheinigung gemäß § 54 GmbHG** ist gebührenfrei (Vorbem. 2.1 II Nr. 4 KV GNotKG). Die Tätigkeit ist mit der Gebühr für das Beurkundungsverfahren abgegolten. Für die **Zusammenstellung des neuen Satzungswortlautes** unter Berücksichtigung der gefassten Beschlüsse sieht das GNotKG keine Gebühr vor. Es dürften wohl auch eine Entwurfsgebühr, eine Beratungsgebühr oder eine Gebührenvereinbarung (öffentlich-rechtlicher Vertrag gem. § 126 GNotKG) ausscheiden. Es kann allenfalls eine Entwurfsüberprüfung stattfinden, wenn der Geschäftsführer den Entwurf vorlegt; dann ist die Gebühr nach Vorbem. 2.4.1 III i.V.m. Nr. 24100 ff. KV GNotKG denkbar. In jedem Fall fällt die Dokumentenpauschale an.

8. Unrichtige Sachbehandlung

21.65 Bei der Beurkundung des **Gesellschaftsvertrages und** der **Auflassung** bezüglich des einzubringenden Grundstückes bestimmt sich der Geschäftswert gemäß § 109 I S. 4 Nr. 2, S. 5 GNotKG nur nach dem Wert des Gesellschaftsvertrages. Die Auflassung dient der Erfüllung der Einlageverpflichtung. Damit liegt in der getrennten Beurkundung von Gesellschaftsvertrag und Auflassung grundsätzlich eine unrichtige Sachbehandlung gemäß § 21 GNotKG.

21.66 Bei der Neugründung einer GmbH kann der Geschäftsführer gemäß § 6 III S. 2 GmbHG entweder im **Gesellschaftsvertrag** oder durch **Beschluss der Gründungsgesellschafter** in einer ersten Versammlung bestellt werden. Aus guten Gründen erfolgt die Geschäftsführerbestellung regelmäßig nicht satzungsgemäß, denn sonst müsste eine Änderung in der Person des Geschäftsführers wiederum im Wege der Beurkundung nach § 53 GmbHG durchgeführt werden. Damit stellt die Mitbeurkundung der Beschlussfassung über die Bestellung des Geschäftsführers außerhalb der Satzung keine unrichtige Sachbehandlung dar.

9. Gebührenermäßigung

21.67 Eine Gebührenermäßigung gemäß **§ 91 GNotKG** kommt in Betracht, wenn ein nach § 91 I Nr. 1, 2, 3 und II GNotKG Begünstigter an einem notariellen Verfahren unmittelbarer Beteiligter ist. Des Weiteren wird vorausgesetzt, dass die Angelegenheit nicht dessen wirtschaftliche Unternehmen betrifft und von dem Begünstigten keine auch nur teilweise Weiterveräußerung an einen nicht begünstigten Dritten beabsichtigt ist. In gesellschaftsrechtlichen Vorgängen dürfte die Gebührenermäßigung nach § 91 GNotKG kaum zur Anwendung kommen, weil es sich hierbei stets um Angelegenheiten dessen wirtschaftlichen Unternehmen handeln wird.

10. Besonderheiten/Sonstiges

Fertigt der Notar auftragsgemäß den Entwurf des **Sachgründungsberichtes** im Zusammenhang mit einer Gründungsurkunde über eine Gesellschaft, ist eine Entwurfsgebühr i.H.v. 0,3 bis 1,0 gemäß Nr. 24101 KV GNotKG i.V.m. Nr. 21200 KV GNotKG zu erheben. Es handelt sich um eine Rahmengebühr. Gemäß § 92 II GNotKG fällt bei Fertigung des Entwurfs die Höchstgebühr an. Der Mindestbetrag der Gebühr beträgt 60 Euro. Der Geschäftswert richtet sich nach § 36 I GNotKG (Teilwert 10–30 %). Den Bezugswert bildet der Wert der Sacheinlage (§ 38 GNotKG). 21.68

Für die auftragsgemäße Fertigung der **Liste der Aufsichtsratsmitglieder** erhält der Notar die Entwurfsgebühr i.H.v. 0,3 bis 1,0 gemäß Nr. 24101 KV GNotKG i.V.m. Nr. 21200 KV GNotKG. Gemäß § 92 II GNotKG fällt bei Fertigung des Entwurfs die Höchstgebühr an. Fraglich ist der Geschäftswert. Denkbar ist nach § 36 I ein Teilwert aus dem Grundkapital oder – wohl vorzugswürdig – ein Teilwert aus dem Wert der Anmeldung, da die Aufsichtsratsmitglieder am Grundkapital nicht beteiligt sind. Zur Bewertung der isolierten Liste der Aufsichtsratsmitglieder vgl. Rz. 21.1004 ff. 21.69

Für die Fertigung der **Handelsregisteranmeldung in Form der Eigenurkunde** ist die gleiche Gebühr zu erheben, wie für den Entwurf der Handelsregisteranmeldung selbst; Nr. 25204 KV GNotKG verweist auf Nr. 24102 KV GNotKG i.V.m. Nr. 21201 Nr. 5 KV GNotKG. 21.70

Für die **Beratung** bei der **Vorbereitung oder Durchführung einer Hauptversammlung oder Gesellschafterversammlung** erhält der Notar die Gebühr nach Nr. 24203 KV GNotKG (0,5–2,0) aus dem nach § 120 GNotKG gebildeten Geschäftswert (Summe der Geschäftswerte der zu fassenden Beschlüsse); ggf. auch neben der Gebühr Nr. 21100 KV GNotKG[1]. Die Gebühr kann bspw. für die nachfolgenden Tätigkeiten erhoben werden: 21.71

– Vorbereitung oder Überprüfung der Einladung	21.72
– Besprechung mit dem Registergericht	21.73
– Entwurf von Anträgen	21.74
– Beratung der Gesellschaft bei der Generalprobe	21.75
– Beratung des Versammlungsleiters	21.76
– Fertigung des Teilnehmerverzeichnisses	21.77
– Überprüfung der Ermittlung des Abstimmungsergebnisses	21.78

Neben den vorgenannten Gebühren hat der Notar die Auslagen zu erheben. Zu den **Auslagen** gehören insbesondere die **Dokumentenpauschale**, die **Reisekosten**, **Entgelte** für **Post- und Telekommunikationsdienstleistungen** sowie die sonstigen 21.79

---
[1] LG Chemnitz, Beschl. v. 19.2.2015 – 3 OH 5/14, NotBZ 2015, 278.

Aufwendungen, die der Notar aufgrund eines ausdrücklichen Auftrags und für Rechnung eines Beteiligten erbringt (durchlaufende Posten). Die Erstattung der Umsatzsteuer ist im GNotKG ebenso unter den Auslagen erfasst. Zu konkreten Berechnungsbeispielen wird auf Fälle Rz. 27.15 und 27.16 verwiesen.

II. Kostenrechtlicher Wert von Beteiligungen und Anteilen an Gesellschaften anhand der Bilanz

21.80 Das **GNotKG** enthält im **§ 54** eine Vorschrift zur Bewertung von Beteiligungen an bestimmten Gesellschaften. Erfasst sind:

a) Beteiligungen an Kapitalgesellschaften,

b) Kommanditbeteiligungen.

sofern sie **nicht überwiegend vermögensverwaltend** tätig sind.

21.81 Ausdrücklich ausgenommen sind Beteiligungen an **überwiegend vermögensverwaltend** tätigen Kapitalgesellschaften. Satz 3 des § 54 GNotKG bestimmt, dass die Sätze 1 und 2 auf diese Gesellschaften keine Anwendung finden.

21.82 Nicht erfasst sind Beteiligungen der **unbeschränkt persönlich haftenden Gesellschafter** an Personengesellschaften (GbR, OHG sowie der Komplementär der KG).

21.83 Für gemeinnützige Gesellschaften (**gGmbH**) enthält das Gesetz keine besonderen Reglungen. Damit findet auch hier § 54 GNotKG Anwendung. Es kann nicht allein auf den Nennbetrag des Anteils abgestellt werden.[1]

21.84 Das Gesetz definiert die „überwiegend vermögensverwaltend tätige" Gesellschaft nicht. Es führt zur Erläuterung nur einen offenen Katalog von Bespielen an. Danach zählen hierzu „Immobilienverwaltungs-, Objekt-, Holding-, Besitz- oder sonstige Beteiligungsgesellschaften". In der Begründung wird ergänzt, dass es dabei nicht auf die Bezeichnung bzw. den satzungsmäßigen Geschäftsgegenstand der Gesellschaft ankommt. Die Unterscheidung soll „tätigkeitsbezogen zu verstehen"[2] sein. Es kommt also nicht auf den im Handelsregister eingetragenen Gegenstand an. So wird eine überwiegend vermögensverwaltende Tätigkeit jedenfalls dann gesehen, wenn die Gesellschaft nur über ein Grundstück verfügt, keine Arbeitnehmer beschäftigt und allein die Vermietung dieses Grundstücks betreibt.[3]

21.85 Probleme könnte die Frage aufwerfen, ob Wohnungsverwaltungsgesellschaften unter § 54 S. 1 und 2 GNotKG fallen oder als Immobilienverwaltungsgesellschaften betrachtet werden und entsprechend der Aufzählung im Satz 3 als überwiegend vermögensverwaltend gelten, diese Vorschrift also auf sie keine Anwendung findet. Hier wird man wohl die tatsächliche Tätigkeit von Wohnungsverwaltungsgesellschaften weiter sehen müssen. Sie stellt keine reine renditeorientierte Verwaltung von Grundvermögen dar. Solche Gesellschaften erbringen eine Reihe von weiteren Dienstleistungen rund um die Vermietung, sind also „mehr als in

---

1 Ausführlich siehe Leipziger Kommentar GNotKG/*Heinze*, § 54 Rz. 22.
2 Begründung RegE, BT-Drs. 17/11471, zu § 54 S. 172.
3 LG Düsseldorf v. 31.7.2015 – 19 T 152/14, NotBZ 2015, 473.

geringem Umfang operativ tätig"[1], sodass § 54 S. 1 und 2 GNotKG auf sie Anwendung findet.

Die Unterscheidung in anderen Fällen wird sicher nicht immer einfach und eindeutig sein, da sich die Tätigkeit sehr vieler Gesellschaften sowohl auf die Verwaltung des eigenen Vermögens als auch auf ein operatives Geschäft richtet. Das „Mischungsverhältnis" zwischen beiden ist entscheidend.[2]

21.86 Nicht vom § 54 GNotKG erfasst sind eingetragene Genossenschaften. Genossenschaften sind gem. § 17 II GenG Kaufmann i.S.d. HGB. Für sie gelten also dieselben Bilanzierungsvorschriften wie für GmbH, OHG und KG. Die Haftung der Genossenschaft ist auf deren Vermögen beschränkt. Die Mitglieder der Genossenschaft haften nicht unbeschränkt persönlich, sondern grundsätzlich auf ihren jeweiligen Anteil an der Genossenschaft beschränkt. Hier lassen sich deutliche Parallelen zu GmbH-Anteilen sowie Kommanditbeteiligungen erkennen. Gleichwohl verbietet sich eine analoge Anwendung des § 54 GNotKG. Diese Vorschrift regelt spezielle Fälle. Das Entstehen einer planwidrigen Regelungslücke, als eine Voraussetzung für analoge Anwendung, ist ausgeschlossen. Hier gelten §§ 97 I, 36 I, 38.

21.87 § 54 GNotKG verweist zur Wertbestimmung auf das Eigenkapital nach § 266 III HGB[3]. Diese Vorschrift enthält jedoch nur die Gliederung der Bilanz. Der Verweis auf diese Gliederung ist nicht glücklich, da sie nicht bindend ist und darüber hinaus wichtige (Bilanz-)Posten, die entweder Eigenkapital sind oder sein können, fehlen. So wird das Mezzanine-Kapital (stille Beteiligungen, Options- und Wandelanleihen, Genussscheine) nicht berücksichtigt. In der Praxis begegnet man häufig Gesellschaften, denen Zuschüsse oder Fördermittel gewährt wurden. Handelt es sich dabei nicht um Darlehen, die als Verbindlichkeiten zu bilanzieren sind, so werden diese als **Sonderposten** vor den Rückstellungen und Verbindlichkeiten in den Bilanzen eingestellt. Dabei kommt es nicht darauf an, ob die so bilanzierten Mittel einem bedingten Rückforderungsanspruch unterliegen. Diese Beträge werden von der Rechtsprechung zur KostO als Bestandteil des Eigenkapitals angesehen. Sie dürfen daher nicht unberücksichtigt bleiben (siehe Bsp. 2). Was tatsächlich unter den entsprechenden Gliederungspunkten als Eigenkapital zu buchen ist, ergibt sich u.a. aus § 272 HGB. Allgemein lässt es sich zusammenfassen, dass alles, was nicht Fremdkapital ist, zum Eigenkapital gehört.[4]

21.88 Weiter sind nach § 54 Satz 2 GNotKG für bilanzierte Grundstücke, grundstücksgleiche Rechte, Schiffe oder Schiffsbauwerke für die sich aus dem Unterabschnitt 3 GNotKG (§§ 46 bis 54) andere Bewertungsvorschriften als nach dem Handels- bzw. Steuerrecht ergeben, auf den kostenrechtlichen Wert zu berichtigen.

21.89 Zu beachten ist in jedem Fall, dass immer dann, wenn es genügend Anhaltspunkte für einen höheren als den nach § 54 GNotKG bestimmten Wert bestehen, dieser höhere Wert maßgeblich ist.

---
1 Begründung RegE, BT-Drs. 17/11471, zu § 54 S. 172.
2 Ausführlicher siehe Leipziger Kommentar GNotKG/*Heinze*, § 54 Rz. 23 ff.
3 Aufgrund unterschiedlicher Bewertungsvorschriften gehen Steuer- und Handelsbilanz teilweise weit auseinander. Das GNotKG verweist auf die Handelsbilanz. Eine Steuerbilanz nicht ohne weiteres verwendbar.
4 LG Schwerin v. 8.2.2016 – 4 T 9/14, n.v.: Fördermittel sind nicht nach § 54 abzuziehen.

21.90 Die Bewertung der nicht von § 54 erfassten Beteiligungen erfolgt nach den allgemeinen Vorschriften. Auch hier kann die Bilanz herangezogen werden. Die Buchwerte der Grundstücke, grundstücksgleichen Rechte Schiffe und Schiffsbauwerke sind auch hier durch den jeweiligen Verkehrswert zu ersetzen.[1] Dabei ist zu beachten, dass **im Unterschied zur sachenrechtlichen Betrachtung** bei der Bilanzierung **Grundstücke und Gebäude** voneinander **getrennte Vermögensgegenstände** darstellen und **getrennt gebucht** werden.[2] Nach § 46 GNotKG ist für die Bestimmung des Wertes aber von der sachrechtlichen Verbindung zwischen Grundstücken und aufstehenden Gebäuden auszugehen.[3] Da § 54 Satz 1 GNotKG nicht gilt, findet insbesondere § 38 GNotKG Anwendung: Verbindlichkeiten werden nicht abgezogen[4] (Bsp. 11).

Die Wertermittlung auf der Grundlage der Bilanz unter Berücksichtigung der vorstehenden Absätze soll nachfolgend in einigen ausgewählten Beispielen erläutert werden. Dabei wurden die Werte aus der Bilanz nur insoweit dargestellt, wie sie kostenrechtlich oder zum sonstigen Verständnis erforderlich sind. Insbesondere wurde auf die Darstellung der Vorjahreswerte (§ 265 II HGB) verzichtet.

21.91 **Beispiel 1: Bilanz einer GmbH ohne Grundstückseigentum**

Es handelt sich hier um die Bilanz einer nicht überwiegend vermögensverwaltend tätigen GmbH. Zum Anlagevermögen gehören keine Grundstücke, grundstücksgleiche Rechte, Schiffe oder Schiffsbauwerke.

Aktiva		Passiva	
A **Anlagevermögen**		A **Eigenkapital**	
Betriebs- und Geschäftsausstattung	100 000,00	I gezeichnetes Kapital	25 000,00
		II Kapitalrücklage	15 000,00
B **Umlaufvermögen**		III Gewinnrücklage	40 000,00
I Vorräte	50 000,00		80 000,00
II Forderungen	40 000,00	B **Rückstellungen**	
III Kassenbestand, Bankguthaben	60 000,00	Sonstige Rückstellungen	30 000,00
	150 000,00	C **Verbindlichkeiten**	
		Verbindlkn. gegenüber Kreditinstituten	140 000,00
Summe:	**250 000,00**	**Summe:**	**250 000,00**

Erläuterungen:

Zur Bestimmung des Eigenkapitals werden hier von der Bilanzsumme (250 000 Euro) die Rückstellungen (30 000 Euro) und die Verbindlichkeiten (140 000 Euro) abgezogen. Es beträgt 80 000 Euro.

---

1 LG Düsseldorf v. 31.7.2015 – 19 T 152/14, NotBZ 2015, 473.
2 *Petersen/Zwirner/Brösel* (Hrsg.), Bilanzrecht, Systematischer Praxiskommentar, *Lentz*, § 266 Rz. 40.
3 Vgl. Beispiel 6 (Rz. 21.96).
4 Begründung RegE, BT-Drs. 17/11471, zu § 54 S. 173.

Beispiel 2: Bilanz einer GmbH mit Grundstückseigentum und Sonderposten 21.92

Es handelt sich hier um die Bilanz einer nicht überwiegend vermögensverwaltend tätigen GmbH. Zum Anlagevermögen gehören Grundstücke. Der Verkehrswert der Grundstücke mit Wohnbebauung beträgt 9 230 541 Euro der der unbebauten Grundstücke 200 000 Euro.

Auf der Passivseite ist ein **Sonderposten für Investitionszuschüsse** gebucht.

Aktiva		Passiva	
A **Anlagevermögen**		A **Eigenkapital**	
I Sachanlagen		I Gezeichnetes Kapital	100 000,00
1. Grundstücke und grundstücksgleiche Rechte		II Kapitalrücklage	2 582 959,75
		III Verlustvortrag (–)	– 98 679,02
Grundstücke mit Wohnbauten	8 800 907,18	IV Jahresüberschuss	62 501,89
Grundstücke ohne Bauten	190 000,00		2 646 782,62
2. Betriebs- und Geschäftsausstattung	3 179,00	B **Sonderposten für Investitionszuschüsse zum Anlagevermögen**	110 760,00
	8 994 086,18	C **Rückstellungen**	
B **Umlaufvermögen**		Sonstige Rückstellungen	33 740,63
I Vorräte		D **Verbindlichkeiten**	
1. Unfertige Leistungen	218 666,37	1. Verbindlkn. geg. Kreditinstituten	6 522 774,68
2. geleistete Anzahlungen	3 675,12	2. Erhaltene Anzahlungen	21 928,42
II Forderungen und sonstige Vermögensgegenstände		3. Verbindlkn. aus Lieferungen und Leistungen	32 738,56
1. Forderungen aus Vermietung	1 805,76	4. Verbindlkn. geg. Gesellschaftern	15 003,89
2. Sonstige Vermögensgegenstände	520,56	5. Sonstige Verbindlichkeiten	770,89
III Guthaben bei Kreditinstituten	167 047,65	– davon aus Steuern (700,19)	
	391 715,46	– davon im Rahmen sozialer Sicherheit (70,70)	
			6 593 216,44
		E **Rechnungsabgrenzungsposten**	1 301,95
Summe:	9 385 801,64	**Summe:**	9 385 801,64

Bewertung einzelner Posten nach den Vorschriften des GNotKG	
1. Betrachtung der Aktivseite der Bilanz	
Anlagevermögen Grundstücke mit Wohnbebauung Grundstücke ohne Bebauung	Zur Bewertung von Grundstücken enthält das GNotKG eine im § 46 (Abschnitt 7 Unterabschnitt 3 des Gesetzes) eine eigene Vorschrift, die von denen der kaufmännischen bzw. steuerrechtlichen Bewertung abweicht. Sie ist nach § 54 Satz 2 GNotKG vorrangig. Danach sind Grundstücke **mit dem Verkehrswert** anzusetzen.
	Im Beispiel beträgt der Verkehrswert der Grundstücke mit Wohnbebauung 9 230 541,00 Euro, der der unbebauten Grundstücke 200 000,00 Euro.

	Die Bilanzsumme ist um die Buchwerte der Grundstücke zu vermindern:
	   9 385 801,64
	– 8 800 907,18
	– 190 000,00
	     394 894,46

	und sodann um die Verkehrswerte der Grundstücke zu erhöhen:
	     394 894,46
	+ 9 230 541,00
	+ 200 000,00
	   9 825 435,46

	In **Abweichung** von der **Aktivsumme** der Bilanz (9 385 801,64) beträgt das **Aktivvermögen** nach GNotKG **9 825 435,46 Euro**.
Umlaufvermögen	Dieser Betrag ist für die weitere Berechnung maßgeblich.
	Auch zum Umlaufvermögen werden Sachen und Rechte gezählt, deren kostenrechtlichen Bewertungen von denen nach handels- und steuerrechtlichen Vorschriften abweichen. Da diese Vermögensteile nur eine kurze Zeit im Unternehmen verbleiben, sind die aufgrund von Abschreibung entstehenden stillen Reserven verhältnismäßig gering. Die damit verbundene geringe Veränderung des Geschäftswertes rechtfertigt den hohen Aufwand nicht, der zur Wertbestimmung betrieben werden müsste. Das GNotKG schreibt für das Umlaufvermögen keine kostenrechtliche Wertberichtigung vor.

2. Betrachtung der Passivseite der Bilanz	
Sonderposten für Investitionszuschüsse zum Anlagevermögen	Dieser Posten ist in der Gliederung nach § 266 III HGB nicht enthalten. Damit stellte sich die Frage nach der Einordnung dieser Zahlung. Da sich diese Seite der Bilanz nur ein Eigen- und Fremdkapital teilt, muss dieser Posten einem der beiden zugeordnet werden. Der Zufluss von Fremdkapital begründet eine Forderung des Gläubigers gegen die Gesellschaft. Auch wenn es sich um langfristige Kredite handelt, sind Verzinsung und Rückzahlung bestimmender Inhalt. Eigenkapital ist dazu bestimmt, nachrangig haftungsübernehmend und nachhaltig der Gesellschaft zur Verfügung zu stehen. Es ist primärer Risikoträger und dient dem Auffangen von Verlusten. Der hier betrachtete Sonderposten wird nicht zum Zwecke der Verzinsung und Rückzahlung in die Gesellschaft eingebracht. Eine ggf. bedingte Rückzahlungspflicht steht dieser Betrachtung nicht entgegen. Er ist auch bei der Frage nach einer möglichen Überschuldung der Gesellschaft nicht zu berücksichtigen.[1] Da es sich somit nicht um eine Verbindlichkeit, also Fremdkapital handelt, ist dieser Posten **dem Eigenkapital zuzurechnen**.[2] Es kommt dem oben genannten Abgrenzungskriterien nahe.
Rechnungsabgrenzung	Unter diesem Punkt werden Verbindlichkeiten erfasst, die nicht dem Bilanzzeitraum zuzurechnen sind.[3] Dabei handelt es sich regelmäßig um Zahlungen für wiederkehrende Leistungen. (Einmalige Zahlungen werden als erhaltene Anzahlungen gebucht)[4]. Es handelt sich damit um Forderungen gegen das Unternehmen, da hier noch keine Leistungen erfolgt sind. Sie sind kein Eigenkapital.[5]

---

1 LG Schwerin v. 8.2.2016 – 4 T 9/14 (unveröffentlicht).
2 So zu § 30 KostO OLG Rostock v. 7.6.2011 – 5 W 38/10, NotBZ 2011, 453; LG Cottbus v. 16.12.2009 – 7 T 217/07.
3 Z. Bildung von passiven Rechnungsabgrenzungen vgl. Bilanzrecht f. d. Praxis, Rz. 13.002 ff.
4 *Petersen/Zwirner/Brösel*, Bilanzrecht, Systematischer Praxiskommentar, Heine/*Zenger*, § 250 Rz. 44.
5 A.A. Leipziger Kommentar GNotKG/*Heinze*, § 54 Rz. 16. Dort werden die passiven Rechnungsabgrenzungsposten zum Eigenkapital gezählt und die aktiven Rechnungsabgrenzungsposten abgezogen.

Berechnung des Eigenkapitals	
Aktivvermögen:	9 825 435,46
– Verbindlichkeiten	6 593 216,44
– Rückstellungen	33 740,63
– passive Rechnungsabgrenzung	1 301,95
=	**3 197 176,44**

Der so bestimmte Betrag stellt den **Wert der Gesellschaft i.S.v. § 54 GNotKG** dar. Sind nur einzelne Anteile Gegenstand der Erklärung, ist er entsprechend aufzuteilen.

21.93 Beispiel 3: Bilanz einer GmbH mit Gebäuden und Anlagen auf fremden Grundstücken

Es handelt sich hier um die Bilanz einer nicht überwiegend vermögensverwaltend tätigen GmbH. Zum Anlagevermögen gehören auch Gebäude und Anlagen auf fremden Grundstücken. Die Grundlage für die Errichtung dieser Gebäude und Anlagen bildet ein Erbbaurechtsvertrag. Ihr (voller) Verkehrswert beträgt 7 200 000 Euro.

Aktiva		Passiva	
A Anlagevermögen		**A Eigenkapital**	
I Sachanlagen		I Gezeichnetes Kapital	180 000,00
1. Grundstücke und grundstücksgleiche Rechte		II Kapitalrücklage	1 851 005,54
Gebäude und Anlagen auf		III Verlustvortrag (–)	– 98 679,02
fremden Grundstücken	6 800 907,18	IV Jahresfehlbetrag (–)	– 2 501,89
eigene Grundstücke	290 000,00		**1 929 874,65**
2. Betriebs- und Geschäftsausstattung	3 179,00	**B Rückstellungen**	
II Finanzanlagen		Sonstige Rückstellungen	133 740,63
Wertpapiere des Anlagevermögens	51 336,77	**C Verbindlichkeiten**	
	7 145 422,95	1. Verbindlkn. geg. Kreditinstituten	5 522 774,68
B Umlaufvermögen		2. Erhaltene Anzahlungen	10 928,42
I Vorräte		3. Verbindlkn. aus Lieferungen und Leistungen	30 738,56
1. Unfertige Leistungen	318 666,37	4. Verbindlkn. geg. Gesellschaftern	20 003,89
2. geleistete Anzahlungen	40 675,12	5. Sonstige Verbindlichkeiten	1 770,89
II Forderungen und sonstige Vermögensgegenstände			**5 586 216,44**
1. Forderungen aus Lieferungen und Leistungen	5 800,00	**D Rechnungsabgrenzungsposten**	301,95
2. Sonstige Vermögensgegenstände	1 520,56		
III Guthaben bei Kreditinstituten	138 048,65		
	504 710,70		
Summe:	**7 650 133,65**	**Summe:**	**7 650 133,65**

II. Bilanzen

Bewertung einzelner Posten nach den Vorschriften des GNotKG	
1. Betrachtung der Aktivseite der Bilanz	
Anlagevermögen Gebäude und Anlagen auf fremden Grundstücken 6 800 907,18	Gebäude und Anlagen können auf vertraglicher Grundlage (z.B. Pacht, Miete, Nutzungsvereinbarung) auf einem fremden Grundstück errichtet werden. Sie sind dann in der **Bilanz** zu erfassen, **unabhängig von der zivilrechtlichen Eigentumszuordnung**.[1] Für die Bilanzierung ist allein die wirtschaftliche Zuordnung entscheidend. Anderen Falls könnten die Finanzierungskredite nicht gebucht werden, ohne eine sofortige Überschuldung der Gesellschaft nach sich zu ziehen. Handelt es sich bei der vertraglichen Grundlage für die Errichtung der Gebäude um einen **Miet-, Pacht- oder Nutzungsvertrag**, erfolgt die Bewertung dieser Gebäude nach § 46 GNotKG.[2] Bildet die Grundlage jedoch ein **Erbbaurechtsvertrag**, so ist die Spezialvorschrift des § 49 II GNotKG vorrangig. Danach geht der Wert des Gebäudes nur mit 80 % in die Bewertung des Erbbaurechts ein. Im Beispiel wurde festgestellt, dass die unter diesem Punkt gebuchten Gebäude und Anlagen Bestandteil eines Erbbaurechtes sind. Ihr (voller) Verkehrswert wird mit 7 200 000,00 Euro angegeben. Zur Bewertung von Grundstücken enthält das GNotKG im § 46 (in Abschnitt 7 Unterabschnitt 2 des Gesetzes enthalten) eine eigene Vorschrift, die von denen der kaufmännischen bzw. steuerrechtlichen Bewertung abweicht. Sie ist vorrangig. Danach sind Grundstücke mit dem Verkehrswert anzusetzen.
eigene Grundstücke 290 000,00	Im Beispiel wurde für die eigenen Grundstücke ein Verkehrswert von 320 000,00 Euro festgestellt.

---

[1] *Petersen/Zwirner/Brösel*, Bilanzrecht, Systematischer Kommentar, *Lentz*, § 266 Rz. 38.
[2] Die rechtlich zum Erbbaurecht gehörenden Gebäude werden wirtschaftlich als „Gebäude und Anlagen auf fremden Grundstücken" gebucht, vgl. u.a. Bilanzrecht für die Praxis, Rz. 7.055).

	Berechnung
	Die Bilanzsumme ist um den Buchwert dieser beiden Teile des Anlagevermögens zu vermindern:
	7 650 133,65
	− 6 800 907,18
	− 290 000,00
	559 226,47
	Dieser Betrag wird um den Wert nach § 49 II GNotKG (80 % aus 7 200 000,00 = 5 760 000,00) für die auf fremden Grundstücken errichteten Gebäude und Anlagen, sowie um den Wert nach § 46 GNotKG für das eigene Grundstück erhöht:
	559 226,47
	+ 5 760 000,00
	+ 320 000,00
	6 639 226,47
	In Abweichung von der Aktivsumme der Bilanz (**7 650 133,65**) beträgt das Aktivvermögen nach GNotKG **6 639 226,47 Euro**. Dieser Betrag ist für die weitere Berechnung maßgeblich.

2. Betrachtung der Passivseite der Bilanz
Die Passivseite weist vorliegend keine kostenrechtlich relevanten Besonderheiten auf.

Berechnung des Eigenkapitals

Aktivvermögen:	6 639 226,47
− Verbindlichkeiten	5 586 216,44
− Rückstellungen	133 740,63
− passive Rechnungsabgrenzung	301,95
=	918 967,45

Der so bestimmte Betrag stellt den **Wert der Gesellschaft i.S.v. § 54 GNotKG** dar. Sind nur einzelne Anteile Gegenstand der Erklärung, ist er entsprechend aufzuteilen.

21.94 **Beispiel 4: Bilanz einer GmbH mit aktiviertem Fehlbetrag**

Es handelt sich hier um die Bilanz einer nicht überwiegend vermögensverwaltend tätigen GmbH. Kostenrechtliche Wertberichtigungserfordernisse ergeben sich aus dem Anlagevermögen nicht.

Auf der Passivseite übersteigen die Verbindlichkeiten das unter A gebuchte Eigenkapital. Zum Ausgleich der Bilanz wurde auf der Aktivseite ein „**nicht durch Eigenkapital gedeckter Fehlbetrag**" in entsprechender Höhe gebucht.

Aktiva		Passiva	
A Anlagevermögen	80 000,00	A Eigenkapital	
B Umlaufvermögen	50 000,00	I gezeichnetes Kapital	30 000,00
C Nicht durch Eigenkapital		II Jahresfehlbetrag (–)	– 40 000,00
gedeckter Fehlbetrag	10 000,00		**0,00**
		B Rückstellungen	60 000,00
		C Verbindlichkeiten	80 000,00
Summe:	140 000,00	Summe:	140 000,00

Buchen eines negativen Eigenkapitals bzw. ein Ansetzen mit „0,00" in der Bilanz ist rechtlich nicht möglich, denn nach § 272 I HGB ist das gezeichnete Kapital stets mit dem Nennbetrag auszuweisen. Übersteigen die Verluste (Verlustvortrag, Jahresfehlbetrag, Bilanzverlust) das gebuchte Eigenkapital (gezeichnetes Kapital, Rücklagen, Gewinnvortrag), so wird die Bilanzsumme ausgeglichen, indem auf der Aktivseite als letzter Posten ein „nicht durch Eigenkapital gedeckter Fehlbetrag" ausgewiesen wird. Dieser Wert kennzeichnet aber lediglich, in welcher Höhe Verbindlichkeiten gebucht sind, denen **kein** Vermögen gegenübersteht. Er stellt **kein** Vermögen dar und ist bei der kostenrechtlichen Auswertung der Bilanz **abzuziehen**.[1]

Im vorliegenden Beispiel ist von der Summe der Aktiva die Position C abzuziehen. Es liegt hier eine bilanzielle Überschuldung vor. Der kostenrechtliche Wert des Eigenkapitals ist damit 0,00 Euro.

Beispiel 5: Baubetriebs-GmbH (Arbeiten auf fremden Grundstücken) 21.95

Es handelt sich hier um die Bilanz einer nicht überwiegend vermögensverwaltend tätigen GmbH. Sie wurde für einen Baubetrieb erstellt. Dieser errichtet Bauwerke auf fremden Grundstücken.

Die Bauwerke stellen bis zur Übergabe „**unfertige Erzeugnisse**" dar und werden im Umlaufvermögen des Baubetriebes gebucht. Dabei ist das rechtliche Schicksal der verbauten Materialien unbeachtlich.

Die Bauherren haben dem Baufortschritt entsprechen bereits Teilzahlung geleistet.

Aktiva		Passiva	
A Anlagevermögen		A Eigenkapital	
Betriebs- und Geschäftsausstattung	**100 000,00**	I gezeichnetes Kapital	25 000,00
B Umlaufvermögen		II Kapitalrücklage	45 000,00
I Vorräte	50 000,00	III Gewinnrücklage	40 000,00
Unfertige Erzeugnisse	200 000,00		**110 000,00**
II Forderungen	40 000,00	B Rückstellungen	
III Kassenbestand, Bankguthaben	60 000,00	Sonstige Rückstellungen	**30 000,00**
	350 000,00	C Verbindlichkeiten	
		Verbindlkn. gegenüber Kreditinstituten	140 000,00
		Erhaltene Anzahlungen auf Bestellungen	170 000,00
			310 000,00
Summe:	450 000,00	Summe:	450 000,00

---

1 Vertiefend siehe Leipziger Kommentar GNotKG/*Heinze*, § 54 Rz. 19.

Bewertung einzelner Posten nach den Vorschriften des GNotKG	
Aktiva Angefangene Arbeiten	**Passiva** Erhaltene Anzahlungen auf Bestellungen
Angefangene Arbeiten können als Forderungen oder unter dem Bilanzposten „Vorräte, unfertige Erzeugnisse, unfertige Leistungen" gebucht werden. Sie gehören aber in jedem Fall zum Umlauf- und nicht zum Anlagevermögen, denn davon werden nur eigene Grundstücke, Gebäude und Anlagen erfasst. Handelt es sich bei den angefangenen Arbeiten und Bauten auf fremden Grundstücken, so sind sie mit ggf. mit darauf erhaltenen Anzahlungen zu saldieren.	Hierbei handelt es sich um Vorleistungen auf noch unerfüllte Verträge. Dieser Bilanzposten ist dann mit dem nebenstehenden Aktivposten zu saldieren, wenn die Anzahlungen darauf geleistet wurden (z.B. bei Zahlung nach MaBV).
Saldierung Nach wirtschaftlicher Betrachtung sind die passiv als Forderung gebuchten Anzahlungen bereits „verbraucht", der Gegenwert bereits geschaffen. Da hier aber Teillieferungen nicht möglich sind, werden die bereits erbrachten Leistungen bis zur Übergabe des Bauwerkes im Umlaufvermögen gebucht. Dieses Verfahren **erhöht die Bilanzsumme, ohne den Wert des Gesellschaftsvermögens zu erhöhen**. Für die wirtschaftliche und steuerliche Betrachtung ist dies unerheblich. Wird aber aufgrund kostenrechtlicher Vorschriften nur das Aktivvermögen berücksichtigt (z.B. nach § 108 III GNotKG bei Bewertung von Beschlüssen nach dem Umwandlungsgesetz), so führt dies zu einer Überbewertung. In diesen Fällen sind die beiden hier genannten Positionen zu saldieren.[1] Regelmäßig wird so der Posten im Umlaufvermögen auf den Teil reduziert, für den noch keine Zahlungen geleistet wurden, zu dem also die Forderungen noch offen sind. Im vorliegenden Beispiel wurden alle gebuchten Anzahlungen auf diesen Teil des Umlaufvermögens geleistet: 200 000,00 – 170 000,00 30 000,00 Die Aktivseite der Bilanz wird um den Differenzbetrag gemindert: **450 000,00** – 200 000,00 + 30 000,00 = 280 000,00 **Bemerkungen:** 1) Diese Berechnung kommt bei der Bewertung von Umwandlungsvorgängen zum Tragen, wenn das Aktivvermögen den Geschäftswert bildet. 2) Bei der Berechnung des Eigenkapitals ist diese Einzelbetrachtung entbehrlich, denn dann werden alle Verbindlichkeiten vom Aktivvermögen abgezogen. Eine Einzelsaldierung verändert das Ergebnis nicht.	

---

1 OLG Hamm v. 23.12.1964 – 14 W 73/63, JurBüro 1965, 733.

Beispiel 6: Bilanz einer OHG 21.96

Es handelt sich um die Bilanz einer OHG. Der Verkehrswert der Grundstücke beträgt 120 000,00 Euro, der der Geschäftsbauten 300 000 Euro.

Aktiva		Passiva	
A. Anlagevermögen		A Eigenkapital	
I. Immaterielle Vermögensgegenstände		I. Kapital Variables Kapital	
2. Konzessionen, Lizenzen und ähnliche Rechte und Werte	709,50	Einlagen/Entnahmen Privatentnahme	29 675,20
Summe	**709,50**	allgemein	– 45 324,80
II. Sachanlagen		Privateinlagen Ges. 1	37 500,00
1. Grundstücke und grundstücksgleiche Rechte und Bauten		Privateinlagen Ges. 2	37 500,00
Grundstücke	94 853,47	Variables Kapital	– 78 015,31
Geschäftsbauten	158 815,75	**Summe**	**– 48 340,11**
2. Technische Anlagen	52,00		
3. Andere Anlagen, Betriebs- und Geschäftsausstattung	188,28	IV. Gewinn- und Verlustvortrag Gewinnvortrag vor	
Summe	**253 909,50**	Verwendung	0,00
III. Finanzanlagen		Verlustvortrag vor	
3. Beteiligungen		Verwendung	– 36 795,16
Beteiligungen an Kapitalgesellschaften	85 000,00	**Summe**	**– 36 795,16**
Genossenschaftsanteile	100,00	V. Jahresüberschuss/Jahresfehlbetrag	127 438,14
Summe	**85 100,00**		
Summe A. Anlagevermögen	**339 719,00**	**Summe A. Eigenkapital**	**42 302,87**
B. Umlaufvermögen		B. Rückstellungen	
II. Forderungen und sonstige Vermögensgegenstände		2. Steuerrückstellungen	3 925,67
1. Forderungen aus Lieferungen und Leistungen		3. sonstige Rückstellungen Rückstellungen für	
Forderungen aus L. u. L.	7 670,84	Prüfungskosten	9 767,08
Sonstige Forderungen	2 312,32	Rückstellungen für	
Summe	**9 983,16**	Aufbewahrungspflichten	400,00
4. Sonstige Vermögensgegenstände			
Darlehen	75 000,00		
Umsatzsteuerforderungen	9 896,51		
Forderungen aus Organschaft	7 530,88		
Summe	**92 427,39**		
Summe II	**102 410,55**		
IV. Kassenbestand Guthaben bei Kreditinstituten			
Kasse	8 811,55		
Commerzbank	50,56		
Summe	**8 862,11**		
Summe B. Umlaufvermögen	**111 272,66**	**Summe B. Rückstellungen**	**14 092,75**

		C. Verbindlichkeiten	
		2. Verbindlichkeiten gegenüber Kreditinstituten	
		Deutsche Bank	21 037,95
		Volksbank	201 063.58
		Sparkasse	143 744,13
		Summe	**365 845,64**
		4. Verbindlichkeiten aus Lieferungen und Leistungen	
		Verb. aus L. u. L.	15 369,53
		Verrechnungs-Kto. verausl. Kosten	2 820,64
		Summe	**18 190,17**
		8. sonstige Verbindlichkeiten	
		Darlehen	5 888,82
		Verb. Steuern und Abgaben	716,00
		Verb. aus Organschaft	7 530,88
		Summe	**14 135,70**
		Summe C. Verbindlichkeiten	**398 171,51**
Summe Aktiva	454 567,13	**Summe Passiva**	454 567,13

Bewertung einzelner Posten nach den Vorschriften des GNotKG	
Auf der Aktivseite der Bilanz sind die Buchwerte der Grundstücke und Geschäftsbauten[1] durch den jeweiligen Verkehrswert zu ersetzen (vgl. Bsp. 2). Dies gilt auch für Unternehmensbeteiligungen (hier Aktiva III. 3.), wenn deren Buchwert unter dem Wert nach GNottKG liegt. **Bemerkung:** Sollte in der Bilanz einer OHG ein „nicht durch Eigenkapital gedeckter Fehlbetrag" gebucht sein, so ist die Bilanzsumme um diesen Wert zu verringern (vgl. Bsp. 4).	Die Bewertung erfolgt insgesamt nicht nach § 54 GNotKG. Maßgeblich ist § 36 I GNotKG. Wegen § 38 GNotKG werden Verbindlichkeiten nicht abgezogen.

Da für die Bewertung der Beteiligungen an einer OGH **§ 54 GNotKG nicht einschlägig** ist, ist es unerheblich, ob die Tätigkeit der Gesellschaft überwiegend vermögensverwaltend ist oder nicht.

---

[1] Vgl. Rz. 21.90.

II. Bilanzen

Beispiel 7: Bilanz eines Einzelkaufmanns 21.97

Es handelt sich um die Bilanz eines Einzelkaufmannes. Da für die Bewertung **§ 54 GNotKG nicht einschlägig** ist, ist es unerheblich, ob die Tätigkeit des Kaufmannes überwiegend vermögensverwaltend ist oder nicht.

Der Verkehrswert des Betriebsgrundstücks wird mit 40 000 Euro angegeben.

Aktiva		Passiva	
A. Anlagevermögen		A. Kapital	
I. Immaterielle Vermögensgegenstände		1. Eigenkapital	34 683,76
		B. Rückstellungen	
1. Konzessionen, Schutzrechte	1,00	1. sonstige Rückstellungen	5 000,00
II. Sachanlagen		C. Verbindlichkeiten	
1. Grundstücke	14 167,00	1. Verbindlichkeiten gegenüber Kreditinstituten	22 129,53
2. Betriebs- und Geschäftsausstattung	20 000,00	2. Verbindlichkeiten aus Lieferungen und Leistungen	1 120,00
Summe A	**34 168,00**	3. sonstige Verbindlichkeiten	12 904,60
B. Umlaufvermögen		**Summe C**	**36 154,13**
I. Vorräte			
1. fertige Erzeugnisse und Waren	14 638,26		
II. Forderungen und sonstiges Vermögen			
1. Forderungen aus Lieferungen und Leistungen	6 200,00		
2. sonstige Vermögensgegenstände	10 691,99		
III. Kassenbestand, Guthaben bei Kreditinstituten	4 692,88		
Summe B	**31 530,25**		
C. Rechnungsabgrenzungsposten	5 446,76		
Summe Aktiva	**75 837,89**	**Summe Passiva**	**75 837,89**
Bewertung einzelner Posten nach den Vorschriften des GNotKG			
Auf der Aktivseite der Bilanz sind die Buchwerte der Grundstücke und Geschäftsbauten durch den jeweiligen Verkehrswert zu ersetzen (vgl. Bsp. 2).		Die Bewertung erfolgt nicht nach § 54 GNotKG. Maßgeblich ist § 36 I GNotKG. Wegen § 38 GNotKG werden Verbindlichkeiten nicht abgezogen.	

Beispiel 8: Bilanz einer KG mit Kapitalanteil des Komplementärs 21.98

Es handelt sich hier um die Bilanz einer nicht überwiegend vermögensverwaltend tätigen KG. Komplementär ist eine natürliche Person.

Die Gesellschaft hat zwei Kommanditisten, mit Einlagen von 4000,00 Euro bzw. 5800,00 Euro.

Es stellt sich nun die Frage nach dem kostenrechtlichen Wert der einzelnen Beteiligungen. Zu beachten ist, dass zur Lösung die Bilanz einmal aus der – kostenrechtlichen – Sicht des Komplementärs und einmal aus der Sicht der Kommanditisten betrachtet werden muss.

Aktiva		Passiva	
A. Anlagevermögen		A. Eigenkapital	
I. Sachanlagen		I. Kapitalanteil persönlich haftender Gesellschafter	98 220,00
1. Betriebs- und Geschäftsausstattung	18 536,55	II. Kapitalanteil Kommanditisten	98 220,00
B. Umlaufvermögen		**Summe A.**	**196 440,00**
I. Forderungen und sonstige Vermögensgegenstände		B. Rückstellungen	
1. Forderungen aus Lieferungen und Leistungen	47 309,77	1. Steuerrückstellungen	1,99
2. sonstige Vermögensgegenstände	45 172,38	2. sonstige Rückstellungen	3 500,00
II. Kassenbestand, Guthaben bei Kreditinstituten	103 980,67	**Summe B.**	**3 501,99**
		C. Verbindlichkeiten	
Summe B.	**196 462,82**	1. Verbindlichkeiten aus Lieferungen und Leistungen	2 917,55
C. Rechnungsabgrenzungsposten	1 747,70	2. sonstige Verbindlichkeiten	13 887,53
		Summe C.	**16 805,08**
Summe Aktiva	**216 747,07**	**Summe Passiva**	**216 747,07**

Bewertung einzelner Beteiligungen nach den Vorschriften des GNotKG
Kommanditbeteiligungen:
Da es sich um eine nicht überwiegend vermögensverwaltende Tätigkeit handelt, erfolgt die Bewertung der Kommanditbeteiligungen nach § 54 GNotKG. Auf der Aktivseite sind keine der in § 54 Satz 2 GNotKG genannten Sachanlagen gebucht. Eine kostenrechtliche Wertberichtigung des Anlagevermögens ist daher nicht erforderlich.
Der Wert der Gesellschaft bezogen auf die Kommanditisten beträgt 196 440,00 Euro (Aktivvermögen). Davon entfällt hier ½ auf die Kommanditbeteiligungen. Unter diesen richtet sich die Verteilung nach dem Verhältnis der Einlagen. Die Kommanditeinlage im Nennbetrag von 4000,00 Euro hat einen Wert von 40 089,80 Euro, die im Nennbetrag von 5800,00 Euro einen Wert von 58 130,20 Euro.
Beteiligung des Komplementärs
Für die Bewertung der Beteiligung des Komplementärs ist § 54 GNotKG nicht einschlägig. Maßgeblich ist § 36 I GNotKG. Nach § 38 GNotKG werden Verbindlichkeiten nicht abgezogen.
Der Wert der Gesellschaft bezogen auf den Komplementär beträgt 216 747,07 Euro (Bilanzsumme). Davon entfällt ½ auf die Beteiligung des Komplementärs. Damit beträgt deren Wert hier 108 373,54 Euro.

> **Bemerkung:**
> Würde es sich um eine überwiegend vermögensverwaltende KG handeln, wäre § 54 GNotKG insgesamt nicht einschlägig. Es gäbe dann keinen Unterschied in zwischen der Bewertung der Gesellschaft aus Sicht der Kommanditisten zu der aus Sicht des Komplementärs.

Beispiel 9: Bilanz einer KG ohne Kapitalanteil des Komplementärs 21.99

Es handelt sich hier um die Bilanz einer nicht überwiegend vermögensverwaltend tätigen KG. Komplementär ist eine natürliche Person.

Die Gesellschaft hat zwei Kommanditisten, mit Einlagen von 4000,00 Euro bzw. 5800,00 Euro.

Aktiva		Passiva	
A. Anlagevermögen		A. Eigenkapital	
I. Sachanlagen		I. Kapitalanteil persönlich haftender Gesellschafter	0,00
1. Betriebs- und Geschäftsausstattung	**18 536,55**	II. Kapitalanteil Kommanditisten	196 440,00
B. Umlaufvermögen		**Summe A.**	**196 440,00**
I. Forderungen und sonstige Vermögensgegenstände		B. Rückstellungen	
1. Forderungen aus Lieferungen und Leistungen	47 309,77	1. Steuerrückstellungen	1,99
2. sonstige Vermögensgegenstände	45 172,38	2. sonstige Rückstellungen	3 500,00
II. Kassenbestand, Guthaben bei Kreditinstituten	103 980,67	**Summe B.**	**3501,99**
		C. Verbindlichkeiten	
Summe B.	**196 462,82**	1. Verbindlichkeiten aus Lieferungen und Leistungen	2 917,55
C. Rechnungsabgrenzungsposten	**1 747,70**	2. sonstige Verbindlichkeiten	13 887,53
		Summe C.	**16 805,08**
Summe Aktiva	**216 747,07**	**Summe Passiva**	**216 747,07**

Bewertung einzelner Posten nach den Vorschriften des GNotKG

Kommanditbeteiligungen:

Da es sich um eine nicht überwiegend vermögensverwaltende Tätigkeit handelt, erfolgt die Bewertung der Kommanditbeteiligungen nach § 54 GNotKG. Auf der Aktivseite sind keine der in § 54 Satz 2 GNotKG genannten Sachanlagen gebucht. Eine kostenrechtliche Wertberichtigung des Anlagevermögens ist daher nicht erforderlich.

Der Wert der Gesellschaft bezogen auf die Kommanditisten beträgt 196 440,00 Euro. Hier entfällt das volle Vermögen auf die Kommanditbeteiligungen. Unter diesen richtet sich die Verteilung nach dem Verhältnis der Einlagen. Die Kommanditeinlage im Nennbetrag von 4000,00 Euro hat einen Wert von 80 179,59 Euro, die im Nennbetrag von 5800,00 Euro einen Wert von 116 260,41 Euro.

> Beteiligung des Komplementärs
>
> Für die Bewertung der Beteiligung des Komplementärs ist § 54 GNotKG nicht einschlägig. Nach § 38 GNotKG werden Verbindlichkeiten nicht abgezogen.
>
> Der Wert der Gesellschaft bezogen auf den Komplementär beträgt 216 747,07. Da der Komplementär vorliegend aber am Kapital der Gesellschaft nicht beteiligt ist, beträgt sein Anteil 0,00 Euro.

> **Bemerkung:**
>
> Würde es sich um eine überwiegend vermögensverwaltende KG handeln, wäre § 54 GNotKG insgesamt nicht einschlägig. Es gäbe dann keinen Unterschied in zwischen der Bewertung der Gesellschaft aus Sicht der Kommanditisten zu der aus Sicht des Komplementärs.

21.100 **Beispiel 10: Bilanz einer eingetragenen Genossenschaft**

Es handelt sich hier um die Bilanz einer Agrargenossenschaft e.G. Genossenschaften sind regelmäßig nicht überwiegend vermögensverwaltend tätig.

Der Verkehrswert der Grundstücke beträgt 12 546 000,00 Euro.

Aktiva		Passiva	
A. Anlagevermögen		A. Eigenkapital	
I. Immaterielle Vermögensgegenstände	9088,00	I. Geschäftsguthaben	942 500,00
II. Sachanlagen		II. Ergebnisrücklage	9 930 856,15
1. Grundstücke	9 100 005,53	III. Jahresüberschuss	349 427,82
2. sonstige Anlagen, Betriebs- und Geschäftsausstattung	1 001 490,00	**Summe A**	**11 222 783,97**
III. Finanzanlagen	808 724,35	B. Sonderposten Investitionszuschüsse zum Anlagevermögen	**231 940,00**
Summe A	**10 919 307,88**	C. Sonderposten mit Rücklagenanteil	**29 458,35**
B. Umlaufvermögen		D. Rückstellungen	**265 741,56**
I. Vorräte	1 404 314,07	E. Verbindlichkeiten	**2 774 472,40**
II. Forderungen und sonstige Vermögensgegenstände	668 672,53		
III. Wertpapiere	200 000,01		
IV. Kassenbestand, Guthaben bei Kreditinstituten	1 689 962,79		
Summe B	**3 598 949,40**		
C. Rechnungsabgrenzungsposten	6140,00		
Summe Aktiva	**14 524 397,28**	**Summe Passiva**	**14 524 397,28**

II. Bilanzen

Bewertung einzelner Posten nach den Vorschriften des GNotKG	
Aktiva	**Passiva**

Hier sind die Buchwerte der Grundstücke durch deren Verkehrswerte zu ersetzen (vgl. Bsp. 2). Daraus ergibt sich folgendes Anlagevermögen:
   14 524 397,28
− 9 100 005,53
+ 12 546 000,00
   17 970 391,75
Kostenrechtlich berichtigt ergibt sich eine Summe der Aktivseite der Bilanz i.H.v. 17 970 391,75.
	Verbindlichkeiten werden nicht abgezogen, denn § 54 findet keine Anwendung (vgl. Rz. 21.50). Der Wert bestimmt sich nach §§ 36 I, 38.

Der kostenrechtliche Wert dieser eG beträgt 17 970 391,75 Euro.	

Aus der Bilanz einer Genossenschaft ergeben sich nicht die Anzahl der Anteile sowie der Nennbetrag der Anteile. Diese sind einer der Bilanz im Jahresabschluss beigefügten und im Register veröffentlichten Tabelle über die Dokumentation der Mitgliederbewegung zu entnehmen:

Mitgliederbewegung			
	Zahl der Mitglieder	Anzahl der Geschäftsanteile	Haftsumme Euro
Anfangsbestand	134	385	962 500,00
Zugang	1	5	12 500,00
Abgang	7	13	32 500,00
Endbestand	128	377	942 500,00
Höhe des Geschäftsanteils			2500,00
Höhe der Haftsumme/ Geschäftsanteil			2500,00

Zur Bewertung einzelner Anteile wird das Vermögen auf die Anteile verteilt (17 970 391,75 Euro/377). Im vorliegenden Beispiel würde der Wert eines Anteils 47 666,82 Euro betragen.

Beispiel 11: Bilanz einer vermögensverwaltenden Gesellschaft   21.101

Vorliegend handelt es sich um die Bilanz der ABC-Immobilienverwaltungs-GmbH, die nur in geringem Umfang ein operatives Geschäft betreibt, überwiegend aber vermögensverwaltend tätig ist.

Der Verkehrswert der Betriebsgrundstücke beträgt 2 500 000 Euro.

Aktiva		Passiva	
A. Anlagevermögen		A. Eigenkapital	
I. Immaterielle Vermögens- gegenstände	9041,00	I. gezeichnetes Kapital	51 129,19
II. Sachanlagen		II. Gewinnvortrag	58 632,93
1. Grundstücke	1 027 950,22	III. Jahresüberschuss	108 909,43
2. sonstige Anlagen, Betriebs- und Geschäfts- ausstattung	1 100 009,00	**Summe A**	**218 671,55**
		B. Rückstellungen	**49 640,00**
Summe A	**2 137 000,22**	C. Verbindlichkeiten	**2 312 024,36**
B. Umlaufvermögen			
I. Vorräte	15 460,03		
II. Forderungen und sonstige Vermögensgegenstände	48 653,31		
III. Kassenbestand, Guthaben bei Kreditinstituten	358 675,47		
Summe B	**422 788,81**		
C. Rechnungsabgrenzungs- posten	20 546,88		
Summe der Aktiva	**2 580 355,91**	**Summe der Passiva**	**2 580 335,91**

Bewertung einzelner Posten nach den Vorschriften des GNotKG

Aktiva	Passiva
Hier sind die Buchwerte der Grundstücke durch deren Verkehrswerte zu ersetzen (vgl. Bsp. 2). Daraus ergibt sich folgendes Anlagevermögen:	Die Bewertung erfolgt insgesamt nicht nach § 54 GNotKG. Maßgeblich ist § 36 I GNotKG. Wegen § 38 GNotKG werden Verbindlichkeiten nicht abgezogen.
2 580 355,91 – 1 027 950,22 + 2 500 000,00 4 052 405,69	
Kostenrechtlich berichtigt ergibt sich eine Summe der Aktivseite der Bilanz i.H.v. 4 052 405,69.	

21.102 **Beispiel 12: Vereinfachte Bilanz einer Kleinstkapitalgesellschaft**

Mit dem MicroBilG vom 20.12.2012[1] wurde die Bilanzierung für Kleinstkapitalgesellschaften vereinfacht. Wann eine Gesellschaft als Kleinstkapitalgesellschaft gilt, regelt der neu eingefügte § 267a HBG. Kostenrechtlich ist hier lediglich die daraus folgende Änderung des § 266 HGB beachtlich. Hier wurde der

---

1 Gesetz zur Umsetzung der Richtlinie 2012/6/EU des Europäischen Parlaments und des Rates v. 14.3.2012 zur Änderung der Richtlinie 78/660/EWG des Rates über den Jahresabschluss von Gesellschaften bestimmter Rechtsformen hinsichtlich Kleinstbetrieben (Kleinstkapitalgesellschaften-Bilanzrechtsänderungsgesetz – MicroBilG) v. 20.12.2012 (BGBl. I S. 2751).

Absatz 1 in der Weise ergänzt, dass die Kleinstkapitalgesellschaften nur eine verkürzte Bilanz zu erstellen brauchen. Im Unterschied zur vollständigen Bilanz muss die Gliederung hier nur die in den Absätzen 2 und 3 mit Buchstaben bezeichneten Posten enthalten. Eine weitere Aufschlüsselung ist nicht erforderlich. Wie in der Gesetzesbegründung zutreffend ausgeführt wird, kann dies dazu führen, dass in Einzelfällen kein „entsprechendes Bild von der Vermögens-, Finanz- und Ertragslage der Gesellschaft mehr entsteht.

Eine kostenrechtliche Berichtigung der Grundstückswerte ist ohne weitere Nachfragen und Aufschlüsselungen nicht möglich.

Die Bilanz einer Kleinstkapitalgesellschaft i.S.v. § 267a HGB würde wie folgt aussehen:

Aktiva		Passiva	
A. Anlagevermögen	213 700,02	A. Eigenkapital	21 867,15
B. Umlaufvermögen	42 278,88	B. Rückstellungen	4964,00
C. Rechnungsabgrenzungsposten	2054,68	C. Verbindlichkeiten	231 202,43
Summe der Aktiva	**258 033,58**	**Summe der Passiva**	**258 033,58**

Zur besonderen Beachtung

Bei der Arbeit mit Bilanzen ist zu beachten, dass diese die **Vermögensverhältnisse** eines Unternehmens **zu einem Stichtag** abbilden. Je weiter sich der für die Kostenberechnung maßgebliche Zeitpunkt von diesem Stichtag wegbewegt, umso ungenauer wird die Bewertung. Aus diesem Grund kann von den aufgrund der vorliegenden Ausführungen erstellten Werten begründet abgewichen werden, wenn die zwischenzeitlichen Veränderungen schlüssig dargestellt werden. Auch die Erteilung einer vorläufigen Berechnung ist zulässig. Sie kann dann nach dem Vorliegen genauerer Angaben oder einer zeitnah erstellten Bilanz korrigiert werden.

21.103

Sonderbilanzen

In Abweichung von den nach HGB bzw. AO vorgeschrieben Bilanzstichtagen, können zu jeder Zeit aus jedem Grund gesonderte Bilanzen aufgestellt werden. Aufgrund des damit verbundenen Aufwandes, insbesondere hinsichtlich der Bewertung des Anlage- und Umlaufvermögens, werden diese nur selten und aus wirklich triftigen Gründen in Auftrag gegeben.

21.104

Typisch und für die notarielle Praxis bedeutsam sind Bilanzen zum Zweck der **Beendigung des Unternehmens** bzw. für Vorgänge nach dem Umwandlungsgesetz (**Abspaltung, Verschmelzung, Formwechsel**). Zur Erstellung dieser Bilanzen werden in bestimmten Fällen die **stillen Reserven** aufgelöst, auf der Passivseite unter Rücklagen gebucht und auf der Aktivseite auf Anlage- und Umlaufvermögen entsprechend der Herkunft verteilt. Bei **Tochter-Mutter-Verschmelzungen** erfolgt regelmäßig keine Auflösung der stillen Reserven. Das nähere Verfahren sowie die Gründe hierfür sind für die kostenrechtliche Betrachtung nicht relevant. Zu beachten ist jedoch, dass diese Bilanzen sehr genau die Vermögensverhältnisse widerspiegeln, sodass hier regelmäßig keine Berichti-

21.105

gungen der Werte einzelner Positionen der Aktivseite, mit Ausnahme des nicht durch Eigenkapital gedeckten Fehlbetrages, vorzunehmen sind.

Veräußerung von Geschäftsanteilen

21.106 Nach § 54 GNotKG findet die hier beschriebene Bewertung immer dann Anwendung, wenn kein höherer Wert feststeht. Der nach dieser Vorschrift ermittelte Betrag stellt daher einen **Mindestwert**[1] dar, denn die Bilanz wird auf der Grundlage des Inventars erstellt. Der eigentliche Wert einer Gesellschaft liegt aber nicht in den „Tischen und Stühlen". Die Prüfung der Bilanz ist in allen Fällen unverzichtbar.

21.107 Der Kaufpreis kann nicht ohne weiteres herangezogen werden, da die **Kaufpreisbildung regelmäßig nicht auf der Grundlage der Bilanz**, sondern unter Berücksichtigung von Gewinn und Verlust, prognostisch über einen längeren Zeitraum betrachtet, erfolgt.

III. Gesellschaft bürgerlichen Rechts (GbR)

→ **Fall 1: Gründung der GbR nebst Grundstückseinbringung**

A. Sachverhalt

21.108 A und B gründen eine GbR (**Gründungsvertrag**). A leistet eine Bareinlage von 50 000 Euro. B leistet seine Einlage durch **Einbringung** seines Grundstückes mit einem Verkehrswert von 100 000 Euro, welches mit einer Grundschuld zu 75 000 Euro belastet ist. Die Grundschuld sichert derzeit Verbindlichkeiten i.H.v. 50 000 Euro. Die Auflassung wird erklärt.

B. Rechnung

21.109

Pos.	Gebührentatbestände	Geschäftswert	KV-Nr.	Satz	Betrag
	Beurkundungsverfahren (§ 109 I 4 Nr. 2, 94 II)	150 000	21100	2,0	708,00
	a) Gründungsvertrag (§§ 97 I, 107 I, 38, 46)	150 000	21100	2,0	
	b) Auflassung (§§ 97 I, 46)	~~100 000~~	~~21101 Nr. 2~~	~~0,5~~	~~136,50~~

C. Erläuterungen

21.110 a) Der Wert des **Gesellschaftsgründungsvertrages** beträgt 150 000 Euro = Wert der Leistungen aller Gesellschafter ohne Schuldenabzug (§§ 97 I, 107 I, 38, 46).

21.111 b) Der Wert der in der Urkunde erklärten **Auflassung** ist mit dem Verkehrswert des Grundstückes anzunehmen (§ 46).

---

1 LG Chemnitz, Beschl. v. 8.6.2016 – 3 OH 6/15, n.v.

Beide Erklärungen haben **denselben Beurkundungsgegenstand** nach § 109 I S. 4 Nr. 2. Die Auflassung bleibt dementsprechend unbewertet.

21.112

→ **Fall 2: Änderung durch rechtsgeschäftliche Erklärung**

A. Sachverhalt

Die Gesellschafter **A und B ändern** den bereits beurkundeten **Gesellschaftsvertrag** dahingehend, dass der Zweck der Gesellschaft erweitert wird. Zwischenzeitlich ist die Gesellschaft tätig geworden. Das Aktivvermögen der Gesellschaft wird mit 200 000 Euro angegeben. Verbindlichkeiten bestehen i.H.v. 80 000 Euro.

21.113

B. Rechnung

Pos.	Gebührentatbestand	Geschäftswert	KV-Nr.	Satz	Betrag
	Beurkundungsverfahren (§§ 97 I, 36 I, 38; hier: 10 % aus Wert des Gesellschaftsvermögens ohne Schuldenabzug)	20 000	21100	2,0	214,00

21.114

C. Erläuterungen

Der Wert der **Änderung** ist gem. §§ 97 I, 36 I, 38 nach billigem Ermessen zu bestimmen. Der Teilwert ist je nach Ausmaß der Änderung anzunehmen. In der Regel scheinen 10–30 % des Gesellschaftsvermögens ohne Schuldenabzug angemessen.

21.115

→ **Fall 3: Änderung durch Beschluss**

A. Sachverhalt

Die Gesellschafter **A und B beschließen** entsprechend den Regelungen im beurkundeten Gesellschaftsvertrag, **dass der Zweck der Gesellschaft erweitert wird**. Zwischenzeitlich ist die Gesellschaft tätig geworden. Das Aktivvermögen der Gesellschaft wird mit 400 000 Euro angegeben. Verbindlichkeiten bestehen i.H.v. 80 000 Euro.

21.116

B. Rechnung

Pos.	Gebührentatbestand	Geschäftswert	KV-Nr.	Satz	Betrag
	Beurkundungsverfahren (§ 108 IV)	30 000	21100	2,0	250,00

21.117

C. Erläuterungen

Der Geschäftswert des **Beschluss**es **einer GbR**, welcher keinen bestimmten Geldwert hat, beträgt nach der Spezialbestimmung des § 108 IV = 30 000 Euro.

21.118

→ **Fall 4: Veräußerung eines Gesellschaftsanteils mit Antrag auf Grundbuchberichtigung**

A. Sachverhalt

21.119 Der Gesellschafter **A veräußert** seinen **Anteil** (½) an der GbR an C unter Mitwirkung des weiteren Gesellschafters B zum Kaufpreis von 400 000 Euro. Das Aktivvermögen der Gesellschaft wird mit 2 000 000 Euro angegeben. Es bestehen Verbindlichkeiten i.H.v. 800 000 Euro. Zum Gesellschaftsvermögen gehört ein Grundstück (Verkehrswert 900 000 Euro). Gleichzeitig wird die entsprechende Grundbuchberichtigung beantragt.

B. Rechnung

21.120

Pos.	Gebührentatbestände	Geschäfts-wert	KV-Nr.	Satz	Betrag
	Beurkundungsverfahren (§§ 97 III, 38, 46, 109 I, 94 II)	1 000 000	21100	2,0	3470,00
	a) Veräußerungsvertrag (§§ 97 III, 38, 46)	1 000 000	21100	2,0	
	b) Grundbuchberichtigungsantrag (§§ 46, 38)	450 000	21201 Nr. 4	0,5	442,50

C. Erläuterungen

21.121 a) Der **Wert des Gesellschaftsanteils** entspricht dem Anteil des Gesellschafters am Aktivvermögen der Gesellschaft. Verbindlichkeiten sind nicht in Abzug zu bringen (§ 38). § 54 gilt nicht für die Gesellschaft bürgerlichen Rechts. Werden für die Übertragung Gegenleistungen erbracht, so muss ein Wertvergleich i.S.d. § 97 III erfolgen, da bei verschiedenen Leistungen nur der höhere Wert der Leistung des einen Teils maßgebend ist.

21.122 b) Der Wert der **Grundbuchberichtigung** beschränkt sich auf den halben Verkehrswert, da der Veräußerer einen Anteil von 50 % am Gesellschaftsvermögen hält.

21.123 **Veräußerungsvertrag, Auflassung und Grundbuchberichtigung** betreffen denselben Beurkundungsgegenstand i.S.v. § 109 I und § 94 II.

21.123a Zur Bewertung des **Grundbuchberichtigungsantrages**, wenn die Veräußerung des Anteils an den letzten Gesellschafter erfolgt, so dass die **Gesellschaft aufgelöst** wird, vgl. Rz. 8.125 ff.

IV. Einzelkaufmann

→ Fall 5: Anmeldung des Einzelkaufmanns

A. Sachverhalt

A meldet zur Eintragung ins Handelsregister sein Einzelunternehmen erstmals an. Der Notar fertigt den **Entwurf** der **Handelsregisteranmeldung** und nimmt die Unterschriftsbeglaubigung vor. Das Vermögen des Unternehmens beträgt 100 00 Euro. Gleichzeitig nimmt er den elektronischen **Vollzug** der Handelsregisteranmeldung (Erstellung der XML-Strukturdaten) vor.

21.124

B. Rechnung

Pos.	Gebührentatbestände	Geschäfts-wert	KV-Nr.	Satz	Betrag
(1)	Entwurf Handelsregisteranmeldung (§§ 119 I, 105 III Nr. 1; § 92 II)	30 000	24102, 21201 Nr. 5	0,5	62,50
(2)	Vollzug – XML (§ 112)	30 000	22114	0,3	37,50

21.125

C. Erläuterungen

Pos. (1):

Unabhängig vom Vermögen des Einzelkaufmanns beträgt der Geschäftswert der **Erstanmeldung** 30 000 Euro.

21.126

Für den Entwurf ist gem. Nrn. 24102, 21201 Nr. 5 KV die Rahmengebühr 0,3–0,5, mind. 30 Euro zu erheben. Da der Entwurf vollständig gefertigt wurde, ist die höchste Rahmengebühr zu erheben (§ 92 II). Die Unterschriftsbeglaubigung löst keine zusätzliche Gebühr aus, Vorbem. 2.4.1 II KV.

21.127

Pos. (2):

Die Erstellung der **XML-Strukturdaten** fällt unter den Vollzug, für welche das GNotKG eine eigenständige Gebühr in der Nr. 22114 KV vorsieht. Der Geschäftswert bestimmt sich nach dem Wert des Entwurfs (§ 112).

21.128

→ Fall 6: Anmeldung der Änderung der Firma

A. Sachverhalt

Aufgrund einer Gebietsreform wird der in der Firma enthaltene Ortsname geändert, so dass die Änderung zur Eintragung ins Handelsregister anzumelden ist. Der Notar fertigt den **Entwurf** der **Handelsregisteranmeldung** und nimmt die Unterschriftsbeglaubigung vor. Gleichzeitig nimmt er den elektronischen **Vollzug** der Handelsregisteranmeldung (Erstellung der XML-Strukturdaten) vor.

21.129

B. Rechnung

21.130

Pos.	Gebührentatbestände	Geschäfts-wert	KV-Nr.	Satz	Betrag
(1)	Entwurf Handelsregisteranmeldung (§§ 119 I, 105 IV Nr. 4, 92 II)	30 000	24102, 21201 Nr. 5	0,5	62,50
(2)	Vollzug – XML (§ 112)	30 000	22114	0,3	37,50

C. Erläuterungen

21.131 **Pos. (1):**

Bei der **Änderung der Firma** als spätere Anmeldung betreffend einen Einzelkaufmann beträgt der Geschäftswert 30 000 Euro.

21.132 Für den Entwurf ist gem. Nrn. 24102, 21201 Nr. 5 KV die Rahmengebühr 0,3–0,5, mind. 30 Euro zu erheben. Da der Entwurf vollständig gefertigt wurde, ist die höchste Rahmengebühr zu erheben (§ 92 II). Die Unterschriftsbeglaubigung löst keine zusätzliche Gebühr aus, Vorbem. 2.4.1 II KV.

21.133 **Pos. (2):**

Die Erstellung der **XML-Strukturdaten** fällt unter den Vollzug, für welchen das GNotKG eine eigenständige Gebühr in der Nr. 22114 KV vorsieht. Der Geschäftswert bestimmt sich nach dem Wert des Entwurfs (§ 112).

→ **Fall 7: Spätere Anmeldung eines Prokuristen**

A. Sachverhalt

21.134 A erteilt B Prokura. Der Notar fertigt den **Entwurf der Handelsregisteranmeldung** und nimmt die Unterschriftsbeglaubigung vor. Gleichzeitig nimmt er den elektronischen **Vollzug** der Handelsregisteranmeldung (Erstellung der XML-Strukturdaten) vor.

B. Rechnung

21.135

Pos.	Gebührentatbestände	Geschäfts-wert	KV-Nr.	Satz	Betrag
(1)	Entwurf Handelsregisteranmeldung (§§ 119 I, 105 IV Nr. 4, 92 II)	30 000	24102, 21201 Nr. 5	0,5	62,50
(2)	Vollzug – XML (§ 112)	30 000	22114	0,3	37,50

C. Erläuterungen

21.136 **Pos. (1):**

Bei der **Anmeldung eines Prokuristen** als spätere Anmeldung betreffend einen Einzelkaufmann beträgt der Geschäftswert 30 000 Euro.

IV. Einzelkaufmann

Für den Entwurf ist gem. Nrn. 24102, 21201 Nr. 5 KV die Rahmengebühr 0,3–0,5, mind. 30 Euro zu erheben. Da der Entwurf vollständig gefertigt wurde, ist die höchste Rahmengebühr zu erheben (§ 92 II). Die Unterschriftsbeglaubigung löst keine zusätzliche Gebühr aus, Vorbem. 2.4.1 II KV. 21.137

Pos. (2): 21.138

Die Erstellung der **XML-Strukturdaten** fällt unter den Vollzug, für welchen das GNotKG eine eigenständige Gebühr in der Nr. 22114 KV vorsieht. Der Geschäftswert bestimmt sich nach dem Wert des Entwurfs (§ 112).

→ **Fall 8: Spätere Anmeldung über die Änderung der inländischen Geschäftsanschrift**

A. Sachverhalt

A meldet zur Eintragung in das Handelsregister die Änderung seiner inländischen Geschäftsanschrift an. Der Notar fertigt den **Entwurf** der **Handelsregisteranmeldung** und nimmt die Unterschriftsbeglaubigung vor. Gleichzeitig nimmt er den elektronischen **Vollzug** der Handelsregisteranmeldung (Erstellung der XML-Strukturdaten) vor. 21.139

B. Rechnung

Pos.	Gebührentatbestände	Geschäfts-wert	KV-Nr.	Satz	Betrag
(1)	Entwurf Handelsregisteranmeldung (§§ 119 I, 105 V, 92 II)	5000	24102, 21201 Nr. 5	0,5	30,00
(2)	Vollzug – XML (§ 112)	5000	22114	0,3	15,00

21.140

C. Erläuterungen

Pos. (1): 21.141

Jegliche **Änderungen der inländischen Geschäftsanschrift** sind gemäß § 105 V als **Änderungen ohne wirtschaftliche Bedeutung** einzuordnen.

Für den Entwurf ist gem. Nrn. 24102, 21201 Nr. 5 KV die Rahmengebühr 0,3–0,5, mind. 30 Euro zu erheben. Da der Entwurf vollständig gefertigt wurde, ist die höchste Rahmengebühr zu erheben (§ 92 II). Die Unterschriftsbeglaubigung löst keine zusätzliche Gebühr aus, Vorbem. 2.4.1 II KV. 21.142

Pos. (2): 21.143

Die Erstellung der **XML-Strukturdaten** fällt unter den Vollzug, für welchen das GNotKG eine eigenständige Gebühr in der Nr. 22114 KV vorsieht. Der Geschäftswert bestimmt sich nach dem Wert des Entwurfs (§ 112).

→ **Fall 9: Spätere Anmeldung des Inhaberwechsels ohne Firmenfortführung**

A. Sachverhalt

21.144 Zur Eintragung ins Handelsregister wird angemeldet, dass A sein Einzelunternehmen an B verkauft hat. B führt das Unternehmen fort. Die bisherige Firma wird nicht fortgeführt und ist erloschen. Der Notar fertigt den **Entwurf** der **Handelsregisteranmeldung** und nimmt die Unterschriftsbeglaubigung vor. Gleichzeitig nimmt er den elektronischen **Vollzug** der Handelsregisteranmeldung (Erstellung der XML-Strukturdaten) vor.

B. Rechnung

21.145

Pos.	Gebührentatbestände	Geschäftswert	KV-Nr.	Satz	Betrag
(1)	Entwurf Handelsregisteranmeldung (§§ 119 I, 105 III Nr. 1, IV Nr. 4, 111 Nr. 3, 35 I, 92 II)	60 000	24102, 21201 Nr. 5	0,5	96,00
	a) Anmeldung B als neuen Firmeninhaber (§§ 119 I, 105 III Nr. 1)	30 000	24102, 21201 Nr. 5	0,5	
	b) Anmeldung Löschung der bisherigen Firma (§§ 119 I, 105 IV Nr. 4)	30 000	24102, 21201 Nr. 5	0,5	
(2)	Vollzug – XML (§ 112)	60 000	22114	0,3	57,60

C. Erläuterungen

21.146 **Pos. (1):**

a) 30 000 Euro (§§ 119 I, 105 III Nr. 1)

b) 30 000 Euro (§§ 119 I, 105 IV Nr. 4)

Es handelt sich bei jeder Anmeldung um eine **spätere Anmeldung**. Beide Anmeldungen gelten stets als besondere Beurkundungsgegenstände (§ 111 Nr. 3), so dass die Wertesumme von 60 000 Euro maßgebend ist (§§ 35 I, 111 Nr. 3).

21.147 Für den Entwurf ist gem. Nrn. 24102, 21201 Nr. 5 KV die Rahmengebühr 0,3–0,5, mind. 30 Euro zu erheben. Da der Entwurf vollständig gefertigt wurde, ist die höchste Rahmengebühr zu erheben (§ 92 II). Die Unterschriftsbeglaubigung löst keine zusätzliche Gebühr aus, Vorbem. 2.4.1 II KV.

21.148 **Pos. (2):**

Die Erstellung der **XML-Strukturdaten** fällt unter den Vollzug, für welchen das GNotKG eine eigenständige Gebühr in der Nr. 22114 KV vorsieht. Der Geschäftswert bestimmt sich nach dem Wert des Entwurfs (§ 112).

IV. Einzelkaufmann

→ **Fall 10: Anmeldung der Verpachtung eines Einzelunternehmens mit Firmenfortführung**

A. Sachverhalt

Zur Eintragung ins Handelsregister wird angemeldet, dass A sein Einzelunternehmen an B verpachtet hat. Die bisherige Firma wird von B mit Zustimmung des A fortgeführt. Der Notar fertigt den **Entwurf** der **Handelsregisteranmeldung** und nimmt die Unterschriftsbeglaubigung vor. Gleichzeitig nimmt er den elektronischen **Vollzug** der Handelsregisteranmeldung (Erstellung der XML-Strukturdaten) vor.

21.149

B. Rechnung

Pos.	Gebührentatbestände	Geschäftswert	KV-Nr.	Satz	Betrag
(1)	Entwurf Handelsregisteranmeldung (§§ 119 I, 105 IV Nr. 4, 92 II)	30 000	24102, 21201 Nr. 5	0,5	62,50
(2)	Vollzug – XML (§ 112)	30 000	22114	0,3	37,50

21.150

C. Erläuterungen

Pos. (1):

Die Anmeldung der **Verpachtung mit Firmenfortführung** betrifft eine spätere Anmeldung.

21.151

Für den Entwurf ist gem. Nrn. 24102, 21201 Nr. 5 KV die Rahmengebühr 0,3–0,5, mind. 30 Euro zu erheben. Da der Entwurf vollständig gefertigt wurde, ist die höchste Rahmengebühr zu erheben (§ 92 II). Die Unterschriftsbeglaubigung löst keine zusätzliche Gebühr aus, Vorbem. 2.4.1 II KV.

21.152

Pos. (2):

Die Erstellung der **XML-Strukturdaten** fällt unter den Vollzug, für welchen das GNotKG eine eigenständige Gebühr in der Nr. 22114 KV vorsieht. Der Geschäftswert bestimmt sich nach dem Wert des Entwurfs (§ 112).

21.153

D. Anmerkung

Bei der **Verpachtung ohne Firmenfortführung** sind das Erlöschen der bisherigen sowie die neue Firma anzumelden. Es liegen gemäß § 111 Nr. 3 zwei besondere Anmeldetatbestände vor.

21.154

→ **Fall 11: Anmeldung der Löschung eines Einzelunternehmens**

A. Sachverhalt

Zur Eintragung ins Handelsregister wird angemeldet, dass A sein Einzelunternehmen aufgegeben hat. Die Firma soll gelöscht werden. Der Notar fertigt den **Entwurf** der **Handelsregisteranmeldung** und nimmt die Unterschriftsbeglaubi-

21.155

gung vor. Gleichzeitig nimmt er den elektronischen **Vollzug** der Handelsregisteranmeldung (Erstellung der XML-Strukturdaten) vor.

B. Rechnung

21.156

Pos.	Gebührentatbestände	Geschäfts-wert	KV-Nr.	Satz	Betrag
(1)	Entwurf Handelsregisteranmeldung (§§ 119 I, 105 IV Nr. 4, 92 II)	30 000	24102, 21201 Nr. 5	0,5	62,50
(2)	Vollzug – XML (§ 112)	30 000	22114	0,3	37,50

C. Erläuterungen

21.157 **Pos. (1):**

Bei der Anmeldung der **Löschung des Einzelunternehmens** handelt es sich um eine spätere Anmeldung.

21.158 Für den Entwurf ist gem. Nrn. 24102, 21201 Nr. 5 KV die Rahmengebühr 0,3–0,5, mind. 30 Euro zu erheben. Da der Entwurf vollständig gefertigt wurde, ist die höchste Rahmengebühr zu erheben (§ 92 II). Die Unterschriftsbeglaubigung löst keine zusätzliche Gebühr aus, Vorbem. 2.4.1 II KV.

21.159 **Pos. (2):**

Die Erstellung der **XML-Strukturdaten** fällt unter den Vollzug, für welchen das GNotKG eine eigenständige Gebühr in der Nr. 22114 KV vorsieht. Der Geschäftswert bestimmt sich nach dem Wert des Entwurfs (§ 112).

V. Partnerschaftsgesellschaft

→ **Fall 12: Erstanmeldung zum Partnerschaftsregister**

A. Sachverhalt

21.160 Zur Eintragung ins Partnerschaftsregister wird eine neu errichtete Partnerschaftsgesellschaft, bestehend aus den drei Partnern A, B und C, die Geschäftsführung und Vertretung angemeldet. Der Notar fertigt den **Entwurf** der **Handelsregisteranmeldung** und nimmt die Unterschriftsbeglaubigung vor. Gleichzeitig nimmt er den elektronischen **Vollzug** der Handelsregisteranmeldung (Erstellung der XML-Strukturdaten) vor.

V. Partnerschaftsgesellschaft

B. Rechnung

21.161

Pos.	Gebührentatbestände	Geschäftswert	KV-Nr.	Satz	Betrag
(1)	Entwurf Handelsregisteranmeldung (§§ 119 I, 105 III Nr. 2, 92 II)	60 000	24102, 21201 Nr. 5	0,5	96,00
(2)	Vollzug – XML (§ 112)	60 000	22114	0,3	57,60

C. Erläuterungen

Pos. (1): 21.162

Der Geschäftswert der **Erstanmeldung** beträgt insgesamt 60 000 Euro und ergibt sich aus der Wertesumme von 45 000 Euro + 15 000 Euro (§§ 119 I, 105 III Nr. 2).

Die Anmeldung der **Geschäftsführung und Vertretung** ist gemäß § 4 PartGG Inhalt der Erstanmeldung. 21.163

Für den Entwurf ist gem. Nrn. 24102, 21201 Nr. 5 KV die Rahmengebühr 0,3–0,5, mind. 30 Euro zu erheben. Da der Entwurf vollständig gefertigt wurde, ist die höchste Rahmengebühr zu erheben (§ 92 II). Die Unterschriftsbeglaubigung löst keine zusätzliche Gebühr aus, Vorbem. 2.4.1 II KV. 21.164

Pos. (2): 21.165

Die Erstellung der **XML-Strukturdaten** fällt unter den Vollzug, für welchen das GNotKG eine eigenständige Gebühr in der Nr. 22114 KV vorsieht. Der Geschäftswert bestimmt sich nach dem Wert des Entwurfs (§ 112).

→ **Fall 13: Anmeldung des Eintritts eines Partners**

A. Sachverhalt

Zur Eintragung ins Partnerschaftsregister wird angemeldet, dass D als weiterer Partner in die Gesellschaft eintritt. Der Notar fertigt den **Entwurf** der **Handelsregisteranmeldung** und nimmt die Unterschriftsbeglaubigung vor. Gleichzeitig nimmt er den elektronischen **Vollzug** der Handelsregisteranmeldung (Erstellung der XML-Strukturdaten) vor. 21.166

B. Rechnung

21.167

Pos.	Gebührentatbestände	Geschäftswert	KV-Nr.	Satz	Betrag
(1)	Entwurf Handelsregisteranmeldung (§§ 119 I, 105 IV Nr. 3, 92 II)	30 000	24102, 21201 Nr. 5	0,5	62,50
(2)	Vollzug – XML (§ 112)	30 000	22114	0,3	37,50

C. Erläuterungen

21.168 **Pos. (1):**

Der Geschäftswert der Anmeldung des **Eintritts eines Partners** beträgt 30 000 Euro, da es sich um eine spätere Anmeldung handelt.

21.169 Für den Entwurf ist gem. Nrn. 24102, 21201 Nr. 5 KV die Rahmengebühr 0,3–0,5, mind. 30 Euro zu erheben. Da der Entwurf vollständig gefertigt wurde, ist die höchste Rahmengebühr zu erheben (§ 92 II). Die Unterschriftsbeglaubigung löst keine zusätzliche Gebühr aus, Vorbem. 2.4.1 II KV.

21.170 **Pos. (2):**

Die Erstellung der **XML-Strukturdaten** fällt unter den Vollzug, für welchen das GNotKG eine eigenständige Gebühr in der Nr. 22114 KV vorsieht. Der Geschäftswert bestimmt sich nach dem Wert des Entwurfs (§ 112).

→ **Fall 14: Anmeldung des Ausscheidens eines Partners und Eintritt eines neuen Partners**

A. Sachverhalt

21.171 Zur Eintragung ins Partnerschaftsregister wird angemeldet, dass A aus der Gesellschaft ausscheidet und E als neuer Partner in die Gesellschaft eintritt. Der Notar fertigt den **Entwurf** der **Handelsregisteranmeldung** und nimmt die Unterschriftsbeglaubigung vor. Gleichzeitig nimmt er den elektronischen **Vollzug** der Handelsregisteranmeldung (Erstellung der XML-Strukturdaten) vor.

B. Rechnung

21.172

Pos.	Gebührentatbestände	Geschäftswert	KV-Nr.	Satz	Betrag
(1)	Entwurf Handelsregisteranmeldung (§§ 119 I, 105 IV Nr. 3, 92 II)	30 000	24102, 21201 Nr. 5	0,5	62,50
(2)	Vollzug XML (§ 112)	30 000	22114	0,3	37,50

C. Erläuterungen

21.173 **Pos. (1):**

Beim **Eintritt und Austritt von nicht mehr als zwei Partnern** beträgt der Geschäftswert 30 000 Euro.

21.174 Für den Entwurf ist gem. Nrn. 24102, 21201 Nr. 5 KV die Rahmengebühr 0,3–0,5, mind. 30 Euro zu erheben. Da der Entwurf vollständig gefertigt wurde, ist die höchste Rahmengebühr zu erheben (§ 92 II). Die Unterschriftsbeglaubigung löst keine zusätzliche Gebühr aus, Vorbem. 2.4.1 II KV.

V. Partnerschaftsgesellschaft

Pos. (2): 21.175

Die Erstellung der **XML-Strukturdaten** fällt unter den Vollzug, für welchen das GNotKG eine eigenständige Gebühr in der Nr. 22114 KV vorsieht. Der Geschäftswert bestimmt sich nach dem Wert des Entwurfs (§ 112).

→ **Fall 15: Anmeldung des Ausscheidens eines Partners und Eintritt zweier neuer Partner**

A. Sachverhalt

Zur Eintragung ins Partnerschaftsregister wird angemeldet, dass A aus der Gesellschaft ausscheidet. D und E treten als neue Partner in die Gesellschaft ein. Der Notar fertigt den **Entwurf** der **Handelsregisteranmeldung** und nimmt die Unterschriftsbeglaubigung vor. Gleichzeitig nimmt er den elektronischen **Vollzug** der Handelsregisteranmeldung (Erstellung der XML-Strukturdaten) vor. 21.176

B. Rechnung

Pos.	Gebührentatbestände	Geschäftswert	KV-Nr.	Satz	Betrag
(1)	Entwurf Handelsregisteranmeldung (§§ 119 I, 105 IV Nr. 3, 92 II)	45 000	24102, 21201 Nr. 5	0,5	77,50
(2)	Vollzug – XML (§ 112)	45 000	22114	0,3	46,50

21.177

C. Erläuterungen

Pos. (1): 21.178

Beim **Eintritt und Austritt von mehr als zwei Partnern** ist der Geschäftswert mit 15 000 Euro für jeden eintretenden und jeden ausscheidenden Partner anzunehmen.

Für den Entwurf ist gem. Nrn. 24102, 21201 Nr. 5 KV die Rahmengebühr 0,3–0,5, mind. 30 Euro zu erheben. Da der Entwurf vollständig gefertigt wurde, ist die höchste Rahmengebühr zu erheben (§ 92 II). Die Unterschriftsbeglaubigung löst keine zusätzliche Gebühr aus, Vorbem. 2.4.1 II KV. 21.179

Pos. (2): 21.180

Die Erstellung der **XML-Strukturdaten** fällt unter den Vollzug, für welchen das GNotKG eine eigenständige Gebühr in der Nr. 22114 KV vorsieht. Der Geschäftswert bestimmt sich nach dem Wert des Entwurfs (§ 112).

→ **Fall 16: Anmeldung der Prokura und Änderung des Namens der Partnerschaft**

A. Sachverhalt

21.181 Zur Eintragung ins Partnerschaftsregister wird angemeldet, dass F Einzelprokura erhalten hat. Weiterhin wurde der Name der Partnerschaft geändert. Der Notar fertigt den **Entwurf** der **Handelsregisteranmeldung** und nimmt die Unterschriftsbeglaubigung vor. Gleichzeitig nimmt er den elektronischen **Vollzug** der Handelsregisteranmeldung (Erstellung der XML-Strukturdaten) vor.

B. Rechnung

21.182

Pos.	Gebührentatbestände	Geschäftswert	KV-Nr.	Satz	Betrag
(1)	Entwurf Handelsregisteranmeldung (§§ 119 I, 105 IV Nr. 3, 111 Nr. 3, 35 I, 92 II)	60 000	24102, 21201 Nr. 5	0,5	96,00
	a) Anmeldung Erteilung Einzelprokura F (§§ 119 I, 105 IV Nr. 3)	30 000	24102, 21201 Nr. 5	0,5	
	b) Anmeldung Änderung Firma (§§ 119 I, 105 IV Nr. 3)	30 000	24102, 21201 Nr. 5	0,5	
(2)	Vollzug – XML (§ 112)	60 000	22114	0,3	57,60

C. Erläuterungen

21.183 **Pos. (1):**

a) 30 000 Euro (§§ 119 I, 105 IV Nr. 3)

b) 30 000 Euro (§§ 119 I, 105 IV Nr. 3)

Es handelt sich um **spätere Anmeldungen** einer Partnerschaftsgesellschaft. Beide Anmeldungen sind besondere Beurkundungsgegenstände (§ 111 Nr. 3), so dass die Wertesumme von 60 000 Euro maßgebend ist (§§ 35 I, 85 I, 86 II, 93 I S. 1, 111 Nr. 3).

21.184 Für den Entwurf ist gem. Nrn. 24102, 21201 Nr. 5 KV die Rahmengebühr 0,3–0,5, mind. 30 Euro zu erheben. Da der Entwurf vollständig gefertigt wurde, ist die höchste Rahmengebühr zu erheben (§ 92 II). Die Unterschriftsbeglaubigung löst keine zusätzliche Gebühr aus, Vorbem. 2.4.1 II KV.

21.185 **Pos. (2):**

Die Erstellung der **XML-Strukturdaten** fällt unter den Vollzug, für welchen das GNotKG eine eigenständige Gebühr in der Nr. 22114 KV vorsieht. Der Geschäftswert bestimmt sich nach dem Wert des Entwurfs (§ 112).

→ **Fall 17: Anmeldung der Auflösung der Partnerschaftsgesellschaft**

A. Sachverhalt

Zur Eintragung ins Partnerschaftsregister wird angemeldet, dass die Partnerschaftsgesellschaft aufgelöst ist. Der Notar fertigt den **Entwurf der Registeranmeldung** und nimmt die Unterschriftsbeglaubigung vor. Gleichzeitig nimmt er den elektronischen **Vollzug** der Handelsregisteranmeldung (Erstellung der XML-Strukturdaten) vor.

B. Rechnung

Pos.	Gebührentatbestände	Geschäftswert	KV-Nr.	Satz	Betrag
(1)	Entwurf Handelsregisteranmeldung (§§ 119 I, 105 IV Nr. 3, 92 II)	30 000	24102, 21201 Nr. 5	0,5	62,50
(2)	Vollzug – XML (§ 112)	30 000	22114	0,3	37,50

C. Erläuterungen

Pos. (1):

Es handelt sich um eine **spätere Anmeldung** der Partnerschaftsgesellschaft (§§ 119 I, 105 IV Nr. 3).

Für den Entwurf ist gem. Nrn. 24102, 21201 Nr. 5 KV die Rahmengebühr 0,3–0,5, mind. 30 Euro zu erheben. Da der Entwurf vollständig gefertigt wurde, ist die höchste Rahmengebühr zu erheben (§ 92 II). Die Unterschriftsbeglaubigung löst keine zusätzliche Gebühr aus, Vorbem. 2.4.1 II KV.

Pos. (2):

Die Erstellung der **XML-Strukturdaten** fällt unter den Vollzug, für welchen das GNotKG eine eigenständige Gebühr in der Nr. 22114 KV vorsieht. Der Geschäftswert bestimmt sich nach dem Wert des Entwurfs (§ 112).

VI. Offene Handelsgesellschaft

→ **Fall 18: Gründung einer OHG mit zwei Gesellschaftern nebst Handelsregisteranmeldung**

A. Sachverhalt

Der Notar beurkundet die **Gründung** einer **OHG** durch A und B. A verpflichtet sich zu einer Bareinlage von 5000 Euro, B bringt das künftige Betriebsgrundstück zum Verkehrswert von 12 500 Euro in das Gesellschaftsvermögen ein. Hinsichtlich des Grundstücks wird gleichzeitig die Auflassung erklärt.

Die Gesellschafter melden die Gesellschaft zur Eintragung in das Handelsregister an. Auftragsgemäß fertigt der Notar den **Entwurf** der **Handelsregisteranmeldung** und nimmt die Unterschriftsbeglaubigung vor. Gleichzeitig nimmt er den elektronischen **Vollzug** der Handelsregisteranmeldung (Erstellung der XML-Strukturdaten) vor.

B. Rechnungen

1. Gesellschaftsvertrag

21.192

Pos.	Gebührentatbestände	Geschäfts-wert	KV-Nr.	Satz	Betrag
	Beurkundungsverfahren (§§ 109 I 4 Nr. 2, 94 II)	30 000	21100	2,0	250,00
	a) Gründungsvertrag (§§ 97 I, 107 I, 38, 46)	30 000	21100	2,0	
	b) Auflassung (§§ 97 I, 46)	~~12 500~~	~~21101 Nr. 2~~	~~0,5~~	~~41,50~~

2. Handelsregisteranmeldung

21.193

Pos.	Gebührentatbestände	Geschäfts-wert	KV-Nr.	Satz	Betrag
(1)	Entwurf Handelsregisteranmeldung (§§ 119 I, 105 III Nr. 2, 92 II)	45 000	24102, 21201 Nr. 5	0,5	77,50
(2)	Vollzug – XML (§ 112)	45 000	22114	0,3	46,50

C. Erläuterungen

Zu Rechnung 1 (Gesellschaftsvertrag und Auflassung)

21.194 a) Geschäftswert des **Gesellschaftsvertrag**es ist gemäß § 97 I der Wert der Einlagen sämtlicher Gesellschafter. Gemäß § 107 I ist der Betrag mindestens 30 000 Euro und höchstens 10 000 000 Euro.

b) Der Wert der in der Urkunde erklärten **Auflassung** ist mit dem Verkehrswert des Grundstückes anzunehmen (§ 46).

21.195 Zwischen **Gesellschaftsvertrag und Auflassung** liegt gemäß § 109 I S. 4 Nr. 2 derselbe Beurkundungsgegenstand vor. Die Auflassung bleibt unbewertet gem. § 109 I S. 5.

Zu Rechnung 2 (Handelsregisteranmeldung)

21.196 Pos. (1):
Der Wert der **Handelsregisteranmeldung** einer OHG mit **zwei Gesellschaftern** beträgt 45 000 Euro (§§ 119 I, 105 III Nr. 2).

21.197 Für den Entwurf ist gem. Nrn. 24102, 21201 Nr. 5 KV die Rahmengebühr 0,3–0,5, mind. 30 Euro zu erheben. Da der Entwurf vollständig gefertigt wurde, ist die höchste Rahmengebühr zu erheben (§ 92 II). Die Unterschriftsbeglaubigung löst keine zusätzliche Gebühr aus, Vorbem. 2.4.1 II KV.

VI. Offene Handelsgesellschaft

Pos. (2): 21.198
Die Erstellung der **XML-Strukturdaten** fällt unter den Vollzug, für welchen das GNotKG eine eigenständige Gebühr in der Nr. 22114 KV vorsieht. Der Geschäftswert bestimmt sich nach dem Wert des Entwurfs der Handelsregisteranmeldung (§ 112).

Gem. § 12 I HGB ist die Anmeldung elektronisch einzureichen, welcher als Anlage der Gesellschaftsvertrag beizufügen ist. Der Vollzug ist somit der Anmeldung zuzuordnen.

→ **Fall 19: Gründung einer OHG mit zwei Gesellschaftern nebst Handelsregisteranmeldung in *einer* Urkunde**

A. Sachverhalt

A und B gründen eine OHG. A verpflichtet sich zu einer Bareinlage von 5000 Euro, B bringt das künftige Betriebsgrundstück zum Verkehrswert von 12 500 Euro in das Gesellschaftsvermögen ein. Hinsichtlich des Grundstücks wird gleichzeitig die Auflassung erklärt. Der Notar beurkundet die Gründungserklärungen samt Auflassung. Die **Gesellschafter melden in gleicher Urkunde die Gesellschaft zur Eintragung in das Handelsregister an**. Gleichzeitig nimmt er den elektronischen **Vollzug** der Handelsregisteranmeldung (Erstellung der XML-Strukturdaten) vor. 21.199

B. Rechnung 21.200

Pos.	Gebührentatbestände	Geschäftswert	KV-Nr.	Satz	Betrag
(1)	Beurkundungsverfahren (§§ 109 I 4 Nr. 2, 111 Nr. 3, 94 I, II)	75 000	21100	2,0	438,00
	a) Gründungsvertrag (§§ 97 I, 107 I, 38, 46)	30 000	21100	2,0	250,00
	b) Auflassung (§§ 97 I, 46)	12 500	21101	0,5	41,50
	c) Handelsregisteranmeldung (§ 105 III Nr. 2)	45 000	21201 Nr. 5	0,5	77,50
(2)	Vollzug – XML (§ 112)	75 000	22114	0,3	65,70

C. Erläuterungen

Pos. (1): 21.201
a) Geschäftswert des **Gesellschaftsvertrag**es ist gemäß § 97 I der Wert der Einlagen sämtlicher Gesellschafter. Gemäß § 107 I ist der Betrag mindestens 30 000 Euro und höchstens 10 000 000 Euro.

b) Der Wert der in der Urkunde erklärten **Auflassung** ist mit dem Verkehrswert des Grundstückes anzunehmen (§ 46). 21.202

21.203 Zwischen **Gesellschaftsvertrag und Auflassung** liegt gemäß § 109 I S. 4 Nr. 2 derselbe Beurkundungsgegenstand vor. Die Auflassung bleibt wegen § 109 I S. 5 unbewertet.

21.204 c) Der Geschäftswert beträgt bei der **Erstanmeldung** 45 000 Euro für die ersten zwei Gesellschafter.

21.205 Die Gründungserklärungen und die **Handelsregisteranmeldung** sind gem. § 111 Nr. 3 stets besondere Beurkundungsgegenstände. Aufgrund der unterschiedlichen Gebührensätze ist der Vergleich nach § 94 I zu beachten, wobei die Bewertung der höchsten Gebühr aus der Wertesumme teurer ist (2,0 aus 75 000 Euro).

21.206 Pos. (2):

Die Erstellung der **XML-Strukturdaten** fällt unter den Vollzug, für welchen das GNotKG eine eigenständige Gebühr in der Nr. 22114 KV vorsieht. Der Geschäftswert bestimmt sich nach dem Wert des Beurkundungsverfahrens (§ 112). Fallen, wie hier, für das Beurkundungsverfahren mehrere Beurkundungsgebühren an, so bestimmt sich die Vollzugsgebühr nach den addierten Werten der Beurkundungsgegenstände.

→ **Fall 20: Anmeldung einer neu gegründeten OHG mit drei Gesellschaftern**

A. Sachverhalt

21.207 Zur Eintragung ins Handelsregister wird die neu errichtete OHG angemeldet. Gesellschafter sind A, B und C. Auftragsgemäß fertigt der Notar den **Entwurf** der **Handelsregisteranmeldung** und nimmt die Unterschriftsbeglaubigung vor. Gleichzeitig nimmt er den elektronischen **Vollzug** der Handelsregisteranmeldung (Erstellung der XML-Strukturdaten) vor.

B. Rechnung

21.208

Pos.	Gebührentatbestände	Geschäftswert	KV-Nr.	Satz	Betrag
(1)	Entwurf Handelsregisteranmeldung (§§ 119 I, 105 III Nr. 2, 92 II)	60 000	24102, 21201 Nr. 5	0,5	96,00
(2)	Vollzug – XML (§ 112)	60 000	22114	0,3	57,60

C. Erläuterungen

21.209 Pos. (1):

Der Geschäftswert beträgt bei der **Erstanmeldung** 45 000 Euro für die ersten zwei Gesellschafter zzgl. 15 000 Euro für jeden weiteren Gesellschafter (§§ 119 I, 105 III Nr. 2).

21.210 Für den Entwurf ist gem. Nrn. 24102, 21201 Nr. 5 KV die Rahmengebühr 0,3–0,5, mind. 30 Euro zu erheben. Da der Entwurf vollständig gefertigt wurde, ist die höchste Rahmengebühr zu erheben (§ 92 II). Die Unterschriftsbeglaubigung löst keine zusätzliche Gebühr aus, Vorbem. 2.4.1 II KV.

Pos. (2):

Die Erstellung der **XML-Strukturdaten** fällt unter den Vollzug, für welchen das GNotKG eine eigenständige Gebühr in der Nr. 22114 KV vorsieht. Der Geschäftswert bestimmt sich nach dem Wert des Entwurfs der Handelsregisteranmeldung (§ 112).

21.211

→ **Fall 21: Gründung einer OHG mit gleichzeitiger Schenkung**

A. Sachverhalt

A errichtet mit B eine OHG (Vater und Sohn). Beide sind zu gleichen Teilen an der Gesellschaft beteiligt. B leistet keine Einlage. A bringt sein Einzelunternehmen in die Gesellschaft ein. Der anwachsende Anteil des B wird im Wege der **Schenkung** zugewendet. B nimmt die Schenkung an. Er hat sich den Wert der Schenkung auf seinen Pflichtteil am Nachlass des Vaters anrechnen zu lassen. In gleicher Urkunde wird hinsichtlich des Betriebsgrundstücks die Auflassung erklärt. Der Wert des Grundstücks beträgt 300 000 Euro.

21.212

Fallspezifische, vereinfachte Bilanz des Einzelunternehmens:[1]

Aktiva		Passiva	
A. Anlagevermögen		A. Eigenkapital	130 000 Euro
1. Betriebsgrundstück	200 000 Euro	B. Rückstellungen	10 000 Euro
2. Maschinen und Anlagen	150 000 Euro	C. Verbindlichkeiten	320 000 Euro
B. Umlaufvermögen	110 000 Euro		
	460 000 Euro		460 000 Euro

B. Rechnung

Pos.	Gebührentatbestände	Geschäftswert	KV-Nr.	Satz	Betrag
	Beurkundungsverfahren (§§ 97 I, 107 I, 38, 46, 109 I Nr. 2, 86 II, 92 II)	840 000	21100	2,0	2990,00
	a) Gründungsvertrag (§§ 97 I, 107 I, 38, 46)	560 000	21100	2,0	
	b) Auflassung (§§ 97 I, 46 I)	~~300 000~~	~~21101 Nr. 2~~	~~0,5~~	~~317,50~~
	c) Schenkung (§§ 97 I, 38)	280 000	21100	2,0	

21.213

---

1 Ausführliche Hinweise zu Bilanzen befinden sich unter Rz. 21.80 ff., 21.97.

C. Erläuterungen

21.214 a) Der Wert des **Gründungsvertrag**es beträgt 560 000 Euro (460 000 Euro ./. 200 000 Euro + 300 000 Euro). Bei der Ermittlung dieses Wertes wurde der Buchwert des Grundstücks durch den Verkehrswert ersetzt. Verbindlichkeiten sind nicht in Abzug zu bringen.

21.215 b) Der **Einbringungsvertrag (Auflassung)** hat den gleichen Wert. Gründungsvertrag und Einbringungsvertrag betreffen denselben Beurkundungsgegenstand nach § 109 I S. 4 Nr. 2. Der Einbringungsvertrag bleibt danach unbewertet.

21.216 c) Der **Wert des Gesellschaftsanteils** entspricht dem Anteil des Gesellschafters am Aktivvermögen der Gesellschaft. Verbindlichkeiten sind nicht in Abzug zu bringen (§ 38). § 54 gilt nicht für die offene Handelsgesellschaft. Der bestandene Rechtsstreit zur Bewertung von Beteiligungen an Personengesellschaften ist mit dem neuen Recht beendet. Unter Zugrundelegung der Bilanz sowie der Berichtigung der Buchwerte des Betriebsgrundstückes mit dem Verkehrswert hat das Einzelunternehmen einen (bereinigten) Wert i.H.v. 560 000 Euro. Der Wert der Schenkung beträgt die Hälfte.

21.217 Die **mitbeurkundete Schenkung** hat einen verschiedenen Beurkundungsgegenstand nach §§ 35 I, 86 II.

→ **Fall 22: Anmeldung der Errichtung einer OHG durch Eintritt eines persönlich haftenden Gesellschafters in das Geschäft eines Einzelkaufmanns**

A. Sachverhalt

21.218 Zur Eintragung ins Handelsregister wird die Errichtung einer OHG durch Eintritt des A als weiterer Gesellschafter in das von B als Einzelunternehmen geführte Handelsgeschäft angemeldet. Auftragsgemäß fertigt der Notar den **Entwurf** der **Handelsregisteranmeldung** und nimmt die Unterschriftsbeglaubigung vor. Gleichzeitig nimmt er den elektronischen **Vollzug** der Handelsregisteranmeldung (Erstellung der XML-Strukturdaten) vor.

B. Rechnung

21.219

Pos.	Gebührentatbestände	Geschäftswert	KV-Nr.	Satz	Betrag
(1)	Entwurf Handelsregisteranmeldung (§§ 119 I, 105 III Nr. 2, 92 II)	45 000	24102, 21201 Nr. 5	0,5	77,50
(2)	Vollzug – XML (§ 112)	45 000	22114	0,3	46,50

C. Erläuterungen

Pos. (1): 21.220

Bei der Anmeldung handelt es sich um die **Erstanmeldung der OHG**. Da nicht mehr als zwei Gesellschafter beteiligt sind, beträgt der Geschäftswert 45 000 Euro (§§ 119 I, 105 III Nr. 2).

Für den Entwurf ist gem. Nrn. 24102, 21201 Nr. 5 KV die Rahmengebühr 0,3–0,5, mind. 30 Euro zu erheben. Da der Entwurf vollständig gefertigt wurde, ist die höchste Rahmengebühr zu erheben (§ 92 II). Die Unterschriftsbeglaubigung löst keine zusätzliche Gebühr aus, Vorbem. 2.4.1 II KV. 21.221

Pos. (2): 21.222

Die Erstellung der **XML-Strukturdaten** fällt unter den Vollzug, für welchen das GNotKG eine eigenständige Gebühr in der Nr. 22114 KV vorsieht. Der Geschäftswert bestimmt sich nach dem Wert des Entwurfs der Handelsregisteranmeldung (§ 112).

→ Fall 23: Veräußerung eines Gesellschaftsanteils nebst Handelsregisteranmeldung

A. Sachverhalt

Die Gesellschafter der OHG sind A und B zu gleichen Teilen (Vater und Sohn). **B überträgt** von seinem Anteil an der Gesellschaft einen **halben Anteil** an seine Ehefrau (E) unter Mitwirkung des Gesellschafters A. Der Wert des Betriebsgrundstücks beträgt 300 000 Euro. 21.223

Die Gesellschafter melden E zur Eintragung in das Handelsregister an. Auftragsgemäß fertigt der Notar den Entwurf der **Handelsregisteranmeldung** und nimmt die Unterschriftsbeglaubigung vor. Gleichzeitig nimmt er den elektronischen **Vollzug** der Handelsregisteranmeldung (Erstellung der XML-Strukturdaten) vor.

Fallspezifische, vereinfachte Bilanz der offenen Handelsgesellschaft:[1]

Aktiva		Passiva	
A. Anlagevermögen		A. Eigenkapital	130 000 Euro
1. Betriebsgrundstück	200 000 Euro	B. Rückstellungen	10 000 Euro
2. Maschinen und Anlagen	150 000 Euro	C. Verbindlichkeiten	320 000 Euro
B. Umlaufvermögen	110 000 Euro		
	460 000 Euro		460 000 Euro

---

[1] Ausführliche Hinweise zu Bilanzen befinden sich unter Rz. 21.80 ff., 21.96.

B. Rechnungen

1. Veräußerungsvertrag

21.224

Pos.	Gebührentatbestand	Geschäfts-wert	KV-Nr.	Satz	Betrag
	Veräußerungsvertrag (§§ 97 I, III, 38, 46)	140 000	21100	2,0	654,00

2. Handelsregisteranmeldung

21.225

Pos.	Gebührentatbestände	Geschäfts-wert	KV-Nr.	Satz	Betrag
(1)	Entwurf Handelsregisteranmeldung (§§ 119 I, 105 IV Nr. 3, 92 II)	30 000	24102, 21201 Nr. 5	0,5	62,50
(2)	Vollzug – XML (§ 112)	30 000	22114	0,3	37,50

C. Erläuterungen

Zu Rechnung 1 (Veräußerungsvertrag)

21.226 Der **Wert des Gesellschaftsanteils** entspricht dem Anteil des Gesellschafters am Aktivvermögen der Gesellschaft. § 54 gilt nicht für offene Handelsgesellschaften. Der in der Bilanz ausgewiesene Buchwert des Grundstückes ist durch den Verkehrswert (§ 46) zu ersetzen. Werden für die Übertragung Gegenleistungen erbracht, so muss ein Wertvergleich im Sinne des § 97 III erfolgen, da bei verschiedenen Leistungen nur der höhere Wert der Leistung des einen Teils für die Bewertung maßgebend ist.

Zu Rechnung 2 (Handelsregisteranmeldung)

21.227 **Pos. (1):**
Es handelt sich um eine **spätere Anmeldung** (§§ 119 I, 105 IV Nr. 3).

21.228 Für den Entwurf ist gem. Nrn. 24102, 21201 Nr. 5 KV die Rahmengebühr 0,3–0,5, mind. 30 Euro zu erheben. Da der Entwurf vollständig gefertigt wurde, ist die höchste Rahmengebühr zu erheben (§ 92 II). Die Unterschriftsbeglaubigung löst keine zusätzliche Gebühr aus, Vorbem. 2.4.1 II KV.

21.229 **Pos. (2):**
Die Erstellung der **XML-Strukturdaten** fällt unter den Vollzug, für welchen das GNotKG eine eigenständige Gebühr in der Nr. 22114 KV vorsieht. Der Geschäftswert bestimmt sich nach dem Wert des Entwurfs der Handelsregisteranmeldung (§ 112).

Gem. § 12 I HGB ist die Anmeldung elektronisch einzureichen, welcher als Anlage der Veräußerungsvertrag beizufügen ist. Der Vollzug ist somit der Anmeldung zuzuordnen.

… Fall 24: Eintritt eines weiteren Gesellschafters in eine bestehende OHG nebst Handelsregisteranmeldung

A. Sachverhalt

Die Gesellschafter der OHG sind A und B mit gleichhoher Beteiligung. Ihre Einlagen betragen nominal jeweils 1000 Euro. Jeder Gesellschafter hat eine Beteiligung im Nennbetrag von 1000 Euro. Als **weiterer Gesellschafter tritt C** mit einer gleichhohen Einlage in die Gesellschaft **ein**. C leistet seine Einlage durch Übertragung seines Einzelunternehmens auf die OHG. Der Aktivwert des Einzelunternehmens beträgt 90 000 Euro. Der Verkehrswert des Betriebsgrundstückes der OHG beträgt 310 000 Euro. Die Gesellschafter melden C zur Eintragung in das Handelsregister an.

21.230

Auftragsgemäß fertigt der Notar den Entwurf der **Handelsregisteranmeldung** und nimmt die Unterschriftsbeglaubigung vor. Gleichzeitig nimmt er den elektronischen **Vollzug** der Handelsregisteranmeldung (Erstellung der XML-Strukturdaten) vor.

Fallspezifische, vereinfachte Bilanz der offenen Handelsgesellschaft:[1]

Aktiva		Passiva	
A. Anlagevermögen		A. Eigenkapital	130 000 Euro
1. Betriebsgrundstück	200 000 Euro	B. Rückstellungen	10 000 Euro
2. Maschinen und Anlagen	150 000 Euro	C. Verbindlichkeiten	320 000 Euro
B. Umlaufvermögen	110 000 Euro		
	460 000 Euro		460 000 Euro

B. Rechnungen

1. Veräußerungsvertrag

Pos.	Gebührentatbestand	Geschäftswert	KV-Nr.	Satz	Betrag
	Beitrittsvertrag (§§ 97 I, III, 38, 46)	190 000	21100	2,0	870,00

21.231

2. Handelsregisteranmeldung

Pos.	Gebührentatbestände	Geschäftswert	KV-Nr.	Satz	Betrag
(1)	Entwurf Handelsregisteranmeldung (§§ 119 I, 105 IV Nr. 3, 92 II)	30 000	24102, 21201 Nr. 5	0,5	62,50
(2)	Vollzug – XML (§ 112)	30 000	22114	0,3	37,50

21.232

---

1 Ausführliche Hinweise zu Bilanzen befinden sich unter Rz. 21.80 ff., 21.96.

C. Erläuterungen

Zu Rechnung 1 (Beitrittsvertrag)

21.233 Beim **Eintritt eines weiteren persönlich haftenden Gesellschafters** in eine bestehende OHG handelt es sich im vorliegenden Fall um einen Austauschvertrag; § 97 III. Die Einlage, welche der eintretende Gesellschafter leistet, ist der künftigen Beteiligung wie folgt gegenüberzustellen:

21.234 **Einlageleistung**

Die Einlage wird durch Einbringung des von dem eintretenden Gesellschafter geführten **Einzelunternehmens** erbracht. Maßgebend ist der Aktivwert des Einzelunternehmens, welcher gem. §§ 36, 38 zu ermitteln ist und hier 90 000 Euro beträgt.

21.235 **Beteiligung an der OHG**

Der **Geschäftswert der künftigen Beteiligung** des beitretenden Gesellschafters an der OHG bestimmt sich nach §§ 36, 38. Maßgebend ist der Anteil am Aktivvermögen der Gesellschaft. Grundstücke sind dabei mit dem Verkehrswert (§ 46) zu berücksichtigen. Das Aktivvermögen beläuft sich unter Berücksichtigung des Grundstücksverkehrswertes auf 570 000 Euro. Der Anteil der künftigen Beteiligung im Nennbetrag von 1000 Euro beläuft sich auf $1/3$ = 190 000 Euro und ist höherwertiger als die Einlageleistung.

Zu Rechnung 2 (Handelsregisteranmeldung)

21.236 **Pos. (1):**

Es handelt sich um eine **spätere Anmeldung** (§§ 119 I, 105 IV Nr. 3).

21.237 Für den Entwurf ist gem. Nrn. 24102, 21201 Nr. 5 KV die Rahmengebühr 0,3–0,5, mind. 30 Euro zu erheben. Da der Entwurf vollständig gefertigt wurde, ist die höchste Rahmengebühr zu erheben (§ 92 II). Die Unterschriftsbeglaubigung löst keine zusätzliche Gebühr aus, Vorbem. 2.4.1 II KV.

21.238 **Pos. (2):**

Die Erstellung der **XML-Strukturdaten** fällt unter den Vollzug, für welchen das GNotKG eine eigenständige Gebühr in der Nr. 22114 KV vorsieht. Der Geschäftswert bestimmt sich nach dem Wert des Entwurfs der Handelsregisteranmeldung (§ 112).

Gem. § 12 I HGB ist die Anmeldung elektronisch einzureichen, welcher als Anlage der Veräußerungsvertrag beizufügen ist. Der Vollzug ist somit der Anmeldung zuzuordnen.

D. Anmerkung

21.239 Die gleichen Bewertungsgrundsätze gelten auch, **wenn** ein **Gesellschafter** aus der Gesellschaft **ausscheidet**. Gem. § 97 III ist der Anteil des Ausscheidenden am Gesellschaftsvermögen mit einer ggf. gewährten Abfindung zu vergleichen; der höhere Wert bildet den Geschäftswert.

VI. Offene Handelsgesellschaft

→ **Fall 25: Anmeldung des Ausscheidens und Eintritts von Gesellschaftern**

A. Sachverhalt

Zur Eintragung in das Handelsregister wird angemeldet, dass der Gesellschafter B aus der Gesellschaft ausgeschieden ist. C und D sind als neue Gesellschafter in die Gesellschaft eingetreten. Der Notar fertigt den **Entwurf** der **Handelsregisteranmeldung** und nimmt die Unterschriftsbeglaubigung vor. Gleichzeitig nimmt er den elektronischen **Vollzug** der Handelsregisteranmeldung (Erstellung der XML-Strukturdaten) vor.

21.240

B. Rechnung

Pos.	Gebührentatbestände	Geschäftswert	KV-Nr.	Satz	Betrag
(1)	Entwurf Handelsregisteranmeldung (§§ 119 I, 105 IV Nr. 3, 92 II)	45 000	24102, 21201 Nr. 5	0,5	77,50
(2)	Vollzug – XML (§ 112)	45 000	22114	0,3	46,50

21.241

C. Erläuterungen

Pos. (1):

21.242

Beim **Eintritt und Austritt von mehr als zwei Gesellschaftern** ist der Geschäftswert mit 15 000 Euro für jeden eintretenden und jeden ausscheidenden Gesellschafter anzunehmen.

Für den Entwurf ist gem. Nrn. 24102, 21201 Nr. 5 KV die Rahmengebühr 0,3–0,5, mind. 30 Euro zu erheben. Da der Entwurf vollständig gefertigt wurde, ist die höchste Rahmengebühr zu erheben (§ 92 II). Die Unterschriftsbeglaubigung löst keine zusätzliche Gebühr aus, Vorbem. 2.4.1 II KV.

21.243

Pos. (2):

21.244

Die Erstellung der **XML-Strukturdaten** fällt unter den Vollzug, für welchen das GNotKG eine eigenständige Gebühr in der Nr. 22114 KV vorsieht. Der Geschäftswert bestimmt sich nach dem Wert des Entwurfs der Handelsregisteranmeldung (§ 112).

→ **Fall 26: Anmeldung des Ausscheidens eines Gesellschafters sowie der Sitzverlegung mit gleichzeitiger Anmeldung der Änderung der inländischen Geschäftsanschrift**

A. Sachverhalt

Zur Eintragung in das Handelsregister wird angemeldet, dass der Gesellschafter C aus der Gesellschaft ausgeschieden ist und der Sitz der Gesellschaft verlegt wurde. Gleichzeitig wird die neue inländische Geschäftsanschrift angemeldet. Der Notar fertigt den **Entwurf** der **Handelsregisteranmeldung** und nimmt die

21.245

Unterschriftsbeglaubigung vor. Gleichzeitig nimmt er den elektronischen **Vollzug** der Handelsregisteranmeldung (Erstellung der XML-Strukturdaten) vor.

B. Rechnung

21.246

Pos.	Gebührentatbestände	Geschäftswert	KV-Nr.	Satz	Betrag
(1)	Entwurf Handelsregisteranmeldung (§§ 119 I, 105 IV Nr. 3, V, 111 Nr. 3, 35 I, 92 II)	65 000	24102, 21201 Nr. 5	0,5	96,00
	a) Ausscheiden des C (§§ 119 I, 105 IV Nr. 3)	30 000	24102, 21201 Nr. 5	0,5	
	b) Sitzverlegung (§§ 119 I, 105 IV Nr. 3)	30 000	24102, 21201 Nr. 5	0,5	
	c) inländische Geschäftsanschrift (§§ 119 I, 105 V)	5000	24102, 21201 Nr. 5	0,5	
(2)	Vollzug – XML (§ 112)	65 000	22114	0,3	57,60

C. Erläuterungen

21.247 Pos. (1):

a) 30 000 Euro (§§ 119 I, 105 IV Nr. 3)

b) 30 000 Euro (§§ 119 I, 105 IV Nr. 3)

c) 5000 Euro (§§ 119 I, 105 V)

Es liegen **spätere Anmeldungen** vor. Die Anmeldungen sind stets besondere Beurkundungsgegenstände (§ 111 Nr. 3), so dass die Wertesumme von 65 000 Euro maßgebend ist (§§ 35 I, 111 Nr. 3). Gemäß § 106 beträgt der Höchstwert 1 000 000 Euro.

21.248 Für den Entwurf ist gem. Nrn. 24102, 21201 Nr. 5 KV die Rahmengebühr 0,3–0,5, mind. 30 Euro zu erheben. Da der Entwurf vollständig gefertigt wurde, ist die höchste Rahmengebühr zu erheben (§ 92 II). Die Unterschriftsbeglaubigung löst keine zusätzliche Gebühr aus, Vorbem. 2.4.1 II KV.

21.249 Pos. (2):

Die Erstellung der **XML-Strukturdaten** fällt unter den Vollzug, für welchen das GNotKG eine eigenständige Gebühr in der Nr. 22114 KV vorsieht. Der Geschäftswert bestimmt sich nach dem Wert des Entwurfs der Handelsregisteranmeldung (§ 112).

VI. Offene Handelsgesellschaft

→ **Fall 27: Anmeldung der Erteilung einer Prokura und Änderung der Firma**

A. Sachverhalt

Zur Eintragung ins Handelsregister wird F als Einzelprokurist angemeldet. Des Weiteren wird die geänderte Firma angemeldet. Der Notar fertigt den **Entwurf** der **Handelsregisteranmeldung** und nimmt die Unterschriftsbeglaubigung vor. Gleichzeitig nimmt er den elektronischen **Vollzug** der Handelsregisteranmeldung (Erstellung der XML-Strukturdaten) vor.

21.250

B. Rechnung

21.251

Pos.	Gebührentatbestände	Geschäftswert	KV-Nr.	Satz	Betrag
(1)	Entwurf Handelsregisteranmeldung (§§ 119 I, 111 Nr. 3, 35 I, 92 II)	60 000	24102, 21201 Nr. 5	0,5	96,00
	a) Erteilung Einzelprokura F (§§ 119 I, 105 IV Nr. 3)	30 000	24102, 21201 Nr. 5	0,5	
	b) Änderung der Firma (§§ 119 I, 105 IV Nr. 3)	30 000	24102, 21201 Nr. 5	0,5	
(2)	Vollzug – XML (§ 112)	60 000	22114	0,3	57,60

C. Erläuterungen

Pos. (1):

21.252

a) 30 000 Euro (§§ 119 I, 105 IV Nr. 3)

b) 30 000 Euro (§§ 119 I, 105 IV Nr. 3)

Es liegen **spätere Anmeldungen** vor. Die Anmeldungen sind stets besondere Beurkundungsgegenstände (§ 111 Nr. 3)[1], so dass die Wertsumme von 60 000 Euro maßgebend ist (§§ 35 I, 111 Nr. 3).

Für den Entwurf ist gem. Nrn. 24102, 21201 Nr. 5 KV die Rahmengebühr 0,3–0,5, mind. 30 Euro zu erheben. Da der Entwurf vollständig gefertigt wurde, ist die höchste Rahmengebühr zu erheben (§ 92 II). Die Unterschriftsbeglaubigung löst keine zusätzliche Gebühr aus, Vorbem. 2.4.1 II KV.

21.253

Pos. (2):

21.254

Die Erstellung der XML-Strukturdaten fällt unter den Vollzug, für welchen das GNotKG eine eigenständige Gebühr in der Nr. 22114 KV vorsieht. Der Geschäftswert bestimmt sich nach dem Wert des Entwurfs der Handelsregisteranmeldung (§ 112).

---

1 So bereits im Geltungsbereich des § 44 KostO; s. Prüfungsabteilung der Ländernotarkasse, BGH v. 4.12.2008 – III ZR 51/08, MDR 2009, 235 = NotBZ 2009, 56.

→ **Fall 28: Auflösung der Gesellschaft mit Liquidation**

A. Sachverhalt

21.255 Zur Eintragung ins Handelsregister wird angemeldet, dass die Gesellschaft aufgelöst ist. Z wurde zum Liquidator bestellt. Z ist an der Gesellschaft nicht beteiligt. Der Notar fertigt den **Entwurf** der **Handelsregisteranmeldung** und nimmt die Unterschriftsbeglaubigung vor. Gleichzeitig nimmt er den elektronischen **Vollzug** der Handelsregisteranmeldung (Erstellung der XML-Strukturdaten) vor.

B. Rechnung

21.256

Pos.	Gebührentatbestände	Geschäfts-wert	KV-Nr.	Satz	Betrag
(1)	Entwurf Handelsregisteranmeldung (§§ 119 I, 35 I, 111 Nr. 3, 92 II)	60 000	24102, 21201 Nr. 5	0,5	96,00
	a) Auflösung der Gesellschaft (§§ 119 I, 105 IV Nr. 3)	30 000	24102, 21201 Nr. 5	0,5	
	b) Bestellung des Liquidators (§§ 119 I, 105 IV Nr. 3)	30 000	24102, 21201 Nr. 5	0,5	
(2)	Vollzug – XML (§ 112)	60 000	22114	0,3	57,60

C. Erläuterungen

21.257 Pos. (1):

a) 30 000 Euro (§§ 119 I, 105 IV Nr. 3)

b) 30 000 Euro (§§ 119 I, 105 IV Nr. 3)

Es liegen **spätere Anmeldungen** vor. Die Anmeldungen sind stets besondere Beurkundungsgegenstände (§ 111 Nr. 3)[1], so dass die Wertesumme von 60 000 Euro maßgebend ist (§§ 35 I, 111 Nr. 3).

21.258 Für den Entwurf ist gem. Nrn. 24102, 21201 Nr. 5 KV die Rahmengebühr 0,3–0,5, mind. 30 Euro zu erheben. Da der Entwurf vollständig gefertigt wurde, ist die höchste Rahmengebühr zu erheben (§ 92 II). Die Unterschriftsbeglaubigung löst keine zusätzliche Gebühr aus, Vorbem. 2.4.1 II KV.

21.259 Pos. (2):

Die Erstellung der **XML-Strukturdaten** fällt unter den Vollzug, für welchen das GNotKG eine eigenständige Gebühr in der Nr. 22114 KV vorsieht. Der Geschäftswert bestimmt sich nach dem Wert des Entwurfs der Handelsregisteranmeldung (§ 112).

---

1 BGH v. 4.12.2008 – III ZR 51/08, MDR 2009, 235 = NotBZ 2009, 56.

VII. Kommanditgesellschaft

→ **Fall 29: Anmeldung des Erlöschens der Gesellschaft nach Beendigung der Liquidation**

A. Sachverhalt

Zur Eintragung ins Handelsregister wird angemeldet, dass die Liquidation beendet und die Gesellschaft erloschen ist. Der Notar fertigt den **Entwurf** der **Handelsregisteranmeldung** und nimmt die Unterschriftsbeglaubigung vor. Gleichzeitig nimmt er den elektronischen **Vollzug** der Handelsregisteranmeldung (Erstellung der XML-Strukturdaten) vor.

21.260

B. Rechnung

21.261

Pos.	Gebührentatbestände	Geschäftswert	KV-Nr.	Satz	Betrag
(1)	Entwurf Handelsregisteranmeldung (§§ 119 I, 105 IV Nr. 3, 92 II)	30 000	24102, 21201 Nr. 5	0,5	62,50
(2)	Vollzug – XML (§ 112)	30 000	22114	0,3	37,50

C. Erläuterungen

Pos. (1):

21.262

Bei der **Anmeldung der Beendigung der Liquidation** und des Erlöschens der Gesellschaft handelt es sich um *eine* spätere Anmeldung.

Für den Entwurf ist gem. Nrn. 24102, 21201 Nr. 5 KV die Rahmengebühr 0,3–0,5, mind. 30 Euro zu erheben. Da der Entwurf vollständig gefertigt wurde, ist die höchste Rahmengebühr zu erheben (§ 92 II). Die Unterschriftsbeglaubigung löst keine zusätzliche Gebühr aus, Vorbem. 2.4.1 II KV.

21.263

Pos. (2):

21.264

Die Erstellung der **XML-Strukturdaten** fällt unter den Vollzug, für welchen das GNotKG eine eigenständige Gebühr in der Nr. 22114 KV vorsieht. Der Geschäftswert bestimmt sich nach dem Wert des Entwurfs der Handelsregisteranmeldung (§ 112).

VII. Kommanditgesellschaft

→ **Fall 30: Gründung einer Kommanditgesellschaft**

A. Sachverhalt

A errichtet mit B eine Kommanditgesellschaft. B leistet als der persönlich haftende Gesellschafter keine Einlage. A erbringt die Kommanditeinlage von nominal 50 000 Euro durch Einbringung seines Einzelunternehmens. In gleicher Urkunde wird der **Einbringungsvertrag** hinsichtlich des Einzelunternehmens beurkundet. Der Verkehrswert des in der Bilanz enthaltenen Grundstückes beträgt 300 000 Euro.

21.265

Die Gesellschafter melden die KG zur Eintragung in das Handelsregister an. Der Notar fertigt den **Entwurf** der **Handelsregisteranmeldung** und nimmt die Unterschriftsbeglaubigung vor. Gleichzeitig nimmt er den elektronischen **Vollzug** der Handelsregisteranmeldung (Erstellung der XML-Strukturdaten) vor.

Fallspezifische, vereinfachte Bilanz der Kommanditgesellschaft:[1]

Aktiva		Passiva	
A. Anlagevermögen		A. Eigenkapital	130 000 Euro
1. Betriebsgrundstück	200 000 Euro	B. Rückstellungen	10 000 Euro
2. Maschinen und Anlagen	150 000 Euro	C. Verbindlichkeiten	320 000 Euro
B. Umlaufvermögen	110 000 Euro		
	460 000 Euro		460 000 Euro

B. Rechnungen

1. Gesellschaftsvertrag

21.266

Pos.	Gebührentatbestände	Geschäfts-wert	KV-Nr.	Satz	Betrag
	Beurkundungsverfahren (§ 109 I 4 Nr. 2)	560 000	21100	2,0	2190,00
	a) Gründungsvertrag (§§ 97 I, 107 I, 38, 46)	560 000	21100	2,0	
	b) Einbringungsvertrag (§§ 97 I, 46, 38)	~~560 000~~	~~21100~~	~~2,0~~	~~2190,00~~

2. Handelsregisteranmeldung

21.267

Pos.	Gebührentatbestände	Geschäfts-wert	KV-Nr.	Satz	Betrag
(1)	Entwurf Handelsregisteranmeldung (§§ 119 I, 105 I S. 1 Nr. 5, 92 II)	80 000	24102, 21201 Nr. 5	0,5	109,50
(2)	Vollzug – XML (§ 112)	80 000	22114	0,3	65,70

C. Erläuterungen

Zu Rechnung 1 (Gesellschaftsvertrag)

21.268 a) **Geschäftswert des Gesellschaftsvertrages** ist gemäß § 97 I der Wert der Einlagen sämtlicher Gesellschafter. Gemäß § 107 I ist der Betrag mindestens 30 000 Euro und höchstens 10 000 000 Euro. Bei der Ermittlung des Geschäftswertes ist der in der Bilanz des Einzelunternehmens ausgewiesene Buchwert des Grundstücks durch den Verkehrswert zu ersetzen (§ 46). Verbindlichkeiten sind nicht in Abzug zu bringen (§ 38).

---

1 Ausführliche Hinweise zu Bilanzen befinden sich unter Rz. 21.80 ff., 21.98 ff.

b) Der mitbeurkundete **Einbringungsvertrag** hat als Geschäftswert den Wert der eingebrachten Leistungen (Wert des Einzelunternehmens).

Gründungsvertrag und Einbringungsvertrag haben denselben Beurkundungsgegenstand gemäß § 109 I S. 4 Nr. 2. Der Einbringungsvertrag bleibt unbewertet gem. § 109 I S. 5.

Zu Rechnung 2 (Handelsregisteranmeldung)

Pos. (1):

Der Geschäftswert bestimmt sich bei der **Erstanmeldung** aus der Summe der KG-Einlagen zzgl. 30 000 Euro für den ersten persönlich haftenden Gesellschafter und 15 000 Euro für jeden weiteren (§ 105 I S. 1 Nr. 5). Da die Gesellschaft nur einen persönlich haftenden Gesellschafter hat, verbleibt es bei der Hinzurechnung von 30 000 Euro.

Für den Entwurf ist gem. Nrn. 24102, 21201 Nr. 5 KV die Rahmengebühr 0,3–0,5, mind. 30 Euro zu erheben. Da der Entwurf vollständig gefertigt wurde, ist die höchste Rahmengebühr zu erheben (§ 92 II). Die Unterschriftsbeglaubigung löst keine zusätzliche Gebühr aus, Vorbem. 2.4.1 II KV.

Pos. (2):

Die Erstellung der **XML-Strukturdaten** fällt unter den Vollzug, für welchen das GNotKG eine eigenständige Gebühr in der Nr. 22114 KV vorsieht. Der Geschäftswert bestimmt sich nach dem Wert des Entwurfs der Handelsregisteranmeldung (§ 112).

Gem. § 12 I HGB ist die Anmeldung elektronisch einzureichen, welcher als Anlage der Gesellschaftsvertrag beizufügen ist. Der Vollzug ist somit der Anmeldung zuzuordnen.

→ **Fall 31: Erstanmeldung einer Kommanditgesellschaft mit drei persönlich haftenden Gesellschaftern**

A. Sachverhalt

Zur Eintragung ins Handelsregister wird eine neu errichtete KG angemeldet. Kommanditisten sind A mit einer Einlage von 120 000 Euro, B mit einer Einlage von 90 000 Euro und C mit einer Einlage von 130 000 Euro. Persönlich haftende Gesellschafter sind D, E und F. Der Notar fertigt den **Entwurf** der **Handelsregisteranmeldung** und nimmt die Unterschriftsbeglaubigung vor. Gleichzeitig nimmt er den elektronischen **Vollzug** der Handelsregisteranmeldung (Erstellung der XML-Strukturdaten) vor.

B. Rechnung

21.275

Pos.	Gebührentatbestände	Geschäftswert	KV-Nr.	Satz	Betrag
(1)	Entwurf Handelsregisteranmeldung (§§ 119 I, 105 I S. 1 Nr. 5, 92 II)	400 000	24102, 21201 Nr. 5	0,5	392,50
(2)	Vollzug – XML (§ 112)	400 000	22114	0,3	235,50

C. Erläuterungen

21.276 **Pos. (1):**

Der Geschäftswert bestimmt sich bei der **Erstanmeldung** aus der Summe der KG-Einlagen zzgl. 30 000 Euro für den ersten und 15 000 Euro für jeden weiteren persönlich haftenden Gesellschafter. Er beträgt hier somit 400 000 Euro (120 000 Euro + 90 000 Euro + 130 000 Euro + 30 000 Euro + 15 000 Euro + 15 000 Euro).

21.277 Für den Entwurf ist gem. Nrn. 24102, 21201 Nr. 5 KV die Rahmengebühr 0,3–0,5, mind. 30 Euro zu erheben. Da der Entwurf vollständig gefertigt wurde, ist die höchste Rahmengebühr zu erheben (§ 92 II). Die Unterschriftsbeglaubigung löst keine zusätzliche Gebühr aus, Vorbem. 2.4.1 II KV.

21.278 **Pos. (2):**

Die Erstellung der **XML-Strukturdaten** fällt unter den Vollzug, für welchen das GNotKG eine eigenständige Gebühr in der Nr. 22114 KV vorsieht. Der Geschäftswert bestimmt sich nach dem Wert des Entwurfs der Handelsregisteranmeldung (§ 112).

→ **Fall 32: Eintritt eines weiteren Gesellschafters in eine bestehende KG nebst Handelsregisteranmeldung**

A. Sachverhalt

21.279 A ist Kommanditist mit einer Einlage von 1000 Euro an einer Kommanditgesellschaft. B hält als persönlich haftender Gesellschafter keine Einlage. Als **weiterer Kommanditist tritt** C mit einer gleichhohen Kommanditeinlage i.H.v. 1000 Euro in die Gesellschaft **ein**. C leistet seine Einlage durch Übertragung seines Einzelunternehmens auf die KG. Der Aktivwert des Einzelunternehmens beträgt 90 000 Euro. Der Verkehrswert des Betriebsgrundstückes der KG beträgt 310 000 Euro. Die Gesellschafter melden C zur Eintragung in das Handelsregister an.

Auftragsgemäß fertigt der Notar den Entwurf der **Handelsregisteranmeldung** und nimmt die Unterschriftsbeglaubigung vor. Gleichzeitig nimmt er den elektronischen **Vollzug** der Handelsregisteranmeldung (Erstellung der XML-Strukturdaten) vor.

VII. Kommanditgesellschaft

Fallspezifische, vereinfachte Bilanz der Kommanditgesellschaft:[1]

Aktiva		Passiva	
A. Anlagevermögen		A. Eigenkapital	130 000 Euro
1. Betriebsgrundstück	200 000 Euro	B. Rückstellungen	10 000 Euro
2. Maschinen und Anlagen	150 000 Euro	C. Verbindlichkeiten	320 000 Euro
B. Umlaufvermögen	110 000 Euro		
	460 000 Euro		460 000 Euro

B. Rechnungen

1. Beitrittsvertrag

Pos.	Gebührentatbestand	Geschäfts-wert	KV-Nr.	Satz	Betrag
	Beitrittsvertrag (§§ 97 I, III, 38, 46)	90 000	21100	2,0	492,00

21.280

2. Handelsregisteranmeldung

Pos.	Gebührentatbestände	Geschäfts-wert	KV-Nr.	Satz	Betrag
(1)	Entwurf Handelsregisteranmeldung (§§ 119 I, 105 I S. 1 Nr. 6, S. 2, 92 II)	30 000	24102, 21201 Nr. 5	0,5	62,50
(2)	Vollzug – XML (§ 112)	30 000	22114	0,3	37,50

21.281

C. Erläuterungen

Zu Rechnung 1 (Beitrittsvertrag)

Beim **Eintritt eines weiteren Gesellschafters** in eine bestehende Kommanditgesellschaft handelt es sich um einen Austauschvertrag; § 97 III. Die Einlage, welche der eintretende Gesellschafter leistet, ist der künftigen Beteiligung wie folgt gegenüberzustellen:

21.282

Einlageleistung

21.283

Die Einlage wird durch **Einbringung** des von dem eintretenden Gesellschafter geführten **Einzelunternehmens** erbracht. Maßgebend ist der Aktivwert des Einzelunternehmens, welcher gem. §§ 36, 38 zu ermitteln ist und hier 90 000 Euro beträgt.

---

[1] Ausführliche Hinweise zu Bilanzen befinden sich unter Rz. 21.80 ff., 21.98 ff.

21.284 **Beteiligung an der KG**

Der **Geschäftswert der künftigen Beteiligung** des beitretenden Gesellschafters bestimmt sich nach § 54 S. 1, 2. Maßgebend ist der Anteil am Eigenkapital der Gesellschaft. Grundstücke sind dabei mit dem Verkehrswert (§ 46) zu berücksichtigen. Das Eigenkapital der Gesellschaft weist gem. Bilanz einen Eigenkapitalwert von 130 000 Euro aus. Nach Berichtigung des Buchwertes ergibt sich ein Eigenkapitalwert von 240 000 Euro. Der Anteil der künftigen Beteiligung im Nennbetrag von 1000 Euro beläuft sich auf ⅓ = 80 000 Euro und bleibt hinter der Einlageleistung zurück.

Zu Rechnung 2 (Handelsregisteranmeldung)

21.285 **Pos. (1):**

Beim **Eintritt eines Kommanditisten** in eine bestehende Kommanditgesellschaft ist die einfache Kommanditeinlage maßgebend, wobei der Mindestwert von 30 000 Euro zu beachten ist.

21.286 Für den Entwurf ist gem. Nrn. 24102, 21201 Nr. 5 KV die Rahmengebühr 0,3–0,5, mind. 30 Euro zu erheben. Da der Entwurf vollständig gefertigt wurde, ist die höchste Rahmengebühr zu erheben (§ 92 II). Die Unterschriftsbeglaubigung löst keine zusätzliche Gebühr aus, Vorbem. 2.4.1 II KV.

21.287 **Pos. (2):**

Die Erstellung der **XML-Strukturdaten** fällt unter den Vollzug, für welchen das GNotKG eine eigenständige Gebühr in der Nr. 22114 KV vorsieht. Der Geschäftswert bestimmt sich nach dem Wert des Entwurfs der Handelsregisteranmeldung (§ 112).

Gem. § 12 I HGB ist die Anmeldung elektronisch einzureichen, welcher als Anlage der Veräußerungsvertrag beizufügen ist. Der Vollzug ist somit der Anmeldung zuzuordnen.

D. Anmerkung

21.288 Die gleichen Bewertungsgrundsätze gelten auch, wenn ein **Gesellschafter** aus der Gesellschaft **ausscheidet**. Gem. § 97 III ist der Anteil des Ausscheidenden am Gesellschaftsvermögen mit einer ggf. gewährten Abfindung zu vergleichen; der höhere Wert bildet den Geschäftswert.

→ **Fall 33: Veräußerung eines Kommanditanteils**

A. Sachverhalt

21.289 Der Kommanditist A und der Kommanditist B (Hafteinlage jeweils 25 000 Euro) sind Gesellschafter einer KG. Beide Gesellschafter sind an der Gesellschaft zu gleichen Teilen beteiligt. **B verkauft** unter Mitwirkung von A seinen **Kommanditanteil** an C zum Kaufpreis von 25 000 Euro. Der Wert des Grundstücks beträgt 300 000 Euro.

Auftragsgemäß fertigt der Notar den Entwurf der **Handelsregisteranmeldung** und nimmt die Unterschriftsbeglaubigung vor. Gleichzeitig nimmt er den elektronischen **Vollzug** der Handelsregisteranmeldung (Erstellung der XML-Strukturdaten) vor.

Fallspezifische, vereinfachte Bilanz der Kommanditgesellschaft:[1]

Aktiva		Passiva	
A. Anlagevermögen		A. Eigenkapital	50 000 Euro
1. Betriebsgrundstück	200 000 Euro	B. Rückstellungen	10 000 Euro
2. Maschinen und Anlagen	70 000 Euro	C. Verbindlichkeiten	320 000 Euro
B. Umlaufvermögen	110 000 Euro		
	380 000 Euro		380 000 Euro

B. Rechnungen

1. Veräußerungsvertrag

Pos.	Gebührentatbestand	Geschäftswert	KV-Nr.	Satz	Betrag
	Veräußerungsvertrag (§§ 97 I, III, 38, 46)	75 000	21100	2,0	438,00

21.290

2. Handelsregisteranmeldung

Pos.	Gebührentatbestände	Geschäftswert	KV-Nr.	Satz	Betrag
(1)	Entwurf Handelsregisteranmeldung (§§ 119 I, 105 I S. 1 Nr. 6, S. 2, 92 II)	30 000	24102, 21201 Nr. 5	0,5	62,50
(2)	Vollzug – XML (§ 112)	30 000	22114	0,3	37,50

21.291

C. Erläuterungen

Zu Rechnung 1 (Veräußerungsvertrag)

Sofern keine genügenden Anhaltspunkte für einen höheren Wert bestehen, bestimmt sich der **Wert des Kommanditanteils** gemäß § 54 S. 1 nach dem Eigenkapital im Sinne des § 266 III HGB, das auf die jeweilige Beteiligung entfällt. Werden für die Übertragung Gegenleistungen (= Kaufpreis) erbracht, so muss ein Wertvergleich im Sinne des § 97 III erfolgen, da bei verschiedenen Leistungen nur der höhere Wert der Leistung des einen Teils für die Bewertung maßgebend ist.

21.292

---

[1] Ausführliche Hinweise zu Bilanzen befinden sich unter Rz. 21.80 ff., 21.98 ff.

U.a. aufgrund von Abschreibungen können die Bilanzansätze für Sachanlagen (Grundstücke, Gebäude, grundstücksgleiche Rechte, Schiffe oder Schiffsbauwerke) nicht dem wahren Wert (= Verkehrswert) entsprechen. Aus diesem Grund ist es gemäß § 54 S. 2 geboten, die Buchwerte der Sachanlagen durch deren Verkehrswerte zu ersetzen.

Der Geschäftswert von 75 000 Euro ist die Hälfte von: 50 000 Euro (Eigenkapital gem. § 266 III HGB) ./. 200 000 Euro (Buchwert des Grundstücks) + 300 000 Euro (Verkehrswert des Grundstücks).

Zu Rechnung 2 (Handelsregisteranmeldung)

21.293 Pos. (1):

Als Geschäftswert ist die **einfache Kommanditeinlage** maßgebend, mindestens ein Betrag von 30 000 Euro.

21.294 Für den Entwurf ist gem. Nrn. 24102, 21201 Nr. 5 KV die Rahmengebühr 0,3–0,5, mind. 30 Euro zu erheben. Da der Entwurf vollständig gefertigt wurde, ist die höchste Rahmengebühr zu erheben (§ 92 II). Die Unterschriftsbeglaubigung löst keine zusätzliche Gebühr aus, Vorbem. 2.4.1 II KV.

21.295 Pos. (2):

Die Erstellung der **XML-Strukturdaten** fällt unter den Vollzug, für welchen das GNotKG eine eigenständige Gebühr in der Nr. 22114 KV vorsieht. Der Geschäftswert bestimmt sich nach dem Wert des Entwurfs der Handelsregisteranmeldung (§ 112).

Gem. § 12 I HGB ist die Anmeldung elektronisch einzureichen, welcher als Anlage der Veräußerungsvertrag beizufügen ist. Der Vollzug ist somit der Anmeldung zuzuordnen.

→ **Fall 34: Anmeldung Ausscheiden und Eintritt von Gesellschaftern (Kommanditisten und persönlich haftender Gesellschafter)**

A. Sachverhalt

21.296 Zur Eintragung in das Handelsregister wird angemeldet, dass der Kommanditist C mit einer Kommanditeinlage i.H.v. 90 000 Euro aus der Gesellschaft ausscheidet. D tritt mit einer Kommanditbeteiligung i.H.v. 480 000 Euro in die Gesellschaft ein. Es handelt sich nicht um die Rechtsnachfolge des ausgeschiedenen Kommanditisten C. Zudem scheidet B als einer der beiden persönlich haftenden Gesellschafter aus der Gesellschaft aus. Auftragsgemäß fertigt der Notar den **Entwurf** der **Handelsregisteranmeldung** und nimmt die Unterschriftsbeglaubigung vor. Gleichzeitig nimmt er den elektronischen **Vollzug** der Handelsregisteranmeldung (Erstellung der XML-Strukturdaten) vor.

B. Rechnung

Pos.	Gebührentatbestände	Geschäfts-wert	KV-Nr.	Satz	Betrag
(1)	Entwurf Handelsregisteranmeldung (§§ 119 I, 35 I, 111 Nr. 3, 92 II)	600 000	24102, 21201 Nr. 5	0,5	547,50
	a) Ausscheiden Kommanditist C (§§ 119 I, 105 I S. 1 Nr. 6)	90 000	24102, 21201 Nr. 5	0,5	
	b) Eintritt Kommanditist D (§§ 119 I, 105 I S. 1 Nr. 6)	480 000	24102, 21201 Nr. 5	0,5	
	c) Ausscheiden Komplementär B (§§ 119 I, 105 IV Nr. 3)	30 000	24102, 21201 Nr. 5	0,5	
(2)	Vollzug – XML (§ 112)	600 000	22114	0,3	250,00

21.297

C. Erläuterungen

Pos. (1):

21.298

a) 90 000 Euro (§§ 119 I, 105 I S. 1 Nr. 6)

b) 480 000 Euro (§§ 119 I, 105 I S. 1 Nr. 6)

c) 30 000 Euro (§§ 119 I, 105 IV Nr. 3)

Es liegen **spätere Anmeldungen** vor. Die Anmeldungen sind stets besondere Beurkundungsgegenstände (§ 111 Nr. 3)[1], so dass die Wertesumme von 600 000 Euro maßgebend ist (§§ 119 I, 35 I, 111 Nr. 3). Gemäß § 106 beträgt der Höchstwert 1 000 000 Euro.

Für den Entwurf ist gem. Nrn. 24102, 21201 Nr. 5 KV die Rahmengebühr 0,3–0,5, mind. 30 Euro zu erheben. Da der Entwurf vollständig gefertigt wurde, ist die höchste Rahmengebühr zu erheben (§ 92 II). Die Unterschriftsbeglaubigung löst keine zusätzliche Gebühr aus, Vorbem. 2.4.1 II KV.

21.299

Pos. (2):

21.300

Die Erstellung der **XML-Strukturdaten** fällt unter den Vollzug, für welchen das GNotKG eine eigenständige Gebühr in der Nr. 22114 KV vorsieht. Der Geschäftswert bestimmt sich nach dem Wert des Entwurfs der Handelsregisteranmeldung (§ 112). Die Gebühr ist auf 250 Euro begrenzt.

---

1 So bereits im Geltungsbereich des § 44 KostO; s. Prüfungsabteilung der Ländernotarkasse, BGH v. 4.12.2008 – III ZR 51/08, MDR 2009, 235 = NotBZ 2009, 56.

→ **Fall 35: Anmeldung des Ausscheidens eines persönlich haftenden Gesellschafters und Eintritt zweier neuer persönlich haftender Gesellschafter**

A. Sachverhalt

21.301 Zur Eintragung ins Handelsregister wird angemeldet, dass D als persönlich haftender Gesellschafter aus der Gesellschaft ausgeschieden ist. G und H treten als neue persönlich haftende Gesellschafter ohne Einlageverpflichtung in die Gesellschaft ein. Der Notar fertigt den **Entwurf** der **Handelsregisteranmeldung** und nimmt die Unterschriftsbeglaubigung vor. Gleichzeitig nimmt er den elektronischen **Vollzug** der Handelsregisteranmeldung (Erstellung der XML-Strukturdaten) vor.

B. Rechnung

21.302

Pos.	Gebührentatbestände	Geschäftswert	KV-Nr.	Satz	Betrag
(1)	Entwurf Handelsregisteranmeldung (§§ 119 I, 105 IV Nr. 3, 92 II)	45 000	24102, 21201 Nr. 5	0,5	77,50
(2)	Vollzug – XML (§ 112)	45 000	22114	0,3	46,50

C. Erläuterungen

21.303 Pos. (1):

Beim Eintritt und Ausscheiden von mehr als zwei persönlich haftenden Gesellschaftern ist für jeden Gesellschafter ein Wert von 15 000 Euro anzunehmen.

21.304 Für den Entwurf ist gem. Nrn. 24102, 21201 Nr. 5 KV die Rahmengebühr 0,3–0,5, mind. 30 Euro zu erheben. Da der Entwurf vollständig gefertigt wurde, ist die höchste Rahmengebühr zu erheben (§ 92 II). Die Unterschriftsbeglaubigung löst keine zusätzliche Gebühr aus, Vorbem. 2.4.1 II KV.

21.305 Pos. (2):

Die Erstellung der **XML-Strukturdaten** fällt unter den Vollzug, für welchen das GNotKG eine eigenständige Gebühr in der Nr. 22114 KV vorsieht. Der Geschäftswert bestimmt sich nach dem Wert des Entwurfs der Handelsregisteranmeldung (§ 112).

→ **Fall 36: Anmeldung des Ausscheidens eines persönlich haftenden Gesellschafters, Eintritt eines neuen persönlich haftenden Gesellschafters und Änderung Gesellschaftsvertrag (Firma)**

A. Sachverhalt

21.306 Zur Eintragung ins Handelsregister wird angemeldet, dass D als persönlich haftender Gesellschafter aus der Gesellschaft ausgeschieden ist. G tritt als neuer persönlich haftender Gesellschafter in die Gesellschaft ein. Weiterhin wird die Änderung der Firma der Gesellschaft angemeldet. Der Notar fertigt den **Entwurf** der **Handelsregisteranmeldung** und nimmt die Unterschriftsbeglaubigung vor. Gleichzeitig nimmt er den elektronischen **Vollzug** der Handelsregisteranmeldung (Erstellung der XML-Strukturdaten) vor.

B. Rechnung

21.307

Pos.	Gebührentatbestände	Geschäfts-wert	KV-Nr.	Satz	Betrag
(1)	Entwurf Handelsregisteranmeldung (§§ 119 I, 35 I, 111 Nr. 3, 92 II)	60 000	24102, 21201 Nr. 5	0,5	96,00
	a) Ausscheiden Komplementär D und Eintritt Komplementär G (§§ 119 I, 105 IV Nr. 3)	30 000	24102, 21201 Nr. 5	0,5	
	b) Änderung der Firma (§§ 119 I, 105 IV Nr. 3)	30 000	24102, 21201 Nr. 5	0,5	
(2)	Vollzug – XML (§ 112)	60 000	22114	0,3	57,60

C. Erläuterungen

Pos. (1): 21.308

a) 30 000 Euro (§§ 119 I, 105 IV Nr. 3)

b) 30 000 Euro (§§ 119 I, 105 IV Nr. 3)

Bei jeder Anmeldung handelt es sich um eine **spätere Anmeldung**, wobei das Ausscheiden des persönlich haftenden Gesellschafters und Eintritt des neuen persönlich haftenden Gesellschafters *ein* Anmeldetatbestand ist. Die Anmeldungen sind stets besondere Beurkundungsgegenstände (§ 111 Nr. 3)[1], so dass die Wertesumme von 60 000 Euro maßgebend ist (§§ 119 I, 35 I, 105 IV Nr. 3, 111 Nr. 3).

Für den Entwurf ist gem. Nrn. 24102, 21201 Nr. 5 KV die Rahmengebühr 0,3–0,5, mind. 30 Euro zu erheben. Da der Entwurf vollständig gefertigt wurde, ist die höchste Rahmengebühr zu erheben (§ 92 II). Die Unterschriftsbeglaubigung löst keine zusätzliche Gebühr aus, Vorbem. 2.4.1 II KV. 21.309

Pos. (2): 21.310

Die Erstellung der **XML-Strukturdaten** fällt unter den Vollzug, für welchen das GNotKG eine eigenständige Gebühr in der Nr. 22114 KV vorsieht. Der Geschäftswert bestimmt sich nach dem Wert des Entwurfs der Handelsregisteranmeldung (§ 112).

---

1 So bereits im Geltungsbereich des § 44 KostO; s. Prüfungsabteilung der Ländernotarkasse, BGH v. 4.12.2008 – III ZR 51/08, MDR 2009, 235 = NotBZ 2009, 56.

→ **Fall 37: Ausscheidens des persönlich haftenden Gesellschafters im Wege der Erbfolge**

A. Sachverhalt

21.311 Zur Eintragung in das Handelsregister wird angemeldet, dass der persönlich haftende Gesellschafter A verstorben ist und von seiner Tochter T beerbt wurde. Die Erbin T tritt in die Gesellschaft ein. Der Notar fertigt den **Entwurf der Handelsregisteranmeldung** und nimmt die Unterschriftsbeglaubigung vor. Gleichzeitig nimmt er den elektronischen **Vollzug** der Handelsregisteranmeldung (Erstellung der XML-Strukturdaten) vor.

B. Rechnung

21.312

Pos.	Gebührentatbestände	Geschäftswert	KV-Nr.	Satz	Betrag
(1)	Entwurf Handelsregisteranmeldung (§§ 119 I, 105 IV Nr. 3, 92 II)	30 000	24102, 21201 Nr. 5	0,5	62,50
(2)	Vollzug – XML (§ 112)	30 000	22114	0,3	37,50

C. Erläuterungen

21.313 Pos. (1):

Beim **Eintritt und Austritt von nicht mehr als zwei persönlich haftenden Gesellschaftern** beträgt der Geschäftswert 30 000 Euro.

21.314 Für den Entwurf ist gem. Nrn. 24102, 21201 Nr. 5 KV die Rahmengebühr 0,3–0,5, mind. 30 Euro zu erheben. Da der Entwurf vollständig gefertigt wurde, ist die höchste Rahmengebühr zu erheben (§ 92 II). Die Unterschriftsbeglaubigung löst keine zusätzliche Gebühr aus, Vorbem. 2.4.1 II KV.

21.315 Pos. (2):

Die Erstellung der **XML-Strukturdaten** fällt unter den Vollzug, für welchen das GNotKG eine eigenständige Gebühr in der Nr. 22114 KV vorsieht. Der Geschäftswert bestimmt sich nach dem Wert des Entwurfs der Handelsregisteranmeldung (§ 112).

→ **Fall 38: Ausscheiden eines Kommanditisten im Wege der Erbfolge**

A. Sachverhalt

21.316 Zur Eintragung in das Handelsregister wird angemeldet, dass der Kommanditist B mit einer Einlage von 250 000 Euro verstorben und von seinem Sohn S beerbt worden ist. Dieser tritt in die Gesellschaft ein. Der Notar fertigt den **Entwurf der Handelsregisteranmeldung** und nimmt die Unterschriftsbeglaubigung vor. Gleichzeitig nimmt er den elektronischen **Vollzug** der Handelsregisteranmeldung (Erstellung der XML-Strukturdaten) vor.

B. Rechnung

Pos.	Gebührentatbestände	Geschäfts-wert	KV-Nr.	Satz	Betrag
(1)	Entwurf Handelsregisteranmeldung (§§ 119 I, 105 I S. 1 Nr. 6, 92 II)	250 000	24102, 21201 Nr. 5	0,5	267,50
(2)	Vollzug – XML (§ 112)	250 000	22114	0,3	160,50

C. Erläuterungen

Pos. (1):

Ist ein **Kommanditist** als **Nachfolger eines anderen Kommanditisten** einzutragen, ist die einfache Kommanditeinlage maßgebend. Ist deren Betrag geringer als 30 000 Euro, ist der Mindestwert gem. § 105 I S. 2 (30 000 Euro) maßgebend.

Für den Entwurf ist gem. Nrn. 24102, 21201 Nr. 5 KV die Rahmengebühr 0,3–0,5, mind. 30 Euro zu erheben. Da der Entwurf vollständig gefertigt wurde, ist die höchste Rahmengebühr zu erheben (§ 92 II). Die Unterschriftsbeglaubigung löst keine zusätzliche Gebühr aus, Vorbem. 2.4.1 II KV.

Pos. (2):

Die Erstellung der **XML-Strukturdaten** fällt unter den Vollzug, für welchen das GNotKG eine eigenständige Gebühr in der Nr. 22114 KV vorsieht. Der Geschäftswert bestimmt sich nach dem Wert des Entwurfs der Handelsregisteranmeldung (§ 112).

D. Anmerkung

An der vorstehenden Bewertung ändert sich auch dann nichts, wenn anstelle des verstorbenen B **mehrere Erben als Nachfolger** eingetragen werden.

→ **Fall 39: Beteiligungsumwandlung**

A. Sachverhalt

Zur Eintragung in das Handelsregister wird angemeldet, dass der persönlich haftende Gesellschafter A in die Stellung eines Kommanditisten mit einer Kommanditeinlage i.H.v. 600 000 Euro wechselt. Der bisherige Kommanditist B mit einer Kommanditeinlage i.H.v. 600 000 Euro wechselt in die Stellung eines persönlich haftenden Gesellschafters. Der Notar fertigt den **Entwurf** der **Handelsregisteranmeldung** und nimmt die Unterschriftsbeglaubigung vor. Gleichzeitig nimmt er den elektronischen **Vollzug** der Handelsregisteranmeldung (Erstellung der XML-Strukturdaten) vor.

B. Rechnung

21.323

Pos.	Gebührentatbestände	Geschäfts-wert	KV-Nr.	Satz	Betrag
(1)	Entwurf Handelsregisteranmeldung (§§ 119 I, 35, 111 Nr. 3, 92 II)	1 000 000	24102, 21201 Nr. 5	0,5	867,50
	a) Beteiligungsumwandlung A (§§ 119 I, 105 I S. 1 Nr. 6)	600 000	24102, 21201 Nr. 5	0,5	
	b) Beteiligungsumwandlung B (§§ 119 I, 105 I S. 1 Nr. 6)	600 000	24102, 21201 Nr. 5	0,5	
(2)	Vollzug – XML (§ 112)	1 000 000	22114	0,3	250,00

C. Erläuterungen

21.324 **Pos. (1):**

a) 600 000 Euro (§§ 119 I, 105 I S. 1 Nr. 6)

b) 600 000 Euro (§§ 119 I, 105 I S. 1 Nr. 6)

Ist ein bisher persönlich haftender Gesellschafter als Kommanditist oder ein bisheriger Kommanditist als persönlich haftender Gesellschafter einzutragen, ist die **einfache Kommanditeinlage** maßgebend.

21.325 Die Anmeldungen sind stets **besondere Beurkundungsgegenstände** (§ 111 Nr. 3), so dass die Wertesumme von 1 200 000 Euro maßgebend ist (§§ 35, 111 Nr. 3). Wegen § 106 darf jedoch nur 1 000 000 Euro angesetzt werden.

21.326 Für den Entwurf ist gem. Nrn. 24102, 21201 Nr. 5 KV die Rahmengebühr 0,3–0,5, mind. 30 Euro zu erheben. Da der Entwurf vollständig gefertigt wurde, ist die höchste Rahmengebühr zu erheben (§ 92 II). Die Unterschriftsbeglaubigung löst keine zusätzliche Gebühr aus, Vorbem. 2.4.1 II KV.

21.327 **Pos. (2):**

Die Erstellung der **XML-Strukturdaten** fällt unter den Vollzug, für welchen das GNotKG eine eigenständige Gebühr in der Nr. 22114 KV vorsieht. Der Geschäftswert bestimmt sich nach dem Wert des Entwurfs der Handelsregisteranmeldung (§ 112). Die Gebühr ist auf 250 Euro begrenzt.

→ **Fall 40: Anmeldung der Erhöhung der Kommanditeinlage**

A. Sachverhalt

21.328 Zur Eintragung ins Handelsregister wird angemeldet, dass sich die Einlage des B von 90 000 Euro um 40 000 Euro auf 130 000 Euro erhöht hat. Der Notar fertigt den **Entwurf** der **Handelsregisteranmeldung** und nimmt die Unterschriftsbeglaubigung vor. Gleichzeitig nimmt er den elektronischen **Vollzug** der Handelsregisteranmeldung (Erstellung der XML-Strukturdaten) vor.

B. Rechnung

Pos.	Gebührentatbestände	Geschäfts-wert	KV-Nr.	Satz	Betrag
(1)	Entwurf Handelsregisteranmeldung (§§ 119 I, 105 I S. 1 Nr. 7, 92 II)	40 000	24102, 21201 Nr. 5	0,5	72,50
(2)	Vollzug – XML (§ 112)	40 000	22114	0,3	43,50

21.329

C. Erläuterungen

Pos. (1):

21.330

Bei der **Anmeldung der Erhöhung der Kommanditeinlage** ist der in das Handelsregister einzutragende Geldbetrag maßgebend, mindestens 30 000 Euro (§ 105 I S. 1 Nr. 7, S. 2).

Für den Entwurf ist gem. Nrn. 24102, 21201 Nr. 5 KV die Rahmengebühr 0,3–0,5, mind. 30 Euro zu erheben. Da der Entwurf vollständig gefertigt wurde, ist die höchste Rahmengebühr zu erheben (§ 92 II). Die Unterschriftsbeglaubigung löst keine zusätzliche Gebühr aus, Vorbem. 2.4.1 II KV.

21.331

Pos. (2):

21.332

Die Erstellung der **XML-Strukturdaten** fällt unter den Vollzug, für welchen das GNotKG eine eigenständige Gebühr in der Nr. 22114 KV vorsieht. Der Geschäftswert bestimmt sich nach dem Wert des Entwurfs der Handelsregisteranmeldung (§ 112).

→ **Fall 41: Anmeldung der Erteilung einer Prokura und Änderung des Sitzes**

A. Sachverhalt

Zur Eintragung ins Handelsregister wird F als Einzelprokurist und die Verlegung des Sitzes an einen anderen Ort angemeldet. Gleichzeitig ändert sich die Geschäftsanschrift, was ebenfalls angemeldet wird. Der Notar fertigt den **Entwurf** der **Handelsregisteranmeldung** und nimmt die Unterschriftsbeglaubigung vor. Gleichzeitig nimmt er den elektronischen **Vollzug** der Handelsregisteranmeldung (Erstellung der XML-Strukturdaten) vor.

21.333

B. Rechnung

21.334

Pos.	Gebührentatbestände	Geschäfts-wert	KV-Nr.	Satz	Betrag
(1)	Entwurf Handelsregisteranmeldung (§§ 119 I, 35, 111 Nr. 3, 92 II)	65 000	24102, 21201 Nr. 5	0,5	96,00
	a) Prokura (§§ 119 I, 105 IV Nr. 3)	30 000	24102, 21201 Nr. 5	0,5	
	b) Sitzverlegung (§§ 119 I, 105 IV Nr. 3)	30 000	24102, 21201 Nr. 5	0,5	
	c) Geschäftsanschrift (§§ 119 I, 105 V)	5000	24102, 21201 Nr. 5	0,5	
(2)	Vollzug – XML (§ 112)	65 000	22114	0,3	57,60

C. Erläuterungen

21.335 **Pos. (1):**

a) 30 000 Euro (§§ 119 I, 105 IV Nr. 3)

b) 30 000 Euro (§§ 119 I, 105 IV Nr. 3)

c) 5000 Euro (§§ 119 I, 105 V)

Bei den Anmeldungen a) und b) handelt es sich jeweils um eine **spätere Anmeldung**, so dass § 105 IV Nr. 3 einschlägig ist. Für die Anmeldung der inländischen Geschäftsanschrift sieht das GNotKG einen Geschäftswert von 5000 Euro vor (§ 105 V).

21.336 Die Anmeldungen sind stets **besondere Beurkundungsgegenstände** (§ 111 Nr. 3). Dies gilt auch für die Änderung der Geschäftsanschrift, selbst wenn diese im Zuge einer Sitzverlegung erfolgt. Die Änderung der Geschäftsanschrift ist keine zwingende Folge einer Sitzverlegung.[1]

Gem. §§ 35, 111 Nr. 3 ist Wertesumme von 65 000 Euro maßgebend.

21.337 Für den Entwurf ist gem. Nrn. 24102, 21201 Nr. 5 KV die Rahmengebühr 0,3–0,5, mind. 30 Euro zu erheben. Da der Entwurf vollständig gefertigt wurde, ist die höchste Rahmengebühr zu erheben (§ 92 II). Die Unterschriftsbeglaubigung löst keine zusätzliche Gebühr aus, Vorbem. 2.4.1 II KV.

21.338 **Pos. (2):**

Die Erstellung der **XML-Strukturdaten** fällt unter den Vollzug, für welchen das GNotKG eine eigenständige Gebühr in der Nr. 22114 KV vorsieht. Der Geschäftswert bestimmt sich nach dem Wert des Entwurfs der Handelsregisteranmeldung (§ 112).

---

[1] Siehe zur inländischen Geschäftsanschrift auch NotBZ 2016, 27.

VII. Kommanditgesellschaft

→ **Fall 42: Auflösung der KG durch Übernahme der Gesellschaft durch den einzigen verbleibenden Gesellschafter und Fortführung als Einzelunternehmen**

A. Sachverhalt

Zur Eintragung ins Handelsregister wird angemeldet, dass der persönlich haftende Gesellschafter A aus der Gesellschaft ausgeschieden ist. Der Kommanditist B übernimmt als einziger weiterer Gesellschafter das Unternehmen und führt es unter der Firma B e.K. fort. Der Notar fertigt den **Entwurf** der **Handelsregisteranmeldung** und nimmt die Unterschriftsbeglaubigung vor. Gleichzeitig nimmt er den elektronischen **Vollzug** der Handelsregisteranmeldung (Erstellung der XML-Strukturdaten) vor.

21.339

B. Rechnung

Pos.	Gebührentatbestände	Geschäfts-wert	KV-Nr.	Satz	Betrag
(1)	Entwurf Handelsregisteranmeldung (§§ 119 I, 35, 111 Nr. 3, 92 II)	60 000	24102, 21201 Nr. 5	0,5	96,00
	a) Ausscheiden A (§§ 119 I, 105 IV Nr. 3)	30 000	24102, 21201 Nr. 5	0,5	
	b) Anmeldung Einzelunternehmen (§§ 119 I, 105 IV Nr. 3)	30 000	24102, 21201 Nr. 5	0,5	
(2)	Vollzug – XML (§ 112)	60 000	22114	0,3	57,60

21.340

C. Erläuterungen

Pos. (1):

a) 30 000 Euro (§§ 119 I, 105 IV Nr. 3)

b) 30 000 Euro (§§ 119 I, 105 IV Nr. 3)

Bei jeder Anmeldung handelt es sich um eine **spätere Anmeldung**. Die Anmeldungen sind stets **besondere Beurkundungsgegenstände** (§ 111 Nr. 3), so dass die Wertesumme von 60 000 Euro maßgebend ist (§§ 35, 111 Nr. 3).

21.341

Für den Entwurf ist gem. Nrn. 24102, 21201 Nr. 5 KV die Rahmengebühr 0,3–0,5, mind. 30 Euro zu erheben. Da der Entwurf vollständig gefertigt wurde, ist die höchste Rahmengebühr zu erheben (§ 92 II). Die Unterschriftsbeglaubigung löst keine zusätzliche Gebühr aus, Vorbem. 2.4.1 II KV.

21.342

Pos. (2):

Die Erstellung der **XML-Strukturdaten** fällt unter den Vollzug, für welchen das GNotKG eine eigenständige Gebühr in der Nr. 22114 KV vorsieht. Der Geschäftswert bestimmt sich nach dem Wert des Entwurfs der Handelsregisteranmeldung (§ 112).

21.343

→ **Fall 43: Anmeldung der Auflösung der Gesellschaft mit Liquidation**

A. Sachverhalt

21.344 Zur Eintragung ins Handelsregister wird angemeldet, dass die Gesellschaft aufgelöst wird. A ist zum Liquidator bestellt. Der Notar fertigt den **Entwurf** der **Handelsregisteranmeldung** und nimmt die Unterschriftsbeglaubigung vor. Gleichzeitig nimmt er den elektronischen **Vollzug** der Handelsregisteranmeldung (Erstellung der XML-Strukturdaten) vor.

B. Rechnung

21.345

Pos.	Gebührentatbestände	Geschäftswert	KV-Nr.	Satz	Betrag
(1)	Entwurf Handelsregisteranmeldung (§§ 119 I, 35, 111 Nr. 3, 92 II)	60 000	24102, 21201 Nr. 5	0,5	96,00
	a) Auflösung der Gesellschaft (§§ 119 I, 105 IV Nr. 3)	30 000	24102, 21201 Nr. 5	0,5	
	b) Bestellung Liquidator (§§ 119 I, 105 IV Nr. 3)	30 000	24102, 21201 Nr. 5	0,5	
(2)	Vollzug – XML (§ 112)	60 000	22114	0,3	57,60

C. Erläuterungen

21.346 Pos. (1):

a) 30 000 Euro (§§ 119 I, 105 IV Nr. 3)

b) 30 000 Euro (§§ 119 I, 105 IV Nr. 3)

Bei jeder Anmeldung handelt es sich um eine **spätere Anmeldung**. Die Anmeldungen sind stets **besondere Beurkundungsgegenstände** (§ 111 Nr. 3), so dass die Wertesumme von 60 000 Euro maßgebend ist (§§ 35, 111 Nr. 3).

21.347 Für den Entwurf ist gem. Nrn. 24102, 21201 Nr. 5 KV die Rahmengebühr 0,3–0,5, mind. 30 Euro zu erheben. Da der Entwurf vollständig gefertigt wurde, ist die höchste Rahmengebühr zu erheben (§ 92 II). Die Unterschriftsbeglaubigung löst keine zusätzliche Gebühr aus, Vorbem. 2.4.1 II KV.

21.348 Pos. (2):

Die Erstellung der **XML-Strukturdaten** fällt unter den Vollzug, für welchen das GNotKG eine eigenständige Gebühr in der Nr. 22114 KV vorsieht. Der Geschäftswert bestimmt sich nach dem Wert des Entwurfs der Handelsregisteranmeldung (§ 112).

VIII. Verein

→ **Fall 44: Anmeldung Erlöschen der Gesellschaft nach Beendigung der Liquidation**

A. Sachverhalt

Zur Eintragung ins Handelsregister wird angemeldet, dass die Liquidation beendet und die Gesellschaft erloschen ist. Der Notar fertigt den **Entwurf** der **Handelsregisteranmeldung** und nimmt die Unterschriftsbeglaubigung vor. Gleichzeitig nimmt er den elektronischen **Vollzug** der Handelsregisteranmeldung (Erstellung der XML-Strukturdaten) vor.

21.349

B. Rechnung

Pos.	Gebührentatbestände	Geschäftswert	KV-Nr.	Satz	Betrag
(1)	Entwurf Handelsregisteranmeldung (§§ 119 I, 105 IV Nr. 3, 92 II)	30 000	24102, 21201 Nr. 5	0,5	62,50
(2)	Vollzug – XML (§ 112)	30 000	22114	0,3	37,50

21.350

C. Erläuterungen

Pos. (1):

Bei der Anmeldung der Beendigung der Liquidation und des Erlöschens der Firma handelt es sich um *eine* spätere Anmeldung, deren Geschäftswert sich nach § 105 IV Nr. 3 bestimmt.

21.351

Für den Entwurf ist gem. Nrn. 24102, 21201 Nr. 5 KV die Rahmengebühr 0,3–0,5, mind. 30 Euro zu erheben. Da der Entwurf vollständig gefertigt wurde, ist die höchste Rahmengebühr zu erheben (§ 92 II). Die Unterschriftsbeglaubigung löst keine zusätzliche Gebühr aus, Vorbem. 2.4.1 II KV.

21.352

Pos. (2):

Die Erstellung der **XML-Strukturdaten** fällt unter den Vollzug, für welchen das GNotKG eine eigenständige Gebühr in der Nr. 22114 KV vorsieht. Der Geschäftswert bestimmt sich nach dem Wert des Entwurfs der Handelsregisteranmeldung (§ 112).

21.353

VIII. Verein

→ **Fall 45: Erstanmeldung**

A. Sachverhalt

Zur Eintragung ins Vereinsregister wird der Kleingartenverein mit seinem Vorstand angemeldet. Der Notar fertigt den **Entwurf** der **Vereinsregisteranmeldung** und nimmt die Unterschriftsbeglaubigung vor. Gleichzeitig nimmt er den elektronischen **Vollzug** der Vereinsregisteranmeldung (Erstellung der XML-Strukturdaten) vor.

21.354

B. Rechnung

21.355

Pos.	Gebührentatbestände	Geschäftswert	KV-Nr.	Satz	Betrag
(1)	Entwurf Vereinsregisteranmeldung (§§ 119 I, 36 I, III, 92 II)	5000	24102, 21201 Nr. 5	0,5	30,00
(2)	Vollzug – XML (§ 112)	5000	22114	0,3	15,00

C. Erläuterungen

21.356 **Pos. (1):**

Der Geschäftswert einer **Anmeldung zum Vereinsregister** bestimmt sich nach § 36 I, III. In den durchschnittlichen Fällen wird als Geschäftswert der Hilfswert von 5000 Euro anzunehmen sein. Im Einzelfall kann unter bestimmten Umständen von diesem Wert nach oben abgewichen werden (z.B. größeres Vereinsvermögen, Mitgliederzahl, aufgefächerte Organisationsstruktur).

21.357 Für den Entwurf ist gem. Nrn. 24102, 21201 Nr. 5 KV die Rahmengebühr 0,3–0,5, mind. 30 Euro zu erheben. Da der Entwurf vollständig gefertigt wurde, ist die höchste Rahmengebühr zu erheben (§ 92 II). Die Unterschriftsbeglaubigung löst keine zusätzliche Gebühr aus, Vorbem. 2.4.1 II KV.

21.358 **Pos. (2):**

Die Erstellung der **XML-Strukturdaten** fällt unter den Vollzug, für welchen das GNotKG eine eigenständige Gebühr in der Nr. 22114 KV vorsieht. Der Geschäftswert bestimmt sich nach dem Wert des Entwurfs der Vereinsregisteranmeldung (§ 112).

→ **Fall 46: Gründung eines Vereins und Vereinsregisteranmeldung**

A. Sachverhalt

21.359 Der Notar beurkundet die **Gründungserklärungen für einen Porsche-Verein** mit Feststellung der Satzung. Darüber hinaus enthält die Urkunde die **Wahl des Vorstands**.

Der Notar fertigt den **Entwurf** der **Vereinsregisteranmeldung** und nimmt die Unterschriftsbeglaubigung vor. Gleichzeitig nimmt er den elektronischen Vollzug der Handelsregisteranmeldung (Erstellung der **XML**-Strukturdaten) vor.

B. Rechnungen

1. Gesellschaftsvertrag

21.360

Pos.	Gebührentatbestände	Geschäftswert	KV-Nr.	Satz	Betrag
	Beurkundungsverfahren (§§ 110 Nr. 1, 35 I)	60 000	21100	2,0	384,00

Pos.	Gebührentatbestände	Geschäfts-wert	KV-Nr.	Satz	Betrag
	a) Gründungsvertrag (§§ 97 I, 107 I S. 1)	30 000	21100	2,0	
	b) Wahl Vorstand (§ 36 I)	30 000	21100	2,0	

2. Vereinsregisteranmeldung

Pos.	Gebührentatbestände	Geschäfts-wert	KV-Nr.	Satz	Betrag
(1)	Entwurf Vereinsregisteranmeldung (§§ 119 I, 36 I, III, 92 II)	30 000	24102, 21201 Nr. 5	0,5	62,50
(2)	Vollzug – XML (§ 112)	30 000	22114	0,3	37,50

21.361

C. Erläuterungen

Zu Rechnung 1 (Gründungsvertrag)

a) Der **Gründungsvertrag** des – hier angenommenen – Idealvereins unterliegt den Wertvorschriften der §§ 97 I, 36 I, 107 I. Der Wert der Satzung ist angemessen zu bestimmen, wobei der Mindestwert von 30 000 Euro zu beachten ist. Diesen hier anzunehmen, scheint sachgerecht zu sein. Auf den Grundstückswert kann nicht automatisch zurückgegriffen werden.

21.362

b) Die **Wahl** stellt einen Beschluss dar. Da es für **Beschlüsse eines Vereins** an einer bestimmten Wertvorschrift fehlt, ist § 36 einschlägig. Für alle durchschnittlichen Fälle dürfte von 5000 Euro (§ 36 III) auszugehen sein. Da es sich hier aber um einen Idealverein handelt, der nicht unbeträchtliches Vermögen besitzt, nämlich das Grundstück mit einem höheren Verkehrswert, erscheint es vertretbar, sich an den Vorschriften des § 105 anzulehnen und den Geschäftswert mit mindestens 30 000 Euro anzunehmen.

21.363

Nach § 110 Nr. 1 betreffen die Gründungserklärungen und der Beschluss **verschiedene Beurkundungsgegenstände**, so dass die Einzelwerte, da gleiche Gebührensätze vorliegen, zu addieren sind (§ 35 I).

21.364

Zu Rechnung 2 (Vereinsregisteranmeldung)

Pos. (1):

21.365

Der Geschäftswert einer **Anmeldung zum Vereinsregister** bestimmt sich nach § 36 I, III. In den durchschnittlichen Fällen wird als Geschäftswert der Hilfswert von 5000 Euro anzunehmen sein. Im Einzelfall kann unter bestimmten Umständen von diesem Wert nach oben abgewichen werden (z.B. größeres Vereinsvermögen, Mitgliederzahl, aufgefächerte Organisationsstruktur).

Für den Entwurf ist gem. Nrn. 24102, 21201 Nr. 5 KV die Rahmengebühr 0,3–0,5, mind. 30 Euro zu erheben. Da der Entwurf vollständig gefertigt wurde, ist die

21.366

höchste Rahmengebühr zu erheben (§ 92 II). Die Unterschriftsbeglaubigung löst keine zusätzliche Gebühr aus, Vorbem. 2.4.1 II KV.

21.367 **Pos. (2):**

Die Erstellung der **XML-Strukturdaten** fällt unter den Vollzug, für welchen das GNotKG eine eigenständige Gebühr in der Nr. 22114 KV vorsieht. Der Geschäftswert bestimmt sich nach dem Wert des Entwurfs der Vereinsregisteranmeldung (§ 112); denn die Erstellung der XML-Daten ist Vollzug zur Vereinsregisteranmeldung, nicht etwa der Gründungsurkunde.

→ **Fall 47: Änderung im Vorstand**

A. Sachverhalt

21.368 Zur Eintragung ins Vereinsregister des eingetragenen Kleingartenvereins wird angemeldet, dass das Vorstandsmitglied A aus dem Vorstand ausgeschieden ist. Neues Vorstandsmitglied ist B. Der Notar fertigt den **Entwurf** der **Vereinsregisteranmeldung** und nimmt die Unterschriftsbeglaubigung vor. Gleichzeitig nimmt er den elektronischen **Vollzug** der Vereinsregisteranmeldung (Erstellung der XML-Strukturdaten) vor.

B. Rechnung

21.369

Pos.	Gebührentatbestände	Geschäfts-wert	KV-Nr.	Satz	Betrag
(1)	Entwurf Vereinsregisteranmeldung (§§ 119 I, 35, 111 Nr. 3, 92 II)	10 000	24102, 21201 Nr. 5	0,5	37,50
	a) Ausscheiden A (§§ 119 I, 36 I, III)	5000	24102, 21201 Nr. 5	0,5	
	b) Eintritt B (§§ 119 I, 36 I, III)	5000	24102, 21201 Nr. 5	0,5	
(2)	Vollzug – XML (§ 112)	10 000	22114	0,3	22,50

C. Erläuterungen

21.370 **Pos. (1):**

a) 5000 Euro (§§ 119 I, 36 I, III)

b) 5000 Euro (§§ 119 I, 36 I, III)

Der Geschäftswert einer **Anmeldung zum Vereinsregister** bestimmt sich nach § 36 I, III. In den durchschnittlichen Fällen wird als Geschäftswert der Hilfswert von 5000 Euro anzunehmen sein. Im Einzelfall kann unter bestimmten Umständen von diesem Wert nach oben abgewichen werden (z.B. größeres Vereinsvermögen, Mitgliederzahl, aufgefächerte Organisationsstruktur).

VIII. Verein

Die Anmeldungen zu einem Register betreffen gemäß § 111 Nr. 3 stets einen **besonderen Beurkundungsgegenstand**, so dass die Wertesumme von 10 000 Euro maßgebend ist (§§ 35, 111 Nr. 3).

21.371

Für den Entwurf ist gem. Nrn. 24102, 21201 Nr. 5 KV die Rahmengebühr 0,3–0,5, mind. 30 Euro zu erheben. Da der Entwurf vollständig gefertigt wurde, ist die höchste Rahmengebühr zu erheben (§ 92 II). Die Unterschriftsbeglaubigung löst keine zusätzliche Gebühr aus, Vorbem. 2.4.1 II KV.

21.372

Pos. (2):

21.373

Die Erstellung der **XML-Strukturdaten** fällt unter den Vollzug, für welchen das GNotKG eine eigenständige Gebühr in der Nr. 22114 KV vorsieht. Der Geschäftswert bestimmt sich nach dem Wert des Entwurfs der Vereinsregisteranmeldung (§ 112).

→ **Fall 48: Änderung im Vorstand und der Satzung**

A. Sachverhalt

Zur Eintragung ins Vereinsregister des eingetragenen Kleingartenvereins wird angemeldet, dass das Vorstandsmitglied A aus dem Vorstand ausgeschieden ist. Neues Vorstandsmitglied ist B. Gleichzeitig wird die Änderung der Vereinssatzung angemeldet. Der Notar fertigt den **Entwurf** der **Vereinsregisteranmeldung** und nimmt die Unterschriftsbeglaubigung vor. Gleichzeitig nimmt er den elektronischen **Vollzug** der Vereinsregisteranmeldung (Erstellung der XML-Strukturdaten) vor.

21.374

B. Rechnung

Pos.	Gebührentatbestände	Geschäftswert	KV-Nr.	Satz	Betrag
(1)	Entwurf Vereinsregisteranmeldung (§§ 119 I, 35, 111 Nr. 3, 92 II)	15 000	24102, 21201 Nr. 5	0,5	45,50
	a) Ausscheiden A (§§ 119 I, 36 I, III)	5000	24102, 21201 Nr. 5	0,5	
	b) Eintritt B (§§ 119 I, 36 I, III)	5000	24102, 21201 Nr. 5	0,5	
	c) Satzungsänderung (§§ 119 I, 36 I, III)	5000	24102, 21201 Nr. 5	0,5	
(2)	Vollzug – XML (§ 112)	15 000	22114	0,3	27,30

21.375

C. Erläuterungen

21.376 **Pos. (1):**

a) 5000 Euro (§§ 119 I, 36 I, III)

b) 5000 Euro (§§ 119 I, 36 I, III)

c) 5000 Euro (§§ 119 I, 36 I, III)

Der Geschäftswert einer **Anmeldung zum Vereinsregister** bestimmt sich nach § 36 I, III. In den durchschnittlichen Fällen wird als Geschäftswert der Hilfswert von 5000 Euro anzunehmen sein. Im Einzelfall kann unter bestimmten Umständen von diesem Wert nach oben abgewichen werden (z.B. größeres Vereinsvermögen, Mitgliederzahl, aufgefächerte Organisationsstruktur).

21.377 Die Anmeldungen zu einem Register betreffen gemäß § 111 Nr. 3 stets einen **besonderen Beurkundungsgegenstand**, so dass die Wertesumme von 15 000 Euro maßgebend ist (§§ 35, 111 Nr. 3).

21.378 Für den Entwurf ist gem. Nrn. 24102, 21201 Nr. 5 KV die Rahmengebühr 0,3–0,5, mind. 30 Euro zu erheben. Da der Entwurf vollständig gefertigt wurde, ist die höchste Rahmengebühr zu erheben (§ 92 II). Die Unterschriftsbeglaubigung löst keine zusätzliche Gebühr aus, Vorbem. 2.4.1 II KV.

21.379 **Pos. (2):**

Die Erstellung der **XML-Strukturdaten** fällt unter den Vollzug, für welchen das GNotKG eine eigenständige Gebühr in der Nr. 22114 KV vorsieht. Der Geschäftswert bestimmt sich nach dem Wert des Entwurfs der Vereinsregisteranmeldung (§ 112).

→ **Fall 49: Anmeldung der Auflösung des Vereins und der geborenen Liquidatoren**

A. Sachverhalt

21.380 Zur Eintragung ins Vereinsregister wird angemeldet, dass der Verein **aufgelöst** ist. Die vier Vorstandsmitglieder sind Liquidatoren. Der Notar fertigt den **Entwurf** der **Vereinsregisteranmeldung** und nimmt die Unterschriftsbeglaubigung vor. Gleichzeitig nimmt er den elektronischen **Vollzug** der Vereinsregisteranmeldung (Erstellung der XML-Strukturdaten) vor.

B. Rechnung

21.381

Pos.	Gebührentatbestände	Geschäftswert	KV-Nr.	Satz	Betrag
(1)	Entwurf Vereinsregisteranmeldung (§§ 111 Nr. 3, 35 I, 92 II)	5000	24102, 21201 Nr. 5	0,5	30,00
(2)	Vollzug -XML (§ 112)	5000	22114	0,3	15,00

C. Erläuterungen

Pos. (1):

Der Geschäftswert einer **Anmeldung zum Vereinsregister** bestimmt sich nach § 36 I, III. In den durchschnittlichen Fällen wird als Geschäftswert der Hilfswert von 5000 Euro anzunehmen sein. Im Einzelfall kann unter bestimmten Umständen von diesem Wert nach oben abgewichen werden (z.B. größeres Vereinsvermögen, Mitgliederzahl, aufgefächerte Organisationsstruktur).

Ist weder in der Satzung noch im Auflösungsbeschluss etwas anderes bestimmt, so sind alle zur Zeit der Auflösung im Amt befindlichen Vorstandsmitglieder gem. § 48 I BGB ohne weiteren Bestellungsakt „geborene" Liquidatoren. Diese können aus Gründen der Klarheit und zur Erleichterung der Eintragung im Vereinsregister mit der Auflösung angemeldet werden. Dabei ist die Anmeldung der Auflösung und der geborenen Liquidatoren als ein einheitlicher Rechtsvorgang anzusehen, so dass § 111 Nr. 3 nicht zur Anwendung kommt.[1]

Zur Anwendung der BGH-Entscheidung siehe auch Rz. 21.35.

Für den Entwurf ist gem. Nrn. 24102, 21201 Nr. 5 KV die Rahmengebühr 0,3–0,5, mind. 30 Euro, zu erheben. Da der Entwurf vollständig gefertigt wurde, ist die höchste Rahmengebühr zu erheben (§ 92 II). Die Unterschriftsbeglaubigung löst keine zusätzliche Gebühr aus, Vorbem. 2.4.1 II KV.

Pos. (2):

Die Erstellung der **XML-Strukturdaten** fällt unter den Vollzug, für welchen das GNotKG eine eigenständige Gebühr in der Nr. 22114 KV vorsieht. Der Geschäftswert bestimmt sich nach dem Wert des Entwurfs der Vereinsregisteranmeldung (§ 112).

→ Fall 50: Anmeldung der Auflösung des Vereins und der gekorenen Liquidatoren

A. Sachverhalt

Zur Eintragung ins Vereinsregister wird angemeldet, dass der Verein aufgelöst ist. Der Vorstand durch A, B, C und D ist beendet. E und F werden zu **Liquidatoren** bestellt. Der Notar fertigt den **Entwurf** der **Vereinsregisteranmeldung** und nimmt die Unterschriftsbeglaubigung vor. Gleichzeitig nimmt er den elektronischen **Vollzug** der Vereinsregisteranmeldung (Erstellung der XML-Strukturdaten) vor.

---

[1] BGH (zur GmbH) v. 18.10.2016 – II ZB 18/15 und bestätigend BGH v. 20.12.2016 – II ZB 13/16, NotBZ 4/2017, 148 ff. mit Anm. *Heinze*.

B. Rechnung

21.388

Pos.	Gebührentatbestände	Geschäfts-wert	KV-Nr.	Satz	Betrag
(1)	Entwurf Vereinsregisteranmeldung (§§ 111 Nr. 3, 35 I, 92 II)	35 000	24102, 21201 Nr. 5	0,5	67,50
	a) Auflösung Verein (§§ 119 I, 36 I, III)	5000	24102, 21201 Nr. 5	0,5	
	b) Beendigung Vorstand A (§§ 119 I, 36 I, III)	5000	24102, 21201 Nr. 5	0,5	
	c) Beendigung Vorstand B (§§ 119 I, 36 I, III)	5000	24102, 21201 Nr. 5	0,5	
	d) Beendigung Vorstand C (§§ 119 I, 36 I, III)	5000	24102, 21201 Nr. 5	0,5	
	e) Beendigung Vorstand D (§§ 119 I, 36 I, III)	5000	24102, 21201 Nr. 5	0,5	
	f) Liquidator E (§§ 119 I, 36 I, III)	5000	24102, 21201 Nr. 5	0,5	
	g) Liquidator F (§§ 119 I, 36 I, III)	5000	24102, 21201 Nr. 5	0,5	
(2)	Vollzug – XML (§ 112)	35 000	22114	0,3	40,50

C. Erläuterungen

21.389 **Pos. (1):**

Der Geschäftswert einer **Anmeldung zum Vereinsregister** bestimmt sich nach § 36 I, III. In den durchschnittlichen Fällen wird als Geschäftswert der Hilfswert von 5000 Euro anzunehmen sein. Im Einzelfall kann unter bestimmten Umständen von diesem Wert nach oben abgewichen werden (z.B. größeres Vereinsvermögen, Mitgliederzahl, aufgefächerte Organisationsstruktur).

Bei der Anmeldung der **Beendigung des Vorstandes und Bestellung der Liquidatoren** stellt jede Änderung in der Person eines Vorstandsmitgliedes bzw. des Liquidators einen selbstständigen Anmeldetatbestand dar. Vgl. hierzu Rz. 21.35.

21.390 Für den Entwurf ist gem. Nrn. 24102, 21201 Nr. 5 KV die Rahmengebühr 0,3–0,5, mind. 30 Euro zu erheben. Da der Entwurf vollständig gefertigt wurde, ist die höchste Rahmengebühr zu erheben (§ 92 II). Die Unterschriftsbeglaubigung löst keine zusätzliche Gebühr aus, Vorbem. 2.4.1 II KV.

Pos. (2):

Die Erstellung der **XML-Strukturdaten** fällt unter den Vollzug, für welchen das GNotKG eine eigenständige Gebühr in der Nr. 22114 KV vorsieht. Der Geschäftswert bestimmt sich nach dem Wert des Entwurfs der Vereinsregisteranmeldung (§ 112).

IX. Anmeldung zum Genossenschaftsregister

→ **Fall 51: Erstanmeldung**

A. Sachverhalt

Zur Eintragung ins Genossenschaftsregister wird eine Wohnungsgenossenschaft mit ihrem Vorstand angemeldet. Der Notar fertigt den **Entwurf** der **Genossenschaftsregisteranmeldung** und nimmt die Unterschriftsbeglaubigung vor. Die Genossenschaft hat ein Aktivvermögen von 500 000 Euro. Gleichzeitig nimmt er den elektronischen **Vollzug** der Genossenschaftsregisteranmeldung (Erstellung der XML-Strukturdaten) vor.

B. Rechnung

Pos.	Gebührentatbestände	Geschäftswert	KV-Nr.	Satz	Betrag
(1)	Entwurf Genossenschaftsregisteranmeldung (§§ 119 I, 105 III Nr. 3, 92 II)	60 000	24102, 21201 Nr. 5	0,5	96,00
(2)	Vollzug – XML (§ 112)	60 000	22114	0,3	57,60

C. Erläuterungen

Pos. (1):

Der Geschäftswert der **Erstanmeldung einer Genossenschaft** richtet sich nach § 105 III Nr. 3 und beträgt 60 000 Euro.

Für den Entwurf ist gem. Nrn. 24102, 21201 Nr. 5 KV die Rahmengebühr 0,3–0,5, mind. 30 Euro zu erheben. Da der Entwurf vollständig gefertigt wurde, ist die höchste Rahmengebühr zu erheben (§ 92 II). Die Unterschriftsbeglaubigung löst keine zusätzliche Gebühr aus, Vorbem. 2.4.1 II KV.

Pos. (2):

Die Erstellung der **XML-Strukturdaten** fällt unter den Vollzug, für welchen das GNotKG eine eigenständige Gebühr in der Nr. 22114 KV vorsieht. Der Geschäftswert bestimmt sich nach dem Wert des Entwurfs der Anmeldung (§ 112).

→ **Fall 52: Änderung im Vorstand**

A. Sachverhalt

21.397 Zur Eintragung ins Genossenschaftsregister einer eingetragenen Wohnungsgenossenschaft (Aktivvermögen: 500 000 Euro) wird angemeldet, dass das Vorstandsmitglied A aus dem Vorstand ausgeschieden ist. Neues Vorstandsmitglied ist B. Der Notar fertigt den **Entwurf** der **Genossenschaftsregisteranmeldung** und nimmt die Unterschriftsbeglaubigung vor. Gleichzeitig nimmt er den elektronischen **Vollzug** der Genossenschaftsregisteranmeldung (Erstellung der XML-Strukturdaten) vor.

B. Rechnung

21.398

Pos.	Gebührentatbestände	Geschäftswert	KV-Nr.	Satz	Betrag
(1)	Entwurf Genossenschaftsregisteranmeldung (§§ 119 I, 35, 111 Nr. 3, 92 II)	60 000	24102, 21201 Nr. 5	0,5	96,00
	a) Ausscheiden A (§§ 119 I, 105 IV Nr. 4)	30 000	24102, 21201 Nr. 5	0,5	
	b) Eintritt B (§§ 119 I, 105 IV Nr. 4)	30 000	24102, 21201 Nr. 5	0,5	
(2)	Vollzug – XML (§ 112)	60 000	22114	0,3	57,60

C. Erläuterungen

21.399 **Pos. (1):**

a) 30 000 Euro (§§ 119 I, 105 IV Nr. 4)

b) 30 000 Euro (§§ 119 I, 105 IV Nr. 4)

Die **spätere Anmeldung** zu einem Genossenschaftsregister hat als Geschäftswert gemäß § 105 IV Nr. 4 einen Betrag von 30 000 Euro.

21.400 Die Anmeldungen zu einem Register betreffen gemäß § 111 Nr. 3 stets **einen besonderen Beurkundungsgegenstand**, so dass die Wertesumme von 60 000 Euro maßgebend ist (§§ 35, 111 Nr. 3). Gemäß § 106 beträgt der Höchstwert 1 000 000 Euro.

21.401 Für den Entwurf ist gem. Nrn. 24102, 21201 Nr. 5 KV die Rahmengebühr 0,3–0,5, mind. 30 Euro zu erheben. Da der Entwurf vollständig gefertigt wurde, ist die höchste Rahmengebühr zu erheben (§ 92 II). Die Unterschriftsbeglaubigung löst keine zusätzliche Gebühr aus, Vorbem. 2.4.1 II KV.

21.402 **Pos. (2):**

Die Erstellung der **XML-Strukturdaten** fällt unter den Vollzug, für welchen das GNotKG eine eigenständige Gebühr in der Nr. 22114 KV vorsieht. Der Geschäftswert bestimmt sich nach dem Wert des Entwurfs der Anmeldung (§ 112).

→ **Fall 53: Änderung im Vorstand und der Satzung**

A. Sachverhalt

Zur Eintragung ins Genossenschaftsregister der eingetragenen Wohnungsgenossenschaft (Aktivvermögen: 500 000 Euro) wird angemeldet, dass das Vorstandsmitglied A aus dem Vorstand ausgeschieden ist. Neues Vorstandsmitglied ist B. Gleichzeitig wird die Änderung der Genossenschaftssatzung angemeldet. Der Notar fertigt den **Entwurf** der **Genossenschaftsregisteranmeldung** und nimmt die Unterschriftsbeglaubigung vor. Gleichzeitig nimmt er den elektronischen **Vollzug** der Genossenschaftsregisteranmeldung (Erstellung der XML-Strukturdaten) vor.

B. Rechnung

Pos.	Gebührentatbestände	Geschäftswert	KV-Nr.	Satz	Betrag
(1)	Entwurf Genossenschaftsregisteranmeldung (§§ 119 I, 35, 111 Nr. 3, 92 II)	90 000	24102, 21201 Nr. 5	0,5	123,00
	a) Ausscheiden A (§§ 119 I, 105 IV Nr. 4)	30 000	24102, 21201 Nr. 5	0,5	
	b) Eintritt B (§§ 119 I, 105 IV Nr. 4)	30 000	24102, 21201 Nr. 5	0,5	
	c) Satzungsänderung (§§ 119 I, 105 IV Nr. 4)	30 000	24102, 21201 Nr. 5	0,5	
(2)	Vollzug – XML (§ 112)	90 000	22114	0,3	73,80

C. Erläuterungen

Pos. (1):

a) 30 000 Euro (§§ 119 I, 105 IV Nr. 4)

b) 30 000 Euro (§§ 119 I, 105 IV Nr. 4)

c) 30 000 Euro (§§ 119 I, 105 IV Nr. 4)

Die **spätere Anmeldung** zu einem Genossenschaftsregister hat als Geschäftswert gemäß § 105 IV Nr. 4 einen Betrag von 30 000 Euro.

Die Anmeldungen zu einem Register betreffen gemäß § 111 Nr. 3 stets einen **besonderen Beurkundungsgegenstand**, so dass die Wertesumme von 90 000 Euro maßgebend ist (§§ 35, 111 Nr. 3).

Für den Entwurf ist gem. Nrn. 24102, 21201 Nr. 5 KV die Rahmengebühr 0,3–0,5, mind. 30 Euro zu erheben. Da der Entwurf vollständig gefertigt wurde, ist die höchste Rahmengebühr zu erheben (§ 92 II). Die Unterschriftsbeglaubigung löst keine zusätzliche Gebühr aus, Vorbem. 2.4.1 II KV.

21.408 **Pos. (2):**

Die Erstellung der **XML-Strukturdaten** fällt unter den Vollzug, für welchen das GNotKG eine eigenständige Gebühr in der Nr. 22114 KV vorsieht. Der Geschäftswert bestimmt sich nach dem Wert des Entwurfs der Anmeldung (§ 112).

X. Gesellschaft mit beschränkter Haftung

1. Gründung „klassische" GmbH und Unternehmergesellschaft (haftungsbeschränkt)[1]

→ **Fall 54: Bargründung einer „klassischen" GmbH**

A. Sachverhalt

21.409 A und B gründen die AB-GmbH mit einem Stammkapital von 25 000 Euro. Die von ihnen übernommenen Bareinlagen betragen jeweils 12 500 Euro. Der Notar beurkundet den **Gründungsvertrag**. Darüber hinaus enthält die Urkunde die **Beschluss**fassung über die **Bestellung des Geschäftsführers**. Der Notar fertigt den **Entwurf** der **Handelsregisteranmeldung** und nimmt die Unterschriftsbeglaubigung vor. Auftragsgemäß holt er die Stellungnahme der **IHK** ein und fertigt die **Liste** der Gesellschafter. Gleichzeitig nimmt er den elektronischen Vollzug der Handelsregisteranmeldung (Erstellung der **XML**-Strukturdaten) vor. Vom Geschäftsführer wird er beauftragt, die Anmeldung erst beim Handelsregister einzureichen, wenn ihm die Einzahlung des Stammkapitals nachgewiesen wurde (**Vorlagehaftung**).

B. Rechnungen

1. Gesellschaftsvertrag nebst Geschäftsführerbestellung

21.410

Pos.	Gebührentatbestände	Geschäftswert	KV-Nr.	Satz	Betrag
	Beurkundungsverfahren (§§ 110 Nr. 1, 35 I)	60 000	21100	2,0	384,00
	a) Gründungsvertrag (§§ 97 I, 107 I S. 1)	30 000	21100	2,0	
	b) Geschäftsführerbestellung (§§ 108 I S. 1, 105 IV Nr. 1)	30 000	21100	2,0	

---

[1] Ein weiterer Fall einer GmbH-Gründung mit dazugehörigen Auslagen findet sich in Rz. 27.98 ff. (Fall 15).

2. Handelsregisteranmeldung

Pos.	Gebührentatbestände	Geschäftswert	KV-Nr.	Satz	Betrag
(1)	Entwurf Handelsregisteranmeldung (§§ 119 I, 105 I S. 1 Nr. 1, S. 2, 92 II)	30 000	24102, 21201 Nr. 5	0,5	62,50
(2)	Vollzug – IHK-Stellungnahme und Liste der Gesellschafter (Vorbem. 2.2.1.1 I 2 Nrn. 1, 3 KV; § 112)	30 000	22111	0,3	37,50
(3)	Vollzug – XML (§ 112)	30 000	22114	0,3	37,50
(4)	Betreuung – Vorlage (§ 113 I)	30 000	22200 Anm. Nr. 3	0,5	62,50

21.411

C. Erläuterungen

Zu Rechnung 1 (Gesellschaftsvertrag nebst Geschäftsführerbestellung)

a) Der Wert des **Gründungsvertrages** bestimmt sich nach dem Wert der Leistungen der Gesellschafter. Er beträgt mindestens 30 000 Euro (§§ 97 I, 107 I S. 1). 21.412

b) Der Wert der **Geschäftsführerbestellung** ist als Beschluss ohne bestimmten Geldwert mit 1 % des Stammkapitals, mindestens 30 000 Euro anzunehmen (§§ 108 I S. 1, 105 IV Nr. 1). 21.413

Nach § 110 Nr. 1 betreffen die Gründungserklärungen und der Beschluss **verschiedene Beurkundungsgegenstände**, so dass die Einzelwerte, da gleiche Gebührensätze vorliegen, zu addieren sind (§ 35 I). 21.414

Bemerkung: Wäre die **Geschäftsführerbestellung in der Satzung** erfolgt, bliebe sie unbewertet, gleichgültig, ob echter oder unechter Satzungsbestandteil. 21.415

Zu Rechnung 2 (Handelsregisteranmeldung)

Pos. (1): 21.416

Als Geschäftswert ist der ins Handelsregister einzutragende Betrag des Stammkapitals maßgebend, mindestens 30 000 Euro (§§ 119 I, 105 I S. 1 Nr. 1, S. 2). Die **Erstanmeldung der GmbH** beinhaltet auch die Anmeldung des Geschäftsführers.

Für den Entwurf ist gem. Nrn. 24102, 21201 Nr. 5 KV die Rahmengebühr 0,3–0,5, mind. 30 Euro zu erheben. Da der Entwurf vollständig gefertigt wurde, ist die höchste Rahmengebühr zu erheben (§ 92 II). Die Unterschriftsbeglaubigung löst keine zusätzliche Gebühr aus, Vorbem. 2.4.1 II KV. 21.417

Pos. (2): 21.418

Die Einholung der **IHK-Stellungnahme** fällt unter den **Vollzug** nach Vorbem. 2.2.1.1 I Nr. 1 KV und die **Erstellung der Gesellschafterliste** nach Vorbem. 2.2.1.1 I Nr. 3 KV. Dabei stellt die Anmeldung die maßgebliche Bezugsurkunde dar, denn das Registergericht überprüft die Firmierung der Gesellschaft.

Mögliche Bedenken können vorab durch das Anfordern einer gutachterlichen Stellungnahme der IHK beseitigt werden, wodurch die Eintragung der Anmeldung erleichtert/beschleunigt wird (ebenso Vollzugstätigkeit nach Vorbem. 2.2.1.1 I Nr. 1 oder Nr. 11 KV). Für die Gesellschafterliste ergibt sich dies bereits aus der Bestimmung des § 8 I Nr. 3 GmbHG, wonach die Liste der Anmeldung beizufügen ist.

21.419 Der Geschäftswert bestimmt sich nach dem Wert des Entwurfs (§ 112), aus welchem die 0,3 Gebühr nach Nr. 22111 KV zu erheben ist. Gem. Nrn. 22112 und 22113 KV ist die Gebühr auf 50 Euro pro Tätigkeit und 250 Euro pro gefertigter Liste begrenzt. Geht die Tätigkeit des Notars über die Vorbem. 2.2.1.1 I Nr. 1 und 3 hinaus (i.S.d. Vorbem. 2.2.1.1 I S. 2 Nr. 11 KV), so entsteht eine ungedeckelte Vollzugsgebühr nach Nr. 22111 KV.

21.420 **Pos. (3):**

Die Erstellung der **XML-Strukturdaten** fällt unter den Vollzug, für welchen das GNotKG eine eigenständige Gebühr in der Nr. 22114 KV vorsieht. Der Geschäftswert bestimmt sich nach dem Wert des Entwurfs der Handelsregisteranmeldung (§ 112).

21.421 **Pos. (4):**

Für die auftragsgemäße **Überwachung der Vorlage** der Anmeldung beim Handelsregister erhält der Notar die 0,5 Gebühr nach Nr. 22200 Anm. Nr. 3 KV (vgl. Rz. 21.59). Der Geschäftswert bestimmt sich nach dem Wert des Entwurfs der Handelsregisteranmeldung (§ 113 I).

→ **Fall 55: Bargründung einer „klassischen" GmbH mit Handelsregisteranmeldung in *einer* Urkunde**

A. Sachverhalt

21.422 A und B gründen die AB-GmbH mit einem Stammkapital von 25 000 Euro. Die von ihnen übernommenen Bareinlagen betragen jeweils 12 500 Euro. Der Notar beurkundet den **Gründungsvertrag**. Darüber hinaus enthält die Urkunde die **Beschluss**fassung über die Bestellung des Geschäftsführers und auch die Erst**anmeldung** der Gesellschaft zum Handelsregister. Auftragsgemäß holt er die Stellungnahme der **IHK** ein und fertigt die **Liste** der Gesellschafter. Gleichzeitig nimmt er den elektronischen Vollzug der Urkunde (Erstellung der **XML**-Strukturdaten) vor. Vom Geschäftsführer wird er beauftragt, die Urkunde erst beim Handelsregister einzureichen, wenn ihm die Einzahlung des Stammkapitals nachgewiesen wurde (**Vorlagehaftung**).

B. Rechnung

Pos.	Gebührentatbestände	Geschäfts-wert	KV-Nr.	Satz	Betrag
(1)	Beurkundungsverfahren (§§ 110 Nr. 1, 111 Nr. 3, 35 I, 94 I)	~~90 000~~	~~21100~~	~~2,0~~	~~492,00~~
	a) Gründungsvertrag (§§ 97 I, 107 I S. 1)	30 000	21100	2,0	
	b) Geschäftsführerbestellung (§§ 108 I S. 1, 105 IV Nr. 1)	30 000	21100	2,0	
		60 000	21100	2,0	384,00
	c) Handelsregisteranmeldung	30 000	21201 Nr. 5	0,5	62,50
(2)	Vollzug – IHK-Stellungnahme und Liste der Gesellschafter (Vorbem. 2.2.1.1 I 2 Nrn. 1, 3 KV; § 112)	90 000	22110	0,5	123,00
(3)	Vollzug – XML (§ 112)	90 000	22114	0,3	73,80
(4)	Betreuung – Vorlage (§ 113 I)	90 000	22200 Anm. Nr. 3	0,5	123,00

21.423

C. Erläuterungen

Pos. (1):   21.424

a) Der Wert des **Gründungsvertrag**es bestimmt sich nach den Leistungen der Gesellschafter. Er beträgt mindestens 30 000 Euro (§§ 97 I, 107 I S. 1).

b) Der Wert der **Geschäftsführerbestellung** ist als Beschluss ohne bestimmten Geldwert mit 1 % des Stammkapitals, mindestens 30 000 Euro anzunehmen (§§ 108 I S. 1, 105 IV Nr. 1).   21.425

c) Als Geschäftswert ist der ins Handelsregister einzutragende Betrag des Stammkapitals maßgebend, mindestens 30 000 Euro. Die **Erstanmeldung der GmbH** beinhaltet auch die Anmeldung des Geschäftsführers (§§ 119 I, 105 I S. 1 Nr. 1, S. 2).   21.426

Nach § 110 Nr. 1 betreffen die Gründungserklärungen und der Beschluss **verschiedene Beurkundungsgegenstände**, so dass die Einzelwerte, da gleiche Gebührensätze vorliegen, zu addieren sind (§ 35 I). Die Handelsregisteranmeldung hat gem. § 111 Nr. 3 stets einen besonderen Beurkundungsgegenstand. In aller Regel wird die Handelsregisteranmeldung zu gesonderter Urkunde (Entwurf) erfolgen; dies ist keinesfalls eine unrichtige Sachbehandlung nach § 21. Fraglich ist im Gegenteil, ob bei einer Zusammenbeurkundung nicht ein Fall des § 93 II vorliegt; hier sind keine Anhaltspunkte ersichtlich, dass die Zusammenbeurkundung ohne sachlichen Grund erfolgt ist. Demgemäß findet § 94 I Anwendung. Hier ist die getrennte Bewertung maßgebend, weil die Bewertung der höchsten Gebühr aus der Wertesumme teurer ist (2,0 aus 90 000 Euro = 492 Euro).   21.427

21.428 Die **Zusammenbeurkundung von Gründung und Handelsregisteranmeldung** stellt in der Praxis die Ausnahme dar; s. auch die damit verbundene Verteuerung (s. Pos. 2–4).

21.429 Pos. (2):

Die Einholung der **IHK-Stellungnahme** fällt unter den **Vollzug** nach Vorbem. 2.2.1.1 I Nr. 1 KV und die **Erstellung der Gesellschafterliste** nach Vorbem. 2.2.1.1 I Nr. 3 KV. Dabei stellt die Anmeldung die maßgebliche Bezugsurkunde dar, denn das Registergericht überprüft die Firmierung der Gesellschaft. Mögliche Bedenken können vorab durch das Anfordern einer gutachterlichen Stellungnahme der IHK beseitigt werden, wodurch die Eintragung der Anmeldung erleichtert/beschleunigt wird (ebenso Vollzugstätigkeit nach Vorbem. 2.2.1.1 I Nr. 1 oder Nr. 11 KV). Für die Gesellschafterliste ergibt sich dies bereits aus der Bestimmung des § 8 I Nr. 3 GmbHG, wonach die Liste der Anmeldung beizufügen ist.

21.430 Enthält eine Urkunde **mehrere Beurkundungsgegenstände**, welche einen verschiedenen Gegenstand nach § 86 II bzw. § 110 oder besonderen Gegenstand nach § 111 haben und unterliegen diese unterschiedlichen Gebührensätzen, bestimmt sich die Vollzugsgebühr nach dem höchsten in Betracht kommenden Gebührensatz der einzelnen Beurkundungsgegenstände.[1] Er beträgt hier 0,5 nach Nr. 22110 KV. Der Geschäftswert der Vollzugsgebühr bestimmt sich aus der Summe der jeweiligen Einzelwerte (= Wert des Beurkundungsverfahrens gem. § 112). Dies gilt auch, wenn nach § 94 I die getrennte Bewertung kostengünstiger ist. Gem. Nrn. 22112, 22113 KV ist die Gebühr auf 50 Euro pro Tätigkeit und 250 Euro pro gefertigter Liste begrenzt. Geht die Tätigkeit des Notars über die Vorbem. 2.2.1.1 I Nr. 1 und 3 hinaus (i.S.d. Vorbem. 2.2.1.1 I S. 2 Nr. 11 KV), so entsteht eine ungedeckelte Vollzugsgebühr nach Nr. 22111 KV.

21.431 Pos. (3):

Die Erstellung der **XML-Strukturdaten** fällt unter den Vollzug, für welchen das GNotKG eine eigenständige Gebühr in der Nr. 22114 KV vorsieht. Der Geschäftswert bestimmt sich nach dem Wert des Beurkundungsverfahren (§ 112).

21.432 Pos. (4):

Für die auftragsgemäße **Überwachung der Vorlage** beim Handelsregister erhält der Notar die 0,5 Gebühr nach Nr. 22200 KV (vgl. Rz. 21.59). Der Geschäftswert bestimmt sich nach dem Wert des Beurkundungsverfahrens (§ 113 I). Werden in einer Urkunde mehrere Erklärungen beurkundet, die einen verschiedenen Gegenstand nach § 86 II bzw. § 110 oder besonderen Gegenstand nach § 111 GNotKG haben, bestimmt sich der Geschäftswert der Betreuungsgebühr aus der Summe der jeweiligen Einzelwerte. Dies gilt auch, wenn nach § 94 I die getrennte Bewertung kostengünstiger ist.

---

1 LG Düsseldorf v. 2.3.2015 – 19 T 227/14, NotBZ 2015, 358.

→ Fall 56: Sachgründung einer „klassischen" GmbH nebst Bestellung Prokurist

A. Sachverhalt

A, B und C gründen die ABC-GmbH mit einem Stammkapital von 310 000 Euro. A übernimmt einen Geschäftsanteil i.H.v. 110 000 Euro, B i.H.v. 70 000 Euro und C i.H.v. 130 000 Euro. Die Gründungsgesellschafter verpflichten sich zu folgender Einlagenleistung: A bringt sein Grundstück im Wert von 140 000 Euro ein, belastet mit einer Grundschuld i.H.v. 30 000 Euro (voll valutierend), B bringt einen LKW im Wert von 90 000 Euro ein und C erbringt die Einlage bar. Der Notar beurkundet den **Gesellschaftsvertrag**. Die Urkunde enthält gleichzeitig die **Auflassung** des Grundstücks sowie die Beschlussfassung über die Bestellung des **Geschäftsführers** A und Erteilung der **Einzelprokura** für D in einem Wahlgang. Der Notar fertigt den **Entwurf** der **Handelsregisteranmeldung** und nimmt die Unterschriftsbeglaubigung vor. Auftragsgemäß holt er die Stellungnahme der **IHK** ein und fertigt die **Liste** der Gesellschafter. Gleichzeitig nimmt er den elektronischen Vollzug der Urkunde (Erstellung der **XML**-Strukturdaten) vor. Vom Geschäftsführer wird er beauftragt, die Anmeldung erst beim Handelsregister einzureichen, wenn ihm die Leistung des Stammkapitals nachgewiesen wurde (**Vorlagehaftung**).

21.433

B. Rechnungen

1. Gesellschaftsvertrag nebst Geschäftsführerbestellung und Prokuraerteilung

21.434

Pos.	Gebührentatbestände	Geschäftswert	KV-Nr.	Satz	Betrag
	Beurkundungsverfahren (§§ 110 Nr. 1, 109 I S. 4 Nr. 2, 35 I)	390 000	21100	2,0	1570,00
	a) Gründungsvertrag (§§ 97 I, 107 I S. 1, 46, 38)	360 000	21100	2,0	
	b) Auflassung (§§ 97 I, 46 I)	~~140 000~~	~~21101~~	~~0,5~~	~~163,50~~
	c) Geschäftsführerbestellung und Prokuraerteilung (§§ 108 I S. 1, 105 IV Nr. 1, 109 II Nr. 4d)	30 000	21100	2,0	

2. Handelsregisteranmeldung

21.435

Pos.	Gebührentatbestände	Geschäfts-wert	KV-Nr.	Satz	Betrag
(1)	Entwurf Handelsregisteranmeldung (§§ 119 I, 105 I S. 1 Nr. 1, 111 Nr. 3, 35 I, 92 II)	340 000	24102, 21201 Nr. 5	0,5	342,50
	a) Erstanmeldung (§§ 119 I, 105 I Nr. 1, 92 II)	310 000	24102, 21201 Nr. 5	0,5	
	b) Prokurist (§§ 119 I, 105 IV Nr. 1, 92 II)	30 000	24102, 21201 Nr. 5	0,5	
(2)	Vollzug – IHK-Stellungnahme und Liste der Gesellschafter (Vorbem. 2.2.1.1 I 2 Nrn. 1, 3 KV; § 112)	340 000	22111	0,3	205,50
(3)	Vollzug – XML (§ 112)	340 000	22114	0,3	205,50
(4)	Betreuung – Vorlage (§ 113 I)	340 000	22200 Anm. Nr. 3	0,5	342,50

C. Erläuterungen

Zu Rechnung 1 (Gesellschaftsvertrag nebst Geschäftsführerbestellung und Prokuraerteilung)

21.436   a) Der Wert des **Gründungsvertrag**es beträgt 360 000 Euro (§ 97 I, § 107 I) und setzt sich zusammen aus 140 000 Euro Grundstücksverkehrswert + 90 000 Euro Wert des LKW + 130 000 Euro Geldleistung. Bei den Sachleistungen ist der Wert der Sache (§ 46) maßgebend. Gemäß § 38 sind die Verbindlichkeiten nicht abzuziehen. Sowohl für den Gründungsvertrag als auch für die Auflassung gilt der Höchstwert von 10 000 000 Euro (§ 107 I S. 1).

21.437   b) Für die **Auflassung** ist als Geschäftswert der Verkehrswert des Grundstücks mit 140 000 Euro anzunehmen.

21.438   **Gesellschaftsvertrag und Auflassung** bezüglich des einzubringenden Grundstücks **unterliegen demselben Beurkundungsgegenstand** nach § 109 I S. 4 Nr. 2. Gleiches würde für die mitbeurkundeten schuldrechtlichen Modalitäten des Einbringungsvertrages gelten. Diese dienen ersichtlich der Durchführung des Gesellschaftsvertrages, so dass derselbe Beurkundungsgegenstand gemäß § 109 I S. 1–3 vorliegt. Entsprechend bildet gemäß § 109 I S. 5 den maßgeblichen Geschäftswert der Wert des Gesellschaftsvertrages. Einbringungsvertrag (schuldrechtliche Modalitäten) und Auflassung bleiben unbewertet.

21.439   c) Der Wert der **Geschäftsführerbestellung und Erteilung der Prokura** ist als Beschluss ohne bestimmten Geldwert mit 1 % des Stammkapitals, mindestens 30 000 Euro anzunehmen. Dabei handelt es sich stets um einen Beschluss, sofern nicht Einzelwahlen stattfinden; § 109 II Nr. 4d.

Nach § 110 Nr. 1 haben die **Gründungserklärungen und der Beschluss verschiedene Beurkundungsgegenstände**, so dass die Einzelwerte, da gleiche Gebührensätze vorliegen, zu addieren sind (§ 35 I). 21.440

Zu Rechnung 2 (Handelsregisteranmeldung)

Pos. (1): 21.441

a) Maßgebender Geschäftswert ist der ins Handelsregister einzutragende Betrag des Stammkapitals. Die **Erstanmeldung** beinhaltet die Anmeldung des Geschäftsführers.

b) Die **Anmeldung des Prokuristen** hat zur Erstanmeldung einen **besonderen Beurkundungsgegenstand**; § 111 Nr. 3. Als Anmeldung ohne bestimmten Geldbetrag beträgt der Geschäftswert 1 % des Stammkapitals, mind. 30 000 Euro. 21.442

Für den Entwurf ist gem. Nrn. 24102, 21201 Nr. 5 KV die Rahmengebühr 0,3–0,5, mind. 30 Euro zu erheben. Da der Entwurf vollständig gefertigt wurde, ist die höchste Rahmengebühr zu erheben (§ 92 II). Die Unterschriftsbeglaubigung löst keine zusätzliche Gebühr aus, Vorbem. 2.4.1 II KV. 21.443

Pos. (2): 21.444

Die Einholung der **IHK-Stellungnahme** fällt unter den **Vollzug** nach Vorbem. 2.2.1.1 I Nr. 1 KV und die Erstellung der **Gesellschafterliste** nach Vorbem. 2.2.1.1 I Nr. 3 KV. Dabei stellt die Anmeldung die maßgebliche Bezugsurkunde dar, denn das Registergericht überprüft die Firmierung der Gesellschaft. Mögliche Bedenken können vorab durch das Anfordern einer gutachterlichen Stellungnahme der IHK beseitigt werden, wodurch die Eintragung der Anmeldung erleichtert/beschleunigt wird (ebenso Vollzugstätigkeit nach Vorbem. 2.2.1.1 I Nr. 1 oder Nr. 11 KV). Für die Gesellschafterliste ergibt sich dies bereits aus der Bestimmung des § 8 I Nr. 3 GmbHG, wonach die Liste der Anmeldung beizufügen ist.

Der Geschäftswert bestimmt sich nach dem Wert des Entwurfs (§ 112), aus welchem die 0,3 Gebühr nach Nr. 22111 KV zu erheben ist. Gem. Nrn. 22112 und 22113 KV ist die Gebühr auf 50 Euro pro Tätigkeit und 250 Euro pro gefertigter Liste begrenzt. Geht die Tätigkeit des Notars über die Vorbem. 2.2.1.1 I Nr. 1 und 3 hinaus (i.S.d. Vorbem. 2.2.1.1 I S. 2 Nr. 11 KV), so entsteht eine ungedeckte Vollzugsgebühr nach Nr. 22111 KV. 21.445

Pos. (3): 21.446

Die Erstellung der **XML-Strukturdaten** fällt unter den Vollzug, für welchen das GNotKG eine eigenständige Gebühr in der Nr. 22114 KV vorsieht. Der Geschäftswert bestimmt sich nach dem Wert des Entwurfs der Handelsregisteranmeldung (§ 112).

Pos. (4): 21.447

Für die auftragsgemäße **Überwachung der Vorlage** der Anmeldung beim Handelsregister erhält der Notar die 0,5 Gebühr nach Nr. 22200 Anm. Nr. 3 KV (vgl. Rz. 21.59). Der Geschäftswert bestimmt sich nach dem Wert des Entwurfs der Handelsregisteranmeldung (§ 113 I).

D. Anmerkung

21.448 **Entwirft der Notar** auftragsgemäß den **Sachgründungsbericht**, entsteht die Entwurfsgebühr nach Nrn. 24101, 21200 KV, welche gem. § 92 II bei vollständiger Entwurfsfertigung mit der höchsten Rahmengebühr (1,0) anzusetzen ist. Den Geschäftswert bildet ein angemessener Teilwert des Wertes der Sacheinlagen ohne Schuldenabzug (§§ 36 I, 38).

→ **Fall 57: Gründung einer „klassischen" GmbH mit genehmigtem Kapital**

A. Sachverhalt

21.449 A und B gründen die AB-GmbH mit einem Stammkapital von 200 000 Euro. Die von ihnen übernommenen Bareinlagen betragen jeweils 100 000 Euro. Laut **Gesellschaftsvertrag** wird des Weiteren der Geschäftsführer ermächtigt, dass Stammkapital bis zu einer Höhe von 100 000 Euro zu erhöhen (**genehmigtes Kapital**). Zum ersten Geschäftsführer wird X bestellt. Der Notar beurkundet den Gründungsvertrag. Darüber hinaus enthält die Urkunde die Beschlussfassung über die Bestellung des **Geschäftsführers**. Der Notar fertigt den **Entwurf** der **Handelsregisteranmeldung** und nimmt die Unterschriftsbeglaubigung vor. Auftragsgemäß holt er die Stellungnahme der **IHK** ein und fertigt die **Liste** der Gesellschafter. Gleichzeitig nimmt er den elektronischen Vollzug der Urkunde (Erstellung der **XML**-Strukturdaten) vor. Vom Geschäftsführer wird er beauftragt, die Urkunde erst beim Handelsregister einzureichen, wenn ihm die Einzahlung des Stammkapitals nachgewiesen wurde (**Vorlagehaftung**).

B. Rechnungen

1. Gesellschaftsvertrag nebst Geschäftsführerbestellung

21.450

Pos.	Gebührentatbestände	Geschäftswert	KV-Nr.	Satz	Betrag
	Beurkundungsverfahren (§§ 110 Nr. 1, 35 I)	330 000	21100	2,0	1370,00
	a) Gründungsvertrag (§§ 97 I, 107 I S. 1)	300 000	21100	2,0	
	b) Geschäftsführerbestellung (§§ 108 I S. 1, 105 IV Nr. 1)	30 000	21100	2,0	

2. Handelsregisteranmeldung

21.451

Pos.	Gebührentatbestände	Geschäftswert	KV-Nr.	Satz	Betrag
(1)	Entwurf Handelsregisteranmeldung (§§ 119 I, 105 I S. 1 Nr. 1, 92 II)	300 000	24102, 21201 Nr. 5	0,5	317,50
(2)	Vollzug – IHK-Stellungnahme und Liste der Gesellschafter (Vorbem. 2.2.1.1 I 2 Nrn. 1, 3 KV; § 112)	300 000	22111	0,3	190,50

X. Gesellschaft mit beschränkter Haftung

Pos.	Gebührentatbestände	Geschäfts-wert	KV-Nr.	Satz	Betrag
(3)	Vollzug – XML (§ 112)	300 000	22114	0,3	190,50
(4)	Betreuung – Vorlage (§ 113 I)	300 000	22200 Anm. Nr. 3	0,5	317,50

C. Erläuterungen

Zu Rechnung 1 (Gesellschaftsvertrag nebst Geschäftsführerbestellung)

a) Der Geschäftswert des **Gesellschaftsvertrag**es richtet sich nach sämtlichen zu erbringenden Leistungen (§§ 97 I, 107 I S. 1). Werden im Vertrag Nachschussleistungen der Gesellschafter geregelt oder vereinbart, dass der Geschäftsführer ermächtigt wird, das Stammkapital bis zu einem bestimmten Nennbetrag (**genehmigtes Kapital – § 55a GmbHG**) durch Ausgabe neuer Geschäftsanteile gegen Einlagen zu erhöhen, sind diese Leistungen beim Geschäftswert zu berücksichtigen.

21.452

b) Der Wert der **Geschäftsführerbestellung** ist als Beschluss ohne bestimmten Geldwert mit 1 % des Stammkapitals, mindestens 30 000 Euro anzunehmen (§§ 108 I S. 1, 105 IV Nr. 1).

21.453

Nach § 110 Nr. 1 betreffen die **Gründungserklärungen und** der **Beschluss verschiedene Beurkundungsgegenstände**, so dass die Einzelwerte, da gleiche Gebührensätze vorliegen, zu addieren sind (§ 35 I).

21.454

Zu Rechnung 2 (Handelsregisteranmeldung)

Pos. (1):

21.455

Maßgebender Geschäftswert ist der ins Handelsregister einzutragende Betrag des Stammkapitals. Ein in der Satzung bestimmtes genehmigtes Kapital ist dem Stammkapital hinzuzurechnen (§§ 119 I, 105 I S. 1 Nr. 1). Die **Erstanmeldung** beinhaltet die Anmeldung des Geschäftsführers.

Für den Entwurf ist gem. Nrn. 24102, 21201 Nr. 5 KV die Rahmengebühr 0,3–0,5, mind. 30 Euro zu erheben. Da der Entwurf vollständig gefertigt wurde, ist die höchste Rahmengebühr zu erheben (§ 92 II). Die Unterschriftsbeglaubigung löst keine zusätzliche Gebühr aus, Vorbem. 2.4.1 II KV.

21.456

Pos. (2):

21.457

Die Einholung der **IHK-Stellungnahme** fällt unter den **Vollzug** nach Vorbem. 2.2.1.1 I Nr. 1 KV und die Erstellung der **Gesellschafterliste** nach Vorbem. 2.2.1.1 I Nr. 3 KV. Dabei stellt die Anmeldung die maßgebliche Bezugsurkunde dar, denn das Registergericht überprüft die Firmierung der Gesellschaft. Mögliche Bedenken können vorab durch das Anfordern einer gutachterlichen Stellungnahme der IHK beseitigt werden, wodurch die Eintragung der Anmeldung erleichtert/beschleunigt wird (ebenso Vollzugstätigkeit nach Vorbem. 2.2.1.1 I Nr. 1 oder Nr. 11 KV). Für die Gesellschafterliste ergibt sich dies bereits aus der Bestimmung des § 8 I Nr. 3 GmbHG, wonach die Liste der Anmeldung beizufügen ist.

21.458 Der Geschäftswert bestimmt sich nach dem Wert des Entwurfs (§ 112), aus welchem die 0,3 Gebühr nach Nr. 22111 KV zu erheben ist. Gem. Nrn. 22112 und 22113 KV ist die Gebühr auf 50 Euro pro Tätigkeit und 250 Euro pro gefertigter Liste begrenzt. Geht die Tätigkeit des Notars über die Vorbem. 2.2.1.1 I Nr. 1 und 3 hinaus (i.S.d. Vorbem. 2.2.1.1 I S. 2 Nr. 11 KV), so entsteht eine ungedeckelte Vollzugsgebühr nach Nr. 22111 KV.

21.459 **Pos. (3):**
Die Erstellung der **XML-Strukturdaten** fällt unter den Vollzug, für welchen das GNotKG eine eigenständige Gebühr in der Nr. 22114 KV vorsieht. Der Geschäftswert bestimmt sich nach dem Wert des Entwurfs der Handelsregisteranmeldung (§ 112).

21.460 **Pos. (4):**
Für die auftragsgemäße **Überwachung der Vorlage** der Anmeldung beim Handelsregister erhält der Notar die 0,5 Gebühr nach Nr. 22200 Anm. Nr. 3 KV (vgl. Rz. 21.59). Der Geschäftswert bestimmt sich nach dem Wert des Entwurfs der Handelsregisteranmeldung (§ 113 I).

→ **Fall 58: Gründung Ein-Mann-GmbH („klassisch") und Geschäftsführerbestellungsbeschluss**

A. Sachverhalt

21.461 A gründet die A-GmbH mit einem Stammkapital von 25 000 Euro. Der übernommene Geschäftsanteil wird bar geleistet. Der Notar beurkundet die Satzung. In der **Gründungsurkunde** wird A durch Beschluss der Gesellschafterversammlung zum **Geschäftsführer** bestellt. Der Notar fertigt den **Entwurf** der **Handelsregisteranmeldung** und nimmt die Unterschriftsbeglaubigung vor. Auftragsgemäß holt er die Stellungnahme der **IHK** ein und fertigt die **Liste** der Gesellschafter. Gleichzeitig nimmt er den elektronischen Vollzug der Urkunde (Erstellung der **XML**-Strukturdaten) vor.

B. Rechnungen

1. Einseitige Gründungserklärung

21.462

Pos.	Gebührentatbestände	Geschäftswert	KV-Nr.	Satz	Betrag
	Beurkundungsverfahren (§§ 110 Nr. 1, 94 I)	~~60 000~~	~~21100~~	~~2,0~~	~~384,00~~
	a) Gründungserklärung (§§ 97 I, 107 I S. 1)	30 000	21200	1,0	125,00
	b) Geschäftsführerbestellung (§§ 108 I S. 1, 105 IV Nr. 1)	30 000	21100	2,0	250,00

2. Handelsregisteranmeldung

21.463

Pos.	Gebührentatbestände	Geschäftswert	KV-Nr.	Satz	Betrag
(1)	Entwurf Handelsregisteranmeldung (§§ 119 I, 105 I S. 1 Nr. 1, S. 2, 92 II)	30 000	24102, 21201 Nr. 5	0,5	62,50
(2)	Vollzug – IHK-Stellungnahme und Liste der Gesellschafter (Vorbem. 2.2.1.1 I 2 Nrn. 1, 3 KV; § 112)	30 000	22111	0,3	37,50
(3)	Vollzug – XML (§ 112)	30 000	22114	0,3	37,50

C. Erläuterungen

Zu Rechnung 1 (Gesellschaftsvertrag nebst Geschäftsführerbestellung)

a) Der Geschäftswert richtet sich bei der **Gründungserklärung** nach sämtlichen zu erbringenden Leistungen und ist mit mindestens 30 000 Euro anzunehmen (§§ 97 I, 107 I).

21.464

b) Der Wert der **Geschäftsführerbestellung** ist als Beschluss ohne bestimmten Geldwert mit 1 % des Stammkapitals, mindestens 30 000 Euro anzunehmen (§§ 108 I S. 1, 105 IV Nr. 1).

21.465

Nach § 110 Nr. 1 betreffen die **Gründungserklärungen und der Beschluss verschiedene Beurkundungsgegenstände**. Für die einseitige Gründungserklärung ist die 1,0 Gebühr nach Nr. 21200 KV zu erheben, für den Beschluss die 2,0 Gebühr nach Nr. 21100 KV. Da unterschiedliche Gebührensätze vorliegen, ist der Vergleich nach § 94 I vorzunehmen, welcher ergibt, dass die getrennte Bewertung günstiger ist als die höchste aus der Wertsumme (2,0 aus 60 000 Euro = 384 Euro).

21.466

Zu Rechnung 2 (Handelsregisteranmeldung)

Pos. (1):

21.467

Maßgebender Geschäftswert ist der ins Handelsregister einzutragende Betrag des Stammkapitals (§§ 119 I, 105 I S. 1 Nr. 1, S. 2). Die **Erstanmeldung** beinhaltet die Anmeldung des Geschäftsführers.

Für den Entwurf ist gem. Nrn. 24102, 21201 Nr. 5 KV die Rahmengebühr 0,3–0,5, mind. 30 Euro zu erheben. Da der Entwurf vollständig gefertigt wurde, ist die höchste Rahmengebühr zu erheben (§ 92 II). Die Unterschriftsbeglaubigung löst keine zusätzliche Gebühr aus, Vorbem. 2.4.1 II KV.

21.468

Pos. (2):

21.469

Die Einholung der **IHK-Stellungnahme** fällt unter den **Vollzug** nach Vorbem. 2.2.1.1 I Nr. 1 KV und die Erstellung der **Gesellschafterliste** nach Vorbem. 2.2.1.1 I Nr. 3 KV. Dabei stellt die Anmeldung die maßgebliche Bezugsurkunde dar, denn das Registergericht überprüft die Firmierung der Gesellschaft. Mögliche Bedenken können vorab durch das Anfordern einer gutachterlichen

Stellungnahme der IHK beseitigt werden, wodurch die Eintragung der Anmeldung erleichtert/beschleunigt wird (ebenso Vollzugstätigkeit nach Vorbem. 2.2.1.1 I Nr. 1 oder Nr. 11 KV). Für die Gesellschafterliste ergibt sich dies bereits aus der Bestimmung des § 8 I Nr. 3 GmbHG, wonach die Liste der Anmeldung beizufügen ist.

21.470 Der Geschäftswert bestimmt sich nach dem Wert des Entwurfs (§ 112), aus welchem die 0,3 Gebühr nach Nr. 22111 KV zu erheben ist. Gem. Nrn. 22112 und 22113 KV ist die Gebühr auf 50 Euro pro Tätigkeit und 250 Euro pro gefertigter Liste begrenzt. Geht die Tätigkeit des Notars über die Vorbem. 2.2.1.1 I Nr. 1 und 3 hinaus (i.S.d. Vorbem. 2.2.1.1 I S. 2 Nr. 11 KV), so entsteht eine ungedeckelte Vollzugsgebühr nach Nr. 22111 KV.

21.471 **Pos. (3):**
Die Erstellung der **XML-Strukturdaten** fällt unter den Vollzug, für welchen das GNotKG eine eigenständige Gebühr in der Nr. 22114 KV vorsieht. Der Geschäftswert bestimmt sich nach dem Wert des Entwurfs der Handelsregisteranmeldung (§ 112).

→ **Fall 59: Gründung Ein-Mann-GmbH („klassisch") und Entwurf der Bestellung Geschäftsführer**

A. Sachverhalt

21.472 A gründet die A-GmbH mit einem Stammkapital von 25 000 Euro. Der übernommene Geschäftsanteil wird bar geleistet. Der Notar beurkundet die **Satzung** und entwirft den Gesellschafterbeschluss über die Bestellung des A zum alleinvertretungsberechtigten **Geschäftsführer**. Der Notar fertigt den **Entwurf** der **Handelsregisteranmeldung** und nimmt die Unterschriftsbeglaubigung vor. Auftragsgemäß holt er die Stellungnahme der **IHK** ein und fertigt die **Liste** der Gesellschafter. Gleichzeitig nimmt er den elektronischen Vollzug der Urkunde (Erstellung der **XML**-Strukturdaten) vor.

B. Rechnungen

1. Einseitige Gründungserklärung

21.473

Pos.	Gebührentatbestand	Geschäftswert	KV-Nr.	Satz	Betrag
	Beurkundungsverfahren Satzungsfeststellung (§§ 97 I, 107 I S. 1)	30 000	21200	1,0	125,00

2. Geschäftsführerbestellung

Pos.	Gebührentatbestand	Geschäfts-wert	KV-Nr.	Satz	Betrag
	Entwurf des Beschlusses über die Bestellung des Geschäftsführers (§§ 119 I, 108 I S. 1, 105 IV Nr. 1, 92 II)	30 000	24100, 21100	2,0	250,00

21.474

3. Handelsregisteranmeldung

Pos.	Gebührentatbestand	Geschäfts-wert	KV-Nr.	Satz	Betrag
(1)	Entwurf Handelsregisteranmeldung (§§ 119 I, 105 I S. 1 Nr. 1, S. 2, 92 II)	30 000	24102, 21201 Nr. 5	0,5	62,50
(2)	Vollzug – IHK-Stellungnahme und Liste der Gesellschafter (Vorbem. 2.2.1.1 I 2 Nrn. 1, 3 KV; § 112)	30 000	22111	0,3	37,50
(3)	Vollzug – XML (§ 112)	30 000	22114	0,3	37,50

21.475

C. Erläuterungen

Zu Rechnung 1 (Gesellschaftsvertrag)

Der Geschäftswert richtet sich bei der **Gründungserklärung** nach sämtlichen zu erbringenden Leistungen und ist mit mindestens 30 000 Euro anzunehmen (§§ 97 I, 107 I). Für die einseitige Gründungserklärung ist die 1,0 Gebühr nach Nr. 21200 KV zu erheben.

21.476

Zu Rechnung 2 (Geschäftsführerbestellung)

Der Wert des **Entwurfs der Geschäftsführerbestellung** bestimmt sich nach den für die Beurkundung bestimmten Vorschriften (§§ 119 I, 108 I S. 1, 105 IV Nr. 1). Als Beschluss ohne bestimmten Geldwert ist der Wert mit 1 % des Stammkapitals, mindestens 30 000 Euro anzunehmen.

21.477

Für den Entwurf ist gem. den Nrn. 24100, 21100 KV die Rahmengebühr 0,5–2,0, mind. 120 Euro zu erheben. Da der Entwurf vollständig gefertigt wurde, ist die höchste Rahmengebühr zu erheben (§ 92 II).

21.478

Zu Rechnung 3 (Handelsregisteranmeldung)

Pos. (1):

Maßgebender Geschäftswert ist der ins Handelsregister einzutragende Betrag des Stammkapitals (§§ 119 I, 105 I S. 1 Nr. 1, S. 2). Die **Erstanmeldung** beinhaltet die Anmeldung des Geschäftsführers.

21.479

21.480 Für den Entwurf ist gem. den Nrn. 24102, 21201 Nr. 5 KV die Rahmengebühr 0,3–0,5, mind. 30 Euro zu erheben. Da der Entwurf vollständig gefertigt wurde, ist die höchste Rahmengebühr zu erheben (§ 92 II). Die Unterschriftsbeglaubigung löst keine zusätzliche Gebühr aus, Vorbem. 2.4.1 II KV.

21.481 **Pos. (2):**

Die Einholung der **IHK-Stellungnahme** fällt unter den **Vollzug** nach Vorbem. 2.2.1.1 I Nr. 1 KV und die Erstellung der **Gesellschafterliste** nach Vorbem. 2.2.1.1 I Nr. 3 KV. Dabei stellt die Anmeldung die maßgebliche Bezugsurkunde dar, denn das Registergericht überprüft die Firmierung der Gesellschaft. Mögliche Bedenken können vorab durch das Anfordern einer gutachterlichen Stellungnahme der IHK beseitigt werden, wodurch die Eintragung der Anmeldung erleichtert/beschleunigt wird (ebenso Vollzugstätigkeit nach Vorbem. 2.2.1.1 I Nr. 1 oder Nr. 11 KV). Für die Gesellschafterliste ergibt sich dies bereits aus der Bestimmung des § 8 I Nr. 3 GmbHG, wonach die Liste der Anmeldung beizufügen ist.

21.482 Der Geschäftswert bestimmt sich nach dem Wert des Entwurfs (§ 112), aus welchem die 0,3 Gebühr nach Nr. 22111 KV zu erheben ist. Gem. Nrn. 22112 und 22113 KV ist die Gebühr auf 50 Euro pro Tätigkeit und 250 Euro pro gefertigter Liste begrenzt. Geht die Tätigkeit des Notars über die Vorbem. 2.2.1.1 I Nr. 1 und 3 hinaus (i.S.d. Vorbem. 2.2.1.1 I S. 2 Nr. 11 KV), so entsteht eine ungedeckelte Vollzugsgebühr nach Nr. 22111 KV.

21.483 **Pos. (3):**

Die Erstellung der **XML-Strukturdaten** fällt unter den Vollzug, für welchen das GNotKG eine eigenständige Gebühr in der Nr. 22114 KV vorsieht. Der Geschäftswert bestimmt sich nach dem Wert des Entwurfs der Handelsregisteranmeldung (§ 112).

→ **Fall 60: Gründung Ein-Mann-GmbH („klassisch") und Bestellung Geschäftsführer sowie Auflassung**

A. Sachverhalt

21.484 A gründet die A-GmbH mit einem Stammkapital von 25 000 Euro. Der übernommene Geschäftsanteil wird durch Sachleistung (Grundstück, welches im Verkehrswert dem Nennbetrag des Stammkapitals entspricht) erbracht. Der Notar beurkundet die **Satzung** samt Einbringungsvertrag (**Auflassung**) und die Gesellschafterversammlung, in welcher sich A zum alleinvertretungsberechtigten **Geschäftsführer** bestellt. Der Notar fertigt den **Entwurf** der **Handelsregisteranmeldung** und nimmt die Unterschriftsbeglaubigung vor. Auftragsgemäß holt er die Stellungnahme der **IHK** sowie die Genehmigung nach der **GVO** ein und fertigt die **Liste** der Gesellschafter. Gleichzeitig nimmt er den elektronischen Vollzug der Urkunde (Erstellung der **XML**-Strukturdaten) vor.

B. Rechnungen

1. Gesellschaftsvertrag nebst Geschäftsführerbestellung

Pos.	Gebührentatbestände	Geschäfts-wert	KV-Nr.	Satz	Betrag
(1)	Beurkundungsverfahren (§§ 110 Nr. 1, 109 I S. 4 Nr. 2, 35 I, 94 II)	~~60 000~~	~~21100~~	~~2,0~~	~~384,00~~
	a) Gründungserklärung (§§ 97 I, 107 I S. 1, 46, 38)	30 000	21200	1,0	125,00
	b) Auflassung (§§ 97 I, 46 I)	~~25 000~~	~~21102 Nr. 1~~	~~1,0~~	~~115,00~~
	c) Geschäftsführerbestellung (§§ 108 I S. 1, 105 IV Nr. 1)	30 000	21100	2,0	250,00
(2)	Vollzug – GVO-Genehmigung (Vorbem. 2.2.1.1 I 2 Nr. 1 KV; § 112)	60 000	22110, 22112	0,5	50,00

21.485

2. Handelsregisteranmeldung

Pos.	Gebührentatbestände	Geschäfts-wert	KV-Nr.	Satz	Betrag
(1)	Entwurf Handelsregisteranmeldung (§§ 119 I, 105 I S. 1 Nr. 1, S. 2, 92 II)	30 000	24102, 21201 Nr. 5	0,5	62,50
(2)	Vollzug – IHK-Stellungnahme und Liste der Gesellschafter (Vorbem. 2.2.1.1 I 2 Nrn. 1, 3 KV; § 112)	30 000	22111	0,3	37,50
(3)	Vollzug – XML (§ 112)	30 000	22114	0,3	37,50

21.486

C. Erläuterungen

Zu Rechnung 1 (Gesellschaftsvertrag nebst Geschäftsführerbestellung)

Pos. (1): 21.487

a) Der Geschäftswert richtet sich bei der **Gründungserklärung** nach sämtlichen zu erbringenden Leistungen des Gesellschafters. Er beträgt hier durch die Mindestwertbestimmung 30 000 Euro (§§ 97 I, 107 I, 46 I).

b) Für den **Einbringungsvertrag (Auflassung)** besteht, ist als Geschäftswert der Verkehrswert des Grundstücks mit 25 000 Euro anzunehmen (§§ 97 I, 46 I). 21.488

Sowohl für die Gründungserklärung, als auch für die Auflassung gilt der Höchstwert von 10 000 000 Euro (§ 107 I S. 1). 21.489

Die Beurkundung der **Gründungserklärung und** die **Auflassung** bezüglich des einzubringenden Grundstücks **unterliegen demselben Beurkundungsgegenstand** nach § 109 I S. 4 Nr. 2. Gleiches würde für die mitbeurkundeten schuldrechtlichen Modalitäten des Einbringungsvertrages gelten. Diese dienen ersichtlich der Durchführung des Gründungsvorgangs, so dass derselbe Beurkundungs- 21.490

gegenstand gemäß § 109 I S. 1–3 vorliegt. Entsprechend bildet gemäß § 109 I S. 5 den maßgeblichen Geschäftswert die Beurkundung der Satzung. Die Gründungserklärung löst als einseitige Erklärung die 1,0 Gebühr nach Nr. 21200 KV aus. Für den Einbringungsvertrag, der vorliegend aus der reinen Auflassung besteht, ist Nr. 21102 Nr. 1 KV einschlägig, d.h. auch eine 1,0 Gebühr. Zwar handelt es sich um denselben Notar, aber er hat für das Grundgeschäft = Gesellschaftsvertrag keine originäre Gebühr nach Nr. 21100 (2,0) KV erhalten. Es bleibt somit hier bei der Bewertung des Hauptgeschäfts, weil gleiche Gebührensätze vorliegen.

21.491 c) Der Wert der **Geschäftsführerbestellung** ist als Beschluss ohne bestimmten Geldwert mit 1 % des Stammkapitals, mindestens 30 000 Euro anzunehmen (§§ 108 I S. 1, 105 IV Nr. 1).

21.492 Nach § 110 Nr. 1 betreffen die **Gründungserklärungen (incl. Einbringung Grundstück) und der Beschluss verschiedene Beurkundungsgegenstände**. Gemäß § 94 I ist die getrennte Bewertung einschlägig, weil die Bewertung nach der höchsten Gebühr aus der Wertesumme teurer wäre (2,0 aus 60 000 Euro = 384 Euro).

21.493 Pos. (2):

Die Einholung der **GVO-Genehmigung** fällt unter den Vollzug nach Vorbem. 2.2.1.1 I Nr. 1 KV. Zu erheben ist die 0,5 Gebühr nach Nr. 22110 KV, hier begrenzt auf 50 Euro nach Nr. 22112 KV. Den Geschäftswert bildet die Summe der Werte der einzelnen Beurkundungsgegenstände nach § 112.

Zu Rechnung 2 (Handelsregisteranmeldung)

21.494 Pos. (1):

Maßgebender Geschäftswert ist der ins Handelsregister einzutragende Betrag des Stammkapitals, mindestens 30 000 Euro (§§ 119 I, 105 I S. 1 Nr. 1, S. 2). Die **Erstanmeldung** beinhaltet die Anmeldung des Geschäftsführers.

21.495 Für den Entwurf ist gem. Nrn. 24102, 21201 Nr. 5 KV die Rahmengebühr 0,3–0,5, mind. 30 Euro zu erheben. Da der Entwurf vollständig gefertigt wurde, ist die höchste Rahmengebühr zu erheben (§ 92 II). Die Unterschriftsbeglaubigung löst keine zusätzliche Gebühr aus, Vorbem. 2.4.1 II KV.

21.496 Pos. (2):

Die Einholung der **IHK-Stellungnahme** fällt unter den **Vollzug** nach Vorbem. 2.2.1.1 I Nr. 1 KV und die Erstellung der **Gesellschafterliste** nach Vorbem. 2.2.1.1 I Nr. 3 KV. Dabei stellt die Anmeldung die maßgebliche Bezugsurkunde dar, denn das Registergericht überprüft die Firmierung der Gesellschaft. Mögliche Bedenken können vorab durch das Anfordern einer gutachterlichen Stellungnahme der IHK beseitigt werden, wodurch die Eintragung der Anmeldung erleichtert/beschleunigt wird (ebenso Vollzugstätigkeit nach Vorbem. 2.2.1.1 I Nr. 1 oder Nr. 11 KV). Für die Gesellschafterliste ergibt sich dies bereits aus der Bestimmung des § 8 I Nr. 3 GmbHG, wonach die Liste der Anmeldung beizufügen ist.

21.497 Der Geschäftswert bestimmt sich nach dem Wert des Entwurfs (§ 112), aus welchem die 0,3 Gebühr nach Nr. 22111 KV zu erheben ist. Gem. Nrn. 22112 und

X. Gesellschaft mit beschränkter Haftung

22113 KV ist die Gebühr auf 50 Euro pro Tätigkeit und 250 Euro pro gefertigter Liste begrenzt. Geht die Tätigkeit des Notars über die Vorbem. 2.2.1.1 I Nr. 1 und 3 hinaus (i.S.d. Vorbem. 2.2.1.1 I S. 2 Nr. 11 KV), so entsteht eine ungedeckte Vollzugsgebühr nach Nr. 22111 KV.

Pos. (3): 21.498

Die Erstellung der **XML-Strukturdaten** fällt unter den Vollzug, für welchen das GNotKG eine eigenständige Gebühr in der Nr. 22114 KV vorsieht. Der Geschäftswert bestimmt sich nach dem Wert des Entwurfs der Handelsregisteranmeldung (§ 112).

→ **Fall 61: Gründung einer UG (haftungsbeschränkt) mit individueller Satzung und Bestellung Geschäftsführer**

A. Sachverhalt

A und B gründen die AB UG (haftungsbeschränkt) mit einem Stammkapital von 100 Euro. Die von ihnen übernommenen Bareinlagen betragen jeweils 50 Euro. Zum ersten Geschäftsführer wird X bestellt. Der Notar beurkundet den **Gründungsvertrag ohne Verwendung des Musterprotokoll**s. Die Urkunde enthält den Beschluss über die Bestellung des **Geschäftsführer**s. Der Notar fertigt den Entwurf der Handelsregisteranmeldung und nimmt die Unterschriftsbeglaubigung vor. Auftragsgemäß holt er die Stellungnahme der **IHK** ein und fertigt die **Liste der Gesellschafter**. Gleichzeitig nimmt er den elektronischen Vollzug der Handelsregisteranmeldung (Erstellung der **XML**-Strukturdaten) vor. 21.499

B. Rechnungen

1. Gesellschaftsvertrag nebst Geschäftsführerbestellung

21.500

Pos.	Gebührentatbestände	Geschäfts-wert	KV-Nr.	Satz	Betrag
	Beurkundungsverfahren (§ 110 Nr. 1, 35 I)	60 000	21100	2,0	384,00
	a) Gründungsvertrag (§§ 97 I, 107 I S. 1)	30 000	21100	2,0	
	b) Geschäftsführerbestellung (§§ 108 I S. 1, 105 IV Nr. 1)	30 000	21100	2,0	

2. Handelsregisteranmeldung

21.501

Pos.	Gebührentatbestände	Geschäfts-wert	KV-Nr.	Satz	Betrag
(1)	Entwurf Handelsregisteranmeldung (§§ 119 I, 105 I S. 1 Nr. 1, S. 2, 92 II)	30 000	24102, 21201 Nr. 5	0,5	62,50
(2)	Vollzug – IHK-Stellungnahme und Liste der Gesellschafter (Vorbem. 2.2.1.1 I 2 Nrn. 1, 3 KV; § 112)	30 000	22111	0,3	37,50

Pos.	Gebührentatbestände	Geschäfts-wert	KV-Nr.	Satz	Betrag
(3)	Vollzug – XML (§ 112)	30 000	22114	0,3	37,50

C. Erläuterungen

Zu Rechnung 1 (Gesellschaftsvertrag nebst Geschäftsführerbestellung)

21.502 a) Der Wert des **Gründungsvertrages** bestimmt sich nach den Leistungen der Gesellschafter, welche auf die Einlage erfolgen, mindestens 30 000 Euro (§§ 97 I, 107 I). § 107 I S. 2 greift nicht, weil es nicht die Gründung mit gesetzlichem Musterprotokoll (§ 2 Ia GmbHG) betrifft.

21.503 b) Der Wert der **Geschäftsführerbestellung** ist als Beschluss ohne bestimmten Geldwert mit 1 % des Stammkapitals, mindestens 30 000 Euro anzunehmen (§§ 108 I S. 1, §§ 119 I, 105 IV Nr. 1).

21.504 Nach § 110 Nr. 1 betreffen die **Gründungserklärungen und der Beschluss verschiedene Beurkundungsgegenstände**, so dass die Einzelwerte, da gleiche Gebührensätze vorliegen, zu addieren sind (§ 35 I).

Zu Rechnung 2 (Handelsregisteranmeldung)

21.505 **Pos. (1):**

Als Geschäftswert ist der ins Handelsregister einzutragende Betrag des Stammkapitals maßgebend, mindestens 30 000 Euro (§§ 119 I, 105 I S. 1 Nr. 1, S. 2). Die **Erstanmeldung** beinhaltet die Anmeldung des Geschäftsführers. § 105 VI greift nicht, weil es **nicht** die **Gründung mit gesetzlichem Musterprotokoll (§ 2 Ia GmbHG)** betrifft.

21.506 Für den Entwurf ist gem. Nrn. 24102, 21201 Nr. 5 KV die Rahmengebühr 0,3–0,5, mind. 30 Euro zu erheben. Da der Entwurf vollständig gefertigt wurde, ist die höchste Rahmengebühr zu erheben (§ 92 II). Die Unterschriftsbeglaubigung löst keine zusätzliche Gebühr aus, Vorbem. 2.4.1 II KV.

21.507 **Pos. (2):**

Die Einholung der **IHK-Stellungnahme** fällt unter den **Vollzug** nach Vorbem. 2.2.1.1 I Nr. 1 KV und die Erstellung der **Gesellschafterliste** nach Vorbem. 2.2.1.1 I Nr. 3 KV. Dabei stellt die Anmeldung die maßgebliche Bezugsurkunde dar, denn das Registergericht überprüft die Firmierung der Gesellschaft. Mögliche Bedenken können vorab durch das Anfordern einer gutachterlichen Stellungnahme der IHK beseitigt werden, wodurch die Eintragung der Anmeldung erleichtert/beschleunigt wird (ebenso Vollzugstätigkeit nach Vorbem. 2.2.1.1 I Nr. 1 oder Nr. 11 KV). Für die Gesellschafterliste ergibt sich dies bereits aus der Bestimmung des § 8 I Nr. 3 GmbHG, wonach die Liste der Anmeldung beizufügen ist.

21.508 Der Geschäftswert bestimmt sich nach dem Wert des Entwurfs (§ 112), aus welchem die 0,3 Gebühr nach Nr. 22111 KV zu erheben ist. Gem. Nrn. 22112 und 22113 KV ist die Gebühr auf 50 Euro pro Tätigkeit und 250 Euro pro gefertigter Liste begrenzt. Geht die Tätigkeit des Notars über die Vorbem. 2.2.1.1 I Nr. 1

und 3 hinaus (i.S.d. Vorbem. 2.2.1.1 I S. 2 Nr. 11 KV), so entsteht eine ungedeckelte Vollzugsgebühr nach Nr. 22111 KV.

Pos. (3): 21.509

Die Erstellung der **XML-Strukturdaten** fällt unter den Vollzug, für welchen das GNotKG eine eigenständige Gebühr in der Nr. 22114 KV vorsieht. Der Geschäftswert bestimmt sich nach dem Wert des Entwurfs der Handelsregisteranmeldung (§ 112).

→ **Fall 62: Gründung einer „klassischen" GmbH gemäß § 2 Ia GmbHG (mit Musterprotokoll)**

A. Sachverhalt

A und B gründen eine „**klassische**" **GmbH** mit einem Stammkapital von 21.510 25 000 Euro. Die von ihnen übernommenen Bareinlagen betragen jeweils 12 500 Euro. Zum ersten Geschäftsführer wird X bestellt. Der Notar beurkundet den Gründungsvertrag unter Verwendung des **Musterprotokolls** gemäß § 2 Ia GmbHG. Die Bestellung des Geschäftsführers erfolgt über das Protokoll. Der Notar fertigt den **Entwurf** der **Handelsregisteranmeldung** und nimmt die Unterschriftsbeglaubigung vor. Auftragsgemäß holt er die Stellungnahme der **IHK** ein. Gleichzeitig nimmt er den elektronischen Vollzug der Handelsregisteranmeldung (Erstellung der **XML**-Strukturdaten) vor. Vom Geschäftsführer wird er beauftragt, die Anmeldung erst beim Handelsregister einzureichen, wenn ihm die Einzahlung des Stammkapitals nachgewiesen wurde (**Vorlagehaftung**).

B. Rechnungen

1. Musterprotokoll

Pos.	Gebührentatbestand	Geschäftswert	KV-Nr.	Satz	Betrag
	Beurkundungsverfahren (§§ 97 I, 107 I)	25 000	21100	2,0	230,00

21.511

2. Handelsregisteranmeldung

Pos.	Gebührentatbestände	Geschäftswert	KV-Nr.	Satz	Betrag
(1)	Entwurf Handelsregisteranmeldung (§§ 119 I, 105 I S. 1 Nr. 1, VI S. 1 Nr. 1, 92 II)	25 000	24102, 21201 Nr. 5	0,5	57,50
(2)	Vollzug – IHK-Stellungnahme (Vorbem. 2.2.1.1 I 2 Nr. 1 KV; § 112)	25 000	22111	0,3	34,50
(3)	Vollzug – XML (§ 112)	25 000	22114	0,3	34,50
(4)	Betreuung – Vorlage (§ 113 I)	25 000	22200 Anm. Nr. 3	0,5	57,50

21.512

C. Erläuterungen

Zu Rechnung 1 (Musterprotokoll)

21.513 Der Wert des Gründungsvertrages bestimmt sich nach den Leistungen der Gesellschafter, welche auf die Einlage erfolgen (§§ 97 I, 107 I). Der Mindestwert (30 000) findet bei Gründung mit Verwendung des **Musterprotokolls** nach § 2 Ia GmbHG gem. § 107 I S. 2 keine Anwendung. Die Bestellung des Geschäftsführers wird bei Verwendung des Musterprotokolls als unechter Satzungsbestandteil angesehen.[1]

Zu Rechnung 2 (Handelsregisteranmeldung)

21.514 **Pos. (1):**

Maßgebender Geschäftswert ist der ins Handelsregister einzutragende Betrag des Stammkapitals (§§ 119 I, 105 I S. 1 Nr. 1, VI Satz 1 Nr. 1). Der Mindestwert findet bei Gründung mit Verwendung des Musterprotokolls nach § 2 Ia GmbHG gem. § 105 VI keine Anwendung. Die **Erstanmeldung** beinhaltet die Anmeldung des Geschäftsführers.

21.515 Für den Entwurf ist gem. Nrn. 24102, 21201 Nr. 5 KV die Rahmengebühr 0,3–0,5, mind. 30 Euro zu erheben. Da der Entwurf vollständig gefertigt wurde, ist die höchste Rahmengebühr zu erheben (§ 92 II). Die Unterschriftsbeglaubigung löst keine zusätzliche Gebühr aus, Vorbem. 2.4.1 II KV.

21.516 **Pos. (2):**

Die Einholung der **IHK-Stellungnahme** fällt unter den **Vollzug** (Vorbem. 2.2.1.1 I Nr. 1 oder Nr. 11 KV), welcher der Anmeldung zugeordnet wird, denn das Registergericht überprüft die Firmierung der Gesellschaft. Mögliche Bedenken können vorab durch das Anfordern einer gutachterlichen Stellungnahme der IHK beseitigt werden. Damit kann die Eintragung der Anmeldung erleichtert/beschleunigt werden. Der Geschäftswert bestimmt sich nach dem Wert des Entwurfs der Handelsregisteranmeldung (§ 112), aus welchem die 0,3 Gebühr nach Nr. 22111 KV zu erheben ist. Gem. Nr. 22112 KV ist die Gebühr auf 50 Euro begrenzt, wenn sich die Tätigkeit auf das Anfordern und Prüfen der IHK-Bescheinigung beschränkt (Vorbem. 2.2.1.1 I S. 2 Nr. 1 KV). Geht die Tätigkeit des Notars darüber hinaus (i.S.d. Vorbem. 2.2.1.1 I S. 2 Nr. 11 KV), so entsteht eine ungedeckelte Vollzugsgebühr nach Nr. 22111 KV.

21.517 **Pos. (3):**

Die Erstellung der **XML-Strukturdaten** fällt unter den Vollzug, für welchen das GNotKG eine eigenständige Gebühr in der Nr. 22114 KV vorsieht. Der Geschäftswert bestimmt sich nach dem Wert des Entwurfs der Handelsregisteranmeldung (§ 112).

21.518 **Pos. (4):**

Für die auftragsgemäße **Überwachung der Vorlage** der Anmeldung beim Handelsregister erhält der Notar die 0,5 Gebühr nach Nr. 22200 KV (vgl. Rz. 21.59).

---

[1] OLG Celle, Beschl. v. 18.12.2009 – 2 W 350/09.

Der Geschäftswert bestimmt sich nach dem Wert des Entwurfs der Handelsregisteranmeldung (§ 113 I).

D. Anmerkung

Das **Musterprotokoll** gilt gem. § 2 Nr. 1a S. 4 GmbHG **gleichzeitig** als **Gesellschafterliste**. Einer gesonderten Fertigung bedarf es somit nicht.   21.519

→ **Fall 63: Gründung einer UG (haftungsbeschränkt) gemäß § 2 Ia GmbHG (mit Musterprotokoll)**

A. Sachverhalt

A und B gründen die AB **UG (haftungsbeschränkt)** mit einem Stammkapital von 100 Euro. Die übernommenen Bareinlagen betragen jeweils 50 Euro. Zum ersten Geschäftsführer wird A bestellt. Der Notar beurkundet den Gründungsvertrag unter Verwendung des **Musterprotokolls** gemäß § 2 Ia GmbHG. Die Bestellung des Geschäftsführers erfolgt über das Protokoll. Der Notar fertigt den **Entwurf** der **Handelsregisteranmeldung** und nimmt die Unterschriftsbeglaubigung vor. Auftragsgemäß holt er die Stellungnahme der **IHK** ein. Gleichzeitig nimmt er den elektronischen Vollzug der Handelsregisteranmeldung (Erstellung der **XML**-Strukturdaten) vor. Vom Geschäftsführer wird er beauftragt, die Anmeldung erst beim Handelsregister einzureichen, wenn ihm die Einzahlung des Stammkapitals nachgewiesen wurde (**Vorlagehaftung**).   21.520

B. Rechnungen

1. Musterprotokoll

Pos.	Gebührentatbestand	Geschäftswert	KV-Nr.	Satz	Betrag
	Beurkundungsverfahren (§§ 97 I, 107 I)	100	21100	2,0	120,00

21.521

2. Handelsregisteranmeldung

Pos.	Gebührentatbestände	Geschäftswert	KV-Nr.	Satz	Betrag
(1)	Entwurf Handelsregisteranmeldung (§§ 119 I, 105 I S. 1 Nr. 1, VI S. 1 Nr. 1, 92 II)	100	24102, 21201 Nr. 5	0,5	30,00
(2)	Vollzug – IHK-Stellungnahme (Vorbem. 2.2.1.1 I 2 Nr. 1 KV; § 112)	100	22111	0,3	15,00
(3)	Vollzug – XML (§ 112)	100	22114	0,3	15,00
(4)	Betreuung – Vorlage (§ 113 I)	100	22200 Anm. Nr. 3	0,5	15,00

21.522

C. Erläuterungen

Zu Rechnung 1 (Musterprotokoll)

21.523 Der Wert des Gründungsvertrages bestimmt sich nach den Leistungen der Gesellschafter, welche auf die Einlage erfolgen (§ 97 I). Der Mindestwert von 30 000 Euro findet bei Gründung mit Verwendung des **Musterprotokolls** nach § 2 Ia GmbHG gem. § 107 I S. 2 keine Anwendung. Die Bestellung des Geschäftsführers wird bei Verwendung des Musterprotokolls als unechter Satzungsbestandteil angesehen.[1]

Zu Rechnung 2 (Handelsregisteranmeldung)

21.524 **Pos. (1):**

Als Geschäftswert ist der ins Handelsregister einzutragende Betrag des Stammkapitals maßgebend (§§ 119 I, 105 I S. 1 Nr. 1, VI Satz 1 Nr. 1). Der Mindestwert von 30 000 Euro findet bei Gründung mit Verwendung des Musterprotokolls nach § 2 Ia GmbHG gem. § 105 VI keine Anwendung. Die **Erstanmeldung** beinhaltet die Anmeldung des Geschäftsführers.

21.525 Für den Entwurf ist gem. Nrn. 24102, 21201 Nr. 5 KV die Rahmengebühr 0,3–0,5, mind. 30 Euro zu erheben. Da der Entwurf vollständig gefertigt wurde, ist die höchste Rahmengebühr zu erheben (§ 92 II). Die Unterschriftsbeglaubigung löst keine zusätzliche Gebühr aus, Vorbem. 2.4.1 II KV.

21.526 **Pos. (2):**

Die Einholung der **IHK-Stellungnahme** fällt unter den **Vollzug** (Vorbem. 2.2.1.1 I Nr. 1 oder Nr. 11 KV), welcher der Anmeldung zugeordnet wird, denn das Registergericht überprüft die Firmierung der Gesellschaft. Mögliche Bedenken können vorab durch das Anfordern einer gutachterlichen Stellungnahme der IHK beseitigt werden. Damit kann die Eintragung der Anmeldung erleichtert/beschleunigt werden. Der Geschäftswert bestimmt sich nach dem Wert des Entwurfs der Handelsregisteranmeldung (§ 112), aus welchem die 0,3 Gebühr nach Nr. 22111 KV zu erheben ist. Gem. Nr. 22112 KV ist die Gebühr auf 50 Euro begrenzt, wenn sich die Tätigkeit auf das Anfordern und Prüfen der IHK-Bescheinigung beschränkt Vorbem. 2.2.1.1 I S. 2 Nr. 1 KV). Geht die Tätigkeit des Notars darüber hinaus i.S. der Vorbem. 2.2.1.1 I S. 2 Nr. 11 KV, so entsteht eine ungedeckelte Vollzugsgebühr nach Nr. 22111 KV.

21.527 **Pos. (3):**

Die Erstellung der **XML-Strukturdaten** fällt unter den Vollzug, für welchen das GNotKG eine eigenständige Gebühr in der Nr. 22114 KV vorsieht. Der Geschäftswert bestimmt sich nach dem Wert des Entwurfs der Handelsregisteranmeldung (§ 112).

21.528 **Pos. (4):**

Für die auftragsgemäße **Überwachung der Vorlage** der Anmeldung beim Handelsregister erhält der Notar die 0,5 Gebühr nach Nr. 22200 Anm. Nr. 3 KV (vgl.

---

[1] OLG Celle, Beschl. v. 18.12.2009 – 2 W 350/09, NotBZ 2010, 148 = MDR 2010, 473.

Rz. 21.59). Der Geschäftswert bestimmt sich nach dem Wert des Entwurfs der Handelsregisteranmeldung (§ 113 I).

D. Anmerkung

Das **Musterprotokoll** gilt gem. § 2 Nr. 1a S. 4 GmbHG **gleichzeitig** als **Gesell-**   21.529
schafterliste. Einer gesonderten Fertigung bedarf es somit nicht.

→ **Fall 64: Änderung des Gesellschaftsvertrages einer „klassischen" GmbH mit individueller Satzung (gegründet durch zwei Gesellschafter) hinsichtlich des Stammkapitals vor Eintragung im Handelsregister**

A. Sachverhalt

Vor Eintragung der GmbH im Handelsregister wird der **Gesellschaftsvertrag** da-   21.530
hingehend **geändert**, dass das Stammkapital anstelle von 25 000 Euro nunmehr 30 000 Euro betragen soll. Die Einlageleistung erfolgt durch Barzahlung. Der Notar beurkundet die Änderungserklärung, fertigt den Entwurf der Handelsregisteranmeldung und nimmt die Unterschriftsbeglaubigung vor. Auftragsgemäß fertigt der Notar die Übernehmer- und die neue Gesellschafterliste und bescheinigt Letztere gem. § 40 I, II GmbHG nach Eintragung. Gleichzeitig nimmt er den elektronischen Vollzug der Handelsregisteranmeldung (Erstellung der **XML**-Strukturdaten) vor. Vom Geschäftsführer wird er beauftragt, die Anmeldung erst beim Handelsregister einzureichen, wenn ihm die Zahlung des auf das neue Stammkapital zu leistenden Kapitals nachgewiesen wurde (**Vorlagehaftung**).

B. Rechnungen

1. Änderungsvertrag

Pos.	Gebührentatbestand	Geschäftswert	KV-Nr.	Satz	Betrag
	Beurkundungsverfahren (§ 97 I, II)	5000	21100	2,0	120,00

21.531

2. Handelsregisteranmeldung

Pos.	Gebührentatbestände	Geschäftswert	KV-Nr.	Satz	Betrag
(1)	Entwurf Handelsregisteranmeldung (§§ 119 I, 105 I S. 1 Nr. 3, S. 2, 92 II)	30 000	24102, 21201 Nr. 5	0,5	62,50
(2)	Vollzug – Listen der Gesellschafter (Vorbem. 2.2.1.1 I 2 Nr. 3 KV; § 112)	30 000	22111	0,3	37,50
(3)	Vollzug – XML (§ 112)	30 000	22114	0,3	37,50
(4)	Betreuung – Vorlage (§ 113 I)	30 000	22200 Anm. Nrn. 3, 6	0,5	62,50

21.532

C. Erläuterungen

Zu Rechnung 1 (Änderungsvertrag)

21.533 Die **Änderung des Gesellschaftsvertrages** hat einen bestimmten Geldwert, welcher den Geschäftswert der Erklärung bildet (§ 97 I, II). Für die Änderung des Gesellschaftsvertrages gilt der Mindestwert des § 107 I S. 1 i.H.v. 30 000 Euro nicht. Eine spezielle Gebühr für Änderungserklärungen sieht das Gesetz nicht vor, so dass die für das zu ändernde Geschäft maßgebliche Gebühr zu erheben ist. Da sich die Änderung hier auf einen Vertrag bezieht, ist die 2,0 nach Nr. 21100 KV einschlägig.

21.534 **Bemerkung:** Nach h. M. handelt es sich um **vertragliche Änderungen** und nicht um einen Beschluss gemäß § 53 GmbHG. Wird hingegen die einseitige Gründungserklärung des alleinigen Gesellschafters geändert, fällt die 1,0 Gebühr nach Nr. 21200 KV an.

Zu Rechnung 2 (Handelsregisteranmeldung)

21.535 Pos. (1):

Der **Geschäftswert der Handelsregisteranmeldung** beträgt mind. 30 000 Euro (§§ 119 I, 105 I S. 1 Nr. 3, S. 2).

21.536 Für den Entwurf ist gem. Nrn. 24102, 21201 Nr. 5 KV die Rahmengebühr 0,3–0,5, mind. 30 Euro zu erheben. Da der Entwurf vollständig gefertigt wurde, ist die höchste Rahmengebühr zu erheben (§ 92 II). Die Unterschriftsbeglaubigung löst keine zusätzliche Gebühr aus, Vorbem. 2.4.1 II KV.

21.537 Folgt man der Auffassung, wonach der geänderte Gesellschaftsvertrag **ohne förmliche Anmeldung** nach § 12 HGB zum Registergericht eingereicht werden kann[1], so fällt keine Gebühr nach Nr. 21201 Nr. 5 KV i.V.m. Nr. 24102 KV an.

21.538 Anders, wenn man der abweichenden Meinung folgt, die auch in diesem Fall eine formelle Anmeldung für erforderlich hält.[2] Eine vereinzelte Rechtsprechung[3] sowie ein Teil der Literatur[4] sehen demgemäß die Beurkundung bzw. den Entwurf der Handelsregisteranmeldung als unrichtige Sachbehandlung an, ein anderer Teil der Literatur ist gegenteiliger Auffassung[5]. Diese Grundsätze dürften auch für die Änderung der Gründungssatzung einer Aktiengesellschaft vor Eintragung gelten[6] (vgl. Rz. 21.939).

21.539 Pos. (2):

Die Erstellung der **Gesellschafterlisten** fällt unter den **Vollzug** (Vorbem. 2.2.1.1 I Nr. 3 KV). Dabei stellt die Anmeldung die maßgebliche Bezugsurkunde dar.

---

1 So etwa Würzburger Notarhandbuch/*Wilke*, Teil 5 Kap. 3 Rz. 13 m.w.N.
2 Vgl. die Meinungsübersicht bei *Heckschen/Heidinger*, Die GmbH in der Gestaltungs- und Beratungspraxis, § 3 Rz. 85.
3 OLG Zweibrücken, Beschl. v. 12.9.2000 – 3 W 178/00, DNotZ 2001, 411.
4 *Rohs/Wedewer/Waldner*, GNotKG, § 21 Rz. 42.
5 *Filzek*, KostO, § 16 Rz. 4.
6 Würzburger Notarhandbuch/*Reul*, Teil 5 Kap. 4 Rz. 18.

X. Gesellschaft mit beschränkter Haftung

Dies ergibt sich bereits aus der Bestimmung des § 57 III Nr. 2 GmbHG, wonach die Liste der Übernehmer der Anmeldung beizufügen ist.

Der Geschäftswert bestimmt sich nach dem Wert des Entwurfs der Handelsregisteranmeldung (§ 112), aus welchem die 0,3 Gebühr nach Nr. 22111 KV zu erheben ist. Gem. Nr. 22113 KV ist die Gebühr auf 250 Euro pro gefertigter Liste begrenzt.

21.540

Pos. (3):

21.541

Die Erstellung der **XML-Strukturdaten** fällt unter den Vollzug, für welchen das GNotKG eine eigenständige Gebühr in der Nr. 22114 KV vorsieht. Der Geschäftswert bestimmt sich nach dem Wert des Entwurfs der Handelsregisteranmeldung (§ 112).

Pos. (4):

21.542

Für die auftragsgemäße **Überwachung der Vorlage** der Anmeldung beim Handelsregister (Anm. Nr. 3 zu Nr. 22200 KV) erhält der Notar die 0,5 Gebühr nach Nr. 22200 KV (vgl. Rz. 21.59). Der Geschäftswert bestimmt sich nach dem Wert des Entwurfs der Handelsregisteranmeldung (§ 113 I).

→ **Fall 65: Änderung des Gesellschaftsvertrages einer „klassischen" GmbH mit individueller Satzung hinsichtlich des Unternehmensgegenstandes vor Eintragung im Handelsregister**

A. Sachverhalt

Vor Eintragung der GmbH (Stammkapital 25 000 Euro) im Handelsregister wird der Gesellschaftsvertrag hinsichtlich des Unternehmensgegenstandes geändert. Der Notar beurkundet die **Änderungserklärung**, fertigt den **Entwurf** der **Handelsregisteranmeldung** und nimmt die Unterschriftsbeglaubigung vor. Gleichzeitig nimmt er den elektronischen Vollzug der Handelsregisteranmeldung (Erstellung der **XML**-Strukturdaten) vor.

21.543

B. Rechnungen

1. Änderungsvertrag

Pos.	Gebührentatbestand	Geschäftswert	KV-Nr.	Satz	Betrag
	Beurkundungsverfahren (§§ 97 I, II, 36 I)	3000	21100	2,0	120,00

21.544

2. Handelsregisteranmeldung

Pos.	Gebührentatbestände	Geschäftswert	KV-Nr.	Satz	Betrag
(1)	Entwurf Handelsregisteranmeldung (§§ 119 I, 105 IV Nr. 1, 92 II)	30 000	24102, 21201 Nr. 5	0,5	62,50

21.545

Pos.	Gebührentatbestände	Geschäftswert	KV-Nr.	Satz	Betrag
(2)	Vollzug – XML (§ 112)	30 000	22114	0,3	37,50

C. Erläuterungen

Zu Rechnung 1 (Änderungsvertrag)

21.546 Der Geschäftswert ist mit einem angemessenen Teilwert aus dem Wert der Gründungsurkunde anzunehmen, weil der **Änderung** selbst kein bestimmter Geldwert zugrunde liegt (§§ 97 I, II, 36 I; hier 10 % vom Wert des Gründungsvertrages; vgl. § 107 I S. 1). Die Höhe des Teilwertes bestimmt sich nach dem Ausmaß der Änderung.

21.547 Eine spezielle Gebühr für **Änderungserklärungen** sieht das Gesetz nicht vor, so dass die für das zu ändernde Geschäft maßgebliche Gebühr zu erheben ist. Da sich die Änderung auf einen Vertrag bezieht, ist die 2,0 nach Nr. 21100 KV einschlägig.

21.548 **Bemerkung:** Nach h.M. handelt es sich um **vertragliche Änderungen** und nicht um einen Beschluss gemäß § 53 GmbHG. Wird hingegen die einseitige Gründungserklärung des alleinigen Gesellschafters geändert, fällt die 1,0 Gebühr nach Nr. 21200 KV (mind. 60 Euro) an.

Rechnung 2 (Handelsregisteranmeldung)

21.549 **Pos. (1):**

Als spätere **Anmeldung ohne bestimmten Geldbetrag** bestimmt sich der Geschäftswert nach §§ 119 I, 105 IV Nr. 1 = 1 % des Stammkapitals, mindestens 30 000 Euro.

21.550 Für den Entwurf ist gem. Nrn. 24102, 21201 Nr. 5 KV die Rahmengebühr 0,3–0,5, mind. 30 Euro zu erheben. Da der Entwurf vollständig gefertigt wurde, ist die höchste Rahmengebühr zu erheben (§ 92 II). Die Unterschriftsbeglaubigung löst keine zusätzliche Gebühr aus, Vorbem. 2.4.1 II KV.

21.551 **Pos. (2):**

Die Erstellung der **XML-Strukturdaten** fällt unter den Vollzug, für welchen das GNotKG eine eigenständige Gebühr in der Nr. 22114 KV vorsieht. Der Geschäftswert bestimmt sich nach dem Wert des Entwurfs der Handelsregisteranmeldung (§ 112).

→ **Fall 66: Änderung des Gesellschaftsvertrages einer UG (haftungsbeschränkt) mit individueller Satzung hinsichtlich des Unternehmensgegenstandes vor Eintragung im Handelsregister**

A. Sachverhalt

21.552 Bezüglich der beurkundeten Gründung der AB-UG (haftungsbeschränkt) mit dem Stammkapital von 100 Euro ist **vor Eintragung** der Gesellschaft im Handelsregister der Unternehmensgegenstand abzuändern. Der Notar beurkundet die **Änderung** des Gesellschaftsvertrages, fertigt den **Entwurf** der **Handelsregisteranmeldung** und nimmt die Unterschriftsbeglaubigung vor. Gleichzeitig nimmt er den elektronischen Vollzug der Handelsregisteranmeldung (Erstellung der **XML**-Strukturdaten) vor.

B. Rechnungen

1. Änderungsvertrag

Pos.	Gebührentatbestand	Geschäftswert	KV-Nr.	Satz	Betrag
	Beurkundungsverfahren (§§ 97 I, II, 36 I)	3000	21100	2,0	120,00

21.553

2. Handelsregisteranmeldung

Pos.	Gebührentatbestände	Geschäftswert	KV-Nr.	Satz	Betrag
(1)	Entwurf Handelsregisteranmeldung (§§ 119 I, 105 IV Nr. 1, 92 II)	30 000	24102, 21201 Nr. 5	0,5	62,50
(2)	Vollzug – XML (§ 112)	30 000	22114	0,3	37,50

21.554

C. Erläuterungen

Zu Rechnung 1 (Änderungsvertrag)

Der Geschäftswert ist mit einem angemessenen Teilwert aus dem Wert der Gründungsurkunde anzunehmen, weil der **Änderung** selbst kein bestimmter Wert zugrunde liegt. Die Höhe des Teilwertes (hier 10 %) bestimmt sich nach dem Ausmaß der Änderung. § 107 I S. 2 ist nicht einschlägig.

21.555

Eine spezielle Gebühr für **Änderungserklärungen** sieht das Gesetz nicht vor, so dass die für das zu ändernde Geschäft maßgebliche Gebühr zu erheben ist. Da sich die Änderung auf einen Vertrag bezieht, ist die 2,0 nach Nr. 21100 KV einschlägig.

21.556

Bemerkung: Nach h.M. handelt es sich um **vertragliche Änderungen** und nicht um einen Beschluss gemäß § 53 GmbHG. Wird hingegen die einseitige Gründungserklärung des alleinigen Gesellschafters geändert, fällt die 1,0 Gebühr nach Nr. 21200 KV an.

21.557

Zu Rechnung 2 (Handelsregisteranmeldung)

Pos. (1):

Als **spätere Anmeldung ohne bestimmten Geldbetrag** bestimmt sich der Geschäftswert nach §§ 119 I, 105 IV Nr. 1 = 1 % des Stammkapitals, mindestens 30 000 Euro. § 105 VI Satz 1 Nr. 2 ist nicht einschlägig.

21.558

21.559 Für den Entwurf ist gem. Nrn. 24102, 21201 Nr. 5 KV die Rahmengebühr 0,3–0,5, mind. 30 Euro zu erheben. Da der Entwurf vollständig gefertigt wurde, ist die höchste Rahmengebühr zu erheben (§ 92 II). Die Unterschriftsbeglaubigung löst keine zusätzliche Gebühr aus, Vorbem. 2.4.1 II KV.

21.560 **Pos. (2):**

Die Erstellung der **XML-Strukturdaten** fällt unter den Vollzug, für welchen das GNotKG eine eigenständige Gebühr in der Nr. 22114 KV vorsieht. Der Geschäftswert bestimmt sich nach dem Wert des Entwurfs der Handelsregisteranmeldung (§ 112).

→ **Fall 67: Änderung der Firma einer „klassischen" GmbH mit Musterprotokoll vor Eintragung im Handelsregister**

A. Sachverhalt

21.561 Bezüglich des beurkundeten Gründungsvertrages der AB-GmbH (Stammkapital: 25 000 Euro) ist vor Eintragung der Gesellschaft im Handelsregister die Firma in BA-GmbH abzuändern. Der Notar beurkundet die **Änderung** des Gesellschaftsvertrages, fertigt den **Entwurf** der **Handelsregisteranmeldung** und nimmt die Unterschriftsbeglaubigung vor. Gleichzeitig nimmt er den elektronischen Vollzug der Handelsregisteranmeldung (Erstellung der **XML**-Strukturdaten) vor.

B. Rechnungen

1. Änderung Musterprotokoll

21.562

Pos.	Gebührentatbestand	Geschäftswert	KV-Nr.	Satz	Betrag
	Beurkundungsverfahren (§§ 97 I, 107 I, 36 I)	2500	21100	2,0	120,00

2. Handelsregisteranmeldung

21.563

Pos.	Gebührentatbestände	Geschäftswert	KV-Nr.	Satz	Betrag
(1)	Entwurf Handelsregisteranmeldung (§§ 119 I, 105 IV Nr. 1, VI S. 1 Nr. 2, 92 II)	250	24102, 21201 Nr. 5	0,5	30,00
(2)	Vollzug – XML (§ 112)	250	22114	0,3	15,00

C. Erläuterungen

Zu Rechnung 1 (Änderung Musterprotokoll)

21.564 Der Geschäftswert ist mit einem angemessenen Teilwert aus dem Wert der Gründungsurkunde anzunehmen, weil der **Änderung** selbst kein bestimmter Wert zugrunde liegt (§§ 97 I, II, 36 I; hier 10 % vom Wert des Gründungsvertra-

X. Gesellschaft mit beschränkter Haftung

ges). Die Höhe des Teilwertes bestimmt sich nach dem Ausmaß der Änderung. § 107 I S. 2 ist anzuwenden.

Zu Rechnung 2 (Handelsregisteranmeldung)

Pos. (1):

Als **spätere Anmeldung ohne bestimmten Geldbetrag** bestimmt sich der Geschäftswert nach §§ 119 I, 105 IV Nr. 1 = 1 % des Stammkapitals. Der Mindestwert von 30 000 Euro findet gem. § 105 VI Satz 1 Nr. 2 keine Anwendung.

Für den Entwurf ist gem. Nrn. 24102, 21201 Nr. 5 KV die Rahmengebühr 0,3–0,5, mind. 30 Euro zu erheben. Da der Entwurf vollständig gefertigt wurde, ist die höchste Rahmengebühr zu erheben (§ 92 II). Die Unterschriftsbeglaubigung löst keine zusätzliche Gebühr aus, Vorbem. 2.4.1 II KV.

Pos. (2):

Die Erstellung der **XML-Strukturdaten** fällt unter den Vollzug, für welchen das GNotKG eine eigenständige Gebühr in der Nr. 22114 KV vorsieht. Der Geschäftswert bestimmt sich nach dem Wert des Entwurfs der Handelsregisteranmeldung (§ 112). Einschlägig ist vorliegend die allgemeine Mindestgebühr des § 34 V i.H.v. 15 Euro.

→ **Fall 68: Änderung der Firma einer UG (haftungsbeschränkt) mit Musterprotokoll vor Eintragung im Handelsregister**

A. Sachverhalt

Bezüglich des beurkundeten Gründungsvertrages der AB-UG (haftungsbeschränkt) mit einem Stammkapital von 100 Euro ist vor Eintragung der Gesellschaft im Handelsregister die Firma in BA-UG (haftungsbeschränkt) abzuändern. Der Notar beurkundet die **Änderung** des Gesellschaftsvertrages, fertigt den **Entwurf** der **Handelsregisteranmeldung** und nimmt die Unterschriftsbeglaubigung vor. Gleichzeitig nimmt er den elektronischen Vollzug der Handelsregisteranmeldung (Erstellung der **XML**-Strukturdaten) vor.

B. Rechnungen

1. Änderung Musterprotokoll

Pos.	Gebührentatbestand	Geschäfts-wert	KV-Nr.	Satz	Betrag
	Beurkundungsverfahren (§§ 97 I, 107 I, 36 I)	10,00	21100	2,0	120,00

1211

2. Handelsregisteranmeldung

21.570

Pos.	Gebührentatbestände	Geschäftswert	KV-Nr.	Satz	Betrag
(1)	Entwurf Handelsregisteranmeldung (§§ 119 I, 105 IV Nr. 1, VI S. 1 Nr. 2, 92 II)	1,00	24102, 21201 Nr. 5	0,5	30,00
(2)	Vollzug – XML (§ 112)	1,00	22114	0,3	15,00

C. Erläuterungen

Zu Rechnung 1 (Änderung Musterprotokoll)

21.571 Der Geschäftswert ist mit einem angemessenen Teilwert aus dem Wert der Gründungsurkunde anzunehmen, weil der **Änderung** selbst kein bestimmter Wert zugrunde liegt (§§ 97 I, II, 36 I; hier 10 % vom Wert des Gründungsvertrages). Die Höhe des Teilwertes bestimmt sich nach dem Ausmaß der Änderung. § 107 I S. 2 ist anzuwenden.

Zu Rechnung 2 (Handelsregisteranmeldung)

21.572 **Pos. (1):**

Als **spätere Anmeldung ohne bestimmten Geldbetrag** bestimmt sich der Geschäftswert nach §§ 119 I, 105 IV Nr. 1 = 1 % des Stammkapitals. Der Mindestwert von 30 000 Euro findet gem. § 105 VI Satz 1 Nr. 2 keine Anwendung.

21.573 Für den Entwurf ist gem. Nrn. 24102, 21201 Nr. 5 KV die Rahmengebühr 0,3–0,5, mind. 30 Euro zu erheben. Da der Entwurf vollständig gefertigt wurde, ist die höchste Rahmengebühr zu erheben (§ 92 II). Die Unterschriftsbeglaubigung löst keine zusätzliche Gebühr aus, Vorbem. 2.4.1 II KV.

21.574 **Pos. (2):**

Die Erstellung der **XML-Strukturdaten** fällt unter den Vollzug, für welchen das GNotKG eine eigenständige Gebühr in der Nr. 22114 KV vorsieht. Der Geschäftswert bestimmt sich nach dem Wert des Entwurfs der Handelsregisteranmeldung (§ 112). Einschlägig ist vorliegend die allgemeine Mindestgebühr des § 34 V i.H.v. 15 Euro.

2. Wirtschaftliche Neugründung

→ **Fall 69: Beschluss zur wirtschaftlichen Neugründung einer als Vorratsgesellschaft gegründeten GmbH**

A. Sachverhalt

21.575 A hat sämtliche Geschäftsanteile der als Vorratsgesellschaft gegründeten A-GmbH gekauft. Nun wird durch Beschluss der Gesellschafterversammlung (ein Wahlgang) der Geschäftsführer B abberufen und C zum neuen Geschäftsführer bestellt sowie die Satzung insgesamt neu gefasst (u.a. in Firma, Sitz und Unternehmensgegenstand). Die Geschäftsanschrift ändert sich durch die Sitzverlegung nicht. Das Stammkapital der Gesellschaft beträgt 25 000 Euro. Der Notar protokolliert die **Gesellschafterversammlung** und fertigt auftragsgemäß den **Entwurf** der **Handelsregisteranmeldung**, wobei der Umstand der wirtschaftlichen Neugründung ausdrücklich offen gelegt wird. Gleichzeitig nimmt er den elektronischen Vollzug der Handelsregisteranmeldung (Erstellung der **XML**-Strukturdaten) vor.

B. Rechnungen

1. Beschlüsse

21.576

Pos.	Gebührentatbestände	Geschäftswert	KV-Nr.	Satz	Betrag
	Beurkundungsverfahren (§§ 86 II, 35 I)	60 000	21100	2,0	384,00
	a) Abberufung und Neubestellung Geschäftsführer (§§ 108 I, 105 IV Nr. 1, 109 I, II Nr. 4d)	30 000	21100	2,0	
	b) Satzungsänderung (§§ 108 I, 105 IV Nr. 1, 109 I, II Nr. 4c)	30 000	21100	2,0	

2. Handelsregisteranmeldung

21.577

Pos.	Gebührentatbestände	Geschäftswert	KV-Nr.	Satz	Betrag
(1)	Entwurf Handelsregisteranmeldung (§§ 111 Nr. 3, 35 I, 92 II)	120 000	24102, 21201 Nr. 5	0,5	150,00
	a) Wirtschaftliche Neugründung (§§ 119 I, 105 IV Nr. 1, 92 II)	30 000	24102, 21201 Nr. 5	0,5	
	b) Satzungsänderung (§§ 119 I, 105 IV Nr. 1, 92 II)	30 000	24102, 21201 Nr. 5	0,5	
	c) Abberufung Geschäftsführer A (§§ 119 I, 105 IV Nr. 1, 92 II)	30 000	24102, 21201 Nr. 5	0,5	
	d) Neubestellung Geschäftsführer B (§§ 119 I, 105 IV Nr. 1, 92 II)	30 000	24102, 21201 Nr. 5	0,5	
(2)	Vollzug – XML (§ 112)	120 000	22114	0,3	90,00

C. Erläuterungen

Zu Rechnung 1 (Beschlüsse)

a) Bei der **Änderung der Geschäftsführung** handelt es sich um einen Beschluss ohne bestimmten Geldwert. Maßgebend sind 1 % des Stammkapitals, mind. 30 000 Euro (§§ 108 I, 109 I, II Nr. 4d, 105 IV Nr. 1).

21.578

Teil 21 Gesellschaftsrecht

21.579 b) Bei der **Satzungsänderung** handelt es sich um einen Beschluss ohne bestimmten Geldwert. Maßgebend sind 1 % des Stammkapitals, mind. 30 000 Euro (§§ 108 I, 109 I, II Nr. 4c, 105 IV Nr. 1).

21.580 Die Beschlüsse haben einen **verschiedenen Beurkundungsgegenstand**, so dass die Einzelwerte zu addieren sind; §§ 35 I, 86 II.

Zu Rechnung 2 (Handelsregisteranmeldung)

21.581 Pos. (1):

Bei sämtlichen Anmeldungen handelt es sich jeweils um eine **spätere Anmeldung ohne bestimmten Geldbetrag**. Maßgebend ist 1 % des Stammkapitals, mind. 30 000 Euro. Sämtliche Registeranmeldungen sind auch im Verhältnis zueinander gemäß § 111 Nr. 3 stets besondere Beurkundungsgegenstände, so dass ihre Werte gem. §§ 35 I zu addieren sind.

Soweit die Satzungsänderung in mehreren Punkten geändert wird, handelt es sich dennoch um eine Anmeldung.

21.582 **Bemerkung:** Die **Versicherung gem. § 8 II GmbHG** ist Inhalt der Anmeldung und nicht gesondert zu bewerten.

21.583 Für den Entwurf ist gem. Nrn. 24102, 21201 Nr. 5 KV die Rahmengebühr 0,3–0,5, mind. 30 Euro zu erheben. Da der Entwurf vollständig gefertigt wurde, ist die höchste Rahmengebühr zu erheben (§ 92 II). Die Unterschriftsbeglaubigung löst keine zusätzliche Gebühr aus, Vorbem. 2.4.1 II KV.

21.584 Pos. (2):

Die Erstellung der **XML-Strukturdaten** fällt unter den Vollzug, für welchen das GNotKG eine eigenständige Gebühr in der Nr. 22114 KV vorsieht. Der Geschäftswert bestimmt sich nach dem Wert des Entwurfs der Handelsregisteranmeldung (§ 112).

3. Beschlüsse und Handelsregisteranmeldungen einer GmbH und Unternehmergesellschaft (haftungsbeschränkt)

→ **Fall 70:** Satzungsänderung einer „klassischen" GmbH mit individueller Satzung hinsichtlich des Unternehmensgegenstandes und der Sitzverlegung sowie Änderungen von Personen des Vertretungsorgans (Wahlen) und erstmalige Anmeldung der inländischen Geschäftsanschrift

A. Sachverhalt

21.585 Durch **Gesellschafterversammlung** der im Handelsregister eingetragenen GmbH (Stammkapital 25 000 Euro) wird die Satzung in dem Punkt „Gegenstand des Geschäfts" und „Sitz der Gesellschaft" geändert. Weiterhin werden A und B als Geschäftsführer abberufen und C zum neuen Geschäftsführer bestellt (ein Wahlgang). Der Notar fertigt den **Entwurf** der **Handelsregisteranmeldung**, welche ebenfalls die Anmeldung der geänderten inländischen Geschäftsanschrift enthält. Der Notar nimmt die Unterschriftsbeglaubigung vor. Desweiteren fertigt der Notar die Satzungsbescheinigung gem. § 54 I Satz 2 HS 2 GmbHG. Gleichzeitig nimmt er den elektronischen Vollzug der Handelsregisteranmeldung (Erstellung der **XML**-Strukturdaten) vor.

B. Rechnungen

1. Beschlüsse

Pos.	Gebührentatbestände	Geschäfts-wert	KV-Nr.	Satz	Betrag
	Beurkundungsverfahren (§§ 86 II, 35 I)	60 000	21100	2,0	384,00
	a) Satzungsänderung (§§ 108 I, 105 IV Nr. 1, 109 I, II Nr. 4c)	30 000	21100	2,0	
	b) Wahlen (§§ 108 I, 105 IV Nr. 1, 109 I, II Nr. 4d)	30 000	21100	2,0	

21.586

2. Handelsregisteranmeldung

Pos.	Gebührentatbestände	Geschäfts-wert	KV-Nr.	Satz	Betrag
(1)	Entwurf Handelsregisteranmeldung (§§ 111 Nr. 3, 35 I, 92 II)	125 000	24102, 21201 Nr. 5	0,5	150,00
	a) Abberufung A (§§ 119 I, 105 IV Nr. 1, 92 II)	30 000	24102, 21201 Nr. 5	0,5	
	b) Abberufung B (§§ 119 I, 105 IV Nr. 1, 92 II)	30 000	24102, 21201 Nr. 5	0,5	
	c) Neubestellung C (§§ 119 I, 105 IV Nr. 1, 92 II)	30 000	24102, 21201 Nr. 5	0,5	
	d) Satzungsänderung (§§ 119 I, 105 IV Nr. 1, 92 II)	30 000	24102, 21201 Nr. 5	0,5	
	e) inländische Geschäftsanschrift (§§ 119 I, 105 V, 92 II)	5000	24102, 21201 Nr. 5	0,5	
(2)	Vollzug – XML (§ 112)	125 000	22114	0,3	90,00

21.587

C. Erläuterungen

Zu Rechnung 1 (Beschlüsse)

a) **Mehrere Änderungen des Gesellschaftsvertrages oder der Satzung**, deren Gegenstand keinen bestimmten Geldwert hat, betreffen denselben Beurkundungsgegenstand. Maßgebend ist 1 % des eingetragenen Stammkapitals, mindestens 30 000 Euro (§§ 108 I S. 1, 105 IV Nr. 1, 109 II Nr. 4c).

21.588

21.589 b) Der Geschäftswert von **Wahlen** beträgt als Beschluss ohne bestimmten Geldwert 1 % des eingetragenen Stammkapitals, mindestens 30 000 Euro (§§ 108 I S. 1, 105 IV Nr. 1, 109 II Nr. 4d). Die Vorschrift in § 109 II Nr. 4d) regelt, dass mehrere Wahlen denselben Beurkundungsgegenstand haben, sofern nicht Einzelwahlen stattfanden.

21.590 Der **Satzungsänderungsbeschluss und** der Beschluss über die **Wahlen sind verschiedene Beurkundungsgegenstände**, so dass der Gesamtwert von 60 000 Euro maßgebend ist (§ 35 I, 86 II).

Bemerkungen:

21.591 a) Die **Satzungsbescheinigung nach § 54 I S. 2 HS 2 GmbHG** ist mit der Gebühr für die Änderung des Gesellschaftsvertrages abgegolten (Vorbem. 2.1. II Nr. 4 KV).

21.592 b) Der Notar, der den Satzungsänderungsbeschluss nicht beurkundet, erhält für die von ihm erteilte Satzungsbescheinigung nach § 54 I S. 2 HS 2 GmbHG eine 1,0 Gebühr nach Nr. 25104 KV. Der Geschäftswert bestimmt sich gem. § 36 I nach einem Teilwert (bis zu 50 %) des Wertes der Anmeldung.

Zu Rechnung 2 (Handelsregisteranmeldung)

21.593 **Pos. (1):**

a)–d) Die Handelsregisteranmeldungen **der Satzungsänderung und der Wahlen** betreffen Anmeldungen ohne bestimmten Geldbetrag. Als Geschäftswert sind 1 % des eingetragenen Stammkapitals, mindestens 30 000 Euro gemäß § 105 IV Nr. 1 maßgebend.

21.594 e) Der Geschäftswert der Anmeldung der **inländischen Geschäftsanschrift** hat gem. § 105 V den Wert von 5000 Euro.

21.595 Registeranmeldungen sind gemäß § 111 Nr. 3 stets **besondere Beurkundungsgegenstände**; ihre Werte sind gem. § 35 I zu addieren.

21.596 Für den Entwurf ist gem. Nrn. 24102, 21201 Nr. 5 KV die Rahmengebühr 0,3–0,5, mind. 30 Euro zu erheben. Da der Entwurf vollständig gefertigt wurde, ist die höchste Rahmengebühr zu erheben (§ 92 II). Die Unterschriftsbeglaubigung löst keine zusätzliche Gebühr aus, Vorbem. 2.4.1 II KV.

21.597 **Pos. (2):**

Die Erstellung der **XML-Strukturdaten** fällt unter den Vollzug, für welchen das GNotKG eine eigenständige Gebühr in der Nr. 22114 KV vorsieht. Der Geschäftswert bestimmt sich nach dem Wert des Entwurfs der Handelsregisteranmeldung (§ 112).

X. Gesellschaft mit beschränkter Haftung

→ **Fall 71: Satzungsänderung einer „klassischen" GmbH mit Musterprotokoll hinsichtlich der Sitzverlegung**

A. Sachverhalt

Die im Handelsregister eingetragene GmbH (Stammkapital: 25 000 Euro, Musterprotokoll) möchte ihren Sitz verlegen. Der Notar beurkundet den Beschluss der Sitzverlegung, fertigt **den Entwurf** der **Handelsregisteranmeldung** und nimmt die Unterschriftsbeglaubigung vor. Im Wege der Sitzverlegung ändert die Gesellschaft auch die inländische **Geschäftsanschrift**, was gleichzeitig angemeldet wird.

21.598

Der Notar betreibt gleichzeitig den elektronischen Vollzug der Handelsregisteranmeldung (Erstellung der **XML**-Strukturdaten).

B. Rechnungen

1. Beschlüsse

Pos.	Gebührentatbestand	Geschäftswert	KV-Nr.	Satz	Betrag
	Beurkundungsverfahren Satzungsänderung (§§ 108 I, 105 IV Nr. 1, VI S. 1 Nr. 2)	250	21100	2,0	120,00

21.599

2. Handelsregisteranmeldung

Pos.	Gebührentatbestände	Geschäftswert	KV-Nr.	Satz	Betrag
(1)	Entwurf Handelsregisteranmeldung (§§ 111 Nr. 3, 35 I, 92 II)	5250	24102, 21201 Nr. 5	0,5	30,00
	a) Satzungsänderung (§§ 119 I, 105 IV Nr. 1, VI S. 1 Nr. 2, 92 II)	250	24102, 21201 Nr. 5	0,5	
	b) inländische Geschäftsanschrift (§§ 119 I, 105 V, 92 II)	5000	24102, 21201 Nr. 5	0,5	
(2)	Vollzug – XML (§ 112)	5250	22114	0,3	15,30

21.600

C. Erläuterungen

Zu Rechnung 1 (Beschlüsse)

Für den Beschluss über die **Änderung** der Satzung ist als Geschäftswert 1 % des eingetragenen Stammkapitals ohne Mindestwert anzunehmen, wenn nicht von dem in der Anlage 1 zu dem Gesetz betreffend die GmbH bestimmten **Musterprotokoll** abgewichen wird (§§ 108 I S. 1, 105 VI Satz 1 Nr. 2).

21.601

Bemerkung: Im Gegensatz zum Gesellschaftssitz ist die **inländische Geschäftsanschrift** kein Satzungsbestandteil. Ein Beschluss ist bei Änderung nicht erfor-

21.602

derlich. Bestehen die Gesellschafter dennoch darauf, neben der Sitzverlegung der GmbH auch die Änderung der Geschäftsanschrift als Beschluss zu beschließen, liegen zwei Beschlüsse mit verschiedenen Beurkundungsgegenständen vor (§ 86 II).[1]

Zu Rechnung 2 (Handelsregisteranmeldung)

21.603 **Pos. (1):**

a) Die Handelsregisteranmeldung der Sitzverlegung betrifft eine **Anmeldung ohne bestimmten Geldbetrag** (§§ 119 I, 105 IV Nr. 1). Der Geschäftswert beträgt 1 % des eingetragenen Stammkapitals. Gem. § 105 VI Nr. 2 greift der Mindestwert von 30 000 Euro nicht.

21.604 b) Die Handelsregisteranmeldung der **neuen Geschäftsanschrift**, deren Änderung nicht zwangsläufig Folge einer Sitzverlegung sein muss, hat einen Geschäftswert von 5000 Euro (§§ 119 I, 105 V).

21.605 Bei den Anmeldungen handelt es sich stets um **besondere Beurkundungsgegenstände**, so dass die Einzelwerte zu addieren sind (§§ 35, 111 Nr. 3).

21.606 Für den Entwurf ist gem. Nrn. 24102, 21201 Nr. 5 KV die Rahmengebühr 0,3–0,5, mind. 30 Euro zu erheben. Da der Entwurf vollständig gefertigt wurde, ist die höchste Rahmengebühr zu erheben (§ 92 II). Die Unterschriftsbeglaubigung löst keine zusätzliche Gebühr aus, Vorbem. 2.4.1 II KV.

21.607 **Bemerkung:** Anders als bei der Personengesellschaft muss die Geschäftsanschrift nicht zwingend mit einer Sitzverlegung geändert werden. Es kommt somit zu keiner gesonderten Bewertung, wenn angemeldet wird, dass die **Geschäftsanschrift unverändert** bleibt.[2]

21.608 **Pos. (2):**

Die Erstellung der **XML-Strukturdaten** fällt unter den Vollzug, für welchen das GNotKG eine eigenständige Gebühr in der Nr. 22114 KV vorsieht. Der Geschäftswert bestimmt sich nach dem Wert des Entwurfs der Handelsregisteranmeldung (§ 112).

→ **Fall 72: Satzungsänderung einer UG (haftungsbeschränkt) mit individueller Satzung hinsichtlich des Unternehmensgegenstandes**

A. Sachverhalt

21.609 Die Gesellschafterversammlung der im Handelsregister eingetragenen UG (haftungsbeschränkt, Stammkapital 100 Euro) beschließt die **Änderung** der Satzung in dem Punkt „Gegenstand des Geschäfts". Der Notar fertigt den **Entwurf** der **Handelsregisteranmeldung** und nimmt die Unterschriftsbeglaubigung vor. Gleichzeitig nimmt er den elektronischen Vollzug der Handelsregisteranmeldung (Erstellung der **XML**-Strukturdaten) vor.

---

1 So Prüfungsabteilung der Ländernotarkasse, NotBZ 2016, 27.
2 So Prüfungsabteilung der Ländernotarkaase, NotBZ 2016, 27.

X. Gesellschaft mit beschränkter Haftung

B. Rechnungen

1. Beschlüsse

Pos.	Gebührentatbestand	Geschäfts-wert	KV-Nr.	Satz	Betrag
	Beurkundungsverfahren Satzungsänderung (§§ 108 I, 105 IV Nr. 1)	30 000	21100	2,0	250,00

21.610

2. Handelsregisteranmeldung

Pos.	Gebührentatbestände	Geschäfts-wert	KV-Nr.	Satz	Betrag
(1)	Entwurf Handelsregisteranmeldung (§§ 119 I, 105 IV Nr. 1, 92 II)	30 000	24102, 21201 Nr. 5	0,5	62,50
(2)	Vollzug – XML (§ 112)	30 000	22114	0,3	37,50

21.611

C. Erläuterungen

Zu Rechnung 1 (Beschlüsse)

Bei der **Satzungsänderung** handelt es sich um einen Beschluss ohne bestimmten Geldwert. Maßgebend ist 1 % des eingetragenen Stammkapitals, mindestens 30 000 Euro (§§ 108 I S. 1, 105 IV Nr. 1). § 107 I S. 2 findet keine Anwendung, weil es die Änderung einer individuellen Satzung betrifft.

21.612

Zu Rechnung 2 (Handelsregisteranmeldung)

Pos. (1):

Bei der Handelsregisteranmeldung handelt es sich um eine **Anmeldung ohne bestimmten Geldbetrag**. Der Geschäftswert beträgt 1 % des eingetragenen Stammkapitals, mindestens 30 000 Euro (§§ 119 I, 105 IV Nr. 1). § 105 VI Satz 1 Nr. 2 findet keine Anwendung, weil es die Änderung einer individuellen Satzung betrifft.

21.613

Für den Entwurf ist gem. Nrn. 24102, 21201 Nr. 5 KV die Rahmengebühr 0,3–0,5, mind. 30 Euro zu erheben. Da der Entwurf vollständig gefertigt wurde, ist die höchste Rahmengebühr zu erheben (§ 92 II). Die Unterschriftsbeglaubigung löst keine zusätzliche Gebühr aus, Vorbem. 2.4.1 II KV.

21.614

Pos. (2):

Die Erstellung der **XML-Strukturdaten** fällt unter den Vollzug, für welchen das GNotKG eine eigenständige Gebühr in der Nr. 22114 KV vorsieht. Der Geschäftswert bestimmt sich nach dem Wert des Entwurfs der Handelsregisteranmeldung (§ 112).

21.615

→ **Fall 73: Satzungsänderung einer UG (haftungsbeschränkt) mit Musterprotokoll hinsichtlich des Unternehmensgegenstandes**

A. Sachverhalt

21.616 Die im Handelsregister eingetragene UG (haftungsbeschränkt) mit Musterprotokoll und einem Stammkapital von 100 Euro möchte ihren **Unternehmensgegenstand ändern**. Der Notar beurkundet den Beschluss der Satzungsänderung, fertigt den **Entwurf** der **Handelsregisteranmeldung** und nimmt die Unterschriftsbeglaubigung vor. Gleichzeitig nimmt er den elektronischen Vollzug der Handelsregisteranmeldung (Erstellung der **XML**-Strukturdaten) vor.

B. Rechnungen

1. Beschlüsse

21.617

Pos.	Gebührentatbestand	Geschäftswert	KV-Nr.	Satz	Betrag
	Beurkundungsverfahren Satzungsänderung (§§ 108 I, 105 IV Nr. 1, VI S. 1 Nr. 2)	1,00	21100	2,0	120,00

2. Handelsregisteranmeldung

21.618

Pos.	Gebührentatbestände	Geschäftswert	KV-Nr.	Satz	Betrag
(1)	Entwurf Handelsregisteranmeldung (§§ 119 I, 105 IV Nr. 1, VI S. 1 Nr. 2, 92 II)	1,00	24102, 21201 Nr. 5	0,5	30,00
(2)	Vollzug – XML (§ 112)	1,00	22114	0,3	15,00

C. Erläuterungen

Zu Rechnung 1 (Beschlüsse)

21.619 Bei der Satzungsänderung handelt es sich um einen Beschluss ohne bestimmten Geldwert. Maßgebend ist 1 % des eingetragenen Stammkapitals (§§ 108 I S. 1, 105 IV Nr. 1, VI Satz 1 Nr. 2). Gem. § 108 I gilt der in § 105 IV Nr. 1 festgelegte Mindestwert von 30 000 Euro für **Änderungen des Musterprotokolls** nicht, weil mit der Änderung von den Vorgaben der Anlage 1 zum GmbHG (Musterprotokoll) nicht abgewichen wird.

Zu Rechnung 2 (Handelsregisteranmeldung)

21.620 **Pos. (1):**

Bei der Handelsregisteranmeldung handelt es sich um eine **Anmeldung ohne bestimmten Geldbetrag**. Der Geschäftswert beträgt 1 % des eingetragenen Stammkapitals (§§ 119 I, 105 IV Nr. 1, VI Satz 1 Nr. 2).

Gem. § 105 VI Satz 1 Nr. 2 gilt der festgelegte Mindestwert von 30 000 Euro bei Änderungen des Musterprotokolls nicht, wenn die Gesellschaft auch mit dem geänderten Gesellschaftsvertrag hätte gemäß § 2 Ia GmbHG gegründet werden können. Davon erfasst sind sowohl unbedeutende Abwandlungen bei Zeichensetzung, Satzstellung und Wortwahl als auch Neufassungen der Satzung unter Streichung aller auf die Gründung verweisender Formulierungen.

21.621

Für den Entwurf ist gem. Nrn. 24102, 21201 Nr. 5 KV die Rahmengebühr 0,3–0,5, mind. 30 Euro zu erheben. Da der Entwurf vollständig gefertigt wurde, ist die höchste Rahmengebühr zu erheben (§ 92 II). Die Unterschriftsbeglaubigung löst keine zusätzliche Gebühr aus, Vorbem. 2.4.1 II KV.

21.622

Pos. (2):

21.623

Die Erstellung der **XML-Strukturdaten** fällt unter den Vollzug, für welchen das GNotKG eine eigenständige Gebühr in der Nr. 22114 KV vorsieht. Der Geschäftswert bestimmt sich nach dem Wert des Entwurfs der Handelsregisteranmeldung (§ 112).

→ **Fall 74: Satzungsänderung einer UG (haftungsbeschränkt) mit Musterprotokoll hinsichtlich der Befreiung von § 181 BGB**

A. Sachverhalt

Die im Handelsregister eingetragene UG (haftungsbeschränkt) mit Musterprotokoll und einem Stammkapital von 100 Euro ändert das gesetzliche **Musterprotokoll** dahingehend, dass der Geschäftsführer nicht von den **Beschränkungen des § 181 BGB** befreit ist. Der Notar beurkundet den Beschluss, fertigt den **Entwurf** der **Handelsregisteranmeldung** und nimmt die Unterschriftsbeglaubigung vor. Gleichzeitig nimmt er den elektronischen Vollzug der Handelsregisteranmeldung (Erstellung der **XML**-Strukturdaten) vor.

21.624

B. Rechnungen

1. Beschlüsse

Pos.	Gebührentatbestand	Geschäftswert	KV-Nr.	Satz	Betrag
	Beurkundungsverfahren Satzungsänderung (§§ 108 I, 105 IV Nr. 1)	30 000	21100	2,0	250,00

21.625

2. Handelsregisteranmeldung

Pos.	Gebührentatbestände	Geschäftswert	KV-Nr.	Satz	Betrag
(1)	Entwurf Handelsregisteranmeldung (§§ 119 I, 105 IV Nr. 1, 92 II)	30 000	24102, 21201 Nr. 5	0,5	62,50
(2)	Vollzug – XML (§ 112)	30 000	22114	0,3	37,50

21.626

C. Erläuterungen

Zu Rechnung 1 (Beschlüsse)

21.627 Bei der **Satzungsänderung** handelt es sich um einen Beschluss ohne bestimmten Geldwert. Maßgebend ist 1 % des eingetragenen Stammkapitals, mindestens 30 000 Euro (§§ 108 I S. 1, 105 IV Nr. 1). §§ 108 I S. 1, 105 VI gilt nicht, weil mit der Satzungsänderung von den Vorgaben des Musterprotokolls abgewichen wird.

Zu Rechnung 2 (Handelsregisteranmeldung)

21.628 Pos. (1):

Bei der Handelsregisteranmeldung handelt es sich um eine **Anmeldungen ohne bestimmten Geldbetrag**. Der Geschäftswert beträgt 1 % des eingetragenen Stammkapitals, mindestens 30 000 Euro (§§ 119 I, 105 IV Nr. 1). § 105 VI Satz 1 Nr. 2 gilt nicht, weil mit der Satzungsänderung von den Vorgaben des Musterprotokolls abgewichen wird.

21.629 Für den Entwurf ist gem. Nrn. 24102, 21201 Nr. 5 KV die Rahmengebühr 0,3–0,5, mind. 30 Euro zu erheben. Da der Entwurf vollständig gefertigt wurde, ist die höchste Rahmengebühr zu erheben (§ 92 II). Die Unterschriftsbeglaubigung löst keine zusätzliche Gebühr aus, Vorbem. 2.4.1 II KV.

21.630 Pos. (2):

Die Erstellung der **XML-Strukturdaten** fällt unter den Vollzug, für welchen das GNotKG eine eigenständige Gebühr in der Nr. 22114 KV vorsieht. Der Geschäftswert bestimmt sich nach dem Wert des Entwurfs der Handelsregisteranmeldung (§ 112).

→ **Fall 75: Satzungsänderung einer UG (haftungsbeschränkt) mit Musterprotokoll und Bestellung eines weiteren Geschäftsführers**

A. Sachverhalt

21.631 Die im Handelsregister eingetragene UG (haftungsbeschränkt) mit **Musterprotokoll** und einem Stammkapital von 100 Euro fasst folgende Beschlüsse:
– Änderung des Gesellschaftsvertrages (abstrakte und konkrete Vertretungsregelung),
– Bestellung eines weiteren Geschäftsführers.

Der Notar beurkundet den Beschluss, fertigt den **Entwurf** der **Handelsregisteranmeldung** und nimmt die Unterschriftsbeglaubigung vor. Gleichzeitig nimmt er den elektronischen Vollzug der Handelsregisteranmeldung (Erstellung der **XML**-Strukturdaten) vor.

B. Rechnungen

1. Beschlüsse

Pos.	Gebührentatbestände	Geschäfts-wert	KV-Nr.	Satz	Betrag
	Beurkundungsverfahren (§§ 86 II, 35 I)	60 000	21100	2,0	384,00
	a) Satzungsänderung (§§ 108 I, 105 IV Nr. 1)	30 000	21100	2,0	
	b) Bestellung Geschäftsführer (§§ 108 I, 105 IV Nr. 1)	30 000	21100	2,0	

21.632

2. Handelsregisteranmeldung

Pos.	Gebührentatbestände	Geschäfts-wert	KV-Nr.	Satz	Betrag
(1)	Entwurf Handelsregisteranmeldung (§§ 111 Nr. 3, 35 I, 92 II)	60 000	24102, 21201 Nr. 5	0,5	96,00
	a) Änderung Satzung (§§ 119 I, 105 IV Nr. 1, 92 II)	30 000	24102, 21201 Nr. 5	0,5	
	b) weiterer Geschäftsführer (§§ 119 I, 105 IV Nr. 1, 92 II)	30 000	24102, 21201 Nr. 5	0,5	
(2)	Vollzug – XML (§ 112)	60 000	22114	0,3	57,60

21.633

C. Erläuterungen

Zu Rechnung 1 (Beschlüsse)

a) Bei der **Satzungsänderung** handelt es sich um einen Beschluss ohne bestimmten Geldwert. Maßgebend ist 1 % des eingetragenen Stammkapitals, mindestens 30 000 Euro (§§ 108 I S. 1, 105 IV Nr. 1). §§ 108 I S. 1, 105 VI gilt nicht, weil mit der Satzungsänderung von den Vorgaben des Musterprotokolls abgewichen wird.[1]

21.634

b) Die **Bestellung des Geschäftsführers** betrifft einen Beschluss ohne bestimmten Geldwert. Maßgebend ist 1 % des eingetragenen Stammkapitals, mindestens 30 000 Euro (§§ 108 I S. 1, 105 IV Nr. 1). Auch hier greift die Privilegierung der §§ 108 I S. 1, 105 IV nicht.[2]

21.635

---

[1] LG Leipzig, Beschl. v. 28.12.2015 – 2 OH 44/14, NotBZ 2016, 193.
[2] LG Leipzig, Beschl. v. 28.12.2015 – 2 OH 44/14, NotBZ 2016, 193.

21.636 Die Beschlussfassungen über die Änderung der Satzung sowie der Bestellung des Geschäftsführers betreffen **verschiedene Beurkundungsgegenstände**, §§ 35 I, 86 II.

Zu Rechnung 2 (Handelsregisteranmeldung)

21.637 **Pos. (1):**

Betroffen sind **Anmeldungen ohne bestimmten Geldbetrag**. Sie gelten gemäß § 111 Nr. 3 stets als besondere Beurkundungsgegenstände. Gem. § 35 I ist die Wertesumme von 60 000 Euro maßgebend. § 105 VI ist nicht einschlägig, weil zum einen die Satzungsänderung von den Vorgaben des Musterprotokolls abweicht und zum anderen die Geschäftsführerbestellung keine Änderung des Gesellschaftsvertrages ist.

21.638 Für den Entwurf ist gem. Nrn. 24102, 21201 Nr. 5 KV die Rahmengebühr 0,3–0,5, mind. 30 Euro zu erheben. Da der Entwurf vollständig gefertigt wurde, ist die höchste Rahmengebühr zu erheben (§ 92 II). Die Unterschriftsbeglaubigung löst keine zusätzliche Gebühr aus, Vorbem. 2.4.1 II KV.

21.639 **Pos. (2):**

Die Erstellung der **XML-Strukturdaten** fällt unter den Vollzug, für welchen das GNotKG eine eigenständige Gebühr in der Nr. 22114 KV vorsieht. Der Geschäftswert bestimmt sich nach dem Wert des Entwurfs der Handelsregisteranmeldung (§ 112).

→ **Fall 76: Veränderung in der Geschäftsführung und Erteilung Prokura**

A. Sachverhalt

21.640 Der Notar beurkundet die Gesellschafterversammlung der GmbH, in welcher die Abberufung des X als **Geschäftsführer** und die Bestellung des Y zum alleinvertretungsberechtigten Geschäftsführer beschlossen wird. Z erhält **Einzelprokura**. Dies erfolgt in **einem Wahlgang**. Das Stammkapital der GmbH beträgt 25 000 Euro. Des Weiteren fertigt der Notar den Entwurf der Handelsregisteranmeldung und nimmt die Unterschriftsbeglaubigung vor. Gleichzeitig nimmt er den elektronischen Vollzug der Handelsregisteranmeldung (Erstellung der **XML**-Strukturdaten) vor.

B. Rechnungen

1. Beschlüsse

21.641

Pos.	Gebührentatbestand	Geschäftswert	KV-Nr.	Satz	Betrag
	Beurkundungsverfahren (§§ 108 I, 105 IV Nr. 1, 109 II Nr. 4d)	30 000	21100	2,0	250,00

2. Handelsregisteranmeldung

Pos.	Gebührentatbestände	Geschäfts-wert	KV-Nr.	Satz	Betrag
(1)	Entwurf Handelsregisteranmeldung (§§ 111 Nr. 3, 35 I, 92 II)	90 000	24102, 21201 Nr. 5	0,5	123,00
	a) Abberufung X (§§ 119 I, 105 IV Nr. 1, 92 II)	30 000	24102, 21201 Nr. 5	0,5	
	b) Neubestellung Y (§§ 119 I, 105 IV Nr. 1, 92 II)	30 000	24102, 21201 Nr. 5	0,5	
	c) Erteilung Einzelprokura (§§ 119 I, 105 IV Nr. 1, 92 II)	30 000	24102, 21201 Nr. 5	0,5	
(2)	Vollzug – XML (§ 112)	90 000	22114	0,3	73,80

21.642

C. Erläuterungen

Zu Rechnung 1 (Beschlüsse)

Der Geschäftswert von **Wahlen** beträgt als Beschluss ohne bestimmten Geldwert 1 % des eingetragenen Stammkapitals, mindestens 30 000 Euro (§§ 108 I S. 1, 105 IV Nr. 1, 109 II Nr. 4d). Die Vorschrift in § 109 II Nr. 4d) regelt, dass mehrere Wahlen denselben Beurkundungsgegenstand haben, sofern nicht Einzelwahlen stattgefunden haben.

21.643

Zu Rechnung 2 (Handelsregisteranmeldung)

Pos. (1):

21.644

Betroffen sind Anmeldungen ohne bestimmten Geldbetrag. Sie gelten gemäß § 111 Nr. 3 stets als besondere Beurkundungsgegenstände. Gem. § 35 I ist die Wertesumme von 90 000 Euro maßgebend.

Für den Entwurf ist gem. Nrn. 24102, 21201 Nr. 5 KV die Rahmengebühr 0,3–0,5, mind. 30 Euro zu erheben. Da der Entwurf vollständig gefertigt wurde, ist die höchste Rahmengebühr zu erheben (§ 92 II). Die Unterschriftsbeglaubigung löst keine zusätzliche Gebühr aus, Vorbem. 2.4.1 II KV.

21.645

Pos. (2):

21.646

Die Erstellung der **XML-Strukturdaten** fällt unter den Vollzug, für welchen das GNotKG eine eigenständige Gebühr in der Nr. 22114 KV vorsieht. Der Geschäftswert bestimmt sich nach dem Wert des Entwurfs der Handelsregisteranmeldung (§ 112).

→ **Fall 77: Veränderung in der Geschäftsführung und Erteilung Prokura nebst Handelsregisteranmeldung in *einer* Urkunde**

A. Sachverhalt

21.647 Der Notar beurkundet die Gesellschafterversammlung der GmbH, in welcher die Abberufung des X als Geschäftsführer und die Bestellung des Y zum alleinvertretungsberechtigten Geschäftsführer beschlossen wird. Z erhält Einzelprokura. Dies erfolgt in einem Wahlgang. Das Stammkapital der GmbH beträgt 25 000 Euro. Die Urkunde enthält neben der **Beschlussfassung** die **Anmeldung** zur Eintragung ins **Handelsregister**. Gleichzeitig nimmt er den elektronischen Vollzug der Handelsregisteranmeldung (Erstellung der **XML**-Strukturdaten) vor.

B. Rechnung

21.648

Pos.	Gebührentatbestände	Geschäfts-wert	KV-Nr.	Satz	Betrag
(1)	Beurkundungsverfahren (§§ 111 Nr. 3, 94 I)	~~120 000~~	~~21100~~	~~2,0~~	~~600,00~~
	a) Wahlen (§§ 108 I, 105 IV Nr. 1, 109 II Nr. 4d)	30 000	21100	2,0	250,00
	b) Anmeldung Abberufung X (105 IV Nr. 1)	30 000	21201 Nr. 5	0,5	
	c) Anmeldung Neubestellung Y (105 IV Nr. 1)	30 000	21201 Nr. 5	0,5	
	d) Anmeldung Erteilung Einzelprokura (105 IV Nr. 1)	30 000	21201 Nr. 5	0,5	
		90 000	21201 Nr. 5	0,5	123,00
(2)	Vollzug – XML (§ 112)	120 000	22114	0,3	90,00

C. Erläuterungen

21.649 **Pos. (1):**

a) Der Geschäftswert von **Wahlen** beträgt als Beschluss ohne bestimmten Geldwert 1 % des eingetragenen Stammkapitals, mindestens 30 000 Euro (§§ 108 I S. 1, 105 IV Nr. 1, 109 II Nr. 4d). Die Vorschrift in § 109 II Nr. 4d) regelt, dass mehrere Wahlen denselben Beurkundungsgegenstand haben, sofern nicht Einzelwahlen stattgefunden haben.

21.650 b)–d) Betroffen sind **Anmeldungen ohne bestimmten Geldbetrag**. Sie gelten gemäß § 111 Nr. 3 stets als besondere Beurkundungsgegenstände. Das gilt zum einen im Verhältnis der Anmeldungen zu den Wahlen als auch im Verhältnis der (mehreren) Anmeldungen untereinander.

21.651 Darüber hinaus sind der Beschluss und die Anmeldungen auch **verschiedene Beurkundungsgegenstände** nach § 110 Nr. 1. Der Vergleich nach § 94 I ergibt, dass die Bewertung der höchsten Gebühr aus der Wertesumme ungünstiger ist (2,0 aus 120 000 Euro = 600 Euro).

Pos. (2): 21.652

Die Erstellung der **XML-Strukturdaten** fällt unter den Vollzug, für welchen das GNotKG eine eigenständige Gebühr in der Nr. 22114 KV vorsieht. Der Geschäftswert bestimmt sich nach dem Wert des Beurkundungsverfahrens (§ 112). Dies gilt auch, wenn nach § 94 I GNotKG die getrennte Bewertung kostengünstiger ist. In diesem Fall ist die Wertesumme maßgebend.

→ **Fall 78: Kapitalerhöhung durch Bareinlage**

A. Sachverhalt

Der Notar beurkundet die **Kapitalerhöhung** (in bar) der eingetragenen GmbH 21.653
(Stammkapital: 40 000 Euro) um 20 000 Euro. Zur **Übernahme** wird C zugelassen, der den Geschäftsanteil von nominal 20 000 Euro übernimmt. Der neue Geschäftsanteil wird zum Nennbetrag ausgegeben. C erklärt in selbiger Urkunde die Übernahme des Geschäftsanteils gemäß § 55 I GmbHG.

Der Notar fertigt auftragsgemäß den **Entwurf** der **Handelsregisteranmeldung** und nimmt die Unterschriftsbeglaubigung vor. Auftragsgemäß fertigt der Notar die bescheinigte **Liste** der neuen Gesellschafter gem. § 40 I, II GmbHG sowie die Übernehmerliste gem. § 57 III Nr. 2 GmbHG. Gleichzeitig nimmt er den elektronischen Vollzug der Handelsregisteranmeldung (Erstellung der **XML-Strukturdaten**) vor. Die neue bescheinigte Gesellschafterliste reicht der Notar erst beim Handelsregister ein, wenn die Satzungsänderung im Handelsregister vollzogen ist (**Bescheinigung Liste**).

B. Rechnungen

1. Beschluss, Übernahme

Pos.	Gebührentatbestände	Geschäftswert	KV-Nr.	Satz	Betrag
(1)	Beurkundungsverfahren (§§ 110 Nr. 1, 94 I)	50 000	21100	2,0	330,00
	a) Kapitalerhöhungsbeschluss (§§ 36 I, 108 I S. 2, 105 I)	~~30 000~~	~~21100~~	~~2,0~~	~~250,00~~
	b) Übernahmeerklärung (§ 97 I)	~~20 000~~	~~21200~~	~~1,0~~	~~107,00~~
(2)	Betreuung – Bescheinigung Liste (§ 113 I)	50 000	22200 Anm. Nr. 6	0,5	82,50

21.654

2. Handelsregisteranmeldung

21.655

Pos.	Gebührentatbestände	Geschäftswert	KV-Nr.	Satz	Betrag
(1)	Entwurf Handelsregisteranmeldung (§§ 119 I, 105 I S. 1 Nr. 3, S. 2, 92 II)	30 000	24102, 21201 Nr. 5	0,5	62,50
(2)	Vollzug – Listen der Gesellschafter (Vorbem. 2.2.1.1 I 2 Nr. 3 KV; § 112)	30 000	22111	0,3	37,50
(3)	Vollzug – XML (§ 112)	30 000	22114	0,3	37,50

C. Erläuterungen

Zu Rechnung 1 (Beschluss, Übernahmeerklärung)

21.656 **Pos. (1):**

a) Der Geschäftswert des **Kapitalerhöhungsbeschluss**es bestimmt sich nach der Leistung des Gesellschafters, die auf den Erhöhungsbetrag erbracht wird (§§ 36 I, 108 I S. 2, 105 I). Durch den Verweis in § 108 I S. 2 auf § 105 I gilt der Mindestgeschäftswert von 30 000 Euro.

21.657 b) Der Geschäftswert der **rechtsgeschäftlichen Übernahmeerklärung** bestimmt sich nach der Leistung des Gesellschafters, die auf den Erhöhungsbetrag erbracht wird (§ 97 I).

21.658 Gem. § 110 Nr. 1 sind **Beschlüsse und rechtsgeschäftliche Erklärungen verschiedene Beurkundungsgegenstände**. Gem. § 94 I ist die gemeinsame Bewertung maßgebend, denn die getrennte Bewertung (2,0 aus 30 000 Euro + 1,0 aus 20 000 Euro = 357 Euro) wäre teurer.

21.659 **Pos. (2):**

Für die Erteilung der **bescheinigten Gesellschafterliste** (Anm. Nr. 6 zu Nr. 22200 KV) erhält der Notar die 0,5 Gebühr nach Nr. 22200 KV (Anm. Nr. 3 ist hier nicht einschlägig, da es sich nicht um die Beachtung einer Auflage zu einer Urkunde handelt), wenn Umstände außerhalb der Urkunde zu prüfen sind; vgl. auch Rz. 21.57. Der Geschäftswert bestimmt sich nach dem Wert des Beurkundungsverfahrens (§ 113 I).

21.660 **Bemerkung:** Sind **keine Umstände außerhalb der Urkunde** zu prüfen, ist eine entsprechende Betreuungsgebühr nach Anm. Nr. 6 zu Nr. 22200 KV nicht zu erheben. Es kann auch keine Bescheinigungsgebühr nach Nr. 25104 KV erhoben werden.[1]

---

1 LG Düsseldorf, Beschl. v. 29.7.2015 – 25 T 555/14, NotBZ 2015, 476 = ZIP 2015, 1880.

Zu Rechnung 2 (Handelsregisteranmeldung)

Pos. (1):

Als Geschäftswert ist der in das Handelsregister **einzutragende Unterschiedsbetrag**, mind. 30 000 Euro maßgebend (§§ 119 I, 105 I S. 1 Nr. 3, S. 2).

Für den Entwurf ist gem. Nrn. 24102, 21201 Nr. 5 KV die Rahmengebühr 0,3–0,5, mind. 30 Euro zu erheben. Da der Entwurf vollständig gefertigt wurde, ist die höchste Rahmengebühr zu erheben (§ 92 II). Die Unterschriftsbeglaubigung löst keine zusätzliche Gebühr aus, Vorbem. 2.4.1 II KV.

Pos. (2):

Die Erstellung der beiden **Gesellschafterlisten** fällt unter den Vollzug (Vorbem. 2.2.1.1 I Nr. 3 KV KV). Dabei stellt die Anmeldung die maßgebliche Bezugsurkunde dar. Dies ergibt sich bereits aus der Bestimmung des § 57 III Nr. 2 GmbHG, wonach die Liste der Übernehmer der Anmeldung beizufügen ist.

Der Geschäftswert bestimmt sich nach dem Wert des Entwurfs (§ 112), aus welchem die 0,3 Gebühr nach Nr. 22111 KV zu erheben ist; obwohl es sich um zwei Listen handelt, fällt die Vollzugsgebühr nur einmal an, § 93 I S. 1. Gem. Nr. 22113 KV ist die Gebühr auf 250 Euro pro gefertigter Liste begrenzt.

Pos. (3):

Die Erstellung der **XML-Strukturdaten** fällt unter den Vollzug, für welchen das GNotKG eine eigenständige Gebühr in der Nr. 22114 KV vorsieht. Der Geschäftswert bestimmt sich nach dem Wert des Entwurfs der Handelsregisteranmeldung (§ 112).

➙ **Fall 79: Kapitalerhöhung durch Bareinlage mit Aufgeld (Agio)**

A. Sachverhalt

Der Notar beurkundet **die Kapitalerhöhung (in bar)** der eingetragenen GmbH (Stammkapital: 40 000 Euro) um 20 000 Euro. Zur Übernahme wird C zugelassen, der den Geschäftsanteil von nominal 20 000 Euro übernimmt. Der neue Geschäftsanteil wird zum Nennbetrag ausgegeben. Neben der Zahlung dieses Betrages verpflichtet sich C darüber hinaus, ein **Agio** von 100 000 Euro in bar zu zahlen. C erklärt in selbiger Urkunde die Übernahme des Geschäftsanteils gemäß § 55 I GmbHG. Der Notar fertigt auftragsgemäß den Entwurf der Handelsregisteranmeldung und nimmt die Unterschriftsbeglaubigung vor. Auftragsgemäß fertigt der Notar die bescheinigte **Liste** der neuen Gesellschafter gem. § 40 I, II GmbHG sowie die Übernehmerliste gem. § 57 III Nr. 2 GmbHG. Gleichzeitig nimmt er den elektronischen Vollzug der Handelsregisteranmeldung (Erstellung der **XML**-Strukturdaten) vor. Der Notar reicht die neue bescheinigte Gesellschafterliste erst beim Handelsregister ein, wenn die Satzungsänderung im Handelsregister vollzogen ist (**Bescheinigung Liste**).

B. Rechnungen

1. Beschluss, Übernahmeerklärung

21.667

Pos.	Gebührentatbestände	Geschäftswert	KV-Nr.	Satz	Betrag
(1)	Beurkundungsverfahren (§§ 110 Nr. 1, 94 I)	~~240 000~~	~~21100~~	~~2,0~~	~~1070,00~~
	a) Kapitalerhöhungsbeschluss (§§ 36 I, 108 I S. 2)	120 000	21100	2,0	600,00
	b) Übernahmeerklärung (§ 97 I)	120 000	21200	1,0	300,00
(2)	Betreuung – Bescheinigung Liste (§ 113 I)	240 000	22200 Anm. Nr. 6	0,5	267,50

2. Handelsregisteranmeldung

21.668

Pos.	Gebührentatbestände	Geschäftswert	KV-Nr.	Satz	Betrag
(1)	Entwurf Handelsregisteranmeldung (§§ 119 I, 105 I S. 1 Nr. 3, S. 2, 92 II)	30 000	24102, 21201 Nr. 5	0,5	62,50
(2)	Vollzug – Listen der Gesellschafter (Vorbem. 2.2.1.1 I 2 Nr. 3 KV; § 112)	30 000	22111	0,3	37,50
(3)	Vollzug – XML (§ 112)	30 000	22114	0,3	37,50

C. Erläuterungen

Zu Rechnung 1 (Beschluss, Übernahmeerklärung)

21.669 **Pos. (1):**

a) Geschäftswert des **Kapitalerhöhungsbeschlusses** sind sämtliche Leistungen des Gesellschafters, die er zu erbringen hat (§§ 36 I, 108 I S. 2, 105 I).

21.670 b) Geschäftswert der rechtsgeschäftlichen **Übernahmeerklärung** sind sämtliche Leistungen des Gesellschafters, die er für den Erhalt des Geschäftsanteils aufzuwenden hat (§ 97 I).

21.671 Gem. § 110 Nr. 1 sind **Kapitalerhöhungsbeschluss und Übernahmeerklärung verschiedene Beurkundungsgegenstände.** Die getrennte Bewertung ist nach § 94 I maßgebend, denn die Erhebung der höchsten Gebühr aus dem Gesamtbetrag der Werte (2,0 aus 240 000 Euro = 1070 Euro) wäre teurer.

21.672 **Pos. (2):**

Für die Erteilung der **bescheinigten Gesellschafterliste** (Anm. Nr. 6 zu Nr. 22200 KV) erhält der Notar die 0,5 Gebühr nach Nr. 22200 KV (Nr. 3 ist hier nicht einschlägig, da es sich nicht um die Beachtung einer Auflage zu einer Urkunde handelt), wenn Umstände außerhalb der Urkunde zu prüfen sind; vgl. auch Rz. 21.57.

Der Geschäftswert bestimmt sich nach dem Wert des Beurkundungsverfahrens (§ 113 I).

Zu Rechnung 2 (Handelsregisteranmeldung)

Pos. (1): 21.673

Als Geschäftswert ist der in das Handelsregister einzutragende **Unterschiedsbetrag**, mind. 30 000 Euro maßgebend (§§ 119 I, 105 I S. 1 Nr. 3, S. 2). Das Aufgeld bleibt unberücksichtigt.

Für den Entwurf ist gem. Nrn. 24102, 21201 Nr. 5 KV die Rahmengebühr 0,3–0,5, mind. 30 Euro zu erheben. Da der Entwurf vollständig gefertigt wurde, ist die höchste Rahmengebühr zu erheben (§ 92 II). Die Unterschriftsbeglaubigung löst keine zusätzliche Gebühr aus, Vorbem. 2.4.1 II KV. 21.674

Pos. (2): 21.675

Die Erstellung der beiden **Gesellschafterlisten** fällt unter den Vollzug (Vorbem. 2.2.1.1 I Nr. 3 KV KV). Dabei stellt die Anmeldung die maßgebliche Bezugsurkunde dar. Dies ergibt sich bereits aus der Bestimmung des § 57 III Nr. 2 GmbHG, wonach die Liste der Übernehmer der Anmeldung beizufügen ist.

Der Geschäftswert bestimmt sich nach dem Wert des Entwurfs der Handelsregisteranmeldung (§ 112), aus welchem die 0,3 Gebühr nach Nr. 22111 KV zu erheben ist; obwohl es sich um zwei Listen handelt, fällt die Vollzugsgebühr nur einmal an, § 93 I S. 1. Gem. Nr. 22113 KV ist die Gebühr auf 250 Euro pro gefertigter Liste begrenzt. 21.676

Pos. (3): 21.677

Die Erstellung der **XML-Strukturdaten** fällt unter den Vollzug, für welchen das GNotKG eine eigenständige Gebühr in der Nr. 22114 KV vorsieht. Der Geschäftswert bestimmt sich nach dem Wert des Entwurfs der Handelsregisteranmeldung (§ 112).

→ **Fall 80: Kapitalerhöhung durch Sacheinlage**

A. Sachverhalt

Der Notar beurkundet die **Kapitalerhöhung** der eingetragenen GmbH (Stammkapital: 25 000 Euro) um 75 000 Euro. Zur Übernahme werden die Gesellschafter A und B zugelassen. Entsprechend erhöhen sich ihre Geschäftsanteile zu gleichen Teilen. Die Gesellschafter erbringen die Einlagen wie folgt: 21.678

A bringt sein Einzelunternehmen ein. Das Aktivvermögen beträgt laut maßgeblicher Stichtagsbilanz 400 000 Euro. Das Betriebsgrundstück wird in der Bilanz mit einem Betrag von 20 000 Euro ausgewiesen. Der Verkehrswert beträgt hingegen 120 000 Euro.

B bringt das in seinem Eigentum befindliche Grundstück ein, auf welchem eine Grundschuld im Nennbetrag von 340 000 Euro lastet, die derzeit mit 340 000 Euro valutiert. Der Verkehrswert beträgt 440 000 Euro.

Die Gesellschafter erklären, die neuen Einlagen zu den genannten Bedingungen zu übernehmen. Die Urkunde enthält die entsprechenden **Einbringungsverein-**

barungen sowie die notwendigen Auflassungen. Übersteigen die Sacheinlagen die übernommenen Stammeinlagen im Wert, wird der überschießende Betrag der GmbH als Darlehen zur Verfügung gestellt.

Der Notar fertigt auftragsgemäß den **Entwurf** der **Handelsregisteranmeldung** und nimmt die Unterschriftsbeglaubigung vor. Auftragsgemäß fertigt der Notar die bescheinigte **Liste** der neuen Gesellschafter gem. § 40 I, II GmbHG sowie die Übernehmerliste gem. § 57 III Nr. 2 GmbHG. Gleichzeitig nimmt er den elektronischen Vollzug der Handelsregisteranmeldung (Erstellung der **XML**-Strukturdaten) vor. Der Notar reicht die neue bescheinigte Gesellschafterliste erst beim Handelsregister ein, wenn die Satzungsänderung im Handelsregister vollzogen ist (**Bescheinigung Liste**).

B. Rechnungen

1. Beschluss, Einbringung, Übernahme

21.679

Pos.	Gebührentatbestände	Geschäftswert	KV-Nr.	Satz	Betrag
(1)	Beurkundungsverfahren (§§ 110 Nr. 1, 94 I, 35 I)	1 880 000	21100	2,0	6350,00
	a) Kapitalerhöhungsbeschluss (§ 36 I)	940 000	21100	2,0	
	b) Einbringungsvertrag (§§ 97 I, 46, 38)	940 000	21100	2,0	
	c) Übernahmeerklärung (§§ 97 I, 46, 38, 109 I 1–3)	~~940 000~~	~~21200~~	~~1,0~~	~~1655,00~~
(2)	Betreuung – Bescheinigung Liste (§ 113 I)	1 880 000	22200 Anm. Nr. 6	0,5	1587,50

2. Handelsregisteranmeldung

21.680

Pos.	Gebührentatbestände	Geschäftswert	KV-Nr.	Satz	Betrag
(1)	Entwurf Handelsregisteranmeldung (§§ 119 I, 105 I S. 1 Nr. 3, 92 II)	75 000	24102, 21201 Nr. 5	0,5	109,50
(2)	Vollzug – Listen der Gesellschafter (Vorbem. 2.2.1.1 I 2 Nr. 3 KV; § 112)	75 000	22111	0,3	65,70
(3)	Vollzug – XML (§ 112)	75 000	22114	0,3	65,70

C. Erläuterungen

Zu Rechnung 1 (Beschluss, Einbringung, Übernahme)

Pos. (1): 21.681

a) Den Geschäftswert des **Kapitalerhöhungsbeschlusses** bilden sämtliche Leistungen der Gesellschafter. Das Einzelunternehmen ist mit dem Aktivwert anzunehmen. Bilanzierte Grundstücke fließen mit ihrem Verkehrswert gemäß § 46 in die Bewertung ein. Damit hat der Austausch der Bilanzwerte mit den tatsächlichen Verkehrswerten zu erfolgen. Die maßgeblichen Bewertungsvorschriften sind §§ 36 I, 108 I S. 2, 46, 38 (= 400 000 Euro – 20 000 Euro + 120 000 Euro + 440 000 Euro).

b), c) Der Geschäftswert der rechtsgeschäftlichen **Einbringungs- und Übernahmeverpflichtungen** bestimmt sich nach den Leistungen der Gesellschafter, die auf den Erhöhungsbetrag erbracht werden. Dabei ist das Einzelunternehmen mit dem Aktivwert anzunehmen. Grundstücke fließen mit dem Verkehrswert nach § 46 in die Bewertung ein. Die maßgeblichen Bewertungsvorschriften sind §§ 108 I S. 2, 97 I, 46, 38 (= 400 000 Euro – 20 000 Euro + 120 000 Euro + 440 000 Euro). 21.682

Einbringungsvertrag und Übernahmeerklärung sind derselbe Beurkundungsgegenstand nach § 109 I S. 1–3. Da sie beide denselben Geschäftswert haben (§ 109 I S. 5), erübrigt sich eine Vergleichsberechnung nach § 94 II. 21.683

Gem. § 110 Nr. 1 sind der **Kapitalerhöhungsbeschluss und der Einbringungsvertrag verschiedene Beurkundungsgegenstände**. Die Einzelwerte werden hier, weil gleiche Gebührensätze vorliegen, addiert (§ 35 I). 21.684

Pos. (2): 21.685

Für die Erteilung der **bescheinigten Gesellschafterliste** (Anm. Nr. 6 zu Nr. 22200 KV) erhält der Notar die 0,5 Gebühr nach Nr. 22200 KV (Nr. 3 ist hier nicht einschlägig, da es sich nicht um die Beachtung einer Auflage zu einer Urkunde handelt), wenn Umstände außerhalb der Urkunde zu prüfen sind; vgl. auch Rz. 21.57. Der Geschäftswert bestimmt sich nach dem Wert des Beurkundungsverfahrens (§ 113 I).

Zu Rechnung 2 (Handelsregisteranmeldung)

Pos. (1): 21.686

Als Geschäftswert ist der in das Handelsregister einzutragende **Unterschiedsbetrag** maßgebend (§§ 119 I, 105 I Nr. 3).

Für den Entwurf ist gem. Nrn. 24102, 21201 Nr. 5 KV die Rahmengebühr 0,3–0,5, mind. 30 Euro zu erheben. Da der Entwurf vollständig gefertigt wurde, ist die höchste Rahmengebühr zu erheben (§ 92 II). Die Unterschriftsbeglaubigung löst keine zusätzliche Gebühr aus, Vorbem. 2.4.1 II KV. 21.687

Pos. (2): 21.688

Die Erstellung der beiden **Gesellschafterlisten** fällt unter den Vollzug (Vorbem. 2.2.1.1 I Nr. 3 KV KV). Dabei stellt die Anmeldung die maßgebliche Bezugsurkunde dar. Dies ergibt sich bereits aus der Bestimmung des § 57 III Nr. 2 GmbHG, wonach die Liste der Übernehmer der Anmeldung beizufügen ist.

21.689 Der Geschäftswert bestimmt sich nach dem Wert des Entwurfs (§ 112), aus welchem die 0,3 Gebühr nach Nr. 22111 KV zu erheben ist; obwohl es sich um zwei Listen handelt, fällt die Vollzugsgebühr nur einmal an, § 93 I S. 1. Gem. Nr. 22113 KV ist die Gebühr auf 250 Euro pro gefertigter Liste begrenzt.

21.690 **Pos. (3):**

Die Erstellung der **XML-Strukturdaten** fällt unter den Vollzug, für welchen das GNotKG eine eigenständige Gebühr in der Nr. 22114 KV vorsieht. Der Geschäftswert bestimmt sich nach dem Wert des Entwurfs der Handelsregisteranmeldung (§ 112).

→ **Fall 81: Kapitalerhöhung aus Gesellschaftsmitteln**

A. Sachverhalt

21.691 Der Notar beurkundet die **Kapitalerhöhung** der eingetragenen GmbH (Stammkapital: 25 000 Euro) um 175 000 Euro. Die Einlagen werden **aus Gesellschaftsmitteln** erbracht. Entsprechend erhöhen sich die Geschäftsanteile der Gesellschafter im Verhältnis ihrer Beteiligung. Der Notar fertigt auftragsgemäß den **Entwurf** der **Handelsregisteranmeldung** und nimmt die Unterschriftsbeglaubigung vor. Eine rechtsgeschäftliche Übernahmeerklärung ist hier nicht erforderlich. Auftragsgemäß fertigt der Notar die bescheinigte **Liste** der neuen Gesellschafter gem. § 40 I, II. Gleichzeitig nimmt er den elektronischen Vollzug der Handelsregisteranmeldung (Erstellung der **XML-Strukturdaten**) vor. Der Notar reicht die neue bescheinigte Gesellschafterliste erst beim Handelsregister ein, wenn die Satzungsänderung im Handelsregister vollzogen ist (**Bescheinigung Liste**).

B. Rechnungen

1. Beschluss

21.692

Pos.	Gebührentatbestände	Geschäftswert	KV-Nr.	Satz	Betrag
(1)	Beurkundungsverfahren (§§ 36 I, 108 I S. 2, 105 I)	175 000	21100	2,0	816,00
(2)	Betreuung – Bescheinigung Liste (§ 113 I)	175 000	22200 Anm. Nr. 6	0,5	204,00

2. Handelsregisteranmeldung

Pos.	Gebührentatbestände	Geschäfts-wert	KV-Nr.	Satz	Betrag
(1)	Entwurf Handelsregisteranmeldung (§§ 119 I, 105 I S. 1 Nr. 3, 92 II)	175 000	24102, 21201 Nr. 5	0,5	204,00
(2)	Vollzug – Liste der Gesellschafter (Vorbem. 2.2.1.1 I 2 Nr. 3 KV; § 112)	175 000	22111	0,3	122,40
(3)	Vollzug – XML (§ 112)	175 000	22114	0,3	122,40

21.693

C. Erläuterungen

Zu Rechnung 1 (Beschluss)

Pos. (1):

21.694

Der Geschäftswert des **Kapitalerhöhungsbeschlusses aus Gesellschaftsmitteln** bestimmt sich hier nach dem Wert des Erhöhungsbetrages (§§ 36 I, 108 I S. 2). Eine Übernahmeerklärung und ein Zulassungsbeschluss sind nicht erforderlich.

Bemerkung: Werden zuvor in gleicher Urkunde durch Beschluss der Gesellschafter **Gewinne in Kapitalrücklagen umgewandelt**, welche dann dazu dienen, das Stammkapital aus Gesellschaftsmitteln zu erhöhen, handelt es sich um einen Beschluss mit bestimmtem Geldwert, welcher zum Kapitalerhöhungsbeschluss einen verschiedenen Beurkundungsgegenstand nach § 86 II hat. Der Geschäftswert dieses Beschlusses bestimmt sich nach dem Gewinnbetrag, der umgewandelt wird (§§ 36 I, 108 I).

21.695

Pos. (2):

21.696

Für die Erteilung der **bescheinigten Gesellschafterliste** (Anm. Nr. 6 zu Nr. 22200 KV) erhält der Notar die 0,5 Gebühr nach Nr. 22200 KV (Nr. 3 ist hier nicht einschlägig, da es sich nicht um die Beachtung einer Auflage zu einer Urkunde handelt), wenn Umstände außerhalb der Urkunde zu prüfen sind; vgl. auch Rz. 21.57. Der Geschäftswert bestimmt sich nach dem Wert des Beurkundungsverfahrens (§ 113 I).

Zu Rechnung 2 (Handelsregisteranmeldung)

Pos. (1):

21.697

Als Geschäftswert ist der in das Handelsregister einzutragende Unterschiedsbetrag maßgebend (§§ 119 I, 105 I Nr. 3).

Für den Entwurf ist gem. Nrn. 24102, 21201 Nr. 5 KV die Rahmengebühr 0,3–0,5, mind. 30 Euro zu erheben. Da der Entwurf vollständig gefertigt wurde, ist die höchste Rahmengebühr zu erheben (§ 92 II). Die Unterschriftsbeglaubigung löst keine zusätzliche Gebühr aus, Vorbem. 2.4.1 II KV.

21.698

Pos. (2):

21.699

Die Erstellung der **Gesellschafterliste** fällt unter den Vollzug (Vorbem. 2.2.1.1 I Nr. 3 KV). Dabei stellt die Anmeldung die maßgebliche Bezugsurkunde dar. Der

Geschäftswert bestimmt sich nach dem Wert des Entwurfs (§ 112), aus welchem die 0,3 nach Nr. 22111 KV zu erheben ist. Gem. Nr. 22113 KV ist die Gebühr auf 250 Euro pro gefertigter Liste begrenzt.

21.700 **Bemerkung:** Eine **Übernehmerliste** gem. § 57 GmbHG ist bei der Kapitalerhöhung aus Gesellschaftsmitteln nicht erforderlich.

21.701 **Pos. (3):**

Die Erstellung der **XML-Strukturdaten** fällt unter den Vollzug, für welchen das GNotKG eine eigenständige Gebühr in der Nr. 22114 KV vorsieht. Der Geschäftswert bestimmt sich nach dem Wert des Entwurfs der Handelsregisteranmeldung (§ 112).

→ **Fall 82: Kapitalherabsetzung**

A. Sachverhalt

21.702 Der Notar beurkundet die **Kapitalherabsetzung** der eingetragenen GmbH (Stammkapital: 60 000 Euro) um 20 000 Euro. Dadurch verringert sich der Geschäftsanteil eines jeden der beiden Gesellschafter um 10 000 Euro. Der Notar fertigt auftragsgemäß den **Entwurf** der **Handelsregisteranmeldung** und nimmt die Unterschriftsbeglaubigung vor. Auftragsgemäß fertigt der Notar die neue bescheinigte **Liste** der Gesellschafter gem. § 40 I, II. Gleichzeitig nimmt er den elektronischen Vollzug der Handelsregisteranmeldung (Erstellung der **XML-Strukturdaten**) vor.

B. Rechnungen

1. Beschluss

21.703

Pos.	Gebührentatbestand	Geschäftswert	KV-Nr.	Satz	Betrag
	Beurkundungsverfahren (§§ 36 I, 108 I S. 2, 105 I)	30 000	21100	2,0	250,00

2. Handelsregisteranmeldung

21.704

Pos.	Gebührentatbestände	Geschäftswert	KV-Nr.	Satz	Betrag
(1)	Entwurf Handelsregisteranmeldung (§§ 119 I, 105 I S. 1 Nr. 3, S. 2, 92 II)	30 000	24102, 21201 Nr. 5	0,5	62,50
(2)	Vollzug – Liste der Gesellschafter (Vorbem. 2.2.1.1 I 2 Nr. 3 KV; § 112)	30 000	22111	0,3	37,50
(3)	Vollzug – XML (§ 112)	30 000	22114	0,3	37,50

C. Erläuterungen

Zu Rechnung 1 (Beschluss)

Der Geschäftswert des **Kapitalherabsetzungsbeschlusses** bestimmt sich nach dem Herabsetzungsbetrag (§§ 36 I, 108 I S. 2, 105 I). Durch den Verweis in § 108 I S. 2 auf § 105 I gilt der Mindestgeschäftswert von 30 000 Euro.

21.705

Zu Rechnung 2 (Handelsregisteranmeldung)

Pos. (1):

21.706

Als Geschäftswert ist der in das Handelsregister einzutragende **Unterschiedsbetrag**, mind. 30 000 Euro maßgebend (§§ 119 I, 105 I S. 1 Nr. 3, S. 2).

Für den Entwurf ist gem. Nrn. 24102, 21201 Nr. 5 KV die Rahmengebühr 0,3–0,5, mind. 30 Euro zu erheben. Da der Entwurf vollständig gefertigt wurde, ist die höchste Rahmengebühr zu erheben (§ 92 II). Die Unterschriftsbeglaubigung löst keine zusätzliche Gebühr aus, Vorbem. 2.4.1 II KV.

21.707

Pos. (2):

21.708

Die Erstellung der **Gesellschafterliste** fällt unter den Vollzug (Vorbem. 2.2.1.1 I Nr. 3 KV). Dabei stellt die Anmeldung die maßgebliche Bezugsurkunde dar.

Der Geschäftswert bestimmt sich nach dem Wert des Entwurfs (§ 112), aus welchem die 0,3 Gebühr nach Nr. 22111 KV zu erheben ist. Gem. Nr. 22113 KV ist die Gebühr auf 250 Euro pro gefertigter Liste begrenzt.

21.709

Pos. (3):

21.710

Die Erstellung der **XML-Strukturdaten** fällt unter den Vollzug, für welchen das GNotKG eine eigenständige Gebühr in der Nr. 22114 KV vorsieht. Der Geschäftswert bestimmt sich nach dem Wert des Entwurfs der Handelsregisteranmeldung (§ 112).

→ **Fall 83: Umstellung des Stammkapitals auf Euro nebst Glättung**

A. Sachverhalt

Durch Gesellschafterversammlung der eingetragenen GmbH wird das Stammkapital von 50 000 DM auf 25 564,59 Euro umgestellt und die Satzung aufgrund der **Euroumstellung** in den Beträgen angepasst. Die **Glättung** des Stammkapitals erfolgt durch Barkapitalerhöhung um 35,41 Euro. Die Urkunde enthält neben den Beschlüssen die rechtsgeschäftliche **Übernahmeerklärung** nach § 55 I GmbHG für den Glättungsbetrag. Der Notar beurkundet die Beschlüsse und Erklärungen, fertigt den **Entwurf** der **Handelsregisteranmeldung** und nimmt die Unterschriftsbeglaubigung vor. Auftragsgemäß fertigt der Notar die bescheinigte **Liste** der neuen Gesellschafter gem. § 40 I, II sowie die Übernehmerliste gem. § 57 III Nr. 2 GmbHG. Gleichzeitig nimmt er den elektronischen Vollzug der Handelsregisteranmeldung (Erstellung der **XML**-Strukturdaten) vor. Die neue bescheinigte Gesellschafterliste reicht der Notar erst beim Handelsregister ein, wenn die Satzungsänderung im Handelsregister vollzogen ist (**Bescheinigung Liste**).

21.711

B. Rechnungen

1. Beschlüsse, Übernahmeerklärung

21.712

Pos.	Gebührentatbestände	Geschäfts-wert	KV-Nr.	Satz	Betrag
(1)	Beurkundungsverfahren (§§ 110 Nr. 1, 86 II, 109 II S. 1 Nr. 4b, 94 I, 35 I)	30 035,41	21100	2,0	270,00
	a) Umstellung auf Euro (§§ 108 I S. 1, 105 IV Nr. 1)	30 000	21100	2,0	
	b) Kapitalerhöhung = Glättung (§§ 36 I, 108 I S. 2, 105 I)	~~30 000~~	~~21100~~	~~2,0~~	~~250,00~~
	c) Übernahmeerklärung (§§ 97 I)	35,41	21200	~~1,0~~	
(2)	Betreuung – Bescheinigung Liste (§ 113 I)	30 035,41	22200 Anm. Nr. 6	0,5	67,50

2. Handelsregisteranmeldung

21.713

Pos.	Gebührentatbestände	Geschäfts-wert	KV-Nr.	Satz	Betrag
(1)	Entwurf Handelsregisteranmeldung (§§ 111 Nr. 3, 35 I, 92 II)	35 000	24102, 21201 Nr. 5	0,5	67,50
	a) Euroumstellung (119 I, 105 V, 92 II)	5000	24102, 21201 Nr. 5	0,5	
	b) Glättung (§§ 119 I, 105 I S. 1 Nr. 3, S. 2, 92 II)	30 000	24102, 21201 Nr. 5	0,5	
(2)	Vollzug – Listen der Gesellschafter (Vorbem. 2.2.1.1 I 2 Nr. 3 KV; § 112)	35 000	22111	0,3	40,50
(3)	Vollzug – XML (§ 112)	35 000	22114	0,3	40,50

C. Erläuterungen

Zu Rechnung 1 (Beschlüsse, Übernahme)

21.714 **Pos. (1):**

GmbH's mit einem Stammkapital in DM haben seit 1.1.2002 spätestens bei einer Beschlussfassung über Kapitalmaßnahmen die Pflicht, das Stammkapital, die Geschäftsanteile sowie satzungsmäßigen Betragsangaben auf Euro umzustellen.

X. Gesellschaft mit beschränkter Haftung

a) Bei der **Umstellung des Stammkapitals auf Euro** handelt es sich um einen Satzungsänderungsbeschluss ohne bestimmten Geldwert (§ 108 I S. 1, § 105 IV Nr. 1). 21.715

b) Geschäftswert des **Kapitalerhöhungsbeschlusses** sind die Leistungen der Gesellschafter, die auf den Erhöhungsbetrag zu erbringen sind, mind. 30 000 Euro (§§ 36 I, 108 I, 105 I). 21.716

Glättung und Euroumstellung unterfallen § 109 II S. 1 Nr. 4b. 21.717

c) Geschäftswert der **rechtsgeschäftlichen Übernahmeerklärung** sind die Leistungen der Gesellschafter, die für den Erhalt der Geschäftsanteile aufzuwenden sind (§ 97 I). Der Mindestwert von 30 000 Euro gilt hier nicht. 21.718

Wird das Stammkapital über den Glättungsbetrag hinaus geändert, hat der Kapitalveränderungsbeschluss zum Euroumstellungsbeschluss einen verschiedenen Beurkundungsgegenstand gem. § 86 II. Die Fälle, in denen derselbe Beurkundungsgegenstand vorliegt, sind abschließend in § 109 II geregelt. Dort ist diese Fallkonstellation nicht aufgeführt. 21.719

Verschiedene Beurkundungsgegenstände liegen gemäß § 110 Nr. 1 zwischen den Beschlüssen und der Übernahmeerklärung vor. Gem. § 94 I ist hier die Bewertung der höchsten Gebühr aus dem Gesamtbetrag der Werte maßgebend. Die getrennte Bewertung (2,0 aus 30 000 Euro + 1,0 aus 435,41 Euro) wäre hier teurer. 21.720

Pos. (2): 21.721
Für die Überwachung der Vorlage der **bescheinigten Gesellschafterliste** (Anm. Nr. 6 zu Nr. 22200 KV) erhält der Notar die 0,5 Gebühr nach Nr. 22200 KV (Nr. 3 ist hier nicht einschlägig, da es sich nicht um die Beachtung einer Auflage zu einer Urkunde handelt); vgl. auch Rz. 21.57. Der Geschäftswert bestimmt sich nach dem Wert des Beurkundungsverfahrens (§ 113 I).

Zu Rechnung 2 (Handelsregisteranmeldung)

Pos. (1): 21.722
a) Die Anmeldung der reinen **Euroumstellung** von Stammkapital, Geschäftsanteilen und satzungsmäßigen Betragsangaben hat keine wirtschaftliche Bedeutung (§§ 119 I, 105 V).

b) Als Geschäftswert der **Glättung** ist der in das Handelsregister einzutragende Unterschiedsbetrag, mind. 30 000 Euro maßgebend (§§ 119 I, 105 I S. 1 Nr. 3, S. 2). 21.723

Registeranmeldungen gelten gemäß § 111 Nr. 3 stets **als besondere Beurkundungsgegenstände**. Gem. § 35 I ist, da gleiche Gebührensätze vorliegen, die Wertesumme von 35 000 Euro maßgebend. 21.724

21.725 Für den Entwurf ist gem. Nrn. 24102, 21201 Nr. 5 KV die Rahmengebühr 0,3–0,5, mind. 30 Euro zu erheben. Da der Entwurf vollständig gefertigt wurde, ist die höchste Rahmengebühr zu erheben (§ 92 II). Die Unterschriftsbeglaubigung löst keine zusätzliche Gebühr aus, Vorbem. 2.4.1 II KV.

21.726 **Pos. (2):**
Die Erstellung der **Gesellschafterlisten** fällt unter den Vollzug (Vorbem. 2.2.1.1 I Nr. 3 KV). Dabei stellt die Anmeldung die maßgebliche Bezugsurkunde dar. Dies ergibt sich bereits aus der Bestimmung des § 57 III Nr. 2 GmbHG, wonach die Liste der Übernehmer der Anmeldung beizufügen ist.

21.727 Der Geschäftswert bestimmt sich nach dem Wert des Entwurfs (§ 112), aus welchem die 0,3 nach Nr. 22111 KV zu erheben ist. Gem. Nr. 22113 KV ist die Gebühr auf 250 Euro pro gefertigter Liste begrenzt.

21.728 **Pos. (3):**
Die Erstellung der **XML-Strukturdaten** fällt unter den Vollzug, für welchen das GNotKG eine eigenständige Gebühr in der Nr. 22114 KV vorsieht. Der Geschäftswert bestimmt sich nach dem Wert des Entwurfs der Handelsregisteranmeldung (§ 112).

→ **Fall 84: Umstellung des Stammkapitals auf Euro nebst Glättung und Änderung der Satzung in weiteren Punkten bzw. Neufassung der Satzung**

A. Sachverhalt

21.729 Durch Gesellschafterversammlung der eingetragenen GmbH wird das Stammkapital von 50 000 DM auf 25 564,59 Euro umgestellt und die Satzung aufgrund der **Euroumstellung** geändert. Weiterhin wird die Satzung hinsichtlich des **Unternehmensgegenstandes** ergänzt. Die **Glättung** des Stammkapitals erfolgt durch Barkapitalerhöhung um 435,41 Euro. Die Urkunde enthält neben den Beschlüssen die rechtsgeschäftliche **Übernahmeerklärung** nach § 55 I GmbHG für den Glättungsbetrag. Der Notar beurkundet die Beschlüsse und Erklärungen, fertigt den **Entwurf** der **Handelsregisteranmeldung** und nimmt die Unterschriftsbeglaubigung vor. Auftragsgemäß fertigt der Notar die bescheinigte **Liste** der neuen Gesellschafter gem. § 40 I, II sowie die Übernehmerliste gem. § 57 III Nr. 2 GmbHG. Gleichzeitig nimmt er den elektronischen Vollzug der Handelsregisteranmeldung (Erstellung der **XML**-Strukturdaten) vor. Die neue bescheinigte Gesellschafterliste reicht der Notar erst beim Handelsregister ein, wenn die Satzungsänderung im Handelsregister vollzogen ist (**Bescheinigung Liste**).

B. Rechnungen

1. Beschlüsse, Übernahme

21.730

Pos.	Gebührentatbestände	Geschäfts-wert	KV-Nr.	Satz	Betrag
(1)	Beurkundungsverfahren (§§ 110 Nr. 1, 86 II, 94 I, 35 I)	60 435,41	21100	2,0	384,00
	a) Umstellung auf Euro und weitere Satzungsänderung (§§ 108 I S. 1, 105 IV Nr. 1)	30 000	21100	2,0	
	b) Kapitalerhöhung = Glättung (§§ 36 I, 108 I S. 2, 105 I)	30 000	21100	2,0	
	c) Übernahmeerklärung (§§ 97 I, 46, 38)	435,41	21200	1,0	
(2)	Betreuung – Bescheinigung Liste (§ 113 I)	60 435,41	22200 Anm. Nr. 6	0,5	96,00

2. Handelsregisteranmeldung

21.731

Pos.	Gebührentatbestände	Geschäfts-wert	KV-Nr.	Satz	Betrag
(1)	Entwurf Handelsregisteranmeldung (§§ 111 Nr. 3, 35 I, 92 II)	60 000	24102, 21201 Nr. 5	0,5	96,00
	a) Euroumstellung und Satzungs-änderung (119 I, 105 IV Nr. 1, 92 II)	30 000	24102, 21201 Nr. 5	0,5	
	b) Glättung (§§ 119 I, 105 I S. 1 Nr. 3, S. 2, 92 II)	30 000	24102, 21201 Nr. 5	0,5	
(2)	Vollzug – Listen der Gesellschafter (Vorbem. 2.2.1.1 I 2 Nr. 3 KV; § 112)	60 000	22111	0,3	57,60
(3)	Vollzug – XML (§ 112)	60 000	22114	0,3	57,60

C. Erläuterungen

Zu Rechnung 1 (Beschlüsse, Übernahmeerklärung)

Pos. (1):

21.732

a) Die Beschlussfassungen über die **Umstellung des Stammkapitals**, der Geschäftsanteile und satzungsmäßigen Betragsangaben auf Euro sowie die Änderung des Unternehmensgegenstandes haben keinen bestimmten Geldwert (§§ 108 I S. 1, 105 IV Nr. 1). Es handelt sich bei derartigen Änderungen der Satzung, deren Gegenstand keinen bestimmten Geldwert hat, gemäß § 109 II S. 1 Nr. 4c um denselben Beurkundungsgegenstand.

21.733 b) **Geschäftswert des Kapitalerhöhungsbeschlusses** sind die Leistungen der Gesellschafter, die auf den Erhöhungsbetrag zu erbringen sind, mind. 30 000 Euro (§§ 36 I, 108 I S. 2, 105 I).

21.734 c) Geschäftswert der rechtsgeschäftlichen **Übernahmeerklärung** sind die Leistungen der Gesellschafter, die für den Erhalt der Geschäftsanteile aufzuwenden sind (§ 97 I). Der Mindestwert von 30 000 Euro gilt hier nicht, weil § 108 I S. 2 nur für Beschlüsse gilt.

21.735 Der Beschluss über die **Änderungen der Satzung und der Glättungsbeschluss sind verschiedene Beurkundungsgegenstände** nach § 86 II, weil die Satzungsänderung nicht allein die Euroumstellung betrifft.

Zusätzlich findet § 110 Nr. 1 Anwendung, weil Beschlüsse und rechtsgeschäftliche Erklärungen (Übernahmeerklärung) in einer Verhandlung beurkundet wurden. Gem. § 94 I bleibt es hier für die verschiedenen Beurkundungsgegenstände bei der Erhebung der höchsten Gebühr aus dem zusammengerechneten Wert, weil die getrennte Bewertung (2,0 aus 60 000 Euro + 1,0 aus 435,41 Euro) teurer wäre.

21.736 Pos. (2):

Für die Überwachung der Vorlage der **bescheinigten Gesellschafterliste** (Anm. Nr. 6 zu Nr. 22200 KV) erhält der Notar die 0,5 Gebühr nach Nr. 22200 KV (Nr. 3 ist hier nicht einschlägig, da es sich nicht um die Beachtung einer Auflage zu einer Urkunde handelt); vgl. auch Rz. 21.57. Der Geschäftswert bestimmt sich nach dem Wert des Beurkundungsverfahrens (§ 113 I).

Zu Rechnung 2 (Handelsregisteranmeldung)

21.737 Pos. (1):

a) Die Anmeldung der **Satzungsänderung incl. Euroumstellung** hat keinen bestimmten Geldbetrag als Wert (§§ 119 I, 105 IV Nr. 1).

21.738 b) Als Geschäftswert der **Glättung** ist der in das Handelsregister einzutragende Unterschiedsbetrag, mind. 30 000 Euro maßgebend (§§ 119 I, 105 I S. 1 Nr. 3, S. 2).

21.739 **Registeranmeldungen** gelten gemäß § 111 Nr. 3 stets als **besondere Beurkundungsgegenstände**. Gem. § 35 I ist, da gleiche Gebührensätze vorliegen, die Wertesumme von 60 000 Euro maßgebend.

21.740 Für den Entwurf ist gem. Nrn. 24102, 21201 Nr. 5 KV die Rahmengebühr 0,3–0,5, mind. 30 Euro zu erheben. Da der Entwurf vollständig gefertigt wurde, ist die höchste Rahmengebühr zu erheben (§ 92 II). Die Unterschriftsbeglaubigung löst keine zusätzliche Gebühr aus, Vorbem. 2.4.1 II KV.

21.741 Pos. (2):

Die Erstellung der **Gesellschafterlisten** fällt unter den Vollzug (Vorbem. 2.2.1.1 I Nr. 3 KV). Dabei stellt die Anmeldung die maßgebliche Bezugsurkunde dar. Dies ergibt sich bereits aus der Bestimmung des § 57 III Nr. 2 GmbHG, wonach die Liste der Übernehmer der Anmeldung beizufügen ist.

Der Geschäftswert bestimmt sich nach dem Wert des Entwurfs (§ 112), aus welchem die 0,3 Gebühr nach Nr. 22111 KV zu erheben ist. Gem. Nr. 22113 KV ist die Gebühr auf 250 Euro pro gefertigter Liste begrenzt.

21.742

Pos. (3):

21.743

Die Erstellung der **XML-Strukturdaten** fällt unter den Vollzug, für welchen das GNotKG eine eigenständige Gebühr in der Nr. 22114 KV vorsieht. Der Geschäftswert bestimmt sich nach dem Wert des Entwurfs der Handelsregisteranmeldung (§ 112).

→ **Fall 85: Zusammenlegung von Geschäftsanteilen**

A. Sachverhalt

Der Notar beurkundet die Gesellschafterversammlung der eingetragenen GmbH (Stammkapital 100 000 Euro), in welcher beschlossen wird, dass die von A gehaltenen zwei Geschäftsanteile von je 25 000 Euro zu einem **Geschäftsanteil zusammengelegt** werden. Auftragsgemäß fertigt der Notar die bescheinigte **Liste** der neuen Gesellschafter gem. § 40 I, II GmbHG. Umstände außerhalb der Urkunde hat er nicht zu prüfen.

21.744

B. Rechnung

Pos.	Gebührentatbestände	Geschäftswert	KV-Nr.	Satz	Betrag
(1)	Beurkundungsverfahren (§§ 108 I S. 1, 105 IV Nr. 1)	30 000	21100	2,0	250,00
(2)	Vollzug – Liste der Gesellschafter (Vorbem. 2.2.1.1 I 2 Nr. 3 KV; § 112)	30 000	22110	0,5	62,50

21.745

C. Erläuterungen

Pos. (1):

21.746

Bei dem **Zusammenlegungsbeschluss** handelt es sich um einen Beschluss ohne bestimmten Geldwert (§§ 108 Abs. I S. 1, 105 IV Nr. 1). Maßgebend ist 1 % des eingetragenen Stammkapitals, mindestens 30 000 Euro.

Bemerkung:

21.747

Gem. § 46 Nr. 4 i.V.m. § 47 GmbHG bedarf es zur Zusammenlegung von Geschäftsanteilen eines Gesellschafterbeschlusses. Allerdings kann in der Satzung bestimmt werden, dass die Geschäftsanteile auch ohne Beschluss zusammengelegt werden können. In diesem Fall bedarf es einer schriftlichen **(Zusammenlegungs-)Erklärung des Gesellschafters**. Wird diese beurkundet, handelt es sich um eine einseitige Erklärung, für welche die 1,0 Gebühr nach Nr. 21200 KV zu erheben ist. Der Geschäftswert bestimmt sich nach § 36 I (Teilwert aus dem Nennbetrag des zusammengelegten (neuen) Geschäftsanteils).

Wenn der Zustimmungsbeschluss bzw. die Zusammenlegungserklärung mit anderen Erklärungen oder Beschlüssen in einer Urkunde beurkundet wird, gilt

21.748

§ 86 II bzw. § 110 Nr. 1. § 86 II gilt auch dann, wenn **mehrere Geschäftsanteile mehrerer Gesellschafter** zusammengelegt werden.

21.749 Pos. (2):
Die Erstellung der **Gesellschafterliste** fällt unter den Vollzug (Vorbem. 2.2.1.1 I Nr. 3 KV). Der Geschäftswert bestimmt sich nach dem Wert des Beurkundungsverfahrens (§ 112), aus welchem die 0,5 Gebühr nach Nr. 22110 KV zu erheben ist. Gem. Nr. 22113 KV ist die Gebühr auf 250 Euro pro gefertigter Liste begrenzt, sofern mehrere Listen gefertigt werden.

D. Anmerkung

21.750 Die Übermittlung der Liste in Form der **XML-Strukturdatei** an das Handelsregister löst die Vollzugsgebühr nach Nr. 22114 KV aus dem Wert des Beurkundungsverfahrens (§ 112) aus. Lässt sich die Liste unproblematisch auch ohne die Erzeugung kostenpflichtiger XML-Daten an das elektronische Postfach bei Gericht übermitteln, so dürfte unter dem Gesichtspunkt des § 21 dieser Weg zu beschreiten sein.

→ **Fall 86: Teilung von Geschäftsanteilen (auf Vorrat)**

A. Sachverhalt

21.751 Gemäß dem Satzungswortlaut der eingetragenen GmbH (Stammkapital 120 000 Euro) unterliegt die Teilung von Geschäftsanteilen der Gesellschafterversammlung. Entsprechend beurkundet der Notar den Beschluss über die **Teilung des Geschäftsanteils** Nr. 2 des B im Nennbetrag von 60 000 Euro in die beiden Geschäftsanteile Nr. 3 und 4 mit einem Nennbetrag von jeweils 30 000 Euro. Auftragsgemäß fertigt der Notar die bescheinigte **Liste** der neuen Gesellschafter gem. § 40 I, II. Umstände außerhalb der Urkunde hat er nicht zu prüfen.

B. Rechnung

21.752

Pos.	Gebührentatbestände	Geschäftswert	KV-Nr.	Satz	Betrag
(1)	Beurkundungsverfahren (§§ 108 I S. 1, 105 IV Nr. 1)	30 000	21100	2,0	250,00
(2)	Vollzug – Liste der Gesellschafter (Vorbem. 2.2.1.1 I 2 Nr. 3 KV; § 112)	30 000	22110	0,5	62,50

C. Erläuterungen

21.753 Pos. (1):
Bei der **Teilung von Geschäftsanteilen** handelt es sich um einen Beschluss ohne bestimmten Geldwert (§§ 108 I S. 1, 105 IV Nr. 1). Maßgebend ist 1 % des eingetragenen Stammkapitals, mindestens 30 000 Euro.

Bemerkung:

Gem. § 46 Nr. 4 i.V.m. § 47 GmbHG bedarf es zur Teilung von Geschäftsanteilen eines Gesellschafterbeschlusses. Allerdings kann in der Satzung bestimmt werden, dass die Geschäftsanteile auch ohne Beschluss geteilt werden können. In diesem Fall bedarf es einer schriftlichen **(Teilungs-)Erklärung des Gesellschafters**. Wird diese beurkundet, handelt es sich um eine einseitige Erklärung, für welche die 1,0 Gebühr nach Nr. 21200 KV zu erheben ist. Der Geschäftswert bestimmt sich nach § 36 I (Teilwert aus dem Nennbetrag des Geschäftsanteils; bei mehreren aus der Summe der Nennbeträge). Ist nach der Satzung zur Teilung von Geschäftsanteilen die Zustimmung der übrigen Gesellschafter erforderlich, liegt gem. § 109 I S. 1–3 derselbe Beurkundungsgegenstand vor. Eine gesonderte Bewertung der Zustimmung findet nicht statt.

Werden **mehrere Geschäftsanteile mehrerer Gesellschafter** durch Beschluss geteilt, handelt es sich um einen verschiedenen Beurkundungsgegenstand gem. § 86 II.

Pos. (2):

Die Erstellung der **Gesellschafterliste** fällt unter den Vollzug (Vorbem. 2.2.1.1 I Nr. 3 KV). Der Geschäftswert bestimmt sich nach dem Wert des Beurkundungsverfahrens (§ 112), aus welchem die 0,5 nach Nr. 22110 KV zu erheben ist. Gem. Nr. 22113 KV ist die Gebühr auf 250 Euro pro gefertigter Liste begrenzt.

D. Anmerkung

Die Übermittlung der Liste in Form der **XML-Strukturdatei** an das Handelsregister löst die Vollzugsgebühr nach Nr. 22114 KV aus dem Wert des Beurkundungsverfahrens (§ 112) aus. Lässt sich die Liste unproblematisch auch ohne die Erzeugung kostenpflichtiger XML-Daten an das elektronische Postfach bei Gericht übermitteln, so dürfte unter dem Gesichtspunkt des § 21 dieser Weg zu beschreiben sein.

→ Fall 87: Einziehung des Geschäftsanteils und anschließende Aufstockung

A. Sachverhalt

An der eingetragenen GmbH mit einem Stammkapital von 200 000 Euro sind A, B, C, D und E Gesellschafter zu gleichen Teilen. In der vom Notar protokollierten Gesellschafterversammlung wird die **Einziehung des Geschäftsanteils** von E beschlossen. Des Weiteren erfolgt über Beschluss die Anpassung der Nennwerte der verbleibenden Geschäftsanteile an das Stammkapital durch **nominelle Aufstockung**. Das Reinvermögen der GmbH (Aktiva abzgl. Verbindlichkeiten (ohne Rückstellungen)) wird mit 800 000 Euro angegeben. Das Eigenkapital im Sinne des § 266 III HGB beträgt 760 000 Euro. Auftragsgemäß fertigt der Notar die bescheinigte **Liste** der neuen Gesellschafter gem. § 40 I, II. Umstände außerhalb der Urkunde hat er nicht zu prüfen.

B. Rechnung

21.758

Pos.	Gebührentatbestände	Geschäfts-wert	KV-Nr.	Satz	Betrag
(1)	Beurkundungsverfahren (§§ 86 II, 35 I)	182 000	21100	2,0	816,00
	a) Einziehung (§§ 36 I, 108 I S. 2, 54)	152 000	21100	2,0	
	b) Aufstockung (§§ 108 I S. 1, 105 IV Nr. 1)	30 000	21100	2,0	
(2)	Vollzug – Liste der Gesellschafter (Vorbem. 2.2.1.1 I 2 Nr. 3 KV; § 112)	182 000	22110	0,5	204,00

C. Erläuterungen

21.759 **Pos. (1):**

a) Der Beschluss über die **Einziehung des Geschäftsanteils** hat einen bestimmten Geldwert; § 36 I. Als Geschäftswert ist der Wert des Geschäftsanteils gemäß § 54 oder der höhere Abfindungsbetrag maßgebend. Der Nennbetrag des eingezogenen Geschäftsanteils kann nicht herangezogen werden, weil mit dem Nennbetrag nur die Haftungssumme des Gesellschafters an der GmbH ausgedrückt wird. Der Geschäftswert beträgt 152 000 Euro (= 760 000 Euro : 5; §§ 36 I, 108 I S. 2, 54).

21.760 b) Der Beschluss über die **nominelle Aufstockung** der übrigen Geschäftsanteile stellt einen weiteren Beschluss ohne bestimmten Geldwert dar, weil sich bereits die Beteiligungsverhältnisse der übrigen Gesellschafter ohne Anpassung nach dem neuen Verhältnis ihrer Anteile zum Stammkapital verändert haben (§§ 108 I S. 1, 105 IV Nr. 1).

21.761 **Einziehungsbeschluss und Aufstockungsbeschluss sind verschiedene Beurkundungsgegenstände** gem. § 86 II, denn derselbe Beurkundungsgegenstand liegt bei mehreren Beschlüssen nur in den Fällen des § 109 II Nr. 4 vor. Anders wäre es, wenn ein einziger Beschluss angenommen werden müsste, was jedoch dann kein Fall des § 109 I S. 1–3 wäre.

21.762 Sollte man zu der Auffassung gelangen müssen, dass **neben dem Einziehungsbeschluss kein Aufstockungsbeschluss** erforderlich ist, so kann freilich nur der Einziehungsbeschluss bewertet werden (vgl. § 21).

21.763 **Pos. (2):**
Die Erstellung der **Gesellschafterliste** fällt unter den Vollzug (Vorbem. 2.2.1.1 I Nr. 3 KV). Der Geschäftswert bestimmt sich nach dem Wert des Beurkundungsverfahrens (§ 112), aus welchem die 0,5 nach Nr. 22110 KV zu erheben ist. Gem. Nr. 22113 KV ist die Gebühr auf 250 Euro pro gefertigter Liste begrenzt.

D. Anmerkung

21.764 Die Übermittlung der Liste in Form der **XML-Strukturdatei** an das Handelsregister löst die Vollzugsgebühr nach Nr. 22114 KV aus dem Wert des Beurkundungsverfahrens (§ 112) aus. Lässt sich die Liste unproblematisch auch ohne die

Erzeugung kostenpflichtiger XML-Daten an das elektronische Postfach bei Gericht übermitteln, so dürfte unter dem Gesichtspunkt des § 21 dieser Weg zu beschreiten sein.

→ Fall 88: Entwurf eines Beschlusses einer Gesellschafterversammlung (Bestellung Geschäftsführer)

A. Sachverhalt

Der **Notar entwirft** auftragsgemäß den Beschluss der **Gesellschafterversammlung** der eingetragenen GmbH (Stammkapital: 60 000 000 Euro), in welcher C und D zu alleinvertretungsberechtigten Geschäftsführern bestellt werden. Sie sind von den Beschränkungen des § 181 BGB befreit. Die bestellten Geschäftsführer C und D werden zum Handelsregister angemeldet. Hierfür entwirft der Notar die **Anmeldung** und nimmt die Unterschriftsbeglaubigung vor. Gleichzeitig nimmt er den elektronischen Vollzug der Handelsregisteranmeldung (Erstellung der **XML**-Strukturdaten) vor.

B. Rechnungen

1. Entwurf Beschluss

Pos.	Gebührentatbestand	Geschäftswert	KV-Nr.	Satz	Betrag
	Entwurf Beschluss – Wahlen (§§ 119 I, 108 I S. 1, 105 IV Nr. 1, 109 II S. 1 Nr. 4d, 92 II)	600 000	24100, 21100	2,0	2190,00

2. Handelsregisteranmeldung

Pos.	Gebührentatbestände	Geschäftswert	KV-Nr.	Satz	Betrag
(1)	Entwurf Handelsregisteranmeldung (§§ 111 Nr. 3, 35 I, 106, 92 II)	1 000 000	24102, 21201 Nr. 5	0,5	867,50
	a) Neubestellung C (119 I, 105 IV Nr. 1, 92 II)	600 000	24102, 21201 Nr. 5	0,5	
	b) Neubestellung D (119 I, 105 IV Nr. 1, 92 II)	600 000	24102, 21201 Nr. 5	0,5	
(2)	Vollzug – XML (§ 112)	1 000 000	22114	0,3	250,00

C. Erläuterungen

Zu Rechnung 1 (Entwurf Beschluss)

Für den **Entwurf** ist die Vorschrift des § 119 I einschlägig. Danach bestimmt sich der Geschäftswert nach den für die Beurkundung geltenden Vorschriften.

Die **Bestellung eines Geschäftsführers (sowie ebenfalls seine Abberufung)** betrifft einen Beschluss ohne bestimmten Geldwert (§ 108 I S. 1, 119 I, 105 IV Nr. 1, § 109 II Nr. 4d). Der Geschäftswert beträgt 1 % des eingetragenen Stammkapitals, mindestens 30 000 Euro. Mehrere Wahlen haben gemäß § 109 II S. 1 Nr. 4d) denselben Beurkundungsgegenstand, sofern nicht Einzelwahlen vorliegen.

21.769 Der Geschäftswert eines Beschlusses ohne bestimmten Geldwert beträgt in jedem Fall gemäß § 108 V höchstens 5 000 000 Euro, auch bei Beschlüssen mit verschiedenem Beurkundungsgegenstand.

Zu Rechnung 2 (Handelsregisteranmeldung)

21.770 **Pos. (1):**

Betroffen sind **Anmeldungen ohne bestimmten Geldbetrag**. Jede Anmeldung gilt stets gemäß § 111 Nr. 3 als besonderer Beurkundungsgegenstand. Gem. § 35 I ist die Wertesumme der Registeranmeldungen maßgebend (hier: 1 200 000 Euro). Gemäß § 106 beträgt der Höchstwert von Registeranmeldungen jedoch 1 000 000 Euro.

21.771 Für den Entwurf ist gem. Nrn. 24102, 21201 Nr. 5 KV die Rahmengebühr 0,3–0,5, mind. 30 Euro zu erheben. Da der Entwurf vollständig gefertigt wurde, ist die höchste Rahmengebühr zu erheben (§ 92 II). Die Unterschriftsbeglaubigung löst keine zusätzliche Gebühr aus, Vorbem. 2.4.1 II KV.

21.772 **Pos. (2):**

Die Erstellung der **XML-Strukturdaten** fällt unter den Vollzug, für welchen das GNotKG eine eigenständige Gebühr in der Nr. 22114 KV vorsieht. Der Geschäftswert bestimmt sich nach dem Wert des Entwurfs der Handelsregisteranmeldung (§ 112). Die Gebühr ist auf 250 Euro begrenzt.

→ **Fall 89: Auflösung der GmbH und Bestellung eines *geborenen* Liquidators**

A. Sachverhalt

21.773 Die Gesellschafterversammlung beschließt die **Auflösung** der GmbH (Stammkapital 25 000 Euro). Der alleinvertretungsberechtigte **Geschäftsführer** wird zum alleinvertretungsberechtigten **Liquidator** bestellt. Der Satzungswortlaut enthält für den Fall der Auflösung keine vom Gesetz abweichenden Regelungen. Der Notar beurkundet den Versammlungsbeschluss, entwirft die **Handelsregisteranmeldung** (Auflösung der GmbH, Bestellung des bisherigen Geschäftsführers als Liquidator) und nimmt die Unterschriftsbeglaubigung vor. Gleichzeitig nimmt er den elektronischen Vollzug der Handelsregisteranmeldung (Erstellung der **XML-Strukturdaten**) vor.

X. Gesellschaft mit beschränkter Haftung

B. Rechnungen

1. Beschluss

Pos.	Gebührentatbestand	Geschäfts-wert	KV-Nr.	Satz	Betrag
	Beurkundungsverfahren – Beschluss (§§ 108 I S. 1, 105 IV Nr. 1)	30 000	21100	2,0	250,00

21.774

2. Handelsregisteranmeldung

Pos.	Gebührentatbestände	Geschäfts-wert	KV-Nr.	Satz	Betrag
(1)	Entwurf Handelsregisteranmeldung (§§ 119 I, 105 IV Nr. 1, 92 II)	30 000	24102, 21201 Nr. 5	0,5	62,50
(2)	Vollzug – XML (§ 112)	30 000	22114	0,3	37,50

21.775

C. Erläuterungen

Zu Rechnung 1 (Beschluss)

Die **Auflösung der Gesellschaft** betrifft einen Beschluss ohne bestimmten Geldwert. Der Geschäftswert beträgt 1 % des eingetragenen Stammkapitals, mind. 30 000 Euro (§§ 108 I S. 1, 105 Abs. IV Nr. 1).

21.776

Ist weder in der Satzung noch im Auflösungsbeschluss etwas anderes bestimmt, so sind alle zur Zeit der Auflösung im Amt befindlichen Geschäftsführer gem. § 66 I GmbHG ohne weiteren Bestellungsakt „geborene" Liquidatoren. Dennoch wird auch im Falle einer Amtskontinuität der Geschäftsführer als Liquidatoren aus Gründen der Klarheit und zur Erleichterung der Eintragung im Handelsregister empfohlen, die Liquidatoren im Auflösungsbeschluss zu bestellen bzw. zu benennen sowie ihre Vertretungsmacht auszuweisen.

21.777

Enthält der Auflösungsbeschluss eine **rein deklaratorische Feststellung**, dass der oder die Geschäftsführer gemäß der gesetzlichen Regel des § 66 I GmbHG **Liquidatoren** der aufgelösten GmbH sind, und erfolgt auch keine Änderung der Vertretungsregel, so ist von einem (einzigen) Beschluss ohne bestimmten Geldwert auszugehen (§ 108 I S. 1, § 119 I, § 105 IV Nr. 1, § 109 II Nr. 4d). Der Geschäftswert beträgt 1 % des eingetragenen Stammkapitals, mindestens 30 000 Euro.

21.778

Zu Rechnung 2 (Handelsregisteranmeldung)

Pos. (1):

Bei der Anmeldung der **Auflösung der Gesellschaft, des Erlöschens der Vertretungsbefugnis des bisherigen Geschäftsführers und dessen Bestellung zum Liquidator** handelt es sich um eine spätere Anmeldung ohne bestimmten Geldbetrag (§§ 119 I, 105 IV Nr. 1). Maßgebend ist 1 % des Stammkapitals, mindestens 30 000 Euro.

21.779

21.780 Dabei ist die Anmeldung der Auflösung der Gesellschaft, des Erlöschens der Vertretungsbefugnis des bisherigen Geschäftsführers und dessen Bestellung zum Liquidator als ein einheitlicher Rechtsvorgang anzusehen, so dass § 111 Nr. 3 nicht zur Anwendung kommt.[1]

21.781 Zur Anwendung der BGH-Entscheidung siehe auch Rz. 21.35.

21.782 Für den Entwurf ist gem. Nrn. 24102, 21201 Nr. 5 KV die Rahmengebühr 0,3–0,5, mind. 30 Euro, zu erheben. Da der Entwurf vollständig gefertigt wurde, ist die höchste Rahmengebühr zu erheben (§ 92 II). Die Unterschriftsbeglaubigung löst keine zusätzliche Gebühr aus, Vorbem. 2.4.1 II KV.

21.783 **Pos. (2):**

Die Erstellung der **XML-Strukturdaten** fällt unter den Vollzug, für welchen das GNotKG eine eigenständige Gebühr in der Nr. 22114 KV vorsieht. Der Geschäftswert bestimmt sich nach dem Wert des Entwurfs der Handelsregisteranmeldung (§ 112).[2]

→ **Fall 90: Auflösung der GmbH und Bestellung eines *gekorenen* Liquidators**

A. Sachverhalt

21.784 Die Gesellschafterversammlung beschließt die **Auflösung** der GmbH (Stammkapital 25 000 Euro). Entgegen der Satzung (Liquidator sollte danach ein Dritter sein) wird der **Geschäftsführer abberufen** und zum **Liquidator** bestellt. Der Notar beurkundet die Versammlung, entwirft die **Handelsregisteranmeldung** (Auflösung der GmbH, Wegfall des Geschäftsführers A (§ 39 I GmbHG), Anmeldung des A zum Liquidator) und nimmt die Unterschriftsbeglaubigung vor. Gleichzeitig nimmt er den elektronischen Vollzug der Handelsregisteranmeldung (Erstellung der **XML**-Strukturdaten) vor.

B. Rechnungen

1. Beschlüsse

21.785

Pos.	Gebührentatbestände	Geschäftswert	KV-Nr.	Satz	Betrag
	Beurkundungsverfahren – Beschluss (§§ 86 II, 35 I)	60 000	21100	2,0	384,00
	a) Auflösungsbeschluss (§§ 108 I S. 1, 105 IV Nr. 1)	30 000	21100	2,0	
	b) Abberufung Geschäftsführer und Bestellung zum Liquidator (§§ 108 I S. 1, 105 IV Nr. 1)	30 000	21100	2,0	

---

1 BGH v. 18.10.2016 – II ZB 18/15 und bestätigend BGH v. 20.12.2016 – II ZB 13/16, NotBZ 4/2017, 148 ff. mit Anm. *Heinze.*
2 BGH v. 20.12.2016 – II ZB 13/16, NotBZ 4/2017, 152.

2. Handelsregisteranmeldung

Pos.	Gebührentatbestände	Geschäfts-wert	KV-Nr.	Satz	Betrag
(1)	Entwurf Handelsregisteranmeldung (§§ 111 Nr. 3, 35 I, 92 II)	90 000	24102, 21201 Nr. 5	0,5	123,00
	a) Auflösung (§§ 119 I, 105 IV Nr. 1, 92 II)	30 000	24102, 21201 Nr. 5	0,5	
	b) Abberufung Geschäftsführer (§§ 119 I, 105 IV Nr. 1, 92 II)	30 000	24102, 21201 Nr. 5	0,5	
	c) Anmeldung Liquidator (§§ 119 I, 105 IV Nr. 1, 92 II)	30 000	24102, 21201 Nr. 5	0,5	
(2)	Vollzug – XML (§ 112)	90 000	22114	0,3	73,80

C. Erläuterungen

Zu Rechnung 1 (Beschluss)

Die **Auflösung der Gesellschaft** betrifft einen Beschluss ohne bestimmten Geldwert. Der Geschäftswert beträgt 1 % des eingetragenen Stammkapitals, mind. 30 000 Euro (§§ 108 I S. 1, 105 IV Nr. 1).

Enthält der Auflösungsbeschluss eine ausdrückliche Bestellung der Geschäftsführer zu **Liquidatoren**, z.B. weil in der Satzung als Liquidator ein Dritter vorgesehen war, oder ändert sich die Vertretungsberechtigung, so stellt dieser Bestellungs- bzw. Vertretungsänderungsbeschluss einen zum Auflösungsbeschluss verschiedenen Beurkundungsgegenstand nach § 86 II GNotKG dar. Dieser Beschluss hat ebenso einen unbestimmten Geldwert und ist mit beträgt 1 % des eingetragenen Stammkapitals, mind. 30 000 Euro (§§ 108 I S. 1, 105 IV Nr. 1) zu bewerten. Dabei sind mehrere Wahlen in einem Wahlgang gem. § 109 I, II Nr. 4d derselbe Beurkundungsgegenstand.

Zu Rechnung 2 (Handelsregisteranmeldung)

Pos. (1):

a) Bei der Anmeldung der **Auflösung der Gesellschaft** handelt es sich um eine spätere Anmeldung ohne bestimmten Geldbetrag (§§ 119 I, 105 IV Nr. 1). Maßgebend ist 1 % des Stammkapitals, mindestens 30 000 Euro.

b) und c) Bei der Anmeldung der **konstitutiven Änderung der Geschäftsführer zu Liquidatoren** bzw. der Änderung der Vertretungsberechtigung stellt jede Änderung in der Person des Geschäftsführers bzw. des korrespondierenden Liquidators eine selbstständige Anmeldetatsache dar. Es handelt sich also um zwei Anmeldungen.

21.791 **Mehrere Anmeldungen** gelten gemäß § 111 Nr. 3 stets **besondere Beurkundungsgegenstände**, so dass die Einzelwerte gem. § 35 I zu addieren sind.

21.792 Für den Entwurf ist gem. Nrn. 24102, 21201 Nr. 5 KV die Rahmengebühr 0,3–0,5, mind. 30 Euro zu erheben. Da der Entwurf vollständig gefertigt wurde, ist die höchste Rahmengebühr zu erheben (§ 92 II). Die Unterschriftsbeglaubigung löst keine zusätzliche Gebühr aus, Vorbem. 2.4.1 II KV.

21.793 **Pos. (2):**
Die Erstellung der **XML-Strukturdaten** fällt unter den Vollzug, für welchen das GNotKG eine eigenständige Gebühr in der Nr. 22114 KV vorsieht. Der Geschäftswert bestimmt sich nach dem Wert des Entwurfs der Handelsregisteranmeldung (§ 112).

D. Anmerkung

21.794 § 111 Nr. 3 GNotKG bestimmt eine **Registeranmeldung zu einem besonderen Beurkundungsgegenstand**. Das heißt, gleichgültig mit welchem sonstigen Rechtsverhältnis die Anmeldung in einem Beurkundungsverfahren (d.h. in einer Urkunde, § 85 II GNotKG), einem Entwurf (§ 119 I GNotKG) oder einer Unterschriftsbeglaubigung (§ 121 GNotKG) zusammentrifft, sie ist dazu immer ein eigenständiger Beurkundungsgegenstand, kann also mit diesem nicht denselben Beurkundungsgegenstand nach § 109 GNotKG bilden. Selbst mehrere Anmeldungen sind eigenständige (besondere) Beurkundungsgegenstände. Es kommt somit entscheidend darauf an, ob es sich bei einer Registeranmeldung um die Anmeldung einer Tatsache oder mehrerer Tatsachen handelt. Da sich das Registerrecht hierzu nicht eindeutig verhält, harren auch die bisherigen – durchaus unterschiedlichen – Antworten im kostenrechtlichen Schrifttum für den einzelnen Anmeldefall einer gerichtlichen Klärung. Lediglich zur Anmeldung des geborenen Liqidators hat der BGH[1] entschieden, dass es sich bei der Anmeldung der Auflösung und des geborenen Liquidators um einen einheitlichen Rechtsvorgang handelt; vgl. Rz. 21.35.

→ **Fall 91: Anmeldung der Vollbeendigung der GmbH (Löschung)**

A. Sachverhalt

21.795 Zur Eintragung ins Handelsregister wird angemeldet, dass die **Liquidation beendet** ist. Die Firma ist erloschen. Der Notar fertigt den Entwurf der **Handelsregisteranmeldung** und nimmt die Unterschriftsbeglaubigung vor. Gleichzeitig nimmt er den elektronischen Vollzug der Handelsregisteranmeldung (Erstellung der **XML**-Strukturdaten) vor.

---

1 BGH v. 18.10.2016 – II ZB 18/15 und bestätigend BGH v. 20.12.2016 – II ZB 13/16, NotBZ 4/2017, 148 ff. mit Anm. *Heinze*.

B. Rechnung

Pos.	Gebührentatbestände	Geschäfts-wert	KV-Nr.	Satz	Betrag
(1)	Entwurf Handelsregisteranmeldung (§§ 119 I, 105 IV Nr. 1, 92 II)	30 000	24102, 21201 Nr. 5	0,5	62,50
(2)	Vollzug – XML (§ 112)	30 000	22114	0,3	37,50

C. Erläuterungen

Pos. (1):

Es handelt sich um eine **Anmeldung ohne bestimmten Geldbetrag**. Der Geschäftswert beträgt 1 % des eingetragenen Stammkapitals, mindestens 30 000 Euro (§§ 119 I, 105 IV Nr. 1).

Für den Entwurf ist gem. Nrn. 24102, 21201 Nr. 5 KV die Rahmengebühr 0,3–0,5, mind. 30 Euro zu erheben. Da der Entwurf vollständig gefertigt wurde, ist die höchste Rahmengebühr zu erheben (§ 92 II). Die Unterschriftsbeglaubigung löst keine zusätzliche Gebühr aus, Vorbem. 2.4.1 II KV.

Pos. (2):

Die Erstellung der **XML-Strukturdaten** fällt unter den Vollzug, für welchen das GNotKG eine eigenständige Gebühr in der Nr. 22114 KV vorsieht. Der Geschäftswert bestimmt sich nach dem Wert des Entwurfs der Handelsregisteranmeldung (§ 112).

4. Geschäftsanteilsveräußerung bei einer GmbH

a) Nicht überwiegend vermögensverwaltende GmbH

Zum Unterschied, was als überwiegend vermögensverwaltend und was als nicht überwiegend vermögensverwaltend einzuordnen ist, wird auf Rz. 21.80 ff. verwiesen.

→ **Fall 92: Unentgeltliche Geschäftsanteilsübertragung**

A. Sachverhalt

A und B sind Gesellschafter einer eingetragenen GmbH, die nicht überwiegend vermögensverwaltend tätig ist. Das Stammkapital der Gesellschaft beträgt 60 000 Euro. Die Gesellschafter halten jeweils einen Geschäftsanteil i.H.v. 30 000 Euro. **B überträgt** seinen **Anteil** an C. In gleicher Urkunde halten die Gesellschafter eine **Gesellschafterversammlung** ab und beschließen in einem Wahlgang, dass der Geschäftsführer A abberufen, C zum neuen Geschäftsführer bestellt wird. Darüber hinaus wird der Gesellschaftsvertrag hinsichtlich der Firma und des Unternehmensgegenstandes geändert. Der Notar fertigt auftragsgemäß den **Entwurf** der **Handelsregisteranmeldung** und nimmt die Unterschriftsbeglaubigung vor. Auftragsgemäß fertigt der Notar die bescheinigte **Liste** der neuen Gesellschafter gem. § 40 I, II GmbHG. Gleichzeitig nimmt er den elektronischen Vollzug der Handelsregisteranmeldung (Erstellung der **XML**-Strukturdaten) vor.

Fallspezifische, vereinfachte Bilanz der GmbH:[1]

Aktiva		Passiva	
A. Anlagevermögen		A. Eigenkapital	
I. Sachanlagen		I. Gezeichnetes Kapital	60 000 Euro
1. Betriebsgrundstück	200 000 Euro	II. Kapitalrücklage	20 000 Euro
2. techn. Anlagen u.		B. Rückstellungen	40 000 Euro
Maschinen	90 000 Euro	C. Verbindlichkeiten	280 000 Euro
B. Umlaufvermögen	110 000 Euro		
	400 000 Euro		400 000 Euro

Der Verkehrswert des Betriebsgrundstücks wurde mit 300 000 Euro angegeben.

B. Rechnungen

1. Übertragung, Beschlüsse

21.802

Pos.	Gebührentatbestände	Geschäftswert	KV-Nr.	Satz	Betrag
(1)	Beurkundungsverfahren (§§ 110 Nr. 1, 86 II, 35 I)	150 000	21100	2,0	708,00
	a) Veräußerung Geschäftsanteil (§§ 97 I, 54 S. 1, 2)	90 000	21100	2,0	
	b) Beschlüsse				
	aa) Geschäftsführerwechsel (§§ 108 I S. 1, 105 IV Nr. 1, 109 II Nr. 4d)	30 000	21100	2,0	
	bb) Satzungsänderung (§§ 108 I S. 1, 105 IV Nr. 1)	30 000	21100	2,0	
(2)	Vollzug – Liste der Gesellschafter (Vorbem. 2.2.1.1 I 2 Nr. 3 KV; § 112)	150 000	22110	0,5	177,00

---

[1] Ausführliche Hinweise zu Bilanzen befinden sich im Rz. 21.80 ff.

2. Handelsregisteranmeldung

Pos.	Gebührentatbestände	Geschäfts-wert	KV-Nr.	Satz	Betrag
(1)	Entwurf Handelsregisteranmeldung (§§ 111 Nr. 3, 35 I, 92 II)	90 000	24102, 21201 Nr. 5	0,5	123,00
	a) Abberufung A (§§ 119 I, 105 IV Nr. 1, 92 II)	30 000	24102, 21201 Nr. 5	0,5	
	b) Neubestellung C (§§ 119 I, 105 IV Nr. 1, 92 II)	30 000	24102, 21201 Nr. 5	0,5	
	c) Satzungsänderung (§§ 119 I, 105 IV Nr. 1, 92 II)	30 000	24102, 21201 Nr. 5	0,5	
(2)	Vollzug – XML (§ 112)	90 000	22114	0,3	73,80

21.803

C. Erläuterungen

Zu Rechnung 1 (Übertragung, Beschlüsse)

Pos. (1):

a) Bei der **unentgeltlichen Übertragung** eines Geschäftsanteils bestimmt sich der Geschäftswert nach dem Wert des Geschäftsanteils (§§ 97 I, 54 S. 1, 2). Wenn keine genügenden Anhaltspunkte für einen höheren Wert bestehen, entspricht dieser dem jeweiligen Anteil oder der Beteiligung am Eigenkapital im Sinne von § 266 III HGB. Für die Grundstücke und Gebäude ist gemäß § 54 S. 2 geboten, eine Anpassung vorzunehmen und die Buchwerte mit deren Verkehrswerten (§ 46 I) zu ersetzen.

21.804

Entsprechend ermittelt sich der Wert des Geschäftsanteils:

    80 000 Euro (Eigenkapital gem. § 266 III HGB)
./. 200 000 Euro (Buchwert des Grundstücks)
<u>+ 300 000 Euro</u> (Verkehrswert des Grundstücks)
= 180 000 Euro, davon die Hälfte sind **90 000 Euro**

b) Für die **Beschlüsse** gilt Folgendes:

aa) Der Geschäftswert von **Wahlen** beträgt als Beschluss ohne bestimmten Geldwert 1 % des Stammkapitals, mindestens 30 000 Euro (§ 108 I S. 1, 105 IV Nr. 1, 109 II Nr. 4d). Die Vorschrift des § 109 II S. 1 Nr. 4d) regelt, dass mehrere Wahlen denselben Beurkundungsgegenstand haben, sofern nicht Einzelwahlen vorliegen.

21.805

bb) Bei der **Satzungsänderung** handelt es sich um einen Beschluss ohne bestimmten Geldwert (§§ 108 I S. 1, 105 IV Nr. 1, 109 II S. 1 Nr. 4c). Maßgebend ist 1 % des Stammkapitals, mindestens 30 000 Euro. Mehrere Änderungen der Satzung, deren Gegenstand keinen bestimmten Geldwert hat, sind gemäß § 109 II S. 1 Nr. 4c derselbe Beurkundungsgegenstand.

21.806

21.807 Nach §§ 86 II und 110 Nr. 1 sind sowohl die **Beschlüsse als auch der Veräußerungsvertrag zueinander verschiedene Beurkundungsgegenstände**. Die Gebühr ist, da gleiche Gebührensätze vorliegen, aus dem zusammengerechneten Geschäftswert zu erheben; § 35 I.

Bemerkungen:

21.808 Wird lediglich ein **Teilgeschäftsanteil** übertragen und wird dieser zuvor durch **Teilungsbeschluss** des ursprünglichen Geschäftsanteils gebildet, handelt sich bei dem Beschluss um einen verschiedenen Beurkundungsgegenstand zum Veräußerungsvertrag (§ 110 Nr. 1). Dabei hat der Teilungsbeschluss keinen bestimmten Geldwert, so dass der Geschäftswert 1 % des eingetragenen Stammkapitals, mind. 30 000 Euro beträgt (§§ 108 I, 105 IV Nr. 1). Zur Notwendigkeit des Teilungsbeschlusses wird auf Rz. 21.754 verwiesen. Erfolgt die Teilung lediglich durch **Teilungserklärung** des Gesellschafters, hat diese denselben Beurkundungsgegenstand zum Veräußerungsvertrag und ist nicht gesondert zu bewerten (§ 109 I S. 1–3, S. 5).

21.809 Treffen **Teilungs- und Zusammenlegungsbeschluss** zusammen, so handelt es sich um zwei Beschlüsse, da kein Fall des abschließenden § 109 II S. 1 Nr. 4 vorliegt. Erfolgt die Teilung und die Zusammenlegung durch **rechtsgeschäftliche Teilungs- und Zusammenlegungserklärung**, so handelt es sich ebenfalls um verschiedene Beurkundungsgegenstände nach § 86 II. Gleiches gilt gem. § 110 Nr. 1, wenn **Beschluss und Erklärung** zusammentreffen.

21.810 **Pos. (2):**

Die Erstellung der **Gesellschafterliste** fällt unter den Vollzug (Vorbem. 2.2.1.1 I Nr. 3 KV). Maßgebende Bezugsurkunde ist im vorliegenden Fall nicht die Anmeldung, sondern der Veräußerungsvertrag.

21.811 Der Geschäftswert bestimmt sich nach dem Wert des Beurkundungsverfahrens (§ 112), aus welchem die 0,5 nach Nr. 22110 KV zu erheben ist. Gem. Nr. 22113 KV ist die Gebühr auf 250 Euro pro gefertigter Liste begrenzt.

Zu Rechnung 2 (Handelsregisteranmeldung)

21.812 **Pos. (1):**

Die **Handelsregisteranmeldungen** betreffen Anmeldungen ohne bestimmten Geldbetrag. Sie gelten gemäß § 111 Nr. 3 stets als besondere Beurkundungsgegenstände.

21.813 Für den Entwurf ist gem. Nrn. 24102, 21201 Nr. 5 KV die Rahmengebühr 0,3–0,5, mind. 30 Euro zu erheben. Da der Entwurf vollständig gefertigt wurde, ist die höchste Rahmengebühr zu erheben (§ 92 II). Die Unterschriftsbeglaubigung löst keine zusätzliche Gebühr aus, Vorbem. 2.4.1 II KV.

21.814 **Pos. (2):**

Die Erstellung der **XML-Strukturdaten** fällt unter den Vollzug, für welchen das GNotKG eine eigenständige Gebühr in der Nr. 22114 KV vorsieht. Der Geschäftswert bestimmt sich nach dem Wert des Entwurfs der Handelsregisteranmeldung (§ 112).

→ **Fall 93: Geschäftsanteilskaufvertrag gegen Barzahlung und Bürgschaftsfreistellung**

A. Sachverhalt

A und B sind Gesellschafter einer eingetragenen GmbH, die nicht überwiegend vermögensverwaltend tätig ist. Das Stammkapital der Gesellschaft beträgt 50 000 Euro. Beide Gesellschafter halten einen Geschäftsanteil von 25 000 Euro. **B verkauft** seinen **Geschäftsanteil** an C zum Barkaufpreis von 30 000 Euro. Der Barkaufpreis entspricht dem tatsächlichen Wert des Geschäftsanteils i.S.d. § 54 S. 1, 2. B hat für die Gesellschaft eine **Bürgschaft** i.H.v. 400 000 Euro übernommen. Ihr liegen Forderungen i.H.v. 300 000 Euro zugrunde. Neben der Kaufpreiszahlung stellt der Käufer den Verkäufer von allen Zahlungsverpflichtungen aus der Bürgschaft frei. Auftragsgemäß fertigt der Notar die bescheinigte **Liste** der neuen Gesellschafter gem. § 40 I, II GmbHG. Er reicht diese erst beim Handelsregister ein, wenn ihm die Zahlung des Kaufpreises nachgewiesen wurde (**Bescheinigung Liste**).

21.815

B. Rechnung

Pos.	Gebührentatbestände	Geschäftswert	KV-Nr.	Satz	Betrag
(1)	Beurkundungsverfahren (§§ 97 III, 54 S. 1, 2, 53 II)	330 000	21100	2,0	1370,00
(2)	Vollzug – Liste der Gesellschafter (Vorbem. 2.2.1.1 I 2 Nr. 3 KV; § 112)	330 000	22110, 22113	0,5	250,00
(3)	Betreuung – Bescheinigung Liste (§ 113 I)	330 000	22200 Anm. Nr. 6	0,5	342,50

21.816

C. Erläuterungen

Pos. (1):

Der Geschäftswert bestimmt sich nach §§ 97 III, 54 S. 1, 2, 53 II. Maßgebend ist der höhere Wert in **Gegenüberstellung von Verkäuferleistung (Wert des Geschäftsanteils) und Käuferleistung**. Letztere ist nicht lediglich der Barkaufpreis, sondern – wie im vorliegenden Beispiel – die Freistellung des Verkäufers aus der Haftung einer anderweitigen Zahlungspflicht (= Bürgschaft). Als Geschäftswert der Bürgschaft ist gemäß § 53 II die noch valutierende Forderung maßgebend.

21.817

Bemerkung: Steht der **Forderungsbetrag** trotz Ermittlungen nicht fest, ist **im Zweifel der Bürgschaftsbetrag** anzunehmen.

21.818

Pos. (2):

Die Erstellung der **Gesellschafterliste** fällt unter den Vollzug (Vorbem. 2.2.1.1 I Nr. 3 KV). Maßgebende Bezugsurkunde ist hier mangels sonstiger Urkunden der Veräußerungsvertrag.

21.819

21.820 Der Geschäftswert bestimmt sich nach dem Wert des Beurkundungsverfahrens (§ 112), aus welchem die 0,5 nach Nr. 22110 KV zu erheben ist. Gem. Nr. 22113 KV ist die Gebühr auf 250 Euro pro gefertigter Liste begrenzt.

21.821 **Pos. (3):**
Für die Überwachung der Vorlage der **bescheinigten Gesellschafterliste** (Anm. Nr. 6 zu Nr. 22200 KV) erhält der Notar die 0,5 Gebühr nach Nr. 22200 KV (Nr. 3 ist hier nicht einschlägig, da es sich nicht um die Beachtung einer Auflage zu einer Urkunde handelt); vgl. auch Rz. 21.57. Der Geschäftswert bestimmt sich nach dem Wert des Beurkundungsverfahrens (§ 113 I).

→ **Fall 94: Geschäftsanteilskaufvertrag gegen Barzahlung und Investitionsverpflichtung als Vertrag zugunsten Dritter sowie Zustimmungsbeschluss**

A. Sachverhalt

21.822 Die Gesellschafter der eingetragenen A-GmbH sind A, B und C. Die GmbH ist nicht überwiegend vermögensverwaltend tätig. Das Stammkapital der Gesellschaft beträgt 375 000 Euro. Die Gesellschafter halten jeweils einen Geschäftsanteil zum Nennbetrag von 125 000 Euro. Die Gesellschafter **A und B verkaufen ihre Geschäftsanteile** an die B-GmbH zum Kaufpreis von jeweils 125 000 Euro und treten die Geschäftsanteile ab. Der Kaufpreis entspricht jeweils dem Wert des Geschäftsanteils i.S.d. § 54 S. 1, 2 GNotKG. Rückstellungen weist die Bilanz nicht aus. Die Käuferin verpflichtet sich, neben der Kaufpreiszahlung einen Betrag i.H.v. 500 000 Euro in die Gesellschaft zu investieren. Es handelt sich dabei um einen echten **Vertrag zugunsten Dritter**. Der Gesellschaftsvertrag regelt, dass es zur wirksamen Abtretung eines Geschäftsanteils der Zustimmung der Gesellschafterversammlung bedarf. Demgemäß beurkundet der Notar in derselben Urkunde den **Zustimmungsbeschluss**. Auftragsgemäß fertigt der Notar die bescheinigte **Liste** der neuen Gesellschafter gem. § 40 I, II GmbHG. Die neue bescheinigte Gesellschafterliste reicht er erst beim Handelsregister ein, wenn ihm die Zahlung des Kaufpreises nachgewiesen wurde (**Bescheinigung Liste**).

B. Rechnung

21.823

Pos.	Gebührentatbestände	Geschäftswert	KV-Nr.	Satz	Betrag
(1)	Beurkundungsverfahren (§§ 110 Nr. 1, 86 II, 35 I)	600 000	21100	2,0	2190,00
	a) Geschäftsanteilskauf (§§ 97 III, 54 S. 1, 2)	250 000	21100	2,0	
	b) Vertrag zugunsten Dritter (§§ 97 I, 50 Nr. 4)	100 000	21100	2,0	
	c) Zustimmungsbeschluss (§ 108 II, I S. 2)	250 000	21100	2,0	
(2)	Vollzug – Liste der Gesellschafter (Vorbem. 2.2.1.1 I 2 Nr. 3 KV; § 112)	600 000	22110, 22113	0,5	250,00

X. Gesellschaft mit beschränkter Haftung

Pos.	Gebührentatbestände	Geschäftswert	KV-Nr.	Satz	Betrag
(3)	Betreuung – Bescheinigung Liste (§ 113 I)	600 000	22200 Anm. Nr. 6	0,5	547,50

C. Erläuterungen

Pos. (1):

a) Der Geschäftswert des **Geschäftsanteilskaufs** bestimmt sich nach §§ 97 III, 54 S. 1, 2. Maßgebend ist der höhere Wert in Gegenüberstellung von Verkäuferleistung (Wert des Geschäftsanteils) und Käuferleistung, die sich im vorliegenden Beispiel aus dem Kaufpreis zusammensetzt.

b) Der Geschäftswert bestimmt sich gem. § 50 Nr. 4 i.V.m. § 97 I aus 20 % der **Investition**ssumme (500 000 Euro), beläuft sich also auf 100 000 Euro. Unter dem Begriff der Investition i.S. des § 50 Nr. 4 ist jede geldwerte Leistung zu verstehen, die auch dem wirtschaftlichen Interesse des Verkäufers dient, nach einer Entscheidung des OLG Naumburg insbesondere auch die Einzahlung einer bestimmten Summe in das Gesellschaftsvermögen zur Liquiditätssicherung.[1] Dass der vom Verpflichteten zu erbringende Geldbetrag nicht dauerhaft im Unternehmen verbleiben soll, sondern nach einer bestimmten Zeit an diesen verzinst zurückzuzahlen ist, soll nach dieser Entscheidung der Einordnung des Darlehens als Investition im Sinne einer Hilfe zur Erhöhung der Liquidität der Gesellschaft nicht entgegen stehen.

c) Bei einem **Zustimmungsbeschluss** zur Abtretung eines Geschäftsanteils handelt es sich um einen Beschluss mit bestimmtem Geldwert (§ 108 II). Sein Geschäftswert richtet sich nach dem Wert des Rechtsgeschäfts, dem zugestimmt wird.

Nach § 110 Nr. 1 sind die **Beschlussfassung** und der **Geschäftsanteilskauf verschiedene Beurkundungsgegenstände**. Der Vertrag zugunsten Dritter hat einen verschiedenen Beurkundungsgegenstand zum Anteilskauf gem. § 86 II. Die Einzelwerte sind, da gleiche Gebührensätze vorliegen, gemäß § 35 I zu addieren.

Pos. (2):

Die Erstellung der **Gesellschafterliste** fällt unter den Vollzug (Vorbem. 2.2.1.1 I Nr. 3 KV). Maßgebende Bezugsurkunde ist mangels sonstiger Urkunden der Veräußerungsvertrag.

Der Geschäftswert bestimmt sich nach dem Wert des Beurkundungsverfahrens (§ 112), aus welchem die 0,5 nach Nr. 22110 KV zu erheben ist. Gem. Nr. 22113 KV ist die Gebühr auf 250 Euro pro gefertigter Liste begrenzt.

Pos. (3):

Für die Überwachung der Vorlage der **bescheinigten Gesellschafterliste** (Anm. Nr. 6 zu Nr. 22200 KV) erhält der Notar die 0,5 Gebühr nach Nr. 22200 KV (Nr. 3

---

1 OLG Naumburg, Beschl. v. 18.2.2016 – 12 W 6/16.

ist hier nicht einschlägig, da es sich nicht um die Beachtung einer Auflage zu einer Urkunde handelt); vgl. auch Rz. 21.57. Der Geschäftswert bestimmt sich nach dem Wert des Beurkundungsverfahrens (§ 113 I).

→ **Fall 95: Geschäftsanteilskaufvertrag gegen Barzahlung und Zustimmung sämtlicher Gesellschafter**

A. Sachverhalt

21.831 **A überträgt** seinen **Geschäftsanteil** im Nennbetrag von 12 500 Euro an der eingetragenen GmbH (Stammkapital 50 000 Euro) an seinen Sohn zu einem **Kaufpreis** von 10 000 Euro. Die GmbH ist nicht überwiegend vermögensverwaltend tätig. Das Eigenkapital der Gesellschaft im Sinne des § 266 III HGB beträgt 50 000 Euro. Rückstellungen sind nicht vorhanden. Die Satzung sieht vor, dass es zur Veräußerung von Geschäftsanteilen der **Zustimmung sämtlicher Gesellschafter** bedarf. Diese wird in derselben Urkunde durch alle 4 Gesellschafter erteilt. Auftragsgemäß fertigt der Notar die bescheinigte **Liste** der neuen Gesellschafter gem. § 40 I, II GmbHG. Er reicht die neue bescheinigte Gesellschafterliste erst beim Handelsregister ein, wenn ihm die Zahlung des Kaufpreises nachgewiesen wurde (**Bescheinigung Liste**).

B. Rechnung

21.832

Pos.	Gebührentatbestände	Geschäftswert	KV-Nr.	Satz	Betrag
(1)	Beurkundungsverfahren (§ 109 I S. 1–3, 5)	12 500	21100	2,0	166,00
	a) Geschäftsanteilskauf (§§ 97 III, 54 S. 1, 2)	12 500	21100	2,0	
	b) Zustimmungserklärungen (§ 98 I)	~~6250~~	~~21200~~	~~1,0~~	~~60,00~~
(2)	Vollzug – Liste der Gesellschafter (Vorbem. 2.2.1.1 I 2 Nr. 3 KV; § 112)	12 500	22110	0,5	41,50
(3)	Betreuung – Bescheinigung Liste (§ 113 I)	12 500	22200 Anm. Nr. 6	0,5	41,50

C. Erläuterungen

21.833 Pos. (1):

a) Der Geschäftswert bestimmt sich nach §§ 97 III, 54 S. 1, 2. Maßgebend ist der höhere Wert in **Gegenüberstellung von Verkäuferleistung (Wert des Geschäftsanteils) und Käuferleistung** (Kaufpreis).

Der Wert des Geschäftsanteils an der GmbH entspricht gemäß § 54 S. 1, 2 dem anteiligen Eigenkapital im Sinne von § 266 III HGB. Im vorliegenden Fall bildet somit der Wert des veräußerten Geschäftsanteils den Geschäftswert des Geschäftsanteilskaufvertrages.

b) Der Wert der **Zustimmungserklärungen** ist mit der Hälfte des Wertes der Geschäfts anzunehmen, auf das sich die Zustimmung bezieht (§ 98 I). 21.834

Geschäftsanteilsveräußerung und Zustimmungen der Gesellschafter sind derselbe Beurkundungsgegenstand gem. § 109 I S. 1–3. Die Zustimmungen bleiben unbewertet – die höhere Geschäftsanteilsveräußerung gibt nach § 109 I S. 5 den Geschäftswert vor. 21.835

Da es sich bei der Zustimmung der Gesellschafter um mehrere Zustimmungen handelt, bestimmt sich der Geschäftswert letztlich nach der Hälfte der Geschäftsanteilsveräußerung. Dabei kann es dahingestellt bleiben, ob die Zustimmungen ohne weiteres gem. ihrer Mitberechtigung nach § 98 II S. 1 oder nach dem Grundsatz über verschiedene Beurkundungsgegenstände gem. § 86 II i.V.m. § 35 I zu addieren sind.

Pos. (2): 21.836

Die Erstellung der **Gesellschafterliste** fällt unter den Vollzug (Vorbem. 2.2.1.1 I Nr. 3 KV). Maßgebende Bezugsurkunde ist der Veräußerungsvertrag.

Der Geschäftswert bestimmt sich nach dem Wert des Beurkundungsverfahrens (§ 112), aus welchem die 0,5 Gebühr nach Nr. 22110 KV zu erheben ist. Gem. Nr. 22113 KV ist die Gebühr auf 250 Euro pro gefertigter Liste begrenzt. 21.837

Pos. (3): 21.838

Für die Überwachung der Vorlage der **bescheinigten Gesellschafterliste** (Anm. Nr. 6 zu Nr. 22200 KV) erhält der Notar die 0,5 Gebühr nach Nr. 22200 KV (Nr. 3 ist hier nicht einschlägig, da es sich nicht um die Beachtung einer Auflage zu einer Urkunde handelt); vgl. auch Rz. 21.57. Der Geschäftswert bestimmt sich nach dem Wert des Beurkundungsverfahrens (§ 113 I).

→ **Fall 96: Geschäftsanteilsveräußerung gegen Leibrente und Zustimmung durch Beschluss der Gesellschafterversammlung**

A. Sachverhalt

A (60 Jahre alt) **überträgt** seinen **Geschäftsanteil** im Nennbetrag von 10 000 Euro an der eingetragenen GmbH (Stammkapital 40 000 Euro) an seinen Sohn. Die GmbH ist nicht überwiegend vermögensverwaltend tätig. Der Sohn zahlt seinem Vater als Gegenleistung auf dessen Lebenszeit eine monatliche **Leibrente** i.H.v. 1500 Euro. Zur wirksamen Abtretung von Geschäftsanteilen bedarf es gemäß Gesellschaftsvertrag eines **Zustimmungsbeschlusses** der Gesellschafterversammlung. Diesen beurkundet der Notar zusammen mit dem Veräußerungsgeschäft in derselben Urkunde. Das Eigenkapital der Gesellschaft im Sinne des § 266 III HGB beträgt 50 000 Euro. Rückstellungen bestehen nicht. Auftragsgemäß fertigt der Notar die bescheinigte **Liste** der neuen Gesellschafter gem. § 40 I, II GmbHG. 21.839

B. Rechnung

21.840

Pos.	Gebührentatbestände	Geschäfts-wert	KV-Nr.	Satz	Betrag
(1)	Beurkundungsverfahren (§§ 110 Nr. 1, 35 I)	360 000	21100	2,0	1470,00
	a) Geschäftsanteilsveräußerung gegen Leibrente (§§ 97 III, 54 S. 1, 2, 36 I, 52 I, II, IV)	180 000	21100	2,0	
	b) Zustimmungsbeschluss (§ 108 II, I S. 2)	180 000	21100	2,0	
(2)	Vollzug – Liste der Gesellschafter (Vorbem. 2.2.1.1 I 2 Nr. 3 KV; § 112)	360 000	22110, 22113	0,5	250,00

C. Erläuterungen

21.841 **Pos. (1):**

a) Der Geschäftswert bestimmt sich nach §§ 97 III, 54 S. 1, 2, 36 I, § 52 I, II, IV. Maßgebend ist der höhere Wert in **Gegenüberstellung von Verkäuferleistung (Wert des Geschäftsanteils) und Käuferleistung (Leibrente)**.

Sofern keine genügenden Anhaltspunkte für einen höheren Wert bestehen, bestimmt sich der Wert des Geschäftsanteils an der GmbH gemäß § 54 S. 1 nach dem anteiligen Eigenkapital im Sinne von § 266 III HGB. Bei der nach § 54 S. 1, 2 maßgeblichen Bilanz ist in der Regel die zum Beurkundungszeitpunkt zeitnaheste heranzuziehen. Jedoch wird man die Aufstellung einer Zwischenbilanz allein aus kostenrechtlichen Gründen nicht verlangen können, auch nicht aus dem Grundsatz der Mitwirkungspflicht der Beteiligten nach § 95.

Die Erwerberleistung beläuft sich auf die Zahlung einer Leibrente als wiederkehrende Leistung. Für die Wertermittlung ist § 52 I, II, IV einschlägig. Danach ist bei einem Lebensalter des Berechtigten von 60 Jahren der 10fache Jahreswert maßgebend (1500 Euro × 12 × 10 = 180 000 Euro).

21.842 b) Bei einem **Zustimmungsbeschluss** zur Abtretung eines Geschäftsanteils handelt es sich um einen Beschluss mit bestimmtem Geldwert (§ 108 II, I S. 2). Sein Geschäftswert richtet sich nach dem Wert des Rechtsgeschäfts, dem zugestimmt wird.

21.843 Nach § 110 Nr. 1 sind der **Veräußerungsvertrag und der Beschluss verschiedene Beurkundungsgegenstände**. Die Einzelwerte sind gemäß § 35 I, da gleiche Gebührensätze vorliegen, zu addieren.

21.844 Werden **sämtliche Geschäftsanteile** veräußert, dürfte durch die Mitwirkung sämtlicher Gesellschafter ein **Zustimmungsbeschluss entbehrlich** sein, auch wenn er in der Satzung festgelegt ist (§ 21 GNotKG).

21.845 **Pos. (2):**

Die Erstellung der **Gesellschafterliste** fällt unter den Vollzug (Vorbem. 2.2.1.1 I Nr. 3 KV). Maßgebende Bezugsurkunde ist der Veräußerungsvertrag.

Der Geschäftswert bestimmt sich nach dem Wert des Beurkundungsverfahrens (§ 112), aus welchem die 0,5 Gebühr nach Nr. 22110 KV zu erheben ist. Gem. Nr. 22113 KV ist die Gebühr auf 250 Euro pro gefertigter Liste begrenzt, wenn mehrere Listen gefertigt werden.

21.846

→ **Fall 97: Verkauf eines Geschäftsanteils an einer gGmbH**

A. Sachverhalt

A und B sind Gesellschafter einer eingetragenen gGmbH, die nicht überwiegend vermögensverwaltend tätig ist. Das Stammkapital der Gesellschaft beträgt 400 000 Euro. Die Gesellschafter halten je einen Geschäftsanteil i.H.v. 200 000 Euro. **A überträgt** seinen **Geschäftsanteil** an C zum **Kaufpreis** von 200 000 Euro. Der Bilanz der gGmbH können folgende Werte entnommen werden: Aktivvermögen = 20 000 000 Euro und Eigenkapital = 760 000 Euro. Auftragsgemäß fertigt der Notar die bescheinigte **Liste** der neuen Gesellschafter gem. § 40 I, II GmbHG.

21.847

B. Rechnung

Pos.	Gebührentatbestände	Geschäftswert	KV-Nr.	Satz	Betrag
(1)	Beurkundungsverfahren (§§ 97 III, 54 S. 1, 2)	380 000	21100	2,0	1470,00
(2)	Vollzug – Liste der Gesellschafter (Vorbem. 2.2.1.1 I 2 Nr. 3 KV; § 112)	380 000	22110, 22113	0,5	250,00

21.848

C. Erläuterungen

Pos. (1):

21.849

Der Geschäftswert bestimmt sich nach § 97 III, § 54 S. 1, 2. Maßgebend ist der höhere Wert in **Gegenüberstellung von Verkäuferleistung (Wert des Geschäftsanteils) und Käuferleistung (Kaufpreis)**.

Sofern keine genügenden Anhaltspunkte für einen höheren Wert vorliegen, bestimmt sich der Wert des Geschäftsanteils an der GmbH gemäß § 54 S. 1, 2 nach dem anteiligen Eigenkapital i.S. von § 266 III HGB (= 760 000 Euro : 2 = 380 000 Euro). U.a. können aufgrund von Abschreibungen die Bilanzansätze für Sachanlagen (Grundstücke, Gebäude, grundstücksgleiche Rechte, Schiffe oder Schiffsbauwerke) nicht dem wahren Wert (= Verkehrswert) entsprechen. Aus diesem Grund ist es gemäß § 54 S. 2 geboten, die Buchwerte der Sachanlagen durch deren Verkehrswerte zu ersetzen.

Pos. (2):

21.850

Die Erstellung der **Gesellschafterliste** fällt unter den Vollzug (Vorbem. 2.2.1.1 I Nr. 3 KV). Maßgebende Bezugsurkunde ist der Veräußerungsvertrag.

Der Geschäftswert bestimmt sich nach dem Wert des Beurkundungsverfahrens (§ 112), aus welchem die 0,5 Gebühr nach Nr. 22110 KV zu erheben ist. Gem. Nr. 22113 KV ist die Gebühr auf 250 Euro pro gefertigter Liste begrenzt.

21.851

b) Überwiegend vermögensverwaltende GmbH

21.852 Zum Unterschied, was als überwiegend vermögensverwaltend und was als nicht überwiegend vermögensverwaltend einzuordnen ist, wird auf Rz. 21.80 ff. verwiesen.

→ **Fall 98: Geschäftsanteilskaufvertrag – gegen Barzahlung**

A. Sachverhalt

21.853 A und B sind Gesellschafter einer Immobilienverwaltungs-GmbH. Das Stammkapital der Gesellschaft beträgt 60 000 Euro. Die Gesellschafter halten jeweils einen Geschäftsanteil i.H.v. 30 000 Euro. B überträgt seinen Anteil an C. Der Kaufpreis beträgt 40 000 Euro. Auftragsgemäß fertigt der Notar die bescheinigte **Liste** der neuen Gesellschafter gem. § 40 I, II GmbHG. Der Notar reicht die neue bescheinigte Gesellschafterliste erst beim Handelsregister ein, wenn ihm die Zahlung des Kaufpreises nachgewiesen wurde (**Bescheinigung Liste**).

Fallspezifische, vereinfachte Bilanz der GmbH:[1]

Aktiva		Passiva	
A. Anlagevermögen		A. Eigenkapital	
I. Sachanlagen		I. Gezeichnetes Kapital	60 000 Euro
1. Betriebsgrundstück	200 000 Euro	II. Kapitalrücklage	20 000 Euro
2. techn. Anlagen u.		B. Rückstellungen	40 000 Euro
Maschinen	90 000 Euro	C. Verbindlichkeiten	280 000 Euro
B. Umlaufvermögen	110 000 Euro		
	400 000 Euro		400 000 Euro

Der Verkehrswert des Betriebsgrundstücks wurde mit 300 000 Euro angegeben.

B. Rechnung

21.854

Pos.	Gebührentatbestände	Geschäfts-wert	KV-Nr.	Satz	Betrag
(1)	Beurkundungsverfahren (§§ 97 I, III, 54 S. 3, 46 I)	250 000	21100	2,0	1070,00
(2)	Vollzug – Liste der Gesellschafter (Vorbem. 2.2.1.1 I 2 Nr. 3 KV; § 112)	250 000	22110	0,5	267,50
(3)	Betreuung – Bescheinigung Liste (§ 113 I)	250 000	22200 Anm. Nr. 6	0,5	267,50

---

1 Ausführliche Hinweise zu Bilanzen befinden sich unter Rz. 21.80 ff.

C. Erläuterungen

Pos. (1): 21.855

Der Geschäftswert bestimmt sich nach §§ 97 I, III, § 54 S. 3, 46 I. Maßgebend ist der höhere Wert in **Gegenüberstellung von Verkäuferleistung (Wert des Geschäftsanteils) und Käuferleistung (Kaufpreis)**. Da es sich um eine überwiegend vermögensverwaltende Gesellschaft handelt, gilt § 54 S. 3, wonach das anteilige Vermögen (Aktiva) maßgebend ist. Eine Buchwertkorrektur der Grundstückswerte ist auch bei der überwiegend vermögensverwaltenden GmbH vorzunehmen.[1]

Das maßgebliche Vermögen ist nicht in jedem Fall deckungsgleich mit der Bilanzsumme (Aktiva). Reine bilanzielle Hilfsposten müssen abgezogen werden, z.B. bei einer überschuldeten GmbH der Posten „nicht durch Eigenkapital gedeckter Fehlbetrag" oder dergleichen.

Entsprechend ermittelt sich der Wert des Geschäftsanteils:

```
   400 000 Euro  (Aktivvermögen)
./. 200 000 Euro  (Buchwert des Grundstücks)
 + 300 000 Euro  (Verkehrswert des Grundstücks)
 = 500 000 Euro, davon die Hälfte sind 250 000 Euro
```

Pos. (2): 21.856

Die Erstellung der **Gesellschafterliste** fällt unter den Vollzug (Vorbem. 2.2.1.1 I Nr. 3 KV). Maßgebende Bezugsurkunde ist der Veräußerungsvertrag.

Der Geschäftswert bestimmt sich nach dem Wert des Beurkundungsverfahrens 21.857 (§ 112), aus welchem die 0,5 Gebühr nach Nr. 22110 KV zu erheben ist. Gem. Nr. 22113 KV ist die Gebühr auf 250 Euro pro gefertigter Liste begrenzt.

Pos. (3): 21.858

Für die Überwachung der Vorlage der **bescheinigten Gesellschafterliste** (Anm. Nr. 6 zu Nr. 22200 KV) erhält der Notar die 0,5 Gebühr nach Nr. 22200 KV (Nr. 3 ist hier nicht einschlägig, da es sich nicht um die Beachtung einer Auflage zu einer Urkunde handelt); vgl. auch Rz. 21.57. Der Geschäftswert bestimmt sich nach dem Wert des Beurkundungsverfahrens (§ 113 I).

c) Anteilsveräußerung im Konzern

aa) Nicht überwiegend vermögensverwaltende Gesellschaft

→ **Fall 99: Geschäftsanteilsveräußerung im Mutter-Tochter-Verhältnis**

A. Sachverhalt

Die M-GmbH ist die Muttergesellschaft sowohl der T1-GmbH als auch der 21.859 T2-GmbH. Das Stammkapital der T1-GmbH beträgt 500 000 Euro. **M veräußert die Hälfte** der ihr an T1 zustehenden **Geschäftsanteile** i.H.v. nominal 250 000 Euro an T2. Der **Kaufpreis** beträgt 15 000 000 Euro. Dabei entspricht der Kaufpreis dem tatsächlichen Wert der veräußerten Geschäftsanteile i.S. des § 54 S. 1, 2

---

[1] LG Düsseldorf, Beschl. v. 31.7.2015 – 19 T 152/14, NotBZ 2015, 473 m. Anm. *Heinze*.

GNotKG. Auftragsgemäß fertigt der Notar die bescheinigte **Liste** der neuen Gesellschafter gem. § 40 I, II GmbHG. Er reicht die neue bescheinigte Gesellschafterliste erst beim Handelsregister, wenn ihm die Zahlung des Kaufpreises nachgewiesen wurde (**Bescheinigung Liste**).

B. Rechnung

21.860

Pos.	Gebührentatbestände	Geschäftswert	KV-Nr.	Satz	Betrag
(1)	Beurkundungsverfahren (§§ 97 I, III, 54 S. 3, 107 II S. 1)	10 000 000	21100	2,0	22 770,00
(2)	Vollzug – Liste der Gesellschafter (Vorbem. 2.2.1.1 I 2 Nr. 3 KV; § 112)	10 000 000	22110, 22113	0,5	250,00
(3)	Betreuung – Bescheinigung Liste (§ 113 I)	10 000 000	22200 Anm. Nr. 6	0,5	5692,50

C. Erläuterungen

21.861 **Pos. (1):**

Der Geschäftswert bestimmt sich nach § 97 III, § 54 S. 1, 2, 107 II S. 1. Maßgebend ist der höhere Wert in **Gegenüberstellung von Verkäuferleistung (Wert des Geschäftsanteils nach § 54 S. 1, 2)** und Käuferleistung (Kaufpreis). Bei Anteilsveräußerungen zwischen verbundenen Unternehmen i.S. des § 15 I AktG beträgt der Geschäftswert höchstens 10 000 000 Euro, soweit es sich, wie hier, um nicht überwiegend vermögensverwaltende Gesellschaften handelt (§ 107 II).

21.862 **Pos. (2):**

Die Erstellung der **Gesellschafterliste** fällt unter den Vollzug (Vorbem. 2.2.1.1 I Nr. 3 KV). Maßgebende Bezugsurkunde ist der Veräußerungsvertrag.

21.863 Der Geschäftswert bestimmt sich nach dem Wert des Beurkundungsverfahrens (§ 112), aus welchem die 0,5 Gebühr nach Nr. 22110 KV zu erheben ist. Gem. Nr. 22113 KV ist die Gebühr auf 250 Euro pro gefertigter Liste begrenzt.

21.864 **Pos. (3):**

Für die Überwachung der Vorlage der **bescheinigten Gesellschafterliste** (Anm. Nr. 6 zu Nr. 22200 KV) erhält der Notar die 0,5 Gebühr nach Nr. 22200 KV (Nr. 3 ist hier nicht einschlägig, da es sich nicht um die Beachtung einer Auflage zu einer Urkunde handelt); vgl. auch Rz. 21.57. Der Geschäftswert bestimmt sich nach dem Wert des Beurkundungsverfahrens (§ 113 I).

bb) Überwiegend vermögensverwaltende Gesellschaft

→ **Fall 100: Geschäftsanteilsveräußerung im Mutter-Tochter-Verhältnis**

A. Sachverhalt

Die M-GmbH ist die Muttergesellschaft sowohl der T1-Immobilienverwaltungs-GmbH als auch der T2-GmbH. Das Stammkapital der T1 beträgt 500 000 Euro. **M veräußert** die **Hälfte** der ihr an T1 zustehenden **Geschäftsanteile** i.H.v. nominal 250 000 Euro an T2. Der Kaufpreis beträgt 15 000 000 Euro. Dabei deckt sich der **Kaufpreis** mit dem bilanziellen anteiligen Reinvermögen der T1 nach § 54 S. 1, 2. Die Bilanzsumme beträgt 40 000 000 Euro. Auftragsgemäß fertigt der Notar die bescheinigte **Liste** der neuen Gesellschafter gem. § 40 I, II GmbHG. Er reicht die neue bescheinigte Gesellschafterliste erst beim Handelsregister ein, wenn ihm die Zahlung des Kaufpreises nachgewiesen wurde (**Bescheinigung Liste**).

21.865

B. Rechnung

Pos.	Gebührentatbestände	Geschäfts-wert	KV-Nr.	Satz	Betrag
(1)	Beurkundungsverfahren (§§ 97 I, III, 54 S. 3, 107 II)	20 000 000	21100	2,0	34 770,00
(2)	Vollzug – Liste der Gesellschafter (Vorbem. 2.2.1.1 I 2 Nr. 3 KV; § 112)	20 000 000	22110, 22113	0,5	250,00
(3)	Betreuung – Bescheinigung Liste (§ 113 I)	20 000 000	22200 Anm. Nr. 6	0,5	8692,50

21.866

C. Erläuterungen

Pos. (1):

Der Geschäftswert bestimmt sich nach §§ 97 III, § 54 S. 1, 2, 107 II. Maßgebend ist die **höhere der ausgetauschten Leistungen**. Die Käuferleistung beträgt 15 000 000 Euro (Kaufpreis). Die Verkäuferleistung besteht in der Lieferung des Geschäftsanteils; sein Wert bestimmt sich, da es sich um eine überwiegend vermögensverwaltende Gesellschaft handelt (§ 54 S. 3), nach dem anteiligen Aktivvermögen der T1. Eine Buchwertkorrektur der Grundstückswerte ist auch bei der überwiegend vermögensverwaltenden GmbH vorzunehmen.[1]

Freilich ist das maßgebliche Vermögen nicht in jedem Fall deckungsgleich mit der Bilanzsumme (Aktiva), vielmehr müssen reine bilanzielle Hilfsposten – wie bisher – abgezogen werden, z.B. bei einer überschuldeten GmbH der Posten „nicht durch Eigenkapital gedeckter Fehlbetrag" oder dergleichen. Hierfür sind allerdings im vorliegenden Fall keine Anhaltspunkte ersichtlich.

21.867

---

[1] LG Düsseldorf, Beschl. v. 31.7.2015 – 19 T 152/14, NotBZ 2015, 473 m. Anm. *Heinze*.

21.868 **Pos. (2):**
Die Erstellung der **Gesellschafterliste** fällt unter den Vollzug (Vorbem. 2.2.1.1 I Nr. 3 KV). Maßgebende Bezugsurkunde ist der Veräußerungsvertrag.

21.869 Der Geschäftswert bestimmt sich nach dem Wert des Beurkundungsverfahrens (§ 112), aus welchem die 0,5 Gebühr nach Nr. 22110 KV zu erheben ist. Gem. Nr. 22113 KV ist die Gebühr auf 250 Euro pro gefertigter Liste begrenzt.

21.870 **Pos. (3):**
Für die Überwachung der Vorlage der **bescheinigten Gesellschafterliste** (Anm. Nr. 6 zu Nr. 22200 KV) erhält der Notar die 0,5 Gebühr nach Nr. 22200 KV (Nr. 3 ist hier nicht einschlägig, da es sich nicht um die Beachtung einer Auflage zu einer Urkunde handelt); vgl. auch Rz. 21.57. Der Geschäftswert bestimmt sich nach dem Wert des Beurkundungsverfahrens (§ 113 I).

5. Treuhandvertrag zu einem Geschäftsanteil einer GmbH

→ **Fall 101: Treuhandvertrag über einen GmbH-Geschäftsanteil**

A. Sachverhalt

21.871 A hält als Gesellschafter an der nicht überwiegend vermögensverwaltenden A-GmbH einen Geschäftsanteil von 20 000 Euro. Er **überträgt** seinen **Geschäftsanteil im Wege einer Vollrechtstreuhand** an B. Die Urkunde enthält die notwendigen Vereinbarungen über das Treuhandverhältnis und die Verpflichtung von B, den Geschäftsanteil an A zurück zu übertragen, wenn das Treuhandverhältnis beendet ist. Den Wert des Anteils (§ 266 III HGB; Rückstellungen sind nicht vorhanden) geben die Beteiligten mit 30 000 Euro an.

B. Rechnung

21.872

Pos.	Gebührentatbestand	Geschäfts-wert	KV-Nr.	Satz	Betrag
	Beurkundungsverfahren (§§ 97 I, 54 S. 1, 2)	30 000	21100	2,0	250,00

C. Erläuterungen

21.873 Bei der echten Treuhand ist der Treuhänder entweder kraft Vereinbarung oder kraft Gesetz (vgl. § 667 BGB meist i.V.m. § 675 I BGB) zur Herausgabe des Treugutes verpflichtet. Daraus folgt, dass das **echte Treuhandverhältnis** nach dem Wert des Treugutes zu bewerten ist (§§ 97 I, 54 S. 1, 2).

21.874 **Bemerkung:** Handelt es sich um eine **überwiegend vermögensverwaltende GmbH**, ist § 54 S. 3 einschlägig. Eine Buchwertkorrektur der Grundstückswerte ist auch bei der überwiegend vermögensverwaltenden GmbH vorzunehmen.[1]

---

1 LG Düsseldorf, Beschl. v. 31.7.2015 – 19 T 152/14, NotBZ 2015, 473 m. Anm. *Heinze*.

→ **Fall 102: Abtretung des Geschäftsanteils an den Treugeber nach Beendigung des Treuhandverhältnisses**

A. Sachverhalt

B hält treuhänderisch für A gemäß beurkundetem Treuhandvertrag den Geschäftsanteil von nominal 20 000 Euro an der nicht überwiegend vermögensverwaltenden A-GmbH. Das **Treuhandverhältnis ist beendet.** In **Erfüllung der Rückübertragungsverpflichtung** wird bei demselben Notar, der den Treuhandvertrag beurkundet hatte, die dingliche Übertragung des Geschäftsanteils beurkundet. Den Wert des Anteils (§ 266 III HGB; Rückstellungen sind nicht vorhanden) geben die Beteiligten mit 30 000 Euro an.

21.875

B. Rechnung

Pos.	Gebührentatbestand	Geschäfts-wert	KV-Nr.	Satz	Betrag
	Beurkundungsverfahren (§§ 97 I, 54 S. 1, 2)	30 000	21101 Nr. 2	0,5	62,50

21.876

C. Erläuterungen

Den Geschäftswert bildet der **Wert des übertragenen Anteils** (§§ 97 I, 54 S. 1, 2).

21.877

Bemerkung: Handelt es sich um eine **überwiegend vermögensverwaltende GmbH** ist § 54 S. 3 einschlägig. Eine Buchwertkorrektur der Grundstückswerte ist auch bei der überwiegend vermögensverwaltenden GmbH vorzunehmen.[1]

21.878

Das **Gebührenprivileg von 0,5** nach Nr. 21101 Nr. 2 KV findet Anwendung, weil der Notar des Übertragungsvertrages bereits für das zugrunde liegende Rechtsgeschäft, worunter der Treuhandvertrag fällt, eine Gebühr nach Nr. 21100 KV erhoben hat.

21.879

Bei **Beurkundung der Übertragung durch einen anderen Notar** fällt eine **1,0** Gebühr nach Nr. 21102 Nr. 1 KV an. Dabei ist jedoch zu beachten, dass ein mit dem Notar verbundener Notar i.S. der Vorbem. 2. I KV kein anderer Notar ist. In diesem Fall bleibt es bei dem Gebührenprivileg nach Nr. 21101 Nr. 2 KV.

21.880

Bei **gleichzeitiger Beurkundung der Aufhebung eines Treuhandvertrages und (Rück)Übertragung des Treugutes an den Treugeber** handelt es sich um denselben Beurkundungsgegenstand nach § 109 I S. 1–3, S. 5. Da bildet die Aufhebung des Treuhandvertrags das Hauptgeschäft. Für die Aufhebung des Vertrages ist die 1,0 Gebühr nach Nr. 21102 Nr. 2 KV zu erheben. Den Geschäftswert bildet ein Teilwert des Wertes des Treugutes (Geschäftsanteil) nach § 36 I. Bei der Gebühr für die Übertragung des Treugutes (Wert des Hauptgeschäfts) ist, je nach Fallkonstellation, die Nr. 21100 KV, 21101 Nr. 2 KV oder 21102 Nr. 1 KV einschlägig. Der Vergleich nach § 94 II ist ggf. zu beachten.

21.881

---

1 LG Düsseldorf, Beschl. v. 31.7.2015 – 19 T 152/14, NotBZ 2015, 473 m. Anm. *Heinze.*

6. Verpfändung eines Geschäftsanteils einer GmbH

→ **Fall 103: Verpfändung eines Geschäftsanteils**

A. Sachverhalt

21.882 Beurkundet wurde die **Verpfändung eines Geschäftsanteils** zum Nennbetrag von 50 000 Euro (Stammkapital = 200 000 Euro). Die Verpfändung erfolgt zur Sicherung der Ansprüche des Gläubigers bezüglich eines Kreditvertrages i.H.v. 2 400 000 Euro. Aus der Bilanz der nicht überwiegend vermögensverwaltenden GmbH können folgende Werte bestimmt werden: Aktivvermögen = 800 000 Euro und Eigenkapital = 400 000 Euro.

B. Rechnung

21.883

Pos.	Gebührentatbestände	Geschäfts-wert	KV-Nr.	Satz	Betrag
	Beurkundungsverfahren (§§ 53 II, 54 S. 1, 2)	100 000	21100	2,0	546,00

C. Erläuterungen

21.884 Der Geschäftswert bestimmt sich gem. §§ 53 II, § 54 S. 1, 2 nach dem **Wert der Forderung soweit nicht – wie hier – der Wert des Geschäftsanteils geringer ist** (Wert des Geschäftsanteils = Anteil am Eigenkapital im Sinne von § 266 III HGB: ¼-Anteil vom Eigenkapital 400 000 Euro).

Für den vorstehenden Fall wurde davon ausgegangen, dass kein genügender Anhaltspunkt für einen höheren Wert des Geschäftsanteils vorliegt, so dass dieser nach den Vorgaben des § 54 S. 1, 2 angesetzt wurde. In der Praxis ist jedoch zu prüfen, ob die durch die Verpfändung gesicherte Forderung nicht einen Anhaltspunkt für einen höheren Wert des Geschäftsanteils darstellt.[1]

D. Anmerkungen

21.885 Handelt es sich um eine **überwiegend vermögensverwaltende GmbH** ist § 54 S. 3 einschlägig. Eine Buchwertkorrektur der Grundstückswerte ist auch bei der überwiegend vermögensverwaltenden GmbH vorzunehmen.[2]

21.886 Wird der Notar mit der **Anzeige der Verpfändung** (Anm. Nr. 5 zu Nr. 22200 KV) beauftragt, erhält er die 0,5 Gebühr nach Nr. 22200 KV; vgl. auch Rz. 21.56. Der Geschäftswert bestimmt sich nach dem Wert des Beurkundungsverfahrens (§ 113 I).

---

[1] LG Leipzig, Beschl. v. 21.7.2015 – 02 OH 5/15, NotBZ 2016, 435.
[2] LG Düsseldorf, Beschl. v. 31.7.2015 – 19 T 152/14, NotBZ 2015, 473 m. Anm. *Heinze*.

7. Beratung bei der Vorbereitung und Durchführung einer Gesellschafterversammlung

→ **Fall 104: Beratung durch den Notar bei der Vorbereitung einer Gesellschafterversammlung (mit Beurkundungstätigkeit)**

A. Sachverhalt

Der Notar soll die anstehende Gesellschafterversammlung einer GmbH beurkunden. Es ist geplant, das Stammkapital um 1 000 000 Euro zu erhöhen. Auf Verlangen berät der Notar die Gesellschafter bei der **Vorbereitung und Durchführung**. Die vom Notar erteilte **Beratung** geht inhaltlich über die Amtspflichten, die ihm bereits anlässlich der beauftragten Beurkundung der Gesellschafterversammlung obliegen, hinaus.

21.887

B. Rechnung

Pos.	Gebührentatbestand	Geschäftswert	KV-Nr.	Satz	Betrag
	Beratung (§§ 120, 36 I)	1 000 000	24203	1,25	2168,75

21.888

C. Erläuterungen

Der Geschäftswert bestimmt sich gem. §§ 120, 97 I (Umkehrschluss aus 108 I) nach der **Summe der Geschäftswerte für die Beurkundung der in der Versammlung zu fassenden Beschlüsse**; er beträgt höchstens 5 000 000 Euro.

21.889

Die **Beratungsgebühr nach Nr. 24203 KV** stellt eine **Ausnahme zum Grundsatz** in den Nrn. 24200 bis 24202 KV dar, wonach gem. Anm. I zu Nr. 24200 KV eine Beratungsgebühr nur entsteht für eine Beratung, soweit der Beratungsgegenstand nicht Gegenstand eines anderen gebührenpflichtigen Verfahrens oder Geschäfts ist. Das andere gebührenpflichtige Verfahren ist vorliegend die Beurkundung der Gesellschafterversammlung, für die eine gesonderte 2,0 Gebühr nach Nr. 21100 KV anfällt.

21.890

Nr. 24203 KV fordert die Beratung bei der Vorbereitung oder Durchführung einer Haupt- oder Gesellschafterversammlung. Hierbei kann es sich um vielfältige Tätigkeiten handeln, beispielsweise um die Vorbereitung oder Überprüfung der Einladung, die Besprechung mit dem Registerrichter, den Entwurf von Anträgen, die Beratung der Gesellschaft bei der Generalprobe, die Beratung des Versammlungsleiters, die Fertigung des Teilnehmerverzeichnisses oder um die Überprüfung der Ermittlung des Abstimmungsergebnisses.

Nach § 92 I bestimmt der Notar die Gebühr nach Nr. 24203 (0,5 bis 2,0) im Einzelfall unter Berücksichtigung des Umfangs der erbrachten Leistung nach billigem Ermessen. Entscheidet man sich für die Mittelgebühr, errechnet sich diese aus der Summe der niedrigsten und der höchsten Rahmengebühr geteilt durch 2 (0,5 + 2,0 = 2,5 / 2 = 1,25).

21.891 Die Beratungsgebühr Nr. 24203 kann isoliert oder zusätzlich zur Gebühr für ein Beurkundungsverfahren anfallen.[1]

8. Isolierte Gesellschafterliste

→ **Fall 105: Isolierte Gesellschafterliste**

A. Sachverhalt

21.892 Gesellschafter einer GmbH (Stammkapital 25 000 Euro) waren A, B und C. C ist verstorben und beerbt worden von D und E. Der Notar erhält den Auftrag, eine **neue Gesellschafterliste** von A, B, D und E gem. § 40 I GmbHG zu fertigen und dem Handelsregister einzureichen.

B. Rechnung

21.893

Pos.	Gebührentatbestand	Geschäftswert	KV-Nr.	Satz	Betrag
	Entwurf Liste (§§ 119 I, 36 I, 92 II)	25 000	24101, 21200	1,0	115,00

C. Erläuterungen

21.894 Der Geschäftswert des **Entwurfs** bestimmt sich nach §§ 119 I, 36 I nach billigem Ermessen. Im vorliegenden Fall wurde auf das Stammkapital abgestellt. Für den Entwurf ist gem. Nrn. 24101, 21200 KV die Rahmengebühr 0,3–1,0, mind. 60 Euro zu erheben. Da der Entwurf vollständig gefertigt wurde, ist die höchste Rahmengebühr zu erheben (§ 92 II).

D. Anmerkung

21.895 Die Übermittlung der Liste in Form der **XML-Strukturdatei** an das Handelsregister löst die Vollzugsgebühr nach Nr. 22114 KV aus dem Wert des Beurkundungsverfahrens (§ 112) aus. Lässt sich die Liste unproblematisch auch ohne die Erzeugung kostenpflichtiger XML-Daten an das elektronische Postfach bei Gericht übermitteln, so dürfte unter dem Gesichtspunkt des § 21 dieser Weg zu beschreiben sein.

XI. Aktiengesellschaft

1. Gründung einer Aktiengesellschaft

→ **Fall 106: Gründungsvertrag (Barleistung) nebst Beschlüssen über die Bestellung des Aufsichtsrates und des Abschlussprüfers**

A. Sachverhalt

21.896 A und B gründen eine **AG** mit einem Grundkapital von 100 000 Euro (Barleistung). In derselben Urkunde werden durch Beschluss der Gründerversammlung

---
1 LG Chemnitz, Beschl. v. 19.2.2015 – 3 OH 5/14, NotBZ 2015, 278.

XI. Aktiengesellschaft

Aufsichtsrat und Abschlussprüfer in einem **Wahl**gang bestellt. Neben der Beurkundung des **Gründungsvorgangs** fertigt der Notar auftragsgemäß den **Entwurf der Handelsregisteranmeldung**. Zudem soll der Notar die **Prüfung der Gründung** (§ 33 III AktG) im Auftrag der Gründer vornehmen. Gleichzeitig nimmt er den elektronischen Vollzug der Handelsregisteranmeldung (Erstellung der **XML**-Strukturdaten) vor.

B. Rechnungen

1. Gesellschaftsvertrag und Gründungsprüfung

Pos.	Gebührentatbestände	Geschäfts-wert	KV-Nr.	Satz	Betrag
(1)	Beurkundungsverfahren (§§ 110 Nr. 1, 35 I)	130 000	21100	2,0	654,00
	a) Gründungsvertrag (§§ 97 I, 107 I S. 1)	100 000	21100	2,0	
	b) Bestellung Aufsichtsrat und Abschlussprüfer (§§ 108 I S. 1, 105 IV Nr. 1, 109 II Nr. 4d)	30 000	21100	2,0	
(2)	Gründungsprüfung gem. § 33 III AG (§ 123)	100 000	25206	1,0	273,00

21.897

2. Handelsregisteranmeldung

Pos.	Gebührentatbestände	Geschäfts-wert	KV-Nr.	Satz	Betrag
(1)	Entwurf Handelsregisteranmeldung (§§ 119 I, 105 I S. 1 Nr. 1, 92 II)	100 000	24102, 21201 Nr. 5	0,5	136,50
(2)	Vollzug – XML (§ 112)	100 000	22114	0,3	81,90

21.898

C. Erläuterungen

Zu Rechnung 1 (Gesellschaftsvertrag)

Pos. (1):

a) Der Wert des **Gründungsvertrages** bestimmt sich nach den Leistungen der Gesellschafter (§ 97 I). Er beträgt mindestens 30 000 Euro und höchstens 10 000 000 Euro (§ 107 I S. 1).

21.899

b) Der Wert der **Bestellung des Aufsichtsrats und Abschlussprüfers** in einem Wahlgang ist als Beschluss ohne bestimmten Geldwert mit 30 000 Euro anzunehmen (1 % des Grundkapitals, mindestens 30 000 Euro – §§ 108 I S. 1, 105 IV Nr. 1, 109 II Nr. 4d). Mehrere Wahlen haben denselben Beurkundungsgegenstand, sofern nicht Einzelwahlen stattfinden.

21.900

21.901 Nach § 110 Nr. 1 betreffen die **Gründungserklärungen und** der **Beschluss verschiedene Beurkundungsgegenstände**, so dass die Einzelwerte, da gleiche Gebührensätze vorliegen, zu addieren sind (§ 35 I).

21.902 **Pos. (2):**

Der Geschäftswert einer **Gründungsprüfung** ist die Summe aller Einlagen (§ 123). Der Geschäftswert beträgt höchstens 10 000 000 Euro. Die Mindestgebühr beträgt 1000 Euro (Nr. 25206 KV).

Zu Rechnung 2 (Handelsregisteranmeldung)

21.903 **Pos. (1):**

Als Geschäftswert ist der ins Handelsregister einzutragende Betrag des Grundkapitals maßgebend, mindestens 30 000 Euro (§§ 119 I, 105 I S. 1 Nr. 1, S. 2). Die Anmeldung des Aufsichtsrats und Vorstandes ist Inhalt der **Erstanmeldung**.

21.904 Für den Entwurf ist gem. Nrn. 24102, 21201 Nr. 5 KV die Rahmengebühr 0,3–0,5, mind. 30 Euro zu erheben. Da der Entwurf vollständig gefertigt wurde, ist die höchste Rahmengebühr zu erheben (§ 92 II). Die Unterschriftsbeglaubigung löst keine zusätzliche Gebühr aus, Vorbem. 2.4.1 II KV.

21.905 **Pos. (2):**

Die Erstellung der **XML-Strukturdaten** fällt unter den Vollzug, für welchen das GNotKG eine eigenständige Gebühr in der Nr. 22114 KV vorsieht. Der Geschäftswert bestimmt sich nach dem Wert des Entwurfs der Handelsregisteranmeldung (§ 112).

→ **Fall 107: Gründungsvertrag einer Ein-Mann-AG (Barleistung) nebst Beschlüssen über die Bestellung des Aufsichtsrates und des Abschlussprüfers**

A. Sachverhalt

21.906 A gründet eine **AG** mit einem Grundkapital von 100 000 Euro (Barleistung). In gleicher Urkunde werden durch Beschluss der Gründerversammlung der Aufsichtsrat und Abschlussprüfer in einem **Wahl**gang bestellt. Neben der Beurkundung des **Gründungsvorgangs** fertigt der Notar auftragsgemäß den **Entwurf** der **Handelsregisteranmeldung**. Gleichzeitig nimmt er den elektronischen Vollzug der Handelsregisteranmeldung (Erstellung der **XML**-Strukturdaten) vor.

B. Rechnungen

1. Gesellschaftsvertrag

Pos.	Gebührentatbestände	Geschäftswert	KV-Nr.	Satz	Betrag
	~~Beurkundungsverfahren~~ (§§ 110 Nr. 1, 94 I)	~~130 000~~	~~21100~~	~~2,0~~	~~654,00~~
	a) Gründungsvertrag (§§ 97 I, 107 I)	100 000	21200	1,0	273,00
	b) Bestellung Aufsichtsrat und Abschlussprüfer (§§ 108 I S. 1, 105 IV Nr. 1, 109 II Nr. 4d)	30 000	21100	2,0	250,00

21.907

2. Handelsregisteranmeldung

Pos.	Gebührentatbestände	Geschäftswert	KV-Nr.	Satz	Betrag
(1)	Entwurf Handelsregisteranmeldung (§§ 119 I, 105 I S. 1 Nr. 1, 92 II)	100 000	24102, 21201 Nr. 5	0,5	136,50
(2)	Vollzug – XML (§ 112)	100 000	22114	0,3	81,90

21.908

C. Erläuterungen

Zu Rechnung 1 (Gesellschaftsvertrag)

a) Der Wert des **Gründungsvertrages** bestimmt sich nach den Leistungen des Gesellschafters (§ 97 I). Er beträgt mindestens 30 000 Euro und höchstens 10 000 000 Euro (§ 107 I S. 1).

21.909

b) Der Wert der **Bestellung des Aufsichtsrats und Abschlussprüfers** in einem Wahlgang ist als Beschluss ohne bestimmten Geldwert mit 30 000 Euro anzunehmen (1 % des Grundkapitals, mindestens 30 000 Euro – §§ 108 I S. 1, 105 IV Nr. 1, 109 II Nr. 4d). Mehrere Wahlen haben denselben Beurkundungsgegenstand, sofern nicht Einzelwahlen stattfinden.

21.910

Nach § 110 Nr. 1 sind die **Gründungserklärungen und der Beschluss verschiedene Beurkundungsgegenstände**. Da unterschiedliche Gebührensätze vorliegen (1,0 für die Gründungserklärung und 2,0 für den Beschluss), ist gem. § 94 I der Gebührenvergleich vorzunehmen. Danach bleibt es bei der getrennten Bewertung. Die höchste Gebühr aus den zusammengerechneten Werten (2,0 aus 130 000 Euro) wäre teurer.

21.911

Zu Rechnung 2 (Handelsregisteranmeldung)

Pos. (1):

Als Geschäftswert ist der ins Handelsregister einzutragende Betrag des Grundkapitals maßgebend, mindestens 30 000 Euro (§§ 119 I, 105 I S. 1 Nr. 1, S. 2). Die Anmeldungen des Aufsichtsrats und des Vorstandes sind Inhalt der **Erstanmeldung**.

21.912

21.913 Für den Entwurf ist gem. Nrn. 24102, 21201 Nr. 5 KV die Rahmengebühr 0,3–0,5, mind. 30 Euro zu erheben. Da der Entwurf vollständig gefertigt wurde, ist die höchste Rahmengebühr zu erheben (§ 92 II). Die Unterschriftsbeglaubigung löst keine zusätzliche Gebühr aus, Vorbem. 2.4.1 II KV.

21.914 **Pos. (2):**

Die Erstellung der **XML-Strukturdaten** fällt unter den Vollzug, für welchen das GNotKG eine eigenständige Gebühr in der Nr. 22114 KV vorsieht. Der Geschäftswert bestimmt sich nach dem Wert des Entwurfs der Handelsregisteranmeldung (§ 112).

→ **Fall 108: Gründungserklärung zu einer Ein-Mann-AG (Barleistung + genehmigtes Kapital) nebst Beschlüssen über die Bestellung des Aufsichtsrates und des Abschlussprüfers**

A. Sachverhalt

21.915 A gründet eine **AG** mit einem Grundkapital von 4 000 000 Euro (Barleistung). In gleicher Urkunde werden durch Beschluss der Gründerversammlung der Aufsichtsrat und Abschlussprüfer in einem **Wahl**gang bestellt. Der Vorstand erhält in der Satzung die Ermächtigung, das Grundkapital um 2 000 000 Euro durch Ausgabe weiterer Aktien zu erhöhen. Neben der Beurkundung des **Gründungsvorgangs** fertigt der Notar auftragsgemäß den **Entwurf** der **Handelsregisteranmeldung**. Gleichzeitig nimmt er den elektronischen Vollzug der Handelsregisteranmeldung (Erstellung der **XML**-Strukturdaten) vor.

B. Rechnungen

1. Gesellschaftsvertrag

21.916

Pos.	Gebührentatbestände	Geschäftswert	KV-Nr.	Satz	Betrag
	Beurkundungsverfahren (§§ 110 Nr. 1, 94 I)	~~6 040 000~~	~~21100~~	~~2,0~~	~~17 830,00~~
	a) Gründungserklärung (§§ 97 I, 107 I)	6 000 000	21200	1,0	8785,00
	b) Bestellung Aufsichtsrat und Abschlussprüfer (§§ 108 I S. 1, 105 IV Nr. 1, 109 II Nr. 4d)	40 000	21100	2,0	290,00

2. Handelsregisteranmeldung

21.917

Pos.	Gebührentatbestände	Geschäftswert	KV-Nr.	Satz	Betrag
(1)	Entwurf Handelsregisteranmeldung (§§ 119 I, 105 I S. 1 Nr. 1, 92 II)	1 000 000	24102, 21201 Nr. 5	0,5	867,50
(2)	Vollzug – XML (§ 112)	1 000 000	22114	0,3	250,00

XI. Aktiengesellschaft

C. Erläuterungen

Zu Rechnung 1 (Gesellschaftsvertrag)

a) Der Wert des Gründungsvertrages bestimmt sich nach **den Leistungen des Gesellschafters**. Das **genehmigte Kapital** ist diesen Leistungen **hinzuzurechnen**, auch wenn die Leistung zu einem späteren Zeitpunkt erfolgt (§§ 97 I, 107 I).

21.918

b) Der Wert der **Bestellung des Aufsichtsrats und Abschlussprüfers** in einem Wahlgang ist als Beschluss ohne bestimmten Geldwert mit 1 % des Grundkapitals anzunehmen (§§ 108 I S. 1, 105 IV Nr. 1). Mehrere Wahlen haben denselben Beurkundungsgegenstand, sofern nicht Einzelwahlen stattfinden (§ 109 II Nr. 4d).

21.919

Nach § 110 Nr. 1 sind die **Gründungserklärungen und der Beschluss verschiedene Beurkundungsgegenstände**. Gem. § 94 I bleibt es bei der getrennten Bewertung. Die höchste Gebühr aus den zusammengerechneten Werten (2,0 aus 6 040 000 Euro) wäre teurer.

21.920

Zu Rechnung 2 (Handelsregisteranmeldung)

Pos. (1):

21.921

Maßgebender Geschäftswert ist der ins Handelsregister einzutragende Kapitalbetrag. Das genehmigte Kapital ist hinzuzurechnen. Die Anmeldung des Aufsichtsrats und Vorstands ist Inhalt der **Erstanmeldung**. Der Höchstwert einer Handelsregisteranmeldung beträgt in jedem Fall 1 000 000 Euro (§§ 119 I, 105 I S. 1 Nr. 1, S. 2, 106).

Für den Entwurf ist gem. Nrn. 24102, 21201 Nr. 5 KV die Rahmengebühr 0,3–0,5, mind. 30 Euro zu erheben. Da der Entwurf vollständig gefertigt wurde, ist die höchste Rahmengebühr zu erheben (§ 92 II). Die Unterschriftsbeglaubigung löst keine zusätzliche Gebühr aus, Vorbem. 2.4.1 II KV.

21.922

Pos. (2):

21.923

Die Erstellung der **XML-Strukturdaten** fällt unter den Vollzug, für welchen das GNotKG eine eigenständige Gebühr in der Nr. 22114 KV vorsieht. Der Geschäftswert bestimmt sich nach dem Wert des Entwurfs der Handelsregisteranmeldung (§ 112).

→ **Fall 109: Gründungsvertrag (Sachgründung) nebst Beschlüssen über die Bestellung des Aufsichtsrates und des Abschlussprüfers**

A. Sachverhalt

A und B gründen eine **AG** mit einem Grundkapital von 100 000 Euro, wobei A die Einzahlung in bar i.H.v. 50 000 Euro leistet. B bringt sein **Grundstück** im Wert von 90 000 Euro im Wege der Auflassung ein, welches mit einer voll valutierenden Grundschuld i.H.v. 30 000 Euro belastet ist. In gleicher Urkunde werden durch Beschluss der Gründerversammlung der Aufsichtsrat und Abschlussprüfer in einem **Wahl**gang bestellt. Neben der Beurkundung des **Gründungsvorgangs** fertigt der Notar auftragsgemäß den **Entwurf** der Handelsre-

21.924

gisteranmeldung** und nimmt die Unterschriftsbeglaubigung vor. Gleichzeitig nimmt er den elektronischen Vollzug der Handelsregisteranmeldung (Erstellung der **XML**-Strukturdaten) vor.

B. Rechnungen

1. Gesellschaftsvertrag

21.925

Pos.	Gebührentatbestände	Geschäftswert	KV-Nr.	Satz	Betrag
	Beurkundungsverfahren (§§ 110 Nr. 1, 35 I)	170 000	21100	2,0	762,00
a)	Gründungsvertrag (§§ 97 I, 107 I S. 1, 46)	140 000	21100	2,0	
b)	Bestellung Aufsichtsrat und Abschlussprüfer (§§ 108 I S. 1, 105 IV Nr. 1, 109 II Nr. 4d)	30 000	21100	2,0	

2. Handelsregisteranmeldung

21.926

Pos.	Gebührentatbestände	Geschäftswert	KV-Nr.	Satz	Betrag
(1)	Entwurf Handelsregisteranmeldung (§§ 119 I, 105 I S. 1 Nr. 1, 92 II)	100 000	24102, 21201 Nr. 5	0,5	136,50
(2)	Vollzug – XML (§ 112)	100 000	22114	0,3	81,90

C. Erläuterungen

Zu Rechnung 1 (Gesellschaftsvertrag)

21.927 a) Der **Wert des Gründungsvertrages** bestimmt sich nach den Leistungen der Gesellschafter (§§ 97 I, 107 I, 46, § 38: 50 000 Euro + 90 000 Euro). Handelt es sich um Sachleistungen, ist der Wert der Sache (§ 46) maßgebend. Gemäß § 38 sind die Verbindlichkeiten nicht abzuziehen. Die **Einbringung des Grundstücks** im Wege der Auflassung bildet mit dem Gesellschaftsvertrag (der Satzung) denselben Beurkundungsgegenstand nach § 109 I S. 4 Nr. 2. Der Geschäftswert bestimmt sich gemäß § 109 I S. 5 nur nach dem Wert des Gründungsvertrages.

21.928 b) Der Wert der **Bestellung des Aufsichtsrats und Abschlussprüfers** ist als Beschluss ohne bestimmten Geldwert mit 30 000 Euro anzunehmen (1 % des Grundkapitals, mindestens 30 000 Euro – §§ 108 I S. 1, 105 IV Nr. 1, 109 II Nr. 4d). Mehrere Wahlen haben denselben Beurkundungsgegenstand, sofern nicht Einzelwahlen stattfinden.

21.929 Nach § 110 Nr. 1 betreffen die **Gründungserklärungen und der Beschluss verschiedene Beurkundungsgegenstände**, so dass die Einzelwerte, da gleiche Gebührensätze vorliegen, zu addieren sind (§ 35 I).

XI. Aktiengesellschaft

Zu Rechnung 2 (Handelsregisteranmeldung)

Pos. (1): 21.930

Maßgebender Geschäftswert ist das ins Handelsregister einzutragende Grundkapital. Die Anmeldung des Aufsichtsrats und Vorstands ist Inhalt der **Erstanmeldung**.

Für den Entwurf ist gem. Nrn. 24102, 21201 Nr. 5 KV die Rahmengebühr 21.931
0,3–0,5, mind. 30 Euro zu erheben. Da der Entwurf vollständig gefertigt wurde, ist die höchste Rahmengebühr zu erheben (§ 92 II). Die Unterschriftsbeglaubigung löst keine zusätzliche Gebühr aus, Vorbem. 2.4.1 II KV.

Pos. (2): 21.932

Die Erstellung der **XML-Strukturdaten** fällt unter den Vollzug, für welchen das GNotKG eine eigenständige Gebühr in der Nr. 22114 KV vorsieht. Der Geschäftswert bestimmt sich nach dem Wert des Entwurfs der Handelsregisteranmeldung (§ 112).

→ **Fall 110: Änderung des Gesellschaftsvertrages hinsichtlich des Grundkapitals vor Eintragung**

A. Sachverhalt

Vor Eintragung der AG ins Handelsregister **wird** der **Gesellschaftsvertrag** dahin- 21.933
gehend **geändert**, dass das Grundkapital von 100 000 Euro um 20 000 Euro auf 120 000 Euro erhöht wird. Die Einlageleistung erfolgt durch Barzahlung. Neben der Beurkundung der **Änderungsurkunde** fertigt der Notar auftragsgemäß den **Entwurf** der **Handelsregisteranmeldung**. Gleichzeitig nimmt er den elektronischen Vollzug der Handelsregisteranmeldung (Erstellung der **XML**-Strukturdaten) vor.

B. Rechnungen

1. Änderung Gesellschaftsvertrag

Pos.	Gebührentatbestand	Geschäftswert	KV-Nr.	Satz	Betrag
	Änderung Gesellschaftsvertrag (§ 97 I, II)	20 000	21100	2,0	214,00

21.934

2. Handelsregisteranmeldung

Pos.	Gebührentatbestände	Geschäftswert	KV-Nr.	Satz	Betrag
(1)	Entwurf Handelsregisteranmeldung (§§ 119 I, 105 I S. 1 Nr. 4, S. 2, 92 II)	30 000	24102, 21201 Nr. 5	0,5	62,50
(2)	Vollzug – XML (§ 112)	30 000	22114	0,3	37,50

21.935

C. Erläuterungen

Zu Rechnung 1 (Änderung Gesellschaftsvertrag)

21.936 Die **Änderung des Gesellschaftsvertrages** hat einen bestimmten Geldwert, welcher den Geschäftswert der Erklärung bildet (§ 97 I, II).

Zu Rechnung 2 (Handelsregisteranmeldung)

21.937 **Pos. (1):**

Bei **Änderungen einzutragender Geldbeträge** bestimmt sich der Geschäftswert gemäß § 105 I S. 1 Nr. 4, S. 2 nach dem Unterschiedsbetrag, mindestens jedoch i.H.v. 30 000 Euro.

21.938 Für den Entwurf ist gem. Nrn. 24102, 21201 Nr. 5 KV die Rahmengebühr 0,3–0,5, mind. 30 Euro zu erheben. Da der Entwurf vollständig gefertigt wurde, ist die höchste Rahmengebühr zu erheben (§ 92 II). Die Unterschriftsbeglaubigung löst keine zusätzliche Gebühr aus, Vorbem. 2.4.1 II KV.

21.939 **Bemerkung:** Während die Änderung des Gesellschaftsvertrages bei der GmbH vor Eintragung nach h. M. **keiner formellen Anmeldung** bedarf, ist dies bei der AG unklar. Entscheidet sich der Notar für eine Anmeldung, so dürfte **keine unrichtige Sachbehandlung** vorliegen (vgl. auch Rz. 21.538). Der Wert bestimmt sich vorliegend nach § 105 I S. 1 Nr. 4, S. 2. Andere Fälle der Satzungsänderung vor Eintragung richten sich nach dem Umfang der Änderung: Bei wesentlichen Änderungen ist eine Neuanmeldung nach § 105 I S. 1 Nr. 1, S. 2, bei kleineren Änderungen ist nach § 105 IV Nr. 1 oder nach § 105 I S. 1 Nr. 4, S. 2 zu bewerten.

21.940 **Pos. (2):**

Die Erstellung der **XML-Strukturdaten** fällt unter den Vollzug, für welchen das GNotKG eine eigenständige Gebühr in der Nr. 22114 KV vorsieht. Der Geschäftswert bestimmt sich nach dem Wert des Entwurfs der Handelsregisteranmeldung (§ 112).

→ **Fall 111: Änderung des Gesellschaftsvertrages hinsichtlich der Firma vor Eintragung im Handelsregister**

A. Sachverhalt

21.941 **Vor Eintragung** der AG (Grundkapital 100 000 Euro) ins Handelsregister **wird** der **Gesellschaftsvertrag** hinsichtlich der Firma **geändert**. Neben der Beurkundung der **Änderungsurkunde** fertigt der Notar auftragsgemäß den **Entwurf** der **Handelsregisteranmeldung** und nimmt die Unterschriftsbeglaubigung vor. Gleichzeitig nimmt er den elektronischen Vollzug der Handelsregisteranmeldung (Erstellung der **XML**-Strukturdaten) vor.

B. Rechnungen

1. Änderung Gesellschaftsvertrag

Pos.	Gebührentatbestand	Geschäfts-wert	KV-Nr.	Satz	Betrag
	Änderung Gesellschaftsvertrag (§§ 97 I, II, 36 I)	10 000	21100	2,0	150,00

21.942

2. Handelsregisteranmeldung

Pos.	Gebührentatbestände	Geschäfts-wert	KV-Nr.	Satz	Betrag
(1)	Entwurf Handelsregisteranmeldung (§§ 119 I, 105 IV Nr. 1, 92 II)	30 000	24102, 21201 Nr. 5	0,5	62,50
(2)	Vollzug – XML (§ 112)	30 000	22114	0,3	37,50

21.943

C. Erläuterungen

Zu Rechnung 1 (Änderung Gesellschaftsvertrag)

Als Geschäftswert ist ein angemessener Teilwert aus dem Wert der Gründungsurkunde anzunehmen, weil der **Änderung** selbst kein bestimmter Wert zugrunde liegt. Die Höhe des Teilwertes bestimmt sich nach dem Ausmaß der Änderung (§§ 97 I, II, 36 I; hier: 10 % der Gründungsurkunde).

21.944

Zu Rechnung 2 (Handelsregisteranmeldung)

Pos. (1):

21.945

Als spätere **Anmeldung ohne bestimmten Geldbetrag** bestimmt sich der Geschäftswert nach §§ 119 I, 105 IV Nr. 1 mit 1 % des Grundkapitals, mindestens 30 000 Euro.

Für den Entwurf ist gem. Nrn. 24102, 21201 Nr. 5 KV die Rahmengebühr 0,3–0,5, mind. 30 Euro zu erheben. Da der Entwurf vollständig gefertigt wurde, ist die höchste Rahmengebühr zu erheben (§ 92 II). Die Unterschriftsbeglaubigung löst keine zusätzliche Gebühr aus, Vorbem. 2.4.1 II KV.

21.946

Bemerkung: Während die Änderung des Gesellschaftsvertrages bei der GmbH vor Eintragung nach h. M. keiner formellen Anmeldung bedarf, ist dies bei der AG unklar. Entscheidet sich der Notar für eine Anmeldung, so dürfte **keine unrichtige Sachbehandlung** vorliegen. Der Wert bestimmt sich vorliegend nach § 105 IV Nr. 1. Andere Fälle der Satzungsänderung vor Eintragung richten sich nach dem Umfang der Änderung: Bei wesentlichen Änderungen ist eine Neuanmeldung nach § 105 I S. 1 Nr. 1, S. 2, bei kleineren Änderungen ist nach § 105 IV Nr. 1 oder nach § 105 I S. 1 Nr. 4, S. 2 zu bewerten.

21.947

21.948 Pos. (2):
Die Erstellung der **XML-Strukturdaten** fällt unter den Vollzug, für welchen das GNotKG eine eigenständige Gebühr in der Nr. 22114 KV vorsieht. Der Geschäftswert bestimmt sich nach dem Wert des Entwurfs der Handelsregisteranmeldung (§ 112).

2. Nachgründung nach § 52 AktG

→ **Fall 112: Anmeldung bei der Nachgründung nach § 52 AktG**

A. Sachverhalt

21.949 Zur Eintragung ins Handelsregister der A-AG (Grundkapital 100 000 Euro), welche vor einem halben Jahr ins Handelsregister eingetragen wurde, wird angemeldet, dass die Gesellschaft mit dem Gründer B im Wege der **Nachgründung** einen Vertrag über den Erwerb einer Maschine mit einem Wert von 50 000 Euro geschlossen hat. Die Zustimmung der Hauptversammlung liegt vor.

Der Notar fertigt auftragsgemäß den **Entwurf** der **Handelsregisteranmeldung** und nimmt die Unterschriftsbeglaubigung vor.

B. Rechnung

Handelsregisteranmeldung

21.950

Pos.	Gebührentatbestand	Geschäftswert	KV-Nr.	Satz	Betrag
	Entwurf Handelsregisteranmeldung (§§ 119 I, 105 IV Nr. 1, 92 II)	30 000	24102, 21201 Nr. 5	0,5	62,50

C. Erläuterungen

21.951 Als **Anmeldung ohne bestimmten Geldbetrag** sind 1 % des Grundkapitals, mind. 30 000 Euro maßgebend (§§ 119 I, 105 IV Nr. 1).

21.952 Für den Entwurf ist gem. Nrn. 24102, 21201 Nr. 5 KV die Rahmengebühr 0,3–0,5, mind. 30 Euro zu erheben. Da der Entwurf vollständig gefertigt wurde, ist die höchste Rahmengebühr zu erheben (§ 92 II). Die Unterschriftsbeglaubigung löst keine zusätzliche Gebühr aus, Vorbem. 2.4.1 II KV.

3. Beschlüsse der Hauptversammlung und Handelsregisteranmeldungen

→ **Fall 113: Jahreshauptversammlung**

A. Sachverhalt

21.953 In der **Hauptversammlung** der eingetragenen **AG** (Grundkapital: 100 000 Euro) wird über folgende Tagesordnungspunkte einzeln durch Handheben abgestimmt:
– Top 1: die Feststellung des Jahresabschlusses durch die Hauptversammlung (§ 173 AktG),

XI. Aktiengesellschaft

- Top 2: die **Verteilung des Bilanzgewinns** i.H.v. 300 000 Euro,
- Top 3: die **Entlastung des Vorstands und der Mitglieder des Aufsichtsrates**,
- Top 4: **Wahl eines neuen Aufsichtsratsmitgliedes** für ein ausscheidendes Mitglied,
- Top 5: **Bestellung eines Abschlussprüfers**,
- Top 6: **Ermächtigung des Vorstandes**, das **Grundkapital** um 20 000 Euro durch Bildung von 20 000 neuer Aktien zum Nennbetrag von jeweils 1 Euro **zu erhöhen** (erstmalige Ermächtigung durch Satzungsänderung). Der Ausgabebetrag pro Aktie soll 4 Euro betragen.
- Top 7: **Vergütung der zwei Mitglieder des Aufsichtsrats** für das abgelaufene Geschäftsjahr i.H.v. jeweils 3000 Euro und für den Vorsitzenden 6000 Euro,

Neben der Beurkundung der Hauptversammlung fertigt der Notar auftragsgemäß den **Entwurf** der **Handelsregisteranmeldung** an, mit welcher die Schaffung eines genehmigten Kapitals i.H.v. 20 000 Euro angemeldet wird (Satzungsänderung). Gleichzeitig nimmt er den elektronischen Vollzug der Handelsregisteranmeldung (Erstellung der **XML**-Strukturdaten) vor.

B. Rechnungen

1. Beschlüsse

21.954

Pos.	Gebührentatbestände	Geschäftswert	KV-Nr.	Satz	Betrag
	Beurkundungsverfahren (§§ 86 II, 35 I)	530 000	21100	2,0	2030,00
	a) Feststellung Jahresabschluss (§§ 108 I S. 1, 105 IV Nr. 1)	30 000	21100	2,0	
	b) Gewinnverwendung (§§ 97 I S. 1, 108 I S. 2, 105 I)	300 000	21100	2,0	
	c) Entlastung Vorstand und Aufsichtsrat (§§ 108 I, 105 IV Nr. 1, 109 I, II Nr. 4d)	30 000	21100	2,0	
	d) Ausscheiden und Eintritt eines Aufsichtsmitglieds (§§ 108 I, 105 IV Nr. 1, 109 I, II Nr. 4d)	30 000	21100	2,0	
	e) Bestellung des Abschlussprüfers (§§ 108 I, 105 IV Nr. 1)	30 000	21100	2,0	
	f) genehmigtes Kapital (§§ 97 I S. 1, 108 I S. 2, 105 I S. 2)	80 000	21100	2,0	
	g) Vergütung der Aufsichtsratsmitglieder (§§ 97 I S. 1, 108 I S. 2, 105 I S. 2)	30 000	21100	2,0	

2. Handelsregisteranmeldung

21.955

Pos.	Gebührentatbestände	Geschäfts-wert	KV-Nr.	Satz	Betrag
(1)	Entwurf Handelsregisteranmeldung (§§ 111 Nr. 3, 35 I, 92 II)	90 000	24102, 21201 Nr. 5	0,5	123,00
	a) genehmigtes Kapital (§§ 119 I, 105 I S. 1 Nr. 4a, S. 2, 92 II)	30 000	24102, 21201 Nr. 5	0,5	
	b) Ausscheiden des Aufsichts-ratsmitglieds (§§ 119 I, 105 IV Nr. 1, 92 II)	30 000	24102, 21201 Nr. 5	0,5	
	c) Eintritt des Aufsichtsrats-mitglieds (§§ 119 I, 105 IV Nr. 1, 92 II)	30 000	24102, 21201 Nr. 5	0,5	
(2)	Vollzug – XML (§ 112)	90 000	22114	0,3	73,80

C. Erläuterungen

Zu Rechnung 1 (Beschlüsse)

21.956 a) Bei der Feststellung des Jahresabschlusses handelt es sich um einen Beschluss ohne bestimmten Geldwert. Maßgebend ist 1 % des Grundkapitals, mindestens 30 000 Euro (§§ 108 I S. 1, 105 IV Nr. 1).

21.957 b) Als Beschluss mit bestimmtem Geldwert ist der Gewinnbetrag als Geschäftswert anzunehmen (§§ 97 I S. 1, 108 I S. 2, 105 I).

21.958 c), d), e) Der Geschäftswert eines jeden Wahlganges beträgt als Beschluss ohne bestimmten Geldwert 1 % des Grundkapitals, mindestens 30 000 Euro (§§ 108 I S. 1, 105 IV Nr. Gemäß § 109 II Nr. 4f) sind Wahlen und Beschlüsse über die Entlastung von Verwaltungsträgern derselbe Beurkundungsgegenstand, sofern nicht einzeln abgestimmt wird. Letzteres trifft für die Beschlüsse unter c)–e) zu. Entsprechend der Tagesordnungspunkte wird über die Personen nicht zusammen im „Paket", sondern einzeln abgestimmt. Die Beschlüsse betreffen verschiedene Beurkundungsgegenstände.

21.959 f) Der Geschäftswert des Beschlusses über das bedingte Kapital ist als Beschluss mit bestimmtem Geldwert mit dem Ausgabebetrag (20 000 × 4 Euro) anzunehmen (§§ 97 I S. 1, 108 I S. 2, 105 I S. 2). Der Ausgabebetrag bezeichnet den Betrag, den der Aktionär in bar auf seine Aktie zahlen muss, bzw. den die von ihm zu leistende Sacheinlage haben muss.[1] Der geringste Ausgabebetrag ist in § 9 I AktG wie folgt legal definiert: „Für einen geringeren Betrag als den Nennbetrag oder den auf die einzelne Stückaktie entfallenden anteiligen Betrag des Grundkapitals dürfen Aktien nicht ausgegeben werden. „Das nennt man das Verbot der Unter-pari-Emission. In § 36a I AktG heißt es: „Bei Bareinlagen muss der eingeforderte Betrag (§ 36 II) mindestens ein Viertel des geringsten

---

1 *Hüffer*, AktG, § 9 Rz. 2; *K. Schmidt/Lutter/Ziemons*, AktG, 2008, § 9 Rz. 4.

Ausgabebetrages und bei Ausgabe der Aktien für einen höheren als diesen auch den Mehrbetrag umfassen." Die Höhe des Ausgabebetrages ergibt sich also aus der Übernahmeerklärung (§ 23 II Nr. 2 AktG) und schließt ein etwa geschuldetes Agio ein.[1]

g) Beschlüsse über die Bewilligung einer Vergütung **an** die Aufsichtsratsmitglieder für das abgelaufene Geschäftsjahr haben einen bestimmten Geldwert (§ 97 I S. 1). Als Geschäftswert ist der Vergütungsbetrag anzunehmen, mindestens jedoch durch den Verweis in § 108 I S. 2 der gemäß § 105 I S. 2 bestehende Mindestwert von 30 000 Euro.   21.960

Die Beschlüsse betreffen verschiedene Beurkundungsgegenstände (§§ 35 I, 85 I, 86 II), denn nach der amtlichen Begründung sind mehrere Beschlüsse desselben Beschlussorgans mehrere Gegenstände. Abweichendes gilt nur in den in § 109 II Nr. 4 geregelten Fällen.   21.961

Zu Rechnung 2 (Handelsregisteranmeldung)

Pos. (1):   21.962

a) Als Geschäftswert von Anmeldungen **zu** Maßnahmen der Kapitalbeschaffung ist der Unterschiedsbetrag anzunehmen, mindestens jedoch gemäß § 105 I S. 2 der Betrag von 30 000 Euro.

b) und c) Die Handelsregisteranmeldungen der Wahlen betreffen Anmeldungen ohne bestimmten Geldbetrag. Als Geschäftswert sind 1 % des eingetragenen Grundkapitals, mindestens 30 000 Euro gemäß § 105 IV Nr. 1 maßgebend.   21.963

Registeranmeldungen sind gemäß § 111 Nr. 3 stets besondere Beurkundungsgegenstände.   21.964

Für den Entwurf ist gem. Nrn. 24102, 21201 Nr. 5 KV die Rahmengebühr 0,3–0,5, mind. 30 Euro zu erheben. Da der Entwurf vollständig gefertigt wurde, ist die höchste Rahmengebühr zu erheben (§ 92 II). Die Unterschriftsbeglaubigung löst keine zusätzliche Gebühr aus, Vorbem. 2.4.1 II KV.   21.965

Pos. (2):   21.966
Die Erstellung der XML-Strukturdaten fällt unter den Vollzug, für welchen das GNotKG eine eigenständige Gebühr in der Nr. 22114 KV vorsieht. Der Geschäftswert bestimmt sich nach dem Wert des Entwurfs der Handelsregisteranmeldung (§ 112).

→ **Fall 114: Anmeldung Änderung Aufsichtsrat, Vorstand und Erklärung nach § 25 II HGB**

A. Sachverhalt

Zur Eintragung ins Handelsregister einer AG (Grundkapital 50 000 Euro) wird angemeldet, dass die Erklärung gem. § 25 II HGB zur Firmenfortführung abgegeben wurde. Der Notar fertigt auftragsgemäß den Entwurf der Handelsregisteranmeldung und nimmt die Unterschriftsbeglaubigung vor. Gleichzeitig nimmt   21.967

---
1 *Hüffer*, AktG, 11. Aufl. 2014, § 9 Rz. 2.

er den elektronischen Vollzug der Handelsregisteranmeldung (Erstellung der XML-Strukturdaten) vor.

B. Rechnung

21.968

Pos.	Gebührentatbestände	Geschäftswert	KV-Nr.	Satz	Betrag
(1)	Entwurf Handelsregisteranmeldung (§§ 119 I, 105 IV Nr. 1, 92 II)	30 000	24102, 21201 Nr. 5	0,5	62,50
(2)	Vollzug – XML (§ 112)	30 000	22114	0,3	37,50

C. Erläuterungen

21.969 **Pos. (1):**

Es handelt sich um eine spätere Anmeldung ohne bestimmten Geldbetrag, deren Geschäftswert mit mind. 30 000 Euro anzunehmen ist (§§ 119 I, 105 IV Nr. 1).

21.970 Für den Entwurf ist gem. Nrn. 24102, 21201 Nr. 5 KV die Rahmengebühr 0,3–0,5, mind. 30 Euro zu erheben. Da der Entwurf vollständig gefertigt wurde, ist die höchste Rahmengebühr zu erheben (§ 92 II). Die Unterschriftsbeglaubigung löst keine zusätzliche Gebühr aus, Vorbem. 2.4.1 II KV.

21.971 **Pos. (2):**

Die Erstellung der XML-Strukturdaten fällt unter den Vollzug, für welchen das GNotKG eine eigenständige Gebühr in der Nr. 22114 KV vorsieht. Der Geschäftswert bestimmt sich nach dem Wert des Entwurfs der Handelsregisteranmeldung (§ 112).

→ **Fall 115: Auflösung der Aktiengesellschaft und Bestellung eines geborenen Abwicklers (Vorstand)**

A. Sachverhalt

21.972 Die **Hauptversammlung** beschließt die **Auflösung der AG** (Grundkapital: 100 000 Euro). Ein Abwickler wird nicht bestellt. Insoweit bleibt es bei der gesetzlichen Regelung gemäß § 265 I AktG, wonach die Abwicklung durch die Vorstandsmitglieder als Abwickler besorgt wird. Der Notar beurkundet die Versammlung, fertigt den **Entwurf** der **Handelsregisteranmeldung** und nimmt die Unterschriftsbeglaubigung vor. Gleichzeitig nimmt er den elektronischen Vollzug der Handelsregisteranmeldung (Erstellung der **XML**-Strukturdaten) vor.

XI. Aktiengesellschaft

B. Rechnungen

1. Beschluss

21.973

Pos.	Gebührentatbestand	Geschäfts-wert	KV-Nr.	Satz	Betrag
	Beurkundungsverfahren – Beschluss (§§ 108 I S. 1, 105 IV Nr. 1)	30 000	21100	2,0	250,00

2. Handelsregisteranmeldung

21.974

Pos.	Gebührentatbestände	Geschäfts-wert	KV-Nr.	Satz	Betrag
(1)	Entwurf Handelsregisteranmeldung (§§ 111 Nr. 3, 35 I, 92 II)	30 000	24102, 21201 Nr. 5	0,5	62,50
(2)	Vollzug – XML (§ 112)	30 000	22114	0,3	37,50

C. Erläuterungen

Zu Rechnung 1 (Beschluss)

Die **Auflösung der Gesellschaft** betrifft einen Beschluss ohne bestimmten Geldwert. Der Geschäftswert beträgt 1 % des eingetragenen Grundkapitals, mind. 30 000 Euro (§§ 108 I S. 1, 105 IV Nr. 1).

21.975

Ist weder in der Satzung noch im Auflösungsbeschluss etwas anderes bestimmt, so sind alle zur Zeit der Auflösung im Amt befindlichen Vorstandsmitglieder gem. § 265 I AktG ohne weiteren Bestellungsakt „geborene" Abwickler. Dennoch wird auch im Falle einer Amtskontinuität der Vorstandsmitglieder als Abwickler aus Gründen der Klarheit und zur Erleichterung der Eintragung im Handelsregister empfohlen, die Abwickler im Auflösungsbeschluss zu bestellen bzw. zu benennen sowie ihre Vertretungsmacht auszuweisen.

21.976

Enthält der Auflösungsbeschluss eine **rein deklaratorische Feststellung**, dass die Vorstandsmitglieder gemäß der gesetzlichen Regel des § 265 I AktG Abwickler der aufgelösten AG sind, und erfolgt auch keine Änderung der Vertretungsregel, so ist von einem (einzigen) Beschluss ohne bestimmten Geldwert auszugehen (§ 108 I S. 1, § 105 IV Nr. 1, § 109 II Nr. 4d). Der Geschäftswert beträgt 1 % des eingetragenen Grundkapitals, mindestens 30 000 Euro.

21.977

Zu Rechnung 2 (Handelsregisteranmeldung)

Pos. (1):

21.978

Bei der Anmeldung der **Auflösung der Gesellschaft** handelt es sich um eine spätere Anmeldung ohne bestimmten Geldbetrag (§§ 119 I, 105 IV Nr. 1). Maßgebend ist 1 % des Grundkapitals, mindestens 30 000 Euro.

21.979   Dabei ist die Anmeldung der Auflösung und des geborenen Liquidators als ein einheitlicher Rechtsvorgang anzusehen, so dass § 111 Nr. 3 nicht zur Anwendung kommt.[1]

21.980   Zur Anwendung der BGH-Entscheidung siehe auch Rz. 21.35.

21.981   Für den Entwurf ist gem. Nrn. 24102, 21201 Nr. 5 KV die Rahmengebühr 0,3–0,5, mind. 30 Euro, zu erheben. Da der Entwurf vollständig gefertigt wurde, ist die höchste Rahmengebühr zu erheben (§ 92 II). Die Unterschriftsbeglaubigung löst keine zusätzliche Gebühr aus, Vorbem. 2.4.1 II KV.

21.982   **Pos. (2):**

Die Erstellung der **XML-Strukturdaten** fällt unter den Vollzug, für welchen das GNotKG eine eigenständige Gebühr in der Nr. 22114 KV vorsieht. Der Geschäftswert bestimmt sich nach dem Wert des Entwurfs der Handelsregisteranmeldung (§ 112).

→ **Fall 116: Auflösung der Aktiengesellschaft und Bestellung eines gekorenen Abwicklers**

A. Sachverhalt

21.983   Die Hauptversammlung beschließt die Auflösung der AG (Stammkapital 100 000 Euro). Z wird zum Abwickler bestellt. Die Vertretungsbefugnis des bisherigen Vorstandes A ist erloschen. Der Notar beurkundet die Versammlung und entwirft die Handelsregisteranmeldung (Auflösung der AG, Anmeldung des Abwicklers). Gleichzeitig nimmt er den elektronischen Vollzug der Handelsregisteranmeldung (Erstellung der XML-Strukturdaten) vor.

B. Rechnungen

1. Beschluss

21.984

Pos.	Gebührentatbestände	Geschäftswert	KV-Nr.	Satz	Betrag
	Beurkundungsverfahren (§§ 86 II, 35 I)	60 000	21100	2,0	384,00
	a) Auflösung der AG (§§ 108 I S. 1, 105 IV Nr. 1)	30 000	21100	2,0	
	b) Erlöschen Vorstand und Bestellung Abwickler (§§ 108 I S. 1, 105 IV Nr. 1, 109 I, II Nr. 4d)	30 000	21100	2,0	

---

1 BGH (zur GmbH) v. 18.10.2016 – II ZB 18/15 und bestätigend BGH v. 20.12.2016 – II ZB 13/16, NotBZ 4/2017, 148 ff. mit Anm. *Heinze.*

2. Handelsregisteranmeldung

Pos.	Gebührentatbestände	Geschäfts-wert	KV-Nr.	Satz	Betrag
(1)	Entwurf Handelsregisteranmeldung (§§ 111 Nr. 3, 35 I, 92 II)	90 000	24102, 21201 Nr. 5	0,5	123, 00
	a) Auflösung der AG (§§ 119 I, 105 IV Nr. 1, 92 II)	30 000	24102, 21201 Nr. 5	0,5	
	b) Erlöschen Vorstand (§§ 119 I, 105 IV Nr. 1, 92 II)	30 000	24102, 21201 Nr. 5	0,5	
	c) Bestellung Abwickler (§§ 119 I, 105 IV Nr. 1, 92 II)	30 000	24102, 21201 Nr. 5	0,5	
(2)	Vollzug – XML (§ 112)	90 000	22114	0,3	73,80

21.985

C. Erläuterungen

Zu Rechnung 1 (Beschluss)

Die Auflösung der Gesellschaft betrifft einen Beschluss ohne bestimmten Geldwert. Der Geschäftswert beträgt 1 % des eingetragenen Grundkapitals, mind. 30 000 Euro (§§ 108 I S. 1, 105 IV Nr. 1). 21.986

Enthält der Auflösungsbeschluss eine ausdrückliche Bestellung des Vorstandes zu Abwicklern, z.B. weil in der Satzung als Liquidator ein Dritter vorgesehen war, oder ändert sich die Vertretungsberechtigung, so stellt dieser Bestellungs- bzw. Vertretungsänderungsbeschluss einen zum Auflösungsbeschluss verschiedenen Beurkundungsgegenstand nach § 86 II dar. Dieser Beschluss hat ebenso einen unbestimmten Geldwert und ist mit 1 % des eingetragenen Grundkapitals, mind. 30 000 Euro (§§ 108 I S. 1, 105 IV Nr. 1) zu bewerten. Dabei sind mehrere Wahlen in einem Wahlgang gem. § I, II Nr. 4d derselbe Beurkundungsgegenstand. 21.987

Zu Rechnung 2 (Handelsregisteranmeldung)

Pos. (1): 21.988

a) Bei der Anmeldung der Auflösung der Gesellschaft handelt es sich um eine spätere Anmeldung ohne bestimmten Geldbetrag (§§ 119 I, 105 IV Nr. 1). Maßgebend ist 1 % des eingetragenen Grundkapitals, mindestens 30 000 Euro.

b) und c) Bei der Anmeldung des Erlöschens des Vorstandes sowie der Bestellung des Abwicklers stellt jede Änderung in der Person des Vorstandes bzw. des Abwicklers jeweils eine selbstständige Anmeldetatsache dar. Es handelt sich also um zwei Anmeldungen. Vgl. hierzu Rz. 21.35. 21.989

Mehrere Anmeldungen gelten gemäß § 111 Nr. 3 stets besondere Beurkundungsgegenstände, so dass die Einzelwerte gem. § 35 I zu addieren sind. 21.990

21.991 Bemerkung: Nichts anderes gilt, wenn das Erlöschen des Vorstandes für mehrere Vorstandsmitglieder angemeldet wird. Auch hier wird auf jede einzelne Person abgestellt. Nach § 111 Nr. 3 liegt ein besonderer Beurkundungsgegenstand vor.

21.992 Für den Entwurf ist gem. Nrn. 24102, 21201 Nr. 5 KV die Rahmengebühr 0,3–0,5, mind. 30 Euro zu erheben. Da der Entwurf vollständig gefertigt wurde, ist die höchste Rahmengebühr zu erheben (§ 92 II). Die Unterschriftsbeglaubigung löst keine zusätzliche Gebühr aus, Vorbem. 2.4.1 II KV.

21.993 **Pos. (2):**

Die Erstellung der XML-Strukturdaten fällt unter den Vollzug, für welchen das GNotKG eine eigenständige Gebühr in der Nr. 22114 KV vorsieht. Der Geschäftswert bestimmt sich nach dem Wert des Entwurfs der Handelsregisteranmeldung (§ 112).

→ **Fall 117: Beendigung der Abwicklung und Erlöschen der AG**

A. Sachverhalt

21.994 Der Notar beurkundet die Hauptversammlung, in welcher folgende Beschlüsse gefasst werden:
- die vorgelegte Schlussrechnung wird genehmigt; die Aufbewahrungsstelle für die Schriften und Bücher wird vorgeschlagen
- Entlastung des Abwicklers und Aufsichtsrats.

Der Notar fertigt des Weiteren den Entwurf der Handelsregisteranmeldung, mit welcher der Abwickler den Schluss der Abwicklung und somit das Erlöschen der Firma anmeldet. Gleichzeitig nimmt er den elektronischen Vollzug der Handelsregisteranmeldung (Erstellung der XML-Strukturdaten) vor.

B. Rechnungen

1. Beschluss

21.995

Pos.	Gebührentatbestände	Geschäftswert	KV-Nr.	Satz	Betrag
	Beurkundungsverfahren (§§ 86 II, 35 I)	60 000	21100	2,0	384,00
	a) Schlussrechnung nach Aufbewahrung der AG (§§ 108 I S. 1, 105 IV Nr. 1)	30 000	21100	2,0	
	b) Entlastung des Abwicklers (§§ 108 I S. 1, 105 IV Nr. 1, 109 I, II Nr. 4d)	30 000	21100	2,0	

2. Handelsregisteranmeldung

Pos.	Gebührentatbestände	Geschäftswert	KV-Nr.	Satz	Betrag
(1)	Entwurf Handelsregisteranmeldung (§§ 119 I, 105 IV Nr. 1, 92 II)	30 000	24102, 21201 Nr. 5	0,5	62,50
(2)	Vollzug – XML (§ 112)	30 000	22114	0,3	37,50

21.996

C. Erläuterungen

Zu Rechnung 1 (Beschluss)

a) Betroffen ist ein Beschluss ohne bestimmten Geldwert. Als Geschäftswert ist 1 % des Grundkapitals, mindestens 30 000 Euro anzunehmen (§§ 108 I S. 1, 105 IV Nr. 1).

21.997

b) Der Geschäftswert der Entlastung von Verwaltungsträgern beträgt als Beschluss ohne bestimmten Geldwert 1 % des Grundkapitals, mindestens 30 000 Euro (§§ 108 I S. 1, 105 IV Nr. 1).

21.998

Die Beschlüsse betreffen verschiedene Beurkundungsgegenstände. Da derselbe Gebührensatz vorliegt, sind die Einzelwerte zu addieren (§§ 35 I, 86 II).

21.999

Zu Rechnung 2 (Handelsregisteranmeldung)

Pos. (1):

21.1000

Nach § 273 I AktG ist „lediglich „der Schluss der Abwicklung anzumelden. Es handelt sich somit um eine spätere Anmeldung ohne bestimmten Geldbetrag (§§ 119 I, 105 IV Nr. 1). Maßgebend ist 1 % des eingetragenen Grundkapitals, mindestens 30 000 Euro.

Für den Entwurf ist gem. Nrn. 24102, 21201 Nr. 5 KV die Rahmengebühr 0,3–0,5, mind. 30 Euro zu erheben. Da der Entwurf vollständig gefertigt wurde, ist die höchste Rahmengebühr zu erheben (§ 92 II). Die Unterschriftsbeglaubigung löst keine zusätzliche Gebühr aus, Vorbem. 2.4.1 II KV.

21.1001

Pos. (2):

21.1002

Die Erstellung der XML-Strukturdaten fällt unter den Vollzug, für welchen das GNotKG eine eigenständige Gebühr in der Nr. 22114 KV vorsieht. Der Geschäftswert bestimmt sich nach dem Wert des Entwurfs der Handelsregisteranmeldung (§ 112).

4. Beratung durch den Notar bei der Vorbereitung oder Durchführung einer Hauptversammlung

Die Abrechnung ist wie bei der GmbH vorzunehmen; siehe Rz. 21.887 ff.

21.1003

5. Isolierte Liste der Aufsichtsratsmitglieder

→ **Fall 118: Isolierte Liste der Aufsichtsratsmitglieder**

A. Sachverhalt

21.1004 Der Notar fertigt auftragsgemäß den isolierten Entwurf einer Liste der Aufsichtsratsmitglieder einer AG (Grundkapital 50 000 Euro) und übermittelt diese ans Handelsregister.

B. Rechnung

21.1005

Pos.	Gebührentatbestand	Geschäfts-wert	KV-Nr.	Satz	Betrag
	Entwurf Liste (§§ 119 I, 36 I, 92 II)	5000	24101, 21200	1,0	60,00

C. Erläuterungen

21.1006 Der Geschäftswert des Entwurfs bestimmt sich nach §§ 119 I, 36 I nach billigem Ermessen. Im vorliegenden Fall wurde auf einen Teilwert von 10 % des Grundkapitals abgestellt.

21.1007 Für den Entwurf ist gem. Nrn. 24101, 21200 KV die Rahmengebühr 0,3–1,0, mind. 60 Euro zu erheben. Da der Entwurf vollständig gefertigt wurde, ist die höchste Rahmengebühr zu erheben (§ 92 II). Die Unterschriftsbeglaubigung löst keine zusätzliche Gebühr aus, Vorbem. 2.4.1 II KV. Ebenso löst die Übermittlung ans Handelsregister keine zusätzliche Gebühr aus (Vorbem. 2.4.1 IV Nr. 1).

D. Anmerkung

21.1008 Die Übermittlung der Liste in Form der XML-Strukturdatei an das Handelsregister löst die Vollzugsgebühr nach Nr. 22114 KV aus dem Wert des Beurkundungsverfahrens (§ 112) aus. Lässt sich die Liste unproblematisch auch ohne die Erzeugung kostenpflichtiger XML-Daten an das elektronische Postfach bei Gericht übermitteln, so dürfte unter dem Gesichtspunkt des § 21 dieser Weg zu beschreiten sein.

XII. Zweigniederlassungen

→ **Fall 119: Errichtung einer Zweigniederlassung einer inländischen Gesellschaft**

A. Sachverhalt

21.1009 Die eingetragene GmbH errichtet ihre dritte Zweigniederlassung. Es bestehen bereits zwei Zweigniederlassungen, welche im Handelsregister eingetragen sind. Das Stammkapital der GmbH beträgt 25 000 Euro. Der Notar entwirft die Handelsregisteranmeldung und nimmt die Unterschriftsbeglaubigung vor. Gleichzeitig nimmt er den elektronischen Vollzug der Handelsregisteranmeldung (Erstellung der XML-Strukturdaten) vor.

XII. Zweigniederlassungen

B. Rechnung

Pos.	Gebührentatbestände	Geschäftswert	KV-Nr.	Satz	Betrag
(1)	Entwurf Handelsregisteranmeldung (§§ 119 I, 105 I S. 1 Nr. 1, S. 2, 92 II)	30 000	24102, 21201 Nr. 5	0,5	62,50
(2)	Vollzug – XML (§ 112)	30 000	22114	0,3	37,50

C. Erläuterungen

Pos. (1):

Der Geschäftswert für die Anmeldung von Zweigniederlassungen ist wie bei einer Erstanmeldung zu bestimmen (§§ 119 I, 105 I S. 1 Nr. 1, S. 2).

Für den Entwurf ist gem. Nrn. 24102, 21201 Nr. 5 KV die Rahmengebühr 0,3–0,5, mind. 30 Euro zu erheben. Da der Entwurf vollständig gefertigt wurde, ist die höchste Rahmengebühr zu erheben (§ 92 II). Die Unterschriftsbeglaubigung löst keine zusätzliche Gebühr aus, Vorbem. 2.4.1 II KV.

Pos. (2):

Die Erstellung der XML-Strukturdaten fällt unter den Vollzug, für welchen das GNotKG eine eigenständige Gebühr in der Nr. 22114 KV vorsieht. Der Geschäftswert bestimmt sich nach dem Wert des Entwurfs der Handelsregisteranmeldung (§ 112).

→ **Fall 120: Spätere Anmeldung zu einer eingetragenen Zweigniederlassung einer inländischen Gesellschaft**

A. Sachverhalt

Die im Handelsregister eingetragene Zweigniederlassung XYZ AG mit einem Grundkapital von 3 500 000 Euro erhält eine Einzelprokura. Dies wird zur Eintragung in das Handelsregister angemeldet. Die AG hat noch zwei weitere bereits im Register eingetragene Zweigniederlassungen. Der Notar fertigt den Entwurf der Handelsregisteranmeldung und nimmt die Unterschriftsbeglaubigung vor. Gleichzeitig nimmt er den elektronischen Vollzug der Handelsregisteranmeldung (Erstellung der XML-Strukturdaten) vor.

B. Rechnung

Pos.	Gebührentatbestände	Geschäftswert	KV-Nr.	Satz	Betrag
(1)	Entwurf Handelsregisteranmeldung (§§ 119 I, 105 IV Nr. 1, 92 II)	35 000	24102, 21201 Nr. 5	0,5	67,50
(2)	Vollzug – XML (§ 112)	35 000	22114	0,3	40,50

C. Erläuterungen

21.1016 **Pos. (1):**
Der Geschäftswert für die Anmeldung bei Zweigniederlassungen ist als spätere Anmeldung zu bestimmen (§§ 119 I, 105 IV Nr. 1).

21.1017 Für den Entwurf ist gem. Nrn. 24102, 21201 Nr. 5 KV die Rahmengebühr 0,3–0,5, mind. 30 Euro zu erheben. Da der Entwurf vollständig gefertigt wurde, ist die höchste Rahmengebühr zu erheben (§ 92 II). Die Unterschriftsbeglaubigung löst keine zusätzliche Gebühr aus, Vorbem. 2.4.1 II KV.

21.1018 **Pos. (2):**
Die Erstellung der XML-Strukturdaten fällt unter den Vollzug, für welchen das GNotKG eine eigenständige Gebühr in der Nr. 22114 KV vorsieht. Der Geschäftswert bestimmt sich nach dem Wert des Entwurfs der Handelsregisteranmeldung (§ 112).

→ **Fall 121: Errichtung einer Zweigniederlassung einer ausländischen Gesellschaft in Deutschland (z.B. Private Company Limited – Ltd.)**

A. Sachverhalt

21.1019 Der unterzeichnende director meldet für die AB Tec Limited (Stammkapital: 120 englische Pfund), einer Private Limited Company nach englischem Recht, eine Zweigniederlassung in Deutschland an. Die Anmeldung enthält die abstrakte sowie konkrete Vertretungsbefugnis des directors. C wird als Prokurist der Zweigniederlassung zur Eintragung in das Handelsregister angemeldet. Der Notar entwirft die Handelsregisteranmeldung und nimmt die Unterschriftsbeglaubigung vor. Gleichzeitig nimmt er den elektronischen Vollzug der Handelsregisteranmeldung (Erstellung der XML-Strukturdaten) vor.

B. Rechnung

21.1020

Pos.	Gebührentatbestände	Geschäftswert	KV-Nr.	Satz	Betrag
(1)	Entwurf Handelsregisteranmeldung (§§ 111 Nr. 3, 35 I, 92 II)	60 000	24102, 21201 Nr. 5	0,5	96, 00
	a) Erstanmeldung (§§ 119 I, 105 I S. 1 Nr. 1, S. 2, 92 II)	30 000	24102, 21201 Nr. 5	0,5	
	b) Prokurist (§§ 119 I, 105 IV Nr. 1, 92 II)	30 000	24102, 21201 Nr. 5	0,5	
(2)	Vollzug – XML (§ 112)	60 000	22114	0,3	57,60

XII. Zweigniederlassungen

C. Erläuterungen

Pos. (1): 21.1021

Der Geschäftswert für die Anmeldung von Zweigniederlassungen ist wie der der Erstanmeldung einer Kapitalgesellschaft zu bestimmen. Hinsichtlich der Prokurabestellung liegt eine spätere Anmeldung vor, welche keinen bestimmten Geldwert hat.

Handelsregisteranmeldungen haben stets gemäß § 111 Nr. 3 einen besonderen Beurkundungsgegenstand, so dass der Gesamtwert von 60 000 Euro maßgebend ist, weil gleiche Gebührensätze vorliegen (§ 35 I). 21.1022

Für den Entwurf ist gem. Nrn. 24102, 21201 Nr. 5 KV die Rahmengebühr 0,3–0,5, mind. 30 Euro zu erheben. Da der Entwurf vollständig gefertigt wurde, ist die höchste Rahmengebühr zu erheben (§ 92 II). Die Unterschriftsbeglaubigung löst keine zusätzliche Gebühr aus, Vorbem. 2.4.1 II KV. 21.1023

Pos. (2): 21.1024

Die Erstellung der XML-Strukturdaten fällt unter den Vollzug, für welchen das GNotKG eine eigenständige Gebühr in der Nr. 22114 KV vorsieht. Der Geschäftswert bestimmt sich nach dem Wert des Entwurfs der Handelsregisteranmeldung (§ 112).

→ **Fall 122: Spätere Anmeldung zu einer in Deutschland eingetragenen Zweigniederlassung einer ausländischen Gesellschaft**

A. Sachverhalt

Die im deutschen Handelsregister eingetragene Zweigniederlassung der AB Tec Limited (Stammkapital: 120 englische Pfund) erhält einen weiteren Prokuristen. Der Notar entwirft die Handelsregisteranmeldung und nimmt die Unterschriftsbeglaubigung vor. Gleichzeitig nimmt er den elektronischen Vollzug der Handelsregisteranmeldung (Erstellung der XML-Strukturdaten) vor. 21.1025

B. Rechnung 21.1026

Pos.	Gebührentatbestände	Geschäftswert	KV-Nr.	Satz	Betrag
(1)	Entwurf Handelsregisteranmeldung (§§ 119 I, 105 IV Nr. 1, 92 II)	30 000	24102, 21201 Nr. 5	0,5	62,50
(2)	Vollzug – XML (§ 112)	30 000	22114	0,3	37,50

C. Erläuterungen

Pos. (1): 21.1027

Der Geschäftswert für die Anmeldung bei Zweigniederlassungen ist als spätere Anmeldung einer Kapitalgesellschaft zu bestimmen.

21.1028 Für den Entwurf ist gem. Nrn. 24102, 21201 Nr. 5 KV die Rahmengebühr 0,3–0,5, mind. 30 Euro zu erheben. Da der Entwurf vollständig gefertigt wurde, ist die höchste Rahmengebühr zu erheben (§ 92 II). Die Unterschriftsbeglaubigung löst keine zusätzliche Gebühr aus, Vorbem. 2.4.1 II KV.

21.1029 **Pos. (2):**

Die Erstellung der XML-Strukturdaten fällt unter den Vollzug, für welchen das GNotKG eine eigenständige Gebühr in der Nr. 22114 KV vorsieht. Der Geschäftswert bestimmt sich nach dem Wert des Entwurfs der Handelsregisteranmeldung (§ 112).

XIII. Stiftungen

→ **Fall 123: Stiftungsgeschäft unter Lebenden mit Ausstattung von Grundbesitz nebst Auflassung**

A. Sachverhalt

21.1030 A und B errichten eine rechtsfähige Stiftung des bürgerlichen Rechts zu notarieller Urkunde. Dabei statten sie die Stiftung mit einem Grundstück mit einem Verkehrswert von 400 000 Euro als Grundstockvermögen aus und legen die Satzung fest. In Erfüllung der Ausstattungspflicht lassen A und B das in ihrem Eigentum stehende Grundstück an die Stiftung auf. A und B bestimmen sich und zwei weitere Personen zu Mitgliedern des Vorstandes. Des Weiteren bestimmen A und B die Mitglieder des ersten Stiftungsrates.

B. Rechnung

21.1031

Pos.	Gebührentatbestand	Geschäftswert	KV-Nr.	Satz	Betrag
	Beurkundungsverfahren (§§ 97 I, 46 I)	400 000	21200	1,0	785,00

C. Erläuterungen

21.1032 Der Verkehrswert des Stiftungsvermögens (hier: Grundstück) bestimmt den Geschäftswert des Stiftungsgeschäfts (§§ 97 I, 46 I).

21.1033 Die Auflassung ist als Erfüllungsgeschäft derselbe Beurkundungsgegenstand zum Stiftungsgeschäft, gleichgültig, ob gem. § 109 I Satz 1 und 2 oder nach § 109 I S. 4 Nr. 2. Stiftungsgeschäft und Auflassung haben denselben Geschäftswert (vgl. § 109 I S. 5), so dass eine Vergleichsberechnung nach § 94 II entbehrlich ist.

21.1034 Problematisch könnte es vorliegend sein, ob die Auflassung eine 0,5 Gebühr nach Nr. 21101 Nr. 2 KV auslöst oder eine 1,0 Gebühr nach Nr. 21102 Nr. 1 KV, denn die privilegierte 0,5 Gebühr setzt voraus, dass der Notar für das Grundgeschäft (hier: Stiftungsgeschäft) eine Gebühr nach Nr. 21100 KV erhält. Vorliegend fällt für das Stiftungsgeschäft als einseitiges Rechtsgeschäft aber eine 1,0 Gebühr nach Nr. 21200 KV an. U. E. ist für die Auflassung eine 1,0 Gebühr nach Nr. 21102 Nr. 1 KV maßgebend. Vom Ergebnis her ist es gleichgültig, welchen

XIII. Stiftungen

Gebührentatbestand man für die Auflassung ansetzt, da diese über § 109 I S. 5 nicht gesondert bewertet werden kann.

Für das Stiftungsgeschäft als solches, das ein einseitiges Rechtsgeschäft darstellt, fällt nur eine 1,0 Gebühr nach Nr. 21200 KV an, auch wenn das Stiftungsgeschäft, wie hier, von mehreren Personen erklärt wird; vgl. Anm. zu Nr. 21200 KV. — 21.1035

Die Feststellung der Satzung ist Inhalt des Stiftungsgeschäfts und löst keine weitere Gebühr aus (wie bei einer Ein-Personen-Gründung bei einer GmbH). — 21.1036

Gleiches gilt für die Bestimmung des ersten Vorstandes und des ersten Stiftungsrates. Auch sie sind Inhalt des Stiftungsgeschäfts, eine Beschlussfassung i.S. der Gebühr Nr. 21100 KV wird man darin nicht sehen können. — 21.1037

→ **Fall 124: Errichtung einer Stiftung durch letztwillige Verfügung (§ 83 BGB)**

A. Sachverhalt

Der Erblasser E bestimmt durch notarielles Testament, dass alleinige Erbin seines Vermögens die XY-Stiftung sein soll, die er zugleich durch Gründungsgeschäft von Todes wegen errichtet. Die Satzungsbestandteile werden in der letztwilligen Verfügung durch den Erblasser festgelegt. Als Vermögen widmet E der Stiftung sein gesamtes Vermögen. Der Nachlasswert beträgt 300 000 Euro, Verbindlichkeiten bestehen nicht. Schließlich bestimmt der Erblasser den T zum Testamentsvollstrecker mit der Aufgabe, die Stiftung nach dem Tode des Erblassers zur Entstehung zu bringen und ihr das Stiftungsvermögen nach Abzug der Verbindlichkeiten zu übertragen. — 21.1038

B. Rechnung

Pos.	Gebührentatbestand	Geschäfts-wert	KV-Nr.	Satz	Betrag
	Beurkundungsverfahren (§ 102 I)	300 000	21200	1,0	635,00

21.1039

C. Erläuterungen

Der Geschäftswert der **Errichtung einer Stiftung durch letztwillige Verfügung** bestimmt sich nach dem Vermögen des Erblassers. Verbindlichkeiten des Erblassers werden bis zur Höhe der Hälfte des Vermögens abgezogen (§ 102 I). — 21.1040

Durch die Gebühr werden alle Verfügungen von Todes wegen abgegolten; damit auch die letztwillige Anordnung, eine Stiftung als Erben einzusetzen und die über § 83 BGB notwendige Festlegung der Satzung. — 21.1041

XIV. Anmeldungen ohne wirtschaftliche Bedeutung

→ **Fall 125: Anmeldung der inländischen Geschäftsanschrift**

A. Sachverhalt

21.1042 Zur Eintragung ins Handelsregister wird die Änderung der inländischen **Geschäftsanschrift** angemeldet. Der Notar fertigt den **Entwurf** der **Handelsregisteranmeldung** und nimmt die Unterschriftsbeglaubigung vor. Gleichzeitig nimmt er den elektronischen Vollzug der Handelsregisteranmeldung (Erstellung der **XML**-Strukturdaten) vor.

B. Rechnung

21.1043

Pos.	Gebührentatbestand	Geschäftswert	KV-Nr.	Satz	Betrag
(1)	Entwurf Handelsregisteranmeldung (§§ 119 I, 105 V, 92 II)	5000	24102, 21201 Nr. 5	0,5	30,00
(2)	Vollzug – XML (§ 112)	5000	22114	0,3	15,00

C. Erläuterungen

21.1044 **Pos. (1):**

Das Gesetz selbst nennt die Änderung der Anschrift als Beispiel für eine **Anmeldung ohne wirtschaftliche Bedeutung** (§ 105 V). Die Anwendungen Letzterer sind eng auszulegen. Sie sind insbesondere nur dann gegeben, wenn lediglich eine „redaktionelle" Änderung anzumelden ist.[1]

21.1045 Für den Entwurf ist gem. Nrn. 24102, 21201 Nr. 5 KV die Rahmengebühr 0,3–0,5, mind. 30 Euro zu erheben. Da der Entwurf vollständig gefertigt wurde, ist die höchste Rahmengebühr zu erheben (§ 92 II). Die Unterschriftsbeglaubigung löst keine zusätzliche Gebühr aus, Vorbem. 2.4.1 II KV.

21.1046 **Pos. (2):**

Die Erstellung der **XML-Strukturdaten** fällt unter den Vollzug, für welchen das GNotKG eine eigenständige Gebühr in der Nr. 22114 KV vorsieht. Der Geschäftswert bestimmt sich nach dem Wert des Entwurfs der Handelsregisteranmeldung (§ 112).

Weitere Beispiele für Anmeldungen ohne wirtschaftliche Bedeutung

21.1047 – Anmeldung der Umstellung des Grund- oder Stammkapitals auf Euro ohne weitere Satzungsänderung

21.1048 – Namensänderung wegen Verheiratung

---

[1] S. Prüfungsabteilung der Ländernotarkasse, NotBZ 2016, 27.

Teil 22
Umwandlungsrecht mit Anmeldungen[1]

Inhaltsübersicht

I. Überblick 22.1	**IV. Umwandlungsvorgänge** 22.38
1. Einführung 22.1	1. Verschmelzung zur Aufnahme . 22.38
2. Übersichtstabelle 22.2	*Fall 1:* Verschmelzung zur Aufnahme 22.38
3. Gebühr 22.3	*Fall 2:* Verschmelzung mehrerer Rechtsträger (als Rechtseinheit) 22.66
4. Geschäftswert 22.4	
5. Derselbe Beurkundungsgegenstand/Verschiedene Beurkundungsgegenstände 22.8	
a) Derselbe Beurkundungsgegenstand 22.8	*Fall 3:* Kettenverschmelzung... 22.88
b) Verschiedene Beurkundungsgegenstände 22.9	*Fall 4:* Konzernverschmelzung (§ 62 UmwG) 22.112
6. Vollzugs-, Betreuungs- und Treuhandtätigkeiten 22.12	2. Verschmelzung zur Neugründung 22.122
a) Vollzugstätigkeiten 22.17	*Fall 5:* Verschmelzung zur Neugründung 22.122
b) Betreuungstätigkeiten..... 22.20	3. Spaltung 22.138
7. Gebührenfreie (Neben-) Geschäfte 22.22	*Fall 6:* Abspaltung eines Teilbetriebes einer GmbH zur Aufnahme auf bestehende GmbH .. 22.139
8. Unrichtige Sachbehandlung... 22.25	
9. Besonderheiten/Sonstiges 22.30	*Fall 7:* Aufspaltung einer GmbH zur Neugründung zweier GmbHs 22.171
a) Registeranmeldungen zu Personengesellschaften aufgrund mittelbarer Beteiligungsänderung, Erlöschen einer Vereinsmitgliedschaft . 22.30	
	Fall 8: Abspaltung von einer GmbH zur Neugründung einer GmbH 22.189
b) Sachgründungsbericht...... 22.31	
c) Betriebsratszuleitung 22.32	*Fall 9:* Abspaltung von einer GmbH & Co. KG zur Neugründung einer GmbH 22.210
d) Treuhänder nach § 71 UmwG 22.33	
e) Entwurf von Gesellschafterlisten mittelbar betroffener Gesellschaften 22.34	*Fall 10:* Ausgliederung aus dem Vermögen eines Einzelkaufmanns zur Neugründung .. 22.230
f) Beratungstätigkeiten bei einer Haupt- oder Gesellschafterversammlung 22.35	4. Formwechsel 22.247
	Fall 11: Formwechsel von Kapitalgesellschaft (GmbH) in Personengesellschaft (OHG) . 22.247
II. Aktivwert von Gesellschaften nach kostenrechtlichen Gesichtspunkten 22.36	
III. Wert bestimmter Gesellschaftsanteile (§ 54 GNotKG) 22.37	*Fall 12:* Formwechsel von Kapitalgesellschaft (GmbH) in Personengesellschaft (GmbH & Co. KG) 22.262

---

[1] Ein Dank gilt Frau Astrid Nagel aus dem Notariat Prof. Dr. Heribert Heckschen und Prof. Dr. Oswald van de Loo für die aufmerksame Durchsicht des Teils 22 und für die Hinweise und Anregungen.

5. Grenzüberschreitende
 Umwandlungsvorgänge....... 22.276
 Fall 13: SE-Gründung (§§ 5 ff.
 SEAG, Art. 17 ff. SE-VO)...... 22.276
6. Sonstiges................... 22.291

Fall 14: Gesellschafterversammlung nicht beschlussfähig....................... 22.291
Fall 15: Absetzungs-/
Vertagungsantrag 22.295

Stichwortverzeichnis

Abspaltung *s. auch Spaltung*
– zur Neugründung 22.189 ff.
– zur Aufnahme 22.139 ff.
Abtretung Geschäftsanteil *s. Geschäftsanteil*
Aktivwert von Gesellschaften 22.36
Alleingesellschafter, Verschmelzung zur Aufnahme 22.65
Anmeldung *s. Registeranmeldung*
Anteilsübertragung, aufschiebend bedingt 22.64
Anträge
– Gericht 22.23
– Grundbuchberichtigung
  – Abspaltung zur Aufnahme 22.140, 22.148, 22.149
  – Formwechsel 22.248, 22.254
Apostille 22.286
Aufspaltung *s. auch Spaltung*
– zur Neugründung 22.171 ff.
– zur Aufnahme 22.178
Ausgliederung *s. auch Spaltung*
– aus Vermögen eines Einzelkaufmanns 22.230 ff.
Auswärtsgebühr 22.292, 22.294, 22.296, 22.298
Bekanntmachung (§ 62 III UmwG) 22.113, 22.117
Beratungstätigkeiten bei Haupt- und Gesellschafterversammlung 22.35
Bescheinigung des Satzungswortlautes (§ 54 GmbHG) 22.22
Bescheinigung Gesellschafterliste (§ 40 GmbHG)
– I. Überblick 22.20
– Verschmelzung zur Aufnahme 22.39, 22.52
– Verschmelzung mehrerer Rechtsträger (als Rechtseinheit) 22.67, 22.79
– Abspaltung zur Aufnahme 22.140, 22.155, 22.170
– Abspaltung zur Neugründung 22.190, 22.200, 22.211, 22.222

Beschluss
– Verschmelzung zur Aufnahme
  – Zustimmung zur Verschmelzung 22.39, 22.47, 22.67, 22.75
  – Kapitalerhöhung 22.39, 22.49, 22.67, 22.77
  – Geschäftsführerbestellung 22.39, 22.50
– Verschmelzung zur Neugründung
  – Zustimmung zur Verschmelzung 22.123, 22.133
  – Geschäftsführerbestellung 22.123, 22.132
– Abspaltung zur Aufnahme
  – Zustimmung zur Abspaltung 22.140, 22.150
  – Geschäftsführerabberufung 22.140, 22.152
  – Satzungsänderung 22.140, 22.153
– Aufspaltung zur Neugründung
  – Geschäftsführerbestellung 22.172, 22.182
– Abspaltung zur Neugründung
  – Geschäftsführerbestellung 22.190, 22.199, 22.211, 22.219
– Ausgliederung aus Vermögen Einzelkaufmann zur Neugründung
  – Geschäftsführerbestellung 22.231, 22.239
– Formwechsel 22.248, 22.252, 22.263, 22.268
– Abspaltung zur Aufnahme
  – Kapitalerhöhung 22.140, 22.154
– Abspaltung zur Neugründung
  – Kapitalherabsetzung 22.190, 22.198
– Abspaltung zur Aufnahme
  – Kapitalherabsetzung 22.166
– Aufspaltung zur Neugründung
  – Zustimmung zur Aufspaltung 22.172, 22.181
– Abspaltung zur Neugründung
  – Zustimmung zur Abspaltung 22.190, 22.197, 22.211, 22.218

1300

- Kettenverschmelzung
  - Zustimmung zur Verschmelzung 22.89, 22.104
- Mindestwert 22.6
- Höchstwert 22.6
- Zustimmungsbeschluss
  - nicht beschlussfähig 22.291 ff.
  - Absetzungs-/Vertagungsantrag 22.295 ff.
- Besonderheiten/Sonstiges 22.30
- Registeranmeldungen zu Personengesellschaften aufgrund mittelbarer Beteiligung 22.30
- Sachgründungsbericht 22.31
- Betriebsratszuleitung 22.32
- Treuhänder nach § 71 UmwG 22.33
- Gesellschafterliste mittelbar betroffener Gesellschaften 22.34
- Beratungstätigkeiten bei Haupt- und Gesellschafterversammlung 22.35
- Betreuungstätigkeiten 22.13 f.
- I. Überblick
  - Bescheinigung der Gesellschafterliste nach Prüfung 22.20
  - Vorlageüberwachung der Registeranmeldung 22.21
  - Verschmelzung zur Aufnahme 22.39, 22.52
  - Verschmelzung mehrerer Rechtsträger (als Rechtseinheit) 22.67, 22.79
  - Abspaltung zur Aufnahme 22.140, 22.155, 22.170
  - Abspaltung zur Neugründung 22.190, 22.200, 22.211, 22.222
- Betriebsratszuleitung 22.32
- Beurkundungsgegenstand
  - I. Überblick
    - derselbe 22.8
    - verschiedene 22.9 f.
  - Zusammenfassung mehrerer ohne sachlichen Grund 22.87
- Bilanz 22.36 f.
- Direktorenbestellung bei SE-Gründung
  - Beschluss 22.277, 22.285
  - Registeranmeldung 22.278, 22.289
- Einführung 22.1
- Formwechsel
  - Kapitalgesellschaft in Personengesellschaft 22.247 ff.
  - Kapitalgesellschaft in Personengesellschaft (GmbH & Co. KG) 22.262 ff.
    - Beschluss 22.263, 22.268
    - Teilung Geschäftsanteil 22.263, 22.267

- Geschäftsanteilsübertragung 22.263, 22.266
- Zustimmung (§ 233, 50 II UmwG) 22.263, 22.270
- Verzichtserklärungen der Gesellschafter 22.263, 22.271
- Beratungstätigkeiten bei Haupt- und Gesellschafterversammlung 22.269
- Registeranmeldung 22.264, 22.273, 22.274
- Kapitalgesellschaft in Personengesellschaft
  - Beschluss 22.248, 22.252
  - Satzung des Zielrechtsträgers (Entwurfsfertigung) 22.250, 22.258, 22.259
  - Grundbuchberichtigungsantrag 22.248, 22.254
  - Registeranmeldung 22.249, 22.255, 22.256
  - Verzichtserklärungen der Gesellschafter 22.248, 22.253
  - Beratungstätigkeiten bei Haupt- und Gesellschafterversammlung 22.260
- Personengesellschaft in Kapitalgesellschaft 22.261
- fremde Sprache 22.286
- Gebühr 22.3
- Gebührenfreie (Neben-)Geschäfte 22.22
  - Bescheinigung des Satzungswortlautes (§ 54 GmbHG) 22.22
  - Anträge an das Gericht 22.23
  - Versicherung des Geschäftsführers (§ 8 GmbHG) 22.24
  - Prüfen der Anlagen des Spaltungsvertrages 22.145
- Geschäftsanteil
  - Übertragung/Abtretung
    - Verschmelzung GmbH & Co. KG auf GmbH 22.63
    - Abspaltung von GmbH & Co. KG zur Neugründung GmbH 22.211, 22.220
    - Formwechsel 22.263, 22.266
  - Teilung
    - Formwechsel 22.263, 22.267
- Geschäftsanteilsübertragung
  - Verschmelzung GmbH & Co. KG auf GmbH 22.63
  - Abspaltung von GmbH & Co. KG zur Neugründung GmbH 22.211, 22.220
- Geschäftsführerabberufung
  - Abspaltung zur Aufnahme
    - Beschluss 22.140, 22.152

– Registeranmeldung 22.141, 22.158
Geschäftsführerbestellung
– Verschmelzung zur Aufnahme
 – Beschluss 22.39, 22.50
 – Registeranmeldung 22.41, 22.58
– Verschmelzung zur Neugründung
 – Beschluss 22.123, 22.132
 – Registeranmeldung 22.135
– Aufspaltung zur Neugründung
 – Beschluss 22.172, 22.182
 – Registeranmeldung 22.185
– Abspaltung zur Neugründung
 – Beschluss 22.190, 22.199, 22.211, 22.219
 – Registeranmeldung 22.206, 22.225
– Ausgliederung aus Vermögen Einzelkaufmann zur Neugründung
 – Beschluss 22.231, 22.239
 – Registeranmeldung 22.242
Geschäftswert
– I. Überblick 22.5 ff.
– Verträge nach dem UmwG 22.5
– Verzichtserklärungen der Gesellschafter 22.6
– Beschlüsse nach dem UmwG 22.7
– Anmeldungen zum Handelsregister und ähnlichen 22.8
Gesellschafterliste
– I. Überblick 22.17
– Verschmelzung zur Aufnahme 22.41, 22.59
– Verschmelzung mehrerer Rechtsträger (als Rechtseinheit) 22.70, 22.85
– Verschmelzung zur Neugründung 22.127, 22.136
– Abspaltung zur Aufnahme 22.142, 22.164, 22.169
– mittelbar betroffener Gesellschaften 22.34
– Aufspaltung zur Neugründung 22.174, 22.175, 22.186
– Abspaltung zur Neugründung 22.191, 22.192, 22.204, 22.207, 22.211, 22.213, 22.221, 22.226
– Ausgliederung aus Vermögen Einzelkaufmann zur Neugründung 22.233, 22.243
– Formwechsel 22.263, 22.272
Gesellschaftsanteile (§ 54 GNotKG) 22.37
grenzüberschreitende Umwandlungsvorgänge 22.277 ff.
– SE-Gründung (Verschmelzung zur Aufnahme)

– Verschmelzungsplan 22.277, 22.280
– Zustimmungsbeschluss 22.277, 22.284
– Verzichtserklärungen der Gesellschafter 22.281
– Beschluss Bestellung Direktoren 22.277, 22.285
– SE-Gründung (Verschmelzung zur Neugründung) 22.283
Grundbuchberichtigungsantrag
– Formwechsel 22.248, 22.254
– Abspaltung zur Aufnahme 22.140, 22.148, 22.149
Höchstwert
– Beschlüsse in einem Beurkundungsverfahren 22.6
– Registeranmeldungen 22.7
– Verträge nach dem UmwG 22.4
– Zustimmungserklärung 22.270
immaterielle Vermögensgegenstände 22.246
Kapitalerhöhung
– Registeranmeldung
 – mehrere Rechtsträger (als Rechtseinheit) 22.70, 22.84
 – Verschmelzung zur Aufnahme 22.41, 22.57
– Beschluss
 – Verschmelzung zur Aufnahme 22.39, 22.49
 – mehrere Rechtsträger (als Rechtseinheit) 22.67, 22.77
 – Abspaltung zur Aufnahme 22.140, 22.154
– Registeranmeldung
 – Abspaltung zur Aufnahme 22.142, 22.162
Kapitalherabsetzung
– Beschluss
 – Abspaltung zur Neugründung 22.190, 22.198
 – Abspaltung zur Aufnahme 22.166
Kettenverschmelzung 22.88 ff.
Kleinstanteil
– Verschmelzung GmbH & Co. KG auf GmbH 22.63
– Abspaltung von GmbH & Co. KG zur Neugründung GmbH 22.211, 22.220
Konzernverschmelzung (§ 62 UmwG) 22.112
Mindestwert
– Beschlüsse nach dem UmwG 22.6

1302

- Beschlüsse mit bestimmtem Geldwert (Kapitalerhöhung) 22.6
- Verträge nach dem UmwG 22.4
Nutzungsvereinbarung zu Sonderbetriebsvermögen 22.228
Personengesellschaften
- Verschmelzung zur Aufnahme 22.61
Registeranmeldung
- Formwechsel 22.249, 22.255, 22.256, 22.264, 22.273, 22.274
- Verschmelzung zur Aufnahme
  - übertragender Rechtsträger 22.40, 22.53
  - aufnehmender Rechtsträger 22.41, 22.56
  - Kapitalerhöhung 22.41, 22.57
  - Geschäftsführerbestellung 22.41, 22.58
  - mehrere Rechtsträger (als Rechtseinheit)
    - übertragender Rechtsträger 22.68, 22.69, 22.80
    - aufnehmender Rechtsträger 22.70, 22.83
    - Kapitalerhöhung 22.70, 22.84
  - Kettenverschmelzung
    - übertragender Rechtsträger 22.90, 22.105
    - übertragender und aufnehmender Rechtsträger 22.91, 22.108
    - aufnehmender Rechtsträger 22.92, 22.110
  - Konzernverschmelzung (§ 62 UmwG)
    - übertragender Rechtsträger 22.114, 22.118
    - aufnehmender Rechtsträger 22.115, 22.120
- Verschmelzung zur Neugründung
  - übertragender Rechtsträger 22.125, 22.126, 22.135
  - neu anzumeldender Rechtsträger 22.127, 22.135
  - Geschäftsführerbestellung 22.135
- Spaltung
  - Abspaltung zur Aufnahme
    - abspaltender Rechtsträger 22.141, 22.157
    - Satzungsänderung 22.141, 22.142, 22.158, 22.163
    - Geschäftsführerabberufung 22.141, 22.158
    - aufnehmender Rechtsträger 22.142, 22.159, 22.161

- Kapitalerhöhung 22.142, 22.162
- Kapitalherabsetzung 22.167
- Aufspaltung zur Neugründung
  - aufspaltender Rechtsträger 22.173, 22.183
  - neugegründeter Rechtsträger 22.174, 22.175, 22.185
  - Geschäftsführerbestellung 22.185
- Abspaltung zur Neugründung
  - abspaltender Rechtsträger 22.191, 22.202, 22.212, 22.223
  - Kapitalherabsetzung 22.191, 22.203
  - neugegründeter Rechtsträger 22.192, 22.206, 22.213, 22.225
  - Geschäftsführerbestellung 22.206, 22.225
- Personengesellschaften aufgrund mittelbarer Beteiligung 22.30
- Spaltung
  - Ausgliederung aus Vermögen eines Einzelkaufmanns
    - ausgliedernder Rechtsträger 22.232, 22.240
    - neugegründeter Rechtsträger 22.233, 22.242
    - Geschäftsführerbestellung 22.242
- SE-Gründung
  - aufnehmender Rechtsträger 22.278, 22.288
- Direktoren 22.278, 22.289
Sachgründungsbericht
- I. Überblick 22.31
- Verschmelzung zur Neugründung 22.124, 22.134
- Aufspaltung zur Neugründung 22.188
- Abspaltung zur Neugründung 22.209, 22.228
Satzungsänderung
- Abspaltung zur Aufnahme
  - Beschluss 22.140, 22.153
  - Registeranmeldungen 22.141, 22.142, 22.158, 22.163
SE-Gründung s. grenzüberschreitende Umwandlungsvorgänge
Sonderbetriebsvermögen
- Verschmelzung von Personengesellschaften 22.62
- Abspaltung von Personengesellschaft 22.228
Spaltung 22.138 ff.
- Abspaltung zur Aufnahme 22.139 ff.
  - Spaltungs- und Übernahmevertrag 22.140, 22.144

1303

- Prüfen der Anlagen des Spaltungsvertrages 22.145
- Verzichtserklärungen der Gesellschafter 22.140, 22.146
- Zustimmungsbeschluss 22.140, 22.150
- Geschäftsführerabberufungsbeschluss 22.140, 22.152
- Grundbuchberichtigungsantrag 22.140, 22.148
- Satzungsänderungsbeschluss 22.140, 22.153
- Kapitalerhöhungsbeschluss 22.140, 22.154
- Kapitalherabsetzungsbeschluss 22.166
- Sonderbetriebsvermögen bei Personengesellschaft 22.228
- Nutzungsvereinbarung zu Sonderbetriebsvermögen 22.228
- Prüfen der Kapitalherabsetzung 22.168
- Registeranmeldung 22.141 ff., 22.167
– Aufspaltung zur Neugründung 22.171 ff.
- Spaltungsplan 22.172, 22.177
- Verzichtserklärungen der Gesellschafter 22.172, 22.179
- Zustimmungsbeschluss 22.172, 22.181
- Geschäftsführerbestellungsbeschluss 22.172, 22.182
- Registeranmeldung 22.173 ff.
– Aufspaltung zur Aufnahme 22.178
– Abspaltung zur Neugründung 22.189 ff.
– Abspaltung (GmbH & Co. KG) zur Neugründung 22.210 ff.
– Abspaltung zur Neugründung
- Spaltungsplan 22.190, 22.194, 22.211, 22.215
- Verzichtserklärungen der Gesellschafter 22.190, 22.195, 22.211, 22.216
- Zustimmungsbeschluss 22.190, 22.197, 22.211, 22.218
- Kapitalherabsetzungsbeschluss 22.190, 22.198
- Geschäftsführerbestellungsbeschluss 22.190, 22.199, 22.211, 22.219
- Geschäftsanteilsübertragung 22.211, 22.220
- Registeranmeldung 22.191 ff., 22.212 ff.

- Ausgliederung aus Vermögen Einzelkaufmann zur Neugründung 22.230 ff.
  - Ausgliederungsplan 22.231, 22.236
  - Zustimmungserklärung Einzelkaufmann 22.235
  - Zustimmungsbeschluss Einzelkaufmann 22.238
  - Geschäftsführerbestellungsbeschluss 22.231, 22.239
  - Prüfen des Ausgliederungsplans 22.237
  - Registeranmeldung 22.232 ff.
- Ausgliederung aus Vermögen Einzelkaufmann zur Aufnahme
  - Ausgliederungsvertrag 22.245, 22.246
  - immaterielle Vermögensgegenstände 22.246

Spaltungs- und Übernahmevertrag
- Abspaltung zur Aufnahme 22.140, 22.144
- Aufspaltung zur Aufnahme 22.178

Spaltungsplan
- Aufspaltung zur Neugründung 22.172, 22.177
- Abspaltung zur Neugründung 22.190, 22.194, 22.211, 22.215

Spaltungsverlust 22.166
Stellungnahme IHK 22.18
Teilung Geschäftsanteil *s. Geschäftsanteil*
Treuhänder nach § 71 UmwG 22.33
Treuhandtätigkeiten 22.12 f.
Übersichtstabelle 22.2
Übertragung Geschäftsanteil
  s. Geschäftsanteil
Unrichtige Sachbehandlung 22.25 ff., 22.48, 22.76, 22.151
Verschmelzung zur Aufnahme 22.38 ff.
– auf Alleingesellschafter 22.65, 22.38
– Anteilsübertragung, aufschiebend bedingt 22.64
– Verschmelzungsvertrag 22.39, 22.43
– Verzichtserklärungen der Gesellschafter 22.39, 22.44
– Zustimmungsbeschluss 22.39, 22.47
– Geschäftsführerbestellung 22.39, 22.50
– Kapitalerhöhung 22.39, 22.49
– Registeranmeldung 22.40 ff.
– mehrere Rechtsträger (als Rechtseinheit) 22.66 ff.
  - Verschmelzungsvertrag 22.67, 22.72
  - Verzichtserklärungen der Gesellschafter 22.67, 22.73

- Kapitalerhöhungsbeschluss 22.67, 22.77
- Zustimmungsbeschluss 22.67, 22.75
- Zusammenbeurkundung ohne sachlichen Grund 22.87
- Registeranmeldung 22.68 ff.
- Kettenverschmelzung 22.88 ff.
  - Verschmelzungsvertrag 22.89, 22.94
  - Verzichtserklärungen der Gesellschafter 22.89, 22.102
  - Zustimmungsbeschluss 22.89, 22.104
  - Registeranmeldung 22.90 ff.
- Konzernverschmelzung (§ 62 UmwG) 22.112 ff.
  - Verschmelzungsvertrag 22.113, 22.116
  - Bekanntmachung (§ 62 III UmwG) 22.113, 22.117
  - Registeranmeldung 22.114 ff.
- Personengesellschaften 22.61 ff.
  - Sonderbetriebsvermögen 22.62
  - Kleinstanteil bei GmbH & Co. KG auf GmbH 22.63

Verschmelzung zur Neugründung 22.122 ff.
- Verschmelzungsvertrag 22.123, 22.129
- Verzichtserklärungen der Gesellschafter 22.123, 22.130
- Geschäftsführerbestellung 22.123, 22.132
- Zustimmungsbeschluss 22.123, 22.133
- Sachgründungsbericht 22.124, 22.134
- Registeranmeldung 22.125 ff.

Verschmelzungsplan
- SE-Gründung 22.277, 22.280

Verschmelzungsvertrag
- Verschmelzung zur Aufnahme 22.39, 22.43
- mehrere Rechtsträger (als Rechtseinheit) 22.67, 22.72
- Kettenverschmelzung 22.89, 22.94
- Konzernverschmelzung (§ 62 UmwG) 22.113, 22.116
- Verschmelzung zur Neugründung 22.123, 22.129

Versicherung des Geschäftsführers (§ 8 GmbHG) 22.24

Verzichtserklärungen der Gesellschafter
- Formwechsel 22.248, 22.253, 22.263, 22.271
- Verschmelzung zur Aufnahme 22.39, 22.44
- isolierte Beurkundung

- Verschmelzung zur Aufnahme 22.45, 22.74, 22.103
- Verschmelzung zur Neugründung 22.131
- Abspaltung zur Aufnahme 22.147
- Aufspaltung zur Neugründung 22.180
- Abspaltung zur Neugründung 22.196, 22.217
- Verschmelzung zur Aufnahme
  - Vollmacht 22.46
  - mehrere Rechtsträger (als Rechtseinheit) 22.67, 22.73
  - Kettenverschmelzung 22.89, 22.102
- Verschmelzung zur Neugründung 22.123, 22.130
- Spaltung
  - Abspaltung zur Aufnahme 22.140, 22.146
  - Aufspaltung zur Neugründung 22.172, 22.179
  - Abspaltung zur Neugründung 22.190, 22.195, 22.211, 22.216
- SE-Gründung 22.281

Vollzugstätigkeit 22.13 f.
- I. Überblick
  - Gesellschafterliste 22.17
  - Stellungnahme IHK 22.18
  - XML-Strukturdatei 22.19
- XML-Strukturdatei
  - Verschmelzung zur Aufnahme 22.40, 22.41, 22.54, 22.60
  - mehrere Rechtsträger (als Rechtseinheit) 22.68, 22.69, 22.70, 22.81, 22.86
  - Kettenverschmelzung 22.90, 22.91, 22.92, 22.106, 22.109, 22.111
  - Konzernverschmelzung (§ 62 UmwG) 22.114, 22.115, 22.119, 22.121
  - Abspaltung zur Aufnahme 22.141, 22.142, 22.159, 22.165
  - Aufspaltung zur Neugründung 22.173, 22.174, 22.175, 22.184, 22.187
  - Abspaltung zur Neugründung 22.191, 22.192, 22.205, 22.208, 22.212, 22.213, 22.224, 22.227
  - Ausgliederung aus Vermögen eines Einzelkaufmanns 22.232, 22.233, 22.241, 22.244
  - Formwechsel 22.249, 22.257, 22.264, 22.275
  - SE-Gründung 22.278, 22.290
- Gesellschafterliste
  - Verschmelzung zur Neugründung 22.127, 22.136

- Verschmelzung zur Aufnahme   22.41, 22.59
- Verschmelzung mehrerer Rechtsträger (als Rechtseinheit)   22.70, 22.85
- Abspaltung zur Aufnahme   22.142, 22.164, 22.169
- Aufspaltung zur Neugründung 22.174, 22.175, 22.186
- Abspaltung zur Neugründung   22.191, 22.192, 22.204, 22.207, 22.211, 22.213, 22.221, 22.226
- Ausgliederung aus Vermögen eines Einzelkaufmanns   22.233, 22.243
- Formwechsel   22.263, 22.272

Vorlageüberwachung der Registeranmeldung   22.21

XML-Strukturdatei
- Verschmelzung zur Aufnahme   22.40, 22.41, 22.54, 22.60
- mehrere Rechtsträger (als Rechtseinheit) 22.68, 22.69, 22.70, 22.81, 22.86
- Kettenverschmelzung   22.90, 22.91, 22.92, 22.106, 22.109, 22.111
- Konzernverschmelzung (§ 62 UmwG) 22.114, 22.115, 22.119, 22.121
- Verschmelzung zur Neugründung 22.125, 22.126, 22.127, 22.137
- Abspaltung zur Aufnahme   22.141, 22.142, 22.159, 22.165
- Aufspaltung zur Neugründung   22.173, 22.174, 22.175, 22.184, 22.187
- Abspaltung zur Neugründung   22.191, 22.192, 22.205, 22.208, 22.212, 22.213, 22.224, 22.227
- Ausgliederung aus Vermögen Einzelkaufmann zur Neugründung   22.232, 22.233, 22.241, 22.244

- Formwechsel   22.249, 22.257, 22.264, 22.275
- SE-Gründung   22.278, 22.290

Zustimmung
- Ausgliederung aus Vermögen Einzelkaufmann zur Neugründung   22.235, 22.238
- Formwechsel (§ 233 UmwG)   22.263, 22.270
- Höchstwert   22.270

Zustimmungsbeschluss
- Verschmelzung zur Aufnahme   22.39, 22.47
- unrichtige Sachbehandlung   22.25 ff., 22.48, 22.76, 22.151
- Verschmelzung zur Aufnahme   22.39, 22.47
  - mehrere Rechtsträger (als Rechtseinheit)   22.67, 22.75
  - Kettenverschmelzung   22.89, 22.104
- Verschmelzung zur Neugründung 22.123, 22.133
- Spaltung
  - Abspaltung zur Aufnahme   22.140, 22.150
  - Aufspaltung zur Neugründung 22.172, 22.181
  - Abspaltung zur Neugründung   22.190, 22.197, 22.211, 22.218
- SE-Gründung   22.277, 22.284
- nicht beschlussfähig   22.291 ff.
- Absetzungs-/Vertagungsantrag 22.295 ff.

I. Überblick

1. Einführung

22.1   Mit den nachfolgenden Beispielen werden Grundfälle angesprochen. Sie betreffen dabei insbesondere die **Verschmelzungen, Spaltungen, Ausgliederungen** und den **Formwechsel** mit weiteren Tätigkeiten. Das GNotKG übernimmt in den überwiegenden Punkten die Systematik und den sachlichen Anwendungsbereich der KostO. Als Änderungen sind beispielhaft zu nennen die maßvolle Anhebung der Mindestwerte und Höchstwerte, die Einführung eines Höchstgeschäftswertes gemäß § 108 V GNotKG bei gleichzeitigem Wegfall der Höchstgebühr gemäß § 47 KostO sowie die Regelungen zu Verträgen zwischen verbundenen Unternehmen (§ 15 AktG) in § 107 II GNotKG.

2. Übersichtstabelle

Die maßgeblichen Bewertungsvorschriften für Vorgänge nach dem Umwandlungsgesetz lauten:

22.2

a) Spaltungsplan zur Neugründung	a) §§ 97 I, 107 I GNotKG, mind. 30 000 Euro und höchstens 10 Mio. Euro
b) Verschmelzungsvertrag/ Spaltungsvertrag	b) §§ 97 I, 3, 107 I GNotKG, mind. 30 000 Euro und höchstens 10 Mio. Euro
c) Zustimmungsbeschluss nach dem UmwG	c) § 108 III, 5 GNotKG, mind. 30 000 Euro und höchstens 5 Mio. Euro
d) Verzichtserklärung	d) § 36 I GNotKG
e) Formwechselbeschluss	e) § 108 III, 5 GNotKG, mind. 30 000 Euro und höchstens 5 Mio. Euro
f) Entwurf der Registeranmeldung	f) §§ 119 I, 105, 106 GNotKG, mind. 30 000 Euro und höchstens 1 Mio. Euro

3. Gebühr

Nach Nr. 21100 KV GNotKG wird für die Beurkundung **mehrseitiger Erklärungen** eine 2,0 Gebühr und nach Nr. 21200 KV GNotKG für die Beurkundung **einseitiger Erklärungen** eine 1,0 erhoben, wobei es ohne Belang ist, ob die Erklärungen einen rechtsgeschäftlichen oder nur einen tatsächlichen Inhalt haben. Damit unterfallen auch **Beschlussfassungen** der Vorschrift der Nr. 21100 KV GNotKG. Abweichend zum alten Recht beträgt die **Mindestgebühr** bei Verträgen 120 Euro und bei einseitigen Erklärungen 60 Euro. Handelt es sich bei den beurkundeten Erklärungen um **Anmeldungen** zum Handelsregister oder zu einem ähnlichen Register, fällt gemäß Nr. 21201 Nr. 5 KV GNotKG eine 0,5 Gebühr an, die mindestens 30 Euro beträgt. Beim Fertigen von Entwürfen der Registeranmeldung sind die Nrn. 24102, 21201 Nr. 5 KV GNotKG einschlägig. Die Höhe der Rahmengebühr regelt § 92 GNotKG.

22.3

4. Geschäftswert

Der Geschäftswert für die Beurkundung von Verträgen nach dem Umwandlungsgesetz richtet sich nach § 97 I, III GNotKG. Das **Vermögen des übertragenden Rechtsträgers** bei Verschmelzungen bzw. bei Abspaltungen und Ausgliederungen das **übergehende Vermögen** (ohne Abzug von Verbindlichkeiten) ist mit dem Wert der **gewährten Anteilen** (= Mitgliedschaften) zuzüglich der ggf. zu leistenden baren Zuzahlungen am aufnehmenden Rechtsträger zu vergleichen.

22.4

Der **höhere Wert** der als gegenseitig zu verstehenden Leistungen bildet den Geschäftswert. Der **Mindestgeschäftswert** beträgt für diese Vorgänge nach 107 I GNotKG 30 000 Euro und der **Höchstwert** 10 000 000 Euro. Innerhalb von **verbundenen Unternehmen** i.S.d. § 15 AktG können Übertragungen von Gesellschaftsbeteiligungen auch durch Verträge nach dem Umwandlungsrecht im Wege der Ausgliederung oder Abspaltung durchgeführt werden, für die gemäß § 107 II GNotKG ebenfalls der Höchstwert von 10 000 000 Euro gilt. Vermögensverwaltende Gesellschaften, insbesondere als Immobilienverwaltungs-, Objekt-, Holding-, Besitz- oder sonstige Beteiligungsgesellschaften, sollen allerdings nicht in den Genuss dieses Höchstwertes kommen. Die Durchführung von Finanzanlage- und Liegenschaftstransaktionen mit den Mitteln des Gesellschaftsrechts soll kostenrechtlich nicht unterstützt werden.

22.5 Die nach dem Umwandlungsgesetz erforderlichen **Verzichtserklärungen** der Gesellschafter sind mit einem nach § 36 I GNotKG ermittelten Teilwert (5–20 % des Anteilswertes des Verzichtenden je nach Umfang des/der Verzichte[s]) zu bewerten.[1]

22.6 **Beschlüsse** nach dem Umwandlungsgesetz sind gemäß § 108 III GNotKG mit dem Wert des Vermögens des übertragenden oder formwechselnden Rechtsträgers und bei Abspaltungen oder Ausgliederungen mit dem Wert des übergehenden Vermögens anzunehmen. Der Mindestgeschäftswert des § 108 I Satz 2 GNotKG von 30 000 Euro findet Anwendung, weil es sich bei diesen Beschlüssen immer auch um solche mit bestimmtem Geldwert handelt.[2]

Höchstens ist der Geschäftswert von Beschlüssen, auch wenn mehrere mit verschiedenem Gegenstand in einem Beurkundungsverfahren zusammengefasst werden, 5 000 000 Euro gemäß § 108 V GNotKG.

22.7 Die Bewertungen der **Anmeldungen** zum Handelsregister, Partnerschaftsregister und Genossenschaftsregister unterfallen § 105 GNotKG. Für das Vereinsregister ist die Vorschrift des § 36 I GNotKG einschlägig. Der Höchstwert beträgt gemäß § 106 GNotKG in jedem Fall 1 000 000 Euro. Dies gilt selbst dann, wenn mehrere Anmeldungen in einem Beurkundungsverfahren zusammengefasst werden.

5. Derselbe Beurkundungsgegenstand/Verschiedene Beurkundungsgegenstände

a) Derselbe Beurkundungsgegenstand

22.8 Derselbe Beurkundungsgegenstand besteht zwischen Beschlüssen von Organen einer Vereinigung oder Stiftung **abschließend** nur in den gemäß § 109 II Nr. 4 GNotKG aufgeführten Fällen.

---

[1] Zu Differenzierungen der Bewertung abgegebener Verzichte bei Umwandlungsvorgängen wird auf die Ausführungen von Leipziger Kommentar GNotKG/*Heinze*, § 107 Rz. 71 ff. verwiesen.
[2] So Leipziger Kommentar GNotKG/*Heinze*, § 108 Rz. 103a.

I. Überblick

b) Verschiedene Beurkundungsgegenstände

Grundsätzlich sind mehrere **Beschlüsse desselben Beschlussorgans** mehrere Gegenstände i.S.d. § 86 II GNotKG. Abweichendes gilt nur in den unter § 109 II Nr. 4 GNotKG geregelten Fällen.[1]

22.9

Gemäß § 110 Nr. 1 GNotKG liegen stets beim Aufeinandertreffen von **Beschlüssen** der Organe einer Vereinigung oder Stiftung **mit rechtsgeschäftlichen Erklärungen** in einer Urkunde verschiedene Beurkundungsgegenstände vor, auch wenn zwischen ihnen ein Abhängigkeitsverhältnis nach § 109 I GNotKG vorliegen würde.

22.10

Registeranmeldungen bilden gemäß § 111 Nr. 3 GNotKG **stets** besonders zu bewertende Beurkundungsgegenstände. Im Unterschied zu § 110 GNotKG ist die Gegenstandsgleichheit nicht nur im Verhältnis zu bestimmten anderen Gegenständen ausgeschlossen, sondern im Verhältnis zu allen denkbaren anderen Gegenständen. Jede anzumeldende und im Handelsregister einzutragende Tatsache ist ein gesonderter Gegenstand.

22.11

6. Vollzugs-, Betreuungs- und Treuhandtätigkeiten

Die Vollzugs- und die Betreuungsgebühr wird in **demselben notariellen Verfahren** jeweils nur einmal erhoben; § 93 I Satz 1 GNotKG.

22.12

Eine Ausnahme bildet die **Treuhandgebühr**. Mit ihr werden die notariellen Tätigkeiten gegenüber Treugebern abgegolten, die anlässlich eines Beurkundungsverfahrens mehrfach vorkommen können. Daher kann die Treuhandgebühr im Zusammenhang mit einem Beurkundungsverfahren gemäß Nr. 22201 Anm. S. 2 KV GNotKG mehrfach anfallen.

Eine weitere Ausnahme besteht beim besonderen Vollzugsgebühr nach Nrn. 22114 und 22125 KV GNotKG (Erzeugung **XML-Strukturdaten**). Sie entsteht gemäß der jeweiligen Anmerkung neben den Gebühren des betreffenden Unterabschnitts gesondert.

Hat der Notar eine Gebühr für den Vollzug (Hauptabschnitt 2 KV GNotKG) erhoben, fällt bei demselben Notar insoweit keine Gebühr für die **Fertigung** eines **Entwurfs** an (Vorbem. 2.2 II KV GNotKG).

22.13

Nach § 112 GNotKG ist der **Geschäftswert** für den **Vollzug** gleich dem Geschäftswert des zugrundeliegenden Beurkundungsverfahrens. Liegt der zu vollziehenden Urkunde kein Beurkundungsverfahren zugrunde, ist der Geschäftswert derjenige Wert, der maßgeblich wäre, wenn diese Urkunde Gegenstand eines Beurkundungsverfahrens wäre.

22.14

Der **Geschäftswert** für die **Betreuungsgebühr** ist wie bei der Beurkundung zu bestimmen; § 113 I GNotKG.

22.15

Der **Geschäftswert** für die **Treuhandgebühr** ist der Wert des Sicherungsinteresses; § 113 II GNotKG.

22.16

---

[1] Begründung RegE zu § 109, BT-Drs. 17/11471, 187.

a) Vollzugstätigkeiten

22.17 Entwurf von Gesellschafterlisten

Für das auftragsgemäße Fertigen von Gesellschafterlisten aufgrund unmittelbarer Beteiligungsänderung (bspw. gemäß § 55 I UmwG i.V.m. § 57 III Nr. 2 GmbHG; § 40 II GmbHG) ist eine Vollzugsgebühr nach Vorbem. 2.2.1.1 I Nr. 3 KV GNotKG zu erheben. Der Geschäftswert bestimmt sich nach § 112 GNotKG und ist in Höhe des Wertes des Beurkundungsverfahrens anzunehmen. Für die einzelnen Umwandlungsvorgänge ist auf die nachfolgenden Fälle zu verweisen. Gemäß Nr. 22113 KV GNotKG gilt für die einzelne Gesellschafterliste der Höchstbetrag an Gebühr von 250 Euro.

Zur Berechnung des Entwurfes von Gesellschafterlisten mittelbar betroffener Gesellschaften wird auf die Ausführungen unter Rz. 22.34 verwiesen.

22.18 Einholung von Stellungnahmen bei der IHK

Das Einholen von Stellungnahmen bei der IHK ist eine Vollzugstätigkeit gem. Vorbem. 2.2.1.1 I Satz 2 Nr. 1 KV GNotKG. Werden neben dem Einholen darüber hinausgehende Tätigkeiten notwendig (Rücksprachen, weitere Korrespondenzen), ist zudem Vorbem. 2.2.1.1 I Satz 2 Nr. 11 KV GNotKG zu beachten. Hierdurch entfällt die Begrenzung der Gebühr auf höchstens 50 Euro gemäß Nr. 22112 KV GNotKG.

22.19 Erzeugung von strukturierten Daten (aktuell: XML-Strukturdatei)

Übernimmt der Notar neben der Beurkundung oder der Entwurfsfertigung der Registeranmeldung die Übertragung der Anmeldungsinhalte in die formale Sprache und die technischen Strukturen einer XML-Strukturdatei und deren Weiterleitung an das Registergericht, erhält er für diese Datenaufbereitung eine Wertgebühr von 0,3 gemäß Nr. 22114 KV GNotKG, begrenzt auf einen Höchstbetrag von 250 Euro. Die Gebühr entsteht zusätzlich zu den eigentlichen Vollzugsgebühren des Unterabschnitts 1 von Hauptabschnitt 2 (Vollzug eines Geschäfts und Betreuungstätigkeiten). Hat der Notar weder die Registeranmeldung beurkundet noch entworfen, erhöht sich die Wertgebühr gemäß Nr. 22125 KV GNotKG auf 0,6, wobei der Höchstbetrag ebenfalls bei 250 Euro liegt. Auch hier entsteht die Gebühr zusätzlich zu den eigentlichen Vollzugsgebühren des Unterabschnitts 2 von Hauptabschnitt 2 (Vollzug eines Geschäfts und Betreuungstätigkeiten).

Die Anmeldungen sind elektronisch einzureichen (siehe nur § 12 HGB für Handelsregisteranmeldung). Somit entsteht die Gebühr in der Regel für jede Registeranmeldung. Eines gesonderten Auftrags bedarf es nicht (Vorbem. 2.2 I HS 2 KV GNotKG).

b) Betreuungstätigkeiten

22.20 Bescheinigung der Gesellschafterliste gem. § 40 II GmbHG

Sind für die Erteilung der Bescheinigung nach § 40 II GmbHG Umstände außerhalb der Urkunde zu prüfen, fällt für diese Tätigkeit eine Betreuungsgebühr von 0,5 gemäß der Anm. Nr. 6 zu Nr. 22200 KV an. Der Geschäftswert bestimmt sich nach § 113 I GNotKG und ist in Höhe des Wertes des Beurkundungsverfahrens anzunehmen.

Das Prüfen von Umständen außerhalb der Urkunde ist u.a. bei der Eintragung der **Kapitalerhöhung** im Handelsregister gegeben, weil der Notar grundsätzlich die Liste erst einreichen kann, wenn die Eintragung der Kapitalerhöhung im Handelsregister vollzogen ist.[1]

22.21

7. Gebührenfreie (Neben-)Geschäfte

Die bei der Änderung eines Gesellschaftsvertrages oder einer Satzung erforderliche **Bescheinigung gemäß § 54 GmbHG** ist gebührenfrei (Vorbem. 2.1 II Nr. 4 KV). Die Tätigkeit ist mit der Gebühr für das Beurkundungsverfahren abgegolten.

22.22

Die Übermittlung von **Anträgen** und **Erklärungen an** das **Gericht** ist durch die Beurkundungsgebühr des Umwandlungsvorgangs abgegolten; Vorbem. 2.1 II Nr. 1, 2 KV GNotKG.

22.23

Die von den Geschäftsführern abzugebenden **Versicherungen** (insbesondere gemäß § 8 III GmbHG; Umwandlungsvorgänge zur Neugründung einer GmbH) sind Teil der vom Notar entworfenen Handelsregisteranmeldung und nicht gesondert zu bewerten.

22.24

8. Unrichtige Sachbehandlung

Werden die **Zustimmungsbeschlüsse** der an einem Umwandlungsvorgang beteiligten Rechtsträger in einer Urkunde gefasst, haben sie gemäß § 109 II Nr. 4 g) denselben Beurkundungsgegenstand. Der Geschäftswert bestimmt sich nach dem höchsten in Betracht kommenden Wert. In der Aufnahme der Zustimmungsbeschlüsse in getrennten Urkunden und getrennten Bewertung liegt u.U. eine unrichtige Sachbehandlung gemäß § 21 GNotKG.[2]

22.25

Umwandlungsverträge und die zugehörigen **Zustimmungsbeschlüsse** lösen jeweils eine 2,0 Gebühr nach Nr. 21100 KV GNotKG aus. Sie sollten zumindest bei geschlossenem Gesellschafterkreis und weitgehender Personenidentität in einer Urkunde zusammengefasst werden. Aufgrund der Zusammenrechnung gemäß § 35 I GNotKG entsteht meist eine niedrigere Gebührenforderung als bei gesonderter Erhebung der 2,0 Gebühr aufgrund des Vorliegens getrennter Urkunden.

22.26

Bei der **Ausgliederung** eines **Einzelkaufmanns zur Neugründung** gibt der Einzelkaufmann seine Erklärungen im Rahmen des Ausgliederungsplans ab, so dass weitere rechtsgeschäftliche Erklärungen wie z.B. die Zustimmung zur Ausgliederung überflüssig sind. Eine vorsorglich aufgenommene Zustimmungserklärung ist kostenrechtlich unschädlich, weil der Ausgliederungsplan und die Zustimmungserklärung derselbe Beurkundungsgegenstand sind. Wäre jedoch, wenn auch vorsorglich, die **Zustimmung** des **Einzelkaufmanns als Beschluss** ge-

---
1 So auch *Diehn*, DNotZ 2013, 406, 428; *Diehn*, Notarkostenberechnungen, Rz. 1511, 1515; a.A. Leipziger Kommentar GNotKG/*Harder*, Nr. 22200 KV Rz. 52 m.w.N.
2 Leipziger Kommentar GNotKG/*Wudy*, § 21 Rz. 133.

fasst, dürfen für den Beschluss gemäß § 21 GNotKG keine Gebühren erhoben werden.[1]

22.27 Werden **Zustimmungs-** und **Verzichtserklärungen** in der Urkunde mit dem rechtsgeschäftlichen Teil des **Umwandlungsvorgangs** (Verschmelzungsvertrag, Spaltungsvertrag, Spaltungserklärung) aufgenommen, liegt derselbe Beurkundungsgegenstand nach § 109 I Satz 1–3 GNotKG vor.

22.28 Eine **gesonderte Beurkundung** ist jedoch in folgenden Fällen sachlich gerechtfertigt:
– **Besondere Einberufungsfristen** lassen eine Zusammenfassung nicht zu, z.B. aufgrund Satzung bzw. bei Aktiengesellschaften gemäß §§ 121 ff. AktG.
– Die Zusammenfassung führt zu **erheblicher Unübersichtlichkeit** bzw. **Planungsunsicherheit**, z.B. bei einem großen Gesellschafterkreis von mehr als 10 Personen.
– Aufgrund von Unstimmigkeiten im Gesellschafterkreis ist mit **Widerspruch einzelner Gesellschafter** zu rechnen.
– Es werden **Maßnahmen für** die **Arbeitnehmer vereinbart**, die eine Zuleitung des beurkundeten Vertrages an den Betriebsrat geboten erscheinen lassen.

22.29 Hat eine AG mehrere Aktiengattungen und ist ein **Sonderbeschluss** der **Vorzugsaktionäre** nach §§ 138 ff. AktG erforderlich, muss dieser in gesonderter Versammlung erfolgen, was eine gesonderte Urkunde zumindest dann rechtfertigt, wenn der Vorzugsaktionär nicht zugleich auch Stammaktionär ist. Wird der Sonderbeschluss in die Gesamturkunde (= Verschmelzungsvertrag + Beschlüsse + Verzichtserklärungen) integriert, ist er nicht gegenstandsgleich i.S.d. § 109 II Nr. 4 GNotKG, da die Sonderversammlung der Vorzugsaktionäre ein besonderes Beschlussgremium ist. Analog gilt dies auch für Beschlüsse, die aus der besonderen Organisations-/Konzernstruktur der Gesellschaften heraus erforderlich sind, z.B. bei Gremienbeschlüssen (Beirat/Aufsichtsrat/Mitgliederversammlungen von Vereinen, die ihrerseits Gesellschafter einer an der Verschmelzung beteiligten Gesellschaft sind, „Überbschüsse" von Gremien der Konzernmutter etc).

9. Besonderheiten/Sonstiges

a) Registeranmeldungen zu Personengesellschaften aufgrund mittelbarer Beteiligungsänderung, Erlöschen einer Vereinsmitgliedschaft

22.30 Der Umwandlungsvorgang kann mittelbare Auswirkungen auf einzelne Rechtsträger in der Hinsicht haben, dass eine Berichtigung des Registers zu erfolgen hat.

Denkbar sind hier folgende Fallkonstellationen:

aa) Der übertragende Rechtsträger B ist Komplementärin der C GmbH & Co. KG und wird auf die A verschmolzen. Insoweit tritt A als Gesamtrechtsnachfolgerin der B in die Komplementärstellung ein mit der Folge, dass für die C GmbH & Co. KG der Komplementärwechsel – ggf. auch mit Umfir-

---
[1] So auch Limmer/*Tiedtke*, Handbuch der Unternehmensumwandlung, Teil 8 Rz. 78.

mierung der C, falls im Verschmelzungsvertrag vorgesehen – anzumelden ist.

ab) Der übertragende Rechtsträger B ist (einzige) Kommanditistin der C GmbH & Co. KG, und wird auf A verschmolzen. A ist Komplementärin der C GmbH & Co. KG. In diesem Fall führt die Verschmelzung zur Anteils-/Vermögensvereinigung in der Hand der A als allein verbleibende Gesellschafterin der C GmbH & Co. KG und mithin zum Erlöschen der C GmbH & Co. KG.

ac) Der übertragende Rechtsträger ist Mitglied im Verein V. Nach h.M. ist eine Vereinsmitgliedschaft nicht übertragbar, somit tritt A nicht als Gesamtrechtsnachfolgerin in die Mitgliedschaft an V ein, sondern die Vereinsmitgliedschaft erlischt.[1]

Es ist weithin in der registerrechtlichen Praxis umstritten, ob in diesen Fällen eine Registerberichtigung genügt oder ob eine Registeranmeldung erforderlich ist.[2] Für die Registerberichtigung spricht die Tatsache, dass die Verschmelzungstransaktion aus dem Register ersichtlich ist. Fasst der Notar eine Anmeldung, fällt für den Entwurf mit Unterschriftsbeglaubigung eine 0,5 Gebühr nach Nrn. 24102, 21201 Nr. 5 KV an und als Eigenurkunde (§ 378 II FamFG) eine 0,5 Gebühr nach Nr. 25204 KV.

b) Sachgründungsbericht

Ein Sachgründungsbericht ist nur bei UmwG-Konstellationen zur Neugründung des Zielrechtsträgers relevant und bei der Spaltung/Ausgliederung; §§ 58, 127 ff. UmwG. I.d.R. dürfte der Notar mit der Fertigung des Berichtes nicht betraut werden (können), weil in jedem Fall der bisherige Geschäftsverlauf und die Lage der Gesellschaft darzulegen sind.

22.31

Sollte der Notar mit dem Entwurf des Sachgründungsberichtes betraut worden sein, ist gemäß § 92 II GNotKG eine 1,0 Gebühr (Nrn. 24101 i.V.m. 21200 KV GNotKG) zu erheben. Der Mindestbetrag der Gebühr beträgt 60 Euro. Der Geschäftswert richtet sich nach § 119 I, § 36 I GNotKG. Den Bezugswert bildet der Wert der Sacheinlage.[3]

c) Betriebsratszuleitung

Gemäß § 5 III UmwG muss der Vertrag selbst oder sein Entwurf spätestens 1 Monat vor Beschlussfassung den Betriebsräten der an der Umwandlungsmaßnahme beteiligten Rechtsträger zugeleitet werden, wobei der Betriebsrat auf die Zuleitungsfrist verzichten kann. Da „Betrieb" im arbeitsrechtlichen Sinne nicht „das Unternehmen" i.S.d. Gesellschaftsrechts meint, besteht in der Praxis hier oft die Schwierigkeit, an alle Betriebsräte rechtzeitig zuzuleiten. Erforderlich ist eine

22.32

---

1 AG Kaiserslautern v. 3.9.2004 – 3 C 915/94; OLG Karlsruhe v. 19.8.2008 – 1 U 108/08; *Widmann/Mayer/Vossius*, UmwG, § 20 Rz. 171 m.w.N.
2 § 42 HRegVO vgl. ausdrücklich § 43 Nr. 5 lit. h Nr. 6 b) hh) für den Squeeze-Out analog; *Melchior/Schulte*, HRegVO, § 43 Rz. 35.
3 Siehe auch Rz. 21.68.

Zuleitung an alle Standortbetriebsräte und den Konzernbetriebsrat. Dabei kann ein Rechtsträger durchaus mehrere Betriebsräte haben.

Übernimmt der Notar die Zuleitung bzw. überwacht er sie, handelt es sich um eine Tätigkeit i.S.d. Nr. 24203 KV. Sie erfolgt in Vorbereitung der Haupt- oder Gesellschafterversammlung, weil die Betriebsratszuleitung gemäß § 5 III UmwG Voraussetzung für die Beschlussfassung der Zustimmung zum Umwandlungsvorgang ist. Die Gebühr nach Nr. 24203 KV betrifft eine Rahmengebühr von 0,5 bis 2,0. Die Ausübung des Rahmens bestimmt sich gemäß § 92 I nach dem Umfang der erbrachten Leistung. Der Geschäftswert bemisst sich gemäß § 120 nach der Summe der Geschäftswerte für die Beurkundung der in der Versammlung zu fassenden Beschlüsse. Der Geschäftswert beträgt höchstens 5 000 000 Euro.

d) Treuhänder nach § 71 UmwG

22.33 Nach § 71 UmwG ist bei einer Verschmelzung unter Beteiligung von Aktiengesellschaften für den Empfang der zu gewährenden Aktien und ggf. der baren Zuzahlungen ein Treuhänder zu bestellen. Diese Funktion kann auch der beurkundende Notar selbst wahrnehmen. Die hierfür anfallende Vergütung nebst Auslagen setzt das Gericht gemäß § 71 II i.V.m. § 26 IV UmwG fest. Eine solche gerichtliche Festsetzung soll jedoch dann nicht erforderlich sein, wenn zwischen dem Treuhänder und dem übertragenden Rechtsträger eine Vergütungsvereinbarung zustande kommt (str.).[1] Hält man eine solche Vergütungsvereinbarung für zulässig, so ist sie im Falle des Notars als Treuhänder durch einen öffentlichrechtlichen Vertrag nach § 126 GNotKG zwischen dem Notar und dem Beteiligten zu schließen.

e) Entwurf von Gesellschafterlisten mittelbar betroffener Gesellschaften

22.34 Neben dem Fertigen von Gesellschafterlisten aufgrund unmittelbarer Beteiligungsänderung durch die Umwandlung können sich auch zu fertigende Gesellschafterlisten durch mittelbare Änderungen ergeben. Ist beispielsweise der übertragende Rechtsträger B-GmbH ihrerseits Gesellschafterin der C-GmbH und gehen deren Anteile durch Verschmelzung auf die aufnehmende A-GmbH über, ist nicht nur eine Gesellschafterliste für die A-GmbH (nach Kapitalerhöhung zur Durchführung der Verschmelzung), sondern auch für die C-GmbH einzureichen. In jedem Fall braucht es jedoch eines Auftrages an den Notar, weil grundsätzlich das Vertretungsorgan (im Beispiel Geschäftsführer der C-GmbH) gemäß § 40 I GmbHG verpflichtet ist, eine solche Gesellschafterliste zu fertigen und einzureichen.[2] Hinsichtlich der Bewertung entsteht eine Entwurfsgebühr gem. Nrn. 24101, 21200 KV GNotKG für jede einzelne Liste.[3] Der Geschäftswert ist gem. § 36 I GNotKG nach billigem Ermessen zu bestimmen, wobei ein Teilwert vom eingetragenen Stammkapital als angemessen erscheint. Eine Vollzugsgebühr gem. Nr. 22113 KV GNotKG oder gar nach Nr. 22120 KV GNotKG

---

[1] Siehe *Henssler/Strohn/Junker*, Gesellschaftsrecht, 2011, § 72 UmwG Rz. 9.
[2] *Mayer*, DNotZ 2008, 403; *Wachter*, ZNotP 2008, 378; *Heckschen/Heidinger*, Die GmbH in der Gestaltungs- und Beratungspraxis, § 13 Rz. 323a).
[3] Analog Rz. 21.892 ff.

I. Überblick

(Vollzug in besonderen Fällen) scheidet aus, da die Gesellschaften nur mittelbar betroffen sind und die Listenfertigung damit nicht im Zusammenhang mit dem beurkundeten Umwandlungsvorgang und deren Handelsregisteranmeldung steht.[1] Dies gilt u. E. selbst dann, wenn den Notar die Einreichungspflicht nach § 40 II GmbHG träfe.

f) Beratungstätigkeiten bei einer Haupt- oder Gesellschafterversammlung

Wird der Notar im Rahmen der Protokollierung einer Haupt- oder Gesellschafterversammlung **beratend tätig**, d.h. seine Tätigkeit bezieht sich nicht auf die reine Protokollierung der Versammlung, ist hierfür eine 0,5 bis 2,0 **Gebühr** nach Nr. 24203 KV GNotKG zu erheben. Der zutreffende Gebührensatz ermittelt sich dabei über § 92 I GNotKG. Danach hat der Notar die Gebühr im Einzelfall unter Berücksichtigung des Umfangs der erbrachten Leistung nach billigem Ermessen zu bestimmen. Ausschließlich maßgebend ist der Umfang der notariellen Tätigkeit. Der Umfang der Haftung, die Bedeutung der Sache und die Einkommens- und Vermögensverhältnisse des Auftraggebers fließen nicht in die Bemessung ein, da diese Gesichtspunkte bereits mittelbar über den Geschäftswert Berücksichtigung finden.[2] Der bestimmt sich gem. § 120 GNotKG nach der Summe der Geschäftswerte für die Beurkundung der in der Versammlung zu fassenden Beschlüsse, höchstens 5 000 000 Euro.

22.35

Denkbar sind hier folgende Tätigkeiten (Aufzählung nicht abschließend):[3]

– Entwurf/Prüfung des Leitfadens (Drehbuch) für den Versammlungsleiter
– Entwurf der Tagesordnung/einzelner Anträge und/oder Überprüfung derselben
– Veröffentlichung der Tagesordnung im Bundesanzeiger
– Vollständigkeits- und Plausibiliätsprüfung der auslegungs-/veröffentlichungspflichtigen Unterlagen
– Beratung im Zusammenhang mit der Ablaufplanung der Versammlung (Teilnahme an HV-Generalprobe, Absprachen mit HV-Dienstleister/Backoffice, Beratung zu Deeskalationsstrategien, z.B. Änderung des Abstimmungsverfahrens, Umgang mit Anträgen einzelner Aktionäre)
– Stellungnahme zu aktienrechtlichen Einzelfragen (z.B. im Rahmen der Vorstandsstellungnahme zu Fragen eines Oppositionsaktionärs)
– Ablaufplanung/Absprachen mit dem Handelsregister bei besonders fristgebundenen Verfahren, z.B. Squeeze-Out
– Funktionsprüfung – auch in Stichproben – des elektronischen Abstimm-/Auszählverfahrens, der Präsenzerfassung, Sicherheitskontrollen, medialer Übertragung der HV, Sicherung der Persönlichkeitsrechte)
– Zuziehung von Mitarbeitern zur Unterstützung der Verwaltung z.B. bei Protokollierung umfangreicher Statements von Oppositionsaktionären, wenn

---

1 Prüfungsabteilung der Ländernotarkasse, NotBZ 2014, 457.
2 Begr. RegE zu § 92 GNotKG, BT-Drs. 17/11471, 179.
3 Zu weiteren Beispielen siehe auch Leipziger Kommentar GNotKG/*Heinze*, § 120 Rz. 5, 6.

dies geboten ist, damit der Notar selbst dem Ablauf der Versammlung uneingeschränkt folgen kann.

II. Aktivwert von Gesellschaften nach kostenrechtlichen Gesichtspunkten

22.36   Siehe Rz. 21.80 ff.

III. Wert bestimmter Gesellschaftsanteile (§ 54 GNotKG)

22.37   Siehe Rz. 21.80 ff.

IV. Umwandlungsvorgänge

1. Verschmelzung zur Aufnahme

→ **Fall 1: Verschmelzung zur Aufnahme**

A. Sachverhalt

22.38   Die A-GmbH (Stammkapital: 25 000 Euro) überträgt ihr Vermögen im Wege der **Verschmelzung zur Aufnahme** nach dem UmwG mit allen Aktiva und Passiva auf die B-GmbH (Stammkapital: 50 000 Euro). Geschäftsführer der übertragenden A-GmbH ist Z, der künftig bei der B-GmbH weiter als Geschäftsführer agieren soll. Das **Aktivvermögen** des **übertragenden Rechtsträgers** (= Bilanzsumme, ohne Schuldenabzug) beträgt lt. Verschmelzungsbilanz **400 000 Euro**. Dabei hat die A-GmbH Verbindlichkeiten in Höhe von 200 000 Euro. Die beiden Gesellschafter der A-GmbH erhalten als Gegenleistung für die Vermögensübertragung Geschäftsanteile von jeweils nominal 10 000 Euro an der B-GmbH.

In derselben Urkunde protokolliert der Notar die **Gesellschafterversammlung** der **A-GmbH** (= **übertragender Rechtsträger**), in welcher dem Verschmelzungsvorgang **zugestimmt** wird.

Des Weiteren protokolliert der Notar in derselben Urkunde die **Gesellschafterversammlung** der **B-GmbH** (= **aufnehmende Rechtsträger**), in welcher folgende Beschlüsse gefasst werden:

– **Zustimmung** zum Verschmelzungsvertrag,
– **Kapitalerhöhung** um 20 000 Euro,
– Bestellung des Z zum **weiteren Geschäftsführer** der B-GmbH.

Sämtliche **Gesellschafter verzichten** in gleicher Urkunde auf eine Prüfung der Verschmelzung, auf Erstattung eines Verschmelzungsberichtes und eines Verschmelzungsprüfungsberichtes sowie auf eine Klage gegen die Wirksamkeit des Verschmelzungsbeschlusses.

Der Notar **entwirft** die **Handelsregisteranmeldung** der **A-GmbH (übertragender Rechtsträger)** zum **Registergericht X**, mit welcher der Umwandlungsvorgang zur Eintragung angemeldet wird und nimmt die Unterschriftsbeglaubigung vor.

Zur automatisierten Weiterbearbeitung des Vorgangs beim Handelsregister hat der Notar zudem eine **XML-Strukturdatei** zu fertigen.

Des Weiteren **entwirft** der Notar die **Handelsregisteranmeldung** der **B-GmbH** (**aufnehmender Rechtsträger**) zum **Registergericht Y**, mit welcher folgende Punkte angemeldet werden:

– die Verschmelzung der A-GmbH auf die B-GmbH,
– Kapitalerhöhung um 20 000 Euro,
– Bestellung des Z zum weiteren Geschäftsführer.

Auch hier hat der Notar zur automatisierten Weiterbearbeitung des Vorgangs beim Handelsregister eine **XML-Strukturdatei** zu fertigen.

Im Zusammenhang mit dem Umwandlungsvorgang wird der **Notar beauftragt**, die notwendigen **Gesellschafterlisten** gemäß §§ 55 I UmwG i.V.m. 57 III Nr. 2 GmbHG, § 40 II GmbHG zu fertigen. **Nach** Vollzug des Verschmelzungsvorgangs und **Prüfung** der Richtigkeit der Eintragung im Handelsregister **erteilt** der Notar die **Bescheinigung** nach **§ 40 II Satz 2 GmbHG** und reicht sie unverzüglich dem Handelsregister ein.

B. Rechnungen

1. Verschmelzungsvertrag, Verzichtserklärungen, Beschlüsse A-GmbH u. B-GmbH

Pos.	Gebührentatbestände	Geschäftswert	KV-Nr.	Satz	Betrag
(1)	Beurkundungsverfahren (§§ 110 Nr. 1, 109 I, II, 35 I, 86 II)	860 000	21100	2,0	3150,00
	a) Verschmelzungsvertrag (§§ 97 I, III, 107 I, 38)	400 000	21100	2,0	
	b) Verzichtserklärungen (§ 36 I)	~~40 000~~	~~21200~~	~~1,0~~	
	c) Zustimmungsbeschluss des übertragenden Rechtsträgers (§ 108 III)	400 000	21100	2,0	
	d) Zustimmungsbeschluss des aufnehmenden Rechtsträgers (§ 108 III)	~~400 000~~	~~21100~~	~~2,0~~	
	e) Kapitalerhöhungsbeschluss (§§ 36 I, 108 I S. 2)	30 000	21100	2,0	
	f) Beschluss Bestellung des Z zum Geschäftsführer beim aufnehmenden Rechtsträger (§§ 108 I, 105 IV Nr. 1)	30 000	21100	2,0	
(2)	Betreuung – Bescheinigung Gesellschafterliste nach Prüfung von Umständen außerhalb der Urkunde (§ 113 I)	860 000	22200 Anm. Nr. 6	0,5	787,50

22.39

2. Entwurf der Handelsregisteranmeldung A-GmbH beim Registergericht X (übertragender Rechtsträger)

22.40

Pos.	Gebührentatbestände	Geschäftswert	KV-Nr.	Satz	Betrag
(1)	Entwurf der Anmeldung (§§ 119 I, 105 IV Nr. 1, 92 II)	30 000	24102, 21201 Nr. 5	0,5	62,50
(2)	Vollzug – Fertigen der XML-Strukturdatei (§ 112)	30 000	22114	0,3	37,50

3. Entwurf der Handelsregisteranmeldung B-GmbH beim Registergericht Y (aufnehmender Rechtsträger)

22.41

Pos.	Gebührentatbestände	Geschäftswert	KV-Nr.	Satz	Betrag
(1)	Entwurf der Anmeldung (§§ 119 I, 105 IV Nr. 1, 92 II, 111 Nr. 3) Anmeldung:	90 000	24102, 21201 Nr. 5	0,5	123,00
	a) Verschmelzung (§ 105 IV Nr. 1)	30 000	21201 Nr. 5	0,5	
	b) Kapitalerhöhung (§ 105 I Nr. 3)	30 000	21201 Nr. 5	0,5	
	c) Geschäftsführer Z (§ 105 IV Nr. 1)	30 000	21201 Nr. 5	0,5	
(2)	Vollzug – Fertigen von zwei Gesellschafterlisten (§ 112, Vorbem. 2.2.1.1 I Nr. 3 KV)	90 000	22111	0,3	73,80
(3)	Vollzug – Fertigen der XML-Strukturdatei (§ 112)	90 000	22114	0,3	73,80

C. Erläuterungen

1. Verschmelzungsvertrag, Verzichtserklärungen, Beschlüsse

22.42 **Pos. (1):**

Gemäß **§ 110 Nr. 1** liegen stets beim Aufeinandertreffen von **Beschlüssen** der Organe einer Vereinigung oder Stiftung wie vorliegend bei den Zustimmungsbeschlüssen **und** rechtsgeschäftlichen **Erklärungen** (Verschmelzungsvertrag, Verzichtserklärungen) **in einer Urkunde** verschiedene Beurkundungsgegenstände vor, auch wenn zwischen ihnen ein Abhängigkeitsverhältnis nach § 109 I bestehen würde.

22.43 **Pos. (1), a):**

Der Geschäftswert für die Beurkundung des **Verschmelzungsvertrages** richtet sich nach § 97 I, III. Das Vermögen des übertragenden Rechtsträgers ist mit den

Anteilen (= Mitgliedschaften; Geschäftswert gemäß § 54) am aufnehmenden Rechtsträger zu vergleichen. Der höhere Wert der gegenseitigen Leistungen bildet den Geschäftswert. Gemäß § 38 besteht ein **Schuldenabzugsverbot**.

Pos. (1), b): 22.44

Für die **Verzichtserklärungen** der **Gesellschafter** ist ein Teilwert aus dem Anteil des Verzichtenden am Vermögen des übertragenden Rechtsträgers maßgebend (Vorschlag: 5 bis 20 % je nach Umfang des/der Verzichte[s]).[1] Im vorliegenden Fall wird **folgende Berechnung** vorgeschlagen:

10 % von 400 000 Euro (übertragendes Vermögen der A-GmbH) = 40 000 Euro

Werden die **Verzichtserklärungen** der Gesellschafter **zusammen mit** dem **Verschmelzungsvertrag** beurkundet, bleiben sie gemäß § 109 I Satz 1–3, Satz 5 unbewertet, weil **derselbe Beurkundungsgegenstand** vorliegt.

Exkurs:

Bei isolierter Beurkundung wäre eine 1,0 nach Nr. 21200 KV zu erheben. 22.45

Gibt ein Gesellschafter im Rahmen einer **notariellen Vollmacht** die **Verzichts-** 22.46
erklärungen ab, bestimmt sich der Geschäftswert nach der Beteiligung des Gesellschafters.

Pos. (1), c), d): 22.47

Der Wert eines **Beschlusses** über die **Zustimmung der Verschmelzung** zur Aufnahme entspricht gemäß § 108 III dem Aktivvermögen des übertragenden Rechtsträgers. Das gilt sowohl bei der Beschlussfassung des übertragenden als auch bei der des aufnehmenden Rechtsträgers. Gemäß § 109 II Satz 1 Nr. 4 g) liegt zwischen Beschlüssen bei Umwandlungsvorgängen derselbe Beurkundungsgegenstand vor, wenn sie – wie vorliegend – denselben Beschlussgegenstand haben und in einer Urkunde gefasst werden. Der Geschäftswert bestimmt sich entsprechend nur nach dem höchsten in Betracht kommenden Wert (§ 109 II Satz 2).

Exkurs:

Erfolgt die Beurkundung der **Zustimmungsbeschlüsse** der an der Verschmelzung 22.48
beteiligten Rechtsträger in **getrennten Urkunden**, könnte eine **unrichtige Sachbehandlung** gemäß § 21 vorliegen.[2]

Pos. (1), e): 22.49

Der Beschluss über die **Kapitalerhöhung** beim **aufnehmenden Rechtsträger** betrifft gemäß § 36 I, § 108 I Satz 2 einen Beschluss mit bestimmtem Geldwert. Den Geschäftswert bildet der Nominalbetrag der Kapitalerhöhung, mindestens jedoch der Betrag von 30 000 Euro.

---

1 Zu weiteren Differenzierungen der Bewertung abgegebener Verzichte bei Umwandlungsvorgängen wird auf die Ausführungen von Leipziger Kommentar GNotKG/*Heinze*, § 107 Rz. 71 ff. verwiesen.
2 Siehe I. Überblick, Rz. 22.25.

22.50 **Pos. (1), f):**

Der Beschluss über die **Bestellung** des **Geschäftsführers A** beim **aufnehmenden Rechtsträger** ist als Beschluss ohne bestimmten Geldwert gemäß § 108 I, § 105 IV Nr. 1 mit 1 % des Stammkapitals, mindestens 30 000 Euro zu bewerten.

Die Mindestangaben für den Vertragsinhalt des Verschmelzungsvertrages regelt § 5 UmwG, so auch alle besonderen Vorteile, die einem Vertretungs- oder Aufsichtsorgan, einem geschäftsführenden Gesellschafter, einem Prüfer der beteiligten Rechtsträger gewährt werden; § 5 I Nr. 8 UmwG. Sie sind im Vertrag aufzunehmen. Damit wird aber nicht die notwendige Bestellung des Geschäftsführers für den übernehmenden Rechtsträger durch die zuständige Gesellschafterversammlung ersetzt.[1]

22.51 Sowohl der **Beschluss** über die **Erhöhung des Kapitals** beim aufnehmenden Rechtsträger als auch die Bestellung des **Geschäftsführers A** haben untereinander und zu den Zustimmungsbeschlüssen einen **verschiedenen Gegenstand** gem. § 86 II. Die Beschlüsse sind nicht von § 109 II erfasst.

22.52 **Pos. (2):**

Sind für die Erteilung der **Bescheinigung** nach § 40 II GmbHG **Umstände außerhalb der Urkunde zu prüfen** (Eintragung der Kapitalerhöhung), fällt für diese Tätigkeit eine **Betreuungsgebühr** von 0,5 gemäß der Anm. Nr. 6 zu Nr. 22200 KV an. Zu weiteren Ausführungen wird auf Rz. 22.21 verwiesen.

Die Betreuungstätigkeit bezieht sich, anders als bei der Listenerstellung, nicht auf die Handelsregisteranmeldung, sondern den Kapitalerhöhungsbeschluss. Der **Geschäftswert** nach § 113 I bestimmt sich jedoch nicht allein nach dem Wert des Kapitalerhöhungsbeschlusses, sondern nach dem Gesamtwert der Urkunde, was vorliegend einen Betrag von 860 000 Euro ausmacht.

2. Entwurf der Handelsregisteranmeldung betreffend die A-GmbH (übertragender Rechtsträger)

22.53 **Pos. (1):**

Gemäß § 119 I bestimmt sich bei der Fertigung eines Entwurfes der Geschäftswert nach den für die Beurkundung geltenden Vorschriften. Die **Anmeldung der Verschmelzung bei der A-GmbH** ist eine **Anmeldung ohne bestimmten Geldbetrag**, so dass gemäß § 105 IV Nr. 1 als Geschäftswert 1 % des Stammkapitals, mindestens 30 000 Euro anzunehmen ist. Der Höchstwert beträgt 1 Mio. Euro (§ 106).

22.54 **Pos. (2):**

Für das notwendige Erzeugen der **XML-Strukturdatei** zur automatisierten Weiterbearbeitung beim Handelsregister erhält der Notar eine Gebühr von 0,3 nach Nr. 22114 KV. Der Betrag ist auf 250 Euro begrenzt. Eines gesonderten Auftrags bedarf es nicht; Vorbem. 2.2 I Hs. 2 KV. Die Gebühr entsteht neben einer möglichen Vollzugsgebühr nach Nrn. 22110 bzw. 22111 KV gesondert; siehe Anm. zu Nr. 22114 KV.

---

1 *Kallmeyer/Marsch-Barner*, UmwG, § 5 Rz. 44.

IV. Umwandlungsvorgänge

Der **Geschäftswert** bestimmt sich gem. § 112 wie bei der Beurkundung bzw. dem Entwurf (§ 119). Für das Übermitteln der Erklärungen an das Handelsregister entsteht gemäß Vorbem. 2.1 II Nr. 1 KV keine weitere Gebühr.

3. Entwurf der Handelsregisteranmeldung betreffend die B-GmbH (aufnehmender Rechtsträger)

Pos. (1): 22.55

Gemäß § 119 I bestimmt sich bei der Fertigung eines Entwurfes der Geschäftswert nach den für die Beurkundung geltenden Vorschriften. **Anmeldungen** zu einem Register gelten gemäß **§ 111 Nr. 3** stets als ein **besonderer Beurkundungsgegenstand**.

Die **Unterschriftsbeglaubigung löst keine zusätzliche Gebühr aus**, Vorbem. 2.4.1 II KV.

Pos. (1), a): 22.56

Die **Anmeldung der Verschmelzung** bei der B-GmbH betrifft eine **Anmeldung ohne bestimmten Geldbetrag**, so dass gemäß § 105 IV Nr. 1 als Geschäftswert 1 % des Stammkapitals, mindestens 30 000 Euro anzunehmen ist. Der Höchstwert beträgt 1 Mio. Euro (§ 106).

Pos. (1), b): 22.57

Die **Anmeldung** der **Kapitalerhöhung** betrifft eine **Anmeldung mit bestimmtem Geldbetrag**. Den Geschäftswert bildet gemäß § 105 I Satz 1 Nr. 3, Satz 2 der einzutragende Unterschiedsbetrag der Kapitalveränderung, mindestens ein Betrag von 30 000 Euro. Der Höchstwert beträgt 1 Mio. Euro (§ 106).

Pos. (1), c): 22.58

Bei der **Anmeldung** des bestellten **Geschäftsführers Z** handelt es sich um eine **Anmeldung ohne bestimmten Geldbetrag**. Der Geschäftswert ist gemäß § 105 IV Nr. 1 mit 1 % des Stammkapitals, mindestens 30 000 Euro anzunehmen. Der Höchstwert beträgt 1 Mio. Euro (§ 106).

Pos. (2): 22.59

Die Fertigung der beiden Gesellschafterlisten erfolgt zur B-GmbH. Hierfür ist eine **Vollzugsgebühr** (§ 93 I) nach Vorbem. 2.2.1.1 I Nr. 3 KV i.H.v. **0,3** gemäß **Nr. 22111 KV** zu erheben. Für die einzelne Gesellschafterliste gilt gemäß Nr. 22113 KV der Höchstbetrag der Gebühr von 250 Euro. Er wird im vorliegenden Fall nicht erreicht.

Der **Geschäftswert** bestimmt sich nach § 112 und ist in Höhe des Wertes des Entwurfs der Handelsregisteranmeldung (§ 119) anzunehmen.

Pos. (3): 22.60

Für das notwendige Erzeugen der **XML-Strukturdatei** zur automatisierten Weiterbearbeitung beim Handelsregister erhält der Notar eine Gebühr von 0,3 nach Nr. 22114 KV. Der Betrag ist auf 250 Euro begrenzt. Eines gesonderten Auftrags bedarf es nicht; Vorbem. 2.2 I Hs. 2 KV. Die Gebühr entsteht neben einer möglichen Vollzugsgebühr nach Nrn. 22110 bzw. 22111 KV gesondert; siehe Anm. zu Nr. 22114 KV.

Der **Geschäftswert** bestimmt sich gem. § 112 wie bei der Beurkundung bzw. dem Entwurf (§ 119). Für das Übermitteln der Erklärungen an das Handelsregister entsteht gemäß Vorbem. 2.1 II Nr. 1 KV keine weitere Gebühr.

D. Exkurs

a) Verschmelzung von Personengesellschaften

22.61 Die vorstehend unter „C. Erläuterungen"[1] dargestellten bewertungsrechtlichen Grundsätze für die Verschmelzung von Kapitalgesellschaften gelten entsprechend.

22.62 Hinzuweisen ist jedoch auf folgende Besonderheiten:
– § 24 UmwStG verlangt die Übertragung sämtlicher Betriebsgrundlagen zu wirtschaftlichem Eigentum an die aufnehmende Kommanditgesellschaft. Beim Vorhandensein von **Sonderbetriebsvermögen** hat zur Vermeidung steuerlicher Nachteile zugleich mit der Verschmelzung eine Übertragung dieses Vermögens auf die Übernehmerin zu erfolgen.[2] Kostenrechtlich bildet den Geschäftswert des Verschmelzungsvertrages das Aktivvermögen des übertragenden Rechtsträgers zzgl. des Wertes des Sonderbetriebsvermögens.

Beispiel:

Die **A GmbH & Co. KG** soll **auf** die **B KG verschmolzen** werden. Die A GmbH & Co. KG betreibt ihr Geschäft auf dem Privatgrundstück des A, in dem dieser auch wohnt. Werkstatt und Lager sind im EG, Büro und Wohnung des A im 1. OG. Eine Teilung nach WEG ist nicht erfolgt. Im Grundbuch ist A als Alleineigentümer eingetragen, steuerlich wird das EG und Büro im 1. OG aber als wesentliche Betriebsgrundlage der A GmbH & Co. KG zugerechnet und ist im steuerlichen Sonderbetriebsvermögen I des A zur KG aktiviert. Das Aktivvermögen der A GmbH & Co. KG beträgt 500 000 Euro. Der betrieblich genutzte Grundstücksteil ist in der Sonderbilanz I des A mit 250 000 Euro angesetzt. Als Kompensation für die Vermögensübertragung der A GmbH & Co. KG durch die Verschmelzung wird dem A eine erhöhte Kommanditeinlage von 100 Euro gewährt. **Geschäftswert des Verschmelzungsvertrages**, der in diesem Fall auch eine Regelung zur Übertragung des Sonderbetriebsvermögens auf die BC KG enthalten muss, bildet nicht die Aktivsumme der AB GmbH & Co. KG von 500 000 Euro, sondern der um den betrieblich genutzten Grundstücksteil erhöhte Betrag, insgesamt also 750 000 Euro. Die wirtschaftliche Übertragung des Sonderbetriebsvermögens I kann erfolgen über Aufteilung nach WEG oder exklusive Nutzungsvereinbarung.

---

1 Rz. 22.42 ff.
2 Zur Frage der Mitübertragung von Sonderbetriebsvermögen als funktional wesentliche Betriebsgrundlage: Rz. 20.03 Umwandlungssteuererlass, BFH v. 16.2.1996 – I R 183/94, BStBl. II 1996, 342; BFH v. 16.12.2009 – I R 97/98, GmbHR 2010, 600, dazu konkretisierend zur Frage der Beteiligung an der Komplementärin bei einer 2-Personengesellschaft, bejahend: OFD Münster v. 6.11.2008 – S 2242-21-St 12-33, GmbHR 2009, 108; *Meining*, GmbHR 2011, 916, zum steuerlichen Teilbetriebsbegriff als funktionale Einheit konkretisierend BFH v. 7.4.2010 – I R 96/08, BStBl. II 2011, 467; *Widmann/Mayer/Vossius*, UmwG, § 25 Rz. 6.13; *Widmann/Mayer/Vossius*, UmwG, Vor § 39 Rz. 125.1 f.

– Bei der Verschmelzung der **GmbH & Co. KG auf** eine **GmbH** wird der Komplementär-GmbH aufgrund der Anteilsgewährungspflicht an der GmbH meist ein **Kleinstanteil zugewiesen**.[1] Ist wiederum eine vermögensmäßige Beteiligung der Komplementär-GmbH an der aufnehmenden GmbH nicht gewünscht, bietet sich im Verschmelzungsvertrag zugleich eine **aufschiebend bedingte quotale Anteilsübertragung** des **Komplementär-Anteils** an der aufnehmenden Gesellschaft auf die Gesellschafter an. Kostenrechtlich ist diese aufschiebend bedingte Anteilsübertragung zum Verschmelzungsvertrag gegenstandsverschieden.

22.63

– Die Ausführungen zu vorstehendem Anstrich gelten auch bei der **Verschmelzung unter Kapitalgesellschaften**, wenn **zugleich** mit dem Verschmelzungsvertrag eine **aufschiebend bedingte Anteilsübertragung** beurkundet wird, um ein wertadäquates Anteilsverhältnis (wieder)herzustellen. Die aufschiebend bedingte Anteilsübertragung ist zugleich neben dem Verschmelzungsvertrag bewertungsrechtlich zu berücksichtigen.

22.64

b) Verschmelzung auf den Alleingesellschafter

Bewertungsrechtlich gelten die Grundsätze wie vorstehend unter „C Erläuterungen"[2] beschrieben.

22.65

Beispiel:

A ist **Alleingesellschafter** der defizitären **A-GmbH**. Als Alternative zur Liquidation will er sie ohne Einhaltung der Sperrfristen nach § 65 II GmbHG „beenden" und sich dann zur Ruhe setzen. Entsprechend soll das Geschäft in deutlich verringertem Umfang als Einzelunternehmen weitergeführt werden. A wählt die **Verschmelzung** der A-GmbH auf sich als Alleingesellschafter. Die Urkunde enthält den **Zustimmungsbeschluss** des übertragenden Rechtsträgers. Ein Verschmelzungsbericht ist gemäß § 8 III UmwG nicht erforderlich, eine Verschmelzungsprüfung wird nicht verlangt. A **verzichtet** als Alleingesellschafter auf die **Anfechtung** des **Zustimmungsbeschlusses**.

Kostenrechtlich ist für den **Verschmelzungsvertrag** eine 2,0 Gebühr nach Nr. 21100 KV aus der Bilanzsumme des übertragenden Rechtsträgers zum Verschmelzungsstichtag zu erheben, ebenso für den **Zustimmungsbeschluss** des übertragenden Rechtsträgers. Eines Zustimmungsbeschlusses des aufnehmenden Alleingesellschafters als natürliche Person bedarf es nicht.[3] Der **Verzicht** des A auf **Anfechtung** des **Zustimmungsbeschlusses** hat zum Verschmelzungsvertrag gemäß § 109 I Satz 1–3, 5 denselben Beurkundungsgegenstand. Abhängig davon, ob A den Geschäftsbetrieb einstellt oder als eingetragener Kaufmann fortführt, ist in jedem Fall eine **Registeranmeldung** für den übertragenden Rechtsträger und ggf. noch eine Erstanmeldung für den e. K. notwendig, welche jeweils eine 0,5 Gebühr nach Nrn. 24102, 21201 Nr. 5 KV auslöst. Der Geschäftswert richtet sich bei der A-GmbH als spätere Anmeldung ohne bestimmten Geldwert nach § 105 IV Nr. 1 und bei einer Erstanmeldung des e. K. nach § 105 III Nr. 1.

---

1 Limmer/*Limmer*, Handbuch der Unternehmensumwandlung, Teil 2 Rz. 1034.
2 Rz. 22.42 ff.
3 *Widmann/Mayer/Heckschen*, Umwandlungsrecht, § 13 UmwG Rz. 52, § 121 Rz. 18.

→ **Fall 2: Verschmelzung mehrerer Rechtsträger (als Rechtseinheit)**

A. Sachverhalt

22.66 Der Notar beurkundet in einer Urkunde die Verschmelzungen der A-GmbH (Stammkapital: 500 000 Euro) und der B-GmbH (Stammkapital: 250 000 Euro) als übertragende Rechtsträger auf die C-GmbH (Stammkapital: 1 000 000 Euro). Die Gesellschafter der übertragenden Rechtsträger erhalten für die Vermögensübertragung Geschäftsanteile an der C-GmbH, die aus kostenrechtlicher Sicht wertmäßig (§ 54 GNotKG) hinter den Aktivwerten der übertragenden Rechtsträger zurückbleiben.

Den Verschmelzungsvorgängen liegen folgende Stichtagsbilanzen zugrunde.

– A-GmbH: 8 600 000 Euro an Aktivvermögen,
– B-GmbH: 5 300 000 Euro an Aktivvermögen,
– C-GmbH: 36 800 000 Euro an Aktivvermögen.

In derselben Urkunde protokolliert der Notar die **Gesellschafterversammlungen** aller drei GmbHs, in denen jeweils dem Verschmelzungsvertrag **zugestimmt** wird. Zur Durchführung der Verschmelzung enthält die Gesellschafterversammlung der C-GmbH zudem einen **Kapitalerhöhungsbeschluss** um 300 000 Euro.

Sämtliche **Gesellschafter verzichten** auf die Prüfung der Verschmelzung, auf Erstattung eines Verschmelzungsberichts und eines Verschmelzungsprüfungsberichts sowie die eine Klage gegen die Wirksamkeit des Verschmelzungsberichtes.

Notar entwirft die **Anmeldungen zum Handelsregister** bezüglich der **A-GmbH** und **B-GmbH (übertragender Rechtsträger)** sowie der **C-GmbH (aufnehmender Rechtsträger)**, mit denen die Verschmelzungen angemeldet werden (insgesamt drei Entwürfe). Zur automatisierten Weiterbearbeitung des Vorgangs beim Handelsregister hat der Notar zudem eine **XML-Strukturdatei** zu fertigen.

Im Zusammenhang mit dem Umwandlungsvorgang wird der **Notar beauftragt**, die notwendigen **Gesellschafterlisten** gemäß §§ 55 I UmwG i.V.m. 57 III Nr. 2 GmbHG, § 40 II GmbHG zu fertigen. **Nach** Vollzug des Verschmelzungsvorgangs und **Prüfung** der Richtigkeit der Eintragung im Handelsregister **erteilt** der Notar die **Bescheinigung** nach **§ 40 II Satz 2 GmbHG** und reicht sie unverzüglich dem Handelsregister ein.

B. Rechnungen

1. Verschmelzungsvertrag, Verzichtserklärungen, Beschlüsse A-GmbH, B-GmbH u. C-GmbH

22.67

Pos.	Gebührentatbestände	Geschäfts-wert	KV-Nr.	Satz	Betrag
(1)	Beurkundungsverfahren (§§ 110 Nr. 1, 109 I, II, 35 I, 86 II)	18 900 000	21100	2,0	33 570
	a) Verschmelzungsvertrag A-GmbH auf C-GmbH (§§ 97 I, III, 107 I, 38)	8 600 000	21100	2,0	

IV. Umwandlungsvorgänge

Pos.	Gebührentatbestände	Geschäfts-wert	KV-Nr.	Satz	Betrag
	b) Verschmelzungsvertrag B-GmbH auf C-GmbH (§§ 97 I, III, 107 I, 38)	**5 300 000**	21100	2,0	
	c) Verzichtserklärungen der Gesellschafter der A-GmbH (§ 36 I)	~~860 000~~	~~21200~~	~~1,0~~	
	d) Verzichtserklärungen der Gesellschafter der B-GmbH (§ 36 I)	~~530 000~~	~~21200~~	~~1,0~~	
	e) Zustimmungsbeschluss der A-GmbH (§ 108 III)	8 600 000	21100	2,0	
	f) Zustimmungsbeschluss der C-GmbH zur Verschmelzung mit A-GmbH (§ 108 III)	~~8 600 000~~	~~21100~~	~~2,0~~	
	g) Zustimmungsbeschluss der B-GmbH (§ 108 III)	5 300 000	21100	2,0	
	h) Zustimmungsbeschluss der C-GmbH zur Verschmelzung mit B-GmbH (§ 108 III)	~~5 300 000~~	~~21100~~	~~2,0~~	
	i) Kapitalerhöhungsbeschluss bei der C-GmbH (§§ 36 I, 108 I S. 2)	300 000	21100	2,0	
	e) bis i) §§ 109 II, 86 II, 35 II, **108 V**	= ~~14 200 000~~ 5 000 000			
(2)	Betreuung – Bescheinigung Gesellschafterliste nach Prüfung von Umständen außerhalb der Urkunde (§ 113 I)	18 900 000	22200 Anm. Nr. 6	0,5	8392,50

2. Entwurf der Handelsregisteranmeldung A-GmbH (übertragender Rechtsträger)

22.68

Pos.	Gebührentatbestände	Geschäfts-wert	KV-Nr.	Satz	Betrag
(1)	Entwurf der Anmeldung (§§ 119 I, 105 IV Nr. 1, 92 II)	30 000	24102, 21201 Nr. 5	0,5	62,50
(2)	Vollzug – Fertigen der XML-Strukturdatei (§ 112)	30 000	22114	0,3	37,50

3. Entwurf der Handelsregisteranmeldung B-GmbH (übertragender Rechtsträger)

22.69

Pos.	Gebührentatbestände	Geschäfts-wert	KV-Nr.	Satz	Betrag
(1)	Entwurf der Anmeldung (§§ 119 I, 105 IV Nr. 1, 92 II)	30 000	24102, 21201 Nr. 5	0,5	62,50
(2)	Vollzug – Fertigen der XML-Strukturdatei (§ 112)	30 000	22114	0,3	37,50

4. Entwurf der Handelsregisteranmeldung C-GmbH (aufnehmender Rechtsträger)

22.70

Pos.	Gebührentatbestände	Geschäfts-wert	KV-Nr.	Satz	Betrag
(1)	Entwurf der Anmeldung (§§ 119 I, 105 IV Nr. 1, 92 II, 111 Nr. 3)	360 000	24102, 21201 Nr. 5	0,5	367,50
	Anmeldung der:				
	a) Verschmelzung A-GmbH auf B-GmbH (§ 105 IV Nr. 1)	30 000	21201 Nr. 5	0,5	
	b) Verschmelzung C-GmbH auf B-GmbH (§ 105 IV Nr. 1)	30 000	21201 Nr. 5	0,5	
	c) Kapitalerhöhung (§ 105 I Nr. 3)	300 000	21201 Nr. 5	0,5	
(2)	Vollzug – Fertigen von zwei Gesellschafterlisten (§ 112, Vorbem. 2.2.1.1 I Nr. 3 KV)	360 000	22111	0,3	220,50
(3)	Vollzug – Fertigen der XML-Strukturdatei (§ 112)	360 000	22114	0,3	220,50

C. Erläuterungen

1. Verschmelzungsvertrag, Verzichtserklärungen, Beschlüsse

22.71 **Pos. (1):**

Gemäß § 110 Nr. 1 liegen stets beim Aufeinandertreffen von **Beschlüssen** der Organe einer Vereinigung oder Stiftung wie vorliegend den Zustimmungsbeschlüssen **und** rechtsgeschäftlichen **Erklärungen** (Verschmelzungsvertrag, Verzichtserklärungen) **in einer Urkunde** verschiedene Beurkundungsgegenstände vor, auch wenn zwischen ihnen ein Abhängigkeitsverhältnis nach § 109 I vorliegen würde.

22.72 **Pos. (1), a), b):**

Der Geschäftswert für die Beurkundung des **Verschmelzungsvertrages** richtet sich nach § 97 I, III. Das Vermögen des übertragenden Rechtsträgers ist mit den

Anteilen (= Mitgliedschaften) am aufnehmenden Rechtsträger zu vergleichen. Gemäß § 38 besteht ein **Schuldenabzugsverbot**. Der höhere Wert der gegenseitigen Leistungen bildet den Geschäftswert. Gemäß § 107 I beträgt der Geschäftswert *eines* Vertrages nach dem Umwandlungsgesetz höchstens 10 Mio. Euro. Werden – wie vorliegend – mehrere Rechtsträger verschmolzen, liegen entsprechend der Anzahl der übertragenden Rechtsträger auch mehrere Verschmelzungsverträge vor, die gemäß § 86 II gegenstandsverschieden zueinander sind. Der Höchstwert nach § 107 I ist für jeden einzelnen Vertrag zu beachten.

Pos. (1), c), d): 22.73

Für die **Verzichtserklärungen** der **Gesellschafter** ist ein Teilwert aus dem Anteil des Verzichtenden am Vermögen des übertragenden Rechtsträgers maßgebend (Vorschlag: 5 bis 20 % je nach Umfang des/der Verzichte[s]).[1] Im vorliegenden Fall wird **folgende Berechnung** angenommen:

10 % von 8 600 000 Euro (übertragendes Vermögen der A-GmbH) = 860 000 Euro

10 % von 5 300 000 Euro (übertragendes Vermögen der C-GmbH) = 530 000 Euro

Werden die **Verzichtserklärungen** der Gesellschafter **zusammen mit** dem **Verschmelzungsvertrag** beurkundet, bleiben sie gemäß § 109 I Satz 1–3, Satz 5 unbewertet, weil **derselbe Beurkundungsgegenstand** vorliegt.

Exkurs:

Bei isolierter Beurkundung wäre eine 1,0 nach Nr. 21200 KV zu erheben. 22.74

Pos. (1), e), f), g), h), i): 22.75

Der Wert eines **Beschlusses** über die **Zustimmung zur Verschmelzung** zur Aufnahme entspricht gemäß § 108 III dem Aktivvermögen des übertragenden Rechtsträgers. Das gilt sowohl bei der Beschlussfassung des übertragenden als auch des aufnehmenden Rechtsträgers. Gemäß § 109 II Nr. 4 g) liegt zwischen Beschlüssen bei Umwandlungsvorgängen derselbe Beurkundungsgegenstand vor, wenn sie denselben *Beschlussgegenstand* haben und in einer Urkunde gefasst sind. Ein und derselbe Beschlussgegenstand besteht im vorliegenden Fall bei den beiden Zustimmungsbeschlüssen der A-GmbH und B-GmbH sowie bei den Zustimmungsbeschlüssen der C-GmbH auf die B-GmbH zu jeweils ihrer Verschmelzung. Darüber hinaus besteht zwischen den beiden Verschmelzungen Gegenstandsverschiedenheit gemäß § 86 II.

Exkurs:

Erfolgt die Beurkundung der **Zustimmungsbeschlüsse** der an der Verschmelzung 22.76 beteiligten Rechtsträger in **getrennten Urkunden**, könnte eine **unrichtige Sachbehandlung** gemäß § 21 vorliegen.[2]

Der Beschluss über die **Kapitalerhöhung** beim **aufnehmenden Rechtsträger** 22.77 betrifft gemäß § 36 I, § 108 I Satz 2 einen Beschluss mit bestimmtem Geldwert.

---

1 Zu weiteren Differenzierungen der Bewertung abgegebener Verzichte bei Umwandlungsvorgängen wird auf die Ausführungen von Leipziger Kommentar GNotKG/*Heinze*, § 107 Rz. 71 ff. verwiesen.
2 Siehe I. Überblick, Rz. 22.25.

Den Geschäftswert bildet der Nominalbetrag der Kapitalerhöhung, mindestens jedoch der Betrag von 30 000 Euro. In Betrachtung mit den Zustimmungsbeschlüssen liegen verschiedene Beurkundungsgegenstände gem. § 86 II vor. Die Beschlüsse sind nicht von § 109 II erfasst.

22.78 Gemäß § 108 V beträgt der **Geschäftswert** von **Beschlüssen höchstens 5 000 000 Euro**, auch wenn mehrere Beschlüsse mit verschiedenem Gegenstand in einem Beurkundungsverfahren zusammengefasst werden.

22.79 **Pos. (2):**

Sind für die Erteilung der **Bescheinigung** nach § 40 II GmbHG **Umstände außerhalb der Urkunde zu prüfen** (Eintragung der Kapitalerhöhung), fällt für diese Tätigkeit eine **Betreuungsgebühr** von 0,5 gemäß der Anm. Nr. 6 zu Nr. 22200 KV an. Zu weiteren Ausführungen wird auf Rz. 22.21 verwiesen.

Die Betreuungstätigkeit bezieht sich, anders als bei der Listenerstellung, nicht auf die Handelsregisteranmeldung, sondern den Kapitalerhöhungsbeschluss. Der **Geschäftswert** nach § 113 I bestimmt sich jedoch nicht allein nach dem Wert des Kapitalerhöhungsbeschlusses, sondern nach dem Gesamtwert der Urkunde.

2. u. 3. Entwurf der Handelsregisteranmeldungen betreffend die A-GmbH u. B-GmbH (übertragende Rechtsträger)

22.80 **Pos. (1):**

Gemäß § 119 I bestimmt sich bei der Fertigung eines Entwurfes der Geschäftswert nach den für die Beurkundung geltenden Vorschriften. Es handelt sich bei den beiden **Anmeldungen der Verschmelzung** um jeweils eine **Anmeldung ohne bestimmten Geldbetrag**, so dass gemäß § 105 IV Nr. 1 als Geschäftswert 1 % des Stammkapitals, mindestens 30 000 Euro anzunehmen sind. Der Höchstwert beträgt 1 Mio. Euro (§ 106).

Die **Unterschriftsbeglaubigung** löst **keine zusätzliche Gebühr** aus, Vorbem. 2.4.1 II KV.

22.81 **Pos. (2):**

Für das notwendige Erzeugen der **XML-Strukturdatei** zur automatisierten Weiterbearbeitung beim Handelsregister erhält der Notar eine Gebühr von 0,3 nach Nr. 22114 KV. Der Betrag ist auf 250 Euro begrenzt. Eines gesonderten Auftrags bedarf es nicht; Vorbem. 2.2 I Hs. 2 KV. Die Gebühr entsteht neben einer möglichen Vollzugsgebühr nach Nrn. 22110 bzw. 22111 KV gesondert; siehe Anm. zu Nr. 22114 KV.

Der **Geschäftswert** bestimmt sich gem. § 112 wie bei der Beurkundung bzw. dem Entwurf (§ 119). Für das Übermitteln der Erklärungen an das Handelsregister entsteht gemäß Vorbem. 2.1 II Nr. 1 KV keine weitere Gebühr.

IV. Umwandlungsvorgänge

4. Entwurf der Handelsregisteranmeldung betreffend die C-GmbH (aufnehmender Rechtsträger)

Pos. (1):

Gemäß § 119 I bestimmt sich bei der Fertigung eines Entwurfes der Geschäftswert nach den für die Beurkundung geltenden Vorschriften. **Anmeldungen** zu einem Register gelten gemäß **§ 111 Nr. 3** stets als ein **besonderer Beurkundungsgegenstand**. Die Geschäftswerte der Anmeldungen werden somit gem. § 35 I addiert. Der Höchstwert beträgt 1 Mio. Euro (§ 106).

Die **Unterschriftsbeglaubigung** löst **keine zusätzliche Gebühr** aus, Vorbem. 2.4.1 II KV.

Pos. (1), a), b):

Es handelt sich bei der **Anmeldung der Verschmelzung** um eine **Anmeldung ohne bestimmten Geldbetrag**, so dass gemäß § 105 IV Nr. 1 als Geschäftswert 1 % des Stammkapitals, mindestens 30 000 Euro anzunehmen sind. Im vorliegenden Fall sind zwei Verschmelzungen zur Eintragung anzumelden, an welcher die C-GmbH jeweils als aufnehmender Rechtsträger beteiligt ist.

Pos. (1), c):

Die **Anmeldung** der **Kapitalerhöhung** betrifft eine **Anmeldung mit bestimmtem Geldbetrag**. Den Geschäftswert bildet gemäß § 105 I Satz 1 Nr. 3, Satz 2 der einzutragende Unterschiedsbetrag der Kapitalveränderung, mindestens ein Betrag von 30 000 Euro. Der Höchstwert beträgt 1 Mio. Euro (§ 106).

Pos. (2):

Die Fertigung der beiden Gesellschafterlisten erfolgt zur C-GmbH. Hierfür ist eine **Vollzugsgebühr** (§ 93 I) nach Vorbem. 2.2.1.1 I Nr. 3 KV in Höhe von **0,3** gemäß **Nr. 22111 KV** zu erheben. Für die einzelne Gesellschafterliste gilt gemäß Nr. 22113 KV der Höchstbetrag der Gebühr von 250 Euro. Er wird im vorliegenden Fall nicht erreicht.

Der **Geschäftswert** bestimmt sich nach § 112 und ist in Höhe des Wertes des Entwurfs der Handelsregisteranmeldung (§ 119) anzunehmen.

Pos. (3):

Für das notwendige Erzeugen der **XML-Strukturdatei** zur automatisierten Weiterbearbeitung beim Handelsregister erhält der Notar eine Gebühr von 0,3 nach Nr. 22114 KV. Der Betrag ist auf 250 Euro begrenzt. Eines gesonderten Auftrags bedarf es nicht; Vorbem. 2.2 I Hs. 2 KV. Die Gebühr entsteht neben einer möglichen Vollzugsgebühr nach Nrn. 22110 bzw. 22111 KV gesondert; siehe Anm. zu Nr. 22114 KV.

Der **Geschäftswert** bestimmt sich gem. § 112 wie bei der Beurkundung bzw. dem Entwurf (§ 119). Für das Übermitteln der Erklärungen an das Handelsregister entsteht gemäß Vorbem. 2.1 II Nr. 1 KV keine weitere Gebühr.

D. Exkurs

Werden in einem Beurkundungsverfahren **ohne sachlichen Grund mehrere Beurkundungsgegenstände zusammengefasst**, gilt das Beurkundungsverfahren hin-

22.82

22.83

22.84

22.85

22.86

22.87

sichtlich jedes dieser Beurkundungsgegenstände als besonderes Verfahren. Ein sachlicher Grund ist insbesondere anzunehmen, wenn hinsichtlich jedes Beurkundungsgegenstands die gleichen Personen an dem Verfahren beteiligt sind oder der rechtliche Verknüpfungswille in der Urkunde zum Ausdruck kommt; § 93 II.

Bei Umwandlungsvorgängen wird diese Problematik in der Praxis wohl eher nicht anzutreffen sein. Besteht kein Verknüpfungswille, wird man allein durch die nach § 61 UmwG geforderte Publizität getrennt beurkunden müssen; vgl. auch Konsolidierungsvorschriften für den Konzernabschluss.

→ **Fall 3: Kettenverschmelzung**

A. Sachverhalt

22.88 Die A-GmbH und B-GmbH sollen nicht parallel, sondern zeitlich aufeinander folgend in einer Urkunde auf die C-GmbH verschmolzen werden. In **Stufe 1** erfolgt die **Verschmelzung der A-GmbH** (Stammkapital: 25 000 Euro) **auf die B-GmbH** (Stammkapital: 50 000 Euro) und in **Stufe 2** aufschiebend bedingt auf die Eintragung des ersten Umwandlungsvorgangs im Handelsregister **sowie zudem zeitlich befristet auf einen späteren Zeitpunkt** die **Verschmelzung der B-GmbH auf die C-GmbH** (Stammkapital: 100 000 Euro). Eine Kapitalerhöhung beim jeweils aufnehmenden Rechtsträger zur Gewährung von Anteilen für die Gesellschafter des übertragenden Rechtsträgers ist nicht notwendig, weil eine Konzernstruktur (Mutter-Tochter) vorliegt; § 54 I UmwG.

Den Verschmelzungen liegen folgende Vermögen zugrunde:

A-GmbH: 440 000 Euro an **Aktivvermögen** (Zeitpunkt der Beurkundung),

B-GmbH: 860 000 Euro an **Aktivvermögen** (Zeitpunkt der Beurkundung),

C-GmbH: 3 680 000 Euro an **Aktivvermögen** (Zeitpunkt der Beurkundung).

In derselben Urkunde protokolliert der Notar (teils bedingte) **Gesellschafterversammlungen:**

A-GmbH:
– **Zustimmungsbeschluss** zur Verschmelzung mit der B-GmbH (Stufe 1),

B-GmbH:
– **Zustimmungsbeschluss** zur Verschmelzung mit der A-GmbH (Stufe 1),
– **Zustimmungsbeschluss** zur Verschmelzung mit der C-GmbH (Stufe 2) mit Wirksamkeit der Umwandlung der Stufe 1,

C-GmbH:
– **Zustimmungsbeschluss** zur Verschmelzung mit der B-GmbH (Stufe 2) mit Wirksamkeit der Umwandlung der Stufe 1,
– sämtliche an dem Umwandlungsvorgang der **Stufe 1** beteiligten **Gesellschafter verzichten** auf die Prüfung der Verschmelzung, auf Erstattung eines Verschmelzungsberichts und eines Verschmelzungsprüfungsberichts sowie die eine Klage gegen die Wirksamkeit des Verschmelzungsberichtes.
– sämtliche an dem Umwandlungsvorgang der **Stufe 2** beteiligten **Gesellschafter verzichten** auf die Prüfung der Verschmelzung, auf Erstattung eines Ver-

schmelzungsberichts und eines Verschmelzungsprüfungsberichts sowie die eine Klage gegen die Wirksamkeit des Verschmelzungsberichtes.

Der Notar entwirft die (teils bedingten)[1] **Anmeldungen zum Handelsregister:**

A-GmbH:

– **Verschmelzung** mit der B-GmbH,

B-GmbH:

– **Verschmelzung** mit der A-GmbH,
– **Verschmelzung** mit der C-GmbH unter der Bedingung der Wirksamkeit der Umwandlung der Stufe 1,

C-GmbH:

– **Verschmelzung** mit der B-GmbH unter der Bedingung der Wirksamkeit der Umwandlung der Stufe 1,

Zur automatisierten Weiterbearbeitung des Vorgangs beim Handelsregister hat der Notar zudem eine **XML-Strukturdatei** zu fertigen.

B. Rechnungen

1. Verschmelzungsvertrag, Verzichtserklärungen, Beschlüsse A-GmbH, B-GmbH u. C-GmbH

Pos.	Gebührentatbestände	Geschäftswert	KV-Nr.	Satz	Betrag
(1)	Beurkundungsverfahren (§§ 110 Nr. 1, 109 I, II, 35 I, 86 II)	3 480 000	21100	2,0	11 470
	a) **Stufe 1**: Verschmelzungsvertrag A-GmbH auf B-GmbH (§§ 97 I, III, 107 I, 38) (§§ 97 I, III, 107 I, 38)	440 000	21100	2,0	
	b) **Stufe 1**: Verzichtserklärungen der Gesellschafter der A-GmbH (§ 36 I)	~~44 000~~	~~21200~~	~~1,0~~	
	c) **Stufe 1**: Zustimmungsbeschluss der A-GmbH Verschmelzung mit B-GmbH (§ 108 III)	440 000	21100	2,0	
	d) **Stufe 1**: Zustimmungsbeschluss der B-GmbH Verschmelzung mit A-GmbH (§ 108 III)	~~440 000~~	~~21100~~	~~2,0~~	
	e) **Stufe 2**: aufschiebend bedingter Verschmelzungsvertrag B-GmbH auf C-GmbH	1 300 000	21100	2,0	
	f) **Stufe 2**: Verzichtserklärungen der Gesellschafter der B-GmbH (§ 36 I)	~~130 000~~	~~21200~~	~~1,0~~	

22.89

---

1 Zur bedingten Handelsregisteranmeldung siehe *Scheel*, DB 2004, 2355 ff.

Pos.	Gebührentatbestände	Geschäftswert	KV-Nr.	Satz	Betrag
	g) **Stufe 2**: Zustimmungsbeschluss der B-GmbH Verschmelzung mit der C-GmbH (§ 108 III)	1 300 000	21100	2,0	
	h) **Stufe 2**: Zustimmungsbeschluss der C-GmbH zur Verschmelzung mit B-GmbH (§ 108 III)	~~1 300 000~~	~~21100~~	~~2,0~~	

2. Entwurf der Handelsregisteranmeldung A-GmbH (übertragender Rechtsträger)

22.90

Pos.	Gebührentatbestände	Geschäftswert	KV-Nr.	Satz	Betrag
(1)	Entwurf der Anmeldung Verschmelzung mit B-GmbH (§§ 119 I, 105 IV Nr. 1, 92 II)	30 000	24102, 21201 Nr. 5	0,5	62,50
(2)	Vollzug – Fertigen der XML-Strukturdatei (§ 112)	30 000	22114	0,3	37,50

3. Entwurf der Handelsregisteranmeldung B-GmbH (aufnehmender und übertragender Rechtsträger)

22.91

Pos.	Gebührentatbestände	Geschäftswert	KV-Nr.	Satz	Betrag
(1)	Entwurf der Anmeldung (§§ 119 I, 105 IV Nr. 1, 92 II), 111 Nr. 3)	60 000	24102, 21201 Nr. 5	0,5	96,00
	Anmeldung:				
	a) **Stufe 1**: Verschmelzung mit A-GmbH (§ 105 IV Nr. 1)	30 000	21201 Nr. 5		
	b) **Stufe 2**: Verschmelzung mit C-GmbH (§ 105 IV Nr. 1)	30 000	21201 Nr. 5		
(2)	Vollzug – Fertigen der XML-Strukturdatei (§ 112)	60 000	22114	0,3	57,60

4. Entwurf der Handelsregisteranmeldung C-GmbH (aufnehmender Rechtsträger)

22.92

Pos.	Gebührentatbestände	Geschäftswert	KV-Nr.	Satz	Betrag
(1)	Entwurf der Anmeldung Verschmelzung mit B-GmbH (§§ 119 I, 105 IV Nr. 1, 92 II)	30 000	24102, 21201 Nr. 5	0,5	62,50
(2)	Vollzug – Fertigen der XML-Strukturdatei (§ 112)	30 000	22114	0,3	37,50

C. Erläuterungen

1. Verschmelzungsvertrag, Verzichtserklärungen, Beschlüsse

Pos. (1): 22.93

Kettenverschmelzungen sind mehrere zueinander verschiedene Umwandlungsvorgänge i.S.d. § 86 II.[1] Die **Beschlüsse** (Zustimmungs- sowie Kapitalerhöhungsbeschlüsse) **und** rechtsgeschäftlichen **Erklärungen** (Verschmelzungsvertrag, Verzichtserklärungen) **in einer Urkunde** sind zudem gemäß § 110 Nr. 1 gegenstandsverschieden.

Pos. (1), a), e): 22.94

Der Geschäftswert für die Beurkundung des **Verschmelzungsvertrages** richtet sich nach § 97 I, III. Das Vermögen des übertragenden Rechtsträgers ist mit den Anteilen (= Mitgliedschaften) am aufnehmenden Rechtsträger zu vergleichen. Gemäß § 38 besteht ein **Schuldenabzugsverbot**. Der höhere Wert der gegenseitigen Leistungen bildet den Geschäftswert. Gemäß § 107 I beträgt der Geschäftswert *eines* Vertrages nach dem Umwandlungsgesetz höchstens 10 Mio. Euro.

Bei der **Geschäftswertbildung zu Kettenverschmelzungen** ist zu beachten, dass 22.95
innerhalb der Verschmelzungskette erworbenes Vermögen der vorangegangenen Verschmelzung bei der Folgeverschmelzung zu berücksichtigen ist.[2] Das mit Verweis auf § 96 GNotKG vorgebrachte Argument, es sei auf den Wert im Zeitpunkt der Beurkundung abzustellen, weshalb die Aktiven der vorangegangenen Verschmelzung nicht in den Geschäftswert einzugehen hätten,[3] überzeugt nicht: Auch wenn die Verschmelzungsbilanz der Stufe 2 zum Beurkundungstermin i.d.R. aufgrund der nah beieinanderliegenden Bilanzstichtage nicht vorliegt, ist das im Zuge der vorangegangenen Verschmelzung erworbene Vermögen gleichwohl übergegangen. Die Bilanz bildet die Vermögens- und Schuldpositionen retrospektiv und nicht planerisch ab. Die der Verschmelzung auf Stufe 2 zugrunde zu legende Bilanz hat gerade die vorangegangene Verschmelzung zu verarbeiten. Auch das Argument, die Aktiven der Verschmelzung Stufe 1 könnten deshalb nicht eingerechnet werden, weil die Verschmelzung erst mit ihrer Eintragung wirksam wird, verkennt die wirtschaftliche, insbesondere steuerliche Motivation einer Kettenumwandlung, die gerade darin besteht, handels- und steuerbilanzielle Synergieeffekte zu generieren. In der Praxis geht es zudem bei Kettenverschmelzungen vielmehr darum, die Verluste – und schlussendlich die am Ende nutzbaren Verlustvorträge – richtig zuzuweisen, so dass sich hier weniger die Frage des mehrfachen Vermögensansatzes, sondern des mehrfachen bilanziellen Verlustabzuges bzw. dessen Verrechnung und Abgrenzung auf der jeweiligen Verschmelzungsstufe stellt.

Schließlich stützt auch die unbestrittene Gegenstandsverschiedenheit der Verschmelzungsvorgänge[4] die These, dass die in Verschmelzung Stufe 1 per fikti- 22.96

---

1 OLG Düsseldorf v. 2.7.1998 – 10 W 58/98, MittBayNot 1998, 464.
2 A.A. Bormann/Diehn/Sommerfeldt/*Bormann*, GNotKG, § 107 Rz. 45.
3 So Korintenberg/*Tiedtke*, GNotKG, § 107 Rz. 62.
4 Leipziger Kommentar GNotKG/*Heinze*, § 107 Rz. 17; Korinthenberg/*Tiedtke*, § 107 Rz. 62.

ven Stichtag 31.12. übergehenden Vermögens- und Schuldpositionen der Verschmelzung Stufe 2 per fiktiven Verschmelzungsstichtag 1.1. des Folgejahres hinzuzurechnen sind. Es liegen zwei unterschiedliche Rechtsverhältnisse mit zwei Verschmelzungsbilanzen für die Verschmelzung Stufe 1 per 31.12. und eine weitere für die Verschmelzung Stufe 2 per 1.1. des Folgejahres. Die Aufnahmebilanz der Übernehmerin aus Verschmelzung Stufe 1 gemäß § 12 I UmwStG ist kongruent der Schlussbilanz i.S.d. § 17 II UmwG für die Verschmelzung Stufe 2. Diese Bilanz für Verschmelzung Stufe 2 rechnet die Verschmelzung Stufe 1 als vor dem Stichtag 1.1. liegenden Geschäftsvorfall ein und setzt damit andere Werte an, als zum Stichtag 31.12. anzusetzen waren.

22.97 Das Argument, man dürfe das im Zuge der Verschmelzung Stufe 1 übergehende Vermögen und die Schuldposten auf die Verschmelzung Stufe 2 nicht einrechnen geht auch deshalb ins Leere, weil es das Ansatzwahlrecht aus §§ 11 und 12 UmwStG nicht berücksichtigt. Es ist denkbar, dass auf die Verschmelzung Stufe 1 Teilwerte aufgestockt und dann als Buchwerte i.S.d. § 11 II UmwG auf Verschmelzung Stufe 2 fortgeführt werden. Ein solcher – durchaus auch gewünschter – Effekt muss im kostenrechtlichen Geschäftswertansatz widerspiegeln.

22.98 Nicht ohne Grund wird in der umwandlungsrechtlichen Literatur kontrovers diskutiert, ob nach handelsbilanziellen Grundsätzen für einen übertragenden Rechtsträger eine Schlussbilanz auf einen Zeitpunkt aufgestellt werden kann, zu dem er als solches noch nicht existiert.[1]

22.99 Eine Kettenverschmelzung ist ganz überwiegend steuerlich motiviert, z.B. um
- Nutzung von Verlustvorträgen der B-GmbH (§§ 8c KStG, 12 III i.V.m. § 2 II UmwStG)[2] zu ermöglichen.
- ein erhöhtes Abschreibungspotential durch Teilwertaufstockung und hierdurch entstehenden Übertragungsgewinn zu schaffen.[3]

22.100 Auf den vorliegenden Fall bezogen, bildet bei der Verschmelzung der A-GmbH auf die B-GmbH (**Stufe 1**) grundsätzlich der Aktivwert der A-GmbH den Geschäftswert. Bei der Verschmelzung der nachfolgenden B-GmbH auf die C-GmbH (**Stufe 2**) sind dann die handelsbilanziellen Synergieeffekte aus der vorangegangenen Verschmelzung einzurechnen. Maßgeblich ist hier also die **Verschmelzungsbilanz der B-GmbH nach Umsetzung des Umwandlungsvorgangs Stufe 1**.

22.101 Wird eine Kettenverschmelzung auf ein und denselben Bilanzstichtag beider Übertragerinnen mit minutengenauer Abgrenzung bezogen, was in der zivilrechtlichen Literatur durchaus zugelassen wird,[4] ist darauf hinzuweisen, dass die Finanzverwaltung die Wahl eines solchen entsprechend gewählten steuerli-

---

[1] *Widmann/Maier/Mayer*, UmwR, § 5 Rz. 235, 8.1; a.A. *Simon*, UmwG, § 5 Rz. 224.
[2] Zur beschränkten Verlustvortragsnutzung vgl. BFH v. 26.8.2010 – I B 49/10, BStBl. II 2011, 826. Fortführung der Verlustvorträge durch die aufnehmende Gesellschaft nach dem Rückwirkungszeitraum nicht generell unzulässig, BFH v. 18.12.2013 – I R 25/12, GmbHR 2014, 605; a.A. FG Thüringen v. 28.9.2011 – 3 K 1086/09, EFG 2013, 274.
[3] Zur Feststellung des Zwischenwertes vgl. BMF v. 22.9.2011 – IV C 6 – S 2170/10/10001 – Rz. 03.29, BStBl. 2011 I, 859, Umwandlungssteuererlass.
[4] Widmann/Mayer/*Mayer*, § 5 Rz. 158.

IV. Umwandlungsvorgänge

chen Übergangsstichtages nicht anerkennt.[1] Damit ist ein ganz entscheidender Grund, eine Umwandlungsmaßnahme durchzuführen, obsolet.

Pos. (1), b), f):

Für die **Verzichtserklärungen** der **Gesellschafter** ist ein Teilwert aus dem Anteil des Verzichtenden am Vermögen des übertragenden Rechtsträgers maßgebend (Vorschlag: 5 % bis 20 % je nach Umfang des/der Verzichte[s]).[2] Im vorliegenden Fall wird **folgende Berechnung** angenommen:

10 % von 440 000 Euro (übertragendes Vermögen der A-GmbH) = 44 000 Euro

10 % von 1 300 000 Euro (übertragendes Vermögen der B-GmbH (nach Wirksamkeit des Umwandlungsvorgangs Stufe 1) = 130 000 Euro

Werden die **Verzichtserklärungen** der Gesellschafter **zusammen mit** dem **Verschmelzungsvertrag** beurkundet, bleiben sie gemäß § 109 I Satz 1–3, Satz 5 unbewertet, weil **derselbe Beurkundungsgegenstand** vorliegt.

Exkurs:

Bei isolierter Beurkundung wäre eine 1,0 nach Nr. 21200 KV zu erheben.

Pos. (1), c), d), g), h):

Der Wert eines **Beschlusses** über die **Zustimmung zur Verschmelzung** zur Aufnahme entspricht gemäß § 108 III dem Aktivvermögen des jeweils übertragenden Rechtsträgers. Das gilt sowohl bei der Beschlussfassung des übertragenden als auch des aufnehmenden Rechtsträgers. Gemäß § 109 II Nr. 4 g) liegt zwischen Beschlüssen bei Umwandlungsvorgängen derselbe Beurkundungsgegenstand vor, wenn sie *denselben Beschlussgegenstand* haben und in einer Urkunde gefasst sind. Ein und derselbe Beschlussgegenstand besteht im vorliegenden Fall bei den beiden Zustimmungsbeschlüssen der A-GmbH und B-GmbH sowie bei den Zustimmungsbeschlüssen der B-GmbH auf die C-GmbH zu jeweils ihrer Verschmelzung. Darüber hinaus besteht zwischen den beiden Verschmelzungen Gegenstandsverschiedenheit gemäß § 86 II.

Gemäß § 108 V beträgt der **Geschäftswert** von **Beschlüssen höchstens 5 000 000 Euro**, auch wenn mehrere Beschlüsse mit verschiedenem Gegenstand in einem Beurkundungsverfahren zusammengefasst werden.

2. Entwurf der Handelsregisteranmeldungen betreffend die A-GmbH (übertragender Rechtsträger)

Pos. (1):

Gemäß § 119 I bestimmt sich bei der Fertigung eines Entwurfes der Geschäftswert nach den für die Beurkundung geltenden Vorschriften. Es handelt sich bei der **Anmeldung der Verschmelzung** um eine **Anmeldung ohne bestimmten Geldbetrag**, so dass gemäß § 105 IV Nr. 1 als Geschäftswert 1 % des Stammkapitals, mindestens 30 000 Euro anzunehmen ist. Der Höchstwert beträgt 1 Mio. Euro

22.102

22.103

22.104

22.105

---
1 BMF v. 11.11.2011 – IV C 2 – S 1978 b/08/10001 – Rz. 02.02., BStBl. I 2011, 1314.
2 Zu weiteren Differenzierungen der Bewertung abgegebener Verzichte bei Umwandlungsvorgängen wird auf die Ausführungen von Leipziger Kommentar GNotKG/*Heinze*, § 107 Rz. 71 ff. verwiesen.

(§ 106). Die **Unterschriftsbeglaubigung** löst **keine zusätzliche Gebühr** aus, Vorbem. 2.4.1 II KV.

22.106 **Pos. (2):**

Für das notwendige Erzeugen der **XML-Strukturdatei** zur automatisierten Weiterbearbeitung beim Handelsregister erhält der Notar eine Gebühr von 0,3 nach Nr. 22114 KV. Der Betrag ist auf 250 Euro begrenzt. Eines gesonderten Auftrags bedarf es nicht; Vorbem. 2.2 I Hs. 2 KV. Die Gebühr entsteht neben einer möglichen Vollzugsgebühr nach Nrn. 22110 bzw. 22111 KV gesondert; siehe Anm. zu Nr. 22114 KV.

Der **Geschäftswert** bestimmt sich gem. § 112 wie bei der Beurkundung bzw. dem Entwurf (§ 119). Für das Übermitteln der Erklärungen an das Handelsregister entsteht gemäß Vorbem. 2.1 II Nr. 1 KV keine weitere Gebühr.

3. Entwurf der Handelsregisteranmeldung betreffend die B-GmbH (aufnehmender u. übertragender Rechtsträger)

22.107 **Pos. (1):**

Gemäß § 119 I bestimmt sich bei der Fertigung eines Entwurfes der Geschäftswert nach den für die Beurkundung geltenden Vorschriften. Die **Unterschriftsbeglaubigung** löst **keine zusätzliche Gebühr** aus, Vorbem. 2.4.1 II KV.

Anmeldungen zu einem Register gelten gemäß **§ 111 Nr. 3** stets als ein **besonderer Beurkundungsgegenstand**. Die Geschäftswerte der Anmeldungen werden somit gem. § 35 I addiert. Der Höchstwert beträgt 1 Mio. Euro (§ 106).

22.108 **Pos. (1), a), b):**

Es handelt sich bei der **Anmeldung der Verschmelzung** um eine **Anmeldung ohne bestimmten Geldbetrag**, so dass gemäß § 105 IV Nr. 1 als Geschäftswert 1 % des Stammkapitals, mindestens 30 000 Euro anzunehmen sind. Im vorliegenden Fall sind zwei Verschmelzungen zur Eintragung anzumelden, an welcher die C-GmbH jeweils als aufnehmender Rechtsträger beteiligt ist.

22.109 **Pos. (2):**

Für das notwendige Erzeugen der **XML-Strukturdatei** zur automatisierten Weiterbearbeitung beim Handelsregister erhält der Notar eine Gebühr von 0,3 nach Nr. 22114 KV. Der Betrag ist auf 250 Euro begrenzt. Eines gesonderten Auftrags bedarf es nicht; Vorbem. 2.2 I Hs. 2 KV. Die Gebühr entsteht neben einer möglichen Vollzugsgebühr nach Nrn. 22110 bzw. 22111 KV gesondert; siehe Anm. zu Nr. 22114 KV.

Der **Geschäftswert** bestimmt sich gem. § 112 wie bei der Beurkundung bzw. dem Entwurf (§ 119). Für das Übermitteln der Erklärungen an das Handelsregister entsteht gemäß Vorbem. 2.1 II Nr. 1 KV keine weitere Gebühr.

4. Entwurf der Handelsregisteranmeldung betreffend die C-GmbH (aufnehmender Rechtsträger)

22.110 **Pos. (1):**

Gemäß § 119 I bestimmt sich bei der Fertigung eines Entwurfes der Geschäftswert nach den für die Beurkundung geltenden Vorschriften. Es handelt sich bei

IV. Umwandlungsvorgänge

der **Anmeldung der Verschmelzung** um eine **Anmeldung ohne bestimmten Geldbetrag**, so dass gemäß § 105 IV Nr. 1 als Geschäftswert 1 % des Stammkapitals, mindestens 30 000 Euro anzunehmen ist. Der Höchstwert beträgt 1 Mio. Euro (§ 106). Die **Unterschriftsbeglaubigung** löst **keine zusätzliche Gebühr** aus, Vorbem. 2.4.1 II KV.

Pos. (2):

Für das notwendige Erzeugen der **XML-Strukturdatei** zur automatisierten Weiterbearbeitung beim Handelsregister erhält der Notar eine Gebühr von 0,3 nach Nr. 22114 KV. Der Betrag ist auf 250 Euro begrenzt. Eines gesonderten Auftrags bedarf es nicht; Vorbem. 2.2 I Hs. 2 KV. Die Gebühr entsteht neben einer möglichen Vollzugsgebühr nach Nrn. 22110 bzw. 22111 KV gesondert; siehe Anm. zu Nr. 22114 KV.

Der **Geschäftswert** bestimmt sich gem. § 112 wie bei der Beurkundung bzw. dem Entwurf (§ 119). Für das Übermitteln der Erklärungen an das Handelsregister entsteht gemäß Vorbem. 2.1 II Nr. 1 KV keine weitere Gebühr.

22.111

→ **Fall 4: Konzernverschmelzung (§ 62 UmwG)**

A. Sachverhalt

Der Notar beurkundet den **Umwandlungsvorgang**[1], mit welchem die **Z-GmbH** (Stammkapital: 25 000 Euro) ihr Vermögen im Wege der **Verschmelzung zur Aufnahme** mit allen Aktiva und Passiva auf ihre Alleingesellschafterin, die **W-AG** (200 000 Euro), überträgt. Das **Aktivvermögen** des **übertragenden Rechtsträgers** beträgt gemäß der **Verschmelzungsbilanz 1 200 000 Euro**. Eine Gegenleistung ist nicht zu erbringen, weil es sich bei dem aufnehmenden Rechtsträger um die Muttergesellschaft handelt. Die Z-GmbH hat keinen Betriebsrat.

22.112

In Umsetzung des Verfahrens nach § 62 UmwG wird der Notar damit beauftragt, die **Erklärung über die Bekanntmachung** der Verschmelzung in den Gesellschaftsblättern (Bundesanzeiger sowie evtl. gemäß Satzung weitere Gesellschaftsblätter) der übernehmenden Gesellschaft mit dem Hinweis an die Aktionäre zu **entwerfen und in den Bundesanzeiger einzustellen**, dass sie bei entsprechender Anzahl eine Hauptversammlung verlangen können, in der über die Zustimmung der Verschmelzung zu beschließen ist (§ 62 III UmwG). Diese Bekanntmachung und der Verschmelzungsvertrag sind vom Notar zugleich dem Handelsregister einzureichen. Zugleich soll der Notar die Bekanntmachung des Handelsregisters nach § 61 Satz 2 UmwG überwachen.

Nach Ablauf der Monatsfrist (§ 62 IV UmwG) meldet der Notar auftragsgemäß die Verschmelzung beim Handelsregister des übertragenden und aufnehmenden Rechtsträgers an. Hierzu **entwirft** der die **Handelsregisteranmeldungen** sowohl für die **Z-GmbH** als auch für die **W-AG**. Zur automatisierten Weiterbearbeitung des Vorgangs beim Handelsregister hat der Notar zudem eine **XML-Strukturdatei** zu fertigen.

---

1 Siehe dazu auch *Vossius*, notar 2014, 63.

1337

B. Rechnungen

1. Verschmelzungsvertrag, Entwurf der Bekanntmachung

22.113

Pos.	Gebührentatbestände	Geschäftswert	KV-Nr.	Satz	Betrag
(1)	Beurkundungsverfahren (§§ 97 I, III, 107 I, 38)	1 200 000	21100	2,0	4110,00
(2)	Entwurf der Bekanntmachung nach § 62 III UmwG (§ 36 I) (Vorschlag: 30 % von 1 200 000)	360 000	24101, 21200	1,0	735,00

2. Entwurf der Handelsregisteranmeldung Z-GmbH (übertragenden Rechtsträger)

22.114

Pos.	Gebührentatbestände	Geschäftswert	KV-Nr.	Satz	Betrag
(1)	Entwurf der Anmeldung (§§ 119 I, 105 IV Nr. 1, 92 II)	30 000	24102, 21201 Nr. 5	0,5	62,50
(2)	Vollzug – Fertigen der XML-Strukturdatei (§ 112)	30 000	22114	0,3	37,50

3. Entwurf der Handelsregisteranmeldung W-AG (aufnehmenden Rechtsträger)

22.115

Pos.	Gebührentatbestände	Geschäftswert	KV-Nr.	Satz	Betrag
(1)	Entwurf der Anmeldung (§§ 119 I, 105 IV Nr. 1, 92 II)	30 000	24102, 21201 Nr. 5	0,5	62,50
(2)	Vollzug – Fertigen der XML-Strukturdatei (§ 112)	30 000	22114	0,3	37,50

C. Erläuterungen

1. Verschmelzungsvertrag, Entwurf der Bekanntmachung

22.116 **Pos. (1):**

Der Geschäftswert für die Beurkundung des **Verschmelzungsvertrages** (ohne Gewährung von Beteiligungen/Gegenleistungen am aufnehmenden Rechtsträger) richtet sich nach § 97 I, § 107 I. Danach bildet das Vermögen des übertragenden Rechtsträgers, begrenzt auf 10 Mio. Euro, den Geschäftswert. Gemäß § 38 besteht ein **Schuldenabzugsverbot**. Das (umwandlungsrechtliche) Konzernprivileg greift dann nicht, wenn die aufnehmende AG das operative Geschäft der verschmolzenen GmbH übernimmt, unstreitig ist dies z.B. bei korrespondierender Satzungsänderung.

IV. Umwandlungsvorgänge

Gemäß § 62 I und 4 UmwG sind bei vorliegender Konstellation, dass ein Gesellschafter sämtliche Geschäftsanteile des übertragenden Rechtsträgers hält, sowohl der Zustimmungsbeschluss des aufnehmenden als auch der des übertragenden Rechtsträgers nicht erforderlich. Voraussetzung ist, dass die Vorgaben des § 62 UmwG eingehalten werden.

Pos. (2): 22.117

Entwirft bzw. **überprüft** der Notar die **Bekanntmachung** gemäß § 62 III UmwG für die einschlägigen Gesellschaftsblätter und stellt er sie in die Publikationsblätter ein (Bundesanzeiger und ggf. weitere Bekanntmachungsblätter), löst dies eine Entwurfsgebühr von 1,0 nach Nrn. 24101, 21200 KV aus. Für die Veröffentlichung fällt dann keine weitere Betreuungsgebühr an. Der Geschäftswert richtet sich nach § 36 I. Den Ausgangswert bildet der Wert des Verschmelzungsvorgangs = Vermögen des übertragenden Rechtsträgers. Hieraus ist ein angemessener Teilwert (10 % bis 30 %) zu nehmen.

Ist der **Entwurf** der **Bekanntmachung** vom Notar gefertigt, entsteht für das **Einreichen beim Bundesanzeiger** gemäß Vorbem. 2.1 II Nr. 1 KV **keine** gesonderte **Gebühr**. Dies gilt jedoch nicht für den Fall, dass die **Bekanntmachung von dritter Seite** entworfen wird und der Notar lediglich damit beauftragt ist, diese dem Bundesanzeiger **weiterzureichen**. Es würde dann eine Gebühr nach Nr. **22124 KV** entstehen. Die **Bekanntmachung zum Handelsregister** durch Einreichen des Verschmelzungsvertrages i.S.d. § 62 III Satz 2 UmwG ist hingegen in jedem Fall gemäß Vorbem. 2.1 II Nr. 1 KV **gebührenfrei**. Dies dürfte auch gelten, wenn nicht vom Notar entworfene Erklärungen/Anschreiben in diesem Zusammenhang dem Handelsregister weitergeleitet werden.[1]

2. Entwurf der Handelsregisteranmeldung betreffend die Z-GmbH (übertragender Rechtsträger)

Pos. (1): 22.118

Gemäß § 119 I bestimmt sich bei der Fertigung eines Entwurfes der Geschäftswert nach den für die Beurkundung geltenden Vorschriften. Es handelt sich bei der **Anmeldung der Verschmelzung** um eine **Anmeldung ohne bestimmten Geldbetrag**, so dass gemäß § 105 IV Nr. 1 als Geschäftswert 1 % des Stammkapitals, mindestens 30 000 Euro anzunehmen ist. Der Höchstwert beträgt 1 Mio. Euro (§ 106).

Die **Unterschriftsbeglaubigung löst keine zusätzliche Gebühr aus**, Vorbem. 2.4.1 II KV.

Pos. (2): 22.119

Für das notwendige Erzeugen der **XML-Strukturdatei** zur automatisierten Weiterbearbeitung beim Handelsregister erhält der Notar eine Gebühr von 0,3 nach Nr. 22114 KV. Der Betrag ist auf 250 Euro begrenzt. Eines gesonderten Auftrags bedarf es nicht; Vorbem. 2.2 I Hs. 2 KV. Die Gebühr entsteht neben einer möglichen anderen Vollzugsgebühr nach Nrn. 22110 bzw. 22111 KV gesondert; siehe Anm. zu Nr. 22114 KV.

---

1 A.A. *Vossius*, notar 2014, 63, 64.

Der **Geschäftswert** bestimmt sich gem. § 112 wie bei der Beurkundung bzw. dem Entwurf (§ 119). Für das Übermitteln der Erklärungen an das Handelsregister entsteht gemäß Vorbem. 2.1 II Nr. 1 KV keine weitere Gebühr.

3. Entwurf der Handelsregisteranmeldung betreffend die W-AG (aufnehmender Rechtsträger)

22.120 **Pos. (1):**

Gemäß § 119 I bestimmt sich bei der Fertigung eines Entwurfes der Geschäftswert nach den für die Beurkundung geltenden Vorschriften. Es handelt sich bei der **Anmeldung der Verschmelzung** um eine **Anmeldung ohne bestimmten Geldbetrag**, so dass gemäß § 105 IV Nr. 1 als Geschäftswert 1 % des Stammkapitals, mindestens 30 000 Euro anzunehmen sind. Der Höchstwert beträgt 1 Mio. Euro (§ 106).

22.121 **Pos. (2):**

Für das notwendige Erzeugen der **XML-Strukturdatei** zur automatisierten Weiterbearbeitung beim Handelsregister erhält der Notar eine Gebühr von 0,3 nach Nr. 22114 KV. Der Betrag ist auf 250 Euro begrenzt. Eines gesonderten Auftrags bedarf es nicht; Vorbem. 2.2 I Hs. 2 KV. Die Gebühr entsteht neben einer möglichen Vollzugsgebühr nach Nrn. 22110 bzw. 22111 KV gesondert; siehe Anm. zu Nr. 22114 KV.

Der **Geschäftswert** bestimmt sich gem. § 112 wie bei der Beurkundung bzw. dem Entwurf (§ 119). Für das Übermitteln der Erklärungen an das Handelsregister entsteht gemäß Vorbem. 2.1 II Nr. 1 KV keine weitere Gebühr.

2. Verschmelzung zur Neugründung

→ **Fall 5: Verschmelzung zur Neugründung**

A. Sachverhalt

22.122 Die A-GmbH (Stammkapital: 25 000 Euro) und die B-GmbH (Stammkapital: 25 000 Euro) übertragen ihr Vermögen im Wege des UmwG mit allen Aktiva und Passiva auf die im Wege der **Verschmelzung** neu gegründete C-GmbH (Stammkapital: 50 000 Euro). Als Gegenleistung erhalten die vier Gesellschafter der übertragenden Rechtsträger Geschäftsanteile von jeweils nominal 12 500 Euro.

Die A-GmbH und die B-GmbH halten als Gründer (§ 36 II Satz 2 UmwG) eine Gesellschafterversammlung ab und beschließen, dass X Geschäftsführer der C-GmbH wird. Er ist stets alleinvertretungsberechtigt und von den Beschränkungen des § 181 BGB befreit.

Die **A-GmbH** und die **B-GmbH** haben gemäß den **Verschmelzungsbilanzen** ein Aktivvermögen von **jeweils 200 000 Euro**. In derselben Urkunde protokolliert der Notar die Versammlungen mit folgenden **Beschlüssen**:
- **A-GmbH**: Zustimmung zum Verschmelzungsvorgang,
- **B-GmbH**: Zustimmung zum Verschmelzungsvorgang.

Sämtliche **Gesellschafter verzichten** des Weiteren in der Urkunde auf eine Prüfung der Verschmelzung, auf Erstattung eines Verschmelzungsberichtes und ei-

IV. Umwandlungsvorgänge

nes Verschmelzungsprüfungsberichtes sowie auf eine Klage gegen die Wirksamkeit des Verschmelzungsbeschlusses.

Der Notar beurkundet den gesamten Umwandlungsvorgang in einer Urkunde, entwirft die jeweiligen **Handelsregisteranmeldungen** der **übertragenden Rechtsträger** sowie des **neu anzumeldenden Rechtsträgers** (insgesamt drei Entwürfe) und nimmt die Unterschriftsbeglaubigungen vor. Für sämtliche Anmeldungen sind zur automatisierten Weiterbearbeitung des Vorgangs beim Handelsregister **XML-Strukturdateien** zu fertigen.

Für die Anmeldung der neu **gegründeten C-GmbH** wird der Notar beauftragt, die **Gesellschafterliste** und den **Entwurf des Sachgründungsberichtes** zu fertigen.

B. Rechnungen

1. Verschmelzungsvertrag, Verzichtserklärungen, Beschlüsse A-GmbH u. B-GmbH

22.123

Pos.	Gebührentatbestände	Geschäftswert	KV-Nr.	Satz	Betrag
	Beurkundungsverfahren (§§ 110 Nr. 1, 109 I, 35 I, 86 II)	830 000	21100	2,0	2990,00
	a) Verschmelzungsvertrag (§§ 97 I, III, 107 I, 38)	400 000	21100	2,0	
	b) Verzichtserklärungen A-GmbH (§ 36 I)	~~20 000~~	~~21200~~	~~1,0~~	
	c) Verzichtserklärungen B-GmbH (§ 36 I)	~~20 000~~	~~21200~~	~~1,0~~	
	d) Beschluss der Bestellung des X zum Geschäftsführer der C-GmbH	30 000	21100	2,0	
	e) Zustimmungsbeschluss der A-GmbH (§ 108 III)	200 000	21100	2,0	
	f) Zustimmungsbeschluss der B-GmbH (§ 108 III)	200 000	21100	2,0	

2. Entwurf des Sachgründungsberichtes

22.124

Pos.	Gebührentatbestand	Geschäftswert	KV-Nr.	Satz	Betrag
	Entwurf (§ 119 I, 36 I, 92 II) (Vorschlag: 10 % von 400 000)	40 000	24101, 21200	1,0	145,00

1341

3. Entwurf der Handelsregisteranmeldung A-GmbH (übertragender Rechtsträger)

22.125

Pos.	Gebührentatbestände	Geschäfts-wert	KV-Nr.	Satz	Betrag
(1)	Entwurf der Anmeldung Verschmelzung (§§ 119 I, 105 IV Nr. 1, 92 II)	30 000	24102, 21201 Nr. 5	0,5	62,50
(2)	Vollzug – Fertigen der XML-Strukturdatei (§ 112)	30 000	22114	0,3	37,50

4. Entwurf der Handelsregisteranmeldung B-GmbH (übertragender Rechtsträger)

22.126

Pos.	Gebührentatbestände	Geschäfts-wert	KV-Nr.	Satz	Betrag
(1)	Entwurf der Anmeldung (§§ 119 I, 105 IV Nr. 1, 92 II)	30 000	24102, 21201 Nr. 5	0,5	62,50
(2)	Vollzug – Fertigen der XML-Strukturdatei (§ 112)	30 000	22114	0,3	37,50

5. Entwurf der Handelsregisteranmeldung C-GmbH (neu anzumeldender Rechtsträger)

22.127

Pos.	Gebührentatbestände	Geschäfts-wert	KV-Nr.	Satz	Betrag
(1)	Entwurf der Anmeldung (§§ 119 I, 105 I Nr. 1, 92 II)	50 000	24102, 21201 Nr. 5	0,5	82,50
(2)	Vollzug – Fertigen der Gesellschafterliste gem. § 8 GmbHG (§ 112; Vorbem. 2.2.1.1 I 2 Nr. 3 KV)	50 000	22111, 22113	0,3	49,50
(3)	Vollzug – Fertigen der XML-Strukturdatei (§ 112)	50 000	22114	0,3	49,50

C. Erläuterungen

1. Verschmelzungsvertrag, Verzichtserklärungen, Beschlüsse

22.128 Gemäß **§ 110 Nr. 1** liegen stets beim Aufeinandertreffen von **Beschlüssen** der Organe einer Vereinigung oder Stiftung wie vorliegend den Zustimmungsbeschlüssen **und** rechtsgeschäftlichen **Erklärungen** (Verschmelzungsvertrag, Verzichtserklärungen) **in einer Urkunde** verschiedene Beurkundungsgegenstände vor, auch wenn zwischen ihnen ein Abhängigkeitsverhältnis nach § 109 I vorliegen würde.

IV. Umwandlungsvorgänge

Pos. a): 22.129

Der Geschäftswert für die Beurkundung des **Verschmelzungsvertrages** richtet sich nach § 97 III. Maßgebend ist danach entweder das übergehende Aktiv-Vermögen (§ 38) der zu verschmelzenden Rechtsträger oder die von der neu gegründeten C-GmbH den Gesellschaftern der übertragenden A-GmbH und B-GmbH gewährten Geschäftsanteile in Höhe von viermal 12 500 Euro. Da diese Geschäftsanteile, bewertet nach § 54, hinter dem übertragenen Aktivvermögen zurückbleiben, bildet Letzteres den Geschäftswert. Die im Verschmelzungsvertrag mit zu beurkundende Satzung der neu gegründeten C-GmbH ist gemäß § 37 UmwG zwingender Inhalt des Verschmelzungsvertrages, bildet daher kein eigenständiges Rechtsverhältnis, weshalb eine Prüfung an §§ 109, 86 II ausscheidet und somit nicht gesondert zu bewerten ist. Auch fällt für die Ausgestaltung der Satzung durch den Notar keine Entwurfsgebühr nach Nr. 24100 KV an.

Pos. b), c): 22.130

Für die **Verzichtserklärungen** der **Gesellschafter** ist ein Teilwert aus dem Anteil des Verzichtenden am Vermögen des übertragenden Rechtsträgers maßgebend (Vorschlag: 5 bis 20 % je nach Umfang des/der Verzichte[s]).[1] Im vorliegenden Fall wird **folgende Berechnung** vorgeschlagen:

10 % von 200 000 Euro (übertragendes Vermögen der A-GmbH) = 20 000 Euro

10 % von 200 000 Euro (übertragendes Vermögen der B-GmbH) = 20 000 Euro

Werden die **Verzichtserklärungen** der Gesellschafter **zusammen mit** dem **Verschmelzungsvertrag** beurkundet, bleiben sie gemäß § 109 I Satz 1–3, Satz 5 unbewertet, weil **derselbe Beurkundungsgegenstand** vorliegt.

Exkurs:

Bei isolierter Beurkundung wäre eine 1,0 nach Nr. 21200 KV zu erheben. 22.131

Pos. d): 22.132

Der **Beschluss** über die **Bestellung des Geschäftsführers X** für die **C-GmbH** (Stammkapital 25 000 Euro) hat keinen bestimmten Geldwert. Der Geschäftswert bestimmt sich gemäß § 108 I Satz 1, § 105 IV Nr. 1 mit 1 % des Stammkapitals, mindestens 30 000 Euro.

Pos. e), f): 22.133

Der Wert eines **Beschlusses** über die **Zustimmung der Verschmelzung** zur Neugründung entspricht gemäß § 108 III dem übertragenden Aktivvermögen des betroffenen Rechtsträgers. Die Zustimmungsbeschlüsse der übertragenden Rechtsträger betreffen gemäß 86 II verschiedene Beurkundungsgegenstände. § 109 II Nr. 4 g) ist nicht einschlägig:

200 000 Euro (A-GmbH) + 200 000 Euro (B-GmbH) = 400 000 Euro

---

[1] Zu weiteren Differenzierungen der Bewertung abgegebener Verzichte bei Umwandlungsvorgängen wird auf die Ausführungen von Leipziger Kommentar GNotKG/*Heinze*, § 107 Rz. 71 ff. verwiesen.

2. Entwurf des Sachgründungsberichts

22.134 **Entwirft der Notar** auftragsgemäß den **Sachgründungsbericht**, entsteht die Entwurfsgebühr nach Nrn. 24101, 21200 KV, welche gem. § 92 II bei vollständiger Entwurfsfertigung mit der höchsten Rahmengebühr (1,0) anzusetzen ist. Den Geschäftswert bildet ein angemessener Teilwert des Wertes der Sacheinlagen ohne Schuldenabzug (§§ 36 I, 38).[1] Zu weiteren Ausführungen wird auf Rz. 22.31 verwiesen.

3.–5. Entwürfe der Handelsregisteranmeldungen A-GmbH und B-GmbH (übertragender Rechtsträger) sowie C-GmbH (aufnehmender Rechtsträger)

22.135 **Pos. (1):**

Gemäß § 119 I bestimmt sich bei der Fertigung eines Entwurfes der Geschäftswert nach den für die Beurkundung geltenden Vorschriften. Sowohl die Entwürfe zur **A-GmbH** und auch zur **B-GmbH** betreffen jeweils eine **spätere Anmeldung ohne bestimmten Geldbetrag**, so dass als Geschäftswert 1 % des Stammkapitals, mindestens 30 000 Euro anzunehmen sind. Der Höchstwert beträgt 1 Mio. Euro (§ 106). Die **Unterschriftsbeglaubigung** löst **keine zusätzliche Gebühr** aus, Vorbem. 2.4.1 II KV.

Der Entwurf zur **C-GmbH** betrifft eine **Erstanmeldung mit bestimmtem Geldbetrag**. Den Geschäftswert bildet das einzutragende Stammkapital. Die Anmeldung des ersten **Geschäftsführers** ist **Inhalt** der anzumeldenden Kapitalgesellschaft. Die **Unterschriftsbeglaubigung** löst **keine zusätzliche Gebühr** aus, Vorbem. 2.4.1 II KV.

22.136 **Pos. (2):**

Das Fertigen der Gesellschafterliste stellt eine **Vollzugstätigkeit** zur Handelsregisteranmeldung dar. Zu erheben ist eine **0,3 Gebühr** nach **Nr. 22111 KV**. Der Gebührenbetrag beträgt gemäß Nr. 22113 KV für jede gefertigte Gesellschafterliste max. 250 Euro. Für das Tätigwerden braucht es eines ausdrücklichen Auftrages gemäß Vorbem. 2.2 I KV. Er kann formfrei erfolgen und sich auch konkludent durch schlüssiges Handeln ergeben.

Der **Geschäftswert** bestimmt sich nach § 112 und entspricht dem Wert des Entwurfs der Handelsregisteranmeldung (§ 119).

22.137 **Pos. (3):**

Für das notwendige Erzeugen der **XML-Strukturdatei** zur automatisierten Weiterbearbeitung beim Handelsregister erhält der Notar eine Gebühr von 0,3 nach Nr. 22114 KV. Der Betrag ist auf 250 Euro begrenzt. Eines gesonderten Auftrags bedarf es nicht; Vorbem. 2.2 I Hs. 2 KV. Die Gebühr entsteht neben einer möglichen Vollzugsgebühr nach Nrn. 22110 bzw. 22111 KV gesondert; siehe Anm. zu Nr. 22114 KV. Der **Geschäftswert** bestimmt sich gem. § 112 wie bei der Beurkundung bzw. dem Entwurf (§ 119). Für das Übermitteln der Erklärungen an das Handelsregister entsteht gemäß Vorbem. 2.1 II Nr. 1 KV keine weitere Gebühr.

---

1 Siehe auch Teil 21, Rz. 21.68.

3. Spaltung

Es bestehen grundsätzlich drei Arten der Spaltung und zwar die **Aufspaltung** (§ 123 I UmwG), die **Abspaltung** (§ 123 II UmwG) und die **Ausgliederung** (§ 123 III UmwG). Die Spaltung des gesamten Vermögens (Aufspaltung) bzw. einzelner Vermögensteile (Abspaltung oder Ausgliederung) kann entweder zur Neugründung eines oder mehrerer Rechtsträger oder zur Aufnahme auf einen oder mehrere bestehende Rechtsträger erfolgen. Bei der Ausgliederung erfolgt die Anteilsgewährung an den übertragenden Rechtsträger selbst, hingegen bei der Aufspaltung und Abspaltung an die Gesellschafter. So entstehen bei der Ausgliederung Tochtergesellschaften und bei der Aufspaltung und Abspaltung grundsätzlich Schwestergesellschaften.

22.138

Die **Bewertungsgrundlagen** sind bei allen drei Spaltungsarten identisch. Bei dem Spaltungsplan sowie Spaltungsvertrag ist gemäß § 97 I, III bei der Aufspaltung das gesamte Vermögen des übertragenden Rechtsträgers maßgebend, hingegen bei der Abspaltung und Ausgliederung das übergehende Vermögen. Gegenleistungen – gewährte Anteile am aufnehmenden oder neu gegründeten Rechtsträger – sind gemäß § 97 III nur dann als Geschäftswert maßgebend, wenn sie den Wert des übergehenden Vermögens übersteigen. Besonderheiten in den einzelnen Spaltungsarten werden in nachfolgenden Beispielen ausgeführt.

→ **Fall 6: Abspaltung eines Teilbetriebes einer GmbH zur Aufnahme auf bestehende GmbH**

A. Sachverhalt

A, B und C sind Gesellschafter der ABC-GmbH, die zum einen Metall- und zum anderen Papierverpackungen herstellt (Teilbetriebe Metall und Papier). C ist darüber hinaus geschäftsführender Gesellschafter der C-GmbH, die Abfallentsorgung und Recycling betreibt. Er will expandieren und den Teilbetrieb Papier der ABC-GmbH übernehmen. A, B und C sind sich über das Vorhaben einig und wollen den Teilbetrieb Papier der ABC-GmbH auf die C-GmbH abspalten gegen Anteilsgewährung allein des C.

22.139

A und B wollen sich an der C-GmbH nicht beteiligen. Zum Vermögen der ABC-GmbH gehört ein Grundstück, welches zu ⅔ mit einer Lagerhalle für die Papiersammlung benutzt wird und deshalb dem Teilbetrieb Papier zuzurechnen ist. Die Teilbetriebseigenschaft nach § 15 I UmwStG liegt vor.

Der Notar beurkundet den **Spaltungs- und Übernahmevertrag** nach Maßgabe des UmwG, wonach der Teilbetrieb Papier auf die C-GmbH mit einem Stammkapital von 40 000 Euro abgespalten wird. Zur Kompensation für die Vermögensübertragung der ABC-GmbH im Zuge der Spaltung wird dem C ein neuer Geschäftsanteil an der C-GmbH gewährt und insoweit das Stammkapital der C-GmbH um 10 000 Euro auf 50 000 Euro erhöht. Die anderen beiden Gesellschafter A und B verzichten auf Anteilsgewährung nach § 54 I Satz 3 i.V.m. § 125 Satz 1 UmwG. Im Spaltungs- und Übernahmevertrag **verzichten die Gesellschafter** auf die Prüfung der Spaltung, die Erstellung eines Spaltungsberichtes, eines Spaltungsprüfungsberichts und auf eine Anfechtung des Zustimmungsbeschlusses. Ausweislich der Spaltungsbilanz des Teilbetriebes Papier der ABC beträgt das abgespaltene Vermögen **1 200 000 Euro**.

Der Notar wird außerdem mit dem Grundbuchvollzug für die Lagerhalle beauftragt, die, wie sich bei der Unterlagenprüfung herausgestellt hat, auf zwei schon gebildeten selbständigen Flurstücken befindet. Der Verkehrswert beträgt 600 000 Euro. Der Spaltungsvertrag enthält einen entsprechenden **Grundbuchberichtigungsantrag**.

Die Urkunde enthält zudem die Gesellschafterversammlungen der ABC-GmbH und der C-GmbH. Folgende **Beschlüsse** werden gefasst:

ABC-GmbH:
- **Zustimmung** zum Spaltungs- und Übernahmevertrag,
- **Satzungsänderung** in „§ 3 Gegenstand" und
- **Geschäftsführerabberufung** C.

C-GmbH:
- **Zustimmung** zum Spaltungs- und Übernahmevertrag,
- **Kapitalerhöhung** um 10 000 Euro,
- **Satzungsänderung** in **weiteren Punkten** (Firma, Unternehmensgegenstand).

Der Notar entwirft die beiden **Handelsregisteranmeldungen** für den abspaltenden sowie aufnehmenden Rechtsträger. Zur automatisierten Weiterbearbeitung des Vorgangs beim Handelsregister hat der Notar zudem eine **XML-Strukturdatei** zu fertigen.

Im Zusammenhang mit dem Umwandlungsvorgang wird der **Notar beauftragt**, die notwendigen **Gesellschafterlisten** der C-GmbH zu fertigen.

Des Weiteren hat der Notar für die Bescheinigungen nach § 40 II Satz 2 GmbHG den **Vollzug der Eintragung der Kapitalerhöhung** bei der C-GmbH zu überwachen. Im Kontext der Entwurfserstellung des Spaltungsvertrages **prüft** er die **Anlagen** des **Spaltungsvertrages auf Plausibilität und Vollständigkeit**.

B. Rechnungen

1. Spaltungs- und Übernahmevertrag, Verzichtserklärungen, Beschlüsse ABC-GmbH u. C-GmbH

22.140

Pos.	Gebührentatbestände	Geschäftswert	KV-Nr.	Satz	Betrag
(1)	Beurkundungsverfahren (§§ 110 Nr. 1, 109 I, II, 35 I, 86 II)	2 520 000	21100	2,0	8430
	a) Spaltungs- und Übernahmevertrag (§§ 97 I, III, 107 I, 38)	1 200 000	21100	2,0	
	b) Verzichtserklärungen (§ 36 I)	~~120 000~~	~~21200~~	~~1,0~~	
	c) Antrag der Grundbuchberichtigung (§ 97 I, 46)	~~600 000~~	~~21201~~ Nr. 4	~~0,5~~	
	d) Zustimmungsbeschluss der ABC-GmbH (§ 108 III)	1 200 000	21100	2,0	

IV. Umwandlungsvorgänge

Pos.	Gebührentatbestände	Geschäfts-wert	KV-Nr.	Satz	Betrag
	e) Zustimmungsbeschluss der C-GmbH (§ 108 III)	~~1 200 000~~	~~21100~~	~~2,0~~	
	f) Beschluss der Abberufung Geschäftsführer C bei der ABC-GmbH (§§ 108 I, 105 IV Nr. 1)	30 000	21100	2,0	
	g) Satzungsänderung bei der ABC-GmbH (§§ 108 I, 105 IV Nr. 1)	30 000	21100	2,0	
	h) Satzungsänderung bei der C-GmbH (§§ 108 I, 105 IV Nr. 1)	30 000	21100	2,0	
	i) Beschluss Kapitalerhöhung bei der C-GmbH (§§ 36 I, 108 I S. 2)	30 000	21100	2,0	
(2)	Betreuung – Bescheinigung Gesellschafterliste nach Prüfung von Umständen außerhalb der Urkunde (§ 113 I)	2 520 000	22200 Anm. Nr. 6	0,5	2107,50

2. Entwurf der Handelsregisteranmeldung ABC-GmbH (abspaltender Rechtsträger)

Pos.	Gebührentatbestände	Geschäfts-wert	KV-Nr.	Satz	Betrag
(1)	Entwurf (§ 119 I, 105 IV Nr. 1, § 92 II) Anmeldung der:	90 000	24102, 21201 Nr. 5	0,5	123,00
	a) Abspaltung (§ 105 IV Nr. 1)	30 000	21201 Nr. 5	0,5	
	b) Satzungsänderung (§ 105 IV Nr. 1)	30 000	21201 Nr. 5	0,5	
	c) Abberufung Geschäftsführer C (§ 105 IV Nr. 1)	30 000	21201 Nr. 5	0,5	
(2)	Vollzug – Fertigen der XML-Strukturdatei (§ 112)	90 000	22114	0,3	73,80

22.141

3. Entwurf der Handelsregisteranmeldung C-GmbH (aufnehmender Rechtsträger)

22.142

Pos.	Gebührentatbestände	Geschäftswert	KV-Nr.	Satz	Betrag
	Entwurf (§ 119 I, 105 IV Nr. 1, § 92 II)	90 000	24102, 21201 Nr. 5	0,5	123,00
	Anmeldung der:				
	a) Abspaltung (§ 105 IV Nr. 1)	30 000	21201 Nr. 5	0,5	
	b) Kapitalerhöhung (§ 105 I Nr. 3)	30 000	21201 Nr. 5	0,5	
	c) Änderung der Satzung (§ 105 IV Nr. 1)	30 000	21201 Nr. 5	0,5	
(2)	Vollzug – Fertigen der Gesellschafterlisten (§ 112; Vorbem. 2.2.1.1, I Nr. 3 KV)	90 000	22111	0,3	73,80
(3)	Vollzug – Fertigen der XML-Strukturdatei (§ 112)	90 000	22114	0,3	73,80

C. Erläuterungen

1. Spaltungs- und Übernahmevertrag, Verzichtserklärungen, Beschlüsse

22.143 **Pos. (1):**

Gemäß **§ 110 Nr. 1** liegen stets beim Aufeinandertreffen von **Beschlüssen** der Organe einer Vereinigung oder Stiftung wie vorliegend den Zustimmungsbeschlüssen, dem Kapitalveränderungsbeschluss, Satzungsänderungsbeschluss („§ 3 Gegenstand"), Geschäftsführerabberufung **und** rechtsgeschäftlichen **Erklärungen** (Spaltungs- und Übernahmevertrag, Verzichtserklärungen, Grundbuchberichtigungsantrag) **in einer Urkunde** verschiedene Beurkundungsgegenstände vor, auch wenn zwischen ihnen ein Abhängigkeitsverhältnis nach § 109 I vorliegen würde.

Mehrere Beschlüsse desselben als auch von verschiedenen Beschlussorganen in einer Urkunde betreffen **grundsätzlich verschiedene Gegenstände** i.S.d. § 86 II. Ausnahmen sind *abschließend* in § 109 II Nr. 4 geregelt.

Bezogen auf den auf vorliegenden Fall besteht damit zwischen den beiden Zustimmungsbeschlüssen der ABC-GmbH und der C-GmbH gemäß § 109 II Nr. 4 g) derselbe Beurkundungsgegenstand. Die Beschlüsse der Satzungsänderung („§ 3 Gegenstand") sowie Geschäftsführerabberufung der ABC-GmbH und der Kapitalerhöhung sowie der Satzungsänderung (in mehreren Punkten) der C-GmbH haben hierzu einen verschiedenen Beurkundungsgegenstand gemäß § 86 II.

22.144 **Pos. (1), a):**

Der **Spaltungs- und Übernahmevertrag** ist kostenrechtlich ein Austauschvertrag im Sinne des § 97 III. Zu vergleichen ist zwischen dem übergehenden Vermögen und der erhaltenen Beteiligung am aufnehmenden Rechtsträger. Der höhere Wert bildet den Geschäftswert.

Exkurs:

Das **Prüfen** der **Anlagen** des beurkundeten **Spaltungsvertrages auf Plausibilität und Vollständigkeit** ist mit der Beurkundungsgebühr abgegolten; Vorbem. 2. 1 I KV. Das gilt selbst dann, wenn in diesem Zusammenhang Abstimmungen mit einzelnen Stellen wie z.B. Steuerberater, Wirtschaftsprüfer notwendig werden. Denn für diese Tätigkeit findet sich kein Gebührentatbestand. Auch ist eine Beratungsgebühr nach Nr. 24203 nicht einschlägig und die Vergütung mittels eines öffentlich-rechtlichen Vertrags nach § 126 wohl nicht eröffnet.

22.145

Pos. (1), b):

22.146

Für die **Verzichtserklärungen** der **Gesellschafter** (auf die Prüfung der Spaltung, die Erstellung eines Spaltungsberichtes, eines Spaltungsprüfungsberichtes, eine Anfechtung des Zustimmungsbeschlusses, aber auch auf den Verzicht auf Anteilsgewährung nach § 54 I Satz 3 UmwG) ist ein Teilwert aus dem Anteil des Verzichtenden am übergehenden Vermögen des übertragenden Rechtsträgers maßgebend (Vorschlag: 5 bis 20 % je nach Umfang des/der Verzichte[s]).[1] Im vorliegenden Fall wird **folgende Berechnung** vorgeschlagen:

10 % von 1 200 000 Euro (übergehendes Vermögen der ABC-GmbH) = 120 000 Euro

Werden die **Verzichtserklärungen** der Gesellschafter **zusammen mit** dem **Spaltungs- und Übernahmevertrag** beurkundet, bleiben sie gemäß § 109 I Satz 1–3, Satz 5 unbewertet, weil **derselbe Beurkundungsgegenstand** vorliegt.

Exkurs:

Bei isolierter Beurkundung wäre eine 1,0 nach Nr. 21200 KV zu erheben.

22.147

Pos. (1), c):

22.148

Der aufnehmende Rechtsträger ist bei vorliegendem Umwandlungsvorgang Rechtsnachfolger. Entsprechend ist der Geschäftswert des Grundbuchberichtigungsantrags der volle Grundstückswert nach § 46, weil sich ein Eigentumswechsel vollzogen hat.[2] Im Spaltungs- und Übernahmevertrag aufgenommene **Anträge** auf **Berichtigung** des **Grundbuchs**, die aufgrund des Umwandlungsvorgangs notwendig werden, haben gemäß § 109 I Satz 1–3, 5 denselben Beurkundungsgegenstand.[3]

Exkurs:

Erfolgt der **Antrag separat**, weil etwa das Grundstück später „gefunden" wird, fällt bei vollständiger Fertigung des **Entwurfes** durch den Notar eine Gebühr

22.149

---

[1] Zu weiteren Differenzierungen der Bewertung abgegebener Verzichte bei Umwandlungsvorgängen wird auf die Ausführungen von Leipziger Kommentar GNotKG/*Heinze*, § 107 Rz. 71 ff. verwiesen.
[2] Siehe auch Rz. 8.136 ff.
[3] So auch Leipziger Kommentar GNotKG/*Heinze*, § 107 Rz. 61.

von 0,5 gemäß Nrn. 24102, 21201 Nr. 4, § 92 II KV an. Die **Unterschriftsbeglaubigung** löst keine zusätzliche Gebühr aus, Vorbem. 2.4.1 II KV.

22.150 **Pos. (1), d), e):**

Der Wert eines **Beschlusses** über die **Zustimmung zum Spaltungs- und Übernahmevertrag** entspricht gemäß § 108 III dem Wert des übergehenden Vermögens. Gemäß § 109 II Nr. 4 g) liegt zwischen Beschlüssen bei Umwandlungsvorgängen derselbe Beurkundungsgegenstand vor, wenn sie denselben *Beschlussgegenstand* haben und in einer Urkunde gefasst sind.

Exkurs:

22.151 Erfolgt die Beurkundung der **Zustimmungsbeschlüsse** der an der Spaltung beteiligten Rechtsträger in **getrennten Urkunden**, könnte eine **unrichtige Sachbehandlung** gemäß § 21 vorliegen.[1]

22.152 **Pos. (1), f):**

Der **Beschluss** über die **Abberufung des Geschäftsführers C** bei der **ABC-GmbH** hat keinen bestimmten Geldwert. Der Geschäftswert bestimmt sich gemäß § 108 I Satz 1, § 105 IV Nr. 1 mit 1 % des Stammkapitals, mindestens 30 000 Euro.

22.153 **Pos. (1), g), h):**

Die **Beschlüsse** über die **Änderung der Satzung** sowohl bei der **ABC-GmbH** als auch der **C-GmbH** haben jeweils keinen bestimmten Geldwert. Der Geschäftswert bestimmt sich gemäß § 108 I Satz 1, § 105 IV Nr. 1 mit 1 % des Stammkapitals, mindestens 30 000 Euro.

22.154 **Pos. (1), i):**

Der **Beschluss** über die **Erhöhung des Kapitals** beim aufnehmenden Rechtsträger betrifft einen Beschluss mit bestimmtem Geldwert nach § 36 I. Den Geschäftswert bildet der Nominalbetrag, um den das Stammkapital erhöht wird. Gemäß § 108 I Satz 2 haben Beschlüsse mit bestimmtem Geldwert einen Mindestwert von 30 000 Euro.

22.155 **Pos. (2):**

Sind für die Erteilung der **Bescheinigung** nach § 40 II GmbHG **Umstände außerhalb der Urkunde zu prüfen** (Eintragung der Kapitalerhöhung), fällt für diese Tätigkeit eine **Betreuungsgebühr** von 0,5 gemäß der Anm. Nr. 6 zu Nr. 22200 KV an. Zu weiteren Ausführungen wird auf Rz. 22.21 verwiesen.

Die Betreuungstätigkeit bezieht sich auf den Kapitalerhöhungsbeschluss. Der **Geschäftswert** nach § 113 I bestimmt sich jedoch nicht allein nach dem Wert des Beschlusses, sondern nach dem Gesamtwert der Urkunde.

---

1 Siehe I. Überblick, Rz. 22.25.

2. Entwurf der Handelsregisteranmeldung betreffend die ABC-GmbH (abspaltender Rechtsträger)

Pos. (1):

22.156

Gemäß § 119 I bestimmt sich bei der Fertigung eines Entwurfes der Geschäftswert nach den für die Beurkundung geltenden Vorschriften. **Anmeldungen** zu einem Register gelten gemäß **§ 111 Nr. 3** stets als ein **besonderer Beurkundungsgegenstand**. Der Höchstwert beträgt 1 Mio. Euro (§ 106).

Die **Unterschriftsbeglaubigung löst keine zusätzliche Gebühr aus**, Vorbem. 2.4.1 II KV.

Pos. (1), a):

22.157

Die Anmeldung beim abspaltenden Rechtsträger über die **Abspaltung** betrifft eine **spätere Anmeldung ohne bestimmten Geldbetrag**, so dass gemäß § 105 IV Nr. 1 als Geschäftswert 1 % des Stammkapitals, mindestens 30 000 Euro anzunehmen ist.

Pos. (1), b), c):

22.158

Die **Anmeldung** über die **Änderung der Satzung** als auch **der Abberufung des Geschäftsführers C** betreffen jeweils **Anmeldungen ohne bestimmten Geldbetrag**. Gemäß § 105 IV Nr. 1 beträgt der Geschäftswert für die einzelne Anmeldung 1 % des eingetragenen Stammkapitals, mindestens 30 000 Euro.

Pos. (2):

22.159

Für das notwendige Erzeugen der **XML-Strukturdatei** zur automatisierten Weiterbearbeitung beim Handelsregister erhält der Notar eine Gebühr von 0,3 nach Nr. 22114 KV. Der Betrag ist auf 250 Euro begrenzt. Eines gesonderten Auftrags bedarf es nicht; Vorbem. 2.2 I Hs. 2 KV. Die Gebühr entsteht neben einer möglichen Vollzugsgebühr nach Nrn. 22110 bzw. 22111 KV gesondert; siehe Anm. zu Nr. 22114 KV.

Der **Geschäftswert** bestimmt sich gem. § 112 wie bei der Beurkundung bzw. dem Entwurf (§ 119). Für das Übermitteln der Erklärungen an das Handelsregister entsteht gemäß Vorbem. 2.1 II Nr. 1 KV keine weitere Gebühr.

3. Entwurf der Handelsregisteranmeldung betreffend die C-GmbH (aufnehmender Rechtsträger)

Pos. (1):

22.160

Gemäß § 119 I bestimmt sich bei der Fertigung eines Entwurfes der Geschäftswert nach den für die Beurkundung geltenden Vorschriften. **Anmeldungen** zu einem Register gelten gemäß **§ 111 Nr. 3** stets als ein **besonderer Beurkundungsgegenstand**. Der Höchstwert beträgt 1 Mio. Euro (§ 106).

Die **Unterschriftsbeglaubigung löst keine zusätzliche Gebühr aus**, Vorbem. 2.4.1 II KV.

Pos. (1), a):

22.161

Es handelt sich bei der **Anmeldung der Spaltung** um eine **Anmeldung ohne bestimmten Geldbetrag**, so dass gemäß § 105 IV Nr. 1 als Geschäftswert 1 % des Stammkapitals, mindestens 30 000 Euro anzunehmen sind.

22.162 **Pos. (1), b):**

Die **Anmeldung** über die **Kapitalerhöhung** betrifft eine **Anmeldung mit bestimmtem Geldbetrag**. Den Geschäftswert bildet gemäß § 105 I Nr. 3 der einzutragende Unterschiedsbetrag der Kapitalveränderung, mindestens ein Betrag von 30 000 Euro.

22.163 **Pos. (1), c):**

Bei der **Anmeldung** der **geänderten Satzung** der C-GmbH handelt es sich um eine **Anmeldung ohne bestimmten Geldbetrag**. Der Geschäftswert ist gemäß § 105 IV Nr. 1 mit 1 % des Stammkapitals, mindestens 30 000 Euro anzunehmen.

22.164 **Pos. (2):**

Für das Fertigen der **Gesellschafterlisten** bei der **C-GmbH** fällt eine **Vollzugsgebühr** nach Vorbem. 2.2.1.1 I Nr. 3 KV i.H.v. **0,3** gemäß **Nr. 22111 KV** an. Gemäß Nr. 22113 KV beträgt der Höchstbetrag an Gebühr pro gefertigter Gesellschafterliste 250 Euro.

Der **Geschäftswert** bestimmt sich nach § 112 und entspricht dem Wert des Entwurfs der Handelsregisteranmeldung (§ 119).

22.165 **Pos. (3):**

Für das notwendige Erzeugen der **XML-Strukturdatei** zur automatisierten Weiterbearbeitung beim Handelsregister erhält der Notar eine Gebühr von 0,3 nach Nr. 22114 KV. Der Betrag ist auf 250 Euro begrenzt. Eines gesonderten Auftrags bedarf es nicht; Vorbem. 2.2 I Hs. 2 KV. Die Gebühr entsteht neben einer möglichen Vollzugsgebühr nach Nrn. 22110 bzw. 22111 KV gesondert; siehe Anm. zu Nr. 22114 KV.

Der **Geschäftswert** bestimmt sich gem. § 112 wie bei der Beurkundung bzw. dem Entwurf (§ 119). Für das Übermitteln der Erklärungen an das Handelsregister entsteht gemäß Vorbem. 2.1 II Nr. 1 KV keine weitere Gebühr.

D. Exkurs

Abspaltung mit Spaltungsverlust bei dem übertragenden Rechtsträger:

22.166 Entsteht – bezogen auf vorstehenden Fall 6 – durch die Spaltung bei dem übertragenden Rechtsträger (ABC-GmbH) ein **Spaltungsverlust**, weshalb das Stammkapital der ABC-GmbH vereinfacht herabzusetzen ist (§ 139 UmwG), ist neben vorstehenden Bewertungsgrundsätzen der **Kapitalherabsetzungsbeschluss** der ABC-GmbH zu bewerten. Er hat zu den anderen Beschlüssen gemäß § 86 II einen verschiedenen Beurkundungsgegenstand.[1]

22.167 Dasselbe gilt für die **Anmeldung der Kapitalherabsetzung** der ABC-GmbH beim Handelsregister. Gemäß § 111 Nr. 3 besteht zu den weiteren Anmeldetatbeständen Gegenstandsverschiedenheit.

---

1 So auch *Schmidt/Sikora/Tiedtke*, Praxis des Handelsregister- und Kostenrechts, Rz. 2583.

Die **vereinfachte Kapitalherabsetzung** ist zudem nur insoweit zulässig, wie sie erforderlich ist, um einen durch die Spaltung entstehenden Verlust zu kompensieren. Sie kann also nicht willkürlich festgesetzt werden, sondern es ist zu **prüfen**, ob die Voraussetzungen des § 139 UmwG vorliegen. Ist der Notar in diese Prüfung involviert, muss er etwa das Umtauschverhältnis (mit) berechnen oder anhand der vorgelegten Spaltungsanlagen den Umfang der Herabsetzung berechnen, erhält er hierfür neben der Beschlussgebühr **nicht** zusätzlich eine **Beratungsgebühr** nach Nr. 24203 KV von 0,5 bis 2,0.   22.168

Das auftragsgemäße Fertigen der **Gesellschafterliste** aufgrund der Kapitalherabsetzung bei der **ABC-GmbH** betrifft den Vollzug der Handelsregisteranmeldung gemäß Vorbem. 2.2.1.1 I Nr. 3 KV. Der Geschäftswert bestimmt sich nach § 112. Die **Gebühr** beträgt eine 0,3 nach Nr. 22111 KV, begrenzt auf höchstens 250 Euro pro gefertigter Liste (Nr. 22113 KV). Gemäß § 93 I kann die **Vollzugsgebühr** nur einmal erhoben werden, auch wenn mehrere Vollzugstätigkeiten vorliegen.   22.169

Überwacht der Notar die Eintragung der Kapitalherabsetzung, bevor er die **Bescheinigung nach § 40 II GmbHG** ausstellt, fällt nach Anm. Nr. 6 zu Nr. 22200 KV eine 0,5 **Betreuungsgebühr** an. Zu weiteren Ausführungen wird auf Rz. 22.21 verwiesen. Die Betreuungstätigkeit bezieht sich auf den Kapitalherabsetzungsbeschluss. Der **Geschäftswert** nach § 113 I bestimmt sich jedoch nicht allein nach dem Wert des Beschlusses, sondern nach dem Gesamtwert der Urkunde.   22.170

→ **Fall 7: Aufspaltung einer GmbH zur Neugründung zweier GmbHs**

A. Sachverhalt

Der Notar beurkundet den **Spaltungsplan**, wonach die A-GmbH (Stammkapital: 50 000,00 Euro) ihre beiden Teilbetriebe „Abschleppdienst" und „KfZ-Werkstatt" unter Auflösung ohne Abwicklung im Wege der Aufspaltung zur Neugründung mit allen Aktiva und Passiva auf die neu zu gründende B-GmbH und C-GmbH überträgt. Die Aufspaltung erfolgt auf der Basis der **Spaltungsbilanz I „Abschleppdienst"** mit einem ausgewiesenen Aktivvermögen von **100 000 Euro** sowie der **Spaltungsbilanz II „KfZ-Werkstatt"** mit einem Aktivvermögen von **500 000 Euro**. Der aufspaltende Rechtsträger hat keinen Grundbesitz. Der Gesellschaftsvertrag der B-GmbH (Stammkapital: 25 000 Euro) und der C-GmbH wird zum Bestandteil der Urkunde gemacht. Die beiden Gesellschafter der A-GmbH übernehmen an den neugegründeten Gesellschaften jeweils Anteile zu gleichen Teilen, die wertmäßig (§ 54) hinter dem jeweiligen Aktivvermögen zurückbleiben. Alle Gesellschafter **verzichten** (vorsorglich) auf die **Prüfung** der **Spaltung** und auf **Erstellung** eines **Spaltungsberichts** sowie **Spaltungsprüfungsberichts**.   22.171

Folgende **Beschlüsse** werden in der Urkunde gefasst:
- **Zustimmung** zum Spaltungsplan,
- X wird alleinvertretungsberechtigter **Geschäftsführer** der **B-GmbH**,
- X wird alleinvertretungsberechtigter **Geschäftsführer** der **C-GmbH**.

Der Notar entwirft die **Handelsregisteranmeldungen** für den aufgespaltenen sowie die beiden neu anzumeldenden Rechtsträger (insgesamt drei Entwürfe) und beglaubigt die Unterschriften. Zur automatisierten Weiterbearbeitung des Vorgangs beim Handelsregister hat der Notar zudem eine **XML-Strukturdatei** zu fertigen.

Im Zusammenhang mit dem Umwandlungsvorgang wird der **Notar beauftragt**, die notwendigen **Gesellschafterlisten** der B-GmbH sowie der C-GmbH zu fertigen. Die **Sachgründungsberichte** (§ 138 UmwG) werden von den Vertragsbeteiligten zugearbeitet. Hier hat der Notar nichts vorzubereiten.

B. Rechnungen

1. Spaltungsplan, Verzichtserklärungen, Beschlüsse

22.172

Pos.	Gebührentatbestände/Auslagen	Geschäfts-wert	KV-Nr.	Satz	Betrag
	Beurkundungsverfahren (§§ 110 Nr. 1, 109 I, II, 35 I, 86 II)	1 260 000	21100	2,0	~~4430,00~~
	a) Spaltungsplan (§§ 97 I, 107 I, 38)	600 000	21200	1,0	1095,00
	b) Verzichtserklärungen (§ 36 I)	~~60 000~~	~~21200~~	~~1,0~~	
	c) Zustimmungsbeschluss der A-GmbH (§ 108 III)	600 000	21100	2,0	
	d) Beschluss Bestellung des X zum Geschäftsführer der B-GmbH (§§ 109 II Nr. 4 d), 108 I, 105 IV Nr. 1)	30 000	21100	2,0	
	e) Beschluss Bestellung des X zum Geschäftsführer der C-GmbH (§§ 109 II Nr. 4 d), 108 I, 105 IV Nr. 1)	30 000	21100	2,0	
	c) + d) + e)	660 000			2510,00

2. Entwurf der Handelsregisteranmeldung A-GmbH (aufspaltender Rechtsträger)

22.173

Pos.	Gebührentatbestände/Auslagen	Geschäfts-wert	KV-Nr.	Satz	Betrag
(1)	Entwurf der Anmeldung Aufspaltung (§§ 119 I, 105 IV Nr. 1, 92 II)	30 000	24102, 21201 Nr. 5	0,5	62,50
(2)	Vollzug – Fertigen der XML-Strukturdatei (§ 112)	30 000	22114	0,3	37,70

IV. Umwandlungsvorgänge

3. Entwurf der Handelsregisteranmeldung B-GmbH (neugegründeter Rechtsträger)

22.174

Pos.	Gebührentatbestände/Auslagen	Geschäftswert	KV-Nr.	Satz	Betrag
(1)	Entwurf der Anmeldung (§§ 119 I, 105 I Nr. 1, 92 II)	30 000	24102, 21201 Nr. 5	0,5	62,50
(2)	Vollzug – Fertigen der Gesellschafterliste gem. § 135 II UmwG, § 8 GmbHG (§ 112; Vorbem. 2.2.1.1, I Nr. 3 KV)	30 000	22111	0,3	37,50
(3)	Vollzug – Fertigen der XML-Strukturdatei (§ 112)	30 000	22114	0,3	37,50

4. Entwurf der Handelsregisteranmeldung C-GmbH (neugegründeter Rechtsträger)

22.175

Pos.	Gebührentatbestände/Auslagen	Geschäftswert	KV-Nr.	Satz	Betrag
(1)	Entwurf der Anmeldung (§§ 119 I, 105 I Nr. 1, 92 II)	30 000	24102, 21201 Nr. 5	0,5	62,50
(2)	Vollzug – Fertigen der Gesellschafterliste gem. § 135 II UmwG, § 8 GmbhG (§ 112; Vorbem. 2.2.1.1, I Nr. 3 KV)	30 000	22111	0,3	37,50
(3)	Vollzug – Fertigen der XML-Strukturdatei (§ 112)	30 000	22114	0,3	37,50

C. Erläuterungen

1. Spaltungsplan, Verzichtserklärungen, Beschlüsse

Die Erklärungen und Beschlüsse zu a), c) und d) sind gemäß **§ 110 Nr. 1, § 86 II** zueinander gegenstandsverschieden. Die Erklärungen zu a) und b) haben gemäß § 109 I Satz 1–3, Satz 5 denselben Beurkundungsgegenstand mit dem Ergebnis, dass b) unbewertet bleibt.

22.176

Haben die einzelnen Beurkundungsgegenstände des Beurkundungsverfahrens **verschiedene Gebührensätze** (Spaltungsplan = 1,0 und Beschlüsse = 2,0), ist gemäß **§ 94 I** ein **Vergleich** vorzunehmen zwischen der Summe der getrennt berechneten Gebühren und der Gebühr aus dem höchsten Gebührensatz und der Wertesumme. Der geringere Gebührenbetrag ist maßgebend.

Pos. a):

22.177

Der Geschäftswert des beurkundeten **Spaltungsplans** bestimmt sich gemäß § 97 III. Danach ist das Vermögen der aufgespaltenen A-GmbH mit den gewährten Anteilen an den beiden neu gegründeten GmbHs, bewertet nach § 54, zu vergleichen. Vorliegend ist das Aktivvermögen der A-GmbH höher. Dieses entspricht vorliegend den beiden Spaltungsbilanzen I und II. Gemäß § 38 werden die Verbindlichkeiten nicht abgezogen. Der Spaltungsplan betrifft eine einseitige Erklärung, so dass der Gebührensatz 1,0 nach Nr. 21200 KV beträgt. Die im Spaltungsplan mit zu beurkundenden Satzungen der neu gegründeten GmbHs sind gemäß §§ 125, 37 UmwG zwingender Inhalt des Spaltungsplans und bilden daher keine eigenständigen Rechtsverhältnisse. Eine Prüfung gemäß §§ 109, 86 II scheidet aus; sie sind nicht gesondert zu bewerten. Auch fällt für die Ausgestaltung der Satzungen durch den Notar keine Entwurfsgebühr nach Nr. 24100 KV an.

Exkurs:

22.178 **Aufspaltung zur Aufnahme:** Wird die **Aufspaltung** eines Rechtsträgers zur **Aufnahme** auf andere bestehende Rechtsträger gegen Gewährung von Anteilen oder Mitgliedschaften beurkundet, liegt kostenrechtlich (ebenfalls) ein Austauschvertrag gemäß § 97 III vor. Der Gebührensatz beträgt nach Nr. 21100 KV eine 2,0.

22.179 **Pos. b):**

Für die **Verzichtserklärungen** der Gesellschafter ist ein Teilwert aus dem Anteil des Verzichtenden am übergehenden Vermögen des übertragenden Rechtsträgers maßgebend (Vorschlag: 5 bis 20 % je nach Umfang des/der Verzichte[s]).[1] Im vorliegenden Fall wird **folgende Berechnung** vorgeschlagen:

10 % von 600 000 Euro (Vermögen der A-GmbH) = 60 000 Euro

Werden die **Verzichtserklärungen** der Gesellschafter **zusammen mit** dem **Spaltungsplan** beurkundet, bleiben sie gemäß § 109 I Satz 1–3, Satz 5 unbewertet, weil **derselbe Beurkundungsgegenstand** vorliegt.

Exkurs:

22.180 Bei isolierter Beurkundung wäre eine 1,0 nach Nr. 21200 KV zu erheben.

22.181 **Pos. c):**

Der Wert eines **Beschlusses** über die **Zustimmung zur Aufspaltung** entspricht gemäß § 108 III dem Wert des übergehenden Vermögens.

22.182 **Pos. d), e):**

Die beiden **Beschlüsse** über die **Bestellung der Geschäftsführer** bei den neu gegründeten GmbHs haben jeweils keinen bestimmten Geldwert. Der Geschäftswert eines Beschlusses bestimmt sich gemäß § 108 I Satz 1, § 105 IV Nr. 1 mit 1 % des Stammkapitals, mindestens 30 000 Euro. Die beiden Beschlüsse betreffen verschiedene Beurkundungsgegenstände gemäß § 86 II. § 109 II Satz 1 Nr. 4 ist nicht einschlägig, weil es sich nicht um Organe *derselben* Vereinigung handelt. (anders nur bei § 109 II Satz 1 Nr. 4g, der ausdrücklich Zustimmungs-

---

[1] Zu weiteren Differenzierungen der Bewertung abgegebener Verzichte bei Umwandlungsvorgängen wird auf die Ausführungen von Leipziger Kommentar GNotKG/*Heinze*, § 107 Rz. 71 ff. verwiesen.

beschlüsse verschiedener Vereinigungen bei Umwandlungsvorgängen als derselbe Beurkundungsgegenstand erfasst).

Beide Beschlüsse betreffen **Wahlen**, die gemäß § 109 II Nr. 4 d) **derselbe Beurkundungsgegenstand** sind.

2. Entwurf der Handelsregisteranmeldung betreffend die A-GmbH (aufspaltender Rechtsträger)

Pos. (1): 22.183

Gemäß § 119 I bestimmt sich bei der Fertigung eines Entwurfes der Geschäftswert nach den für die Beurkundung geltenden Vorschriften. Die **Anmeldung** der **Aufspaltung der A-GmbH** betrifft eine Anmeldung **ohne bestimmten Geldbetrag.** Gemäß § 105 IV Nr. 1 ist als Geschäftswert 1 % des Stammkapitals, mindestens 30 000 Euro anzunehmen. Der Höchstwert beträgt 1 Mio. Euro (§ 106).

Pos. (2): 22.184

Für das notwendige Erzeugen der **XML-Strukturdatei** für die automatisierte Weiterbearbeitung beim Handelsregister erhält der Notar eine Gebühr von 0,3 nach Nr. 22114 KV. Der Betrag ist auf 250 Euro begrenzt. Eines gesonderten Auftrags bedarf es nicht; Vorbem. 2.2 I Hs. 2 KV. Die Gebühr entsteht neben möglicher Vollzugsgebühr nach Nrn. 22110 bzw. 22111 KV gesondert; siehe Anm. zu Nr. 22114 KV.

Der **Geschäftswert** bestimmt sich gem. § 112 wie bei der Beurkundung bzw. dem Entwurf (§ 119). Für das Übermitteln der Erklärungen an das Handelsregister entsteht gemäß Vorbem. 2.1 II Nr. 1 KV keine weitere Gebühr.

3. u. 4. Entwürfe der Handelsregisteranmeldungen B-GmbH und C-GmbH (neu gegründete Rechtsträger)

Pos. (1): 22.185

Gemäß § 119 I bestimmt sich bei der Fertigung eines Entwurfes der Geschäftswert nach den für die Beurkundung geltenden Vorschriften. Betroffen ist jeweils eine **Erstanmeldung** mit **bestimmtem Geldbetrag**. Den Geschäftswert bildet gemäß § 105 I Nr. 1 das einzutragende Stammkapital, mindestens 30 000 Euro (§ 105 I Satz 2). Der Höchstwert beträgt 1 Mio. Euro (§ 106). Die Erstanmeldung der GmbH **beinhaltet** auch die Anmeldung des **Geschäftsführers**. Die **Unterschriftsbeglaubigung** löst **keine zusätzliche Gebühr** aus, Vorbem. 2.4.1 II KV.

Pos. (2): 22.186

Für das Fertigen der **Gesellschafterlisten** bei der **B-GmbH** sowie **C-GmbH** fällt jeweils **für jeden Registerentwurf** eine **Vollzugsgebühr** nach Vorbem. 2.2.1.1 I Nr. 3 KV i.H.v. 0,3 gemäß Nr. 22111 KV an. Gemäß Nr. 22113 KV beträgt der Höchstbetrag an Gebühr pro gefertigter Gesellschafterliste 250 Euro.

Der **Geschäftswert** bestimmt sich nach § 112 und entspricht dem Wert des Entwurfs der Handelsregisteranmeldung (§ 119).

Pos. (3): 22.187

Für das notwendige Erzeugen der **XML-Strukturdatei** für die automatisierte Weiterbearbeitung beim Handelsregister erhält der Notar **für jeden Registerent-**

wurf eine **Gebühr** von 0,3 nach Nr. 22114 KV. Der Betrag ist auf 250 Euro begrenzt. Eines gesonderten Auftrags bedarf es nicht; Vorbem. 2.2 I Hs. 2 KV. Die Gebühr entsteht neben möglicher Vollzugsgebühr nach Nrn. 22110 bzw. 22111 KV gesondert; siehe Anm. zu Nr. 22114 KV.

Der **Geschäftswert** bestimmt sich gem. § 112 wie bei der Beurkundung bzw. dem Entwurf (§ 119). Für das Übermitteln der Erklärungen an das Handelsregister entsteht gemäß Vorbem. 2.1 II Nr. 1 KV keine weitere Gebühr.

D. Exkurs

22.188 **Sachgründungsbericht:** Wird der Notar mit der vollständigen Erstellung des **Entwurfs** des Sachgründungsberichtes betraut, ist gemäß § 92 II GNotKG eine 1,0 Gebühr (Nrn. 24101 i.V.m. 21200 GNotKG) zu erheben. Der Mindestbetrag der Gebühr beträgt 60 Euro. Der Geschäftswert richtet sich nach § 119 I, § 36 I GNotKG. Den Bezugswert bildet der Wert der Sacheinlage.[1] Zu weiteren Ausführungen wird auf Rz. 22.31 verwiesen.

→ Fall 8: Abspaltung von einer GmbH zur Neugründung einer GmbH

A. Sachverhalt

22.189 Der Notar beurkundet den **Spaltungsplan** nach Maßgabe des UmwG, wonach der Teilbetrieb „Bauunternehmen" der A-GmbH (Stammkapital: 200 000 Euro) mit sämtlichen Aktiva und Passiva auf die neugegründete B-GmbH mit einem Stammkapital von 40 000 Euro abgespalten wird. Das **Aktivvermögen** des abgespalteten Teilbetriebs beträgt **600 000 Euro**. Der Gesellschaftsvertrag der B-GmbH wird zum Bestandteil der Urkunde gemacht. Die beiden Gesellschafter der A-GmbH übernehmen an der neugegründeten Gesellschaft Anteile zu gleichen Teilen, die wertmäßig (§ 54) hinter dem Aktivvermögen zurückbleiben. Alle Gesellschafter **verzichten** (vorsorglich) auf die **Prüfung der Spaltung** und auf **Erstellung** eines **Spaltungsberichts** sowie **Spaltungsprüfungsberichts**.

Folgende **Beschlüsse** werden in der Urkunde gefasst:
– Zustimmung zum Spaltungsplan,
– X wird alleinvertretungsberechtigter Geschäftsführer der B-GmbH,
– zur Anpassung des Stammkapitals der abspaltenden A-GmbH erfolgt eine Kapitalherabsetzung um 40 000 Euro.

Der Notar entwirft die **Handelsregisteranmeldungen** für den abspaltenden sowie den neu anzumeldenden Rechtsträger (insgesamt zwei Entwürfe) und beglaubigt die Unterschriften. Zur automatisierten Weiterbearbeitung des Vorgangs beim Handelsregister hat der Notar zudem eine **XML-Strukturdatei** zu fertigen.

Im Zusammenhang mit dem Umwandlungsvorgang wird der **Notar beauftragt**, die notwendigen **Gesellschafterlisten** der A-GmbH sowie der B-GmbH zu fertigen. Der **Sachgründungsbericht** wird von den Vertragsbeteiligten zugearbeitet. Hier hat der Notar nichts vorzubereiten.

---

1 Siehe auch Fall 5 Rz. 22.124, 22.134 sowie Rz. 21.68.

Des Weiteren hat der Notar für die **Bescheinigung** nach § 40 II Satz 2 GmbHG den Vollzug der Eintragung der Kapitalherabsetzung bei der A-GmbH zu überwachen.

B. Rechnungen

1. Spaltungsplan, Verzichtserklärungen, Beschlüsse A-GmbH

22.190

Pos.	Gebührentatbestände/Auslagen	Geschäftswert	KV-Nr.	Satz	Betrag
(1)	Beurkundungsverfahren (§§ 110 Nr. 1, 109 I, II, 35 I, 86 II)	1 270 000	21100	2,0	4430,00
	a) Spaltungsplan (§§ 97 I, 107 I, 38)	600 000	21200	1,0	1095,00
	b) Verzichtserklärungen (§ 36 I)	60 000	21200	1,0	
	c) Zustimmungsbeschluss der A-GmbH (§ 108 III)	600 000	21100	2,0	
	d) Beschluss Kapitalherabsetzung (§§ 36 I, 108 I S. 2)	40 000	21100	2,0	
	e) Beschluss Bestellung des X zum Geschäftsführer der B-GmbH (§§ 108 I, 105 IV Nr. 1)	30 000	21100	2,0	
	c) + d) + e)	670 000			2510,00
(2)	Betreuung – Bescheinigung Gesellschafterliste nach Prüfung von Umständen außerhalb der Urkunde (§ 113 I)	1 270 000	22200 Anm. Nr. 6	0,5	1107,50

2. Entwurf der Handelsregisteranmeldung A-GmbH (abspaltender Rechtsträger)

22.191

Pos.	Gebührentatbestände/Auslagen	Geschäftswert	KV-Nr.	Satz	Betrag
(1)	Entwurf (§ 119 I, 105 IV Nr. 1, 92 II)	70 000	24102, 21201 Nr. 5	0,5	109,50
	Anmeldung der:				
	a) Abspaltung (§ 105 IV Nr. 1)	30 000	21201 Nr. 5	0,5	
	b) Kapitalherabsetzung (§ 105 I Nr. 3)	40 000	21201 Nr. 5	0,5	

Pos.	Gebührentatbestände/Auslagen	Geschäfts-wert	KV-Nr.	Satz	Betrag
(2)	Vollzug – Fertigen der Gesellschafterliste gem. § 40 GmbHG (§ 112; Vorbem. 2.2.1.1, I Nr. 3 KV)	70 000	22111	0,3	65,70
(3)	Vollzug – Fertigen der XML-Strukturdatei (§ 112)	70 000	22114	0,3	65,70

3. Entwurf der Handelsregisteranmeldung B-GmbH (neugegründeter Rechtsträger)

22.192

Pos.	Gebührentatbestände/Auslagen	Geschäfts-wert	KV-Nr.	Satz	Betrag
(1)	Entwurf der Anmeldung (§§ 119 I, 105 I Nr. 1, 92 II)	40 000	24102, 21201 Nr. 5	0,5	72,50
(2)	Vollzug – Fertigen der Gesellschafterliste gem. § 135 II UmwG, § 8 GmbHG (§ 112; Vorbem. 2.2.1.1, I Nr. 3 KV)	40 000	22111, 22113	0,3	43,50
(3)	Vollzug – Fertigen der XML-Strukturdatei (§ 112)	40 000	22114	0,3	43,50

C. Erläuterungen

1. Spaltungsplan, Verzichtserklärungen, Beschlüsse

22.193 **Pos. (1):**

Gemäß **§ 110 Nr. 1** liegen stets beim Aufeinandertreffen von **Beschlüssen** der Organe einer Vereinigung oder Stiftung wie vorliegend dem Zustimmungsbeschluss **und** rechtsgeschäftlichen **Erklärungen** (Spaltungsplan, Verzichtserklärungen) **in einer Urkunde** verschiedene Beurkundungsgegenstände vor, auch wenn zwischen ihnen ein Abhängigkeitsverhältnis nach § 109 I vorliegen würde.

Mehrere Beschlüsse desselben als auch von verschiedenen Beschlussorganen in einer Urkunde betreffen **grundsätzlich verschiedene Gegenstände** i.S.d. § 86 II. Ausnahmen sind *abschließend* in § 109 II Nr. 4 geregelt. Somit liegt zwischen Zustimmungsbeschluss zur Spaltung, Kapitalherabsetzung und Bestellung des Geschäftsführers ein verschiedener Beurkundungsgegenstand vor.

Haben die einzelnen Beurkundungsgegenstände des Beurkundungsverfahrens **verschiedene Gebührensätze** (Spaltungsplan = 1,0 und Beschlüsse = 2,0), ist gemäß **§ 94 I** ein **Vergleich** vorzunehmen zwischen der Summe der getrennt berechneten Gebühren und der Gebühr aus dem höchsten Gebührensatz und der Wertesumme. Der geringere Gebührenbetrag ist maßgebend.

Pos. (1), a):

22.194

Der Geschäftswert des beurkundeten **Spaltungsplans** bestimmt sich gemäß § 97 III. Danach ist das abspaltende Vermögen der A-GmbH mit den gewährten Anteilen an der neu gegründeten GmbH, bewertet nach § 54, zu vergleichen. Vorliegend ist das Aktivvermögen der A-GmbH höher. Gemäß § 38 werden die Verbindlichkeiten nicht abgezogen. Der Spaltungsplan betrifft eine einseitige Erklärung, so dass der Gebührensatz 1,0 nach Nr. 21200 KV beträgt. Die im Spaltungsplan mit zu beurkundende Satzung der neu gegründeten GmbH ist gemäß §§ 125, 37 UmwG zwingender Inhalt des Spaltungsplans und bildet daher kein eigenständiges Rechtsverhältnis. Eine Prüfung gemäß §§ 109, 86 II scheidet aus; sie ist nicht gesondert zu bewerten. Auch fällt für die Ausgestaltung der Satzungen durch den Notar keine Entwurfsgebühr nach Nr. 24100 KV an.

Pos. (1), b):

22.195

Für die **Verzichtserklärungen** der **Gesellschafter** ist ein Teilwert aus dem Anteil des Verzichtenden am übergehenden Vermögen des übertragenden Rechtsträgers maßgebend (Vorschlag: 5 bis 20 % je nach Umfang des/der Verzichte[s]).[1] Im vorliegenden Fall wird **folgende Berechnung** vorgeschlagen:

10 % von 600 000 Euro (übergehendes Vermögen der A-GmbH) = 60 000 Euro

Werden die **Verzichtserklärungen** der Gesellschafter **zusammen mit** dem **Spaltungsplan** beurkundet, bleiben sie gemäß § 109 I Satz 1–3, Satz 5 unbewertet, weil **derselbe Beurkundungsgegenstand** vorliegt.

Exkurs:

22.196

Bei isolierter Beurkundung wäre eine 1,0 nach Nr. 21200 KV zu erheben.

Pos. (1), c):

22.197

Der Wert eines **Beschlusses** über die **Zustimmung zur Abspaltung** entspricht gemäß § 108 III dem Wert des übergehenden Vermögens.

Pos. (1), d):

22.198

Der **Beschluss** über die **Herabsetzung des Kapitals** beim abspaltenden Rechtsträger betrifft einen Beschluss mit bestimmtem Geldwert nach § 36 I. Den Geschäftswert bildet der Nominalbetrag, um den das Stammkapital herabgesetzt wird. Gemäß § 108 I Satz 2 haben Beschlüsse mit bestimmtem Geldwert einen Mindestwert von 30 000 Euro.

Pos. (1), e):

22.199

Der **Beschluss** über die **Bestellung des Geschäftsführers** der neu gegründeten GmbH hat keinen bestimmten Geldwert. Der Geschäftswert bestimmt sich gemäß § 108 I Satz 1, § 105 IV Nr. 1 mit 1 % des Stammkapitals, mindestens 30 000 Euro.

---

[1] Zu weiteren Differenzierungen der Bewertung abgegebener Verzichte bei Umwandlungsvorgängen wird auf die Ausführungen von Leipziger Kommentar GNotKG/*Heinze*, § 107 Rz. 71 ff. verwiesen.

22.200 **Pos. (2):**

Sind für die Erteilung der **Bescheinigung** nach § 40 II GmbHG **Umstände außerhalb der Urkunde zu prüfen** (Eintragung der Kapitalherabsetzung), fällt für diese Tätigkeit eine **Betreuungsgebühr** von 0,5 gemäß der Anm. Nr. 6 zu Nr. 22200 KV an. Zu weiteren Ausführungen wird auf Rz. 22.21 verwiesen.

Die Betreuungstätigkeit bezieht sich auf den Kapitalherabsetzungsbeschluss. Der **Geschäftswert** nach § 113 I bestimmt sich jedoch nicht allein nach dem Wert des Beschlusses, sondern nach dem Gesamtwert der Urkunde.

2. Entwurf der Handelsregisteranmeldung betreffend die A-GmbH (abspaltender Rechtsträger)

22.201 **Pos. (1):**

Gemäß § 119 I bestimmt sich bei der Fertigung eines Entwurfes der Geschäftswert nach den für die Beurkundung geltenden Vorschriften. Gemäß **§ 111 Nr. 3** sind mehrere Anmeldungen stets zueinander gegenstandsverschieden. Der Höchstwert beträgt 1 Mio. Euro (§ 106).

Die **Unterschriftsbeglaubigung** löst keine zusätzliche Gebühr aus, Vorbem. 2.4.1 II KV.

22.202 **Pos. (1), a):**

Die **Anmeldung** der **Abspaltung des Teilbetriebes** beim abspaltenden Rechtsträger betrifft eine Anmeldung **ohne bestimmten Geldbetrag**. Gemäß § 105 IV Nr. 1 ist als Geschäftswert 1 % des Stammkapitals, mindestens 30 000 Euro anzunehmen.

22.203 **Pos. (1), b):**

Bei der **Kapitalherabsetzung** handelt es sich um eine **Anmeldung mit bestimmtem Geldbetrag**. Der Geschäftswert entspricht gemäß § 105 I Nr. 3 dem im Handelsregister einzutragenden Herabsetzungsbetrag, mindestens 30 000 Euro aufgrund § 105 I Satz 2.

22.204 **Pos. (2):**

Für das Fertigen der **Gesellschafterliste** bei der **A-GmbH** ist eine **Vollzugsgebühr** nach Vorbem. 2.2.1.1 I Nr. 3 in Höhe von **0,3** gemäß **Nr. 22111 KV** zu erheben. Gemäß Nr. 22113 KV beträgt der Höchstbetrag an Gebühr pro gefertigter Gesellschafterliste 250 Euro.

Der **Geschäftswert** bestimmt sich nach § 112 und entspricht dem Wert des Entwurfs der Handelsregisteranmeldung (§ 119).

22.205 **Pos. (3):**

Für das notwendige Erzeugen der **XML-Strukturdatei** für die automatisierte Weiterbearbeitung beim Handelsregister erhält der Notar eine Gebühr von 0,3 nach Nr. 22114 KV. Der Betrag ist auf 250 Euro begrenzt. Eines gesonderten Auftrags bedarf es nicht; Vorbem. 2.2 I Hs. 2 KV. Die Gebühr entsteht neben möglicher Vollzugsgebühr nach Nrn. 22110 bzw. 22111 KV gesondert; siehe Anm. zu Nr. 22114 KV.

IV. Umwandlungsvorgänge

Der **Geschäftswert** bestimmt sich gem. § 112 wie bei der Beurkundung bzw. dem Entwurf (§ 119). Für das Übermitteln der Erklärungen an das Handelsregister entsteht gemäß Vorbem. 2.1 II Nr. 1 KV keine weitere Gebühr.

3. Entwurf der Handelsregisteranmeldung betreffend die B-GmbH (neu gegründeter Rechtsträger)

Pos. (1): 22.206

Gemäß § 119 I bestimmt sich bei der Fertigung eines Entwurfes der Geschäftswert nach den für die Beurkundung geltenden Vorschriften. Betroffen ist eine **Erstanmeldung** mit **bestimmtem Geldbetrag**. Den Geschäftswert bildet gemäß § 105 I Nr. 1 das einzutragende Stammkapital, mindestens 30 000 Euro (§ 105 I Satz 2). Der Höchstwert beträgt 1 Mio. Euro (§ 106). Die Erstanmeldung der GmbH **beinhaltet** auch die Anmeldung des **Geschäftsführers**.
Unterschriftsbeglaubigung löst keine zusätzliche Gebühr aus, Vorbem. 2.4.1 II KV.

Pos. (2): 22.207

Für das Fertigen der **Gesellschafterliste** bei der **B-GmbH** fällt eine Vollzugsgebühr nach Vorbem. 2.2.1.1 I Nr. 3 KV in Höhe von 0,3 gemäß Nr. 22111 KV an. Gemäß Nr. 22113 KV beträgt der Höchstbetrag an Gebühr pro gefertigter Gesellschafterliste 250 Euro.

Der **Geschäftswert** bestimmt sich nach § 112 und entspricht dem Wert des Entwurfs der Handelsregisteranmeldung (§ 119).

Pos. (3): 22.208

Für das notwendige Erzeugen der **XML-Strukturdatei** für die automatisierte Weiterbearbeitung beim Handelsregister erhält der Notar eine Gebühr von 0,3 nach Nr. 22114 KV. Der Betrag ist auf 250 Euro begrenzt. Eines gesonderten Auftrags bedarf es nicht; Vorbem. 2.2 I Hs. 2 KV. Die Gebühr entsteht neben möglicher Vollzugsgebühr nach Nrn. 22110 bzw. 22111 KV gesondert; siehe Anm. zu Nr. 22114 KV.

Der **Geschäftswert** bestimmt sich gem. § 112 wie bei der Beurkundung bzw. dem Entwurf (§ 119). Für das Übermitteln der Erklärungen an das Handelsregister entsteht gemäß Vorbem. 2.1 II Nr. 1 KV keine weitere Gebühr.

D. Exkurs

Sachgründungsbericht: Wird der Notar mit der vollständigen Erstellung des **Entwurfs** des Sachgründungsberichtes betraut, ist gemäß § 92 II GNotKG eine 1,0 Gebühr (Nrn. 24101 i.V.m. 21200 GNotKG) zu erheben. Der Mindestbetrag der Gebühr beträgt 60 Euro. Der Geschäftswert richtet sich nach § 119 I, § 36 I GNotKG. Den Bezugswert bildet der Wert der Sacheinlage.[1] Zu weiteren Ausführungen wird auf Rz. 22.31 verwiesen. 22.209

---

1 Siehe auch Fall 5 Rz. 22.124, 22.134 sowie Rz. 21.68.

→ **Fall 9: Abspaltung von einer GmbH & Co. KG zur Neugründung einer GmbH**

A. Sachverhalt

22.210 Der Notar beurkundet den **Spaltungsplan** nach Maßgabe des UmwG, wonach der Teilbetrieb „Bauunternehmen" der A-GmbH & Co. KG mit sämtlichen Aktiva und Passiva auf die neugegründete B-GmbH mit einem Stammkapital von 40 000 Euro abgespalten wird. Der Gesellschaftsvertrag der B-GmbH wird zum Bestandteil der Urkunde gemacht. An der A GmbH & Co. KG sind beteiligt die A-Komplementär GmbH ohne vermögensmäßige Beteiligung sowie A und B als Kommanditisten mit jeweils einer Haft-/Pflichteinlage von 10 000 Euro. A und B sollen an der A-GmbH jeweils zu gleichen Teilen beteiligt werden. Die im Wege der Spaltung neu gegründete B-GmbH hat gemäß der **Eröffnungsbilanz** (= Teilbetriebsbilanz der A-GmbH & Co. KG) ein Aktivvermögen von **600 000 Euro**.

Da die A-Komplementär GmbH (ihr einziger Gesellschafter ist A) nicht an der B-GmbH beteiligt werden soll, ihr jedoch gemäß § 5 I Nr. 2 UmwG ein Anteil zu gewähren ist, wird in der Spaltungsurkunde zugleich die **aufschiebend bedingte Übertragung** ihres GmbH-Geschäftsanteils von nominal 400 Euro (= 1 % des Stammkapitals der B-GmbH) an A und B unter Teilung dieses Geschäftsanteils beurkundet. Das Eigenkapital der neu gegründeten B-GmbH beträgt 120 000 Euro.

Aufgrund des geschlossenen Gesellschafterkreises (A und B) wird zudem in der Urkunde der Zustimmungsbeschluss der ABC GmbH & Co. KG sowie die Bestellung des B zum Geschäftsführer der B-GmbH beurkundet.

Alle Gesellschafter **verzichten** (vorsorglich) auf **Unterrichtung der Gesellschafter** (§§ 135, 42 UmwG), auf Erstattung eines **Barabfindungsangebotes** (§§ 135, 29 UmwG) sowie auf die **Prüfung der Spaltung** und auf **Erstellung** eines **Spaltungsberichts**.

Der Notar entwirft die **Handelsregisteranmeldungen** für den abspaltenden sowie den neu anzumeldenden Rechtsträger (insgesamt zwei Entwürfe) und nimmt die Unterschriftsbeglaubigungen vor. Zur automatisierten Weiterbearbeitung des Vorgangs beim Handelsregister hat der Notar zudem eine **XML-Strukturdatei** zu fertigen.

Im Zusammenhang mit dem Umwandlungsvorgang wird der **Notar beauftragt**, die notwendigen **Gesellschafterlisten** der B-GmbH zu fertigen (zur neu gegründeten B-GmbH gem. § 135 II UmwG, § 8 GmbHG und nach der Geschäftsanteilsabtretung bei der B-GmbH gem. § 40 GmbHG). Der **Sachgründungsbericht** wird von den Vertragsbeteiligten zugearbeitet. Hier hat der Notar nichts vorzubereiten.

IV. Umwandlungsvorgänge

B. Rechnungen

1. Spaltungsplan, Verzichtserklärungen, Beschlüsse der A GmbH & Co. KG und B-GmbH

22.211

Pos.	Gebührentatbestände	Geschäfts-wert	KV-Nr.	Satz	Betrag
(1)	Beurkundungsverfahren (§§ 110 Nr. 1, 109 I, II, 35 I, 86 II)	1 231 200	21100	2,0	4270
	a) Spaltungsplan (§§ 97 I, 107 I, 38)	600 000	21200	1,0	1095
	b) Verzichtserklärungen (§ 36 I)	60 000	21200	1,0	
	c) Zustimmungsbeschluss der A GmbH & Co. KG (§ 108 III)	600 000	21100	2,0	
	d) Beschluss Bestellung des B zum Geschäftsführer der B-GmbH (§§ 108 I, 105 IV Nr. 1)	30 000	21100	2,0	
	e) Geschäftsanteilsübertragung (§ 97 I, 54; (1 % von 120 000 Eigenkapital B-GmbH)	1200	21100	2,0	
	c) + d) + e)	631 200			2350
(2)	Vollzug – Fertigen der Gesellschafterliste zur Anteilsabtretung A-Komplementär GmbH (§ 112, Vorbem. 2.2.1.1, I Nr. 3 KV)	1 231 000	22111, 22113	0,5	1067,50 max. 250,00
(3)	Betreuung – Bescheinigung Gesellschafterliste nach Prüfung von Umständen außerhalb der Urkunde (§ 113 I)	1 231 000	22200 Anm. Nr. 6	0,5	1067,50

2. Entwurf der Handelsregisteranmeldung A-GmbH (abspaltender Rechtsträger)

22.212

Pos.	Gebührentatbestände	Geschäfts-wert	KV-Nr.	Satz	Betrag
(1)	Entwurf der Abspaltung (§ 119 I, 105 IV Nr. 1, § 92 II)	30 000	24102, 21201 Nr. 5	0,5	62,50
(2)	Vollzug – Fertigen der XML-Strukturdatei (§ 112)	30 000	22114	0,3	37,50

1365

3. Entwurf der Handelsregisteranmeldung B-GmbH (neugegründeter Rechtsträger)

22.213

Pos.	Gebührentatbestände	Geschäftswert	KV-Nr.	Satz	Betrag
(1)	Entwurf der Anmeldung (§§ 119 I, 105 I Nr. 1, 92 II)	40 000	24102, 21201 Nr. 5	0,5	72,50
(2)	Vollzug – Fertigen der Gesellschafterliste der gegründeten B-GmbH gem. § 135 II UmwG, § 8 GmbHG (§ 112; Vorbem. 2.2.1.1, I Nr. 3 KV)	40 000	22111, 22113	0,3	43,50
(3)	Vollzug – Fertigen der XML-Strukturdatei (§ 112)	40 000	22114	0,3	43,50

C. Erläuterungen

1. Spaltungsplan, Verzichtserklärungen, Beschlüsse

22.214 **Pos. (1):**

Die Erklärungen und Beschlüsse zu a), c) – e) sind gemäß **§ 110 Nr. 1, § 86 II** zueinander gegenstandsverschieden. Die Erklärungen zu a) und b) haben gemäß § 109 I Satz 1–3, Satz 5 denselben Beurkundungsgegenstand mit dem Ergebnis, dass b) unbewertet bleibt.

Haben die einzelnen Beurkundungsgegenstände des Beurkundungsverfahrens **verschiedene Gebührensätze** (Spaltungsplan = 1,0 und Beschlüsse, Geschäftsanteilsabtretung = 2,0), ist gemäß **§ 94 I** ein **Vergleich** vorzunehmen zwischen der Summe der getrennt berechneten Gebühren und der Gebühr aus dem höchsten Gebührensatz und der Wertesumme. Der geringere Gebührenbetrag ist maßgebend.

22.215 **Pos. (1), a):**

Der Geschäftswert des beurkundeten **Spaltungsplans** bestimmt sich gemäß § 97 III. Danach ist das abspaltende Vermögen der A-GmbH & Co. KG mit den gewährten Anteilen an der neu gegründeten GmbH, bewertet nach § 54, zu vergleichen. Vorliegend ist das Aktivvermögen der A-GmbH höher. Gemäß § 38 werden die Verbindlichkeiten nicht abgezogen. Der Spaltungsplan betrifft eine einseitige Erklärung, so dass der Gebührensatz 1,0 nach Nr. 21200 KV beträgt. Die im Spaltungsplan mit zu beurkundende Satzung der neu gegründeten GmbH ist gemäß §§ 125, 37 UmwG zwingender Inhalt des Spaltungsplans und bildet daher kein eigenständiges Rechtsverhältnis. Eine Prüfung gemäß §§ 109, 86 II scheidet aus; sie ist nicht gesondert zu bewerten. Auch fällt für die Ausgestaltung der Satzungen durch den Notar keine Entwurfsgebühr nach Nr. 24100 KV an.

22.216 **Pos. (1), b):**

Für die **Verzichtserklärungen** der **Gesellschafter** ist ein Teilwert aus dem Anteil des Verzichtenden am übergehenden Vermögen des übertragenden Rechtsträ-

gers maßgebend (Vorschlag: 5 bis 20 % je nach Umfang des/der Verzichte[s]).[1]
Im vorliegenden Fall wird **folgende Berechnung** vorgeschlagen:

10 % von 600 000 Euro (übergehendes Vermögen aus der A GmbH & Co. KG) = 60 000 Euro

Exkurs:

Bei isolierter Beurkundung wäre eine 1,0 nach Nr. 21200 KV zu erheben.   22.217

Pos. (1), c):   22.218

Der Wert eines **Beschlusses** über die **Zustimmung zur Abspaltung** entspricht gemäß § 108 III dem Wert des übergehenden Vermögens.

Pos. (1), d):   22.219

Der **Beschluss** über die **Bestellung des Geschäftsführers** der neu gegründeten GmbH hat keinen bestimmten Geldwert. Der Geschäftswert bestimmt sich gemäß § 108 I Satz 1, § 105 IV Nr. 1 mit 1 % des Stammkapitals, mindestens 30 000 Euro.

Pos. (1), e):   22.220

Der Geschäftswert der **Übertragung und Abtretung des GmbH-Geschäftsanteils** bestimmt sich nach § 97 I, § 54 GNotKG und entspricht grundsätzlich dem anteiligen Eigenkapital im Sinne von § 266 III HGB. Im vorliegenden Fall liegt die Beteiligung am Stammkapital bei 1 %, so dass als Geschäftswert aufgrund des Eigenkapitals von 120 000 Euro ein Betrag von 1200 Euro anzunehmen ist.

Pos. (2):   22.221

Für das Fertigen der **Gesellschafterliste** bei der **B-GmbH** im Zusammenhang mit der Geschäftsanteilsabtretung fällt eine **Vollzugsgebühr** nach Vorbem. 2.2.1.1 I Nr. 3 KV in Höhe von **0,5** gemäß **Nr. 22110 KV** an, denn beim Vorliegen unterschiedlicher Gebührensätze der einzelnen Beurkundungsgegenstände bei der zu vollziehenden Urkunde, richtet sich der Satz der Vollzugsgebühr nach dem höchsten.[2] Das ist vorliegend die 2,0 der Beschlüsse und Geschäftsanteilsübertragung. Gemäß Nr. 22113 KV beträgt der Höchstbetrag an Gebühr pro gefertigter Gesellschafterliste 250 Euro.

Der **Geschäftswert** bestimmt sich nach § 112 und entspricht dem Wert des zu vollziehenden Beurkundungsverfahrens, was vorliegend die Wertesumme aus beurkundetem Spaltungsplan mit den enthaltenen Beschlüssen und der Geschäftsanteilsabtretung ist.[3]

Pos. (3):   22.222

Sind für die Erteilung der **Bescheinigung** nach § 40 II GmbHG **Umstände außerhalb der Urkunde zu prüfen**, fällt für diese Tätigkeit eine **Betreuungsgebühr** von 0,5 gemäß der Anm. Nr. 6 zu Nr. 22200 KV an.

---

1 Zu weiteren Differenzierungen der Bewertung abgegebener Verzichte bei Umwandlungsvorgängen wird auf die Ausführungen von Leipziger Kommentar GNotKG/*Heinze*, § 107 Rz. 71 ff. verwiesen.
2 LG Düsseldorf v. 2.3.2015 – 19 T 227/14, NotBZ 2015, 358; *Harder*, NotBZ 2015, 321.
3 LG Düsseldorf v. 2.3.2015 – 19 T 227/14, NotBZ 2015, 358; *Harder*, NotBZ 2015, 321.

Der **Geschäftswert** bestimmt sich nach § 113 I und entspricht dem Wert des zu vollziehenden Beurkundungsverfahrens, was vorliegend die Wertesumme aus beurkundetem Spaltungsplan mit den enthaltenen Beschlüssen und der Geschäftsanteilsabtretung ist.

2. Entwurf der Handelsregisteranmeldung betreffend die A-GmbH (abspaltender Rechtsträger)

22.223 **Pos. (1):**

Gemäß § 119 I bestimmt sich bei der Fertigung eines Entwurfes der Geschäftswert nach den für die Beurkundung geltenden Vorschriften. Es handelt sich bei der Anmeldung beim abspaltenden Rechtsträger um eine **Anmeldung ohne bestimmten Geldbetrag**, so dass gemäß § 105 IV Nr. 1 als Geschäftswert 1 % des Stammkapitals, mindestens 30 000 Euro anzunehmen ist. Der Höchstwert beträgt 1 Mio. Euro (§ 106).

Die **Unterschriftsbeglaubigung löst keine zusätzliche Gebühr aus**, Vorbem. 2.4.1 II KV.

22.224 **Pos. (2):**

Für das notwendige Erzeugen der **XML-Strukturdatei** zur automatisierten Weiterbearbeitung beim Handelsregister erhält der Notar eine Gebühr von 0,3 nach Nr. 22114 KV. Der Betrag ist auf 250 Euro begrenzt. Eines gesonderten Auftrags bedarf es nicht; Vorbem. 2.2 I Hs. 2 KV. Die Gebühr entsteht neben einer möglichen Vollzugsgebühr nach Nrn. 22110 bzw. 22111 KV gesondert; siehe Anm. zu Nr. 22114 KV.

Der **Geschäftswert** bestimmt sich gem. § 112 wie bei der Beurkundung bzw. dem Entwurf (§ 119). Für das Übermitteln der Erklärungen an das Handelsregister entsteht gemäß Vorbem. 2.1 II Nr. 1 KV keine weitere Gebühr.

3. Entwurf der Handelsregisteranmeldung betreffend die B-GmbH (neu gegründeter Rechtsträger)

22.225 **Pos. (1):**

Gemäß § 119 I bestimmt sich bei der Fertigung eines Entwurfes der Geschäftswert nach den für die Beurkundung geltenden Vorschriften. Es betrifft eine **Erstanmeldung** mit **bestimmtem Geldbetrag**. Den Geschäftswert bildet gemäß § 105 I Nr. 1 das einzutragende Stammkapital, mindestens 30 000 Euro. Der Höchstwert beträgt 1 Mio. Euro (§ 106). Die Erstanmeldung der GmbH **beinhaltet** auch die **Anmeldung** des **Geschäftsführers**.

Die **Unterschriftsbeglaubigung löst keine zusätzliche Gebühr aus**, Vorbem. 2.4.1 II KV.

22.226 **Pos. (2):**

Für das Fertigen der **Gesellschafterliste** der **B-GmbH** fällt eine **Vollzugsgebühr** nach Vorbem. 2.2.1.1 I Nr. 3 KV i.H.v. **0,3** gemäß **Nr. 22111 KV** an. Gemäß Nr. 22113 KV beträgt der Höchstbetrag an Gebühr pro gefertigter Gesellschafterliste 250 Euro.

Der **Geschäftswert** bestimmt sich nach § 112 und entspricht dem Wert des Entwurfs der Handelsregisteranmeldung (§ 119).

IV. Umwandlungsvorgänge

Pos. (3):

Für das notwendige Erzeugen der **XML-Strukturdatei** zur automatisierten Weiterbearbeitung beim Handelsregister erhält der Notar eine Gebühr von 0,3 nach Nr. 22114 KV. Der Betrag ist auf 250 Euro begrenzt. Eines gesonderten Auftrags bedarf es nicht; Vorbem. 2.2 I Hs. 2 KV. Die Gebühr entsteht neben einer möglichen Vollzugsgebühr nach Nrn. 22110 bzw. 22111 KV gesondert; siehe Anm. zu Nr. 22114 KV.

Der **Geschäftswert** bestimmt sich gem. § 112 wie bei der Beurkundung bzw. dem Entwurf (§ 119). Für das Übermitteln der Erklärungen an das Handelsregister entsteht gemäß Vorbem. 2.1 II Nr. 1 KV keine weitere Gebühr.

D. Exkurs

Sachgründungsbericht: Wird der Notar mit der vollständigen Erstellung des **Entwurfs** des Sachgründungsberichtes betraut, ist gemäß § 92 II GNotKG eine 1,0 Gebühr (Nrn. 24101 i.V.m. 21200 GNotKG) zu erheben. Der Mindestbetrag der Gebühr beträgt 60 Euro. Der Geschäftswert richtet sich nach § 119 I, § 36 I GNotKG. Den Bezugswert bildet der Wert der Sacheinlage.[1] Zu weiteren Ausführungen wird auf Rz. 22.31 verwiesen.

Existenz von Sonderbetriebsvermögen bei der Personengesellschaft: Verfügt eine Personengesellschaft als übertragender Rechtsträger über **Sonderbetriebsvermögen**, werden Regelungen hierzu notwendig. Wird es mit **abgespalten**, ist es beim Geschäftswert des Spaltungsvertrages bzw. Spaltungsplans mit zu berücksichtigen. Häufigste Anwendungsfälle sind dabei die im Privatvermögen eines Gesellschafters gehaltenen Grundstücke und/oder Beteiligungen.

Beispiel:

Der Teilbetrieb „Gebrauchthandel" der AB Autohaus GmbH & Co. KG soll auf die Autohandel C-GmbH abgespalten werden. Komplementärin der AB Autohaus GmbH & Co. KG ist die AB Komplementär GmbH, Kommanditisten sind A und B. Die AB Autohaus GmbH & Co. KG betreibt den Gebrauchthandel auf dem im (zivilrechtlichen) Privatvermögen des A gehörenden Grundstücks, wo er auch wohnt. Steuerlich ist der betrieblich genutzte Teil (Hof und Lagerhalle) im Sonderbetriebsvermögen I des A mit 500 000 Euro aktiviert. Die Bilanzsumme (HGB) des Teilbetriebes Autohandel beträgt 1 500 000 Euro, die Bilanzsumme der AB GmbH & Co. KG (Gesamtunternehmen) beträgt 2 500 000 Euro. Beim Geschäftswertansatz ist der betrieblich genutzte Grundstücksteil der Bilanzsumme des abzuspaltenden Teilbetriebes hinzuzurechnen, so dass ein Geschäftswert von 2 000 000 Euro bestehen würde (1 500 000 Euro Bilanzsumme Autohandel + 500 000 Euro Sonderbetriebsvermögen).

Neben der Abspaltung bestünde bei Grundstücken als **Sonderbetriebsvermögen** die Möglichkeit, dem Zielrechtsträger durch exklusive **Nutzungsvereinbarung** den wirtschaftlichen Besitz daran zu verschaffen. Hierbei handelt es sich um eine zum Spaltungsvorgang gegenstandsverschiedene Regelung. Der Geschäftswert ist über § 36 I, § 52 GNotKG zu ermitteln. Der Gebührensatz beträgt 2,0 nach Nr. 21100 KV.

---
1 Siehe auch Fall 5 Rz. 22.124, 22.134 sowie Rz. 21.68.

→ **Fall 10: Ausgliederung aus dem Vermögen eines Einzelkaufmanns zur Neugründung**

A. Sachverhalt

22.230 Der Notar beurkundet die **Ausgliederung** des von A betriebenen Einzelunternehmens im Ganzen mit sämtlichen Aktiva und Passiva gemäß den Vorschriften des UmwG auf die neu gegründete A-GmbH (Stammkapital: 50 000 Euro), an welcher A Alleingesellschafter wird. In der Urkunde wird der Gesellschaftsvertrag der A-GmbH festgestellt. Das Aktivvermögen des ausgliedernden Einzelkaufmanns beträgt 500 000 Euro.

In der gleichfalls abgehaltenen **Gesellschafterversammlung** bestellt sich A zum alleinvertretungsberechtigten Geschäftsführer der A-GmbH.

Neben der Beurkundung des gesamten Ausgliederungsvorgangs entwirft der Notar die **Handelsregisteranmeldungen** für den ausgliedernden Rechtsträger sowie der neu gegründeten GmbH. Zur automatisierten Weiterbearbeitung des Vorgangs beim Handelsregister hat der Notar zudem eine **XML-Strukturdatei** zu fertigen.

Im Zusammenhang mit dem Umwandlungsvorgang wird der **Notar beauftragt**, die notwendige **Gesellschafterliste** der A-GmbH zu fertigen.

B. Rechnungen

1. Ausgliederungsplan, Zustimmung, Beschluss

22.231

Pos.	Gebührentatbestände	Geschäfts-wert	KV-Nr.	Satz	Betrag
	Beurkundungsverfahren (§§ 110 Nr. 1, 109 I, II, 35 I, 86 II)	530 000	21100	2,0	~~2030,00~~
	a) Ausgliederungsplan (§§ 97 I, 107 I, 38)	500 000	21200	1,0	935,00
	b) Beschluss Bestellung des A zum Geschäftsführers der A-GmbH (§§ 108 I, 105 IV Nr. 1)	30 000	21100	2,0	250,00

2. Entwurf der Handelsregisteranmeldung Einzelkaufmann (ausgliedernder Rechtsträger)

22.232

Pos.	Gebührentatbestände	Geschäfts-wert	KV-Nr.	Satz	Betrag
(1)	Entwurf der Anmeldung (§§ 119 I, 105 IV Nr. 4, 92 II)	30 000	24102, 21201 Nr. 5	0,5	62,50
(2)	Vollzug – Fertigen der XML-Strukturdatei (§ 112)	30 000	22114	0,3	37,50

3. Entwurf der Handelsregisteranmeldung A-GmbH (neugegründeter Rechtsträger)

Pos.	Gebührentatbestände	Geschäftswert	KV-Nr.	Satz	Betrag
(1)	Entwurf der Anmeldung (§§ 119 I, 105 I Nr. 1, 92 II)	50 000	24102, 21201 Nr. 5	0,5	82,50
(2)	Vollzug – Fertigen der Gesellschafterliste (§ 112; Vorbem. 2.2.1.1, I Nr. 3 KV)	50 000	22111, 22113	0,3	49,50
(3)	Vollzug – Fertigen der XML-Strukturdatei (§ 112)	50 000	22114	0,3	49,50

22.233

C. Erläuterungen

1. Ausgliederungsplan, Zustimmung, Beschluss

Gemäß **§ 110 Nr. 1** liegen stets beim Aufeinandertreffen von **Beschlüssen** der Organe einer Vereinigung oder Stiftung wie vorliegend dem Geschäftsführerbestellungsbeschluss **und** den rechtsgeschäftlichen **Erklärungen** (Ausgliederungsvorgang, Zustimmung) **in einer Urkunde** verschiedene Beurkundungsgegenstände vor, auch wenn zwischen ihnen ein Abhängigkeitsverhältnis nach § 109 I vorliegen würde.

22.234

Haben die einzelnen Beurkundungsgegenstände des Beurkundungsverfahrens **verschiedene Gebührensätze** (Ausgliederungsplan und Zustimmung = 1,0; Beschluss = 2,0), ist gemäß **§ 94 I** ein **Vergleich** vorzunehmen zwischen der Summe der getrennt berechneten Gebühren und der Gebühr aus dem höchsten Gebührensatz und der Wertesumme. Der geringere Gebührenbetrag ist maßgebend.

Sämtliche Erklärungen gibt der **Einzelkaufmann** im Rahmen des Ausgliederungsplans ab. Eine konkrete **Zustimmungserklärung** ist damit überflüssig.[1] Wäre sie dennoch aufgenommen, würde der Geschäftswert nicht etwa nach § 97 I, sondern als echte rechtsgeschäftliche Zustimmungserklärung nach § 98 zu bestimmen sein. Im Hinblick auf den Ausgliederungsplan bestünde jedoch gemäß § 109 I S. 1–3, S. 5 derselbe Beurkundungsgegenstand, so dass die Zustimmungserklärung im Ergebnis **unbewertet** bleibt.

22.235

Pos. a):

22.236

Der **Geschäftswert** des beurkundeten **Ausgliederungsvorgangs** bestimmt sich gemäß § 97 I nach dem Wert des übergehenden Vermögens. Gemäß § 38 werden die Verbindlichkeiten nicht abgezogen. Die im Ausgliederungsplan mit zu beurkundende Satzung der neu gegründeten GmbH ist zwingender Inhalt des Ausgliederungsplans und bildet daher kein eigenständiges Rechtsverhältnis. Eine Prüfung gemäß §§ 109, 86 II scheidet aus; sie ist nicht gesondert zu bewerten.

---

[1] Siehe nur Limmer/*Limmer*, Handbuch der Unternehmensumwandlung, Teil 3, Rz. 674 m.w.N.

Auch fällt für die Ausgestaltung der Satzungen durch den Notar keine Entwurfsgebühr nach Nr. 24100 KV an.

Exkurs:

22.237 Beim Einzelkaufmann ist eine **Prüfung** des **Ausgliederungsplans** nicht erforderlich (§ 125 S. 2 UmwG). Das Gleiche gilt für den Ausgliederungsbericht.

22.238 In Ermangelung von Anteilsinhabern ist ein Zustimmungsbeschluss nicht erforderlich. Bei dem neu gegründeten Rechtsträger bedarf es ebenfalls keines **Zustimmungsbeschlusses**. Dies ergibt sich bereits daraus, dass es in Ermangelung eines mit dieser Gesellschaft abzuschließenden Vertrages gar keinen Gegenstand für einen derartigen Zustimmungsbeschluss gibt. Überdies entsteht der neue Rechtsträger gerade erst durch den Umwandlungsvorgang[1]. Wird ein Zustimmungsbeschluss vorsorglich aufgenommen, liegt eine unrichtige Sachbehandlung gemäß § 21 GNotKG vor.[2]

22.239 **Pos. b):**

Der **Beschluss** über die **Bestellung des Geschäftsführers** der neu gegründeten GmbH hat keinen bestimmten Geldwert. Der Geschäftswert bestimmt sich gemäß § 108 I Satz 1, § 105 IV Nr. 1 mit 1 % des Stammkapitals, mindestens 30 000 Euro.

2. Entwurf der Handelsregisteranmeldung betreffend den Einzelkaufmann (ausgliedernder Rechtsträger)

22.240 **Pos. (1):**

Gemäß § 119 I bestimmt sich bei der Fertigung eines Entwurfes der Geschäftswert nach den für die Beurkundung geltenden Vorschriften. Es handelt sich bei der Anmeldung des ausgliedernden Einzelkaufmanns um eine spätere **Anmeldung ohne bestimmten Geldbetrag**, so dass gemäß § 105 IV Nr. 4 als Geschäftswert 30 000 Euro anzunehmen ist. Der Höchstwert beträgt 1 Mio. Euro (§ 106).

Die **Unterschriftsbeglaubigung löst keine zusätzliche Gebühr aus**, Vorbem. 2.4.1 II KV.

22.241 **Pos. (2):**

Für das notwendige Erzeugen der **XML-Strukturdatei** zur automatisierten Weiterbearbeitung beim Handelsregister erhält der Notar eine Gebühr von 0,3 nach Nr. 22114 KV. Der Betrag ist auf 250 Euro begrenzt. Eines gesonderten Auftrags bedarf es nicht; Vorbem. 2.2 I Hs. 2 KV. Die Gebühr entsteht neben einer möglichen Vollzugsgebühr nach Nrn. 22110 bzw. 22111 KV gesondert; siehe Anm. zu Nr. 22114 KV.

Der **Geschäftswert** bestimmt sich gem. § 112 wie bei der Beurkundung bzw. dem Entwurf (§ 119). Für das Übermitteln der Erklärungen an das Handelsregister entsteht gemäß Vorbem. 2.1 II Nr. 1 KV keine weitere Gebühr.

---

1 Lutter/*Karolluss*, UmwG, 4. Aufl. 2009, § 158 Rz. 9.
2 Siehe I. Überblick, Rz. 22.25.

3. Entwurf der Handelsregisteranmeldung betreffend die A-GmbH (neu gegründeter Rechtsträger)

Pos. (1): 22.242

Gemäß § 119 I bestimmt sich bei der Fertigung eines Entwurfes der Geschäftswert nach den für die Beurkundung geltenden Vorschriften. Es betrifft eine **Erstanmeldung** mit **bestimmtem Geldbetrag**. Den Geschäftswert bildet gemäß § 105 I Nr. 1 das einzutragende Stammkapital, mindestens 30 000 Euro. Die Erstanmeldung der GmbH **beinhaltet** auch die **Anmeldung** des **Geschäftsführers**. Der Höchstwert beträgt 1 Mio. Euro (§ 106).

Die **Unterschriftsbeglaubigung löst keine zusätzliche Gebühr aus**, Vorbem. 2.4.1 II KV.

Pos. (2): 22.243

Für das Fertigen der **Gesellschafterliste** der **A-GmbH** ist eine **Vollzugsgebühr** nach Vorbem. 2.2.1.1 I Nr. 3 KV in Höhe von **0,3** gemäß **Nr. 22111 KV**. Für die einzelne Gesellschafterliste gilt gemäß Nr. 22113 KV der Höchstbetrag an Gebühr von 250 Euro.

Der **Geschäftswert** bestimmt sich nach § 112 und entspricht dem Wert des Entwurfs der Handelsregisteranmeldung (§ 119).

Pos. (3): 22.244

Für das notwendige Erzeugen der **XML-Strukturdatei** zur automatisierten Weiterbearbeitung beim Handelsregister erhält der Notar eine Gebühr von 0,3 nach Nr. 22114 KV. Der Betrag ist auf 250 Euro begrenzt. Eines gesonderten Auftrags bedarf es nicht; Vorbem. 2.2 I Hs. 2 KV. Die Gebühr entsteht neben einer möglichen Vollzugsgebühr nach Nrn. 22110 bzw. 22111 KV gesondert; siehe Anm. zu Nr. 22114 KV.

Der **Geschäftswert** bestimmt sich gem. § 112 wie bei der Beurkundung bzw. dem Entwurf (§ 119). Für das Übermitteln der Erklärungen an das Handelsregister entsteht gemäß Vorbem. 2.1 II Nr. 1 KV keine weitere Gebühr.

D. Exkurs

aa) Ausgliederung aus dem Vermögen eines Einzelkaufmanns zur Aufnahme

Wird die **Ausgliederung** eines Rechtsträgers zur **Aufnahme** auf andere bestehende Rechtsträger gegen Gewährung von Anteilen oder Mitgliedschaften beurkundet, liegt kostenrechtlich ein **Austauschvertrag** gemäß **§ 97 III** vor. Der **Gebührensatz** beträgt nach Nr. 21100 KV eine **2,0**. 22.245

Angesprochene **immaterielle Vermögensgegenstände** (bspw. Internet-Domains) sind bei der Geschäftswertbildung zu berücksichtigen. 22.246

Beispiel:
A betreibt einen Internethandel in Form eines Einzelunternehmens und zugleich über die A-GmbH. Aufgrund der separaten Buchführung für beide Unternehmen sowie der Notwendigkeit der Bilanzierung für die GmbH erfolgt die Beurkundung der Ausgliederung des Einzelunternehmens zur Aufnahme. Das Einzelunternehmen hat eine Aktivsumme von 500 000 Euro. Hinzu kommen erworbene Internet-Domains, die A ausweislich seiner Einnahmen-/Überschuss-Rechnung für 15 000 Euro erworben hat. Diese könnten als sogenannte „derivative immaterielle Vermögensgegenstände" in der Bilanz der GmbH aktiviert werden. Eine entsprechende Regelung wird im Ausgliederungsvertrag aufgenommen, so dass die dem Einzelunternehmen des A wirtschaftlich zuzurechnenden Domains mit übergehen. Der Notar beurkundet u.a. den Ausgliederungsvertrag. A erhält an der A-GmbH einen Geschäftsanteil von nominal 5000 Euro, der über eine Kapitalerhöhung an der A-GmbH erbracht wird. Den **Geschäftswert** bildet gemäß § 97 I, 3 der höhere Wert im Vergleich von der Bilanzsumme des A (500 000 Euro) zuzüglich 15 000 Euro (Internet-Domains) oder dem Wert des gewährten Geschäftsanteils an der A-GmbH.

4. Formwechsel

→ **Fall 11: Formwechsel von Kapitalgesellschaft (GmbH) in Personengesellschaft (OHG)**

A. Sachverhalt

22.247 Beurkundet wird der **Formwechsel** der AB-GmbH (zwei Gesellschafter und ein Stammkapital von insgesamt 40 000 Euro) im Wege des UmwG in die AB-OHG (zwei Gesellschafter). Laut Stichtagsbilanz hat der formwechselnde Rechtsträger ein Aktivvermögen von 800 000 Euro.

In dem Vertrag **verzichten die Gesellschafter** auf die Erstellung eines Umwandlungsberichtes und auf die Anfechtung des Umwandlungsbeschlusses. Zum Vermögen des formwechselnden Rechtsträgers zählt Grundbesitz. Dessen Verkehrswert beläuft sich auf 400 000 Euro. Der Betrag bildet auch den Buchwert lt. Bilanz.

In der Urkunde wird der **Antrag auf Berichtigung des Grundbuches** gestellt.

Der Notar beurkundet den gesamten Umwandlungsvorgang und entwirft die **Handelsregisteranmeldung** des formwechselnden Rechtsträgers. Zur automatisierten Weiterbearbeitung des Vorgangs beim Handelsregister hat der Notar zudem eine **XML-Strukturdatei** zu fertigen.

Bereits im Vorfeld war der Notar zusätzlich damit beauftragt worden, die **Satzung des Zielrechtsträgers** zu entwerfen.

B. Rechnungen

1. Formwechselbeschluss, Verzichtserklärungen, Antrag auf Grundbuchberichtigung

Pos.	Gebührentatbestände	Geschäftswert	KV-Nr.	Satz	Betrag
	Beurkundungsverfahren (§§ 110 Nr. 1, 109 I, II, 35 I, 86 II)	980 000	21100	2,0	~~3470,00~~
a)	Beschluss Formwechsel (§ 108 III)	800 000	21100	2,0	2830,00
b)	Verzichtserklärungen (§ 36 I)	80 000	21200	1,0	219,00
c)	Antrag der Grundbuchberichtigung (§§ 36 I, 46)	100 000	21201 Nr. 4	0,5	136,50

22.248

2. Entwurf der Handelsregisteranmeldung

Pos.	Gebührentatbestände	Geschäftswert	KV-Nr.	Satz	Betrag
(1)	Entwurf der Anmeldung (§§ 119 I, 105 III Nr. 2, 92 II)	45 000	24102, 21201 Nr. 5	0,5	77,50
(2)	Vollzug – Fertigen der XML-Strukturdatei (§ 112)	45 000	22114	0,3	46,50

22.249

3. Entwurf der Satzung des Zielrechtsträgers (AB-OHG)

Pos.	Gebührentatbestände	Geschäftswert	KV-Nr.	Satz	Betrag
	Entwurf Satzung Zielrechtsträger (§ 119 I, 97 I, § 92 II)	800 000	24100, 21100	2,0	2830,00

22.250

C. Erläuterungen

1. Formwechselbeschluss, Verzichtserklärungen, Zustimmungserklärungen

Gemäß **§ 110 Nr. 1** liegen stets beim Aufeinandertreffen von **Beschlüssen** der Organe einer Vereinigung oder Stiftung wie vorliegend dem Formwechselbeschluss **und** rechtsgeschäftlichen **Erklärungen** (Verzichtserklärungen, Grundbuchberichtigung) **in einer Urkunde** verschiedene Beurkundungsgegenstände vor, auch wenn zwischen ihnen ein Abhängigkeitsverhältnis nach § 109 I vorliegen würde.

22.251

Haben die einzelnen Beurkundungsgegenstände des Beurkundungsverfahrens **verschiedene Gebührensätze** (Formwechselbeschluss = 2,0; Verzichtserklärungen = 1,0; Antrag der Grundbuchberichtigung = 0,5), ist gemäß **§ 94 I** ein **Vergleich** vorzunehmen zwischen der Summe der getrennt berechneten Gebühren und der Gebühr aus dem höchsten Gebührensatz und der Wertesumme. Der geringere Gebührenbetrag ist maßgebend.

22.252 **Pos. a):**

Der Geschäftswert des **Beschlusses** über den **Formwechsel** bestimmt sich gemäß § 108 III nach dem Wert des Vermögens des formwechselnden Rechtsträgers. Gemäß § 38 werden 2die Verbindlichkeiten nicht abgezogen.

22.253 **Pos. b):**

Für die **Verzichtserklärungen** der **Gesellschafter** ist ein Teilwert aus dem Anteil des Verzichtenden am Vermögen des formwechselnden Rechtsträgers maßgebend (Vorschlag: 5 bis 20 % je nach Umfang des/der Verzichte[s]).[1] Im vorliegenden Fall wird **folgende Berechnung** vorgeschlagen:

10 % von 800 000 Euro (Vermögen des formwechselnden Rechtsträgers) = 80 000 Euro

22.254 **Pos. c):**

Die Eintragung der neuen Rechtsform in das Register ändert nichts an der Identität. § 202 I Nr. 1 UmwG bestimmt, dass der formwechselnde Rechtsträger in der in dem Umwandlungsbeschluss bestimmten Rechtsform weiter besteht. Demzufolge ist nicht von einem Eigentümerwechsel zu sprechen, sondern lediglich von der Berichtigung der Rechtsform des Eigentümers. Entsprechend kann für den Geschäftswert des **Grundbuchberichtigungsantrages** nicht vom vollen Wert des betroffenen Grundstückes, sondern nur von einem über § 36 I zu ermittelnden Teilwert ausgegangen werden.[2]

Hinsichtlich der Höhe des Teilwertes, der mit 10 bis 30 % des Grundstückswertes als angemessen und vertretbar angesehen wird, ist vom OLG Nürnberg[3] unlängst eine Entscheidung zur Bewertung der Namensberichtigung des Grundstückseigentümers ergangen. Der Entscheidung lag die formwechselnde Umwandlung einer GmbH & Co. KG in eine GmbH zugrunde. Das Gericht hat dabei folgende Kriterien festgelegt: Einerseits ist angesichts der Identitätswahrung des Rechtsträgers die wirtschaftliche Bedeutung der Namensberichtigung eher zurückhaltend zu bewerten. Andererseits ist zu berücksichtigen, dass der Formwechsel für die Umstrukturierung eine zumeist nicht geringe Bedeutung hat, etwa was die Vertretungs-, Haftungs- und Teilhabeverhältnisse betrifft. Deshalb kommt es für die Bemessung des Geschäftswerts, die nach § 36 I erfolgt, auch darauf an, zwischen welchen Gesellschaftsformen die formwechselnde – identitätswahrende – Umwandlung im Einzelfall stattgefunden hat. Die formwechselnde Umwandlung einer Personenhandelsgesellschaft (hier einer GmbH & Co.KG) in eine Kapitalgesellschaft (hier eine GmbH) ist mit einem Wegfall der persönlichen (wenngleich in der Höhe beschränkten) Haftung der Kommanditisten verbunden. Dies hat nicht unerheblich wirtschaftliche Folgen für die Gesellschafter wie für die Gesellschaftsgläubiger. Demgemäß wird der Ansatz von lediglich einem Zehntel des Verkehrswerts des Grundstücks der Bedeutung der Umwandlung im vorliegenden Fall nicht gerecht, andererseits erscheint ein Ge-

---

1 Zu weiteren Differenzierungen der Bewertung abgegebener Verzichte bei Umwandlungsvorgängen wird auf die Ausführungen von Leipziger Kommentar GNotKG/*Heinze*, § 107 Rz. 71 ff. verwiesen.
2 Siehe auch Rz. 8.136 ff.
3 OLG Nürnberg v. 14.12.2015 – 15 W 2277/15, MDR 2016, 488.

schäftswert von 50 % des Verkehrswerts als übersetzt. Angemessen erscheint vielmehr der Ansatz eines Viertels des Grundstückswerts.

In Anlehnung der Entscheidung des OLG Nürnberg wird für den vorliegenden Fall **folgende Berechnung** vorgeschlagen:

25 % von 400 000 Euro (Grundstückswert) = 100 000 Euro

Exkurs:

Wünschen die Gesellschafter im Hinblick auf das vorhandene Grundstück, dass es als **steuerlicher Mitunternehmeranteil ins Privatvermögen** der bzw. eines Gesellschafters übergehen soll, liegt keine Grundbuchberichtigung bzw. Richtigstellung vor, sondern es ist eine **rechtsgeschäftliche Eigentumsübertragung** notwendig. Für die Bewertung des Verpflichtungsgeschäftes nebst Auflassung fällt eine 2,0 Gebühr nach Nr. 21100 KV an. Als Geschäftswert ist gemäß § 46 der Wert des Grundstücks anzunehmen. Es besteht Gegenstandsverschiedenheit zum Formwechselbeschluss gemäß § 110 Nr. 1.

2. Entwurf der Handelsregisteranmeldung

Pos. (1): 22.255

Gemäß § 119 I bestimmt sich bei der Fertigung eines Entwurfes der Geschäftswert nach den für die Beurkundung geltenden Vorschriften. Beim Formwechsel einer GmbH (HR-B Register) in eine OHG (HR-A Register) erfolgt die Anmeldung der neuen Rechtsform zu dem Register, in dem der formwechselnde Rechtsträger eingetragen ist. Kostenrechtlich wird sie wie eine **Erstanmeldung** betrachtet. Bei einer OHG ist der Geschäftswert gemäß § 105 II, III Nr. 2 bei zwei Gesellschaftern 45 000 Euro. Hat die Gesellschaft wiederum mehr als zwei Gesellschafter, erhöht sich der Wert für den dritten und jeden weiteren Gesellschafter um jeweils 15 000 Euro. Der Höchstwert einer Registeranmeldung beträgt 1 Mio. Euro (§ 106).

Die **Unterschriftsbeglaubigung löst keine zusätzliche Gebühr aus**, Vorbem. 2.4.1 II KV.

Exkurs:

Ändert sich durch den Formwechsel die **Art** des für den Rechtsträger maßgebenden **Registers** (Handelsregister, Genossenschaftsregister, Vereinsregister) **oder** wird durch eine mit dem Formwechsel verbundene Sitzverlegung die **Zuständigkeit** eines anderen **Registergerichts** begründet, ist gemäß § 198 II UmwG die Umwandlung auch in das für die neue Rechtsform maßgebende Register anzumelden. Kostenrechtlich sind zwei Entwürfe zu bewerten: eine spätere Anmeldung ohne bestimmten Geldbetrag (§ 105 IV) und eine Erstanmeldung (§§ 105 I oder III). Kein Fall des § 198 II UmwG ist wie im vorliegenden Fall der Formwechsel zwischen Kapitalgesellschaften und Personengesellschaften, weil sich nicht die Art des Registers ändert, sondern nur die Abteilung (A oder B) desselben Registers.[1]

22.256

---

1 Limmer/*Limmer*, Handbuch der Unternehmensumwandlung, Teil 4 Rz. 308 m.w.N.

22.257 **Pos. (2):**

Für das notwendige Erzeugen der **XML-Strukturdatei** zur automatisierten Weiterbearbeitung beim Handelsregister erhält der Notar eine Gebühr von 0,3 nach Nr. 22114 KV. Der Betrag ist auf 250 Euro begrenzt. Eines gesonderten Auftrags bedarf es nicht; Vorbem. 2.2 I Hs. 2 KV. Die Gebühr entsteht neben einer möglichen Vollzugsgebühr nach Nrn. 22110 bzw. 22111 KV gesondert; siehe Anm. zu Nr. 22114 KV.

Der **Geschäftswert** bestimmt sich gem. § 112 wie bei der Beurkundung bzw. dem Entwurf (§ 119). Für das Übermitteln der Erklärungen an das Handelsregister entsteht gemäß Vorbem. 2.1 II Nr. 1 KV keine weitere Gebühr.

3. Entwurf der Satzung des Zielrechtsträgers

22.258 Das **vollständige Erstellen** der **Satzung** in Vorbereitung des Formwechsels ist nicht von der Beschlussgebühr erfasst.[1] Es betrifft eine selbständige **Entwurfstätigkeit**, die in der Bewertung gemäß § 92 II den höchsten **Gebührenrahmen** von 2,0 gemäß Nr. 24100 KV verlangt. Der **Geschäftswert** richtet sich gemäß § 97 I nach dem Gesellschaftsvermögen.

Exkurs:

22.259 Für das **Überprüfen, Ändern** oder **Ergänzen** eines dem Notar vorgelegten **Satzungsentwurfs** findet gemäß Vorbem. 2.4.1 III KV ebenfalls der Abschnitt 1 von Hauptabschnitt 4 KV – Entwurf und Beratung – Anwendung. Im vorliegenden Fall liegt die Rahmengebühr aufgrund der Anwendung der Nrn. 24100, 21100 KV bei 0,5 bis 2,0 und einem Mindestbetrag an Gebühr von 120,00 Euro. Die Ausübung des Rahmens bestimmt sich dabei gemäß § 92 I nach dem Umfang der erbrachten Leistung, d.h. der mit der Überprüfung, Änderung und/oder Ergänzung verbundene Aufwand. § 92 II ist nicht einschlägig, weil seine Anwendung das *vollständige* Erstellen des Entwurfes voraussetzt. Verlangt jedoch die Überprüfung im Ergebnis eine vollständige Überarbeitung des Entwurfs, kann auch über § 92 I die Höchstgebühr von 2,0 zur Anwendung kommen.

22.260 Wirkt der Notar an der Vorbereitung der Gesellschafterversammlung mit, kann auch der Ansatz einer **Beratungsgebühr** nach Nr. 24203 KV in Betracht kommen.

D. Exkurs

aa) Formwechsel von Personen- in Kapitalgesellschaft

22.261 Grundsätzlich erfolgt die Bewertung wie im vorstehend dargelegten Fall beschrieben. Problematisch ist bei diesen Umwandlungsvorgängen die Kapitalaufbringung. Die für die GmbH vorgesehenen Sachgründungs- und Kapitalaufbringungsvorschriften gelten analog. Insofern muss der Notar vor Beurkundung eines solchen Beschlusses prüfen, ob das handelsbilanzielle Eigenkapital der Personengesellschaft das GmbH-Stammkapital deckt. Falls dies problematisch erscheint, sind entsprechende Vorsorgemaßnahmen anzuraten (z.B. Aufstockung des Fest-

---

[1] A.A. Korintenberg/*Diehn*, GNotKG, § 109 Rz. 112; Bormann/Diehn/Sommerfeldt/*Bormann*, GNotKG, § 109 Rz. 68.

IV. Umwandlungsvorgänge

kapitals etc.), die sich bei Beurkundung auf den Geschäftswert des Verfahrens auswirken.

→ **Fall 12: Formwechsel von Kapitalgesellschaft (GmbH) in Personengesellschaft (GmbH & Co. KG)**

A. Sachverhalt

Der alleinige Gesellschafter A der formwechselnden EF GmbH (Stammkapital: 550 000 Euro) **teilt seinen Geschäftsanteil** Nr. 1 von 550 000 Euro in zwei Geschäftsanteile mit der Nr. 2 in Höhe von 549 900 Euro und Nr. 3 in Höhe von 100 Euro. Gemäß der Satzung kann die Teilung von Geschäftsanteilen ohne Gesellschafterbeschluss erfolgen. Der **neu gebildete Geschäftsanteil Nr. 1 mit 100 Euro** wird von dem alleinigen Gesellschafter an die FF Verwaltungs-GmbH (Komplementär-GmbH) **abgetreten**. Die Abtretung erfolgt an die Komplementär-GmbH zu treuen Händen. Im Hinblick auf den Formwechsel darf die Komplementär-GmbH – soweit rechtlich zulässig – Rechte nur nach Weisung und nur für Rechnung des Gesellschafters A wahrnehmen. Eine **Gegenleistung** ist **nicht zu erbringen**. Nach den Vorschriften des Gesellschaftsvertrages und aufgrund dessen, dass A alleiniger Gesellschafter ist, bedarf die Übertragung und Abtretung des Geschäftsanteils keiner weiteren Zustimmung.

22.262

Die **Gesellschafterversammlung** der EF GmbH **beschließt** den **Formwechsel** gemäß §§ 190 ff., 226, 228 ff. UmwG in die EF GmbH & Co. KG. Komplementärin ist die EF Verwaltungs-GmbH. Sie ist an der Kommanditgesellschaft beteiligt, erhält aber weder einen festen noch einen variablen Kapitalanteil. Kommanditist wird A mit einer Kommanditeinlage von 549 000 Euro, die zugleich Haftsumme ist. Der Gesellschaftsvertrag wird gemäß dem aus der Anlage der Urkunde ersichtlichen Inhalt festgestellt.

Auf die Erstellung des **Umwandlungsberichtes** gemäß § 230 I, § 192 II Satz 1 UmwG, die Unterbreitung des **Angebotes auf Barabfindung** gemäß § 207 UmwG, die **Klage gegen** die **Wirksamkeit des Beschlusses** gemäß § 198 III, § 16 II Satz 2 UmwG wird ausdrücklich **verzichtet**. Die gemäß § 233 II Satz 3 UmwG erforderliche **Zustimmung** der **künftigen Komplementär-GmbH** wird erteilt. A war an der EF GmbH ein **Sonderrecht auf Geschäftsführung** eingeräumt worden. Er erteilt gemäß § 233 II, § 50 II UmwG seine **Zustimmung**.

Lt. maßgeblicher Bilanz beträgt das ausgewiesene **Aktivvermögen 6 000 000 Euro**. Das **Eigenkapital** nach § 266 III HGB hat einen Betrag von **1 100 000 Euro**.

Der Notar beurkundet den gesamten Umwandlungsvorgang und entwirft die **Handelsregisteranmeldung** des formwechselnden Rechtsträgers. Zur automatisierten Weiterbearbeitung des Vorgangs beim Handelsregister hat der Notar zudem eine **XML-Strukturdatei** zu fertigen.

Für den **Vollzug** des Vorgangs wird der Notar damit beauftragt, die **Gesellschafterliste zur Anteilsabtretung** zu fertigen. Die Satzung des Zielrechtsträgers wurde nicht vom Notar entworfen.

B. Rechnungen

1. Formwechselbeschluss, Verzichtserklärungen, Zustimmungserklärungen

22.263

Pos.	Gebührentatbestände	Geschäftswert	KV-Nr.	Satz	Betrag
(1)	Beurkundungsverfahren (§§ 109 I, II, 110 Nr. 1, 86 II, 94 I)	6 000 200	21100	2,0	17 830,00
	a) Geschäftsanteilsübertragung (§§ 97 I, 54)	200	21100	2,0	
	b) Teilungserklärung Geschäftsanteil (§ 36 I)	~~55 000~~	~~21200~~	~~1,0~~	
	c) Beschluss Formwechsel (§ 108 III)	5 000 000	21100	2,0	
		5 000 200			~~16 530,00~~
	d) Zustimmungserklärungen (§ 98 I)	1 000 000	21200	1,0	
	e) Verzichtserklärungen (§ 36 I)	~~600 000~~	~~21200~~	~~1,0~~	~~1735,00~~
(2)	Vollzug – Gesellschafterliste gem. § 40 GmbHG (§ 112; Vorbem. 2.2.1.1, I Nr. 3 KV)	6 000 200	22110, 22113	0,5	~~4457,50~~ max. 250,00

2. Entwurf der Handelsregisteranmeldung

22.264

Pos.	Gebührentatbestände	Geschäftswert	KV-Nr.	Satz	Betrag
(1)	Entwurf der Anmeldung (§§ 119 I, 105 III Nr. 2, 92 II)	579 000	24102, 21201 Nr. 5	0,5	547,50
(2)	Vollzug – Fertigen der XML-Strukturdatei (§ 112)	579 000	22114	0,3	~~328,50~~ max. 250,00

C. Erläuterungen

1. Formwechselbeschluss, Verzichtserklärungen, Zustimmungserklärungen

22.265 **Pos. (1):**

Bei der Zusammenbeurkundung der GmbH-Geschäftsanteilsabtretung sowie der Verzichts- und Zustimmungserklärungen mit dem Formwechselbeschluss liegen gemäß § 110 Nr. 1, § 86 II verschiedene Beurkundungsgegenstände vor.

Hingegen hat die Teilungserklärung zur GmbH-Geschäftsanteilsabtretung genauso wie die zum Umwandlungsvorgang notwendigen Verzichts- und Zustimmungserklärungen untereinander denselben Beurkundungsgegenstand gemäß § 109 I Satz 1–3, 5.

IV. Umwandlungsvorgänge

Vorliegend haben die Beurkundungsgegenstände verschiedene Gebührensätzen (Geschäftsanteilsabtretung, Formwechselbeschluss = 2,0; Teilungserklärung, Zustimmungserklärung, Verzichtserklärung = 1,0), so dass gemäß § 94 I ein Vergleich zwischen der Summe der getrennt berechneten Gebühren und der Gebühr aus dem höchsten Gebührensatz und der Wertesumme vorzunehmen ist. Der geringere Gebührenbetrag ist maßgebend.

Pos. (1), a): 22.266

Bei der Übertragung und Abtretung des GmbH-Geschäftsanteils bestimmt sich der Geschäftswert nach § 97 I, § 54. Maßgebend ist der Wert des Geschäftsanteils. Sein Geschäftswert bestimmt sich gemäß § 54. Sofern keine genügenden Anhaltspunkte für einen höheren Wert bestehen, entspricht der Geschäftswert dem anteiligen Eigenkapital im Sinne von § 266 III HGB. Grundstücke, Gebäude, grundstücksgleiche Rechte, Schiffe und Schiffsbauwerke sind dabei mit ihrem Verkehrswert (§ 46) zu berücksichtigen.

Pos. (1), b): 22.267

Erfolgt die Teilung eines GmbH-Geschäftsanteils durch Erklärung des Gesellschafters, handelt es sich um eine einseitige Erklärung, für welche eine 1,0 Gebühr nach Nr. 21200 KV zu erheben ist. Der Geschäftswert ist nach § 36 I zu bilden. Den Bezugswert bildet der Nennbetrag des betroffenen GmbH-Geschäftsanteils. Hieraus ist ein angemessener Teilwert zu bilden.[1] Für den vorliegenden Fall werden 10–30 % vorgeschlagen.

Pos. (1), c): 22.268

Der Geschäftswert des Beschlusses über den Formwechsel bestimmt sich gemäß § 108 III nach dem Wert des Vermögens des formwechselnden Rechtsträgers. Gemäß § 38 werden die Verbindlichkeiten nicht abgezogen. Der Höchstwert von Beschlüssen beträgt 5 000 000 Euro, auch wenn mehrere Beschlüsse mit verschiedenem Gegenstand in einem Beurkundungsverfahren zusammengefasst werden; § 108 V.

Exkurs:

Wirkt der Notar an der Vorbereitung der Gesellschafterversammlung mit, kann auch der Ansatz einer Beratungsgebühr nach Nr. 24203 KV in Betracht kommen. 22.269

Pos. (1), d): 22.270

Für die Zustimmungserklärungen der Komplementär-GmbH nach **§ 233 UmwG** sowie des A als Gesellschafter und Geschäftsführer des formwechselnden Rechtsträgers gemäß **§ 233 i.V.m. § 50 II UmwG**, ist § 98 I einschlägig. Maßgebend ist die Hälfte des Geschäftswerts des zugrunde liegenden Geschäfts (= Formwechselbeschluss). Bei der Komplementär-GmbH ist wiederum gemäß § 98 II der Bruchteil zu beachten, der der Beteiligung des Komplementärs entspricht. Gemäß § 98 IV beträgt der Höchstwert einer Zustimmungserklärung 1 000 000 Euro.

---

[1] Rz. 21.754.

22.271 Pos. (1), e):

Für die Verzichtserklärungen der Gesellschafter ist ein Teilwert aus dem Anteil des Verzichtenden am Vermögen des formwechselnden Rechtsträgers maßgebend (Vorschlag: 5 bis 20 % je nach Umfang des/der Verzichte [s]).[1] Im vorliegenden Fall wird folgende Berechnung vorgeschlagen:

10 % von 6 000 000 Euro (Vermögen des formwechselnden Rechtsträgers) = 600 000 Euro

22.272 Pos. (2):

Das Fertigen der Gesellschafterliste (§ 40 GmbHG) zur GmbH-Geschäftsanteilsabtretung stellt eine Vollzugstätigkeit zur Anteilsabtretung dar. Zu erheben ist eine 0,5 Gebühr nach Nr. 22110 KV. Gemäß Nr. 22113 KV ist der Betrag der Gebühr auf max. 250 Euro pro gefertigter Gesellschafterliste begrenzt. Für das Tätigwerden braucht es eines ausdrücklichen Auftrages gemäß Vorbem. 2.2 I KV. Er kann formfrei erfolgen und sich auch konkludent durch schlüssiges Handeln ergeben.

Der Geschäftswert bestimmt sich nach § 112 und entspricht dem Wert des Entwurfs der Handelsregisteranmeldung (§ 119).

2. Entwurf der Handelsregisteranmeldung

22.273 Pos. (1):

Gemäß § 119 I bestimmt sich bei der Fertigung eines Entwurfes der Geschäftswert nach den für die Beurkundung geltenden Vorschriften. Beim Formwechsel einer GmbH (HR-B Register) in eine GmbH & Co. KG (HR-A Register) erfolgt die Anmeldung der neuen Rechtsform zu dem Register, in dem der formwechselnde Rechtsträger eingetragen ist, nämlich dem Handelsregister. Kostenrechtlich wird sie wie eine Erstanmeldung betrachtet. Bei einer KG entspricht der Geschäftswert gemäß § 105 I Nr. 5 der Summe der Kommanditeinlagen zzgl. 30 000 Euro für den ersten Komplementär und 15 000 Euro für jeden weiteren. Der Höchstwert einer Registeranmeldung beträgt 1 Mio. Euro (§ 106).

Die Unterschriftsbeglaubigung löst keine zusätzliche Gebühr aus, Vorbem. 2.4.1 II KV.

Exkurs:

22.274

Ändert sich durch den Formwechsel die Art des für den Rechtsträger maßgebenden Registers (Handelsregister, Genossenschaftsregister, Vereinsregister) oder wird durch eine mit dem Formwechsel verbundene Sitzverlegung die Zuständigkeit eines anderen Registergerichts begründet, ist gemäß § 198 II UmwG die Umwandlung auch in das für die neue Rechtsform maßgebende Register anzumelden. Kostenrechtlich sind zwei Entwürfe zu bewerten: eine spätere Anmeldung ohne bestimmten Geldbetrag (§ 105 IV) und eine Erstanmeldung (§§ 105 I oder III). Kein Fall des § 198 II UmwG ist wie im vorliegenden Fall der Formwechsel zwischen Kapitalgesellschaften und Personengesellschaften, weil sich

---

[1] Zu weiteren Differenzierungen der Bewertung abgegebener Verzichte bei Umwandlungsvorgängen wird auf die Ausführungen von Leipziger Kommentar GNotKG/*Heinze*, § 107 Rz. 71 ff. verwiesen.

nicht die Art des Registers ändert, sondern nur die Abteilung (A oder B) desselben Registers.[1]

Pos. (2): 22.275

Für das notwendige Erzeugen der XML-Strukturdatei zur automatisierten Weiterbearbeitung beim Handelsregister erhält der Notar eine Gebühr von 0,3 nach Nr. 22114 KV. Der Betrag ist auf 250 Euro begrenzt. Eines gesonderten Auftrags bedarf es nicht; Vorbem. 2.2 I Hs. 2 KV. Die Gebühr entsteht neben einer möglichen Vollzugsgebühr nach Nrn. 22110 bzw. 22111 KV gesondert; siehe Anm. zu Nr. 22114 KV.

Der Geschäftswert bestimmt sich gem. § 112 wie bei der Beurkundung bzw. dem Entwurf (§ 119). Für das Übermitteln der Erklärungen an das Handelsregister entsteht gemäß Vorbem. 2.1 II Nr. 1 KV keine weitere Gebühr.

5. Grenzüberschreitende Umwandlungsvorgänge

→ **Fall 13: SE-Gründung (§§ 5 ff. SEAG, Art. 17 ff. SE-VO)**

A. Sachverhalt

Die L-AG in Chemnitz will mit der W-AG in Wien fusionieren zur LW SE, die 22.276 ihren Sitz in Leipzig haben soll. Im Vorfeld hat die L-AG, die die W-AG aufnehmen soll, eine Kapitalerhöhung auf 120 000 Euro durchgeführt. Die W-AG mit einem Grundkapital von 70 000 Euro wurde erst kürzlich gegründet, um die Verschmelzung zur SE durchführen zu können. Das Aktivvermögen der Gesellschaft beträgt 100 000 Euro. Die L-AG (mit zukünftigem Sitz in Leipzig) hat ca. 30 Arbeitnehmer. Rechtsanwalt M ist mit der Bildung eines besonderen Verhandlungsgremiums über die Beteiligung der Arbeitnehmer beauftragt. Die SE soll künftig ein monistisches Leitungssystem (Art. 43 ff. SE-VO sowie §§ 20 ff. SEAG) haben. Die Mitglieder des Vorstands und Aufsichtsrats der L-AG legen ihr Mandat mit Eintragung der SE im Handelsregister nieder, weil die SE einem anderen Rechtsstatut unterliegt als die deutsche AG (Art. 29 SE-VO).

Der Notar L in Leipzig beurkundet:

a) den **Verschmelzungsplan** gemäß Art. 20 SE-VO einschließlich Satzungsfeststellung,

b) die **Hauptversammlung** der L-AG mit der **Zustimmung** zum **Verschmelzungsplan**,

c) die **Bestellung** von X, Y und Z zu geschäftsführenden **Direktoren** der SE.

Die Aktionäre der deutschen und österreichischen Gesellschaften verzichten in gesonderten Urkunden auf die Erstellung des Verschmelzungsberichtes sowie auf die Verschmelzungsprüfung.

Nach Vorlage der Verschmelzungsbescheinigung des österreichischen Firmenbuchgerichts,[2] die inhaltlich den Vorgaben des § 122l UmwG entspricht und nicht älter als 6 Monate ist sowie der sonstigen Eintragungsvoraussetzungen nach deutschem Recht hat, der Notar die Hereinverschmelzung beim Register

---
1 Limmer/*Limmer*, Handbuch der Unternehmensumwandlung, Teil 4, Rz. 308 m.w.N.
2 *Herrler/Schneider*, GmbHR 2011, 795, 802.

am Sitz der übernehmenden Gesellschaft anzumelden. Er entwirft hierzu die entsprechende Registeranmeldung.

B. Rechnung

1. Verschmelzungsplan, Beschlüsse

22.277

Pos.	Gebührentatbestände	Geschäfts-wert	KV-Nr.	Satz	Betrag
	Beurkundungsverfahren (§§ 110 Nr. 1109 I, II, 35 I, 86 II)	230 000	21100	2,0	970,00
	a) Verschmelzungsplan (§§ 97 I, III, 107 I, 38)	100 000	21100	2,0	
	b) Zustimmungsbeschluss (§ 108 III)	100 000	21100	2,0	
	c) Beschluss Bestellung der geschäftsführenden Direktoren beim aufnehmenden Rechtsträger (§§ 108 I, 105 IV Nr. 1)	30 000	21100	2,0	

2. Entwurf der Handelsregisteranmeldung L-AG beim Registergericht (aufnehmender Rechtsträger; Gründung SE)

22.278

Pos.	Gebührentatbestände	Geschäfts-wert	KV-Nr.	Satz	Betrag
(1)	Entwurf der Anmeldung (§§ 119 I, 105 IV Nr. 1, 92 II, 111 Nr. 3) Anmeldung:	120 000	24102, 21201 Nr. 5	0,5	150, 00
	a) Verschmelzung (§ 105 IV Nr. 1)	30 000	21201 Nr. 5	0,5	
	b) geschäftsführender Direktor X (§ 105 IV Nr. 1)	30 000	21201 Nr. 5	0,5	
	c) geschäftsführernder Direktor Y (§ 105 IV Nr. 1)	30 000	21201 Nr. 5	0,5	
	d) geschäftsführernder Direktor Z (§ 105 IV Nr. 1)	30 000	21201 Nr. 5	0,5	
(2)	Vollzug – Fertigen der XML-Strukturdatei (§ 112)	120 000	22114	0,3	90, 00

C. Erläuterungen

1. Verschmelzungsplan, Beschlüsse

22.279 Gemäß **§ 110 Nr. 1** liegen stets beim Aufeinandertreffen von **Beschlüssen** der Organe einer Vereinigung oder Stiftung wie vorliegend bei den Zustimmungsbeschlüssen und rechtsgeschäftlichen **Erklärungen** (Verschmelzungsplan) **in einer Urkunde** verschiedene Beurkundungsgegenstände vor, auch wenn zwischen ihnen ein Abhängigkeitsverhältnis nach § 109 I bestehen würde.

IV. Umwandlungsvorgänge

Pos. a): 22.280

Gemäß Art. 2 I, 17 ff. SE-VO i.V.m. §§ 5 ff. SEAG kann eine SE im Wege der Verschmelzung von Aktiengesellschaften gegründet werden. Voraussetzung ist, dass mindestens zwei der Aktiengesellschaften dem Recht verschiedener Mitgliedsstaaten unterliegen. Gemäß **Art. 15 I SE-VO** findet auf die **Gründung einer SE das für Aktiengesellschaften geltende Recht** des Staates **Anwendung**, in dem die SE ihren Sitz begründet.

Die vorliegende zu gründende SE erfolgt durch Verschmelzung zur Aufnahme (Art. 17 II Satz 1a) SE-VO). Die Rechtswirkungen (Art. 29 I SE-VO) sind mit denen einer innerdeutschen Verschmelzung von Aktiengesellschaften zur Aufnahme vergleichbar. Mit dem Wirksamwerden der Verschmelzung wandelt sich der aufnehmende Rechtsträger in eine SE um; Art. 17 II Satz 2 SE-VO. § 122c UmwG bestimmt für die grenzüberschreitende Verschmelzung von Kapitalgesellschaften, dass das Vertretungsorgan einer beteiligten Gesellschaft zusammen mit den Vertretungsorganen der übrigen beteiligten Gesellschaften einen gemeinsamen **Verschmelzungsplan** aufzustellen hat. Bei diesem Verschmelzungsplan handelt es sich nicht um eine neue rechtsgeschäftliche Kategorie, sondern um einen Verschmelzungsvertrag, der weitgehend den Vorgaben des § 5 UmwG im Grundsatz entspricht; d.h. die Aufstellung des Verschmelzungsplans bedeutet nichts anderes als den Vertragsschluss im nationalen Umwandlungsrecht mit der Besonderheit, dass die Arbeitnehmerfolgen in der Vereinbarung über die Arbeitnehmerbeteiligung, die das besondere Verhandlungsgremium abschließt, geregelt werden.[1] Kostenrechtlich gilt damit auch für die Beurkundung des Verschmelzungsplans der Gebührensatz von **2,0 Gebühr** nach **Nr. 21100 KV**. Auch der **Geschäftswert** bestimmt sich wie beim herkömmlichen Verschmelzungsvertrag nach § 97 I, III. Das Vermögen des übertragenden Rechtsträgers ist mit den Anteilen (= Mitgliedschaften; Geschäftswert gemäß § 54) am aufnehmenden Rechtsträger zu vergleichen. Der höhere Wert der gegenseitigen Leistungen bildet den Geschäftswert. Gemäß § 38 besteht ein Schuldenabzugsverbot.

Exkurs:

Bei der Beurkundung der **Verzichtserklärungen der Gesellschafter** gelten hinsichtlich der Bewertung die Vorgaben wie bei der Verschmelzung zur Aufnahme unter Rz. 22.44. 22.281

Hinsichtlich notwendiger **Bekanntmachungen** für die L-AG nach §§ 61, 62 UmwG wird auf Rz. 22.112 ff. verwiesen. 22.282

Die Gründung einer SE ist neben der Verschmelzung zur Aufnahme gemäß Art. 17 II Satz 1 b) SE-VO auch über die **Verschmelzung zur Neugründung** möglich. Auch hier kann hinsichtlich der Bewertung auf die Bestimmungen für eine innerdeutsche Verschmelzung zur Neugründung verwiesen werden. 22.283

Pos. b): 22.284

Der Wert des Beschlusses über die Zustimmung zum Verschmelzungsplan einschließlich der Vereinbarung des besonderen Verhandlungsgremiums über die Arbeitnehmerbeteiligung entspricht gemäß § 108 III dem Aktivvermögen des

---
1 Limmer/*Limmer*, Handbuch der Unternehmensumwandlung, Teil 6, Rz. 54 m.w.N.

übertragenden Rechtsträgers. Die Zustimmung zur Arbeitnehmerbeteiligung unterliegt dabei keiner gesonderten Betrachtung. Die Regelungen über Arbeitnehmermitbestimmung sind ebenso notwendiger Bestandteil des SE-Gründungsverfahrens wie die Regelungen zu den Arbeitnehmerfolgen beim Verschmelzungsvertrag nach deutschem Recht (§ 5 I Nr. 9 UmwG). Die verfahrenstechnische Auslagerung in das besondere Verhandlungsgremium der Arbeitnehmer, welche ihren Grund in dem innerhalb der EU unterschiedlich gestalteten kollektivarbeitsrechtlichen Normengefüge hat, führt kostenrechtlich beim Zustimmungsbeschluss zum Verschmelzungsplan und zur Arbeitnehmerbeteiligung zu keiner anderen Bewertung als im nationalstaatlichen Umwandlungsrecht.

22.285 **Pos. c):**

Der Beschluss über die **Bestellung** der **Direktoren** ist als Beschluss ohne bestimmten Geldwert gemäß § 109 II Nr. 4 d), § 108 I, § 105 IV Nr. 1 mit 1 % des Grundkapitals, mindestens 30 000 Euro zu bewerten.

Exkurs:

22.286 Gemäß § 109 II Satz 1 Nr. 4 g) liegt zwischen Beschlüssen von Umwandlungsvorgängen derselbe Beurkundungsgegenstand vor, wenn sie denselben Beschlussgegenstand haben und in einer Urkunde gefasst werden. Der Geschäftswert bestimmt sich entsprechend nur nach dem höchsten in Betracht kommenden Wert (§ 109 II Satz 2).

Beurkundet der Notar bilingual, fällt eine Zusatzgebühr nach Nr. 26001 KV für Beurkundungen in **fremder Sprache** an. Das **Einholen** der **Apostille** unterfällt Nr. 25207 KV an.

2. Entwurf der Handelsregisteranmeldung betreffend die L-AG (aufnehmender Rechtsträger)

22.287 Gemäß § 119 I bestimmt sich bei der Fertigung eines Entwurfes der Geschäftswert nach den für die Beurkundung geltenden Vorschriften. **Anmeldungen** zu einem Register gelten gemäß **§ 111 Nr. 3** stets als ein **besonderer Beurkundungsgegenstand.**

Die **Unterschriftsbeglaubigung** löst **keine zusätzliche Gebühr** aus, Vorbem. 2.4.1 II KV.

22.288 **Pos. (1), a):**

Die **Anmeldung der Gründung der SE durch Verschmelzung zur Aufnahme** bei der L-AG betrifft eine **Anmeldung ohne bestimmten Geldbetrag**, so dass gemäß § 105 IV Nr. 1 als Geschäftswert 1 % des Grundkapitals, mindestens 30 000 Euro anzunehmen ist. Der Höchstwert beträgt 1 Mio. Euro (§ 106).

22.289 **Pos. (1), b):**

Bei der **Anmeldung** des bestellten **geschäftsführenden Direktoren X, Y und Z** handelt es sich jeweils um eine **Anmeldung ohne bestimmten Geldbetrag**. Der Geschäftswert ist für jede Anmeldung gemäß § 105 IV Nr. 1 mit 1 % des Grundkapitals, mindestens 30 000 Euro anzunehmen. Der Höchstwert beträgt 1 Mio. Euro (§ 106).

IV. Umwandlungsvorgänge

Pos. (2):

Für das notwendige Erzeugen der **XML-Strukturdatei** zur automatisierten Weiterbearbeitung beim Handelsregister erhält der Notar eine Gebühr von 0,3 nach Nr. 22114 KV. Der Betrag ist auf 250 Euro begrenzt. Eines gesonderten Auftrags bedarf es nicht; Vorbem. 2.2 I Hs. 2 KV. Die Gebühr entsteht neben einer möglichen Vollzugsgebühr nach Nrn. 22110 bzw. 22111 KV gesondert; siehe Anm. zu Nr. 22114 KV.

Der **Geschäftswert** bestimmt sich gem. § 112 wie bei der Beurkundung bzw. dem Entwurf (§ 119). Für das Übermitteln der Erklärungen an das Handelsregister entsteht gemäß Vorbem. 2.1 II Nr. 1 KV keine weitere Gebühr.

6. Sonstiges

→ **Fall 14: Gesellschafterversammlung nicht beschlussfähig**

A. Sachverhalt

Der Notar begibt sich auftragsgemäß zur Zentrale der AB-GmbH, um an der einberufenen Gesellschafterversammlung teilzunehmen und den zu fassenden Zustimmungsbeschluss zu einer Verschmelzung zur Aufnahme notariell zu protokollieren. Der Verschmelzungsvorgang hat einen Wert von 400 000 Euro. Der Versammlungsleiter stellt nach Konsultation mit seinen rechtlichen Beratern fest, dass die Gesellschafterversammlung nicht beschlussfähig ist. Die Protokolltätigkeit des Notars erstreckt sich allein auf die Feststellung der nicht beschlussfähigen Versammlung.

Für den gesamten Vorgang war der Notar insgesamt 2 Stunden außerhalb seiner Geschäftsstelle unterwegs. Der Auswärtstermin fand im Ort des Amtssitzes des Notars.

B. Rechnungen

Pos.	Gebührentatbestände	Geschäftswert	KV-Nr.	Satz	Betrag
(1)	Beurkundungsverfahren (§ 36 I) (Vorschlag: 20 % von 400 000)	80 000	21200	1,0	219, 00
(2)	Auswärtsgebühr (50 Euro × 4 halbe Stunden)		26002		200, 00

C. Erläuterungen

Pos. (1):

Beurkundet der Notar die **Feststellung** des Versammlungsleiters über die **fehlende Beschlussfähigkeit** einer Gesellschafterversammlung, ist dieser Vorgang mit einer **1,0 nach Nr. 21200 KV** abzurechnen. Es handelt sich nicht um eine Bescheinigung i.S.d. Nr. 25104 KV, weil in der Urkunde nicht allein Tatsachen oder Verhältnisse wiedergegeben werden, sondern eine gutachterliche Äußerung bzw. rechtliche Beurteilung verbunden ist: Die Beschlussfähigkeit der Gesellschafterversammlung liegt nicht vor. Der **Geschäftswert** ermittelt sich über **§ 36 I**. Den

Ausgangswert bildet der zu beurteilende Vorgang, was im vorliegenden Fall dem Zustimmungsbeschluss zur Verschmelzung entspricht. Hieraus ist ein angemessener Teilwert zu nehmen.

22.294 **Pos. (2):**

Nimmt der Notar außerhalb seiner Geschäftsstelle auf Verlangen der Beteiligten Notartätigkeiten vor, ist nach **Nr. 26002 KV** eine **Zusatzgebühr** zu erheben. Sie beträgt **50 Euro für jede angefangene halbe Stunde**, die der Notar von seiner Geschäftsstelle abwesend ist.

Die Zusatzgebühr wird auch dann erhoben, wenn das Geschäft aus einem in der Person eines Beteiligten liegenden Grund nicht vorgenommen wird; IId Anm. zu Nr. 26002 KV.

→ **Fall 15: Absetzungs-/Vertagungsantrag**

A. Sachverhalt

22.295 Der Notar begibt sich auftragsgemäß zur Zentrale der A-GmbH (Stammkapital 300 000 Euro), um an der einberufenen Gesellschafterversammlung teilzunehmen und den zu fassenden Zustimmungsbeschluss zu einer Verschmelzung zur Aufnahme notariell zu protokollieren. Der Verschmelzungsvorgang hat einen Wert von 400 000 Euro. Gleich zu Beginn der Versammlung **stellt ein Gesellschafter einen Absetzungs-/Vertagungsantrag**. Der Antrag erhält die notwendige Mehrheit. Das Abstimmungsergebnis wird vom Notar protokolliert. Für den gesamten Vorgang war der Notar insgesamt 2 Stunden außerhalb seiner Geschäftsstelle unterwegs. Der Auswärtstermin befand sich im Ort des Amtssitzes des Notars.

B. Rechnungen

22.296

Pos.	Gebührentatbestände	Geschäfts-wert	KV-Nr.	Satz	Betrag
(1)	Beurkundungsverfahren (§ 108 I, 105 IV Nr. 1)	30 000	21100	2,0	250,00
(2)	Auswärtsgebühr (50 Euro × 4 halbe Stunden)		26002		200,00

C. Erläuterungen

22.297 **Pos. (1):**

Absetzungs-/Vertagungsanträge stellen einen Verfahrensantrag dar, über den abzustimmen ist und den der Notar zu protokollieren hat. Bewertungsrechtlich liegt ein **Beschluss ohne bestimmten Geldwert** vor, weil Grundlage des Beschlusses allein der Vorgang der Absetzung/Vertagung der Abstimmung selbst ist. Nach § 108 I, § 105 IV Nr. 1 ist als Geschäftswert 1 % des Stammkapitals, mindestens 30 000 Euro anzunehmen.

Pos. (2): 22.298

Nimmt der Notar außerhalb seiner Geschäftsstelle auf Verlangen der Beteiligten Notartätigkeiten vor, ist nach **Nr. 26002 KV** eine **Zusatzgebühr** zu erheben. Sie beträgt **50 Euro für jede angefangene halbe Stunde**, die der Notar von seiner Geschäftsstelle abwesend ist.

Die Zusatzgebühr wird auch dann erhoben, wenn das Geschäft aus einem in der Person eines Beteiligten liegenden Grund nicht vorgenommen wird; IId Anm. zu Nr. 26002 KV.

Teil 23
Vorsorgeverfügungen

Inhaltsübersicht

I. Überblick 23.1
1. Einführung 23.1
2. Übersichtstabelle 23.2
3. Gebühr 23.3
4. Geschäftswert 23.4
5. Derselbe Beurkundungsgegenstand/Verschiedene Beurkundungsgegenstände 23.5
6. Vollzugs-, Betreuungs- und Treuhandtätigkeiten 23.6
7. Gebührenfreie (Neben-) Geschäfte 23.7
8. Unrichtige Sachbehandlung ... 23.8
9. Gebührenermäßigung 23.9
10. Auswärtstätigkeit 23.10

II. Vorsorgevollmacht durch Beurkundung oder Entwurf mit Unterschriftsbeglaubigung 23.11

Fall 1: Umfassende Vorsorgevollmacht eines jungen und gesunden Vollmachtgebers (unbeschränkt) 23.11

Fall 2: Umfassende Vorsorgevollmacht eines hoch betagten Vollmachtgebers (unbeschränkt) 23.15

Fall 3: Vorsorgevollmacht (nur für persönliche Angelegenheiten) 23.19

Fall 4: Vorsorgevollmacht für den Vorsorge-/Betreuungsfall (im Innenverhältnis beschränkt) 23.23

Fall 5: Vorsorgevollmacht sachlich beschränkt 23.29

Fall 6: Allgemeine Vorsorgevollmacht, wobei das Auftragsverhältnis mitbeurkundet wird 23.32

III. Vorsorgevollmacht – reine Unterschriftsbeglaubigung 23.36

Fall 7: Unterschriftsbeglaubigung unter einer Vorsorgevollmacht 23.36

IV. Betreuungsverfügung 23.41

Fall 8: Betreuungsverfügung . 23.41

Fall 9: Unterschriftsbeglaubigung unter einer Betreuungsverfügung 23.45

V. Patientenverfügung 23.50

Fall 10: Patientenverfügung.. 23.50

Fall 11: Unterschriftsbeglaubigung unter einer Patientenverfügung 23.54

VI. Betreuungs- und Patientenverfügung 23.58

Fall 12: Betreuungs- und Patientenverfügung 23.58

VII. Höchstwert einer Vorsorgevollmacht 23.62

Fall 13: Vorsorgevollmacht .. 23.62

VIII. Widerruf einer Vorsorgevollmacht 23.66

Fall 14: Widerruf einer Vorsorgevollmacht 23.66

Fall 15: Widerruf einer Vorsorgevollmacht und neue Vorsorgevollmacht 23.71

IX. Mehrheit von Vorsorgevollmachten/Gegenseitige Vorsorgevollmachten 23.76

Fall 16: Mehrere Vorsorgevollmachten 23.76

X. Vorsorgevollmacht mit Betreuungs- und Patientenverfügung 23.80

Fall 17: Vorsorgevollmacht mit Betreuungs- und Patientenverfügung 23.80

Fall 18: Gegenseitige Vorsorgevollmachten mit Betreuungs- und Patientenverfügungen 23.85

XI. Vorsorgeurkunde für elektronische Zugangsberechtigung . 23.89
Fall 19: Vorsorgeurkunde für elektronische Zugangsberechtigung 23.89

Stichwortverzeichnis

Auswärtsbeurkundung
– Zusatzgebühr   23.10, 23.83
Betreuungstätigkeiten
– Prüfung bestimmter Voraussetzungen   23.27, 23.92
– Überblick   23.6
– Zustellung Widerruf   23.6, 23.69, 23.74
Betreuungsverfügung   23.41 ff.
– und Patientenverfügung   23.58
– und Vorsorgevollmacht   23.80, 23.85
– Unterschriftsbeglaubigung   23.45
Beurkundungsgegenstand, derselbe
– Betreuungs- und Patientenverfügung   23.60, 23.82
– Überblick   23.5
Beurkundungsgegenstände, verschiedene
– Mehrheit von Vollmachten   23.76, 23.85
– Überblick   23.5
– Widerruf einer Vollmacht und neue Vollmacht   23.5, 23.71
Höchstwert
– Überblick   23.4
– Vollmacht   23.62, 23.78
Patientenverfügung   23.50 ff.
– nebst Erklärung zur Organspende   23.52
– und Betreuungsverfügung   23.58, 23.80
– und Vorsorgevollmacht   23.80, 23.85
– Unterschriftsbeglaubigung   23.54
Überblick
– derselbe Beurkundungsgegenstand   23.5
– ein Beurkundungsgegenstand   23.5
– Einführung   23.1
– Gebühr   23.3

– Gebührenermäßigung   23.9
– Gebührenfreie (Neben-)Geschäfte   23.7
– Geschäftswert   23.4
– Übermittlung an Vorsorgeregister   23.7
– Übersichtstabelle   23.2
– Unrichtige Sachbehandlung   23.8
– Verschiedene Beurkundungsgegenstände   23.5
– Vollzugs-, Betreuungs- und Treuhandtätigkeiten   23.6
Vollzug in besonderen Fällen
– Übermittlung an Vorsorgeregister   23.6, 23.39, 23.48, 23.57
Vorsorgeurkunde für elektronische Zugangsberechtigung   23.89
Vorsorgevollmacht
– Auftragsverhältnis/Grundverhältnis   23.32
– für Vorsorge-/Betreuungsfall   23.23
– gegenseitig   23.76, 23.85
– Höchstwert   23.62, 23.78
– mit Betreuungs- und Patientenverfügung   23.80, 23.85
– persönliche Angelegenheiten   23.19
– sachlich beschränkt   23.29
– umfassend (unbeschränkt)   23.11, 23.15
– Unterschriftsbeglaubigung   23.36
– Widerruf   23.5, 23.66
– Widerruf und neue Vollmacht   23.5, 23.71
Zusatzgebühr
– Auswärtsbeurkundung   23.10, 23.83

I. Überblick

1. Einführung

Die Vorsorgevollmacht wird in der Regel als **Generalvollmacht** ausgestaltet – Bevollmächtigung im Außenverhältnis zur uneingeschränkten Vertretung in allen persönlichen und vermögensrechtlichen Angelegenheiten. Aufgenommene beschränkende Weisungen des Vollmachtgebers im **Innenverhältnis** führen zu keiner Geschäftswertminderung. Dies gilt auch dann, wenn der Vollmachtgeber   23.1

die Aushändigung der Vollmachtsurkunde mit bestimmten Weisungen verbinden will.

Im Übrigen kann auf die Ausführungen unter Teil 10 „Vollmachten und Zustimmungen" verwiesen werden.

2. Übersichtstabelle

23.2 Die maßgeblichen Bewertungsvorschriften lauten:

Gebühr für Vorsorgevollmacht	
a) Beurkundung	Nr. 21200 KV GNotKG (1,0), mindestens 60 Euro
b) Entwurf mit Unterschriftsbeglaubigung	Nrn. 24101, 21200 KV GNotKG (0,3–1,0, in aller Regel 1,0 wegen § 92 II), mindestens 60 Euro
c) Reine Unterschriftsbeglaubigung	Nr. 25100 GNotKG (0,2), mindestens 20 Euro, höchstens 70 Euro
Geschäftswert	§ 98 III GNotKG (höchstens hälftiges Vermögen des Vollmachtgebers, wenn es sich um eine Generalvollmacht handelt; bei beschränktem Vollmachtsumfang entsprechend geringer, höchstens 1 Mio. Euro)
Gebühr für Betreuungs- und Patientenverfügung	
a) Beurkundung	Nr. 21200 KV GNotKG (1,0), mindestens 60 Euro
b) Entwurf mit Unterschriftsbeglaubigung	Nrn. 24101, 21200 KV GNotKG (0,3–1,0, in aller Regel 1,0 wegen § 92 II), mindestens 60 Euro
c) Reine Unterschriftsbeglaubigung	Nr. 25100 KV GNotKG (0,2), mindestens 20 Euro, höchstens 70 Euro
Geschäftswert	§ 36 II, III GNotKG (nach billigem Ermessen, höchstens 1 Mio. Euro)

3. Gebühr

23.3 Nach Nr. 21200 KV GNotKG wird für die **Beurkundung** einer Vorsorgevollmacht eine 1,0 Gebühr erhoben. Gleiches gilt für die Beurkundung einer Betreuungs- und/oder Patientenverfügung. Die Mindestgebühr beträgt 60 Euro. Bei der Fertigung eines **Entwurfes** ist eine Rahmengebühr nach Nr. 24101 KV GNotKG von 0,3 bis 1,0 (mindestens 60 Euro) zu erheben. Die vollständige Erstellung des Entwurfes löst nach § 92 II GNotKG die Höchstgebühr aus. Bei **bloßer Beglaubigung** einer Unterschrift oder eines Handzeichens unter einer solchen Erklärung fällt eine 0,2 Gebühr nach Nr. 25100 KV GNotKG an (mindestens 20 Euro, höchstens 70 Euro).

I. Überblick

4. Geschäftswert

Der Geschäftswert einer Vorsorgevollmacht in Form einer Generalvollmacht bestimmt sich gemäß § 98 III GNotKG nach **billigem Ermessen**; dabei sind der **Umfang** der erteilten Vollmacht und das **Vermögen** des Vollmachtgebers angemessen zu berücksichtigen. Der zu bestimmende Geschäftswert darf die Hälfte des Vermögens des Auftraggebers nicht übersteigen. Wo der Gesetzgeber den Begriff des Vermögens verwendet, ist ohne weiteres vom Aktivvermögen auszugehen. Nach § 98 IV beträgt in allen Fällen der anzunehmende Geschäftswert **höchstens 1 Million Euro**. Für die Vorsorgevollmacht gilt: Der Geschäftswert entspricht der Hälfte des Vermögens des Vollmachtgebers, wenn es sich um eine Generalvollmacht handelt; bei **beschränktem Vollmachtsumfang** entsprechend geringer. In Anbetracht des Eventualcharakters der Vorsorgevollmacht erscheint ein weiterer Abschlag von 20–50 % gerechtfertigt.[1] Dies wird damit begründet, dass eine kostengünstigere **bedingte Vollmacht** für den allgemeinen Rechtsverkehr unzweckmäßig ist[2] und das billige Ermessen in § 98 III GNotKG dem Rechtsanwender diesen Bewertungsspielraum eröffnet. Hierbei soll neben dem Umfang der Vollmacht auch der Aspekt des „Dürfens" mit einfließen, der einen angemessenen Abschlag von 20–50 % rechtfertigt. Bei jüngeren Vollmachtgebern erscheint ein Abschlag von 50 % angemessen, ebenso bei wechselseitigen Ehegattenvollmachten, da hier letztlich nur eine Vollmacht zum Tragen kommt. Bei schwer kranken oder hoch betagten Vollmachtgebern ist hingegen kein Abschlag vorzunehmen, da die Vollmacht dann in der Erwartung erteilt wird, dass sie bald benötigt wird.

Die persönlichen Angelegenheiten erhöhen den Geschäftswert der Vollmacht nicht.

Der Geschäftswert einer Betreuungs- und/oder Patientenverfügung ist nicht speziell geregelt. Demgemäß ist die **allgemeine Geschäftswertvorschrift** des § 36 II GNotKG für nichtvermögensrechtliche Angelegenheiten einschlägig. Mangels genügender Anhaltspunkte ist in der Regel der Geschäftswert gemäß § 36 III GNotKG mit 5000 Euro anzusetzen. Bei besonders guten oder besonders schwachen wirtschaftlichen Verhältnissen des Verfügenden kann von diesem Wert nach oben oder unten abgewichen werden.[3]

Bei der **isolierten Betreuungsverfügung**, die zudem mit genauen Vorstellungen und Anweisungen zur Durchführung der Betreuung in vermögensrechtlichen Angelegenheiten verbunden ist, können bei der Geschäftswertermittlung die Vermögensverhältnisse verstärkt Berücksichtigung finden; die Wertbestimmung kann in Anlehnung an die des vermögensrechtlichen Teils einer Vorsorgevollmacht erfolgen.

---

1 *Renner*, NotBZ 2014, 11 ff.; ausführlich auch Müller/*Renner*, Betreuungsrecht und Vorsorgeverfügungen in der Praxis, Rz. 818 ff.
2 OLG Köln, Beschl. v. 10.4.2007 – 2 Wx 20/07, NotBZ 2007, 333 = DNotI-Rep. 2007, 197 = MittBayNot 2008, 53.
3 *Renner*, NotBZ 2014, 11, 19 f.; ausführlich auch Müller/*Renner*, Betreuungsrecht und Vorsorgeverfügungen in der Praxis, Rz. 839 ff.; so auch Diehn/Sikora/Tiedtke, Das neue Notarkostenrecht, Rz. 854; a.A. Leipziger Kommentar GNotKG/*Hüttinger*, § 36 Rz. 66, wonach 8000 Euro bei geringen Vermögen und 10 – 20 000 Euro bei Durchschnittsbürgern anzunehmen sind.

5. Derselbe Beurkundungsgegenstand/Verschiedene Beurkundungsgegenstände

23.5 Bei gemeinsamer Beurkundung von **Betreuungs- und Patientenverfügung** liegt gemäß § 109 II Nr. 1 GNotKG derselbe Beurkundungsgegenstand vor. Verschiedene Beurkundungsgegenstände sind jedoch **(Vorsorge)Vollmacht und Betreuungs- und/oder Patientenverfügung** gemäß §§ 109 II Nr. 1, 110 Nr. 3 GNotKG.

Bei einer **Mehrheit von Vollmachten** liegen immer verschiedene Beurkundungsgegenstände vor, so z.B. bei gegenseitigen Vollmachten. Es handelt sich nicht etwa um einen Austauschvertrag nach § 97 III GNotKG. Auch stellt die Beurkundung gegenseitiger Vorsorgevollmachten in einer einzigen Urkunde nicht etwa eine Zusammenfassung ohne sachlichen Grund i.S.d. § 93 II S. 1 GNotKG dar.

Auch bei einem **Widerruf** einer Vollmacht im Zusammenhang mit einer **neuen Vollmacht** liegen zwei verschiedene Beurkundungsgegenstände gemäß § 86 II GNotKG vor.

Bei einer Vollmachtserteilung **an mehrere Personen** liegt nur eine Vollmacht vor, gleich ob die Bevollmächtigten gemeinschaftlich zur Ausübung der Vollmacht berechtigt sind oder ob Einzelvertretung gestattet ist.

6. Vollzugs-, Betreuungs- und Treuhandtätigkeiten

23.6 Beglaubigt der Notar lediglich die Unterschrift unter einer Vorsorgevollmacht, erhält er für die Übermittlung von Anträgen an das zentrale Vorsorgeregister (§ 78a BNotO) eine Vollzugsgebühr i.H.d. **Festgebühr** von 20 Euro (Nr. 22124 KV GNotKG).

Wird die **Herausgabe einer Ausfertigung** für den Bevollmächtigten von der Prüfung bestimmter Voraussetzungen abhängig gemacht, bspw. die Vorlage einer ärztlichen Bescheinigung über die Geschäftsunfähigkeit des Vollmachtgebers oder einer Mitteilung des Betreuungsgerichts, wonach die Voraussetzung über die Anordnung einer Betreuung vorliegt, fällt eine Betreuungsgebühr gemäß Nr. 22200 Anm. Nr. 3 KV GNotKG an.

Lässt der Notar auftragsgemäß den **Widerruf der (Vorsorge-)Vollmacht** dem Bevollmächtigten zustellen, so erhält er hierfür eine Betreuungsgebühr gemäß Nr. 22200 Anm. Nr. 5 KV GNotKG.

7. Gebührenfreie (Neben-)Geschäfte

23.7 Für die **Übermittlung** an das **zentrale Vorsorgeregister** (§ 78a BNotO) erhält der Notar weder eine Vollzugs- noch Betreuungsgebühr gemäß Vorbemerkung Nr. 2.1 II bzw. 2.4.1 IV KV GNotKG, es sei denn, er hat lediglich die Unterschrift unter einer Vorsorgevollmacht beglaubigt (s. vorstehend Rz. 23.6).

Ebenso scheiden die Gebührentatbestände der Nrn. 22114 KV GNotKG bzw. 22125 KV GNotKG aus (Erzeugung von XML-Strukturdaten), denn die zur Vornahme der Registrierung im Vorsorgeregister erzeugten Strukturdaten werden unter Nutzung der Webanwendung der Bundesnotarkammer in deren Verantwortungsbereich erstellt.

8. Unrichte Sachbehandlung

Gemäß § 21 I S. 1 GNotKG werden Kosten, die bei richtiger Behandlung der Sache nicht entstanden wären, nicht erhoben.   23.8

a) Werden Vorsorgevollmacht, Patientenverfügung und Betreuungsverfügung in **getrennten Urkunden** niedergelegt, so liegt jedenfalls dann keine unrichtige Sachbehandlung vor, wenn die Vollmachtgeber dies ausdrücklich wünschen. Hierfür findet sich bereits in der Regierungsbegründung eine Stütze, in der es heißt: „Häufig besteht nämlich der nachvollziehbare Wunsch, eine Patientenverfügung und die Vorsorgevollmacht in getrennten Schriftstücken zu erhalten."[1]

b) Beurkundet der Notar zur Vorsorgevollmacht auch das **Grundverhältnis** zwischen Vollmachtgeber und Bevollmächtigtem, so bleibt es grds. nicht bei der 1,0 Gebühr nach Nr. 21200 KV GNotKG, sondern es fällt eine 2,0 Gebühr nach Nr. 21100 KV GNotKG an. Letzteres gilt jedenfalls dann, wenn beide Vertragspartner anwesend sind und miteinander korrespondierende Erklärungen abgeben. Nicht jede Mitbeurkundung des **schuldrechtlichen Innenverhältnisses** darf jedoch abgerechnet werden, beispielsweise, wenn es nur **deklaratorisch** erwähnt wird. Aber auch bei einer konstitutiven Mitbeurkundung des Innenverhältnisses kann eine Berechnung problematisch sein. Unterlässt der Notar die Belehrung über die Mehrkosten, so liegt jedenfalls bei nahen Familienangehörigen eine unrichtige Sachbehandlung vor.[2]

c) Erteilen sich mehrere Personen gleichzeitig Vollmacht, z.B. wechselseitige Vollmachtserteilung von Ehegatten oder Lebenspartnern, so hat die Zusammenbeurkundung den Vorteil, dass durch die Addition der Werte die Vollmachtgeber von der Degression der Gebührentabelle profitieren. Gute praktische Gründe (so ergeben sich oft inhaltliche Unterschiede in den Vollmachten erst bei Beurkundung, z.B. beim Thema Organspende oder im Bereich der Patientenverfügung; in Widerrufsfällen können Unklarheiten auftreten) sprechen jedoch dafür, getrennte Urkunden zu errichten. Die getrennte Beurkundung ist also regelmäßig keine falsche Sachbehandlung.[3] Sie ist andererseits aber auch kein Muss i.S.d. § 93 II S. 2 GNotKG.

d) Eine unrichtige Sachbehandlung stellt es dagegen i.d.R. dar, wenn der Notar zwei Vorsorgevollmachten beurkundet, in denen derselbe Vollmachtgeber seinen beiden Kindern jeweils identische Vollmachten mit Einzelvertretungsbefugnis erteilt.[4]

9. Gebührenermäßigung

Die Ermäßigungsvorschrift nach § 91 GNotKG spielt bei der Beurkundung von Vorsorgevollmachten, Betreuungs- und/oder Patientenverfügungen keine Rolle, da durch § 91 GNotKG keine natürlichen Personen begünstigt werden.   23.9

---
1 Begr. RegE zu § 110 Nr. 3 GNotKG, BT-Drs. 1/11471, S. 189 re.Sp.
2 Zu § 16 KostO: OLG Hamm, Beschl. v. 14.8.2008 – 15 W 432/07, FGPrax 2009, 131 = RNotZ 2009, 417.
3 Müller/*Renner*, Betreuungsrecht und Vorsorgeverfügungen in der Praxis, Rz. 877.
4 Leipziger Kommentar GNotKG/*Renner*, § 125 Rz. 48.

10. Auswärtstätigkeit

23.10 Aufnahme von Vorsorgeverfügungen **außerhalb der Geschäftsstelle:**

Wird auf Verlangen eines Beteiligten die notarielle Tätigkeit außerhalb der Geschäftsstelle vorgenommen, erhält der Notar grundsätzlich gemäß Nr. 26002 KV GNotKG für jede angefangene halbe Stunde der Abwesenheit 50 Euro. Betrifft jedoch die Tätigkeit die Errichtung, den Widerruf oder die Änderung einer Vorsorgevollmacht sieht Nr. 26003 Nr. 2 KV GNotKG eine Ausnahme von der zeitabhängigen Zusatzgebühr vor. Dies gilt ebenso für die Abgabe einer Betreuungs- und Patientenverfügung, Nr. 26003 Nr. 3 und 4 KV GNotKG. Der Notar erhält in diesen Fällen eine **feste Zusatzgebühr von 50 Euro.** Nicht maßgebend für den Anfall dieser Zusatzgebühr ist die Art der Tätigkeit. Ein Beurkundungsverfahren muss nicht Gegenstand der Tätigkeit sein. Auch die Errichtung einer lediglich unterschriftsbeglaubigten Vorsorgevollmacht oder ein Beratungsgespräch führen zum Entstehen der Zusatzgebühr. Die Festgebühr fällt **für jeden Auftraggeber** nur einmal an, auch wenn ein ganzes Vorsorgepaket, bestehend aus Vorsorgevollmacht, Betreuungs- und Patientenverfügung und einer Verfügung von Todes wegen, errichtet wird. Wünschen aber z.B. Eheleute die Beurkundung von gegenseitigen Vorsorgevollmachten, so fällt die Zusatzgebühr 2-mal an, also insgesamt 100 Euro, da es zwei Auftraggeber gibt. Dies gilt auch für den nicht alltäglichen Fall, in dem der Notar für den Beurkundungstermin weniger als eine halbe Stunde unterwegs war und die Berechnung nach der Vorschrift der Nr. 26002 KV GNotKG sogar günstiger wäre.[1] Erfolgt die Auswärtsbeurkundung, weil nur einer der Ehegatten den Notar nicht selbst aufsuchen kann und „verbindet" der Notar beide Termine in einem Auswärtstermin, so darf er die Zusatzgebühr nur einmal erheben.

II. Vorsorgevollmacht durch Beurkundung oder Entwurf mit Unterschriftsbeglaubigung

→ **Fall 1: Umfassende Vorsorgevollmacht eines jungen und gesunden Vollmachtgebers (unbeschränkt)**

A. Sachverhalt

23.11 Der Notar beurkundet eine Vorsorgevollmacht eines 40-jährigen Vollmachtgebers in Form einer **Generalvollmacht.** Die Vollmacht berechtigt den Bevollmächtigten zur Vertretung in allen Vermögensangelegenheiten und in allen persönlichen Angelegenheiten. Die Vollmacht ist unbedingt und unbefristet sowie im Innen- und Außenverhältnis nicht beschränkt. Der Bevollmächtigte soll sofort eine Ausfertigung erhalten.

Auftragsgemäß übermittelt der Notar die Vorsorgevollmacht an das zentrale Vorsorgeregister (§ 78a BNotO).

Der Vollmachtgeber hat ein Vermögen von 200 000 Euro und Verbindlichkeiten i.H.v. 40 000 Euro.

---

1 *Prüfungsabteilung der Ländernotarkasse*, NotBZ 2013, 465.

II. Vorsorgevollmacht durch Beurkundung oder Entwurf mit Unterschriftsbeglaubigung

B. Rechnung

Pos.	Gebührentatbestand	Geschäfts-wert	KV-Nr.	Satz	Betrag
	Beurkundungsverfahren (§§ 98 III, 38) Vorsorgevollmacht	50 000	21200	1,0	165,00

23.12

C. Erläuterungen

Der **Geschäftswert** der Vorsorgevollmacht in Gestalt einer **Generalvollmacht** bestimmt sich nach § 98 III, wobei nach dessen Satz 2 die Hälfte des (Aktiv-)Vermögens des Vollmachtgebers nicht überschritten werden darf. 23.13

Da zum Zeitpunkt der Ausstellung der Vollmacht ihr Gebrauch in vielen Fällen nicht sicher ist (sog. „Eventualcharakter der Vorsorgevollmacht"), ist ein Abschlag geboten, und zwar nach der Wahrscheinlichkeit ihres Gebrauchs von etwa 20–50 % (hier mit 50 % angenommen); je wahrscheinlicher ihre Verwendung ist, umso niedriger ist der Abschlag und umgekehrt (s.a. vorstehend Rz. 23.4). Die persönlichen Angelegenheiten erhöhen den Geschäftswert der Vollmacht nicht.

Die Vorsorgevollmacht löst als einseitige Erklärung eine 1,0 Gebühr gemäß Nr. 21200 KV aus.

D. Anmerkungen

1. Für die Übermittlung von Anträgen an das zentrale Vorsorgeregister erhält der Notar weder eine Vollzugs- noch eine Betreuungsgebühr, Vorbemerkung 2.1 II Nr. 1 bzw. 2 KV. 23.14

2. Fertigt der Notar den vollständigen Entwurf der Vorsorgevollmacht, ist ebenfalls eine 1,0 Gebühr zu erheben (Nrn. 24101, 21200 KV: 0,3–1,0, mind. 60 Euro; hier 1,0 wegen § 92 II). Die Beglaubigung der Unterschrift des Vollmachtgebers löst keine zusätzliche Gebühr aus, Vorbemerkung 2.4.1 II KV.

3. Die Registrierungsgebühr des Zentralen Vorsorgeregisters ist gemäß Nr. 32015 KV (Sonstige Aufwendungen) in die Kostenberechnung als Durchlaufposten ohne Umsatzsteuer aufzunehmen (s.a. Fall 7, Rz. 27.57).

→ **Fall 2: Umfassende Vorsorgevollmacht eines hoch betagten Vollmachtgebers (unbeschränkt)**

A. Sachverhalt

Der Notar beurkundet eine Vorsorgevollmacht eines 80-jährigen Vollmachtgebers in Form einer **Generalvollmacht.** Die Vollmacht berechtigt den Bevollmächtigten zur Vertretung in allen Vermögensangelegenheiten und in allen persönlichen Angelegenheiten. Die Vollmacht ist unbedingt und unbefristet sowie im Innen- und Außenverhältnis nicht beschränkt. Der Bevollmächtigte soll sofort eine Ausfertigung erhalten. 23.15

Auftragsgemäß übermittelt der Notar die Vorsorgevollmacht an das zentrale Vorsorgeregister (§ 78a BNotO).

Der Vollmachtgeber hat ein Vermögen von 200 000 Euro und Verbindlichkeiten in Höhe von 40 000 Euro.

B. Rechnung

23.16

Pos.	Gebührentatbestand	Geschäftswert	KV-Nr.	Satz	Betrag
	Beurkundungsverfahren (§§ 98 III, 38) Vorsorgevollmacht	100 000	21200	1,0	273,00

C. Erläuterungen

23.17 Der **Geschäftswert** der Vorsorgevollmacht in Gestalt einer **Generalvollmacht** bestimmt sich nach § 98 III, wobei nach dessen Satz 2 die Hälfte des (Aktiv-)Vermögens des Vollmachtgebers nicht überschritten werden darf.

Da zum Zeitpunkt der Ausstellung der Vollmacht ihr Gebrauch in vielen Fällen nicht sicher ist (sog. „Eventualcharakter der Vorsorgevollmacht"), ist ein Abschlag geboten, und zwar nach der Wahrscheinlichkeit ihres Gebrauchs von etwa 20–50 %; je wahrscheinlicher ihre Verwendung ist, umso niedriger ist der Abschlag und umgekehrt (s.a. vorstehend Rz. 23.4). Wo Vorsorgevollmachten von hoch betagten (oder schwer kranken) Vollmachtgebern in der Erwartung erteilt werden, dass sie sehr bald benötigt werden, ist kein Abschlag vorzunehmen.

Die Vorsorgevollmacht löst als einseitige Erklärung eine 1,0 Gebühr gemäß Nr. 21200 KV aus.

D. Anmerkungen

23.18 1. Für die Übermittlung von Anträgen an das zentrale Vorsorgeregister erhält der Notar weder eine Vollzugs- noch eine Betreuungsgebühr, Vorbemerkung 2.1 II Nr. 1 bzw. 2 KV.

2. Fertigt der Notar den vollständigen Entwurf der Vorsorgevollmacht, ist ebenfalls eine 1,0 Gebühr zu erheben (Nrn. 24101, 21200 KV: 0,3–1,0, mind. 60 Euro; hier 1,0 wegen § 92 II). Die Beglaubigung der Unterschrift des Vollmachtgebers löst keine zusätzliche Gebühr aus, Vorbemerkung 2.4.1 II KV.

3. Die Registrierungsgebühr des Zentralen Vorsorgeregisters ist gemäß Nr. 32015 KV (Sonstige Aufwendungen) in die Kostenberechnung als Durchlaufposten ohne Umsatzsteuer aufzunehmen (s.a. Fall 7, Rz. 27.57).

→ **Fall 3: Vorsorgevollmacht (nur für persönliche Angelegenheiten)**

A. Sachverhalt

23.19 Der Notar beurkundet eine **Vorsorgevollmacht**, die ausschließlich für die **persönlichen Angelegenheiten** erteilt wird. Die Vertretung in allen Vermögensangelegenheiten ist ausdrücklich ausgenommen. Der Bevollmächtigte soll sofort eine Ausfertigung erhalten.

II. Vorsorgevollmacht durch Beurkundung oder Entwurf mit Unterschriftsbeglaubigung

Auftragsgemäß übermittelt der Notar die Vorsorgevollmacht an das zentrale Vorsorgeregister (§ 78a BNotO). Der Vollmachtgeber ist Durchschnittsverdiener und hat ein Vermögen von 60 000 Euro.

B. Rechnung

Pos.	Gebührentatbestand	Geschäftswert	KV-Nr.	Satz	Betrag
	Beurkundungsverfahren (§§ 98 III, 36 II, III) Vorsorgevollmacht	5000	21200	1,0	60,00

23.20

C. Erläuterungen

Für **nichtvermögensrechtliche Angelegenheiten** ist die allgemeine Geschäftswertvorschrift des § 36 II einschlägig. Nach dieser Bestimmung ist der Geschäftswert unter Berücksichtigung aller Umstände des Einzelfalls, insbesondere des Umfangs und der Bedeutung der Sache und der Vermögens- und Einkommensverhältnisse der Beteiligten, nach billigem Ermessen zu bestimmen, jedoch nicht über 1 Mio. Euro. 23.21

Bei einem Durchschnittsverdiener ist in der Regel der Geschäftswert gemäß § 36 III mit 5000 Euro anzusetzen. Bei besonders guten oder besonders schwachen wirtschaftlichen Verhältnissen des Vollmachtgebers kann von diesem Wert nach oben oder unten abgewichen werden (s.a. vorstehend Rz. 23.4).

Die Vorsorgevollmacht löst als einseitige Erklärung eine 1,0 Gebühr gemäß Nr. 21200 KV in Höhe der hier einschlägigen Mindestgebühr von 60,00 Euro aus.

D. Anmerkungen

1. Für die Übermittlung von Anträgen an das zentrale Vorsorgeregister erhält der Notar weder eine Vollzugs- noch eine Betreuungsgebühr, Vorbemerkung 2.1 II Nr. 1 bzw. 2 KV. 23.22
2. Fertigt der Notar den vollständigen Entwurf der Vorsorgevollmacht, ist ebenfalls eine 1,0 Gebühr zu erheben (Nrn. 24101, 21200 KV: 0,3–1,0, mind. 60 Euro; hier 1,0 wegen § 92 II). Die Beglaubigung der Unterschrift des Vollmachtgebers löst keine zusätzliche Gebühr aus, Vorbemerkung 2.4.1 II KV.
3. Die Registrierungsgebühr des Zentralen Vorsorgeregisters ist gemäß Nr. 32015 KV (Sonstige Aufwendungen) in die Kostenberechnung als Durchlaufposten ohne Umsatzsteuer aufzunehmen.

→ **Fall 4: Vorsorgevollmacht für den Vorsorge-/Betreuungsfall (im Innenverhältnis beschränkt)**

A. Sachverhalt

Der Notar beurkundet eine Vorsorgevollmacht eines 60-jährigen Vollmachtgebers in Form einer **Generalvollmacht.** Die Vollmacht ist im Innenverhältnis dahingehend eingeschränkt, dass diese nur im **Vorsorge-/Betreuungsfall** verwendet 23.23

werden darf. Der Vollmachtgeber hat ein Vermögen von 200 000 Euro und Verbindlichkeiten in Höhe von 40 000 Euro.

Der Notar wird beauftragt, erst nach Aufforderung des Vollmachtgebers dem Bevollmächtigten eine Ausfertigung auszuhändigen. Sollte der Vollmachtgeber verhindert oder nicht in der Lage sein, so soll die Ausfertigung für den Bevollmächtigen erst nach Vorlage einer entsprechenden ärztlichen Bescheinigung über die Geschäftsunfähigkeit ausgehändigt werden.

Ein halbes Jahr später kommt der Bevollmächtigte und verlangt die Herausgabe einer Ausfertigung unter Vorlage einer ärztlichen Bescheinigung über die Geschäftsunfähigkeit des Vollmachtgebers.

B. Rechnungen

Rechnung 1

23.24

Pos.	Gebührentatbestand	Geschäftswert	KV-Nr.	Satz	Betrag
	Beurkundungsverfahren (§§ 98 III, 38) Vorsorgevollmacht für den Vorsorge-/Betreuungsfall	70 000	21200	1,0	219,00

Rechnung 2

23.25

Pos.	Gebührentatbestand	Geschäftswert	KV-Nr.	Satz	Betrag
	Betreuungstätigkeit (Prüfung bestimmter Voraussetzungen; (§ 113 I, 98 III))	70 000	22200 Anm. Nr. 3	0,5	109,50

C. Erläuterungen

Rechnung 1:

23.26 Der **Geschäftswert** der Vorsorgevollmacht in Gestalt einer **Generalvollmacht** bestimmt sich nach § 98 III, wobei nach dessen Satz 2 die Hälfte des (Aktiv-)Vermögens des Vollmachtgebers nicht überschritten werden darf.

Da zum Zeitpunkt der Ausstellung der Vollmacht ihr Gebrauch in vielen Fällen nicht sicher ist (sog. „Eventualcharakter der Vorsorgevollmacht"), ist ein Abschlag geboten, und zwar nach der Wahrscheinlichkeit ihres Gebrauchs von etwa 20–50 % (hier mit 30 % angenommen); je wahrscheinlicher ihre Verwendung ist, umso niedriger ist der Abschlag und umgekehrt (s.a. vorstehend Rz. 23.4).

Aufgenommene **beschränkende Weisungen** des Vollmachtgebers im Innenverhältnis führen zu **keiner Geschäftswertminderung**. Dies gilt auch dann, wenn der Vollmachtgeber die Aushändigung der Vollmachtsurkunde mit bestimmten Weisungen verbindet.

Die Vorsorgevollmacht löst als einseitige Erklärung eine 1,0 Gebühr gemäß Nr. 21200 KV aus.

II. Vorsorgevollmacht durch Beurkundung oder Entwurf mit Unterschriftsbeglaubigung

Rechnung 2:

Die Erteilung einer späteren Ausfertigung für den Bevollmächtigten aufgrund Anforderung durch den Vollmachtgeber löst noch keine zusätzliche Gebühr aus. Erst die **Prüfung bestimmter Voraussetzungen**, hier die Vorlage einer ärztlichen Bescheinigung über die Geschäftsunfähigkeit des Vollmachgebers, löst eine zusätzliche **Betreuungsgebühr** aus, Nr. 22200 Nr. 3 KV.[1]

23.27

Der Geschäftswert für die Betreuungsgebühr bestimmt sich gemäß § 113 I nach dem Wert des Beurkundungsverfahrens.

D. Anmerkungen

1. Für die Übermittlung von Anträgen an das zentrale Vorsorgeregister erhält der Notar weder eine Vollzugs- noch eine Betreuungsgebühr, Vorbemerkung 2.1 II Nr. 1 bzw. 2 KV.

23.28

2. Fertigt der Notar den vollständigen Entwurf der Vorsorgevollmacht, ist ebenfalls eine 1,0 Gebühr zu erheben (Nrn. 24101, 21200 KV: 0,3–1,0, mind. 60 Euro; hier 1,0 wegen § 92 II). Die Beglaubigung der Unterschrift des Vollmachtgebers löst keine zusätzliche Gebühr aus, Vorbemerkung 2.4.1 II KV.

3. Die Registrierungsgebühr des Zentralen Vorsorgeregisters ist gemäß Nr. 32015 KV (Sonstige Aufwendungen) in die Kostenberechnung als Durchlaufposten ohne Umsatzsteuer aufzunehmen.

→ **Fall 5: Vorsorgevollmacht sachlich beschränkt**

A. Sachverhalt

Der Notar beurkundet eine Vorsorgevollmacht eines 60-jährigen Vollmachtgebers in Form einer **Generalvollmacht**. Die Vollmacht ist dahingehend **eingeschränkt**, dass das Immobilienvermögen des Vollmachtgebers weder veräußert noch belastet werden darf. Der Vollmachtgeber hat ein Vermögen von 300 000 Euro, der (Verkehrs-)Wert des Immobilienvermögens beträgt 100 000 Euro und die Verbindlichkeiten belaufen sich auf 40 000 Euro.

23.29

B. Rechnung

Pos.	Gebührentatbestand	Geschäftswert	KV-Nr.	Satz	Betrag
	Beurkundungsverfahren (§§ 98 III, 38) Vorsorgevollmacht	77 000	21200	1,0	219,00

23.30

C. Erläuterungen

Der **Geschäftswert** der Vorsorgevollmacht in Gestalt einer **Generalvollmacht** bestimmt sich nach § 98 III, wobei vom Vermögen zunächst das Immobilienvermögen abzuziehen ist. Beinhaltet die Vollmacht die **Verwaltung des Immobi-**

23.31

---

[1] Begründung RegE, BT-Drs. 17/11471, zu Nr. 22200, S. 225.

lienvermögens mit der Einschränkung, dass dieses weder veräußert noch belastet werden darf, so ist das Immobilienvermögen mit einem Teilwert zu berücksichtigen. Der Teilwert wurde hier mit 20 % angenommen (300 000 Euro − 80 000 Euro [ist 80 % von 100 000 Euro] : 2) = 110 000).

Da zum Zeitpunkt der Ausstellung der Vollmacht ihr Gebrauch in vielen Fällen nicht sicher ist (sog. „Eventualcharakter der Vorsorgevollmacht"), ist ein Abschlag geboten, und zwar nach der Wahrscheinlichkeit ihres Gebrauchs von etwa 20–50 % (hier mit 30 % angenommen); je wahrscheinlicher ihre Verwendung ist, umso niedriger ist der Abschlag und umgekehrt (s.a. vorstehend Rz. 23.4).

Die Vorsorgevollmacht löst als einseitige Erklärung eine 1,0 Gebühr gemäß Nr. 21200 KV aus.

→ **Fall 6: Allgemeine Vorsorgevollmacht, wobei das Auftragsverhältnis mitbeurkundet wird**

A. Sachverhalt

23.32 Der Notar beurkundet eine allgemeine Vorsorgevollmacht eines 65-jährigen Vollmachtgebers in Form einer **Generalvollmacht.** Die Vollmacht ist im Innenverhältnis **eingeschränkt.** Der Bevollmächtigte soll von der Vollmacht nur aufgrund ausdrücklicher Anweisung oder dann Gebrauch machen, wenn der Vollmachtgeber seine Angelegenheiten nicht mehr selbst besorgen kann. Im Innenverhältnis soll für die Rechtstellung des Bevollmächtigten das gemäß § 1901 BGB für den Betreuer geltende Recht entsprechend gelten, soweit nichts anderes gesetzlich vorgeschrieben ist. Der **Bevollmächtigte wirkt an der Urkunde mit** und erklärt, dass er mit der Vollmachtserteilung und der Beauftragung mit den zugrundeliegenden Tätigkeiten einverstanden ist. Der Vollmachtgeber und der Bevollmächtigte sind nicht miteinander verwandt.

Der Vollmachtgeber hat ein Vermögen von 400 000 Euro.

B. Rechnung

23.33

Pos.	Gebührentatbestände	Geschäftswert	KV-Nr.	Satz	Betrag
	Beurkundungsverfahren (§§ 109 I S. 1, 2)				
	a) Auftragsverhältnis (§§ 36 I, 98 III)	160 000	21100	2,0	762,00
	b) Vorsorgevollmacht (§§ 98 III, 38)	~~160 000~~	~~21200~~	~~1,0~~	~~381,00~~

C. Erläuterungen

23.34 a) Für die Beurkundung des **Auftragsverhältnisses** ist gemäß § 36 I ein Teilwert aus dem Vermögen des Vollmachtgebers anzunehmen, wobei der Geschäftswert der Vollmacht die Untergrenze bildet.[1]

Wird bei der Erteilung einer Vollmacht das zugrunde liegende Rechtsgeschäft mitbeurkundet, so entsteht die 2,0 Gebühr gemäß Nr. 21100 KV.

---

1 Leipziger Kommentar GNotKG/*Arnold*, § 98 Rz. 60.

b) Der **Geschäftswert** der Vorsorgevollmacht in Gestalt einer **Generalvollmacht** bestimmt sich nach § 98 III, wobei nach dessen Satz 2 die Hälfte des (Aktiv-)Vermögens des Vollmachtgebers nicht überschritten werden darf.

Da zum Zeitpunkt der Ausstellung der Vollmacht ihr Gebrauch in vielen Fällen nicht sicher ist (sog. „Eventualcharakter der Vorsorgevollmacht"), ist ein Abschlag geboten, und zwar nach der Wahrscheinlichkeit ihres Gebrauchs von etwa 20–50 % (hier mit 20 % angenommen); je wahrscheinlicher ihre Verwendung ist, umso niedriger ist der Abschlag und umgekehrt (s.a. vorstehend Rz. 23.4).

Die Vorsorgevollmacht löst als einseitige Erklärung eine 1,0 Gebühr gemäß Nr. 21200 KV aus.

Die **Vollmacht** steht in einem Abhängigkeitsverhältnis zum **Auftragsverhältnis**, da diese unmittelbar der **Erfüllung und Durchführung** dient (§ 109 I S. 1 und 2). Sie bleibt damit unbewertet.

D. Anmerkungen zu a)

1. Wird nur die Auftragserteilung des Vollmachtgebers beurkundet, fällt lediglich eine 1,0 Gebühr gemäß Nr. 21200 KV an. 23.35
2. Der Notar sollte mit der Beurkundung des Auftragsverhältnisses sehr zurückhaltend sein. Hier besteht die Gefahr der unrichtigen Sachbehandlung.[1]

III. Vorsorgevollmacht – reine Unterschriftsbeglaubigung

→ **Fall 7: Unterschriftsbeglaubigung unter einer Vorsorgevollmacht**

A. Sachverhalt

Der Notar beglaubigt die Unterschrift des 60-jährigen Vollmachtgebers unter einer Vorsorgevollmacht in Form einer **Generalvollmacht**. Die Vollmacht wurde von dem Vollmachtgeber mitgebracht. Auftragsgemäß übermittelt der Notar den Antrag auf Eintragung der Vorsorgevollmacht an das zentrale Vorsorgeregister (§ 78a BNotO). Der Vollmachtgeber hat ein Vermögen von 200 000 Euro und Verbindlichkeiten i.H.v. 40 000 Euro. 23.36

B. Rechnung

Pos.	Gebührentatbestände	Geschäftswert	KV-Nr.	Satz	Betrag
(1)	Unterschriftsbeglaubigung unter einer Vorsorgevollmacht (§§ 121, 98 III)	70 000	25100	0,2	43,80
(2)	Übermittlung der Vorsorgevollmacht an das zentrale Vorsorgeregister	nicht relevant, da Festgebühr	22124		20,00

23.37

---

[1] Leipziger Kommentar GNotKG/*Arnold*, § 98 Rz. 60.

C. Erläuterungen

23.38 **Pos. (1):**

Bei der **reinen Unterschriftsbeglaubigung** bestimmt sich der **Geschäftswert** nach den für die Beurkundung der Erklärung geltenden Vorschriften; § 121. Der Geschäftswert der Vorsorgevollmacht in Gestalt einer **Generalvollmacht** bestimmt sich nach § 98 III, wobei nach dessen Satz 2 die Hälfte des (Aktiv-)Vermögens des Vollmachtgebers nicht überschritten werden darf.

Da zum Zeitpunkt der Ausstellung der Vollmacht ihr Gebrauch in vielen Fällen nicht sicher ist (sog. „Eventualcharakter der Vorsorgevollmacht"), ist ein Abschlag geboten, und zwar nach der Wahrscheinlichkeit ihres Gebrauchs von etwa 20–50 % (hier mit 30 % angenommen); je wahrscheinlicher ihre Verwendung ist, umso niedriger ist der Abschlag und umgekehrt (s.a. vorstehend Rz. 23.4).

Die **reine Unterschriftsbeglaubigung** löst eine 0,2 Gebühr gemäß Nr. 25100 KV aus (mindestens 20 Euro, höchstens 70 Euro).

23.39 **Pos. (2):**

Da der Notar lediglich die Unterschrift unter der Vorsorgevollmacht beglaubigt hat, erhält er für die Übermittlung an das zentrale Vorsorgeregister (§ 78a BNotO) eine Vollzugsgebühr in Höhe der **Festgebühr** von 20 Euro gemäß Nr. 22124 KV.

D. Anmerkungen

23.40 1. Die Registrierungsgebühr des Zentralen Vorsorgeregisters ist gemäß Nr. 32015 KV (Sonstige Aufwendungen) in die Kostenberechnung als Durchlaufposten ohne Umsatzsteuer aufzunehmen.

2. Durch die Beglaubigungsgebühr nach Nr. 25100 KV wird neben der Feststellung der Beteiligten und der Prüfung etwaiger Versagungsgründe für die Amtstätigkeit durch den Notar lediglich die reine Beglaubigungstätigkeit des Notars abgegolten. Sofern der Notar **Beratungstätigkeiten** im Zusammenhang mit der Beglaubigung übernimmt, sind diese ihm gesondert durch eine Beratungsgebühr zu vergüten. Dies gilt bereits dann, wenn der Notar den Inhalt der zu beglaubigenden Urkunde erläutert bzw. er die Vor- und Nachteile von Beglaubigung und Beurkundung erörtert.[1]

IV. Betreuungsverfügung

→ **Fall 8: Betreuungsverfügung**

A. Sachverhalt

23.41 Der Notar beurkundet eine **Betreuungsverfügung**, in dem der 50-jährige A für den Fall seiner Betreuung B als seinen Betreuer wünscht (§ 1897 IV BGB). Die Verfügung ist zudem mit den genauen Vorstellungen und Anweisungen zur Durchführung der Betreuung in vermögensrechtlichen Angelegenheiten verbunden.

---

1 LG Cottbus, Beschl. v. 25.5.2016 – 7 OH 5/14, NotBZ 2016, 398.

IV. Betreuungsverfügung

Auftragsgemäß übermittelt der Notar den Antrag auf Eintragung der Betreuungsverfügung an das zentrale Vorsorgeregister (§ 78a BNotO).

A hat ein Jahresnettoeinkommen von 100 000 Euro und ein Vermögen von 400 000 Euro.

B. Rechnung

23.42

Pos.	Gebührentatbestand	Geschäftswert	KV-Nr.	Satz	Betrag
	Beurkundungsverfahren (§ 36 II) Betreuungsverfügung	36 000	21200	1,0	145,00

C. Erläuterungen

Das GNotKG enthält keine Spezialvorschrift zur Bestimmung des Geschäftswertes einer Betreuungsverfügung. Demgemäß ist die allgemeine Geschäftswertvorschrift des § 36 II für nichtvermögensrechtliche Angelegenheiten einschlägig. Nach dieser Bestimmung ist der **Geschäftswert** unter Berücksichtigung aller Umstände des Einzelfalls, insbesondere des Umfangs und der Bedeutung der Sache und der Vermögens- und Einkommensverhältnisse der Beteiligten, **nach billigem Ermessen** zu bestimmen, jedoch nicht über 1 Mio. Euro.

23.43

In allen durchschnittlichen Fällen ist der Geschäftswert gemäß § 36 III mit 5000 Euro anzusetzen. Bei besonders guten oder besonders schwachen wirtschaftlichen Verhältnissen des Verfügenden kann von diesem Wert nach oben oder unten abgewichen werden. (s.a. vorstehend Rz. 23.4).

Für eine – in der Praxis äußerst seltene- **isolierte Betreuungsverfügung**, die zusätzlich mit genauen Vorstellungen und Anweisungen zur Durchführung der Betreuung in vermögensrechtlichen Angelegenheiten verbunden ist, sind bei der Geschäftswertbestimmung die Wertbestimmungen des vermögensrechtlichen Teils von Vorsorgevollmachten heranzuziehen. Vorliegend erscheint daher im Hinblick auf die gehobenen Einkommens- und Vermögensverhältnisse ein Geschäftswert von 36 000 Euro angemessen (10–50 % vom Vollmachtswert gemäß § 98 III; hier mit 30 % von 120 000 Euro angenommen [hälftiges Vermögen des Verfügenden = 200 000 Euro Minus 40 % Abschlag wegen des Eventualcharakters = 120 000 Euro]).[1]

Nichts anderes würde gelten, wenn man die Betreuungsverfügung unter eine vermögensrechtliche Angelegenheit subsumieren würde.

Die Betreuungsverfügung löst als einseitige Erklärung eine 1,0 Gebühr gemäß Nr. 21200 KV aus.

D. Anmerkungen

1. Für die Übermittlung von Anträgen an das zentrale Vorsorgeregister erhält der Notar weder eine Vollzugs- noch Betreuungsgebühr, Vorbemerkung 2.1 II Nr. 1 bzw. 2 KV.

23.44

---

1 *Renner*, NotBZ 2014, 21; ausführlich auch Müller/*Renner*, Betreuungsrecht und Vorsorgeverfügungen in der Praxis, Rz. 846 ff.

2. Fertigt der Notar den vollständigen Entwurf der Betreuungsverfügung, ist ebenfalls eine 1,0 Gebühr zu erheben (Nrn. 24101, 21200 KV: 0,3–1,0, mind. 60 Euro; hier 1,0 wegen § 92 II). Die Beglaubigung der Unterschrift des Verfügenden löst keine zusätzliche Gebühr aus, Vorbemerkung 2.4.1 II KV.

3. Die Registrierungsgebühr des Zentralen Vorsorgeregisters ist gemäß Nr. 32015 KV (Sonstige Aufwendungen) in die Kostenberechnung als Durchlaufposten ohne Umsatzsteuer aufzunehmen.

→ **Fall 9: Unterschriftsbeglaubigung unter einer Betreuungsverfügung**

A. Sachverhalt

23.45 Der Notar beglaubigt die Unterschrift des A unter einer Betreuungsverfügung, in der A für den Fall seiner Betreuung B als seinen Betreuer wünscht. Die Betreuungsverfügung wurde von A mitgebracht. Auftragsgemäß übermittelt der Notar den Antrag auf Eintragung der Betreuungsverfügung an das zentrale Vorsorgeregister (§ 78a BNotO).

A hat ein Jahresnettoeinkommen von 13 000 Euro und ein Vermögen von 10 000 Euro.

B. Rechnung

23.46

Pos.	Gebührentatbestände	Geschäftswert	KV-Nr.	Satz	Betrag
(1)	Unterschriftsbeglaubigung unter einer Betreuungsverfügung (§§ 121, 36 II, III)	2500	25100	0,2	20,00
(2)	Übermittlung der Betreuungsverfügung an das zentrale Vorsorgeregister	nicht relevant, da Festgebühr	22124		20,00

C. Erläuterungen

23.47 **Pos. (1):**

Bei der **reinen Unterschriftsbeglaubigung** bestimmt sich der **Geschäftswert** nach den für die Beurkundung der Erklärung geltenden Vorschriften; § 121. In allen durchschnittlichen Fällen ist der Geschäftswert einer Betreuungsverfügung gemäß § 36 III mit 5000 Euro anzusetzen. Bei besonders guten oder besonders schwachen wirtschaftlichen Verhältnissen des Verfügenden kann von diesem Wert nach oben oder unten abgewichen werden (s.a. vorstehend Rz. 23.4).

Vorliegend erscheint im Hinblick auf die geringen Einkommens- und Vermögensverhältnisse ein Geschäftswert von 2500 Euro angemessen.

Die reine Unterschriftsbeglaubigung löst eine 0,2 Gebühr gemäß Nr. 25100 KV aus (mindestens 20 Euro, höchstens 70 Euro).

23.48 **Pos. (2):**

Da der Notar lediglich die Unterschrift unter der Betreuungsverfügung beglaubigt hat, erhält er für die Übermittlung an das zentrale Vorsorgeregister (§ 78a

BNotO) eine Vollzugsgebühr in Höhe der **Festgebühr** von 20 Euro gemäß Nr. 22124 KV.

D. Anmerkungen

1. Die Registrierungsgebühr des Zentralen Vorsorgeregisters ist gemäß Nr. 32015 KV (Sonstige Aufwendungen) in die Kostenberechnung als Durchlaufposten ohne Umsatzsteuer aufzunehmen.

2. Durch die Beglaubigungsgebühr nach Nr. 25100 KV wird neben der Feststellung der Beteiligten und der Prüfung etwaiger Versagungsgründe für die Amtstätigkeit durch den Notar lediglich die reine Beglaubigungstätigkeit des Notars abgegolten. Sofern der Notar **Beratungstätigkeiten** im Zusammenhang mit der Beglaubigung übernimmt, sind diese ihm gesondert durch eine Beratungsgebühr zu vergüten. Dies gilt bereits dann, wenn der Notar den Inhalt der zu beglaubigenden Urkunde erläutert bzw. er die Vor- und Nachteile von Beglaubigung und Beurkundung erörtert.[1]

23.49

V. Patientenverfügung

→ **Fall 10: Patientenverfügung**

A. Sachverhalt

Der Notar beurkundet eine Patientenverfügung (§ 1901a BGB) nebst Erklärung zur Organspende.

23.50

B. Rechnung

Pos.	Gebührentatbestand	Geschäfts-wert	KV-Nr.	Satz	Betrag
	Beurkundungsverfahren (§ 36 II, III) Patientenverfügung	5000	21200	1,0	60,00

23.51

C. Erläuterungen

Das GNotKG enthält keine Spezialvorschrift zur Bestimmung des Geschäftswertes einer Patientenverfügung. Demgemäß ist die allgemeine Geschäftswertvorschrift des § 36 II für nichtvermögensrechtliche Angelegenheiten einschlägig. Nach dieser Bestimmung ist der **Geschäftswert** unter Berücksichtigung aller Umstände des Einzelfalls, insbesondere des Umfangs und der Bedeutung der Sache und der Vermögens- und Einkommensverhältnisse der Beteiligten, **nach billigem Ermessen** zu bestimmen, jedoch nicht über 1 Mio. Euro.

23.52

Mangels genügender Anhaltspunkte ist in der Regel der Geschäftswert gemäß § 36 III mit 5000 Euro anzusetzen. Bei besonders guten oder besonders schwachen wirtschaftlichen Verhältnissen des Verfügenden kann von diesem Wert nach oben oder unten abgewichen werden (s.a. vorstehend Rz. 23.4). Die **Erklä-**

---

1 LG Cottbus, Beschl. v. 25.5.2016 – 7 OH 5/14, NotBZ 2016, 398.

rung zur Organspende ist Teil der Patientenverfügung und erhöht den Wert nicht.

Die Patientenverfügung löst als einseitige Erklärung eine 1,0 Gebühr gemäß Nr. 21200 KV in Höhe der hier einschlägigen Mindestgebühr von 60,00 Euro aus.

D. Anmerkungen

23.53 1. Für die Übermittlung von Anträgen an das zentrale Vorsorgeregister erhält der Notar weder eine Vollzugs- noch Betreuungsgebühr, Vorbemerkung 2.1 II Nr. 1 bzw. 2 KV.

2. Fertigt der Notar den vollständigen Entwurf der Patientenverfügung, ist ebenfalls eine 1,0 Gebühr zu erheben (Nrn. 24101, 21200 KV: 0,3–1,0, mind. 60 Euro; hier 1,0 wegen § 92 II). Die Beglaubigung der Unterschrift des Verfügenden löst keine zusätzliche Gebühr aus, Vorbemerkung 2.4.1 II KV.

3. Die Registrierungsgebühr des Zentralen Vorsorgeregisters ist gemäß Nr. 32015 KV (Sonstige Aufwendungen) in die Kostenberechnung als Durchlaufposten ohne Umsatzsteuer aufzunehmen.

→ **Fall 11: Unterschriftsbeglaubigung unter einer Patientenverfügung**

A. Sachverhalt

23.54 Der Notar beglaubigt die Unterschrift des A unter einer Patientenverfügung, die von A mitgebracht wurde.

B. Rechnung

23.55

Pos.	Gebührentatbestand	Geschäftswert	KV-Nr.	Satz	Betrag
	Unterschriftsbeglaubigung unter einer Patientenverfügung (§§ 121, 36 II, III)	5000	25100	0,2	20,00

C. Erläuterungen

23.56 Bei der **reinen Unterschriftsbeglaubigung** bestimmt sich der **Geschäftswert** nach den für die Beurkundung der Erklärung geltenden Vorschriften; § 121. In allen durchschnittlichen Fällen darf der Geschäftswert einer Patientenverfügung gemäß § 36 III mit 5000 Euro angesetzt werden. Bei besonders guten oder besonders schwachen wirtschaftlichen Verhältnissen des Verfügenden sollte von diesem Wert nach oben oder unten abgewichen werden (s.a. vorstehend Rz. 23.4).

Die **reine Unterschriftsbeglaubigung** löst eine 0,2 Gebühr gemäß Nr. 25100 KV aus (mindestens 20 Euro, höchstens 70 Euro).

D. Anmerkungen

23.57 1. Für die auftragsgemäße Übermittlung an das zentrale Vorsorgeregister (§ 78a BNotO) erhält der Notar eine Vollzugsgebühr in Höhe der **Festgebühr** von

20 Euro gemäß Nr. 22124 KV, da er lediglich die Unterschrift unter der Patientenverfügung beglaubigt hat.

Die Registrierungsgebühr des Zentralen Vorsorgeregisters ist gemäß Nr. 32015 KV (Sonstige Aufwendungen) in die Kostenberechnung als Durchlaufposten ohne Umsatzsteuer aufzunehmen.

2. Durch die Beglaubigungsgebühr nach Nr. 25100 KV wird neben der Feststellung der Beteiligten und der Prüfung etwaiger Versagungsgründe für die Amtstätigkeit durch den Notar lediglich die reine Beglaubigungstätigkeit des Notars abgegolten. Sofern der Notar **Beratungstätigkeiten** im Zusammenhang mit der Beglaubigung übernimmt, sind diese ihm gesondert durch eine Beratungsgebühr zu vergüten. Dies gilt bereits dann, wenn der Notar den Inhalt der zu beglaubigenden Urkunde erläutert bzw. er die Vor- und Nachteile von Beglaubigung und Beurkundung erörtert.[1]

VI. Betreuungs- und Patientenverfügung

→ **Fall 12: Betreuungs- und Patientenverfügung**

A. Sachverhalt

Der Notar beurkundet eine **Betreuungsverfügung**, in dem A für den Fall seiner Betreuung den B als seinen Betreuer wünscht (§ 1897 IV BGB). Des Weiteren wird eine **Patientenverfügung** (§ 1901a BGB) aufgenommen.

Auftragsgemäß übermittelt der Notar den Antrag auf Eintragung der Betreuungs- und Patientenverfügung an das zentrale Vorsorgeregister (§ 78a BNotO).

A hat ein Jahresnettoeinkommen von 35 000 Euro, ein Vermögen von 120 000 Euro und Verbindlichkeiten von 30 000 Euro.

23.58

B. Rechnung

23.59

Pos.	Gebührentatbestände	Geschäfts-wert	KV-Nr.	Satz	Betrag
	Beurkundungsverfahren (§ 109 II S. 1 Nr. 1) a) Betreuungsverfügung (§ 36 II) b) Patientenverfügung (§ 36 II)	5000 5000	21200 21200	1,0 1,0	60,00

C. Erläuterungen

a), b) Gemäß der allgemeinen Geschäftswertvorschrift des § 36 II ist der **Geschäftswert** unter Berücksichtigung aller Umstände des Einzelfalls, insbesondere des Umfangs und der Bedeutung der Sache und der Vermögens- und Einkommensverhältnisse der Beteiligten, **nach billigem Ermessen** zu bestimmen, jedoch nicht über 1 Million Euro.

23.60

---

1 LG Cottbus, Beschl. v. 25.5.2016 – 7 OH 5/14, NotBZ 2016, 398.

In allen durchschnittlichen Fällen ist der Geschäftswert beider Verfügungen gemäß § 36 III mit 5000 Euro anzusetzen. Bei besonders guten oder besonders schwachen wirtschaftlichen Verhältnissen des Verfügenden kann von diesem Wert nach oben oder unten abgewichen werden (s.a. vorstehend Rz. 23.4).

Die **Betreuungsverfügung** und die **Patientenverfügung** haben **denselben Beurkundungsgegenstand**, § 109 II S. 1 Nr. 1. Der Geschäftswert für die 1,0 Gebühr bestimmt sich gemäß § 109 II S. 2 nach dem höchsten in Betracht kommenden Wert.

D. Anmerkungen

23.61   1. Für die Übermittlung von Anträgen an das zentrale Vorsorgeregister erhält der Notar weder eine Vollzugs- noch Betreuungsgebühr, Vorbemerkung 2.1 II Nr. 1 bzw. 2 KV.

2. Fertigt der Notar den vollständigen Entwurf der Betreuungs- und Patientenverfügung, ist ebenfalls eine 1,0 Gebühr zu erheben (Nrn. 24101, 21200 KV: 0,3–1,0, mind. 60 Euro; hier 1,0 wegen § 92 II). Die Beglaubigung der Unterschrift des Verfügenden löst keine zusätzliche Gebühr aus, Vorbemerkung 2.4.1 II KV.

3. Die Registrierungsgebühr des Zentralen Vorsorgeregisters ist gemäß Nr. 32015 KV (Sonstige Aufwendungen) in die Kostenberechnung als Durchlaufposten ohne Umsatzsteuer aufzunehmen.

VII. Höchstwert einer Vorsorgevollmacht

→ **Fall 13: Vorsorgevollmacht**

A. Sachverhalt

23.62   Der Notar beurkundet eine Vorsorgevollmacht des 65-jährigen Vollmachtgebers in Form einer **Generalvollmacht.**

Auftragsgemäß übermittelt der Notar den Antrag auf Eintragung der Vorsorgevollmacht an das zentrale Vorsorgeregister (§ 78a BNotO).

Der Vollmachtgeber hat ein Vermögen von 3 Mio. Euro und Verbindlichkeiten i.H.v. 500 000 Euro.

B. Rechnung

23.63

Pos.	Gebührentatbestand	Geschäftswert	KV-Nr.	Satz	Betrag
	Beurkundungsverfahren (§§ 98 III, IV, 38) Vorsorgevollmacht	1 000 000	21200	1,0	1735,00

C. Erläuterungen

Als Geschäftswert ist das hälftige (Aktiv-)Vermögen anzunehmen. Die Vorsorgevollmacht in Gestalt einer Generalvollmacht bestimmt sich nach § 98 III, wobei nach dessen Satz 2 die Hälfte des (Aktiv-)Vermögens des Vollmachtgebers nicht überschritten werden darf. Es ist nicht etwa die Halbierung des Höchstwertes vorzunehmen.

23.64

Da zum Zeitpunkt der Ausstellung der Vollmacht ihr Gebrauch in vielen Fällen nicht sicher ist (sog. „Eventualcharakter der Vorsorgevollmacht"), ist ein Abschlag geboten, und zwar nach der Wahrscheinlichkeit ihres Gebrauchs von etwa 20–50 %; je wahrscheinlicher ihre Verwendung ist, umso niedriger ist der Abschlag und umgekehrt (s.a. vorstehend Rz. 23.4). Der anzunehmende Geschäftswert beträgt jedoch **höchstens 1 Mio. Euro**; § 98 IV.

Die Vorsorgevollmacht löst als einseitige Erklärung eine 1,0 Gebühr gemäß Nr. 21200 KV aus.

D. Anmerkungen

1. Für die Übermittlung von Anträgen an das zentrale Vorsorgeregister erhält der Notar weder eine Vollzugs- noch Betreuungsgebühr, Vorbemerkung 2.1 II Nr. 1 bzw. 2 KV.

23.65

2. Fertigt der Notar den vollständigen Entwurf der Vorsorgevollmacht, ist ebenfalls eine 1,0 Gebühr zu erheben (Nrn. 24101, 21200 KV: 0,3–1,0, mind. 60 Euro; hier 1,0 wegen § 92 II). Die Beglaubigung der Unterschrift des Vollmachtgebers löst keine zusätzliche Gebühr aus, Vorbemerkung 2.4.1 II KV.

3. Die Registrierungsgebühr des Zentralen Vorsorgeregisters ist gemäß Nr. 32015 KV (Sonstige Aufwendungen) in die Kostenberechnung als Durchlaufposten ohne Umsatzsteuer aufzunehmen.

VIII. Widerruf einer Vorsorgevollmacht

→ **Fall 14: Widerruf einer Vorsorgevollmacht**

A. Sachverhalt

Der Notar beurkundet den **Widerruf** einer **Vorsorgevollmacht** (Generalvollmacht). Auftragsgemäß übermittelt der Notar den Widerruf an das zentrale Vorsorgeregister (§ 78a BNotO). Der Notar lässt auftragsgemäß den Widerruf dem Bevollmächtigten **zustellen.**

23.66

Der 60-jährige Vollmachtgeber hat ein Vermögen von 200 000 Euro und Verbindlichkeiten i.H.v. 80 000 Euro.

B. Rechnung

23.67

Pos.	Gebührentatbestände	Geschäfts-wert	KV-Nr.	Satz	Betrag
(1)	Beurkundungsverfahren (§§ 98 III, V, 38) Widerrufs einer Vorsorgevollmacht	70 000	21200	1,0	219,00
(2)	Betreuungstätigkeit (Zustellung Widerruf (§ 113 I, 98 III, V))	70 000	22200 Anm. Nr. 5	0,5	109,50

C. Erläuterungen

23.68 **Pos. (1):**

Für den **Widerruf** einer **Vollmacht** gelten die Vorschriften der Vollmacht; § 98 V. Die Vorsorgevollmacht in Gestalt einer Generalvollmacht bestimmt sich nach § 98 III, wobei nach dessen Satz 2 die Hälfte des (Aktiv-)Vermögens des Vollmachtgebers nicht überschritten werden darf.

Da zum Zeitpunkt der Ausstellung der Vollmacht ihr Gebrauch in vielen Fällen nicht sicher ist (sog. „Eventualcharakter der Vorsorgevollmacht"), ist ein Abschlag geboten, und zwar nach der Wahrscheinlichkeit ihres Gebrauchs von etwa 20–50 % (hier mit 30 % angenommen); je wahrscheinlicher ihre Verwendung ist, umso niedriger ist der Abschlag und umgekehrt (s.a. vorstehend Rz. 23.4).

Der Widerruf löst als einseitige Erklärung eine 1,0 Gebühr gemäß Nr. 21200 KV aus.

23.69 **Pos. (2):**

Die **Zustellung** des Widerrufs löst eine zusätzliche **Betreuungsgebühr** gemäß Nr. 22200 Anm. Nr. 5 KV aus. Der Geschäftswert für die Betreuungsgebühr bestimmt sich gemäß § 113 I nach dem Wert des Beurkundungsverfahrens.

D. Anmerkungen

23.70 1. Für die Übermittlung von Anträgen an das zentrale Vorsorgeregister erhält der Notar weder eine Vollzugs- noch Betreuungsgebühr, Vorbemerkung 2.1 II Nr. 1 bzw. 2 KV.

2. Fertigt der Notar den vollständigen Entwurf des Widerrufs, ist ebenfalls eine 1,0 Gebühr zu erheben (Nrn. 24101, 21200 KV: 0,3–1,0, mind. 60 Euro; hier 1,0 wegen § 92 II). Die Beglaubigung der Unterschrift löst keine zusätzliche Gebühr aus, Vorbemerkung 2.4.1 II KV.

3. Die Registrierungsgebühr des Zentralen Vorsorgeregisters ist gemäß Nr. 32015 KV (Sonstige Aufwendungen) in die Kostenberechnung als Durchlaufposten ohne Umsatzsteuer aufzunehmen.

VIII. Widerruf einer Vorsorgevollmacht

→ **Fall 15: Widerruf einer Vorsorgevollmacht und neue Vorsorgevollmacht**

A. Sachverhalt

Der Notar beurkundet den **Widerruf** einer **Vorsorgevollmacht**, die B in Form einer Generalvollmacht erteilt wurde.   23.71

Zugleich erhält C eine **neue Vollmacht** entsprechend dem Umfang der widerrufenen Vollmacht.

Der Notar lässt auftragsgemäß den Widerruf dem Bevollmächtigten B zustellen. Zudem übermittelt er den Widerruf und die neue Vorsorgevollmacht an das zentrale Vorsorgeregister (§ 78a BNotO).

Der 60-jährige Vollmachtgeber hat ein Vermögen von 500 000 Euro und Verbindlichkeiten i.H.v. 100 000 Euro.

B. Rechnung

23.72

Pos.	Gebührentatbestände	Geschäftswert	KV-Nr.	Satz	Betrag
(1)	Beurkundungsverfahren (§§ 35 I, 86 II)				
	a) Widerruf einer Vorsorgevollmacht (§§ 98 III, V)	175 000	21200	1,0	
	b) neue Vorsorgevollmacht (§ 98 III)	175 000	21200	1,0	
		350 000	21200	1,0	685,00
(2)	Zustellung des Widerrufs (§§ 113 I)	350 000	22200 Anm. Nr. 5	0,5	342,50

C. Erläuterungen

Pos. (1):   23.73

a) Für den **Widerruf der Vollmacht** gelten gemäß § 98 V die Wertvorschriften der Vollmacht. Die Vorsorgevollmacht in Gestalt einer Generalvollmacht bestimmt sich nach § 98 III, wobei nach dessen Satz 2 die Hälfte des (Aktiv-)Vermögens des Vollmachtgebers nicht überschritten werden darf.

Da zum Zeitpunkt der Ausstellung der Vollmacht ihr Gebrauch in vielen Fällen nicht sicher ist (sog. „Eventualcharakter der Vorsorgevollmacht"), ist ein Abschlag geboten, und zwar nach der Wahrscheinlichkeit ihres Gebrauchs von etwa 20–50 % (hier mit 30 % angenommen); je wahrscheinlicher ihre Verwendung ist, umso niedriger ist der Abschlag und umgekehrt (s.a. vorstehend Rz. 23.4).

b) Zur Wertbestimmung der **neuen Vorsorgevollmacht** kann auf die vorstehenden Ausführungen verwiesen werden.

Der **Widerruf** und die **neue Vollmacht** sind **verschiedene Beurkundungsgegenstände** gemäß § 86 II. Die Geschäftswerte werden addiert (§ 35 I); die 1,0 Gebühr gemäß Nr. 21200 KV wird aus dem Gesamtwert erhoben (§ 93 I S. 1).

23.74 **Pos. (2):**

Die **Zustellung des Widerrufs** ist eine Betreuungstätigkeit gemäß Nr. 22200 Anm. Nr. 5 KV. Der Geschäftswert bestimmt sich nach dem Wert des Beurkundungsverfahrens; § 113 I.

D. Anmerkungen

23.75 1. Für die Übermittlung von Anträgen an das zentrale Vorsorgeregister erhält der Notar weder eine Vollzugs- noch Betreuungsgebühr, Vorbemerkung 2.1 II Nr. 1 bzw. 2 KV.

2. Fertigt der Notar den vollständigen Entwurf des Widerrufs und der neuen Vorsorgevollmacht, ist ebenfalls eine 1,0 Gebühr zu erheben (Nrn. 24101, 21200 KV: 0,3–1,0, mind. 60 Euro; hier 1,0 wegen § 92 II). Die Beglaubigung der Unterschrift löst keine zusätzliche Gebühr aus, Vorbemerkung 2.4.1 II KV.

3. Die Registrierungsgebühr des Zentralen Vorsorgeregisters ist gemäß Nr. 32015 KV (Sonstige Aufwendungen) in die Kostenberechnung als Durchlaufposten ohne Umsatzsteuer aufzunehmen.

IX. Mehrheit von Vorsorgevollmachten/Gegenseitige Vorsorgevollmachten

→ **Fall 16: Mehrere Vorsorgevollmachten**

A. Sachverhalt

23.76 Der Notar beurkundet eine Vollmachtsurkunde, in der sich die Ehegatten **gegenseitig** eine Vorsorgevollmacht in Form einer **Generalvollmacht** erteilen. Auftragsgemäß übermittelt der Notar den Antrag auf Eintragung der Vorsorgevollmacht(en) an das zentrale Vorsorgeregister (§ 78a BNotO). Die Ehefrau hat ein Vermögen von 700 000 Euro und der Ehemann hat ein Vermögen von 4,5 Mio. Euro.

B. Rechnung

23.77

Pos.	Gebührentatbestände	Geschäftswert	KV-Nr.	Satz	Betrag
	Beurkundungsverfahren (§§ 35 I, 86 II)				
	a) Vorsorgevollmacht der Ehefrau (§ 98 III)	175 000	21200	1,0	
	b) Vorsorgevollmacht des Ehemanns (§ 98 III)	1 000 000	21200	1,0	
		1 175 000	21200	1,0	2055,00

C. Erläuterungen

a) und b) Die Vorsorgevollmacht in Gestalt einer Generalvollmacht bestimmt sich nach § 98 III, wobei nach dessen Satz 2 die Hälfte des (Aktiv-)Vermögens des Vollmachtgebers nicht überschritten werden darf. Als Geschäftswert ist somit das hälftige (Aktiv-)Vermögen anzunehmen. In Anbetracht des Eventualcharakters der Vorsorgevollmacht ist ein weiterer Abschlag vorzunehmen. Da bei wechselseitigen Ehegattenvollmachten letztlich nur eine Vollmacht zum Tragen kommen wird, werden 50 % für angemessen gehalten (s.a. vorstehend Rz. 23.4). 23.78

Der Höchstwert von 1 Mio. Euro ist für die einzelne Vollmacht zu beachten, § 98 IV.

Bei **gegenseitigen Vollmachten** liegen zwei **verschiedene Beurkundungsgegenstände** vor (§ 86 II). Es handelt sich nicht etwa um einen Austauschvertrag nach § 97 III. Auch stellt die Beurkundung gegenseitiger Vorsorgevollmachten in einer einzigen Urkunde nicht etwa eine Zusammenfassung ohne sachlichen Grund i.S.d. § 93 II S. 1 dar. Die Geschäftswerte werden addiert (§ 35 I); die 1,0 Gebühr gemäß Nr. 21200 KV wird aus dem Gesamtwert erhoben (§ 93 I S. 1).

D. Anmerkungen

1. Für die Übermittlung von Anträgen an das zentrale Vorsorgeregister erhält der Notar weder eine Vollzugs- noch Betreuungsgebühr, Vorbemerkung 2.1 II Nr. 1 bzw. 2 KV. 23.79

2. Fertigt der Notar den vollständigen Entwurf der gegenseitigen Vollmachten, ist ebenfalls eine 1,0 Gebühr zu erheben (Nrn. 24101, 21200 KV: 0,3–1,0, mind. 60 Euro; hier 1,0 wegen § 92 II). Die Beglaubigung der Unterschriften löst keine zusätzliche Gebühr aus, Vorbemerkung 2.4.1 II KV.

3. Die Registrierungsgebühr des Zentralen Vorsorgeregisters ist gemäß Nr. 32015 KV (Sonstige Aufwendungen) in die Kostenberechnung als Durchlaufposten ohne Umsatzsteuer aufzunehmen.

X. Vorsorgevollmacht mit Betreuungs- und Patientenverfügung

→ **Fall 17: Vorsorgevollmacht mit Betreuungs- und Patientenverfügung**

A. Sachverhalt

Der Notar beurkundet eine Vorsorgevollmacht in Form einer **Generalvollmacht** nebst **Betreuungs- und Patientenverfügung**. Auf Verlangen des erkrankten Beteiligten nimmt der Notar die Beurkundung in dessen Wohnung vor. Der Notar ist insgesamt 2 Stunden unterwegs. 23.80

Auftragsgemäß übermittelt der Notar die Vorsorgevollmacht an das zentrale Vorsorgeregister (§ 78a BNotO).

Der Erklärende hat ein Vermögen von 60 000 Euro und bezieht eine Berufsunfähigkeitsrente von monatlich 800 Euro.

B. Rechnung

23.81

Pos.	Gebührentatbestände	Geschäfts-wert	KV-Nr.	Satz	Betrag
(1)	Beurkundungsverfahren (§§ 35 I, 109 II Nr. 1, 110 Nr. 3)				
	a) Vorsorgevollmacht (§ 98 III)	30 000	21200	1,0	
	b) Betreuungsverfügung (§ 36 II, III)	~~5000~~	~~21200~~	~~1,0~~	
	c) Patientenverfügung (§ 36 II, III)	5000	21200	1,0	
		35 000	21200	1,0	135,00
(2)	Auswärtsbeurkundung	keiner, da Festgebühr	26003 Nrn. 2, 3, 4		50,00

C. Erläuterungen

23.82 **Pos. (1):**

a) Die Vorsorgevollmacht in Gestalt einer Generalvollmacht bestimmt sich nach § 98 III, wobei nach dessen Satz 2 die Hälfte des (Aktiv-)Vermögens des Vollmachtgebers nicht überschritten werden darf. Als Geschäftswert ist somit das hälftige (Aktiv-)Vermögen anzunehmen. Bei schwer kranken (oder hoch betagten) Vollmachtgebern wird der sonst befürwortete Abschlag aufgrund des Eventualcharakters der Vorsorgevollmacht abgelehnt, da davon auszugehen ist, dass die Vorsorgevollmacht benötigt wird (s.a. vorstehend Rz. 23.4).

b), c) Gemäß der allgemeinen Geschäftswertvorschrift des § 36 II ist der **Geschäftswert** unter Berücksichtigung aller Umstände des Einzelfalls, insbesondere des Umfangs und der Bedeutung der Sache und der Vermögens- und Einkommensverhältnisse der Beteiligten, **nach billigem Ermessen** zu bestimmen, jedoch nicht über 1 Mio. Euro.

In allen durchschnittlichen Fällen kann der Geschäftswert beider Verfügungen gemäß § 36 III mit 5000 Euro angesetzt werden. Bei besonders guten oder besonders schwachen wirtschaftlichen Verhältnissen des Verfügenden kann von diesem Wert nach oben oder unten abgewichen werden.

Die **Betreuungsverfügung** und die **Patientenverfügung** haben **denselben Beurkundungsgegenstand**, § 109 II S. 1 Nr. 1. Der Geschäftswert bestimmt sich nach dem höheren der beiden Werte (§ 109 II S. 2).

Betreuungs- und Patientenverfügung einerseits und **Vorsorgevollmacht** andererseits sind **verschiedene Beurkundungsgegenstände**, § 110 Nr. 3. Die Geschäftswerte werden addiert (§ 35 I); die 1,0 Gebühr gemäß Nr. 21200 KV wird aus dem Gesamtwert erhoben (§ 93 I S. 1).

X. Vorsorgevollmacht mit Betreuungs- und Patientenverfügung

Pos. (2): 23.83

Wird auf Verlangen des Beteiligten diese notarielle Tätigkeit außerhalb der Geschäftsstelle vorgenommen, erhält der Notar hier die zeitunabhängige Zusatzgebühr in Höhe von 50,00 Euro gemäß Nrn. 26003 Nr. 2, 3, 4 KV. Die Festgebühr fällt für jeden Auftraggeber nur einmal an, auch wenn ein ganzes Vorsorgepaket, hier bestehend aus Vorsorgevollmacht, Betreuungs- und Patientenverfügung, errichtet wird (hierzu ausführlich Rz. 23.10).

D. Anmerkungen

Pos. (1):

1. Für die Übermittlung von Anträgen an das zentrale Vorsorgeregister erhält der Notar weder eine Vollzugs- noch Betreuungsgebühr, Vorbemerkung 2.1 II Nr. 1 bzw. 2 KV. 23.84

2. Fertigt der Notar den vollständigen Entwurf, ist ebenfalls eine 1,0 Gebühr zu erheben (Nrn. 24101, 21200 KV: 0,3–1,0, mind. 60 Euro; hier 1,0 wegen § 92 II). Die Beglaubigung der Unterschriften löst keine zusätzliche Gebühr aus, Vorbemerkung 2.4.1 II KV.

3. Die Registrierungsgebühr des Zentralen Vorsorgeregisters ist gemäß Nr. 32015 KV (Sonstige Aufwendungen) in die Kostenberechnung als Durchlaufposten ohne Umsatzsteuer aufzunehmen.

→ **Fall 18: Gegenseitige Vorsorgevollmachten mit Betreuungs- und Patientenverfügungen**

A. Sachverhalt

Der Notar beurkundet eine Vollmachtsurkunde, in der sich die Ehegatten **gegenseitig** eine Vorsorgevollmacht in Form einer **Generalvollmacht** erteilen. Des Weiteren werden **Betreuungs- und Patientenverfügungen** aufgenommen. Auftragsgemäß übermittelt der Notar den Antrag auf Eintragung der Vorsorgevollmacht(en) an das zentrale Vorsorgeregister (§ 78a BNotO). 23.85

Die Ehegatten haben ein Vermögen von je 200 000 Euro und sind beide Durchschnittsverdiener.

B. Rechnung

Pos.	Gebührentatbestände	Geschäftswert	KV-Nr.	Satz	Betrag
	Beurkundungsverfahren (§§ 35 I, 86 II, 109 II Nr. 1, 110 Nr. 3)				
1a)	Vorsorgevollmacht Ehemann (§ 98 III)	50 000	21200	1,0	
1b)	Betreuungsverfügung Ehemann (§ 36 II, III)	~~5000~~	~~21200~~	~~1,0~~	
1c)	Patientenverfügung Ehemann (§ 36 II, III)	5000	21200	1,0	

23.86

Pos.	Gebührentatbestände	Geschäfts-wert	KV-Nr.	Satz	Betrag
	2a) Vorsorgevollmacht Ehefrau (§ 98 III)	50 000	21200	1,0	
	2b) Betreuungsverfügung Ehefrau (§ 36 II, III)	~~5000~~	~~21200~~	~~1,0~~	
	2c) Patientenverfügung Ehefrau (§ 36 II, III)	5000	21200	1,0	
		110 000	21200	1,0	273,00

C. Erläuterungen

23.87 1a), 2a) Die Vorsorgevollmacht in Gestalt einer Generalvollmacht bestimmt sich nach § 98 III, wobei nach dessen Satz 2 die Hälfte des (Aktiv-)Vermögens des Vollmachtgebers nicht überschritten werden darf. Als Geschäftswert ist somit das hälftige (Aktiv-)Vermögen anzunehmen. In Anbetracht des Eventualcharakters der Vorsorgevollmacht ist ein weiterer Abschlag vorzunehmen. Da bei wechselseitigen Ehegattenvollmachten letztlich nur eine Vollmacht zum Tragen kommen wird, werden 50 % für angemessen gehalten (s.a. vorstehend Rz. 23.4).

zu 1b), c), 2b), c)

Gemäß der allgemeinen Geschäftswertvorschrift des § 36 II ist der **Geschäftswert** unter Berücksichtigung aller Umstände des Einzelfalls, insbesondere des Umfangs und der Bedeutung der Sache und der Vermögens- und Einkommensverhältnisse der Beteiligten, **nach billigem Ermessen** zu bestimmen, jedoch nicht über 1 Mio. Euro.

In allen durchschnittlichen Fällen kann der Geschäftswert der Verfügungen gemäß § 36 III mit je 5000 Euro angesetzt werden. Bei besonders guten oder besonders schwachen wirtschaftlichen Verhältnissen der Verfügenden kann von diesem Wert nach oben oder unten abgewichen werden.

Die **Betreuungsverfügung** und die **Patientenverfügung** des Einzelnen haben **denselben Beurkundungsgegenstand** gemäß § 109 II Nr. 1. Der Geschäftswert bestimmt sich nach dem höheren der beiden Werte (§ 109 II S. 2).

Betreuungs- und Patientenverfügungen einerseits und **Vorsorgevollmachten** anderseits sind **verschiedene Beurkundungsgegenstände**, § 110 Nr. 3. Die Geschäftswerte werden addiert (§ 35 I); die 1,0 Gebühr gemäß Nr. 21200 KV wird aus dem Gesamtwert erhoben (§ 93 I S. 1).

D. Anmerkungen

23.88 1. Für die Übermittlung von Anträgen an das zentrale Vorsorgeregister erhält der Notar weder eine Vollzugs- noch Betreuungsgebühr, Vorbemerkung 2.1 II Nr. 1 bzw. 2 KV.

2. Fertigt der Notar den vollständigen Entwurf, ist ebenfalls eine 1,0 Gebühr zu erheben (Nrn. 24101, 21200 KV: 0,3–1,0, mind. 60 Euro; hier 1,0 wegen § 92 II). Die Beglaubigung der Unterschriften löst keine zusätzliche Gebühr aus, Vorbemerkung 2.4.1 II KV.

3. Die Registrierungsgebühr des Zentralen Vorsorgeregisters ist gemäß Nr. 32015 KV (Sonstige Aufwendungen) in die Kostenberechnung als Durchlaufposten ohne Umsatzsteuer aufzunehmen.

XI. Vorsorgeurkunde für elektronische Zugangsberechtigung

→ **Fall 19: Vorsorgeurkunde für elektronische Zugangsberechtigung**[1]

A. Sachverhalt

Der Erschienene wünscht zu Vorsorgezwecken ein Passwort zu einer Datenbank mit Zugangsdaten niederzuschreiben. Das Passwort ist in der Anlage zur notariellen Urkunde enthalten. Der Erschienene erklärt, das Passwort selbst niedergeschrieben zu haben und übergibt die Anlage dem Notar.

Der Notar wird angewiesen, auf Anforderung ausschließlich folgenden Personen eine Abschrift dieser Urkunde zu erteilen: bevollmächtigten Personen, vertretungsberechtigte Betreuer, den Erben des Erschienenen.

Für die Urkunde wurde die Form der Niederschrift i.S.d. §§ 36 ff. BeurkG. gewählt.

B. Rechnung

Pos.	Gebührentatbestände	Geschäftswert	KV-Nr.	Satz	Betrag
(1)	Beurkundungsverfahren (§ 36 II, III) Vorsorgeurkunde für elektronische Zugangsberechtigung	5000	21200	1,0	60,00
(2)	Betreuungstätigkeit (Prüfung bestimmter Voraussetzungen; (§ 113 I)	5000	22200 Anm. Nr. 3	0,5	22,50

C. Erläuterungen

Pos. (1):

Das GNotKG enthält keine Spezialvorschrift zur Bestimmung des Geschäftswertes einer **Vorsorgeurkunde.** Demgemäß ist die allgemeine **Geschäftswertvorschrift** des **§ 36 II für nichtvermögensrechtliche Angelegenheiten** einschlägig. Mangels Anhaltspunkte für eine Bestimmung des Werts, ist gemäß § 36 III von einem Geschäftswert von 5000 Euro auszugehen.

Die Vorsorgeurkunde löst als einseitige Erklärung eine 1,0 Gebühr gemäß Nr. 21200 KV in Höhe der hier einschlägigen Mindestgebühr von 60,00 Euro aus.

---

[1] Zum Verfahren *Gloser*, DNotZ 2015, 4, 19 f.; *Gloser*, MitBayNot, 2015, 537, 541 mit Formulierungsvorschlägen; s.a. *Salomon*, NotBZ 2016, 323 ff. „Digitaler Nachlass" – Möglichkeiten der notariellen Vorsorge.

23.92 **Pos. (2):**

Die **Prüfung bestimmter Voraussetzungen** (hier: die Zurückbehaltung und ggf. spätere Herausgabe einer Abschrift an die genannten Dritten nach Vorlage und Prüfung der entsprechenden Legitimationsunterlagen) löst eine zusätzliche **Betreuungsgebühr** gemäß Nr. 22200 Nr. 3 KV aus, wobei die Fälligkeit gemäß § 10 erst mit dem Abschluss der Betreuungstätigkeit eintritt.

Der Geschäftswert für die Betreuungsgebühr bestimmt sich gemäß § 113 I nach dem Wert des Beurkundungsverfahrens.

Teil 24
Vollstreckbarerklärungen

Inhaltsübersicht

I. Überblick 24.1
1. Gebühren und Geschäftswerte   24.1
2. Abgeltungsbereich ausgesuchter Gebühren 24.5
3. Gebührenermäßigung 24.7

II. Vollstreckbarerklärungen 24.10

Fall 1: Vollstreckbarerklärung eines Anwaltsvergleichs (§ 796a ZPO) 24.10

Fall 2: Rücknahme des Antrags auf Vollstreckbarerklärung eines Anwaltsvergleichs . 24.14

Fall 3: Vollstreckbarerklärung eines Schiedsspruchs mit vereinbartem Wortlaut (§ 1053 ZPO) 24.18

Fall 4: Rücknahme des Antrags auf Vollstreckbarerklärung eines Schiedsspruchs 24.23

Fall 5: Erteilung einer titelergänzenden Klausel nach § 726 ZPO 24.27

Fall 6: Erteilung einer weiteren vollstreckbaren Ausfertigung nach § 733 ZPO durch den Notar 24.31

Fall 7: Bestätigung einer notariellen Urkunde als Europäischer Vollstreckungstitel für unbestrittene Geldforderungen nach § 1079 ZPO 24.35

Fall 8: Vollstreckbarerklärung eines (vollstreckbaren) ausländischen notariellen Kaufvertrags durch den Notar nach § 55 III AVAG (= Exequaturentscheidung durch Notar) 24.39

Fall 9: Vollstreckbarerklärung einer (vollstreckbaren) ausländischen notariellen Unterhaltsurkunde durch den Notar nach § 35 III AUG (= Exequaturentscheidung durch Notar) 24.46

Fall 10: Rücknahme des Antrags auf Vollstreckbarerklärung einer ausländischen notariellen Urkunde 24.51

Fall 11: Vollstreckbarkeits-Bescheinigung des Notars zu einer von ihm beurkundeten vollstreckbaren Urkunde zur Vollstreckung im Ausland 24.55

Stichwortverzeichnis

Anwaltsvergleich
– Rücknahme des Antrags 24.14
– Vollstreckbarerklärung 24.10
Ausländische Urkunde
– Rücknahme des Antrags 24.51
– Vollstreckbarerklärung (Beispielfälle) 24.39 ff.
Bescheinigung
– zur Vollstreckbarerklärung im Ausland 24.55 ff.
Bestätigung
– als Europäischer Vollstreckungstitel 24.35, 24.38

Ermäßigung
– der Gebühren, Personenkreis 24.7 f.
– vorzeitige Beendigung 24.8
Exequaturverfahren
– Notar 24.38, 24.39 f., 24.61
Schiedsspruch
– Rücknahme des Antrags 24.23
– Vollstreckbarerklärung 24.18
Verwahrung, Hinterlegung
– Abgeltungsbereich der Gebühren 24.5, 24.10 ff., 24.14 ff.
vollstreckbare Ausfertigung
– Erteilung allg. 24.5
– Erteilung nach Prüfung einer Tatsache oder Rechtsnachfolge 24.27, 24.30

- weitere 24.31, 24.33 Vollstreckbarerklärung
- Anwaltsvergleich 24.10
- Bescheinigung zur Erleichterung der V. im Ausland 24.55
- einer ausländischen Urkunde (Beispielfälle) 24.39 ff.
- Rücknahme des Antrags 24.14, 24.23, 24.51
- Schiedsspruch 24.18

Wert- und Gebührenvorschriften
- Abgeltungsbereich der Gebühren 24.5
- Geschäftswert 24.4
- Überblick 24.2, 24.4

I. Überblick

1. Gebühren und Geschäftswerte

24.1 Unter dem Abschnitt 8 (Kostenverzeichnis 3. Hauptabschnitt des Teil 2) werden die Tätigkeiten der Notare zusammengefasst, die der Vorbereitung der Zwangsvollstreckung dienen.

24.2

Gebühren	
a) Verfahren über die Vollstreckbarerklärung eines Anwaltsvergleichs nach § 796a ZPO	Nr. 23800 KV (Festgebühr 60 Euro)
b) Verfahren über die Vollstreckbarerklärung eines Schiedsspruchs mit vereinbartem Wortlaut (§ 1053 ZPO)	Nr. 23801 KV (2,0)
c) Beendigung des gesamten Verfahrens (vorstehend b) durch Zurücknahme des Antrags	Nr. 23802 KV (1,0)
d) Verfahren über die Erteilung einer vollstreckbaren Ausfertigung, wenn der Eintritt einer Tatsache oder einer Rechtsnachfolge zu prüfen ist (§§ 726 bis 729 ZPO)	Nr. 23803 KV (0,5)
e) Verfahren über den Antrag auf Erteilung einer weiteren vollstreckbaren Ausfertigung (§ 797 III, § 733 ZPO)	Nr. 23804 KV (Festgebühr 20 Euro)
f) Verfahren über die Ausstellung einer Bestätigung nach § 1079 ZPO oder über die Ausstellung einer Bescheinigung nach § 1110 ZPO	Nr. 23805 KV (Festgebühr 20 Euro)
g) Verfahren über einen Antrag auf Vollstreckbarerklärung einer notariellen Urkunde nach § 55 III AVAG, nach § 35 III AUG oder nach § 3 IV IntErbRVG	Nr. 23806 KV (Festgebühr 240 Euro)
h) Beendigung des gesamten Verfahrens (vorstehend g) durch Zurücknahme des Antrags	Nr. 23807 KV (Festgebühr 90 Euro)

I. Überblick

i) Verfahren über die Ausstellung einer Bescheinigung nach § 57 AVAG oder § 27 IntErbRVG oder für die Ausstellung des Formblatts oder der Bescheinigung nach § 71 I AUG	Nr. 23808 KV (Festgebühr 15 Euro)
Geschäftswert	§ 118 (Anspruch, der Gegenstand der Vollstreckbarerklärung sein soll)

Die Bewertungsansätze bei den Verfahren zur Erteilung einer vollstreckbaren Ausfertigung (Rz. 24.2 lit. d, e) werden sowohl hier in den Fällen 5 und 6 (Rz. 24.27 und 24.31) als auch in Rz. 6.131 ff. behandelt. 24.3

Soweit für eine Tätigkeit nicht eine Fest-, sondern eine Wertgebühr vorgesehen ist, bedarf es der Ermittlung des **Geschäftswert**s. Dieser bestimmt sich nach den Ansprüchen, die Gegenstand der Vollstreckbarerklärung sein sollen, § 118 GNotKG. Der Plural des Gesetzeswortlauts entspricht der Verfahrensweise bei der Wertermittlung, denn die Werte mehrerer Ansprüche sind zu addieren, auch wenn sie wechselseitig sind. 24.4

2. Abgeltungsbereich ausgesuchter Gebühren

Die Gebühr **Nr. 23800 KV GNotKG** gilt die **gesamte Tätigkeit** des Notars für das Verfahren ab, dazu gehört: 24.5
– die Hinterlegung des Anwaltsvergleichs zur Verwahrung bei dem Notar
– die Prüfung der Legitimation der Rechtsanwälte bei Abschluss des Vergleichs
– die Prüfung des Inhalts des Vergleichs insb. auf Verbote (wenn der Vergleich einen Anspruch auf Abgabe einer Willenserklärung betrifft oder Mietverhältnisse über Wohnraum), ob sich der Schuldner der sofortigen Zwangsvollstreckung unterworfen hat und ob der Tag des Zustandekommens des Vergleichs angegeben ist
– die Mitteilung des Notars über die Annahme des Vergleichs zur Verwahrung
– die Vollstreckbarerklärung oder deren Ablehnung durch Beschluss und deren Zustellung
– die Erteilung der Vollstreckungsklausel und die Zustellung der vollstreckbaren Ausfertigung

Ausgelöst wird die Gebühr bereits mit der Mitteilung über die Annahme des Vergleichs zur Verwahrung.

Die Gebühr **Nr. 23801 KV GNotKG** gilt die gesamte Tätigkeit des Notars für das Verfahren ab, die in etwa denen bei einem **anwaltlichen Vergleich vergleichbar** sind. Die Prüfungsschwerpunkte sind dabei verfahrensspezifisch andere und eine Verwahrung findet nicht statt. 24.6

3. Gebührenermäßigung

24.7 Eine **Ermäßigung** der Gebühren **zugunsten** der in § 91 GNotKG genannten **Personen** ist nur im Verfahren über die Erteilung einer vollstreckbaren Ausfertigung (Nr. 23803 KV GNotKG) vorgesehen.

24.8 Im Übrigen **ermäßigen** sich die Gebühren nur in den Fällen der Nrn. 23801 und 23806 KV GNotKG, wenn die dort genannten Verfahren (vorzeitig) **durch Zurücknahme des Antrags** beendet werden, vgl. Nrn. 23802 und 23807 KV GNotKG.

24.9 Werden die anderen Verfahren dieses Abschnitts vorzeitig beendet, fällt die jeweils für das Verfahren vorgesehene Gebühr in voller Höhe an.

II. Vollstreckbarerklärungen

→ Fall 1: Vollstreckbarerklärung eines Anwaltsvergleichs (§ 796a ZPO)

A. Sachverhalt

24.10 Der Notar nimmt antragsgemäß den Anwaltsvergleich, in dem sich A gegenüber B zur Zahlung von 70 000 Euro verpflichtet hat (vgl. § 796a ZPO), in die notarielle **Verwahrung** und erklärt ihn durch Beschluss für vollstreckbar (§ 796c ZPO).

B. Rechnung

24.11

Pos.	Gebührentatbestand	Geschäftswert	KV-Nr.	Satz	Betrag
	Annahme eines Anwaltsvergleichs in die notarielle Verwahrung und Vollstreckbarerklärung		23800		60,00

C. Erläuterungen

24.12 Für die Tätigkeit erhält der Notar eine Festgebühr. Die Ermittlung eines Geschäftswertes entfällt somit.

Die Gebühr gilt auch die **Verwahrungstätigkeit** des Notars ab, s. Rz. 24.5.

24.13 Wird **später** von dem Vollstreckbarerklärungsbeschluss des Notars eine **vollstreckbare Ausfertigung** beantragt, fällt keine weitere Gebühr an. Diese Tätigkeit ist mit der Gebühr nach Nr. 23800 KV abgegolten; eine Gebühr nach Nr. 23803 KV fällt nur an, wenn zu einer bereits erteilten vollstreckbaren Ausfertigung eine titelergänzende bzw. titelumschreibende Klausel nach den §§ 726–729 ZPO erteilt wird.

→ **Fall 2: Rücknahme des Antrags auf Vollstreckbarerklärung eines Anwaltsvergleichs**

A. Sachverhalt

Der Notar nimmt antragsgemäß den Anwaltsvergleich, wonach sich A gegenüber B zur Zahlung von 70 000 Euro verpflichtet hat (vgl. § 796a ZPO), in die notarielle **Verwahrung**. Als er ihn gem. § 796c ZPO für vollstreckbar erklären will, bemerkt er einen Verfahrensfehler und teilt den Beteiligten mit, dass er gedenkt, die Vollstreckbarerklärung abzulehnen. Daraufhin **nehmen** die Beteiligten **den Antrag** auf Vollstreckbarerklärung **zurück**, der Notar gibt den Anwaltsvergleich zurück.

24.14

B. Rechnung

Pos.	Gebührentatbestand	Geschäftswert	KV-Nr.	Satz	Betrag
	Rücknahme des Antrags auf Vollstreckbarerklärung eines Anwaltsvergleichs		23800		60,00

24.15

C. Erläuterungen

Für die Tätigkeit erhält der Notar eine Festgebühr. Die Ermittlung eines Geschäftswertes entfällt somit.

24.16

Die Gebühr gilt auch die **Verwahrungstätigkeit** des Notars ab, s. Rz. 24.5.

Die Antragsrücknahme fällt unter den Tatbestand der Nr. 23800 KV. Nicht einschlägig ist Nr. 23802 KV, der sich nach seinem Wortlaut und der Gesetzesbegründung[1] (Nachbildung der Nr. 1627 KV GKG) nur auf eine Antragsrücknahme zu Verfahren über die Vollstreckbarerklärung eines Schiedsspruchs bezieht.

24.17

→ **Fall 3: Vollstreckbarerklärung eines Schiedsspruchs mit vereinbartem Wortlaut (§ 1053 ZPO)**

A. Sachverhalt

A und B haben sich in einem Schiedsverfahren (vgl. §§ 1051 ff. ZPO) dahingehend verglichen, dass A an B einen Betrag von 70 000 Euro zahlt (§ 1053 I ZPO). Der gem. § 1053 IV ZPO für zuständig bestimmte Notar erklärt den Schiedsspruch durch Beschluss für vollstreckbar.

24.18

B. Rechnung

Pos.	Gebührentatbestand	Geschäftswert	KV-Nr.	Satz	Betrag
	Vollstreckbarerklärung eines Schiedsspruchs (§ 118)	70 000	23801	2,0	438,00

24.19

---

1 RegE, BT-Drs. 17/11471, zu Nr. 23802, S. 228.

C. Erläuterungen

24.20 Der Geschäftswert bemisst sich nach den Ansprüchen, die Gegenstand der Vollstreckbarerklärung sein sollen, § 118.

24.21 Wird **später** von dem Vollstreckbarerklärungsbeschluss des Notars eine **vollstreckbare Ausfertigung** beantragt, fällt keine weitere Gebühr an. Diese Tätigkeit ist mit der Gebühr nach Nr. 23800 KV abgegolten; eine Gebühr nach Nr. 23803 KV fällt nur an, wenn zu einer bereits erteilten vollstreckbaren Ausfertigung eine titelergänzende bzw. titelumschreibende Klausel nach den §§ 726–729 ZPO erteilt wird.

24.22 Für die Erteilung einer weiteren vollstreckbaren Ausfertigung nach § 733 ZPO fällt eine Gebühr nach Nr. 23804 KV an.

→ **Fall 4: Rücknahme des Antrags auf Vollstreckbarerklärung eines Schiedsspruchs**

A. Sachverhalt

24.23 Der Notar ist in einem Schiedsverfahren (vgl. §§ 1051 ff. ZPO), in dem sich A und B dahingehend verglichen haben, dass A an B einen Betrag von 70 000 Euro zahlt (§ 1053 I ZPO), für die Vollstreckbarerklärung zuständig (vgl. § 1053 IV ZPO). Bei der Prüfung der Vollstreckbarkeitsvoraussetzungen bemerkt er einen Verfahrensfehler und teilt den Beteiligten mit, dass er gedenkt, die Vollstreckbarerklärung abzulehnen. Daraufhin **nehmen** die Beteiligten **den Antrag** auf Vollstreckbarerklärung **zurück**.

B. Rechnung

24.24

Pos.	Gebührentatbestand	Geschäftswert	KV-Nr.	Satz	Betrag
	Rücknahme des Antrags auf Vollstreckbarerklärung eines Schiedsspruchs (§ 118)	70 000	23802	1,0	219,00

C. Erläuterungen

24.25 Der Geschäftswert bemisst sich nach den Ansprüchen, die Gegenstand der Vollstreckbarerklärung sein sollen, § 118.

24.26 Die vorzeitige Beendigung des Verfahrens wird in diesem Fall hinsichtlich des Gebührensatzes nach Nr. 23802 KV begünstigt.

→ **Fall 5: Erteilung einer titelergänzenden Klausel nach § 726 ZPO**

A. Sachverhalt

24.27 Der Notar hat einen Vertrag zwischen A und B beurkundet, in dem sich die Vertragspartei A **aufschiebend bedingt** auf die Einräumung eines Geh- und Fahrtrechts zu seinen Gunsten durch B an dessen Grundstück zur Zahlung von

II. Vollstreckbarerklärungen

2000 Euro verpflichtet hat. Wegen dieser Zahlungsverpflichtung hat sich A der sofortigen Zwangsvollstreckung unterworfen. Zwei Wochen später erscheint B bei dem Notar und beantragt unter Vorlage einer notariellen Urkunde über die Bestellung des Geh- und Fahrtrechts eine vollstreckbare Ausfertigung.

B. Rechnung

Pos.	Gebührentatbestand	Geschäftswert	KV-Nr.	Satz	Betrag
	Erteilung einer Vollstreckungsklausel nach Prüfung einer Bedingung gem. § 726 ZPO (§ 118)	2000	23803	0,5	15,00

24.28

C. Erläuterungen

Der Geschäftswert bemisst sich nach den Ansprüchen, die Gegenstand der Vollstreckbarerklärung sein sollen, § 118.

24.29

Die Gebühr Nr. 23803 KV fällt auch dann an, wenn der Notar eine Klauselumschreibung wegen **Rechtsnachfolge** gem. § 727 ZPO vorzunehmen hat.

24.30

Da sich der Gebührentatbestand auf die **Erteilung** der vollstreckbaren Ausfertigung richtet, ist es unerheblich, ob sich die Tätigkeit des Notars auf die Prüfung einer Rechtsnachfolge beschränkt, ob sie **mehrere Rechtsnachfolgen** betrifft oder ob in die Rechtsnachfolgeprüfungen sowohl Schuldner- als auch Gläubigerseite einzubeziehen waren; die Gebühr entsteht nur einmal, s. hierzu auch Rz. 6.155.

→ **Fall 6: Erteilung einer weiteren vollstreckbaren Ausfertigung nach § 733 ZPO durch den Notar**

A. Sachverhalt

Die Sparkasse bittet den Notar am 1.6.2016 um die Erteilung einer weiteren vollstreckbaren Ausfertigung nach § 733 ZPO von der zu ihren Gunsten bestellten Grundschuld über 100 000 Euro, weil die ursprüngliche vollstreckbare Ausfertigung **verloren** gegangen ist. Der hierfür gem. § 797 III S. 2 ZPO zuständige Notar erteilt der Sparkasse die gewünschte **weitere vollstreckbare Ausfertigung**.

24.31

B. Rechnung

Pos.	Gebührentatbestand	Geschäftswert	KV-Nr.	Satz	Betrag
	Erteilung einer weiteren vollstreckbaren Ausfertigung durch den Notar		23804		20,00

24.32

C. Erläuterungen

Für die Tätigkeit erhält der Notar eine Festgebühr. Die Ermittlung eines Geschäftswertes entfällt somit.

24.33

Die Gebühr gibt es erst seit ihrer Einführung mit Wirkung zum 16.7.2014 durch Art. 9 Nr. 5 des Gesetzes zur Durchführung der Verordnung EU (Nr. 1215/2012 sowie zur Änderung sonstiger Vorschriften vom 8.7.2014 (BGBl. I 2014 S. 890)); diese Verordnung wird auch „Brüssel-Ia-Verordnung" oder „EuGVO n.F." bezeichnet. Sollte der Antrag auf Erteilung der weiteren vollstreckbaren Ausfertigung vor diesem Zeitpunkt eingegangen sein, so darf gemäß § 134 II keine Gebühr erhoben werden, auch wenn die Erledigung durch den Notar erst danach erfolgt.

24.34 Neben der Gebühr nach Nr. 23804 KV fällt die nach Nr. 23803 KV an, wenn der Notar gleichzeitig eine Klauselumschreibung wegen Rechtsnachfolge gem. § 727 ZPO oder eine andere Tätigkeit, die den Gebührentatbestand erfüllt, vorzunehmen hat. Es handelt sich insoweit um getrennt voneinander stattfindende Verfahren. Auch wenn sich das Ergebnis insgesamt in einer (weiteren) vollstreckbaren Ausfertigung der Urkunde mit geänderter Klausel niederschlägt, liegt kein Fall der §§ 85, 86 II vor, s.a. Rz. 6.148.

→ **Fall 7: Bestätigung einer notariellen Urkunde als Europäischer Vollstreckungstitel für unbestrittene Geldforderungen nach § 1079 ZPO**

A. Sachverhalt

24.35 Der Notar hatte einen Kaufvertrag beurkundet, in dem sich der Käufer wegen des Kaufpreises i.H.v. 200 000 Euro der Zwangsvollstreckung unterworfen hatte. Der Käufer befindet sich mittlerweile in Frankreich. Der Verkäufer legt dem Notar seine vollstreckbare Ausfertigung vor und beantragt eine Bestätigung als Europäischer Vollstreckungstitel gem. dem hierfür vorgesehenen amtlichen Formular[1].

B. Rechnung

24.36

Pos.	Gebührentatbestand	Geschäftswert	KV-Nr.	Satz	Betrag
	Bestätigung des notariellen Kaufvertrags als Europäischer Vollstreckungstitel nach § 1079 ZPO		23805		20,00

C. Erläuterungen

24.37 Für das Verfahren über die Ausstellung einer Bestätigung des notariellen Kaufvertrags als Europäischer Vollstreckungstitel nach § 1079 ZPO erhält der Notar eine Festgebühr nach Nr. 23805 i.H.v. 20 Euro. Auch die **Ausstellung einer Bescheinigung nach § 1110 ZPO** löst diese Gebühr aus. Die Ermittlung eines Geschäftswertes entfällt bei beiden Alternativen.

---

1 Abgedruckt beispielsweise bei *Wolfsteiner* in Kersten/Bühling, Formularbuch und Praxis der Freiwilligen Gerichtsbarkeit, § 19 Rz. 207 M.

Mit Inkrafttreten der sog. Brüssel-Ia-VO[1] zum 10.1.2015 unter gleichzeitiger 24.38
Aufhebung der Brüssel-I-VO[2] ist die grenzüberschreitende Vollstreckung privatrechtlicher Titel innerhalb der EU in weiten Teilen auf eine neue Grundlage gestellt worden.[3] Die sog. Europäische Vollstreckungstitel-Verordnung (EuVTVO[4]) hatte bereits 2004 in Zivil- und Handelssachen das Exequaturverfahren für unbestrittene Forderungen abgeschafft, u.a. bei öffentlichen Urkunden. Erforderlich für die Vollstreckung ist seitdem allein, dass die vollstreckbare öffentliche Urkunde gem. Art. 25 I i.V.m. Anhang III der Europäischen Vollstreckungstitel-Verordnung auf Antrag als Europäischer Vollstreckungstitel im Ursprungsland bestätigt wird. Gemäß § 1079 Nr. 1 ZPO ist der Notar für die Ausstellung der Bestätigung zuständig, sofern ihm die Erteilung der vollstreckbaren Ausfertigung des Titels gem. § 797 II ZPO obliegt; erfasst sind alle notariellen Urkunden i.S. des § 794 I Nr. 5 ZPO.

Für die hier interessierenden alternativen Gebührentatbestände der **Nr. 23805 KV** 24.38a
lässt sich festhalten: Der Notar erhält die Gebühr sowohl für die **Ausstellung einer Bestätigung** seiner vollstreckbaren Urkunde als Europäischer Vollstreckungstitel nach § 1079 ZPO auf der Grundlage der Europäischen Vollstreckungstitel-Verordnung als auch für die **Ausstellung einer (Vollstreckbarkeits-)Bescheinigung**[5] nach § 1111 ZPO auf der Grundlage der Brüssel-Ia-VO. Da beide Verordnungen hinsichtlich vollstreckbarer notarieller Urkunden i.S. des § 794 I Nr. 5 ZPO Anwendung finden, besteht für den Notar eine Wahlmöglichkeit, nach welcher Verordnung er das grenzüberschreitende Vollstreckungsverfahren in die Wege leitet.[6]

→ **Fall 8: Vollstreckbarerklärung eines (vollstreckbaren) ausländischen notariellen Kaufvertrags durch den Notar nach § 55 III AVAG (= Exequaturentscheidung durch Notar)**

A. Sachverhalt

A legt dem Notar eine vollstreckbare Ausfertigung über eine österreichische 24.39
Notarurkunde über einen Kaufvertrag vor, wonach sich der Käufer ihm gegenüber wegen des Kaufpreises i.H.v. 200 000 Euro der Zwangsvollstreckung unterworfen hatte. A beantragt bei dem Notar, den österreichischen vollstreckbaren Kaufvertrag für in Deutschland vollstreckbar zu erklären.

---

[1] Verordnung (EU) Nr. 1215 des europäischen Parlaments und des Rates v. 12.12.2012 über die gerichtliche Zuständigkeit und die Anerkennung und Vollstreckung von Entscheidungen in Zivil- und Handelssachen, Abl. L 12, S. 1.
[2] Verordnung (EG) Nr. 44/2001 des Rates v. 22.12.2000 über die gerichtliche Zuständigkeit und die Anerkennung und Vollstreckung von Entscheidungen in Zivil- und Handelssachen, Abl. L 12, S. 1.
[3] Zu den Auswirkungen auf die notarielle Praxis s. nur *Fischer*, NotBZ 2015, 130; *Fischer*, MittBayNot 2015, 184; *Volmer*, MittBayNot 2016, 20.
[4] Verordnung (EG) Nr. 805/2004 v. 21.4.2004 zur Einführung eines europäischen Vollstreckungstitels für unbestrittene Forderungen, Abl. L 143, S. 15.
[5] Näher zu dieser Bescheinigung s. *Fischer*, NotBZ 2015, 130, 132 ff.; sowie *Volmer*, MittBayNot 2016, 20, 24 ff.
[6] *Fischer*, MittBayNot 2015, 184, 185.

B. Rechnung

24.40

Pos.	Gebührentatbestand	Geschäftswert	KV-Nr.	Satz	Betrag
	Vollstreckbarerklärung einer ausländischen vollstreckbaren Kaufurkunde nach § 55 III AVAG		23806 (Alt. 1)		240,00

C. Erläuterungen

24.41 Für die Tätigkeit erhält der Notar eine Festgebühr. Die Ermittlung eines Geschäftswertes entfällt somit.

24.42 § 55 III AVAG (Anerkennungs- und Vollstreckungsausführungsgesetz) bestimmt, dass in einem Verfahren, das die Vollstreckbarerklärung einer notariellen Urkunde zum Gegenstand hat, diese Urkunde auch von einem Notar nach den sinngemäß geltenden Vorschriften für das Verfahren der Vollstreckbarerklärung durch ein Gericht erteilt werden kann.

24.43 Nach dem Inkrafttreten der sog. Brüssel-Ia-VO[1] hat das Verfahren nur noch **Bedeutung für** ausländische **Urkunden**, die **vor dem 10.1.2015** förmlich errichtet worden sind, Art. 66 I der Brüssel-Ia-VO.

24.44 Mit dem 10.1.2015 oder später errichtete öffentliche Urkunden, die nach dem Recht des Mitgliedsstaates der Europäischen Union in dem sie errichtet wurden, vollstreckbar sind, gelten auch in den anderen Mitgliedsstaaten als vollstreckbar, ohne dass es der Vollstreckbarerklärung dort bedarf, Art. 58 I der Brüssel-Ia-VO.

24.45 Auf Antrag eines Berechtigten stellt die zuständige Behörde eine Bescheinigung nach Art. 60 der Brüssel-Ia-VO zu dieser Urkunde aus. Für deutsche Urkunden ist die zuständige Behörde gem. § 1110 ZPO der deutsche Notar, dem die Erteilung einer vollstreckbaren Ausfertigung dieser Urkunde gem. §§ 750 I Nr. 5, 797 II ZPO obliegt.

→ **Fall 9: Vollstreckbarerklärung einer (vollstreckbaren) ausländischen notariellen Unterhaltsurkunde durch den Notar nach § 35 III AUG (= Exequaturentscheidung durch Notar)**

A. Sachverhalt

24.46 A legt dem Notar eine vollstreckbare Ausfertigung über eine niederländische Notarurkunde vor, in der sich der Vater ihres Kindes wegen einer monatlichen Unterhaltszahlung in Höhe von 400 Euro der Zwangsvollstreckung unterworfen hatte. A beantragt bei dem Notar, die **niederländische Unterhaltsurkunde** für in Deutschland vollstreckbar zu erklären.

---

[1] Verordnung (EU) Nr. 1215/2012 des Europäischen Parlaments und des Rates v. 12.12.2012 über die gerichtliche Zuständigkeit und die Anerkennung und Vollstreckung von Entscheidungen in Zivil- und Handelssachen, Abl. L 12, S. 1.

B. Rechnung

Pos.	Gebührentatbestand	Geschäftswert	KV-Nr.	Satz	Betrag
	Vollstreckbarerklärung einer ausländischen notariellen Unterhaltsurkunde nach § 35 I AUG		23806 (Alt. 2)		240,00

24.47

C. Erläuterungen

Für die Tätigkeit erhält der Notar eine Festgebühr. Die Ermittlung eines Geschäftswertes entfällt somit.

24.48

§ 35 III AUG (Auslandsunterhaltsgesetz) bestimmt, dass in einem Verfahren, das die Vollstreckbarerklärung einer notariellen Urkunde zum Gegenstand hat, diese Urkunde auch von einem Notar für vollstreckbar erklärt werden kann, wenn entweder der Anwendungsbereich der Verordnung (EG) Nr. 4/2009[1] oder der des Übereinkommens vom 30.10.2007[2] über die gerichtliche Zuständigkeit und die Anerkennung und Vollstreckung von Entscheidungen in Zivil- und Handelssachen gegeben ist; dabei gelten die Vorschriften für das Verfahren der Vollstreckbarerklärung durch ein Gericht sinngemäß.

24.49

Die Festgebühr Nr. 23806 KV in Höhe von 240 Euro fällt nach ihrer dritten Alternative auch dann an, wenn der Notar eine notarielle Urkunde nach **§ 3 IV IntErbRVG** in dem Verfahren nach Art. 60 EuErbVO[3] für vollstreckbar erklärt.

24.50

→ **Fall 10: Rücknahme des Antrags auf Vollstreckbarerklärung einer ausländischen notariellen Urkunde**

A. Sachverhalt

A, der bei dem Notar die Vollstreckbarerklärung einer am 23.4.2010 errichteten italienischen Notarurkunde über einen Kaufvertrag mit einem Kaufpreis von 300 000 Euro beantragt hatte, nimmt den Antrag noch vor Erledigung durch den Notar zurück.

24.51

---

1 Verordnung (EG) Nr. 4/2009 des Rates v. 18.12.2008 über die Zuständigkeit, das anwendbare Recht, die Anerkennung und Vollstreckung von Entscheidungen und die Zusammenarbeit in Unterhaltssachen.
2 Übereinkommen zwischen den Mitgliedstaaten der Europäischen Union, der Schweiz, Norwegen und Island.
3 Verordnung (EU) Nr. 650/2012 des Europäischen Parlaments und des Rates v. 4.7.2012 über die Zuständigkeit, das anzuwendende Recht, die Anerkennung und Vollstreckung von Entscheidungen und die Annahme und Vollstreckung öffentlicher Urkunden in Erbsachen sowie zur Einführung eines Europäischen Nachlasszeugnisses.

B. Rechnung

24.52

Pos.	Gebührentatbestand	Geschäftswert	KV-Nr.	Satz	Betrag
	Rücknahme des Antrags auf Vollstreckbarerklärung einer ausländischen notariellen Urkunde		23807		90,00

C. Erläuterungen

24.53 Für die Tätigkeit erhält der Notar eine Festgebühr. Die Ermittlung eines Geschäftswertes entfällt somit.

24.54 Die **vorzeitige Beendigung** des Verfahrens wird in diesem Fall hinsichtlich des Gebührensatzes nach Nr. 23807 KV begünstigt.

→ **Fall 11: Vollstreckbarkeits-Bescheinigung des Notars zu einer von ihm beurkundeten vollstreckbaren Urkunde zur Vollstreckung im Ausland**

a) für vor dem 10.1.2015 errichtete Urkunden

b) für nach dem 9.1.2015 errichtete Urkunden

A. Sachverhalt

24.55 Der Notar hatte einen Kaufvertrag beurkundet, in dem sich der Käufer wegen des Kaufpreises i.H.v. 150 000 Euro der Zwangsvollstreckung unterworfen hatte. Der Käufer hält sich mittlerweile in Österreich auf. Der Verkäufer beantragt bei dem Notar, ihm eine Vollstreckbarkeits-Bescheinigung der Urkunde zum Zwecke der Zwangsvollstreckung in Österreich zu erteilen.

B. Rechnung

24.56 Wenn die Bescheinigung eine deutsche notarielle Urkunde betrifft, die vor dem 10.1.2015 errichtet worden war, ist wie folgt zu berechnen (Unterfall a):

Pos.	Gebührentatbestand	Geschäftswert	KV-Nr.	Satz	Betrag
	Ausstellen einer Bescheinigung nach § 57 AVAG		23808 (Alt. 1)		15,00

24.57 Wenn die Bescheinigung eine deutsche notarielle Urkunde betrifft, die nach dem 9.1.2015 errichtet worden war, ist wie folgt zu berechnen (Unterfall b):

Pos.	Gebührentatbestand	Geschäftswert	KV-Nr.	Satz	Betrag
	Ausstellen einer Bescheinigung nach § 1110 ZPO		23805		20,00

C. Erläuterungen

Unterfall a): 24.58

Für die Tätigkeit erhält der Notar eine Festgebühr. Die Ermittlung eines Geschäftswertes entfällt somit.

§ 57 **AVAG** (Anerkennungs- und Vollstreckungsausführungsgesetz) bestimmt auch den Notar als zuständig für Bescheinigungen nach Art. 54, 57, 58 der VO (EG) Nr. 44/2001 betreffend die von ihm aufgenommenen bzw. verwahrten notariellen Urkunden. 24.59

Die Festgebühr Nr. 23808 KV i.H.v. 15 Euro fällt auch dann an, wenn der Notar eine Bescheinigung nach **§ 27 IntErbRVG**[1] oder ein Formblatt oder eine Bescheinigung nach **§ 71 I AUG** (Auslandsunterhaltsgesetz) ausstellt. 24.60

Unterfall b): 24.61

Wesentlich bedeutsamer ist mittlerweile die Bestätigung nach § 1110 ZPO, denn sie lässt das **Exequaturverfahren** durch den EU-Staat, in dem die deutsche Urkunde vollstreckt werden soll, entfallen (vgl. hierzu Rz. 24.35 (Fall 7), und die Erläuterungen zu Fall 8 Rz. 24.42–24.45).

---

1 Art. 60 II VO (EU) Nr. 650/2012 (EuErbVO).

Teil 25
Freiwillige Versteigerung von Grundstücken

Inhaltsübersicht

I. Überblick 25.1	*Fall 3:* Abhaltung des Versteigerungstermins ohne Erteilung des Zuschlags 25.22
1. Einführung 25.1	
2. Übersichtstabelle 25.3	
3. Gebühr 25.4	*Fall 4:* Abhaltung des Versteigerungstermins nebst Beurkundung des Zuschlags 25.25
4. Geschäftswert 25.5	
5. Derselbe Verfahrensgegenstand/Mehrere Verfahrensgegenstände 25.7	**V. Freiwillige Versteigerung durch einen privaten Auktionator** 25.33
6. Vollzugs-, Betreuungs- und Treuhandtätigkeiten 25.8	*Fall 5:* Einlieferungsvertrag 25.34
7. Gebührenfreie (Neben-)Geschäfte 25.9	*Fall 6:* Allgemeine Versteigerungsbedingungen, Verweisurkunde 25.37
8. Unrichtige Sachbehandlung . . . 25.11	
9. Gebührenermäßigung 25.12	*Fall 7:* Abhaltung des Versteigerungstermins nebst Beurkundung des Zuschlags 25.40
10. Besonderheiten/Sonstiges 25.13	
II. Verfahrensgebühr 25.14	
Fall 1: Vorbereitung der Versteigerung 25.14	**VI. Ausbietungsgarantie** 25.46
III. Aufnahme einer Schätzung . . . 25.17	*Fall 8:* Ausbietungsgarantieversprechen 25.46
Fall 2: Aufnahme einer Schätzung 25.17	*Fall 9:* Ausbietungsgarantievertrag 25.49
IV. Abhaltung des Versteigerungstermins 25.22	

Stichwortverzeichnis

Allgemeine Versteigerungsbedingungen 25.37
Aufnahme einer Schätzung 25.17
Ausbietungsgarantie
– Ausbietungsgarantieversprechen 25.46
– Ausbietungsgarantievertrag 25.49
Auswärtsgebühr 25.20
Betreuungstätigkeiten
– Prüfung der Auszahlungsvoraussetzung 25.32, 25.45
– Überblick 25.8
Einlieferungsvertrag 25.34
Kostenschuldner
– Überblick 25.13
Überblick
– Besonderheiten/Sonstiges 25.13
– Beurkundung des Zuschlags 25.9
– Bürgschaft/sonstige Sicherheit 25.10

– derselbe Verfahrensgegenstand 25.7
– Einführung 25.1 ff.
– Gebühr 25.4
– Gebührenermäßigung 25.12
– Gebührenfreie (Neben-)Geschäfte
– Geschäftswert 25.5
– mehrere Grundstücke/Verpachtung 25.6
– Übersichtstabelle 25.3
– Unrichtige Sachbehandlung 25.11
– Vollzugs-, Betreuungs- und Treuhandtätigkeiten 25.8
Verfahrensgegenstand, derselbe
– Überblick 25.7
– Zuschlag nebst Belastungsvollmacht 25.7
– Zuschlag nebst Darlehensübernahme 25.7

– Zuschlag nebst Löschungszustimmung 25.7
Verfahrensgegenstände, mehrere
– Courtage 25.42
– Überblick 25.7
Versteigerung durch den Notar
– Abhaltung des Versteigerungstermins nebst Zuschlag 25.25
– Abhaltung des Versteigerungstermins ohne Zuschlag 25.22
– Aufnahme einer Schätzung 25.17
– Vorbereitung der Versteigerung 25.14
Versteigerung durch privaten Auktionator 25.2
– Allgemeine Versteigerungsbedingungen 25.37

– Einlieferungsvertrag 25.34
– Versteigerung nebst Zuschlag 25.40
– Vorbemerkung 25.2, 25.33
Verwahrung
– Abwicklung der Kaufpreiszahlung 25.31, 25.44
Verweisurkunde
– Allgemeine Versteigerungsbedingungen 25.37
Vollzugstätigkeiten
– Einholung behördlicher Genehmigungen 25.43
Zusatzgebühr
– Auswärtsgebühr 25.20
Zuschlag 25.7, 25.9

I. Überblick

1. Einführung

Die Gebühren des Kostenverzeichnisses Teil 2, Hauptabschnitt 3, Abschnitt 6 für die **freiwillige Versteigerung** von Grundstücken fallen nur an, wenn der **Notar als Auktionator** selbst in Erscheinung tritt (§ 20 III S. 1 BNotO). Beschränkt sich die Mitwirkung des Notars auf die Beurkundung des Versteigerungsvorgangs, kommt hierfür Teil 2, Hauptabschnitt 1 zur Anwendung. Das gleiche gilt, wenn eine Versteigerung unter Ausschluss des § 156 BGB erfolgt, das Verfahren mithin der Ermittlung des höchstmöglichen Erlöses dient, ohne eine rechtliche Bindung zu bewirken. Die Gebühren für die an ein derartiges Verfahren anschließende Beurkundung des Kaufvertrags richten sich ebenfalls nach den Gebührenvorschriften über das Beurkundungsverfahren. 25.1

In diesem Teil werden des Weiteren **Willenserklärungen** behandelt, die im Zusammenhang mit einer freiwilligen Versteigerung durch einen privaten Auktionator stehen. 25.2

2. Übersichtstabelle

Die maßgeblichen Bewertungsvorschriften lauten: 25.3

Gebühr für freiwillige Versteigerung von Grundstücken	
a) für das Verfahren im allgemeinen	a) Nr. 23600 KV (0,5)
b) für die Aufnahme einer Schätzung	b) Nr. 23601 KV (0,5)
c) für die Abhaltung des Versteigerungstermins	c) Nr. 23602 KV (1,0)
d) für die Beurkundung des Zuschlags	d) Nr. 23603 KV (1,0)

Teil 25 Freiwillige Versteigerung von Grundstücken

Geschäftswerte	§§ 116, 46, 47 (Verkehrswert des Grundstücks/der Grundstücke bzw. Kaufpreis bei Versteigerung zum Zwecke der Veräußerung)
	§§ 116, 52 (bei Versteigerung zum Zwecke der Verpachtung)

3. Gebühr

25.4 Nach Nr. 23600 KV GNotKG wird für das **Verfahren im Allgemeinen** eine 0,5 Gebühr erhoben. Für die **Aufnahme einer Schätzung** wird eine 0,5 Gebühr nach Nr. 23601 KV GNotKG erhoben. Für die **Abhaltung des Versteigerungstermins** wird eine 1,0 Gebühr nach Nr. 23602 GNotKG und für die **Beurkundung des Zuschlags** wird ebenfalls eine 1,0 Gebühr nach Nr. 23603 KV GNotKG erhoben (Anmerkung II zu Nr. 21101 KV GNotKG und Vorbemerkung. 2.1.2 I KV GNotKG). Eine Mindestgebühr wie im Teil 2, Hauptabschnitt 1 KV GNotKG gibt es nicht. Somit gilt die allgemeine Mindestgebühr von 15 Euro nach § 34 V GNotKG.

4. Geschäftswert

25.5 Bei der freiwilligen Versteigerung von Grundstücken oder grundstücksgleichen Rechten ist der Geschäftswert nach dem **Wert** der zu versteigernden **Grundstücke** oder grundstücksgleichen Rechte zu bemessen für:

1. die Verfahrensgebühr,
2. die Gebühr für die Aufnahme einer Schätzung und
3. die Gebühr für die Abhaltung eines Versteigerungstermins.

25.6 Bei der **Versteigerung mehrerer Grundstücke** wird die Gebühr für die Beurkundung des Zuschlags für jeden Ersteher nach der Summe seiner Gebote erhoben; ist der zusammengerechnete Wert der ihm zugeschlagenen Grundstücke oder grundstücksgleichen Rechte höher, so ist dieser maßgebend; § 116 GNotKG. Maßgebend ist somit der Grundstücksverkehrswert nach § 46 GNotKG bzw. das höhere Gebot i.S. des § 47 GNotKG, wenn die Versteigerung zum Zwecke der Veräußerung erfolgt. Bei der **Versteigerung zum Zwecke der Verpachtung** gilt § 52 GNotKG.

5. Derselbe Verfahrensgegenstand/Mehrere Verfahrensgegenstände

25.7 Bei der freiwilligen Versteigerung handelt es sich nicht um ein Beurkundungsverfahren im kostenrechtlichen Sinne, sondern um ein sonstiges notarielles Verfahren (§ 85 I GNotKG). Fertigt der Notar über das Verfahren eine Niederschrift, so findet dadurch nicht etwa ein Umschlag in ein Beurkundungsverfahren mit den hierfür geltenden Berechnungsregeln statt. Vielmehr fällt eine Gebühr nach Nr. 23600 ff. KV GNotKG an; die Niederschrift ist mit der Verfahrensgebühr abgegolten, Vorbem. 2.3 KV GNotKG.

Bei sonstigen notariellen Verfahren kann es einen Verfahrensgegenstand oder mehrere Verfahrensgegenstände geben. Eine Zusammenrechnung nach § 35 I GNotKG findet nur statt, wenn es sich um mehrere Verfahrensgegenstände handelt, die dasselbe notarielle Verfahren betreffen.

Die Beurkundung des Zuschlags und die Mitbeurkundung einer Darlehensübernahme, Löschungszustimmung oder Belastungsvollmacht sind derselbe Verfahrensgegenstand nach § 109 I S. 4 Nr. 1 Hs. 2 GNotKG.

6. Vollzugs-, Betreuungs- und Treuhandtätigkeiten

Betreibt der Notar bei einer freiwilligen Versteigerung auftragsgemäß den Vollzug, erhält er hierfür – aus den unter Rz. 25.7 genannten Gründen – eine 0,5 Gebühr gemäß Nr. 22121 KV GNotKG (Vollzug in besonderen Fällen).   25.8

Ebenso kann für Betreuungstätigkeiten die Betreuungsgebühr gemäß Nr. 22200 KV GNotKG und für die Beachtung von Treuhandauflagen die Treuhandgebühr gemäß Nr. 22201 KV GNotKG anfallen.

7. Gebührenfreie (Neben-)Geschäfte

Die Beurkundung des Zuschlags bleibt gebührenfrei, wenn sie in der Niederschrift über die Versteigerung erfolgt und wenn   25.9

1. der Meistbietende die Rechte aus dem Meistgebot oder der Veräußerer den Anspruch gegen den Ersteher abtritt, oder
2. der Meistbietende erklärt, für einen Dritten geboten zu haben, oder
3. ein Dritter den Erklärungen nach Nummer 2 beitritt.

Das Gleiche gilt, wenn nach Maßgabe der Versteigerungsbedingungen für den Anspruch gegen den Ersteher die **Bürgschaft** übernommen oder eine sonstige Sicherheit bestellt und dies in dem Protokoll über die Versteigerung beurkundet wird (Nr. 23603 KV GNotKG und Vorbem. 2.1.2 II KV GNotKG).   25.10

8. Unrichtige Sachbehandlung

Gemäß § 21 I GNotKG werden Kosten nicht erhoben, die bei richtiger Behandlung durch den Notar nicht entstanden wären. Die bisherigen Grundsätze des § 16 KostO sind uneingeschränkt auf das GNotKG übertragbar. Ein solcher Fall könnte in der **Beurkundung** des Zuschlags **außerhalb der Niederschrift** über die Versteigerung liegen und die Beurkundung würde bei gemeinsamer Beurkundung nach Nr. 23603 KV GNotKG gebührenfrei bleiben.   25.11

9. Gebührenermäßigung

Eine Gebührenermäßigung nach § 91 GNotKG greift nicht, da die Gebühren für die freiwillige Versteigerung nach Nr. 23600 bis 23603 KV GNotKG hiervon nicht erfasst sind.   25.12

10. Besonderheiten/Sonstiges

25.13 Gemäß § 31 I GNotKG ist **nur** der **Ersteher** Schuldner der Kosten, die für die Beurkundung des Zuschlags bei der freiwilligen Versteigerung eines Grundstücks oder grundstücksgleichen Rechts anfallen (besonderer Kostenschuldner).

II. Verfahrensgebühr

→ **Fall 1: Vorbereitung der Versteigerung**

A. Sachverhalt

25.14 Die Erbengemeinschaft, bestehend aus A, B und C, beauftragt den Notar mit der Versteigerung ihrer Grundstücke. Der Notar prüft daraufhin die Antragsberechtigung, stellt die Versteigerungsbedingungen in einer Eigenurkunde fest und gibt den Versteigerungstermin öffentlich bekannt.

Die betroffenen Grundstücke haben einen Verkehrswert von 200 000 Euro (Grundstück 1 = 150 000 Euro; Grundstück 2 = 50 000 Euro).

B. Rechnung

25.15

Pos.	Gebührentatbestand	Geschäftswert	KV-Nr.	Satz	Betrag
	Sonstiges notarielles Verfahren Vorbereitung der Versteigerung (§§ 116, 46)	200 000	23600	0,5	217,50

C. Erläuterungen

25.16 Für die **Vorbereitung der Versteigung** bestimmt sich der Geschäftswert gemäß § 116 nach dem Verkehrswert der zu versteigernden Grundstücke. Das Verfahren löst eine 0,5 Gebühr gemäß Nr. 23600 KV aus. Mit dieser Gebühr sind alle Tätigkeiten im Zusammenhang mit der Vorbereitung der Versteigerung abgegolten.

III. Aufnahme einer Schätzung

→ **Fall 2: Aufnahme einer Schätzung**

A. Sachverhalt

25.17 Der Notar wird im Rahmen einer freiwilligen Versteigerung zum Zwecke des Verkaufs mit der Aufnahme einer Schätzung beauftragt. Hierzu begibt er sich zu dem betreffenden Grundstück, welches innerhalb der Stadt liegt, in der der Notar seinen Amtssitz hat. Der Zeitaufwand beträgt eine Stunde.

Das betroffene Grundstück hat einen geschätzten Wert von 200 000 Euro.

IV. Abhaltung des Versteigerungstermins

B. Rechnung

25.18

Pos.	Gebührentatbestände	Geschäftswert	KV-Nr.	Satz	Betrag
(1)	Sonstiges notarielles Verfahren Aufnahme einer Schätzung (§§ 116, 46)	200 000	23601	0,5	217,50
(2)	Zusatzgebühr für Schätzung außerhalb der Notarstelle	keiner, da Festgebühr	26002		100,00

C. Erläuterungen

Pos. (1): 25.19

Für die **Aufnahme einer Schätzung** bestimmt sich der Geschäftswert gemäß § 116 nach dem Verkehrswert des zu versteigernden Grundstücks. Das Verfahren löst eine 0,5 Gebühr gemäß Nr. 23601 KV aus.

Pos. (2): 25.20

Für Tätigkeiten außerhalb der Geschäftsstelle erhält der Notar eine Zusatzgebühr in Höhe von 50 Euro je angefangene halbe Stunde der Abwesenheit, bei einer Stunde = 100 Euro.

D. Anmerkung

Der vorstehende Fall trägt dem Umstand Rechnung, dass in der Nr. 23601 KV die Aufnahme einer Schätzung als eigener Gebührentatbestand vorgesehen ist. Jedoch ist unter materiell- und beurkundungsverfahrensrechtlichen Gesichtspunkten kein Anwendungsfall ersichtlich. 25.21

IV. Abhaltung des Versteigerungstermins

→ **Fall 3: Abhaltung des Versteigerungstermins ohne Erteilung des Zuschlags**

A. Sachverhalt

Der Notar stellt zum Versteigerungstermin zunächst fest, dass er zur gegenwärtigen Versteigerung öffentlich eingeladen hat und sich Bietinteressenten eingefunden haben. Die Versteigerungsbedingungen werden bekannt gegeben. 25.22

Nach Verlesung der Bedingungen fordert der Notar zur Abgabe von Geboten auf. Bis zum Ende der Versteigerung werden keine Gebote abgegeben.

Der Verkehrswert des Grundstücks war mit 200 000 Euro angesetzt.

B. Rechnung

25.23

Pos.	Gebührentatbestand	Geschäftswert	KV-Nr.	Satz	Betrag
	Sonstiges notarielles Verfahren Abhaltung des Versteigerungstermins (§§ 116, 46)	200 000	23602	1,0	435,00

C. Erläuterungen

25.24 Für die **Abhaltung des Versteigerungstermins** bestimmt sich der Geschäftswert gemäß § 116 nach dem Verkehrswert des zu versteigernden Grundstücks. Das Verfahren löst eine 1,0 Gebühr gemäß Nr. 23602 KV aus. Der Versteigerungstermin gilt als abgehalten, wenn zur Abgabe von Geboten aufgefordert ist; Anmerkung zu Nr. 23602 KV.

→ **Fall 4: Abhaltung des Versteigerungstermins nebst Beurkundung des Zuschlags**

A. Sachverhalt

25.25 Der Notar stellt zum 2. Versteigerungstermin zunächst fest, dass er zur gegenwärtigen Versteigerung öffentlich eingeladen hat und sich Bietinteressenten eingefunden haben. Die Versteigerungsbedingungen werden bekannt gegeben.

Nach Verlesung der Bedingungen fordert der Notar zur Abgabe von Geboten auf. Daraufhin werden eine Anzahl von Geboten abgegeben. Am Ende der Versteigerung bleibt A mit einem Gebot von 220 000 Euro der Meistbietende. Der Notar schließt die Versteigerung und erklärt, A den Zuschlag zu erteilen (§ 156 BGB). Der Notar beurkundet in gesonderter Urkunde den Zuschlag. Die Zahlung erfolgt über Notaranderkonto.

Der Verkehrswert des Grundstücks war mit 200 000 Euro angesetzt.

B. Rechnung 1

25.26

Pos.	Gebührentatbestand	Geschäftswert	KV-Nr.	Satz	Betrag
	Sonstiges notarielles Verfahren Abhaltung des Versteigerungstermins (§§ 116, 46)	220 000	23602	1,0	485,00

C. Erläuterungen zu Rechnung 1

25.27 Für die **Abhaltung des Versteigerungstermins** bestimmt sich der Geschäftswert gemäß § 116 nach dem Verkehrswert des zu versteigernden Grundstücks, welcher sich hier im höheren Gebot ausdrückt. Das Verfahren löst eine 1,0 Gebühr gemäß Nr. 23602 KV aus.

D. Rechnung 2

25.28

Pos.	Gebührentatbestände	Geschäftswert	KV-Nr.	Satz	Betrag
(1)	Sonstiges notarielles Verfahren Beurkundung des Zuschlags (§§ 116, 46)	220 000	23603	1,0	485,00
(2)	Abwicklung der Kaufpreiszahlung (Verwahrung, § 124)	220 000	25300	1,0	485,00
(3)	Prüfung der Auszahlungsvoraussetzung des verwahrten Kaufpreises (§ 113 I)	220 000	22200 Anm. Nr. 4	0,5	242,50

E. Erläuterungen zu Rechnung 2

Pos. (1): 25.29
Für die **Beurkundung des Zuschlags** bestimmt sich der Geschäftswert gemäß § 116 nach dem Verkehrswert des zu versteigernden Grundstücks, welcher sich hier im höheren Gebot ausdrückt. Das Verfahren löst eine 1,0 Gebühr gemäß Nr. 23603 KV aus.

Anmerkung: Gemäß Nr. 23603 KV bleibt die Beurkundung des Zuschlags gebührenfrei, wenn sie in der Niederschrift über die Versteigerung erfolgt und wenn 25.30

1. der Meistbietende die Rechte aus dem Meistgebot oder der Veräußerer den Anspruch gegen den Ersteher abtritt, oder
2. der Meistbietende erklärt, für einen Dritten geboten zu haben, oder
3. ein Dritter den Erklärungen nach Nr. 2 beitritt.

Pos. (2): 25.31
Der Geschäftswert bei der **Verwahrung** bestimmt sich gemäß § 124 nach der Höhe des ausgezahlten Geldbetrags. Die Verwahrungsgebühr gemäß Nr. 25300 KV entsteht neben der Betreuungsgebühr gemäß Nr. 22200 KV und neben einer ggf. anfallenden Treuhandgebühr gemäß Nr. 22201 KV.

Pos. (3): 25.32
Der Geschäftswert der **Betreuungsgebühr** ist gemäß § 113 I wie bei der Beurkundung zu bestimmen. Die 0,5 Gebühr gemäß Nr. 22200 Anm. Nr. 4 KV entsteht neben der Verwahrungsgebühr gemäß Nr. 25300 KV.

V. Freiwillige Versteigerung durch einen privaten Auktionator

Vorbemerkung: Die Versteigerung durch einen privaten Auktionator ist nur eine Art Vorauswahl bzw. Ausschreibung zur Ermittlung des Vertragspartners und des höchstmöglich erreichbaren Kaufpreises (vgl. Rundschreiben der Bundesnotarkammer Nr. 2/2005 vom 26.1.2005, abgedruckt in dem von der Ländernotarkasse herausgegebenen Praxishandbuch des Notariats unter Nr. 198). Das Verfahren wird unter Abbedingung des § 156 BGB durchgeführt. Der Vertrags- 25.33

schluss zwischen Veräußerer und Höchstbietendem erfolgt dann erst im Anschluss an die Vorauswahl im Rahmen einer nachfolgenden Beurkundungsverhandlung.

→ **Fall 5: Einlieferungsvertrag**

A. Sachverhalt

25.34 Der Grundstückseigentümer schließt mit dem Grundstücksauktionator zur Durchführung der privatrechtlichen Grundstücksversteigerung einen **Einlieferungsvertrag**. Dieser enthält neben den Grundbuchangaben die Angebotsfrist, die Höhe der Courtage aus dem Versteigerungserlös, die Versteigerungsbedingungen und eine **Vollmacht für den Auktionator** zur Beurkundung des notariellen Kaufvertrages nach Zuschlag. Das Mindestgebot für das Grundstück beträgt 100 000 Euro. Kurze Zeit später wird das Grundstück für 120 000 Euro versteigert.

B. Rechnung

25.35

Pos.	Gebührentatbestand	Geschäfts-wert	KV-Nr.	Satz	Betrag
	Beurkundungsverfahren (§ 109 I S. 1–3)				
	a) Einlieferungsvertrag (§§ 46, 97 I)	120 000	21100	2,0	600,00
	b) Vollmacht	60 000	21200	1,0	193,00

C. Erläuterungen

25.36 a) Der Geschäftswert des Einlieferungsvertrages bestimmt sich nach dem Grundstückswert, welcher sich hier im höheren Gebot ausdrückt.

b) Die Vollmacht wird gemäß § 109 I S. 1–3 nicht gesondert bewertet.

→ **Fall 6: Allgemeine Versteigerungsbedingungen, Verweisurkunde**

A. Sachverhalt

25.37 Der Notar beurkundet für die anstehende Grundstücksversteigerung die allgemeinen **Versteigerungsbedingungen** des Auktionators zum Zwecke der Verweisung gemäß § 13a BeurkG.

Bei der Versteigerung werden Grundstücke im Wert von insgesamt 2 Mio. Euro angeboten.

V. Freiwillige Versteigerung durch einen privaten Auktionator

B. Rechnung

25.38

Pos.	Gebührentatbestand	Geschäfts-wert	KV-Nr.	Satz	Betrag
	Beurkundungsverfahren Verweisurkunde/Bezugsurkunde (§§ 36 I, 46, 97 I)	200 000	21200	1,0	435,00

C. Erläuterungen

Für die **Verweisurkunde** ist als Geschäftswert ein Teilwert vom Gesamtwert der zu versteigernden Grundstücke anzunehmen. Hier wurde ein Teilwert von 10 % angenommen.

25.39

Als einseitige Erklärung löst diese eine 1,0 Gebühr gemäß Nr. 21200 KV aus.

→ **Fall 7: Abhaltung des Versteigerungstermins nebst Beurkundung des Zuschlags**

A. Sachverhalt

Der Auktionator stellt zum Versteigerungstermin zunächst fest, dass er zur gegenwärtigen Versteigerung öffentlich eingeladen hat und sich Bietinteressenten eingefunden haben. Die Versteigerungsbedingungen werden bekannt gegeben.

25.40

Nach Verlesung der Bedingungen fordert der Auktionator zur Abgabe von Geboten auf. Daraufhin werden eine Anzahl von Geboten abgegeben. Am Ende der Versteigerung bleibt A mit einem Gebot von 120 000 Euro der Meistbietende und erhält den Zuschlag.

In der anschließenden Beurkundungsverhandlung beurkundet der Notar den Vertragsschluss zwischen dem Veräußerer, vertreten durch den Auktionator, und dem Höchstbietenden A. Hierbei werden alle Erklärungen abgegeben, die in den Versteigerungsbedingungen vorformuliert sind. Die Auflassung wird jedoch erst später erklärt. A erkennt an, dem Auktionator einen Betrag (Courtage) in Höhe von 9600 Euro zu schulden und unterwirft sich wegen dieser Zahlungsverpflichtung gegenüber dem Auktionator der sofortigen Zwangsvollstreckung. Die Zahlung des Gebots erfolgt über Notaranderkonto.

Der Notar wird mit dem Vollzug beauftragt (Einholung der Vorkaufsrechtsverzichtserklärung der Gemeinde und der Genehmigung nach der GVO).

Das Mindestgebot war mit 80 000 Euro angesetzt.

1443

B. Rechnung

25.41

Pos.	Gebührentatbestände	Geschäftswert	KV-Nr.	Satz	Betrag
(1)	Beurkundungsverfahren (§§ 86 II, 94 I)	129 600	21100	2,0	654,00
	a) Kaufvertrag (§§ 47, 46, 97 III)	120 000	21100	2,0	~~600,00~~
	b) Schuldanerkenntnis nebst Zwangsvollstreckungsunterwerfung bzgl. der Makler-Courtage (§ 97 I)	9600	21200	1,0	~~75,00~~
(2)	Vollzug, Einholung zwei behördlicher Genehmigungen (Vorbem. 2.2.1.1 I S. 2 Nr. 1 KV; § 112)	129 600	22110, 22112	0,5	~~163,50~~ 100,00 (2 × 50,00)
(3)	Abwicklung der Kaufpreiszahlung (Verwahrung, § 124)	120 000	25300	1,0	300,00
(4)	Prüfung der Auszahlungsvoraussetzung des verwahrten Kaufpreises (§ 113 I)	129 600	22200 Anm. Nr. 4	0,5	163,50

C. Erläuterungen

25.42 **Pos. (1):**

a) Für den Kaufvertrag ist als Geschäftswert gemäß § 47 der Kaufpreis anzunehmen, der hier dem Grundstückswert gemäß § 46 entspricht.

b) Der Geschäftswert für das Schuldanerkenntnis betreffend die Maklercourtage bestimmt sich gemäß § 97 I nach dem Schuldbetrag. Das Schuldanerkenntnis und die Zwangsvollstreckungsunterwerfung haben nach § 109 I S. 4 Nr. 4 denselben Beurkundungsgegenstand.

Der Kaufvertrag einerseits und das Schuldanerkenntnis nebst Zwangsvollstreckungsunterwerfung andererseits sind verschiedene Beurkundungsgegenstände gemäß § 86 II.

Die Werte sind zu addieren (§ 35 I) und es ist aus der Wertsumme eine 2,0 Gebühr nach Nr. 21100 KV zu erheben (§ 94 I), denn die Erhebung von getrennten Gebühren wäre teurer.

25.43 **Pos. (2):**

Der Geschäftswert für den Vollzug bestimmt sich gemäß § 112 nach dem Wert des Beurkundungsverfahrens. Liegen, wie hier, verschiedene Beurkundungsgegenstände vor, so bestimmt sich der Geschäftswert nach dem Gesamtwert (129 600 Euro).

Die Einholung der Vorkaufsrechtsverzichtserklärung der Gemeinde und der Genehmigung nach der GVO sind Vollzugstätigkeiten gemäß Vorbem. 2.2.1.1 I S. 2 Nr. 1 KV. Die Gebühr ist hier gemäß Nr. 22112 KV auf 100 Euro beschränkt, weil sie niedriger als die 0,5 Gebühr gemäß Nr. 22110 KV ist.

Pos. (3): 25.44

Der Geschäftswert für die Verwahrung bestimmt sich gemäß § 124 nach der Höhe des ausgezahlten Geldbetrags. Die Verwahrgebühr gemäß Nr. 25300 KV entsteht neben der Betreuungsgebühr gemäß Nr. 22200 KV und neben einer ggf. anfallenden Treuhandgebühr gemäß Nr. 22201 KV; Vorbem. 2.5.3 I KV.

Pos. (4): 25.45

Der Geschäftswert für die Betreuungsgebühr bestimmt sich gemäß § 113 I nach dem Wert des Beurkundungsverfahrens. Liegen, wie hier, verschiedene Beurkundungsgegenstände vor, so bestimmt sich der Geschäftswert nach dem Gesamtwert (129 600 Euro).

Gemäß Vorbem. 2.5.3 I KV entsteht die Betreuungsgebühr neben der Verwahrungsgebühr gemäß Nr. 25300 KV.

VI. Ausbietungsgarantie

→ **Fall 8: Ausbietungsgarantieversprechen**

A. Sachverhalt

A möchte das in der Zwangsversteigerung befindliche Grundstück ersteigern. Er verpflichtet sich gegenüber dem die Zwangsvollstreckung betreibenden Gläubiger ein Gebot i.H.v. 250 000 Euro abzugeben. Die Forderung des Gläubigers beläuft sich noch auf 280 000 Euro, die durch eine Grundschuld i.H.v. 300 000 Euro abgesichert ist. 25.46

Laut Gutachten hat das Grundstück einen Verkehrswert von 320 000 Euro.

B. Rechnung

Pos.	Gebührentatbestand	Geschäftswert	KV-Nr.	Satz	Betrag	25.47
	Beurkundungsverfahren Ausbietungsgarantieversprechen (§§ 53 II, 97 I)	250 000	21200	1,0	535,00	

C. Erläuterungen

Für das Ausbietungsgarantieversprechen bestimmt sich der Geschäftswert nach dem niedrigeren Vergleichswert zwischen dem Grundpfandrechtsnennbetrag bzw. Forderungsbetrag einerseits und dem garantierten Gebot andererseits. 25.48

Als einseitige Erklärung löst diese eine 1,0 Gebühr gemäß Nr. 21200 KV aus.

→ **Fall 9: Ausbietungsgarantievertrag**

A. Sachverhalt

25.49 A schließt mit dem die Zwangsvollstreckung betreibenden Gläubiger B einen Ausbietungsgarantievertrag. Hierin verpflichtet sich A, ein Gebot i.H.v. 250 000 Euro abzugeben.

Sollte ein anderer Bieter einen höheren Betrag bieten, so ist A (der Garant) berechtigt, ein Bargebot bis zur Höhe von 260 000 Euro abzugeben. B stellt den Garanten in Höhe des 250 000 Euro übersteigenden Betrages von der Belegung des höheren Gebots frei. Bietet ein Interessent einen Betrag von 260 001 Euro oder mehr und der Garant steigert weiter und erhält den Zuschlag, so ist der volle Steigpreis durch den Garanten zu belegen. Die Verpflichtung von B zur Abgabe einer Befriedigungserklärung entfällt.

Die Forderung des Gläubigers beläuft sich noch auf 280 000 Euro, die durch eine Grundschuld i.H.v. 300 000 Euro abgesichert ist.

Laut Gutachten hat das Grundstück einen Verkehrswert von 320 000 Euro.

B. Rechnung

25.50

Pos.	Gebührentatbestand	Geschäftswert	KV-Nr.	Satz	Betrag
	Beurkundungsverfahren Ausbietungsgarantievertrag (§§ 53 II, 97 I, III)	250 000	21100	2,0	1070,00

C. Erläuterungen

25.51 Für den **Ausbietungsgarantievertrag** bestimmt sich der Geschäftswert nach dem niedrigeren Vergleichswert zwischen dem Grundpfandrechtsnennbetrag bzw. Forderungsbetrag einerseits und dem garantierten Gebot andererseits. Die den Garantiebetrag übersteigende Befriedigungserklärung wirkt sich nicht werterhöhend aus.

Der Vertrag löst eine 2,0 Gebühr gemäß Nr. 21100 KV aus.

Teil 26
Tätigkeiten im Zusammenhang mit Schiffen

Inhaltsübersicht

I. Überblick 26.1
1. Einführung 26.1
2. Übersichtstabelle 26.2
3. Gebühr 26.3
   a) Anmeldung zum Schiffsregister/Binnenschiffsregister und Schiffsbauwerkregister . 26.3
   b) Schiffshypothek 26.4
   c) Veräußerung eines Schiffs .. 26.6
4. Geschäftswert 26.7
   a) Anmeldung zum Schiffsregister/Binnenschiffsregister und Schiffsbauwerkregister . 26.7
   b) Anträge auf Eintragung von Rechtsverhältnissen 26.9
      aa) Eigentumsübergang 26.9
      bb) Schiffshypothek 26.10
   c) Veräußerung eines Schiffs .. 26.12
5. Derselbe Beurkundungsgegenstand/Verschiedene Beurkundungsgegenstände 26.13
6. Vollzugs-, Betreuungs- und Treuhandtätigkeiten 26.23
7. Gebührenfreie (Neben-) Geschäfte 26.28

II. Anmeldungen zum Schiffs-/ Schiffsbauwerkregister 26.29

Fall 1: Anmeldung eines Schiffes zur Eintragung in das Schiffsregister 26.29

Fall 2: Anmeldung des Eigentumsüberganges an einem Schiffsbauwerks zur Eintragung in das Schiffsbauwerkregister und Antrag auf Eintragung einer Schiffshypothek 26.32

Fall 3: Namensänderung des Schiffs 26.35

III. Schiffshypothek 26.38

Fall 4: Bestellung einer Schiffshypothek 26.38

Fall 5: Bestellung einer Schiffshypothek mit Zwangsvollstreckungsunterwerfung 26.41

Fall 6: Bestellung einer Schiffshypothek mit Zwangsvollstreckungsunterwerfung und Löschungserklärung nebst Treuhandauflagen 26.44

Fall 7: Abtretung einer Schiffshypothek 26.49

IV. Veräußerung eines Schiffs 26.52

Fall 8: Veräußerung eines Schiffs 26.52

Stichwortverzeichnis

Anmeldung
– eines Schiffes   26.15, 26.29 ff.
– Inhaber des Schiffs   26.7, 26.15
– Namen   26.15, 26.35 ff.
Antrag
– Eigentumsübergang   26.9, 26.32 ff., 26.33
– Schiffshypothek
  – Abtretung   26.49
  – Bestellung   26.4, 26.10, 26.21 f., 26.34
  – Eigentumsübergang   26.9, 26.33
  – Löschung   26.4, 26.10, 26.46 ff.
Entwurf   26.3 ff., 26.38 ff., 26.49 ff.

Forderung   26.5
Gebühr   26.3 ff.
Gegenstand
– derselbe
  – Anmeldungen   26.15
  – Eigentumswechsel   26.20
  – Erklärung gem. § 69 II SchRegO   26.19, 26.34
  – Löschung   26.21, 26.46
  – Löschungserklärungen   26.18, 26.21, 26.44 ff., 26.52 ff.
  – Rangrücktrittserklärung   26.16
  – Schiffshypothek   26.21, 26.52 ff.

– Schulderklärungen 26.17
– verschieden
Geschäftswert 26.7 ff.
Löschungserklärungen 26.18, 26.44 ff., 26.52 ff.
Mithaft 26.11
Nebentätigkeiten
– Betreuungstätigkeit 26.27
– gebührenfreie 26.28
– Treuhandtätigkeit 26.27, 26.48

– Vollzug 26.23 ff., 26.47, 26.55
Rangrücktrittserklärungen 26.16
Schiffsbauwerk 26.3 ff., 26.19, 26.32 ff.
Schiffshypothek 26.38 ff.
Schulderklärungen 26.17
Übersichtstabelle 26.2
Veräußerung 26.52 ff.
Zwangsvollstreckungsunterwerfung 26.32 ff., 26.44 ff., 26.52 ff.

I. Überblick

1. Einführung

26.1 In dem nachstehenden Abschnitt werden notarielle Geschäfte unter kostenrechtlichen Gesichtspunkten beleuchtet, die Schiffe oder Schiffsbauwerke nach der Schiffsregisterordnung (SchRegO) betreffen. Hierzu muss insbesondere unterschieden werden, ob es sich um eine **Anmeldung** im Sinne des zweiten bzw. des fünften Abschnitts oder einen **Antrag** im Sinne des dritten Abschnitts der Schiffsregisterordnung handelt. Für die Bewertung ist dies nämlich von **entscheidender Bedeutung**, da verschiedene Wert- bzw. Gebührenvorschriften einschlägig sind. Grundsätzlich ist für die Anmeldung nach der Schiffsregisterordnung keine öffentliche Beglaubigung erforderlich. Dies schließt jedoch nicht aus, dass derartige Anmeldungen mit anderen formpflichtigen Geschäften in einer Urkunde zusammentreffen können.

2. Übersichtstabelle

26.2 Die maßgeblichen Bewertungsvorschriften lauten:

1. Anmeldung zum Schiffsregister/Binnenregister und Schiffsbauwerkregister	
a) Beurkundung	a) Nr. 21201 Nr. 5 KV (0,5), mindestens 30 Euro
b) Entwurf mit Unterschriftsbeglaubigung	b) Nrn. 24102, 21201 Nr. 5 KV (0,2–0,5, hier: 0,5 wegen § 92 II), mindestens 30 Euro
c) Reine Unterschriftsbeglaubigung	c) Nr. 25100 KV (0,2), mindestens 20 Euro, höchstens 70 Euro
Geschäftswert	§ 36 I, III (Teilwert vom Verkehrswert des Schiffs), anders jedoch bei der Eintragung des Schiffes (hier ist der volle Wert maßgebend)
	Anmeldung des Inhabers nach § 68 II SchRegO (§ 36 I: ca. 20 % des Schiffs nach Fertigstellung)

I. Überblick

2. Antrag auf Eintragung von Rechtsverhältnissen (außer Schiffshypothek)	
a) Beurkundung	a) Nr. 21201 Nr. 4 KV (0,5), mindestens 30 Euro
b) Entwurf mit Unterschriftsbeglaubigung	b) Nrn. 24102, 21201 Nr. 4 KV (0,2–0,5, hier: 0,5 wegen § 92 II), mindestens 30 Euro
c) Reine Unterschriftsbeglaubigung	c) Nr. 25100 KV (0,2), mindestens 20 Euro, höchstens 70 Euro
Geschäftswert	in der Regel Verkehrswert des Schiffs (§ 46 I GNotKG)
	fehlt es an einer speziellen Wertvorschrift, so findet § 36 I Anwendung (Teilwert vom Verkehrswert des Schiffs)
3. Bestellung/Löschung einer Schiffshypothek	
a) Beurkundung	a) Nr. 21201 Nr. 4 KV (0,5), mindestens 30 Euro
b) Entwurf mit Unterschriftsbeglaubigung	b) Nrn. 24102, 21201 Nr. 4 KV (0,2–0,5, hier: 0,5 wegen § 92 II), mindestens 30 Euro
c) Reine Unterschriftsbeglaubigung	c) Nr. 25100 KV (0,2), mindestens 20 Euro, höchstens 70 Euro
Geschäftswert	§ 53 I (Nennbetrag der Schuld)
4. Veräußerung eines Schiffs	
a) Beurkundung	a) Nr. 21100 KV (2,0), mindestens 120 Euro
b) Entwurf	b) Nrn. 24100, 21100 KV (0,5–2,0, hier: 2,0 wegen § 92 II), mindestens 120 Euro
	Bemerkung: Wird der neue Eigentümer des Schiffes im Wege der Berichtigung durch Eintragungsbewilligung nebst -antrag eingetragen, soll fällt für diese Erklärung lediglich die Gebühr Nr. 21201 Nr. 4 KV (0,5) an.
Geschäftswert	§ 47 (Kaufpreis zzgl. der vorbehaltenen Nutzungen oder weiteren Leistungen)

3. Gebühr

a) Anmeldung zum Schiffsregister/Binnenschiffsregister und Schiffsbauwerkregister

Für die **Anmeldung** zur Eintragung in das Schiffsregister/Binnenschiffsregister oder Schiffsbauwerkregister ist die Gebühr der **Nr. 21201 Nr. 5 KV GNotKG** (0,5), mindestens 30 Euro anzusetzen. Handelt es sich um einen Entwurf des Notars, ist die Gebühr der Nrn. 24102, 21201 Nr. 5 KV GNotKG (0,2–0,5, hier:

26.3

0,5 wegen § 92 II), mindestens 30 Euro, anzusetzen. Beglaubigt der Notar lediglich die Unterschrift des Eigentümers, fällt die Gebühr nach Nr. 25100 KV GNotKG (0,2), mindestens 20 Euro, höchstens 70 Euro, an.

b) Schiffshypothek

26.4 Bei der **Bestellung oder Löschung** einer Schiffshypothek handelt es sich um einen Antrag auf Eintragung, so dass die 0,5 Gebühr nach **Nr. 21201 Nr. 4 KV GNotKG** (0,5), mindestens 30 Euro anzusetzen ist. Handelt es sich um einen Entwurf des Notars ist die Gebühr der Nrn. 24102, 21201 Nr. 4 KV GNotKG (0,2–0,5, hier: 0,5 wegen § 92 II), mindestens 30 Euro, anzusetzen. Beglaubigt der Notar lediglich die Unterschrift des Eigentümers, fällt die Gebühr nach Nr. 25100 KV GNotKG (0,2), mindestens 20 Euro, höchstens 70 Euro, an.

26.5 Wird allerdings **gleichzeitig die Forderung**, die der Hypothek zugrunde liegt, begründet, ist die Gebühr nach **Nr. 21200 KV GNotKG (1,0)** anzusetzen, da der Inhalt der Urkunde über die formellen Erklärungen hinausgeht.

c) Veräußerung eines Schiffs

26.6 Für die **Veräußerung** eines Schiffs fällt die 2,0 Gebühr nach Nr. 21100 KV GNotKG (mindestens 120 Euro) an. Fertigt der Notar den Entwurf der Urkunde, so ist die Gebühr der Nrn. 24100, 21100 KV GNotKG (0,5–2,0, hier: 2,0 wegen § 92 II, mindestens 120 Euro) zu erheben. Wird der **neue Eigentümer** des Schiffs im Wege der **Berichtigung** durch Eintragungsbewilligung nebst -antrag **eingetragen**, so fällt für diese Erklärung lediglich die 0,5 Gebühr nach Nr. 21201 Nr. 4 KV GNotKG an.

4. Geschäftswert

a) Anmeldung zum Schiffsregister/Binnenschiffsregister und Schiffsbauwerkregister

26.7 Der Geschäftswert für die Anmeldung zur Eintragung in das Schiffsregister/ Binnenschiffsregister oder Schiffsbauwerkregister bestimmt sich gem. § 36 I GNotGK, da eine konkrete Wertvorschrift fehlt. Der Geschäftswert ist nach billigem Ermessen zu bestimmen. Hierbei sind der **Umfang** der **Anmeldungen** und der **Wert** des betroffenen **Gegenstandes** (Schiffes) angemessen zu berücksichtigen. Wird jedoch der Inhaber zur Eintragung angemeldet, bestimmt der Wert des Schiffes nach §§ 97 I, 46 I GNotKG den Geschäftswert.

26.8 Anmeldungen zum Schiffsregister und zum Schiffsbauregister unterfallen nicht dem Höchstwert des § 106 GNotKG i.H.v. 1 Mio. Euro.

I. Überblick

b) Anträge auf Eintragung von Rechtsverhältnissen

aa) Eigentumsübergang

Für den Antrag auf Eintragung eines neuen Eigentümers oder Erwerbers einer Schiffspart bestimmt sich der Geschäftswert nach dem Verkehrswert des Schiffes (§§ 97 I, 46 I GNotKG).

26.9

bb) Schiffshypothek

Der Geschäftswert einer Schiffshypothek bestimmt sich gemäß § 53 I Satz 1 GNotKG nach dem Nennbetrag, gleichgültig ob es sich um die Erstbestellung, eine Abtretung oder die Löschung handelt. **Zinsen, eine einmalige Nebenleistung, etc.** bleiben gemäß der allgemeinen Bewertungsregel des § 37 II GNotKG **unberücksichtigt**. Auch hier gibt es neben § 35 II GNotKG (60 Mio. Euro) keine weitere Höchstwertvorschrift.

26.10

Die Vorschriften über die Einbeziehung in die Mithaft oder die Entlassung aus der Mithaft nach § 44 I GNotKG finden nach § 44 III Nr. 1 GNotKG entsprechend Anwendung.

26.11

c) Veräußerung eines Schiffs

Für die Veräußerung eines Schiffs ist die Wertvorschrift des § 47 GNotKG einschlägig. Der Wert der vorbehaltenen Nutzungen oder der vom Käufer übernommenen Leistungen sind dem Kaufpreis hinzuzurechnen.

26.12

5. Derselbe Beurkundungsgegenstand/Verschiedene Beurkundungsgegenstände

Auch im Rahmen der Anmeldung zur Eintragung in das Schiffsregister/Binnenschiffsregister oder Schiffsbauwerkregister sowie der Veräußerung eines Schiffs werden regelmäßig weitere Erklärungen in die Urkunde aufgenommen, so dass zu überprüfen ist, ob es sich hierbei um denselben (§ 109 GNotKG), einen verschiedenen (§ 110 GNotKG) oder einen besonderen Beurkundungsgegenstand (§ 111 GNotKG) handelt.

26.13

Zunächst gilt der Grundsatz nach § 86 II GNotKG, dass mehrere Rechtsverhältnisse, Tatsachen oder Vorgänge verschiedene Beurkundungsgegenstände sind, soweit in § 109 GNotKG nichts anderes bestimmt ist. Konkrete Regelungen über denselben Beurkundungsgegenstand sind, soweit für diesen Teil von Interesse, in § 109 I S. 4 Nr. 3 und II S. 1 Nr. 3 GNotKG enthalten. Dies schließt jedoch nicht aus, dass auch andere Erklärungen, denselben Beurkundungsgegenstand im Sinne von § 109 I S. 1–3 GNotKG betreffen können.

26.14

Zu den typischen weiteren Erklärungen im Zusammenhang mit der **Bestellung einer Schiffshypothek** gehören z.B.:

– Anmeldungen

26.15

Anmeldungen zur Eintragung in das Schiffsregister/Binnenschiffsregister oder Schiffsbauwerkregister haben stets einen **besonderen** Beurkundungsgegenstand § 111 Nr. 3 GNotKG.

26.16 – Rangrücktrittserklärungen

Werden in die Urkunde über die Bestellung einer Schiffshypothek Rangänderungserklärungen aufgenommen, die zur Verschaffung des beabsichtigten Rangs erforderlich sind, so liegt **derselbe** Beurkundungsgegenstand im Sinne von § 109 I S. 4 Nr. 3 GNotKG vor. In diesem Fall bestimmt sich der Geschäftswert nur nach dem Wert der Hypothek, so dass die Rangrücktrittserklärungen nicht gesondert bewertet werden.

26.17 – Schulderklärungen

Derselbe Beurkundungsgegenstand i.S. von § 109 II S. 1 Nr. 3 GNotKG liegt vor, wenn die Urkunde über die Bestellung der Schiffshypothek neben den formellen Erklärungen auch Schulderklärungen bis zur Höhe des Nennbetrages der Schiffshypothek enthält. In diesen Fällen bestimmt sich der Geschäftswert nach dem höchsten in Betracht kommenden Wert.

26.18 – Löschungserklärungen

Löschungserklärungen haben stets einen **verschiedenen** Beurkundungsgegenstand nach § 86 II GNotKG. Allerdings muss bei verschiedenen Gebührensätzen, wie sie bei der Bestellung einer Schiffshypothek anfallen können, ein Vergleich nach § 94 I GNotKG durchgeführt werden. Bei gleichen Gebührensätzen ist die Gebühr nur einmal aus den zusammengerechneten Werten zu erheben (§§ 93 I S. 1, 35 I GNotKG).

26.19 – Erklärung gem. § 69 II SchRegO

Die Erklärung gem. § 69 II SchRegO hat **denselben** Beurkundungsgegenstand wie die Bestellung der Schiffshypothek.

Zu den typischen weiteren Erklärungen im Zusammenhang mit der **Veräußerung eines Schiffs** gehören z.B.:

26.20 – Antrag zur Eintragung des Eigentumswechsels

Der Antrag des Eigentumswechsels zur Eintragung in das Schiffsregister/Binnenschiffsregister ist zum Kauf **derselbe** Beurkundungsgegenstand § 109 I S. 1–3 GNotKG.

26.21 – die Löschung einer Schiffshypothek

Die Löschung einer Schiffshypothek im Zusammenhang mit der Veräußerung eines Schiffs ist **derselbe** Beurkundungsgegenstand im Sinne von § 109 I S. 4 Nr. 1 b) GNotKG.

26.22 – die Eintragung einer Sicherungshypothek (Schiffshypothek)

Die Eintragung einer Sicherungshypothek (Schiffshypothek) im Rahmen der Veräußerung eines Schiffs ist **derselbe** Gegenstand gem. § 109 I S. 1–3 GNotKG. Steht die Schiffshypothek jedoch im Zusammenhang mit Erklärungen zur Finanzierung der Gegenleistung des Käufers gegenüber Dritten, so ist § 110 Nr. 2a zu beachten.

6. Vollzugs-, Betreuungs- und Treuhandtätigkeiten

Die **Vollzugs- und die Betreuungsgebühr** werden in demselben Verfahren jeweils nur **einmal** erhoben (§ 93 I S. 1 GNotKG). Der Ansatz der **Treuhandgebühr** ist hingegen **mehrfach** möglich.

26.23

Der **Geschäftswert** für den Vollzug bestimmt sich nach dem Wert des zugrundeliegenden **Beurkundungsverfahrens** (§ 112 GNotKG). Liegt der zu vollziehenden Urkunde keine Beurkundungsverfahren zugrunde, ist der Geschäftswert derjenige Wert, der maßgeblich wäre, wenn diese Urkunde Gegenstand eines Beurkundungsverfahrens wäre.

26.24

Auch der Geschäftswert für die **Betreuungsgebühr** ist wie bei der **Beurkundung** zu bestimmen (§ 113 I GNotKG). Maßgebend ist also der Wert des zugrundeliegenden Beurkundungsverfahrens. Der Geschäftswert für die Treuhandgebühr ist der Wert des Sicherungsinteresses (§ 113 II GNotKG).

26.25

Zu den typischen **Vollzugtätigkeiten** bei der Bestellung von Hypothek oder der Veräußerung eines Schiffs gehören:

26.26

– Einholung von Löschungs- und Rangrücktrittserklärungen (Vorbemerkung 2.2.1.1 I Nr. 9 KV GNotKG)
– Auftragsgemäßes Anfordern von behördlichen und rechtsgeschäftlichen Genehmigungen (Vorbemerkung 2.2.1.1 I Nr. 1, 9 KV GNotKG)

Für die Erstellung des Entwurfs einer Löschungs-, Rangrücktritts- oder Zustimmungserklärung fällt neben der Vollzugsgebühr keine gesonderte Entwurfsgebühr an (Vorbem. 2.2 II KV i.V.m. Vorbem. 2.4.1 I S. 2 KV).

Eine typische **Betreuungstätigkeit** bei der Bestellung einer Schiffshypothek oder der Veräußerung eines Schiffs ist die Übernahme von Treuhandaufträgen im Zusammenhang mit der Löschung von vorrangigen Schiffshypotheken (Nr. 22201 KV).

26.27

7. Gebührenfreie (Neben-)Geschäfte

Erhält der Notar eine Gebühr für das Beurkundungsverfahren nach Nr. 21100 ff. KV, so sind gem. Vorbem. 2.1 II KV folgende Tätigkeiten damit abgegolten:

26.28

– Übermittlung von Anträgen und Erklärungen an ein Gericht oder eine Behörde
– die Stellung von Anträgen an ein Gericht oder eine Behörde
– Erledigung von Beanstandungen einschließlich des Beschwerdeverfahrens

II. Anmeldungen zum Schiffs-/Schiffsbauwerkregister

→ **Fall 1: Anmeldung eines Schiffes zur Eintragung in das Schiffsregister**

A. Sachverhalt

Zur **Eintragung** in das **Schiffsregister** wird das Motorschiff mit dem Namen „A-Schiff" angemeldet. Das Schiff wurde durch den anmeldenden Eigentümer auf eigene Rechnung gebaut.

26.29

Der Wert des Schiffes beträgt 1,9 Mio. Euro. Der Entwurf der Urkunde wurde vom Notar gefertigt.

B. Rechnung

26.30

Pos.	Gebührentatbestand	Geschäfts-wert	KV-Nr.	Satz	Betrag
	Entwurf Anmeldung eines Schiffes zur Eintragung in das Schiffsregister (§§ 119 I, 97 I, 46 I)	1 900 000	24102, 21201 Nr. 5	0,5	1587,50

C. Erläuterungen

26.31 Der Geschäftswert bestimmt sich nach dem Wert des Schiffes (§§ 119 I, 97 I, 46 I). Da es sich um den Entwurf einer Anmeldung handelt, ist eine 0,5 Gebühr nach Nr. 24102 KV i.V.m. Nr. 21201 Nr. 5 KV i.V.m. § 92 II zu erheben.

→ **Fall 2: Anmeldung des Eigentumsüberganges an einem Schiffs-bauwerks zur Eintragung in das Schiffsbauwerkregister und Antrag auf Eintragung einer Schiffshypothek**

A. Sachverhalt

26.32 Die A-GmbH hat der Schiffswerft mit Vertrag vom vorigen Jahr den Auftrag zum Bau und zur Lieferung eines Schiffes erteilt. Mit dem Bauwerk ist bereits begonnen worden. Die **Bestellerin** hat das **Eigentum** an dem Schiffsbauwerk durch die in Erfüllung des Bauvertrages erklärte **Einigung erworben und die Übergabe** ist durch die ersetzende Vereinbarung, dass die Werft das Bauwerk bis zu seiner Fertigstellung und Lieferung für die Bestellerin verwahrt, erfolgt (§ 69 II SchRegO).

Die **Bestellerin und die Auftragnehmerin** sind damit **einverstanden**, dass die Bestellerin als Eigentümer des beschriebenen Schiffsbauwerks in das **Schiffsbauwerkregister eingetragen wird**. Entsprechendes wird zur Eintragung in das Schiffsbauwerkregister angemeldet.

Außerdem wird die Eintragung einer **Schiffshypothek i.H.v. 5 Mio.** Euro nebst Zinsen bewilligt und beantragt. Dem Gläubiger erkennt die Bestellerin an, einen Betrag in Höhe des Nennbetrages der Schiffshypothek zu schulden und unterwirft sich diesbezüglich der **persönlichen Zwangsvollstreckung**.

Der Wert des fertigen Schiffs wird mit 5 Mio. Euro angegeben.

B. Rechnung

Pos.	Gebührentatbestände	Geschäfts-wert	KV-Nr.	Satz	Betrag
(1)	Beurkundungsverfahren (§§ 35 I, 86 II, 111 Nr. 3, 109 I S. 1–3, 94)	6 000 000	21200	1,0	8785,00
	a) Erklärung gem. 69 II SchRegO (§ 36 I)	~~1 000 000~~	21200	1,0	
	b) Anmeldung zum Schiffsbau-werkregister (§§ 36 I, 46 I)	1 000 000	~~21201 Nr. 5~~	~~0,5~~	~~876,50~~
	c) Antrag Schiffshypothek (§§ 97 I, 53 I)	5 000 000	~~21201 Nr. 4~~	~~0,5~~	
	d) Zwangsvollstreckungsunter-werfung (§ 97 I)	~~5 000 000~~	21200	1,0	~~8135,00~~

26.33

C. Erläuterungen

a) Der Geschäftswert der Erklärung gem. § 69 II SchRegO bestimmt sich nach § 36 I (Vorschlag: 20 % vom Wert des Schiffs nach Fertigstellung).

b) Auch der Wert der Anmeldung zum Schiffsbauwerkregister bestimmt sich nach § 36 I (Vorschlag: 20 % vom Wert des Schiffs nach Fertigstellung).

c) Der Wert der Schiffshypothek bestimmt sich nach dem Nennbetrag des Pfandrechts (§§ 97 I, 53 I).

d) Der Wert der Zwangsvollstreckungsunterwerfung bestimmt sich nach dem Schuldbetrag (§ 97 I, hier Nennbetrag der Schiffshypothek).

Die Erklärungen zu a), c) und d) haben **denselben Beurkundungsgegenstand** gem. §§ 109 I S. 1–3. Die **Anmeldung** zum Schiffsbauwerkregister b) ist ein **besonderer Beurkundungsgegenstand** i.S. von § 111 Nr. 3. Folgender Gebührenvergleich nach § 94 I ist durchzuführen:

26.34

Gebühr:

1,0 aus 5 Mio. Euro =   8135,00 Euro
0,5 aus 1 Mio. Euro =   876,50 Euro
―――――――――――――――――――――――――
1,0 aus 6 Mio. Euro =   8785,00 Euro

Damit bleibt es bei der Erhebung der höchsten Gebühr aus dem zusammengerechneten Wert.

→ **Fall 3: Namensänderung des Schiffs**

A. Sachverhalt

Der **Name** des Schiffs wurde **geändert**. Der Notar fertigt auftragsgemäß den Entwurf der Anmeldung zum Schiffsregister. Der Wert des Schiffs wird mit 5 Mio. Euro angegeben.

26.35

B. Rechnung

26.36

Pos.	Gebührentatbestand	Geschäftswert	KV-Nr.	Satz	Betrag
	Entwurf Anmeldung Namensänderung (§§ 119 I, 36 I, 46 I)	1 000 000	24102, 21201 Nr. 5	0,5	867,50

C. Erläuterungen

26.37 Der Geschäftswert bestimmt sich nach §§ 119 I, 36 I, 46 I (Teilwert; Vorschlag hier: 20 % aus dem Wert des Schiffs). Da es sich um den Entwurf einer Anmeldung handelt, ist die 0,5 Gebühr nach Nr. 24102 KV i.V.m. Nr. 21201 Nr. 5 KV i.V.m. § 92 II zu erheben.

III. Schiffshypothek

→ **Fall 4: Bestellung einer Schiffshypothek**

A. Sachverhalt

26.38 Der Eigentümer bestellt eine **Schiffshypothek** zum Nennbetrag von **2 Mio. Euro**. Der Notar fertigt auftragsgemäß den Entwurf der Erklärung.

B. Rechnung

26.39

Pos.	Gebührentatbestand	Geschäftswert	KV-Nr.	Satz	Betrag
	Entwurf Bestellung Schiffshypothek (§§ 119 I, 97 I, 53 I)	2 000 000	24102, 21201 Nr. 4	0,5	1667,50

C. Erläuterungen

26.40 Der Geschäftswert bestimmt sich nach dem Nennbetrag der Schiffshypothek (§§ 119 I, 97 I, 53 I). Da es sich um den Entwurf eines Antrags auf Eintragung handelt, ist die 0,5 Gebühr nach Nr. 24102 KV i.V.m. Nr. 21201 Nr. 4 KV i.V.m. § 92 II zu erheben.

→ **Fall 5: Bestellung einer Schiffshypothek mit Zwangsvollstreckungsunterwerfung**

A. Sachverhalt

26.41 Der Eigentümer bestellt eine dinglich **vollstreckbare Schiffshypothek** zum Nennbetrag von **2 Mio. Euro**. Dem Gläubiger erkennt der Eigentümer an, einen Betrag in Höhe des Nennbetrages der Schiffshypothek zu schulden und unterwirft sich diesbezüglich der **persönlichen Zwangsvollstreckung**. Die Eintragung in das Schiffsregister wird beantragt.

B. Rechnung

Pos.	Gebührentatbestände	Geschäftswert	KV-Nr.	Satz	Betrag
	Beurkundungsverfahren (§§ 109 I S. 1–3 Nr. 4, II Nr. 3, 94 II)	2 000 000	21200	1,0	3335,00
	a) Schiffshypothek (§§ 97 I, 53 I)	2 000 000	~~21201 Nr. 4~~	~~0,5~~	
	b) Persönliches Schuldanerkenntnis (§ 97 I)	~~2 000 000~~	21200	1,0	
	c) Zwangsvollstreckungsunterwerfung (§ 97 I)	~~2 000 000~~	21200	1,0	

C. Erläuterungen

Der Wert für die Bestellung der Schiffshypothek bestimmt sich nach dem Nennbetrag des Pfandrechts (§§ 97 I, 53 I). Die Schiffshypothek und die Zwangsvollstreckungsunterwerfung einschließlich des Schuldanerkenntnisses betreffen **denselben** Beurkundungsgegenstand gem. §§ 109 I S. 4 Nr. 4, II S. 1 Nr. 3. Zu erheben ist gem. § 94 II S. 1 die höchste Gebühr 1,0 (Nr. 21200 KV) aus dem Nennbetrag der Schiffshypothek.

→ **Fall 6: Bestellung einer Schiffshypothek mit Zwangsvollstreckungsunterwerfung und Löschungserklärung nebst Treuhandauflagen**

A. Sachverhalt

Der Eigentümer bestellt eine **Schiffshypothek** zum Nennbetrag von **2 Mio. Euro**. Dem Gläubiger erkennt er an, einen Betrag in Höhe des Nennbetrages zu schulden und unterwirft sich diesbezüglich der persönlichen Zwangsvollstreckung. Daneben erklärt er die **Zwangsvollstreckungsunterwerfung** gem. § 800 ZPO in Höhe des Nennbetrages der Schiffshypothek.

Im Schiffsregister ist eine **Schiffshypothek zum Nennbetrag von 1 Mio. Euro** eingetragen. Der Eigentümer beantragt die Löschung des Rechts (Zustimmung). Der Notar erhält den Auftrag, die **Löschungsbewilligung mit Übersendung eines Entwurfs** einzuholen.

Die Bank übersendet dem Notar die **Löschungsbewilligung zu treuen Händen**. Von dieser darf erst nach Zahlung des Ablösebetrages i.H.v. 700 000 Euro Gebrauch gemacht werden.

B. Rechnung

26.45

Pos.	Gebührentatbestände	Geschäftswert	KV-Nr.	Satz	Betrag
(1)	Beurkundungsverfahren (§§ 109 I S. 1–3 S. 2 Nr. 4, II S. 1 Nr. 3, 94, 86 II)	~~3 000 000~~	~~21200~~	~~1,0~~	~~4935,00~~
	a) Schiffshypothek mit Zwangsvollstreckungsunterwerfung (§§ 97 I, 53 I)	2 000 000	21200	1,0	3335,00
	b) Löschungsantrag (§§ 97 I, 53 I)	1 000 000	21201 Nr. 4	0,5	867,50
(2)	Vollzug, Einholung der Löschungsbewilligung unter Übersendung eines Entwurfs (Vorbem. 2.2.1.1 I S. 2 Nr. 9, § 112)	3 000 000	22111	0,3	1480,50
(3)	Treuhandgebühr (§ 113 II)	700 000	22201	0,5	627,50

C. Erläuterungen

26.46 **Pos. (1):**

Bestellung Schiffshypothek, Schuldanerkenntnis und Zwangsvollstreckungen sind **derselbe Beurkundungsgegenstand** gem. §§ 109 I S. 4 Nr. 4, II S. 1 Nr. 3. Diese Erklärungen einerseits und der Löschungsantrag nebst Zustimmung andererseits sind hingegen verschiedene Beurkundungsgegenstände nach § 86 II. Folgender Gebührenvergleich ist nach § 94 I durchzuführen:

1,0 aus 2 Mio. Euro =   3335,00 Euro
0,5 aus 1 Mio. Euro =   876,50 Euro
_____
1,0 aus 3 Mio. Euro =   4935,00 Euro

Damit bleibt es bei der gesonderten Gebührenerhebung, denn die Erhebung der höchsten Gebühr aus dem zusammengerechneten Wert ist teurer.

26.47 **Pos. (2):**

Für die Einholung der **Löschungsbewilligung** fällt die **Vollzugsgebühr** nach Nr. 22111 KV (0,3 Gebühr) an. Der Geschäftswert bestimmt sich gem. § 112 S. 1 wie bei der Beurkundung. Für die Erstellung des Entwurfs der Löschungsbewilligung fällt neben der Vollzugsgebühr keine gesonderte Entwurfsgebühr an (Vorbem. 2.2 II KV i.V.m. Vorbem. 2.4.1 I S. 2 KV).

26.48 **Pos. (3):**

Die Beachtung der Treuhandauflagen der Bank löst die **Treuhandgebühr** nach Nr. 22201 KV aus. Der Geschäftswert ist der Wert des Sicherungsinteresses (hier Ablösebetrag, § 113 II).

IV. Veräußerung eines Schiffs

→ **Fall 7: Abtretung einer Schiffshypothek**

A. Sachverhalt

Die im Schiffsregister eingetragene **Hypothek zu 100 000 Euro wird abgetreten**. Der Notar fertigt auftragsgemäß den Entwurf der Abtretungserklärung.

26.49

B. Rechnung

Pos.	Gebührentatbestand	Geschäfts-wert	KV-Nr.	Satz	Betrag
	Entwurf Abtretung Schiffshypothek (§§ 119 I, 97 I, 53 I)	100 000	24101, 21200	1,0	273,00

26.50

C. Erläuterungen

Mit Abtretung der Hypothek geht auch die Forderung auf den Zessionar über. Folglich geht die Abtretungserklärung **über die formellen Erklärungen hinaus**. Im Ergebnis ist daher für den Entwurf die Rahmengebühr 0,3–1,0, mind. 60 Euro nach Nrn. 24101, 21200 KV zu erheben. Da der Entwurf vollständig gefertigt wurde, ist die höchste Rahmengebühr zu erheben (§ 92 II). Die Unterschriftsbeglaubigung löst keine zusätzliche Gebühr aus, Vorbem. 2.4.1 II KV.

26.51

Der Geschäftswert bestimmt sich nach dem Nennbetrag der Schiffshypothek (§§ 119 I, 97 I, 53 I).

IV. Veräußerung eines Schiffs

→ **Fall 8: Veräußerung eines Schiffs**

A. Sachverhalt

V verkauft an K sein im Schiffsregister eingetragenes Schiff zum **Kaufpreis von 1,5 Mio. Euro** (einschließlich der Umsatzsteuer). Ein Teilkaufpreis i.H.v. 500 000 Euro ist sofort zur Zahlung fällig. Der Restkaufpreis i.H.v. 1 Mio. Euro wird durch die Eintragung einer **Sicherungshypothek** gesichert. Wegen der Verpflichtung zur Zahlung des Kaufpreises und wegen der gleichzeitig einzutragenden Schiffshypothek (Sicherungshypothek) für den Verkäufer nebst Zinsen ab dem Tage der Eintragung unterwirft sich der Käufer der sofortigen **Zwangsvollstreckung** aus dieser Urkunde.

26.52

Im Schiffsregister ist eine **Schiffshypothek zum Nennbetrag von 2 Mio. Euro** eingetragen. Die Schiffshypothek sichert keine Verbindlichkeiten. Der Verkäufer beantragt die **Löschung des Rechts**.

V und K beantragen die Veräußerung des Schiffs und die Schiffshypothek (Sicherungshypothek) i.H.v. 1 Mio. Euro nebst Zinsen ab dem Tage der Eintragung in das Schiffsregister einzutragen.

Der Notar wird beauftragt, die Löschungsbewilligung ohne Übersendung eines Entwurfs bei der Bank einzuholen.

B. Rechnung

26.53

Pos.	Gebührentatbestände	Geschäfts-wert	KV-Nr.	Satz	Betrag
(1)	Kaufvertrag (§§ 97 III, 47, 109 I S. 4 Nr. 1b)	1 500 000	21100	2,0	5070,00
(2)	Vollzug, Einholung der Löschungsbewilligung (Vorbem. 2.2.1.1 I S. 2 Nr. 9, § 112 S. 1)	1 500 000	22110	0,5	1267,50

C. Erläuterungen

26.54 **Pos. (1):**

Kaufvertrag und Löschungserklärungen zur Schiffshypothek i.H.v. 2 Mio. Euro betreffen denselben Beurkundungsgegenstand gem. § 109 I S. 4 Nr. 1b). Der Kaufvertrag und die Zwangsvollstreckungsunterwerfung wegen der Kaufpreiszahlung sowie der Antrag auf Eintragung der Schiffshypothek (Sicherungshypothek) sind ebenfalls derselbe Beurkundungsgegenstand nach § 109 I S. 1–3, S. 4 Nr. 4. Die Gebühr wird durch den Kaufvertrag vorgegeben, da er den höchsten Gebührensatz aufweist (§ 94 II S. 1). Eine Vergleichsberechnung nach § 94 II S. 2 ist nicht erforderlich, da der Kaufvertrag nicht nur den höchsten Gebührensatz (2,0) aufweist, sondern gem. § 109 I S. 5 auch den Geschäftswert vorgibt.

26.55 **Pos. (2):**

Für die Einholung der **Löschungsbewilligung** fällt die **Vollzugsgebühr** nach Nr. 22110 KV an (0,5 Gebühr), denn es handelt sich hierbei um einen Vollzugstatbestand nach Vorbem. 2.2.1.1 I S. 2 Nr. 9 KV. Der Geschäftswert bestimmt sich gem. § 112 S. 1 wie bei der Beurkundung.

Teil 27
Auslagen

Inhaltsübersicht

I. Überblick 27.1	*Fall 6:* Bestellung einer Grundschuld (Niederschrift) 27.51
1. Einführung/Vorbemerkung.... 27.1	*Fall 7:* Vorsorgevollmacht (Geschäftsreise) 27.56
2. Übersichtstabelle 27.2	*Fall 8:* Vorsorgevollmacht (Dienstgang) 27.64
3. Die einzelnen Auslagentatbestände 27.3	*Fall 9:* Testament 27.71
a) Dokumentenpauschale..... 27.4	*Fall 10:* Gemeinschaftliches Testament.................... 27.76
aa) Ausfertigungen, Kopien und Ausdrucke 27.5	*Fall 11:* Erbvertrag 27.81
bb) Elektronische Dateien .. 27.10	*Fall 12:* Abwesenheitsgeld/Fahrtkosten (Wechselprotest)... 27.86
b) Entgelte für Post- und Telekommunikationsdienstleistungen 27.14	**III. Fallbeispiele zum elektronischen Rechtsverkehr (insbesondere Handelsregister)** 27.91
c) Reisekosten 27.18	*Fall 13:* Beglaubigte Papierabschriften nach § 42 IV BeurkG 27.91
d) Vergütungen für Dolmetscher, Übersetzer und Urkundszeugen sowie Kosten eines zugezogenen zweiten Notars 27.21	*Fall 14:* Elektronisches Zeugnis nach § 39a BeurkG 27.94
e) Abrufgebühren nach dem JVKostG 27.22	*Fall 15:* Gründung einer GmbH nebst Handelsregisteranmeldung 27.98
f) Umlage einer im Einzelfall gezahlten Prämie einer Haftpflichtversicherung 27.23	*Fall 16:* Gesellschafterversammlung nebst Handelsregisteranmeldung 27.105
g) Umsatzsteuer auf die Kosten 27.24	**IV. Fallbeispiele zum elektronischen Rechtsverkehr (Grundbuchamt)** 27.112
h) Sonstige Aufwendungen.... 27.25	*Fall 17:* Löschung einer Briefgrundschuld............. 27.113
II. Fallbeispiele zu den Auslagen . 27.27	
Fall 1: Beglaubigte Abschrift .. 27.27	
Fall 2: Kaufvertrag 27.30	*Fall 18:* Antrag auf Eintragung einer vollstreckbaren Grundschuld nebst Antrag auf Löschung einer vorrangigen Grundschuld 27.120
Fall 3: Antrag auf Erstellung einer beglaubigten Abschrift eines Kaufvertrages außerhalb des Beurkundungsverfahrens .. 27.36	
Fall 4: Teilungserklärung (Niederschrift) 27.40	*Fall 19:* Grundstückskaufvertrag..................... 27.128
Fall 5: Grundschuldbestellung (reine Unterschriftsbeglaubigung) 27.46	

1461

Stichwortverzeichnis

Abrufgebühren
- Grundbuchamt 27.2, 27.22, 27.30 ff., 27.34, 27.45 f., 27.49, 27.127
- Handelsregister 27.2, 27.22, 27.55

Dokumentenpauschale
- außerhalb eines Beurkundungsvertrages 27.2, 27.5 ff., 27.38
- beglaubigte Abschrift 27.2, 27.7, 27.29, 27.32, 27.38, 27.48
- Entwurf 27.2, 27.6 ff., 27.102 ff., 27.109 ff., 27.117 ff.
  - nach Versendung des Entwurfs 27.6 ff.
  - vor Versendung des Entwurfs 27.6 ff.
- Erbvertrag 27.83
- Farbe 27.2, 27.6 ff.
- Fremdurkunde (Vertretungsnachweis) 27.13, 27.32
- Gesellschafterversammlung 27.98 ff.
- größer als DIN A3 27.2, 27.6, 27.9, 27.43
- Grundschuld
  - Niederschrift 27.51 ff.
  - Unterschriftsbeglaubigung ohne Entwurf 27.48 ff.
- Gründung einer GmbH 27.102 ff.
- innerhalb eines Beurkundungsverfahrens 27.2, 27.7 ff., 27.32 ff., 27.42 ff., 27.102 ff., 27.109 ff., 27.132 ff.
- Kaufvertrag 27.32 ff., 27.132 ff.
- Kopien und Ausdrucke 27.5 ff.
- ohne besonderen Antrag 27.2, 27.6 ff., 27.32, 27.132
- scannen 27.12, 27.96, 27.103, 27.110, 27.118, 27.125, 27.133
- schwarz/weiß 27.2, 27.6 ff., 27.40 ff.
- Teilungserklärung 27.40 ff.
- Unterschriftsbeglaubigung 27.46 ff.
- Verfügung von Todes wegen 27.71 ff.
- Versenden elektronischer Dateien 27.10 ff., 27.96, 27.103, 27.110, 27.118, 27.125, 27.133
- Vorsorgevollmacht 27.56 ff.

Einschreiben/Rückschein 27.15, 27.33, 27.134

elektronischer Rechtsverkehr
- beglaubigte Abschriften nach § 42 IV BeurkG 27.91 ff.
- Grundbuch
  - Grundschuld 27.122
  - Kaufvertrag 27.130

- Unterschriftsbeglaubigung mit Entwurf (Löschung) 27.115
- Vorbemerkung 27.112
- XML-Strukturdaten 27.113 ff.
- Handelsregister
  - Gesellschafterversammlung 27.108
  - Gründung einer GmbH 27.101
  - XML-Strukturdaten 27.98 ff.
- Scannen 27.12, 27.96, 27.103, 27.110, 27.118, 27.125, 27.133
- Übermittlung der Verwahrangaben an das ZTR 27.75, 27.80, 27.85
- Vermerke nach § 39a BeurkG 27.94 ff.
- Versenden von Dateien 27.10 ff., 27.96, 27.103, 27.110, 27.118, 27.125, 27.133
- Vorsorgevollmacht (Registrierungsantrag) 27.63, 27.70

Entgelte für Post- und Telekommunikationsdienstleistungen
- Einschreiben/Rückschein 27.15, 27.33, 27.134
- Pauschale 27.14, 27.39, 27.44, 27.50, 27.54
- tatsächlichen Entgelte 27.3, 27.14 ff., 27.33, 27.134

Haftpflichtversicherung 27.23

Reisekosten
- allgemein 27.2, 27.18 ff.
- Fahrtkosten 27.2, 27.18 ff., 27.60, 27.90
- Geschäftsreise/Dienstgang 27.18 ff.
- sonstige Auslagen 27.2, 27.19
- Tage- und Abwesenheitsgeld 27.2, 27.18 ff., 27.58, 27.89
- Übersichtstabelle 27.2
- Wechselprotest 27.86 ff.

sonstige Aufwendungen s. verauslagte Kosten

Übersichtstabelle 27.2

Umsatzsteuer
- allgemein 27.24, 27.27 ff.
- verauslagte Kosten 27.26, 27.63, 27.70, 27.75, 27.80, 27.85

verauslagte Kosten
- allgemein 27.25 f.
- Zentrales Testamentsregister 27.25 f., 27.75, 27.80, 27.85
- Zentrales Vorsorgeregister 27.25 f., 27.63, 27.70

Vergütungen für Dolmetscher, Übersetzer, Urkundszeugen, zweiter Notar 27.21

I. Überblick

1. Einführung/Vorbemerkung

Die **Kosten** des Notars setzen sich zusammen aus den **Gebühren** und den **Auslagen (§ 1 I GNotKG)**. Zu den **Auslagen** gehören insbesondere die **Dokumentenpauschale**, die **Reisekosten**, Entgelte für **Post- und Telekommunikationsdienstleistungen** und die sonstigen Aufwendungen, die der Notar aufgrund eines ausdrücklichen Auftrags und für Rechnung eines Beteiligten als sog. durchlaufende Posten erbringt (Teil 3 Hauptabschnitt 2 KV GNotKG). Auch die Umsatzsteuer des Notars ist Auslageposten normiert. Anhand der ausgewählten Fallbeispiele soll aufgezeigt werden, welche Auslagen unter Anwendung des GNotKG anfallen und wie sie berechnet werden.

27.1

2. Übersichtstabelle

Die maßgeblichen Auslagenvorschriften lauten:

27.2

1. Dokumentenpauschale	
a) **Ausdrucke und Kopien**	a) Nrn. 32000, 32001, 32003 KV
	* Fertigung auf besonderen Antrag:
	je 0,50 Euro für die ersten 50 Seiten, für jede weitere Seite 0,15 Euro,
	je 1 Euro für die ersten 50 Seiten in Farbe, für jede weitere Seite in Farbe 0,30 Euro.
	* In allen anderen Fällen (bis zur Größe von DIN A3) 0,15 Euro pro Seite
	Größer als DIN A3:
	in voller Höhe oder
	pauschal je Seite 3 Euro oder
b) **Übersendung elektronischer Dateien**	pauschal je Seite in Farbe 6 Euro
	b) Nr. 32002 KV
	Je Datei 1,50 Euro (ohne Rücksicht auf die Größe der Vorlage). Werden die Dateien in einem Arbeitsgang überlassen: höchstens 5 Euro.
c) **Einscannen**	Werden die Dokumente zum Zwecke der Überlassung von der Papierform in die elektronische Form übertragen, beträgt die Dokumentenpauschale nicht weniger, als sie im Fall der Nr. 32000 KV für eine Schwarz-Weiß-Kopie betragen würde.
	c) kein Auslagentatbestand vorgesehen, siehe jedoch lit. b)

1463

2. Entgelte für Post- und Telekommunikationsdienstleistungen	Nr. 32004 KV = tatsächlicher Anfall Nr. 32005 KV = 20 % der Gebühren, höchstens 20 Euro Die Pauschale kann in jedem notariellen Verfahren oder bei sonstigen Geschäften anstelle der tatsächlichen Auslagen gefordert werden.
3. Reisekosten a) Fahrtkosten	a) Vorbem. 3.2 II, Nr. 32006 KV eigenes Kfz = 0,30 Euro für jeden gefahrenen Kilometer Nr. 32007 KV anderes Verkehrsmittel (soweit angemessen) = tatsächliche Kosten (netto)
b) Tage- und Abwesenheitsgeld	b) Nr. 32008 KV nicht mehr als 4 Stunden = 20 Euro 4 bis 8 Stunden = 35 Euro mehr als 8 Stunden = 60 Euro Das Tage- und Abwesenheitsgeld kann nicht neben der Auswärtsgebühr nach Nr. 26002 KV oder Nr. 26003 KV erhoben werden.
c) sonstige Auslagen	c) Nr. 32009 KV
4. Vergütungen für Dolmetscher, Übersetzer und Urkundszeugen sowie Kosten eines zugezogenen zweiten Notars	Nr. 32010 KV
5. Abrufgebühren nach dem JVKostG (früher: JVKostO)	Nr. 32011 KV (konkrete Regelung zur Erstattung) GB- und HR-Abrufgebühren so z.B. Nr. 1151 KV JVKostG: 8 Euro (für jeden Abruf aus einem Grundbuch- oder Registerblatt) HR-Abrufgebühren so z.B. Nr. 1140 KV JVKostG: 4,50 Euro (für jeden Abruf von Daten aus dem Register)
6. Umlage einer im Einzelfall gezahlten Prämie einer Haftpflichtversicherung	Nr. 32012 KV (1. Alternative) Nr. 32013 KV (2. Alternative)
7. Umsatzsteuer auf die Kosten	Nr. 32014 KV (Erstattung der Umsatzsteuer)
8. Sonstige Aufwendungen	Nr. 32015 KV

I. Überblick

3. Die einzelnen Auslagentatbestände

Die Auslagen des Notars werden mit den Nrn. 32000 ff. KV GNotKG geregelt. Die Auslagen des Gerichts sind separat in den Nrn. 31000 ff. KV GNotKG erfasst.

27.3

a) Dokumentenpauschale

Bei der Dokumentenpauschale handelt es sich nach der Legaldefinition in Nr. 32000 KV GNotKG um die Pauschale für die **Herstellung** und **Überlassung** von **Ausfertigungen, Kopien und Ausdrucken**. Sie wurde vollständig neu strukturiert. Dies gilt sowohl für den Tatbestand als auch für die Berechnungsweise. Insbesondere wird auf **Freiexemplare, wie sie die Kostenordnung noch vorsah, verzichtet**. Die Aufteilung der Auslagen auf verschiedene Kostenschuldner wird erleichtert und eine eindeutigere Abgrenzung der verschiedenen Tatbestände wird erreicht.

27.4

aa) Ausfertigungen, Kopien und Ausdrucke

Die nachstehenden Vorschriften regeln die Dokumentenpauschale wie folgt:

Nr. 32000 KV: Dokumentenpauschale für **auf besonderen Antrag** erteilte Ausfertigungen, Kopien und Ausdrucke **außerhalb eines Beurkundungsverfahrens** oder eines Auftrags zur Erstellung eines **Entwurfs**.

27.5

Berechnung:
– für die ersten **50 Seiten je 0,50 Euro**, für jede **weitere Seite 0,15 Euro**,
– für die ersten **50 Seiten in Farbe je 1 Euro**, für jede **weitere Seite 0,30 Euro**, wobei unter dem Begriff „Seite" die optische Seite zu verstehen ist.

Das **50-Seitenkontingent** ist jeweils **getrennt** für **Schwarz-Weiß-Kopien** und **Farbkopien** anzuwenden.[1]

Nr. 32001 KV: Nr. 1 regelt die Höhe der Dokumentpauschale für **ohne besonderen Antrag** erteilte Ausfertigungen, Kopien und Ausdrucke und beschränkt diese auf bestimmte Fälle (von eigenen Niederschriften, eigenen Entwürfen und von Urkunden, auf denen der Notar eine Unterschrift beglaubigt hat). Gemeint sind vornehmlich die gesetzlichen Pflichten zur Urkundsübermittlung an Gerichte und Behörden, die den Notar antragsunabhängig treffen.

27.6

Nr. 2 regelt die Dokumentenpauschale **innerhalb eines Beurkundungsverfahrens** auf besonderen Antrag, wenn der Antrag spätestens bei der Aufnahme der Niederschrift gestellt wird.

---

1 OLG Hamburg v. 7.6.2016 – 8 W 85/15, juris (zu § 7 II JVEG).

Nr. 3 regelt die Dokumentenpauschale bei Erstellung eines **Entwurfs** auf besonderen Antrag, wenn dieser spätestens am Tag vor der Versendung des Entwurfs gestellt wird.

Anträge, die betreffend Nr. 2 und 3 nach den genannten Zeitpunkten gestellt werden, lösen die Dokumentenpauschale nach Nr. 32000 KV GNotKG aus.

Berechnung:
– für jede Seite 0,15 Euro,
– für jede Seite in Farbe 0,30 Euro.

27.7 Sowohl nach Nr. 32000 KV GNotKG als auch nach Nr. 32001 KV GNotKG müssen die **Dokumente angefertigt oder per Telefax übermittelt** worden sein. Die Dokumentenpauschale nach Nr. 32001 KV GNotKG erhält der Notar nur, wenn er Ausfertigungen, Kopien oder Ausdrucke eigener Niederschriften, eigener Entwürfe oder von Urkunden, auf denen er eine Unterschrift beglaubigt hat, fertigt.

Die Nr. 32001 Nr. 1 KV GNotKG setzt zusätzlich voraus, dass die Dokumente **nicht beim Notar verbleiben**. Für Ausfertigungen, Kopien und Ausdrucke, die der Notar aufgrund einer **gesetzlichen Vorschrift** anfertigt, fällt die Dokumentenpauschale nach **Nr. 32001 Nr. 1 KV GNotKG** an, so z.B. § 18 GrEStG. Allerdings fällt für die Fertigung der **Veräußerungsanzeige keine Dokumentenpauschale** an, da es sich nicht um eine Ausfertigung, eine Kopie oder einen Ausdruck einer eigenen Niederschrift, eines Entwurfes oder einer Urkunde des Notars handelt. Der Veräußerungsanzeige ist jedoch gem. § 18 I Satz 2 GrEStG eine Urkundsabschrift beizufügen, die die Dokumentenpauschale auslöst.

Erhält der Notar eine Beglaubigungsgebühr nach Nr. 25102 KV GNotKG, fällt daneben keine Dokumentenpauschale an (Abs. 1 der Anm. zu Nr. 25102 KV GNotKG).

⮕ **Hinweis:**

27.8 Im GNotKG wird der Begriff „Kopie" anstelle des Begriffs „Ablichtung" verwendet. Darunter wird die Reproduktion einer Vorlage auf einem körperlichen Gegenstand, beispielsweise Papier, Karton oder Folie verstanden.[1] Grund für den Begriffswechsel war neben der Anpassung an eine heute gebräuchlichere Bezeichnung auch eine inhaltliche Aussage: Da auch beim **Scannen** (Erstellen elektronischer Dokumente) in der Regel das Papierdokument „abgelichtet" wird, wurde unter Geltung der KostO zum Teil unter den Begriff der „Ablichtung" auch ein eingescanntes Dokument verstanden. Der GNotKG-Gesetzgeber wollte in Abkehr von diesem Begriffsverständnis klarstellen, dass es sich bei gescannten Dokumenten gerade nicht um Kopien i.S. des GNotKG handelt (zur kostenrechtlichen Handhabung bei Übersendung eingescannter Dateien s. Rz. 27.10 ff.)

---

[1] Begründung RegE zu § 11, BT-Drs. 17/11471, 156.

Nr. 32003 KV: sieht eine besondere Regelung vor, wenn Dokumente mit einer Größe von mehr als DIN A3 gefertigt werden.
27.9
Berechnung:
– Entgelte für die Herstellung von Kopien oder Ausdrucken oder
– pauschal je Seite 3 Euro, pauschal je Seite in Farbe 6 Euro

bb) Elektronische Dateien

Nr. 32002 KV: regelt die Höhe der Dokumentenpauschale, wenn anstelle von Ausfertigungen, Kopien oder Ausdrucken eine elektronisch gespeicherte Datei überlassen wird.
27.10
Berechnung:
je Datei 1,50 Euro, höchstens jedoch 5 Euro für die in einem Arbeitsgang überlassenen, bereitgestellten oder in einem Arbeitsgang auf einen Datenträger übertragenen Dokumente.

Werden zum Zwecke der **Überlassung** von elektronisch gespeicherten Dateien Dokumente zuvor **auf Antrag** von der **Papierform in die elektronische Form** übertragen, beträgt die Dokumentenpauschale nicht weniger, als die Dokumentpauschale im Fall der Nr. 32000 KV GNotKG für eine Schwarz-Weiß-Kopie betragen würde (für die ersten 50 Seiten je 0,50 Euro, für jede weitere 0,15 Euro).
27.11

Von dieser Vorschrift wird insbesondere das notwendige **Einscannen** von **Urkunden zur Einreichung** beim **Grundbuchamt** oder **Handelsregister** in **elektronischer Form** erfasst. Gleichzeitig handelt es sich hierbei um eine Ausnahme, da in allen anderen Fällen bei eigenen Urkunden innerhalb eines Beurkundungsverfahrens oder bei Entwürfen (es sei denn, der Antrag wird am Tag nach der Versendung des Entwurfs gestellt) immer die Vorschrift Nr. 32001 KV GNotKG anzuwenden ist.
27.12

Besonderheit: Nr. 32001 KV GNotKG erfasst nur **Abschriften**, die der Notar von **eigenen Urkunden oder Entwürfen** fertigt. **Keine Dokumentpauschale** erhält der Notar für die Herstellung von Kopien **fremder Urkunden**, die gem. **§ 12 BeurkG** von Amts wegen zur Niederschrift zu nehmen sind. Da diese Bestandteil der eigenen Urkunde werden, können sie anschließend im Rahmen des Vollzugs, wenn hiervon Abschriften erforderlich werden, eine Dokumentenpauschale auslösen.[1]
27.13

b) Entgelte für Post- und Telekommunikationsdienstleistungen

Die Nrn. 32004 und 32005 KV GNotKG bestimmen den Auslagenersatz der Entgelte für Post- und Telekommunikationsdienstleistungen. Hierzu gehören insbesondere:
27.14
– Portokosten (für Briefe, Postkarten, Einschreiben/Rückschein, förmliche Zustellungen, Pakete usw.)
– Kosten für Expressgut, Fracht und Boten,
– Kosten für Telegramme und
– Kosten für Telefongespräche und Telefaxe.

---
1 Begründung RegE zu Nr. 32001, BT-Drs. 17/11471, 236.

27.15 Allerdings kann der Notar im Falle der **Zustellung mit Zustellungsurkunde** und für **Einschreiben gegen Rückschein** lediglich den für gerichtliche Auslagen in Nr. 31002 KV GNotKG bestimmten Betrag i.H.v. **3,50 Euro** ansetzen (Abs. 2 der Anm. zu Nr. 32004 KV GNotKG). Daneben kann das Porto für die Versendung des Einschreibens gegen Rückschein angesetzt werden (str.).

Für die durch die Geltendmachung **seiner Kosten** entstehenden Entgelte kann der Notar jedoch **keinen Ersatz** verlangen (Abs. 1 der Anm. zu Nr. 32004 KV GNotKG).

27.16 Anstatt des tatsächlich entstandenen Entgelts für Post- und Telekommunikationsdienstleistungen auch der Notar die **Auslagenpauschale** nach Nr. 32005 KV GNotKG in Höhe von 20 % der anfallenden Gebühren, höchstens jedoch 20 Euro, erheben. Die **Pauschale** kann in **jedem notariellen Verfahren** (vgl. § 85 I GNotKG) und bei **sonstigen notariellen Geschäften** anstelle der tatsächlich angefallenen Auslagen (Nr. 32004 KV GNotKG) angesetzt werden (Anm. S. 1 zu Nr. 32005 KV GNotKG). Sind mehrere Geschäfte oder Verfahren miteinander verbunden, so kann die **Auslagenpauschale** auch **mehrfach zum Ansatz** gelangen, vorausgesetzt, dass auch tatsächlich getrennte Entgelte für Post- und Telekommunikationsdienstleistungen anfallen, so z.B. Grundschuld mit gleichzeitigem Auftrag zur Erstellung einer Rangbescheinigung. Fallen anlässlich eines Beurkundungsverfahrens Vollzugs- oder Betreuungstätigkeiten an, so kann für die Vollzugs- und Betreuungstätigkeiten keine gesonderte Auslagenpauschale angesetzt werden (Anm. S. 2 zu Nr. 32005 KV GNotKG). Auch im Falle der Entwurfsfertigung mit anschließender Unterschriftsbeglaubigung kann die Pauschale nur einmal anfallen.

Den **Ausgangsbetrag** (die Referenzgebühr) für die Berechnung der Pauschale bildet die **Summe aller Gebühren** eines Verfahrens oder eines sonstigen Geschäfts.

⮕ **Beachte:**

27.17 Wird im Rahmen eines Grundstückskaufvertrages das Verwahrungsgeschäft (Verwahrungsgebühr Nr. 25300 KV GNotKG) gesondert abgerechnet, kann die Auslagenpauschale erneut anfallen, da es sich um ein weiteres notarielles Geschäft handelt.[1] Hierbei ist zu beachten, dass nicht die einzelnen Gebühren der Auszahlungsbeträge, sondern der Gesamtbetrag aller Verwahrungsgebühren die Referenzgebühr bildet.

c) Reisekosten

27.18 Der Anfall der Auslagen nach den Nrn. 32006 bis 32009 KV GNotKG setzt voraus, dass es sich um eine **Geschäftsreise** i.S. der Vorbem. 3.2 II KV GNotKG handelt. Danach liegt eine Geschäftsreise vor, wenn das Reiseziel außerhalb der Gemeinde liegt, in der sich der Amtssitz oder der Wohnsitz des Notars befindet. Im Einzelnen setzen sich die Auslagen für den Fall einer Geschäftsreise wie folgt zusammen:

---

[1] Begründung RegE zu Nr. 32005, BT-Drs. 17/11471, 237.

I. Überblick

Nr. 32006 KV: Nutzung eines eigenen Kraftfahrzeugs (0,30 Euro je gefahrenen Kilometer), 27.19

Nr. 32007 KV: Fahrtkosten für die Nutzung eines anderen Verkehrsmittels, soweit sie angemessen sind, in voller Höhe,

Nr. 32008 KV: Tage- und Abwesenheitsgeld,

Nr. 32009 KV: sonstige Auslagen, soweit sie angemessen sind (hierzu gehören z.B. Parkgebühren und Übernachtungskosten).

Besonderheit: Das Tage- und Abwesenheitsgeld kann nicht neben der Gebühr Nr. 26002 KV GNotKG oder Nr. 26003 KV GNotKG erhoben werden. 27.20

d) Vergütungen für Dolmetscher, Übersetzer und Urkundszeugen sowie Kosten eines zugezogenen zweiten Notars

Nr. 32010 KV GNotKG bestimmt den Auslagenersatz für zu zahlende Vergütungen für Dolmetscher, Übersetzer und Urkundszeugen sowie den Auslagenersatz für die Kosten eines zugezogenen zweiten Notars. Die tatsächlich gezahlten Vergütungen sind als Auslagen anzusetzen. 27.21

e) Abrufgebühren nach dem JVKostG

Die Erstattung der Abrufgebühr für die Einsicht in ein elektronisches Register ist in Nr. 32011 KV geregelt und somit in voller Höhe in die Kostenberechnung aufzunehmen. 27.22

Die anfallenden Abrufgebühren betragen in **Grundbuchangelegenheiten**:
– für jeden Abruf aus einem Grundbuchblatt **8 Euro** (Nr. 1151 JVKostG)
– bei Abruf von Dokumenten, die zu den Grundakten genommen wurden für jedes abgerufene Dokument **1,50 Euro** (Nr. 1152 JVKostG).

Die anfallenden Abrufgebühren betragen in Handels-, Partnerschafts-, Genossenschafts- und Vereinsregisterangelegenheiten:
– bei Abruf von Daten aus dem Register je Registerblatt **4,50 Euro** (Nr. 1140 JVKostG)
– bei Abruf von Dokumenten, die zum Register eingereicht wurden für jede abgerufene Datei **1,50 Euro** (Nr. 1141 JVKostG).

Beim Abruf von Daten aus dem maschinellen Grundbuch handelt es sich nicht um durchlaufende Posten, es fällt also beim Notar **Umsatzsteuer** darauf an; bei Kosten für Grundbuchauszüge, Handelsregisterauszüge, Einwohnermeldeamtsanfragen sowie sonstige Register- und Katasteranfragen ist hingegen nach der Veranlasserschaft für die Amtshandlung zu differenzieren.[1]

f) Umlage einer im Einzelfall gezahlten Prämie einer Haftpflichtversicherung

Verlangt ein Beteiligter den Abschluss einer **Vermögensschadenshaftpflichtversicherung** für den **Einzelfall**, sind die zu zahlenden Prämien in voller Höhe **zu** 27.23

---
1 Näher s. Verfügung des Sächs. Landesamtes für Steuern und Finanzen v. 27.2.2014 – S 7200-242/9-213, NotBZ 2014, 458.

erstatten (Nr. 32012 KV GNotKG). Nr. 32013 KV GNotKG regelt den Fall, dass eine im Einzelfall gezahlte Prämie für eine Haftpflichtversicherung für Vermögensschäden, soweit die Prämie auf **Haftungsbeträge von mehr als 60 Mio. Euro** entfällt und nicht die Nummer 32012 KV GNotKG erfüllt ist, zu erstatten ist.

g) Umsatzsteuer auf die Kosten

27.24 Die Erstattung der Umsatzsteuer ist in Nr. 32014 KV GNotKG geregelt. Danach fällt die Umsatzsteuer auf die Kosten in voller Höhe an. Die Anmerkung zu Nr. 32014 KV GNotKG stellt klar, dass dies nicht gilt, wenn die Umsatzsteuer nach § 19 I UStG unerhoben bleibt. Die Umsatzsteuer ist grundsätzlich nur auf die Nettobeträge zu berechnen, so dass die tatsächlichen Auslagen zu den Nrn. 32003, 32007, 32009 und 32010 KV in den meisten Fällen wegen der enthaltenen Umsatzsteuer noch zu berechnen sind.[1]

Eine Ausnahme kann sich bei bestimmten Leistungen des Notars ergeben, die er für einen ausländischen Auftraggeber erbringt.[2]

Wegen der Umsatzsteuer auf den Abruf von Daten aus dem maschinellen Grundbuch s. vorstehend Rz. 27.22.

h) Sonstige Aufwendungen

27.25 Nach Nr. 32015 KV GNotKG kann der Notar **sonstige Aufwendungen** als Auslagentatbestand in voller Höhe in die Kostenberechnung aufnehmen. Sonstige Aufwendungen sind solche, die der Notar aufgrund eines ausdrücklichen **Auftrags** und **für Rechnung** eines **Beteiligten** erbringt.

27.26 Hierzu gehören insbesondere **verauslagte Gerichtskosten** sowie Gebühren in Angelegenheiten des **Zentralen Vorsorgeregisters** und des **Zentralen Testamentsregisters**. Grundbuchabrufgebühren und sonstige nach dem JVKostG für den Abruf von Daten im automatisierten Abrufverfahren zu zahlende Betrage fallen jedoch unter die Spezialbestimmung der Nr. 32011 KV GNotKG (s. Rz. 27.22).

II. Fallbeispiele zu den Auslagen

> Die den Tabellen nachfolgenden Erläuterungen gehen, soweit sie Gebührenpositionen zu Verfahren, Geschäften oder Entwürfen enthalten, nicht auf diese ein. Hierzu wird auf die jeweiligen Themengebiete verwiesen.

→ **Fall 1: Beglaubigte Abschrift**

A. Sachverhalt

27.27 Der Notar beglaubigt die Abschrift eines Zeugnisses (Umfang: 13 Seiten). Es fallen keine Entgelte für Post- und Telekommunikationsdienstleistungen an.

---
1 BGH v. 1.8.2013 – VII ZR 6/13, MDR 2013, 1216 = NotBZ 2013, 382.
2 Leipziger Kommentar GNotKG/*Caroli*, Nr. 32015 Rz. 11 ff.

B. Rechnung

Pos.	Gebührentatbestand	Geschäfts-wert	KV-Nr.	Satz	Betrag
(1)	Beglaubigung eines Zeugnisses	keiner, da keine Wertgebühr	25102		13,00
(2)	Umsatzsteuer (19 %)		32014		2,47

27.28

C. Erläuterungen

Die **Beglaubigungsgebühr** beträgt **1,00 Euro pro Seite, mindestens 10,00 Euro**. Neben der Beglaubigungsgebühr fällt gem. I der Anm. zu Nr. 25102 KV **keine Dokumentenpauschale** an. Auf die Gebühr fällt gem. Nr. 32014 KV die gesetzliche **Umsatzsteuer** nach § 1 I Nr. 1 UStG an.

27.29

→ **Fall 2: Kaufvertrag**

A. Sachverhalt

V verkauft an K ein Grundstück zum Kaufpreis von 120 000 Euro. Der Notar sieht das **elektronische Grundbuch** sowie die **elektronische Markentabelle** ein. Des Weiteren wird eine zu den Grundakten genommene Urkunde abgerufen. Hierfür entstehen dem Notar **Abrufgebühren** i.H.v. insgesamt 9,50 Euro.

27.30

V wird bei der Beurkundung von C aufgrund notarieller Vollmacht eines anderen Notars, welche zum Zeitpunkt der Beurkundung in Ausfertigung vorlag, vertreten. Der Notar fertigt eine beglaubigte **Abschrift der Vollmachtsurkunde** und fügt diese der Urschrift des Kaufvertrages gem. § 12 BeurkG bei (**Umfang der Vollmacht 2 Seiten**).

Die Beteiligten beantragen, von der Kaufvertragsurkunde **4 beglaubigte Abschriften und 2 Ausfertigungen** zu fertigen (Umfang des **Kaufvertrages 15 Seiten** einschließlich der Vollmacht). Eine **Kopie** der Urkunde wird dem **Gutachterausschuss** übersandt. Der Notar erstellt die **Veräußerungsanzeige** (**Umfang 1 Seite**) und übermittelt dem **Finanzamt** ebenfalls eine **Kopie der Urkunde**.

Es fallen **Portokosten** in Höhe von **15 Euro** an. Die Versendung der Fälligkeitsmitteilung erfolgt auf Antrag der Beteiligten per **Einschreiben/Rückschein**. Hierfür fallen weitere Kosten i.H.v. **10,70 Euro** an (2 × Einschreiben gegen Rückschein, je 0,70 Euro Porto + 4,65 Euro Aufpreis).

B. Rechnung

27.31

Pos.	Gebührentatbestände/Auslagen	Geschäftswert	KV-Nr.	Satz	Betrag
(1)	Beurkundungsverfahren (§§ 97 III, 47)	120 000	21100	2,0	600,00
(2)	Dokumentenpauschale (118 Seiten zu je 0,15)		32001 Nr. 1, 2		17,70
(3)	Entgelte für Post- und Telekommunikationsdienstleistungen		32004		23,40
(4)	Abrufgebühren (Grundbucheinsicht)		32011		8,00
(5)	Abrufgebühren (Urkunde Grundakte)		32011		1,50
(6)	Umsatzsteuer (19 %)		32014		123,62

C. Erläuterungen

27.32 **Pos. (2):**

– **Dokumentenpauschale (Abschriften und Ausfertigungen des Kaufvertrages für die Beteiligten)**

Die Dokumentenpauschale nach Nr. 32001 Nr. 2 KV berechnet sich wie folgt:

6 Abschriften × 15 Seiten = 90 Seiten, abzüglich 2 Seiten für die beglaubigte Vollmacht, die dem Grundbuchamt übersandt wird = **88 Seiten**.

Für die beim Grundbuchamt einzureichende beglaubigte Abschrift des **Vertretungsnachweises** (die hier nicht vom Notar beurkundet wurde) fällt allerdings die Beglaubigungsgebühr an (siehe Teil 12 Abschriftsbeglaubigungen, Fall 8). Dabei ist es gleichgültig, ob die fremde Vollmachtsurkunde abschriftsbeglaubigt wird oder Teil der Ausfertigung der Kaufvertragsurkunde (vgl. § 49 III BeurkG) ist.

Was die zum Grundbuchamt zu übersendende Abschrift der Vollmacht betrifft, fällt neben der Beglaubigungsgebühr gemäß Anm. I zu Nr. 25102 KV keine Dokumentenpauschale an.

– **Dokumentenpauschale (Abschrift der fremden Vollmacht)**

In diesem Fall können keine Auslagen berechnet werden. Die Dokumentenpauschale ist zwar nicht gem. Anm. I zu Nr. 25102 KV ausgeschlossen, jedoch ist keiner der Nrn. der 32000 ff. KV erfüllt: Für Nr. 32000 KV fehlt es an einem gesonderten Antrag (denn § 12 BeurkG erfordert Beinahme zur Niederschrift von Amts wegen). Nr. 32001 Nr. 1 KV (ohne besonderen Antrag) greift schon deshalb nicht, weil es dort um eigene Urkunden des Notars geht. Da diese Bestandteil der eigenen Urkunde werden, können sie anschließend im Rahmen des Vollzugs, wenn auch hiervon Abschriften erforderlich werden, die Dokumentenpauschale auslösen.[1]

---

1 Begründung RegE zu Nr. 32001, BT-Drs. 17/11471, 236.

II. Fallbeispiele zu den Auslagen

– **Dokumentenpauschale (gesetzliche Mitteilungspflichten: Gutachterausschuss, Finanzamt) nebst Gesamtberechnung**

Die Dokumentenpauschale für die gesetzlichen Mitteilungspflichten berechnet sich nach Nr. 32001 Nr. 1 KV wie folgt: 2 Abschriften = **30 Seiten**.

Für die Fertigung der **Veräußerungsanzeige** fällt **keine Dokumentenpauschale** an, da es sich nicht um eine Ausfertigung, eine Kopie oder einen Ausdruck einer eigenen Niederschrift, eines Entwurfes oder einer Urkunde handelt. Lediglich für die Abschriften des Kaufvertrages, die dem Finanzamt oder dem Gutachterausschuss zu überlassen sind, fällt die Dokumentenpauschale nach Nr. 32001 Nr. 1 KV.

– **Gesamtberechnung**
118 Seiten × 0,15 Euro = 17,70 Euro

Pos. (3): 27.33

Entgelte für Post- und Telekommunikationsdienstleistungen

Nach II der Anm. zu Nr. 32004 KV i.V.m. Nr. 31002 KV beträgt das Entgelt **23,40 Euro** (15 Euro + 7 Euro + 1,40 Euro). Die Erstattung der Kosten für Einschreiben mit Rückschein kann nach dem Wortlaut der Anm. II zu Nr. 32004 KV wohl nur bis zur Höhe von jeweils 3,50 Euro erfolgen (str.).

Pos. (4): 27.34

Einsicht elektronisches Grundbuch

Bei den Abrufgebühren, die für die Einsicht in das Grundbuch entstehen, handelt es sich um Auslagen nach Nr. 32011 KV i.V.m. Nr. 1151 GV JVKostG, die in voller Höhe von **8 Euro** zu erstatten sind.

Pos. (5): 27.35

Abruf Urkunde aus Grundakte

Bei den Gebühren, die für den Abruf von Dokumenten (hier: Urkunde aus Grundakte) entstehen, handelt sich um Auslagen nach Nr. 32011 KV i.V.m. Nr. 1152 GV JVKostG, die in voller Höhe von **1,50 Euro** zu erstatten sind.

Bemerkung: Die bloße **Einsicht** in die **Markentabelle** löst hingegen bereits beim Grundbuchamt **keine Gebühren** aus.

→ **Fall 3: Antrag auf Erstellung einer beglaubigten Abschrift eines Kaufvertrages außerhalb des Beurkundungsverfahrens**

A. Sachverhalt

Ein Jahr **nach Beurkundung** eines Grundstückskaufvertrages **beantragt** der Käufer die Erteilung einer **beglaubigten Abschrift des Kaufvertrages** (Umfang der Urkunde 15 Seiten). Für die Übersendung der Abschrift fallen Portokosten in Höhe von 3 Euro an. 27.36

B. Rechnung

27.37

Pos.	Auslagen	Geschäfts-wert	KV-Nr.	Satz	Betrag
(1)	Dokumentenpauschale (15 Seiten zu je 0,50)		32000		7,50
(2)	Entgelte für Post- und Telekommunikationsdienstleistungen		32004		3,00
(3)	Umsatzsteuer (19 %)		32014		2,00

C. Erläuterungen

27.38 **Pos. (1):**

Beglaubigte Abschrift

Die beglaubigte Abschrift ist gem. Anm. 2 Nr. 1 zu Nr. 25102 KV gebührenfrei zu erstellen. Eine Beglaubigungsgebühr nach Nr. 25102 KV kann nicht erhoben werden, da es sich um eine beglaubigte Abschrift einer vom Notar aufgenommenen Urkunde handelt.

Allerdings fällt die Dokumentenpauschale nach Nr. 32000 KV an.

Berechnung:

1 Abschrift × 15 Seiten × 0,50 Euro = **7,50 Euro**

Es handelt sich hier nicht um einen Fall der Nr. 32001 Nr. 2 KV, denn hierfür hätte der Antrag spätestens bei der Aufnahme der Niederschrift gestellt sein müssen.

Die Dokumentenpauschale nach Nr. 32000 KV ist auch dann anzusetzen, wenn es sich um einen Entwurf mit Unterschriftsbeglaubigung handelt.

27.39 **Pos. (2):**

Entgelte für Post- und Telekommunikationsdienstleistungen

Das Entgelt ist nach Nr. 32004 KV in voller Höhe zu erstatten. Die Pauschale gem. Nr. 32005 KV kann nicht in Ansatz gebracht werden, da es an einer Gebühr und somit an einer Berechnungsgrundlage fehlt.

→ **Fall 4: Teilungserklärung (Niederschrift)**

A. Sachverhalt

27.40 Beurkundet wird eine **Teilungserklärung** nach § 8 WEG (Verkehrswert der aufgeteilten Immobilie: 200 000 Euro). Der Notar sieht das Grundbuch ein. Hierfür entstehen dem Notar **Abrufgebühren** in Höhe von **8 Euro**.

Der Eigentümer beantragt die Erteilung von **9 Ausfertigungen. Eine weitere Ausfertigung** wird dem Grundbuchamt zum Zwecke des Vollzugs übersandt. Die Urkunde umfasst **17 Seiten (schwarz-weiß)**. Hiervon entfallen **2 Seiten auf die Aufteilungspläne**, welche im **DIN-A2-Format** vorliegen. Da der Notar aufgrund der fehlenden technischen Voraussetzungen keine Kopien in diesem Format erstellen kann, beauftragt der Eigentümer den Notar, diese in einem **Copyshop** erstellen zu lassen. Hierfür fallen Kosten in Höhe von 65 Euro (netto) an.

B. Rechnung

Pos.	Gebührentatbestände/Auslagen	Geschäftswert	KV-Nr.	Satz	Betrag
(1)	Teilungserklärung (§ 42)	200 000	21200	1,0	435,00
(2)	Dokumentenpauschale (150 Seiten zu je 0,15)		32001		22,50
(3)	Dokumentenpauschale		32003		65,00
(4)	Entgelte für Post- und Telekommunikationsdienstleistungen		32005		20,00
(5)	Abrufgebühren (Grundbuchamt)		32011		8,00
(6)	Umsatzsteuer (19 %)		32014		104,60

C. Erläuterungen

Pos. (2):

Dokumentenpauschale

Die Dokumentenpauschale berechnet sich nach Nr. 32001 Nr. 2 KV wie folgt:

10 Abschriften × 15 Seiten × 0,15 Euro = **22,50 Euro**

Die Dokumentenpauschale kann nur für 15 Seiten der Urkunde angesetzt werden, da die Aufteilungspläne nach Nr. 32003 KV abgerechnet werden.

Bemerkung: Handelt es sich **nicht** um eine **Niederschrift**, sondern um eine Unterschriftsbeglaubigung mit Entwurfsfertigung, so fällt die Dokumentenpauschale nach Nr. 32001 Nr. 3 KV an, wenn der Antrag spätestens am Tag vor der Versendung des Entwurfs gestellt wird. Deshalb sollte bereits vor Versendung des Entwurfs geklärt werden, welche Anzahl von Abschriften des Entwurfs (sei es mit oder ohne Beglaubigungsvermerk) die Beteiligten beantragen. Wird der Antrag zu einem späteren Zeitpunkt gestellt, fällt die **Dokumentenpauschale nach Nr. 32000 KV** an.

Pos. (3):

Kosten für die Erstellung der Abschriften (DIN-A2- Format)

Bei Kopien oder Ausdrucken in einer Größe von mehr als DIN A 3 können entweder

die tatsächlichen Entgelte oder pauschal 3 Euro (in Farbe 6 Euro) pro Seite

berechnet werden. Im konkreten Fall wurde das **tatsächliche Entgelt** nach Nr. 32003 KV i.V.m. Nr. 32001 Nr. 2 KV in Höhe von **65 Euro** berechnet.

Pos. (4):

Entgelte für Post- und Telekommunikationsdienstleistungen

Das Entgelt kann entweder nach Nr. 32004 KV in Höhe des **tatsächlichen Anfalls** der Auslagen oder in **Höhe der Pauschale** nach Nr. 32005 KV (20 % der Gebühren, höchstens 20 Euro) berechnet werden. Die Grundlage für die Berechnung der Auslagenpauschale sind **alle** anfallenden Gebühren.

27.45 **Pos. (5):**
Abrufgebühren nach dem JVKostG
Bei den Abrufgebühren, die für die Einsicht in das Grundbuch entstehen, handelt sich um Auslagen nach Nr. 32011 KV i.V.m. Nr. 1151 GV JVKostG, die in voller Höhe zu erstatten sind.

→ **Fall 5: Grundschuldbestellung (reine Unterschriftsbeglaubigung)**

A. Sachverhalt

27.46 Dem Notar wird ein vollständig **ausgefülltes Grundschuldformular** zur Unterschriftsbeglaubigung vorgelegt. Bestellt wird eine Grundschuld im Nennbetrag von 1 Mio. Euro (**Umfang der Urkunde 2 Seiten**). Der Notar sieht auftragsgemäß das Grundbuch ein. Hierfür entstehen ihm **Abrufgebühren** in Höhe von **8 Euro**. Von der Urkunde werden **3 beglaubigte Abschriften und 3 Kopien gefertigt.**

B. Rechnung

27.47

Pos.	Gebührentatbestände/Auslagen	Geschäftswert	KV-Nr.	Satz	Betrag
(1)	Unterschriftsbeglaubigung (§§ 121, 97 I, 53 I)	1 000 000	25100	0,2	70,00
(2)	Grundbucheinsicht		25209		15,00
(3)	Dokumentenpauschale (6 Seiten zu je 0,50)		32000		3,00
(4)	Abrufgebühren (Grundbuchamt)		32011		8,00
(5)	Entgelte für Post- und Telekommunikationsdienstleistungen		32005		17,00
(6)	Umsatzsteuer (19 %)		32014		21,47

C. Erläuterungen

27.48 **Pos. (3):**
Dokumentenpauschale
Die Dokumentenpauschale für die Erstellung der beglaubigten/einfachen Abschriften beträgt nach Nr. Nr. 32000 KV: 3 × 2 Seiten = 6 Seiten × 0,50 Euro = **3 Euro.**

Neben der Beglaubigungsgebühr, die in diesem Fall anfällt, kann eine Dokumentenpauschale nach Nr. 25102 II KV nicht erhoben werden.

II. Fallbeispiele zu den Auslagen

Pos. (4): 27.49
Abrufgebühren nach dem JVKostG

Bei den Abrufgebühren, die für die Einsicht in das Grundbuch entstehen, handelt es sich um Auslagen nach Nr. 32011 KV i.V.m. Nr. 1151 GV JVKostG, die in voller Höhe zu erstatten sind.

Pos. (5): 27.50
Entgelte für Post- und Telekommunikationsdienstleistungen

Das Entgelt kann entweder nach Nr. 32004 KV in Höhe des **tatsächlichen Anfalls** der Auslagen oder in **Höhe der Pauschale** nach Nr. 32005 KV (20 % der Gebühren, höchstens 20 Euro) berechnet werden.

Die Grundlage für die Berechnung der Auslagenpauschale sind **alle** anfallenden Gebühren, nicht etwa auch die Auslagen. Demgemäß sind 20 % aus 85 Euro (70 Euro + 15 Euro) = 17 Euro zu erheben.

Die Pauschale Nr. 32005 KV **fällt** bei einer Unterschriftsbeglaubigung nur **einmal** an, **gleichgültig**, ob es sich um **eine** oder **mehrere Unterschriften** handelt, die beglaubigt werden.

Bemerkung: Wird neben der Unterschriftsbeglaubigung auch eine Rangbescheinigung erteilt, fällt die Auslagenpauschale nach Nr. 32005 KV hierfür zusätzlich an.

→ **Fall 6: Bestellung einer Grundschuld (Niederschrift)**

A. Sachverhalt

Der Eigentümer bestellt eine vollstreckbare **Grundschuld** i.S. von § 800 ZPO im 27.51
Nennbetrag von 200 000 Euro. Der Notar sieht das Grundbuch ein. Hierfür entstehen dem Notar **Abrufgebühren** in Höhe von **8 Euro**.

Beim Eigentümer handelt es sich um eine GmbH. Der Notar fertigt nach Einsicht in das elektronische Handelsregister die Vertretungsbescheinigung nach § 21 I Nr. 1 BNotO. Hierfür entstehen dem Notar **Abrufgebühren** in Höhe von **4,50 Euro**.

Von der Urkunde beantragt der Eigentümer **3 einfache Ausfertigungen und 1 vollstreckbare Ausfertigung (Umfang der Urkunde 5 Seiten).**

B. Rechnung

Pos.	Gebührentatbestände/Auslagen	Geschäfts-wert	KV-Nr.	Satz	Betrag	27.52
(1)	Beurkundungsverfahren (§§ 97 I, 53 I)	200 000	21200	1,0	435,00	
(2)	Vertretungsbescheinigung		25200		15,00	
(3)	Dokumentenpauschale (20 Seiten zu je 0,15)		32001 Nr. 2		3,00	

Pos.	Gebührentatbestände/Auslagen	Geschäfts-wert	KV-Nr.	Satz	Betrag
(4)	Entgelte für Post- und Telekommunikationsdienstleistungen pauschal		32005		20,00
(5)	Abrufgebühren (Grundbuchamt)		32011		8,00
(6)	Abrufgebühren (Handelsregister)		32011		4,50
(7)	Umsatzsteuer (19 %)		32014		92,25

C. Erläuterungen

27.53 **Pos. (3):**

Dokumentenpauschale

Die Dokumentenpauschale für die Erstellung der Abschriften beträgt nach Nr. 32001 Nr. 2 KV: 4 Ausfertigungen × 5 Seiten × 0,15 Euro = **3 Euro**

27.54 **Pos. (4):**

Entgelte für Post- und Telekommunikationsdienstleistungen

Das Entgelt kann entweder nach Nr. 32004 KV in Höhe des **tatsächlichen Anfalls** der Auslagen oder in **Höhe der Pauschale** nach Nr. 32005 KV (20 % der Gebühren, höchstens 20 Euro) berechnet werden. Die Grundlage für die Berechnung der Auslagenpauschale sind **alle** anfallenden Gebühren, hier also 450 Euro (435 Euro + 15 Euro).

Bemerkung: Wird neben der Beurkundung der Grundschuldbestellung eine Rangbescheinigung erteilt, fällt die Auslagenpauschale nach Nr. 32005 KV hierfür zusätzlich an.

27.55 **Pos. (5) und (6):**

Abrufgebühren nach dem JVKostG

Bei den Abrufgebühren, die für die Einsicht in das Grundbuch oder Handelsregister entstehen, handelt sich um Auslagen nach Nr. 32011 KV i.V.m. Nrn. 1140, 1151 GV JVKostG, die in voller Höhe zu erstatten sind.

→ **Fall 7: Vorsorgevollmacht (Geschäftsreise)**

A. Sachverhalt

27.56 Beurkundet wurde eine Vorsorgevollmacht. Der Geschäftswert der Vorsorgevollmacht beläuft sich auf 150 000 Euro.

Die **Beurkundung** findet auf Wunsch des Vollmachtgebers im **Altersheim** statt. Das Altersheim befindet sich in der **Nachbargemeinde**. Der Notar fährt mit seinem **Pkw** insgesamt **25 km**. Er verlässt sein Büro um **17.00 Uhr und ist 20.00 Uhr** wieder zurück.

Von der Urkunde werden **2 Ausfertigungen** beantragt (**Umfang der Urkunde 4 Seiten**). Der Notar erhält den Auftrag, die Eintragung der Vollmachtserteilung im

Zentralen Vorsorgeregister der Bundesnotarkammer zu beantragen (**Online-Verfahren**). Die hierfür entstehenden **Kosten** in Höhe von **8,50 Euro** werden vom **Notar verauslagt**.

B. Rechnung

27.57

Pos.	Gebührentatbestände/Auslagen	Geschäftswert	KV-Nr.	Satz	Betrag
(1)	Beurkundungsverfahren Vorsorgevollmacht (§ 98 III)	150 000	21200	1,0	354,00
(2)	Auswärtsgebühr		26003 Nr. 2		50,00
(3)	Unzeitgebühr		26000		30,00
(4)	Fahrtkosten		32006		7,50
(5)	Dokumentenpauschale (8 Seiten zu je 0,15)		32001 Nr. 2		1,20
(6)	Entgelte für Post- und Telekommunikationsdienstleistungen pauschal		32005		20,00
(7)	Umsatzsteuer (19 %)		32014		87,91
(8)	Verauslagte Gebühren in Angelegenheiten des Zentralen Vorsorgeregisters		32015		8,50

C. Erläuterungen

Pos. (2): 27.58

Die Auswärtsgebühr nach Nr. 26003 Nr. 2 KV beträgt **50 Euro**. Neben dieser Gebühr wird kein Tages- und Abwesenheitsgeld (Nr. 32008 KV) erhoben (S. 2 der Anm. zu Nr. 26003 KV i.V.m. Anm. III zu Nr. 26002 KV). Die Zusatzgebühr entsteht für jeden Auftraggeber nur einmal (S. 1 der Anm. zu Nr. 26003 KV).

Pos. (3): 27.59

Unzeitgebühr

Auch fällt die Unzeitgebühr nach Nr. 26000 KV an (30 % der Gebühren, welche für das Verfahren zu erheben sind, höchstens 30 Euro). Grundlage für die Berechnung dieser Zusatzgebühr sind sämtliche für das Verfahren oder das Geschäft zu erhebenden Gebühren. **Vollzugs-** und **Betreuungsgebühren** bleiben allerdings **unberücksichtigt**.

Pos. (4): 27.60

Fahrtkosten

Da eine Geschäftsreise im Sinne der Vorbem. 3.2 II KV vorliegt und der Notar sein eigenes Kraftfahrzeug benutzt, erhält er Reisekosten nach Nr. 32006 KV

(25 km × 0,30 Euro = **7,50 Euro**). Die anfallenden Reisekosten sind bei mehreren Rechtssachen angemessen zu verteilen (Vorbem. 3 S. 1 KV).

27.61 **Pos. (5):**

Dokumentenpauschale

Die Dokumentenpauschale für die Erstellung der Abschriften beträgt nach Nr. Nr. 32001 Nr. 2 KV: 2 Ausfertigungen × 4 Seiten × 0,15 Euro = **1,20 Euro**.

27.62 **Pos. (6):**

Entgelte für Post- und Telekommunikationsdienstleistungen

Das Entgelt kann entweder nach Nr. 32004 KV in Höhe des **tatsächlichen Anfalls** der Auslagen oder in **Höhe der Pauschale** nach Nr. 32005 KV (20 % der Gebühren, höchstens 20 Euro) erhoben werden. Die Grundlage für die Berechnung der Auslagenpauschale sind **alle** anfallenden Gebühren.

27.63 **Pos. (8):**

Verauslagte Gebühren in Angelegenheiten des Zentralen Vorsorgeregisters

Die verauslagten Gebühren in Angelegenheiten des Zentralen Vorsorgeregisters sind nach Nr. 32015 KV in voller Höhe zu erstatten (siehe Ziff. V der Vorsorgeregister-Gebührensatzung der Bundesnotarkammer).[1] Hierauf fällt keine Umsatzsteuer an.

Für den elektronischen Registrierungsantrag an das Zentrale Vorsorgeregister kann keine Auslagenerstattung nach Nr. 32002 KV verlangt werden. Denn es handelt sich nicht um ein Dokument gem. den Nrn. 32000 KV oder 32001 KV, wie es Nr. 32002 KV verlangt.

→ **Fall 8: Vorsorgevollmacht (Dienstgang)**

A. Sachverhalt

27.64 Beurkundet wurde eine Vorsorgevollmacht. Der Geschäftswert der Vorsorgevollmacht beträgt 150 000 Euro. Die Beurkundung findet auf Wunsch des Vollmachtgebers im Pflegeheim statt. Das **Pflegeheim** befindet sich **in der Gemeinde**, in der sich auch der **Amtssitz des Notars befindet**. Er verlässt sein Büro um **17.00 Uhr und ist 20.00 Uhr** wieder zurück.

Von der Urkunde werden **2 Ausfertigungen beantragt (Umfang der Urkunde 4 Seiten)**. Der Notar erhält den Auftrag, die Eintragung der Vollmachtserteilung **im Zentralen Vorsorgeregister der Bundesnotarkammer** zu beantragen (**Online-Verfahren**). Die hierfür entstehenden **Kosten** in Höhe von **8,50 Euro** werden vom **Notar verauslagt**.

---

[1] Die Vorsorgeregister-Gebührensatzung (VRegGebS) ist abgedruckt im Praxishandbuch des Notariats der Ländernotarkasse unter Nr. 187.

B. Rechnung

Pos.	Gebührentatbestände/Auslagen	Geschäftswert	KV-Nr.	Satz	Betrag
(1)	Beurkundungsverfahren Vorsorgevollmacht (§ 98 III)	150 000	21200		354,00
(2)	Auswärtsgebühr		26003 Nr. 2		50,00
(3)	Unzeitgebühr		26000		30,00
(4)	Dokumentenpauschale (8 Seiten zu je 0,15)		32001 Nr. 2		1,20
(5)	Entgelte für Post- und Telekommunikationsdienstleistungen pauschal		32005		20,00
(6)	Umsatzsteuer (19 %)		32014		86,49
(7)	verauslagte Gebühren in Angelegenheiten des Zentralen Vorsorgeregisters		32015		8,50

27.65

C. Erläuterungen

Pos. (2): 27.66

Auswärtsgebühr

Die Auswärtsgebühr nach Nr. 26003 Nr. 2 KV beträgt **50 Euro**. Neben dieser Gebühr wird kein Tages- und Abwesenheitsgeld (Nr. 32008 KV) erhoben (S. 2 der Anm. zu Nr. 26003 KV i.V.m. Anm. III zu Nr. 26002 KV). Die Zusatzgebühr entsteht für jeden Auftraggeber nur einmal (S. 1 der Anm. zu Nr. 26003 KV).

Es fallen **keine Fahrtkosten** nach Nr. 32006 KV an, da **keine Geschäftsreise** im Sinne der Vorbem. 3.2 II KV vorliegt.

Pos. (3): 27.67

Unzeitgebühr

Auch fällt die Unzeitgebühr nach Nr. 26000 KV an (30 % der Gebühren, welche für das Verfahren zu erheben sind, höchstens 30 Euro) Grundlage für die Berechnung der Zusatzgebühr nach Nr. 26000 KV sind sämtliche für das Verfahren oder das Geschäft zu erhebenden Gebühren. **Vollzugs-** und **Betreuungsgebühren** bleiben bei der Ermittlung der Gebühr **unberücksichtigt**.

Pos. (4): 27.68

Dokumentenpauschale

Die Dokumentenpauschale für die Erstellung der Abschriften beträgt nach Nr. Nr. 32001 Nr. 2 KV: 2 Abschriften × 4 Seiten × 0,15 Euro = **1,20 Euro**.

27.69 Pos. (5):
Entgelte für Post- und Telekommunikationsdienstleistungen

Das Entgelt kann entweder nach Nr. 32004 KV in Höhe des **tatsächlichen Anfalls** der Auslagen oder in **Höhe der Pauschale** nach Nr. 32005 KV (20 % der Gebühren, höchstens 20 Euro) berechnet werden. Die Grundlage für die Berechnung der Auslagenpauschale sind **alle** anfallenden Gebühren.

27.70 Pos. (7):
Verauslagte Gebühren in Angelegenheiten des Zentralen Vorsorgeregisters

Die verauslagten Gebühren in Angelegenheiten des Zentralen Vorsorgeregisters sind nach Nr. 32015 KV in voller Höhe zu erstatten (s. Vorsorgeregister-Gebührensatzung der BNotK).[1]

Hierauf fällt keine Umsatzsteuer an.

Für den elektronischen Registrierungsantrag an das Zentrale Vorsorgeregister kann keine Auslagenerstattung nach Nr. 32002 KV verlangt werden. Denn es handelt sich nicht um ein Dokument gem. den Nrn. 32000 KV oder 32001 KV, wie es Nr. 32002 KV verlangt.

→ **Fall 9: Testament**

A. Sachverhalt

27.71 Beurkundet wird ein **Testament** (Umfang der Urkunde: 4 Seiten). Der Erblasser hat ein Vermögen von 300 000 Euro. Der Erblasser beantragt **2 beglaubigte Abschriften**. Der Notar **übermittelt die Verwahrangaben** gem. § 34a BeurkG in elektronischer Form an das **Zentrale Testamentsregister** (BNotK). Die hierfür entstehenden **Gebühren** werden vom **Notar verauslagt**.

B. Rechnung

27.72

Pos.	Gebührentatbestände/Auslagen	Geschäftswert	KV-Nr.	Satz	Betrag
(1)	Beurkundungsverfahren Testament (§ 102 I)	300 000	21200	1,0	635,00
(2)	Dokumentenpauschale (8 Seiten zu je 0,15)		32001 Nr. 2		1,20
(3)	Entgelte für Post- und Telekommunikationsdienstleistungen pauschal		32005		20,00
(4)	Umsatzsteuer		32014		124,68

---

1 Die Vorsorgeregister-Gebührensatzung (VRegGebS) ist abgedruckt im Praxishandbuch des Notariats der Ländernotarkasse unter Nr. 187 sowie in *Wudy/Drummen*, Gebührentabelle für Notare, unter K.

II. Fallbeispiele zu den Auslagen

Pos.	Gebührentatbestände/Auslagen	Geschäfts-wert	KV-Nr.	Satz	Betrag
(5)	Verauslagte Gebühren in Angelegenheiten des Zentralen Testamentsregisters		32015		15,00

C. Erläuterungen

Pos. (2): 27.73

Dokumentenpauschale

Die Dokumentenpauschale für die Erstellung der 2 beglaubigten Abschriften beträgt nach Nr. 32001 Nr. 2 KV: 2 × 4 Seiten × 0,15 Euro = **1,20 Euro**.

Pos. (3): 27.74

Entgelte für Post- und Telekommunikationsdienstleistungen

Das Entgelt kann entweder nach Nr. 32004 KV in Höhe des **tatsächlichen Anfalls** der Auslagen oder in **Höhe der Pauschale** nach Nr. 32005 KV (20 % der Gebühren, höchstens 20 Euro) erhoben werden. Die Grundlage für die Berechnung der Auslagenpauschale sind **alle** anfallenden Gebühren.

Pos. (5): 27.75

Verauslagte Gebühren in Angelegenheiten des Zentralen Testamentsregisters

Für die Registrierung beim Zentralen Testamentsregister fallen Gebühren bei der BNotK an. Kostenschuldner ist der Erblasser. Die Registrierungsgebühr beträgt **15 Euro**, falls sie vom Notar für die BNotK erhoben wird (§ 1 II S. 1 ZTR-GebS), bei unmittelbarer Erhebung beim Erblasser durch die BNotK jedoch 18 Euro (§ 1 II S. 2 ZTR-GebS).[1]

Die gem. § 34a BeurkG und § 2 ZTRV vorgeschriebene Übermittlung der Verwahrangaben i.S.v. § 78b II S. 2 BNotO an die Bundesnotarkammer als die seit dem 1.1.2012 das Zentrale Testamentsregister führende Behörde ist gebührenfreies Nebengeschäft (Vorbem. 2.1 II Nr. 1 bzw. 2 KV). Auch können keine Auslagen berechnet werden, da es sich nicht um ein Dokument gem. den Nrn. 32000 KV oder 32001 KV, wie es Nr. 32002 KV verlangt, handelt.

→ **Fall 10: Gemeinschaftliches Testament**

A. Sachverhalt

Beurkundet wird ein **gemeinschaftliches Testament (Umfang der Urkunde: 4 Seiten)**. Die Erblasser haben jeweils ein Vermögen von 150 000 Euro; Verbindlichkeiten haben sie keine. Die Erblasser beantragen **3 beglaubigte Abschriften**. Der Notar übermittelt die **Verwahrangaben** gem. § 34a BeurkG in elektronischer Form an das **Zentrale Testamentsregister (BNotK)**. Die hierfür entstehenden **Kosten** werden vom **Notar verauslagt**. 27.76

---

1 Die Testamentsregister-Gebührensatzung (ZTR-GebS) ist beispielsweise abgedruckt in *Wudy/Drummen*, Gebührentabelle für Notare, unter J.

B. Rechnung

27.77

Pos.	Gebührentatbestände/Auslagen	Geschäfts-wert	KV-Nr.	Satz	Betrag
(1)	Beurkundungsverfahren gemeinschaftliches Testament (§ 102 I)	300 000	21100	2,0	1270,00
(2)	Dokumentenpauschale (12 Seiten zu je 0,15)		32001 Nr. 2		1,80
(3)	Entgelte für Post- und Telekommunikationsdienstleistungen pauschal		32005		20,00
(4)	Umsatzsteuer (19 %)		32014		245,44
(5)	Verauslagte Gebühren in Angelegenheiten des Zentralen Testamentsregisters		32015		30,00

C. Erläuterungen

27.78 **Pos. (2):**

Dokumentenpauschale

Die Dokumentenpauschale für die Erstellung der 3 beglaubigten Abschriften beträgt nach Nr. 32001 Nr. 2 KV: 3 × 4 Seiten × 0,15 Euro = **1,80 Euro**

27.79 **Pos. (3):**

Entgelte für Post- und Telekommunikationsdienstleistungen

Das Entgelt kann entweder nach Nr. 32004 KV in Höhe des **tatsächlichen Anfalls** der Auslagen oder in **Höhe der Pauschale** nach Nr. 32005 KV (20 % der Gebühren, höchstens 20 Euro) erhoben werden. Die Grundlage für die Berechnung der Auslagenpauschale sind **alle** anfallenden Gebühren.

27.80 **Pos. (5):**

Verauslagte Gebühren in Angelegenheiten des Zentralen Testamentsregisters

Für die Registrierung beim Zentralen Testamentsregister fallen Gebühren bei der BNotK an. Kostenschuldner ist der Erblasser. Die Registrierungsgebühr beträgt **15 Euro je Erblasser**, falls sie vom Notar für die BNotK erhoben wird (§ 1 II S. 1 ZTR-GebS), bei unmittelbarer Erhebung beim Erblasser durch die BNotK jedoch 18 Euro (§ 1 II S. 2 ZTR-GebS).[1]

Die gem. § 34a BeurkG und § 2 ZTRV vorgeschriebene Übermittlung der Verwahrangaben i.S.v. § 78b II S. 2 BNotO an die Bundesnotarkammer als die seit dem 1.1.2012 das Zentrale Testamentsregister führende Behörde ist gebührenfreies Nebengeschäft (Vorbem. 2.1 II Nr. 1 bzw. 2 KV). Auch können keine Auslagen berechnet werden, da es sich nicht um ein Dokument gem. den Nrn. 32000 KV oder 32001 KV, wie es Nr. 32002 KV verlangt, handelt.

---

[1] Die Testamentsregister-Gebührensatzung (ZTR-GebS) ist beispielsweise abgedruckt in *Wudy/Drummen*, Gebührentabelle für Notare, unter J.

II. Fallbeispiele zu den Auslagen

→ **Fall 11: Erbvertrag**

A. Sachverhalt

Beurkundet wird ein **Erbvertrag (Umfang der Urkunde 4 Seiten)**. Die Erblasser haben jeweils ein Vermögen von 150 000 Euro; Verbindlichkeiten haben sie keine. Die Erblasser beantragen **3 beglaubigte Abschriften**. Der Notar übermittelt die **Verwahrangaben** gem. § 34a BeurkG in elektronischer Form an das **Zentrale Testamentsregister** (BNotK). Die hierfür entstehenden **Kosten** werden vom **Notar verauslagt**.

27.81

B. Rechnung

Pos.	Gebührentatbestände/Auslagen	Geschäftswert	KV-Nr.	Satz	Betrag
(1)	Beurkundungsverfahren Erbvertrag (§ 102 I)	300 000	21100	2,0	1270,00
(2)	Dokumentenpauschale 32001 (12 Seiten zu je 0,15)		32001 Nr. 2		1,80
(3)	Entgelte für Post- und Telekommunikationsdienstleistungen pauschal		32005		20,00
(4)	Umsatzsteuer (19 %)		32014		245,44
(5)	Verauslagte Gebühren in Angelegenheiten des Zentralen Testamentsregisters		32015		30,00

27.82

C. Erläuterungen

Pos. (2):

Dokumentenpauschale

Die Dokumentenpauschale für die Erstellung der 3 beglaubigten Abschriften beträgt nach Nr. 32001 Nr. 2 KV: 3 × 4 Seiten × 0,15 Euro = **1,80 Euro**

27.83

Pos. (3):

Entgelte für Post- und Telekommunikationsdienstleistungen

Das Entgelt kann entweder nach Nr. 32004 KV in Höhe des **tatsächlichen Anfalls** der Auslagen oder in **Höhe der Pauschale** nach Nr. 32005 KV (20 % der Gebühren, höchstens 20 Euro) erhoben werden. Die Grundlage für die Berechnung der Auslagenpauschale sind **alle** anfallenden Gebühren.

27.84

Pos. (5):

Verauslagte Gebühren in Angelegenheiten des Zentralen Testamentsregisters

Für die Registrierung beim Zentralen Testamentsregister fallen Gebühren bei der BNotK an. Kostenschuldner ist der Erblasser. Die Registrierungsgebühr beträgt **15 Euro je Erblasser**, falls sie vom Notar für die BNotK erhoben wird (§ 1 II

27.85

S. 1 ZTR-GebS), bei unmittelbarer Erhebung beim Erblasser durch die BNotK jedoch 18 Euro (§ 1 II S. 2 ZTR-GebS).[1]

→ **Fall 12: Abwesenheitsgeld/Fahrtkosten (Wechselprotest)**

A. Sachverhalt

27.86 Der Notar begibt sich **nach 18.00 Uhr** mit **seinem PKW** zur Sparkasse der **Nachbargemeinde** (als Zahlstelle und Zahlungsort) und protokolliert den Protest gegen den Bezogenen mangels Zahlung einer Wechselschuld in Höhe von 25 000 Euro.

Er fährt mit seinem PKW **insgesamt 25 km und ist 1,5 h abwesend**. Es fallen keine Entgelte für Post- und Telekommunikationsdienstleistungen an.

B. Rechnung

27.87

Pos.	Gebührentatbestände/Auslagen	Geschäftswert	KV-Nr.	Satz	Betrag
(1)	Aufnahme Wechselprotest (§ 36 I)	25 000	23400	0,5	57,50
(2)	Unzeitgebühr		26000		17,25
(3)	Tage- und Abwesenheitsgeld		32008		20,00
(4)	Fahrtkosten		32006		7,50
(5)	Umsatzsteuer (19 %)		32014		19,43

C. Erläuterungen

27.88 **Pos. (2):**

Unzeitgebühr

Im vorliegenden Fall sind die Voraussetzungen für den Anfall der Unzeitgebühr nach Nr. 26000 KV gegeben (30 % der Gebühren, welche für das Verfahren zu erheben sind, höchstens 30 Euro). Grundlage für die Berechnung der Zusatzgebühr nach Nr. 26000 KV sind sämtliche für das Verfahren oder das Geschäft zu erhebenden Gebühren. **Vollzugs-** und **Betreuungsgebühren** bleiben bei der Ermittlung der Gebühr **unberücksichtigt**.

27.89 **Pos. (3):**

Tage- und Abwesenheitsgeld

Da eine Geschäftsreise im Sinne der Vorbem. 3.2 II KV vorliegt, fällt das Tage- und Abwesenheitsgeld nach Nr. 32008 KV an. Es beträgt nach Nr. 32008 KV 20,00 Euro, da der Notar nicht mehr als 4 Stunden abwesend ist. Das Tage- und Abwesenheitsgeld ist bei mehreren Angelegenheiten angemessen zu verteilen (Vorbem. 3 S. 1 KV).

---

[1] Die Testamentsregister-Gebührensatzung (ZTR-GebS) ist beispielsweise abgedruckt in *Wudy/Drummen*, Gebührentabelle für Notare, unter J.

III. Fallbeispiele zum elektronischen Rechtsverkehr (insbesondere Handelsregister)

Pos. (4):

Fahrtkosten

27.90

Da eine Geschäftsreise im Sinne der Vorbem. 3.2 II KV vorliegt und der Notar sein eigenes Kraftfahrzeug benutzt, erhält er Reisekosten nach Nr. 32006 KV (25 km × 0,30 Euro = 7,50 Euro). Die anfallenden Reisekosten sind bei mehreren Rechtssachen angemessen zu verteilen (Vorbem. 3 S. 1 KV).

Bemerkung: Gem. Vorbem. 2.3.4 KV fällt für die Aufnahme von Wechsel- und Scheckprotesten keine Auswärtsgebühr gem. Nr. 26002 KV an.

III. Fallbeispiele zum elektronischen Rechtsverkehr (insbesondere Handelsregister)

→ **Fall 13: Beglaubigte Papierabschriften nach § 42 IV BeurkG**

A. Sachverhalt

Dem Notar wird eine CD-ROM übergeben, auf welcher sich eine Tiff-Datei mit qualifizierter elektronischer Signatur befindet. Der Notar **druckt die Datei** aus und fertigt einen papiergebundenen Beglaubigungsvermerk. Der Ausdruck der Datei ergibt **13 Papierseiten**. Vor der Beglaubigungserstellung erfolgt die Überprüfung der Signatur durch eine Online-Abfrage bei der Zertifizierungsstelle. Es fallen keine Entgelte für Post- und Telekommunikationsdienstleistungen an.

27.91

B. Rechnung

27.92

Pos.	Gebührentatbestand/Auslagen	Geschäfts-wert	KV-Nr.	Satz	Betrag
(1)	Beglaubigung Dateiausdruck eines Dokuments		25102		13,00
(2)	Umsatzsteuer (19 %)		32014		2,47

C. Erläuterungen

Pos. (1):

Beglaubigung des Ausdrucks

27.93

Die Gebühr nach Nr. 25102 KV (1 Euro/Seite, mind. 10 Euro) entsteht dafür, dass der Notar durch seinen Beglaubigungsvermerk die Übereinstimmung der vorliegenden Papierabschrift mit dem vorliegenden öffentlichen elektronischen Dokument bestätigt. Sie umfasst auch die durchgeführte Signaturprüfung einschließlich des hierzu erstellten Vermerks.

Es kann keine Dokumentenpauschale erhoben werden (Abs. 1 der Anm. zu Nr. 25102 KV).

→ **Fall 14: Elektronisches Zeugnis nach § 39a BeurkG**

A. Sachverhalt

27.94 Der Notar fertigt eine elektronisch beglaubigte Abschrift vom vorgelegten Original eines Schulzeugnisses bestehend aus **4 Papierseiten**. Die elektronisch beglaubigte Abschrift (eine Datei) wird an die F-GmbH **per E-Mail versandt**. Es fallen keine Entgelte für Post- und Telekommunikationsdienstleistungen an.

B. Rechnung

27.95

Pos.	Gebührentatbestände/Auslagen	Geschäfts-wert	KV-Nr.	Satz	Betrag
(1)	Elektronische Beglaubigung nach § 39a BeurkG		25102		10,00
(2)	Vollzug (Übersendung an einen Dritten)		22124		20,00
(3)	Umsatzsteuer (19 %)		32014		5,70

C. Erläuterungen

27.96 **Pos. (1):**

Elektronische Beglaubigung nach § 39a BeurkG

Gemäß III der Anm. zu Nr. 25102 KV soll – ebenso wie der Hinweis auf § 39a BeurkG in der Abschnittsüberschrift – klarstellen, dass auch elektronische Dokumente Kopien darstellen können und elektronisch errichtete Beglaubigungen genauso wie papiergebundene zu behandeln sind.[1] Die Gebühr nach Nr. 25102 KV beträgt 1 Euro pro Seite, mindestens 10 Euro.

Einscannen des Papierdokuments und Versenden (Überlassen) der Datei

Neben der Beglaubigungsgebühr fällt gem. I der Anm. zu Nr. 25102 KV keine Dokumentenpauschale an.

27.97 **Pos. (2):**

Übersenden an einen Dritten

Die bloße Weiterleitung, ggf. mit Antragstellung im Namen des Beteiligten, ohne dass der Notar sonstige Vollzugstätigkeiten oder Prüfungen erbringt, wird mit der Festgebühr belegt (Nr. 22124 KV).

→ **Fall 15: Gründung einer GmbH nebst Handelsregisteranmeldung**

A. Sachverhalt

27.98 Beurkundet wurde die **Gründung einer GmbH**, bestehend aus zwei Gesellschaftern. Das Stammkapital der Gesellschaft beträgt 25 000 Euro. Gleichzeitig wird eine erste Gesellschafterversammlung zum Zwecke der Geschäftsführerbestel-

---

[1] Begründung RegE zu Nr. 25102, BT-Drs. 17/11471, 231.

III. Fallbeispiele zum elektronischen Rechtsverkehr (insbesondere Handelsregister)

lung abgehalten **(Umfang 8 Seiten)**. Der Notar fertigt den **Entwurf der Handelsregisteranmeldung** und beglaubigt die Unterschriften der Geschäftsführer **(Umfang 2 Seiten)**. Die **Liste** der Gesellschafter wird vom Notar gefertigt **(Umfang 1 Seite)**.

Der Notar erhält den Auftrag, bei dem Handelsregister die Gründung der Gesellschaft anzumelden. Hierfür werden:

a) die Gründungsurkunde, die Handelsregisteranmeldung und die Liste der Gesellschafter **eingescannt,**

b) mittels der Software „SigNotar" die Dokumente (Gründungsurkunde und Handelsregisteranmeldung) elektronisch **beglaubigt** (§ 39a BeurkG),

c) mittels der Software „XNotar" die **XML-Strukturdaten** für das Handelsregister gefertigt,

d) sämtliche elektronische Daten an das Handelsregister **übermittelt**.

Dies erfolgt über das „Elektronische Gerichts- und Verwaltungspostfach" (EGVP).

Die Gesellschafter erhalten auftragsgemäß **je eine Ausfertigung der Gründungsurkunde** sowie **je eine Kopie der Handelsregisteranmeldung**.

B. Rechnungen

Gründungsverfahren

27.99

Pos.	Gebührentatbestände/Auslagen	Geschäftswert	KV-Nr.	Satz	Betrag
(1)	Beurkundungsverfahren (§§ 110 Nr. 1, 35 I)	60 000	21100	2,0	384,00
	a) Gründung der Gesellschaft (§§ 97 I, 107 I)	30 000	21100	2,0	
	b) Geschäftsführerbestellung (§§ 108 I S. 1, 105 IV Nr. 1)	30 000	21100	2,0	
(2)	Dokumentenpauschale (16 Seiten zu je 0,15)		32001 Nr. 2		2,40
(3)	Entgelte für Post- und Telekommunikationsdienstleistungen pauschal		32005		20,00
(4)	Umsatzsteuer (19 %)		32014		77,22

1489

Handelsregisteranmeldung

27.100

Pos.	Gebührentatbestände/Auslagen	Geschäftswert	KV-Nr.	Satz	Betrag
(5)	Entwurf Erstanmeldung (§§ 119 I, 105 I Nr. 1	30 000	24102, 21201 Nr. 5	0,5	62,50
(6)	Vollzug – Liste der Gesellschafter (§ 112)	30 000	22111, 22113	0,3	37,50
(7)	Vollzug – XML (§ 112)	30 000	22114	0,3	37,50
(8)	Dokumentenpauschale (7 Seiten zu je 0,15)		32001 Nr. 3		1,05
(9)	Dokumentenpauschale (Dateienüberlassung)		32002		5,50
(10)	Entgelte für Post- und Telekommunikationsdienstleistungen pauschal		32005		20,00
(11)	Umsatzsteuer (19 %)		32014		31,17

C. Erläuterungen

27.101 **Pos. (7):**
Erzeugen der XML-Strukturdatei
Für die Erstellung der XML-Strukturdaten erhält der Notar eine Vollzugsgebühr nach Nr. 22114 KV. Der Geschäftswert richtet sich gem. § 112 S. 2 nach dem Geschäftswert des Entwurfs der Handelsregisteranmeldung.

Die Gebühr entsteht neben anderen Gebühren des Unterabschnitts 1 „Vollzug eines Geschäfts" gesondert. Der Höchstbetrag der Gebühr beträgt 250 Euro.

27.102 **Pos. (2) und (8):**
Dokumentenpauschale (Papierform)
Für die Erstellung der Dokumente in Papierform fallen folgende Auslagen an:
- **Gründungsurkunde** Nr. 32001 Nr. 2 KV: 2 × 8 Seiten × 0,15 Euro = **2,40 Euro**
- Handelsregisteranmeldung (Entwurf und Abschriften) Nr. 32001 Nr. 3 KV: 3 × 2 Seiten × 0,15 Euro = **0,90 Euro**
- Gesellschafterliste Nr. 32001 Nr. 3 KV: 1 Seite × 0,15 Euro = **0,15 Euro**

27.103 **Pos. (9):**
Einscannen zur Erstellung elektronischer Dateien (Gründungsurkunde, Handelsregisteranmeldung einschließlich der Gesellschafterliste) für das Handelsregister
Für das bloße Einscannen sieht das GNotKG keinen Auslagentatbestand vor. Allerdings können für das Erstellen elektronischer Dateien, welche anschließend überlassen oder zum Abruf bereitgestellt werden, Auslagen nach Nr. 32002 KV wie folgt erhoben werden:

III. Fallbeispiele zum elektronischen Rechtsverkehr (insbesondere Handelsregister)

- Gründungsurkunde: 1,50 Euro
- Handelsregisteranmeldung: 1,50 Euro
- Gesellschafterliste: 1,50 Euro

Vergleichsberechnung gemäß Anm. zu Nr. 32002:

3 × 1,50 = 4,50 Euro, höchstens 5 Euro, mindestens jedoch 11 Seiten × 0,50 Euro (Einscannen zum Zwecke der Übermittlung) = **5,50 Euro**

Erläuterung der Vergleichsberechnung:

Werden die Dokumente in einem Arbeitsgang überlassen oder auf einem Datenträger gespeichert, beträgt die Dokumentenpauschale höchstens 5 Euro. Werden zum Zweck der Übermittlung der elektronischen Datei Dokumente zuvor auf Antrag von Papierform in die elektronische Form übertragen, ist gem. der Anm. zu Nr. 32002 KV als Dokumentenpauschale mindestens der Betrag zu erheben, der auch bei der Fertigung einer Kopie oder bei der Übermittlung per Fax angefallen wäre, d.h. beim Einscannen von Dokumenten 0,50 Euro für die ersten 50 Seiten und für jede weitere Seite 0,15 Euro ohne Berücksichtigung des Höchstbetrages von 5 Euro (Nr. 32000 KV).

⮞ Hinweis:
Die Beglaubigungsgebühr nach Nr. 25102 KV kann nicht erhoben werden, da es sich um eine vom Notar aufgenommene Urkunde handelt (Abs. 2 Nr. 1 der Anm. zu Nr. 25102 KV).

Pos. (3) und (10): 27.104
Entgelte für Post- und Telekommunikationsdienstleistungen

Das Entgelt kann entweder nach Nr. 32004 KV in Höhe des **tatsächlichen Anfalls** der Auslagen **oder** in Höhe der **Pauschale** nach Nr. 32005 KV (20 % der Gebühren, höchstens 20 Euro) erhoben werden. Die Grundlage für die Berechnung der Auslagenpauschale sind alle anfallenden Gebühren. im vorliegenden Fall kann die Pauschale sowohl für die Gründungsurkunde als auch für den Entwurf der Handelsregisteranmeldung angesetzt werden (Anm. S. 1 zu Nr. 32005 KV).

→ **Fall 16: Gesellschafterversammlung nebst Handelsregisteranmeldung**

A. Sachverhalt

Der Notar beurkundet die **Gesellschafterversammlung** einer GmbH. Beschlossen wurde die Änderung des Gesellschaftsvertrages. Das Stammkapital der Gesellschaft beträgt 25 000 Euro. Die Urkunde **umfasst 4 Seiten**. 27.105

Der Notar fertigt den Entwurf der **Handelsregisteranmeldung (Umfang 2 Seiten)** und beglaubigt die Unterschrift der Geschäftsführer. Der aktuelle Wortlaut der Satzung wird vom Notar gefertigt und nach **§ 54 GmbHG** bescheinigt (**Umfang 8 Seiten**).

Der Notar erhält den Auftrag, bei dem Handelsregister die Satzungsänderung anzumelden. Hierfür werden:

a) die Beschlussurkunde, die Handelsregisteranmeldung und Satzungsbescheinigung **eingescannt**,

b) mittels der Software „SigNotar" die Dokumente **elektronisch beglaubigt** (§ 39a BeurkG),

c) mittels der Software „XNotar" **die XML-Strukturdaten** für das Handelsregister gefertigt,

d) sämtliche elektronische Daten an das Handelsregister **übermittelt**.

Dies erfolgt über das „Elektronische Gerichts- und Verwaltungspostfach" (EGVP).

Die Gesellschaft erhält **eine Ausfertigung** der Beschlussurkunde sowie eine **Kopie der Handelsregisteranmeldung**.

B. Rechnungen

Gesellschafterversammlung

27.106

Pos.	Gebührentatbestände/Auslagen	Geschäftswert	KV-Nr.	Satz	Betrag
(1)	Beurkundungsverfahren Gesellschafterversammlung (§§ 108 I, 104 IV Nr. 1, 109 II 4c)	30 000	21100	2,0	250,00
(2)	Dokumentenpauschale (4 Seiten zu je 0,15)		32001 Nr. 2		0,60
(3)	Entgelte für Post- und Telekommunikationsdienstleistungen pauschal		32005		20,00
(4)	Umsatzsteuer (19 %)		32014		51,41

Handelsregisteranmeldung

27.107

Pos.	Gebührentatbestände/Auslagen	Geschäftswert	KV-Nr.	Satz	Betrag
(5)	Entwurf Handelsregisteranmeldung (§§ 119 I, 105 IV Nr. 1)	30 000	24102, 21201 Nr. 5	0,5	62,50
(6)	Vollzug – XML (§ 112)	30 000	22114	0,3	37,50
(7)	Dokumentenpauschale (12 Seiten zu je 0,15)		32001 Nr. 1,2,3		1,80
(8)	Dokumentenpauschale (Dateiüberlassung)		32002		7,00

III. Fallbeispiele zum elektronischen Rechtsverkehr (insbesondere Handelsregister)

Pos.	Gebührentatbestände/Auslagen	Geschäfts-wert	KV-Nr.	Satz	Betrag
(9)	Entgelte für Post- und Telekommunikationsdienstleistungen pauschal		32005		20,00
(10)	Umsatzsteuer (19 %)		32014		24,47

C. Erläuterungen

Pos. (6): 27.108
Erzeugen der XML-Strukturdatei
Für die Erstellung der XML-Strukturdaten erhält der Notar eine Vollzugsgebühr nach Nr. 22114 KV. Der Geschäftswert nach § 112 S. 2 bestimmt sich nach dem Entwurf der Handelsregisteranmeldung.
Die Gebühr entsteht neben anderen Gebühren des Unterabschnitts 1 „Vollzug eines Geschäfts" gesondert. Der Höchstbetrag der Gebühr beträgt 250 Euro.

Pos. (2) und (7): 27.109
Dokumentenpauschale (Papierform)
Für die Erstellung der Dokumente in Papierform fallen folgende Auslagen an:
– **Beschluss** Nr. 32001 Nr. 2 KV: 1 Abschrift × 4 Seiten × 0,15 = **0,60 Euro**
– **Handelsregisteranmeldung** (Entwurf und Abschrift) Nr. 32001 Nr. 3 KV: 2 Abschriften × 2 Seiten × 0,15 Euro = **0,60 Euro**
– **Satzungsbescheinigung (Papierform)** Nr. 32001 Nr. 1 bzw. 2 KV: 0,15 Euro × 8 Seiten = **1,20 Euro**

Pos. (8): 27.110
Einscannen zur Erstellung elektronischer Dateien (Beschluss, Handelsregisteranmeldung, Satzungsbescheinigung) für das Handelsregister
Für das bloße Einscannen sieht das GNotKG keinen Auslagentatbestand vor. Allerdings können für das Erstellen elektronischer Dateien, welche anschließend überlassen oder zum Abruf bereitgestellt werden, Auslagen nach Nr. 32002 KV wie folgt erhoben werden:
– **Beschluss**: 1,50 Euro
– **Handelsregisteranmeldung**: 1,50 Euro
– **Satzungsbescheinigung für das Handelsregister: 1,50 Euro**

Vergleichsberechnung gemäß Anm. zu Nr. 32002:
3 × 1,50 = 4,50 Euro, höchstens jedoch 5 Euro, mindestens jedoch 14 Seiten × 0,50 (Einscannen zum Zwecke der Übermittlung) = **7 Euro**

Erläuterung der Vergleichsberechung:
Werden die Dokumente in einem Arbeitsgang überlassen oder auf einem Datenträger gespeichert, beträgt die Dokumentenpauschale höchstens 5 Euro. Werden zum Zweck der Übermittlung der elektronischen Datei Dokumente zuvor auf

Teil 27 Auslagen

Antrag von Papierform in die elektronische Form übertragen, ist gem. der Anm. zu Nr. 32002 KV als Dokumentenpauschale mindestens der Betrag zu erheben, der auch bei der Fertigung einer Kopie oder bei der Übermittlung per Fax angefallen wäre, d.h. beim Einscannen von Dokumenten 0,50 Euro für die ersten 50 Seiten und für jede weitere Seite 0,15 Euro ohne Berücksichtigung des Höchstbetrages von 5 Euro (Nr. 32000 KV).

⮕ **Hinweis:**
Die Beglaubigungsgebühr nach Nr. 25102 KV kann nicht erhoben werden, da es sich um eine vom Notar aufgenommene Urkunden handelt (Abs. 2 Nr. 1 der Anm. zu Nr. 25102 KV).

27.111 **Pos. (3) und (9):**
Entgelte für Post- und Telekommunikationsdienstleistungen

Das Entgelt kann entweder nach Nr. 32004 KV in Höhe des **tatsächlichen Anfalls** der Auslagen oder in **Höhe der Pauschale** nach Nr. 32005 KV (20 % der Gebühren, höchstens 20 Euro) erhoben werden. Die Grundlage für die Berechnung der Auslagenpauschale sind **alle** anfallenden Gebühren. Im vorliegenden Fall kann die Pauschale sowohl für den Beschluss als auch für die Handelsregisteranmeldung angesetzt werden (Anm. S. 1 zu Nr. 32005 KV).

IV. Fallbeispiele zum elektronischen Rechtsverkehr (Grundbuchamt)

27.112 Mit der Einführung des elektronischen Rechtsverkehrs beim Grundbuchamt wird auch der Tätigkeitsbereich des Notars erheblich erweitert. Eine Erklärung oder eine andere Voraussetzung für eine Eintragung im Grundbuch, die durch eine öffentliche oder öffentlich beglaubigte Urkunde nachzuweisen ist, kann als ein mit einem einfachen elektronischen Zeugnis nach § 39a BeurkG versehenes elektronisches Dokument übermittelt werden (§ 137 I Satz 1 GBO). Soweit ein Erfordernis besteht, ist dem Grundbuchamt der Besitz der Urschrift oder einer Ausfertigung der Urkunde nachzuweisen (§ 137 I Satz 3 GBO). Für die notarielle Praxis bedeutet dies, dass die beim Grundbuchamt einzureichenden Urkunden (z.B. Urschriften, Genehmigungen, Fremdurkunden) in der Regel zunächst eingescannt werden müssen und anschließend die so erzeugten (unveränderbaren) Dateien mit einer qualifizierten elektronischen Signatur nach dem Signaturgesetz zu versehen sind. Im Anschluss sind die Dateien dem Grundbuchamt über das „Elektronische Gerichts- und Verwaltungspostfach" (EGVP) zu übermitteln. Die dem Notar hierfür anfallenden Gebühren und Auslagen sollen in den nachfolgenden Fällen näher erläutert werden.

→ **Fall 17: Löschung einer Briefgrundschuld**

A. Sachverhalt

27.113 Der Eigentümer stimmt der Löschung einer im Grundbuch eingetragenen Briefgrundschuld zu 100 000 Euro zu. Der Antrag auf Löschung wird gestellt. Auftragsgemäß fertigt der Notar den **Entwurf** der Urkunde (**Umfang der Urkunde**

IV. Fallbeispiele zum elektronischen Rechtsverkehr (Grundbuchamt)

1 Seite). Die Löschungsbewilligung (**Fremdurkunde**) der Gläubigerin und der Grundschuldbrief liegen vor (Umfang der Löschungsbewilligung **1 Seite**).

Für den Vollzug der Urkunde werden:

- der Löschungsantrag nebst Zustimmung und die Löschungsbewilligung **eingescannt,**
- mittels der Software „SigNotar" die Dokumente **elektronisch beglaubigt** (§ 39a BeurkG),
- mittels der Software „XNotar" die **XML-Strukturdaten** für das Grundbuchamt gefertigt,
- sämtliche elektronische Daten an das Grundbuchamt **übermittelt.**

Dies erfolgt über das „Elektronische Gerichts- und Verwaltungspostfach" (EGVP).

Der Eigentümer beantragt eine **einfache Kopie** der Urkunde. Der Grundschuldbrief wird dem Grundbuchamt im Original übersandt (§ 137 I Satz 3 GBO).

B. Rechnung

27.114

Pos.	Gebührentatbestände/Auslagen	Geschäfts-wert	KV-Nr.	Satz	Betrag
(1)	Entwurf Löschungsantrag mit -zustimmung (§§ 119 I, 97 I, 53 I)	100 000	24102, 21201 Nr. 4	0,5	136,50
(2)	Vollzug – XML (§ 112)	100 000	22114	0,3	81,90
(3)	Elektronische Beglaubigung		25102		10,00
(4)	Dokumentenpauschale (2 Seiten zu je 0,15)		32001 Nr. 3		0,30
(5)	Dokumentenpauschale (Dateienüberlassung)		32002		1,50
(6)	Entgelte für Post- und Telekommunikationsdienstleistungen pauschal		32005		20,00
(7)	Umsatzsteuer (19 %)		32014		47,54

C. Erläuterungen

Pos. (2): 27.115

Erzeugen der XML-Strukturdatei

Für die Erstellung der XML-Strukturdaten erhält der Notar eine Vollzugsgebühr nach Nr. 22114 KV. Der Geschäftswert für den Vollzug ist der Geschäftswert des zugrunde liegenden Beurkundungsverfahrens (§ 112 S. 1).

Die Gebühr entsteht neben anderen Gebühren des Unterabschnitts 1 „Vollzug eines Geschäfts" gesondert. Der Höchstbetrag der Gebühr beträgt 250 Euro.

➲ Hinweis:
Nähere Ausführungen zu dieser Gebühr finden sich in Teil 2 (Grundstückskauf) unter Ziff. XIV Rz. 2.1525 ff.

27.116 **Pos. (3):**
Elektronische Beglaubigung
Die Gebühr nach Nr. 25102 KV (1 Euro für jede angefangene Seite, mindestens 10 Euro) entsteht dafür, dass der Notar durch seinen Beglaubigungsvermerk die Übereinstimmung der vorliegenden Papierabschrift der Löschungsbewilligung mit dem vorliegenden öffentlichen elektronischen Dokument bestätigt. Sie umfasst auch die durchgeführte Signaturprüfung einschließlich des hierzu erstellten Vermerks.

Die Gebühr wird nicht erhoben für die Erteilung beglaubigter Abschriften oder Ausdrucke der vom Notar aufgenommenen oder in Urschrift in seiner dauernden Verwahrung befindlichen Urkunden (Abs. 2 Nr. 1 der Anm. zu Nr. 25102 KV).

27.117 **Pos. (4):**
Dokumentenpauschale (Papierform)
Für die Erstellung der Dokumente in Papierform fallen folgende Auslagen an:
– Löschungsantrags nebst -zustimmung (Entwurf und Kopie) Nr. 32001 Nr. 3 KV: 2 Abschriften × 1 Seite × 0,15 Euro = **0,30 Euro**

27.118 **Pos. (5):**
Einscannen zur Erstellung elektronischer Dateien (Löschungsantrag nebst -zustimmung, Löschungsbewilligung) für das Grundbuchamt
Für das bloße Einscannen sieht das GNotKG keinen Auslagentatbestand vor. Allerdings können für das Erstellen elektronischer Dateien, welche anschließend überlassen oder zum Abruf bereitgestellt werden, Auslagen nach Nr. 32002 KV wie folgt erhoben werden:
– Löschungsantrags nebst -zustimmung: 1,50 Euro
– Löschungsbewilligung: Neben der Beglaubigungsgebühr fällt gem. I der Anm. zu Nr. 25102 KV keine Dokumentenpauschale an.

Vergleichsberechnung gemäß Anm. zu Nr. 32002:
1 × 1,50 = 1,50 Euro, höchstens 5 Euro, mindestens jedoch 1 Seiten × 0,50 (Einscannen zum Zwecke der Übermittlung) = 0,50 Euro
Damit verbleibt es bei **1,50 Euro** für das Versenden der Dateien.

Erläuterung der Vergleichsberechnung:
Werden die Dokumente in einem **Arbeitsgang** überlassen oder auf einem Datenträger gespeichert, beträgt die Dokumentenpauschale höchstens 5 Euro. Werden zum Zweck der Übermittlung der elektronischen Datei Dokumente zuvor auf Antrag von Papierform in die elektronische Form übertragen, ist gem. der Anm. zu Nr. 32002 KV als Dokumentenpauschale mindestens der Betrag zu erheben, der auch bei der Fertigung einer Kopie oder bei der Übermittlung per Fax angefallen wäre, d.h. beim Einscannen von Dokumenten 0,50 Euro für die ersten

IV. Fallbeispiele zum elektronischen Rechtsverkehr (Grundbuchamt)

50 Seiten und für jede weitere Seite 0,15 Euro ohne Berücksichtigung des Höchstbetrages von 5 Euro (Nr. 32000 KV).

Pos. (6): 27.119
Entgelte für Post- und Telekommunikationsdienstleistungen

Das Entgelt kann **entweder** nach Nr. 32004 KV in Höhe des **tatsächlichen Anfalls** der Auslagen **oder** in Höhe der **Pauschale** nach Nr. 32005 KV (20 % der Gebühren, höchstens 20 Euro) erhoben werden. Die Grundlage für die Berechnung der Auslagenpauschale sind **alle** anfallenden Gebühren.

→ **Fall 18: Antrag auf Eintragung einer vollstreckbaren Grundschuld nebst Antrag auf Löschung einer vorrangigen Grundschuld**

A. Sachverhalt

Der Eigentümer bestellt eine vollstreckbare Grundschuld mit einem Nennbetrag 27.120 von 200 000 Euro. Im Grundbuch ist bereits eine **Grundschuld** zu 500 000 Euro eingetragen. Der Eigentümer beantragt die Löschung der Grundschuld und stimmt dieser gem. § 27 GBO zu. Die Löschungsbewilligung (Fremdurkunde) liegt vor (**Umfang der Urkunde 2 Seiten**).

Der Notar sieht das Grundbuch ein. Hierfür entstehen dem Notar **Abrufgebühren** i.H.v. **8 Euro**.

Von der Urkunde beantragt der Eigentümer **3 Ausfertigungen** (Umfang der **Urkunde 5 Seiten**).

Für den Vollzug der Urkunde werden:
- die Grundschuldbestellung und die Löschungsbewilligung **eingescannt,**
- mittels der Software „SigNotar" die Dokumente elektronisch **beglaubigt** (§ 39a BeurkG),
- mittels der Software „XNotar" die **XML-Strukturdaten** für das Grundbuchamt gefertigt,
- sämtliche elektronische Daten an das Grundbuchamt **übermittelt**.

Dies erfolgt über das „Elektronische Gerichts- und Verwaltungspostfach" (EGVP).

B. Rechnung

Pos.	Gebührentatbestände/Auslagen	Geschäfts-wert	KV-Nr.	Satz	Betrag
(1)	Beurkundungsverfahren (§§ 86 II, 94 I)	~~700 000~~	~~21200~~	~~1,0~~	~~1255,00~~
	a) Grundschuld mit Zwangsvollstreckungsunterwerfung (§§ 97 I, 53 I)	200 000	21200	1,0	435,00
	b) Löschungsantrag (§§ 97 I, 53 I)	500 000	21201 Nr. 4	0,5	467,50

27.121

Pos.	Gebührentatbestände/Auslagen	Geschäfts-wert	KV-Nr.	Satz	Betrag
(2)	Vollzug – XML (§ 112)	700 000	22114	0,3	250,00 Höchst-gebühr
(3)	Elektronische Beglaubigung		25102		10,00
(4)	Dokumentenpauschale (15 Seiten zu je 0,15)		32001 Nr. 2		2,25
(5)	Dokumentenpauschale (Dateienüberlassung)		32002		2,50
(6)	Entgelte für Post- und Telekommunikationsdienstleistungen pauschal		32005		20,00
(7)	Abrufgebühren (Grundbuch)		32011		8,00
(8)	Umsatzsteuer (19 %)		32014		227,10

C. Erläuterungen

27.122 **Pos. (2):**
Erzeugen der XML-Strukturdatei

Für die Erstellung der XML-Strukturdaten erhält der Notar eine Vollzugsgebühr nach Nr. 22114 KV. Der Geschäftswert für den Vollzug ist der Geschäftswert des zugrunde liegenden Beurkundungsverfahrens (§ 112).

Die Gebühr entsteht neben anderen Gebühren des Unterabschnitts 1 „Vollzug eines Geschäfts" gesondert. Der Höchstbetrag der Gebühr beträgt 250 Euro.

➪ **Hinweis:**
Nähere Ausführungen zu dieser Gebühr finden sich in Teil 2 (Grundstückskauf) unter Ziff. XIV Rz. 2.1525 ff.

27.123 **Pos. (3):**
Elektronische Beglaubigung

Die Gebühr nach Nr. 25102 KV (1 Euro für jede angefangene Seite, mindestens 10 Euro) entsteht dafür, dass der Notar durch seinen Beglaubigungsvermerk die Übereinstimmung der vorliegenden Papierabschrift der Löschungsbewilligung mit dem vorliegenden öffentlichen elektronischen Dokument bestätigt. Sie umfasst auch die durchgeführte Signaturprüfung einschließlich des hierzu erstellten Vermerks.

Die Gebühr wird nicht erhoben für die Erteilung beglaubigter Abschriften oder Ausdrucke der vom Notar aufgenommenen oder in Urschrift in seiner dauernden Verwahrung befindlichen Urkunden (Abs. 2 Nr. 1 der Anm. zu Nr. 25102 KV).

IV. Fallbeispiele zum elektronischen Rechtsverkehr (Grundbuchamt)

Pos. (4):   27.124

Dokumentenpauschale (Papierform)

Für die Erstellung der Dokumente in Papierform fallen folgende Auslagen an:
- **3 Ausfertigungen der Grundschulden** Nr. 32001 Nr. 2: 3 Abschriften × 5 Seiten = 15 Seiten × 0,15 Euro = **2,25 Euro**

Pos. (5):   27.125

Einscannen zur Erstellung elektronischer Dateien (Grundschuld und Löschungsbewilligung) für das Grundbuchamt

Für das bloße Einscannen sieht das GNotKG keinen Auslagentatbestand vor. Allerdings kann für das Erstellen elektronischer Dateien, welche anschließend überlassen oder zum Abruf bereitgestellt werden, Auslagen nach Nr. 32002 KV wie folgt erhoben werden:
- Grundschuld: 1,50 Euro
- Löschungsbewilligung: Neben der Beglaubigungsgebühr fällt gem. I der Anm. zu Nr. 25102 KV keine Dokumentenpauschale an.

Vergleichsberechnung gemäß Anm. zu Nr. 32002:

1 × 1,50 = 1,50 Euro, höchstens 5 Euro, mindestens jedoch 5 Seiten × 0,50 (Einscannen zum Zwecke der Übermittlung) = **2,50 Euro**

Erläuterung der Vergleichsberechnung:

Werden die Dokumente in einem **Arbeitsgang** überlassen oder auf einem Datenträger gespeichert, beträgt die Dokumentenpauschale höchstens 5 Euro. Werden zum Zweck der Übermittlung der elektronischen Datei Dokumente zuvor auf Antrag von Papierform in die elektronische Form übertragen, ist gem. der Anm. zu Nr. 32002 KV als Dokumentenpauschale mindestens der Betrag zu erheben, der auch bei der Fertigung einer Kopie oder bei der Übermittlung per Fax angefallen wäre, d.h. beim Einscannen von Dokumenten 0,50 Euro für die ersten 50 Seiten und für jede weitere Seite 0,15 Euro ohne Berücksichtigung des Höchstbetrages von 5 Euro (Nr. 32000 KV).

Pos. (6):   27.126

Entgelte für Post- und Telekommunikationsdienstleistungen

Das Entgelt kann **entweder** nach Nr. 32004 KV in Höhe des **tatsächlichen Anfalls** der Auslagen **oder** in Höhe der **Pauschale** nach Nr. 32005 KV (20 % der Gebühren, höchstens 20 Euro) erhoben werden. Die Grundlage für die Berechnung der Auslagenpauschale sind **alle** anfallenden Gebühren.

Pos. (7):   27.127

Bei den Abrufgebühren, die für die Einsicht in das Grundbuch entstehen, handelt sich um Auslagen nach Nr. 32011 KV i.V.m. Nr. 1151 GV JVKostG, die in voller Höhe zu erstatten sind.

→ **Fall 19: Grundstückskaufvertrag**

A. Sachverhalt

27.128 V verkauft an K ein Grundstück zum Kaufpreis von 120 000 Euro. Der **Kaufvertrag** enthält die Auflassung. Der Notar sieht das elektronische Grundbuch ein. Hierfür entstehen dem Notar **Abrufgebühren** in Höhe von insgesamt **8 Euro**.
Die Eintragung einer Auflassungsvormerkung wird beantragt. Der Notar holt das Negativattest nach § 28 BauGB ein.
Für den Antrag auf Eintragung der **Auflassungsvormerkung** werden:
– die Urkunde auszugsweise eingescannt (ohne Auflassung 14 Seiten),
– mittels der Software „SigNotar" die Dokumente elektronisch beglaubigt (§ 39a BeurkG),
– mittels der Software „XNotar" die XML-Strukturdaten für das Grundbuchamt gefertigt,
– die elektronischen Daten an das Grundbuchamt übermittelt.

Für die **Eigentumsumschreibung** werden:
– die Urkunde vollständig (mit Auflassung 15 Seiten) und das Negativattest nach § 28 BauGB (1 Seite) sowie die Unbedenklichkeitsbescheinigung des Finanzamts (1 Seite) eingescannt,
– mittels der Software „SigNotar" die Dokumente elektronisch beglaubigt (§ 39a BeurkG),
– mittels der Software „XNotar" die XML-Strukturdaten für das Grundbuchamt gefertigt,
– sämtliche elektronische Daten an das Grundbuchamt übermittelt.

Die Beteiligten beantragen, von der Kaufvertragsurkunde **4 beglaubigte Abschriften** und **2 Ausfertigungen** zu fertigen (**Umfang des Kaufvertrages 15 Seiten**). **Eine Kopie** der Urkunde wird dem **Gutachterausschuss** übersandt. Der Notar erstellt die Veräußerungsanzeige (1 Seite) und übermittelt dem **Finanzamt** ebenfalls eine **Kopie** der Urkunde.
Es fallen **Portokosten** in Höhe von **15 Euro** an. Die Versendung der Fälligkeitsmitteilung erfolgt auf Antrag der Beteiligten per **Einschreiben/Rückschein**. Hierfür fallen weitere Kosten in Höhe von **10,70 Euro** an (2 × Einschreiben gegen Rückschein, je 0,70 Euro Porto + 4,65 Euro Aufpreis).

B. Rechnung

27.129

Pos.	Gebührentatbestände/Auslagen	Geschäftswert	KV-Nr.	Satz	Betrag
(1)	Beurkundungsverfahren Kaufvertrag (§§ 97 III, 47)	120 000	21100	2,0	600,00
(2)	Vollzug – XML (§ 112)	120 000	22114	0,3	90,00
(3)	Elektronische Beglaubigung		25102		20,00

IV. Fallbeispiele zum elektronischen Rechtsverkehr (Grundbuchamt)

Pos.	Gebührentatbestände/Auslagen	Geschäfts-wert	KV-Nr.	Satz	Betrag
(4)	Dokumentenpauschale (120 Seiten zu je 0,15)		32001 Nr. 1,2		18,00
(5)	Dokumentenpauschale (Dateienüberlassung)		32002		14,50
(6)	Entgelte für Post- und Telekommunikationsdienstleistungen		32004		23,40
(7)	Abrufgebühren (Grundbucheinsicht)		32011		8,00
(8)	Umsatzsteuer (19 %)		32014		147,04

C. Erläuterungen

Pos. (2): 27.130

Erzeugen der XML-Strukturdatei

Für die Erstellung der XML-Strukturdaten erhält der Notar eine Vollzugsgebühr nach Nr. 22114 KV. Der Geschäftswert für den Vollzug ist der Geschäftswert des zugrunde liegenden Beurkundungsverfahrens (§ 112 S. 1).

Die Gebühr entsteht neben anderen Gebühren des Unterabschnitts 1 „Vollzug eines Geschäfts" gesondert. Der Höchstbetrag der Gebühr beträgt 250 Euro.

➲ **Hinweis:**
Nähere Ausführungen zu dieser Gebühr finden sich in Teil 2 (Grundstückskauf) unter Ziff. XIV Rz. 2.1525 ff.

Pos. (3): 27.131

Elektronische Beglaubigung

Die Gebühr nach Nr. 25102 KV (1 Euro für jede angefangene Seite, mindestens 10 Euro) entsteht dafür, dass der Notar durch seinen Beglaubigungsvermerk die Übereinstimmung der vorliegenden Papierabschriften
- des Negativattestes nach § 28 BauGB
- der Unbedenklichkeitsbescheinigung

mit den vorliegenden öffentlichen elektronischen Dokumenten bestätigt. Sie umfasst auch die durchgeführte Signaturprüfung einschließlich des hierzu jeweils erstellten Vermerks.

Die Gebühr wird nicht erhoben für die Erteilung beglaubigter Abschriften oder Ausdrucke der vom Notar aufgenommenen oder in Urschrift in seiner dauernden Verwahrung befindlichen Urkunden (Abs. 2 Nr. 1 der Anm. zu Nr. 25102 KV).

Können die elektronischen Beglaubigungen in einem Vermerk zusammengefasst werden, so fällt die Gebühr nach Nr. 25102 KV auch nur einmal an.

27.132 **Pos. (4):**
Dokumentenpauschale (Papierform)
Für die Erstellung der Dokumente in Papierform fallen folgende Auslagen an:
- Abschriften und Ausfertigungen des Kaufvertrages für die Beteiligten Nr. 32001 Nr. 2 KV: 6 Abschriften × 15 Seiten = 90 Seiten
- gesetzliche Mitteilungspflichten: Gutachterausschuss, Finanzamt Nr. 32001 Nr. 1 KV: 2 Abschriften = 30 Seiten Gesamtseitenzahl: 120 Seiten × 0,15 Euro = 18 Euro

Für die Fertigung der **Veräußerungsanzeige** fällt **keine Dokumentenpauschale** an, da es sich nicht um eine Ausfertigung, Kopie oder Ausdruck einer eigenen Niederschrift, eines Entwurfes oder einer Urkunde handelt. Lediglich für die Abschriften des Kaufvertrages, die dem Finanzamt oder dem Gutachterausschuss zu überlassen sind, fällt die Dokumentenpauschale nach Nr. 32001 Nr. 1 KV an.

27.133 **Pos. (5):**
Einscannen zur Erstellung elektronischer Dateien für das Grundbuchamt
Für das bloße Einscannen sieht das GNotKG keinen Auslagentatbestand vor. Allerdings kann für das Erstellen elektronischer Dateien, welche anschließend überlassen oder zum Abruf bereitgestellt werden, Auslagen Nr. 32002 KV werden (1,50 Euro je Datei).

Werden die Dokumente in einem **Arbeitsgang** überlassen oder auf einem Datenträger gespeichert, beträgt die Dokumentenpauschale höchstens 5 Euro. Werden zum Zweck der Übermittlung der elektronischen Datei Dokumente zuvor auf Antrag von Papierform in die elektronische Form übertragen, ist gem. der Anm. zu Nr. 32002 KV als Dokumentenpauschale mindestens der Betrag zu erheben, der auch bei der Fertigung einer Kopie oder bei der Übermittlung per Fax angefallen wäre, d.h. beim Einscannen von Dokumenten 0,50 Euro für die ersten 50 Seiten und für jede weitere Seite 0,15 Euro ohne Berücksichtigung des Höchstbetrages von 5 Euro (Nr. 32000 KV).

Der vorliegende Fall enthält zwei Arbeitsgänge, nämlich den Antrag auf Eintragung der Vormerkung und die den Antrag auf Eigentumsumschreibung. Deshalb muss wie folgt unterschieden werden:

Elektronische Datei des Kaufvertrages (auszugsweise) zur Eintragung
- Auflassungsvormerkung Nr. 32002 KV: 1,50

Vergleichsberechnung gemäß Anm. zu Nr. 32002:
1 × 1,50 = 1,50 Euro, höchstens 5 Euro, mindestens jedoch 14 Seiten × 0,50 (Einscannen zum Zwecke der Übermittlung) = **7 Euro**
- Kaufvertrag (vollständig) zur Eigentumsumschreibung: 1,50 Euro
- Negativattest nach § 28 BauGB sowie Unbedenklichkeitsbescheinigung:

Neben der Beglaubigungsgebühr fällt gem. I der Anm. zu Nr. 25102 KV keine Dokumentenpauschale an.

Vergleichsberechnung gemäß Anm. zu Nr. 32002:

1 × 1,50 = 1,50 Euro, höchstens 5 Euro, mindestens jedoch 15 Seiten × 0,50 (Einscannen zum Zwecke der Übermittlung) = **7,50 Euro.**

Pos. (6): 27.134

Entgelte für Post- und Telekommunikationsdienstleistungen

Nach Abs. 2 der Anm. zu Nr. 32004 KV i.V.m. Nr. 31002 KV beträgt das Entgelt **23,40 Euro** (15 Euro + 7 Euro 1,40 Euro). Die Erstattung der Kosten für Einschreiben mit Rückschein kann nach dem Wortlaut der Anm. II zu Nr. 32004 KV wohl nur bis zur Höhe von jeweils 3,50 Euro erfolgen (str.).

Pos. (7): 27.135

Bei den **Abrufgebühren**, die für die Einsicht in das **Grundbuch** entstehen, handelt es sich um Auslagen nach Nr. 32011 KV i.V.m. Nr. 1151 GV JVKostG, die in **voller Höhe** zu erstatten sind.

Teil 28
Zusatzgebühren

Inhaltsübersicht

I. Überblick 28.1	*Fall 5:* Zusatzgebühren bei einer Unterschriftsbeglaubigung ohne Entwurf (Antrag und Zustimmung, Unzeit- und Auswärtsgebühr, Auslagen) 28.34
1. Einführung 28.1	
2. Übersichtstabelle 28.2	
3. Die einzelnen Zusatzgebühren nach dem GNotKG 28.3	
a) Tätigkeiten zur Unzeit 28.3	*Fall 6:* Auswärtsgebühr bei mehreren Unterschriftsbeglaubigungen 28.39
b) Tätigkeiten in fremder Sprache 28.7	
c) Auswärtsgebühr 28.11	*Fall 7:* Mehrere Beurkundungsverfahren (Auswärtsgebühr) 28.43
II. Beurkundungen zur Unzeit und/oder außerhalb der Geschäftsstelle 28.15	
	III. Tätigkeiten in fremder Sprache . 28.47
Fall 1: Unzeit- und Auswärtsgebühr beim Kaufvertrag 28.15	*Fall 8:* Beglaubigung eines Dokuments in fremder Sprache . 28.47
Fall 2: Auswärtsgebühr bei einer Vorsorgevollmacht 28.20	*Fall 9:* Unterschriftsbeglaubigung in fremder Sprache 28.50
Fall 3: Auswärtsgebühr bei wechselseitigen Vorsorgevollmachten 28.24	*Fall 10:* Übersetzung fremdsprachlicher Erklärungen eines Beteiligten bei Beurkundung ... 28.53
Fall 4: Nachlassverzeichnis (Unzeit- und Auswärtsgebühr). 28.28	*Fall 11:* Beurkundung in fremder Sprache unter gleichzeitiger Übersetzung 28.56

Stichwortverzeichnis

Auswärtsgebühr
– allgemein 28.11 ff.
– Betreuungsverfügung 28.13
– Kaufvertrag 28.17
– Mehrere Beurkundungsverfahren 28.46
– Patientenverfügung 28.13
– Verfügung von Todes wegen 28.13, 28.46
– Verteilung 28.11, 28.42, 28.46
– Vorsorgevollmacht 28.14, 28.26
fremde Sprache
– allgemein 28.7 ff.
– beglaubigte Abschrift 28.8, 28.49

– Bescheinigung 28.8
– Beurkundung (Kaufvertrag) 28.55, 28.58
– Höchstgebühr 28.7, 28.58
– Übersetzung 28.9, 28.55, 28.58
– Unterschriftsbeglaubigung 28.8, 28.52
Referenzgebühren 28.4, 28.10
Übersichtstabelle 28.2
Unzeitgebühr
– allgemein 28.3 ff.
– Kaufvertrag 28.18
– Nachlassverzeichnis 28.30

I. Überblick

1. Einführung

Die Zusatzgebühren sind geregelt im Teil 2 Hauptabschnitt 6 des GNotKG. Hierzu gehören: 28.1
- die **Unzeitgebühr** (Nr. 26000 KV GNotKG)
- die Gebühr für die **Abgabe** der zu beurkundenden **Erklärung** eines Beteiligten in einer **fremden Sprache ohne** Hinzuziehung eines **Dolmetschers** sowie **Beurkundung, Beglaubigung** oder **Bescheinigung** in einer **fremden Sprache** oder die **Übersetzung** einer Erklärung in eine **andere Sprache** (Nr. 26001 KV GNotKG)
- die **Auswärtsgebühr** (Nr. 26002 und 26003 KV GNotKG)

Der Anfall der Zusatzgebühren setzt regelmäßig ein Verlangen der Beteiligten voraus.

2. Übersichtstabelle

Die maßgeblichen Bewertungsvorschriften lauten: 28.2

1. Unzeitgebühr	Nr. 26000 KV GNotKG (Gebühr i.H.v. 30 % der für das Verfahren oder das Geschäft zu erhebenden Gebühr, höchstens 30 Euro)
2. Tätigkeiten in einer fremden Sprache	Nr. 26001 KV GNotKG (Gebühr i.H.v. 30 % der für das Beurkundungsverfahren, für eine Beglaubigung oder Bescheinigung zu erhebenden Gebühr, höchstens 5000 Euro). Mit der Gebühr ist auch die Erteilung der Bescheinigung nach § 50 BeurkG abgegolten.
3. Auswärtsgebühr	**Nr. 26002 KV** GNotKG (für jede angefangene halbe Stunde der Abwesenheit, wenn nicht die Gebühr nach Nr. 26003 KV entsteht, 50 Euro) **Nr. 26003 KV** GNotKG (betrifft die Beurkundung **Nr. 1** die Errichtung, Aufhebung oder Änderung einer Verfügung von Todes wegen, **Nr. 2** die Errichtung, den Widerruf oder die Änderung einer Vollmacht, die zur Registrierung im Zentralen Vorsorgeregister geeignet ist, **Nr. 3** die Abgabe einer Erklärung gem. § 1897 IV BGB oder

	Nr. 4 eine Willenserklärung eines Beteiligten hinsichtlich seiner medizinischen Behandlung oder deren Abbruch
	fällt eine Zusatzgebühr i.H.v. 50 Euro pro Auftraggeber an)

3. Die einzelnen Zusatzgebühren nach dem GNotKG

a) Tätigkeiten zur Unzeit

28.3 Die **Unzeitgebühr** (Nr. 26000 KV GNotKG) fällt an für **Tätigkeiten**, die auf **Verlangen der Beteiligten** an **Sonntagen** und **allgemeinen Feiertagen**, an **Sonnabenden vor 8 und nach 13 Uhr** sowie an den **übrigen Werktagen außerhalb** der Zeit von **8 bis 18 Uhr** vorgenommen werden. Treffen **mehrere Voraussetzungen** zu, so kann die Gebühr nur einmal erhoben werden (Abs. 1 der Anm. zu Nr. 26000 KV GNotKG). Die Gebühr fällt nur an, soweit bei den anderen Geschäften nichts anderes bestimmt ist (Abs. 2 der Anm. zu Nr. 26000 KV GNotKG). Hierzu findet sich derzeit kein Fall im Gesetz.

28.4 Die Unzeitgebühr berechnet sich nach einem **prozentualen Anteil i.H.v. 30 %** der für das **Verfahren** oder das **Geschäft** zu erhebenden Gebühr (Referenzgebühren).

28.5 Hierbei ist zu beachten, dass sich ein **notarielles Verfahren nach § 85 GNotKG** bestimmt. Alle sonstigen Amtstätigkeiten sind notarielle Geschäfte, vornehmlich die in Hauptabschnitt 5 des Kostenverzeichnisses aufgeführten, aber auch die isolierten Entwürfe und Beratungen nach Hauptabschnitt 4 des Kostenverzeichnisses. Somit kann also insbesondere auch anlässlich von auswärtigen Beglaubigungen (Nr. 25100 ff. KV GNotKG) oder Beratungen (Nr. 24200 ff. KV GNotKG) eine Unzeitgebühr nach Nr. 26000 KV GNotKG anfallen.

Zwar fallen auch die unter Hauptabschnitt 2 des Kostenverzeichnisses geführten Vollzugs- und Betreuungstätigkeiten unter notarielle Geschäfte, sie bleiben aber unberücksichtigt (s. auch Rz. 28.10).

28.6 Die Vorschrift des § 34 V GNotKG (Mindestgebühr i.H.v. 15 Euro) findet keine Anwendung, da es sich bei der Zusatzgebühr der Nr. 26000 KV GNotKG nicht um eine Wertgebühr im Sinne der §§ 3, 34 GNotKG handelt.

b) Tätigkeiten in fremder Sprache

28.7 Für die **Abgabe** einer zu beurkundenden **Erklärung** eines Beteiligten in einer **fremden Sprache ohne** Hinzuziehung eines **Dolmetschers** sowie für die **Beurkundung, die Beglaubigung** oder die **Bescheinigung** in einer **fremden Sprache** oder für die **Übersetzung** einer Erklärung in eine **andere Sprache** erhält der Notar eine Zusatzgebühr i.H.v. 30 % der für das Beurkundungsverfahren, der Beglaubigung oder Bescheinigung erwachsenden Gebühr (Nr. 26001 KV GNotKG), höchstens 5000 Euro. Jede andere Sprache als deutsch ist eine fremde Sprache im Sinne der Norm.

Auch im Falle einer **Beglaubigung** oder **Bescheinigung** in fremder Sprache fällt die Zusatzgebühr an. 28.8

Die Zusatzgebühr nach Nr. 26001 KV GNotKG kann nur angesetzt werden, wenn **Fremdsprachenkenntnisse** des **Notars in Anspruch genommen werden**. Die bloße Beteiligung eines Sprachkundigen kann keine Zusatzgebühr auslösen. Der Notar erhält die Zusatzgebühr auch dann, wenn er in **deutscher Sprache** beurkundet und die Erklärungen in eine **fremde Sprache übersetzt**. Die Beurkundung der Übersetzung ist nicht erforderlich. Gemäß der Anm. zu Nr. 26001 KV GNotKG ist mit der Gebühr auch die Erteilung einer Bescheinigung gem. **§ 50 BeurkG abgegolten**. 28.9

Die Zusatzgebühr berechnet sich nach einem **prozentualen Anteil i.H.v. 30 %** der für das **Verfahren** oder das **Geschäft** zu erhebenden Gebühr (Referenzgebühren). **Vollzugs- und Betreuungsgebühren** bleiben dabei **unberücksichtigt**. 28.10

c) Auswärtsgebühr

Die Auswärtsgebühr wurde im GNotKG völlig umstrukturiert. Nach Nr. 26002 KV GNotKG soll der Notar für **jede halbe Stunde** der **Abwesenheit 50 Euro** erhalten. Nimmt der Notar mehrere Geschäfte vor, so 28.11

– entsteht die **Gebühr nur einmal** (Abs. 1 Satz 1 der Anm. zu Nr. 26002 KV GNotKG),
– ist die Gebühr auf die **einzelnen Geschäfte** unter Berücksichtigung der für jedes Geschäft aufgewandten Zeit angemessen **zu verteilen** (Abs. 1 Satz 2 der Anm. zu Nr. 26002 KV GNotKG).

Der Gesetzgeber spricht im Tatbestand der Nr. 26002 und 26003 KV GNotKG von einer „Tätigkeit", die auf Verlangen eines Beteiligten außerhalb der Geschäftsstelle des Notars vorgenommen wird. In der Anmerkung 1 und 2 zu Nr. 26002 KV GNotKG spricht er von „Geschäften". Nach Gesamtschau der beiden Begrifflichkeiten und dem Sinn und Zweck der Regelung beschränkt sich die Auswärtsgebühr nicht auf die in Hauptabschnitt 5 des KV genannten Geschäfte. Mit anderen Worten: Nimmt der Notar beispielsweise in der Zeit von 14.00 Uhr bis 17.00 Uhr zwei Verfahren (2 Kaufverträge) auswärts vor, so fällt die Auswärtsgebühr i.H.v. 300 Euro (6 × 50 Euro) nur einmal an und wird nach dem Zeitaufwand für jede der beiden Beurkundungen verteilt. Allerdings gilt für **Teilbeträge**, die **unter 15 Euro** liegen, **nicht** die **Mindestgebühr** nach § 34 V GNotKG. Die Auswärtsgebühr ist **auch anzusetzen**, wenn ein **Geschäft** aus einem in der Person **eines Beteiligten** liegenden Grund **nicht vorgenommen** wird (Abs. 2 der Anmerkung zu Nr. 26002 KV GNotKG). Allerdings bildet die Grundlage der Berechnung nur die tatsächliche Zeit der Abwesenheit des Notars. Der **Ansatz** des **Tage- und Abwesenheitsgeld** nach Nr. 32008 KV GNotKG ist **ausgeschlossen** (Abs. 3 der Anm. zu Nr. 26002 KV GNotKG).

Der **Anfall** der **Auswärtsgebühr** nach Nr. 26002 KV GNotKG ist in folgenden Fällen **ausgeschlossen**: 28.12

– **Wechsel- und Scheckproteste** (Vorbem. 2.3.4 KV GNotKG),
– **Vermögensverzeichnisse** und Siegelungen (Vorbem. 2.3.5 KV GNotKG).

28.13 Betrifft die Tätigkeit des Notars ein Geschäft nach **Nr. 26003 KV GNotKG genanntes Geschäft**, nämlich

Nr. 1 die Errichtung, Aufhebung oder Änderung einer Verfügung von Todes wegen,

Nr. 2 die Errichtung, den Widerruf oder die Änderung einer Vollmacht, die zur Registrierung im Zentralen Vorsorgeregister geeignet ist,

Nr. 3 die Abgabe einer Erklärung gem. § 1897 IV BGB oder

Nr. 4 eine Willenserklärung eines Beteiligten hinsichtlich seiner medizinischen Behandlung oder deren Abbruch,

so erhält der Notar eine **feste Auswärtsgebühr** i.H.v. **50 Euro**.
Die Gebühr fällt gem. Anm. S. 1 zu Nr. 26003 KV GNotKG für **jeden Auftraggeber** nur **einmal** an, auch wenn ein ganzes Vorsorgepaket, bestehend aus Vorsorgevollmacht, Betreuungs- und Patientenverfügung und einer Verfügung von Todes wegen, errichtet wird. Wünschen aber beispielsweise Eheleute die Beurkundung von **gegenseitigen Vorsorgevollmachten, die Beurkundung eines gemeinschaftlichen Testaments oder die Beurkundung eines Erbvertrages**, so fällt die Zusatzgebühr Nr. 26003 KV GNotKG **zweimal** an, also insgesamt 100 Euro, da es **zwei Auftraggeber** gibt. Dies gilt auch für den nicht alltäglichen Fall, in dem der Notar für den Beurkundungstermin weniger als eine halbe Stunde unterwegs war und die Berechnung nach der Vorschrift der Nr. 26002 KV GNotKG sogar günstiger wäre.[1]

28.14 Wünschen z.B. Eheleute die Beurkundung eines „Vorsorgepakets", so fällt die Zusatzgebühr für jeden Auftraggeber gesondert an (insgesamt 100 Euro), auch wenn mehrere Urkunden im Sinne der Nr. 26003 KV GNotKG errichtet werden.

II. Beurkundungen zur Unzeit und/oder außerhalb der Geschäftsstelle

> Die den Tabellen nachfolgenden Erläuterungen gehen, soweit sie Gebührenpositionen zu Verfahren, Geschäften oder Entwürfen enthalten, nicht auf diese ein. Hierzu wird auf die jeweiligen Themengebiete verwiesen.

→ **Fall 1: Unzeit- und Auswärtsgebühr beim Kaufvertrag**

A. Sachverhalt

28.15 Beurkundet wird die Veräußerung eines Grundstücks zum Kaufpreis von 200 000 Euro. Auf Verlangen der Beteiligten findet die **Beurkundung nach 18.30 Uhr** und **außerhalb der Geschäftsstelle**, jedoch innerhalb der politischen Gemeinde, in der sich der Amtssitz oder die Wohnung des Notars befindet, statt. Der Notar fährt mit seinem eigenen PKW insgesamt 5 km und ist insgesamt 3 Stunden abwesend.

---

1 *Prüfungsabteilung Ländernotarkasse*, OLG Rostock v. 2.1.2013 – 3 W 81/12, NotBZ 2013, 465: Erfolgt die Auswärtsbeurkundung, weil nur einer der Ehegatten den Notar nicht selbst aufsuchen kann und verbindet der Notar beide Termine in einem Auswärtstermin, so darf er die Zusatzgebühr nur einmal erheben.

II. Beurkundungen zur Unzeit und/oder außerhalb der Geschäftsstelle

B. Rechnung

28.16

Pos.	Gebührentatbestände	Geschäfts-wert	KV-Nr.	Satz	Betrag
(1)	Beurkundungsverfahren Kaufvertrag (§ 97 III, § 47)	200 000	21100	2,0	870,00
(2)	Auswärtsgebühr		26002		300,00
(3)	Unzeitgebühr		26000		30,00

C. Erläuterungen

Pos. (2): 28.17

Im konkreten Fall fällt eine Auswärtsgebühr nach Nr. 26002 KV i.H.v. 300 Euro an (6 × 0,5 Stunden × 50 Euro). Würde der Notar mehrere Auswärtsgeschäfte vornehmen, so fiele die Gebühr nur **einmal** an und wäre auf die einzelnen Geschäfte unter Berücksichtigung der für jedes Geschäft aufgewandten Zeit **angemessen zu verteilen** (Abs. 1 der Anm. zu Nr. 26002 KV).

Pos. (3): 28.18

Die Unzeitgebühr nach Nr. 26000 KV beträgt 30 % der Gebühren, welche für das Verfahren oder das Geschäft zu erheben sind, höchstens 30 Euro. Grundlage für die Berechnung der Zusatzgebühr nach Nr. 26000 KV sind sämtliche für das Verfahren oder das Geschäft zu erhebenden Gebühren. **Vollzugs-** und **Betreuungsgebühren** bleiben bei der Ermittlung der Gebühr **unberücksichtigt.**

D. Bemerkungen

Es fällt kein Tage- und Abwesenheitsgeld an, da 28.19

a) dieses nach Nr. 32008 KV nicht neben der Zusatzgebühr Nr. 26002 KV (Auswärtsgebühr) anfallen kann (Anm. zu Nr. 32008 KV),

b) es sich nicht um eine Geschäftsreise im Sinne der Vorbem. 3.2 II KV handelt, da das Reiseziel nicht außerhalb der politischen Gemeinde liegt, in der sich der Amtssitz oder die Wohnung des Notars befindet.

Auch fallen keine Fahrtkosten nach Nr. 32006 KV an, da es sich nicht um eine Geschäftsreise im Sinne der Vorbemerkung 3.2 II KV handelt, da das Reiseziel nicht außerhalb der politischen Gemeinde liegt, in der sich der Amtssitz oder die Wohnung des Notars befindet.

→ **Fall 2: Auswärtsgebühr bei einer Vorsorgevollmacht**

A. Sachverhalt

Der Ehemann erteilt seiner Ehefrau eine Vorsorgevollmacht in Form einer Generalvollmacht. 28.20

Auftragsgemäß übermittelt der Notar den Antrag auf Eintragung der Vorsorgevollmachten an das zentrale Vorsorgeregister (§ 78a BNotO).

Auf Verlangen der Beteiligten findet die **Beurkundung in der Wohnung der Beteiligten** statt; sie findet an einem Montag von 14.00 Uhr bis 15.30 Uhr statt.

Der Geschäftswert der Vorsorgevollmacht beträgt 100 000 Euro.

B. Rechnung

28.21

Pos.	Gebührentatbestände	Geschäftswert	KV-Nr.	Satz	Betrag
(1)	Beurkundungsverfahren Vorsorgevollmacht (§ 98 III)	100 000	21200	1,0	273,00
(2)	Auswärtsgebühr		26003 Nr. 2		50,00

C. Erläuterungen

28.22 Pos. (2):

Die Auswärtsgebühr nach Nr. 26003 Nr. 2 KV beträgt 50,00 Euro; auf die Dauer der Auswärtstätigkeit kommt es, anders als bei Nr. 26002 KV, nicht an. Neben dieser Gebühr wird kein Tage- und Abwesenheitsgeld erhoben (Anm. S. 2 zu Nr. 26003 KV i.V.m. III der Anm. zu Nr. 26002 KV i.V.m. Anm. zu Nr. 32008 KV).

D. Bemerkungen

28.23 Für die Übermittlung von Anträgen an das zentrale Vorsorgeregister erhält der Notar weder eine Vollzugs- noch eine Betreuungsgebühr (Vorbem. 2.1. II Nr. 1,2 KV).

→ **Fall 3: Auswärtsgebühr bei wechselseitigen Vorsorgevollmachten**

A. Sachverhalt

28.24 Die Eheleute erteilen sich wechselseitig eine Vorsorgevollmacht in Form einer Generalvollmacht. Auf Verlangen der Beteiligten findet die Beurkundung in der **Wohnung der Beteiligten statt**, die sich im **Nachbargebäude** der Geschäftsstelle des Notars befindet. Die Beurkundung findet an einem Montag von 14.00 Uhr bis 16.00 Uhr statt.

Auftragsgemäß übermittelt der Notar den Antrag auf Eintragung der Vorsorgevollmachten an das zentrale Vorsorgeregister (§ 78a BNotO).

Der Geschäftswert jeder Vorsorgevollmacht beträgt 100 000 Euro.

B. Rechnung

Pos.	Gebührentatbestände	Geschäfts-wert	KV-Nr.	Satz	Betrag
(1)	Beurkundungsverfahren (§§ 35 I, 86 II)	200 000	21200	1,0	453,00
	a) Vorsorgevollmacht Ehemann (§ 98 III)	100 000	21200		
	b) Vorsorgevollmacht Ehefrau (§ 98 III)	100 000	21200		
(2)	Auswärtsgebühr		26003 Nr. 2		100,00

28.25

C. Erläuterungen

Pos. (2):

28.26

Die Zusatzgebühr i.H.v. 50 Euro entsteht für **jeden Auftraggeber nur einmal** (Anmerkung zu Nr. 26003 KV), so dass für die Eheleute insgesamt 100 Euro zu berechnen sind. Auf die Dauer der Auswärtstätigkeit kommt es, anders als bei Nr. 26002 KV, nicht an. Neben dieser Gebühr wird kein Tage- und Abwesenheitsgeld erhoben (Anm. S. 2 zu Nr. 26003 KV i.V.m. III der Anm. zu Nr. 26002 KV i.V.m. Anm. zu Nr. 32008 KV).

D. Bemerkungen

Für die Übermittlung von Anträgen an das zentrale Vorsorgeregister erhält der Notar weder eine Vollzugs- noch eine Betreuungsgebühr (Vorbem. 2.1. II Nr. 1 und 2 KV).

28.27

→ **Fall 4: Nachlassverzeichnis (Unzeit- und Auswärtsgebühr)**

A. Sachverhalt

Der Notar begibt sich in die Wohnung des Verstorbenen, die **außerhalb seiner politischen Gemeinde** liegt. Er nimmt in Anwesenheit der Erben ein Nachlassverzeichnis auf. Damit soll dem Pflichtteilsberechtigten die Auskunft über das Vermögen des Erblassers gegeben werden. Der Notar stellt Aktiva i.H.v. 200 000 Euro und Passiva i.H.v. 80 000 Euro fest. Schenkungen durch den Erblasser wurden nur im angemessenen Rahmen (Anstandsschenkungen) getätigt.

28.28

Der Termin findet am **Sonntag von 9.00 Uhr bis 11.45 Uhr** statt. Der Notar fährt mit **seinem eigenen PKW insgesamt 25 km**.

B. Rechnung

28.29

Pos.	Gebührentatbestände/Auslagen	Geschäfts-wert	KV-Nr.	Satz	Betrag
(1)	Aufnahme eines Vermögens-verzeichnisses (§§ 115, 38)	200 000	23500	2,0	870,00
(2)	Unzeitgebühr		26000		30,00
(3)	Tage- und Abwesenheitsgeld		32008 Nr. 1		20,00
(4)	Fahrtkosten		32006		7,50

C. Erläuterungen

28.30 **Pos. (2):**

Die Unzeitgebühr nach Nr. 26000 KV beträgt **30 % der Gebühren, welche für das Verfahren oder das Geschäft zu erheben sind, höchstens 30 Euro**. Grundlage für die Berechnung der Zusatzgebühr nach Nr. 26000 KV sind sämtliche für das Verfahren oder das Geschäft zu erhebende Gebühren. **Vollzugs-** und **Betreuungs-gebühren** bleiben bei der Ermittlung der Gebühr **unberücksichtigt**.

28.31 **Pos. (3):**

Das Tage- und Abwesenheitsgeld beträgt nach Nr. 32008 Nr. 1 KV 20 Euro, da der Notar nicht mehr als 4 Stunden abwesend war.

28.32 **Pos. (4):**

Da der Notar sein **eigenes Kraftfahrzeug** benutzt hat, erhält er nach Nr. 32006 KV Fahrkosten i.H.v. **0,30 Euro je gefahrenen Kilometer**. Die anfallenden Fahrtkosten sind bei mehreren Angelegenheiten angemessen zu verteilen (Vorbem. 3 S. 1 KV).

D. Bemerkungen

28.33 Gem. Vorbem. 2.3.5 KV fällt für die Aufnahme eines Vermögensverzeichnisses **keine Auswärtsgebühr** nach Nr. 26002 KV an.

→ **Fall 5: Zusatzgebühren bei einer Unterschriftsbeglaubigung ohne Entwurf (Antrag und Zustimmung, Unzeit- und Auswärtsgebühr, Auslagen)**

A. Sachverhalt

28.34 Der Eigentümer stimmt der Löschung einer im Grundbuch eingetragenen Grundschuld zum Nennbetrag von 200 000 Euro zu und beantragt die Löschung zur Eintragung in das Grundbuch (§§ 13, 27 GBO). Der Notar beglaubigt lediglich die Unterschrift des Eigentümers.

Auf **Verlangen der Beteiligten** findet die Beglaubigung **außerhalb der politischen Gemeinde** des Notars am **Sonntag nach 18.00 Uhr** statt. Er ist insgesamt 1,5 Stunden abwesend. Er fährt mit seinem **eigenen PKW** insgesamt **25 km**.

II. Beurkundungen zur Unzeit und/oder außerhalb der Geschäftsstelle

B. Rechnung

Pos.	Gebührentatbestände/Auslagen	Geschäftswert	KV-Nr.	Satz	Betrag
(1)	Unterschriftsbeglaubigung unter einem Löschungsantrag mit Löschungszustimmung	keiner, da Festgebühr	25101 Nr. 2		20,00
(2)	Auswärtsgebühr		26002		150,00
(3)	Unzeitgebühr		26000		6,00

28.35

C. Erläuterungen

Pos. (2): 28.36

Im konkreten Fall fällt eine Auswärtsgebühr nach Nr. 26002 KV i.H.v. 150 Euro an (3 × 0,5 Stunden × 50 Euro). Würde der Notar mehrere Auswärtsgeschäfte vornehmen, so fiele die Gebühr nur **einmal** an und wäre auf die einzelnen Geschäfte unter Berücksichtigung der für jedes Geschäft aufgewandten Zeit **angemessen zu verteilen** (Abs. 1 der Anm. zu Nr. 26002 KV).

Es entsteht **kein Tage- und Abwesenheitsgeld** an, da dieses nach Nr. 32008 KV nicht neben der Auswärtsgebühr Nr. 26002 KV anfallen kann (Anm. zu Nr. 32008 KV).

Pos. (3): 28.37

Die Unzeitgebühr nach Nr. 26000 KV beträgt 30 % der Gebühren, welche für **das Verfahren oder das Geschäft** zu erheben sind, höchstens 30 Euro. Obwohl vorliegend **zwei Unzeitalternativen** vorliegen, nämlich eine Beurkundung nach 18 Uhr und zudem an einem Sonntag, fällt die **Unzeitgebühr** nur einmal an (Anm. I zu Nr. 26000 KV).

Pos. (4): 28.38

Da der Notar sein **eigenes Kraftfahrzeug** benutzt hat, erhält er nach Nr. 32006 KV Fahrtkosten i.H.v. **0,30 Euro je gefahrenen Kilometer**. Die anfallenden Fahrtkosten sind bei mehreren Rechtssachen angemessen zu verteilen (Vorbem. 3 S. 1 KV).

→ **Fall 6: Auswärtsgebühr bei mehreren Unterschriftsbeglaubigungen**

A. Sachverhalt

Der Notar begibt sich auftragsgemäß zur **V-Bank**, um dort **30 Unterschriftsbeglaubigungen** vorzunehmen. Dafür ist er insgesamt 1,5 h abwesend. Die Beglaubigungen erfolgen auf Verlangen nach 18.00 Uhr. Die V-Bank befindet sich im Nachbargebäude der Geschäftsstelle des Notars. Bei den getrennt zu beglaubigenden Dokumenten handelt es sich um **Löschungsbewilligungen**. Sodann unterschreiben die Vertretungsberechtigten der V-Bank die Dokumente in Gegenwart des Notars. Der Notar fertigt anschließend in seinem Büro 30 Beglaubigungsvermerke. Der Geschäftswert für jedes Dokument beträgt 50 000 Euro.

28.39

B. Rechnung

28.40

Pos.	Gebührentatbestände	Geschäfts-wert	KV-Nr.	Satz	Betrag
(1)	Unterschriftsbeglaubigung (§§ 121, 97 I, 53 I S. 1)	50 000	25100	0,2	33,00
(2)	Unzeitgebühr		26000		9,90
(3)	Auswärtsgebühr		26002		5,00

Insgesamt sind 30 Rechnungen mit dem vorstehenden Inhalt auszustellen.

C. Erläuterungen

28.41 **Pos. (2):**

Die **Unzeitgebühr** nach Nr. 26000 KV beträgt **30 % der Gebühren, welche für das Verfahren oder das Geschäft** zu erheben sind, höchstens 30 Euro. Die Vorschrift des § 34 V (Mindestgebühr i.H.v. 15 Euro) findet keine Anwendung, da es sich bei der Zusatzgebühr der Nr. 26000 KV nicht um eine Wertgebühr im Sinne der §§ 3, 34 handelt.

28.42 **Pos. (3):**

Nach I der Anm. zu Nr. 26002 KV entsteht die Auswärtsgebühr nur einmal. Sie ist auf die einzelnen Beglaubigungen angemessen zu verteilen (150 Euro/30 Beglaubigungen = 5 Euro). Für **Teilbeträge, die unter 15 Euro** liegen, gilt **nicht** die **Mindestgebühr** nach § 34 V.

→ **Fall 7: Mehrere Beurkundungsverfahren (Auswärtsgebühr)**

A. Sachverhalt

28.43 Der Notar begibt sich auftragsgemäß in die örtliche Seniorenresidenz. Er beurkundet folgende Geschäfte:

- **Verfügung von Todes** wegen der Frau A (Vermögen der Frau A: 100 000 Euro; Verbindlichkeiten 70 000 Euro)
- Beurkundung eines unentgeltlichen **Überlassungsvertrages** von B auf C (Verkehrswert des Grundstücks 200 000 Euro)

Der Notar ist insgesamt 3 h abwesend. Hiervon entfallen 1 h auf die Beurkundung der Verfügung von Todes wegen und 1 h auf die Beurkundung des Überlassungsvertrages.

B. Rechnungen

a) Verfügung von Todes wegen

Pos.	Gebührentatbestände/Auslagen	Geschäftswert	KV-Nr.	Satz	Betrag
(1)	Beurkundungsverfahren Verfügung von Todes wegen (§ 102 I)	50 000	21200	1,0	165,00
(2)	Auswärtsgebühr		26003 Nr. 1		50,00

28.44

b) unentgeltlicher Überlassungsvertrag

Pos.	Gebührentatbestände/Auslagen	Geschäftswert	KV-Nr.	Satz	Betrag
(1)	Beurkundungsverfahren Überlassungsvertrag (§§ 97 I, 46)	200 000	21100	2,0	870,00
(2)	Auswärtsgebühr		26002		150,00

28.45

C. Erläuterungen

Pos. (2) jeder Rechnung:

Der Notar ist 3 Stunden abwesend. Somit würde die Auswärtsgebühr nach Nr. 26002 KV ohne Berücksichtigung der Nr. 26003 Nr. 1 KV insgesamt 300 Euro betragen (6 × 0,5 Stunden × 50 Euro). Da mehrere Geschäfte vorgenommen worden sind, ist die Gebühr auf die einzelnen Geschäfte unter Berücksichtigung der für jedes Geschäft aufgewandten Zeit angemessen zu verteilen. Folglich würden auf Frau A 150 Euro sowie B und C insgesamt 150 Euro entfallen. Allerdings kann die Auswärtsgebühr für Frau A nur mit 50 Euro berechnet werden (Nr. 26003 Nr. 1 KV).

28.46

III. Tätigkeiten in fremder Sprache

→ **Fall 8: Beglaubigung eines Dokuments in fremder Sprache**

A. Sachverhalt

Dem Notar wird ein **Zeugnis** vorgelegt, welches eine Seite umfasst. Es wird davon eine beglaubigte Abschrift beantragt. Die Kopie wird mitgebracht. Der **Beglaubigungsvermerk soll in englischer Sprache** erstellt werden.

28.47

B. Rechnung

28.48

Pos.	Gebührentatbestände/Auslagen	Geschäftswert	KV-Nr.	Satz	Betrag
(1)	Beglaubigung eines Zeugnisses	keiner, da keine Wertgebühr	25102		10,00
(2)	Beglaubigung in fremder Sprache		26001		3,00

C. Erläuterungen

28.49 **Pos. (2):**

Für die **Beglaubigung eines Dokuments** in einer fremden Sprache fällt die **Zusatzgebühr** nach Nr. 26001 KV an. Sie beträgt 30 % der Gebühren, welche für das Beurkundungsverfahren, für eine Beglaubigung oder Bescheinigung zu erheben sind und ist auf 5000 Euro beschränkt. Die Vorschrift des § 34 V (Mindestgebühr i.H.v. 15 Euro) findet keine Anwendung, da es sich bei der Zusatzgebühr der Nr. 26001 KV nicht um eine Wertgebühr i.S. der §§ 3, 34 handelt.

→ **Fall 9: Unterschriftsbeglaubigung in fremder Sprache**

A. Sachverhalt

28.50 Der Notar **beglaubigt die Unterschrift** unter einer ihm vorgelegten **Fremdurkunde** (Vollmacht zur Vornahme eines bestimmten Rechtsgeschäfts). Der Wert der Fremdurkunde wurde mit 50 000 Euro angegeben. Die Unterschriftsbeglaubigung erfolgt in einer **fremden Sprache.**

B. Rechnung

28.51

Pos.	Gebührentatbestände/Auslagen	Geschäftswert	KV-Nr.	Satz	Betrag
(1)	Unterschriftsbeglaubigung (§§ 121, 98 I)	25 000	25100	0,2	23,00
(2)	Unterschriftsbeglaubigung in fremder Sprache		26001		6,90

C. Erläuterungen

28.52 **Pos. (2):**

Für die **Beglaubigung** einer Unterschrift in einer fremden Sprache fällt die **Zusatzgebühr** nach Nr. 26001 KV an. Sie beträgt 30 % der Gebühren, welche für das Beurkundungsverfahren, für eine Beglaubigung oder Bescheinigung zu erheben sind. Die Vorschrift des § 34 V (Mindestgebühr i.H.v. 15 Euro) findet **keine** Anwendung, da es sich bei der Zusatzgebühr der Nr. 26001 KV nicht um eine **Wertgebühr** im Sinne der §§ 3, 34 handelt.

III. Tätigkeiten in fremder Sprache

→ **Fall 10: Übersetzung fremdsprachlicher Erklärungen eines Beteiligten bei Beurkundung**

A. Sachverhalt

Der Notar beurkundet einen **Kaufvertrag** zwischen dem deutschen Verkäufer V und dem **italienischen Käufer** K. Da der Notar des Italienischen mächtig ist, übersetzt er dem Verkäufer die in italienisch abgegebenen Erklärungen des K bei der Beurkundung ins deutsche und umgekehrt, dem K die deutschen Erklärungen des V ins italienische, ohne einen Dolmetscher beizuziehen. Der Kaufpreis beträgt 200 000 Euro.

28.53

B. Rechnung

Pos.	Gebührentatbestände/Auslagen	Geschäftswert	KV-Nr.	Satz	Betrag
(1)	Beurkundungsverfahren Kaufvertrag (§ 97 III, § 47)	200 000	21100	2,0	870,00
(2)	Beurkundung in fremder Sprache		26001		261,00

28.54

C. Erläuterungen

Pos. (2):

28.55

Für die Fremdsprachentätigkeit des Notars fällt eine **Zusatzgebühr** nach Nr. 26001 KV an. Sie beträgt 30 % der Gebühr, welche für das Beurkundungsverfahren zu erheben ist.

Grundlage für die Berechnung der Zusatzgebühr Nr. 26001 KV sind bei einem Beurkundungsverfahren i.S.d. § 85 II ausschließlich die Gebühren nach Nr. 21100–21304 KV. Setzt sich die Beurkundungsverfahrensgebühr wegen einer Vergleichsberechnung nach § 94 aus mehreren Gebühren zusammen, etwa bei einem Kaufvertrag mit Umsatzsteueroption aus einer 2,0 Gebühr nach Nr. 21100 KV aus einem Kaufpreis von 200 000 Euro i.H.v. 870 Euro und einer 1,0 Gebühr nach Nr. 21200 KV aus 38 000 Euro i.H.v. 145 Euro, so sind die 30 % aus der Gebührensumme von 1015 Euro zu erheben; die Zusatzgebühr Nr. 26001 KV beläuft sich in diesem Fall also auf 304,50 Euro. Nicht etwa ist die Zusatzgebühr nach einer 2,0 Gebühr aus dem fiktiven Gesamtwert von 238 000 Euro i.H.v. 1070 Euro zu erheben.

Neben der Beurkundungsgebühr anfallende Geschäftsgebühren, wie etwa Vollzugs- oder Betreuungsgebühren oder Gebühren für eine Vertretungsbescheinigung, bleiben unberücksichtigt.

→ Fall 11: Beurkundung in fremder Sprache unter gleichzeitiger Übersetzung

A. Sachverhalt

28.56 Der Notar beurkundet einen **Kaufvertrag** zwischen dem deutschen Verkäufer V und dem **italienischen Käufer** K. Die Beurkundung erfolgt in **italienischer** Sprache. Dabei **übersetzt** er den Beteiligten wechselseitig ihre Erklärungen. Der Kaufpreis beträgt 10 Mio. Euro.

B. Rechnung

28.57

Pos.	Gebührentatbestände/Auslagen	Geschäftswert	KV-Nr.	Satz	Betrag
(1)	Beurkundungsverfahren Kaufvertrag (§ 97 III, § 47)	10 Mio.	21100	2,0	22 770
(2)	Beurkundung in fremder Sprache		26001		5000
(3)	Übersetzung in fremde Sprache		26001		5000

C. Erläuterungen

28.58 **Pos. (2) und (3):**

Für die **Beurkundung** des Kaufvertrages **in italienisch sowie** für die **Übersetzungstätigkeit fällt die Zusatzgebühr** nach Nr. 26001 KV an. Da sich die Tatbestandsvarianten vorliegend häufen, fällt die Gebühr nach ihrer Häufung, also vorliegend zweimal an.

Die Gebühr beträgt 30 % der Gebühr, welche für das Beurkundungsverfahren zu erheben ist, höchstens aber 5000,00 Euro; dieser Höchstbetrag ist vorliegend einschlägig.

Grundlage für die Berechnung der Zusatzgebühr Nr. 26001 KV sind bei einem Beurkundungsverfahren i.S.d. § 85 II ausschließlich die Gebühren nach Nr. 21100–21304 KV. Setzt sich die Beurkundungsverfahrensgebühr wegen einer Vergleichsberechnung nach § 94 aus mehreren Gebühren zusammen, etwa bei einem Kaufvertrag mit Umsatzsteueroption aus einer 2,0 Gebühr nach Nr. 21100 KV aus einem Kaufpreis von 200 000 Euro i.H.v. 870 Euro und einer 1,0 Gebühr nach Nr. 21200 KV aus 38 000 Euro i.H.v. 145 Euro, so sind die 30 % aus der Gebührensumme von 1015 Euro zu erheben; die Zusatzgebühr Nr. 26001 KV beläuft sich in diesem Fall also auf 304,50 Euro. Nicht etwa ist die Zusatzgebühr nach einer 2,0 Gebühr aus dem fiktiven Gesamtwert von 238 000 Euro i.H.v. 1070 Euro zu erheben.

Neben der Beurkundungsgebühr anfallende Geschäftsgebühren, wie etwa Vollzugs- oder Betreuungsgebühren oder Gebühren für eine Vertretungsbescheinigung, bleiben unberücksichtigt.

Stichwortverzeichnis

In dem folgenden Stichwortverzeichnis werden die wesentlichen themenübergreifenden Schlagworte dieses Werkes, das heißt die Stichworte, die in mehreren Teilen dieses Werkes relevant werden, gebündelt. Darüber hinaus stehen zum Auffinden spezieller kostenrechtlicher Fragestellungen bezüglich eines Themenbereiches die Stichwortverzeichnisse der jeweiligen Teile zur Verfügung.

Abrechenbare Amtstätigkeiten **1** 1
Abrufgebühren
– elektronisches Handelsregister
  – allgemein **27** 2, 22, 55
  – Registerbescheinigung **13** 28 ff.
  – Registereinsicht bei Unterschriftsbeglaubigung **11** 18
  – Vermerk nach § 39 BeurkG **13** 32
  – Vertretungsbescheinigung § 21 Abs. 1 BNotO **13** 20 ff.
– Grundbucheinsicht
  – allgemein **27** 2, 22, 55
  – isolierte Grundbucheinsicht **8** 190
  – vor Beurkundung Grundstückskaufvertrag **27** 30 ff.
  – vor Beurkundung vollstreckbarer Grundschuld **27** 120 ff.
– keine Gebühr **13** 22 ff.
Abschichtung 19 1, 260
– Grundbuchberichtigungsantrag **8**, 158
Abschriften *siehe beglaubigte Abschriften*
Abspaltung *siehe Spaltung*
Abtretung
– aufschiebend bedingt durch Kaufpreiszahlung, Betreuungsgebühr, Gesellschafterliste **13** 48
– Auszahlungsansprüche **6** 35, 47 f.
– Eigentümergrundschuld **2** 61, 304, 307
– Geschäftsanteil *siehe GmbH, Formwechsel, Spaltung, Verschmelzung*
– Grundschuld **6**
  – Briefrecht **6** 123, 225
  – Buchrecht **6** 120, 189
  – Teilabtretung **6** 35, 47, 129, 153, 179, 189, 225, 246
  – Vollzug einer Fremdurkunde **6** 153
– Hypothek **6** 129
– künftige Rentenansprüche **6** 246
– Lohn, Gehalt **6** 246
– Rückgewähransprüche **6** 35, 47, 179
Abwesenheitsgeld *siehe Auslagen*
Adoption
– allgemein (Bewertung im Kindschaftsrecht) **18** 1 ff.
– Antrag **18** 1, 55 ff., 67 ff., 78 ff., 82, 120 f.

– Auslandsberührung **18** 65, 76, 87
– Einwilligung **18** 59, 62, 66, 71, 74, 77, 80 ff.
– Geschäftswert **18** 4, 9 f., 58 ff., 69 ff., 80 ff.
– mehrerer Kinder **18** 63, 67 ff.
– Minderjährige **18** 55 ff., 67 ff., 81
– Namensänderung **18** 64, 75
– Volljährige **18** 78 ff., 81
– Zustimmung **18** 1, 5, 59, 62
Affidavit 17 2, 57 ff.
Aktenverwahrer 1 155; **3** 256, 262, 269
Aktiengesellschaft
– § 25 Abs. 2 HGB **21** 967 ff.
– Abwickler
  – geborener **21** 972 ff.
  – gekorener **21** 983 ff.
– allgemein (Bewertung Gesellschaftsrecht) **21** 1 ff.
– Änderung Gesellschaftsvertrag
  – Anmeldung **21** 933 ff., 941 ff.
  – Firma **21** 941 ff.
  – Grundkapital **21** 933 ff.
  – ohne förmliche Anmeldung **21** 939
– Anmeldung
  – § 25 Abs. 2 HGB **21** 967 ff.
  – Änderung Gesellschaftsvertrag **21** 933 ff., 941 ff.
  – Auflösung **21** 972 ff., 983 ff.
  – Aufsichtsrat **21** 953 ff.
  – Beendigung **21** 994 ff.
  – Erlöschen **21** 994 ff.
  – genehmigtes Kapital **21** 953 ff.
  – Gründung **21** 896 ff., 906 ff., 915 ff., 924 ff.
  – Nachgründung **21** 949 ff.
  – unrichtige Sachbehandlung **21** 939, 947
– Beratung Vorbereitung Hauptversammlung **21** 1003
– Beschlüsse
  – Abschlussprüfer **21** 953 ff.
  – Auflösung **21** 972 ff., 983 ff.
  – Aufsichtsrat **21** 953 ff.
  – Beendigung **21** 994 ff.

- Erlöschen **21** 994 ff.
- Ermächtigung Erhöhung Grundkapital **21** 953 ff.
- Feststellung Jahresabschluss **21** 953 ff.
- Vergütung Aufsichtsratsmitglieder **21** 953 ff.
- Verteilung Bilanzgewinn **21** 953 ff.
- Vorstand **21** 953 ff.
- Wahlen **21** 896 ff., 906 ff., 915 ff., 924 ff.
- Bilanz siehe Bilanzen
- Einbringung Grundstück **21** 924 ff.
- genehmigtes Kapital **21** 915 ff.
- Gründung
  - Anmeldung **21** 896 ff., 906 ff., 915 ff., 924 ff., 949 ff.
  - Bargründung **21** 896 ff.
  - Ein-Mann-AG Bargründung **21** 906 ff., 915 ff.
  - genehmigtes Kapital **21** 915 ff.
  - Gründungsprüfung **21** 896 ff.
  - Nachgründung **21** 949 ff.
  - Sachgründung **21** 924 ff.
- Gründungsprüfung **21** 896 ff.
- Hauptversammlung **21** 953 ff., 1003
- Liste der Aufsichtsratsmitglieder (isoliert) **21** 1004 ff.
- Nachgründung **21** 949 ff.
- unrichtige Sachbehandlung (Anmeldung) **21** 939, 947
- XML-Strukturdateien **21** 44

Aktivwert von Gesellschaften 21 80
Allgemeine Versteigerungsbedingungen 25 37
Anderkonto siehe Notaranderkonto
Änderung
siehe auch
- *Aktiengesellschaft (Änderung Gesellschaftsvertrag)*
- *Angebot und Annahme*
- *Einzelkaufmann (Änderung Firma)*
- *Genossenschaft (Änderung Vorstand, Satzung)*
- *Gesellschaft bürgerlichen Rechs*
- *GmbH (klassisch) (Änderung Gesellschaftsvertrag)*
- *GmbH (Unternehmerges.) (Änderung Musterprotokoll)*
- *Kommanditgesellschaft (Änderung Firma)*
- *Offene Handelsgesellschaft (Änderung Firma)*
- *Partnerschaftsgesellschaft (Änderung des Namens der PartG)*
- *Testament*
- *Verein (Änderung Vorstand, Satzung)*
- Dienstbarkeit, Inhaltsänderung **7**, 261

- Erstreckung auf weiteres Grundstück **5** 74
- Gemeinschaftsordnung, Neufassung **4** 74
- Gemeinschaftsordnung, punktuelle Änderung **4** 71
- Grundpfandrechte **6**
  - Abtretungsverbot **6** 213
  - Änderung der Zahlungsmodalitäten **6** 198
  - eingeschränkte Zweckerklärung **6** 182
  - Ergänzung Pfandbeschrieb **6** 178
  - Erhöhung der Zinsen **6** 195
  - Forderungsauswechslung **6** 210
  - Teilung **6** 186
  - Teilung mit Abtretung **6** 189
  - Umwandlung Briefrecht/Buchrecht **6** 204
  - Umwandlung Buchrecht/Briefrecht **6** 201
  - Umwandlung Hypothek/Grundschuld **6** 207
  - Verjährung der Rückgewähransprüche **6** 175
  - Verteilung Gesamthypothek **6** 192
  - Zahlungsmodalitäten **6** 198
- Kaufobjekt **2** 1139
- Leibrente, Anpassung **3** 67, 253
- Teilung eines Erbbaurechts **5** 65
- Umwandlung von Teileigentum in Wohnungseigentum (und umgekehrt) **4** 77
- Veräußerungs- und Belastungsbeschränkung, Nachtrag **3** 2 ff., 24
- Verlängerung eines Erbbaurechts nach Zeitablauf **5** 71
- Verlängerung eines Erbbaurechts vor Zeitablauf **5** 68
- Vertragspartner **2** 1162

Aneignungserklärung § 928 Abs. 2 BGB 8 110
Anerkennung Vaterschaft siehe Vaterschaftsanerkennung
Anfechtung Erbschaft 19 9, 21
Angebot 2 892 ff.
- alternative Berechtigte (aufschiebend bedingt) **2** 902, 1033, 1039
- Änderung Bindungsfrist **2** 1047, 1049, 1050, 1052
- Änderung nach Fristablauf **2** 1047, 1050
- Änderung vor Ablauf **2** 1053
- Angebotsvorhand **2** 1086
- Ankaufsrecht **2** 1078
- Benennung des Berechtigten **2** 911, 914, 969, 973
- Benennung des Berechtigten (Selbstbenennung) **2** 915, 918, 969, 973
- Bindungsentgelt **2** 1019, 1022, 1025

– durch den Käufer 2 979, 982, 986, 989
– durch den Verkäufer 2 779, 781, 909, 911, 915
– Gegenstandshäufung
  – derselbe Gegenstand 2 899 ff.
  – verschiedene Gegenstände 2 902 ff.
– Kostenübernahme 2 1027, 1032
– Löschungserklärungen 2 901
– Mehrheit von Angeboten 2 1033, 1039
– neues Angebot 2 953
– wechselseitig über denselben Gegenstand 2 903, 1039

Angebotsvertrag 2 1019, 1027
Angebotsvorhand 2 1086
Ankaufsrecht 2 1071, 1073
– Angebot 2 1078
– Angebotsvorhand 2 1086
– Auflassung 2 1328
– aufschiebend bedingter Kaufvertrag 2 1072, 1074
– Ausübung 2 1059
– Call-Option 2 1071, 1074
– Geschäftswert 2 1056, 1057
– Option 8 188
– Vereinbarung 2 719, 724
– Verkäuferangebot 2 1078
– Vorvertrag 2 1082
– wechselseitig Käufer - Käufer 2 445, 449 f.
– wechselseitig Käufer - Verkäufer 2 456, 459 f.

Anmeldung
siehe auch
– *Aktiengesellschaft*
– *Einzelkaufmann*
– *Formwechsel*
– *Genossenschaft*
– *GmbH (klassisch)*
– *GmbH (Unternehmerges.)*
– *Grenzüberschreitende Umwandlungsvorgänge*
– *Kommanditgesellschaft*
– *Offene Handelsgesellschaft*
– *Partnerschaftsgesellschaft*
– *Spaltung*
– *Stiftungen*
– *Verein*
– *Verschmelzung*
– *Zweigniederlassung*
– eines Schiffes 26 15, 29 ff.
– Güterrechtsregister
  – Gütergemeinschaft 20 124, 128, 138, 142
  – Vorbehaltsgut 20 134
– Inhaber des Schiffes 26 7, 15

Annahme 2 892 ff.
– Änderungen vor Annahme 2 959, 962

– Auflassung 2 899, 926, 932, 939, 945, 986, 991, 995, 1000
– Benennung des Berechtigten 2 969, 973
– Gegenstandshäufung
  – derselbe Gegenstand 2 897 f.
  – verschiedene Gegenstände 2 902 ff.
– Käufer 2 785, 919, 926, 959
– Käufer mit Änderungen (neues Angebot) 2 953, 955
– Käufer mit Änderungen Verkäufer 2 959, 962 ff.
– Löschungserklärungen 2 901
– Unterwerfung Kaufpreis 2 900, 919, 926, 939
– Verkäufer 2 986, 995
– Verkäufer mit Änderungen durch Käufer 2 1010, 1013 ff.
– Verkäufer mit Änderungen durch Verkäufer (neues Angebot) 2 1005, 1007
– Verkäufer mit Änderungen vor Annahme (neues Angebot) 2 1005, 1007
– Vollzugsgebühr 2 906 ff.
  – Vollzug durch Annahmenotar 2 907
  – Vollzug jeweils teilweise Angebots und Annahmenotar 2 908
– Vorkaufsrecht, Auflassung nach Ausübung
  – gesetzliches Vorkaufsrecht 2 1319, 1322
  – Verpflichtungsgeschäft beurkundet 2 1324, 1327
  – Verpflichtungsgeschäft nicht beurkundet 2 1319, 1322

Annahme als Kind *siehe Adoption*
Anrechnung Gebühren *siehe vorzeitige Beendigung Beurkundungsverfahren*
Antrag
– an das Familiengericht 17 36, 48 f.
– an das Landwirtschaftsgericht, Hoffolge 19 226 ff.
– an das Nachlassgericht 17 11, 41, 53; *siehe auch Nachlassgericht*
– Erbscheinsantrag *siehe dort*
– gemischter Antrag 8 2
– Gericht 18 16, 21, 45; 22 23
– Grundbuchanträge *siehe auch Grundbuchberichtigung*
  – Abschreibung 2 546, 557
  – allgemein 8 1 ff.
  – Grunddienstbarkeit, Wegerecht, Geh- und Fahrrecht 2 370, 373, 374
  – isolierte Grundbucherklärungen 8 1
  – Miteigentümervereinbarungen 8 52 ff.
  – Teilung 8 25
  – Vereinigung 2 540, 543; 8 32
  – Zuschreibung 2 551, 555; 8 37
– Löschungsantrag *siehe Löschung*

1521

– Schiffsregister **26** 3 ff.
Anwaltsvergleich
– Rücknahme des Antrags **24** 14
– Vollstreckbarerklärung **24** 10
Anzeige
– Finanzamt (§ 34 Abs. 1 Nr. 3 ErbStG) **20** 18
– Standesamt **18** 16, 29
Apostille **2** 44; **22** 286
Arbeitsplatzgarantie **2** 116, 172, 178
Auffangwert **7** 12
Aufgabe
– Eigentum, Eigentumsverzicht **8** 105
– Eigentümererbbaurecht **5** 83
– Gebäudeeigentum **2** 764, 767, 770 f., 808, 811; **8** 111
– Nutzungsrecht **2** 764, 767, 770, 795, 798, 800; **8** 111
Aufgebotsverfahren
– Antrag auf Aufgebot (Grundschuldgläubiger) **6** 258
– Antrag auf Kraftloserklärung (Grundschuldbrief) **6** 261
Aufhebung **2** 1234, 1260, 1267
– Aufgabe Eigentümererbbaurecht **5** 83
– Aufhebungserklärung nach § 875 BGB **8** 115
– Ausgleichsvereinbarung **2** 1252, 1257
– Entschädigung **2** 1252, 1257
– Erbbaurecht **5** 78
– Erbvertrag **19** 1, 8, 139 ff., 142 ff., 145 ff.
– Erbvertrag im Ehevertrag **20** 185
– Erbvertrag in Scheidungsvereinbarung **20** 245, 253
– Gebäudeeigentum **2** 808
– Geschäftswert **2** 1234
– Gütergemeinschaft **20** 138, 140
– Gütertrennung **20** 58, 61
– Mietvertrag **2** 595
– Miteigentümergemeinschaft **2** 418
– Neuabschluss Auswechslung Vertragspartner **2** 1267, 1270 ff.
– Räumungspflicht **2** 1260, 1264
– Sondereigentum **4** 121
– Teilaufhebung **2** 1155, 1158
– Verfügungsbeschränkung gem. § 12 Abs. 4 WEG **4** 134
 – Grundbuchkosten **4** 138
 – Unterschriftsbeglaubigung unter Aufhebungsbeschluss **4** 137
– Vertrag **4** 81; **19** 1, 8
– Vertrag bereits teilerfüllt **2** 1238, 1242
– Vertrag noch nicht (teil-)erfüllt **2** 1245, 1249; **3** 246 ff.
– Wohnungs- bzw. Teileigentum
 – durch den Alleineigentümer **4** 89
 – durch die Miteigentümer **4** 81, 85

– und Realteilung **4** 92, 95
– vor Bebauung **4** 85
– vor Eintragung im Grundbuch **4** 84, 88
Auflage (erbrechtlich)
– allgemein **19** 15 ff.
– Geschäftswert Erbscheinsantrag **19** 197 ff.
– Verfügung über gesamten Nachlass **19** 48, 102 ff., 117 ff.
Auflassung **2** 1276
– Aktenverwahrer **2** 1278
– anderer Notar **2** 1277, 1288
– aufgrund rechtskräftigem Urteil **2** 1314
– aufgrund Wiederkauf **3** 266 ff.
– ausgesetzt **2** 60, 65
– ausländische Urkunde **2** 1329
– Ausübung Vorkaufsrecht **2** 1319
– Bewilligung durch Notar **2** 1335
– derselbe Notar **2** 1278, 1282
– Eigenurkunde **2** 1335
– Gründung
 – Aktiengesellschaft **21** 924 ff.
 – Gesellschaft bürgerlichen Rechts **21** 108 ff.
 – GmbH (klassisch) **21** 433 ff., 484 ff., 678 ff.
 – offene Handelsgesellschaft **21** 191 ff., 199 ff., 212 ff.
– im Kaufvertrag, grundsätzlich **2** 254, 259, 261
– Insolvenzverwalter
 – mit Erfüllungswahl (Genehmigung) **2** 1339, 1342, 1344
 – ohne Erfüllungswahl **2** 1347
– isoliert **2** 1276, 1282, 1288, 1293
– isoliert, Rückübertragung **3** 253 ff.
– nach Ausübung eines Rückkaufsrechts **2** 1328
– Notar in Bürogemeinschaft **2** 1278, 1299
– Notariatsverwalter **2** 1278
– Prozessvergleich **2** 1309, 1312
– Rückauflassung und Anpassung der Übertragungsmodalitäten **3** 97, 257 ff.
– Sozius **2** 1278, 1293, 1299
– Stiftung **21** 1030 ff.
– Veräußerung Gesellschaftsanteil (GbR) **21** 123
– Vermächtniserfüllung
 – notarielles Testament **2** 1300, 1303
 – privatschriftliches Testament **2** 1305, 1308
Auflassungsvormerkung
– Eigenurkunde, Löschung Auflassungsvormerkung nach Rücktritt **2** 1446, 1456
– Grundbucherklärung **8** 77
– löschbar **2** 1438
– Löschungserklärung Auflassungsvormer-

kung aufgrund Vollmacht **2** 1460, 1462, 1473
- Löschungserklärung Eigenurkunde **2** 1446
- Löschungserklärung im Kaufvertrag **2** 1438
- Löschungserklärung, „Schubladenlösung" **2** 1444
- Löschungsvollmacht **2** 1460, 1464, 1473

Auflösung GbR *siehe Grundbuchberichtigung*
Aufspaltung *siehe Spaltung*
Aufzahlungsverpflichtung, bedingt **2** 211, 214
Augenscheinseinnahme **17** 12
Ausbietungsgarantie **25** 46 ff.; **6** 255
Auseinandersetzung
- allgemein **1** 48
- Erbauseinandersetzung **19** 1, 257 ff.
- Gemeinsames Vermögen der Lebensgemeinschaft (nichtehelich) **20** 284
- Gesamtgut bei Aufhebung der Gütergemeinschaft **20** 138, 141
- Vermögen in Scheidungsvereinbarung **20** 225, 228

Auseinandersetzungszeugnis **8** 187; **17** 14, 43 ff., 50 ff.
Ausfertigung (weitere vollstreckbare) **6** 150, 163
Ausfertigungsentgegennahme (Betreuungsgebühr) **6** 32, 49
Ausfertigungssperre **3** 102, 129 ff., 257 ff.
Ausgliederung *siehe Spaltung*
AusglLeistG **2** 845
- landwirtschaftliche Nutzfläche **2** 845, 848, 854, 857
- Rückauflassungsvormerkung **2** 845, 854
- Rücktrittsrecht **2** 845, 854
- Veräußerungsverbot gesetzlich **2** 845, 849, 854, 859
- Waldfläche **2** 864, 868

Auskunftspflicht Notare, Gerichte **1** 157
Auslagen
- Abrufgebühren **27** 22
- allgemein **1** 33, 101; **27** 1 ff.
- Aufnahme Vermögensverzeichnis **15** 29 f., 51 f., 60 f., 68 f.
- Auslagenpauschale **8** 202
- Dokumente größer als DIN A3 **4** 20
- Dokumentenpauschale bei Abschriftsbeglaubigung **12** 3
- Dolmetscher **27** 21
- Erbrecht **19** 37, 47, 56 ff.
- Farbkopien **4** 21
- Kindschaftsrecht **18** 31 ff., 52 ff.
- ÖPNV **15** 32, **19** 63

- Reisekosten **27** 18; *siehe auch Reisekosten*
- später beantragte Dokumente **4** 22
- Urkundszeugen **27** 21
- Verlosungen **16** 23 f. 34, 50 f., 60 f.
- Vermögensverzeichnis **15** 7
- Versiegelung Wohnraum **15** 80 f.
- Wechselprotest **14** 24

Ausländische Urkunde
- Rücknahme des Antrags **24** 51
- Vollstreckbarerklärung (Beispielfälle) **24** 39 ff.

Ausländisches Register, Ermittlung zum Inhalt **13** 9
Auslegungsvertrag **19** 1, 296 ff.
Auslosung
- allgemein **16** 1 ff.
- Gebühren **16** 5 ff.
- und Vernichtung **16** 5, 8
- Vornahme **16** 5
- Wertpapiere **16** 8, 46 ff.

Ausschreibung, Teilnahme an **16** 39 ff.
Austauschprinzip **1** 46
Auswärtsgebühr *siehe auch Zusatzgebühr*
- allgemein **28** 11 ff.
- Betreuungsverfügung **23** 10, 83; **28** 13, 17
- Dienstgang **27** 64
- Geschäftsreise **27** 56
- mehrere Beurkundungsverfahren **28** 46
- Patientenverfügung **11** 86; **23** 10, 83; **28** 13
- Umwandlungsrecht **22** 292, 294, 296, 298
- Unterschriftsbeglaubigung **6** 234; **11** 88
- Verfügung von Todes wegen **28** 13, 46
- Verteilung **28** 11, 42, 46
- Vorsorgevollmacht **23** 10, 83; **28** 2, 6, 14
- Wechsel- und Scheckproteste **27** 90

Baubeschreibung **4** 14, 140 ff.
Bauträgervertrag **2** 828, 1504, 1509, 1517
Bedingtes Recht (Wohnungsrecht) **7** 226
Befruchtung, künstliche *siehe Insemination*
Beglaubigte Abschrift
- beglaubigte Kopie **12** 3
- der Unterschriftsbeglaubigung **11** 36
- eigener Urkunden des Notars **12** 22, 28
- Familienstammbuch **12** 16
- mehrere **11** 36; **12** 15, 26
- nach § 42 Abs. 4 BeurkG (Beglaubigung eines elektronischen Dokuments in Papierform) **27** 91

Beglaubigungsgebühr
- Entwurf **12** 28, 43

– für Beglaubigung eines elektronischen Dokuments in Papierform **12** 53
– gesonderte **12** 17
– Grundbuchamt **12** 44
– Handzeichen **11** 75
– Höhe, allgemein **12** 3 f.
– keine **12** 3 ff., 24, 28, 38, 42, 51
– Schulzeugnis **16** 12
– Unterschriftsbeglaubigung **12** 31, 47, 50
– Vertretungsnachweise **12** 36 (Geschäftsanteilskauf); **12** 40 (zum Grundstückskaufvertrag) **12** 47 (zur Unterschriftsbeglaubigung)
Beglaubigungsvermerk
– einheitlicher **12** 10, 17
– elektronischer **12** 2, 53 f.
– verschiedene, getrennt **12** 6, 10, 15, 31
– weiterer **11** 129
Beitreibung Notargebühren 1 95 ff.
Bekanntmachung (§ 62 Abs. 3 UmwG) 22 113, 117
Belastungsvollmacht
– als Teil einer Verkaufsvollmacht (Grundstück) **10** 31, 38
– beim Erwerb durch GbR **2** 529, 532
– Kaufvertrag **2** 52, 279, 282, 286
– Schenkung und Überlassung **3** 83, 112 ff.
– separater Entwurf einer Belastungsvollmacht **10** 24, 31, 38
– Untervollmacht **2** 532
Belastungsverbot 2 107, 134, 137; **3** 50, 152 ff., 207 ff.
Benutzungs- und Verwaltungsregelung § 1010 BGB *siehe Miteigentümervereinbarung*
Beratung
– allgemein **9** 30 ff.
– Gebührenanrechnung **9** 34, 130 ff., 133 ff.
– Gebührensatz **9** 32
– Geschäftsführerbelehrung **11** 67
– Geschäftswert **9** 35 f.
– Gesetzliche Regelung **9** 30
– neben Unterschriftsbeglaubigung **5** 49, 57; **11** 63 ff., 74
– Rahmengebühr **9** 31
– Registeranmeldung **9** 124 ff.
– steuerliche **9** 118 ff.
– Teilungserklärung **9** 121 ff.
– Übersichtstabelle **9** 37
– Vertrag **9** 112 ff.
– Vertragsmuster **9** 92, 115 ff.
– Voraussetzungen **9** 33
– Vorbereitung Beurkundung **9** 108 ff.
– vorzeitige Beendigung Beurkundungsverfahren *siehe dort*
Berechnung Mittelgebühr 13 83

Bescheinigung *siehe auch Tatsachenbescheinigung, Genehmigung*
– im Rahmen von Vollzugs- und Betreuungstätigkeiten
 – Abgeschlossenheitsbescheinigung **4** 15, 23 ff.
 – allgemein **1** 152; **13** 6
 – steuerliche Unbedenklichkeitsbescheinigung **3** 129 ff.
 – über den Eintritt der Wirksamkeit von Verträgen, Erklärungen und Beschlüssen **1** 152; **2** 38; **13** 6
– nach öffentlich-rechtlichen Vorschriften **2** 13
Beschluss
siehe auch
– *Aktiengesellschaft*
– *Einzelkaufmann*
– *Genossenschaft*
– *GmbH (klassisch)*
– *GmbH (Unternehmerges.)*
– *Kommanditgesellschaft*
– *Offene Handelsgesellschaft*
– *Partnerschaftsgesellschaft*
– *Spaltung*
– *Stiftungen*
– *Verschmelzung*
– *Zweigniederlassung*
– Verlosung **16** 8
– Wohnungseigentümerversammlung
 – Aufhebung der Veräußerungsbeschränkung **4** 134
 – Verwalterbestellung **4** 126
Beschränkte persönliche Dienstbarkeiten *siehe Dienstbarkeiten*
Bestandteilszuschreibung 8 37
Bestätigung als Europäischer Vollstreckungstitel *siehe Exequaturverfahren*
Betreuter (Beteiligung am Kaufvertrag) 2 874
Betreuungstätigkeiten
– Abschriftsbeglaubigung **12** 7
– Annahme Treuhandauftrag **6** 54
– Anzeige der eingeschränkten Zweckerklärung **6** 22, 36, 49, 183
– Anzeige der Verpfändung **6** 22, 61, 65
– allgemein **1** 76, 104, 153
– Betreuungsgebühr **2** 35 f.
– Dienstbarkeiten **7** 23
– Eheverträge und Scheidungsvereinbarungen
– Fälligstellung des Kaufpreises **20** 153, 158
– Überwachung der Eigentumsumschreibung **20** 245, 256
– Eide, eidesstattlichen Versicherungen **17**, 21

1524

– Entgegennahme der Ausfertigung **6** 22 f., 32, 50
– Erbrecht **19** 33 f., 36, 99 ff., 151, 155, 185 ff., 197 ff., 209 f., 215 f., 281 ff.
– gebührenfreie **2** 49; **6** 23; **14** 8, 11; **26** 28
– Grundbucherklärungen **8** 19
– Kaufpreisfälligkeit/Umschreibungsüberwachung
  – Grundstückskaufvertrag **2** 40 ff.
  – Überlassungsvertrag **3** 7 ff., 25, 102
  – Wohnungs- und Teileigentum **4** 106
– Kindschaftsrecht **18** 14 f., 22, 29, 45, 53, 60, 72, 84, 138 f.
– Prüfung bestimmter Voraussetzungen **23** 27, 92
– Prüfung der Auszahlungsvoraussetzung **25** 32, 45
– Überblick **4** 15; **10** 8; **23** 6; **25** 8; **15** 5
– Umwandlungsrecht
  – Abspaltung zur Aufnahme **22** 140, 155, 170
  – Abspaltung zur Neugründung **22** 190, 200, 211, 222
  – allgemein **22** 13 f.
  – Bescheinigung der Gesellschafterliste nach Prüfung **22** 20
  – Verschmelzung mehrerer Rechtsträger (als Rechtseinheit) **22** 67, 79
  – Verschmelzung zur Aufnahme **22** 39, 52
  – Vorlageüberwachung der Registeranmeldung **22** 21
– Unterschriftsbeglaubigung **11** 14
– Verlosung **16** 13
– Vermögensverzeichnisse **15** 18
– Vollzug **2** 10 f.; **26** 23 ff., 47, 55
– Wechsel- und Scheckproteste **14** 8 ff.
– Zustellung Widerruf **10** 83, 87; **23** 69, 74
Betreuungsverfügung **23** 1 ff., 4
– Patientenverfügung **23** 58
– Unterschriftsbeglaubigung **23** 45
– Vorsorgevollmacht **23** 80, 85
Betriebsratszuleitung **22** 32
Beurkundungsgegenstand (Definition) **1** 37
– Berechnungsbeispiele **1** 54 ff.
– Zusammenfassung mehrerer ohne sachlichen Grund **22** 87
Beurkundungsverfahren **1** 35 f.; **17** 16 ff.; **19** 4 f., 7
Bewertungsprinzipien **1** 42 ff.
Bezugsurkunde
– Allgemeine Versteigerungsbedingungen **25** 37
– Baubeschreibung **4** 14, 140
BGB-Gesellschaft *siehe Gesellschaft bürgerlichen Rechts*

Bilanzen
– allgemein **21** 80 ff.
– Besonderheiten **21** 103
– Einzelkaufmann **21** 97
– Genossenschaft **21** 100
– GmbH
  – aktivierter Fehlbetrag **21** 94
  – Arbeiten auf fremden Grundstücken **21** 95
  – Baubetriebs-GmbH **21** 95
  – Gebäude und Anlagen auf fremden Grundstücken **21** 93
  – mit Grundstückseigentum und Sonderposten **21** 92
  – ohne Grundstückseigentum **21** 91
– Kleinstkapitalgesellschaft **21** 102
– Kommanditgesellschaft
  – mit Kapitalanteil des Komplementärs **21** 98
  – ohne Kapitalanteil des Komplementärs **21** 99
– Offene Handelsgesellschaft **21** 96
– Sonderbilanz **21** 104 f.
– Veräußerung von Geschäftsanteilen **21** 106 f.
– vermögensverwaltende Gesellschaft **21** 101
Billigkeitsklauseln **1** 159
Briefausschlussaufhebung (Umwandlung Buchrecht/Briefrecht) **6** 201
Brieferteilung (Erstellung Teilbrief) **6** 225
Bruttojahresmiete, Mieterdienstbarkeit **7** 239
Bürgschaft **6** 253; **25** 10

Call-Option **2** 1056 ff., 1071 ff.

Darlehen, Übernahme
– Anrechnung auf den Kaufpreis **2** 1359, 1362 f.
– dinglich gesichert **2** 1359, 1362
– Miteigentumsanteil (Innenverhältnis) **2** 1390, 1393
– Schuldanerkenntnis **2** 1359, 1373
– Schuldbeitritt **2** 1396, 1400 f.
– Schuldnerwechsel **2** 1359, 1372
– Schuldübernahme **2** 1354 ff., 1396, 1400
– Verkäuferdarlehen **2** 343
– Vertrag **2** 332, 336
Dereliktion *siehe Eigentumsausgabe nach § 928 BGB*
Derselbe Beurkundungsgegenstand *siehe Gegenstandsgleichheit*
Deutsch-französischer Wahlgüterstand **20** 266

Stichwortverzeichnis

Dienstbarkeiten
- Abnahmeentgelt 7 132
- allgemein (Bewertung Dienstbarkeiten) 7 1 ff.
- beschränkt persönliche Dienstbarkeiten
  - Ausschlussdienstbarkeit 7 137 ff.
  - Benutzungsbeschränkung 7 120
  - Benutzungsdienstbarkeiten 7 29 (§ 1018 Alt. 1 BGB); 7 96 ff. (§ 1090 Abs. 1 Alt. 1)
  - Biogasanlage 7 196 f.
  - Dauerwohn- und Nutzungsrechte 7 7; 4 98
  - Duldungsdienstbarkeiten § 1090 (Alt. 1) 7 114
  - Immissionsrecht, Dienstbarkeit 7 138
  - Nießbrauchsrechte 7 244 ff.
  - Nutzungsdienstbarkeiten 7 144 ff.
  - Photovoltaikanlage, Dienstbarkeiten 7 174 ff.
  - Rohrleitungsrecht 7 47
  - Stellplatzsicherungsrecht 7 126
  - Tankstellenbetreibungsrecht 7 97
  - Unterlassungs- und Duldungsdienstbarkeiten 7 114 ff.
  - Unterschied Grunddienstbarkeit 7 1
  - Wohnungsrechte 7 203 ff.
- Bestellung neben Grundschuld 6 69
- Bewilligung 8 5 f.
- Eigentümerdienstbarkeit 7 191
- Einführung 7 1
- Einmalzahlung 7 7, 47
- Geschäftswert 7 7 ff.
- Grunddienstbarkeiten 7 29 ff.
  - Abstandsflächenrecht 7 74
  - Baumwurfdienstbarkeit 7 91
  - Benutzung Hauswand 7 102
  - Bodenausbeuterecht 7 53
  - Duldungsdienstbarkeiten 7 73
  - Fensterrecht 7 85
  - Geh- und Fahrtrecht 7 29
  - Gewerbebeschränkung 7 80
  - Kabelleitungsrecht, Dienstbarkeit 7 59, 108
  - Kanalleitungsrecht, Dienstbarkeit 7 47
  - Wärmelieferungsvertrag, Contracting 7 132
  - Windkraftanlagen 7 4 ff., 14
- Herrschvermerk 7 65 ff.
- in Kaufverträgen 7 17
- Jahreswert, Dienstbarkeiten 7 7
- Kostentragungsregelung (vertraglich) 7 209
- Lebensdauer, Lebensalter, Geschäftswert 7 11
- mehrere Dienstbarkeiten 7 20, 226
- Mieterdienstbarkeit 7 239
- Nutzungsentschädigung 7 7
- sachenrechtliche Einigung, Gebühr 7 6
- schuldrechtliches Grundgeschäft, Gebühr 7 6
- Teilfläche 7 12, 32, 245
- unbeschränkte Dauer, Geschäftswert 7 9 f.
- unbestimmte Dauer, Geschäftswert 7 10
- Unterlassungs- und Duldungsdienstbarkeiten 7 73, 114
- vertraglich bestellte 7 6, 209
- wiederkehrende Nutzungen und Leistungen 7 7
- Wohnungsbesetzungsrecht, Dienstbarkeit 7 115

Dienstgang, Dienstreise *siehe Reisekosten*

Dokumentenpauschale
- Abschriftsbeglaubigung 12 3, 22 ff., 30, 39, 44 f.
- außerhalb eines Beurkundungsvertrages 27 2, 5 ff., 38
- beglaubigte Abschrift 27 2, 7, 29, 32, 38, 48
- Entwurf 27 ff, 2, 6 ff., 102, 109 ff., 117
  - nach Versendung des Entwurfs 27 6 ff.
  - vor Versendung des Entwurfs 27 2, 6 ff., 32, 43, 83, 98 ff.
- Erbvertrag 27 83
- Farbe 27 2, 6 ff.
- Fremdurkunde (Vertretungsnachweis) 27 13, 32
- Gesellschafterversammlung 27 98 ff.
- größer als DIN A 3 27 2, 6, 9, 43
- Grundschuld
  - Niederschrift 27 51
  - Unterschriftsbeglaubigung ohne Entwurf 27 48 ff.
- Gründung einer GmbH 27 102 ff.
- innerhalb eines Beurkundungsverfahrens 27 2, 7 ff, 32 ff., 42 ff., 102 ff., 109 ff., 132 ff.
- Kaufvertrag 27 32 ff., 132 ff.
- keine 12 1 ff. 12, 17, 20, 35 ff., 45 ff.
- Kopien und Ausdrucke 27 5 ff.
- ohne besonderen Antrag 27 2, 6 ff., 32, 132
- Scannen 27 12, 96, 103, 110, 118, 125, 133
- schwarz/weiß 27 2, 6 ff., 40 ff.
- Teilungserklärung 27 40 ff.
- Unterschriftsbeglaubigung 27 46 ff.
- Verfügung von Todes wegen 27 71 ff.
- Versenden elektronischer Dateien 27 10 ff., 96, 103, 110, 118, 125, 133
- Vorsorgevollmacht 27 56

Doppelvollmacht, Ausnutzung 2 874, 878
Dreiseitiger Vertrag 2 816 ff.

Echtheitsbestätigung 2 44
Echtheitszeugnis 13 16
Ehe- und Erbvertrag
– allgemein (Bewertung von Eheverträgen und Scheidungsvereinbarungen) 20 4 ff.
– Aufhebung § 1365 BGB 19 121 ff.
– Auflage 19 125 ff.
– Geschäftswert 19 3, 29
– Gütertrennung und gegenseitige Erbeinsetzung 20 163 ff.
– modifizierter Güterstand 19 121 ff.
– Nachtrag zu einem bestehenden Ehevertrag im Grundstückskaufvertrag 2 407 ff.
– nichteheliche Lebensgemeinschaft 19 128 ff.
– Pflichtteilsverzicht 19 125 ff.
Ehewohnung 20 193, 206
Eidesstattliche Versicherung siehe auch Erbscheinsantrag
– Abnahme 15 5, 7, 38, 43
– allgemein 17 2 ff., 8 f., 30
– Aufgebotsverfahren 6 258
– Auseinandersetzung 17 14, 43 ff.
– Erlangung Erbschein 17 13, 54
– Erlangung Europäisches Nachlasszeugnis 17 13, 54
– Erlangung Zeugnis 17 13 f., 33 ff., 38 ff., 43 ff., 50 ff.
– Fortsetzung Gütergemeinschaft 17 9, 33 ff.
– gegenüber Behörde 17 28 ff.
– Kraftloserklärung Grundschuldbrief 17 32
– Prioritätsverhandlung 13 65, 68
– Testamentsvollstreckung 17 13, 38 ff.
– Überweisungszeugnis 17 14, 43 ff., 50 ff.
– Verlust Fahrzeugschein 17 28 ff.
– Vorschriften 17 8 ff.
Eigentümererbbaurecht
– Aufgabe durch Grundbucherklärung 5 83
– Bestellung 5 46
– Bestellung mit Vorkaufsrechten 5 50
Eigentümergrundschuld 6 72
– Abtretung 2 61, 304, 307
– Löschungsbewilligung Verkäufer 2 325
Eigentümerzustimmung zur Löschung eines Grundpfandrechts 6 231
Eigentumsaufgabe nach § 928 BGB 8 105
Eigenurkunde (Bewilligung) 2 1335, 1456
Einbenennung 18 1, 10, 133 ff.
eingetragene Lebenspartnerschaft 20 265
Einheimischenmodell 2 830 ff.
Einheitswert (Wohnhaus bei landwirtschaftlichem Betrieb) 3 29 f., 207 ff.
Einholung

– betreuungsgerichtliche Genehmigung 2 15
– familiengerichtliche Genehmigung 18 14
– Genehmigung der Schuldübernahme 3 1 ff., 7 ff., 17, 20, 99
– GrdstVG 2 12, 672, 855 ff., 1144 ff., 1204 ff.; 3 7 ff., 20
– GVO 2 13, 70; 3 1 ff., 7 ff., 17, 20
– Löschungsbewilligung 3 1 ff., 2 ff., 12, 17
– Personenstandsurkunden 18 60, 72, 84, 138 f.
– steuerliche Unbedenklichkeitsbescheinigung 3 9 ff., 12
– Vollzugsgebühr für die Einholung von Verzichten, Bescheinigungen und Genehmigungen 2 13 ff.
– Vorkaufsrechtsverzicht der Gemeinde 2 13 29; 3 9 ff., 12
Einigung, dingliche
– allgemein 8 8
– Einigung (nachträglich) über die Einräumung des Wohnungseigentums 4 60
– nachträgliche (anderer Notar) 5 62; 4 63
– nachträgliche (gleicher Notar) 5 59
Einlieferungsvertrag 25 34
Einschreiben/Rückschein 27 15, 33, 134
Einsicht siehe Abrufgebühren
Einwilligung
– Adoption 18 4 f., 5, 9 f., 59, 71, 74
– Einbenennung 18 5, 10, 137, 140 f., 143 f.
– gesonderte Urkunde 18 4, 28, 62, 74, 77, 86, 88, 140, 143
– Insemination 18 5, 91, 95, 107, 116
– Jugendamt 18 66, 77, 144
Einzelkaufmann
– allgemein (Bewertung Gesellschaftsrecht) 21 1 ff.
– Anmeldung (Handelsregister)
  – Änderung Firma 21 129 ff.
  – Erstanmeldung 21 124 ff.
  – Geschäftsanschrift 21 139 ff.
  – Inhaberwechsel 21 144 ff., 149 ff.
  – Löschung 21 155 ff.
  – Prokurist 21 134 ff.
  – Verpachtung 21 149 ff., 154
– Bilanz siehe Bilanzen
– Gesellschaftsanteil
  – Veräußerung 21 216, 234, 283
– Vollzug
  – Änderung Firma 21 133
  – Erstanmeldung 21 128
  – Geschäftsanschrift 21 143
  – Inhaberwechsel 21 148, 153
  – Löschung 21 159

1527

– Prokurist **21** 138
– Verpachtung **21** 153
Elektronischer Rechtsverkehr
bzgl. XML-Strukturdateien im Gesellschaftsrecht siehe auch
– *GmbH (klassisch)*
– *GmbH (Unternehmerges.)*
– *Grenzüberschreitende Umwandlungsvorgänge*
– *Spaltung*
– *Verschmelzung*
– *Zweigniederlassung*
– beglaubigte Abschriften nach § 42 Abs. 4 BeurkG **27** 91 ff.
– elektronische Beglaubigung **12** 2, 54
– Gesellschafterversammlung **27** 108
– Grundbuch
  – elektronische Übermittlung eines Grundbuchabdrucks als Datei **8** 198
  – Grundbucherklärungen im XML-Format **7** 22
  – Grundschuld **27** 122
  – Kaufvertrag **27** 130
  – Unterschriftsbeglaubigung mit Entwurf (Löschung) **27** 115
  – Vorbemerkung **27** 112
– Handelsregister
  – Gründung einer GmbH **27** 101
  – XML-Strukturdateien **27** 98 ff.
– Scannen **27** 12, 96, 103, 110, 118, 125, 133
– Übermittlung der Verwahrangaben an das ZTR **27** 75, 80, 85
– Vermerke nach § 39 a BeurkG **27** 94
– Versenden von Dateien **27** 10 ff., 96, 103, 110, 118, 125, 133
– Vorsorgevollmacht (Registrierungsantrag) **27** 63, 70
Elterliche Sorge *siehe Sorgerecht*
Entgelte für Post- und Telekommunikationsdienstleistungen
– Einschreiben/Rückschein **27** 15, 33, 134
– Pauschale **27** 14, 39, 44, 50, 54
– tatsächliche Entgelte **27** 3, 14 ff., 33, 134
Entschädigung, bei Vertragsaufhebung 2 1252, 1257
Entsiegelung 15 7, 11; **16** 48
Entwurf (außerhalb eines Beurkundungsverfahrens)
– Aliud-Entwurf **9** 42, 105 ff.
– allgemein **9** 18 ff., 83 ff.
– Änderung/Ergänzung Grundschuld **6** 173 ff.
– Beglaubigung **12** 26, 28, 43, 51
– Erbausschlagung **19** 181 ff.
– Fremdentwurf **9** 25 ff., 102 ff.
– Gebührenanrechnung **9** 26, 96 ff., 133 ff.

– Gebührenfreie Tätigkeiten **9** 41
– Gebührensatz **9** 22, 83 ff.
– Geschäftswert **9** 29
– Gesetzliche Regelung **9** 18
– Grundbucherklärung (Gebühr) **8** 6
– Nichtausübungserklärung **5** 107, 109
– Rahmengebühr **9** 21, 83 ff.
– Registeranmeldung **9** 89 ff.
– Sachgründungsbericht **9** 86 ff.; **22** 31
– Schiffsregister **26** 3 ff., 38 ff., 49 ff.
– Serienentwurf **9** 19, 27 f., 93 ff., 99 ff.
– Testament **19** 95 ff.
– Übersichtstabelle **9** 37
– Unrichtige Sachbehandlung **9** 42
– Unterschriftsbeglaubigung (Abgeltung) **9** 24
– Veräußerungszustimmung **5** 107, 109
– Vertrag **9** 83 ff.
– Vertragsmuster **9** 92, 115 ff.
– Vollzug **9** 38 f.
– Vollzugsentwürfe **9** 38; **12** 29
– Voraussetzungen **9** 23
– Vorbereitung Beurkundung **9** 79 ff.
– vorzeitige Beendigung Beurkundungsverfahren *siehe dort*
Erb- und Pflichtteilsverzicht
– allgemein (Bewertung erbrechtliche Vorgänge) **19** 1 ff.
– Beurkundung **19** 1, 166
– gegenständlich beschränkt **19** 1 ff., 17, 171 ff.
– gegenüber Erstversterbenden **19** 8 ff., 17, 178 ff.
– Geschäftswert **19** 20
– in Scheidungsvereinbarung **20** 193, 221, 225, 242, 245, 252
– mehrere **19** 5 ff., 7 ff., 16 f., 167 ff., 175 ff.
– mit Abfindung **19** 3 ff., 16, 163 ff.
– ohne Gegenleistung **19** 5 ff., 17, 175 ff.
Erbauseinandersetzung
– Abschichtung **19** 1, 260 ff.
– allgemein (Bewertung erbrechtliche Vorgänge) **19** 1 ff.
– Auseinandersetzung **19** 1, 257 ff.
– Vermittlung, Antragsrücknahme **19** 268 ff., 272 ff.
– Vermittlung, Auseinandersetzungsplan **19** 266, 268 ff., 272 ff.
– Vermittlung, Bestätigung **19** 268 ff.
– Vermittlung, Beteiligung Nichterbe **19** 277 ff.
– Vermittlung, Beurkundung **19** 264 ff., 277 ff.
– Vermittlung, Übergangsrecht **19** 267
– Vermittlung, vorzeitige Beendigung **19** 268 ff., 272 ff.

- Vermittlung zwischen Miterben **19** 264 ff.

Erbausschlagung
- allgemein (Bewertung erbrechtliche Vorgänge) **19** 1 ff.
- Anfall eines Hofes **19** 27, 193 ff.
- Anfechtung **19** 189 ff.
- einfach (Entwurf mit UB) **19** 181 ff.
- Einholung familiengerichtliche Genehmigung **19** 185 ff.
- Geschäftswert **19** 72
- gestaffelt **19** 185 ff.
- nebeneinander **19** 184, 192, 196
- Überschuldung **19** 187, 191, 195

Erbbaurecht
- allgemein **5** 1 ff.
- Belastung Erbbaurecht nebst Rangrücktritt **5** 119
- Bestellung, einseitig
  - Eigentümererbbaurecht **5** 46
  - Eigentümererbbaurecht mit Vorkaufsrechten **5** 50
- Bestellung, vertraglich **5** 23
  - Bebauung auf Rechnung des Erbbauberechtigten **5** 39
  - fester Kapitalbetrag **5** 35
  - Kapitalbetrag für Gebäude **5** 31
  - mit gegenseitigen Vorkaufsrechten **5** 43
  - Preisklausel/Wertsicherungsklausel **5** 31
  - Teilfläche **5** 10, 27
  - Untererbbaurecht **5** 53
  - Verpflichtung über Bestellung **5** 56
- Einholung Gläubigerzustimmung **5** 77
- Erstreckung auf weiteres Grundstück **5** 74
- Geschäftswert **5** 8 ff.
- Liegenbelassungserklärung des erbbauzinsberechtigten Eigentümers **5** 127
- Löschung durch Zeitablauf **5** 90, 94
- Nachverpfändung Erbbaurecht **5** 39
- Nichtausübungserklärung Vorkaufsrecht am Erbbaurecht **5** 98, 109
- Untererbbaurecht (Bestellung) **5** 53
- Verlängerung Erbbaurecht
  - nach Zeitablauf **5** 71
  - vor Zeitablauf **5** 68
- Verkauf **5** 98, 104
- Zwangsvollstreckungsunterwerfung hinsichtlich Erbbauzins **5** 114

Erbbauzins
- Erhöhung **5** 68, 130
- Kapitalisierung **5** 9
- Verteilung **5** 65, 122
- Zusammenfassung **5** 74

Erbschaftskauf *siehe Erbteilkauf*

Erbscheinsantrag
- allgemein (Bewertung erbrechtlicher Vorgänge) **19** 1 ff.
- Antrag auf Eröffnung Testament **19** 197 ff., 243 ff.
- Auflage **19** 197 ff.
- Auskunft Finanzamt **19** 25
- Berichtigung nach Erteilung **19** 237 ff.
- Berichtigung vor Erteilung **19** 233 ff.
- Erbscheinverfahren **17** 13, 54
- Europäisches Nachlasszeugnis **19** 250 ff., 254 ff.
- Fremdrechtserbschein **19** 218, 220 ff.
- für bestimmte Zwecke **19** 24
- gegenständlich beschränkt **19** 220 ff.
- Geschäftswert **19** 23 ff.
- Grundbuchberichtigungsantrag **19** 205 ff., 211 ff.
- Hof **19** 223 ff.
- Hoffolgezeugnis **19** 226 ff.
- isoliert **19** 230 ff.
- landwirtschaftliches Vermögen **19** 223 ff.
- mehrere Erben **19** 205 ff.
- ohne eidesstattliche Versicherung **19** 230 ff.
- ohne Erbscheinsantrag (Ersatz Personenstandsurkunden) **19** 201 ff.
- Teilerbschein **19** 240 ff.
- Testamentseröffnung **19** 197 ff., 243 ff.
- Testamentsvollstreckung **19** 3 ff., 24
- Verfahren **19** 1, 10 f.
- Verfahrensbindung **19** 207
- Verlängerung Europäisches Nachlasszeugnis **19** 254 ff.
- Vermächtnis **19** 197 ff., 243 ff.
- Vollrechtserbschein **19** 197 ff.
- vorzeitige Beendigung **19** 11, 246 ff.
- zugunsten Kommune **19** 211 ff.
- zur Vorlage beim Grundbuchamt **19** 217 ff.
- zur Vorlage beim Handelsregister **19** 217 ff.
- zur Vorlage beim Schiffsregister **19** 217 ff.

Erbscheinsverfahren *siehe Erbscheinsantrag*

Erbteilkauf **19** 1, 282 ff.

Erbteilsübertragung
- Grundbuchberichtigung **8** 153
- Vertrag **19** 282 ff.

Erbvertrag
- allgemein (Bewertung erbrechtlicher Vorgänge) **19** 1 ff.
- Aufhebung **19** 1, 8, 139 ff., 142 ff., 145 ff.
- Aufhebung im vorsorgenden Ehevertrag **20** 185

– Aufhebung in Scheidungsvereinbarung **20** 245, 253
– Auflage **19** 15 ff., 102 ff., 117 ff.
– Beratung **19** 135 ff.
– Beurkundung **19** 1, 6, 102 ff.
– Ehevertrag **19** 121 ff.
– Geschäftswert **19** 3, 12 ff.
– Lebensgemeinschaftsvertrag **19** 128 ff.
– Lebenspartnerschaftsvertrag **19** 131 ff.
– Pflegeverpflichtung **19** 107 ff.
– Rangvorbehalt **19** 113 ff.
– Rechtswahl **19** 8, 32
– Rückgabe **19** 3, 22, 135 ff.
– Rücktritt **19** 21, 148 ff.
– Testamentsregister **19** 45 f.
– und Ehevertrag **20** 11, 163, 171, 178
– Verfügungsverbot **19** 113 ff.
– Vermächtnis 15 **19** 15, 102 ff., 107 ff., 145 ff., 160 ff.
– Verpfründungsvertrag **19** 1, 107 ff.
– Verwahrung **19** 4, 106, 164 ff.
– Vollmacht **19** 113 ff.
– Vormerkung **19** 113 ff.
– zukünftiges Vermögen **19** 16 ff., 117 ff.
– Zustellung **19** 148 ff.
Erbverzicht **19** 163 ff.; *siehe auch Pflichtteilsverzicht*
Erklärungen (sonstige einseitige) **17** 15, 31, 47 ff., 56
Erlöschen eines Rechts **3** 60
Ermäßigung (§ 91) *siehe Gebührenermäßigung*
Ermessen des Notars **1** 160 ff.
Ermittlungspflicht Anschrift des Bezogenen bei Wechselgeschäft **14** 10 ff.
Eröffnung Testament *siehe Testamentseröffnung*
Ersatzwirtschaftswert **3** 38, 207 ff.
Erschließungskosten **2** 193, 196 ff.
Erwerbsrecht **2** 1056, 1058
– Angebotsvorhand **2** 1086
– Auflassung nach Ausübung **2** 1328
– Geschäftswert **2** 1058
– Rückkauf **2** 1104
Europäisches Nachlasszeugnis
– Antrag **19** 1, 3, 250 ff.,
– Formulare **19** 252 f.
– Verlängerung **19** 1, 3, 254 ff.
Exequaturverfahren **24** 38 f., 61

Fahrtkosten *siehe Auslagen*
Fälligkeit Notargebühren **1** 101 ff.
Fälligkeitsmitteilung **3** 102, 129 ff.
Falschbezeichnung, Berichtigung **2** 1168, 1172 f.

Festgebühr
– Grundbucheinsicht **11** 18
– mehrere Grundbuchämter **11** 125
– Tatsachenbescheinigung **13** 2 f., 21 ff., 67 ff.
– Unterschriftsbeglaubigung **8** 9; **11** 2 f., 61, 101 ff.
– Vollzug **11** 12, 37, 54, 64, 79, 101; **12** 7, 18
Finanzierungsvollmacht *siehe Belastungsvollmacht*
Firmenänderung (OHG) *siehe Grundbuchberichtigung*
Formwechsel (Gesellschaftsrecht)
– Anmeldung Formwechsel **22** 249 ff.
– isolierter Grundbuchberichtigungsantrag **8** 142
– Kapitalgesellschaft in Personengesellschaft **22** 247 ff.
 – Beratungstätigkeiten bei Haupt- und Gesellschafterversammlung **22** 260
 – Beschluss **22** 248, 252
 – Grundbuchberichtigungsantrag **22** 248, 254
 – Registeranmeldung **22** 249, 255 f.
 – Satzung des Zielrechtsträgers (Entwurfsfertigung) **22** 250, 258 f.
 – Verzichtserklärungen der Gesellschafter **22** 248, 253
– Kapitalgesellschaft in Personengesellschaft (GmbH & Co. KG) **22** 262 ff.
 – Beratungstätigkeiten bei Haupt- und Gesellschafterversammlung **22** 269
 – Beschluss **22** 263, 268
 – Geschäftsanteilsübertragung **22** 263, 266
 – Registeranmeldung **22** 264, 273 f.
 – Teilung Geschäftsanteil **22** 263, 267
 – Verzichtserklärungen der Gesellschafter **22** 263, 271
 – Zustimmung (§ 233, 50 Abs. 2 UmwG) **22** 263, 270
– Personengesellschaft in Kapitalgesellschaft **22** 261
– Teilung Geschäftsanteil **22** 263, 267
– Übertragung/Abtretung Geschäftsanteil **22** 263 ff.
– XML-Strukturdatei **22** 249, 257, 264, 275
Freiwillige Versteigerung von Grundstücken *siehe Versteigerung*
Fremdentwurf (Änderungen)
– eingeschränkte Zweckerklärung **6** 182
– Ergänzung Pfandbeschrieb **6** 178
– Verjährung der Rückgewähransprüche **6** 175
Fremdsprache
– allgemein **28** 7 ff.

– beglaubigte Abschrift **28** 8, 49
– Bescheinigung **28** 8, 55, 58
– Höchstgebühr **28** 7, 58
– Übersetzung **28** 9, 55, 58
– Umwandlungsrecht **22** 286
– Unterschriftsbeglaubigung **11** 45; **28** 8, 52

Fremdurkunde
– Beglaubigung mehrere Seiten **11** 23
– Beglaubigung Vollmacht **11** 19
– Vollzugstätigkeit nebst Klauselumschreibung **6** 153

GbR *siehe Gesellschaft bürgerlichen Rechts*

Gebäudeeigentum
– Aufgabe als Erfüllung **2** 808, 811
– Aufgabe Gebäudeeigentum **2** 764, 767, 770 f.
– Aufgabe Grundbucherklärung **8** 111
– Aufgabe Nutzungsrecht **2** 764, 767, 770, 795, 798, 800
– Kauf Grundstück **2** 764
– Komplettierung **2** 764, 808

Gebührenermäßigung nach § 91 GNotKG
– Abschriftsbeglaubigung **12** 11
– allgemein (§ 91) **1** 136 ff.
– Beispiele **1** 141 ff.
– Dienstbarkeiten **7** 28
– Dritte **1** 140
– Erbbaurecht **5** 20 ff.
– Grundbucherklärungen **8** 24
– Personenkreis **24** 7 f.
– Tatsachenbescheinigungen **13** 15
– Vollmachten **10** 19
– vorzeitige Beendigung **24** 8
– wirtschaftliches Unternehmen **1** 138
– Wohnungseigentumsrecht **4** 19

Gebührenfreie (Neben-)Geschäfte 22 22
– allgemein **1** 133 ff.
– Anträge an das Gericht **22** 23
– Anzeige an Finanzamt gem. § 34 Abs. 1 Nr. 3 ErbStG **20** 18
– Benachrichtigung der Standesämter der Geburtsorte **20** 19
– Bescheinigung des Satzungswortlautes (§ 54 GmbHG) **22** 22
– Dienstbarkeiten **7** 25
– Grundbucherklärungen **8** 21
– Grundpfandrechte und weitere Sicherungsgeschäfte **5** 17 ff.
– Prüfen der Anlagen des Spaltungsvertrages **22** 145
– Übermittlung der Anmeldung zum Güterrechtsregister **20** 17
– Umwandlungsvorgänge **22** 22

– Unterschriftsbeglaubigung **11** 15 ff.
– Tatsachenbescheinigung **13** 13
– Versicherung des Geschäftsführers (§ 8 GmbHG) **22** 24

Gebührenhilfe 1 132
Gebührenvereinbarung 1 59 ff.
Geburtsstandesamt 20 19
Geburtsurkunde 12 15
Gegenleistung *siehe auch Kaufpreis*
– Abschichtung **19** 260
– Abstandszahlung an Geschwister **3** 52, 184 ff., 207 ff.
– Ehevertrag **20** 31
– Erb- und Pflichtteilsverzicht **19** 163
– Gesellschaftsrecht **21** 121 ff. 839
– Grundstückskaufvertrag
 – Abrissverpflichtung **2** 202, 205
 – Abstandszahlung an Geschwister **3** 52, 184 ff., 207 ff.
 – allgemein **2** 5
 – Arbeitsplätze (Schaffung und Erhaltung) **2** 116, 172, 178
 – Bauverpflichtung **2** 104 ff., 153 ff., 164 ff.
 – Hinzurechnungen **2** 104 f.
 – Investitionsverpflichtung **2** 115, 116, 172, 176, 178
 – Leibrente **2** 752, 757
 – Mehrerlösabführung **2** 104, 211, 214
 – Preisklausel **2** 752, 758
 – Reallast **2** 752, 760 f.
 – Verfügungsbeschränkung **2** 418 ff. (dinglich), **2** 107, 134, 137 (schuldrechtlich)
 – weitere Leistungen **2** 104
 – Wertsicherungsklausel **2** 752, 758
– öffentlich-rechtlicher Vertrag **1** 15
– Scheidungsvereinbarung **20** 249
– Überlassungsverträge **3** 152 ff.
– Umwandlung
 – Spaltung **22** 138
 – Verschmelzung **22** 38 ff., 122 ff.
– Verpfründungsvertrag **19** 107

Gegenstandsgleichheit
– Abschreibung, Grundbuch **2** 321, 546, 557
– allgemein **2** 9, 315 ff.
– Baubeschreibung **4** 14
– Belastungsvollmacht **2** 52, 279, 282, 286
– Besitzverschaffung, Unterwerfung **2** 292, 295 f.
– Betreuungs- und Patientenverfügung **23** 60, 82
– Bürgschaftserklärung **2** 319
– Darlehen, Abtretung von Auszahlungsansprüchen **2** 320
– Dienstbarkeiten **7** 18

- Eide und eidesstattliche Versicherungen 17 16 ff.
- Eigentümergrundschuld, Abtretung 2 61, 304, 307
- Eintragung Ehepartner, Gütergemeinschaft 2 324
- Erfüllungsgeschäft 2 254, 259
- Gemeinschaftsordnung 4 10, 25
- Grundbucherklärungen 8 13
- Grundschuld, Kaufpreissicherung 2 316
- Hauptgegenstand 2 238
- Herauslösung Grundstück und Teilungsantrag, Pfänderstreckung/-freigabe 4 119
- Herausteilung des Kaufgrundstücks 2 321
- Hypothek, Kaufpreissicherung 2 316
- Kauf und Zuweisung Sondernutzungsrecht 4 13
- Kauf und Zwangsvollstreckungsunterwerfung bzgl. Hausgeld/Wohngeld 4 13, 104
- Kaufpreissicherungshypothek 2 316
- Löschungserklärungen 2 268 ff.
- Pfandfreigabe, Gläubiger 2 268, 271, 326
- Räumung, Unterwerfung 2 292, 295 f., 1263
- Rückübertragungsverpflichtung 2 317
- Überblick 10 7; 23 5; 4 9 ff.
- Unterschriftsbeglaubigung 11 10, 117
- Veräußerung und Übernahme Erbbauzins nebst Zwangsvollstreckungsunterwerfung 5 14
- Veräußerung und Zustimmung des Verwalters nach § 12 WEG 4 139
- Vereinigungsantrag nach § 890 BGB 4 13, 32
- Verkäuferdarlehen 2 343
- Verkaufsvollmacht und Belastungsvollmacht 31 10
- Vollmacht und Auftragsverhältnis 10 91
- Vorkaufsrecht, Verzicht des Berechtigten für diesen Verkaufsfall 2 322
- Zustimmung Dritter 2 318
- Zustimmung nach § 5 ErbbauRG 2 318
- Zustimmung nach § 12 WEG 2 318
- Zustimmung nach § 1365 BGB 2 318
- Zustimmung zur Veräußerung 5 14
- Zwangsvollstreckungsunterwerfung 2 254, 258, 292, 295

Gegenstandslose Rechte, Löschung 8 82, 93

Gegenstandsverschiedenheit 2 9, 327 f.
- Ankaufsrechte, wechselseitig (Verkäufer - Käufer) 2 456, 459 f.
- Anpassung der Miteigentumsanteile 4 49
- Aufgabe Gebäudeeigentum 2 764, 767, 770 f.
- Aufgabe Nutzungsrecht 2 764, 767, 770, 795, 798, 800
- Aufhebung Sondereigentum und Übertragung 4 119
- Aufhebung und Neubegründung 4 11
- Aufhebung und Realteilung 4 11, 92, 95
- Aufteilungsverpflichtung, WEG 2 604, 609
- Baubeschreibung 4 143
- Bauherstellungsvertrag 2 476
- Begründung und Übertragung 4 56
- Begründung und Verteilung Grundschuld 4 40
- Begründung Wohnungserbbaurecht 13 5
- Beispiele im Grundstücksrecht 2 687 ff.
- Belastungsvollmacht nicht nur am Kaufobjekt 2 286
- Benutzungsregelung 2 418, 422 f.
- Beschluss Aufhebung Verfügungsbeschränkung und Löschungsantrag 4 134
- Bestandteilszuschreibung 2 551, 555
- Darlehensvertrag mit Dritten, Kaufpreisfinanzierung 2 332, 336 f.
- Dienstbarkeiten 7 17, 20, 179, 187, 209, 230, 237
- Ehevertrag 2 407, 410, 412
- Eide und eidesstattliche Versicherungen 17 16 ff.
- Einräumung Vorkaufsrecht 5 3, 43, 50
- Erbbaurecht, Aufhebung 2 698
- GbR 2 493 ff., 503 ff.
- Grundbuchberichtigung Erbfolge 2 562 ff., 573 ff.
- Grundbucherklärungen 8 14
- Grunddienstbarkeit, Grundbuchantrag Wegerecht, Geh- und Fahrrecht 2 370, 373 f.
- Grundschuld, Übernahme einer nicht valutierten mit Unterwerfung 2 357, 360, 362
- Grundschuldbestellung, Kaufpreisfinanzierung 2 344, 349
- Kauf und Aufhebung 4 113
- Kauf und Begründung 4 11
- Kauf und Löschung Erbbaurecht 13, 86 5
- Kaufvertrag und Abtretung der Kaufpreisforderung 2 703
- Kaufvertrag und Pachtvertrag 2 694
- Kaufvertrag und Teilung nach §§ 3, 8 WEG 2 700
- Leasing 2 728 ff.
- Löschungserklärung Verkäufer, Gesamtrecht 2 614, 617, 619
- Maklerklausel, Schuldanerkenntnis 2 1418, 1421
- mehrere Kaufverträge 2 635, 646, 658, 671

- mehrere Kaufverträge, Beteiligtenidentität teilweise, kein Verknüpfungswille **2** 671 ff.
- mehrere Kaufverträge, Beteiligtenidentität teilweise, Verknüpfungswille **2** 646, 650, 652 f.
- mehrere Kaufverträge, Beteiligtenidentität vollständig **2** 635 ff.
- mehrere Kaufverträge, mehrere Verfahren **2** 671 ff.
- Mehrheit von Vollmachten **10** 88
- Messungsanerkennung und Zusatzkauf **2** 693, 1204, 1209
- Messungsanerkennung, zwischenzeitliche Wertveränderung **2** 1214, 1215a
- Mietgarantie, selbstständig **2** 625, 627 ff.
- Mietvertrag, Aufhebung **2** 595, 599
- Mietvertrag, Beurkundung **2** 466, 470, 471
- Miteigentümervereinbarung **2** 418, 424 f.
- Rechtsverhältnisse, mehrere **2** 236
- Rechtswahl **2** 395, 398, 400
- Rückkaufsrecht, Auflassungsvormerkung **2** 173
- Schenkung (Geld), mittelbar **2** 585, 588
- Teileigentum, Verpflichtung zur Begründung **2** 604, 608, 689
- Überblick **10** 7; **23** 5; **4** 9 ff.
- Umsatzsteueroption **2** 383, 388
- Unterschriftsbeglaubigung **11** 11, 101 ff.
- Veräußerung **4** 11
- Vereinigungsantrag **2** 540, 543
- Verpflichtung zur Realteilung **4** 11, 53
- Verteilung Erbbauzins **5** 13, 65, 122
- Verwalterbestellung **4** 129
- Vorbehaltsgut **2** 407 ff.
- Vorkaufsrechte **4** 11, 30, 38, 49
- Vorkaufsrechte, wechselseitig **2** 433
- Werkvertrag **2** 476, 480
- Widerruf und neue Vollmacht **10** 84

Gehaltsabtretung 6 246
Gemeinschaftsordnung 4 10, 25, 77; siehe auch Wohnungs- und Teileigentum
Gemeinschaftsverhältnis, Änderung 2 1224
Genehmigung siehe auch Zustimmung
- behördliche Genehmigung zur Grundschuld **6** 21, 31, 44, 87
- bei Unterschriftsbeglaubigung **11** 12, 102, 108, 114
- Beteiligter, Entwurf **2** 72, 80
- Beteiligter, UB unter „Vollzugsentwurf" **2** 72, 78
- Betreuungsgericht **2** 15
- Ehegatten **2** 318
- Familiengericht **2** 15; **8** 14
- GrstVG **3** 7 ff., 20, 171 ff.
- GVO **3** 1 ff., 7 ff, 12, 17
- Insolvenzverwalter **2** 1339, 1344
- Nachlassgericht **2** 15
- öffentlich-rechtlich **2** 13
- rechtsgeschäftliche Genehmigung zur Grundschuld **6** 21, 40
- Schuldübernahme **3** 1 ff., 7 ff., 17 ff.
- Unterschriftsbeglaubigung **10** 128; **11** 26, 32, 36
- Verwalter (WEG) **2** 318
- vollmachtlos Vertretener **5** 34

Genossenschaft
- allgemein (Bewertung Gesellschaftsrecht) **22** 1 ff.
- Anmeldung (Handelsregister)
  - Änderung Vorstand **21** 397 ff.
  - Änderung Vorstand und Satzung **21** 403 ff.
  - Erstanmeldung **21** 392 ff.
- Bilanz siehe Bilanzen
- Vollzug
  - Änderung Vorstand **21** 402
  - Änderung Vorstand und Satzung **21** 408
  - Erstanmeldung **21** 396

Gerichtskostenverweis 1 158
Gesamtgrundschuld (Globalgrundschuld) 6 117
Gesamthypothek (Verteilung) 6 192
Gesamtrecht
- allgemein **3** 59
- Freigabe **2** 619
- Löschung **2** 614, 619
- Sukzessivberechtigung **3** 59; **7** 230
- Wohnungsrecht **7** 210, 215, 220

Geschäftsanteil
siehe
- *Formwechsel*
- *GmbH (klassisch)*
- *Spaltung*
- *Verschmelzung*

Geschäftsführerabberufung/Bestellung
siehe
- *GmbH (klassisch)*
- *GmbH (Unternehmerges.)*
- *Spaltung*
- *Verschmelzung*

Gesellschaft bürgerlichen Rechts (GbR, BGB-Gesellschaft)
- allgemein (Bewertung Gesellschaftsrecht) **21** 1 ff.
- Beteiligte **2** 486, 489, 511
- Ergänzung Gesellschaftsvertrag **2** 493, 497, 498, 512
- Gesellschaftsvertrag
  - Änderung (Beschluss) **21** 116 ff.

- Änderung (rechtsgeschäftlich) **21** 113 ff.
- Grundstückseinbringung **21** 108 ff.
- Grundbucherklärungen
  - Ausscheiden vorletzter Gesellschafter, Auflösung **8** 125
  - Fortführung einer OHG/KG in GbR **8** 130
  - Gesellschafterbestand, Veränderungen **8** 118
  - Namensänderung **8** 119
  - Neuregelung durch ERVGBG **8** 132
  - Veränderungen im Gesellschafterbestand **8** 118
- rudimentärer Gesellschaftsvertrag **2** 503 ff.
- Veräußerung Gesellschaftsanteil **21** 119 ff.
  - Grundbuchberichtigung **21** 122 f., 123a
- vollständiger Gesellschaftsvertrag
  - Einlagen der Gesellschafter **2** 513 ff.
  - Vermögen erst durch Gesellschaft erwirtschaftet **2** 529 ff.

Gesellschafterliste
siehe
- *GmbH (klassisch)*
- *Spaltung*
- *Verschmelzung*

Gesellschaftsvertrag
siehe
- *Aktiengesellschaft*
- *Genossenschaft*
- *GmbH (klassisch)*
- *GmbH (Unternehmerges.)*
- *Kommanditgesellschaft*
- *Offene Handelsgesellschaft*
- *Partnerschaftsgesellschaft*
- *Stiftungen*

Gesetzesaufbau und -gliederung GNotKG
1 2 ff.

GmbH (klassisch)
- allgemein (Bewertung Gesellschaftsrecht) **21** 1 ff.
- Änderung Gesellschaftsvertrag
  - Anmeldung **21** 530 ff., 543 ff.
  - Firma **21** 561 ff.
  - ohne förmliche Anmeldung **21** 538
  - Stammkapital **21** 530 ff.
  - Unternehmensgegenstand **21** 543 ff.
- Anmeldung (Handelsregister)
  - Auflösung **21** 773 ff., 784 ff.
  - Euroumstellung **21** 711 ff., 719, 729 ff.
  - Geschäftsführer **21** 647 ff., 765 ff., 801 ff.,
  - individuelle Satzung **21** 585 ff., 801 ff.
  - Kapitalerhöhung **21** 653 ff., 666 ff., 678 ff., 691 ff.
  - Kapitalherabsetzung **21** 702 ff.
  - Liquidator **21** 773 ff., 784 ff.
  - Löschung **21** 795 ff.
  - Musterprotokoll **21** 598 ff., 607
  - Prokurist **21** 647 ff.
  - Unterschriftsbeglaubigung **11** 63 ff.
  - Vollbeendigung **21** 795 ff.
  - wirtschaftliche Neugründung **21** 575 ff.
- Beschlüsse
  - Auflösung **21** 773 ff.(geborener Liquidator); **21** 784 ff. (gekorener Liquidator)
  - Aufstockung Geschäftsanteile **21** 757 ff.
  - Einziehung Geschäftsanteile **21** 757 ff.
  - Euroumstellung **21** 711 ff. (nebst Glättung); **21** 719 (Kapitalveränderung über Glättungsbetrag); **21** 729 ff. (nebst Glättung und weitere Satzungsänderung(Neufassung)
  - Kapitalerhöhung **21** 653 ff. (Barleistung); **21** 666 ff. (Agio); **21** 678 ff. (Sachleistung); **21** 691 ff. (Gesellschaftsmittel, Umwandlung Kapitalrücklagen)
  - Kapitalherabsetzung **21** 702 ff.
  - Liquidator **21** 773 ff. (geborener); **21** 784 ff. (gekorener)
  - Satzungsänderung **21** 585 ff., 591 f., 801 ff.
  - Teilung Geschäftsanteile **21** 751 ff.
  - Wahlen **21** 585 ff., 640 ff., 647 ff., 801 ff.
  - Zusammenlegung Geschäftsanteile **21** 744 ff.
  - Zustimmungsbeschluss **21** 822 ff.
- Betreuungstätigkeiten
  - Anzeige der Verpfändung **21** 886
  - Vorlageüberwachung **21** 421, 432, 447, 460, 518, 542 (Anmeldung); **21** 542, 659 ff., 721, 736, 821 ff. (bescheinigte Liste)
- Bilanz *siehe Bilanzen*
- Einbringung Grundstück
  - Gründung **21** 433 ff., 484 ff.
  - Kapitalerhöhung **21** 678 ff.
- Entwurf
  - Geschäftsführerbeschluss **21** 477 f., 765 ff.
  - Gesellschafterliste (isoliert) **21** 892 ff.
- genehmigtes Kapital **21** 452
- Geschäftsanteil
  - Veräußerung **21** 801 ff., 808 f., 809, 815 ff., 822 ff., 831 ff., 839 ff., 844, 847 ff., 859 ff. (nicht überwiegend vermögensverwaltende Gesellschaft); **21** 853 ff., 865 ff. (überwiegend vermögensverwaltende Gesellschaft)

- Verpfändung **21** 882 ff. (nicht überwiegend vermögensverwaltende Gesellschaft); **21** 885 (überwiegend vermögensverwaltende Gesellschaft)
- Zusammenlegung **21** 744 ff., 747 f., 809
- Gesellschafterliste
  - Änderung Gesellschaftsvertrag **21** 538 f.
  - Aufstockung **21** 763 f.
  - Einziehung Geschäftsanteile **21** 763
  - Euroumstellung **21** 726, 741
  - Gründung **21** 418, 429, 444, 457, 469, 481, 496
  - isolierte Gesellschafterliste **21** 892 ff.
  - Kapitalerhöhung **21** 663, 675, 688, 699
  - Kapitalherabsetzung **21** 708
  - Teilung Geschäftsanteile **21** 755
  - Veräußerung Geschäftsanteil **21** 810
- Gründung
  - Anmeldung **21** 409 ff., 433 ff., 449 ff., 461 ff., 472 ff., 484 ff., 510 ff.
  - Einbringung Grundstück **21** 433 ff., 484 ff.
  - Entwurf **21** 477 f.
  - genehmigtes Kapital **21** 449 ff.
  - Gesellschaftsvertrag Bargründung **21** 409 ff., 415, 422 ff., 449 ff., 472 ff.
  - Gesellschaftsvertrag Ein-Mann-GmbH Bargründung **21** 461 ff.
  - Gesellschaftsvertrag Ein-Mann-GmbH Sachgründung **21** 484 ff.
  - Gesellschaftsvertrag Sachgründung **21** 433 ff.
  - mit Musterprotokoll **21** 510 ff.
  - Sachgründungsbericht **21** 448
- IHK-Stellungnahme **21** 418 f., 429 f., 444 f., 457, 469, 481, 496
- Investitionsverpflichtung (bei Veräußerung Geschäftsanteil) **21** 822 ff.
- Leibrente (bei Veräußerung Geschäftsanteil) **21** 839 ff.
- Löschung **21** 795 ff.
- Sachgründungsbericht **21** 448
- Satzungsbescheinigung **21** 591 f.
- Treuhandvertrag
  - nicht überwiegend vermögensverwaltende Gesellschaft **21** 871 ff., 875 ff.
  - überwiegend vermögensverwaltende Gesellschaft **21** 874, 878
- Übernahmeerklärung
  - Euroumstellung **21** 711 ff., 729 ff.
  - Kapitalerhöhung **21** 653 ff., 666 ff., 678 ff.
- verbundene Unternehmen
  - Veräußerung Geschäftsanteil (nicht überwiegend vermögensverwaltende Gesellschaft) **21** 859 ff.
  - Veräußerung Geschäftsanteil (überwiegend vermögensverwaltende Gesellschaft) **21** 865 ff.
- Vermögensverwaltung
  - nicht überwiegend vermögensverwaltend **21** 80 ff., 800
  - überwiegend vermögensverwaltend **21** 80 ff., 800
- Vertrag zugunsten Dritter (Investitionsverpflichtung) **21** 822 ff.
- Vollbeendigung **21** 795 ff.
- Vorbereitung Gesellschafterversammlung **21** 887 ff.
- wirtschaftliche Neugründung
  - Anmeldung **21** 575 ff.
  - Beschluss **21** 575 ff.
  - Versicherung gem. § 8 Abs. 2 GmbHG **21** 582
- XML-Strukturdateien
  - Änderung Gesellschaftsvertrag **21** 541
  - Aufstockung Geschäftsanteile **21** 764
  - Bargründung **21** 420, 431, 459, 471, 483, 498
  - Einziehung Geschäftsanteil **21** 764
  - Euroumstellung **21** 728, 743
  - Kapitalerhöhung **21** 665, 677, 690, 701
  - Kapitalherabsetzung **21** 710
  - Liquidatoren **21** 783, 793
  - Löschung **21** 799
- Zustimmungserklärung
  - Veräußerung Geschäftsanteil **21** 831 ff.
- Zweigniederlassung *siehe Zweigniederlassung*

GmbH (Unternehmerges.)
- allgemein (Bewertung Gesellschaftsrecht) **21** 1 ff.
- Änderung Musterprotokoll
  - Befreiung von § 181 BGB **21** 624 ff.
  - Bestellung weiterer Geschäftsführer **21** 631 ff.
  - Firma **21** 568 ff.
- Anmeldung (Handelsregister)
  - Änderung individueller Gesellschaftsvertrag **21** 552 ff.
  - Änderung Musterprotokoll **21** 568 ff.
  - Gründung **21** 499 ff., 520 ff.
  - Musterprotokoll **21** 616 ff., 624 ff., 631 ff.
  - individuelle Satzung **21** 609 ff.
- Bilanz *siehe Bilanzen*
- Gründung
  - Gesellschaftsvertrag Bargründung (ohne Musterprotokoll) **21** 499 ff.
  - mit Musterprotokoll **21** 520 ff.
- Musterprotokoll **21** 520 ff.

1535

- Befreiung von § 181 BGB **21** 624 ff.
- Satzungsänderungen **21** 609 ff., 616 ff., 624 ff., 631 ff.
- Vertretungsregelung **21** 631 ff.
- weiterer Geschäftsführer **21** 631 ff.
- Vollzug
  - Gesellschafterliste **21** 507 f., 529
  - IHK-Stellungnahme **21** 507 f., 526
  - XML-Strukturdaten **21** 509, 527, 560, 574, 615, 623, 630, 639
- Vorlageüberwachung (Anmeldung) **21** 528

Grenzüberschreitende Umwandlungsvorgänge
- allgemein (Bewertung Umwandlungsvorgänge) **22** 1 ff.
- Anmeldung (Handelsregister)
  - aufnehmender Rechtsträger **22** 278, 288
  - Direktoren **22** 278, 289
- SE-Gründung (Verschmelzung zur Aufnahme)
  - Beschluss Bestellung Direktoren **22** 277, 285
  - Verschmelzungsplan **22** 277, 280
  - Verzichtserklärungen der Gesellschafter **22** 281
  - Zustimmungsbeschluss **22** 277, 284
- SE-Gründung (Verschmelzung zur Neugründung) **22** 283
- XML-Strukturdatei **22** 278, 290

Grundbuchantrag *siehe Antrag*

Grundbuchberichtigung
- Abschichtung **8** 158, 162
- Abspaltung zur Aufnahme **22** 140, 148, 149
- Auflösung GbR, Ausscheiden Gesellschafter **8** 125
- eheliche Vermögensgemeinschaft **8** 168
- Erbfolge **2** 562 ff., 1228; **8** 148
- Erbteilsübertragung **8** 153
- Firmenänderung OHG **8** 178
- Formwechsel **22** 248, 254
- Fortführung OHG/KG als GbR **8** 130
- GbR Veränderung Gesellschafterbestand **8** 118 ff.
- Gütergemeinschaft **8** 163; **20** 124, 127;
  - isolierte nach Formwechsel **8** 142
  - isolierte nach Verschmelzung **8** 137
- Namensänderung (z.B. Eheschließung, Firma) **2** 580; **8** 173, 178
- Umwandlungsurkunde **8** 136
- Veränderung im Gesellschafterbestand, GbR **8** 118 ff.
- Veräußerung GbR-Geschäftsanteil **21** 119 ff.
- versehentliche Falschbezeichnung Eigentumswohnung **2** 1168 ff.

Grunddienstbarkeiten *siehe Dienstbarkeiten*

Grundpfandrechte (Bewertung allgemein) **6** 1 ff.

Grundschuld
- Änderung der Zahlungsmodalitäten **6** 198
- dingliche Übernahme **2** 1356, 1358
- durch Unterschriftsbeglaubigung **11** 53, 101, 107, 113
- durch Unterschriftsbeglaubigung und Löschungsantrag **11** 78, 88
- Erfüllungsübernahme **2** 1390, 1392, 1393
- Legitimationsbescheinigung **13** 58
- Löschungserklärungen **2** 741, 744, 745
- Pfandfreigabe **2** 1480, 1483, 1487 ff.

Grundschuld, Übernahme
- abstraktes Schuldanerkenntnis **2** 1359, 1373, 1381, 1384
- Bestellung im Kaufvertrag **2** 344, 348 f.
- Bewilligung der Löschung, Gläubiger **2** 268, 271, 275
- eigene Kreditzwecke **2** 1381, 1384
- Legitimationsbescheinigung **13** 61
- Löschung am Vertragsgegenstand **2** 268, 271 f.
- Löschung an weiteren Grundstücken **2** 275
- nicht valutierend **2** 1356; **3** 117 ff. (für eigene Kreditzwecke)
- ohne Forderung, nur dinglich **2** 1356
- Vollstreckungsunterwerfung **2** 1381

Grundstückskaufvertrag *siehe Kaufvertrag*

Grundstücksteilung **8** 25

Grundstücksverbindung **8** 32, 37

Grundstücksvereinigung **8** 32

Grundstückswert *siehe auch Verkehrswert*
- Bebauung
  - Baukostenindex **3** 17
  - Brandversicherungswert **3** 14 ff.
  - Ermittlung Versicherungswert **3** 106 f.
  - Preisindex für Wohngebäude, Berechnungsbeispiel **3** 23 ff.
  - Wiederaufbauwert **3** 18 f.
- Bebauung auf Rechnung des Erwerbers **3** 137 ff.
- Bewertungsmethoden **3** 12 ff.
- Bodenrichtwerte **3** 14
- Gutachten **3** 13
- Verkehrswert **2** 7, 1111 ff.
- Wertermittlung, Formular für die Praxis **3** 107

Gütergemeinschaft
- Aufhebung mit Auseinandersetzung Gesamtgut **20** 138, 142
- Grundbuchberichtigung *siehe dort*

– Nachtrag (vom Gesamtgut in das Vorbehaltsgut) **20** 129
– Vereinbarung Gütergemeinschaft **20** 123
Güterstandsschaukel 20 65
Gütertrennung
– Scheidungsvereinbarung
  – Verzicht auf Zugewinnausgleich **20** 193, 197, 245, 247
  – Zugewinnausgleich über Vermögensauseinandersetzung **20** 225, 227 f.
– vorsorgender Ehevertrag
  – Aufhebung **20** 58, 61
  – Regelungen des Zugewinnausgleichs durch Übertragung Miteigentumsanteil **20** 31
  – Regelungen des Zugewinnausgleichs in bar **20** 26
  – Verzicht auf Zugewinnausgleich **20** 22, 37, 48, 115, 163 ff., 185
Güterverzeichnis 15 44 ff., 71 ff.

Haftpflichtversicherung **27** 23
Handelsregisteranmeldung
siehe
– *Aktiengesellschaft*
– *Anmeldung*
– *Einzelkaufmann*
– *Genossenschaft*
– *GmbH (klassisch)*
– *GmbH (Unternehmerges.)*
– *Kommanditgesellschaft*
– *Offene Handelsgesellschaft*
– *Partnerschaftsgesellschaft*
– *Stiftungen*
– *Verein*
– *Zweigniederlassung*
Handelsregistereinsicht *siehe Abrufgebühren*
Hauptgegenstand 1 45
Hausrat *siehe Scheidungsvereinbarung*
Herrschvermerk *siehe Dienstbarkeiten*
Hinterlegung *siehe Notaranderkonto*
Höchstwert
– Beschlüsse in einem Beurkundungsverfahren **21** 11 ff.; **22** 6
– Gesellschaftsvertrag **21** 9 f.
– Kindschaftsrecht **18** 8
– Registeranmeldungen **21** 19; **22** 7
– Verträge nach dem UmwG **22** 4
– Vollmacht **10** 6; 77 **23** 4, 62, 78
– Zustimmung **10** 6, 132
– Zustimmungserklärung **22** 270
Hypothek
– Abtretung **6** 127 ff.
– Forderungsauswechslung bei Verkehrshypothek **6** 208 ff.

– Kaufpreissicherungshypothek **2** 316, 882 ff.
– Restkaufpreishypothek **2** 343
– Umwandlung in Grundschuld **6** 205 ff.
– Verteilung einer Gesamthypothek **6** 190 ff.

Identitätserklärung **2** 1218; **6** 93 ff.; *siehe auch Messungsanerkennung*
Identitätsfeststellung, nachträglich 19 38
Immaterielle Vermögensgegenstände 22 246
Inaugenscheinnahme, Tatsachenbescheinigung 13 73, 76
Insemination
– Freistellungsverpflichtung **18** 105 ff, 114 ff.
– heterologe **18** 1, 105 ff.
– heterologe bei eingetragener Lebenspartnerschaft **18** 1, 114 ff.
– homologe **18** 1, 89 ff.
– quasi-heterologe **18** 1, 104
– quasi-homologe **18** 1, 93 ff.
Insolvenzverwalter
– Erfüllungswahl **2** 1339, 1342, 1344
– nur Auflassung wegen Vormerkung (§ 108 InsO) **2** 740, 1347
– Zustimmung **2** 1339, 1342, 1344
– Zwangsversteigerung, Abwendung **2** 741
Inventarverzeichnis
– Aufnahme durch Erben **15** 7, 34 ff., 39 ff.
– bei Ehevertrag **15** 44 ff., 71 ff.
Isolierte Grundbuchberichtigung *siehe Grundbuchberichtigung*
Isolierte Grundbucheinsicht *siehe Abrufgebühren*

Kapitalerhöhung
siehe
– *Aktiengesellschaft*
– *GmbH (klassisch)*
– *GmbH (Unternehmerges.)*
– *Kommanditgesellschaft*
– *Spaltung*
– *Verschmelzung*
Kapitalherabsetzung
siehe
– *GmbH (klassisch)*
– *GmbH (Unternehmerges.)*
– *Spaltung*
– *Verschmelzung*
Kaufgegenstand
– Austausch **2** 1139
– Erweiterung (Zukauf, Zusatzkauf) **2** 1144

– Verringerung, Teilaufhebung **2** 1155, 1158
Kaufpreis
– allgemein **2** 3, 4
– Berichtigung **2** 1123, 1126, 1129
– geringer als Verkehrswert **2** 1111
– Hinzurechnungen **2** 4 ff., 104 f.
 – Abrisskosten, Abrissverpflichtung **2** 202, 205
 – Arbeitsplatzgarantie **2** 116, 172, 178
 – Aufzahlungsverpflichtung, bedingt **2** 211, 214
 – Bauverpflichtung **2** 111 ff., 164 ff. (gewerblich); **2** 110 ff., 153 ff., 830 ff. (Familienwohnheim)
 – Belastungsverbot **2** 107, 134, 137
 – Erschließungskosten **2** 193, 196 ff.
 – Hinzurechnung bestimmter schuldrechtlicher Verpflichtungen **2** 107 ff.
 – Investitionsverpflichtung **2** 115, 116, 172, 176 f., 178
 – Maklerkosten, (Zahlung an den Verkäufer) **2** 1412, 1415
 – Mehrerlösabführung **2** 104, 211, 214
 – Mehrerlösklausel **2** 104, 211, 214
 – Miete, einbehalten **2** 125, 128
 – Nachzahlungsverpflichtung, bedingt **2** 211, 214
 – Nutzungen **2** 4, 104
 – Preisklausel **2** 752, 758
 – Ratenzahlung **2** 882, 885
 – Selbstnutzungsverpflichtung **2** 108, 143, 146, 830, 834 f.
 – Stundung **2** 882, 885
 – Übernahme Erschließungskosten **2** 193, 196 f.
 – Verfügungsverbot **2** 107, 143, 146
 – Vermessungskosten, Übernahme **2** 104, 186, 189
 – Verpflichtungen, zusätzliche **2** 5, 105, 107 ff.
 – Wertsicherungsklausel **2** 752, 758
 – Wiederkaufsrecht **2** 143, 147, 830, 833, 1095, 1099 f.
 – Wohnrecht **2** 117, 120
 – Zahlungsverpflichtung, Übernahme **2** 193, 197
– Reduzierung **2** 1118
– Rückforderung **2** 1122
– Vergleich der Leistungen **2** 7, 741, 764, 779, 845, 854, 864, 1111
Kaufvertrag, bedingt 2 1056 ff.
Kaufvertrag, Inhalte
– allgemein **2** 1 ff., 239 ff.
– Bauvorbereitungsvollmacht **2** 52, 248
– bedingter Kaufvertrag **2** 1056

– Benutzungsbeschränkungen, Übernahme **2** 244
– Dauerlasten, nicht ablösbar, Übernahme **2** 243
– Dauerschuldverhältnisse **2** 241
– Dienstbarkeit, übernommen bzw. eingeräumt **2** 239
– eingeräumte Rechte **2** 239
– Erbbauzins, Übernahme **2** 245
– Früchte **2** 238
– Garantieversprechen, unselbstständig **2** 240
– GbR, bestehend (Rubrum) **2** 486, 489
– Grundschuld, dingliche Übernahme **2** 242
– Hausgeld, Übernahme **2** 246
– Kauf nach Auktion **2** 844
– Kaufpreiszahlung, Übernahme durch Dritten **2** 250
– Maklerklausel, Feststellung **2** 247, 1408, 1410
– Mietgarantie, unselbstständig **2** 240
– Mietvertrag, Übernahme **2** 241
– Nachzahlungsverpflichtung **2** 211, 214, 238
– Nutzungen **2** 238
– übernommene Rechte **2** 239
– Vertragsstrafe **2** 238
– Vertragsübernahme, Eintritt **2** 241
– Vorkaufsrecht, übernommen bzw. eingeräumt **2** 239
– Vormerkung, übernommen bzw. eingeräumt **2** 239
– Wiederkaufsrecht, übernommen bzw. eingeräumt **2** 239
– Wohngeld, Übernahme **2** 246
– Wohnungseigentum, Verpflichtung zur Teilung **2** 604, 608 f.
– Zinsen **2** 238
Kaufvertrag und Rückkauf 2 1509, 1511 ff.
Kaufvertrag und Werkvertrag 2 476, 480, 1517, 1519 ff.
Kaufverträge, mehrere siehe Gegenstandsverschiedenheit
Kellertausch 4 116
Kettenkaufvertrag 2 829
Kettenverschmelzung 22 88 ff.
Kindesunterhalt
– Kindschaftsrecht **18** 1 ff., 39 ff., 101 f., 111 f., 126 f.
– Scheidungsvereinbarung **20** 193, 203
Klageverzicht 18 122 f.
Klauselumschreibung/Klauselerteilung 6 131 ff.
– Kündigung einer Sicherungsgrundschuld **6** 160
– Namensberichtigung **6** 141

Stichwortverzeichnis

- Rechtsnachfolge 6
  - Eigentümer 6 157
  - Erbbauzins 5 133
  - Finanzierungsgrundpfandrechten 6 144
  - Gläubiger 6 150, 157
  - mehrere Rechtsnachfolgen 6 157
  - mehrere Urkunden 6 147
  - nach § 727 ZPO 6 133
  - Teilbetrag 6 137
  - Vollzug einer Fremdurkunde 6 153
  - weitere vollstreckbare Ausfertigung 6 150, 163
- weitere vollstreckbare Ausfertigung 6 163

Kommanditgesellschaft
- allgemein (Bewertung Gesellschaftsrecht) 21 1 ff.
- Anmeldung (Handelsregister)
  - Änderung Firma 21 306 ff.
  - Auflösung 21 339 ff., 344 ff.
  - Ausscheiden Gesellschafter 21 288
  - Ausscheiden Kommanditist 21 316 ff.
  - Ausscheiden persönlich haftender Gesellschafter 21 311 ff.
  - Ausscheiden und Eintritt Gesellschafter 21 296 ff., 301 ff., 306 ff.
  - Beitritt Gesellschafter 21 279 ff.
  - Beteiligungsumwandlung 21 322 ff.
  - Eintritt Kommanditist 21 316 ff.
  - Eintritt persönlich haftender Gesellschafter 21 311 ff.
  - Erhöhung Kommanditeinlage 21 328 ff.
  - Erlöschen 21 349 ff.
  - Erstanmeldung 21 265 ff., 274 ff.
  - Geschäftsanschrift 21 333 ff.
  - Liquidator 21 349 ff.
  - Prokurist 21 333 ff.
  - Sitzverlegung 21 333 ff.
  - Sonderrechtsnachfolge 21 311 ff., 316 ff., 321
- Beitritt Gesellschafter (mit Einbringung eines Einzelunternehmens) 21 279 ff.
- Bilanz *siehe Bilanzen*
- Einbringungsvertrag (Gründung) 21 265 ff.
- Gesellschaftsvertrag (Einbringung Einzelunternehmen) 21 265 ff.
- Kommanditanteil
  - Beitritt Gesellschafter 21 284
  - Veräußerung 21 289 ff.
- Veräußerung Kommanditanteil 21 289 ff.
- Vollzug
  - Änderung Firma 21 310
  - Auflösung 21 343, 348

- Ausscheiden Gesellschafter 21 288
- Ausscheiden Kommanditist 21 320
- Ausscheiden persönlich haftender Gesellschafter 21 315
- Ausscheiden und Eintritt Gesellschafter 21 300, 305, 310
- Beitritt Gesellschafter 21 287
- Beteiligungsumwandlung 21 327
- Erhöhung Kommanditeinlage 21 332
- Erlöschen 21 353
- Erstanmeldung 21 273, 278
- Geschäftsanschrift 21 338
- Liquidator 21 353
- Prokurist 21 338
- Sitzverlegung 21 338
- Sonderrechtsnachfolge 21 320
- Veräußerung Kommanditanteil 21 295

Kommerzielles Interesse 16 38
Konzernverschmelzung (§ 62 UmwG) 22 112
Kosten (Definition) 1 45
Kostenbelehrung 1 64 ff.
Kostenberechnung (allgemein)
- allgemein 1 82 ff.
- Aufbewahrung 1 94
- Beitreibung 1 95 ff.
- Formfehler 1 85 ff., 165
- Gesetzesgrundlage 1 82
- Inkassokosten 1 98
- Kosteneinforderung 1 82
- Kostenprüfungsverfahren 1 88, 165
- Mahnspesen 1 97
- Muster 1 93
- Rechtsbehelfsbelehrung 1 90 ff.
- Titelprivileg 1 95
- Umsatzsteuer 1 89
- Verjährung 1 83, 86, 116
- vollstreckbare 1 95, 100
- Zinsen 1 107 ff.
- Zitiergebot 1 84, 87
- Zwangsvollstreckungskosten 1 98

Kostenbeschwerde *siehe Kostenprüfungsverfahren*
Kostendefinition 1 10
Kostenforderung 1 129 ff.
Kostengläubiger 1 67 f.
Kostenprüfungsverfahren
- Abhilfeverfahren 1 177 f.
- allgemein 1 163 ff.
- Amtspflichtverletzung 1 194 ff., 198 ff.
- Anhörung 1 171
- Antrag Landgericht 1 167 ff.
- Anwalt 1 169, 180, 187
- Anweisungsverfahren 1 175, 183, 190
- Beschwerde 1 176 ff.
- einstweiliger Rechtsschutz 1 173, 181, 188

1539

- Einwendungen **1** 193 ff.
- Ermessen **1** 160 ff.
- Form und Frist **1** 168 ff.
- Formulierungsbeispiele **1** 201 ff.
- Gutachten **1** 172
- Kosten **1** 174 f., 182 f., 189 f.
- Kostenberechnung **1** 165
- öffentlich-rechtlicher Vertrag **1** 172
- Rahmengebühr **1** 172
- Rechtsbeschwerde **1** 184 ff.
- Rechtsnatur **1** 166
- Sprungrechtsbeschwerde **1** 185
- Streitverkündung **1** 202 f.
- Überblick **1** 191
- unrichtige Sachbehandlung **1** 150, 195 f., 199
- Verjährung **1** 115, 124

Kostenschuldner/-haftung (allgemein) **1** 69 ff.
Kostenschuldverhältnis **1** 58
Kostenverzeichnis **1** 2, 6 ff.
Kraftloserklärung Grundschuldbrief (Aufgebotsverfahren) **6** 261
Künstliche Befruchtung siehe Insemination

Landwirtschaftlicher Betrieb (Bewertung) **3** 28 ff., 78
Leasingvertrag **2** 728, 731, 734
Lebensbescheinigung **13** 41
Lebensgemeinschaft (nichtehelich) **20** 267 ff.
- Auseinandersetzung **20** 284
- Ausschluss der Aufhebung der Miteigentümergemeinschaft **20** 274
- bedingtes Wohnungsrecht **20** 278
- Erwerbs- und Veräußerungsverpflichtungen **20** 274, 278
- Klarstellung zum getrennten Vermögen **20** 268, 278
- Mitbenutzungsregelungen **20** 268, 278

Lebensgemeinschafts- und Erbvertrag **19** 128 ff.
Lebenspartnerschaft (eingetragene) **20** 265
Lebenspartnerschafts- und Erbvertrag **19** 131 ff.
Legalisation **2** 44
Legitimationsbescheinigung **13** 58
Legitimationsprüfung **6** 92
Leibgeding **3** 58, 207 ff.
Leibrente
- Anpassung **3** 67, 253 ff.
- Beispiele **3** 157 ff., 196 ff.
- Kauf auf Leibrente **2** 752 ff.
- Wert, Sicherungsgeschäfte **3** 58, 63

Leistungsvereinigungsverträge **1** 48

Liste der Gesellschafter
siehe
- GmbH (klassisch)
- Spaltung
- Verschmelzung

Lohnabtretung **6** 246
Löschung, Löschungserklärungen
- Altenteilsrecht **8** 94
- Antrag **6** 47, 53, 231; **8** 77 ff.; **11** 78, 101 ff.
- Auflassungsvormerkung **8** 77
- bei isolierter Auflassung, Rückübertragung **3** 253 ff.
- Bewilligung **6** 50, 51, 231; **8** 3
- Bewilligung und Antrag **8** 6; **11** 117
- Erbbaurecht, durch Zeitablauf **5** 90, 94
- gegenstandslose Rechte **8** 82, 93 f.
- im Zusammenhang mit Schiffen **26** 18, 44 ff., 52 ff.
- isolierte Löschungserklärungen **8** 77 ff.
- mehrere Löschungsanträge **11** 121
- Rangvorbehalt an Wohnungsrecht **8** 99
- Rückauflassungsvormerkung **8** 82
- und Grundschuldbestellung **11** 101, 107, 113, 117
- Unterschriftsbeglaubigung **11** 78, 88, 95, 101 ff.
- Vorkaufsrecht **11** 70; **8** 88, 93
- Vormerkungen **8** 82
- Wohnungsrecht **8** 83

Löschungserleichterung **7** 253; **8** 94
Löschungsquittung **6** 235
Löschungsvormerkung **6** 15, 30; **8** 186
Löschungszustimmung **6** 47, 53, 231

Maklerklausel
- Erfüllungsübernahme **2** 1412, 1415
- Feststellung **2** 1408, 1410
- Schuldanerkenntnis **2** 1418, 1421
- Vertrag zugunsten Dritter **2** 701, 1427, 1430
- Vollstreckungsunterwerfung **2** 1418, 1423

Mehrerlösklausel **2** 219, 222; **3** 53, 207 ff.
Messungsanerkennung siehe auch Identitätserklärung
- Anerkennung Vermessungsergebnis **2** 1176, 1179
- Auflassung, anderer Notar **2** 1181, 1185
- Auflassung, derselbe Notar **2** 1176, 1180
- Identitätserklärung **2** 1218, 1223
- Kaufpreiserhöhung Schätzfehler **2** 1194, 1198
- Kaufpreiserhöhung Zukauf **2** 207, 1204, 1209
- Kaufpreisreduzierung Schätzfehler **2** 1186, 1188

– Nachzahlung Vollstreckungsunterwerfung **2** 1194, 1197
– Rückzahlung **2** 1186, 1190
– Rückzahlung Vollstreckungsunterwerfung **2** 1186, 1189
– Zukauf, Auflassung **2** 1204, 1208 f., 1213
– zwischenzeitliche Wertveränderung **2** 1214 ff.
Mietgarantie, selbstständig **2** 625, 627 ff.
Mietgarantie, unselbstständig **2** 240
Mietkauf **2** 718 ff.
Mietvertrag
– Abschluss **2** 719, 725
– Aufhebung **2** 595, 599
– befristet **2** 727
– Beurkundung **2** 466 ff., 719
– unbefristet, Ankaufsrecht, bedingter Kaufvertrag **2** 719
– und Schenkung **3** 90, 157 ff.
– und Vorkaufsrecht **2** 1064
– Wert **2** 471, 725, 1064 ff.
Minderjähriger (Beteiligung am Kaufvertrag) **2** 874
Mindestgebühren (allgemein) **1** 19
Mindestwert (allgemein) **1** 26
Mitbenutzungsrecht, Dienstbarkeit **7** 233
Miteigentümervereinbarung **2** 418, 424 f.
– Aufhebungsausschluss nach § 1010 BGB **8** 52, 71
– Aufhebungsrecht nach 1010 BGB **8** 52, 71
– Benutzungs- und Verwaltungsregelung § 1010 BGB
  – im Kaufvertrag **2** 418, 422 f.
  – isoliert **8** 58, 64, 71
– isolierte Grundbuchanträge **8** 52 ff.
Mitteilung Grundbuchinhalt **8** 189
Mittelgebühr, Berechnung **13** 83
Mitwirkung bei Aufnahme **15** 2 f., 7, 31
Mitwirkungspflicht **1** 156; **20** 8
Modifizierung der Zugewinngemeinschaft **20** 71 ff.
– Ausschluss der Verfügungsbeschränkungen (§§ 1365 bis 1369 BGB) **20** 74, 116, 118
– Ausschluss des Zugewinnausgleichs im Scheidungsfall **20** 71, 116, 118
– für künftiges privilegiertes Vermögen **20** 98, 102, 104, 108
– für privilegiertes Vermögen **20** 77, 94, 98, 102
– für Wertsteigerungen zu geerbtem oder geschenktem Vermögen **20** 83
– für Wertsteigerungen zu künftigem geerbten oder geschenkten Vermögen **20** 89

Nachbarschaftsrechte **8** 42 ff.
Nacheheliche Unterhalt *siehe Unterhalt*
Nachforderung (Gebühren) **1** 111
Nachlassverzeichnis **15** 1, 7, 22 ff., 62 ff.; **19** 1, 43, 299
Nachtrag *siehe auch Änderung*
– Änderung **2** 1115
– Änderung Beteiligungsverhältnis der Käufer **2** 1224
– Änderung, Falschbezeichnung (falsa demonstratio) **2** 1168
– Änderung Gütergemeinschaft (Gemeinschaftsgut in Vorbehaltsgut) **20** 129
– Aufhebung, teilweise **2** 1155
– Auswechslung Vertragspartner **2** 1162
– Ergänzung **2** 1115 f.
– Kaufobjekt, Änderung **2** 1139, 1141
– Kaufobjekt, Erweiterung **2** 1144, 1146
– Kaufpreis, Änderung **2** 1118, 1120, 1123 ff.
– Kaufpreisberichtigung, Erhöhung **2** 1123 ff.
– Richtigstellung, Grundstücksbezeichnung **2** 1172 ff., 1186
– Teilaufhebung **2** 1155, 1158
– Tod des Erwerbers vor Umschreibung **2** 1228
– Verkleinerung Kaufobjekt, Teilaufhebung **2** 1155, 1158
– Vertragsbestimmung **2** 1134
– Vertragseintritt **2** 1162, 1165
– Vertragsübernahme, Eintritt **2** 1162, 1165
– Zusatzkauf **2** 1144
Nachweis der Verwaltereigenschaft
– § 26 Abs. 3 WEG **4** 130
– Unterschriftsbeglaubigung **11** 2, 60
Namensänderung *siehe Grundbuchberichtigung*
Namensrückgabevereinbarung **20** 225, 243
Nebengegenstand (GNotKG) **1** 45
Nebengeschäfte *siehe gebührenfreie Nebengeschäfte*
Nebenleistungen (Zinsen) **6** 11
Nebentätigkeiten *siehe Betreuungstätigkeiten*
Nichteheliche Lebensgemeinschaft *siehe Lebensgemeinschaft*
Nießbrauch *siehe auch Dienstbarkeiten*
– allgemein, § 1030 BGB **7** 244
– an Hypothek **6** 222
– an Teilfläche **7** 245
– bei Überlassung **3** 58, 68
– Beispielberechnungen **3** 152 ff., 220 ff.
– Bewilligung **7** 250

1541

– Eintragungsbewilligung auf der Grundlage eines Vermächtnisses 7 250
– für natürliche Person 7 245
– Vertrag zur Sicherung einer Forderung 7 256

Notadressat 14 3, 20

Notaranderkonto
– Abwicklung der Kaufpreiszahlung bei Zuschlag 25 31, 44
– Auszahlung 2 87
– Kaufpreiszahlung 2 89
– Treuhandauftrag 2 47, 101
– Verwahrgebühr 2 87, 102 f.
– Verwahrung 2 87

Notarbestätigung, Rangbescheinigung *siehe Tatsachenbescheinigung*

Notariatsverwalter 1 68; 3 253 ff.

Notarielle Verfahren (allgemein) 1 34 ff.; *siehe auch Verfahren*

Notwegerente *siehe Nachbarschaftsrechte*

Nutzungs- und Leistungsrechte (Bewertung allgemein) 1 50

Nutzungsrecht
– Aufgabe 2 770, 771, 795, 798, 800
– Aufgabe zum Gebäudeeigentum 8 111
– Sonderbetriebsvermögen 22 228

Offene Handelsgesellschaft
– allgemein (Bewertung Gesellschaftsrecht) 21 1 ff.
– Anmeldung
 – Änderung Firma 21 250 ff.
 – Auflösung 21 255 ff.
 – Ausscheiden eines Gesellschafters und Sitzverlegung 21 245 ff.
 – Ausscheiden Gesellschafter 21 239
 – Ausscheiden und Eintritt von Gesellschaftern 21 240 ff.
 – Beitritt Gesellschafter 21 230 ff.
 – Erlöschen 21 250 ff.
 – Erstanmeldung 21 191 ff., 199 ff., 207 ff., 218 ff.
 – Geschäftsanschrift 21 245 ff.
 – Liquidator 21 250 ff.
 – Prokura 21 250 ff.
 – Sitzverlegung 21 245 ff.
– Ausscheiden Gesellschafter 21 239
– Beitritt Gesellschafter 21 230 ff.
– Bilanz *siehe Bilanzen*
– Gesellschaftsanteil
 – Beitritt Gesellschafter 21 235
 – Veräußerung 21 223 ff.
– Gesellschaftsvertrag
 – Grundstückseinbringung 21 191 ff., 199 ff.
 – mit gleichzeitiger Schenkung 21 212 ff.

– und Anmeldung in einer Urkunde 21 199 ff.
– Grundbucherklärungen
 – Firmenänderung 8 178
 – Fortführung als GbR 8 130
– Vollzug
 – Änderung Firma 21 254
 – Auflösung 21 259
 – Ausscheiden eines Gesellschafters 21 249
 – Ausscheiden und Eintritt von Gesellschaftern 21 244
 – Beitritt Gesellschafter 21 238
 – Erlöschen 21 264
 – Erstanmeldung 21 198, 206, 211, 222
 – Geschäftsanschrift 21 249
 – Liquidator 21 259
 – Prokura 21 254
 – Sitzverlegung 21 249
 – Veräußerung 21 229

Öffentlich-rechtlicher Vertrag 1 63, 172; 14 11

Öffnung Schließfach 15 53 ff.

Optionen (Ankaufs-, Vorkaufs-, Wiederkaufsrechte) 8 188

Optionsvertrag
– Auflassung nach Ausübung 2 1328
– Ausübung 2 1059, 1328
– Call-Option 2 1071, 1074
– Put-Option 2 1104, 1108

Pachtvertrag, (Unterschriftsbeglaubigung) 11 49

Partnerschaftsgesellschaft
– allgemein (Bewertung Gesellschaftsrecht) 21 1 ff.
– Anmeldung (Handelsregister)
 – Änderung des Namens der Partnerschaft 21 181 ff.
 – Auflösung 21 186 ff.
 – Ausscheiden und Eintritt von Partnern 21 171 ff., 176 ff.
 – Eintritt eines Partners 21 166 ff.
 – Erstanmeldung 21 160 ff., 163
 – Prokura 21 181 ff.
– Vollzug
 – Änderung des Namens der Partnerschaft 21 185
 – Auflösung 21 190
 – Ausscheiden und Eintritt von Partnern 21 175, 180
 – Eintritt eines Partners 21 170
 – Erstanmeldung 21 165
 – Prokura 21 185

Patientenverfügung
– nebst Erklärung zur Organspende 23 52

– und Betreuungsverfügung **23** 58, 80
– und Vorsorgevollmacht **23** 80, 85
– Unterschriftsbeglaubigung **11** 83; **23** 54
Pfänderstreckung
– nicht vollstreckbare Grundschuld **6** 101 ff.
– Teilbetrag nicht vollstreckbar **6** 111
– Teilbetrag vollstreckbar **6** 45
– Vereinigung **6** 108
– vollstreckbare Grundschuld **6** 107
Pfandfreigabe
– allgemein **6** 112
– Erbbaugrundstück **5** 39
– Globalgrundschuld **6** 117
Pflichtteilsanrechnung siehe Überlassungsvertrag
Pflichtteilsverzicht
– Eheverträge und Scheidungsvereinbarungen
  – allgemein **20** 78 ff. 116 ff., 171 ff.
  – Gegenständlich beschränkt **20** 98, 103, 108, 114
  – künftiges konkretes Vermögen **20** 108, 114
  – künftiges unbestimmtes Vermögen **20** 98, 103
  – und Erbverzicht **20** 193, 221, 225, 242, 245, 252
– erbrechtliche Vorgänge
  – Beurkundung **19** 166
  – Erbvertrag **19** 125 ff.
  – gegenständlich beschränkt **19** 171 ff.
  – gegenüber Erstversterbenden **19** 178 ff.
  – Geschäftswert **19** 20
  – mehrere **19** 167 ff., 175 ff.
  – mit Abfindung **19** 167 ff.
  – ohne Gegenleistung **19** 175 ff.
– Überlassungsverträge
  – des Übernehmers **3** 55, 157 ff., 167 ff., 171 ff., 207 ff.
  – gegenständlich beschränkt **3** 94, 171 ff., 196 ff.
  – Pflichtteilsergänzungsverzicht gegen Abfindung **3** 184 ff., 207 ff.
Preisklausel siehe Wertsicherungsklausel
Prioritätsverhandlung 13 65; **17** 56
Privilegierung Verwandte 7 225
Protest
– allgemein (Bewertung Scheck- und Wechselproteste) **14** 1 ff.
– Aufnahme am Zahlungsort **14** 14, 16
– Aufnahme in der Geschäftsstelle des Notars **14** 14, 18
– mehrere in einer Urkunde **14** 7
– Verfahrensgegenstand, derselbe, verschiedene **14** 6 f., 22

– Verweigerung der Ehrenannahme oder unterbliebener Ehrenzahlung **14** 2, 20
– Zeugnis **14** 1 f., 23
Prozesskostenhilfe 1 132
Prozessvergleich, Auflassung 2 1309, 1312
Put-Option
– Rückkaufpflicht **2** 1104, 1108
– Rückkaufsrecht **2** 1096, 1099, 1100
– Verkaufsrecht **2** 1104, 1108
– Wiederverkaufsrecht **2** 1104, 1108

Quellcodes, Sicherung von (Prioritätsverhandlung) **13** 65
Quittung 6 237

Rahmengebühren (allgemein) **1** 18, 160
Rangänderung siehe Rangerklärung
Rangerklärungen
– Einholung Rangrücktrittserklärung **5** 42
– Gleichrangeinräumung **6** 166
– Rangrücktritt
  – allgemein **6** 15 ff.
  – Erbbauzinsreallast **5** 121
  – Grundschuld **6** 30, 43 f., 167 ff.
  – Schiffshypothek **26** 70
– Rangvorbehalt an Wohnungsrecht, Löschungserklärung **8** 99
– Vorrangeinräumung **6** 169
Ratenzahlung 2 882, 885
Räumung 2 292, 295, 1260, 1264
Reallast
– Altenteilsrecht **8** 94
– Dienstbarkeit **7** 7
– Erbbauzins siehe dort
– Leibrente **2** 752, 757 ff.
– Rentenschuld **6** 75
Rechtsbehelfsbelehrung 1 90 ff.
Rechtsmittelverzicht 2 881
Rechtsquelle (Notarkosten) 1 1
Rechtswahl
– Art. 8 (bzw. Art. 7) Haager Unterhaltsprotokoll (HUP) **20** 159
– Art. 14 EGBGB **20** 143
– Art. 15 Abs. 2 EGBGB **20** 147
– Art. 15 Abs. 2 Nr. 3 EGBGB (unbewegliches Vermögen am Lageort) **20** 152
– Art. 46d EGBGB **20** 141
– Erbrecht **19** 28, 32, 88 ff., 91 ff.
– Grundstückskaufvertrag **2** 395, 398, 400
– vorsorglich **20** 150
Registeranmeldung siehe Anmeldung
Registerbescheinigung siehe Tatsachenbescheinigung
Reisekosten siehe auch Auslagen
– allgemein **27** 2, 18 ff.

1543

– Fahrtkosten 27 2, 18 ff., 60, 90
– Geschäftsreise/Dienstgang 14 2, 14, 15; 27 18 ff.
– sonstige Auslagen 27 2, 19
– Tage- und Abwesenheitsgeld 27 2, 18 ff., 58, 89
– Übersichtstabelle 27 2
– Wechselprotest 27 86 ff.
Rückauflassung *siehe Auflassung, Löschung*
Rückgabe Erbvertrag 19 3, 22, 135 ff.
Rückgewähransprüche 6 35, 47, 175, 179
Rückkaufsrecht 2 1096 ff.; *siehe auch Auflassung*
Rückzahlungsverpflichtung 2 1186, 1190; *siehe auch Messungsanerkennung*

SachenRBerG
– Aufgabe Gebäudeeigentum 2 764, 767, 770 ff.
– Aufgabe Nutzungsrecht 2 138, 764
– Komplettierung 2 764
– Pfanderstreckung 2 764, 767, 772 f.
– Pfanderstreckung, Wertbestimmung 2 764, 767

Sachgründungsbericht *siehe GmbH (klassisch), Spaltung, Verschmelzung*
Sachverständige, Vernehmung 17 1, 62 ff.
Sale and lease back 2 728
Satzungsbescheinigung *siehe Tatsachenbescheinigung*
Schätzung Grundstückswert durch Notar 25 17
Scheckprotest *siehe Protest*
Scheidungsbegehren 20 193, 195
Scheidungskosten 20 193, 222
Scheidungsvereinbarung 20 191 ff.
– allgemein (Bewertung Eheverträge und Scheidungsvereinbarungen) 20 1 ff.
– Aufhebung Erbvertrag 20 245, 253
– Ehewohnung 20 193, 206
– Erb- und Pflichtteilsverzicht 20 193, 221, 225, 242, 245, 252
– Getrenntlebensunterhalt
  – keine Ansprüche 20 245, 250
  – keine Regelungen 20 258, 264
  – monatliche Zahlungen 20 193, 211
  – rückständige Ansprüche 20 225, 230
– Gütertrennung
  – Vermögensauseinandersetzung teils in Erfüllung Rücktrittsrecht 20 245, 247 f.
  – Verzicht auf Zugewinnausgleich 20 193, 197 f., 245, 247 f.
  – Zugewinnausgleich über Vermögensauseinandersetzung 20 225, 227 f.

– Hausrat
  – Aufteilung bereits erfolgt 20 245, 251
  – Vereinbarungen 20 193, 207
– Kindesunterhalt 20 193, 203
– Kosten der Scheidung 20 193, 222
– nachehelicher Unterhalt
  – Abfindung 20 217, 236
  – Ehevertrag vorhanden 20 245, 250
  – keine Regelungen 20 245, 250, 258, 264
  – Verzicht 20 216, 235
  – Verzicht vorsorglich 20 218, 237
  – Wertsicherungsklausel 20 219, 238
  – zeitliche Befristung 20 193, 213
– Namensrückgabevereinbarung 20 225, 243
– Nebengüterrecht 20 258, 262
– Scheidungsbegehren 20 193, 195
– Sorgerecht 20 193, 201
– steuerliche Veranlagung 20 193, 223
– Umgangsrecht 20 193, 199
– Vereinbarung zu PKW 20 258, 260
– Vereinbarung zu Sparguthaben 20 258, 263
– Versorgungsausgleich
  – Einmalzahlung 20 193, 220
  – nach gesetzlichen Regelungen 20 245, 250, 258, 264
  – Verrechnung der Ausgleichswerte (§ 10 Abs. 2 VersAusglG) 20 225, 239 f.
  – Zugewinnausgleich nach § 1378 Abs. 3 S. 2 BGB 20 258, 261
  – Zugewinnausgleich über Vermögensauseinandersetzung 20 225, 227 f.
Schenkung
– des Kaufpreises 2 558, 585; 3 87, 129 ff.
– Kettenschenkung 3 87, 140 ff.
– unbenannte, ehebedingte Zuwendung 3 226 f.
– und Gesellschaftsgründung 3 88 f., 145 ff., 220 ff.
Schiedsspruch
– Rücknahme des Antrags 24 23
– Vollstreckbarerklärung 24 18
Schiffe
siehe auch
– *Antrag*
– *Anmeldung*
– *Entwurf außerhalb Beurkundungsverfahren*
– *Erbscheinsantrag*
– *Löschung*
– *Rangerklärungen*
– allgemein (Bewertung von Tätigkeiten im Zusammenhang mit Schiffen) 26 1 ff.
– Schiffsbauwerk 26 3 ff., 19, 32 ff.
– Schiffshypothek 26 38 ff.

Stichwortverzeichnis

Schuldanerkenntnis 6 47, 126, 243
Schuldbeitritt 3 23, 47, 232 ff.
Schuldenabzug 19 13 ff.
Schulderklärungen 26 17
Schuldrechtliche Vereinbarungen (Fertigung durch den Notar) 7 2, 6; 8 57, 76;
Schuldübernahme 3 46, 157 ff., 171 ff.
SE (Gründung) *siehe grenzüberschreitende Umwandlungsvorgänge*
Selbstnutzungsverpflichtung 2 108, 143, 146, 830 ff.
Sicherungsgeschäfte 6 238 ff., 241 ff.
Sicherungsübereignung 6 249 f.
Siegelung 15 7, 11, 74 ff.; 16 48
Sorgeerklärungen 18 1, 19 ff., 23, 39 ff., 99 f., 118 f.
Sorgerecht 20 193, 201
Sozietät 1 155; 3 253 ff.
Spaltung 22 138 ff.
– Abspaltung (GmbH & Co. KG) zur Neugründung 22 210 ff.
– Abspaltung zur Aufnahme 22 139 ff.
  – Anmeldung (Handelsregister) 22 141, 157 (abspaltender Rechtsträger); 22 142, 159, 161 (aufnehmender Rechtsträger); 22 141, 158 (Geschäftsführerabberufung); 22 142, 162 (Kapitalerhöhung), 22 167 (Kapitalherabsetzung); 22 141, 142, 158, 163 (Satzungsänderung)
  – Geschäftsführerabberufungsbeschluss 22 140, 152
  – Grundbuchberichtigungsantrag 22 140, 148
  – Kapitalerhöhungsbeschluss 22 140, 154
  – Kapitalherabsetzungsbeschluss 22 166
  – Nutzungsvereinbarung zu Sonderbetriebsvermögen 22 228
  – Prüfen der Anlagen des Spaltungsvertrages 22 145
  – Prüfen der Kapitalherabsetzung 22 168
  – Registeranmeldung 22 141 ff., 167
  – Satzungsänderungsbeschluss 22 140, 153
  – Sonderbetriebsvermögen bei Personengesellschaft 22 228
  – Spaltungs- und Übernahmevertrag 22 140, 144
  – Verzichtserklärungen der Gesellschafter 22 140, 146
  – XML-Strukturdatei 22 141, 142, 159, 165
  – Zustimmungsbeschluss 22 140, 150
– Abspaltung zur Neugründung 22 189 ff.
  – Anmeldung 22 191, 202, 212, 223 (abspaltender Rechtsträger); 22 206, 225 (Geschäftsführerbestellung); 22 191, 203 (Kapitalherabsetzung); 22 192, 206, 213, 225 (neugegründeter Rechtsträger)
  – Geschäftsanteilsübertragung 22 211, 220
  – Geschäftsführerbestellungsbeschluss 22 190 ff.
  – Kapitalherabsetzungsbeschluss 22 190, 198
  – Registeranmeldung 22 191 ff., 212 ff.
  – Spaltungsplan 22 190, 194, 211, 215
  – Verzichtserklärungen der Gesellschafter 22 190, 195, 211, 216
  – XML-Strukturdatei 22 191 f., 205, 208, 212 f., 224, 227
  – Zustimmungsbeschluss 22 190, 197, 211, 218
– allgemein (Bewertung Umwandlungsvorgänge) 22 1 ff.
– Aufspaltung zur Aufnahme 22 178
– Aufspaltung zur Neugründung 22 171 ff.
  – Anmeldung 22 173, 183 (aufspaltender Rechtsträger); 22 185 (Geschäftsführerbestellung); 22 174, 175, 185 (neugegründeter Rechtsträger)
  – Geschäftsführerbestellungsbeschluss 22 172, 182 ff.
  – Registeranmeldung 22 173 ff.
  – Spaltungsplan 22 172, 177
  – Verzichtserklärungen der Gesellschafter 22 172, 179
  – XML-Strukturdatei 22 173 ff., 184, 187
  – Zustimmungsbeschluss 22 172, 181
– Ausgliederung aus Vermögen Einzelkaufmann zur Aufnahme
  – Ausgliederungsvertrag 22 245 f.
  – immaterielle Vermögensgegenstände 22 246
– Ausgliederung aus Vermögen Einzelkaufmann zur Neugründung 22 230 ff.
  – Anmeldung (Handelsregister) 22 232, 240 (ausgliedernder Rechtsträger); 22 242 (Geschäftsführerbestellung), 22 233, 242 (neugegründeter Rechtsträger)
  – Ausgliederungsplan 22 231, 236
  – Geschäftsführerbestellungsbeschluss 22 231 ff.
  – Prüfen des Ausgliederungsplans 22 237
  – Registeranmeldung 22 232 ff.
  – XML-Strukturdatei 22 232 f., 241, 244
  – Zustimmungsbeschluss Einzelkaufmann 22 238
  – Zustimmungserklärung Einzelkaufmann 22 235
– Spaltungsverlust 22 166
Steuerliche Veranlagung 20 193, 223
Stiftungen (Errichtung)

1545

– durch letztwillige Verfügung **21** 1038 ff.
– unter Lebenden **21** 1030 ff.
Stillhalteerklärung *siehe Liegenbelassungserklärung des erbbauzinsberechtigten Eigentümers*
Stundung Kaufpreis **2** 882, 885
Subjektiv-dingliche Rechte **2** 370, 373 f.; *siehe auch Grunddienstbarkeit*
Sukzessivberechtigung
– allgemein **3** 59
– Dienstbarkeit **7** 230
– Leibrente **3** 157 ff.

Tage- und Abwesenheitsgeld *siehe Auslagen*
Taschengeld **3** 58, 67, 207 ff.
Tatsachenbescheinigung **6** 92
– ausländisches Register **13** 9
– Berechnung bei mehreren Bescheinigungen **13** 8
– Festgebühren **13** 2
– Firmenänderung, Umwandlung, Bestehen, Umstände **13** 28, 33
– Geschäftswert **13** 7
– Gesellschafterliste *siehe auch GmbH (klassisch), Spaltung, Verschmelzung*
  – Fertigung und Bescheinigung **13** 44, 48
  – Fertigung und Bescheinigung mit Prüfung Bedingungseintritt **13** 48
– mehrere **13** 8, 24, 33
– nach § 21 I Nr. 1 BNotO (Registerbescheinigung), ein Registerblatt **13** 20
– nach § 21 I Nr. 1 BNotO (Registerbescheinigung), mehrere Registerblätter (GmbH & Co. KG) **13** 24
– nach § 21 I Nr. 1 und 2 BNotO (Registerbescheinigung) **13** 33
– nach § 21 I Nr. 2 BNotO (Registerbescheinigung) **13** 28
– nach § 21 III (§ 34 GBO) (Vertretungsbescheinigung) **13** 37; **11** 95
– nach § 43 BeurkG **13** 68
– nach § 54 GmbHG (Satzungsbescheinigung), mit Beschluss **13** 52
– nach § 54 GmbHG (Satzungsbescheinigung), ohne Beschluss **13** 55
– Namenszeichnung, Bescheinigung über Echtheit **13** 16
– Notarbestätigung, Rangbescheinigung **6** 172; **13** 62
– Sicherstellung der Zeit einer Privaturkunde nach §§ 39, 43 BeurkG **13** 71
– über im Inland geltendes Recht, Grundschuld **13** 79
– über Legitimation **13** 58
– über Wahrnehmungen **13** 73 ff.

– Übersicht **13** 2
– Unrichtige Sachbehandlung **13** 14
– Verlosung **13** 84
– Vollzugsgebühr **13** 9 f.
– zur Vollstreckbarerklärung im Ausland **24** 55 ff.
Tausch
– Anteilsmodell **2** 1517
– Bauträger **2** 1509, 1517
– Grundstücksmodell **2** 1504
– Ringtausch **2** 1495, 1497
– Stundungsmodell **2** 1509
– Tauschaufgabe **2** 1480, 1484
– Werkvertrag **2** 1517, 1521
Teilabtretung Grundpfandrecht *siehe Abtretung*
Teilaufhebung (Kaufvertrag) **2** 1155, 1158
Teileigentum *siehe Wohnungs- und Teileigentum*
Teilflächenkauf *siehe auch Messungsanerkennung*
– mit Auflassung **2** 708
– Vorkaufsrecht am Restgrundstück **2** 708, 712 f.
Teilung Geschäftsanteil *siehe Formwechsel, GmbH (klassisch)*
Teilung Grundpfandrecht *siehe Abtretung, Klauselumschreibung/Klauselerteilung*
Testament
– allgemein (Bewertung erbrechtlicher Vorgänge) **19** 1 ff.
– Änderung **19** 65 ff., 70 ff., 75 ff.
– Anfechtung **19** 21
– Aufhebung Vermächtnis Wohnrecht **19** 75 ff.
– Auflage **19** 15 ff., 48 ff., 73
– Auslagen **19** 56 ff.
– Beurkundung **19** 1, 6
– Entwurf **19** 95 ff.
– Errichtung Stiftung **19** 94
– Ersatzerben 51 **19**
– Ersatzvermächtnisnehmer **19** 162
– gemeinschaftlich **19** 6, 48 ff., 55, 65 ff., 70 ff., 78, 95 ff., 152 ff., 157 ff., 160 ff.
– Geschäftswert **19** 3, 12 ff.
– Hinzukommen eines Erben **19** 74
– Rechtswahl **19** 28, 32, 88 ff., 91 ff.
– Testamentsregister **19** 45 ff.
– Testamentsvollstreckung **19** 12, 79 ff., 83 ff.
– Übergabe einer Schrift **19** 52 ff.
– und Ehevertrag, Widerruf **20** 179
– Verfügung über Bruchteil **19** 56 ff., 69
– Verfügung über ganzen Nachlass **19** 48 ff., 65 ff., 95 ff.
– Vermächtnis **19** 15 ff., 48 ff., 56 ff., 78, 79 ff., 160 ff., 197 ff., 243 ff.

- Vormundbenennung 19 87
- Wegfall Miterbe 19 70 ff.
- Widerruf 19 1, 21, 152 ff., 157 ff., 160 ff.
- Widerrufstestament 19 156
- zukünftiges Vermögen 19 16 ff.
- Zusatzgebühren 19 41 f., 56 ff.

Testamentseröffnung 19 99 ff., 197 ff., 243 ff.
Testamentsregister 20 164, 169
Testamentsvollstreckung 19 12, 79 ff., 83 ff.
Trennungsunterhalt *siehe auch Unterhalt*
- keine Ansprüche 20 245, 250
- keine Regelung in Scheidungsvereinbarung 20 258, 264
- monatliche Zahlungen 20 193, 211
- rückständige Ansprüche 20 225, 230

Treuhandauftrag
- Eheverträge und Scheidungsvereinbarungen 20 16
- Erbbaurecht 5 16
- erbrechtliche Vorgänge 19 33
- Gesellschaftsrecht 21 62
- Grundpfandrechte 6 18, 54
- Kaufvertrag 2 46 ff., 80 ff.
- Überlassungsvertrag 3 104 ff.
- Vollmachten 10 72 ff., 95 ff.

Treuhänder nach § 71 UmwG 22 33
Treuhändersperrvermerk §§ 72, 66 VAG 6 81 f.
Treuhandgebühr (allgemein) 1 154

Überbaurente *siehe Nachbarschaftsrechte*
Übergangsrecht GNotKG 1 204 ff.
Überlassungsvertrag *siehe auch Schenkung*
- allgemein 3 1 ff.
- Beerdigung, Grabpflege 3 54
- Belastungsvollmacht 3 83, 112 ff.
- Erlöschen eines Rechts 3 60
- Gegenleistungen
  - Abstandszahlung an Geschwister 3 52, 184 ff, 207 ff.
  - Belastungsverbot 3 50, 152 ff., 207 ff.
  - Erlösauskehr, Mehrerlös 3 53, 207 ff.
  - Leibgeding 3 58, 207 ff.
  - Leibrente 3 58, 63, 67, 157 ff., 196 ff.
  - Nießbrauch 3 58, 68, 152 ff., 220 ff.
  - Pflichtteilsverzichtsvertrag mit dem Übernehmer 3 55, 167 ff., 171 ff., 207 ff.
  - Schuldbeitritt 3 47, 232 ff.
  - Schuldübernahme 3 46, 157 ff., 171 ff.
  - Taschengeld 3 58, 67, 207 ff.
  - Veräußerungsverbot 3 50, 152 ff., 207 ff.
  - Verköstigung 3 58, 70, 207 ff.
  - Wart und Pflege 3 58, 69, 207 ff.

- Wohnungsrecht 3 58, 66, 59, 171 ff.
- mehrere Berechtigte 3 59
- Pflichtteilsanrechnung 3 108 ff.
- Rückübertragungsverpflichtung
  - Ausgestaltung 3 97, 257 ff.
  - Vormerkung 3 226 ff., 242 ff
- unentgeltlich *siehe Schenkung*
- Vormerkungen 3 43
- Wertsicherung 3 62

Übermittlung der Anmeldung zum Güterrechtsregister 20 17
Übermittlung Grundbuchdatei 8 198
Übertragung
- Erbbaurecht 5 110
- Erbbaurecht, nach Ausübung Heimfallrecht 5 115
- Geschäftsanteil *siehe dort*

Übertragungsverpflichtung 2 1082
Überweisungszeugnis *siehe Auseinandersetzungszeugnis*
Umgangsrecht 20 193, 199
Umsatzsteuer
- allgemein 27 24, 27 ff.
- Gebühren des zentralen Testamentsregisters 20 21
- verauslagte Kosten 27 26, 63, 70, 75, 80, 85
- Verzicht auf Umsatzsteuerbefreiung 2 383 ff.

Umschreibung der Vollstreckungsklausel *siehe Klauselumschreibung*
Umschreibungsüberwachung *siehe Betreuungstätigkeiten*
Umwandlung
- Briefrecht/Buchrecht 6 204
- Buchrecht/Briefrecht 6 201
- Grundpfandrecht 6
- Hypothek/Grundschuld 6 207
- Teileigentum in Wohnungseigentum (und umgekehrt) 4 77

Unrichtige Sachbehandlung 6 24, 35, 48; 7 27
- allgemein 1 144 ff.
- bei Eiden und eidesstattlichen Versicherungen 17 25
- bei Verlosungen 15 20
- bei Vermögensverzeichnissen 16 15
- Begründung nach § 8 WEG und Übertragung 4 18, 59
- Entwurf (Aliud) 9 42
- getrennte Beglaubigung 12 10
- im Erbrecht 19 39, 263
- im Kindschaftsrecht 18 17
- Tatsachenbescheinigung 13 14
- Umwandlungsrecht 22 25 ff., 48, 76, 151

Unrichtigkeitsnachweis, Grundbucherklärung 8 118

1547

Unterhalt
- Leistungen unterschiedlich **20** 45
- Scheidungsvereinbarung
  - Getrenntlebensunterhalt **20** 193, 211, 225, 230 f.
  - keine Regelungen **20** 245, 250, 258, 264
  - Kindesunterhalt **20** 193, 203
  - nachehelicher Unterhalt **20** 193, 213 f., 225, 232 f.
  - nachehelicher Unterhalt gemäß Ehevertrag **20** 245, 250
  - Verzicht vorsorglich **20** 217, 237
- Vereinbarungen im Kindschaftsrecht **18** 1, 4, 6, 39 ff., 101 f., 111 f., 126 ff.
- Verzicht auf nachehelichen Unterhalt beim vorsorgenden Ehevertrag
  - gleich hohe Einkommen **20** 49, 53, 116, 119
  - unterschiedliche Einkommen **20** 38, 42
- Verzicht gegen Abfindung im vorsorgenden Ehevertrag **20** 46
- Verzicht gegen Abfindung in Scheidungsvereinbarung **20** 218, 236

Unterlassungsdienstbarkeiten siehe *Dienstbarkeiten*

Unternehmergesellschaft siehe *GmbH (Unternehmerges.)*

Unterschriftsbeglaubigte Erklärung, Beglaubigung einer **12** 31

Unterschriftsbeglaubigung
- allgemein (Bewertung Unterschriftsbeglaubigungen **11** 1 ff.
- Beifügung Vertretungsnachweis **12** 47
- Betreuungsverfügung **23** 45
- Blankounterschrift **11** 41
- Gebühr **11** 3
- gebührenfrei, Entwurf **7** 4
- Geschäftswert **12** 49
- Grundschuldbestellungsformular **11** 54, 101
- lückenhafter Text **11** 41
- mit Entwurf **6** 27
- mehrere **11** 88
- mit Ergänzung Entwurf **11** 64
- nachträgliche Unterschriftsbeglaubigung **11** 126
- ohne Entwurf **6** 86, 234
- Patientenverfügung **23** 54
- Übersicht **11** 2
- Vollmacht **10** 69
- Vorsorgevollmacht **23** 36
- Zustimmung **10** 128

Unzeitgebühr siehe *Zusatzgebühr*

Urheberrechte, Sicherung (Prioritätsverhandlung) **13** 65

Vaterschaftsanerkennung
- allgemein **18** 1, 4, 6, 24, 39 ff.
- Auslandsberührung **18** 34, 36 f.
- erwachsenes Kind **18** 35
- unbekannter Aufenthalt **18** 38
- Verpflichtungserklärung **18** 97 f.

Verauslagte Kosten
- allgemein **27** 25 f.
- Zentrales Testamentsregister **27** 25 f., 75 ff.
- Zentrales Vorsorgeregister **27** 25 f., 63 ff.

Veräußerungs- und Belastungsbeschränkung **3** 242 ff.

Veräußerungsrecht
- Ausübung **2** 1059, 1328
- Geschäftswert **2** 1056 f.
- Put-Option **2** 1104, 1108

Veräußerungsverbot **3** 50, 152 ff., 207 ff.

Verein
- allgemein (Bewertung Gesellschaftsrecht) **21** 1 ff.
- Anmeldung (Handelsregister)
  - Änderung Vorstand **21** 368 ff.
  - Änderung Vorstand und Satzung **21** 374 ff.
  - Auflösung **21** 380 ff., 387 ff.
  - Erstanmeldung **21** 354 ff., 359 ff.
  - Liquidator **21** 380 ff.
- Beschluss Vorstandswahl **21** 363
- Gründung
  - Anmeldung **21** 359 ff.
  - Gründungserklärungen **21** 359 ff.
  - Wahl Vorstand **21** 359 ff.
- Vollzug
  - Änderung Vorstand **21** 373
  - Änderung Vorstand und Satzung **21** 379
  - Auflösung und Liquidator **21** 386, 391
  - Erstanmeldung **21** 358, 367

Verfahren, notarielle (allgemein) **1** 34 ff.

Verfügung von Todes wegen siehe *Testament, Erbvertrag*

Verfügungsverbot siehe *Kaufpreis*

Vergleich, gerichtlich **2** 1309 ff.; siehe auch *Auflassung*

Verjährung **1** 83, 86, 112 ff.

Verkäuferdarlehen **2** 343

Verkaufsrecht siehe auch *Veräußerungsrecht*

Verkehrswert
- Baukosten, Baunebenkosten **4** 8
- Bebauung auf Rechnung des Erwerbers **2** 8, 106, 227 ff.; **3** 137 ff.; **5** 10, 39

VerkFlBerG
- Angebot Verkäufer **2** 779, 782
- Annahme Käufer, Auflassung **2** 785, 789
- Wertbestimmung **2** 779, 782, 788

Verköstigung 3 58, 70, 207 ff.
Verlosung
– allgemein **16** 1 ff.
– Ausschreibung **16** 39 ff.
– Bescheinigung **13** 84
– Beurkundung Hergang **16** 5, 7, 45, 52 ff.
– Briefflotterie, Losbriefflotterie **16** 25 ff.
– Definition **16** 1
– Einzählen der Lose **16** 5, 10, 20
– Entenrennen **16** 29 ff.
– in Teilabschnitten **16** 2
– Klassenlotterie **16** 28
– mehrere Ziehungen **16** 20, 37, 41, 44
– Stichproben **16** 6, 20, 31, 37, 41
– Studienplätze **16** 35 ff.
– Trommellotterie **16** 17 ff.
– VOF-Verfahren **16** 42 ff.
– vorzeitige Beendigung **16** 4 f., 9, 55 ff.
– Ziehungslotterie **16** 17 ff.
Verlust Fahrzeugschein 17 28 ff.
Vermächtnis
– allgemein **19** 15 ff.,
– Geldbetrag **19** 48 ff., 56 ff., 102 ff., 197 ff.
– Grundstück **19** 145 ff., 160 ff., 243 ff., 296 ff.
– Wohnrecht (wiederkehrende Leistungen) **19** 78 ff.
Vermächtniserfüllung *siehe auch Auflassung*
– Einführung **19** 1, 7
– handschriftliches Testament **2** 1305, 1308; **19** 290 ff.
– notarielles Testament **2** 1300, 1303; **19** 287 ff.
– nur Auflassung **19** 287 ff.
– Urteil **19** 293 ff.
Vermessungskosten *siehe Kaufpreis*
Vermittlung Auseinandersetzung Nachlass **19** 44
Vermögen
– bestimmte güterrechtliche Ansprüche **20** 6
– bestimmtes (§ 100 Abs. 2 GNotKG) **20** 6, 77, 83 ff., 129, 152, 257
– eines Ehegatten **20** 5
– gegenwärtiges **20** 4, 94, 97
– Herausnahme aus Zugewinn
  – konkretes künftiges **20** 104, 107
  – unbestimmtes künftiges **20** 97
  – Vermögen eines Ehegatten **20** 5
– künftiges **19** 16 ff., 117 ff.; **20** 7, 61
– künftiges (§ 100 Abs. 3 GNotKG) **20** 7, 61, 97, 104, 107
Vermögensauseinandersetzung in Scheidungsvereinbarung
– Aufteilung von Bankkonten **20** 115

– Hausgrundstück zum Ausgleich des Zugewinns **20** 225, 227 f.
– PKW **20** 258, 260
– Wohnungseigentum teils in Erfüllung Rücktrittsrecht **20** 245, 249
Vermögensverzeichnis
– Arten **15** 1
– Aufnahme **15** 2 f., 22 ff.
  – durch Erben **15** 7, 34 ff., 39 ff.
  – durch Notar **15** 2 f., 7 f., 20 ff., 44 ff., 53 ff.
– Beglaubigung Unterschrift **15** 5, 14
– durch Beteiligten **15** 7, 34 ff., 39 ff.
– Hinzuziehung **15** 9
– Mitwirkung **15** 2, 7, 9, 31
– Schließfachöffnung **15** 53 ff.
– Teil beurkundeter Vertrag **15** 3, 7, 13, 71 ff.
– überschuldeter Nachlass **15** 39 ff.
Vernehmung
– Sachverständige **17** 1, 62 ff.
– Zeugen **17** 1, 62 ff.
Verpfändung
– Anwartschaftsrecht **6** 64
– Anzeige **6** 61, 65
– Eigentumsverschaffungsanspruch **6** 60, 64
– Geschäftsanteil **21** 882 ff.
– Grundschuld **6** 219
Verpflichtungs- und Verfügungsbeschränkungen 1365, 1369 BGB (Ausschluss) 20 74
Verschiedene Beurkundungsgegenstände *siehe Gegenstandverschiedenheit*
Verschmelzung
– allgemein (Bewertung Umwandlungsvorgänge) **22** 1 ff.
– GmbH & Co. KG auf GmbH **22** 63
– zur Aufnahme **22** 38 ff.
  – Anmeldung **22** 41, 56 (aufnehmender Rechtsträger); **22** 42, 58 (Geschäftsführerbestellung); **22** 41, 57 (Kapitalerhöhung); **22** 92 ff. (Kettenverschmelzung); **22** 115 ff. (Konzernverschmelzung); **22** 68 ff. (mehrere Rechtsträger); **22** 40, 53 (übertragender Rechtsträger)
  – Anteilsübertragung, aufschiebend bedingt **22** 64
  – auf Alleingesellschafter **22** 65
  – Beschlüsse **22** 39 ff., 50 ff. (Geschäftsführerbestellung); **22** 39, 49 (Kapitalerhöhung)
  – Gesellschafterliste **22** 41, 59, 70, 85
  – Kettenverschmelzung **22** 89, 94 (Verschmelzungsvertrag); **22** 89, 102 (Verzichtserklärungen der Gesellschafter) **22** 89, 104 (Zustimmung zur Ver-

schmelzung), XML-Strukturdatei **22** 90 ff.
- Konzernverschmelzung (§ 62 UmwG) **22** 112 ff., **22** 113, 117 (Bekanntmachung (§ 62 Abs. 3 UmwG)); **22** 114 ff. (Registeranmeldung); **22** 113, 116 (Verschmelzungsvertrag), XML-Strukturdatei **22** 114 ff.
- mehrere Rechtsträger (als Rechtseinheit) **22** 66 ff., **22** 67, 77 (Kapitalerhöhungsbeschluss); **22** 68 ff. (Registeranmeldung) **22** 67, 72 (Verschmelzungsvertrag); **22** 67, 73 Verzichtserklärungen der Gesellschafter); **22** 87, Zusammenbeurkundung ohne sachlichen Grund); **22** 67, 75 (Zustimmungsbeschluss), XML-Strukturdatei **22** 68 ff.
- Personengesellschaften **22** 61 ff., **22** 63 (Kleinstanteil bei GmbH & Co. KG auf GmbH); **22** 62 (Sonderbetriebsvermögen)
- Verschmelzungsvertrag **22** 39, 43
- Verzichtserklärungen der Gesellschafter **22** 39, 44
- XML-Strukturdatei **22** 40 f., 54, 60
- Zustimmungsbeschluss **22** 39, 47
- zur Neugründung **22** 122 ff.
  - Geschäftsführerbestellung **22** 123, 132 ff.
  - Gesellschafterliste **22** 127, 136
  - neu anzumeldender Rechtsträger **22** 127, 135
  - Registeranmeldung **22** 125 ff.
  - Sachgründungsbericht **22** 124, 134
  - übertragender Rechtsträger **22** 125, 126, 135
  - Verschmelzungsvertrag **22** 123, 129
  - Verzichtserklärungen der Gesellschafter **22** 123, 130
  - XML-Strukturdatei **22** 125 ff., 137
  - Zustimmungsbeschluss **22** 123, 133

Versicherung an Eides statt *siehe Eidesstattliche Versicherung*
Versicherung des Geschäftsführers (§ 8 GmbHG) 22 24
Versiegelung
- bei Verlosung **16** 48
- nach UrhG **13** 66
- von Wohnraum **15** 74 ff.

Versorgungsausgleich
- Ausschluss im vorsorgenden Ehevertrag
  - Anfang der Ehe **20** 49, 54, 116, 120, 171, 176
  - bestehende Ehe **20** 55
  - Erträge am künftigen betrieblichen Vermögen **20** 108, 113

- gleich hohe Anwartschaften **20** 57
- vor der Ehe **20** 49, 54
- Bagatellfall (§ 18 VersAusglG) **20** 56
- in Scheidungsvereinbarung
  - Einmalzahlung **20** 193, 220
  - nach gesetzlichen Regelungen **20** 245, 250, 258, 264
  - Verrechnung der Ausgleichswerte (§ 10 Abs. 2 VersAusglG) **20** 225, 239 f.

Versteigerung
- durch den Notar
  - Abhaltung des Versteigerungstermins nebst Zuschlag **25** 25
  - Abhaltung des Versteigerungstermins ohne Zuschlag **25** 22
  - Aufnahme einer Schätzung **25** 17
  - Vorbereitung der Versteigerung **25** 14
- durch privaten Auktionator **25** 2
  - Allgemeine Versteigerungsbedingungen **25** 37
  - Einlieferungsvertrag **25** 34
  - Versteigerung nebst Zuschlag **25** 40
  - Vorbemerkung **25** 2, 33

Vertrag, dreiseitig 2 816
Vertragseintritt 2 1162 ff.
Vertragsstrafe 2 180
Vertragsübernahme 2 1162
Vertretungsbescheinigung *siehe Tatsachenbescheinigung*
Vertretungsnachweise *siehe Beglaubigungsgebühr*
Verwahrung *siehe auch Erbvertrag, Notaranderkonto*
- allgemein **1** 17, 105
- Verwahrung von Wertpapieren **14** 2 ff.; **24** 5, 10 ff., 14 ff.

Verwalterbestellung
- Beschluss **4** 126
- in Begründungsurkunde **4** 12, 129
- in Gemeinschaftsordnung **4** 12, 129
- Nachweis der Verwaltereigenschaft **4** 130

Verwaltungs- und Benutzungsregelung, isoliert 8 64 ff.
Verwandtenprivileg 7 225
Verweisurkunde
- Allgemeine Versteigerungsbedingungen **25** 37
- Baubeschreibung **4** 14, 140

Verwirkung (Kostenanspruch des Notars) 1 128
Verzicht
- auf Eigentum, § 928 BGB **8** 105 ff.
- Erb- und Pflichtteilsanspruch **20** 193, 221, 225, 242, 245, 252
- erbrechtliche Ansprüche **18** 130 f.

– gegenständlich beschränkter Pflichtteilsanspruch **20** 98, 103, 108, 114
– nachehelicher Unterhalt
  – Scheidungsvereinbarung **20** 216 f., 235 f.
  – vorsorgender Ehevertrag **20** 37, 48, 115, 170, 179, 185
– Pflichtteil **20** 78, 82, 116, 122, 171, 177
  – künftiges konkretes Vermögen **20** 108, 114
  – künftiges unbestimmtes Vermögen **20** 98, 103
  – und Erbverzicht **20** 193, 221, 225, 242, 245, 252
– Versorgungsausgleich *siehe dort*
– Zugewinnausgleich im vorsorgenden Ehevertrag **20** 22, 37, 48, 115, 163, 170, 179, 185
  – bezogen auf Wertsteigerungen zu geerbten oder geschenkten Vermögen **20** 83
  – bezogen auf Wertsteigerungen zu künftigem geerbten oder geschenkten Vermögen **20** 89
  – privilegiertes Vermögen **20** 77
– Zugewinnausgleich in der Scheidungsvereinbarung **20** 198, 248
– Zugewinnausgleichsansprüche nach § 1371 Abs. 2 und 3 BGB **20** 77
Verzichtserklärungen der Gesellschafter *siehe Formwechsel, Spaltung, Verschmelzung*
Vollmacht *siehe auch Vorsorgeverfügungen*
– allgemein (Bewertung Vollmachten) **10** 1 ff.
– Auftragsverhältnis **10** 91
– Beitritt in eine BGB-Gesellschaft **10** 44
– Belastung eines Grundstücks **10** 24, 31, 38
– Bescheinigung § 21 III BNotO **13** 37
– bestimmtes Geschäft **10** 20 ff.
– Beteiligung am Gesamthandsvermögen **10** 28
– Bietervollmacht **10** 59
– Erwerb, Belastung und Veräußerung (allgemeine Vollmacht) **10** 54
– Generalvollmacht **10** 58
– Geschäfte allgemeiner Art **10** 54 ff.
– Geschäftsbesorgungsvertrag und Vollmacht **10** 94
– Gründung einer GmbH (künftige Mitberechtigung) **10** 41
– Handelsregisteranmeldungen **10** 62
– Handlungsvollmacht gemäß § 54 HGB **10** 65
– Höchstwert **10** 6, 77
– Kauf eines Gesellschaftsanteils **10** 44
– Kauf eines Grundstücks **10** 35

– Kauf eines Grundstücks und Bestellung der Finanzierungsgrundschuld **10** 38
– Kommanditistenvollmacht **10** 62
– Mehrheit von Vollmachten **10** 88
– Stimmrechtsausübung **10** 47
– Übersendung des Entwurfs an Dritte **10** 75
– Unterschriftsbeglaubigung **10** 69; **11** 19, 23
– Verkauf eines Grundstücks **10** 20
– Verkauf eines Grundstücks (Beteiligung) **10** 28
– Verkauf eines Grundstücks nebst Belastungsvollmacht **10** 31
– Vollmachtsbestätigung (Kaufvertrag) **10** 72
– Vorsorgevollmacht **10** 61
– Widerruf **10** 80
– Widerruf und neue Vollmacht **10** 84
Vollstreckbare Ausfertigung
– Erteilung allg. **24** 5
– Erteilung nach Prüfung einer Tatsache oder Rechtsnachfolge **24** 27, 30
– weitere **24** 31, 33
Vollstreckbarerklärung
– Anwaltsvergleich **24** 10
– Bescheinigung zur Erleichterung der Vollstreckbarkeit im Ausland **24** 55
– einer ausländischen Urkunde (Beispielfälle) **24** 39 ff.
– Kostenberechnung des Notars **1** 100, 109, 163
– Rücknahme des Antrags **24** 14, 23, 51
– Schiedsspruch **24** 18
Vollstreckungsklausel *siehe Klauselumschreibung/Klauselerteilung*
Vollstreckungsunterwerfung *siehe Zwangsvollstreckungsunterwerfung*
Vollzugs- und Betreuungstätigkeiten- und gebühren (allgemein) **1** 152 ff.
Vorkaufsrecht
– am Restgrundstück (Teilflächenkauf) **2** 708, 712 f.
– Auflassung **2**; *siehe auch Auflassung*
– Ausübung **2** 1065
– Ausübung, Rückabwicklung **2** 816, 818
– Ausübung und Anpassungsvereinbarungen **2** 816, 818
– Bestellung **2** 1060, 1062
– Einräumung **2** 1060, 1062
– gegenstandslos **8** 93
– Geschäftswert **2** 1057, 1062
– Löschung **8** 88
– Löschung Belastungen nach Ausübung **2** 816, 818
– Löschung Vorkaufsrecht am Erbbaurecht **5** 80, 85, 88, 96

1551

– Löschung Vormerkung nach Ausübung
  2 816, 818
– Nichtausübungserklärung Vorkaufsrecht
  am Erbbaurecht **5** 101, 109
– und Mietvertrag **2** 1064, 1069
– Vorkaufsrechte, wechselseitig (Käufer -
  Käufer) **2** 445, 449, 450
– Vorkaufsrechte, wechselseitig (Verkäufer
  - Käufer) **2** 433, 437, 438
Vormerkung
– Dienstbarkeit **7** 178, 186
– für Hypothek **6** 214; **8** 185
– Löschung Auflassungsvormerkung **8** 77
– Löschungsvormerkung **8** 186
– zur Sicherung der Gegenleistung bei der
  Überlassung **3** 43
Vormundbenennung
– mit Vermögensverfügung **18** 54
– ohne Vermögensverfügung **18** 47 ff.
Vorschuss (Notarkosten) 1 106
Vorsorgeverfügungen *siehe auch Vorsorgevollmacht*
– Auswärtsbeurkundung **23** 10, 83
– Betreuungsverfügung **23** 41 ff.
– Patientenverfügung **23** 50 ff.
– Vorsorgeurkunde für elektronische Zugangsberechtigung **23** 89
Vorsorgevollmacht
– allgemein (Bewertung Vorsorgeverfügungen) **23** 1 ff.
– Auftragsverhältnis/Grundverhältnis **23** 32
– für Vorsorge-/Betreuungsfall **23** 23
– gegenseitig **23** 5 ff., 76
– Höchstwert **23** 62, 78
– mit Betreuungs- und Patientenverfügung **23** 80, 85
– persönliche Angelegenheiten **23** 19
– sachlich beschränkt **23** 29
– umfassend (unbeschränkt) **23** 11 ff.
– unrichtige Sachbehandlung **23** 8
– Unterschriftsbeglaubigung **23** 36
– Widerruf **23** 66
– und neue Vollmacht **23** 5, 71
Vorvertrag 2 1059
Vorzeitige Beendigung Beurkundungsverfahren
– Aliud-Entwurf **9** 42
– allgemein **9** 1 ff.
– Anrechnung Gebühren **9** 17
– Beendigung nach sechs Monaten **9** 67 ff.
– Beendigung ohne Beratung und Entwurf
  9 13, 43 ff., 46 ff., 52 ff.
– Beendigungsgründe **9** 2, 12 ff.
– bei Eiden und eidesstattlichen Versicherungen **17** 6, 10, 27, 55
– bei Verlosungen **15** 6 f., 15, 62 ff., 70

– Beratung **9** 14, 49 ff., 55 ff.
– Beratung isoliert *siehe Beratung*
– Beurkundungsauftrag
  – allgemein **9** 4 ff.
  – Makler **9** 10
  – Rücknahme **9** 13, 43 ff., 46 ff., 49 ff., 58 ff., 61 ff., 73 ff.
  – Zurückweisung **9** 52 ff., 55 ff.
– Beurkundungsverfahren (Definition) **9** 3
– Entwurf **9** 15, 42, 58 ff., 61 ff., 64 ff., 67 ff., 70 ff., 79 ff.
– Entwurf isoliert *siehe Entwurf außerhalb eines Beurkundungsverfahrens*
– Entwurf zur Vorbereitung der Beurkundung **9** 79 ff.
– Feststellung Beendigung **9** 2, 64 ff.
– Fremdentwurf **9** 15, 73 ff.
– Gebührenabgrenzung **9** 15
– Gebührenanrechnung **9** 17, 76 ff.
– Gebührenfreie Tätigkeiten **9** 40
– Gebührensatz **9** 12 ff.
– Geschäftswert **9** 16
– Gesetzeskonzeption **9** 1
– im Erbrecht **19** 11, 246 ff., 268 ff., 272 ff.
– im Kindschaftsrecht **18** 3 f., 7
– Rahmengebühren **9** 1, 14, 15
– Stufen Verfahrensbeendigung **9** 12 ff.
– Übersichtstabelle **9** 37
– Unrichtige Sachbehandlung **9** 42
– Verbrauchervertrag **9** 70 ff.
– Verhandlung **9** 52 ff., 55 ff., 58 ff.
– Vollzug **9** 38 f.
– Voraussetzungen **9** 2

Wahlversammlungen **16** 8
Wart und Pflege 3 58, 69, 207 ff.
Wechselprotest *siehe Protest*
Werkliefervertrag 2 476, 480
Werkvertrag 2 80, 476, 1517, 1519
Wertermittlung
– Formular Hilfestellung **3** 107
– Grundstücke **3** 9 ff.; *siehe auch Grundstückswert*
Wertsicherungsklausel 3 62; **5** 9, 33; **7** 15; **20** 47, 219, 238
Widerruf
– gemeinschaftliches Testament **19** 1, 152 ff.
– Testament **19** 1, 157 ff.
– Testament im Ehevertrag **20** 179
– Vollmacht **10** 80
– Vollmacht und neue Vollmacht **10** 84
– Vorsorgevollmacht **23** 5, 66
– Vorsorgevollmacht und neue Vollmacht **23** 71

Wiederkaufsrecht
- als Sicherungsgeschäft **2** 833
- Auflassung **2** 1328
- Ausübung **2** 1057, 1059
- Begründung **2** 1096, 1104
- Geschäftswert **2** 1057, 1095, 1100, 1108
- Option **8** 1, 88
- Überlassungsvertrag **3** 157 ff.

Wirksamkeitsvermerk 6 15, 43
Wissenserklärung 15 37 f., 42 f.
Wohnungs- und Teileigentum
- allgemein (Bewertung Wohnungs- und Teileigentum) **4** 1 ff.
- Aufhebung Wohnungseigentum **4** 115
- Aufhebung Teileigentum **2** 698
- Baubeschreibung **4** 14, 140
- Begründung nach § 3 WEG
  - mit Vorkaufsrechten **4** 38, 49
  - nach vorausgegangener Verpflichtung **4** 45
  - Standardfall **4** 34
  - Verpflichtung zur Begründung **2** 604, 609; **4** 42
- Begründung nach § 8 WEG
  - Aufteilung in Wohnungserbbaurechte **4** 27
  - mit Vorkaufsrechten **4** 30
  - reine Grundbucherklärungen **4** 7
  - Standardfall **4** 23
  - und Übertragung **4** 56
  - Unterschriftsbeglaubigung **4** 7
  - Unterteilung von Wohnungs-/Teileigentum **4** 64
  - Vereinigungsantrag nach § 890 BGB **4** 13, 32
- Ermittlung der Miteigentumsanteile **4** 123
- Gemeinschaftsordnung Änderung/Neufassung **4** 71, 74
- Herauslösung eines Grundstücks aus Wohnungseigentümergemeinschaft **4** 119
- Nachweis der Verwaltereigenschaft **4** 130
- Unterteilung Wohnungseigentum analog § 8 WEG **4** 64
- Verkauf Sondernutzungsrecht **4** 109
- Verkauf von Wohnungs-/Teileigentum **4** 102, 113
- Verpflichtung zur Aufteilung **2** 604, 609
- Verpflichtung zur Begründung von Teileigentum **2** 604, 609
- Verpflichtung zur Übertragung **2** 1082
- Verwalterzustimmung **4** 139
- Zuweisung Sondernutzungsrecht **4** 13
- Zwangsvollstreckungsunterwerfung Wohngeld **4** 13

Wohnungserbbaurecht
- Teilung nach § 3 WEG **5** 122
- Teilung nach § 8 WEG **4** 27; **5** 126

Wohnungsrecht *siehe auch Dienstbarkeiten*
- Löschung **8** 83
- mehrere Berechtigte **3** 66
- Rangvorbehalt an einem **8** 99
- Wert, Berechnung, Beispiel **3** 58, 59, 171 ff.

XML-Strukturdatei
siehe
- *Elektronischer Rechtsverkehr*
- *GmbH (klassisch)*
- *Grenzüberschreitende Umwandlungsvorgänge*
- *Spaltung*
- *Verschmelzung*

Zentrales Testamentsregister **18** 52 f.; **19** 45 ff., **20** 21
Zeugen, Vernehmung 17 1, 62 ff.
Zeugnis
- Auseinandersetzung **17** 14, 43 ff.; **19** 23, 219
- europäisches Nachlasszeugnis **17** 13, 54; **19** 250 ff., 254 ff.
- Fortsetzung Gütergemeinschaft **17** 13, 33 ff.; **19** 23
- Grundbuchordnung **17** 14, 43 ff., 50 ff.; **19** 26
- Hoffolge **17** 13; **19** 23, 226 ff.
- Luftfahrzeug **17** 14; **19** 26
- Protesterhebung **14** 1, 23
- Schiffsregisterordnung **17** 14; **19** 26
- Testamentsvollstrecker **17** 13, 38 ff.; **19** 23, 78, 243 ff.
- Überweisung **17** 14, 43 ff., 50 ff.; **19** 219

Zinsen
- Grundschuld **6** 11, 195
- Kostenberechnung (Notarkosten) **1** 93, 107 ff.

Zugewinnausgleich
- Barleistungen **20** 29
- Barleistungen und Zwangsvollstreckungsunterwerfung **20** 30
- Herausnahme gegenwärtigen Vermögens im Scheidungsfall **20** 94
- Herausnahme künftiges konkretes Vermögen im vorsorgenden Ehevertrag **20** 104, 107
- Herausnahme künftiges unbestimmtes Vermögen im vorsorgenden Ehevertrag **20** 97

- Regelungen gemäß § 1378 Abs. 3 S. 2 BGB **20** 258, 261
- Übertragung Grundstück **20** 32, 35
- Übertragung Miteigentumsanteil Hausgrundstück in Scheidungsvereinbarung **20** 225, 228 f.
- Verzicht (§ 1374 Abs. 2 BGB) im vorsorgenden Ehevertrag
  - bezogen auf Wertsteigerungen zu geerbten oder geschenkten Vermögen **20** 83
  - bezogen auf Wertsteigerungen zu künftigem geerbten oder geschenkten Vermögen **20** 89
- Verzicht im vorsorgenden Ehevertrag **20** 22, 37, 48, 115, 163, 170, 179, 185
- Verzicht in Scheidungsvereinbarung **20** 192, 198, 248

Zurückbehaltungsrecht Notargebühren 1 110

Zusammenlegung/Vereinigung von Wohnungseigentum 4 68

Zusatzgebühr *siehe auch Auswärtsgebühr*
- allgemein **28** 3 ff.
- außerhalb der Geschäftsstelle **14** 2, 13
- außerhalb der Sprechzeit **14** 13
- Erbrecht **19** 41 f., 56 ff.
- freiwillige Versteigerung **25** 20
- fremdsprachige Urkunde **11** 48
- Unzeitgebühr
  - Aufnahme von Vermögensverzeichnissen **15** 4 ff.
  - Kindschaftsrecht **18** 15, 27 ff.
  - Unterschriftsbeglaubigungen **11** 84 ff.
  - Verlosungen **16** 21 ff.
  - Wechsel- und Scheckprotest **14** 2 ff.
- Verlosung **16** 17
- Vorsorgeverfügungen **23** 10, 83
- wegen nicht barrierefreiem Büro **19** 64

Zusatzkauf, Zukauf 2 1144

Zuschlag 25 7, 25, 40; *siehe auch Versteigerung*

Zustellung 19 148 ff.

Zustimmung (rechtsgeschäftlich) *siehe auch Genehmigung, Einwilligung*
- Ausgliederung aus Vermögen Einzelkaufmann zur Neugründung **22** 235, 238
- Beifügung von Vertretungsnachweisen **10** 117
- Belastung Erbbaurecht nebst Rangrücktritt **5** 121
- BGB-Gesellschafter **10** 121
- Ehegattenverfügung **2** 318; **10** 110
- Formwechsel (§ 233 UmwG) **22** 263, 270
- Genehmigung **10** 5 ff., 9
- Gesellschafterbeschluss **10** 118
- Grundpfandrecht **6** 40
- Höchstwert **10** 6, 132; **22** 270
- Kaufvertrag durch Verkäufer **10** 95, 100
- Kaufvertrag und Finanzierungsgrundschuld **10** 104
- Mitberechtigung **10** 107
- Übersendung des Entwurfs an Dritte **10** 98
- Unterschriftsbeglaubigung **10** 128
- Verwalterzustimmung **2** 318; **10** 114
- WEG-Eigentümer **10** 124

Zustimmungsbeschluss *siehe GmbH (klassisch), Spaltung, Verschmelzung*

Zuwendung
- ehebedingte, unbenannte **3** 226 ff.
- von Anteilen bei Gesellschaftsgründung **3** 220 ff.

Zuwendungsverzicht 19 20, 170

Zwangsvollstreckungsunterwerfung 26 32 ff., 44 ff., 52 ff.; **6** 37 ff., 105 f.
- Darlehensvertrag **2** 332, 336
- Erbbauzins **5** 114
- Kaufpreiszahlung **2** 254, 258
- Kindschaftsrecht **18** 46
- Räumung **2** 292, 295
- Teilunterwerfung **6** 55
- Übernahme ohne Verbindlichkeit **2** 357 ff., 1381 ff.
- übernommene Verbindlichkeiten **2** 1359, 1363, 1369, 1373
- wegen Gegenleistungen bei der Übernahme **3** 84, 238 ff.

Zweckerklärung 6 35 f., 47 ff., 182 f., 240

Zweigniederlassung
- Anmeldung
  - ausländische Gesellschaft **21** 1019 ff., 1025 ff.
  - Errichtung **21** 1009 ff.
  - Prokurist **21** 1014 ff., 1019 ff., 1025 ff.
- Vollzug
  - XML-Strukturdateien **21** 1013 ff.